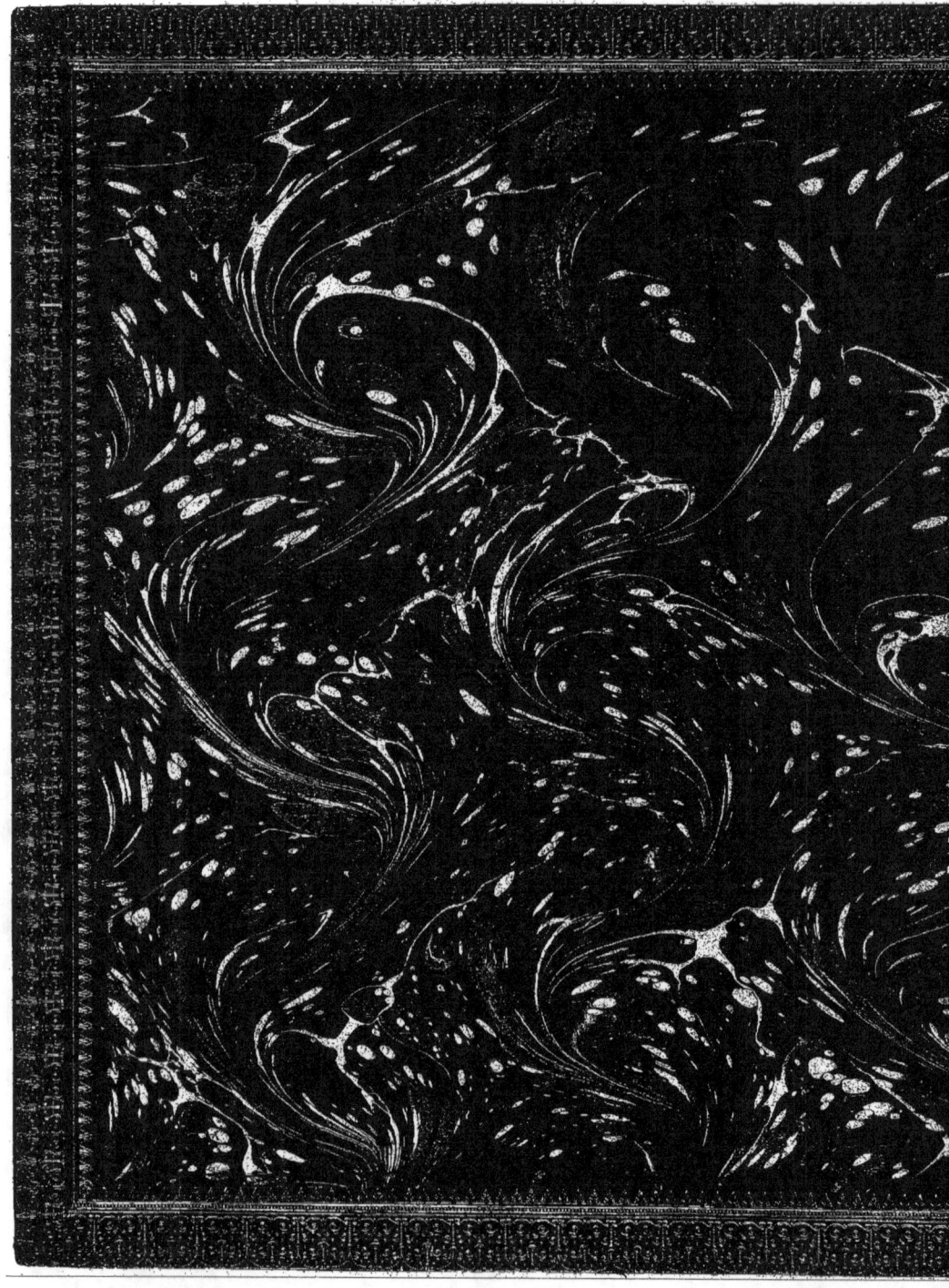

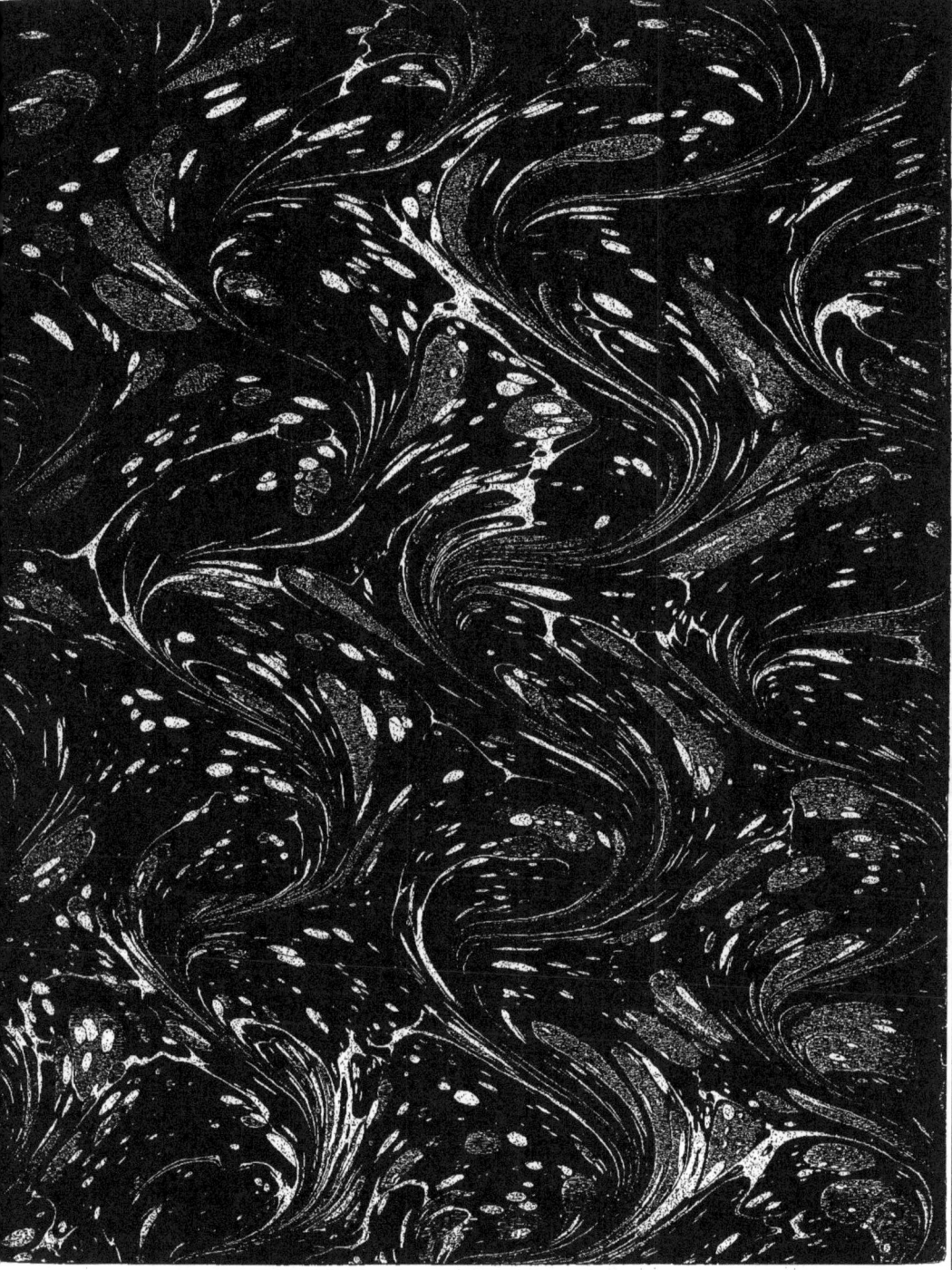

Lc² 396 Réserve

HISTOIRE

DE

LA RÉVOLUTION DE FRANCE,

ET

DE L'ASSEMBLÉE NATIONALE

On s'abonne aussi au bureau de l'*Ami du Roi*, rue Haute-Feuille, n° 29, pour le journal de l'*Ami du Roi*, dont le prix est de 30 liv. par an, 16 liv. pour six mois, et 9 liv. pour trois mois, pour Paris; et pour la province, franc de port, de 33 liv. par an, 18 liv. pour six mois, et 10 liv. pour trois mois.

ERRATA.

PAGE 3, *lig.* 10, *premiere colonne*; ressentimens, *lisez* pressentimens.

Pag. 19, *prem. col. lig.* 25; ayant demandé, *lis.* ayant mandé.

Pag. 22, *seconde col. lig.* 7; les ministres, *lis.* des ministres.

Pag. 24, *prem. col. lig.* 11; ont, *lis.* sont.

Pag. 33, *sec. col. lig.* 30; d'un seul, *lis.* du seul.

Pag. 35, *prem. col. lig.* 45; n'étoit-il pas, *lis.* n'est-il pas.

Pag. 39, *prem. col. lig.* 17; à double but, *lis.* à ce double but.

Pag. 40, *sec. col. lig.* 8, *après ces mots*; par une fenêtre, *mettez un point-virgule*.

Pag. 45, *prem. col. lig.* 1; où elle, *lis.* où cette même opinion.

A la suite du sommaire du chapitre IX, *au lieu de*, Février, Mars 1788, *lis.* Février, Mars 1789.

Pag. 47, *sec. col. lig.* 5; dans, *lis.* sur.

Pag. 52, *prem. col. lig.* 23; entre les deux concurrens, *lis.* entre deux concurrens.

Idem. lig. 53; pour un de ses députés, *lis.* pour être un de ses députés.

Pag. 53, *sec. col. lig.* 19; de son nom, *lis.* lui-même.

Pag. 55, *lig.* 3 *du sommaire*; étrangers, *lis.* étranges.

Idem, *lig.* 6; Auch, *lis.* Aups.

Pag. 61, *prem. col. lig.* 3; témérité, *lis.* sincérité.

Pag. 63, *prem. col. lig.* 13; on lui, *lis.* où l'on.

Idem. lui vendoient, *lis.* lui rendoient.

Idem sec. col. lig. 5; étonnante, *lis.* offensante.

Pag. 66, *prem. col. lig.* 21; parce que le, *lis.* parce que par le.

Pag. 70, *prem. col. lig.* 50; prononcer, *lis.* répéter.

Pag. 74, *sec. col. lig.* 3; pour l'annoncer, *lis.* pour l'entamer.

Pag. 78, *sec. col. lig.* 38; non le législateur perpétuel, *lis.* non le législateur provisoire, mais perpétuel.

Pag. 79, *prem. col. lig.* 26; voilà une, *lis.* voilà la.

Pag. 88, *prem. lig.* 54; mission, *lis.* scission.

Pag. 92, *sec. col. lig.* 31; sur les plus précieux, *lis.* sur les meubles les plus précieux.

Pag. 105, *sec. col. lig.* 47; fureur, *lis.* faveur.

Pag. 110, *prem. col. lig.* 9; motion, *lis.* émotion.

Pag. 111, *lig.* 5 *du sommaire*, *après* séances, *lis.* des électeurs.

Pag. 112, *prem. col. lig.* 2; n'auroit pas dû, *lis.* n'auroit-il pas dû.

Pag. 118, *prem. col. lig.* 11; importante, *lis.* imposante.

Pag. 125, *sec. col. lig.* 2; annonçoient même, *lis.* annonçoient en même tems.

Idem. sec. col. lig. 51; ceux que, *lis.* ceux à qui.

Pag. 131, *sec. col. lig.* 36; avec assez fermeté, *lis.* avec fermeté.

Pag. 135, *prem. col. lig.* 46; qu'en habit, *lis.* en habit.

LOUIS XVI.
Roy de France

Dessiné par L. S. Boizot Sculpteur du Roy.   Gravé par Marie L.se A.de Boizot 1781.
Se vend à Paris, chez J. J. Flipart Graveur du Roy; rue d'Enfer, chez le Limonadier.

L'AMI DU ROI,

DES FRANÇOIS,

DE L'ORDRE ET SUR-TOUT DE LA VÉRITÉ;

OU

HISTOIRE

DE LA RÉVOLUTION DE FRANCE,

ET DE L'ASSEMBLÉE NATIONALE.

Pour former, avec le journal intitulé l'*Ami du Roi*, et commencé le 1er juin 1790, un corps complet d'histoire du tems actuel.

PAR M. MONTJOYE,

Fondateur et rédacteur, depuis le premier juin 1790, du journal intitulé l'*Ami du Roi*.

PREMIER CAHIER, PREMIERE PARTIE.

Prix, 4 liv. 4 sous. Au Bureau de l'*Ami du Roi*, rue Haute-Feuille, N° 29.

> J'ébauche le tableau fidèle,
> Que peindra la postérité.
> Card. de BERNIS.

A PARIS,

DE L'IMPRIMERIE DE CRAPART, PLACE SAINT-MICHEL.

1791.

AU ROI. (1)

S IRE,

    Un peuple généreux, sensible, reconnoissant, inébranlable, depuis l'origine de la monarchie, dans sa fidélité envers ses légitimes souverains, a méconnu un instant ses devoirs. Cette erreur est l'ouvrage des factieux, qui l'ont poussé avec violence au-delà des bornes, qu'il commence à s'étonner d'avoir pu franchir. J'osai, au plus fort de la tempête, rappeller à ce peuple trompé, les engagemens sacrés qui nous lient tous à la personne de VOTRE MAJESTÉ. Mais, SIRE, vos bienfaits et vos vertus parlent plus haut que ma foible voix, et le rétablissement de l'ordre sera leur ouvrage.

---

(1) Cette épître a été présentée au roi ; Sa Majesté ne l'a point agréée ; j'ignore, et je dois respecter les motifs qui l'ont portée à refuser un hommage qu'il m'eût été sans doute bien doux de voir accepter. Je ne devrois donc pas placer ici cette épître ; et j'avoue que, dans d'autres tems, je serois répréhensible de ne m'être pas conformé aux intentions que manifestoit le refus du roi ; mais dans ces jours de délire où c'est presque un crime de rester fidèle à son prince, je ne connois plus qu'un devoir, c'est d'avouer avec franchise, des sentimens qui devroient être dans tous les cœurs. L'époque où j'ai porté cet hommage au pied du trône, ne permet pas de douter que c'est aux vertus seules du roi, que j'ai osé l'offrir, et il m'importe, il m'est glorieux que la postérité le sache.

J'entreprends aujourd'hui de réunir en un corps d'histoire, les événemens de la plus étonnante, comme de la plus scandaleuse des révolutions; et c'est sous les auspices de VOTRE MAJESTÉ*, que je transmets aux générations à venir, les erreurs et les crimes de la génération actuelle. Placer à la tête du récit que je vais en tracer, le nom du plus vertueux des monarques, c'est prendre avec moi-même un engagement de plus de rester scrupuleusement fidèle à la vérité.*

Daignez, SIRE*, accueillir avec quelque bonté, un écrit principalement destiné à rappeller aux François de tous les siècles, les droits de votre couronne, les prodiges de votre amour, et les qualités magnanimes de votre auguste compagne.*

Je suis, avec le plus profond respect,

SIRE,

DE VOTRE MAJESTÉ,

Le très-humble, très-soumis, et très-fidèle serviteur et sujet,

MONTJOYE.

AVERTISSEMENT.

L'INDULGENCE avec laquelle le journal intitulé l'*Ami du Roi*, a été accueilli, et le succès prodigieux qu'il eut dès les premiers jours de sa naissance, ont valu, il est vrai, à l'auteur, quelques persécutions ; mais il en a été glorieusement dédommagé par les suffrages de la saine partie du public, et il n'a éprouvé d'autres regrets que de n'avoir pas commencé plutôt la tâche pénible à laquelle il s'est dévoué.

La feuille, en effet, que M. Montjoye donne journellement, depuis le premier juin 1790, laisse ignorer tous les événemens qui se sont passés avant cette époque. Le vœu de la plupart de ses souscripteurs, l'intérêt même de la vérité, le déterminent aujourd'hui à remplir ce vuide. Les personnes donc qui se procureront ce supplément à son travail journalier, et qui continueront à souscrire pour la feuille intitulée l'*Ami du Roi*, auront une collection complette de tous les événemens relatifs à la révolution, qui l'ont précédée, accompagnée et suivie ; collection d'autant plus précieuse, qu'étant en entier l'ouvrage du même auteur, elle présentera la double uniformité, et de style, et de principes.

Il étoit d'autant plus important que l'auteur se livrât à ce nouveau travail, qu'en vain chercheroit-on la vérité dans la plupart des écrits sur la révolution, qui ont paru avant l'époque du premier juin. Avant comme après cette époque, que trouve-t-on dans presque tous les journaux qu'elle a fait naître ? Des erreurs, des mensonges, des calomnies, des blasphêmes. A l'exception d'un petit nombre, où l'on disserte plus qu'on ne raconte, on doit les regarder comme des libelles incendiaires, et non comme des mémoires du tems actuel.

Dans cette partie de la révolution, que M. Montjoye conduit jusqu'au premier juin 1790, il s'est attaché uniquement au simple récit des faits, et à donner à la narraton cette rapidité qui ne laisse échapper d'autres réflexions que celles que fait naître naturellement le sujet.

AVERTISSEMENT.

Parmi ces faits, les uns ont pour garant la notoriété publique, et on ne l'accusera pas d'avoir imaginé ceux-là; s'il les altéroit, il décrieroit lui-même un écrit qu'il lui importe de faire regarder comme un monument d'impartialité.

Quant aux faits moins connus, il n'en rapportera aucun, qu'en indiquant les sources où il les aura puisés, et tous les témoignages qui attesteront sa sincérité.

Enfin, il est un troisième ordre de faits; il en est qui ne sont appuyés, ni sur la notoriété publique, ni sur des autorités qu'on puisse produire. A l'égard de ceux-là, l'auteur n'aura garde de les donner comme certains; mais il exposera les raisons qui le font pancher à les croire véritables.

En un mot, on ne trouvera dans son ouvrage, qu'un récit rapide et scrupuleusement fidèle des innovations dont nous sommes témoins depuis dix-huit mois; on n'y lira que des jugemens impartiaux, et des anecdotes authentiques, dont quelques-unes sont peu connues sur les causes, les hommes, les opinions et les écrits qui ont influé sur la révolution.

Si l'on reprochoit à l'auteur que le titre même de son écrit est un aveu de sa partialité, et qu'en se déclarant ouvertement l'*Ami du Roi*, il abandonne cette neutralité parfaite, qu'on croit être le premier devoir de l'historien, il demanderoit à son tour, si, dans les circonstances actuelles, cette neutralité parfaite n'est pas une chimère, si, pour être historien, on en a moins un Dieu à adorer, un roi à servir, une patrie à chérir, des principes à respecter. Il demanderoit si l'on ne peut rester impartial, qu'en adulant les rebelles, les brigands, les asssasins. Non, non: rester neutre entre la folie et la sagesse, c'est une lâcheté; et ce n'est point à une main profane à manier le pinceau de l'histoire.

Au surplus, en accordant que l'auteur est plutôt l'avocat d'un parti, que l'historien de tous les deux, la collection qu'il offre aujourd'hui au public n'en seroit pas moins intéressante et nécessaire à la postérité, à qui il importe d'avoir les pièces contradictoires du procès réservé à son jugement.

Si cet écrit lui parvient, elle apprendra par quel enchaînement de causes la France fut souillée des plus grands forfaits, sous le règne du monarque le plus vertueux;
elle

AVERTISSEMENT.

elle ne verra pas sans surprise tant de bonté d'une part, et de l'autre tant d'ingratitude ; elle déplorera sans doute notre aveuglement, mais elle flétrira de toute son exécration les malheureux qui sont parvenus à effacer de presque toutes les ames les principes de religion, de justice, de fidélité, de reconnoissance.

En parlant aux siècles à venir, en leur transmettant les erreurs et les crimes de la génération actuelle, l'auteur parle aussi à ses contemporains. Ah ! quelle douce, quelle flatteuse récompense il recevroit de son travail, s'il pouvoit croire qu'il a contribué à dissiper le funeste charme qui séduit une partie si nombreuse du peuple ; s'il pouvoit se flatter que son zèle et ses efforts ont pu contribuer à ramener au plus généreux des monarques, des sujets dont aucun de ses aïeux ne mérita plus que lui d'être idolâtré !

Et vous, fille des Césars, reine infortunée, vous dont la vie est pleine de traits qui décèlent l'ame la plus sensible, la plus compatissante, et qui, au milieu des plus grands revers, sous la hache même des assassins, avez montré tant de qualités magnanimes, l'arroserez-vous toujours de vos larmes, ce trône que vous embellissez ? Ah ! du moins cet écrit attestera à la postérité, que, quand vous n'eussiez pas été la fille de Marie-Thérèse, la compagne de notre roi, vous eussiez encore mérité tout notre amour et toute notre vénération.

Ne vous lassez pas d'être généreuse, veillez sur cet auguste enfant, espoir de la nation, qui, dans cette fatale journée où les marches du trône furent ensanglantées, ne reçut que vos pleurs, au lieu du pain qu'il vous demandoit. Que, par le plus tendre attachement, que, par sa docilité aux leçons que vous lui donnez pour le bonheur de tant d'ingrats, il vous console de toutes nos injustices !

Puisse enfin le ciel hâter le jour heureux où nous verrons les parjures et les traîtres, qui ont attristé l'ame de notre roi, recourir à sa clémence !

L'Ami de cet excellent Roi, l'Ami des François, peut-il former d'autre vœu, peut-il faire entendre d'autre cri ? Toutes les pages de l'histoire qu'il présente aujourd'hui au public, en seront l'expression ; elle doit, cette histoire, consoler les gens de bien, et faire pâlir les méchans : c'est *dans ce sens* seul, c'est dans cet esprit, qu'elle est écrite.

AVERTISSEMENT.

L'intention de l'auteur étoit d'abord de ne prendre la série des événemens, qu'à l'époque du premier avril 1789; mais il a considéré qu'il ne lui suffisoit pas de présenter le tableau de la révolution, qu'il lui falloit encore indiquer au moins les principales causes qui l'ont amenée, et tracer aussi l'image des convulsions qui l'ont immédiatement précédée. Pour remplir ce double objet, il a d'abord jeté un coup-d'œil rapide sur la chaîne des événemens dont le dernier anneau est la révolution, et ce coup-d'œil lui fait découvrir les routes qui ont conduit au but auquel nous nous trouvons arrivés. Se fixant ensuite à l'instant où la France commence à s'agiter douloureusement, là il s'arrête; et c'est à cette crise que commence son récit. L'envoi au parlement de l'impôt territorial et de celui du timbre, donna le premier ébranlement, qui a fini par renverser les bases de la monarchie. Ce sera donc à ce premier symptôme des mouvemens convulsifs dont la France n'a cessé d'être agitée jusqu'à ce jour, que commencera l'histoire de la révolution qui l'a défigurée: on aura, au moyen de cette histoire et du journal qui lui sert de suite, des mémoires où l'on trouvera tous les événemens dont nous avons été témoins depuis le commencement de l'année 1788. L'auteur pense qu'on lui saura quelque gré des recherches qu'il a été obligé de faire, pour donner ce mérite de plus à son travail.

On conçoit, par exemple, que pour l'histoire de l'année 1788, et du commencement de celle de 1789, il a été foiblement aidé par les journaux du tems. Pour composer cette partie de son ouvrage, il a été obligé de puiser dans des correspondances particulières, et dont l'authenticité lui étoit connue, tous les événemens qu'il n'a pu voir par lui-même; et il ne pourra qu'être agréable au lecteur, d'avoir sous les yeux un récit dont les matériaux se trouvent dispersés dans différens portefeuilles, qu'il n'est pas aisé de se procurer.

L'AMI DU ROI,

DES FRANÇOIS,

DE L'ORDRE ET SUR-TOUT DE LA VÉRITÉ;

OU

HISTOIRE

DE LA RÉVOLUTION DE FRANCE,

ET DE L'ASSEMBLÉE NATIONALE.

CHAPITRE PREMIER.

INTRODUCTION.

LE règne de Louis XIV, de ce prince dont les novateurs ont tant calomnié la magnanimité, la pompe, les succès, les revers, fut l'époque du plus haut degré de grandeur où la monarchie françoise soit parvenue; mais c'est là aussi peut-être qu'il faut rechercher les premieres causes de l'état déplorable où nous la voyons réduite.

Depuis la mort de ce monarque, la majesté de l'empire françois, s'est insensiblement éclipsée. Les funestes et hardies conceptions de l'étranger Law aggrandirent le mal qu'il vouloit guérir; et tandis que cet empyrique, étonné lui-même des mouvemens convulsifs que sa main imprimoit à tout l'état, bouleversoit et la fortune publique, et les fortunes particulières, l'air pestiféré qui s'exhaloit d'une cour dont le chef et le principal ministre se vautroient dans la fange de tous les vices, se répandoit sur la surface du royaume, et corrompoit toutes les mœurs. C'est là, c'est dans ce palais que Richelieu régnoit despotiquement sur son roi, et humilioit la noblesse; c'est là que le régent et Dubois oublioient dans la débauche, les dangers de la France; c'est de-là enfin que s'est écoulé de nos jours, le poison qui a corrompu toute la masse du corps politique: nous y avons entendu prêcher le régicide; nous en avons vu sortir les furies qui ont armé de torches et de poignards, des légions de brigands et d'assassins. Palais détestable, monument odieux qui pèse sur le sol de notre patrie; l'air qu'on y respire est contagieux, et l'homme de bien doit craindre d'en approcher.

Des disputes théologiques signalèrent les premières années du long règne de Louis XV. On s'aigrit, on s'échauffa; quelques actes d'autorité que le gouvernement crut nécessaires pour réprimer des querelles dont les progrès eussent pu troubler la société, et affliger la religion, ont servi, dans ces derniers jours, de prétextes, pour appeler despotisme ce qui n'étoit qu'un pouvoir tutélaire.

Louis XV étoit bon et confiant, et, quoi qu'on en ait pu dire, il eût des ministres habiles; mais l'instabilité dans les principes, des guerres longues et dispendieuses, des opérations de finance malheureuses, alarmèrent les créanciers de l'état, et préparèrent tous les maux qui sont venus fondre sur nous.

Un autre fléau dût sa naissance au règne de Louis XV: aux écrits sur la religion se mêlèrent les écrits sur la philosophie. S'il suffisoit pour contenir les peuples, d'avoir de l'or et des soldats, les trônes seroient inébranlables, et ceux que la providence y a placés, pourroient impunément dédaigner les blasphêmes de l'impiété et de la licence ; mais que peuvent l'or et les soldats contre l'opinion ? ce sont les écrivains qui la forment, et c'est sur eux que le gouvernement doit étendre sa vigilance.

A l'époque dont nous parlons, le ridicule fut versé à pleines mains sur les vérités les plus saintes ; les prêtres furent insultés, calomniés dans mille pamphlets. Un corps célèbre qui, dans ce nouveau genre de combat, montroit un courage sans cesse renaissant, fut détruit, et ce fut une digue de moins contre le torrent qui se débordoit. Alors se forma cette ligue, cette conspiration contre l'auteur même de notre religion : les conjurés se réunissoient chez un étranger, que ses démêlés avec J.-J. Rousseau ont rendu célèbre ; ils entretenoient une correspondance dans toute l'Europe, et au-delà même des mers ; un souverain entra dans cette conjuration. Ses chefs sont morts, mais ses disciples vivent ; ils ont hérité de tout le fanatisme de leurs maîtres, et les principaux changemens dont nous sommes témoins, ne sont que l'exécution du sacrilége complot conçu par ces derniers.

A cette époque donc, les apôtres de la philosophie des Epicure, des Celse, des Porphire, firent circuler avec audace leur doctrine incendiaire ; tout fut mis en problême ; on prêcha le déisme, l'athéisme, le matérialisme. *La religion*, disoit l'un d'eux, *est le digne sujet d'un poëme épique..... Il n'y a rien d'absolument juste, injuste, comme il n'y a ni vices, ni vertus..... C'est faire honneur à l'homme, que de le ranger dans la classe des animaux..... L'univers ne sera jamais heureux que quand il sera athée..... Il est égal à notre repos qu'il y ait un Dieu, ou qu'il n'y en ait pas* (1).....

Le trône ne fut pas plus respecté que l'autel ; on essaya d'ôter tout frein aux sujets, comme aux rois ; on apprit à ceux-ci que *le peuple est un animal qui ne se laisse point conduire* (2) ; on exhorta ceux-là à secouer même le joug de la loi naturelle ; car, disoit encore le malheureux dont, en rougissant, nous venons de rappeler quelques blasphêmes : *Si les animaux n'ont pas des remords, ou même s'ils sont privés du sentiment que donne la connoissance du bien et du mal, l'homme est dans le même cas ; adieu donc la loi naturelle.*

Ces principes avoient germé dans presque toutes les classes de la société, lorsque Louis XVI hérita de la couronne : les premiers actes de son autorité furent des bienfaits ; et si le bien ne s'est pas opéré sous le gouvernement de ce prince, il faut d'autant plus s'en étonner, qu'il eut des ministres éclairés et vertueux, et que tous ont trouvé dans sa probité, dans son économie, et dans l'amour qu'il n'a cessé de porter à son peuple, toutes les sortes de facilités pour parvenir à une amélioration générale.

L'amour des innovations, l'esprit de système, une guerre d'outre-mer, une certaine inquiétude qui travailloit presque tous les esprits, qui rendoit indifférent au bien dont on jouissoit, et faisoit soupirer après un mieux qu'on croyoit entrevoir, la vétusté enfin de l'empire ; car les corps politiques ont, comme les corps physiques, un tems de vigueur, de décadence et de mort : tels sont sans doute les premiers obstacles qui se sont opposés aux vues du plus généreux des souverains.

Un ministre, homme de bien, succéda dans l'administration des finances, à un ecclésiastique dont la conduite dans le ministère fut décriée avec un acharnement qui exagéra, aux yeux du peuple, la pénurie où l'on supposoit qu'étoit dès-lors le trésor royal. M. Turgot manifesta et avoit réellement des intentions droites : élevé à l'école de l'ami des hommes, il en avoit adopté la théorie économique ; ses idées et ses opérations sur la liberté de l'exportation des grains, sur celles de toutes les sortes de commerce, produisirent une certaine agitation ; il fit peu de bien et beaucoup de mécontens.

Le ministère de M. Turgot fut l'époque de la première insurrection qui ait souillé le règne de Louis XVI ; et cet événement eut cela de remarquable que, quoiqu'il fût annoncé plusieurs jours d'avance, que quoiqu'alors la police fut armée, pour la sûreté publique, de la plus grande force, l'insurrection ne s'opéra pas moins. On fit dire au roi qu'il connoissoit les auteurs de l'émeute, et cependant on ne les nomma pas ; ce fut une faute : on donna à croire que, dès ce moment, le trône avoit des ennemis secrets, assez redoutables pour qu'on n'osât pas les punir ; et le trône s'avilit aux yeux de la multitude, lorsqu'elle peut penser que le prince qui y est assis, connoît le sentiment de la crainte. On se borna au supplice de deux malheureux pris au hasard dans la foule des mutins ; ce fut encore une faute : le supplice, en inspirant de la pitié pour les victimes, n'inspira aucune horreur pour l'insurrection.

Je ne dois pas omettre une particularité indifférente en elle-même, mais qui ne l'est plus, quand elle se réunit aux autres causes qui ont produit une grande explosion ; je veux parler de ce désastre qui changea en jour de deuil, le jour où le roi actuel, alors dauphin, unit sa destinée à celle de la fille de Marie-Thérèse. La place Louis XV, où le peuple s'étoit, sur le soir, porté en foule, pour y jouir du spectacle d'un feu d'artifice, fut, en un instant, couverte de cadavres ; les rues adjacentes en furent engorgées;

---

(1) V. OEuv. philoso. de la Métrie *passim*.

(2) Idem.

engorgées : le lendemain matin, la mort se présenta aux yeux des parisiens, qui accoururent, sous les traits les plus hideux ; chacun cherchoit une épouse, un père, un fils ; la consternation étoit générale. Deux jours après, la foudre frappa et renversa l'échafaudage qui avoit servi pour le feu d'artifice. Ces deux événemens n'ont sans doute rien que de naturel, mais ils ont affligé; ils ont gravé dans l'esprit du peuple des idées tristes et sombres ; ils ont jetté dans son ame des ressentimens sinistres sur des liens tissus sous de tels auspices, et les factieux ont su trouver dans ce préjugé populaire, de nouveaux prétextes pour éveiller et nourrir la haine de la multitude.

La manière dont les finances furent administrées après la retraite de M. Turgot, ne présenta rien qui pût alarmer les peuples ; cependant, dès-lors se répandit et s'accrédita le bruit, que les contributions publiques ne pouvoient plus suffire aux dépenses de l'état, encore moins à l'acquittement de ses dettes ; et c'étoit une opinion assez généralement répandue, que les ministres n'avoient plus d'autre étude qu'à reculer le moment d'une catastrophe qu'on disoit inévitable.

Ce fut aussi vers ce tems-là qu'on commença à faire circuler dans le public des pamphlets, des libelles, des couplets satyriques contre l'auguste compagne de notre roi, qui déceloient, ou de grands sujets de mécontentement, ou de bien sinistres intentions. Aux écrits se mêlèrent les calomnies qu'on débitoit de vive voix ; les honnêtes gens n'ont jamais cru ni aux uns, ni aux autres. La vie publique de la reine a toujours été conforme à la dignité de sa naissance, et à la majesté du trône de son époux. Quant à sa vie privée, si elle offre des taches, il ne suffit pas de le dire, il faut le prouver ; et dans cet amas impur de feuilles anonymes, où la fille de Marie-Thérèse a été outragée avec une impudence, dont il n'y avoit jamais eu d'exemple, on ne trouve aucun fait avéré, on ne lit que des contes qui n'ont pas même le mérite de la vraisemblance. Mais ce qui est hors de doute, c'est que la reine, dans sa vie privée, s'est toujours montrée excellente épouse, mère tendre et vigilante, amie constante et généreuse. Le bonheur du peuple françois, la gloire de son époux, l'instruction de ses enfans, n'ont cessé d'être les premiers objets de sa sollicitude. Retirée à Saint-Cloud, à l'époque où ses augustes enfans furent inoculés, elle portoit l'attention jusqu'à rester renfermée dans ses appartemens, les jours où le peuple venoit visiter le parc, ne voulant, ni le priver de cette promenade, ni s'exposer à communiquer à aucun de ceux qui l'approcheroient, l'air contagieux qu'elle respiroit dans l'intérieur du château.

Son attachement pour son époux n'est pas moins certain ; et de tous les faits qui l'attestent, je me borne à un seul, qui est moins connu. Dans les premiers jours où le tiers-état se constitua en assemblée nationale plusieurs membres de cet ordre ayant été admis à lui faire leur cour, et lui offrant l'hommage de leur zèle, de leur fidélité, de leurs services : *Tout ce que je vous demande*, leur répondit la reine, qui les avoit écouté avec beaucoup d'indifférence, *c'est que le roi soit respecté*.

Quant à l'éducation de ses enfans, personne n'ignore avec quel zèle, avec quelle patience elle y veille elle-même : tout le monde sait qu'elle est leur première comme leur principale institutrice ; qu'elle exige qu'ils viennent chaque jour, et à des heures réglées, lui rendre compte de leurs leçons ; que, malade même, elle les fait approcher de son lit, et ne s'exempte pas de cette pénible tâche.

Les calomnies, cependant, dont la reine, dès le commencement du règne actuel, a été l'objet, ont disposé le peuple aux soupçons, à la méfiance, à la haine ; et tel est presque toujours le succès des impostures sans cesse répétées, parce que, comme dit un historien, *on approfondit rarement les calomnies secrètes, par paresse, par distraction, par la peine qu'il y a d'avouer qu'on s'est laissé tromper, et qu'on s'est livré à une crédulité précipitée*. C'est ainsi, ajoute le même auteur, *que la vertu la plus pure et la fidélité la plus irréprochable, sont souvent accablées* (1).

Je reviens au récit des événemens politiques, que je n'ai interrompu que pour indiquer une des causes qui ont préparé aux sacrilèges dont le trône a été souillé. M. Necker enfin parut : ses ressources furent les emprunts, et son moyen la confiance qu'il inspiroit : il suffit à tout, même aux dépenses exorbitantes de la guerre d'Amérique ; mais il fut aisé de s'appercevoir qu'il échoueroit contre deux écueils ; trop avide de renommée, il l'étoit trop aussi de la faveur de la multitude. *Et malheur*, dit Pausanias, *à l'imprudent qui met son seul espoir dans l'amitié du peuple ; jamais il ne fera une heureuse fin*. Le premier, il tira une partie du voile qui avoit toujours caché les opérations de ses prédécesseurs ; mais cette révélation, en produisant une foule de dissertations critiques, ne dissipa aucun des soupçons que, depuis long-tems, on avoit conçu sur l'état des finances. Le premier aussi, il voulut établir les administrations provinciales ; c'étoit une nouveauté dangereuse qui tendoit à changer la constitution françoise ; et une constitution qui change, est une constitution qui s'altère. Le fruit de cette nouveauté fut d'alarmer les parlemens, qu'elle menaçoit, et de répandre trop généralement le goût des sciences admitistratives.

Des prétentions, peut-être légitimes, de la part de M. Necker, une antique et sage maxime du conseil, l'obligèrent de quitter une place que ces hommes,

(1) Rollin, hist. anc. Tom. VI, pag. 639.

dont le froid égoïsme et dont l'avare cupidité spécule sans cesse sur la fortune publique, n'eussent jamais voulu lui voir abandonner. Sa retraite fit pousser parmi eux des cris de désespoir, répandit une sorte d'inquiétude dans le reste de la société, et rendit le fardeau qu'il abandonnoit, presque insupportable à ceux qui s'en chargèrent après lui.

A MM. de Fleury et d'Ormesson succéda M. de Calonne. Doué d'un génie lumineux, d'une éloquence douce, d'un travail facile, d'un courage peu ordinaire, il osa tout; il embellit la capitale, ordonna les travaux de Cherbourg, entreprit sur presque tous les points de la France, des travaux utiles, fit sur les monnoies une opération sage, heureuse, nécessaire, et excessivement censurée; ce qui prouve toute l'injustice de la prévention, et il y en eut toujours beaucoup contre ce ministre. Affable, sensible, magnifique, il eut des amis ardens; mais ses ennemis l'emportèrent; et voulant, pouvant tout sauver, il perdit tout.

Nous étions sur les bords d'un abîme; nous allions y être engloutis : les notables furent appelés; ils virent le précipice; ils en sondèrent mal la profondeur; mais ce qu'ils en firent connoître à la nation, répandit un effroi général. Le monarque fut investi : un cri presque général s'éleva contre l'administration de M. de Calonne; on voulut le rendre responsable du *déficit* qu'il dévoiloit; on l'accusa d'avoir prodigué l'or aux courtisans, et de s'être conquis, avec le trésor de l'état, l'amitié de M. le comte d'Artois et la protection de la reine. La publication du livre rouge doit avoir détruit cette double imposture aux yeux de tout homme impartial. Quant à ceux qui, malgré cette preuve, persistent à croire le mensonge, qu'ils nous disent donc sur quelle autorité ils fondent leur croyance; qu'ils nous indiquent des traces de cette criminelle coalition entre trois personnes intéressées à la prospérité de l'état, et dont le but auroit été de dissiper la fortune publique. Cependant cette nouvelle calomnie, répandue et accréditée avec opiniâtreté, a contribué plus qu'une autre, non-seulement à la chûte du ministre, mais encore à envenimer les cœurs contre le prince et contre la reine. M. le comte d'Artois a avoué publiquement qu'il étoit l'ami de M. de Calonne; et comme il n'a fait cet aveu qu'après la disgrace du ministre, tout ce qu'on peut raisonnablement en conclure, c'est qu'il honore les deux amis. Quant à la reine, il est démontré, que non-seulement elle n'eut aucune part à l'élévation de M. de Calonne, mais encore qu'elle n'eut jamais une idée avantageuse de ses talens en administration. J'invoque, à cet égard, le témoignage de toutes les personnes instruites; et, si l'on veut persuader à la postérité que le feu empereur recevoit, chaque mois, de la reine de France, des sommes puisées dans les fonds publics, il faut appuyer cette assertion sur d'autres autorités que sur des contes populaires.

Par une fatalité attachée à la destinée de cette princesse, on a toujours voulu la rendre responsable des maux du royaume; et pour l'immoler à la haine publique, on a eu recours à toutes les sortes de reproches; ceux qui les ont cru, n'ont jamais fait attention que les calomniateurs se contredisoient; car en même tems qu'ils supposoient à la reine une familiarité excessive, incompatible avec la dignité de sa naissance, et l'éminence de son rang, ils lui attribuoient une hauteur repoussante, un orgueil qui tenoit de la dureté, et qui humilioit les grands attachés à sa personne. En même tems encore qu'ils publioient qu'elle puisoit journellement, et avec la plus grande facilité, dans le trésor public, des sommes énormes qu'elle employoit à des fantaisies dispendieuses, ou à satisfaire aux desirs de l'empereur son frère, on vouloit qu'elle eut recours à un vil stratagême pour se procurer un collier bien au-dessous sans doute de la fortune de la première reine de l'Europe.

La publicité donnée à la scandaleuse aventure de ce collier, est une erreur du gouvernement; elle a fait germer de grands mécontentemens; elle a altéré des cœurs, dont la vengeance pouvoit embarrasser dans des tems de troubles; et c'étoit un spectacle qu'il ne falloit point donner au peuple, que celui de traîner du pied des autels dans le fond d'une prison, et de soumettre aux humiliations d'une procédure judiciaire, un homme qui réunissoit de grandes dignités, et qui tenoit à une famille illustre, puissante et nombreuse.

Mais l'extrême justice du roi, son horreur invincible pour les procédés lâches et bas, ne lui permirent pas de faire toutes ces considérations, et il punit le crime là où il crut le trouver. Ce méprisable procès n'est plus aujourd'hui un problème; toute la honte en est retombée sur cette vile créature, qui ne sortit un instant de la fange que pour s'y replonger; mais ce reptile conserve tout son venin, et que de ressorts n'a-t-on pas fait jouer, et ne fait-on pas jouer encore dans ce moment, pour qu'il vienne de nouveau souiller le trône !

Avant le départ de M. de Calonne, il s'étoit élevé entre lui et M. Necker, un différend qui n'est point encore terminé. La recette des deniers publics étoit-elle supérieure ou inférieure à la dépense, lors de la retraite de M. Necker ? Telle est la question dont il importoit aux François d'avoir la solution. C'étoit à l'assemblée nationale à la leur donner; c'étoit à elle à leur présenter le tableau fidèle, le tableau annuel et journalier du montant et de l'emploi des recettes. Ce devoit être là première de ses opérations sur les finances. Ce travail eût calmé toutes les méfiances; il eût obtenu ce que les prières, les sollicitations, les efforts n'obtiendront plus, parce que s'il eût été offert dans les premiers jours de la révolution, chacun se fut empressé de contribuer à remédier à un mal qui alors n'étoit pas incurable; mais aujourd'hui nous avons la cruelle certitude qu'il l'est, que les ressources du plus riche empire de l'univers, ne suffisent plus à sa restauration, et la terrible révélation viendra trop tard.

M. de Calonne, en fuyant la cour et la France, eut la douleur de se voir donner pour successeur un de ses plus ardens ennemis; mais il a eu aussi depuis la consolation que ce successeur n'a pas fait mieux que lui, et personne n'a plus de droit à se dire auteur de la révolution de France, que M. de Brienne. Mal famé dans son ordre, prôné par les philosophes et quelques courtisans, il ne se contenta pas du poste qu'il trouvoit vacant, il voulut jouir d'une plus grande portion d'autorité; et plus il s'éleva, moins il parut grand. Il ne sut que suivre les erremens de M. de Calonne, et il marcha dans cette carrière avec toute la hauteur de Richelieu, mais aussi avec toute l'incapacité d'un homme qui n'a pas les premières notions de l'art de gouverner. Il compromit l'autorité de son roi, irrita le premier prince du sang, brisa les parlemens, froissa tous les corps, menaça toutes les fortunes, c'est-à-dire, que pour se procurer de l'or, il tarit toutes les sources qui pouvoient lui en donner.

Sous l'administration de M. de Brienne, le sang commença à couler en France; il voulut exécuter avec le fer des soldats, des plans qui n'étoient pas exécutables, parce que l'opinion, ou si l'on veut, la prévention générale les repoussoit, et lorsque précipité des marches du trône, par le vœu presque unanime, il se retira en Italie, couvert de dignités, et du mépris de ses concitoyens; on vit ce qu'on n'avoit vu qu'une fois depuis la naissance du christianisme; on eût le scandale d'un nouveau suicide dans le collège des apôtres.

Avant d'abandonner les rênes du gouvernement, le prélat épouvanté des convulsions qui agitoient la France, crut qu'elles menaçoient le royaume d'une entière dissolution; et, pour la première fois, écoutant, au lieu de la diriger, l'opinion publique, suivant le torrent, au lieu de le détourner, il ouvrit la boîte qui versa sur notre infortunée patrie, tous les maux qui la désolent; il lui donna les états-généraux et M. Necker.

Ce ministre, pendant sa retraite, s'étoit occupé de quelques écrits, dont l'un est nécessaire à tous ceux qui sont appelés à administrer les finances, et l'autre sur les opinions religieuses, ne mérita pas, quoique couronné par une académie, les succès qu'il eût. Ces écrits, en ramenant sur lui l'attention publique, avoient empêché ce peuple frivole, qui oublie l'homme de la veille pour l'idole du jour, de le perdre de vue. Sa rentrée dans le ministère fut un véritable triomphe, mais il la dut moins à la faveur des grands, à l'amitié et à l'estime de son prince, qu'à l'engouement irréfléchi d'une nation inconsidérée et extrême dans sa gratitude comme dans sa vengeance. Il fit de son mieux,

il rappela les parlemens, versa une partie de sa fortune dans le trésor royal, soutint par son crédit personnel, le crédit national, et détermina le roi à avancer la convocation des états-généraux; par-là il se rendit agréable, mais par-là aussi il donna à croire et à la France et à l'Europe, que jusqu'à cette époque, il n'étoit possible ni d'améliorer la perception des impôts, ni d'acquitter les engagemens de l'état, ce qui étoit évidemment une erreur; car un ministre habile eût su, en louvoyant, conduire le navire public au port.

L'époque des états-généraux fut donc avancée et annoncée pour le 27 avril 1789. A l'instant tous les François qui s'étoient réunis pour demander une assemblée de représentans, se divisèrent en différens partis. Les parlemens d'abord invoquèrent les lois du royaume; ils demandèrent la forme de 1614; ils ne pouvoient, ni ne devoient en connoître d'autre; ces grands corps avoient jusqu'à ce moment fait effort contre l'autorité arbitraire, et ils lui avoient toujours été odieux: dans cette occasion, ils firent effort contre la licence, et ils devinrent odieux au peuple. Le clergé et la noblesse votèrent comme les parlemens, et dès lors commença entre les deux premiers ordres et le peuple, entre l'élite et l'autre partie de la nation, entre les propriétaires et ceux qui ne tiennent à aucun pays, cette guerre qui dure encore aujourd'hui, et embrasera encore long-tems le royaume.

La fermentation étoit grande; les écrits se multiplioient et dans la capitale et dans les provinces; dans tous, les principes étoient outrés; on y exagéroit les droits du tiers-état; les auteurs parloient à la nation, non comme à une société qui avoit déja quatorze siècles d'existence, mais comme à une aggrégation d'hommes tous égaux en prétentions, en droits sur le sol qu'ils trouvoient vacant, et où ils arrivoient pour se donner une forme de gouvernement, qui ne supposoit aucune convention antérieure. Tel est le caractère du François; impétueux, il s'élance au-delà des bornes, et M. Necker, au lieu de le contenir en-deçà, l'abandonna à toute sa fougue. Il jeta la cour dans l'indécision, et feignit lui-même de l'incapacité à résoudre la grande question qui s'agitoit alors. On demandoit si le tiers-état devoit avoir un nombre de représentans égal à celui des deux premiers ordres. Question évidemment subordonnée à celle-ci: délibérera-t-on par ordre ou par tête? Dans le premier cas, qu'importoit au tiers-état une représentation inférieure, égale ou même supérieure à celle des deux premiers ordres? Dans le second cas, c'étoit demander si l'on vouloit changer les formes antiques et constitutionnelles de la monarchie. Cette question en outre étoit captieuse, et, si j'ose le dire, incendiaire, car elle indiquoit clairement à la nombreuse classe qu'il falloit soulager, mais non élever, que de quelque manière qu'elle fut résolue, elle gagneroit tout, si elle conquéroit la délibération par tête.

Les notables furent de nouveau appelés pour résoudre cet étrange problème ; et comme ils étoient composés des deux premiers ordres, ils pensèrent que les deux colonnes de l'état ne devoient pas se renverser d'elles-mêmes, et que les fondateurs de la monarchie ne devoient pas en être les destructeurs. Ils refusèrent donc la double représentation au tiers-état. Le seul bureau présidé par Monsieur, frère aîné du roi, émit un vœu contraire. Hélas ! cette condescendance n'a pas conquis à ce prince la faveur de la multitude ; mais la postérité applaudira à la sagesse qui l'a rendu nul pour les factieux.

En obtenant la double représentation, le tiers-état obtint par le fait, et comme c'étoit sans doute le but de ceux qui demandoient cette destructive innovation, un nombre de voix supérieur à celui des deux premiers ordres, parce que le clergé se trouvoit lui-même composé de deux classes, dont la seconde étoit formée de membres pris dans le tiers-état.

Telle est la chaîne des événemens qui ont précédé l'époque à jamais mémorable de 1789, telle est l'influence qu'ils ont eue sur la révolution. Parmi les causes qui l'ont amenée, il en est une qui agit depuis plus de deux siécles, qui n'a été remarquée par aucun écrivain moderne, et que je vais développer dans le chapitre suivant.

CHAPITRE

CHAPITRE II.

De l'influence qu'ont eu les calvinistes sur la révolution.

Au moment où les états-généraux furent convoqués, où un administrateur mal-adroit, se jetta dans un dédale dont il ne put jamais trouver l'issue, où les esprits s'échauffèrent et se divisèrent, où l'attente de grands changemens fit entrevoir un nouvel ordre de choses, où des prétentions inouies jusqu'alors annonçoient déjà l'abaissement du trône, l'humiliation du clergé, le malheur de la noblesse, tous ceux qui se crurent appelés à jouer un rôle, conçurent de nouvelles espérances, tous les germes des haines particulières et domestiques se développèrent, tous les mécontens enfin montrèrent plus d'audace. Parmi ces derniers, il faut distinguer sur-tout ces hommes dont les opinions religieuses ne peuvent se concilier avec la tranquillité des états monarchiques; et tels sont les disciples de ce farouche sectaire, qui, par ses entreprises quand il vécut, et par sa doctrine lorsqu'il ne fut plus, n'a cessé de déchirer le sein de la patrie où il naquit.

Le calvinisme, dit un écrivain moderne, manifesta dès son berceau, ses principes de licence et de rebellion. Réprimé sous les règnes de François I, de Henri II, de Louis XIII, abattu sous celui de Louis XIV, il n'a jamais perdu l'espoir de se relever, et de se venger des humiliations qui ont été les châtimens de son orgueil et de son indépendance. C'étoit un ennemi secret que la France nourrissoit dans son sein, et qui a profité des nouvelles circonstances pour rouvrir toutes ses plaies.

La conduite que les calvinistes ont tenüe dans tous les tems, est celle que tiennent aujourd'hui les novateurs, les principes qu'ils ont toujours professé, sont ceux que professent aujourd'hui les factieux : la part, en un mot, que cette secte audacieuse a eue à la révolution, n'est pas douteuse; et il devient important de se livrer à un examen qui dévoile cette influence.

Sous le nom hypocrite de réforme, le calvinisme n'a cessé d'ébranler l'autel : son premier attentat contre le trône, fut le projet d'enlever François II; il fut bientôt suivi du ravage de nos provinces, conçu dans des assemblées séditieuses. Coligny osa disputer à son souverain sa garde; il le menaça d'une *adresse* signée par cinquante mille gentilshommes. Les états d'Orléans dénoncèrent le calvinisme comme la cause des troubles publics : l'édit de 1615 proscrivit le culte et les assemblées de cette secte; elle brava, et le législateur, et la loi. Dans une de ces assemblées, les calvinistes déclarèrent que *la religion catholique devoit être anéantie dans le royaume*; et, comme les réformateurs de nos jours, ils ne cessoient de prêcher *la nécessité d'une réforme dans la doctrine et dans les mœurs*.

En même-tems qu'ils la prêchoient, ils désoloient les campagnes, brûloient et démolissoient les églises, pilloient les vases sacrés, abolissoient le sacrifice de nos autels, enterroient tout vivans les religieux et les prêtres, portoient des mains sacrilèges sur nos mystères, soulevoient le peuple, poignardoient les gouverneurs, dispersoient les reliques des martyrs, chassoient les évêques de leurs siéges, les chanoines de leurs églises, les religieuses de leurs couvens : ils mutiloient les images, brisoient les autels, violoient même la sépulture de nos rois.

Si l'on croit que j'exagère, et que je ne cherche qu'à faire un rapprochement imaginaire, qu'on ouvre les fastes de l'histoire; qu'on se rappelle le carnage horrible que les calvinistes firent à Orthès, des religieux, des prêtres et de la fleur de la noblesse; qu'on interroge les mânes de cette multitude de gentilshommes qu'ils poignardèrent à Pau. Ne tentèrent-ils pas d'enlever Charles IX à Meaux ? Ne donnèrent-ils pas le titre de lieutenant-général du royaume au prince de Condé ? Ne jurèrent-ils pas de sacrifier leurs biens et leur vie pour forcer Charles IX et la reine à sortir de la capitale ? Ne les vit-on pas, sous le règne de ce monarque infortuné, lever, au nom de leur lieutenant-général, les deniers royaux, assiéger ou incendier nos villes les plus importantes ? Ne livrèrent-ils pas le Havre-de-Grace aux anglois, à qui ils voulurent également vendre Calais ? La bataille de Dreux, l'assassinat du duc de Guise, les batailles de Saint-Denis, Jarnac et Montcontour, sont des preuves éternelles de leur haine pour la monarchie; et leur amour pour le gouvernement ré-

(8)

publicain, n'est pas douteux pour ceux qui ont lu le plan de l'*établissement d'une république en France*, qu'ils lurent dans une assemblée où ils avoient convoqué la noblesse du Poitou, de la Saintonge et de l'Angoumois : de-là leurs efforts pour détrôner l'infortuné Charles IX.

De-là leurs attentats contre Henri III, dont ils osèrent, lorsqu'il repassa en France, piller les équipages : de combien de forfaits ne souillèrent-ils pas le règne de ce prince ? Ils lui firent une guerre sanglante et opiniâtre, pillèrent, sous son règne, les caisses publiques, contraignirent les catholiques, le glaive sous la gorge, à fournir d'énormes contributions ; les églises furent démolies ou incendiées : ils déclarèrent le roi de Navarre et le prince de Condé, protecteurs-nés du royaume ; ils poussèrent à bout les catholiques, par leur intolérable rebellion ; et ce furent leurs forfaits qui enfantèrent cette ligue, ce monstre qui couvrit la France de sang, et donna à l'univers le spectacle horrible d'un régicide.

Leur implacable antipathie pour la royauté ne fut pas éteinte par l'élévation de Henri IV sur le trône ; ils n'en continuèrent pas moins leurs assemblées illicites, leurs insolentes demandes, leurs menaces séditieuses ; ils n'en firent pas moins, sous les yeux même des commissaires du roi, expédier des ordres pour saisir ses deniers dans quatre provinces ; ils n'en soulevèrent pas moins contre lui l'Angleterre, la Hollande et la Savoie, et la Navarre même ; enfin ils parvinrent à lui arracher, *pour la honte et confusion de l'état*, comme dit le chancelier de Chiverny, l'édit de Nantes.

Cet édit, bien loin d'adoucir leur fanatisme contre l'autorité royale, ne fit, ce semble, que l'irriter ; il ne les empêcha pas de se lier par des sermens sacrilèges, de refuser aux catholiques leurs églises, de les exclure des charges et offices publics, de mépriser les ordonnances du roi, d'entretenir avec les étrangers des correspondances criminelles, de continuer des assemblées illicites ; ils en vinrent jusqu'à demander la révocation de l'édit.

Ils renouvellèrent leurs attentats et leurs prétentions dans les premiers jours du règne de Louis XIII ; ils osèrent traiter avec lui comme de souverain à souverain ; ils traversèrent les négociations pour son mariage avec Anne d'Autriche, lui fermèrent le passage de la Guyenne, le sommèrent de *discontinuer son voyage*, firent des traités avec ses ennemis, brûlèrent l'arrêt d'une de ses cours souveraines, firent une confédération générale ; à Nîmes, ils prirent pour cri de sédition, *le roi est à Paris, et nous à Nîmes*. Enfin, ce fut sous ce règne que, *sous l'autorité souveraine de l'assemblée séante à la Rochelle*, ils dressèrent ce règlement en quarante-sept articles, qui transformoit la monarchie en plusieurs républiques confédérées. Ce monument de licence que l'histoire nous a conservé, peut-il permettre de douter qu'il ne soit essentiellement de l'esprit du calvinisme, de faire de ceux qui embrassent cette secte, de farouches républicains ? Enfin Richelieu ébranla ce colosse toujours menaçant, et, pour la première fois, les calvinistes implorèrent la clémence du roi.

L'histoire des désordres qu'ils n'avoient cessé de commettre en France, *leurs assemblées secrètes, leurs sermens d'association, leurs ligues avec l'étranger, leurs refus de payer les tailles, le pillage des deniers publics, leurs menaces séditieuses* ; tant de conjurations ouvertes, de guerres opiniâtres, tant de villes ou saccagées ou incendiées, de massacres réfléchis, d'attentats contre les rois ; tous ces sacrilèges (1) effrayèrent Louis XIV, et comprenant que tant que le calvinisme respireroit en France, ses sujets ne goûteroient aucun repos, il révoqua l'édit de Nantes.

Quoiqu'abattu, le calvinisme n'a cessé d'agiter la France, et n'a jamais perdu l'espoir de renaître de ses cendres ; il a toujours intrigué chez les puissances voisines ; aux grossières farces des ses prophetes et de ses prophétesses, succédèrent les horreurs et les brigandages des Camisards ; la conduite de cette secte sous la minorité de Louis XV, fut une infraction continuelle des lois du règne précédent, et dès que ce prince se vit engagé dans une guerre, les calvinistes recommencèrent leurs trames perfides ; jusqu'à ce moment on les a vu fidèles à l'esprit de leurs ancêtres, tantôt intriguer sourdement, d'autres fois se porter aux violences, aux assassinats même, et toujours porter avec impatience le joug de l'autorité royale.

Dans tous les tems ils ont eu auprès de la cour, des agens secrets pour veiller aux intérêts de leur parti, et épier les occasions qui pourroient lui procurer quelque avantage. Enfin l'assassinat prémédité des prêtres et des catholiques de Nîmes, vient encore récemment de prouver que l'esprit de ces sectaires est toujours le même ; que toujours ils sont altérés du sang de quiconque ne pense pas comme eux ; passionnés par-dessus tout pour le gouvernement populaire, ils firent tomber la tête de Charles I sous la hache du bourreau, et ils renouvelleroient encore parmi nous cet attentat national, s'il étoit nécessaire pour empêcher le retour de l'ancienne constitution monarchique.

Au tableau de leur conduite, je joins l'exposition de leurs principes, et il ne restera plus à la postérité qu'un sujet d'étonnement ; elle se demandera comment il est possible que, pendant deux siècles, le trône de nos rois ait résisté à une attaque qui en minoit sourdement les bases, lorsqu'elle ne se faisoit pas à force ouverte.

_____

(1) V. Mémoire du duc de Bourgogne.

Leur insolence, disoit Calvin, en parlant des rois, *est armée d'un sceptre sanguinaire, et leur pouvoir n'est qu'une licence féroce..... Qu'ils écoutent,* s'écrioit-il encore, *et qu'ils tremblent.*

Il est loisible, disoit le ministre du Rozier, *de se défaire d'un souverain qui ne veut obéir à la religion réformée, et porter le parti protestant* (1).

On peut déposer les rois, disoit Knox, *et se croire absolument absous du serment de fidélité* (2).

La doctrine du ministre Jurieu n'étoit pas différente : il prêchoit, que *le droit de souveraineté réside dans les peuples* ; qu'on ne doit rien à un roi qui ne rend rien, *ni à Dieu, ni aux hommes* : il appelloit enfin *erreur et morale mal entendue*, la *patience des premiers chrétiens* (3).

Milton fut l'apologiste de l'assassinat de son roi ; il écrivit qu'un souverain qui abuse de sa puissance, est comptable à ses sujets ; qu'on peut le déposer et *le mettre à mort*; et en publiant cette infernale doctrine, Milton disoit qu'elle étoit conforme à celle des calvinistes (4).

Le jurisconsulte Hotman soutenoit que la *couronne de France est élective et héréditaire* (5).

Le calviniste Bougars écrivoit à M. de Thou, que, *par l'effet de la maladie dont sont entachés ceux de son parti, ils eussent réduit la monarchie françoise à une anarchie* (6).

Schutze parloit ainsi de ceux de sa secte : *Ils n'ont qu'un plan, celui d'exciter des factions, des soulèvemens, des divisions, des massacres, et l'effusion du sang.*

Par-tout, dit Grotius, et Grotius, comme on sait, étoit aussi calviniste ; *par-tout où les disciples de Calvin, sont devenus dominans, ils ont bouleversé le gouvernement. L'esprit du calvinisme est d'outrager, et de tout brouiller.* (Grot. in animadv. Rivetii op. tom. V, pag. 649.

Enfin, dans les ouvrages de Buchanan, Milton, Locke, et dans tous ceux qui furent publiés lors de la funeste révolution qui priva Jacques II de son trône, et le chassa de sa patrie, vous trouverez ces principes exposés sans détours : *Le roi n'est que le dépositaire de l'autorité dont la substance réside dans le peuple. C'est le peuple qui fait les rois : tout ce qu'ils ont de pouvoir est émané de lui ; c'est un dépôt qu'il a mis entre les mains du prince ; dépôt qu'il peut reprendre, lorsque, peu satisfait de sa conduite, il croit voir que le roi ne remplit pas les conditions et la fin pour laquelle il a été mis en place ; et même le simple dégoût qu'il a pour la personne du prince, l'autorise suffisamment à le lui enlever, puisque c'est le bien du peuple, et que le roi est l'homme du peuple.*

Enfin, je termine cette exposition de la doctrine calviniste, par les deux faits suivans que raconte le presbytérien Robertson lui-même dans son histoire d'Ecosse (1) ; cette autorité ne sera pas suspecte.

« M. David Black, ministre de Saint-André (en Ecosse, année 1596, 10 novembre), discourant *en chaire*, dit : Que tous les rois étoient les enfans du diable ; que Satan présidoit à la cour ; que la reine étoit une athée ; les juges, des mécréans et des corrupteurs ; la noblesse impie et dégénérée ; les membres du conseil-privé, des cormorans et des gens sans religion ; et dans ses prières pour la reine, il dit : L'usage veut que nous prions pour elle ; mais nous n'en avons aucun sujet, car elle ne nous fera jamais de bien.

Cette sacrilège doctrine n'étoit pas particulière à Black. Le roi (Jacques VI) l'ayant fait sommer de paroître devant le conseil-privé, pour rendre raison de ses propos séditieux, tout le clergé protestant prit fait et cause pour lui ; on lui défendit d'obéir au roi : tous les ministres signèrent une ligue pour le soutenir, et exhortèrent les peuples à prendre les armes.

Voici le second fait raconté par Robertson : Jacques VI ayant jugé à propos de faire grace à quelques seigneurs catholiques de la plus haute distinction, qui, lui ayant donné des sujets de mécontentemens, imploroient sa clémence ; et les protestans s'opposant fortement à cet acte de commisération ; le roi, dis-je, se servit de l'expédient qui suit : il fit proposer au clergé protestant la question suivante : Les seigneurs dont il s'agit, ne peuvent-ils pas rentrer dans le sein de l'église, moyennant les soumissions requises, et être affranchis de toute autre peine pour leur apostasie et leurs trahisons ? Voici la réponse du clergé protestant : Quoique la porte de la miséricorde soit toujours ouverte à ceux qui se repentent et qui reviennent au giron de l'église, cependant, comme ces seigneurs sont tombés dans l'idolâtrie, (il plait aux protestans d'appeler les catholiques idolâtres), crime qui mérite la mort, selon les lois divines et humaines,

---

(1) V. Biblio. françoi. p. 173.
(2) V. Bresleius assertio. scandalo.
(3) V. tabl. de Socinia. l. 9, pag. 6, 7 et suiv.
(4) V. son écrit intitulé : *Tenure*, ou *droit des rois et des magistrats*, et sa *défense pour le peuple anglois*.
(5) V. le *Franco Gallia*.
(6) V. sa lettre à M. de Thou, p. 641, édit. de la Haye.

---

(1) Tom. III, pag. 314, 315 et suiv.

le magistrat civil ne peut leur pardonner légalement, et il doit les punir, quand même l'église les absoudroit ».

Et les protestans accusent les catholiques d'intolérance! Ah, Dieu! préserve à jamais les catholiques de la tolérance protestante!

La conduite qu'ont tenue les calvinistes depuis l'origine de leur secte, n'est-elle pas la même que celle que tiennent aujourd'hui ceux qu'on appelle révolutionnaires? Les principes qu'ils ont enseigné dans toutes les circonstances, ne sont-ils pas adoptés, outrés même en partie par ceux qui règnent despotiquement sur la majorité de l'assemblée nationale? Cette double identité laisse appercevoir toute l'influence que le calvinisme a eu sur la révolution de 1789. Je ne dis pas que cette secte a seule et immédiatement opéré la destruction de notre monarchie, mais je dis que cette destruction est une suite nécessaire de la doctrine calviniste; je dis que les calvinistes l'ont toujours eu en vue, qu'ils l'ont préparée, et que des hommes dont la tête, (pour parler comme l'écrivain qui les a si bien démasqués (1), est imprégnée d'idées républicaines, ne pouvoient manquer de l'opérer.

Qu'on rapproche maintenant des détails dans lesquels je viens d'entrer, l'élévation d'un calviniste au ministère, ses efforts pour entrer au conseil, la résignation avec laquelle il quitte et la cour et la France, lorsqu'il croit la révolution consommée; qu'on se rappelle les tentatives des calvinistes auprès de ceux de nos ministres qu'ils croyoient le plus attachés à la philosophie moderne, enfant du calvinisme; qu'on se souvienne du piège qu'ils tendirent à M. de Brienne, et dans lequel ce ministre, ou par lâcheté, ou par inexpérience, ou par corruption, se laissa prendre; qu'on ne perde pas de vue l'importance qui fut mise à ce que les comédiens françois jouassent la dégoûtante farce de Charles IX, dont les calvinistes de la rue dauphine, célébrèrent, par une illumination, la première représentation; enfin qu'on jette les yeux sur le moderne massacre de Nîmes; et de tous ces faits, ainsi que de leur rapprochement, il jaillira une vive lumière, qui laissera voir à nud ceux dont les mains ont creusé cet abîme où une pente insensible nous conduisoit nécessairement.

Lors donc qu'on dit que la révolution n'a tenu qu'à un fil, on est dans l'erreur, ou bien l'on ne porte son attention que sur la cause la plus prochaîne et immédiate, qui, d'un royaume sagement constitué, a fait une véritable aristocratie; mais la révolution étoit depuis long-tems méditée; le projet en étoit conçu, et il devoit s'exécuter, à moins que la puissance même de Dieu ne s'y opposât. Ainsi il faut regarder et la défection des gardes-françoises, et l'inaction des troupes royales, et mille stratagèmes mis en jeu par les factieux, comme des moyens qui ont servi à l'exécution de ce projet, mais non comme des causes qui l'ont fait concevoir.

Je n'oublierai de ma vie que le soir du jour où les portes des spectacles furent fermées, et où les bustes de MM. d'Orléans et Necker furent promenés dans les rues, un calviniste avec lequel j'étois étroitement lié, entra chez moi, et avec l'air d'un homme enivré de la plus douce joie, me dit : « La voilà enfin qui se consomme cette révolution tant désirée! C'en est fait, le trône est renversé; et jamais, non jamais on ne le relevera. » Je ne puis rendre tous les sentimens voluptueux qui se peignirent sur le visage de cet homme, lorsqu'il prononça ces dernières paroles. Ils firent sur mon ame une impression d'autant plus profonde, que celui qui me parloit, François comme moi, lié à son souverain par des bienfaits personnels, m'avoit toujours paru un ami ardent de son roi et de son pays. J'avoue que cette image, qui me sera toujours présente, m'inspira l'idée de rechercher plus particulièrement la conduite que les calvinistes avoient tenue en France, et la doctrine qu'ils professoient.

Je termine ce chapitre par une anecdote que j'abandonne aux réflexions de mes lecteurs. En 1787, feu M. l'abbé de Terssac, curé de S. Sulpice, reçut de S. Malo, une lettre anonyme, dans laquelle on lui marquoit qu'en 1789 et 1790, il se feroit en France une *effroyable révolution*, et qu'en 1792 une armée victorieuse entreroit dans Paris. M. le comte de Terssac, major du régiment d'Artois, infanterie, frère du feu curé de S. Sulpice, est propriétaire de cette lettre. Parmi les personnes qui l'ont lue, je me borne à citer M. le curé de Montesquiou, petite ville du Couseran.

---

(1) V. Discours à lire au conseil.

CHAPITRE

CHAPITRE III.

Envoi au parlement des impôts du timbre et de l'impôt territorial; séance royale; protestation du duc d'Orléans; ordres décernés contre deux conseillers; résistance du parlement; siége du palais.

Avril et Mai 1788.

Peut-être faut-il regarder comme un événement qui appartient à l'histoire de la révolution, la mort prématurée du dauphin, père du roi actuel. Ce prince calomnié, tant qu'il vécut, avec un acharnement qui décéloit des desseins bien sinistres, et loué, même par ses ennemis, lorsqu'on n'eût plus à le redouter, étoit imbu de principes bien contraires à ceux qu'on met aujourd'hui en pratique; et tout ce qu'on connoissoit de sa vie privée, annonçoit qu'il soutiendroit avec fermeté ses opinions religieuses et politiques. Il avoit des mœurs pures, l'ame sensible et bienfaisante, du courage, l'amour de l'étude, l'esprit cultivé, le jugement sain, un cœur droit; tout annonçoit en un mot qu'il seroit un digne successeur de Louis IX, de Henri IV, de Louis XIV; et il est incontestable que s'il eût régné, la monarchie existeroit encore sur ses bases; il les eût affermies, et nous n'eussions jamais vu établi le gouvernement populaire. Sa mort fut donc une véritable conquête pour les novateurs. Je n'entends pas pour cela leur attribuer ce nouveau régicide; mais il est incontestable que les forfaits qu'a enfantés le desir d'une révolution, ne sont pas tous bien connus; il en est de secrets, et qu'il n'est pas tems de révéler; il est certain encore que la postérité aura de grands reproches à faire au feu duc de Choiseul, et qu'elle lui demandera compte de son intimité avec les prétendus philosophes, et de son antipathie pour un prince qui avoit toutes les qualités d'un sage.

Par quelle fatalité se fait-il que, depuis la révocation de l'édit de Nantes, et depuis les progrès d'une philosophie séditieuse, la famille royale se soit vue enlever, par une mort prématurée, les princes qui ne dissimuloient point leur attachement pour la religion et les lois de leur pays? La France seroit-elle ce qu'elle est aujourd'hui, si le duc de Bourgogne, élève de Fénélon, fut monté sur le trône? Aurions-nous des évêques élus dans des clubs, si le père de Louis XVI eût régné, si le jeune duc de Bourgogne lui eût succédé?

Mais j'abandonne les événemens éloignés, et me rapprochant des tems qu'on peut regarder comme l'aurore du jour de deuil qui s'est levé sur la France, je passe à l'histoire des convulsions qui ont précédé la crise et le démembrement de notre patrie.

On ressentit la première de ces convulsions, lorsque M. Necker, pour la première fois, abandonna le ministére; sa retraite causa au corps politique une secousse, qui, pour le moment, n'eût aucune suite. Les esprits s'agitèrent; l'inquiétude et l'intrigue formèrent des attroupemens; on assiégea la caisse d'escompte; la sagesse des administrateurs de cette compagnie, et les soins de la cour, dissipèrent sans effort cette effervescence. Ceux qui affectoient de regarder la retraite de M. Necker comme une calamité publique, ne purent du moins l'attribuer à la reine; car il est notoire que cette princesse y fit obstacle, et que deux fois elle rendit au ministre sa démission.

M. de Brienne eut à peine succédé à M. de Calonne, que tout le royaume en ressentit un ébranlement qui n'a plus discontinué jusqu'à ce jour. Par ses conseils, le roi vint à Paris faire enregistrer les deux trop fameux édits de l'impôt du timbre et de l'impôt territorial. Cette démarche mit en feu, et la capitale, et les provinces. Un esprit de vertige s'empara du parlement; et cette sage compagnie, qui devoit sauver la monarchie, la perdit par la plus étrange déclaration, elle se dépouilla de la plus belle de ses prérogatives, et se reconnut incompétente pour l'enregistrement des impositions. La cour l'exila à Troyes, et, par cette rigueur, augmenta la fermentation.

On put dès-lors avoir une idée des troubles qui se préparoient, et de l'insolence de la populace parisienne. M. le comte d'Artois étant venu, par ordre du roi, faire enregistrer, à la cour des Aides, les deux édits qu'avoit repoussés le parlement, fut accueilli par la multitude, avec une indécence scandaleuse:

F

il put entendre les propos les plus outrageans ; sa vie même fut en danger. On tint une conduite différente à l'égard de Monsieur, quoiqu'il eût une mission semblable : on croyoit ce prince jaloux de la faveur populaire ; on se trompoit, il fut toujours ennemi de la licence, et par caractère, et par principes. Il se montra insensible aux applaudissemens, qui, dans cette occasion, lui furent prodigués, et qui depuis ne lui ont plus été renouvellés.

M. de Brienne cependant s'efforçoit d'arrêter ou de détourner le torrent qui commençoit à se déborder. Il obtint du parlement une prorogation du deuxième vingtième : cette compagnie revint à Paris ; et son retour y fut un prétexte, pour cette partie du peuple qu'il est aisé d'agiter, de former de nouveaux attroupemens.

La foible ressource de la prorogation du deuxième vingtième ne suffisant pas aux besoins de l'état, il fut décidé que le roi viendroit de nouveau à Paris, faire enregistrer, en sa présence, un emprunt. L'embarras du gouvernement enhardit les factieux : il se tint des assemblées nocturnes au Palais Royal ; tout étoit déjà prévu. M. de Lamoignon, élevé depuis peu à la place de garde-des-sceaux, s'entendit demander, en entrant dans le parquet, si l'enregistrement se feroit sans prendre les voix : *Eh ! sans doute*, répond le ministre ; *est-ce que vous voulez que le roi ne soit qu'un conseiller au parlement ?* M. de Lamoignon développa cette idée pendant la cérémonie de l'enregistrement, et rappella que la France étoit une monarchie, et non une *aristocratie*. C'est la première fois que ce funeste mot, qui a produit tant de crimes, a été prononcé.

Au moment où l'on procédoit à l'enregistrement, M. le duc d'Orléans demande au roi, si c'est un lit-de-justice, ou une séance royale, que sa majesté entend tenir ; et de suite, il dépose cette protestation : « Je supplie votre majesté de permettre que je dépose à ses pieds, et dans le sein de la cour, la déclaration, que je regarde cet enregistrement comme illégal, et qu'il seroit nécessaire, pour la décharge des personnes qui sont censées y avoir délibéré, d'y ajouter, que c'est par exprès commandement du roi ».

Cette déclaration fut le signal de la scission dont les suites ont été si orageuses : le prince et deux conseillers, MM. Fréteau et Sabathier furent exilés. Ce triple acte de rigueur remplit la France de troubles, les parlemens renouvelèrent cette coalition dont ils avoient donné l'exemple pendant la minorité de Louis XIV ; et ils s'armèrent contre les plans de la cour, d'une défiance qu'il ne fut plus possible de vaincre. Les calvinistes profitèrent de l'orage : la religion du roi fut surprise ; ils obtinrent l'enregistrement de cet édit, qui n'étoit que le prélude des prétentions qu'ils avoient encore à faire.

La fermentation n'étoit pas moins grande dans les provinces que dans la capitale. Les remontrances des cours souveraines se multiplioient, et répandoient les premiers rayons de cette lumière dont on a tant abusé. A Toulouse, M. de Castellan, avocat-général, fut également frappé d'une lettre-de-cachet ; et sa compagnie rendit un arrêt entièrement dirigé, et contre ces sortes d'ordres, et contre ceux qui les mettent à exécution. Le procureur-général, M. de Resseguier, fut soupçonné d'être dévoué à la cour : le peuple s'atroupa autour de son hôtel ; des gens promenèrent son effigie par les rues, et allèrent ensuite la brûler sur une place publique : ce fut la première des scènes de ce genre, qui se sont depuis si fort multipliées.

A Paris, les chambres s'assemblèrent pour prendre en considération ce qui s'étoit passé dans la séance royale : six pairs laïcs se trouvèrent à cette assemblée ; M. d'Espréménil y rédigea des remontrances, qui furent ensuite portées au roi par trois présidens. Quelques jours après, et sur le soir, le parlement fut averti d'envoyer le lendemain, à Versailles, une grande députation. Les princes et les pairs reçurent en même-tems une lettre qui leur marquoit de s'y trouver avec les députés du parlement ; et M. le duc d'Orléans coucha au Palais Royal. Le lendemain, tous les princes se trouvèrent au lever du roi : M. le duc d'Orléans fut seul admis dans le cabinet du monarque ; et ce ne fut qu'après un quart-d'heure d'entretien particulier entre sa majesté et ce prince, que la députation entra. Le roi la reçut en bottes et en habit de chasse, environné de tous ses ministres et de tous les princes de son sang ; il lut lui-même sa réponse, qui consistoit à annoncer que les motifs et les ordres qui avoient éloigné de Paris M. le duc d'Orléans, ne subsistoient plus.

Les chambres s'assemblent de nouveau à Paris : les princes et les pairs se trouvent à cette assemblée ; on y arrête de complimenter M. le duc d'Orléans sur son retour. Dans une seconde assemblée, qui avoit toujours pour objet des remontrances sur la séance royale, il se trouva onze pairs, et pas un seul prince.

Vers ce tems, les commandans et intendans des provinces reçurent ordre de se rendre dans les villes qui étoient siége d'un parlement. Il se répandit aussi que le garde des sceaux refusoit l'agrément d'acquérir des charges dans les cours souveraines, à ceux qui le lui demandoient ; de-là la crainte d'un bouleversement général dans l'ordre de la magistrature. A Versailles, il se tenoit, presque tous les jours, un comité des ministres chez le roi, avant le lever de sa majesté. A Paris, le parlement s'assembloit de nouveau ; la foule accouroit au palais ; la fermentation recevoit un aliment journalier. Dans une de ces assemblées, où se trouvèrent neuf pairs, un jeune conseiller des enquêtes y dénonça des abus qu'il prétendoit se commettre dans la perception des impôts : M. d'Eprèmesnil, de son côté, y dénonça une lettre-de-cachet décernée contre un écrivain obscur ; et comme ces dénonciations tendoient à rendre l'administration odieuse, elles étoient reçues avec avidité par ceux qui avoient intérêt à accroître les désordres.

La cour continuoit à s'envelopper d'un voile mystérieux : un conseiller d'état et un M^e des requêtes furent envoyés dans chaque ville où il y avoit une cour souveraine de judicature ; et en partant, ils furent informés, verbalement, qu'ils recevroient les ordres du roi, quand il en seroit tems, et que l'intention de sa majesté étoit, que sa volonté fut exécutée littéralement, sans interprétation, ni modification.

Les magistrats, à la vue de l'orage qui s'approchoit, affectoient une sécurité qu'ils n'avoient peut-être pas. Les ministres, de leur côté, dissimuloient. Quelqu'un ayant demandé au garde-des-sceaux ce qu'il falloit penser de l'opinion où étoit le public, qu'il alloit se faire une révolution importante, ce ministre répondit, qu'on s'inquiétoit pour très-peu de choses ; et ajouta : *Ce sera la montagne qui enfante la souris.*

Il se faisoit cependant un travail mystérieux à l'imprimerie royale ; des gardes en défendoient les portes : personne ne pouvoit y entrer, et aucun ouvrier n'avoit la liberté d'en sortir; mais M. d'Eprémesnil eut le secret de ces ténébreuses opérations : une épreuve du nouveau code que préparoient les ministres, fut mise dans une boule de terre-glaise, et jetée par une fenêtre. Aussi-tôt les chambres s'assemblèrent ; et comme les délibérations qui furent prises dans cette séance, accrurent l'inquiétude, déja bien grande, et donnèrent l'alarme à tout le royaume, je dois consigner ici les principaux détails de cette mémorable assemblée.

Neuf pairs s'y trouvèrent, savoir : MM. de la Rochefoucault, d'Uzès, de Praslin, de Charost, de Fitz-James, de Piney, de Gêvres, d'Aumont et de Villars-Brancas. Un conseiller dénonça l'état actuel du royaume, le danger qui paroissoit menacer la constitution françoise et la magistrature, et pria le président de mettre en délibération ce qu'il convenoit de faire dans des circonstances aussi alarmantes.

L'avis le plus général fut de nommer des commissaires, qui se retireroient à l'instant dans la chambre de Saint-Louis, pour y rédiger un arrêté convenable à la position où l'on se trouvoit, et que, pendant ce tems-là, les chambres resteroient assemblées ; mais un magistrat, qui avoit déja rédigé lui-même un modèle d'arrêté, observa, lorsque son tour d'opiner fut venu, la nécessité où se trouvoit le parlement de prendre des mesures qu'il pouvoit être dangereux de différer, même de quelques heures, pour prévenir les événemens et leurs suites : il essaya de prouver que les auteurs de ces projets désastreux ne pouvoient fonder leur réussite que sur la désunion qu'ils se flattoient de voir régner, soit entre les différentes cours souveraines du royaume, soit entre les différens membres d'une même cour ; qu'il étoit donc essentiel de prendre un arrêté qui, en établissant les principes fondamentaux de la constitution, engageât en mêmetems tous et chacun des membres de la compagnie à les maintenir.

En conséquence il fut fait lecture du projet d'arrêté, et le conseiller le soumit, si on le jugeoit à propos, à l'examen des commissaires qui seroient nommés sur l'heure. Cet arrêté ayant d'abord été adopté par acclamation, il fut observé par plusieurs que, dans une matière aussi importante, il étoit nécessaire que les voix fussent recueillies dans la forme la plus rigoureuse. Les suffrages ayant donc été recueillis, l'unanimité de 92 membres ayant voix, fut pour adopter l'arrêté conçu en ces termes : il est important qu'il soit déposé dans cette histoire de la révolution, comme un monument des principes du parlement, et comme une des causes qui, en voulant préserver le royaume d'un bouleversement, en a cependant, en se combinant avec d'autres causes, hâté la chûte, par la facilité qu'il a donnée aux factieux d'aggraver les désordres.

« La cour, justement alarmée des événemens funestes dont une notoriété trop constante paroît menacer la constitution de l'état et la magistrature ;

« Considérant que les motifs qui portent les ministres à vouloir anéantir les lois et les magistrats, sont la résistance inébranlable que ceux-ci ont mise à s'opposer à deux impôts désastreux ; la demande constante qu'ils n'ont cessé de faire des états-généraux, avant tout impôt nouveau ; les projets que peuvent avoir ces ministres de libérer l'état, sans les convoquer, et en se servant d'un moyen auquel ils prévoyent bien que les cours souveraines s'opposeront constamment ; »

« Désirant ladite cour, avant tous événemens, poser les principes d'une manière précise ; »

« Déclare que la France est une monarchie dans laquelle le roi gouverne par des lois fixes et établies ; qu'au nombre de ces lois, il en est de fondamentales : celles qui assurent la couronne à la maison régnante et aux descendans d'icelle, de mâles en mâles, par ordre de primogéniture ; celle qui conserve aux états-généraux seuls, convoqués légalement, le droit d'octroyer les impôts ; celle qui assure l'inamovibilité des offices de magistrature ; celles qui maintiennent la liberté individuelle et la propriété des citoyens, etc. etc. ; »

« Déclare en outre ladite cour, que, dans le cas où, subjuguée par la force, elle se trouveroit dans l'impossibilité de veiller par elle-même aux principes ci-dessus établis, elle dépose dès-à-présent ce dépôt entre les mains du roi lui-même, des princes de son auguste maison, des pairs du royaume, des états-généraux et de tout le royaume; »

« Déclare qu'elle n'entend prendre aucune part à tout ce qui pourroit être tenté contre ces principes, et que dans le cas où l'on prétendroit établir un corps quelconque pour représenter la cour des pairs, aucun membre de ladite cour ne peut, ni n'entend y prendre séance, et n'entend reconnoître pour telle que celle qui existe ».

Tel a été le dernier cri du parlement. Que ne l'a-t-il renouvelé dans ces derniers-tems! Il se fut enseveli avec gloire sous les débris de la monarchie. Ce cri, qui devoit rallier autour de lui tous les citoyens amis de leur patrie, rallia aussi tous ceux qui projettoient de grands désordres, et le vaisseau public recevant des mouvemens contraires, perdit de vue le port, et ne fit plus qu'errer sur une mer orageuse.

Ce dernier cri du parlement fut immédiatement suivi du dernier effort de l'autorité royale; depuis elle n'a fait que déchoir, et chaque nouvelle convulsion qu'a reçu le royaume, a hâté le honteux avilissement où nous la voyons aujourd'hui réduite.

Le lendemain donc du jour où les membres du parlement, forts du témoignage de leur conscience, et se croyant forts aussi de l'opinion publique, firent cette courageuse démarche, un officier de la prévôté, accompagné de quatre fusiliers, se présenta devant l'hôtel de M. d'Eprémesnil. La même chose eût lieu devant l'hôtel de M. Goislard de Monsabert. On n'ouvrit pas la porte, et les officiers ne firent aucune violence pour en exiger l'ouverture; ils se contentèrent de rester en-dehors avec leur monde. Ainsi se passa la nuit. Sur les cinq heures du matin, une voiture sortit de l'hôtel de M. d'Eprémesnil, allant au grand galop; elle fut arrêtée au bout de la rue; il se trouva dedans le fils de ce magistrat, et son précepteur. On les laissa librement continuer leur route. Pendant ce tems-là, M. d'Eprémesnil escalade les murs de son jardin, et, par des rues détournées, se rend au palais.

Les chambres s'étant incontinent assemblées, et informées que M. Goislard de Monsabert étoit gardé et retenu chez lui, arrêtent que tous les membres du parlement se rendront à pied dans sa maison, l'en retireront, et le conduiront avec eux au palais. Au moment où les magistrats alloient partir, M. de Monsabert arrive; comme M. d'Eprémesnil, il s'étoit évadé de chez lui.

Les chambres ayant entendu le récit de MM. d'Eprémesnil et de Monsabert, on écrivit une letre circulaire à tous les magistrats absens, ainsi qu'à tous les pairs, pour les inviter à se rendre au palais. M. l'archevêque de Paris s'y rendit en droiture en arrivant de S. Denis, où il avoit célébré un service pour le repos de l'ame de Louis XV. On vit aussi, peu après le départ des lettres, arriver M. de Clermont-Tonnerre, évêque-comte de Châlons, M. le duc de Luynes, qu'on fut obligé de porter jusques dans la grand'chambre, à cause d'une incommodité très-sérieuse que ce seigneur avoit à une jambe. A mesure que les pairs arrivoient, une foule incroyable alloit au devant d'eux, et les accompagnoit jusqu'au palais avec de grandes acclamations. L'agitation étoit extrême, et l'on croyoit toucher au moment d'une épouvantable explosion.

Dans cette orageuse matinée, les chambres prirent l'arrêté suivant:

« La cour délibérant sur le récit fait par MM. Duval et Goislard, des mesures prises la nuit derrière pour les enlever de leur maison;

» Considérant que les ministres, loin d'être ramenés aux principes de la monarchie, par les démarches de la cour, toujours légales et toujours respectueuses envers le roi, ne s'occupant, au contraire, qu'à déployer toutes les ressources du despotisme, qu'ils s'efforcent de substituer aux lois;

» Que les ministres viennent encore d'attenter à la liberté de deux magistrats de la cour, dont tout le crime est d'avoir uni leur zèle à celui de leur compagnie, pour défendre les lois les plus sacrées de la nation;

» Considérant en outre que les ordres particuliers qui violent l'asyle des citoyens, les mettent dans l'impuissance de recourir aux lois, et ne tendent pas à remettre, sans délai, les personnes arrêtées entre les mains des juges compétens, n'obligent pas légalement les citoyens;

» A mis et met MM. Duval, Goislard, et tous autres magistrats et citoyens, sous la sauve-garde du roi et des lois;

» Et cependant a arrêté, que M. le premier président et quatre de MM. les conseillers, se transporteroient sur le champ à Versailles, à l'effet de représenter au roi l'excès des malheurs qui menacent la nation, et le supplier d'écouter dans sa sagesse d'autres conseils que ceux qui sont prêts d'entraîner l'autorité légitime et la liberté publique dans un abîme, dont il deviendroit peut-être impossible au zèle des magistrats de les tirer;

» A arrêté en outre, que la cour attendra, sans déplacer, le retour de M. le premier président et des députés de la cour; et qu'expédition en forme du préent arrêté sera délivrée à chacun de MM. Duval et Goislard ».

Les

Les députés furent MM. d'Ormesson, de Saron, Lefebvre d'Ammecourt, Robert de Saint-Vincent, Amelot et Barbier d'Ingreville : ils arrivèrent à Versailles vers les sept heures du soir ; ils y apprirent que le roi étoit à Rambouillet, et qu'ils ne pourroient lui parler qu'à son retour. Le roi revenu, ils se rendirent chez le garde des sceaux ; on leur dit qu'il étoit chez sa majesté : ils allèrent chez le principal ministre ; on leur dit qu'il étoit aussi chez le roi. Le prélat-ministre étant informé de leur arrivée, leur fit savoir qu'il reviendroit bientôt ; il revint, en effet, au bout de trois quarts-d'heures, s'entretint quelque tems avec eux, et leur dit que le garde des sceaux leur rapporteroit la réponse du roi. A dix heures du soir, il se rendirent chez le garde des sceaux, qui leur dit qu'il attendoit lui-même les intentions du roi. A minuit, enfin, la réponse de S. M. arriva : elle portoit, que S. M. ne recevroit pas les députés de son parlement, attendu qu'elle n'avoit pas été prévenue en la forme ordinaire.

A deux heures du matin, le régiment des Gardes-Françoises et celui des Gardes-Suisses investissent le palais, entrent dans les cours, pénètrent dans les salles. Quelques soldats étoient armés de massues et de haches. Dès qu'on se présente aux portes de la grand'chambre et du parquet, elles sont ouvertes sans aucune difficulté : un détachement de grenadiers se rend maître de l'intérieur de la grand'chambre, et un autre détachement, de l'intérieur du parquet ; l'officier qui commande le premier, signifie à tous les membres de l'assemblée qu'ils sont prisonniers d'état. Dès cet instant, en effet, il ne leur est plus permis de communiquer avec qui que ce soit du dehors. Personne ne peut plus entrer au palais, ni en sortir ; et lorsqu'un magistrat, soit conseiller, soit président, soit même duc, passe dans une pièce voisine, pour satisfaire quelque besoin, il est accompagné de deux fusiliers. Le duc de Mortemart se présente sur les six heures du matin, pour prendre place dans l'assemblée ; mais on l'arrête dans la cour du palais, et il ne peut aller au-delà. Peu après, M. Séguier, qui avoit été obligé, la veille, de se retirer chez lui, se présente à son tour, et est refusé comme les autres. Au moment où les soldats entroient dans la grand'chambre, M. Titon de Villotran fut surpris d'un accès de goutte, dont la douleur lui parut si insupportable, qu'il demanda d'être transporté chez lui. L'officier qui commandoit, lui répondit, que l'ordre dont il étoit porteur, n'exceptoit personne.

Sur les onze heures du matin, M. le marquis d'Agoult se présenta au procureur-général, et demanda à être introduit dans la grand'chambre. M. Joly de Fleury, fondant en larmes, l'y conduisit. Le marquis d'Agoult y étant entré, demanda qu'on lui livrât MM. d'Eprémesnils et de Monsaberts : « Toute la cour, s'écrie un jeune conseiller, est composée de d'Eprémesnils et de Monsaberts ». Tous les autres membres de l'assemblée gardèrent un profond silence. Le marquis d'Agoult se retira ; il rentra quelque tems après, et, par trois fois, demanda les deux conseillers ; on ne lui répondit rien : il sortit de nouveau, et rentra presqu'aussi-tôt avec un officier de robe-courte, à qui il ordonna, de la part du roi, de lui montrer les deux magistrats. Cet officier, appelé Archier, répondit qu'il ne les voyoit pas. Alors MM. d'Eprémesnil et de Monsabert se firent connoître. Le marquis d'Agoult ordonna au premier de le suivre, et dit au second qu'il viendroit le chercher sous une demi-heure ; ce qui eut lieu, en effet. M. d'Eprémesnil fut conduit aux isles Sainte-Marguerite, et son collègue à Pierre-Encise.

Dans l'après-midi, il fut ordonné à tous les membres de l'assemblée de se retirer. Ils se retirèrent, en effet, en présence des troupes, et en robe. Les officiers des Gardes-Françoises fermèrent les portes, et en gardèrent les clefs.

Telle fut cette scène, qui fut depuis surnommée le siége du palais, où l'autorité des ministres vint frapper une des colonnes de l'état. Ces deux colosses, en se heurtant, imprimèrent un frémissement à toute la masse du corps politique ; et les parlemens, dans ce combat, invoquoient l'appui d'une autre puissance qui étoit encore à naître, et qui, dès qu'elle a paru, a brisé l'un et l'autre colosse.

CHAPITRE IV.

Lit de justice; rétablissement de la cour plénière; oppositions des cours souveraines et des pairs; fermentation dans quelques provinces; première séance de la cour plénière; coalition des gentils-hommes bretons; insurrection en Bretagne; mouvemens dans les provinces.

Mai, Juin, Juillet 1788.

Le surlendemain de la scène que je viens de décrire, et dès les cinq heures du matin, le parlement, suivant l'ordre qu'il en avoit reçu, se rendit à Versailles où le roi tint un lit de justice, qui, si les choses ne changent, sera la dernière cérémonie de ce genre.

Après un discours de S. M., du garde-des-sceaux, et du premier président, qui renouvella les protestations de sa compagnie, il fut lu un édit qui augmentoit la compétence des présidiaux jusqu'à 4,000 liv., et établissoit dans le ressort du parlement, onze grands bailliages, qui auroient jugé définitivement jusqu'à concurrence de 20,000 liv. Cet édit fut enregistré suivant la forme ordinaire des lits-de-justice. Personne ne réclama, à l'exception du duc de Charost, qui chargea le garde-des-sceaux de faire part au roi de son adhésion aux protestations et aux arrêtés du parlement, auxquels il dit avoir regret de n'avoir pas assisté.

Le second édit étoit relatif à la suppression de toutes les chambres du trésor et du domaine, des élections, des bureaux de finances, eaux et forêts, greniers à sel et autres petites juridictions, à une partie desquelles cependant le roi laissoit la police de leur juridiction.

Le troisième édit, relatif au code criminel, supprimoit l'usage de la sellette et de la question, déjà défendues par une déclaration antécédente, et accordoit un mois de retard après la lecture d'un jugement à mort.

Le quatrième édit portoit suppression de la seconde et troisième chambre des enquêtes du parlement, et de la chambre des requêtes. L'édit réduisoit le parlement à 67 conseillers, pris de suite parmi les anciens; ils auroient formé la grand'chambre, laquelle auroit été composée de 36 conseillers, et d'une seule chambre des enquêtes; celle-ci auroit eu 31 membres. Les présidens à mortier auroient servi alternativement à ces deux chambres, ainsi qu'à la Tournelle. A l'égard des présidens des enquêtes et requêtes, ils étoient joints à la grand'chambre comme surnuméraires.

Le cinquième édit étoit intitulé: *rétablissement de la cour plénière*. Elle eût été composée du roi, du chancelier, et en son absence, du garde-des-sceaux, des présidens de la grand'chambre du parlement de Paris, des princes du sang, du grand aumônier et des autres grands officiers de la couronne, des pairs, de deux archevêques, deux évêques, deux maréchaux de France, deux commandans de province, deux lieutenans-généraux, et en outre de quatre personnes qualifiées, d'un certain nombre de conseillers d'état et de maîtres de requêtes, d'un député de chaque province; et quand un grand nombre de magistrats se seroit trouvé absent, ils eussent été remplacés par des magistrats du conseil.

Le sixième et dernier édit contenoit, après un préambule succint, une suspension totale du parlement de Paris, jusqu'à ce que les grands bailliages et autres établissemens portés dans les précédens édits, eussent eu leur entière exécution.

Les gens du roi, après chaque édit, conclurent à s'en rapporter à la sagesse de S. M. Mais, après ce dernier, ils conclurent que, pour le bien public, S. M. le retirât.

Cette séance se termina par un discours très-court du roi, qui ordonna aux membres de la nouvelle grand'chambre de rester, et aux autres, de se retirer.

Il fut fait défense au parlement de Paris, de s'assembler, ni délibérer sur aucune affaire particulière ou publique. La nouvelle grand'chambre retirée fit parvenir au roi la lettre suivante.

SIRE,

« Vos fidèles magistrats, consternés des innovations destructives de la constitution de la monarchie, dont on essayeroit envain de les rendre participans, supplient votre majesté de leur permettre de lui déclarer l'impossibilité absolue où ils sont d'accepter aucune des fonctions qui leur sont attribuées par les édits dont ils viennent d'entendre la lecture. C'est le zèle le plus pur qui dicte à vos magistrats, la déclaration qu'ils viennent déposer aux pieds du trône. »
Cette lettre fut signée de tous les magistrats conservés.

La chambre des comptes et la cour des aides se rendirent aussi à Versailles, et reçurent l'ordre de leur suspension. Monsieur le signifia à la première, et M. le comte d'Artois à la seconde.

Pendant que ces choses se passoient à Versailles, le palais à Paris étoit encore une fois investi. Les troupes s'emparèrent des cours, des salles, et des portes de tous les tribunaux. Le duc de Brissac, gouverneur de Paris, et M. de la Porte, maître des requêtes, vinrent notifier à la cour des monnoies, l'ordre de suspension donné aux autres cours souveraines.

Tous les corps étoient ébranlés, tous les esprits s'agitoient. Le roi, avant de tenir son lit-de-justice, avoit mandé les pairs, et leur avoit dit qu'il comptoit sur eux pour l'établissement de la cour plénière. Avant de se rendre aux ordres du roi, et après les avoir reçus, les pairs se réunirent chez le maréchal duc de Duras. Il en manqua plusieurs; l'un d'eux ouvrit l'avis de s'adresser à Monsieur, pour obtenir la permission de s'assembler et de délibérer en corps. Cet avis fut rejetté sur l'observation que, si la demande étoit refusée, ce seroit un obstacle de plus à la convocation désirée, et par-là-même à l'exécution de ce qu'on voudroit entreprendre. L'opinion du plus grand nombre fut alors pour une protestation, que onze pairs signèrent aussi-tôt. Mais le jeune évêque comte de Châlons, lorsque son tour de parler fut venu, représenta qu'une telle protestation déplairoit infailliblement au roi, puisque n'étant pas le fruit d'une délibération générale, elle ne pourroit être regardée comme l'expression du vœu général des pairs, et qu'elle auroit l'air au contraire d'avoir été dictée par un intérêt particulier. Le prélat representa en outre que la cour plénière ne devant tenir sa première séance que dans quelques mois, on avoit tout le tems de se décider à une résolution définitive, et qu'avant de s'y arrêter; il convenoit de savoir, 1° si la grand'-chambre persisteroit dans sa protestation; 2°. quelle seroit la conduite des autres parlemens; 3°. si l'organisation de la cour plénière attentoit aux droits de la pairie.

Cet avis sage prévalut : quatorze pairs revinrent de leur première opinion; six seulement persistèrent dans l'avis qu'avoit combattu M. l'évêque de Châlons, et écrivirent, chacun en particulier, une lettre au roi, contenant leur protestation individuelle. Ces six pairs furent les ducs de Fitz-James, d'Uzès, de Piney, d'Aumont, de Praslin, de la Rochefoucault.

Les ministres passoient à Versailles leur tems en négociations avec les magistrats conservés; ceux-ci se montrèrent inflexibles, et ceux-là n'en tentoient pas moins tous les moyens qui étoient en leur pouvoir, pour arriver au bout de la carrière qu'ils s'étoient ouverte. Les troupes ne désemparoient point du palais; l'opération qui s'étoit faite à Versailles, avoit eu lieu dans toutes les provinces, et par-tout la résistance étoit la même. A Besançon, les écoliers se soulevèrent; à Toulouse, les rues furent dépavées; et le comte de Périgord, qui ne se croyoit pas en état de contenir les mutins, avec le seul régiment qui étoit à ses ordres, demanda à la cour un renfort. A Rouen, les membres du parlement firent une protestation solemnelle, et s'engagèrent, sous la foi de l'honneur et du serment, à y persister toujours. A Rennes, les magistrats firent siéger parmi eux soixante gentilshommes.

Autant la résistance étoit forte, autant les efforts des ministres étoient opiniâtres, et, sans considérer que l'autorité royale s'affoiblissoit par tous ces chocs, ils firent tenir au roi cette séance qui fut appelée la première séance de la cour plénière, et qui fut aussi la dernière; elle ne dura qu'autant de tems qu'il en fallut au roi pour prononcer le discours suivant :

« Messieurs, vous avez entendu mes volontés; je vous ai rassemblés pour vous les confirmer. Je persiste toujours dans l'exécution d'un plan qui a pour but l'ordre général de mon royaume et le bonheur de mes peuples : je compte sur votre zèle et votre fidélité à mon service; lorsque j'aurai déterminé les personnes qui composeront avec vous ma cour plénière, je vous réunirai même avant le tems ordinaire de vos séances, si le bien de mon service et la nécessité des circonstances l'exigent ».

Avant de se rendre à cette séance, les magistrats conservés avoient fait la protestation suivante :

« Nous soussignés, magistrats du parlement, retenus par ordre du roi dans la ville de Versailles, déclarons unanimement que, par suite de l'obéissance purement passive qui nous a conduits au lit-de-justice, nous nous rendons aujourd'hui à la séance à laquelle le roi nous ordonne d'assister, par de nouveaux ordres adressés à chacun de nous.

« Déclarons que nous n'entendons prendre aucune part à ce qui pourra se passer à ladite séance, et que de notre assistance, aucune sorte de consentement ou d'acquittement ne sera donné à la fonction de la cour plénière, dont notre serment, notre devoir et notre fidélité au service du roi, ne nous permettent pas d'être membres.

« Sera la présente déclaration remise entre les mains de M. le principal ministre, pour être à jamais le garant de nos sentimens, et la règle de notre conduite. Et sera M. le principal ministre prié de la remettre entre les mains du roi, avant la séance de cejourd'hui, nous reservant de renouveller ladite déclaration, dans toutes les occasions et autres formes qui seront les plus propres à lui donner l'authenticité et la publicité nécessaires ».

Revenus de la séance, les mêmes magistrats firent cette autre protestation.

« Nous soussignés présidens à mortier, conseillers d'honneur, conseillers, greffier en chef du parlement de Paris, toujours unis à nos confrères illégalement supprimés, et contre toutes les lois du royaume, déclarons unanimement ne point nous désister de l'antique et légale formation du parlement, composé des princes du sang royal, des pairs de France, de l'universalité de tous ceux qui ont été revêtus d'offices inamovibles dans ladite cour.

« Déclarons ne pouvoir jamais exercer aucune des nouvelles fonctions qui nous sont attribuées ;

« Déclarons que nous persisterons jusqu'à notre dernier soupir, dans les arrêtés précédemment pris par ladite cour, et dans les principes y contenus.

« Et afin que la présente déclaration soit ferme et stable à jamais, et connue de tous nos concitoyens, et dans l'impossibilité où nous sommes de la consigner dans le greffe du parlement, nous autorisons celui d'entre nous, qui sera porteur de la présente, de la déposer entre les mains de tel officier public qu'il jugera convenable, et d'en faire délivrer autant d'expéditions qu'il croira nécessaires ».

Que pensera cependant la postérité ? Quel jugement portera-t-elle, en contemplant, d'une part, tant de courage, lorsque la constitution n'étoit que menacée, et de l'autre, tant de résignation, lorsque les bases de l'autel et du trône ont été arrachées avec fureur, et que les débris en ont été dispersés avec audace ?

Le collége des pairs marchoit avec plus de circonspection : six d'entr'eux seulement adressèrent au roi une lettre, conçue en ces termes :

SIRE,

« Je suis pénétré de douleur de la subversion presqu'entière que l'on tente d'opérer dans votre royaume. Je me ferai toujours un devoir de donner à tous vos sujets des exemples de respect et de soumission ; mais ma conscience et la fidélité que je dois à V. M. ne me permettent pas de remplir les fonctions que les nouveaux édits attribuent à la pairie. Je prends la liberté de déposer aux pieds du trône la déclaration qu'exige mon honneur, et qui m'est dictée par le zèle le plus pur pour les intérêts de V. M., inséparables de ceux de la nation ».

Le roi renvoya à chacun des six pairs sa lettre, avec la réponse suivante :

« Mon cousin, pour ne pas vous marquer trop de déplaisir de la lettre que vous m'avez écrite, je vous la renvoie : je veux bien ne l'attribuer qu'à un premier mouvement, et je vous prie d'y réfléchir sérieusement. Sur ce, etc. ».

Après la réception de cette réponse, trois des six pairs se désistèrent de leur adhésion à la protestation du parlement.

Les officiers du châtelet visitèrent les magistrats de cette compagnie, et donnèrent des assurances d'une fermeté inébranlable à ne se prêter en aucune manière à l'exécution du nouveau plan : ils tinrent parole ; ils refusèrent tout enregistrement.

Il n'y eut pas jusqu'au bureau de législation, institué pour s'occuper d'une réforme de la jurisprudence criminelle, et dont M. Target étoit un des membres, qui ne fit parvenir au garde des sceaux une lettre, par laquelle ils le prioient de permettre qu'ils suspendissent le travail qui leur avoit été confié, jusqu'à ce que le parlement eût repris ses fonctions accoutumées, et obtenu l'assurance que ses réclamations seroient exaucées, et qu'il ne seroit rien innové dans l'administration de la justice.

Ce fut sur-tout en Bretagne que la fermentation prit un caractère plus alarmant : les gentilshommes de cette province envoyèrent au roi des députés, auxquels il fit cette réponse :

« Je ne retirerai point mes édits, la loi étant générale pour tout le royaume. S'il s'y trouve des changemens contraires aux droits, franchises et libertés de la province, je recevrai les représentations des états, et j'aurai égard à celles qui seront fondées. S'il est constaté que le nombre de 48 juges n'est pas suffisant, on pourra l'augmenter ».

« Tout impôt nouveau qui sera enregistré par la cour plénière, ne pourra être levé en Bretagne, sans le consentement préalable des états, et sera enregistré au préalable. Toute loi particulière sera enregistrée au parlement, comme par le passé ».

La noblesse de la province, dont cette réponse n'avoit apparemment pas calmé les inquiétudes, prit l'arrêté suivant :

« Nous

« Nous, soussignés, membres de la noblesse de Bretagne, déclarons infâmes ceux qui pourroient accepter quelques places, soit dans l'administration nouvelle de la justice, soit dans l'administration des états, qui ne seroient pas avouées par les lois constitutionnelles de la province. Et ont tous unanimement signé ».

Cette protestation fut portée au comte de Thyard, qui commandoit dans la province, par des députés, qui lui tinrent ce discours :

« Nous vous remettons la protestation que le procureur-général-syndic des états de Bretagne a déposée au parlement : elle exprime le vœu de la noblesse. Nous ne doutons pas que si S. M. en étoit instruite, elle ne retirât les ordres rigoureux que les ennemis de sa gloire et de la nation ont osé lui surprendre, et qu'un vrai serviteur du roi ne sauroit exécuter ».

De ces écrits, on vint aux voies de fait : trois officiers payèrent de leur vie, leur soumission aux ordres dont ils étoient chargés. Un régiment de cavalerie s'étant présenté devant une ville, les portes lui en furent fermées ; officiers et soldats furent obligés de se loger dans des couvens. Quinze gentilshommes provoquèrent et appelèrent en duel autant d'officiers. Le comte de Thyard ayant demandé les principaux de la noblesse, épuisa toutes les voies de conciliation pour les engager à se désister de leur opposition. N'y pouvant parvenir, il ajouta : « Je suis autorisé à vous dire que ceux d'entre vous qui refuseront de souscrire au nouveau plan que le gouvernement a adopté pour l'administration de la justice, n'auront plus aucun bienfait à espérer de S. M., ni pour eux-mêmes, ni pour leurs enfans. --- Nous avons prévu, répondirent ces gentilshommes, cette déclaration, et nous l'avons prévenue : ceux d'entre nous qui ont des enfans ou des parens au service de S. M., leur ont écrit de rentrer incessamment dans la province ».

Il ne fallut pas moins enfin qu'une armée de quatorze mille hommes, commandée par M. de Vaux, pour dissiper toutes les assemblées qu'on tenoit dans différentes villes de cette province. Mais il est à remarquer qu'au milieu des troubles qui l'agitoient, le peuple garda une parfaite neutralité.

La noblesse de Dauphiné ne mit pas autant d'ardeur dans son opposition ; elle se contenta de demander, 1°. que les priviléges de la province fussent conservés ; 2°. que ses anciens états fussent rétablis ; 3°. que quatre membres de ces états fissent constamment partie de la cour plénière ; 4°. que, lorsque le parlement jugeroit un procès qui intéresseroit quelque membre de la noblesse, six gentilshommes, qui auroient voix délibérative, fussent appelés à prendre séance parmi les magistrats ; pendant l'instruction et au jugement du procès : enfin, que le roi appelât auprès de sa personne quatre membres du parlement du Dauphiné, afin qu'ils pussent mettre sous les yeux de S. M. ce qu'ils croiroient voir de défectueux dans les nouvelles lois.

Toutes les cours souveraines de judicature exilées et suspendues de leurs fonctions, leurs tribunaux environnés de soldats, le sommeil de la justice, les mouvemens des troupes, qui se portoient dans les différentes villes, la résistance des corps, tout contribuoit, en entretenant une inquiétude universelle, à accélérer la révolution. Le clergé seul, alors assemblé à Paris, sembla quelque tems rester spectateur immobile de cette prodigieuse effervescence ; mais le clergé aussi céda au torrent, il demanda que l'époque de la convocation des états-généraux fût accélérée.

Les ministres ne cédoient point ; les édits portant suppression de divers offices dans les cours de parlemens, furent publiés, et quelques grands bailliages commencèrent leurs fonctions ; mais la haine aussi contre les membres de l'administration, ne faisoit que s'accroître : les arrêts et arrêtés émanés des différentes compagnies de magistrature, lui servoient d'aliment, et elle fut portée au point qu'on osa placarder contre une des loges de la comédie italienne, cette menace : *Les tyrans seront assassinés.* Ce placard resta assez long-tems en place pour qu'une grande partie des spectateurs pût le lire. Dans d'autres placards affichés aux coins des rues, on annonçoit l'arrivée d'une armée de quarante mille hommes, si on ne rendoit à la capitale son parlement. Bien loin de se laisser intimider par ces menaces, les ministres firent enfermer à la Bastille douze gentilshommes bretons, députés, non par les états de leur province, mais par une assemblée particulière, et dont les instructions portoient en deux mots : *Audience ou prison.* Quelques personnes de la cour furent enveloppées dans la disgrace de ces gentilshommes, qui s'étoient fait un parti dans lequel étoit entré M. de Boisgelin, maître de la garde-robe du roi. Sa majesté en témoigna à celui-ci son mécontentement par une lettre, dont voici la teneur.

« La conduite que vous tenez depuis quinze jours, M. de Boisgelin, étant contraire à mes intérêts, je vous écris celle-ci, pour que vous ayez à me rendre votre démission de la place de maître de la garde-robe, que vous tenez auprès de ma personne, et à ne paroître à la cour que lorsque vous en aurez obtenu ma permission ».

MM. de Chabot et de la Fayette furent privés de leurs pensions, et la duchesse de Praslin perdit sa place de dame du palais de la reine.

L'agitation alloit toujours croissant, et gagnoit toutes les classes de la société. On eut, à cette époque, le premier exemple d'une insurrection dans un corps militaire. Les officiers du régiment de Bassigny firent un arrêté, par lequel ils déclarèrent qu'ils ne monteroient point la garde; ils le répandirent dans le public, et offrirent aux officiers des autres régimens de le signer: des ordres partirent à l'instant de la cour, qui cassèrent le régiment, et déclarèrent les officiers incapables de servir le roi. Les soldats furent incorporés dans d'autres corps.

A Paris et dans les provinces, le vœu général repoussoit les nouveaux édits, et hâtoit la convocation des états-généraux. Voici ce qu'on lisoit dans un écrit intitulé, *Mémoire au roi pour la noblesse du Dauphiné*: « descendant de S. Louis, successeur de Charles V et de Louis XII, héritier d'Henri IV, chef d'un grand royaume, vous n'avez intérêt qu'à son bonheur. Plein de bonté, de justice et de principes, vous ne voulez régner que par les lois; vous n'avez pas besoin d'inspirer la crainte, et vous pouvez tout par l'amour: vous avez goûté le bonheur que donnent les acclamations d'une province: vos simples desirs seront toujours plus puissans sur notre cœur que les menaces. Enfin, nous sommes vos enfans, et vous n'avez qu'à paroître pour trouver dans toutes les ames, la confiance, le dévouement et le zèle qu'un père adoré recueille au milieu de sa tendre et respectueuse famille. » Sans doute elle eût toujours été tendre et respectueuse, si on ne l'eût égarée.

Dans un autre écrit qui parût vers le même tems, et qui avoit pour titre, *Lettre au principal ministre*, on lisoit: « le tems presse; environnez le roi de sa nation; qu'il se fie à elle; il en est encore aimé. Ne lui faites point perdre cet amour par un inutile et dangereux usage de ses soldats... Le roi a des droits, la nation a les siens. Portez-en la discussion importante au tribunal de la raison. Lassée d'obéir à des volontés, ne voyez-vous pas qu'enfin la nation françoise veut être gouvernée par des lois? Prenez confiance dans les lumières de ce siècle et l'intérêt de tous. Permettez d'écrire; c'est la seule barrière que vous puissiez opposer au danger des fausses opinions... L'habileté des ministres consiste à faire vouloir aux rois ce qui plaît aux peuples, et aux peuples ce qui plaît aux rois..... »

Tel étoit l'esprit et le but de tous les ouvrages que faisoit éclore la crise du moment; les pamphlets se mêloient aux écrits plus sérieux; et lorsque le comte de Caraman arriva en Provence pour y faire exécuter les nouveaux édits, on répandit avec profusion ces vers, qui manifestoient l'aversion qu'ils inspiroient:

Riquet, un petit mot d'avis,
Parlement, Mistral et Durance,
Sont les trois fléaux de Provence:
Parlement ne veut pas d'édits;
Mistral au diable les emporte,
Et la durance offre son lit
A l'imprudent qui les apporte.

Cette aversion fut portée à l'excès dans le Béarn; le peuple de Pau se transporta tout-à-coup chez le marquis de Lons, demanda à grands cris le rétablissement du parlement, et mit tant de chaleur dans cette demande, que les magistrats se virent forcés de remonter sur leurs siéges, et de reprendre leurs fonctions.

A Rennes, l'intendant ayant voulu faire afficher l'arrêt du conseil qui supprimoit les arrêtés, les protestations et les délibérations du parlement de cette province, le peuple se jetta sur les afficheurs, les précipita de leurs échelles, s'empara des exemplaires de l'arrêt du conseil, et alla les brûler devant la porte de l'intendance. L'intendant lui-même fut obligé de s'évader à franc étrier. S'il fut parti quelques heures plus tard, il eût été peut-être assassiné.

A Grenoble, hommes et femmes prirent les couleurs des derniers dauphins; cocardes, cordons de cannes et de montres, tout étoit mélangé de bleu et de jaune; les bourgeois prirent les armes; plus de trois cents gentilhommes tinrent une assemblée, dans laquelle ils jurèrent sur leurs épées de défendre, jusqu'à la dernière goutte de leur sang, les privilèges de la province, et se promirent d'aller renouveller ce serment sur le tombeau du chevalier Bayard.

De tous les moyens qu'on employa pour décrier l'ouvrage des ministres, aucun peut-être n'eut plus de succès qu'une petite brochure qui avoit pour titre: *Apologie de la cour plénière*. L'auteur y mania avec une supériorité victorieuse, l'arme du ridicule, cette arme qui, en France, fait des blessures inguérissables à ceux qui en sont frappés.

La haine contre MM. de Brienne et de Lamoignon, fut portée au plus haut degré. Le baron de Breteuil, alors ministre de Paris, soit qu'il craignît d'y être enveloppé, soit qu'il désapprouvât réellement les ordres dont il étoit l'exécuteur, donna sa démission; et elle fut acceptée. M. de Villedeuil fut porté à sa place par la protection de M. le comte d'Artois.

On eut recours aussi dès ce tems-là à une manœuvre que nous voyons renouveller aujourd'hui.

Les comédiens françois donnèrent une représentation d'*Athalie*; elle fut tumultueuse: on releva avec des transports bruyans, tous les endroits de la pièce qu'on croyoit pouvoir s'appliquer aux circonstances. Il seroit sur-tout difficile de se peindre le délire que produisit ce vers:

Eh! quoi, Mathan, d'un prêtre est-ce là le langage?

L'ivresse fut telle, qu'au sortir de la pièce, on se précipitoit dans les boutiques des libraires, et on y achetoit les œuvres de Racine, pour relire Athalie, pour en répéter les vers, comme si on ne les savoit pas par cœur.

Quoique le duc d'Orléans, depuis qu'il étoit revenu de son exil, ne parut prendre aucune part au mécontentement et à l'impatience qui se manifestoient sans effort comme sans déguisement, le public ne laissoit pas de le croire contraire aux opérations des ministres. On supposa que le maréchal de Stainville, avant de partir pour Rennes, où la cour l'envoyoit avec une armée destinée à y rétablir l'ordre, avoit eu, avec le prince, cette conversation : » Où allez-vous, lui faisoit-on demander par M. le duc d'Orléans ? --- A Rennes, répondoit M. le maréchal. --- M. de Thyard revient donc ? --- Non, monseigneur. --- A quoi donc la présence de M. de Thyard à Rennes sera-t-elle nécessaire, si vous y allez ? --- Monseigneur, M. de Thyard reste à Rennes pour le civil... --- Oh! j'entends, faisoit-on repliquer au prince ; M. de Thyard reste là-bas pour le civil, et vous, vous y allez pour l'*incivil*.

On supposoit que le maréchal n'acceptoit lui-même qu'à regret la mission dont il étoit chargé. Ses amis, disoit-on, lui ayant témoigné de la surprise de ce qu'il l'avoit acceptée, il leur répondit : » Je n'accepte pas, » j'obéis ».

Des troupes s'approchoient de Paris, et l'on ne rencontroit sur les routes publiques que des députés et des courriers envoyés par les différentes provinces, à la cour.

CHAPITRE V.

Première promesse des états-généraux ; retraite de M. de Brienne ; massacre du Pont-Neuf ; seconde élévation de M. Necker ; retraite de M. de Lamoignon ; carnage des rues de Grenelle et Mêlée ; premières associations au Palais-Royal ; mort du maréchal de Biron.

Août, Septembre, Octobre, Novembre 1788.

Enfin les ministres cédèrent ; il parut un arrêt du conseil, qui promettoit les états-généraux pour le mois de mai suivant, et suspendoit le rétablissement de la cour plénière jusqu'à leur convocation ; c'étoit céder à l'opinion tout ce qu'elle demandoit ; mais on crut l'avoir plutôt arraché qu'obtenu.

Les ministres cependant, en faisant ce sacrifice à l'opinion, fixoient, par un second arrêt du conseil, l'époque du remboursement des charges de judicature supprimées. Il émana en même tems un troisième arrêt du conseil, qui allarma toute la classe des rentiers, et donna lieu à des conjectures allarmantes sur l'état du trésor royal. Cet arrêt portoit que les rentes perpétuelles et viagères au-dessus de 500 l. seroient payées, trois huitièmes en billets du trésor royal, et cinq huitièmes en argent, et celles au-dessus de 1,200 l., trois cinquièmes en argent, et deux cinquièmes en billets.

On profita de ce dernier arrêt pour exciter des troubles ; on se précipita en foule à la caisse d'escompte ; des soldats en gardèrent l'intérieur et les environs. La cour sembla s'allarmer de ces mouvemens ; il parut un nouvel arrêt du conseil, qui autorisa le caissier de cette compagnie, à payer, jusqu'au premier janvier suivant, en bons effets et lettres-de-changes.

Le petit peuple aussi se trouva frappé d'une certaine terreur ; le prix du pain augmenta ; il se répandit des bruits fâcheux sur la rareté de cet aliment de première nécessité. Les précautions que prenoit la police, en assurant la tranquillité publique, ajoutoient à l'inquiétude. Les commissaires des quartiers ne devoient pas bouger de chez eux ; les soldats avoient ordre de rester dans leurs casernes, et à la première réquisition d'un commissaire, il devoit lui être envoyé douze fusiliers, deux caporaux et un sergent. Tous les marchés étoient environnés de troupes.

Trois hommes destinés à jouer un rôle dans la révolution, commencèrent à occuper d'eux le public. MM. le comte de Mirabeau, Bergasse et l'abbé Fauchet, se déclarèrent contre les opérations les ministres ; le premier, dans des écrits contre les compagnies de finance ; le second, dans une éloquente apologie, qu'il publia pour un de ses cliens ; et le troisième, dans un discours sur le couronnement de la Rosière de Surène.

L'indignation de la multitude se manifesta contre ceux qu'on croyoit tenir au parti des ministres. Les membres du grand-conseil, qui avoient enregistré l'édit qui leur attribuoit les causes du grand criminel, étoient hués et insultés en sortant de leurs séances : on se porta même à des violences contre quelques-uns d'entre eux.

L'orage grossissoit, la France entière étoit dans les convulsions : on crut rétablir le calme, en donnant au vaisseau public un autre pilote ; le jour même de la fête du roi, M. de Brienne abandonna les rênes du gouvernement ; il donna sa démission à quatre heures après-midi, et, dès le lendemain matin, M. Necker parut à Versailles. M. Lambert, contrôleur-général, donna également sa démission.

L'élévation de M. Necker, à la place de ministre d'état et de directeur-général des finances, changea en un instant la face de la capitale ; les effets publics haussèrent : on n'entendoit de tout côté et on ne voyoit que des témoignages d'allégresse ; chaque jour, à l'approche de la nuit, tous les quartiers retentissoient des cris, *vive le roi !* et du bruit des feux d'artifice ; mais les désastres ternirent ces jours de fête.

On

On brûla burlesquement, à la place dauphine, un fantôme représentant le prélat ex-ministre. Le lendemain, dans la crainte qu'on ne renouvellât l'indécente farce de la veille, la garde de Paris eut ordre de ne laisser entrer personne à la place dauphine : pour s'y opposer, elle se porta sur le Pont-Neuf ; il s'y engagea entr'elle et le peuple, une sorte de combat ; celui-ci laissa environ 150 hommes sur la place. Au nombre des blessés, se rencontra le marquis de Nesle, qui eût la tête frappée d'un coup de bayonnette. Comme il n'étoit pas naturel qu'un gentilhomme se trouvât en tel lieu et à une telle heure, on supposa que dès-lors il se mêloit dans les attroupemens, des hommes qui excitoient le peuple à la sédition.

Le soir du jour qui suivit cette scène, la foule se rassembla de nouveau ; le guet fut maltraité ; des pelottons de fantassins et de cavaliers furent désarmés ; on brûla quelques guerites, entr'autres celles du Pont-Neuf, et les incendies faisoient retentir l'air des cris, *vive Henri IV, vive les gardes-françoises, vive les gardes-suisses*. Mais le peuple fut par-tout repoussé et battu ; la garde fut même obligée, en quelques endroits, de faire feu sur les mutins. Parmi ces mutins, ceux qui se montroient les plus ardens à exciter les désordres, ont reparu dans toutes les scènes séditieuses qui se sont reproduites jusqu'à ce jour. Paris, comme presque toutes les capitales, renferme dans son sein une multitude prodigieuse de bandits, toujours prêts à se vendre aux premiers factieux qui veulent les soudoyer. C'est cette classe d'hommes qui, vers le milieu du dernier règne, seconda les grossiers prestiges d'une secte fanatique, et c'est elle que, de nos jours, on a entraînée à tous les forfaits.

Ces premiers essais de sa force, ne firent qu'accroître son audace : chaque soir le tumulte recommençoit. Le lendemain du désastre qui eût lieu sur le Pont-Neuf, la populace tenta d'incendier la maison du commandant du guet, et de forcer la prison où l'on avoit enfermé quelques-uns des mutins arrêtés la veille ; mais ces projets s'évanouirent à la vue des gardes-françoises et gardes-suisses, qui marchèrent en ordre de bataille contre les séditieux, et firent bonne contenance ; car les instigateurs de ces troubles n'avoient point encore ébranlé la fidélité des troupes.

La révolution ministérielle, prélude d'une plus grande révolution, rehaussa les espérances des perturbateurs ; mais elle ne rehaussa pas celles des parlemens, qui n'aimoient pas M. Necker, et qui avoient raison de ne pas aimer un homme dont les idées populaires étoient en effet redoutables. Ils surent d'ailleurs que M. de Brienne, en quittant le ministère et la cour, avoit fait un dernier effort pour rendre leur fidélité suspecte au roi. Il est certain que ses adieux au monarque, furent l'avis suivant, sinon en propres termes, du moins en substance : « Sire, gardez-vous bien de rappeler les parlemens, sous aucune condition, sinon la France n'est plus une monarchie ».

Le plus grand nombre cependant regardoit comme un bienfait le rappel de M. Necker, et si ceux qui en avoient cette idée avantageuse, eussent été justes, ils eussent reconnu qu'ils étoient redevables de ce bienfait à la reine, qui, entraînée par son désir de contribuer à la félicité publique, eût la principale part à la seconde élévation de ce ministre. Le billet qui lui en apprit la première nouvelle, étoit écrit de la propre main de la reine, et en se rendant à Versailles, il parut d'abord dans le cabinet de cette souveraine, qui avoit prévenu tous les esprits en sa faveur. Il s'entretint avec elle pendant près d'une heure, au bout duquel tems, le roi survint, et lui dit à peu près : « je vous estimois, il y a 7 ans ; aujourd'hui je vous estime et je vous aime ».

Après une demi-heure d'entretien, le roi se retira, et M. de Villedeuil vint chercher le nouveau ministre, pour le présenter à la famille royale. Monsieur lui dit : « Le vœu de la nation vous rappelle ici, et je vous y vois avec le plus grand plaisir. En 81, j'avois quelque prévention contre vous, sans jamais cesser de vous estimer ; vos ouvrages m'ont réconcilié avec le ministre des finances : à trente ans passés, on pense ; on juge différemment qu'à vingt-cinq ».

Tel est l'accueil flatteur que M. Necker reçut à la cour : la suite de cette histoire fera connoître comment il a répondu à la confiance d'un roi dont l'ame ne s'est jamais ouverte au soupçon ; d'une reine qui ne met point de bornes à son attachement ; d'une famille enfin qui remettoit aveuglément son sort entre ses mains. Quel précieux dépôt ! et quel homme que M. Necker ! Comment son ame ne s'est-elle pas brisée de douleur, lorsqu'il a vu les marches du trône, sur lesquelles il avoit été élevé, teintes de sang ? lorsqu'il a vu son auguste bienfaitrice menacée par des assassins ? lorsqu'il a laissé enfin, à sa seconde retraite, le trône avili, et ceux qu'il étoit appelé à sauver, dans le deuil et dans les larmes ? Il étoit possible, sans doute, que M. Necker, entraîné, par des circonstances qu'on ne peut pas toujours prévoir, trompât l'attente qu'il avoit lui-même provoquée par tant de promesses et d'écrits ; mais qu'il ait survécu à l'entière destruction d'une monarchie qu'il se disoit destiné à sauver, c'est ce que l'homme sensible ne comprendra jamais.

La rentrée des cours souveraines donna une nouvelle impulsion aux esprits, et ajouta à l'effervescence, déjà presque à son comble. A peine les magistrats du Parlement furent sur les fleurs de lys, qu'ils mandèrent le lieutenant de police, le commandant du guet, et rendirent un arrêté, dans lequel les princes, les pairs, et *notamment le maréchal de Biron*, étoient invités à venir prendre place dans l'assemblée des chambres. Un autre arrêté demandoit la liberté de tous ceux qui pourroient être prisonniers ou exilés à l'occasion des derniers troubles, et supplioit le roi de rendre justice à tous ceux qui se trouvoient, *par l'effet des intrigues ministérielles*, (ce sont les expressions de l'arrêté) privés de leur état et dignité ; comme aussi de rétablir les militaires qui avoient été destitués de leurs emplois.

Le roi ne se contenta pas de rendre une déclaration qui remettoit toutes les choses comme elles étoient avant le 8 mai, il fit encore cette réponse au parlement : « Ma bonté a prévenu le vœu de mon parlement, en rappelant les personnes que j'avois jugé à propos d'éloigner. La distribution des graces et la discipline militaires ont des choses étrangères à mon parlement ».

Cette compagnie, en rentrant, avoit aussi rendu un arrêt contre les attroupemens, mais ils ne cessoient pas pour cela ; ils se multiplièrent, au contraire, d'une manière si alarmante, que les colonels des Gardes-Françoises et Gardes-Suisses furent autorisés, par une ordonnance du roi, à repousser la force par la force. L'augmentation du prix du pain faisoit murmurer le petit peuple ; et ceux qui avoient intérêt à le tenir dans l'agitation, ne manquèrent pas de l'effrayer, par la crainte que cette augmentation ne fût portée plus haut.

La démission que M. de Lamoignon donna des sceaux, qui furent confiés à M. de Barentin, fut un nouveau prétexte pour recommencer le tumulte ; on répéta, à cette occasion, à la place dauphine, les mêmes scènes qui avoient eu lieu lors de la retraite de M. de Brienne ; tout-à-coup la foule quitta la place, et se précipita, partie vers l'hôtel du commandant du guet, partie vers celui de M. de Brienne, et le reste vers celui de M. de Lamoignon. La garde accourut ; et voyant parmi les séditieux des incendiaires, elle fut obligée, pour les disperser, de faire sur eux une decharge : deux cents environ restèrent sur la place.

Tous les soirs aussi, un grouppe d'hommes mal vétus, se portoit devant la statue de Henri IV, et forçoit les passans à la saluer. La voiture même du duc d'Orléans fut arrêtée, et le prince obligé de manifester, à l'extérieur, des sentimens de vénération pour le chef de sa maison.

Comme le tems n'étoit pas encore venu d'élever des soupçons sur la fidélité des gardes-françoises, ceux qui se nourrissoient de projets de rebellion, concevoient celui de les effrayer, ou peut-être même de les égorger. On répandit du moins des billets qu'on glissoit jusques sous les portes des maisons, et par lesquels on avertissoit les habitans de ne pas se trouver dans les rues après onze heures du soir, parce qu'il devoit y avoir pendant une nuit, un combat sanglant entre le peuple et le régiment des Gardes.

La fermeté des troupes, et le zèle avec lequel elles dissipoient les attroupemens à mesure qu'ils se formoient, maintinrent au moins une tranquillité apparente dans la capitale, quoiqu'on ne cessât d'effrayer le petit peuple par la crainte d'une disette de pain. On continuoit également à nourrir la prévention publique de libelles contre la reine ; cette princesse n'ignoroit pas l'effet que la calomnie avoit déja produit. Elle recommanda un jour à M. Necker une personne pour une place qui vaquoit dans le département des finances. Le ministre lui représenta que cette personne ne connoissoit absolument rien au travail de la place, et qu'il lui paroîtroit plus convenable de la donner à une autre personne qu'il désigna, et dont il assura que les talens lui étoient parfaitement connus. La reine approuva beaucoup l'observation de M. Necker, et retira sa recommendation ; mais celui-ci lui ayant ensuite demandé la permission de publier cette anecdote, afin qu'on rendît justice à S. M. : *Gardez-vous en bien*, répondit la reine avec la plus grande sensibilité, *hélas ! ils ne le croiroient pas !*

La confiance qu'inspiroit ce ministre tenoit de l'ivresse ; et, avec un tel moyen, que n'eût-il pas pu faire ? Il s'étoit répandu qu'il avoit trouvé le trésor royal entièrement dénué de numéraire, et de toute part on s'empressoit à seconder ses efforts pour la restauration des finances. L'Espagne prêta au gouvernement soixante-dix millions, la ville d'Hambourg dix, les notaires de Paris en prêterent sept, les corps et métiers quatre.

Les gens de lettres secondoient par leurs écrits l'enthousiasme dont le ministre des finances étoit l'objet, et jamais Louis XIV lui-même ne fut adulé avec moins de pudeur. On fit ces vers pour être mis au bas de son portrait :

Rival de Colbert et d'Euclide,

Necker, dans ses droits rétabli,

De Minerve arborant l'égide,

Fait revivre le grand Sulli.

Tandis qu'à Versailles, on s'occupoit du travail nécessaire pour la prochaine convocation des états-généraux ; à Paris on voyoit se former dans l'enceinte du palais royal, ces associations qui depuis ont si bien secondé les progrès de la licence. La première de ces associations ne donna aucun ombrage ; elle n'étoit que ridicule. Elle prit le nom de chambre ardente ; se dit appellée à administrer les provinces, et des trois hommes, qui y faisoient le plus de bruit, l'un disoit avoir dans son département sept provinces, l'autre neuf, le troisième dix-huit. Cette burlesque société n'étoit guere composée que de ces citoyens fainéans, qui passent toute la journée à entendre et à débiter dans les cafés, des rêveries. Cependant on distinguoit parmi eux des particuliers qui, par leurs places et leurs caractères, sembloient devoir être étrangers à ces sortes d'aggrégations, et déja on tenoit dans ces turbulentes cohues, des propos libres et hardis sur les personnages les plus augustes.

La mort du maréchal de Biron, arrivée au commencement de septembre, est encore un événement qui se lie à la révolution, parce que son successeur dans la place de colonel du régiment des Gardes-Françoises, trouvant dans ce corps la subordination en vigueur, eut le malheur d'en voir les liens se relâcher insensiblement, et enfin se briser tout-à-fait. On assure que le maréchal avoit une sorte de pressentiment, ou plutôt de crainte, d'être remplacé par M. le duc du Châtelet. Dans ses derniers momens, il écrivit au roi pour lui demander un adjoint. Le roi, qui partageoit avec le public l'estime qu'inspiroit ce vieux guerrier, dont la longue vie étoit sans tache, lui fit une réponse pleine de bonté; il lui marqua qu'il avoit toujours craint de l'affliger en lui donnant un adjoint, mais que puisqu'il en faisoit lui-même la demande, il seroit incessamment exaucé. Le maréchal insista, et il écrivit de nouveau au roi, pour lui témoigner qu'il mourroit content, s'il pouvoit, avant de quitter la vie, savoir le nom de son successeur. Il n'eut pas cette derniere consolation : la réponse du roi, qui lui apprenoit que le successeur désigné étoit M. le duc du Châtelet, le trouva mort. Il fut enterré avec la plus grande pompe; et, quoiqu'on eût cherché à le rendre odieux au petit peuple, à l'occasion du courage et de la fidélité que son régiment avoit montrés dans les derniers troubles, il ne s'éleva pas une voix pour flétrir sa mémoire.

CHAPITRE VI.

Seconde assemblée des notables; soulèvement du tiers-état; nouvelles associations au Palais - Royal; débordement d'écrits incendiaires; scène touchante à Nîmes; mémoire des princes; arrêté remarquable du parlement; conquêtes du tiers-état; libéralités d'un prince du sang.

Novembre et Décembre 1788.

Les notables cependant étoient de nouveau assemblés à Versailles, et il n'étoit plus un point dans le royaume, qui ne se ressentit de l'agitation que les efforts impuissans de M. de Brienne avoient imprimés. Déja on calomnioit sans ménagement les intentions des deux premiers ordres et de la magistrature; on sembloit même reprocher à M. Necker, de ne pas énoncer avec assez de franchise l'opinion favorable où il étoit à l'égard du tiers-état. Cette partie de la nation se soulevoit contre le reste de la France. Les principales villes de Normandie énoncèrent leur vœu pour la double représentation. En Languedoc, on s'élevoit contre les priviléges du clergé et de la noblesse. En Bretagne, dans tous les diocèses, le tiers-état fit scission ouverte avec ces deux ordres; il se retira même de la commission intermédiaire de la province, et la ville de Nantes envoya en cour douze députés chargés d'un mémoire qui ne contenoit que des griefs contre les ecclésiastiques et les gentilshommes. Il est aisé de voir qu'en rompant ainsi d'avance toutes les digues du torrent, on vouloit qu'il entraînât M. Necker: on réussit; il céda à cette commotion qu'il appela *le bruit sourd de l'Europe*, et dans ces derniers tems, il lui est échappé de dire: *si je n'eusse pas accordé au tiers-état la double représentation, il ne fut pas venu aux états-généraux.* Foible excuse, qui ne lavera pas ce présomptueux ministre aux yeux de la postérité, du reproche d'avoir violé les lois fondamentales de la monarchie, qu'il étoit appelé à protéger.

Aussi long-tems que dura cette seconde assemblée de notables, le duc d'Orléans se montra peu à Versailles; il ne voulut point présider son bureau, et, par cette conduite, il laissa et la cour et le peuple, dans l'incertitude du parti qu'il se proposoit de prendre. Quant aux autres notables, à l'exception de ceux qui ne composoient pas le bureau de Monsieur, favorable aux prétentions du tiers-état, la malignité les calomnioit; on leur prêtoit les propos les plus absurdes, et qu'aucun d'eux ne tint jamais. De tous ces propos, je n'en citerai qu'un seul, pour faire voir avec quels contes on nourrissoit la crédulité du peuple, et on cherchoit à l'égarer. On supposoit une conversation entre un notable et un membre du tiers-état. « Ces gens - là sont bien heureux, faisoit - on dire au premier, que nous leur permettions de n'être plus serfs. --- Et vous, répondit l'autre, vous êtes bien heureux que le tiers-état ne vous assome pas avec les chaînes dont il s'est débarrassé, et que vous voudriez lui faire reprendre ». Ces odieuses fables, quelques absurdes qu'elles fussent, étoient propagées avec ardeur, saisies avec avidité, et disposoient le petit peuple à une insurrection.

De tout côté, les prétentions les plus étranges se manifestoient: dans le sein même du parlement, un conseiller osa demander qu'on supprimât des provisions accordées au premier président, ces mots: *aussi long-tems qu'il nous plaira;* il ne donnoit d'autre raison de cette demande, sinon que cette formule étoit despotique. Le *despotisme* étoit le cri de ralliement des perturbateurs; on voyoit le despotisme dans les actes d'autorité les plus légitimes. Une femme ayant été arrêtée, parce que, contre les reglemens de la police, elle tenoit chez elle une assemblée scandaleuse de jeu, son mari dénonça cette arrestation au parlement, comme un des abus du despotisme.

Les associations du Palais-Royal devenoient de plus en plus insolentes; on y crioit qu'un roi doit jouir seulement d'un revenu suffisant pour le payement de sa maison, de ses plaisirs, des dons et des graces accordées à ses serviteurs, et qu'il ne doit point toucher au surplus de l'argent déposé au trésor royal. Ces maximes préparoient à d'autres. La cour prenoit

ces

ces déclamations pour des extravagances ; elle dédaignoit de sévir contre les membres de ces associations, et le roi lui-même se contentoit de leur donner un nom que la raison et la justice ont depuis donné aux membres d'un parti bien plus formidable ; S. M. les appeloit les *enragés*, et c'est toute la vengeance qu'elle tiroit des forcénés qui ont creusé l'abîme où est venu se précipiter le trône.

L'incendie se propageoit, et embrasoit les provinces : la réclamation en faveur de la double représentation étoit presque universelle. En Bretagne, le maire de Vitré s'érigeant, en quelque sorte, en chef de parti, convoquoit tout le tiers-état à Ploërmel ; plusieurs habitans de Nantes écrivirent à quelques gentilshommes une lettre de provocation fort insolente ; dans cette lettre, faisant allusion à un des quartiers de leur ville, qui s'appelle *la Fosse*, ils marquoient à leurs adversaires, qu'ils les attendoient sur *le bord de la fosse*. Les villes de Nîmes, d'Uzès, de Carcassonne, celles du Vivarais et du Gévaudan, firent parvenir au roi des mémoires qui contenoient les mêmes demandes que celles formées par le tiers-état de Bretagne. La ville de Nîmes, dont tant de citoyens ont payé de nos jours, de tout leur sang, leur attachement à la religion et à la patrie, rappella dans sa requête, que la province de Languedoc fut la première, en 1355, à accorder des secours pour la rançon du roi Jean, et que les dames de Nîmes vendirent leurs joyaux, pour en employer le prix à la rançon de ce roi. Cette preuve de fidélité honora sans doute la province et la ville qui la donnèrent, mais elle étoit commune aux trois ordres.

La conspiration contre les deux premiers étoit donc à-peu-près universelle ; et les conjurés ne cachoient plus leurs intentions. Dans un cercle où se trouvoient quelques-uns des hommes, qui depuis ont poussé la multitude à leur gré, l'un d'eux demandoit s'il étoit vrai que les notables ne vouloient favoriser le tiers-état d'aucune concession. --- D'aucune, lui répondit-on. --- Et pourquoi ? demanda-t-il encore. --- Parce que, lui fut-il répliqué, ils sont comme cet enfant, qui, déterminé à ne pas apprendre à lire, n'osoit dire A, de peur qu'on ne lui fît dire B. --- Eh bien ! dit le conjuré, je déclare que la résistance est inutile ; car les mesures sont si bien prises, qu'on leur fera dire tout l'alphabet. On voit que la prédiction s'est parfaitement accomplie.

La partie étoit en effet si bien liée, que le public voyoit avec la plus grande indifférence les travaux des notables. Voici quels furent les principaux points du résultat de leurs délibérations ; ils furent tous suivis, à l'exception malheureusement du second.

1°. Les états-généraux seront composés de députés de tous les bailliages.

2°. Le nombre des députés de chaque ordre sera égal.

3°. Les lettres de convocation seront adressées aux gouverneurs, et ceux-ci les enverront à chaque bailli ou à son lieutenant.

4°. Les baillis les adresseront aux juges inférieurs de leur ressort.

5°. Quand l'assemblée d'élection sera formée, chaque ordre se retirera à part pour nommer ses députés. Le clergé sera présidé par l'évêque ; la noblesse par les baillis d'épée, et le tiers-état par le lieutenant-général du bailliage.

Ce résultat fut à peine connu à Paris, que les écrits scandaleux et les libelles diffamatoires se multiplièrent avec une effrayante profusion. Ils étoient presque tous dirigés contre le parlement, et contre les membres de ce corps. Tels étoient ceux qui avoient pour titre, *l'onguent pour la brûlure ; les protestations de M. Linguet ; les gémissemens de Thémis*. Ce dernier avoit pour épigraphe : *j'appelle un chat un chat, et Rollet un frippon*. Son auteur avoit pour but de ne trouver que des malhonnêtes gens dans un corps de magistrature, qui avoit la vénération de l'Europe entière, et qui avoit donné à la France les hommes les plus vertueux et les plus éclairés. J'indique ces misérables satyres, parce que ceux qui voudront les lire, y connoîtront l'esprit que les factieux cherchoient à répandre sur la France, à la fin de 1788.

Ce débordement impur de brochures incendiaires, fixa la sollicitude du bureau présidé par M. le prince de Conty. On y prit à ce sujet une délibération que le prince remit à Monsieur, et que Monsieur fit passer à tous les autres bureaux. Ceux de Monsieur et de M. le duc d'Orléans la rejettèrent ; ceux du duc de Bourbon et du prince de Condé y adhérèrent ; et celui de M. le comte d'Artois en renvoya l'examen à un autre moment. Dans ce dernier, M. de Castillon, procureur-général au parlement d'Aix, appuya la réclamation du bureau de M. le prince de Conty, et son avis fut qu'il convenoit de solliciter du roi de faire rendre par son conseil un arrêt qui flétrît tous ces écrits. M. de la Fayette combattit cet avis, et prétendit qu'un arrêt du conseil étoit un acte d'autorité arbitraire ; que la loi le proscrivoit, et qu'elle seule pouvoit et devoit proscrire ces sortes d'écrits. Je remarque cette opinion de M. de la Fayette, parce qu'on ne peut lui supposer d'autre sens, sinon que celui qui l'énonçoit ne reconnoissoit point les lois alors existantes. C'étoit de bien bonne heure mettre la coignée au pied de l'arbre.

Le respect pour le monarque n'étoit cependant pas encore entièrement oublié : parmi ceux-mêmes qui faisoient valoir avec plus de chaleur les prétentions du tiers-état, le nom et les vertus du meilleur des rois n'avoient pas perdu tout droit à la vénération et à la reconnoissance. Il se passa, en effet, à Nîmes, dans ces premiers momens d'effervescence, une scène qui en est une preuve touchante, et qui doit être consignée dans une histoire de la révolution.

Un jour donc que les comédiens de cette ville avoient annoncé qu'ils représenteroient le drame qui a pour titre *Richard-Cœur-de-Lion*, les habitans, avant que la pièce commençât, allèrent trouver M. du Caylar, lieutenant de roi, le prièrent de leur permettre de porter une cocarde blanche, et de vouloir bien en porter une lui-même. Cet officier, ayant consenti à une proposition faite aussi respectueusement, fut porté en triomphe jusqu'à la porte de la salle : le peuple marchoit en silence, précédé des tambours et de toute la musique du régiment de Guyenne. Dès qu'on fut arrivé dans la salle, tous les spectateurs la firent retentir des cris *vive le roi! vive du Caylar! vive le tiers-état!* Un grouppe ensuite des plus notables bourgeois parut sur le théâtre, portant le portrait du roi, couronné et entouré de guirlandes, et le présenta au public : les acteurs se rangèrent en haie, mirent une cocarde blanche à leur chapeau, se couvrirent, par ordre de l'assemblée, et chantèrent, en l'honneur du roi, des couplets qui furent mille fois interrompus par les cris : *Vive le roi! vive du Caylar! vive le tiers-état!* Le spectacle fini, M. du Caylar fut reconduit chez lui avec la même pompe, le même cortège et les mêmes témoignages d'affection, et pendant toute la nuit, il y eut un concert sous ses fenêtres. J'ai cité d'autant plus volontiers cette anecdocte que l'esprit, qui inspira cette fête, est encore aujourd'hui le même dans la partie la plus nombreuse du peuple de Nîmes; et cette ville jouira auprès de la postérité, de la gloire d'avoir été le théâtre où ont été immolés les premiers martyrs du royalisme.

Tandis que le directeur des finances voyoit, avec une funeste indifférence, circuler le venin qui devoit dissoudre les bases du trône, les princes crurent devoir avertir la vigilance du souverain ; ils publièrent un mémoire, dans lequel ils prédirent tous les maux dont nous sommes aujourd'hui affligés. Quant au parlement, sa marche étoit incertaine ; il approuvoit le mémoire des princes, et n'y adhéroit point ; il procédoit contre un écrit intitulé : *Petition des six corps*, et dont on attribuoit la rédaction à M. Guillotin ; il recevoit la dénonciation d'un autre écrit qui a pour titre : *Délibération du tiers-état à prendre par toutes les municipalités du royaume*. Ce fut l'évêque de Châlons-sur-Marne qui dénonça ce dernier écrit, qu'on fit passer, en effet, à toutes les municipalités du royaume. En le dénonçant, l'évêque de Châlons dit : « La teneur de cet imprimé ne peut laisser de doute que son envoi n'ait eu pour objet de mettre le trouble dans tout le royaume, en excitant le tiers-état contre le clergé et la noblesse ».

Le parlement rendit un arrêt contre cette production ; quelques jours après toutes les chambres s'assemblèrent ; les princes et les pairs y furent convoqués :

aucun des premiers n'y parut, et parmi les derniers, les seuls ducs de Luynes, de Gèvres, de Luxembourg, d'Aumont, et l'évêque de Châlons, se trouvèrent à la séance, qui fut fort longue. Il en émana un arrêté, duquel on espéroit un grand effet. Il portoit pour titre : *Arrêté sur la situation actuelle de la nation.* Le parlement y disoit qu'on ne pouvoit concevoir qu'une assemblée fût vraiment nationale, si en la convoquant il ne plaisoit pas au roi de déclarer :

Le retour périodique des états-généraux.

Leur droit d'hyppothèquer aux créanciers de l'état des impôts déterminés.

Leur obligation envers les peuples, de n'accorder aucun autre subside qui ne fût défini et pour la somme et pour le terme.

Leur droit de fixer et d'assigner librement, sur les domaines du roi, les fonds de chaque département.

La résolution du roi de concerter d'abord la suppression de tous les impôts distinctifs des ordres, avec le seul qui les supporte ; ensuite leur remplacement avec les trois ordres, par des subsides communs également répartis.

La responsabilité des ministres.

Le droit des états-généraux d'accuser et traduire devant les cours, dans tous les cas intéressant directement la nation entière.

Les rapports des états-généraux avec les cours souveraines, en telle sorte que les cours ne dussent ni ne pussent souffrir la levée d'aucun subside qui ne fût accordée, ni concourir à l'exécution d'aucune loi qui ne fût demandée ou consentie par les états-généraux.

La liberté individuelle des citoyens, par l'obligation de remettre immédiatement tout homme arrêté dans une prison royale, entre les mains de ses juges naturels.

Enfin, la liberté légitime de la presse.

Si la prévention n'eût pas été dès-lors à son comble, la cour et le peuple eussent vu, dans cet arrêté, la route qui devoit conduire sans efforts la nation au plus haut degré de prospérité ; il étoit d'autant plus naturel d'y appercevoir cette perspective, que les deux premiers ordres manifestoient déja l'intention de renoncer à tout privilège pécuniaire. Les pairs adressèrent à ce sujet une lettre au roi, dans laquelle ils le supplioient de recevoir leur vœu de supporter tous les impôts, dans la juste proportion de leur fortune.

Je consigne ici cette lettre comme un double monument, et de la générosité de la noblesse françoise, et de l'injustice de la génération présente.

» Sire, les pairs de votre royaume s'empressent de de donner à votre majesté et à la nation des preuves de leur zèle pour la prospérité de l'état, et de leur desir de cimenter l'union entre tous les ordres, en suppliant votre majesté de recevoir le vœu solemnel qu'ils portent au pied du trône de supporter tous les impôts et charges publics, dans la juste proportion de leur fortune, sans exemption pécuniaire quelconque ; ils ne doutent pas que ces sentiments ne fussent unanimement exprimés par tous les autres gentilshommes de votre royaume, s'ils se trouvoient réunis pour en déposer l'hommage dans le sein de votre majesté ».

Cette lettre fut signée de tous les pairs.

Les personnes qui méditoient la ruine de la monarchie, étoient peu touchées de ces sacrifices, qu'elles représentoient comme des signes de crainte, et des avances qu'on n'avoit pas envie de réaliser. Le peuple étoit trompé par ces insinuations, et toutes les intrigues qu'on mettoit en jeu pour tenir toujours le pain à un prix élevé, entretenoient son inquiétude et son mécontentement, qu'augmentoit encore l'excessive rigueur de l'hiver.

L'arrêté du parlement, bien loin de ramener les esprits, fut tourné en dérision. M. d'Eprémesnil, qui l'avoit rédigé, publia en même tems des réflexions fort sages, qu'il fit précéder de cette épigraphe, qui contenoit sa profession de foi.

Assurer à chacun ses légitimes droits,
Et mourir, s'il le faut, pour fonder sur les lois
La liberté, la paix, la fortune publique,
Voilà mes vœux, voilà toute ma politique.

Tel étoit donc l'aveuglement, que l'arrêté et les réflexions, bien loin de changer la dispositions des esprits, donnerent lieu à de fades plaisanteries, qui contribuèrent encore à égarer l'opinion.

Parmi ces plaisanteries, j'en dois distinguer une que les personnes attentives à la marche que prenoient les affaires purent regarder comme une véritable prophètie. Le parlement donc ayant, à l'occasion du mémoire des six corps dont j'ai parlé plus haut, mandé le médecin à qui on en attribuoit la rédaction, ainsi que les notaires qui recevoient les signatures du tiers-état, on fit circuler cette épigramme, qui fut saisie avec avidité par les ennemis du parlement, dont le nombre grossissoit tous les jours.

Le parlement touche-t-il à sa fin ?
Il mande, à ce que l'on publie,
Le notaire et le médecin :
Ah ! que cela sent l'agonie !

Quoique les deux premiers ordres fussent encore dans la sécurité, et que ceux qui les composoient ne pussent pas prévoir que cette prophètie les regardoit également, cependant quelques nobles n'attendirent pas plus long-tems pour aller au-devant de la nouvelle puissance qui s'avançoit. Un gentilhomme entr'autres, de la maison de Noailles, qui depuis un siècle attiroit à elle la plus grande partie des bienfaits de la cour, l'abandonna, et vint se ranger sous la bannière du tiers-état. Un propos qu'on supposoit qu'il avoit tenu en faveur de cet ordre, donna lieu à deux couplets que je rapporte pour montrer l'opiniâtreté avec laquelle on s'efforçoit de persuader que le clergé et la noblesse, quoiqu'on sût bien le contraire, ne vouloient point contribuer aux charges de l'état.

Un grand voulut prouver que
La France est dans Versailles,
Qu'il faut faire la banque-
Route, et que le tiers n'est que
Canaille, canaille, canaille.

Noailles rit, et répliqua :
Si le tiers est canaille,
Par fierté nous n'avons qu'à
Payer tout pour lui, jusqu'à
La taille, la taille, la taille.

Mais de toutes les conquêtes du tiers-état, aucune ne fut plus importante pour lui que celle qu'il fit parmi les princes même du sang. L'un d'eux, qui jusques-là ne s'étoit livré qu'à des spéculations d'intérêt, qui, pour accroître son patrimoine, avoit eu recours à des voies que je ne veux appeler qu'odieuses, qui enfin avoit toujours bravé et méprisé l'opinion publique, devint tout-à-coup libéral et populaire. Etoit-ce donc par un pressentiment de ce qu'il seroit un jour, qu'un de ses ayeux eut tant de peine à le enter sur la tige des Bourbons ?

Saisissant la circonstance de la rigueur excessive d'un hiver si froid qu'aucun homme de la génération actuelle ne se souvenoit d'en avoir vu un semblable, il se livra à des prodigalités que toutes les trompettes de la renommée, que tous les journalistes publièrent avec emphase, et qui le rendirent cher au petit peuple.

Parmi ces libéralités, je n'en citerai qu'une seule, que je ne vois point consignée dans les journeaux du tems. Ce prince passoit un jour dans un des quartiers éloignés du fauxbourg Saint-Germain ; il étoit seul dans son cabriolet ; il parut ému de l'image de misère qui se présentoit de toute part à lui. Arrivé près le palais Bourbon, il apperçoit deux remises à louer ; il s'avance vers la maison qui étoit vis-à-vis, et demande à qui elles appartiennent. On fait venir le propriétaire ; le prince les lui loue pour six mois, et trois heures après on vit arriver dans ces remises des cuisines de campagne. Des cuisiniers même du prince y faisoient rôtir de fortes pieces, qu'on distribuoit aux malheureux, avec le pain qui leur étoit nécessaire.

De pareilles générosités étoient répétées dans presque tous les quartiers, et elles étoient sans bornes dans une des principales paroisses de la capitale. Les gens éclairés s'en alarmèrent, et la multitude, qui n'avoient jamais pu estimer ce prince, commença à lui témoigner moins de mépris et d'aversion. Je ne veux point sonder les motifs de la haine secrete qu'on lui supposoit pour ses souverains, et plus particulièrement pour la reine; mais si cette haine étoit réelle, il est vraisemblable que, croyant l'occasion favorable pour ne plus contraindre ses penchans, il l'auroit saisie avec joie, et se seroit enfoncé dans ce labyrinthe, dont n'auroient pu ensuite le tirer les forfaits du 6 octobre; et dans cette supposition, il faudroit ajouter foi à l'opinion qui veut qu'il ait été, tout-à-la-fois, l'instrument et le moteur des hommes les plus vils du royaume; il est vraisemblable encore qu'aux premières idées de vengeance, se seroient bientôt mêlés les mouvemens d'une ambition que le régicide seul auroit pu satisfaire.

Ici finit l'histoire des convulsions qui ont précédé l'anéantissement de la monarchie; ici commence un nouvel ordre de chose. Tout ce qui suit est l'histoire même de la révolution; elle naît à l'époque où furent promulguées les lettres pour la convocation des états-généraux. Dès cet instant, les opinions, les hommes, les événemens, tout se dirige avec rapidité vers le but où une force irrésistible semble nous avoir entraînés.

CHAPITRE

CHAPITRE VII.

Rapport de M. Necker et résultat du conseil; effet qu'ils produisent dans le public; audace des libellistes; opinion du tiers-état sur un de ses plus grands protecteurs; défiance de cet ordre contre ses véritables amis; lettres de convocation pour les états-généraux; formes qui furent suivies pour l'élection des députés.

Janvier 1789.

Dès les premiers jours de cette année, le troisième ordre fut assuré de la victoire, dont les suites ont été si amères pour le monarque, le clergé, la noblesse, la magistrature, pour tous les propriétaires enfin. Vers la fin de décembre, M. Necker avoit soumis à la délibération du conseil trois grandes questions que les notables avoient déja résolues. Il publia, au commencement de 1789, son rapport, et le résultat du conseil. Il faut regarder ce résultat comme un arrêt qui terminoit un grand procès, et qui mettoit le parti vaincu à l'entière discrétion de l'autre.

Les trois questions proposées par M. Necker, étoient celles-ci.

PREMIERE QUESTION.

Le nombre des députés aux états-généraux doit-il être le même pour tous les bailliages indistinctement, ou doit-il être différent selon l'étendue de leur population?

Si l'on eût opiné aux états-généraux par bailliages et non par tête, il étoit indifférent qu'un bailliage eût plus ou moins de députés qu'un autre; mais si l'on devoit opiner par tête, le bailliage qui auroit eu un plus grand nombre de députés, acquéroit une plus grande prépondérance. Les notables qui, ainsi que les parlemens, n'avoient dû reconnoître d'autres lois que celles alors existantes, avoient décidé que le nombre des députés, comme il s'étoit pratiqué en 1614, devoit être le même pour chaque bailliage. M. Necker, ne s'appuyant sur aucune loi ancienne, décida que le nombre des députés devoit être réparti entre les bailliages, en raison combinée de leurs contributions.

La seconde question étoit beaucoup plus importante. M. Necker demandoit: le nombre des députés du tiers-état doit-il être égal à celui des deux autres ordres réunis, ou ce nombre ne doit-il composer que la troisième partie de l'assemblée?

Si l'on devoit opiner par ordre, la solution de cette question devenoit encore indifférente; mais si l'on devoit opiner par tête, tout l'avantage restoit au tiers-état, parce qu'il réunissoit à ses députés, ceux du second ordre du clergé.

Les notables, les princes du sang, le clergé, la noblesse, la magistrature, l'exemple tiré des états de Bourgogne, d'Artois, de Bretagne, les lois fondamentales du royaume refusoient au tiers-état la double représentation; mais pour mettre dans tout son jour le danger de cette innovation qui a tout perdu, je laisserai parler M. Necker.

« L'exemple de 1614, disoit le ministre, et de plusieurs tenues d'états précédens, est un des grands argumens de ceux qui s'opposent à la double représentation du tiers. Si le roi se croit en droit de changer cet ordre de choses, quelle sera la mesure des altérations que le souverain pourra se permettre aux diverses parties constitutives des états-généraux? Ne doit-on aucune déférence aux décisions des notables? N'est-ce pas aller contre l'esprit de la monarchie que de ne pas ménager les droits et les prétentions des deux premiers ordres? D'un côté le grand intérêt que le tiers met à être égal en nombre aux députés des deux premiers ordres, ne fait-il pas présumer qu'il a le dessein d'amener les états-généraux à délibérer en commun? Et de l'autre, si sa demande est accueillie, ne sera-t-elle pas un obstacle à l'assentiment des deux premiers ordres à une pareille disposition? Et que faut-il donc de plus au tiers-état que l'abolition des privilèges pécuniaires? Le peuple est souvent inconsidéré dans ses prétentions ; une première fois satisfaites, une suite d'autres pourront se succéder, et nous ramener à la *démocratie*. Il est considérable en nombre, il est vrai, mais distrait par diverses occupations lucratives ; il ne prend aux questions politiques qu'un intérêt momentané ; de plus cette foule de mercénaires, qui, par misère ou par ignorance, ne sont que les serviteurs des riches, ne seroient-ils pas plutôt du parti des seigneurs ecclésiastiques et laïcs, avec lesquels ils ont des liens de dépendance, que de celui des citoyens qui défendroient les droits communs de tous les non-privilégiés ? Les deux premiers ordres ont moins d'intérêt que le troisième, à la réunion des trois ordres en états-généraux, et quand ils n'y seroient pas entraînés par un sentiment public, équitable et généreux, ils adopteroient facilement les mesures qui éloigneroient la tenue de ces états. Enfin ils connoissent mieux que le troisième, la cour et ses orages, et s'ils le vouloient, ils concerteroient avec plus de sûreté les démarches qui peuvent embarrasser le ministère, fatiguer sa constance, et rendre sa force impuissante ».

Telles sont les les objections que se fit M. Necker dans le conseil du roi, et elles prouvent que s'il n'avoit pas la certitude que le but de la demande de la double représentation étoit, non pas de *ramener*, mais d'établir la *démocratie*, du moins il prévoyoit que tel pourroit être l'effet de l'accession à cette demande. Ces objections sont sans doute bien fortes ; M. Necker les repoussa par les considérations suivantes :

Le droit qu'avoit le roi de satisfaire au vœu des communes de son royaume.

L'association qui s'étoit faite du tiers-état à la fortune publique, par les richesses mobiliaires et les emprunts du gouvernement.

Le vœu unanime du tiers-état, et ce vœu unanime, dit M. Necker, s'appellera toujours le vœu national.

L'opinion de la minorité des notables ; celle de plusieurs gentilshommes qui n'étoient pas dans leur assemblée ; le vœu des trois ordres du Dauphiné ; la demande formée par diverses commissions aux bureaux intermédiaires des administrations provinciales ; l'induction que l'on pouvoit tirer des états de Languedoc, et de la formation récente des états de Provence et du Hainault où le tiers-état étoit en nombre égal aux deux autres ordres ; l'arrêté du parlement de Paris, qui s'en rapportoit à la sagesse du roi, *sur les mesures nécessaires à prendre pour parvenir aux modifications que la raison, la liberté, la justice, et le vœu général peuvent indiquer* ; les adresses sans nombre des villes et des communes du royaume ; et enfin le bruit sourd de l'Europe.

Comme je ne veux, ni ne dois dissimuler aucune des raisons qu'employa M. Necker, pour égarer le conseil et le monarque, je rapporterai les maximes philosophiques avec lesquelles il étaya toutes ces considérations.

» Les connoissances et les lumières sont devenues un patrimoine commun : par-tout les esprits se sont échauffés ; et c'est à un pareil effort que la nation doit en partie le renouvellement des états-généraux » . . . . .

» Le grand nombre de députés du tiers-état est un moyen de rassembler les connoissances utiles au bien de l'état, et l'on ne peut contester que cette variété de connoissances appartient sur-tout à cet ordre, puisqu'il est une multitude d'affaires publiques dont il a seul l'instruction ; telles que les transactions du commerce intérieur et extérieur, l'état des manufactures, les moyens les plus propres à les encourager, le crédit public, l'intérêt de la circulation de l'argent, l'abus des perceptions, celui des priviléges, et tant d'autres parties dont lui seul a l'expérience.

» La cause du tiers-état aura toujours pour elle l'opinion publique, parce qu'une telle cause se trouve liée aux sentimens généreux, les seuls qu'on peut manifester hautement ; ainsi elle sera constamment soutenue, et dans les conversations, et dans les écrits, par les hommes animés et capables d'entraîner ceux qui lisent ou qui écoutent.

» Si quelque circonstance nécessitoit la réunion des trois ordres en une seule assemblée, cette disposition deviendroit inadmissible ou sans effet, si les représentans de la commune ne composoient pas la moitié de la représentation nationale.

» Le jugement de l'Europe encouragera le vœu du tiers-état, et le souverain ne peut que régler dans sa justice, ou avancer dans sa sagesse ce que les circonstances et les opinions doivent amener nécessairement ».

Si c'est là le langage d'un philosophe, ce n'est certainement pas celui d'un homme d'état. M. Necker, en terminant la solution de cette seconde question, répétoit que le tiers-état ne devoit pas profiter du bienfait qu'on lui accordoit, *pour forcer la délibération par tête*. Tant il est vrai que sa persuasion, ou, si l'on veut, son pressentiment, ses craintes, perçoient à toutes les lignes de ce malheureux rapport.

Enfin, pour troisième et dernière question, M. Necker se demandoit : Chaque ordre doit-il être restreint à ne choisir ses députés que dans son ordre ? Il répondoit :

» La plus parfaite liberté dans l'élection de chaque ordre paroît constitutionnelle. . . . . . Qu'est-ce qui pourra séparer les intérêts du tiers-état des intérêts des deux premiers ordres ? Le tiers-état, comme la noblesse, comme le clergé, comme tous les françois, n'a-t-il pas intérêt à l'ordre des finances, à la modération des charges publiques, à la justice des lois civiles et criminelles, à la tranquillité et à la puissance du royaume, au bonheur et à la gloire du souverain ? »

Le ministre, après avoir ainsi armé, contre les deux premiers ordres, l'ennemi qui devoit les combattre sans ménagement, comme sans pitié, chercha à les rassurer; il leur dit :

Que les ministres de la religion ne voient dans les représentans du tiers-état, que les indicateurs des besoins multipliés d'un grand peuple ; que la noblesse, à l'aspect de ces nombreux députés des communes, se rappelle, avec satisfaction et avec gloire, qu'elle doit aux vertus et aux exploits de ses ancêtres d'avoir, sur les intérêts généraux de la nation, une influence égale à celle des députés de tout un royaume ».

Revenant ensuite à ses terreurs sur les suites que pourroit avoir sa condescendance pour le tiers-état, il adressoit à ses députés cet avis :

« Que les députés du tiers-état ne pensent jamais que ce soit par le nombre, ni avec un moyen de contrainte, mais par la persuasion, par l'éloquence de la vérité, qu'ils peuvent obtenir le redressement des griefs de leurs constituans ».

Il fallut aussi dissiper les justes inquiétudes du monarque. « Ah ! Sire, lui disoit son ministre, encore un peu de tems, et tout se terminera bien ; vous ne direz pas toujours ce que je vous ai entendu prononcer sur les affaires publiques : *Je n'ai eu*, disiez-vous, *je n'ai eu*, *depuis quelques années*, *que des instans de bonheur*. Vous le retrouverez, ce bonheur, Sire ; vous en jouirez. Vous commandez à une nation qui sait aimer, et que des nouveautés politiques, auxquelles elle n'est pas encore faite, distraient de son caractère naturel ; mais fixée par vos bienfaits, et affermie dans sa confiance, par la pureté de vos intentions, elle ne pensera plus ensuite qu'à jouir de l'ordre heureux et constant dont elle vous sera redevable ».

Qu'eût dit M. Necker à celui qui, le 6 octobre, lui eût rappellé ces impolitiques prophéties ? Ne pouvant cependant se dissimuler que la nouveauté qu'il introduisoit, tendoit à altérer la puissance royale, il en consoloit le monarque par ces autres maximes de philosophie.

« La satisfaction attachée à un pouvoir sans limites, est toute d'imagination...... Votre majesté, en s'entourant des députés de la nation, se délivre d'une suite cruelle d'incertitudes et de *balancemens*, de défiance et de regrets, qui doivent faire le malheur d'un prince, tant qu'il demeure sensible au bien de l'état et à l'amour de ses peuples. Elle conservera les grandes fonctions du pouvoir suprême ; car les assemblées nationales ont elles-mêmes besoin d'un défenseur des foibles, d'un protecteur de la justice ; et si l'ordre se rétablit dans les finances, si toutes les forces de ce grand royaume viennent à se vivifier, votre majesté jouira, dans ses relations au-dehors, d'une augmentation d'ascendant qui appartient encore plus à une puissance réelle et bien ordonnée, qu'à une autorité sans règle.....

Retombant ensuite encore une fois dans ses craintes, M. Necker ajoutoit :

« Cependant, si une différence dans le nombre des députés du tiers-état, devenoit un sujet ou un prétexte de discorde ; si l'on contestoit à V. M. le droit de donner une décision préliminaire, demandée avec tant d'instance par la plus grande partie de ses sujets, et qui conserve en entier les usages constitutifs des états-généraux.... si, par des vues particulières, on cherchoit à lasser l'honorable constance de V. M. ; si votre volonté, Sire, n'étoit pas suffisante pour lever ces obstacles, je détourne mes regards de toutes ces idées, je ne puis m'y arrêter, je ne puis y croire : alors cependant quel conseil pourrai-je donner à V. M. un seul, et ce seroit le dernier, celui de sacrifier le ministre qui auroit eu le plus de part à votre délibération » ?

Si cette délibération eût porté sur un objet moins grave, on seroit tenté de rire d'un seul, et dernier remède, que M. Necker trouvoit à des malheurs que son imagination, ses pressentimens ou ses remords lui rendoient sans cesse présens ; et ce retour continuel, sur la chûte prochaine de la monarchie, en étoit lui-même un présage certain.

Hélas ! cependant le roi et son conseil se laissèrent prendre à ce conseil, et le public fut bientôt instruit du résultat de la délibération, dont voici la teneur :

« Le roi ayant entendu le rapport qui a été fait dans son conseil par le ministre de ses finances, relativement à la convocation prochaine des états-généraux, S. M. en a adopté les principes et les vues, et elle a ordonné ce qui suit : 1°. Que les députés aux prochains états-généraux seront au moins au nombre de mille ; 2°. que ce nombre sera formé, autant qu'il sera possible, en raison composée de la population et des contributions de chaque bailliage ; 3°. que le nombre des députés du tiers-état sera égal à celui des deux autres ordres réunis, et que cette proportion sera établie par les lettres de convocation ; 4°. que les décisions préliminaires serviront de bases aux travaux nécessaires pour préparer, sans délai, les lettres de convocation, ainsi que les autres dispositions qui doivent les accompagner ; 5°. que le rapport fait à S. M. sera imprimé à la suite du présent résultat ».

(34)

Le peuple mené par lui-même, dit Montesquieu (1), porte toujours les choses aussi loin qu'elles peuvent aller. Tous les désordres qu'il commet sont extrêmes! Il voulut les états-généraux, on les lui accorda; il demanda qu'on rapprochât l'époque de leur convocation, il l'obtint; il désira la double représentation, on lui céda encore; il exigea la réunion des trois ordres, on ne sut pas la lui refuser; enfin il est parvenu à être lui seul la nation; il a prétendu qu'il étoit roi, pontife, législateur, juge, administrateur, et le gibet attend aujourd'hui quiconque s'élève contre cette gigantesque et monstrueuse puissance..

La consternation des deux premiers ordres fut grande, lorsqu'on ne put plus douter des intentions de la cour, et l'audace du troisième les menaça plus que jamais. La noblesse fut odieusement outragée dans plusieurs écrits, et particulièrement dans une brochure intitulée, *ultimatum d'un citoyen au mémoire des princes* qu'on pouvoit regarder comme une sorte de manifeste de la guerre qui commençoit à se faire; le clergé n'étoit pas traité avec plus de justice; ses intentions, sa conduite, ses mœurs, ses principes furent calomniés dans mille brochures, et entr'autres dans une prétendue lettre des curés du Dauphiné aux recteurs de Bretagne.

Les particuliers qui énonçoient une opinion contraire au vœu du tiers-état, étoient aussitôt déchirés par des libellistes; ainsi M. d'Eprémesnil, qui commençoit à redouter les entreprises de la licence, se vit impunément outragé et bafoué par un méprisable écrivain, qu'il avoit lui-même tiré des cachôts de Bicêtre; et le feu évêque de Nevers, pour avoir, dans quelques occasions, approuvé la forme de 1614, fut indignement calomnié dans un petit écrit qui avoit pour titre, *lettre d'un plaideur du Nivernois à son curé*; on en publia les exemplaires avec profusion, et le prélat se montra trop sensible à l'atrocité de ces impostures.

Le gouvernement voyoit ces excès, et ne se mettoit point en peine de les arrêter. Tant de complaisance de la part de M. Necker, non seulement pour les prétentions du tiers-etat, mais encore pour les attentats des libellistes, devoit naturellement lui gagner les cœurs de la multitude; il n'inspiroit cependant pas une confiance aveugle aux chefs de parti, et M. de Mirabeau l'aîné ne cessoit de répéter dans une foule de brochures, *timeo Danaos et dona ferentes*. Lui-même n'inspiroit pas encore au tiers-état cet enthousiasme qui, depuis, a été sans bornes: sa qualité de gentilhomme faisoit qu'on se tenoit en garde contre ses promesses et ses démarches; et si l'on veut une idée complette de l'opinion qu'on avoit alors de ses mœurs et de sa conduite, dans le parti dont il est devenu depuis l'idole, on la trouvera dans

_____
(1) Esprit des lois, part. 1, pag. 56.

les vers suivans, qu'on supposoit avoir été faits pour être mis au bas de son portrait.

J'ai de l'esprit, et je m'en sers,
Esclave avili de Calonne,
Je respecte et chéris ses fers;
Mais aussi de l'or qu'il me donne,
Je sais acheter le plaisir.
Honneur, probité, conscience,
Qu'importe? Un comte veut jouir;
Pour lui tout est sans conséquence.

S'il étoit né du tiers-état,
Qui pourroit excuser son crime?
A son gré l'on est scélérat,
L'on nargue la publique estime,
On est escroc, plat et rampant,
Indiscret, délateur, perfide,
Lorsqu'un nom de quatorze cent,
Contre le blâme est votre égide.

Dans son rapport au conseil, M. Necker avoit rendu un juste hommage aux sentimens et aux vœux de la reine pour la félicité publique; il s'étoit exprimé ainsi à l'égard de cette auguste princesse.

« Je n'oublierai jamais qu'elle me disoit, il y a quelque tems: le roi ne se refusera point aux sacrifices qui pourront assurer le bonheur public; nos enfans penseront de même s'ils sont sages, et s'ils ne le sont pas, le roi auroit rempli un devoir en leur imposant quelque gêne ».

Ces sublimes paroles furent accueillies sans aucune reconnoissance; on révoqua en doute que la reine les eût jamais prononcées; elle étoit environnée d'ingrats. Un grand alla jusqu'à dire, dans une compagnie composée de personnes de la première distinction, qu'elle désavouoit le paragraphe qui la concernoit, inséré dans le rapport de M. Necker. Quelqu'un ayant fait observer au courtisan, que sans doute il avoit un garant bien sûr de ce qu'il avançoit, il répondit qu'il tenoit le fait du marquis de Talaru, premier maître d'hôtel de la reine. Celui-ci, instruit du propos qu'on lui faisoit tenir, le démentit, et certifia publiquement que jamais la reine ne l'avoit honoré d'une telle confidence. Il ne s'en tint pas là: il demanda et obtint une audience particulière de cette princesse, dans laquelle il lui rendit compte des bruits qui se répandoient dans le public. La reine l'autorisa à déclarer que le paragraphe étoit conforme à l'exacte vérité, et que M. Necker ne l'avoit fait imprimer, qu'après le lui avoir fait lire, et avoir eu son agrément.

On peut juger par cette seule anecdote, de l'importance que l'on mettoit à tromper le peuple sur les
véritables

véritables sentimens d'une reine, qui ne profitoit de l'ascendant qu'elle avoit sur son époux, que pour le porter aux sacrifices qui pourroient lui concilier la reconnoissance de ses sujets.

Quelque attention donc qu'apportassent et le souverain, et les grands, et le ministre, à calmer toutes les inquiétudes, ils ne pouvoient vaincre la défiance; on persistoit à croire qu'ils n'agissoient pas de bonne foi, et l'on annonçoit qu'on ne seroit rassuré, que lorsque les lettres pour la convocation des états-généraux auroient été publiées.

Enfin ces lettres, si long-tems attendues, et qui devoient, disoit-on, dissiper tous les soupçons, parurent. Je dois en faire connoître au moins la substance : c'est le dernier acte de souveraineté, de ce genre, qui émanera du trône ; et c'est avec une sorte de vénération que je recueille, et que je transmets à la postérité, ces restes respectables de l'ancienne puissance de nos rois.

Dans la lettre adressée aux provinces le roi disoit : « Nous avons besoin du concours de nos fidèles sujets, pour nous aider à surmonter toutes les difficultés où nous nous trouvons, relativement à l'état de nos finances, et pour établir, suivant nos vœux, un ordre constant et invariable dans toutes les parties du gouvernement qui intéressent le bonheur de nos sujets et la prospérité de notre royaume. Ces grands motifs nous ont déterminé à convoquer l'assemblée des états de toutes les provinces de notre obéissance, tant pour nous conseiller et nous assister dans toutes les choses qui seront mises sous ses yeux, que pour nous faire connoître les souhaits et les doléances de nos peuples; de manière que, par une mutuelle confiance et par un amour réciproque entre le souverain et ses sujets, il soit apporté, le plus promptement possible, un remède efficace aux maux de l'état, et que les abus de tout genre soient réformés et prévenus par de bons et solides moyens qui assurent la félicité publique, et qui nous rendent, à nous particulièrement, le le calme et la tranquillité, dont nous sommes privés depuis si long-tems ».

C'étoit donc uniquement pour être conseillé, pour connoître les souhaits et les doléances de ses peuples, que le roi convoquoit les états-généraux, et non pour recevoir des lois; et n'étoit-il pas horrible de penser que le roi ait tout fait pour rendre ses sujets heureux, et que les sujets aient tout fait pour rendre leur souverain malheureux, et qu'ils se soient servis de ses propres bienfaits pour lui ravir ses prérogatives, ses domaines, sa puissance et sa liberté?

Dans cette lettre, le roi, s'adressant à ses sujets, leur disoit : « Nous vous assurons que, de notre part, vous trouverez toute bonne volonté et affection pour maintenir et faire exécuter tout ce qui aura été concerté entre nous et les états, soit relativement aux impôts qu'ils auront consentis, soit pour l'établissement d'une règle constante dans toutes les parties de l'administration et de l'ordre public ; leur promettant de demander et d'écouter favorablement leurs avis sur tout ce qui peut intéresser le bien de nos peuples, et de pourvoir sur les doléances et propositions qu'ils auront faites ; de telle manière que notre royaume, et tous nos sujets en particulier, ressentent pour toujours les effets salutaires qu'ils doivent se promettre d'une telle et si notable assemblée ».

A la lettre de convocation étoit annexé le règlement pour son exécution. Dans le préambule, le roi disoit : « Sa majesté a reconnu, avec une véritable satisfaction, qu'au moyen des assemblées graduelles ordonnées, dans toute la France, pour la représentation du tiers-état, elle auroit ainsi une sorte de communication avec tous les habitants de son royaume, et qu'elle se rapprocheroit de leurs besoins et de leurs vœux, d'une manière plus sûre et plus immédiate.

» Le roi appelle au droit d'être élus pour députés de la noblesse, tous les membres de cet ordre indistinctement, propriétaires ou non propriétaires : c'est par leurs qualités personnelles, c'est par les vertus dont ils sont comptables envers leurs ancêtres, qu'ils ont servi l'état dans tous les tems, et qu'ils le serviront encore ; et le plus estimable d'entre eux sera toujours celui qui méritera le mieux de le représenter.....

» Sa majesté attend sur-tout que la voix de la conscience sera seule écoutée dans le choix des députés aux états-généraux ; elle exhorte les électeurs à se rappeler que les hommes d'un esprit sage méritent la préférence, et que, par un heureux accord de la morale et de la politique, il est rare que, dans les affaires publiques et nationales, les plus honnêtes gens ne soient aussi les plus habiles.....

» Sa majesté espère que tous ses sujets auront sans cesse devant leurs yeux, et comme présent à leur sentiment, le bien inappréciable que les états-généraux peuvent opérer, et qu'une si haute considération les détournera de se livrer prématurément à un esprit de défiance qui rend si facilement injuste, et qui empêcheroit de faire servir à la gloire et à la prospérité de l'état, la plus grande de toutes les forces, l'union des intérêts et des volontés. Enfin sa majesté, selon l'usage observé par les rois ses prédécesseurs, s'est déterminée à rassembler autour de sa personne les états-généraux du royaume ; non pour gêner, en aucune manière, leurs délibérations, mais pour leur conserver le caractère le plus cher à son cœur, celui de conseil et d'ami ».

Je dois maintenant entrer dans les principaux détails des formes qui furent suivies pour la nomination des députés, telles qu'elles étoient prescrites par le règlement du roi.

M

La lettre de convocation fut adressée aux gouverneurs des provinces, et ceux-ci la firent parvenir aux baillis et sénéchaux d'épée. Aussi-tôt après la réception de cette lettre, les baillis et sénéchaux la firent publier à l'audience, et enregistrer au greffe de leur siège; ils donnèrent ensuite assignation, à la requête du procureur du roi, de comparoître à l'assemblée générale du bailliage, ou de la sénéchaussée, aux évêques, abbés, chapitres, corps et communautés ecclésiastiques des deux sexes, et généralement à tous les ecclésiastiques possédant bénéfice ou commanderie, et à tous les nobles possédant fief.

En conséquence de cette assignation, chaque chapitre séculier d'hommes tint une assemblée qui se sépara en deux parties, l'une composée de chanoines, et l'autre de tous les ecclésiastiques engagés dans les ordres, et attachés par quelque fonction au service du chapitre; la première nomma un député à raison de dix chanoines présens et au-dessous; deux au-dessus de dix jusqu'à vingt, et ainsi de suite. La seconde nomma un député à raison de vingt ecclésiastiques présens et au-dessous; deux au-dessus de vingt jusqu'à quarante, et ainsi de suite.

Tous les autres corps et communautés ecclésiastiques, ainsi que les chapitres et communautés de filles n'eurent droit qu'à un représentant. Les séminaires, colléges et hôpitaux ne furent point admis à se faire représenter.

Dans chaque ville, tous les ecclésiastiques engagés dans les ordres, et non possédant bénéfices, s'assemblèrent chez le curé de la paroisse sur laquelle ils se trouvoient habitués ou domiciliés, pour nommer leurs députés à l'assemblée générale à laquelle le curé fut appellé de droit.

Huit jours après la notification des lettres de convocation, tous les habitans composant le tiers-état des villes, ainsi que ceux des bourgs, des paroisses et communautés de campagne ayant un rôle d'imposition, et nés français ou naturalisés, âgés de vingt-cinq ans, et domiciliés, s'assemblèrent devant le juge du lieu, pour concourir à la rédaction des cahiers et à la nomination des députés.

Dans les principales villes du royaume, les habitans s'assemblèrent d'abord par corporation. Chaque corporation choisit un député à raison de cent individus et au-dessous; deux au-dessus de cent, et ainsi de suite. Les corporations d'arts libéraux, celles des négocians, armateurs, et généralement tous les autres citoyens réunis par l'exercice des mêmes fonctions, et formant des assemblées ou des corps autorisés, nommèrent deux députés à raison de cent et au-dessous, quatre au-dessus de cent, six au-dessus de deux cens, et ainsi de suite.

Les habitans composant le tiers-état, qui ne se trouvoient compris dans aucun corps, aucune communauté, aucune corporation, s'assemblèrent à l'hôtel-de-ville, et y élurent leurs députés dans la proportion de deux pour cent individus et au-dessous; quatre au-dessus de cent; six au-dessus de deux cent, et toujours en augmentant dans la même proportion.

La seule ville de Paris obtint d'envoyer des députés particuliers. Le nombre de ceux qui furent choisis par les paroisses et les communautés de campagne, fut de deux à raison de deux cens feux et au-dessous; de trois au-dessus de deux cens feux; de quatre au-dessus de trois cens, et ainsi de suite.

Quelques jours avant l'assemblée générale des trois états du bailliage ou de la sénéchaussée, il se tint une assemblée préliminaire de tous les députés des villes et communautés, dans laquelle ils réduisirent tous leurs cahiers en un seul, et ils nommèrent ensuite le quart d'entr'eux pour porter ce cahier à l'assemblée des trois états du bailliage ou de la sénéchaussée.

Cette dernière assemblée devoit être composée des membres du clergé, de ceux de la noblesse, et des députés du tiers-état. Le clergé devoit avoir la droite, la noblesse la gauche, et le tiers-état être placé en face; mais cette double disposition du réglement, comme j'aurai occasion de le raconter dans la suite, ne fut pas suivie par-tout.

C'étoit le bailli ou le sénéchal, ou, en son absence, son lieutenant, qui devoit présider les trois ordres lorsqu'ils seroient réunis. Les assemblées particulières des trois ordres devoient être présidées, savoir: le clergé par celui à qui l'ordre de la hiérarchie déféreroit la présidence; la noblesse par le bailli ou sénéchal, et en son absence, par celui qu'elle auroit élu; le tiers-état devoit être présidé par le lieutenant du bailliage ou de la sénéchaussée, et en son absence, par celui qui devoit le remplacer. Le clergé et la noblesse avoient le droit de nommer leurs sécrétaires; le greffier du bailliage devoit être le sécrétaire du tiers. On se conforma encore dans très-peu d'endroits à toute cette partie du réglement.

Il fut libre à chacun des trois ordres de rédiger ses cahiers, et de nommer ses députés en commun ou séparément; mais, dans le premier cas, le consentement des trois ordres devoit être pris séparément.

Les députés devoient être munis de pouvoirs généraux et suffisans pour *proposer*, *remontrer*, *aviser* et *consentir*. Ces paroles sont remarquables; car proposer, remontrer, aviser et consentir, n'est pas bouleverser, ordonner, et encore moins contraindre le roi à consentir.

Les élections des députés aux assemblées graduelles se firent à haute voix ; mais les députés aux états-généraux furent élus par la voie du scrutin, et il ne me reste plus qu'à dire comment on procéda pour cette dernière et importante élection.

On fit d'abord choix au scrutin, de trois membres de l'assemblée, qui furent chargés d'ouvrir les billets, d'en vérifier le nombre, et de déclarer le choix de l'assemblée.

Les billets de ce premier scrutin furent déposés, par tous les députés successivement, dans un vase placé sur une table au-devant du secrétaire qui, assisté des trois plus anciens d'âge, en fit la vérification.

Les trois membres qui eurent le plus de voix furent les trois scrutateurs. Ils prirent place devant le bureau, au milieu de la salle, et déposèrent d'abord dans le vase, leur billet d'élection. Tous les électeurs furent ensuite, l'un après l'autre, déposer ostensiblement leurs billets dans le même vase.

Les électeurs étant revenus à leurs places, les scrutateurs procédèrent d'abord au compte et recensement des billets ; si le nombre s'en trouvoit supérieur à celui des suffrages existans dans l'assemblée, on procédoit à un nouveau scrutin, et on brûloit les billets du premier.

Si un même billet portoit plusieurs noms, il étoit rejetté, et on ne recommençoit pas le scrutin ; on faisoit de même lorsqu'il se trouvoit un ou plusieurs billets en blanc.

Le nombre des billets étant constaté, on les ouvroit, et les voix étoient vérifiées par les scrutateurs, à voix basse.

La pluralité étoit censée acquise par une seule voix au-dessus de la moitié des suffrages de l'assemblée. Au défaut de cette pluralité, on alloit une seconde fois au scrutin ; et si le choix de l'assemblée n'étoit pas encore déterminé par la pluralité, les scrutateurs déclaroient les deux sujets qui avoient réuni le plus de voix, et ces deux sujets étoient les seuls qui pussent concourir à l'élection qui étoit déterminée par un troisième tour de scrutin, de manière qu'il n'étoit jamais nécessaire de recourir plus de trois fois au scrutin.

En cas d'égalité parfaite de suffrages entre les concurrens dans le troisième tour de scrutin, le plus ancien d'âge étoit élu.

Tous les billets et toutes les notes des scrutateurs étoient brûlés après chaque tour de scrutin.

Il y eut un règlement particulier pour la ville de Paris, le pays des Basques, la Corse et les pays qui n'étoient pas réunis à la couronne à l'époque de 1614.

La voilà donc enfin promulguée cette faveur dont on n'avoit pas joui depuis plus d'un siècle et demi ; telle fut la marche que Louis XVI traça à ses sujets, et la voie qu'il leur ouvrit pour qu'ils pussent se saisir d'un bonheur durable. Avant de raconter comment ils reçurent ce bienfait, je dois dire quelle étoit la disposition des esprits au moment même où il fut accordé.

CHAPITRE VIII.

Scission dans les deux premiers ordres de la Franche-Comté; guerre civile en Bretagne; mort de M. d'Ormesson; action héroïque d'un gentilhomme et d'un bourgeois; marche et sollicitude d'une armée de bourgeois sortie des murs de Nantes; manifeste de cette armée; arrêts des parlemens de Besançon et d'Aix contre les assemblées illégales; M. de Mirabeau dans les états de Provence.

Janvier, Février 1789.

Tandis que Louis XVI s'occupoit de combler les vœux de son peuple, et se nourrissoit de l'espoir si cruellement trompé ensuite, de le voir bientôt le plus heureux peuple de l'Europe, un génie malfaisant se promenoit sur la France, souffloit le poison de la sédition dans les cœurs, aigrissoit les esprits, et armoit les citoyens contre les citoyens.

En Franche-Comté, les deux premiers ordres eux-mêmes se divisèrent; une partie du clergé, et une partie de la noblesse adhérèrent au résultat du conseil, et l'autre le combattit par une protestation. Le parlement prit parti dans la querelle. Ceux qui d'abord avoient adhéré, protestèrent contre la protestation même de leurs adversaires. Cette contreprotestation fut déposée chez un officier public. Le parlement se la fit apporter, et la supprima par un arrêt. Les membres du clergé et de la noblesse, qui tenoient pour le résultat du conseil, réclamèrent contre cet arrêt. Le roi enfin fut obligé d'intervenir pour mettre fin à ces premiers actes d'hostilité; mais il ne se contenta pas de casser l'arrêt du parlement; on lisoit encore dans celui du conseil, qui l'annulloit, ces paroles remarquables:

« S. M. a jugé qu'elle ne pouvoit laisser subsister un arrêt, dont les membres du clergé et de la noblesse qui ont signé ces déclarations, (celles qui adhéroient au résultat du conseil) auroient un juste droit de se plaindre..... S. M. déclare qu'elle honore de son approbation spéciale, les motifs d'amour, d'obéissance et de zèle qui ont dicté ces déclarations. Et pour donner aux membres qui les ont souscrites, une marque authentique de sa satisfaction, veut S. M. que le contenu auxdites déclarations soit annexé au présent arrêt, et qu'il soit imprimé, affiché par-tout où besoin sera ».

C'étoit, comme on voit, se déclarer franchement pour le parti qui favoriseroit le tiers-état. Parmi les noms qui se trouvent au bas de la déclaration du clergé, je n'en vois aucune de marque; mais parmi ceux qui se trouvent au bas de celle de la noblesse, je lis les noms de Grammont, ceux du prince de S. Maurice, du marquis et du vicomte de Toulongeon.

Pour rester toujours dans les bornes de l'impartialité, je dois faire connoître les motifs de l'opposition du parlement.

« La fermentation qui règne dans le royaume, disoit cette compagnie, principalement dans les villes, est excitée par une multitude d'écrits, capables d'induire les peuples en erreur. Des opinions et des assertions audacieuses, hasardées par des particuliers sans caractère et sans autorité, tendent à détruire toute subordination, à élever des insurrections contre l'autorité légitime, à engendrer une guerre intestine, et à ébranler, peut-être même à renverser la monarchie...

« Les états de la province ont été une source de division, non-seulement entre les trois ordres, mais encore entre les membres des deux premiers ordres...

« L'effervescence qui trouble les esprits, l'inquiétude répandue parmi les plus modérés, diminuent déjà la confiance qui doit exister entre les citoyens, et détruiront l'harmonie sans laquelle les états-généraux ne pourront avoir un heureux succès....

« Dans le conflit de demandes et d'opinions, le parlement doit s'expliquer, pour appaiser le feu de la discorde prêt à éclater...

« Toutes innovations sont dangereuses, parce que l'esprit novateur ne s'arrête point dans sa course;
un

un jour il frappe d'un côté, le lendemain il renverse de l'autre.....

« La constitution est un bien appartenant à la nation en général, et à chaque individu en particulier, qui ne peut en être privé sans avoir donné un pouvoir spécial à cet effet..... » Sublime vérité, qui eût dû être en tête du cahier de chaque député.

« Avant de consolider la dette de l'état, et d'aviser aux sacrifices à faire, il faut la reconnoître et la fixer.....

« Lorsque les états-généraux auront constaté la dette nationale ; qu'ils en auront prévenu le retour par toutes les précautions que leur sagesse leur dictera ; qu'ils auront fixé les dépenses nécessaires à la prospérité et à la gloire de l'état ; et qu'enfin ils auront reconnu l'insuffisance des moyens actuels pour atteindre à double but: alors la générosité des deux premiers ordres, leur dévouement à la patrie sont trop étendus, pour avoir besoin d'être excités, et trop notoires, pour douter qu'ils ne s'empressent de donner aux autres citoyens l'exemple des plus grands sacrifices, pourvu qu'ils soient volontaires, et qu'ils n'altèrent pas la constitution sur laquelle la monarchie existe depuis tant d'années.....

« L'inégalité dans la distribution des biens est dans les décrets de la providence et dans la nature de l'ordre social; une grande partie du tiers-état ne subsiste et ne subsistera toujours qu'au moyen des terres et des propriétés de la noblesse et du clergé.....

« C'est la classe la moins nombreuse, qui, dans l'espoir d'acquérir du pouvoir et de dominer, tâche d'engager les autres à réclamer avec elle ».

Je me suis déterminé d'autant plus volontiers à présenter cet exposé des principes du parlement de Franche-Comté, qu'il donne tout-à-la-fois une idée de la sagesse de cette compagnie, et de la situation où se trouvoit la province au moment où se formoit l'orage.

Cet arrêt, comme on pense bien, quoique les maximes qu'il contient, soient celles d'une saine politique, fut mal accueilli par le tiers-état. On souleva le bas peuple contre les magistrats ; et un jour qu'ils se rendoient au palais, ils furent assaillis de pierres, les glaces de plusieurs voitures furent brisées, quelques-uns même d'entr'eux furent légèrement blessés. La même scène se renouvella au sortir de l'audience, et les magistrats ne crurent pas leur vie en sûreté à Besançon.

L'effervescence étoit toute autre en Bretagne : le troisième ordre de cette province présenta à ses états deux pétitions. Il demanda à être représenté en nombre égal aux deux autres ordres, et à ce qu'on opinât par tête ; 2°. que les impositions fussent également réparties entre tous les citoyens.

Je dois faire remarquer que cette double pétition étoit prématurée : elle fut faite le 30 décembre 1788, et à cette époque on ne connoissoit point en Bretagne le résultat du conseil. On assure que le tiers-état fut autorisé à cette démarche par M. Necker ; mais je ne garantis point le fait, quelque vraisemblable qu'il soit.

Cette double demande fut l'étincelle d'une guerre civile : a l'ouverture des états, le tiers déclara qu'il ne prendroit aucune part aux délibérations, à moins qu'on ne lui accordât ce qu'il sollicitoit. Cette déclaration jetta les trois ordres dans une immobilité qui parut à la cour le présage d'une grande commotion. Pour la prévenir, elle suspendit, par un arrêt du conseil, les états jusqu'au 3 du mois suivant.

Les gentilshommes, en recevant cet arrêt et le résultat du conseil, firent, avant de se séparer, une protestation dans laquelle ils déclarèrent deshonoré et traître à la patrie, quiconque ne penseroit pas comme eux sur le maintien des privilèges de la province.

Le tiers-état ne réclama point contre cette protestation, mais il se rassembla dans chaque ville, et accusa la noblesse d'avoir chargé un nommé Vignon, attaché au service du comte de Boisgelin, de solliciter des signatures au bas d'une déclaration, dans laquelle il étoit dit qu'on ne vouloit rien changer à la constitution de la province.

Les assemblées du tiers-état, à Rennes, se firent par paroisses, et furent très-nombreuses. Ne pouvoit-on pas les regarder comme des assemblées illicites, puisqu'elles n'étoient autorisées par aucune volonté légalement manifestée ? Le parlement crut ne devoir les regarder que comme des associations illégales, et il décréta les marguilliers qui avoient permis la réunion des habitans de leurs paroisses. Ce décret indigna le tiers-état, et les routes de Bretagne à Paris furent couvertes de députés que cette province envoya en cour.

La noblesse s'ébranla aussi : on imputa à plusieurs gentilshommes d'avoir fait circuler dans la classe inférieure du tiers-état, un billet qui la convoquoit aux portes de la ville, dans le champ appelé *de Montmorin*. On en parla au premier président du parlement ; il dit qu'il en étoit instruit, mais qu'il ne connoissoit aucun moyen d'empêcher cette assemblée. Elle eut lieu, en effet, et fut composée de sept à huit cent personnes, parmi lesquelles on remarqua plusieurs laquais, plusieurs porteurs de chaises et autres gens de cette classe. On assure que deux d'entre eux, en s'y rendant, furent armés de bâtons par un gentilhomme.

N

L'assemblée étant formée, le domestique de la commission intermédiaire des états pour la navigation intérieure, monta sur une éminence, et lut un discours dont le but étoit de demander si on ne vouloit pas que la constitution subsistât, et que le pain fût diminué. Chacun ayant répondu, *oui* : *Eh bien !* dit l'orateur, *rendons-nous au palais*.

Toute cette multitude, en effet, se rendit au palais, et, à l'exception de quelques propos assez grossiers qu'elle proféra à son passage, elle traversa paisiblement la ville : les magistrats étoient sur leurs siéges ; ils écoutèrent les demandes de ces hommes, et promirent de les prendre en considération. Leur requête exaucée, ils se répandirent dans les rues, et y commirent des désordres. Des grouppes d'étudians furent insultés ; quelques-uns même frappés avec des bâtons.

Les gardes de la ville accoururent pour donner la chasse aux aggresseurs. On en arrêta plusieurs qu'on remit aux cavaliers de maréchaussée, et ceux-ci furent accusés, par le tiers-état, de les avoir relâchés.

Le marquis de Trémargat, voyant arrêter un de ces hommes à qui il prenoit sans doute intérêt, ou qui peut-être même lui appartenoit, voulut le faire relâcher ; le garde s'y opposa ; le gentilhomme alors présenta à celui-ci un pistolet, et lui fit ainsi lâcher sa proie.

On vit aussi deux autres gentilshommes, et un magistrat en robe, tenter de repousser des gardes. Tout ce désordre enfin fut appaisé par les soins du comte de Thyard, dont les fonctions, dans ces circonstances délicates, devenoient chaque jour plus pénibles.

27 *Janvier*. Les officiers de police ayant voulu prendre connoissance de cette émeute, le procureur-général du parlement les invita à surseoir pour quelques heures aux poursuites, et à se rendre au parlement.

Le soir du jour où ils reçurent cette invitation, un teinturier se querella avec des laquais, et fut frappé d'un coup de couteau ; il se rendit à la ville où les officiers municipaux étoient assemblés ; ils reçurent sa plainte, et le firent transporter chez un chirurgien. Dix jeunes gens instruits de cet événement, se rendirent chez le comte de Thyard, qui les renvoia au premier président.

Le parlement dans cet instant se rendoit au palais ; les magistrats, arrivés sur la place qui y conduit, furent environnés d'une troupe considérable de jeunes gens qui leur parlèrent avec véhémence. Des gentilshommes voyant qu'ils s'échauffoient, accoururent, et prirent part à la conversation. La scène se passoit devant la porte du couvent des cordeliers, où se tiennent les états. On s'anima de part et d'autre, on s'injuria ; les deux partis étoient armés, et firent mutuellement feu en présence de la maréchaussée qui gardoit la porte des états. Des combats particuliers succédèrent à cette action. Dans toutes les rues, on entendoit le bruit des armes à feu. Un seul homme du tiers perdit la vie dans cette malheureuse journée ; il fut tué d'un coup de feu tiré par une fenêtre dans le parti contraire, deux gentilshommes restèrent sur la place.

Les magistrats, ne pouvant parvenir à rétablir le calme, se rendirent sur la place du palais ; le comte de Thyard y accourut ; le marquis de Bédé y vint bientôt après, armé d'un fusil à deux coups ; mais il n'en fit aucun usage, il le rendit même au comte de Thyard. Celui-ci parcourut, avec les membres du parlement, la rue Saint Georges. Parvenus sur la place neuve, ils y trouvèrent tous les jeunes gens réunis. Le commandant et les magistrats leur parlèrent avec beaucoup de bonté ; ils répondirent d'abord qu'ils étoient résolus de mourir sur la place ; mais ils finirent par se rendre aux exhortations qui leur furent faites, et se séparèrent.

Ils traitèrent ensuite avec le commandant, comme s'ils eussent déjà fait une nation à part ; ils lui envoyèrent des députés chargés d'une sorte de manifeste, car ils lui déclarèrent qu'ils ne poseroient pas les armes, tant que les gentilshommes resteroient armés. Ceux-ci se croyant en danger, et ce n'étoit pas sans raison, car certainement ils étoient très-inférieurs en nombre, se tinrent renfermés dans la salle des états avec les épées et fusils qu'ils avoient pu se procurer. Un malheureux qui étoit attaché au service de la salle, s'y étant présenté, et n'étant pas reconnu, fut repoussé ; ne comprenant rien à cette résistance, il insista et fut frappé d'un coup de feu.

Les jeunes gens continuoient toujours leurs négociations avec le commandant ; ils lui firent dire qu'ils désarmeroient, si les gentilshommes vouloient en faire autant. La municipalité appuya par une députation, celles des jeunes gens. M. de Thyard reçut fort bien tous ces députés, et se rendit médiateur entre les bourgeois et les gentilshommes. Ceux-ci firent parvenir les conditions suivantes :

1°. « Les gentilshommes ne répandront point le sang ; ils ne désarmeront pas ; mais ils ne se serviront de leurs armes, que dans le cas d'une légitime défense ».

2°. « Ils abandonneront, à toute la rigueur des lois et de la justice, ceux d'entr'eux qui contreviendront à cette parole ».

3°. « Ils demandent que les jeunes gens remettent leurs armes dans un dépôt ».

4°. « Ils demandent encore que la communauté de ville et les pères de famille garantissent la parole d'honneur des jeunes gens ».

De ces quatre conditions, la troisième fut la seule rejettée par les bourgeois ; ils donnèrent leur parole d'honneur par écrit, de se conformer aux trois autres ; et cette déclaration fut signée par plusieurs pères de famille, membres de la municipalité.

Le commandant acheva de pacifier ces premiers troubles, et le parlement défendit aux sièges inférieurs, de continuer les procédures auxquelles ils avoient donné lieu, et les évoqua toutes à sa connoissance.

Je pense qu'on ne m'accusera pas d'avoir altéré ces faits, et d'avoir cherché à les rendre favorables à la noblesse. Je ne les ai point puisés dans les relations qu'elle publia de cette fatale dissention ; je les ai tirés d'un écrit apologétique (1), publié par le tiers-état lui-même, et signé par trente-un membres de cet ordre, au nombre desquels se trouvent dix avocats et trois procureurs.

Le parlement, en évoquant l'instruction de tous les procès que firent naître ces cruels démêlés, donna une nouvelle matière aux plaintes du tiers-état. Le parlement crut devoir justifier cette démarche ; il écrivit au roi :

« Dans des tems aussi désastreux, la délicatesse de votre parlement doit vous déférer jusqu'au soupçon, jusqu'à la défiance même la plus injuste. Nous avons mis sous les yeux de votre majesté le tableau trop effrayant des cruelles journées des 26 et 27 de ce mois. Notre premier devoir a été de nous saisir de l'affaire, à l'effet de constater le délit, et d'empêcher le dépérissement des preuves ».

» Cette affaire est, s'il en fut jamais, dans l'ordre des affaires majeures, dont les juges souverains ont toujours retenu la connoissance ; nos registres et ceux des autres parlemens en contiennent les preuves »....

» L'insubordination qui agite tous les esprits avec un excès bien déplorable, toutes les passions réunies, osent élever des nuages sur la droiture de nos intentions, sur la pureté de nos vues ».

» Nos consciences sont sans reproches ; notre compétence est certaine : mais notre délicatesse est blessée ; c'est à V. M. à peser, dans sa sagesse, les importantes considérations que nous croyons devoir mettre sous ses yeux ».

---

(1) Précis exact et historique des faits arrivés à Rennes, les 26 et 27 janvier 1789, et autres jours suivans.

J'ai rapporté cette lettre, parce qu'on y voit que les plaintes du tiers-état sur l'évocation ne paroissoient pas fondées ; le roi décida qu'en effet elles ne l'étoient pas, car dans sa réponse à cette lettre, sa majesté disoit :

« Mon parlement de Bretagne, en connoissant des émeutes arrivées à Rennes, les 26 et 27 janvier dernier, n'a fait qu'user du droit que lui accordent les ordonnances, et qui ne peut donner lieu à aucune plainte fondée ».

Le garde des sceaux marqua également aux magistrats ; « S. M. a décidé que votre compétence n'étoit pas douteuse ». Pour ôter cependant tout prétexte aux mouvemens qui se continuoient en Bretagne, la cour se décida à évoquer toutes ces procédures au parlement de Bordeaux, où elles n'ont jamais été suivies.

Les trois ordres de la province avoient envoyé chacun une députation à Versailles ; celle du troisième étoit très-nombreuse, et on mettoit tout en œuvre pour diriger l'opinion contre celles des deux premiers. On supposoit aux membres qui la composoient, les propos les plus déraisonnables, et les démarches les plus absurdes. Le chevalier de Guer, qui étoit un des députés de la noblesse, avoit la plus grande part de la haine qu'on portoit à son ordre. On prétendoit que chez les ministres, il s'étoit emporté, et avoit dit que le tiers-état seroit bientôt réduit, si le gouvernement ne le soutenoit pas. On fit également courir le bruit qu'il s'étoit rendu au parlement de Paris, qu'il y avoit déposé une protestation au nom des gentilshommes de sa province. Ce sont là des bruits populaires que m'ont toujours démenti les personnes instruites.

30 Janvier. Au milieu de toutes ces agitations, M. d'Ormesson, premier président du parlement de Paris, mourut ; chef d'une famille ancienne de la robe, et toujours considérée, recommandable personnellement par une intégrité inflexible, et la probité la plus délicate, il étoit fortement attaché aux principes constitutionnels de la monarchie, et étoit bien éloigné d'approuver tous les changemens qui se préparoient. Il en fut de lui comme du maréchal de Biron ; la licence ne souilla point sa mémoire, mais elle troubla son convoi. Toute sa compagnie s'y étant trouvée, reçut des insultes de la part du petit peuple.

La cour cependant, assiégée sans cesse par les députés bretons, consola, par des espérances, ceux du tiers, et le roi fit la réponse suivante à ceux du clergé et de la noblesse :

« C'est avec la plus vive douleur que j'ai vu les troubles qui se sont élevés dans ma province de Bretagne, et les malheurs qui en ont été les suites ».

« J'ai pris les moyens qui m'ont paru les plus propres à ramener la tranquillité dans cette province, et je ne cesserai d'y veiller avec la plus grande attention ».

« Tous mes sujets ont droit à ma justice ; les ordres du clergé et de la noblesse peuvent y compter dans tous les tems, ainsi que sur une protection particulière de ma part, que je suis persuadé qu'ils mériteront toujours par leur attachement à ma personne, et leur zèle pour les intérêts de ma province ».

Mes lecteurs fatigués du récit de tant d'événemens déplorables, me sauront gré de reposer un instant leur imagination sur un tableau qui prouve qu'au sein de ces haines domestiques, le germe de la générosité françoise n'étoit pas encore étouffé.

Un gentilhomme et un bourgeois s'étant, à Rennes, mutuellement appellés en duel, furent long-tems à se mesurer l'épée à la main, sans pouvoir se porter aucun coup. Le gentilhomme, profondément pénétré d'estime pour son rival, mit fin au combat, en jettant loin derrière lui son arme, et en s'écriant : *Soyons amis*. Le Bourgeois, non moins généreux, jette aussi son épée, et tous les deux se précipitent dans les bras l'un de l'autre, s'arrosent de larmes, et se jurent une amitié éternelle. Il m'est pénible, quelques recherches que j'aie faites, de ne pouvoir dire le nom du vertueux bourgeois ; on m'a assuré que le gentilhomme étoit le marquis de Bouchet.

Ce n'étoit pas seulement à Rennes que le tiers-état s'étoit ouvertement élevé contre les deux premiers ordres. Dans tout le reste de la Bretagne, la discorde secoua son flambeau. A Brest, soixante-deux jeunes gens adhérèrent à tout ce qu'avoient fait ceux de Rennes ; et si ma qualité d'historien ne m'en faisoit un devoir, je laisserois ignorer que les noms de ces soixante-deux bourgeois se lisent en tête d'un libelle atroce, répandu avec profusion contre la noblesse et la magistrature (1).

A Nantes, la fermentation se manifesta avec tous les caractères et tous les symptômes qui précèdent une véritable guerre. Il sortit des murs de cette ville une armée de jeunes gens, pour aller soutenir les prétentions de ceux de Rennes, et rien n'est plus curieux que de connoître l'ordre dans lequel cette armée s'approcha de la capitale de la province ; on eut dit qu'elle marchoit en pays ennemi, et qu'elle craignoit une surprise. Je laisserai parler ceux qui la composoient (2).

_____
(1) En voici le titre : *Pièces intéressantes, tant imprimées que manuscrites, d'un breton roturier de Rennes, envoyées à son ami, député du tiers, présent à Paris, en date du 3 février 1789.*

(2) Voyez le petit écrit intitulé, *Journal de route*.

« Le mercrèdi matin (*28 Janvier 1789*), nous nous sommes assemblés sur la place du Port-au-vin.... A six heures nous nous mîmes en marche ; rendus au Pont-du-cens, nous comptions y former nos compagnies, mais l'affluence de ceux qui nous suivirent, nous empêcha d'effectuer ce projet ; nous continuâmes notre marche en bon ordre jusqu'à Gèvres, où nous avons dîné dans la lande voisine..... Notre coucher a été à Nozai, où nous sommes arrivés entre cinq à six heures ; nous y avons été bien accueillis par les habitans. Les commissaires se sont d'abord occupés d'établir des corps-de-garde.... Sur les onze heures du soir, nous avons reçu une députation de la part des jeunes-gens de Rennes.... A minuit nous avons fait partir M. Coindière, avec l'un des députés de Nantes, pour connoître les intentions dans lesquelles on étoit disposé à nous y recevoir.... »

Pendant que cette armée étoit ainsi en route, elle reçut de Rennes une lettre, qui lui fut remise de la part du comte de Thyard et des bourgeois de cette ville. Elle portoit :

« Tout est appaisé : les soins que s'est donné M. le comte de Thyard, ont arrêté une affaire qui pouvoit avoir les suites les plus sinistres..... Nous croyons donc, Messieurs, que votre déplacement, en dérangeant vos affaires, deviendroit inutile, puisqu'en nous engageant pour nous, nous l'avons fait pour vous, et que notre parole d'honneur lie toute la jeunesse de Bretagne, qui, faisant corps avec nous, a déclaré adhérer à tout ce que nous arrêterions »....

Ces assurances n'arrêtèrent point la marche de l'armée nantoise ; son journal de route continue ainsi : « Vers les deux heures, nous fimes partir MM. Lory, Dugazon et Coindière le cadet, vers M. de Thyard et la jeunesse de Rennes, pour demander au commandant l'entrée de la ville, et l'assurer de nos sages dispositions. Le 29, à cinq heures du matin, nous avons fait l'appel, et nous nous sommes mis en route, tâchant toujours d'observer la meilleure police : de là à Derval, où nous avons fait halte ; nous n'avons rencontré que quelques voyageurs, qui nous ont confirmé ce que nous avions déja appris. Tous les habitans du lieu nous ont fait l'accueil le plus flatteur..... Le curé a exigé qu'un de nous montât sur cheval. Nous sommes venu coucher à Bain, où nous avons trouvé plusieurs jeunes gens de Rennes, qui nous ont appris l'arrivée de nos députés, que nous attendions avec beaucoup d'impatience pour avoir la réponse de M. de Thyard. Comme étant plus près de Rennes, nous avons jugé à propos de doubler les postes de nuit ».....

Arrivés à Norai, l'armée fit encore une fois halte, et prit l'arrêté suivant :

« Notre société sera divisée en plusieurs compagnies, dont les individus se rendront, et aux heures des

des repas, à l'endroit indiqué par leurs commissaires, qui satisferont, autant qu'il leur sera possible, aux demandes qui leur seront faites.

» Il sera établi, toutes les nuits, un corps-de-garde de six jeunes gens, pour veiller aux évènemens qui pourroient arriver..... Ils avertiront, à la moindre alerte, de s'assembler sur le champ.

« Personne ne pourra devancer la marche, devant attendre au Pont-Péan, les députés que nous avons envoyés vers M. de Thyard et les jeunes gens de Rennes ».

L'armée ainsi campée à Norgui fut avertie, à deux heures du matin (31 janvier), par le piquet de garde, que les députés envoyés à Rennes paroissoient; ils apprirent que le comte de Thyard ne vouloit accorder l'entrée de la ville de Rennes qu'à trente personnes seulement. Cette proposition fut rejettée unanimement. Les députés furent de nouveau renvoyés au commandant, pour lui représenter que l'armée venoit avec des intentions pacifiques; qu'elle offroit de déposer ses armes dans un endroit qu'elle indiqueroit elle-même, et que, grossissant tous les jours, il ne lui étoit pas possible de demeurer plus long-tems campée dans un lieu qui ne pouvoit lui fournir assez de logemens et de vivres.

Ces députés partirent pour Rennes à cinq heures du matin, et à onze heures, l'armée reçut avis qu'elle pouvoit entrer dans la ville : elle se mit donc en marche. Arrivée au Pont-Péan, elle y trouva l'évêque de Nantes et le capitaine des gardes du comte de Thyard, qui exhibèrent les ordres dont ils étoient porteurs de la part du commandant. Ces ordres enjoignoient à l'armée de rétrograder, sous peine de désobéissance : elle refusa d'obéir; et le commandant lui permit de s'établir dans un fauxbourg, sous la condition toutefois de déposer ses armes dans une maison du fauxbourg, et sous la garde d'un détachement de l'armée; elle entra dans la ville : l'évêque de Nantes et le capitaine des gardes du commandant vinrent au-devant d'elle, et lui annoncèrent qu'il lui étoit permis de pénétrer dans l'intérieur de la ville, par divisions en petits pelotons, sans bruit, et après avoir fait le dépôt de ses armes.

Tout fut exécuté comme l'ordonnoit M. de Thyard; les jeunes gens de Nantes furent reçus avec de grandes acclamations par ceux de Rennes, qui se disputèrent à l'envi la gloire de les loger; et la municipalité nomma sur-le-champ des commissaires pour indiquer les logemens.

L'armée se borna à une seule demande : elle voulut avoir, et obtint une copie du traité de paix conclu entre la noblesse et la bourgeoisie.

Quelle étoit cependant la conduite des gentils-hommes qui devoient naturellement se croire menacés par les suites de cette agitation? Leur conduite étoit la même que celle qu'ils tiennent encore en ce moment : ils se résignoient; et il est incontestable que, s'ils se fussent livrés à de pareils mouvemens, toute la surface de l'empire eût été inondée de sang. Mais comment la cour n'étoit-elle pas épouvantée en voyant le tiers déployer une telle force, une telle énergie? Comment pouvoit-elle croire, que si le tiers menaçoit avec tant de hauteur, dans un tems où on lui accordoit tout ce qu'il demandoit, et où on ne lui opposoit aucune résistance, il ne feroit pas un jour de plus importantes conquêtes? Comment, en un mot, ne redoutoit-elle pas les suites d'une démarche dont il n'y avoit aucun exemple depuis le commencement de la monarchie? Et si elle les redoutoit, pourquoi restoit-elle dans une inaction qui devoit paroître aux deux premiers ordres une perfidie, et au troisième une lâcheté? C'est un mystère que peut-être M. Necker lui seul pourroit éclaircir; et l'on me pardonnera de m'être appesanti sur des détails qui rendent encore plus intéressant le contraste de tant de sécurité, d'une part, et de tant d'audace, de l'autre.

Si la conduite que tenoit le tiers-état de Bretagne ne suffisoit pas pour réveiller le zèle des ministres, les opinions qu'il énonçoit étoient bien propres au moins à les engager à faire effort contre le torrent qui menaçoit de tout entraîner. Je les rapporte, parce qu'elles appartiennent à cette histoire, et que le nom de M. Necker, mêlé à tous les discours, semble accréditer les conjectures qui vouloient qu'il fût, sinon l'instigateur de l'insurrection, du moins le protecteur des insurgens.

Les bourgeois donc de Rennes ayant envoyé à ceux de Nantes, un jeune homme appellé *Omnes-omnibus*, celui-ci notifia sa mission en ce peu de mots :

« Député par mes compatriotes, je viens chercher parmi vous les secours que nous attendons de ceux qui se sont si bien montrés pour la cause commune.... Je me sacrifierai, s'il le faut, pour mes compatriotes.... La patrie est en danger, marchons pour la défendre ».

Ardent, il embrasa les cœurs des jeunes Nantois, et personne ne contribua plus que lui à leur faire quitter leurs foyers pour se rendre en armes à Rennes. C'est sur-tout dans la protestation qu'ils firent avant leur départ que se trouvent unis aux principes de la démocratie, aux menaces de la haine et de la prévention, des éloges emphatiques de M. Necker.

« Frémissans d'horreur, disent-ils dans cet écrit, convoqués par le cri général de la vengeance et de l'indignation, ne trouvant d'obstacle que dans l'ordre de la noblesse, que dans cet ordre, dont l'égoïsme forcené ne voit dans la misère et les larmes des mal-

O

heureux qu'un tribut odieux qu'ils voudroient étendre jusques sur les races futures.

» D'après les sentiments de nos propres forces, et voulant rompre le dernier anneau de la chaîne qui nous lie, jugeant, d'après la barbarie des moyens qu'emploient nos ennemis pour éterniser notre oppression, que nous avons tout à craindre de l'aristocratie qu'ils voudroient ériger en principes constitutionnels, nous nous en affranchissons dès ce jour, sous la protection d'un second Henri IV, et d'un nouveau Sully.

» Un ordre dans sa protestation ose opposer son opinion à celle de son roi, à celle de l'Europe, à celle du patriote et vertueux Necker, solide et seul appui d'un royaume prêt à s'écrouler. Mortel adorable, dont l'héroïsme est au-dessus du sang et des vains préjugés, ô toi, qu'on ne peut mieux louer qu'en t'accordant le nom d'*homme*, nom que toi seul peut rendre encore respectable, puisque tous tes travaux n'ont d'autre objet que de lui rendre sa dignité première, et de le remettre à la place que lui fixa la nature ;... O Necker ! accepte ici l'hommage que l'ordre du tiers rend à tes vertus ; si le bronze et le marbre n'offrent point encore dans nos villes à nos yeux attendris tes traits révérés, tous nos cœurs sont autant d'autels où l'encens de la reconnoissance se mêlera sans cesse à nos vœux ardens pour la conservation de tes jours précieux, et pour que tu jouisses du bonheur que tu veux donner à vingt-trois millions de françois ».

Je citerai encore le passage suivant, parce que j'aime mieux que la postérité apprenne des propres auteurs de la révolution toute l'influence que la philosophie moderne et M. Necker ont eu sur le dépérissement de la monarchie françoise, que de le dire moi-même.

« L'insurrection de la liberté et de l'égalité intéressant tout vrai citoyen de l'ordre du tiers, tous doivent la favoriser de tout leur pouvoir, par une inébranlable et ferme adhésion ; mais principalement les jeunes gens à qui le ciel accorda de naître assez tard pour pouvoir espérer de jouir des fruits qu'ont enfin fait naître en France et la philosophie du dix-huitième siècle, et l'ascendant de l'immortel Necker ».

Rien donc n'étoit équivoque dans ce petit écrit ; c'étoit un véritable manifeste, et le manifeste d'un ennemi qui se croyoit de puissans alliés, dont le mot de ralliement étoit celui de l'aristocratie, et qui promettoit de faire la guerre avec férocité. « Que le cri de la vengeance, y disoit-on, retentisse jusqu'au pied du trône.... Avons arrêté de partir en nombre suffisant pour en imposer aux vils exécuteurs des fanatiques aristocrates...... Protestons d'avance contre tous arrêts qui pourroient nous déclarer séditieux..... Jurons tous qu'au cas qu'un tribunal injuste, car nous nous mettons sous la sauve-garde du conseil de sa majesté, parvint à s'emparer de quelqu'un de nous, et qu'il osât par un de ces actes que la politique appelle de vigueur, et qui ne sont en effet que des actes de despotisme, les sacrifier, jurons de faire ce que la nature, le courage, et le désespoir inspirent pour sa conservation ».

Qui peut dire combien eût fait couler de sang cette première insurrection, si la noblesse eût été moins modérée, et M. de Thyard moins prudent ? Le parlement se contenta de décréter le sieur Omnes-Omnibus ; mais il ne donna aucune suite à ce décret, et depuis on n'a plus entendu parler de ce fougueux jeune-homme, que nous n'avons pas même vu député aux états-généraux, où de plus jeunes encore et de non moins fougueux que lui ont été appellés.

Dans le reste du royaume on s'agitoit également ; mais le tiers-état procédoit sans emportement. Il n'y avoit que la dernière classe du peuple qui se porta à des excès ; elle insulta de nouveau, à Besançon, les membres du parlement, parce qu'ils prirent une délibération contraire à l'arrêt du conseil, qui cassoit celui que cette compagnie avoit rendu contre la déclaration déposée par quelques gentilshommes chez un notaire.

« La cour aime à se persuader, disoit le parlement dans cette délibération, que les auteurs de ces protestations n'ont pas prévu les conséquences de leurs démarches. Etablie pour veiller au maintien de la tranquillité publique, elle est obligée de prévenir toute association illégale ; son zèle n'a pas dû lui laisser oublier que, dans des tems dont on voudroit effacer le souvenir, ces troubles funestes qui mirent l'état si près de sa ruine et faillirent d'écarter du trône le véritable héritier de la couronne, n'eurent d'autre commencement que de semblables associations, qui furent faites dans toutes les villes et dans toutes les corporations, et que des pervers voulurent présenter comme le vœu unanime de la nation ».

Le parlement de Provence ayant voulu également dissoudre les assemblées des membres du tiers-état qui ne pouvoient encore être regardées que comme illégales, reçut, de la part du peuple, des témoignages de mécontentement. Les états de cette province étoient assemblés, et la noblesse s'y divisa ; les seigneurs des fiefs voulurent s'y trouver en corps, et non simplement par députés.

Le comte de Mirabeau, qui avoit brusquement quitté la capitale, parut dans cette assemblée ; il y énonça une opinion qu'il fit ensuite imprimer et répandre dans tout le royaume. Je dois en donner ici la substance, afin qu'on puisse connoître la conformité des principes qu'il manifesta alors, avec ceux qu'il a depuis fait adopter dans la séance où elle fut prononcée : on avoit mis à la délibération une protestation signée par la majorité des membres de la noblesse, contre le résultat du conseil.

« Je ne comprends pas en quel sens, dit M. de Mirabeau, cette protestation pourroit être utile, convenable ou légitime ».

« Utile. — Elle ne portera pas le gouvernement à rétracter le réglement de convocation que l'opinion publique a conquis. Elle n'empêchera pas les communes de France de se présenter aux états-généraux dans la proportion qui leur est accordée. . . . »

En falloit-il moins pour cela constater encore une fois, par un acte légitime, les droits qu'alloient envahir les attentats qui se préparoient ? »

« Convenable, continuoit M. de Mirabeau. Pourquoi protesteriez-vous contre le vœu du monarque, contre le vœu de la nation ? On vous parle des corps de noblesse qui ont protesté ; mais que ne vous parle-t-on de trois cens pétitions qui ont invoqué le réglement contre lequel on voudroit que nous réclamassions ? On vous parle du mémoire des princes ! Et moi, pour ne pas faire injure au sang de l'auguste délégué de la nation, je vous observerai que la pluralité des princes, et sur-tout monsieur, frère du roi lui-même, ont ouvertement professé d'autres principes » . . . .

Cette pluralité des princes se réduisoit, au moment où parloit M. de Mirabeau, à monsieur et à M. le duc d'Orléans.

« Enfin, ajouta-t-il, la protestation ne sauroit être légitime. Comment douter que le roi ne soit le convocateur naturel, le président nécessaire, le législateur provisoire des états-généraux ? . . . . L'éternelle raison veut que l'assemblée nationale puisse s'organiser régulièrement ; (ce principe étoit une prédiction de tout ce qui arriveroit, si M. de Mirabeau étoit député aux états-généraux, et s'il y obtenoit l'influence dont il n'a cessé d'y jouir) mais elle ne sauroit s'organiser avant de s'assembler ; il faut donc que quelqu'un l'assemble et la compose provisoirement. . . . »

Qui doutoit de cette vérité ? Les craintes qu'inspiroit la forme de convocation en étoient-elles pour cela moins fondées ?

« Sous quel prétexte, disoit à ce sujet M. de Mirabeau, sollicite-t-on de vous cette étrange déclaration ? C'est, dit-on, parce qu'il résulte du rapport de M. Necker, que le gouvernement veut faire opiner par tête et non par ordre ; et que ce changement dans la constitution entraîneroit le bouleversement de la monarchie . . . . »

« D'abord le réglement de convocation ne dit pas un mot de ce qui vous donne tant d'émoi. Ensuite M. Necker y est textuellement contraire. Enfin, si les états-généraux ordonnent que l'on opine par tête, il faudra bien que nous nous y soumettions. . . . Est-ce de bonne foi que nous prétendons donner des ordres à nos députés aux états-généraux ? Toute partie, toute subdivision du royaume est-elle autre chose que sujette ? et la souveraineté repose-t-elle ailleurs que dans la collection des représentans de la nation présidée par le roi ? Depuis quand une nation ne peut-elle plus bouleverser sa constitution ? . . . . Nous voulons la liberté, et nous aspirons aux derniers excès de la licence . . . . »

Ainsi M. de Mirabeau flétrissoit déja le respect pour la constitution monarchique du nom de licence. Si les ministres et les deux premiers ordres eussent été plus attentifs, ils eussent vu, dans l'opinion de M. de Mirabeau, tout le plan de la révolution. Je dirai dans le chapitre suivant, l'effet que produisit cette opinion.

CHAPITRE IX.

Portrait de M. de Mirabeau ; effet que produit son opinion prononcée dans les états de Provence ; plaintes de la noblesse ; protection accordée aux séditieux ; portrait de M. Mounier ; dispositions des esprits à Paris ; manœuvres sur les grains ; indécence des plaisirs du carnaval ; grossières images exposées sur les quais ; projet d'un mariage entre mademoiselle d'Orléans et M. le duc d'Angoulême ; triomphe décerné à M. de Mirabeau aux portes d'Aix ; mandemens de deux évêques ; opinion du peuple sur quelques grands personnages ; portrait de M. l'abbé Syeyes ; menées d'un sieur Rutleidge ; anecdote sur MM. d'Adhémar et de Guibert ; intrigues pour les élections ; tentatives de M. de Calonne pour être élu ; empressement de quelques autres personnes pour obtenir cet avantage.

Février... Mars 1788.

L'OPINION de M. de Mirabeau lui valut la faveur du tiers-état, et dès ce jour on n'a cessé de voir des hordes de brigands et d'assassins appuyer le succès de ses discours. On chercheroit en vain dans les fastes de l'histoire un homme qui pût lui être comparé. Avide de célébrité, il semble moins jaloux d'inspirer l'estime que la terreur. Tourmenté dès son enfance, d'une inquiétude farouche, il déshonora sa jeunesse par des vices honteux, fit le désespoir de sa famille, et n'eût point d'amis. Dans un âge plus mûr, les prisons le dérobèrent au glaive de la justice. Son âme indomptable s'aigrit dans les fers, et c'est là peut-être que son caractère haineux le porta à enfanter des projets funestes. Rendu à la société, il ne cessa d'occuper de lui le public, en écrivant toujours sur les objets qui, dans le moment, fixoient davantage l'attention universelle. La bizarrerie de ses paradoxes, l'originalité de son style donnèrent une grande vogue à ses écrits. Envoyé dans une cour étrangère, il y joua bassement le rôle d'espion subalterne, et comme pour se venger de son infamie personnelle, il publia un libelle scandaleux contre le premier homme de son siècle, qui n'eut d'autre tort envers lui que de n'avoir su l'estimer. Dans ses discours comme dans ses écrits, moins éloquent qu'audacieux, moins profond qu'original, il semble lui-même chercher plutôt à insulter qu'à convaincre le parti qu'il combat ; et dans la tribune aux harangues, il se montre avec la physionomie d'un baladin, encore plus qu'avec les talens d'un orateur ; insensible, en apparence, aux outrages, il porte à ses ennemis des coups invisibles. Enfin, avili même dans l'esprit de la multitude, il la meut à son gré, et c'est elle qui donne tout le succès à ses harangues.

Tel est cet homme que le gouvernement eût pu acheter, et que peut-être il n'acheta pas, parce qu'il le dédaigna trop. Son opinion dans les états de Provence, fut suivie du phénomène qui depuis a accompagné ses plus importantes motions. Sortis de la salle, les gentilshommes furent environnés et insultés par des gens de la lie du peuple ; M. de Mirabeau fut porté en triomphe.

Depuis ce moment, la noblesse de Provence, comme celle du reste du royaume, n'a plus eu que des affronts et des injustices à dévorer. Profondément affligée de cette première insurrection, elle déposa sa douleur dans le sein de son auguste chef ; elle écrivit au monarque.

« Nous portons à vos pieds l'expression de notre fidélité et de notre douleur. Nous avons souffert des outrages..... L'autorité de V. M., celle des lois sont méconnues. Le clergé, la noblesse, le président des états sont insultés.

« Nous

» Nous avons fait tous les sacrifices au bien de votre service, au desir de rétablir l'union dans le pays. Nous avons même oublié cette noble et juste sensibilité, qui forme le partage de notre état; mais la fidélité que nous vous avons jurée, et la loi de l'honneur, nous imposent le devoir de ne jamais abandonner notre constitution, établie par tant de titres, et sur-tout dans le sein de ces mêmes états, où nos pères se donnèrent avec autant de confiance aux augustes prédécesseurs de V. M.

» Cet acte synallagmatique nous procure l'inappréciable avantage de vous avoir pour maitre. Ce titre sacré nous assure secours et protection de la part de V. M. Nous lui demandons cette justice, cette protection, ce secours pressé. On trompe le peuple : on ose nous présenter à lui comme des oppresseurs, au moment où nos sacrifices pour l'état excèdent nos moyens, et où nous offrons des soulagemens pour la classe indigente de la nation.

» Les fauteurs des systêmes nouveaux sont trop favorisés. Ces systêmes tendent au renversement des principes de la monarchie, à établir l'égalité des rangs et des propriétés, à détruire votre autorité et la dignité de la noblesse ».

Le tems a vérifié le pressentiment de la noblesse de Provence, et ce n'est pas sans sujet qu'elle se plaignoit de la protection accordée aux fauteurs des systêmes nouveaux ; car le roi ayant cassé, par un arrêt de son conseil, le vœu de l'assemblée tumultuaire et illégale que le parlement d'Aix avoit déja frappé d'un décret, les membres dispersés de cette assemblée, se vantoient hautement d'une protection spéciale ; ils disoient avoir des députés en cour, qui y étoient accueillis et bien traités ; ils entretenoient une correspondance qu'on pouvoit dans ce moment regarder comme séditieuse, et qu'ils annonçoient comme autorisée. Cette correspondance, les écrits séditieux, et la popularité de M. de Mirabeau, réduisirent la Provence à un état déplorable.

La Bretagne, le Dauphiné et le Béarn avoient fait au commencement des troubles, une sorte de confédération. Dès qu'il s'agit de la convocation des états-généraux, le Dauphiné se retira de l'association, et ses habitans adoptèrent d'autres principes : ils déclarèrent qu'ils se regardoient moins comme Dauphinois, que comme François; le résultat du conseil fut transcrit sur les registres des états. Les négocians de Grenoble écrivirent même à ceux des autres villes commerçantes, qu'ils n'ambitionnoient point d'envoyer des députés particuliers aux états-généraux, parce qu'ils pensoient que les membres de cette assemblée ne devoient pas être les représentans des corporations particulières, mais ceux de la nation. Un homme connoissoit à un cœur pur, à une ame sensible et aimante, à une imagination riche, à un esprit orné, à une réputation enfin sans tache, la noble ambition de rendre ses concitoyens heureux, travailloit avec ardeur à les éclairer sur leurs véritables intérêts; mais il répandoit des flots de lumière, et ce n'étoit qu'une lumière douce qui pouvoit dissiper les nuages qui s'ammonceloient dans la France. M. Mounier fut cet homme vertueux que trop de patriotisme égara ; il se pénétra trop des droits du peuple, et pas assez des obligations sacrées qui le lient à ses chefs. Il eût une trop haute idée d'une nation corrompue dans ses mœurs, et voulut lui faire adopter une forme de gouvernement, que le climat, le génie, les goûts, l'étendue de cette nation, proscrivoient également. Il vouloit faire des hommes parfaitement libres, et après une longue suite de travaux pénibles qui l'honoreront à jamais, il ne rencontra que de vils séditieux. Il falloit resserrer les liens qui unissoient les sujets au monarque, et soulever doucement le joug qui pesoit sur la classe infortunée ; mais M. Mounier brisa et les liens et le joug. Ses écrits n'en sont pas moins précieux ; ils sont pleins d'une douce philosophie qui éclaire en même tems qu'elle fait aimer la vertu, et les erreurs mêmes qu'on y rencontre font chérir leur auteur.

A Paris, on attendoit avec une extrême impatience la lettre de convocation qui devoit lui être particulière : on se méfioit toujours des intentions du gouvernement; on craignoit, ou on affectoit de craindre des démarches hardies de la part du parlement ; on s'attendoit que les membres du haut clergé s'assembleroient avant de quitter la capitale, et on paroissoit soupçonner une coalition entre eux et les magistrats du parlement.

Aucune de ces craintes ne se vérifia : la cour s'occupoit sans relâche du travail nécessaire à la tenue des états-généraux ; le parlement restoit dans l'immobilité, et les prélats se retiroient paisiblement dans leurs diocèses, pour se trouver aux élections.

Les factieux seuls s'agitoient ; les écrivains se divisoient en deux partis ; les uns, ayant M. Cérutti à leur tête, élevoient des autels à M. Necker ; les autres le croyoient dans la ferme résolution de refuser l'opinion par tête : car c'étoit là la question qu'on traitoit dans tous les cercles, dans tous les écrits.

La licence aussi étendoit ses progrès; dans un des cafés du Palais-Royal, on brûla le dernier arrêt du parlement de Franche-Comté, dont j'ai parlé plus haut; mais ce qui servoit encore mieux les séditieux, c'étoit la disette du pain ; les manœuvres qui se pratiquoient dès-lors, et qui n'ont plus discontinué jusqu'au séjour du roi à Paris, sont un des grands moyens qu'on n'a cessé d'employer pour porter le petit peuple au désespoir, et du désespoir à la rébellion. Le parlement voulut développer toute cette intrigue dès sa naissance ; mais il ne put jamais atteindre l'extrémité du fil de cette horrible trame.

P

Dans les fauxbourg S. Antoine et S. Marceau, dans le centre même de Paris, on afficha des placards qui menaçoient d'une sédition, si l'on ne diminuoit le prix du pain ; et sur le Pont-Neuf, on distribua aux passans une feuille imprimée qui étoit une dénonciation au peuple de différens accapareurs de grains, et tous ceux qu'on y désignoit, étoient des hommes en place, et des hommes à qui, depuis, on a donné l'odieuse qualification d'*Aristocrates*..

Les plaisirs du carnaval donnèrent occasion au petit peuple de manifester tous les sentimens de la basse et injuste jalousie qu'on lui inspiroit contre les deux premiers ordres. Par-tout on ne rencontroit que des images qui les insultoient. Là c'étoit une voiture que remplissoient des hommes en haillons ; sur le siège du cocher étoient assis deux prélats, et derrière, des particuliers décorés de cordons bleus servoient de laquais. Là c'étoit un fantôme portant sur ses épaules une sorte d'abbé sans tête, et sur la soutane duquel étoit écrit : *voilà le clergé* ; le corps de cette hideuse figure, étoit, depuis le col jusqu'à la ceinture, couvert d'une riche étoffe rehaussée d'un cordon bleu, et sur laquelle on lisoit : *voilà la noblesse*. Enfin, depuis la ceinture jusqu'aux pieds, le fantôme n'étoit couvert que de guenilles, et sur ces guenilles étoit écrit : *voilà le tiers-état qui ne peut se soutenir*.

Tout homme bien vêtu qui, pendant ces dégoûtantes lupercales, traversoit les rues, étoit arrêté ; on lui demandoit auquel des deux ordres il appartenoit, de la noblesse, ou du tiers-état ; et s'il eût répondu qu'il étoit gentilhomme, il eût mit sa vie en danger.

Les murs aussi de nos quais et de nos places publiques se couvroient d'estampes grossières qui vouoient aux insultes de la canaille les nobles et les ecclésiastiques. L'une de ces estampes offroit trois figures rangées sous la même ligne qui servoit de niveau : la figure qui tenoit le milieu étoit sans vêtemens, et touchoit de la tête le niveau, et des pieds la terre ; c'étoient les roturiers. La figure placée à la gauche de la première, étoit ensevelie dans la terre jusqu'aux genoux, et touchoit le niveau, au moyen d'un grand casque ; c'étoit le noble. La troisième figure, enfin, étoit couverte de terre jusqu'au milieu du corps, et touchoit le niveau, à l'aide d'un long bonnet carré ; cette troisième figure représentoit le clergé. On vouloit par-là donner à entendre que le tiers-état étoit tout par lui-même, et que les deux autres ordres n'étoient rien que par les avantages que le premier lui laissoit.

Ces quelques exemples, que j'ai choisi parmi ceux que la décence me permettoit de citer, prouvent que les moyens les plus méprisables n'étoient pas indifférens pour ceux à qui il importoit de déterminer le peuple à essayer enfin ses forces. L'administration voyoit sans inquiétude ces séditieuses manœuvres ; elle ne sembloit occupée que des préparatifs de la prochaine tenue des états-généraux ; et tandis qu'on faisoit courir à Paris le bruit qu'elle étoit remise au mois de juin, la cour donnoit ordre aux commandans et aux intendans des provinces d'être rendus dans leurs départemens ; aux officiers, dans leurs garnisons ; et aux ambassadeurs, dans leurs cours respectives, avant le premier mai.

Le parlement, instruit des véritables intentions de la cour, convoqua une assemblée de chambres, à laquelle se trouvèrent les pairs, et où il fut pris des arrangemens pour que cette compagnie conservât un tel nombre de magistrats, que les fonctions de la justice ne fussent pas interrompues, tandis que l'autre se rendroit aux assemblées des bailliages.

Il se négocia pendant ces entrefaites un mariage qui, s'il eût eu lieu, eût peut-être apporté quelque changement aux affaires : M. le duc d'Orléans promit Mademoiselle d'Orléans, sa fille, qui n'avoit pas encore douze ans, à M. le duc d'Angoulême, fils aîné de M. le comte d'Artois, qui étoit dans sa quatorzième année. Ce mariage devoit se célébrer au commencement du mois de septembre suivant. La jeune princesse seroit retournée, après la célébration, au couvent de Belle-Chasse, et la réunion des deux époux ne se seroit faite que lorsque la princesse auroit atteint quinze à seize ans. Le prince son père lui eût assuré, le jour du mariage, 400 mille livres de rentes, et le jour de la réunion, 600 autres mille livres de rentes, indépendamment d'un partage dans la succession.

Il se répandit aussi, à la même époque, qu'il se négocioit avec le roi de Naples un mariage entre M. le duc de Chartres, fils aîné de M. le duc d'Orléans, qui avoit atteint alors sa quinzième année, et une des princesses de Naples. Si ces deux alliances se fussent contractées, il est vraisemblable qu'en réunissant à deux maisons souveraine la branche d'Orléans, elles eussent confondu les intérêts de cette dernière maison avec ceux des deux autres, et les mécontens eussent perdu tout espoir de trouver un protecteur parmi les Bourbons.

Leur crainte que les états-généraux ne fussent encore reculés, n'eut plus de prétexte : tout annonçoit que l'ouverture s'en feroit en effet le 27 avril. Les baillis d'épées quittoient journellement Paris, et se rendoient dans leur bailliage : M. le prince de Poix fut un des premiers à se rendre dans le sien. A Versailles, on travailloit avec beaucoup de célérité aux préparatifs de la salle. Dans les provinces, on se réunissoit. M. de Thyard parut à la cour, et y vint chercher les ordres nécessaires pour la manière de convoquer les assemblées primaires : il donna l'assurance que le calme étoit rétabli en Bretagne ; que les bourgeois avoient déposé leur drapeau dans son hôtel, et promettoient de s'en rapporter absolument à lui.

M. le comte de Mirabeau parut aussi à Paris ; il n'y resta que quatre jours : il se répandit qu'il étoit chargé d'une mission particulière de la part du tiers-état de Provence, dont il possédoit toute la confiance. A son retour dans cette province, son entrée dans la ville d'Aix fut un véritable triomphe ; la foule accourut au-devant de lui ; on détela les chevaux de sa voiture, et des gens du peuple se mirent en devoir de la traîner, mais il ne voulut jamais le permettre. Son épouse, qui étoit restée à Paris, et qui, depuis long-tems n'habitoit pas avec lui, reçut une lettre fort agréable, qui lui étoit écrite au nom du tiers-état de Provence, dans laquelle on lui faisoit de grands éloges de la conduite que tenoit son mari, et on l'exhortoit à venir se réunir à lui, l'assurant qu'il auroit pour elle la même affection qu'il témoignoit à ses concitoyens du troisième ordre.

Il étoit naturel qu'à la vue de la crise qui se préparoit, les ministres de la religion exhortassent les peuples à l'union et à la concorde. Messieurs l'archevêque de Lyon et l'évêque de Clermont furent les premiers à publier des exhortations, dont le but étoit de rappeler tout-à-la-fois les vérités de la religion, qui s'effaçoient de l'esprit du petit peuple, et les principes de tout état bien ordonné, que l'on prenoit à tâche de détruire dans la multitude d'écrits, prétendus politiques, qui sortoient chaque jour des presses. Les deux mandemens furent mal accueillis par le tiers-état, parce qu'il vouloit qu'on fît plier toutes les vérités de religion et de morale au gré de ses prétentions.

Le tems d'ailleurs étoit venu de regarder comme une folie le respect envers les citoyens consacrés au service des autels, ainsi qu'envers ceux que la naissance avoit placés dans un rang éminent. Parmi ces derniers, M. le prince de Condé étoit déja, et peut-être puis le savoir, l'objet de soupçons odieux et d'insinuations perfides. On faisoit courir le bruit que s'il alloit dans son gouvernement, il y recevroit des mortifications ; le bruit se trouva faux, car il alla en Bourgogne, et il n'y reçut que les témoignages de respect et de reconnoissance, dûs à son nom, à ses qualités personnelles et à ses services.

M. le maréchal de Broglie étoit exempt de cette prévention vouée à tous les grands ; il passoit encore pour être l'ami du peuple ; on prétendit qu'ayant été invité par le roi à aller prendre le commandement des troupes qui étoient en Bretagne, il s'en étoit excusé sur son grand âge ; mais qu'il avoit confié à ses amis, que le véritable motif de son refus étoit l'inébranlable résolution qu'il avoit formée de ne jamais marcher que contre les ennemis de l'état.

On exaltoit beaucoup aussi la sagesse de M. de Narbonne qui, malgré les sujets de division communs aux trois ordres, et particuliers dans le Languedoc aux membres de la noblesse, avoit su maintenir dans cette province la plus grande tranquillité.

Quant à M. le duc d'Orléans, sa faveur auprès du peuple ne faisoit que s'accroître, et il ne cachoit plus la part qu'il prenoit aux affaires publiques ; il supprima les capitaineries de ses domaines, et cette suppression fut agréable, parce qu'elle portoit sur un privilège qui avoit toujours paru odieux. Il fit donner dans ses terres, et dans les bailliages qui en dépendoient, des ordres qui ne furent ignorés de personne, et qui portoient d'avoir pour le peuple les plus grands égards. Il voulut aussi que tout le monde fût instruit du parti qu'il alloit embrasser ; il publia un plan d'instruction à remettre aux députés qui seroient envoyés par ses bailliages aux états-généraux ; dans ce plan, le prince engageoit à demander le retour périodiques des assemblées nationales, l'égale répartition des impôts, et, ce qui étonna davantage encore, l'introduction du divorce en France. Cette dernière demande parût si extraordinaire, et on crut si peu vraisemblable qu'elle pût jamais trouver faveur dans une nation catholique, que personne ne s'arrêta alors à la combattre.

Le plan de M. le duc d'Orléans fit la plus grande sensation dans le public, autant par la nouveauté des demandes qui y étoient formées, que par la manière captieuse dont elles étoient présentées. Les partisans du tiers-état dévoroient cet écrit qui fut rédigé par M. l'abbé Syeyes, homme ignoré jusqu'alors, et qui, adoptant les opinions du moment, se fit un grand nom : versé dans les subtilités de la dialectique, aimant à s'enfoncer dans les profondeurs de la métaphysique, il donna un air de nouveauté aux idées adoptées ; elles parurent séduisantes parce qu'elles humilioient les grands, et flattoient la multitude ; il se plût dans ses propres conceptions, et s'il fit illusion à ses lecteurs, c'est qu'il se l'étoit faite à lui-même. Son ouvrage intitulé, *qu'est-ce que le tiers-état*, parut un chef-d'œuvre, enivra cet ordre d'ambition, et plus qu'aucun, le convainquit qu'il étoit l'arbitre suprême des destinées du reste de la nation ?

Le moment étoit propice pour tous ceux qui aspiroient à la gloire de jouer un rôle. Un homme appelé Rutleidge, qui n'étoit encore connu que par des libelles contre un de ses bienfaiteurs, voulut aussi attirer sur lui les yeux de la foule : il se fit une sorte de parti parmi les boulangers. Ceux-ci que les murmures du peuple d'une part, invitoient à diminuer le prix du pain, et que la disette des grains de l'autre, obligeoit à le renchérir, furent pressés par cet homme de mêler leurs plaintes à celles de la multitude. Il leur composa un mémoire peu respectueux, dans lequel un particulier fut désigné comme l'auteur d'un monopole qui, à l'abondance, substituoit la pénurie. Ce particulier fut représenté comme l'agent d'une société composée d'hommes en place. On promettoit en outre au peuple, dans ce mémoire, des éclaircissemens qui lui montreroient à découvert ceux qui conspiroient contre sa vie ; c'étoit plus qu'il n'en falloit pour soulever les fauxbourgs.

Cette requête adressée au roi, fut présentée à M. Necker qui, connoissant peut-être mieux que personne le fil de toutes ces intrigues, refusa de prendre connoissance de l'affaire, et la renvoya au parlement. Cette compagnie écouta les boulangers qui parlèrent avec hauteur, et se tinrent renfermés dans des allégations vagues ; elle entendit aussi le particulier inculpé, et après l'avoir entendu, elle fut convaincue qu'il étoit calomnié. Les boulangers alors poussèrent les hauts cris, dirent qu'ils demandoient d'autres juges que les magistrats du parlement, prétendant que plusieurs d'entre eux étoient parties intéressées dans l'affaire des accaparremens, et offrant, disoient-ils, d'indiquer les magasins secrets où les monopoleurs cachoient les grains. Ils ne prouvèrent rien de ce qu'ils avoient avancé ; mais le parlement, qui n'avoit pas pu faire droit à des plaintes qu'il n'avoit pas cru fondées, n'en fut que plus odieux au peuple, et c'est peut-être tout le fruit qu'on attendoit de ces machinations.

Le syndic des boulangers, qui avoit signé le mémoire que leur avoit rédigé le sieur Rutleidge, fut attaqué un soir en rentrant chez lui ; des hommes l'environnèrent et le frappèrent avec des bâtons ; on ne manqua pas de dire qu'ils étoient des émissaires, ou de la société que l'écrit promettoit de démasquer, ou de la police, ou même du parlement ; ainsi tous les moyens étoient bons aux calomniateurs et aux fauteurs des troubles.

Cependant, dans toute l'étendue du royaume, les assemblées pour l'élection des députés aux états-généraux se formoient ; à Paris on recueilloit, avec avidité, les premières nouvelles qui arrivoient des provinces, et on se félicitoit, comme d'autant de conquêtes, des humiliations que le haut-clergé ou la haute-noblesse recevoient dans ces assemblées. L'aventure sur-tout de MM. le comte d'Adhémar et de Guibert fit grand bruit. Ces particularités méritent d'être connues, parce qu'elles font voir dans quel esprit les peuples se préparoient à une régénération.

M. le comte d'Adhémar, en sa qualité de grand-bailli d'épée des bailliages de Mantes et Meulan, avoit indiqué non-seulement le jour, mais le lieu de l'assemblée. Le lieutenant-général de Mantes indiqua un autre lieu ; M. d'Adhémar s'y rendit, et commença un discours adapté aux circonstances ; il fut interrompu vivement par un membre de l'assemblée, qui cria que les préliminaires étoient inutiles, et qu'il falloit sur-le-champ délibérer sur les intérêts du peuple. M. d'Adhémar, qui avoit déja eu la déférence de se rendre dans un lieu qu'il n'avoit pas lui-même indiqué pour l'assemblée, se plaignit de ce nouveau procédé. On répondit à ses représentations par des invectives ; on m'a même assuré que le lieutenant-général s'emporta jusqu'à lui faire un geste qui réunissoit l'insulte à la menace, et que si le grand-bailli n'eût pas pris le parti de se retirer, on eût converti la salle en une arène de gladiateurs.

M. le comte d'Adhémar avoit joui jusqu'à ce moment de la considération universelle, et il la méritoit. Envoyé long-tems à Bruxelles, ambassadeur ensuite à Londres, il avoit montré, dans ces deux places, de grandes et d'aimables qualités. Appliqué à l'étude, tout entier à ses nobles fonctions, il fit considérer et chérir le nom françois dans ces deux cours. Affable, obligeant, il fut, et dans les Pays-Bas et en Angleterre, moins le protecteur que l'ami de ceux de ses compatriotes que leurs affaires ou leurs plaisirs y conduisoient. Mais M. d'Adhémar avoit la faveur de ses maîtres, faveur qu'il ne s'étoit acquise que par d'importans services ; c'étoit là son crime, et on aima mieux se priver des lumières qu'il pouvoit donner, que de ne pas le punir d'un délit qui l'honoroit.

Il rendit compte à la cour de cette scène ; le lieutenant-général en écrivit, de son côté, à M. Necker. Ce ministre eut une conférence à ce sujet avec le roi qui, au sortir de la conversation, dit, en parlant de M. d'Adhémar, « que puis-je faire à cela ? aurai-je jamais fini, s'il me faut faire attention à tous ces détails ? Les gens de la cour doivent s'attendre à trouver beaucoup de franchise, mais peu d'urbanité parmi ceux de la campagne. Au surplus, ceux qui craignent de pareilles scènes, n'ont qu'à s'exclure des assemblées ».

L'aventure de M. de Guibert fut encore plus scandaleuse ; mais celle-ci ne doit pas être imputée au tiers-état, elle doit être reprochée à la noblesse seule. Arrivé à Bourges, M. de Guibert crut devoir, avant de se trouver à l'assemblée, communiquer en particulier à MM. l'Archevêque de Bourges, le duc de Charost, le marquis de Bouthillier, et à quelques autres personnes, le discours qu'il se proposoit d'y lire. Ce discours étoit commun aux trois ordres ; M. de Guibert s'y proposoit de les rallier à des principes et à des idées uniformes sur l'objet des états-généraux, sur les devoirs des assemblées de bailliages, qui en étoient les élémens, sur la nature des pouvoirs, sur la marche du travail des cahiers, enfin sur le choix des députés. Le bruit se répandit que ce discours étoit contre la noblesse en faveur du tiers-état. M. le duc de Charost en fit l'observation à M. de Guibert ; il lui représenta que lire des discours ou des mémoires communs aux trois ordres, ce seroit ouvrir des sources de débats et d'animosités ; il insista, en particulier, sur la disposition défavorable où étoient déjà les membres de la noblesse, à l'égard de cette lecture.

M. de

M. de Guibert se rendit et promit de ne point lire son discours, mais seulement de le déposer sur le bureau, pour le livrer à l'impression. S'étant rendu à l'assemblée, et ayant voulu parler, lorsque M. de la Châtre qui la présidoit, en eut donné la permission, plusieurs voix s'écrièrent : *Point, point, nous ne voulons rien entendre*. Le bruit étant un peu appaisé, M. de Guibert protesta contre cette manière illégale d'ôter à un citoyen la liberté de parler. Le tumulte et les clameurs alors recommencèrent ; on cria de nouveau : *Non, non, point. —— Il a fait établir la punition des fers pour les officiers. —— Il a fait rendre des ordonnances qui humilient la noblesse....* M. de Guibert ayant voulu entreprendre une justification, les cris couvrirent sa voix, les uns disoient : *Les fers aux officiers. —— Des coups de bâton aux soldats* ; d'autres : *Qu'il se justifie* ; mais un plus grand nombre : *Non, non, ne l'écoutons pas, rompons l'assemblée* »

Le tiers-état, qui, comme par-tout ailleurs dans ces sortes d'assemblées, occupoit le fond de la salle en face du président, s'échauffa en faveur de M. de Guibert, et voulut qu'il parlât. Un officier d'infanterie voyant ce mouvement, s'approcha de lui, et lui demanda sa parole que les punitions dont on venoit de parler, ne seroient point dans le nouveau code militaire. Il assura sur son honneur qu'il n'en avoit jamais été, et qu'il n'en seroit jamais question. *Messieurs*, cria aussi-tôt l'officier, *il donne sa parole d'honneur, soyons contens. —— Non, non, point, point*, crièrent plusieurs autres voix.

Le tiers-état persistant à vouloir qu'il fût entendu, on cria aux membres de cet ordre : *Il a proposé aussi de couper les jarrets aux déserteurs*. Le tumulte ne faisant que s'accroître, il fut proposé, par quelques membres de la noblesse, de rompre l'assemblée ; le président s'y opposa, assura que l'intention de M. de Guibert n'étoit pas de lire son discours, et celui-ci dit : « *Messieurs, je me justifierai sur le reste ; voilà mon manuscrit ; je le dépose entre les mains de M. de la Châtre, et je demande qu'il soit imprimé. —— Oui, oui, imprimé, imprimé*, s'écrièrent les membres du tiers-état. —— *Non, non, ni lu, ni imprimé*, répondirent quelques gentilshommes ».

Le tumulte s'étant appaisé, et ayant été mis aux voix si on délibéreroit en commun ou en chambres, il fut décidé que chaque ordre délibéreroit en particulier. La noblesse se retira donc à l'hôtel-de-ville pour y tenir son assemblée ; M. de Guibert s'y présenta ; mais il en fut repoussé par les cris tumultueux : *Point de Guibert, point de rapporteur du conseil, point de Guibert*. Il ne lui fut ainsi jamais possible de prendre place dans les assemblées de son ordre.

Cette extrême prévention contre M. de Guibert venoit en partie du crédit dont il jouissoit auprès des ministres, mais plus particulièrement encore de la facilité avec laquelle il innovoit dans la discipline des troupes qu'il fatiguoit, et par l'adoption des systèmes qu'il imaginoit, et par la rigidité avec laquelle il exigeoit ensuite l'exécution de ses plans. Comme on lui connoissoit ce caractère de rigidité, les corps militaires ne le virent qu'avec peine entrer dans le conseil de la guerre, où on supposoit que sa qualité de rapporteur lui donnoit une grande influence. C'étoit, au surplus, un excellent militaire, brave, zélé, studieux, plein d'amour pour son état ; ses écrits seront toujours recherchés ; son style est animé, ses expressions sont pittoresques, et la manière dont il présente ses idées, étonne et le met au rang des écrivains de génie. Son seul défaut lui fut commun avec presque tous ceux qui, dans ces derniers tems, se sont élevés au-dessus du vulgaire ; il voulut quitter les routes battues, il rechercha trop les nouveautés, et en regrettant qu'une mort prématurée l'ait enlevé, peut-être n'est-ce pas un malheur qu'il n'ait point été député à l'assemblée nationale, qui ne contient dans son sein que trop d'ardens novateurs.

Quant aux reproches qui lui furent faits dans l'assemblée primaire de Bourges, et qui, si je les laissois subsister, pourroient ternir sa mémoire, voici comme il s'en expliqua lui-même dans une lettre qu'il n'écrivit au comte de la Châtre, que lorsqu'il fut bien convaincu qu'il étoit absolument rejeté de son ordre.

» On m'accuse d'avoir, comme rapporteur du conseil de la guerre, proposé d'infliger aux officiers l'infamante punition des fers, et contribué à faire rendre diverses ordonnances qui tendoient à déshonorer la noblesse françoise.

» Je m'empresse de repousser formellement et hautement cette accusation inique, en donnant ma parole d'honneur qu'il n'a jamais été proposé au conseil de la guerre, depuis qu'il existe, aucune loi faite avec cette intention.....

Il est en effet aisé à tout le monde de se convaincre, par la lecture des ordonnances rédigées au conseil de la guerre pendant que M. de Guibert en étoit membre, qu'il n'y est nullement question des punitions qu'on supposoit qu'il avoit proposées. Sa lettre fut lue dans l'assemblée de son ordre, mais elle n'y produisit aucun effet, quoique MM. de la Châtre, de Bouthillier, de Charost, et de Rochedragon, certifiassent la vérité de ce qui y étoit contenu. M. de Guibert voyant que sa justification étoit inutile, et qu'on n'en persistoit pas moins dans l'exclusion prononcée contre lui, se vit réduit à déposer dans le sein de l'assemblée qui donnoit de si dangereux exemples d'injustices, des vérités qu'on n'a cessé, depuis cette époque, d'outrager. Il protesta 1°. contre la violation qui avoit été faite en sa personne du droit qu'a tout citoyen convoqué à une assemblée libre, de

Q

dire tout ce qu'il croit utile à la chose commune, et il remarqua avec raison que cette infraction annulloit le premier principe des assemblées nationales, et de toute liberté publique.

Il protesta de plus contre les proscriptions tumultueuses, violentes et illégales, prononcées en sa présence à l'assemblée, sans qu'il y eût jamais eu d'autres imputations articulées que celles exposées dans sa lettre.

Les tems de la justice étoient passés, et comme les peuples ne sont jamais plus chastes dans leur langage, que lorsqu'ils n'ont plus de mœurs, de même à mesure que nous nous sommes montrés plus avides de liberté, nous sommes devenus plus esclaves; dans la plupart des autres assemblées de bailliages, il ne régnoit guères plus de justice que dans celle de la noblesse de Bourges. Il y eût dans celle de Melun de tels différends, que la cour fut obligée de lui envoyer M. de Lessart, pour prendre connoissance des difficultés, et rapprocher les opinions qui étoient fort divisées. Il y eut dans ce bailliage de grandes intrigues pour l'élection des députés. Les suffrages y furent long-tems balancés entre les deux concurrens que la révolution a immortalisés. MM. le duc du Châtelet et Fréteau, conseiller au parlement de Paris, eurent d'abord un égal nombre de voix. Tous les deux desiroient avec une vive et égale ambition de paroître aux états-généraux. Enfin M. Fréteau l'emporta, et M. du Châtelet se replia sur un autre bailliage.

A Bordeaux, M. de Cicé, archevêque de cette ville, eut des désagrémens à essuyer. Plusieurs personnes lui disputèrent la place d'honneur; M. le baron de Budos tenta même de la lui ôter. Un autre gentilhomme appelé M. de Marcellus blâma la conduite de M. de Budos, et lui en fit des reproches. Cette querelle se termina par un duel; le premier reçut une blessure dangereuse, dont il mourut quelques jours après; il fut peu regretté de son ordre où il ne s'étoit pas toujours montré vaillant chevalier. Etant en effet âgé de 26 à 27 ans, il avoit eu au spectacle un démêlé avec un autre gentilhomme; dans la chaleur de la dispute, celui-ci le frappa à la joue. M. de Marcellus ne tira d'autre vengeance de ce traitement, que d'en aller porter sa plainte à M. de Richelieu, alors gouverneur de Bordeaux; et qui, en voyant le gentilhomme offensé, se contenta de lui dire : « dans quel état, Monsieur, paroissez-vous devant moi ? Allez vîte laver le sang qui est à votre joue ».

A Rheims, un gentilhomme s'étant fait un parti assez considérable parmi le petit peuple, voulut se faire aggréger au tiers-état, et obtenir ses suffrages pour un de ses députés; désespérant d'y parvenir, il donna le signal; les gens qu'il avoit apostés entrèrent tout-à-coup dans l'assemblée, et y causèrent un grand désordre.

A Meaux, M. le Noir, ancien lieutenant de police, fut accueilli avec des huées et des menaces; il avoit été précédé par un écrit qu'un de ses ennemis publia contre lui, et dans lequel il étoit dépeint comme le plus malfaisant des hommes. Il fut obligé de quitter et l'assemblée et la ville.

Dans une autre ville, lorsque les trois ordres furent réunis, le troisième adressa à l'évêque ce laconique compliment, qui exprimoit bien la prévention du moment : *Vous êtes des hommes de bien, mais vous êtes des évêques.*

A Aix, la noblesse protesta contre les assemblées par bailliages et sénéchaussées, s'assembla en corps; et ce fut dans cette forme illégale qu'elle fit une première nomination de ses députés.

A Blois, M. de Lavoisier fut insulté : on lui reprocha, comme un crime de haute trahison, d'avoir conçu et fait exécuter le plan des murs qui forment l'enceinte de Paris; et, sur cette accusation, il fut renvoyé de l'assemblée.

Plus heureux à Etampes, M. de la Borde fils obtint les suffrages du tiers-état; mais après sa nomination, un membre de cet ordre lui adressa ces paroles : « Vous voilà notre représentant; nous attendons de vous que vous répondiez à notre confiance : vous ne devez pas douter que si vous veniez à la trahir, vous auriez sujet de vous en repentir ». M. de la Borde a été fidèle aux avis de ses commettans, mais plus encore aux insinuations qui lui ont été données en arrivant aux états-généraux, par un homme dont, dans d'autres tems, il eût dédaigné les éloges qu'il en a reçus.

A Tulles, en Limosin, M. le duc d'Ayen put comprendre aux discours qui lui furent adressés, que les dignités et les richesses accumulées dans sa maison excitoient la jalousie de cette partie de la noblesse, que ses goûts ou la modicité de sa fortune tenoient éloignée de la cour. Un membre de l'assemblée lui adressa même un compliment qui n'étoit qu'un persiflage, et qu'il termina par cette franche déclaration : « Quant à moi, je ne vous donnerai point ma voix ». --- *Ni moi*, dit un autre gentilhomme : un troisième fit entendre le même vœu; et les deux mots, *ni moi*, circulèrent de bouche en bouche.

Les intérêts particuliers et les passions, comme l'on voit, se démasquoient; il en étoit de même des hommes et des opinions. On eût cru, dans ces premiers momens, qu'il n'étoit plus qu'une seule ambition, celle de venir se montrer sur le théâtre de la nation : chacun y briguoit une place, chacun, suivant son humeur et les vues qu'il se proposoit, faisoit mouvoir différens ressorts. M. de Calonne se montra aussi parmi les candidats; il essaya de se concilier les esprits, en publiant une lettre au roi, qui contenoit d'excellentes maximes de gouvernement mais le discrédit dans lequel il étoit tombé, étoit trop récent pour qu'il pût dissiper toutes les préventions. On trouva d'ailleurs que dans cette lettre il paroît plus le langage d'un courtisan que celui d'un homme d'état ; on prit pour flatterie la justice qu'il rendoit aux princes, au clergé, à la noblesse, à la magistrature : ceux à qui il la rendoit, la regardèrent comme trop tardive, et ne lui en surent aucun gré ; les autres la regardèrent comme une insulte qui les humilioit, et le moment étoit venu où, pour se placer à une certaine hauteur, il falloit être aidé par la multitude.

Cette lettre ne fut donc d'aucune utilité pour les nouveaux projets de M. Calonne. Les bruyans aréopagites du café de Valois, s'assemblèrent lorsqu'elle parut ; ils la condamnèrent, par un burlesque jugement, à être brûlée. La sentence fut exécutée ; les cendres du livre furent recueillies dans un paquet qu'on envoya à l'auteur par la poste, et qu'on accompagna de la menace de lui faire subir le même traitement qu'à son ouvrage, s'il reparoissoit à Paris.

Il n'en persista pas moins à vouloir être député aux états-généraux ; il passa en France, et s'approcha même de la cour. Il se montra d'abord à Douai. Y étoit-il venu en vertu d'un sauf-conduit, ou de son propre mouvement ? C'est ce que j'ignore. Je sais seulement que M. le prince de Robecq, qui commandoit en Flandres, écrivit au roi pour savoir comment il devoit se comporter à son égard. Environ quarante personnes, fondées pour lui de procuration, se présentèrent dans l'assemblée d'élection du bailliage de Bailleul ; plusieurs autres membres lui donnèrent leur voix ; mais le reste de l'assemblée refusa obstinément d'avoir aucun égard aux pouvoirs. Le tiers-état, de son côté, qui savoit que M. de Calonne attendoit dans la ville le résultat des délibérations, lui envoya une députation pour le prier de s'éloigner. Il se retira à Poperingues, où il ne désespéra pas d'être plus heureux dans un autre bailliage. Toutes ses tentatives furent inutiles ; s'étant même remonté sur les terres de France, et ayant été reconnu, sa voiture, qu'escortoient cependant cinq cavaliers de maréchaussée, fut investie par des gens de la campagne, qui, aux invectives, ajoutèrent les voies de fait ; on lui lança des pierres ; il échappa à ce danger, mais il fut obligé de s'éloigner pour toujours.

Ce n'étoit pas seulement une injustice que l'exclusion donnée à M. de Calonne, puisqu'elle le dépouilloit, sans motif légal, d'un droit qui appartenoit à tout François réunissant les qualités requises par le règlement pour être éligible ; ce fut encore une grande erreur en politique. L'admission de M. de Calonne, parmi les députés du royaume, l'eût mis aux prises avec M. Necker ; ils s'y fussent mesurés, pour ainsi dire, corps à corps ; il eût résulté de cette intéressante lutte, d'abord la décision de la querelle élevée entre ces deux ministres, et nous avons laissé échapper la seule occasion où elle auroit pu se terminer d'une manière avantageuse pour la chose publique ; il eût résulté encore du choc des discussions qui se seroient élevées entre les deux combattans, des révélations importantes sur tout ce qui tient au gouvernement de la France, et en particulier des vérités salutaires sur l'administration des deniers publics. Nous devons d'autant plus regretter que M. de Calonne n'ait pas obtenu la justice qui ne pouvoit lui être refusée par ses concitoyens, que la cause de la plus part des erreurs où est tombée l'assemblée nationale vient de ce qu'elle ne renferme dans son sein aucun administrateur, aucun homme d'état, aucun politique instruit des secrets des cabinets. M. de Calonne se consola peut-être de cette nouvelle disgrace, en se voyant remplacé aux états-généraux par un autre de son nom. M. l'abbé de Calonne en effet, son frère, fut élu par le clergé de Melun ; mais cette ressource fut nulle et pour la nation, et pour ce ministre. Pour paroître avec avantage dans la tribune aux harangues, il faut des qualités physiques, dont la nature a privé M. l'abbé de Calonne. D'ailleurs dans le combat singulier qui devoit avoir lieu entre l'ancien ministre et M. Necker, personne au monde ne pouvoit remplacer le premier.

MM. les duc du Châtelet, d'Harcourt, le cardinal de Rohan, et l'évêque de Coutances, et le marquis de Villette se distinguèrent parmi ceux qui montrèrent de l'empressement à être au nombre des représentans de la nation.

Le premier, comme je l'ai dit, ayant échoué à Melun, se transporta à Bar-le-Duc, et y vit son ambition satisfaite ; il fut accusé d'avoir employé les caresses, les largesses même pour obtenir des suffrages ; je suis bien loin de croire à cette accusation qui fut débitée avec affectation, mais qui ne fut jamais prouvée ; et je le remarque pour montrer l'opinion où l'on étoit que parmi les élus il s'en trouvoit qui ne devoient pas leur élévation à des moyens bien légitimes. Il faut croire au reste que M. du Châtelet, en se livrant avec tant d'ardeur à la poursuite de l'objet de ses desirs, comptoit trouver dans le poste où il est parvenu, plus de satisfaction et de gloire qu'il n'en a recueilli de cette petite victoire.

M. le duc d'Harcourt, retenu par sa place auprès de l'héritier présomptif de la couronne, chargea de sa procuration un des membres de l'assemblée du bailliage de Caen. Les électeurs refusèrent de reconnoître le représentant de M. d'Harcourt, et mirent celui-ci dans l'alternative, ou de donner sa démission de la place honorable qui le retenoit à la cour, ou de renoncer à son droit d'être élu. Ce seigneur ne balança pas, et resta dans le poste où l'avoit placé la confiance du roi ; ce fut encore une perte pour les états-généraux, que celle d'un homme qui, à des qualités morales et à des lumières, réunissoit une connoissance intime de la cour.

M. le cardinal de Rohan fut élu unanimement, et de la manière la plus flatteuse ; mais à peine élu, il refusa avec instance et absolument, de se rendre aux desirs de ses commettans : il allégua, pour motif de son refus, le mauvais état de sa santé, qui fut en effet toujours chancelante depuis les humiliantes disgraces qu'il avoit essuyées ; mais ce motif n'étoit qu'un prétexte. Il fut instruit que la cour ne le verroit pas avec plaisir siéger parmi les députés ; et comme alors on craignoit encore de ne pas regarder comme des ordres absolus, les intentions connues du roi, M. le cardinal de Rohan se conforma à l'avis qui lui étoit donné. Dans la suite, lorsqu'il vit que la puissance dont il s'éloignoit par une juste soumission, respectoit elle-même une autre puissance, il s'approcha de celle-ci sans craindre les ressentimens de l'autre, mais ce fut pour s'abreuver de nouveaux chagrins.

M. l'évêque de Coutances trouva, dans les trois ordres, de grandes oppositions à ses desirs ; le tiers-état rejetta, même avec hauteur, l'offre que lui firent le clergé et la noblesse, de faire tous les sacrifices qui dépendroient d'eux pour lui prouver que tous les François étoient concitoyens et frères. Dans son ordre, le prélat trouva portée à un plus haut degré la prévention, et peut-être la jalousie, qui existoit presque par-tout ailleurs parmi les curés. Ils se divisèrent : environ trente d'entr'eux se transportèrent chez un notaire, et y firent une sorte de déclaration par laquelle ils entendoient que le clergé n'eût plus désormais le droit de s'imposer lui-même. Enfin le prélat parvint à réunir les deux partis, et obtint tous les suffrages. Les anxiétés qu'il avoit éprouvées furent peut-être la seule cause de la maladie qu'il fit au moment où il se vit exaucé. Il avoua ingénuement à ses amis qu'il fût mort de douleur s'il n'eût pas obtenu, de la part de son clergé, cette preuve de confiance qu'il méritoit par ses vertus.

Enfin, quant au marquis de Villette, il se mit aussi sur les rangs : il parut dans les assemblées du bailliage de Senlis ; on y rendit hommage à son esprit ; on le nomma un des commissaires pour la rédaction des cahiers ; mais on s'en tint là, et heureusement pour les mœurs publiques, la nation n'eût pas à rougir de compter parmi ses représentans, un homme avili même parmi les hommes vils.

Je vais, dans le chapitre suivant, mettre en scène deux personnages qui ont eu sur la révolution, une bien toute autre influence, et dont, par cette raison, je suivrai soigneusement tous les pas jusqu'à la fin de cette histoire.

CHAPITRE

CHAPITRE X.

Détails sur la préexistence d'un plan de révolution; part qu'ont eue aux changemens MM. d'Orléans et de Mirabeau; élection de ce dernier par le tiers-état de Marseille et d'Aix; bruits étrangers qui se répandent sur son compte; opinion sur son élection; mort du marquis de Mirabeau; soulèvement effroyable en Provence; excès contre M. l'évêque de Sistéron; conduite de M. de Mirabeau dans les insurrections populaires; scène atroce à Auch; attentats contre MM. de la Fare; de Peynier, de Pujet; éclaircissemens sur la manœuvre des grains; trait touchant de la bonté du roi; production infâme flétrie par le parlement; liberté et gêne de la presse.

Mars 1789.

Parmi tous ceux qui briguèrent la qualité de représentant de la nation, je distingue sur-tout Messieurs d'Orléans et Mirabeau. Tous les deux firent jouer des intrigues qui toutes furent orageuses. Tous les deux entrent en même tems dans la carrière; le premier arrive au but par des circuits; le second s'y élance. Celui-là joue un rôle subalterne, il est l'instrument timide des factieux : celui-ci joue le rôle d'un chef de parti; lors même qu'il ne se montre pas, il est l'ame de la faction sur laquelle il règne despotiquement. Pour qu'on comprenne bien toute la part que chacun d'eux a eue aux scènes qui se sont passées jusqu'à ce moment, je dois dire ce qu'on n'a jamais voulu croire.

J'ai fait pressentir dans l'introduction à cette histoire, et je répète que le plan de la révolution existoit depuis long-tems, tel à-peu-près que nous le voyons aujourd'hui exécuté. La conduite qu'a tenue l'assemblée nationale, la marche qu'elle a suivie dans ses travaux, l'enchainement, la progression de ses entreprises, doivent convaincre aujourd'hui qu'elle n'a point agi par l'impulsion que lui ont donnée les circonstances où elle s'est trouvée placée. Ces différentes situations n'ont point été amenées par le hasard. Comme la série des décrets à rendre étoit enfantée long-tems avant l'ouverture des états-généraux, tous les événemens qui devoient suivre cette époque étoient aussi prévus d'avance. On a vu en effet l'assemblée, du moment où les trois ordres se sont trouvés à Versailles, travailler à un édifice dont tous les matériaux se trouvoient sous la main à mesure qu'on en avoit besoin; ils avoient donc été recueillis avant qu'il fût nécessaire d'édifier. Le système en un mot qui nous étonne, est un ouvrage antérieur à l'existence de l'assemblée nationale; elle n'y a eu d'autre part que d'en procurer l'exécution.

Ceux qui avoient connoissance de ce plan ont employé un grand art pour le faire adopter par le plus grand nombre. Aux hommes nourris d'idées républicaines, ou dont l'imagination se repaissoit de projets de vengeance contre la cour, on le montroit dans son ensemble; à ceux qui tenoient davantage aux formes monarchiques, et qui n'avoient pas de grands ressentimens contre l'ancien gouvernement, on n'en laissoit entrevoir qu'une partie; à ceux-là on adoucissoit les conséquences; à ceux-ci on cachoit le but; on encourageoit les ames timides, on caressoit l'ambition, on flattoit la haine, on embrasoit de nouveaux feux les cœurs ardens. C'est ainsi qu'on a insensiblement entraîné la majorité des esprits, dont la plupart se sont trouvés dans le parti sans connoître la marche qu'on vouloit leur faire tenir.

Je me souviens que dans ma jeunesse, un homme engoué de toutes les rêveries du philosophisme moderne, et en relation avec tous les écrivains qui le professoient, me développa un plan de révolution tel, à peu de chose près, que celui qui s'exécute, en m'assurant que tôt ou tard on en obtiendroit l'accomplissement. Je me souviens également très-bien

R

que le feu président d'Eguilles qui, malgré ma jeunesse, m'accordoit son amitié et sa confiance, me montra un projet qui différoit très-peu du premier, et qu'il avoit dénoncé au feu roi et à toute sa famille; mais le président étoit persuadé que les parlemens concouroient à l'exécution de ce plan, et en cela il erroit; ces compagnies ont fait des fautes; elles s'allarmoient peut-être trop des dangers de l'autorité arbitraire; elles ne redoutoient pas assez les excès de la licence; mais il est aisé, en lisant leurs derniers arrêtés, de se convaincre que ces masses étoient de solides appuis de la monarchie.

Enfin je me rappelle que dans les deux plans on proposoit, comme un moyen nécessaire et infaillible de leur exécution, de contraindre à une abdication le roi actuellement régnant, et de donner à la nouvelle république un chef qui concourût de bonne foi à asseoir l'édifice sur ses bases.

M. de Mirabeau est venu aux états-généraux avec un pareil plan dans son porte-feuille. Il ne l'avoit pas conçu. Où en avoit-il donc fait l'acquisition? Seroit-ce parmi les papiers du marquis de Mirabeau son père, qu'il l'auroit trouvé? Le fait n'est pas vraisemblable, parce qu'il n'a pas plus hérité des manuscrits que des qualités personnelles de l'ami des hommes. D'ailleurs le marquis de Mirabeau, dans ses spéculations sur l'économie des états, supposoit toujours un gouvernement monarchique.

Je ne puis donc porter le flambeau sur cette partie de l'histoire que j'écris; mais tout me porte à croire que ce plan conçu d'abord et rédigé par des calvinistes, saisi ensuite avec avidité par quelques philosophes qui y ajoutèrent leurs idées, fut perfectionné dans la société du feu baron d'Olbach, où on ne le confioit qu'aux prosélytes que plusieurs épreuves avoient fait juger dignes d'être initiés dans les nouveux mystères. Voltaire, oracle de cette société, qui ne s'attendoit pas à une prochaine tenue des états-généraux, et qui croyoit que les innovations arriveroient successivement, vouloit qu'on commençât la révolution par l'anéantissement du christianisme. De-là ce refrein de toutes les lettres qu'il écrivoit aux conjurés: *Ecrasez, écrasez, vous dis-je, l'infâme*. Tout le monde sait ce que cet écrivain entendoit par le mot *l'infâme*; personne n'ignore qu'avec de grandes connoissances et un esprit dont l'abondance et la facilité étonnent, il eut sur le divin auteur de notre religion des préjugés qui tenoient de la folie, réalisant en sa personne d'une manière toute particulière, cette vérité d'un ancien: *Nullum magnum ingenium sine mixturâ dementiæ fuit.*

Le plan confié à tous ceux que leur haine pour les rois et les prêtres rangeoit parmi les conspirateurs, a reçu, comme on pense bien, en passant par tant de mains, différentes modifications. Ce plan fut connu au Palais-Royal; et en lisant les écrits de M. l'abbé Syeyes, on s'apperçoit aisément qu'il en est imbu, et qu'en y mêlant ses vues particulieres, et en profitant avec habileté des circonstances, il a eu la prétention de se l'approprier et d'en paroître l'auteur. M. le duc d'Orléans n'a jamais connu et ne connoît point encore tout l'ensemble de ce projet; mais il en a vu suffisamment pour croire que son exécution favorisoit ses desseins particuliers.

M. de Mirabeau donc est arrivé aux états-généraux avec un plan; il n'a eu d'autre souci que de contraindre à l'accepter: tous ses moyens ont réussi, et les moyens sont à lui. M. Mounier est venu également à l'assemblée nationale avec un plan; mais ce plan étoit son ouvrage, l'ouvrage d'une ame pure, d'un beau génie; c'étoit la vertu qui avoit conçu ce brillant rêve, et ce fut aussi avec la vertu seule que M. Mounier voulut le réaliser. Aussi modeste que hardi et savant dans ses conceptions, il ne tint point à ses propres idées, il les communiqua à quelques hommes vertueux et éclairés de l'assemblée: tous ensemble donnèrent à l'ouvrage toute la perfection dont ils le crurent susceptible; ils formèrent un parti qui fut toujours, et qui devoit, en effet, être le moins nombreux.

Je sais bien qu'on me reprochera de me livrer ici à des conjectures: cependant la suite des évènemens les change en vérités incontestables; et si l'on perd de vue, dans la suite de mon récit, ce que je viens de dire sur la préexistence d'un plan de révolution, on ne comprendra rien ni aux diverses scènes qui se sont passées, ni aux mouvemens que se sont donnés les principaux acteurs, et l'on n'expliquera jamais comment la forme de gouvernement qui nous a été donnée, a pu être imaginée au sein des assemblées les plus tumultueuses; il est évident qu'avant même d'en proposer un seul article à la délibération, il falloit que tout le plan de l'ouvrage fût dessiné.

En admettant, au contraire, comme une vérité, que le dessein de l'édifice nouveau étoit crayonné avant la convocation des états-généraux, tout s'explique; les évènemens arrivent dans l'ordre prévu, ils ne sont plus que les effets naturels et nécessaires d'une cause que l'on connoît: les moyens étonnent; mais quand on apperçoit le but où tendent les personnages, on les voit avec intérêt parcourir les différentes routes qui y conduisent. M. le duc d'Orléans s'y laisse entraîner par des routes qu'il ne connoît pas bien; M. de Mirabeau y marche ouvertement; les obstacles mêmes qu'il rencontre semblent accélérer sa marche.

M. le duc d'Orléans donc voyant la tournure que commençoient à prendre les affaires, voila moins ses desseins: flatté de l'effet qu'avoit produit dans le monde l'instruction à ses bailliages, il en fit répandre dans les provinces cinq à six mille exemplaires. On disoit en même-tems que ce premier écrit seroit bien-

(57)

tôt suivi d'un second infiniment plus important, qui avoit été également rédigé par M. l'abbé Syeyes, et qui paroîtroit sous l'égide et la signature, non-seulement du duc d'Orléans, mais encore de deux autres princes. Je ne sais ce que ce bruit pouvoit avoir de réel; mais il ne parut dans ce tems-là aucun écrit revêtu de cette triple signature.

Si l'instruction du prince plut au peuple, elle ne fut point accueillie aussi favorablement à la cour, et M. d'Orléans y remarqua du réfroidissement à son égard. S'étant montré, quelques jours après sa publication, au spectacle de la comédie italienne, le public qui, depuis long-tems étoit muet à sa présence, l'applaudit avec transport, et à diverses reprises. Ayant paru également aux promenades de Long-Champ avec toute sa famille, il y recueillit les applaudissemens et les bénédictions de la multitude. On ne s'en tint pas à ces stériles marques de faveur : un bailliage qui n'étoit pas même de son apanage, s'empressa de le nommer pour son représentant; mais il refusa, soit qu'il craignît de montrer trop d'empressement, soit qu'il eût encore intérêt à ménager la cour, où il est certain qu'on ne se formoit pas une idée avantageuse des vues qu'il manifestoit. Il s'y disoit même dès-lors que le mariage projetté entre la princesse sa fille et M. le duc d'Angoulême n'auroit pas lieu.

Le prince se montroit peu inquiet de l'opinion qu'on se faisoit de lui à Versailles, et continuoit à Paris et dans ses apanages à répandre des libéralités auxquelles les Journalistes donnoient le plus grand éclat. Sa sollicitude pour la classe infortunée se faisoit remarquer jusques dans ses plaisirs. On étoit alors au milieu de mars, et l'on sortoit d'un hiver extrêmement rigoureux et long. La température de l'air faisoit espérer qu'on touchoit à la fin de cette cruelle calamité; mais le prince paria, au profit des pauvres, que le mois ne se passeroit pas sans que la rivère portât des glaçons; il perdit la gageure. M. d'Orléans avoit pris en Angleterre le goût des paris; mais jusqu'à ce moment les pauvres n'y avoient point été intéressés.

A l'exception au reste d'un très-petit nombre de personnes attentives, le public ne paroissoit point remarquer la conduite de M. le duc d'Orléans; mais les yeux de la France entière étoient fixés sur M. de Mirabeau. Les bruits les plus étranges et les plus contradictoires se répandoient sur son compte; en s'en tenant à la simple vérité, il y avoit encore du merveilleux dans la facilité avec laquelle il soulevoit et sa province et le reste du royaume.

Repoussé par son ordre, il s'enfonça dans le tiers-état; et par cette démarche, il donna à notre malheureuse patrie une secousse qui eut des suites effroyables. On fit circuler, pendant qu'il s'agitoit pour obtenir les suffrages du peuple, une brochure qui, sous le facétieux titre de *correspondance entre MM. le Diable et le comte de Mirabeau*, contenoit une prédiction que le tems n'a que trop vérifiée. Le gentilhomme répondoit au compliment que lui adressoit l'esprit infernal sur son grand talent à tout bouleverser, et à répandre par-tout la discorde : « Ce que vous avez vu n'est rien en encore, et vous en verrez bien d'autres ».

Personne ne doutoit qu'il ne fût l'auteur de l'atroce libelle intitulé : *Correspondance secrète de Berlin*. Ce libelle fut dénoncé au parlement, et remis au procureur-général par le roi lui-même. M. de Mirabeau démentit avec arrogance l'opinion où l'on étoit généralement, qu'il avoit lui-même publié cet ouvrage; opinion qui parut d'autant plus fondée, que le livre fut distribué par son libraire. Plusieurs personnes cependant, en ne doutant point que les lettres écrites de Berlin, ne fussent de lui, pensèrent qu'un de ses ennemis, pour altérer la confiance que le peuple commençoit à lui porter, étoit parvenu à soustraire ces lettres du département des affaires étrangeres; et pour mieux persuader que cette infamante publication n'étoit due qu'à lui seul, s'étoit servi du nom de son libraire. Cette conjecture paroissoit d'autant plus vraisemblable, que les propres lettres de M. de Mirabeau ne lui étoient pas plus honorables que leur publication. J'ai entendu attribuer cette manœuvre à M. l'abbé de Périgord : on répandit aussi que M. de Mirabeau avoit écrit d'Aix au ministre chargé du département de Provence, pour s'en plaindre, et lui avoit, avec son assurance ordinaire, donné commission de reprocher à celui des affaires étrangères, et d'avoir violé le secret de son chiffre, et d'avoir laissé échapper de son département cette correspondance.

Quoi qu'il en soit de cette manœuvre, elle ne retarda en rien la marche de M. de Mirabeau. La réputation dont il jouissoit dans la saine partie de la nation, ne pouvoit pas en être ternie, et ce n'étoit plus l'opinion de la noblesse qu'il lui importoit de conquérir; il n'avoit plus d'autre ambition que de subjuguer la multitude, et la multitude est aveugle; elle reçoit l'impulsion sans considérer la main qui la donne.

M. de Mirabeau s'étoit donné de grands mouvemens à Marseille et à Aix, pour obtenir les suffrages du tiers-état d'une de ces deux villes; il réussit d'abord sur le premier théâtre, et certain qu'il auroit le même succès sur le second, il préféra celui-ci, et remercia les Marseillois. On disoit à Paris, que pour convaincre le troisième ordre de la sincérité de ses intentions, il s'y étoit aggrégé formellement, en abandonnant à jamais la qualité de gentilhomme, et en se livrant à une profession mercantile. On vouloit même qu'il eût acheté un magasin de draperie, et qu'il y eût installé son épouse. Ce n'étoit là qu'une fable; ce n'est pas que M. le comte de Mirabeau ne fût capable de cette bizarrerie; mais il n'avoit pas besoin de cette précaution, puisque le réglement permettoit au tiers-état de prendre des députés hors de son sein. Ce qui pût accréditer ce conte, c'est le départ de son épouse, qui arriva à Aix quelques jours avant son élection.

A peine fut-il nommé, que le bruit se répandit que le parti dont il étoit l'ame, le croyoit déja *si retourné* (1), qu'il étoit question de le punir de cette *apostasie*. On prétendoit encore qu'il devoit être décrété par le parlement de Paris; et on disoit à ce sujet qu'on avoit trouvé une feuille entière des épreuves de *la fameuse correspondance*, corrigée, augmentée de sa main : on ajoutoit que deux imprimeurs avoient déposé que trois ou quatre mois avant la publication de cet ouvrage, M. de Mirabeau le leur avoit offert, et qu'ils n'avoient pas voulu en faire l'acquisition, à cause du prix énorme qu'il y mettoit.

On disoit encore, que le parlement avoit acquis toutes ces connoissances, avant même que M. de Mirabeau se rendît à Aix, et que cette compagnie en avoit suffisamment pour lancer un décret. Sur cela, on étoit persuadé que M. de Mirabeau ne pourroit paroître aux états-généraux, qu'après avoir purgé son décret; car on ne pensoit pas qu'en matière criminelle, les députés fussent à l'abri d'un décret.

Tous ces faits, eussent-ils été vrais, il n'étoit plus tems de frapper du glaive de la justice un homme qui avoit des armées à ses ordres, et qui pouvoit dicter des lois. Le parlement eût-il lancé un décret, il n'eût jamais ni osé, ni pu le mettre à exécution.

Je ne puis mieux faire connoître ce qu'on pensoit à Aix même, de la nomination de M. de Mirabeau, qu'en rapportant en entier la lettre suivante qui, à cette époque, fut écrite de cette ville.

« Je crois devoir vous instruire, Monsieur, du résultat ultérieur de la députation pour le tiers-état de la sénéchaussée d'Aix ».

« M. Servant, un des quatre députés nommés, a refusé. On a nommé, pour le remplacer, M. Pascails, avocat (2), qui a également refusé : après la nomination et refus de M. Verdolin, etc., etc, etc. »

« Les électeurs fatigués, ennuyés de la longueur, de la multiplicité et de l'inutilité des scrutins, ont cru se tirer d'embarras, en nommant M. Pochet, avocat, qui se trouve à Paris; mais, en conformité du réglement, il a fallu lui nommer un suppléant, de même qu'à M. Bouche, qui se trouve aussi à Paris. Même embarras, et plus grand encore pour l'acceptation des suppléans, que pour celle des députés titulaires. Enfin, on a trouvé deux personnes qui ont surmonté toute pudeur. Vous les nommer, ce n'est pas vous les faire connoître ; à peine sont-ils connus ici ; l'un s'appelle Philibert; c'est un bourgeois du hameau de Saint Julien; l'autre se nomme Verdet; il est avocat... Ils seront certainement députés en chef, parce qu'il n'est pas possible de douter du refus de MM. Pochet et Bouche (1) : ils n'accepteroient qu'autant qu'ils ignoreroient les circonstances de leur nomination, et on aura eu soin de les en instruire ».

« Le comte de Mirabeau, qui ne peut se méprendre sur le motif du refus, est fâché de n'avoir pas opté pour la députation de Marseille. M. Au.... qui est entièrement dévoué au comte de Mirabeau, se trouve humilié de se voir ainsi à découvert à côté d'un homme dont tous les honnêtes gens s'éloignent ».

« La cabale, les manœuvres, les intrigues se sont manifestées de la manière la plus indécente dans la nomination des députés ; menaces, promesses, on a tout employé pour réunir la pluralité des suffrages sur le comte et sur ses adhérans, ou plutôt ses complices ».

« Qu'on ne juge pas à Paris la Provence d'après le choix de pareils députés. Nous serions couverts de honte et de ridicule, si on n'étoit instruit de ce qui s'est passé dans cette circonstance ».

« Je me suis empressé de vous en faire part, pour prévenir votre étonnement ou votre indignation, en apprenant quels sont nos représentans ».

Quelques jours avant sa nomination, M. de Mirabeau apprit la mort de son père qui s'est acquis le glorieux surnom d'*Ami des hommes*. Il mourut à Paris, dans son hôtel, rue de Seine. Quoiqu'il fût avancé en âge, on crut que tout ce qu'il apprenoit de son fils, avoit abrégé ses jours, en mettant le comble aux chagrins dont il étoit abreuvé depuis long-tems. On dit même que ce fut après avoir lu une lettre qu'il venoit de recevoir du comte, qu'il fut frappé du mal qui le mit au tombeau. Père infortuné dont les soucis domestiques avoient toujours empoisonné la vie, et qui, par la douceur et l'urbanité de ses mœurs, méritoit de ne trouver autour de lui que l'image du bonheur !

Quelques jours après la mort de l'*Ami des hommes*,

---

(1) Voyez le petit imprimé intitulé : *Nouvelles diverses de ce qui s'est passé relativement à la nomination de plusieurs députés du tiers-état.*

(2) C'est le même que des brigands ont égorgé dans le mois de décembre 1790, et que la force publique ne put protéger.

(1) M. Bouche a trompé l'opinion de ses compatriotes; il leur a prouvé qu'il étoit digne de s'asseoir à côté de M. de Mirabeau.

on fit circuler dans Paris que le comté de Mirabeau lui-même avoit perdu la vie à Marseille, et qu'il y avoit été tué par un officier prussien. Il s'en falloit de beaucoup que cette fable eût aucun fondement, et la vie de M. de Mirabeau en Provence étoit plus protégée que celle du plus puissant potentat. L'enthousiasme du peuple pour lui, étoit monté par degré au plus haut point. Cent jeunes-gens armés le gardoient nuit et jour, le suivoient par-tout, lui offroient de le suivre jusqu'à la porte des états-généraux, et de ne plus l'abandonner jusqu'à leur dissolution.

La Provence étoit en feu : des légions de brigands parcouroient les campagnes, le fer d'une main, la torche de l'autre. De toutes parts, dans cette malheureuse province, on n'entendoit parler que de pillage, d'incendies, d'assassinats ; et les citoyens paisibles se demandoient, avec étonnement, d'où pouvoient sortir de si nombreuses troupes de meurtriers. Une fermentation extraordinaire agitoit aussi l'intérieur des villes. Celle d'Aix vit tout-à-coup une assemblée tumultueuse d'environ six cens particuliers. Ils se réunirent à l'occasion d'une petite brochure qu'on attribuoit au président de Peynier; ils prétendirent qu'elle étoit injurieuse au tiers-état, cinquante d'entr'eux ensuite se détachèrent, allèrent chercher l'exécuteur de la justice, et le contraignirent de brûler cet écrit.

Les routes n'étoient pas plus sûres que les rues et les campagnes. M. l'évêque de Sisteron allant d'Aix à Manosque, se vit environné d'une foule de paysans armés de fourches qui, aux plus grossières invectives, ajoutèrent la violence. Les glaces de sa voiture furent brisées ; il courut le plus grand danger pour sa vie, et fut blessé à la joue, par le tranchant d'un caillou qui lui fut lancé. On n'imputoit d'autres crimes à ce prélat, que de ne pas favoriser les prétentions du tiers-état. Arrivé à Manosque, il se vit exposé à de nouveaux périls. La plus grande partie des habitans et les paysans des environs se soulevèrent ; bloqué et retenu prisonnier dans les murs de la ville, il attendoit là mort à tout instant. Enfin M. de Mirabeau fut appelé, et il dissipa cette insurrection.

M. de Mirabeau en effet étoit le seul en Provence, qui eut la puissance de diriger, de réprimer, ou d'appaiser les mouvemens qui agitoient cette province. Il s'y étoit acquis sur les esprits une autorité qui tenoit de l'enchantement ; il obtenoit une obéissance aveugle ; il étoit roi ; par-tout on le couronnoit. Dans une entrée qu'il fit à Marseille, on tira le canon ; on sonna toutes les cloches ; on l'ensevelit lui et sa voiture sous des tas de lauriers ; enfin on l'idolâtroit ; jamais il n'y eut d'exemple d'un tel engouement. Le commandant même de la province, M. de Caraman, fut obligé de recourir à son influence sur le peuple, et il reçut, de M. de Mirabeau, une réponse où celui-ci donnoit clairement à entendre qu'il connoissoit tous ses avantages.

La Provence ressembloit alors à une mer dont les flots se soulevoient et s'entrechoquoient avec fureur, et M. de Mirabeau à un pilote qui, sans effroi de l'orage, dirigeoit avec sécurité le navire au milieu des vagues écumantes. Le soulèvement fut effroyable à Toulon. Tout le peuple s'ameuta, se révolta ; il se montra intraitable ; ne voulut écouter ni prières ni représentations ; il parut prêt à tout oser et à tout entreprendre ; il menaça d'égorger tous les gens en place ; on se porta chez l'intendant, et comme on n'y trouva personne, ses chevaux furent la victime de cet accès de rage, où les massacra. Il ne restoit plus qu'une ressource à M. de Caraman, il eut recours à M. de Mirabeau ; celui-ci quitte Marseille, vole à Toulon, harangue le peuple, lui promet que sous trois jours il sera content ; et sachant que le prétexte de cette effervescence étoit la cherté du pain, il s'engagea, sur son honneur, à en procurer la diminution. Il force, en effet, les magistrats à la diminuer d'un sol par livre, fait publier à son de trompe cette diminution, la fait afficher par-tout, jusques dans les salles de spectacle de Toulon et de Marseille. Par ses soins, en un mot, le calme renaît. On l'admiroit, on l'adoroit ; on le regardoit comme un ange tutélaire, et jamais peut-être aucun homme n'avoit conquis un plus grand ascendant sur ses semblables. Tous les cœurs alloient au-devant de lui ; il n'y avoit personne parmi ceux à qui il inspiroit cet enthousiasme, qui n'eût mis sa fortune à ses pieds.

Dans la petite ville d'Aups, il se passa une scène atroce : la populace se jetta sur le magistrat qu'alors on appelloit consul, et qu'aujourd'hui on appelle maire, et lui fit subir un supplice dont les cannibales eux-mêmes frémirent ; il fut écorché vif. Le parlement d'Aix, effrayé des scènes d'horreurs qui menaçoient d'ensanglanter toute la province, et ne les attribuant qu'à la disette des grains, nomma des commissaires qui furent chargés de parcourir les différentes villes, pour prendre connoissance des dépôts de bled et de farine, et contraindre ceux à qui ils appartenoient à venir vendre, dans les marchés, ce qui étoit nécessaire pour la consommation journalière.

Pour dissiper cependant les émeutes, on fut obligé, dans quelques endroits, d'employer la violence ; à Toulon, à Marseille, à Aix, on fit feu sur les attroupemens ; dans les deux premières villes ce ne fut qu'à poudre, et simplement pour effrayer ; mais à Aix ce fut à balle, et plusieurs personnes furent tuées.

Toutes ces précautions n'étoient que des palliatifs, et le mal devenoit tous les jours plus grand. A Marseille, la consternation étoit générale parmi les habitans tranquilles ; ils croyoient leur patrie à la veille

S

d'une subversion générale. Les commissaires du parlement firent saisir dans le port de cette ville un bâtiment chargé de grains ; cette conquête fut agréable au peuple. On diminua le prix du pain, mais un pareil bienfait étoit toujours suivi d'une nouvelle convulsion, parce que la rareté des grains ne cessant d'être la même, ceux qui le vendoient ne pouvoient se fixer long-tems à la modération accordée. Le peuple donc qui croyoit qu'on manquoit à la parole qu'on lui avoit donnée, n'en devenoit que plus violent dans ses emportemens.

Par-tout, dans la province, ces emportemens furent extrêmes ; les séditieux portoient leur fureur à l'excès ; le carnage suivoit de près le pillage ; il n'étoit pas une ville, pas un bourg qui ne se crut à la veille d'être mis à feu et à sang. A Toulon, une maison fut pillée et dévastée ; à Marseille, plusieurs furent démolies jusqu'aux fondemens. A Aix, des brigands ayant à leur tête un garçon boucher, menacèrent les bourgeois ; on l'arrêta lui et quelques-uns des rebelles, mais la tranquillité ne fut pas pour cela rétablie.

Les habitans de cette dernière ville firent parvenir à MM. Necker, de Villedeuil et Beauveau, un procès-verbal des malheurs qui les menaçoient. On y lit que M. de la Fare avoit failli perdre la vie dans une émeute, et qu'il l'eût perdue infailliblement, si un homme de bien, appellé Gabriel, en se jetant entre lui et ses assassins, ne lui eût donné le tems de se retirer à l'hôtel-de-ville. Le crime de M. de la Fare, comme de tant d'autres, étoit de ne pouvoir répondre aux cris de ceux qui demandoient que le prix du pain fût diminué.

M. de Peynier, président au parlement, fut assiégé dans son propre château, par une foule de scélérats qui le contraignirent à signer un acte pardevant notaire, dans lequel on lui faisoit abandonner, en faveur du tiers-état, ses droits, ses privilèges et la plus grande partie de ses biens. A Marseille, six têtes, parmi les personnes les plus importantes, furent mises à prix, et dans tout le reste de la province on s'attendoit à une épouvantable révolution.

Dans un désordre qui alloit toujours croissant, M. le comte de Caraman ne vit d'autre remède que de repousser la force par la force. Il envoya son fils en cour, et le chargea de solliciter des ordres qui l'autorisassent à réprimer avec vigueur les mutins. On lui envoya trois régimens suisses ou allemands, dont deux étoient de cavalerie.

Comme on ne comprenoit rien à Paris à une telle fermentation, et qu'on ne lui connoissoit pas même de prétexte, puisque le tiers-état de cette province avoit, comme celui de toutes les autres, obtenu ce qu'il desiroit, on supposoit que la ville de Marseille étoit décidée à secouer le joug de la domination françoise, et à s'ériger en république indépendante.

Le feu de la sédition, en circulant, s'étoit glissé dans les montagnes les plus inaccessibles, et par-tout la cherté du pain étoit le cri de guerre ; on y mettoit, comme dans les plaines, les seigneurs à contribution. M. de Puget, entr'autres, fut bloqué dans son château, et se rendit après avoir obtenu des assiégeans une capitulation où, comme l'on pense bien, tout étoit à son désavantage ; de-là cette horde se jeta sur un magasin de farine, et le pilla. Le parlement, toujours fidèle aux formes anciennes, ne connoissoit d'autres armes à employer contre ces attentats, que des décrets et des informations, foible ressource contre un fléau qui devoit engloutir le parlement lui-même. Enfin la bourgeoisie de Marseille prit les armes, et c'étoit ce que l'on demandoit. M. de Mirabeau quitta aussi la province pour se rendre aux états-généraux, et insensiblement elle se calma.

En racontant les désordres de la Provence, j'ai tracé l'image de presque toutes les autres provinces, au moment où se faisoient les élections ; j'ai peint sur-tout ce que nous avons vu à Paris, dans chaque occasion où il s'est agi de frapper un grand coup aux bases de l'ancien édifice. On a vu, dans mon récit, que la Provence étoit tranquille lorsque M. de Mirabeau y est arrivé, qu'elle n'a cessé d'être agitée pendant tout le séjour qu'il y a fait, et qu'elle n'a recouvré la tranquillité que lorsqu'il l'a quittée. On y a vu encore que la seule cause de l'effervescence étoit la disette des grains. La disette des grains a été aussi par-tout ailleurs, et plus particulièrement dans la capitale, le fléau qui a engendré tous les autres fléaux ; il n'a cessé que lorsque le roi est venu habiter le château des Tuileries.

Cette calamité eut pu paroître un événement naturel, si les récoltes qui l'avoient précédée eussent été moins abondantes ; si elle n'eût pas redoublé chaque fois qu'il falloit porter la multitude à de grands excès ; si, enfin, elle n'eût pas cessé tout-à-coup, et comme par miracle, au moment même où l'on sembloit n'avoir plus rien à attendre du peuple. Il est donc indubitable, et cette vérité résulte avec évidence, de toute la suite de cette histoire, qu'il se faisoit, sur les grains, une perfide manœuvre, que les effets de cette horrible machination étoient d'inquiéter, d'allarmer le petit peuple, de le porter aux murmures, aux plaintes, à l'insurrection, et enfin, à des accès de fureur.

Quel jour ne répandroit donc pas sur l'histoire de la révolution, celui qui, tirant le voile sur les auteurs de cette infernale menée, les montreroit à découvert ? Faut-il en rendre responsables les parlemens, et tous ceux que depuis on a appellé *aristocrates* ? On a bien pu amuser le peuple des fauxbourgs de ce conté ; mais comme rien n'a été plus fatal pour eux que cette menée, il faudroit supposer qu'ils ont eux-mêmes, de gaieté de cœur, creusé l'abîme où on les a ensévelis. D'ailleurs on a vu, dans les détails que j'ai racontés, les efforts des compagnies souveraines, pour déjouer les monopoleurs. Ces efforts attestent tout-à-la-fois et la témérité des parlemens, et leur impuissance à trouver le premier fil de la trame.

Dire que M. de Mirabeau étoit l'auteur de ces intrigues, ce seroit et une injustice et une absurdité. Il n'avoit dans l'empire, ni caractère, ni mission, ni autorité, et ce n'étoit pas à la voix d'un simple particulier, que les greniers pouvoient ou s'ouvrir ou se fermer.

Des accapareurs, disoit-on, engendrent tous ces désordres. Eh! oui, je vois bien là des complices, mais je ne vois pas le misérable qui se les est associé, et quand ces complices sont en si grand nombre, je m'étonne que le peuple, dans ses emportemens, ne s'adresse jamais à aucun d'eux; et que si, par hasard, la tête d'un de ceux qui pouvoit nous éclairer tombe, son secret s'ensevelisse avec lui dans le même tombeau. A Dieu ne plaise que j'inculpe la mémoire de M. Berthier, mais qui, plus que lui, eût pu nous donner d'utiles renseignemens? Il n'est plus, et son porte-feuille nous a été dérobé avec une affectation suspecte.

D'ailleurs ces monopoleurs, dont on ne dit pas le nom, pouvoient-ils échapper à la vigilance du gouvernement? Pourquoi M. Necker, qui avoit une influence exclusive sur les mouvemens de la circulation des grains, n'a-t-il livré aucun de ces accapareurs au glaive des loix? Pourquoi M. Necker?.... Je laisse aux événemens même que j'ai à raconter, à dire le reste. Ce ministre, en quittant pour toujours la frontière de France, a dit que la vérité, s'il vouloit la révéler, seroit pour lui le cheveu de Samson. Cette histoire la révélera, et cette histoire sera pour lui, comme pour la postérité, le cheveu de Samson; mais il est essentiel que le lecteur en lisant, dans la suite de cette narration, tout ce qui aura quelque trait à la manœuvre des grains, se rappelle les considérations que je viens de présenter; elles seront pour lui une source de lumières. Je ne regarde donc point comme une digression, les considérations que je viens de présenter, parce que c'est sur-tout lorsqu'on touche encore à la source des événemens, qu'un historien doit s'attacher à développer leurs causes; et s'il n'est pas contredit par ses contemporains, ses conjectures même se rangent dans la classe des faits; ces détails d'ailleurs montrent une grande vérité qu'il importe de ne pas perdre de vue, c'est que ceux-là ont réellement opéré la révolution, qui, avant et dans tout son cours, ont effrayé le peuple d'une famine.

L'impulsion étoit donc donnée à la Provence comme au reste du royaume; le tiers-état connoissoit ses forces; l'essai qu'il en faisoit achevoit de le convaincre qu'il étoit; et qu'il seroit tout ce qu'il voudroit. Les écrivains de cet ordre ne dissimuloient plus qu'il composoit à lui seul le royaume. L'un d'eux donna à sa brochure ce titre peu énigmatique : ce projet de mille et une réformes à proposer aux états-généraux, *dédié au tiers-état, c'est-à-dire à la nation.*

Ses députés arrivoient en foule à Paris, et la malignité jetoit un coup-d'œil curieux sur chacun d'eux; ceux de la Rochelle furent des premiers dans la capitale, et y trouvèrent en arrivant une lettre qu'on faisoit circuler, offensante à deux d'entr'eux, et qu'on disoit être de leurs commettans. Il y avoit eu dans les élections du clergé de ce bailliage de grands débats; les curés s'y étoient livrés à beaucoup d'animosité contre les chanoines et le haut-clergé.

En Bretagne, les élections furent plus tardives; ce ne fut que le 18 Mars que M. de Thyard pût quitter la cour, avec les ordres nécessaires pour la convocation des assemblées primaires de la province. Il n'étoit resté à Versailles que six députés du tiers-état de la Bretagne; leur départ précéda de quelques jours celui de M. de Thyard. Avant de quitter la cour, ils obtinrent une audience du roi. En entrant dans le cabinet du monarque, un sentiment profond d'amour et de respect saisit ces six bourgeois; ils ne purent proférer aucune parole, et se précipitèrent aux pieds du roi. Sa majesté, entraînée par ce sentiment de bonté qui lui est si naturel, s'empressa de les relever, en souleva même un par les bras, et leur dit à tous : « Je vous ordonne de vous relever; ce n'est pas-là la place de mes enfans. » Paroles adorables qui peignent bien l'ame de notre monarque. Les bourgeois, confondus par tant d'amour, et le cœur oppressé par la reconnoissance, ne purent trouver d'expressions pour le témoigner; ils quittèrent l'audience fondant en larmes. Ce fut leur seul langage, et ce langage qui faisoit si bien l'éloge de leur sensibilité, étoit le seul digne d'un roi qui n'a jamais eu d'autre ambition que d'inspirer de l'attachement pour sa personne.

Quoique de pareils témoignages du tendre intérêt que Louis XVI prenoit à la cause du tiers-état, quoique presque par-tout l'élection des députés fût faite, on ne laissoit pas de se tenir en garde contre les intentions de la cour, et de douter encore si réellement il y auroit des états-généraux. On épioit les mouvemens des ministres, les démarches du parlement, et on les interprétoit avec malignité. Le parlement tenoit, de tems à autre, des assemblées de chambres, et on répandoit que les délibérations se termineroient par une déclaration qui étonneroit tous les esprits. Il faut convenir que cette compagnie, effrayée des progrès que faisoient les nouvelles opinions, n'avoit plus une marche assurée : son dernier combat fut contre les libellistes. Ne pouvant sévir contre toutes les brochures incendiaires, il s'attachoit au moins à flétrir celles qui étoient plus particulièrement marquées du sceau de la rebellion. Tel étoit un petit écrit intitulé : *La Passion, la Mort, et la Résurrection du peuple*, imprimé à Jérusalem. Il étoit terminé par cet horrible souhait : *Per evangelica dicta doleantur carnifices magistratus et nobilitas. Amen.*

La réflexion suivante terminoit tout l'ouvrage : « La Bretagne, la Franche-Comté et les autres provinces à parlemens, doivent bien se tenir sur leurs gardes, et surveiller sans cesse les démarches des *robins* et des *ignobles*. On doit affermir le roi et son ministre dans leurs louables projets, par un dévouement et une reconnoissance sans bornes ; on doit haïr et mépriser bien profondément tous les Conti, les Lenoir, (ancien lieutenant de police), les Cogneux, (conseiller au parlement), les Fréteau (il a prouvé depuis qu'il étoit digne de l'estime de pareils écrivains) et les Barrabas d'Eprémesnil du monde. Les citoyens de Nantes, de Rennes et de Besançon, méritent d'être déclarés traîtres à la patrie, s'ils ne vengent l'affront sanglant fait à leurs compatriotes, en exterminant leurs assassins et les esclaves de ces lâches, en brûlant, sans délai, dans une place publique, toute la robinaille sacrilège et la noblesse insolente, etc., etc., etc.

» Au nom de Louis XVI, du comte de Provence et de Necker. Ainsi soit-il ».

On reconnoît bien là le style de ces sanguinaires journalistes qui, dans ces derniers momens encore, font tous leurs efforts pour transformer le peuple françois en un peuple de bourreaux. L'insouciance du gouvernement sur l'effet qu'il étoit nécessaire que de tels écrits produisissent, ne peut se concevoir, à moins de supposer à quelqu'uns des ministres, le coupable désir d'une insurrection générale.

Le parlement proscrivit et condamna au feu cette infâme production. Le jugement fut exécuté, et cet acte de justice fit sourire non-seulement la cohorte des libellistes, mais le petit peuple lui-même. Les crieurs publics, en annonçant l'arrêt du parlement, par une affectation peut-être commandée, et qui fut impunie, ne faisoient entendre que ce cri : *Arrêt du parlement qui condamne à être brûlé, la Passion, la Mort et la Résurrection.* On étoit au tems de carême : cette burlesque et indécente proclamation prêta à des illusions sur les sentimens religieux du parlement, et étoit regardée par d'autres personnes comme une sorte de prédiction des affronts que la religion auroit bientôt à souffrir.

On se tromperoit cependant, si on croyoit que ceux qui tenoient les rênes du gouvernement, tolérassent la liberté indéfinie de la presse. La vérité veut que je dise que cette liberté ne fût indéfinie que pour les écrits qui attaquoient l'autorité du roi, qui soulevoient les peuples contre l'autorité légitime, le clergé, la noblesse, les parlemens, et contre toute espèce de subordination ; cette liberté, comme j'ai déja eu occasion de le dire, fut également indéfinie, à l'égard des estampes qui outrageoient les deux premiers ordres, ou qui faisoient l'apothéose du ministre actuel des finances. Mais cette liberté ne s'étendoit pas sur toutes les sortes d'ouvrages ; et voici une liste exacte de quelques-uns de ceux qui, à cette même époque furent saisis et enlevés chez les libraires.

1°. *Réflexions d'un provincial sur la première production du nouveau ministre des finances.* Ces lettres écrites avec beaucoup de modération, n'étoient pas avantageuses au ministre.

2°. *Réflexions où l'on lui prouvoit que ses opérations suspendoient pour plus de cent millions des paiemens échus* ; ce qui faisoit alors plus du tiers de la dette annuelle.

3°. *Réflexions où l'on lui reprochoit de n'avoir pas encore saisi ce qu'on appelle le style législatif*, ni ce que c'étoit qu'un arrêt du conseil, et d'avoir substitué à l'ancien langage du conseil, ses propres raisonnemens.

4°. *Réflexions où l'on lui recommandoit de faire parler le roi avec clarté, avec dignité, sans amphigouri, et sans le mettre sans cesse en contradiction avec lui-même.* L'auteur qui disoit avoir vieilli dans l'habitude de respecter la majesté du trône, jusques dans son style, gémissoit de voir qu'il parût impossible de faire une seule page des lois, ou d'arrêts du conseil, dans laquelle le roi s'exprimât en législateur et en souverain.

5°. *Réflexions où l'on disoit que M. Necker auroit rempli l'attente de la nation, s'il se fût montré plus assuré des ressources promptes et puissantes qu'on trouve toujours dans un grand royaume, quand on sait les attirer par une fidélité inaccessible à tout motif d'exception, plutôt que d'employer tous les moyens de séduction à former l'esprit de division et de révolte.*

Dans ce dernier écrit, on faisoit à M. Necker, les reproches les plus graves ; on lui attribuoit tous les maux dont le royaume étoit menacé.

6°. *Lettre amicale à M. Necker* ; cette lettre ne laissa pas d'être publique, parce que l'ordre de l'arrêter n'arriva que lorsqu'il y en avoit deja plusieurs exemplaires de délivrés.

7°. *Maximes politiques de M. Necker, tirées de ses propres écrits*, et comparées avec les maximes politiques de Fénelon, tirées de même de ses propres écrits.

8°. Brochure qui instruisoit le public qu'il s'étoit tenu

tenu un comité sur la liberté de la presse, où il avoit été dit que, dans les circonstances actuelles, c'étoit à M. le garde des sceaux, et à M. Necker, à décider des livres qu'on pourroit délivrer au public.

9°. Brochure où l'on témoignoit des regrets de ce que la publication trop prompte de l'écrit de M. de Calonne avoit empêché celle d'un pamphelet destiné à le déjouer, et à prévenir le public contre les maximes de l'écrit du ministre réfugié.

10°. Brochure où l'on faisoit remarquer que M. Necker, quoiqu'il eût beaucoup d'esprit, sembloit cependant frapper d'une aveugle stupidité tous ses partisans, et on lui ridiculisoit le culte que lui vendoient ceux de sa secte.

11°. Enfin, brochure où M. Necker n'étoit pas même nommé, et dont l'auteur se contentoit de prouver que si le plan de M. de Calonne eût été adopté, la France eût été le pays le plus libre, le plus heureux de l'Europe, parce qu'il auroit eu tous les avantages d'un gouvernement monarchique, sans les inconvéniens d'un gouvernement mixte, démocratique ou aristocratique.

Cette dernière brochure étoit remarquable par l'esprit de sagesse avec laquelle elle étoit écrite. L'auteur n'y recommandoit aux François que l'union, et ne leur prêchoit que les principes d'une sage subordination.

Telle étoit la liberté dont la presse jouissoit alors : les maximes de l'indépendance, les calomnies les plus incendiaires contre les soutiens de la monarchie, les panégyriques du ministre des finances, circuloient sans effort; mais les ouvrages qui censuroient quelque partie de son administration, ou quelques-unes des nouvelles opinions, étoient étouffés dès leur naissance.

Je ne dissimule point que dans quelques-uns de ces derniers écrits, une ironie amère et étonnante pour M. Necker, se mêloit à la discussion ; et c'étoit un tort, parce que le respect pour ceux que le roi honore de sa confiance, doit être un devoir pour tout homme sage ; mais la sollicitude de M. Necker pour repousser le flambeau que des mains peu respectueuses, si l'on veut, approchoient de sa personne, et son insouciance sur les effets que pourroient produire les coups portés au trône par les libellistes, offre un contraste qui peut ajouter aux lumières que l'on a déja sur la part qu'il a eue à la révolution. A mesure que j'avancerai dans mon récit, je ferai remarquer tout ce qui se rapportera à cette influence.

Mes lecteurs doivent s'appercevoir qu'à mesure aussi que j'approche de l'époque du 27 avril, je m'appesantis davantage sur les détails, parce qu'avant de les transporter sur le grand théâtre des états-généraux, je dois leur donner une connoissance intime, et des moindres démarches des principaux acteurs qui vont s'y montrer en spectacle, et des intrigues qui ont préparé le dénouement d'une pièce dont on ne peut bien connoître la marche, si on n'en a d'avance bien compris le plan.

Je vais donc avant de parler de l'ouverture des états-généraux, me livrer encore à quelques détails qui l'ont immédiatement précédée, et que je ne pourrois passer sous silence, sans tomber dans l'inconvénient de n'avoir pas fourni toutes les lumières qui peuvent éclairer sur la route que nous parcourons aujourd'hui.

CHAPITRE XI.

Liste indicative des amis du peuple; attentat horrible d'un libelliste; opinion du roi sur les écrits du moment; extrait des vœux contenus dans les différens cahiers que l'opinion publique indiqua comme le plus sagement rédigés; belle conduite des électeurs du bailliage de Château-Thierry; exemple sublime de générosité que donna un curé; intrigues du lieutenant-civil de Marseille; bizarre élection faite par le tiers-état de cette ville; conduite du clergé et de la noblesse de Bretagne lors des élections.

Mars 1789.

Plus on avançoit vers l'époque de l'ouverture des états-généraux, et plus la crainte qu'ils n'eussent pas lieu, sembloit s'accroître. Il pouvoit bien se trouver à la cour des hommes qui fussent effrayés et de la protection accordée au tiers-état, et de la hauteur avec laquelle parloient ceux qui jouissoient de la confiance de cet ordre; mais le roi, dans cette occasion, comme dans toutes celles de sa vie, étoit de la meilleure foi; le conseil entier agissoit avec la même franchise; quant à M. Necker, il étoit plus éloigné que jamais d'abandonner les hautes espérances qu'il concevoit. Tout le monde donc à la cour ne desiroit pas moins les états-généraux que le peuple, et c'étoit sans doute pour plaisanter qu'on disoit à Paris qu'on avoit entendu à l'œil-de-bœuf des courtisans se demander : « quand verrons-nous donc arriver à Versailles les douze cents bêtes tant desirées ? »

A Paris, tous ceux qui avoient l'ambition de fixer sur eux la pluralité des suffrages, se donnoient beaucoup de mouvement. L'on vit circuler deux listes contenant les noms des citoyens qui méritoient la faveur du peuple.

La première, manuscrite, n'étoit qu'une ironie sanglante et injuste. Elle présentoit les noms de MM. de Calonne, le Noir, de Lamoignon, le cardinal de Loménie, Bergasse, Linguet, Cagliostro, etc., etc. On voit que tous ces noms étoient fort mal accolés, et que ceux de MM. de Loménie, Linguet, Cagliostro, décèlent la véritable intention de l'auteur qui avoit dressé cette liste. Il ne convenoit pas sur-tout de présenter M. Bergasse, un des plus beaux génies, et un des hommes les plus vertueux de ce siècle, comme indigne d'être député d'une nation dont il méritoit plus qu'un autre toute la confiance.

L'autre liste qui fut imprimée et répandue avec profusion, distribuée même aux passans sur le Pont-Neuf et dans tous les passages publics, n'étoit point une plaisanterie. On y désignoit au public ceux pour lesquels on vouloit réellement conquérir le vœu des électeurs. Cette liste doit trouver place ici, parce qu'on y voit tout-à-la-fois quelques-uns des hommes qui avoient su se tirer de la foule, et leurs titres de recommandation. Elle étoit intitulée : *Liste des amis du peuple qui méritent de fixer le choix des électeurs de Paris.* On lisoit en tête cet avertissement.

« On a distribué dans Paris des listes de noms, dont quelques-uns célèbres, entre-mêlés de noms obscurs, ou de noms d'hommes dangereux. Dans celle-ci l'on n'a inscrit que des personnes qui ont fait publiquement profession de défendre la cause du peuple. »

Voici les noms de ces amis du peuple, avec les réflexions qui les accompagnoient.

Messieurs le marquis de Condorcet, quoique noble, ami du tiers-état; il en a donné des preuves dans son essai sur l'administration provinciale.

« Target, auteur de bons écrits qui ont servi à la révolution actuelle.

» Brissot de Warville, connu depuis long-tems par l'énergie avec laquelle il a défendu le peuple et les constitutions libres. Voyez sur-tout son examen des voyages de Chatelux.

» Le docteur Guillotin, auteur de la pétition du peuple de Paris.

» L'abbé Syeyes, auteur de l'essai sur les priviléges, et qu'est-ce que le tiers-état?

» L'abbé Cerutti, aussi mielleux que l'abbé Syeyes est énergique, mais pourtant défenseur de la bonne cause dans son mémoire pour le peuple.

» Clavières, n'eut-il fait que l'ouvrage de la foi publique, il auroit donné les plus grandes preuves de ses connoissances profondes dans les finances et la politique.

» La Métherie a fait un chapitre hardi en faveur de la liberté dans ses principes de philosophie.

» Falconet, ennemi des parlemens, martyr du despotisme de l'ordre des avocats.

» De Bourges a fait différens ouvrages dans les troubles actuels, et toujours en faveur du peuple.

» De Chénier, poëte tragique, qui vient de donner un cahier de doléances rempli d'excellentes vues.

» Perreau, un de ceux qui ont préparé la révolution, auteur de romans politiques, auteur de Mirthine.

» Gallois, auteur de l'examen de la constitution d'Angleterre.

» Esmangard le jeune, ami du tiers-état, quoique parlementaire, jeune, et par conséquent étranger encore à l'esprit de corps.

» Bernardin de Saint-Pierre, un véritable ami des hommes; voyez ses excellentes études de la nature.

» Le comte de la Cépede, connu sur-tout par de bons ouvrages en physique, a caché son nom dans quelques brochures politiques.

» Piquet, négociant doué des plus vastes connoissances sur le commerce des Indes, et y a porté un esprit philosophique et indépendant.

» Réveillon, manufacturier de papier, émule par sa générosité, son caractère patriotique et industrieux, des manufacturiers anglois.

» Pastoret, a soutenu les bons principes dans son ouvrage sur Confucius et Mahomet.

» Bernardi, auteur d'un ouvrage excellent sur le jugement par jurés, qui servira à la réforme de nos inamovibles.

» Champfort, poëte qui, au milieu des plaisirs de la cour d'un prince, s'est toujours occupé de politique, et de défendre le peuple.

Je n'ai point envie d'ôter à aucun des personnages dénommés dans cette liste, la portion de gloire qu'elle leur attribue; mais si celui qui l'avoit composée eût eu réellement intention d'être utile à son pays, il eût considéré qu'il eût fallu sur-tout appeler aux états-généraux des hommes d'état et des administrateurs; que les poëtes, les romanciers étoient les derniers auxquels il falloit penser, et qu'un seul chapitre sur une matière abstraite n'étoit pas un titre suffisant pour y être admis.

De tous ceux au reste dont on lit les noms dans cette liste, deux seuls en effet ont été portés à l'assemblée nationale; l'un, M. Target, y a perdu sa célébrité; et l'autre, M. Guillotin, n'a pu en acquérir qu'en donnant son nom à un instrument de mort.

Tandis que des écrivains modérés en apparence employoient, pour dominer l'opinion, des moyens qui, dans le fond, n'avoient rien que d'innocent, les libellistes prenoient toutes les formes pour prêcher tous les forfaits, et un forcéné dans son écrit annonça déja le projet d'un régicide. Il parut en effet un horrible libelle sous le titre de cahier du bailliage de Rioms, qu'on eût pendant quelques jours l'injustice de regarder comme étant réellement le vœu de ce bailliage. On y demandoit qu'avant la première séance des états-généraux, toutes les troupes fussent éloignées de Paris et de Versailles; que les bourgeois de ces deux villes prissent les armes, et composassent à eux seuls, tant la garde des deux villes, que celle du roi et de l'assemblée nationale. On y demandoit encore que toutes les lettres-de-cachet fussent à l'instant levées; que toute l'autorité souveraine fût remise aux représentans de la nation, sans qu'il en restât la moindre portion au monarque; et enfin que l'auguste compagne du roi fût, pendant toute la durée de la session, détenue en charte privée, afin, disoit-on dans cet infernal écrit, qu'elle ne pût pas influer sur les délibérations.

Les cœurs n'étoient point encore assez dépravés, les esprits n'étoient point encore préparés à de tels attentats. Un cri général d'indignation repoussa cette sacrilège production, et elle fut livrée aux flammes par ceux dont on avoit osé usurper le nom.

Le roi, dans sa vie privée, sembloit partager avec ses sujets l'inquiète curiosité qui travailloit tous les esprits. Les brochures des différens partis lui parvenoient; il paroissoit les lire avec intérêt, mais il ne donnoit point à connoître son sentiment particulier sur tant de folies et tant de rêveries républicaines qui devoient paroître encore plus extraordinaires au descendant de Louis XIV qu'au reste de ses sujets. On assure cependant qu'il dit un jour à M. de Barentin : « Je lis beaucoup ; je remarque que tous les ouvrages que je lis parlent avantageusement de M. Necker, tandis que dans la courte durée du ministère de MM. de Brienne et de Lamoignon, je n'ai lu qu'une brochure, et que cette brochure étoit entièrement dirigée contre ces ministres ».

Cette réponse supposeroit que M. Necker ne laissoit parvenir au roi que les écrits qui faisoient l'éloge de son administration et de ses vues, et qu'il repoussoit avec soin du trône ceux qu'il avoit proscrits, et dont j'ai donné plus haut le catalogue. A cet égard donc la conduite de M. Necker n'auroit pas été au-dessus de celle de MM. de Brienne et de Lamoignon eux-mêmes, qui défendoient l'entrée de la cour aux productions du moment, parce que, par la forte prévention qu'ils avoient inspirée, presque toutes les censuroient. M. Necker au contraire fournissoit au monarque une abondante lecture, parce que le prodigieux engouement qui infatuoit en sa faveur la presque totalité des écrivains, les productions que ceux-ci enfantoient étoient autant d'apologies qu'il ne risquoit point de mettre sous les yeux du monarque. Ainsi lui et ses prédécesseurs avoient des motifs semblables, et leur manège étoit le même.

Il n'en est pas moins vrai que jamais on ne vit plus qu'à cette époque les presses faire éclore des écrits vraiment utiles : ces écrits étoient les cahiers des différens bailliages qui arrivoient journellement à Paris, et qu'on y dévoroit à mesure qu'ils paroissoient. Je touche ici au point le plus essentiel de cette histoire ; j'ai à faire connoître les vœux d'un grand peuple qui, sous les auspices d'un roi juste, et enivré lui-même de la sublime ambition de rendre à jamais tous ses sujets heureux, soupiroit après la réforme des abus qui vicioient les établissemens les plus sages.

Le peuple demandoit la restauration générale de la monarchie, mais il n'en sollicitoit pas l'anéantissement. Les pouvoirs qu'il avoit confié à ses représentans, étoient pour eux un dépôt d'autant plus sacré, qu'outre l'obligation qui leur étoit imposée par la religion, par le droit des gens, par la foi publique, d'obéir aux volontés qui leur étoient manifestées, ils avoient fait le serment solemnel de s'y conformer.

Lors qu'il en sera tems, j'examinerai si les motifs dont on s'est servi pour violer ce serment étoient fondés, et s'il n'étoit pas plus loyal et plus consciencieux de refuser les pouvoirs qui étoient offerts, que d'enfreindre l'engagement religieux qu'on avoit pris d'y obéir. Mon objet ici est simplement de présenter à mes lecteurs et à la postérité, les vœux que forma une nation généreuse et éclairée, qui soupiroit après une amélioration générale. La suite de cette histoire fera voir comment ceux qui étoient chargés de les réaliser, ont rempli cette sainte mission.

Dans la nécessité de me borner, je me contente de présenter l'extrait succinct des demandes contenues dans ceux des cahiers que l'opinion publique indique comme les plus sages et les mieux rédigés. Offrir cet extrait, c'est offrir le vœu national. Je ne parle point des demandes du clergé et de la noblesse, je me renferme dans celles du tiers-état, que dès-lors on vouloit regarder comme composant à lui seul la masse de la nation.

Les cahiers de cet ordre, que ses enthousiastes partisans mirent au-dessus de tous les autres, sont ceux de Toul, de Châlons, de Château-Thierry, de la province de Forez, de Riom, je parlerai plus loin de celui de Paris. Voici ce que pensoient et ce que desiroient ceux qui les rédigèrent, sur les différens objets qui devoient occuper leurs représentans :

SUR LA CONSTITUTION.

Que l'assemblée des états-généraux soit reconnue solemnellement la seule puissance compétente, pour consentir et sanctionner les lois et les impôts.

Qu'il soit invariablement arrêté que les états s'assembleront tous les trois ans ; qu'aucun impôt ne puisse, sous aucun prétexte et sous aucune forme, être prorogé et perçu au-delà de ce terme, à moins qu'il ne soit à l'expiration des trois années, confirmé par les états-généraux, et ce, sous peine contre les percepteurs, d'être poursuivis comme concussionnaires.

Que tous les impôts qui seront consentis par les états-généraux, sous quelque forme et dénomination qu'ils puissent l'être, soient supportés également par tous les ordres, corporations et individus, proportionnellement à leur fortune, sans distinction d'aucunes espèces de biens, et sans aucune exception ni restriction en faveur de qui que ce soit, et nonobstant tout affranchissement et abonnement.

Que les états-généraux, divisés par ordre ou opinans par tête, reconnoissent dans les représentans des communes, une influence et un pouvoir égal à celui des deux autres ordres.

Que tous les sujets de l'empire depuis le premier rang jusqu'au dernier, dans les villes comme dans les campagnes, soient également soumis aux lois et protégés par elles ; qu'aucun domicilié qui ne sera pas actuellement dans les liens de la discipline militaire, ne puisse être arrêté sans décret judiciaire, excepté dans le cas de flagrant délit et de désignation d'un coupable par la clameur publique, auquel cas il sera remis dans les vingt-quatre heures entre les mains de son juge naturel,

Qu'il

Qu'il soit permis à tout homme qui signera un manuscrit de le faire imprimer, soit pour sa propre défense, soit pour l'instruction publique, sans autre censeur que sa conscience et les lois.

Que les états-provinciaux soient rétablis dans toutes les provinces d'une manière uniforme et avec la même organisation, autant que faire se pourra, des états-généraux.

On demandoit en outre comme bases de la constitution la responsabilité des ministres, que tout individu du peuple fût capable de toutes les places, offices et dignités militaires, judiciaires, ecclésiastiques et autres, s'il en étoit digne ; que tout bienfait, toutes distinctions fussent désormais personnels, et ne pussent être substitués perpétuellement aux familles, à moins que la nation assemblée ne voulût récompenser quelques vertus rares et extraordinaires ; que les états-généraux ne pussent jamais être composés que des trois ordres, du clergé, de la noblesse et du tiers-état, et de manière que les députés du tiers-état y fussent toujours au moins en nombre égal à ceux des deux autres ordres réunis, et que les députés de chaque ordre ne pussent être pris que dans l'ordre même ; que la dette reconnue fût acceptée par les états comme dette de la nation ; que pour tous les objets de dépense de la maison du roi, de la reine et de la famille royale, le roi fût supplié d'accepter une somme annuelle qu'il détermineroit lui-même ; que la liste des pensions et gratifications dans toutes les parties fût annuellement rendue publique par l'impression, et que les causes qui les auroient fait accorder fussent énoncées ; qu'il n'y eût aucune commission intermédiaire dans l'intervalle des assemblées des états-généraux ; qu'il ne subsistât aucune distinction humiliante pour le tiers-état ; que les droits respectifs du roi et de la nation fussent déterminés irrévocablement ; qu'aucune commission pour juger les procès civils ou criminels, ne pût à l'avenir être établie ; que les dépôts confiés à la poste sous le sceau de la confiance publique et particulière, ne pussent en aucun cas être violés.

Enfin je remarque que dans plusieurs cahiers le tiers-état demandoit même pour la noblesse une juste influence dans les affaires publiques ; celui du Forez vouloit que dans toutes les assemblées elle eût deux représentans sur six.

Mais un point constitutionnel sur lequel tous les cahiers s'accordèrent, c'est qu'au roi seul appartient entièrement et exclusivement l'exécution des lois.

LÉGISLATION.

Le pouvoir législatif ne sera point exercé par le roi sans le concours de la nation assemblée par ses représentans, et aucune ordonnance émanée de l'autorité royale en l'absence des états-généraux, ne pourra être considérée que comme un acte d'administration provisoire, auquel les tribunaux ne pourront donner force de loi sans le consentement de la nation.

Aucun parlement, aucune cour souveraine ne pourra exercer, même provisoirement, le pouvoir de consentir et promulguer les lois que la nation n'auroit pas consenties, ni rejetter, ou modifier, ou différer la publication et l'exécution des lois que les états-généraux auront consenties.

La vénalité des charges sera abolie ; cependant tous les officiers de judicature seront inamovibles, et ne pourront être destitués que pour forfaiture jugée selon les lois du royaume ; aucun sujet ne pourra être admis sans avoir donné preuve de sa suffisance et de sa capacité. Il sera nécessaire d'avoir exercé utilement la profession d'avocat dans les cours souveraines, ou dans les justices royales inférieures, pendant le tems que les états-généraux jugeront à propos de fixer.

Les états-généraux pourront demander au roi l'érection des nouvelles cours, ou des nouveaux tribunaux qu'ils jugeront nécessaires pour juger de tous les abus d'autorité, et le roi ne pourra s'y refuser.

La composition, le ressort et la compétence de tous les tribunaux existans, leur utilité ou leur inutilité seront soumis à l'examen et à la décision des états-généraux. Les provinces qui demanderont la suppression ou l'érection dans leur ressort de nouveaux tribunaux seront entendues, et il sera fait droit à leur demande ; mais aucun tribunal supérieur ou inférieur ne pourra être supprimé ou démembré dans une province, ou converti en un autre tribunal, sans le vœu des états-provinciaux exposé aux états-généraux.

Les intendans seront supprimés.

La police des villes sera exercée par les magistrats municipaux librement élus par les communes, approuvé par le roi, et distingué de ceux qui seront chargés de l'administration des affaires et des deniers de la commune.

Il sera établi une loi de secours qui assurera du travail à tous les pauvres valides, des moyens de soulagement aux infirmes, et des emprunts faciles aux laboureurs et artisans qui manquent d'ustensiles pour travailler.

On s'occupera sans délai de la confection d'un code national, civil et criminel qui puisse être connu et étudié de tous les citoyens. Il sera nommé à cet effet une commission dont la durée sera déterminée par les états-généraux, et laquelle sera composée de magistrats et de jurisconsultes éclairés, choisis et nommés par les états, et pris dans les différentes

V

provinces. Il sera prescrit, dans la rédaction des lois criminelles, de classer les délits et les peines de manière qu'il n'y ait rien d'arbitraire et d'équivoque dans la définition du crime commis par l'accusé, et dans l'application de la peine encourue.

Il sera statué que les accusés pourront s'assister d'un conseil ; toutes les instructions et procédures seront faites en sa présence, et les jugemens de toutes les affaires criminelles seront portés à l'audience.

Quant à ce qui regarde le code civil, les lois romaines, les coutumes des provinces qui ont acquis force de loi, et les lois du royaume seront fondues en un seul code.

L'éducation publique sera établie de manière à former des citoyens utiles dans toutes les professions. On rédigera et on mettra au nombre des livres classiques ceux qui contiendront les principes élémentaires de la morale et de la constitution fondamentale du royaume. Ils seront lus dans toutes les écoles et paroisses des campagnes. Il sera établi dans toutes les villes des maîtres de dessin et de géométrie-pratique et de mathématiques pour les enfans du peuple. Il sera établi des distinctions et des récompenses publiques pour les laboureurs, artistes et artisans qui excelleront dans leur art, qui perfectionneront les machines et ustensiles de l'agriculture et du commerce.

Les dignités et le traitement des curés ainsi que de leurs secondaires, seront pris en considération ; il sera pourvu à leur honnête entretien ; et ceux distingués par leurs vertus et leurs services, seront récompensés et appelés aux dignités ecclésiastiques.

Il sera assuré, autrement que par rétention sur les portions-congrues, une retraite aux curés vieux ou infirmes.

Les prérogatives et possessions légitimes des deux premiers ordres sont inviolables.

Les états-généraux s'occuperont d'une loi qui assure invariablement la constitution des troupes.

Les députés solliciteront le rachat général des droits féodaux, en conciliant, avec cet avantage, l'intérêt des propriétaires, par un dédommagement proportionné.

Ils demanderont que les poids et mesures aient une uniformité générale.

Ils solliciteront le remplacement de l'impôt sur le sel, la suppression des droits d'aides, celle de l'impôt du tabac, la réforme du contrôle des actes, le reculement aux frontières du royaume, des bureaux des traites, douanes et barrières.

Le procès-verbal de ce qui se passera dans l'assemblée des états-généraux, dans ses bureaux et comités sera rendu public par la voie de l'impression.

Toutes les charges anoblissantes seront supprimées.

Le tiers-état demanda en outre, la révision des échanges onéreux, et leur rescision, la rentrée dans les domaines engagés, la vente de tous les biens domaniaux à perpétuité, ou par bail emphytéotique à long terme ; la suppression de toutes concessions et de tous priviléges exclusifs ; un tarif modéré sur les marchandises manufacturées dans le royaume ; l'exemption de tous droits sur les fers et aciers, et matières premières venant de l'étranger ; la suppression des exceptions dans la levée des milices, son remplacement à prix d'argent ; l'admission des pairs dans les jugemens ; la suppression de la jurisdiction de la maréchaussée ; la suppression du casuel accordé aux pasteurs, l'uniformité de la dîme, l'émission des vœux monastiques, pour l'un et l'autre sexe, fixés à majorité ; l'abrogation des droits d'annate et de prévention en matière bénéficiale ; l'autorisation, pour les évêques de France, d'accorder toutes les dispenses nécessaires d'alliance, affinité, même spirituelle et de parenté, jusqu'au degré des cousins-germains, oncle et tante inclusivement, et ce gratuitement ; la résidence de trois mois au moins de l'année pour les bénéficiers ; la non-pluralité des bénéfices sur une même tête ; l'entière suppression des capitaineries, la réforme du code des chasses, l'abolition de toutes les peines afflictives et infamantes pour les délits de ce genre ; l'abolition du droit de confiscation des biens d'un condamné à mort, ou à la perte de la vie civile ; la destruction absolue du préjugé qui note d'infamie les parens des suppliciés.

ADMINISTRATION DES FINANCES.

Tous les impôts actuellement établis, sous quelque dénomination que ce soit, seront supprimés ; il en sera établi de nouveaux selon la proportion qu'exigeront les besoins de l'état ; ils seront réduits au moindre nombre possible ; ils seront simples et uniformes ; ils ne pourront jamais affecter la personne ; ils diminueront progressivement à mesure que les dettes de l'état s'éteindront, et la recette de chaque province sera versée directement au trésor-royal par les préposés des états-provinciaux.

La comptabilité, pardevant les chambres des comptes, sera anéantie et remplacée par une comptabilité réelle, pardevant les commissaires de chaque état-provincial, pour les recettes et dépenses de province ; et pardevant les commissaires des états-généraux, pour les recettes et dépenses du trésor-royal.

On poursuivra la suppression de toutes les places et emplois qui ne sont pas évidemment nécessaires, et la réduction de tous les traitemens qui excèdent vingt mille livres.

Il sera accordé des fonds suffisans pour la nourriture et l'entretien des enfans-trouvés.

On demandera la vente des bénéfices simples, les moins utiles dans l'ordre de la religion.

Le prêt de l'argent à intérêt au taux de l'ordonnance, par billet ou obligation, sera permis indéfiniment à toute personne sans distinction.

Toutes les charges des finances seront supprimées, remboursées et réduites à de simples commissions.

Tous les offices d'huissiers-jurés-priseurs seront supprimés.

Toutes les jurandes seront supprimées.

Le colportage sera défendu.

Les droits sur les huiles, savons, cuirs, cartons, papiers, amidon, et de la marque d'or et d'argent, seront supprimés.

La compétence des juridictions consulaires sera rétablie dans l'état où elle étoit avant la déclaration du 17 Avril, et même augmentée s'il se peut.

La connoissance de tout ce qui concerne les faillites, leur sera attribuée exclusivement.

L'on n'accordera aucun arrêt de surséance, ni lettres de répi en matière de commerce.

Il sera établi dans chaque ville du royaume, pour favoriser le commerce, des caisses à l'instar de celle de Poissy.

Je ne donnerai pas plus d'étendue à ce tableau ; je n'y ai rien omis d'essentiel ; on peut le regarder comme l'extrait de tous les cahiers ; il contient ce que desiroit, ce que demandoit la majorité des habitans du royaume, composant l'ordre du tiers-état, et je répète que les députés qui se chargèrent volontairement de porter ces vœux à l'assemblée, s'engagèrent, sous la foi du serment, à en procurer l'accomplissement.

Je remarque encore que, dans tous les cahiers, on respecta la prérogative royale, les droits honorifiques du clergé et de la noblesse ; plusieurs votèrent pour l'érection d'un monument à la bienfaisance de Louis XVI. Celui de la province de Forez se terminoit par ces touchantes paroles :

« Un vœu du troisième ordre, non moins cher à son cœur, est que dans l'assemblée nationale et dans tout le royaume, on répète à grands cris : *Vive Louis XVI ! vive le clergé ! vive la noblesse ! vive à jamais la réunion des trois ordres pour le bonheur de la France !*

Cette réunion eut lieu dans quelques bailliages, et pour ne point embrasser trop de faits particuliers, je dirai que dans celui entr'autres de Château-Thierry, elle se manifesta d'une manière touchante ; les détails en sont précieux ; ils prouvent ce qu'il étoit possible d'attendre pour la félicité publique, de l'époque qui s'approchoit, si par-tout on eût procédé avec cet esprit de fraternité. Ces détails d'ailleurs sont trop honorables pour les trois ordres en général de Château-Thierry, et en particulier à un membre du premier ordre, pour que je les passe sous silence.

Les trois ordres donc se réunirent sous la présidence de M. d'Oberlin-Mittersbach qui avoit été reçu la veille grand-bailli dans le chœur de l'église des Cordeliers. Après les formalités et le serment prescrit par le réglement, chacun des trois ordres se retira dans une salle particulière, pour procéder à la rédaction des cahiers et à l'élection des députés ; celui du tiers-état se rendit à l'hôtel-de-ville. Lorsqu'il avoit terminé sa première séance, et comme il alloit se séparer, une députation de la noblesse se présenta ; elle étoit composée de MM. de Vassan, de Mornay-d'Hangest, de Nau de Saint-Sauveur et de Villelongue. M. de Vassan parlant au nom de son ordre dit : qu'il avoit été arrêté sur les registres des délibérations de la noblesse, qu'elle étoit dans la très-sincère disposition de renoncer à tous priviléges pécuniaires, c'est-à-dire qu'elle se soumettoit dès-à-présent à supporter, avec égalité, toutes les impositions publiques présentes et à venir, consenties par la nation assemblée en états-généraux.

Qu'il avoit également été arrêté que les députés de l'ordre de la noblesse seroient tenus de faire le serment, qu'ils ne consentiroient jamais à recevoir de la cour aucunes graces de quelqu'espèce qu'elles soient, à compter du jour de la nomination jusques et compris la deuxième année révolue après la clôture des états-généraux.

La députation de la noblesse étoit à peine retirée qu'il en arriva une du clergé, chargée de la même mission. Sensibles à cette démarche des deux premiers ordres, les membres du troisième arrêtèrent unanimement qu'ils recevoient avec reconnoissance les déclarations qui leur avoient été apportées, et que l'acceptation qu'ils en faisoient, en rendant hommage aux sentimens qui les avoient dictées, seroit portée et laissée sur les bureaux des deux premiers ordres, comme un monument de l'amour patriotique et de l'accord le plus parfait.

Toutes les élections faites, les trois ordres se réunirent de nouveau dans l'église des Cordeliers. Là les députés, en acceptant la commission honorable confiée à leur zèle, prêtèrent le serment prescrit par le réglement, au milieu d'un nombre infini de spectateurs qui les environnoient ; ils réitérèrent aussi leurs soumissions de n'accepter aucunes retributions, gratifications, ni graces de la cour, à compter du jour de leur nomination, jusques et compris la deuxième année révolue après la clôture des états-généraux, et la fin de leur mission.

Cette réunion des trois ordres parut à tout le monde être celle des sentimens et des cœurs amis du bonheur commun et de l'harmonie la plus parfaite. Mais rien n'est plus digne d'admiration que la conduite noble et généreuse que tint, dans cette circonstance, M. Lemaire, curé de la paroisse de Chiary.

Ce respectable ecclésiastique élevant la voix au milieu de l'assemblée s'écria : « Il ne suffit point au clergé d'avoir fait l'abnégation de ses immunités : dans le moment de crise où se trouve l'état, il faut une subvention extraordinaire, des secours aussi prompts que le besoin est urgent ».

Prêchant d'exemple, ce digne pasteur, quand il eut fini sa patriotique motion, s'approcha du bureau, et y déposa une bourse de vingt-cinq louis, fruit de ses privations; offrande d'autant plus touchante que le bénéfice de ce vénérable ecclésiastique étoit à simple portion-congrue.

Tous les spectateurs étoient touchés aux larmes de ce sacrifice, et gardoient un attendrissant silence. M. Paris de Treffond, membre de la noblesse, et recommandable par les qualités de l'esprit et du cœur, interrompit ce recueillement pour demander qu'il fût fait mention sur le registre de la noble action de M. Lemaire, comme d'un monument éternel de grandeur d'ame et de dévouement au bien public.

Ce fut sous d'aussi heureux auspices, que se termina, après le *Te Deum* chanté en action de graces, l'assemblée générale des trois ordres du bailliage de Château-Thierry. En la quittant, le vertueux pasteur qui avoit donné un aussi grand exemple de générosité, ne put se dérober aux acclamations, aux cris d'allégresse ; il fut environné de tous les membres du tiers-état, qui, après avoir posé sur son front, *la couronne civique*, le portèrent dans leurs bras jusques dans la chambre de leur assemblée. Les membres du clergé et de la noblesse les y accompagnèrent ; et dans ce moment de réunion, on n'entendoit prononcer que les noms de frères et d'amis, prononcés avec l'attendrissement de la joie et du patriotisme le plus pur.

Un si parfait accord eût été sans doute le présage d'un avenir heureux, si ceux qui maîtrisoient l'opinion, eussent su propager et diriger d'aussi favorables dispositions. Elles furent à-peu-près les mêmes à la Rochelle, et dans la plus grande partie de la Normandie, dont la noblesse se comporta avec une franchise et un désintéressement, qui lui valurent l'admiration du tiers-état de tout le reste du royaume.

Le lieutenant civil de Marseille ne procédoit pas avec la même loyauté, et il se distingua parmi les intrigans qui voulurent obtenir par ruse ou par force une confiance qui n'étoit pas dûe à leur qualité personnelle. Abusant de l'influence que lui donnoit sa place, il transgressa avec impudence les conditions prescrites par le réglement, et porta à un nombre excessif la totalité des électeurs, dont il composa la majeure partie d'hommes qui lui étoient entièrement dévoués. Le choix encore plus que le nombre des ces hommes, excita une grande rumeur dans la ville. Les négocians s'opposèrent à la tenue de l'assemblée, et dépêchèrent aussi-tôt en cour un député chargé d'obtenir du roi un arrêt du conseil qui cassoit l'ordonnance du lieutenant civil, et en outre des ordres positifs d'assembler les électeurs au nombre fixé par le réglement, et d'après un choix libre et volontaire. Ce député n'eut aucune peine à remplir à la satisfaction de ses commettans le double objet de sa mission.

Les assemblées se firent donc plus légalement à Marseille. Le tiers-état de cette ville, qui avoit déja étonné l'Europe entière par le choix qu'il avoit fait de M. de Mirabeau, pour un de ses députés, comme s'il n'avoit pas eu dans son propre sein assez d'hommes dignes de la représenter, alla encore chercher un membre, ou plutôt un apostat du premier ordre, pour lui confier les intérêts les plus saints et les plus chers. Il ne fut pas un homme de bien dans l'empire, qui ne fut affligé en apprenant cette bisarre élection. Dans un état en effet monarchique et chrétien, le dernier citoyen à introduire au sein d'une assemblée nationale, c'étoit le trop fameux abbé Raynal. Digne patriarche de la secte qui avoit conspiré contre l'autel et le trône ; l'imagination exaltée par les vapeurs du poison philosophique, dont il s'étoit abreuvé avec fureur à l'école de l'athée Diderot; il avoit avec un emportement qui tenoit du délire, contribué plus qu'un autre, à répandre dans tous les états de la société le poison de l'impiété et de la licence.

Appeler aux états-généraux un tel homme, flétri d'ailleurs personnellement par l'arrêt d'une cour souveraine, c'étoit annoncer à la France l'intention de la scandaliser par de grands attentats contre sa religion et son roi. Heureusement l'abbé Raynal octogénaire, et n'ayant plus d'autre ambition que de terminer dans ce repos une vie toute entière employée à menacer les rois, et à blasphêmer la divinité dont il étoit un des ministres, se déroba comme M. de Mirabeau, mais avec plus de sincérité que lui, à l'empressement du du tiers-état de Marseille, qui par une affligeante singularité, ayant voulu chercher hors de son sein deux de ses députés, fixa son choix sur deux hommes, qui tous les deux avoient été également rejettés par leur ordre.

Enfin les lettres du roi pour la convocation des trois ordres de Paris, attendues impatiemment, parurent, et furent suivies quelques jours après du réglement pour procéder à cette convocation. Je dirai dans le chapitre suivant, comment on accueillit ce bienfait, et comment on se conforma à ce qui étoit prescrit.

On étoit au 31 mars, et les élections n'étant point encore faites dans tout le royaume, les villes de Metz par exemple, et d'Arles ne reçurent leur lettre de convocation et le réglement que dans les premiers jours d'avril. En Bretagne, ce ne fut non plus que le premier jour d'avril qu'on pût s'assembler. Les deux premiers ordres qui s'étoient réunis à Saint-Brieux par ordre du roi, renoncèrent formellement à tous leurs priviléges pécuniaires ; mais ils protestèrent contre l'illégalité de la députation des communes, et refusèrent de nommer des députés aux états-généraux. Ils donnèrent pour motif de ce refus leur non-réunion en corps d'état, les priviléges de la province, et le serment qu'ils avoient faits précédemment. Le tiers-état et le bas clergé s'assemblèrent par bailliage.

Si le refus du haut clergé et de la noblesse de Bretagne eussent été imités par ces deux ordres dans tout le reste du royaume, il en fut résulté une scission fâcheuse, mais quelle qu'en eût été l'issue, le trône, les prêtres et les nobles ne seroient pas plus avilis qu'ils le sont aujourd'hui ; ils eussent peut-être succombé dans la lutte qui se seroit élevée entre eux et le tiers-état, mais ils n'eussent dévoré ni plus d'affronts, ni plus d'injustices.

On regarda comme une espèce de rebellion la déclaration des ecclésiastiques et des nobles Bretons; leur refus pouvoit être impolitique, puisqu'il les livroit à la discrétion du troisième ordre de la province, qui dans les états-généraux, alloit se trouver, pour parler le style du barreau, sans plaidoierie contradictoire, juge et partie dans sa propre cause. Mais ce refus étoit-il en effet un attentat contre la société ? En défendre les conventions, reclamer les conditions du pacte en vertu duquel on en fait partie, ce n'est point être rébelle. La constitution du royaume, c'est-à-dire la manière d'être depuis quatorze siècles, la constitution particulière de la province, étoient violées par la forme de convocation ; elle annonçoit à ceux qui étudioient les mouvemens qui avoient précédé, et qui suivoient cette convocation que l'ancienne constitution alloit être, non pas reformée, mais remplacée par une nouvelle.

Que pouvoient donc et que devoient faire les citoyens qui redoutoient les changemens qu'on préparoit ? Ils avoient à opter entre deux partis ; ou exiger l'exécution des lois de l'association qu'ils avoient faite avec leurs autres concitoyens, ou refuser de prendre aucune part à des délibérations dont le résultat devoit être de former une autre société que celle à laquelle ils s'étoient aggrégés. C'est ce dernier parti que prirent le clergé et la noblesse de Bretagne, et quiconque connoît le droit des gens, les règles de toute association, ne sauroit les blâmer.

Mais le roi n'avoit-il pas le pouvoir de changer l'antique forme de convocation ? Non, si en la changeant il ne respectoit pas les priviléges des provinces, s'il donnoit une autre manière d'être à l'association dont il étoit le chef et le protecteur. M. de Mirabeau prétendit le contraire dans les états de Provence, mais il le prouva par un sophisme. Le roi, dit-il, est incontestablement le législateur provisoire de la nation, il a donc le droit de régler la manière dont elle doit être convoquée. Mais il étoit incontestable aussi qu'à l'époque où parloit M. de Mirabeau, cette nation étoit une monarchie tempérée ; le monarque étoit donc tenu d'obéir lui-même aux lois fondamentales de son empire ; ses fonctions de législateur n'alloient pas jusqu'à les révoquer, car en montant sur le trône il avoit juré aux pieds des autels d'être à cet égard le premier sujet du royaume, et l'évènement a montré ce que les rois eux-mêmes les mieux affermis sur leur trône, gagnent aux innovations constitutives.

A dieu ne plaise que j'entende par ces réflexions reprocher à Louis XVI les malheurs dont il a été lui-même la victime ! Il s'est immolé à l'amour qu'il n'a cessé de porter à ses sujets ; mais les malheureux qui ont égaré ceux-ci, les perfides qui n'ont pas su mettre des bornes à l'héroïque dévouement du monarque, voilà les vrais coupables. Si Titus eût eu un Séjan ou un Catilina pour ministre, il eût eu peut-être le sort de Charles premier ; et je me flatte que ceux qui me liront avec attention me rendront cette justice que, bien loin d'imputer à Louis XVI les maux de ma patrie, j'écris cette histoire avec la pleine conviction qu'aucun de ses aïeux ne mérita plus que lui de régner sur un peuple heureux, parce qu'aucun d'eux ne réunit à un plus haut degré toutes les qualités qui constituent un excellent prince.

Telle étoit donc la situation de la France à la fin de mars 1789. A cette époque, le caractère national change, les mœurs ne sont plus les mêmes, les esprits prennent une autre direction ; et dans les scènes que je vais décrire, on croit voir un nouveau peuple remplacer le peuple françois.

Je ne terminerai pas ce chapitre sans faire une réflexion importante : le trop court intervalle qui fut

X

mis entre l'envoi des lettres de convocation et l'élection des députés aux états-généraux, eut un double inconvénient; les électeurs n'eurent point le tems de se connoître et de s'étudier mutuellement, et les cahiers furent rédigés avec trop de précipitation; mais à cet égard il n'y a peut-être aucun reproche à faire à la cour; elle avoit reçu et donné tout-à-la-fois l'impulsion : la très-majeure partie de la nation desiroit ardemment qu'il ne fût apporté aucun délai à l'ouverture des états-généraux ; elle se livroit à ce desir avec impétuosité, et le plus léger obstacle qui eût fait effort contre cette impétuosité, en donnant à la défiance un aliment et aux mal-intentionnés un prétexte, eût vraisemblablement été le signal d'une épouvantable guerre civile.

CHAPITRE XII.

Influence de la capitale sur la révolution ; formes anciennes pour la convocation de ses habitans ; différend entre le prévôt des marchands et celui de Paris ; plan de l'hôtel-de-ville pour la convocation; lettre de convocation pour Paris ; règlement pour les trois ordres ; opinion du public sur ce règlement ; scène burlesque à Coutances ; insulte à un prélat ; aveu et portrait d'un factieux subalterne ; insurrection à Nancy ; vœu de quelques cahiers sur M. de Calonne ; maladie du dauphin ; danger que court le roi ; intrigues pour élever M. de Machault au ministère ; atroces impostures contre la noblesse.

Avril 1789.

La capitale du royaume a eu une telle influence sur la révolution, soit par l'aveugle facilité avec laquelle elle a reçu toutes les impressions qui lui ont été données, soit par la fatale rapidité avec laquelle elle les a communiquées aux provinces, que je dois développer avec une certaine étendue tous les événemens dont elle a été ou la cause ou le théâtre. On l'a vue depuis le commencement de la monarchie, se livrer avec fureur, dans les tems orageux, à la licence et à la rebellion : elle resta devant Louis XIV dans un immobile respect ; on la vit sous le régent seconder avec frénésie les désastreuses opérations de Law ; elle voulut déifier Louis XV avant que Louis XV eut mérité son amour ; elle calomnia le père du roi actuel lorsqu'il vécut, et ne lui rendit justice que lorsqu'il fut perdu pour la France. Aujourd'hui nous la voyons retenir dans ses murs le descendant de Henri IV, et se repaître sans émotion du spectacle d'un jeune roi et d'une jeune reine inondant de leurs larmes le plus beau trône de l'univers ; spectacle douloureux que l'étranger n'ose venir contempler, et qui fait sourire des François. Quel inconcevable délire ! Et moi-même en songeant aux attentats que j'ai à décrire, en me rappellant les forfaits dont Paris s'est souillé, je frémis d'avance. Je n'en dissimulerai aucun ; je dirai la vérité, et la dirai avec sévérité, car je ne sais pas plus flatter les cités que les rois. Je connois et je brave tout le danger qui peut être le prix de ma franchise. Les bourreaux et les assassins dont je me suis vu plus d'une fois environné dans les murs de cette ville, ne m'ont jamais effrayé, et me fit-on subir mille morts, ces pages que je jette à la postérité, ne descendront pas avec moi dans le tombeau.

Avant que les lettres de convocation pour la capitale parussent, il s'étoit élevé une difficulté entre son prévôt ou son lieutenant, et le prévôt des marchands. Tous les deux se disputoient le droit d'assembler les habitans. Les formes anciennes et la raison décidoient la question en faveur du prévôt des marchands.

Dans les lettres adressées pour la tenue des derniers états-généraux, tant au prévôt de Paris qu'à celui des marchands, on lit ces expressions :

« S. M. desirant conserver en toutes choses les priviléges dont le corps municipal, les manans et habitans de Paris ont toujours accoutumé de jouir, étant d'ailleurs bien raisonnable que ladite ville qui est capitale du royaume, et qui a toujours servi de patron et de miroir d'obéissance à toutes les autres villes d'icelui, soit décorée de quelques priviléges pardessus toutes les autres, elle les maintient spécialement et positivement dans celui dont il s'agit de faire de son chef ; dans les états-généraux, un corps à part d'avec le reste de la prévôté de Paris ».

Dans l'arrêt du conseil du 17 mars 1651, rendu pour la convocation des états-généraux qui n'eurent pas lieu, on lit ces autres expressions :

« Les rois nos prédécesseurs, pour la dignité et excellence de notre bonne ville de Paris, ont voulu constamment qu'elle fît de son chef, aux états-généraux, un corps à part d'avec le reste de la prévôté de Paris, ainsi qu'il a toujours été fait. Ils ont ordonné expressément que la convocation des habitans de la ville et fauxbourgs de Paris, ne seroit faite que par le prévôt des marchands et échevins; que le prévôt de Paris s'abstiendroit de cette convocation, ne s'y immisceroit pas, et borneroit la sienne aux habitans de la prévôté et vicomté; que les habitans de la bonne ville de Paris et de ses fauxbourgs ne seroient tenus aucunement de comparoir en la convocation et assemblée qui seroient faites par le prévôt de Paris, desquelles ils sont déclarés exempts, ensemble de la juridiction et connoissance dudit prévôt de Paris, pour le regard de ladite convocation, et sans que ledit prévôt de Paris se puisse aucunement commettre pour le fait desdits états en ce qui concernera la bonne ville de Paris et ses fauxbourgs.

On voit par ces monumens de notre ancienne législation, que le prévôt de Paris avoit toujours été chargé de convoquer la banlieue, et que la convocation des habitans de l'intérieur de la ville, avoit toujours été confiée au prévôt des marchands. Cet arrangement étoit sage, et la nombreuse population de la capitale le commandoit; c'étoit déjà un assez grand inconvénient pour une sage élection que cette énorme population, que cette foule innombrable de citoyens étrangers les uns aux autres. On voit en effet qu'à Paris non-seulement les habitans du même quartier, mais encore les personnes qui logent dans la même maison, qui partagent le même étage, ne se connoissent pas. Il devoit donc arriver que, dans le choix des députés, la plupart des électeurs ne pouvant avoir une connoissance intime des mœurs et des lumières du sujet à élire, s'en rapporteroient au bruit public, à la réputation du candidat, et l'aveugle fortune distribue bien souvent les réputations comme les richesses. Il eût donc été impolitique d'aggraver à cet inconvénient, en augmentant la confuse population de Paris de toute celle des environs; et il étoit au contraire de la sagesse du gouvernement, de diviser en plusieurs parties cette énorme masse, et de rapprocher autant qu'il se pourroit dans les assemblées primaires, ceux des citoyens qu'on présumeroit se connoître davantage.

Le prévôt de Paris cependant soutint ses prétentions avec chaleur; on lui répondit par le défi de montrer, depuis la première époque des assemblées nationales, l'exemple d'une seule députation aux états-généraux dont les membres n'eussent pas été élus dans les assemblées convoquées à l'hôtel-de-ville, en vertu des lettres-de-cachet adressées par le roi au prévôt des marchands et échevins.

Le prévôt de Paris ne répliqua point à ce défi; mais il proposa des voies de conciliation, qui ne pouvoient être acceptées, puisque la nature de l'objet contesté n'en comportoit pas une division. Le châtelet annonça alors un combat judiciaire; pour l'annoncer, il n'y avoit pas d'autre moyen que de former opposition à l'arrêt du conseil dont j'ai parlé plus haut, et qui, comme on l'a vu, avoit déjà décidé la question.

Le prévôt des marchands fit mettre sous les yeux du roi un mémoire dans lequel se trouvoient établis avec justice, avec clarté, avec précision les droits de la ville de Paris: les lettres de convocation des douze septembre mil cinq cent soixante et douze, neuf juin mil six cent quatorze, et dix-sept mars mil six cent cinquante-un, servoient de pièces justificatives à ce mémoire, et elles étoient sans réplique.

Le public voyoit avec impatience ces démêlés, il craignoit qu'ils ne reculassent encore le moment après lequel on soupiroit; mais personne ne prenoit parti dans la querelle; il paroissoit indifférent aux habitans d'être convoqués par le châtelet ou par l'hôtel-de-ville. Il étoit cependant aisé de voir que l'innovation que proposoit le prévôt de Paris n'étoit justifiée par aucun motif d'utilité générale ou particulière; et il eût dû paroître plus naturel et plus avantageux aux bourgeois de la capitale d'être convoqués par un corps qui étoit censé les représenter, que par un juge royal.

Une autre question bien plus difficile encore, se présentoit à résoudre. Il s'agissoit de déterminer les moyens par lesquels on pouvoit parvenir à former une assemblée générale avec ordre, sans inconvénient, sans embarras, et tellement organisée qu'elle répondît à l'attente et au vœu de tous.

L'hôtel-de-ville s'occupa de ce travail. Dans le plan qu'il traça, il excluoit de l'assemblée générale les femmes, les mineurs, les manœuvres, les gens en service, sans domicile, sans aveu, ceux repris de justice, ou sous le poids d'une interdiction civile; les étrangers, ceux qui, quoique domiciliés n'étoient pas naturalisés; enfin tous les citoyens qui payoient moins de six livres de capitation.

Cette dernière disposition étoit sage, car quiconque veut contribuer par lui-même à la législation de son pays doit en être membre; il doit y tenir par ses propriétés, et contribuer aux charges publiques. Il est d'ailleurs dans tous les états une classe d'hommes qui, par son éducation, sa misère, le genre de ses travaux, doit être avec soin éloignée des fonctions publiques, parce qu'elle n'y prend aucun intérêt, parce que ses idées sont étroites, ses principes nuls, et que son ignorance égale son indifférence pour tout ce qui s'élève au-dessus des besoins individuels.

Suivant

Suivant ce plan, les rôles de capitation auroient fourni rue par rue, et conséquemment quartier par quartier, l'état numérique et nominatif des habitans à convoquer. Chaque quartinier auroit fait proclamer sa convocation, et les habitans seroient venus, munis de leur extrait baptistaire et de leur quittance de capitation, se faire inscrire sur son registre.

Pour éviter un trop grand rassemblement sur un même point, on auroit formé, sous l'inspection des cinquanteniers et des dixainiers, des sous-districts. On estimoit que parmi les citoyens ayant les qualités requises, il n'y auroit pas plus de quarante à cinquante mille votans. Ainsi les seize quartiers de Paris, sous-divisés en cinq districts, auroient formé quatre-vingts assemblées particulières, dont chacune auroit été composée de cinq à six cens votans.

La réunion d'un si grand nombre d'individus demandoit un vaste emplacement; l'hôtel-de-ville ne vit rien de mieux à cet égard, que d'employer une église pour chacune de ces assemblées. Idée malheureuse qui a converti nos temples en corps-de-garde, et a accoutumé le petit peuple à les regarder moins comme la demeure même de la divinité, que comme des salles de spectacle.

Le quartinier, faisant les fonctions de président de son assemblée, auroit appelé individuellement tous ceux dont les noms auroient été inscrits sur son registre. Si, dans le cours de l'appel, il se fût élevé quelque contestation sommaire sur des moyens de récusation, ou sur tout autre objet, elle auroit été décidée sur-le-champ, par cinq des principaux membres de l'assemblée réunis au quartinier. Cette forme étoit simple, expéditive et populaire.

Le scrutin paroissoit à l'hôtel-de-ville, le moyen le plus propre à prévenir la vénalité, la complaisance et tous les genres de corruption. On auroit imprimé des billets d'un format suffisant, dans lesquels il n'y auroit eu à remplir que le nom de l'électeur et la signature du votant qui auroit jetté son billet dans la boîte destinée à le recevoir. La signature du votant n'étoit pas une formalité admissible, parce qu'elle pouvoit gêner la liberté des suffrages. Il falloit laisser chacun maître de se livrer à l'impulsion de sa conscience, et démentir, dans le secret, les engagemens qu'il auroit pu prendre avec un protecteur ou un ami.

L'ouverture de la boîte se seroit faite avec la plus grande authenticité, en presence de toute l'assemblée.

Cette forme d'élection offroit un grand avantage; c'est qu'en réunissant sur des points éloignés, et à des jours différens, ces différentes assemblées partielles, toute la force publique auroit pu se porter vers le lieu où elles auroient été convoquées, s'il s'y étoit manifesté quelque mouvement dont on eût craint les suites pour la tranquillité du reste de la ville.

Enfin, la convocation des habitans de Paris offroit un troisième problème à résoudre, et celui-ci étoit le plus important : devoit-on dans les assemblées primaires réunir ou diviser les trois ordres ? Si l'on eût voulu encore ici consulter les monumens anciens et une règle invariablement suivie depuis un tems immémorial, la question n'auroit pas même été proposée. En effet, par un usage bien respectable, et qui avoit force de loi, tous les habitans de la capitale étoient unis par un même lien. Ecclésiastiques, princes, nobles, plébéiens, nous étions tous bourgeois de Paris. Tous les titres, toutes les distinctions, toutes les différences alloient se perdre dans cette qualité que le monarque le plus digne d'être comparé à Louis XVI s'honoroit de prendre.

La commune de Paris étoit dans ces tems-là une mère qui ne voyoit plus dans ses enfans, lorsqu'ils étoient réunis sous ses yeux, que des frères parfaitement égaux, et parmi lesquels il n'en étoit pas un seul pour lequel elle voulût avoir une préférence qui l'auroit distingué de ses autres frères; ce n'étoit qu'en prenant la qualité de bourgeois de Paris qu'on devenoit membre de la commune, et qu'on en acquéroit les titres et les droits. Il falloit donc respecter un usage dont la conservation n'avoit aucun inconvénient, et dont, dans la circonstance actuelle, on auroit pu tirer les plus grands avantages. Il falloit donc, puisque d'ailleurs on y étoit autorisé par les loix anciennes, rappeller aux habitans de la capitale qu'ils étoient tous bourgeois de Paris, et les réunir sans division d'ordre.

La cour ne se conforma qu'en partie, pour la solution de la première question, à ce qui avoit été établi jusqu'à ce moment. Elle distingua bien la population de la capitale de celle de la banlieue; mais le prévôt des marchands reçut seulement le droit de convoquer les habitans composant le tiers-état de Paris.

La lettre de convocation pour le tiers-état fut donc adressée au prévôt des marchands. Entre les dispositions qui lui étoient communes avec celle adressée à tous les bailliages et à toutes les sénéchaussées, il y en avoit de particulières pour Paris. Le roi y disoit :

« Vous mandons, et très-expressément enjoignons qu'incontinent la présente reçue, vous ayiez à convoquer et assembler, dans le plus bref tems que faire se pourra, tout le tiers-état de notre bonne ville de Paris, pour élire, pardevant vous, trois cens députés pour ledit ordre, lesquels se rendront au jour qui sera indiqué par le prévôt de Paris, en l'assemblée qui sera tenue pardevant lui, des trois états de notredite bonne ville, pour conférer et pour communi-

Y

quer ensemble, tant des remontrances, plaintes et doléances, que des moyens et avis qu'ils auront à proposer en l'assemblée générale de nosdits états ; et ce fait, élire, choisir et nommer dix députés de l'église, dix députés de la noblesse, et vingt députés du tiers-état, sans plus de chaque ordre, tous personnages dignes de cette grande marque de confiance, par leur intégrité et par le bon esprit dont ils seront animés : et qu'ensuite vous ayez à inviter lesdits quarante députés à se rendre dans une assemblée de votre hôtel-de-ville, pour concourir à la rédaction du cahier particulier à la municipalité, lequel cahier ils porteront directement aux états-généraux : lesquelles convocations et élections seront faites dans les formes prescrites par le réglement annexé aux présentes lettres, et seront lesdits députés munis d'instructions et pouvoirs généraux et suffisans.... »

Le reste de la lettre ne contenoit rien qui ne se trouvât dans celle envoyée dans tout le royaume. Sa suscription étoit : *A nos très-chers et bien amés, le prévôt des marchands, et échevins de notre bonne ville de Paris.*

Quant au réglement, voici les articles qui étoient particuliers au tiers-état de la capitale.

1°. L'assemblée du tiers-état se tiendra le mardi 21 avril ; elle sera divisée en soixante arrondissemens ou quartiers. Les habitans composant le tiers-état, nés François ou naturalisés, âgés de vingt-cinq ans, et domiciliés, auront droit d'assister à l'assemblée déterminée pour le quartier dans lequel il réside actuellement, en remplissant les conditions suivantes, et nul ne pourra s'y faire représenter par procureur.

2°. Pour être admis dans l'assemblée de son quartier, il faudra pouvoir justifier d'un titre d'office ; de grades dans une faculté ; d'une commission ou emploi ; de lettres de maîtrise, ou enfin de sa quittance ou avertissement de capitation, montant au moins à la somme de six livres en principal.

3°. Avant d'entrer dans l'assemblée, chacun sera tenu de remettre à celui qui aura été préposé à cet effet un quarré de papier sur lequel il aura écrit ou fait écrire lisiblement son nom, sa qualité, son état ou profession, et le nom de la rue où il a son domicile actuel ; il recevra en échange le billet qui lui servira pour l'élection.

4°. Tous les quarrés de papier seront réunis par centaines, et remis au fur et mesure au greffier ; ils serviront à faire l'appel à haute voix de toutes les personnes présentes rassemblées, ainsi que de leurs qualités, états et professions.

5°. Chaque assemblée sera tenue et présidée par un des officiers du corps municipal, ancien ou actuel ; chaque officier sera accompagné d'un greffier ou secretaire qui fera les fonctions de secretaire de l'assemblée.

6°. L'assemblée commencera à sept heures du matin, et on y sera admis jusqu'à neuf heures précises que les portes seront fermées. Dès qu'il y aura cent personnes réunies, le président, assisté de quatre notables, bourgeois domiciliés depuis plusieurs années dans le quartier, se fera représenter le titre ou la quittance de capitation de ceux qui ne leur seront pas connus, et la décision qui interviendra sera exécutée par provision, sans pouvoir servir ni préjudicier en aucun autre cas.

7°. Lorsque la vérification aura été achevée et que les portes auront été fermées, il sera procédé à haute voix à l'appel de tous les membres de l'assemblée, par leurs noms, qualités, états et professions ; on comptera le nombre des assistans, et il servira à déterminer le nombre des représentans qui sera choisi ; ce nombre sera d'un sur cent présens ; de deux au-dessus de cent ; de trois au-dessus de deux cent, et ainsi de suite.

8°. Quand le nombre des représentans à élire aura été déterminé, le président le fera connoître, et annoncera que le choix doit être fait parmi les personnes présentes ou parmi celles qui, à raison de leur domicile actuel dans le quartier, auroient eu le droit de se trouver à l'assemblée.

9°. Chacun écrira sur le billet qui lui aura été remis en entrant dans l'assemblée autant de noms qu'il doit être choisi de représentans. Le greffier fera l'appel à haute voix. Celui qui aura été appelé se présentera au président, et lui remettra son billet ; et quand tous les billets auront été recueillis, le président en fera faire lecture à haute voix. Tous les noms compris dans les billets seront écrits aussitôt qu'ils seront proclamés ; et ceux qui auront réuni le plus de suffrages seront élus.

10°. Le procès-verbal de l'assemblée contiendra les noms, qualités, états et professions des représentans qui auront été choisis.

11°. Tous les représentans du tiers-état de la ville de Paris se rendront à l'assemblée du corps municipal qui sera convoquée pour le mercredi 22 avril. Les procès-verbaux faits dans les soixante divisions serviront à en faire l'appel. Il y sera formé une liste de tous les représentans, laquelle sera arrêtée et signée dans la forme usitée à l'hôtel-de-ville ; et l'expédition en sera remise aux représentans qui la déposeront dans le jour au greffe du châtelet, pour servir à l'appel des représentans à l'assemblée des trois états.

Ces dispositions ne regardoient que le tiers-état ; voici celles qui concernoient le clergé :

1°. Tous les curés de Paris tiendront dans le lieu qu'ils croiront le plus convenable, le mardi 21 avril, l'assemblée de tous les ecclésiastiques engagés dans les ordres, nés françois ou naturalisés, âges de vingt-cinq ans, et domiciliés sur leurs paroisses, qui ne possèdent point de bénéfice dans l'enceinte des murs. Cette assemblée procédera à la nomination d'un secrétaire et au choix de ses représentans, à raison d'un sur vingt présens, deux au-dessus de vingt jusqu'à quarante et ainsi de suite, non compris le curé à qui le droit de se rendre à l'assemblée des trois états de la ville de Paris appartient à raison de son bénéfice.

2°. Les chapitres séculiers d'hommes tiendront au plus tard le même jour 21 avril, leur assemblée, et procéderont au choix de leurs représentans. Tous les autres corps et communautés ecclésiastiques feront choix au plus tard le même jour de leurs fondés de pouvoirs.

3°. Les procès-verbaux de nomination des représentans choisis dans les paroisses, ainsi que les actes capitulaires des chapitres et des corps et communautés ecclésiastiques, seront remis le même jour au prévôt de Paris, et par lui déposés au greffe du Châtelet, après qu'ils auront servi à l'appel qui sera fait dans l'assemblée des états.

A l'égard de la noblesse le règlement contenoit les dispositions suivantes :

1°. L'assemblée générale de l'ordre de la noblesse se tiendra le 20 avril ; elle sera divisée en vingt parties suivant les quartiers dont les limites, ainsi que le lieu de l'assemblée, seront déterminés par l'état qui sera annexé à l'ordonnance du prévôt de Paris ou lieutenant-civil.

2°. A chacune des assemblées assistera un magistrat du Châtelet qui aura son suffrage, s'il a la noblesse acquise et transmise ; dès que l'assemblée sera formée elle se choisira un président ; elle pourra aussi nommer un secrétaire, à moins qu'elle ne préfère de se servir pour la rédaction de son procès-verbal du ministère du greffier dont le magistrat du Châtelet sera assisté.

3°. Tous les nobles possédant fiefs dans l'enceinte des murs seront assignés pour comparoître ou en personne, ou par leurs fondés de pouvoirs, à celle de ces assemblées partielles que présidera le prévôt de Paris, assisté du lieutenant-civil et du procureur du roi.

4°. Tous les nobles ayant la noblesse acquise et transmissible, nés François ou naturalisés, âgés de vingt-cinq ans, justifiant de leur domicile à Paris (s'ils sont requis de le faire) par la quittance ou l'avertissement de leur capitation, auront le droit d'être admis dans l'assemblée déterminée pour le quartier dans lequel ils résident actuellement, et nul ne pourra s'y faire représenter par procureur.

5°. S'il s'élève quelque difficulté à raison de la qualité de noble, l'assemblée nommera quatre gentilshommes pour, avec le président qu'elle se sera choisi, assister le magistrat du Châtelet qui remplacera le lieutenant-civil ; la décision qui interviendra sera exécutée par provision, sans pouvoir servir ni préjudicier dans aucun autre cas.

6°. Le nombre des présens déterminera celui des représentans à nommer, et quand le nombre aura été constaté, on procédera au choix des représentans dans la proportion d'un sur dix, de deux au-dessus de dix jusqu'à vingt, et ainsi de suite. Ils seront choisis parmi les membres de l'assemblée, ou parmi ceux qui, à raison de leur domicile actuel dans le quartier, auroient eu le droit de s'y trouver.

Le règlement contenoit encore ces trois autres dispositions.

1°. Quoique l'assemblée des trois états de la ville de Paris, composée d'un grand nombre de représentans qui auront obtenu la confiance de leur ordre, donne l'assurance que les cahiers seront rédigés avec le soin qu'on doit attendre de la réunion des talens, des lumières et du zèle ; il sera libre néanmoins à tous ceux qui voudroient présenter des observations ou instructions, de les déposer au châtelet ou à l'hôtel-de-ville, dans le lieu préparé pour les recevoir, et ils seront remis aux commissaires chargés de la rédaction des cahiers.

2°. L'université de Paris ayant joui long-tems de la prérogative d'envoyer des députés aux états-généraux, aura le droit de nommer des représentans qui iront directement à l'assemblée des trois états de la ville de Paris ; permet en conséquence sa majesté aux quatre facultés qui composent ladite université, de s'assembler dans la forme accoutumée, et de choisir quatre de ses membres, un du clergé, un de la noblesse et deux du tiers-état, qui se rangeront à l'assemblée générale, dans leur ordre respectif, et concourront à la rédaction des cahiers, et à l'élection des députés aux états-généraux, sans préjudice du droit individuel des membres de ladite université, d'assister à la première assemblée de leur ordre.

Le peu de sagesse de quelques articles de ce règlement, est sans doute le fruit de la précipitation avec lequel il fut rédigé ; mais la cour qui devoit voir par la disposition où étoient les esprits, que le tiers-état n'adopteroit de ces articles que ceux qui lui conviendroient ; n'auroit-elle pas mieux fait de se contenter de poser des règles générales, que d'entrer dans des détails qui étant impraticables, accoutumoient à enfreindre les volontés du roi ?

L'ensemble, comme les détails, tout déplut dans ce réglement, et excita un murmure général; il n'étoit pas sans fondement. Les intérêts de la capitale étoient blessés; les droits et les priviléges qui appartenoient à l'universalité des citoyens des trois ordres étoient violés. L'hôtel-de-ville avoit droit de se plaindre qu'on eût méconnu ses prérogatives. La commune, dont tous les habitans de Paris avoient fait partie jusqu'à ce moment, sans distinction d'état, ni de naissance, étoit détruite.

La noblesse elle-même n'avoit pas lieu d'être contente; son droit d'élection étoit affoibli, et on la soumettoit à une réduction qui n'avoit pas eu lieu dans les provinces.

La loi imposée à chaque assemblée, de choisir les représentans dans son sein ou dans son quartier, à l'exclusion des autres assemblées et des autres quartiers, rendoit à peu-près illusoire le droit réciproque d'élire et d'être élu; car il pouvoit très-bien se faire que le votant ne trouvât ni dans l'assemblée, ni dans son quartier, l'objet de sa confiance. Je remarque de plus que par la manière dont on avoit fait la démarcation de ces quartiers, deux citoyens dont l'un logeoit dans la maison située vis-à-vis celle qu'habitoit l'autre, ne se trouvoient pas membres de la même assemblée.

Un des incovéniens contre lesquels on se recrioit le plus, c'est que les habitans fussent privés de l'avantage de concourir par eux-mêmes à la rédaction de leurs cahiers, et de s'en rapporter à cet égard à une élection, comme si l'on pouvoit transmettre sa volonté, en même-tems que son pouvoir. Il étoit difficile de remédier à ce dernier inconvénient, qui étoit cependant le plus contraire à l'intérêt particulier et général. L'intervalle étoit trop court entre la publication du réglement et l'ouverture des états-généraux, pour que chaque assemblée eût le tems de rédiger un cahier avec toute la maturité qu'exigeoit un travail de cette importance. Il auroit fallu ensuite que les électeurs étudiassent ces cahiers, qu'ils les comparassent, et que de tous les voeux partiels, ils n'en composassent qu'un seul qui eût l'assentiment de toutes les assemblées primaires. Mais ces opérations eussent entraîné des longueurs qui auroient reculé de plusieurs mois la première séance de l'assemblée nationale; et on craignoit trop de laisser gagner du tems aux ministres, dont on soupçonnoit toujours les intentions, pour prendre une marche aussi lente.

On feignit donc d'accepter le réglement, et on l'accepta en effet sans reclamation authentique; mais on invita, par un avis circulaire, tous les habitans à ne point se départir de deux mesures qui remédieroient, dit-on, à tout, autant qu'il étoit possible.

La première de ces mesures étoit de ne point se conformer au réglement sur l'article des élections par quartier, et d'élire franchement d'un quartier à l'autre les personnes qu'on croiroit les plus dignes de cette marque de confiance.

La seconde mesure étoit d'imposer aux députés la loi de ne point délibérer sur la dette publique, ni sur d'autres matières, sans avoir assuré :

La liberté individuelle des citoyens.

La liberté de la presse.

La périodicité des états-généraux.

La cessation des pouvoirs des députés, après un terme révolu.

Leur droit de faire les lois avec la sanction du roi.

Leur droit d'accorder des subsides déterminés, quant à la somme, pour un an seulement, ou tout au plus, pendant la durée de leurs pouvoirs.

Leur droit de fixer les fonds de chaque département.

L'inamovibilité des juges.

La responsabilité des ministres, et celle des magistrats, s'il arrivoit que les premiers, par leurs signatures ou leurs conseils, et les derniers par leurs conseils portassent quelqu'atteinte à quelqu'un de ces neuf articles.

Ainsi, tandis qu'en Provence on établissoit pour vérité incontestable, que le roi étoit le législateur provisoire, et par conséquent qu'à lui seul appartenoit le pouvoir d'organiser les assemblées qui devoient être les élémens de celle des états-généraux: à Paris, on prêchoit aux habitans une doctrine toute contraire, puisqu'on les engageoit à ne tenir aucun compte des décisions du souverain. Cette versatilité dans les principes et les opinions, se reproduira à chaque occasion importante, à mesure que nous avancerons sur le but qu'on a voulu atteindre: le roi étoit en 1789, comme il devroit l'être encore aujourd'hui, non le législateur perpétuel, unique et nécessaire. Il avoit le droit, la puissance, et c'étoit pour lui une obligation essentielle, d'ordonner toutes les mesures à prendre pour une sage convocation d'états-généraux.

A cette première vérité, il falloit en ajouter une seconde, c'est que le roi en sa qualité de chef d'une monarchie tempérée, étoit tenu lui-même d'en respecter les lois fondamentales, et on ne dira pas qu'avant 1789, nous n'avions point de lois fondamentales, puisque l'assemblée nationale elle-même en a reconnu. Le roi, à son sacre, a fait un pacte avec

avec l'église, avec la noblesse, avec le reste de ses sujets. Très-certainement, il n'a jamais eu l'intention de violer les conditions de ce pacte.

Dans le cas donc où le roi en règlant tout ce qui avoit rapport aux états généraux, n'auroit point blessé les lois fondamentales de la monarchie, ses sujets devoient une entière obéissance aux dispositions qu'il auroit ordonnées ; ils ne pouvoient les enfreindre, sans devenir des rebelles.

Si le roi au contraire eût méconnu quelques-unes de ces lois essentielles, il étoit évident que sa religion auroit été surprise ; c'eût été une erreur qui ne pouvoit lui être imputée, parce qu'il eût été absurde de s'imaginer que le roi eût agit contre ses propres intérêts ; et de deux contractans, celui-là agit contre ses intérêts, qui manque à ses engagemens, parce qu'il autorise l'autre à manquer aux siens. Il falloit donc éclairer le roi sur son erreur, qui de sa part étoit involontaire ; il falloit porter au pied du trône de respectueuses réclamations. Si le prince trompé par des conseillers perfides en eût méconnu la justice, il falloit que tous les corps, toutes les corporations, tous les particuliers qui se croyoient lèsés, substituassent à ces réclamations des protestations qui eussent donné à leurs droits une nouvelle force ; voilà une seule insurrection, qui dans tout état bien ordonné, soit permise ; et c'est seulement lorsqu'elle protège ainsi les bases de la société à laquelle on s'est agrégé, qu'on peut l'appeler le plus saint des devoirs : et si malgré de légales protestations, le monarque eût persisté à vouloir des formes inconciliables avec la conservation de la monarchie ; il ne restoit plus qu'un parti à prendre, c'étoit d'obéir, et d'attendre du tems, de la justice du roi, d'une autre circonstance, la restauration des droits contre lesquels des siècles même n'auroient pu prescrire, puisqu'ils étoient sous la sauve-garde des protestations.

Ce fut donc un grand mal, un exemple funeste, d'enfreindre le réglement du roi, sans faire précéder cette infraction des formalités légitimes. Les sujets se sont ainsi accoutumés à la désobéissance, et à ne plus reconnoître d'autre volonté que la leur propre, et c'est un reproche de plus à faire au ministre qui fit émaner du trône des dispositions dont il savoit bien que quelques-unes étoient impraticables.

Le tiers-état trouvoit encore dans le réglement des distinctions humiliantes pour lui : il se plaignit, entr'autres, de ce qu'on ne lui laissoit pas, comme à la noblesse, le choix de son président. Il étoit aisé de ne point donner ce nouveau prétexte de jalousie contre le second ordre, et il étoit d'autant plus important d'éviter avec scrupule d'accroître cette jalousie, que le germe de la haine que, dans le troisième ordre, on portoit à la noblesse, s'étoit glissé jusques dans les dernières classes de la société. Une scène burlesque qui se passa à Coutances, en offrit une preuve affligeante.

Un gentilhomme se promenoit avec une dame aux environs de cette ville ; il fut rencontré par un paysan monté sur son âne, qui vient droit à lui, le sépare, pour se faire passage, d'avec sa compagne, et à cette première malhonnêteté en ajoute une seconde, plus grossière encore, et que la décence ne permet pas de dire. Le gentilhomme se plaignit, fit des representations, le rustre répliqua, fit, à sa manière, des plaisanteries sur les plumets et les attributs de la noblesse. L'offensé se piqua, on se menaça, on finit par se frapper mutuellement. Le gentilhomme, dans ce genre de combat si peu fait pour lui, eut le dessous : il mordit la poussière.

Cette scène fit beaucoup de bruit à Coutances : le tiers-état regarda le paysan comme un champion qui honoroit son ordre, et la noblesse regarda l'adversaire du campagnard comme un imprudent ; bien loin de prendre parti pour lui, elle témoigna de l'intérêt au paysan, et lui offrit une somme d'argent. Il la refusa, et se jetta dans le tiers-état, dont les membres se cotisèrent pour lui donner une fête qui fut une véritable insulte au second ordre. On le promena dans toutes les rues de la ville, monté sur son âne ; le cavalier et l'animal étoient couverts de plumets, de cocardes, de rubans, et l'un et l'autre avoit à son côté une épée. Plusieurs ânes affublés des mêmes ornemens et de la même arme suivoient, et tout le cortège étoit formé par un troupeau de cochons couverts également de plumets et de rubans, et ayant aussi chacun le corps ceint d'une épée.

L'allusion étoit aisée à saisir ; la noblesse ne s'en offensa pas ; elle jouit en souriant de ce grotesque spectable, et cette modération lui fit beaucoup d'honneur. Qui peut dire ce qui seroit arrivé, si elle se fût permise de telles plaisanteries sur le troisième ordre ? Ces signes de licence n'étoient en eux-mêmes que méprisables, mais ils étoient alarmans et auroient dû être réprimés, parce qu'ils préparoient à des atrocités.

On agissoit avec encore moins de ménagement, et sur le plus léger prétexte, envers les membres du premier ordre ; et il est remarquable que dans toutes les humiliations qu'on a fait éprouver aux ecclésiastiques, on y a mis un caractère particulier d'animosité, un degré de haine de plus que dans les violences qu'ont eu à essuyer ceux qui n'étoient pas membres du clergé. Ainsi à Coutances on se contentoit de mortifier la noblesse par une indécente farce, mais à Mâcon, M. Moreau fut maltraité personnellement. Le petit peuple environna sa voiture, on lui jetta des pierres ; ses gens furent frappés, ses chevaux blessés ; des malheureux approchèrent même de son palais des matières enflammées.

Z

Comme on lisoit à Paris, dans un des cafés du palais-royal, une lettre qui contenoit une relation de ces excès, un homme se lève et s'écrie : *Dieu soit loué !* Il ajoute à cette exclamation des blasphèmes et des imprécations contre le prélat ; et après avoir fait un long récit de prétendus griefs qu'il disoit avoir contre lui, il finit par cet aveu : *aussi l'ai-je bien recommandé au peuple.*

Cet homme, c'est ce marquis de Saint-Huruge, célèbre parmi les factieux subalternes, sans autre talent que celui de haranguer la vile populace. Et quel funeste usage n'a-t-il pas fait de ce talent ? Orateur des cafés, oracle des bandits qui s'attroupoient au palais-royal, il a prêché tous les crimes. Digne émule du chevalier Rutledge, comme lui échappé aux prisons de l'ancien régime, il a cherché à le surpasser dans l'art d'attiser le feu de la sédition, d'exciter des mouvemens populaires. Tous les deux intrépides au milieu de leurs crédules auditeurs, mais trop lâches pour courir au danger, se sont bornés à servir, par leurs clabauderies incendiaires, les principaux chefs de la rébellion, et ils n'ont eu d'autre part aux mouvemens de la révolution, que d'avoir harangué des groupes d'assassins soudoyés. Tous les deux, traduits dans les tribunaux par leurs complices, ont été arrachés, par ceux qui les employoient, au glaive des loix ; mais quel supplice vaudroit pour eux l'infamie dont ils sont couverts ? Tous les deux enfin aventuriers obscurs, ont été, l'un le zoïle de ses bienfaiteurs, l'autre l'opprobre de sa famille.

Je n'ai point chargé le tableau, l'idée que le marquis de Saint-Huruge a de lui-même, ne dément pas l'opinion du public. Accosté en effet un jour au palais-royal, d'où il ne bouge, par un homme de qualité qui ne l'avoit vu depuis long-tems, et qui ne l'approchoit que pour lui demander l'adresse d'un marchand, il lui cria avec naïveté : « Ah ! monsieur, que faites-vous ? vous êtes déshonoré si vous m'approchez ; sachez que je suis la plus détestable compagnie de Paris ». Je tiens ce fait du gentilhomme même à qui le marquis de Saint-Huruge a fait cette ingénue réponse. Ce gentilhomme est de la maison de Clermont-Tonnerre.

Dans toutes les villes du royaume, les chefs du parti qui se formoit avoient dès-lors des agens de cette trempe ; leur grand moyen étoit d'effrayer le peuple par la crainte d'une disette de grains ; ils excitèrent une insurrection à Nancy ; la foule se précipita tout-à-coup vers le magasin qui renfermoit le bled nécessaire pour la consommation de la ville, et le força. Le régiment du roi fut commandé pour marcher contre les mutins, et il se comporta avec une telle sagesse que, sans effusion de sang, il empêcha le pillage, et rétablit l'ordre. Le tems n'étoit pas éloigné où l'insurrection gagneroit les troupes elles-mêmes.

La cour sembloit sans inquiétude sur tous ces symptômes d'anarchie ; elle avoit une confiance aveugle en M. Necker, qui lui-même n'étoit occupé qu'à hâter les préparatifs du grand jour qui s'approchoit, et paroissoit ne prendre aucune part à tout ce qui ne s'y rapportoit pas directement. Son insouciance alloit jusqu'à ne prendre, en apparence, aucun soin de sa propre réputation. M. de Calonne ne cessoit de demander qu'il lui fût permis de venir plaider, en présence de la nation assemblée, le procès qui s'étoit élevé entre lui et son successeur. M. Necker, avant sa seconde élévation, avoit sollicité la même faveur. Il ne fit aucune attention aux desirs réitérés de son rival, et ne se montra pas plus complaisant pour les vœux que manifestèrent à cet égard quelques cahiers. Celui du tiers-état de Cahors l'énonça sans détour. Le clergé d'Autun l'énonça aussi, mais avec plus de circonspection, comme s'il eût voulu ménager l'amour-propre du ministre actuel. Il s'enveloppa dans cette phrase adroite :

« Il faut juger le *déficit*, par conséquent examiner ses causes, flétrir ses auteurs coupables, permettre à ceux à qui on l'impute particulièrement, de venir se justifier ».

Sans inquiétude sur les fléaux qui devoient désoler le royaume, lorsqu'il ne seroit plus tems d'en arrêter les progrès, la cour étoit cependant dans le deuil. La santé du jeune dauphin dépérissoit tous les jours, et les médecins ne donnoient sur sa guérison que des espérances incertaines. Son auguste mère l'arrosoit de ses larmes ; ses plus doux momens étoient ceux qu'elle passoit auprès de cet enfant chéri qui souffroit les plus cruelles douleurs avec une patience inaltérable, et s'affligeoit des pleurs de sa mère. La tristesse de la reine se répandoit sur tous ceux qui l'entouroient, et déjà dans la plus brillante cour de l'Europe, on ne connoissoit plus le plaisir.

Peu s'en fallut que ce deuil ne fût porté à l'excès ; un malheur, dont la seule idée fait frémir, menaça la France entière : les jours du roi lui-même furent en danger. Ce prince visitoit un jour les réparations qui se faisoient à la couverture de cette partie de son château, qui est au-dessus de la cour de marbre. Sa majesté fit un faux pas, et le péril fut si grand qu'elle alla heurter la rampe qui termine le toît, et en fit voler un éclat dans la cour. Heureusement un des couvreurs qui se trouvoit à cette extrémité du toît, fut assez adroit et assez vigoureux pour retenir le roi, et le préserver d'une chûte. Cet homme, qu'on peut regarder comme l'ange tutélaire du royaume, reçut pour cet important service une pension de 1200 livres. Je n'ose croire qu'elle soit du nombre de celles qui ont été supprimées dans ces derniers jours ; mais la postérité s'étonnera que l'assemblée nationale n'ait pas témoigné honorablement à ce citoyen les actions de graces de la nation entière.

Les esprits étoient si préoccupés des affaires générales qu'à peine fit on attention à un événement qui mit le royaume à deux doigts de sa perte. On ne parloit à Paris que des états-généraux. L'hôtel-de-ville, mécontent du réglement, en ordonna cependant l'exécution ; mais le prévôt des marchands, sensible aux atteintes portées à ses prérogatives, offrit sa démission, et on parla de lui donner M. de Tolozan pour successeur. On parloit beaucoup aussi à la cour de M. de Machault ; il étoit question de le faire premier ministre, et on disoit que ce choix venoit des princes. Ce bruit n'étoit pas sans fondement ; il est certain même qu'on fit des ouvertures à ce sujet à M. de Machault lui-même, qui se refusa à toute proposition ; mais ce fut à l'insu du roi et de la reine. Leurs majestés ne furent instruites des démarches qui avoient été faites à cet égard, que lorsqu'elles eurent échoué par le refus de M. de Machault. La reine en fut la première avertie, et sut que son nom et celui du roi avoient été employés dans cette négociation. Elle en témoigna son chagrin au roi, et son ressentiment aux personnes qui l'avoient compromise.

Le public, lorsqu'il fut instruit de cette menée, se persuada qu'elle avoit pour but d'éloigner encore une fois M. Necker du ministère, et cette croyance ajouta à la haine qu'on portoit à ceux qui étoient soupçonnés d'avoir cette intention. On se persuada également que la cour ne pouvant plus se refuser à accorder les états-généraux, vouloit du moins se rendre maîtresse des délibérations, en effrayant les députés par un grand appareil de troupes. On assuroit que les régimens du Roi et de Penthièvre étoient déja aux portes de Paris.

Supposer de telles intentions à la cour, c'étoit la calomnier, et se hâter de présenter aux yeux du peuple un fantôme qui n'a jamais eu de réalité ; et si les babitans de la capitale n'eussent pas été trompés sur leurs propres intérêts, ils eussent eux-mêmes sollicité du roi, de faire entrer dans la capitale un nombre de troupes suffisant, pour qu'au sein de l'effervescence qui alloit nécessairement éclater au moment des élections, la tranquillité et les propriétés fussent protégées.

La haine qu'on portoit à ceux que l'on soupçonnoit d'être contraires à la cause du tiers-état étoit parvenue à un tel degré d'injustice, qu'on alloit jusqu'à leur attribuer les désordres qui désoloient les provinces, et dont ils étoient les premières victimes. Des brigands, en Bretagne, pillèrent et brûlèrent plusieurs châteaux ; de tous côtés on publia que ces brigands avoient été soudoyés par des gentilshommes et des magistrats du parlement de Rennes, comme s'il n'eût pas été plus naturel que la noblesse se servît des malfaiteurs qu'on supposoit à ses ordres, contre l'ennemi même qui lui déclaroit une guerre ouverte et si peu méritée. C'est outrager le bon sens de vouloir que des hommes, pour se venger de leurs adversaires, dévastent leurs propres possessions. La passion seule, et la passion la plus aveugle, peut forger de telles calomnies, que la conduite d'ailleurs pleine de modération, que la noblesse tient depuis le commencement de la révolution, n'a cessé de démentir.

A Paris, la haine s'attachoit sur-tout à trois princes, MM. le comte d'Artois, le prince de Condé et le prince de Conti. Justement alarmés de scènes orageuses qui se préparoient, ils firent un dernier effort auprès du roi ; et quoiqu'ils n'ignorassent pas combien cette démarche accréditeroit les impostures qui les rendoient odieux, ils présentèrent à sa majesté un mémoire qui, si les esprits eussent été plus calmes, eût pu les ramener aux véritables principes ; j'en parlerai dans le chapitre suivant.

CHAPITRE XIII.

Mémoire des princes; triumvirat; terreur qu'il cause; mouvemens dans la noblesse et dans le tiers-état; conduite du parlement; assemblée du tiers-état de la banlieue; agitation à la cour; perplexité des ministres; mouvement extraordinaire dans la capitale; assemblée des trois ordres dans leurs différentes sections; détails sur ces assemblées; avances de la noblesse; comment elles sont reçues; impostures contre le parlement; confiance du roi et de la reine; nouvelle agitation à la cour; opinion du roi sur plusieurs députés; son goût pour les écrits du jour; scène burlesque au palais-royal; division dans chacun des trois ordres de Rouen; première assemblée des électeurs de Paris; proclamation pour l'ouverture des états-généraux.

Avril 1789.

J'EN suis fâché pour l'honneur des Parisiens, mais j'écris une histoire et non une fable; je dirai donc que dupes, dans les instans qui ont décidé de la révolution, des prestiges dont des fourbes ont alimenté leur aveugle crédulité, ils se sont créés, à l'exemple du chevalier de la Manche, des ennemis imaginaires, et ont chanté ensuite avec une emphase qui les a rendus la fable de l'Europe, des victoires phantastiques. Ils ne s'étoient point encore réunis pour nommer leurs électeurs, et déja ils croyoient voir une armée nombreuse campée aux portes de leur ville. Un roi toujours bon, toujours confiant les appelloit autour de son trône, et ils se représentoient ce trône gardé par des monstres prêts à les dévorer. Une terreur panique leur grossissoit les objets, et leur imagination avoit créé un formidable triumvirat, qui devoit briser l'idole encensée par les factieux et les sots, et dissoudre les états-généraux avant qu'ils fussent nés. Les triumvirs, soit-on, étoient Messieurs le comte d'Artois, les princes de Condé et de Conty, et on ne manquoit de se persuader que l'ame de cette effrayante association étoit la reine, qui cependant toute entière à la douleur que lui occasionoit la maladie de son fils et de son frère, ne prenoit aucune part aux affaires publiques.

Avec de telles dispositions, quel effet pouvoit produire le mémoire des princes? Il fut regardé comme le manifeste d'une guerre qui alloit se déclarer contre le tiers-état, mais particulièrement contre les habitans de la capitale. La postérité portera un autre jugement de cet écrit; elle s'étonnera de ce que les ministres, après l'avoir lu, n'ont pas tremblé pour leur roi et pour la monarchie. Elle ne saura si ces quelques lignes contiennent une prédiction ou une histoire de la révolution. Jettons un coup-d'œil sur ce prétendu manifeste; les princes y disoient au roi:

« Sire, l'état est en péril...... Une révolution se prépare dans les principes du gouvernement; elle est amenée par la fermentation des esprits. Des institutions réputées sacrées, et par lesquelles cette monarchie a prospéré pendant tant de siècles, sont converties en questions problématiques, ou même décriées comme des injustices.....

» Tout annonce, tout prouve un système d'insubordination raisonné, et le mépris des lois de l'état. Tout auteur s'érige en législateur; l'éloquence ou l'art d'écrire, même dépourvu d'études, de connoissances et d'expérience, semblent des titres suffisans pour régler la constitution des empires : quiconque avance une proposition hardie, quiconque propose de changer les lois, est sûr d'avoir des lecteurs et des sectateurs......

» Les opinions qui auroient paru il y a quelque tems les plus répréhensibles, paroissent aujourd'hui raisonnables et justes; et ce, dont s'indignent aujourd'hui les gens de bien, passera dans quelque tems peut-être peut-être pour régulier et légitime. Qui peut dire où s'arrêtera la témérité des opinions ? Les droits du trône ont été mis en question.... Bientôt les droits de la propriété seront attaqués ; l'inégalité des fortunes sera présentée comme un objet de réforme ; déja on a proposé la suppression des droits féodaux, comme l'abolition d'un système d'oppression, reste de la barbarie.....

» Il est encore des malheurs plus instans. Dans un royaume où depuis si long-tems il n'a point existé de dissentions civiles, on ne prononce qu'avec regret le nom de scission ; il faudroit pourtant s'attendre à cet événement, si les droits des deux premiers ordres éprouvoient quelque altération ; alors l'un de ces ordres, ou tous les deux peut-être, pourroient méconnoître les états-généraux et refuser de confirmer eux-mêmes leur dégradation.....

» Qui peut douter du moins qu'on ne vît un grand nombre de gentilshommes... faire des protestations... les signifier à l'assemblée des états:.... Ainsi cette assemblée si désirée et si nécessaire ne seroit qu'une source de troubles et de désordres.....

» L'ame noble, juste et sensible de votre majesté, pourroit-elle se déterminer à sacrifier, à humilier cette brave, antique et respectable noblesse, qui a versé tant de sang pour la patrie et pour les rois, qui plaça Hugues Capet sur le trône, qui arracha le sceptre de la main des Anglois pour le rendre à Charles VII, et qui sut affermir la couronne sur la tête de l'auteur de la branche régnante.....

» Les princes soussignés demandent à donner l'exemple de tous les sacrifices qui pourront contribuer au bien de l'état, et à cimenter l'union des ordres qui le composent.

» Que le tiers-état prevoie quel pourroit être, en derniere analyse, le résultat de l'infraction des droits du clergé et de la noblesse, et le fruit de la confusion des ordres. Par une suite des lois générales qui régissent toutes les constitutions politiques, il faudroit que la monarchie française dégénérât en despotisme ou devint une démocratie ; deux genres de révolution opposés, mais tous deux funestes.....

» Votre majesté s'élevant par ses vertus, au-dessus des vues ordinaires des souverains jaloux et ambitieux de pouvoir, a fait à ses sujets des concessions qu'ils ne demandoient pas ; elle les a appelés à l'exercice de droits dont ils avoient perdu l'usage et presque le souvenir. Le grand acte de justice imposé à la nation de grandes obligations ; elle ne doit pas refuser de se livrer à un roi qui s'est livré à elle.....

» Daignez, SIRE, écouter le vœu de vos enfans, dicté par l'intérêt le plus tendre et le plus respectueux, par le desir de la tranquillité publique, et du maintien de la puissance du roi, le plus digne d'être aimé et obéi, puisqu'il ne veut que le bonheur de ses sujets ».

Voilà ce que l'on appella le manifeste des princes. Le plébéien le plus obscur auroit-il tenu un langage plus respectueux ? Quant aux alarmes qui y étoient énoncées, le tems ne les a-t-il pas justifiées ? et les princes étoient-ils les ennemis de la nation, parce qu'ils faisoient entendre ce dernier cri en faveur de la monarchie, dont leur naissance les constituoit les protecteurs en faveur de la noblesse dont ils étoient membres ?

Ce mémoire fut signé par MM. d'Artois, de Condé, de Bourbon, d'Enghien et de Conti. Il aigrit les esprits du tiers-état, et à la cour même il produisit une sensation défavorable à ceux qui l'avoient présenté. M. Necker qui y vit une censure de ses projets, crut qu'on en vouloit à son crédit. Le roi l'accueillit avec froideur, et pour toute réponse dit qu'il le présenteroit à l'assemblée des états. Sa majesté parut d'ailleurs fatiguée de ces sortes de réclamations ; elle étoit décidée à laisser agir M. Necker qui promettoit toujours beaucoup.

Le ministre cependant n'étoit pas sans inquiétude ; il affectoit au dehors de la sécurité ; mais intérieurement il devoit appréhender l'issue des innovations qu'il avoit provoquées. Ce n'étoit pas sans raison qu'il accéléreroit de toutes ses forces, la tenue de l'assemblée nationale. Le trésor public étoit épuisé, et le crédit nul. Les créanciers de l'état éprouvoient des craintes et ne les dissimuloient pas ; les bruits d'une honteuse banqueroute se renouvelloient.

Le remède étoit donc instant ; le tiers-état n'en connoissoit et n'en vouloit pas d'autre que celui qui seroit indiqué par les états-généraux eux-mêmes. Tel étoit le préjugé à cet égard qu'on eût mieux aimé voir périr la patrie, que de devoir son salut à tout autre moyen. On étoit autant effrayé par les projets qui avoient pour but de régénérer le royaume, sans le secours de ses représentans, qu'on étoit rassuré par ceux qui exagéroient les malheurs publics. On craignoit une coalition de la part des compagnies de finances. Il étoit même fort question d'une offre que l'on prétendoit qu'elles avoient faites de combler le *déficit*, si on vouloit leur laisser percevoir pendant un certain nombre d'années les revenus publics, et fixer les dépenses pour la maison du roi, et pour les différens départemens. Plus l'existance d'un tel projet étoit vraisemblable, et plus on trembloit qu'il ne se réalisât.

La crainte donc que la cour n'imaginât quelque expédient qui améliorât les finances, et n'échappât à la dépendance des états, pour les autres branches d'améliorations, ne fit que redoubler l'ardeur de mettre les députés en état de paroître à Versailles, à l'époque indiquée. On étoit à Paris dans une grande impatience; tout s'y disposoit pour les élections, et on ne faisoit que s'y affermir, dans la résolution de ne point obéir au réglement, pas même à la disposition qui vouloit que la taxe à un écu de six livres de capitation, fût une qualité nécessaire pour être éligible.

La noblesse s'agitoit aussi: plusieurs gentilshommes se réunirent chez M. le duc d'Aumont; il s'y en trouva environ 380 dans la première assemblée; dans la suivante, dix seulement s'y rendirent, et trois jours après, le duc resta seul.

De tous les nobles, celui qui faisoit le plus de bruit, étoit celui qui auroit dû en faire le moins: le Marquis de Villette, désolé de n'avoir pas réussi dans son bailliage, et croyant que l'exemple du comte de Mirabeau étoit un bel exemple à suivre, voulut tenter la même manœuvre. Il racontoit dans toutes les sociétés qui l'admettoient, et faisoit répéter par mille bouches, qu'il avoit aussi déserté son ordre, qu'il en avoit abjuré et les priviléges et les principes, et que la certitude qu'il en avoit donnée à son bailliage, lui avoit attiré pour ennemis deux des triumvirs, MM. de Condé et de Conti. Ces deux princes, disoit-il, cherchoient à le perdre dans l'opinion publique; ils ne lui pardonnoient pas d'avoir voté dans son cahier, pour l'entière suppression des capitaineries. A ces plaintes qui n'étoient que ridicules, comme elles étoient sans fondement, le noble apostat ajoutoit mille dégoûtantes flagorneries pour le troisième ordre. Il assuroit celui de Paris, que le tiers-état de Senlis l'avoit accueilli avec empressement, et fêté; et que par reconnoissance, il avoit pris place dans l'assemblée des trois ordres, non parmi les nobles, mais sur le banc du tiers-état.

Toutes ces protestations intéressées de dévouement n'émurent pas les bourgeois de Paris; ils ne se montrèrent pas jaloux de faire sur les nobles, une telle conquête; le marquis de Villette fut laissé dans la foule. Désespéré d'une nullité qui trompoit son ambition, et jaloux de servir à quelque prix que ce fût, la cause de la révolution, il s'est vu réduit à associer sa morale aux mensonges d'un journaliste.

Comme le marquis de Villette, presque tous les gentilshommes qui avoient échoué dans leurs bailliages, accouroient à Paris, pour s'y trouver aux élections, et dans l'espoir d'être plus heureux sur ce nouveau théâtre. On remarquoit moins d'empressement en apparence parmi les membres du parlement. La compagnie entière avoit une contenance gênée, et pressée à son tour, par le mouvement qui entraînoit tout, elle sembloit ne savoir quelle direction tenir. Les nouvelles opinions s'y étoient glissées, et y avoient conquis des prosélytes; mais la masse resta inébranlable, et jusqu'au dernier coup qui l'a brisée, les yeux se sont arrêtés avec complaisance sur cette portion de l'ancien édifice, que les ruines qui l'environnoient rendoient encore plus majestueuse. La calomnie qui a survécu à sa dissolution, ne cessoit pas pour cela de les combattre. Il parut sous le nom du tiers-état de Bretagne, une brochure extrêmement injurieuse contre cette cour; elle étoit principalement dirigée contre M. Séguier. On y renouvelloit sur le compte de ce magistrat, un des hommes les plus éloquens de ce siècle, toutes les impostures tant de fois répétées par les nombreux ennemis que lui a valu la sévérité de son ministère.

Fatigué de frapper sans cesse du glaive des lois, de vils libellistes, le parlement garda le silence sur cette nouvelle attaque; mais le tiers-état de Bretagne ne désavoua pas la production. Il passa même pour constant qu'elle étoit l'ouvrage de cet ordre, et qu'elle avoit été principalement rédigée par un des avocats, qui depuis ont combattu dans l'assemblée nationale, les parlemens, avec opiniâtreté. Cet écrit étoit un présage de tout ce qu'oseroient se permettre contre les compagnies souveraines, des hommes qui, avant même de les juger, faisoient profession d'une telle partialité.

Pour le tiers-état de Bretagne, comme pour le parlement de Paris, les choses avoient absolument changé de face: le premier pouvoit impunément braver et outrager ses ennemis. La noblesse de la province sembla vouloir se rapprocher de lui, et entrer en accommodement. Ses intentions furent connues; mais au lieu de les seconder, on ne lui laissa pas ignorer que des avances même formelles de sa part, ne seroient pas accueillies.

18 avril. L'impassibilité du parlement de Paris étoit impérieusement commandée par les circonstances; de eût été imprudent et inutile pour cette compagnie, de heurter des passions qui n'avoient plus de frein, et qui se dirigeoient contre elle. On ne vouloit point du bien qu'elle pouvoit faire, et on redoutoit son influence sur les résolutions de la cour. Elle tint à la veille des élections, une assemblée qui donna beaucoup à penser. Cette assemblée commença à six heures du soir; quelques pairs s'y trouvèrent; il n'y fut pris aucune détermination importante; mais elle donna lieu aux conjectures les plus étranges. Les uns disoient que c'étoit par ordre du roi, et pour des affaires majeures, que les magistrats s'étoient assemblés; d'autres publioient que c'étoit d'eux-mêmes; qu'ils s'étoient réunis pour préparer des accusations contre M. Necker, et lui faire son procès.

Le parlement n'auroit pas pu commencer plus mal à propos son attaque contre l'idole du peuple, car ce même jour là les électeurs du tiers-état de la banlieue de Paris s'assemblèrent dans une des salles de l'archevêché; par la conduite qu'ils y tinrent, et les discours qu'ils firent entendre, il fut aisé de juger que c'eût été un excès de délire capable de produire les plus grands malheurs, que d'entreprendre même de hasarder une simple opinion défavorable au ministre que le tiers-état regardoit comme une divinité tutélaire.

Cette assemblée avoit attiré plusieurs curieux, et jamais image plus dégoûtante ne s'étoit offerte à leurs yeux. Qu'on se figure une foule innombrable d'hommes pressés les uns contre les autres, ceux-là assis, ceux-ci debout, d'autres qui ayant pris outre mesure du vin qu'on leur avoit servi à discrétion, étoient nonchalemment étendus sur des bancs, et présentoient des postures hideuses. La grossièreté de l'accoutrement, des propos, des manières de la plupart d'entr'eux ajoutoit à la difformité des spectateurs. L'air qu'on respiroit dans cette salle étoit infect, et un bruit effroyable s'y faisoit entendre. C'étoit un mélange confus de voix discordantes, qui toutes vouloient dominer les unes sur les autres. Lorsqu'un homme, dont l'habillement annonçoit une condition au-dessus du vulgaire, vouloit parler, on lui crioit de toutes parts : *êtes-vous noble ?* S'il l'étoit, on l'obligeoit de quitter sur-le-champ l'assemblée ; les huées et les sarcasmes le conduisoient jusqu'à la porte. Un chevalier de Saint-Louis ayant insisté pour qu'il lui fût permis d'énoncer son opinion, fut brutalement et de force traîné hors la salle. Après lui, un particulier non décoré, mais décemment vêtu, fit entendre quelques phrases ; tout-à-coup un homme, la tête couverte d'un bonnet de laine, ayant des sabots à ses pieds, et un tablier de cuir devant lui, se leve, et crie à l'orateur : *taisez-vous, vous êtes entaché de noblesse*, et il fallut que l'orateur se tût.

Les propos et mille autres de ce genre prouvèrent que la haine qui les dictoit étoit inspirée, et ils durent faire pressentir à la noblesse que le moment étoit venu où les craintes que MM. d'Artois, de Condé et de Conti avoient consignées dans leur mémoire alloient se vérifier.

19. Le peuple devenoit tous les jours plus injuste envers ces trois princes ; mais tous les jours aussi il ajoutoit à la confiance qu'il accordoit à M. le duc d'Orléans. Quoiqu'on n'ignorât à la cour, ni le crédit dont celui-ci jouissoit auprès de la multitude, ni les moyens par lesquels il se l'étoit acquis, on n'y avoit rien diminué de la considération due à sa qualité de premier prince du sang. Les négociations pour le mariage de la princesse sa fille, avec M. le duc d'Angoulême, n'étoient point encore rompues. Il présenta même, accompagné de madame la duchesse d'Orléans, la jeune princesse au roi, à la reine et au duc d'Angoulême, à qui on permit de baiser la main de la princesse qu'il ne devoit jamais épouser. Leurs majestés firent dans cette circonstance, à M. le duc et à madame la duchesse d'Orléans, l'accueil le plus gracieux. Les princes de Condé et de Conti, au contraire, qui étoient présens à cette entrevue, en furent vus très-froidement.

Cette marque de mécontentement donnée aux deux princes n'étoit point, comme on le crut dans le public, une ruse de cour. Leurs majestés avoient réellement du déplaisir des démarches qui s'étoient faites à leur inscu, pour porter M. de Machault à agréer son refus. Celui-ci écrivit au roi, pour lui faire agréer son refus. M. de Montmorin, en remettant la lettre à sa majesté, sembla vouloir l'engager à ne point avoir égard à ce refus. Le roi repoussa ces avances avec une telle indignation, que M. de Montmorin crut sa disgrace certaine. Il fut si affecté d'avoir déplu au roi, qu'il en tomba malade.

M. de Villedeuil se trouva indisposé dans le même tems ; le public le croyoit entièrement dévoué au triumvirat, et lui attribuoit une part à l'intrigue qui s'étoit formée pour M. de Machault. Cette intrigue agita la cour, et y causa un léger orage qui gronda quelque tems sur la tête de tous les ministres. Il fut même question de rappeller M. de Breteuil ; et à Paris, où les regards se tournoient toujours sur M. Necker, on se disoit avec effroi que le ministère alloit être entièrement renouvellé, et qu'il seroit au nombre des disgraciés.

20 et 21. L'agitation de la capitale étoit bien autre que celle de la cour. Quand on voyoit tous les mouvemens que se donnoient les Parisiens, on se croyoit dans un autre siècle, dans un autre monde. Les régimens des gardes-françoises et gardes-suisses étoient en armes, de nombreuses patrouilles parcouroient les rues ; la halle étoit environnée de soldats. Ecclésiastiques, nobles, bourgeois, chacun se rendoit aux assemblées. En contemplant cet appareil de guerre, ce concours d'habitans quittant leurs foyers pour se précipiter dans les églises, on eût dit qu'un danger imminent menaçoit Paris, et que la face entière de l'empire alloit être changée.

Les assemblées de la noblesse ne furent pas aussi nombreuses qu'on s'y étoit attendu ; il y en eut même une où il ne se trouva pas plus de cinq votans. Il ne s'éleva pas non plus de grandes difficultés sur la vérification des titres de noblesse. M. Quatremère, décoré du cordon-noir, fut le seul exclu de l'assemblée où il se présenta, et cette exclusion n'étoit pas fondée, puisque sa décoration l'aggrégeoit bien réellement à l'ordre de la noblesse.

On craignoit que les assemblées du tiers-état ne fussent beaucoup plus tumultueuses ; outre qu'elles étoient en général très-nombreuses, il étoit à croire que le parti qu'avoit pris une très-grande partie des habitans, de ne pas se soumettre à la formalité qui exigeoit que, pour être admis parmi les votans, on produisît ou une quittance, ou un avertissement de 6 livres de capitation, n'élevât des contestations, ne suscitât des querelles, mais on ne se montra pas plus difficile sur cette condition d'éligibilité, que sur les autres dispositions du règlement.

Les différentes assemblées du tiers-état s'envoyèrent mutuellement des députations ; elles en reçurent aussi de quelques-unes des sections de la noblesse. J'ai sous les yeux, en écrivant ceci, les procès-verbaux de toutes ces assemblées. En les comparant, je vois que le récit de ce qui se passa dans toutes est exactement le même ; de sorte qu'en présentant à mes lecteurs l'extrait d'un de ces procès-verbaux, je leur aurai donné l'histoire de chacune de ces assemblées élémentaires, histoire qu'il importe de recueillir, et que la postérité aimera à lire, comme on aime à remonter aux sources qui produisent de grands fleuves. Je prends donc au hasard le procès-verbal de l'assemblée du tiers-état du district des Petits-Augustins, quartier Saint-Germain-des-Prés, et je me borne aux détails les plus intéressans, et qui sont communs avec tous les autres procès-verbaux.

L'ordre donc du tiers-état du district des Petits-Augustins s'étant rendu dans cette église à 9 heures du matin, au nombre de 318 membres, M. Pochet, ancien échevin, préposé par le bureau municipal pour présider l'assemblée du district, fit faire lecture des lettres du roi, des réglemens et des ordonnances pour la convocation.

Cette lecture faite, le tiers-état réclama le droit de nommer un président qui pût recevoir librement les suffrages, ainsi que des secrétaires et scrutateurs qui reçussent leur mission d'une pleine et entière liberté ; il protesta contre l'illégalité des formes de la convocation, en ce que, d'une part, la commune avoit été désunie, et que de l'autre une partie majeure des citoyens avoit été exclue, parce que leur contribution au paiement de la capitation ne s'élevoit pas au taux d'après lequel on avoit établi la qualité de citoyen, et le droit de voter à l'assemblée nationale.

Aussi-tôt, et sans attendre la réponse de M. Pochet, tous les membres de l'assemblée déposèrent successivement leurs vœux dans le scrutin placé au milieu de l'église. M. d'Hermant de Clery fut élu président à la pluralité de cent soixante-cinq voix contre cent vingt-sept qui avoient été données à M. Durcet, de l'académie des sciences ; et M. Scorbrin, avocat en parlement, fut unanimement, et par acclamation, nommé secrétaire.

M. Pochet cependant, qui avoit envoyé à l'hôtel-de-ville pour informer le bureau de la résistance et de la réclamation de l'assemblée, reçut en réponse le consentement du bureau, pour se déporter de la présidence, et laisser la liberté à l'assemblée de se présider par une personne de son choix libre, avec l'assurance que le bureau approuveroit tout ce que la prudence de M. Pochet lui dicteroit de faire dans cette circonstance.

M. Pochet fit part de cette réponse à l'assemblée, qui la reçut à titre de démission volontaire, et M. d'Harmand de Clery fut aussi-tôt installé président.

Il s'étoit présenté, pendant qu'on procédoit au scrutin, une députation envoyée par la noblesse du district des Petits-Pères ; elle étoit composée de M. de Vergennes, maître des requêtes, et de M. de la Motte. On l'avoit fait attendre jusqu'après la cérémonie du scrutin. Dès que M. d'Harmand de Clery eût été installé président, il nomma quatre commissaires pour l'aller recevoir.

La députation étant introduite, M. de Vergennes exprima le vœu de la noblesse de s'unir avec le tiers-état, sous la qualité de bourgeois de Paris, et annonça les protestations que la noblesse avoit faites dans le district des Petits-Pères, contre l'illégalité de la convocation, eu égard à la désunion de la commune. Il témoigna ensuite le regret particulier de la députation, sur ce qu'étant commise pour visiter tous les districts du tiers-état de Paris, elle n'avoit pas eu le tems de rédiger et de laisser une copie des objets de sa mission. M. de Vergennes finit par promettre d'envoyer incessamment à l'assemblée, en la personne de M. le président, une copie tant de l'acte de députation, que des articles du cahier de la noblesse, qui y étoient relatifs.

La députation retirée, on nomma les commissaires pour la rédaction des cahiers, ensuite les scrutateurs pour recevoir les suffrages des votans. Les électeurs nommés, on reçut leur serment de remplir, en leur ame et conscience, les fonctions qui leur étoient confiées ; et pour pouvoirs on leur remit le cahier approuvé par l'assemblée.

Toutes ces opérations furent par-tout fréquemment interrompues par des députations, soit de la noblesse, soit du tiers-état, de sorte que la séance fut fort longue ; elle avoit commencé vers les neuf heures du matin, et elle ne finit, dans presque toutes les églises, que vers les cinq ou six heures du lendemain matin.

Parmi les députés nobles qui parcouroient les différentes assemblées du tiers-état, je distingue M. le comte de Lally-Tolendal ; il fut tout-à-la-fois président et député de sa section : voici le discours qu'il adressa au tiers-état assemblé dans l'église des Mathurins :

Messieurs, l'assemblée partielle de la noblesse, séante aux Bernardins, nous a chargé de témoigner à nos concitoyens du tiers-état, le regret que nous éprouvons de la dissolution de cette commune où tous les citoyens, sans distinction d'ordres, confondoient fraternellement tous leurs nœuds dans l'intérêt public et général ; que si nous nous sommes soumis aujourd'hui à cette disposition, pour ne pas nous rendre

rendre coupables d'avoir différé les états-généraux, nous n'en espérons pas moins fermement de la justice du roi, et de celle des états-généraux, le rétablissement de cette commune si précieuse ; qu'en attendant, nous adhérons de tous nos cœurs à la résolution prise par la noblesse de toutes les provinces, de supporter toutes les contributions publiques, dans la plus parfaite égalité, avec nos concitoyens du tiers ».

La noblesse de toutes les sections exprima les mêmes vœux. Ses députés étoient introduits et reconduits honorablement ; mais lorsqu'ils étoient partis, il étoit aisé de s'appercevoir que ces flatteuses avances touchoient fort peu le tiers-état. *Ces messieurs*, crioit-on dans l'assemblée après leur départ, *viennent nous caresser ; ils croient nous séduire, mais nous les attendons aux états-généraux.*

M. le duc d'Orléans ne fut pas un des députés ; mais on le nomma électeur dans la section de l'Oratoire, et il ne refusa pas cet honneur. En général, les assemblées de la noblesse furent tranquilles. Il est vrai aussi, comme je l'ai dit, qu'elles étoient peu nombreuses, et il est étonnant que dans une ville comme Paris, où il y avoit alors six à sept mille nobles portés sur le rôle de la capitation, il ne se trouva pas neuf cens cinquante gentilshommes votans.

M. de Montvert, maréchal de camp, se fit beaucoup d'honneur, et s'acquit beaucoup de gloire dans le tiers-état, par la manière dont il parla aux membres de son ordre assemblés dans l'église des Petits-Pères. « Je n'ai point l'art, dit le sexagénaire guerrier, de faire de beaux discours. Mes principes sont dans mon cœur. Je sacrifierai tout ce que j'ai, et ma vie même pour le bien général. Nous sommes tous François, tous égaux. Qu'il n'y ait point parmi nous, dans cet instant, de différence de rang. Travaillons de concert, et dans le même esprit, à la rédaction de nos demandes. Choisissons parmi nous ceux qui connoissent mieux l'intérêt de tous, et qui sauront mieux énoncer nos vœux, et en procurer l'accomplissement ».

M. le comte de Choiseul, qui étoit arrivé depuis quatre jours de Malthe, ne recueillit pas de son zèle le même succès dans la bibliothèque du roi ; il composa un arrêté si bizarre, qu'aucune des assemblées où il fut colporté n'en voulut.

Dans l'assemblée de l'Oratoire, dont M. d'Orléans étoit membre, lorsqu'on lut à haute-voix le cahier, deux gentilshommes, à l'article qui demandoit la liberté de la presse, la liberté individuelle, et la suppression des lettres-de-cachet, se levèrent et dirent qu'ils s'opposoient à l'insertion de cet article, parce que, dirent-ils, il est attentoire à l'autorité royale. On se figure aisément, sans que je le dise, comment ce vœu fut accueilli et dans l'assemblée même, et ensuite par le tiers-état, lorsqu'il en fut instruit.

C'étoit vouloir faire rétrograder d'un siècle une nation qui s'élançoit, avec une rapidité incroyable, au-delà de toutes les bornes.

Les assemblées du clergé furent plus paisibles encore que celles de la noblesse ; elles se tinrent avec le plus grand ordre et la plus grande décence ; et c'est en donner une idée avantageuse, de dire qu'on n'en parla pas du tout.

Quant à celles du tiers-état, on s'étoit attendu, ainsi que je l'ai dit, qu'elles seroient très-tumultueuses, et c'est dans cette crainte qu'on avoit pris toutes les précautions que la prudence permettoit de prendre, qu'on avoit doublé la garde ordinaire de Paris, du régiment des gardes-françoises et de celui des gardes-suisses, qui avoient eu ordre de charger leurs canons, et d'être munis d'un certain nombre de cartouches.

On se trompa : les assemblées du tiers-état furent en général très-tranquilles. Les discussions qui s'y élevèrent se terminèrent sans désordre et sans bruit. Il est vrai aussi qu'à l'exception des districts qui se trouvoient à l'extrémité des fauxbourgs, et où l'on admit le petit peuple, la très-grande partie de ces assemblées se trouva fort bien composée. On n'y vit guere que l'élite du tiers-état. C'est une vérité qui est attestée par tous les procès-verbaux. En parcourant les noms qui y sont écrits, je vois des membres des trois académies, des avocats au conseil, au parlement, des procureurs, des notaires, de riches négocians, des artisans, des artistes qui, par leur fortune et la considération dont ils jouissoient dans la société, ne pouvoient être déplacés dans quelque assemblée que ce fût.

Quand on reportoit ses regards, du sein de ces assemblées, sur le reste du peuple qui remplissoit les rues, les carrefours, les marchés, les ateliers, et se livroit avec patience aux pénibles travaux de tous les jours, on ne pouvoit se défendre d'un sentiment douloureux : on se disoit, quelque soit le nouvel ordre de choses qui se prépare, le pauvre qui n'ose approcher de ces assemblées sera toujours pauvre, il sera toujours dans la servile dépendance du riche ; le sort de la plus nombreuse et de la plus intéressante portion du royaume est oubliée ; c'est ici la guerre des Dieux et des Titans, ou, si l'on veut, des Dieux et des demi-Dieux ; ces derniers sortiront peut-être victorieux du combat. Qu'en résultera-t-il ? Et qui peut nous dire si le despotisme de la bourgeoisie ne succédera pas à la prétendue aristocratie des nobles ? L'aristocratie des nobles ! Eh ! le prince du sang n'est-il pas sujet du roi, comme le plébéien qui habite une chaumière ? Ah ! puissent les bourgeois, s'ils doivent remporter la victoire, nourrir et protéger autant de malheureux que les gentilshommes !

B b

Il étoit difficile de ne pas faire ces réflexions, en contemplant le spectacle qu'offroit, dans ces premiers momens, la capitale ; car on eût dit, à voir l'empressement de la bourgeoisie, que la restauration ne devoit être que pour elle seule. Elle dédaignoit les sacrifices et les avances du second ordre, et sembloit ne prendre aucun souci de la nombreuse classe de citoyens placée au-dessous d'elle. Je ne vois pas, en effet, que dans aucun des cahiers, on ait pris en considération la position de l'homme de peine, du pauvre. La seule marque d'intérêt qu'on y ait donné aux malheureux, est l'article qui sollicite la prompte construction des quatre hôpitaux qui avoient été promis, et il faut convenir, dans une histoire qui ne veut dissimuler aucune vérité, qu'il étoit assez singulier que les bourgeois de Paris ne vissent pas de meilleur moyen d'améliorer le sort du reste de leurs concitoyens, que de les envoyer à l'hôpital.

Toutes les autres demandes des cahiers rouloient autour du même cercle. Dans tous, on répétoit ce qu'on avoit lu dans ceux des provinces. Quelques-uns demandèrent la démolition de la bastille, et qu'il fût élevé, sur son emplacement, un monument avec la statue du roi, et au bas cet inscription : *A Louis XVI, roi d'un peuple libre*. Presque tous s'accordèrent aussi à demander qu'il n'y eût plus ni prévôt des marchands, ni échevins, ni conseillers, ni quartiniers, ni dixainiers, et que tous ces officiers fussent remplacés par des citoyens élus librement. L'un de ces cahiers demanda que le président de la commune fût nommé *maire de Paris*.

Les seules assemblées où il s'éleva des débats un peu sérieux furent celles de Saint-Eustache et du district de Saint-Louis-la-Culture. Dans la première on s'apperçut que M. Galet qui la présidoit, faisoit passer des lettres au prévôt des marchands ; on voulut voir ces lettres, il refusa de les montrer ; le greffier, voyant qu'on insistoit, s'en empara et les mit en pièces. La rumeur alors fut grande, et le président présumant au bruit qui se faisoit, qu'il n'étoit pas en sûreté, s'évada ; on n'apporta aucun obstacle à son évasion.

A Saint-Louis-la-Culture, le président nommé par la ville, conformément au règlement, ne voulut pas se retirer lorsqu'il en fut sommé. Cette résistance ne fit qu'irriter une partie de l'assemblée, mais l'autre portion ne céda pas à ce mouvement ; elle soutint au contraire les prétentions de l'homme de la ville, et voulut qu'il continuât de présider. L'autre portion des votans se choisit pour président, M. Deyeux, notaire. Les deux partis procédèrent ensuite, chacun sous les auspices de son président, à la nomination des électeurs. Lorsque les autres districts furent instruits de cette mission, ils ne balancèrent pas entre les deux partis ; ils ne reconnurent pour légitime élection, que celle qui s'étoit faite par ceux qui avoient donné la présidence à M. Deyeux. On blâma généralement la conduite de leurs adversaires, on les regarda comme des rebelles contre eux-mêmes, comme des amis de l'esclavage.

La tranquillité de ces assemblées fut honorable au tiers-état, et en donna une idée avantageuse. Le gouvernement se fût épargné de grandes perplexités, et eût prévenu peut-être une partie des changemens qui sont survenus, s'il les eût empêchés de renaître. Les fonctions des votans devoient naturellement finir lorsque la nomination des électeurs fut faite, puisque le ministère pour lequel ils avoient été convoqués étoit rempli. Il n'en fut pas ainsi : les votans prétendirent qu'il leur importoit de surveiller les électeurs ; ceux-ci dirent, à leur tour, que la chose publique étoit intéressée à ce qu'ils pussent éclairer et diriger les démarches des députés. Ces raisons n'étoient rien moins que bonnes ; car tout ce qu'on acquiert illégalement est une véritable usurpation. Les votans n'avoient reçu d'autre pouvoir que celui de nommer les électeurs ; les électeurs, d'autre pouvoir que celui de nommer les députés. Les électeurs donc étant nommés, les votans devoient se retirer, et les électeurs eux-mêmes n'avoient plus rien à faire, dès l'instant où le choix de tous les députés étoit fait.

Les prétentions des habitans de rester assemblés, quoique leur tâche fût remplie, favorisoit trop le goût qu'on prenoit à s'immiscer dans les affaires publiques, pour qu'on ne la réalisât pas. Le ministre qui, dans ces tems difficiles, tenoit le gouvernail du vaisseau public, ne vit pas, ou ne voulut pas voir, tout le danger qui pouvoit résulter de la continuation de ces assemblées, et ce n'étoit pas sur une innovation qui changeoit la forme du gouvernement qu'il falloit dissimuler.

Mais cette terreur panique, qui a accéléré la révolution, se glissoit imperceptiblement à la cour. Ce torrent se débordoit ; on croyoit qu'il falloit céder à sa pente, et les ressources qu'annonçoit M. Necker rassuroient sur les suites de la complaisance qu'on croyoit exigée par l'état actuel des choses. Le roi et son auguste compagne, jugeant de tous les cœurs par les leurs, se flattoient qu'avec des bienfaits ils ne rencontreroient que des ames reconnoissantes.

Les intentions du roi n'étoient point méconnues ; le tiers-état n'en doutoit pas, mais il craignoit toujours qu'on ne changeât les dispositions du monarque. Les triumvirs l'effrayoient ; il croyoit qu'il s'étoit fait entr'eux et le parlement une coalition dont le but étoit de forcer M. Necker à la retraite. Les calomniateurs accréditoient adroitement ce bruit, et y mêloient les plus noires impostures. On alloit jusqu'à dire que les magistrats répandoient de l'argent pour se faire un parti, et acheter des suffrages dans les élections. On vouloit sans doute, en leur imputant ces détestables manœuvres, les éloigner des états-généraux. Peu d'entr'eux, en effet, y ont été appelés.

Il est bien vrai cependant qu'on s'occupoit à la cour d'un changement dans le ministère. Ceux qui le desiroient ayant échoué auprès de M. de Machault, s'étoient adressés à M. le baron de Breteuil. On lui dépêcha un courrier qui en rapporta un refus formel.

Le peu de succès qu'on retiroit de ces tentatives prouve que le roi n'y avoit aucune part ; il avoit toujours la plus grande confiance aux promesses et aux ressources de M. Necker ; cependant il ne se dissimuloit point qu'il auroit été possible d'organiser plus sagement les états-généraux. S'étant fait apporter la liste de tous les députés déjà nommés par les différens bailliages, il ne put s'empêcher de faire entendre cette exclamation : *Qu'auroit-on dit de moi, si j'eusse fait ce choix ?*

La curiosité avec laquelle ce prince parcouroit toutes les brochures nouvelles, donna lieu à une petite aventure qui fit beaucoup de bruit à la cour et dans le public. Un libraire de Versailles avoit eu ordre de faire passer journellement au roi les écrits nouveaux. Sa Majesté qui avoit contracté l'habitude de cette lecture, en fut tout-à-coup privée. Etonnée de ne plus les recevoir, elle voulut qu'on allât s'informer du libraire, pourquoi il avoit suspendu ses envois. On rapporta pour réponse au roi, que le libraire avoit été frappé d'une lettre-de-cachet, et conduit dans une prison. Le motif de cette détention est aisé à deviner. On avoit trouvé parmi les brochures qui se vendoient chez cet homme, des pamphlets très-répréhensibles, et les satellites de la police, qui ignoroient les ordres qu'il avoit reçus du roi, le traînèrent dans une prison. Sa Majesté voulut qu'il en sortit sur-le-champ, et rendant responsable de cette rigueur, M. de Villedeuil qui en effet par sa place étoit censé l'avoir ordonnée, lui en témoigna sans ménagement son déplaisir ; de manière qu'il se répandit que ce ministre alloit être contraint de donner sa démission. On disoit que M. de Montmorin partageroit sa disgrace ; mais la bonté du roi, qui ne lui permet pas de laisser long-tems dans l'affliction ceux qui le servent, dissipa bientôt ce nuage.

Ces tracasseries de cour qui n'étoient rien en elles-mêmes, acqueroient un degré d'importance lorsqu'elles étoient racontées à Paris. On y vouloit toujours que le mécontentement du roi vînt des efforts qu'on faisoit pour l'engager à retirer sa confiance à M Necker. Ce Ministre pouvoit se regarder comme le chef d'un nombreux parti prêt à tout entreprendre pour lui. Il s'élevoit tous les jours davantage, et voyoit sans en paroître inquiet, la rapidité des conquêtes du tiers-état. Quelque diférence que la noblesse eût marquée pour cet ordre dans les assemblées primaires, elle ne pût vaincre sa jalousie. Cette jalousie prenoit toutes les formes, et au moment même où la noblesse recherchoit l'amitié de son rival, elle en fut insultée par une scène tout aussi burlesque que celle qui s'étoit passée à Coutances.

On promena dans le jardin du Palais-Royal, en plein midi, un énorme chien qu'on avoit revêtu d'un habit doré ; un épée pendoit à son flanc ; une cocarde étoit attachée à son oreille, et à sa queue étoit suspendu un écriteau portant ces mots, *je ne suis pas noble et je m'en.....*

Le désintéressement cependant de la noblesse méritoit quelque reconnoissance ; ce désintéressement étoit par-tout le même. A Rouen même où elle se divisa, et où les élections se firent en même tems qu'à Paris, les deux partis convinrent qu'elle devoit contribuer également avec le troisième ordre au paiement de la dette nationale ; mais cent quarante-six votans pensèrent qu'elle devoit s'en tenir là, et que la dette une fois payée elle devoit reprendre la jouissance de ses droits et de ses privilèges, cent vingt votans au contraire furent d'avis qu'elle devoit renoncer pour toujours à ses privilèges pécuniaires.

Les assemblées du clergé et du tiers-état de Rouen furent moins tranquilles qu'à Paris. Le chapitre protesta contre l'illégalité de la convocation ; les curés firent d'abord des difficultés sur cette protestation, y adhérèrent, et retirèrent ensuite leur adhésion.

Une partie du tiers-état protesta également contre la convocation, et prétendit qu'avant de procéder à l'élection de ses députés il devoit lui en être fait une nouvelle ; mais le zèle de M. Thouret connu déjà avantageusement dans son ordre par l'écrit intitulé, *l'avis aux bons Normands*, parvint à lever ces difficultés et les élections se terminèrent paisiblement.

26. A Paris les électeurs s'assemblèrent sans retard dans la grande salle de l'archevêché. Les trois ordres s'y trouvèrent réunis, et lorsque le lieutenant civil eut vérifié les pouvoirs, les deux premiers se retirèrent chacun dans une salle particulière. Le tiers-état resté seul annonça qu'il alloit faire choix d'un président et d'un secrétaire, et il nomma par acclamation M. le lieutenant civil pour président ; mais ce magistrat déclara franchement que quelque flatté qu'il fût de cette élection, il ne pouvoit la regarder que comme un second titre ajouté à celui que lui donnoit sa charge. Il ajouta que si l'assemblée entendoit qu'il ne pût présider qu'en vertu de l'élection il alloit se retirer, et il se retira en effet lorsqu'elle eût décidé qu'elle ne vouloit avoir que des officiers de son choix.

On procéda donc au choix des officiers : M. Target fut nommé président, M. Camus vice-président et M. Bailli, secrétaire, et M. Guillotin, vice-secrétaire.

La première question soumise à la délibération, fut de savoir si on feroit retirer de l'assemblée, tous les nobles qui pouvoient s'y trouver On décida qu'ils resteroient.

On proposa ensuite s'il ne seroit pas convenable de faire une réduction sur le nombre des électeurs, de beaucoup supérieur à celui de trois cent par le réglement, mais personne n'ayant envie de quitter sa place, on convint que chacun la garderoit.

La troisième question à résoudre, fut plus importante : on se demanda si on devoit se réunir au clergé et à la noblesse pour la rédaction des cahiers, et pour la nomination des députés. Il est à remarquer que les pouvoirs confiés à ces électeurs, leur prescrivoient la délibération par tête. Or, comment procurer la délibération par tête, sans une réunion des trois ordres ? Cette considération n'empêcha pas que l'on ne décidât unanimement que la réunion n'auroit pas lieu. Les électeurs de Paris donnoient là un funeste exemple, et s'ôtoient à eux-mêmes le droit de se plaindre, s'il arrivoit que leurs représentans ne fussent pas plus fidèles aux instructions qui leur seroient données.

La dernière opération de cette première séance, fut de décider qu'il y auroit trente-six commissaires pour la rédaction des cahiers.

27. Le jour sivivement désiré, ce jour après lequel soupiroient tous les habitans du royaume, ce jour qu'on n'avoit pas vu depuis près de deux siècles, arriva enfin. Quand tout conspiroit pour l'accomplissement de la volonté, si solennellement manifestée par le roi, on doutoit encore que ses intentions se réalisassent. Les députés des différens bailliages, qui étoient déjà arrivés, soit à Paris, soit à Versailles, craignoient qu'il ne leur fût signifié un ordre de retourner dans leur province. C'est à ce point que l'on portoit la méfiance ; elle étoit l'effet d'une noire intrigue, de la séduction ; et de la part de ceux qui n'entroient dans aucun complôt, elle étoit produite par la crainte que l'on éprouve naturellement de voir échapper un bonheur que l'on commence à goûter.

Les députés de Bretagne, d'une partie de la Normandie, de plusieurs bailliages, ceux de Paris n'étant point encore arrivés ; et ses derniers n'étant encore qu'à leurs premières séances, il n'étoit pas possible que les états-généraux s'ouvrissent au jour même qui avoit été d'abord indiqué.

Le roi fit donc tout ce qu'il étoit possible de faire : une proclamation renvoya la cérémonie au quatre mai. Une foule incroyable s'étoit portée à Versailles. La proclamation rassura pour le moment tous les esprits, et on comprit que le roi ne pouvoit pas fixer un délai plus court. Ce jour là, pendant la messe de sa majesté, la prière, *domine salvum fac regem*, fut tout-à-coup interrompue par les cris mille fois répétés : *vive le roi, vive le tiers-état*. Ces cris étoient sans doute des cris d'allégresse et de reconnoissance ; mais il étoit inouï, que pendant le service divin, et en présence du roi, on se livrât à un pareil élan, jamais depuis le commencement de la monarchie, le cri, *vive le tiers-état*, n'avoit accompagné celui de *vive le roi*.

Les courtisans parurent étonnés de ces cris ; le roi en fut ému ; ils l'accompagnèrent au sortir de la chapelle ; l'air en retentit encore, lorsque dans l'après-midi, il se montra dans sa voiture.

Quelle cruelle journée cependant que celle du 27 avril ! Sous quels lugubres auspices s'est présenté aux François, l'astre de la liberté ! Ses premiers rayons ont éclairé une scène de carnage ; elle ouvrira le chapitre suivant.

CHAPITRE

CHAPITRE XIV.

Emeute dans le fauxbourg Saint-Antoine ; allarme des habitans de Paris; incendie des meubles de MM. Henriot et Réveillon ; combat sanglant contre les séditieux ; anecdotes sur cet événement; différentes conjectures auxquelles il donne lieu ; origine, prétexte et véritable cause de l'émeute ; histoire de M. l'abbé Roi; fables qui se débitent contre le gouvernement ; Lettre de M. Necker ; bruits sur M. le duc d'Orléans ; affliction du roi en apprennant l'émeute; insurrection à Orléans; haine contre les princes ; séances des électeurs ; avances du clergé ; portrait de M. l'abbé de Montesquiou ; mot sur M. de Gouy d'Arcy ; embarras des électeurs.

Avril 1789.

27 et 28. L'ÉVÈNEMENT que j'ai à raconter est un des plus extraordinaires de la révolution ; il a beaucoup de rapport avec celui du 14 juillet suivant. Le premier comme le second a été précédé d'abord de tentatives pour effrayer le peuple sur une prochaine disette de grains, ensuite de bruits insidieusement répandus que des princes et des grands conspiroient contre les états-généraux ; que les députés devoient être renvoyés ; que M. Necker alloit être forcé de quitter le ministère, enfin qu'une armée s'approchoit de Paris. Aux deux époques, d'une part la haine pour quelques personnes de la cour, et de l'autre l'enthousiasme pour MM. d'Orléans et Necker, redoublent. Je remarque encore que dans les deux circonstances l'explosion est produite par des légions de brigands.

Si l'on a lu avec attention ce que j'ai dit des désordres de la Provence, on retrouvera ici dans la marche des séditieux, une conformité frappante. Ceux qui se promettoient de mettre à exécution le plan de la révolution que nous voyons s'opérer, n'avoient qu'une vue, qu'un but, c'étoit de contraindre toute la bourgeoisie du royaume à prendre les armes. Il étoit clair que si on parvenoit à y décider celle de Paris, son exemple entraîneroit celle de toutes les autres cités.

Pour produire un aussi prodigieux effet, il falloit couvrir la France de brigands, il falloit en exagérer le nombre et les excès, il falloit en montrer aux portes de la capitale, en inonder ses rues. Pour se procurer ces armées de scélérats, il falloit répandre de l'argent, tenter la fidélité des soldats, recruter jusques dans les prisons, soulever tout le petit peuple, en ne lui distribuant l'aliment de première nécessité, qu'avec des précautions allarmantes.

Il étoit naturel que la cour, effrayée d'un côté par l'apparition de tant de brigands, et de l'autre par les insurrections populaires, se détermineroit à déployer la force publique. On s'y attendoit ; mais alors on devoit semer avec plus d'affectation le bruit d'une conspiration, pour arracher à la nation le bienfait des états-généraux, et réduire à un dur esclavage le tiers-état qui annonçoit des prétentions si cruelles et si humiliantes pour les deux premiers ordres.

Les soldats appelés au secours des villes, ou feroient leur devoir, ou molliroient. Dans le premier cas, la conspiration étoit certaine, et les bourgeois au lieu de cette liberté dont ils se flattoient, n'avoient plus que des désastres à attendre. Dans le second cas, les soldats eux-mêmes grossissoient le nombre des insurgens. Ils auroient feint de contenir les brigands ; ils auroient témoigné la crainte d'être écrasés par leur nombre, et auroient favorisé aux bourgeois la prise des armes.

Ceux-ci donc se seroient vus ou pressés tout-à-la-fois par des brigands féroces et par des soldats impitoyables, ou encouragés par ces derniers eux-mêmes à se réunir à eux pour repousser l'ennemi commun. Dans l'une ou l'autre position, que pouvoient faire les bourgeois ? Il falloit bien qu'ils défendissent leur vie, leurs propriétés, leur famille, et qu'ils devinssent à leur tour soldats.

Il est certain que si on avoit pu déterminer les habitans de Paris à s'armer à l'époque même de l'ouverture des états-généraux, *le vaisseau public*, comme a dit ensuite M. de Mirabeau, se seroit élancé avec plus de rapidité. Que risquoit-on du moins d'essayer de les forcer à cette démarche ? On publie donc que les princes, le clergé, la noblesse, le parlement ont conjuré contre la liberté, et veulent l'étouffer dans son berceau ; on crie au peuple des fauxbourgs qu'il va être dévoré par la famine ; on tourmente les bourgeois par l'appréhension d'une armée qui rendra la cour maîtresse des députés, et tout-à-coup sur les trois heures après midi, des bandes de vagabonds se répandent dans les rues.

Tous ces gens-là mal vêtus n'étoient armés que de bâtons. Ils traînoient avec eux un mannequin dont l'écriteau indiquoit que M. Réveillon, chef d'une manufacture de papier peint dans le fauxbourg Saint-Antoine, étoit l'homme à qui ils en vouloient. Le nombre, les menaces, les hurlemens de ces misérables, répandirent l'effroi. Les boutiques se fermoient avec rapidité à leur passage. Arrivés à la place royale, ils lurent un arrêt du tiers-état, qui condamnoit M. Réveillon à être pendu en effigie. Lorsqu'on leur demandoit le motif de leur mécontentement, ils vous répondoient : *vivriez-vous bien avec quinze sous par jour ? Nous croyez-vous fort heureux en ne payant le pain que trois sous et demi la livre ?* On comprenoit par ces interpellations, que ceux qui les faisoient, supposoient que M. Réveillon avoit tenu des propos qui tendoient à rendre leur condition plus misérable.

Après avoir long-tems promené le mannequin, ils s'arrêtèrent à la place de Grève, et l'y pendirent. Là ils se dispersèrent, et se jettèrent ensuite dans différens cabarets, où ils passèrent la nuit dans de bruyantes orgies.

M. Réveillon, qui étoit un des électeurs du tiers-état de Paris, se trouvoit pendant tout ce mouvement à l'archevêché avec ses collègues. Instruit qu'il étoit l'objet ou le prétexte de cette fermentation, il offrit d'aller au-devant des séditieux, et de faire généreusement le sacrifice de sa vie à la tranquillité publique ; mais se rendant aux conseils de ses amis, il courut chez le lieutenant de police, et ensuite chez le colonel des Gardes-Françoises, pour en obtenir un secours qui protégeât sa manufacture. On lui accorda un détachement de quelques hommes, pour garder les avenues et l'intérieur de sa maison.

En quittant la place de Grève, les séditieux parlèrent de projets sur un enlèvement de grains, qui allarmèrent les habitans, et ajoutèrent au désordre. On se précipitoit chez les boulangers, et on y achetoit avec profusion le pain dont on craignoit de manquer ; de sorte que le lendemain plusieurs familles en manquèrent en effet, les boulangers n'ayant pu fournir à un débit qui, par les provisions qu'avoient faites les premiers venus, surpassoit de beaucoup celui qu'ils étoient dans l'habitude de faire.

L'insurrection du 27 n'étoit rien ; celle du 28 fut terrible. Dès la pointe du jour, des milliers de bandits se montrèrent de nouveau dans les rues ; il leur étoit arrivé un renfort considérable pendant la nuit. Les commis avoient vu entrer par les barrières un nombre effrayant d'hommes mal vêtus, et d'une figure sinistre. A la vue de cette horde de brigands, les boutiques se ferment de nouveau. Ils parcourent les différentes manufactures, y distribuent de l'argent, et de gré ou de force en emmènent les ouvriers. Tous ensuite, en poussant des hurlemens effroyables, courent au fauxbourg Saint-Antoine vers la demeure de M. Réveillon. Le détachement qui la gardoit, les contint pendant cinq heures ; mais ils parvinrent à la forcer. Ils se jettèrent d'abord dans la maison de M. Henriot, chef d'une manufacture de salpêtre, voisin et ami de M. Réveillon ; ils en firent voler les meubles par les fenêtres, et y mirent ensuite le feu. M. Henriot et toute sa famille eurent le tems de s'évader.

De la maison de M. Henriot, ces forcenés se poussèrent dans celle de M. Réveillon, et s'y comportèrent avec encore plus d'emportement. M. Réveillon et son épouse venoient de la quitter, lorsqu'ils y entrèrent. Ils remplirent en un clein d'œil tous les appartemens, et s'acharnoient sur les plus précieux ; ils les brisoient, les fouloient aux pieds. Les éclats pleuvoient et s'ammonceloient dans la cour ; la flamme les dévora.

Dès qu'on fut instruit qu'ils avoient forcé le détachement qu'on avoit cru suffisant pour les dissiper, on fit marcher contre eux toute la garde de Paris, le guet à pied et à cheval, le régiment de Royal-Cravate, les Gardes-Françoises et Gardes-Suisses. Toute cette troupe, traînant après elle quelques pièces de canon, marcha en bon ordre, et comme on marche à un combat que l'on doit être sanglant, tambour battant, mèche allumée. Dès qu'elle fut en présence des mutins, des officiers leur déclarèrent qu'on avoit ordre de repousser la force, et les sommèrent de se retirer. On leur réitéra trois fois cette sommation, ils refusèrent d'obéir, et n'en continuèrent pas moins le dégât qu'ils avoient commencé. On fit mine alors de tirer sur eux ; mais, sans s'effrayer de ces menaces, ils firent pleuvoir une grêle de pierres, d'ardoises, de tuiles sur les soldats. Royal-Cravate fut le plus maltraité par ce premier accès de furie, il eût même un de ses officiers blessés ; mais il ne se laissa point entraîner au desir si naturel d'une juste repressaille ; il resta immobile.

Les Gardes-Françoises reçurent au même instant

ordre de pénétrer dans la maison par toutes les issues, et de ne faire aucun quartier à ceux qui ne voudroient point abandonner la place. Ce régiment se rangea en bataille dans la cour, et pour effrayer cette multitude de bêtes féroces, les mit en joue, et perdit quelques coups en l'air. Ces ménagemens furent inutiles ; la grêle d'ardoises et de tuiles redoubla ; des meubles, des poutres, des quartiers de pierres, tomboient sur les soldats; quelques-uns en furent écrasés, et perdirent la vie; plusieurs furent blessés. Les Gardes-Françoises, voyant que toute mesure de prudence étoit inutile avec de pareils ennemis, et autant pour leur propre défense, que pour obéir aux ordres qu'ils avoient reçus, firent un feu roulant sur quatre faces.

Cette décharge fut terrible ; les malheureux rouloient des toits, les murs dégoutoient de sang, le pavé étoit couvert de membres palpitans ; les cris de la douleur se mêloient aux hurlemens de la rage.

Après cette première décharge, les soldats pénétrèrent dans l'intérieur de la maison, en parcoururent les appartemens, trouvèrent par-tout une résistance incroyable, et ne purent mettre hors de combat tous ces malheureux qui se défendirent jusqu'au dernier moment en désespérés, qu'en les blessant et les jetant en dehors à coups de bayonnettes.

Dans les caves, un spectacle horrible se présenta aux soldats; ils virent la terre jonchée de ces misérables. Les uns qui s'étoient gorgés de vin et de liqueurs, étoient immobiles : d'autres qui, trompés par leur avidité, s'étoient abreuvés d'acides nitreux et de drogues empoisonnées, destinées à la teinture, se mouroient dans les convulsions, et présentoient les formes les plus hideuses.

La nuit mit fin au carnage, et un canon pointé sur le fauxbourg Saint-Antoine, protégea ce quartier. Cette affaire fut très-sanglante ; les rebelles eurent plus de deux cents hommes tués, et environ 300 blessés. Du côté des soldats il y eût environ 80 blessés; dix ou douze perdirent la vie.

Lorsqu'un des rebelles avoit reçu un coup dangereux, il étoit enlevé par ceux de ses camarades qui pouvoient en approcher. On le mettoit sur un brancard, et sur la route on crioit aux passans : *voilà un défenseur de la patrie ; citoyens donnez de quoi l'enterrer.*

J'ai interrogé plusieurs de ces misérables qu'on portoit ainsi, soit dans les hôpitaux, soit dans les prisons, et il ne m'est resté aucun doute qu'ils n'eussent tous été payés, et que la taxe n'eût été de 12 l. J'en ai entendu un qui se mouroit dans des douleurs horribles, s'écrier : *mon dieu ! mon dieu ! faut-il être traité ainsi pour 12 misérables francs !*

Un d'entr'eux ne s'arrêta pas à ces inutiles regrets,

et ce trait mérite d'être cité : renversé sur le pavé par une balle qui l'atteignit au bas ventre, et se sentant mourir, il s'écria : *allons tout est f.....* il chanta ensuite le dernier vers du vaudeville de Figaro : *les plus forts ont fait la loi,* et sa chanson finie, il expira.

L'inscription que l'on lut le lendemain matin sur la porte même de M. Réveillon, mérite également d'être citée ; on y lisoit en gros caractères : *toujours la messe de minuit, mais plus de Réveillon.* Ces deux traits sont dans l'ancien caractère de la nation.

Dans la matinée de cette affreuse journée, M. le duc d'Orléans, qui se rendoit à Vincennes pour s'y trouver à une course à laquelle il étoit intéressé, fit arrêter sa voiture en passant devant le théâtre du combat. Il mit pied à terre, caressa plusieurs de ces gens, leur frappa sur l'épaule, les exhorta à la tranquillité, à retourner chez eux, à oublier tout ressentiment, s'ils croyoient en avoir contre M. Réveillon, et finit par leur dire : *allons mes enfans, de la paix ; nous touchons au bonheur.* Tous ces brigands l'applaudirent beaucoup ; mais ils ne tinrent aucun compte de ses conseils.

Dans la soirée, et avant que le combat s'engageât, Madame la duchesse d'Orléans qui revenoit de Vincennes, voulut traverser la foule. Royal-Cravate qui avoit reçu ordre de ne laisser passer aucun équipage, voulut s'opposer au passage de la princesse. Les séditieux la reconnurent ; ils firent effort avec leurs bâtons contre les soldats, allèrent droit à elle, escortèrent et portèrent presque la voiture jusqu'au delà de la foule.

Non-seulement les rebelles étoient soudoyés, mais on avoit même cherché à les fournir des seules armes qu'il fut possible de leur procurer. On arrêta du moins, quelques heures avant que l'action commençât, deux charrettes et un bateau chargés de cailloux et de bâtons, et on sut que ces deux convois leur étoient destinés.

On m'a assuré, mais comme les personnes qui m'ont raconté le fait, ne me permettent pas de les nommer, je tiens leur témoignage pour suspect, et je ne donne pas l'anecdote comme certaine, on m'a assuré, dis-je, qu'on avoit reconnu parmi ceux des brigands qui remplissoient la rue, M. le comte de Mirabeau vêtu comme eux. Le fait, fut-il vrai, il ne prouveroit pas ce qu'on veut peut-être lui faire prouver. M. de Mirabeau auroit bien pu en effet ne se trouver là, ainsi que beaucoup d'autres, que comme simple observateur, et s'il eût pris un tel déguisement, on ne seroit pas en droit de conclure qu'il l'eut pris pour d'autre motif que pour observer de plus près, et tirer plus d'éclaircissemens des acteurs d'une scène qui méritoit bien en effet d'être vue de près. Ce n'est pas que ce ne fussent deux tableaux très-dignes de la révolution, et de la vie de M. de Mirabeau, de voir ce gentilhomme, le 28 avril 1789, en accoutrement de gueux, un bâton noueux à la main, confondu parmi des bandits qui pilloient, incendioient, et qu'on fusilloit, et de le retrouver le 6 octobre suivant, un sabre à la main, dans les rangs du régiment de Flandres.

Que de conjectures ne se permit-on pas sur cette désastreuse aventure! Que de fables ne chercha-t-on pas à accréditer! Il n'est cependant pas impossible à un homme impartial, d'appercevoir la vérité au sein des nuages dont tant de mensonges l'ont obscurcie.

Dans l'assemblée primaire du district de MM. Réveillon et Henriot, il se trouva beaucoup de petit peuple. Ces deux bourgeois, ainsi que les principaux notables, ne se confondirent pas dans la foule; ils occupèrent une place qui les sépara de la multitude. Cette sorte de distinction qui n'étoit ni préméditée, ni l'effet d'aucune prétention, humilia le reste de l'assemblée, et la fit murmurer. Lorsqu'on en fut à la rédaction du cahier, chacun voulut proposer son article, chacun voulut faire sa motion. L'artisan le plus grossier, le plus mal vêtu voulut aussi faire la sienne, et il la faisoit de manière à donner à connoître qu'il savoit très-bien que le droit d'être écouté lui appartenoit comme à tout autre. Ces harangues qui prolongeoient la séance étoient écoutées, par les principaux notables, avec cet air de supériorité que donnent les lumières, l'éducation, une certaine fortune, et qu'on a même sans s'en appercevoir, lorsqu'on entend des choses que l'on croit grossières et vuides de sens.

Les orateurs s'appercevoient fort bien de l'effet que produisoient leurs discours, ils prenoient pour mépris le peu d'intérêt qu'ils inspiroient. Lorsqu'il fallut clore le cahier, les articles arrivoient en foule. On renvoyoit ceux des motionnaires du petit peuple; ils insistoient, demandoient impérieusement que leur volonté fût aussi manifestée; ils censuroient les articles des notables, et ne concevoient pas pourquoi ils avoient la préférence sur les leurs. Les notables, de leur côté, fatigués de toutes ces longueurs, ne purent s'empêcher d'en témoigner de l'humeur. Il échappa même à quelques-uns d'entr'eux qui croyoient n'être pas entendus des parties intéressées, de substituer, en parlant du petit peuple, l'expression *ces gens-là*, à celle *ces messieurs*.

Tous ces riens réunis inspirèrent beaucoup de mécontentement à la classe des ouvriers; elle est très-nombreuse dans les fauxbourgs Saint-Antoine et Saint-Marceau; il s'est établi dans son sein une telle communication, que ce qui affecte quelques-uns de ses membres est bientôt su de tous les autres, et dans cette occasion, la querelle devient commune. Tous les ouvriers se crurent humiliés par la conduite qu'avoient tenue les notables du district de M. Réveillon; mais ils s'en tinrent à des murmures qui n'effrayèrent pas beaucoup les agens de la police, puisque ceux mêmes que ces murmures menaçoient, ne témoignoient aucune crainte. Mais les factieux connurent ces dispositions; ils en profitèrent habilement; et voulant effrayer tous les propriétaires de la capitale, ils dirigèrent leur première attaque contre un grand propriétaire.

Les autres reproches faits à M. Réveillon, à la naissance du tumulte, ont été victorieusement repoussés par lui-même, dans une pathétique apologie qu'il publia après l'orage. Voici comment il s'en explique.

« Plus de 300 ouvriers sont journellement dans mes ateliers. En prix de main d'œuvre, je paye tous les ans 200,000 liv. au moins. Chaque ouvrier chez moi est sûr de son avancement en proportion de son intelligence et de son zèle : aussi la plupart vieillissent-ils dans mes ateliers; ils savent que je m'empresse de les secourir dans leurs infirmités, et de les aider dans leurs besoins ».

« Pendant une partie des froids de l'hiver dernier, les travaux des atteliers supérieurs furent suspendus: je gardai tous les ouvriers sans exception; je leur payai leurs journées le même prix qu'auparavant: j'usai des précautions les plus minutieuses pour qu'aucun d'eux ne souffrît des rigueurs de la saison..... »

« Devois-je m'attendre que trois mois après, le peuple me traiteroit comme un homme féroce et insensible aux misères du pauvre? Que l'ami, que le père des ouvriers seroit traité comme leur plus barbare ennemi, et que le propriétaire de cette manufacture où tant d'ouvriers trouvent leur subsistance, seroit subitement en butte à la haine et à la fureur de 4000 ouvriers?.... »

« Une perte immense, une maison dont je faisois mes délices, mon crédit ébranlé, ma manufacture détruite peut-être, faute de capitaux nécessaires pour la soutenir; mais sur-tout, (et c'est ce qui m'accable) mon nom qui a été voué à l'infamie, mon nom qui est abhoré parmi la classe du peuple la plus chère à mon cœur; voilà les suites horribles de la calomnie répandue contre moi ».

« Et cependant quels sont mes torts?.... On m'accuse d'avoir taxé les ouvriers et journaliers à 15 sols par jour. Jamais la calomnie n'a été plus injuste, et jamais elle n'a paru plus cruelle. Un mot, ce me semble, suffiroit pour me justifier. De tous les ouvriers qui travaillent dans mes atteliers, la plupart gagnent 30, 35 et 40 sols par jour, plusieurs en ont 50. Comment donc aurois-je fixé à 15 sols le salaire des ouvriers? »

Le récit de M. Réveillon prouve très-bien que s'il a été la victime de cette insurrection, c'est que ceux qui l'avoient occasionnée, indifférens sur le choix des

de. propriétés à dévaster, avoient trouvé une occasion naturelle de lui donner la préférence. Mais M. Réveillon ne s'en tint pas là, il voulut encore tirer le voile sur cette machination ; et en cherchant à éclaircir ce mystère, qui n'en est plus un aujourd'hui, il tomba dans une absurdité aussi peu vraie que vraisemblable.

Il imprima que *des ennemis cruels* l'avoient osé peindre au peuple comme un homme barbare, qui évaluoit, au prix le plus vil, les sueurs des malheureux. De tous *ces ennemis cruels*, il ne désigna qu'un seul homme avec lequel il avoit une contestation judiciaire. Cet ennemi unique étoit un ecclésiastique appelé *Roy*, membre de quelques académies, censeur royal, secrétaire d'un prince, et connu assez avantageusement parmi les gens de lettres par quelques écrits, mais sur-tout par son histoire des cardinaux.

M. Réveillon raconta que M. l'abbé Roy s'étoit adressé à lui, pour avoir la quantité de papier nécessaire à l'impression de cette histoire des cardinaux ; qu'il s'y étoit introduit à la faveur d'une lettre de recommandation que lui avoit donnée M. le duc de Charost. M. Réveillon ajoutoit qu'à la vue de cette lettre, il n'avoit pas hésité à remettre à crédit, et sur de simples billets, à M. l'abbé Roy, tout le papier que celui-ci lui demanda.

Le débiteur, dit toujours M. Réveillon, n'ayant pas rempli ses engagemens, j'en écrivis à M. le duc de Charost qui fit passer ma lettre à l'abbé Roy. Celui-ci coupa la lettre au-dessous de la dernière ligne, et remplit ensuite l'espace qui restoit entre cette dernière ligne et la signature, d'une obligation, en sa faveur, de 6000 liv.

Toute cette histoire n'a pas beaucoup de rapport avec les désordres du 27 et du 28 ; mais M. Réveillon en concluoit, ou du moins donnoit à entendre, qu'ayant dénoncé aux tribunaux le délit de son débiteur, celui-ci pour se venger, avoit soudoyé les six mille brigands qui avoient pillé et incendié les deux maisons du fauxbourg Saint-Antoine.

Or, voilà certainement l'histoire la plus incroyable que l'on puisse conter à des hommes sensés. Je ne prononce point sur le mérite de l'accusation de faux, qui n'est point encore jugée, et qui ne parut pas assez bien prouvée au Châtelet, pour frapper l'accusé d'un décret de prise-de-corps. Je conviendrai même que, soit que l'accusation fût fondée, soit qu'elle ne le fût pas, celui contre qui elle étoit dirigée, ne devoit pas beaucoup aimer son accusateur.

Mais où M. d'abbé Roy, perdu de dettes, de l'aveu de M. Réveillon, obligé d'acheter à crédit quelques rames de papier, réduit, par la détresse, à se souiller d'une infame escroquerie, auroit-il trouvé une somme assez considérable pour soudoyer six mille brigands taxés chacun à 12 livres ? Trois mille louis dissipés pour satisfaire un desir de vengeance supposent, à celui qui se donne cette fantaisie, une fortune immense, et celle de M. l'abbé Roy étoit au-dessous de rien.

Faut-il d'ailleurs six mille brigands pour se défaire d'un ennemi qui n'a aucune armée à opposer ? Je ne connois pas même de vue M. l'abbé Roy, mais s'il avoit conçu un aussi infernal projet, il seroit certainement le plus scélérat des hommes, et alors je trouverois presque plaisant, qu'étant doué d'une ame aussi noire, et ayant à sa disposition trois mille louis pour satisfaire sa passion, il se fût borné, pour toute vengeance, à déranger, pour quelques jours, la fortune de son ennemi.

Il faudroit donc se réduire à dire, comme l'a fait un écrivain anonyme qui nous a donné l'histoire de cette première insurrection, que M. l'abbé Roy étoit, non l'auteur, non le chef de la sédition, mais *un instrument entre les mains puissantes qui le faisoient mouvoir*. Cette explication n'est guere satisfaisante, car d'abord elle ne montre pas *les mains puissantes qui faisoient mouvoir*, et ce sont elles que nous voudrions voir.

Si en outre M. l'abbé Roy a été un instrument, il a donc été dépositaire de la somme employée pour l'exécution du complot, et je m'étonne que dans l'état de détresse où il étoit, et qu'avec le caractère de déloyauté qu'on lui donne, il ait préféré de courir les fauxbourgs, les atteliers, de battre la campagne aux environs de Paris, pour répandre cette somme, au risque de ne pas réussir, plutôt que de la garder pour lui-même.

Je suppose qu'il ait bien fidèlement tenu parole aux puissances qui le faisoient mouvoir ; ces puissances n'en ont pas moins dû, vu les dangers qu'il couroit, lui faire sa part, et acheter bien chèrement son zèle et sa discrétion. Or, les personnes qui ont suivi de près cette affaire, savent que M. l'abbé Roy étoit tout aussi infortuné après qu'avant l'aventure.

Ces méprisables folies s'accréditèrent tellement contre lui, qu'un cri presque universel demanda sa détention. Il fut arrêté et conduit dans les prisons du Châtelet. On arrêta en même tems une personne qui lui étoit extrêmement chère ; celle-ci fut mise dans une autre prison ; y mourant de faim, M. l'abbé Roy lui fit passer sa montre qui étoit le seul bien qui lui restât. Ce foible secours épuisé, cette personne mourut de misère sur un grabat. Voilà un fait dont je suis certain, pour l'avoir vérifié sur les lieux ; réuni à mille autres, il m'a convaincu non-seulement que M. l'abbé Roy n'avoit point été *un instrument entre des mains puissantes*, mais même qu'il n'avoit joué aucun rôle dans toute cette manœuvre ; s'il en eût joué un, de quelque nature qu'il fût, il lui auroit été payé.

Il subit au Châtelet plusieurs interrogatoires, et il les subit au fort de la tempête, c'est-à-dire dans un moment où la prévention étoit extrême contre lui, et où les prisons regorgeoient des malheureux qu'on avoit fait prisonniers sur le champ de bataille. Aucun ne le chargea, et tous assurèrent ne pas même le connoître de nom. Ses propres interrogatoires furent simples, et ne fournirent aucune sorte de lumières sur ce qu'on avoit tant d'intérêt à découvrir ; si bien que ses juges se virent obligés de lui rendre la liberté.

La rumeur continuant toujours contre lui, on réveilla la première affaire. M. Réveillon poursuivit au parlement, avec chaleur, l'accusation de faux. M. l'abbé Roy se présenta avec sécurité au pied du tribunal. Il attendit paisiblement au café de Malthe, qui est à côté de la conciergerie, la décision. On vint lui dire qu'il étoit décrété de prise-de-corps ; il hésita quelques instans, mais enfin il se décida à mettre sa liberté en sûreté, et depuis il a été nul pour la révolution.

C'est-là l'homme que M. Réveillon indiqua au public, pour le fauteur d'une sédition à laquelle il n'eut certainement aucune part. En eût-il été ou le chef ou l'instrument, il n'y avoit pas plus de présomption à croire qu'il eût été employé par les triumvirs, comme on le vouloit, que par le parti contraire.

Tout ce qu'on dit à cet égard sur le gouvernement est une pure fable. On prétendoit, et on a écrit dans l'ouvrage que j'ai cité plus haut, qu'on avoit vu dans la mêlée *plusieurs personnes décorées, payant, excitant, soulevant les ouvriers, et recrutant cette malheureuse troupe qu'on envoyoit de gaieté de cœur à la boucherie.*

Ce sont là des comptes qui n'ont pas même le mérite d'être présentés avec adresse. Quelques recherches que j'aie faites, quelques renseignemens que j'aie pris sur les acteurs de cette lamentable scène, je ne trouve parmi eux qu'un seul homme qui fût véritablement décoré, et cette décoration consistoit en un ruban des chevaliers de Saint-Jean-de-Latran. L'homme qui le portoit ne payoit pas, ne recrutoit pas, mais il paroissoit prendre beaucoup d'intérêt aux brigands. On l'arrêta ; il se trouva qu'il étoit un aventurier qui changeoit de croix, comme de nom et de pays. Le ruban qu'il avoit à la boutonnière, le fit prendre pour un chevalier de Saint-Louis. Il avoit été banni une première fois de Paris, sous le nom de chevalier de Bonneville. Il y paroissoit cette fois-ci sous le nom de chevalier de Saint-Romain.

Les juges ne trouvèrent point assez de preuves pour l'envoyer au supplice ; ils condamnèrent à la corde deux hommes et une femme ; celle-ci se déclara enceinte, et échappa ainsi à la mort. Les deux premiers furent exécutés, et cette exécution fut un véritable spectacle. Toute la garde de Paris, le régiment des gardes-françoises, celui des gardes-suisses, un régiment de dragons et un de cavalerie escortèrent les patiens, depuis le Châtelet jusqu'au fauxbourg Saint-Antoine où les potences étoient dressées. Leur supplice ne causa aucun tumulte.

Si l'on ne vit aucune personne décorée sur le champ de bataille, pendant la terrible action du 28, on y vit en revanche plusieurs femmes parmi lesquelles je ne doute pas qu'il n'y en eût beaucoup qui n'en eussent que l'habit. Elles étoient armées de lourds bâtons ; elles se saisissoient avec avidité du premier bonnet de grenadier qu'elles pouvoient se procurer, le mettoient sur leur tête, et étoient cent fois plus acharnées au combat, que les hommes qu'elles animoient du geste et de la voix. On en vit quelques-unes qui, au lieu de bâton, avoient un sabre nud à la main.

On reprocha au gouvernement, et ce reproche parut spécieux et sans réplique, de n'avoir pas empêché l'incendie qui, s'il n'eût pas eu lieu, auroit épargné la scène de sang qui le suivit. On disoit que la police ayant été avertie vingt-quatre heures d'avance par M. Réveillon, avoit eu tout le tems de prendre les précautions nécessaires pour prévenir le désordre. On la blâmoit de n'avoir pas accordé à M. Réveillon un secours d'hommes plus considérable que celui qu'il avoit obtenu.

Il est bien vrai que le détachement commandé pour protéger sa maison ne fut pas suffisant, puisqu'il fut forcé ; mais il falloit bien que M. Réveillon crût lui-même qu'il n'avoit pas besoin d'une plus forte troupe pour mettre sa personne et ses propriétés en sûreté. En effet, il rentra tranquillement chez lui le 27 au soir, y passa toute la nuit, et n'en sortit le lendemain, avec sa famille, que lorsqu'il vit le détachement forcé, et la première avant-garde des brigands.

Il y a mieux, et ayant eu lui-même vingt-quatre heures pour transporter en lieu sûr, au moins ses meubles les plus précieux et les plus portatifs ; il nous apprend lui-même dans son mémoire, que les brigands lui prirent tout, même ses registres, son porte-feuille, ses billets de caisse, 500 louis en or, et jusqu'à une médaille sur laquelle il fait cette exclamation : *Ah ! je le dis du fond de mon cœur, j'eusse peu regretté cette somme, si ma médaille m'étoit restée.*

L'extrême attachement de M. Réveillon pour cette médaille, venoit de ce qu'elle lui avoit été accordée comme une récompense honorable de ses essais pour la fabrication de papiers vélins à l'imitation des Anglois. Elle étoit le prix institué par M. Necker, pour l'encouragement des arts utiles. Un tel objet étoit bien aisé à mettre même à la poche. Pour que M. Réveillon ne s'en soit pas saisi, il faut que sa sécurité, jusqu'au dernier moment, ait été pleine et entière. Elle ne pouvoit avoir d'autre motif que le secours d'hommes qui lui avoit été donné. Si on supposoit à cette confiance un autre motif, elle ne seroit plus concevable.

Pourquoi donc la police auroit-elle prévu un événement que M. Réveillon, éclairé par son intérêt personnel, ne prévoyoit pas ?

Mais, disoit-on, le gouvernement cherche un prétexte pour nous environner de troupes, et c'est pour nous prouver la nécessité d'en remplir la capitale, qu'il a voulu le feu et l'incendie de la maison de M. Réveillon.

Quel besoin avoit alors le gouvernement, de chercher des prétextes pour faire exécuter ce qu'il auroit plû au roi d'ordonner ? Le tems n'étoit pas encore venu, où le pouvoir exécutif, comme l'a dit depuis judicieusement un de nos législateurs, avoit intérêt de faire le mort. Le roi, à cette époque, pouvoit faire entrer dans Paris une armée de cent mille hommes, sans qu'il fût nécessaire de recourir à la pitoyable ressource de faire brûler quelques meubles à l'extrémité d'un fauxbourg.

Un seul moyen auroit pu empêcher ce malheur : il avoit toujours été d'usage dans les émeutes populaires ; ceux qui avoient le plus d'ascendant sur l'esprit de la multitude, se présentoient à elle, et presque toujours ils parvenoient à arrêter ses emportemens. C'étoit même une des fonctions essentielles des hommes en place.

M. le duc d'Orléans et M. Necker possédoient, à l'époque où ce malheur arriva, toute la confiance du peuple. Qu'eussent pu leur refuser des gens dont ils étoient idolâtrés ? Que risquoient-ils du moins de faire, dans une occasion aussi importante, un essai de leur crédit ? M. d'Orléans se montra bien à ces furieux, mais il n'obtint rien ; et M. Necker, nonseulement ne vint pas les haranguer ; il sembla encore abandonner aveuglément les mesures à prendre dans cette circonstance, à des gens qu'il savoit bien avoir perdu toute la confiance du peuple. On eût dit qu'il ignoroit absolument ce qui se passoit, et ce ne fut que plus d'un mois après qu'on sut la part qu'il y prenoit, par la lettre suivante qu'il adressa à M. Réveillon.

« J'ai pris beaucoup de part, Monsieur, à vos malheurs, et j'ai lu avec émotion, comme tout le public, le récit simple, touchant et mesuré que vous en avez fait. Je dois des louanges aussi à la discrétion avec laquelle vous avez eu recours à la justice et à la bonté du roi. Bien d'autres sûrement, avec bien moins de droits, auroient demandé davantage. Cependant placé, comme je le suis, pour défendre les intérêts du trésor royal, et persuadé de l'exacte vérité de vos sentimens, j'ai accepté votre discrétion, et je me suis borné à la faire valoir auprès de sa majesté. Voici donc, selon votre propre désir, ce que le roi vient de vous accorder.

1°. Le rétablissement de votre médaille que vous avez si bien méritée.

2°. La conservation du titre de manufacture royale en faveur de votre établissement s'il est dirigé dorénavant par des personnes de votre choix.

3°. La même grace en faveur de la manufacture de Courtalin dont la propriété vous est due.

4°. La remise des dix mille livres dont vous êtes caution.

5°. Une indemnité de trente mille livres.

Enfin sa majesté a bien voulu permettre selon la teneur de l'arrêt du conseil du 28 décembre 1777, que vous puissiez profiter de la faveur promise par le roi aux citoyens qui auroient obtenu la médaille d'industrie, et qu'à l'époque où elle vous sera rendue, je puisse prendre les ordres de sa majesté pour vous présenter à elle, puisque vous n'avez pas joui de cet honneur.

Je desire que ces différentes dispositions, et surtout l'assurance des bontés du roi, vous rendent au calme d'une vie que vous avez honorée par vos talens, et l'honnêteté de votre conduite.

Je suis ect.,

Signé, NECKER.

Parmi les personnes qui furent accusées d'avoir excité cette sédition, il est à remarquer que M. le duc d'Orléans lui-même ne fut pas épargné : on se disoit d'abord mystérieusement, et ensuite tout haut, que c'étoit par ses menées et avec son or, que cette armée de brigands avoit tout-à-coup paru. Cette opinion fit même un tel progrès, que le prince en fut si non-alarmé, du moins affecté. Il s'y montra encore plus sensible qu'aux accusations légales intentées depuis contre lui, et pour un crime encore plus atroce. Il fit beaucoup de bruit, il annonça publiquement qu'il réclameroit la justice du roi contre les véritables auteurs de l'émeute ; qu'il les déclareroit, les dénonceroit aux états-généraux pour qu'ils y fussent jugés ; qu'il solliciteroit pour eux la plus rigoureuse justice, et enfin qu'il imprimeroit et rendroit publique sa dénonciation. Ces assurances ne se sont jamais réalisées ; il en a été d'elles comme de cette autre apologie annoncée solemnellement dans la tribune de la nation, et qui n'a jamais paru.

Quoique M. Necker n'eût paru prendre aucune part à ces désordres, ses partisans publièrent dans Paris qu'il en étoit vivement affligé, et on vouloit que les autres ministres en eussent une joie secrette. Ce n'étoit du moins pas M. de Villedeuil retenu au lit et assez dangereusement malade. La tournure qu'il voyoit prendre aux affaires paroissoit l'inquiéter plus qu'un autre. Il nourissoit au fond de son ame une véritable douleur du mécontentement que le roi lui avoit témoigné à l'occasion de la détention du libraire chargé de fournir à sa majesté les écrits nouveaux. M. de Villedeuil avoit été saigné quatre fois depuis le jour où il avoit eu le malheur de déplaire au monarque.

Mais personne en France ne ressentit plus de chagrin des scènes qui avoient ensanglanté le faux-bourg Saint Antoine que Louis XVI. Elles étoient le présage des calamités qui alloient fondre sur son royaume, et depuis ce jour ce prince si digne d'être heureux n'a plus goûté de bonheur. Depuis ce jour, les récits les plus affligeans sont venus déchirer sa belle âme.

Cette cruelle résolution de contraindre les bourgeois à prendre les armes, n'a cessé en effet de faire succéder un malheur à un autre malheur, et a couvert la France de deuil et de forfaits.

En même tems que des légions de scélérats violoient avec brutalité à Paris les propriétés de deux négocians, des atrocités à-peu-près semblables désoloient la ville d'Orléans. Le petit peuple tourmenté long-tems par la cherté du pain, et la frayeur d'en manquer tout-à-fait, perdit enfin toute mesure. Il se jetta tout-à-coup avec fureur sur plusieurs magasins qu'il força. Il enfonça entr'autres celui de M. Rime riche négociant. Il renfermoit huit cents sacs de farine qui furent pillés. La maison fut démolie, et une somme de quarante mille livres d'argent monnoyé qu'on y trouva fut volée. M. Rime lui-même fut obligé de sortir de la ville. Les scélérats qui se livrèrent à ces attentats, pour n'être point surpris par les troupes du roi, avoient eu la précaution de mettre en embuscade à chaque porte de la ville trois cents hommes. L'intendant s'étant transporté au milieu des brigands, pour essayer de les détourner de toutes ces violences, faillit perdre la vie par un stratagême assez singulier. Pendant qu'il haranguoit à la porte d'un boulanger, le peuple qui remplissoit la rue, un misérable lui faisoit descendre sur la tête, par la fenêtre d'un troisième étage, une corde qui se terminoit par un nœud coulant destiné à l'exhausser et à lui faire perdre la vie. Le magistrat heureusement s'apperçut de la fatale invention, à l'instant où la corde l'atteignit, et où l'on s'apprêtoit à lui en ceindre le col. Le péril lui donna de la vitesse, et il échappa par une fuite précipitée à ses bourreaux.

Il est bien clair que si le gouvernement eût salarié ces assassins, il auroit dirigé leur fureur contre ceux qui lui suscitoient des embarras, et eût pris des mesures pour qu'ils épargnassent ses agens. Mais tel étoit l'aveuglement : le peuple ne reconnoissoit plus pour amis que MM. d'Orléans et Necker. La haine contre les princes triumvirs rejaillit jusques sur ceux qui leur appartenoient, et leurs gens n'osèrent plus se montrer dans les rues avec la livrée de leurs augustes maîtres.

27. Les électeurs cependant du tiers-état continuoient à l'archevêché leur travail. Ils reçurent au commencement de leur seconde séance une députation du clergé, composée de MM. les abbés de Montesquiou, de Bonneval, de la Gard, Sabattier, Desplaces; les curés de St. Eustache, de St. Nicolas-des-Champs, et le général des Bénédictins.

Cette députation laissa sur le bureau un arrêté dont voici la teneur :

« L'ordre du clergé de l'assemblée de Paris a délibéré et arrêté unanimement de concourir proportionnellement à ses revenus à l'acquittement des charges publiques, librement consenties par les trois ordres dans les états-généraux ; la chambre ecclésiastique ne se permettant pas de douter que la nation ne reconnoisse comme dettes de l'état les dettes du clergé, parce qu'elles ont toutes été contractées pour son service ».

M. l'abbé de Montesquiou, après avoir déposé cet arrêté, adressa à l'assemblée un discours dans lequel il l'assura des sentimens de fraternité du clergé. Il dit que son ordre regardoit l'abandon des privilèges pécuniaires, non comme un sacrifice, mais comme un acte de justice ; que s'il avoit long-tems défendu ses immunités, c'est qu'elles étoient jadis celles de la nation entière, et qu'il avoit toujours conservé l'espérance que la nation les recouvreroit un jour.

M. l'abbé de Montesquiou n'avoit guères été connu jusqu'à ce jour que dans son ordre. Il étonna le tiers-état par la noblesse et la simplicité de son éloquence. Il est en effet un des plus grands et des plus aimables orateurs de ce siècle ; il réunit tous les avantages, un des plus beaux noms de France, une réputation pure, un extérieur agréable, de l'urbanité dans les manières, un esprit toujours sage, toujours vrai, l'art de répandre des graces sur les vérités les plus austères ; ses discours sont lumineux, clairs ; il enchaîne ses idées avec méthode et les développe sans effort ; ses vues ont de la profondeur, il les présente avec énergie, et cependant son élocution est toujours douce et onctueuse. Ses principes sont solides, ses pensées brillantes ; ses premières phrases attirent

l'attention

l'attention, et personne ne sait mieux que lui la fixer. Par une singularité qui lui est peut-être particulière, son éloquence n'a pas fait une seule conquête, toujours contredit sans être refuté, toujours vaincu en défendant la plus juste comme la plus belle cause, bien loin de perdre dans l'opinion, il a, par ses propres défaites, gagné l'estime universelle, et personne ne jouit d'une plus grande considération.

M. Camus qui ce jour-là faisoit les fonctions de président reçut ce premier hommage du premier ordre de la nation, d'un ordre dont il étoit l'avocat, qui l'avoit couvert de bienfaits, et qu'il devoit bientôt combattre avec une scandaleuse immoralité. Il répondit que le tiers-état étoit très-reconnoissant, et ajoutoit aux sentimens de fraternité ceux du respect filial qui est dû aux chefs de l'ordre ecclésiastique.

L'assemblée entière prit de plus un arrêté conçu en ces termes :

« L'assemblée du tiers-état a vu avec une extrême sensibilité dans l'arrêté de l'ordre du clergé, l'expression des sentimens de justice qui animent cette portion distinguée du clergé de France. Les vœux de fraternité et d'égalité prononcés par son orateur, ont causé à l'ordre du tiers-état une émotion vive, dont il conservera le souvenir dans l'heureuse circonstance qui l'appelle à concourir à la régénération de l'empire françois ».

Nous verrons dans la suite, de quelle nature étoit cette émotion vive, s'il n'eût pas mieux valu que le tiers-état en eût perdu tout souvenir. On s'étonne en lisant cet arrêté, du style de sa rédaction, et on ne croiroit jamais qu'il a été pris dans une assemblée qui renfermoit tant d'hommes de lettres.

Dans cette même séance, on nomma les commissaires pour la rédaction des cahiers ; ces commissaires furent : MM. Guillotin, Marmontel, le Couteulx de la Noraie, Camus, Coster, Martineau, Gorneau, Tassin, Vignon, La Cretelle, Collet, Duclos Dufresnoy, Thouin, Poignet, Bevière, Panckouke, Hutteau, Bailly, Germain, Desèze, Réveillon, Etienne, Thouvenel, de la Frenaie, Gaillard, Delondre, Suard, Boscari, Target, Trudon, Cadet, Gibert, Perégaux, Regnier, Threilhard et Séjourné.

Cette nomination faite, on vit paroître M. le marquis de Gouy d'Arcy ; si on étoit un grand homme, en se donnant beaucoup de mouvement, en faisant beaucoup de bruit, M. de Gouy d'Arcy seroit le premier homme de ce siècle. Je ne veux pas me hâter de donner son portrait à mes lecteurs ; je le laisserai auparavant se produire et s'agiter sur différens théâtres. Il venoit apprendre à Messieurs les électeurs qu'il étoit député de la colonie de Saint-Domingue, et que cette colonie sollicitoit l'admission aux états-généraux, et la liberté de former des assemblées particulières pour nommer des représentans. Il dit de plus que les députés de la colonie étoient déjà arrivés en France, et quils demandoient à être admis aux états généraux, ou du moins qu'on y reçût et qu'on y appuyât leur réclamation.

Il n'y avoit au monde, que M. de Gouy d'Arcy, qui pût croire que trois cens membres environ du tiers-état de France pussent prononcer sur un objet pour lequel ils n'avoient aucune sorte de mission, puisque toute leur fonction se réduisoit à nommer des députés aux états-généraux. Mais ce gentilhomme vouloit se faire connoître, et les électeurs étoient peut-être flattés de voir un noble, une colonie entière réclamer leur protection. Ils accueillirent donc la députation ; M. de Gouy d'Arcy parla aussi long-tems qu'il voulut parler, et on sait qu'il parle longuement : il déposa ensuite sur le bureau ses dépêches, et se retira.

Les momens étoient trop précieux pour qu'on s'arrêtât à les ouvrir ; les états-généraux devoient commencer le 4 mai, et on auroit bien voulu que les députés de Paris pussent se trouver à la cérémonie de l'ouverture. Un membre proposa de les nommer sur le champ. La proposition parut digne d'être gravement discutée ; il étoit tard, parce qu'on avoit perdu beaucoup de tems à écouter M. d'Arcy. Cette considération fit remettre la discussion au lendemain.

29. Le lendemain donc, on mit en délibération, si l'on nommeroit les députés avant de s'occuper de la rédaction des cahiers. Le cas parut très-embarrassant ; si l'on s'occuppoit des cahiers, avant de nommer les députés, ceux-ci manqueroient non-seulement à l'ouverture, mais à plusieurs des séances des états. Dans ces séances, on nommeroit des présidens et des secrétaires ; les représentans de la capitale n'auroient donc aucune part à ces élections. L'objet d'une des premières délibérations des états, seroit de décider si les trois ordres se réuniroient pour opiner par tête, ou si l'on voteroit par ordre. N'y avoit-il pas un grand inconvénient à ce que la première ville du royaume fût la seule à ne pas influer sur une délibération la plus importante de toutes?

D'un autre côté, précipiter la nomination des députés, c'étoit se priver d'un tems précieux pour étudier, connoître les membres de l'assemblée, et pour se décider sur le choix. Les cahiers et le travail des commissaires devoient nécessairement procurer des lumières à cet égard. La confection des cahiers ne devoit-elle pas d'ailleurs précéder la nomination des députés ? Ces cahiers contiendroient essentiellement les pouvoirs donnés aux députés, et les obligations qui leur seroient imposées. Les députés pouvoient-ils aller aux états-généraux, sans être munis de ces pouvoirs ? Pouvoient-ils accepter leur commission, sans connoître les obligations qu'ils avoient à remplir ? Suivant la nature de ces obligations, il y auroit peut-être telle personne qui ne pouvant s'y engager, seroit dans le cas de refuser la députation.

On voit par ces débats, que je rends bien fidèlement, qu'il étoit également dangereux de s'arrêter à l'un ou à l'autre parti : et M. Necker se sauvera-t-il du reproche d'avoir laissé un si court espace de tems entre la rédaction des cahiers, la nomination des députés, et l'ouverture des états-généraux ? Plus on vouloit, plus on avoit besoin qu'ils fussent sagement composés, et moins on devoit mettre de précipitation dans la formation des élémens qui dévoient les constituer. Il étoit intéressant sans doute que toutes les parties de l'empire y fussent sagement représentées ; mais de toutes les villes, il n'en étoit aucune dont il fût plus important de bien organiser la députation, que celle de Paris, parce qu'outre que cette députation seroit très-nombreuse, elle devoit encore influer particulièrement sur les délibérations, puisqu'elles représentoient la capitale du royaume ; et cependant cette ville d'une population immense, étoit la seule dont les habitans n'avoient eu que quelques jours pour se réunir à la hâte, et nommer avant de se connoître, leurs représentans. C'étoit en vérité se jouer du sort de la France, de mettre tant de hâte dans une affaire qui alloit décider de son salut ou de sa ruine.

Les électeurs se trouvoient donc enfoncés dans un labyrinthe dont il étoit difficile de sortir avec succès. Quelques membres crurent trouver une issue en composant un cahier divisé en deux parties : la première constitutionnelle, auroit pour objet la liberté, la propriété des citoyens, l'ordre immuable à mettre dans les finances, et auroit contenu en outre les pouvoirs essentiels des députés.

La seconde partie auroit été de détails et de localités ; on l'auroit rédigée à loisir, et envoyée ensuite aux députés, comme instruction. Mais les détails mêmes des instructions, et les localités pouvoient contenir des obstacles à l'acceptation des députés. D'ailleurs, c'étoit laisser sans réponse la plus importante question : un pouvoir donné et des obligations imposées à un mandataire, ne doivent-ils pas lui être connus dans leur entier, afin que son acceptation soit complette et vraiment obligatoire ? Il n'y avoit pas de réponse à cette question ; il falloit donc avoir des cahiers entiers, définitifs ; il falloit que la lecture en fût faite à l'assemblée générale.

« Les fonctions augustes et importantes, dit un électeur s'élevant déja au ton constitutionnel, dont l'assemblée est chargée, la confiance de tous les citoyens dont elle est revêtue, ne lui permettent dans sa marche aucune précipitation, quelque légitime que puisse en être la cause. Les principes de justice, et les formes légales doivent être, dans tous les tems, rigoureusement observés ; mais sur-tout dans le moment où nous sommes appellés à poser les bases de la constitution, les premières loix de la société où nos neveux doivent vivre ; acte solemnel qui est la première de toutes les formes légales, et qui n'admet rien que de légal dans ses préparations ».

Ce langage n'étoit pas équivoque ; il devoit naturellement un peu étonner la cour. Il entraîna l'assemblée ; elle aima mieux ne prendre aucune part aux premières délibérations des états-généraux, à des délibérations dont le résultat pouvoit changer la situation du royaume et de la capitale, que de ne pas rédiger à loisir un cahier académique, dont aucune disposition n'a été suivie.

Il fut donc décidé qu'on procéderoit avant tout à la rédaction des cahiers.

Le soir, les commissaires chargés de cette rédaction, se réunirent, et pour tout travail, lurent les cahiers et les pouvoirs donnés par chaque district à ses électeurs.

30. Le lendemain matin, dès les huit heures, les mêmes commissaires se rassemblèrent dans la bibliothèque des avocats, et se constituèrent en dix comités ou bureaux, sous les titres de constitution, finances, agriculture et commerce ; religion, clergé, mœurs, éducation, hôpitaux, législation, municipalité. Ils travaillèrent ce jour-là jusqu'à dix heures du soir.

Je m'arrête ici un instant : une nouvelle carrière s'ouvre à mes regards ; tous les objets qui s'y présentent intéressent ; mais que d'images sanglantes mes lecteurs y rencontreront, en la parcourant avec moi !

CHAPITRE XV.

Tentatives des séditieux aux environs de Paris; désordres dans les provinces; conjectures des Parisiens sur l'effroyable multiplication de brigands; nouveaux troubles à Marseille; généreuse et sage conduite du parlement de Provence; amnistie; premières motions incendiaires au Palais-Royal; anecdote singulière sur un faussaire; séances des électeurs des 1er et 2 mai; présentation des trois ordres au roi; murmures sur le costume des trois ordres; anecdote sur un député breton à qui ce costume donnoit de l'humeur; séance des électeurs du 3 mai; procession qui précède l'ouverture des états-généraux; détails et anecdotes sur cette cérémonie; séance des électeurs du 4 mai; première séance des états-généraux; détails et anecdotes sur cette séance; discours du roi; ivresse qu'il produit; justice rendue à la reine; injustice envers M. le garde des sceaux.

Mai 1789.

Il n'est plus de beaux jours ni pour la France, ni pour son roi. Les premiers efforts pour porter la bourgeoisie du royaume à une insurrection, déchirèrent le sein de notre patrie, et la couvrirent de plaies qui saigneront long-tems. Paris étoit bien gardé; les troupes avoient montré dans la sanglante expédition du fauxbourg Saint-Antoine, qu'elles savoient protéger l'ordre et la tranquillité. Les brigands laissèrent donc quelques jours la capitale tranquille, mais ils se montrèrent dans les environs, et tous les rapports que l'on faisoit de leur nombre et de leurs menaces, ne laissoient pas de tenir les Parisiens dans une inquiétude continuelle.

On vit quelques jours après l'incendie de la maison de M. Réveillon, un attroupement de cinq à six cents vagabonds auprès de Villejuif. Ils se répandirent dans toute la campagne, menacèrent par deux fois de briser les portes du château de Bicêtre. Des troupes s'approchèrent de cette prison, et ne trouvèrent plus d'ennemis à combattre. Ils s'étoient répandus dans les différens villages de la banlieue, dont ils effrayoient les habitans par des projets de dévastation et de pillage; ils s'approchèrent de Saint-Cloud, et l'on disoit qu'ils avoient dessein de faire une irruption à Versailles.

Des cavaliers étoient sans cesse à leur trousse, et lorsqu'ils arrivoient sur les lieux où ils croyoient en trouver des bandes, leur attente étoit trompée, les brigands avoient disparu.

Ce manége harceloit les troupes, et tenoit les habitans de la capitale et des villes voisines, dans l'attente d'une inondation de ces malheureux.

Dans les provinces, ils ne s'en tenoient pas à des courses menaçantes; la Normandie en étoit désolée: mais aucune province n'eut plus à en souffrir dans ces premiers jours de la révolution, que le Languedoc. Ils infestèrent les environs de Montpellier et de Nîmes; ils tâchoient de s'associer les paysans, ils souleuvoient les villages, mettoient les châteaux à contribution, et, dans plus d'un endroit, ils ne se contentèrent pas de piller, ils commirent même des meurtres. M. le comte de Périgord fut obligé de leur donner la chasse à la tête de deux régimens.

Les bourgeois de Caen ne répondirent pas aux vues de ceux qui avoient lâché toutes ces bêtes féroces; ils ne prirent pas les armes; ils se contentèrent de planter aux portes de leur ville, sept potences qui restèrent toujours dressées, et qui en effet les préservèrent d'une irruption. Les brigands qui battoient la campagne des environs, n'osèrent approcher de la ville, mais ils firent d'horribles dégâts dans les villages et dans les hameaux.

Il est bien singulier qu'au même tems, et presque au même jour, de pareilles atrocités se répétassent sur tous les points de la France. Du midi au nord, des hordes de ces malheureux la menaçoient, et rappelloient les anciennes irruptions des Normands. Le Béarn en fut successivement couvert; la ville de Meaux faillit en être saccagée.

Il n'étoit pas une province, pas un canton d'où il n'arrivât journellement à Paris les relations les plus affligeantes : on ne parloit dans les cercles de la capitale, que de pillages, d'incendies, d'assassinats commis dans quelque coin du royaume. On ne savoit que penser d'un tel fléau; on ne comprenoit rien à cette innombrable quantité de malfaiteurs, qui, sans chefs apparens, sembloient être d'intelligence pour se livrer par-tout aux mêmes excès, et précisément à l'instant où les états-généraux alloient s'ouvrir. On ne pensoit pas que la France pût produire autant de monstres; on vouloit qu'ils fussent la plûpart étrangers; que notre sol eut été couvert de l'écume de toutes les nations; que les Italiens eussent poussé sur les côtes de Provence et de Languedoc, et les Anglois sur celles de Normandie et de Bretagne, tous leurs brigands. Nos voisins et sur-tout les Anglois, disoient les Parisiens, jaloux du bonheur que nous allons conquérir, veulent y apporter des obstacles insurmontables. Ils se flattent d'accroître les embarras inséparables des premiers jours d'une révolution, et peut-être veulent-ils profiter de notre foiblesse momentanée, pour démembrer et conquérir les diverses parties du royaume.

Il n'y avoit rien de réel dans ces conjectures; les Parisiens ne devoient être délivrés des brigands que lorsqu'ils auroient pris les armes, et la famine qui les menaçoit ne devoit cesser que lorsqu'ils auroient emmené le roi dans leurs murs. C'étoit là le but où l'on vouloit les conduire, et ils y sont arrivés sans soupçonner qu'on les y entraînoit.

Les Marseillois furent les premiers qui l'atteignirent; on a vu que lorsque M. de Mirabeau quitta la Provence, plusieurs jeunes bourgeois de Marseille avoient pris les armes, et depuis ce moment la province avoit été tranquille. Ce n'étoit point assez pour l'exécution des desseins qu'on avoit en vue, et il falloit que la prise d'armes fût générale à Marseille. On la remplit, comme toutes les autres villes du royaume, de brigands. On y en comptoit à la fin d'avril six à sept mille, qu'on disoit étrangers, Espagnols, Gênois, Napolitains. Ils murmuroient beaucoup de la cherté du pain, et disoient hautement que si on ne le diminuoit pas, il faudroit bien qu'ils se missent à voler; on crut, ou du moins on feignit de croire, qu'ils avoient l'intention de piller quelques magasins, et notamment celui du Lazaret où, comme l'on sait, sont déposées toutes les marchandises qui viennent du levant, jusqu'à ce qu'elles aient subi l'épreuve de la quarantaine. Le transport de ces marchandises dans l'intérieur de la ville auroit pu y mettre la peste, et comme si ce n'eut pas été assez de l'appréhension de ce fléau, on y joignit celle du feu; car on prétendoit avoir la preuve que l'intention de tous ces vagabonds étoit d'incendier les quatre coins de la ville.

Menacés donc tout-à-la-fois du pillage, du feu, de la peste, les Marseillois ne virent pas d'autre moyen pour se préserver de ces calamités, que de repousser loin de leur ville les malheureux qui leur faisoient craindre ce triple fléau; il n'y avoit pas d'autre moyen d'en purger Marseille, que de les obliger à la fuite par la force des armes. Tous les bourgeois devinrent donc soldats, et donnèrent en effet la chasse à ces incommodes étrangers; mais la ville ne fut pas pour cela plus tranquille. Jamais au contraire elle n'avoit été plus agitée qu'elle le fut après la retraite de ces vagabonds.

Le peuple avoit pris, comme par-tout ailleurs, de la haine contre les agens de l'autorité; il en proscrivit les têtes, et voulut que le glaive de la justice les fît tomber. Le parlement qui ne vit point de coupable parmi ceux qu'on lui désignoit, ne voulut faire pendre personne; mais des factieux de Marseille ayant, pour condescendre aux desirs de la multitude, condamné par un jugement illégal ces mêmes agens à la mort, le parlement crut alors devoir réprimer ces atrocités. Il condamna trois de ces juges à être pendus eux-mêmes. Les potences furent dressées. La vue des gibets mit en fureur le peuple; mais ce peuple n'étoit pas le peuple marseillois, il n'étoit composé que de cette canaille italienne et espagnole dont la ville avoit été purgée, et s'étoit de nouveau remplie.

Dans de telles conjonctures, le parlement et l'intendant qui étoit en même tems premier président de cette compagnie, crurent qu'il étoit instant de réveiller la vigilance de la cour, et de fixer toute sa sollicitude sur les suites que pouvoient avoir ces nouveaux troubles. Ils lui firent donc passer une relation de ces désordres; elle étoit véritablement allarmante; les magistrats n'y dissimuloient pas que non seulement on ne respectoit plus à Marseille aucune autorité légitime, mais qu'on seroit tenté de croire que cette ville avoit réellement l'intention de se séparer de l'empire françois, et de s'ériger en république.

Ce n'étoit là qu'une terreur panique; car quelque avantageusement située que soit Marseille, quelle que soit l'opinion qu'elle ait de ses ressources, son intérêt et la constitution politique lui font un besoin de la protection du royaume dont elle fait partie.

On

On fut effrayé à la cour de ces désordres. Le roi envoya sur les lieux une proclamation sévère qui fut affichée dans toutes les rues. Sa Majesté y disoit qu'instruite par son parlement et par l'intendant de la province, qu'une multitude de brigands menaçoit les propriétés, et se portoit aux plus grands excès, son intention et ses ordres étoient qu'on sévît contre eux avec rigueur, et que sans les formalités ordinaires de justice, on punît sur-le-champ du dernier supplice ceux qui seroient surpris en flagrant délit.

Cette proclamation causa la plus grande rumeur : les Marseillois crioient qu'ils avoient été calomniés auprès du roi par le parlement et par l'intendant, que ce corps, ce magistrat, tous les agens de l'autorité, tous les possédans-fiefs, étoient des ennemis dont il falloit débarrasser la province, que tant qu'ils y resteroient, Marseille ne seroit point libre, et n'auroit point une constitution.

De ces plaintes, on en vint bientôt aux voies de fait, et cette fois-ci la prise d'armes fut générale. Environ 20,000 jeunes bourgeois présentèrent tout-à-coup le spectacle d'une armée formidable. Ils s'emparèrent des canons des bâtimens qui se trouvoient dans le port ; ils en pointèrent à toutes les portes de la ville, et firent garder chaque pièce par un nombreux détachement. Ils prenoient cette précaution pour se mettre en garde contre toute surprise de la part des troupes du roi qui pourroient arriver du dehors,

La garnison du fort Saint-Nicolas n'osoit bouger ; elle voyoit sous ses murs cette florissante jeunesse faire toutes les évolutions militaires, l'exercice du canon, du fusil, marcher en ordre de bataille, feindre de petits combats.

La chambre du commerce et le corps-de-ville, ne sachant comment se termineroit cette effervescence, prirent un arrêté qu'ils envoyèrent à la cour par deux députés. Ils y supplioient le roi de croire que les Marseillois avoient été calomniés, qu'ils étoient et seroient toujours ses plus fidèles sujets ; mais qu'ils ne pardonneroient jamais à ceux qui leur avoient fait perdre les bonnes graces de sa majesté, et qu'ils se jettoient à ses pieds pour lui demander de retirer sa proclamation, et de casser le parlement ; enfin ils disoient dans cette requête, qu'il y avoit tout à craindre, si le roi ne se rendoit pas à leurs desirs, parce que les jeunes bourgeois feroient tous leurs efforts pour s'opposer à ce que les régimens qu'on pourroit envoyer contr'eux, entrassent dans la ville, cette bouillante jeunesse préférant la mort à l'esclavage.

Cette demande de la cassation du parlement et du renvoi de M. Galloy de la Tour, son premier président, contraste un peu avec ce que le journaliste de Paris racontoit à la même époque des troubles de Marseille. Il écrivoit que le peuple de cette ville portoit jusqu'à l'idolâtrie sa reconnoissance pour le parlement, mais plus particulièrement pour M. Galloy de la Tour, au point qu'on lui avoit donné les fêtes les plus flatteuses, et qu'on avoit fait frapper en son honneur des médailles.

Dans l'ancien, comme dans le nouveau régime, il y a toujours eu un grand choix à faire parmi les journaux : et ceux qui voudront écrire l'histoire du dix-huitième siècle, ne doivent recueillir qu'avec beaucoup de circonspection, leurs matériaux dans les feuilles périodiques. Il est vrai cependant que la haine qu'on portoit en Provence au parlement et à l'intendant, n'étoit pas universelle ; mais ceux qui rendoient justice à leurs principes et à leur conduite, et qui eussent frappé des médailles pour éterniser la reconnoissance qui leur étoit due, composoient le plus petit nombre.

Je ne veux flagorner personne, mais je dois mettre la postérité à même de rendre justice. La vérité veut donc que je dise que l'on ne dut la cessation de ces troubles, qui certainement étoient bien sérieux, qu'au parlement lui-même. Ceux qui les avoient excités ne durent également la vie qu'aux magistrats qu'ils calomnioient avec tant d'opiniâtreté.

Je sais bien que dans le tems on accrédita beaucoup l'opinion contraire ; on prétendit que l'arrêté des négocians et des officiers municipaux, avoit jetté la cour dans l'indignation contre les magistrats dont cet arrêté contredisoit la relation. On dit que le roi témoigna, en termes énergiques, son mécontentement aux commissaires du parlement. Mais un fait qui ne peut pas être révoqué en doute, c'est que ce fut à la prière et aux instances de cette compagnie, que sa majesté accorda l'amnistie qui rétablit la paix à Marseille.

J'ai imprimé dans mon journal N°. CLV, du mardi 2 novembre 1790, page 631, une lettre qui indique les noms de quelques-uns de ceux à qui cette amnistie fit grace de la vie. Cette lettre atteste que le pardon ne fut accordé qu'à l'intercession du parlement. La feuille où elle se trouve imprimée a été envoyée aux personnes mêmes qui y sont nommés, et qui depuis la révolution sont très-considérées parmi ceux qu'on appelle patriotes. Aucune d'elles n'a réclamé ni sur ce qui leur est personnel, ni sur ce qui concerne le parlement. Je regarde donc leur silence comme une nouvelle preuve de la générosité avec laquelle cette compagnie se conduisit dans d'aussi fâcheuses circonstances.

L'effet qu'elle produisit, en désarmant la juste sévérité du roi, fut d'autant plus heureux pour la province, que les troupes envoyées ensuite par sa majesté, et destinées à raffermir le bon ordre, trouvèrent les esprits beaucoup moins aigris, et il n'y

Ff

ent, comme on l'avoit craint, aucun choc entre elles et les bourgeois; mais ceux-ci n'en restèrent pas moins sur la défensive, et depuis ils n'ont plus quitté les armes.

Les Parisiens, qui ne comprenoient rien à tout ce qu'on leur racontoit de la position actuelle de Marseille, vouloient absolument que cette ville fût dans la ferme résolution de s'ériger en république. Mais les menées qui se faisoient en Provence avoient lieu en même tems dans tout le royaume et dans la capitale. Les Marseillois, comme les Parisiens, étoient égarés et entraînés, et ceux-ci devoient un jour arriver au même point que les premiers. Toutes les sortes de moyens étoient mis en œuvre pour hâter leur marche. Le marquis de Saint-Huruge leur crioit dans les cafés du palais-royal, que leur perte étoit assurée, qu'il tenoit le premier anneau de la chaîne qui alloit les réduire en esclavage, qu'il connoissoit la cause du désastre qui avoit fait couler le sang dans le fauxbourg Saint-Antoine; qu'il avoit acquis des preuves plus claires que le jour, que M. l'abbé Roy avoit été soudoyé par les triumvirs pour exciter l'émeute; il ajoutoit que ces preuves étoient si évidentes, qu'il alloit dénoncer cet ecclésiastique aux tribunaux.

Cette dénonciation eut lieu en effet, et, comme on pense bien, n'a jamais été suivie.

Les orateurs du palais-royal ne s'en tenoient pas à manifester ces alarmantes conjectures; ils ne cessoient de répéter que la cour avoit pris de telles mesures, qu'en moins de vingt-quatre heures, Paris pouvoit voir dans ses murs une armée de vingt-cinq mille hommes. Cette allégation n'étoit pas sans fondement. La garde de Paris étoit même déjà augmentée des régimens Royal-Cravatte, et Bourgogne, cavalerie. On avoit de plus caserné 400 suisses dans le couvent des Capucins de la rue Saint-Honoré. La cour, après les excès qui venoient d'être commis, et instruite des discours séditieux dont les lieux publics retentissoient à toute heure du jour, devoit à la tranquillité même des habitans de la capitale, les précautions qu'elle prenoit pour assurer leurs propriétés, et ces précautions étoient d'autant plus nécessaires, que les manœuvres qui se continuoient sur les grains faisoient craindre une insurrection générale.

Il se passa vers les premiers jours de mai, un événement que je dois raconter, parce qu'il a avec cette manœuvre des grains, des rapports qui méritent d'être approfondis. Un homme nommé Lequeue, qu'on dit valet des petites écuries du roi, qui du moins avoit la livrée de sa majesté, se présenta à la caisse d'escompte avec un *bon* pour toucher 50 mille écus. Le bon étoit signé de M. Necker et de son secrétaire; on ne fit aucune difficulté de le payer.

Lorsque ce bon fut ensuite mis sous les yeux de M. Necker, ce ministre l'examina, dit que la signature, quoique parfaitement bien imitée, n'étoit point la sienne, et que celle de son secrétaire étoit également contrefaite; il ajouta qu'il n'avoit aucun besoin de recourir à la caisse d'escompte; parce que le trésor royal avoit des fonds suffisans.

Jusques-là l'aventure n'offre rien de bien singulier; la hardiesse d'un filou qui contrefait la signature d'un ministre, pour voler une somme, n'est pas sans exemple; et pour prouver que les noms apposés au bas du bon présenté à la caisse d'escompte, étoient en effet l'ouvrage d'un faussaire, il suffit sans doute du témoignage de M. Necker.

Mais au moment où cette aventure éclate, il se répand dans tout Paris, que des fermiers, des marchands de grains, des meûniers, des boulangers, des marchands même de bœufs, ont reçu ordre de discontinuer les approvisionnemens pour Paris, *depuis le 20 avril, jusqu'au 15 mai*, et que cet ordre est signé de M. Necker. Ce ministre convient lui-même du fait; il dit que plusieurs de ces lettres circulaires lui sont revenues, et qu'il a reconnu que la signature étoit fausse. Aussitôt tous les soupçons tombent sur le faussaire qui a présenté le bon de 50 mille écus à la caisse d'escompte, et il n'est personne qui ne publie que c'est lui qui a supposé tous ces ordres.

Ce fait, et sur-tout cet espace de tems du 20 *avril au 15 mai*, suggèrent bien des réflexions. D'abord, il prouve inconstestablement qu'il y avoit un complot pour affamer la capitale, au moment même où s'ouvriroient les états-généraux. Qui avoit conçu cet homicide projet ? En donnera-t-on l'invention au gouvernement ? Mais le gouvernement avoit-il intérêt d'accroître la fermentation déjà si grande ? N'avoit-il pas déjà assez d'embarras ? Se faisoit-il un jeu de s'exposer à toutes les suites qu'auroit nécessairement l'exécution d'un tel complot ? Qu'eût-il gagné à soulever tous les habitans de la capitale ? Il faisoit venir, il est vrai, des soldats; mais ces soldats ne donnoient pas du pain. Et que peut une armée contre le désespoir engendré par la famine.

N'est-il pas aussi un peu étrange que M. Necker connoissant les fourberies qui se pratiquoient sous son nom, en ait montré si peu d'inquiétude ? Quelle indifférence sur ce qui pouvoit produire les plus grands désordres ! Il se tait sur toutes les lettres circulaires, et n'en parle qu'à l'instant où un homme se présente à propos pour être dénoncé au public comme l'auteur de tous ces faux. Les sollicitudes de M. Necker ne vont pas plus loin : il ne fait aucune recherche sur ces écrits, sur ceux qui les reçoivent, sur la manière dont ils leur parvenoient; il n'éveille point le zèle des tribunaux. Le seu coupable désigné échappe lui-même à la vigilance d'une administration qui avoit tant de moyens, pour s'assurer des criminels d'état; et depuis ce jour, il n'en est plus question.

Il faut convenir que ce sont là des singularités qu'un historien plus présomptueux que moi, entreprendroit peut-être d'expliquer.

Voilà au surplus la première circonstance où je trouve le nom de M. Necker mêlé aux ténébreuses opérations qu'on n'a cessé de faire sur les grains jusqu'au 6 octobre suivant. Je remarquerai avec soin toutes les autres occasions semblables qui se présenteront dans la suite.

Premier. On étoit trop préoccupé à Paris, pour s'arrêter à des conjectures sur un tel événement. Tout ce qui n'avoit pas un rapport immédiat avec les états-généraux, n'affectoit qu'un instant. Les commissaires nommés par les électeurs pour la rédaction des cahiers, employèrent à ce travail toute la journée du premier mai, depuis huit heures du matin jusqu'à dix heures du soir, et toute celle du deux, depuis huit heures du matin jusqu'à minuit.

2. On sut aussi le 2, que tous les députés qui s'étoient réunis à Versailles, furent présentés au roi. La cérémonie eut lieu pour le clergé à onze heures du matin, pour la noblesse à une heure après midi, et pour le tiers-état à quatre heures.

Il s'éleva une légère difficulté sur la préséance entre les ducs et pairs, et les gentilshommes des provinces. Les premiers vouloient être présentés à la tête de la noblesse; le roi décida qu'il n'y auroit aucune distinction, et que la présentation se feroit par ordre de bailliage.

Le tiers-état avoit été rassemblé dans le sallon d'Hercule; il traversa tous les appartemens, une partie de la galerie, et fut introduit par la porte des glaces dans le grand cabinet du roi. Sa Majesté, pendant tout le tems de la présentation, resta debout; elle avoit à côté d'elle les princes du sang et le garde des sceaux.

Il n'y avoit dans cette cérémonie rien d'humiliant pour le troisième ordre; on en murmura cependant beaucoup; on auroit voulu que la présentation fût faite simplement par bailliages et sans distinction d'ordres. Le nom même de tiers-état commençoit à déplaire à ceux qui en étoient membres, et tout ce qui tendoit à le placer sur une autre ligne que les deux premiers ordres, étoit vu avec dépit. M. le marquis de Brezé, grand maître des cérémonies, ayant voulu, comme le lui ordonnoit le devoir de sa charge, indiquer le costume que devoient avoir les membres des trois ordres, se servit pour cela de la voie du journal de Paris. Jamais écrit n'avoit produit une plus grande fermentation que la feuille où se trouva cette description qui rappelloit les antiques usages de la monarchie, et qui devenoit précieuse sous ce seul rapport.

Toutes les folies qui se débitoient à ce sujet, paroîtront un jour incroyables. Le roi, disoit-on, manque à sa parole; il avoit promis des états-généraux, et c'est une cour plénière que vont former les députés. Il n'y aura point de liberté dans leur assemblée, si on admet une telle distinction. Tous ces costumes sont des livrées d'esclaves; ce sont des enseignes de partis. Il ne s'agit point ici de modes, mais du sort de l'empire. Il est indigne du gouvernement de s'occuper de la couleur d'un manteau, de la forme d'une cravate, d'une mousseline, d'un point de venise. De quel droit un maître des cérémonies vient-il dicter des loix aux législateurs de la nation, et veut-il les obliger à obéir à l'étiquette de la frivolité?

Ces extravagances furent répétées dans tous les pamphlets du jour et échauffèrent toutes les têtes, au point qu'on en vint à regarder M. le marquis de Brezé comme un dangereux ennemi de la nation.

Un député breton, plus affecté que les autres de porter un habit noir, une cravate, un petit manteau, un chapeau rabattu; courut chez M. Necker, qui accueilloit toujours bien les députés du tiers-état. — Monsieur, lui dit ce député, est-ce que je serai forcé de suivre cette humiliante étiquette? — Monsieur, lui répondit le ministre, je ne crois pas qu'on puisse forcer ni vous, ni personne. — A la bonne heure, répliqua le député, et quoiqu'il arrive, je déclare que je n'obéirai point à l'étiquette; je paroîtrai aux états-généraux avec l'habit que je porte aujourd'hui; c'est mon habit de cérémonie, mon habit des dimanches. » Cet habit étoit verd, et garni de ces boutons ronds que portent les hussards. M. Necker acheva de tranquilliser ce député, en l'assurant que l'habit ne feroit rien du tout aux états-généraux, et que les lumières, l'honneur et le patriotisme y feroient tout.

La dépense nécessaire pour l'achat du costume pouvoit contribuer aussi au mécontentement de quelques membres du tiers-état, et en général ils se plaignoient beaucoup des frais que leur occasionneroit le séjour de Versailles. Si le roi eut voulu condescendre au desir du plus grand nombre, les états se seroient tenus à Paris. Ce vœu, qui étoit fort du goût des habitans de la capitale, prit même une telle fureur, qu'on crut pendant quelques jours qu'il seroit présenté au roi. S'il se fut réalisé, la révolution eût été peut-être accélérée, par la facilité qu'auroient eu ceux qui l'ont opérée, de mouvoir la multitude. Pendant tout le tems où les états-généraux ont tenu leurs séances à Versailles, les mouvemens n'ont été communiqués à la capitale, que lentement, et toujours avec une certaine difficulté. Ce sont ces lenteurs et ces difficultés qui ont principalement déterminé les factieux à traîner l'assemblée nationale à Paris.

3. La noblesse ne paroissoit pas s'agiter autant que le tiers-état. Celle de Paris envoya, à l'exemple du clergé, une députation aux électeurs du tiers-état. Elle étoit composée de huit gentilshommes. M. le duc de Liancourt qui porta la parole, assura les électeurs que la noblesse avoit des sentimens de fraternité pour ses concitoyens du tiers-état, et le plus grand désir que ces sentimens de concorde et d'union animassent aux états-généraux tous les représentans de la nation ; il déposa ensuite sur le bureau l'arrêté de la noblesse conçu en ces termes.

« L'assemblée générale des électeurs représentans tous les citoyens nobles de la ville de Paris, voulant donner à ses concitoyens des deux autres ordres, une preuve de son affection et des principes de justice et d'union dont elle est animée, se fait un devoir de leur déclarer qu'elle a arrêté de protester en corps contre sa dispersion de la commune ; que pour suppléer, autant qu'il est en elle, à cette réunion absolue de vœux et de travaux devenue impossible, elle a autorisé ses commissaires à donner respectivement à chaque ordre toutes les communications qui leur seroient offertes ; qu'enfin elle a arrêté de faire porter aux états-généraux par ses députés, son vœu unanime pour la suppression des impôts distinctifs, et leur conversion en subsides communs, répartis également, proportionnellement, et dans la même forme, entre les citoyens de tous les ordres et de toutes les classes ».

La députation retirée, les commissaires chargés de la rédaction des cahiers, annoncèrent que leur travail étoit fixé ; ils y avoient employé trois jours, et il est merveilleux qu'en aussi peu de tems ils eussent fini un ouvrage qui traitoit de toutes les branches d'administration, et auquel on attachoit la plus grande importance.

D'après cette agréable nouvelle, il fut décidé qu'on feroit une première lecture des cahiers qui seroit entendue avec patience, et sans être interrompue ; et qu'on en feroit ensuite une seconde sur laquelle il seroit libre à chacun de faire ses observations.

Cette première lecture prolongea jusqu'à dix heures du soir la séance, qui n'offre rien de plus important.

4. Le lendemain il n'y avoit plus personne à Paris. Dès le grand matin, on s'étoit empressé de se rendre à Versailles pour y voir la cérémonie de l'ouverture des états-généraux. La route de la Capitale à la cour étoit couverte de piétons, de cavaliers, de voitures ; jamais on n'avoit vu une telle affluence, et à moins d'en avoir été témoin, il est difficile de s'en faire une idée.

Les Parisiens sont naturellement curieux et avides de nouveautés, mais dans cette occasion leur empressement étoit pardonnable ; ils alloient jouir d'un spectacle qu'aucun homme de la génération actuelle n'avoit vu, d'un spectacle le plus magnifique, le plus imposant qui pût jamais se montrer aux yeux d'un François.

Les trois ordres s'étoient assemblés à Versailles dans l'église Notre-Dame ; le clergé ne se rendit pas dans l'église même ; il se réunit dans la salle de la Mission, qui est contiguë ; la noblesse remplissoit le bas côté de l'église, et avoit la droite ; le tiers-état étoit dans le bas côté à gauche.

Vers les dix heures, le roi arriva précédé de toute sa cour, de la cour la plus brillante, la plus majestueuse de toute l'Europe ; il avoit à ses côtés la reine qui par sa beauté, ses graces, ajoutoit de l'éclat à cette fête. Le roi alla se placer dans le bas du cœur à droite, et la reine à gauche. Dès que leurs majestés eurent pris place, on chanta le *Veni creator*.

La prière finie le tiers état se mit en marche ; il suivit le bas côté, passa derrière l'autel, vint traverser le chœur, et défila ainsi sous les yeux du roi et de la reine. Le roi étoit debout, et rendoit à chaque député son salut ; la reine étoit assise et faisoit également une profonde inclination à chaque député. Elle mettoit un tel charme, une telle sensibilité dans son salut, qu'elle eût adouci la férocité même des tigres. Infortunés princes ! vos cœurs s'enivroient dans ces beaux momens d'un espoir mensonger. Quel terrible réveil vous attendoit !

Le tiers-état avoit défilé sans distinction de bailliage ; ses députés n'avoient pas voulu répondre à l'appel ; il fut suivi de la noblesse qui elle-même fut suivie du clergé. Le Saint-Sacrement venoit ensuite ; il étoit porté par M. l'archevêque de Paris. Monsieur, M. le comte d'Artois, MM. les ducs d'Angoulême et de Berry, portoient les cordons du dais. Le roi, la reine et toute la cour suivoient immédiatement.

Les personnes qui ont été témoins de cette pompeuse et majestueuse solemnité ne l'oublieront de leur vie. Les rues, les balcons, les fenêtres, les toits même étoient couverts de spectateurs. On eût dit que Versailles avoit été ce jour-là le rendez-vous de la France entière. Dès que le tiers-état se présentoit aux yeux des spectateurs, l'air retentissoit du bruit des applaudissemens, et toutes les bouches crioient *vive le tiers-état*. On cherchoit sur-tout à démêler dans cet ordre M. le comte de Mirabeau sur le compte duquel l'opinion publique n'étoit pas encore bien fixée. Il avoit le costume du tiers ; son habit noir étoit relevé par des brandebourgs en jay ; son teint étoit pâle et livide ; il marchoit avec une sorte de nonchalance ; ses yeux ternes, son front couvert de rides,

rides, ses regards mal assurés lui donnoient un air sombre et sévère. Un plaisant en l'appercevant, et comme frappé de l'éclat de ses brandebourgs, s'écria : *Eh mon dieu ! cet homme est tout en jay.* Cette plaisanterie fit sourire, parce qu'elle faisoit allusion à l'intimité de M. de Mirabeau avec une personne dont le nom est *Legeay*.

Dès que la noblesse paroissoit, les applaudissemens et les cris de joie cessoient; mais à la vue de M. le duc d'Orléans qui s'étoit confondu parmi les gentilshommes, comme député du bailliage de Villers-Cotterets, on battoit des mains, on lui prodiguoit les bénédictions, on ne cessoit de crier *vive M. le duc d'Orléans*.

Le silence recommençoit à la vue du clergé ; ce silence étoit profond, et ce passage subit des acclamations les plus bruyantes à un recueillement universel inspiroit une sorte de consternation. M. le cardinal de la Rochefoucault suivoit immédiatement son ordre ; ni son grand âge, ni ses dignités, ni ses vertus n'obtinrent le plus léger applaudissement.

La présence du roi mettoit fin au silence ; dès que cet excellent prince, le plus aimant, le plus sensible des hommes de son royaume, paroissoit, tous les cœurs alloient au-devant de lui, toutes les mains étoient en mouvement, tous les chapeaux en l'air, et toutes les voix se réunissoient pour crier, *vive le roi*. C'étoit une véritable ivresse. Et qui mérita jamais mieux d'enivrer d'amour tous ses sujets, que Louis XVI ? Il se montra extrêmement touché de tous ces témoignages ; ses yeux s'humectoient de larmes ; il rendoit à chacun son salut, et mettoit dans ces démonstrations d'intérêt encore plus d'affabilité, lorsqu'il s'adressoit à une personne du sexe. Quel moment pour ce bon roi ! Pouvoit-il prévoir que deux mois après il seroit contraint de venir dans sa capitale, autoriser par sa présence la plus étonnante des insurrections, et que cent mille piques se croiseroient sur sa tête ?

Hélas ! même dans ce jour, dans ce beau jour de fête, Louis XVI ne fut pas plus heureux. On lui prodiguoit avec frénésie des marques d'attachement et de reconnoissance ; mais on outrageoit, par un injuste et sacrilège silence, son auguste et vertueuse compagne. Que son front cependant, que tout son maintien étoient nobles et touchans ! Ses yeux se fixoient avec intérêt sur la multitude, et sembloient appeler la vénération et la gratitude, mais la calomnie avoit glacé toutes les ames ; pendant toute la durée de cette cérémonie le monstre enfonça tous ses poignards dans le cœur de la reine, et cette journée dût paroître encore plus cruelle à cette infortunée princesse, que celle du 6 octobre.

Les applaudissemens finirent à madame la duchesse d'Orléans ; ils étoient dûs sans doute à sa bienfaisance, à sa tendre compassion pour les malheureux, à son inaltérable douceur, à toutes ces qualités enfin qui, dans le premier rang, après celui de souveraine, la rendent le modèle des épouses et des mères ; mais ce n'étoit pas à ses vertus qu'on accordoit cet hommage ; elle le devoit aux sentimens qu'inspiroit la popularité du prince son époux.

Ce fut dans cet appareil, au milieu de ce peuple immense qui se livra sans détour aux différens mouvemens qu'on lui avoit inspirés, et qui l'agitoient, que les députés se rendirent dans l'église Saint-Louis, où la messe fut célébrée avec la plus grande pompe. M. de la Farre, évêque de Nancy, prononça un discours qui fit beaucoup de bruit dans le tems, et qui est aujourd'hui oublié. M. de Mirabeau critiqua ce discours, parce qu'il contenoit un éloge mérité des intentions et des qualités de la reine ; mais ce n'étoit pas par un tel éloge que ce discours prêtoit à la censure, parce qu'on ne doit pas en être frappé quand on est juste.

Il y avoit un reproche plus grave à faire à M. de la Farre ; il auroit du dans la chaire de la religion se renfermer dans l'exercice de son ministère, exhorter les députés à l'union et au respect pour les vérités les plus saintes ; il auroit dû en un mot faire un discours chrétien ; le lieu, la circonstance, la célébration des saints mystères, tout le demandoit, et il eût fait sagement de réserver pour la tribune des états-généraux, les discussions politiques.

Mais M. l'évêque de Nancy se laissa séduire par le desir si naturel de montrer de grandes vues dans une grande occasion. Il n'eût dû parler qu'en orateur chrétien, et il voulut parler en législateur. Il se répandit en invectives contre le despotisme, le luxe des cours, la prodigalité des princes, les déprédations des ministres. Il exagéra le mal au lieu de l'adoucir ; et un ministre de paix, bien loin d'ajouter à l'effervescence populaire, bien loin de la justifier, devoit au contraire la modérer, et ne pas imiter nos novateurs, qui, pour nous porter à détruire l'arbre, ont voulu nous persuader que toutes ses branches, que son tronc même, ne recevoient plus qu'une sève empoisonnée.

Il est à remarquer au reste que la célébrité dont jouit M. l'évêque de Nancy, est fondée sur d'autres titres que sur ce discours ; il a l'esprit cultivé, clair, méthodique. S'il a échoué en prêchant nos législateurs dans la chaire de la religion, il leur a fait entendre dans la tribune aux harangues des vérités qui, si elles eussent été accueillies, eussent ramené en France le calme et le bonheur, et nous devons tous de l'estime aux principes, aux lumières, et au courage héroïque de M. de la Farre.

La cérémonie avoit commencé à dix heures du matin, et le discours de M. l'évêque de Nancy la prolongea jusqu'à quatre heures après midi. Le roi fut accompagné au château et jusques dans ses appartemens, par la foule qui se pressoit sur ses pas, et qui répétoit les cris de *vive le roi*, dont elle avoit fait retentir l'air pendant la procession. Le nom de la reine fut mêlé dans ces nouvelles acclamations ; le spectacle de patience, d'affabilité qu'elle avoit donné dans tout le cours de cette longue cérémonie, désarma un instant l'injustice. Aux cris *vive le roi*, on ajouta ceux *vive la reine*.

De retour à Paris, les curieux firent une telle relation de tout ce qu'ils avoient vu à Versailles, qu'elle accrut considérablement l'impatience de ceux qui ambitionnoient d'être députés du tiers-état de la capitale, d'aller se réunir aux autres députés. Il s'en falloit de beaucoup que la rédaction des cahiers fut terminée ; on n'avoit irrévocablement arrêté que le premier article qui traite de la constitution. M. Target à qui le mot donnoit un pressentiment de la part qu'il devoit avoir à l'enfantement de celle de tout le royaume, brûloit de commencer le grand œuvre. Il regrettoit que ses fonctions le tinssent aussi longtems parmi les électeurs. Il leur représenta qu'on étoit au 4 mai, et qu'en procédant tout de suite à l'élection des députés, ils ne pourroient encore être tous rendus à Versailles que le 11 mai. Il voulut donc les engager à y procéder sur-le-champ, à leur donner ce premier article pour pouvoir, et à continuer cependant l'assemblée pour travailler à la confection des autres cahiers, pour les corriger, les perfectionner à loisir, et les envoyer ensuite aux députés comme instruction.

On repoussa ces instances qui avoient déjà été présentées une fois sans succès, et il fut décidé que la lecture, la vérification des cahiers seroit continuée et achevée avant de passer à la nomination des députés.

5. Il ne se trouva donc aucun représentant de la capitale dans la première séance des états-généraux. Quel avenir ! Quel nouvel ordre de choses va se présenter à nous ! Quelle époque pour nos fastes, que celle du 5 mai 1789 ! Époque que Louis XIV redoutoit, dont le duc-régent ne voulut pas, à laquelle Louis XV ne songea jamais, et que Louis XVI ramenoit après 175 ans d'interruption.

Cette séance, sur laquelle la postérité fixera ses regards avec tant d'intérêt, et que nous-mêmes qui en avons été témoins, raconterons avec complaisance à la génération qui commence, se tint à Versailles dans la salle qu'on appelloit *des Menus*, et qu'on avoit indiquée pour être la *salle des trois ordres*. On la rencontroit en venant de Paris, sur l'avenue à gauche, vis-à-vis les écuries de Monsieur. Beaucoup plus vaste que le manège, elle offroit un emplacement commode, et pouvoit, outre les représentans de la nation, contenir un grand nombre de spectateurs. De nombreuses issues en rendoient l'accès facile. Percée de plusieurs croisées sur toutes ses faces, et d'ouvertures artistement pratiquées dans le plafond, l'air y circuloit librement, et étoit suffisamment rafraîchi dans les jours les plus chauds de l'été. Du côté de l'avenue, une vaste cour conduisoit au vestibule qui servoit d'entrée à la salle. On pouvoit à l'extérieur en parcourir les trois autres faces, par de larges rues que n'obstruoient jamais les voitures.

Les députés, dans cette première séance, furent introduits par l'avenue de Paris. On les faisoit attendre dans la cour ; ils étoient appellés par bailliages, et c'est dans cet ordre qu'ils entroient. Arrivés à la porte de la salle, ils trouvoient M. le marquis de Brézé qui les plaçoit lui-même. Cette matinée fut extrêmement fatigante pour M. le grand-maître qui trouvoit beaucoup de peine à faire placer comme il l'entendoit, les députés du tiers-état. Les uns ne vouloient pas de cet appel par bailliages ; d'autres suivoient le maître des cérémonies, mais lui faisoient des protestations verbales contre cette forme d'appel. Ceux-là disoient que leur tour avoit été avancé ; ceux-ci se plaignoient qu'il eût été reculé.

Le tour du bailliage de Villers-Cotterets étant arrivé, un curé à portion-congrue, et M. le duc d'Orléans se présentent ensemble à la porte de la salle. Le curé oublie dans cet instant que représentant le premier ordre de son bailliage, il doit avoir le pas ; il recule et veut laisser passer le prince, mais M. le duc d'Orléans se souvient qu'il n'est plus qu'un simple gentilhomme, qu'un membre du second ordre, et il ne paroît dans l'assemblée qu'à la suite de l'ecclésiastique.

Dès que l'on apperçut dans la salle M. le duc d'Orléans, des cris de *vive M. le duc d'Orléans*, se firent entendre, et se prolongèrent pendant un quart-d'heure.

Enfin, chacun étant placé suivant les desirs de M. de Brézé, le clergé à la droite du trône, la noblesse à gauche, et le tiers-état en face, le roi arriva environné de toute sa cour, et la reine marchant à côté de lui. Sa majesté monta sur son trône, et la reine vint prendre place à sa gauche dans un fauteuil qui étoit placé une marche plus bas que le trône. Les princes, les pairs et les grands qui n'étoient point députés, se rangèrent à la droite et à la gauche du roi, sur le premier gradin au-dessous du trône.

Dès que le roi fut assis, il fit approcher M. le duc d'Orléans, et lui demanda pourquoi il n'étoit point auprès de sa personne ; il semble qu'en effet, dans une telle circonstance, le premier prince du sang ne pouvoit point abandonner le roi. M. le duc d'Orléans répondit que sa naissance lui donnoit toujours le droit de se rendre auprès de sa majesté, mais qu'il croyoit devoir, dans ce moment, se placer au rang de son bailliage.

Il devoit pourtant paroître assez indifférent aux commettans de M. le duc d'Orléans, qu'il se confondît dans la foule, ou qu'il vînt se mettre à la tête des princes du sang. Les cahiers ne lui avoient pas marqué sa place, dans cette cérémonie, et ses pouvoirs ne lui avoient pas commandé cette sorte de scission ; mais elle lui donna un air de popularité qui n'ajouta pas peu à la faveur qu'il s'étoit acquise auprès des apôtres de l'égalité.

Le roi au reste n'insista pas ; il laissa M. le duc d'Orléans reprendre son rang dans son bailliage ; il n'ajouta à sa demande aucun reproche, quoiqu'on ait dit, dans le public, qu'il avoit témoigné beaucoup de mécontentement à ce prince. On vouloit que ces reproches eussent été suggérés au roi par les autres princes, qu'on prétendoit mortifiés de n'être pas aussi députés. Je relève ce mensonge, parce qu'il se trouve consigné dans tous les journaux du tems. Ceux qui se le permirent ne voulurent pas faire attention que les princes ne pouvoient pas être mortifiés de ne pas jouir d'une faveur qu'il leur eût été si aisé d'obtenir. Tout le monde sait que M. le comte d'Artois, entr'autres, ayant été nommé député par la noblesse du duché d'Albert, et étant vivement sollicité de la représenter, refusa de se rendre à son desir, par une lettre dans laquelle il témoignoit combien il étoit flatté de cette marque de confiance, et combien il regrettoit de ne pouvoir l'accepter.

M. le duc d'Orléans revenu à sa place, le roi se leva ; à son exemple la reine et toute l'assemblée se levèrent. Le silence le plus profond régna dans la salle. Chacun se recueilloit, et ne vouloit perdre aucune des paroles qui alloient sortir de la bouche du roi. Debout et découvert, il prononça d'une voix ferme, claire, sonore, et avec beaucoup d'intelligence, ce discours, que des personnes à portée d'être très-instruites, m'ont assuré qu'il avoit composé lui-même.

« Messieurs, ce jour que mon cœur attendoit depuis long-tems, est enfin arrivé, et je me vois entouré des représentans de la nation, à laquelle je me fais gloire de commander ».

« Un long intervalle s'étoit écoulé depuis les dernières tenues des états-généraux, et quoique la convocation de ces assemblées parût être tombée en désuétude, je n'ai pas balancé à rétablir un usage dont le royaume peut tirer une nouvelle forme, et qui peut fournir à la nation une nouvelle source de bonheur ».

« La dette de l'état, déjà immense à mon avénement au trône, s'est encore accrue sous mon règne ; une guerre dispendieuse, mais honorable, en a été la cause ; l'augmentation des impôts en a été la suite nécessaire, et a rendu plus sensible leur inégale répartition ».

« Une inquiétude générale, un desir exagéré d'innovations, se sont emparés des esprits, et finiroient par égarer totalement les opinions, si on ne se hâtoit de les fixer par une réunion d'avis sages et modérés ».

« C'est dans cette confiance, Messieurs, que je vous ai assemblés, et je vois avec sensibilité qu'elle a déjà été justifiée par les dispositions que les deux premiers ordres ont montrées à renoncer à leurs priviléges pécuniaires. L'espérance que j'ai conçue de voir tous les ordres réunis de sentimens, concourir avec moi au bien général de l'état, ne sera point trompée ».

« J'ai déjà ordonné dans les dépenses, des retranchemens considérables. Vous me présenterez encore à cet égard des idées que je recevrai avec empressement ; mais malgré la ressource que peut offrir l'économie la plus sévère, je crains, Messieurs, de ne pouvoir pas soulager mes sujets aussi promptement que je le desirerois. Je ferai mettre sous vos yeux la situation exacte des finances ; et quand vous l'aurez examinée, je suis assuré d'avance que vous me proposerez les moyens les plus efficaces pour y établir un ordre permanent, et affermir le crédit public. Ce grand et salutaire ouvrage qui assurera le bonheur du royaume au dedans, et sa considération au dehors, vous occupera essentiellement ».

« Les esprits sont dans l'agitation ; mais une assemblée des représentans de la nation, n'écoutera sans doute que les conseils de la sagesse et de la prudence. Vous aurez jugé vous-même, Messieurs, qu'on s'en est écarté dans plusieurs occasions récentes ; mais l'esprit dominant de vos délibérations répondra aux véritables sentimens d'une nation généreuse, et dont l'amour pour ses rois a toujours fait le caractère distinctif ; j'éloignerai tout autre souvenir ».

« Je connois l'autorité et la puissance d'un roi juste au milieu d'un peuple fidèle et attaché de tout tems aux principes de la monarchie : ils ont fait la gloire et l'éclat de la France ; je dois en être le soutien, et je le serai constamment ».

« Mais tout ce qu'on peut attendre du plus tendre intérêt au bonheur public, tout ce qu'on peut demander à un souverain, le premier ami de ses peuples, vous pouvez, vous devez l'espérer de mes sentimens ».

« Puisse, Messieurs, un heureux accord régner dans cette assemblée, et cette époque devenir, à jamais mémorable pour le bonheur et la prospérité du royaume ! c'est le souhait de mon cœur, c'est le plus ardent de mes vœux ; c'est enfin le prix que j'attends de la droiture de mes intentions et de mon amour pour mes peuples ».

« Mon garde des sceaux va vous expliquer plus amplement mes intentions ; et j'ai ordonné au directeur général des finances, de vous en exposer l'état ».

Le roi, en commençant ce discours, avoit invité la reine à s'asseoir ; mais cette princesse demanda la permission de rester debout ; ce fut dans cette attitude, les yeux baissés, avec l'air du plus profond recueillement qu'elle entendit son auguste époux ; on vit même quelques larmes s'échapper de ses yeux ; la noblesse de son maintien, la douce majesté répandue sur son front, la modestie de sa contenance, la décence de ses vêtemens, tout cet ensemble fit la plus vive impression sur l'assemblée ; on étoit ravi, on étoit ému, toutes les ames étoient pénétrées d'un sentiment tendre et respectueux, et je peux certifier, sans crainte d'être démenti par ceux qui éprouvèrent cette religieuse motion, que dans cette séance, tous les cœurs furent à la reine.

Le discours du roi fut suivi de longs applaudissemens, et il fut aisé de juger qu'ils étoient sincères. Ces témoignages d'amour, la douce reconnoissance répandue sur tous les visages, émurent ce bon prince ; il ne put retenir ses larmes ; il en répandit à trois reprises différentes. Quel tableau ! quel moment ! François, il ne reviendra plus ce moment, il est perdu pour toujours. Ah ! si vos représentans en eussent profité pour tomber aux genoux de votre ami, de votre père, pour s'en rapporter aveuglément à lui, sur la décision de la terrible question de l'opinion par tête ou par ordre, qui alloit tout bouleverser, tout confondre, tout perdre, vous seriez les plus heureux peuples de la terre ?

Le bruit s'étoit répandu avant que la séance s'ouvrît, que c'étoit en effet l'intention des trois ordres, de donner cette juste marque de confiance au roi ; mais on se trompoit ; cette intention n'a jamais été celle de la majorité du tiers-état.

Le roi ayant fini de parler, et s'étant assis sur son trône, se couvrit, tous les gentilshommes suivirent son exemple, et se couvrirent. Quel coup d'œil que celui qu'offrirent alors tous ces panaches flottans ! Mais ce brillant spectacle fallit élever un orage dans le sein de la plus auguste assemblée. Quelques membres du tiers-état voulurent, comme les gentilshommes, se couvrir ; on entendit un bruit sourd, au travers duquel on distinguoit confusément, quelques voix qui disoient, *couvrez-vous*, d'autres au contraire qui disoient, *découvrez-vous*.

Le roi qui s'apperçut de cette rumeur, eût recours pour la faire cesser, à un moyen qui fait honneur, à sa prudence et à sa présence d'esprit ; il feignit d'être incommodé par la chaleur, et ôta son chapeau. C'étoit un ordre à toute l'assemblée, de se découvrir ; elle le comprit, et l'orage se dissipa.

M. le garde-des-sceaux prit donc la parole ; on étoit encore imbu du discours du roi, on attendoit impatiemment celui du directeur des finances ; M. le garde-des-sceaux d'ailleurs, avec un bel organe, avec un extérieur avantageux, ne put vaincre la timidité que lui inspira sans doute la majesté de l'assemblée devant laquelle il parloit ; il prononça son discours d'une voix tremblante qu'il ne lui fut jamais possible d'élever ; il fut entendu avec dégoût de l'assemblée. Cette impression fâcheuse se répandit dans le public.

On auroit tort d'en conclure que ce discours méritoit le jugement peu honorable qu'on en porta ; il étoit écrit avec sagesse et avec dignité, et très-bien adapté à la circonstance pour laquelle il avoit été composé ; mais je dois dire aussi qu'il ne mérite pas d'être recueilli par l'histoire, parce qu'il ne contenoit aucune vue particulière d'administration ; il se bornoit à présenter les intentions paternelles du roi.

Ce seroit également une injustice de concevoir du peu de succès qu'eut M. de Barentin dans cette circonstance une idée désavantageuse de ses lumières. Il avoit rempli avec gloire ses fonctions d'avocat-général au parlement de Paris, et il s'étoit acquis beaucoup de considération par la manière dont il avoit rempli celle de premier président de la cour des aides. Je ne veux pas donner mon opinion particulière, mais on verra bientôt que M. de Barentin étoit plus homme d'état qu'aucun des ministres modernes. Il devoit les sceaux à M. le comte d'Artois qui avoit su l'apprécier. Ce fut là son crime, et la véritable cause de l'injustice qui le poursuit encore.

Après M. le garde-des-sceaux, M. le directeur des finances prit enfin la parole. Les détails dans lesquels je vais être obligé d'entrer sur le long et étrange discours de M. Necker exigeant un certain développement, j'invite mes lecteurs à prendre un instant de repos, et je renvoie ces détails au chapitre qui suit.

CHAPITRE

CHAPITRE XVI.

Suite de la première séance des états-généraux; discours de M. Necker; réflexions sur ce discours; raisonnemens du public sur la séance; fable sur le discours; séance des électeurs du 5; députés du clergé de Paris; journal de M. de Mirabeau; arrivée de nouvelles troupes; première séance de chacun des trois ordres; particularités de cette séance; mouvemens que s'y donne M. de Mirabeau; séances des 7, 8, 9, 10, 11 et 12 mai; première motion de M. Mounier; dispositions des esprits parmi le peuple et à la cour, sur les débats entre le tiers-état et les deux premiers ordres.

Mai 1789.

5. Lorsque M. Necker n'étoit encore connu dans le monde, que par des banquiers et quelques écrivains, il ambitionnoit la réputation d'homme d'état; et lorsque par un enchaînement de circonstances qu'il ne prévoyoit peut-être pas lui-même, les rênes de l'empire se sont trouvées dans ses mains; il a semblé ne plus desirer que la réputation d'homme de lettres. Ses discours, comme ses mémoires sont d'une prolixité fatigante; ils n'en sont pas plus lumineux; les phrases en sont sonores, les périodes contournées avec effort; on les croiroit plutôt sortis d'une académie, que du cabinet d'un ministre.

Ce n'est pas ainsi que parloit et qu'écrivoit Colbert; je me plais quelquefois à lire les comptes que ce grand homme rendoit à Louis XIV. Quelle différence, grand Dieu! ce sont des modèles de précision et de clarté. Quelles vues! quel style! Dans une seule page de ces écrits, je trouve plus de pensées que dans aucun de ces volumes *in-folio*, dont M. Necker a encombré nos bibliothèques.

Les promesses de M. Necker sont emphatiques; il annonce des plans merveilleux, des systêmes sublimes, dont l'exécution va restaurer, régénérer le royaume, et y faire couler des fleuves d'or. Sa présomption est extrême. Il aborde les difficultés avec une assurance qui étonne le vulgaire; mais ensuite comme ces commentateurs impudens qui laissent dans l'obscurité les difficultés qu'ils s'étoient engagés d'éclaircir, il ne jette pas un seul rayon de lumière sur le point qu'il importoit le plus de connoître. Il verse quelques fleurs oratoires sur la question à résoudre, s'exhausse d'une manière gigantesque, et tout essoufflé de cet effort, il prend un lieu commun de morale pour la solution d'un problême de politique.

Dans aucune occasion, il ne se peignit mieux sous tous ces rapports, que dans la première séance des états-généraux. Lorsque M. le garde des sceaux eût fini de parler, M. le directeur des finances se leva, tenant à sa main un cahier de papier, dont le volume étoit effrayant; il enfla le son de sa voix, et lit sa prose du ton dont un héros de tragédie répète ses vers. Il faut convenir que M. Necker dans cette attitude, ressembloit moins au ministre d'un grand roi, qu'à un de ces hommes qui, monté dans un carrefour sur des tretaux, font sourire les passans par l'assurance avec laquelle ils prêchent à la foule qui les environne, qu'ils ont trouvé la médecine universelle.

Bientôt l'organe de M. Necker se fatigua, sa langue s'embarrassa, et il fut obligé de donner son volume à lire à un médecin appellé M. Broussonet, secrétaire perpétuel de la société d'agriculture, qu'il avoit amené aux états-généraux pour y remplir cette fonction. Elle dût paroître bien pénible à celui qui s'en acquitta; car la lecture de ce discours dura trois mortelles heures. C'étoit manquer aux convenances d'occuper l'élite de la nation à entendre le secrétaire d'une académie, lire l'ouvrage d'un ministre, un ouvrage qui, quelques heures après, devoit être entre les mains de tout le monde. Le directeur des finances n'auroi t pas dû se contenter comme le roi, comme le garde des sceaux, d'un simple discours d'apparet, en se réservant de déposer dans le sein des états-généraux ses plans sur les finances ? N'avoit-il pas à craindre de fatiguer, par la longueur de cette lecture, le roi, la reine, la cour, tous les députés ? Et pour qui pouvoit-elle être intéressante, puisque chacun avoit la certitude qu'il auroit incessamment le discours sous les yeux ? En manquant à cet égard, M. Necker pouvoit donner à croire qu'il étoit jaloux de venir recueillir personnellement des applaudissemens au milieu de l'assemblée la plus éclairée, et c'étoit une puérilité qu'il ne falloit pas laisser soupçonner.

Dès que M. Necker se proposoit de parler si longuement sur la chose publique, il étoit évident qu'il n'oubliroit pas de traiter les deux questions qui intéressoient essentiellement les états-généraux. Si la première de ces questions ne se fut jamais élevée, ils n'eussent jamais été convoqués, et de la solution de la seconde, dépendoit leur réunion ou leur dissolution.

Le directeur des finances avoit donc à répondre à ces deux questions : comment comblera-t-on le *déficit* ? opinera-t-on par ordre ou par tête ?

Je laisse de côté tout le verbiage philosophique, toutes les triviales sentences de morale, et je m'attache à la substance de son discours. Il établit d'abord comme une vérité qu'on devoit croire sur sa parole, que le *déficit* étoit de cinquante-six millions. On avoit tant de fois varié sur le montant réel de ce *déficit*, qu'il falloit une autre preuve que la simple assurance de M. Necker, pour croire à la nouvelle assertion. Il n'y avoit qu'un seul moyen pour lui, de démonter invinciblement cette proposition, c'étoit de l'énoncer, de la débattre en présence de M. de Calonne, qui ne cessoit de solliciter ce combat singulier.

Si au surplus, le *déficit* n'étoit réellement que de cinquante-six millions, la première partie du discours de M. Necker finissoit là : il n'avoit plus rien à ajouter ; la playe de la France n'étoit pas incurable ; les offres généreuses du clergé et de la noblesse la refermoïent à l'instant.

M. Necker cependant entreprit de prouver que le *déficit* étoit tel qu'il l'annonçoit, et sa manière de le prouver est si étrange, qu'aujourd'hui en lisant son discours, j'ai peine à croire mes yeux. Tel est en effet son raisonnement, le *déficit* est de cinquante-six millions, car il n'est pas de soixante-quinze. Il ne peut pas être de soixante-quinze, parce que les retenues imposées sur les pensions en octobre

1787, ont rendu............... 5,000,000 l.

Les économies faites au département de la guerre.......... 9,000,000

Celles de la marine, environ.... 4,000,000

Celle du département des affaires étrangères............... 1,800,000

TOTAL............ 19,800,000

Aujourd'hui que tout notre engouement pour M. Necker a cessé, s'il venoit nous présenter un pareil raisonnement, ne dirions-nous pas, ou qu'il est en démence, ou qu'il insulte à la nation ? C'est pourtant à ses représentans, sous les yeux de son roi, qu'il a présenté un pareil tableau, et qu'il en a conclu que les dettes de l'état se montoient à cinquante-six millions.

Ayant ainsi indiqué le mal aux états-généraux, il voulut aussi indiquer le remède ; il épuisa son imagination en ressources ; et voici celles qu'il leur désigna pour combler le *déficit*.

Augmentations sur les fermes générales, à l'expiration du bail..... 18,000,000 l.

Pour l'administration des postes, domaines, aides et revenus casuels. 6,000,000

Abolition de l'abonnement pour les droits d'aides, connus sous le nom de *droits réservés*............ 7,000,000

Une autre ressource étoit bien plus lucrative encore ; le roi, disoit le ministre, en se chargeant des dettes du clergé, réunira à son revenu quatre millions cinq cent mille livres, et obtiendra cinq millions de rentes, en assignant l'entretien des hôpitaux sur les revenus ecclésiastiques, ci.... 9,500,000

A prendre sur le droit d'industrie à accordé à la compagnie des Indes, et dont elle se desistera, si on lui accorde la continuation de son privilége ; 1°. 1800 mille livres ; et 2°. un million deux cent mille livres qu'il est à désirer qu'on n'accorde plus pour favoriser le honteux et barbare trafic des noirs......... 3,000,000

43,500,000

D'autre part.	43,500,000 l.
En assujettissant la Bretagne à recevoir le tabac rapé, le produit de cette ferme augmenteroit de douze cent mille livres ; d'autre part, huit cent mille livres à reprendre sur le droit d'entrée des mousselines et toiles peintes, et l'extinction de quinze cent mille livres de rentes viagères chaque année, donneroient.	3,500,000
Monsieur, en supprimant cinq cent mille livres des dépenses de sa maison, et Monseigneur le comte d'Artois, quatre cent mille livres, ont offert un sacrifice patriotique, dont les représentans de la nation ont témoigné leur reconnoissance, et ont senti vivement le prix. Il est difficile de concevoir comment la nation n'étant pas encore représentée, ses représentans avoient pu témoigner leur reconnoissance pour ce sacrifice patriotique, évalué à.	900,000
L'abolition des priviléges des bourgeois de Paris, et celle du *franc-salé*, monteroient à environ.	800,000
Les quatre deniers perçus pour les huissiers-priseurs, et qui devoient l'être pour le compte du roi, allant à six cent mille livres, et le revenu des dons gratuits du clergé à trois millions deux cent mille livres, formeroient enfin près de. . . . . , . .	4,000,000
	52,700,000
Le *déficit* actuel étant de. . . .	56,000,000
Les ressources de	52,700,000
La dette de l'état n'étoit plus que de.	3,300,000

On conviendra qu'avec de tels moyens de restaurer les finances, et une si légère calamité à guérir, ce n'étoit guère la peine de soulever le royaume entier, et d'appeller de toutes parts ses représentans. En supposant les calculs de M. Necker à l'abri de toute censure, les députés ne devoient-ils pas s'étonner qu'on les eût appellés pour faire disparoître une misérable dette de 3,300,000 liv. ?

Mais M. Necker ne se contenta pas d'avoir ainsi débarrassé de toute entrave l'administration des finances, il voulut encore ne rien laisser à faire aux états-généraux pour leur amélioration, car il dit encore : « Si, à ces bonifications, on ajoute dix à douze millions, produit de la contribution commune, l'état verra sa recette égaler sa dépense, le crédit public renaître, et le bonheur de la France reposer sur une base invariable ». Il avoit donc raison, lorsqu'en quittant pour toujours la France, il rappella à l'assemblée nationale, qu'au mois de mai 1789, la restauration des finances étoit *un jeu d'enfant*. Mais les députés de l'empire devoient-ils s'attendre qu'ils n'étoient convoqués que pour s'occuper *d'un jeu d'enfant* ? Ah ! quelles sont cruelles les pertes que la nation a faites à ce jeu !

Après avoir ainsi rassuré nos députés sur le sort de leur patrie, M. Necker dit des choses si flatteuses sur l'honneur et la loyauté des François, qu'il obtint les plus vifs applaudissemens. Il vouloit peut-être, par ces cajoleries, adoucir l'amertume des tristes vérités qui lui restoient à dire, et qui détruisoient absolument les riantes espérances qu'il venoit de donner. Il se proposa ces trois terribles questions :

Comment doit-on remplir les engagemens et les besoins de cette année, et suppléer à ceux de 1790 et 1791 ?

Quelle est l'étendue des anticipations ?

Quels moyens à adopter pour leur remboursement ?

Le directeur des finances ne vit d'autre solution au premier problème, qu'un emprunt de quatre-vingt millions. Il fit à la seconde question une réponse effrayante : il apprit que les anticipations consommées d'avance sur l'année actuelle se montoient à quatre-vingt-dix millions, et il évalua à l'énorme somme de cent soixante-douze millions celles sur les huit derniers mois de l'année. Quel cahos ! et quel perfide contraste avec le riant tableau qui n'avoit brillé qu'un instant aux yeux de l'assemblée ! Enfin le ministre ne vit pour réduire, pour rembourser ces anticipations, que le moyen incertain, insuffisant, des extinctions graduelles des rentes viagères et des pensions.

Il venoit d'affliger l'assemblée en lui présentant cette nouvelle perspective ; il la mécontenta en voulant lui tracer l'ordre de ses travaux. Persuadé qu'elle établiroit dans tout le royaume les administrations provinciales ; projet auquel il tenoit beaucoup, parce qu'il croyoit l'avoir conçu ; il tira entr'elles et les états-généraux, une ligne de démarcation ; il donna à ceux-ci pour objets des délibérations : les dispositions relatives à établir l'ordre des finances ; les principes qui doivent assurer l'égale répartition des impôts ; les disproportions dans les impositions qui existent entre diverses provinces ; les modifications de certains impôts, et le remplacement de certains autres ; le réglement sur le commerce, sur les compagnies exclusives de négoce, et les opérations de la caisse d'escompte ; l'amélioration des domaines, dont le produit annuel se trouvoit alors réduit à seize cens mille livres ; l'administration des forêts, et l'examen des questions sur les engagemens domaniaux ; les dispositions réglementaires sur la police et le commerce des grains ; le tirage de la milice, *loterie de malheur*, dit le ministre, qu'il faut ou remplacer ou adoucir ; l'entière abolition de la corvée.

« Et si ces deux mots, ajouta M. Necker, *loterie* et *corvée* sont rayés pour toujours des registres de l'administration des finances et du code françois ; cette seule délibération suffiroit pour signaler honorablement les états-généraux de 1789 ».

« Enfin, dit encore M. Necker, on pourra porter à ces derniers, ou à ceux qui doivent les suivre, l'examen de la cause des nègres, de ces hommes semblables à nous par la pensée et par la triste faculté de souffrir.... »

Il termina cette partie de son discours par une exclamation qui décéloit de tristes pressentimens : « Ah ! combien, s'écrioit le ministre, de sortes de satisfaction, combien d'espèces de gloire sont réservées à cette suite d'états-généraux qui vont reprendre naissance au milieu d'un peuple éclairé ! Malheur, malheur et honte à la nation françoise, si elle méconnoissoit le prix d'une telle position, si elle ne cherchoit pas à s'en montrer digne, et si une telle ambition étoit trop forte pour elle ! »

Tel est le cercle dans lequel il voulut renfermer les états-généraux qui n'en ont pas parcouru un seul rayon, qui n'ont pas même banni de nos dictionnaires le mot *loterie*. Il réservoit à l'administration particulière de chaque province : la conversion des aides et autres droits locaux, par d'autres moins onéreux, la répartition des impositions territoriales et personnelles entre les communautés et leurs individus ; l'entretien des chemins et la confection des nouvelles routes ; les encouragemens à donner à de nouveaux genres d'industrie, de commerce et de culture ; la surveillance des hôpitaux, des enfans-trouvés, des prisons et dépôts de mendicité ; enfin, l'inspection sur les dépenses des villes et communautés, et une infinité de biens particiels et de réformes locales à exécuter, »

Tel fut le plan de travail que M. Necker présenta aux états-généraux ; plan informe, sans liaison comme sans méthode, qui ne pouvoit ni guider ni éclairer les représentans de la nation. Et n'y avoit-il pas tout-à-la-fois de la présomption et de la mal-adresse à leur annoncer, dès la première séance, l'intention d'influer sur leurs délibérations ?

La question la plus épineuse, celle de l'opinion par ordre ou par tête restoit à résoudre. Ce que M. Necker dit à cet égard est si peu intelligible, qu'il me seroit difficile d'en présenter même le sens, de dire qu'elle étoit son opinion personnelle sur la manière dont ce grand procès devoit être décidé. Tout ce qu'il fut possible de recueillir des phrases énigmatiques dans lesquelles il enveloppa la question, c'est qu'il y avoit des occasions où il falloit délibérer par ordre, et d'autres où les opinions devoient être recueillies par tête ; et que pour laisser aux deux ordres privilégiés le mérite de renoncer eux-mêmes à leurs exemptions pécuniaires, ils pourroient commencer par se séparer.

Etoit-ce bien sérieusement que M. Necker ouvroit un tel avis ? Il savoit, d'après les intentions qu'avoient manifestées les deux ordres privilégiés, que les exemptions pécuniaires ne pouvoient pas les diviser d'avec le tiers-état. Il n'ignoroit pas non plus que la première opération à laquelle les trois ordres devoient procéder, c'étoit la vérification des pouvoirs respectifs, car nul ne pouvoit se dire député avant que ses pouvoirs fussent vérifiés.

Quand donc M. Necker disoit qu'il falloit laisser les deux premiers ordres se séparer, pour leur donner le mérite de renoncer à leurs exemptions pécuniaires, il élevoit un doute injurieux au clergé et à la noblesse, dont on ne pouvoit plus soupçonner les intentions, d'après les offres qu'ils avoient tant de fois répétées. Ce doute n'étoit pas seulement injurieux, il étoit encore impolitique, parce qu'il justifioit et nourrissoit la méfiance du tiers-état.

M. Necker, en outre, posoit mal la question, et éludoit la difficulté : il ne s'agissoit point, dans ce moment, d'exemptions pécuniaires ; il s'agissoit de vérification de pouvoirs. Il auroit donc dû se demander, les pouvoirs seront-ils vérifiés en commun ou séparément ? La réponse n'étoit peut-être pas bien difficile, mais M. Necker, ou ne voulut pas, ou ne sçut pas la donner. La circonstance étoit favorable : le roi étoit présent ; il avoit, dans ce moment, toute la plénitude de l'autorité royale ; et jamais il ne fut plus à propos d'appliquer le principe de M. le comte de Mirabeau ; que le monarque étoit le législateur provisoire. Il n'y avoit point encore, à proprement parler, d'états-généraux ; il n'y avoit point de députés, puisque leur mission n'étoit pas légalement prouvée. A qui appartenoit-il donc de décider si les pouvoirs devoient être vérifiés en commun ou séparément, si ce n'est au seul législateur, à la seule autorité que l'on reconnût alors en France ?

Il valoit mieux s'attacher à développer ce principe, à le rendre bien évident, que de s'enfoncer dans des calculs

calculs dont une lecture rapide ne pouvoit que lasser l'assemblée sans l'instruire. Le principe étant démontré, le roi devoit du haut de son trône prononcer la décision. Si les trois ordres s'y fussent conformés, l'état étoit peut-être sauvé ; s'ils eussent désobéi, c'étoit évidemment une insurrection de la part de celui ou de ceux des trois ordres qui auroient donné l'exemple de la désobéissance; elle ne dépouilloit le roi d'aucun de ses droits, et une insurrection alors n'étoit pas encore sans remèdes.

La péroraison du discours de M. Necker fut touchante ; c'étoit un hommage aux vertus du roi ; il ne dit rien qui ne se trouvât gravé dans tous les cœurs des membres de l'assemblée ; aussi applaudit-on avec transport à la justice que rendoit à Louis XVI, un ministre qui lui devoit lui-même tant de reconnoissance. La séance, après ce long discours, fut levée, et le roi retourna au château avec le même cortège, la même pompe qui l'avoient accompagné aux états-généraux. Les plus riches voitures avoient été destinées à cette cérémonie ; les harnois des chevaux étoient de la plus grande somptuosité ; le nombre, la tenue des troupes, l'éclat des broderies, tout étoit de la plus grande magnificence. Le luxe des rois asiatiques peut à peine être comparé à celui qui, dans ce grand jour de fête, accompagnoit Louis XVI. Au milieu de tout ce faste, la modestie de la reine, et la simplicité de ses vêtemens offroient un contraste qui frappoit tous les yeux, et ce contraste étoit à son avantage.

Dès que la relation de cette mémorable séance parvint à Paris, chacun en raisonna à sa manière, mais ce fut sur-tout dans les clubs, dans les cercles démocratiques, qu'on entendoit les propos les plus extraordinaires, et qui peignent bien la disposition où étoient alors les esprits. Si M. Necker, disoient les plus modérés, n'a pas besoin d'argent, comme il l'a fait entendre dans son discours, si la plaie de l'état est si aisée à guérir, pourquoi a-t-il agité tout le royaume ? Pourquoi a-t-il convoqué les états-généraux ? On se récrioit sur la longueur de ce discours ; on n'y trouvoit ni plan, ni ordre, ni méthode, ni les conceptions d'un homme de génie. On sourioit du style académique qui l'embellissoit ; on se plaignoit de ne rien comprendre aux articles dont le développement intéressoit le plus ; on se demandoit où sont donc les vues, les projets, les systèmes de ce ministre. Quoi ! disoit-on encore : dans un discours d'une aussi mortelle longueur, pas un seul mot de la constitution devant une assemblée dont les membres sont appelés pour constituer le royaume ! On trouvoit enfin indécent qu'il eût voulu tracer à l'élite de la nation, la marche qu'elle devoit suivre.

Les plus ardens alloient bien plus loin encore : ils lui faisoient un crime de ses ménagemens pour les ordres privilégiés, pour l'autorité même du monarque ; ils lui reprochoient de n'avoir pas dévoilé, avec franchise et sans détour, les sentimens qu'ils lui supposoient pour le tiers-état ; ils osoient regreter que le roi lui-même n'eût pas déposé, en présence de la nation, le sceptre et la couronne pour les recevoir de ses mains.

La confiance que M. Necker inspiroit au tiers-état n'étoit donc pas universelle, même dans cet ordre. Par une de ces singularités, dont sa vie ministérielle offre tant d'exemples, il avoit dans son discours donné au tiers-état le nom de *communes*, et quatre jours après, les journalistes de Paris reçurent des reproches amers d'avoir employé le même mot pour désigner le troisième ordre. Les journalistes étoient justifiés par l'exemple du ministre ; mais le ministre lui-même n'étoit pas excusable d'avoir le premier, dans des circonstances orageuses, fait entendre un mot qui réveilloit des idées républicaines, et sembloit inviter le tiers-état de France à s'assimiler aux communes d'Angleterre.

Ceux qui vouloient conserver à M. Necker tout le crédit dont il jouissoit auprès du tiers-état, l'excusoient de n'avoir point, dans son discours, donné un libre essor au penchant qui l'entraînoit vers cet ordre. Ils composèrent à ce sujet une histoire qui trouva peu d'incrédules : ils racontèrent que deux jours avant la première séance des états-généraux, la reine l'avoit fait inviter à se rendre dans son appartement, avec le discours qu'il devoit lire dans l'assemblée. On disoit que madame Necker, prévoyant que le motif de cette entrevue étoit d'obtenir qu'il fît des changemens à ce discours, mit tout en œuvre pour engager le ministre à imaginer un prétexte qui l'exemptât de se rendre à l'invitation de la reine ; mais M. Necker crut qu'aucune raison ne pouvoit le dispenser d'obéir au desir de la reine ; il se rendit donc chez elle ; là il trouva les princes triumvirs, et tous les grands qui avoient adopté leurs principes. On circonvint le ministre, on le flatta, on le caressa, on lui fit lire sa harangue, on lui désigna les corrections qu'on souhaitoit qu'il fît, et on parvint à obtenir qu'à l'instant même il raturât les articles qui déplaisoient, et qu'il leur substituât ceux qu'on lui présentoit.

Madame Necker cependant, impatiente de la longueur de cette conférence, et redoutant les manèges du triumvirat, se rendit chez le roi, et lui témoigna ses inquiétudes sur l'absence de son mari. « Soyez tranquille, madame, lui répondit le roi, dans un instant vous allez voir M. Necker. » Le roi entre en effet chez la reine, il y trouve son ministre au milieu d'un cercle nombreux, dont toutes les personnes qui le composoient paroissoient fort échauffées ; il s'adresse au directeur des finances, et lui dit : *Allons donc, M. Necker, vous oubliez donc que c'est l'heure où vous m'avez promis d'être chez moi* ; il le prend par la main, l'emmène et le rend à son épouse. Mais le mal étoit fait ; les corrections étoient adoptées, et les engagemens qu'avoit pris le ministre ne lui permettoient plus de faire revivre les endroits effacés.

Telle étoit l'histoire, ou plutôt la fable dont on amusoit les crédules adorateurs de l'idole du jour; et il ne faut pas s'étonner de la facilité avec laquelle elle étoit crue, car les Parisiens ne voyoient pas même ce qu'ils avoient sous les yeux. Ils soupçonnoient du mystère dans le retard que leurs électeurs mettoient à nommer les députés. On leur persuadoit que ce retard étoit encore un effet des intrigues des triumvirs. A la porte, dans les cours de l'archevêché, on vous disoit qu'il ne régnoit aucun accord parmi ces électeurs, qu'ils étoient divisés, que le désordre troubloit leurs délibérations, et que *les aristocrates*, car le mot étoit déjà à la mode, influoient tellement sur ces délibérations, qu'on n'en verroit jamais la fin, et que jamais Paris ne verroit ses députés aux états-généraux. Il n'y avoit pas plus de réalité dans ces nouveaux complots aristocratiques, que dans la fable qui avoit dénaturé le discours du directeur des finances. Les électeurs étoient très-unis; et s'ils avançoient lentement dans leur travail, c'est que la nature même de ce travail ne leur permettoit pas une marche plus rapide. Ils employèrent encore leur séance du 5 à la lecture des cahiers; et quoiqu'à l'ordinaire elle finît fort tard, la lecture se borna à l'article de l'agriculture, et à une partie de celui du commerce. Ils nommèrent ce jour-là des députés pour aller complimenter la noblesse, et qui étoient chargés de lui offrir la communication des cahiers. Ils rapportèrent pour réponse que l'offre avoit été acceptée, et que le président de la noblesse faisant allusion à un mot d'Henri IV, leur avoit dit : « Nous allons vous précéder comme vos frères aînés, dans la carrière où nous entrons tous. »

La noblesse n'avoit cependant pas encore nommé ses députés; elle fut devancée, ainsi que le tiers-état, par le clergé, dont les représentans furent M. l'archevêque de Paris, MM. l'abbé de Montesquiou, de Chevreuil, chancelier de l'Université; Gros, curé de Saint-Nicolas-du-Chardonnet; dom Chevreux, général de l'ordre de Saint-Maur; Dumouchet, recteur de l'Université; Legros, prévôt de Saint-Louis-du-Louvre; de Bonneval, chanoine de l'église cathédrale de Paris; Veytard, curé de Saint-Gervais; Perrotin de Barmond, conseiller au parlement.

Les suppléans furent MM. le général de Saint-Lazare; Berardier, grand-maître du collège de Louis-le-Grand; dom Prennelet, proviseur du collège des Bernardins; l'abbé de Damas; Bernière, curé de Saint-Pierre de Chaillot.

La tranquillité avec laquelle se fit cette députation, le calme qui régnoit dans les assemblées des deux autres ordres, ne pouvoient pas même laisser soupçonner qu'il existât aucune cabale pour porter obstacle à l'élection des représentans de Paris. Mais il falloit supposer une conjuration contre les états-généraux; et, comme on ne pouvoit faire croire à sa réalité que par des mensonges, il falloit bien employer même les plus grossiers. Ils entretenoient d'ailleurs la fermentation, et ce n'étoit qu'en la portant à son comble qu'on pouvoit enfin déterminer les bourgeois à un soulèvement.

M. de Mirabeau accrut beaucoup cette fermentation : il imagina de joindre à son rôle de législateur, celui de journaliste. C'étoit vouloir combattre non-seulement pour la république, mais encore *pro domo suâ*. Il fit paroître le premier numéro d'une feuille périodique, dans lequel il annonça qu'il rendroit un compte exact de tout ce qui se passeroit dans les états-généraux. La réputation qu'il s'étoit faite lui attira un nombre infini de souscripteurs. On dévora cette première feuille. M. de Mirabeau s'y déchaînoit avec emportement contre M. l'évêque de Nancy, et s'y conformoit au goût du parti dominant, en s'y montrant injuste et sévère envers la reine. Il y releva également, avec exagération, une foule de minuties auxquelles personne n'avoit pris garde dans les cérémonies de la présentation des trois ordres au roi, lors de l'ouverture de la première séance des états-généraux. En retournant ces bagatelles de toutes les manières, il les présenta comme injurieuses au tiers-état, et comme supposant des intentions perfides, de la part de la cour, contre cet ordre. C'étoit ajouter à la persuasion qu'il s'étoit formé une conjuration dans le palais du roi, pour écraser le tiers-état.

Ecrire dans ce sens, c'étoit réellement agiter le flambeau de la discorde; si tous les écrivains eussent été sages, ils eussent, au contraire, réuni leurs efforts pour adoucir la crise qui agitoit la masse du corps politique, pour calmer le peuple au lieu de l'aigrir. Indifférent sur l'opinion que feroit naître la périodique attaque qu'il commençoit, M. de Mirabeau voulut du moins justifier le parti qu'il prenoit de se ranger, quoique député de la nation, dans la classe des journalistes. Il prétendit qu'il devoit compte de sa conduite à ses commettans, et que c'étoit là le but de sa feuille. Mais lui convenoit-il de faire de ce compte une spéculation d'intérêt? Ses commettans étoient à Aix en Provence, et pour les instruire, que falloit-il de plus qu'une correspondance par lettres? Ne pouvoient-ils être bien informés, si le royaume entier n'étoit instruit de ce qu'on vouloit qu'ils sussent? C'étoit d'ailleurs une assez plaisante manière de rendre compte de sa conduite personnelle, que d'exercer une censure amère sur les personnes de la cour, et sur quiconque ne voudroit pas s'enrôler sous les drapeaux de la démocratie.

M. de Mirabeau, en s'élançant dans cette carrière, donna un funeste exemple : comme lui plusieurs dé-

.putés ont abjuré leurs nobles fonctions pour se mettre aux gages des libraires. Il n'est rien de plus scandaleux et de plus affligeant, que de voir dans chaque séance plusieurs de nos législateurs, ne prendre d'autre part aux délibérations, que pour en faire note, en faire un sordide trafic. Le nombre en est plus considérable qu'on ne croit ; car outre ceux dont les feuilles sont imprimées ; il en est qui rédigent des bulletins à la main, qu'ils vendent ensuite bien chérement. C'est faire argent de tout, mais c'est aussi avilir le caractère de député. Et est-ce pour écrire des feuilles périodiques, ou pour débattre les intérêts de ses commettans, qu'on a accepté la plus honorable des missions ? Cet abus est funeste à la chose publique ; il est étonnant que les peuples n'en ayent pas demandé la suppression. C'est à cette cause qu'ils doivent principalement attribuer l'indifférence de tant de députés pour l'arrivée d'une nouvelle législature. Celui, par exemple, à qui les propriétaires du journal de Paris donnent annuellement cinq cens louis pour le prix de sa rédaction, ne doit-il pas plutôt appréhender que desirer la fin de la session actuelle ? Il faut un désintéressement héroïque pour que dans le combat d'un grand intérêt personnel contre l'intérêt général, le premier ne l'emporte pas, et les peuples devroient préserver leurs représentans de cette tentation.

Ce qui étoit plus propre encore que les écrits de M. de Mirabeau à alarmer le tiers-état de Paris, c'étoit l'arrivée journalière de nouveaux régimens. Les hussards d'Esthérazy et Royal, dragons, vinrent accroître le nombre de ceux qui étoient déja dans la capitale ; deux furent mis en garnison à Saint-Germain-en-Laye, deux à Saint-Denis, et quatre aux environs de Versailles.

Le voisinage de tant de troupes ne répandoit cependant pas encore un grand effroi ; on étoit un peu rassuré par l'ouverture des états-généraux ; on se disoit que les choses étoient trop avancées pour que la cour pût reculer. Quelle apparence en effet que le roi voulût retirer à la nation, le bienfait qu'il lui avoit accordé au moment où elle s'en saisissoit ? Le garde-des-sceaux avoit, dans la première séance, ajourné les trois ordres pour le lendemain. Une proclamation du roi, affichée dans les rues, et publiée par un hérault d'armes, fixa l'ajournement à neuf heures du matin.

6. L'heure venue, le tiers-état se rendit dans la salle des menus ; le clergé et la noblesse se retirèrent dans les chambres qui leur avoient été préparées. Une foule de curieux qui attendoit aux portes le tiers-état, entra avec lui dans le lieu de l'assemblée. Il seroit difficile de se faire une idée d'une telle cohue. Qu'on se figure environ 500 députés confondus avec des hommes qui ne l'étoient pas ; qu'on se représente tous ces individus allant, venant dans la salle, s'accostant mutuellement, se demandant *êtes-vous dé-* puté ? L'un répondant, *je le suis*, l'autre, *je ne le suis pas*. Ceux qui se connoissoient formoient divers groupes ; on s'interrogeoit ; on eût voulu savoir le nom de tous ceux qu'on voyoit. On s'exhortoit ensuite à prendre un parti, à se donner une forme d'assemblée, chacun alors prétendoit dire son avis, et personne ne pouvoit se faire entendre.

Parmi tous ceux qui montroient plus de zèle pour débrouiller cet informe cahos, M. de Mirabeau se faisoit distinguer. Il invitoit à prendre place, imposoit silence à l'un, faisoit asseoir l'autre, agitoit les bras, frappoit des pieds ; il remplaçoit le marquis de Brézé. Quelques députés, frappés de l'air sévère dont il s'acquittoit de ses fonctions, demandèrent à leurs voisins : *Quel est cet homme qui se donne tant de mouvemens ? Est-il député ?* --- Eh ! oui, leur répondit-on, c'est le comte de Mirabeau. --- Oh ! oh ! répliquèrent les premiers, *ce comte de Mirabeau nous paroît un homme bien dur, bien brutal.*

Enfin, un député doué d'une forte poitrine, d'un organe de stentor, arrange des bancs, monte dessus, et d'une voix plus éclatante que le tonnerre, heurle ces mots : *Il nous faut un chef, un président, un doyen qui règle les rangs de parler.*

Descendu de ce théatre, ce député y est aussi-tôt remplacé par un autre. Celui-ci balbutie une motion qui déplait ; on murmure, on se lève avec fureur, on le hue. L'orateur étonné, et vraiment effrayé de cette forme de délibération, se précipite de la tribune, fend la presse, et comme s'il eût craint pour sa vie, crie avec effroi, *à la garde, à la garde.*

Dans un tel tumulte, il étoit impossible de s'arrêter à aucune résolution. *Quel parti faut-il prendre,* demandoit l'un ? *Vérifiera-t-on les pouvoirs séparément,* disoit un autre ? *Il faut,* proposoit un troisième, *recourir à l'autorité du conseil.* Après avoir ainsi perdu beaucoup de tems, on décida par acclamation et sans aller aux voix, ce qui n'étoit pas possible, qu'il ne falloit rien faire du tout ; et c'est par cette décision que la séance se termina.

Le clergé et la noblesse procédèrent avec plus d'ordre, mais ils se divisèrent sur la question de la vérification des pouvoirs en commun ou séparément. Dans le premier ordre, présidé par M. le cardinal de la Rochefoucault, cent trente-trois voix furent pour la vérification dans l'ordre, et cent quatorze pour la vérification dans l'assemblée générale.

Dans le second ordre, présidé par M. de Montboissier, on agita si les pouvoirs devoient être vérifiés par des commissaires pris exclusivement dans l'ordre de la noblesse, ou s'ils doivent l'être par des commissaires pris dans les trois ordres. Cent quatre-vingt-huit voix furent pour le premier avis, et quarante-sept seulement pour le second.

Ainsi, dès cette première séance, la scission se manifesta entre le tiers-état et les deux premiers ordres, et ceux-ci se trouvèrent eux-mêmes divisés. Sa minorité, dans l'un et dans l'autre, étoit pour la vérification en commun; mais cette minorité pouvoit faire des conquêtes : n'en eût-elle fait aucune, le tiers-état fut assuré, par l'issue de cette première séance, d'attirer à lui une partie du clergé et une partie de la noblesse. Cette division fut donc pour lui le présage de la victoire, parce qu'elle lui promettoit l'avantage de présenter une masse importante qui étant composée des membres des trois ordres, auroit toujours embarrassé et le gouvernement, et la portion du clergé et de la noblesse qui n'auroit pas voulu se réunir à lui.

7, 8, 9, 10 et 11. Le tiers qui dès-lors prit et se fit donner, par les écrivains qui étoient à sa dévotion, le nom de *communes*, mit un peu plus d'ordre dans sa seconde séance. Il ne vouloit ni chef, ni président; il pria M. Leroux, ancien maire de la ville d'Amiens, et qui étoit le plus ancien d'âge, de recueillir, comme il le pourroit, les suffrages, en se faisant aider de six personnes les plus âgées. L'assemblée n'en fut pas moins tumultueuse, à cause sur-tout de l'affluence d'étrangers qui se trouvoient confondus parmi les députés, et qu'on ne pouvoit pas distinguer d'entr'eux. M. Leroux eut constamment, pendant toute la durée de ses fonctions, à côté de lui un jeune commis du bureau de la guerre, que la seule curiosité attiroit chaque jour dans la salle. Il écrivoit sur la table même qui étoit devant M. le doyen, un bulletin de la séance.

Le système du moment étoit de ne rien faire du tout, et de combattre avec la seule force d'inertie, les deux premiers ordres qui, par peu d'accord que chacun d'eux voyoit régner dans son sein, donneroient beaucoup d'avantage au troisième. On convint d'inviter, par une députation, le clergé et la noblesse, à procéder en commun à la vérification des pouvoirs et aux importantes délibérations qui devoient la suivre, et on regarda cette invitation comme une honnêteté et une déférence.

La réponse du clergé portée par six ecclésiastiques, au nombre desquels étoient MM. de Mande, évêque de Montpellier, et du Tillet, évêque d'Orange, fut que cet ordre avoit nommé des commissaires pour conférer avec ceux de la noblesse et du tiers, sur la proposition que celui-ci faisoit.

On murmura beaucoup de cette sage réponse; on ne vouloit point de commissaires; on étoit impatient d'engloutir les deux premiers ordres. Tout ce qui tendoit à reculer leur défaite, ne pouvoit que déplaire.

Comme M. le doyen auroit bien voulu pouvoir se faire entendre au milieu du tumulte qui se faisoit autour de lui, il proposa de rédiger un règlement provisoire, pour la police intérieure de l'assemblée. Ce n'étoit pas assez de faire une proposition; l'embarras étoit de recueillir les voix. On appelloit d'abord les bailliages; mais cette forme entraînoit des longueurs qui ne permettoient jamais d'avoir une décision.

Ce fut dans cette confusion et dans cette inaction, que se passèrent les six premières séances. Enfin, dans la septième, M. Mounier qui devoit paroître avec tant d'éclat sur le nouveau théatre, proposa ce mode de police qui fut adopté par acclamation; car il fut encore impossible de prendre les voix individuellement.

« Nommer une personne dans chaque gouvernement, pour huit jours, à l'effet de se réunir à M. le doyen pour mettre de l'ordre dans les conférences, compter les voix, connoître la majorité des opinions sur toutes les propositions qui seront faites pour accélérer la réunion des ordres dans la salle des états-généraux, et tenir note de tout ce qui sera déterminé provisoirement, en évitant tout ce qui pourroit faire supposer que les communes consentent à la séparation des ordres, et en leur conservant soigneusement le caractère d'assemblée non constituée, dont les membres n'ont point fait vérifier leurs pouvoirs, et qui n'ont d'autre but que de préparer à la formation. »

Autant le tiers-état étoit immobile, autant la noblesse mettoit d'activité dans sa marche. Elle s'étoit déclarée suffisamment constituée. Cependant, elle ne refusa pas l'invitation qui lui fut faite par le clergé, comme au troisième ordre, de nommer des commissaires pour se concerter avec ceux des deux autres ordres.

Cette lutte devenoit infiniment intéressante pour la France entière. On en attendoit l'issue avec la plus vive impatience, et on ne savoit trop ce qui arriveroit, si le clergé et la noblesse, fidèles aux lois constitutionnelles jusqu'alors connues, et jaloux de conserver un privilège dont ils ne pouvoient se dépouiller sans ébranler la monarchie, refusoient de se réunir au tiers-état, et persistoient à vouloir la délibération par ordre.

Mais l'inertie du tiers-état n'étoit qu'apparente, et la fermeté de sa contenance venoit uniquement de la certitude qu'il avoit de remporter une victoire entière. Ses membres intriguoient dans les deux autres chambres : dans la première, ils flattoient les curés des plus belles espérances; et dans la seconde, ils étoient assurés de M. le duc d'Orléans.

Le peuple entier prenoit le plus grand intérêt à la querelle, et tous ses vœux étoient pour son ordre; il n'étoit point admis aux séances du clergé et de la noblesse,

blesse, tandis qu'on l'accueilloit avec empressement dans la salle des communes; il les encourageoit, et leur rendoit, avec impétuosité, les mouvemens qu'il en avoit reçu.

Quel sujet de réflexions pour la cour ! Elle étoit véritablement embarrassée. Jamais peut-être ministre ne s'étoit trouvé dans une conjoncture aussi périlleuse que M. Necker. Quel parti alloit-il prendre ? Flottoit-il entre l'autorité du roi, qu'il avoit tant de fois promis de conserver intacte, et les gigantesques prétentions du tiers-état ? On croiroit peut-être qu'il sentoit lui-même tout le danger de sa position ; il n'en étoit rien. Habile dans la science des calculs, profond dans les spéculations d'une société de banque, il n'étoit point fait pour gouverner un empire. Son malheur, comme le nôtre, c'est qu'on lui ait cru de l'aptitude pour jouer ce grand rôle. Il n'a jamais pu saisir que quelques détails de l'administration publique. L'ensemble en est trop vaste pour que son génie étroit pût l'embrasser. Incapable de soupçonner aucun inconvénient à des opérations qu'il avoit conçues, et qu'il regardoit toujours comme de sublimes conceptions, il ne craignoit pas les événemens, parce qu'il ne savoit pas les prévoir.

Il étoit réellement sans inquiétude sur le fond de l'importante contestation qui divisoit le tiers-état d'avec les deux premiers ordres. Il regrettoit seulement que les longueurs qu'entraînoit cette contestation, retardassent l'exécution des plans de finance qu'il méditoit, et qu'il croyoit que les états-généraux recevroient aveuglément et préalablement à toute autre opération. Les besoins énormes de l'état pour l'année courante, la pénurie du trésor royal, tels étoient les seuls objets de sa sollicitude. Ainsi, quand les vents impétueux rembrunissoient l'horison de la France d'épaisses nuées, quand les vagues en fureur poussoient le vaisseau de l'empire contre les écueils, celui qui en tenoit le gouvernail n'avoit d'autre crainte que de manquer de vivres.

Il tardoit à M. Necker, d'obtenir des fermes et des postes, l'augmentation qu'il desiroit ; il se promettoit de demander à la nation assemblée, un emprunt qui ayant été cautionné par elle, eût été facilement rempli. A la demande de cet emprunt, il se proposoit d'ajouter celle d'un impôt qui eût sur-le-champ rempli le *déficit*.

Tels étoient les projets, telles étoient les sollicitudes de M. Necker, au moment où la monarchie étoit menacée d'une entière dissolution. On parloit aussi dès ce temps-là de la création d'un papier-monnoie ; d'autres prétendoient que l'impôt le plus aisé à percevoir, et le plus efficace pour faire disparoître avec promptitude le *déficit*, seroit une taxe sur les croisées une fois payée. On se perdoit en raisonnemens, en conjectures ; chacun se croyoit devenu homme d'état, enfantoit des systèmes d'économie politique, et avoit la prétention d'éclairer par ses idées, la marche de l'assemblée qui alloit naître. C'est avec douleur que je jette les yeux sur les premiers jours de sa naissance, et que je me vois conduit par la suite de mon récit, à en présenter l'histoire, car je n'ai plus que des erreurs et des désastres à raconter ?

K k

CHAPITRE XVII.

Bizarre arrêté des électeurs de Paris ; conduite du clergé et de la noblesse relativement à cet arrêté ; députation envoyée par des marchandes de poissons aux électeurs ; beau discours que la noblesse adresse à ceux-ci ; arrêté humiliant des électeurs pour le second ordre ; noms des députés de la noblesse de Paris ; portrait de M. d'Eprémesnil ; fermentation que produit le journal de M. de Mirabeau ; tracasserie suscitée à M. du Châtelet ; première motion de M. Chapellier ; réflexions sur cette motion ; portrait de ce député ; première motion et portrait de M. Malouet ; premières menées contre ce député ; opinion de M. Rabaud de Saint-Etienne ; motion prophétique de M. Boissy ; mouvemens dans les deux premiers ordres ; égards du roi et de la reine pour les députés ; comment ils sont reçus.

Mai 1789.

Le journal de M. de Mirabeau fit un instant diversion aux grands objets qui fixoient l'attention universelle : la publicité de cette feuille fut une affaire d'état. L'auteur y rendoit un compte insidieux de la conduite que tenoient les deux premiers ordres, jugeoit avec une séditieuse partialité les intentions des personnes en place, et versoit des flots de fiel même sur l'idole du peuple. On ne savoit à Paris que penser de ces accès de colère ; la cour s'en émut ; un arrêt du conseil supprima la feuille de M. de Mirabeau. C'étoit une grande inconséquence. Les princes, les notables, les compagnies souveraines n'avoient pas pu obtenir qu'il fût mis un frein à la licence des libellistes, dans un tems où il n'y avoit aucun danger à la réprimer ; et au moment de la plus grande effervescence, on sévissoit contre un écrit qui n'étoit pas plus incendiaire que la plupart de ceux qu'on laissoit circuler impunément.

M. de Mirabeau s'irrita de cette préférence, il cria que la liberté étoit menacée ; on le crut, et ce qui étoit tout aussi extraordinaire que l'inconséquence du conseil, les électeurs du tiers-état de Paris prirent part à la querelle. Ils interrompirent leur travail sur la rédaction des cahiers, pour connoître de cette affaire, s'érigèrent en tribunal supérieur au conseil du roi, appellèrent son arrêt un *acte*, et le cassèrent par cet arrêté qui mérite de passer à la postérité comme un monument de cet esprit de vertige qui s'étoit emparé de toutes les têtes, dans des circonstances où la sagesse étoit plus nécessaire que dans aucun autre tems.

« L'assemblée du tiers-état de la ville de Paris réclame *unanimement* contre l'*acte* du conseil du 7 mai présent mois, qui supprime le journal des états-généraux, n°. 1, et en défend *les suites*, et qui prononce des peines contre l'imprimeur, sans néanmoins entendre par l'assemblée approuver ni blâmer le journal ».

« Elle réclame en ce que cet *acte* du conseil porte atteinte à la liberté publique, au moment où elle est la plus précieuse à la nation ».

« En ce qu'il viole la liberté de la presse réclamée par la France entière, en ce qu'il la viole à l'époque où la nation, qui a les yeux ouverts sur ses représentans, a le plus grand besoin de connoître toutes les délibérations de la grande assemblée, où ses droits se discutent, et où s'agitent ses destinées ».

« En ce que cet *acte* émané du conseil dans le tems même de l'assemblée des états libres et généraux, décide une question qui leur étoit réservée par le roi lui-même dans le résultat du conseil du 27 décembre dernier ».

« En ce qu'enfin cet *acte* rappelle au premier

moment de la liberté nationale, une police et des réglemens qui avoient déjà été suspendus par la sagesse et la bonté du roi; et en conséquence l'assemblée du tiers-état a *unanimement* résolu que le présent arrêté, lequel sera signé de tous les membres assistans à l'assemblée, et présenté pour la signature à tous les membres qui s'y rendront, sera porté à MM. de la chambre du clergé et à MM. de la chambre de la noblesse, et qu'ils seront invités à s'unir à MM. de la chambre du tiers-état, pour faire revoquer ledit acte du conseil, et pour procurer à l'assemblé nationale la liberté provisoire de la presse, et notamment celle d'imprimer tous journaux et feuilles périodiques, contenant jour par jour les actes et délibrations desdits états-généraux, sans préjudice des peines qui pourront être infligées aux auteurs coupables de calomnie ».

Quel style! *une assemblée qui prononce sans néanmoins entendre par l'assemblée approuver* un acte du conseil *qui supprime les suites d'un numéro*. Qui pourroit croire que c'est là la production d'une assemblée composée de l'élite de la capitale, dont le président et le secrétaire étoient académiciens?

Le style n'étoit que ridicule, mais le fonds ne faisoit honneur ni au jugement ni aux lumières des électeurs. La commission de nommer des députés aux états-généraux, donnoit-elle aussi la charge de faire la police parmi les folliculaires, et l'autorité d'exercer la censure sur les arrêts du conseil? Et comment les hommes qui avoient de si hautes prétentions, étoient-ils assez novices dans les principes de la législation moderne, pour croire qu'une assemblée de députés auroit moins de prérogatives qu'une assemblée d'électeurs, que celle-ci pourroit faire circuler des écrits qui lui seroient étrangers, et malgré la volonté du roi, et que celle-là ne pourroit pas imprimer ses propres productions, si elle n'en avoit la permission? N'étoit-ce pas enfin une injure atroce au sénat national, que de restreindre la faculté donnée à ses membres, d'imprimer des journaux par la clause, *sans préjudice des peines qui pourront être infligées à ceux qui seront coupables de calomnie?* Les électeurs de Paris prévoyoient donc qu'il y auroit des calomniateurs dans l'assemblée nationale; cette prévoyance n'étoit ni honorable aux députés, ni consolante pour les représentans.

Que cette folie eût été l'ouvrage de quelques membres d'une assemblée nombreuse, on ne s'en seroit pas étonné, mais on avoit soin de faire remarquer qu'elle avoit été *unanimement* adoptée, et cette *unanimité* ne pouvoit qu'élever des regrets et des craintes sur la manière dont la première ville du royaume seroit représentée.

Le clergé et la noblesse refusèrent de partager cet accès de démence. Le premier répondit que les réglemens dont l'arrêt du conseil pressoit l'exécution, n'ayant jamais été révoqués, il ne pouvoit réclamer contre cet arrêt, sur-tout dans un moment où les états-généraux assemblés, et directement intéressés, étoient à portée de faire eux-mêmes, ce qu'ils jugeroient à propos.

La noblesse alla plus loin: elle déclara qu'elle improuvoit les feuilles proscrites par l'arrêt du conseil, comme tendantes à semer la division entre les ordres, dans un moment où l'union étoit le seul gage du salut public.

Cet arrêté fut pris par les électeurs dans leur séance du 8; celles du 6 et du 7 se passèrent comme les précédentes à lire et à débattre les cahiers. Dans celle du 9, ils reçurent un hommage qui ne cesse de se répéter dans le sein de l'assemblée nationale. Il leur arriva une députation composée de quelques femmes envoyées par des marchandes de poisson. Elles furent accueillies; elles venoient, dirent-elles, recommander les intérêts du peuple de Paris. M. Target leur promit qu'on s'occuperoit particulièrement du soulagement du peuple dans les cahiers, et qu'on en recommanderoit les intérêts aux états-généraux.

Dans la séance du 10, on mit fin à la lecture des cahiers, et on reçut une députation de la noblesse, dont l'orateur adressa au tiers-état un discours sage et éloquent, où il développa des sentimens qui eussent bien dû rapprocher le second et le troisième ordre. On en jugera par ce passage que j'en extrais fidèlement.

« Enfans d'une même patrie, nous n'avons tous qu'un même intérêt, le bien de l'état. L'union entre nos ordres, qui peut seule nous en donner l'espérance, nous assure les moyens de l'opérer avec solidité. Loin de nous donc tout esprit de méfiance ou de personnalité, qui tendroit à altérer la bonne intelligence et la concorde qui doivent à jamais nous unir, et que les seuls ennemis de l'état peuvent redouter, et s'efforcent peut-être encore de rendre moins assurés. Le salut de la patrie nous commande l'union; il nous en fait un devoir, et nos cœurs en éprouvent le besoin ».

En exprimant ici nos sentimens, nous avons, Messieurs, la douce confiance d'exprimer aussi ceux de votre ordre si distingué par ses lumières, ses talens et ses vertus, et nous portons au dedans de nous l'heureuse conviction que l'ordre du tiers reconnoîtra dans toutes les circonstances, avec toute la France, avec toute l'Europe entière, que l'esprit de justice et de désintéressement, que l'abnégation de tout esprit de parti, que la disposition au sacrifice des intérêts privés pour l'intérêt public; qu'enfin tous les sentimens d'un véritable patriotisme seront aussi essentiellement l'appanage de la noblesse françoise, que le courage et la loyauté ».

Ces monumens de la sagesse, du désintéressement, de la déférence de la noblesse, sont précieux à recueillir. La postérité en les contemplant, jugera de quel côté étoient les vertus, de quel côté les ingrats et les factieux.

Pour mettre plus de célérité dans la nomination de leurs députés, les nobles imaginèrent de substituer un scrutin collectif par listes, au scrutin individuel. Chaque membre de l'assemblée écrivit sur sa liste particulière vingt noms; et les dix personnes dont les noms avoient successivement la pluralité des suffrages, étoient députées aux états-généraux.

Cette forme expéditive plut tellement à la noblesse, qu'elle invita le tiers-état à l'adopter. Celui-ci la mit en effet à la délibération, dans sa séance du 11. Les avis se partagèrent, la discussion fut longue, et la manière dont on recueillit les voix, mérite d'être remarquée. Tous les membres de l'assemblée se divisèrent en deux parties, suivant l'opinion pour laquelle ils tenoient. Chacune ensuite défila sous les yeux du président qui compta ainsi les voix. Cent quatre-vingt-quatre proscrivirent le scrutin par listes, contre cent cinquante-neuf qui le demandoient?

Le tiers-état, dans cette même séance où il avoit reçu un nouveau témoignage de fraternité de la part de la noblesse, prit une décision humiliante pour cet ordre, comme pour le clergé, et d'ailleurs contraire au règlement et à la liberté des suffrages; il décida qu'aucun ecclésiastique ne seroit éligible par lui, et que les nobles qui n'étoient point électeurs, ne pourroient pas être élus. Quant aux membres de l'assemblée qui avoient acquis la noblesse, on agita vivement, dans la séance du 12, s'ils seroient éligibles, et il fut décidé qu'ils ne le seroient pas, mais on fit une exception en faveur de la noblesse commerçante.

La forme que la noblesse avoit adoptée pour la nomination de ses députés, l'accélera en effet, et dès le 10, ils étoient tous élus; j'en joins ici les noms, avec le nombre de voix que chacun d'eux obtint.

M. le comte de Clermont-Tonnerre, 160 voix; M. le duc de la Rochefoucault, 127; M. le comte de Lally-Tolendal, 112; MM. les comtes de Rochechouart et de Lusignan, 73; M. Dionis du Séjour, conseiller au parlement et astronome célèbre, 70; M. Duport, conseiller au parlement; M. de Saint-Fargeau, président à mortier, et M. le duc d'Orléans, 67; M. de Nicolaï, premier président de la chambre des comptes, 65. Ce dernier refusa la députation, et fut remplacé par M. le marquis de Mirepoix. On ne conçoit pas pourquoi la noblesse de Paris choisit M. le duc d'Orléans pour un de ses représentans, puisqu'il étoit déja député par le bailliage de Villers-Cotterets, et qu'il avoit déja paru dans les états-généraux en cette qualité. Aussi refusa-t-il, et on nomma pour le remplacer M. le marquis de Montesquiou.

Je remarque que de ces dix députés, trois seulement ont resté fidèles aux principes constitutionnels de la monarchie, cinq se sont jettés dans les factions de la démagogie, et deux se sont aggrégés au parti qui s'est formé entre les royalistes et les démocrates, parti dont les opinions, quoique infiniment plus modérées, plus raisonnables que celles de ces derniers, n'auroient cependant jamais dû être adoptées, ainsi que j'aurai occasion de le prouver.

Ces opinions commençoient à germer: la conduite que la noblesse tenoit à Versailles le faisoit présumer; on disoit même qu'il s'étoit entamé, entre une partie de la chambre et la cour, une négociation dont le but étoit de les réaliser. Il est certain que trois sortes de sentimens régnoient dans cette chambre; les uns vouloient une réunion entière avec le tiers-état, les autres vouloient la conservation des loix fondamentales, et n'ambitionnoient qu'une réforme d'abus. Les deux partis entièrement opposés, marchoient à découvert, mais il s'en étoit formé un troisième qui alloit plus sourdement à son but, et qui encore aujourd'hui y marche avec une persévérance que rien ne rebute. Le troisième parti auroit voulu métamorphoser les états-généraux en un parlement anglois, dont la noblesse auroit composé la chambre haute, système impolitique que je ne m'arrêterai à considérer que lorsqu'il se présentera plus à découvert.

De ces trois partis, celui qui se déclaroit pour la constitution monarchique telle qu'elle existoit depuis quatorze siècles, mais dégagée de tout abus, venoit de faire une conquête importante. La noblesse de la banlieue avoit choisi pour un de ses représentans M. d'Epremesnil, l'homme de ce siècle qui a le plus à se plaindre des ingrats. C'étoit principalement à ses efforts qu'on devoit les états-généraux. Il n'avoit jamais vu d'autre remède aux maux du royaume que leur convocation. Dès sa première jeunesse il l'avoit indiqué. N'étant encore qu'avocat du roi au châtelet, il avoit énoncé son vœu de le voir adopter; depuis il ramena, autant qu'il fut en lui, et avec une constance qui déceloit une ame patiente et ferme, toutes les délibérations, toutes les démarches de sa compagnie, à obtenir ce bienfait, dont nous avons tant abusé. Enfin quand il vit l'occasion favorable, il redoubla de courage, d'énergie; il poussa, pour l'arracher, un cri auquel tous les parlemens, le clergé, la France entière répondirent.

M. d'Epremesnil étoit sans doute dans l'erreur: toutes ces formes populaires ne pouvoient convenir à un immense empire, qui d'ailleurs en avoit perdu l'habitude depuis près de deux siècles. Mais puisque ce courageux magistrat fondoit ses titres de reconnoissance

sance sur cette même erreur, pourquoi les a-t-il perdus? Cher au peuple, lorsqu'il ne combattit que la puissance des ministres, dont il s'effrayoit trop, devoit-il lui devenir moins précieux, lorsqu'il vouloit combattre la licence, monstre cent fois plus redoutable et plus hideux que le despotisme?

Le nom de M. d'Eprémesnil n'en parviendra pas moins avec gloire à la postérité; elle lui pardonnera son erreur en faveur du motif qui l'inspiroit; ses intentions furent toujours droites. Dans sa vie publique, il a montré de grandes qualités. Personne dans l'assemblée nationale, n'eût servi la patrie avec plus de succès que lui, si sa voix n'eût été étouffée, chaque fois qu'il a voulu parler pour le bonheur des François. Son éloquence est riche, sa diction est pure et facile; le son de sa voix est agréable, ses gestes se déployent avec grace, et il est incontestable que s'il se fût jeté dans la tourbe des orateurs encensés aujourd'hui par la multitude, il se fût montré à la tribune avec plus d'éclat qu'aucun d'eux. Dans sa vie privée, il est bon père, bon mari, excellent ami; religieux sans superstition, ferme dans sa croyance sans fanatisme; il fait chérir ses principes par sa bienfaisance, et aucun infortuné ne peut dire avoir eu recours à lui sans en avoir été consolé. Si tous ceux dont il a brisé les fers, dont il a adouci l'infortune, qu'il a arrachés au désespoir, vouloient aujourd'hui l'environner, jamais homme ne se seroit montré à ses semblables avec un plus beau cortège. Il fut député aux états-généraux le 6 mai, et c'étoit aussi le 6 mai de l'année précédente qu'il avoit été traîné dans une prison, en défendant une cause qu'il croyoit celle du peuple. Il rappella à ses commettans cette circonstance d'une manière touchante. Ils purent se rappeller aussi ces vers qui, à cette époque, lui furent adressés, qu'on répéta et qu'on applaudit d'un bout du royaume à l'autre :

De la patrie, honorable victime,
Reçois de notre amour l'hommage mérité.
Si ton exil fut l'ouvrage du crime,
A ta vertu nos cœurs doivent la liberté.
Ton amour pour l'état fit notre destinée;
Et s'il fut un Séjan à la cour de Titus,
Tu sçus montrer à l'Europe étonnée,
Que la France en son sein renfermoit un Brutus.

L'envie a essayé de flétrir la couronne que la reconnoissance avoit décerné à M. d'Eprémesnil, mais toutes ces nouvelles idoles que le peuple s'est élevées, seront brisées par le peuple lui-même, et sur leurs débris, la postérité replacera celle de M. d'Eprémesnil.

Parmi ceux qui, à la naissance des états-généraux, se présentoient à l'adoration de ce peuple trop facile à émouvoir, à égarer, aucun ne faisoit plus de bruit que M. de Mirabeau. Son journal étoit une véritable pomme de discorde; il embrasoit et divisoit tous les esprits. Le second numéro de cette feuille étoit une diatribe amère et sanglante non-seulement du discours, mais encore des intentions du directeur des finances. La foule attroupée au palais-royal étoit déconcertée par cette attaque dirigée contre un homme qu'on croyoit ne pouvoir trop élever. Le reste du public se partageoit en deux partis; l'un, et ce n'étoit pas le moins bruyant, tenoit pour le journaliste; l'autre tenoit pour le ministre. Ce dernier parti ne comprenoit pas comment celui de M. de Mirabeau avoit pu devenir tout-à-coup aussi nombreux. On expliquoit cette singularité, en calculant le nombre de ses souscripteurs, qu'on disoit être de huit mille, et qui craignant de perdre leur abonnement, si la feuille pour laquelle ils avoient souscrit étoit proscrite, croioient que l'auteur ne disoit que la vérité, et que M. Necker avoit tort de s'en offenser. Tous ceux qui préféroient les comptes perfides et satyriques de M. de Mirabeau, à des relations impartiales et instructives, grossissoient le nombre de ses partisans.

Les amis du ministre, de leur côté, croioient que tout étoit perdu, que M. de Mirabeau étoit doué d'un génie infernal, qu'il avoit été envoyé aux états-généraux, pour ôter au directeur des finances l'amour du tiers-état et la confiance du roi; qu'il s'étoit déjà jeté dans le parti des triumvirs. Cet homme, disoit-on, est le séducteur le plus dangereux; il ne sera jamais un bon citoyen; ce sont ses détestables intrigues qui ont égaré les électeurs, et en ont arraché un arrêté humiliant pour l'ami, le protecteur du peuple; que ne fera-t-il pas pour quiconque voudra et pourra payer ses talens? Déja son libraire le Jay affiche un faste insolent: il est en marché pour une maison de campagne à Passy, et deux maisons dans Paris.

De l'affectation et de la chaleur avec lesquelles on se livroit à ces reproches, à ces déclamations contre M. de Mirabeau, il en résultoit une rumeur qui lui étoit très-défavorable. Parmi les députés eux-mêmes, plusieurs en recevoient une impression fâcheuse. On ne doutoit point qu'il n'eût été payé pour décrier le ministre. On croyoit que le but de cette guerre étoit de rappeller M. de Calonne. Cette persuasion étoit si forte dans une partie du tiers-état, et la consternation qu'elle inspiroit si grande, qu'il y eût plusieurs paris dont j'ai eu connoissance, que les états-généraux seroient dissous avant qu'ils eussent rendu aucune décision. On vouloit toujours que la lenteur des électeurs fût produite par l'influence qu'avoient parmi eux les ennemis de M. Necker.

L'assurance de M. de Mirabeau n'étoit point déconcertée par tout ce bruit: il se contenta de raffermir la confiance de ses souscripteurs, en leur donnant sa parole que son journal paroîtroit toujours en dépit du roi et de son conseil, parce qu'il le mettroit sous la protection des états-généraux.

L l

On prévoyoit si peu à Paris, la marche que cette grande assemblée alloit tenir, qu'on croyoit que chaque ordre se nommeroit un président pour toute la durée de la session, et l'idée qu'on se faisoit des intrigues de M. de Mirabeau alloit jusqu'à persuader à un grand nombre de personnes qu'il parviendroit à obtenir la présidence du tiers-état.

Cet ordre perdit, dès sa septième séance, un de ses membres : la mort enleva M. Heliau, député du Mans. Il fut enterré avec la plus grande pompe au cimetière Saint-Louis. Trois évêques, presque tous les curés, onze nobles, dont trois décorés du cordon rouge, et plusieurs députés des communes assistèrent à ses funérailles.

On voit que les deux premiers ordres ne laissoient échapper aucune occasion de donner des marques d'intérêt au troisième ; mais ces égards touchoient peu celui-ci ; il vouloit conquérir l'opinion par tête, et dédaignoit tout autre avantage. Il regardoit même comme une sorte de déclaration de guerre, le parti qu'avoit pris la noblesse de se constituer. Quelque célérité qu'elle mît dans son travail, elle étoit toujours divisée. Des querelles même particulières troublèrent l'ordre de ses délibérations. Il s'éleva entre autres des soupçons sur la légalité de la nomination de M. le duc du Châtelet. Ces soupçons se répandirent au-dehors ; et ce gentilhomme eut un jour à l'œil-de-bœuf, avec un lieutenant des gardes de M. le comte d'Artois, un démêlé assez vif, et qui fit du bruit. Le lieutenant reprocha à M. du Châtelet, d'avoir répandu de l'argent parmi quelques pauvres officiers malades à l'hôpital de Bar-le-Duc, pour obtenir leurs suffrages, et d'avoir eu, par ces menées, la pluralité des voix. Cette conversation ayant été sue du public, et pouvant produire une impression défavorable à M. du Châtelet, celui-ci voulut obtenir un désaveu du lieutenant qui le refusa formellement, déclarant qu'il ne dissimuloit point en public, les vérités qu'il disoit en particulier. Ce petit démêlé se termina paisiblement ; la noblesse ne donna également aucune suite à ses recherches sur la nomination de M. du Châtelet ; elle le réputa légalement député. Il fallut bien que le public souscrivît à la décision, et cette aventure se termina par un calembourg, dont le goût n'étoit point encore passé en France : on dit, en jouant sur le mot *Barre*, que le duc avoit attrapé *Bar*.

Mais les scènes particulières qui se passoient entre les ecclésiastiques et les nobles intéressoient foiblement : tous les regards étoient fixés sur les communes ; elles devoient une réponse à la proposition qui leur avoit été faite par le clergé, de nommer des commissaires qui confèreroient avec les siens et ceux de la noblesse, pour trouver de concert une voie de conciliation. M. Chapellier, avocat et député de Rennes, qui s'est depuis acquis une si grande célébrité, proposa un moyen bien extraordinaire de conciliation ; un moyen qui, bien loin d'adoucir les esprits, devoit soulever le peuple. Ce moyen consistoit à publier la déclaration suivante, qu'il avoit rédigée lui-même.

« Les députés des communes de France.... s'étant rendus dans la salle des états, où ils n'ont point trouvé les députés de l'église et de la noblesse, ont appris avec étonnement que les députés de ces deux classes de citoyens, au lieu de s'unir avec les représentans des communes, se sont retirés dans des appartemens particuliers ; ils les ont attendu pendant plusieurs heures, et tous les jours suivans. Quelques-uns des députés des communes s'étant fait instruire du lieu où étoient les députés de l'église et de la noblesse, ont été leur représenter que, par leur retardement à se rendre dans la salle générale, ils suspendoient toutes les opérations que le peuple françois attend des dépositaires de sa confiance ; que les communes ont vu avec regret que les députés de l'église et de la noblesse n'ont pas encore déféré à cet avertissement ; que le clergé et la noblesse ont envoyé des députations au *corps national*, auquel ils devoient se réunir, et sans lequel ils ne peuvent faire rien de légal ; qu'ils ont nommé des commissaires pour aviser avec d'autres, et délibérer entr'eux ; que les *représentans du peuple* ne doivent pas s'abandonner à des moyens conciliatoires qui ne peuvent être discutés et délibérés qu'en commun, dans l'assemblée des états-généraux ; que la noblesse a ouvert un registre particulier, pris des délibérations, vérifié des pouvoirs, établi des systèmes ; que cette vérification particlle ne suffisoit pas pour constater la régularité des procurations. »

« Les députés des communes déclarent qu'ils ne reconnoîtront pour représentans légaux que ceux dont les pouvoirs auront été examinés par des commissaires nommés dans l'assemblée générale, par tous ceux appelés à la composer, parce qu'il importe *au corps de la nation*, comme aux corps privilégiés, de connoître et de juger la validité des procurations des députés qui se présentent, chaque député appartenant à l'assemblée générale, et ne pouvant recevoir que d'elle seule la sanction qui le constitue membre des états-généraux ; que l'esprit public étant le premier besoin de l'assemblée nationale, et la délibération commune pouvant seule l'établir, ils ne consentiront pas que par des arrêtés particuliers des chambres séparées, on porte atteinte au grand principe, qu'un député n'est plus, après l'ouverture des états-généraux, le député d'un ordre ou d'une province, mais que tous sont les représentans de la nation, principe qui doit être accueilli avec enthousiasme par les députés des classes privilégiées, puisqu'il aggrandit leurs fonctions. Les députés des communes invitent donc et interpellent les députés de l'église et de la noblesse à se réunir dans la salle des états où ils sont attendus depuis dix jours, et à les former en états-généraux, pour vérifier les pouvoirs de tous les représentans de la nation. Ils invitent ceux qui ont reçu l'ordre spécial de délibérer en commun, et ceux qui, libres de suivre cette patriotique opinion, l'ont déja manifestée, à donner l'exemple à leurs collègues, et à venir prendre la place qui leur est destinée; c'est dans cette réunion de tous les sentimens, de toutes les opinions, que sont fixés, sur les principes de la raison et de l'équité, les droits de tous les citoyens. Il en coute à tous les députés des communes de penser que depuis dix jours, on n'a pas encore commencé les travaux qui assureront le bonheur public et la splendeur de l'état; qu'on n'a pu porter à un roi bienfaisant le tribut d'hommage et de reconnoissance que lui méritent l'amour qu'il a témoigné pour ses sujets, et la justice qu'il leur a rendue; que ceux qui pourroient retarder l'accomplissement des devoirs si importans, en sont comptables envers la nation. Les députés des communes arrêtent que la présente déclaration sera remise aux députés de l'église et de la noblesse, pour leur rappeller les obligations que leur impose leur qualité de *représentans nationaux*.

C'étoit donc moins une invitation amicale, qu'une interpellation hautaine, que M. Chapelier vouloit qu'on fît aux deux premiers ordres. Quel effet pouvoit-elle produire? Il étoit naturel de croire qu'elle souleveroit le peuple, déja trop injuste envers le clergé et la noblesse. Les esprits, dans ces deux ordres, ne pouvoient qu'en être aigris. Ils proposoient des voies de conciliation; ils n'en refusoient aucune, et on exigeoit, avec empire, qu'ils se rendissent à discrétion.

Ils devoient d'autant plus se tenir en garde contre ce manifeste, qu'on y faisoit annoncer au tiers-état des prétentions qui devoient naturellement effrayer ceux qui n'étoient pas de cet ordre. Il avoit déja changé sa première dénomination: il s'étoit donné le nom de communes de France; aujourd'hui il se disoit *corps de la nation*, *corps national*; ses membres se qualifioient de *représentans du peuple*. Qu'annonçoit aux deux autres ordres ce langage? Peut-il y avoir d'autre corps de la nation, d'autre corps national que la nation elle-même? Supposez-là de vingt-quatre millions d'individus; la voilà toute entière, voilà le corps de la nation, le corps national. Supposez d'un côté vingt-trois millions, si vous voulez d'individus, et de l'autre un million seulement; je vois là deux parties, mais je ne vois pas un tout. Une de ces deux parties, ne peut pas plus se dire corps de la nation que l'autre; car il n'est pas de corps, sans la réunion des membres qui le constituent tel. Que vouloit dire encore cette prétention de se croire *les représentans du peuple?* De quoi étoit composé le peuple françois à l'époque du mois de mai 1789? D'ecclésiastiques, de nobles, de roturiers. Ceux-ci étoient-ils donc aussi députés par le clergé et par la noblesse?

Les représentans du tiers-état, en annonçant qu'ils étoient ceux du peuple, qu'ils formoient le corps national, le corps de la nation, annonçoient même que le clergé et la noblesse ne faisoient point partie du peuple françois, n'étoient point membres du corps national. Il étoit bien naturel que de telles prétentions donnassent à penser à ceux qu'elles retranchoient de l'aggrégation sociale, à laquelle ils tenoient par leurs propriétés, et une existence de quatorze siècles.

Tout ce qui, dans cette déclaration, concernoit la représentation nationale, n'étoit pas moins erroné: les députés aux états-généraux étoient *représentans nationaux*, pris collectivement, mais non individuellement. M. Chapelier étoit député du tiers-état de Rennes, mais non de celui de Marseille, qui, très-certainement, n'avoit pas songé à lui confier ses intérêts, à le charger d'aucun pouvoir. Il étoit donc un des députés, mais non le député de la nation. L'assemblée des états-généraux étoit bien l'assemblée des représentans du royaume; mais chaque membre, en particulier, ne représentoit que la portion du royaume dont il avoit la procuration. C'étoit la réunion de tous ces députés particuliers, qui composoit le corps des représentans de la nation.

Dès le premier pas donc de sa carrière, M. Chapelier, ou s'égaroit, ou vouloit égarer ses co-députés. Il n'apportoit aux états-généraux d'autres connoissances que celles du barreau; mais doué d'une grande facilité à parler, il s'est laissé séduire lui-même par cet avantage; accoutumé à recueillir, sur quelque matière qu'il parlât, les applaudissemens de son parti, il a négligé de les mériter par des études dont d'ailleurs son caractère, et son goût pour des plaisirs incompatibles avec l'assiduité au travail, le rendent incapable. S'il eût été membre de la minorité, il n'eût pas seulement été remarqué; mais son zèle à servir la cause de la majorité, à en outrer même les principes, lui ont fait la réputation d'avoir de grandes lumières sur la législation, quoiqu'il n'ait pas les premiers élémens de cette science, et il passe pour un des plus grands orateurs de l'assemblée nationale, quoique réellement il n'en ait pas même les qualités extérieures; son maintien est sans dignité, son geste sans noblesse, et la foiblesse de sa vue, qui l'oblige pendant ses harangues à s'aider de lunettes, rend son regard désagréable.

Il erroit de toute manière dans sa déclaration: il ne convient pas même à un ennemi de fermer l'oreille aux propositions de paix. Si ces propositions eussent été présentées par le tiers-état aux deux ordres, et que ceux-ci eussent refusé de les écouter, qu'eût dit M. Chapellier. Il conseilloit à ceux que leurs cahiers laissoient le choix de l'opinion par ordre ou par tête, de se réunir au tiers-état; mais quelle réponse faisoit-il à ceux qui avoient le mandement exprès de l'opinion par ordre? Aucune. C'est ainsi qu'au barreau, des avocats plus jaloux de parler que d'éclairer, répondent à tout, excepté à la principale difficulté. Celle-ci cependant valoit bien la peine d'être discutée et éclaircie.

Quel étoit d'ailleurs, dans ce moment, le véritable but des communes? Le clergé et la noblesse pouvoient-ils se dissimuler qu'elles en vouloient venir à l'opinion par tête? Etoit-il juste d'exiger que leurs députés abandonnassent, sans stipulations préalables, la distinction politique des ordres. N'avoient-ils pas d'excellentes raisons à opposer? N'avoient-ils pas aussi des instructions, des mandats, des intérêts légitimes à défendre?

14. La déclaration cependant de M. Chapellier fit la plus grande sensation, et causa une joie presque universelle dans l'assemblée. M. Malouet lui en opposa une que je recueille précieusement, parce que ce sont les premières paroles qu'il a proférées sur un théâtre où il s'est toujours montré digne de l'estime publique. Juste, modéré, calme au sein des plus grandes tempêtes, sous le glaive même des assassins, il plaint les erreurs, épargne les personnes, mais il ne compose jamais avec le crime. Lorsqu'il le combat, ses traits sont brûlans, il s'élève à la hauteur de Démosthène. Jeune encore, il n'est pas d'homme qui puisse lui être comparé pour l'étendue du savoir. Il possède plusieurs langues vivantes et mortes. Ses connoissances en géographie, en histoire, en législation, en économie politique, vont aussi loin qu'elles peuvent aller. Son esprit n'est étranger à aucun des beaux-arts, à aucune science utile ; il s'est enrichi de tous les trésors de la littérature ancienne et moderne, et a sondé les profondeurs de la haute géométrie. Cette multiplicité de connoissances étonne, elles se sont cependant classées dans sa mémoire, sans confusion, parce que l'ordre qu'il met dans toute sa conduite, qui dans ses discours, dans ses écrits, enchaîne toutes ses pensées, préside à ses études. Son application au travail est infatigable ; il partage ses journées entières entre les séances de l'assemblée nationale, et celles dans différens comités ; et cependant il trouve encore le tems de se livrer aux occupations du cabinet. Lisez ses ouvrages, pas une idée fausse, pas un mot qui ne soit l'expression propre. Son style est concis sans sécheresse, orné sans profusion; ses dissertations sont savantes et lumineuses; il les plie sans effort aux règles du raisonnement. Entendez-le dans la tribune, c'est toujours une vérité utile qu'il y vient présenter, c'est toujours celle qu'il faut adopter dans la conjoncture où il parle. Les murmures éclatent autour de lui, de grossières invectives se mêlent à de bruyantes menaces ; la foudre gronde sur sa tête, il est impassible comme doit être un législateur. Son front est calme, le sourire est sur ses lèvres, non celui du dédain, mais celui de l'indulgence : c'est l'ame de Socrate dans le corps de Démosthène.

Ce sont toutes ces qualités réunies qui me portent à regarder M. Malouet comme le plus grand homme de la législature actuelle, quoique je sois bien éloigné d'admettre tous ses principes ; et lorsque l'occasion se présentera pour moi de les examiner, mon estime pour lui ne m'aveuglera point, il n'aura pas de censeur plus rigide.

La déclaration qu'il opposa à celle de M. Chapellier auroit dû donner déjà une idée avantageuse de la sagesse de ses conseils. La voici en son entier :

« Les députés des communes apprenant, par les arrêtés de la noblesse, qu'ils se sont constitués en ordre, et qu'ils ont nommé des commissaires conciliateurs, présumant que l'intention de MM. de la noblesse est de consentir à une vérification commune des pouvoirs respectifs, ou que les commissaires conciliateurs ont une mission inconnue aux députés des communes ; dans tous les cas, l'assemblée non constituée desdits députés, ne pouvant arrêter qu'en conférence en vœu commun, a résolu de manifester et de rendre compte à la nation et au roi, ainsi qu'il suit : »

« Nous députés des communes, profondément pénétrés des obligations que nous avons contractées envers la nation, et desirant avec ardeur les remplir religieusement, déclarons que notre mission aux états-généraux est de concourir de toutes nos forces à asseoir, sur des fondemens inébranlables, la constitution et la puissance de l'empire françois, de telle sorte que les droits du trône et de la nation, l'autorité stable du gouvernement, la propriété et la liberté individuelle soient assurés de toute la protection des lois et de la force publique. Pour parvenir à cette fin, nous desirons vivement nous réunir à nos co-députés du clergé et de la noblesse, et soumettre aux états-généraux la vérification de nos pouvoirs respectifs ».

« Assemblés chaque jour depuis le 5 mai dans la salle des états, nous avons invité avec instance, et nous réitérons notre invitation à MM. du clergé et de la noblesse, de venir y prendre séance, pour procéder à cette vérification. Nous espérons de leur patriotisme et de toutes les obligations qui leur sont communes avec nous, qu'ils ne différeront pas plus long-tems à mettre en activité l'assemblée nationale; nous demandons en conséquence, et nous acceptons les conférences qui ont pour but cet objet, et nous sommes d'autant plus impatiens d'en accélérer le moment, qu'indépendamment des travaux importans qui doivent nous occuper, nous sommes affligés de n'avoir pu rendre encore au roi, par une députation des états-généraux, les remerciemens respectueux et les hommages de la nation ; nous déclarons formellement être dans l'intention de respecter et de n'avoir aucun droit d'attaquer les propriétés et les prerogatives honorifiques du clergé et de la noblesse. »

« Nous sommes également convaincus que leur prétention

tention d'ordre ne mettra aucun obstacle à l'activité des états-généraux. Nous ne nous croyons pas permis d'avoir aucune disposition irritante, aucun principe exclusif de réunion et d'une parfaite conciliation entre les différens membres des états. Notre intention est d'adopter tous les moyens qui nous conduiront sûrement à une solide constitution, qui rendra à la nation l'exercice de ses droits, l'assurance d'une liberté légale et de la paix publique, car tel est notre devoir et notre serment. »

Les membres de l'assemblée qui ne connoissoient point encore l'existence d'un plan de révolution, qui ne savoient pas que dans ce plan, la première de toutes les conquêtes à faire, étoit la double représentation, et la seconde, l'opinion par tête, ne virent que justice et sagesse dans cette déclaration ; ils trouvoient très-raisonnable que le clergé et la noblesse devant naturellement avoir des inquiétudes sur les suites de la démarche qu'on exigeoit d'eux, fussent rassurés par la promesse formelle de ne point attaquer leurs propriétés et leurs prérogatives honorifiques.

Le projet de M. Malouet produisit donc un tel effet sur l'esprit de la majorité de l'assemblée, qu'il se fit un mouvement favorable qui décéloit l'intention de l'adopter. Les conspirateurs s'en apperçurent, ils en frémirent. L'un d'eux dit : *La proposition de M. Malouet va passer !* — *Empêchons cela*, répond un autre. — *Faites courir dans les bancs*, dit un troisième, *que c'est un homme vendu à la cour* (1). La commission fut faite sur-le-champ et avec succès. On ne décida rien sur cette déclaration dans cette séance, et dès le lendemain il se trouva à la porte de la salle, des porteurs de chaise, qui assurèrent qu'ils portoient tous les soirs M. Malouet chez madame de Polignac ; ils le certifièrent aux propres gens de M. Malouet.

15. M. Rabaud-de-Saint-Etienne, ministre protestant, mieux instruit que M. Malouet de la manière dont devoit s'opérer la révolution, ne voulut point de déclaration ; il demanda qu'il fût nommé et choisi seize commissaires pour conférer avec ceux du clergé et de la noblesse (chacun de ces deux ordres en avoit nommé huit.) et préparer la réunion de tous les députés dans la salle commune, sans que cette démarche, ajouta M. Rabaud, puisse faire présumer que le troisième ordre se désiste du principe d'opiner par tête, et de l'indivisibilité des états-généraux.

Cette clause impérative rendoit toute négociation inutile. La conférence n'avoit d'autre objet que de maintenir le clergé et la noblesse, dans la possession du droit de l'opinion par ordre. Les pourparlers devenoient inutiles, dès qu'on établissoit pour principe, que ce droit seroit aboli. D'après cette menace, il ne restoit d'autre parti à prendre aux deux premiers ordres, que de considérer si l'opinion par tête pouvoit se concilier avec leur serment, avec leurs privilèges essentiels, avec les principes constitutionnels de la monarchie. On devoit s'attendre qu'une telle menace venant à la suite du refus qu'avoit fait le tiers état, de déclarer, sur la demande de M. Malouet, qu'il n'entendoit point porter atteinte aux propriétés et aux privilèges du clergé et de la noblesse, ces deux ordres appercevroient toute la profondeur de l'abîme où on vouloit les engloutir.

La motion de M. Rabaud fit oublier celle de M. Malouet, et il ne fut plus question que d'opter entre la dernière et celle de M. Chapellier qui ne vouloit point de conciliation, et demandoit qu'on se constituât sur-le-champ.

La majorité de l'assemblée se divisa donc en deux partis, dont l'un adopta l'opinion de M. Rabaud, et l'autre celle de M. Chapellier ; le premier fut le plus nombreux. On y remarqua entr'autres MM. Thouret, député de Rouen, Barnave, député de Grenoble, et Boissy, député de la sénéchaussée d'Annonay. Ce dernier fit une longue motion, dans laquelle il se montra assez instruit des événemens qui se préparoient. Elle contenoit ces prédictions.

« Il faudra bien que nous nous arrêtions tôt ou tard aux partis vigoureux et fermes... Il viendra bientôt ce jour où vous vous constituerez, non pas en ordre séparé, non pas en chambre du tiers-état, mais en assemblée nationale... Il viendra ce jour où vous vous rappellerez que les prières du peuple sont des ordres ; que ses doléances sont des lois, et qu'il est réellement la nation, tandis que les autres ordres nen sont que les dépendances..... Vous avez pour vous la raison et la force... Ceux qui ont un pouvoir étendu, ont aussi l'avantage de retarder l'instant où ils doivent le déployer.... Marchons pas à pas, avançons assez doucement pour n'être jamais forcés de rétrograder ».

17 et 18. Quel prophète fût mieux inspiré que M. Boissy ? Ce n'est donc pas sa faute si le clergé et la noblesse ont manqué de prévoyance. Ses prédictions n'allarmèrent ni l'un ni l'autre ordre. Dans le second, la majorité procédoit avec sécurité à la réforme des abus ; mais la minorité intriguoit. Dans le premier, plusieurs curés ayant à leur tête le prévôt d'Ainay de Lyon, demandèrent qu'on se réunit sur le champ au troisième ordre ; mais ils se rendirent à la considération que par une telle précipitation, on manqueroit de déférence

---

(1) Ce propos est attesté par M. Malouet dans sa lettre à ses commettans, et j'invoque de plus le témoignage de M. Faidel, député du Quercy, qui l'a entendu.

pour la noblesse et pour le tiers-état, et que puisque le clergé avoit lui-même sollicité des commissaires, il lui convenoit d'attendre leur nomination, leur rapport et l'issue de leur mission.

Le ton que prenoit le tiers-état, les autres projets qu'il annonçoit, n'inquiétoient pas plus la cour, qu'ils n'intimidoient les deux premiers ordres. Elle n'avoit d'autre sollicitude que de donner des marques d'intérêt à tous les députés, et d'aller au-devant de leurs desirs. La reine ordonna que le château et les jardins du petit Trianon leur fussent ouvert tous les dimanches et toutes les fêtes. Le roi fit ouvrir pour eux tous les spectacles de la cour, et voulut que les acteurs de Paris vinssent jouer alternativement.

La plupart des députés du tiers-état reçurent ces témoignages de bonté avec indifférence; quelques-uns même en murmurèrent hautement; ils dirent et firent répéter par les journalistes qui leur étoient dévoués, que c'étoient là des dépenses qu'il falloit retrancher, et on ajoutoit : les représentans de la nation, ne peuvent goûter aucun plaisir, quand la patrie est en souffrance.

19 Il fut enfin décidé qu'on se rendroit à l'invitation du clergé ; on nomma des commissaires à qui on enjoignit expressement de ne point agiter dans les conférences, la question de l'opinion par tête ; ils eurent ordre aussi d'écrire la rélation de la conférence, par forme de procès-verbal.

Voici les noms de ces seize commissaires qu'on ne pouvoit pas nommer conciliateurs, puisque le silence leur étoit prescrit sur le seul article qui sollicitoit une négociation : MM. Rabaud de Saint-Etienne, Chapellier, Mounier, d'Ailly, Viguier, Thouret, Redon, Salomon, Dupont, Milton, le Grand, Bergasse, de Volnay, Gara, Barnave et Target, qui ayant été nommé député par la vicomté de Paris, s'étoit déchargé sur M. Camus des fonctions de sa présidence des électeurs de la capitale, et s'étoit hâté de venir joindre ses co-députés aux états-généraux.

Ainsi se terminèrent les débats sur l'ouverture faite par le clergé. L'histoire de la conférence qui la suivit, présente des détails encore plus intéressans, et montre mieux la route que s'étoient tracée d'avance les principaux chefs de la révolution.

CHAPITRE XVIII.

Enthousiasme que produit le discours de M. Necker; mauvais effet des critiques de M. de Mirabeau; conduite de M. le duc d'Orléans; nouvelle découverte sur la manœuvre des grains; situation de la cour; mort de M. de Lamoignon; son portrait; dernières séances des électeurs; députés et suppléans de Paris; prorogation de l'assemblée des électeurs; réflexions sur cette prorogation et sur le cahier du tiers-état de Paris; premières motions de MM. Laborde et Target; singulière motion de MM. Liniere et de Mirabeau; relation de la conférence entre les commissaires conciliateurs; conduite du clergé et de la noblesse après la conférence.

Mai 1789.

Le spectacle que présentoit l'élite de la nation réunie à Versailles, méritoit d'intéresser l'Europe entière. Et qui n'eût pas attendu avec impatience l'issue du combat qui s'étoit élevé entre les trois ordres? Le tiers-état vouloit la délibération par tête, la noblesse la délibération par ordre, le clergé offroit sa médiation, et se flattoit de trouver un moyen de concilier deux prétentions diamétralement opposées.

M. Necker qui avoit provoqué ce combat, en accordant la double représentation, n'en paroissoit point encore affecté, et il étoit peut-être le seul homme en France qui en fût spectateur indifférent. Ses partisans eux-mêmes n'avoient d'autre soin que d'arrêter les progrès que faisoient sur l'opinion les sarcasmes que M. le comte de Mirabeau décochoit contre le ministre. Celui-ci ne doutant point que le discours qu'il avoit prononcé à l'ouverture des états-généraux, ne fut un chef-d'œuvre qui s'élevoit au-dessus de Colbert, le donna pour aliment à l'admiration publique. Les exemplaires en furent multipliés avec la plus grande profusion; il n'y eut pas un journaliste qui ne reçut l'ordre d'en enrichir sa feuille. C'étoit sur-tout dans les lieux où se rassemblent les oisifs de la capitale, que des enthousiastes le proposoient à la vénération de la foule, et malheur à ceux qui, imbus des critiques de M. de Mirabeau, osoient refuser leurs applaudissemens.

Un jour qu'on en faisoit la lecture dans le caffé du caveau, un des auditeurs ne put maîtriser son impatience, il se récria sur la longueur du discours; d'ailleurs, ajouta-t-il, *ce n'est point-là celui qu'a* composé M. Necker. Il eût à peine proféré ces paroles, qu'on se jetta sur cet imprudent, et ce ne fut point sans danger pour sa vie qu'il put se retirer de cette cohue d'enthousiastes.

Dans un caffé voisin, où l'on faisoit également brûler l'encens en l'honneur de la divinité tutélaire du tiers-état, il se trouva un particulier qui non-seulement refusa son hommage, mais qui même insulta l'idole. « Ce M. Necker, osa s'écrier l'incrédule, est un arabe, un juif, il vous trompe, il vous trahit; vous devriez, non pas le lapider, ce qui est trop barbare, mais l'envoyer au-delà des frontières ». Je n'ai pas besoin de dire que le blasphémateur vit au même instant mille bras levés sur lui, mais meurtri de coups, il mêloit aux cris de la douleur, cette prophétie : « N'importe, disoit-il, frappez, mais un jour vous reconnoîtrez que je disois la vérité, et alors je viendrai vous demander une juste réparation.

Comme on croyoit que tous ces détracteurs étoient des émissaires de M. de Mirabeau, on se tenoit en garde contre ce député, et cette opinion publique qu'il devoit un jour conquérir, avec laquelle il devoit à son tour régner despotiquement, n'étoit point encore pour lui. Elle étoit toute entière au rival qu'il attaquoit, et M. de Mirabeau, en s'opiniâtrant à la combattre, voyoit insensiblement sa gloire s'éclipser. Sa réputation même d'homme éloquent en souffroit; on trouvoit à faire dans le sein de l'assemblée des comparaisons qui lui étoient humiliantes; on disoit qu'il étoit très-inférieur à MM. Thouret et Rabaud; on avoit même exprimé, par un pitoyable jeu de mots, le résultat de la comparaison qu'on en faisoit avec ce dernier, car on séparoit dans la prononciation la première syllabe du nom de celui-ci, et l'on disoit qu'il étoit réellement *Mi-rabaud*. Son journal étoit suspendu, et la majeure partie du public voyoit avec plaisir cette suspension. Les électeurs eux-mêmes regrettèrent d'en avoir demandé la continuation, et ils convinrent entr'eux de ne donner aucune suite à leur arrêté.

C'étoit donc en vain que M. de Mirabeau tentoit d'arracher à M. Necker la faveur du peuple. Le parti du ministre étoit plus nombreux, et plus bruyant encore. Dans quelque société qu'on se transportât, on se voyoit environné d'une horde de fanatiques qui exigeoient impérieusement qu'on pliât le genoux devant le grand homme, qui vous disoient sans détour qu'ils étoient prêts à se battre, à verser tout leur sang pour le maintien de sa gloire; qu'il étoit le sauveur, le père, le plus honnête homme de la France; et que si, par l'effet des intrigues qui se formoient contre lui, il venoit à abandonner le ministère, il faudroit fuir le royaume comme une terre infortunée d'où la vertu s'étoit exilée.

M. le duc d'Orléans venoit avec moins de bruit et d'éclat se placer sur l'autel d'où M. de Mirabeau ne pouvoit précipiter le directeur des finances. Le jour où le prince fut député aux états-généraux par la noblesse de Paris, fut un jour de fête pour la multitude. Les tambours, les fifres, tout le peuple des halles vint environner son palais, et lui témoigner sa joie. La lettre par laquelle il remercia ses commettans et refusa de se rendre à leur vœu, fut connue du public, et fit honneur à sa modestie.

Quelques jours après, il se transporta à Crépy en Valois, pour y faire emprisonner un sieur Dumouron, procureur du roi de ce bailliage. Le crime de cet homme étoit, disoit-on, d'avoir accaparé des grains, et d'avoir osé abuser du cachet du prince, pour faire ce monopole. Le crime étoit grave sans doute, et méritoit bien que M. le duc d'Orléans livrât le coupable à toute la sévérité de la justice; mais depuis il n'a plus été parlé de cette affaire; si elle eût été suivie, elle eut peut-être donné quelques éclaircissemens sur le manége des monopoleurs. Mais chaque fois qu'il s'est échappé un rayon de lumière du sein des ténèbres où se tenoient enfoncés ces malheureux, il a été au même instant étouffé.

On justifioit encore la sévérité du prince, par un autre reproche qu'on faisoit à ce sieur Dumouron, et ce reproche portoit sur un délit qui, dans les circonstances, étoit impardonnable. On prétendoit qu'ayant été chargé de réunir tous les articles du cahier de son bailliage, il s'étoit permis de les altérer, de les modifier d'une manière contraire aux intérêts du tiers-état. On ajoutoit que la fraude ayant été reconnue, le faussaire avoit été ignominieusement chassé de l'assemblée des électeurs. La conduite de M. le duc d'Orléans envers un tel homme étoit une preuve de plus de son attachement pour le peuple, qui ne pouvoit voir qu'avec plaisir que quiconque étoit son ennemi, étoit aussi celui du prince. On n'en doit pas moins regretter que toute cette affaire n'ait pas mieux été éclaircie, et je n'aurai que trop souvent occasion de faire remarquer que dès qu'il s'est élevé un homme qui pouvoit donner des renseignemens sur la manœuvre des grains, l'homme et son secret ont disparu.

Revenu à Versailles, M. le duc d'Orléans ne s'y confondit plus parmi les courtisans. Assidu aux séances de sa chambre, il y prenoit ouvertement le parti des communes, et leur faisoit des partisans. Il étoit le seul des princes que le peuple crut lui être entièrement dévoué. On débitoit à ce peuple, sur les triumvirs, tant de fables odieuses, qu'il n'en doutoit point qu'ils ne conspirassent contre son bonheur.

En jettant cependant un coup-d'œil sur la situation où se trouvoit alors la cour, je ne vois dans tous les contes qu'on faisoit circuler, que de la perfidie, et que l'intention bien décidée de vouer à la haine et aux vengeances de la multitude abusée, quiconque entreprendroit de modifier, dès leurs premiers pas, la fougue des révolutionnaires. La calomnie se taisoit sur le compte de Monsieur, parce que ce prince vivoit très-retiré, se montroit rarement en public, et ne s'attachoit ni à l'un ni à l'autre parti. M. le comte d'Artois au contraire, toujours environné d'une cour nombreuse, toujours lié avec MM. les princes de Condé et de Conty, et avouant avec sa franchise ordinaire, qu'il croyoit les prétentions de la noblesse légitimes, étoit représenté comme le plus dangereux ennemi du tiers-état. Sa sincérité et ses liaisons donnoient au moins une ombre d'apparence à cette atroce calomnie. Mais la reine qui s'abbrevoit de ses larmes, qui voyoit son fils et son frère aux portes du tombeau, qui avoit elle-même appelé M. Necker à l'administration des finances, devoit-elle aussi être représentée au peuple comme oubliant sa douleur pour conspirer contre un ministre dont l'élévation étoit son ouvrage? On vouloit cependant qu'elle présidât les prétendus conciliabules où se méditoit, disoit-on, la chûte du directeur des finances.

M. Necker ne faisoit rien pour détruire ces impostures; il se tenoit également éloigné de tout le monde, parloit avec circonspection et en mots insignifians, des débats élevés entre les second et troisième ordre, et n'admettoit personne à sa table.

Les autres ministres n'avoient rien retranché des usages de la représentation, et de cette sorte de magnificence qui, jusqu'alors, avoit été un des devoirs de leurs places; leurs tables, ainsi que celles des princes, étoient à l'ordinaire ouvertes aux prélats, aux gentilshommes.

II

Il n'y avoit rien là qui dût étonner, parce qu'il n'y avoit rien là qu'on n'eût toujours vu pratiquer ; mais on transforma ces repas d'étiquette en autant de conseils de conjurés ; et quiconque étoit admis à la table ou des ministres, ou de quelque grand de la cour, ou de quelqu'un des princes, conspiroit contre les communes. Ce moyen servit admirablement les calomniateurs, et eut le plus grand succès contre MM. l'archevêque de Paris, d'Eprémesnil et Malouet. La haine s'acharnoit avec d'autant plus d'opiniâtreté contre ces trois députés, qu'on s'attendoit que tous les trois auroient une grande influence sur leur ordre ; le premier, parce qu'il étoit généralement reconnu pour le plus honnête homme de son siècle ; le second, parce que son éloquence pouvoit faire de nombreuses conquêtes et le troisième, entroit dans la carrière avec une contenance qui le rendoit formidable aux factieux.

De nouvelles troupes qui s'approchoient journellement de Paris, accréditoient beaucoup les mensonges et les conjectures sur tous ces complots, dont on vouloit que le tout fût de contraindre les communes à accepter les conditions qui lui seroient imposées par la cour. Outre les régimens déja arrivés, on fit encore approcher successivement celui de Salis-Samade suisse, les hussards de Berchini, les chasseurs d'Esterasy, et ceux de Lorraine. On parloit dès-lors de donner le commandement de toutes ces troupes à M. le maréchal de Broglie, et de former dans la plaine de Sèves un camp de douze mille hommes.

Ce fut dans ces premiers jours d'orage, au moment où la fermentation menaçoit tous les corps de l'état, que M. de Lamoignon qui, de concert avec M. de Brienne, avoit donné le premier ébranlement, mourut à Baville d'une manière misérable. On crut que cette mort n'étoit pas naturelle : on se trompa. Levé de grand matin, à son ordinaire, il visita sa famille et ses ouvriers ; Madame de Lamoignon le quitta, pour se rendre dans un petit pavillon du parc, appellé le café. Il sortit quelque tems après son épouse, suivi d'un valet-de-chambre ; il étoit botté, éperonné, parce qu'il comptoit ce jour-là monter à cheval avec Madame la comtesse de Caumont sa fille. Il tenoit sous le bras un fusil d'enfant qu'il portoit ordinairement dans ses promenades, et avec lequel il s'amusoit à tuer des pies. Il cueillit beaucoup de chevre-feuille pour les dames, et entra dans une grotte. S'y étant assis, il se fit apporter une bouteille de petit lait, en but ; mit à ses pieds la bouteille et le verre, et tira de sa poche une brochure de M. l'évêque de Langres, qu'il attendoit ce jour-là même à dîner. Le valet-de-chambre le quitta, lorsqu'il commença sa lecture. Une demie-heure après, on entendit un coup de fusil, on n'en eut aucune inquiétude, parce qu'on crut que M. de Lamoignon avoit tiré sur un oiseau ; mais bientôt après, on vit accourir au château un ouvrier, qui annonça qu'il avoit vu cet infortuné baigné dans son sang. Ses trois fils étoient réunis dans le même appartement. Le chevalier de Lamoignon, le plus jeune des trois, courut vers ce terrible spectacle, le marquis, qui étoit incommodé d'une entorse, s'y traîna appuyé d'une main sur le bras de son frère aîné, et de l'autre sur celui du comte de Vibraye. Arrivés dans la grotte, le chevalier de Lamoignon se jette sur son malheureux père, et le serre dans ses bras. Sa cervelle et son sang avoient jailli sur les murs de la grotte. Il étoit assis et dans la même attitude où l'avoit laissé son valet-de-chambre ; seulement son fusil avoit glissé le long de ses jambes. Il parut évident qu'en s'agitant, un des éperons avoit fait partir la détente du fusil. La charge avoit fracassé une machoire, et étoit sortie par la tempe opposée. Ses trois enfans, suivis du comte de Vibraye, vinrent apprendre ce cruel accident à leur mère et à leur sœur qui les attendoient à déjeûner. Les circonstances de cet événement ne permettent point de douter qu'il ne fut naturel.

Ainsi périt M. de Lamoignon à l'instant où commençoit cette révolution, que ses opérations avoient tant avancée. Il est un exemple frappant du changement qu'apportent bien souvent, dans les principes d'un homme, les différentes situations où il se trouve placé. Magistrat au parlement, il fut l'adversaire le plus zélé, le plus opiniâtre des plans de M. de Maupeou. Ministre, il devint le fléau de son corps. Il est vrai qu'il combattit d'abord le projet de la cour plénière ; mais il finit par adopter toutes les vues de M. de Brienne, et il y ajouta les siennes, et pressa l'exécution des unes et des autres, avec une impéritie et une rapidité qui font, à sa mémoire, une tache ineffaçable. Il disoit souvent : *mon ministère sera court, mais on s'en souviendra long-tems.*

M. de Lamoignon avoit d'ailleurs des qualités estimables : il soutint sa disgrace avec assez fermeté ; il ne lui échappa aucune plainte, ni contre l'archevêque de Sens qui avoit fait violence à ses principes, ni contre le public qui l'accabla de tout le poids de sa haine ; il ne murmura point de la perte de sa charge de président à mortier, à laquelle il étoit fort attaché. Et il est à remarquer qu'après sa disgrace, non-seulement il recouvra tous ses amis, mais que ceux même qui s'étoient éloignés de lui pendant son administration, vinrent le retrouver à Baville. On a osé dire qu'il avoit contribué à la dépédration des finances, et qu'il avoit, sans pudeur, sollicité et obtenu de la cour des bienfaits innombrables. Jamais calomnie ne fut plus grossière, ni moins vraisemblable. Il est notoire que M. de Lamoignon est mort accablé de dettes ; il n'étoit point joueur, et n'avoit aucun de ces défauts qui dérangent les fortunes ; il a cependant ruiné sa famille ; mais sa femme et ses enfans ne l'en ont pas moins pleuré, et ceux même qui ne l'aimoient pas conviennent qu'il fut bon père, bon mari, bon ami. On dit que deux jours avant de mourir, il écrivit pour toute réponse à M. de Montmorin qui lui demandoit son avis sur quelques nouveaux plans : *ma tête n'est point assez forte. Je ne suis plus de ce siècle.*

Si c'étoit, en effet, bien sincérement que M. de Lamoignon, pendant son ministère, avoit voulu donner à l'autorité du roi plus d'étendue et d'indépendance, ce devoit être pour lui un grand sujet d'étonnement que cette explosion, si je puis parler ainsi, d'idées républicaines qui exaltoient toutes les têtes. Son imagination devoit s'effrayer en contemplant l'avenir que présageoit la querelle qui s'étoit élevée entre le tiers-état et les deux premiers ordres.

Il étoit assez singulier que le tiers-état de la capitale fût le seul de tout l'empire qui ne pût influer, par ses députés, sur ces premiers débats, dont les suites devoient si fort l'intéresser. Ces députés n'étoient point encore nommés. La forme d'élection qu'avoient adoptée les électeurs rendit cette nomination lente et fastidieuse. Il fallut vingt mortelles séances pour consommer ce travail. Les électeurs ne prirent pas tous les députés parmi eux. Au sixième scrutin, la pluralité des suffrages se déclara pour M. Tronchet, qui n'avoit paru dans aucune des assemblées primaires. Une députation lui en porta la nouvelle. Il vint dès le lendemain remercier l'assemblée de cet honorable témoignage de confiance, et lui dit que s'il n'avoit considéré que ce que cette commission avoit de flatteur, il ne l'auroit point acceptée ; mais que considérant qu'elle étoit en même tems une dette du citoyen, le choix des électeurs lui imposoit la loi de s'en acquitter, et de s'y dévouer tout entier. Il en fut de même de M. Leclerc, libraire, et de M. Garnier, conseiller au Châtelet, qui obtinrent également une pluralité de suffrages, quoiqu'ils ne fussent point membres l'assemblée.

Ces nominations n'avoient rien d'extraordinaire, puisque le choix tomboit sur des sujets qui avoient toutes les qualités requises pour être éligibles. Mais le vingtième scrutin offrit une véritable bizarrerie : il se déclara pour M. l'abbé Syeyes qui, par son état, étant aggrégé au premier ordre, ne pouvoit représenter celui qui avoit arrêté de ne point prendre de député dans le clergé. Il sembleroit que cette nomination avoit été prévue, car à peine fut-elle proclamée, que quelques membres déposèrent sur le bureau, une protestation dont voici la substance :

« Par une délibération qui a lié tous les membres de l'assemblée, les ecclésiastiques et les personnes nobles ont été déclarés non éligibles pour la députation. »

« Dix-neuf scrutins ont consacré le principe de cette délibération. L'exception en faveur de M. l'abbé Syeyes, est injurieuse aux personnes très-éclairées et très-distinguées des ecclésiastiques et des nobles qui, depuis dix-neuf scrutins, ont été exclus des suffrages, en les mettant en opposition offensante, avec un ecclésiastique dont le mérite ; quel qu'il soit, ne peut lui être un titre qu'autant qu'il ne seroit pas isolé et sans concurrent. »

On lit encore dans cette protestation, que M. l'abbé Syeyes avoit été nommé en l'absence d'une partie notable de l'assemblée ; ceux qui la signèrent furent MM. Dumangin, Marguet, Rives, Luciot, de Bussac, Osselin, Guenon, Langloys, receveur-général des domaines et bois. Ces huit électeurs exigèrent que leur protestation fût annexée au procès-verbal, et se réservèrent de se pourvoir aux états-généraux, contre la nullité de la nomination.

Cette protestation n'empêcha point que M. l'abbé Syeyes ne fût déclaré bien légitimement député. Il vint, avant la fin même de la séance, en faire ses remercîmens à l'assemblée. Il lui témoigna qu'il étoit d'autant plus sensible à l'honneur qui lui étoit déféré, qu'il avoit moins droit de s'y attendre ; que tenant au tiers-état par sa naissance, la carrière qu'il avoit suivie sembloit l'en séparer ; mais que revêtu de la confiance d'une classe de citoyens à laquelle il appartenoit toujours, il feroit ses efforts pour y répondre par son zèle et par son dévouement.

Je joins ici les noms de tous les députés de Paris, suivant l'ordre de leur nomination : (1) MM. Bailly, des trois académies ; Camus, avocat au parlement ; Vignon, ancien consul ; Bévière, notaire ; Poignot, négociant ; Tronchet, avocat au parlement, de Bourges, grand garde de l'épicerie ; Martineau, avocat au parlement ; Germain, négociant ; Guillotin, docteur en médecine ; Treilhard, avocat au parlement ; Berthereau, procureur au Châtelet ; Démeunier ; Garnier, conseiller au Châtelet ; Leclerc, libraire ; Hutteau, avocat au parlement ; Dosfand, notaire ; Anson, receveur-général des finances ; Lemoine, l'aîné, orfèvre ; et l'abbé Syeyes, grand-vicaire et chanoine de Chartres.

Le sort dans l'élection de ces députés, ne fut pas favorable aux procureurs au parlement ; ils n'ont eu un seul d'entre eux aux états-généraux. Les avocats ont été plus heureux ; le quart de la députation de Paris fut prise dans leur ordre. De ces vingt députés, dix environ se sont fait remarquer dans l'assemblée nationale, et les autres y sont ab-

---

(1) La liste de tous les députés aux états-généraux appartient à l'histoire de la révolution ; mais, pour ne point trop grossir ces premiers cahiers, je me borne ici aux députés de Paris, et je renvoie la liste de tous ceux du royaume à la fin même de l'ouvrage ; elle s'y trouvera par forme de table. A côté du nom de chaque député, on indiquera les pages où il est fait mention de lui.

solument nuls. Parmi ces dix, il en est qui par leurs travaux ou leurs harangues, ont plus particulièrement fixé sur eux l'attention publique: tels sont MM. Bailly, Camus, Tronchet, Martineau, Treilhard, Anson, l'abbé Sieyes.

La séance où l'on mit fin au travail sur l'élection des députés, se termina gaiement. Les fruitières-orangères, et d'autres dames de la halle, entrèrent dans l'assemblée, et lui chantèrent des couplets en l'honneur du tiers-état. M. Camus, qui présidoit, répondit gravement à toutes ces chansons. Il dit aux dames, qu'on avoit beaucoup de satisfaction à les recevoir; qu'on s'étoit occupé très-particulièrement de leurs intérêts; que les députés étoient chargés de s'en occuper aux états-généraux, et qu'enfin elles avoient des amis et des frères dans l'assemblée du tiers-état.

L'élection des députés terminée, il fallut procéder à celle des suppléans; on convint d'en nommer vingt; mais on étoit si fatigué de dépouiller, d'interroger des scrutins, qu'il fut décidé qu'on adopteroit enfin la méthode de la noblesse. On fit donc le scrutin en une seule fois, et par une seule liste de vingt noms. Voici ceux qui obtinrent la pluralité des suffrages. MM. Vauvilliers, professeur au collège royal; de la Vigne (1), avocat au parlement; Baudouin, imprimeur-libraire; Garan de Coulon, avocat au parlement; Garnier, secrétaire du cabinet de madame Adelaïde; Brousse des Faucherets, avocat en parlement; Trochereau, conseiller au châtelet; Boscary, négociant; Thouin, de l'académie des sciences; Agier, avocat au parlement; Perrier, de l'académie des sciences; Levacher de la Terrinière, avocat au parlement; Parisot, avocat au parlement; la Cretelle, avocat au parlement; Duveryer, avocat au parlement; Duclos du Fresnoy, notaire; Tassin, banquier; Pluvinet, négociant.

Lorsqu'on eut enfin irrévocablement terminé toutes ces élections, les trois ordres se réunirent, et leurs députés aux états-généraux prêtèrent serment entre les mains de M. le prévôt de Paris, de remplir bien, fidèlement, et dans toute son étendue, la mission qui leur étoit confiée.

Les électeurs du tiers, avant de se séparer, arrêtèrent de proroger leur assemblée pendant la tenue des états-généraux, afin, dirent-ils, de donner à ses députés, les instructions ultérieures, que la précipitation forcée de ses opérations, ne lui avoit pas permis de leur donner. En conséquence de cet arrêté, l'assemblée s'ajourna pour le mercredi suivant 7 juin.

---

(1) Sur le refus de M. Vauvilliers, il a remplacé à l'assemblée nationale M. Poignot, mort à la fin de janvier 1791, sans avoir fait parler de lui.

Les électeurs, en prenant cet arrêté, ne prévoyoient pas jusqu'où iroient les fonctions qu'ils se donnoient; ils n'imaginoient pas que leur assemblée seroit, deux mois après, une assemblée de rois. Cette prorogation étoit évidemment une nouveauté inconstitutionnelle, et il est étonnant que le gouvernement n'en ait conçu aucune jalousie. Les électeurs n'avoient d'autre pouvoir, d'autres fonctions, que de nommer des députés aux états-généraux; cette nomination faite, ils n'avoient plus ni pouvoir, ni fonctions. Toute assemblée ultérieure ne pouvoit donc plus être regardée que comme illégale. De qui les électeurs tenoient-ils le droit de rester assemblés? Ce n'étoit certainement pas du seul législateur qu'on pût reconnoître alors en France: les états-généraux n'étant pas encore constitués. Etoit-ce de leurs commettans? Mais ceux-ci pouvoient-ils donner ce qu'ils n'avoient pas? Ils n'avoient eux-mêmes été convoqués que pour nommer leurs électeurs; leur activité se bornoit à cette seule fonction, et elle s'y borna en effet, car je ne lis dans aucun des cahiers des assemblées primaires que les électeurs prorogeroient leur assemblée pendant toute la durée des états-généraux.

Les électeurs de Paris, en restant assemblés, méconnoissoient donc l'autorité du législateur, et outre-passoient leurs pouvoirs. Ils n'avoient sans doute pas la prétention de croire que le droit qu'ils s'attribuoient, leur appartenoit par cela même qu'ils se l'attribuoient; car un tel raisonnement légitimeroit toute usurpation qui seroit suivie du succès. S'ils ne vouloient pas reconnoître l'autorité du roi, ils ne pouvoient du moins récuser celle de leurs commettans; ils devoient donc, après avoir rempli la mission qui leur avoit été confiée par ceux-ci, se confondre parmi eux, et les laisser constituer eux-même une assemblée aux membres de laquelle ils auroient donné les instructions qu'ils auroient jugé nécessaires. Ne pouvant pas prévoir que les électeurs iroient au-delà du cercle qui leur avoit été tracé, ils n'avoient songé à leur confier que des pouvoirs relatifs à la commission qui leur étoit donnés. Ces électeurs étoient censés avoir les lumières et les instructions suffisantes pour se bien acquitter de leur mission; mais il pouvoit très-bien se faire qu'ils n'eussent aucune capacité pour les nouveaux travaux qu'ils alloient entreprendre. Leur conduite et l'insouciance du gouvernement sur cette conduite, sont d'autant plus remarquables, que c'est par de telles erreurs, par l'oubli des premiers principes de toute société bien ordonnée, que nous sommes arrivés au comble du désordre, et il ne pouvoit en être autrement, parce qu'en politique, comme en morale, comme dans toutes les sciences exactes, les conséquences qu'on tire d'un principe erroné, ne sont elles-mêmes que des erreurs.

Pour justifier leur usurpation, les électeurs disoient qu'ils avoient des instructions à donner à leurs députés; cela ne pouvoit ni ne devoit être : les instructions des députés, étoient dans leur cahier ; ils n'en avoient plus d'autre à recevoir que de leur conscience.

Le cahier remis aux députés du tiers-état de Paris, ne fit pas une grande sensation ; il ne mérite pas moins d'être lu. MM. Target et Camus y jettèrent, le premier dans les articles constitution et législation, le second dans l'article, religion, clergé, les germes des opinions que nous leur avons entendu prêcher dans la tribune, et mettre en pratique dans les comités. Par exemple, dans ce second article, il étoit dit : *il sera pris des mesures pour faire revivre la discipline primitive de l'église, c'est-à-dire, le rétablissement des élections aux prélatures.* On reconnoît bien là M. Camus, on le reconnoît encore mieux à cette philosophique maxime : *la religion est reçue librement dans l'état*, et à cette maxime injurieuse pour le clergé, parce qu'elle étoit susperflue : *les ecclésiastiques doivent l'exemple et la leçon de toutes les vertus.* Cependant, quoiqu'il régnât une pédantesque sévérité, dans la rédaction de l'article clergé ; on y reconnoissoit que l'ordre public ne souffroit qu'une religion dominante, et que la religion catholique étoit la religion dominante.

En général l'esprit qui présida à la composition de ce cahier, ne fut pas celui de la modération, mais il ne fut pas non plus celui de la destruction ; car dans toutes les réformes qu'on y demande, on suppose toujours le maintien des anciennes formes constitutionelles, et le respect pour les propriétés des corps, comme des particuliers. Mais ce qui distingue le cahier des députés de Paris, des instructions données pour le reste du tiers-état du royaume à ses représentans, c'est le chapitre qui lui sert d'introduction. Les électeurs de Paris voulurent, à l'instar des états-unis d'Amérique, faire aussi une déclaration des droits, et donner ce bel exemple aux états-généraux. Ce chapitre donc, intitulé, déclaration des droits, est remarquable, non pas par la sagesse ou la clarté, mais par l'incohérence et le désordre des idées. On y confond la nation avec les individus, l'homme social et policé avec l'homme purement sauvage, qui lui-même a des devoirs à remplir, et des droits à respecter. Je ne m'arrêterai point à examiner les bizarres assertions de ce chapitre, parce que comme elles se trouvent reproduites dans la fameuse déclaration des droits décrétée par l'assemblée nationale, il sera tems d'en faire voir l'impolitique absurdité, lorsque j'en serai à cette seconde déclaration.

On pense bien que les députés du tiers-état de Paris, n'eurent rien de plus pressé, dès qu'ils furent nommés, que de se rendre sur le grand théâtre où les rôles les plus importans à jouer, commençoient à se distribuer. Ceux qui étoient relatifs à la conférence, ouverte avec les deux premiers ordres, étoient déjà donnés ; et à cet égard il n'y avoit plus rien à faire jusqu'au dénouement. Les commissaires que la noblesse choisit, furent MM. le Marquis de Bouthillier, le duc de Luxembourg, ce courageux Marquis de la Queille, qui le premier a offert son sang à la religion et à la patrie, ce chaleureux comte d'Antraigue, qui s'exagéra peut-être les abus de l'ancien régime, mais dont l'ame vertueuse s'indigna de l'audace de la licence, le duc de Mortemart, le vicomte de Pouilly; ce héros du siècle, cet intrépide Cazalès, l'ornement de son ordre, l'espoir de la patrie fière de compter parmi ses défenseurs un gentilhomme, qui aux vertus des Bayard, des Montausier, réunit l'éloquence des plus grands orateurs de la Grèce et de Rome ; enfin M. de Bressay.

Le clergé, le jour même où le tiers-état consentit à la conférence, arrêta qu'il renonçoit à ses privilèges pécuniaires ; cette décision fut prise par acclamation ; mais il fut stipulé que l'on n'avoit pu voter individuellement, parce que la chambre n'étoit point encore constituée. Préluder à la conférence par ce sacrifice, c'étoit se présenter au combat avec l'olivier de la paix.

En attendant l'issue de cette conférence, on ne savoit que faire dans les communes où il régnoit toujours un grand désordre, tant par le défaut d'un réglement de police, que par la construction de la salle, et l'arrangement des sièges qui n'étoient point comme aujourd'hui en amphythéatre. Ces sièges étoient toujours occupés par des étrangers et des députés mêlés sans aucune distinction : ceux qui n'étoient pas sur les premiers bancs, ne pouvoient ni voir ni être entendus.

20. Le jeune M. de la Borde de Méréville, qui brûloit de se faire remarquer, et que M. de Mirabeau encourageoit beaucoup, proposa de passer le tems à rédiger des journaux, dans lesquels on rendroit compte de tout ce qui s'étoit passé depuis l'ouverture des états-généraux, et de tout ce qui surviendroit. M. de la Borde vouloit employer à ce travail vingt-quatre membres de l'assemblée. On craignit qu'ils ne devinssent les censeurs de leurs collègues, et on rejetta la proposition.

23. M. Target présenta la proposition sous une autre forme : il demanda qu'on nommât deux secrétaires pour rédiger un procès-verbal clair, simple et précis de chaque séance. On craignit que les rédacteurs ne se laissassent aller involontairement aux réflexions, et M. Target ne fut pas plus heureux que M. de la Borde.

Dans la chambre de la noblesse, on suivit à-peu-près l'exemple du clergé, on autorisa les commissaires

saires qui devoient conférer avec ceux des deux autres ordres, à annoncer que la plus grande partie des cahiers dont étoient chargés les députés de la noblesse, portant renonciation aux priviléges pécuniaires ; la chambre étoit dans la ferme résolution d'arrêter cette renonciation, après que chaque ordre délibérant librement, auroit pu établir les principes constitutionnels sur une base solide.

Dès le soir, tous les commissaires se réunirent, mais il ne fut rien décidé dans cette première conférence qui fut longue et vive ; on en renvoya la suite au 25. Les communes attendoient avec d'autant plus d'impatience qu'elle se terminât, qu'on s'y voyoit dans l'inaction jusqu'au moment où on seroit constitué. On demandoit donc toujours, à quoi devons-nous nous occuper ? M. de Mirabeau répondoit, *à rien*. Mais comme il étoit à-peu-près impossible de passer le tems en conversations oiseuses, et que chacun étoit jaloux de s'annoncer avantageusement, chacun avoit une motion à faire. M. Moreau, entre autres, en fit une si singulière qu'elle mérite d'être rappellée : il demanda la suppression des spectacles. « Celui de Versailles, dit-il, coute mille écus ; ne vaut-il pas mieux donner cette somme aux pauvres ? Les spectacles d'ailleurs, ajouta-t-il, ne peuvent procurer des amusemens dignes de la gravité et de la majesté d'une aussi auguste assemblée ; ils sont faits pour un peuple corrompu ; ils ne conviennent pas à un peuple qui veut régénérer ses mœurs et faire cesser les principes de la corruption. »

M. Moreau n'étoit pas le seul qui, en arrivant à Versailles, eût rêvé que le peuple françois étoit un peuple vierge, si je puis me servir de cette expression, que Dieu venoit de créer tout exprès pour que les états-généraux le façonnassent à leur gré.

La motion cependant de M. Moreau fut éconduite avec des murmures et des huées ; il se plaignit, il insista : on lui répondit qu'on ne mettoit pas aux voix de pareilles rêveries.

La liberté avec laquelle on siffloit ceux dont on ne goûtoit pas les raisonnemens, étoit un des principaux motifs qui faisoit desirer un réglement de police. M. le doyen d'ailleurs qu'on lui en avoit remis un, et demanda si on vouloit le mettre aux voix. Le premier article portoit qu'aucun député ne pourroit entrer qu'en habit noir, ou du moins qu'il ne pourroit parler qu'en habit de couleur.

On repoussa d'abord ce réglement ; on craignit que les discussions dans lesquelles il entraîneroit, ne prêtassent aux plaisanteries des folliculaires. M. de Mirabeau, qui venoit de dire qu'il falloit rester dans l'inaction, soutint alors qu'il falloit nommer des commissaires pour travailler à la rédaction d'un réglement, seul moyen, selon lui, de remédier au tumulte, et à la longueur des délibérations ; il ajouta que la question de savoir s'il falloit être vêtu en noir, devoit essentiellement faire un article de ce réglement. — « Eh ! Messieurs, s'écria M. Linière, il y a huit jours, je vous proposai cette même motion, et vous la rejettâtes sur l'avis de M. de Mirabeau, qui ne vous prêchoit que la force d'inaction. » Celui-ci se débarrassa de cette objection par une distinction. Il dit que le réglement, offert par M. Linière, devoit être définitif, au lieu que le sien n'étoit que *provisoire*. Le mot *provisoire* faisoit alors une grande fortune, et il sonnoit merveilleusement dans la bouche de M. de Mirabeau. Tout en France, jusqu'au roi, n'étoit plus que *provisoire*.

» Il s'agit bien ici, dit un autre membre, de l'habit, de rangs, de dignités ; y en a-t-il dans une assemblée d'hommes égaux ? » M. de Mirabeau crut que par cette exclamation, on lui reprochoit de tenir à sa noblesse. Il se hâta donc de répondre qu'il attachoit si peu d'importance à son titre de comte, qu'il le donnoit à qui le voudroit, ajoutant que son plus beau titre, le seul dont il s'honorât, étoit celui de représentant d'une grande province, et d'un grand nombre de ses concitoyens. — « Je suis, repliqua un député, entièrement de l'avis de M. le comte de Mirabeau ; je dis, M. le Comte, mais j'attache si peu d'importance à un semblable titre, que je le donne gratis à qui voudra le porter. »

C'est par de pareils sarcasmes qu'on préludoit aux coups qui alloient être portés à la noblesse ; c'est en pareils dialogues que se consumoient les premières délibérations des communes.

La séance des commissaires fut plus sérieuse, et infiniment plus importante par les suites qu'elle eut. On débattit d'abord les faits historiques ; la noblesse rappella que dans les états-généraux de 1614, de 1588, de 1576 et de 1560, la vérification des titres s'étoit faite séparément. M. Mounier, qui porta la parole pour les commissaires du tiers-état, ne put pas nier cette vérité ; il ne lui resta, pour y répondre, que la ressource qu'on peut, quand on veut, employer contre toute vérité, celle des raisonnemens et des conjectures. Il dit que si à ces différentes époques, les titres avoient été vérifiés séparément, c'est que des funestes haines, des querelles de religion, divisoient et les ordres et les citoyens ; c'est que ces différens états-généraux n'avoient pas eu l'objet de proposer en commun des lois générales pour le royaume ; qu'ils avoient eu seulement en vue de porter au roi des doléances sur les malheurs qui affligeoient la France, et qu'alors il importoit peu aux trois ordres de faire entendre leurs plaintes séparément ou en commun ; que très-souvent même, ayant eu à se plaindre les uns des autres, ils avoient été dans la nécessité de se diviser, leurs contestations rendant leur réunion impossible.

Ces raisonnemens pouvoient être fort bons, mais

ils n'infirmoient point le fait historique ; ils l'expliquoient, et une explication bonne sur un fait douteux, n'anéantit pas celui qui est incontestable. M. Mounier en conclut cependant que si à ces diverses époques, les états avoient été divisés, cela étoit arrivé, non par la constitution du royaume, mais par le concours des circonstances qu'il venoit de détailler. Outre que cette conséquence n'étoit pas dans les règles d'une exacte logique, elle étoit encore vicieuse sous le rapport politique. Qui ne sait que les constitutions des empires se font par le concours des circonstances ? (1) La France avoit, en 1789, une manière d'être ; M. Mounier expliquoit fort bien, si l'on veut, comment cette elle l'avoit ; mais l'explication même prouvoit qu'elle l'avoit, et que l'arrangement qu'on proposoit étoit une innovation.

M. Mounier sentit tellement cette difficulté, il comprit si bien que ce qu'il étoit chargé de proposer, étoit contraire à la constitution que nous avions depuis deux siècles, qu'il voulut prouver qu'au delà de ces deux siècles, cette constitution n'étoit pas la même. Il dit que puisque la noblesse vouloit remonter au seizième siècle, pour y trouver des autorités en sa faveur, les communes avoient droit de remonter au quinzième ; et étendant cette idée, il représenta que dans les états de 1483, tout se fit en commun, et les vérifications, et les délibérations, et les décisions. Il ajouta qu'il en avoit été de même dans toutes les tenues des états-généraux depuis Philippe-le-Bel, qui ouvrit les premiers ; que lorsque les ordres vérifioient leurs titres séparément, ils n'avoient point de juges dans les états-généraux sur les titres qu'un ordre contestoit ; et qu'ils soumettoient alors les contestations de ce genre à l'autorité royale et à celle du conseil.

M. Mounier étoit trop éclairé, pour qu'il put être lui-même satisfait d'un tel argument. Les corps ne reposent plus sur aucune base, les individus ne sont plus assurés de leurs propriétés, si on peut prescrire contre une possession de deux siècles ; et M. Mounier étoit convenu que depuis 1588, la vérification des titres s'étoit faite séparément. Ne seroit-ce pas même aujourd'hui un pitoyable raisonnement de prétendre que la constitution qu'on veut donner à la France, ne vaut rien, uniquement parce qu'elle en avoit une différente il y a deux ans. Certainement, en supposant que la constitution actuelle se consolide et se perpétue, cette raison sera encore moins bonne dans deux siècles ; car pour la combattre, on aura cette durée même de deux siècles.

Je ne conçois donc pas pourquoi M. l'abbé Coster, qui étoit un des commissaires du clergé, parut frappé de la réponse de M. Mounier. Il convient que chaque système pouvant invoquer à son aide des faits, il falloit en conclure que plus ils étoient nombreux, moins ils prouvoient, et qu'on devoit toujours en revenir à la justice et à la raison. Mais en politique, la justice et la raison peuvent-elles se prouver autrement que par des faits ? Il ne me suffit pas de dire qu'il est injuste de me dépouiller de ma propriété, il me faut auparavant prouver qu'elle m'appartient. Le droit des nations ne repose également que sur des faits : plus les traités qui les lient sont nombreux, et plus ce droit est assuré.

Les faits étant reprouvés comme insuffisans pour décider la question, M. Target entreprit de la résoudre par le droit naturel ; il avança que dans tous les systèmes de délibération, la vérification pour les intérêts des trois ordres, devoit se faire en commun : il en donna deux raisons. Il dit d'abord que si les ordres délibéroient séparément, et s'ils exerçoient le *veto* les uns sur les autres, ils avoient le plus grand intérêt à s'assurer légalement que les députés de tous les ordres étoient vraiment les députés légalement élus de la nation, et qu'il pourroit se faire en effet, s'il en étoit autrement, que dans une circonstance importante, le *veto* fût déterminé par une seule voix, et que cette voix fut celle d'un député dont l'élection seroit illégale.

On ne conçoit pas, en vérité, comment M. Target pouvoit appeler cela raisonner suivant le droit naturel ; c'étoit raisonner suivant des suppositions chimériques. Il ne s'agissoit du tout point de députés de la nation ; il s'agissoit de députés du clergé, de la noblesse, du tiers-état. Chacun des trois ordres avoit le plus grand intérêt à ne garder dans son sein que des députés légalement élus, ils pouvoient donc s'en rapporter mutuellement l'un à l'autre sur cette légalité.

La seconde raison de M. Target fut que la vérification des titres des députés de la nation, étoit un droit national, qui par conséquent ne pouvoit être exercé que par tous les députés de la nation même.

Cette seconde raison étoit encore moins une raison de droit naturel que la première, puisqu'il n'y étoit question que du droit national, et étoit fondée sur une mauvaise définition. Les trois ordres avoient envoyé leurs députés respectifs aux états-généraux. Quel étoit le droit, quel étoit l'intérêt de la nation ?

---

(1) Je sais fort bien qu'on me dira que les bonnes constitutions sont l'ouvrage des bonnes lois ; mais je sais fort bien aussi que les lois elles-mêmes sont le fruit des circonstances. Qu'on en suppose d'autres que celles où nous nous sommes trouvés en 1789, et qu'on me dise si nous aurions aujourd'hui cette sorte de démocratie qui n'est pas un gouvernement, mais une dissolution de gouvernement.

C'est que les états-généraux fussent composés des députés de chacun des trois ordres, légalement élus. Or dès que chacun de ces trois ordres donnoit à la nation l'assurance qu'il n'avoit dans son sein que des députés légalement élus, falloit-il présumer qu'on cherchoit à l'induire en erreur ? Et quel intérêt eût eu un des trois ordres à se permettre un mensonge ? Supposer une telle chimère, et raisonner d'après cette supposition, n'étoit-ce pas une absurdité ?

Lorsque les commissaires du tiers eurent fini de parler, ceux de la noblesse proposèrent pour moyens de conciliation, que les pouvoirs fussent vérifiés à part ; mais que les contestations qui pourroient en dériver fussent soumises au jugement des commissaires nommés par les trois ordres, en reconnoissant cependant pour bonnes et légales toutes vérifications certifiées telles par les chambres distinctes et séparées.

Quant au clergé, voici les propositions qui furent présentées par M. le curé de Souppes.

« Les pouvoirs de l'ordre de la noblesse seront portés dans les deux autres chambres, pour que vérification en soit confirmée ; il en sera usé de même à l'égard des députés de l'ordre du clergé, et de ceux du tiers-état. S'il s'élève des difficultés sur les pouvoirs des députés de quelque ordre, il sera nommé des commissaires dans chacune des trois chambres, selon la proportion établie, qui rapporteront leurs avis à leur ordre ; et s'il arrivoit que les jugemens des chambres fussent différens ; la difficulté sera jugée par les trois ordres réunis, sans que cela puisse préjudicier à la question du vœu par tête ou par ordre, et sans tirer à conséquence ».

26. Ainsi se termina cette conférence dont personne ne pouvoit attendre une autre issue. Ce fut M. Rabaud de Saint-Etienne qui en fit le rapport aux communes. Un peuple innombrable remplissoit ce jour-là leur salle ; mais pour la première fois le silence le plus profond régna dès que M. Rabaud ouvrit la bouche, et tout le temps qu'il parla. Son rapport fini, il fut visible à chacun qu'il n'y avoit plus rien à espérer des conférences ; mais on ne prit aucun parti, on ne délibéra pas même sur la proposition du clergé.

Dans la chambre de la noblesse, le rapport de ses commissaires fut suivi de cet arrêté :

« La chambre de la noblesse, après avoir entendu les rapports des commissaires chargés de conférer avec ceux des autres ordres, délibération prise en conséquence, a arrêté, à la pluralité de deux cens voix, que pour cette tenue d'états-généraux, les pouvoirs seront vérifiés séparément, et que l'examen des avantages ou des inconvéniens qui pourroient exister dans la forme actuelle, seroit remis à l'époque où les trois ordres s'occuperont des formes à observer pour l'organisation des prochains états-généraux ».

Le clergé se trouva si divisé d'opinions, après avoir entendu ses commissaires, qu'il ne prit aucune détermination. La délibération cependant fut très-animée, et parmi les ecclésiastiques et parmi les nobles. Il y eut même des propos très-vifs entre deux gentilshommes, qui heureusement n'eurent aucune suite. Cette division étoit funeste aux deux ordres, et elle devoit nécessairement livrer à l'exécration du peuple, celui des deux partis qui ne viendroit pas se réunir au tiers-état. On va voir comment cet ordre accueillit l'arrêté de la noblesse, et comment elle-même se trouva détournée de la route qu'elle sembloit vouloir poursuivre avec persévérance.

CHAPITRE XIX.

Duel regardé comme un présage heureux pour le tiers-état; opinion de la plûpart des membres de cet ordre sur Monsieur, sur les ministres et les grands; murmures séditieux; agitation de la cour; mot de M. Necker; fables sur les princes et les parlemens; adroite motion de M. de Mirabeau; débats dans la chambre du clergé sur cette motion; espérance des communes trompée; comité tenu chez le roi; lettre du roi aux trois ordres; comment elle est reçue par les trois chambres; belle réponse de M. d'Eprémesnil; folle motion de M. de Volney; débats dans les communes sur la conférence demandée par le roi; arrêté qui termine ces débats; qualification que prend dans cet arrêté l'assemblée des députés du tiers-état; réflexions sur cette nouveauté et sur le système de ceux qui vouloient introduire en France le gouvernement anglois; première conférence tenue chez le garde-des-sceaux.

Mai 1789.

Paris étoit toujours divisé en deux partis, dont l'un dévoué à M. Necker, et l'autre à M. de Mirabeau; mais ce dernier continuoit à ne jouir d'aucune faveur, et M. de Mirabeau sembloit réunir sur lui tous les soupçons qu'il vouloit jeter sur le ministre. Ce n'étoit pas au moment où l'on alloit recueillir les avantages de la double représentation, qu'on pouvoit se permettre des doutes injurieux sur la popularité de celui qui l'avoit accordée. Le tems approchoit où ce terrible bienfait alloit produire les fruits les plus amers pour le clergé et la noblesse. On triomphoit d'avance des humiliations qui se préparoient pour ces deux ordres, et un événement qui n'avoit aucun rapport aux affaires générales, fut regardé comme un présage de la victoire du tiers-état.

Trois jeunes étourdis, gardes de Monsieur, entrent dans un café de Versailles; ils y trouvent un député du tiers-état du Languedoc. Le costume du député les fait sourire; le maître du café s'en formalise, s'approche d'eux d'un air effaré, et leur dit: « vous ne savez donc pas que Monsieur est député du tiers-état? » L'air alarmé de cet homme donna encore plus de gaîté aux trois gardes; ils lui dirent à leur tour: « Eh bien, que s'ensuit-il? Est-ce que vous ne savez pas que nous nous moquons et du tiers et du quart? » C'étoit un propos d'enfant, qui ne méritoit aucune attention; le député s'en tint offensé, et le releva. « Messieurs, cria-t-il, sachez que quoique du tiers, je vous vaux; que l'un de vous sorte avec moi, et je le lui prouverai ». Les trois gardes acceptèrent le défi, et suivirent le député. L'un d'eux se présenta au combat, et fut tué. On convint mutuellement d'abandonner le champ de bataille, et de ne pas expier par plus de sang une étourderie.

Cette affaire éclatta; elle fit honneur au député; cet honneur rejaillit sur tout son ordre; on blâma généralement les gardes; Monsieur ne voulut pas qu'ils restassent dans leur corps, et leur fit témoigner son mécontentement de l'injure qu'ils avoient faite au député.

On sut gré dans le tiers-état à Monsieur de cette conduite; on voyoit cependant avec peine qu'il fît une sorte de mystère de son opinion; on auroit voulu qu'il se déclarât franchement pour le troisième ordre; mais alors quel rôle auroit joué M. d'Orléans? Enfin la sagesse de Monsieur ne fut pas si mal interprétée que la loyale véracité de M. le comte d'Artois; mais on finit par se persuader qu'il n'épouseroit aucun parti, et on a eu l'injustice de ne pas se féliciter de cette neutralité.

Il est à remarquer que dans tous les écrits qui vouloient à la haine du tiers-état quiconque paroissoit hésiter à appuyer les prétentions de cet ordre, Monsieur fut toujours respecté. M. de Mirabeau lui-même qui a toujours pensé qu'il falloit faire une révolution à la cour comme à la ville, gardoit dans son journal le plus profond silence sur ce prince.

Ce journal reparût enfin sous une nouvelle forme; M. de Mirabeau lui donna le titre de lettre à ses commettans; mais, en changeant le titre, il n'en fut ni plus juste, ni plus impartial. Il paroissoit cependant s'adoucir sur le compte de M. Necker; il ne le représentoit plus que comme un homme foible que les communes devoient circonvenir, et qu'il falloit malgré lui contraindre à continuer la route qu'il avoit ouverte.

La conduite de ce ministre dans les conjectures où l'on se trouvoit, étoit vraiment étonnante; il se taisoit toujours sur les contestations élevées entre les trois ordres, et n'étoit occupé que d'emprunts; mais il étoit bien loin de compte, ses partisans voulurent à cet égard sonder le public; on répandit que le roi viendroit incessamment aux états-généraux faire lui-même la demande d'un emprunt provisoire. Cette nouvelle fut fort mal accueillie; les députés des communes disoient à leur tour dans tous les cercles, qu'ils ne vouloient écouter aucune demande d'argent avant d'avoir établi les bases de la constitution; que les sommes qu'ils accorderoient, seroient absorbées pour satisfaire les fantaisies de la cour, et qu'ils étoient venus, non pour les intérêts de la cour, mais pour ceux de 23 millions de François.

Les plus hardis ou les moins dissimulés tenoient des propos plus sérieux encore; ils se répandoient en reproches amers contre les ministres et les grands; ils se plaignoient avec chaleur de l'affluence des troupes qui environnoient Versailles et la capitale; ils disoient que si les assemblées primaires de la capitale avoient été aussi peu nombreuses, c'est que les Parisiens avoient été effrayés, parce qu'ils savoient que tous les fusils des soldats étoient chargés à balles, que les canons de la Bastille étoient braqués, que ceux des Invalides étoient également chargés et prêts à marcher, que la bibliothèque du roi étoit remplie de munitions de guerre et d'hommes armés; ce n'est pas ainsi, ajoutoit-on, qu'on est libre. Ces mêmes hommes annonçoient sans détour qu'ils demanderoient le renvoi de toutes ces troupes; et ils ajoutoient, que les choses en étoient venues à un point qu'il falloit une révolution, et qu'elle se feroit infailliblement.

Ces menaçans discours n'étoient pas de bonne augure pour l'emprunt que méditoit M. Necker. La conduite que tenoient les chambres du clergé et de la noblesse, servoient de prétexte pour exagérer les plaintes. On supposoit que ces deux ordres étoient d'intelligence avec la cour, qu'ils étoient convenus de temporiser, pour donner le tems de préparer les mesures qui devoient, suivant ceux qui se permettoient ces plaintes, dissoudre les états-généraux.

Nous ne sommes pas riches, disoient encore plusieurs députés; toutes ces lenteurs prolongent inutilement notre séjour à Versailles, et dérangent nos affaires particulières. Veut-on donc conspirer et contre l'assemblée à laquelle nous sommes députés, et contre chacun de ses membres en particulier?

Ces perfides murmures, qui glissoient dans les cœurs le poison de la sédition, étoient bien propres à donner de l'inquiétude à la cour. Le roi et la reine ne s'y montroient pas sensibles, parce qu'ils ne connurent jamais le soupçon; ils virent même luire un rayon de bonheur. L'abcès dont M. le dauphin étoit incommodé, perça; l'auguste enfant fut soulagé, et on eût un moment l'espoir de le conserver. Tous ceux qui connoissent la tendresse de la reine pour ses enfans, concevront aisément avec quelle avidité elle s'enivra d'un espoir qui devoit être de si courte durée.

Mais si le roi et la reine, toujours confians aux pompeuses et séduisantes promesses de M. Necker, s'abandonnoient aveuglément et avec sécurité à un guide peu clair-voyant; il n'en étoit pas de même du reste de la cour. Elle partageoit l'agitation universelle; ou y changeoit mille fois de projets en un jour, et tous ces projets n'avoient pour but qu'un changement dans le ministère. Il fut fort question de donner le département de la guerre à M. le maréchal de Broglie, celui de la marine à M. le maréchal de Castries, celui de Paris à M. Valdec-de-Lessart, et les sceaux à M. Vidault de la Tour. L'estime que M. le comte d'Artois avoit pour M. de Barentin, ne permet pas de croire que le prince eût beaucoup de part à ce projet qui finit par échouer tout-à-fait. Le département des affaires étrangères restoit dans cette révolution ministérielle à M. de Montmorin; ce seroit une raison de plus pour croire que, les triumvirs influoient très-peu sur cette révolution; car M. de Montmorin se rapprochoit beaucoup de M. Necker; on ne l'ignoroit pas dans le public. Les communes voyoient avec plaisir cette intelligence; le roi lui-même paroissoit témoigner plus de confiance et d'attachement à M. de Montmorin.

Dans tous ces mouvemens qui se faisoient à la cour, on respectoit l'existence ministérielle de M. Necker, mais on étoit curieux de connoître ses intentions ultérieures; et comme il parloit sans cesse et avec complaisance, d'un travail qu'il se proposoit de soumettre aux états-généraux, des grands lui demandèrent un jour, quel étoit ce travail. « Mes-

P p

sieurs, répondit le ministre avec cette mistérieuse emphase qu'il eût toujours, lorsqu'il parloit de ses conceptions, c'est mon secret; je le ferai connoître à la nation ». Réponse puérile qui prouve que M. Necker savoit bien mal lire dans l'avenir, puisqu'il n'y voyoit pas qu'un des effets nécessaires de l'organisation qu'il avoit donnée aux états-généraux, seroit de lui ôter toute influence, et sur cette assemblée et sur la nation. Est-on homme d'état, quand on a la vue aussi courte ?

Comme cependant on avoit intérêt à prouver que son existence ministérielle étoit menacée, et que c'étoit là principalement l'objet de toutes les démarches que faisoient les princes, on imagina pour le persuader au public crédule, la plus ridicule des fables : on répandit que ces princes avoient intercepté les brochures que le libraire Blaizot faisoit passer au roi, et qu'ils leur en avoient substitué d'autres, composées par leurs affidés, et qui n'étoient que des satyres de l'administration du directeur des finances. Le monarque, ajoutoit-on, conjecturant par cette nouvelle lecture, que l'opinion étoit changée, ne diminuoit rien de ses sentimens pour son ministre ; mais il s'en prenoit de ce changement aux Parisiens eux-mêmes, et ne comprenoit rien à la facilité avec laquelle ils passoient d'un système à un autre système... « Toutes les têtes, faisoit-on dire au roi, sont donc devenues des girouettes ».

La vérité cependant s'éclaircit, et les princes furent confondus. C'est avec de pareilles fables qu'on a accéléré la révolution, et qu'on a rendu tant d'ames atroces.

Des princes, on en venoit aux parlemens ; on auroit bien voulu que le petit peuple attribuât à ces compagnies la cherté du pain ; mais cette imposture n'a jamais pris faveur. « Tous ces corps, crioit-on dans les antres du palais-royal, préféreroient la guerre civile à la tenue des états-généraux ». Hélas ? ce n'étoient pas ces corps qui la desiroient et l'appeloient, c'étoient ceux-là même qui leur supposoient, sans y croire, cette horrible intention ; l'événement l'a prouvé, et tous les sacrifices que les compagnies souveraines ont fait jusqu'au moment où elles ont cessé d'exister, attestent d'une manière bien honorable, que leur unique vœu étoit pour le matien de la paix.

On faisoit aussi bien des contes sur M. le duc d'Orléans, mais tous ces contes étoient à son avantage. On disoit entr'autres qu'il avoit fait au roi le plus grand éloge des communes ; qu'il lui avoit conseillé de les prendre pour son conseil, parce que c'étoit là seulement qu'il trouveroit la vérité et toutes les lumières réunies ; qu'au lieu de songer à faire une demande d'argent, qui déplairoit infailliblement à la nation, il falloit avant tout travailler de concert avec les communes, au redressement des griefs du tiers-état.

Je n'ai pas besoin de dire que M. le duc d'Orléans n'a jamais eu une telle conversation avec le roi ; mais cette fable et mille autres de ce genre ne circuloient pas moins, et ne produisoient pas moins l'effet qu'on s'en promettoit ; car de cet amas de flagorneries d'une part, et de calomnies de l'autre, il résulta pour une très-grande partie du peuple, une croyance qui a produit les plus grands maux : il finit par se persuader qu'il n'avoit de véritable ami, de véritable protecteur auprès du roi, que MM. d'Orléans et Necker. Parmi toutes les autres personnes de la cour, les unes lui parurent suspectes, les autres lui devinrent infiniment odieuses, et quelles tragiques suites n'a pas eu cette injuste haine ?

Egaré par tant de mensonges, le peuple de Paris regardoit le refus de la noblesse, de vérifier les pouvoirs en commun, comme une rébellion, comme une conjuration contre l'état ; mais pénétré du sentiment de ses forces, sachant que l'abus en seroit impuni, il ne redoutoit point cette résistance, et l'on chantoit d'avance la mort de la noblesse. Plusieurs jours avant sa réunion avec le tiers-état, on répétoit avec complaisance, dans les cafés et dans les cercles de la bourgeoisie, ces couplets sur l'air de *Calpigi*.

Vive le tiers-état de France !
Il aura la prépondérance
Sur le prince, sur le prélat.
Ahi ! povera nobilta !
Je vois s'agiter sa bannière ;
J'entends par-tout son cri de guerre :
Vive l'ordre du tiers-état !
Ahi ! povera nobilta !

Le plébéien puits de science,
En lumières, expérience,
Surpasse et prêtre et magistrat.
Ahi ! povera nobilta !
Je vois parler dans nos tribunes,
Six cens orateurs des communes,
Comme Fox ou Gracque au sénat.
Ahi ! povera nobilta !

Je me borne à ces deux couplets ; dans les autres on prédisoit aux maréchaux de France qu'ils seroient simples soldats, et aux ducs et pairs qu'ils brigueroient une mairie. Cette chanson prophétique étoit appellée le vœu de la nation. Ceux qui l'avoient composée étoient, comme on voit, parfaitement instruits de ce qui alloit arriver, et déjà il se disoit assez franchement, que les mesures étoient prises pour qu'il n'y eût plus désormais en France qu'un seul ordre, celui des citoyens.

Les préjugés dont on nourrissoit le peuple de la capitale se propageoient avec rapidité dans les provinces, au moyen des mensongères relations qu'on leur fesoit parvenir de Versailles et de Paris. Ces menées eurent un tel succès que presque tous les députés des communes reçurent, de la part de leurs commettans, l'avis qu'il falloit, quelque résolution que prissent le clergé et la noblesse, et quand même le roi viendroit à changer d'intention, que les membres des communes se regardassent comme les seuls représentans de la nation, qu'ils n'accordassent aucun impôt, si on ne déféroit pas à leur vœu, qu'ils endurassent enfin plutôt les plus grandes extrémités, que de rien relâcher de leurs prétentions.

La nouvelle qui arriva que le haut clergé et la noblesse de Bretagne ne vouloient pas envoyer de députés aux états-généraux, et qu'ils protestoient formellement, tant contre la forme de convocation, que contre la délibération par tête, fut un nouveau motif de calomnier la chambre de la noblesse.

La plupart des membres des communes partageoient l'ivresse du peuple, et étoient fermement résolus à ne rien céder aux deux autres ordres, et à ne point abandonner leur poste, quand même le clergé et la noblesse se retireroient.

27. Telle étoit la disposition des esprits de presque tous les députés du tiers, lorsqu'en entrant dans leur salle, le 27, on trouva sur le bureau le dernier arrêté de la noblesse. M. Camus fut d'avis d'envoyer des députés au clergé, pour le prier de continuer le rôle de conciliateur entre les communes et la noblesse. D'autres vouloient qu'on ne s'occupât plus du second ordre ; qu'on contraignît le clergé de sortir de son inaction, et qu'on l'invitât à venir se réunir au troisième ordre. M. Populus, trouvant tous ces avis ridicules, présenta un moyen le plus absurde de tous ceux qu'il pouvoit présenter. Il demanda qu'on continuât les conférences, comme si l'on pouvoit continuer des conférences qui étoient bien réellement finies, et que l'arrêté de la noblesse ne permettoit plus de renouer. Enfin M. de Mirabeau proposa à son tour un avis que l'on trouva si sage et si adroit, que la très-grande majorité l'adopta avec empressement. Cet avis fut d'envoyer une députation au clergé, pour l'inviter, au nom du Dieu de paix et de l'intérêt national, à se réunir aux communes dans la salle de l'assemblée générale, afin de chercher ensemble le moyen d'établir la paix et la concorde.

Je n'examine pas si le Dieu de paix exigeoit que les députés du clergé abandonnassent l'intérêt de leur ordre et de leurs commettans, violassent une loi constitutionnelle de l'état, et que ceux qui avoient le mandement de l'opinion par ordre, manquassent à leur serment ; mais très-certainement c'étoit profaner le nom du Dieu de paix et de justice que de l'employer pour faire tomber ses ministres dans un abîme sans fond, et la suite de cette histoire fera voir malheureusement que cette hypocrite invitation n'étoit qu'un piège tendu aux ecclésiastiques.

L'avis donc de M. de Mirabeau adopté, on envoya des députés au clergé, qui lui firent part de leur perfide mission. Le président répondit que la chambre alloit s'occuper avec zèle d'une matière d'un si grand intérêt, et qui demandoit de mûres délibérations.

La proposition fut en effet sur-le-champ débattue ; plusieurs curés furent d'avis qu'il falloit se réunir ; mais cet avis trouva de fortes oppositions ; les débats prolongeoient la séance, et rien ne se décidoit. On arrêta enfin d'envoyer le lendemain aux communes, des députés qui seroient chargés de leur déclarer que les membres du clergé avoient pris en grande considération la proposition de MM. du tiers-état, et étoient très-empressés de leur faire une réponse ; qu'ils s'en étoient occupés continuement ; mais que la séance ayant été prolongée au-delà de trois heures, ils s'étoient séparés, et avoient remis la séance au lendemain pour continuer à s'en occuper.

Il n'y avoit rien dans cet arrêté, qui ne fut conforme à l'exacte vérité, mais ce n'étoit pas-là ce qu'attendoient ceux des membres des communes, qui avoient des intelligences parmi les curés ; ils avoient cru que plusieurs de ceux-ci, à la vue des députés du tiers-état, leveroient le siège, et se rendroient dans la salle des communes. Comme d'un autre côté, on étoit certain que M. le duc d'Orléans, à la tête de plusieurs nobles, suivroit, quand il en seroit tems, l'exemple de ces curés, on croyoit l'affaire terminée, parce que la cour elle-même auroit eu de la peine à ne pas regarder comme les états-généraux, une assemblée composée des membres des trois ordres.

Ceux donc qui avoient brassé toute cette intrigue, furent fort consternés en ne voyant pas arriver un seul curé. Les communes levèrent la séance, sans prendre aucune délibération ; elles ne pouvoient en effet en prendre aucune sur cette affaire, avant de connoître la résolution ultérieure du clergé ; mais les députés du tiers qu'affectoit davantage le non-succès de l'invitation, et qui se voyoient ainsi déjoués, s'en vengèrent en faisant répandre par leurs émissaires, mille grossières invectives contre les prélats, dont les sages représentations avoient modéré l'ardeur de quelques curés. Voici ce qu'écrivit à ce sujet un député du tiers, à un de ses amis de Paris au sortir de la séance.

« Nous avions aujourd'hui la victoire, sans la souplesse du haut clergé. Presque tous les curés devoient se réunir à nous. La partie forte eût nécessairement entraîné la partie foible. Voilà donc le premier et le troisième ordre réunis. Les nobles qui sont à nous venoient grossir le cortège. Que pouvoit faire le reste de la noblesse ? Ne falloit-il pas qu'elle marchât aussi ? L'opinion par tête étoit conquise, et tout étoit fini ; mais les prélats et l'abbé Maury ont retardé notre triomphe ; ils ont levé la séance sans rien décider, et aucun curé n'est encore des nôtres. ».

On se promettoit d'être plus heureux le lendemain, et on attendoit avec la plus grande impatience quel seroit le résultat de la nouvelle délibération du clergé ; mais dans l'intervalle d'une séance à l'autre, la cour comprit enfin que c'étoit pour le roi une obligation d'interposer, sinon son autorité, du moins sa médiation dans une querelle dont on ne pouvoit plus se dissimuler l'importance. M. Necker lui-même sentit dès ce jour des inquiétudes, et plus il avoit montré d'assurance quand il ne voyoit pas le danger, plus il en fut effrayé quand il l'eut sous les yeux. C'est ainsi que chez les hommes imprévoyans, le découragement succède à la confiance. Dès ce moment donc M. Necker devint rêveur, soucieux, irrésolu ; sa santé fut visiblement altérée.

La tournure que prenoit la contestation ne permettoit plus de balancer ; il falloit sur-le-champ prendre un parti qui prévînt dans la chambre du clergé, un déchirement, une scission dont personne ne ne pouvoit calculer les effets. On tint donc à la hâte, chez le roi, où se trouvoit la reine, un comité composé de MM. le comte d'Artois, Necker, de Montmorin, de Puységur, de la Luzerne, de Villedeuil, de Nivernois, de Saint-Priest. On y rédigea une lettre pour chacun des trois ordres, et on convint qu'elle seroit envoyée le lendemain matin par le roi à l'ouverture des séances.

On voit que ni mesdames de France, ni les princes de Condé et de Conti, ni aucun des députés des deux premiers ordres, ne se trouvèrent à ce comité. J'en fais la remarque, parce qu'on prétendit dans le public, que la lettre qui en étoit émanée, étoit l'ouvrage des tantes du roi, de M. l'archevêque de Paris et de M. d'Eprémesnil.

28. Les trois ordres s'étant assemblés à l'ordinaire, M. le marquis de Brezé se rendit d'abord dans la chambre du clergé, qui avoit repris sa délibération de la veille, et lui remit la lettre du roi. De là, M. de Brezé se rendit à la chambre de la noblesse, et remit la lettre à une personne attachée à cette chambre ; elle refusa de la recevoir des mains de cette personne, parce qu'étant constituée en ordre, la lettre du roi devoit lui être adressée, suivant le cérémonial d'usage. Le grand maître des cérémonies, qui n'avoit pas prévu cette difficulté, alla prendre les ordres du roi, et revint remettre la lettre au président même de la chambre.

Enfin, M. de Brezé se présenta à la chambre des communes, et fit remettre au doyen la lettre du roi, ouverte ; elle eut été close, et présentée dans l'assemblée même, si les communes eussent été constituées. En voici la teneur :

« J'ai été informé que les difficultés qui s'étoient élevées, relativement à la vérification des pouvoirs des membres de l'assemblée des états-généraux, subsistoient encore, malgré les soins des commissaires choisis par les trois ordres, pour chercher les moyens de conciliation sur cet objet,

» Je n'ai pu voir sans peine, et même sans inquiétude, l'assemblée nationale, que j'ai convoquée pour s'occuper avec moi de la régénération de mon royaume, livrée à une inaction, qui, si elle se prolongeoit, feroit évanouir les espérances que j'ai conçues pour le bonheur de mon peuple, et pour la prospérité de l'état.

» Dans ces circonstance, je désire que les commissaires conciliateurs, déja choisis par les trois ordres, reprennent leurs conférences demain à six heures du soir ; et pour cette occasion, en présence de mon garde-des-sceaux, et des commissaires que je réunirai à lui, afin d'être informé particulièrement des ouvertures de conciliation qui seront faites, et de pouvoir contribuer directement à une harmonie si désirable et si instante.

» Je charge celui qui, dans cet instant, remplit les fonctions de président du tiers-état, de faire connoître mes intentions à sa chambre. »

Signé, LOUIS.

A Versailles, 28 mai. 1789.

Les mêmes intentions du roi étoient exprimées dans la lettre adressée au clergé, et dans celle remise à la noblesse. Ces deux ordres obéirent au désir du roi, et acceptèrent les conférences. Pouvoit-il en être autrement ? Un grand procès s'élevoit entre le troisième et les deux premiers ordres. A qui appartenoit-il de le juger ? Bien loin donc que la lettre du roi pût donner de la jalousie à aucun des trois ordres, ils dévoient, au contraire, être touchés de la modération du souverain qui, ayant incontestablement le droit de terminer le différent, préféroit de tenter encore une fois les moyens de conciliation.

La noblesse, après avoir souscrit aux désirs du roi, mit à la délibération l'opinion par ordre ou par tête ; et à la majorité de deux cents deux voix, elle prit l'arrêté suivant :

« La chambre de la noblesse, considérant que dans le moment actuel il est de son devoir de se rallier à la constitution, et de donner l'exemple de la fermeté,

fermeté, comme elle a donné la preuve de son désintéressement, déclare que la délibération par ordre, et la faculté d'empêcher que les ordres ne soient confondus, sont constitutifs de la monarchie, et qu'elle persévère constamment dans ces principes conservatifs du trône et de la liberté. »

On murmura beaucoup contre cet arrêté; on l'attribua à M. d'Eprémesnil, et la haine contre ce magistrat ne fit que s'en accroître. L'eut-il en effet composé lui seul, il ne pouvoit être blâmé de son respect pour les lois constitutionnelles de l'état, et de sa religion au serment qu'il avoit fait à ses commettans; mais cet arrêté n'étoit pas son ouvrage, il étoit celui de la chambre entière; et ce qui prouve que la minorité étoit encore bien foible dans cette chambre, c'est que seize nobles seulement protestèrent contre cette délibération. Il est triste, sans doute, de voir des gentilshommes se livrer ainsi à la discrétion de leurs ennemis; mais ce royaume qu'ils avoient conquis, dont ils étoient les protecteurs; mais ce trône, dont ils étoient les appuis; mais leur ordre, dont ils avoient juré de défendre les légitimes droits, devoient-ils les abandonner à la fureur des partis?

On s'étonnoit que M. d'Eprémesnil qui, dans sa compagnie, avoit si bien combattu pour le peuple, ne voulût pas, dans la chambre de la noblesse, arborer l'étendart du tiers-état. Il expliqua lui-même cette énigme. Un prince le rencontrant un jour à l'œil-de-bœuf, lui dit : *convenez que les voyages forment bien un homme.* — *Ils ne m'ont pas formé moi*, répondit M. d'Eprémesnil; *les mêmes principes qui me faisoient défendre, il y a un an, la liberté contre le despotisme, me font aujourd'hui défendre l'autorité contre la licence.*

Lorsque les communes eurent entendu la lecture de la lettre du roi, un membre prévoyant que la délibération seroit animée, et craignant avec raison qu'elle ne fût troublée par cette foule d'étrangers toujours confondus avec les députés, demanda que ces étrangers se retirassent. *Il suffit*, dit M. Regnault, avocat d'Angoulême, *de les reléguer dans les travées.* Ces deux propositions firent proférer à M. de Volney les plus grandes folies.

«Des étrangers, s'écria-t-il, en est-il parmi nous? l'honneur que vous avez reçu d'eux lorsqu'ils vous ont nommés députés, vous fait-il oublier qu'ils sont vos frères et vos concitoyens? N'ont-ils pas le plus grand intérêt à avoir les yeux fixés sur vous? Oubliez-vous que vous n'êtes que leurs représentans, leurs fondés de pouvoirs; qu'*ils sont vos maîtres?* et prétendez-vous vous soustraire à leurs regards, lorsque vous leur devez un compte de toutes vos démarches, de toutes vos pensées? Leur présence intimide-t-elle votre vertu? Non, je ne puis estimer quiconque cherche à se dérober dans les ténèbres; le grand jour est fait pour éclairer la vérité, et je me fais gloire de penser comme ce philosophe qui disoit qu'il voudroit que sa maison fût de verre. Eh! dans quel moment avouons-nous plus besoin de leur présence? Nous sommes dans les conjonctures les plus difficiles, et sur le point peut-être de manquer à nos pouvoirs. Non, que nos concitoyens nous environnent de toute part, qu'ils nous pressent, que leur présence nous inspire et nous anime; elle n'ajoutera rien au courage de l'homme qui aime sa patrie et qui la veut servir; mais elle fera rougir le perfide ou le lâche que le séjour de la cour, ou la pusillanimité auroit déjà pu corrompre.»

Rien ne prouve mieux que toutes ces folies, à quel excès de délire peut entraîner la présence d'une multitude qu'on a intérêt de flatter. Elle applaudit avec transport la fougueuse motion de M. de Volney; mais ses co-députés lui surent fort mauvais gré de ce qu'il vouloit mettre en principe, que les représentés étoient les maîtres des représentans; c'étoit une hérésie contre la future souveraineté de l'assemblée. M. le doyen cependant pria le public de ne plus troubler le silence des délibérations, par des signes d'approbation ou d'improbation. Il fut aussi arrêté qu'on élèveroit des barrières au tour de la salle, que tous les étrangers seroient poussés au-delà de ces barrières, et que les députés ne partageroient plus enfin leurs sièges avec leurs commettans, leurs maîtres.

Ces graves bagatelles conduisirent la séance jusqu'à trois heures après-midi, et on ne put pas dire un seul mot de la lettre du roi. On se rassembla sur les cinq heures, on se perdit en discussions sur la manière d'aller aux voix; on composa des listes, de tous ceux qui demandoient la parole; on ne savoit plus ensuite si on devoit prendre ces listes par le commencement, le milieu ou la fin. On se détermina pour la fin, et sur les onze heures du soir on eût pour résultat de tous ces débats, que cinquante-sept voix rejettoient les conférences, et que toutes les autres les acceptoient avec des modifications. Rien donc ne fut décidé. C'est l'inconvénient des assemblées tumultueuses et trop nombreuses, de perdre un tems infini en débats inutiles, et de ne pouvoir jamais régler la marche des délibérations sur les besoins du moment. On auroit eu tort de se faire de cet inconvénient un prétexte pour reprocher aux communes leur lenteur; mais il étoit plus injuste encore d'écrire à Paris et dans les provinces, que les retards venoient des chambres du clergé et de la noblesse, puisqu'elles ne pouvoient mettre plus de promptitude dans leur réponse à la lettre du roi.

29. Il étoit à peine jour le lendemain, qu'on se précipita dans la salle des communes. L'importante délibération reprise, un bouillant jeune homme appelé M. Bureau, M. Camus plus bouillant encore, les députés de la Bretagne, ceux de l'Artois, crièrent

qu'il ne falloit point de conférence. Je ne veux dissimuler aucune des raisons sur lesquelles ils fondoient cette hostile opinion. Ils dirent donc que les conférences étoient inutiles, parce que la noblesse ne seroit pas plus convaincue aux secondes qu'aux premières ; qu'elle étoit liée par un arrêté qui annonçoit son opiniâtreté dans ses principes ; que le clergé ne prenoit le rôle de conciliateur que pour acquérir des partisans dans l'un et l'autre ordre ; que la religion du roi avoit été surprise ; qu'il falloit l'éclairer ; que les prélats faisoient monter les curés dans leurs voitures ; qu'ils les appeloient à leurs tables, leur offroient des bénéfices, les séduisoient de toute manière ; et qu'ils étoient ainsi parvenus à gagner la pluralité.

Ce n'étoient là que des injures : on y ajoutoit des considérations qui n'avoient aucun rapport avec la question ; on prétendoit que le roi finiroit par pacifier les ordres avec un arrêt de son conseil, et on représentoit que quand même cet arrêt seroit favorable au tiers, que quand même le clergé et la noblesse s'y soumettroient, il n'en seroit pas moins funeste, parce qu'il mettroit les états dans la dépendance du roi, parce qu'il dégraderoit la majesté de l'assemblée nationale, et violeroit sa liberté.

Des terreurs paniques et des invectives, tels furent les moyens qu'on employa pour porter les communes à rejetter les conférences ; cette manière de combattre les vérités les plus utiles, a été depuis employée bien souvent. Refuser des conférences demandées par le roi, c'étoit mettre en principes qu'il n'avoit pas droit de les demander. Mais, quelque idée qu'on se fît dès-lors de la prérogative royale, on ne pouvoit disconvenir que le roi ne fût au moins le chef de la nation ; s'il l'étoit de la nation, il l'étoit à plus forte raison des représentans de la nation. Sous ce point de vue, pouvoit-on même mettre en doute qu'il n'eût pas le droit de leur demander la conférence ? Le tiers-état lui-même avoit été le premier à en solliciter une. Quelle indécence n'étoit-ce pas de la refuser, lorsque le roi la demandoit ? Enfin n'étoit-il pas d'une saine politique, de l'intérêt du tiers-état, d'épuiser toutes les voies de douceur et de conciliation, avant d'en venir à un éclat qui devoit tout ébranler ? Le tiers-état en montrant cette modération, ne fesoit-il pas une nouvelle conquête sur l'opinion qui lui étoit déja si favorable ? Pouvoit-il craindre l'influence du roi sur les conférences, quand il s'abstenoit d'y assister ?

On n'avança pas plus dans cette séance que dans la précédente ; elle ne finit qu'à trois heures et demie, et rien ne fut encore décidé : on revint sur les six heures, et les débats recommencèrent avec chaleur. Chaque fois qu'on vouloit aller aux voix, les orateurs se présentoient en foule, et tous vouloient parler à la fois. MM. de Mirabeau, Rabaud et Chapelier entr'autres se disputèrent long-tems la parole. Les deux premiers parvinrent à se faire entendre. La motion de l'un et de l'autre ne différoit qu'en un seul point. Ils votoient pour qu'on acceptât les conférences ; mais M. de Mirabeau vouloit qu'en les acceptant les communes déclarassent qu'elles n'attendoient pour se constituer comme la véritable assemblée nationale, que le moment où la religion du roi seroit instruite par les conférences qu'il avoit lui-même desirées. M. Rabaud demandoit qu'elles déclarassent qu'elles ne consentoient à reprendre les conférences, que parce qu'elles ne voyoient dans les commissaires du roi que de simples témoins, et dans les expressions de sa lettre, que la volonté de Sa Majesté de ne faire intervenir aucun ordre.

Enfin on mit aux voix cette question : reprendra-t-on les conférences purement et simplement, telles quelles sont proposées dans la lettre du roi ? Cinq amendemens furent proposés sur cette question.

1°. Les reprendre à la condition qu'à la fin de chacune le procès-verbal sera rédigé et signé par tous les commissaires.

2°. Les reprendre après une députation au roi.

3°. Les reprendre en ajoutant aux pouvoirs des commissaires celui de discuter la délibération par tête.

4°. Les reprendre en présence du roi.

5°. Les reprendre en présence du roi et des trois ordres dans la salle commune des états-généraux.

Il y eut quatre cent cinquante voix pour reprendre les conférences, quatre cent adoptèrent le premier amendement, et trois cent cinquante le second. Les trois autres amendemens furent rejettés.

L'importance de la délibération avoit tellement fixé l'attention des spectateurs que la séance fut plus paisible que les précédentes. Comme elle ne finit qu'à onze heures du soir, la réunion des commissaires ne pût pas avoir lieu ce jour là, ainsi que l'avoit désiré le roi.

La chambre du clergé ayant accepté les conférences n'avoit plus rien à faire ; elle suspendit ses délibérations jusqu'à ce que ces conférences eussent été reprises. La noblesse arrêta de communiquer au clergé sa décision de ne délibérer jamais que par ordre.

30. Dès que le tiers-état eut terminé sa séance, son doyen écrivit au garde-des-sceaux pour le prier de demander au roi de fixer l'heure à laquelle sa majesté voudroit recevoir la députation, et le nombre de personnes dont elle desiroit que cette députation fût composée. Le garde-des-sceaux répondit que le roi étant au moment de partir ne pouvoit pas recevoir la députation de la chambre des communes, et que

lorsqu'il seroit de retour il fixeroit le jour et l'heure où il voudroit la recevoir. Le ministre ajoutoit que le tiers-état n'ayant point terminé sa délibération le jour même où les conférences devoient avoir lieu, elles étoient remises au lendemain.

Le doyen ayant lu cette lettre ; « les conférences, dirent quelques membres, seront donc reprises avant la députation. — Point du tout, dirent d'autres membres, aux termes du second amendement, la députation doit précéder les conférences. — Eh, non, s'écrièrent plusieurs voix, l'amendement porte *avec*, et non *après* ». Tous les députés fouillèrent au même instant dans leurs poches pour chercher la copie qu'ils avoient gardée de l'arrêté de la veille. Dans presque toutes ces copies on trouva le mot *avec* en ligne, mais effacé et au-dessus *après* entre deux lignes, mais en entier. C'étoit une preuve que le mot *avec* se trouvoit dans l'amendement même, et qu'on lui avoit ensuite substitué *après*.

On consuma dans cette dispute de mots deux grandes heures, et on y attacha une importance aussi puérile que la dispute même. Que l'amendement portât *avec* ou *après*, en restoit-il moins certain qu'on avoit arrêté de reprendre les conférences, et ne devoient-elles pas être tout aussi bonnes avant, avec ou après la députation ?

Quand on eut dit sur ces deux misérables mots tout ce qu'il étoit possible de dire, un membre proposa de reprendre les conférences le soir même à six heures, mais d'ordonner aux commissaires de ne les terminer qu'après que sa majesté auroit reçu la députation de ses communes. La principale raison pour laquelle le tiers-état tenoit si fort à cette députation, c'est qu'alors on aimoit à se nourrir de soupçons, et que plusieurs personnes avoient un grand intérêt à insinuer au peuple que le roi ne vouloit point recevoir de députation de la part des communes. Il en étoit de cette insinuation comme de tant d'autres : elle étoit sans vraisemblance comme sans vérité.

Les esprits cependant las de la dispute qu'avoient occasionnée les mots *avec* et *après* se reposèrent sur l'avis que venoit d'ouvrir ce député, et l'adoptèrent. On rédigea alors en bonne forme l'arrêté de la veille, et on l'envoya au clergé. Cet arrêté fut ainsi conçu.

« *Les Communes de France* ont arrêté que pour se rendre aux intentions paternelles du roi, les commissaires reprendront les conférences avec les commissaires du clergé et de la noblesse, en présence de M. le garde-des-sceaux et des commissaires nommés par le roi à l'heure qu'il plaira à sa majesté d'indiquer, et que le procès-verbal sera rédigé à chaque séance, et signé de tous ceux qui y auront assisté ».

Cet arrêté est remarquable par le titre que s'y donne le tiers-état de *Communes de France*. Depuis quelques jours le troisième ordre avoit abjuré le nom de tiers, et M. de Mirabeau plaisantoit beaucoup, dans sa lettre à ses commettans, le journaliste de Paris de se servir encore de ce mot contre lequel il s'étoit fait une véritable conspiration. Ce n'étoit pas que M. de Mirabeau ni ceux qui pensoient comme lui fussent jaloux de cette nouvelle qualification de communes. Ils n'avoient d'autre but que d'abolir, que de faire oublier le mot tiers, pour lui en substituer un qui désignât moins clairement que le corps de la nation étoit composé de trois ordres.

Mais ce mot de communes de France n'étoit pas moins une usurpation, une nouveauté tout aussi inconstitutionnelle que celui d'assemblée nationale. Pour légitimer cette usurpation, du moins pour qu'elle n'effrayât pas les deux premiers ordres, il auroit fallu leur déclarer qu'on n'entendoit par communes de France, que cette portion des villes, bourgs, communautés, composée seulement de ceux des citoyens qu'on appelloit encore au commencement de 1789 *roturiers*. Dans ce sens-là seulement, le mot *communes de France* étoit synonime au mot *tiers*. Ce n'étoit pas là ce qu'entendoient ceux qui alloient constituer l'assemblée des députés du *tiers-état* en assemblée nationale. Ils entendoient par représentans des *communes de France*, les députés en général, et sans distinction d'ordres, des villes, bourgs et communautés du royaume.

Ceux qui étoient venus aux états-généraux avec l'impolitique et impraticable idée de métamorphoser tout-à-coup les François en Anglois, saisirent avec avidité la nouvelle dénomination de *communes de France*, parce qu'elle servoit leurs desseins. C'étoit une chimère de vouloir transporter sur notre sol les plantes indigènes d'une isle, qui meurent dès qu'elles sont sur le continent. C'étoit s'écarter de la route que se sont tracée tous les grands législateurs de l'antiquité, qui, en créant un peuple, se sont bien donné de garde de l'assimiler à un autre peuple. Nous ne verrions pas aujourd'hui, après une révolution de tant de siècles, le peuple Juif survivre à tant de nations dont il ne nous reste plus que le nom, si Moïse lui eût donné les loix civiles et religieuses du paganisme. (1) C'est enfin une vérité bien lumineusement démontrée par l'histoire de tous les siècles, que les nations les plus robustes, et qui ont une plus longue existence, sont celles qui se tiennent fermement attachées à leurs coutumes. La Chine n'a jamais été subjuguée, et elle a toujours subjugué ses vainqueurs.

Pour dire donc, avec la franchise que je dois à mes lecteurs, ce que je pense, je ne regarde pas

---

(1) Rien n'est plus raisonnable que ce que dit à cet égard J.-J. Rousseau dans ses considérations sur le gouvernement de Pologne.

moins comme des conspirateurs contre leur pays, ceux qui ont voulu substituer le gouvernement anglois au gouvernement françois, que ceux qui nous ont écrasé sous les débris de l'ancien régime. Que desirions-nous de nos mandataires lorsque nous les avons envoyé aux états-généraux ? Nous ne leur demandions pas qu'ils nous ôtassent nos loix, nos mœurs, nos coutumes. Nous les avions chargé de réformer les abus, et encore ceux-là seulement qu'il étoit possible de réformer, car nous savions que la perfection n'est que dans le ciel.

Je répéterai d'ailleurs ce que j'ai dit dans quelques endroits du journal de l'*Ami du Roi*, que quelque peine que l'on se donne, quelqu'effort que l'on fasse, il n'en reste pas moins vrai que toute société politique commence et finit par le gouvernement d'un seul. Il est aussi insensé de lutter contre cette règle immuable du destin, que d'opposer une digue au cours impétueux d'un torrent. Tout ce que peut donc faire la sagesse humaine, c'est de respecter ce qui semble être un ordre de la providence, c'est d'asseoir l'édifice public sur la base vers laquelle il est entraîné, tôt ou tard, par la pente des siècles.

Je dirai encore que quelqu'idée que l'on se fasse de la bonté d'un gouvernement, le spectacle de l'état actuel du globe prouve que de toutes les associations politiques qui en couvrent la surface, les plus anciennes comme les plus florissantes, sont les monarchies.

L'on ne peut pas douter qu'au moment où l'assemblée du tiers-état se qualifioit de *communes de France*, il ne se fût déjà formé un parti qui avoit en vue de enter sur notre régime le régime anglois ; car c'est bien ici que nous pouvons dire : *habemus fatentem reum*. Voici la confession de M. Malouet lui-même. En voulant justifier la répugnance des nobles pour la confusion des trois ordres, il s'exprime ainsi : (1) « Ils ont à s'appuyer sur des autorités imposantes, en s'attachant au système d'un gouvernement mixte, tel que celui de l'Angleterre ; c'est celui que l'expérience nous montre comme le plus favorable à la prospérité et à la liberté d'un grand peuple ; c'est celui vers lequel je me sens personnellement entraîné. »

M. Malouet avoit donc aussi, en arrivant à Versailles, son système de révolution, et ses *autorités imposantes* étoient l'expérience et son goût personnel. Je doute que la première de ces autorités valût l'exemple de toutes les puissantes monarchies du continent de l'Europe et de l'Asie. Quant à la seconde, ce n'étoit pas son goût personnel que M. Malouet devoit apporter aux états-généraux, c'étoit le vœu de ses commettans, et le respect le plus religieux pour les formes constitutionnelles du pays dont il étoit un des députés.

On voit que mon estime pour ce grand homme ne m'aveugle pas. Il vit, ainsi que son parti, non-seulement avec indifférence, mais avec une joie secrète, l'assemblée du tiers-état prendre le nom de communes de France. Et cependant, suivant ses propres principes, il auroit dû combattre cette prétention ; car l'assemblée des représentans du tiers-état, organisée comme elle l'étoit, ne ressembloit, en aucune manière, à la chambre des communes de la Grande-Bretagne, qui ne prend pas exclusivement ses membres dans le troisième ordre. Comment d'ailleurs des hommes, dont les pouvoirs n'étoient pas encore vérifiés, qui n'étoient pas réellement envoyés par les communes de France, qui étoient députés aux états-généraux par leur ordre, pouvoient-ils se croire et se dire ce qu'ils n'étoient pas ? Le seul titre qui convint à leur assemblée, c'étoit celui d'assemblée des représentans du tiers-état de France.

Je n'aurois pas insisté sur cette erreur, je ne me serois pas arrêté à fixer un fantôme qui n'a eu que quelques jours d'existence, s'il n'entroit pas dans le plan que je me suis tracé, de donner l'histoire des opinions, comme celle des hommes et des événemens.

Les communes ayant enfin arrêté qu'on reprendroit les conférences, elles revinrent à cette députation qui étoit pour elles un objet tout aussi intéressant. Il falloit un discours et un orateur. « L'orateur est tout trouvé, dit M. Tronchet, c'est à M. le doyen qu'appartient l'honneur de haranguer le roi. Voyez les parlemens, c'est toujours le premier président qui porte la parole. » M. Tronchet ne connoissoit pas encore bien l'esprit de l'assemblée où il parloit. On hua sa comparaison. Les députés du tiers-état devoient leur convocation aux compagnies souveraines, et déjà la plupart d'entr'eux préparoient les batteries qui alloient renverser ces colosses. Saturne, dit la fable, dévoroit ses enfans. Cette histoire fera voir que les nouveaux Dieux ont dévoré ceux qui les avoient engendrés.

« Comment voulez-vous, dit à son tour très-judicieusement M. Jouy des Roches, lieutenant-général du présidial du Mans, que M. le doyen soit nommé orateur ? Ne voyez-vous pas qu'il est trop petit, et qu'un petit homme qui en harangue un grand, offre un spectacle ridicule. » On rit de l'observation, et on n'en tint aucun compte. On lut ensuite le discours que des commissaires venoient de rédiger, et chacun s'engagea, sur son honneur, à n'en donner aucune copie.

Les ecclésiastiques et les nobles attendoient dans l'inaction la reprise des conférences. Elles commencèrent

_____
(1) Voyez lettre de M. Malouet, député d'Auvergne, à ses commettans, page 10.

cèrent le soir chez le garde-des-sceaux ; tous les ministres s'y trouvèrent, ainsi que MM. de la Michodière, d'Ormesson, de Vidaud, de la Galaisière, conseillers d'état, et M. de Lessart, maître des requêtes.

Le garde-des-sceaux ouvrit la séance, exposa l'état de la question, témoigna le desir qu'avoit le roi de voir les différens ordres se porter à des ouvertures de conciliation, et demanda ensuite si on vouloit procéder sur-le-champ à l'examen de ces ouvertures, ou si on vouloit encore discuter les principes.

Un des membres de la noblesse prit alors la parole, et prouva, par une suite de faits historiques, que sa chambre n'avoit pu se conduire autrement qu'elle avoit fait.

Les commissaires du tiers-état, lorsque le gentilhomme eut fini sa discussion, dirent que leur mandat se bornoit à conférer sur la question de la vérification des pouvoirs, et qu'ils avoient ordre d'écrire journellement les conférences et de les signer. Sur ce dernier article, les commissaires du clergé et de la noblesse représentèrent qu'ils n'avoient aucun pouvoir de leurs chambres. On débattit cette difficulté, et on convint qu'il seroit dressé un rapport signé des communes, et d'un secrétaire agréé par les commissaires des trois ordres.

Ce premier objet ainsi terminé, on entra en matière : chacun des faits historiques que venoit d'alléguer le membre de la noblesse, fut discuté contradictoirement ; ce fut une véritable plaidoyerie, dans laquelle les commissaires du tiers-état affectèrent de ne parler que des seuls faits qui étoient relatifs à la question sur la vérification des pouvoirs. Cette affectation à éluder tout ce qui avoit trait à la délibération par tête ou par ordre, donna de l'inquiétude aux commissaires du clergé et de la noblesse, qui ne pouvoient ignorer que la véritable intention du tiers-état, étoit d'en venir à la délibérer par tête en toute occasion ; mais les commissaires du clergé et de la noblesse eurent beau représenter que les deux questions de la vérification des pouvoirs, et de l'opinion en commun ou séparément étoient intimement liées ; ils eurent beau dire que le refus du tiers-état à traiter cette seconde question, sembloit être un aveu de son impuissance à répondre aux preuves qui la décidoient en faveur des deux premiers ordres ; ils ne purent vaincre le silence des commissaires du troisième. Il fallut donc s'en tenir rigoureusement à la discussion des faits relatifs à la vérification des pouvoirs. Cette discussion dura trois heures et demie, et l'on ne put passer en revue qu'une partie des faits qu'on avoit à examiner. On fut donc obligé de renvoyer la suite de la conférence à un autre instant ; on l'ajourna au 3 juin.

Dans l'intervalle de cette première séance à la suivante, ceux à qui il tardoit de voir enfin arriver le moment de la réunion, ou plutôt de la confusion des trois ordres, redoublèrent leurs efforts pour rendre la cause du clergé et de la noblesse défavorable ; on répandit d'infidelles relations des conférences ; on placarda sur la porte de la chambre où le premier ordre tenoit ses séances, cette maxime, qui par le sens qu'on lui donnoit, étoit une injure pour le clergé : *la vérité est voisine du mensonge*. On renouvella les alarmes sur le prétendu complot contre le tiers-état ; elles se trouvent exprimées énergiquement dans ce peu de mots que renfermoit un billet qui partit de Versailles pour Paris et pour les provinces : « Le roi craint la cabale ; M. Necker la craint aussi ; la cabale craint le tiers-état ; le tiers-état ne craint rien, sa contenance est toujours ferme. »

Cette cabale, dont on continuoit à effrayer le peuple, c'étoit cette association qu'on supposoit s'être formée entre les princes, presque tous les ministres, les principaux courtisans, les prélats, et la plupart des membres de la chambre de la noblesse. On va voir, par la suite du récit des conférences, si cette association étoit en effet bien redoutable, et si les craintes qu'elle inspiroit étoient fondées.

R r

CHAPITRE XX.

Suite du récit des conférences qui eurent lieu chez M. le garde-des-sceaux; conclusion de cette première partie.

Commencement de Juin 1789.

3. Je laisse un instant, pour les reprendre dans la seconde partie de cette histoire, les évènemens particuliers qui eurent lieu du 31 mai au 3 juin, et je me borne ici au seul récit de la suite des conférences qui se tinrent chez M. le garde-des-sceaux.

Les commissaires des trois ordres terminèrent, dès la seconde séance, toutes les questions de fait et de droit; mais il s'en fallut de beaucoup qu'ils fussent, après cette longue discussion, disposés à se rapprocher. Ceux de la noblesse déclarèrent que si le tiers-état, prenoit dans le procès-verbal le nom de *communes*, leur secrétaire ne le signeroit pas, conformément à la défense qu'ils en avoient reçue par leur chambre. Ceux des communes dirent alors que dans le cas où les commissaires des deux premiers ordres refuseroient de signer le procès-verbal, ils demandoient qu'il fût signé par un secrétaire qu'auroient agréé les trois ordres.

Le garde-des-sceaux ne dissimula pas qu'il lui étoit impossible de consacrer une expression dont aucun roi de France ne s'étoit encore servi. Un ministre du roi ne pouvoit pas tenir un autre langage. A cette observation, les commissaires du tiers-état répondirent qu'ils croyoient que ceux de Sa Majesté n'étoient à la conférence que comme conciliateurs. La sagesse de M. le garde-des-sceaux ne lui permit pas de relever cette sorte de reproche, il écouta en silence, et reprit avec modération son rôle de conciliateur. Il proposa de faire signer le procès-verbal par un secrétaire de la chancellerie. Cette proposition fut acceptée.

4. Cette conférence non plus que la suivante ne donna point la solution que la cour et les deux premieres chambres cherchoient de bonne foi, mais que les communes auroient toujours rejetée, si elle ne leur avoit pas donné l'opinion par tête. Il falloit cependant se déterminer à un parti. Le tems se consumoit en pourparlers inutiles; les esprits s'aigrissoient toujours plus, et la patience du public se lassoit.

Mais quel problème à résoudre! Falloit-il tout abandonner au tiers-état? Falloit-il s'exposer aux suites qu'occasionneroit le refus de lui accorder l'opinion par tête? M. Necker qui s'effrayoit du péril, parce qu'il l'avoit enfin sous les yeux, comptant sur une influence qu'il n'avoit plus, et entraîné par cette présomption qui lui dissimula toujours les principales difficultés de la question à résoudre, se crut le seul homme en France capable de rendre aux trois ordres une paix qu'ils ne pouvoient plus avoir depuis qu'il avoit donné la double représentation au tiers-état. Il avoit promis au conseil, à la famille royale, au roi, de terminer cette guerre. A la fin donc de cette nouvelle et dernière conférence, il lut et fit répandre ensuite dans le public, le projet suivant de pacification :

« Les anciens faits prouvent évidemment que le conseil est intervenu dans toutes les questions qui ont occasionné des débats relatifs à la validité des élections, et à la vérification des pouvoirs. »

» Il seroit donc de toute justice que Sa Majesté examinât, sous le rapport de ses propres droits, les difficultés qui s'élèvent dans ce moment, et lorsque chacun des ordres est activement occupé des prérogatives qui peuvent lui appartenir, il paroîtroit naturel que Sa Majesté fixât elle-même son attention sur celles dont la couronne a constamment joui. Mais Sa Majesté, fidèlement attachée aux principes de modération qui peuvent hâter l'accomplissement du bien public, permet à ses ministres de considérer d'abord sous ce point de vue, le plus grand nombre des affaires.

» Les ordres ne s'éloigneroient pas vraisemblablement de confier à des commissaires choisis dans les trois chambres, l'examen préliminaire des difficultés relatives à la validité des pouvoirs et des élections; mais en cas de divisions d'avis, la chambre du tiers demanderoit que la détermination décisive fût remise à l'assemblée des trois ordres réunis. L'ordre de la noblesse s'y refuse absolument, et veut que chaque chambre soit arbitre en dernier ressort. »

» Il est sûr que les ordres ont un intérêt à prévenir qu'aucun des trois n'abuse de son pouvoir pour admettre ou rejetter avec partialité les députés qui viennent prendre séance dans les états-généraux ; et cet intérêt commun existeroit, soit que les ordres eussent à délibérer réunis, soit qu'ils restassent constamment séparés, puisque dans cette dernière supposition les personnes qui seroient appelées à décider, par leurs opinions, d'un veto ou d'un empêchement quelconque, acquerroient le droit d'influer directement sur le sort général de la nation.

» En même tems, il est naturel et raisonnable que les deux premiers ordres fixent leur attention sur la supériorité de suffrages assurés à l'ordre du Tiers. Car s'il est vrai que tous les députés aux états-généraux, sans distinction, sont intéressés à l'impartialité des vérifications de pouvoirs, il est également certain que dans une circonstance où les esprits sont divisés, chaque ordre a des motifs personnels pour désirer d'éloigner des autres chambres les députés dont les sentiments ne seroient pas favorables à ses opinions.

» Ces motifs personnels sont égaux, dira-t-on, entre les ordres ; ainsi en les admettant à délibérer en commun sur la régularité des élections aucun n'a droit de se plaindre. Ce raisonnement ne seroit pas juste ; car si les motifs de partialité sont les mêmes, les moyens d'agir conformément à ces motifs ne sont point égaux, puisque le tiers-état, par la grande supériorité de ses suffrages, auroit un avantage décisif, si le jugement final sur les pouvoirs contestés appartenoit à l'assemblée des trois ordres réunis.

On ne pourroit pas combattre cette opinion en rappelant que les deux premiers ordres ensemble sont en nombre égal au tiers-état ; car ces deux premiers ordres réunis par leurs privilèges pécuniaires, ne le sont pas de même dans les considérations relatives à l'examen des élections. Enfin, ces privilèges ne forment qu'une union passagère dans un moment où leur prochaine suppression paroît assurée.

On dira peut-être encore que la supériorité de suffrages du tiers-état une fois admise il doit lui être permis d'en faire usage pour une affaire commune ; mais la supériorité des suffrages appliquée aux décisions sur la validité des pouvoirs et des élections des trois ordres n'est pas un simple usage de cette supériorité, c'est encore un moyen d'en accroître l'avantage ; une telle faculté, un tel emploi de la supériorité de suffrages seroient un supplément de concession, une force nouvelle, qui dérangeroient, dans une mesure quelconque, l'équilibre établi par le souverain, lorsqu'il a fixé le nombre respectif des députés de chaque ordre.

Le pouvoir de juger en dernier ressort de la régularité des élections, ne pourroit donc être attribué avec équité, ni aux trois ordres réunis, ni à chacun d'eux en particulier. Ce pouvoir ne doit pas appartenir à chaque ordre en particulier, parce qu'ils ont tous intérêt à ce qu'un seul n'abuse pas de son influence ; il ne peut pas non plus appartenir aux trois ordres réunis, puisque ce seroit l'attribuer essentiellement aux représentants du tiers-état, vu la supériorité de leurs suffrages, et le roi ne leur a pas accordé cette supériorité, pour leur donner le moyen d'en augmenter la puissance, en obtenant une influence prépondérante sur la formation de l'assemblée.

» C'est donc au roi que semble appartenir, en raison et en équité, le jugement final sur toutes les contestations relatives aux élections ; ce principe est une suite, une dépendance du règlement souverain qui a déterminé pour cette fois le nombre respectif des députés aux états-généraux ; ainsi les trois ordres qui se soumettent à la fixation établie par Sa Majesté, feroient une exception minutieuse, s'ils répugnoient à la prendre pour juge dans le très-petit nombre de contestations qui pourroient s'élever dans la vérification des pouvoirs. L'intérêt de Sa Majesté, le seul qui la dirige, c'est l'amour de l'union, et elle mériteroit encore d'être votre arbitre, quand vous ne voudriez pas du monarque pour juge. »

Ce seroit le roi seul qui, en cette occasion, feroit une cession de ses prérogatives, puisque de simples particuliers appelloient autrefois au souverain de la décision d'un ordre, relative à la vérification des pouvoirs, et que Sa Majesté se réserveroit seulement de juger les questions sur lesquelles les ordres seroient divisés d'opinion.

« Il paroît donc que tous les motifs de justice, de raison, d'équité et de convenance réciproque, doivent déterminer les ordres à adopter ce moyen de conciliation. Voici donc d'après ces idées, la marche qu'on proposeroit.

« Les trois ordres, par un acte de confiance libre et volontaire, s'en rapporteroient les uns aux autres pour la vérification des pouvoirs, sur lesquels aucune difficulté ne s'élèveroit, et ils se communiqueroient leurs actes de vérification, pour en faire un examen rapide ».

Ils conviendroient de plus, que les contestations, s'il en survenoit, seroient portées à l'examen d'une commission composée des trois ordres ; que ces commissaires se réuniroient à une opinion ; que cette opinion seroit portée aux chambres respectives ; que si elle étoit adoptée, tout seroit terminé ; que si au contraire les décisions des ordres étoient en opposition sur cet objet ; que si encore elles ne paroissoient pas susceptibles de conciliation, l'affaire seroit portée au roi, qui rendroit un jugement final. »

« Qu'on ajoute encore, que si l'on veut, que ces conventions sur la vérification des pouvoirs, n'auroient aucune liaison avec la grande question de la délibération par tête ou par ordre. Que l'on ajoute encore que la marche adoptée pour cette tenue d'états, seroit reprise dans le cours de la session, afin de considérer si un meilleur ordre de choses devroit être adopté pour l'avenir. Qu'on réunisse au fond de cette proposition les précautions qui paroîtroient convenables, mais qu'on adopte enfin ce moyen de conciliation ou tout autre, et que le roi ne reste pas seul, au milieu de sa nation, occupé sans relâche de l'établissement de la paix et de la concorde. Quels véritables citoyens pourroient se refuser à seconder les intentions du meilleur des rois ? Et qui voudroit charger sa conscience de tous les malheurs qui pourroient être la suite de la scission qui se prépare au premier pas que vous faites, Messieurs, dans une carrière où le bien de l'état vous appelle, où la nation est impatiente de vous voir aller en avant, et où les plus grands dangers nous environnent ? Ah ! Messieurs, lors même que vous pourriez arriver à ce bien par la division des cœurs et des opinions, il seroit trop acheté. Le roi donc vous invite à prendre en considération sa proposition, et il vous presse de tout son amour de l'accepter, et de lui donner ce contentement ».

Tels furent les moyens de conciliation que proposa M. Necker ; j'ai rapporté son discours en entier, pour laisser dans toute leur force et dans toute leur étendue les ressources qu'il croyoit devoir amener un heureux dénouement. Ici, comme dans toute occasion, il n'apperçut pas, ou ne voulut pas appercevoir la véritable difficulté dont il s'agissoit de se débarrasser. A son ordinaire, il parla longuement dans ce discours, et parla de tout, excepté de la seule question qui, réduite à ses termes réels et les plus simples, étoit celle-ci : Délibérera-t-on en toute occasion par ordre ou par tête ? Si M. Necker eût voulu réduire le problème à ces expressions, il eût vu que les moyens de conciliation qu'il présentoit, étoient insuffisans, parce qu'en même-tems qu'ils n'offroient point au tiers-état un dédommagement à la conquête de l'opinion par tête, que cet ordre vouloit obtenir à quelque prix que ce fut ; ils n'étoient nullement propres à rassurer les deux premiers ordres contre les entreprises de leur ennemi.

Ce fut par ce discours que se terminèrent les conférences qui n'ont plus été reprises. Le jour où M. Necker jetta ce gage de paix au milieu des combattans, fait une époque bien remarquable dans l'histoire que j'écris, car dès cet instant, tout changea en France, les opinions, les préjugés, les mœurs, les lois, les coutumes, tout prit une nouvelle forme ; dès cet instant l'autorité royale ne fit plus que s'affoiblir, le clergé et la noblesse firent chaque jour un nouveau pas vers cette abîme qu'avoit creusé le résultat du conseil ; dès cet instant, enfin, le tiers-état se saisit des premiers anneaux de cette chaîne incommensurable de pouvoirs, qui nous effraye bien plus qu'elle ne nous étonne.

Ce sera donc aussi par ce discours que je terminerai la première partie de l'histoire de la révolution. J'ai tâché d'indiquer les principales causes qui l'ont amenée ; j'ai développé quelques unes des moyens qui l'ont déterminée ; j'ai montré à découvert quelques-uns des personnages qui ont le plus influé sur les déplorables innovations que j'ai maintenant à décrire. On a vu par quel concours de circonstances, par quel enchaînement de faits en apparence extraordinaires, mais qui devoient conduire à un but depuis long-temps prévu, s'est engendrée cette formidable puissance qui dès son berceau a menacé toutes les autres puissances. On va la voir s'élancer de ce berceau, avec la taille et la force d'un géant. Je n'ai plus que des images désastreuses à tracer ; ce n'est plus qu'au milieu des débris et des ruines, que je vais promener mes lecteurs.

Si ceux que nous avions députés aux Etats-généraux pour améliorer notre sort, jettent aujourd'hui les yeux sur l'immense carrière qu'ils ont laissé derrière eux, comment pourront-ils ne pas trembler sur le terrible compte qu'ils ont à rendre à leur conscience, à leurs commettans et à la postérité ?

Ah ! dans ces instans où ils goûterent les premiers fruits de leur victoire, où ils levèrent leurs bras pour renverser toutes nos institutions, que n'a-t-il pu sortir de son tombeau, ce philosophe qu'ils ont déifié ! Que n'a-t-il pu s'élancer au milieu d'eux, et leur répéter ces vérités si belles parce qu'elles sont simples !

« Prenez garde que pour vouloir trop bien être, vous n'empiriez votre situation. En songeant à ce que vous voulez acquérir, n'oubliez pas ce que vous pouvez perdre. Corrigez, s'il se peut, les abus de votre constitution, mais ne méprisez pas celle qui vous a fait ce que vous êtes (1).... Je ne dis pas qu'il faille laisser les choses dans l'état où elles sont, mais je dis qu'il n'y faut toucher qu'avec une extrême circonspection. En ce moment vous êtes plus frappés des abus que des avantages. Le temps viendra, je le crains, qu'on sentira mieux ces avantages, et malheureusement ce sera quand on les aura perdus (2).... Ah ! je ne saurois trop le redire ; pensez-y bien avant de toucher à vos lois, et surtout à celles qui vous firent ce que vous êtes ». (3)

(1) J. J. Rousseau, édition in-8º. de Genève, vol. 1 et 2 de ses œuvres sur la politique, p. 379, considération sur le gouvernement de Pologne.
(2) Idem, p. 259.
(3) Idem, p. 209.

La suite au prochain cahier, qui paroîtra dans le courant de mai prochain.

HISTOIRE

DE

LA RÉVOLUTION DE FRANCE,

ET

DE L'ASSEMBLÉE NATIONALE.

On s'abonne aussi au bureau de l'*Ami du Roi*, rue Bailleul, hôtel de Carignan, pour le journal de l'*Ami du Roi*, dont le prix est de 30 liv. par an, 16 liv. pour six mois, et 9 liv. pour trois mois, pour Paris; et pour la province, franc de port, de 33 liv. par an, 18 liv. pour six mois, et 10 liv. pour trois mois.

Prix de chaque cahier, 5 liv.

Le troisième paroîtra le premier octobre prochain fixe. Prix 3 livres 12 sols pour les souscripteurs du journal, et 5 livres pour ceux qui n'ont pas souscrit.

L'AMI DU ROI,

DES FRANÇOIS,

DE L'ORDRE ET SUR-TOUT DE LA VÉRITÉ;

OU

HISTOIRE

DE LA RÉVOLUTION DE FRANCE,

ET DE L'ASSEMBLÉE NATIONALE,

Pour former, avec le journal intitulé *l'Ami du Roi*, et commencé le 1er juin 1790, un corps complet d'histoire du tems actuel.

PAR M. MONTJOYE,

Fondateur et rédacteur, depuis le premier juin 1790, du journal intitulé *l'Ami du Roi*.

SECONDE PARTIE.

Prix 5 liv. Au bureau de *l'Ami du Roi*, rue Bailleul, hôtel de Carignan.

> *Quis nescit primam esse historiæ*
> *Legem, ne quid falsi dicere audeat,*
> *Deinde ne quid veri non audeat ?*
> Cicer. lib. 2, *de Oratione.*

A PARIS,

DE L'IMPRIMERIE DE L'AMI DU ROI.

1791.

L'AMI DU ROI,

DES FRANÇOIS,

DE L'ORDRE ET SUR-TOUT DE LA VÉRITÉ;

OU

HISTOIRE

DE LA RÉVOLUTION DE FRANCE,

ET DE L'ASSEMBLÉE NATIONALE.

CHAPITRE XXI.

PLAN de cette seconde partie. Premieres calomnies contre M. l'archevêque de Paris; stupeur de la capitale; singuliere tentative pour exciter un attroupement; mort de M. le dauphin; immobilité de la cour; situation des provinces; inondation de brigands aux environs de S.-Quentin; même calamité dans la Limagne; exemple frappant d'ingratitude envers M. de Talaru; mouvemens de la bourgeoisie en Bretagne; opinion qu'il faut se faire des modernes factieux; mécontentement du petit peuple dans les villes et dans les campagnes; causes de ce mécontentement; développement des véritables vues de M. Necker; sécurité du parlement; atroce assassinat commis en Dauphiné.

Suite de Juin 1789.

ME voilà donc parvenu à l'époque où commence véritablement l'histoire de la révolution. J'entre dans cette nouvelle carriere, sans aigreur comme sans partialité contre les auteurs même de nos maux. Je perce-ai les ténebres où ils ont préparé le funeste poison, qui, en quelques mois, a procuré la dissolution de la plus belle monarchie de l'Europe; mais en les démasquant, en les dénonçant, je n'oublierai doint que c'est à la postérité, et non à moi, à les juger, à les flétrir.

Je suivrai dans cette seconde partie, la méthode que je me suis tracée dans la premiere : je m'attacherai sur-tout à indiquer, à développer les causes qui ont engendré des calamités dont la France aura peut-être à gémir pendant plus d'un siecle, et dans

A

la foule des acteurs qui vont se produire, je n'omettrai le portrait d'aucun de ceux dont le génie, les mœurs, les habitudes, le caractere, les opinions ont le plus influé sur les événemens que j'ai encore à décrire.

Quels événemens! Quels tableaux! (1) La France au sein de la paix, couverte de séditieux, déchirée par de cruelles dissentions, par une guerre intestine et atroce; des citoyens distingués, les uns par leur naissance, les autres par leurs places, égorgés sous les yeux même de ceux qui avoient usurpé la magistrature; des troupes de brigands dévastant, incendiant impunément les propriétés; toutes les provinces soulevées, la religion profanée, ses ministres outragés; les hommes des différentes sectes nous donnant un nouvel ordre de prêtres; la plupart de nos temples fermés; les mœurs d'un peuple doux devenues tout à coup féroce; des têtes augustes proscrites; nos frontieres couvertes d'exilés; les nations voisines s'étonnant de leur affluence, et s'enrichissant de nos trésors; les meurtres dans les villes, le pillage dans les campagnes; les biens, les honneurs, la naissance, la probité, tout ce que les hommes ont de plus grand, de plus respectable, devenu funeste. Le luxe, le faste, l'insolence des parvenus, plus insupportables que les crimes qui ont élevés; les uns s'appropriant les dignités du sacerdoce, de la magistrature; les autres, l'administration des provinces, les places de la cour, les secrets du cabinet; enfin tout l'état bouleversé, confondu; les valets dénonçant leurs maîtres, les amis craignant de donner asile à leurs amis.

Cependant au milieu de ces désordres, on voit encore briller des vertus: la vérité, l'innocence ont de courageux défenseurs. La religion et la patrie ont de glorieux martyrs. De fideles sujets du roi ciment rent son trône de leur sang; et parmi les victimes que moissonne la révolution, il en est dont la mort est comparable à celles que nous vante l'antiquité.

Avant de reprendre le récit où je l'ai laissé, je dois dire quel étoit l'état de la capitale et des provinces, au moment où les trois ordres alloient se réunir, ou plutôt se confondre. A Paris, on continuoit à se nourrir de fables et d'impostures. On attribuoit principalement à M. l'archevêque de Paris, le peu de succès qu'on avoit recueilli des menées qui s'étoient pratiquées auprès des curés.

On épioit toutes les démarches du prélat. Il alloit quelquefois à Meudon, visiter M. le dauphin, dont la maladie donnoit les plus grandes inquiétudes. La reine s'y rendoit aussi très-fréquemment; il étoit naturel que sa majesté et M. l'archevêque de Paris s'y rencontrassent. Le prélat y étoit conduit par le devoir de sa place, et la reine autant par son devoir que par sa tendresse de se réunir à l'auguste enfant. On remarqua que l'un et l'autre y arriverent le 30 mai, vers les onze heures du matin, et n'en partirent que vers les six heures du soir. On prétendit que, dans cette longue entrevue, il avoit été pris des mesures pour détacher les curés du tiers-état, et depuis ce jour on ne regarda plus la maladie de M. le dauphin, que comme un prétexte qui fournissoit aux conjurés l'occasion de se réunir à Meudon, et à la tête de ces conjurés, on mettoit la reine et M. l'archevêque de Paris. Tout curé qui parloit au prélat, étoit évidemment une victime de la séduction. Ainsi s'aiguisoit le fer avec lequel on tenta bientôt après, de frapper un des plus vertueux homme de ce siecle.

Cette défection des curés, qu'on croyoit certaine, ne donnoit matiere à tant de calomnies, que parce qu'elle déjouoit pour le moment, les projets des factieux. Ils croyoient n'avoir plus, dans leur parti, que huit ecclésiastiques, dont quatre encore tenoient au haut clergé, et environ 40 nobles. Il est évident qu'un aussi petit nombre de déserteurs, n'auroit pas pu donner, aux députés du tiers-état, le droit de former à eux seuls les états-généraux.

Le roi à qui il tardoit de parvenir à cette régénération pour laquelle il avoit fait tout ce qu'il étoit en son pouvoir de faire, voyoit avec impatience, les retards qu'on y apportoit. Le peuple qui rendoit encore justice à ses intentions, se flattoit que le tiers-état n'avoit pas de protecteur ni plus zélé, ni plus sincere. On fit circuler dans le public une réponse qu'on prétendit que ce généreux prince avoit faite à des députés de la noblesse, qui lui apportoient un arrêté de leur chambre.

« Messieurs, faisoit-on répondre au roi, depuis très-long-tems je suis habitué à vos protestations de zele, de fidélité, d'amour et de respect pour moi; mais c'est avec douleur que je me vois forcé de vous dire que j'en attends encore aujourd'hui les effets ».

Jamais le roi ne fit une telle réponse à sa fidelle noblesse qui, en cherchant à détourner l'orage dont elle étoit menacée, combattoit moins pour sa propre sûreté, que pour le trône qu'elle avoit fondé, et qui est tombé avec elle. Mais en supposant au roi un mécontentement qu'il ne pouvoit pas avoir, on entretenoit le peuple dans la persuasion, qu'il falloit que la conduite de la chambre de la noblesse fût bien extraordinaire, bien injuste, puisque le prince intéressé à faire cause commune avec elle, la désapprouvoit.

Il se répandit une autre absurdité: on disoit, pour expliquer un des motifs de la répugnance des deux premiers ordres, à vérifier leurs pouvoirs en commun,

---

(1) Je n'ai pas le génie de Tacite, mais j'ai la noble ambition de le prendre pour guide, et le lecteur reconnoîtra sans doute avec plaisir dans l'exorde que je trace ici, la plupart des traits dont ce grand homme a embelli les premieres pages de son histoire.

qu'en venant aux états-généraux, ils avoient reçu de leurs commettans un double cahier, l'un ostensible et imprimé, l'autre manuscrit et secret. L'événement a prouvé que cette fourberie étoit de l'invention de ceux qui, dans ces premiers instans d'effervescence, ne savoient à quelles calomnies recourir, pour noircir les deux premiers ordres.

Il n'y avoit pas jusqu'au désordre qui régnoit dans la salle du tiers-état, dont on ne voulut rendre le clergé et la noblesse responsables. Si les délibérations des communes, disoit-on, sont aussi tumultueuses, c'est à cause de la multitude de valets que les prélats et les gentilshommes envoyent à chaque séance, et qui sont gagés pour faire un vacarme effroyable à chaque parole que disent les orateurs. Leurs maîtres, ajoûtoit-on, esperent par cet artifice, convaincre les communes elles-mêmes de la nécessité de fermer leur salle au public.

Ces impostures et mille autres de ce genre ne produisoient cependant pas encore dans la capitale, tout l'effet qu'on en attendoit. Les parisiens vivement préoccupés des débats entre les trois ordres, fixoient uniquement leur attention sur cette lutte, et dans l'attente de son issue, ils sembloient ne pouvoir éprouver d'autre sentiment que celui de la curiosité. Ils étoient immobiles, et ne s'appercevoient pas même des efforts qu'on faisoit pour les porter à quelque mouvement extraordinaire, qui fit enfin pencher la balance où se pesoient les destinées des deux premiers ordres.

Dans cet état de stupeur où étoit plongée la capitale, les tentatives que l'on faisoit pour exciter le peuple à la sédition, étoient inutiles, et une scène bizarre que vraisemblablement on n'avoit ménagée que pour occasionner un attroupement, ne fit aucune sensation. Un particulier, d'un extérieur honnête, d'une physionomie douce, et dont les yeux ne laissoient appercevoir aucune trace d'égarement, se présenta, vers les dix heures du matin, devant la principale porte de l'église Notre-Dame. Là il se mit à genoux, et levant un pain qu'il tenoit à la main droite, il répéta par trois fois, d'une voix haute et sonore, cette étrange priere :

» Mon dieu, je vous offre ce pain que votre bonté a bien voulu m'accorder. Recevez cette offrande, et daignez, ô mon dieu, faire en sorte que notre bon roi se hâte de trouver les moyens d'en procurer à son peuple qui, hélas ! meurt de faim. »

La singularité de ce spectacle attira bientôt, autour de cet homme, une foule assez considérable : le suisse de l'église accourut au bruit, et, par sa prudence, parvint à faire finir cette scène sans bruit. Il s'approcha fort civilement de l'inconnu, et lui représenta qu'il feroit bien plus décemment sa priere dans l'église même; que d'ailleurs, placé ainsi à la porte, il en empêchoit l'entrée à ceux que leur piété invitoit à venir assister aux saints mysteres

La sagesse de ces représentations, et l'air dont elles étoient faites, parurent convaincre celui à qui elles s'adressoient ; il s'y rendit et se laissa conduire dans l'église même, où il répéta sa priere aussi souvent qu'il voulut. Lorsqu'il eût fini ce pieux manège dont on n'a jamais connu le but, le suisse qui ne l'avoit pas quitté, le reconduisit à la porte, et, en prenant congé de lui, lui donna les mêmes témoignages de civilité avec lesquels il étoit venu le recevoir. Quelques jours plutôt ou plus tard, une pareille scène eût fait accourir tout le peuple des fauxbourgs.

La cour étoit, comme la capitale, dans l'immobilité. La mort du jeune dauphin, arrivée à Meudon dans la nuit du 3 au 4, y avoit répandu une tristesse bien justifiée par les espérances que faisoit évanouir cette mort. Jamais, dans un âge aussi tendre, on n'avoit vu tant de qualités aimables, plus de reconnoissance, plus de sensibilité, plus de résignation et surtout plus de patience à souffrir des douleurs que l'homme du tempérament le plus robuste eut trouvées insupportables. Lorsque ce digne rejetton d'une maison qui a donné tant de héros et de bienfaiteurs à la France, voyoit le visage de son auguste mere se mouiller de pleurs, il la caressoit, la consoloit, et lui faisoit entendre ces touchantes paroles : ah ! maman, mes maux ne sont rien, je ne souffre que lorsque je vous vois affligée. Ses souffrances étoient telles que quelques heures avant de mourir, elles lui arracherent un cri qui retentit bien avant dans le cœur de ceux qui l'entendirent : » Eh ! mon dieu, mon dieu, que vous ai-je donc fait pour me faire tant souffrir ? » Il étoit né au château de Versailles, le 22 octobre 1781; il avoit pour noms Louis-Joseph-Xavier de France. Il fut enterré, avec la pompe ordinaire, à Saint-Denis, dans la sépulture de nos rois. La cour porta son deuil pendant deux mois et demi. Louis Charles, duc de Normandie, né le 27 mars 1784, est devenu par cette mort dauphin et héritier présomptif de cette couronne dont la licence et l'ingratitude ont arraché tant de prérogatives. Que de désastres ont environné le berceau de ce jeune prince qui réunit dans ses veines le sang des Bourbons à celui de la maison d'Autriche ! Puisse le ciel nous conserver ce gage de sa bonté, et continuer à le protéger au milieu des périls qui l'attendent encore !

La capitale et la cour jouissoient au moins d'une apparence de tranquillité ; mais les provinces étoient toujours dans une grande agitation : on continuoit à en effrayer les peuples par la crainte d'une inondation extraordinaire de brigands. Cette crainte n'étoit pas partout chimérique : les environs de Saint-Quentin furent au loin ravagés par des hordes de scélérats qui fouloient aux pieds et fauchoient les moissons encore en herbe. On leur donna la chasse, on en emprisonna quelques-uns, on les interrogea; mais leurs interrogatoires ne donnerent aucune lumière. On n'en publioit pas moins que cette dévastation étoit commandée et payée par le clergé et la noblesse. On arrêta entre autre un particulier qui fut mis dans les prisons de Douay. Il se répandit qu'il appartenoit à M. le prince de Condé. Le fait qui n'a jamais été prouvé, fut-il vrai, et en supposant encore que ce particulier fut véritablement un des chefs de l'émeute, il faudroit simplement en conclure que, dans le nombre considérable des gens attachés au service du prince, il se trouvoit un malhonnête homme.

Il étoit d'autant plus absurde d'attribuer ces émeutes au clergé et à la noblesse, que presque par-tout elles se dirigeoient contre les deux premiers ordres. Les ecclésiastiques étoient insultés, et les châteaux des nobles pillés et incendiés dans plusieurs provinces. Le fertile pays de la Limagne en Auvergne fut couvert tout-à-coup par quatre mille brigands qui s'attachoient surtout à dégrader les propriétés des nobles. Les paroisses de Tour, de Mauzan, de Roissonnelle, de Fournelle, de la Chapelle-d'Aignon, de Monischal, de Thiers furent ravagées par des légions de ces malheureux.

La qualité de gentilhomme étoit déja devenue si odieuse, que, lorsqu'on en étoit revêtu, les vertus les plus éminentes, les plus grands bienfaits ne donnoient aucun droit ni à la considération ni à la reconnoissance. On en eût un exemple bien déplorable à Yssy, petit village distant de quelques lieues de la capitale. M. de Talaru, seigneur d'une terre aux environs de ce village, y avoit toujours joui de l'amour de ses vassaux. Il s'étoit acquis cette douce jouissance par sa tendre sollicitude envers les malheureux; il n'y en avoit plus dans sa terre; ses libéralités en avoient banni la pauvreté; il les redoubla pendant la longue calamité du désastreux hiver de 1788 à 1789; sa fortune en fut considérablement endommagée, mais aussi il acquit le glorieux surnom de père de ses vassaux.

Dans les premiers jours de juin ils le payerent bien cruellement de tant de généreux sacrifices. Un nombre considérable d'entr'eux prit les armes, et se porta vers une digue qui conduisoit l'eau à un moulin bannal qu'on savoit être la propriété de M. de Talaru. La digue fut entièrement détruite, et M. de Talaru se vit par ce moyen privé du moulin. Il en porta sa plainte au parlement, dont un arrêt ordonna aux ingrats vassaux de rétablir la digue. Ces malheureux, oubliant qu'ils ne devoient la vie qu'aux bienfaits de leur seigneur, déclarerent que non seulement ils ne rétabliroient pas la digue, mais que si M. de Talaru la faisoit relever, ils iroient au nombre de trois cents, et bien armés, la détruire de nouveau.

C'est mentir et insulter à la postérité, de vouloir attribuer ces excès à ceux qui en étoient les victimes.

Quoique cet événement se passât pour ainsi dire sous les yeux des Parisiens, ils n'en étoient pas moins persuadés que le brigandage qui dévastoit le royaume & dont ils se croyoient eux-mêmes menacés d'un moment à l'autre, étoit l'effet des menées du clergé & de la noblesse. Il leur arrivoit journellement des différentes provinces, et en particulier de la Bretagne, des relations mensongères qui les entretenoient dans cette pitoyable erreur, qui a fini par les porter à l'insurrection.

Toutes les scènes, cependant, qui se passoient en Bretagne, prouvoient que dans cette province, comme dans les autres, les factieux ne s'agitoient, les brigands ne s'armoient que pour outrager la noblesse. Là, comme ailleurs, les gentilshommes étoient spectateurs immobiles de la tempête qui les menaçoit. La bourgeoisie étoit bien loin de montrer cette tranquillité. Quarante mille jeunes Bretons environ, prirent les armes; ils n'avoient, disoient-ils, d'autre intention que de veiller à la sûreté de leurs concitoyens, et de préserver leurs possessions du pillage. Ils se disoient tous prêts à marcher contre les vagabonds et les mal-intentionnés. Chacun d'eux portoit à la boutonnière un double ruban, l'un verd, sur lequel étoit empreinte la fraction $\frac{1}{7}$, l'autre herminé, sur lequel on voyoit une fleur de lys; à ces deux rubans, ils avoient ajouté une branche de lierre et une de laurier. Ils prirent même un arrêté menaçant contre ceux qu'ils supposoient mettre obstacle à la réunion des ordres, et empêcher par leurs menées que les états ne produisissent aucun effet.

C'étoit-là un véritable parti, et jamais l'occasion n'eut été plus favorable pour quiconque eut eu la volonté et le génie de dominer seul l'empire françois. Mais il faut le dire, puisque j'y suis entraîné par mon sujet; dans tout le cours des différens changemens dont je fais l'histoire, nous n'avons vu que des attroupemens, que des factions tumultueuses; que des séditieux, et il ne s'est pas rencontré un seul chef de parti. De tous ceux qui ont bouleversé la patrie, aucun n'a montré de la grandeur, même dans le crime; tous, sans en excepter ceux qui s'étoient plus fortement conquis la faveur populaire, n'ont été que des rhéteurs dans l'assemblée des états-généraux, et au-dehors que des factieux subalternes. Ils se sont agités dans tous les sens; ils ont remué, ils ont brisé toutes les bases de l'empire; en un mot ils ont tout détruit et ont laissé tout à naître; c'est à quoi se réduisent les conceptions, les travaux de ces hommes que nous avons cru grands, tandis qu'ils n'étoient qu'audacieux. Ils ont envahi une fortune qui les a tour-à-coup fait monter à un degré d'opulence dont ils se sont étonnés eux-mêmes; c'est tout le fruit qu'ils ont recueilli de tant de mouvemens. Cette fortune se dissipera avec autant de promptitude qu'ils l'ont acquise. Que leur restera-t-il alors? le jugement de la postérité qui écrira sur leurs tombeaux; c'étoit bien la peine de se vouer au crime.

Aucun n'a développé ces vues et ces moyens d'ambition qui étonnent, parce qu'ils supposent une ame forte qui maîtrise les hommes, les événemens, et se joue des obstacles. Aucun n'a su s'attacher les gens de guerre, n'a compris tous les prodiges qu'il est possible d'opérer avec les bonnes grâces de la multitude. Si, parmi ces ligueurs, il se fût trouvé un homme courageux, adroit, profond dans l'art de la dissimulation, savant dans la connoissance de l'histoire et du cœur humain, que n'eût-il pas pu entreprendre dans ces jours de trouble, où il a été libre, à chacun, de se frayer une route ? Il eût pu s'élever à la dictature, au protectoriat, monter même plus haut. Il eût dit au peuple : ce sceptre que je prends un instant, va briser pour toujours le despotisme des ministres ; il eût dit aux grands, ma main va poser une barrière, que la licence du peuple ne franchira plus. Il eût dit à tous : lorsque l'édifice public sera achevé, je déposerai la force qui en aura protégé la construction.

L'usurpateur qui eût conçu et exécuté un tel projet, n'eût été, sans doute, qu'un scélérat, mais la grandeur même de son forfait eût imprimé une certaine gloire à son nom. Quelle gloire au contraire recueilleront ceux qui, ayant chassé du trône leur légitime roi, ont terminé leurs exploits, par briguer, les uns une place de juge de district, ceux-là une part dans l'administration d'un département, d'autres enfin, le commandement d'un bataillon de milice bourgeoise ? Si César ou Cromwel eussent été témoins, d'une telle chûte, qu'eussent-ils pensé du génie, de l'ame, du courage de celui qui l'auroit faite ? Ils eussent ri, comme J. J. Rousseau, *de ces hommes avilis qui, se laissant ameuter par des ligueurs, ont osé parler de liberté, sans même en avoir l'idée, et le cœur plein de tous les vices des esclaves, se sont imaginés que pour être libres, il suffisoit d'être des mutins* (1).

Je reviens à la situation de la France. Les provinces, non moins avides de nouveautés que la capitale, se trouvoient dans une situation pénible, par l'inactivité des états-généraux. Elles avoient soif, si je puis parler ainsi, d'un changement quel qu'il fût. Dans toutes les parties de l'Empire, on soupiroit donc, ou après la réunion, ou après la rupture formelle des trois ordres. Cependant on n'étoit pas sans appréhension sur les suites que pouvoit avoir la secousse qui termineroit les débats entre le tiers-état et les deux premiers ordres. On craignoit une guerre civile, & toutes les lettres qui venoient des différentes villes, annonçoient qu'on y étoit dans l'attente d'une épouvantable explosion.

Les incursions des brigands ajoutoient à l'effroi ; et ce qui y mettoit le comble, c'étoit l'impatience, le mécontentement des paysans et du petit peuple. Les uns et les autres avoient lieu d'être mécontens. Ils n'obtenoient l'aliment de première nécessité, qu'avec des efforts, et quand ils l'avoient obtenu, ils étoient tourmentés de la crainte d'en manquer le lendemain. A Fontainebleau, on en vint à ne plus distribuer le pain que par des guichets. On se portoit en foule à ces ouvertures, et ceux qui avoient obtenu cette nourriture, n'étoient pas toujours certains de pouvoir la distribuer à leur famille. Ils étoient souvent assaillis sur la route par ceux dont l'espoir avoit été trompé, et l'aliment leur étoit arraché des mains.

Cette situation étoit véritablement pénible. A Paris la disette n'étoit pas encore portée à cette extrémité, mais on se voyoit à la veille d'endurer les mêmes angoisses. Les boulangers se plaignoient amèrement de la rareté des grains, et se disoient entraînés à la nécessité d'en augmenter le prix. Le gouvernement, pour empêcher l'effet de ces menaces, leur fit distribuer une somme de 300,000 livres, en dédommagement de la perte qu'ils faisoient sur la vente journalière ; foible secours qui, par la publicité qu'on lui donna, ne fit qu'accroître la terreur.

Les députés des villes arrivoient journellement chez les ministres, pour réveiller leur sollicitude sur une calamité dont personne ne voyoit la cause. Des habitans de Beauvais entr'autres, firent à M. Necker un tableau si effrayant de la cruelle situation de cette ville qu'ils lui dirent sur le point d'être ravagée par la famine, qu'il leur accordât, sur-le-champ, un convoi de vivres.

Dans presque tous les marchés, il se faisoit sur les grains, un mouvement extraordinaire. La ville qui s'en trouvoit abondamment pourvue, se les voyoit tout-à-coup enlever, sous l'escorte de gens de guerre. Comme les habitans, à qui ils étoient arrachés, n'en connoissoient point la destination, ils se répandoient en conjectures injurieuses au gouvernement.

Si ces enlèvemens n'avoient eu pour objet que d'alimenter les villes, qu'affligeoit la disette, du superflus de celles qui étoient dans l'abondance, ils eussent été sans doute excusables ; mais l'éclat qu'on leur donnoit, étoit une mal-adresse, s'il n'étoit pas une perfidie.

Aujourd'hui que nous commençons à voir ces premiers événemens avec quelque sang-froid, nous ne pouvons nous dissimuler qu'il y avoit de l'affectation dans l'appareil bruyant et militaire qui accompagnoit ces transports de grains, de marché en marché. L'agitation qu'ils devoient produire, étant le premier ressort de la révolution qui se préparoit, on n'est plus étonné actuellement de l'ardeur avec laquelle on travailloit à l'entretenir, à l'accroître, à la diriger.

Mais comme aucun des hommes venus aux états-

---

(1) Edition in-8º de Genève, v. 11 & 2 des œuvres sur la politique, considération sur le gouvernement de Polog. p. 300.

généraux n'avoit encore assez d'influence dans l'empire, pour s'introduire dans les greniers publics, et disposer à son gré de leurs trésors, il est naturel de soupçonner que la main qui opéroit ces manœuvres, étoit une de celles qui tenoient les rênes du gouvernement. Il est tems pour moi de changer ces soupçons en réalité, et je dois cet éclaircissement aux faits qui vont suivre.

M. Necker, nourri d'idées républicaines, ayant la présomption de se croire né pour réformer l'empire françois, saisit avec avidité les circonstances de la convocation des états-généraux, pour opérer cette réforme. Il les accorda, quoique lui-même ne les crut pas nécessaires, parce qu'il vit dans cette grande assemblée, les instrumens qui l'aideroient à exécuter ses projets. Il en devança le terme, parce qu'il étoit pressé d'arriver à son but.

Ce ministre s'étoit fait de grandes illusions sur notre gouvernement. Les richesses du clergé, l'influence de la noblesse, l'autorité des parlemens, l'avoient effrayé. Il regardoit ces trois corps, non comme des barrières tutélaires qui sauvoient, tout à-la-fois, le trône, des attentats de la licence, et le peuple, des erreurs et des crimes du despotisme; mais comme trois colosses qui, en même temps qu'ils écrasoient de leur poids la classe la plus nombreuse de l'empire, affoiblissoient le pouvoir du roi, et lui rendoient le bien pénible à faire. En deux mots: rendre le monarque plus absolu, et le peuple plus heureux; tel étoit le rêve que se berçoit M. Necker.

Cette chimère flattoit d'autant plus le ministre, qu'elle tranquillisoit sa conscience; en y fixant, avec complaisance, son imagination, il se rendoit le témoignage de se montrer, autant qu'il étoit en lui, reconnoissant envers son auguste bienfaiteur, par l'accroissement de puissance qu'il donnoit au roi actuel et à ses successeurs; et d'un autre côté, quelle noble ambition de rendre le bonheur à vingt-deux millions d'hommes, qu'il regardoit comme courbés sous le joug du despotisme des grands!

Pour opérer ces deux miracles de politique, M. Necker croyoit nécessaire d'abaisser le clergé, la noblesse, et, sur-tout, les parlemens. De-là, son système des administrations provinciales, dont l'établissement eût fini par priver la magistrature du droit d'enregistrement, par initier les classes même inférieures du peuple aux sciences administratives, et l'on sçait que par l'exécution de ce plan, toute la force publique concentrée au tour du trône se développoit sans effort comme sans obstacles.

M. Necker n'étoit pas tellement étranger à nos principes et à nos mœurs, pour ne pas savoir qu'il eût échoué honteusement, s'il eût voulu heurter, brusquement et à la fois, le triple colosse qui l'effrayoit. Voilà encore pourquoi, en voulant réaliser ces administrations provinciales, qui avoient été imaginées longtems avant lui, il proposa de se borner à leur établissement successif.

En desirant l'abaissement du clergé, de la noblesse, de la magistrature, M. Necker pensoit que le premier ordre, comme corps politique, étoit inutile et dangereux à l'état; il n'eût voulu laisser à la noblesse que son blason; et quant aux parlemens, il trouvoit de grands avantages dans leur entière destruction, et n'y voyoit aucun inconvénient.

Ce politique de deux jours, ayant ainsi applani toute la surface de l'empire, ne voyoit plus sur ce plan, qu'une éminence, c'étoit le trône. Sur ce trône, il voyoit son maître absolu, pouvant atteindre à ses sujets, et ceux-ci, à leur tour, atteindre à leur roi, sans intermédiaire. Telles étoient les conceptions de M. Necker; c'est ainsi que dans ses rêveries sur le gouvernement des états, il croyoit pouvoir allier le despotisme du monarque avec le bonheur des peuples. Elevé dans une petite république, imbu de tous les préjugés d'une secte, dont les dogmes et les formes sont populaires, il étoit entraîné par son penchant et par les habitudes de son enfance, vers la démocratie. Jetté ensuite dans une grande monarchie; frappé de l'ordre et de la police qui en enchaînoit toutes les parties; ne pouvant se dissimuler les avantages de cette harmonie; comblé de bienfaits par le monarque, il conçut le projet d'ajouter quelques rayons à la gloire qui environnoit le trône françois. Ainsi dans ses méditations politiques, il mêloit aux fruits de son éducation, ceux de ses nouvelles observations.

En développant la situation d'esprit de M. Necker, au milieu de ses travaux ministériels, je ne donne rien aux conjectures, et j'aurai occasion, dans la suite, de dire que la cour elle-même, vers ces derniers jours, s'étoit rapprochée de son système. C'est en considérant ce ministre sous ce point de vue, qu'on n'est plus étonné de l'apparente contradiction qui se trouve entre ses principes et sa conduite. Dans ses écrits, il ne connoît en France d'autre loi que la volonté du monarque; Richelieu, n'eût pas enseigné des maximes plus favorables à l'autorité absolue; dans sa vie politique, au contraire, il se montre toujours couvert du manteau de la démagogie.

Pour rendre le roi indépendant de toute autre loi que de celle de sa volonté, il falloit abattre les puissances qui invoquoient des loix fondamentales. Pour les abattre, il falloit une force supérieure à celle même du monarque, et il n'y en avoit pas d'autre que celle du peuple. M. Neker eut donc recours à la force du peuple; mais le peuple, s'il connoît tout ce qu'il peut, franchit toutes les bornes. Ainsi, le lion déchire l'imprudent qui brise les barreaux de sa loge.

Ce n'est pas que M. Necker prétendit déployer cette puissance dans toute son étendue. Il se proposoit d'en ménager l'usage, et d'une manière si insensible, que le peuple lui même, ne s'appercevant pas qu'on le faisoit avancer, se seroit arrêté au gré de la main qui l'auroit guidé.

Tout, comme l'on voit, étoit folie dans ce roman. Les dispositions où étoit M. Necker, n'étoient pas inconnues aux novateurs, quoiqu'il eût toujours cherché à envelopper sa conduite, et ses écrits d'un nuage mystérieux. Ils l'entretinrent donc dans ses dispositions, et entrant dans son sens, ils le flaterent des plus folles espérances. Il se convainquit toujours plus qu'il falloit contraindre le clergé, la noblesse et la magistrature, à céder du terrein, et au roi et au peuple. Il ne vit pas de meilleur moyen, pour y parvenir, que de les menacer de ce dernier. De-là, son silence sur les entreprises du tiers-état, sur les outrages des libellistes contre les deux premiers ordres, sur tous les mouvemens qui provoquoient les bourgeois à prendre les armes. De-là, ces ordres bisarres qui présentoient sans cesse l'image de la famine aux yeux du petit peuple, afin de le tenir dans un état de fermentation dont les deux premiers ordres fussent effrayés, et l'on pensoit bien que le clergé et la noblesse, redoutant les suites d'une insurrection qu'on dirigeroit contre eux, se résigneroient à tous les sacrifices qu'on en exigeroit. De-là enfin cette double représentation accordée au tiers-état, qui ne laisseroit plus aucun moyen aux deux premiers ordres d'échapper à l'influence du troisième; influence que M. Necker avoit la simplicité de regarder comme un instrument qu'il manieroit à sa volonté.

Ceux qui arriverent aux états-généraux, avec un plan de révolution, et avec la ferme intention de l'exécuter, n'eurent garde de développer au ministre, toutes leurs vues. Ils lui persuaderent au contraire, qu'ils n'avoient d'autre but que de seconder les siennes. Sa présomption, son imprévoyance, le firent tomber dans tous les pièges qu'ils lui dresserent. Il s'étoit flatté qu'il seroit leur oracle et leur guide, & il ne fut que leur complice, jusqu'à ce qu'enfin, ne leur étant plus bon à rien, parce que, pour parler familierement, il avoit entierement perdu la tête, ils l'abandonnerent, et n'eurent garde de lui tendre la main, lorsqu'ils le virent se précipiter des marches du trône où ils l'avoient soutenu pendant quelque-tems.

Il s'étonna de la résistance que lui montrerent les commissaires du tiers-état lorsqu'il offrit ses soins et sa médiation pour rapprocher les trois ordres : il en témoigna de l'humeur (1); son mécontentement perça parmi le peuple qui lui en sut mauvais gré; on dit que sa réputation étoit comme les généalogies, qui, depuis un an, perdoit quatre-vingt pour cent. M. Necker

(1) On lui attribua d'avoir dit à l'issue d'une conférence des commissaires, que le tiers-état poussoit trop loin ses prétentions.

se rassura bientôt ; outre qu'il se croyoit fertile en ressources, et toujours maître de tirer, de l'événement qui arriveroit, des moyens pour parvenir à ses fins, il se persuada aisément, autant par ses fausses conjectures que par les adroites insinuations de ceux qui le leurroient, que si cette première victoire restoit toute entière aux deux premiers ordres, il ne seroit jamais possible de les abaisser et de les faire concourir malgré eux, aux prétendues réformes qu'on vouloit faire dans l'empire. Il n'étoit, au contraire, que trop aisé de prévoir que si cette première victoire restoit toute entière au tiers-état, elle alloit être la source d'où découleroit tous les poisons qui dissoudroit la monarchie.

Toute autre idée que l'on se feroit de M. Necker, seroit erronée, et ne donneroit aucune intelligence sur les événemens de la révolution ; il ne fut pas le Cromwel du siécle; il étoit bien loin d'en avoir le génie; mais il n'en avoit pas non plus les vues. Il seconda les factieux, tantôt ouvertement, tantôt sourdement, dans la seule intention d'effrayer le clergé, la noblesse, la magistrature, d'armer contre eux l'opinion, et de les amener au point où il seroit le maître et l'arbitre de leurs destinées. Ce fut là tout son plan, et je répete qu'il se promettoit, de son exécution, de grands avantages pour la puissance du roi, et pour la félicité du peuple.

Le clergé et la noblesse entrevoyoient bien le précipice où on les entraînoit, quoiqu'ils n'en connussent pas toute la profondeur. Que pouvoient-ils faire ? Ils se débattoient avec les seules armes de la justice et de la raison, contre ces légions d'ennemis dont on les environnoit, et dont le nombre grossissoit tous les jours. La situation des deux premieres chambres étoit d'autant plus critique, qu'elles étoient divisées ; il étoit indubitable que si une partie d'entr'elles se réunissoit au tiers-état, et que, si le silence du roi autorisoit cette démarche, ceux qui seroient restés fermes à leur poste, n'avoient plus aucune protection à attendre, aucun intérêt à inspirer ; ils eussent été représentés et considérés comme des rebelles, et eux-mêmes pouvoient se regarder comme autant de victimes qu'alloient immoler la haîne et le préjugé.

Quant à la magistrature, sa sécurité étoit complette, et ce que la postérité aura peine à croire, c'est qu'à l'instant où alloit se faire la plus terrible explosion, les membres du parlement de Paris s'occupoient de rubans. Ils avoient dressé un réglement qu'ils se proposoient de faire adopter par les états-généraux. L'objet de ce réglement étoit d'établir une distinction ostensible entre les présidens et les conseillers du parlement, ainsi qu'entre les différentes cours souveraines, au moyen d'un ruban qui auroit été attaché à la boutonniere, et nœud d'épée. La couleur du ruban et du nœud d'épée auroit varié suivant les grades de la hiérarchie établie entre les membres et les corps de la magistrature.

Quand on voit le parlement s'occuper gravement de ces puérilités, à l'instant où l'on allumoit autour de lui le feu de la sédition, on se demande : quel étoit donc le prestige qui fascinoit les yeux des membres de cette compagnie ? Cette sécurité suffit seule pour prouver combien ils étoient éloignés de troubler les opérations des états-généraux, et combien ils étoient impassibles au milieu des manœuvres qui couvroient la France de factieux et de brigands.

Les citoyens que le tourbillon n'entraînoit point, et qui conservoient assez de sang-froid pour méditer sur ces premieres démarches des séditieux, s'allarmoient d'autant plus des suites qu'elles pourroient avoir, que le petit peuple, en s'élançant vers l'indépendance, développoit déja un grand caractere de férocité. On a vu dans la premiere partie de cette histoire les cruautés que la populace exerça sur l'infortuné maire d'Aups. Les mêmes horreurs se renouvellèrent, dans les premiers jours de juin, à Claix, petite ville du Dauphiné. Un huissier, à qui l'on n'avoit d'autre reproche à faire que d'exercer ses fonctions, fut assailli par les habitans auxquels s'étoient réunis ceux d'un autre bourg appellé Cotteys, tous ensemble se jetterent sur ce malheureux; et, avant de l'égorger, gouterent le plaisir barbare de lui faire endurer toutes les sortes de tourmens. Son supplice dura cinq heures, et son cadavre servit encore long-tems de jouet à cette horde d'assassins; voilà le peuple. *Mené par lui-même*, dit Montesquieu, (1) *il porte toujours les choses aussi loin qu'elles peuvent aller ; tous les desordres qu'il commet sont extrêmes.*

Telle étoit la disposition des esprits, la situation de la cour, de la ville, et des provinces, à l'intéressante époque de la premiere victoire que le tiers-état remporta sur les deux premiers ordres, et dont je vais écrire l'histoire dans le chapitre suivant.

_____

(1) Esprit des loix, part. I, p. 56.

CHAPITRE

CHAPITRE XXII.

Nouveaux doyens; portrait de M. Bailly; tentatives du tiers-état de communiquer directement avec le roi; issue de cette tentative; premier discours de cet ordre au roi; réponse de sa majesté; arrêté des trois chambres sur les voies de conciliation, proposées par M. Necker; lettres de cachet; contes populaires; paroles de bienfaisance portées par le clergé; rumeur et mécontentement qu'elles occasionnent dans le tiers-état; portrait de M. Populus; réponses du tiers-état et du roi à la proposition du clergé.

Suite de Juin 1789.

LE grand âge de M. le Roux lui rendant ses fonctions extrêmement pénibles dans une assemblée tumultueuse où il falloit une force physique peu ordinaire pour établir au moins une apparence d'ordre, il demanda un successeur. On lui en nomma un, à la pluralité des voix, le premier juin. Le choix tomba sur M. d'Ailly, qui, comme son prédécesseur, est resté jusqu'à ce moment dans l'obscurité. Le regne de M. d'Ailly ne fut pas de longue durée. Monté sur le trône du tiers-état le premier juin, il en descendit le 3 du même mois. La foiblesse de sa santé, et celle de sa voix, dit le journal de Paris (1), dans une assemblée où une voix étendue paroît nécessaire, ne lui ont permis de remplir ses fonctions que pendant deux ou trois séances.

C'est ainsi que les journaux racontent l'histoire du jour. La vérité est qu'à peine M. d'Ailly, fut nommé doyen, que M. Necker s'en empara, et en cela le ministre ne donnoit pas une grande preuve de jugement. M. d'Ailly n'étoit point initié dans les mysteres de la révolution, et il n'avoit aucun moyen d'acquérir de l'influence sur sa chambre. Simple et droit, il ne refusa pas une conférence secrete que lui proposa le ministre; on le sut dans la chambre du tiers-état, et on lui en fit un crime; le mécontentement qu'on lui témoigna, et dans le particulier et en public, l'obligea de donner sa démission, qui fut acceptée. Il fut remplacé par M. Bailly, que nous avons vu depuis, et que nous voyons encore aujourd'hui, jouer un rôle pour lequel il sembloit si peu fait.

(1) Voyez N° 156 du vendredi 5 juin 1789.

M. Bailly, né de parens obscurs, s'est élevé insensiblement, et sans effort. Il n'a point été poussé dans la route de la fortune; elle s'est ouverte devant lui; il l'a parcourue paisiblement, parce qu'il n'a jamais trouvé de concurrent. Confondu, dès sa jeunesse, avec le petit nombre de savans de la capitale, il n'inspira jamais de jalousie à aucun d'eux. Dans les cercles où ils se rassembloient, il écoutoit avec docilité, ne donnoit point son avis, et se bornoit à proposer modestement des doutes. Sans intrigue, en apparence, sans ambition, il ne blessoit ni les prétentions, ni l'amour-propre de personne; on l'avoit, dans les différentes sociétés où il étoit admis, surnommé le bon-homme Bailly. Les gens de lettres, en un mot, et les savans, le regardoient moins comme un rival, que comme un adepte, que comme un protégé. Il fut reçu successivement dans chacune des trois académies, sans avoir paru s'être donné aucun mouvement pour obtenir cette triple couronne. Il y entra plutôt comme la créature que comme l'égal de chacun des membres qui les composoient. Il ne faisoit point ombrage, et ceux qui l'avoient élevé, se croyant des droits à sa gratitude, se trouvoient bien plus flattés qu'humiliés de son élévation.

Sans avoir une grande étendue de connoissances, & quoiqu'il ne fut doué que d'un esprit ordinaire, M. Bailly, cependant, nourri, dès son enfance, des bons auteurs, et ayant toujours vécu avec des hommes enrichis de tous les trésors de la littérature et des sciences, se trouva capable d'obtenir du succès dans la république des lettres. Ses ouvrages ne lui firent point d'envieux; mais aussi la considération qu'ils lui acquirent, fut paisible comme son caractere. Comme

B

il ne donnoit ses livres au public qu'après en avoir long-tems confié le manuscrit à ceux qui dirigeoient l'opinion, et leur avoir laissé la liberté d'y faire tous les changemens, qu'ils jugeroient à propos; il arrivoit que, lorsque ces livres paroissoient, chacun de ceux qui auroient pu les critiquer, les regardant comme sa propre production, la satyre n'ôtoit rien à la gloire de l'auteur. Son seul écrit sur l'Atlantide, trouva un censeur; ce censeur étoit un journaliste obscur, ignorant et mal famé. Le jugement d'un tel homme, bien loin donc de nuire au succès de l'écrit, fit présumer qu'il en étoit digne; et, ce qui contribua à accroître la présomption, ce fut le silence de tous ceux qui étoient réellement capables d'apprécier l'ouvrage.

Jusqu'au moment où se formèrent, à Paris, les assemblées primaires, pour la convocation des états-généraux, M. Bailly n'avoit pris aucune part aux affaires publiques; il se trouva cependant dans son district; il y parla peu; personne ne le connoissoit; mais le peu qu'il dit, son air de bonhommie, le préjugé qu'inspiroit en sa faveur son aggrégation à trois académies, lui firent trouver place parmi les électeurs. Dans cette nouvelle assemblée, il parla davantage, et commença à se faire remarquer; mais ceux qui le connoissoient particulièrement le croyoient si peu propre à se montrer avec éclat aux états-généraux, que je me souviens que les gens de lettres, lorsqu'on parloit de ce qui se passoit dans les séances des électeurs du tiers-état, faisoient toujours cette question : *mais que fait là le bon-homme Bailly?*

Je me souviens encore que la plupart des électeurs répondoient à cette question, qu'ils n'avoient nulle intention de lui donner leur suffrage pour la députation; et lorsqu'il eût été nommé, les électeurs disoient qu'ils ne savoient comment cela s'étoit fait.

En parlant un peu plus, M. Bailly se fit un peu plus connoître, et il gagna à être connu. Il montra beaucoup d'intérêt pour la cause du peuple contre celle de la cour; et comme il ne tenoit rien du peuple; comme il n'avoit aucun patrimoine, et ne vivoit que des bienfaits du roi, on prit la conduite qu'il commençoit à tenir, pour de la générosité, pour du désintéressement; parce qu'on présumoit qu'en se rangeant parmi les détracteurs des ministres, il renonçoit à leur appui, et pouvoit, à tout instant, descendre au dernier degré de la misère.

M. Bailly n'étoit pas assez borné pour ne pas comprendre qu'ayant une fois manifesté un système qu'il croyoit devoir déplaire aux ministres, il n'avoit plus rien à attendre de la faveur ni des graces de la cour. Il lui falloit donc se jetter dans une autre route, et il se jetta en effet dans celle qui lui fut montrée en arrivant à Versailles. On l'initia dans les mystères, non qu'on attendit beaucoup de ses talens et de son intelligence; mais il réussit auprès des novateurs, comme il avoit réussi auprès des savans, c'est-à-dire, en ne faisant ombrage à personne, en montrant beaucoup de complaisance, et en promettant une grande docilité.

Les autres hommes ne parviennent qu'en nourrissant dans leur cœur tous les feux de l'ambition; elle éclate au-dehors malgré eux; toutes leurs démarches, leurs discours, leurs écrits, portent l'empreinte de cette passion. M. Bailly est peut-être le seul exemple, dans tous les siècles, d'un homme qui soit parvenu, précisément par la raison qu'il n'avoit montré aucune ambition.

Les mêmes raisons qui avoient élevé M. Bailly, l'ont maintenu. Il ne pouvoit trouver en lui-même aucune ressource, ni pour appeler, ni pour fixer la fortune. Etranger à toutes les sciences du gouvernement des états, il a seulement une certaine aptitude pour celles qui sont à la portée d'un homme de lettres, doué d'un esprit ordinaire. Sans énergie dans le caractère, il est lent à concevoir, lent à parler, lent à agir. Cette lenteur lui étoit avantageuse, et dans la tribune, et sur le fauteuil du président. Le tems qu'il mettoit à articuler une phrase, lui donnoit celui de prévoir et de composer la phrase suivante. Dans l'intervalle de l'une à l'autre, le coup-d'œil qu'il jettoit sur ceux dont il étoit la créature, l'instruisoit de ce qu'il devoit dire ou taire. Sans compter que la multitude, qui ne juge que d'après les apparences, prit d'abord pour sagesse ce qui n'étoit qu'indolence.

L'extérieur de M. Bailly est l'image de son caractère. Toutes les parties de son visage, toutes les formes de son corps sont dessinées avec roideur et à longs traits. Sa chevelure longue et touffue surcharge plus qu'elle n'orne sa tête; son front se développe sans grace; ses yeux noirs sont sans feu, ses joues sans couleur, sa bouche sans expression; et cet ensemble présente une physionomie inanimée. Je ne doute point que si le célèbre physionomiste de ce siècle, si l'observateur Lavater eût vu M. Bailly à la tribune, et ne l'eût pas entendu parler, il ne se fût écrié : *voilà l'image de la stupidité.*

Peut-être Lavater ne se fût-il pas trompé; peut-être M. Bailly ne doit-il qu'à l'éducation, qu'à l'application constante à l'étude des belles-lettres, qu'à son commerce avec les savans, la portion d'esprit dont il jouit. Son jugement d'ailleurs est peu sain; ses vues sont étroites; ses desirs n'ont jamais été au-delà de la situation où il se trouvoit dans l'instant, et aujourd'hui il n'aime, dans sa place, que les émolumens qui y sont attachés, que le puérile avantage qu'elle lui procure de s'environner d'un certain faste. C'est un enfant qui, dans ces jeux, imite l'opulence et les airs des grands seigneurs; cette petite vanité est la seule passion dont l'ame de M. Bailly semble susceptible.

Tel fut l'homme que l'on donna pour successeur à M. d'Ailly; les novateurs le virent avec plaisir à ce poste; la jalousie d'aucun d'eux n'en étoit blessée, et tous se félicitoient de posséder un instrument qu'ils manieroient à leur gré, et feroient servir à l'exécution de leurs desseins.

Le tiers-état, lorsque M. Bailly fut nommé son doyen, faisoit éclater une prétention qui annonçoit assez clairement jusqu'où vouloit aller cet ordre. Par un usage aussi ancien que la monarchie, M. le garde des sceaux recevoit ses députés, et lui transmettoit les volontés du roi. Le tiers-état qui voyoit que le clergé et la noblesse, par un privilège inhérent à leur existence, communiquoient directement avec le monarque, se sentit humilié de cette distinction, et voulut proscrire cet usage fondamental. Ayant projeté d'envoyer une nouvelle députation aux pieds du trône, il prit cet arrêté.

« Les communes ne pouvant reconnoître d'intermédiaire entre le roi et son peuple, s'adressent dès ce moment à sa majesté, par l'organe de M. le doyen, pour la supplier d'indiquer aux représentans des communes le jour et l'heure où elle voudra bien recevoir leur députation ».

Cet arrêté fut remis à M. Bailly, et il lui fut enjoint de s'adresser au roi lui-même. Versailles et Paris attendirent avec impatience l'issue de cette mission. Si le roi recevoit la députation, il approuvoit les erreurs contenues dans cet arrêté où l'on confondoit les représentans des communes avec les communes; il étoit censé approuver la nouvelle dénomination que prenoit le tiers-état ; enfin, il consentoit à ce qu'il n'y eût plus d'intermédiaire entre sa personne et le troisième ordre, et ce consentement étoit une première brèche aux fondemens de la monarchie.

4. Le jour où M. Bailly tenta de s'acquitter de sa commission, étoit le jour où le royaume perdit M. le dauphin. Il se présenta au capitaine des gardes qui l'annonça au roi. Sa majesté répondit qu'il falloit employer les voies ordinaires, et s'adresser à M. le garde des sceaux. Le doyen se rendit donc chez le ministre; celui-ci fit parvenir au roi une lettre à laquelle sa majesté répondit par le billet suivant:

« Il m'est impossible, dans les circonstances où je me trouve, de voir M. Bailly ce soir ou demain matin, ni de fixer un jour pour la députation. Montrez mon billet à M. Bailly pour sa décharge. »

Le roi, par ce billet, ne refusoit pas d'admettre, devant sa personne, la députation; c'étoit une condescendance; mais le tems étoit venu où l'on n'obtenoit plus rien par des condescendances, et où il falloit tout céder. La lecture de ce billet excita, dans la chambre du tiers-état, de violens murmures. La position douloureuse, cependant, où se trouvoit le roi, par la grande perte qu'il venoit de faire, méritoit bien quelques égards. On ne peut donc qualifier le mécontentement que témoignoient quelques députés du tiers, que d'insolence; cette insolence en présageoit bien d'autres.

La bonté du roi, et la nécessité où l'on étoit 5. de ne point effaroucher des esprits ardens et intéressés à donner l'alarme, déterminerent le roi à se rendre aux desirs que manifestoit la chambre du tiers. La reine avoit été également priée de recevoir une députation, et comme son auguste époux, elle déféra à cette demande. Madame la princesse de Chimay, sa dame d'honneur, fit parvenir à M. Bailly un billet conçu à-peu-près en ces termes :

« Madame de Chimay reçoit dans l'instant la réponse de la reine. Sa majesté lui donne ordre d'annoncer à M. Bailly qu'elle recevra avec bonté et sensibilité l'hommage et les respects de l'ordre du tiers-état ; mais que la juste douleur où la reine est plongée, ne lui permet pas d'en fixer le moment ».

Quant au roi, M. le garde des sceaux fit savoir ses intentions à M. Bailly, par le billet suivant :

« M. le garde des sceaux prévient M. Bailly qu'il sort de chez le roi, où il étoit monté pour prendre ses ordres sur la députation. Quoique sa majesté soit dans la plus profonde affliction, et que jusqu'ici elle n'ait voulu voir personne, le roi recevra cependant demain la députation du tiers-état, entre onze heures et midi; son intention est que la députation soit au nombre de 20 ».

La forme, le style de ces billets, la manière dont les intentions de leurs majestés parvenoient à la chambre, retenoient au moins quelque chose des usages anciens. Ils sont bien changés; le souvenir même en est perdu; les ministres écrivent aujourd'hui des lettres soumises, et les terminent par la formule : *Je suis avec respect.* (1)

C'étoit donc là une première victoire. La députation fut en effet composée de 20 membres tirés au sort; au nombre de ceux qu'il favorisa se trouverent MM. Tronchet, Chapelier, Rabaud de S.-Etienne, Target, Mounier, Redon, Thouret, Bouche, Volney, Ronqueville, Terrasse, Villeson, Garat, Chorier, Mirabeau, Legrand, Descottes, etc.

Ces députés, ayant à leur tête M. Bailly, furent 6. introduits dans la salle du conseil, à midi, et le doyen prononça au nom de tous, le discours suivant: ce sont les premières paroles que les députés du tiers-état de France ayent adressées directement au roi ; elles sont précieuses à recueillir.

SIRE,

« Depuis long-tems les députés de vos *fidelles com-*

_____

(1) V. le n°. de *l'Ami du Roi*, du jeudi 14 avril 1791.

B 2

munes auroient solemnellement présenté à votre majesté, les respectueux témoignages de leur reconnoissance, pour la convocation des états-généraux, si leurs pouvoirs avoient été vérifiés ; ils le seroient, *si la noblesse n'avoit élevé des obstacles*. Dans la plus vive impatience, ils attendent l'instant de cette vérification pour vous offrir un hommage plus éclatant de leur amour pour votre personne sacrée, pour son auguste famille, et de leur dévouement aux intérêts du monarque, inséparables de ceux de la nation ».

« La sollicitude qu'inspire à votre majesté l'inaction des états généraux, est une nouvelle preuve du desir, qui l'anime, de faire le bonheur de la France ».

« Affligés de cette funeste inaction, les députés *des communes* ont tenté tous les moyens de déterminer ceux du clergé et de la noblesse, à se réunir à eux pour constituer l'assemblée nationale ; mais la noblesse ayant manifesté de nouveau la résolution de maintenir la vérification de ses pouvoirs, faire séparément, les conférences conciliatoires, entamées sur cette importante question, se trouveroient terminées ».

« Votre majesté a désiré qu'elles fussent reprises en présence de M. le garde-des-sceaux, et des commissaires que vous avez nommés. Les députés des *communes*, certains que sous un prince qui veut être le restaurateur de la France, la liberté de l'assemblée nationale ne peut être en danger, se sont empressés de déférer au desir qu'il leur a fait connoître. Ils sont bien convaincus que le compte exact de ces conférences, mis sous ses yeux, ne lui laissera voir, dans les motifs qui nous dirigent, que les principes de la justice et de la raison ».

« Sire, vos fidelles communes n'oublieront jamais ce qu'elles doivent à leur roi. Jamais elles n'oublieront cette alliance naturelle du trône et du peuple, contre les diverses *aristocraties*, dont le pouvoir ne sauroit s'établir que sur la ruine de l'autorité royale et de la félicité publique. Le peuple françois qui se fit gloire, dans tous les tems, de chérir ses rois, sera toujours prêt à verser son sang, et à prodiguer ses biens, pour soutenir les vrais principes de la monarchie. Dès le premier instant où les instructions que ses députés ont reçues, leur permettront de porter un vœu national, vous jugerez, sire, si les représentants de vos communes ne sont pas les plus empressés de vos sujets à maintenir les droits, l'honneur et la dignité du trône, à consolider les engagemens publics, et à rétablir le crédit de la nation. Vous reconnoîtrez aussi qu'ils ne seront pas moins justes envers leurs concitoyens de toutes les classes que dévoués à votre majesté ».

« Vos fidelles communes sont profondément touchées de la circonstance où votre majesté a la bonté de recevoir leur députation, et elles prennent la liberté de lui adresser l'expression de tous leurs regrets, et de leur respectueuse sensibilité ».

Ce langage étoit au moins respectueux ; mais quelle perfidie dans des promesses qui ont été si cruellement trompées ! On s'apperçoit sans peine, en lisant ce discours, qu'il avoit été étudié, et qu'on s'y étoit surtout attaché à voiler les projets de révolution qu'on étoit impatient d'exécuter. Mais il eût été aisé de les entrevoir dans cette alliance naturelle du trône et du peuple, contre les diverses aristocraties dont on disoit que le pouvoir ne pouvoit s'établir que sur la ruine de l'autorité et de la félicité publique.

C'étoit là précisément le système de M. Necker ; c'étoit là, du moins, tout ce qu'on lui avoit laissé appercevoir de la carrière qu'on alloit parcourir ; et cette phrase jettée ainsi, en apparence, au hasard, sembleroit faire croire qu'on avoit quelque espoir de rendre le roi lui-même complice des factieux, en lui insinuant qu'il étoit de l'intérêt de son autorité de laisser écraser toutes les *aristocraties*, c'est-à-dire, les deux premiers ordres et la magistrature ; car c'est là évidemment ce qu'on entendoit par aristocraties, afin qu'il n'y eût plus en France que le roi et le peuple. Louis XVI que le ciel a favorisé, entr'autres qualités, d'un grand sens, d'un jugement exquis et d'un esprit droit, n'a jamais donné dans ce piege, quoiqu'on ait tenté plus d'une fois de l'y attirer ; mais il n'en est pas moins vrai que cette phrase étoit captieuse ; qu'elle déceloit les vues du moment, et que le venin qu'elle contenoit auroit pu se glisser dans le cœur d'un prince moins sage que Louis XVI.

C'étoit au reste un mensonge grossier, et qu'il ne falloit pas porter aux pieds du trône, de prétendre que le pouvoir des diverses aristocraties, c'est-à-dire des deux premiers ordres, et cours souveraines, ne pouvoit s'établir que sur la ruine de l'autorité et de la félicité publique. Jamais l'autorité et la félicité publique ne furent mieux assurées que dans les beaux jours de Louis XIV ; et à quelle époque le clergé a-t-il joui de plus de priviléges, la noblesse de plus de gloire, et la magistrature de plus de tranquilité dans ses fonctions ?

Le tiers-état, en se donnant, dans ce discours, la qualification qu'il avoit usurpée, de *communes*, espéroit peut-être que les expressions que le roi employeroit dans sa réponse, confirmeroient l'usurpation. Sa majesté sût se préserver de cette nouvelle surprise ; elle répondit ainsi :

« Messieurs, je reçois avec satisfaction les témoignages de dévouement, et d'attachement à la monarchie, *des représentants du tiers-état de mon royaume*. Tous les ordres ont un égal droit à mes bontés, et vous devez compter sur ma protection et ma bienveillance. Je vous recommande, par dessus tout, de seconder promptement et avec un esprit de sagesse et de paix, l'accomplissement du bien que je suis impatient de faire à mes peuples, et qu'ils attendent avec confiance de mes sentimens pour eux ».

Le tiers-état obtint donc que ses députés pussent parler directement au roi : ce fut là sa premiere victoire ; mais la grande querelle sur la vérification des pouvoirs, en commun ou séparément, restoit toujours indécise. Falloit-il accepter ou refuser les voies de conciliation proposées, par M. Necker, au nom du roi ? C'étoit l'importante question que les trois chambres avoient à résoudre.

Le clergé accepta le projet de conciliation purement et simplement ; la noblesse avec des amendemens ; elle prit l'arrêté suivant :

« L'ordre de la noblesse, aussi empressé de donner au roi des témoignages de son respect et de sa confiance dans ses vertus personnelles, que de prouver à la nation entière le desir d'une conciliation prompte et durable, et fidèle en même tems aux principes dont il n'a jamais cru pouvoir s'écarter, reçoit avec la plus vive reconnoissance les ouvertures que sa majesté lui a fait communiquer par ses ministres ; et sans s'expliquer sur quelques principes du préambule, a chargé les commissaires de rappeler, à leur prochaine séance, que la noblesse avoit arrêté précédemment qu'elle vérifieroit dans son sein ses pouvoirs, et prononceroit sur les contestations qui surviendroient sur leur validité, lorsqu'elles n'intéresseroient que ses députés particuliers, et en donneroit une connoissance officielle aux autres ordres ».

« Quant aux difficultés survenues ou à survenir sur des députations entières, pendant la présente tenue d'états-généraux seulement, chaque ordre chargera ses commissaires de les discuter avec ceux des autres ordres, pour que, sur leur rapport, il puisse y être statué d'une manière uniforme dans les trois chambres séparées ; et au cas que l'on ne pût y parvenir, le roi sera supplié d'être leur arbitre ».

Cet arrêté pouvoit être fort sage ; mais à quoi servent les arrêtés, quand, avant de les faire, on n'a pas la certitude d'en pouvoir obtenir l'exécution ?

Quant au tiers-état, la question y fut assez brusquement résolue, parce que la solution, comme il est presque toujours arrivé depuis, avoit été prévue avant qu'on se rendît dans la salle. Cependant comme ce jour-là, elle contenoit un peuple immense, quelques-uns des membres les plus sages proposèrent de faire retirer tous les étrangers, afin que leurs mouvemens et leurs passions ne pussent pas influer sur une délibération aussi grave.

Mais à peine cette proposition fut-elle énoncée, que tous les autres députés, ayant M. de Mirabeau à leur tête, s'écrierent : « la présence du public est l'appui de nos consciences » ; ils demandèrent ensuite qu'il ne fût plus question d'un pareil avis. L'expérience n'a cessé de prouver, jusqu'à ce moment, que la présence du public admis aux séances et toujours choisi par la majorité, a bien plutôt été l'appui des factions que celui des consciences.

On mit donc la question aux voix en présence de cette bruyante cohue ; elle fut ainsi posée : *discutera-t-on le projet de conciliation avant ou après la clôture des conférences ?* On alla aux voix, et on étoit tenu de répondre, *avant* ou *après*. Quatre cent trente-deux membres se décidèrent pour le mot *après*, et vingt-deux seulement pour le mot *avant*. M. Malouet fut du nombre de ces derniers ; il étoit déja tombé dans une grande défaveur ; il fut hué même avant d'ouvrir la bouche, et son opinion fut perdue.

M. de Mirabeau au contraire qui, non-seulement s'étoit déclaré pour l'avis qui flattoit le plus la multitude, mais qui avoit encore voté pour que le public fut irrévocablement admis aux séances, vit, dès ce jour, son crédit s'accroître auprès du peuple.

Sur la même question donc, les trois ordres avoient pris un arrêté différent ; le premier adoptoit aveuglément le projet de conciliation ; le second, par les restrictions dans lesquelles il se renfermoit, le rejettoit plutôt qu'il ne l'admettoit, et le troisième ne vouloit pas même dire s'il l'adoptoit ou s'il le repoussoit ; ainsi ce traité de paix, bien loin de desarmer les trois partis, allumoit plus que jamais la guerre entr'eux. Quel jugement porter des lumières du ministre qui ne prévoyoit pas ce résultat ?

Le public craignit que cette diversité d'opinions, et la continuation des conférences n'entraînassent encore des longueurs ; et les délais commençoient à fatiguer les hommes les plus modérés. Ceux qui menoient la multitude, en rendant le clergé et la noblesse responsables de ces délais, marchoient à leur but.

Deux événemens qui, dans un autre tems, n'eussent pas même été apperçus, fournirent encore aux mécontens un prétexte de rendre odieux les membres de l'administration. Les agens de la police enlevèrent, à Versailles, un peintre, sans aucune forme de procès. A Paris, on saisit, au milieu de la nuit, un écrivain qui avoit rédigé, pendant quelque tems, la Gazette d'Utrecht, et qui, au moment où on s'empara de sa personne et de ses papiers, étoit, dit-on, occupé à la traduction d'un ouvrage anglois peu favorable à notre gouvernement.

Il faut convenir que l'occasion n'étoit pas propice pour exercer ces sortes d'actes d'autorité suprême ; car le clergé et la noblesse n'aimoient pas plus les lettres de cachet, que le tiers-état ; et puisque c'étoit-là le reproche qu'on faisoit unanimement aux ministres, ceux-ci eussent dû ménager au moins, à cet égard, l'opinion générale.

En attendant que les débats entre les trois ordres fussent terminés, les factieux ne perdoient par leur tems; ils avoient déja pris assez d'informations pour connoître, dans les différentes chambres, ceux qu'il seroit impossible d'entraîner à la sédition, et c'étoit ceux-là qu'on s'attachoit à calomnier. La haine se fixoit surtout avec acharnement sur MM. Malouet et d'Eprémesnil, bien différens cependant d'opinion. On vous disoit sérieusement, dans les cercles de la capitale, qu'ils étoient fort avant dans l'intimité non-seulement de madame de Polignac, mais encore de la reine; et que lorsqu'ils n'étoient pas à la table de la gouvernante des enfans de France, ils étoient à coup sûr à celle de la souveraine.

Il n'est pas étonnant qu'on s'étudiât à décrier particulièrement MM. Malouet et d'Eprémesnil. On redoutoit la prépondérance que le mérite de ces deux hommes donneroit nécessairement au parti qu'ils épouseroient.

De quels autres contes n'amusoit-on pas l'aveugle crédulité d'un peuple le plus facile de tous les peuples à être trompé? On alla jusqu'à répandre que les anglois armoient dans l'intention de venir soutenir les prétentions du tiers-état, et j'ai vu, dans cette bonne ville de Paris, des bourgeois s'encourager mutuellement à tout oser, dans l'espoir que leurs entreprises alloient être soutenues par toute la force des trois royaumes de la grande Bretagne.

Les trois chambres ayant donc chacune pris un parti différent à l'égard du projet de conciliation, se communiquèrent mutuellement leur arrêté; c'étoit une déférence de pure honnêteté; elle n'adoucissoit point les esprits, et n'avançoit en aucune maniere la conclusion après laquelle tous les partis soupiroient avec une égale ardeur.

Le clergé répondit aux députés qui lui apportèrent l'arrêté du tiers-état, qu'il étoit satisfait de l'attention avec laquelle cet ordre l'instruisoit de toutes ses démarches; la noblesse demanda copie de l'arrêté, et les noms des députés.

Ces deux réponses mécontentèrent le troisième ordre; il crut appercevoir, dans la premiere, le ton de la protection, et dans la seconde, celui de la hauteur.

Mais ce qui contribua infiniment à accroître la haine du tiers-état contre les ecclésiastiques, ce fut une ambassade de leur chambre, à laquelle le troisième ordre n'étoit nullement préparé. L'incertitude où l'on étoit des événemens qui se préparoient, nuisoit infiniment et au crédit, et à toutes les opérations qui ont pour base la confiance publique. La misère des peuples sembloit à son comble.

Le clergé crut que les ministres d'un Dieu de paix et de charité devoient, par eux-mêmes, et par leurs représentations auprès de leurs autres co-députés aux états-généraux, adoucir les malheurs particuliers. Comme, d'un côté, les maux qui sollicitoient un remède étoient extrêmes, comme, de l'autre, personne ne pouvoit dire quand finiroient les débats qui empêchoient de s'occuper en commun de la chose publique, les ecclésiastiques pensèrent qu'en attendant la décision de cette querelle, il étoit possible de venir au secours des malheureux.

Ils arrêterent donc que les membres du clergé, profondément touchés de la misère du peuple et de la cherté des grains, avoient pensé, pour remédier à ces malheurs publics, qu'il falloit nommer, dans les trois ordres, une commission composée de députés des différens gouvernemens, pour aviser au moyen de faire diminuer le prix du pain.

Soyons de bonne-foi: si l'intérêt du peuple, et surtout de la classe la plus misérable du peuple, eût été la seule passion de ses représentans, n'auroient-ils pas saisi avec avidité cette ouverture de faire un grand bien? La circonstance y étoit très-propre, car on ne pouvoit employer plus utilement son tems, en attendant l'issue des conférences; et à qui appartenoit-il mieux qu'aux ministres de la religion, de se faire les organes des malheureux?

Cet arrêté cependant, dont M. le cardinal de la Rochefoucault, fit connoître les dispositions au roi, produisit le plus mauvais effet dans la chambre du tiers-état. On l'y regarda, non comme l'accomplissement d'un devoir de religion, mais comme l'acte d'une profonde politique, comme une adroite astuce. Le clergé, y dit-on, veut mettre le peuple de son côté; il veut détourner les communes de leur résolution à se constituer. Si l'on adhère, continuoit-on, à l'arrêté des ecclésiastiques, il s'engagera, sur cette arrêté, une délibération par ordre. Les communes perdront donc tout le fruit de leur résistance, car les deux premiers ordres ne manqueront pas d'opposer cette délibération au tiers-état; dont la conduite se trouvera ainsi opposée à ses principes. Si d'un autre côté, il refuse d'écouter cette proposition, il s'expose à l'animadversion du peuple.

Ce fut M. *Populus* qui, dans sa chambre, donna cette venéneuse interprétation à la louable démarche du clergé. M. Populus, que la nature n'avoit doué d'aucun moyen de sortir de l'obscurité où sa naissance l'avoit placé, a acquis cependant quelque célébrité dans la législature dont j'écris l'histoire. Il doit cette célébrité à son intimité avec une femme perdue de mœurs, mademoiselle Théroigne, devenue chère aux factieux par ses intrigues, et sa docilité à seconder toutes leurs vues; un écrivain moderne qui a eu de grands succès par sa gaieté, a fait le portrait de cette héroïne de la démocratie, dans les vers suivans où il fait parler M. Populus.

Elle a du grand Cujas le séduisant langage;
On voit briller en elle, au printems de son âge,
Fleur de jurisprudence, éclat municipal,
Savoir de député, zèle national,
Esprit législateur, grâces diplomatiques,
Haine d'aristocrate, et desseins politiques;
Elle est forte sur-tout ...... en constitution :
Près d'elle Montesquieu n'eût été qu'un oison.
C'est de nos comités et l'ame et la lumière ;
Son esprit nous séduit, sa raison nous éclaire :
Je n'ai pu résister à ce charme puissant,
Et mon amour entroit chaque jour plus avant,
Quand mille cœurs, jaloux du bonheur qu'il m'apprête,
Viennnent me disputer cette illustre conquête;
Et l'Asnon (1) *jeune encor, fier de ses attributs,*
Se montre le rival de l'heureux Populus.

Quant aux talens d'homme public, M. Populus n'en apporta aucun aux états-généraux. Comment en effet auroit-il appris, au barreau de Bourg en Bresse, d'où il ne sortit jamais, à connoître les hommes, son siècle, son pays, l'Europe? Il n'avoit pas même en arrivant à Versailles, les connoissances de sa profession. Toutes les fois qu'il a eu occasion de parler, ls'est montré très-ignorant dans les loix et dans l'histoire. De tous les partis qui se formèrent bientôt parmi les députés, M. Populus choisit celui dont les opinions étoient les plus exagérées et les plus déraisonnables. Il a été du nombre de ceux qui pensoient qu'il falloit démembrer la monarchie en plusieurs républiques indépendantes ; qu'il falloit ôter à la monarchie son roi, et enfin, rendre la législature actuelle perpétuelle, & ses membres irrévocables. Rien n'eut été en effet plus commode pour ceux-ci, que de prendre pour tout le cours de leur vie, des titres, des emplois, & de vivre, en un mot, aux dépens de tous (2).

Tel est l'homme qui, le premier, aux états-généraux, a sonné le tocsin sur le clergé ; on le trouva hardi, et par-là même on lui applaudit. Tous ceux qui, comme lui, vouloient fixer sur eux l'attention de la multitude, ambitionnèrent les mêmes applaudissemens. Ce fut parmi eux une émulation à qui se montreroit plus hardi encore que M. Populus. On s'échauffa au point qu'on entendit une voix qui crioit : il faut

___

(1) Député du tiers-état de Caux, cultivateur.

(2) Voyez l'écrit intitulé : *les grands hommes du* *ur*, seconde partie, article *Populus*.

dénoncer au roi la conduite du clergé, comme séditieuse ; un autre député, qui, sans doute, n'étoit pas encore bien instruit, s'écria, dans l'excès de son fanatisme, qu'il falloit vendre un quart des biens ecclésiastiques.

Du sein de cette effervescence, et au lieu du pain que le clergé vouloit qu'on donnât aux malheureux, il sortit cet arrêté, car on ne faisoit pas encore alors de décrets.

« Pénétrés des mêmes devoirs que vous, touchés jusqu'aux larmes, des malheurs publics, nous vous prions, nous vous conjurons de vous réunir à nous à l'instant, dans la salle commune, pour délibérer, et aviser au moyen de remédier à ces malheurs le plus efficacement possible ».

Le peuple se félicita de cet arrêté, comme s'il avoit dû ramener l'abondance. Ce fut M. Camus, avocat du clergé, qu'on chargea de le porter à cet ordre. Il reçut pour réponse, qu'on s'occuperoit sérieusement de cette proposition, mais qu'il y avoit, dans l'instant, trop peu de membres dans la chambre, pour la mettre à la délibération.

Le roi, de son côté, fit cette réponse au clergé :

« Les objets que me présente la délibération du clergé, fixent, depuis long-temps, mon intérêt et mon attention. Je crois n'avoir négligé aucun des moyens propres à rendre moins funeste l'effet inévitable de l'insuffisance des récoltes. Mais je verrai avec plaisir se former une commission des états-généraux qui puisse, en prenant connoissance des moyens dont j'ai fait usage, s'associer à mes inquiétudes, et m'aider de ses lumières ».

Cette commission n'a jamais eu lieu ; le roi et le clergé la désiroient sincèrement (1) ; elle étoit nécessaire, et c'étoit là, sans contredit, la première chose dont il eût fallu s'occuper, parce qu'on avoit tout à craindre de l'état de détresse où se trouvoit le petit peuple ; mais il étoit trop intéressant pour la plûpart des membres du tiers-état, trop favorable

___

(1) Je dis le clergé, parce que, de l'aveu même de ses plus grands ennemis, il formoit, dès les premiers jours de cette agitation, des vœux sincères pour le bonheur du peuple. Voyez entr'autres un ouvrage entièrement dirigé contre les deux premiers ordres, intitulé *Histoire de la révolution de 1789*, vous y lirez à l'occasion des conférences tenues chez M. le Garde des sceaux, tome premier, page 211, cette phrase remarquable : *les commissaires du clergé, étoient en général bien disposés pour la cause du peuple.*

à leurs vues ; de laisser la nombreuse classe des malheureux s'agiter au milieu des inquiétudes et des angoisses, pour songer à faire cesser cette déplorable situation.

Les choses resterent dans cet état d'inertie, jusqu'à la clôture du procès-verbal des conférences, qui eût lieu le 8. Les états-généraux étoient donc assemblés depuis cinq semaines, et faute d'avoir mieux conçu le réglement de leur convocation, ils n'étoient pas même constitués.

Le clergé, jusqu'à l'époque de cette clôture, ne se départit point du rôle de médiateur, le tiers-état de son système d'inertie, mais la noblesse procéda avec activité; elle vérifia les pouvoirs de ses membres, se déclara constituée, et commença ses travaux pour la législation de l'Empire, et la réforme des abus.

CHAPITRE XXIII

Bruits d'une séance royale; efforts impuissans des ministres pour réprimer la licence des écrits; placards séditieux; estampe prophétique; imprévoyance des deux premiers ordres; création et organisation, par le tiers-état, de vingt bureaux; mécontentement de cet ordre contre M. le prince de Condé; opinion de M. Malouet sur la constitution de la chambre du tiers-état; ridicules conséquences de cette opinion; effet qu'elle produit dans la chambre du tiers-état; comment elle est combattue; conduite des trois ordres après la clôture des procès-verbaux; première motion de M. l'abbé Sieyes; comment elle est accueillie; opinion remarquable de M. de Mirabeau; développement des vues de son parti; opinion de M. Target; son portrait; décision du tiers-état sur la proposition de M. l'abbé Sieyes; effet qu'elle produit; tentatives auprès du clergé du second ordre; efforts de M. l'abbé Coster pour retenir les curés dans leur chambre; portrait de cet ecclésiastique.

Suite de Juin 1789.

L'ACTIVITÉ de la noblesse, sans accord et sans correspondance avec les deux autres ordres, n'étoit pas plus utile, au royaume, que l'inaction de ceux-ci. Cette stagnation étoit affligeante et funeste, et il n'étoit pas possible qu'elle subsistât plus long-tems. Les hommes de tous les partis le sentoient, et ceux qui étoient nourris dans le respect pour les formes antiques, désiroient, avec impatience, que le gouvernement rendît une décision qui fixât enfin un mode de délibération pour les trois ordres; le jour même de la clôture du procès-verbal des conférences, le bruit se répandit que, dès le lendemain, le roi viendroit tenir une séance royale aux états-généraux.

Il est vraisemblable qu'il en fut question à la cour; mais l'irrésolution des ministres ne savoit se fixer à aucune détermination, et il est à remarquer que, dans ces momens orageux, le tiers-état, du moins ceux qui le guidoient, étoient les seuls qui eussent un plan arrêté, & qui avançassent vers un but. Aussi ne voit-on ni embarras, ni vacillation dans leur marche.

Les ministres s'apperçurent enfin que l'opinion s'égaroit; ils crurent que les députés du tiers-état puisoient leur hardiesse et leur hauteur dans les écrits où on exaltoit leur fermeté. C'étoit prendre l'effet pour la cause. Les écrivains ne se montroient eux-mêmes aussi entreprenans, que parce qu'ils étoient encouragés & animés par le parti qui dominoit dans le tiers-état.

Les ministres crurent donc qu'il étoit important de réprimer la licence des écrits. M. de Maissemy, directeur général de la librairie, eût ordre de ne rien laisser imprimer sur les affaires du moment. Les rédacteurs du journal de Paris, eurent seuls la permission de rendre compte de ce qui se passoit aux états-généraux; mais il leur fut défendu de se permettre aucune réflexion. Il n'étoit plus tems de vouloir arrêter un torrent que la stupide et funeste politique de M. Necker avoit laissé déborder. On rit de ces tardives et impuissantes mesures. M. de Maissemy fut insulté dans mille pamphlets; il n'y avoit pas d'heure dans la journée où il ne reçut des paquets d'épigrammes et de lettres anonymes, où on l'injurioit, et où on lui faisoit un crime d'une défense qu'il n'avoit point provoquée.

C

La conduite du journaliste de Paris fut vue avec plus d'amertume ; on ne lui pardonnoit pas de refuser, à la chambre du tiers-état, le nom de communes. Il est vrai que, dans cette feuille, dont l'esprit et les principes ont bien changé depuis, on se conformoit avec trop de scrupule, aux intentions des ministres. On y poussoit la complaisance jusqu'à dénaturer les arrêtés du troisième ordre. Par-tout où cet ordre se qualifioit de communes, les rédacteurs remplaçoient ce mot par celui de tiers-état. C'étoit évidemment pousser l'obéissance trop loin ; car des historiens, en rapportant les paroles d'un individu, ou d'une assemblée, doivent les rendre telles qu'elles ont été prononcées, sauf à les approuver ou à les improuver.

Le bruit d'une prochaine séance royale, & d'une résolution extraordinaire de la part de la cour, étoit beaucoup accrédité par les mouvemens qu'on voyoit dans les troupes ; elles étoient continuellement sous les armes, et, dans tous les quartiers, on rencontroit des pelotons de gens armés.

Toutes ces dispositions servoient plutôt à nourrir la méfiance qu'à assurer la tranquillité ; la conséquence qu'on en tiroit, et qu'on insinuoit au peuple, c'étoit que la cour se proposoit de dissoudre, de force, les états-généraux. Sous les yeux même des soldats, et en plein midi, on vit des hommes assez hardis pour afficher sur le pont-neuf, et au coin des rues, des placards portant ces mots : « Avis au public. Les états-généraux seront dissous avant d'être formés ».

La sécurité avec laquelle se faisoient ces séditieuses annonces, tandis que, d'un autre côté, on frappoit les yeux de la multitude, par l'appareil effrayant des armes, sembleroit faire croire que, parmi ceux mêmes qui approchoient le plus près du monarque, il se trouvoit des hommes qui avoit en vue de déterminer, par la terreur, le peuple à brusquer une révolution.

On auroit dit également que ce n'étoit pas bien sérieusement qu'on prenoit des mesures de rigueur contre l'audace que montroient, dans leurs écrits, les défenseurs de la cause du tiers-état ; car ces mesures restoient sans exécution, et les libelles n'en circuloient pas moins avec la plus grande facilité. Il en étoit de même des estampes injurieuses aux deux premiers ordres, dont on laissoit toujours tapisser les quais et les places publiques. Une de ces estampes fixoit sur-tout les regards des passans, et flattoit la vanité du troisième ordre, parce qu'elle faisoit présager ce qui alloit arriver au premier jour. Elle représentoit un paysan assis au bord d'une rivière, et pêchant à la ligne ; il retiroit au bout de sa ligne, et, tout à-la-fois, un prélat et un gentilhomme.

Il est visible que ceux qui étoient dépositaires de toute la force publique, ou ne vouloient, ou ne pouvoient pas ôter cet aliment à la prévention où l'on entretenoit le peuple. Dans l'un et l'autre cas, les deux premiers ordres auroient dû concevoir des alarmes sur le sort qu'il leur étoit destiné. Ils n'en concevoient aucune. « L'imprévoyance, dit M. Malouet (1), qui alloit toujours en avant, fut peut-être égale à celle qui s'arrêtoit sur les bords d'un précipice sans y regarder ».

On conçoit tout l'avantage que donnoit, au tiers-état, l'irrésolution qui résultoit de cette imprévoyance. Cet ordre, sachant que la victoire lui resteroit, préparoit déjà ses batteries. Sa chambre s'étoit formée en vingt bureaux, composés chacun de trente députés. Ils devoient s'assembler, le soir, pour préparer les matières qui seroient soumises à la délibération dans la séance du matin. Ils étoient, à-peu-près, ce que sont aujourd'hui les comités. L'organisation de ces bureaux ne fut pas remarquée par le clergé et la noblesse ; elle méritoit cependant de l'être. Leur composition avoit pour but de confondre les intérêts et les vues des provinces, pour ne former qu'un esprit général, et ôter ainsi toute force à ceux des mandats qui réclamoient des priviléges particuliers.

On avoit organisé ces bureaux, de manière que deux députés d'un même bailliage, ne pouvoient être membres du même bureau. On suivit la liste générale des députés du tiers-état, par ordre alphabétique. Le premier sur la liste, fut membre du premier bureau ; le second sur la liste, fut membre du second bureau ; le troisième, du troisième, et ainsi de suite. Le vingt-unième, le quarante-unième sur la liste, étoient membres du premier bureau ; le vingt-deuxième, le quarante-deuxième, étoient du second, et toujours dans la même proportion pour tous les bureaux.

Il étoit aisé de voir que, par cette composition, on en vouloit venir à dicter des loix qui ne respecteroient ni les habitudes, ni les convenances, ni les prétentions locales. Voilà ce que le clergé et la noblesse ne voulurent pas voir, parce qu'ils n'ont voulu voir l'abîme qui se creusoit sous leurs pas, que quand l'abîme les a engloutis.

Lorsque ce partage, de toute la chambre en vingt bureaux, eut été arrêté, on éprouva quelque embarras à trouver vingt salles pour les réunir. On convint qu'une partie de la salle générale, et les pièces particulières qui l'environnoient seroient destinées à en contenir quelques-uns ; mais tous ces emplacemens ne suffisant pas, on eut recours à M. le prince de Condé, et on lui demanda de vouloir bien céder son pavillon de grand-maître. Le prince qui, en sa qualité de grand-maître de la maison du roi, avoit l'usage de ce bâtiment, mais n'en avoit pas la propriété, répondit qu'il ne pouvoit en disposer sans un ordre supérieur, et cette réponse ajouta beaucoup à la haine qu'on lui portoit déjà dans la chambre du tiers-état.

_____
(1) Voyez sa lettre à ses commettans.

Cet ordre, en se livrant à ces dispositions, annonçoit qu'il n'attendoit plus rien des conférences, et qu'il alloit entrer dans la carrière.

L'époque où il se constitua étant, sans contredit, la première et la plus intéressante de la révolution, j'en dois écrire l'histoire avec une certaine étendue.

M. Malouet nous apprend (1) que lorsqu'il la vit arriver, il ne se dissimula point l'importance des faits ; il nous dit qu'il fut inquiet des résultats, et qu'il prévit de grands déchiremens.

Pour les éviter, voici ce que M. Malouet imagina : il se persuada qu'il falloit fixer les bâses de la constitution, sans égard aux prétentions qui auroient été injustes de la part des premiers ordres. Ainsi, se disoit-il à lui-même, nous déterminerons la liberté individuelle, la liberté publique, les pouvoirs et la composition du corps législatif ; nous proscrirons toutes les usurpations, tous les abus ; nous prononcerons toutes les réformes, et nous finirons par proposer deux chambres.

Voilà comme l'anglomanie a fait errer l'homme le plus sage qui ait été envoyé aux états-généraux. Quelle folie de penser que le tiers-état eût le droit de poser les bâses d'une constitution quelconque, sans le concours du roi et des deux premiers ordres ! Et qui avoit dit à M. Malouet que nous ne voulions pas des bâses actuellement existantes ? Le tems pouvoit avoir détérioré quelques-unes des parties de l'édifice public ; mais les fondemens posés depuis quatorze siècles, étoient en leur entier ; il falloit reconstruire, bâtir, si l'on vouloit, sur ces fondemens, mais non les arracher.

M. Malouet qui comprenoit que ce n'étoit pas assez d'avoir conçu ce plan, et qu'il falloit encore dire comment il seroit exécuté, faisoit cet autre raisonnement : ce plan sera accepté ou refusé par le clergé et la noblesse. Dans le premier cas, les principes constitutifs seront arrêtés sans commotion ; il n'y aura plus qu'à en suivre les développemens. Dans le second cas, le tiers-état, assuré de la faveur du peuple, n'aura, pour vaincre, qu'à opposer à un premier refus, une insistance grave et ferme.

Ou ces dernières paroles n'ont aucun sens, ou M. Malouet entendoit qu'en cas d'un *veto* de la part des deux autres ordres, ou de l'un d'eux, on auroit recours à la force. Ainsi, en dernière analyse, M. Malouet adoptoit les mêmes moyens que ceux dont il a combattu les opinions ; car, comme eux, il finissoit par la violence. Et je m'étonne que, parmi ses adversaires, personne ne lui en ait fait l'observation, que personne ne lui ait dit : vous avez votre opinion ; nous avons la nôtre ; dans la machine que vous construisez, le concours du roi, et des deux premiers

(1) Voyez toujours sa lettre à ses commettans.

ordres vous est inutile ; il en est de même dans notre système ; pour en obtenir l'exécution, nous subjuguons tout par la force ; vous eussiez fait de même si vous eussiez su vous saisir de cette force. De quel droit donc nous appelez-vous aujourd'hui des factieux ?

Plein de ces idées, M. Malouet rédigea une adresse au roi, où elles se trouvèrent exprimées ; il la communiqua à plusieurs députés, et en particulier, à M. Target, qui en changea quelques expressions, et l'engagea à un délai de quelques jours. M. Target voyoit encore un grand danger à se constituer en assemblée nationale, et il n'étoit pas le seul, même de son bord, à penser ainsi. Ce fait est certain, et un autre qui ne l'est pas moins, c'est que les plus zélés promoteurs de cette opinion, n'osèrent la manifester dans aucune des premières séances du mois de juin.

Dans celle du 7, M. Malouet, par une précipitation qui ne pouvoit produire qu'un mauvais effet, et sans qu'il fût nullement question de cette affaire, développa ses sentimens ; ce qui est étrange, c'est qu'il fut écouté sans être interrompu, et avec intérêt ; et que, quand il eût fini de parler, l'assemblée parut très-partagée ; les uns approuvoient, les autres désapprouvoient, et on ne pouvoit pas dire de quel côté étoit le plus grand nombre.

M. Malouet, dans l'exorde du discours où il développa son opinion, s'affligea des malheurs de la patrie, et se plaignit des parlemens, des intendans, des nobles, du clergé. Il vouloit, sans doute, par ces déclamations, se concilier les esprits ; il ne voyoit pas qu'il armoit lui-même ses ennemis, et qu'ils concluoient de ses diatribes, qu'il falloit anéantir et les parlemens, et les intendans, et les nobles, et les ecclésiastiques.

Cet exorde fut suivi du développement de son système ; il exhorta ses co-députés à abandonner le projet de se constituer en assemblée nationale, à s'en tenir à leurs pouvoirs, à ce qu'ils étoient, à ne point faire, avec les deux premiers ordres, une scission éclatante qui déchireroit le royaume, et enfin à vérifier, sans délai, leurs pouvoirs respectifs pour se constituer simplement en *représentans du peuple François*.

Ce discours, cette conclusion, mirent toute l'assemblée dans l'agitation ; elle se divisa en plusieurs petits grouppes, où l'on parloit avec beaucoup de feu. Enfin, un député du Languedoc la combattit, non en l'attaquant au fond, mais en représentant qu'elle étoit prématurée, et qu'au lieu de précéder la clôture du procès-verbal des conférences, elle auroit dû la suivre.

Ce député, au reste, dont le nom ne me revient pas, jetta, avec adresse, de la défaveur sur l'orateur ; il le frappa de l'arme de l'ironie, et voulut qu'on prît, pour de l'affectation, le zèle avec lequel M. Malouet s'empressoit de parler sur toutes les matières qui lui paroissoient de quelque importance.

« Remercions M. Malouet, dit ce député, des idées qu'il nous a communiquées. Jusqu'ici il a bien voulu le faire à presque toutes les séances; espérons de son patriotisme, qu'il s'empressera, dans un moment plus favorable, de remettre sous nos yeux celles dont il vient de nous faire part, et qu'à l'avenir il ne cessera pas de nous communiquer ses réflexions, puisqu'il n'a jamais cessé de le faire ».

Il faut convenir que la précipitation de M. Malouet, ne peut se concevoir. Il ne devoit point engager le combat, avant que les paroles de paix eussent été retirées; il devoit encore moins se laisser deviner par ceux qu'il auroit bientôt à combattre.

10. M. Malouet fut le seul de son avis; chacun des trois ordres attendit, pour agir, la clôture des procès-verbaux. Dès qu'elle eût été annoncée officiellement, le clergé procéda à la vérification des pouvoirs de ses membres; plusieurs curés firent la réserve que la vérification en chambre séparée, ne préjugeroit ni contre le principe qu'ils admettoient, de la vérification en commun, ni contre la réunion des trois ordres en une seule assemblée.

La noblesse, qui avoit déjà vérifié ses pouvoirs, s'occupa de mettre la dernière main à un réglement pour la police intérieure de sa chambre, & dont le principal article portoit que le président seroit changé tous les deux mois. On voulut aussi nommer un orateur pour les différentes députations qui auroient lieu ; mais il fut décidé que les députés le choisiroient parmi eux.

Quant au tiers-état, M. Bailly eût à peine annoncé que le procès-verbal des conférences étoit clos, que M. l'abbé Sieyes engagea le combat, et présenta un projet d'arrêté, qui contenoit l'opinion de son parti, sur l'ouverture proposée par les ministres du roi. Voici la copie littérale de cette motion, qu'on peut regarder comme le signal de la guerre qui alloit s'allumer.

« L'assemblée des communes délibérant, tant individuellement qu'en général, sur l'ouverture de conciliation proposée par MM. les commissaires du roi, a cru devoir prendre en même-tems en considération l'arrêté que les députés de la noblesse se sont hâtés de faire, et qui, malgré l'acquiescement annoncé d'abord, établit bientôt après des modifications qui le rétractent presqu'entièrement, de manière que leur arrêté, à cet égard, ne peut être regardé que comme un refus positif. Par cette considération, & attendu que MM. de la noblesse ne se sont pas même désistés de leur précédente délibération contraire à tout projet de réunion, les députés des communes pensent qu'il devient absolument inutile de s'occuper davantage d'un moyen qui ne peut plus être dit conciliatoire, du moment qu'il a été rejeté par une des parties à concilier ».

« Dans cet état des choses, qui replace les députés des communes dans leur première position, l'assemblée juge qu'elle ne peut plus attendre, dans l'inaction, les classes privilégiées, sans se rendre coupable envers la nation, qui a droit, sans doute, d'exiger d'elle un meilleur emploi de son tems. Elle juge que c'est un devoir pressant pour tous les représentans de la nation, quelle que soit la classe de citoyens à laquelle ils appartiennent, de se constituer, sans délai, en assemblée active, capable de commencer à remplir l'objet de leur mission ».

« L'assemblée charge les commissaires qui ont suivi les différentes conférences, d'écrire le récit des longs et vains efforts des députés des communes, pour tâcher d'amener les *classes privilégiées* (1) aux vrais principes. Elle les charge d'exposer les motifs qui la forcent de passer de l'état d'attente à celui d'action ».

« Enfin elle ordonne que ce récit & les motifs seront imprimés à la tête de la délibération; mais puisqu'il n'est pas possible de se former en assemblée active, sans reconnoître, au préalable, ceux qui ont droit de la composer, c'est-à-dire, ceux qui ont qualité pour voter comme représentans de la nation, les mêmes députés des communes croient devoir faire une dernière tentative auprès de ceux de MM. du clergé & de la noblesse, qui annoncent la même qualité, et qui néanmoins ont refusé, jusqu'à présent, de se faire reconnoître. Au surplus, l'assemblée ayant intérêt de constater le refus de ces deux classes de députés, dans le cas où ils persisteroient à vouloir rester inconnus, elle juge indispensable de joindre, à ses nouvelles instances, une nouvelle invitation, qui leur sera portée par des députés chargés de leur en faire lecture, et de leur en laisser copie, dans les termes suivans :

(2) « Messieurs, nous sommes chargés par les députés des communes de France, de vous prévenir qu'ils ne peuvent pas différer davantage de satisfaire à l'obligation imposée à tous les représentans de la nation. Il est tems, assurément, que ceux qui annoncent cette qualité, se reconnoissent par une vérification commune de leurs pouvoirs, et commencent enfin à s'occuper de l'intérêt national, qui seul, à l'exclusion des intérêts particuliers, se présente comme

(1) Le journal de Paris, en rapportant ce projet d'arrêté, substitue les *deux premiers ordres* aux *classes privilégiées*; c'est une infidélité d'autant plus répréhensible, que l'expression *les classes privilégiées* déceloit l'intention où étoit déjà le tiers-état, de ne plus reconnoître d'ordres.

(2) Ce projet d'arrêté, ainsi que tout le compte de la séance, où il fut présenté, se trouve défiguré dans le journal de Paris.

le grand but auquel tous les députés doivent tendre d'un commun effort ».

« En conséquence, attendu la nécessité où sont les représentans de la nation, de se mettre en activité, sans autre délai, les députés des communes vous prient de nouveau, messieurs, et le devoir leur prescrit, de vous sommer de venir dans la salle des états pour assister, concourir, et vous soumettre, comme eux, à la vérification commune des pouvoirs. Nous sommes, en même tems, chargés de vous avertir que l'appel général de tous les bailliages se fera dans une heure d'ici, et que, faute de se présenter, il sera prononcé défaut contre les non-comparans ».

Cette motion étoit spécieuse : elle mettoit tout le tort du côté du clergé & de la noblesse ; cependant, pour être juste, il auroit fallu y énoncer aussi les motifs qui détournoient ces deux ordres d'une vérification en commun et ces motifs étoient tout au moins plausibles, puisqu'ils portoient sur des loix fondamentales, sur un usage constamment suivi dans tous les états-généraux.

Pourquoi d'ailleurs exiger que le clergé et la noblesse reconnoissent la dénomination de *communes*, que prenoit le tiers-état ?

Que vouloit dire encore cette prétention, qui a entraîné dans de si funestes erreurs, de métamorphoser les députés aux états-généraux, en *représentans de la nation* : Le seul individu qui pût se dire le représentant de la nation, c'étoit le roi qui la représente en effet collectivement, et d'une manière irrévocable et perpétuelle. Chaque député aux états-généraux étoit le représentant d'un bailliage, mais non de l'universalité des bailliages.

Enfin, sous quelque rapport que l'on envisageât les prétentions respectives des trois ordres, on ne pouvoit les considérer que comme un grand procès qui s'élevoit entr'eux. A qui appartenoit-il de le juger ? Étoit-ce à une ou à deux des trois chambres ? non, sans doute, car comme elles étoient parties intéressées dans la querelle, celle qui auroit jugé, auroit jugé dans sa propre cause. Il n'y avoit donc pas de milieu. Le jugement appartenoit ou à une autorité supérieure aux trois ordres et légale, ou à la force.

Dans le premier cas, il falloit recourir à la décision du roi, qui dans un moment où, à la rigueur, il n'y avoit pas même de députés aux états-généraux, puisque les titres n'étoient pas encore vérifiés, possédoit très-certainement, tout au moins, la législation provisoire du royaume. Comment celui qui avoit eu le droit de convoquer, d'organiser les états-généraux, n'auroit-il pas eu le droit de les constituer, surtout quand il n'existoit aucune autorité qui pût le remplacer dans cette fonction ?

Ces notions si simples ne furent pas présentées, je ne dis pas, par un seul homme de la chambre du tiers, mais même par un seul homme des deux autres chambres. Personne ne proposa le recours au roi. Faut-il s'étonner qu'on se soit égaré, lorsque de part et d'autre, on a consenti à marcher sans guide ?

C'étoit cependant bien le moins que le tiers-état, en adoptant le projet que lui présentoit M. l'abbé Sieyes, fit part au monarque de sa résolution. M. Régnault de Saint-Jean-d'Angely en ouvrit l'avis ; M. de Mirabeau le combattit, et insista pour qu'il ne fût rien changé à la forme du projet d'arrêté ; ainsi que M. l'abbé Sieyes, il vouloit qu'on fît une sommation aux deux premiers ordres, & que, comme il se pratique dans les tribunaux, on prît défaut contr'eux, s'ils ne se présentoient pas.

Non-seulement cela ne paroissoit pas sage, même dans les vues de ceux dont M. de Mirabeau se rendoit l'organe ; mais encore il ne sembloit pas possible que lui-même pût avoir une telle opinion, parce qu'il devoit lui être intéressant, parce qu'il devoit entrer dans ses projets d'attirer tôt ou tard la majorité du clergé, & celle de la noblesse dans l'assemblée du tiers-état ; or une telle sommation eût irrévocablement fermé la porte de cet ordre à ceux des deux premiers qui n'y eussent pas répondu.

Cette opinion de M. de Mirabeau est d'autant plus remarquable, que, quelques jours après, il en manifesta une plus modérée. Cela ne doit pas cependant étonner : peu importoit à cet homme, pour l'exécution du plan qu'il portoit aux états généraux, que les deux premiers ordres se réunissent en totalité, ou seulement en partie, ou même point du tout au tiers état. Il n'en seroit pas moins arrivé à ses fins, quelque fût l'issue de cette première attaque. Un grand déchirement qui eût donné une forte commotion, eût mieux secondé, surtout dans ces premiers instans, ses vues particulières, en même tems qu'il étoit plus analogue à son caractère qui préféra toujours les partis violens.

Je peux même assurer que ni Mirabeau, ni ses confidens ne s'attendoient que les ecclésiastiques & les gentilshommes viendroient, paisiblement, à la suite les uns des autres, se mettre dans les filets du tiers-état. Ils pensoient que leur ordre ne prendroit la supériorité que par une secousse extraordinaire, et je sais qu'ils ne doutoient point que le moment où il prétendroit former à lui seul les états-généraux, ne fut celui de la guerre civile. Elle eut été fort du goût de Mirabeau qui eût toujours été maître du grand nombre, sans compter que c'étoit réellement un besoin pour son âme de vivre au milieu du désordre, au milieu des ruines. Il pouvoit se faire illusion, & se croire né pour réformer un empire ; la vérité est qu'il étoit né pour bouleverser toute société qui l'auroit laissé agir.

Quoique M. Target fût déja fort avant dans la confidence de Mirabeau, et qu'il pensât, comme lui, que la guerre civile étoit nécessaire pour opérer la révolution, cependant il vota, non pour une sommation, mais pour une simple invitation.

« Laissons, dit-il, une porte à la réunion; et lorsque les préjugés se seront évanouis, lorsqu'ils verront, ces deux ordres privilégiés, que vous n'attaquez ni leurs droits, ni leurs prérogatives, ils regretteront de s'être éloignés de ces lieux, où sont les amis de la justice et de l'équité, leurs frères, leurs concitoyens; de ces lieux où la nation se rassemble pour régénérer les loix et détruire les abus. Eh! sans doute, au moins espérons-le, si tous ne se réunissent pas à nous, au moins en aurons-nous une grande partie, qui, désavouant des usages absurdes et des préjugés superstitieux, viendront ici se joindre à la portion la plus nombreuse de l'état ».

Comment M. Target, qui étoit aussi bien instruit des événemens qui se préparoient, pouvoit-il annoncer solemnellement aux deux premiers ordres, *qu'on attaqueroit ni leurs droits, ni leurs prérogatives?* Il savoit que le clergé, que la noblesse et que la magistrature seroient anéantis, et il leur promettoit, en présence de la nation, que *leurs droits & leurs prérogatives* seroient conservés! C'est là un trait de perfidie si odieux, que Mirabeau lui-même n'eût osé s'en charger; il couvre à jamais de honte M. Target, dont le nom avoit été, jusqu'à ce jour, sans tache. Il pouvoit bien, puisqu'il en avoit pris l'engagement avec ses complices, déclarer une guerre opiniâtre aux corps qu'il appelloit aristocratiques; mais descendre, pour les vaincre, à la plus lâche des trahisons, c'est une bassesse qui a dû le rendre méprisable à son propre parti.

On s'étonnera peut-être que M. Target qui, dans des tems orageux, avoit embrassé avec fermeté les intérêts de la magistrature, eût abandonné aussi brusquement les principes qu'il n'avoit cessé de manifester. Il est vrai que, dans tous les orages, qui s'étoient élevés contre le parlement, M. Target avoit conformé sa conduite à celle de cette compagnie, et c'est pour cette raison qu'au barreau de Paris, on l'avoit surnommé *la Vierge*. On vouloit par-là donner à entendre qu'il avoit toujours partagé les disgraces des magistrats, et qu'il n'avoit jamais plaidé en leur absence.

M. Target n'en étoit pas pour cela plus ami du gouvernement monarchique. C'est l'homme de son siècle, le plus profondément dissimulé. Il a caché ses véritables opinions aussi long-tems qu'il a cru dangereux de s'en glorifier. Jetté dans la tourbe des sectateurs du philosophisme, il avoit épousé toutes leurs rêveries. Son plus intime ami fut un de ses confrères, appellé Elie de Beaumont, qui eut quelque célébrité au barreau, et qui ne la méritoit pas, car outre qu'il n'avoit qu'un esprit médiocre, il montroit peu de jugement, et dans les discussions des affaires dont il se chargeoit, et dans le choix de celles qu'il adoptoit. Il cherchoit moins à défendre une cause juste, qu'une cause qui pouvoit fixer sur lui les yeux du public.

Elie de Beaumont se faisoit gloire d'allier au mépris pour les opinions religieuses, la haine pour les gouvernemens monarchiques. Il avoit, dans l'intérieur de son logement, élevé une sorte de temple aux hommes de tous les siècles, qui s'étoient rendus fameux par leur haine pour les rois et la royauté. Il vous introduisoit mystérieusement dans une petite salle, où l'on voyoit leurs portraits; vous les montroit, et jouissoit délicieusement de l'opinion qu'il croyoit que vous inspiroit, en sa faveur, la vue de ce spectacle.

Elie de Beaumont se plaisoit aussi à recueillir chez lui, et à traiter les Anglois qui visitoient la capitale; il tiroit vanité de son commerce avec eux; faisoit parade, devant eux, de sa démagogie, et ne manquoit pas de leur ouvrir les portes du mystérieux sallon. J'ai connu un de ces Anglois qui, dix ans après avoir vu Elie de Beaumont, rioit encore, aux éclats, des impertinences politiques que cet avocat lui avoit débitées.

On peut juger des inclinations & des principes de M. Target, par son intimité avec un homme dont toute l'ambition consistoit à passer pour républicain. Lors donc que M. Target se rangeoit sous les drapeaux du parlement, d'abord il avoit en vue de conquérir l'opinion publique, et de mériter la considération du plus grand nombre; ensuite il entroit dans son système de seconder une attaque qu'il croyoit dirigée contre le trône. Mais lorsque, dans la suite, il vit qu'il étoit dans l'erreur sur les véritables intentions des parlemens, lorsqu'il vit que ces compagnies, après avoir protégé le peuple contre les fautes des ministres, venoient se placer au-devant du trône, pour le défendre contre les factieux, alors il se confondit avec ces derniers, et abandonna le corps des magistrats.

Une des plus grandes singularités de la vie de M. Target, c'est le contraste de la célébrité dont il jouissoit au barreau de Paris, et de l'obscurité où il est tombé aux états-généraux. Ce phénomène s'explique encore naturellement : M. Target étoit chéri par tous les magistrats du parlement, qui le voyoient avec complaisance ne point les abandonner dans leur mauvaise fortune, et ils n'étoient point fâchés d'opposer ce rival à M. Gerbier, autre avocat célèbre, qui, ayant reçu d'eux tous les encouragemens et tous les moyens de se produire avec avantage, les avoit plus d'une fois payés d'ingratitude.

Les magistrats donc, par leurs recommandations,

contribuèrent beaucoup à la réputation dont M. Target jouissoit auprès d'eux. Les philosophes & les gens de lettres, qu'il cultivoit, & dont il s'étoit fait le disciple, le prônèrent à leur tour; ainsi M. Target se vit en possession de la seconde place au barreau, et de la dernière à l'académie françoise.

Un travail assidu et des efforts continuels pour paroître éloquent, le tinrent à-peu-près, du moins aux yeux de la multitude, au niveau du rang où les magistrats et les philosophes l'avoient élevé.

Tout changea, à son égard, aux états-généraux. Ce théâtre ne pouvoit lui convenir sous aucun rapport. Des contestations judiciaires ne ressemblent point à des discussions politiques; dans les premières, l'esprit d'analyse et l'étude des loix d'une province suffisent pour obtenir des succès. Dans les secondes, il faut, à un esprit naturel, réunir une variété de connoissances que M. Target n'avoit point acquises. Comment eût-il pu, tout d'un coup, s'élever, des intérêts particuliers et souvent minutieux de quelques individus, aux intérêts généraux et graves des nations? Son génie ne pouvoit prendre un vol aussi rapide.

Son inexpérience à improviser lui a aussi beaucoup nui aux états-généraux. Au barreau, il lisoit tous ses plaidoyers; cette méthode, que proscrit la véritable éloquence, pouvoit n'être pas infiniment désavantageuse à un orateur parlant à la barre d'une cour de judicature, parce qu'il arrivoit rarement qu'il fût interrompu, et s'il arrivoit qu'il le fût, il n'avoit à répondre qu'à son seul adversaire; mais dans la tribune des états-généraux, en présence de douze cents personnes, qui toutes s'arrogent le droit de vous interrompre, si l'on veut tout lire, on n'est point orateur.

Dans une telle tribune encore, M. Target paroissoit avec d'autant plus de désavantage, qu'il ne pouvoit cacher, sous les plis d'une longue robe, l'attitude de son corps, qui est ignoble; et que ne voyant pas d'un œil, n'entendant pas d'une oreille, semblant dédaigner, tantôt de regarder, tantôt d'écouter ceux qui lui présentoient des objections, il avoit toujours une contenance qui excitoit tour-à-tour le rire et la pitié.

Ce fut sur-tout pendant sa présidence qu'il parut avec toute cette défaveur, parce que, dans cette place, il faut improviser à chaque instant, il faut tout voir, tout entendre. Aussi, du moment où il quitta le fauteuil de président, le peu de gloire qui lui étoit resté, s'éclipsa entièrement.

Si M. Target n'a pas mieux réussi dans les comités que dans la tribune, et sur le fauteuil de président, il faut l'attribuer, sur-tout, à la trop haute idée qu'il avoit de lui-même. Les encouragemens qu'il avoit reçus au palais, les applaudissemens qu'il y avoit recueillis, son intimité avec les gens de lettres, lui avoient persuadé que la considération qu'on lui accordoit, étoit le fruit de la conviction où l'on étoit généralement, qu'il honoroit son siècle par son savoir. Il s'élança donc, dans la nouvelle carrière, avec la confiance d'un homme qui croyoit n'avoir que des lumières à communiquer, et plus rien à acquérir.

Mais comme réellement ses connoissances se bornoient à une légère teinture des belles-lettres, et à la jurisprudence des tribunaux du ressort du parlement de Paris, il resta infiniment au-dessous de toutes les matières qu'il voulut traiter, et son incapacité étonna tous les partis, parce que tous les partis s'étoient fait, de son savoir, une idée avantageuse.

Si M. Target eut su s'apprécier lui-même, il eût pu retenir la portion de renommée qu'il s'étoit faite, parce qu'au lieu de se hâter, de se confondre avec les orateurs, de prendre rang dans les comités, il se fût pendant quelque tems, tenu à l'écart, il eût suppléé à son insuffisance par de sérieuses études de ce qu'il ignoroit; et ce n'eût été qu'après s'être mis en état de combattre, qu'il se fût mêlé parmi les athlètes.

Telles sont les véritables causes qui ont fait éclipser toute la bonne réputation que M. Target avoit apportée aux états-généraux; car c'est une erreur de croire que les épigrammes auxquelles il a été long-tems en butte, ont contribué à jetter son nom dans l'obscurité. L'arme du ridicule ne fait jamais que glisser sur ceux qui ont un mérite réel. C'est une vérité attestée par tous les siècles. Perrault, et Quinault, malgré les plaisanteries de Boileau, n'en sont pas moins immortels, et tous les sarcasmes de Voltaire n'empêcheront pas les chefs-d'œuvres lyriques, et la Didon de Pompignan, de vivre aussi long-tems que la langue françoise.

L'auteur des actes des apôtres n'a pas versé moins de ridicule sur Mirabeau; mais il ne lui a rien fait perdre ni de sa célébrité, ni de son crédit auprès de ceux qu'il conduisoit, parce que Mirabeau avoit en lui-même des ressources qui lui faisoient braver la satyre; il avoit voyagé, observé, étudié, et M. Target n'avoit aucun de ces avantages.

Son ardeur à se mettre sur les rangs aussi-tôt qu'il se présentoit une question importante à discuter, prouve combien peu il se méfioit de lui-même; et dans cette première opinion sur les voies de conciliation, il parut, à ceux qui l'examinèrent de près, chercher plutôt à se faire admirer, qu'à éclairer ses co-députés.

Cette opinion, au reste, à part la tache de perfidie qu'elle a imprimée sur son nom, étoit modérée. Deux de ses anciens confrères, MM. Martineau et Treilhard, voulurent aussi discuter la matière, et l'un et l'autre le firent longuement, comme c'est l'usage des hommes de cette profession. Le premier vota pour l'acceptation pure et simple de l'ouverture faite par le ministre; le second se perdit dans des dissertations ampoulées, pour en revenir à l'invitation proposée par M. Target.

C'étoit perdre le tems en paroles oiseuses, et c'est ce qui est arrivé dans toutes les séances où les avocats ont voulu parler. La question y étoit bien aisée à poser ; elle se réduisoit à ceci : faut-il admettre, ou faut-il rejeter l'ouverture proposée par M. Necker ?

Au lieu de s'occuper à résoudre cette question, on s'obstina à vouloir délibérer sur la motion de M. l'abbé Sieyes ; 245 voix l'acceptèrent, en substituant l'invitation à la sommation ; 246 l'acceptèrent avec le même adoucissement, et en outre avec la clause, ou l'amendement, comme on a parlé depuis, d'exposer par une députation, au roi, les motifs de cet arrêté. Quelques membres refusèrent de donner leurs voix ; d'autres votèrent pour un renvoi aux bureaux.

Cette diversité d'opinions, et le peu d'expérience qu'on avoit à recueillir les voix, firent qu'on ne sût plus si la majorité étoit pour ou contre la proposition de M. Sieyes. Dans le partage, en effet, de 245 voix d'un côté, et de 246 de l'autre, on ne trouvoit point la moitié et une en sus, de toutes les voix de l'assemblée.

M. Bailly termina la difficulté en interprétant l'intention de ceux qui avoient voté pour l'invitation simple ; il dit que probablement ils consentoient à l'amendement. On ne doit, dans aucune assemblée délibérante, interpréter ainsi les suffrages, et M. Bailly le fit, dans cette occasion, avec mal adresse : il eut mieux raisonné s'il eût dit ; laissons un instant l'amendement de côté, 245 voix d'une part demandent l'invitation ; 246 d'un autre côté, la demandent également, il y a donc, en faveur de cette motion, une majorité de 491 membres ; il ne restoit plus alors que l'amendement à mettre aux voix.

Quoique M. Bailly ne procédât point avec cette forme, il n'en fut pas moins décidé que la motion de M. l'abbé Sieyes avoit été acceptée à une pluralité de 491 voix. Elle fut donc arrêtée comme elle avoit été proposée, mais avec le changement dont j'ai parlé, qui consistoit à substituer le mot *invitation* à celui *sommation*.

Dès qu'on fut instruit de cette décision, et dans Versailles et dans Paris, il n'y eut personne qui ne regardât toute voie de conciliation comme impossible ; et l'impatience de savoir quel effet produiroit cet arrêté dans les chambres du clergé et de la noblesse, fut extrême.

On ne put s'en occuper le lendemain du jour où il fut pris. Les chambres ne s'assemblèrent point à cause de la solemnité de la Fête-Dieu ; elles ne se trouvèrent point en corps à la procession ; le clergé et la noblesse y envoyèrent chacun 12 députés ; le tiers-état en envoya 24. Le roi, les princes et les princesses accompagnèrent le saint-sacrement ; la reine, pour qui les sujets d'affliction se renouveloient journellement, n'assista point à la solemnité. Le deuil et la douleur la retinrent au château.

Mais quoique les chambres ne s'assemblassent pas, ce jour-là, les intrigans ne restèrent pas dans l'inaction. On fit un dernier effort auprès des curés ; cent, à-peu-près, se laissèrent ébranler ; ils se réunirent en comité particulier ; et là, cédant aux insinuations qui venoient de leur être données, ils résolurent de se rendre, dès le lendemain, dans la salle du tiers-état, sans même mettre l'affaire en délibération dans leur propre chambre.

Ils eussent, en effet, effectué ce projet, si les membres mêmes du tiers, qui le leur avoient fait concevoir, ne les en eussent détournés ; ils leur représentèrent que quand ils se réuniroient sur le champ au tiers-état, il n'y en auroit pas moins une délibération dans la chambre du clergé, et qu'en ne s'y trouvant pas, ils priveroient leur parti d'autant de voix.

Cette observation suspendit leur empressement ; mais en attendant la détermination ultérieure du clergé, ils firent une protestation contre la *non-réunion*, en cas que cette non-réunion fut arrêtée par leur ordre.

Les ecclésiastiques paroissoient s'agiter encore plus que les gentilshommes, et cela devoit être, parce que ces derniers étoient assurés de retenir la majorité, au lieu que les premiers, ayant parmi eux tant de membres du tiers-état, se voyoient menacés d'une désertion considérable.

M. l'abbé Coster se donnoit de grands mouvemens pour retenir, dans leur ordre, ceux de ses confrères qui vouloient l'abandonner ; mais M. l'abbé Coster n'étoit nullement propre à cette sorte de négociation. Il ne tiroit point assez d'autorité ni de son nom, ni du rang qu'il tenoit dans le clergé, ses manières ne sont pas assez insinuantes, et la roideur qui se manifeste désagréablement sur son extérieur, se trouve dans son caractère. Son esprit d'ailleurs est tourné à la raillerie et au sarcasme, ce qui est bien le plus détestable de tous les genres, lorsqu'il s'agit de discuter de grands intérêts.

M. l'abbé Coster ne réussit donc pas, parce qu'il ne pouvoit manier les armes de la raison avec cette dignité et ces ménagemens qui attirent, et qui persuadent. Ce qui acheva de lui ôter tout crédit sur l'esprit de ceux qu'il vouloit convaincre, c'est qu'il ne se montra point ferme dans ses principes. Un jour il prétendit que, sur l'article de la réunion, la majorité des membres de sa chambre, devoit contraindre la minorité ; et le lendemain, lorsqu'il vit son ordre menacé d'une nombreuse défection, il soutint que la minorité ne pouvoit recevoir la loi, de la majorité. Cette versatilité acheva de le décrier.

Le zèle que M. l'abbé Coster montra dans cette occasion, est le seul titre qu'il ait acquis à la reconnoissance des amis de la bonne cause, et c'est aussi à ces négociations, que se bornent, à-peu-près, ses travaux publics. Réuni dans la salle du tiers-état, il n'a cessé de se montrer très-assidu aux séances ; mais il en employa le tems à composer un bulletin satyrique de chacune des opérations de l'assemblée. Si ce recueil d'épigrammes passe à la postérité, elle s'étonnera que l'on pût ainsi se contenter d'opposer des plaisanteries amères aux entreprises les plus sérieuses et les plus désastreuses.

Que M. l'abbé Coster emploie les loisirs que lui laisse sa nullité dans les états-généraux, à la rédaction d'un bulletin, le mal n'est peut-être pas bien grand pour l'empire, quoique très-certainement, il n'ait point reçu une telle commission par les cahiers que lui ont remis ses commettans. Mais ce qui est véritablement contraire aux intentions de ceux-ci, et à la dignité de leur représentant, c'est que M. l'abbé Coster, imitant des hommes qu'il méprise, fasse trafic de ce bulletin, et le vende au poids de l'or. Je suis fâché que ce reproche coule de ma plume ; mais m'étant imposé l'obligation de traduire les hommes qui composent l'assemblée nationale, au tribunal de la postérité, je lui dois leur portrait, et la justice que j'exerce envers ceux dont les principes religieux et politiques sont conformes aux miens, lui sera une preuve de mon impartialité.

D

CHAPITRE XXIV.

EXTRÊME prévention contre M. Malouet; elle éclate ouvertement dans la chambre du tiers-état; autre membre du tiers-état signalé comme ennemi du peuple; appel des bailliages par le troisième ordre; premières réponses du clergé et de la noblesse à l'invitation du tiers-état; position désavantageuse des deux premiers ordres; embarras de M. Necker; première réponse du roi à l'arrêté du tiers-état; premiers déserteurs de l'ordre du clergé; comment ils sont accueillis dans le tiers-état; situation pénible du roi; difficultés qui s'élèvent sur quelques pouvoirs; nouveaux déserteurs du premier ordre; clôture de la vérification des pouvoirs des députés du tiers-état; effet qu'elle produit à la cour; opinion que conçoivent, de M. Necker, les fidèles sujets du roi; projets et précautions de la cour; conduite des deux premiers ordres, après la vérification des pouvoirs du troisième; premiers détails sur la constitution du tiers-état; premiers attentats contre la liberté des suffrages; projet de M. l'abbé Sieyes, sur la constitution du tiers-état; réflexions sur ce projet; projets de MM. Mirabeau, Mounier et Rabaud de Saint-Etienne; portrait de ce dernier.

Suite de Juin 1789.

LA résolution que venoit de prendre le tiers-état jetta les ministres et les courtisans dans une anxiété qui donnoit, à la cour entière, un air d'effroi. La moitié de Versailles restoit plongée dans la consternation et le silence; on eût dit qu'une armée formidable s'avançoit, et que les différens partis alloient en venir aux mains.

12. Le tiers-état lui-même n'étoit pas sans quelque inquiétude sur les suites qu'auroit une démarche que les moins timides regardoient comme hardie. Le lendemain du jour, où il avoit pris cette délibération, son premier soin fut d'envoyer des députés aux deux ordres, pour leur en faire part. On s'occupa ensuite de la rédaction d'une adresse au roi, conformément à l'amendement qui avoit passé la veille. M. Malouet, toujours trop empressé à parler, voulut que l'on ajoutât à cette adresse, quelques mots qui eussent rendu plus respectueusement les motifs qui avoient déterminé la chambre, et qui eussent aussi exprimé la reconnoissance dont elle devoit être pénétrée pour le roi.

La prévention contre M. Malouet étoit, dans ces instans, à son comble; il n'est rien qu'on ne fit pour le rendre odieux; on répandoit le bruit que la populace de Riom, en Auvergne, dont le tiers-état l'avoit député, avoit suspendu son effigie à un gibet; ce qui n'étoit qu'une grossière fable, qui prouvoit seulement qu'on avoit en effet l'envie que ses commettans lui retirassent leur pouvoir.

Le tems doit avoir prouvé combien cette animosité étoit injuste, puisqu'elle ne portoit que sur la calomnieuse supposition qu'il étoit vendu à la cour, et personne peut-être n'a moins servi la cour, aux états-généraux, que M. Malouet.

On prit pour des flagorneries, des complimens de

cour, les additions qu'il proposa ; un de ses co-députés en vint même à l'injurier ouvertement.

« Méfions-nous, s'écria-t-il, de tous ces éloges dictés par la bassesse et la flatterie, et enfantés par l'intérêt. Nous sommes ici dans le séjour de l'intrigue et des menées ; l'air même qu'on y respire, porte la corruption dans les cœurs. Des représentans de la nation hélas !... semblent déjà en être vivement atteints. Il en est, oui, il en est qui se laissent fasciner les yeux ; fasse le ciel que la contagion ne gagne pas jusqu'à leur cœur ! qui ne sait en effet qu'il se tient des assemblées nocturnes, des conférences secrètes, où l'on combine des motions et des réponses favorables au parti toujours, ou presque toujours, contraire à la droiture et aux vrais principes ».

M. Malouet parut sensiblement affecté de cette vague et calomnieuse attaque ; il ne la repoussa cependant que par le silence ; et depuis il a vu, sans émotion, tous ces efforts de la haine et de l'imposture.

Telles sont cependant les odieuses manœuvres qu'on employoit pour décrier, dans l'esprit du peuple, ceux qui étoient les plus dignes de le servir. Les journalistes étoient les échos de tous ces mensonges. Un d'eux faisoit cette apostrophe à M. Malouet:

« Oubliez-vous donc, ô mon cher monsieur, que vous êtes le représentant d'un grand peuple ? Ne vous auroit-il remis ses intérêts entre les mains qu'au risque de les voir sacrifier à des intérêts particuliers ?» (1)

M. Malouet eût dû, sans doute, laisser tomber cette prévention, en se tenant à l'écart, et attendant dans l'obscurité, des momens plus heureux. Mais son zèle, son véritable amour pour l'ordre l'emporta ; il voyoit qu'on s'égaroit dès les premiers pas, et il ne balançoit pas à sacrifier sa réputation et tout ce qu'il avoit de plus cher, pour servir de guide à cette foule d'aveugles. Hélas ! le guide lui-même ne nous eût pas conduit dans la véritable route ; mais il n'eût pas des moins arrosé du sang de ses concitoyens, les sentiers qu'il nous eût fait parcourir ; il n'eût pas élevé un édifice informe dont la chûte, à moins d'une protection spéciale du ciel, nous ensevelira tous sous ses ruines.

M. Malouet n'étoit pas le seul que l'on signalât comme l'ennemi du peuple ; la modération qu'avoit montrée M. Martineau, en parlant sur les voies de conciliation, lui valut la défaveur de la multitude ; M. Dupont étoit encore de ceux contre lesquels on prétendoit qu'il falloit se tenir en garde ; ces deux hommes là, disoit-on, sont vendus à la cour. L'expérience a fait voir qu'on ne les jugeoit pas mieux que M. Malouet.

Les nouvelles opinions faisoient des progrès aussi rapides que la calomnie. On voit que le journaliste, qui se mêloit aux ennemis de M. Malouet, le qualifioit de *représentant d'un grand peuple*, comme si M. Malouet avoit reçu sa mission de la nation entière ; funeste erreur contre laquelle on auroit dû tonner, dès qu'elle commença à se manifester. C'est elle principalement qui a fait franchir toutes les bornes, elle a fait oublier aux députés aux états-généraux, qu'ils y étoient envoyés pour discuter les intérêts particuliers du bailliage qui les envoyoit, et non les intérêts généraux du royaume.

Dès que l'adresse dans laquelle le tiers-état informoit le roi, de l'invitation qu'il avoit résolu de faire aux deux premiers ordres, eut été rédigée, M. Bailly fut chargé de la porter à sa majesté. On eût bien voulu que M. le doyen pût parler directement au roi, mais il fallut qu'il subit encore le joug des anciennes formalités. Il se rendit chez M. le garde des sceaux, qui, pour réponse, lui dit qu'il l'instruiroit du moment où il pourroit parler au roi.

Sans attendre les intentions de sa majesté, on se mit à procéder à l'appel des députés de chaque bailliage, pour procéder ensuite à la vérification de leurs pouvoirs. On appelloit non-seulement les députés du tiers-état, mais encore ceux des deux premiers ordres. Il étoit tems que la noblesse et le clergé notifiassent s'ils vouloient ou ne vouloient pas répondre à l'appel.

Le président du clergé fit cette réponse aux députés du tiers-état, qui lui portèrent l'arrêté de cet ordre :

« Il n'est assurément personne parmi nous qui ne sente l'indispensable obligation imposée à tous les représentans de la nation, de chacun des trois ordres, de s'occuper enfin de l'intérêt national ».

« Nous avons gémi du retard que notre desir de concilier les ordres a apporté à nos travaux, et nous attendions avec impatience le terme des conférences, pour nous mettre en activité ».

« Nous nous occuperons, avec la plus sérieuse attention, des objets que vous avez soumis à notre délibération ».

Quant à la noblesse, M. le duc de Luxembourg, son président, répondit ainsi à la députation du tiers-état:

« L'ordre de la noblesse vient d'entendre, messieurs, la proposition du tiers-état : elle en délibérera dans sa chambre, et aura l'honneur de vous communiquer sa réponse ».

Une heure environ après cette réponse, huit gentilshommes entrèrent dans la salle du tiers-état, et

---

(1) Voyez journal des états-généraux, page 67. Aux invectives on mêla les plus fades plaisanteries. On fit l'anagramme du nom de M. Malouet ; on y trouva les mots, *voue mal* ; cette sottise fit une grande fortune.

D 2

dirent que la délibération de leur chambre n'étant point encore finie, ce ne seroit que le lendemain qu'elle pourroit en donner communication. On leur répondit que le lendemain on les verroit, avec plaisir, venir prendre la place qui leur appartenoit dans l'assemblée.

Le clergé ne fit rien dire; il étoit bien éloigné de pouvoir donner aucune réponse; il ne termina sa délibération, ni ce jour là ni les suivans.

Les débats dans la chambre de la noblesse furent très-longs et très-vifs. On flotta long-tems entre divers avis. Enfin 114 voix contre 110 furent pour l'adoption d'un arrêté si diffus et si peu intelligible, que les gentilshommes, en sortant de leur chambre, disoient aux personnes qui les questionnoient sur leur dernière résolution: « notre arrêté est tellement rédigé, qu'il ne nous seroit pas possible de vous en donner, en peu de mots, les principales dispositions ».

Cet arrêté cependant portoit en substance que la chambre de la noblesse acceptoit l'ouverture de conciliation faite par le roi, en persistant toutefois dans ses précédens arrêtés; ce qui en effet n'étoit guères intelligible.

Telle étoit la position désavantageuse en tout point où se trouvoient le clergé et la noblesse; tel étoit un des premiers effets de la double représentation accordée au tiers-état. M. Necker, se voyant lui-même enveloppé dans les filets qu'il avoit tendus, sentit enfin combien sa situation étoit délicate; et comme, dans les instans véritablement critiques, il ne trouvoit en lui-même aucune ressource; il se perdit en projets plus insensés les uns que les autres; il n'étoit plus ce que les latins appelloient *compos mentis*.

Le roi ne s'étant point encore expliqué sur la dernière résolution du tiers-état, on avoit quelque espoir que sa majesté le feroit de manière à fixer les irrésolutions des deux premières chambres. M. Necker, ne sachant trop quel conseil donner, s'étoit retiré à Paris; et attendit là prudemment que le roi eut fait la réponse qu'il devoit au tiers-état, et que les deux premiers ordres desiroient si impatiemment.

M. Bailly, à qui le garde des sceaux n'avoit rien fait dire, se rendit encore, le soir sur les onze heures, chez ce ministre, ainsi que chez M. le duc de Duras. Il laissa, à l'un et à l'autre, une copie de l'adresse de sa chambre, et les pria de la remettre au roi pendant son coucher, sans préjudice de l'audience demandée par le tiers-état.

13. Le lendemain, M. Bailly retourna au château à une heure après midi. Il obtint, sans difficulté, une audience du roi, à qui il dit, au nom de la députation qui l'accompagnoit:

« Les députés de vos fidèles communes nous chargent de présenter à votre majesté leur délibération du 10 juin, et l'adresse qui contient les témoignages de leur amour et de leur respect ».

Le roi qui, sans doute, attendoit M. Necker (1) pour avoir son avis sur la conduite qu'il devoit tenir dans une occasion aussi importante, se contenta de faire cette réponse:

« Je ferai savoir mes intentions à *la chambre*, sur *le mémoire* que vous me présentez de sa part ».

Ce mot *chambre* est remarquable; il dût flatter, d'un agréable espoir, ceux qui ne rêvoient que constitution angloise; mais d'un autre côté, ils devoient voir avec douleur, que le roi eût donné le nom de mémoire à *l'adresse du tiers-état*; car ce mot *adresse* étoit encore emprunté de la nation angloise, et on est enfin parvenu à le naturaliser françois.

Ces deux mots excitèrent une grande rumeur parmi les députés du tiers-état, qui, tous les jours, devenoient plus entreprenans, et parloient avec plus de hauteur. On se formalisa de ce que le roi refusoit le nom de *communes*, à l'assemblée du tiers-état, et de ce qu'il ne vouloit pas adopter l'expression, *adresse*, qui ne faisoit que de naître.

Pendant la cérémonie de l'appel des députés par bailliages, qui avoit été commencée le 12, il ne s'étoit présenté aucun ecclésiastique, aucun gentilhomme; aussi ne manqua-t-on pas de dire, dans le procès-verbal, où l'on a commencé l'appel des bailliages, le clergé ni la noblesse d'aucun bailliage n'y sont comparus. Il n'y a que les communes qui s'y soient présentées.

Le lendemain il n'en fut pas de même. Comme on en étoit au bailliage du Poitou, trois curés, députés du clergé de ce bailliage, entrèrent subitement dans la salle, tenant à la main leurs pouvoirs qui ne contenoient certainement pas l'injonction de faire cette démarche. Ces trois premiers déserteurs du premier ordre furent MM. le Cesve (2), curé de Sainte Triaize; Balare, curé du Poiré; et Jallet, curé de Chérigné; tous les trois se placèrent devant le bureau du doyen, et le dernier prononça ce discours:

« Une partie des députés aux états-généraux, dans l'ordre du clergé de la province du Poitou, se rend

---

(1) Le fait que M. Necker étoit à Paris ce jour là, est attesté par les journalistes de tous les partis.

(2) Ce M. le Cesve a été un des premiers évêques schismatiques qu'a donné à l'église de France, la constitution civile du clergé. On l'a nommé évêque de Poitiers; mais à peine a-t-il été en possession de cet évêché, qu'il est mort (le 22 avril 1791, à l'âge de 58 ans).

aujourd'hui dans la salle de l'assemblée générale. Nous y venons pour prendre communication des pouvoirs de nos co-députés des trois ordres, et pour communiquer nos mandats, afin que, les uns et les autres étant vérifiés et légitimés, la nation ait enfin de vrais représentans. Nous venons, messieurs, précédés du flambeau de la raison, conduits par l'amour du bien public, nous placer à côté de nos concitoyens, de nos frères. Nous accourons à la voix de la patrie qui nous presse d'établir entre les ordres la concorde & l'harmonie, d'où dépend le succès des états-généraux et le salut de l'état. Puisse cette démarche être accueillie de la chambre des communes, avec les mêmes sentimens qui nous la commandent ! Puisse-t-elle être généralement imitée ! Puisse-t-elle enfin nous mériter l'estime de tous les François ».

Ce petit discours, qui ne présente rien que de bien ordinaire, produisit un enthousiasme dont il seroit difficile de se faire une idée : on le trouva un chef-d'œuvre d'éloquence, de sensibilité ; on étoit attendri aux larmes ; il étoit à peine fini, que chacun se leva ; on courut vers ces ecclésiastiques, on se pressa autour d'eux, on les embrassa ; on les regardoit comme des victimes échappées à ce qu'on appelloit le despotisme des prélats.

Dès que toute cette frénésie se fut un peu appaisée, ils déposèrent sur le bureau leur discours, et se retirèrent dans leur chambre, pour que leurs voix pût y accroître le nombre de celles de leur parti.

Telle fut la première conquête du tiers-état sur les deux premiers ordres ; elle enfla extrêmement le courage de leurs ennemis qui avoient d'ailleurs la certitude que ces trois ecclésiastiques seroient bientôt suivis de recrues plus nombreuses.

Cet événement, auquel tout le monde devoit s'attendre, fit desirer, plus vivement que jamais, aux bons citoyens que le roi intervînt enfin dans une querelle dont l'issue pouvoit, sans son intervention, amener de grands désordres. Voilà comme raisonnoient les hommes sages ; mais les hommes sages eux-mêmes n'ont pas toujours été justes. La position du roi étoit cruelle. Le seul ministre qui jouissoit encore d'un grand crédit sur l'esprit de la multitude, ne savoit ou ne pouvoit pas le conseiller. Quelque parti que prît le monarque ; il lui étoit impossible d'en adopter un qui ne choquât, au moins en quelque point essentiel, l'opinion du plus grand nombre, qui étoit en faveur du tiers-état ; et dans la circonstance où le roi se trouvoit, cette contradiction étoit très-dangereuse.

On m'a assuré que les magistrats du parlement, pénétrés de la pénible situation du prince, lui firent conseiller d'ouvrir un emprunt de 300 millions, l'assurant qu'eux-mêmes, que le clergé, la noblesse, les fermiers-généraux, toutes les compagnies de finance s'empresseroient de le remplir.

Comme je n'ai aucune preuve authentique de ce fait, je ne l'assurerai pas ; je dirai seulement que si cette offre a été faite, le roi, en l'acceptant, se fût sauvé d'une partie des embarras du moment. Je dirai encore que, si elle a été faite, M. Necker a dû la faire rejetter, parce qu'il a dû craindre l'influence que ce service alloit rendre aux différens corps de l'état.

Les momens pressoient : le 14 étoit un dimanche ; 14. le clergé & la noblesse se mirent en vacances ; mais le tiers-état ne suivit pas cet exemple ; il employa la journée à continuer la vérification des pouvoirs de ses membres.

Les titres de M. Malouet, comme il étoit naturel de s'y attendre d'après l'injustice qui le poursuivoit, éprouvèrent quelques difficultés ; on lui fit un crime d'avoir été élu par acclamation. Cette affaire fut renvoyée à une commission ; mais en attendant le jugement, on laissa à M. Malouet voix délibérative dans les séances.

Les difficultés relatives à d'autres membres furent minutieuses, et comme celles dont M. Malouet avoit été l'objet, elles n'eurent aucune suite. On reprocha aux députés de Paris de s'être donné, dans leurs assemblées primaires, des présidens autres que ceux qui leur étoient désignés par le règlement de convocation. Il est assez singulier que des gens qui s'apprêtoient à ne tenir aucun compte ni de leurs pouvoirs, ni de leurs sermens, s'arrêtassent à chicaner sur une pareille violation.

On reprocha aussi aux députés d'Aix d'avoir été nommés sans une réduction préalable des voix, comme le vouloit le règlement. M. de Mirabeau, qui étoit un de ces députés, combattit cette chicane, en avançant un principe précisément contradictoire de celui qu'il avoit énoncé dans les états de Provence : il soutint que le règlement, qu'il appella prétendu, n'étoit point une loi. Voilà comme cette homme ne travailla jamais que pour la circonstance où il étoit actuellement placé. Sa politique étoit comme sa conscience : il accommodoit l'une et l'autre au tems.

Les menées, pour faire des conquêtes dans les deux premiers ordres, se continuoient toujours ; les curés luttoient entre l'exemple des membres les plus recommandables de leur ordre, et les sollicitations du tiers-état. On en attendoit cent dans cette dernière chambre, le 14 au soir ; mais M. l'abbé Coster mit tout en œuvre pour empêcher cette défection ; et ce jour-là son éloquence eut un véritable succès, car les cent déserteurs se réduisirent à six. Ces six, au nombre desquels se trouvent deux hommes qui ont souvent fait parler d'eux, furent MM. Dillon, curé du vieux Pousanges en Poitou ; Quinguant, recteur de Pontivy, diocèse de Vannes ; Loaizen recteur de Rhédon ; Badineau, curé de Saint Bienheuré de Vendôme; Grégoire, curé d'Embremenil, diocèse de Nancy; Bèsse, curé de Saint-Aubin, bailliage d'Avenes; M. Dillon, au nom des nouveaux venus, prononça cette harangue:

« La nation nous reprocheroit, sans doute, de ne nous être pas rendus hier dans la chambre de l'assemblée générale, pour vérifier, en commun, nos pouvoirs. Nous ne pouvons que louer le zèle et le patriotisme des confrères qui nous ont précédés, mais leurs intentions nous étoient inconnues ».

« Animés du desir de nous réunir à vous, nous avons voulu épuiser tous les moyens de douceur et de patience que la prudence et l'amour de la paix pouvoient nous inspirer ».

« Un motif non moins puissant nous arrêtoit: nous respectons, nous chérissons le monarque bienfaisant que le ciel nous a donné dans sa miséricorde. Ses intentions sont pures; ses vues pour le bonheur de son peuple nous sont connues; chacun de nous craignoit de n'y pas conformer sa conduite; mais étant convaincus que nos pouvoirs devoient être connus de tous les représentans de la nation, nous nous rendons ici, messieurs, dans l'espérance de voir enfin cesser notre malheureuse situation. Nous venons avec confiance reprendre dans ce moment, au milieu de vous, les places que notre monarque bienfaisant nous avoit assignées pour travailler au grand œuvre de la félicité publique. C'est du fond de cet édifice, élevé par ses ordres, qu'il nous faisoit entendre les expressions touchantes de son amour pour son peuple, et qu'il nous invitoit à réunir nos travaux ».

« Persuadés que le concert des trois ordres peut seul opérer les heureux effets que la nation paroît attendre avec la plus vive impatience, nous vous le déclarons, messieurs, c'est le desir le plus ardent d'établir cette union qui nous conduit ici. Nous respecterons, ainsi que ceux qui nous font l'honneur de nous entendre, les droits du souverain, les loix constitutionnelles de l'état, la propriété des individus qui le composent. Nous vous prions, messieurs, de vouloir bien inscrire sur vos registres, et de nous délivrer copie des motifs et des principes que nous venons de vous exposer. Il est intéressant pour nous que la France et le monde entier connoissent la pureté de nos intentions ».

Ces ecclésiastiques, comme ceux qui les avoient précédés, après avoir déposé leur discours sur le bureau, retournèrent dans leur chambre, pour assister à ses délibérations, fortifier leur parti, et faire de nouveaux prosélytes.

Ce jour-là le tiers-état perdit un de ses membres; Ce fut un calviniste de moins dans les états-généraux. Il s'appelloit Liguier, et étoit député de Marseille. Une nombreuse députation du clergé et de la noblesse se trouva à son convoi.

Ce jour-là fut plus remarquable encore, pour le tiers-état par la clôture de la vérification des pouvoirs de tous ses membres. Tout étoit fini pour lui, il ne s'agissoit plus que de savoir s'il pouvoit, à lui seul, et avec neuf curés qui étoient venus le joindre, composer les états-généraux, et constituer l'empire françois.

La même question se présentoit pour les deux autres ordres; chacun d'eux n'étant qu'une section du royaume, ne pouvoit l'ordonner à son gré. Le clergé délibéroit sans cesse pour savoir s'il communiqueroit ses pouvoirs, et la noblesse constituoit sérieusement la nation. Or, supposons que les trois ordres eussent été fermes dans la résolution de ne pas se réunir, et que chacun d'eux nous eût donné une constitution à sa manière, à laquelle de ces trois constitutions eût-il fallu donner la préférence? et quand on en eût été à agiter cette question, le tiers-état, à la faveur de la double représentation, et de la grande influence qu'il avoit sur l'opinion du plus grand nombre, n'auroit-il pas toujours fait pencher la balance de son côté?

D'ailleurs, avant que cet immense travail fût terminé, que de loix préliminaires qu'il eût été nécessaire de créer, et pour l'exécution desquelles on eût eu besoin de la force publique! auquel des trois ordres eût appartenu cette force publique? et celui qui s'en seroit emparé, n'eût-il par resté maître de nous donner la constitution qu'il eût imaginée?

Quelque fût l'hypothèse que l'on adoptât, les choses en étoient venues à un point où l'intervention de l'autorité royale étoit indispensable. Il ne faut donc pas s'étonner qu'à la cour on commençât à s'occuper sérieusement d'un débat qui pouvoit entraîner une guerre civile. Le roi étoit à Marly, où il se tenoit de fréquens conseils, et où M. Necker avoit une contenance vraiment embarrassée. Son anxiété avoit deux causes: il eût bien voulu modérer l'impétuosité du tiers-état; mais pour conserver sa popularité, il eût fort desiré qu'on ignorât la part qu'il avoit aux mesures qu'on alloit prendre. Il craignoit, en second lieu, ces mesures mêmes, car toujours entiché du système de réduire à une nullité absolue le clergé, la noblesse et la magistrature, il voyoit bien que ces mesures, en abaissant le tiers-état, relevoient les deux premiers ordres.

Un de ses soucis encore étoit qu'en n'embrassant pas, avec assez de franchise, l'opinion actuellement dominante dans le conseil du roi, il n'y passât pour un traître; et je ne puis pas dissimuler qu'on n'y eût des soupçons sur sa loyauté, et que les fidèles sujets du roi n'agitassent entr'eux s'il seroit prudent de le laisser à la tête des affaires que sa double représentation avoit dérangées à un point qu'il n'étoit pas possible de ne pas concevoir des alarmes sur le sort de la monarchie.

La cour voulant ramener le tiers-état à cet esprit

de modération qu'il méconnoissoit entièrement, il étoit naturel qu'elle prît des précautions, mêmes imposantes, pour détourner le peuple de la sédition où on le poussoit, et cela étoit d'autant plus nécessaire qu'il étoit naturel de s'attendre que le peuple verroit avec dépit, tout frein qui seroit mis aux entreprises du troisième ordre.

Delà, ce rassemblement de troupes qui arrivoient journellement autour de Paris & de Versailles, et qui n'avoient d'autre objet que de procurer, à la cour, la facilité d'établir de l'ordre dans les délibérations des états-généraux, et d'empêcher la multitude de gêner les opinions. Delà aussi les incertitudes des ministres, sur le choix de l'officier général qui devoit commander ces troupes.

Tout cela étoit fort mal interprêté dans le public; les factieux aigrissoient les esprits, en répandant qu'on vouloit faire violence aux députés, et priver le peuple du seul protecteur qu'il eût à la cour, en obligeant M. Necker à la quitter.

Le roi, et ceux qu'il honoroit de sa confiance, n'ignorant point ces malignes interprétations, n'en marchoient qu'avec plus de circonspection; on résolut de ne rien précipiter, de ne rien tenter de nouveau, qu'à la dernière extrémité, et de regarder encore quelque tems, en silence, la marche que tiendroient les trois ordres.

Le premier continuoit ses délibérations sur la réunion ou non réunion, et chaque jour quelque nouveau curé l'abandonnoit; le second, impatient d'avancer dans ses travaux, arrêta d'envoyer une députation au roi, pour lui rendre compte de sa conduite et de ses délibérations, depuis l'ouverture des états-généraux. Il en envoya également une au tiers-état pour lui communiquer les motifs de ses procédés et de ses arrêtés. Le marquis de Bressey, qui portoit la parole, reçut pour réponse que l'assemblée espéroit toujours que la noblesse se réuniroit à elle.

5. Quant à l'assemblée du tiers-état, elle ne s'occupa plus que de se constituer, c'est-à-dire, que de chercher un nom qui pût persuader au peuple, et la persuader elle-même, qu'elle tenoit lieu d'états-généraux; ce qui étoit une si grande absurdité qu'on ne comprend pas qu'elle ait pu être conçue; car toute assemblée qui n'auroit pas été composée des députés des trois ordres, pouvoit-elle se croire et se dire états-généraux?

L'histoire de la recherche de ce nom est intéressante; cette recherche donna occasion aux plus grands orateurs du tiers-état de déployer leurs talens; et dans les discussions qu'elle fit naître, on trouve les germes de toutes les innovations qui ont eu lieu. Un très-petit nombre de membres sut, dans ces discussions, se décider d'après les considérations des principes de la justice; presque tous, en disant qu'ils ne vouloient pas subir le joug du clergé et de la noblesse, vouloient que ces deux ordres subissent le joug du tiers-état.

Enfin, dans le cours de ses discussions, les factions commencèrent à se développer; dès-lors les caffés retentirent jour et nuit de motions menaçantes; dès-lors le Palais-Royal ne fut plus qu'un repaire de séditieux et de brigands; dès-lors fut porté la première atteinte à la liberté des suffrages; dès-lors les membres qui énoncèrent une opinion contraire à celle des misérables qui vouloient le bouleversement de la monarchie, furent diffamés et proscrits.

M. l'abbé Sieyes qui, le premier, avoit parlé de se constituer, fut le premier aussi à parler sur le mode de constitution, et voici, littéralement, quel fut le projet d'arrêté qu'il présenta.

« Il est constant, par la vérification des pouvoirs, que cette assemblée est déja composée des représentans envoyés directement par les quatre-vingt-seize centièmes de la nation ».

« Une telle masse de députation, ne sauroit rester inactive par l'absence des députés de quelques bailliages, ou de quelques classes de citoyens; car les absens, qui ont été appellés, ne peuvent point empêcher les présens d'exercer la plénitude de leurs droits, sur-tout lorsque l'exercice de ces droits est un devoir impérieux et pressant ».

« De plus, puisqu'il n'appartient qu'aux représentans vérifiés, de concourir à former le vœu national, et que tous les représentans vérifiés sont dans cette assemblée, il est encore indispensable de conclure qu'il lui appartient, & qu'il n'appartient qu'à elle d'interpréter & de représenter la volonté générale de la nation. Nulle autre chambre de députés, simplement *présumés*, ne peut rien ôter à la force de ses délibérations; enfin il ne peut exister entre le trône et cette assemblée, aucun *veto*, aucun pouvoir négatif ».

« L'assemblée juge donc que l'œuvre commune, de la restauration nationale, peut et doit être commencée sans retard par les députés présens, et qu'ils doivent la suivre sans interruption, comme sans obstacles ».

« La dénomination d'*assemblée des représentans connus et vérifiés de la nation françoise*, est la seule dénomination qui convienne à l'assemblée, dans l'état actuel des choses; la seule qu'elle puisse adopter, tant qu'elle ne perdra pas l'espoir de réunir, dans son sein, tous les députés aujourd'hui *absens*. Elle ne cessera de les appeller, tant individuellement que collectivement, à remplir l'obligation qui leur est imposée de concourir à la tenue des états-généraux;

à quelque moment que les députés absens se présentent, dans le cours de la session qui va s'ouvrir, elle déclare d'avance qu'elle les recevra avec joie, et qu'elle s'empressera, après la vérification de leurs pouvoirs, de partager avec eux les grands travaux qui doivent procurer la régénération de la France ».

On disputa beaucoup sur la dénomination que M. l'abbé Sieyes donnoit à la chambre, mais personne ne s'arrêta à considérer les principes qu'il venoit d'énoncer pour arriver à cette dénomination, et tous ces principes étoient, en politique, des erreurs monstrueuses.

Dès le premier pas qu'on faisoit, on oublioit que ces grands travaux pour lesquels on étoit appellés, se réduisoient à éclairer le monarque, qui très-certainement avoit entendu réunir autour de sa personne, un conseil, et non un corps de législateurs. Les fonctions des députés se réduisoient à solliciter du prince, la réforme des abus qu'on auroit cru appercevoir dans les diverses parties du gouvernement. Mais il ne tomboit pas sous le sens, ni que les commettans eussent eu l'intention de se donner douze cents rois, ni que le roi eût eu l'intention de se donner douze cents maîtres.

Qu'importoit que l'assemblée fût composée des représentans des quatre-vingt-seize centièmes au moins de la nation ? L'eût-elle été des représentans des quatre-vingt-dix-neuf centièmes, elle ne pouvoit contraindre ceux de l'autre centième, si une loi fondamentale l'empêchoit d'agir sans les représentans de cet autre centième ?

C'étoit une folie de dire que les autres députés étoit absens ; ils étoient tout aussi bien à Versailles que ceux du tiers-état ; ils étoient tout aussi bien arrivés aux états-généraux que ces derniers ; les états-généraux étoient par-tout là où se trouvoient les trois ordres convoqués par le roi. Quelle étrange prétention de vouloir qu'il n'y eût d'états-généraux que dans la salle que le tiers-état choisissoit pour le lieu de ses séances ?

Quelle autre prétention que celle de vouloir qu'il n'y eût de véritables députés aux états-généraux, que ceux dont les pouvoirs avoient été vérifiés par le tiers-état ? La noblesse ne pouvoit-elle pas également prétendre qu'il n'y avoit de véritables députés que ceux dont les pouvoirs avoient été vérifiés par elle ?

Pourquoi, disoit-on, que les membres de la chambre de la noblesse n'étoient que des députés *présumés* ? Parce que leurs pouvoirs n'avoient pas été vérifiés par le tiers-état. La noblesse, par la même raison, pouvoit ne regarder, par rapport à elle, que comme députés *présumés*, tous ceux dont elle n'avoit pas vérifié les titres. Et comme il eût été souverainement absurde que les deux premiers ordres se fussent arrogé le droit de donner des loix au reste de la nation, par la raison qu'ils n'avoient pas vérifié les titres des membres de la troisième chambre, il n'étoit pas moins absurde que ceux-ci prétendissent s'arroger exclusivement une telle prérogative sans le concours des deux premières chambres.

Quelle monstrueuse erreur enfin, avançoit M. l'abbé Sieyes, lorsqu'il disoit : *il ne peut exister entre le trône et cette assemblée aucun VETO, aucun pouvoir négatif*. C'étoit mettre le trône à la merci des volontés de six cents représentans du tiers-état. Ces six cents particuliers, en abbattant ainsi toutes les barrières qui les tenoient à une juste distance du monarque, annonçoient que, si le trône venoit aussi à être abbattu, ils resteroient les maîtres absolus des destinées de vingt-quatre millions d'hommes ; et c'est ce qui est arrivé.

Je n'ajoute plus qu'un mot : les députés du tiers-état, en supposant qu'ils fussent embarrassés sur le parti qu'ils avoient à prendre, dans la conjoncture où ils se trouvoient ; en supposant que les loix fondamentales ne leur eussent pas tracé la marche qu'ils devoient tenir ; en supposant encore que le recours à l'autorité royale leur eût été impossible, les députés du tiers-état, dis-je, avoient même, dans cette triple supposition, une règle à suivre, qui ne pouvoit pas les tromper ; c'étoit le cahier dont chacun d'eux étoit porteur. Or, très-certainement, il ne se trouvoit écrit, dans aucun de ces cahiers, que les députés du tiers-état pourroient, à eux seuls, composer les états-généraux.

Et, dans l'alternative d'avoir pour états-généraux, ou la seule assemblée des députés du tiers-état, ou les deux chambres réunies du clergé et de la noblesse, qui oseroit dire qu'il n'eût pas été plus avantageux et pour la chose publique, et pour les peuples, d'avoir ces deux chambres pour assemblée nationale. Outre les hommes d'état qu'elles renfermoient, n'étoit-ce pas aussi dans leur sein que se trouvoient les plus grands propriétaires, tous ceux qui, tenant à l'état par une foule de liens, devoient s'intéresser plus particulièrement à sa prospérité, que ceux dont la félicité particulière n'étoit pas aussi étroitement liée à la prospérité générale ?

Qu'est-il arrivé en effet ? En donnant la double représentation au tiers-état, on a rendu le grand nombre maître du plus petit ; ce qui semble, à nos politiques modernes, la perfection de la société, et ce qui réellement en est le bouleversement, parce que, le grand nombre, dans toute société, est toujours de ceux qui n'ont que très-peu, ou rien du tout à perdre.

La plupart des députés du tiers-état, étant sans fortune, sans places, sans propriétés, sont parvenus,

dès

dès qu'ils ont eu toute la force et toute l'autorité entre les mains, à s'approprier la fortune, les places, les possessions de ceux qu'ils ont trouvé mieux partagés qu'eux. Delà, la vente des biens du clergé, les assignats, les nouveaux tribunaux, les nouveaux évêques. Ainsi, de tous ces hommes du tiers-état, qui sont arrivés aux états-généraux, sans biens, il n'en est pas un aujourd'hui, qui n'ait, ou une terre, ou un riche porte-feuille, ou un emploi de juge, ou un évêché. Mirabeau, en arrivant à Versailles, étoit tellement perdu de dettes, qu'il n'y avoit peut-être pas, dans tout le royaume, un homme plus pauvre que lui, et Mirabeau est mort riche de plusieurs millions.

Sous quelque point de vue donc qu'on envisageât la prétention d'organiser la chambre du tiers-état, de manière qu'elle tint lieu, à elle seule, d'états-généraux, c'étoit la plus impolitique des idées. Mais, comme je l'ai dit, on ne s'amusa pas à discuter les principes de M. l'abbé Sieyes, qui se réduisoient à donner la suprême puissance au plus grand nombre; on s'arrêta seulement, à retourner, en tous sens, la dénomination qu'il donnoit à l'assemblée du tiers-état.

Si l'on eût voulu être vrai et simple, le nom seul à lui donner, c'étoit celui d'assemblée des députés du tiers-état de France, ou, si l'on veut, des députés d'une portion des bailliages de France. Toute autre dénomination étoit un mensonge. Celle que proposoit M. l'abbé Sieyes, ne pouvoit pas plus convenir à la chambre du tiers-état, qu'à celle de la noblesse, dont les membres étoient aussi des représentans connus et vérifiés.

Mirabeau, le jour où cette grande question fut mise à la délibération, étoit brûlé de la fièvre; il n'en parla pas moins fort long-tems; mais vraisemblablement, le mal qu'il souffroit, noircissoit son imagination des vapeurs d'une sombre mélancolie, car son discours fut la diatribe d'un misanthrope outré; il trouva l'égoïsme dans le clergé; l'arrogance et l'orgueil dans la noblesse; la bassesse dans le tiers-état; l'avarice et la corruption dans tous. C'étoit insulter à toute la nation; mais il ne déplut pas, parce qu'il attribua cette contagion universelle à la distinction des ordres; il alla jusqu'à prétendre qu'elle avoit jetté le royaume dans les désordres de l'anarchie. Mirabeau, ce jour-là, ressembloit à un homme en délire, et la dénomination qu'il proposa, étoit le comble de l'extravagance. Il demandoit que la chambre se constituât en *assemblée du peuple*. Outre qu'il falloit, avant d'adopter cette qualification, définir ce que c'étoit que le *peuple*, peut-on trouver une assemblée du peuple, là où tous les individus qui le composent, ne se trouvent pas réunis?

La proposition de M. Mounier fut infiniment moins déraisonnable. Selon lui, la chambre devoit se constituer en *assemblée des représentans de la plus grande partie de la nation*, *en l'absence de ceux de la moindre partie.*

Cela étoit un peu long, mais du moins cela étoit exact, à l'exception toutefois du mot *absence*; les membres du clergé et de la noblesse n'étoient pas plus absens, à l'égard des députés du tiers-état, que ceux-ci ne l'étoient à l'égard des députés des deux premiers ordres.

M. Mounier demandoit de plus que la chambre décidât que les suffrages seroient comptés par tête, et non par ordre, et qu'elle ne reconnoîtroit jamais, aux députés du clergé et de la noblesse, le droit de délibérer séparément, ou de s'opposer à ses délibérations. Cela étoit-il juste? Étoit-il dans l'ordre que la chambre du tiers-état jugeât elle-même irrévocablement un procès, dans lequel elle étoit partie si intéressée?

M. Rabaud de Saint-Etienne qui, à cette époque, n'avançoit encore qu'avec circonspection, et qui cependant desiroit déjà se faire connoître, marcha, dans cette occasion, entre deux extrêmes; d'une part, il ouvrit un avis hardi, et qui devoit lui valoir les suffrages de son ordre; de l'autre, il alloit au-devant des desirs des ministres. Après avoir donc été d'avis que l'assemblée devoit se constituer en *assemblée des représentans du peuple François*, il demanda, d'une part, que l'on déclarât tous les impôts actuels supprimés, comme ayant été établis sans le consentement de la nation, et de l'autre, il vota un emprunt pour subvenir aux besoins pressans de l'état.

Ce vœu fut cause qu'on ne lui sût aucun gré de sa première demande; on ne manqua pas de le croire aussi du nombre de ceux qu'on disoit vendus à la cour. On se récria beaucoup contre cette proposition d'un emprunt; et, par une bisarrerie qui prouve combien on étoit loin des véritables principes, en même tems qu'on se mettoit au-dessus des mandats, en ce qui regardoit l'organisation même des états-généraux, on les invoquoit avec chaleur contre toute proposition qui tendoit à diminuer les embarras du gouvernement. Ainsi la demande de l'emprunt fut repoussée par l'article contenu dans quelques cahiers, qui recommandoit de ne s'occuper de l'impôt, que lorsque les loix constitutionnelles auroient été rendues indépendantes de toutes les variations qu'amenoit souvent, dans le gouvernement, l'arrivée d'un nouveau ministre.

C'étoit mal saisir l'esprit des cahiers, et n'en pas même comprendre le texte; car un emprunt n'étoit pas un impôt, et il n'avoit jamais pu être dans l'intention des commettans, que leurs délégués laissassent plutôt périr l'état, que de lui accorder le secours momentané de quelques millions.

E

M. Rabaud, pour avoir présenté cette demande, ne méritoit pas les calomnies avec lesquelles on essaya de le décrier; au lieu de conclure de sa proposition, qu'il étoit vendu à la cour, il étoit plus naturel d'en déduire, qu'étant calviniste, il n'étoit que l'interprête du vœu d'un ministre calviniste, et c'est en effet tout ce qu'il y avoit de vrai.

M. Rabaud, né dans la secte de Calvin, en a tout l'esprit; il jouit même d'une certaine considération, parmi les disciples de cet hérésiarque; il est un de leurs pasteurs. Son éloquence, dépourvue de force et de grands mouvemens, mais douce, mais insinuante, lui fait donner, parmi les siens, le surnom de petit *Massillon*. Son caractère est, comme son éloquence, sans énergie; mais il est souple, dissimulé, persévérant, et considère long-tems le but avant d'y arriver; il parle avec grâce; sa contenance, ses gestes, le son de sa voix, tout plaît lorsqu'il est à la tribune; ses discours sont écrits avec art; il flatte, il caresse, et semble toujours vouloir ménager ses ennemis.

Il est, comme tant d'autres, arrivé aux états-généraux, fort pauvre: on l'avoit vu, quelque mois avant leur convocation, solliciter avec beaucoup d'ardeur, pour échapper à la détresse, la rédaction du courier d'Avignon. Aujourd'hui M. Rabaud jouit d'une fortune qu'il a conquise sans bruit, qu'il possède sans ostentation, et qui le rend tranquille pour l'avenir.

Quoiqu'il fut nommé député, il s'approcha de M. Necker, et son dévouement à ce ministre, l'empêcha d'abord d'embrasser ouvertement le parti de ceux qui ne feignoient de donner dans le sens du ministre, que pour en faire leur dupe. M. Rabaud se tint d'abord en garde contre eux, et eux, imitant sa réserve, attendirent de le mieux connoître, pour s'ouvrir entièrement à lui.

Il est à remarquer que M. Rabaud, avec un caractère en apparence doux et paisible, et en se montrant jaloux de la réputation d'homme philosophe et tolérant, a tout le fanatisme des plus farouches sectaires, et la postérité le comptera au nombre des plus ardens persécuteurs de la religion catholique.

Son avis, sur la dénomination, qu'il falloit donner à l'assemblée du tiers-état, parut absolument le même que celui de M. de Mirabeau, à l'exception du mot *françois*, que celui de *peuple*, disoit on, sous-entendoit suffisamment; c'étoit une bien grande erreur: M. Rabaud n'avoit pas dit: *assemblée du peuple François*; mais *assemblée des* REPRÉSENTANS *du peuple François*; or, il existe entre une assemblée des représentans du peuple, et une assemblée du peuple, la même différence que celle qui se trouve entre un roi et son ambassadeur; n'importe, le moment étoit venu de confondre toutes les notions. La proposition de M. Rabaud, à cause de sa prétendue identité avec celle de M. de Mirabeau, fut regardée comme nulle, et n'eut ni ennemis, ni partisans. Il s'agit simplement d'opter entre celles de MM. Sieyes, Mounier et Mirabeau; c'est-à-dire, qu'il s'agit de savoir si l'assemblée des députés du tiers-état, se qualifieroit *d'assemblée des représentans connus et vérifiés de la nation Françoise*;

Ou *d'assemblée des représentans de la plus grande partie de la nation, en l'absence de ceux de la moindre partie;*

Ou enfin, *d'assemblée des représentans du peuple*.

On va voir quelle importance MM. Sieyes, Mirabeau, Mounier, mirent à ce que la proposition que chacun d'eux avoit présentée, obtînt la préférence sur les deux autres; on va voir comment, des débats qu'engendra l'opiniâtreté de ce triumvirat, naquit la qualification d'assemblée nationale. Le comte de Mirabeau joua un étrange rôle dans ces débats.

CHAPITRE XXV.

Des principaux orateurs qui se déclarèrent pour l'opinion de M. l'abbé Sieyes; leurs motions; Portrait de M. Bergasse; celui de M. Camus, qui essaie ses premières armes contre le comte de Mirabeau; véritables vues de celui-ci; ses premières idées sur le veto *royal; comment elles sont censurées par un député Lorrain; vains efforts de M. Malouet pour présenter son opinion sur la constitution de sa chambre; bisarreries bien remarquables dans les débats sur cette constitution; terreur qu'inspira la dénomination d'assemblée nationale; objections de M. Mounier contre la motion de M. l'abbé Sieyes; beau discours de M. Mirabeau; difficultés qu'il trouve à le prononcer; mécontentement qu'il occasionne en le terminant; conséquences qu'on en pouvoit tirer contre lui-même; première proposition de se constituer en assemblée nationale; effroi qu'elle cause à une partie de l'assemblée; comment elle est accueillie par l'autre; débats qu'elle occasionne; généreuse proposition de M. Malouet; effet qu'elle eût pu produire, si elle eût été acceptée; horrible attentat contre la liberté des suffrages; menées des députés qui tenoient pour la constitution en assemblée nationale.*

Suite de Juin 1789.

5.16. PARMI ceux qui défendirent la dénomination proposée par M. l'abbé Sieyes, il faut distinguer MM. Target, Bergasse, le Chapellier, Camus.

« Le mot *peuple*, dit le premier, ne remplit pas notre idée (1) : signifie-t-il *communes*? alors ce n'est pas assez dire : signifie-t-il *la nation entière* ? alors ce seroit trop dire.... ».

« Nous sommes les représentans connus de la nation ; voilà ce que nous sommes : et c'est avec cette qualité que nous sommes autorisés à discuter les droits de nos commettans........ ».

Sortant ensuite de la question, M. Target se demanda s'il falloit compter les citoyens par les propriétés, et il répondit : « la propriété du pauvre est plus sacrée que l'opulence du riche ; il faut compter les têtes et non pas les fortunes. Un système contraire seroit destructif de tout droit national ; il éteindroit l'amour de la patrie, et nourriroit l'égoïsme ».

Quel galimathias ! quelle ignorance des premiers

---

(1) M. Target avoit raison ; en prenant ce mot dans l'acception qu'il avoit toujours eue en France, il ne pouvoit pas même être substitué à celui de tiers-état. « Peuple (dit le dictionnaire de Trévoux) se dit plus particulièrement par opposition à ceux qui sont nobles, riches ou éclairés..... Qui dit peuple, dit plus d'une chose ; c'est une vaste expression. Il y a le peuple, qui est opposé aux grands, c'est la populace et la multitude. Il y a le peuple qui est opposé aux sages et aux habiles, ce sont les grands comme les petits ».

élémens de la politique! Eh! faut-il s'étonner qu'un homme, qui avoit si peu d'idées, soit tombé si fort au-dessous de sa réputation?

Celle que M. Bergasse apportoit aux états-généraux étoit brillante. Ambitieux de renommée, il en avoit beaucoup acquis dans un combat où il avoit déployé, en effet, des talens peu ordinaires, et un courage vraiment héroïque. Quelques mois avant la convocation des états-généraux, il prit part à une affaire qui lui étoit étrangère; il défendit, dans les tribunaux, la cause d'un ami malheureux; c'étoit déjà se présenter au public avec avantage. En plaidant pour l'amitié, il plaida aussi pour les bonnes mœurs, pour le repos des familles; à une simple question judiciaire, il mêla les plus grandes questions de la morale et de la politique; il étonna par la profondeur et la hardiesse des vues qu'il développa; la véhémence, la correction, l'énergie de son style, le firent, tout-à-coup, regarder comme le premier écrivain du siècle. Enfin, par un phénomène qui ne s'étoit peut-être jamais vu, il eut l'art d'intéresser, à une misérable querelle domestique, tous les gens de bien, tous les gens de lettres, les hommes d'état eux-mêmes.

Il eut à se mesurer, dans ce combat, avec un homme aussi audacieux qu'il étoit décrié, et pour qui de bruyans succès au barreau et sur le théâtre, mêlangeoient, si je puis m'exprimer ainsi, d'une certaine considération, le mépris qui le couvroit. Dès que M. Bergasse l'eût attaqué, cette considération s'évanouit, et le mépris seul lui est resté.

Ce ne fut pas là le seul triomphe de M. Bergasse; il provoqua, il défia un magistrat dont l'autorité avoit été et étoit encore redoutable; il l'obligea de descendre à une justification. Il s'étoit élancé dans la carrière au moment où les mains de M. de Brienne, si peu faites pour manier le gouvernail de l'état, poussoient le vaisseau public au milieu des écueils. M. Bergasse prit la défense du corps de notre magistrature, brava la hauteur, les menaces, les lettres-de-cachet du principal ministre, et se montra digne de toute la reconnoissance publique.

Le parlement, rendu à ses fonctions, ne considéra dans les importantes questions que M. Bergasse avoit agitées, que ce qui étoit du ressort d'un tribunal de judicature, et, sous ce point de vue, sa demande ne parut pas fondée; elle ne fut point exaucée. Mais quoique vaincu, il sortit de ce combat avec tous les avantages de la victoire. Il avoit pu errer sur un point de droit, mais il avoit montré une ame brûlante d'amour pour la vertu, et de haine pour le vice; il avoit prouvé que la nature l'avoit doué d'un cœur aimant et d'un beau génie. Sa défaite ne lui ôta rien de tout le mérite qui lui étoit personnel; elle ne fit qu'ajouter un degré de plus à tout l'intérêt qu'il inspiroit, et c'est principalement à cet intérêt, qu'il dût d'être nommé député aux états-généraux.

Au moment même où il fut vaincu, on lui adressa ces quatre vers, qui furent mis au bas de son portrait, et dont le second fait allusion au courage avec lequel il combattit l'insolent despotisme de M. de Brienne.

Fidèle à l'amitié, fidèle à la patrie,
Il apprit aux François à rougir de leurs fers;
Sa vertu courageuse honora son génie,
Il fut l'ami du juste, et l'effroi des pervers.

Dans le portrait que je viens de tracer de M. Bergasse, il n'est aucun trait qui ne soit déjà connu de toute la France, d'une partie de l'Europe; mais, ce que peu de personnes savent, c'est qu'à un génie plein de feu, il réunit un caractère doux, paisible, ennemi des cabales et des factions. Son éloquence est l'image d'un torrent qui s'enfle devant les obstacles, les renverse et les franchit; son caractère est l'image d'un ruisseau tranquille qui fuit les regards, et cherche à se perdre dans l'émail des prairies.

La connoissance que je viens de donner des mœurs et des inclinations de M. Bergasse, expliquera la conduite qu'on lui a vu tenir au milieu des différens partis qu'il vit bientôt se former au tour de lui.

La haute idée, qu'on avoit de ses talens, fit que, lorsqu'il annonça qu'il alloit parler en faveur de la motion de M. l'abbé Sieyes, on l'écouta avec recueillement, et voici comme il plaida cette cause.

« Vous avez regardé comme un principe important la délibération par tête; nous devons tout faire, épuiser nos courages, pour l'obtenir, et, s'il faut s'excuser devant le tribunal de la nation, vous lui direz que si vous n'avez pas voulu vous désister de cette opinion, c'est que vous avez compris que, dans une assemblée nationale, tous ceux qui en sont membres doivent tendre au même but, à la chose commune; c'est qu'il est impossible de faire une constitution solide, en isolant les intérêts, les citoyens, et les rangs et les hommes; c'est que vous n'avez pu vous dissimuler, quelque promesse que l'on vous eût faite, que les professions honorables n'auroient pas été ouvertes pour vous, et que l'on vous auroit condamnés à un petit nombre de professions humiliantes et méprisées; c'est qu'enfin il n'y auroit eu que deux classes, l'une qui auroit subjugué et gouverné; l'autre qui auroit été dans la servitude et l'oppression. C'est qu'enfin c'étoit *l'aristocratie*, le pire des gouvernemens, que vous vous occupiez de combattre ».

« Vous représenterez à la noblesse que la distinction des ordres est la source de tous vos malheurs, la cause de l'anarchie. Vous représenterez au clergé que s'isoler de la nation, c'est s'isoler de son institution; que dans une occasion où il s'agit de faire le bien de tous, il ne convient pas qu'il ait des intérêts à part ».

« Vous exposerez au prince qu'en vous élevant contre la fatale distinction des ordres, c'est son autorité même que vous avez défendue contre une aristocratie religieuse, militaire, et judiciaire; que, si chaque ordre pouvoit avoir son *veto*, il en seroit résulté une opposition dans les idées, un désordre dans les démarches, qui se seroit étendu d'un bout du royaume à l'autre; qu'il auroit toujours été éloigné de ses peuples ».

« D'après ces idées, la seule dénomination qui me paroît convenable, c'est celle qui annonce qui nous sommes, qui nous devons être. En s'appellant les représentans du peuple, c'est blesser les classes privilégiées, c'est manquer à nos principes ».

Telle fut la première motion prononcée par M. Bergasse aux états-généraux, et je n'y vois rien qui soit digne de lui, pas même une raison plausible en faveur de la fondamentale nouveauté par laquelle on vouloit commencer le nouvel ordre de choses. Il s'étoit persuadé que les délibérations marcheroient avec plus d'harmonie et de célérité, si elles se faisoient par tête; il le desiroit de tout son cœur, et il n'avoit garde de soupçonner que le troisième ordre, en appellant les deux premiers dans son sein, avoit en vue de faire, du royaume, *une aristocratie, le pire des gouvernemens* ; de s'emparer de toutes les places, de tous les emplois, de tous les postes, et de ne laisser au reste de la nation que l'exil, les persécutions, la misère. Comme il ne prévoyoit aucune de ces perfidies, il marchoit avec sécurité, et c'étoit de la meilleure foi qu'il soutenoit la cause de la réunion des trois ordres, mais il la soutint par des moyens pitoyables, parce que la cause elle-même étoit pitoyable.

Ce que dit M. le Chapellier est si peu important, que je ne parle de son opinion que pour faire remarquer qu'il voulut mettre du sien dans celle de M. l'abbé Sieyes, et ce qu'il y mit, fut un mot du barreau : il voulut que ses co-députés s'appellassent les représentans *légalement* vérifiés. Ce changement parut faire fortune; on y applaudit beaucoup; mais bientôt après il n'en fut plus question.

Le dernier athelète remarquable qui vint combattre pour M. l'abbé Sieyes, fut M. Camus; mais avant de parler de ses premières armes, je dois, à l'ordinaire, peindre ce député dont les fanatiques prédicateurs de la démagogie ont tiré un si grand parti.

Je n'ai connu personne qui, par les formes extérieures de son corps, annonçât mieux que M. Camus les habitudes de son âme; c'est un homme gros, court, extrêmement sanguin; lorsqu'il parle, et qu'il est contredit, ou qu'il veut contredire, les veines de son col s'enflent; son col lui-même devient d'un volume effrayant; son visage se rougit, s'allume; ses yeux étincellent. Ajoutez à cela qu'il a dans la langue un défaut qui fait que les paroles s'accumulent, pour ainsi dire, dans sa bouche, et ne peuvent en sortir qu'en foule et avec confusion.

M. Camus n'a donc pas les qualités extérieures d'un orateur; mais un écrivain moderne ne lui a pas rendu justice, en parlant du choix que les électeurs avoient fait de lui pour leur représentant (1) : « on ne conçoit pas, dit cet auteur, comment les suffrages ont pu se réunir en faveur d'un homme que les sciences ne connoissoient pas, que l'administration n'avoit jamais employé, que son corps avoit toujours confondu dans cette foule indifférente de membres ignorés qui le composent ».

Dire que les sciences ne le connoissoient point, que l'administration ne l'avoit jamais employé, c'est lui faire un reproche commun à presque tous ses co-députés, et un reproche qui ne prouve rien; car on peut n'être pas connu des sciences, n'avoir pas été employé par l'administration, et être homme de bien, homme de mérite.

Quant à ce qu'ajoute, l'auteur que je viens de citer, sur les talens judiciaires de M. Camus, rien n'est moins vrai. M. Camus n'étoit pas confondu parmi les avocats ignorés; il s'élevoit au contraire au dessus de la foule; et pour les matières qu'on appelloit alors bénéficiales, il étoit, sans contredit, un des plus renommés. Ses avis, dans le cabinet, étoient recherchés, et ses plaidoiries, au barreau, étoient lumineuses et entendues avec intérêt. Le clergé de France, dont il avoit sollicité et obtenu la clientelle, se félicitoit de lui avoir accordé sa confiance.

Il n'est donc pas étonnant que les électeurs ayent remarqué un homme généralement estimé de ses confrères, et justifiant la confiance du premier ordre de l'état.

Malgré ces avantages, M. Camus, jusqu'à l'époque où le roi convoqua les députés des bailliages, ne se montra point avide de gloire; il se rendoit justice; il ne se dissimuloit point que, dans une ville qui renferme tant d'hommes de mérite, dont les uns réunissent, à leurs talens naturels, ou les richesses, ou l'intrigue, ou le bonheur; il lui étoit difficile d'occuper de lui la renommée. Mais à l'instant, où tout commença à se bouleverser, il manifesta, non pas l'envie, mais la fureur de paroître, il l'a crut ou feignit de la croire un enthousiasme patriotique; il prit pour des vérités, les erreurs de son amour-propre, et pour du courage, l'opiniâtreté.

Ce fut, avec ces dispositions, que M. Camus se présenta parmi les électeurs, et ensuite aux états-

---

(1) Voyez les grands hommes du jour, 1.re part. pag. 54 et suiv.

généraux, mais il n'eut pas, comme M. Target, la sotte présomption de croire tout savoir, sans avoir rien appris. Brûlant de se faire connoître, il eut la prudence d'attendre que la distribution qui se feroit des travaux de l'assemblée, lui montra le genre où il lui seroit plus aisé de recueillir des succès qui le menassent à la célébrité qu'il ambitionnoit.

Ne pouvant faire preuve d'acquit, il voulut faire au moins preuve de patriotisme; il se lia avec les plus ardens révolutionnaires, et, quoique dans toute la maturité de l'âge, il entra dans leur sens avec tout l'aveuglement, et toute la fougue d'un jeune homme sans expérience.

Son opinion, sur la motion de M. l'abbé Sieyes, ne fut remarquable, que parce qu'elle donna à connoître avec quelle ardeur il seconderoit les ennemis de la monarchie. A peine s'arrêta-t-il à prouver que la dénomination, imaginée par cet ecclésiastique, étoit la seule à adopter; mais il parla fort au long de la proposition qui avoit été faite d'un emprunt. C'étoit pour lui une trop belle occasion de faire éclater ce qu'il croyoit être le feu du patriotisme, pour qu'il la laissât échapper. Il s'exprima donc ainsi :

« Avec quel étonnement ai-je entendu prononcer parmi nous le mot d'emprunt? Quoi! nous ne sommes rien encore, et nous commencerions le bien que chacun de nous se vante de faire, par consentir un impôt, par violer le serment que nous avons tous fait, de n'accorder aucun subside, tant que la liberté, la propriété et la sûreté publique ne reposeront pas sur des bases immuables! Nous ne sommes rien, et nous priverions la nation des ressources que la providence lui préparoit pour secouer le joug du despotisme. Nous ne sommes rien, et nous lui ferions tout le mal que ses plus cruels ennemis, que les vainqueurs les plus barbares pourroient lui faire »!

« Et quel est le motif de cet emprunt? C'est, vous a-t-on dit, de mettre le roi de notre côté; c'est de dissiper ces intrigues sourdes et secrettes dont les communes seroient incessamment victimes; c'est, en un mot, de rendre notre cause plus favorable. Notre cause est juste, et nous avons pour nous le témoignage de notre conscience. Le roi n'est pas moins juste, et comme la justice est une, il ne peut être contre elle. Mais il est obsédé, trompé, s'écrie-t-on, est-ce pour cela qu'il faut acheter sa faveur? Si, par un emprunt modique, vous cherchez à l'acquérir, la noblesse, le clergé, ligués ensemble, en consentiront un plus considérable pour mettre, à leur tour, le roi de leur côté; et c'est alors qu'ils vous diront que vous vous opposez à leur générosité, à leur désintéressement. Non, ne songeons pas à mettre la faveur du roi à l'encan : notre parti est celui de la raison et de l'équité; et honorons assez notre monarque pour croire que ce n'est pas à prix d'argent; qu'on lui fait embrasser la défense de la justice ».

Sur un autre article, qui intéressoit l'autorité royale, M. Camus ne montra pas moins d'empressement à s'enfoncer dans les nouvelles opinions, et ici il eut à lutter contre le comte de Mirabeau lui-même, que chacun croyoit alors sincèrement ami du peuple, et qui réellement ne le fut jamais, que lorsqu'il ne put mieux faire; il eût, dès ces premiers instans, abandonné tout son plan de révolution, si la cour eût voulu le placer dans le conseil, et parmi les ministres. Il chercha à s'en faire estimer et redouter, et travailla en même-tems à se ménager la confiance du parti démocratique. C'est dans l'art de flotter entre ces deux extrêmes, et de lier ses intérêts personnels à la cause qui devoit triompher, que cet homme a vraiment excellé.

Ses fougueuses déclamations contre l'administration, le clergé, la noblesse, la magistrature, étoient en effet très-propres à persuader ces corps; qu'il leur étoit avantageux de se l'attacher, en même-tems qu'elles devoient beaucoup flatter la multitude. Mais son idée de constituer la chambre du tiers-état en assemblée des représentans du peuple, n'étoit point trop républicaine, et laissoit toujours, à la cour et aux deux premiers ordres, un moyen de revenir contre les décisions d'une pareille chambre.

On ne pouvoit en effet jamais entendre, par le mot peuple, que cette portion du royaume placée au-dessous des deux premiers ordres; lui-même ne l'entendoit pas autrement, car M. Thouret lui ayant fait observer que si ce mot répondoit à *Populus*, il étendroit trop l'intention de la chambre, il répondit que le mot peuple embrassoit la plus grande partie de la nation. Or, cette plus grande partie ne pouvoit donner, à l'autre, une constitution à laquelle cette autre n'auroit pas consenti. C'est le principe de tous ceux qui ont écrit sur l'organisation des sociétés, et en particulier de J. J. Rousseau (1). Le comte de Mirabeau, en adoptant le mot du peuple, ménageoit donc au roi, au clergé et à la noblesse, une ressource contre les opérations de la chambre du tiers-état.

Il y a plus : cet homme qui, mieux qu'aucun autre, a mérité le surnom de Protée, mêla à son opinion, des observations sur le *veto* royal, qui ne s'allioient

_____

(1) Dans ses considérations sur le gouvernement de Pologne, il dit : « Quand il s'agit de législation, on peut exiger les trois quarts au moins des suffrages, les deux tiers dans les matières d'état, la pluralité seulement pour les élections et autres affaires courantes et momentanées; les états-généraux étoient composés de douze cents membres, il falloit donc neuf cents voix en matière de législation. Que d'articles on retrancheroit de notre nouveau code, si on n'y laissoit subsister que les articles qui ont subi cette épreuve?

guères avec sa popularité. Il fit clairement entendre que quelle que fût la constitution que le tiers-état se donneroit, elle avoit besoin de la sanction du roi.

« Pensez-vous, dit-il, qu'il ne faut pas la sanction du roi, pour vous constituer ? Si le contraire pouvoit arriver, je le dis avec vérité, j'aimerois mieux vivre à Constantinople. Vous formeriez une assemblée de douze cents législateurs et de souverains, qui tomberiez bien vîte dans l'aristocratie ; ou plutôt, non, la scission vous diviseroit, la discorde vous séparerait sans avoir seulement l'honneur d'une guerre civile. Vous vous mettriez sous le joug du despotisme ; vous n'auriez plus de roi, vous auriez un maître. Si le roi, par son *veto*, vous arrête dans votre marche, vous avez à lui opposer le vôtre contre ses projets : l'un et l'autre se balancent, et produisent l'équilibre ».

Tout est précieux dans ce peu de mots, et j'aime mieux laisser à mon lecteur le plaisir d'étendre les réflexions qu'il lui suggéreront, que de le faire moi-même.

Ce fut contre ce formidable *veto* qui pouvoit rendre la constitution de la chambre du tiers-état nulle, que M. Camus essaya de combattre ; mais que ses armes étoient inégales à celles de M. de Mirabeau !

« Pourquoi nous parler, dit M. Camus, de la sanction du roi, de son *veto* ? Son *veto* peut-il empêcher que le fait que nous énoncerons, que la vérité que nous publierons, ne soit toujours une, et toujours immuable ? Son *veto* peut-il empêcher que nous soyons ce que nous sommes, et ce que nous devons être ? La sanction royale ne peut changer l'ordre des choses, altérer leur nature. Nous sommes les représentans vérifiés de la nation; il ne peut faire que nous ne le soyons pas; il peut nous défendre, nous forcer à ne point exercer les droits que nous donne ce titre; mais ce titre, il ne peut nous l'enlever ».

C'étoit-là du verbiage, et dans ce verbiage, il n'étoit pas une seule vue ; les raisons de M. de Mirabeau restoient dans toute leur force. Un député lorrain, qui se déclara aussi pour la motion de M. l'abbé Sieyes, voulut, comme M. Camus, combattre le *veto* présenté par M. de Mirabeau, et il le fit avec l'arme de l'ironie.

« Il est inutile, dit ce député, de demander la sanction royale ; son défaut, quoiqu'en dise M. de Mirabeau, n'amènera pas le despotisme. Les alarmes de M. de Mirabeau, et ses craintes sur l'anarchie, dont il menace la nation, ne seront pas l'effet de l'autorité législative résidant dans la nation. Loin de retomber dans le despotisme, on retomberoit plutôt dans les malheurs de la guerre civile. Ce seroit alors que la nation en auroit l'honneur ; ce seroit alors que M. le comte de Mirabeau, qui, descendant du rang où la naissance l'avoit placée, n'a pas craint de descendre au milieu de la nation, pour défendre ses intérêts, ne balanceroit sans doute pas de se montrer à sa tête pour la protéger de son courage, et opposer sa poitrine aux coups qu'on voudroit lui porter ».

Cette fade plaisanterie ne produisit pas même l'effet qu'en attendoit celui qui la faisoit, car elle n'éleva aucun nuage sur le patriotisme de M. de Mirabeau, dont la destinée, depuis l'ouverture des états-généraux, fut d'être encensé par la multitude, en la trompant toujours.

Tels furent donc ceux qui combattirent pour M. l'abbé Sieyes ; M. Touret se rangea du bord de M. Mounier, et M. de Mirabeau se vit seul du sien.

M. Malouet voulut prendre part au combat, et défendre lui-même son opinion personnelle, puisque personne ne se présenroit pour prendre sa défense. Comme on savoit d'avance ce qu'il avoit à dire ; comme la dénomination qu'il avoit imaginée, ne différoit que par une légère nuance, de celles présentées par MM. de Mirabeau et Rabaud, il fut écouté avec la plus grande défaveur, et la plus vive impatience.

Il faut convenir que ce que M. Malouet avoit à dire, ne pouvoit être d'aucun intérêt, par ce que chacun s'attendoit qu'il alloit répéter ce qu'il avoit dit au long dans la séance du 7. On avoit entendu MM. de Mirabeau et Rabaud disserter, l'un, sur la dénomination de *représentans du peuple* ; l'autre, sur celle de *représentans du peuple de France* ; M. Malouet se présentoit avec la dénomination de *représentans du peuple François* ; il étoit assez naturel de croire qu'il remettroit au jour la plus grande partie des raisons qui avoient été développées en faveur des deux premières opinions.

M. Malouet d'ailleurs arrivoit au combat, après une foule d'athlètes ; on étoit las, excédé de motions ; il étoit dix heures du soir, et on étoit sur les bancs depuis neuf heures du matin. La fatigue et le peu d'intérêt qu'on attendoit de la motion de M. Malouet, justifioient donc en quelque sorte l'impatience qui éclata contre lui ; mais rien n'excusoit l'indécence, la prévention, la mauvaise humeur qu'on manifesta ; sans compter que c'étoit de bien bonne heure enchaîner la langue des orateurs qui déplaisoient à la multitude. Aussi est-ce avec raison que M. Malouet, outré de cette injustice, s'écria :

« De quel droit, pourriez-vous refuser de m'entendre ? Nous sommes ici, pour nous communiquer nos idées, pour former de toutes nos opinions un résultat sagement combiné ; et certes, c'est un devoir d'entendre son concitoyen, lorsqu'il dit ce qu'il pense, ce qu'il sent, et qu'il croit saisir et vous démontrer la vérité. Ce n'est pas le vain murmure d'une assemblée, que je redoute ; je ne crains que celui de ma conscience ».

Ces représentations ne lui ramenèrent point les esprits, et tout le tems qu'il mit à lire son opinion se passa en conversations particulières et bruyantes. On l'écouta si peu, que lorsqu'il eut fini de parler, on crut qu'il avoit voté pour la dénomination de représentans des communes, quoique, comme je l'ai dit, il eut adopté celle de représentans du peuple François.

Ce qu'il y a de vraiment remarquable dans ces débats, c'est qu'il n'y est nullement question d'assemblée nationale. Le seul mot en causoit une telle frayeur, que les plus ardens novateurs n'osoient le prononcer. Le 15 juin, à onze heures du soir, il n'en avoit point encore été question, & cependant on parloit fortement de ne pas désemparer, sans s'être constitué. A quoi tient la destinée des empires ? à un mot, car si on se fut constitué, dans la nuit du 15, nous n'avions pas d'assemblée nationale, & de toute autre dénomination, on n'eût pas tiré les effroyables conséquences qui ont couvert d'un long deuil l'empire François.

Ce qu'il y a de non moins étrange, c'est que toute la matinée du 16, se passa encore en débats dans lesquels il ne fut pas plus question, que les jours précédens, d'assemblée nationale ; et ceux qui ont assisté à cette séance du 16 au matin, doivent se rappeler que, lorsque M. Legrand, député de Châteauroux, annonça qu'il avoit à faire une motion toute différente de celles sur lesquelles on disputoit, il causa un étonnement qui tenoit de l'effroi. On sembloit craindre qu'il ne prononçât le redoutable mot d'assemblée nationale ; on lui disputa long-tems la parole, et ce ne fut qu'avec la plus grande peine qu'il put l'obtenir. Son opinion, au reste, ne fut pas plus dangereuse que celles auxquelles il vouloit la faire préférer. Il proposa tout simplement de se constituer en *assemblée générale*. Il est vrai qu'en finissant, il engagea l'assemblée à déclarer qu'elle ne pouvoit être arrêtée dans aucune de ses délibérations, par aucun prétendu droit de *veto* distinctif de l'indivisibilité d'une assemblée nationale.

Cette proposition étoit trop innocente, pour produire aucune sensation ; elle tomba absolument.

La séance du 16 au soir commença comme celle du matin. Les trois principales dénominations furent tour-à-tour défendues avec opiniâtreté par ceux qui les avoient imaginées. M. l'abbé Sieyes retourna la sienne dans tous les sens, considéra toutes les objections qui lui avoient été faites ; et plus il discuta, plus il trouva de raisons, pour s'en tenir à son premier avis ; il ne témoigna pas le plus léger désir d'adopter la dénomination d'assemblée nationale.

M. Mounier, à son tour, défendit sa motion, et repoussa celle de M. l'abbé Sieyes, par ces considérations :

« Depuis que les hommes délibèrent, ils doivent céder, obéir à la voix de la majorité, nonobstant les refus, les oppositions de la minorité : or, en vous constituant en assemblée composée de *la majorité, en l'absence de la minorité*, vous aurez incontestablement le droit de tout faire, de tout décider, puisque vous êtes la majorité, et ce droit ne dérivera pas de la constitution que vous présente M. Sieyes ».

« Il est encore un autre argument ; c'est que vous serez forcés d'abandonner le titre qu'il vous présente, puisqu'il ne vous appartiendra pas à vous seuls, puisque les autres chambres se disent vérifiées, et que vous leur laissez le droit de le dire ».

Ce dernier argument étoit en effet sans réplique.

M. de Mirabeau voulut, à l'exemple de MM. Sieyes et Mounier, présenter sa motion sous un nouveau jour. C'étoit pour la troisième fois qu'il en entretenoit l'assemblée. Aussi, dès qu'il voulut ouvrir la bouche, les uns demandèrent qu'on lui refusât la parole ; les autres crièrent aux voix ; son opiniâtre patience fatigua tous les partis ; il fallut qu'on l'entendît, et certes son discours ne méritoit pas d'être dédaigné. Mes lecteurs me sauront gré de le placer ici ; ils le liront avec intérêt.

« Les motions tant répandues, tant exaltées ont des inconvéniens que la mienne n'a pas, et il me semble que la mienne a des choses précieuses que je ne trouve pas dans les autres ».

« Toutes ont les mêmes rapports, saisissons-les ».

« La nécessité de se constituer promptement et en assemblée active, voilà déjà un premier principe qui est dans toutes les motions, et il est consacré dans la mienne avec des étais plus solides et des racines plus profondes ».

« Il existe encore dans toutes les motions, les principes suivans ».

« 1°. La connoissance de l'assemblée présente, qui n'est pas l'assemblée générale ».

« 2°. Il faut une autre dénomination qu'états-généraux ».

« 3°. Il faut prévenir toute division par chambre, tout veto ».

» Sur ces points, toutes les motions sont communes ; mais en quoi différent-elles ? Le voici ».

« 1°. En ce que M. l'abbé Sieyes donne un nom peu intelligible, le nom des représentans connus et

vérifiés

vérifiés ; nom qui donnera lieu à de grands débats et à des contestations ; j'en donne un autre plus simple, plus à la portée des citoyens ».

« 2°. On donne un nom qui peut convenir aux autres ordres, puisqu'ils peuvent se dire les représentans légitimes de la nation. Et effectivement, si vous allez chez le roi, paré de ce titre, vous distinguera-t-il des autres ordres qu'il a convoqués, appelés, présidés comme vous ? Croyez-vous d'ailleurs, que le roi approuvera le mot légalement ? Ils sont députés comme vous ; le roi les reconnoît comme députés ; et prétendez-vous leur ôter ce caractère ? cela n'est pas possible ».

« Or, par la dénomination que je vous donne, j'évite tous ces inconvéniens ».

« Quant à la motion par laquelle on vous propose de vous constituer les représentans de la majorité, cette dénomination seroit vicieuse, parce que ce seroit supposer qu'il existe une seconde assemblée ».

« Quant à la motion de M. l'abbé Sieyes, je me suis déjà expliqué sur ce point. Je me contenterai de vous faire une question : je vous demanderai si la constitution, proposée par M. l'abbé Sieyes, empêchera le clergé et la noblesse de s'assembler, d'user du veto, le roi de le reconnoître ? Vous êtes forcés de convenir que vous êtes convoqués en état-généraux, pour composer l'assemblée des ordres. Que vous reste-t-il donc à faire, à vous, les représentans du peuple, à vous, les hommes du peuple, si ce n'est à vous déclarer l'assemblée du peuple ? C'est précisément parce que ce mot est couvert de la rouille du préjugé, parce qu'il est prononcé avec mépris ; c'est précisément pour cela qu'il faut l'ennoblir, le faire respecter aux ministres, le rendre cher au roi ; c'est pour cela qu'il faut tirer ce peuple de l'humiliation, ce peuple qui est tout, dont nous sommes les représentans. Représentans du peuple, oserez-vous bien dire que vous avez repoussé ce mot de peuple... ? »

Ce reproche souleva contre l'orateur une nombreuse partie de ses co-députés. *Il semble*, s'écrioient les uns, *vouloir nous dénoncer à la nation entière, — Il nous outrage*, disoient ceux-là. — *Appartient-il*, demandoient d'autres députés, *à un homme qui vient défendre notre cause, qui vient se placer parmi nous, de nous insulter ?*

Ces plaintes n'empêchèrent point Mirabeau de continuer son discours, dont il ne fut plus possible d'entendre un seul mot, à cause du bruit effroyable qu'il avoit excité dans l'assemblée. Lorsqu'il l'eut terminé, il fit un effort sur lui-même : élevant et grossissant sa voix, il s'écria : « si ce morceau de mon discours est coupable, je ne crains pas de l'avouer, je le laisse, signé de ma main, sur le bureau ».

Ce discours doit être mis au nombre de ceux qui font le plus d'honneur à la mémoire de Mirabeau ; il y combat, avec une logique victorieuse, les deux motions qu'il vouloit faire rejetter ; mais il n'établit pas la sienne avec le même succès. Les objections qu'il produisoit contre ses adversaires, on pouvoit également les produire contre lui ; car certainement la constitution de la chambre du tiers-état en assemblée des représentans du peuple, n'empêchoit pas le clergé et la noblesse de s'assembler, d'user du veto, le roi de le reconnoître.

Certainement, pouvoit-on dire encore à M. de Mirabeau, en le combattant par ses propres paroles, vous êtes forcé de convenir que vous êtes convoqués en états-généraux, pour composer l'assemblée des ordres. Que vous reste-t-il donc à faire, à vous, les représentans du tiers-état, à vous, les hommes du tiers-état. Si le mot peuple, auroit-on pu ajouter à M. de Mirabeau, est synonyme à tiers-état, il est superflu ; s'il dit plus, c'est un mensonge.

Pour être, d'ailleurs, rigoureusement vrai, il ne falloit pas même se contenter de la dénomination d'assemblée du tiers-état ; il falloit adopter celle d'assemblée des représentans du tiers-état, parce que c'étoit une erreur de confondre le représenté avec les représentans, et cette erreur ne convenoit pas à des hommes qui alloient se donner en spectacle à l'Europe entière.

Mirabeau étoit trop éclairé pour croire que, si l'on adoptoit sa dénomination, on préviendroit une scission entre le troisième et les deux premiers ordres ; il est probable, d'après tout l'ensemble de sa vie, qu'il ne tenoit si fort à ce mot peuple, que parce qu'il se promettoit de faire, avec ce même mot, de grandes choses. Dans combien d'occasions n'eût-on pas invoqué, contre la cour et contre les corps, la mensongère maxime, *vox populi vox Dei* ? Si l'on médite, enfin, le discours de Mirabeau, on n'aura aucun doute qu'il ne regardât l'instant où sa dénomination seroit admise, comme l'instant où, pour me servir de ses expressions, nous aurions l'honneur d'une guerre civile. D'un autre côté, si les événemens, qu'amèneroit ce changement de nom, le poussoient à la cour où il avoit toujours eu l'ambition de jouer un rôle, il n'auroit pas manqué de crier que la volonté du peuple ne pouvoit pas enchaîner celle du reste de la nation.

De toute manière, Mirabeau, à l'instant où sa proposition auroit été agréée, et dans quelque parti qu'il se jettât, mettoit aux mains le peuple et les deux premiers ordres ; il couvroit la France de sang et de ruines ; il ne pouvoit du moins attendre d'autres succès de sa victoire. Sous ce rapport donc, sa motion, comme je l'ai dit plus haut, étoit celle d'un forcené.

Au point cependant où la discussion étoit arrivée, il n'y avoit plus rien à dire ; la matière se trouvoit

F

épuisée; il falloit se décider à un parti, et opter entre les trois dénominations. Il étoit tard; la séance touchoit à sa fin; on se regardoit; on alloit mettre aux voix, et il n'étoit point question encore d'assemblée nationale. Cela ne doit-il pas paroître étrange, et ne confirme-t-il pas ce que dit M. Malouet, que les plus zélés promoteurs de cette dénomination trembloient d'en faire la proposition?

Je conçois, et mes lecteurs concevront comme moi, les motifs de cet effroi; mais je n'ai jamais pu découvrir quelle raison avoit subitement fait passer par dessus la terreur.

Comme on alloit donc faire un choix, tout-à-coup, M. l'abbé Sieyes se lève, et annonce qu'il a un très-grand changement à faire dans sa motion; ce changement étoit, en effet, très-grand; car, comme le dit naïvement le journal de Paris (1), il faisoit de la première proposition, une proposition différente. M. l'abbé Sieyes, ayant obtenu du silence par cette annonce imprévue, relut sa première motion; mais aux mots *députés vérifiés*, il substitua ceux, *assemblée nationale*. Le voilà donc prononcé ce mot effroyable, et à peine il le fut, que la consternation s'empara des membres de l'assemblée, qui ne s'étoient point attendus qu'on en viendroit jamais là.

Si l'on me reprochoit que j'insiste trop sur la naissance de ce mot, je prierois de considérer que c'est le point de l'histoire que j'écris, le plus essentiel à éclaircir. On doit bien voir en effet que cette naissance n'est point naturelle, et qu'elle est le fruit d'une intrigue qui, jusqu'au moment où elle éclata, laissa dans la sécurité les meilleurs esprits de la chambre du tiers-état.

Quel manège! M. l'abbé Sieyes, qui se proposoit de frapper ce coup, semble n'en avoir pas même l'idée; il ne cesse, jusqu'au dernier moment, de plaider en faveur de la dénomination de députés vérifiés. Tous ceux qui tiennent pour son parti, parlent pour la même dénomination. M. Target, qui en est l'âme, approuve et change lui-même quelques expressions d'une adresse au roi, rédigée par M. Malouet, et dans laquelle tout est contraire à la dénomination d'assemblée nationale.

Enfin, au moment où, comme le dit encore très-naïvement le Journal de Paris (2), *les esprits et les voix paroissoient épuisées*, M. l'abbé Sieyes jette cette pomme de discorde; elle est ramassée par la moitié de l'assemblée, qui, sur le champ, crie *aux voix*.

Que vouloit-on mettre aux voix? M. l'abbé Sieyes retirant sa première motion, pour lui en substituer

(1) N°. 169, jeudi 18 juin, 1789.
(2) *Ut supra*.

une absolument différente, il restoit à choisir entre les trois suivantes:

Se constituer en assemblée nationale.

Se constituer, l'assemblée du peuple de France.

Se constituer, la plus grande partie de la nation.

C'est sur l'option, entre ces trois propositions, qu'une partie de l'assemblée vouloit qu'on allât, sur-le-champ, aux voix; l'autre partie, qui voyoit naître une nouvelle dénomination dont il n'avoit jamais été question, ne concevoit pas qu'on pût la mettre aux voix, sans l'avoir discutée un seul instant. Depuis quand, en effet, dans une assemblée délibérante, s'avise-t-on d'admettre une proposition dont les conséquences sont évidemment d'un intérêt majeur, avant de l'avoir débattue?

La partie étoit trop bien liée; cette réflexion ne fut pas produite, et l'eût-elle été, elle n'eût pas prévalu. La majorité fut pour qu'on fermât la discussion.

La discussion fermée, une portion de l'assemblée demanda que, sans désemparer, on prononçât sur la nouvelle dénomination de M. l'abbé Sieyes; l'autre portion s'y opposa fortement; ce qui excita le plus violent tumulte, et des débats qui se prolongèrent jusqu'à minuit.

Mais au moment où l'assemblée se trouva ainsi partagée sur ce dernier article, il arriva, ou par hazard, ou par l'effet de quelque nouvelle menée, que ceux qui admettoient la constitution en assemblée nationale, et ceux qui la rejettoient, furent divisés par le bureau du président, en deux sections. M. Malouet, qui fit cette découverte, demanda qu'avant tout on s'assurât paisiblement de quel côté étoit la majorité, et que dans le cas où la constitution en assemblée nationale, prévaudroit seulement de cinquante voix, on se réunit à l'instant; et que l'arrêté fût adopté et signé à l'unanimité.

C'étoit un mouvement de générosité qui faisoit parler ainsi M. Malouet; il trouvoit convenable que tous les membres de l'assemblée courussent la même fortune; mais ce mouvement de générosité, et ce motif prouvent combien une partie considérable de l'assemblée trouvoit de danger à s'enfoncer dans la route que venoit d'ouvrir M. l'abbé Sieyes.

Tout est bisarre dans les premiers momens où l'assemblée nationale a été enfantée; il n'est pas certain qu'elle eût vû le jour, si l'offre de M. Malouet eût été acceptée, car en comptant bien les voix, on eût trouvé peut-être qu'il y en avoit plus pour rejetter, que pour admettre la constitution en assemblée nationale.

Ceci n'est pas une conjecture: à peine en effet M. Malouet eût-il fait cette ouverture, qu'il fit pâlir tout le parti contraire; on lui vomit, du haut des galeries, des injures, des menaces; on lui cria bien distinctement : *taisez-vous, mauvais citoyen*. On ne s'en tint pas aux invectives, on en vint aux effets, car tout-à-coup, deux étrangers fondirent vers le côté de la salle où se trouvoit M. Malouet, et croyant peut-être s'adresser à lui, saisirent au collet un autre député. Celui-ci, et ses voisins, crièrent à la garde; la garde ne vint pas, mais les étrangers disparurent, et cette violence n'eut aucune suite.

Ce fait, que M. Malouet a consigné dans sa lettre à ses commettans (1), et sur lequel j'invoque le témoignage de tous ceux qui en ont été témoins, est bien important pour ceux qui tiennent à l'ancienne constitution; il leur est une preuve que ceux qui nous en ont donné une nouvelle, n'ont pu y parvenir qu'en violentant les suffrages de la manière la plus scandaleuse, et si la violence frappe de nullité les conventions entre individus, à plus forte raison anéantit-elle les actes qui changent la forme des empires.

Ceux qui rejettoient la constitution en assemblée nationale, indignés de la scène qui venoit de se passer, retirèrent la proposition de compter les voix, et donnèrent énergiquement un avis négatif. Je ne peux pas dire au juste le nombre des députés qui crièrent ce *non*, mais je peux certifier qu'il passoit deux-cents.

Ceux qui tenoient pour la constitution en assemblée nationale, ne montrèrent pas la même fermeté. On se divisa par pelotons; on perdit le tems, quoiqu'il fut plus de minuit, en colloques particuliers; un grand nombre même de députés sortit de la salle. La nuit avançoit, et on ne prenoit aucune résolution.

Enfin M. Biozat, forçant sa voix, et la faisant dominer sur toutes les conversations particulières, s'écria :

« Nous allons nous constituer, messieurs; une telle action doit être faite en plein jour, avec tous nos co-députés, en présence de la nation. Vous connoissez mes sentimens; ne délibérons que demain; mais si vous le voulez, pour donner un grand exemple de persévérance, attendons ici les membres qui se sont déjà retirés ».

« Nous pouvons toujours, cria un député à M. Biozat, commencer l'appel, et nous le continuerons à mesure que les députés retirés rentreront ».

Ce n'étoit pas là le compte de ceux qui ne croyoient pas le moment propice pour vérifier les voix; aussi M. Biozat répliqua-t-il :

« Non, non, il ne faut pas être généreux à demi; cette petite formalité ne convient pas à une aussi auguste assemblée ».

Cette réplique à peine faite, il se fit encore un grand vuide dans la salle; de nouveaux membres en sortirent. De sorte que je ne doute point que si, dans cette nocturne séance, on eût décidé le rejet de la constitution en assemblée nationale, cette décision n'eût été infirmée le lendemain par les absens, parce que pendant le reste de la nuit, ils n'auroient pas manqué de protester contre l'arrêté pris en leur absence, en alléguant qu'ils n'y avoient point participé par leur délibération.

Ce fut donc dans la séance du 16 Juin, que, pour la première fois, on proposa de se constituer en assemblée nationale; le silence que l'on avoit gardé dans les précédentes séances, sur cette dénomination, est d'autant plus extraordinaire que dans le particulier, les députés du tiers-état, qui étoient au courant des affaires, ne faisoient pas mystère de l'intention où l'on étoit d'en venir là.

Ce fut un ecclésiastique, un prêtre plutôt mal famé que considéré dans son ordre, un homme entièrement dévoué au premier prince du sang, un écrivain jusquelà ignoré, qui proposa cette dénomination. Je fais cette remarque, parce que dans une époque aussi effrayante pour la monarchie françoise, tout est remarquable.

Avant de raconter le dénouement de cette intrigue, je dois dire à mes lecteurs quelle conduite tenoient la cour, le clergé, la noblesse, pendant que les nuages s'amonceloient sur leurs têtes, et qu'un déluge de maux alloit tout engloutir.

(1) Page 15.

F 2

CHAPITRE XXVI.

Réponses du roi à la noblesse et au tiers-état; conduite du clergé et de la noblesse; mauvais accueil fait, par le tiers-état, aux députés gentilshommes; détails de la fameuse journée du 17; arrêté par lequel l'assemblée des députés du tiers-état se constitue assemblée nationale; premiers officiers de l'assemblée; nouvelles députation de la noblesse; comment elle est accueillie; premier serment prêté par l'assemblée des députés du tiers-état; impression que fait, sur les spectateurs, cette cérémonie; premier essai que l'assemblée nationale fait de son autorité; mot de M. l'abbé Sieyes sur cette journée du 17; observations sur les deux arrêtés pris dans cette journée; effet qu'ils produisent à la cour et dans les trois ordres; première époque du règne de la terreur en France; scission dans la chambre du clergé; efforts de M. l'abbé Maury pour en empêcher les suites; ses prédictions; tableau qu'il trace du tiers-état; réflexions sur ce tableau; véritable idée qu'il faut se faire du tiers-état à l'époque où parloit M. l'abbé Maury; réflexions sur la manière dont l'assemblée des députés du tiers-état s'est trouvée organisée; portrait de M. l'abbé Maury; principaux traits de sa vie publique et privée; erreur de ceux qui le comparent au comte de Mirabeau.

Suite de Juin 1789.

La cour étoit toujours à Marly, le roi enseveli dans les réflexions, la reine dans la douleur. Les ministres et les grands paroissoient occupés d'un grand travail; rien ne transpiroit; ils gardoient mieux le secret, que n'avoit su le garder, dans le cours de son funeste ministère, M. de Brienne, que ses propres favoris trahissoient (1). Un vaste silence régnoit autour du roi; l'accès du trône étoit difficile; on ne paroissoient chez les seigneurs, chez les simples particuliers, même qui étoient attachés à la cour, par leurs places, qu'avec des précautions mystérieuses.

Il étoit évident que la cour alloit enfin se déterminer à une résolution; mais le roi n'en laissa rien

---

(1) C'est ici le lieu de rectifier une erreur qui se trouve, dans la première partie de cette histoire, page 13, première colonne. Il y est dit que le secret des opérations, relatives au lit de justice, où fut établi la cour plénière, avoit été connu de M. d'Eprémesnil, au moyen d'une boule de terre glaise, qu'on jetta par les fenêtres de l'imprimerie royale, et dans laquelle se trouvoit une épreuve des édits. Ce fait, qu'on trouve dans toutes les feuilles du tems, notamment dans le courrier de l'Europe, et qui me fut écrit de Versailles, est absolument faux. Jamais M. d'Eprémesnil ne se seroit prêté à aucun moyen de corruption; il le déclara mille fois à cette époque, et dans le sein de sa compagnie, et dans le sein de ses amis. Voici à cet égard, l'exacte vérité. Quelques membres du parlement, au nombre desquels étoient M. d'Espré-

deviner, ni dans la réponse qu'il fit au second ordre qui lui avoit communiqué ses arrêtés, ni au troisième qui lui avoit fait part de sa détermination à se constituer. Il répondit ainsi à la noblesse :

« J'ai examiné l'arrêté de l'ordre de la noblesse ; j'ai vu avec peine qu'elle persistoit dans les réserves et modifications qu'elle avoit mises au plan proposé par les commissaires. Plus de déférence de sa part auroit peut-être amené les conciliations que je désirois ».

On triompha d'abord dans le tiers-état, de cette réponse ; on crut y voir que le roi étoit réellement indisposé contre le second ordre ; mais le tiers-état lui-même ne sut plus que penser, lorsqu'à son tour, il reçut cette réponse adressée à M. Bailly :

« Je ne refuserai jamais, monsieur, de recevoir aucuns des présidents des trois ordres, lorsqu'ils seront chargés d'une mission auprès de moi, et qu'ils m'auront demandé, par l'organe usité de mon garde-des-sceaux, le moment que je veux leur indiquer. Je désapprouve l'expression répétée de *classes privilégiées*, que le tiers-état employe pour désigner les deux premiers ordres. Ces expressions inusitées ne sont propres qu'à entretenir un esprit de division absolument contraire à l'avancement du bien de l'état, puisque le bien ne peut être effectué que par le concours des trois ordres qui composent les états-généraux, soit qu'ils délibèrent séparément, soit qu'ils le fassent en commun ».

« La réserve que l'ordre de la noblesse avoit mise dans son acquiescement à l'ouverture de conciliation faite de ma part, ne devoit pas empêcher l'ordre du tiers de me donner un témoignage de déférence ».

« L'exemple du clergé, suivi par celui du tiers, auroit déterminé, sans doute, l'ordre de la noblesse à se désister de ses modifications ».

« Je suis persuadé que plus les députés du tiers-état me donneront de marques de confiance et d'attachement, et mieux leurs démarches représenteront les sentimens d'un peuple que j'aime, et dont je ferai mon bonheur d'être aimé. A Marly, ce 16 juin ; signé *Louis* ».

Cette lettre étoit, toute entière, écrite de la main du roi ; elle donnoit clairement à entendre au tiers-état, que sa majesté n'étoit pas plus contente de lui que de la noblesse ; ce qui ne faisoit qu'accroître les incertitudes, sur l'opinion qu'on se faisoit à la cour de la tournure que prenoient les affaires, et sur les projets qu'on y méditoit ; mais, dans aucun des trois ordres, on ne doutoit que le roi, au défaut de sa médiation qui avoit été refusée, n'interposât bientôt son autorité, pour mettre fin à une querelle qui, au détriment des peuples, duroit depuis trop long-temps.

En attendant, le clergé se perdoit toujours en délibérations infructueuses, et se voyoit déchiré par des divisions intestines ; à toute heure, il se détachoit quelqu'un de ses membres, pour aller se réunir au tiers-état, dont cette défection secondoit merveilleusement les vues, parce qu'elle lui donnoit l'espoir de réunir, dans son sein, la majorité du clergé ; et qui pouvoit dire qu'il n'attireroit pas aussi, un jour, à lui la majorité de la noblesse ? Or, on ne peut disconvenir, qu'une assemblée qui auroit été composée du tiers-état entier, et de la majorité des deux premiers ordres, n'eût eu quelque droit de se dire l'assemblée des états-généraux.

Quoique dans la noblesse, il y eût aussi un parti nombreux, à la tête duquel étoit M. d'Orléans, prêt à se rendre dans la salle du tiers-état, tous les gentilshommes de ce parti restèrent à leur poste, aussi long-tems que leur chef, et ne le quittèrent point un à un, comme faisoient les ecclésiastiques. La chambre entière avoit, comme je l'ai dit, non-seulement terminé sa constitution ; elle avançoit encore avec activité dans celle du royaume, sous la présidence de M. de Luxembourg, la vice-présidence de M. le duc de Croï, et ayant pour secrétaires MM. le marquis de Bouthillier, le président d'Ormesson, de Chailloué, le comte de Sérent, et de Digoine, marquis du Palais.

Elle détourna, un moment, son attention de ce grand travail, pour la porter, ainsi qu'avoit fait le clergé, sur la misère des peuples, dont le sort devenoit, tous les jours, plus déplorable, par la disette des grains. Elle nomma des commissaires, pour s'occuper des moyens d'adoucir ce fléau, et envoya au tiers-état des députés, pour l'inviter à nommer, aussi de son côté, des commissaires pour le même objet.

Ces députés furent assez mal reçus par le troisième ordre. Ils arrivèrent précisément au moment où le

---

mesnil, avoient formé un comité pour y prendre des mesures sur les malheurs qu'on prévoyoit. Un des magistrats admis dans ce comité, rendoit un compte journalier et fidèle de ce qui s'y passoit, à M. de Brienne, à qui il avoit eu la lâcheté de se vendre. Ce conseiller, pour persuader à ses confrères qu'il n'avoit d'autre intention, en se rendant assidu auprès de M. Brienne, que de deviner ses projets, leur faisoit des demi-confidences, à l'aide desquelles il espéroit les convaincre, et de sa fidélité pour son corps, et de son adresse à la cour. Ce manège ne trompa point M. d'Esprémesnil ; il fit si bien jaser ce perfide confrère, que les demi-confidences furent, pour lui, à-peu-près des confidences entières. C'est de cette manière seulement, que M. d'Esprémesnil connut l'objet des travaux qui se faisoient à l'imprimerie royale. Il en sut une partie par le conseiller qui trahissoit le comité, et devina le reste.

comte de Mirabeau alloit prononcer ce discours par lequel il réfuta les motions de MM. Sieyes et Mounier sur la constitution de la chambre. Impatient d'être entendu, il demanda impérieusement qu'on fît attendre la députation des nobles, jusqu'à ce qu'il eût fini de parler. Il y eut donc quelque débats pour savoir s'ils seroient admis avant ou après le discours de M. de Mirabeau, et il dût paroître un peu nouveau à des hommes qui avoient l'honneur de représenter le second ordre, qu'on témoignât plus que de l'indifférence à les recevoir.

M. de Mirabeau, cependant, ne put obtenir qu'ils reçussent cette humiliation. Ils parurent avant qu'il commençât sa harangue; mais l'air pédantesque avec lequel M. Bailly les reçut, la morgue avec laquelle il les salua d'une inclination de tête, sans bouger de son fauteuil, durent leur paroître de véritables mortifications, en considérant, sur-tout, qu'ils étoient ainsi accueillis par des concitoyens qui n'avoient point à se plaindre d'eux, et qui, après tout, leur étoient inférieurs dans l'ordre de la société.

Ces députés étoient au nombre de six; M. le duc du Châtelet, leur orateur, fut écouté avec assez d'impatience; mais des murmures éclatèrent de toute part, lorsqu'il voulut parler des motifs louables qui avoient déterminé la noblesse à s'occuper de remédier aux maux dont menaçoit les peuples, la rareté des grains.

M. Bailly, conservant toujours toute la dignité d'un despote, leur fit cette laconique réponse:

» Dans ce moment, l'assemblée s'occupe de sa constitution; elle gémit, depuis long-temps, sur les malheurs publics; elle sent combien il est important d'y remédier, et elle prendra incessamment une délibération à cet égard ».

En se retirant, les députés gentilshommes entendirent plusieurs voix crier, qu'il ne falloit pas les accompagner; ce n'étoit pas les engager à correspondre souvent avec l'assemblée où ils recevoient un si sot accueil; c'étoit manquer aux premiers égards de l'honêteté, et attirer, sur les députés du troisième ordre, de pareils procédés, lorsqu'ils se présenteroient devant la noblesse.

Enfin, elle arriva cette journée, la plus mémorable, sans contredit, de toutes les journées depuis l'origine de la monarchie françoise; cette journée où les représentans du tiers-état, en se donnant une constitution, changèrent celle du royaume. La séance du 16 avoit fini bien avant dans la nuit; celle du 17 commença presque avec le jour. M. Bailly l'ouvrit par une exhortation à ne point la laisser finir sans consommer ce qu'il appela le grand œuvre de la constitution.

On commença, d'abord, par lire distinctement les différentes motions qui avoient paru réunir un plus grand nombre de suffrages. On convint ensuite que les voix seroient recueillies par ordre de bailliages, et que chacun donneroit la sienne en répondant simplement *oui* ou *non*. Il fut sur-tout convenu de ne point écrire son opinion, ce qui eût encore retardé le moment après lequel on soupiroit plus que jamais.

Toutes ces motions ayant été lues, et la majorité étant pour qu'on donnât la priorité à celle de M. l'abbé Sieyes, elle fut relue très-lentement, après quoi il fut décidé que ceux qui étoient d'avis de la rejetter, répondroient par *non*, et que ceux qui étoient d'avis de l'admettre répondroient par *oui*.

On commença donc l'appel des bailliages. Quel instant! quel spectacle que celui de cette vaste assemblée! comme les passions se peignoient sur les visages! comme les spectateurs, suivant le parti auquel ils étoient attachés, flottoient entre la crainte et l'espérance, à mesure qu'ils voyoient un député se lever! comme tous les yeux étoient collés sur lui, lorsqu'il ouvroit la bouche pour prononcer *oui* ou *non* ! comme, enfin, toutes les attitudes, tous les mouvemens changeoient, lorsque le mot étoit prononcé!

Le nombre des votans se trouva être de 569 (1); plus de 200 avoient, la veille, rejetté la proposition, et dans cette séance, ces 200 se trouvèrent réduits à 89. 480 l'adoptèrent, ce qui donna une majorité de beaucoup supérieures à celle qu'on auroient eue dans la dernière séance, si on y fût allé aux voix.

Le recensement des suffrages fini, M. Bailly déclara l'assemblée des représentans du tiers-état, assemblée nationale, en vertu du fatal arrêté qui fut adopté tel que je le consigne ici. On va voir qu'il ne ressemble guère au premier projet qu'avoit présenté M. l'abbé Sieyes, quoique le journal de Paris dise qu'il n'en différoit que par quelques modifications.

« L'assemblée délibérant, après le résultat de la vérification des pouvoirs reconnoît, que cette assemblée est déjà composée des représentans envoyés directement par les quatre-vingt-seize centièmes, au moins, de la nation ».

« Une telle masse de députation ne sauroit rester inactive par l'absence des députés de quelques bailliages, ou de quelques classes de citoyens; car les absens qui ont été appelés, ne peuvent point empêcher les présens d'exercer la plénitude de leurs droits, sur-tout lorsque l'exercice de ces droits est un devoir impérieux et pressant ».

« De plus, puisqu'il n'appartient qu'aux représentans

(1) Tous les journaux ont varié sur ce nombre; j'ai adopté celui qui se trouve consigné au procès-verbal de cette séance.

vérifiés de concourir à former le vœu national, et que tous les représentans vérifiés doivent être dans cette assemblée, il est encore indispensable de conclure qu'il lui appartient, et qu'il n'appartient qu'à elle d'interpréter et de présenter la volonté générale de la nation. Nulle autre chambre de députés, simplement présumés, ne peut rien ôter à la force de ses délibérations ; enfin il ne peut exister, entre le trône et cette assemblée, aucun *veto*, aucun pouvoir négatif ».

« L'assemblée déclare donc que l'œuvre commune de la restauration nationale, peut et doit être commencée sans retard, par les députés présens, et qu'ils doivent la suivre, sans interruption, comme sans obstacle ».

« La dénomination d'assemblée nationale est la seule qui convienne à l'assemblée dans l'état actuel des choses, soit parce que les membres qui la composent sont les seuls représentans légitimement et publiquement vérifiés, soit parce qu'ils sont envoyés *directement* (1) par la presque totalité de la nation; soit enfin, parce que la représentation nationale étant une et indivisible, aucun des députés, dans quelque ordre ou classe qu'il soit choisi, n'a le droit d'exercer ses fonctions séparément de la présente assemblée ».

« L'assemblée ne perdra jamais l'espoir de réunir dans son sein tous les députés aujourd'hui absens ; elle ne cessera de les appeler à remplir l'obligation qui leur est imposée, de concourir à la tenue des états-généraux. A quelque moment que les députés absens se présentent, dans le cours de la session qui va s'ouvrir, elle déclare d'avance qu'elle s'empressera de les recevoir et de partager avec eux, après la vérification de leurs pouvoirs, la suite des grands travaux qui doivent procurer la régénération de la France ».

« L'assemblée nationale arrête que les motifs de la présente délibération seront incessamment rédigés pour être présentés au roi et à la nation ».

Dès que cet arrêté eut été lu, et que M. Bailly eut déclaré que l'assemblée étoit définitivement constituée en assemblée nationale, toute la salle retentit du cri *vive le roi*, et ce cri, autrefois signal de l'allégresse et de la fidélité, ébranla cette fois le trône dans toutes ses bâses.

Ce premier mouvement d'enthousiasme passé, M. Bailly représenta que ses fonctions cessoient à l'instant où la chambre étoit constituée ; on accueillit l'observation; on le nomma provisoirement président; et ses adjoints au bureau, devinrent secrétaires :

_____
(1) Que veut dire ce mot *directement*? Est-ce que les députés gentilshommes et ecclésiastiques n'étoient pas aussi envoyés *directement* ?

(président, M. Bailly; secrétaires, MM. Camus, Pison du Galland).

Des députés de la noblesse qui attendoient, depuis une demi-heure, qu'on les introduisît, et qui avoient pu entendre les cris de *vive le roi*, furent alors admis. C'étoit venir se présenter à l'ennemi, au moment où il remportoit la victoire. Ils étoient chargés de présenter un nouvel arrêté sur la commission nommée par la noblesse, pour s'occuper des moyens propres à diminuer la cherté du pain; il leur étoit enjoint aussi de faire part, au tiers-état, de quelques difficultés survenues sur la députation d'Auxerre.

Le président, nouvellement créé, se trouva embarrassé sur la forme de sa réponse ; il ne falloit compromettre la dignité, ni de l'étrange puissance qui venoit d'être enfantée, ni de celui qui, par cet enfantement, se trouvoit, tout d'un coup, monté au premier poste de la nation; il est clair en effet que cette assemblée étant l'assemblée nationale, ou de la nation, celui qui la présidoit étoit le premier homme de la nation. Eh ! qui eût jamais dit à M. Bailly, qu'il seroit un jour le premier homme de son pays ?

Chacun travailla donc à la rédaction de cette réponse ; c'étoit une affaire importante; M. Mounier y eut plus de part qu'un autre ; on eut sur-tout grand soin de recommander au président qu'on venoit de créer, de bannir de sa réponse, les mots *j'ai l'honneur*, car il n'y avoit plus d'honneur à rendre à ceux dont les ayeux avoient si souvent mené à la victoire les ancêtres des membres qui siégeoient dans l'assemblée. Il fut donc convenu que les députés gentilshommes recevroient, et ils reçurent, en effet, la réponse suivante :

« Messieurs, *j'ai été chargé par l'assemblée nationale* de vous répondre que les députés du clergé et de la noblesse, ayant été invités à se rendre dans la salle nationale, pour faire la vérification commune des pouvoirs, elle ne désespère pas de les voir, bientôt, se présenter, dans cette salle pour faire cette vérification, et s'occuper en commun des moyens de venir au secours de la misère du peuple, dont *l'assemblée nationale* va s'occuper à l'instant ».

Les députés de la noblesse s'étant retirés, on donna le premier exemple de cette cérémonie sainte en elle-même, mais dont, dans la suite, on a fait un si fréquent, un si sacrilège usage; on se lia par un serment aux fonctions qu'on s'arrogeoit. Il n'y eut aucune difficulté, ni sur la prestation, ni sur la formule du serment; on disputa seulement, pendant quelques tems, pour savoir auquel des deux mots, roi et patrie, on donneroit la prééminence dans cette formule (1). M. Target l'emporta, et l'on adopta la rédaction qu'il proposa en ces termes :

_____
(1) Si je m'appésantis un peu sur ces détails, c'est que la plupart des journaux du tems, les ont tellement défigurés, qu'il m'est nécessaire de les développer

« Nous promettons et jurons à Dieu, à la patrie et au roi, de remplir avec zèle et fidélité les fonctions dont nous sommes chargés ».

Chaque membre donc de l'assemblée, lorsque cette formule eut été adoptée, se leva et tendant la main vers le président, prononça le serment.

Cette attitude eut quelque chose d'imposant ; elle fit une impression profonde sur cet immense public qui remplissoit et la salle et les galeries ; des larmes coulèrent de tous les yeux, tant il est vrai que tout ce qui réveille l'idée de la religion, console et attendrit ; et rien peut-être ne prouve mieux que la religion est, pour le cœur de l'homme, un besoin, comme elle est, pour sa conscience, un devoir.

Ce serment, au reste, n'auroit jamais dû être prononcé, car s'il ne disoit pas plus que celui que chaque député avoit prêté en recevant ses pouvoirs, il étoit inutile, et c'est outrager la divinité que de la prendre à témoin sans nécessité. Si au contraire, les députés, en faisant ce serment, croyoient être revêtus de fonctions autres que celles qui leur avoient été confiées par leurs commettans ; ce serment étoit un sacrilège, parce qu'il appelloit la religion à l'appui d'une usurpation ; et c'est une usurpation, que de se prétendre revêtu de fonctions qu'on n'a pas reçues, qu'on n'a pas droit de se donner à soi-même.

Les partisans les plus outrés de la constitution en assemblée nationale, avoient-ils lu, dans aucun des cahiers, que les députés du tiers-état tenoient de leurs commettans, la faculté de se donner une telle constitution ? Non certes : le silence, à cet égard, étoit général. Les députés croyoient donc avoir le pouvoir de se donner eux-mêmes cette faculté ? Mais se peut-on donner ce qu'on n'a pas ? Les députés tenoient tout de la puissance qui les avoit convoqués, et de celle qui les envoyoit ; ils n'avoient rien par eux-mêmes ; à plus forte raison n'étoient-ils ni individuellement ni collectivement en possession d'aucune prérogative au moment où ils n'étoient pas même certains de la réalité de leur représentation, au moment où leurs pouvoirs n'étoient pas vérifiés.

La cérémonie du serment étoit à peine finie, que la puissance qui venoit d'être engendrée par des hommes sans puissance, se hâta d'entrer en exercice de ses suprêmes fonctions, et ce qui fut d'un mauvais augure, c'est que le premier essai de son autorité brisa des liens que la main du tems fortifioit depuis bien des siècles, des liens que, depuis, il n'a plus été possible de renouer. Ce furent MM. Target et le Chapelier, qui rédigèrent ce premier acte émané de l'assemblée

---

pour en rétablir la vérité, et je crois que mes lecteurs me sauront gré de leur rappeller cette importante séance du 17, avec une scrupuleuse exactitude.

se disant nationale. Il me seroit difficile de donner un nom à cet acte ; ce n'est ni un arrêté, ni un décret ; il a le style et la marche des écrits de l'ancien barreau, les avocats qui l'avoient rédigé, ayant apparemment trouvé cette forme ou plus majestueuse, ou plus propre à rendre clairement les idées ; en voici la teneur littérale :

« L'assemblée nationale *considérant* que le premier usage qu'elle doit faire des pouvoirs dont la nation recouvre l'exercice, sous les auspices d'un monarque qui, jugeant qu'elle est la véritable gloire des rois, a mis la sienne à reconnoître les droits du peuple françois, est d'assurer, pendant la durée de la présente session, la force de l'administration publique ».

« *Voulant* prévenir les difficultés qui pourroient traverser la perception et l'acquit des contributions, difficultés d'autant plus sérieuses qu'elles auroient pour base un principe constitutionnel et à jamais sacré, authentiquement reconnu par le roi, et solemnellement proclamé par toutes les assemblées de la nation ; principe qui interdit toute levée de deniers et de contributions dans le royaume sans le consentement formel des représentans de la nation » ;

« *Considérant* qu'en effet les contributions, telles qu'elles se perçoivent actuellement dans le royaume, n'ayant point été consenties par la nation, sont toutes illégales, et par conséquent nulles dans leur création, extention, prorogation » ;

» *Déclare* consentir provisoirement, pour la nation, que les impôts et contributions, quoiqu'illégalement établis et perçus, continuent d'être levés de la même manière qu'ils l'ont été précédemment, et jusqu'au jour seulement de la première séparation de cette assemblée, de quelque cause qu'elle puisse provenir ».

« Passé lequel jour, l'assemblée nationale entend et décrète que toutes les levées d'impôts et contributions de toutes natures, qui n'auront pas été nommément, formellement et librement accordés par la nation, cesseront entièrement dans toutes les provinces du royaume, quelle que soit la forme de leur administration ».

« L'assemblée s'empresse aussi de déclarer qu'aussitôt qu'elle aura, de concert avec sa majesté, fixé les principes de la régénération nationale, elle s'occupera de l'examen et de la consolidation de la dette publique, mettant, dès-à-présent, les créanciers de l'état sous la garde de l'honneur et de la loyauté de la nation françoise ».

« Enfin, l'assemblée devenue active reconnoît aussi qu'elle doit ses premiers momens à l'examen des causes qui produisent, dans les provinces du royaume, la disette qui les affligent, et à la recherche des moyens qui peuvent y remédier de la manière la plus efficace et

la

la plus prompte. En conséquence, elle a arrêté de nommer un comité pour s'occuper de cet important objet, et que sa majesté sera suppliée de faire remettre audit comité tous les renseignemens dont il pourroit avoir besoin ».

« La présente délibération sera imprimée et envoyée dans les provinces. »

La journée du 17, comme on voit, ne pouvoit être plus pleine. M. l'abbé Sieyes s'en donna tous les honneurs ; il se félicitoit et recevoit les complimens qu'on lui faisoit avec tout l'orgueil d'un amour propre excessivement exalté. Quelqu'un qui se trouvoit à côté de lui, dans cette séance dont nos neveux croiront à peine les détails, le louant sur son projet d'arrêté de la constitution de la chambre en assemblée nationale, en reçut cette réponse : *eh ! monsieur, cette journée du 17 nous a fait cheminer en avant de deux siècles !*

M. l'abbé Sieyes auroit parlé plus correctement s'il eût dit que cette journée nous faisoit rétrograder de plusieurs siècles ; car elle nous faisoit remonter à l'origine même des sociétés. Elle brisoit, pour les françois, toutes les conventions, toutes les conditions du pacte social ; elle mettoit la force, l'autorité dans le grand nombre.

Un jour viendra où l'on ne pourra croire que nous ayons abusé à ce point des lumières que les auteurs du siècle de Louis XIV avoient répandues sur l'empire françois, on ne comprendra pas comment les députés de la troisième classe de la nation ont pu se croire les représentans de la nation entière ; on s'étonnera qu'une assemblée de six cents bourgeois ait osé se dire *assemblée nationale*.

Il est incontestable qu'on ne peut entendre par *assemblée nationale*, qu'une assemblée composée de tous les individus d'une nation. Si l'on réunissoit dans un même lieu les ambassadeurs de tous les rois de la terre, on auroit une assemblée de représentans de tous les monarques de la terre ; mais on n'auroit pas une assemblée de rois, une assemblée royale.

Tout au plus donc, l'assemblée des représentans du tiers-état, pouvoit-elle se dire l'assemblée des représentans de la nation. Cette dénomination encore n'étoit pas exacte, parce que le tiers-état n'étoit qu'une partie de la nation.

En se constituant *assemblée nationale*, les députés du tiers-état se mettoient à la place des représentés ; c'étoit, dans leurs principes mêmes, un attentat énorme, un véritable crime de *lèze-nation*, car comme ils supposoient la souveraineté dans les représentés, en se mettant à la place de ceux-ci, ils usurpoient cette souveraineté qui, cependant, disent-ils, est inaliénable.

Ils commettoient une autre erreur, car ils ne voyoient pas qu'en faisant disparoître la dénomination d'états-généraux, ils n'étoient plus rien, ils rentroient dans une absolue nullité ; ils étoient, en effet, députés aux états-généraux ; dès-lors donc qu'il n'y avoit plus d'états-généraux, la députation devenoit un être de raison.

Quand j'entends les députés du tiers-état dire que leur aggrégation est la nation, il me semble voir des commis s'assembler et dire qu'ils sont les maîtres de leurs commettans ; je me rappelle ces lieutenans des califes, qui, pour détrôner leur souverain, empruntoient et son nom et son autorité. Je le dis en deux mots : une telle conduite est le comble de l'insanité, ou de la scélératesse ; c'est l'oubli le plus monstrueux des premières notions du droit naturel et du droit politique.

« les députés du peuple, disoit Rousseau lui-même (1), ne sont que ses commissaires ; ils ne peuvent rien conclure définitivement. Toute loi que le peuple en personne n'a pas ratifiée est nulle : *ce n'est point une loi* (2). Le peuple anglois, ajoutoit-t-il, pense être libre, il se trompe fort ; il ne l'est que durant l'élection des membres du parlement : sitôt qu'ils sont élus, il est esclave. Il n'est rien. Dans les courts momens de sa liberté, l'usage qu'il en fait mérite bien qu'il la perde (3) ».

Il ne serviroit de rien de dire que les peuples ayant gardé le silence sur l'usurpation qu'ont faite leurs représentans, des droits qui ne pouvoient appartenir qu'aux représentés, ceux-ci les ont réellement abdiqués, et ont consenti à ce que leurs députés s'en revêtissent. Rousseau lui-même auroit trouvé cette raison pitoyable, puisqu'il dit encore, dans son contrat

---

(1) Contrat social.

(2) Suivant ce principe, tout ce qu'a fait l'assemblée nationale seroit frappé de nullité.

(3) Je suis loin d'approuver l'opinion erronée que Rousseau s'étoit faite du gouvernement anglois qu'il calomnie et qu'il déprime dans plusieurs endroits de ses romans politiques. Rousseau marchoit en politique comme Voltaire en histoire. Celui-ci s'étoit fait un système auquel il ramenoit, de gré ou de force, tous les évènemens. De même, le prétendu philosophe génevois s'étoit fait, sur l'origine et l'organisation des sociétés, des idées romanesques, auxquelles il vouloit adapter tous les faits. Les Anglois ont une constitution, et une excellente constitution qui leur convient merveilleusement. Cette constitution est un ouvrage fait, et les parlemens anglois, qui l'a trouvent faite, n'ont garde de se donner, comme l'ont fait nos députés du tiers-état, pour convention nationale ; ce sont de simples législatures, dont les membres savent qu'ils ne sont point appellés pour faire des loix constitutionnelles, puisqu'elles sont toutes faites.

G

social (1) ; que ces droits sont imprescriptibles, qu'ils subsistent en dépit de toutes les rénonciations ; qu'y renoncer est un acte de folie ; que la folie ne fait pas droit, et que l'on ne peut pas supposer un peuple de fous.

Ces deux arrêtés, d'ailleurs, que vit naître la journée du 17 juin, sont infectés de mensonges et d'inconséquences qui leur ôtent tout caractère de légalité, et les vicient de nullité ; car on ne gouverne pas un peuple avec des mensonges et des inconséquences.

Dans le premier de ces arrêtés, on dit que les députés de quelques bailliages ou de quelques classes de citoyens, étoient absens, et ceux qu'on vouloit désigner par cette assertion, étoient bien réellement présens aux états-généraux ; on y dit que tous les représentans vérifiés étoient dans la salle du tiers-état, et c'étoit une pitoyable équivoque qui équivaloit à un grossier mensonge. Il y avoit aussi dans la chambre de la noblesse des représentans vérifiés. S'ils n'étoient pas vérifiés, parce qu'ils ne l'étoient que par la noblesse, on pouvoit dire que ceux du tiers-état n'étoient pas non plus vérifiés, parce qu'ils ne l'étoient que par le tiers-état. On y disoit que le droit de présenter la volonté générale n'appartenoit qu'au troisième ordre, tandis qu'il appartenoit bien réellement aux trois ordres, sans le concours desquels on ne pouvoit pas dire qu'un acte, de quelque nature qu'il fût, s'il n'avoit été fait avec ce triple concours, fût émané des états-généraux.

On disoit encore dans cet arrêté, qu'entre le trône et l'assemblée des députés du tiers-état, il ne pouvoit exister aucun *veto* ; c'étoit une fausse et despotique prétention, car à s'en tenir aux propres principes de ceux qui avançoient cette machiavéliste maxime, il y avoit bien certainement entre eux et le trône, tout au moins la nation. Avancer une telle maxime, c'étoit en d'autres mots dire : nous sommes les maîtres,

Voilà pourquoi les instructions qui leur sont données ne sont que de simples conseils. Mais il est hors de doute que si une législature angloise vouloit renverser la constitution, en faire une nouvelle, se dire la nation, elle ne le pourroit, sans s'arroger le droit de souveraineté qui ne lui appartient pas ; et ce ne seroit que dans le cas où elle le feroit, où elle contraindroit les peuples à recevoir une nouvelle constitution, qu'on pourroit dire que ceux-ci sont esclaves. Mais, dans la forme actuelle des élections et des représentations, dire qu'ils le sont, c'est dire une sottise ou un mensonge ; puisque toutes les fonctions de leurs députés se bornent à prendre et à prescrire des mesures pour que la constitution dont jouit leur pays, ne s'altère ou ne change.

(1) Liv. 2 chap. 6.

les souverains de la nation entière ; or la nation entière ne s'étoit pas choisi six cent maîtres, six cent souverains dans le tiers-état.

On avançoit une assertion non moins mensongère, lorsqu'on disoit que les membres dont se trouvoit composée l'assemblée des représentans du tiers-état, étoient les seuls représentans, légitimement et publiquement connus et vérifiés ; ils n'étoient pas plus légitimement et publiquement vérifiés par rapport aux deux premiers ordres, que les députés de ces deux ordres ne l'étoient par rapport au tiers-état.

Enfin prétendre que la représentation nationale ne pouvoit être une et indivisible, qu'autant qu'elle étoit circonscrite dans l'assemblée du tiers-état, c'étoit mentir contre l'évidence même, car il n'y avoit personne, à l'époque où l'on formoit cette prétention, qui pût disconvenir que l'unité et l'indivisibilité de la représentation nationale se trouvoit dans les états-généraux composés des trois ordres.

Le second arrêté (1) ne pouvoit être considéré que comme une invitation, aux peuples, d'arborer l'étendart de la révolte, et l'on n'a que trop bien obéi à cette invitation. Déclarer illégales, nulles dans leur création, extension ou prorogation, toutes les contributions publiques, c'étoit, suivant les expressions même de cet arrêté, *violer un principe constitutionel et à jamais sacré*, authentiquement reconnu par le roi, et *solemnellement proclamé par toutes les assemblées de la nation*.

La forme de l'établissement, de la perception et de l'acquit des contributions publiques, étoit consacrée par une convention de plusieurs siècles. Les édits qui ordonnoient une levée d'impôts, étoient promulgués avec la plus grande solemnité ; avant d'avoir force de loi, ils étoient vérifiés et enregistrés par des corps qui, s'ils n'étoient pas les représentans de la nation, l'étoient certainement des états-généraux. Dire aux peuples que tout cela étoit nul et illégal, qu'étoit-ce autre chose que les soulever contre l'autorité que, jusqu'alors, ils avoient respectée, et à laquelle ils avoient juré d'obéir ?

Recréer les impôts provisoirement, après les avoir supprimés, c'étoit une véritable dérision. Pouvoit-on croire que le peuple ne se laisseroit pas prendre à l'apât qu'on lui présentoit ? Et l'expérience n'a-t-elle pas prouvé d'une manière bien funeste que les contribuables ne payent plus qu'à regret, et finissent par ne plus payer du tout les sacrifices qu'ils croient qu'on n'a pas droit d'exiger d'eux ?

(1) Je l'appelle arrêté parce que l'assemblée elle-même, dont cet acte étoit l'ouvrage, ne savoit trop comment l'appeller. Elle y *veut*, elle y *considère*, elle y *déclare*, elle y *reconnoit*, mais elle n'y ordonne point ; elle n'y prend le ton impératif, que lorsqu'il s'agit des impôts. C'est sur cet article seulement que, pour la première fois, elle employa le mot *décréter*.

Annoncer, sur les impositions publiques, des mesures pour l'avenir, c'étoit, au plus, ce qu'auroit pu faire les états-généraux ; mais ils n'auroient pu donner d'effet rétroactif à une loi de laquelle dépendoit toute la force de l'administration publique.

Ce fut cependant ce second arrêté que les partisans du tiers-état regardèrent comme un chef-d'œuvre de politique, parce qu'il menaçoit le gouvernement d'une cessation de tout secours, d'une véritable rébellion ; s'il venoit à dissoudre l'assemblée qui se disoit nationale. Ceux-mêmes qui rendirent cet arrêté convenoient, avec complaisance, que telle avoit été leur intention. Bien loin donc de rendre au roi l'administration de son royaume moins pénible, les députés, qui en avoient la commission expresse, débutoient, dans leur carrière, par ajouter aux embarras du prince, par entraver l'exercice de son autorité.

N'étoit ce pas enfin une inconséquence, une véritable mocquerie, de cautionner la dette publique, après avoir affoibli le gage le plus précieux, le plus solide des créanciers de l'état ? Hypothéquer leur créance sur l'honneur et la loyauté de la nation françoise, c'est-à-dire, sur l'honneur et la loyauté du tiers-état, c'étoit l'hypothéquer d'une manière très-précaire ; car, si l'assemblée des représentans du troisième ordre, venoit à être dissoute, dès ce moment l'impôt n'auroit plus été payé. Quel gage les créanciers de l'état auroient-ils eu alors de leur créance ? il ne devoient, sans doute, s'élever aucun soupçon sur l'honneur et la loyauté du tiers-état ; mais leur présenter cet honneur, cette loyauté, sans s'être assuré auparavant des ressources avec lesquelles on se mettroit en devoir de tenir parole, ce n'étoit plus qu'une fastueuse et ridicule jactance.

Que M. l'abbé Sieyes, et ceux qui, comme lui, étoient nourris des blasphêmes de l'abbé Raynal et de la théorie de Rousseau, qu'encore ils n'entendoient pas bien, ayent vu matière à louange dans cette double démarche du tiers-état, cela se conçoit. Mais ce qui est affligeant, c'est que, parmi six-cens représentans, qu'on croyoit l'élite de cet ordre, il ne se soit trouvé aucun défenseur de la monarchie, aucun citoyen assez ami de son pays, pour combattre, jusqu'à la mort s'il le falloit, des principes qui livroient la France à l'anarchie ; pour protester hautement contre la despotique aristocratie que ces principes enfantoient ; pour plaider enfin, au prix de son sang, la cause de nous tous. Quel beau sujet pour l'éloquence des gens de bien ! Quelle superbe occasion de se couvrir de gloire auprès de la génération actuelle et de toutes les générations à venir ? Quel triomphe que celui de faire rougir, de ramener à la vertu ces fougueux novateurs qui caressoient le peuple pour l'étouffer ; qui tendoient au roi des piéges dans lesquels ils nous ont tous entraînés, et dans lesquels aussi ils finiront par se prendre eux-mêmes.

Sur 600 représentans, il n'y en eût, comme j'ai dit, que 89 qui osèrent se déclarer contre la constitution en assemblée nationale, mais aucun n'osa démêler les indécentes et pitoyables subtilités des deux arrêtés, aucun n'osa les frapper d'une courageuse protestation.

Je ne doute point cependant que, parmi ces 89 députés, il n'y eût des hommes qui ne fussent déterminés à faire, en faveur de leur conscience, de leur patrie, de leur roi, une généreuse démarche ; mais ils en furent détournés par la terreur. Les cris, les menaces de ce public passionné, qui assistoit aux séances, les hurlemens de cette populace effrénée qui environnoient la salle, les effrayèrent ; ils tremblèrent pour leur propriétés, pour leur vie, pour les propriétés, pour la vie de ceux qui pensoient comme eux ; ils craignirent un grand malheur, et ils firent ce que font encore aujourd'hui les citoyens honnêtes ; ils dissimulèrent, ils espérèrent, ils attendirent tout de la main du tems.

Ce fut, en effet, avec cette journée du 17 que commença, en France, le règne de la terreur ; la nation la moins faite pour connoître la peur, n'a cessé, depuis cette époque, d'en être travaillée. Du moment où ces deux arrêtés furent rendus, le clergé et la noblesse craignirent les excès d'un peuple trompé et trop docile à ses flateurs ; la cour appréhenda les suites où les premiers pas des députés du tiers-état pourroient entraîner la monarchie entière, les députés eux-mêmes de cet ordre, n'entrevirent qu'avec effroi tous les orages que pourroit attirer, sur leurs propres têtes, la résistance qu'ils opposoient aux desirs et aux intentions d'un roi qui, jusques-là, n'avoit été que bon et généreux, mais qui, à la fin, pouvoit vouloir être le maître.

Il étoit du moins assez naturel de penser que le roi casseroit ces deux arrêtés. Il étoit aussi le représentant de la nation, et il l'étoit en vertu d'un pacte que la religion rendoit sacré, et dont les conditions étoient observées, respectées et reconnues depuis une longue suite de siècles. Il se trouvoit donc, en cette qualité, gardien de la constitution du royaume ; il ne pouvoit diriger la puissance publique, dont il étoit dépositaire, que suivant les loix auxquelles il avoit lui-même juré d'obéir, que suivant les maximes et les formes jusqu'alors établies. Il ne pouvoit donc approuver, il devoit rejetter la nouvelle constitution que les seuls députés du tiers-état vouloient donner au royaume ; et il étoit d'autant plus probable, que telle seroit la conduite du roi, qu'il ne lisoit le vœu de cette nouvelle constitution dans aucun des cahiers des bailliages, et qu'il voyoit que le clergé et la noblesse la repoussoient.

Dès ce moment donc, les différens partis se tinrent mutuellement sur leurs gardes ; la cour s'occupa, avec plus d'ardeur des moyens de conserver l'ancienne constitution, sans blesser cependant les intérêts du

Peuple; le tiers-état déjà, bien fort de l'opinion du plus grand nombre, redoubla ses efforts pour la fixer et la rendre redoutable; ses émissaires se répandirent dans la capitale et dans les provinces; on sema le bruit imposteur que la liberté, la vie même de plusieurs députés n'étoient pas en sûreté.

Dès ce moment aussi le clergé sortit de son apparente indifférence, et dans cette même journée du 17, les délibérations de cette chambre furent très-tumultueuses. La division y éclata ouvertement entre les curés et les prélats; quelques-uns même de ceux-ci prirent parti pour les premiers. M. l'abbé Maury se rangea du côté du haut clergé, et foudroya, de tous les traits de son éloquence, ceux qui penchoient pour la désertion. Il leur prédit tout ce qui est arrivé; il leur fit voir tous les maux qui alloient fondre sur la France; le clergé avili, la noblesse dégradée, les mœurs publiques corrompues, le corps politique déchiré par les convulsions, la discorde secouant le flambeau de la guerre civile sur-tout le royaume, la religion se voilant d'un crêpe funèbre, les ordres confondus, la France précipité dans l'anarchie, le roi dépouillé de sa force et de son autorité, le peuple armé du plein pouvoir, envahissant les propriétés, devenu féroce envers ses bienfaiteurs, foulant, avec rage, aux pieds les rangs et les dignités, ébranlant tous les fondemens, brisant tous les liens de l'ordre social.

Hélas! M. l'abbé Maury ne convainquît pas ceux qu'il vouloit retenir; il ne fit que les irriter. Il peignit le tiers-état, auquel il avoit appartenu avant d'entrer dans le clergé, avec des traits peu flatteurs, et lui dit des vérités dures. Il sembla le rendre responsable de cette corruption qui s'étoit glissée dans le sanctuaire des loix, dans le sanctuaire même de la religion. Il parut l'accuser de nourrir le luxe et la mollesse des riches, la hauteur et la fierté des nobles, d'être, en un mot, la source d'où s'étoit écoulé tout le poison qui avoit altéré, d'une manière alarmante, le caractère et les mœurs de la plus grande partie de la nation.

M. l'abbé Maury dit bien plus. Il donna presque à entendre que c'étoit parmi les hommes du tiers-état, que se trouvoient les ennemis naturels de la royauté; il réveilla des souvenirs horribles; parcourant les fastes de l'histoire, il fixa les regards sur ceux de nos rois dont la personne sacrée avoit été frappée d'un fer régicide, et il laissa entrevoir que les assassins étoient membres du tiers-état.... Mais étoit-il bien sûr que le fer eût été fourni par des hommes de cet ordre?

C'étoit donc, tout au moins, beaucoup trop dire; c'étoit injurier un ennemi qu'il ne falloit que gagner, que convaincre s'il étoit possible.

Les étrangers et la postérité, qui jugeroient du tiers-état de France, par le portrait qu'en traçoit M. l'abbé Maury, se tromperoient étrangement; et je relève cette erreur, parce que ma qualité d'historien m'oblige de dénoncer, au tribunal des siècles à venir, toutes les erreurs, et si je ne dois jamais oublier que l'impartialité est mon premier devoir, je dois sur-tout m'en souvenir, lorsque j'ai à parler du plus grand homme qui ait défendu la cause de la monarchie.

Le tiers-état en France, à l'époque où paroît M. l'abbé Maury, étoit composé de ce qu'on appelloit la bourgeoisie, qui comprenoit les financiers, les négocians, les magistrats des tribunaux inférieurs, les avocats, les médecins, les procureurs; venoient ensuite les marchands, les artistes, les artisans, les officiers subalternes de justice, les soldats, les laboureurs; le reste étoit composé des ouvriers, des hommes de peine, des gens qui se vouoient à la servitude.

On pouvoit ainsi diviser tout le tiers-état, en deux principales classes, qui se subdivisoient en différentes sections. Je ne veux déprimer aucune nation; mais je ne crois pas qu'aucune part on trouvât plus de lumières, plus de probité, plus d'urbanité, plus de loyauté, une religion plus éclairée que dans la première de ces deux classes, qui comprenoit toutes les académies, tous les gens de lettres. Je ne crois pas que nulle part on trouvât plus de bonne foi, plus de simplicité, plus de candeur, plus de véritable piété, plus d'amour du travail, que dans l'élite de la seconde. Je ne crois pas enfin, que nulle part on trouvât plus de patience, plus de docilité, plus de bonhommie, plus d'attachement à la foi de nos pères, avec aussi peu de superstition, que dans le reste de la seconde classe.

Le tiers-état, il est vrai, avoit donné, de nos jours, les Diderot, les la Métrie, les Boulanger, les Voltaire (1), les Raynal, dont les écrits avoient engendré des insensés et des scélérats dans tous les états, mais il ne faut pas oublier que dès qu'un ouvrage d'un de ces malheureux génies, se montroit au jour, cent écrivains, sortis aussi du tiers-état, faisoient de courageux efforts pour détruire l'effet du poison; et si ceux-ci eussent trouvé les encouragemens et la protection que des ministres perfides ou mal adroits prodiguoient aux premiers, l'opinion n'eût cessé de protéger les autels de notre religion, et le trône de nos rois.

Si le troisième ordre, infiniment plus nombreux que les deux premiers, a laissé échapper, dans les siècles passés et de nos jours, des monstres, il faut considérer qu'une mauvaise éducation, que le défaut d'instruction et de lumières, rendent singulièrement susceptibles des impressions que donnent des hommes montés

---

(1) Rousseau étoit étranger.

à une certaine hauteur, des hommes ardens, entêtés, et qui ont sans cesse le saint nom de la vérité dans la bouche; il faut sur-tout ne pas se dissimuler cette terrible vérité, que ceux qui se trouvent placés dans une certaine sphère, ne veulent pas comprendre, c'est que l'excès de la misère rend la vertu presque impraticable, et le crime presque nécessaire.

La manière dont les états-généraux se sont trouvés organisés, et dont les députés du tiers-état s'y sont comportés, semble, au premier coup d'œil, justifier l'opinion que donnoit, de cet ordre M. l'abbé Maury; mais il ne seroit ni juste, ni raisonnable de juger de l'ordre entier par ses représentans. Les avocats ont dominé parmi eux, et il ne faudroit pas juger encore de l'ordre entier des avocats, par ceux qui se sont poussés aux états-généraux. Les élections suivirent de trop près la convocation, pour qu'on eût le tems de faire un choix éclairé; et si un ministre habile et vertueux eût su diriger ce choix, eût su ménager aux électeurs le tems et le moyen de se connoître, j'atteste ici en présence de tous mes contemporains, sans craindre d'en être démenti, que les états-généraux eussent eu plus d'un Mounier, plus d'un Malouet, plus d'un Bergasse. On en a une preuve frappante dans l'élection de M. Barnave; ce fut M. Mounier qui le fit nommer par les états du Dauphiné; si M. Mounier eût eu le tems de le connoître, de le deviner, cette élection eût-elle eu lieu?

Je ne sais par quelle fatalité, un malheureux préjugé qui régnoit depuis long-tems en France, repoussa des états-généraux les procureurs au parlement, et cependant à en juger seulement par la conduite vraiment héroïque qu'ils ont tenue depuis leur convocation, et dont j'ai consigné différens traits dans le journal de *l'ami du roi*, n'est-il pas à présumer que si le choix, au lieu de se fixer sur les avocats, se fût aussi dirigé sur eux, le tiers-état eût trouvé, dans cette classe de citoyens, des représentans dignes de lui.

J'avoue qu'une tache ineffaçable sur cette masse de représentans du tiers-état, c'est que parmi eux, il ne s'en soit pas trouvé un seul qui ait défendu les droits de la religion et de la couronne, tandis que les deux premiers ordres ont donné à l'autel et au trône des héros, de généreux confesseurs, et même des martyrs.

Enfin, je dois dire que cette masse n'eût été ni aussi facilement, ni aussi généralement corrompue, si jamais Mirabeau n'eût paru aux états-généraux. Cet homme infecta de son souffle tous ceux qui l'environnèrent; il acquit sur eux la plus cruelle influence; il les séduisit, les égara, les divisa, fit parmi eux des chefs de parti, les mit aux mains les uns avec les autres, bouleversa les états-généraux, comme il bouleversa le royaume, et ce qu'on aura peine à croire, c'est que les membres du clergé et de la noblesse, les plus fermes dans les bons principes, crurent plus d'une fois à ses insinuations, à ses promesses; on les a vus pleurer sa mort;

Dans le tableau donc que M. l'abbé Maury traçoit du tiers-état, il livroit trop son imagination à l'effroi des malheurs qu'il entrevoyoit; et comme son opinion fut bientôt publique, elle souleva contre lui toute la chambre du tiers-état, et c'est là l'origine de cette haine implacable que n'ont cessé de lui porter les députés de cet ordre.

Mais lorsque les passions se seront calmées, lorsque les opinions se seront épurées, cet ordre lui-même se glorifiera de l'avoir eu dans son sein; car, quel homme a fait plus d'honneur à son siècle, à son pays, a soutenu avec plus de gloire la cause des rois? Né loin de la capitale, il y passa les premières années de sa jeunesse, sans appui, sans protection, et dans des emplois pénibles dont les dégoûts ne purent ni amortir le feu de son génie, ni abattre son courage, ni l'enchaîner dans l'obscurité. Sa patience et son application au travail le tirèrent de la foule. Il courut long-tems après la vérité, la gloire et la fortune; delà ses liaisons avec les philosophes, avec les distributeurs de la renommée, avec les hommes puissans. Il atteignit la gloire; les gens de lettres le prônèrent; il justifia l'opinion qu'ils donnèrent de lui, et il fut reçu à l'académie françoise. Les succès qu'il recueillit dans la carrière de l'éloquence le placent entre Bossuet et Bourdaloue; il est peu de personnes qui ne sachent presque par cœur son beau panégyrique de Saint-Vincent de Paule, que le roi ne se lassoit pas de lui entendre répéter. Ce discours acquit un triomphe inouï jusqu'à nos jours. Le grand homme qui en étoit le héros, avoit déjà parmi nous des autels, et quand M. l'abbé Maury l'eut loué, il eut, outre des autels, une statue.

La route de la gloire conduisit M. l'abbé Maury à celle de la fortune; il obtint de riches bénéfices; on l'a accusé de parcimonie, d'être économe à l'excès, d'être enfin, puisqu'il faut le dire, plus avare que prodigue. Ce défaut, quoiqu'on ait généralement une idée contraire, n'est point incompatible avec une grande ame; tout le monde sait que le plus grand homme peut-être du siècle passé, que le duc de Malborough poussoit l'avarice aux derniers excès. Mais s'il est vrai que M. l'abbé Maury soit atteint de ce défaut, c'est un titre de plus à la vénération due à ses vertus, car pouvant retenir sa fortune, pouvant du moins la remplacer, comme tant de déserteurs de la bonne cause, par un dédommagement qui l'eût surpassée, il a mieux aimé tout perdre que de sacrifier les sages principes qu'il avoit adoptés; et j'ai consigné, dans un numéro de mon journal (1), un trait qui prouve que des monceaux d'or n'ont pu fléchir, un seul instant, son incorruptible vertu.

Il fut moins heureux dans ses recherches pour la vérité; il ne la trouva point parmi les écrivains avec

_____
(1) Voyez le numéro premier du premier juin 1790 de *l'ami du roi*.

lesquels il s'étoit lié, et c'est peut-être à la douleur qu'il ressentit de s'être trompé, qu'il faut attribuer cette invincible aversion, qu'il ne sait point dissimuler, pour toutes nos théories prétendues philosophiques.

Mais avec des qualités éminentes, M. l'abbé Maury ne fut pas assez sage pour se préserver de la maladie de son siècle, de cette épidémie d'innovation dont j'ai déjà eu occasion de parler dans le cours de cette histoire. Il seconda, de tout son génie et de ses conseils, les plans impolitiques et désastreux de MM. de Brienne et Lamoignon; il ne vit pas qu'en désarmant les parlemens, il nous ôtoit notre liberté, et qu'en les détruisant, il détruisoit la monarchie (1). Ses liaisons et son intimité avec ces deux ministres firent croire qu'il étoit, par goût et par principes, fauteur du despotisme; et cette idée, qui ne s'est jamais effacée de l'esprit du plus grand nombre, a peut-être contribué à nuire au succès des attaques qu'il a livrées à la licence et à l'anarchie.

Qui étoit plus digne que M. l'abbé Maury, d'obtenir, dans ce genre de combat, une victoire complette; de rétablir, parmi nous, le règne de la justice et de la vérité? Il a été trouvé, dans son siècle, aucun orateur qui l'ait égalé, et les siècles passés n'en offrent aucun au-dessus de lui; à une éloquence forte, riche, abondante, il réunit une mémoire heureuse, une imagination brillante. Lorsqu'il parle, le livre de l'histoire est sans cesse ouvert devant ses yeux, et personne ne connoît mieux que lui, l'art séducteur de marier, aux ressources de la logique, les leçons de l'expérience. Son langage est pur, sa diction facile, sa voix harmonieuse. Maître de la langue, il ne dit que ce qu'il veut, et le dit comme il le veut. Il dédaigne, parce qu'il n'en a aucun besoin, la puérile magie du néologisme; cette ressource des esprits qui, ne pouvant étonner par les choses, veulent, du moins, étonner par les mots.

On auroit tort, au reste, de ne regarder M. l'abbé Maury que comme un simple orateur; mais quoique je ne doute point qu'à quelque poste de la société que la providence l'eût placé, il ne s'y fût montré avec de grands avantages, je crois que le rang qui lui convenoit le mieux, c'étoit celui de ministre d'un vaste empire; car ses idées sur l'art de gouverner les peuples, semblent être le résultat d'une longue expérience qu'il auroit acquise personnellement. Et il n'a pas seulement la hauteur du génie de Richelieu, il a encore son courage, sa force, son énergie, son goût pour le maintien, pour le raffermissement de l'ordre, et son opiniâtreté à ramener toujours à ce double but.

Ses discours dans la tribune, sont nourris de pensées, dont la profondeur étonne. Tel est ce mot: *le gouvernement, où le peuple a une grande influence, ne sauroit être économique par sa nature*. Méditez ce mot; parcourez l'histoire de tous les peuples; reportez les yeux autour de vous, quel trait de lumière! chaque fois que j'ai vu M. l'abbé Maury s'acheminer vers la tribune, je me le suis représenté s'y faisant suivre par tous les législateurs de la Grèce, par tous les hommes vertueux de Rome ancienne, par toute la suite de nos rois, par les sages, par les plus grands écrivains de tous les siècles, car il faut l'avouer, de quelque parti que l'on soit, tout ce cortège est pour M. l'abbé Maury, et si la vérité n'est pas au milieu de ce cortège, où sera-t-elle donc?

On l'a accusé de défendre ses opinions avec opiniâtreté, et on ne voit pas que cet attachement à sa pensée, est le signe le plus infaillible d'une intime conviction.

On l'a accusé encore de se permettre quelquefois, au milieu de ses harangues, des signes de dépit, d'impatience, d'improbation qui, en choquant l'amour-propre de ses auditeurs, n'étoient bons qu'à détruire l'effet qu'il avoit en vue, puisqu'ils lui rendoient défavorable l'assemblée, qui croyoit sa majesté blessée. Mais il faut considérer qu'un orateur, tel que M. l'abbé Maury, a aussi sa dignité à soutenir. Il faut lui savoir gré de ne s'être jamais laissé avilir, d'avoir toujours su se faire respecter, au milieu des scènes les plus scandaleuses, des murmures, du bruit, des menaces les plus indécentes.

On a osé enfin le comparer au comte de Mirabeau. Quelle distance, grand Dieu, entre ces deux hommes! l'un est arrivé aux états-généraux, tout couvert d'infamie; l'autre a vu tomber à ses pieds, tous les traits de la calomnie, et par une singularité qui lui est particulière, plus il s'est vu calomnié, plus il s'est vu considéré. Mirabeau ne cessa de flotter entre deux partis; son éloquence étoit farouche, brutale; il mettoit le paradoxe à la place de la vérité, le sophisme à la place du raisonnement. M. l'abbé Maury s'est constamment tenu sur les pas de la vérité; il l'a défendue avec les armes de la raison; il l'a ornée de toutes les grâces, de tous les charmes de l'art

---

(1) Plusieurs personnes qui lisent mon journal, et qui ont lu la première partie de cette histoire, m'accusent de louer le parlement; je ne loue ni les corps ni les individus, je suis historien; je fais justice. Ceux qui me connoissent, savent par combien de cruels titres j'aurois acquis le droit, si j'étois injuste, de haïr cette compagnie. Mais il ne faut jamais rendre les corporations responsables des fautes de quelques-uns de leurs membres. J'ai toujours pensé que les parlemens de France étoit une sublime institution, et telle, que je ne vois rien dans les gouvernemens anciens et modernes qui puisse lui être comparé. J'exhorte beaucoup ceux de mes lecteurs qui, voudroient se faire une idée juste de ces compagnies et de l'auguste et salutaire importance de leurs fonctions, à lire les remontrances du parlement de Paris, sur les lettres de cachet, rédigées par M. d'Espremesnil.

sublime des Démosthène et des Cicéron ; celui-là parloit à ses auditeurs comme à des esclaves ; celui-ci s'avance vers eux comme un conquérant assûré de la victoire, mais qui n'en veut point abuser. Celui-là n'avoit jamais fréquenté les champs de la littérature ; celui-ci en connoît tous les sentiers, et sait, lorsqu'il le faut, s'en approprier les richesses. L'un cachoit la nudité de sa pensée sous un mot que le vulgaire prenoit pour une idée, parce qu'il étoit nouveau et extraordinaire ; l'autre vous offre une pensée neuve et sublime, sous les mots consacrés par la langue ; aussi le premier étoit souvent inintelligible, et le second est toujours clair.

Mirabeau encore étoit très-peu instruit ; son grand talent, comme il en convenoit lui-même, étoit de se rendre propres, de faire germer, si je puis parler ainsi, les idées d'autrui ; M. l'abbé Maury est riche de son propre fonds, et ne peut féconder que ses propres richesses ; le premier prenoit l'injure pour l'ironie ; le second employe l'arme du ridicule avec le plus grand succès ; mais sage, mais humain, il dédaigne un triomphe trop facile, il en fait rarement usage ; il attend d'être fortement provoqué. Oh ! alors le stilet lui échappe, et malheur à celui qui est blessé, la cicatrice restera (1).

―――――

(1) Je n'ai jamais vu M. l'abbé Maury lutter contre M. de Mirabeau, que je ne me sois rappellé ces paroles d'Ulisse à Thersite :

« Thersite, tu feras bien de te taire, et de n'en-
» treprendre jamais de parler contre les Rois, aux-
» quels tu dois du respect. « (Homère, Iliade liv. 2,

Enfin, pour dernier trait de ce double tableau, où tout est en opposition, Mirabeau se croyoit homme d'état, et n'en avoit aucune des qualités ; il étoit né pour tout confondre, pour tout boulverser ; M. l'abbé Maury, sans croire être homme d'état, en a toutes les qualités ; son génie saisit rapidement l'immensité des détails, qui constituent l'ensemble, la force d'un empire ; il est né pour faire aimer l'ordre et l'harmonie.

Il arriva aux états-généraux avec la ferme résolution de se rendre utile à la monarchie ; mais il ne tarda pas à s'appercevoir qu'il n'avoit pas toutes les connoissances nécessaires, pour traiter avec avantage les différentes questions qui alloient être agitées ; ce témoignage qu'il se rendoit de ses propres forces, cette conscience de soi-même, est la marque distinctive d'un esprit peu ordinaire. M. l'abbé Maury s'ensevelit dans son cabinet, donna les nuits à l'étude, à la méditation et, parvint en peu de temps à laisser loin derrière lui tous les orateurs de l'assemblée. Qu'on compare cette conduite à celle de M. Target, et, d'un côté, l'on verra la présomption d'un homme sans génie ; de l'autre, la sage timidité de l'aigle qui essaye long-temps son vol avant de s'élever vers les cieux.

Si M. l'abbé Maury ne retira aucun fruit du premier essai qu'il fit de ses forces contre les déserteurs de son ordre, c'est qu'il n'étoit pas possible de retenir un torrent au moment où il se débordoit. Un autre membre de sa chambre imagina, pour tout pacifier, ainsi que je vais le développer, une ressource spécieuse, et qui devoit naturellement plaire à une nombreuse classe de novateurs.

CHAPITRE XXVII.

Sollicitudes de divers députés, pour mettre fin aux débats qui divisent les trois ordres; observations sur les projets qu'ils présentent pour les terminer; plan de M. l'évêque de Langres; comment il est accueilli; ce qu'en pensent les ministres; inquiétudes du roi et de la reine; alarmes et méfiance du tiers-état; conquête que fait le duc d'Orléans dans sa chambre; lettre par laquelle la noblesse proteste contre l'arrêté du 17; idée qu'il faut s'en faire; protestation de la minorité de la noblesse contre cette lettre; noms des protestans; discours insignifiant adressé, par M. le comte de Clermont-Tonnerre, à la majorité; portrait de ce député; indifférence des princes sur la faction d'Orléans; agitations dans la chambre du clergé; opinion de M. l'archevêque de Paris; opposition des curés; division de la chambre en trois partis; débats qui font passer, tour-à-tour, l'avis de la vérification séparée, de la majorité à la minorité; efforts et succès des curés, pour qu'on décide sans désemparer; défection de quelques prélats; arrêté de la majorité; noms de ceux qui le signèrent; avanture fâcheuse dont le désagrément rejaillit sur le clergé; mouvemens qui se font dans l'intérieur du château de Marly; mot d'un membre du conseil, à un député du tiers-état; réponse du roi à des prélats; première séance de l'assemblée se disant nationale; M. l'abbé Sieyes y dénonce M. Camus; motifs et résultat de cette dénonciation; grands mouvemens que se donne M. Target dans cette première séance; proposition qu'il y fait; arrêté de cette première séance; sage motion de M. Bailly; singulière avanture dont le récit termine cette première séance; rumeur qu'il y occasionne; observations remarquables de M. Target.

Suite de Juin 1789.

Le silence de la cour, le secret qu'elle gardoit, tout faisoit présumer qu'elle éprouvoit de l'embarras dans les conjonctures que venoient de faire naître les dernières résolutions du tiers-état. Les choses cependant ne pouvoient rester dans l'état où cet ordre les avoit amenées; car enfin, quelque haut qu'il portât ses prétentions, le clergé et la noblesse faisoient bien aussi partie de la nation, et leurs députés étoient bien aussi membres des états-généraux; et s'ils ne vouloient pas se réunir au tiers-état, qu'en falloit-il faire? si une partie seulement s'y réunissoit, que deviendroit l'autre partie?

Ces

Ces questions étoient, sans doute, bien difficiles à résoudre, et chacun de ceux qui étoient arrivés à Versailles, avec un plan de restauration, ne manqua pas de trouver, dans l'exécution de celui qu'il portoit, un moyen infaillible de mettre fin à cette cruelle situation ; M. Mounier commença dès-lors à s'occuper de l'organisation de son sénat ; M. Malouet vit l'état sauvé si l'on adoptoit la constitution angloise.

Les esprits n'étoient point encore assez mûrs pour oser espérer que l'idée de M. Mounier fût accueillie ; l'opinion n'avoit pas été préparée, et il n'étoit pas à présumer qu'une nouveauté de ce genre fût goûtée au même moment où elle seroit proposée.

Quant à M. Malouet, il entendoit que le roi ordonnât une nouvelle assemblée de bailliages, qu'il consultât solemnellement la nation sur l'arrêté du 17, en lui faisant en même-tems présenter un plan de constitution, qui, dit M. Malouet, nous apporte les avantages de celle de l'Angleterre, sans nous en apporter les défauts.

C'étoit quelque chose, au moins, d'admettre le roi à concourir à cette nouveauté. M. Malouet ne doutoit point que la majorité des bailliages ne l'acceptât. Nous serons libres alors, s'écria-t-il avec complaisance, la paix sera rétablie dans le royaume ; toutes les factions, toutes les intrigues seront déjouées ; le gouvernement conservera son action, et le roi une salutaire influence.

Mais il pouvoit se faire que la majorité des bailliages approuvât l'arrêté ; il pouvoit se faire qu'elle votât pour la réunion des ordres en une seule chambre.

Oh ! alors, disoit M. Malouet, le roi n'est point compromis ; sa dignité est maintenue par la déférence même qu'il marque au peuple, et la réunion des ordres s'opérera avec harmonie.

C'est-à-dire, qu'en dernière analyse, M. Malouet finissoit comme les factieux, par dévorer les deux premiers ordres, et par tout accorder au tiers-état ; par lui faire même le sacrifice de son projet d'une constitution angloise. La réunion des ordres, comme on l'entendoit dans la troisième chambre, étoit une erreur funeste, et lorsqu'un peuple tombe dans une erreur capitale, il est du devoir de ceux qu'il a fait dépositaires de sa confiance, de l'éclairer, de le détromper ; c'est être son ennemi que de l'entretenir dans une illusion qui doit le perdre.

Pourquoi d'ailleurs le roi auroit-il encore une fois consulté le vœu des bailliages ? n'avoit-il pas autour de son trône leurs représentans ? c'étoit à eux à lui faire connoître ce vœu. S'ils ne le pouvoient, si le Monarque étoit obligé une seconde fois de faire convoquer les bailliages, alors leurs députés devenoient inutiles, leurs fonctions cessoient, et il étoit naturel que les bailliages se donnassent de nouveaux représentans qui, comme les premiers, n'entravassent pas du premier pas, les opérations pour lesquelles ils seroient envoyés à Versailles.

M. Malouet ne considéroit pas non plus que la lenteur des formes d'une seconde convocation ne pouvoit se concilier avec l'extrême pénurie où étoit le trésor public, et l'extrême besoin où l'on étoit, dans tout le royaume, de ne point laisser le peuple goûter les fruits de licence et d'indépendance qu'on lui présentoit.

M. Malouet, enfin, ne voyoit pas que les assemblées de bailliages seroient composées aussi d'une portion des trois ordres, et qu'il étoit raisonnable de s'attendre qu'il en seroit, dans chaque assemblée primaire, comme dans celle des états-généraux. Un tel système donc ne présentoit aucun avantage ; il multiplioit au contraire les difficultés en les reculant.

Un homme vertueux, un citoyen réellement ami de sa patrie, un prélat que sa piété, ses lumières, sa candeur rendoient digne de toute la confiance de la cour et de ses co-députés, désolé des désastres qu'il entrevoyoit, proposa aussi un plan, qu'un écrivain, zélé défenseur de la monarchie (1), appelle judicieux. Ce plan consistoit à diviser les états-généraux en deux chambres ; l'une auroit été composée des seuls représentans du tiers-état, et l'autre des députés des deux premiers ordres. C'étoit toujours là la forme angloise, et non avec ses avantages, car la chambre des communes en Angleterre est composée des plus riches propriétaires, des hommes les plus éclairés de l'isle, c'est-à-dire, de tous les anglois, qui sont le plus intéressés à la prospérité de leur patrie et au maintien des loix anciennes.

Quant à la chambre haute, elle n'est composée que des pairs, et la pairie est héréditaire. Dans le système de M. l'évêque de Langres, on ne voit pas quelles prérogatives les pairs ecclésiastiques et laïcs auroient eu de plus que les simples ecclésiastiques et gentilshommes. Il étoit à craindre d'ailleurs que la seconde chambre, n'étant composée que de membres du tiers-état, au moins pour la législature qui commençoit, ses prétentions de cet ordre ne fussent toujours une source de querelles.

Ce plan, comme celui de M. Malouet, comme celui de M. Mounier, renversoit la constitution du royaume de fond en comble, et le roi, gardien de cette constitution, ne pouvoit la laisser anéantir. La création enfin de ces deux chambres, faisoit disparoître les états-généraux, et annulloit par là même

___
(1) M. Mallet du Pan. Voyez ses notes sur les considérations politiques de M. Brander.

H

les pouvoirs de tous les députés; car ils étoient envoyés, non à un parlement anglois, mais aux états-généraux de France.

Ce qui mérite d'être remarqué, c'est que le système de M. l'évêque de Langres, quoiqu'il fût présenté dans un instant où le besoin de conciliation étoit extrême, ne fut goûté de personne. Le tiers-état et la noblesse se soulevèrent à la seule ouverture qui leur en fut faite. Les ministres ne le goûtèrent pas davantage, et M. Necker le rejetta d'abord parce qu'il ne l'avoit pas imaginé lui-même, ensuite, parce qu'il craignoit qu'il ne laissât encore trop d'influence aux deux premiers ordres.

18. L'indifférence des autres ministres ne doit pas surprendre, parce qu'ils comptoient beaucoup sur les mesures dont ils s'occupoient ; mais ces mesures ne rassuroient point leurs majestés. Il fut aisé au public de s'appercevoir qu'elles étoient profondément affectées d'un grand chagrin. La procession de l'octave de la Fête-Dieu, avoit attiré tout Paris à Versailles; les députés s'y trouvèrent, et le roi et la reine accompagnèrent le saint Sacrement; mais ils ne s'y montrèrent point avec cet air de satisfaction, qui avoit si fort embelli la même cérémonie lors de l'ouverture des états généraux ; la tristesse et le deuil étoient sur leur front. Le peuple lui-même qui les contemploit, nourri d'injustes soupçons, ne montra point cette gaîté franche qu'il avoit toujours fait éclater en présence de ses souverains.

La procession finie, toute la cour retourna à Marly, et dès le soir, il s'y tint un conseil extraordinaire. On ne peut que former des conjectures sur l'opinion personnelle que se faisoit le roi, de ces tristes débats. On m'a assuré, que le 17, ayant vu accourir à Versailles, une foule considérable qui venoit donner la nouvelle de l'arrêté pris par le tiers-état, il demanda, avec beaucoup de tranquillité, ce qui attiroit brusquement auprès du château tant de personnes, et qu'ayant appris qu'elles venoient annoncer que les députés du tiers-état s'étoient constitués en *assemblée nationale*, il répliqua : *n'est-ce que cela? ils ont bien fait*.

Cette apparente insouciance ne faisoit que redoubler les inquiétudes du tiers-état ; on n'y étoit nullement tranquille, parce qu'on ne pouvoit s'y dissimuler, que le roi étoit dans la nécessité, pour conserver ses prérogatives et le dépôt que la nation entière lui avoit confiés, de casser les arrêtés du 17. La majorité de cette chambre étoit d'autant plus inquiète, qu'elle crut s'appercevoir, que plusieurs de ses membres, et notamment quelques-uns de ceux sur lesquels elle avoit le plus compté, se rapprochoient de la cour. La persuasion qu'ils trahissoient leur ordre, alla si loin, qu'on afficha dans les rues de Versailles, un placard portant ce titre : *liste des frères suspects dans le tiers-état*. Voici leurs noms tels que je les ai copiés sur le placard même;

MM. Target; le Brun, député de Dourdan; Dupont, député de Nemours; Lavenue, député de Basus; Treillart; les deux frères Garat; Dailly, député de Chaumont en Vexin; Malouet; le Roux, député d'Amiens; Tronchet; Martineau; Desèze, député de Bordeaux; Lafargue, député de Cadillac-sur-Garonne; Bertrand, député de Saint-Flour ; Nairac, député de Bordeaux; Thouret ; Boislandry; Roulhac, Naurissart, députés de Limoges ; Duplaquet, député de Saint-Quentin ; en général , ajoutoit la liste, les Bordelois, les Agénois, les députés de Rouen, ceux du Gueret, ceux de Paris, à l'exception de MM. Bailly, Sieyes, Poignot, Desmeuniers.

L'irrésolution étoit donc dans la chambre du clergé, et la méfiance dans celle du tiers-état. Quant à la noblesse qui, jusqu'au moment où le troisième ordre s'étoit constitué, n'avoit cessé de s'en tenir aux loix, aux faits, aux usages anciens, elle commença à s'ébranler, dès qu'elle eût connoissance de l'arrêté du 17. Lorsqu'on en vint donner la nouvelle à M. le duc d'Orléans, ce prince, comme s'il n'avoit pas su parfaitement ce qui se faisoit, et ce qui alloit se faire, s'écria : *ah ! pourquoi ne l'ont-ils pas fait plus tard, nous y eussions été*.

Dans cette même journée du 17, il parla avec tant de feu dans sa chambre, en faveur de la réunion, qu'il s'évanouit au milieu de sa harangue, et fut obligé de l'interrompre. Le nombre des gentilshommes dissidens étoit seulement de quarante-quatre, lorsque le prince commença son discours. Avant la fin de la journée, il étoit de quatre-vingt-seize.

On ne sauroit se faire une idée du crédit que cette conduite donnoit au prince auprès du peuple. Dès qu'il se montroit au Palais-Royal, il y étoit accueilli avec les mêmes applaudissemens, les mêmes transports d'allégresse, que les femmes de la halle prodiguoient, dans des tems moins malheureux encore, au duc de Beaufort.

19. Le sur-lendemain du jour où M. le duc d'Orléans prononça son discours, la division éclata tout-à-fait dans la chambre de la noblesse, et la scission y fut prononcée d'une manière irrévocable. La majorité arrêta d'adresser, et de faire porter au roi, par une députation de quarante-six membres, la lettre suivante qu'il est d'autant plus essentiel que je transcrive ici, qu'on parle, dans presque toutes les feuilles du tems, de cet écrit, non comme d'une lettre au roi, mais comme d'une dénonciation solemnelle de la conduite du tiers-état ? Voici le contenu de cette lettre qui ne contient que les expressions de la douleur qu'éprouvoit la noblesse, de la cruelle situation où on l'avoit amenée.

SIRE,

« L'ordre de la noblesse peut, enfin, porter aux pieds du trône, l'hommage de son respect et de son amour ».

« La bonté et la justice de votre majesté, ont restitué à la nation des droits long-tems méconnus ».

« Qu'il est doux, pour nous, d'avoir à présenter, au plus juste et au meilleur des rois, le témoignage éclatant des sentimens qui nous animent ».

« Interprètes de la noblesse françoise, nous jurons, en son nom, à votre majesté, une reconnoissance sans bornes, un respect et une fidélité inviolables pour sa personne sacrée, pour son autorité légitime, et pour son auguste maison ».

« Ces sentimens, sire, sont et seront éternellement ceux de la noblesse ».

« Pourquoi faut-il que la douleur vienne se mêler aux sentimens dont elle est pénétrée ? »

« L'esprit d'innovation menaçoit la constitution ; l'ordre de la noblesse a réclamé les principes ; il a suivi les loix et les usages ».

« Les ministres de votre majesté ont porté, de sa part, aux conférences, un plan de conciliation. Votre majesté a demandé que ce plan fût accepté ou *tout autre*; elle a permis d'y joindre les *précautions convenables* ».

« L'ordre de la noblesse les a prises, sire, conformément aux vrais principes. Il a présenté son arrêté à votre majesté, et c'est cet arrêté qu'elle paroît avoir vu avec peine.... ».

« Elle auroit désiré y trouver plus de déférence..... ».

« Ah ! sire, c'est à votre cœur seul que l'ordre de la noblesse en appelle ».

« Sensiblement affectés, mais constamment fidèles, toujours purs dans nos motifs, toujours vrais dans nos principes, nous conserverons, sans doute, des droits à vos bontés; vos vertus personnelles fonderont toujours nos espérances ».

« Les députés de l'ordre du tiers-état ont cru pouvoir concentrer, en eux seuls, l'autorité des états-généraux, sans attendre le concours des deux autres ordres et la sanction de votre majesté ».

« Ils ont cru pouvoir convertir leurs décrets en loix; ils en ont ordonné l'impression et l'envoi dans les provinces ».

« Ils ont déclaré nulles et illégales les contributions actuellement existantes. Ils les ont consenties provisoirement pour la nation, en limitant leur durée ».

« Ils ont pensé, sans doute, pouvoir s'attribuer les droits réunis du roi et des trois ordres ».

« C'est entre les mains de votre majesté, que nous déposons nos protestations et oppositions contre de pareilles prétentions ».

« Si les droits que nous défendons, nous étoient purement personnels, s'ils n'intéressoient que la noblesse, notre zèle à les réclamer, notre constance à les soutenir auroient moins d'énergie ».

« Ce ne sont pas nos intérêts seuls que nous défendons, sire, ce sont les vôtres, ce sont ceux de l'état, ce sont enfin ceux du peuple françois ».

« Sire, le patriotisme et l'amour de leurs rois, ont toujours caractérisé les gentilshommes de votre royaume; les mandats qu'ils nous ont donné prouveront à votre majesté, qu'ils sont héritiers des vertus de leurs pères; notre zèle et notre fidélité à les exécuter leur prouveront, ainsi qu'à vous, sire, que nous étions dignes de leur confiance ».

« Pour la mériter de plus en plus, nous nous occupons, et nous ne cesserons de nous occuper des grands objets pour lesquels votre majesté nous a convoqués, et nous n'aurons jamais de desir plus ardent que celui de concourir au bien d'un peuple, dont votre majesté fait son bonheur d'être aimé ».

Cette lettre, comme l'on voit, n'étoit point une dénonciation du tiers-état, ainsi que le publioient malignement les journalistes et les lettres particulières; c'étoit une protestation absolument nécessaire pour mettre à couvert, autant qu'il étoit possible, la constitution du royaume, les intérêts du roi, de l'état, du peuple françois.

On dit que le parlement en fit une pareille contre l'arrêté du 17; je n'en ai aucune connoissance; mais si cette compagnie a négligé d'émettre un pareil acte, c'est une faute que tous les françois ont droit de lui reprocher, parce que tous les corps constitutionnels, lorsque les loix fondamentales sont menacées, doivent les protéger autant qu'il est en eux, et protester contre toute atteinte qui leur est portée, lorsqu'ils ne peuvent pas mieux faire.

Les députés de la noblesse étoient tenus, plus particulièrement encore que les parlemens, à protester contre le renversement de l'ancienne constitution; ils le devoient à leur serment, à leurs commettans, et à tout ce que la France auroit à jamais de gentilshommes.

Cette protestation, au reste, déposée entre les mains du roi, aux pieds du trône, est encore aujourd'hui dans toute son intégrité. Tous ceux qui ont écrit sur la révolution n'ont point assez remarqué cette pièce, qui est un véritable titre pour nous tous, parce que ni le tems ni les entreprises de quelque nature qu'elles soient, ne peuvent prescrire contre de pareils actes. Pour prouver la nullité de celui-ci, il faudroit prouver que, postérieurement à son émission, les députés nobles, dont il est l'ouvrage, y ont formellement dérogé par un acte contraire.

Nous devons regretter qu'il ne soit pas sorti, du sein des députés du clergé, une semblable protestation ; ce seroit un titre de plus pour revendiquer, lorsqu'il en sera tems, tout ce qu'on nous a ôté. Celui que la majorité de la noblesse a eu la sagesse et le courage de mettre sous la sauve-garde du roi, a d'autant plus de force qu'il est absolument resté sans réponse, et je ne vois pas qu'il fût aisé de réfuter les principes qu'il contient. Personne, dans la minorité même, ne l'entreprit, quoiqu'elle protestât contre l'arrêté de la majorité.

La lettre au roi ayant, en effet, été rédigée et lue, et la pluralité des suffrages étant pour qu'elle fût portée à sa majesté, M. le comte de Clermont-Tonnerre se leva, et s'exprima ainsi :

« Il y a deux mois bientôt que nous sommes assemblés ; *nous sommes venus aux états-généraux* ».

« Nous en avons encore le desir ; mais l'espérance nous fuit de plus en plus ».

« Depuis que je suis dans cette chambre, je vous ai souvent déplu ; mais je ne vous ai jamais flattés. Je vous dirai encore, messieurs, la vérité que je vous dois, sans espoir de vous ramener à mon opinion ».

« Vos arrêtés, ces arrêtés que l'on vous présente sans cesse comme des *fanaux certains*, vos arrêtés, dis-je, sont la première cause des malheurs qui nous affligent. A qui persuaderez-vous, messieurs, que vos arrêtés aient été concilians ? Vous ne le persuaderez pas au tiers-état ; il y trouve l'excuse de ses torts. Vous ne le persuaderez pas au roi ; il les désapprouve ; et si vous persistez à vous le persuader à vous-même, je n'ose vous présenter l'effrayante série de maux qui doivent se succéder.... ».

« Nous devons nous borner, messieurs, à remercier le roi, de la convocation des états-généraux, de ce grand bienfait dont nous ne nous sommes pas encore mis dans la possibilité de jouir ; et s'il est un sentiment que l'on puisse lui manifester, c'est peut-être la juste affliction que doit causer à la chambre la peine que le roi a paru ressentir à la réception de l'arrêté de la noblesse ».

Parler ainsi, c'étoit ne rien dire du tout ; car dès qu'on étoit *venu aux états-généraux*, la noblesse n'avoit pas tort de vouloir retenir cette forme constitutionnelle qu'il ne lui étoit pas libre d'abandonner. Si ses arrêtés n'étoient pas concilians, ce n'étoit pas sa faute ; ceux du clergé l'étoient-ils davantage ? Et y a-t-il aucune conciliation à espérer quand on a affaire à un ennemi qui veut qu'on se rende à discrétion ?

Le caractère de M. de Clermont-Tonnerre est naturellement irrésolu ; son esprit n'est point porté aux soupçons ; ces deux qualités se peignent dans ce discours insignifiant, qui ne touche aucun des articles que renferme la lettre au roi ; c'est aussi sous ce double rapport qu'il se montrera encore, pendant long-tems, aux états-généraux. Il y arriva pénétré des obligations que lui imposoient son nom, sa reconnoissance pour les bienfaits, dont nos rois n'avoient cessé de combler sa maison ; son serment envers ses commettans, et enfin les espérances que son ordre entier fondoit sur ses talens.

Au sentiment de ses devoirs, M. de Clermont joignoit l'ambition de se faire remarquer, le desir d'arriver tout à-la-fois aux honneurs et aux richesses ; et, par conséquent, l'envie de se rendre cher au parti qui domineroit : mais il étoit dans son cœur que ce parti fût celui du roi.

Long-tems il a cru que la loyauté françoise rameneroit tous les cœurs à un souverain qui ne mérita jamais d'en perdre un seul.

J'ai vu M. de Clermont, cinq mois après la convocation des états-généraux, encore intimement persuadé que ce parti triompheroit. Tout ce qu'il voyoit parmi les députés du tiers-état ne pouvoit le convaincre de la réalité des prédictions qu'on lui faisoit sur les prétentions ultérieures de cet ordre.

Ce ne fut qu'après les forfaits du 6 octobre, que je raconterai, qu'il ne pût se dissimuler les horribles complots qui se machinoient ; il eut horreur des forcenés qui les enfantoient ; il se détacha de leur société ; mais il se détacha aussi de la cour, et il en coûta infiniment à sa conscience et à ses penchans, pour abandonner un roi infortuné à qui, dans la prospérité, il eût donné tout son sang, et à qui, l'adversité devoit le lier bien plus étroitement encore.

La défection de M. de Clermont a été une grande perte pour les amis de la monarchie. Sans avoir fait des études sérieuses, sans avoir beaucoup voyagé, il connoît parfaitement les loix et les intérêts des divers peuples. Son esprit est orné, son travail facile, il approfondit sans peine les idées les plus abstraites, et les rend avec clarté. Ses discours sont plus sages que véhémens ; il montre rarement de la hardiesse, de l'énergie ; mais il parle toujours avec grâce, avec urbanité ; et ceux qui l'ont suivi, pendant le cours de sa présidence, se rappelleront toujours, avec surprise, la sagesse, la présence d'esprit, la dignité avec laquelle il en remplit les fonctions dans des circonstances orageuses, et qui, pour lui personnellement, étoient d'autant plus délicates, qu'à cette époque il flottoit encore entre les différens partis. Il sut si bien masquer son indécision, que d'aucun côté on ne l'accusât de partialité, et les démocrates eux-mêmes, qu'il abandonna comme les royalistes, pour se jetter parmi les impartiaux, crurent long-tems qu'il leur étoit dévoué.

Moins courageux que brave, M. de Clermont ne

craint ni les menaces, ni le poignard des assassins ; mais il laisse trop aisément fléchir ses principes, et son ame ne sait point se fixer irrévocablement à une opinion. Si la conduite et les projets des démagogues lui eussent inspiré moins d'indignation ; il chercheroit encore à se ménager leur faveur. Les impartiaux se félicitent de l'avoir attiré à eux ; mais c'est une conquête qu'ils n'eussent pas faite, si moins d'humiliations, moins d'infortunes, moins de dangers environnoient ceux qui préfèrent l'opprobre et la mort, au reproche d'avoir abandonné leur roi.

Le discours qu'il prononça parmi ses co-députés, n'étoit point dans son cœur ; il se faisoit illusion ; il cherchoit à se justifier l'adhésion qu'il alloit donner à la protestation de la minorité de sa chambre, qui fut ainsi conçue :

« Les soussignés, pénétrés du respect le plus profond pour les vertus du roi, de l'amour le plus inaltérable pour sa personne sacrée, et de la reconnoissance la plus vive pour le grand acte de justice qui rétablit la nation dans l'exercice de ses droits ; impatiens de porter au pied du trône l'hommage de tout leurs sentimens, et de remplir, à-la-fois, le vœu de leurs cœurs et celui de leurs commettans, déclarent que c'est avec la douleur la plus vraie qu'ils se voyent dans l'impossibilité absolue d'adopter la teneur du discours que la chambre vient d'arrêter ; déclarent qu'ils ont fait tous leurs efforts pour déterminer l'assemblée à se renfermer dans l'expression simple de ses sentimens pour le roi, et à écarter de ce discours tout ce qui rappelle l'idée d'une funeste division entre les ordres, pour présenter, sur la légalité des impôts, des principes admissibles, et indiquer une dénonciation des démarches de l'un des ordres. Profondément affligés de l'inutilité de leurs efforts, les soussignés sont contraints de supplier la chambre de reconnoître qu'ils ont été dans la minorité de la présente délibération, se réservant de faire connoître, à leurs commettans, le refus qu'ils font d'adhérer à une démarche qu'ils auroient adoptée avec transport, si, sans retracer des principes inconcilians, inexacts, elle n'eût véritablement présenté qu'un hommage pour sa majesté ».

Les gentilshommes qui s'empressèrent de signer cette protestation, où l'on ne voit rien dont on puisse conclure que celle dont elle vouloit détruire l'effet fût illégale ou déraisonnable, furent MM. de Clermont-Tonnerre, de Montesquiou, la Rochefoucault, d'Aiguillon, Lally-Tolendal, Dupont, de Rochechouart, de Lusignan, de la Touche, de Pardieu, de Liancourt, de Lameth, de Beauharnois, de Broglie, de Montmorency, de Wimphen, de Crillon, de la Coste, de Toulongeon, de la Tour-du-Pin, de Croï, de Champigny, de Phelines, de Chastenay, de Puisay.

Je ne donne là que les noms de ceux qui, à l'instant même où l'écrit fut rédigé, mirent à honneur d'y apposer leur signature. La postérité jugera ces gentilshommes ; elle décidera, d'après la conduite qu'ils ont tenue depuis leur désertion, si cette infidélité à leurs mandats, aux loix constitutionnelles, à leur ordre, à un ordre qui couvroit la France de tant de gloire, étoit une erreur, une vertu ou une lâcheté.

M. le duc d'Orléans ne pût signer cet écrit, parce qu'il étoit retenu dans son palais, par l'indisposition dont il avoit ressenti la première atteinte dans la séance où il avoit parlé en faveur de la réunion. Mais on connoissoit son cœur ; on savoit qu'il étoit au milieu des novateurs, et il ne pouvoit qu'être superflu qu'il apposât sa signature au bas d'un acte qu'il avoit lui-même inspiré, dicté.

On a beaucoup accusé les autres princes, de complots contre la nouvelle constitution, dont aucun n'a été prouvé ; les factieux ont toujours paru étonnés de ce qu'ils ne souscrivoient pas avec joie, à la subversion de toutes les formes monarchiques, on devoit bien plus s'étonner de ce qu'à la vue des manœuvres du duc d'Orléans, de ce qu'en le voyant à la tête de presque tout le tiers-état, et d'une partie de la noblesse, ils n'ayent pas songé aussi à se faire un parti. Leur indifférence, quand tout annonçoit, de la part de la faction d'Orléans, des desseins évidemment contraires aux intérêts du roi et de sa famille, sera une énigme pour la postérité. Elle ne comprendra pas comment ils n'avoient pris aucune mesure pour contrebalancer cette faction, et comment ils n'ont voulu croire à ses projets, que quand ils les ont vu exécuter.

Les délibérations de la chambre du clergé étoient plus animées encore que celles de la noblesse. La discussion sur la réunion, qui avoit si long-tems occupé, étoit enfin formée ; il s'agissoit de décider cette terrible question. On la mit ainsi aux voix : *Quel parti faut-il prendre dans la circonstance actuelle ?*

M. l'archevêque de Paris qui opina le premier *proposa*, disent tout les papiers qui ont parlé de cette cruelle séance, *un plan qui en renfermoit plusieurs autres. Cette manœuvre étoit habile en tactique ; car quiconque se rapprochoit de cet avis, étoit aussi-tôt inscrit dans la liste aristocratique, et dans le tour d'opinion, on essaya plusieurs fois d'escamoter les suffrages.*

C'est bien ici le cas de dire : comprenne qui pourra. Quel étoit le *plan qui en renfermoit plusieurs autres* ? il valoit d'autant plus la peine qu'on nous le fît connoître, que *la manœuvre*, nous dit-on, *étoit habile en tactique*. Que veut dire cette énigmatique accusation, *quiconque se rapprochoit de cet avis étoit aussitôt écrit sur la liste aristocratique* ; que veut dire cette autre vague accusation, *dans le tour d'opinion, on essaya plusieurs fois d'escamoter les suffrages* ? eh ! où sont les preuves de ces malveillantes assertions ?

Voilà cependant comme j'ai trouvé l'histoire de

la révolution (1) écrite, lorsque j'ai osé concevoir le projet de porter le flambeau de la vérité dans cet impur cahos.

La vérité ici étoit bien aisée à reconnoître et à raconter. Rien de moins mystérieux, rien qui sentit moins la manœuvre, que la conduite de M. l'archevêque de Paris dans cette séance. Ayant à répondre à la question, *quel parti prendre dans la circonstance actuelle ?* il énonça, avec franchise, son opinion qui se réduisoit en substance, à demander que la chambre vérifiât les pouvoirs de ses membres, qu'elle se constituât, et qu'elle s'adressât ensuite au roi, pour le prier d'établir l'harmonie entre les trois ordres.

Les curés firent beaucoup de bruit contre cette opinion, qui parut fort sage à la plus grande partie de la chambre; ils prétendirent qu'il ne falloit pas même délibérer sur cette motion, et qu'il falloit répondre par *oui* ou par *non* à cette autre question: *vérifiera-t-on les pouvoirs dans la chambre?*

C'étoit disputer sur les mots, car l'opinion de M. l'archevêque de Paris, ramenoit à cette question, qu'il décidoit par l'affirmative. Sa motion obtint d'abord cent trente-sept suffrages; cent vingt-neuf demandèrent la vérification en commun, purement et simplement; neuf la demandèrent avec amendement; sans compter donc ces neuf voix qui proposoient un amendement, il y avoit une majorité de huit voix en faveur de la vérification dans la chambre. Les cent vingt-neuf ecclésiastiques qui la vouloient en commun, proposèrent, aux neuf qui votoient pour l'amendement, de se réunir à eux; ceux-ci refusèrent; alors les premiers firent ce que les neuf n'avoient pas voulu faire; ils se réunirent à eux, et acceptèrent les réserves qu'ils présentoient. Par ce moyen, la majorité passa, d'une voix, à ceux qui demandoient la vérification en commun.

Cet excédent d'une seule voix prouvoit lui-même que l'opinion générale de la chambre n'étoit pas bien constatée; cette considération, outre qu'il étoit tard, détermina quelques prelats à demander qu'on laissât aux esprits le tems de se rasseoir; qu'on levât la séance, et qu'on remit la discussion à un autre moment.

Ces prélats, après avoir ouvert cet avis, se disposèrent en effet à sortir; le peuple qui remplissoit les avenues de la salle, les couvrit d'injures et d'imprécations; ils rentrèrent. D'un autre côté, les curés crièrent que, dût-on passer la nuit dans la chambre, il ne falloit pas se séparer avant d'avoir pris un arrêté définitif.

On recommença donc l'appel; dans le tems qu'il falloit mettre à recueillir les voix, des évêques passèrent du côté des cent vingt-neuf; de ce nombre furent ceux de Rhodès, d'Orange, de Courances, et l'archevêque de Vienne, qui d'abord avoit adopté l'opinion de M. l'archevêque de Paris.

Ce dernier appel changea entièrement et la délibération et la situation de la chambre; il donna cent quarante-neuf voix pour la vérification en commun, et cent trente-sept pour la proposition contraire; ce qui fit, en faveur de la première, une majorité de douze voix; ce petit nombre décida du sort de l'ordre entier.

Sur la fin de la séance, les ecclésiastiques qui composoient le plus grand nombre, et qui, par le principe admis dans toute société délibérante, étoient censés former la chambre entière, firent un arrêté par lequel ils déclarèrent qu'ils se joindroient au tiers pour la vérification des pouvoirs en commun, sous la réserve toutefois de la distinction des trois ordres, et de leurs droits honorifiques.

Je remarque que toute l'influence de M. l'abbé Coster s'évanouit avec cet arrêté. Il avoit tour-à-tour professé deux opinions diamétralement opposées: il avoit, d'abord, soutenu que c'étoit à la majorité à enchaîner la chambre entière; il avoit dit ensuite que, dans une circonstance aussi grave, on se trouvoit engagé par la minorité; il étoit revenu à la première opinion, et il finit par se ranger du côté du petit nombre (1).

---

(1) Voyez entr'autres une *histoire de la révolution de 1789, et de l'établissement d'une constitution en France; par deux amis de la liberté*, imprimée en 1790, en deux volumes in 8°. C'est une histoire comme celle que le cousin Jacques a écrite, des mois de juin, juillet et août. On y suppose que le lecteur est instruit des faits, et au lieu des faits, on lui donne des déclamations contre les anciens corps constitutionnels.

---

(1) Je transcris ici les noms des ecclésiastiques, qui, dans cette séance si importante pour le premier ordre, votèrent en faveur de la vérification des pouvoirs en commun, et signèrent l'arrêté pris en conséquence. Ils doivent être inscrits sur le livre de la postérité, et il ne pourra qu'être intéressant aux lecteurs de comparer la conduite ultérieure de ces ecclésiastiques avec cette première démarche. Voici donc leurs noms.

L'abbé de Coulmiers, abbé d'Abbecourt, *député de Paris.*

Merceret, curé de Fontaine-lès-Dijon, *député du baillage de Dijon.*

Gennetet, curé d'Etrigny; Audetot, curé de Soligny en Révermont, *députés de Châlons-sur-Saône.*

Bouillotte, curé d'Arnay-le-Duc, *député d'Auxois.*

Porcheron, curé de Chanvan, *député de Châtillon-sur-Seine.*

Les deux premières chambres présentoient donc un spectacle absolument différent : dans celle du clergé, la majorité vouloit la réunion, et dans celle de la noblesse, la majorité la rejettoit.

Ducret, curé de Saint-André de Tournus, *député de Mâcon.*

Bluget, curé des Ryceys, *député de Bar-sur-Seine.*

Le François, curé de Métrecy, *député de Caen.*

Lande, curé d'Iliiers-l'Evêque : Lindet, curé de Sainte-Croix de Berney, *députés d'Evreux.*

L'archevêque de Bordeaux : l'abbé d'Héral, vicaire général de Bordeaux, *députés de Bordeaux.*

Malerieux, curé de Loubout: de Villaret, vicaire-général de Rhodès, *députés de Ville-Franche en Rouergue.*

Cornufle, curé de Muret: Las-Martres, curé de l'Isle-en-Doudon, *députés de Comminges.*

Goze, curé de Gaze, *député de Rivière-Verdun.*

Lanux, curé de Saint-Etienne d'Emblablou, *député de Tartar.*

Laborde, curé de Corneilian, *député de Condom.*

Forêt de Masmoury, curé d'Ursel: Thomas, curé de Meimac, *députés de Tulles.*

Rivière, curé de la ville de Vic en Bigorre, *député de Bigorre.*

Touzet, curé de Sainte-Terre, *député de Libourne.*

Guillou, recteur de Martigné, *député de Rennes.*

Moyon, recteur de Saint-André-des-Eaux : Maisonneuve, recteur de Saint-Etienne de Montluc, *députés de Nantes.*

Gabriel, curé de Questimberg: Guégan, recteur de Pontivy: Loaisel, recteur de Rédon, *députés de Vannes.*

Guinot, recteur d'Hélian : Lesugues, recteur de Plugones : Loédon de Kéromen, recteur de Gourin, *députés de Quimper.*

Julien Lucas, recteur de Minihy : Delaunay, recteur de Plouagat, *députés de Tréguier.*

Hingan, recteur d'Andel : Ruello, recteur de Loudéau, *députés de Saint-Brieux.*

Simon, recteur de la Boussacq, *député de Dol.*

Rathier, recteur de Broons : Allain, recteur de Josselin, *députés de Saint-Malo.*

Dubois, curé de Sainte-Magdeleine de Troyes : Viochet, curé de Maligny, *députés de Troyes.*

Aubert, curé de Couvignon : Monnel, curé de Valdelancourt, *députés de Chaumont en Bassigny.*

Dumont, curé de Villiers-devant-le-Tour : Brouillet, curé d'Avis, *députés de Vitry-le François.*

Hurault, curé de Broyes, *député de Sézanne.*

Roussel, curé de Blaringhem, *député de Bailleul.*

Boudard, curé de la Couture : Behin, curé d'Hersin-Coupigny : Diot, curé de Bigny-sur-l'Anche, *députés d'Artois.*

Gouttes, curé d'Argillière : Martin, curé de Sainte-Aphrodise, *députés de Béziers.*

Brun, curé de Saint-Chéli, *député de Mende.*

Chouvet, curé de Chaumerac, *député de Vivarrais.*

Auger, curé de Saint-Pierremont, *député de Vermandois.*

Le Cesve, curé de Sainte-Triaize de Poitiers : Dillon, curé du Vieux-Pouzanges : Ballard, curé du Poiré ; de Surade, Prieur, curé de Plaisance : Jallet, curé de Chérigné, *députés de Poitou.*

Demarsey, curé de Neuil-sur-Dive, *député de Loudun.*

Joyeux, curé de Saint-Jean-Baptiste de Châtelleraut, *député de Châtelleraut.*

Chatizel, curé de Soulaine : Rangeard, curé d'Andard : Rabin, curé de Cholet, *députés d'Anjou.*

Berterot, curé de Tellier, *député du Mans.*

Carrier, curé de la Ville-aux-Dames : Guépin, curé de Saint-Pierre-des-Corps, *députés de Tours.*

Yvernant, chanoine de Saint-Ursin, *député du Berry.*

Aury, curé d'Hérisson, *député de Bourbonnois.*

Goulard, curé de Roanne-en-Forez : Gagnières, curé de Saint-Cyr-les-Vignes, *députés de Forez.*

Duverney, curé de Villefranche en Beaujolois, *député de Beaujolois.*

Boyers, curé de Néchers : Labastride, curé de Paulhiaguet: Bonnefoi, chanoine de Thiers, de Brignon, curé de Dore-l'Eglise : Mathias, curé de l'Eglise-Neuve, *députés de Riom.*

On reçut, sur ces entrefaites, une nouvelle fâcheuse, qui, à cause des circonstances où l'on se trouvoit, fournit aux ennemis du clergé, un prétexte de plus pour le rendre odieux. Des lettres de Narbonne appri-

Bigot de Vernier, curé de Saint-Flour : Lollier, curé d'Aurillac, *députés de Saint-Flour*.

L'évêque de Chartres, *député de Chartres*.

Choupier, curé de Flins, *député de Mantes et Meulan*.

Le François, curé du Mage, *député du Perche*.

Dupuis, curé d'Ailly-le-Haut-Clocher, *député du Ponthieu*.

Bucaille, curé de Frétun, *député de Calais*.

Marolles, curé de Saint-Quentin, *député de Saint-Quentin*.

Rollin, curé de Verton, *député de Montreuil-sur-Mer*.

Massieu, curé de Sergy, *député de Senlis*.

Sarochon, curé d'Ormoy, *député de Crépy en Valois*.

Thibaut, curé de Soupes, *député de Nemours*.

L'archevêque de Vienne, *député du Dauphiné*.

Joubert, curé de Saint-Martin d'Angoulême, *député d'Angoulême*.

Landrin, curé de Garancières : de Champeaux, curé de Montigny, *députés de Montfort-l'Amaury*.

Cousin, curé de Cucurron, *député d'Aix*.

Mougins de Roquefort, curé de Grasse : Gardiolle, curé de Caillan, *députés de Draguignan*.

Roland, curé du Caisnes : Gaslendi, curé de Barras, *députés de Forcalquier*.

Rigouard, curé de la Fallède : Montjallard, curé de Barjols, *députés de Toulon*.

De Villeneuve de Barjemont, comte, chanoine de Marseille : Davin, chanoine de Saint-Martin de Marseille, *députés de Marseille*.

Le Borlhe de Grand-Pré, curé d'Oradour, *député des Basses-Marches*.

Bodinot, curé de Vendôme, *député de Vendôme*.

David, curé de Lormaisson, *député de Beauvais*.

De Lêtres, curé de Rivières, *député de Soissons*.

Fayre, curé d'Ostope, *député de Bugey*.

Lousmau-Dupont, curé de Saint-Didiers de Valens, *député de Trévoux*.

Mesnard, curé d'Aubigny, *député de Saumur*.

Brousse, curé de Volerange, *député de Thionville*.

Fleury, curé d'Ige, *député de Sedan*.

Reinaut, curé de Preux-aux-Bois : Barbotin, curé de Prouvy, *députés du Quesnoy*.

Besle, curé de Saint-Aubin, *député d'Avesnes*.

Bracq, curé de Ribecourt, *député de Cambresis*.

Clerget, curé d'Onain : Longvré, chanoine de Champlite : Rousselot, curé de Tiénon, *députés d'Amont*.

Brouet, curé d'Arbois : Burnequets, curé de Mouthe, *députés d'Aval*.

Guillot, curé d'Archan-en-Venne, *député de Dôle*.

Millot, chanoine de Sainte-Magdeleine de Besançon, *député de Besançon*.

Grégoire, curé d'Embermémil, *député de Nancy*.

Godefroy, curé de Nonville, *député de Mirecourt*.

Simon, curé de Voël : Aubry, curé de Véel : Colinet, curé de Ville-sur-Yon, *députés de Bar-le-Duc*.

L'évêque de Rhodez, *député de Rhodez*.

Laurent, curé d'Heuillot, *député du Bourbonnois*.

L'évêque de Coutances, *député de Coutances*.

L'abbé Collaud de la Salcette, chanoine de Die, *député du Dauphiné*.

L'abbé de Saint-Estéven, curé de Ciboure, *député d'Ustaritz*.

Priva, curé de Craponne, *député du Puy en Vellay*.

Landreaux, curé de Moriéges, *député de Saintonge*.

Samary, curé de Carcassonne, *député de Carcassonne*.

Blandin, curé de Saint-Pierre-le-Puellier d'Orléans, *député d'Orléans*.

Vaneau, recteur d'Orgères, *député de Rennes*.

Chevalier

rent que M. de Dillon, archevêque de cette ville, avoit brusquement quitté son diocèse, et la France, pour se retirer à Nice, laissant des affaires très-dérangées, et une masse de dettes de plus de deux millions; ce qui paroissoit, à ses propres amis, un dérangement d'autant plus blâmable, que l'archevêché de Narbonne est un des plus riches du royaume.

Il est, dans la vie humaine, des évènemens si extraordinaires, que les faits mêmes qui semblent les moins susceptibles de justification, intéresseroient en faveur de ceux qu'ils inculpent, s'ils étoient bien connus; et pour ne pas juger ici, peut-être trop légèrement, M. de Dillon, doué d'ailleurs de qualités éminentes, et un des plus beaux génies, un des plus grands orateurs de ce siècle, il est probable qu'il a eu de fortes raisons pour ne pas publier les motifs qui l'entraînèrent à une démarche dont le clergé ressentit toute l'amertume.

Dans un court intervalle de tems, cet ordre reçut deux terribles sujets d'afflictions. Le premier fut l'affreuse mort de M. de Botteville, évêque de Grenoble, dont j'ai parlé dans la première partie de cette histoire; le second fut la faillite de M. l'archevêque de Narbonne.

Pendant que le clergé et la noblesse délibéroient avec tant de chaleur sur des intérêts qui devoient leur être si précieux, il se tenoit, à Marly, un conseil duquel il ne transpira d'abord rien. Un député du tiers-état qui se trouva à son issue, raconta, qu'ayant demandé à un des membres qui en sortoient, ce qui s'y étoit passé, il en avoit reçu cette réponse : « Monsieur, votre arrêté du 17 a tué le conseil ». Il est bien vrai qu'il devoit le tuer; mais la blessure qu'il lui avoit faite, n'étoit pas encore mortelle.

Lorsque le conseil eut terminé sa séance, M. le

Chevalier, recteur de Saint-Luminé de Coutaye, *député de Nantes.*

Charrier de la Roche-Prévôt, curé d'Ainay, *député de Lyon.*

Lévêque, curé de Tracy, *député de Caen.*

Devarelle, curé de Marolles, *député de Villers-Cotterets.*

Garnier, recteur de Notre-Dame de Dol, *député de Dol.*

Mayet, curé de Roche-Taillée, *député de Lyon.*

Giraudez de Saint-Médard, archiprêtre de Lavardin, *député d'Auch.*

Bonnet, curé de Villefort, *député de Nîmes.*

Hunault, recteur de Billé, *député de Rennes.*

comte d'Artois s'enferma avec quelques personnes de la cour, et on conjectura que la réunion de ces personnes étoit un comité que présidoit le prince, et dans lequel on délibéroit sur les moyens d'obliger le tiers-état de revenir sur ses pas.

On vit aussi, fort avant dans la nuit, revenir du château à Versailles, MM. le cardinal de la Rochefoucault et l'archevêque de Paris. On trouva du mystère dans ce voyage nocturne, et rien, cependant, n'étoit moins mystérieux. Ces deux prélats n'avoient pu se rendre à Marly de bonne heure, puisque la séance de leur chambre avoit fini fort tard; ils s'y étoient rendus pour faire part au roi du procès-verbal de cette séance, et lui demander de garantir le clergé des insultes de la foule. La réponse du roi prouve toute la bonne opinion qu'il avoit de son peuple. Il dit aux prélats : « Lorsque l'on a pour soi le cri de sa conscience, l'on ne craint pas les murmures de la multitude; elle respecte ordinairement la vertu ». Cela avoit toujours été vrai en France; mais à l'époque où l'on étoit arrivé, la vertu étoit un titre aux outrages.

Voilà tout ce qu'il y eût de vrai dans le voyage des deux prélats, qui n'allèrent pas, comme on voulut le faire croire, tenir un conseil chez la reine.

Le tiers-état, qui voyoit les mouvemens de la cour et des deux autres chambres, s'allarmoit toujours plus sur leurs suites; ses émissaires redoubloient d'efforts pour lui faire des conquêtes, et déterminer le peuple parisien à faire une irruption à Versailles, si elle étoit nécessaire pour effrayer ceux qui commandoient aux troupes.

Cet ordre, dans sa première séance, sous la dénomination d'assemblée nationale, ne témoigna publiquement aucune de ses craintes. M. l'abbé Sieyes l'ouvrit par une dénonciation contre M. Camus; voici le fait qui y donna lieu.

Dès que les deux arrêtés du 17 eurent été rendus, M. Camus fut chargé de les porter à Paris pour y être imprimés, et ensuite répandus avec profusion dans toutes les provinces. Il s'acquitta, sans retard, de sa commission, et confia aux ouvriers de l'imprimerie, que l'assemblée s'étoit donnée, les deux copies dont il étoit porteur.

Il arriva que, lorsqu'il fut parti, on fit quelques changemens à la rédaction des deux arrêtés; on en supprima, par exemple, les mots : *publiquement connus, vérifiés*. M. l'abbé Sieyes envoya son domestique chez l'imprimeur, à Paris, avec une copie des arrêtés ainsi corrigée, et signée du président et du second secrétaire. M. Camus ne voulut point adopter cette seconde copie, et exigea que les ouvriers s'en tinssent à celle qu'il avoit apportée lui-même; il fut obéi.

On ne donna aucune suite à cette dénonciation

qui, peut-être, jetta des soupçons sur la droiture de M. Camus; mais il fallut réparer le mal qu'avoit fait son entêtement. On contremanda l'impression des arrêtés, quoiqu'il y en eut déjà quinze mille de répandus dans le public. On ordonna qu'ils seroient regardés comme nuls, et qu'on les réimprimeroit sur le champ conformément à la copie envoyée par M. l'abbé Sieyes.

C'est par cette dépense que l'assemblée, se disant constitutionnelle, a débuté dans ses travaux; il étoit possible de la réduire considérablement, en se contentant d'un *errata* que les légers changemens, qui avoient été adoptés, rendoient suffisant.

M. Guillotin en avoit ouvert l'avis; mais M. Guillotin, dans ce moment, étoit regardé comme un faux frère; on ne tint donc aucun compte de son observation.

Plus de deux mille spectateurs se trouvoient à cette première séance; ils avoient prodigué de bruyans et de longs applaudissemens à M. Bailly, dès qu'il étoit entré dans la salle. Le spectacle étoit en effet nouveau. On avoit vu, l'avant-veille, dans cette même salle, six cents députés du tiers-état, et aujourd'hui on y voyoit une assemblée de la nation.

L'imagination de M. Target s'exalta sur ce grand théâtre; il se crut appellé à organiser cette nation, comme Mirabeau se croyoit modestement appelé à réformer les empires; il annonça qu'il avoit des choses très-intéressantes, des motions très-importantes à mettre sous les yeux de l'assemblée; et voici ce qu'il dit:

« Vous avez commencé à donner des preuves de votre désintéressement, par la délibération du 17, et la nation reconnoît, dans l'assemblée nationale, des hommes dignes de sa confiance ».

« Maintenant, c'est à grand pas que nous devons marcher dans la carrière qui s'ouvre devant nous ».

« Je vais vous proposer des occupations qui doivent continuellement nous mettre en activité ».

Après cet emphatique début, M. Target se réduisit à proposer de créer une armée de comités, composés chacun de vingt membres; un pour la rédaction des mémoires, adresses, instructions; un pour veiller sur l'impression des actes émanés de l'assemblée; un chargé de la correspondance de l'assemblée.

Outre ces trois comités, M. Target en demandoit encore trois, à qui il donnoit, pour occupations, la recette, la dépense, et la dette publique.

A ces six comités, il vouloit qu'on en ajoutât un septième, à qui on donneroit le soin de rechercher les causes de la cherté des grains.

Ces douze comités se réduisirent à quatre : on en créa un pour les grains, composé d'un député de chaque gouvernement. Celui-là fut le plus inutile, car la cherté et la disette des grains ne firent que s'accroître, depuis la création de ce comité.

Un second comité fut chargé de rédiger les motifs qui avoient dirigé l'assemblée, depuis le 5 mai, pour être ensuite présentés au Roi et à la nation.

Le troisième comité fut chargé de juger les contestations sur les pouvoirs.

Enfin, le quatrième eut la commission de dresser un réglement de police intérieure pour l'assemblée.

C'est là tout ce que put obtenir M. Target, et il eut beaucoup de peine à modérer l'ardeur de l'assemblée, dont plusieurs membres vouloient s'enfoncer, sur le champ, dans les travaux constitutionnels. M. Pison du Galand entr'autre, député de Grenoble, croit qu'il falloit à l'instant même travailler à la déclaration des droits. Ce député, comme l'on voit, étoit déjà initié dans les mystères de la révolution.

M. Bailly proposoit un autre travail plus instant et réellement nécessaire; il demandoit que l'on s'occupât de la réduction des cahiers, c'est-à-dire, que l'on dressât un tableau où l'on auroit classé, dans les mêmes colonnes, les demandes des différens bailliages, de manière qu'on pût voir, d'un coup-d'œil, le nom du bailliage et sa demande, avec celle des autres bailliages sur le même objet.

Il eût été à désirer, non-seulement qu'on dressât un pareil tableau, mais encore qu'il restât suspendu à l'endroit le plus apparent de la salle, pendant toute la durée de la session. Nos représentans, en le contemplant, se seroient pénétrés de l'esprit de leurs mandats; ils y auroient puisés les lumières qui devoient les conduire; ils y auroient lu la règle de leurs devoirs; et peut-être la vue de ce témoin, sans cesse présent, eût-elle prévenu bien des parjures.

Cet ouvrage est encore à faire; car, à l'exception de l'écrit de M. de Calonne, où l'on en trouve une légère esquisse, je ne connois rien qui remplisse parfaitement l'objet d'un pareil tableau.

Cette première séance se termina par le récit d'une petite aventure assez singulière, et dont je n'ai jamais bien su l'issue. Il arriva, par la poste, quatre ballots : l'un étoit à l'adresse de M. le duc d'Orléans, le second à celle du clergé, le troisième étoit adressé à la noblesse, et le quatrième au tiers-état.

Le Duc d'Orléans reçut le sien; le clergé et la noblesse envoyèrent chercher celui qui étoit à leur adresse, et il fut remis sans difficulté à ceux qui se présentèrent de leur part. Quant à celui destiné au tiers-état, il fut, dit-on, saisi par la chambre de la librairie de Paris.

Cette nouvelle causa, parmi les députés du tiers-état, une grande fermentation ; on vouloit mander le directeur de la poste, non pas à la barre, car l'assemblée n'avoit pas encore de barre, mais au pied du fauteuil de M. Bailly, pour qu'il rendît compte des circonstances de cette affaire.

M. Target, qui vouloit sur tous les objets régenter l'assemblée, fit tomber cette opinion par une observation qui mérite d'être remarquée : il dit, que l'assemblée n'avoit pas ce droit; et il en donna pour raison qu'elle n'avoit pas le pouvoir exécutif. C'étoit la première fois qu'on prononçoit ces deux mots. Ils donnoient l'idée d'une distinction qui fut fort applaudie, et dont on a depuis tant abusé ; mais ou M. Target l'appliquoit bien mal à propos, ou l'assemblée a bien souvent dérogé au principe qui mettroit au rang des fonctions du pouvoir exécutif, les comparutions à la barre.

On n'osa donc mander le directeur, on se contenta d'envoyer chez lui deux députés, à qui il confirma, dit-on, le fait, tel qu'il avoit été rapporté à la chambre. On envoya également deux autres députés au duc d'Orléans, qui leur garantit le fait qui lui étoit personnel.

Cette affaire en resta là ; je ne vois pas du moins, qu'elle ait eu aucune suite ; on ne conçoit pas qu'une chambre de librairie ait pû se permettre de saisir un ballot adressé aux représentans du tiers-état ; c'eût été un attentat qui eût mérité toute la sévérité, non-seulement des états-généraux, mais encore du gouvernement, qui ne pouvoit pas avoir l'intention de tolérer une pareille violation.

On dit que ces quatre ballots contenoient douze à dix-huit cents exemplaires d'un mémoire que M. de Calonne adressoit à chacun des députés. Il est à croire, que les exemplaires destinés pour le tiers-état, lui parvinrent dès qu'il les réclama. Il est à croire encore, qu'il n'y eût dans cette affaire qu'un mal entendu, ou que de la mal-adresse, car elle ne fit aucun éclat. L'historien rencontre ainsi quelquefois des faits minutieux en eux-mêmes, mais qui donneroient la clef de beaucoup d'événemens, si, par leur peu d'importance apparente, ils n'échappoient pas à ses recherches.

Je fais cette réflexion, parce qu'à l'instant où cet événement eut lieu, ceux qui avoient fait franchir, aux députés du tiers-état, les premières bornes, étoient intéressés, et cherchoient réellement à trouver des torts au gouvernement, qui pussent le rendre odieux au peuple, et le convaincre de conspirer contre les députés. Or en partant de cette vérité, il auroit fort bien pu se faire, que l'arrestation du ballot adressé au tiers-état, eût été machinée par ceux qui vouloient faire croire que la cour se plaisoit à rassasier les députés de cet ordre, de dégoûts et d'affronts.

Une réflexion qu'il importe à mes lecteurs de faire, avant de passer au chapitre suivant, c'est que, par le compte fidèle que j'ai rendu des travaux des trois ordres, dans le courant de la journée du 19 juin, il paroîtroit qu'aucun d'eux ne prévoyoit, le moins du monde, le grand événement auquel on touchoit, et que je vais raconter.

CHAPITRE XXVIII.

IMPORTANCE de ce chapitre; situation de la cour, des provinces et de la capitale; désordres qui se commettent dans le jardin du palais-royal; grotesque et séditieuse association qui s'y forme; projets de la cour; mesures qu'elle prend pour leur exécution; elles sont justifiées par la disposition où se trouvoient les esprits; proclamation du roi; les députés du tiers-état se présentent à la salle des états-généraux; ils en trouvent les portes fermées; ils délibèrent sur l'avenue; le peuple se rassemble autour d'eux; calomnieuse interprétation de cette scène; motions des députés; effervescence des spectateurs; tableau que présente la réunion de tous ces députés, confondus avec un peuple immense; avis de M. Bailly; avis de quelques autres députés; M. Necker s'absente de la cour pendant ce mouvement; réflexion sur cette absence; tous les députés se réunissent dans un jeu de paume; lettre de M. de Brézé à M. Bailly; réponse de celui-ci; seconde lettre du premier; effet qu'elles produisent; erreur de M. Mounier; sa motion; serment par lequel se lient tous les députés; avis de M. Malouet sur ce serment; refus que fait M. Martin de le prêter sans réserve; deux autres députés refusent de le prêter; M. de Gouy-d'Arcy se présente au jeu de paume; son portrait; prestation du serment; elle est suivie du cri: vive le roi; autres événemens de la journée du 20 juin; étranges bruits qui se répandent sur la séance royale; fausses opinions du peuple sur M. Necker; fable imaginée contre M. l'archevêque de Paris; portrait de ce prélat; nouvelles scènes qui se passent au palais-royal; changement qui se fait dans l'opinion qu'on a sur la séance; réponse du roi à la noblesse; nouvelle proclamation du roi; lettre de sa majesté à M. Bailly; le tiers-état se présente successivement à la salle des menus, au jeu de paume, au couvent des récollets, et finit par s'assembler dans l'église de Saint-Louis, où la majorité du clergé, et trois gentilshommes viennent se réunir à lui; duel entre deux gentilshommes.

Suite de Juin 1789.

LA révolution, comme je l'ai indiqué dans la première partie de cette histoire, se fût faite, et se fût faite telle à-peu-près que nous la voyons aujourd'hui, indépendamment de toutes les causes prochaines qui se sont réunies pour l'accélérer; mais les événemens que je vais raconter dans ce chapitre, l'ont déterminée. Ce chapitre doit donc être regardé comme le plus important de tout cet ouvrage, et comme celui qui mérite le plus d'être lu avec réflexion. Les faits qu'il contient, outre l'intérêt qu'ils présentent par eux-mêmes, ont encore cet avantage qu'ils décideront, auprès de tout lecteur qui les lira avec une impartialité égale à celle que je mets à les décrire, le procès qu'une très-nombreuse partie de notre nation a intenté contre la cour, au tribunal de l'Europe, et à celui de la postérité. Nous sommes déjà un peu loin de ces événemens. Cette distance suffit pour les considérer sans préoccupation.

Mais il est juste, pour voir cet intéressant tableau sous son véritable jour, de ne pas perdre de vue que, dans le court intervalle de deux ou trois semaines, les choses étoient venues au point que la cour se trouvoit déjà nécessairement placée entre deux écueils. Il falloit qu'elle abandonnât le navire public à la merci des vagues, et à la discrétion de ceux qui souffloient le feu de la sédition, ou qu'elle courût le risque de fournir une occasion et un prétexte à une nouvelle crise, en réagissant contre la force qui comprimoit, de toute part, les ressorts du gouvernement.

Toutes les provinces étoient dans un état alarmant de fermentation, et y étoient entretenues par les récits imposteurs qui leur arrivoient de Versailles et de Paris. Près de Vaucouleurs, plusieurs convois de grains furent arrêtés et pillés par des particuliers qui, pour n'être pas reconnus, avoient pris la précaution de se noircir les mains et le visage. Partout, et comme à point nommé, de pareilles violences se commettoient, au point que c'étoit dès-lors une opinion assez généralement reçue, qu'elles étoient commandées par des chefs. On eut même lieu de craindre que les troupes ne secondassent le penchant qui entraînoit à la licence. A Toulon, elles refusèrent de contenir le peuple dans une émeute qu'occasionna la disette des grains. Dans le Dauphiné lui-même, qui sembloit avoir moins de prétextes qu'aucune autre province, de se livrer à l'insurrection, puisqu'on lui avoit accordé tout ce qu'il desiroit, les esprits n'étoient ni moins soupçonneux, ni moins ardens. On vit le moment où ceux qu'on appelloit les aristocrates, et particulièrement les magistrats du parlement, quoiqu'il fussent là aussi paisibles qu'à Paris, ne seroient pas en sûreté, ne seroient pas même protégés pour la force militaire, si l'effervescence, qui faisoit bouillonner toutes les têtes, venoit à éclater.

Le foyer, le volcan d'où s'élançoient les torrens de feu qui embrâsoient le sein de notre trop malheureuse patrie, étoit à Paris. On ne pourra jamais se figurer à quel point les têtes y étoient exaltées. Le Palais-Royal étoit devenu par degrés, et à la faveur de l'impunité, une école de sédition où l'on prêchoit ouvertement l'impiété, l'assassinat, le régicide. Quiconque vouloit y faire entendre un avis modéré, n'étoit pas en sûreté de sa vie. Un particulier qui, dans ces jours de combat entre les trois ordres, osa témoigner, avec modération, l'horreur que lui inspiroient les sinistres motions qu'il entendoit autour de lui, fut saisi au collet; on l'obligea de se mettre à génoux, de faire amende honorable, de baiser la terre; on lui infligea le châtiment des enfans; on l'enfonça plusieurs fois dans un des bassins, après quoi on le livra à la populace, qui le vautra dans la boue, et eût fini peut-être par le massacrer, si de nombreux détachemens de la garde ne fussent enfin parvenus, après bien des efforts, à l'arracher aux mains de ses bourreaux. Le lendemain, un ecclésiastique, qui voulut aussi parler de modération au milieu de ces furieux, se vit sur le point d'en être égorgé; on le roula par terre, on le foula aux pieds; on le souleva ensuite, et pendant quelques minutes on se fit un jeu barbare de se le jetter de main en main.

L'affluence, dans le jardin de ce palais devenu un antre de cannibales, étoit telle qu'il regorgeoit du peuple qui s'y pressoit, qui s'y fouloit, au point que le plus petit corps qu'on eût jetté sur ces milliers de têtes, n'eût jamais pu parvenir jusques sur le sol. Les chaises qu'on ramassoit, qu'on entassoit les unes sur les autres pour en faire des éminences, d'où l'on pût être plus facilement entendu de la foule, plioient, s'affaissoient sous le poids de nombreux orateurs qui les escaladoient, et se réduisoient en poussière.

Il s'étoit formé, en outre, dans le centre du jardin, où se trouve aujourd'hui le cirque, une association de jeunes écervelés qui singeoient l'assemblée des représentans du tiers-état. Ils avoient construit, avec de mauvaises planches, une sorte de salle qui les mettoit à l'abri des injures de l'air. Ils s'étoient donné un président, des secrétaires, avoient dressé une espèce de tribune où l'on faisoit les motions les plus incendiaires, les dénonciations les plus extravagantes, mais les plus dangereuses contre les personnes de la cour qu'il s'agissoit de dévouer aux vengeances du peuple. Je dois dire cependant que toutes ces folies avoient encore jusques-là quelque chose de burlesque qui portoit plutôt à la pitié qu'à l'effroi; mais il étoit aisé de prévoir ce qu'elles alloient devenir si l'autorité toléroit plus long-tems ces premiers transports de démence.

Voilà à quel point les têtes étoient montées au moment où la majorité du clergé étoit prête à se réunir au tiers-état constitué en assemblée nationale. Dans les différens conseils qui s'étoient tenus à Versailles, il avoit été résolu que le roi viendroit aux états-généraux, tenir une séance royale dans laquelle il proposeroit et feroit accepter les moyens qui, en terminant les trop longs différens qui armoient le troisième ordre contre les deux premiers, et déchiroient le royaume, pouvoient assurer, sur des bases stables, le bonheur du peuple. Mais comme, par la connoissance qu'on avoit de la disposition des esprits, il étoit à craindre que cette résolution, dès qu'elle seroit publique, ne causât une émeute presque générale, on prit la précaution de mettre les troupes qu'on avoit rassemblées à Paris et à Versailles, en état d'empêcher toute explosion par leur seule contenance.

Cette séance ne pouvoit avoir lieu que dans la salle où se trouvoit réuni le tiers-état, parce que c'étoit-là réellement la salle des états-généraux; c'étoit-là qu'ils avoient été convoqués; c'étoit-là que le garde des sceaux, à leur ouverture, avoit donné assignation aux députés de se réunir.

Il falloit, pour cette séance, des préparatifs; il falloit un trône, un dais, des places pour les princes du sang, pour les officiers de la couronne, pour les ministres; il falloit arranger le reste des sièges de manière que la distinction des ordres fût observée. Tout cela ne pouvoit pas être l'ouvrage de quelques heures, et le tiers-état ne pouvoit pas occuper la salle pendant que ces préparatifs se feroient; les ouvriers eussent été troublés dans leur travail, et les députés dans leurs délibérations.

On crut donc que ce n'étoit pas trop de deux jours pour que la salle fût en état de recevoir le roi, toute sa suite, et les trois ordres, suivant les formes anciennes. Et il est à remarquer que sur ces deux jours, il se trouvoit un dimanche que toutes les assemblées, que tous les corps, comme tous les individus, emploient ordinairement au repos et aux exercices de la religion. Par cet arrangement les députés du tiers-état n'éprouvoient qu'une interruption de vingt-quatre heures dans leurs fonctions.

Le roi ne devoit pas présumer qu'on pût lui disputer le droit de tenir une séance aux états-généraux; il en étoit le chef, le président naturel et nécessaire. Il ne devoit pas plus présumer qu'on lui refuseroit la prérogative de suspendre, pendant un et même deux jours, les assemblées des trois ordres. Il les avoit convoqués après une interruption de près de deux siècles; il pouvoit bien les tenir dans l'inactivité pendant quarante-huit heures. D'ailleurs, la nécessité des dispositions à faire dans la salle, le vouloit impérieusement. Lui refuser cette triste faculté, c'étoit sans motif, avant d'avoir établi aucun point constitutionnel, lui accorder infiniment moins de puissance qu'au roi d'Angleterre, qui convoque, proroge, ajourne, dissout le parlement.

On a dit que le roi avoit choisi, pour indiquer cette séance, le moment où la majorité du clergé alloit se réunir au tiers, et on en a conclu que le roi, en tenant cette séance, n'avoit eu d'autre motif que d'empêcher cette réunion, comme si cette réunion eût privé le roi de venir au milieu des représentans qu'il avoit convoqués, pour leur communiquer ses intentions et ses ordres. Avant ou après la réunion, la séance pouvoit avoir lieu; il est seulement à remarquer que le roi n'a dû se déterminer à la tenir que lorsque tout espoir d'accord entre les ordres, a été perdu pour lui. Au moment où cet espoir s'est évanoui; il a dû se hâter de mettre fin à une fermentation que le moindre retard pouvoit rendre excessivement dangereuse.

En conséquence donc des résolutions prises dans le conseil, des hérauts-d'armes, le 20 juin au matin, parcoururent les rues, les carrefours, les places publiques de Versailles, et publièrent la proclamation suivante :

« De par le roi. Le roi ayant résolu de tenir une séance royale aux états-généraux, lundi 22 juin, *les préparatifs à faire dans les trois salles qui servent aux assemblées des ordres, exigent que ces assemblées soient suspendues jusqu'après la tenue de ladite séance.* Sa majesté fera connoître, par une nouvelle proclamation, l'heure à laquelle elle se rendra lundi à l'assemblée des états ».

Il n'y eut personne dans Versailles, qui ne connût cette proclamation à l'instant où elle fut publiée. Les députés du tiers-état la connurent comme ceux des deux autres ordres, comme tous les habitans de Versailles, ils ne se présentèrent pas moins devant la porte des menus; ils se trouvèrent là tous ensemble et au même moment. Cette réunion de tous les députés à point nommé ne pouvoit pas être l'effet du hasard, car elle ne s'est jamais renouvellée depuis.

Les portes de la salle étoient fermées; les ouvriers étoient dedans, et des gardes-françoises gardoient l'extérieur; il falloit bien protéger le travail des ouvriers, et la salle elle-même contre toute violence populaire qu'auroit pu exciter une fausse interprétation de la proclamation; et quand un roi donne un ordre, ne faut-il pas qu'il prenne les mesures qui peuvent en assurer l'exécution ?

Les députés, instruits par les hérauts-d'armes, et par le spectacle qu'ils avoient actuellement sous les yeux, que la volonté du roi étoit qu'il n'y eût point ce jour-là de séance aux états-généraux, n'insistèrent pas moins; ils voulurent entrer, c'est ainsi qu'ils donnèrent au peuple l'exemple de l'obéissance. Les soldats qui gardoient les portes leur répondirent que leur consigne portoit de ne laisser entrer personne. M. Bailly alors demanda l'officier de garde; l'officier vint, et lui dit qu'il avoit des ordres pour ne laisser entrer personne dans la salle des états-généraux. — *Je proteste*, répondit M. Bailly, *contre de pareils ordres, et j'en rendrai compte à l'assemblée.*

Il n'avoit pas loin à aller pour rendre ce compte; car il avoit là toute l'assemblée. Elle se dispersa en pelotons sur l'avenue de Versailles; on tint conseil. Un peuple immense environnoit les députés, et étoit confondu avec eux. Il se détacha de cette foule plusieurs personnes qui coururent à Paris répandre un rapport imposteur de ce qu'ils venoient de voir. Des soldats, dirent-ils, la bayonnette au bout du fusil, et des officiers l'épée nue à la main, ont repoussé avec violence, de la salle des états, les représentans de la nation, dont quelques-uns même ont été frappés. Cette infernale calomnie passa comme un éclair, de Paris dans le reste du royaume, et qu'on juge du désastreux effet qu'elle y produisit.

Rassemblés sur l'avenue de Versailles, les députés, toujours sans considérer que le roi, s'il n'avoit plus droit à leur obéissance, méritoit au moins une légère marque de déférence, se livrèrent à des déclamations qui outrageoient les intentions d'un roi bon, et n'eussent été excusables que si l'on eût eu à lutter contre un despote qui auroit conspiré contre la vie de ses sujets. Au lieu donc de calmer les esprits, nos représentans, dans cette terrible matinée, allumèrent le feu qui a tout dévoré.

« On dissout les états-généraux, s'écrioit-on au milieu de tous ces groupes. Le gouvernement veut plonger la patrie dans les horreurs de la guerre civile. Partout règne la disette ; partout le peuple voit, avec effroi, que la famine va le dévorer. Depuis deux ans, le sang françois rougit la terre. Nous allions mettre un terme à ces malheurs ; nous allions lever le voile dont se couvrent les manœuvres des monopoleurs (1) ; justifier même le gouvernement d'avoir affamé le peuple, prouver que les deux cent millions qui sont dans le trésor royal, ne sont pas le fruit de ce crime. Et le gouvernement nous arrête dans notre marche » !

« Les Louis XI, s'écrioit-on d'un autre côté, les Louis XIII, les Richelieu, les Mazarin, les Brienne, ont attaqué, déchiré, opprimé les corps, les particuliers ; mais il étoit réservé à ce malheureux règne, de voir douze cent députés de la nation, soumis aux caprices, à la volonté changeante, à la fantaisie momentannée d'un ministère despotique ».

Qu'on se figure un peuple innombrable, dont les flots étoient sans cesse grossis par la foule qui se précipitoit vers les députés, de toutes les rues, de toutes les avenues, par les troupes de voyageurs qui alloient à Paris, ou qui en venoient, et qui s'arrêtoient tout-à-coup sur le lieu où se présentoit, à leurs yeux, un spectacle aussi nouveau. Qu'on se représente cette multitude de spectateurs se pressant, se penchant vers les orateurs, et recevant, avec une incroyable facilité, toutes les impressions de la crainte et du désespoir, parce qu'ils ne connoissoient pas la véritable cause de cet événement. Les uns pâlissoient d'effroi, les autres frémissoient de rage ; ceux-là, plus susceptibles de sentimens tendres, prenoient en pitié la nation, les députés, et versoient des larmes ; d'autres recouroient à la consolation des malheureux, levoient les mains au ciel, et le supplioient de sauver la patrie. Jamais un pareil tableau ne se présenta aux yeux d'un observa-

---
(1) Comme ces messieurs ont tenu parole !

teur ; qu'on se le rappelle, et on n'aura plus qu'un sujet d'étonnement, c'est que, dès cet instant, la guerre civile n'ait pas éclaté avec toutes ses fureurs.

Il falloit cependant prendre un parti : « Messieurs, disoit M. Bailly, avec un grand air de bonhommie, ce n'est point une enceinte fermée par des murailles, qui forme l'assemblée de la nation ; elle peut se convoquer, se réunir dans un champ, dans une plaine ».

« Assemblons-nous, dit un député, sur la place d'armes ; c'est-là que nous retracerons les beaux jours de notre histoire ; c'est-là que nous tiendrons le champ de mai ».

« Non, non, disoit un autre, réunissons-nous dans la galerie du château ; là nous donnerons le spectacle nouveau de parler le langage de la liberté à côté de cette salle sinistre d'où l'on désignoit au bourreau, il y a peu de tems, la tête de celui qui avoit prononcé ce mot sacré ».

Plus audacieux, un troisième s'écria : « Allons tous à Marly, tenir notre séance sur la terrasse. Que le roi nous voie et nous entende ; qu'il vienne prendre place parmi nous ! C'est au milieu des députés de son peuple, c'est dans une communication libre avec eux, qu'il apprendra à connoître l'esprit qui les anime, et non dans le morne silence d'une séance royale et despotique. Oui, ajouta ce fougueux député, allons aux pieds même du château tenir notre séance ; faisons descendre, dans le cœur de nos ennemis, l'effroi qu'ils ont répandu dans le nôtre ; qu'ils tremblent à leur tour ! Le roi annonce une séance royale, il la suspend jusqu'à lundi prochain ; ce délai est trop long, il la tiendra tout-à-l'heure ; il descendra de son château, et n'aura plus qu'à se placer au milieu de son peuple ».

Infortuné monarque ! le voilà cet inextricable, ce monstrueux assemblage de maux, dans lequel les sots ou perfides conseils d'un ministre étranger et non-catholique alloient vous envelopper. Où étoit-il ce ministre, tandis que tant de mains frappoient les bases de votre trône ? Quels sages conseils vous donnoit-il ? Par quelles consolations vous dédommageoit-il de tant d'amertumes ? Nos neveux voudront-ils le croire ? Dans cette journée du 20 juin, M. Necker ne se trouvoit point auprès du roi ; il avoit quitté Marly, il étoit à Paris, dans le sein de sa famille. On a dit, pour l'excuser, qu'il étoit retenu auprès de sa belle-sœur, dangereusement malade. Mais dans une occasion d'une aussi haute importance que celle dont il s'agissoit ici, au moment d'une crise qui pouvoit faire écrouler la monarchie, et l'engloutir, M. Necker, homme public, ministre, cause première de l'événement qui rendra cette journée à jamais mémorable, n'avoit plus ni belle-sœur, ni famille. Il a abandonné son poste, lorsque les plus grands intérêts devoient l'y retenir ; voilà l'accusation que l'histoire intente contre lui. L'a-t-il abandonné par trahison, par lâcheté, par ineptie? C'est à la postérité à prononcer. C'est-là, au surplus, la seconde fois où nous voyons M. Necker se tenir loin des dangers, dont les circonstances déterminées par lui-même, avoient environné le roi.

Pendant que les députés délibéroient dans l'avenue sur le parti qu'ils avoient à prendre, et qu'en s'échauffant mutuellement, ils embrâsoient les cœurs de tous ceux qui les écoutoient, M. Bailly se détacha de la foule, avec les deux secrétaires, et vingt autres membres de l'assemblée ; ils se présentèrent de nouveau à la principale porte de la salle, et comme la première fois, ils demandèrent l'officier de garde, de qui ils requirent la remise de tous les papiers qui appartenoient à l'assemblée. L'officier les introduisit dans l'intérieur de la salle, et leur fit livrer, sans aucune difficulté, tous les papiers qu'ils revendiquèrent.

M. Bailly ensuite fit dire aux députés qui restoient au dehors, qu'il les prioit de se rendre au jeu de paume de la rue du Vieux-Versailles, où il présideroit la séance. Sur cet avis, tous les pelotons se réunirent, s'acheminèrent, aux acclamations du peuple, vers le lieu indiqué par leur président. Il les y avoit devancé, et dès que chacun eut pris place, il leur lut une lettre qu'il avoit reçue le matin, et avant que toute cette scène commençât, de M. le marquis de Brézé, grand-maître des cérémonies. En voici la teneur :

« Le roi m'ayant ordonné, monsieur, de faire publier, par les hérauts-d'armes, qu'il viendroit tenir une séance royale lundi prochain 22 juin, et de faire préparer en conséquence les salles des états-généraux, j'ai l'honneur de vous en prévenir. Je suis avec respect, etc ».

M. Bailly donc outre l'avis public donné par les hérauts-d'armes, en avoit reçu un particulier qui l'instruisoit des intentions du roi, auxquelles il ne jugea pas à propos de déférer, car il fit, à M. de Brézé, la réponse suivante :

« N'ayant pas encore reçu d'ordres du roi, monsieur, et l'assemblée étant annoncée pour huit heures, je me rendrai où mon devoir m'appelle ».

M. Bailly donnoit par-là à entendre qu'il ne reconnoissoit pour ordres du roi, que ceux qui lui parvenoient directement ; mais le roi pouvoit-il deviner que ses volontés, annoncées par le grand-maître des cérémonies, et par les hérauts-d'armes, seroient méconnues ? N'étoit-ce pas-là les organes naturels des ordres du prince, dans toute circonstance pareille ?

M. Bailly finissoit à peine la lecture de la réponse qu'il avoit faite à M. de Brézé, qu'il en reçut une nouvelle lettre, ainsi conçue :

« C'est par un ordre positif du roi, que j'ai eu l'honneur de vous écrire ce matin, monsieur, et de vous mander que sa majesté voulant tenir lundi une séance royale, qui demande des préparatifs à faire dans les trois salles d'assemblée des trois ordres, son intention étoit qu'on n'y laissât entrer personne, et que les séances fussent suspendues jusqu'après celle que tiendra sa majesté ».

« Je suis avec respect, etc. ».

« Le marquis de Brézé, s'écria-t-on, après avoir entendu la lecture de cette seconde lettre, est criminel de lèze-patrie. Qu'il reste chargé de ce crime, tant qu'il ne produira pas pour sa décharge, l'ordre écrit de la main du roi ».

D'autres voulant ramener l'indignation du peuple qui remplissoit l'intérieur et les dehors du jeu de paume, sur plus de têtes, faisoient entendre ces menaces : « les aristocrates veulent enchaîner le roi et la nation, mais qu'ils apprennent qu'ils sont loin de compte ! Nous avons fait couler le sang de trente mille hommes pour rendre les américains libres, mais aujourd'hui qu'il s'agit de notre propre liberté, il n'y a pas un de nous qui ne sacrifie mille fois sa vie pour ne pas tomber dans l'esclavage le plus honteux ».

Ces premiers élans passés, M. Bailly fit un petit discours qui n'étoit guère propre à calmer les esprits beaucoup trop échauffés ; il s'affligea sur le sort actuel de l'assemblée, et finit par lui proposer de mettre en délibération le parti qu'il convenoit de prendre dans des momens aussi difficiles.

M. Mounier, persuadé que la cour avoit, en effet, en vue de dissoudre les états-généraux, et fortement pénétré du principe qu'il avoit toujours professé, que la résistance à l'oppression, est le droit sacré de toute société politique, se livra à toute l'ardeur de son imagination, à tous les mouvemens d'un cœur passionné pour le bonheur de ses concitoyens, ouvrit un avis que MM. Target, le Chapelier et Barnave appuyèrent avec chaleur, et qui fut généralement adopté. Cet avis consistoit à se lier tous par un serment dont voici la formule littérale :

« L'assemblée nationale considérant, qu'appelée à fixer la constitution du royaume, opérer la régénération de l'ordre public, et maintenir les vrais principes de la monarchie, rien ne peut empêcher qu'elle ne continue ses délibérations, et ne consomme l'œuvre important pour lequel elle est réunie, dans quelque lieu qu'elle soit forcée de s'établir, et qu'enfin par-tout où ses membres se réuniront, là est l'assemblée nationale » :

« Arrête, que tous les membres de cette assemblée prêteront à l'instant le serment solemnel de ne jamais se séparer, et de se rassembler partout où les circonstances l'exigeront, jusqu'à ce que la constitution du royaume, et la régénération de l'ordre public, soient établis et affermis sur des bases solides, et

que

que le serment étant prêté par tous les membres et chacun d'eux en particulier, ils confirmeront par leur signature, leur résolution inébranlable. »

Dès que cet arrêté fut lu, la salle retentit d'applaudissemens; M. Bailly ensuite demanda pour lui et les secrétaires, la faveur de le prêter les premiers; elle lui fut accordée avec acclamation. L'engouement étoit si général qu'il ne se trouva personne, dans cette vaste assemblée, qui fît l'observation que cet arrêté étoit injurieux aux intentions du roi, en ce qu'il lui supposoit la volonté de fermer aux états-généraux l'entrée de leur salle, et de les dissoudre avant qu'ils eussent rempli la mission pour laquelle ils avoient été convoqués, tandis qu'il n'y avoit de réel, dans toute cette affaire, qu'une suspension momentanée des séances, occasionnée par l'impossibilité de confondre les députés avec les ouvriers qui embarrassoient la salle.

Je sais bien qu'on a dit, et qu'on ne cessera de répéter que la cour avoit des vues ultérieures, qui tendoient à la dissolution totale des états-généraux; mais c'est-là une simple supposition, et l'historien ne doit rien supposer. L'événement d'ailleurs a prouvé que la cour n'avoit actuellement d'autre vue que de tenir une séance royale.

M. Malouet fut le seul qui osa représenter que le roi ne refusoit pas de laisser faire la constitution; mais cette observation fut accueillie comme un blasphême. Les deux députés du bailliage de Castelnaudary ne firent aucune représentation; mais ils eurent le courage de refuser de signer, et il falloit en avoir beaucoup pour rester dans les bornes de la modération au milieu de d'hommes à qui les partis les plus extrêmes n'auroient pas déplu.

M. Martin, avocat, député d'Auch, signa comme tous les autres; mais il ajouta une réserve à sa signature. M. Bailly, qui s'en apperçut en lisant à haute voix les signatures, demanda si on vouloit laisser subsister cette réserve. M. Martin voulut alors donner l'explication de la clause qu'il avoit ajoutée à son nom; il s'approcha du bureau du président, et parla même pendant quelque temps; mais on n'entendit pas un seul mot de ce qu'il dit, parce que les murmures étouffèrent sa voix.

La question de M. Bailly mise aux voix, il fut décidé unanimement que l'on laisseroit subsister la réserve du signataire, afin, dit-on, que le procès-verbal attestât son dévouement à la patrie.

Au moment où l'on rendoit cette décision, M. le marquis de Gouy d'Arcy qu'on a déjà vu, dans la première partie de cette histoire, se donner beaucoup de mouvement auprès des électeurs de Paris, et trouvant l'occasion favorable pour se faire remarquer avec avantage, se présenta à la tête de tous ceux qui se disoient députés de St. Domingue, et demanda à être admis, avec eux, à signer l'arrêté.

Ces députés, au nombre de douze, avoient toujours été admis aux séances de l'assemblée, mais sans en avoir le droit. Ce fut-là le seul titre sur lequel ils purent appuyer leur demande; car, du reste, les pouvoirs qu'ils disoient avoir reçus des colons, et qu'ils n'auroient pu avoir reçus qu'en vertu de lettres de convocation semblables à celles qui avoient été données pour le royaume, n'étoient pas même vérifiés. Mais dans un moment où l'on eût voulu faire de tous les françois, autant de conjurés, on n'y regarda pas de si près; les douze députés furent exaucés. Lorsqu'ils eurent signé, M. de Gouy d'Arcy, prenant ou feignant de prendre le tiers-état pour la nation, adressa à l'assemblée, ce compliment:

« Messieurs, nous nous sommes donnés bien jeunes à Louis XIV, nous avons fondé depuis une colonie bien puissante; nous la donnons à la nation, et nous profitons avec ardeur de ce premier moment pour vous offrir l'hommage de notre respect et de notre reconnoissance ».

Ce petit discours peint le génie et l'ame de M. de Gouy d'Arcy. Tout en effet est petit dans ses vues et dans ses moyens. Brûlant, comme tant d'autres, de l'ambition de jouer un rôle dans le bouleversement de la monarchie, il n'a pu y parvenir, parce qu'il n'en avoit pas la force. Il se jetta, avec fureur et en aveugle, parmi les factieux, parce que c'étoit parmi eux qu'il étoit plus aisé d'acquérir de la célébrité. Son dévouement au parti des démagogues, lui a valu, pour tout avantage, d'être Maire de Morer, et commandant de la garde nationale de Fontainebleau. Dans l'intérieur de l'assemblée, M. de Gouy d'Arcy s'est tellement agité, qu'on a pris pour du talent son empressement à se mettre en évidence, on l'a aggrégé au comité des finances, et à celui des domaines; on l'a, en outre, nommé un des commissaires de la salle. Telles sont les hochets que lui ont valu ses petites déclamations contre le despotisme.

En nourrissant son amour-propre de mille futilités, M. de Gouy d'Arcy s'est fait une cruelle illusion; il n'en a pas été des intérêts de l'importante, de la précieuse colonie qui l'avoit député, comme de ses intérêts personnels; il a pu trouver son compte dans les caresses du parti qu'il avoit adopté; mais il n'a pu lui inspirer assez de confiance pour préserver ses commettans du coup qu'ils avoient le plus à redouter. M. de Gouy d'Arcy n'avoit, pour les en garantir, ni assez d'énergie, ni assez de courage, ni assez de patience, ni assez de connoissances, et lorsque ce coup a été frappé, il a ressemblé à un homme que le bruit de la foudre éveille en sursaut. Alors on l'a vu fuir cette assemblée, après laquelle il courut avant même qu'elle fut formée, et briser, avec dépit, tous les liens dont il s'étoit enlacé dans cette même séance du 20 Juin. Il avoit juré de ne jamais se séparer de l'assemblée nationale, et aujourd'hui il rougiroit d'en être membre. Tel est le pouvoir des sermens sur les hommes légers et frivoles, et telle sera toujours l'issue des promesses contractées inconsidérément.

M. de Gouy, pour achever son portrait, a de l'esprit; mais de cet esprit qu'on acquiert dans ces cercles que nous appellions autrefois la bonne compagnie, et qui, pour être agréable, n'en est pas moins superficiel. Il parle avec facilité, et même avec grâce; mais c'est lorsqu'il parle sur des riens. Je l'ai entendu, à la tribune entretenir pendant deux heures ses auditeurs, d'une misérable tracasserie survenue dans une assemblée primaire, et se faire écouter avec plaisir. Le genre qui lui est le plus propre, c'est celui du persiflage, genre pitoyable même en société, et qui, dans un discours soutenu, est voisin de la niaiserie.

Lorsque M. de Gouy eut prononcé sa courte harangue, M. Bailly se leva, à son exemple tous se levèrent, et en silence écoutèrent la formule de serment qu'il récita en ces termes:

« Nous jurons de ne jamais nous séparer de l'assemblée nationale, et de nous réunir à elle partout où les circonstances l'exigeront, jusqu'à ce que la constitution du royaume soit établie et affermie sur des fondemens solides ».

A peine M. Bailly eut fini de prononcer cette formule, que tous les députés unanimement y souscrivirent en répondant oui, et presque au même instant tout le jeu de paume retentit du cri: *vive le roi*, qui fut répété dans toutes les rues, dans toutes les maisons voisines. car le peuple obstruoit tous les environs.

Ainsi dans cette lutte entre le tiers-état, et l'autorité royale, chaque choc que recevoit celle-ci, étoit suivi du cri: *vive le roi*. Par quelle bizarrerie a-t-on fait un si fréquent usage de l'acte le plus saint de la religion, dans une assemblée où si peu d'hommes croyoient à celle de leurs pères? Car, à quelle assemblée a-t-on jamais pu appliquer, avec plus de justice, ce que Voltaire dit du sénat romain, du tems de Cicéron et de César?

(1) « Le sénat, dit cet oracle des modernes philosophes, étoit presque tout composé d'athées de théorie et de pratique; c'est-à-dire, de gens qui ne croyoient ni à la vie future, ni à la providence, car les dieux n'existoient pas pour des hommes qui ne craignoient ni n'espéroient rien d'eux; c'étoit une assemblée de philosophes voluptueux, ambitieux, et tous très-dangereux. » Aussi perdirent-ils la république.

---

(1) Voyez dictionnaire philosophique, art. Athée.

Cette mémorable séance qui ne finit qu'à six heures du soir, se termina par admettre les suppléans des députés à signer l'arrêté qui venoit d'être pris, et avant de se séparer, l'assemblée s'ajourna pour le surlendemain, à huit heures du matin, dans la salle ordinaire des menus, tout comme si on étoit persuadé que ce qui avoit été dit de la séance royale, qui devoit avoir lieu ce jour-là, étoit une fable.

Le reste de la journée et la nuit furent fort tranquilles, contre l'attente peut-être de ceux qui espéroient que l'impulsion donnée par la scène que je viens de décrire, produiroit sur le champ une forte explosion. Il m'a du moins été dit, par un de ces hommes dont on s'est servi pour exciter des émeutes, que s'étant rendu chez le comte de Mirabeau, sur la fin de cette journée, celui-ci se plaignant à lui de ce que les députés n'étoient pas assez bien secondés par le peuple, avoit ajouté: « ces parisiens ont bien de la peine à s'ébranler. Qu'attendent-ils donc pour venir ici faire une irruption? Vous verrez qu'ils nous laisseront dans tous ces embarras, et qu'ils ne sauront faire aucun effort pour nous empêcher d'être victimes de la résistance que nous opposons à la cour ».

Il est à remarquer qu'au milieu de toutes ces agitations, qui devoient si fort ébranler le crédit et la confiance, les fonds publics haussèrent, tant on étoit assuré que le tiers-état l'emporteroit sur tous les obstacles, et qu'il rempliroit bientôt l'engagement qu'il venoit de prendre, d'acquitter les dettes de la nation.

Sur le soir, le conseil tint une nouvelle séance, et le roi resta renfermé avec ses ministres jusqu'à deux heures du matin; on disoit, dans le public, que la cour étoit plus incertaine que jamais sur le parti auquel elle devoit s'arrêter, et que cette longue conférence s'étoit terminée sans qu'il eût été pris aucune résolution définitive.

Dans le courant de la journée, l'archevêque de Vienne se rendit à Marly, et ainsi que l'avoient déjà fait les archevêques de Paris et de Rouen, il rendit compte au roi, de tout ce qui s'étoit passé dans sa chambre.

Le lendemain, toute la cour revint à Versailles sur les onze heures. Aussitôt le bruit se répandit dans la ville, et bientôt après dans Paris, que la séance royale n'auroit pas lieu; des gens assuroient même, dans le Palais-Royal, avoir vu ôter les tentures et les autres meubles apportés dans la salle des états, et qui devoient servir à cette cérémonie.

Je ne saurois rendre l'ivresse de joie que causa cette nouvelle. Le roi, disoit-on, avoit été cruellement trompé; tous ces sinistres projets avoient été conçus en l'absence de M. Necker. Dès qu'il en a été informé, il a volé à son poste, il a couru auprès du prince, et lui a représenté que non-seulement il ne pouvoit contribuer à leur exécution, mais qu'il se voyoit encore obligé de donner sa démission. Le roi lui a promis que la séance n'auroit pas lieu, et lui a dit ces paroles excessivement flatteuses : « si vous donnez votre démission, je donnerai aussi la mienne ».

Que n'a-t-on pas fait croire à ce peuple depuis le commencement de la révolution? Et comme il erroit sur le compte d'un ministre qui, lui-même, comme on le verra bientôt, avoit eu une part considérable au travail de cette séance qu'on redoutoit tant!

On la redoutoit au point que, dans les premiers instans où l'on se persuada qu'elle n'auroit pas lieu, un député de la noblesse, fort contraire aux prétentions du tiers-état, dit à une personne digne de foi, qui me l'a rapporté, qu'il se réjouissoit de ce changement; ajoutant qu'il ne doutoit pas que si le roi eût tenu cette séance, il n'eût eu la douleur de voir la salle même des états-généraux ensanglantée. Ce gentilhomme fondoit cette conjecture, non-seulement sur la disposition où se trouvoient les esprits; mais encore sur les contestations qui s'élèveroient vraisemblablement entre les trois ordres. Il étoit en effet assez probable que les députés du tiers-état, se croyant les seuls représentans de la nation, voudroient avoir les honneurs de la préséance; et, d'un autre côté, ceux des ecclésiastiques et des gentilshommes qui n'avoient pas déserté leur ordre, ne feroient-ils pas tous leurs efforts pour se maintenir dans la place que leur assignoient les loix anciennes?

On ne conçoit pas, au reste, comment on pouvoit être si fort effrayé de cette séance royale; car, quoiqu'on ne sût pas précisément ce qui devoit y être résolu, l'opinion universelle étoit que le roi y annulleroit toutes les délibérations qu'avoit prises le tiers-état, qu'il rétabliroit et raffermiroit la distinction des ordres, en ordonnant qu'ils vérifieroient les pouvoirs séparément et, que l'on délibéreroit par ordre, et non par tête. L'épouvantail donc qui glaçoit toutes les imaginations, c'étoit les états-généraux eux-mêmes, tels qu'ils avoient été convoqués.

Il y avoit bien quelques misérables qui essayoient de faire croire que le roi ne se borneroit pas là, et que, tout au moins, il feroit tomber, sous la hache du bourreau, les têtes de ceux qui prêcheroient avec plus d'ardeur les nouveaux systèmes. N'allât-on pas jusqu'à dire qu'un membre de la noblesse avoit osé avancer à la cour, qu'il n'y avoit qu'un moyen de se défaire de tous les perturbateurs, et que ce moyen consistoit à cacher une certaine quantité de poudre dans la salle du tiers-état, et à y mettre ensuite le feu, lorsque tous les députés de cet ordre seroient assemblés? mais les yeux n'étoient pas encore assez fascinés, les cœurs assez corrompus, pour qu'on crût à ces atrocités. La canaille même n'y ajouta pas foi.

Malheureusement elle se laissa prendre à une autre imposture, qui étoit tout aussi invraisemblable que cette prétendue conjuration des poudres. On publia, on cria à toutes les oreilles, que M. l'archevêque de Paris étoit le principal auteur de l'illusion faite au roi, et là-dessus on bâtit une histoire qui contrastoit si fort avec l'idée que M. l'archevêque de Paris avoit généralement donnée de ses mœurs, qu'il est étonnant qu'un seul homme en France ait pu la croire.

Le dernier voyage que ce prélat avoit fait à Marly, servit de base à cette fable. On raconta que, désespéré de la réunion qui alloit se faire de la majorité de sa chambre avec le tiers-état, il étoit parvenu à obtenir une audience particulière du roi, et qu'après lui avoir vivement représenté tous les malheurs qui suivroient cette réunion, il s'étoit jetté à ses genoux, lui avoit tout-à-coup présenté un crucifix, et l'avoit conjuré, par cette image sacrée du divin auteur de notre religion, de déployer toute la force de son autorité, pour retenir chaque ordre à sa place.

Je n'ai pas besoin de dire que cette imposture n'a jamais été prouvée; encore moins m'arrêterai-je à la réfuter. Il est des hommes élevés à un tel degré de vertu, que c'est une sorte de profanation d'oser faire leur apologie, et M. de Juigné est de ce nombre. On peut dire qu'il a atteint toute la hauteur de la perfection où la seule religion chrétienne peut faire atteindre. Toute sa vie est si belle, que les plus effrontés calomniateurs n'ont pu y appercevoir l'apparence même d'une tache. Sa piété est grande, sans doute; mais qui detesta jamais plus que lui les folies de la superstition, les erreurs du fanatisme? Comme il a donné sa fortune aux malheureux, il eût volontiers donné tout son sang pour faire le bonheur de sa patrie, car il en est de lui, comme de la divinité; il réunit toutes les qualités : mais dans leur réunion, celle qui brille avec plus d'éclat, c'est la bonté, c'est la douceur. Toujours affable, d'une humeur toujours égale, il a, dans l'intérieur de son domestique, au milieu de ses amis, cette gayeté franche et aimable qui est l'expression fidele des sentimens tranquilles de son ame; elle n'en connoit pas d'autres.

Aux qualités du cœur, M. de Juigné réunit les lumières, le savoir; et dans le clergé de France, où se trouvent tant de beaux génies, il n'en est pas de plus instruit que ce prélat. Il suffiroit de lire ses instructions pastorales, qu'il compose lui-même, de l'entendre discourir, pour en être convaincu; mais il n'est personne qui puisse avoir oublié l'éclat, le succès avec lequel il s'acquitta des fonctions d'agent du clergé, et on sait combien cet ordre étoit difficile sur le choix de ses agens. La partie contentieuse, sur-tout, n'étoit confiée, qu'à des hommes d'un mérite éprouvé, et ce fut celle dont M. de Juigné se trouva chargé.

Je goûte, je l'avoue avec ingénuité, une douce satisfaction à rendre justice à l'homme le plus juste, le plus accompli de son siècle ; mais aucun intérêt personnel, aucune prévention ne m'égare dans le portrait que je trace ici, et un des événemens qui m'a toujours plus étonné dans la révolution, c'est que si près de M. de Juigné, il se soit trouvé des hommes qui ayent osé concevoir la pensée de lui prêter une démarche si contraire à l'idée qu'on a toujours eue de ses lumières et de ses vertus.

Comme je ne dois point anticiper sur l'ordre des faits, j'attendrai d'avoir à parler de ceux qui lui sont encore personnels, pour achever de le peindre ; et, d'avance, je prédis qu'on le verra toujours sage, toujours bon, toujours irréprochable.

La fureur, au reste, avec laquelle on calomnioit quelques hommes, avoit pour motif de déterminer la cour, par la crainte d'un soulèvement, à persister dans la résolution de renoncer à la tenue d'une séance royale. Quoiqu'on aimât à se flatter que le roi y avoit renoncé en effet, on n'en craignoit pas moins de voir dissiper cette illusion. Le chemin de Versailles à Paris étoit couvert de couriers qui venoient instruire la capitale de ce qui se passoit auprès et autour du roi, de sorte qu'à chaque minute il arrivoit un bulletin.

C'étoit au Palais-Royal, que s'apportoient les premières nouvelles ; les jardins, les caffés étoient sans cesse remplis par la foule qui s'y entassoit, et de distance en distance, de féroces orateurs échauffoient les têtes, et mettoient tout en œuvre pour déterminer leurs auditeurs à une sérieuse insurrection, dans le cas où la séance royale auroit lieu.

Un jeune homme attaché à une légation étrangère, témoin de l'ardeur avec laquelle on s'encourageoit mutuellement aux partis les plus violens, et peu fait à ces scènes de rébellion, s'écria : quelle nation, grand Dieu ! comment les françois ont-ils été tout à-coup changés en bêtes féroces ? il eut à peine proféré ce cri, qui supposoit une ame douce, que ces bêtes féroces se ruèrent sur lui ; il fut frappé de plus de mille coups, et on exigea, que dans la posture d'un suppliant, il demandât pardon de l'outrage qu'on disoit qu'il avoit fait à la nation. Cette scène se passa au milieu du jardin.

Presqu'au même instant, un autre particulier qui, dans le caffé du caveau, osa regretter que M. de Calonne fut absent, et ne pût nous aider de ses lumières, reçut un démenti injurieux de la part d'un partisan de M. Necker. La menace et la violence suivirent de près le démenti ; le défenseur de M. de Calonne fut presqu'immolé par ceux qui l'environnoient, et il en coûta des efforts incroyables à la garde pour empêcher que l'assassinat ne fût consommé. C'est par ces cris qu'on préludoit à la liberté des opinions.

Sur les quatre heures après-midi, les choses changèrent de face à Versailles ; on y fut instruit que le conseil s'assembloit, et les anxiétés sur le résultat de cette nouvelle séance redoublèrent. Vers les huit heures, tous les députés se réunirent dans la galerie du château, pour être plutôt informés de ce qui y auroit été déterminé. Ce conseil dura jusqu'à minuit ; Monsieur et M. le comte d'Artois y furent admis : il se tint chez le roi. Pendant sa durée, le bruit courut, et ne fit plus que s'accréditer, qu'on persistoit toujours dans le projet de la séance royale. La séance finie, le roi et ses frères se séparèrent ; mais les membres du conseil s'assemblèrent sur-le-champ chez M. le garde des sceaux, et y passèrent la nuit.

Il restoit une lueur d'espoir ; on savoit que, dans le courant de la journée, les députés de la majorité de la noblesse avoient porté au roi la lettre qu'il avoit été arrêté de lui adresser ; on étoit avide de connoître la réponse qui y seroit faite, parce qu'on espéroit y entrevoir, au moins, les vues ultérieures du roi. La réponse parut enfin ; aussi-tôt on en fit des milliers de copies ; les ministres eux-mêmes en répandirent ; elle portoit ce qui suit :

« Le patriotisme et l'amour pour ses rois, ont toujours distingué la noblesse françoise. Je reçois avec sensibilité les nouvelles assurances qu'elle m'en donne ».

« Je connois les droits attachés à sa naissance. *Je saurai toujours les protéger et les défendre*. Je saurai également maintenir, pour l'intérêt de tous mes sujets, l'autorité qui m'est confiée, et je ne permettrai jamais qu'on l'altère ».

« Je compte sur votre zèle pour la patrie, sur votre attachement à ma personne, et j'attends avec confiance de votre fidélité, que vous adopterez les vues de conciliation dont je suis occupé pour le bonheur de mes peuples. Vous ajouterez ainsi aux titres que vous aviez déjà à leur attachement et à leur considération ».

Quelle lettre ! et que la noblesse a été cruellement trompée dans l'espoir qu'elle lui faisoit concevoir ! Dès qu'on la connut dans le public, on revint de l'illusion qu'on s'étoit faite, et on ne douta plus que le roi ne persistât à proposer et à exiger les vues de conciliation dont il parloit dans cette réponse.

Le lendemain, il ne resta plus aucun doute, car dès le matin, les hérauts-d'armes publièrent cette nouvelle proclamation.

« De par le roi. Sa majesté ayant fixé à demain, mardi 23, la séance qu'elle avoit indiquée pour aujourd'hui lundi, MM. les députés aux états généraux sont invités de se trouver ledit jour mardi, à neuf heures du matin, à l'hôtel des états. »

La cour ne se contenta pas cette fois de cette

simple proclamation, et le roi pour ôter sans doute tout prétexte à M. Bailly de dire qu'il n'avoit pas vu l'ordre de sa majesté, lui écrivit une lettre, portant cette adresse : *à M Bailly, président de l'ordre du tiers-état*. La lettre étoit ainsi conçue :

« Je vous préviens, monsieur, que la séance que j'ai indiquée pour demain lundi, n'aura lieu que mardi à dix heures du matin, et que la salle ne sera ouverte que pour ce moment. Signé, Louis ».

P. S. Je charge le grand-maître des cérémonies de vous faire tenir ma lettre ».

M. de Brézé, en envoyant à M. Bailly la lettre du roi, l'accompagna d'une lettre particulière ainsi conçue :

« J'ai l'honneur de vous envoyer, monsieur, une lettre que le roi m'a ordonné de vous faire tenir. Je vous prie de vouloir bien m'en accuser la réception. Je suis avec respect, M. le président, etc. ».

La réponse de M. Bailly fut laconique ; en voici la teneur :

« J'ai reçu, monsieur, la lettre du roi, qui m'est adressée, et que sa majesté vous a chargé de me faire tenir. J'ai l'honneur d'être, etc. ».

M. Bailly ne pouvoit donc ignorer, cette fois, que l'ordre du roi ne fût que les états-généraux ne s'assemblassent que le lendemain dans la salle des états, puisqu'il avoit lui-même accusé la réception de cet ordre. Malgré cependant les intentions bien connues du prince, M. Bailly se mit à la tête des députés du tiers-état ; ils se présentèrent d'abord au jeu de paulme où ils avoient tenu la séance de l'avant veille. Le peuple s'y étoit porté avec une telle affluence, qu'on ne trouva point assez de places vacantes, et il étoit d'autant plus essentiel d'avoir un emplacement commode et spacieux, que ce jour-là, l'assemblée devoit s'accroître considérablement, comme on va le voir.

Ne trouvant pas à se placer convenablement dans le jeu de paulme, les députés se transportèrent au couvent des Récolets ; mais ces bons religieux représentèrent que, ne vivant que des bienfaits du roi, il ne leur étoit pas possible de se prêter à laisser tenir une séance qui étoit contre ses intentions ; et ils ajoutèrent que quand ils pourroient oublier le respect dû aux volontés du roi, ils ne pouvoient méconnoître les obligations que leur imposoit la reconnoissance. Ils refusèrent donc au tiers-état l'entrée de leur maison.

Ce refus indisposa étrangement le tiers-état contre ces religieux ; il est vraisemblable que, dès ce moment, ceux qui avoient résolu dans leurs cœurs de détruire toutes les maisons religieuses, jurèrent intérieurement de rester fidèles à cette résolution.

Éconduits par les Récolets, les députés revinrent à la salle des menus, quoique M. Bailly eût entre les mains la preuve que l'intention du roi étoit qu'on n'y entrât point. Les sentinelles qui gardoient les portes, répondirent, comme l'avant veille, que leur consigne portoit de ne laisser pénétrer personne dans l'intérieur de la salle.

Les députés alors, sans délibérer, et comme si tout eût été convenu d'avance, se rendirent dans l'église de Saint-Louis. On ne sauroit croire combien ces allées et venues, combien le spectacle de ces députés, errant de rues en rues, comme s'ils étoient repoussés de tous les lieux où ils se présentoient, comme s'ils ne savoient où poursuivre leurs délibérations, achevèrent de les rendre intéressans au peuple, et d'aigrir les esprits contre la cour.

Arrivés à l'église de Saint-Louis, ils se placèrent dans la nef, et leur premier soin fut d'admettre, à la prestation du serment fait au jeu de paume, ceux des députés qui ne s'y étoient pas trouvés. Pendant qu'on procédoit à cette formalité, la majorité du clergé s'assembla dans le chœur ; elle y fit l'appel de tous ses membres. L'appel étant fini, M. l'évêque de Chartres, suivi de sept autres ecclésiastiques, se présenta devant l'assemblée du tiers-état, et lui demanda si elle vouloit accorder au clergé les préséances d'usage. Il lui fut répondu, et qu'on ne perde pas de vue que c'est dans la demeure même de la divinité, au pied des autels, que cet engagement a été contracté, il lui fut répondu que l'assemblée nationale respectoit les droits du premier ordre de l'état, que, loin d'apporter atteinte aux honneurs qui lui étoient dus, elle s'empresseroit de les défendre ; enfin on fit remarquer à ces députés, que les sièges du clergé étoient préparés à la droite du président.

Puisqu'ils étoient préparés, cette scène étoit prévue, et l'on conçoit tout l'intérêt qu'avoit le tiers-état de tenir une séance avant celle du roi.

M. l'évêque de Chartres, ayant reçu cette assurance, ouvrit les portes du sanctuaire, tous les ecclésiastiques en sortirent, et vinrent se ranger, en effet, à la droite du président ; les curés cédèrent les premières places aux prélats.

La sainteté du lieu, la gravité des circonstances, ce mélange des ministres de la religion avec des hommes qu'on croyoit prêts à se dévouer au salut de la patrie, tout cela forma un spectacle touchant ; et dont tous ceux qui composoient l'assemblée parurent vivement émus. Les uns applaudissoient avec transport ; d'autres faisoient retentir la voûte du cri *vive le roi* ; ceux-là paroissoient immobiles, ensevelis dans une tendre mélancolie, et laissoient couler des pleurs.

Lorsque l'assemblée parut plus calme, M. l'archevêque de Vienne, vénérable par son âge, par ses vertus, par les services qu'il avoit rendus à la religion, et qui a payé par bien des regrets cette démarche, se leva, et prononça un discours qui fut mille fois interrompu par les applaudissemens. Il termina ce discours, dans lequel il parla beaucoup des sentimens de concorde qui avoient toujours animé le clergé, par annoncer que son ordre, car c'est ainsi qu'il appelloit la majorité, se rendoit dans *l'assemblée nationale* pour y donner et prendre communication des pouvoirs.

Le clergé, ou du moins la majorité de ses représentans, dont M. de Pompignan étoit l'organe, reconnoissoit donc *l'assemblée nationale*. C'étoit une conquête pour le tiers-état, que la conjoncture, où l'on se trouvoit, rendoit encore plus importante. Mais quel sentiment se fût élevé dans l'âme de ce vertueux prélat, s'il eût pu prévoir que les hommes qu'il rendoit, par cet une, les arbitres de la nation, feroient un jour l'apothéose de ce Voltaire, qu'il avoit combattu pendant presque toute sa vie ?

M. Target, qui étoit toujours l'homme du moment, adressa au clergé un compliment qu'il termina ainsi :

« Le temple de la religion devient le sanctuaire de la patrie; c'est dans ce lieu sacré que la providence a voulu opérer l'union et la concorde. Quel heureux présage pour la félicité publique »! Ah ! comme ce présage a été trompeur !

M. l'évêque de Chartres répondit à M. Target; après quoi tous les ecclésiastiques déposèrent leurs pouvoirs sur le bureau, pour être vérifiés. On nomma seize d'entr'eux, membres du comité de vérification.

Sur la fin de la séance, trois gentilshommes se présentèrent pour soumettre aussi leurs pouvoirs à la vérification. La démarche du premier n'a rien qui étonne, et n'avoit rien de flatteur pour le tiers-état. Ses pouvoirs auroient éprouvé de grandes difficultés dans la chambre de la noblesse, parce que le bailliage, dont il se disoit député, y avoit déjà un nombre légal de représentans. Il se trouvoit envoyé par les opposans à la première députation.

Il n'en étoit pas de même des deux autres gentilshommes, ils étoient députés par la province du Dauphiné, et on n'élevoit aucune contestation sur leurs pouvoirs. Ces gentilshommes sont le marquis de Blacons et le comte Antoine d'Agoult; ils dirent que le vœu de leur cœur et l'amour de la patrie les appelloient déjà depuis long-tems *au milieu de la nation*; mais qu'ils n'avoient retardé ce moment que pour défendre ses intérêts. Cette démarche, tout au moins prématurée, n'a été d'aucune utilité pour leur gloire, à moins que ce n'en soit une pour eux d'avoir, les premiers, donné l'exemple d'une impolitique défection qui ne leur donne droit ni à la reconnoissance ni à l'estime de leur ordre. Leur réunion au tiers-état est la seule occasion où ils se soient fait remarquer, car depuis ils ont été absolument nuls; on ne les a pas même agrégés à un seul comité. Il est bien à craindre que la noblesse à venir n'ait à reprocher à la noblesse actuelle d'avoir commis tant d'erreurs dans le choix de ses représentans.

C'étoit une bien petite conquête pour le tiers-état que celle de ces deux gentilshommes; mais comme ils n'étoient que les précurseurs de la minorité de la noblesse, on s'en félicita avec d'autant plus de raison, que le tiers-état, réunissant déjà dans son sein la majorité du clergé, formoit une masse de représentans qu'on préjugeoit devoir être redoutable pour la cour.

Elle n'en demeuroit pas moins ferme dans ses premières déterminations. Les comités, les séances du conseil s'y multiplioient; il transpiroit que les ministres se divisoient, et que MM. de Montmorin et Necker, parfaitement d'accord entr'eux, différoient d'avis sur des points essentiels avec les autres membres du conseil. Cela étoit vrai; mais ce qu'on n'auroit jamais pu imaginer alors, et ce qui est aujourd'hui de toute notoriété, c'est que le sujet de la division venoit de quelques phrases dans lesquelles M. Necker faisoit parler le roi en maître irrité. Les autres membres du conseil ne disconvenoient pas que les choses avoient été amenées au point qu'il étoit nécessaire que le roi parlât en souverain; mais ils vouloient que ce fût toujours en souverain ami et bienfaiteur de son peuple.

Quelque extraordinaire que soit ce que je dis ici, il ne sauroit être révoqué en doute. Il n'est personne à la cour qui ne sache, et très-peu de députés ignorent que ce fut M. Necker qui dressa le premier un plan du travail de la séance royale, et qui le rédigea. Il en existe des copies émargiées et écrites de sa main; en les comparant avec le plan qui fut adopté, et qui est principalement l'ouvrage du garde des sceaux, on voit que le premier étoit l'ouvrage d'un ministre despote qui arme son roi d'une autorité sans bornes.

Entr'autres phrases dont M. Necker étoit le seul auteur, je me borne à citer les suivantes, non que je les désapprouve, mais il m'importe de les faire remarquer, parce qu'il se servit ensuite de ces mêmes phrases pour effrayer les députés du tiers-état, sur les prétendus dangers que couroit leur liberté.

« Seul (c'étoit le roi qui parloit) je ferai le bien de mes peuples; seul je me considérerai comme leur véritable représentant; et connoissant vos cahiers, connoissant l'accord parfait qui existe entre le vœu le plus général de la nation, et mes intentions bienfaisantes, j'aurai toute la confiance que doit inspirer une si rare harmonie, et je marcherai vers le but? Je veux l'atteindre avec tout le courage et la fermeté qu'il doit m'inspirer ».

Quel rôle jouoit donc M. Necker, dans cet instant

de crise? Ceux qui ont étudié sa vie ministérielle, disent que, par la plus détestable des perfidies, il trahissoit le roi, et feignoit de lui être dévoué, plus qu'aucun autre ministre, pour se maintenir auprès du trône. Ce n'est point à moi à juger M. Necker, c'est à la postérité; je me borne à raconter les faits; mon devoir ne va pas jusqu'à scruter le cœur de ce ministre, qui a fait tant de mal à notre patrie, mais ses vues comme ses actions appartiennent à cette histoire, et sa seule vue, à l'époque où il s'agissoit de la séance royale, étoit de tout accorder au roi, tout au peuple, et rien aux deux premiers ordres.

L'incertitude qui paroissoit régner entre les principaux acteurs de l'importante pièce qui alloit se jouer, ne faisoit qu'augmenter celle des spectateurs, dont plusieurs ne savoient de quel parti se ranger. On voit alors, pour la première fois, les particuliers se diviser comme les ordres. Les liens de l'amitié, ceux de cette salutaire subordination qui tiennent à une juste distance les hommes d'un rang différent, commencèrent à se briser. Un des gentilshommes de M. le comte d'Artois, qui avoit adopté avec enthousiasme les nouvelles opinions, déplut au prince, moins pour les avoir adoptées, que par la manière peu respectueuse dont il osa le lui déclarer.

Une querelle plus sérieuse éclata entre M. le marquis de Lambertie, et M. le prince de Poix, tous les deux députés de la noblesse. Le premier reprocha au second, non pas précisément d'avoir des intelligences avec la chambre du tiers-état, mais d'être, auprès d'elle, le délateur de la noblesse, et de lui rendre compte de tout ce qui se faisoit dans l'intimité des comités que les gentilshommes tenoient entre'eux. M. le prince de Poix ne se justifia point de ce reproche; il se tint honoré de son étroite liaison avec les plus ardens fauteurs des nouveautés qui se préparoient; et quoique gentilhomme, il parla avec beaucoup de mépris de la noblesse, et en particulier des officiers. M. de Lambertie répliqua; on s'échauffa, et on finit par se battre à l'épée. Les deux combattans se blessèrent mutuellement. Dès que les députés du tiers-état furent instruits de cet événement, ils allèrent tous se faire écrire chez M. le prince de Poix, le regardant comme un des principaux défenseurs de la cause pour laquelle ils combattoient.

L'agitation où l'on voyoit la cour, les mouvemens extraordinaires qui s'y faisoient, persuadoient au tiers-état qu'elle se trouvoit plongée dans des embarras inextricables, et qu'il pourroit bien se faire qu'ils déterminassent le roi à une marche rétrograde. Il resta donc un rayon d'espoir; la plupart même des députés du troisième ordre, lorsqu'on leur demandoit quel étoit l'état des affaires, répétoient avec satisfaction, pour toute réponse, ce mot du courtisan, *l'arrêté du 17 a tué le conseil.*

Ces flatteuses illusions ne furent pas de longue durée; le grand événement qui faisoit fermenter toutes les têtes à la cour, à Versailles, à Paris, arriva enfin, la séance royale eût lieu; j'en renvoie l'histoire au chapitre suivant. M. Necker avoit voulu y disposer les esprits par une lettre qu'il adressa à M. de Crosne, lieutenant de police, et qu'on fit circuler avec la plus grande profusion. Cette lettre décéloit assez bien l'embarras du ministre; il s'y bornoit à rassurer le peuple sur les intentions du roi; tous les partis la trouvèrent très-insignifiante, et elle n'étoit pas, en effet, de nature à prévenir une violente explosion, si les séditieux avoient eu le tems d'y déterminer la multitude.

CHAPITRE XXIX.

SÉANCE royale; précautions que prend la cour pour le maintien de l'ordre; mécontentement du tiers-état; cortège du roi en se rendant à la salle des états; son entrée dans l'assemblée; effet qu'elle y produit; absence de M. Necker; mort de M. Paporet; entrée furtive de M. Linguet; premier discours du roi; première déclaration; observations essentielles sur cette déclaration; second discours du roi; seconde déclaration; impression que fait sa lecture sur l'assemblée; parallèle de la conduite de M. Necker, et de celle du garde des sceaux; mort du fils unique de M. Barentin; dernier discours du roi.

Suite de Juin 1789.

23. IL existe tant de versions différentes, tant de récits mensongers de la grande, de l'intéressante journée dont on va lire l'histoire, et il importe si fort aux cours étrangères et à la postérité d'en avoir une relation scrupuleusement fidèle, qu'on me pardonnera de ne pas négliger, même parmi les détails minutieux, ceux qui pourront m'aider à mettre la vérité dans tout son jour.

Dès les dix heures du matin, heure indiquée par la proclamation du roi, les députés des trois ordres se rendirent à la salle des états-généraux. Ils trouvèrent, dans les rues circonvoisines, sur l'avenue de Paris, de nombreux détachemens de gardes-françoises, de gardes-suisses, de gardes de la prévôté. De distance en distance, ils rencontrèrent des patrouilles de la maréchaussée qui tournoient au tour de la salle, ne permettoient point au peuple de s'attrouper, divisoient tous les pelotons, et séparoient même les députés, lorsqu'ils marchoient plusieurs ensemble.

Des sentinelles gardoient toutes les portes de la salle; la cour qui donne sur l'avenue en étoit remplie. Dans l'espace, en un mot, d'un demi-quart de lieue, on comptoit environ quatre mille hommes armés, et on savoit qu'en outre il y avoit, aux environs de Versailles, six régimens.

Cet appareil, il faut en convenir, étoit formidable; mais si l'on considère que déjà, à cette époque, les gens de guerre, et sur-tout les gardes-françoises, n'étoient nullement disposés à se prêter à aucune hostilité, on conviendra que cet appareil n'étoit redoutable pour personne, et je n'ai entendu dire à aucun de ceux qui ont le plus malignement interprété les intentions de la cour, que ces troupes eussent reçu l'ordre de faire feu, dans le cas même d'une rébellion.

Si l'on veut également se rappeller les scènes d'effervescence que j'ai décrites dans le chapitre précédent, on conviendra que le roi devoit craindre un grand mouvement, même dans la salle. Il ne faut regarder, à moins toute fois qu'on ne prouvât le contraire, et c'est ce qu'on n'a point fait jusqu'à présent, il ne faut, dis je, regarder tout cet appareil militaire, que comme une précaution de sagesse dont l'unique but étoit, non de maltraiter, mais de contenir le peuple.

Les trois ordres étant arrivés à la porte des menus, il s'agit de faire entrer et placer les députés. On commença par ceux du clergé, qui, incontestablement avoient la préséance; on vint ensuite à ceux de la noblesse, et on finit par ceux du tiers-état. On ne pouvoit pas introduire, tout-à la-fois, douze cents personnes, et il falloit bien qu'on assignât à chacun le rang que lui donnoit l'ordre auquel il appartenoit.

Tout cela ne pouvoit se faire en quelques minutes; le tems étoit mauvais; il survint même une pluie assez abondante. On avoit construit, non loin de la principale porte, sur l'avenue, une vaste salle en planches,

qu'on

qu'on appelloit la maison de bois, qu'on voit encore aujourd'hui, et dans laquelle les députés, lorsque les états-généraux se tenoient à Versailles, venoient attendre leurs gens, parce que les voitures n'entroient pas dans la cour.

Ce fut dans cette maison de bois, que les députés du tiers-état vinrent chercher un abri contre la pluie, en attendant que leur tour d'être introduits fut arrivé, et il n'y eut de mouillés que ceux qui voulurent bien le quitter. Ils s'y ennuyèrent, ou feignirent de s'y ennuyer; l'impatience devint extrême. « Conduisez, dit le comte de Mirabeau, à M. Bailly, la nation au-devant du roi, ou bien courons faire ouvrir les portes ». M. Bailly n'adopta pas le premier parti, mais il tenta le second; il sortit, se présenta à M. de Brézé, lui parla avec hauteur, et le menaça de se plaindre au roi, comme si, dans ce moment, M. de Brézé n'étoit pas lui-même l'homme du roi.

Enfin, les portes s'ouvrirent; les députés du tiers-état trouvèrent dans la cour, dans le vestibule, dans les corridors, dans l'intervalle de la salle, des sentinelles, mais non pas, comme l'ont écrit les journaux du tems, entre les banquettes. M. de Brézé parvint à faire placer tout le monde sans confusion et paisiblement, et on lui doit cette justice, qu'il ne mit pas beaucoup de tems à s'acquitter de cette pénible fonction; car les états-généraux avoient été invités, par la proclamation, à se trouver à la porte de la salle à dix heures du matin, et à onze, chacun avoit sa place. Cette petite circonstance prouve que l'impatience du tiers-état à entrer, n'étoit guères raisonnable, et apprécie à sa juste valeur, cette phrase, qui se trouve dans toutes les relations de cette journée (1) : *On affecta de n'ouvrir la porte au tiers-état, qu'après l'avoir fait attendre le plus long tems qu'il fut possible.*

Plusieurs étrangers s'étoient mêlés parmi les députés du tiers-état, mais ils ne purent pénétrer dans la salle; le public n'y fut point admis, ou du moins on n'y admit qu'un public choisi et composé de personnes connues, comme il s'étoit toujours pratiqué dans toute assemblée où le roi venoit solemnellement déployer la majesté de son trône, et comme il s'étoit encore pratiqué dans la séance qui ouvrit les états-généraux.

Il étoit d'autant plus nécessaire que tous les députés fussent placés à onze heures, que ce fut à cette heure là que le roi descendit du château. Les voitures de M. le duc d'Orléans ouvroient la marche; M. le duc de Chartres étoit dans une de ces voitures. Monsieur et M. le comte d'Artois avec les deux princes ses enfans, étoient dans le carrosse du roi, que précédoient et suivoient les officiers de la fauconnerie, les pages, les écuyers, et quatre compagnies des gardes-du-corps.

Les journalistes ont écrit que le peuple s'étoit tu sur le passage du roi; le fait est absolument faux; l'air retentit du cri ordinaire d'allégresse que la présence de nos rois avoit toujours fait éclater, lorsqu'ils s'étoient montrés en public. Le généreux sentiment dont ce cri est l'expression, n'étoit point encore dans ce moment tout-à-fait éteint.

Le roi entra dans la salle, environné des princes du sang, des ducs et pairs, des capitaines de ses gardes, et de quelques gardes-du-corps; dès qu'il parut, tous les députés se découvrirent, et se levèrent. Il alla se placer sur son trône, qui étoit au fond de la salle, vis-à-vis la porte par laquelle on entroit en venant de l'avenue. Il avoit à sa droite le clergé, à sa gauche la noblesse. Le tiers-état occupoit le reste de la salle, des deux côtés jusqu'à l'extrêmité opposée au trône.

Les quatre héraults, et leur roi d'armes, se tinrent au milieu de la salle. Le trône étoit élevé sur une estrade qui occupoit l'intervalle de deux colonnes. Les princes et les grands environnèrent le trône. Les ministres se rangèrent au bas de l'estrade, autour d'une table. Un seul tabouret se trouva vuide, c'étoit celui de M. Necker; c'est là la troisième occasion importante où il abandonnoit son poste. On ne sauroit croire l'effet que produisit ce tabouret vuide; ce fut un talisman qui remplit l'ame des députés du tiers-état, de noirs pressentimens. Ils avoient sans cesse les yeux attachés sur ce malheureux siège.

Un autre fâcheux événement contribua aussi à répandre, sur cette auguste assemblée, les noires vapeurs de la mélancolie : un secrétaire du roi, appelé M. Paporet, tomba frappé d'un accident d'apoplexie, et mourut sur la place. On enleva le cadavre; ce mouvement, cette image de la mort avoient en effet quelque chose de bien sinistre, et sans être superstitieux, on étoit tenté de regarder cet événement comme un fâcheux présage.

Enfin, les députés du tiers-état eurent encore un sujet de chagrin, qui, quoique léger, ne laissa pas d'ajouter à la prévention où ils étoient contre ce qui alloit se faire à cette séance. Ils reconnurent parmi eux M. Linguet, qui, malgré les précautions qu'on avoit prises à la porte, avoit eu l'art de se cacher dans la foule, et de pénétrer dans la salle. On le soupçonnoit beaucoup alors, et sans fondement, d'être dévoué aux projets des ministres, et d'y avoir même coopéré. On crut qu'il venoit jouir du fruit de son travail, et narguer, pour ainsi dire, ceux parmi lesquels il prenoit place; on exigea son expulsion; elle fut ordonnée; il sortit.

---

(1) Voyez entr'autres *l'histoire de la révolution de 1789*, citée plus haut, page 249; *le journal des états-généraux*, page 197; *lettre sur la séance royale, du 23 juin 1789*, page 13.

L

Le concours de toutes ces circonstances augmenta beaucoup la consternation où se trouvoit déjà le tiers-état, par l'idée effrayante qu'il s'étoit faite de cette séance.

Il régna, dans toute la salle, un morne silence dès le moment où le roi y entra; quelques membres seulement du haut clergé et de la noblesse applaudirent et crièrent *vive le roi*.

A l'instant même où le roi se plaça sur son trône, tous les députés des trois ordres, par un mouvement simultané, s'assirent et se couvrirent, et ils étoient déjà assis et couverts, lorsque M. le garde des sceaux dit : « le roi permet à l'assemblée de s'asseoir ». Après quoi le roi lut le discours suivant, qui fut écouté avec le plus profond recueillement.

« Messieurs, je croyois avoir fait tout ce qui étoit en mon pouvoir pour le bien de mes peuples, lorsque j'avois pris la résolution de vous rassembler; lorsque j'avois surmonté toutes les difficultés dont votre convocation étoit entourée ; lorsque j'étois allé, pour ainsi dire, au-devant des vœux de la nation, en manifestant à l'avance, ce que je voulois faire pour son bonheur ».

« Il sembloit que vous n'aviez qu'à finir mon ouvrage, et la nation attendoit avec impatience, le moment où, par le concours des vues bienfaisantes de son souverain, et du zèle éclairé de ses représentans, elle alloit jouir des prospérités que cette union devoit lui procurer ».

« Les états-généraux sont ouverts depuis près de deux mois, et ils n'ont point encore pu s'entendre sur les préliminaires de leurs opérations. Une parfaite intelligence auroit dû naître du seul amour de la patrie, et une funeste division jette l'alarme dans tous les esprits. Je veux le croire, et j'aime à le penser, les françois ne sont pas changés. Mais pour éviter de faire, à aucun de vous, des reproches, je considère que le renouvellement des états-généraux, après un si long terme, l'agitation qui l'a précédé, le but de cette convocation, si différent de celui qui rassembloit vos ancêtres, les restrictions dans les pouvoirs, et plusieurs autres circonstances, ont dû nécessairement amener des oppositions, des débats et des prétentions exagérées ».

« Je dois au bien commun de mon royaume, je me dois à moi-même de faire cesser ces funestes divisions. C'est dans cette résolution, messieurs, que je vous rassemble de nouveau autour de moi; c'est comme le père commun de tous mes sujets, c'est comme le défenseur des loix de mon royaume, que je viens vous en retracer le véritable esprit, et réprimer les atteintes qui ont pu y être portées ».

« Mais, messieurs, après avoir établi clairement les droits respectifs des différens ordres, j'attends de zèle pour la patrie, des deux premiers ordres, j'attends de leur attachement pour ma personne, j'attends de la connoissance qu'ils ont des maux urgens de l'état, que, dans les affaires qui regardent le bien général, ils seront les premiers à proposer une réunion d'avis et de sentimens, que je regarde comme nécessaire dans la crise actuelle, et qui doit opérer le salut de l'état ».

Après ce discours, qui laissoit encore l'assemblée dans l'incertitude des résolutions que le roi avoit jugé à propos de prendre, M. le garde des sceaux monta aux pieds du trône, mit un genou en terre, revint à sa place, et lut la déclaration suivante, dont l'objet étoit de terminer enfin le cruel différend qui s'opposoit à cette réunion que le roi avoit en vue.

ARTICLE PREMIER.

Le roi veut que l'ancienne distinction des trois ordres de l'état soit conservée en son entier, comme essentiellement liée à la constitution de son royaume; que les députés librement élus par chacun des trois ordres, formant trois chambres, délibérant par ordre, et pouvant, avec l'approbation du souverain, convenir de délibérer en commun, puissent, seuls être considérés comme formant le corps des représentans de la nation. En conséquence, le roi a déclaré nulles les délibérations prises par les députés de l'ordre du tiers-état, le 17 de ce mois, ainsi que celles qui auroient pu s'ensuivre, comme illégales et inconstitutionnelles.

II.

Sa majesté déclare valides tous les pouvoirs vérifiés ou à vérifier dans chaque chambre, sur lesquels il ne s'est point élevé ou ne s'élèvera point de contestation : ordonne, sa majesté, qu'il en sera donné communication respective entre les ordres.

Quant aux pouvoirs qui pourroient être contestés dans chaque ordre, et sur lesquels les parties intéressées se pourvoiroient, il y sera statué, pour la présente tenue des états-généraux seulement, ainsi qu'il sera ci-après ordonné.

III.

Le roi casse et annulle, comme anti-constitutionnelles, contraires aux lettres de convocation, et opposées à l'intérêt de l'état, les restrictions de pouvoirs, qui, en gênant la liberté des députés aux états-généraux les empêcheroient d'adopter les formes de délibération prises séparément par ordre ou en commun, par le vœu distinct des trois ordres.

IV.

Si, contre l'intention du roi, quelques-uns des députés avoient fait le serment téméraire de ne point s'écarter d'une forme de délibération quelconque, sa majesté laisse à leur conscience, de considérer si les dispositions qu'elle va régler, s'écartent de la lettre ou de l'esprit de l'engagement qu'ils auroient pris.

V.

Le roi permet aux députés, qui se croiront gênés par leurs mandats, de demander à leurs commettans un nouveau pouvoir ; mais sa majesté leur enjoint de rester, en attendant, aux états-généraux, pour assister à toutes les délibérations sur les affaires pressantes de l'état, et y donner un avis consultatif.

VI.

Sa majesté déclare, que, dans les tenues suivantes d'états-généraux, elle ne souffrira pas que les cahiers ou les mandats puissent être jamais considérés comme impératifs ; ils ne doivent être que de simples instructions confiées à la conscience et à la libre opinion des députés dont on aura fait choix.

VII.

Sa majesté ayant exhorté, pour le salut de l'état, les trois ordres à se réunir pendant cette tenue d'états seulement, pour délibérer en commun sur les affaires d'une utilité générale, veut faire connoître ses intentions sur la manière dont il pourra y être procédé.

VIII.

Seront nommément exceptées des affaires qui pourront être traitées en commun, celles qui regardent les droits antiques et constitutionnels des trois ordres, la forme de constitution à donner aux prochains états-généraux, les propriétés féodales et seigneuriales, les droits utiles et prérogatives honorifiques des deux premiers ordres.

IX.

Le consentement particulier du clergé sera nécessaire pour toutes les dispositions qui pourroient intéresser la religion, la discipline ecclésiastique, le régime des ordres et corps séculiers et réguliers.

X.

Les délibérations à prendre par les trois ordres réunis, sur les pouvoirs contestés, et sur lesquels les parties intéressées, se pourvoiroient aux états-généraux, seront prises à la pluralité des suffrages ; mais si les deux tiers de voix, dans l'un des trois ordres, réclamoient contre la délibération de l'assemblée, l'affaire sera rapportée au roi, pour y être définitivement statué par sa majesté.

XI.

Si dans la vue de faciliter la réunion des trois ordres, ils désiroient que les délibérations qu'ils auront à prendre en commun, passassent seulement à la pluralité des deux tiers des voix, sa majesté est disposée à autoriser cette forme.

XII.

Les affaires qui auront été décidées dans les assemblée des trois ordres réunis, seront remises le lendemain en délibération, si cent membres de l'assemblée se réunissent pour en faire la demande.

XIII.

Le roi desire que, dans cette circonstance, et pour ramener les esprits à la conciliation, les trois chambres commencent à nommer, séparément, une commission composée du nombre de députés qu'elles jugeront convenable, pour préparer la forme et la distribution des bureaux de conférences, qui devront traiter les différentes affaires.

XIV.

L'assemblée générale des députés des trois ordres, sera présidée par les présidens choisis par chacun des ordres, et selon leur rang ordinaire.

XV.

Le bon ordre, la décence et la liberté même des suffrages, exigent que sa majesté défende, comme elle le fait expressément, qu'aucune personne, autre que les membres des trois ordres, composant les états-généraux, puissent assister à leurs délibérations, soit qu'ils les prennent en commun ou séparément.

Quoique le tiers-état eût un grand intérêt, à dévoiler les vices, dont il prétendoit que cette déclaration étoit entachée, je ne vois pas qu'on l'ait attaquée, lorsqu'elle fut connue du public, par aucun argument solide. On se rejetta d'abord sur la forme avec laquelle on l'avoit promulguée. Le roi, dit-on, non content de prescrire des loix aux états-généraux, et même leur police soit intérieure, soit extérieure, ne parle que par cette formule, *je veux, je défends, j'ordonne*, et vient tenir un *divan* ou un lit de justice, dans l'assemblée des représentans libres de la nation françoise.

Le roi avoit d'abord prié, et prié inutilement ; il avoit offert sa médiation ; cette offre n'avoit rien produit. Que lui restoit-il donc à faire ? si non, de dire, *je veux, je défends, j'ordonne*. Quant à la forme, je n'y vois rien que de constitutionnel, rien que de monarchique. Je vois un roi sur son trône, au milieu des grands de son royaume, promulguant, ou pour mieux dire, rappellant les loix fondamentales de son royaume, auxquelles il étoit lui même soumis, et que venoient de consacrer une décision solemnelle des notables, un arrêt non moins solemnel du parlement de Paris. Si cette forme étoit vicieuse, qu'on dise donc quelle étoit celle qu'il falloit que le roi adoptât.

Ce qui m'étonne, c'est qu'un auteur anonyme, d'ailleurs bon françois, qui a écrit une rélation de cette séance, qu'on assure avoir été répandue dans les cours étrangères, semble avouer que cette forme étoit vicieuse, car il dit : « Je conviens que la forme de la séance royale pouvoit n'être pas applicable aux circonstances, et que sans casser les décrets, il auroit peut-être mieux valu les laisser tomber.

Je crois, au contraire, que les circonstances étoient devenues telles, qu'il n'y avoit plus d'autre forme à leur appliquer, car la voye de la conciliation étant devenue inutile, en restoit-il d'autre à employer que celle de l'autorité ?

Je remarque, de plus, que le roi ne cassoit point des décrets ; le tiers-état lui-même n'avoit point encore osé donner ce nom à ses décisions. Le roi annulloit de simples délibérations qui, étant prises sans le concours du monarque, et des deux premiers ordres, ne pouvoient enchaîner la puissance royale, le clergé, la noblesse, et, ce qui mérite bien d'être pesé, n'avoient aucun caractère de légalité pour les sujets de l'empire ; car enfin, supposons deux décisions rendues sur le même objet ; l'une, par les deux premiers ordres, sanctionnée par le roi, enregistrée par les parlemens ; l'autre, rendue seulement par le tiers-état ; à laquelle aurions-nous dû obéir ? Il nous falloit nécessairement opter, car c'étoit bien là le cas de rappeller l'oracle de l'écriture sainte : *personne ne peut obéir à deux maîtres*.

Je ne comprends rien enfin à ce conseil énigmatique : *il eût mieux valu laisser tomber ces décrets*. Je sais seulement que si le roi n'a pas eu assez de force pour briser ces décrets, il en eût eu encore moins pour leur procurer une chûte qui les eût anéantis.

On reprocha, de plus, à cette déclaration, de soustraire au vœu national la réforme des *abus seigneuriaux*. C'est là tout-à-la-fois, une injure et un mensonge. Il est question, dans cette déclaration, de *droits* et non *d'abus*, et certes la différence est grande, sinon la conservation même de notre vie, seroit un abus.

Le roi, dit-on enfin, ne pouvoit pas faire cette déclaration, parce que la puissance exécutive n'a pas l'initiative des loix, parce que les représentans de la nation, ne forment pas une assemblée de notables.

Il s'agissoit bien alors de puissance exécutive. Le roi, à l'époque où il fit cette déclaration, jouissoit de toute la plénitude de son autorité, et à cette époque nous enseignions à nos enfans, nous prêchions dans nos chaires, nous nous faisions tous un point de conscience de croire que le roi étoit le législateur de son empire, et que ses volontés étoient des loix, lorsqu'elles étoient enregistrées dans les cours souveraines. Et les démocrates eux-mêmes les plus outrés ne convenoient-ils pas, à cette même époque, que jusqu'à l'entière organisation des états-généraux, le roi étoit le législateur provisoire de son royaume ? Lors donc que des obstacles, qui paroissoient insurmontables, les empêchoient de s'organiser, lorsque d'un côté, il y avoit une assemblée qui se disoit nationale, et de l'autre, deux ordres déchirés dans leur sein par une guerre intestine, ne devoit-il pas comme chef, comme protecteur de ces états-généraux, user de toute son autorité pour les ramener au but dont ils s'écartoient ? Il pouvoit les dissoudre, puisqu'il les avoit convoqués, à plus forte raison pouvoit-il les organiser.

Il est encore une réflexion bien importante à faire sur cette déclaration : lorsque le roi la promulga, il jouissoit de toute sa liberté ; le lendemain il ne fut plus libre ; elle a donc encore aujourd'hui toute sa force, car pour qu'elle la perdît, il eût fallu que la même solemnité qui avoit accompagné sa promulgation, accompagnât sa révocation ; et c'est ce qui n'est point arrivé. Ainsi tous les actes subséquens, indépendamment du défaut de liberté de la part du roi, deviennent nuls, et resteront tels, tant que le roi, redevenu parfaitement libre, ne révoquera pas solemnellement la loi qu'il nous a donnée solemnellement.

Je m'étonne seulement que l'objection la plus plausible qu'on eût pu produire contre cette déclaration, n'ait pas été faite. Il me semble, en effet, que le tiers-état avoit quelque droit de tenir au roi ce langage.

« Vous nous constituez aujourd'hui en trois chambres délibérant par ordre. Que devient alors le grand bienfait de la double représentation ? Nous avons pour nous le texte et l'esprit de la loi qui nous l'a accordée. Ce n'est certainement pas pour nous faire une vaine illusion, que vous avez appellé à grands frais de toutes les parties du royaume, un si prodigieux nombre de représentans. Vous n'avez pu avoir d'autre intention, en nous accordant cette double représentation, que de nous procurer un avantage dans la délibération. Nous ne pouvons nous saisir de cet avantage qu'en délibérant par tête. Nous sommes arrivés ici sur la foi de cette loi. Vous nous en imposez aujourd'hui une qui la contredit absolument ? Pourquoi devrions-nous à celle-ci plus d'obéissance qu'à la première ? »

Je sais bien que cette objection n'est que spécieuse, car un roi est toujours le maître de retirer, à des sujets, un bienfait dont ils abusent, et il doit le leur retirer lorsque ce bienfait devient, entre leurs mains, une arme meurtrière. Je ne présente donc cette objection que pour montrer toute l'incapacité du ministre qui avoit voulu cette double représentation, et qui ne sut pas fondre cette déclaration dans le réglement même de convocation.

Je reviens aux détails de la séance.

M. le garde des sceaux ayant fini la lecture de cette déclaration, le roi prononça ce nouveau discours.

« J'ai voulu aussi, messieurs, vous faire remettre sous les yeux, les différens bienfaits que j'accorde à mes peuples. Ce n'est pas pour circonscrire votre zèle dans le cercle que je vais tracer; car j'adopterai avec plaisir toute autre vue de bien public qui sera proposée par les états-généraux. Je puis dire, sans me faire illusion, que jamais roi n'en a autant fait pour aucune nation; mais quelle autre peut l'avoir mieux mérité, par ses sentimens, que la nation françoise? Je ne craindrai pas de l'exprimer, ceux qui, par des prétentions exagérées, ou par des difficultés hors de propos, retarderoient encore l'effet de mes intentions paternelles, se rendroient indignes d'être regardés comme françois ».

Lorsque le roi eut fini de parler, le garde des sceaux remonta vers le trône, fléchit, comme la première fois, le genou, revint à sa place, et lut cette seconde déclaration, monument glorieux de la bienfaisance du plus juste, du plus doux des rois, et sur lequel on ne peut fixer les yeux, sans les sentir humectés de pleurs.

ARTICLE PREMIER.

Aucun nouvel impôt ne sera établi, aucun ancien ne sera prorogé au-delà du terme fixé par les loix, sans le consentement des représentans de la nation.

II.

Les impositions nouvelles qui seront établies, ou les anciennes qui seront prorogées, ne le seront que pour l'intervalle qui devra s'écouler jusqu'à l'époque de la tenue suivante des états-généraux.

III.

Les emprunts pouvant devenir l'occasion nécessaire d'un accroissement d'impôts, aucun n'aura lieu sans le consentement des états-généraux, sous la condition, toutefois, qu'en cas de guerre, ou d'autre danger national, le souverain aura la faculté d'emprunter sans délai jusqu'à la concurrence d'une somme de *cent millions*; car l'intention formelle du roi, est de ne jamais mettre le salut de son empire dans la dépendance de personne.

IV.

Les états-généraux examineront, avec soin, la situation des finances, et ils demanderont tous les renseignemens propres à les éclairer parfaitement.

V.

Le tableau des revenus et des dépenses sera rendu public, chaque année, dans une forme proposée par les états-généraux, et approuvée par sa majesté.

VI.

Les sommes attribuées à chaque département, seront déterminées d'une manière fixe et invariable, et le roi soumet à cette règle générale, les fonds mêmes qui sont destinés à l'entretien de sa maison.

VII.

Le roi veut que, pour assurer cette fixité des diverses dépenses de l'état, il lui soit indiqué, par les états-généraux, les dispositions propres à remplir ce but, et sa majesté les adoptera, si elles s'accordent avec la dignité royale et la célérité indispensable du service public.

VIII.

Les représentans d'une nation fidèle aux loix de l'honneur et de la probité, ne donneront aucune atteinte à la foi publique, et le roi attend d'eux que la confiance des créanciers de l'état soit assurée et consolidée de la manière la plus authentique.

IX.

Lorsque les dispositions formelles, annoncées par le clergé et la noblesse, de renoncer à leurs privilèges pécuniaires, auront été réalisées par leurs délibérations, l'intention du roi est de les sanctionner, et qu'il n'existe plus, dans le paiement des contributions pécuniaires, aucune espèce de privilège ou de distinctions.

X.

Le roi veut que, pour consacrer une disposition si importante, le nom de *taille* soit aboli dans son royaume, et qu'on réunisse cet impôt, soit aux vingtièmes, soit à toute autre imposition territoriale, ou qu'il soit, enfin, remplacé de quelque manière, mais toujours d'après des proportions justes, égales, et sans distinction d'état, de rang et de naissance.

XI.

Le roi veut que le droit de franc-fief soit aboli, du moment où les revenus et les dépenses fixes de l'état, auront été mis dans une exacte balance.

XII.

Toutes les propriétés, sans exception, seront constamment respectées, et sa majesté comprend expressément, sous le nom de propriétés, les *dîmes*, *cens*, *rentes*, *droits* et *devoirs-féodaux et seigneuriaux*, et généralement tous les droits et prérogatives utiles ou honorifiques attachés aux terres et aux fiefs, ou appartenant aux personnes.

XIII.

Les deux premiers ordres de l'état continueront

à jouir de l'exemption des charges personnelles ; mais le roi approuvera que les états-généraux s'occupent des moyens de convertir ces sortes de charges en contributions pécuniaires, et qu'alors tous les ordres de l'état y soient assujettis également.

XIV.

L'intention de sa majesté est de déterminer, d'après l'avis des états-généraux, quels seront les emplois et les charges qui conserveront à l'avenir le privilège de donner et de transmettre la noblesse. Sa majesté néanmoins, selon le droit inhérent à sa couronne, accordera des lettres de noblesse à ceux de ses sujets, qui, par des services rendus au roi et à l'état, se seroient montrés dignes de cette récompense.

XV.

Le roi desirant assûrer la liberté personnelle de tous les citoyens, d'une manière solide et durable ; invite les états-généraux à chercher, et à lui proposer les moyens les plus convenables de concilier l'abolition des ordres, connus sous le nom de *lettres de cachet*, avec le maintien de la sûreté publique, et avec les précautions nécessaires, soit pour ménager, dans certains cas, l'honneur des familles, soit pour réprimer avec célérité les commencemens de sédition, soit pour garantir l'état des effets d'une intelligence criminelle avec les puissances étrangères.

XVI.

Les états-généraux examineront et feront connoître à sa majesté le moyen le plus convenable, de concilier la liberté de la presse, avec le respect dû à la religion, aux mœurs et à l'honneur des citoyens.

XVII.

Il sera établi, dans les diverses provinces ou généralités du royaume, des états-provinciaux, composés de deux dixièmes de membres du clergé, dont une partie sera nécessairement choisie dans l'ordre épiscopal ; de trois dixièmes de membres de la noblesse, et de cinq dixièmes de membres du tiers-état.

XVIII.

Les membres de ces états-provinciaux seront librement élus par les ordres respectifs, et une mesure quelconque de propriété sera nécessaire pour être électeur ou éligible.

XIX.

Les députés à ces états-provinciaux, délibèreront en commun, sur toutes les affaires, suivant l'usage observé dans les assemblées provinciales, que ces états remplaceront.

XX.

Une commission intermédiaire, choisie par ces états, administrera les affaires de la province ; pendant l'intervalle d'une tenue à l'autre, et ces commissions intermédiaires, devenant seules responsables de leur gestion, auront, pour délégués, des personnes choisies uniquement par elles, ou par les états-provinciaux.

XXI.

Les états-généraux proposeront, au roi, leurs vues pour toutes les autres parties de l'organisation intérieure des états-provinciaux, et pour le choix des formes applicables à l'élection des membres de cette assemblée.

XXII.

Indépendamment des objets d'administration dont les assemblées provinciales sont chargées, le roi confiera, aux états-provinciaux, l'administration des hôpitaux, des prisons, des dépôts de mendicité, des enfans-trouvés, l'inspection des dépenses des villes, la surveillance sur l'entretien des forêts, sur la garde et la vente des bois, et sur d'autres objets qui pourroient être administrés plus utilement par les provinces.

XXIII.

Les contestations survenues dans les provinces, où il existe d'anciens états, et les réclamations élevées contre la constitution de ces assemblées, devront fixer l'attention des états-généraux, et ils feront connoître à sa majesté les dispositions de justice et de sagesse qu'il est convenable d'adopter, pour établir un ordre fixe dans l'administration de ces mêmes provinces.

XXIV.

Le roi invite les états-généraux à s'occuper de la recherche des moyens propres à tirer le parti le plus avantageux des domaines qui sont dans ses mains, et de lui proposer également leurs vues sur ce qu'il peut y avoir de plus convenable à faire relativement aux domaines engagés.

XXV.

Les états-généraux s'occuperont du projet, conçu depuis long-temps par sa majesté, de porter les douanes aux frontières du royaume, afin que la plus parfaite liberté règne dans la circulation intérieure des marchandises nationales ou étrangères.

XXVI.

Sa majesté desire que les fâcheux effets de l'impôt sur le sel, et l'importance de ce revenu, soient discutés soigneusement, et que, dans toutes les suppositions, on propose, au moins, des moyens d'en adoucir la perception.

XXVII.

Sa majesté veut aussi qu'on examine attentivement les avantages et les inconvéniens des droits d'aides et des autres impôts, mais sans perdre de vue la nécessité absolue d'assurer une exacte balance entre les revenus et les dépenses de l'état.

XXVIII.

Selon le vœu que le roi a manifesté par sa déclaration du 23 septembre dernier, sa majesté examinera avec une sérieuse attention, les projets qui lui seront présentés relativement à l'administration de la justice, et aux moyens de perfectionner les loix civiles et criminelles.

XXIX.

Le roi veut que les loix qu'il aura fait promulguer, pendant la tenue et d'après l'avis, ou selon le vœu des états-généraux, n'éprouvent, pour leur enregistrement et pour leur exécution, aucun retardement ni aucun obstacle, dans toute l'étendue de tout son royaume.

XXX.

Sa majesté veut que l'usage de la corvée pour la confection et l'entretien des chemins, soit entièrement, et pour toujours, aboli dans son royaume.

XXXI.

Le roi desire que l'abolition du droit de mainmorte, dont sa majesté a donné l'exemple dans ses domaines, soit étendue dans toute la France, et qu'il lui soit proposé les moyens de pourvoir à l'indemnité qui pourroit être due aux seigneurs en possession de ce droit.

XXXII.

Sa majesté fera connoître incessamment, aux états-généraux, les réglemens dont elle s'occupe pour restreindre les capitaineries, et donner encore, dans cette partie, qui tient de plus près à ses jouissances personnelles, un nouveau témoignage de son amour pour ses peuples.

XXXIII.

Le roi invite les états-généraux, à considérer le tirage de la milice sous tous les rapports, et à s'occuper des moyens de concilier ce qui est dû à la défense de l'état, avec les adoucissemens que sa majesté desire pouvoir procurer à ses sujets.

XXXIV.

Le roi veut que toutes les dispositions d'ordre public et de bienfaisance envers ses peuples, que sa majesté aura sanctionnées par son autorité, pendant la présente tenue des états-généraux, celles entr'autres, relatives à la liberté personnelle, à l'égalité des contributions, à l'établissement des états-provinciaux, ne puissent jamais être changées sans le consentement des trois ordres, pris séparément. Sa majesté les place à l'avance, au rang des propriétés nationales, qu'elle veut mettre, comme toutes les autres propriétés, sous la garde la plus assûrée.

XXXV.

Sa majesté, après avoir appellé les états-généraux à s'occuper, de concert avec elle, des grands objets d'utilité publique, et de tout ce qui peut contribuer au bonheur de son peuple ; déclare, de la manière la plus expresse, qu'elle veut conserver, en son entier, et sans la moindre atteinte, l'institution de l'armée, ainsi que toute autorité, police et pouvoir sur le militaire, tel que les monarques François en ont constamment joui.

L'étonnement fut grand parmi les députés du tiers-état, lorsqu'ils eurent entendu cette généreuse déclaration, qui leur accordoit plus de bienfaits qu'ils n'eussent jamais osé en demander, en espérer, et qui leur présentoit un moyen sûr et facile de verser, sur le peuple, toutes les autres faveurs dont elle ne paroit pas. On pouvoit la regarder comme l'esprit des cahiers (1), comme le vœu de la nation. Elle imprime une gloire ineffaçable à la mémoire de Louis XVI, et fait honneur au génie du garde des sceaux, qui eut la principale part à cet ouvrage de bienfaisance. Il y décele les vues d'un homme d'état, d'un ministre versé dans la connoissance des intérêts de son pays. Il y fait un accord merveilleux de la bonté et de la dignité du roi. Il y cède à l'opinion tout ce qu'elle ambitionnoit de conquérir, et en même-tems qu'il lui abandonne la victoire, il la désarme et la laisse sans force ; il arrête les novateurs dans leur marche, et pose une borne qu'ils ne peuvent franchir sans passer pour des hommes injustes et pervers.

On avoit donc bien mal jugé M. de Barentin à la séance qui ouvrit les états-généraux. Ah ! si au lieu de ces phrases emphatiques, de ces fastidieuses pages de calculs énigmatiques qu'y fit lire le directeur des finances, et qui la consumèrent en entier, on y eût lu cette déclaration des sentimens paternels du roi, peut-être la France eût été sauvée.

Quelle différence la postérité mettra entre MM. Necker et Barentin ! L'un se présentera à elle, environné des débris de nos temples, de la monarchie entière, teint du sang de mille victimes. L'autre arrivera modestement à elle, tenant à la main cette charte que nous regarderons, quand les jours de vertige seront passés, comme le rempart de notre liberté.

Il est encore une différence à faire entre ces deux

Ceux qui les rédigèrent, se rallièrent eux-mêmes aux grands principes énoncés dans les arrêts du parlement de Paris, que j'ai rapportés, pages 13 et 28 de la première partie de cette histoire.

ministres : M. Necker, dans cette importante journée, abandonna lâchement son poste, sans avoir même cette fois, le prétexte de la maladie de sa belle-sœur, et ne pouvant ignorer que son absence jetteroit l'alarme et l'épouvante parmi le peuple. M. de Barentin, au contraire, sacrifia à ses devoirs, ce qu'il avoit de plus cher. Pendant qu'il étoit l'organe de la bienfaisance du roi, son épouse étoit malade, et la mort levoit sa faux sur son fils unique, enfant de la plus belle espérance ; il n'eut pas la consolation de recevoir les derniers adieux de cet enfant qu'il idolâtroit ; il lui fut enlevé le lendemain de la séance royale.

Pour prix d'une vertu si héroïque, de son zèle à seconder les vues généreuses du roi, de son habileté à arrêter l'état sur le penchant de sa ruine, M. de Barentin a vu proscrire sa tête, et il erre aujourd'hui, comme tant d'autres, loin de cette monarchie qui, dans cette longue suite de ministres que lui ont donné nos rois, n'en compte aucun à qui elle doive plus de reconnoissance.

Si dès le jour de cette séance, les intrigues des factieux n'eussent pas altéré l'antique et loyal caractère des françois, tous ceux qui s'y trouvèrent présens n'eussent-ils pas proclamé Louis XVI, le bienfaiteur de la nation, comme, dans une occasion semblable, nos ancêtres proclamèrent Louis XII père du peuple ? N'eussent-ils pas couvert le roi, de bénédictions, et fait retentir la salle, de ce cri de concorde qui termine le cahier de la province de Forez (1): *vive Louis XVI ! vive le clergé ! vive la noblesse ! vive à jamais la réunion des trois ordres pour le bonheur de la France !*

Bien loin qu'il s'élevât parmi les députés aucun mouvement de gratitude ou d'alégresse, chacun, après avoir entendu cette déclaration, resta immobile ; on eût dit qu'il se répandoit une voile de deuil sur cette majestueuse assemblée. Le roi et les personnes de sa cour jettoient devant eux un regard d'inquiétude ; quelques membres du clergé et de la noblesse vivement pénétrés de ce qu'ils avoient entendus, en paroissoient émus, et sembloient attendre que quelqu'un donnâ le signal de la reconnoissance, mais il fut aisé de s'appercevoir que tous les députés du tiers-état s'ensevelissoient dans un océan de rêveries.

Le roi, comme s'il eût craint de troubler ce silence, resta quelque tems immobile comme le reste de l'assemblée, lorsque le garde des sceaux eut achevé de lire la déclaration ; ensuite il se leva, et après avoir de nouveau promené ses regards sur les trois ordres, il parla ainsi :

(1) Voyez p. 69, de la première part. de cette histoire.

« Vous venez, messieurs, d'entendre le résultat de mes dispositions et de mes vues ; elles sont conformes au vif desir que j'ai d'opérer le bien public, et si, par une fatalité loin de ma pensée, vous m'abandonniez dans une si belle entreprise, seul, je ferai le bien de mes peuples ; seul, je me considérerai comme leur véritable représentant ; et connoissant vos cahiers, connoissant l'accord parfait qui existe entre le vœu le plus général de la nation et mes intentions bienfaisantes, j'aurai toute la confiance que doit inspirer une si rare harmonie, et je marcherai vers le but auquel je veux atteindre, avec tout le courage et la fermeté qu'il doit m'inspirer ».

« Réfléchissez, messieurs, qu'aucun de vos projets, aucune de vos dispositions, ne peut avoir force de loi sans mon approbation spéciale. Ainsi je suis le garant naturel de vos droits respectifs, et tous les ordres de l'état peuvent se reposer sur mon équitable impartialité. Toute défiance de votre part seroit une grande injustice. C'est moi, jusqu'à présent, qui fait tout pour le bonheur de mes peuples, et il est rare, peut-être, que l'unique ambition d'un souverain, soit d'obtenir de ses sujets qu'ils s'entendent enfin pour accepter ses bienfaits ».

« Je vous ordonne, messieurs, de vous séparer tout de suite, et de vous rendre, demain matin, chacun dans les chambres affectées à votre ordre, pour y reprendre vos séances. J'ordonne en conséquence au grand-maître des cérémonies de faire préparer les salles ».

Le roi ayant fini de parler, descendit de son trône, et se retira, suivi de toute sa cour. Il se rendit au château, avec le même cortège qui l'avoit suivi à la salle des états. Le peuple, cette fois-ci, soit qu'il fût déjà informé de ce qui s'étoit passé dans la séance, soit que pendant sa durée des séditieux eussent répandu, dans tous les cœurs, la haine et les soupçons, le peuple, dis-je, resta muet en la présence du roi, et depuis l'origine de la monarchie, cette journée fut la première où l'on vit ce lugubre phénomène. C'étoit le calme perfide qui annonce une épouvantable tempête...

Ici mes yeux se remplissent de larmes ; elles coulent sur les ruines de ma malheureuse patrie. François ! à la fin de cette séance, vous n'eutes plus de roi ; le génie de la France se couvrit d'un voile funèbre. Je laisse un instant mes lecteurs se repaître des réflexions que fait naître, dans leur ame, cette triste image ; je sens moi-même que j'ai besoin de repos pour me préparer à raconter les affligeantes scènes qui se passèrent dans l'intérieur de la salle, lorsque le roi l'eut quittée. J'en renvoye donc le récit au chapitre suivant.

CHAPITRE

CHAPITRE XXX.

Commencement de l'interrègne; situation des députés, lorsque le roi les eût quittés; discours du comte de Mirabeau; entrée de M. de Brézé dans l'assemblée; il lui rappelle les intentions du roi; réponse qu'il reçoit du comte de Mirabeau et du président; différens arrêtés que prend l'assemblée; craintes et second discours du comte de Mirabeau; discours de M. l'abbé Sieyes; observations sur ce discours; soulèvement du peuple, occasionné par la crainte de perdre M. Necker; les députés du tiers-état se rendent chez lui; il est mandé au château; il se montre au peuple et le harangue; allégresse du peuple; insultes faites à M. l'archevêque de Paris; effet que produit, dans Paris, la nouvelle de la séance royale; opinion qu'on se fait de la seconde déclaration; conduite du clergé; désordres et résultat des délibérations de cette chambre; nouvelles insultes faites à M. l'archevêque de Paris; conduite de la noblesse; agitation à la cour; lettre de M. Necker au tiers-état; murmures de cet ordre sur le rassemblement des troupes; premières manœuvres pour en obtenir l'éloignement; calomnie contre M. d'Agoult; rigueur exercée contre deux officiers; projet de dénonciation contre le garde des sceaux; opposition du comte de Mirabeau à l'exécution de ce projet; réunion de la majorité du clergé au tiers-état; enthousiasme qu'elle produit; honneurs rendus à M. l'archevêque de Vienne.

Suite de Juin 1789, et premier mois de l'interrègne.

Depuis un an, l'autorité royale se consumoit en efforts, par la violente activité dans laquelle on ne cessoit de la tenir; tous les ressorts de la puissance suprême étoient tendus, et aucun des rois de France, les plus jaloux de leurs prérogatives, n'avoit, dans tout le cours de son règne, développé, au milieu de ses sujets, une aussi grande étendue de force, que Louis XVI, dans le cours de quelques mois et à diverses reprises, en avoit déployé.

Il fit, dans la séance royale, un dernier essai de la plénitude de son pouvoir, et cet essai brisa son sceptre. En sortant de cette séance, il laissa aux états-généraux, la couronne qu'il étoit venu raffermir sur sa tête au milieu des députés. Ainsi, presque toujours le ciel, comme pour nous avertir de notre foiblesse, se joue des projets les mieux concertés, et fait sortir, de leur exécution même, l'événement que nous redoutions.

Au moment donc où le roi quitta la salle des états-généraux, on vit parmi nous ce qu'on n'avoit point vu depuis l'avénement des Bourbons au trône; dès ce moment, dis-je, commença en France un interrègne dont le terme, à l'époque où je trace cette triste vérité, est encore caché dans les décrets de la providence.

M

Quand je parle ainsi, à Dieu ne plaise que je veuille donner à entendre que Louis XVI ait cessé un instant d'être, pour tous les françois qui ont connus leurs devoirs, le légitime successeur de Clovis; possesseur et dépositaire des droits de ses ayeux, héritier de la piété de Louis IX, de la sagesse de Louis XII, de la bonté de Henri IV, il a acquis, par des bienfaits sans nombre, plus de titres encore à notre amour, qu'aucun de ses prédécesseurs; et ses malheurs ont ajouté un lien de plus à tous ceux qui nous lient à sa personne sacrée.

Mais depuis la séance royale, Louis XVI a cessé d'exercer la puissance législative; il a été dépouillé de son trésor, il a été privé de son armée, de sa propre garde, de la cour des Pairs; ses ordres ne nous sont point parvenus; dans plus d'une occasion, il nous a fait un devoir, il nous a ordonné de lui désobéir; et c'est en son nom que plusieurs de ses sujets ont été punis de la fidélité qu'ils lui avoient conservée; lui-même obéit à la nouvelle puissance, qui a usurpé toute l'autorité suprême. Enfin, depuis cette séance, la dernière de ce genre, le gouvernement françois a été tantôt une oligarchie, et tantôt une ochlocratie.

C'est un tel état de choses, c'est cette dépendance qui enchaîne le monarque, c'est son silence, que j'appelle un interrègne; sans prétendre, pour cela, que même sa volonté ait pu nous dégager du serment de fidélité que nous lui avons fait, ni qu'aucune considération puisse nous empêcher de méconnoître sa voix, lorsqu'il nous la fera entendre légalement.

Je reprends le récit de la séance. Lorsque Louis XVI eut quitté la salle, presque tous les évêques, quelques curés, et une grande partie de la noblesse, fidèles à l'ordre qu'il avoit donné de se retirer, le suivirent, et se retirèrent par la même porte qui avoit été ouverte pour le roi.

Les autres députés restèrent à leur place; incertains de ce qu'ils devoient faire, ils se regardoient, et chacun sembloit attendre un avis qui terminât l'irrésolution que l'on éprouvoit; enfin, l'impression qu'avoit faite la lecture de la dernière déclaration, de cette déclaration qu'on ne pouvoit repousser sans se déclarer l'ennemi du peuple, l'emporta. Il se fit un mouvement universel qui décela l'intention d'obéir, de se séparer, et d'adhérer à l'acte de bienfaisance et de conciliation, qui venoit d'être offert.

Ce mouvement étoit décisif, le comte de Mirabeau s'en apperçut; tout-à-coup, son génie l'inspira; il parla ainsi :

« Messieurs, j'avoue que ce que vous venez d'entendre, pourroit être le salut de la patrie, si les présens du despotisme n'étoient toujours dangereux. Quelle est cette insultante dictature ? L'appareil des armes, la violation du temple national, pour vous commander d'être heureux ! Qui vous fait ce commandement ? Votre mandataire, qui vous donne des loix impérieuses ? Votre mandataire, lui qui doit les recevoir de vous et de nous, messieurs, qui sommes-revêtus d'un sacerdoce politique et inviolable ; de nous, enfin, de qui seuls vingt-cinq millions d'hommes attendent un bonheur certain, parce qu'il doit être consenti, donné et reçu par tous; mais la liberté de vos délibérations est enchaînée, une force militaire environne les états ! Où sont les ennemis de la nation; Catilina est-il à nos portes (1) ? Je demande qu'en vous couvrant de votre dignité, de votre puissance législative, vous-vous renfermiez dans la religion de votre serment ; il ne nous permet de nous séparer, qu'après avoir fait la constitution ».

Cette harangue, où tout étoit exagération, mensonge, sédition, et qui ne laissoit, en effet, à l'orateur, que l'alternative de l'échafaud, ou de l'inviolabilité, fut un trait de feu qui brûla tous les cœurs, et égara tous les esprits. Il ne fut plus question d'abandonner la salle.

M. de Brézé voyant qu'on ne se disposoit point à obéir aux ordres de l'exécution desquels il étoit chargé, s'avança dans l'assemblée, et prononça d'une voix basse et mal assurée, quelques mots qu'on n'entendit point. *Plus haut, plus haut*, lui cria-t-on de tous côtés.

« Messieurs, dit alors le grand-maître, élevant la voix, vous avez entendu les intentions du roi ».

« Oui, monsieur, lui répondit le comte de Mirabeau, nous avons entendu les intentions qu'on a suggérées au roi, et vous qui ne sauriez être son organe auprès des états-généraux, vous qui n'avez ici ni plan, ni voix, ni droit de parler, vous n'êtes pas fait pour nous rappeler son discours. Cependant, pour éviter toute équivoque et tout délai, je déclare, que si l'on vous a chargé de nous faire sortir d'ici, vous devez demander des ordres pour employer la force, car nous ne quitterons nos places que par la puissance de la bayonnette ».

« Oui, oui, s'écrièrent unanimement les députés; il n'y a que la force qui puisse nous faire sortir d'ici ; tel est le vœu de l'assemblée ».

« L'assemblée, dit ensuite M. Bailly à M. de Brézé, a arrêté hier qu'elle resteroit séance tenante, après la séance royale; je ne puis rien changer à cette délibération; il faut que l'assemblée en délibère ».

» Puis-je, monsieur, demanda le grand-maître, porter cette réponse au roi ? — Oui, monsieur, répliqua le président ?

---

(1) Il étoit dans la salle même, dans la tribune.

M. de Brézé s'étant retiré, le silence régna pendant quelques minutes dans l'assemblée. M. Pison-du-Galand proposa de persister dans l'arrêté qui avoit été pris au jeu de paume; cet avis fut adopté presque unanimement. M. Camus lui donna une plus grande latitude; il parla long-tems, et parla en jurisconsulte versé dans les subtilités du barreau; il n'envisagea l'ordre qui avoit été donné par le roi, que comme un simple arrêt du conseil, et sous ce risible point de vue, on ne devoit, en effet, éprouver aucun scrupule à désobéir; car le conseil n'avoit rien à ordonner aux états-généraux; mais même, en adoptant cette extravagance, il restoit toujours le reproche qu'on avoit à se faire, de repousser le don que le roi présentoit à son peuple. M. Camus ne s'inquiéta pas de cette dernière difficulté; il termina ainsi son discours :

« Nous fixer à l'arrêté de samedi, c'est, pour ainsi dire, abandonner tout ce que nous avons fait d'antérieur; il faut donc arrêter que nous persistons dans toutes les délibérations prises jusqu'à ce jour ».

Cet arrêté fut encore adopté à l'unanimité. Mirabeau comprit qu'il y avoit un pas de plus à faire; il craignit les suites de sa première harangue; il s'écria, avec un feint enthousiasme qui masquoit sa frayeur :

« Je bénis la liberté, de ce qu'elle mûrit de si beaux fruits dans l'assemblée nationale. Assurons notre ouvrage en déclarant inviolable la personne des députés aux états-généraux : ce n'est pas manifester une crainte, c'est agir avec prudence, c'est un frein contre les conseils violens qui assiégent le trône ».

D'après le parti auquel on se déterminoit, on avoit trop d'intérêt à s'envelopper de cette inviolabilité, pour ne pas goûter une telle proposition; on l'accueillit avec transport, et on la rédigea ainsi :

« Attendu la nécessité d'assurer la liberté des opinions, ainsi que le droit de chaque député aux états-généraux, de rechercher, censurer et dénoncer toutes espèces d'abus et d'obstacles à la félicité et à la liberté publique, l'assemblée nationale arrête, que la personne des députés est inviolable, et que tout individu privé ou public, toute corporation, tribunal, cour ou commission quelconque, qui oseroit, pendant ou après la présente session, reprocher, rechercher ou faire rechercher, maltraiter ou faire maltraiter, arrêter ou faire arrêter, détenir ou faire détenir la personne d'un ou de plusieurs députés, pour aucune proposition, avis ou opinion et discours par eux faits aux états-généraux, ou dans aucune des assemblées, bureaux ou comités qui en font partie, sera réputé infâme et traître à la patrie ».

« A arrêté de plus, que dans tous les cas susdits, l'assemblée nationale prendra toutes les voies nécessaires pour faire rechercher ceux qui en seront les auteurs, instigateurs et exécuteurs ».

Cette précaution d'inviolabilité rassura tous les députés, comme si le silence que gardoit la cour, depuis la réponse faite à M. de Brézé, n'avoit pas dû les convaincre qu'ils prenoient l'alarme mal-à-propos. L'arrêté passa à la pluralité de quatre cents quarante-trois voix contre trente-quatre.

Le dernier orateur qui parla dans cette séance, fut M. l'abbé Sieyes; voici, à peu de choses près, le discours qu'il fit entendre.

« Quelques orageuses que puissent paroître les circonstances où nous nous trouvons, messieurs, nous avons toujours une lumière pour nous guider, la vérité et la force des principes. Osons seulement les consulter, et devant eux, nous verrons disparoître à-la-fois les embarras, les difficultés, les incertitudes, et jusqu'à la crainte, s'il en existoit dans l'assemblée nationale. Demandons-nous quels pouvoirs nous exerçons, qu'elle est cette mission qui nous amène de toutes les parties de la France, et nous réunit dans cette enceinte ? Ne sommes-nous que des officiers, des mandataires du roi? sa voix s'est fait entendre, plus de doute, il faut obéir. Sommes-nous au contraire les envoyés du peuple? Remplissons notre mission.... Qu'elle est imposante, qu'elle est auguste, la procuration de vingt-six millions d'hommes mûs pour la liberté! Est-il un seul d'entre nous qui pût vouloir abjurer la haute confiance dont il est revêtu, et qui osât retourner vers ses commettans, leur tenir ce langage : vous aviez remis dans de trop foibles mains les destinées de la France; j'ai eu peur; envoyez à ma place un homme plus digne de se montrer votre représentant. Nous l'avons juré, messieurs, et notre serment ne sera pas vain; nous avons juré de rétablir le peuple françois dans ses droits. L'autorité qui nous a institués pour cette grande entreprise, de laquelle seule nous dépendons, et qui saura bien nous défendre, est certes loin encore de nous crier : c'est assez, arrêtez-vous. Elle accuse au contraire notre lenteur, elle nous presse, elle nous demande une constitution; et qui peut la faire sans nous, qui peut la faire, si ce n'est nous? Est-il une puissance sur la terre qui puisse vous ôter le droit de représenter vos commettans, qui puisse vous empêcher de délibérer sur les intérêts qui nous sont confiés? Eh! messieurs, ne sentez-vous pas, que vous êtes aujourd'hui tout ce que vous étiez hier ? Oui, nous continuerons nos travaux, nous suivrons notre sublime mission, nous dédaignerons le triste appareil aulique qui vainement aura souillé le sanctuaire national; les vertus de la liberté sauront bien le purifier des excès du despotisme ».

M. l'abbé Sieyes finit par demander qu'il fût arrêté que les assemblées devoient être publiques, et qu'aucune autorité ne pouvoit les rendre secrettes; ce qui fut adopté avec empressement.

Ce discours fit la plus vive sensation, et long-tems encore après la séance royale, on citoit, comme un sublime trait d'éloquence, cette phrase : *Eh, messieurs, ne sentez-vous pas que vous êtes aujourd'hui, ce que vous étiez hier ?*

Il est cependant à remarquer que, dans cette harangue, l'orateur ne dit pas un seul mot de la seconde déclaration du roi. Il y parle de la violence qu'il supposoit avoir été faite aux représentans; et à quoi se réduisoit cette violence ? à une suspension de leurs fonctions pendant une demi-journée, puisqu'il leur étoit enjoint de s'assembler dès le lendemain matin. Qu'étoit ce encore que cet attentat qui avoit souillé l'assemblée ? Peut-on, sans frémir, songer que c'étoit la présence d'un roi bon, environné, il est vrai, de toute la pompe du trône, mais les mains pleines de bienfaits ?

Il est incroyable encore que M. l'abbé Sieyes se fit illusion au point de croire que, parce que ceux qui composoient l'assemblée avoient été envoyés aux états-généraux, ils n'avoient plus d'autorité à reconnoître, ils ne devoient plus obéir au roi. Qui les avoit envoyés ? n'étoit-ce pas les sujets de Louis XVI ? Si ceux-ci lui devoient obéissance, pourquoi leurs députés en auroient-ils été dispensés ? Depuis quand les commis ont-ils, en vertu de leur commission, des droits, des prérogatives dont ne jouissent pas les commettans ? et la représentation donne-t-elle l'indépendance ?

Cette journée fut fort glorieuse pour M. l'abbé Sieyes; cependant il paroit qu'il n'attacha pas à ce discours la même importance qu'à son arrêté du 17; c'est dans cet arrêté seul qu'il paroissoit mettre toute la force de son assemblée nationale; car avant la tenue de la séance royale, il disoit à ses amis : « Nous pouvons être dispersés, obligés de céder à la violence, et de reculer devant la force; mais quelles que puissent être les suites, dans deux ans, dans dix ans, cet arrêté, vraiment national, restera. Il sera la chartre du patriotisme, et les partisans de la liberté, viendront, un jour ou l'autre, s'y rallier ».

Les amis de la monarchie ne pouvoient-ils pas dire avec plus de justice, de cette déclaration sur laquelle il avoit gardé le silence : « nous pouvons être dispersés, obligés de céder à la violence, et de reculer devant la force; mais quelles que puissent être les suites, dans deux ans, dans dix ans, cette déclaration, vraiment nationale, restera. Elle sera la chartre des françois, et les partisans de la véritable liberté viendront, un jour ou l'autre, s'y rallier » ?

L'événement a prouvé que toutes ces craintes d'une violence n'étoient guères fondées; car malgré la désobéissance formelle aux ordres du roi, on laissa le tiers-état délibérer paisiblement jusqu'à trois heures après midi, qu'il leva volontairement la séance, après avoir arrêté que le procès-verbal de ce qui s'y étoit passé, seroit imprimé dans le jour même. On n'eut garde d'y insérer la seconde déclaration.

Aussi long-tems que les députés du tiers-état restèrent assemblés, le peuple, qui remplissoit au loin les avenues de la salle, fut paisible; mais dès qu'on leva la séance, il s'ébranla, et on craignit un soulèvement.

Six mille hommes environ coururent sur les terrasses, et dans les cours du château. Ce mouvement venoit de ce que quelques voix avoient crié: *M. Necker a remis son porte-feuille.* Les troupes restèrent immobiles dans cette agitation, et laissèrent tranquillement passer ces flots de peuple; ce qui est une nouvelle preuve des ordres modérés qu'elles avoient reçus. On se répandit dans la galerie, dans les appartemens; on demandoit à grands cris le ministre chéri; tous ces lieux, remplis autrefois de la majesté royale, retentissoient de murmures, d'imprécations.

Presque tous les députés du tiers-état s'ébranlèrent à leur tour; ils se rendirent chez M. Necker : « Ne nous abandonnez pas, lui dirent-ils, nous vous en conjurons; restez dans le ministère ». L'épouse du ministre répondit à ces députés, qu'il étoit vrai que M. Necker avoit donné la veille sa démission au roi, mais que sa majesté ne l'avoit point acceptée ».

On en veut donc à M. Necker, se disoit-on les uns aux autres; et ces paroles, circulant ensuite parmi le peuple, échauffoient toujours plus les imaginations; on croyoit, ou l'on feignoit de croire, que ce ministre alloit abandonner la cour, et ensuite le royaume. La foule ne faisoit que s'accroître; les cris redoubloient; la consternation gagna toutes les personnes de la cour. On s'y résolut à se mettre encore une fois à la merci de celui qui causoit tout ce désordre. La reine écrivit à M. Necker; il se rendit sur le champ chez elle, et delà chez l'infortuné monarque, qui n'étoit plus que l'esclave de son ministre, et le sujet de ses sujets.

Dès que la nouvelle de cette entrevue se répandit, la curiosité et l'impatience furent à leur comble, et le château ne put contenir tous ceux qui accoururent s'y joindre à la foule qui y étoit déjà.

M. Necker resta une demi-heure renfermé avec le roi; après avoir quitté sa majesté, il passa, pour se rendre chez lui, par une porte latérale qui donnoit de l'appartement du roi dans la cour des princes. Dès qu'on l'apperçut, on l'environna, on le pressa; les uns baisoient ses mains, d'autres se prosternoient à ses pieds; tous crioient: *vive M. Necker*; plusieurs à genoux, les mains levées, lui demandoient: *monseigneur, restez-vous ?* Il releva un des hommes qui étoient dans cette posture, et lui dit: *oui, mon ami, je reste.* Se tournant aussitôt vers le public, il répéta: *oui, mes-*

sieurs, je reste avec vous. On ne lui répondit que par les cris de *vive le roi*; *vive M. Necker*. Il voulut ensuite entrer dans sa chaise à porteur; mais des gens du peuple se mettant en devoir de la porter, il préféra d'aller à pied, et ses partisans lui ont fait un mérite de cette modestie.

La foule le suivit chez lui, et pénétra jusques dans ses appartemens; il entra d'abord dans son cabinet, comme pour se dérober aux acclamations, et à tout cet enthousiasme qui prouve avec quelle mobilité le peuple françois suit la direction qu'on lui donne. Un instant après, il reparut dans son salon, et avec cette gravité exagérée qu'il eut toujours en public, il fit signe de la main, qu'on lui accordât du silence, et harangua ainsi toute la foule.

« Oui, messieurs, dussé-je en mourir, je reste avec vous, j'en ai donné ma parole au roi, qui a bien voulu la recevoir ». S'adressant ensuite aux députés du tiers-état, il leur dit: « et vous, messieurs, je vous engage à employer toute la douceur, tout le courage et la vertu dont vous êtes capables, pour amener tout à bien ».

L'ivresse, lorsqu'on eut entendu M. Necker, parut à son comble; le soir on fit des feux de joie dans différens quartiers de la ville, et on illumina tous les environs de son hôtel. On ne rencontroit que des gens armés de torches, courant dans les rues comme des bacchantes. M. l'archevêque de Paris passant dans sa voiture près l'église de Saint-Louis, fut assailli par un groupe d'hommes, tenant à la main de gros bâtons; ils vomirent mille grossièretés contre le prélat, on lui lança même des pierres; il n'eut que le tems de s'élancer de son carrosse dans l'église, dont les portes se fermèrent sur le champ. Les gardes-françoises favorisèrent sa retraite, par leur bonne contenance et par leurs exhortations; mais ne se permirent pas la plus légère apparence d'un mauvais traitement contre qui que ce soit. Comme ils représentoient à ces furieux l'injustice et l'indécence de leur procédé, cette populace, ajoutant l'ironie à la brutalité, répondit en ricanant qu'elle savoit bien que la personne de M. l'archevêque étoit sacrée. Aussi, ajoutoit-elle, n'est-ce pas à sa personne que nous en voulons, c'est seulement à sa tête. Voilà le premier sacrilège de ce genre qui se soit commis dans le cours de la révolution; je dis sacrilège, car le sacerdoce imprimant à celui qui en est revêtu, un caractère sacré, c'est outrager la divinité même, que d'insulter à un de ses ministres. Un peuple qui oublioit cette vérité de toutes les nations, étoit capable de tous les excès.

On ne donnoit d'autre raison de cet acharnement contre un prélat qui, jusques-là, avoit passé tous les jours de sa vie, à acquérir des droits à la reconnoissance publique, sinon qu'il avoit eu la principale part à la séance royale, ce qui étoit sans aucun fondement; car dans l'instant même où on lui faisoit ce reproche, il mettoit tout en œuvre pour rapprocher les trois ordres. Les partis extrêmes, les actes d'autorité n'ont jamais été ni dans ses principes ni dans son caractère. La cour l'avoit eu pour adversaire, lorsque les parlemens se soulevèrent avec raison contre les prétentions exagérées des ministres, et les formes arbitraires qu'employa si mal adroitement M. de Brienne.

A l'exception de ce seul excès, le peuple de Versailles passa tranquillement la nuit; ce qu'il faut peut-être attribuer à la présence des troupes qui furent continuellement sur pied. Celui de Paris étoit singulièrement exalté. Depuis quatre heures du matin, jusqu'à onze heures du soir, la route de Versailles à cette capitale, fut couverte d'un prodigieux nombre de courriers qui se croisoient, et qui firent de cette route, une rue plus fréquentée qu'aucune de celles des capitales les mieux peuplées.

Dès qu'on sut les détails de la séance royale, on se crut perdu; on assiégea la caisse d'escompte pour y échanger les billets de cette compagnie contre du numéraire. « Nos députés sont en danger, crioit-on au Palais-Royal; mais que les aristocrates prennent garde à eux, car au premier désir qui nous en sera témoigné, nous irons à Versailles au nombre de quarante mille hommes, frotter bien des oreilles; — élevons, crioit-on d'un autre côté, une statue à notre sauveur, à M. Necker ».

Heureusement toute cette effervescence s'évapora en injures, en menaces, en motions séditieuses; mais les choses se fussent-elles passées de même, si on n'eût eu sous les yeux un corps de troupes considérable, et s'il ne fût resté quelque incertitude sur le parti qu'elles se détermineroient à prendre, en cas d'une rébellion marquée?

La préoccupation étoit si grande, qu'à peine se donnoit-on le tems de lire la déclaration cause de tout ce bruit. Aujourd'hui encore on trouve peu de personnes qui en aient une parfaite connoissance; c'est-à-dire, qui en aient fait une lecture réfléchie. On vous parloit de despotisme, de coalition entre la reine, M. le comte d'Artois, M. l'archevêque de Paris, de complot contre les députés; comme si tout cela étoit dans cette déclaration. On vous disoit qu'elle avoit été rédigée par MM. de la Galaisière et Vidaud de la Tour; et que la meilleure preuve qu'elle alloit opérer la ruine de la France, c'est qu'elle avoit été conçue en l'absence de M. Necker, et promulguée malgré ses courageuses représentations au roi.

Ceux qui prétendoient l'avoir lue, et en avoir bien pesé tous les articles, vous répondoient par ces exclamations: Quoi! rien sur la liberté de la presse; nulle mention des éternelles prévarications de la poste aux lettres; pas un mot de la responsabilité des ministres; suppression apparente, mais conservation réelle des lettres de cachet, au moyen de modifications qui fourniront sans cesse des moyens d'éluder l'article où il en est question ».

Ces reproches eussent-ils été fondés, s'y borner, c'étoit convenir que les autres articles présentoient un bien réel au peuple. Pourquoi donc vouloir lui arracher ce bien? Les objections sur la liberté de la presse et la suppression des lettres de cachet n'étoient pas plus raisonnables; car tout ce qu'on lisoit sur ce double sujet dans la déclaration, étoit conforme aux principes d'une sage administration, qui ne doit jamais tolérer les écrits licencieux, impies ou incendiaires, et qui, dans toutes les occasions où le salut de l'état se trouve singulièrement intéressé, doit, avec la plus grande célérité, arrêter l'exécution du complot qui le met en danger.

Quant à la responsabilité des ministres, et les prévarications de la poste aux lettres, il n'en étoit pas dit, il est vrai, un seul mot dans la déclaration; mais le roi pouvoit-il y tout dire, et ne devoit-on pas croire que ces deux articles étoient au nombre de ceux sur lesquels le roi exhortoit les états-généraux à lui présenter un plan de réforme? Pouvoit-on, de bonne-foi, imaginer qu'en donnant de si grandes marques de condescendance au peuple, le roi s'opiniâtreroit à laisser subsister dans l'administration de la poste, administration d'ailleurs si belle, si sagement ordonnée, quelques abus, qui, de tous ceux que le tems avoit amenés dans les différentes parties du gouvernement, étoient, sans contredit, les plus aisés à réformer.

Quelle injustice encore, quelle démence de présumer que la responsabilité des ministres, si solemnellement votée par le parlement, consignée dans tous les cahiers, seroit refusée par un roi qui alloit au-devant des vœux de ses sujets, lorsqu'elle lui seroit encore demandée par les trois ordres?

Parmi tant d'insensés on rencontroit quelques sages, mais les sages eux-mêmes étoient injustes. Ils lisoient la déclaration; ils la méditoient; ils ne pouvoient disconvenir que si elle eût été présentée au peuple dans un tems calme, il l'eût acceptée avec avidité, et eût élevé fort au-dessus de Louis XII et de Henri IV, le prince qui la lui eût donnée; mais nourrissant dans leur ame une secrette jalousie, dont ils ne se rendoient pas bien compte, de ce qu'un aussi grand bien émanât du trône, et non de la seule assemblée des états-généraux, ils en revenoient à la forme qui avoit été employée pour la promulgation de cet acte de bienfaisance, et ils disoient:

« Les volontés même du roi, quelques respectables qu'elles soient, ne peuvent toutes seules faire la loi de la France. Présentées comme elles l'ont été, elles doivent être rejettées, quoique conformes au vœu national, sauf à en consacrer les principes par une suite de délibérations légales, parce que le sort d'un peuple libre, ne peut reposer sur la volonté d'un homme sujet au changement et à l'erreur, parce que la nation peut seule être l'arbitre de sa constitution ».

Eh! qui empêchoit les états-généraux de discuter cette déclaration, article par article, et d'en consacrer les principes d'après une mûre délibération? La nation alors auroit été l'arbitre de sa constitution. Quoi! il auroit donc suffi qu'une loi bienfaisante eût été imaginée par le roi, pour que les états-généraux refusassent même de la mettre en délibération, pour que la nation en fût privée? De toutes les maximes que la haine de la royauté peut enfanter, peut-on en concevoir une plus nuisible à la chose publique, plus funeste au peuple?

Quant à cette instabilité de la volonté d'un seul homme, l'objection étoit spécieuse; on sembloit même autorisé à la croire insoluble, car depuis long-temps l'expérience prouvoit qu'on changeoit aussi souvent à la cour, de système, que de ministres. Mais ce n'étoit pas ici un édit bursal, une réforme dans la discipline ou dans le nombre des individus d'un corps; une nouvelle forme à introduire dans la perception ou la dépense des deniers publics; c'étoit une déclaration que le roi avoit promulguée sur son trône, au milieu des grands de son empire, au sein des représentans de la nation entière, et à qui il ne manquoit plus d'autre caractère de l'égalité, que d'être enregistrée dans nos parlemens. Ne faut-il pas avoir perdu toute raison pour oser même soupçonner qu'une parole donnée, avec tous ces signes d'authenticité, pût jamais être violée?

Enfin, ceux qui étoient assez sages pour se rendre à ces raisons, revenoient à penser comme le peuple, lorsqu'ils se rappelloient la phrase du discours du roi, par laquelle sa majesté annonçoit que dans le cas où ses intentions seroient méconnues, elle feroit elle seule le bonheur de son peuple. Il faut convenir que cette phrase respiroit je ne sais quoi de menaçant, bien plus propre à éloigner qu'à attirer les cœurs, et un roi qui menace son peuple, semble lui-même commander plutôt la crainte et la méfiance, que l'amour. « Qu'est-ce qu'un bienfait, disoit-on, offert avec menace? Le roi prétend-il dissoudre les états-généraux, avant de les avoir entendus? Comme les ministres se jouent de sa dignité! et quelle foi peut-on ajouter aux promesses d'hommes qui, après avoir péniblement convoqué les états-généraux, les renvoyent avec cette légèreté! Si le roi peut faire lui seul le bonheur de son peuple, qu'étoit-il besoin qu'il mît en mouvement tout son empire, et qu'il en appelât, à grands frais, l'élite autour de son trône? »

Ceux qui se rappellent ces discours, et qui ont étudié, avec quelque attention, les différens événemens qui ont laissé au trône si peu d'amis, conviendront que cette phrase, sortie du cerveau et de la plume de M. Necker, fit, parmi les gens bien, une désastreuse sensation, et en détacha plusieu du parti de la cour.

Cependant cette phrase contenoit une vérité qui, quoique triste, devoit être au fond du cœur du roi; car enfin, d'après le tableau qu'il avoit sous les yeux pouvoit-il ne pas appréhender que le sort de ses peuples, bien loin d'être amélioré par une tenue d'états-généraux, n'en fût empiré, et si ceux qu'il avoit appellés pour faire le bonheur de ses sujets, ne pouvoient ou ne savoient atteindre ce but, comme l'événement ne l'a que trop prouvé, à qui appartenoit-il de remplir cette obligation, si ce n'est à celui qui étoit leur représentant perpétuel, irrévocable; à celui que la providence avoit spécialement chargé de ce soin?

Tel étoit donc le délire qui régnoit alors en France; telle fut l'opinion qu'on s'y fit de la seconde déclaration, qu'il n'y eût peut être personne qui sût apprécier ce chef-d'œuvre de bienfaisance. Sur six cents députés du tiers-état, il ne se trouva pas un seul homme qui ne partageât le préjugé universel. Voici comment celui d'entr'eux qui, dans tant d'occasions, a si bien su défendre les droits de la raison, s'exprime sur cette déclaration.

« Après la séance royale, dit M. Malouet (1), nous n'avions d'autre parti à prendre, que celui auquel on s'étoit arrêté dans l'assemblée du jeu de paume. C'est dans ces grandes circonstances qu'il n'y a plus de dangers à calculer. Soit que les autres ordres se réunissent à nous, ou restassent séparés, nous devions à la France une constitution, et la France nous étoit redevable de son bonheur et de sa gloire, si cette constitution garantissoit le droit de tous ».

Ne diroit-on pas, d'après ce langage, que le roi, dans la séance royale, avoit prononcé la dissolution des états? car la nécessité de recourir au serment qu'on avoit fait, de ne jamais se séparer, suppose un tel ordre; cependant cet ordre, contre lequel on s'armoit de l'égide du serment, se réduisoit à une dissolution d'une demi-journée. Ne diroit-t-on pas encore que, dans cette circonstance, les députés se sont vus environnés des plus grands dangers. Cependant leur refus d'obéir au roi, les insultes faites à un prélat; les attroupemens séditieux d'un peuple qui se répand d'une manière menaçante, dans l'intérieur du château, la violence faite au monarque, pour qu'il rendît sa confiance à un ministre qu'il avoit peut-être de hautes raisons de n'aimer ni n'estimer, tout cela ne fit pas brûler une seule amorce.

On voit enfin, dans ces quelques lignes que j'ai citées, et dans lesquelles M. Malouet garde, sur la dé-

(1) Voyez sa lettre à ses commettans, p. 18.

claration, un silence qui m'étonne, qu'il étoit dans l'opinion que le tiers-état pouvoit et devoit, dans le cas de la non-réunion des deux premiers ordres, donner une constitution à la France. C'est la première fois, que je sache, qu'on a avancé qu'on pouvoit dresser les articles obligatoires d'une convention, sans le concours de toutes les parties contractantes.

Quand la postérité apprendra que l'homme, sans contredit, le plus instruit et le plus sage de ce siècle, pensoit et parloit ainsi, n'est-il pas à craindre qu'elle ne nous prenne pour un peuple de fous?

Lorsqu'on fut un peu revenu de ce premier accès de délire, que chacun éprouva à la suite de la séance royale, tous les regards se tournèrent vers la minorité du clergé et la majorité de la noblesse; ceux qui ne pénétroient point dans l'intérieur des conciliabules, que tenoient entr'eux les principaux factieux, étoient curieux d'apprendre quelle alloit être la première démarche de ces ecclésiastiques et de ces nobles. Ceux qui étoient instruits n'avoient aucune incertitude sur ce qui alloit arriver, parce que le parti étant dès-lors pris de tout emporter par la terreur, ils savoient bien que les membres des deux premières chambres n'alloient plus avoir d'autre choix à faire, qu'entre la réunion ou la mort.

Elles s'assemblèrent, comme l'avoit ordonné le roi, le lendemain matin de la séance royale. Dans celle du clergé, M. l'archevêque de Paris, s'appercevant qu'on s'égaroit dans de vaines discussions, qui aigrissoient les esprits au lieu de les éclairer, ramena toute l'attention sur l'objet dont il étoit le plus instant de s'occuper. Il dit que l'on avoit à délibérer sur les déclarations que le roi avoit apportées la veille; les premiers avis furent qu'il falloit déférer et obéir à ces ordres, lorsque M. l'abbé d'Hamecourt se leva et dit:

« Les déclarations du roi sont des objets trop importans pour en délibérer seulement dans la chambre; ces loix intéressent toute la nation; c'est avec elle, c'est avec les trois ordres que nous devons délibérer sur cet intérêt commun. Rendons-nous à la salle générale; c'est-là le lieu où nous devons prendre le parti que la sagesse, les conseils, les avis des deux autres ordres nous inspireront, touchant les loix qui les concernent autant et peut-être davantage que notre ordre ».

A l'instant, plusieurs curés font entendre qu'ils adhèrent à cette résolution; d'autres, plus sages votent pour que l'on fasse, avant tout, une lecture des déclarations. Là, on disoit : « nous devons obéir aux volontés du roi; il nous a ordonné hier de nous rassembler dans notre salle; il nous a apporté ses ordres; que nous reste-t-il à faire que de les exécuter ? »

D'un autre côté, on s'écrioit: « les loix ont été apportées par le roi à la nation réunie et assemblée;

elles sont pour la nation ; il nous faut donc délibérer avec la nation, dans la salle nationale ».

Je laisse au lecteur à juger de quel côté étoit la raison : bientôt les deux partis se choquèrent avec fureur ; il ne fut plus possible de mettre aucun ordre dans la délibération ; il se fit un bruit effroyable, au travers duquel on n'entendit plus que ces cris confus, *recensement des voix, lecture des déclarations, rendons-nous dans la salle générale.*

Ce désordre dura près de deux heures ; enfin cinquante-deux membres tranchèrent toute difficulté ; sans attendre qu'on allât aux voix, ils se levèrent avec transport, et s'enfuirent vers la salle des états. M. l'archevêque de Paris ne tarda pas à les suivre, soit qu'il voulût les engager à venir délibérer paisiblement, soit qu'intérieurement, il se crût lié par la majorité. M. l'abbé Pannat voyant M. l'archevêque de Paris suivre les cinquante-deux ecclésiastiques, courut lui-même après le prélat, l'atteignit ; tous les deux eurent pendant quelques minutes une conversation très-animée. Ils revinrent ensuite dans leur chambre où il ne se trouvoit plus que cent quarante-trois membres, qui décidèrent qu'il falloit obéir aux ordres donnés la veille par le roi.

Ces cent quarante-trois membres furent regardés et dépeints aux yeux du peuple, comme des conspirateurs contre le bien public ; et du moment où cette décision, il n'y eut plus de sûreté pour leur vie. M. l'archevêque de Paris, à qui on avoit fait entendre assez clairement la veille, qu'il n'y avoit plus, pour les ecclésiastiques, d'autre parti que de se réunir ou d'être égorgé, en fut averti encore plus énergiquement au sortir de sa chambre. La foule l'attendoit à la porte ; on investit sa voiture, et l'air retentit de sanguinaires menaces ; on l'accusa d'intriguer contre la cause du peuple, d'être un des principaux instigateurs de la séance royale, et le chef de la minorité de son ordre. Heureusement l'adresse de son cocher et la vitesse de ses chevaux, lui firent traverser cette foule sans danger ; mais on fit pleuvoir sur sa voiture une grêle de pierres, et les autres ecclésiastiques de la minorité ne furent pas mieux accueillis, lorsqu'ils sortirent de leur chambre.

Sur le soir, le peuple investit la maison de la mission, où logeoit le prélat ; on demandoit à grands cris sa tête ; on jetta des pierres contre les fenêtres, on en brisa les vitres. Des détachemens des gardes-françoises, des gardes-suisses, et des gardes-du-corps accoururent ; il ne leur fut pas possible de contenir cette multitude, et on vit le moment où elle alloit se porter aux derniers excès. On ne parvint à l'appaiser qu'en lui faisant lecture d'une déclaration de M. l'archevêque, par laquelle il promettoit de se réunir dans la salle du tiers-état.

Voilà comme, en fondant la liberté, nos députés ont été libres. Si la nation eût été sage, ces premiers attentats contre la liberté des opinions l'eussent soulevée. Est-il possible que des hommes énoncent franchement les inspirations de leur conscience, lorsque le glaive est levé sur leur tête, lorsque tous les poignards de la calomnie les frappent ?

Les délibérations furent moins tumultueuses dans la chambre de la noblesse, que dans celle du clergé ; on y délibéra assez paisiblement sur les déclarations du roi ; mais on ne prit aucune détermination : la chambre resta toujours divisée en deux partis, dont le plus nombreux, celui qui tenoit pour la vérification par ordre, ne fit aucune perte. La chambre même conserva tous ses membres dans cette première séance qui suivit celle du roi.

A la cour, les ministres, à l'ordinaire, tantôt se réunissoient en comité, tantôt s'assembloient avec les autres membres du conseil. On craignoit les résultats de ces assemblées, et pour tenir les esprits dans une alarme continuelle, on ne cessoit d'écrire et à Paris, et dans les provinces, que le roi étoit dans l'intention de dissoudre les états-généraux, et d'accorder aux provinces, ce qu'elles demandoient par leurs cahiers.

Quant à M. Necker, il paroissoit se rapprocher plus que jamais du tiers-état ; il écrivit à M. Bailly une lettre dans laquelle il ne dit pas un seul mot, ni de la séance royale, ni de la déférence qu'on devoit aux volontés du roi ; en voici la teneur :

« Monsieur le président, j'ai reçu hier, de la part de l'ordre que vous présidez, des marques de bonté, d'estime et d'intérêt si touchantes, que je vous prie instamment de vouloir bien devenir, en cette occasion, l'interprète de ma profonde reconnoissance. Je dois, pour répondre aux sentimens dont votre ordre veut bien m'honorer, redoubler de zèle pour la chose publique, et de dévouement à la personne du roi. Comme cette obligation sera facile à remplir ! Heureux si mes forces pouvoient égaler mes intentions ! Je souhaiterois que la pureté de mon cœur et l'intégrité de mes vues me servissent de titre à la confiance dont j'ai reçu hier les plus doux témoignages, et dont je ne voudrois faire usage que pour avancer, de tout mon pouvoir, le rétablissement d'une concorde qui devient de jour en jour plus nécessaire et plus instante, et qui rendroit au roi sa tranquillité, et au royaume toute sa force ».

« J'ai l'honneur d'être, avec le plus respectueux attachement, de M. le président, le très-humble, etc. »

Les circonstances étoient trop graves pour perdre le tems en vains complimens, et c'est moins là la lettre d'un ministre, que le langage d'un courtisan. On y voit que M. Necker étoit enivré de tout l'avantage qu'il croyoit que sa position alloit lui donner. Il se trompoit étrangement ; il n'a jamais su sonder les cœurs. Les marques d'intérêt qu'il recevoit, l'éblouis-

soient

soient et il ne voyoit pas le motif de ceux qui les lui prodiguoient ; il ne voyoit pas qu'il n'étoit que l'instrument dont on se servoit pour porter le peuple à la rébellion. Ce peuple s'étoit infatué de cette idole, et on étoit certain qu'en le tourmentant de la crainte de la perdre, on le porteroit à tous les excès; dès que l'idole est devenue inutile, on l'a brisée, et le peuple s'est tu.

Il ne fut pas plus question dans la premiere assemblée du tiers-état, qui suivit la séance royale, des deux déclarations, que dans la lettre de M. Necker. On trouva que tout, à cet égard, avoit été décidé la veille; on passa le tems à se plaindre de l'appareil militaire qui environnoit la salle. Il est vrai que les rues de Versailles, et que les avenues de la salle des états-généraux, étoient toujours remplies de gens de guerre. C'est-là ce qu'un député appela changer le temple de la liberté, en une prison. Heureuse prison que celle où l'on entre, et d'où l'on sort quand on veut, et de laquelle on régle les destinées de tout un empire !

Il est vrai encore que, conformément aux ordres du roi, les sentinelles qui étoient à la porte des états, avoient pour consigne de n'y point laisser entrer le public; mais c'étoit une consigne qu'on suivoit bien mal : elle se réduisoit à demander au particulier qui se présentoit, s'il étoit député ; et le soldat qui lui faisoit cette question, tout haut, lui disoit au même instant tout bas : *répondez oui*. Il ne résulta donc d'autre effet de cette rigueur apparente, que d'avoir, dans la salle, un public un peu plus choisi que dans les précédentes séances.

Un garde de la prévôté cependant, qui ne prit pas même la précaution d'user du petit subterfuge dont se servoient ses camarades, et qui laissoit entrer indistinctement, quiconque s'adressoit à lui, fut mis aux arrêts. On envoya, sur-le-champ, pour le réclamer, quatre députés au grand-prévôt, qui le rendit sans hésiter. Je ne vois pas que dans ces jours orageux, où l'on parloit tant du despotisme de la cour, elle se soit porté à aucun autre acte de sévérité ; je ne vois pas non plus que les gens de guerre, qu'on représentoit comme les serviles exécuteurs des caprices des ministres, se soient prétés à procurer au public d'autre désagrément, que de rendre l'accès des états-généraux un peu plus pénible.

Il est donc vrai qu'au sein de l'effervescence la plus menaçante, il ne s'est pas répandu une seule goutte de sang dans le parti populaire. Cette modération, quelqu'en ait été le motif, fait tout au moins présumer que les vues des ministres n'étoient pas aussi sinistres qu'on le supposoit.

Les députés du tiers-état ne montrèrent pas moins la plus grande sollicitude à dégoûter les troupes, de la dépendance où elles avoient été jusqu'alors des ordres de la cour.

Instruits, en effet, des difficultés apparentes que le public éprouvoit à leurs portes, ils mandèrent l'officier de garde. Celui-ci, parfaitement au ton du jour, répondit qu'il n'avoit à recevoir, & ne recevroit jamais d'autre ordre que celui d'obéir à l'assemblée. Il faut convenir que si les troupes avoient beaucoup d'officiers semblables à celui-là, ce n'étoit pas aux députés du tiers-état à s'effrayer de cette multitude de soldats.

On fit cependant réflexion que le premier ordre qui fermoit la porte des états au public, avoit été donné par un officier aux gardes; il fut mis en délibération, si on le manderoit. Autant valoit mander le roi lui-même, car on ne pouvoit ignorer que la défense n'émanât originairement de lui, puisqu'il l'avoit donnée de vive voix aux milieu des états géraux. L'officier ne fut point mandé ; la distinction entre le pouvoir législatif et le pouvoir exécutif, déjà présentée une fois par M. Target, fut reproduite, et sauva cet officier de cette petite mortification; mais on envoya chez lui trois députés, au nombre desquels étoient un des secrétaires, qui lui demandèrent quelle étoit sa consigne, de qui il la tenoit ; il répondit qu'il tenoit ses ordres du roi; on dressa procès-verbal de cette réponse, chacun savoit d'avance, & l'affaire en resta-là. Je remarque, sur ces démarches du tiers-état, qu'il falloit que ses députés fussent eux-mêmes intérieurement convaincus que l'interrègne étoit commencé, et que nous n'avions plus de roi, car s'ils eussent cru que Louis XVI étoit encore le roi de ses sujets, ils n'eussent pas fait un crime de lui obéir ; ils eussent sans cesse, & par leurs représentations & par leur exemple, dirigé vers lui le tribut de l'obéissance.

Ce n'étoit pas assez d'atténuer, par des dégoûts, la fidélité des troupes, il falloit encore avoir des ministres à sa dévotion, et pour cela il étoit nécessaire d'effrayer, d'obliger à la retraite ceux qui étoient restés à leur poste, en leur suscitant des querelles, des tracasseries, en les frappant de dénonciations. A l'exception de MM. de Montmorin et Necker, on étoit fort mécontent de tous les autres; le mécontentement se fixoit sur-tout sur MM. de Villedeuil et Barentin. Tous les deux avoient pour crime commun, d'être considérés de M. le comte d'Artois; mais le dernier avoit été l'organe des deux déclarations, et on ne se dissimuloit plus qu'il avoit eu la principale part à leur rédaction ; c'étoit-là un délit irrémissible. Il fut donc convenu qu'il seroit le premier dénoncé. Quelques députés en firent l'ouverture ; mais Mirabeau, sans qu'on puisse trop dire pourquoi, s'y opposa, et il le fit de manière à ne laisser tomber aucun soupçon sur ses vues; il s'écria : « J'aurois dénoncé, dès aujourd'hui, mon digne cousin, M. le garde des sceaux, si je n'avois la certitude *excessivement fondée*, qu'il donnera ce soir sa démission ».

Il est bien vrai qu'il s'étoit répandu que M. de

N

Barentin devoit donner sa démission, mais on disoit aussi que les sceaux seroient confiés à M. Vidaud de la Tour, qui n'étoit pas plus agréable au tiers-état que M. de Barentin. D'ailleurs, dans les principes du comte de Mirabeau, comme dans les principes de ceux qui l'écoutoient, un ministre prévaricateur ne pouvoit être à l'abri d'une dénonciation, en faisant retraite. Son observation étoit donc pitoyable, et supposoit un motif personnel qu'il ne manifestoit pas. Mais le crédit dont il jouissoit, et la sorte de gaieté avec laquelle il s'énonça, amenèrent tout le monde à son avis, et cette dénonciation, quoiqu'il promît de la faire le lendemain, n'a jamais été faite.

Ce fut, au surplus, pour le tiers-état, une grande journée que celle du 14, par la conquête qu'il fit des cent cinquante-un transfuges du clergé. Ces messieurs arrivèrent dans la salle du troisième ordre, avec armes et bagages, si on peut parler ainsi; ils portèrent avec eux les papiers, le procès-verbal, les registres de leur chambre, et la caisse qui les contenoit; ils conduisirent avec eux jusqu'à leur huissier, qui prit modestement place, et se fixa parmi ceux du tiers-état.

Dès qu'on apperçut cette nombreuse troupe, les cris de *vive le roi* se firent entendre dans toute la salle, car c'est toujours par ce cri que s'est manifesté l'allégresse, chaque fois que l'autorité royale a éprouvé un nouvel échec de dégradation, et il étoit assez bisarre qu'on accueillit, par le cri de *vive le roi*, des ecclésiastiques qui désobéissoient au roi.

Lorsqu'ils furent tous entrés, il s'agit d'en faire le dénombrement, et pour le faire avec ordre, on y procéda par la voie de l'appel. Cette cérémonie fut fort longue, parce que chaque nom qui étoit prononcé, excitoit de bruyans applaudissemens. Ils redoublèrent, lorsqu'on nomma MM. les archevêques de Bordeaux, de Vienne, et MM. les évêques de Coutances, de Chartres et de Rhodez. On se feroit difficilement une idée de la joie que causoit la conquête qu'on avoit faite de ces prélats. On leur rendoit justice dans le moment où entraînés par le délire général, et par un amour mal-entendu de la paix, ils donnoient l'exemple de la désobéissance à des ordres suprêmes, à des ordres d'ailleurs si conformes à l'intérêt du clergé; on a cessé d'être juste à leur égard, lorsqu'ils se sont apperçus du piège tendu à leur candeur. Leur première démarche ne peut être excusée que par les circonstances qui ont concouru à les égarer; mais le courage qu'ils ont ensuite montré au milieu même des perfides qui les avoient trompés, les touchantes vertus qu'ils y ont déployées, et qui ont jetté tant d'éclat sur leur ordre entier, ont expié un instant d'erreur.

Tous les honneurs de la séance furent pour M. l'archevêque de Vienne; on le trouvoit trop grand, trop respectable pour le laisser confondu dans la foule des députés. On ne pouvoit lui donner la première place; on l'invita, on le contraignit d'accepter la seconde; on le fit asseoir à la droite du président. Tout contribuoit ainsi à entretenir l'illusion que l'on faisoit aux ecclésiastiques, car que ne devoient-ils pas attendre d'hommes qui savoient encore rendre cet hommage à la piété?

La victoire cependant n'étoit pas encore complette pour le tiers-état: il lui restoit à conquérir la minorité du clergé, et la noblesse entière, dont aucun membre ne s'étoit détaché de son ordre. Dans l'une et l'autre chambre il se trouvoit des hommes qui s'y croyoient fixés, les uns par leurs mandats, ceux-là, non seulement par leurs mandats, mais encore par l'ordre du roi; d'autres, mais hélas! c'étoit le très-petit nombre, croyoient qu'à ces deux obligations, ils devoient réunir celle de défendre, autant qu'il étoit en leur pouvoir, les conventions fondamentales de la grande société dont ils faisoient partie. On va voir comment Louis XVI, qui depuis la séance royale, n'a plus cessé d'être maîtrisé par les événemens, s'est vu contraint d'arracher lui-même la dernière barrière qui défendoit ses prérogatives, son trône et sa personne. Quelle époque pour les françois, que celle sur laquelle je vais fixer l'attention de mes lecteurs!

CHAPITRE XXXI.

Lettre de sept gentilshommes aux journalistes ; observations sur cette lettre ; réunion de la minorité de la noblesse au tiers-état ; comment elle est accueillie ; discours de M. Dumouchel ; rumeur aux portes de la salle des états-généraux ; discours et portrait de M. Barnave ; gaieté du comte de Mirabeau ; discours de M. le comte de Clermont-Tonnerre ; réponse de M. Bailly ; alégresse que répand, dans Paris, la réunion de la minorité de la noblesse au tiers-état ; favorables dispositions des troupes pour les bourgeois ; imposture contre M. le garde des sceaux ; dégâts commis à Chantilly ; députation des électeurs de Paris à l'assemblée, qui s'étoit constituée assemblée nationale ; discours de cette députation ; seconde députation envoyée par la majorité de la noblesse ; son discours ; réponse de M. Bailly ; première opinion de M. Fréteau ; son portrait ; troisième députation envoyée par les oisifs des caffés du Palais-Royal ; lettre qu'elle lit ; réponse de M. Bailly ; inquiétudes de la cour ; amertume de la position du roi ; premier échec à la gloire de M. Target ; réunion de M. l'archevêque de Paris dans la salle du tiers-état ; comment il est accueilli ; son discours ; réponse de M. Bailly ; déclaration de M. de Lally-Tolendal ; discours de M. de Sillery ; lettre écrite par la minorité de la noblesse, à M. Bailly.

Suite de Juin 1789, et du premier mois de l'interrègne.

25. AU moment où tout alloit se dissoudre, sept gentilshommes empruntèrent toutes les trompettes de la renommée, pour que personne n'ignorât qu'ils alloient être les premiers à donner, dans leur chambre, l'exemple de la défection ; ils firent parvenir aux journalistes la lettre suivante :

« Nous nous sommes déterminés, messieurs, à nous transporter, ce matin, à la salle des états-généraux. Nous rendrons très-incessamment un compte public de notre conduite, et nous vous prions d'insérer cette lettre dans votre journal, afin que nos commettans soient promptement instruits de notre démarche et de notre résolution de leur en soumettre les motifs ».

Signé, Stanislas de Clermont-Tonnerre ; Duport ; le duc de la Rochefoucauld ; le comte de Rochechouart ; le comte de Lally-Tolendal ; Dionis du Séjour ; de Lusignan ; le marquis de Montesquiou ».

Quel jugement portera la postérité de ces sept gentilshommes ? Le même que celui qu'a déjà prononcé contr'eux leur propre conscience. Qu'ils s'examinent ; qu'ont-ils fait pour leurs commettans, pour leur ordre, pour leur roi, pour la monarchie ?

Je ne puis m'empêcher de remarquer sur cette lettre, qu'elle peint l'esprit de vertige qui régnoit à l'époque où elle fut écrite. On s'agitoit, on s'avançoit sans entrevoir même un but ; on portoit l'inconsidération jusques dans les moindres bagatelles. Que vouloit dire, en effet, une telle lettre ? Ceux qui l'écrivirent se réunirent au tiers-état, le 25, et elle ne parut, dans les journaux, que le 26. Un espace de quatre lieues seulement séparoit ces gentilshommes de leurs commettans. Il falloit donc au plus deux heures pour que ceux-ci fussent informés de ce qu'on vouloit qu'ils sussent, et de toutes les voies qu'on pouvoit prendre pour les en instruire; la plus lente, sans contredit, étoit celle d'un journal.

Comment pouvoit-on craindre, d'ailleurs, qu'une démarche de cette importance, ne fut ni assez tôt connue, ni assez publique? Si elle étoit juste et légale, les commettans n'avoient aucun intérêt à ce qu'on leur en fît l'apologie. Dans le cas contraire, il falloit les en prévenir avant de s'y déterminer, et la lettre devoit la précéder et non la suivre.

Tant d'empressement à prévenir le jugement du public, semble déceler les efforts qu'on faisoit pour s'étourdir sur les suites d'une telle démarche; il décèle encore le besoin qu'on avoit de se justifier, et eût-on senti ce besoin, si on eût été convaincu qu'on étoit irréprochable?

Une vérité enfin, que je ne dois pas passer sous silence, c'est que la plupart des ecclésiastiques et des nobles, en se réunissant au tiers-état, donnèrent des preuves peu équivoques, que cette réunion pesoit à leur conscience.

Dans la matinée donc du 5, M. le duc de Luxembourg, président de la noblesse, fut averti que la minorité quitteroit la chambre pour venir se fixer dans celle du troisième ordre. Elle s'y rendit, en effet, au nombre de quarante-quatre membres, traînant avec eux le premier prince du sang (1). L'issue par laquelle ils pénétrèrent dans la salle, étant fort étroite, ne leur permit d'entrer qu'un à un, et chacun en paroissant étoit couvert d'applaudissemens; mais cette fois au cri de *vive le roi*, on ajouta celui de *vive la patrie*, et ce dernier précéda l'autre. Ce fut là

―――――

(1) Ces gentilshommes, indépendamment de ceux qui signèrent la lettre, furent: MM. le duc d'Aiguillon; d'André; le marquis de Lezay-Marnezia; le vicomte de Toulongeon; le comte de Crillon; le vicomte de Beauharnois; de Phelines; le vicomte Desandrouins; le marquis de la Coste; le comte de Castelianne; le marquis de Blacons; le marquis de Langon; le comte de la Blache; le comte Antoine d'Agoult; le comte de Virieu; le comte de Morge; le baron de Chalion; le comte de Marsanne; de Burle; d'Eymar; de Nomperre de Champagny; de Prez de Crassier; le marquis de Biancourt; d'Aguesseau; Freteau; le marquis de la Tour-Maubourg; le comte de la Touche; le comte de Montmorency; le chevalier de Maulette; Alexandre Lameth; le marquis de Sillery; le baron d'Harambure; le duc de Luynes; le marquis de Lancosne; le baron de Menou.

le premier exemple de cette nouveauté. Nos ancêtres n'aimoient pas moins leur patrie que nous; mais comme ils la croyoient inséparable de la personne du monarque qui la représentoit, ils confondoient, dans un seul et même cri, les bénédictions qu'ils donnoient à leur pays et à leur roi.

On fit, pour les gentilshommes, ce qui s'étoit fait pour les ecclésiastiques; on procéda à leur appel, et chaque nom excita des applaudissemens; mais comment peindre ceux qui furent prodigués à M. le duc d'Orléans? il n'y eut jamais d'exemple d'une telle ivresse; on oublia pour lui la patrie et le roi; on ne fit entendre que le cri: *vive M. le duc d'Orléans*.

Tout prospéroit au tiers-état: de nouveaux ecclésiastiques vinrent se réunir à lui dans cette même séance, et parmi eux, il me faut distinguer M. Dumouchel, recteur de l'université, homme pusillanime, plus jaloux de plaire à la multitude, que de remplir ses devoirs, qui arriva aux états-généraux, tout couvert des bienfaits de son corps, et qui, par la conduite qu'il y a tenue, a semblé prouver que cette sage et savante compagnie ne pouvoit trouver, parmi ses membres un sujet qui fut moins digne de sa confiance. Il adressa à l'assemblée ce discours remarquable, par le ton de basse adulation qui y règne; c'est l'expression d'une ame sans dignité, le langage d'un orateur sans goût ni éloquence.

« Il tardoit à mon impatience, à mon patriotisme, de sortir de l'inaction et de l'engourdissement fatal où les circonstances m'avoient réduit; il me tardoit de consacrer aux besoins de l'état, au bonheur de la patrie, à la stabilité du trône, des momens dont je leur dois un compte rigoureux. Si donc j'ai persisté dans mon ordre jusqu'à présent, c'est que j'ai toujours espéré que les voies de conciliation auroient leur effet. Mais dans le moment actuel, je ne me pardonnerois plus de résister à la réunion. Ces sentimens ont toujours été aussi éloignés de mon cœur, qu'ils le sont de la raison et de l'équité. Je viens donc dans l'assemblée nationale pour jouir du spectacle imposant des vertus dont sont animés tous ses membres; je viens pour m'éclairer au flambeau du génie; imiter, rivaliser même tant de vertueux citoyens animés par le patriotisme le plus pur, et conduits par le dévouement le plus déterminé à la chose publique; je viens pour opérer avec eux le bien et le bonheur général ».

Tandis qu'on se réjouissoit, dans l'intérieur de la salle, de tant de succès, un peuple furieux forçoit au dehors la garde, et assiégeoit les portes dans la rue du chantier. Il vouloit, disoit-il, être témoin de la réunion des ordres. Cette rumeur troubla l'assemblée; quelques-uns de ses membres en parurent émus. « Que faire, dirent les uns ? Si nous ouvrons les portes, nous contrarions les intentions du roi ». Ce scrupule, après des infractions si formelles aux ordres du monarque, étoit visible ». Si nous laissons les portes fermées, dirent d'autres députés, nous courons les risques d'une émeute qui sera peut-être plus fâcheuse que celle de la veille ».

L'occasion étoit belle pour réveiller la haine qu'inspiroit le spectacle de tant de bayonnettes. Le jeune et ardent M. Barnave ne la laissa point échapper; il s'écria :

« Il est étrange et surprenant que l'on veuille défendre à la nation l'entrée de la salle nationale ! C'est dans ce lieu auguste qu'on stipule ses intérêts, où l'on décide de son sort. C'est donc sous ses yeux que nous devons agir; c'est en face de la nation que nous devons opérer : d'ailleurs, c'est un point arrêté dans l'assemblée nationale. Nous environner de gardes, comme on fait, c'est manquer à la nation, c'est l'insulter dans ses représentans. Peut-on délibérer en liberté au milieu des armes ? Sommes-nous au milieu d'un camp ? Oui, cette liberté si précoce, si promise, est nulle et chimérique. Doit-on s'étonner, après cela, que les têtes se montent, que les esprits s'échauffent et s'aigrissent, que le peuple se révolte, et que les émeutes soient fréquentes ? Tout rentreroit dans le calme et dans l'ordre, si les représentans de la nation n'étoient plus environnés de soldats.... ».

Tel est le discours par lequel M. Barnave a débuté aux états-généraux où il jouit encore aujourd'hui d'une haute réputation. De la hardiesse, de la présomption, de la crédulité, de l'inexpérience, voilà ce qui forme le caractère de cet orateur. De la facilité à parler, des expressions sans idées, des phrases vuides de sens; nulle connoissance de l'histoire ou des hommes, telle est le genre de son éloquence. Les mots, nation, loi, liberté, patrie, constitution, qui sont sans cesse dans sa bouche, ne sont, pour lui, que des mots; il ne se les est jamais définis à lui-même.

La nature avoit jetté, dans son ame, le germe d'un vrai talent; mais ce germe est étouffé, et M. Barnave ne sera jamais plus que ce qu'il a été, parce que, pour développer ce germe, il eût fallu de l'étude, de la méditation, et s'en est rendu incapable par une vie extraordinairement dissipée, et par l'habitude des plaisirs. Il est comme ces enfans, dont parle Jean-Jacques Rousseau, qui sont hommes faits à quinze ans, et sont vieux à trente. Il a déjà tous les goûts et toutes les passions de l'homme avancé en âge, et il n'a gardé aucune des inclinations de la jeunesse.

Enivré d'ambition, lorsqu'il sortit de sa province, ardemment épris du desir de se faire un nom, il eût pu, en effet, se placer un jour parmi les hommes de génie; mais continuellement à la tribune, et jamais dans son cabinet, il a dissipé, dans une vaine abondance de paroles, tout le feu de son esprit, toutes les richesses de son imagination.

C'est dans le sein de sociétés mal choisies, parmi des hommes qu'il eût dû fuir, au lieu de les rechercher, c'est dans la cohue des clubs, qu'il a achevé de perdre les qualités, dont il étoit doué. Rien n'est plus propre, en effet, à anéantir le talent que ces sortes d'associations ; le seul esprit qu'on y contracte, c'est celui de faction, d'intrigue, d'oisiveté, et, si ce mot n'étoit pas trop indigne de la majesté de l'histoire, j'oserois dire de cabaret. Il ne sortira jamais des clubs, que des hommes médiocres, parce qu'on est toujours petit lorsqu'il faut continuellement se tenir au niveau d'une turbulente multitude, parce que ce n'est ni dans le bruit, ni dans le cercle étroit de quelques opinions, auxquelles il faut se tenir, pour ne pas déplaire, que l'esprit s'aggrandit, que les bonnes qualités se mûrissent.

Deux hommes, dans l'assemblée, ont, comme M. Barnave, une grande facilité à parler : ces deux hommes sont MM. Pethion de Villeneuve, et Duport, mais ce dernier semble ne pouvoir parler que pour provoquer l'ennui; il excède ses auditeurs de fatigue, et il gâte les meilleures idées par la niaiserie de ses expressions ; l'autre n'intéresse jamais, ne commande jamais l'attention; c'est un flux intarissable de paroles, où l'on ne démêle pas une seule vue, pas une seule pensée; tous les deux parlent à tout propos, et sans s'inquiéter si les esprits sont disposés à recevoir ce qu'ils vont dire.

M. Barnave, au contraire, sait au moins choisir le moment ; il se fait écouter, et parle toujours avec pureté et avec correction. Le talent de la parole est, dans M. Duport, une sorte de bavardage; dans M. Pethion, une stérile loquacité; dans M. Barnave, c'est la facilité de bien dire, qu'il faut distinguer de celle de dire de bonnes choses; mais ce qui l'empêche de s'élever à une certaine hauteur, dans quelque genre que ce soit, c'est l'impossibilité, où il est de comprendre qu'autour de lui, que dans l'assemblée même, il est des hommes qui ont plus d'esprit, plus de connoissances, plus de modestie, plus de sagesse dans les idées que lui.

Son amour-propre l'aveugle au point qu'il ne craint pas de se mesurer avec M. l'abbé Maury, et il est le seul à ne pas s'appercevoir combien il est petit à côté de cet Hercule. Il jette un regard de dédain et de pitié sur tous les orateurs du parti opposé à celui dans lequel il s'est jetté, et ne vois guères plus avantageusement ceux de son propre parti; car, voici comment il a parlé du comte de Mirabeau lui-même, dans la tribune aux harangues:

« Si, pour anéantir la constitution, il suffisoit d'envelopper des principes contraires, de quelques idées morales et de quelques preuves d'érudition, M. le comte de Mirabeau pourroit se flatter de produire de l'effet sur vous ; mais heureusement il vous a agguéris contre les prestiges de son éloquence, et plusieurs fois nous avons eu l'occasion de chercher la raison et le bien, parmi les traits élégans dont il avoit embelli son opinion ».

En cela, M. Barnave avoit raison, mais il auroit dû faire un pas de plus, et se convaincre que le dernier mérite d'un législateur, c'est l'éloquence, vérité, qui, malheureusement, est méconnue dans l'assemblée entiere.

Les ministres n'ont pas eu d'ennemi plus acharné à les combattre, que M. Barnave, qui n'a jamais voulu faire la réflexion si naturelle, qu'à leur place, il eût moins bien fait qu'eux ; car les fautes qu'il fait, ne le corrigent point ; elles l'irritent ; il a dans l'ame une opiniâtreté qui a dégénéré en férocité, et les contradictions le rendent sanguinaire. Il n'a gardé des principes du calvinisme, dans lesquels il a été élevé, que ceux qui conduisent à l'intolérance et au fanatisme. On semble lire dans les formes sèches et maigres qui dessinent sa taille effilée, dans la maigreur et la pâleur de son visage, dans ses yeux caves et ternes, que son ame est en effet disposée à la cruauté.

Arrivé, comme tant d'autres, aux états-généraux, fort pauvre, il est aujourd'hui fort riche. Croiroit-on que, sans patrimoine, et n'ayant d'autre revenu que sa rétribution de député, il perd, dans une seule nuit, plus d'argent qu'il n'en faudroit pour assurer à jamais le bien être de plusieurs familles ? Croiroit-on que, comme Crassus, il dépense plus en un seul repas, que des hommes, d'ailleurs aisés, ne dépensent en un mois ? On l'a vu payer un seul mets cinquante écus. Croiroit-on enfin que, dans un âge où les ames bien nées partagent leur temps entre les exercices du corps, et ceux de l'esprit, et n'ont d'autre passion que celle de la gloire, les plus belles heures pour lui sont celles qu'il passe au jeu, ou au Palais-Royal, chez le restaurateur Robert, renommé pour la bonne chère que les gourmets de la capitale vont faire à ses tables.

Quoique le portrait que je trace ici de M. Barnave ne lui soit pas bien avantageux, cependant ceux qui ont tenu constamment pour la bonne cause, ont à se reprocher de ne l'avoir pas attiré à eux. Peut-être que si la vérité eût brillé à ses yeux, avant que le mensonge l'eût investi, il se fût dévoué au salut de sa patrie, et eût montré, dans ce dévouement, autant d'ardeur qu'il met d'acharnement à persécuter ceux qui la servent. Il n'a fallu, pour l'enivrer, pour le fixer parmi les factieux, que des cajolleries et des carresses. Mais, à cet égard, comme à bien d'autres tout aussi importans, les fidèles serviteurs du roi ont montré une insouciance qui tient de l'aveuglement; et tandis que leur nombre diminue tous les jours, pour grossir celui de leurs adversaires, ils n'ont jamais su faire une seule conquête dans le parti opposé.

Le premier discours que M. Barnave prononça aux états-généraux, prouve que déjà il se laissoit entraîner par les ennemis de la monarchie ; que déjà il desiroit mériter leur confiance; il n'y montre pas d'autre but, car du reste il n'y dit pas un seul mot de la conjoncture où l'on se trouvoit, il ne résoud pas la question s'il falloit ouvrir les portes aux mutins, ou s'il falloit les laisser fermées.

Pendant qu'il parloit, le bruit ne faisant que s'accroître, et le danger devenant instant, M. Bailly, suivi de l'archevêque de Vienne et de M. le comte de Clermont-Tonnerre, se présenta aux assiégeans; il les pria de se retirer, et les assura que, conformément à l'arrêté qui venoit en effet d'être pris, on alloit envoyer une députation au roi, pour lui demander un libre accès dans la salle, et que, très-vraisemblablement, les portes en seroient ouvertes dès le lendemain. Il y avoit de l'adresse dans cet arrêté et dans cette promesse, car on mettoit par-là le roi, dans l'alternative, ou d'achever de mécontenter le peuple, ou de révoquer l'ordre qu'il avoit donné.

L'engagement que prit M. Bailly appaisa le peuple; le calme s'étant rétabli, et les trois envoyés étant revenus à leur place, M. de Clermont-Tonnerre voulut, comme le recteur de l'université, présenter son hommage aux nouveaux souverains. Le comte de Mirabeau, que le spectacle de tant d'illustres vaincus avoit mis en bonne humeur, et qui vouloit goûter, à son aise, l'encens qui alloit fumer, se plaignit de n'avoir pas un siège ; étant en effet arrivé un peu tard, il trouva toutes les places prises, autant par les nouveaux arrivés, que par les étrangers, qui n'affluoient pas moins dans la salle, malgré les précautions prises aux portes. Il fit ses plaintes d'une manière qui égaya beaucoup l'assemblée.

« M. le président, s'écria-t-il, mon autorité législative est bien peu de chose, si elle ne me donne pas le droit d'ordonner à un des garçons de la salle de m'apporter un banc ».

On rit beaucoup de l'autorité législative du comte de Mirabeau ; M. de Clermont-Tonnerre ensuite prononça ce discours, où il parla sans art de l'obligation que lui imposoit son mandat.

« Impatiens autant que vous, messieurs, de travailler au bonheur de la patrie, à la régénération de la France, au soulagement du peuple, il y a déjà long-temps que nous aurions cédé au cri de nos consciences, à l'impulsion du patriotisme qui nous anime, ainsi que vous, si nous n'eussions été retenus, et en quelque façon *enchaînés par des mandats impératifs*. Ce jour est pour nous un jour de joie et d'allégresse. Qu'il tardoit, au gré de nos cœurs, de le voir arriver ce jour à jamais solemnel *de la réunion des ordres* ! Notre satisfaction seroit à son comble, si elle n'étoit troublée par la douleur profonde que nous ressentons d'être séparés de ceux qui, retenus dans leur chambre par des pouvoirs exprès *et un serment rigoureux*, sont déjà réunis de cœur et d'esprit à l'assemblée nationale. Nous aurons, sans doute, le bonheur de les voir incessamment s'y rendre avec nous. Leurs commettans se rendront à la bonté et à la justice de leurs raisons; ils satisferont aux vœux et aux desirs de leurs dignes représentans qui, chargés de nouveaux pouvoirs, s'empresseront de se réunir dans la salle générale ».

Que d'anathêmes M. de Clermont-Tonnerre prononçoit contre lui-même par ce discours ! Ne pouvoit-on pas lui dire : Si vous étiez *enchaîné*, dans votre *chambre*, par un *mandat impératif*, comment donc vous trouvez-vous ici ? comment appellez-vous un jour de joie et d'alégresse, celui où vous violez un *serment rigoureux* ? Comment voyez-vous la *réunion des ordres* dans une assemblée où il manque la saine partie du clergé, la majeure partie de la noblesse ? Si elle est retenue dans sa chambre par un *serment rigoureux*, pourquoi, vous qui avez fait le même serment, n'y êtes-vous pas retenu ? Qu'eût répondu M. de Clermont-Tonnerre à celui qui lui eût fait ces questions ? si ce n'est qu'il faut se résoudre à de bien pitoyables sophismes, lorsqu'on se fait une fausse conscience. Il avoit été l'interprète des déserteurs de la noblesse. M. Bailly leur fit cette réponse :

« Messieurs, votre présence répand ici la consolation et la joie ».

« Nous disions, en recevant MM. du clergé, qu'il nous restoit des vœux à former, qu'il manquoit des frères à cette auguste famille. Ces vœux ont été presque aussitôt remplis que formés. Nous voyons un prince illustre, une partie imposante et respectable de la noblesse françoise; nous nous livrons à la joie de la recevoir, à l'espérance d'y voir réuni la totalité de cette noblesse. Oui, messieurs, ce qui nous manque nous sera rendu. Tous nos frères viendront ici; c'est la raison et la justice, c'est l'intérêt de la patrie qui les appellent et qui nous en répondent ».

« Travaillons de concert à la régénération du royaume, au soulagement du peuple; nous porterons la vérité au pied du trône, et sa voix sera entendue par un roi dont la religion peut être surprise, mais dont les intentions sont justes, et la bonté inaltérable, par un roi qui désire l'union aujourd'hui effectuée, et qui sera toujours le père de ses peuples. »

Ce discours, ainsi que celui de M. de Clermont, fut écouté avec le plus grand intérêt; on vit même couler des larmes pendant que l'un et l'autre furent prononcés. Quand les circonstances sont propices, et qu'on parle conformément au goût de ceux qui écoutent, il faut bien peu d'éloquence pour plaire.

Cependant le triomphe du tiers-état ne devoit pas le flatter extraordinairement; car, enfin, qu'étoit-ce qu'une désertion de quarante-quatre gentilshommes sur trois cent, dont la chambre de la noblesse étoit composée ? Quelques membres même de l'assemblée parurent étonnés de ce petit nombre; ils en témoignèrent leur surprise, et demandoient, avec une sorte d'inquiétude, pourquoi d'autres gentilshommes, sur lesquels on avoit compté, et notamment M. de la Fayette, n'étoient point arrivés. Ils furent rassurés par la réponse qui leur fut faite, que ces autres nobles étoient restés à leur chambre, pour l'intérêt même du troisième ordre.

Le premier soin du tiers-état, après s'être livré à toute la joie que lui causa l'arrivée de ces gentilshommes, fut de tenir parole aux hommes du peuple, qui avoient assiégé les portes de la salle. On nomma les députés qui devoient aller prier le roi qu'elles restassent désormais ouvertes. Il leur fut enjoint de s'acquitter, dès le soir, de leur mission. Cette députation fut une petite image des trois ordres. On la composa de six ecclésiastiques, six nobles, et de douze membres du tiers-état.

A peine on fut instruit à Paris du nouveau succès qu'avoit obtenu cet ordre, que l'alégresse y fut extrême. On se répandoit dans les rues, dans les jardins publics, on s'accostoit, on se donnoit mutuellement la nouvelle de la réunion de quarante-quatre gentilshommes au tiers-état. Des étrangers qui auroient vu ce mouvement, et qui en auroient ignoré la cause, auroient cru que les françois venoient de livrer une sanglante bataille, et qu'ils avoient remporté une glorieuse victoire. On tira, pendant la nuit, des fusées et des pétards dans presque tous les quartiers. Le Palais-Royal et la place Dauphine furent illuminés. Dès ce moment aussi la caisse d'escompte cessa d'être assiégée, et les effets publics se relevèrent un peu.

Au milieu de tant de sujets de contentement, il restoit toujours des défiances, de l'inquiétude; il se disoit que déjà M. Necker cessoit de travailler avec le roi; que sa majesté s'étoit décidée à donner toute sa confiance aux *aristocrates*. Ce malheureux mot, qui a fait commettre tant de forfaits, devint alors, dans toute la France le cri de guerre, le cri qu'on faisoit retentir contre quiconque ne venoit pas se ranger avec docilité sous le joug que le tiers-état alloit imposer à tous les françois. Il est étrange que ce nom ait été donné à ceux qui restoient attachés au gouvernement monarchique, par ceux-là même qui alloient former la plus tyrannique des aristocraties.

On ne craignoit pas beaucoup au fond même cette chimérique coalition du roi avec les prétendus aristocrates; car on étoit déjà à-peu-près sûr des troupes. Les gardes-françoises et les soldats des régimens suisses, qu'on avoit fait venir à Paris, vivoient dans la plus grande familiarité avec les bourgeois. On rencontroit fréquemment des groupes des uns et des autres, se tenant fraternellement par le bras. Le rendez-vous le plus ordinaire étoit le Palais-Royal. Là, ces bourgeois et ces soldats traversoient des hayes de courtisanes dont ils recevoient les applaudissemens, et se répandoient ensuite chez les restaurateurs et dans les cafés, où les militaires étoient traités avec somptuosité. Dans ces orgies, ceux-ci ne manquoient jamais de crier, avec effusion de cœur : *vive la nation ; nous ne connoissons que les ordres de la nation.*

De pareilles dispositions, de la part des troupes, auroient bien dû inspirer quelque sécurité ; mais autant pour ne pas laisser retroidir le zèle qu'elles commençoient à témoigner aux novateurs, que pour ne pas laisser tomber l'effervescence de la multitude, on parloit toujours de complots contre les états-généraux, contre la liberté publique.

Les députés du tiers-état prétendoient même avoir parmi eux des hommes vendus à la cour ; il se répandit que 25 d'entr'eux s'étoient partagés un demi-million que M. le garde des sceaux leur avoit donné pour acheter leurs suffrages. Cette fable avoit le double but de rendre odieux M. de Barentin, contre lequel il falloit bien imaginer des calomnies, puisque c'étoit la seule arme avec laquelle on pouvoit le combattre, et d'engager les parisiens à exercer une domination de terreur sur les députés eux-mêmes du tiers-état, pour les contraindre à marcher dans la route qu'on leur ouvroit.

Ce fut tout le mal que, pour le moment, on pût faire à M. de Barentin ; M. le prince de Condé fut moins heureux ; des brigands se répandirent dans ses beaux jardins de Chantilly, et y causèrent du dégât. Il se rendit sur les lieux, et sa présence y rétablit l'ordre.

Quelque satisfaction qu'on éprouvât à Paris, des événemens qui se passoient à Versailles, les différens corps de la capitale ne s'ébranlèrent point, et aucun n'alla porter le témoignage de sa gratitude à la nouvelle puissance, soit que la crainte de déplaire à la cour, ou l'incertitude de l'issue qu'auroit le changement qui venoit de s'opérer, les retint.

Les électeurs qui avoient nommé les députés du tiers-état, furent les premiers à s'ébranler ; ils se réunirent ; se rendirent chez le prévôt des marchands, et lui demandèrent une salle dans l'hôtel-de-ville ; elle leur fut refusée ; ils insistèrent, et ils l'obtinrent. Leur premier soin fut de nommer vingt d'entr'eux pour aller complimenter les députés qui, sans l'agrément de leurs commettans, s'étoient constitués en assemblée nationale ; c'est là le premier hommage qu'elle ait reçu.

Ces vingt envoyés d'un corps qui n'avoit aucune existence légale, furent admis avec empressement dès qu'ils se présentèrent ; on les accueillit avec de grands applaudissemens. Celui qui portoit la parole, lut un petit discours, qu'il appela une adresse ; en voici la teneur :

« L'assemblée des électeurs du tiers-état de la ville de Paris, pénétrée de respect et de reconnoissance pour la conduite sage, ferme et patriotique de l'assemblée nationale, profite du premier moment où elle a pu se réunir, après des tentatives long-tems inutiles, pour lui porter l'expression de tous ses sentimens, et lui déclarer son adhésion invariable aux délibérations de l'assemblée nationale, et particulièrement à celle du 17 de ce mois ».

« Elle en soutiendra les motifs dans tous les tems et dans toutes les circonstances ».

« Elle consacrera à jamais, dans son souvenir, les noms des membres du clergé et de la noblesse qui se sont réunis à l'assemblée nationale ».

Ce discours fut écouté avec satisfaction ; on sentit tout l'avantage qui pourroit résulter d'une coalition entre l'assemblée et un corps qui alloit former une nouvelle magistrature dans Paris. On invita ces députés à entrer dans l'intérieur de la salle ; on mit des banquettes entre le clergé et la noblesse, et ce fut entre ces deux ordres qu'ils prirent place.

On reçut bientôt après une seconde députation ; celle-ci étoit envoyée par la majorité de la noblesse. On délibéra long-tems si on l'admettroit ; on avoit admis, sans hésiter, celle d'une assemblée illégale, et on doutoit si on recevroit celle de plus de cinq cent gentilshommes, revêtus de l'auguste caractère de députés aux états-généraux. Ce doute ne devoit être flatteur pour ceux des nobles qui s'étoient tant hâtés de faire scission avec leur ordre.

« De la manière, disoit M. Bailly, dont l'assemblée nationale est organisée, elle ne peut recevoir cette députation ».

M. Bailly vouloit dire qu'elle étoit envoyée au tiers état ; et que l'assemblée ne pouvoit plus écouter ceux qui lui donnoient encore ce titre.

« Du moins, répondoit M Fréteau, recevez-les comme députés des bailliages, dont ils sont les représentans ».

MM. l'archevêque de Vienne et Garat pensoient de même.

« Point du tout, crioit le comte de Mirabeau ; ils ne sont pas même députés de bailliages, puisque la vérification de leurs pouvoirs est illégale ».

Ces débats prouvent qu'on avoit des intelligences dans la chambre de la noblesse, et qu'on savoit parfaitement ce qui s'y passoit ; si on l'eût ignoré, on eût été dans l'incertitude des propositions que la députation avoit à faire ; et n'étoit-il pas possible qu'elle vînt annoncer la réunion de la majorité à l'assemblée ? Si on eût eu seulement le doute que tel fut en effet l'objet de cette ambassade, avec quel empressement ne l'auroit on pas admise ?

M. Fréteau

M. Fréteau croyant que son patriotisme étoit révoqué en doute par Mirabeau, abandonna un instant la cause des députés nobles, pour ramener toute l'attention sur lui-même. « Je n'ai jamais été, s'écriat-il, divisé de votre façon de penser, et peut-être mon opinion est encore plus forte que celle que vous avez manifestée dans votre arrêté du 17; car j'ai pensé qu'au lieu de se constituer en assemblée nationale, les communes auroient eu le droit de se constituer en états-généraux ».

Ce que disoit là M. Fréteau, dût paroître, à ceux qui ne le connoissoient pas, ou une excessive flatterie, ou une bien grande folie. Comment concevoir, en effet, que sans démence ou sans une extrême envie de plaire aux députés du tiers-état, M. Fréteau pût avancer qu'ils étoient, tout-à-la-fois, représentans du troisieme ordre, de la noblesse, et du clergé?

Ceux-mêmes qui le connoissoient, dûrent s'étonner de le voir si promptement, et avec une telle rapidité, s'élancer au-delà de toutes les bornes.

M. Fréteau est un des hommes les plus extraordinaires de ce siècle : voyez-le dans l'intérieur de son domestique, c'est un ange; à peine levé, il s'environne de sa famille, des gens attachés à son service, et chante avec eux les louanges de la divinité. Le soir, avant de goûter le repos de la nuit, il répete ce pieux exercice. Il ne se contente pas de pratiquer les devoirs de la religion, il y réunit tout ce que la dévotion a de plus austère; aux abstinences, aux jeûnes que prescrit l'église, il ajoute d'autres abstinences, d'autres jeûnes, toutes les macérations des plus fervens anachorètes.

Hors de chez lui, quel homme que M. Fréteau! Dans toutes ses actions, dans tous ses discours, il montre une horreur invincible pour la raison, pour la sagesse. Il feroit haïr la piété même, si l'on ne savoit qu'il a pris l'erreur pour la religion. Jetté, dès son enfance, dans la tourbe de ces vils fanatiques, connus sous le nom de *convulsionnaires*, que désavouent les hommes qu'ils appellent jansénistes, et dont ils disent avoir adopté les opinions que désavoueroient les Scythes les plus ennemis de la subordination et des bonnes mœurs ; il a dégradé sa raison et avili son ame, au milieu de cette cohue de jongleurs. Sa piété n'est que superstition, sa religion n'est que fanatisme. Il ne connoît, de la première, que les pratiques extérieures; il s'est fait, sur la religion, un système monstrueux, qui en défigure les dogmes et la morale.

Reçu conseiller au parlement de Paris, son ame n'a jamais pu se monter à la dignité de ses fonctions; environné de tant d'hommes sages, il conserva, au milieu d'eux, tout le délire d'une raison égarée par les rêveries de la plus stupide des sectes. Il trompa long-temps les magistrats, ses confrères, à l'aide d'un extérieur de sévérité, et de mille témoignages apparens d'une conscience excessivement timorée.

Par une lâcheté que rien n'excusoit, il conspira tout-à-coup contre sa compagnie, qui lui avoit toujours donné des marques d'estime, et ne lui avoit jamais donné aucun sujet de mécontentement. Chargé de rapporter, devant les juges de la Tournelle, l'affaire de trois scélérats détenus dans les cachots de la conciergerie, pour un assassinat, accompagné de circonstances horribles, il conclut, pour ces trois monstres, à la peine des galères à perpétuité. Les juges les condamnèrent unanimement au dernier supplice, à celui de la roue.

M. Fréteau abusant de la confiance du greffier, dépositaire des procédures criminelles, en obtint la remise de celle qui concernoit les malheureux, et courut la porter à son beau-frère. Celui-ci qu'on nommoit Dupati, étoit un de ces hommes qui, parmi ceux qu'on a vu, dans ces derniers tems, extravaguer sur les principes de morale, de politique, de législation, doit, sans contredit, tenir le premier rang. Il se faisoit gloire aussi de s'être rangé sous les étendarts de ce qu'il appelloit le jansénisme. Fils d'un homme qu'une charge avoit annobli, et petit-fils d'un barbier, il étoit parvenu à se faire recevoir au parlement de Bordeaux. Il y exerça, pendant plusieurs années, les fonctions d'avocat-général, et il les y exerça avec une partialité qui le rendoit l'ennemi fougueux des plaideurs dont il combattoit les intérêts. Il les persécutoit, pendant la procédure et après le jugement, avec un acharnement scandaleux.

Lors des efforts que fit M. de Maupeou pour détruire notre magistrature, Dupaty se livra à toute l'impétuosité de son caractère, déclama avec chaleur contre l'autorité arbitraire, et professa la grande maxime que les parlemens, tels qu'ils étoient institués, étoient aussi essentiels au soutien et au bonheur de la monarchie, que l'autorité royale elle-même. L'opiniâtreté et la véhémence avec laquelle il soutint ce salutaire principe, lui valurent un exil plus dur qu'à ses confrères.

Ces tems d'orage passés, fier de sa disgrace, se croyant le sauveur des parlemens, il trouva les fonctions d'avocat-général trop au-dessous de ses services; il voulut s'élever jusqu'au rang de président à mortier. Sa partialité dans les affaires, son caractère qui le portoit à tout outrer, déterminèrent ses confrères, plus encore peut-être que l'obscurité de sa naissance, à le dissuader de ce projet. Il méprisa leur conseil, et sur leur refus, il s'adressa à ces mêmes ministres, dont il avoit tant combattu l'autorité; il fatigua sa compagnie de lettres ministérielles, d'ordres du roi, de lettres de cachet, de lettres de jussion. Il acheta la charge qu'il ambitionnoit, en obtint les provisions, s'en fit investir par l'autorité royale, prit le titre de président à mortier; mais ni les conseillers, ni les présidens du parlement ne voulurent jamais siéger avec lui.

O

Obligé de quitter son corps, il vint à Paris, brûlant de se venger contre tous les parlemens ensemble, de ce qu'il regardoit comme un affront. Il se jetta, avec avidité sur la procédure que lui présenta son beau-frère, dévora superficiellement cet amas de procès-verbaux, d'ordonnances des premiers juges, d'interrogatoires, de dépositions, de récollemens, de confrontations, de sentences, entassa erreurs sur erreurs, mensonges sur mensonges, impostures sur impostures, revêtit tout cela d'un style brûlant, de quelques fleurs oratoires, composa des volumes, y mit son nom, dépensa des sommes énormes pour en multiplier les exemplaires, et voulut persuader, à l'Europe entière, que les trois misérables, qu'il adoptoit pour cliens, étoient trois anges.

Les parlemens méprisèrent cette brusque attaque; les hommes sages regardèrent celui qui la faisoit, comme un forcené, que la passion de la vengeance aveugloit, mais le public, et le public sur-tout de la capitale, qui a si peu de temps pour bien lire, pour méditer, qui regarde en quelque sorte comme un bienfaiteur, quiconque lui présente un spectacle nouveau, qui se livre enfin avec tant de facilité à la première impression qu'on lui donne; le public, dis-je, de Paris, s'intéressa au sort de trois assassins, et la considération qu'on portoit au parlement, en fut diminuée. Cette première attaque a ébranlé ce grand corps. Sa chûte étoit résolue par ceux qui avoient enfanté un plan de révolution; mais on ne peut disconvenir que les folies de Dupaty, que la perfidie de M. Freteau, n'aient considérablement disposé le peuple à voir, sans émotion, abattre ce majestueux édifice, que les souverains étrangers eux-mêmes, venoient contempler, et ne contemploient qu'avec vénération.

La honteuse conduite de M. Freteau qui, en d'autres temps peut-être, eût attiré sur lui le glaive des loix; car la justice doit à la dignité de l'homme, et au maintien de la société, la punition des traîtres et des calomniateurs, ne le fit pas même chasser de son corps. Il y rétablit même un peu sa réputation, par la résistance qu'il opposa aux projets de M. de Lamoignon, dans la séance que le roi tint au parlement. On crut que son exil avoit suffisamment expié tous ses torts.

Mais si M. Freteau montra, dans cette occasion, de l'amour pour les vrais principes, c'est uniquement par une tournure d'esprit qui lui est particulière. Toute idée bisarre, extraordinaire, et qui lui paroit adoptée par le plus grand nombre, lui plaît; il y colle toutes les puissances de son ame, et y adapte les fausses erreurs de sa conscience. Dans la naissance du calvinisme, il eût été calviniste, et eût été aussi intolérant que le baron des Adrets. S'il pouvoit se faire que l'opinion d'égorger tous les ecclésiastiques et tous les nobles, prit une certaine faveur, M. Freteau se persuaderoit que c'est une œuvre méritoire pour le ciel, et prêcheroit pieusement une croisade contre ses concitoyens.

Il eut à peine énoncé son opinion sur la députation des nobles, qu'il conquit tout d'un coup la confiance du tiers-état, et, en sa considération, on reçut les députés.

Leur orateur lut un long arrêté, par lequel il parut que la majorité de la noblesse adoptoit les principales dispositions de la première déclaration; il fit précéder cette lecture de ce petit discours, qui n'effaroucha personne, parce que le mot *tiers-état* ne s'y trouvoit pas :

« Messieurs, l'ordre de la noblesse nous a chargés d'avoir l'honneur de vous communiquer l'arrêté qu'il a pris hier ».

« Vous verrez, dans l'adhésion qu'il s'est empressé de donner à la première déclaration du roi, le desir de conciliation qui l'anime, son vœu sincère, pour que les ordres soient ramenés à la concorde, qui ne devoit jamais être altérée entre François, et sans laquelle il est impossible d'opérer le bien de l'état, premier devoir de tous bons citoyens ».

M. Bailly fit, à cette députation, la réponse suivante, qui avoit été rédigée et dictée, à M. Bailly, par l'assemblée elle-même ».

« Messieurs, l'assemblée nationale me charge de vous dire qu'elle n'a pu vous recevoir et vous reconnoître que comme députés nobles non-réunis, comme gentilshommes nos concitoyens et nos frères. Elle s'est portée à vous admettre avec d'autant plus de plaisir, qu'elle desire que vous soyez les témoins des vœux que nous ne cessons de faire pour votre réunion à cette auguste assemblée, et que vous semblez nous laisser espérer.

Une troisième députation suivit celle des électeurs de Paris, et celle de la noblesse. Cette troisième députation étoit envoyée par tous les oisifs des cafés du Palais-Royal. Ils avoient rédigé une adresse, comme l'on parloit dès-lors, et l'avoient ensuite présentée à signer à tous ceux qui s'offroient à eux; ils avoient, par ce moyen, obtenu un nombre considérable de signatures; les journaux du tems le font monter à trois mille. Ils intitulèrent cette adresse: *Lettre de messieurs les députés des trois ordres de Paris*. On voyoit, en effet, accollés à côté de quelques-uns de ces noms; le mot *ecclésiastique*, et à côté de quelques-autres, le mot *écuyer*.

Ceux qui portèrent cette lettre à Versailles, se dirent aussi *députés des trois ordres de la capitale*; ce fut avec cette qualité qu'ils s'annoncèrent, et qu'ils furent introduits. C'étoit peut-être la première fois qu'on voyoit porter et lire une lettre par ceux mêmes qui l'avoient écrite; c'étoit la première fois aussi que nos députés se prêtoient à un manège indigne de toute assemblée qui sait se respecter. Quel étoit alors l'homme, et à Versailles et à Paris, qui ignorât que les trois ordres de cette dernière ville ne s'étoient point réunis, et qu'ils n'avoient aucune part à cette démarche ?

La conviction où l'on étoit généralement de cette vérité, n'empêcha point que ces prétendus députés ne fussent accueillis et admis avec acclamation. Voici le contenu de la lettre qu'ils lurent ; elle étoit adressée à M. Bailly.

« M. le président, quoique les citoyens de la commune de Paris reconnoissent que leurs vœux sont suffisamment exprimés par l'assemblée de leurs électeurs, un grand nombre d'entr'eux ont pensé que, dans l'ardeur du zèle qui les anime, il leur étoit permis de vous en faire parvenir le témoignage d'une manière plus immédiate ; sachant avec quelle dignité, quelle activité et quelle fermeté vous remplissez les pénibles et glorieuses fonctions qui vous sont confiées, ils ne peuvent différer plus long-tems de vous marquer leur profonde sensibilité. Vos efforts, secondés par ceux de tous nos représentans, ont d'abord fondé notre confiance. Le calme, la sécurité et la joie que nous goûtons, après des jours de trouble, d'alarmes et de chagrins, sont encore l'ouvrage de votre commune ardeur, redoublée par les circonstances, et celui des autres membres aujourd'hui réunis ».

« Pénétrés d'une juste admiration pour tant d'actes patriotiques, nous vous supplions, monsieur, de vouloir bien être l'interprète de nos sentimens auprès de nos représentans, dont l'ame sublime s'est manifestée courageusement ; auprès des illustres et respectables membres du clergé, qui se sont publiquement déclarés nos frères, et qui, par leur réunion à l'assemblée nationale, ont acquis un nouveau titre aux hommages de la génération présente et à ceux de la postérité ; réunion qui imprimera, dans l'esprit des peuples, un caractère, pour ainsi dire, plus sacré aux délibérations qui doivent leur servir de loix ».

« Enfin, auprès des citoyens nobles, qui sont disposés à confondre l'intérêt particulier dans l'intérêt général, et à ne chercher leur bonheur que dans le bonheur de tous ».

« Quelle satisfaction pour nous de voir parmi eux le premier prince du sang, objet de la vénération publique ».

« Il ne nous seroit pas possible de vous peindre, avec assez d'énergie, la vive reconnoissance de tous les citoyens au nom de qui nous vous parlons, leur amour pour le roi, leur dévouement à la patrie, leur confiance en leurs représentans ».

« Nous nous bornons donc à vous exprimer les sentimens de respect et de reconnoissance avec lesquels nous avons l'honneur, etc. ».

Dans le nombre des signatures apposées au bas de l'original de cette lettre, on ne rencontre que des noms obscurs. La plupart de ceux qui la signèrent, prirent le titre d'avocat ou de négociant. Il n'y eut, et il n'y a peut-être encore aujourd'hui personne en province, qui ne croit que cette lettre a réellement été écrite par des députés des trois ordres de la capitale.

M. Bailly fit cette réponse à ceux qui l'apportèrent :

« Messieurs, quoique vous ne soyez point envoyés par une assemblée régulièrement convoquée, l'assemblée nationale a cru pouvoir vous admettre ; elle remercie les citoyens de Paris, des témoignages de satisfaction qui lui sont adressés ».

« Vous êtes témoins, messieurs, de l'union qui règne dans cette assemblée ; vous connoissez notre zèle, et vous pouvez instruire la capitale que nous allons travailler avec ardeur au bien public : mais l'assemblée croit devoir inviter tous les citoyens de Paris à calmer l'agitation qui pourroit s'élever dans le peuple, et à lui faire regarder la paix comme le premier moyen nécessaire au travail de l'assemblée nationale, et à la régénération du royaume ».

Quoique l'on sut fort bien à Versailles que cette lettre partoit du café de Foy, elle ne laissa pas de produire une partie de l'effet qu'on en attendoit. Le grand nombre de signatures dont elle étoit revêtue, ne contribua pas peu à persuader à la cour, à la majorité de la noblesse, et à la minorité du clergé, qu'on lutteroit en vain contre le vœu si général de la réunion des ordres.

Aussi se tint-il, dès le soir, au château un long comité où tous les princes furent appelés. M. le comte d'Artois, sur qui l'on fixoit plus particulièrement les yeux, parut à tout le monde plus occupé, plus affairé qu'à l'ordinaire. La reine ne se montroit point en public depuis le 23, et quoique l'on dit à Paris, qu'elle présidoit tous les comités, il est certain que cette princesse ne paroissoit s'intéresser à ce qui se passoit au tour d'elle, que par les vœux qu'elle renfermoit au fond de son ame.

Quant au roi, il étoit aisé de voir qu'il sentoit vivement toute l'amertume de sa position ; son chagrin paroissoit extrême. Comment ne l'auroit-il pas été ? Il pressentoit toutes les suites déplorables qu'auroit la double représentation ; il voyoit rejetter les bienfaits qu'il avoit offerts par sa seconde déclaration. Quelle que fut son opinion personnelle et actuelle sur M. Necker, on avoit fait violence à ses sentimens, et une trop grande lumière venoit l'éclairer sur l'impossibilité où seroit ce ministre de tenir aucune de ses promesses. Enfin l'infortuné Louis XVI ne songeoit, qu'avec douleur, qu'il étoit au moment de recevoir une députation des représentans de ses sujets, qui n'avoit d'autre but que de lui faire une nouvelle violence. Retireroit-il les gardes qu'il avoit placés aux portes et autour de la salle ? il reculoit

O 2

alors devant le nouveau pouvoir qui s'élevoit. Laisseroit-il les choses, comme il les avoit ordonnées ? il mettoit tout en feu. S'il pouvoit se trouver un françois qui ne rendît pas à son roi, toute la justice qu'il mérite, qu'il lise cette histoire ? qu'il fixe son attention sur les instans pareils à celui que je viens de décrire, et alors il bénira la sagesse et la clémence de Louis XVI.

Cette députation n'eut pas lieu le jour pour lequel elle avoit été annoncée, parce que M. Target, qui s'étoit constitué l'oracle de nos représentans, avoit voulu composer lui-même le discours qu'elle prononceroit au roi. On trouva ce discours écrit d'un style si vuide de choses, et si pitoyablement boursoufflé, qu'on n'en voulut point ; c'est le premier échec donné à la gloire de M. Target. On chargea le bureau de rédaction de faire lui-même ce travail, et la députation qui alloit se mettre en route, fut obligée d'attendre. Ce retard fit encore un mauvais effet, parce que le peuple de Paris, qui ignoroit cette petite circonstance, et qui n'entendoit point parler de cette députation, se laissa persuader qu'elle s'étoit présentée à la cour, et que le roi l'avoit refusée. Delà on concluoit que le monarque s'étoit entièrement jetté dans les bras de ceux qu'on appelloit aristocrates. Ce qui augmenta le mécontentement, c'est qu'on s'apperçut qu'on avoit renforcé, les troupes qui gardoient Versailles, d'un régiment étranger.

Tandis que tout concouroit à environner les ministres, de difficultés inextricables, les sujets de triomphe augmentoient pour le tiers-état. Deux nouveaux prélats, les évêques d'Autun et d'Orange, vinrent se réunir à cet ordre. Ils furent bientôt suivis de M. l'archevêque de Paris, lui-même, que conduisoit M. l'archevêque de Bordeaux. Qui pourroit peindre l'impression que produisit sur l'assemblée entière, la présence de M. de Juigné ? On étoit attendri aux larmes ; on le combloit de bénédictions ; et il n'y eut personne qui ne lui rendit la justice que, si cette démarche coûtoit cruellement à sa conscience, il ne s'y déterminoit que parce qu'il croyoit de son devoir de faire les plus pénibles sacrifices au maintien de la paix. La première émotion passée, on prodigua au vertueux pasteur les plus vifs et les plus sincères applaudissemens.

M. de Juigné, sensiblement affecté de ces témoignages qu'arrachoient ses vertus, versa des larmes, et put à peine articuler ces mots :

« Messieurs, l'amour de la paix me conduit aujourd'hui au milieu de cette auguste assemblée ; agréez l'expression de mon dévouement sincère à la patrie, au service du roi, et au bien du peuple ; je m'estimerois heureux, si, même aux dépens de ma vie, je pouvois contribuer à une conciliation si désirable, qui sera toujours l'objet de mes vœux ».

« Cette démarche de paix et de réunion, monseigneur, lui dit M. Bailly, que vous venez de faire, étoit la dernière couronne qui manquât à vos vertus ».

Le tiers-état étoit réellement glorieux d'une telle acquisition ; M. Bailly, interprète de l'assemblée, le fit remarquer à ces envoyés du café de Foy, qui étoient restés à la séance ; il leur dit : « nous voyons avec la joie la plus vive, siéger aujourd'hui dans cette assemblée, votre digne archevêque ».

La désertion dans la chambre de la noblesse, n'étoit pas aussi rapide ; le seul comte de Crécy vint, dans la journée du 26, se réunir aux transfuges, et dans le peu qu'il dit, il laissa aussi percer ses scrupules ; il parla du sacrifice qu'il faisoit à la loi impérieuse de son mandat ; il fit l'aveu que ses pouvoirs ne lui permettoient de consentir à la délibération par tête, que quand elle auroit été adoptée par le vœu général. Ainsi chacun des nobles, comme je l'ai dit, en brisant les liens qui auroient dû le retenir dans sa chambre, éprouvoit des remords. On a vu comment M. de Clermont-Tonnerre cherchoit à se déguiser ceux qu'il éprouvoit. M. le comte de Lally-Tolendal consigna les siens, avec franchise, dans la déclaration suivante, qu'il ne put pas lire, parce qu'il étoit malade, mais qu'il fit déposer sur le bureau.

« Messieurs, je me présente à cette auguste assemblée, adhérant de cœur et d'esprit à ses dispositions. Mais n'étant point maître de ma volonté sur tous les objets, je viens me soumettre à une vérification commune ; elle a toujours été dans mes principes ainsi que dans mon cœur, et elle ne m'étoit pas interdite par mon mandat ».

« Malheureusement le mandat ne m'a pas laissé aussi libre pour l'opinion par tête. Il est possible qu'il paroisse moins limitatif à d'autres députés, dont je respecte la délicatesse, autant que je crois à la mienne, et dont les vertus et les lumières doivent rendre l'opinion imposante ; mais l'obligation qu'entraîne un serment, dépend de l'idée qu'on y attache en le prêtant. Or, dans l'instant où j'ai prêté le mien, je me suis cru, et je me crois encore invinciblement enchaîné à l'opinion par ordre ».

« On ne transige point avec sa conscience ; c'est elle qui m'a impérieusement ordonné une démarche *douloureuse*, consolante et sacrée (1), à laquelle je viens de me déterminer ; mais c'est elle aussi qui m'ordonne, non moins impérieusement, de retourner à mes commettans, et de leur demander de nouveaux pouvoirs ».

« S'ils sont conformes aux vœux de mon cœur, je

---

(1) C'est bien là le langage du remord. Le contraste de ces expressions de douleur et de consolation, peint, d'une manière frappante, l'effort pénible d'une ame qui cherche à s'étourdir sur le cri de sa conscience.

ne crains pas de le dire, aux besoins de la patrie, je reviens, messieurs, m'éclairer à vos lumières, m'enflammer à vos vertus, et joindre ma foible contribution à ces immenses et glorieux travaux, par lesquels vous allez assurer le bonheur de la France, celui de tous les ordres de ses citoyens, et celui du monarque digne de leur amour ».

« Si ma liberté ne m'est pas rendue, alors, messieurs, je remets avec résignation à mes commettans une mission (1) que je ne croirois plus pouvoir remplir fructueusement ; et mes vœux, mes regrets, mes respects vous suivront de loin dans votre noble et brillante carrière ».

« Ma résolution est invariable. Je ne sais, messieurs, si ma conduite vous paroît fondée ; mais j'ose vous assurer que mon motif est pur, et si c'est une erreur, je demande votre indulgence pour une erreur de probité ».

« Je vous prie de vouloir bien me donner acte du discours que je laisse signé sur le bureau, en y déposant mes pouvoirs ».

Je ne sais si je me trompe, mais il me semble que c'est un spectacle intéressant que celui de ces gentilshommes qui, autant peut-être par un funeste pressentiment, que par délicatesse de conscience, repoussent la vérité, appellent l'illusion, et en détournant la tête, s'élancent dans l'abîme qui les engloutit.

Il n'y eut pas jusqu'à M. de Sillery, le moins scrupuleux des transfuges, qui ne convint que ceux de ses co-députés qui ne l'avoient pas suivi, étoient justifiés *par la sévérité de leurs mandats, et par l'examen du plan proposé par le roi.* Le discours où il consigna cet aveu, mérite d'être recueilli ; c'est à la vérité la production d'un rhéteur médiocre, d'un courtisan exercé dans l'art de la flatterie ; mais après l'avoir lu, on devinera la route que va se frayer l'orateur : le voici en son entier.

« C'est avec transport que nous reconnoissons parmi vous nos plus chers compatriotes. Au moment de nos élections dans nos provinces, l'amitié avoit suivi l'estime que chacun de vous nous avoit inspirée, et collectivement nous réclamons de nos concitoyens les mêmes sentimens que nous avons pour eux ».

―――――――――――――――――――

(1) C'étoit une erreur ; il falloit méditer ses pouvoirs avant de les accepter. La mission une fois acceptée, il falloit remplir avec courage les devoirs. Agir autrement, c'étoit faire violence à ses commettans, c'étoit substituer sa volonté propre à la leur, c'étoit obéir, non à eux, mais aux circonstances. Et quel désordre, si, à chaque difficulté, il eût fallu réunir les commettans ! Ils avoient tout dit ; on avoit souscrit ; il ne restoit plus qu'à exécuter.

« Nous ne cherchons pas à nous prévaloir d'avoir devancé, peut-être de quelques jours, dans cette salle, le reste des membres de la noblesse ».

« La sévérité de quelques-uns de leurs mandats, l'examen du plan proposé par le roi, les empêchent encore de nous rejoindre ; mais l'esprit de justice et l'amour du bien public, qui les distinguent, les ramèneront sans doute bientôt au milieu de nous ».

« Oublions, messieurs, les premiers momens d'inquiétude qui nous ont éloignés ; faisons voir à l'univers que la nation Françoise a conservé son antique caractère. Entraînés par nos passions, rassemblés de toutes les parties de ce vaste empire, ayant tous les intérêts à défendre, tenant à nos opinions, et voulant les soutenir impérieusement, il en devoit naturellement résulter l'effervescence qui, pendant quelques momens, nous a agités : mais envisageons la tempête d'un œil calme et serein ; que nos accès se calment à proportion de l'éloignement des dangers qui nous environnent, ayant par-tout un œil attentif sur tous les abus que nous devons réformer, n'ayant devant les yeux que le bonheur des peuples, qui nous est confié, et que ces motifs sacrés soient le ralliement de nos cœurs et de nos pensées ».

« Ne perdons jamais de vue le respect que nous devons au meilleur des rois, si digne, par ses vertus personnelles, d'être à jamais l'amour de ses peuples. Il nous appelle ses enfans : ah ! sans doute nous devons tous nous regarder comme une famille réunie, ayant des détails différens dans notre maison paternelle. Il nous offre la paix, acceptons-la sans balancer, et qu'il ne voie pas se flétrir dans ses mains le rameau d'olivier qu'il nous présente ».

« C'est en présence de la nation rassemblée, que nous rendrons au clergé des hommages que nous devons à ses vertus. La plupart de vous, messieurs, témoins et consolateurs des peines des habitans des campagnes, vous nous instruirez des détails attendrissans de leurs souffrances, vous nous aiderez de vos conseils pour trouver les moyens les plus prompts de les soulager ».

« Et vous, messieurs, qui réunissez dans votre sein des citoyens distingués dans tous les états, des magistrats éclairés, des littérateurs célèbres, des commerçans fidèles, des artistes habiles, vous nous aiderez de vos lumières et de vos instructions pour procurer à la France les loix nécessaires à la régénération de l'ordre ».

« Je m'arrête, messieurs, et mes yeux se fixent sur les habitans des campagnes qui sont parmi vous, dont les travaux respectables servent à nourrir et à enrichir les citoyens de tous les ordres. Si la noblesse de France se glorifie de marcher à la tête des légions, pour la défense de la patrie, elle honore également cette milice formidable qui fait la gloire et la sûreté de cet empire ».

Enfin, avant de décrire l'événement le plus décisif de la révolution, je transcrirai encore ici la lettre qu'adressa à M. Bailly, la minorité de la noblesse, la veille de sa réunion au tiers-état. La postérité aura ainsi toutes les pièces qu'il lui importe le plus de connoître, pour juger la démarche des gentilshommes qui composoient cette minorité.

« M. le président, c'est *avec la douleur la plus vraie*, que nous nous sommes déterminés à une démarche qui nous éloigne, dans ce moment, d'une assemblée pour laquelle nous sommes pénétrés de respect, et dont chaque membre a des droits personnels à notre estime ; mais nous regardons comme un devoir indispensable de nous rendre à la salle où se trouve réunie la pluralité des états-généraux ».

« Nous pensons qu'il ne nous est plus permis de différer un instant de donner à la nation une preuve de notre zèle, et au roi un témoignage d'attachement pour sa personne, en proposant et en procurant, dans les affaires qui regardent le bien général, une réunion d'avis et de sentimens, que sa majesté regarde comme nécessaire dans la crise actuelle, et comme devant opérer le salut de l'état ».

« Le plus ardent de nos vœux seroit, sans doute, de voir notre façon de penser adoptée par la chambre de la noblesse toute entière. C'est sur ses pas que nous eussions voulu marcher, et le parti que nous nous croyons obligés de prendre, sans elle, est, sans contredit, le plus grand acte de dévouement dont l'amour de la patrie puisse nous rendre capables ; mais dans la place que nous occupons, il ne nous est plus permis de suivre les règles qui dirigent les hommes privés. Le choix de nos concitoyens a fait de nous des hommes publics ; nous appartenons à la France entière qui veut, par-dessus tout, des états-généraux, et à des commettans qui ont le droit d'y être représentés ».

« Tels sont, monsieur le président, nos motifs et notre excuse ; nous eussions eu l'honneur de porter nous-mêmes, à la chambre des communes, la résolution que nous avons prise, mais vous avez assuré l'un de nous qu'il étoit plus respectueux pour elle de remettre notre déclaration entre vos mains. Nous avons, en conséquence, l'honneur de vous prier de vouloir bien lui en rendre compte ».

« Nous sommes avec respect, etc. ».

Tels sont les principaux titres sur lesquels la minorité de la noblesse fonda son apologie ; et il est à remarquer qu'ils font peut-être encore mieux celle de la majorité.

MM. de Lally-Tolendal et Sillery ont déjà donné, l'un, dans sa déclaration, l'autre dans son discours, une idée de leur génie et de leur caractère. J'achèverai de peindre leur portrait, lorsqu'ils se reproduiront sur la scène.

CHAPITRE XXXII.

IRRÉSOLUTION de la cour; horrible situation du roi; comité remarquable des princes et des ministres; arrêté de la noblesse; intéressante conversation entre le roi et M. le duc de Luxembourg; lettre du roi au clergé et à la noblesse; réglement du roi sur les mandats; vifs débats dans la chambre de la noblesse; motion de MM. le vicomte de Mirabeau, le duc de Liancourt; lettre de M. le comte d'Artois; mot de M. de Cazalès; dernier arrêté de la noblesse; dernier arrêté du clergé; réunion des deux premiers ordres au troisième; comment ils y sont accueillis; discours des différens présidens; portrait de M. le duc d'Aiguillon; mouvement extraordinaire du peuple; spectable touchant que donnent le roi et la reine; réjouissances des habitans de Versailles; disposition des troupes à l'époque de la réunion; défection des gardes-françoises; mot de quelques dragons à leur officier; agitation parmi les gardes-du-corps; chagrin que le roi en ressent; neutralité des gardes-suisses; mot du roi à M. le maréchal de Broglie; part que M. Necker a à la réunion des ordres; horrible complot contre le clergé, et contre la vie de M. l'archevêque de Paris; formation du club Breton; les conjurés, qui le composent, s'assemblent dans un espèce de souterrain; complots qui s'y forment; on commence à y développer quelques articles du plan de la révolution; portrait de M. le duc d'Orléans; aventure peu honorable qui lui arrive dans la chambre de la noblesse; bruits mensongers que répand M. Necker, sur la cause de la réunion; opinion qu'on a de lui dans les états-généraux.

Suite de Juin 1789, et du premier mois de l'interrègne.

JE serai long dans ce chapitre; j'ai de grands mystères à y dévoiler, et j'attends de la nécessité comme de l'importance de leur développement, autant que de l'indulgence des lecteurs, que, malgré sa longueur, ce chapitre sera lu sans impatience, et avec cette sorte de recueillement qu'on doit à un récit qui donne le secret de la révolution.

Quelle journée dans nos annales que celle du 27 juin! Depuis l'entrée de Clovis dans les Gaules, il n'en est pas qui ait été plus funeste à la monarchie. Les députés du tiers état craignoient ou feignoient de craindre la cour, tandis que la cour redoutoit réellement la puissance qui étoit venue heurter le trône, et qui soulevoit, avec une formidable facilité, la masse entière du peuple. Aux conseils succédoient les comités, et dans les uns et les autres, après avoir longuement disserté sur toutes les calamités qui alloient couvrir la surface de l'empire, on finissoit par désespérer presque de la guérison de tant de maux, ou du moins, en sortant de ces assemblées, on se retrouvoit dans la même irrésolution où l'on étoit en y entrant.

Quelle désespérante situation pour le roi ! Ah ! qu'ils sont heureux ces hommes que le ciel a fait naître dans un état de médiocrité, ces sages à qui la providence ne demande compte que du gouvernement de leur famille !

Louis XVI, au milieu des difficultés les plus cruelles qu'aucun monarque ait jamais éprouvées, redoutoit de s'abandonner à l'impulsion de son cœur, de se confier à ses seules lumières ; il craignoit également et d'être généreux, et d'être sévère. Il appelloit autour de lui ses ministres, les membres de son conseil, et tous restoient muets en sa présence. Il cherchoit auprès de la reine, dont la sagesse l'avoit si souvent éclairé, des avis, et la reine n'avoit plus à lui donner que des larmes et d'attendrissantes exhortations au courage et à la patience ; elle l'engageoit à se livrer aveuglément à l'amour de ses peuples.

Le comité qui avoit été tenu le 26, au soir, avoit été fort long, et cependant le lendemain matin, dès les sept heures, il s'en tint un nouveau chez le roi, et ici tous les détails prennent un tel degré d'intérêt, ils ont influé d'une manière si marquée sur notre bonheur, que je ne puis me refuser à en n'ommettre aucun.

Monsieur et M. le comte d'Artois, furent invités à se rendre à ce comité, et s'y rendirent en effet. Il y avoit peu de tems qu'il étoit commencé, lorsque M. le duc de Luxembourg, président de la noblesse, se présenta pour parler au roi. Il fut introduit ; il remit d'abord à sa majesté un arrêté de sa chambre, conçu en ces termes :

« L'ordre de la noblesse, empressé de donner au roi des marques de son amour et de son respect, pénétré de reconnoissance des soins persévérans que sa majesté daigne prendre pour amener les ordres à une conciliation désirable ; considérant combien il importe à la nation de profiter, sans délai, des grands bienfaits de la constitution, indiquée dans la seconde déclaration des intentions du roi, lue à la séance du 23 de ce mois ; pressé encore par son desir de pouvoir consolider la dette publique, et *réaliser l'abandon des privilèges pécuniaires*, aussitôt que le rétablissement des bases constitutionnelles lui permettra de délibérer sur ces deux objets, auxquels l'ordre de la noblesse attache l'honneur national ; comme aussi le vœu le plus cher à ses commettans, sans être arrêté sur la forme de ladite séance, pour cette tenue d'états-généraux seulement, et sans tirer à conséquence pour l'avenir, a accepté purement et simplement, et sans aucune réserve les propositions contenues aux quinze articles dans la première déclaration du roi, à la séance du 23 de ce mois.

« En conséquence, et pour exécuter l'article V de ladite déclaration, a arrêté que sa majesté sera suppliée de convoquer la noblesse des bailliages dont les députés se jugeront liés par des mandats impératifs, afin qu'ils puissent recevoir de nouvelles instructions de leurs commettans, et prendre au plutôt en considération, dans la forme indiquée par le roi, les articles contenus dans la seconde déclaration des intentions de sa majesté, que l'ordre de la noblesse considère comme le gage le plus touchant de sa justice et de son amour pour le peuple ».

Que pouvoit faire hélas ! de plus, la noblesse ? Elle concilioit, tout-à-la-fois, ce qu'elle devoit au roi, à ses commettans, et aussi ce qu'elle croyoit devoir au vœu du peuple, qui s'exprimoit avec tant d'énergie. Ceux qui la blâment encore aujourd'hui, ont-ils bien lu cet arrêté ? Ont-ils bien réfléchi sur les obligations que lui imposoit, et le serment qu'elle avoit prêté dans les bailliages, et celui d'obéissance qu'elle avoit fait au roi ? pouvoit-elle consentir à la délibération par tête, avant d'avoir été dégagée du premier de ces sermens ? et pouvoit-elle enfreindre les volontés manifestées par le roi dans sa déclaration, sans y être autorisée par lui-même ?

Mais si la majorité de la noblesse étoit sans reproche, au moment où elle venoit solliciter elle-même du monarque, la permission et le moyen de se rendre aux desirs du tiers-état, sans manquer à aucun de ses devoirs, combien les membres de la minorité ne durent-ils pas se reprocher d'avoir devancé ce moment sans aucun prétexte plausible, puisque les gentilshommes de la majorité étoient, comme ceux de la minorité, résolus d'accorder, aux conjonctures où l'on se trouvoit, tout ce qui ne blesseroit pas leur conscience. Les premiers, retenus dans leur chambre, suivant l'expression de M. de Clermont-Tonnerre, *par un serment rigoureux*, attendoient, pour la quitter, que la chaîne fut brisée ; les derniers la brisèrent eux-mêmes. De quel côté étoient les torts ? Et on conviendra qu'il y avoit un peu plus de courage à rester dans la chambre de la noblesse, qu'à la quitter ; car en la quittant on devenoit l'idole du peuple, et en y restant, on s'exposoit à toute sa fureur.

Le roi, après avoir lu cet arrêté, dit au gentilhomme qui le lui remit : « M. de Luxembourg, j'attends de la fidélité et de l'affection pour ma personne, de l'ordre que vous présidez, sa réunion avec les deux autres ».

« Sire, répondit M. de Luxembourg, l'ordre de la noblesse sera toujours empressé de donner à votre majesté des preuves de son dévouement pour elle ; mais j'ose dire qu'il ne lui en a jamais donné de plus éclatantes que dans cette occasion, car ce n'est pas sa cause, mais celle de la couronne qu'il défend aujourd'hui »......

« La

« La cause de la couronne! reprit avec feu le roi ».

« Oui, sire, répliqua M. de Luxembourg, la cause de la couronne. La noblesse n'a rien à perdre à la réunion que votre majesté désire : une considération établie par des siècles de gloire, et transmise de génération en génération, d'immenses richesses, et aussi les talens et les vertus de plusieurs de ses membres lui assurent, dans l'assemblée nationale, toute l'influence dont elle peut être jalouse, et je suis certain qu'elle y sera reçue avec transport. Mais a-t-on fait observer, à votre majesté, les suites que cette réunion peut avoir pour elle ? La noblesse obéira, sire, si vous l'ordonnez ; mais, comme son président, comme fidèle serviteur de votre majesté, j'ose la supplier de me permettre de lui présenter encore quelques réflexions sur une démarche aussi décisive ».

« Je vous écoute avec plaisir, répondit le roi ». Sur cette assurance, M. de Luxembourg continua ainsi :

« Votre majesté n'ignore pas quel degré de puissance l'opinion publique et les droits de la nation décernent à ses représentans : elle est telle, cette puissance, que l'autorité souveraine elle-même, dont vous êtes revêtu, demeure comme muette en sa présence. Ce pouvoir sans bornes existe avec toute sa plénitude dans les états-généraux, de quelque manière qu'ils soient composés ; mais leur division en trois chambres enchaîne leur action, et conserve la vôtre. Réunis, ils ne connoissent point de maître ; divisés, ils sont vos sujets ».

« Le *déficit* de vos finances et l'esprit d'insubordination qui a infecté l'armée, arrêtent, je le sais, les délibérations de vos conseils ; mais il vous reste, sire, votre fidèle noblesse. Elle a, dans ce moment, le choix d'aller, comme votre majesté l'y invite, partager, avec ses co-députés, l'exercice de la puissance législative, ou de mourir pour défendre les prérogatives du trône. Son choix n'est pas douteux, elle mourra ; et elle n'en demande aucune reconnoissance, c'est son devoir. Mais, en mourant elle sauvera l'indépendance de la couronne, et frappera de nullité les opérations de l'assemblée nationale, qui certainement, ne pourra être réputée complette lorsqu'un tiers de ses membres aura été livré à la fureur de la populace et au fer des assassins. Je conjure votre majesté de daigner réfléchir sur les considérations que j'ai l'honneur de lui présenter ».

« M. de Luxembourg, reprit le roi avec fermeté, mes réflexions sont faites ; *je suis déterminé à tous les sacrifices* ; *je ne veux pas qu'il périsse un seul homme pour ma querelle*. Dites donc à l'ordre de la noblesse, que je le prie de se réunir aux deux autres ; si ce n'est pas assez, *je le lui ordonne, comme son roi* ; *je le veux*. Que s'il est un de ses membres qui se croye lié par son mandat, son serment & son honneur, à rester dans la chambre, qu'on vienne me le dire, j'irai m'asseoir à ses côtés, et *je mourrai avec lui, s'il le faut* ».

Tout, dans cette conversation, me semble digne et du monarque et de la noblesse ; celle-ci offre généreusement tout son sang pour le maintien des prérogatives de la couronne, et Louis XVI s'oublie pour le bonheur de ses sujets. La noblesse se dévoue au roi, et le roi au peuple. Ah ! que tout ce qu'on a recueilli de la vie des meilleurs princes est infiniment au-dessous de cette conversation! et comment, demandera la postérité, a-t-elle pu périr cette malheureuse monarchie, avec une noblesse aussi généreuse, avec un monarque aussi bienfaisant ?

Ces sublimes paroles, *je ne veux pas qu'il périsse un seul homme pour ma querelle*, en même tems qu'elles élèvent Louis XVI au-dessus des Titus, des Henri IV, peignent merveilleusement son caractère, et expliquent la conduite qu'on lui verra tenir dans le cours de la révolution.

Peu après cet entretien, M. le cardinal de la Rochefoucauld, président de la minorité du clergé, arriva ; il fut bientôt suivi de M. Necker. Ils venoient, l'un et l'autre, prendre les derniers ordres du roi. On remit sous ses yeux tout le danger qui pouvoit résulter de la réunion ; il resta inébranlable dans la résolution qu'il avoit manifestée à M. de Luxembourg.

Ce comité, dans lequel le sort de la monarchie a été irrévocablement fixé, ne finit qu'à onze heures. MM. de la Rochefoucauld et de Luxembourg, en quittant le roi, en reçurent chacun une lettre pour être communiquée à leur ordre. Elle étoit ainsi conçue :

« Mon cousin, uniquement occupé de faire le bien général de mon royaume, mais desirant, par-dessus tout, que l'assemblée des états-généraux s'occupe des objets qui intéressent la nation, d'après l'acceptation volontaire de ma déclaration, du 23 de ce mois, j'engage mon fidèle clergé (*ou ma fidèle noblesse*) à se réunir, sans délai, avec les deux autres ordres, pour hâter l'accomplissement de mes vues paternelles. Ceux qui sont liés par leurs pouvoirs, peuvent y aller sans donner de voix, jusqu'à ce qu'ils en aient de nouveaux. Ce sera une nouvelle marque d'attachement que le clergé (*ou la noblesse*) me donnera. Sur ce, mon cousin, je prie Dieu qu'il vous ait en sa sainte garde ».

La cour fit plus encore, et pour qu'il ne restât aucun scrupule sur les mandats, il émana, ce même jour, du conseil, un réglement qui brise ce seul lien, par lequel nos députés auroient pu être retenus. Ils avoient secoué toute dépendance de l'autorité royale ; puisque, de l'aveu même de M. de Luxembourg, ils ne reconnoissoient point de maître. Il ne leur restoit, pour être gênés dans l'exercice de l'autorité dont ils s'investissoient, que cette sorte de pudeur qu'ils auroient

P

éprouvée, à violer les paroles qu'ils avoient données sous la foi du serment, et la cour les débarrassa encore de cette foible contrainte. Cette démarche seroit inconcevable, si on ne savoit pas, dans le moment où la cour la faisoit, M. Necker y régnoit, et qu'on y étoit même convaincu que la personne du roi n'étoit pas en sûreté, pour peu qu'on apportât du retard à la réunion des ordres. Voici cette pièce qui ne laissoit plus, aux députés, d'autres loix à suivre que celle de leur conscience.

« Le roi étant informé que, contre l'esprit et la teneur de ses lettres de convocation, plusieurs députés avoient reçu des pouvoirs impératifs qui ne leur laissoient pas la liberté de suffrages, dont doivent essentiellement jouir les membres des états-généraux, sa majesté par l'article V de sa déclaration, du 23 de ce mois, a permis aux députés, qui se croiroient gênés par leurs mandats, de demander à leurs commettans un nouveau pouvoir : et sa majesté, ayant jugé nécessaire de déterminer la forme dans laquelle sera faite cette demande, elle a ordonné et ordonne ce qui suit :

ARTICLE PREMIER.

Ceux des députés qui se trouveront gênés par leurs mandats, sur la forme de délibérer, ou sur les délibérations à prendre aux états-généraux, pourront s'adresser aux baillis ou sénéchaux, ou leurs lieutenans, ou, en leur absence, au plus ancien officier du siège, pour qu'ils aient à convoquer tous les membres de l'ordre auquel lesdits députés appartiennent, et qui auront concouru immédiatement à leur élection.

II.

Les baillis ou sénéchaux, ou leurs lieutenans, en conséquence des demandes qui leur seront formellement adressées par des députés aux états-généraux, rassembleront, sans délai, et par forme d'invitation seulement, tous les membres de l'ordre qui auront concouru immédiatement à l'élection des députés qui auront formé lesdites demandes; et, sur la connoissance qui sera donnée de ces demandes auxdits électeurs, ainsi rassemblés, ils prendront les délibérations nécessaires pour donner à leurs députés de nouveaux pouvoirs généraux et suffisans, aux termes des lettres de convocation, et sans aucunes limitations, sa majesté les ayant formellement interdites par l'article VI de sa susdite déclaration.

III.

Les baillis ou sénéchaux, ou leurs lieutenans, feront dresser un procès-verbal de ladite assemblée; lequel contiendra la délibération qui aura été prise, et il en sera délivré les expéditions nécessaires aux députés, et envoyé une copie à M. le garde des sceaux, et une autre au secrétaire d'état de la province.

Ce règlement fut l'ouvrage de M. Necker, à qui la doctrine des mandats impératifs ne pouvoit nullement convenir, parce que, dans la folle persuasion où il étoit qu'il alloit entraîner à son gré toute la masse des états-généraux, il ne vouloit pas être arrêté par la plus légère opposition. Aussi M. Cérutti, héraut et panégyriste de tous les plans de ce ministre, essaya-t-il de prouver, dans une brochure qu'il composa sur ce sujet, la nécessité des pouvoirs illimités. Indépendamment des raisons qui combattoient ce système, dont l'adoption devoit nécessairement transformer les représentés en esclaves, et les représentans en despotes; le tems n'étoit nullement propice pour prêcher une telle doctrine; car, à la manière dont s'élevoit la nouvelle puissance, il étoit aisé de voir que bien loin de présenter ce nouvel appât à son ambition, il eût été plus sage d'entraver sa marche.

La minorité du clergé, cependant, et la majorité de la noblesse, ne pouvoient plus douter que les intentions du roi ne fussent que la réunion s'effectuât sans retard. Les débats, à cette occasion, furent longs et orageux dans la chambre du second ordre. Dès que M. de Luxembourg lui eut communiqué la lettre du roi, et lui eut rendu compte de tout ce qui s'étoit passé au comité, on mit en délibération s'il falloit se réunir, ou s'il falloit persister à combattre pour la distinction des ordres. On se divisa en deux avis différens, et de part et d'autre, on allégua des raisons d'un grand poids.

Ceux qui votèrent pour la réunion, et qui composoient la très-grande partie de la chambre, alléguoient qu'il n'étoit plus permis à des gentilshommes de balancer lorsque le souverain avoit dit : j'ordonne, comme roi ; je veux. Ils faisoient valoir aussi que leur résistance les rendroient, seuls, responsables de tous les malheurs qui pourroient en être la suite; et quel bien, d'ailleurs, ajoutoient-ils, pourrons-nous faire en restant dans la chambre, lorsque nous aurons contre nous le roi, ses ministres, le tiers-état entier, la majorité du clergé, et une partie même de la noblesse ? Ne vaut-il pas mieux céder au tems, donner l'exemple de l'obéissance au prince, et ne suffira-t-il pas de sages protestations, pour mettre à l'abri de toute invasion, les prérogatives de la couronne, les loix du royaume, les droits de l'ordre ?

Les autres gentilshommes, au nombre au plus de quatre-vingt, ne disconvenoient point que c'étoit plus particulièrement à la noblesse à respecter les volontés du monarque; mais ils fixoient leur attention sur les grands principes de la politique, ils soulevoient le voile qui cachoit l'avenir; ils représentoient qu'il n'étoit pas possible de se dissimuler le but où l'on vouloit arriver; que déjà tout ce qui s'étoit pratiqué aux précédens états-généraux, étoit mis en oubli; que les institutions fondamentales de la monarchie étoient regardées avec dédain ; que le roi avoit convoqué des états-généraux, et non une assemblée nationale; qu'il avoit entendu et voulu, de la manière la plus solemnelle, que la distinction des ordres fut respectée; que consacrant le principe fondamental de la délibération par ordre, il avoit indiqué les occasions où elle devoit avoir lieu; que s'il méconnoissoit aujourd'hui cette loi fondamentale, qu'il avoit lui-même juré de respecter, qu'il avoit reconnue formellement, il étoit évident qu'il cédoit à la violence qu'on lui faisoit, et qu'on ne pouvoit dire jusqu'où iroient les entreprises des novateurs si on ne les arrêtoit pas dès le premier pas; car, s'ils avoient déjà une telle force, devoit-on s'attendre qu'ils en auroient moins dans deux, dans trois mois?

De toutes ces considérations, ces gentilshommes concluoient que le moment étoit venu où il falloit sauver le roi et le peuple, malgré eux-mêmes. Parmi ceux qui pensèrent ainsi, M. le Vicomte de Mirabeau, aussi ardent à défendre la monarchie, que le comte son frère l'étoit à la bouleverser, se distingua; il étoit si pénétré de la nécessité de ne point se laisser entraîner dans l'importante circonstance où l'on se trouvoit, qu'il donna à entendre que bien loin de fléchir, il seroit plus sage de jurer de ne jamais quitter la chambre.

L'idée d'un tel serment parut effrayer M. de Liancourt, il s'écria: « quant à moi, je suis fermement résolu à me rendre à l'invitation du roi.... Eh! messieurs, ajouta-t-il, de grace, mettons fin à une scission qui menace l'état des plus grands malheurs... ».

La délibération alors devint très-vive; ceux qui opinoient pour la non-réunion, voyant qu'ils seroient obligés de céder au nombre, voulurent du moins protester contre la démarche qui alloit être faite. Le registre se couvroit de protestations, dont chaque phrase excitoit une violente discussion; le tems se consumoit, et les esprits s'aigrissoient, sans pouvoir se rapprocher.

Au milieu de ces débats, on voit M. le duc de Luxembourg recevoir une lettre, la lire avec émotion, et s'entretenir ensuite en particulier avec les secrétaires; leur conversation parût fort animée, et ce n'étoit pas sans raison; la lettre étoit de M. le comte d'Artois; M. de Luxembourg en lut des fragmens; il résulta de cette lecture, que M. le comte d'Artois croyoit avoir l'effrayante certitude qu'une plus longue résistance mettroit les jours du roi en danger.

« Eh bien, s'écria à peu-près en ces termes M. de Cazalès, si le monarque est en danger, la monarchie l'est aussi: sauvons l'un et l'autre; la séparation des ordres est leur seul rempart ».

La délibération alloit de nouveau s'engager après cette exclamation, mais M. de Luxembourg se leva précipitamment, et s'écria à son tour: « Il n'est pas question ici de délibérer, messieurs, mais de sauver le roi et la patrie. La personne du roi paroît en danger, qui de nous pourroit hésiter un instant? »

Ce cri retentit dans tous les cœurs; on ne vit plus que le danger qui menaçoit le roi; toutes les considérations disparurent devant celle-là, et la noblesse se sacrifia au salut de son chef, pour sauver les jours de Louis XVI, elle a consenti à se mettre à la discrétion de son ennemi, à n'être plus. Voilà une vérité que les calomniateurs n'arracheront pas des fastes de notre histoire.

Quel a été cependant le prix de ce généreux dévouement? Que de regrets l'ont suivi! Mais de tous ces regrets, le plus cuisant, sans doute, pour cette généreuse noblesse, a été de n'avoir pu sauver que les jours du roi. Il est à croire, que si elle eut prévu que ce sacrifice ne lui rendroit point sa couronne, qu'il perdroit encore sa liberté, et que ses jours seroient de nouveau menacés, elle eût préféré tout autre sacrifice à celui de la réunion; et il est déplorable que ce soit ce sacrifice même qui ait hâté et consommé la ruine du roi, du trône et de la monarchie.

Il fut donc arrêté, presqu'à l'unanimité, de déférer à l'invitation du roi, et de se rendre sur le champ à la salle commune, pour se réunir aux deux autres ordres. Trois gentilshommes n'avoient pas attendu cet arrêté; avant même que la délibération commençât, ils s'étoient hâtés de se rendre dans la salle du tiers-état, et d'y déposer leurs pouvoirs sur le bureau; mais en les déposant, ils dirent qu'ils avoient été déliés du serment rigoureux qui les avoit retenus jusqu'à ce moment dans leur chambre, par de nouveaux mandats, que leur avoient fait passer leurs commettans.

La délibération fut plus tranquille dans la chambre du clergé que dans celle de la noblesse; ou, pour mieux dire, elle y fut nulle. On y arrêta unanimement qu'il falloit sur le champ se rendre à l'invitation du roi; et il n'y eût aucun ecclésiastique qui réclamât contre cette résolution.

Les deux chambres étant d'accord, et ayant pris précisément le même arrêté, se concertèrent pour se rendre ensemble dans la salle où se trouvoient réunis les autres députés. Deux ecclésiastiques et deux gentilshommes y avoient déjà apporté la nouvelle que la minorité du clergé et la majorité de la noblesse alloient s'y réunir. Cette nouvelle fit interrompre la délibération dont on s'occupoit, et qui, depuis le commencement de la séance, rouloit infructueusement sur le nombre de députés à accorder à la colonie de Saint-Domingue. On se leva à cette heureuse nouvelle, on se mêla, on se partagea en plusieurs groupes pour s'entretenir de ce grand événement, et chacun, quoiqu'il fut tard, ne vouloit pas quitter la salle, sans avoir été témoin de cette réunion; mais il se répandit qu'elle ne pourroit guères s'effectuer que dans la soirée; alors on se sépara; après s'être ajourné pour cinq heures de l'après-midi.

P 2

La noblesse, en effet, n'avoit pu lever sa séance, que sur les quatre heures, et le tems qu'elle mit à se concerter avec le clergé, prit encore une demi-heure. Ce ne fut donc que sur les quatre heures et demie que les membres des deux chambres purent se présenter à la salle commune. Il ne s'y trouvoit, dans ce moment, qu'environ une trentaine de députés. On lit dans quelques papiers publics, que toutes ces circonstances avoient été disposées pour ménager la délicatesse des ecclésiastiques et des gentilshommes, et pour ne point donner à ce spectacle trop d'éclat. Je crois que ce n'est-là qu'une conjecture, car outre que le tiers-état ne paroissoit guères porté à ménager la délicatesse de ceux à qui il déclaroit la guerre, le nombre des témoins importoit peu à ceux-ci, puisqu'ils ne croyoient point avoir à rougir de la démarche qu'ils faisoient. D'ailleurs, ils ne pouvoient éviter d'avoir pour témoin l'assemblée entière, si ce n'étoit pour cette séance, du moins pour la prochaine. Il est plus probable que s'étant engagés, par leur arrêté, à se réunir sur le champ aux autres députés, ils n'avoient pas voulu se séparer avant de le mettre à exécution, et que la séance de la noblesse ayant fini fort tard, ils n'avoient pu arriver plutôt dans la salle commune.

Dès qu'ils s'y présentèrent, on courut avertir M. Bailly, qui vint prendre sa place pour recevoir les deux ordres; ils arrivèrent sur deux lignes parallèles, le clergé par la porte à la droite du président, et la noblesse par la porte à gauche. Ils se placèrent dans le même ordre; à leur entrée, et pendant tout le tems qu'ils mirent à se placer, il régna le plus profond silence dans la salle, sans qu'aucune acclamation, aucun cri de joie l'interrompît; ce qui, je crois, ne doit être attribué qu'au très-petit nombre de spectateurs.

Chacun ayant pris place, M. le cardinal de la Rochefoucauld, en sa qualité de président du clergé, et qui aussi dans la salle, s'étoit mis à la tête de cet ordre, adressa ces paroles à l'assemblée :

« Nous sommes conduits ici par notre amour et notre respect pour le roi, nos vœux pour la patrie, et notre zèle pour le bien public «.

M. le duc du Luxembourg, comme président de la noblesse, annonça aussi l'arrivée de la majorité, en ces termes:

« Messieurs, l'ordre de la noblesse a arrêté, ce matin, de se rendre dans cette salle nationale, pour donner au roi, des marques de son respect, et à la nation, des preuves de son patriotisme ».

Ces deux discours sont remarquables en ce qu'ils présentent, en peu de mots, le véritable motif qui arrachoit de leurs chambres le clergé et la noblesse. Leur laconisme même a je ne sais quelle grandeur qui contraste singulièrement avec cette multiplicité de phrases adulatoires dans lesquelles s'enveloppèrent les membres de la minorité pour excuser leur désertion: C'est la franchise mise en opposition avec la flatterie.

M. Bailly fit cette réponse aux deux ordres :

« Messieurs, le bonheur de ce jour, qui rassemble trois ordres, est tel que l'agitation qui accompagne une joie vive, ne me laisse pas la liberté nécessaire pour vous répondre dignement ; mais cette joie même est une réponse. Nous possédons l'ordre du clergé; l'ordre de la noblesse aujourd'hui se joint à nous, ce jour sera célèbre dans nos fastes, il rend la famille complette, il finit à jamais des divisions qui nous ont tous mutuellement affligés, il va remplir le désir du roi; et l'assemblée nationale, ou plutôt les états-généraux vont s'occuper, sans distraction et sans relâche, de la régénération du royaume et du bonheur public ».

M. le duc d'Aiguillon voulut aussi dire son mot sur cette réunion ; il prononça ce petit discours :

« Messieurs, en venant, il y a deux jours, nous réunir à l'assemblée nationale, nous crûmes servir la patrie; *nous cédions à l'impulsion irrésistible de notre conscience*; mais un sentiment pénible se mêloit à la satisfaction que nous éprouvions d'avoir rempli notre devoir. Aujourd'hui nous voyons, avec le transport de la joie, la réunion générale qui faisoit l'objet de nos vœux. Le bonheur de la France va être le fruit de cet accord unanime, et ce jour est le plus beau de notre vie ».

M. d'Aiguillon, comme l'on voit, croyoit adresser un compliment à la majorité, et réellement il lui disoit une injure ; car féliciter les membres de la minorité d'avoir *cédé à l'impulsion irrésistible de leur conscience*, en se réunissant à l'assemblée nationale, c'étoit reprocher aux membres de la majorité, d'avoir résisté à cette impulsion. Personne ne remarqua cette contradiction, parce que personne encore ne fixoit les yeux sur M. d'Aiguillon, et si, par la suite, il a attiré sur lui l'attention, c'est par des moyens si bisarres et si vils, qu'on trouveroit à peine, chez le peuple le plus corrompu, un homme qui voulût acquérir de la réputation à ce prix.

On a beau étudier M. d'Aiguillon, on ne trouve absolument rien qui parle en sa faveur, qui justifie l'engouement du peuple pour sa personne, ou même la haine qu'on lui porte dans le parti qu'il a abandonné; car la haine suppose une sorte de talent, une sorte de mérite dans celui qui en est l'objet, et cette idole des factieux est absolument sans titres pour être haï comme pour être aimé.

M. d'Aiguillon appartient à une de ces maisons pour lesquelles on accusoit la cour d'avoir une prédilection trop marquée, et de dissiper, avec trop de légéreté, le tribut des peuples. Aujourd'hui cet homme engraissé des bienfaits de son roi, caresse la multitude, comme il flattoit les valets des ministres. Ainsi devoit se comporter un courtisan égoïste qui aimoit bien moins la personne du roi, que ses trésors.

Avant la révolution, on l'appelloit à la cour et dans le monde, *le joli sujet*. Depuis la révolution, l'épithète *joli* s'est changée en celle de *hideux*, et ce qui a beaucoup contribué à ce changement, ce sont les nouveaux goûts que M. d'Aiguillon a manifesté ; il aime beaucoup à hanter la dernière classe de la populace, et on l'a vu, plus d'une fois, dans les émeutes populaires, changer de sexe, et prendre des habits de femme.

Parmi tous ces hommes, que fait délirer le prétendu patriotisme, chacun décèle une manie particulière ; celle de ce député est de détester la cour. Qu'y déteste-t-il ? Sont-ce les personnages, l'étiquette, la forme de gouvernement ? Il n'en sait rien. Il sait seulement qu'il déteste.

La volumineuse stature de son corps fait d'abord mal augurer de son esprit, et lorsqu'il parle, on se confirme dans cette opinion. Ses paroles, en effet, s'échappent avec peine, et ses pensées semblent ne pouvoir jaillir de cette masse d'embonpoint. Si enfin il parvient à laisser éclore une idée, le sourire vient aussitôt se placer sur les lèvres de tous ceux qui l'écoutent, et on ne sait de quoi l'on doit le plus s'étonner, ou de la trivialité de l'idée même, ou de la mal adroite tournure de la phrase qui l'enveloppe.

Abhorré à la cour, méprisé au sein de l'assemblée, détesté des hommes sages, sans considération parmi le peuple, ne pouvant compter que sur l'attachement de ce qu'il appelloit lui-même autrefois la canaille, il n'en est pas moins persuadé qu'il est utile à la chose publique, et qu'il a des connoissances peu ordinaires en politique, en administration, et dans tout ce qui est du ressort de la guerre. Cette croyance s'est beaucoup fortifiée, dans son ame, depuis qu'il a été promu à la place de président de cette société connue sous le nom de *club des Jacobins*, et que vulgairement on appelle société *des enragés*. Quoique certainement M. d'Aiguillon ne paroisse pas indigne de présider *des enragés*, cependant ils l'ont trouvé même audessous de cette place. Nulle part, en effet, le premier poste ne lui convient.

Il conquit l'estime de ceux qui s'annonçoient pour tout bouleverser, d'abord en affichant une grande antipathie pour les rois. Eh ! d'où pouvoit venir cette antipathie à M. d'Aiguillon, qui n'a pas un seul instant examiné quelle étoit la meilleure forme de gouvernement, qui se trouve si incapable d'aborder une question aussi difficile, qui enfin ne sait pas même ce que c'est qu'un roi ? Il fit ensuite comme ces grands qui appellent à leur table les gens de lettres, pour en être prôné. Il donna des repas somptueux, auxquels étoient appellés les démocrates les plus fougueux ; et c'est au sortir de ces orgies, que répétoit chez lui M. de Liancourt, qu'on a plus d'une fois donné des loix importantes à vingt-quatre millions d'hommes.

La majorité de la noblesse ne fit aucune réponse à M. d'Aiguillon, et M. Bailly mit fin à cette séance où les deux premiers ordres vinrent se fondre dans le troisième par ces paroles :

« Le jour de la réunion des trois ordres doit être un jour de réjouissance et de joie. Un moment si touchant pour nous ne doit pas être employé au travail, je crois, en conséquence, que cette session doit finir là, et qu'il faut suspendre nos travaux jusqu'à mardi ».

On se mit, en effet, en vacances les deux jours suivans, dont le premier étoit un dimanche, et le second la fête de Saint-Pierre et Saint-Paul.

Dès que l'on sut, dans Versailles, que la réunion étoit entièrement effectuée, tout le peuple se mit en mouvement : hommes, femmes, ecclésiastiques, députés, soldats, bourgeois, confondus indistinctement, coururent au château. Les cours furent en un clin d'œil remplies par la foule, et mille voix crioient avec force : *le roi, la reine, qu'ils viennent !* On ne comprenoit rien à cette nouvelle effervescence ; on s'en alarma, et on alloit fermer les portes de la galerie, lorsque leurs majestés, de leur propre mouvement, parurent sur un balcon à côté de la cour de marbre. La reine fit à tout ce peuple, et avec cette grâce touchante qui accompagne toutes ses actions, une profonde révérence. Oh ! alors cette multitude fut enivrée de vénération. Un cri unanime de *vive le roi, vive la reine*, s'élança dans les airs. La reine en fut vivement émue, ses larmes coulèrent en abondance ; le roi ne se laissa aussi entraîner à sa sensibilité ; il se jetta dans les bras de son auguste épouse ; et ce couple, si fait pour être heureux, confondit, en présence d'un peuple innombrable, ses pleurs, et les témoignages attendrissans d'un amour dont la flamme céleste ralluma le sentiment de la vertu dans le cœur de tous ceux qui furent témoins de cette scène. Jamais spectacle aussi ravissant ne s'étoit offert aux yeux des françois.

Leurs majestés s'étant retirées, la foule se rendit d'abord chez M. Necker, qu'elle bénit comme son dieu tutélaire, ensuite et successivement chez MM. d'Orléans, de Montmorin et Bailly ; c'étoient les dieux du jour. Toute la nuit se passa en réjouissances ; les maisons furent illuminées ; on fit des feux de joie dans tous les quartiers ; on exécuta des danses sur toutes les places ; la plus remarquable de ces danses fut celle de la place d'armes ; elle fut exécutée par des hussards, des dragons, des gardes-françoises, des gardes suisses et des bourgeois, formant un vaste cercle, se tenant par la main, et de manière qu'un bourgeois se trouvoit entre deux soldats. Il fut aisé aux personnes de la cour, qui voyoient cette fête des fenêtres du château, de deviner ce que présageoit une telle union.

Le lendemain matin, quelques personnes du peuple se portèrent, avec une sorte d'impétuosité, vers la demeure de M. le cardinal de la Rochefoucauld, mais elles ne donnèrent aucune suite à ce mouvement; elles se bornèrent à d'insultans propos contre le prélat.

Il n'est pas étonnant que la réunion des ordres causât une telle ivresse chez un peuple crédule, frivole, altéré de nouveautés, et qui voyoit, dans cette réunion la source d'une succession interminable de changemens. Mais du moment où les trois ordres furent réunis dans la salle des états-généraux, on pût dire que la révolution étoit faite. Leur réunion présentoit à la France, et au reste de l'Europe, un spectacle nouveau, imposant, et certes bien digne des méditations de tous les potentats. *L'assemblée nationale* (1) dictoit des loix, des crieurs publics les annonçoient dans les rues; elle avoit son imprimeur qui lui avoit prêté serment, et qui prenoit le titre *d'imprimeur de l'assemblée nationale*. Le roi avoit déployé tout l'appareil de son autorité pour empêcher ce colosse de s'élever à une trop grande hauteur; mais cette pompeuse cérémonie n'étoit plus regardée que comme un spectacle dont on avoit voulu divertir quelques courtisans, que comme un épouvantail qui n'avoit fait peur à personne.

La fidélité des troupes étoit incertaine; les officiers étoient divisés d'opinion; les uns pensoient qu'ils ne pouvoient, ni en honneur, ni en conscience, nuire aux opérations d'une assemblée qu'ils croyoient représenter légalement la nation. Les soldats n'étoient point partagés, à cet égard, de sentiment. La défection étoit générale dans le régiment des gardes-françoises. M. le Marquis de Valadi, qui avoit été autrefois officier dans ce corps, et qui avoit épousé les nouvelles opinions avec beaucoup d'enthousiasme, alloit de caserne en caserne, les prêcher aux soldats, et cette mission eut le plus grand succès. Dès le 23, deux compagnies entières avoient refusé d'obéir à leurs officiers, sous le prétexte qu'on vouloit leur donner des ordres qui déplairoient au peuple. Depuis ce jour, on voyoit les soldats de ce régiment, confondus avec les bourgeois, et comme eux, s'intéresser vivement à tout ce qui émanoit de l'assemblée nationale.

Cette fermentation ayant donné de l'inquiétude aux chefs, ceux-ci firent consigner le corps entier dans les casernes; mais quatre jours après, les soldats violèrent la consigne, se répandirent dans les rues, et tous les soirs on les voyoit entrer au Palais-Royal par centaines, marchant sur deux rangs. On se pressoit autour d'eux, on les applaudissoit, on leur donnoit du vin, des glaces, toutes les sortes de rafraichissemens, de l'argent même, et jusqu'à des billets de caisse (1). Ils joignoient leurs acclamations à celles des bourgeois, et ne cessoient de crier *vive le tiers-état*.

Le soir, tous ces soldats se faisoient un devoir de rentrer dans leurs casernes, pour qu'on ne confondit pas leur conduite avec la désertion. Il se forma, parmi les plus anciens, un conseil qui tenoit des séances régulières. Au moyen de la communication que ce conseil établit entre les soldats, ils s'engagèrent tous à ne contribuer en aucune manière à arrêter aucune des opérations de l'assemblée. Une des lettres circulaires, par laquelle ils s'invitoient mutuellement à contracter cet engagement, au lieu de parvenir à sa destination, tomba entre les mains d'un officier. Le soldat qui en étoit chargé fut unanimement déclaré traître à son corps et à la patrie, et on fut obligé de lui donner son congé pour le soustraire au ressentiment de ses camarades.

Ce qui est digne de remarque, c'est que ces soldats, en brisant tous les liens de la subordination, établirent un certain ordre au sein même de la confusion. Ils se promirent de ne refuser aucune sorte de service dans tout ce qui ne nuiroit pas à la cause de l'assemblée, et ils arrêtèrent que celui d'entre eux qui profiteroit des circonstances pour commettre le plus léger attentat contre la tranquillité publique, ou individuelle, seroit passé par les verges.

Toutes les troupes qui passoient par Paris, se débandoient dès qu'elles y entroient; et les soldats couroient aussitôt au Palais-Royal. On y accueilloit journellement des suisses, des dragons, des hussards, des artilleurs; ce mélange formoit un tableau bien consolant pour les novateurs, mais bien alarmant pour la cour.

L'insubordination se manifestoit sans détour : des dragons dirent à l'officier qui les conduisoit à Versailles : « Nous obéissons, mais nous vous déclarons que quand nous serons arrivés, vous ayez à annoncer aux ministres, que si on nous commande la moindre violence contre nos concitoyens, le premier coup de feu sera pour vous ».

Les différens corps de l'armée répandus dans le royaume, montroient la même tendance à une défection générale; on en eut des preuves au Béarn, à Metz, à Verdun, à Clermont. Le régiment de Conti, dans une querelle qui s'éleva entre ses soldats, sur les affaires du moment, perdit quelques hommes. A Béthune, dans l'émeute qu'occasionna la disette du pain, les officiers municipaux ayant été insultés, et leur vie même étant menacée, on fit approcher, pour les dégager, un détachement de troupe réglée. Un officier ayant crié aux soldats de faire leur

---

(1) Il faut bien que, pour me conformer au langage commun, j'adopte cette dénomination : mais mes lecteurs se souviendront, qu'entre ces deux mots *assemblée nationale*, je sous-entends *se disant*.

(1) Ce fait est consigné, même dans les journaux démocratiques.

devoir, et de disperser le peuple, ceux-là pour toute réponse, mirent aussitôt bas les armes. Alors chaque soldat fut pris sous le bras par un bourgeois, et conduit chez celui-ci, où on le contraignit d'accepter le logement et la table. On fit plus encore: toute la bourgeoisie se cotisa pour donner à ces soldats, une augmentation de paye, pendant tout le tems que leur régiment séjourneroit à Béthune.

Il n'y eut pas jusqu'aux gardes-du-corps qui ne se ressentirent, dans ces premiers instans, de la commotion donnée à toute l'armée. Sans cesse confondus avec les députés du tiers-état, soit aux tables d'hôtes, soit dans les cafés, soit dans les différens cercles, ils prirent d'abord beaucoup de goût pour les nouvelles opinions, dont on n'avoit garde de leur dévoiler toutes les conséquences. Ils louoient ces députés, de la fermeté qu'ils montroient, et les exhortoient à ne point se laisser abattre par les obstacles. Ils firent plus, ils se lièrent entr'eux par un nouveau serment. Ils avoient juré, en entrant dans leur corps, de défendre la personne du roi, jusqu'à la mort, et de veiller à la conservation des jours de la reine, du dauphin et de toute la famille royale; ils ajoutèrent à ce serment, celui *de ne pas faire le moindre mouvement contre le peuple, quelque chose qu'il tentât*, n'étant pas nés François, dirent-ils dans cette formule de serment, pour agir contre les intérêts de la France, et ne s'étant pas engagés à défendre les traîtres à la patrie, ni à protéger les jours des aristocrates.

Ce nouvel engagement prouve toute la bonne opinion que les gardes-du-corps avoient des novateurs, et jusqu'où s'étoient étendus les progrès de la calomnie contre les prétendus aristocrates.

Le malheur des tems rendoit le service de ces braves militaires, extrêmement fatigant; ils étoient à cheval, jour et nuit, rodoient, sans cesse, aux environs du château, faisoient des patrouilles qui se succédoient sans interruption; et dans le nouveau genre de travaux, auxquels on les dévouoit, sans ménagement, ils ne différoient en rien des simples cavaliers de la maréchaussée. Ce service, quelque dur qu'il fût, ne leur sembla pénible que parce qu'il déplaisoit au peuple; ils se plaignirent, et chargèrent un maréchal-des-logis de porter leurs représentations au capitaine de la compagnie de service. Le capitaine, interprétant mal cette démarche, crut y voir une sorte d'intention d'ajouter aux embarras, où se trouvoit le roi; et dans un premier instant d'humeur, il cassa le maréchal-des-logis. Les gardes offrirent aussi-tôt leur démission. « Eh bien, leur dit leur capitaine, si vous quittez, le roi se fera servir par des paysans. — Non pas par des paysans, répondirent-ils, mais appellez des valets, et vous les commanderez ».

Le roi s'affligea beaucoup de cet événement, et lorsque le capitaine des gardes lui remit le mémoire qu'il tenoit du maréchal-des-logis, sa majesté s'écria douloureusement: « eh! quoi, mes fidèles gardes aussi veulent-ils m'abandonner? doutent-ils de mon cœur? ah! faites-leur entendre que le moment n'est pas propice pour me porter des réclamations ».

La reine interposa sa médiation dans cette affaire; elle obtint le rétablissement de l'officier. Les gardes en corps allèrent lui témoigner leur reconnoissance; ils en reçurent cette honorable réponse:

« Nous sommes trop heureux, messieurs, de trouver cette occasion, pour vous donner des marques de notre reconnoissance et de notre attachement ».

Ce ne fut là qu'un nuage qui se dissipa bientôt entièrement. L'honneur et la fidélité étoient trop profondément enracinés dans la plus belle, la plus brave, la plus généreuse légion de l'Europe, pour qu'on pût les en arracher; et, avant de souiller la majesté du trône, avant de livrer Louis XVI à d'indignes traitemens, il a fallu égorger ses gardes. Le récit de leur dévouement ne sera pas la partie la moins intéressante de cette histoire. Celle d'aucun peuple n'offre rien de semblable; et chez quel peuple, en effet, vit-on jamais un corps composé en entier de héros.

Quant au régiment des gardes-suisses qui, dans tous les tems, a opposé à ceux qui ont voulu attaquer le trône de nos rois, un rempart indestructible, qui lui seul ramena Louis XIV au milieu de sa capitale révoltée, il éprouva, comme tous les autres corps, des dissentions intestines; tous les moyens de corruption furent tentés pour en séduire les soldats; quelques-uns se laissèrent gagner; mais il fut aisé de prévoir que la masse entière resteroit inébranlable, et que le corps, incertain de la conduite qu'il devoit tenir entre les deux partis qui se heurtoient, se condamneroit à une exacte neutralité, et que, s'il refusoit de verser le sang des François, dans le cas où il en recevroit l'ordre, il ne seconderoit pas non plus la rage des rebelles.

Telle étoit la disposition des troupes, lorsque les trois ordres se réunirent. On a dit que le roi ne connoissoit pas toute l'étendue de cette calamité; il falloit bien cependant qu'il connût la grandeur du mal, et tous les chagrins dont on s'apprêtoit à l'abbreuver, car, ayant mandé de Lorraine M. le maréchal de Broglie, pour lui confier le commandement de l'armée qui gardoit Paris et Versailles, il se jetta dans ses bras, et, les yeux baignés de pleurs, lui dit: « Que je suis malheureux; j'ai tout perdu, je n'ai plus le cœur de mes sujets, et je suis sans finances et sans soldats ».

Quelle consolation offroit M. Necker au roi, dans une position aussi douloureuse? La même que celle qu'offroient à Dom Carlos, les bourreaux de cet infortuné prince, en lui ouvrant les veines. Il lui disoit : *Paix, paix, seigneur, car tout ce qui se fait, se fait pour votre bien* (1). Ce fut lui qui rédigea et arracha du roi la lettre que sa majesté écrivit, le 27, à la noblesse. Il avoit rempli de terreur l'ame du monarque ; il lui fit entendre que ses jours étoient menacés ; qu'un horrible complot s'étoit formé contre sa vie, par les députés même du tiers-état ; ce qui étoit une atroce calomnie ; car il n'y avoit rien de réel dans cette sacrilège machination.

Il versa les mêmes craintes dans l'ame des principaux députés de la noblesse (2). « Prenez garde, leur disoit-il, vous serez responsables de l'assassinat du roi ; c'est à vous de conserver ses jours ; vous le pouvez, en cédant à la volonté des communes, et le roi devra la vie à sa fidèle noblesse ».

Il répéta ces paroles, et parla de l'infernale conspiration, dans le comité qui se tint chez le roi, en présence de M. le duc de Luxembourg. Il plongea toute la famille royale dans les mêmes angoisses, dans la même frayeur ; et c'est à force d'en tourmenter M. le comte d'Artois, qu'il parvint à lui faire écrire cette funeste lettre qui détermina la noblesse à se réunir sur le champ au tiers-état.

C'étoit-là tout ce que desiroit M. Necker, c'étoit-là le seul but d'un manège dont le souvenir fait frissonner. La résistance de cet ordre l'inquiétoit ; il craignoit qu'il n'y persistât, et que sa non-réunion au tiers-état, ne frappât de nullité tout ce que feroit l'assemblée nationale qu'il vouloit bien tenir dans un état de dépendance qui lui permît de la diriger ; mais aussi à qui il vouloit donner assez de force, pour rendre nulle celle du second ordre. Il se butta contre cet obstacle, et ne trouva que ce seul moyen pour le surmonter.

Il ne fut pas même secondé, dans l'exécution de ce projet, par les députés du tiers-état, quoique l'anéantissement de la noblesse entrât dans le plan de révolution que quelques-uns d'eux avoient apporté à Versailles ; mais voyant avec quelle ardeur il adoptoit, sur ce point, leurs vues, sans les connoître, ils le laissèrent agir seul.

Il n'en fut pas de même à l'égard du clergé ; les attaques contre cet ordre furent dirigées concurremment avec M. Necker et des députés du tiers-état ; tout le plan des conjurés consista à menacer de la mort ceux de cet ordre qui ne se réuniroient pas au troisième. On ne se contenta pas de menaces à l'égard des prélats qui avoient une plus grande influence sur leur chambre ; il fut décidé de les livrer aux assassins, s'ils persistoient à ne pas vouloir se réunir. Ce fut en conséquence de cette décision, qu'un ecclésiastique même, qui étoit du nombre des conjurés, se tint un jour, à l'issue de la séance de sa chambre, à une des fenêtres qui donnoient sur la salle, et de-là désignoit, avec chaleur, à une foule de bandits, ceux de ses confrères qui avoient voté contre la réunion, et engageoit cette populace à les assaillir.

On craignoit plus particulièrement M. l'archevêque de Paris, parce qu'on savoit de quel poids seroit l'exemple d'un prélat, qui réunissoit toutes les lumières à toutes les vertus. Il fut donc résolu de l'immoler, et le genre de mort dont il devoit périr, étoit la lapidation. On n'en faisoit point mystère ; on en parloit publiquement dans la cour des menus, le 23 au soir ; quelques députés se disoient les uns aux autres, que M. l'archevêque seroit assasiné le lendemain, et le 24, on fit courir, dans la salle du tiers-état, de petits billets sur lesquels on lisoit que l'heure de l'exécution étoit changée, que *M. l'Archevêque ne seroit travaillé que le soir* ; ce sont les expressions de ces billets.

M. Coroller, député du tiers-état de Bretagne, a fait l'aveu de toutes ces horreurs ; et il y voyoit si peu de mal, qu'il a tiré vanité d'avoir eu personnellement part aux intrigues qui dévoient faire tomber la tête de M. de Juigné (1).

Le lendemain du danger que courut ce prélat, des députés du tiers-état en envoyèrent la relation dans les provinces ; et après l'avoir tracée, ils ajoutoient :

« On espère que les réflexions sérieuses que cette aventure lui fera faire, le détermineront à prendre le sage parti de se rendre dans les communes. D'autres prélats ont été vigoureusement houspillés par le peuple, qui les a forcés de jurer qu'ils obéiroient au tiers-état. Il faut bien que les saints évêques cèdent à la force de notre patriotisme ».

On a déposé, chez un officier public, quelques lettres signées par des députés du tiers-état, qui contiennent ces paroles.

C'étoit dans une espèce de souterrein de l'avenue de Saint-Cloud, que se tramoient les complots de ce genre. Les conjurés s'y réunissoient, sous la pré-

---

(1) Cailla, cailla, sennor, que todo leque se hace, se hace por su bien.

(2) Je sais que ces faits paroissent extraordinaires ; mais ils sont notoires à la cour et parmi les députés. Les preuves en seront produites à M. Necker authentiquement avec le témoignage de tous ceux à qui il s'est adressé à cette époque, qui a décidé du sort de la monarchie.

(1) Voyez la procédure du 6 octobre, déposition de M. Taillardat de Maison-Neuve, député du tiers-état d'Auvergne ; cent vingt-sixieme témoin.

sidence

sidence de M. Glezen, député du tiers-état de Rennes. Leurs principaux chefs étoient MM. le Chapelier, Sieyes, Mirabeau, Barnave, Péthion, Volney. Là, le comte de Mirabeau commença à développer le plan de révolution dont il étoit porteur ; mais il le fit avec précaution, et de manière que les députés, que je viens de nommer, furent d'abord les seuls initiés dans le secret ; encore Mirabeau leur laissa-t-il plutôt entrevoir l'ensemble du plan, qu'il ne le leur développa.

Les autres députés, qui composoient le conciliabule, ne savoient réellement pas où l'on en vouloit venir ; on choisissoit, parmi eux, les plus dociles, les plus crédules ; c'étoit les Seïde de tous ces Mahomets; on les lançoit dans le peuple, et dans l'assemblée. Au milieu de la multitude, ils échauffoient les esprits; au sein de l'assemblée, ils étoient chargés de faire la première ouverture des projets qu'on vouloit mettre à exécution. C'étoient les enfans perdus de l'armée des conjurés. On les appela, et on les appelle encore aujourd'hui les *casse cou*. Tel fut d'abord M. Coroller ; tels furent, dans la suite, MM. Bouche, le marquis de la Coste, les deux MM. de Lameth.

C'est une telle association qu'on nomma d'abord le *club breton*, et c'est le *club breton* qui a donné naissance au *club des jacobins*, à celui de 1789, à celui de *la propagande*, qui, au moment où j'écris ceci, a pour nom *cercle social*, ou *bouche de fer*. Si je voulois parler poétiquement, je dirois que ces différentes aggrégations ont été enfantées par un monstre sorti des entrailles de la terre, armé de torches et de poignards.

Le premier article, dont on convint dans ce *club breton*, fut la réunion des ordres ; mais on se donna bien de garde de laisser croire que, par réunion, on entendoit confusion. Les seuls chefs des conjurés savoient tout ce qu'on se promettoit d'obtenir de cette réunion. M. Necker lui-même ne la confondoit pas avec une confusion totale ; mais il falloit bien, qu'en accordant la double représentation, il eût en vue la réunion, car on ne pût jamais le contraindre à loger le tiers-état dans une salle particulière ; il relégua le clergé et la noblesse dans des corridors étroits, qui pouvoient à peine contenir les membres de la chambre, et il donna au troisième ordre, un emplacement où six mille personnes pouvoient être à l'aise.

Il falloit bien aussi que M. Necker eût en vue de s'aider, pour procurer la réunion, de la faveur dont il jouissoit auprès du peuple. Ce qui le prouve, c'est la vaste étendue de la salle des menus; s'il n'eût voulu, dans cette salle, que les seuls députés des états-généraux, il n'eût pas choisi un local aussi spacieux. Ce qui le prouve, mieux encore c'est l'entêtement avec lequel il vota dans le conseil pour qu'on plaçât les états-généraux à Paris, où il auroit agi plus médiatement sur la multitude. Il plaida cette cause pendant deux heures, et ne se désista de sa proposition, que parce qu'elle fut constamment rejettée à l'unanimité.

Le second article, qui fut arrêté dans le *club breton*, fut d'enterdire le roi, de se défaire de la reine, et de porter M. le duc d'Orléans, non pas à la régence, comme on le croit communément, mais à la lieutenance-générale du royaume (1). Le prince entra dans cette partie de la conspiration, et c'est tout ce qu'il sut du complot des factieux ; il y entra en tremblant.

Ici les conjurés s'égaroient : personne n'étoit moins propre que M. le duc d'Orléans à devenir usurpateur ou chef de parti. Bien loin de jouir de quelque considération, il étoit couvert du mépris de l'empire entier. Son ame, plongée dans les vices les plus abjects, étoit incapable d'aucune élévation. Des goûts crapuleux, une immoralité dégoûtante, une avarice basse, voilà tout ce qu'on connoissoit de lui ; et son cœur, englouti dans la fange de tous ces vices, pouvoit-il être susceptible de quelque sentiment généreux ? Ajoutez à cela, qu'à la moindre apparence du danger, ses nerfs se crispent, ses traits s'altèrent, l'effroi trouble ses sens. La seule vue d'un homme de bien, d'un homme ferme, le fait pâlir; il ne peut alors prononcer quatre phrases sans frissonner, sans que tous ses membres s'agitent ; il n'a même à l'extérieur aucun de ces avantages qui trompent et attirent la multitude, car son visage est hideux, et son regard farouche.

Il seconda de son mieux, dans sa chambre, ses complices, et leur fit des prosélytes; mais dès qu'il fallut montrer quelque fermeté, il laissa voir aussi qu'il étoit sans énergie, comme sans courage. Il balbutia plutôt qu'il ne lut le discours que lui avoient composé les conjurés, et duquel on attendoit un grand effet. La chaleur, ce jour là, comme je l'ai dit en rendant compte de cette séance, étoit excessive. Au milieu du discours, M. de Montrevel s'écria, *qu'on ouvre les fenêtres*. Ce cri déconcerta M. d'Orléans ; il sembla craindre quelque violence qu'il n'avoit pas prévue : il laissa échapper le papier de ses mains, tomba sur son siège, et ce fut avec tous les symptômes de la peur qu'il s'évanouit. On le transporta dans le vestibule de la chambre ; et là, quand on voulut déboutonner sa veste, pour donner plus de facilité au jeu de la respiration, on le trouva cuirassé d'une étrange manière, son corps étoit enveloppé, serré de quatre gilets, dont l'un en peau de renne. Je doute que Catilina, César ou Cromwel connussent l'usage des gilets.

Ce que je viens de révéler est bien horrible ; mais

---

(1) Les preuves de ce fait se trouveront dans la suite de cette histoire.

voici ce qui l'est peut-être encore plus ; dès que les trois ordres furent réunis, M. Necker affecta de dire à tous ceux qui ne connoissoient point le fond de toutes ces menées, et avec l'air d'un homme qui fait une confidence, que des aristocrates, c'est-à-dire, des prélats et des gentilshommes, avoient eu la perfidie d'inspirer au roi les craintes, les terreurs les plus cruelles ; qu'ils avoient osé lui insinuer qu'il existoit parmi ses fidèles communes, un parti nombreux et redoutable qui avoit la sacrilège intention d'attenter à sa vie. C'étoit rejetter sur les victimes, les forfaits de leurs assassins.

Avec cette fable, le ministre expliquoit toute la conduite de la cour, les perplexités du roi, celles de sa famille, la frayeur de M. le comte d'Artois, le service forcé des gardes du corps, l'ordre expédié à de nouvelles troupes d'approcher de Paris et de Versailles. Pour mieux accréditer ce mensonge, M. Necker, se défendoit avec chaleur, d'avoir eu aucune part à la lettre que le roi avoit écrite au clergé et à la noblesse, pour les déterminer à la réunion, quoiqu'au premier coup-d'œil cette lettre dût naturellement accroître son crédit auprès du peuple. Et lorsqu'on lui demandoit à qui donc il falloit attribuer cette lettre, il répondoit mystérieusement que le nom de l'auteur étoit un secret qu'il ne pouvoit révéler.

Si le clergé et la noblesse ne se fussent pas réunis au tiers-état, si les gentilshommes eussent opposé une résistance armée à ceux qui demandoient la réunion, l'imposture eût eu quelque vraisemblance ; mais supposer que les deux premiers ordres eussent calomnié les communes, eussent persuadé au roi, que sa vie étoit en danger, uniquement pour se contraindre eux-mêmes à une démarche qui étoit le plus grand malheur qu'ils eussent à redouter, ce n'est-là qu'une atroce folie ; et on en rencontrera plus d'une de ce genre, dans le cours de cette histoire. Autant vaudroit dire qu'un malheureux ne commet le crime que dans la seule vue de périr par le glaive du bourreau.

Le roi n'ignoroit point l'existence du *club breton*, il savoit toutes les délibérations qui s'y prenoient ; ses plus fidèles sujets lui rendoient compte de tout ; il savoit la part que le premier prince du sang avoit aux complots ; le bandeau, en un mot, n'étoit point sur ses yeux, il connoissoit tous les dangers de sa position ; sa famille en étoit instruite comme lui ;

il ne faut pas perdre de vue cette vérité qui a tant de rapport avec le rassemblement des troupes, et avec les événemens qui vont suivre.

M. Necker savoit également les vues qu'on avoit sur M. le duc d'Orléans ; il le voyoit avec complaisance, se livrer aux conjurés, parce qu'en s'y livrant, le prince affoiblissoit le pouvoir des deux premiers ordres, mais le ministre n'approuvoit pas l'élévation de M. le duc d'Orléans à la lieutenance-générale, parce qu'il ne s'attendoit point à devenir son premier ministre. Il regardoit cette élévation comme une chimère ; mais il ne s'alarmoit point en voyant le prince se laisser prendre à cette amorce. Il se promettoit de l'arrêter quand il en seroit tems, et ne doutoit pas qu'au moyen de sa popularité, il ne parvînt, quand ses projets personnels seroient accomplis, à se rendre maître et du prince et de l'assemblée nationale.

Mais ce que M. Necker ne savoit peut-être pas bien, c'est qu'il étoit souverainement abhorré dans l'assemblée entière des états-généraux.

La conduite qu'il tint à la séance qui les ouvrit, le rendit odieux et méprisable à la presque totalité des députés. Cette aversion s'accrut par le rôle vil qu'il joua, lors de la séance royale. Sa perte fut jurée par tous les partis, dans tous les conciliabules, dans toutes les assemblées particulières que formoient entre eux les députés que réunissoit une même opinion. Dès sa première séance, le *club breton* arrêta qu'il falloit chasser, de la cour, le charlatan, c'étoit l'expression par laquelle on le désignoit. Les plus modérés, seulement, votèrent pour qu'avant de le renvoyer, on tirât de lui tout ce qu'il pourroit fournir d'utile aux plans qu'on alloit exécuter, et cet avis fut adopté.

Quand on réfléchit que c'est sur-tout la crainte de perdre cette même idole, qu'on étoit convenu de briser, qui a rendu le peuple si docile aux mouvemens que lui ont imprimé les factieux, comment ne pas croire que, de tous les peuples, celui de France est le moins clairvoyant, le plus crédule, le plus facile à séduire ?

Le lecteur voit maintenant quels sont les forfaits qui ont engendré l'assemblée nationale, et déterminé la révolution ; leur manifestation va jetter un grand jour sur la suite de cette histoire.

CHAPITRE XXXIII.

Effet que produit, parmi le peuple, la réunion des trois ordres ; licence des motionnaires du Palais-Royal ; noms de ceux qu'ils désignent pour ennemis du peuple ; prétexte que donne M. le comte d'Artois aux soupçons qu'on conçoit contre les vues de la cour ; motions et placards incendiaires ; méfiance et alarmes du peuple ; découvertes qu'il fait d'un dépôt de farines ; son erreur sur les véritables accapareurs ; premiers bruits d'une contre-révolution ; effroi de la cour ; gaieté et bons mots des membres du club breton ; protestations de plusieurs gentilshommes ; portraits de MM. d'Ambly et de Sillery ; noms des bailliages dont les députés nobles firent des protestations ; impatience et débats qu'elles occasionnent ; portrait de M. Pethion de Villeneuve ; arrêté qui termine les débats sur les protestations ; hommages offerts à l'assemblée nationale ; effervescence que causent, dans Paris, les protestations des nobles ; premier acte de rébellion ; spectacle attendrissant qu'il offre au peuple de Paris ; véritables causes de la défection du régiment des gardes-françoises ; mot d'un grenadier de ce régiment à M. le duc du Châtelet ; observations sur une accusation intentée contre la cour.

Fin de Juin 1789, et du premier mois de l'interrègne.

Les trois ordres étant réunis, le calme, ce semble, devoit renaître ; car enfin, ne pouvoit-on pas dire au peuple : « Quel sujet d'inquiétude peut-il vous rester ! Tous ces desirs ne sont ils pas accomplis ? L'inaction de vos représentans vous désesperoit ; elle cesse ; leurs travaux vont commencer. On vous disoit que cette inaction prenoit sa source dans le refus des deux premiers ordres à se réunir. Cette source est tarie ; le clergé et la noblesse sont réunis avec le tiers-état dans le même sanctuaire où vont se rédiger les loix qui doivent régénérer cet empire. Que vous reste-t-il maintenant à faire, qu'attendre, en silence, les grands bienfaits qu'on s'apprête à répandre sur vous ? Bien loin de continuer à vous livrer à une agitation qui est aujourd'hui sans motifs, craignez plutôt de distraire vos députés de leurs augustes fonctions. C'est dans le plus profond recueillement, c'est dans l'absence de toutes les passions, de tous les intérêts, de tous les mouvemens, de toute impression étrangère, que des législateurs doivent remplir leur sainte mission. Un signe, un seul signe d'approbation ou d'improbation que vous donnerez à l'un d'eux, gênera les délibérations de tous, viciera leurs décrets, et au lieu de loix générales, vous n'aurez plus que des loix particulières, qui périront avec les circonstances qui les auront fait naître. Il faudroit, s'il étoit possible, que des législateurs fussent étrangers au peuple, à la société qui leur demande des loix ; et qu'après avoir rempli le ministère, ils quittassent, pour toujours, la nation qui les auroit appellés. Que sera-ce, si ayant déjà à combattre l'intérêt individuel, ils ont encore à se défendre de vos caprices, de vos passions, de vos fureurs ? Quel bien pourra sortir du sein d'une telle corruption ? Ah ! plutôt faites des vœux pour que l'esprit de concorde descende sur eux tous, pour qu'ils travaillent, sans distraction, à l'édifice dont vous desirez la construction, et attendez pour le renverser, ou la consolider, par votre consentement et vos actions de grâce, qu'il soit élevé.

Un ange fût descendu des cieux pour faire entendre ces paroles de paix au peuple françois, il n'en eût pas été entendu ; et cette réunion desirée si ardemment, cette réunion, qui avoit été le prétexte de tant de troubles, qui devoit être le signal de la paix, fut le signal de la guerre. Pour l'effectuer, on disoit qu'elle seule pouvoit empêcher le sang de couler ; et quand elle fut effectuée, le sang coula.

De l'antre, où le club de breton tenoit ses conciliabules, des émissaires se répandirent dans la capitale et dans les provinces, et semèrent par-tout l'alarme. Les lettres particulières des conjurés, et de ceux qui leur étoient dévoués, confirmoient les impostures qui se débitoient de vive voix, et c'est ainsi qu'au moment même, où la nouvelle de la réunion se répandoit, l'effervescence fut telle parmi le peuple, que le peu d'hommes sages qui observoient froidement ce qui se passoit autour d'eux, virent bien que l'instant étoit venu où il falloit absolument que l'attention de ce peuple fût portée sur un autre objet, ou que l'effervescence eût son explosion.

Dans tous les coins de la capitale, il se formoit des groupes, des assemblées, des attroupemens. La plus remarquable de ces associations étoit ce grotesque aréopage, dont j'ai parlé plus haut, qui tenoit ses assises au jardin du Palais-Royal, près du cirque, dans une salle construite avec des planches. Là, de jeunes écervelés, de véritables forcenés se réunissoient, depuis le lever, jusqu'au coucher du soleil, et laissoient entrer tout autant de spectateurs, que la salle en pouvoit contenir. Ils passoient leur tems à faire ce qu'ils appelloient des motions, à rendre des jugemens qui, pour être burlesques, n'en étoient pas moins incendiaires. Sur aucun point de la terre, on ne pouvoit parler, avec autant de licence, de ceux qui gouvernent. A la fin de chaque séance, le président invitoit la foule des spectateurs à aller signer les motions qui s'étoient faites dans le courant de la journée, et dont les originaux étoient déposés au café de Foy.

Là, des frénétiques comptoient sur leurs doigts, les prétendus ennemis de la patrie. Et d'abord, disoient-ils, deux altesses royales (Monsieur et M. le comte d'Artois); trois altesses sérénissimes (MM. le prince de Condé, le duc de Bourbon, le prince de Conti) ; une favorite (Madame de Polignac) ; MM. de Vaudreuil, de la Trémouille, du Châtelet, de Villedeuil, de Barentin, de la Galaisière, Vidaud de la Tour, Berthier, Foulon, Lefebvre d'Ammécourt, et même M. Linguet, car son nom se trouvoit aussi sur la liste de ceux qu'il s'agissoit de proscrire.

Au surplus, ajoutoient ces furieux, des deux altesses royales, nous aurons la cadette, quand nous voudrons payer les onze millions qu'elle doit. M. le comte d'Artois n'ignoroit point ces insolences ; il savoit tout ce qui se disoit, et dans le jardin, et dans l'intérieur des appartemens du Palais-Royal ; il n'ignoroit, ni les projets du *club breton*, ni la docilité avec laquelle M. le duc d'Orléans se prêtoit à leur exécution ; il ne devoit donc avoir, au fond du cœur, ni estime, ni attachement pour ce prince ; il n'en donna en public d'autre marque, que de lui retirer les gardes-suisses qui gardoient le jardin du Palais-Royal. Ce témoignage de mécontentement étoit superflu, et pouvoit être dangereux dans les circonstances. On en tira des conséquences défavorables, et au prince, et aux vues de la cour. On en conclut que les avances qu'elle sembloit faire au peuple n'étoient pas sincères, puisqu'en même tems qu'on les lui faisoit, on mortifioit le prince qui lui étoit le plus cher.

M. le comte d'Artois comprit, sans doute, qu'il n'auroit pas fallu donner ce prétexte aux soupçons, et que les conjonctures étoient trop graves pour s'occuper d'aussi petits moyens, dont le seul effet étoit d'aigrir les esprits. Il rendit bientôt après au Palais-Royal les gardes-suisses. On ne lui en sut aucun gré ; on ressentit, au contraire, une joie maligne de le voir, en quelque sorte, céder au prince qui vouloit se placer entre le trône et lui ; et on ne regarda cette nouvelle démarche, que comme un signe de foiblesse.

Pour donner une idée des motions que faisoient les fanatiques amoncelés auprès du cirque, je me bornerai à en rapporter trois : la première, qui concernoit M. d'Éprémesnil, fut débattue, pendant des heures entières, comme si le jugement qui alloit intervenir, devoit avoir son exécution. On finit par le déclarer traître à la patrie, et en ordonna qu'il seroit rayé du tableau des conseillers du parlement.

La seconde motion étoit relative à MM. les princes de Condé et de Conty. Il fut dit que n'étant à la cour, que pour y cabaler, et empêcher que le bien ne s'opérât, ils s'en tiendroient éloignés, à une distance de cent lieues.

La troisième se termina par un jugement qui ordonnoit que tous ceux qui portent le nom de Polignac, seroient envoyés dans le pays le plus pauvre de l'Auvergne, afin que les richesses qu'ils y regorgeroient, le fertilisassent.

C'est au sein de ces jeux incendiaires, c'est sur les trétaux de ces frénétiques, que se sont dressées des tables de proscription.

Des placards, affichés journellement dans presque toutes les rues, répétoient les séditieuses extravagances du Palais-Royal. C'étoit toujours au nom du peuple, qu'on parloit dans ces placards; dans l'un l'on demandoit une peine exemplaire pour M. d'Eprémesnil; dans l'autre, l'expulsion de France de MM. et mesdames de Polignac; dans un troisième, que M. l'abbé Maury fût attaché à un carcan, au milieu du Pont-neuf, et y restât, jusqu'après la tenue des états-généraux.

Telle étoit la tranquillité dont on jouissoit à Paris, au moment même, où l'on obtenoit la réunion des ordres. On ne vouloit pas croire qu'elle fût sincère, et on s'obstinoit à y voir un piège. Si nos ennemis, disoit-on, ne cherchoient pas à nous leurrer par une feinte condescendance, pourquoi toujours des hussards, des troupes étrangères, des patrouilles de gardes-du-corps? Si l'on ne vouloit pas nous opprimer, nous réduire à l'esclavage, s'environneroit-on d'une armée aussi formidable?

Ainsi tandis que d'une part, la cour pressée par les séditieux cherchoit à leur opposer une barrière, de l'autre, on trouvoit dans le rassemblement même des troupes qu'elle appeloit pour protéger le trône et les particuliers dont la vie étoit menacée, un motif pour encourager le peuple à la rébellion. Hélas! à quoi servoit tout cet appareil militaire? Les officiers généraux eux-mêmes disoit que si le roi vouloit entreprendre d'arrêter la plus indifférente des opérations de l'assemblée nationale, il ne seroit pas assuré de la fidélité d'un seul régiment.

On ne manquoit pas non plus, pour entretenir le mécontentement, de faire remarquer que le roi avoit reçu la députation de la minorité du clergé et de la majorité de la noblesse, et n'avoit point encore reçu celle de l'assemblée nationale, qui avoit pour objet de lui demander de laisser l'entrée des états-généraux libre.

La crainte d'être dévoré par la famine, fortifioit aussi le peuple dans la disposition où il étoit de se révolter au premier signal. Que lui importoit, en effet, que les ordres fussent réunis, s'il devoit périr par la faim? On lui faisoit entendre que cette armée de soldats, qui inondoient la capitale, étoit bien moins redoutable pour lui que celle des accapareurs; et comme il n'étoit pas naturel qu'il vît ses assassins parmi ses amis, il ne manquoit pas de les trouver parmi ceux qu'il appelloit aristocrates.

La difficulté qu'il éprouvoit à se procurer du pain, étoit, déjà pour lui, une preuve assez sensible qu'il devoit, en effet, se faire sur les grains un infâme monopole. Pour qu'il ne lui restât, sur l'existence de ces monopoleurs, aucun doute, on répandit tout-à coup le bruit que les carrières, qui sont aux environs de Paris, recéloient une quantité immense de bled. Le peuple s'y transporta, et après beaucoup de recherches, il trouva, en effet, une quantité de farines suffisante pour en charger cinquante-cinq voitures, qui furent portées en triomphe à la halle.

Dans le même tems, des gens qui se dirent habitans et députés de la ville de Clairvaux, publièrent que la riche abbaye de ce nom regorgeoit de grains, que des accapareurs y avoient déposé, et qu'ils venoient dénoncer ce dépôt aux états-généraux.

L'existence des monopoleurs ne pouvoit donc pas être douteuse pour le peuple, et persuadé qu'il ne devoit cette calamité qu'aux prélats et aux nobles, il leur supposoit sérieusement l'intention de l'affamer. S'il n'eût pas été étourdi, égaré, enivré par les séditieux, une seule réflexion lui eût suffi pour trouver ses véritables ennemis. Il eût considéré qu'il n'y avoit, dans le royaume, qu'un seul homme qui pût, à son gré, ouvrir ou tarir les sources de l'abondance, que cet homme ne pouvoit se trouver ni parmi les ecclésiastiques, ni parmi les religieux, ni parmi les nobles; puisque les ordres d'aucun d'entr'eux n'eussent été respectés, et que tout ce qu'ils eussent tenté à cet égard, eût été découvert par celui qui tenoit les rênes du gouvernement. Le peuple, dis-je, eût considéré que le seul homme qui pouvoit, à sa fantaisie, diriger les opérations sur les grains, étoit M. Necker. Sans même le rendre responsable des manœuvres qui menaçoient le peuple de la famine, il devoit du moins paroître étrange qu'il n'en connût pas les auteurs; et s'il les connoissoit, qu'il n'en fît pas faire une justice exemplaire. J'aime à revenir sur cette réflexion, que j'ai déjà présentée, parce qu'il importe au lecteur de ne pas perdre de vue que les menées qui se sont faites sur les grains, et qui, plus que toute autre intrigue, ont déterminé le peuple à l'insurrection, n'ont pu se faire sans la participation, ou tout au moins sans le consentement tacite de celui qui ne pouvoit ignorer quels étoient ceux qui s'en rendoient coupables.

Comment ce peuple, avec d'aussi funestes préventions contre les ecclésiastiques et les nobles, auroit-il pu conserver, pour eux, quelque sentiment de justice? Comment, sur-tout, étant convaincu qu'il s'étoit formé une conspiration, non-seulement contre sa liberté, mais encore contre sa vie, n'auroit-il pas haï, avec fureur, ceux qu'on lui disoit être les chefs de cette conspiration?

Cette haine éclatoit sans contrainte. M. le prince de Conti s'étant présenté à l'Opéra, dans les premiers jours de la réunion, fut accueilli avec d'insolentes clameurs, et pour mettre fin à cet indécent tumulte, il fut obligé de se retirer.

Ce qui prouve à quel point le peuple étoit aveuglé, c'est qu'il s'effrayoit de cette quantité de soldats avec lesquels il se confondoit familièrement, et qu'il savoit être bien plus disposés à seconder qu'à contrarier ses mouvemens. Dans la crainte cependant qu'il ne se rassurât sur les témoignages de dévouement qu'il en recevoit, et pour substituer, à cet épouvantail, un autre objet de terreur, on lui fit peur d'une autre armée, on lui parla de quarante mille espagnols, et de plusieurs régimens de Savoie qui devoient fondre, au premier moment, sur la France, et qui seroient commandés par M. le maréchal de Broglie. Ainsi la révolution étoit à peine commencée, et déjà on parloit de contre-révolution ; ainsi, dans ces jours de délire, le peuple parisien a cru, avec une facilité qui tient du prodige, aux mensonges les plus grossiers, et il y fixa son imagination avec une opiniâtreté qu'on pourroit presque appeller stupide, car cette absurde fable d'armées étrangères, rôdant autour de nos frontières, et toujours prêtes à nous engloutir, est encore aujourd'hui en crédit.

Si les terreurs qu'on avoit inspirées au peuple, n'avoient pour fondement que des chimères, il n'en étoit pas de même de celles que la cour avoit conçues. Les attentats contre M. l'archevêque de Paris, les conciliabules du club breton, les menées de la faction d'Orléans, l'insubordination des troupes, les signes de rebellion qui se manifestoient dans Paris, la difficulté de modérer, de diriger l'opinion qui entraînoit tout, répandoient parmi les courtisans, parmi les ministres, au sein de la famille royale, un véritable effroi. Les scènes qu'on venoit de voir étoient terribles, et on ne se dissimuloit pas qu'elles en présageoient de plus terribles encore. Tout, autour du roi, étoit dans l'engourdissement. Les comités n'avoient plus lieu, le conseil ne tenoit plus de séances. La consternation avoit glacé tous les cœurs, et MM. l'abbé Maury et d'Eprémesnil, qu'on n'accusera pas de peu de courage, furent eux-mêmes dans l'abattement.

La réunion ne produisoit pas les mêmes effets parmi les membres du club breton ; ils connoissoient tout l'avantage qu'elle leur donnoit ; aussi, bien loin de se laisser décourager comme la cour, ou de se livrer à de fausses alarmes comme le peuple ; ils se félicitoient entr'eux de leur premier succès, et eux seuls, peut-être en France, connoissoient encore la gaieté. Ils plaisantoient de cette réunion ; et pour la caractériser, ils avoient recours à ces jeux de mots, à ces calembourgs qui, quelques mois auparavant, étoient si fort en vogue dans les cercles de Paris, faisant allusion à la lettre du roi, à laquelle les ecclésiastiques et les nobles avoient obéi, en se rendant dans la salle commune, ils disoient : « *la noblesse et le clergé* sont tellement attachés à la délibération *par ordre*, qu'ils ne se sont réunis aux communes, que *par ordre* ».

Cette plaisanterie n'étoit qu'innocente ; mais celle qu'on se permettoit sur les dangers qu'avoient couru des membres des deux premières chambres, étoit atroce, et fournit une nouvelle preuve de la réalité des meurtriers complots qui avoient été formés. « Les ecclésiastiques et les nobles, disoit-on, se sont hâtés de délibérer *par tête*, de peur d'être réduits à délibérer *sans tête* ».

La séance où cette réunion s'étoit effectuée, avoit été paisible ; on attribuoit cette tranquillité au petit nombre de députés du tiers-état qui se trouvoit alors dans la salle. Mais on s'attendoit que la suivante seroit orageuse ; on craignoit qu'il ne s'élevât de violens débats entre le troisième ordre et ceux des deux premiers, nouvellement réunis. Ils arrivèrent successivement, et lorsqu'ils eurent tous pris place, M. Bailly les invita à communiquer leurs pouvoirs. Ils ne refusèrent point cette communication ; mais avant de la faire, plusieurs dirent qu'ils avoient des protestations à déposer sur le bureau, qu'ils demandoient qu'il leur en fût donné acte, et qu'elles fussent inscrites sur le registre de l'assemblée.

Au même instant un gentilhomme du Poitou lut, au nom de ses co-députés, la déclaration suivante :

« Les députés de la noblesse du Poitou, forcés par leurs mandats impératifs, de ne jamais se départir de la délibération par ordre, déclarent qu'ils ne peuvent participer en rien aux délibérations de cette assemblée, jusqu'à ce que leurs représentans ayent pesé, dans leur sagesse, s'ils jugent convenable de leur donner de nouveaux pouvoirs, et jusqu'à l'obtention de nouvelles lettres de convocation ».

« Ils font toutes réserves contre les délibérations qui pourroient être prises dans l'assemblée ».

Cette première protestation fut suivie de celle de M. le Baron de Montagu, conçue en ces termes :

« On ne marchande pas avec l'honneur ; je parle aux représentans de la nation françoise : qui mieux qu'eux peut juger du point d'honneur ? »

« Mes commettans n'ont envoyé vers vous pour les soumettre à l'égalité des charges, pour renoncer à leurs priviléges pécuniaires ; mais ils m'ont astreint, ils m'ont enchaîné à la délibération par ordre ; ils révoquent même tous mes pouvoirs, dans le cas où je ne soutiendrois pas, de toute ma force, cet article de mes cahiers. Il faut être d'accord avec sa conscience ».

On ne conçoit pas comment on pouvoit faire un crime à des hommes liés par de tels pouvoirs, de ne pas s'empresser de violer l'engagement sacré qu'ils avoient pris d'y rester fidèles.

La protestation de M. de Caylus, député du bailliage de Saint-Flour, ne fut pas moins énergique : il énonça, avec franchise, son sentiment personnel. « Je déclare, dit-il, regarder la vérification commune, tenant à l'opinion par tête, contraire aux droits de la noblesse ; en conséquence je ne peux prendre aucune part aux délibérations de l'assemblée, jusqu'à ce que mes commettans m'aient donné de nouveaux pouvoirs ».

M. le comte de Montfort adhéra à cette protestation, et M. le marquis d'Ambly en fit une semblable.

On conçoit que les membres de la minorité de la noblesse ne devoient guère être satisfaits de toutes ces lectures; elles étoient autant de reproches adressés à ceux à qui les mêmes motifs auroient dû engager à rester unis à leur ordre, jusqu'au dernier moment. Aussi, personne d'entre les membres de la minorité n'osoit interrompre les lectures; une religieuse confusion tenoit leur langue enchaînée. Mais un homme qui ne rougit pas aisément, M. le marquis de Sillery, rompit enfin le silence. Député, comme M. d'Ambly, de la noblesse de Champagne, il lut ses pouvoirs, et ajouta:

« D'après cette lecture, l'assemblée voit bien que la noblesse de Champagne donne une liberté entière d'adopter toute loi proposée *par les états-généraux*. Ces mandats ne sont impératifs que sur la constitution. Je suis *tout aussi délicat* que M. d'Ambly, et si mon mandat eût été impératif, je l'aurois rempli avec une aussi grande exactitude que M. d'Ambly ».

M. d'Ambly n'avoit pas dit que son mandat, sur les délibérations par ordre, fut impératif; mais puisque, de l'aveu de M. de Sillery, M. d'Ambly avoit été envoyé aux états-généraux, et qu'il se trouvoit actuellement membre de l'assemblée nationale, il se devoit à lui-même de consulter ses commettans, pour savoir s'ils agréeroient cette métamorphose, et s'ils ne penseroient pas, comme lui, qu'elle étoit contraire aux droits de la noblesse.

A qui, d'ailleurs, convenoit-il moins qu'à M. de Sillery, de disputer de délicatesse avec M. d'Ambly, avec ce preux chevalier, ce vieux et respectable guerrier qui s'est si bien peint lui-même dans ce peu de mots:

« Elevé depuis l'âge de douze ans dans les camps, je ne sais point faire de phrases; mais je sais faire autre chose ».

M. d'Ambly, en effet, sait faire autre chose: il sait conduire ses pareils et ses soldats dans le chemin de l'honneur; il sait que flatter les princes, est une bassesse, et que flatter le peuple, est une atrocité; il sait donner de sages conseils à ceux qui s'égarent, et tel est celui qu'il a donné à l'assemblée, sur le danger d'armer le peuple, conseil qui a été si mal suivi, et qu'il avoit appuyé de l'exemple de l'Angleterre, où les propriétaires seuls d'un fond de cent guinées, peuvent porter un fusil. M. d'Ambly, enfin, sait être fidèle à l'amitié; il n'est pas un homme de bien qui ne conserve, gravé dans son cœur, le discours par lequel il a si bien défendu l'honneur et la probité de M. de Lautrec, son frère d'armes; discours touchant où tout respire la candeur, la loyauté, la franchise, et qui honore les deux amis.

M. de Sillery, qu'on appelloit autrefois M. de Genlis, avoit paru, sous l'un et l'autre nom, si peu jaloux de faire croire à sa délicatesse, que chacun s'étonna de le voir membre des états-généraux. Peut-être, pour tracer son portrait avec fidélité, faudroit-il emprunter des traits absolument opposés à ceux qu'à employés M. d'Ambly pour se peindre lui-même; car M. de Sillery sait faire des phrases, et ne sait rien faire autre chose. Encore ses phrases ne sont-elles pas bien faites, et quand il les lit, on s'apperçoit qu'il les liroit beaucoup mieux, s'il les eût construites lui-même. La manie de s'approprier les conceptions d'autrui, lui est commune avec son épouse, et comme elle, il ne montre pas un grand discernement dans le choix de ceux dont il adopte les productions.

Madame de Sillery, galante dans sa jeunesse, éprise, dans un âge plus mûr, de la folle vanité de mettre son nom aux bagatelles que lui composoient les écrivains qu'elle admettoit à sa toilette et à sa table, enfoncée aujourd'hui dans les intrigues des clubs, a toujours eu cette soif de célébrité qui semble incompatible avec la modestie et les devoirs de son sexe, car, suivant le mot d'un ancien, la femme la plus vertueuse est celle dont on parle le moins.

Lorsqu'elle unit sa destinée à celle de M. de Sillery, elle en étoit parfaitement connue, mais il faisoit alors moins profession de délicatesse que de dévouement aveugle aux volontés du prince dont il étoit la créature. Le prince ordonna cette union, et M. de Sillery obéit. L'ame de ce gentilhomme, qui ne cesse aujourd'hui de nous parler de liberté, semble avoir été façonnée pour l'esclavage. Son ton, ses manières, sa contenance, ses habitudes, ses goûts, et jusqu'aux inflexions de sa voix, tout est d'un esclave. On l'a toujours vu se traîner, avec une stupide complaisance, sur les pas de M. d'Orléans, et se faire distinguer parmi les courtisans de ce prince, par la dégoûtante flatterie avec laquelle il n'a cessé, et ne cesse de caresser ses erreurs et ses vices.

Tel est le gentilhomme qui vouloit disputer avec M. d'Ambly, de délicatesse; il n'en reçut aucune réponse; et la lecture des protestations ne continua pas moins. Un député de la noblesse du Nivernois exposa que son mandat étoit impératif, et dit qu'il n'avoit pas besoin d'annoncer qu'il y seroit fidèle; que l'opinion qu'il avoit conçue de la probité de tous les membres de l'assemblée lui étoit garante, en quelque sorte, de la sienne, et enfin que l'on ne transigeoit point avec sa conscience, ni avec un serment. « Mais, ajouta-t-il je retournerai vers mes commettans, je leur demanderai des pouvoirs plus étendus, et je me hâterai de venir ensuite m'éclairer dans cette auguste assemblée. C'est à vous, messieurs, à peser, dans votre sagesse, quelle mesure doit avoir, dans vos délibérations, une partie de la nation qui va encore se trouver assemblée ».

Les députés nobles d'Amiens déclarèrent que jusqu'à ce que les nouveaux mandats qu'ils attendoient de leurs commettans, fussent arrivés, ils conserveroient voix consultative.

M. le Pelletier de Saint-Fargeau, député de Paris, lut une déclaration semblable, et la conçut avec une modération qui lui concilia tous les esprits.

Celle que présenta la noblesse du bailliage de Carcassonne, ne différoit en rien des deux dernieres, quant au sens, mais elle étoit beaucoup plus étendue, et contenoit des principes sages sur l'utilité du droit de veto, relativement aux loix constitutionnelles de la monarchie.

Les députés de la noblesse de Brest dirent, que liés par un serment rigoureux à la forme ancienne et constitutionnelle des états-généraux, ils ne s'étoient rendus dans la salle que par l'invitation que leur en avoit faite sa majesté; et ils ajoutèrent, qu'ils persistoient dans la délibération par ordre, jusqu'à la réception de nouveaux pouvoirs.

Les gentilshommes du Périgord déclarèrent, qu'ils ne pouvoient participer en rien aux délibérations qui seroient prises autrement que par chacun des trois ordres séparément.

Les autres députations nobles qui protestèrent, furent celles des bailliages de Verdun, du Berry, d'Evreux, du Bigorre, Bas-Limousin, Basse-Marche, Bourgogne, Castelmoron, Besançon, Nemours, Coutances, Limoux, Bugey, Sezanne, la Rochelle, Rhodez, Couserans, Marches Communes du Poitou et de Bretagne, Rivière-Verdun, Toulouse, Castelnaudary et Amont. Comme il s'étoit élevé une difficulté entre les députés de ce dernier bailliage, un d'eux, dont les pouvoirs n'étoient pas moins contestés que ceux de ses co-députés, protesta contre la qualité que prenoient ces derniers, et sans doute pour se rendre favorable la majorité, il les invita à s'en rapporter, comme lui, au jugement de l'assemblée, sur le différent qui les divisoit.

Des gentilshommes d'autres bailliages voulurent lire à leur tour la protestation qu'ils avoient rédigée; mais il s'éleva un murmure d'impatience, qui les en empêcha. Une telle lecture étoit, sans doute, bien insipide, et causoit une perte de tems considérable; mais l'ennui qu'elle provoquoit n'étoit pas une raison pour la rejetter, et l'on pouvoit obvier à la perte du tems, en ordonnant, en général, l'impression et l'insertion au procès-verbal, de tous ces actes.

MM. Pethion de Villeneuve, et Salomon furent les premiers à témoigner leur impatience de cette lecture; ils prétendirent qu'elle étoit inutile, parce qu'il s'agissoit uniquement de vérifier des pouvoirs, et qu'avant d'entendre lire des protestations, il falloit connoître et avoir vérifié les pouvoirs qui les déterminoient, cette vérification pouvant seule donner à connoître si l'on avoit qualité pour protester. Ils en disoient autant des pouvoirs limitatifs; il n'étoit pas possible, selon eux, de savoir s'ils étoient impératifs, avant de les avoir connus et vérifiés.

M. Salomon n'a pas beaucoup marqué dans les états-généraux, quoiqu'il ait été une fois secrétaire, et qu'il soit aujourd'hui membre de trois comités, de ceux des archives, des droits féodaux, de vérification, et inspecteur des secrétariats; mais M. Pethion de Villeneuve, avocat et député de Chartres, n'ayant cessé, jusqu'à présent, d'occuper de lui l'assemblée et le public des tribunes, je dois en faire une mention particulière. Il a, par-dessus M. Salomon, d'avoir présidé de l'assemblée, et d'être membre de comités plus importans encore: il a été aggrégé au comité diplomatique, pour l'affaire d'Avignon, et à celui de revision des décrets.

Par quels titres M. Pethion a-t-il justifié l'opinion qu'il semble avoir inspirée de sa capacité à la majorité de l'assemblée, et les applaudissemens dont on le couvre, chaque fois qu'il parle? Il seroit difficile de le dire. C'est le plus grand discoureur de l'assemblée; il ne bouge de la tribune, et y disserte longuement, sur quelque matière que ce soit. Il a traité tous les sujets, les droits de l'homme, du citoyen, des nations, les emprunts, l'intérêt de l'argent, la sanction, la permanence et l'unité du pouvoir législatif, son organisation, la police, l'origine des biens ecclésiastiques, leur emploi, les impôts, le papier-monnoie, le culte divin, les propriétés, la circulation, la banque, l'éducation publique, le commerce, la traite des négres, en un mot, M. Pethion sait tout et parle de tout. Il disoit un jour à l'assemblée: « Les campagnes sont arides; les propriétaires sont ruinés; l'agriculture languit; votre commerce a péri ». Quelqu'un s'écria, aussi-tôt: *habemus confitentem reum*. Sans se déconcerter, M. Pethion continua: « Je me suis occupé, sans relâche, à chercher des remèdes pour d'aussi grand maux ».

Pour le dire en deux mots, M. Pethion parle, mais uniquement pour parler; et personne ne prouve mieux que lui, que quiconque sait tout, ne sait rien. Il n'a jamais produit une pensée remarquable; il n'est cependant pas dépourvu d'esprit; mais de toutes les idées qu'il dévelope, avec une prolixité à laquelle la durée même d'une séance, ne peut bien souvent mettre des bornes, il adopte toujours celles qui lui paroissoient le plus paradoxales. La facilité qu'il a à improviser et à s'énoncer en termes qui n'ont rien d'impropre, eût pu le conduire à quelque succès, s'il eût su se convaincre qu'avant de disserter, il faut avoir étudié; et jamais il ne médite, il ne creuse aucun des sujets qu'il traite. Sa diction, sans être désagréable, n'a rien de gracieux; son éloquence est sans mouvement, sans couleur; jamais il ne s'échauffe, il ne se passionne, et c'est

toujours

toujours avec une froide et inaltérable tranquillité, qu'il débite ses longues harangues.

Il a commencé aux états-généraux, comme M. Target; comme lui, il s'est élancé dans la carrière, avec l'intrépidité d'un homme dont la tête seroit meublée de toutes les sortes de connoissances; mais moins sage que M. Target, non-seulement il n'a pas su faire retraite, il n'a pas même eu assez d'amour-propre pour comprendre que l'orateur, doué du plus beau génie, ne doit pas se tenir, sans cesse, sous les yeux du public, et M. Pethion eût-il réuni tous les talens qu'il croit posséder, on lui auroit encore reproché d'avoir abusé de la tribune.

Lorsqu'il eut énoncé son opinion sur l'inutilité des protestations, M. de Toulongeon lui répondit ainsi: « le salut de l'état est la loi générale, c'est à l'autorité légitime à détruire les obstacles dans l'état actuel. Quant aux pouvoirs impératifs, l'assemblée examinera un jour si l'on peut en donner; mais cette loi n'est pas faite; les choses sont dans l'état ancien qui a permis les pouvoirs impératifs. Il faut donc prendre les choses sur l'état ancien; et, dans tous les cas, il est impossible de refuser aux députés de la noblesse, de se justifier vis-à-vis de leurs commettans, et de faire des actes et des protestations sur cet objet ».

Cette dernière raison étoit sans replique: les gentilshommes, en remettant leurs pouvoirs à l'assemblée, reconnoissoient son existence; ils avouoient qu'elle avoit eu droit de se constituer en assemblée nationale, et de prendre les délibérations par tête. Ceux donc qui se croyoient empêchés, par leurs mandats, de délibérer ailleurs que dans les états-généraux, et autrement que par ordre, devoient accompagner d'une protestation la remise de leurs pouvoirs. Si non, leurs commettans eussent eu le droit de leur dire: « pourquoi avez-vous remis vos pouvoirs à une assemblée qui n'est pas celle des états-généraux, où nous vous avons envoyés, et où, contre notre vœu, on délibère par tête »?

M. de la Borde de Mereville, jeune homme impatient d'acquérir de la réputation, et qui, pour arriver à la célébrité, s'aidoit des conseils du comte de Mirabeau, qu'on accusoit de lui composer ses motions, voulut aussi parler sur cette matière; il avança que l'assemblée étant définitivement juge de ces difficultés, on ne pouvoit protester, d'avance, contre les jugemens de l'assemblée. M. de la Borde n'entendoit pas l'état de la question: il s'agissoit de protester, non pas contre les jugemens de l'assemblée, mais contre ce qui pourroit porter atteinte au vœu, jusqu'à présent, manifesté des commettans.

M. Rabaud de Saint-Etienne avança une absurdité plus grande encore: il dit que les députés nobles ne pouvoient pas protester, parce qu'il n'y avoit pas encore de députés nobles; ceux qui se disoient tels, n'ayant point fait vérifier leurs pouvoirs. C'est-là une de ces subtilités du barreau, qui n'ont que trop souvent tenu lieu de raisons dans l'assemblée nationale. Il suffisoit que les gentilshommes, qui protestoient, se crussent députés, pour que leur conscience leur imposât la loi d'obéir aux instructions de leurs commettans.

Enfin, M. Target pensa qu'on ne pouvoit pas plus rejetter les protestations que les pouvoirs, mais qu'il falloit renvoyer ceux-ci au comité chargé de ce travail, et laisser les autres entre les mains des secrétaires, ajoutant que l'assemblée statueroit sur ces protestations, lorsque les pouvoirs auroient été vérifiés. On adopta cet avis, et il intervint l'arrêté suivant; car l'assemblée ne décrétoit pas encore.

« L'assemblée nationale a arrêté que les pouvoirs remis sur le bureau par MM. du clergé et de la noblesse, nouvellement réunis, seront portés au comité de vérification pour l'examen, et le rapport en être fait à l'assemblée ».

« Qu'à l'égard des actes remis sur le bureau, par quelques membres du clergé et de la noblesse, ils demeureront entre les mains des secrétaires, pour, après la vérification des pouvoirs, être avisé par l'assemblée ce qui conviendra ».

Ainsi finit, pour le moment, cette querelle. Elle avoit été précédée d'un double hommage, offert à l'assemblée, l'un par les communes de Montcontour, en Bretagne, l'autre par les officiers municipaux de Langres. Comme ces témoignages se reproduiront souvent, qu'ils ont été regardés comme une sorte d'adhésion aux travaux de l'assemblée, et que je me propose de montrer, lorsqu'il en sera tems, de quel poids devoient être ces sortes d'adhésions, je n'en omettrai aucune.

L'hommage présenté par les communes de Montcontour, étoit renfermé dans une lettre, dont l'adresse portoit: « A M. Bailly, président de l'assemblée nationale, à Versailles ». En voici le contenu:

« Monsieur, les communes de Montcontour, en Bretagne, apprennent que les représentans du peuple françois aux états-généraux, se sont constitués en assemblée nationale, le 17 de ce mois, et qu'ils ont pris, le même jour, différens arrêtés sur des objets de la plus haute importance ».

« Toutes ces opérations, fruits du zèle, des lumières et du patriotisme, dont les dignes représentans de la nation sont animés, ont répandu, dans les communes de Montcontour, la joye la plus parfaite ».

« Nous soussignés, nous empressons, Monsieur

R

de témoigner, par votre organe, à l'assemblée nationale, les sentimens de satisfaction et de reconnoissance dont elles sont, comme nous, le plus vivement pénétrées. Nous espérons, Monsieur, que vous voudrez bien offrir, de notre part, à cette auguste assemblée, ce foible, mais bien sincère témoignage de notre vénération pour elle ».

Signé, les commissaires des communes de la ville de Montcontour.

Les officiers municipaux de Langres envoyèrent une députation, qu'on transforma en députation du bailliage de Vermandois, car c'est de ce nom, que l'appelèrent tous les journalistes. Son orateur s'exprima ainsi :

« Vous avez pris le caractère qui seul convient à la dignité de la nation et aux droits du peuple nombreux que vous représentez ».

« Vous avez inspiré le plus touchant intérêt, en les défendant avec ce courage inébranlable, qui a semblé s'accroître au milieu des orages ».

« Pénétrés de respect, d'admiration et de reconnoissance, les officiers municipaux de la ville de Langres, chef-lieu du bailliage de Vermandois, supplient cette auguste assemblée de recevoir les témoignages de leur gratitude dans un acte qu'ils osent vous présenter ».

« Permettez-nous, messieurs, de le déposer sur le bureau ; heureux, en ce moment, d'avoir été choisis, par nos concitoyens, pour être leur organe, et vous féliciter d'une union qui fait leur salut public ».

Telle fut cette séance du 30 juin, qui, comme on voit, se passa plus paisiblement qu'on ne s'y étoit attendu ; mais dès qu'on en sut les détails à Paris, les orateurs du Palais-Royal crièrent que tout étoit encore une fois perdu ; que les nobles protestoient contre la vérification des pouvoirs en commun, et que le désordre alloit recommencer. On regarda ces protestations comme des attentats contre la liberté de la nation, comme une nouvelle preuve de la conspiration des nobles contre le tiers-état.

Dans la soirée de cette même journée du 30 juin, il se passa un événement qui montra, d'une manière peu équivoque, la disposition où se trouvoient et le peuple et les soldats.

Un commissionnaire, sur les six heures et demi du soir, se présenta au café de Foy, un des plus fréquentés du Palais-Royal, et jetta une lettre au milieu de la foule qui le remplissoit. On ramassa à la hâte la lettre ; on la lut. Elle étoit écrite par onze soldats du régiment des gardes françoises que leurs officiers avoient fait mettre dans les prisons de l'abbaye de Saint-Germain, pour un délit dont on n'a jamais bien donné les détails. Les journalistes qu'on nomme démagogues, n'ont pas manqué d'écrire qu'ils étoient détenus dans cette prison, pour avoir refusé de faire feu sur le peuple, c'est-à-dire, sur les malheureux dont M. l'archevêque de Paris fut assailli. Le fait est absolument faux ; car, dans les mouvemens les plus tumultueux du peuple de Versailles, jamais un ordre de cette nature ne fut donné aux troupes, et s'il eût été donné, il seroit assez singulier que onze soldats seulement l'eussent reçu.

Il est plus vraisemblable qu'emportés trop loin par le fanatisme du moment, ils avoient même refusé d'aider à dissiper les attroupemens. Des témoins oculaires m'ont assuré qu'en effet, lorsque la maison de la mission, où demeuroit M. l'archevêque de Paris, fut investie par des gens du peuple, quelques gardes françoises refusèrent de venir la protéger.

La lettre des onze prisonniers étoit conçue de manière qu'ils donnoient à entendre clairement qu'ils étoient victimes de leur patriotisme, et ils apprenoient à ceux, entre les mains de qui elle devoit tomber, que, dans la nuit même, ils seroient transférés à Bicêtre, *lieu*, disoient-ils, *destiné à de vils scélérats, et non à de braves gens comme nous*. Un jeune homme, ayant lu cette lettre, sortit du café, monta sur une chaise, et adressa ces paroles à la multitude qui l'écoutoit :

« Messieurs, les braves soldats qui ont épargné, à Versailles, le sang de nos concitoyens, sont détenus à l'abbaye, et, si nous n'allons pas les délivrer, peut-être dans quelques heures, ils n'existeront plus ».

Cette courte harangue produisit tout l'effet que pouvoit desirer celui qui la prononça. Plusieurs voix y répondirent par ces mots : *avant trois quarts-d'heures, nous vous les ramenerons*. A l'Abbaye, à l'Abbaye, s'écrièrent alors unanimement tous les auditeurs. Aussitôt plusieurs jeunes gens, différemment armés, se mirent en marche. Des soldats qui se trouvoient là, se présentèrent pour l'expédition ; mais les bourgeois refusèrent leur office, et témoignèrent qu'ils étoient trop heureux de donner cette légère marque de reconnoissance à un régiment qu'ils aimoient.

La troupe, en sortant du Palais-Royal, n'étoit d'abord que d'environ deux cents hommes, tous de la classe de la bourgeoisie ; ils marchoient avec une ardeur incroyable. Ce petit corps se grossit sur la route, d'abord de quelques ouvriers qui prirent, en passant chez un marchand, des instrumens de fer propres à leur expédition. Insensiblement cette troupe s'accrut, au point qu'en arrivant à la porte de la prison, elle étoit de plus de quatre mille hommes. Les soldats dont les rues de Paris étoient pleines, ne firent aucun mouvement pour arrêter sa marche.

« Le premier guichet fut bientôt enfoncé ; les coups redoublés de hache et de maillet, dont on frappoit les portes de l'intérieur, retentissoient au loin, et dominoient le bruit que faisoit, par ses cris, la foule immense qui environnoit la prison. On étoit parti du Palais-Royal à six heures et demie ; à huit heures et demie la place se trouva prise, et les prisonniers furent libres. Comme ils sortoient, une compagnie de dragons arriva bride abattue, et le sabre à la main ; elle étoit immédiatement suivie d'une compagnie de hussards, tenant aussi leur arme à la main. Le peuple saisit les rênes des chevaux, et les cavaliers mirent au même instant leur sabre dans le fourreau ; ils ôtèrent même leurs casques en signe de paix ; on leur apporta du vin, et ils burent cordialement à la santé du roi et de la nation.

On ne se contenta pas de briser les fers des onze gardes-françoises ; on délivra, avec eux, tous leurs camarades d'infortune, qui furent conduits en triomphe au Palais-Royal. On distinguoit, parmi eux, un vieux militaire qui, depuis plusieurs années, étoit renfermé dans la prison de l'Abbaye ; cet infortuné avoit les jambes extrêmement enflées, et ne pouvoit que se traîner. On le mit sur un brancard, et des bourgeois le portèrent. Accoutumé, depuis tant d'années, à n'éprouver que la rigueur des hommes, tant de prévenance lui causa une vive émotion : « Ah ! messieurs, s'écrioit ce malheureux vieillard, si je ne meurs pas de joie, je mourrai de l'impression du grand air et de la lumière, dont j'ai perdu l'habitude ».

La longueur des détentions est un vice dans tous les gouvernemens ; rien n'est plus cruel que d'ensevelir un homme vivant dans un tombeau. Il seroit tems de substituer, à ce supplice, une peine plus utile pour la société. Les angoisses que souffre un homme, au fond d'un cachot, sont perdues pour l'exemple ; et si le public vient à en être témoin, il ne peut éprouver d'autre sentiment que celui de la pitié.

Le spectacle de ce captif infirme, porté sur les épaules des bourgeois, au milieu d'autres prisonniers, fit verser des larmes d'attendrissement à tous ceux qui en furent témoins. Tout ce cortège étant arrivé au Palais-Royal, on dressa une table dans le jardin ; on y fit asseoir tous les prisonniers, et on leur servit toutes sortes de rafraîchissemens. On disposa ensuite des lits de camp dans la salle de spectacle des Variétés, et ces prisonniers y passèrent la nuit, sous la protection de leurs libérateurs, qui gardèrent les portes de la salle. Le peuple accouroit en foule pour voir les soldats ; ils se montroient, témoignoient leur reconnoissance, et recevoient mille applaudissemens.

Le soir, on illumina la rue où se trouve la prison de l'Abbaye Saint-Germain ; et pendant toute la nuit, cette rue fut une promenade où des bourgeois, des dragons, des hussards se félicitoient mutuellement de la délivrance des prisonniers, et ne cessoient de frapper les airs des cris de *bravo*, *vive la nation*.

Tout, dans cet événement, se passa avec plus de tranquillité qu'on ne devoit en attendre d'une troupe de jeunes gens sans chefs, et livrés à leur seule impulsion ; ils ne firent pas couler une goutte de sang, et il est remarquable qu'en violant des loix nécessaires et précieuses à la tranquillité publique, on se piqua de montrer de l'amour pour l'ordre et la justice. Tous ces jeunes gens, en effet, étant arrivés au Palais-Royal, avec les prisonniers, et ayant appris, de quelques-uns de ceux-ci, qu'un d'entr'eux étoit prévenu d'un délit grave, ils le firent reconduire en prison, en disant qu'ils vouloient protéger le malheur et non le crime.

A l'exception, en un mot, du seul particulier à qui on enleva quelques instrumens nécessaires pour enfoncer les portes de la prison, aucun citoyen n'eut à se plaindre de ce mouvement. Il n'en étoit pas moins déplorable ; on ne pouvoit le regarder que comme le premier acte de la rébellion, car c'est une véritable insurrection et contre l'état, et contre son chef, d'arracher tumultuairement à leurs fers, des hommes qui sont censés y être retenus en vertu d'ordres émanés d'une légitime autorité.

Ce n'étoit point ici l'attentat d'une vile populace ; les coupables, par l'éducation qu'ils avoient reçue, devoient en connoître toute l'énormité ; et plus ils avoient mis de sang-froid et de tranquillité dans cette démarche, plus on avoit à redouter ce que pourroit une troupe considérable de bourgeois, qui agiroit avec cette circonspection, et qui auroit des chefs.

Mais ce qui étoit plus propre encore à ajouter aux alarmes qu'un tel événement devoit inspirer à la cour, c'est que les soldats qu'elle avoit mandés pour protéger Paris, en avoient été témoins, et qu'ayant pu l'empêcher, seulement en barrant les rues qui conduisoient à la prison, ils n'avoient pas même voulu l'entreprendre.

On dut donc être parfaitement convaincu, dès cet instant, que les gens de guerre n'obéiroient plus qu'aux chefs qu'ils se donneroient.

M. le duc du Châtelet avoit cette intime conviction, et quelques heures avant que la scène, que je viens de raconter, commençât, il offrit sa démission de la place de colonel du régiment des gardes-françoises. On parla d'abord de la donner ou à M. le maréchal de Broglie, ou à M. le maréchal de Ségur, et d'en laisser la survivance à M. de Biron ; mais le moment étoit venu où le plus beau régiment de l'Europe ne devoit plus avoir de colonel, et où il se dissoudroit lui-même : la démission de M. du Châtelet ne fut point acceptée.

Il est incontestable que la défection des gardes-françoises doit être principalement attribuée à leur colonel, qui peut se rendre le témoignage d'avoir, plus que qui que ce soit en France, avancé et déterminé la révolution. Si son régiment se fût seulement tenu dans les

R 2

bornes de la neutralité, la contenance d'un corps aussi formidable eût suffit pour retarder l'exécution de tout projet contraire à l'autorité du roi.

M. du Châtelet, en succédant au feu maréchal de Biron, trouva ce corps dans le meilleur état. Les officiers appartenoient aux meilleures maisons de la noblesse, et aux meilleures familles de la robe; ils étoient riches, avoient un grand crédit à la cour, et réunissoient ainsi tous les avantages qui contribuent à ajouter de la dignité au commandant. Ils se montroient sur-tout jaloux de donner l'exemple de la plus scrupuleuse subordination. Le corps des sergens jouissoit de la meilleure réputation; sa bonne tenue, le choix des sujets qui le composoient, son zèle, son infatigable activité dans le service, en faisoient un véritable corps d'élite. Les soldats étoient maintenus dans la plus rigoureuse discipline ; ils étoient dans une dépendance de leurs bas-officiers, qui sembloit même portée à l'excès. En général, l'esprit du régiment étoit excellent; M. de Biron avoit achevé de l'épurer, et l'avoit porté à sa perfection, et ni officiers ni soldats ne se plaignoient de sa rigueur.

M. du Châtelet, plus frappé qu'un autre de la maladie des innovations, voulut tout changer, tout réformer dans un corps où rien n'étoit à faire, et où il ne falloit d'autre attention que de ne pas rompre les habitudes qu'il avoit contractées. Il voulut assimiler le service des officiers à celui que font les officiers des régimens de garnison; il fatigua les sergens par de pueriles tracasseries, et regarda, comme une affaire de la plus haute importance, de substituer au galon de leur chapeau, une gance d'or; il les fit murmurer. Il se montra, envers les soldats, tour-à-tour libéral et avare, familier et dur. Il porta la réforme jusques dans la musique du régiment, et y fit des changemens impolitiques, inutiles, et qui lui valurent la haine d'une classe d'infortunés pères de famille, dont les enfans étoient recueillis dans une école où ils recevoient une éducation gratuite, et où on les destinoit à recruter les musiciens du régiment. C'est ce qu'on appelloit le dépôt des gardes françoises ; M. du Châtelet supprima cette école, et les jeunes élèves qu'on y faisoit, retombèrent ainsi à la charge de leurs familles.

Toutes ces innovations eussent-elles été nécessaires, M. du Châtelet auroit dû comprendre que les circonstances ne leur étoient pas favorables, et il eût craint d'éveiller, parmi les gardes-françoises, cette inquiétude qui travailloit alors, en France, tous les corps. Il falloit que ses soldats eussent de bien terribles sujets de mécontentement, pour se livrer comme ils le firent, en aveugle, à la merci des factieux, sans trop savoir où on les conduiroit, ni quelle seroit l'issue de leur défection; car pouvoient-ils espérer d'être mieux qu'ils n'étoient? Ils avoient l'honneur d'être la seule troupe nationale qui gardât le roi ; comme faisant partie de sa maison, ils avoient le pas sur tous les régimens, et suivoient le monarque sur le champ de bataille où, par une glorieuse distinction, ils étoient exposés, de préférence, aux plus grands dangers; et quoiqu'on en ait dit, ils ont montré, dans plus d'une occasion, qu'ils n'en craignoient aucun. Leur solde étoit plus considérable que celle des autres corps militaires, et ils jouissoient d'une prérogative qui n'étoit accordée à aucun autre régiment ; quatre de leurs sergens, lorsque l'âge ou les infirmités les obligeoient de renoncer au service, étoient décorés de la croix de Saint Louis, et obtenoient une place d'officier à l'hôtel des Invalides. Que de puissans motifs de mécontentement, n'a-t-il pas fallu faire naître pour déterminer des militaires françois, à renoncer à tant d'avantages ?

On dit que quelques jours avant d'offrir sa démission, M. du Châtelet se promenant avec deux officiers de son corps dans le parc de Versailles, rencontra un grenadier de son régiment, qui bêchoit la terre avec son sabre «. Que fais-tu là, camarade, demanda le duc ? Ne vois tu pas que tu gâtes ton arme ? — Ce que je fais, répondit le grenadier, hélas! je cherche Biron ; mais j'ai beau creuser la terre, j'ai beau chercher, je ne retrouve plus mon brave colonel. Il est mort, et le régiment mourra avec lui ».

Pour expliquer cette mort du régiment des gardes-françoises, on a beaucoup parlé des sommes considérables qui avoient été versées parmi eux, et il est vrai que pour les détacher du service du roi, on a prodigué l'argent; mais ce vil moyen de corruption n'a point été la cause de leur défection; il l'a seulement suivie. Les manœuvres forcées que M. du Châtelet avoit exigées d'eux, sans ménagement dans les tems les plus rigoureux ; la foule des détails minutieux dont il surchargeoit leur tâche ordinaire ; les changemens journaliers qu'il y faisoit; la réforme qu'il portoit dans la nourriture, la tenue, l'entretien, leur avoit rendu, par dégré, le service à peu-près insupportable. Ils étoient arrivés à un état complet de découragement, lorsque les états-généraux s'assemblèrent à Versailles. Alors l'espoir vague d'un meilleur sort succéda au découragement; ils ne fermèrent pas l'oreille aux insinuations des novateurs; les caresses en gagnèrent plusieurs; d'autres ne refusèrent pas des présens honnêtement offerts ; insensiblement leurs ames s'ouvrirent à l'or, et leur ame qui, sans cette réunion de circonstances, eût été incorruptible, connut la cupidité. C'est ainsi qu'ils parvinrent jusqu'à la rébellion. Les premiers pas qu'ils firent dans cette carrière si nouvelle pour eux, les étonnèrent eux-mêmes. Craignant ensuite que si l'ancien ordre de choses se rétablissoit, il ne fût fait d'eux un exemple terrible et éclatant, ils ne ménagèrent plus rien, et en combattant pour les insurgens, ils combattirent pour leur propre vie.

M. du Châtelet faisoit donc, à l'égard des gardes-françoises, ce que M. Necker a fait à l'égard du royaume ; celui-ci trouva l'état plein de ressources, lorsqu'il prit en main les rênes du gouvernement et il ne les laissa échapper, que lorsqu'il vit le peuple françois, le plus misérable des peuples. M. du Châtelet trouva le régiment des gardes-françoises, lorsqu'il en prit le commandement, sur un tel pied qu'il n'y avoit aucun roi en Europe qui n'eût été jaloux d'avoir, à sa solde, une troupe aussi bien disciplinée. Dès que ce régiment fût prêt à se dissoudre, M. du Châtelet voulut l'abandonner, et vérifier ainsi les pressentimens du maréchal de Biron.

Le commandement de ce corps, comme je l'ai dit, lui resta, et M. le maréchal de Broglie, fut nommé par le roi, généralissime de toutes les troupes qui se trouvoient dans le territoire de Paris et de Versailles.

Ce n'étoit pas assez cependant d'avoir retiré, des prisons de l'abbaye, les onze soldats de ce régiment ; on ne pouvoit pas toujours les garder au Palais-Royal ; il y avoit même lieu de s'étonner que M. le duc d'Orléans endurât que sa demeure servit d'asile à des hommes qui, au délit qu'on avoit puni de la détention, ajoutoient celui d'y avoir mis fin d'une manière aussi illégale. On ne se dissimuloit pas que la cour ne pouvoit fermer les yeux sur une violence de cette nature ; que le roi se devoit à lui-même de faire respecter ses ordres, et de punir ceux qui violoient des loix dont la tranquillité publique dépendoit. On s'attendoit qu'il revendiqueroit les soldats, et demanderoit leur réintégration dans les prisons. Quelle réponse lui feroit-on alors ? Comment oser implorer sa clémence pour des malheureux qui, par le nouveau délit qu'ils venoient de commettre, sembloient mettre le roi dans l'impossibilité de faire grâce ? L'embarras étoit extrême. D'un côté, il falloit pourvoir au sort des soldats, et ne pas rendre dangereux pour eux, le bienfait dont ils jouissoient. D'un autre côté, on ne savoit quelle mesure adopter. Les différens motionnaires du Palais Royal, après avoir envisagé la chose sous tous les points de vue, finirent par se décider à envoyer une députation, non pas au roi, mais à l'assemblée nationale. Cette députation fut composée de vingt personnes prises parmi celles qui avoient concouru à la délivrance des prisonniers. Jusqu'au retour des députés, le jardin du Palais-Royal resta rempli d'un peuple immense qui attendoit, avec la plus vive impatience, la réponse qu'ils apporteroient. Il n'y eut presque personne à Paris qui ne prît part à cette affaire ; elle devint d'un intérêt général, et fit diversion, pour le moment, à toutes les autres. J'en raconterai les détails ultérieurs, et l'issue, dans le chapitre qui va suivre.

Je terminerai celui-ci par une observation qui pourra servir à apprécier un des principaux reproches qui ont été faits à la cour au commencement de la révolution. Les écrivains qui avoient pris à tâche de la rendre odieuse, l'accusoient de fomenter elle-même, dans Versailles et dans Paris, des desordres, afin de se donner un prétexte de garnir ces deux villes de troupes. Cette accusation, je crois, est déjà réduite à sa juste valeur, par ce que j'ai raconté de la violence que le peuple fit au roi pour qu'il rendît sa confiance à M. Necker ; des efforts qui furent faits aux portes des états-généraux pour les briser ; des menées du club breton ; de l'assassinat projetté contre la personne de M. l'archevêque de Paris ; du fanatisme de ce malheureux ecclésiastique qui, de la fenêtre de la chambre du clergé, montroit du doigt, à des bandits, ceux de ses confrères qu'ils devoient immoler. Il seroit également difficile de croire que la cour soudoyât les motionnaires du Palais-Royal, qui échauffoient la multitude pour la porter à la sédition, et les gardes françoises qui quittoient leurs casernes contre l'ordre de leurs officiers, pour venir prendre part aux mouvemens du peuple. C'étoit là cependant de véritables desordres qui méritoient bien d'être réprimés. Si tous ces troubles ne pouvoient être imputés à la cour, l'enlèvement des onze soldats détenus à l'abbaye étoit bien moins encore son ouvrage. Aucun des journalistes les plus dévoués à la calomnie, n'osa le lui imputer. Il eût été, en effet, infiniment trop invraisemblable de prétendre qu'elle avoit soudoyé pour briser les portes d'une prison, de jeunes bourgeois qu'on a vu depuis seconder, avec beaucoup de zèle, la révolution dans ses progrès. Cependant, ce seul événement, indépendamment de tous ceux qui l'avoient précédé, ne suffisoit-il pas pour la convaincre que les troupes qu'elle avoit déjà rassemblées à Paris, n'ayant pas voulu l'empêcher, il étoit nécessaire d'en appeller de nouvelles, de la fidélité desquelles on fut plus assuré ? C'est aussi le parti auquel elle se détermina avec toute l'activité que sembloit demander l'ardeur du peuple à courir vers l'indépendance. Mais cette nouvelle mesure fut la plus funeste de toutes celles que les ministres avoient prises jusqu'à ce jour ; elle ouvrit tous les abîmes de l'anarchie.

CHAPITRE XXXIV.

Lettre des libérateurs des onze gardes-françoises à M. Bailly; son opinion sur cette lettre; opinion de MM. Fréteau, Mounier, Clermont-Tonnerre et Mirabeau; adresse rédigée par celui-ci; usurpation de la puissance législative par l'assemblée nationale; observations sur la distinction des pouvoirs; opinion de MM. Desmeuniers, Brostaret, Chapellier, Camus et Target; division parmi les députés; esprit que manifestent les trois ordres; projet d'arrêté proposé par M. de Boufflers; observations et anecdotes sur la manière de recueillir les suffrages; arrêté de l'assemblée sur l'évasion des onze gardes-françoises; affluence des étrangers dans la séance où fut pris cet arrêté; apparition de M. l'abbé d'Espagnac au milieu des députés; accueil qu'on lui fait; violente agitation dans le jardin du Palais-Royal; libéralité envers les onze soldats; avidité avec laquelle on recueille les nouvelles qui peuvent les intéresser; burlesques motions; éclaircissemens sur des détails en apparence minutieux; réponse du roi à la députation de l'assemblée; bruits que répand M. Necker sur cette réponse; conduite des nobles qui avoient protesté; examen de la question, si ces nobles et ceux qui ont tenu leur parti, sont responsables des décrets de l'assemblée nationale; mouvemens de M. de Launay à la bastille; précautions qu'on prend pour la sûreté des prisons; accroissement de l'armée; arrivée de régimens étrangers; murmures des citoyens domiciliés; de quels hommes sont composés les premiers attrouppemens.

Juillet 1789, et second mois de l'interrègne.

Le mois, dont je commence l'histoire, est fertile en tant d'événemens extraordinaires, que leur récit sembleroit demander plusieurs volumes; mais les développemens qu'en ont préparés les différens détails dans lesquels j'ai déjà eu occasion d'entrer, me permettront de resserrer ma narration dans de justes bornes.

1. La grande affaire qui occupoit Paris, lorsque ce mois commença, étoit, comme je l'ai dit, l'enlèvement des onze gardes-françoises, de la prison de l'abbaye. Dès que les vingt jeunes gens, que les libérateurs de ces soldats avoient chargés de solliciter, pour eux, les bons offices de l'assemblée nationale, furent arrivés à Versailles, ils se rendirent chez M. Bailly, et lui remirent la lettre suivante:

« M. le président, une sévérité inouie et déplacée a porté hier, dans Paris, l'alarme et la consternation;

on a couru en foule aux prisons de l'abbaye; les ordres de M. du Châtelet y avoient fait conduire des gardes-françoises, qui, le même soir, devoient être conduits à Bicêtre. Ces malheureuses victimes du patriotisme ont été arrachées à leurs fers, et portées, au bruit des acclamations et des applaudissemens généraux, au Palais-Royal, où ils sont actuellement sous la sauve-garde du peuple, qui s'en est rendu responsable. Incertains de leur sort, ils supplient que l'autorité prononce sur leur liberté. Le public impatient, ose la demander ; il nous a députés au nombre de vingt pour vous en rendre compte, et en conférer avec l'assemblée nationale, à laquelle nous désirerions présenter une requête. Nous attendons, M. le président, votre réponse, pour rendre le calme à nos concitoyens, et la liberté à nos frères. Nous avons l'honneur de vous offrir les vœux et les hommages de toute une nation reconnoissante, qui sait vous apprécier, et nous y joignons les nôtres particuliers ».

P. S. Excusez, monsieur, le costume peu soigné, sous lequel nous nous présentons ; mais forcés de partir à la hâte, nous n'avons pas eu le tems de songer à un objet aussi peu important, et sous de simples habits, nous portons tous des cœurs françois ».

M. Bailly lut cette lettre à l'assemblée, et après avoir dit qu'il en avoit fait une réponse provisoire à ceux qui la lui avoient remise, il ajouta : « Je ne crois pas que l'assemblée puisse recevoir cette députation, qui n'a aucun caractère. Cependant, comme ceci est une affaire très-importante, il convient de s'en occuper promptement ».

Si quelque chose étoit important dans cette affaire; c'étoit l'occasion qu'elle fournissoit à l'assemblée, de montrer son respect pour l'ordre, et son éloignement à approuver tout ce qui attentoit à la sûreté publique ; elle devoit craindre que sa sollicitude, pour des hommes qui se trouvoit en état de sédition, ne fut mal interprétée. On passa, cependant, une séance entière à délibérer sur la lettre de ces députés qu'on appela MM. les envoyés de Paris. Chacun voulut faire preuve d'éloquence, et on délibéra avec autant de chaleur que s'il se fût agi de la sanction royale, ou de l'hérédité de la couronne ; comme si les peuples eussent envoyé leurs députés aux états-généraux, pour y perdre le tems à raisonner sur des délits qui n'étoient que de la compétence des tribunaux.

« Nous devons nous renfermer, dit M. Fréteau, dans nos mandats. Or, de quoi s'agit-il ici ? d'un fait de police, d'une discipline militaire qui ne nous concerne pas. Est-ce à nous à nous attribuer la discipline militaire ? Est-ce à nous à veiller sur la sûreté publique ? Ces soins importans sont ceux du pouvoir exécutif ; c'est au roi qu'ils appartiennent ».

Ces principes étoient sages, et la bonne-foi avec laquelle M. Fréteau les invoquoit, prouve qu'on n'avoit point encore, en lui, assez de confiance pour lui révéler tous les services qu'on tireroit des séditieux, en faveur des opérations qui se préparoient. Quant aux mandats, il est assez singulier que M. Fréteau ne vit pas la contradiction qu'il y avoit à les invoquer sur un point, et à les enfreindre sur des articles bien plus essentiels.

M. Mounier s'appuya des mêmes principes que M. Fréteau, et M. de Clermont-Tonnerre qui, dans ces commencemens, ne cherchoit pas, avec moins d'empressement que MM. Target et Pethion, les occasions de se mettre en évidence, parla, à-peu-près, dans le même sens que MM. Fréteau et Mounier.

« Nous nous trouvons, dit M. de Clermont, dans des circonstances bien critiques; mais cette distinction du pouvoir législatif et du pouvoir exécutif, que nous sommes chargés d'établir, de consacrer et d'éterniser, ne doit pas être méconnue. Or l'impassibilité est le caractère du pouvoir législatif ; il faut donc peser mûrement l'affaire ; nous devons attendre que le roi invoque l'intervention de l'assemblée nationale, s'il le croit nécessaire ; et nous devons considérer que le pouvoir militaire est la sauve-garde de la tranquillité publique, et qu'étant appelés à faire des lois, nous devons être impassibles comme elles ».

L'avis du comte de Mirabeau, fut qu'il falloit envoyer à la ville de Paris, une exhortation, en forme d'adresse, à la paix, à la concorde, et ce qui mérite bien d'être remarqué, c'est qu'il lut sur-le-champ, cette adresse qu'il lui dit avoir rédigée lui-même. Elle étoit très-correctement écrite, et fut entendue avec le plus grand plaisir. Sa lecture consuma une heure entière. L'événement cependant qui en étoit le sujet, n'avoit eu lieu que la veille, au soir, à huit heures et demie, et Mirabeau n'avoit pu pas être instruit avant dix heures. Il étoit difficile de croire que la nuit entière, en supposant qu'il n'eût pris aucun repos, lui eût suffi pour composer cette pièce, dont le style étoit très-châtié, et à laquelle son amour propre attachoit beaucoup d'importance. On seroit donc tenté de croire qu'il avoit prévu l'événement, et que l'adresse lui étoit antérieure. Si cette conjecture étoit fondée, elle seroit une nouvelle preuve de l'influence qu'il avoit sur les mouvemens populaires.

Comme cependant cette adresse, quelque satisfaction que sa lecture eût procurée, ne prononçoit pas sur le sort des coupables, on continua à le mettre en délibération. Les gentilshommes pensèrent comme avoient pensé MM. Fréteau et Mounier ; M. de Crillon fut d'avis qu'il falloit recommander les prisonniers à la justice et à la bonté du roi ; M. le prince de Poix, dit également qu'ils devoient s'en remettre à la justice et à la sagesse de sa majesté ; et que tout ce que MM. les envoyés de Paris avoient à faire, c'étoit d'aller inspirer aux habitans, de cette ville, la paix et la modération si nécessaires dans la crise où l'on se trouvoit.

Ces gentilshommes, ainsi que tous ceux qui opinèrent sur cette matière, prirent, pour texte de leurs motions, la distinction du pouvoir exécutif et législatif. Cette distinction étoit la mode du jour; on n'écrivoit pas deux lignes qu'elle ne s'y trouvât; le roi n'étoit déjà plus le roi; on ne l'appelloit que le pouvoir exécutif, et l'assemblée nationale se donnoit le nom de pouvoir législatif. De sorte que, même, sans mettre la chose en question, les députés aux états-généraux s'étoient emparés de la puissance législative, et pas un homme en France n'avoit paru étonné de cette usurpation. Aucun sujet du roi n'avoit réclamé; le roi, lui-même, s'étoit tû.

Cependant la puissance législative est une assez belle prérogative, pour qu'on eût dû examiner, avec un peu d'attention à qui elle appartenoit légalement. En France, jusqu'au moment où les états-généraux s'assemblèrent, le roi en avoit été revêtu avec la restriction, toutefois que ses volontés n'avoient force de lois que lorsqu'elles n'attaquoient point d'autres lois fondamentales (1), et qu'elles étoient enregistrées dans les cours souveraines; c'étoit là leur sanction. Dans les moindres bailliages, on n'obéissoit aux édits du monarque, que lorsqu'ils avoient été lus et transcrits, par les magistrats du tribunal, sur leur registre. Je pourrois citer des présidiaux qui ont plus d'une fois refusé l'enregistrement, quoique les parlemens l'eussent accordé.

Il est nécessaire que je rappelle ces formes, pour que la postérité ne pense pas que les rois avoient, parmi nous, une puissance législative aussi illimitée que celle dont se sont emparés nos représentans, ou qu'à l'époque à laquelle ils se sont constitués en assemblée nationale, nos rois n'en jouissoient pas, avec néanmoins les salutaires entraves que la sagesse de notre gouvernement y avoit mises.

Il n'y avoit aucun de nous qui, avant le 4 mai 1789, ne fît profession de croire que le prince, dans notre monarchie, étoit la source, suivant l'expression de Montesquieu (2), de tout pouvoir politique et civil. Tous nos jurisconsultes tenoient pour une vérité incontestable, que la volonté du monarque avoit force de loi (3). Nous disions, comme Lamoignon (4) :

_____

(1) Dans le traité des droits de la reine de France, imprimé en 1667, par ordre de Louis XIV, on lit ces paroles qui donnent la définition de notre monarchie : « les rois ont cette heureuse impuissance de ne pouvoir rien faire contre les lois de leur pays ».

(2) Esprits des lois, part. 1, page 15.

(3) *Quod principi placuit, legis habet vigorem*. Diges. liv. 1.

(4) Voyez son plaidoyer du 14 janvier 1719 item Le bret : de la souveraineté.

« Nous ne reconnoissons point d'autre souverain que le roi; c'est son autorité qui fait les lois, suivant cette maxime : si veut le roi, si veut la loi ». Nous pensions que les rois de France ne tenoient leur pouvoir et autorité souveraine d'aucune puissance, et qu'à eux seuls il appartenoit de faire des lois, et non à la multitude (1).

Au moment où Louis XVI fut dépouillé de la plus belle portion de l'autorité qui lui avoit été transmise par ses prédécesseurs, ces principes s'effacèrent de tous les cœurs, avec une facilité qui tenoit de l'enchantement, et l'usurpation se fit sans effort, comme sans résistance. Il ne venoit pas même à l'idée, qu'on pût mettre en doute que la puissance législative résidât ailleurs que dans le peuple, comme si le peuple, en France, l'avoit jamais exercée.

En supposant que le peuple eût ses titres pour réclamer la jouissance de cette prérogative, le roi n'avoit-il pas aussi les siens? Et comme il la possédoit depuis quatorze siècles, ne pouvoit-il pas invoquer l'axiôme de jurisprudence, *la cause de celui qui possède est la meilleure* (2)? A qui appartenoit-il d'ailleurs de juger cette cause? étoit-ce au peuple? Il étoit partie dans l'affaire, et il est inouï qu'un plaideur juge lui-même, et sans appel, la contestation qu'il a élevée.

Mais le peuple, dont on faisoit tant de bruit, étoit absolument étranger à la querelle; il ne connoissoit, comme le marquis d'Argenson (3), qu'une foi, une loi, un roi; et si, au lieu de l'investir, à son insu, et sans qu'il le demandât, de la puissance législative, on lui eût fait cette question : indépendamment du roi que vous avez, voulez-vous aussi être roi? Voulez-vous que les douze cents représentans que Louis XVI a convoqués, soient aussi rois? Le peuple, dis-je, si on lui eût fait cette question, eût répondu, comme le poëte :

Le bonheur de l'état est de n'avoir qu'un roi,
Qui, d'un ordre constant, gouvernant ses provinces,
Accoutume à ses lois, et le peuple, et les princes.

Jamais il n'eût pu concevoir qu'on pût être roi et ne pas faire des lois; un roi, sans la faculté de donner de sages lois à son empire, étoit pour lui un être de raison.

Sans entrer dans le fonds de la question, sans

_____

(1) Voyez la déclaration de Fauvel, imprimée au Louvre, en 1722. Ce Fauvel étoit avocat, et professeur de droit à Caen.

(2) Voyez son plan des assemblées provinciales.

(3) *Melior est causa possidentis*. Dig. liv. 126, §. 2

s'inquiétes'inquiéter de savoir si le peuple avoit ou n'avoit pas le droit de faire des loix, Louis XVI, qui voyoit ce droit exercé par les députés des bailliages, n'auroit-il pas dû s'en étonner, et leur faire cette demande bien simple : pourquoi l'exercez-vous ? La seule réponse un peu plausible qu'ils eussent pu faire, c'étoit qu'il leur avoit été délégué par le peuple ; mais, pouvoit répliquer Louis XVI, il m'a aussi été délégué par le peuple ; à qui donc, de vous ou de moi, doit-il rester ?

Le roi auroit pu insister, et dire : de deux pouvoirs, qui constituent l'essence de mon autorité, pourquoi me retirez-vous l'un, plutôt que l'autre ? Qu'importe au peuple que ce soit la puissance législative ou l'exécutive qui sorte de mes mains ? Si aujourd'hui vous me retirez la première, sous le prétexte que le peuple vous l'a déléguée, ne prétendrez-vous pas un jour qu'il vous a aussi délégué l'autre ? Ainsi, pour vous avoir rassemblés autour de mon trône, uniquement, afin de m'aider de vos lumières et de votre zèle, je me verrai obligé d'en descendre ?

Si les députés aux états-généraux eussent été poussés sur cette question, ils eussent, en dernière analyse, invoqué ce grand principe qui est, encore aujourd'hui, si fort en vogue, et, qui, de l'aveu de tous les publicistes, n'est pas admissible dans les monarchies : *Le peuple est la source de tous les pouvoirs* ; mais si on n'avoit pas d'autre raison pour dépouiller le roi du pouvoir législatif, elle étoit tout aussi bonne, pour le dépouiller du pouvoir exécutif.

En admettant ce principe, il restoit à examiner si le peuple, ayant une fois délégué les pouvoirs, dont on prétendoit qu'il étoit la source, avoit le droit de les reprendre. S'il avoit ce droit, alors on livroit la forme du gouvernement à ses caprices, car il n'y avoit aucune raison de vouloir qu'il n'eût la faculté d'exercer un tel droit, que dans la seule année 1789.

Ce principe conçu, adopté vaguement, et appliqué à toutes les sortes d'états, est, en politique, la plus funeste des erreurs ; il est destructif de toute société, il légitime toutes les séditions, et donne la domination au grand nombre, c'est-à-dire, à la partie la moins éclairée, et la plus corrompue d'une nation.

Les députés aux états-généraux, étoient tellement imbus de cette maxime, que j'ai vu les plus sages d'entr'eux, ne vouloir pas même permettre qu'on la discutât, ni qu'on entreprît de leur montrer que, dans aucun gouvernement, elle ne pouvoit être admise, sans modification ; elle étoit pour eux, en politique, ce que sont les axiômes, en géométrie ; chaque fois qu'il s'est agi de dépouiller le roi de quelqu'une de ses prérogatives, on l'a mise en avant,

er, comme toutes les usurpations en ont été des conséquences, les députés les plus fidèles à leur prince, ont été étonnés eux-mêmes de ne pouvoir combattre ces usurpations, que par des sophismes ; c'est qu'ils s'attachoient uniquement aux conséquences, et s'opiniâtroient à regarder, comme incontestables, les principes, d'où elles découloient.

Voilà la première cause de tant de faux pas, de mauvais raisonnemens, d'entreprises absurdes ou injustes, dans lesquelles les députés, les plus attachés aux loix constitutionnelles de la monarchie, se sont vus entraînés comme malgré eux ; bien loin de s'étonner qu'on ôtât au roi le pouvoir législatif, ils devoient regarder comme une grande condescendance que ceux à qui le peuple avoit délégué tous les pouvoirs, voulussent bien laisser au monarque le pouvoir exécutif.

Une autre erreur, adoptée aussi inconsidérément que la première, acheva d'égarer tous les esprits. On avoit lu, dans Montesquieu, la triple distinction des pouvoirs, et sans vouloir examiner dans quel sens il l'avoit présentée, on fit déraisonner Montesquieu lui-même ; on se figura qu'il ne pouvoit y avoir une société bien organisée, s'il n'y avoit un pouvoir exécutif, un corps législatif, un corps judiciaire, séparés, indépendans l'un de l'autre et tellement distincts, que l'un n'eût aucun rapport avec l'autre, comme s'ils n'avoient pas au moins une origine commune, comme si jamais Montesquieu eût dit que dans une monarchie, cette distinction dût exister ; comme s'il enfin il étoit possible de tirer, entre les trois pouvoirs, une ligne exacte de démarcation.

Dans quel gouvernement, ancien ou moderne, trouvoit-on l'exemple d'une pareille distinction ? On ne cessoit de citer celui de l'Angleterre ; mais on eût dû voir qu'en Angleterre, comme en France, le roi avoit à lui seul, et dans toute sa plénitude, le pouvoir exécutif ; qu'en Angleterre, comme en France, le roi, ne pouvant exercer par lui-même le pouvoir judiciaire, le déléguoit à des substituts ; enfin que, dans l'un, comme dans l'autre royaume, le roi proposoit des lois, agréoit ou rejettoit celles qu'on lui présentoit.

Le principe donc du triple pouvoir, étoit le même dans les deux états ; on ne varioit que dans la forme, si je puis m'exprimer ainsi, de l'émanation des pouvoirs judiciaire et législatif ; les tribunaux des anglois ne ressembloient pas aux nôtres, les lois auxquelles ils obéissoient, étoient l'ouvrage du roi et des deux chambres ; en France, elles étoient l'ouvrage du roi et de treize parlemens.

Nos états-généraux, bien loin de chercher à établir entre les trois pouvoirs une distinction qui ne peut pas exister, auroient dû comprendre que

S

c'est, au contraire, la juste influence qu'ils exercent mutuellement l'un sur l'autre, qui fait la sauve-garde de la liberté publique. Dans tout gouvernement, en effet, la puissance exécutive doit protection à la législative et à la judiciaire, et elle ne protégera bien que l'exécution des loix auxquelles elle aura donné un assentiment parfaitement libre.

L'impossibilité donc, où se sont trouvés nos députés, de pouvoir jamais réaliser la fausse idée qu'ils s'étoient faite de la distinction des pouvoirs, est la seconde cause de toutes ces contradictions, où ceux d'entr'eux, qui avoient les meilleures vues, sont si souvent tombés. On va les voir tous invoquer continuellement cette distinction, et ne pouvoir jamais en tirer une sage conséquence.

La délibération sur la lettre lue par M. Bailly, étoit elle-même déjà une preuve qu'on n'entendoit, ou qu'on ne vouloit rien entendre à cette distinction; car, en consentant à délibérer sur cette affaire, on ne se renfermoit pas dans les bornes de la puissance législative, on faisoit évidemment un acte, ou du pouvoir exécutif, ou du pouvoir judiciaire.

Je n'ignore pas, dit à cela M. Desmeuniers, quelles sont *les bornes qui séparent* le pouvoir législatif et le pouvoir exécutif; je sais que le pouvoir législatif *seul* réside dans nos mains. Mais il est des circonstances où ces deux pouvoirs se rapprochent et *se confondent*, et c'est certainement dans des circonstances orageuses qu'ils doivent agir de concert et d'intelligence pour ramener la paix et le calme.

M. Desmeuniers comprenoit-il lui-même ce qu'il disoit, quand il raisonnoit ainsi? Comment les deux pouvoirs pouvoient-ils à la fois être séparés par *des bornes*, et confondus? Dès que ce député connoissoit ces bornes, que ne les indiquoit-il? Il eût rendu un grand service aux législateurs de l'empire, car ils n'ont jamais su les trouver. Si les deux pouvoirs ne devoient se confondre que dans de certaines circonstances, quelles étoient ces circonstances? La réponse à cette question eût appris ce qu'il falloit entendre par distinction des pouvoirs.

Mais M. Desmeuniers cherchoit moins à comprendre ce qu'il disoit, qu'à se rendre intéressant aux parisiens, dont il étoit un des représentans; il vota pour qu'on leur envoyât des députés qui, disoit-il, par leur présence et leurs exhortations, calmeront des troubles dont le feu peut s'étendre rapidement dans toutes les parties du royaume.

M. Desmeuniers eut à peine énoncé ce vœu qui, au reste, ne statuoit pas sur le sort des prisonniers et de leurs libérateurs, que des gentilshommes en revinrent à l'inintelligible distinction; ils prétendirent que l'envoi d'une députation dans la capitale, étoit un acte qui ne pouvoit appartenir qu'au pouvoir exécutif.

« Nous ne devons pas être passifs, dit, à son tour, M. Brostaret, lorsque le pouvoir exécutif peut inspirer des alarmes. Le pouvoir législatif est délégué et envoyé par le peuple; il ne doit donc pas abandonner ce même peuple ».

Le peuple, que M. Brostaret disoit avoir envoyé et délégué le pouvoir législatif, n'étoit pas celui qui avoit brisé les portes des prisons de l'Abbaye; on pouvoit donc fort bien abandonner ce dernier, et rester reconnoissant envers l'autre; mais les membres du club breton n'avoient garde d'abandonner les auteurs de l'émeute. Ils montrèrent, dans cette discussion, le plus grand intérêt pour le soustraire à la sévérité des loix.

« Cette assemblée ne doit pas, dit M. le Chapelier, manifester une indifférence trop sévère dans les circonstances malheureuses où nous nous trouvons ».

« Je distingue, comme tout autre, le pouvoir législatif et le pouvoir exécutif; mais faut-il s'en tenir si strictement à cette distinction, que l'on ne puisse porter des secours aux malheureuses victimes de l'injustice ou du despotisme? »

« C'est dans ce moment que les deux pouvoirs, qui *se balancent mutuellement, doivent se confondre* pour prévenir les malheurs publics, suite inévitable d'un incendie qui est prêt à se manifester ».

« C'est dans ce moment qu'il seroit dangereux de témoigner une insensibilité cruelle pour ceux qui, dans toute autre circonstance, seroient coupables; mais qui, aujourd'hui, ne sont que trop excusables ».

« En effet, quelle est l'origine des révoltes qui éclatent dans Paris? C'est la séance royale, c'est le coup d'autorité porté aux états-généraux, c'est cette espèce de violation, cette usurpation de l'autorité exécutrice sur l'autorité législative, effets funestes, mais toujours inévitables, lorsque l'une de ces deux autorités l'emporte sur l'autre ».

M. le Chapelier manifestoit, dans cette motion, la marche qu'avoient résolu de tenir les principaux auteurs de la révolution. Ils n'ont jamais manqué, en effet, de calomnier le gouvernement, de le rendre odieux, et responsable des mouvemens qu'ils avoient eux-mêmes excités. Ils ont toujours cherché à mettre sous la protection de l'assemblée, ceux qui se sont portés à des excès contre l'ordre public. Il est évident que si M. le Chapelier n'eût pas regardé la sédition comme un moyen d'assurer l'exécution des plans de son club, bien loin d'intéresser l'assemblée au sort de ceux qui avoient brisé les portes d'une prison, il l'eût détournée de leur accorder aucune protection, et lui eût représenté qu'en les protégeant, qu'en usant avec eux de ménagemens, elle s'exposoit aux fureurs de la multitude, chaque fois qu'elle rendroit des décisions qui ne lui conviendroient pas; en un mot il eût dit que le vrai moyen d'introduire le règne de l'anarchie, et de compromettre la liberté de tous les députés, c'étoit d'encourager les mutins.

Il fit voir encore, dans cette motion, qu'il ne comprenoit pas mieux qu'un autre la distinction de ces pouvoirs qui, *en se balançant mutuellement, doivent se confondre*. Il étoit bien étrange qu'il regardât comme un attentat contre le pouvoir législatif, la séance royale, et qu'en convenant que lorsque l'une des deux autorités, exécutrice ou législative, entreprenoit sur l'autre, il ne pouvoit résulter, de cette victoire, que des effets funestes, il voulut cependant que l'assemblée s'occupât d'une affaire qui n'étoit que du ressort du pouvoir exécutif.

Il finit par demander qu'on nommât six députés qui se concerteroient avec les ministres du roi, sur le parti à prendre pour appaiser le plus promptement l'émeute de la capitale.

MM. Camus et Target se contentèrent de quatre députés; ils demandèrent qu'ils fussent pris parmi les prélats. Ceux-ci se trouvèrent offensés d'une pareille proposition. M. l'évêque de Langres et M. l'archevêque de Vienne dirent que le caractère des évêques étoit celui de la religion et de la charité; mais qu'il ne leur convenoit pas de demander grâce pour des hommes qui étoient encore dans un état de rébellion, et qu'il y auroit, tout au moins, de l'imprudence à faire une démarche, dont le but étoit de solliciter l'impunité.

Les curés, de leur côté, se plaignirent de n'être pour rien dans cette députation, et de ce qu'on avoit l'air de croire qu'ils ne feroient pas aussi bien que les prélats. Les nobles témoignèrent aussi leur mécontentement de ce qu'on sembloit ne pas même s'occuper des motions qui venoient de leur part. Les députés eux-mêmes du tiers-état n'étoient point d'accord entr'eux; chacun eût voulu conquérir la préférence pour sa motion, et toutes ces différentes prétentions excitèrent beaucoup de tumulte.

En général, on put connoître, dans cette séance, l'esprit des trois ordres: le tiers-état prit ouvertement la défense des rebelles; le clergé ne montra pour eux aucune rigueur, mais il ne témoigna pas non plus de l'empressement à les recommander à la clémence du roi. Les nobles réclamèrent les principes de l'ordre et de la discipline. Les plus modérés d'entr'eux furent MM. de Crillon et de Boufflers; le premier fut d'avis qu'on sollicitât du roi, une amnistie générale; le second proposa d'adopter l'arrêté suivant:

« L'assemblée nationale déclare que la connoissance des affaires relatives aux troubles populaires, appartient uniquement au roi; elle condamne ceux qui agitent la ville de Paris, et elle en gémit: ses membres ne cesseront de donner l'exemple du plus profond respect pour l'autorité royale, de laquelle dépend la sécurité de l'empire.

« Elle conjure donc le peuple de la capitale de rentrer dans l'ordre, et de se pénétrer des sentimens de paix, qui peuvent seuls assurer les biens infinis que la France est prête à recueillir de l'assemblée libre des états-généraux, et auxquels la réunion volontaire des trois ordres ne laisse plus d'obstacle ».

Enfin, on réunit toutes ces différentes motions, et on les mit successivement aux voix; la manière dont on y procéda, mérite d'être remarquée; ce fut celle par *assis et lever*, qui depuis a pris tant de faveur, et à laquelle on se tient encore aujourd'hui opiniâtrément attaché. On en avoit fait, dans une des premières séances, un essai qui avoit donné, de cette méthode, une idée si défavorable qu'on l'avoit abandonnée. On lui substitua, tantôt celle de faire lever un bras, tantôt celle de faire tenir le chapeau en l'air.

En recueillant les suffrages par *assis et lever*, un des secrétaires commence par lire distinctement la motion qu'il s'agit de mettre aux voix. Lorsque chacun est censé l'avoir bien entendue et bien comprise, le président dit: « que ceux qui sont d'avis d'adopter cette motion, veuillent bien se lever ». Ceux qui sont d'avis de l'adopter se levent, et dans le peu de tems qu'ils restent dans cette posture, le président et les secrétaires examinent si le nombre des personnes levées l'emporte sur celui des personnes assises; s'il l'emporte, c'est une preuve que la motion est adoptée. Pour donner plus de poids à la preuve, lorsque les personnes qui étoient levées sont assises, le président dit: « que ceux qui sont d'avis de rejetter cette motion, veuillent bien se lever ». Si le nombre des personnes, qui se levent cette seconde fois, est moindre que dans la première épreuve, alors il n'y a plus de doute que la motion est adoptée.

Cette méthode de recueillir les suffrages, renferme plusieurs vices essentiels. D'abord, il est absurde, et contre toutes les règles d'une sage politique, que la pluralité des suffrages suffise pour décider du sort de l'empire. Pour les loix constitutionnelles, par exemple, seroit-ce trop des quatre cinquièmes des voix?

En second lieu, cette méthode dégénère en pantomime indécente; on voit quelquefois dans une même séance, les députés se lever et s'asseoir sans interruption, pendant des heures entières, à la voix du président, et avec une mobilité vraiment risible; les députés eux-mêmes en plaisantent, et on en a souvent entendu crier, lorsqu'un article alloit être mis aux voix, *allons, messieurs, haut le cul*. En vérité, les destinées du royaume ne devroient pas être jouées par *assis et lever*, et le bonheur de vingt-quatre millions d'hommes vaut bien la peine qu'on s'en occupe avec un peu de gravité.

En troisième lieu, cette méthode est équivoque: il n'est pas toujours bien aisé de distinguer si le nombre des personnes levées est supérieur à celui des personnes assises, et alors on se décide sur un à-peu-près. J'ai vu des députés qui, persuadés que tous les travaux de l'assemblée ne seroient pas de longue durée, les regardoient comme un jeu, et se faisoient un divertissement de se lever pour le *non* comme pour le *oui*.

En quatrième lieu, cette méthode est suspecte, et favorise la fraude et la trahison. L'intérieur de la salle contient beaucoup d'étrangers, qu'on ne distingue pas des membres de l'assemblée, parce qu'ils sont assis et confondus parmi eux. Il est clair que ces étrangers sont à la dévotion des députés qui les introduisent avec eux, et qu'ils opinent au gré de leurs amis. Ainsi une opinion qui auroit eu la minorité, si les seuls membres de l'assemblée eussent voté, se trouve avoir la majorité, parce que des hommes, qui ne lui appartiennent pas, ont aussi donné leur suffrage. Cet abus n'a cessé de régner jusqu'à présent, quelque précaution que l'on ait prise, ou que l'on ait affecté de prendre. M. de Clermont-Tonnerre, lorsqu'il a été président, s'est montré très-rigide à ne laisser entrer dans la salle, que ceux dont l'assemblée est composée. Cependant je certifie que, pendant les quinze jours qu'à duré sa dernière présidence, je n'ai pas manqué à une seule séance du matin et du soir, de me trouver assis parmi les députés, et il n'eût tenu qu'à moi d'opiner. Non-seulement l'intérieur de la salle ne m'a point été fermé, pendant ces quinze jours, mais j'ai eu quelque fois occasion de mener avec moi un ou deux amis, et je me suis apperçu que je n'étois pas le seul à qui cette liberté fut laissée.

Plusieurs traits me portent aussi à dire que cette méthode favorise la fraude et la trahison. Je me bornerai à en citer un seul dont j'ai été témoin, et qui a eu lieu sous la présidence de M. de Clermont. On mit aux voix un décret important; le nombre des personnes qui se levèrent pour son acceptation, fut visiblement et de beaucoup inférieur à celui des personnes qui restèrent assises; il parut donc au président et aux secrétaires que le décret étoit rejetté; ils furent confirmé dans cette opinion, lorsque ceux qui étoient, en effet, d'avis de le rejetter, ayant été priés de se lever, leur nombre fut de beaucoup supérieur à celui des députés qui restèrent assis. Au même instant ceux qui vouloient l'acceptation du décret, poussèrent des hurlemens effroyables; le comte de Mirabeau entr'autres invectiva le président, l'accusa de partialité et de trahison, et dit, en écumant de rage, qu'il ne lui étoit plus possible de rester dans une assemblée où l'on extorquoit les décrets. En disant cela, il quitta sa place, avec tant de précipitation, qu'il roula sur les marches qui étoient au-dessous de lui, et faillit se blesser. Quelques personnes voulurent en vain le retenir, il s'échappa de leurs mains, et quitta la salle.

M. de Clermont, que j'avois toujours vu montrer beaucoup de sérénité dans les délibérations les plus orageuses, me parut pâlir dans cette occasion, et s'effrayer de ce mouvement. Il s'excusa, assura qu'il n'avoit prononcé la rejection du décret, que parce qu'il lui avoit paru, à lui comme aux secrétaires, que c'étoit là le vœu de la majorité; et il ajouta, que pour contenter tout le monde, et ne laisser aucun nuage sur son impartialité, il alloit remettre le décret aux voix. Deux ou trois députés se détachèrent à l'instant de l'assemblée, et coururent après Mirabeau. Il rentra, et il fut visible qu'il rentroit avec une foule assez considérable, qui se répandit sur les sièges. Le décret remis aux voix, une majorité bien marquée prononça, cette fois, son acceptation. Ainsi, en quelques minutes, un décret important, pour tout l'empire françois, fut rejetté et accepté.

J'aurai occasion de dévoiler plus d'un stratagème mis en jeu pour arracher des décrets, ce que ceux-mêmes qui employent ces ruses, appellent *escamoter des décrets*. Je me bornerai ici aux abus de l'opinion par *assis et lever*:

Le dernier que je remarque dans cette manière de recueillir les suffrages, c'est qu'elle est destructive de la liberté. Lorsqu'il importe infiniment aux membres de l'assemblée, qui ont à leurs ordres tout le public des tribunes, de faire passer un décret, il y a un danger manifeste à rester assis. Le peuple s'indigne contre ceux qui gardent cette posture, les menace, et plus d'une fois on a eu à craindre pour leur vie. J'ai vu, dans une de ces occasions, la terreur se répandre tellement sur toute l'assemblée, qu'un décret, qui n'auroit pas eu cinquante voix, passa à la presque unanimité.

Rousseau vouloit qu'on se contentât de la pluralité des suffrages, seulement pour les élections et autres affaires courantes et momentanées. Qu'eût-il dit s'il eût vu la liberté, les propriétés, la vie de tant de milliers d'hommes, à la merci d'une épreuve qui n'est pas moins défectueuse, qu'elle est burlesque, et indigne, sous tous les rapports, de la majesté d'une assemblée qui se dit nationale?

On s'en servit pour statuer sur la demande de ceux qui avoient forcé les portes de la prison de l'Abbaye, parce que le peuple de Versailles et de Paris, approuvant beaucoup ce délit, on étoit bien aise de lui montrer ceux qui, dans l'assemblée, tenoient pour ou contre son parti.

L'arrêté qui intervint, fut un resumé de la motion

de M. de Boufflers, et de celles des députés du tiers-état. En voici la teneur :

« Sur ce que M. le président a dit, qu'il étoit venu de Paris plusieurs personnes qui lui avoient apporté une lettre, de laquelle il a fait lecture, l'assemblée nationale a arrêté ce qui suit :

« Il sera répondu, par M. le président, aux personnes venues de Paris, qu'elles doivent reporter, dans cette ville, le vœu de la paix et de l'union, seules capables de seconder les intentions de l'assemblée nationale, et les travaux auxquels elle se consacre pour la félicité publique ».

« L'assemblée nationale gémit des troubles qui agitent, en ce moment, la ville de Paris ; et ses membres, en invoquant la clémence du roi pour les personnes qui pourroient être coupables, leur donneront toujours l'exemple du plus profond respect pour l'autorité royale, de laquelle dépend la sécurité de l'empire : elle conjure donc les habitans de la capitale de rentrer, sur-le-champ, dans l'ordre, et de se pénétrer des sentimens de paix qui peuvent seuls assurer les biens infinis que la France est prête de recueillir de la réunion volontaire de tous les représentans de la nation ».

« Il sera fait au roi une députation pour l'instruire du parti pris par l'assemblée nationale, et pour le supplier de vouloir bien employer, pour le rétablissement de l'ordre, les moyens infaillibles de la clémence et de la bonté, qui sont si naturels à son cœur, et de la confiance que son bon peuple méritera toujours ».

Cet arrêté étoit rédigé avec adresse ; il désignoit suffisamment aux coupables, tout l'intérêt qu'on prenoit à eux dans l'assemblée, et en ne les recommandant qu'à la clémence du roi, on ne donnoit aucun prétexte de dire qu'on approuvoit leur délit. Cet arrêté se fait encore remarquer par les témoignages de respect qu'on y donne au monarque ; c'est que le tems n'étoit pas encore venu de voiler cette image chérie et respectable, ce n'étoit que par dégrés qu'on pouvoit amener un peuple, amis de ses rois, à outrager la royauté.

Pour ne mécontenter personne, on prit, dans les trois ordres, les députés qui furent chargés de porter cette décision au roi. Dans le clergé, ce furent MM. l'archevêque de Paris, l'évêque d'Amiens, et les curés de Sergi et de Montigni ; dans la noblesse, MM. le chevalier de Boufflers, le chevalier de la Linière, le marquis de Lancosne, le marquis d'Avarai ; dans le tiers-état, pour conserver toujours une image de la double représentation, on prit huit députés ; ce furent MM. Arnoul, le Mercier, Thouret, Hébrard, Barrère de Vieuzac, Maillot, la Poule, Emery.

Je dois remarquer qu'il y eût, dans cette séance, une telle affluence d'étrangers mêlés avec les députés, malgré les ordres du roi qui leur interdisoient l'entrée de la salle, et qui subsistoient toujours, que M. Rabaud de St.-Etienne demanda qu'on se pourvût d'un nombre d'huissiers suffisant, pour que les sièges destinés aux députés, ne fussent pas tous occupés par des hommes qui n'étoient point membres de l'assemblée.

Parmi ces étrangers, on remarqua, dans le cours de la séance, M. l'abbé d'Espagnac, fameux par l'adresse et l'ardeur avec laquelle il jouoit, depuis quelques années, sur les effets publics ; la rumeur fut grande lorsqu'on le reconnut ; un murmure général s'éleva contre lui ; il tint d'abord ferme contre les huées de l'assemblée et des spectateurs. Comme elles redoubloient, un de ses amis représenta qu'il étoit injuste d'avilir ainsi, au milieu d'une assemblée auguste, un homme estimable. On répondit, à celui qui parloit ainsi, que le particulier désigné par l'indignation qui se manifestoit, étoit un méprisable agioteur, complice de la plupart des désordres qu'on reprochoit à l'administration de M. de Calonne ; qu'il devoit rougir de se trouver au milieu des représentans de la nation, et ne pas attendre qu'on lui ordonnât de se retirer. M. l'abbé d'Espagnac, voyant que les esprits s'échauffoient, prit le sage parti de se glisser de banquette en banquette, et finit par disparoître tout-à-fait. Il y avoit quelque fondement aux reproches qu'on faisoit à cet ecclésiastique ; il s'étoit à l'agiotage, avec une frénésie qui faisoit un contraste peu édifiant avec son caractère et son habit. Personne ne possédoit mieux que lui toutes les ruses de ce jeu détestable, qui peut, en quelques minutes, dévorer le capital de plusieurs maisons de négoce, de ce jeu le plus immoral de tous les jeux. Il connoissoit l'art de faire tomber, dans le discrédit les effets qui avoient cours sur la place ; lorsqu'ils n'avoient presque plus aucune valeur, il les acquéroit au moyen des sommes que lui fournissoient ses associés, ou plutôt ses complices. Changeant de batterie, après les avoir acquis, il répandoit une fausse nouvelle qui les faisoit remonter fort haut, et il les revendoit à un prix infiniment au-dessus de celui que lui avoit coûté leur acquisition. Ou bien, il faisoit des gageures sur ces mêmes effets ; il parioit qu'à une telle époque, ils baisseroient ou hausseroient de valeur, et la perte de la gageure devoit s'acquitter avec ces papiers. Comme il étoit possesseur de leur presque totalité, il étoit maître aussi de leur donner la valeur qui convenoit à ses intérêts ; et ceux qui avoient perdu, étant obligés de le payer avec ces effets, il les leur faisoit vendre, par ses affidés, au poids de l'or.

Dans un moment où il importoit au gouvernement de donner du crédit à son papier, on eut recours à M. l'abbé d'Espagnac, qui s'étoit fait une grande réputation, plutôt par le bonheur, que par l'intelligence avec laquelle il s'étoit livré à ce sordide manège. La confiance que M. de Calonne lui accorda, dans cette occasion, lui inspira un tel orgueil, qu'il osa faire, à ses complices, cette emphatique prophétie : « encore trois mois, et tout le trésor royal est à nous ». Ces paroles furent sues du public ; d'autres indiscrétions de M. l'abbé d'Espagnac, apprirent qu'il avoit reçu, de M. de Calonne, des sommes considérables pour agioter sur la place ; cette découverte jetta de la défaveur sur le ministre, dont les ennemis ne manquèrent pas de publier, qu'il dissipoit les trésors de l'état, pour favoriser le jeu le plus nuisible à la prospérité du commerce, et aux bonnes mœurs. Ce fut même cette accusation qui servit de principal motif à M. de Brienne, pour le perdre à la cour. Les intentions de M. de Calonne étoient pures, comme il l'a fait voir dans différens écrits ; on n'en a pas moins à lui reprocher de s'être laissé séduire par le charlatanisme de M. l'abbé d'Espagnac, et d'avoir cru pouvoir tirer quelque utilité pour la chose publique, d'un homme dont tout le mérite se réduisoit à avoir eu des succès dans la plus honteuse des spéculations ; il étoit naturel que la honte de l'agent, rejaillit sur celui qui l'employoit.

On seroit d'abord tenté d'approuver l'assemblée d'avoir repoussé de son sein un homme dont ces spéculations avoient réellement beaucoup terni la réputation ; mais, comment ne s'est-il pas trouvé quelqu'un qui lui ait rappelé cette délicatesse, lorsque, dans la suite, elle a admis, avec tant de facilité, au milieu d'elle, des aventuriers, des vauriens et des galeriens à sa barre ; et, dans ses tribunes, des brigands ?

Tandis, cependant, qu'elle couvroit de sa protection des hommes coupables de révolte, les parisiens s'agitoient dans le jardin du Palais-Royal, pour la même affaire. Ils éprouvoient la plus vive inquiétude sur le sort des onze gardes-françoises, jamais on ne vit une telle rumeur ; le bruit qui se faisoit dans ce jardin, s'entendoit au loin dans les rues, et ressembloit à celui des flots de la mer, qui viennent se briser contre un rocher.

On avoit transporté les prisonniers, de la salle des variétés, à l'hôtel de Genève, qui est aussi dans l'intérieur du jardin. Ils ne pouvoient bouger des fenêtres, parce que le peuple vouloit avoir continuellement les yeux sur eux. Des paniers, suspendus à ces fenêtres, avec des rubans, recevoient les libéralités qu'on vouloit y verser, et l'homme le plus pauvre y jettoit son offrande. On dit que toutes ces générosités firent, à chacun de ces soldats, une somme assez considérable pour le mettre à l'abri du besoin pendant le reste de ses jours.

Dès qu'il se présentoit, dans la foule, quelqu'un qui disoit venir de Versailles, on l'entouroit, on le pressoit de parler ; mais il n'étoit pas possible de se faire entendre au milieu d'un tumulte effroyable ; il eût fallu, du moins, monter sur une éminence, pour mieux promener sa voix sur la multitude ; mais la chose n'étoit pas possible, parce que les chaises étoient réduites en poudre.

Enfin, sur les neuf heures du soir, un jeune homme, soit qu'il voulût se faire remarquer de la multitude, soit qu'il voulût calmer toute cette agitation, soit enfin qu'il mît de l'importance à se montrer instruit, fit des efforts extraordinaires pour être entendu : ne pouvant y parvenir, il fend la presse, se jette dans la maison où étoient les soldats, paroît à une fenêtre, met le chapeau à la main, et l'agite pour demander du silence ; on comprit son intention ; chacun se tut ; on osoit à peine respirer. L'orateur, alors, harangua ainsi son nombreux auditoire :

« Messieurs, deux des députés, que nous avons envoyés à Versailles, en sont revenus. Le roi étoit à la chasse, et on n'a pu encore parler, à sa majesté, de nos braves guerriers. A la cour, on a conseillé à nos députés d'engager les soldats à aller trouver leurs officiers, et on a dit qu'ils pouvoient le faire avec confiance, parce que, certainement, il ne leur seroit infligé aucune punition. — Non, non, s'écria avec fureur tout l'auditoire, nous ne voulons tenir leur grâce que du roi ; et, en attendant que sa majesté l'ait accordée, nous les prenons sous notre sauve-garde. — Messieurs, continua, de sa croisée, l'orateur, nos députés l'ont pensé ainsi : plusieurs d'entr'eux sont restés à Versailles, et n'en reviendront qu'avec une réponse satisfaisante. MM. de Boufflers et Target ont promis leurs bons offices en faveur des braves gens qui vous intéressent ».

Ces dernières paroles excitèrent une joie universelle ; on se félicitoit mutuellement, on s'embrassoit, on crioit *bravo*, on battoit des mains. Tout ce vacarme n'empêchoit pas le sénat, qui siégeoit auprès du cirque, de continuer ses délibérations accoutumées. C'étoit en vérité un spectacle curieux, que celui de ces étourdis, s'acharnant à leurs burlesques motions, avec une opiniâtreté qui leur donnoit l'air de démoniaques. Le bruit, qui se faisoit autour de leur salle, ne permettoit à aucun d'eux d'être entendu, et ils craignoient de passer la séance sans rien faire, lorsqu'enfin un orateur, doué d'une poitrine de fer, se lève, fait tonner sa voix, et crie : « Voulez-vous, messieurs, nous suivre à Versailles ? — A Versailles, à Versailles, répond la galerie, et on alloit partir pour Versailles, lorsqu'un des auditeurs crie, à son tour, ce peu de mots : « Eh ! qu'y faire ? — Qu'y faire, répliqua l'orateur : demander au roi que la caisse militaire des gardes-françoises ne soit plus entre les mains des fripons ; qu'elle soit ôtée aux officiers, et confiée aux sergens ».

La proposition fut acceptée avec des éclats de rire

si bruyants, et si long-temps continués, qu'il ne fut plus possible, à l'aréopage, de prendre aucune délibération. Ses membres, impatientés de l'inaction où les tenoit ce vacarme, firent un signe à l'orateur qui avoit déjà fait éclater sa voix avec tant de succès. Celui-ci comprit ce que vouloit dire ce signe, se leva, et dit : « Messieurs, je propose à l'auguste assemblée, d'arrêter que celui qui ne se taira pas, reçoive, sur-le-champ, vingt coups de bâton ».

On conçoit, sans peine, que la motion ne plut pas aux spectateurs; ils prirent l'épouvante, se ruèrent vers la porte, se précipitèrent les uns sur les autres, et s'échappèrent au plus vîte, d'un tribunal, dont les membres réunissoient la double fonction de juge et de licteur.

Ces détails, en apparence minutieux, ne sont pas indifférens : ils prouvent, non-seulement à quel point les têtes étoient montées, mais encore combien la police étoit impuissante pour arrêter cette fougue, et sur-tout combien est absurde le reproche qu'on faisoit à la cour, de soudoyer toutes ces folies et tous ces désordres.

Lorsque le jugement, qu'on doit porter de la révolution, sera fixé, lorsque ses auteurs et ses causes seront connus, enfin lorsque les françois, revenus de leur égarement, seront bien convaincus qu'ils doivent les désastres de leur patrie à une poignée de factieux qui n'avoient ni réputation, ni propriétés à perdre, alors une main, plus habile que la mienne, élaguera toutes ces anecdotes particulières, pour ne s'attacher qu'aux principaux faits. Mais moi, qui touche encore à la source des événemens, moi qui gémis à la vue des volumes d'impostures qu'on se dispose de transmettre à la postérité, je suis d'un œil attentif, toutes les traces des malheureux qui ont égaré mes concitoyens, et je tiens, avec scrupule, l'obligation que j'ai prise dans l'avertissement qui précède cet ouvrage, de donner, avec l'histoire des événemens, celle des hommes et des opinions. Je ne néglige, en un mot, aucune des particularités qui peuvent m'aider à réfléchir tous les rayons de la vérité, sur les véritables causes de la révolution.

Il est d'ailleurs des détails qui, pris isolément, ne semblent d'aucune importance ; mais qui, rapprochés d'autres faits, jettent un trait de lumière. Il est, par exemple, bien remarquable que, dans tout le cours de la révolution, lorsqu'il s'est fait un mouvement extraordinaire dans la capitale, un mouvement semblable se faisoit, au même instant, dans d'autres villes principales du royaume. Ainsi, tandis qu'on brisoit à Paris, les portes d'une prison, et que les têtes s'électrisoient au Palais-Royal, toute la Bretagne se soulevoit ; cent mille hommes couroient aux armes à Metz, des séditieux ameutoient la populace, et l'encourageoient au pillage ; à Thionville, tous les habitans étoient dans la crainte d'avoir à se défendre contre une horde de misérables, sortis des dernières classes du peuple.

Qu'on se représente ensuite le comte de Mirabeau rédigeant tranquillement dans son cabinet, et avec tout l'art d'un rhéteur, une adresse relative à un événement qui n'étoit pas encore arrivé, et qui devoit être le même dans plusieurs parties du royaume, on ne sera pas tenté alors d'aller chercher l'auteur de l'événement parmi les ministres ou les courtisans.

Ce ne fut que dans le courant de la nuit, qu'on sut au Palais-Royal, que le roi avoit reçu la députation de l'assemblée nationale; elle fut admise vers les neuf heures du soir. M. l'archevêque de Paris qui porta la parole, dit des choses fort touchantes; il peignit avec beaucoup d'intérêt, la sollicitude de la capitale, et les vœux où il supposoit l'assemblée pour la paix, l'union et la tranquillité publique. Après avoir parlé au nom de ses co-députés, il ramena avec beaucoup d'art l'attention sur lui même; il témoigna avec sensibilité l'intérêt particulier qu'il prenoit à la cessation des troubles qui agitoient la première ville du royaume, et menaçoient un diocèse qui lui étoit cher à tant de titres.

Le roi parut ému du discours de M. de Juigné; il demanda l'arrêté de l'assemblée nationale, le lut fort attentivement, et après l'avoir lu, fit, d'un air satisfait, cette réponse à la députation.

« Votre arrêté est fort sage. J'approuve les dispositions de l'assemblée *des états-généraux* ; et tant qu'elle continuera à me marquer de la confiance, j'espère que tout ira bien. Je ferai connoître mes intentions ultérieures.

Je rapporte cette réponse, telle qu'elle est sortie de la bouche du roi, et non telle que l'ont imprimée les journalistes qui, à l'exemple du procès-verbal de l'assemblée, supprimèrent les mots *des états-généraux*.

Cette réponse, et sur-tout la consolante prédiction, *tout ira bien*, ne pourroit qu'honorer les sentimens du roi. M. Necker qui comprenoit, sans doute, l'effet favorable que produiroient ces paroles de paix, voulut s'en faire honneur ; il prétendit les avoir suggérées à Louis XVI ; il le dit à qui voulut l'entendre, et l'insinua clairement dans un écrit. Cette jactance de M. Necker, étoit un véritable délit. Si la réponse étoit du roi, il faisoit un vol au cœur de cet excellent prince ; s'il l'avoit suggérée à Louis XVI, pourquoi détruire une opinion qui pouvoit rendre le roi cher à ses sujets ? M. Necker étoit-il plus jaloux de conserver sa popularité, que de fortifier l'amour des françois pour leur roi ?

Une telle réponse auroit dû calmer les esprits, par les heureuses espérances qu'elle donnoit, autant pour les prisonniers délivrés de l'abbaye, que pour la chose publique. En même tems qu'on avoit ce motif de se rassurer, on étoit délivré d'un autre sujet d'alarme. Ces protestations des nobles, qu'on avoit regardées comme des déclarations de guerre, n'avoient plus rien d'effrayant; car, dans les deux séances que tint l'assemblée ce jour-là, non-seulement ils ne parlèrent plus de ces protestations, mais ils délibérèrent comme les députés du tiers-état, et donnèrent par-là à connoître qu'ils se croyoient membres de l'assemblée, et qu'ils lui étoient sincérement réunis. Ils virent même, sans opposition, que les bureaux que l'on forma dans la séance du soir, furent composés de membres des trois ordres, suivant la proportion établie par la double représentation.

Il est vrai qu'il ne devoit être pris, dans ces bureaux, ni résultat, ni collection d'avis, ni décision; ils n'avoient pour objet que de faciliter l'instruction, et de préparer les matières. Mais comment auroit-on pu ne pas se dire membre d'une assemblée à laquelle on traçoit soi même le plan de son travail, sur lequel ensuite on donnoit son avis?

Il faut donc le dire, car on voudroit en vain se le dissimuler: tout député aux états-généraux, qui a été membre d'un bureau ou d'un comité de l'assemblée se disant nationale, ou qui, sans avoir été membre d'aucun bureau ou comité, a contribué, par ses motions ou par ses avis, aux lois qui sont émanées de cette assemblée, s'en est reconnu membre, et reste responsable de chacun de ses décrets; car il n'y a qu'un moyen de ne pas répondre des délibérations d'une assemblée, c'est de ne point en faire partie. M. Mounier ne sera point accusé de la spoliation du clergé, parce qu'avant qu'elle fût prononcée, il avoit fait scission avec l'assemblée, il avoit cessé d'en être membre; mais il reste responsable de tous les décrets qui l'ont précédée. Telle est la loi de toute assemblée délibérante. Quiconque reste dans son sein, quiconque en fait partie, a sa part du blâme comme de la louange qu'on accorde à ses opérations. A cet égard, M. l'abbé Maury marche sur la même ligne que le comte de Mirabeau, M. de Cazalès sur la même ligne que M. Barnave; car Mirabeau pouvoit dire à M. l'abbé Maury: « un décret rendu conformément à mon vœu, et contre votre gré, n'est pas moins un loi que celui rendu conformément à votre vœu, et contre mon gré. S'il en étoit autrement, il n'y auroit plus de décrets que ceux qui auroient eu votre assentiment, et vous n'êtes pas le seul législateur de l'empire; c'est la majorité des suffrages qui, dans leur assemblée, comme dans toute assemblée délibérante, fait les décisions. Prétendre qu'on ne doit reconnoître pour telles que celles de la minorité, ce seroit une absurdité que vous-même n'oseriez avancer; car dès qu'une assemblée parle collectivement, elle doit parler au nom du plus grand nombre de ses membres. Si le principe contraire étoit admis, vous ne seriez pas assis parmi nous, car c'est la pluralité et non la minorité de vos commettans, qui vous a député aux états-généraux ».

L'assaut donné à la prison de l'Abbaye, avoit alarmé pour la sureté des autres prisons; M. le marquis de Launay, gouverneur de la Bastille, fit, dans cette citadelle, quelques mouvemens, dont le faubourg St.-Antoine, à qui on les exagéra beaucoup, fut effrayé. Il fit saillir, à travers les crénaux de ses tours, les bouches de sa méchante artillerie; on chargea les canons; la garnison parut renforcée; on vit entrer dans le fort, quelques soldats du régiment suisse de Salis-Samade; l'effroi ou la mauvaise foi en grossirent beaucoup le nombre. Les personnes chargées d'approvisionner cette prison, reçurent ordre d'augmenter les approvisionnemens; le public porta cette augmentation beaucoup au-delà du taux qui avoit été ordonné; on doubla tous les postes de l'intérieur et de l'extérieur, et on remarqua que les sentinelles recevoient une fort longue consigne; on rencontroit aussi M. de Launay, jour et nuit sur le chemin de Versailles; ainsi tout dénotoit qu'il craignoit une attaque, et qu'il se disposoit à faire une vigoureuse défense.

A l'hôtel de la Force, on plaça, dans une des cours, un détachement de 50 hommes de la milice de Paris, commandés par un capitaine et deux lieutenans; ils avoient, pour toutes munitions de guerre, environ vingt livres de poudre. La nuit, on les faisoit coucher dans la chapelle des débiteurs.

L'armée, qui gardoit Paris et Versailles, grossissoit tous les jours; on la voyoit se recruter de régimens allemands ou suisses. On avoit placé des sentinelles sur le pont de Sèves, et sur toutes les avenues de Saint-Cloud. Peu de personnes approuvoient ces précautions; on convenoit que les émeutes de la capitale devoient donner de l'ombrage à la cour; mais on disoit en même temps que cet appareil de guerre n'étoit propre qu'à aigrir les esprits. Parmi ceux qui s'en tenoient à des murmures et à de mauvais raisonnemens, il faut compter à peu-près tous les domiciliés, et sur-tout tous les marchands. Dans le fond du cœur, ils n'étoient pas fâchés d'être protégés, par une force supérieure, contre le pillage dont ils se croyoient menacés. Mais, d'un autre côté, n'attendant que des bienfaits de la part des états-généraux, ils craignoient qu'on se servît des troupes pour gêner la liberté des députés. Dans cette perplexité, ils restoient absolument immobiles, et il est certain que, si jamais on n'eût répandu dans les rues, des essaims de brigands contre lesquels les soldats ne firent aucune résistance, jamais les bourgeois ne se seroient armés.

Je dois en effet remarquer que cette foule qui remplissoit, nuit et jour, le jardin du Palais-Royal, n'étoit guère composée que d'aventuriers, de gens sans aveu, venus de toutes les provinces, de tous les pays, et logeant dans des hôtels garnis. On n'auroit peut-être pas compté parmi eux vingt parisiens, ni un seul

membre

membre de ce qu'on appelloit les six corps. Les ouvriers eux-mêmes ne commencèrent à s'ébranler, et à prendre part à la rebellion, que lors de l'expédition faite aux prisons de l'abbaye.

Un autre sujet de mécontentement, presque universel, c'étoit que les ordres qui défendoient la libre entrée des états-généraux, ne fussent pas levés. Ils n'étoient point exécutés, mais on eût voulu que l'autorité qui les avoit donnés, les eût révoqués elle-même.

L'affaire des onze gardes françoises, faisoit diversion à tous ces motifs de mécontentement ou d'alarme. Tous les intérêts particuliers venoient se réunir sur ces prisonniers. On eût dit que le salut de l'assemblée nationale et du royaume dépendoit de la détermination que le roi prendroit à leur égard. On n'étoit point assez rassuré par la réponse qu'il avoit faite à la députation, on attendoit, avec la plus vive inquiétude, de connoître les intentions ultérieures qu'il avoit annoncées. On va voir qu'il termina cette affaire avec sa bonté ordinaire, qui ne lui a jamais permis de contredire ce qu'il a cru le desir de son peuple, même dans les occasions où le prince le plus modéré eût cru devoir user de quelque rigueur. Mais on va voir aussi que, par cette fatalité, qui a voulu que plus il ait accordé, plus on lui ait ôté, ce nouvel acte d'indulgence ne pût déjouer aucun des projets des factieux, leur partie étoit trop bien liée ; ils avoient obtenu la réunion des trois ordres ; leur seconde conquête devoit être l'interdiction du roi et la perte de la reine ; toutes leurs démarches vont tendre vers ce but.

T

(146)

CHAPITRE XXXV.

CONTINUATION de l'effervescence au Palais-Royal; nouvelles scènes tumultueuses dont on y est témoin; lettre du roi à M. l'archevêque de Paris; mécontentement de quelques députés, sur les mots états-généraux, employés par le roi; contestation entre les prélats et les membres du tiers-état; discours de M. le cardinal de la Rochefoucault; désaveu que donne, de ce discours, M. l'archevêque de Vienne; portrait de ce dernier prélat; avantage que donne, au comte de Mirabeau, le désaveu de ce prélat; discours pathétique de M. l'archevêque d'Aix; indécentes interpellations de M. Bouche; portrait de ce député; discours de M. Pethion; dureté du comte de Mirabeau; ménagemens du comte de Clermont-Tonnerre; opinion de MM. Pison du Galand et Mounier; jugement et partialité contre le clergé; organisation remarquable de 30 bureaux; changemens importans pour la disposition de la salle; règlement pour les officiers de l'assemblée; élection de M. le duc d'Orléans à la présidence; signal de la guerre civile donné dans le jardin du Palais-Royal; bruits que répandent les députés du tiers-état sur cet événement; misère des peuples; dispositions formidables de la cour; ce qu'en pensent les membres du club breton; leurs menées; terreurs des bourgeois de Paris; division parmi les gens de guerre; vaines tentatives de M. du Châtelet pour regagner la confiance de son régiment; licence des libellistes; leur acharnement contre la maison de Polignac; haine des factieux contre M. d'Esprémesnil; effrayante position où se trouve la cour; dangers qui menacent le royaume; sérénité de M. Necker; mot prophétique de ce ministre; joie des membres du club breton; grossières plaisanteries dont ils amusent la populace; projet qu'ils conçoivent pour grossir la source des largesses qu'ils répandent sur la multitude.

Suite de Juillet 1789, et du second mois de l'interrègne.

EN attendant que le roi décidât la grande affaire qui tenoit en suspend, et la capitale et l'assemblée nationale, l'inquiétude, le trouble, la confusion ré- gnoient toujours au Palais-Royal. A chaque minute on y étoit témoin d'une nouvelle scène, qui servoit d'aliment à la fermentation. Au plus fort de l'effervescence, un homme, en habit ecclésiastique, fait effort contre la foule qui obstruoit le café de Foy, s'élance sur une table, et de-là débite gravement une diatribe contre M. Necker, contre le dieu de tous ces insensés. Je n'entreprendrai pas de peindre la rage des auditeurs; ils se jettèrent sur ce malheureux, et le châtièrent, sans pitié, comme on châtie les enfans.

Je suis porté à croire que ce misérable n'étoit qu'un hardi filou, qui s'étoit revêtu de l'habit ecclésiastique, et qui, ayant concerté cette aventure avec d'autres gens de son espèce, s'étoit dévoué à un mauvais traitement pour leur faciliter le moyen de faire un riche butin, dont, sans doute, il avoit retenu la plus grande part. Il est du moins certain, que lorsque la pièce fût jouée, et que le principal acteur eût échappé à tous ces groupes de frénétiques, la plupart de ceux-ci se trouvèrent sans montres, sans argent, sans mouchoir.

Plus loin, une femme de moyen âge, proprement vêtue, se présenta dans le sallon de Curtius. Elle chercha, parmi toutes ces figures de cire qui imitent la nature, avec un art vraiment trompeur, celle de M. Necker; elle s'y attacha, lui vomit des injures, la conspua, et comme si ce n'eût pas été assez de ces outrages, elle s'élança dessus comme pour la mettre en pièces. Elle en fut bientôt empêchée par les spectateurs, qui l'arrachèrent, avec fureur, du buste chéri, la traînèrent, en l'accablant de mauvais traitemens, hors de la salle, lui firent traverser le jardin, et, de mains en mains, elle vint tomber entre celles des poissardes. Celles-ci lui firent ôter le chapeau qui la coëffoit, pour augmenter sa confusion; et prenant pour règle l'arrêt qui avoit été exécuté sur le prétendu abbé, lui firent subir le même châtiment. Ce fut un vrai supplice pour cette malheureuse; elle fut frappée sans ménagement; le sang ruissela.

On n'a jamais su qui étoit cette femme; mais, après cette seconde scène, comme après la première, on fut convaincu qu'il s'étoit glissé plusieurs filous dans la foule.

2. Ces sortes d'aventures servoient de distraction aux bruyantes occupations des politiques entassés dans le Palais-Royal. C'est avec ce calme qu'ils attendoient l'oracle qui devoit prononcer sur la destinée des onze soldats. Il parla enfin, et ne pouvoit guère parler plutôt, puisqu'il n'avoit été consulté que la veille à neuf heures du soir. Pour parler sans figure, le roi écrivit à M. l'archevêque de Paris, la lettre suivante, qui fut bientôt connue de tous les intéressés.

« Je me suis fait rendre un compte exact, mon cousin, de tout ce qui s'est passé dans la soirée du 30 juin. La violence employée pour délivrer des prisonniers de l'abbaye est infiniment condamnable, et tous les ordres, tous les corps, tous les citoyens honnêtes et paisibles, ont le plus grand intérêt à maintenir, dans toute sa force, l'action des loix protectrices de la tranquillité publique. Je céderai cependant, dans cette occasion, lorsque l'ordre sera rétabli, à un sentiment de bonté, et j'espère n'avoir point de reproche à me faire de ma clémence, lorsqu'elle est invoquée, pour la première fois, par l'assemblée des représentans de la nation; mais je ne doute pas que cette assemblée n'attache une égale importance, et une plus grande encore au succès de toutes les mesures que je prends pour ramener l'ordre dans la capitale. L'esprit de licence et d'insubordination est destructif de tout bien, et s'il prenoit de l'accroissement, non-seulement le bonheur de tous les citoyens seroit troublé, et leur confiance seroit altérée; mais l'on finiroit peut-être par méconnoître le prix des généreux travaux auxquels les représentans de la nation vont se consacrer. Donnez connoissance de ma lettre aux *états-généraux*, et ne doutez pas, mon cousin, de toute mon estime pour vous ».

Avant de lire cette lettre dans l'assemblée nationale, M. l'archevêque de Paris lui fit part de la réponse verbale qu'il avoit reçue du roi; cette réponse fut applaudie par une très-grande partie de l'assemblée, qui témoigna sa reconnoissance par les cris de *vive le roi*; mais ceux qui n'applaudirent pas, se trouvèrent formalisés de l'expression *états-généraux*. Ils prirent même, pour manifester la mauvaise humeur que cette expression leur donnoit, une tournure assez singulière; ils prétendirent que ces mots n'étoient pas sortis de la bouche du roi; un d'eux en donna une étrange raison: « Comment, s'écria-t-il, le roi auroit-il pû appeler ainsi une assemblée qui n'est pas *encore* constituée en états-généraux ?

Les députés qui avoient accompagné M. l'archevêque de Paris, soutinrent que le prélat avoit rendu littéralement la réponse du roi. M. de Juigné n'avoit pas besoin de ce témoignage; sa véracité connue ne permettoit pas d'élever une telle contestation. Elle n'eût aucune suite. Les doutes qu'on avoit élevés, n'étoient vraisemblablement pas sincères; l'eussent-ils été, la lecture de la lettre, où les mêmes mots se trouvoient répétés, suffisoient pour dissiper toute incertitude. On n'en retrancha pas moins, comme je l'ai dit, de la réponse du roi, en l'insérant dans le procès-verbal, l'expression *états-généraux*.

Dans la séance où cette lettre fut lue, il s'éleva une très-vive contestation entre les prélats et les membres du tiers état. Les premiers n'avoient point encore, à l'exemple des gentilshommes, manifesté leur sentimens sur la réunion. Croyant l'affaire des onze gardes-françoises terminée pour l'assemblée, ils voulurent, avant qu'elle s'engageât plus avant dans ses travaux, déposer, dans son sein, un acte contre toute entreprise qui pourroit attenter aux droits du premier ordre du royaume. M. le cardinal de la Rochefoucault fut leur organe; il parla ainsi:

« Messieurs, il est de mon devoir de vous déclarer

T 2

que lorsque les membres du clergé, qui étoient restés dans la chambre de leur ordre, sont venus avec moi dans la salle commune aux trois ordres, nous avons fait préalablement des réserves, portant que,

« Vu la déclaration du roi, du 23 juin, la lettre de sa majesté à moi adressée le 27 juin, les membres du clergé, toujours empressés de donner à sa majesté des témoignages de respect, d'amour et de confiance, justement impatiens de pouvoir se livrer enfin à la discussion des grands intérêts, d'où dépend la félicité nationale, ont délibéré de se réunir, dès aujourd'hui, aux deux ordres de la noblesse et du tiers-état, dans la salle commune, pour y traiter des affaires d'une utilité générale, conformément à la déclaration du roi, sans préjudice du droit qui appartient au clergé, suivant les loix constitutives de la monarchie, de s'assembler, et de voter séparément, droit qu'ils ne veulent, ni ne peuvent abandonner dans la présente session des états-généraux, et qui leur est expressément réservé par les articles VIII et IX de la même déclaration ».

« Je vous prie, messieurs, de trouver bon que je remette sur le bureau la présente déclaration, et que je vous en demande acte ».

On se feroit difficilement une idée de la fureur qu'excita, parmi les députés du tiers-état, la lecture de cet écrit ; presque tous les orateurs de cet ordre se levèrent à la fois, et il s'engagea, parmi eux, une sérieuse dispute, pour savoir à qui parleroit le premier. M. l'archevêque de Vienne leur disputa aussi la parole ; son grand âge, le crédit dont il jouissoit parmi eux, les fit condescendre à lui laisser la préférence. Je prie l'assemblée, dit le bon prélat, d'observer que lorsque le clergé a rédigé la déclaration dont M. le cardinal de la Rochefoucault vient de donner lecture, la majorité du clergé, qui pourroit, à juste titre, prendre celui de l'ordre du clergé, n'y étoit pas, qu'elle étoit déjà réunie dans la salle commune ».

Ce n'étoit pas de la part de M. l'archevêque de Vienne qu'on eût dû attendre un langage aussi extraordinaire dans sa bouche ; car, comment pouvoit-il blâmer son ordre de rester fidèle à ses droits et aux lois constitutives du royaume ? Comment ne craignoit-il pas de laisser penser qu'il trahissoit le clergé ? Ceux qui jugeroient ce prélat, d'après ces paroles, tout au moins déplacées, et d'après toute la conduite qu'il a tenue aux états-généraux, le jugeroient mal.

M. Lefranc de Pompignan, d'abord évêque du Puy, ensuite archevêque de Vienne, avoit fourni une longue carrière dans l'épiscopat, et l'avoit fournie avec gloire. Peu de prélats, dans son siècle, ont été plus instruits que lui. Il a servi la religion par son exemple et ses écrits. Le fonds de son caractère étoit la douceur, la sensibilité. Sa piété n'avoit rien de sévère ; elle étoit sincère et répandoit un charme inexprimable sur ses manières, dans ses conversations. Sa sollicitude pour les malheureux égaloit son zèle à venger les injures faites à la religion ; il passa sa vie à consoler d'une main les infortunés, et à combattre de l'autre les impies. Il étoit aimé et estimé du dauphin, fils de Louis XV, et ceux qui savent rendre justice à ce prince, savent aussi qu'il ne comptoit au nombre de ses amis, que des hommes éclairés et vertueux.

Lorsque les états-généraux furent convoqués, M. de Pompignan fut effrayé de la division qui se mit parmi les françois. Il voulut d'abord montrer quelque fermeté ; voyant qu'elle étoit inutile, il crut qu'elle seroit dangereuse. Il ne se cachoit point qu'on s'égaroit ; mais il attribuoit l'égarement aux erreurs de l'esprit, et non à la perversité du cœur. Il pensa qu'avec de la douceur, de la condescendance, des sacrifices, on ramèneroit les mécontens ; car, parmi ceux qui s'agitoient le plus, il ne voyoit que des mécontens, et pas un séditieux. Il imaginoit que tous les françois n'avoient, comme lui, d'autre ambition que celle du bien, que tous vouloient la gloire et le bonheur de la monarchie, mais que la plupart se trompoient sur la route qui devoit conduire à la félicité publique.

Arrivé à Versailles, M. de Pompignan, ne se départit point de ce système. Son esprit étoit déjà affoibli par l'âge. Sa tête ne se trouva point assez forte pour résister au tourbillon dans lequel il se trouva jetté, aux différens partis qui cherchèrent à se l'arracher, aux caresses, aux promesses qui lui furent prodiguées. Son ame, frappée, à la fois, par tant de mouvemens contraires, céda au plus violent, il ne voulut jamais croire qu'on le trompoit, et, si je puis me servir de cette image triviale, qu'on ne l'embrassoit que pour mieux l'étouffer. Il s'opiniâtra à penser qu'on ramèneroit aux véritables principes, les députés du tiers-état, en ne leur opposant que les seules armes de la candeur, de la douceur, du désintéressement.

Ce ne fut que bien tard que M. de Pompignan revint de cette déplorable erreur. Alors le découragement et la timidité succédèrent à l'aveuglement. Le mal étoit si grand, qu'il n'osa appliquer aucune sorte de remède. Il poussa cette timidité au point que le pape lui ayant envoyé un bref, dont l'unique but étoit d'offrir aux prélats, des consolations pour toutes les persécutions qu'ils avoient à essuyer, il ne put jamais se déterminer à publier ce bref, dans la crainte d'irriter les ennemis de son ordre, comme si le clergé pouvoit attendre de ses ennemis plus de mal qu'il n'en a reçu.

La douleur que M. l'archevêque de Vienne ressentit des coups portés à sa religion et à son pays ; le chagrin qu'il eut d'avoir été dupe de ceux qui leur faisoient une guerre si cruelle, le mirent au tombeau. Les gens de bien lui ont rendu justice ; il jouit encore aujourd'hui parmi eux de toute la vénération qu'il leur avoit inspirée pendant sa vie. Ils savent que s'il fut foible, il ne cessa pas un instant d'être vertueux.

Les députés du tiers-état tirèrent un grand avantage du désaveu qu'il faisoit de la déclaration de M. le cardinal de la Rochefoucault. Mirabeau fut le premier à en triompher. « J'ajouterai, s'écriat-il, avec beaucoup de feu, à la respectable déclaration faite par le préopinant, que nul ne peut s'asseoir parmi nous, s'il ne reconnoît la souveraineté de cette assemblée. On ne proteste pas, on ne fait pas des réserves contre la nation ; elle n'a pas de procès, et quiconque veut protester contre l'assemblée, doit, pour en acquérir le droit, commencer par se retirer ».

Aussi long-temps que le clergé étoit resté dans sa chambre, le tiers-état, en employant tour-à-tour la terreur et les caresses, n'avoit usé de sa force qu'avec cette inquiétude que donne l'incertitude du succès. Actuellement qu'on voyoit le premier ordre réuni dans la salle commune, Mirabeau ne gardoit plus aucun ménagement ; il abusoit de sa victoire ; il insultoit aux vaincus, car on ne pouvoit regarder que comme une insulte, le défi qu'il faisoit aux ecclésiastiques. Ce qu'il disoit de la souveraineté de l'assemblée, qu'il confondoit avec la nation, annonçoit ce que feroit bientôt cette assemblée ; mais la jactance avec laquelle il parloit au clergé, dévoiloit toute la perfidie dont cet ordre alloit être la victime. Ses membres extrevirent, dès ce moment, le piège où on les traînoit. M. l'archevêque d'Aix parut sensiblement pénétré de l'orgueilleuse dureté de Mirabeau. Il se leva pour lui répondre, ses yeux se remplirent de larmes ; ses sanglots l'interrompirent plus d'une fois, et le discours qu'il prononça est peut-être le plus pathétique qu'on ait entendu dans l'assemblée nationale.

« Quels reproches, dit ce prélat, que la douceur de ces mœurs rend si cher à ceux qui le connoissent, pourroit-on nous faire des réserves que nous faisons moins pour nous que pour nos commettans ? Je voulois d'abord faire une simple réflexion, mais j'ajouterai une réponse au préopinant. Je dois prévenir l'assemblée, au nom de MM. du clergé, que nous venons délibérer avec elle ; il n'est point en nous de retarder le bien public ; quels que soient les démarches nécessitées par notre situation actuelle, nous voulons procéder à toutes les délibérations, dont l'utilité générale et le bien public seront l'objet : voilà les grands intérêts dont nous nous occupons ».

« Oh ! si je pouvois, continua le prélat, en versant des larmes, parler au peuple, si je pouvois dire les sentimens patriotiques dont nous sommes animés ! c'est alors, qu'au milieu du calme et de la tranquillité publique, nous ferions le bien sans disputer de la manière dont il doit être fait. C'est alors que nos concitoyens s'écrieroient tous : nous avons été trompés, cessons de nous alarmer ; ils veulent le bien de la patrie. Il ne s'agit que des formes ; et qu'importe de quelle manière ils s'assembleront ? Retirons-nous des places publiques ; cessons de nous rassembler, de porter l'alarme dans le cœur du roi et de nos frères ; laissons nos représentans s'occuper, en silence, du bonheur public ».

« Et, en effet, messieurs, pourvu que nous nous livrions à ces grands objets, qu'importent nos protestations et nos réserves ? Pouvons-nous exiger de notre conscience l'abandon des mandats qui nous ont été remis ? Avons-nous bien approfondi les loix constitutives de la monarchie ? Avons-nous bien saisi la différence des propriétés ? Avons-nous réfléchi sur la distinction des ordres ? Peut-on disconvenir qu'il y ait des droits anciens, des usages constitutionnels, reconnus dans tous les temps ? Renoncerons-nous à des choses sanctionnées dans un siècle de lumières, par l'autorité qui nous a convoqués, par les lettres de convocation, par le fait même des assemblées d'élection ? Ce ne sont pas là des loix factices. Il y a une question à décider avant de délibérer. En attendant, nous avons fait une réserve, nous serions désespérés qu'un acte remis dans vos archives, pût arrêter le bien public. Vous ne pouvez refuser un acte qui conserve nos droits. Ma conclusion est que nous fassions des réserves sans protestations, venant délibérer sur des objets d'utilité générale ».

La modération de ce discours prouve que le clergé ne faisoit qu'avec timidité ce dernier effort pour la conservation d'un de ses droits intimement lié avec le salut de la liberté publique. Mais à quoi servoient des tempéramens avec des hommes qui, étant sûrs d'avoir mis la majorité de l'assemblée dans leur parti, vouloient rendre cette majorité seule maîtresse de l'empire ?

Un homme, député de la sénéchaussée d'Aix, *cassecou* (pour me servir de la populaire expression du club breton), docile et infatigable des principaux conjurés, M. Bouche enfin, le plus médiocre des membres de l'assemblée, interpella, avec hauteur, M. l'archevêque d'Aix, de dire quelle conséquence il prétendoit tirer de son discours.

« Nous n'avons pas protesté, répondit le prélat ; nous ne faisons que des réserves ; nous en demandons acte, et nous ne demandons que ce qu'il est impossible de nous refuser ».

« Je prie M. l'archevêque d'Aix, insista M. Bouche, de déclarer s'il entend ou s'il n'entend pas rester ici avec *la majorité* du clergé ».

« Eh ! messieurs, s'écria M. l'archevêque de Vienne, ne parlons ni de majorité, ni de minorité ; elles n'existent plus ».

M. Bouche n'est pas un homme qui rougisse ou qui se taise aisément, il continua; et, s'adressant à l'assemblée, « je demande, dit-il, acte de la scission que M. l'archevêque d'Aix veut introduire dans l'ordre du clergé ».

On ne sait de quoi l'on doit plus s'étonner, ou de la perfidie de cette demande, ou de l'insolence de toutes ces interpellations. M. l'archevêque d'Aix, pressé, comme s'il eût été sur la sellette, et ne pouvant se débarrasser de l'importunité de cet adversaire, finit par déclarer qu'il ne vouloit pas se retirer.

Lorsque M. Bouche eût été réduit au silence par cette déclaration, lorsqu'il n'eût plus d'interrogations à faire, M. Bailly représenta froidement que ces contestations particulières pouvoient faire naître l'aigreur; et que, dans toute assemblée bien ordonnée, personne ne devoit se permettre aucune interpellation. L'observation étoit un peu tardive.

« Ces interpellations, reprit modestement le prélat, ne m'ont point offensé; j'ai déposé mes sentimens dans l'ame de ceux qui ont voulu m'entendre, je m'en rapporte à eux ».

C'est par cette indécente attaque que M. Bouche a débuté aux états-généraux. On m'a accusé de chercher à rendre ce député ridicule dans le journal de *l'ami du roi*. Hélas! quand j'en aurois l'intention, il ne me faudroit pas beaucoup d'art pour y parvenir; car tout est ridicule chez M. Bouche, et ceux même dont il est l'écho, ne peuvent l'entendre sans rire. Il semble, en effet, que la nature ait façonné cet orateur pour servir de jouet à ses auditeurs; son maintien est ignoble, sa phisionomie stupide, son regard insolent, son geste hautain, la largeur de sa bouche, le volume de sa voix, la dureté de son organe, la grosièreté de son accent, la pédantesque gravité avec laquelle il débite les folies qu'on lui souffle, achèvent d'en faire un personnage vraiment grotesque.

On dit qu'il jouissoit, au barreau d'Aix, d'une certaine considération; si cela est, il faut lui appliquer, en sens contraire, un proverbe bien connu; il faut dire de lui, qu'il n'est prophète que dans sa patrie. Sa vanité est excessive; l'on ne peut le voir, à la tribune, sans se rappeler cet animal, dont il a l'opiniâtreté, qui s'enorgueillissoit, parce que, par les rudes sons de son épouvantable voix, il avoit mis en fuite les timides habitans des forêts. A l'entendre, il conduit l'assemblée et le royaume, et s'il se fait des sottises dans les comités, c'est que malheureusement il ne peut pas se multiplier, il ne peut pas se trouver dans tous à la fois. Il n'en va pas moins sans cesse de l'un à l'autre; il inspecte les trésoriers, les commis, les secrétaires; c'est la mouche du coche; si on l'eût fait président, l'orgueil l'eût étouffé.

Lorsque le comité de constitution présenta son plan à l'assemblée, M. Bouche dit qu'il étoit impraticable et faux *dans les calculs linéaires*, et ajouta qu'il en avoit *un très-simple, très-court*, qui pourroit être décrété dans la matinée. Ce trait, qui donne la mesure de la modestie et de la capacité de M. Bouche, suffiroit pour justifier l'idée que je donne ici de lui.

Pour qu'il ne manque rien à son portrait, je dois ajouter que toutes ses harangues sont fort courtes; ce sont des propositions incidentes et presque toujours hors-d'œuvre. Celles qu'il tire de son propre fonds, meurent aussitôt qu'ils naissent; elles restent ensevelies dans le mépris. Les autres, qu'il n'a apprises par cœur, que parce qu'elles sont trop extravagantes pour qu'aucun membre de son club ait voulu s'en charger, font assez souvent fortune. M. Bouche les énonce, y revient le matin, le soir, le lendemain; et tant de fois, qu'à la fin ceux qui l'ont inspiré, trouvent le moment favorable pour l'appuyer avec succès. Il choisit, de préférence, les heures de la séance où les membres, qui pourroient le combattre, sont en très-petit nombre; c'est-là sa grande ruse de guerre. M. l'Abbé Maury, qui veut quelquefois s'égayer, l'a comparé à un général d'armée qui gagne plus de batailles par son opiniâtreté que par son habileté. A l'habileté près, la comparaison est exacte.

Il se tût dès que M. l'archevêque d'Aix eut déclaré qu'il ne vouloit pas se retirer; il semble, en effet, qu'il ne restoit plus rien à dire; mais ce n'étoit pas assez; on disputoit au clergé, même le droit de faire des réserves.

« On ne peut empêcher, dit M. Péthion de Villeneuve, des membres de l'assemblée de faire des réserves; mais elle peut refuser d'en donner des actes. J'ai été étonné d'entendre que ces protestations étoient énonciatives de déclaration du 23 juin; elles seroient infiniment sages, que personne ne devroit les admettre. Le roi ne peut pas tenir un lit de justice au milieu de la nation; lorsqu'elle est assemblée pour proposer et faire des lois, nulle puissance ne peut y porter des déclarations non discutées. J'ai vu encore, avec surprise, que la minorité du clergé déclaroit qu'elle venoit, par les ordres du roi, pour exécuter quelques articles de la déclaration du 23 juin. D'après notre délibération, qui a suivi la séance royale, nous avons persisté dans nos précédens arrêtés; cependant, ces arrêtés étoient cassés par une de ces déclarations. Il n'est donc pas possible de donner acte à de pareilles protestations. Si quelques membres peuvent se décider à de tels actes, ils doivent les faire individuellement, et non pas collectivement. La majorité du clergé étoit ici; de simples individus étoient demeurés dans la chambre voisine, il faut donc laisser faire à des individus, des réserves isolées ».

Mirabeau refusa, avec plus de hauteur encore, au-

clergé, le droit de ces réserves. Je soumets à votre sagesse, dit-il à l'assemblée, d'examiner s'il est de notre dignité de donner acte de consistance à une déclaration ainsi conçue : *sans préjudice du droit qui appartient au clergé, suivant les lois constitutives, de s'assembler et de voter séparément; droit qu'ils ne veulent, ni ne peuvent abandonner dans la présente session des états-généraux, et qui leur est expressément réservé par les articles VIII et IX de la présente déclaration*.

« Vous avez refusé, messieurs, un pareil acte à la noblesse, et cette erreur est vraiment effacée par leur patriotique réunion dans cette assemblée; mais nulle puissance ne peut dire ici, *je veux*, pas même le pouvoir exécutif. Vous manqueriez à vos principes, à la nation, à vous-mêmes, si vous adoptiez de pareilles déclarations ».

Il paroîtroit, par le compliment que Mirabeau adressoit à la noblesse, qu'il vouloit l'engager à garder la neutralité, ou peut-être croyoit-il s'y être déjà fait beaucoup de partisans. Ce qui est digne de quelque attention, c'est qu'un seul gentilhomme prit part à cette querelle; ce fut M. le comte de Clermont-Tonnerre qui, par une conséquence du système particulier qu'il s'étoit fait, voulut défendre le clergé sans désobliger les ennemis de cet ordre; il parla ainsi :

« Je ne me permettrai, messieurs, aucune réflexion sur les circonstances présentes; nous sommes réunis dans le sein de l'assemblée nationale. Sans doute nous avons le pouvoir législatif; sans doute personne ne peut dire ici, *je veux*; personne, aussi, ne peut rappeler une discorde dont il faut perdre le souvenir; nous ne devons donner aucune existence légale à des protestations. Que les individus gardent leurs opinions; qu'ils délibèrent d'après leurs principes; qu'ils les écrivent; qu'ils les rejettent; l'opinion générale les détruira; ainsi point d'acte à donner; il faut seulement recevoir les réserves ».

Voilà le seul secours que M. de Clermont offrit au clergé. M. Pison du Galand présenta deux considérations pour faire rejetter ces réserves. « La majorité, dit-il, du clergé s'étant réunie le 22 juin à l'assemblée nationale, votre procès-verbal ne peut recevoir aucune réserve au nom de la minorité; les membres du clergé doivent se présenter individuellement et nominativement. Le 30, vous avez reçu des déclarations et des réserves de quelques membres de la noblesse, qui ont été déposées dans les mains des secrétaires, pour y être statué après la vérification des pouvoirs; vous devez suivre la même marche, pour le clergé ».

M. Mounier, dont l'opinion avoit alors beaucoup de poids, distingua les déclarations, des protestations et des réserves. Il dit que les premières ne pouvoient pas empêcher d'opiner après avoir reçu de nouveaux pouvoirs; qu'elles étoient favorables en ce que c'étoit pour acquitter sa conscience que l'on se déterminoit à les présenter à l'assemblée; il les regarda comme une justification publique, vis-à-vis les commettans. Quant aux réserves et aux protestations, il pensa qu'elles ne devoient pas être reçues, même comme pièces remises et non examinées; qu'aucun membre de l'assemblée ne pouvoit protester dans l'assemblée même; que si elle recevoit une protestation, elle laisseroit croire qu'on peut affoiblir l'importance de ses décrets ».

M. Mounier a été fidèle à ses principes; dès l'instant où il a été pleinement convaincu que l'assemblée nationale perdoit le royaume, il a cru que la seule manière, dont il lui convint de protester contre ses opérations, c'étoit de se retirer de son sein. Mais il est juste de remarquer que le clergé, à l'époque où il présentoit ses réserves, se trouvoit dans une position plus critique que celle où se trouva M. Mounier, lorsqu'il abandonna l'assemblée. Les suites de la scission de M. Mounier ne pouvoient retomber que sur lui seul, au lieu que la retraite de la minorité du clergé faisoit un vuide considérable parmi les députés; elle eût singulièrement irrité le peuple, et ce qu'on s'étoit permis, à l'égard de M. l'archevêque de Paris, ne faisoit que trop craindre qu'on ne se portât aux plus violens excès, et envers ceux qui quitteroient et envers ceux qui tiendroient leur parti. Ce fut donc le seul amour de la paix qui retint la minorité des ecclésiastiques dans l'assemblée nationale.

Ce seroit cependant une question qui mériteroit d'être discutée, que celle de savoir ce qui seroit résulté, si le clergé et la noblesse eussent invariablement persisté dans la résolution de ne pas se réunir au tiers-état. Je crois bien que cette fermeté eût pu faire quelques victimes; mais combien la réunion n'en a-t-elle pas fait? Qu'y ont gagné le roi, le clergé, la noblesse, le royaume? étoit-il possible que la non-réunion leur fît plus de mal? Je suis bien loin de le penser.

Il dût être douloureux pour le clergé, de voir qu'une demande aussi juste, et qui n'étoit qu'une pure formalité sans conséquence, fut repoussée avec autant d'aigreur. Il voyoit s'élever contre lui tout le tiers-état, et ne trouvoit, dans toute la noblesse, qu'un seul défenseur; ce premier prix qu'il recevoit de son amour pour la concorde, étoit bien propre à le convaincre qu'il arrivoit en pays ennemi.

MM. de la Borde, Desmeuniers et le prince de Poix allèrent jusqu'à se plaindre que le président eût permis d'entrer dans cette contestation. M. Bailly demanda alors si l'intention de l'assemblée étoit de s'en rapporter à la déclaration du 30 juin, par laquelle elle avoit décidé de ne juger les protestations qu'après la vérification des pouvoirs; presque tous les députés, à l'exception des membres de la minorité du clergé, crièrent : *oui*, *oui*. M. Bailly demanda encore si l'intention de l'assemblée étoit de faire mention des réserves sur le procès-verbal, les mêmes voix crièrent : *non, non.*

Il étoit aisé de voir ce que présageoit une telle partialité contre le premier ordre. Il fut aisé aussi d'entrevoir, dans cette même séance, un des plus grands changemens qui se soit fait sur la surface de cet empire. Les trente bureaux, où l'on préparoit le travail qui devoit être discuté dans l'assemblée, furent organisés sans distinction de bailliages ; de manière que les députés d'un même bailliage ne se trouvoient point membres d'un même bureau. C'étoit annoncer qu'on vouloit confondre dans un seul et même esprit, dans une seule et même opinion, l'esprit et l'opinion qu'avoient apportés, à Versailles, les représentans des différentes provinces ; c'étoit manifester l'intention de ne laisser, aux divers pays soumis à la domination françoise, ni privilèges, ni constitutions particulières. Peu de personnes remarquèrent cette bisarre organisation, qui contenoit le germe de la plus impolitique des innovations ; car, comment a-t-il pu venir à l'esprit, de métamorphoser l'alsacien en béarnois, le breton en provençal, de faire des provinces de France étroitement liées par leur intérêt particulier, au salut et au bonheur de l'empire que constituoit leur ensemble, un tout dont les parties n'ont aucun point de contact, et peuvent se séparer les unes des autres, partiellement ou toutes à la fois, sans effort ?

Après avoir ainsi organisé ces bureaux, dont on se promettoit de grands avantages pour accélérer et faciliter les opérations de l'assemblée, on voulut également mettre de l'ordre dans l'intérieur de la salle, et ce second point étoit d'autant plus important que la santé de tous les députés et des spectateurs en dépendoit. On n'avoit point encore pratiqué dans le plafond ces ouvertures qui, en donnant un plus grand volume d'air, l'ont tenu dans un état continuel de renouvellement et de circulation. La vapeur pesante et pestilentielle qui s'exhaloit des corps d'environ quatre mille personnes entassées les unes sur les autres, devoit infailliblement produire des maladies mortelles. La distribution même des bancs étoit insalubre. Chacun pressé sur son siège entre ses voisins, étoit comprimé, et pouvoit à peine respirer. L'air restoit intercepté dans cette foule, et ne pouvoit circuler autour des individus. La construction des banquettes offroit aussi un inconvénient auquel il falloit remédier ; elles n'avoient point de dossier ; de telles sièges étoient, non-seulement très-incommodes pour des séances qui duroient quelquefois douze et quatorze heures, ils étoient encore nuisibles à la santé, parce que le corps manquant d'appui, se portoit en avant, et donnoit à la poitrine une attitude gênée, que la durée de la même position pendant plusieurs heures rendoit mal saine.

Ceux qui tiroient parti de tout pour donner des torts à la cour, lui reprochoient la forme de ces sièges ; ils disoient qu'elle n'avoit pas voulu qu'ils eussent de dossier, afin de rester fidèle à l'étiquette suivant laquelle toute personne, dans les assemblées où le roi se trouvoit, devoit être assise sur des plians ou sur des tabourets. Et comme le roi étoit censé présider les états-généraux, et pouvoir à tout moment s'y rendre, on conjectureroit que la cour avoit pensé qu'il eût été trop incommode d'ôter chaque fois les sièges à dossier, pour leur substituer de simples banquettes. Je ne crois pas que la cour eût cette puérile intention ; pourquoi auroit-elle exigé que les députés aux états-généraux, fussent plus mal assis que les membres du parlement, qui restoient à leur place, et ne s'asseyoient pas sur des banquettes, lorsque le roi venoit parmi eux ? Il est vraisemblable que le peu de tems qui s'étoit écoulé entre la convocation des députés, et leur rassemblement à Versailles, n'avoit pas permis de s'occuper de ces petits détails. On n'avoit d'abord songé qu'à rendre la salle capable de les contenir tous ; mais il n'est pas à croire qu'on eût voulu les priver de la liberté de pourvoir eux-mêmes aux arrangemens qui pourroient la rendre plus commode et plus saine.

La disposition de la salle avoit un dernier inconvénient : le président se trouvoit à une extrémité ; de sorte qu'il ne pouvoit guère être ni vu, ni entendu de ceux qui se trouvoient à l'autre extrémité.

C'est à M. Guillotin qu'on est redevable d'avoir fait disparoître tous ces défauts ; il fit pratiquer des ouvertures et des ventilateurs pour renouveller l'air ; il disposa toute la salle, telle que nous la voyons encore aujourd'hui au manège, en amphithéâtre elliptique, avec des bancs à dossier ; le président se trouva placé au milieu vis-à-vis la tribune ; de manière que tous les membres de l'assemblée peuvent voir et entendre le président et l'orateur. Les secrétaires furent élevés sur un gradin ; le clergé prit la droite du président, la noblesse la gauche, et le tiers état se plaça vis-à-vis. On a gardé à Paris cette même distribution qui offre une dernière image de la distinction des ordres. M. Guillotin fit, de plus, ouvrir deux portes pour les députés, l'une dans la rue des Chantiers, l'autre dans l'avenue de Paris, et deux autres portes latérales pour les spectateurs. Chaque jour enfin, avant que la séance commence, on a soin d'arroser toute la salle avec de du vinaigre. On n'a pas attaché beaucoup d'importance à cette partie des travaux de M. Guillotin ; c'est une injustice, car par la sagesse et la salubrité de toutes ces dispositions, il est réellement devenu le bienfaiteur des députés et du public qui assiste à leurs séances.

On n'avoit également encore pris aucune mesure définitive pour l'élection des officiers de l'assemblée ; on s'en occupa dans cette séance ; il fut décidé que le président seroit nommé tous les quinze jours, qu'il ne pourroit être continué, mais qu'il pourroit être réélu dans une autre quinzaine ; il est difficile de trouver aucun avantage à cet arrangement qui n'a été

violée

violé qu'une seule fois en faveur de M. de Clermont-Tonnerre.

Elire un président tous les quinze jours, c'est d'abord perdre un tems précieux en élections ; c'est multiplier les cabales, les scènes scandaleuses qui accompagnent, ordinairement, ces élections. Comment, ensuite, dans un aussi court espace de tems, un homme peut-il acquérir une plénitude d'autorité nécessaire pour le maintien de l'ordre ? Comment sera-t-il assez instruit des formes, des décisions de l'assemblée, pour se les rappeller lorsque les circonstances l'exigeront ? Combien de fois n'est-il pas arrivé que, sur le même objet, il a été rendu deux décrets contradictoires, parce que le président ne se rappelloit pas celui qui avoit déjà été rendu ?

Il n'est pas possible, non plus, que dans cette foule de présidens qui se succèdent avec rapidité, il ne s'en trouve pas quelqu'un qui soit dépourvu des qualités nécessaires à la dignité de ses fonctions. Celui-là est baffoué par le parti qui ne l'a pas nommé, et quelquefois aussi par les tribunes ; j'aurai occasion d'en raconter plus d'un exemple.

A voir cette mobilité dans des objets aussi importans, on diroit que les françois ont une aversion innée pour la régularité et pour les formes graves. Les Anglois sont bien plus sages que nous ; l'orateur des communes est innamovible, et il est bien rarement arrivé qu'on ait eu à se plaindre de son influence.

Quant aux secrétaires, il fut arrêté que le nombre en seroit fixé à six, qu'on les nommeroit de mois en mois, et de manière qu'on n'en renouvelleroit jamais que trois à chaque élection. Pour être secrétaire, il suffit de la pluralité simple des suffrages ; mais pour être président, il faut avoir une majorité absolue, c'est-à-dire, une voix au-dessus de la moitié, si non on procède à une nouvelle élection ; elle se fait, ainsi que celle des secrétaires, au scrutin. Il fut convenu enfin, que les deux députés qui réuniroient plus de voix pour être président, seroient seuls mis au ballotage, et qu'en cas d'égalité de voix, le plus ancien seroit déclaré président.

Dès le soir, les bureaux se réunirent pour procéder suivant les formes, à l'élection d'un président. M. le duc d'Orléans réunit une majorité de cinq cents cinquante-trois voix sur huit cents soixante-neuf votans, et après lui, ce fut M. l'archevêque de Vienne qui réunit le plus grand nombre de suffrages. Dès que cette nouvelle fut sue, elle circula de bureau en bureau, et ceux qui les composoient, s'empressèrent de se rendre dans la salle commune pour féliciter le prince.

Tandis qu'on s'occupoit à Versailles, de ces détails, le Palais-Royal, à Paris, n'en étoit pas moins dans l'agitation. On y délibéroit tumultuairement sur la lettre du roi, relative aux onze prisonniers ; on ne voulut pas qu'ils abandonnassent l'azile qu'on leur avoit choisi, jusqu'à ce qu'il eût été pris, par les différens groupes, une décision approuvée par le plus grand nombre. La nuit étoit avancée, et la délibération n'étoit point encore finie. Elle fut tout-à-coup interrompue par un événement qui faillit allumer la guerre civile, et renouveller peut-être, dans Paris, toutes les horreurs de la Saint-Barthelemi. On entendit retentir, dans tout le jardin, ces terribles paroles : « aux armes, citoyens, aux armes ; nos députés sont livrés aux soldats ; on les égorge, peut-être, dans ce moment ; courons aux invalides ; nous-nous y armerons, et delà nous-nous rendrons à Versailles ». Heureusement des particuliers, qui arrivoient dans l'instant même de Versailles, rassurèrent la multitude, et jurèrent, sur leur honneur, que l'accord au contraire régnoit dans l'assemblée nationale, et que tout présageoit le retour de l'ordre et de la paix.

Quels furent cependant les monstres qui firent entendre ce cri de carnage ? Les deux partis se reprochèrent mutuellement cette atrocité. Les efforts que faisoit le club breton, pour soulever la bourgeoisie de Paris ; la part que ceux qui prononcèrent ces infernales paroles, ont eue à tous les troubles ultérieurs, où on les a toujours vus à la tête des séditieux, décèlent assez à qui il faut attribuer cette tentative pour pousser les habitans de Paris à la rébellion.

Les députés du tiers-état publièrent que cette affaire, comme toute autre de ce genre, seroit bientôt éclaircie ; que l'assemblée nationale alloit s'occuper de faire une recherche exacte des principaux moteurs des désordres excités à dessein d'empêcher le bien qu'elle vouloit opérer ; qu'elle nommeroit une commission pour instruire leur procès, et les jugeroit ensuite avec une rigueur exemplaire, sans distinction de rang ni de qualité.

Paris cette ville immense, pour parler comme Voltaire (1), *pleine d'un peuple oisif qui veut juger de tout, et qui a tant d'oreilles et tant de langues qui si peu d'yeux*, s'abreuvoit avec avidité de ces mensonges. Mais il en a été de cette promesse, comme de celle qui avoit été faite de déférer incessamment à l'invitation du clergé, relative à la disette des grains. L'assemblée ne s'est pas plus occupée de la punition des désordres que de la misère des peuples. Cette misère, bien loin de diminuer, ne faisoit que s'accroître. Elle étoit à son comble dans le bailliage de Châteauroux ; des paysans y furent réduits à brouter l'herbe. Les habitans de Châteauroux envoyèrent des députés à l'assemblée nationale, pour mettre sous ses yeux le tableau de cette calamité, et en obtenir des secours ; ils n'obtinrent d'autre adoucissement que le renvoi de leur requête au comité des subsistances,

(1) Siècle de Louis XIV, vol. 2, page 71.

V

qui, à cet égard, ne marchoit, ni avec plus de célérité, ni avec plus de succès que M. Necker, ni peut-être avec de meilleures intentions.

La cour ne changeoit rien à ses dispositions, et il faut convenir qu'elles étoient formidables. On parloit de porter l'armée à 40 mille hommes, d'en camper la plus grande partie, entre Saint-Cloud et Sèves, une autre partie à Vaugirard, un troisième corps près Vincennes, et le reste près du château de Bicêtre; les rues, les places publiques, les prisons, les ponts, les grands chemins étoient hérissés de bayonnettes.

Tout cet appareil n'effrayoit, ni ne décourageoit les membres du club breton; ils avoient résolu d'obtenir, à quelque prix que ce fût, l'éloignement de toutes ces troupes, et ils étoient bien moins inquiets du développement de cette force, que de la lenteur des bourgeois de Paris à se soulever. On se servit habilement de la consternation où les jettoit la vue d'une aussi nombreuse armée, pour les déterminer à prendre les armes. On leur disoit que le roi, entraîné par les menées, et séduit par les conseils perfides des chefs de l'aristocratie, étoit réellement dans l'intention d'obtenir l'exécution de ce qu'il avoit proposé dans sa séance, et de soutenir, à quelque prix que ce fût, tous les privilèges, sans exception, des deux premiers ordres. On renouvelloit le bruit de l'approche de deux armées étrangères, l'une espagnole, et l'autre italienne. On ajoutoit que les gentilshommes entretenoient des relations dont le but étoit de convoquer, de réunir toute la noblesse françoise, et d'opposer ainsi au tiers-état un parti puissant qui, secondé des troupes étrangères, et de celles de la nation, restées fidèles au roi, pourroit tout entreprendre.

Les bourgeois de Paris ajoutoient une foi si aveugle à tous ces bruits, qu'ils étoient généralement persuadés que le roi tiendroit, au premier jour, une nouvelle séance, et dissoudroit l'assemblée. Ils ne se tenoient pas contre la crainte de ce dernier événement. Leur frayeur, comme leur méfiance, étoit extrême. Il regnoit une inquiétude universelle qui gagna même les troupes. On entendoit des soldats, des officiers, des corps entiers se demander mutuellement s'ils se tenoient pour l'aristocratie ou pour la patrie.

On auroit pu, avec des hussards, des dragons, des suisses, former des armées qui, toutes les deux, auroient tenu pour un parti différent. Cette diversité d'opinion engendroit des querelles entre les corps & entre les hommes d'un même régiment. Les gardes du roi employèrent les journées du 30 juin et du premier juillet à empêcher les combats particuliers.

M. du Châtelet voulut essayer de reconquérir la confiance de son régiment; ce fut en vain; il eut beau caresser ses soldats, et leur promettre une augmentation considérable de paye, ils regardèrent ses promesses avec mépris, et crurent que leur colonel,

en les faisant, n'avoit d'autre vue que de les attirer dans un piège. Ils se plaignoient, au peuple de Paris, de ce que les partisans de l'aristocratie cherchoient à soulever contr'eux les autres régimens, ils disoient qu'aucun d'eux ne pouvoit rencontrer un soldat d'un autre corps, sans en recevoir l'épithète de lâche & de traître au roi. Ces plaintes, faisant croire qu'ils étoient en danger, si le roi venoit, en effet, à dissoudre les états généraux, ajoutoient à l'intérêt qu'on leur portoit, et à la crainte qu'on avoit de perdre les députés.

A tous les moyens qu'on mettoit en œuvre pour nourrir la défiance et la haine, on ajoutoit la ressource des libelles. Une foule de pamphlets anonymes sortoit journellement des presses. Le fiel de l'imposture se répandoit sur les noms qu'on avoit été accoutumé jusqu'alors de respecter, avec une facilité et une licence dont nos ayeux n'avoient aucune idée. C'étoit un véritable malheur de tenir quelque bienfait de la bonté et de la munificence du roi. Un tel avantage qui, dans d'autres tems, eût été un titre d'honneur, éveilloit la jalousie, et la jalousie, à son tour, éveilloit tous les serpens de la calomnie.

C'étoit principalement contre la maison de Polignac qu'on s'acharnoit à répandre les plus atroces mensonges, et cette affectation n'avoit d'autre motif, que la bienveillance dont la reine honoroit cette maison. On eût dit que c'étoit un parti pris de rendre odieux quiconque s'appelloit Polignac. Il ne se faisoit pas une motion au Palais-Royal, que ce nom n'y revint, et n'y revint pour être avili de la manière la plus insolente. Tout Paris fut inondé des exemplaires d'une infâme brochure intitulée, *confession de madame de Polignac*; c'étoit un receuil des contes les plus obscènes, et l'auteur de cette impure production n'avoit eu d'autre vue que de faire rejaillir, sur la reine, la honte des désordres qu'il imputoit, sans preuves, à la favorite.

M. d'Eprémesnil étoit aussi un de ceux sur qui la haine des factieux s'attachoit plus particulièrement; et je crois qu'elle lui étoit encore plus honorable que cette estime dont on lui avoit prodigué tant de glorieux témoignages, lorsqu'il s'étoit dévoué pour le salut de la patrie. Une courte absence, qu'il fit de Versailles, fut interprétée de toutes les manières; enfin on se réduisit à dire qu'il n'avoit quitté un moment les états-généraux, que pour aller faire l'emplette d'une maison de campagne qui, par sa situation auprès de la cour, lui seroit très-commode lorsqu'il auroit obtenu la place qu'on lui reservoit dans le ministère, pour prix de sa fidélité aux principes de son ordre.

Je ne sais si on connoissoit bien à la cour tout l'effet qu'avoient déjà produit les novateurs, si les ministres se faisoient une juste idée du danger qui menaçoit le royaume entier. Le moment étoit venu où la plus légère imprudence, de leur part, alloit faire éclater un incendie dont il ne seroit plus en leur pouvoir d'arrêter les ravages. Ils ne pouvoient se trouver dans des circonstances plus critiques : quelque mesure qu'ils adoptassent, ils avoient les plus grands malheurs à craindre. La douceur et la résistance étoient pour eux deux écueils également funestes. S'ils déterminoient le roi à renvoyer les troupes, il ne lui restoit plus que les gardes-du-corps et le régiment des suisses ; il ne pouvoit faire aucun fond sur son régiment des gardes-françoises. Quelle barrière avoit-il alors à opposer à l'exécution des projets les plus sinistres, et contre un peuple entier qui se poussoit, avec fureur, vers un but qu'on n'avoit garde de lui montrer ? Si au contraire les ministres se décidoient à faire usage des forces qu'ils avoient rassemblées, qui pouvoit dire combien de sang seroit répandre la première goutte qui en seroit versée ?

Telle étoit la déplorable alternative où ils se trouvoient placés ; il ne faut point la perdre de vue, si on veut juger, avec équité, des accusations qui ont été intentées contr'eux. Les factions, qui s'étoient déjà formées, avoient résolu de combattre le roi dans tous les postes. Il n'avoit pu obtenir un traité préliminaire entre les trois ordres, ni prévenir leur réunion forcée. Le salut de son autorité reposoit uniquement sur la séparation des trois ordres, sur la balance de leurs opinions et de leurs intérêts. Cette balance renversée, il n'y avoit pas de milieu, il falloit ou tout abandonner à ceux qui préméditoient l'établissement de la décromatie et la nomination d'un régent, ou donner occasion à une crise, en faisant approcher des troupes pour la défense du trône.

Ces troupes étoient-elles destinées à l'exécution de desseins hostiles, ou uniquement à un service de sûreté et de police ? pour répondre à cette question, je ne me livrerai point à des conjectures ; celles que je me permettrois, pourroient paroître suspectes, et elles seroient d'autant plus superflues que les faits suffiront pour résoudre ce problème, mais j'aurai soin d'indiquer, d'une manière particuliere, les événemens qui aideront à cette solution, et je remarque qu'à l'époque où je suis arrivé, ces troupes ne se sont point encore montrés assaillantes, et qu'il n'est pas parti de leur part, un seul coup de fusil.

Quoiqu'il ne transpirât rien des délibérations du conseil du roi, l'air triste et rêveur que les ministres portoient en public, étoit un signe peu équivoque des grands soucis qu'ils renfermoient au fond de leur cœur. M. Necker étoit le seul qui montrât une contenance assurée, jamais il n'avoit eu sur le front autant de sérénité. Quelqu'un, lui faisant des observations sur le rassemblement de forces aussi considérables, et desirant savoir ce qu'il pensoit de leur destination, *laissez faire*, répondit le ministre, *toutes ces troupes ne seront que dans un ou deux coins, mais l'opinion sera par tout.* Ce mot sembleroit faire croire que M. Necker devinoit quel seroit le résultat des précautions que la cour croyoit devoir prendre.

Les membres du club breton n'étoient pas moins tranquilles que M. Necker. L'importante révolution à laquelle ils travailloient avec tant de succès, ne leur ôtoit rien de leur gaîté, ils sourioient de la défaite de leurs ennemis ; ils parloient avec mépris et plaisantoient de ceux des députés du parti contraire, dont ils auroient dû naturellement redouter les lumières et la probité. Jouant sur le mot *aristocratie*, qui étoit déjà le cri de ralliement des factions, ils disoient de M. d'Eprémesnil que c'étoit un *aristocrate*, d'un autre, qu'il étoit *aristocrane*, d'un troisième, que c'étoit un *aristocroc*, d'un quatrième, que c'étoit un *aristocruche*, et enfin, du prélat qui avoit vu le fer des assassins levé sur sa tête, que c'étoit un *aristo-crossé*. Ils s'égayoient également sur le compte de M. le comte d'Artois, ils supposoient à ce prince une affaire d'honneur, avec M. le maréchal de Ségur, qui, comme on sait, a perdu le bras droit sur un champ de bataille.

Ces fades plaisanteries amusoient la populace de Versailles et de Paris, et ce n'étoit plus que d'elle dont on se soucioit d'avoir les suffrages. Mais quelle idée faut-il se faire des hommes qui commençoient avec les armes du ridicule le plus terrible des combats, qui, avant d'immoler leurs victimes, leur lançoient ces grossiers sarcasmes, qui, enfin au moment où la France se couvroit d'un voile de deuil, conservoient cette barbare gaîté ?

Tout leur prospéroit ; depuis la réunion des ordres, ils n'ont plus marché que de succès en succès, sans jamais rencontrer la plus légère résistance ; l'opinion du plus grand nombre n'a pas cessé un instant d'être pour eux, et avec ce puissant mobile, que n'eussent-ils pas fait pour notre bonheur, s'ils eussent aimé leur patrie ? Toutes les sortes de moyens leur ont paru bons pour opérer sa ruine, et quoiqu'ils les ayent employé avec aussi peu de pudeur que d'adresse, tel a toujours été l'engouement du peuple, qu'il n'a rien voulu voir. Parmi ces moyens, de ceux qui les a, sans contredit, le mieux servi, c'est l'or qu'ils ont prodigué. J'aurai bientôt occasion d'indiquer la principale source où dans les premiers mois de la révolution, ils ont puisé les sommes qui leur ont fait tant de créatures, et leur ont composé une armée mieux soldée, et plus docile que celle du roi. Je dirai en attendant, que dès que les ordres furent réunis, il fut fort question parmi les membres du club breton, de grossir la source de leurs largesses, et de se former aux dépens des dupes qu'ils avoient déjà faites, un trésor dont ils auroient disposé à leur gré. Entr'autres plans qu'ils conçurent, ils s'arrêtèrent à un, sur l'exécution duquel ils voulurent sonder l'opinion du public. Ils firent donc répandre le bruit que le trésor royal étant épuisé, et l'état ayant des besoins très-urgens, ils alloient établir une caisse nationale, dans laquelle tous les citoyens seroient invités à verser les sommes qu'ils jugeroient à propos, et dont on leur payeroit un intérêt raisonnable. Afin d'inspirer plus de confiance en faveur de cet établissement, ils disoient que l'administration de la caisse ne seroit point confiée aux ministres, maisà des commissaires pris dans l'assemblée nationale, et fréquemment changés.

Il est à croire que ce fréquent changement de commissaires n'étoit, de leur part, qu'un leurre, et qu'ils auroient eu l'attention de ne prendre jamais ces commissaires que parmi les députés qui leur auroient été entièrement dévoués. Il en eût été de la gestion de ces deniers, comme de tant d'autres opérations où l'on n'admet jamais ceux des ecclésiastiques et des gentilshommes trop clairvoyans et trop incorruptibles pour laisser aucun espoir de les tromper ou de les séduire.

J'ignore les raisons qui ont déterminé à abandonner l'idée de cette contribution volontaire; mais il est certain qui si on eût voulu la réaliser, on eût été étonné du prodigieux succès qu'eût eu son exécution. Car dans les premiers instans de cette frénésie qu'on appelloit patriotisme, la caisse eût regorgé des sommes qu'on se seroit empressé d'y apporter de toutes les parties du royaume, sur-tout si on eût eu soin de faire imprimer la liste des prêteurs, et de désigner, comme ennemis du bien public, ceux qui n'y auroient pas été inscrits. Cette conjecture est d'autant plus fondée, qu'à cette époque la France n'avoit perdu aucun de ses riches habitans. Peut-être ne se désista-t-on de ce projet, que par la facilité qu'on avoit de puiser ailleurs les largesses qui étoient répandues sur la multitude. Peut être aussi craigniroit-on quelque défaveur pour ceux qui administreroient ces deniers. Il pouvoit se faire encore que l'idée qu'on avoit alors parmi le peuple, du pouvoir exécutif, fît voir du danger à ôter au roi l'emploi de ces sommes. Si on le lui eût confié, il n'étoit pas possible, vu la publicité qu'on s'engageoit de donner à la perception, de se permettre aucune fraude dans le maniement de ces deniers, avant de les verser au trésor royal, et c'étoit moins la perception que l'emploi des libéralités des peuples qu'on ambitionnoit. Il arrivoit même qu'en laissant cet emploi au roi, on obtenoit le contraire de ce qu'on avoit en vue; car on lui présentoit sur le champ une ressource pour obvier à la pénurie du trésor royal, tandis qu'on avoit intérêt à tarir les fonds publics pour ôter à l'autorité tous les ressorts qui auroient pu la mouvoir.

L'assemblée des états-généraux vit à la séance, dont j'ai donné l'histoire dans ce chapitre, le nombre de ses députés complet. Ceux du Béarn, qui n'étoient point encore arrivés, vinrent y déposer leurs pouvoirs sur le bureau, et s'ils n'eussent été prévenus des innovations qui s'étoient faites, sans doute ils eussent été étonnés de trouver une assemblée nationale, là où ils auroient dû trouver des états-généraux. Ainsi les erreurs, dont je vais continuer le récit, sont communes aux représentans de tous les bailliages de France; car, comme je l'ai remarqué, ceux mêmes qui les ont combattues, en sont restés responsables à la nation, par cela seul qu'ils étoient membres de l'assemblée qui les a engendrées.

FIN DE LA SECONDE PARTIE.

Les circonstances singulièrement orageuses où s'est trouvé l'auteur, pendant qu'on imprimoit ce second cahier, et qui ne lui ont pas permis de veiller avec assiduité, sur le travail des ouvriers, ont beaucoup retardé, et bien malgré lui, la publication de cette seconde partie de l'histoire de la révolution. La troisième paroîtra le premier octobre prochain fixe.

HISTOIRE

DE

LA RÉVOLUTION DE FRANCE,

ET

DE L'ASSEMBLÉE NATIONALE.

On s'abonne aussi au bureau de l'*Ami du Roi*, rue Bailleul, hôtel de Carignan, pour le journal de l'*Ami du Roi*, dont le prix est de 30 liv. par an, 16 liv. pour six mois, et 9 liv. pour trois mois, pour Paris; et pour la province, franc de port, de 33 liv. par an, 18 liv. pour six mois, et 10 liv. pour trois mois.

Prix de chaque cahier, 5 liv.

L'AMI DU ROI,

DES FRANÇOIS,

DE L'ORDRE ET SUR-TOUT DE LA VÉRITÉ;

OU

HISTOIRE

DE LA RÉVOLUTION DE FRANCE,

ET DE L'ASSEMBLÉE NATIONALE,

Pour former, avec le journal intitulé l'*Ami du Roi*, et commencé le 1er juin 1790, un corps complet d'histoire du tems actuel.

PAR M. MONTJOYE,

Fondateur et rédacteur, depuis le premier juin 1790, du journal intitulé l'*Ami du Roi*.

TROISIÈME PARTIE.

Prix 5 liv. Au bureau de l'*Ami du Roi*, rue Bailleul, hôtel de Carignan.

> Peut-être on vous a dit quels furent ces états.
> On proposa des lois, qu'on n'exécuta pas.
> De mille députés l'éloquence stérile
> Y fit de nos abus un détail inutile ;
> Car, de tant de conseils l'effet le plus commun,
> Est de voir tous nos maux, sans en soulager un.
> *Henriade.* Chant III.

A PARIS,

DE L'IMPRIMERIE DE L'AMI DU ROI.

Chez GATTEY; Libraire au Palais-Royal, N°. 14.

1791.

L'AMI DU ROI,

DES FRANÇOIS,

DE L'ORDRE ET SUR-TOUT DE LA VÉRITÉ;

OU

HISTOIRE

DE LA RÉVOLUTION DE FRANCE,

ET DE L'ASSEMBLÉE NATIONALE,

CHAPITRE XXXVI.

DISCOURS de M. le duc d'Orléans, en refusant la place de président de l'assemblée nationale ; élection et discours de M. l'archevêque de Vienne ; députation à M. Bailly ; ses remercîmens ; notions sur la colonie de Saint-Domingue ; détails sur sa population ; observations politiques sur l'esclavage ; vices de la députation de Saint-Domingue ; débats contradictoires sur cette députation ; principe que développe le comte de Mirabeau pour la combattre ; singulière motion d'un curé en faveur de la députation ; jugement de l'assemblée ; remarque sur ce jugement ; situation de la France; impatience des factieux ; immobilité des bourgeois ; arrivée de nouvelles troupes ; entraves mises à la corruption des soldats ; assemblée des électeurs ; requête que leur présentent des députés du Palais-Royal ; réintégration

A

des onze soldats, délivrés de l'Abbaye, dans leur prison ; clémence du roi ; discours des députés des électeurs, à l'assemblée nationale ; réponse du président ; vues des séditieux ; par quels moyens ils en préparent l'exécution ; impostures qu'ils répandent sur les courtisans, les ministres, le parlement ; horrible complot qu'ils imputent à la reine et à M. le comte d'Artois ; ce qu'ils pensent de M. le prince de Condé ; raisonnemens que font ceux d'entre eux qui se montrent, en apparence, les plus modérés ; cris de sédition dont retentit le jardin du Palais-Royal ; libéralités qu'on y répand ; anecdotes sur ces libéralités ; scènes tumultueuses qui se passent au Palais-Royal et aux Tuileries, et qui mettent en danger la vie de quatre officiers.

Suite de Juillet 1789, et du second mois de l'interrègne.

Président : M. le duc d'Orléans : sur son refus, M. le Franc de Pompignan, archevêque de Vienne.
Secrétaires : MM. Grégoire, curé, Mounier, de Lally-Tolendal, de Clermont-Tonnere, le Chapelier, l'abbé Sieyes.

Le royaume alloit être en feu ; des hordes de brigands répandues sur sa surface, n'attendoient que le premier signal du désordre ; la bourgeoisie des villes ne s'ebranloit point encore ; mais par tout elle étoit dans la consternation ; la cour rassembloit autour d'elle toutes les forces de l'empire, et ne se rassuroit point ; quelques séditieux, qui ne tenoient à la patrie que par leur naissance, comptoient en souriant les blessures qu'ils alloient lui faire ; M. Necker les voyoit, avec une secrette joie, aiguiser leurs poignards, et se promettoit, de leurs attentats, un accroissement d'autorité ; M. le duc d'Orléans, tranquillement assis sur sa banquette, dans la salle des états-généraux, gardoit le silence, et s'apprêtoit à recueillir les fruits des hautes espérances dont on le berçoit.

Le premier avantage que lui valut son dévouement aux conjurés, fut sa promotion à la présidence de l'assemblée nationale. Soit qu'il se rendît justice, et qu'il se crût incapable des fonctions qu'on lui confioit, soit qu'il craignît la communication qu'alloit nécessairement établir, entre lui et la cour, sa nouvelle place, et qu'il n'osât aborder l'auguste chef de sa maison, qui connoissoit toute sa conduite, et les replis les plus secrets de son ambition, il refusa l'honneur qu'on lui déféroit. Cet honneur ne convenoit point à M. d'Orléans ; ce n'est pas que la présidence des états généraux fut au-dessous de la dignité du premier prince du sang ; il n'étoit personne en France, quelque éminent que fût son rang, qui n'eût été honoré d'un tel poste ; mais le fauteuil de président étoit un trône encore trop élevé pour M. d'Orléans, et la sonnette nationale, un sceptre encore trop lourd pour ses mains.

En abdiquant la couronne qu'on venoit de placer sur sa tête, il adressa ce peu de mots à l'assemblée :

« Si je croyois pouvoir remplir la place à laquelle vous m'avez nommé, je la prendrois avec transport ; mais, messieurs, je serois indigne de vos bontés si je l'acceptois, sachant combien j'y suis peu propre ; trouvez donc bon, messieurs, que je la refuse, et ne voyez dans ce refus que la preuve indubitable, que je sacrifierai toujours mon intérêt personnel au bien de l'état. »

Sur le refus de M. d'Orléans, on procéda à un nouveau scrutin, et M. l'Archevêque de Vienne fut élu à la presque unanimité. Le prélat en témoigna ses remercîmens, dans ces termes :

« Une bouche plus éloquente que la mienne ne

pourroit pas exprimer ce que j'éprouve en ce moment ; elle ne rendroit pas les sentimens dont mon cœur se sent pressé. La carrière que j'ai parcourue ne me permettoit pas d'aspirer sur son déclin à une si glorieuse destinée. Il ne me reste plus à désirer que de m'ensevelir au milieu de vos triomphes, et de porter mes derniers regards sur l'heureuse régénération de notre commune patrie. »

M. le duc de la Rochefoucault proposa ensuite d'envoyer une députation à M. Bailly pour le remercier de la manière dont il avoit présidé l'assemblée, et d'insérer le remercîment dans le procès-verbal. Cette motion honorable fut appuyée par M. l'archevêque de Bordeaux, et adoptée par l'assemblée. M. Bailly répondit à cette marque de bonté, par le discours suivant : « Je viens vous exprimer tous les sentimens dont mon cœur est pénétré, quoique vous m'ayez imposé des fonctions bien importantes dans des circonstances difficiles. Vous m'avez décoré d'un titre qui m'honorera à jamais. Il me reste l'inquiétude de n'avoir pu toujours remplir votre attente ; mais le témoignage de l'assemblée a mis le comble à mon bonheur. J'ai vu commencer vos travaux, j'ai été le témoin de votre vertu et de votre fermeté, j'ai vu la réunion des trois ordres ; veuillez me permettre de mêler au souvenir de cette heureuse époque, le tendre et respectueux souvenir de vos bontés qui me seront toujours bien chères. »

M. Bailly avoit, en effet, présidé l'assemblée dans des circonstances bien difficiles ; mais celles où se trouva placé M. l'archevêque de Vienne, furent orageuses ; presque tous les jours de son règne furent marqués par un grand événement. Ce qu'il y eut de commun entre ces deux présidens, c'est que pour l'un et pour l'autre, la première place dans l'assemblée nationale, fut le chemin à d'importans emplois dans la société ; l'un conquit pendant sa présidence la confiance du peuple, et l'autre mérita celle de son roi ; M. Bailly arriva à la mairie de la capitale, et a su conserver l'empire que lui avoit donné un peuple révolté ; M. de Pompignan parvint au ministère, mais trop voisin des outrages qu'essuyoit le trône, il a succombé à l'idée douloureuse d'avoir contribué à la chûte de la monarchie.

La première affaire que M. l'archevêque de Vienne vit traiter sous sa présidence, fut la députation de Saint-Domingue. Cette affaire présenta un grand intérêt, autant par les principes politiques que sa discussion donna lieu de développer, que parce que les orateurs les plus célèbres de l'assemblée, saisirent avec ardeur cette occasion de se faire connoître, et donnèrent la mesure de leur génie et de leur savoir.

La colonie de Saint-Domingue, située à dix huit cents lieues de la métropole, est isolée et partagée en trois quartiers, qu'on appelle aujourd'hui départemens, celui de l'ouest, celui du nord, celui du sud ;

elle est peuplée de deux sortes d'habitans, d'hommes libres et d'esclaves. Ceux-ci sont ces malheureux nègres arrachés aux sables brûlans de l'Afrique, et destinés à fatiguer, dans un nouveau monde une terre avare pour répandre toutes les faveurs de l'opulence sur des maîtres qui, la plupart, n'ont jamais mis le pied sur le sol que ces infortunés arrosent de leurs sueurs, et bien souvent de leur sang. Quelque déplorable cependant que soit leur destinée, leur sort est encore infiniment au-dessus de celui, je ne dis pas des mendians, mais des ouvriers, des hommes de peine, de la plupart des paysans du continent. Ceux dont ils sont la propriété et la richesse, ont trop d'intérêt à leur conservation, pour ne pas leur accorder des ménagemens qui, pour n'être dûs en général qu'à la cupidité, n'en adoucissent pas moins leur situation. On leur laisse dans la semaine un jour, et dans la journée environ quatre heures de repos. La sévérité des corrections est adoucie par de sages lois. Dans leurs maladies, ils sont soignés avec des attentions qu'on est bien éloigné d'avoir dans nos hôpitaux du continent. On encourage parmi eux la population, ils obtiennent des douceurs à proportion du nombre de leurs enfans ; ils en obtiennent aussi par leur bonne conduite. Il faut bien enfin que leur infortune ne soit pas insupportable, car on en voit beaucoup qui parviennent à une très-longue vieillesse, et il n'en est peut-être pas un qui voulût retourner dans le pays qui l'a vu naître, où dont il est originaire.

La plupart en effet des nègres qu'on achète en Afrique, échappent par l'acquisition qu'on en fait, à la mort, à de longs tourmens, à un esclavage plus douloureux peut-être que celui qui leur est réservé en Amérique. Ce sont des prisonniers de guerre, des vassaux dont la vie et la liberté sont à la merci de petits despotes qui ont toute la cruauté des bêtes féroces. Plusieurs sont vendus par leurs propres parens ; d'autres se vendent eux-mêmes. Sans doute il se glisse dans ces honteux trafics, des abus qui déshonorent l'humanité ; il s'en glisse de plus grands encore dans le transport de ces malheureux, d'Afrique en Amérique ; mais quand les souverains de l'Europe le voudront, ces abus ne seront pas sans remèdes.

On s'est beaucoup affligé de nos jours sur la servitude où l'on retient les nègres dans nos colonies ; il est, au premier coup-d'œil, assez bizarre que tandis que notre sol est couvert de malheureux, dont les uns sollicitent sans cesse notre commisération, et les autres bravent l'échaffaud pour échapper aux angoisses de la misère, nous allions transporter notre intérêt au-delà des mers sur des hommes qui, après tout, sont à l'abri des premiers besoins de la vie. Quand on songe que sur une seule paroisse de Paris, vingt mille individus se couchent sans avoir pris aucun aliment pendant la journée, et sans savoir si la providence viendra à leur secours le lendemain, on ne conçoit rien à cette générosité qui abandonne ces

A 2

victimes pour aller à dix-huit cents lieues briser les fers d'un million d'individus qui vivent dans leurs chaînes, et à qui, lorsqu'elles seront brisées, nous n'avons aucune nourriture à offrir.

Le mot esclavage est sans doute affreux ; il affecte l'ame de sentimens pénibles, et il est aussi humiliant que douloureux de voir son semblable réduit en quelque sorte à l'état d'une bête de somme ; il seroit beaucoup mieux que toute l'espèce humaine fût libre ; il seroit beaucoup mieux aussi que tous ceux qui lui appartiennent fussent parfaitement heureux ; mais l'un, peut-être, n'est pas plus possible que l'autre. Dans les institutions anciennes, les plus sages, l'esclavage étoit en quelque sorte regardé comme une des bases d. toute société bien organisée, et il seroit aisé de prouver que ces institutions formoient plus de citoyens heureux, que les institutions modernes. Avons-nous d'ailleurs des notions bien exactes du véritable bonheur ? L'idée que nous nous en formons n'est-elle pas trop relative ? C'est-à-dire, ne supposons-nous pas que notre semblable ne peut pas être heureux dans une position où nous nous trouverions nous-mêmes malheureux ? La perte de la liberté est un mal horrible ; mais il n'est pas le premier des maux, car avant d'être libre, ne faut-il pas être assuré de la conservation de sa vie ? Si l'on vouloit calculer, sans préjugés, le nombre d'infortunés qui se trouvent dans le double état d'esclavage et de liberté, on arriveroit à un résultat bien affligeant, mais qui n'est que trop réel ; on verroit qu'il y a proportionnellement plus d'hommes heureux parmi les esclaves que parmi les hommes libres. Cette comparaison de l'esclave avec la bête de somme, effarouche l'imagination, mais ne prouve rien. Hélas ! que d'individus dans nos superbes villes, dans nos fertiles campagnes, dont la condition est infiniment moins fortunée que celles des animaux domestiques ! On l'a remarqué avant moi : dans le cruel hyver de 1788 à 1789, il ne périt pas à Paris un seul cheval, de froid ou de misère, et combien de nos semblables ne furent-ils pas les victimes de ces deux fléaux ?

Au surplus, au lieu de toutes ces déclamations sur l'affranchissement des nègres, qui ont enfanté tant de volumes, et qui ont fait perdre tant de tems à l'assemblée nationale, il y avoit quelque chose de mieux à faire ; c'étoit de proposer un plan dont l'exécution pût allier la conservation des colonies, les propriétés des colons, et l'entretien de leurs atteliers, avec l'abolition de l'esclavage et de la traite. Alors tout le monde eût été d'accord, et il n'est pas un colon qui ne se fût empressé de disputer d'humanité avec ces prétendus amis des noirs, qui nous étourdissent d'une querelle à laquelle ils n'ont aucun intérêt personnel.

Le nombre des nègres esclaves à Saint-Domingue, est de plus de trois cents cinquante milles. Celui des hommes libres n'est pas, à beaucoup près, aussi considérable ; ceux-ci se divisent en blancs et en métis. Les premiers sont européens, ou d'origine européenne ; leur nombre ne va guère qu'à cinquante-quatre mille. Les métis sont des hommes issus d'une alliance contractée avec un nègre ou une négresse, on les appelle du nom générique, *homme de couleur*, et l'espèce entière forme différentes classes, suivant la nuance que donne à la couleur de la peau un plus grand rapprochement ou plus grand éloignement de la première origine. Toute cette espèce est en horreur aux blancs ; ceux-ci ont, contre les hommes de couleur, une aversion, une antipathie qui, sans être aussi fortes que celles qu'ils ont pour les noirs, paroissent insurmontables. Je ne m'arrête point à examiner ni les causes de ce préjugé, ni s'il est fondé, ni s'il est utile ; mais il faut convenir qu'il semble que la nature nous ait donné une supériorité fortement prononcée sur les nègres. Comme il est des peuples qu'on croiroit destinés à obéir à d'autres peuples ; on diroit que la providence destine les nègres à vivre sous notre dépendance. Leur raison, leurs lumières, leur industrie sont plus bornées que celle des blancs. On n'en a jamais vu un seul exceller dans les arts de l'esprit, et ils ne se montrent habiles que dans les exercices du corps. La sorte de dégradation, où la nature tient cette portion de l'humanité, est peut-être la principale source du mépris, pour ainsi dire inné, que les blancs portent, et aux noirs, et à ceux qui tirent d'eux leur origine.

Ces hommes de couleur, au reste, sont non-seulement libres, ils sont aussi propriétaires, et payent des impôts. Ils furent cependant exclus des assemblées où se nommèrent les députés aux états-généraux ; on y admit bien encore les esclaves. La nomination de ces députés ne fut ni régulière, ni publique, ni libre. Elle se fit sans lettres de convocation, et sans aucune conformité au réglement qui les accompagnoit. Il s'en fallut de beaucoup que les cinquante-quatre mille blancs, qui composent la plus petite partie de la colonie, concourussent à l'élection de ces députés ; ils furent nommés dans des assemblées partielles et presque clandestines, composées les unes de quinze, les autres de vingt personnes. Quel crédit n'auroit pas pû acquérir un homme adroit et puissant sur un aussi petit nombre d'électeurs ! La plupart des signatures qui se trouvent au bas des procès-verbaux de ces assemblées, furent mendiées et données après coup. Les mandats confiés aux députés, étoient en blancs ; et comment de pareils mandats pouvoient-ils engager les colons ?

Il y a mieux ; la colonie envoya une seconde députation, dont l'objet étoit seulement de représenter l'irrégularité de la première, et de demander un délai suffisant pour légitimer les pouvoirs donnés à cette première députation. Mais M. de Gouy d'Arcy avoit prévenu ces nouveaux députés ; il s'étoit présenté, comme on l'a vu, aux électeurs du tiers état de Paris ; il avoit couru ensuite au jeu de paume, et par ce zèle à partager des périls imaginaires, il se fit accorder provisoirement voix délibérative à lui et à onze de ses co-députés. Cette décision, comme presque toutes celles qui sont survenues dans la suite, fut l'ouvrage de la circonstance. Dans tout autre temps, les irrégularités, dont cette députation étoit viciée, eussent suffi pour la faire rejetter; et peut-être, indépendamment de toutes ces irrégularités, n'étoit-il pas d'une bonne politique de l'admettre. On seroit tenté de le croire, d'après l'exemple de tous les gouvernemens anciens et modernes. Pour ne parler que de ces derniers, les anglois, qui ont des possessions dans les deux Indes, n'appellent point les colons dans leur parlement; ils ne confondent point le gouvernement de la métropole avec celui des colonies; ils ne transportent point la patrie au-delà des mers, et réciproquement ils ne font point de la colonie une patrie. Ils regardent, en un mot, leurs possessions en Amérique et dans les Indes Orientales, comme des provinces, si l'on veut, mais comme des provinces qui doivent être dans une entière dépendance de la mère-patrie.

M. de Gouy d'Arcy, fort de son arrêté provisoire, vouloit le rendre définitif, et l'étendre aux dix-neuf autres colons qui, comme lui, prétendoient être députés. L'un d'eux cependant étant déjà mort, et un autre étant malade, il consentoit à ce qu'on ne portât le nombre de tous ces députés qu'à dix-huit. C'étoit là le véritable point de la question; car, du reste, on ne mettoit point en délibération, si Saint-Domingue pouvoit députer, ni si la députation étoit régulière.

Ceux qui étoient favorables à la demande de M. de Gouy d'Arcy, disoient que la population ne devoit pas être le seul thermomètre de la proportion à établir entre les députations; mais que la fixation du nombre des députés devoit être en raison composée du nombre des habitans, des richesses du pays, de son étendue, et des contributions qu'il paye; que sous ce rapport, Saint-Domingue payant douze millions d'impôts directs, et soixante d'impôts indirects, devoit avoir droit à une grande députation.

Ceux, au contraire, qui désapprouvoient une aussi nombreuse députation pour un aussi petit nombre de commettans, faisoient beaucoup de reproches aux députés; ils les accusoient d'être, non de véritables colons, mais de ces riches propriétaires qui consomment, dans la capitale, les fruits douloureux de la sueur de l'esclavage; qui, loin du nouveau continent, en recueillent les richesses, sans en connoître le climat, les usages, les ressources, les mœurs. Ils disoient encore que dans les assemblées d'élection, on n'avoit admis ni les pauvres, ni les métis; que ces assemblées avoient été composées sans ordre, sans autres règles que celles de l'injustice. On faisoit remarquer que ces députés étoient gentilshommes; c'étoit-là leur crime capital. Pourront-ils, demanderoit-on, oublier leur noblesse et leurs privilèges ? Se borneront-ils à défendre les intérêts de Saint-Domingue ? Ne rempliront-ils que ce seul rôle ? Ne seront-ils que des députés étrangers à nos mœurs, à nos débats, à nos querelles, et à la suppression des abus de notre patrie ?

« Sur quel principe, demanda le comte de Mirabeau, se fonde-t-on pour la proportion de cette députation ? On se fonde, a-t-on dit, sur les richesses, sur des vaisseaux, sur des matelots mis en œuvre; tous ces rapports de commerce sont toujours très-incertains. Ce n'est pas d'aujourd'hui que les bons esprits s'apperçoivent de la fausseté des prétendus résultats de la balance du commerce ».

« Si une certaine manufacture fort simple, fort modeste, je veux dire celle des laboureurs, qui répandent bien des trésors dans la France, vivifient le commerce, demandoit une députation particulière, que lui répondroit-on ? »

« Je demande à messieurs de Saint-Domingue si le même principe ne peut pas être réclamé par Nantes, Marseille, Toulon, dès que l'on obtiendra des députés à proportion des millions que l'on mettra dans le commerce ? »

« Je demande si le principe contraire n'a pas été jugé ? Par exemple, la ville de Paris a une députation considérable; cependant si l'on admettoit la réclamation de Saint-Domingue, il faudroit l'augmenter encore ».

« Pourquoi vous prévalez-vous de ces populations nombreuses de noirs que vous traitez de bêtes de somme ? Ces autres bêtes de somme, connues sous le nom de gens de couleur, sont libres, payent des impôts, sont propriétaires; pourquoi vous êtes-vous opposés à ce qu'ils eussent aucune influence dans les élections ? Pourquoi n'avez-vous pas voulu les admettre au rang d'électeurs ? »

« On dit que le commerce de Saint-Domingue est susceptible d'accroissement; mais nous aussi nous ne sommes pas moins susceptibles d'accroissement: que ces richesses sont considérables; mais les nôtres le sont également: que la députation est de très-grande conséquence; en ce cas la nôtre l'est également ».

« Pourquoi donc faut-il adopter, pour Saint-Domingue, une loi plus favorable que celle qui a réglé les députés dans tous les bailliages ? De tous côtés, nos provinces réclameroient contre cette distinction, elles demanderoient que leurs députations fussent augmentées ».

« Ce n'est pas sans surprise que j'entends dire, pour faire valoir la nombreuse députation de Saint-Domingue, que les nègres, qui n'ont pas le droit

« de réclamer dans le sanctuaire de la liberté, sont les agens des richesses ; mais nos bœufs, nos chevaux sont également les agens des nôtres. »

« Je demande de quel droit vingt-trois mille blancs ont exclu des hommes libres comme eux, et prétendent cependant qu'il faut les représenter ? »

« Je demande de quel droit vingt-trois mille blancs ont défendu à leurs concitoyens de nommer des représentans, et se sont arrogé le droit de les nommer exclusivement et pour eux et pour ceux qu'ils ont exclus de l'assemblée ? Croyent-ils que nous ne les représenterons pas, que nous ne défendrons pas leur cause ? On ne doit accorder le nombre de députés qu'à proportion du nombre des votans ; voilà la loi générale qui est également pour la France et pour Saint-Domingue. »

Parmi ceux dont l'avis fut contraire à celui du comte de Mirabeau, je distingue un curé qui, pour faire accueillir la demande des députés, se servit d'un motif dont les colonies ne se seroient pas doutées, tant il leur étoit étranger. Voici le singulier plaidoyer de cet ecclésiastique.

« Si c'est dans les tems de calamité que l'on reconnoît les vrais amis, c'est aussi dans les tems où la patrie se trouve en danger que l'on reconnoît les citoyens. »

« Vous vous rappelez, messieurs, cette grande et fameuse journée, à jamais mémorable dans notre histoire, où des projets coupables, des complots ministériels nous avoient fermé les portes de cette auguste enceinte, que le despotisme avoit environnée de tout l'appareil militaire ; ce jour si célèbre où les représentans de la nation ont été forcés de se réfugier dans un jeu de paume. »

« Vous vous rappelez, messieurs, avec quel intérêt vous avez accueilli les généreux citoyens de Saint-Domingue qui, animés d'un noble courage, ont demandé à partager vos dangers et vos malheurs. Avec quelle bonté les avez-vous accueillis ! avec quels applaudissemens les spectateurs ont ils vus descendre dans une arène où la force, le courage et la vertu suffisoient à peine pour en franchir les obstacles ! »

« Je n'ai pu retenir mes larmes, à la vue d'un spectacle aussi touchant ; et devons-nous oublier la douce impression qu'il a faite à chacun de nous ? »

« Ils ont, comme nous, prononcé le serment redoutable qui nous réunit tous en ce lieu, jusqu'à ce que la grande régénération de la patrie soit consommée. »

« Ils se sont exposés, comme nous, pour l'intérêt commun, à des haines secretes, mais implacables ; et comment se pourroit-il, messieurs, qu'après d'aussi grands exemples de patriotisme, qu'après un dévouement aussi généreux, vous délibériez à réduire ces illustres citoyens à n'avoir que voix consultative ? »

« Ne les avez-vous pas déja admis à avoir parmi vous voix délibérative ? Pourrez-vous, messieurs, anéantir ce jugement que vous avez déja prononcé ? Est-ce à une assemblée aussi auguste à détruire un jour ce qu'elle a réglé la veille ? »

De ce que les particuliers, qui se disoient députés de Saint-Domingue, avoient prêté un serment, au jeu de paume, ce curé conclut qu'il falloit donner à douze d'entr'eux voix délibérative, pendant toute la durée des états-généraux ; à six autres, voix consultative. Un tel discours et un tel raisonnement prouvent à quel point il est possible d'abuser de la permission de parler dans une nombreuse assemblée.

Cette opinion, quelque bisarre qu'elle fût, détruisit tout l'effet qu'avoit produit le discours du comte de Mirabeau, et influa beaucoup sur la décision qui fut prise. On alloit la prononcer, lorsque le président reçut l'acte d'opposition que formoient les députés, nouvellement arrivés, à l'élection de ceux qui les avoient précédés. On lut cette opposition, mais onn'y eût aucun égard ; cela devoit être ; et si M. de Gouy d'Arcy eût été moins actif, s'il n'eût pas devancé ceux qui se présentoient si tard, si ces derniers enfin eussent paru au jeu de paume avant lui, il est à croire qu'ils eussent été aggrégés pour députés, et que M. de Gouy d'Arcy eût été éconduit. Sa demande mise aux voix, cinq cents vingt-trois furent pour six députés, deux cents vingt-trois pour douze, et neuf pour quatre.

La majorité fut donc pour qu'on accordât, à la colonie de Saint-Domingue, six députés. Il s'agit ensuite de savoir ce qu'on feroit de ceux qu'on n'avoit pas admis. M. de Gouy auroit fort désiré qu'ils eussent au moins voix consultative. On alla aux voix ; on avoit procédé à la première décision, en appellant tous les membres de l'assemblée par ordre de bailliage ; on procéda à la seconde par *assis et levé*. Cette forme plus expéditive ne fut pas favorable à la seconde demande de M. de Gouy ; il fut décidé que les douze députés, non admis, seroient comme tous les autres suppléans ; mais qu'ils ne seroient ni délibérans ni consultans.

Les six députés que l'assemblée donnoit à Saint-Domingue, se partagerent entr'eux la représentation de la colonie. MM. le chevalier de Cocherel et le marquis de Gouy d'Arcy prirent celle de la province de l'ouest ; MM. le marquis de Périgny et Gérard, celle de la province du sud ; et MM. de Thébaudières, ancien procureur-général et l'archevêque Thibaud, celle de la province du nord ; ces deux derniers ont été remplacés depuis par MM. Regnaud et de Villeblan &c.

C'est ainsi que ces six particuliers se sont trouvés membres de l'assemblée nationale; ils y ont été admis sans autre mission que celle qu'ils se sont donnée eux-mêmes, et sans pouvoirs; car on ne peut pas donner ce nom à des mandats en blanc. Il est incontestable enfin que leur titre de représentation étoit mans le choix de leurs commettans, que le serment qu'ils avoient prêté au jeu de paume. Nous verrons, dans la suite, s'ils ont justifié par de grands services, envers la plus importante de nos colonies, l'empressement qu'ils ont montré à vouloir la représenter. Il me suffit, quant à présent, de faire remarquer que l'irrégularité d'une telle représentation semble justifier le reproche que l'on fait à l'assemblée nationale, dans quelques écrits (1), d'avoir admis, dans son sein, des hommes sans mission et sans mandats.

Cette affaire fut fort longue; elle consuma deux journées entières; c'est que, dans ces premiers momens, tous ceux qui se croyoient quelque talent pour la parole, brûloient de se faire entendre. On entendit, dans cette discussion, MM. de Gouy d'Arcy, Mounier, le Chapellier, Pison du Galand, Clermont-Tonnerre, de Montesquiou-Fesenzac, de Saint-Fargeau, Garat le cadet, de Siliery, Turguem, de Choiseul-Praslin, Nairac, M. Bouche lui-même; M. Malouet aussi, qui, depuis quelques jours, gardoit le silence, le rompit dans cette occasion; mais il ne dit rien de remarquable; il parla en faveur de la députation, et vota pour qu'elle fût de douze membres.

A tous ces députés, il faut ajouter le rapporteur de l'affaire, le comte de Mirabeau et le curé dont j'ai rapporté le discours. Ainsi, il fallut écouter sur cette matière dix-huit orateurs dont quelques-uns ne se contentèrent pas d'un discours, mais voulurent répliquer; encore je ne compte point, parmi ces orateurs, la foule de ceux qui donnèrent simplement leur avis sans le motiver. On put donc, dès cette discussion, se pénétrer de cette vérité, qu'un des plus grands inconvéniens d'une nombreuse assemblée, qui renferme un grand nombre de discoureurs, plus jaloux d'être applaudis que de bien dire, c'est de perdre le tems en vaines paroles; et il est à remarquer que quand trois ou quatre orateurs ont traité une matière, ils l'ont à-peu-près épuisée; ceux qui viennent ensuite ne font guère que noyer, dans une verbeuse éloquence, les idées déjà produites.

On pût aussi, dès cette discussion, prévoir que la durée de la session qui commençoit, seroit infiniment plus longue qu'on ne l'avoit d'abord cru; car de combien d'affaires l'assemblée ne devoit-elle pas

_____
(1) Voyez notamment la brochure intitulée : *Qu'est-ce que l'assemblée nationale* ? p. 3. où ce reproche tombe sur-tout sur *certains députés des colonies*.

encore s'occuper, qui seroient d'une toute autre importance que la députation de Saint-Domingue, et demanderoient de plus grands développemens et de plus longs débats?

On ne s'occupa de cette députation que dans les séances du matin; les bureaux s'assembloient l'après-midi, et les membres du club breton n'en étoient que plus long-temps réunis. Ils marchoient avec plus de rapidité que l'assemblée générale, et hâtoient, par leurs menées comme par leurs vœux, le soulèvement de la France entière. Le spectacle qu'elle leur présentoit, leur promettoit de grands succès. D'un côté, l'enthousiasme qu'excitoit ce qu'avoit déjà fait l'assemblée nationale, étoit à son comble; on chanta même un *te deum* à Château-Thierry et à Vernouillet, en action de grâces de la réunion des ordres; et dans la première de ces villes on ajouta à cette cérémonie religieuse un acte de bienfaisance; on distribua, en témoignage d'allégresse quatre à cinq cents livres de pain aux malheureux. Les deux villes ne manquèrent pas de faire part à l'assemblée de ces particularités, et de lui offrir leurs sentimens d'admiration et de reconnoissance, et l'assemblée s'empressa de consigner, dans son procès-verbal, cet hommage offert à ses travaux.

D'un autre côté, la misère qu'occasionnoit la disette des bleds, étoit telle, qu'il étoit évident que les peuples alloient, au premier jour, être poussés au désespoir. Ce fléau, en se rapprochant du centre du royaume, sembloit s'appesantir davantage. A Orléans, et dans ses environs, les émeutes se succédoient sans interruption, et n'avoient d'autres causes que la crainte de la famine.

Le dénouement n'arrivoit point encore assez vîte au gré des factieux. Mirabeau se désespéroit de l'inaction des parisiens. Les bourgeois de la capitale étoient consternés, mais ils étoient immobiles. Les momens pressoient; il devenoit même incertain si les brigands pourroient tenter quelque action de terreur, qui pût forcer les citoyens à prendre les armes. Il pouvoit fort bien se faire que, dans la grande quantité de troupes dont on étoit investi, il se trouvât des corps assez fidèles et assez fermes pour repousser des bandits qui n'auroient ni l'avantage de la discipline, ni celui des armes. Alors les bourgeois se voyant suffisamment protégés par les gens de guerre, se seroient confirmés dans l'opinion que toute précaution guerrière de leur part devenoit superflue.

Si, parmi les troupes déjà arrivées, aucun corps ne vouloit protéger la capitale contre les brigands qui menaceroient les propriétés de ses habitans, pouvoit-on s'attendre à la même impossibilité de la part des autres corps militaires que la cour faisoit encore approcher? On connoissoit, à cet égard, toutes ses dispositions: on savoit que Royal-allemand, cavalerie, étoit déjà à Paisy; que Diesback, suisse, arriveroit le 6 à Sèves ; Provence, infanterie, le 7 à Saint-Denis ; Bouillon, infanterie, le 8 à Louvres ; Nassau, infanterie, le 12 à Choisi ; Dauphin, dragon, le même jour à Senlis ; Mestre-de-camp, cavalerie, le 13 à Meaux.

Outre ces régimens, on attendoit ceux de Bourgogne, et du Roi ; les carabiniers et huit cent canoniers de la Fère, venant de Douai, et chariant à leur suite quarante pièces d'artillerie.

On ne savoit trop non plus quel fonds faire sur trois régimens campés dans le Champ-de-Mars, sur la troupe logée à l'arsenal, et on n'avoit aucune intelligence à la Bastille.

Des particuliers faisoient bien leurs efforts, pour se glisser dans les camps, et se ménager des entretiens avec les soldats ; mais ils ne réussissoient pas toujours. Les troupes cantonnées à l'école militaire, repoussoient avec activité tous les curieux. Quelqu'un s'étant hazardé à pénétrer de plus près, fut arrêté et mis à la garde du camp. La foule, témoin de son arrestation, murmura beaucoup, et voulut savoir la cause de cette détention ; on lui répondit que cet homme ne venoit visiter les soldats, que pour tâcher de leur glisser un écrit séditieux. Sur cette réponse, le peuple se retira en silence.

Un garde-françoise voulut aussi visiter le Champ-de-Mars, sous le prétexte qu'il venoit voir un de ses parens. Un officier, qui l'apperçut de loin, lui cria ; « retirez-vous, votre exemple est contagieux ; vous corromprez l'air que nous respirons ici ».

Ces entraves, mises à la corruption des troupes, ne laissoient pas que de gêner les corrupteurs, et leur faisoient peut-être craindre que quand l'instant décisif seroit arrivé, elles ne leur montreroient pas toute la complaisance qu'ils en attendoient. Ils se trouvoit même des corps entiers qui manifestoient une véritable aversion pour le rôle qu'on eût voulu leur faire jouer. Les hussards, entr'autres, à Versailles, avoient des querelles continuelles avec les gardes-françoises.

Tout invitoit donc les factieux à se hâter et à prévenir même, s'il étoit possible, l'arrivée des nouvelles troupes qui étoient en route. Les différentes corporations de Paris ne paroissant nullement disposées à une prise d'armes, ni même à la solliciter, on eut recours aux électeurs qui avoient nommé les députés du tiers-état. Ils s'assemblèrent en effet le 4 ; leur séance dura jusqu'à minuit, et il y fut fort question d'obtenir une milice bourgeoise pour la garde de la capitale.

Je ne sais s'il faut attribuer à imprévoyance, ou à timidité, le peu d'attention que la cour donna à la réunion de ces électeurs ; mais il est certain qu'elle avoit le droit de les empêcher de s'assembler ; ils étoient sans caractère, sans existence légale, sans mission d'aucune autorité légitime. Une assemblée de tels citoyens ne pouvoit être regardée que comme illicite, en s'en tenant aux lois qui étoient encore alors en vigueur ; car suivant ces lois, toute assemblée qui se tenoit contre les réglemens de police, étoit illicite, et ceux qui s'y trouvoient, devoient être punis comme perturbateurs du repos public (1).

Je ne sais pas non plus ce qui seroit arrivé, si la cour eût usé de son autorité pour empêcher les électeurs de Paris de se réunir ; je crois bien que cette défense n'eût pas prévenu un seul instant la catastrophe qui alloit éclater : mais comment s'est-il fait qu'elle ne se soit point étonnée qu'il s'élevât, au milieu des corps constitutionels de l'état, une puissance qui, par ses relations intimes avec l'assemblée nationale, devoit accélérer et faciliter les opérations de celle-ci ?

Les électeurs furent interrompus au milieu de leurs délibérations, par une nombreuse députation du Palais-Royal, suivie d'environ deux mille hommes ; elle vint les prier d'intercéder en faveur des prisonniers qu'on avoit enlevés de l'Abbaye. La condescendance du roi, à leur égard, n'avoit point tranquillisé leurs libérateurs ; les soldats étoient toujours dans le même asyle, et sous la sauve-garde du peuple. Les électeurs répondirent que ces soldats feroient sagement de rentrer en prison ; ils ajoutèrent qu'ils alloient députer vingt-quatre d'entr'eux à Versailles, et promirent que ces députés ne reviendroient qu'avec la grâce des prisonniers.

Sur cette assurance, les motionnaires du Palais-Royal, qui s'étoient tenus en garde contre les paroles même du roi, n'hésitèrent point à engager les soldats à rentrer en prison ; ils y furent en effet réintégrés pendant la nuit, et dès le lendemain matin, ils reçurent leur grâce. C'est ainsi que se termina cette affaire, où, d'une part, on voit toute l'insolence de quelques mutins, qui persistent dans leur rébellion, quand le prince lui-même les exhorte à rentrer dans le devoir par l'offre la plus généreuse ; et, de l'autre, toute la bonté du roi, que la force dont il est environné, que la persévérance des rébelles dans le crime, que l'insultante préférence qu'ils donnent aux avis des électeurs, sur son invitation, ne peuvent déterminer à retirer le pardon qu'il avoit promis.

Je dois faire encore une remarque sur cet événement, qu'on peut regarder comme le premier pas vers la rébellion. Les portes de la prison de l'Abbaye furent brisées le lendemain d'une fête, et c'est toujours le lendemain d'une fête ou d'un dimanche que sont arrivés les événemens extraordinaires, qui ont

---

(1) Domat, Suplément au droit, liv. 3, titre 4.

eu lieu

eu lieu jusqu'à présent, depuis le commencement de la révolution. Ce retour périodique d'insurrection, aux mêmes époques, n'est point l'effet du hazard. Dans les jours consacrés au repos, le petit peuple des fauxbourgs remplit les cabarets des environs de la capitale; c'est-là que les émissaires des séditieux viennent les trouver et les séduire; c'est-là que se distribue le prix de l'expédition commandée pour le lendemain.

Les électeurs, au reste, ne donnèrent aucune suite, au moins apparente, à leur délibération sur le projet d'une milice bourgeoise. Peut-être craignirent-ils qu'une démarche trop hardie de leur part, ne fit concevoir à la cour, qu'ils voyoient si bien armée, de l'ombrage sur leur réunion. Peut-être aussi furent-ils instruits que les mesures prises dans le club breton, étoient suffisantes, et rendoient superflues celles qu'ils prendroient eux-mêmes.

6. Leurs vingt-quatre députés n'allèrent pas moins à Versailles, et il falloit bien que ce voyage cachât un motif secret. Le motif apparent étoit d'obtenir la grâce des prisonniers, sans laquelle, disoient-ils, ils ne vouloient pas revenir à Paris; mais cette grâce étoit accordée, et les prisonniers étoient libres, avant même que les électeurs se missent en route; les onze soldats sortirent, en effet, de leur prison dans la matinée du 5, et ce ne fut que dans celle du 6, que les vingt-quatre députés se présentèrent pour parler en leur faveur. Ils ne s'adressèrent ni au roi ni à ses ministres, quoique ce fut incontestablement au pied du trône, qu'eût dû les conduire la nature du bienfait qu'ils avoient à solliciter. Ils demandèrent une audience à l'assemblée nationale, et l'obtinrent sans peine. Le discours que prononça M. l'abbé Bertholio, leur orateur, mérite d'être connu, par le tableau singulièrement infidèle qu'il présentoit de l'état actuel de la capitale. En voici la teneur:

« Messieurs, l'assemblée des électeurs de la ville de Paris connoît tout le prix des momens que vous consacrez au bien public, avec tant de succès et de gloire; elle ne se permettroit pas de vous demander à suspendre, même pour quelques instans, le cours de vos travaux précieux, si la circonstance la plus impérieuse ne lui en avoit imposé la nécessité. »

« Les mouvemens qui ont été la suite de la journée du 30 du mois dernier continuoient de manière à faire craindre des désordres plus grands: les électeurs étoient assemblés, samedi, à l'hôtel de ville; une lettre écrite par des citoyens assemblés au Palais-Royal, les envoyés de ces mêmes citoyens, qui ne tardèrent pas à se faire introduire dans notre salle, nous forcèrent à nous occuper des prisonniers qui attendoient l'exécution de la promesse que sa majesté avoit bien voulu donner en leur faveur à l'assemblée nationale; la fermentation étoit extrême au Palais-Royal, elle prenoit le même caractère parmi plus de deux mille citoyens qui assistoient à nos délibérations. La nuit s'avançoit, le peuple s'animoit, lorsque nous prîmes l'arrêté que nous allons avoir l'honneur de mettre sous vos yeux. »

« Nous nous flatâmes de ramener les esprits, en les frappant par des idées justes qui les fissent rentrer dans le calme et la tranquillité, et par-là de rétablir l'ordre, dont la réintégration des prisonniers faisoit une partie essentielle. La dernière phrase, qui n'est que l'expression d'un sentiment filial, du cri d'un enfant qui embrasse les genoux de son père, en lui disant: je ne les quitte point sans obtenir mon pardon; cette dernière phrase qui n'étoit que l'expression de notre entière confiance dans les paroles pleines de la clémence et de la bonté de sa majesté, produisit l'effet le plus prompt et le plus désirable. La nuit ne s'étoit point encore écoulée, et déjà les prisonniers étoient réintégrés dans les prisons de l'Abbaye. Les attroupemens ont entièrement cessé au Palais-Royal, et le calme règne dans Paris. Nous venons vous faire part de cet heureux événement; nous sommes assurés de la sensation agréable qu'il portera dans vos cœurs. »

« C'est dans ces circonstances, messieurs, que nous sommes arrivés ce matin pour remplir la mission dont nous étions chargés auprès de vous. Mais depuis une heure, notre position a changé; ce n'est plus l'exécution d'une grâce que nous venons vous demander de solliciter; la grâce est accordée, la bonté, la clémence du roi se sont développées; les prisonniers réintégrés sont libres; un de vos députés vient de vous en apporter la preuve; ce ne sont donc plus que des témoignages de la plus vive reconnoissance que nous vous prions de porter en notre nom et en celui de tous les citoyens de Paris, jusqu'au trône du meilleur et du plus chéri des rois. Dites-lui que son autorité est établie sur des bases inébranlables, puisqu'elle est établie sur notre amour; dites-lui que quiconque voudroit faire soupçonner les sentimens de son peuple, le trompe et se rend coupable envers la nation; dites-lui que le calme et la paix seront inaltérables, tant qu'il nous chérira autant que nous le chérissons, et que, comme rien ne peut nous faire changer à son égard, nous espérons qu'il continuera à être notre père et celui de toute la France ».

« Pour nous, messieurs, quoique le succès ait prévenu notre mission, nous n'en serons pas moins flattés d'apprendre à nos concitoyens, avec quel zèle l'assemblée nationale s'occupe du bonheur général; quel tendre intérêt vous prenez au sort des citoyens de Paris en particulier; et en rentrant dans nos murs, nous entendrons par-tout les expressions de la gratitude pour vous, de l'amour et de la reconnoissance pour la personne sacrée du roi »:

M. l'archevêque de Vienne répondit ainsi à ces envoyés:

B

« L'assemblée apprend avec joie que la paix règne dans la capitale ; elle n'a jamais douté de la fidélité et de l'attachement de ses habitans ; dites-leur que l'assemblée nationale s'occupe du bonheur public ; mais que le bonheur ne peut être que le prix de l'attachement des citoyens à la patrie et au roi ; dites-leur sur-tout que l'assemblée nationale va s'occuper de la constitution de l'état. »

Qui n'eût dit, d'après le discours des électeurs, que la capitale jouissoit de la plus grande tranquillité ? Au moment cependant où ils parloient, on faisoit les derniers efforts pour la réduire à la nécessité d'armer tous ses habitans. Aucun corps, les électeurs eux-mêmes n'ayant point voulu se prêter à demander l'éloignement des troupes, il fallut bien que l'assemblée elle-même en formât la demande, et que quelqu'un s'y dévouât pour en faire la motion.

Le grand but étant toujours d'obliger les bourgeois à s'armer, et le moyen, pour y parvenir étant de les effrayer par une irruption subite de brigands, il étoit évident qu'on auroit bien plus de facilité à introduire, dans le sein de la ville, des légions de bandits, si on obtenoit l'éloignement des troupes. Il fut donc résolu de mettre le roi dans l'alternative, ou de renvoyer l'armée qu'il avoit fait approcher, ou de laisser penser à ses sujets, qu'il vouloit l'employer contr'eux.

Pour préparer les esprits à l'événement qui alloit couvrir la monarchie de nouveaux soldats, et armer l'assemblée nationale d'un pouvoir sans bornes, on calomnia plus que jamais la cour ; on disoit que l'arrivée de soixante pièces d'artillerie à Versailles avoit répandu, parmi les courtisans, une joie incroyable ; que tous les soirs on jouoit chez madame de Polignac, une grossière farce, qui avoit pour titre : *les Etats-généraux*, et dont l'auteur avoit eu en vue de ridiculiser les membres les plus estimables du tiers-état ; que M. d'Eprémesnil étoit chargé du rôle de l'orateur ; qu'il montoit sur une table, et contrefaisoit, de son mieux, les gestes du comte de Mirabeau, de MM. Thouret, Rabaud, Target.

« Le jour des vengeances arrive, faisoit-on dire à un ministre ; nous avons laissé écrire et crier contre nous ; mais nous avons un catalogue fidèle de tous ceux qui ont écrit et crié. Malheur à eux et à leur postérité ! »

Les membres de l'assemblée, qui semoient ce propos, disoient que de leur côté, ils agissoient de même ; qu'on leur faisoit passer des notes exactes de ceux qui s'opposoient au bien qu'ils vouloient opérer, et que dans la persuasion où ils étoient que quiconque n'approuvoit pas l'assemblée, appartenoit à la classe des privilégiés, ce seroit une raison de plus pour eux de faire un examen sévère de tous les privilèges. De sorte que les citoyens paisibles se trouvoient, comme il arrive dans les guerres civiles, exposés au double danger de déplaire à l'un ou à l'autre parti.

On prétendoit que le parlement de Paris contribuoit beaucoup à inspirer à la cour des résolutions hostiles ; mais ce que l'on disoit de la reine et de M. le comte d'Artois, étoit horrible ; on les représentoit, comme conspirant contre la génération actuelle, et contre les générations à venir ; on répandoit que la reine et le prince avoient dressé des tables de proscription, et que c'étoit parmi les députés de la nation, que ce duumvirat cherchoit ses victimes.

Je croirois manquer au respect que je dois à mes lecteurs, si je m'arrêtois à leur dire que ce complot n'a jamais existé que dans l'imagination de quelques forcenés ; mais ce que la postérité aura peine à croire, c'est que ces sottises ne se disoient point à voix basse ; elles se crioient dans les places publiques, elles s'imprimoient ; et qu'on juge de l'impression qu'en recevoit un peuple, qui semble ne pouvoir se passionner que pour des mensonges !

M. le comte d'Artois ayant, sur ces entrefaites, retiré une seconde fois du Palais-Royal, les gardes suisses qui y étoient en faction, ce fut pour bien des gens une sorte de démonstration qu'il méritoit toutes les calomnies dont il étoit l'objet.

Quant à M. le prince de Condé, on le redoutoit moins ; on croyoit même qu'il avoit vu avec peine qu'on lui eût préféré M. le maréchal de Broglie pour le commandement des troupes, et on pensoit que le déplaisir qu'il recevoit de cette préférence, lui donnoit du refroidissement pour la cour.

Parmi ceux qui souffloient le feu de la sédition, les plus modérés, en apparence, faisoient remarquer que l'extraordinaire de la guerre s'éleveroit pour l'année, à plus de quarante millions. Et c'est, disoit-on, dans un tems de détresse, à la veille de demander à la nation, de cautionner une dette énorme, qu'on la surcharge de ce superflu de dépense ! Comment se fait-il, demandoit-on ensuite, que l'administration est toujours dans la pénurie, quand il faut payer les rentes de l'hôtel-de-ville, ou donner du pain au peuple, et qu'elle est si riche, quand il s'agit d'alarmer et de contrister la capitale ? Est-il donc plus aisé au gouvernement, ajoutoit-on avec une sorte de gaîté, de trouver de la poudre à canon, que de la farine ?

Ceux qui raisonnoient ainsi, inculpoient également les ministres d'imprudence. Feignant d'être bien instruits de ce qui se passoit dans les cours étrangères, ils affectoient des craintes sur les vues des puissances voisines, et répandoient le bruit que les anglois faisoient sourdement des préparatifs de guerre. La conduite des ministres, à cet égard, étoit sans reproche, car, quoiqu'il n'y eût aucune réalité à ces alarmes, ils ne négligèrent point cependant les précautions qu'exigeoit la prudence, dans l'état d'agitation extrême où se trouvoit le royaume. Ils ne dégarnirent pas tellement les provinces, qu'ils ne fissent en même-tems filer des troupes vers les frontières, et des régimens d'artillerie à Brest.

Mais ce qui paroissoit extraordinairement affecter le peuple de la capitale, c'étoit le spectacle vraiment effrayant de la nombreuse artillerie qui garnissoit l'intérieur et les environs de la ville; on ne pouvoit faire un pas sans rencontrer des canons; on en avoit mis jusques sur le pont de Sèves, et c'étoient ceux-là qui faisoient le plus murmurer; il faut convenir que dans la fausse persuasion où l'on étoit assez généralement que la cour méditoit des projets contre la personne des députés, il n'étoit pas bien difficile de faire croire aux parisiens que ces canons avoient été mis en cet endroit, pour les empêcher d'aller au secours des membres de l'assemblée nationale. D'ailleurs, disoient les bourgeois, quand on craindroit une irruption de brigands, n'est-ce pas assez pour les contenir, des sabres, des pistolets et des fusils ?

Quoique tout concourût à répandre l'effroi dans des cœurs déjà si disposés, par l'attachement qu'on portoit aux députés, à se remplir de craintes et de soupçons, les bourgeois cependant persistoient à rester impassibles. Il n'est rien qu'on ne tentât pour les tirer de leur apathie. On ne cessoit de crier au Palais-Royal, qu'il falloit repousser la violence par la violence, opposer armée à armée, mettre sous les armes toute la bourgeoisie, et l'enrégimenter.

Un soldat invalide, voyant passer une foule que la curiosité transportoit au Champ-de-Mars, lui cria, avec toute la franchise qu'on mettoit alors dans ses opinions: « Où courez-vous, bonnes gens? vous allez vous précipiter dans les bras de vos assassins; si c'est pour les humaniser ou les forcer à la retraite, à la bonne heure; sinon, vous êtes des insensés ».

L'argent se répandoit à pleines mains, parmi les groupes du Palais-Royal. C'étoit une vérité dont on pouvoit se convaincre soi-même, en prenant seulement la précaution de se vêtir comme les gens de la dernière classe du peuple. Un avocat connu qui, après s'être ainsi travesti, s'étoit confondu dans un troupeau de motionnaires, sentit qu'on glissoit dans sa poche un pli d'une certaine lourdeur; il y porta la main, et en retira deux écus de six livres, pliés dans un papier, sur lequel étoient écrits ces mots: « soyez des nôtres, et vous ne manquerez jamais d'argent. » Il leva aussitôt les deux écus, les montra à tous ceux qui l'environnoient, et après avoir raconté ce qui venoit de lui arriver, il ajouta: « comme je ne suis pas de ceux qu'on achète, prenne qui voudra ce prix de la séduction; » et en disant cela, il jetta cet argent au milieu de la foule.

J'avoue, et je ne saurois trop revenir sur cette réflexion, que ce qui m'a le plus étonné dans cette multiplicité d'événemens bizarres, auxquels la révolution a donné lieu, c'est qu'il y ait eu des gens qui aient pu dire, et d'autres qui aient pu croire, que la cour prodiguoit cet argent dans la vue d'exciter des émeutes qui autoriseroient à retenir les troupes. Il étoit visible que ceux qui recevoient cette taxe, la même que celle qu'on avoit accordée aux incendiaires de la maison Réveillon, n'avoient rien de plus pressé, dès qu'ils en jouissoient, que de déclamer contre la cour. Or comment, chez un peuple qui jusqu'alors avoit eu la réputation d'être le plus spirituel de l'Europe, a-t-on pu dire et croire que les ministres soldoient des hommes pour crier à la bourgeoisie de Paris, qu'elle devoit prendre les armes?

L'effroi et l'indignation qu'excitoit la vue des troupes, n'influoient point sur l'accueil que l'on faisoit aux soldats, lorsqu'ils venoient se mêler parmi le peuple; mais celui que recevoient les officiers, étoit bien différent. Deux jeunes lieutenans de hussards, MM. de Polignac et de Sombreuil, se présentèrent un soir au Palais-Royal. Leur présence excita un frémissement universel; on les environna; ils se crurent en danger, et tirèrent leur sabre à moitié; on les serra de plus près; on les accabla d'injures et de menaces; ils pensèrent alors que la résistance étoit inutile, et s'échappèrent, avec beaucoup de peine, de tous ces furieux. Il fut heureux pour eux que personne ne les connût, ou du moins ne les nommât; car il est vraisemblable que M. de Polignac eût payé de sa vie, la haine qu'on portoit à son nom.

Une scène semblable se passa le même soir aux Tuileries. Deux officiers qui s'y promenoient furent tout-à-coup assaillis par la multitude; les invectives on vint bientôt aux voies de fait; ils prirent la fuite; mais poursuivis de près, ils furent obligés, pour protéger leur retraite, de mettre l'épée à la main; on leur lança alors des chaises; leur adresse les préserva de ce danger, et ils parvinrent à se réfugier chez un des suisses, où l'on ne les poursuivit pas.

Tel étoit, quoiqu'en eussent dit les électeurs à l'assemblée nationale, la tranquillité dont on jouissoit à Paris. Les têtes ne pouvoient être plus échauffées; le mécontentement, le desir de donner à l'assemblée nationale toute l'autorité qu'elle ambitionnoit, étoient à leur comble; mais l'impassibilité de la bourgeoisie, malgré tous les ressorts qu'on faisoit jouer, étant toujours la même, le comte de Mirabeau crut qu'il étoit tems enfin de lever le masque; on va voir avec quelle audace cet homme habile, sur-tout à bien saisir les momens, donna le signal de la rébellion à ses concitoyens.

B 2

CHAPITRE XXXVII.

Discours et projet d'arrêté du comte de Mirabeau sur l'éloignement des troupes ; impression qu'ils font sur l'assemblée ; première motion de M. de la Fayette ; différentes considérations qu'ajoutent à celles du comte de M. de Mirabeau, les députés qui sont de son parti ; opinion modérée de M. Gaultier de Biauzat ; impatience de M. de Gouy ; arrêté de l'assemblée ; ordre du roi à M. l'archevêque de Vienne ; discours que lui adresse sa majesté ; adresse au roi ; noms des députés chargés de la lui présenter ; embarras qu'elle occasionne à la cour ; réponse du roi ; comment elle est reçue dans l'assemblée ; hommage que lui rend M. de Crillon ; censure adroite qu'en fait le comte de Mirabeau ; silence de l'assemblée sur cette adresse ; comment elle est accueillie dans le public; prétendue conjuration des gentilshommes ; leur réunion à Versailles ; déclaration qui émane de leurs assemblées ; objection contre cette déclaration ; débat d'honnêteté entre le premier et le troisième ordre ; il se termine honorablement pour le clergé.

Suite de Juillet 1789, et du second mois de l'interrègne.

8. AU moment donc de la plus violente agitation, où se fût jamais trouvé le royaume ; au moment où le peuple, s'enivrant des premiers fruits de la licence, montroit une effrayante énergie ; où la bourgeoisie comprimée, pour ainsi dire, par la consternation, n'attendoit qu'une secousse adroite, pour réagir avec une force dont les effets seroient incalculables ; au moment enfin où la moindre imprudence pouvoit briser le fil qui conduisoit les ministres dans le labyrinthe où ils se trouvoient engagés par les erreurs de M. Necker, le comte de Mirabeau se lève dans l'assemblée nationale, interrompt une importante délibération, et parle ainsi :

« Il a fallu, pour me décider à interrompre le cours de la délibération, un motif bien puissant. Mais si le péril, que j'ose dénoncer, menace tout à la fois la liberté de la nation et des états-généraux et la sûreté du trône, vous avouerez mon zèle. »

« Le peu de momens que j'ai eu pour recueillir mes idées, me suffit à peine ; mais vos lumières suppléront à mon insuffisance. »

« Il y a six jours que vous avez fait un arrêté pour invoquer la clémence du roi, et le supplier d'employer les voies de douceur pour rétablir le calme dans la capitale. »

« Le roi a déclaré qu'il trouvoit votre arrêté fort sage. Sa réponse contient cette phrase si remarquable : *tant que vous aurez confiance en moi, tout ira bien.* Depuis, le roi a déclaré, dans une lettre à M. l'archevêque de Paris, qu'il n'écouteroit que sa clémence, lorsque les prisonniers auroient été réintégrés dans les prisons. »

« Ces paroles consolantes ont excité la confiance et rétabli le calme. »

« Cette lettre est terminée par l'annonce que le roi va prendre des mesures pour prévenir les émeutes »,

« En considérant ces expressions, on auroit été tenté de se demander à soi-même quelles sont ces mesures ? La première idée est le doute et l'inquiétude ; et cette inquiétude auroit pu déterminer à supplier sa majesté de s'expliquer sur ces mesures. »

« J'aurois moi-même proposé une motion sur cet objet, si, en relisant sans cesse les mots, pleins de bonté, échappés à la sensibilité du roi, je n'y eusse mis moi-même ma confiance. »

« Mais quelle a été la suite de cette modération dans laquelle on s'est, pour ainsi dire, assoupi (1) ? »

« Pendant ce moment de sommeil, l'on a fait avancer des troupes, fait marcher des trains d'artillerie. Les régimens sont en route ; il y a trente-cinq mille hommes d'arrivés, et l'on en attend encore vingt mille. »

« On s'assure de toutes les communications ; les chemins, les passages, les ponts, tout est intercepté. Nos promenades mêmes ne sont pas libres. L'on ne parle que de préparatifs secrets, que de projets obscurs et ténébreux. »

« N'étoit-ce donc pas assez que l'on eût souillé le sanctuaire de la liberté ? N'étoit-ce pas assez que le manque d'égards, de convenance, indispensable pour tous les rangs, pour tous les hommes, eût signalé un mépris deshonorant pour la majesté de la nation ? N'étoit-ce pas assez que l'on traitât les députés comme de vils histrions dont le grand-maître varie, à son gré, les tréteaux ? »

« Mais il faut encore, par l'appareil du despotisme, jetter l'alarme dans toute la nation, lui donner, pour ainsi dire, le signal de la guerre civile, et l'insulter dans ses représentans. »

« Et quand il ne s'agiroit que de nous, ne conviendroit-il pas que nous soyons traités avec la douceur digne de la nation que nous représentons ? »

« Oublie-t-on que le roi sera respectable à proportion que la nation sera respectée ? Oublie-t-on qu'il ne veut commander qu'à des hommes libres ? Et veut-on le condamner à la cruelle condition des despotes tristement condamnés à méconnoître le sentiment si doux de la confiance ? »

« De pareilles mesures sont inutiles pour ramener le calme. Il est rétabli ; mais je veux bien le supposer : les desordres sont vrais. Qu'est-il besoin d'un camp à Versailles, d'un camp sous les murs de la capitale, de l'artillerie répandue dans les plaines, sur les routes, sur les ponts et dans les jardins ? »

« Le peuple a donné les marques d'une grande insubordination ; les portes d'une prison sont ouvertes, des prisonniers arrachés de leurs fers. Mais un moment de clémence arrête l'incendie général ; le peuple se dissipe ; l'ordre se rétablit, et les prisonniers reprennent leurs fers. La bonté du roi a fait, en un mot, tout ce que le canon des armées vieillies dans l'art militaire, conduites par des généraux victorieux, n'auroit pu faire. »

« Jamais le peuple n'a dû être plus confiant que dans ce moment. On lui promet le bonheur ; on parle de régénérer ses loix, de le soustraire à des abus qui le font gémir depuis long-temps : ses vœux, son espoir reposent sur cette assemblée. Et aussi cette prétendue révolte, que l'on veut arrêter par des armées nombreuses, n'a-t-elle commencé qu'au moment où l'appareil militaire de la séance royale a jetté par-tout l'épouvante et l'effroi. Ce n'est que lorsque le peuple a vu les députés en danger, qu'il a manifesté son indignation. »

« Mais que peuvent faire ces armes, cette artillerie qui menacent, à tout moment, nos têtes ? »

« Croit-on que le soldat se rendra assassin au gré de ses chefs ? Les conseillers de ces mesures désastreuses sont-ils sûrs d'entretenir continuellement la sévérité militaire ? Peuvent-ils dégrader les soldats françois au point de n'être que les ministres passifs de leurs fureurs ? Croit-on qu'ils ne seront que de simples automates, qu'ils ne verront dans ceux qu'ils égorgeront ni leurs frères, ni leurs parens, ni leurs amis ? »

« Est-ce encore pour les insulter, pour les deshonorer, que l'on appelle, du fond du nord, des hordes de barbares qui, avides du sang françois, n'attendent que le moment de le répandre ? Est-ce pour soulager la misère des peuples, qu'on les appelle pour nous disputer un reste d'aliment qui suffit à peine pour éloigner de nous, de quelques instans, les approches de la famine ? »

« Ces considérations, ébauchées plutôt qu'indiquées, ont fait, à ma conscience, à ma raison, à ma mission, un devoir de proposer : »

« Qu'il soit fait au roi une très-humble adresse pour peindre, à sa majesté, les vives alarmes qu'inspire, à l'assemblée nationale, l'abus qu'on s'est permis, depuis quelque temps, du nom d'un bon roi, pour faire approcher, de la capitale, et de cette ville de Versailles, un train d'artillerie, et des

---

(1) Cet assoupissement est difficile à concevoir, quand on se rappelle les scènes que j'ai racontées, dans le chapitre précédent, et sur-tout le cri d'alarme qui, depuis quelques jours, retentissoit à toute heure, au jardin du Palais-Royal.

corps nombreux de troupes, tant étrangères que nationales, dont plusieurs sont déjà cantonnées dans les villages voisins, et pour la formation annoncée de divers camps aux environs de ces deux villes ? »

« Qu'il soit représenté au roi, non-seulement combien ces mesures sont opposées aux intentions bienfaisantes de sa majesté, pour le soulagement de ses peuples, dans cette malheureuse circonstance de cherté et de disette de grains; mais encore combien elles sont contraires à la liberté et à l'honneur de l'assemblée nationale, propres à altérer, entre le roi et ses peuples, cette confiance qui fait la gloire et la sûreté du monarque, qui seul peut assurer le repos et la tranquillité du royaume, procurer enfin, à la nation, les fruits inestimables qu'elle attend des travaux et du zèle de cette assemblée. »

« Que sa majesté soit suppliée très-respectueusement de rassurer ses fidèles sujets, en donnant des ordres nécessaires pour la cessation immédiate de ces mesures également inutiles, dangereuses, alarmantes, et pour le prompt renvoi des troupes et du train d'artillerie au lieu d'où on les a tirés ? »

« Et attendu qu'il peut être convenable, en suite des inquiétudes et de l'effroi que ces mesures ont jettés dans le cœur des peuples, de pourvoir provisionnellement au maintien du calme et de la tranquillité, sa majesté sera suppliée d'ordonner que, dans ses deux villes de Paris et de Versailles, il soit incessamment levé des gardes bourgeoises qui, sous les ordres du roi, suffiront pleinement à remplir ce but, sans augmenter, autour de deux villes travaillées des calamités de la disette, le nombre des consommateurs. »

L'impression, que fit ce discours, fut telle que, dans toute l'assemblée, il n'y eût que quatre gentilshommes qui osèrent s'élever contre cette insidieuse motion ; ils se récrièrent contre les sentimens de peur et de pusillanimité que manifestoit l'orateur. Ils représentèrent qu'en Angleterre, les troupes étoient aux portes de Londres, quand le parlement délibéroit; enfin, ils demandèrent qu'on se contentât de réclamer ces paroles solemnelles du roi : *ayez confiance en moi, tout ira bien.*

Dans tout le reste de l'assemblée, on prodigua au comte de Mirabeau, les applaudissemens les plus flatteurs, et on témoigna, de la manière la plus énergique, le désir de présenter au roi l'adresse, suivant les principes qui venoient d'être développés.

Il est essentiel de remarquer que M. le marquis de la Fayette fut le premier à adhérer à cette motion ; il la trouva tellement importante, qu'il fut d'avis que la discussion s'établit sur le champ. C'est par ce vœu qu'a débuté, sur la scène des états-généraux, l'homme qui a joué, dans la révolution, un rôle d'autant plus étonnant, qu'encore aujourd'hui les divers partis qui divisent la France, semblent douter auquel d'entr'eux il appartient. Comme je ne veux point interrompre le récit de cette délibération dont les suites ont trompé toute la prudence des amis de la monarchie, et ont passé les espérances de la plupart des factieux, j'attendrai que M. de la Fayette se montre plus à découvert, pour fixer l'opinion qu'il faut se faire de son génie et de ses mœurs.

Ceux qui étoient dans le secret du comte de Mirabeau, ne manquèrent pas d'ajouter de nouvelles considérations à celles qu'il avoit présentées.

« Il est intéressant, dit M. l'abbé Sieyes, de savoir qu'en Bretagne il ne peut y avoir de troupes qu'à dix lieues de la ville où se tiennent les états. »

« On ne peut pas se dissimuler, s'écria M. l'abbé Grégoire, que les basses intrigues de ceux qui se repaissent d'abus, font mouvoir toutes ces armées. Si la nation vouloit recevoir des fers, elle n'auroit qu'à contempler, sans indignation, les troupes ennemies éternelles de la France, l'insulter dans son sein, servir le roi des françois contre les françois. Il faut délibérer sur le champ, et dénoncer les auteurs de ces détestables manœuvres, afin que l'exécration contemporaine devance l'exécration de la postérité ».

M. Target tira son cahier, et lut l'article troisième de la première section, qui porte : qu'aucune troupe militaire ne pourra approcher plus près de dix lieues de l'endroit où seront assemblés les états-généraux, sans le consentement ou la demande des états.

« Personne, dit à son tour M. le Chapellier, n'ose s'élever contre la motion de M. de Mirabeau. Comment soutenir, en effet, que des camps et des armées doivent environner et alarmer nos commettans ? Il y a vingt ans qu'une pareille réclamation fut faite aux états de Bretagne; cette réclamation partit de la noblesse, et les troupes furent retirées. »

Cette observation fut relevée par le comte de Mirabeau; il s'écria : « je n'ai jamais douté que la noblesse ne se jetât entre nous et les bayonnettes; et fais le serment de dénoncer un jour les conseillers de ces attentats à la liberté publique. »

M. Bouchotte représenta que les pays d'états avoient le privilège de n'avoir point de troupes auprès d'eux. « Comment, ajouta-t-il, les états-généraux ne l'auroient-ils pas ? Je le demande, au nom du duché de Bourgogne, dont je suis le représentant ? »

M. Goupil de Préfeln qui, sous les glaces de l'âge,

conserve tout le feu de la première jeunesse, voulut aussi se mêler parmi les combattans. « Le sentiment de l'honneur et de la liberté, dit-il, est inné dans le cœur des françois ; il importe à notre honneur que nous délibérions en liberté ; cela importe aussi au bien du service du roi. Quel citoyen, désirant de connoître les droits légitimes de la puissance exécutive, ne se trouveroit pas arrêté par cet appareil alarmant ? Que doit-on espérer, quand ce sera au milieu des troupes que nos travaux se formeront ? Notre réclamation ne sauroit être un acte de foiblesse ; chacun de nous en est incapable ; ce n'est qu'un hommage que je rends aux libertés nationales. Il convient que M. le président présente au roi, ce soir, cette considération importante. »

De tous les orateurs qui cherchèrent à faire preuve de courage et de hardiesse, M. Gaultier de Biauzat se montra le plus modéré. Il avoit cependant le mérite d'être entré le premier en lice ; car, dès la précédente séance, parlant sur une matière absolument étrangère au rassemblement des troupes, il avoit dit : « Le roi n'aura jamais de garde plus assurée que la confiance dans ses sujets ; il est le père de tous les françois. Pourroit-il jamais redouter de se trouver au milieu de ses enfans ? Cependant on environne de troupes cette assemblée, on fait venir des extrémités du royaume une effrayante artillerie ; on établit des camps aux environs de cette ville, comme s'il y avoit lieu de craindre des attaques, et de livrer des combats. »

M. de Biauzat, lorsqu'il s'agit de voter sur l'éloignement des troupes, modéra son ardeur ; il demanda même que l'on retranchât de la motion du comte de Mirabeau, l'article qui concernoit l'établissement d'une garde bourgeoise, sauf toutefois, ajouta-t-il, à y revenir dans la suite, s'il paroît nécessaire. Cette demande sembla faire impression sur l'assemblée ; et, sans vouloir rien diminuer de la gloire qu'acquit à Mirabeau sa bouillante motion, on conviendra que proposer de désarmer l'autorité royale, pour armer le peuple qu'on souleveroit contr'elle, c'étoit tendre au monarque un piège trop grossier.

Enfin, M. de Gouy d'Arcy voulut aussi énoncer son avis, et pour énoncer un pareil avis, il ne falloit ni beaucoup de profondeur, ni beaucoup de sagesse. Il se dépita tout simplement de la longueur de la discussion. « Elle est finie, s'écria-t-il, le sujet est si important, et la délibération si pressante, que je prie M. le président de faire procéder à l'appel, et de finir la délibération avant de lever la séance. »

M. de Gouy fut exaucé ; et quoiqu'il fût deux heures après midi, Mirabeau relut sa motion ; on la mit aux voix, et elle passa à la presque unanimité ; on en retrancha cependant, conformément au desir de M. Biauzat, l'article relatif à la garde bourgeoise. Il fut donc arrêté que dès le soir le président feroit part au roi, de la délibération qui venoit d'être prise, et qu'on s'occuperoit, sans retard, de la rédaction de l'adresse.

Avant que cette délibération commençât, on savoit à la cour qu'elle devoit avoir lieu. Dès le matin, le roi avoit écrit à M. l'archevêque de Vienne de venir lui parler. Le prélat en avoit informé l'assemblée, en ces termes : « J'ai reçu aujourd'hui des ordres qui peuvent rassurer les esprits de l'assemblée et du public ; le roi m'a fait ordonner de me rendre auprès de sa personne, à six heures du soir. »

La connoissance de l'ordre donné à M. l'archevêque de Vienne, n'avoit fait que redoubler l'impatience de terminer la délibération, dans la séance même, afin que le président, en se rendant chez le roi, pût porter à sa majesté l'arrêté qui auroit été pris.

M. l'archevêque se rendit, en effet, chez le roi à l'heure indiquée, et sa majesté lui parla ainsi :

« Mon intention, en faisant approcher des troupes, de la capitale et de Versailles, étoit d'assurer la tranquillité publique ; elles ne sont point ici pour gêner la liberté des états généraux. Lorsque je recevrai la députation pour m'apporter, à ce sujet, l'arrêté pris ce matin dans l'assemblée ; je donnerai une réponse publique et ostensible de mes intentions. »

La rédaction de l'adresse ne fut pas bien difficile ; M. l'évêque de Chartres, rapporteur du comité, qui fut chargé d'y travailler, convint qu'on n'y avoit fait que quelques légers changemens auxquels l'auteur s'étoit prêté de la meilleure grâce. On va voir, par la lecture de cette production, si le comte de Mirabeau, comme il l'avoit dit dans sa motion, *n'avoit eu que quelques momens pour recueillir ses idées*, et si les considérations qu'il y présentoit *étoient plutôt ébauchées qu'indiquées*. Cette adresse est de toutes les pièces qui sont émanées de l'assemblée nationale, celle qui a eu une influence plus prompte et plus sensible sur l'universalité de la nation. Je la transcris ici littéralement, telle qu'elle fut prononcée au roi.

SIRE,

« Vous avez invité l'assemblée nationale à vous témoigner sa confiance ; c'étoit aller au-devant du plus cher de ses vœux. »

« Nous venons déposer, dans le sein de votre majesté, les plus vives alarmes. Si nous en étions l'objet, si nous avions la foiblesse de craindre pour nous-mêmes, votre bonté daigneroit encore nous rassurer, et même en nous blâmant d'avoir douté de vos intentions, vous accueilleriez nos inquiétudes, vous en dissiperiez la cause ; vous ne laisseriez point d'incertitude sur la position de l'assemblée nationale. »

« Mais, sire, nous n'implorons point votre protection ; ce seroit offenser votre justice. »

« Nous avons conçu des craintes ; et, nous l'osons dire, elles tiennent au patriotisme le plus pur, à l'intérêt de nos commettans, à la tranquillité publique, au bonheur du monarque chéri qui, en nous applanissant la route de la félicité, mérite bien d'y marcher lui-même sans obstacles. »

« Les mouvemens de votre cœur, sire, voilà le vrai salut des françois. »

« Lorsque des troupes s'avancent de toute part, que des camps se forment au tour de nous, que la capitale est investie, nous nous demandons avec étonnement : le roi s'est-il méfié de la fidélité de ses peuples ? S'il avoit pu en douter, n'auroit-il pas versé dans notre cœur ses chagrins paternels ? Que veut dire cet appareil menaçant ? où sont les ennemis de l'état et du roi qu'il faut subjuguer ? où sont les rebelles, les ligueurs qu'il faut réduire ? Une voix unanime répond, dans la capitale et dans l'étendue du royaume : *nous chérissons notre roi, nous bénissons le ciel du don qu'il nous a fait dans son amour.* »

« Sire, la religion de votre majesté ne peut être surprise que sous le prétexte du bien public. »

« Si ceux qui ont donné ces conseils à notre roi, avoient assez de confiance dans leurs principes, pour les exposer devant nous, ce moment ameneroit le plus beau triomphe de la vérité. »

« L'état n'a rien à redouter que des mauvais principes qui osent assiéger le trône même, et ne respectent pas la conscience du plus pur, du plus vertueux des princes. Et comment s'y prend-on, sire, pour vous faire douter de l'attachement et de l'amour de vos sujets ? Avez-vous prodigué leur sang ? Etes-vous cruel, implacable ? Avez-vous abusé de la justice ? Le peuple vous impute-t-il ses malheurs ? Vous nomme-t-il dans ses calamités ? Ont-ils pu vous dire que le peuple est impatient de votre joug, qu'il est las du sceptre des Bourbons ? Non, non, ils ne l'ont pas fait : la calomnie du moins n'est pas absurde ; elle cherchent un peu de vraisemblance pour colorer ses noirceurs. »

« Votre majesté a vu récemment tout ce qu'elle peut pour son peuple ; la subordination s'est rétablie dans la capitale agitée ; les prisonniers mis en liberté par la multitude, d'eux-mêmes ont repris leurs fers ; et l'ordre public, qui peut-être auroit coûté des torrens de sang, si l'on eût employé la force, un seul mot de votre bouche l'a rétabli. Mais ce mot étoit un mot de paix ; il étoit l'expression de votre cœur, et vos sujets se font gloire de n'y résister jamais. Qu'il est beau d'exercer cet empire ! c'est celui de Louis IX, de Louis XII, d'Henri IV ; c'est le seul qui soit digne de vous. »

« Nous vous tromperions, sire, si nous n'ajoutions pas, forcés par les circonstances : Cet empire est le seul qu'il soit aujourd'hui possible en France d'exercer. La France ne souffrira pas qu'on abuse le meilleur des rois, et qu'on l'écarte, par des vues sinistres, du noble plan qu'il a lui-même tracé. Vous nous avez appellés pour fixer, de concert avec vous, la constitution ; pour opérer la régénération du royaume : l'assemblée nationale vient vous déclarer solemnellement que vos vœux seront accomplis, que vos promesses ne seront point vaines, que les piéges, les difficultés, les terreurs ne retarderont point sa marche, n'intimideront point son courage. »

« Où donc est le danger des troupes, affecteront de dire nos ennemis ? . . . Que veulent leurs plaintes, puisqu'ils sont inaccessibles au découragement ? »

« Le danger, sire, est pressant, est universel, est au-delà de tous les calculs de la prudence humaine. »

« Le danger est pour le peuple des provinces. Une fois alarmé sur notre liberté, nous ne connoissons plus de frein qui puisse le retenir. La distance seule grossit tout, exagère tout, double les inquiétudes, les aigrit, les envenime. »

« Le danger est pour la capitale. De quel œil le peuple, au sein de l'indigence, et tourmenté des angoisses les plus cruelles, se verra-t-il disputer les restes de sa subsistance par une foule de soldats menaçans ? La présence des troupes échauffera, amutera, produira une fermentation universelle ; et le premier acte de violence, exercé sous prétexte de police, peut commencer une suite horrible de malheurs. »

« Le danger est pour les troupes. Des soldats françois, approchés du centre des discussions, participant aux passions comme aux intérêts du peuple, peuvent oublier qu'un engagement les a faits soldats, pour se souvenir que la nature les fit hommes. »

« Le danger, sire, menace les travaux qui sont notre premier devoir, et qui n'auront un plein succès, une véritable permanence, qu'autant que les peuples les regarderont comme entièrement libres. Il est d'ailleurs une contagion dans les mouvemens passionnés. Nous ne sommes que des hommes ; la défiance de nous-mêmes, la crainte de paroître foibles, peuvent entraîner au-delà du but ; nous serons obsédés d'ailleurs de conseils violens et démesurés ; et la raison calme, la tranquille sagesse, ne rendent pas leurs oracles au milieu du tumulte, des désordres, et des scènes factieuses. »

« Le danger, sire, est plus terrible encore ; et jugez de son étendue par les alarmes qui nous amènent devant vous. De grandes révolutions ont eu des causes bien moins éclatantes ; plus d'une entreprise fatale aux nations s'est annoncée d'une manière moins sinistre et moins formidable. »

« No

« Ne croyez pas ceux qui vous parlent légèrement de la nation, et qui ne savent que vous la représenter, selon leurs vues, tantôt insolente, rebelle, séditieuse; tantôt soumise, docile au joug, prompte à courber la tête pour le recevoir. Ces deux tableaux sont également infidèles. »

« Toujours prêts à vous obéir, sire, parce que vous commandez au nom des lois, notre fidélité est sans bornes, comme sans atteintes. »

« Prêts à résister à tous les commandemens arbitraires de ceux qui abusent de votre nom, parce qu'ils sont ennemis des lois; notre fidélité même nous ordonne cette résistance, et nous nous honorerons toujours de mériter les reproches que notre fermeté nous attire ».

« Sire, nous vous en conjurons, au nom de la patrie, au nom de votre bonheur et de votre gloire; renvoyez vos soldats aux postes d'où vos conseillers les ont tirés; renvoyez cette artillerie destinée à couvrir vos frontières; renvoyez sur-tout les troupes étrangères, ces alliées de la nation, que nous payons pour défendre et non pour troubler nos foyers : votre majesté n'en a pas besoin. Eh ! pourquoi un roi adoré de vingt-cinq millions de françois, feroit-il accourir, à grands frais, autour du trône quelques milliers d'étrangers ? Sire, au milieu de vos enfans, soyez gardé par leur amour : les députés de la nation sont appellés à consacrer avec vous les droits émineus de la royauté sur la base immuable de la liberté du peuple. Mais lorsqu'ils remplissent leur devoir, lorsqu'ils cèdent à leur raison, à leurs sentimens, les exposeriez-vous au soupçon de n'avoir cédé qu'à la crainte ? Ah ! l'autorité que tous les cœurs vous défèrent, est la seule pure, la seule inébranlable, elle est le juste retour de vos bienfaits, et l'immortel apanage des princes dont vous serez le modèle. »

Lorsque cette adresse fut lue dans l'assemblée, presque tous ses membres entrèrent dans des transports d'admiration incroyables. L'enthousiasme fut au plus haut degré. On applaudit mille et mille fois; on demanda une seconde lecture, et on ne l'applaudit pas moins que la première. Les députés qui furent chargés de porter cet écrit au roi, furent, dans l'ordre du clergé, MM. l'archevêque de Vienne, l'évêque de Chartres, l'abbé Joubert, Chatizel, Grégoire, Yvernault. Dans l'ordre de la noblesse, ce furent MM. le duc de la Rochefoucault, le comte de Cressy, le vicomte de Toulongeon, le vicomte de Macaye, le marquis de Blacon, le comte de Clermont-Tonnerre. Enfin dans l'ordre du tiers-état, on nomma MM. le comte de Mirabeau, Coroller, Regnaud de Saintes, Robertspierre, Marsins, Barrère de Vieuzac, de Sèze, de Launay, Péthion de Villeneuve, Buzot, de Kervelegau, Tronchet.

Quoique le roi fût incontestablement le chef et le maître de ses troupes, et qu'il eût, par conséquent, le droit de les disperser, de les rassembler, comme il l'entendoit, on ne laissa pas à la cour d'être fort embarrassé sur la réponse qu'il convenoit de faire à cette adresse. Il ne falloit pas achever d'effaroucher les esprits, ni donner un prétexte aux mécontens; mais il falloit aussi pourvoir à la sûreté du roi et de son trône. Comment allier deux mesures qui, réellement, étoient incompatibles? On tint, dans le château, un comité où se trouvèrent les deux frères du roi. On ne put rien y décider, parce qu'on n'avoit point encore une copie de l'adresse. Dès qu'il fut possible de s'en procurer une, on délibéra de nouveau. La députation fut mandée pour le lendemain au soir; M. de Clermont-Tonnerre en fut l'organe, et le roi fit la réponse suivante :

« Personne n'ignore les désordres et les scènes scandaleuses qui se sont passées et renouvellées à Paris et à Versailles, sous mes yeux et sous ceux des états-généraux. Il est nécessaire que je fasse usage des moyens qui sont en ma puissance pour remettre et maintenir l'ordre dans la capitale, et dans les environs; c'est un de mes devoirs principaux de veiller à la sûreté publique. Ce sont ces motifs qui m'ont engagé à faire un rassemblement de troupes autour de Paris : vous pouvez assurer l'assemblée des états-généraux, qu'elles ne sont destinées qu'à réprimer, ou plutôt à prévenir de nouveaux désordres; à maintenir le bon ordre et l'exercice des lois; à assurer et à protéger même la liberté qui doit régner dans vos délibérations : toute espèce de contrainte doit en être bannie, de même que toute appréhension de tumulte et de violence doivent en être écartés. Ce ne pourroit être que des gens mal intentionnés qui pourroient égarer mes peuples sur les vrais motifs des mesures de précaution que je prends. J'ai constamment cherché à faire tout ce qui pouvoit tendre à leur bonheur, et j'ai toujours eu lieu d'être assuré de leur amour et de leur fidélité. »

« Si pourtant la présence nécessaire des troupes dans les environs de Paris, causoit encore de l'ombrage, je me porterois, sur la demande de l'assemblée, à transférer les états-généraux à Noyon ou à Soissons, et alors je me rendrois à Compiègne, pour maintenir la communication qui doit avoir lieu entre l'assemblée et moi ».

Il étoit trop tard pour prendre cette mesure; si les ministres l'eussent employée en convoquant les états-généraux, s'ils les eussent rassemblés, non à Versailles, mais dans une ville d'une population peu nombreuse, et qui fût au moins à vingt lieues de la capitale, peut-être plusieurs des événemens dont nous avons été témoins, ne fussent-ils pas arrivés; peut-être la révolution eût-elle eu des suites moins désastreuses et moins promptes. L'imprévoyance des ministres, à cet égard, est d'autant moins excusable qu'ils auroient dû pressentir, par l'impulsion

C

qu'on donnoit au peuple, et par les émeutes qui avoient déjà désolé la capitale, qu'en plaçant les états-généraux auprès de Paris, c'étoit environner les intrigans, de toutes les facilités qu'ils pouvoient desirer pour l'exécution de leurs desseins.

Cependant cette mesure, quoique tardive, n'en étoit pas moins sage ; elle sembloit mettre l'assemblée nationale, dans l'impossibilité de rien répliquer. Elle se disoit gênée par la présence de toutes ces troupes ; elle étoit délivrée de cette contrainte, en se retirant dans une ville où tous ces hommes et tous ces instrumens de guerre ne l'auroient pas suivie. Il est bien clair, en effet, qu'en ôtant la cause, l'effet qu'on prétendoit qu'elle produisoit disparoissoit. Cet effet étoit le même, soit que les troupes s'éloignassent de l'assemblée, soit que ce fût l'assemblée qui s'éloignât d'elles. D'ailleurs, la promesse du roi suffisoit pour être un motif de confiance, puisqu'on n'avoit aucune raison apparente de n'y pas croire, et qu'on ne pouvoit se permettre aucune conjecture qui ne fût une injure.

11. M. de Crillon, lorsque cette réponse fut lue à l'assemblée, rendit justice au roi. « Nous avons demandé, dit ce gentilhomme, l'éloignement des troupes ; nous devons sans doute, pour l'avenir, prévoir une pareille circonstance, et en faire l'objet d'une loi. Mais devons-nous persister dans la demande que nous avons faite ? Le roi nous a donné sa parole qu'il n'a fait avancer des troupes que pour la sûreté de sa personne et de la capitale ; que son intention n'est pas de gêner les suffrages. Nous devons en croire la promesse de sa majesté. L'armée d'un tyran ne connoît pas de distance qu'elle ne puisse franchir ; mais la parole d'un bon roi, d'un roi honnête-homme, est une barrière insurmontable. Elle doit dissiper nos craintes et nos alarmes ; le danger que nous croyons entrevoir s'éloigne de nous. Nous nous sommes acquittés envers la nation, en réclamant la liberté de l'assemblée ; nous devons nous acquitter envers le souverain, en lui prouvant notre confiance. »

» Restons auprès du roi ; disons-lui, qu'en lui demandant l'éloignement des troupes, nous avons cédé à notre devoir, et qu'en restant auprès de sa personne nous n'avons fait que céder à notre amour et à ses vertus. »

Le comte de Mirabeau ne fut pas du même avis, et il n'y avoit peut-être que lui, dans l'assemblée, qui osât manifester des soupçons sur cette réponse ; il les enveloppa de beaucoup de ménagemens, mais enfin il les laissa percer ; il dit : « je ne doute point que nous ne disputions avec tous les autres peuples, de la confiance que nous devons à la parole de notre roi ; mais si cette confiance est de devoir envers le plus juste des princes, elle ne sauroit s'étendre sur toutes les parties du gouvernement. La crise actuelle nous en avertit. Nous savons tous qu'avec plus de réserve, nous aurions évité de grands désordres. La confiance illimitée de la nation, l'inconsidération même de notre confiance, s'il est permis de parler ainsi, nous a menés au point où nous sommes. Qui de nous ne sait qu'avec un peu plus de méfiance, nous n'aurions pas éprouvé bien des obstacles ; que nous ne serions pas enfin dans la position où nous sommes ? »

« La réponse du roi est un véritable refus. Le ministère ne l'a regardée que comme une simple formule de rassurance et de bonté ; elle n'a été provoquée, selon lui, que par une demande à laquelle l'assemblée n'a attaché aucun intérêt, et que nous n'avons faite que pour paroître l'avoir faite. »

« Sans doute nous ne nous éloignerons pas d'ici quant à présent. Il faut être conséquent avec nous-mêmes. Nous n'avons pas demandé à fuir devant les troupes ; mais la fuite des troupes elles-mêmes. Ce n'est pas d'ailleurs pour nous que nous demandons leur éloignement, c'est pour rassurer la liberté publique. Ce n'est certainement pas le sentiment de la peur qui nous conduit, c'est celui de l'intérêt général. »

« On vous parle d'aller à Noyon ou à Soissons, c'est-à-dire, entre deux camps : ce n'est pas là une réponse suffisante. Nous avons réclamé une translation pour l'armée, et non pour nous. Pourquoi, par une réponse cathégorique et juste, le roi n'a-t-il pas accueilli notre demande ? Je ne crois pas qu'il soit possible de tenir cette demande pour close, quoique d'après les paroles de bonté que nous avons entendues, notre confiance doive être raffermie. »

Il est sensible que le comte de Mirabeau n'avoit en vue, par cet hypocrite discours, que de laisser échapper contre les intentions du roi, des insinuations insultantes qui entretinssent le peuple dans sa méfiance et dans l'effroi que lui inspirèrent les troupes. Ces malignes insinuations ne produisirent aucun effet sur la majorité de l'assemblée. Le respect pour les promesses du roi, d'une part, et de l'autre, une sage réserve enchaînoient toutes les langues. M. l'archevêque de Vienne cependant vouloit qu'on mît à la délibération, la réponse du roi. L'évêque de Chartres lui représenta que cette réponse méritoit d'être méditée ; il demanda qu'on en fît faire des copies ; qu'on les distribuât dans les bureaux, et qu'on attendît au lendemain pour délibérer. La réponse y fut envoyée, et n'en est jamais sortie. L'affaire ne fut pas poussée plus loin. Il ne faut pas s'en étonner : on avoit à-peu-près ce qu'on desiroit ; et tout ce qu'on desiroit pour l'instant, c'étoit de faire beaucoup de bruit sur le rassemblement des troupes. D'ailleurs, les mesures étoient si bien prises, qu'on n'ignoroit pas que le jour arrivoit où le roi seroit contraint de céder ce qu'on lui avoit demandé.

Dans le public, la réponse de sa majesté ne fut pas accueillie avec autant de tranquillité que dans l'assemblée nationale. Elle ne circula qu'enveloppée de toutes les insinuations, qu'accompagnée de tous les commentaires que le comte de Mirabeau avoit seulement ébauchés. Comme lui, les journalistes écrivoient, et les motionnaires du Palais-Royal crioient que cette réponse étoit un véritable refus; qu'elle avoit été suggérée par les aristocrates, par les courtisans qui faisoient croire au roi, qu'on en vouloit à sa personne sacrée, et qu'il avoit tout à craindre, s'il ne s'environnoit de toutes les forces de la monarchie. On demandoit comment les citoyens, les soldats mêmes nationaux pouvoient voir, sans dépit, qu'on fît avancer des troupes étrangères. « Je frissonne, écrivoit un journaliste (1), et je crains de voir se renouveller les scènes épouvantables de la Saint-Barthelemi. Oui... je crains qu'on ne se porte à des excès. Jusqu'ici nous n'avons encore été témoins que d'émeutes passagères.... Il faut que le roi renvoye les troupes, et qu'il aille se placer au milieu de l'assemblée nationale; il y sera plus en sûreté qu'au milieu de l'armée la plus nombreuse. »

On disoit encore hautement que le roi ne consentoit à la translation, que parce qu'elle étoit impossible; que Soissons et Noyon n'étoient point des villes assez grandes, assez commodes; comme si ces deux villes n'auroient pas pu loger douze cents députés et leur suite; elles ne sont certainement point inférieures à Versailles, ni pour l'étendue, ni pour la population. Les députés auroient même trouvé, dans cette translation, l'avantage de l'économie. Ils ont été traités, à Versailles, comme s'ils eussent été dans un pays désolé par la famine. Pendant tout le séjour qu'ils y ont fait, les vivres et les logemens y ont été hors de prix. Une maison qui ne se loue pas aujourd'hui cent pistoles par an, se louoit cent pistoles par mois.

On affectoit cependant de regarder cette translation comme très onéreuse pour les députés. Les curés à portion congrue, disoit-on, les représentans des communes, qui donnent l'exemple d'une austère économie, sont-ils venus pour épuiser leur fortune, leur santé dans les combats continuels entre le trône et la patrie, dans des contradictions, des exils, des dégoûts toujours nouveaux, des humiliations indécentes?

Le journaliste que j'ai cité plus haut, faisoit cette question à ses lecteurs (2): « le roi ne fera-t-il pas approcher des troupes de Soissons, de Noyon, comme de Paris? Pourra-t-il se trouver en France une retraite pour les états-généraux, où ils ne soient pas victimes de ces conjurations secrètes, tramées dans l'obscurité de la nuit, chez la dame de Polignac? »

Ainsi on recueilloit, de l'adresse au roi, tout le succès qu'on s'en étoit promis. On ne pensoit pas que le roi y répondît autrement que par un refus formel; mais on savoit comment ce refus seroit interprété, et avec quelle avidité le peuple s'abbreuveroit du venin de ces interprétations. Il étoit tellement le jouet des imposteurs, qu'ils lui faisoient même croire le contraire de ce qu'il voyoit. On lui avoit persuadé que, tous les soirs, plusieurs centaines de gentilshommes se réunissoient à l'école militaire; qu'ils y prenoient des délibérations que, par une contradiction qui eût suffi pour décréditer cette fable, on disoit tout-à-la-fois secrètes et hostiles; on ajoutoit qu'au sortir de ces assemblées, plusieurs faisoient entrer chez eux des munitions de guerre. Il est hors de doute que si ces associations nocturnes eussent existé, on n'eût pu qualifier les gentilshommes qui y seroient entrés, que de conjurés; car des hommes qui tiennent des assemblées secrètes, et qui, au sortir de ces assemblées, font des provisions d'armes, sont des conspirateurs. Mais le fait, qu'il étoit si aisé de vérifier, puisqu'il se passoit sous les yeux de ceux-là même à qui on le racontoit, n'étoit qu'un conte, et il n'en étoit pas moins cru avec une foi aveugle.

Il est bien vrai que des gentilshommes se réunissoient journellement en comités; mais ils s'assembloient à Versailles, et non à Paris; ils étoient membres de l'assemblée nationale, et ne se réunissoient au sortir des séances, ils faisoient ce qu'ils voyoient faire aux députés du tiers-état. Ces gentilshommes composoient la majorité de la noblesse; ils n'arrangeoient pas, comme les ligueurs du club breton, des plans de révolution; ils gémissoient sur les malheurs de la monarchie; mais la guerre qu'ils déclarèrent à ses ennemis, dans ces assemblées, se réduisit à une guerre de plume; et la noblesse, ainsi que le clergé, ne s'est jamais départie de ce pacifique système. Les déclarations, les réserves, les protestations sont les seules armes que les deux premiers ordres ont opposées, jusqu'à présent, aux attaques qui leur ont été portées; et ces armes-là sont aussi innocentes qu'elles ont été impuissantes.

Enfin, on ne peut pas même dire que les délibérations prises par ces gentilshommes, fussent clandestines; ils ne laissèrent point ignorer quel étoit le but de leur réunion; car, après quelques séances, ils émirent, dans le public, un écrit qu'ils firent imprimer, et qu'ils répandirent dans la capitale et dans les provinces. Cet écrit est infiniment précieux; il auroit encore aujourd'hui la plus grande force, si la noblesse eût été constamment attachée aux sages principes qui y sont développés; mais en le lisant, on s'afflige de ce que sa conduite, dans les états-généraux, a été sans cesse en opposition avec

_____
(1) M. le Hodey de Saultchevreuil. Voyez le premier vol. de son journal, p. 474.
(2) Ibid. p. 475.

ses principes. Cet acte est le dernier cri de la noblesse ; il fut signé par tous ceux composant la majorité ; ils lui donnèrent le titre modeste de déclaration. Voici, en son entier, cette intéressante pièce :

Déclaration de l'ordre de la noblesse aux états-généraux, pour la conservation des droits constitutifs de la monarchie françoise, de l'indépendance et de la distinction des ordres.

« L'ordre de la noblesse aux états généraux, dont tous les membres sont comptables à leurs commettans, à la nation entière et à la postérité, de l'usage qu'ils ont fait des pouvoirs qui leur ont été confiés et du dépôt des principes transmis d'âge en âge dans la monarchie françoise :

« Déclare qu'il n'a point cessé de regarder comme des maximes inviolables et constitutionnelles :

« La distinction des ordres :

« L'indépendance des ordres :

« La forme de voter par ordre :

« Et la nécessité de la sanction royale pour l'établissement des lois : »

« Que ces principes, aussi anciens que la monarchie, constamment suivis dans ses assemblées, expressément établis dans les lois solemnelles proposées par les états généraux, et sanctionnées par le roi, telles que celles de 1355, 1357 et 1561, sont des points fondamentaux de la constitution, qui ne peuvent recevoir d'atteintes, à moins que les mêmes pouvoirs qui leur ont donné force de loi, ne concourent librement à les anéantir : »

« Annonce que son intention n'a jamais été de se départir de ces principes, lorsqu'il a adopté, pour la présente tenue d'états seulement, et sans tirer à conséquence pour l'avenir, la déclaration du roi du 23 juin dernier, puisque l'article premier de cette déclaration énonce et conserve les principes essentiels de la distinction, de l'indépendance, et du vote séparé des ordres ; »

« Que, rassuré par cette reconnoissance formelle, entraîné par l'amour de la paix et par le desir de rendre aux états-généraux leur activité suspendue ; empressé de couvrir l'erreur d'une des parties intégrantes des états-généraux, qui s'étoit attribué un nom et des pouvoirs qui ne peuvent appartenir qu'à la réunion des trois ordres, voulant donner au roi des preuves d'une déférence respectueuse aux invitations réitérées par sa lettre du 27 juin dernier, il s'est cru permis d'accéder aux dérogations partielles et momentanées que ladite déclaration a portés aux principes constitutifs ; »

« Qu'il a cru pouvoir (sous le bon plaisir de la noblesse des bailliages, et en attendant ses ordres ultérieurs) regarder cette exception comme une confirmation du principe qu'il est plus que jamais résolu de maintenir pour l'avenir ; »

« Qu'il s'y est cru d'autant plus autorisé, que les trois ordres peuvent, lorsqu'ils le jugent à propos, prendre séparément la délibération de se réunir en une seule et même assemblée. »

« Par ces motifs, l'ordre de la noblesse, sans être arrêté par la forme de la déclaration lue à la séance royale, du 23 juin dernier, l'a acceptée purement et simplement. Conduit par des circonstances impérieuses pour tout fidèle serviteur du roi, il s'est rendu, le 27 juin, dans la salle commune des états-généraux, et invite de nouveau les autres ordres à accepter la déclaration du roi. »

« L'ordre de la noblesse fait au surplus la présente déclaration des principes de la monarchie et des droits des ordres, pour les conserver dans leur plénitude, et sous toutes les réserves qui peuvent les garantir et les assurer. »

« Fait et arrêté à la chambre de l'ordre de la noblesse, sous la réserve des pouvoirs ultérieurs des commettans, et des protestations ou déclarations précédentes d'un grand nombre de députés de différens bailliages. »

Tel a été le dernier effort de la noblesse pour la conservation de ses justes prérogatives, et de la distinction fondamentale des trois ordres. Il fut vu avec dépit par le tiers-état qui, en usurpant des droits que ne lui donnoient pas les loix du royaume, avoit l'injustice de regarder, comme une sorte de rébellion, les mesures que prenoient les deux premiers ordres pour conserver des priviléges qu'on ne leur avoit jamais contestés. L'objection la plus spécieuse que l'on fit contre cette déclaration, c'est qu'on la disoit émanée de l'ordre entier, tandis qu'elle étoit simplement l'ouvrage d'une partie de la noblesse. Il est bien vrai que la noblesse entière n'avoit pas concouru à cet ouvrage ; mais comme la majorité de l'assemblée nationale, se disoit l'assemblée, comme la majorité du clergé s'étoit qualifiée d'ordre du clergé, de même la majorité de la noblesse devoit être réputée l'ordre entier. Au surplus, il ne s'agissoit point, dans cet acte, de la forme ; ce n'étoit pas là une querelle judiciaire ; c'étoit une querelle vraiment nationale. Si les principes consignés dans cet écrit, étoient l'interprétation fidèle du vœu des commettans, si on ne pouvoit les méconnoître sans attenter à la sûreté de la monarchie, n'eussent-ils été émis que par un seul gentilhomme, l'assemblée, la nation entière devoient y avoir égard.

Il est, en outre, une remarque à faire, et à l'égard de cette déclaration, que corrobore celle du roi, et à l'égard de tous les écrits semblables qui accompagnèrent les premiers travaux de l'assemblée. Ces actes ont été faits dans un état d'entière liberté, par des hommes parfaitement éclairés sur les intérêts de leur pays, et à qui on ne voit d'autre motif que d'assurer sa tranquillité et son bonheur. Ils conservent donc toute la force qu'on a voulu leur donner; et ils laissent à perpétuité le droit de réclamer contre les innovations qu'ils proscrivent.

Cette démarche valut une grande défaveur à la noblesse, et dans l'assemblée et dans le public. Le clergé, au contraire, sembloit acquérir quelque considération dans le tiers-état. N'ayant pas, pour lui, la majorité de l'ordre, il fut contraint de se restreindre à des déclarations individuelles. Aucune ne parut au nom du clergé, son immobilité et sa résignation furent prises en bonne part; on alla même jusqu'à lui témoigner des égards; comme ce fait est extraordinaire, en ce qu'il ne s'est jamais renouvellé depuis, je dois le remarquer.

Cette foule de bureaux que l'on avoit imaginée pour préparer les matières qui devoient occuper l'assemblée, bien loin de mettre de l'ordre dans le travail, y avoit, au contraire, jetté la plus grande confusion. Ces bureaux, traitant tous le même sujet, rendoient ensuite chacun un compte détaillé des délibérations et de leur résultat. Il falloit donc les entendre tous à tour de rôle. Ceux qui étoient du même avis ne faisoient que reproduire les mêmes vues. Quand ils étoient d'un sentiment contraire, on ne savoit qui croire. Chaque bureau présentoit son opinion sous la forme d'arrêté; on avoit donc trente arrêtés, et quelquefois trente arrêtés différens. Il fut bien décidé que les bureaux ayant été institués, non pas pour prendre des délibérations, mais pour préparer celles de l'assemblée, tous ces rapports et tous ces arrêtés n'auroient pas plus de force que la motion d'un simple député, et n'ôteroient à aucun membre de l'assemblée le droit de discuter le même objet sur lequel un bureau auroit pris une résolution. On retomba, par-là, dans un autre inconvénient; si la nécessité d'entendre trente rapporteurs prenoient beaucoup de tems, la perte devenoit incalculable en laissant à chacun le droit de parler après cette foule de rapporteurs.

On pensa donc qu'il seroit, au moins, possible de n'entendre qu'un rapport au lieu de trente. Pour cela, on créa un trente-unième bureau qu'on appella central. Il fut chargé de ne composer qu'un seul avis, de ceux des trente bureaux, et d'indiquer un ordre de travail. On le composa de trente députés; c'est-à-dire, d'un membre de chaque bureau. Les bureaux firent eux-mêmes cette élection, et lorsqu'elle fut faite, il se trouva que le bureau central n'étoit composé que de gentilshommes et de membres du tiers-état. Il ne s'y trouva pas un seul ecclésiastique. Ce fut un oubli qui n'avoit pas été concerté. Les bureaux n'étant pas réunis au moment de l'élection, n'avoient pas sû prévoir qu'il pourroit se faire que chacun d'eux ne nommeroit aucun ecclésiastique. M. l'archevêque de Vienne, n'en releva pas moins cet oubli dans l'assemblée; il dit même que le clergé s'en plaignoit, ce qui n'est pas bien exact, car le clergé n'y avoit pas plus fait d'attention que les deux autres ordres. M. de l'ompignan eut à peine fait part de son observation, que les membres du tiers-état se récrièrent unanimement contre cette sorte d'exclusion. Ils demandèrent, avec instance, que le clergé nommât, sur le champ, six de ses membres pour les joindre au bureau central. Cet acte de justice, qui est le premier et le dernier que les ecclésiastiques ayent reçu du tiers-état, les émut vivement. Ils en témoignèrent leur reconnoissance, et refusèrent de se rendre aux desirs du tiers-état. Ils eurent la générosité de représenter que l'élection s'étant faite au scrutin, dans les trente bureaux, leur droit étoit consommé; et que ceux qui avoient obtenu les suffrages, devoient seuls composer le bureau central.

Il y avoit quelque chose de grand et de touchant dans ce refus et dans son motif. Le tiers-état le sentit parfaitement; il voulut, en quelque sorte, faire violence à son généreux adversaire; il demanda, avec chaleur et avec sensibilité, que l'injustice du hasard fut corrigée, et que le clergé acceptât la proposition qu'il lui avoit faite. Il s'engagea, à cet égard, un long combat entre les deux ordres; *mais*, dit un journaliste démocrate, *le clergé mit le comble à sa gloire, par la constance de son refus.*

Ce fut M. de Lally-Tolendal qui se trouva chargé de la rédaction du procès-verbal de la séance où ce débat, honorable pour le clergé, avoit eu lieu. Il ne le rendit pas fidèlement; il dit: que le clergé ayant concouru au choix de ceux qui composoient le comité central, avoit déclaré qu'il s'en rapportoit à ceux que les différens comités avoient nommés; M. de Lal'y ajoutoit, dans sa rédaction, que le refus généreux du clergé avoit excité des applaudissemens universels. Ce dernier fait étoit vrai; mais le premier n'étoit pas rendu exactement, parce qu'il donnoit à entendre que le clergé avoit eu, sur la nomination des membres du comité central, une influence égale à celle du tiers-état, ce qui n'étoit pas vrai. Aussi un curé, sans trop bien développer cette idée, se récria contre la rédaction de M. de Lally. Il soutint qu'il étoit faux que le clergé eût refusé de nommer des personnes de son ordre, pour avoir séance dans le comité central. La réclamation de ce bon curé fut à l'instant même étouffée par tous les autres ecclésiastiques qui témoignèrent qu'ils n'étoient mécontens, ni de leur absence du comité central, ni de la rédaction du secrétaire. Ce nouveau procédé pénétra d'admiration, le tiers-état; tous ses membres applaudirent avec transport. Un autre curé, cependant, voulut encore faire entendre je ne sais quelle explication; mais il ne pût jamais ouvrir la bouche; ses confrères ne cessèrent de le rappeller à l'ordre, jusqu'à ce qu'il se fut condamné au silence. M. de Lally, de son côté, qui sembla craindre qu'on ne l'accusât de n'avoir pas assez bien senti tout ce que la conduite du clergé avoit de louable, s'excusa sur sa rédaction. « Lorsque j'ai consigné ces détails, dit-il, j'étois entouré des membres du clergé ; j'ai transcris la vérité telle qu'il m'a semblé l'appercevoir ; mais s'il y a des réclamations, je suis prêt à changer ces détails. Le clergé s'opposa, de nouveau, à ce qu'il fût fait aucun changement ; et cette persévérance à se montrer généreux fût encore fort applaudie.

L'histoire de ce débat n'est rien ; mais je doute qu'il eût eu une issue aussi heureuse, si le premier et le troisième ordre y eussent joué un rôle différent ; c'est-à-dire, si le comité central n'eût été composé que d'ecclésiastiques et de gentilshommes. Il n'est pas vraisemblable que le tiers-état se fût vu patiemment exclure d'un comité dont le travail devoit influer, d'une manière si particulière, sur celui de l'assemblée. Il est hors de doute, d'ailleurs, que l'exclusion du clergé, quoiqu'elle ne fût que l'effet du hasard, étoit un inconvénient qui mettoit dans un grand jour tout l'avantage que le tiers-état retiroit de sa double représentation.

La déférence que le clergé montra, dans cette occasion, fait naître naturellement une autre réflexion ; elle ne permet pas de douter du sincère désir de cet ordre à voir le tiers-état se rapprocher de lui, et de l'empressement qu'il auroit mis à faciliter ce rapprochement. Au lieu de cet accord, le troisième ordre a voulu la guerre. Le clergé a fait toutes les sortes d'avances ; et quelles sont celles qu'a faites le tiers-état ? Il a voulu un combat à mort. La justice qu'il rendit au clergé, dans la scène que je viens de raconter, est le seul dédommagement que le premier ordre ait reçu de toutes les injustices qu'on lui avoit déjà faites, et de celles qu'on lui préparoit encore.

Les esprits sembloient donc un peu moins aigris contre le clergé, au moment où le comte de Mirabeau et ceux qu'il avoit associés à ses projets, redoubloient tous leurs efforts pour hâter la plus terrible des explosions. Mais on se tromperoit si on attribuoit ces courts instans de calme, dont on laissa jouir les ecclésiastiques, à un heureux changement survenu dans les dispositions de leurs adversaires. Ceux-ci étoient trop occupés des attaques qu'ils dirigeoient contre la cour, pour s'arrêter à combattre des hommes qui sembloient ne point faire cause commune avec elle, et qu'ils étoient bien assurés de vaincre après l'entière défaite des ministres. La salle, en effet, des états-généraux dès qu'on n'eût plus rien à craindre de la cour, ne tarda pas à se convertir, ainsi que je le raconterai, en un champ de bataille où l'on n'a plus vu que des victimes d'un côté, et de l'autre, que des vainqueurs insolens et cruels.

CHAPITRE XXXVIII.

RÉCIT de la délibération sur la nature des pouvoirs ; examen de la question considérée en général ; ce qu'en ont pensé les plus grands publicistes ; examen de la question relativement aux députés françois ; dangers des pouvoirs dont la durée n'est pas limitée ; sentimens de M. Necker, de la cour et de plusieurs écrivains sur cette question ; opinion de M. l'évêque d'Autun ; portrait de ce prélat ; opinion de MM. Biauzat, et Barrère de Vieuzac ; portrait de ce dernier ; opinion de M. de Lally-Tolendal ; observations sur cette opinion ; subtile distinction de M. le comte de Clermont-Tonnere ; embarras et plaisanterie du comte de Mirabeau ; différens partis sur la doctrine des mandats impératifs ; ruse du comte de Mirabeau ; son succès ; décision de l'assemblée sur la question des mandats ; aveu ingénu d'un député sur cette décision ; examen de la question : si les commettans ont reçu les lois faites par les députés ; véritable sens des mots majorité et minorité.

Suite de Juillet 1789, et du second mois de l'interrègne.

AVANT de dire quelles furent les suites du discours du comte de Mirabeau, et de l'adresse de l'assemblée nationale, sur le rassemblement des troupes, je parlerai de deux objets qui méritent une attention toute particulière. Ils furent traités dans les mêmes séances où il s'agit d'obtenir du roi, l'éloignement des gens de guerre. L'un de ces objets tient à une des plus grandes questions que puisse agiter un peuple libre ; l'autre me donnera occasion d'indiquer la principale source où furent puisées les sommes qui servirent à solder ces brigands, dont la France, au moment où s'opéra la révolution, fut couverte sur tous les points.

Le premier de ces objets, c'est la délibération sur la nature des pouvoirs donnés par les commettans à leurs députés ; et c'est au récit de cette délibération que je consacre ce chapitre. Les membres de l'assemblée nationale se livrèrent, avec beaucoup d'ardeur, à la solution d'un problème qui est peut-être le point le plus important du droit public. Plusieurs d'entr'eux, gênés par des mandats impératifs, désiroient vivement de secouer ce joug.

A considérer la question en général, les pouvoirs illimités sont évidemment inconciliables avec la liberté des commettans. Les despotes seuls peuvent s'en arroger de cette nature : en France le roi, représentant naturel et nécessaire de son peuple, n'en avoit pas une procuration illimitée, puisqu'il étoit gêné par le serment fait à son sacre, et par l'impossibilité de toucher aux lois fondamentales de la monarchie.

Si une nation n'a point d'ordres à donner à ses députés, si les mandats, où elle consigne son vœu et sa volonté, ne peuvent rien sur les délibérations de ses représentans, alors l'assemblée de ceux-ci est au-dessus de la nation, et la nation n'est plus rien.

D'ailleurs, les membres de l'assemblée nationale, en s'arrogeant le droit de décider eux-mêmes cette question, se constituoient juges dans leur propre cause, ce qui n'est pas moins contraire aux règles de l'équité, qu'aux lumières du bon sens. Il étoit extraordinairement absurde que des hommes envoyés avec des instructions auxquelles ils avoient fait serment d'obéir, prétendissent d'une part, que ces instructions n'étoient pour eux d'aucune force, et de l'autre, que les lois qu'ils feroient enchaîneroient les représentés. C'étoit outrager ceux-ci dans le temps même où l'on parloit du rétablissement de leurs droits ; c'étoit s'investir d'une autorité despotique au moment même où l'on ne cessoit de dire qu'on n'avoit d'autre vue que d'assurer la liberté publique et individuelle ; c'étoit, enfin, établir le despotisme dans l'assemblée nationale, et l'esclavage dans le reste de la France ; car le despotisme n'est autre chose que le pouvoir de donner sa volonté pour loi, et l'esclavage est la dépendance des ordres qu'il plaît à un ou plusieurs hommes de donner.

Cette doctrine est absolument la même que celle de J.-J. Rousseau, si souvent invoqué par ceux qui ont combattu avec plus de chaleur contre les mandats impératifs. « Il faut, dit cet auteur, dans ses considérations sur le gouvernement de Pologne, assujettir les représentans à suivre exactement leurs instructions, et à rendre un compte sévère à leurs constituans, de leur conduite à la diette. »

« Les instructions des nonces (1), dit encore Rousseau, doivent être dressées avec grand soin, tant sur les articles annoncés dans les universaux, que sur les autres besoins pressans de l'état ou de la province ; et cela par une commission présidée, si l'on veut, par le maréchal de la diétine (2), mais composée, au reste, de membres choisis à la pluralité des voix ; et la noblesse ne doit point se séparer que ces instructions n'aient été lues, discutées et consenties en pleines assemblées. Outre l'original de ces instructions, remis aux nonces avec leurs pouvoirs, il en doit rester un double signé d'eux, dans les registres de la diétine. C'est sur ces instructions qu'ils doivent, à leur retour, rendre compte de leur conduite ; et c'est sur ce compte rendu qu'ils doivent être ou exclus de toute autre nonciature subséquente, ou déclarés de rechef admissibles, quand ils auront suivi leurs instructions à la satisfaction de leurs constituans. Cet examen est de la dernière importance. »

« Ce n'est pas, dit enfin l'oracle des politiques modernes, pour y dire leur sentiment particulier, mais pour y déclarer les volontés de la nation, qu'elle envoye des nonces à la diète. Ce frein est absolument nécessaire pour les contenir dans leur devoir, et prévenir toute corruption de quelque part qu'elle vienne...... Quand il y auroit en effet quelque inconvénient à tenir ainsi les nonces asservis à leurs instructions, il n'y auroit point encore à balancer

___

(1) Les nonces sont les députés à la diète, et la diète est ce qu'il a plû en France d'appeler l'assemblée nationale.

(2) Les diétines sont les assemblées primaires où s'élisent les nonces.

___

vis-à-vis de l'avantage immense que la loi ne soit jamais que l'expression réelle des volontés de la nation. »

A ces raisons générales, il s'en joignoit des particulières pour les députés françois : avant de leur remettre leurs instructions, on leur avoit demandé le serment d'y obéir fidèlement ; ils l'avoient prêté de plein gré, et sans y être déterminés par aucune sorte de contrainte. Il étoit donc évident que les députés dévoient, ou ne pas prêter ce serment, ou, après l'avoir prêté, tenir leurs promesses. On ne pouvoit éluder cette alternative, que par des subtilités. C'est une vérité incontestable de morale et de droit public, qu'aucune considération ne peut porter à enfreindre un serment qu'on avoit une entière liberté de prêter, ou de ne pas prêter.

« Ce seroit, dit un auteur très-estimé parmi les politiques (1), la dernière des absurdités, si, lorsqu'on témoigne un dessein sérieux de jurer, on prétendoit pourtant ne pas s'obliger, sous le prétexte qu'on n'a pas voulu autre chose, que prononcer une formule de serment, pour satisfaire celui qui la demandoit. La raison précise et immédiate de cela, ce n'est pas tant que l'obligation est un effet nécessaire et inséparable du serment, que parce que le serment, et en général toute autre manière de s'engager à autrui par quelque signe extérieur, ne seroit plus d'aucun usage dans la vie, si par une intention cachée, on pouvoit empêcher les effets d'un acte qui a été établi pour produire quelque obligation. Toutes les fois donc que l'on donne lieu de croire qu'on jure sérieusement, et que celui à qui l'on jure prend nos paroles sur ce pied-là, on est lié par son serment, quelque vaine échappatoire qu'on ait eu dans l'esprit, pendant que l'on faisoit en apparence, tout ce que peut faire une personne qui jure. »

« Il y avoit encore quelque chose de plus particulier à dire sur le serment des députés aux états-généraux. Les cahiers qui avoient été remis à plusieurs d'entr'eux fixoient la durée de leurs pouvoirs. En manquant au serment, cette clause devenoit inutile, et alors la durée des pouvoirs, contre l'intention des commettans, étoit illimitée ; ce qui est du plus grand danger pour la liberté publique, car tout pouvoir délégué qui n'est pas limité ou défini d'une manière certaine, investit d'un véritable despotisme les représentans à qui il est confié. On avoit à cet égard l'expérience des siècles passés. Les quatre cents citoyens qu'Athènes avoit choisis pour se donner une nouvelle forme de gouvernement, furent quatre cents tyrans, parce qu'elle n'avoit point limité la durée de leur règne. Ils dispersèrent le sénat, chassèrent les magistrats anciens, en nommèrent de nouveaux, proscrivirent ceux qui résistoient à leur puissance

___

(1) Puffendorf, tome 1, de jure gent. pa. 460.

firen

firent égorger les uns, bannirent les autres, et ne respectèrent aucune propriété. Il en fut de même des trente tyrans qui, comme dit Xénophon, firent plus de mal en huit mois de paix que les ennemis n'en auroient fait en trente ans de guerre. Si leur mission eût été bornée, ils n'eussent pas, de jour en jour, différé de la remplir, et n'eussent pas eu le temps de faire de leur patrie un pays de conquête. Les romains n'avoient créé leurs décemvirs que pour un an; mais la durée de leurs pouvoirs ne fut point assez impérieusement fixée. L'année révolue, ils prétendirent que les dix tables de lois qu'ils avoient rédigées, n'étoient pas suffisantes; qu'il falloit leur en ajouter encore deux, et sous ce prétexte, ils retinrent le pouvoir qui leur avoit été confié, et qui, dès ce moment, se convertit en tyrannie. Ils ne parurent plus en public, que suivis de licteurs armés de la hâche et des faisceaux. Dès ce moment, dit Tite-Live, l'équité ne fut plus comptée pour rien; le crédit populaire tint lieu de droit et de raison; les plébéiens, comme les sénateurs, tremblèrent devant ces tyrans. Lorsque la rédaction des deux nouvelles tables de lois approcha de sa fin, ils firent serment de ne plus convoquer l'assemblée du peuple; ils la suspendirent; et lorsque la rédaction fut finie, ils n'en continuèrent pas moins l'exercice de leur autorité; ils ramenèrent dans Rome, dit encore Tite-Live, une tyrannie pire mille fois que celle des anciens rois. Enfin lorsque, du mont-sacré, le peuple en armes, excédé de l'insolence et de la cruauté de leur despotisme, les menaça, ils osèrent se plaindre qu'on leur faisoit violence, et protestèrent qu'ils ne donneroient leur démission, qu'après avoir terminé l'ouvrage qu'ils n'avoient garde de vouloir achever.

Voilà la leçon que l'histoire donnoit aux françois; ainsi au moment où leurs représentans mirent en question, si le serment, qu'ils avoient prêté volontairement, les obligeoit ou ne les obligeoit pas, il auroit dû s'élever, de toutes les parties de l'empire, un cri pour les contraindre à obéir au moins à la clause qui fixoit la durée de leurs pouvoirs.

M. Necker et la cour entière, sans pouvoir justifier cette erreur par aucune raison plausible, ne vouloient point des mandats impératifs. Les écrivains dévoués à M. Necker, plaidèrent la cause des pouvoirs illimités. M. Cérutti, entr'autres, se distingua dans ce genre de combat. Il lui échappa cependant l'aveu suivant: « Ce n'est que sur les lois fondamentales, universellement reconnues, que les commettans peuvent captiver les organes de leurs représentans (1). » Les commettans pouvoient donc captiver leurs députés sur les lois fondamentales. Cet aveu est précieux; et je ne sais si M. Cérutti, à qui il ne falloit que vingt-quatre heures pour enfanter un ouvrage

_____
(1) Voyez exhortation à la concorde, envoyée aux états-généraux, sous le nom du roi, p. 50.

de politique, en sentoit bien toute la force. Les hommes raisonnables n'avoient pas une autre opinion; ils demandoient que les députés fussent, comme le roi, dans l'absolue impuissance de rien innover aux lois constitutionnelles de l'état.

Le premier qui agita cette question dans l'assemblée nationale, fut M. Target; mais M. de Périgord, évêque d'Autun, la développa avec la plus grande étendue. Je me bornerai à présenter un extrait de son opinion, qui renferme toutes les raisons qu'il étoit possible d'alléguer en faveur des pouvoirs illimités.

« La question des pouvoirs impératifs, dit le prélat, a excité une grande agitation dans les esprits. Par son importance, elle tient aux principes de la morale et au bien public; elle alarme la conscience des mandataires; elle menace les états-généraux d'une léthargie funeste; il importe donc de l'analyser avec le plus grand scrupule..... »

« Je me suis fait à moi-même, toutes les questions dont elle est susceptible. »

« Et d'abord, qu'est-ce qu'un bailliage? C'est une partie d'un tout, une portion d'un tout, ayant le droit de concourir à la volonté générale. »

« Qu'est-ce que le député? C'est l'homme qui est chargé de vouloir, au nom du bailliage, comme le bailliage auroit le droit de vouloir, d'exprimer sa volonté, si la nation pouvoit se convoquer. »

« Qu'est-ce qu'un mandat? Ce n'est rien autre chose qu'un acte contenant les pouvoirs donnés au député pour l'envoyer délibérer au nom du bailliage; c'est l'acte qui substitue sa personne, sa volonté, sa conscience à celles de tous les habitans du bailliage. »

Telles étoient les questions que se faisoit M. de Périgord. Il en omettoit trois bien autrement importantes, et qui eussent mieux aidé à la solution du problème; il auroit pu se demander:

1°. Si les mandats aujourd'hui ne sont pas impératifs, pourquoi avons-nous donc juré d'obéir à des mandats impératifs? Et les réflexions que nous faisons aujourd'hui, au lieu de suivre la prestation du serment, n'auroient-elles pas dû la précéder?

2°. Si notre puissance législative est sans bornes, quelle caution avons-nous à donner aux peuples, que les lois fondamentales seront respectées?

3°. Si nous n'avons d'autre règle à suivre que notre volonté, quelle sera la durée de notre règne?

Je ne sais trop ce que M. de Périgord auroit

répondu à ces trois questions. Il conclut de celles qu'il avoit proposées, que les mandats devoient être essentiellement libres, et il ajouta :

« S'il pouvoit se trouver quelqu'un qui me contestât ce principe ; s'il pouvoit me soutenir le contraire de ce que je viens de poser ; voici ce que je répondrois : »

« Il existe deux sortes de mandats : »

« Les uns sont limitatifs ; les autres impératifs ; l'un qui limite, circonscrit ; l'autre qui veut, entend, ordonne. »

« Il y a trois espèces de mandats limitatifs : »

« 1°. Soit par rapport à leur durée ; 2°. soit par rapport à leur objet ; 3°. soit par rapport à l'époque pour consentir un impôt, faire telle ou telle chose.

« Par rapport à la durée : c'est ainsi que quelques-uns des bailliages ont fixé, pendant un an, les pouvoirs de leurs députés ; ils veulent que leur mission expire à cette époque. »

« Par rapport à leur objet : lorsque, par exemple, le bailliage a dit à son député : je ne vous envoie que pour cette chose ; que pour délibérer, consentir, sur ce seul point ; hors de cette chose, il n'aura aucun pouvoir ; bien entendu cependant que si les autres députés ont des pouvoirs sur d'autres choses, l'impuissance où lui seul est réduit, ne frappera pas les autres députés d'incapacité, et son inaction ne pourra s'étendre jusqu'aux autres députés ; s'il n'a pas le pouvoir de faire telle chose, c'est à lui de demander de nouveaux pouvoirs à ses commettans. »

« Dans l'état actuel des choses, il y a fort peu de pouvoirs limitatifs relativement à l'objet. Tous les cahiers parlent de la constitution ; tous se rapprochent, pour ainsi dire, des points principaux qui intéressent le bien public. Mais, au surplus, dans la suite, pour fixer l'incertitude des états-généraux prochains, quand il y aura une boussole pour les guider, les pouvoirs ne présenteront plus de contrariétés. »

« Enfin, les pouvoirs sont limitatifs relativement à l'époque où le député peut agir, comme, par exemple, quand il ne peut consentir d'impôts qu'après que la constitution aura été invariablement arrêtée..... »

« Tels sont les trois sortes de mandats que je distingue dans le pouvoir limitatif. »

« Mais ces mandats n'ont rien de commun avec les mandats impératifs. »

De sorte qu'à en croire M. de Périgord, la clause de ceux des mandats, qui retiroit tout pouvoir au bout de deux ans, n'étoit point une clause impérative. Qu'entendoit donc le prélat, par mandats impératifs ?

« J'en distingue, dit-il, de trois sortes : »

« 1°. Je vous ordonne de dire telle chose, ou de ne pas dire telle chose. »

« 2°. Je vous ordonne de ne délibérer que dans tel cas. »

« 3°. Je vous ordonne de vous retirer, si telle ou telle opinion est adoptée. »

« Ces trois pouvoirs impératifs n'ont pas dû, suivant les vrais principes, être donnés par les bailliages à leurs représentans. »

« Premièrement, ils n'ont pas dû dire, je vous ordonne de dire telle opinion, puisqu'ils envoyent pour délibérer, et qu'il ne peut y avoir de délibération là où l'opinion est forcée...... »

« Secondement, un pouvoir impératif qui ordonne aux députés de ne délibérer que dans tel cas, est absolument sans effet, et il est nul. Car, par son silence, un mandataire ne peut réduire les autres mandataires à l'inaction, et quand les autres bailliages délibèrent, c'est un droit, c'est même un devoir, pour l'intérêt du bailliage, de délibérer aussi. »

« Troisièmement, je vous ordonne de vous retirer, si votre opinion ne prévaut : un tel pouvoir est, de tous, le plus blâmable et le plus répréhensible ; c'est annoncer une scission, c'est annoncer une volonté contraire à tous les autres bailliages ; c'est vouloir substituer la volonté particulière à la volonté générale. »

« Ainsi, à ceux qui soutiendront que les pouvoirs impératifs engagent l'assemblée, qu'elle suspend son activité, qu'elle ne peut délibérer, je répondrai : »

« 1°. Que toute opinion commandée par un bailliage, est une opinion forcée ; et que si cette assemblée n'est pas libre, quant à la fin, elle doit l'être quant aux moyens. »

« 2°. Que dans tous les cas, dans toutes les circonstances, les députés des bailliages doivent délibérer, parce qu'ils sont répréhensibles de ne pas exercer leur droit de délibérer quand les autres bailliages délibèrent.

« 3°. Que l'ordre de se retirer est même coupable, puisqu'il exprime le vœu de se soustraire à la décision de l'assemblée. »

La fin de ce discours incompréhensible, constamment divisé en trois parties, fut plus inintelligible encore.

« Je crois bien fermement, dit M. d'Autun, que les députés sont liés par les mandats impératifs. Je ne me laisse pas même entraîner par l'opinion, que c'est par force, par contrainte qu'ils se sont soumis à des pouvoirs impératifs, et que c'est en quelque sorte malgré le cri de leur conscience qu'ils se sont soumis à ces lois. »

« Je ne vois pas dans cet engagement, d'action immorale. Le député a fort bien pu dire, je ne délibérerai pas dans telle et telle matière ; il a pu le promettre ; on a pu recevoir sa promesse. Il n'y a pas ici de loi qui défende ce pacte social, et rien ne doit être plus sacré, lorsque la religion de la promesse se joint à la religion du serment. »

« Mais, au surplus, y a-t-il véritablement bien des mandats impératifs ? Un scrupule inquiétant n'a-t-il pas donné à un simple mandat indicatif, le caractère d'un ordre et d'une volonté certaine ? Là où il n'y avoit qu'une simple indication, n'a-t-on pas cru voir une détermination absolue ? »

Pour appuyer ces principes, d'un exemple, M. de Périgord eut recours à un pitoyable jeu de mots. « Je prends, dit-il, pour exemple, la fameuse contestation sur le voter par ordre ou par tête, où toutes les opinions, les sentimens se sont exagérés. Quand un bailliage a dit à son député : vous délibérerez par tête ou bien par ordre, c'est comme s'il lui avoit dit, lorsque telle question s'agitera, vous exprimerez mon vœu pour la délibération par tête, mon vœu pour la délibération par ordre ; car certainement il ne lui a pas dit : quand on délibérera par ordre, vous délibérerez par tête ; et quand on délibérera par tête, vous délibérerez par ordre. »

Le prélat termina ce discours, que Paschal eût appelé une continuelle escobarderie, par proposer de décréter un projet dont voici la teneur :

« L'assemblée nationale considérant qu'un bailliage, ou une partie de bailliage, n'a que le droit de former la volonté générale, et non de s'y soustraire, et ne peut suspendre par des mandats impératifs, qui ne contiennent que la volonté particulière, l'activité des états-généraux ;

« Déclare que toute clause impérative d'un mandat, qui interdiroit aux députés de voter dans l'assemblée, ou lui ordonneroit de se retirer, parce que son vœu particulier ne prévaudroit pas, est radicalement nulle par rapport à l'assemblée ; que l'espèce d'engagement qui pourroit en résulter, entre un député et ses commettans, doit être promptement levé par eux, et ne peut être, ni supposé, ni reconnu par l'assemblée ; qu'une telle clause n'ayant pu, sous aucun prétexte, être exigée par aucun bailliage, toutes protestations faites en conséquence, sont inadmissibles ; qu'elles ne peuvent suspendre un instant les opérations d'une assemblée légitimement constituée, et essentiellement active ; et par une suite nécessaire, malgré l'absence volontaire ou forcée de quelques députés, tout décret de l'assemblée sera également obligatoire pour tout bailliage, lorsqu'il aura été rendu par tous, sans exception. »

Ce discours fut écouté avec beaucoup de silence, et fort applaudi, lorsqu'il eut été prononcé. On attendoit beaucoup de M. l'évêque d'Autun, et pendant qu'il parloit, on cherchoit à se persuader que ce qu'il disoit, étoit digne de sa réputation. On n'eut pas long-tems cette idée ; la harangue du prélat parut, comme elle l'étoit en effet, dénuée de vues, et pleine de principes inintelligibles et énoncés avec effort. On ne peut disconvenir qu'elle ne faisoit honneur ni à son esprit, ni à sa délicatesse, et que c'étoit débuter peu favorablement. Ceux même des membres du tiers état, dont il cherchoit dès-lors à mériter la confiance, le blâmèrent de sa timidité ; ils lui reprochèrent de n'avoir pas profité de cette occasion pour élever le corps législatif à la puissance de corps constituant ; ils faisoient remarquer qu'en présentant l'assemblée nationale sous ce dernier rapport, il eût été aisé de démontrer que la volonté d'un tel corps ne pouvant être gênée par aucune volonté particulière, les mandats n'étoient, à son égard, que de simples invitations.

N'étant que simple abbé, M. de Périgord s'étoit fait un certain parti ; il fréquentoit tour-à-tour ceux qui approchoient des ministres, et les petites cotteries bourgeoises où l'on fait le plus de bruits ; il se faisoit prôner dans ces feuilles clandestines, qu'on appeloit, du temps de l'ancien régime, feuilles à la main, parce que l'on n'en permettoit pas l'impression, et dont les auteurs avoient, pour abonnés, les personnes les plus distinguées du royaume.

M. de Périgord, au moyen de ces ruses, s'étoit établi une réputation qui devenoit journellement plus brillante. Il s'éleva enfin un cri presque général pour qu'il fût promu à l'épiscopat. Le ministre de la feuille des bénéfices résista toujours à ce cri. Mais enfin le père de M. de Périgord, que le roi aimoit beaucoup, étant tombé dangereusement malade, écrivit à Louis XVI, qu'il mourroit sans consolation, si, avant d'expirer, il n'apprenoit pas que son fils étoit évêque. Le roi ne put résister à cette recommandation, et ordonna au ministre de la feuille, de l'y inscrire pour l'évêché d'Autun, qui vaquoit par la translation de M. de Marbeuf, de ce siège à celui de Lyon. Le ministre, quelques jours après avoir reçu cet ordre, ayant présenté la feuille au roi, le premier soin de sa majesté fut d'y chercher le nom de M. l'abbé de Périgord, et ne l'y trouvant point, elle en témoigna son mécontentement. Le ministre, obligé de justifier cet oubli, dit qu'il s'étoit persuadé que sa majesté ne trouveroit pas mauvais que ses ordres n'eussent pas été exécutés, quand elle sauroit que M. l'abbé de Périgord voyoit, à Paris, très-mauvaise compagnie. Le ministre disoit vrai : M. l'abbé de Périgord, obligé par sa naissance et son éducation, de fréquenter les grands, sembloit ne les approcher qu'avec regret, et se jettoit avec plaisir dans les cercles de la bourgeoisie les moins bien composés. Mais le roi ayant donné sa parole au père mourant, ne voulut pas la retirer au fils ; M. de Périgord fut nommé évêque d'Autun. Telle est l'histoire de son entrée dans l'épiscopat.

Lorsque les états généraux furent convoqués, il se mit encore en évidence, et employa, pour parvenir à être député, les moyens qu'il avoit employés pour obtenir la prélature. Le cahier du clergé de son bailliage fut, de tous les cahiers, celui dont on parla le plus.

Arrivé à Versailles, M. de Périgord ne montra d'abord aucun désir de faire une scission ouverte avec son ordre. Il sembla occupé à démêler, parmi les différentes opinions, les plus modérées, et vouloir s'y attacher ; mais par cette pente qui l'entraîne toujours hors de la sphère de ceux que le rang et la naissance ont placés au-dessus de lui, ou ont fait ses égaux, on le vit insensiblement se détacher des ecclésiastiques et des nobles, se laisser entraîner par les hommes les plus fougueux de l'assemblée, et finir par se livrer tout à fait aux membres du club breton ; il n'a pas dédaigné d'être, dans des occasions importantes, leur casse-cou. Mirabeau, sur-tout, s'empara de son esprit, et le conduisit comme il voulut. Il lui livra des dissertations sur des objets de finance, qu'il tenoit lui-même d'un banquier. Sur ces articles, M. de Périgord n'a été que l'écho de ceux dont Mirabeau étoit le prête-nom. Sur les autres, le prélat s'est toujours concerté avec les membres du club breton ; et il n'y a peut-être que son opinion sur les mandats impératifs, qui soit véritablement de lui. A l'époque où il la prononça, il flottoit encore entre les différens partis.

M. de Périgord ayant, en toute rencontre, professé des principes diamétralement opposés aux intérêts de son ordre, il peut se faire que cette conduite ait beaucoup contribué à lui ôter toute considération ; car il arrive toujours, même lorsqu'on a raison, que lorsqu'on devient l'ennemi du corps dont on est membre, on est odieux à un parti, sans être estimé de l'autre. Mais quelles que soient les véritables causes de l'idée peu avantageuse qu'on s'est faite de ce prélat, il a la douleur de voir que cette idée est à-peu-près universelle. Si c'est la calomnie seule qui l'a ainsi avili, personne n'a plus à s'en plaindre que lui, car elle n'a fait à personne des blessures plus inguérissables ; et il est certain que parmi tous les noms de nos législateurs, aucun ne passera à la postérité, couvert de plus d'opprobre que celui de M. de Périgord.

Le mauvais choix des sociétés qu'il fréquente, a rendu ses mœurs très-équivoques ; et ses amis les plus intimes, en lui accordant de l'esprit et du savoir, seroient les premiers à sourire à ceux qui croiroient à l'orthodoxie de ses opinions religieuses. Lui-même se montre aujourd'hui aussi peu jaloux d'être considéré, qu'il avoit autrefois d'ardeur à conquérir l'estime publique. Cette insouciance semble s'être répandue sur tout son extérieur. Sa démarche est traînante ; il agit nonchalamment ; le maintien de sa tête et tous ses mouvemens sont languissans ; sa phisionomie est douce ; mais hypocrite ; il est caressant, mais plutôt par contenance que par sensibilité ; ses manières sont simples, mais négligées ; il parle avec facilité, mais sans chaleur.

Comme lui, M. Biauzat professa la nullité des pouvoirs impératifs ; mais sans motiver, en aucune manière, son opinion. Il alla plus loin encore que le prélat ; il vouloit que l'assemblée ordonnât que ceux qui étoient liés par de tels mandats, fussent dispensés même de recourir à leurs commettans, pour avoir de nouveaux pouvoirs ; il demandoit que tous les députés, sans s'inquiéter de ce qu'ils avoient juré à leurs commettans, fussent tenus simplement de prêter le serment qu'on avoit prêté aux précédens états-généraux, et dont voici la formule :

« Je promets et je jure devant Dieu, sur les saints évangiles, de dire tout ce que je penserai en ma conscience être de l'honneur de Dieu, le bien de son église, le service du roi et le repos de l'état. »

M. Barrère de Vieuzac, député de Tarbes, appuya aussi l'opinion de M. l'évêque d'Autun. Il ne me sera pas difficile de tracer le portrait de ce député ; il s'est peint dans la feuille périodique qu'il rédige, et qui a pour titre : *le Point du jour.* Ce journal est le plus verbeux de tous les journaux (1) ; il ne peut être d'aucun secours pour écrire l'histoire, de quelque parti que l'on soit. Les événemens y sont présentés avec infidélité, isolément et sans liaison avec leurs causes et leurs effets. Les extraits des motions, qui y sont donnés, sont rédigés avec si peu de méthode et une telle précipitation, qu'ils ne peuvent fournir aucune idée de l'esprit, de l'éloquence et des principes des orateurs qui ont prononcé ces motions. Le style de M. Barrère est assez correct ; mais ses pensées sont toujours incomplettes. Sa narration est lâche, diffuse, partiale, abondante en détails inutiles, et stériles en détails essentiels ; il est aisé de voir que M. Barrère n'écrit que pour remplir chaque jour une tâche lucrative.

Comment, d'ailleurs, M. Barrère pourroit-il trouver le temps de rendre son journal digne du public ?

---

(1) Voyez le jugement qu'en porte l'auteur des grands hommes du jour, troisième partie, pag. 78.

Il est tout à la fois législateur, journaliste, orateur, secrétaire du comité des domaines, et membre de ceux de vérification, des lettres de cachet, et de mendicité. A toutes ces occupations, il a réuni une fois celles du secrétariat de l'assemblée. Les meilleures dispositions seroient étouffées par cette multiplicité d'affaires qui ne peuvent pas laisser un seul instant pour la méditation.

Une des bonnes qualités de M. Barrère, c'est de sentir intérieurement son incapacité ; la persuasion qu'il en a, le rend timide à la tribune, et ne lui permet pas de s'abandonner à aucune réflexion dans son journal. Cette prudence est louable. La seule occasion où il montre quelque hardiesse, c'est lorsqu'il rencontre un lieu commun de morale ; alors il triomphe, et croit avoir fait la découverte d'une vérité neuve, d'une vérité importante.

Mais le grand défaut de M. Barrère, c'est de pencher toujours vers la sévérité, et de croire que la vertu est là où est la dureté ; le peu de jalousie qu'il a donné à ceux qui courent la même carrière que lui, l'ont tellement laissé confondu dans la foule, que les traits de la satyre ne l'ont jamais atteint. Il jouit même d'une réputation dont il a droit de s'enorgueillir. Ce qui est remarquable, c'est que cette réputation a, pour première et principale base, son opinion sur les mandats impératifs. On le cite avec éloge dans quelques écrits, comme ayant prouvé le premier que les mandats impératifs n'étoient pas obligatoires. On va juger de la force de ses preuves.

Il distingua d'abord (1) le cas où un particulier donne des pouvoirs à un autre particulier sur les objets qui l'intéressent personnellement, de celui où les assemblées élémentaires donnent à des députés des pouvoirs qui doivent être exercés dans une assemblée générale. Dans le premier cas, dit M. Barrère, c'est le commettant qui est le législateur, parce qu'il ne s'agit, dans son mandat, que de son intérêt personnel ; il a le droit de soumettre à sa volonté celle de son mandataire. Dans le second cas, ajoutoit M. Barrère, ce sont des particuliers non législateurs qui donnent à leurs députés le pouvoir d'être membres d'une assemblée législative, et d'y opiner comme leurs commettans.

D'après cette distinction, M. Barrère raisonnoit ainsi :

« Dans ce dernier cas, les commettans particuliers ne peuvent être législateurs, parce que ce n'est pas de leur intérêt particulier seulement que l'assemblée générale doit s'occuper, mais de l'intérêt général. Or, aucun des commettans particuliers ne peut être législateur en matière d'intérêt public. La puissance législative ne commence qu'au moment où l'assemblée générale des représentans est formée. S'il en étoit autrement, il auroit suffi aux divers bailliages, ou aux différens ordres composant les sénéchaussées, d'envoyer des opinions écrites, et de former un assemblage d'opinions méchaniques, d'après des cahiers bizarres et souvent contradictoires. »

« Si l'on admettoit le système des pouvoirs impératifs et limités, on empêcheroit évidemment les résolutions de l'assemblée, en reconnoissant un *veto* effrayant dans chacun des cent soixante-dix-sept bailliages du royaume, ou plutôt dans les quatre cents trente et une divisions des ordres qui ont envoyé des députés à cette assemblée. »

D'après ces raisonnemens, M. Barrère adopta l'opinion de M. l'évêque d'Autun ; mais il en rejetta la disposition qui tendoit à déclarer que l'engagement qui pourroit résulter des clauses impératives, entre un député et ses commettans, devoit être promptement levé par eux.

« Dès qu'on déclare nulles les clauses impératives des mandats, dit M. Barrère, quel besoin a-t-on de recourir aux commettans ? Ce n'est pas nous, ajouta-t-il, qui, en annullant les clauses impératives, excéderons nos pouvoirs ; ce sont eux qui ont excédé les leurs. C'est donc au pouvoir constitué, devenu législatif, à remédier aux abus du pouvoir constituant, et à lui faire connoître qu'il a entrepris sur la puissance législative de la nation, représentée par la collection de ses députés. »

« Si quelque bailliage, dit enfin, M. Barrère, ou seulement une partie, pouvoit commander d'avance à l'opinion de l'assemblée nationale, il pourroit, par la même raison, en repousser les décrets après coup sous prétexte qu'ils seroient contraires à leur opinion particulière. »

En annonçant de pareils principes, M. Barrère auroit dû alarmer la France entière, si elle n'eût pas été aveuglée. Ils mettoient les représentés dans une absolue dépendance des représentans ; ils donnoient douze cents despotes à vingt-cinq millions d'hommes ; ils réduisoient le droit des assemblées élémentaires, à la simple fonction d'électeurs.

Cette asiatique doctrine trouva un défenseur bien plus redoutable encore que M. Barrère. M. le comte de Lally-Tollendal, dont l'autorité étoit d'un grand poids parmi les députés, et qui étoit lui-même porteur d'un mandat impératif, essaya de répandre une nouvelle lumière sur les raisonnemens que M. d'Autun avoit présentés avec tant de confusion. Le discours de M. de Lally prouve jusqu'à quel point il

---

(1) Je n'altère point l'opinion de M. Barrère, j'en présente l'extrait tel qu'il l'a donné lui-même, dans son journal, tome I, page 129 et 130.

est possible à un homme d'une probité intacte, et de beaucoup d'esprit, de se faire illusion. J'en écarte les ornemens oratoires ; et je me borne à présenter la chaîne de ses preuves. Tout y étonne ; et Machiavel lui-même se fût étonné des maximes despotiques de M. de Lally.

« Chaque partie de la société, dit ce gentilhomme, est sujette ; la souveraineté ne réside que dans le tout réuni ; je dis le *tout*, parce que le droit législatif n'appartient pas à la partie du tout. Je dis *réuni*, parce que la nation ne peut exercer le pouvoir législatif lorsqu'elle est divisée, et elle ne peut alors délibérer en commun. »

« Cette délibération commune ne peut exister que par représentans ; là où je vois les représentans de vingt-cinq millions d'hommes, là je vois le tout en qui réside la plénitude de la souveraineté ; et s'il se rencontroit une partie de ce tout qui voulût s'élever contre la nation, je ne vois qu'un sujet qui prétend être plus fort que le tout. Il n'est pas permis de protester, de réserver, c'est un attentat à la puissance de la majorité. Les principes qui s'élèvent contre les protestations sont les mêmes contre les mandats impératifs. Quelle harmonie pourroit-il exister ? Quelle seroit l'assemblée où chaque membre arriveroit armé d'une protestation ou d'un mandat qui le forceroit de combattre l'opinion générale ? ... »

« S'il existe des mandats impératifs, c'est que les citoyens croient avoir le droit d'en donner. Les assemblées nationales ont été suspendues pendant si long-temps, les dernières mêmes étoient si dénaturées, il falloit remonter si haut pour découvrir les vérités politiques, que tout le monde étoit dans l'erreur, et que chacun croyoit pouvoir s'arroger le droit de commander. »

M. de Lally croyoit donc que *le tout* avoit seul le droit de faire des lois ; que l'assemblée nationale étoit *le tout*, et que tous ceux qui nous avoient devancé, n'entendoient rien en politique. Il avançoit trois erreurs : je crois bien que M. de Lally pouvoit se faire illusion sur les deux dernières ; mais je ne crois pas qu'il prît sérieusement la première pour une vérité. Nulle part, et dans aucun temps, *le tout* n'a eu le droit de faire des lois. Moïse, Zoroastre, Licurgue, Solon, Numa n'étoient que la plus petite partie du tout qui accepta leurs lois, et parmi ces législateurs, il en est un dont la charte constitutionnelle est encore aujourd'hui en vigueur. La durée de ce monument que chacun peut contempler, est une sublime leçon dont il est bien étrange qu'on ne veuille pas profiter. Le *tout* eût-il la puissance législative, il faudroit l'en dépouiller, parce qu'il ne peut qu'en abuser. Comment concevoir que vingt-quatre millions d'hommes, dont plus de vingt-trois millions n'ont ni mœurs, ni éducation, ni lumières, ni aucune notion sur ce qui peut leur être utile ou nuisible, doivent se donner eux-mêmes une forme de gouvernement ? J'aimerois autant qu'on me dît que les matelots et les passagers, sur un navire, ont seuls le droit d'en commander la manœuvre ; que les écoliers, dans un collège, ne doivent obéir qu'au plan d'éducation qu'ils ont rédigé eux-mêmes.

Dire que l'assemblée nationale étoit *le tout*, c'étoit prêcher le plus monstrueux despotisme, c'étoit consacrer d'avance toutes les folies que feroit cette assemblée ; car s'il lui avoit plû, par exemple, de déclarer que la France ne seroit plus une monarchie, qu'auroit pu répondre M. de Lally, lui-même, à cette observation ? *ainsi l'a voulu le tout*.

Quant au mépris qu'il témoignoit pour les lumières des siècles passés, c'étoit une injustice funeste, parce que rien n'étoit plus dangereux, dans les circonstances où l'on se trouvoit, que d'enivrer les hommes de la génération actuelle, de présomption. M. de Lally croyoit que ses contemporains avoient fait de grands progrès dans la science de gouverner les peuples ; parce que, de toutes les presses de la capitale, il se répandoit journellement des milliers de dissertations politiques. Cette abondance étoit au contraire une preuve que nous étions rétrogradés ; tout comme c'est un signe infaillible de la décadence d'un art, lorsqu'on en multiplie les préceptes. Le siècle le plus stérile en hommes de génie, abonde toujours en hommes médiocres qui ne savent que raisonner sur ce qu'ils sont incapables d'exécuter. Bien loin de penser que nous ayons surpassé nos ancêtres, dans les connoissances relatives à l'administration des empires, tout ce que j'ai lu, et tout ce que je vois, me porte à croire qu'il y avoit plus d'idées véritablement politiques dans la tête de Richelieu, de Cromwel, ou même de Mazarin, qu'il n'y en a aujourd'hui dans toutes les têtes réunies des françois, si on en excepte deux ou trois.

M. de Lally, cependant, ne se rassuroit pas tellement sur les principes qu'il invoquoit, qu'il ne cherchât encore à tranquilliser sa conscience. « J'oserai, ajouta-t-il, demander un léger amendement. L'assemblée, par une condescendance volontaire et patriotique, pourroit accorder un délai très-court, et qui n'emportât strictement que le temps d'avoir de nouveaux pouvoirs à ceux qui sont porteurs de mandats impératifs. Par-là, elle écarteroit des plaintes injustes, elle préviendroit des protestations partielles ; et cette conciliation, cette déférence me paroît précieuse. C'est dans cet esprit que j'inviterai ceux qui ont déposé des protestations sur ce bureau, d'y substituer des déclarations.

La péroraison de M. de Lally prouve qu'il avoit, ou trop de bonne-foi, ou trop peu d'expérience, pour prévoir cette longue suite de maux qu'enfanteroit la liberté illimitée qu'il vouloit donner à ses co-députés. « Qu'il seroit beau, s'écria-t-il en finissant, de voir tous les membres de cette grande assemblée, agir et délibérer de concert, les uns avec des suffrages d'intention, les autres avec un suffrage effectif! c'est alors que nous avancerions avec rapidité vers le bien général; c'est alors que nous oublierions qu'il fût un temps où nous demeurâmes séparés. Mais maintenant que nous ne pouvons plus être livrés à l'erreur, profitons de ce moment pour assurer à jamais la tenue des états-généraux, pour les faire agir, vivre et penser aussi utilement pour l'état, que pour notre gloire. »

L'événement a bien mal justifiée les espérances de M. de Lally. Au lieu d'abattre la seule barrière opposée à la puissance qui s'avançoit à pas de géant, il eût fallu resserrer les liens qui devoient naturellement l'arrêter. Ceux des députés qui eussent fait entr'eux une coalition pour que cette chaîne ne se rompît jamais, eussent réellement travaillé pour leur gloire et pour l'avantage de l'état.

Tout ce qui pouvoit se dire contre les mandats impératifs, étoit épuisé; M. Barnave, qui voulut aussi traiter cette matière, n'ajouta rien à ce qui avoit été dit avant lui ; il se perdit dans des raisonnemens peu intelligibles sur l'indivisibilité de la nation, sur l'unité du corps national, et finit par recourir au principe trivial, que la loi de la majorité étant la seule, la minorité devoit lui être soumise ; d'où il conclut que tout député, qui n'étoit pas chargé de se retirer, devoit voter et délibérer dans l'assemblée, en se soumettant à la majorité.

Il n'y eut, dans l'ordre du clergé, que les archevêques de Vienne et de Bordeaux qui appuyèrent la motion de l'évêque d'Autun ; mais ils ne l'adoptèrent pas en son entier. Ils laissoient aux députés, gênés par les mandats impératifs, la faculté de les faire réformer. L'évêque de Dijon fut d'un avis contraire ; il vit même dans le grand nombre de protestations, une impossibilité actuelle à l'assemblée, de se constituer.

Parmi les gentilshommes, M. de Castellane se déclara franchement, comme M. de Lally, contre les mandats impératifs ; mais il convint que personne ne pouvoit ni juger le serment, ni en relever. Il pensoit seulement qu'en attendant que les commettans eussent statué sur ce point, l'assemblée ne pouvoit être arrêtée dans ses opérations.

M. de Clermont-Tonnerre, en se déclarant également contre les mandats impératifs, prit, à son ordinaire, un biais qu'il crut propre à mettre tout le monde d'accord ; il trouva les mandats fort bons pour les députés, et nuls pour l'assemblée. Cette distinction parut heureuse ; ce n'étoit qu'une subtilité. Plusieurs hommes réunis pourroient-ils se former en assemblée, si la conscience le leur défendoit impérieusement ? Si tous les députés aux états-généraux eussent fait serment de ne jamais se réunir en assemblée nationale, auroit-on pu dire sérieusement qu'un tel serment étoit nul pour elle ? Il étoit évident, au contraire, qu'une telle assemblée n'eût été qu'une aggrégation de parjures. Si quelques députés seulement avoient fait ce serment, l'assemblée pouvoit-elle les compter au nombre de ses membres ? Il lui falloit donc, avant tout, examiner la nature de la mission de ceux qui la composoient ; et elle ne pouvoit pas dire que cette mission fut nulle pour elle, puisque c'étoit cette mission même qui lui donnoit ou lui ôtoit le droit de se constituer en assemblée.

Deux autres gentilshommes prirent vivement la défense des mandats impératifs, où du moins ils soutinrent, avec beaucoup de chaleur, que ceux qui étoient porteurs de pareils mandats, et qui avoient juré de leur obéir, ne pouvoient point enfreindre leur serment. L'un de ces gentilshommes remarqua, de plus, avec beaucoup de raison, que si la motion de M. d'Autun étoit adoptée, la distinction des ordres étoit anéantie ; et il prouva fort bien la nécessité et l'utilité de cette distinction. « Au surplus, s'écria-t-il en finissant, il n'est pas de puissance humaine qui puisse rendre parjure un gentilhomme françois. »

M. de Clermont-Lodève développa les mêmes principes avec beaucoup de sagacité. Ses raisons parurent embarrasser le comte de Mirabeau, pour en détruire l'effet, ne trouva d'autre arme que celle du ridicule. « Malgré la reconnoissance, s'écria-t-il, que nous devons pour la quantité de choses que le préopinant vient de préjuger, et pour la mesure incommensurable de lumières qu'il a versées sur nous.... » Le comte de Mirabeau ne put pas aller plus loin ; son insolent persiflage souleva la noblesse ; elle l'interrompit, et cria à l'ordre. Le clergé et le tiers-état crièrent aux voix.

Il s'étoit formé, dans le sein de l'assemblée, sur cette doctrine des mandats impératifs, trois partis : l'un vouloit qu'on s'en tînt scrupuleusement à la religion du serment ; l'autre, à la tête duquel étoit M. d'Autun, demandoit que l'assemblée ne tînt aucun compte des différents pouvoirs dont ses membres étoient porteurs. Le troisième parti étoit composé des membres du club breton. Ils ne vouloient pas plus que M. d'Autun du serment ; mais ils voyoient un grand inconvénient à ce que l'assemblée adoptât solemnellement son opinion ; ils craignoient qu'on ne lui reprochât de n'être composée en partie que de parjures, et de s'être élevée au-dessus de la nation, en s'attribuant la tyrannique prérogative de n'avoir aucun égard à son vœu, et de lui dicter des lois. Ce troisième parti, en conséquence, étoit convenu de ne point laisser rendre de décision sur cette matière, et M. l'abbé Sieyes avoit déjà voté, dans le cours de la discussion, pour qu'on décidât qu'il n'y avoit lieu à délibérer.

Au milieu donc du tumulte qu'excita l'indécente plaisanterie du comte de Mirabeau, une voix réclama l'adoption du vœu de M. l'abbé Sieyes. On ne fit aucune attention à ce cri unique. La foule des membres du tiers-état, qui n'étoit point encore admise à la confidence de Mirabeau, s'acharna avec fureur à vouloir qu'on mit aux voix la motion de l'évêque d'Autun. Mirabeau sentit tout le danger de cette impétuosité, et il l'arrêta fort à propos : il s'écria qu'avant de délibérer sur la motion de M. de Périgord, il falloit délibérer pour savoir s'il y avoit lieu à délibérer.

Cette ruse de guerre fut prise pour un trait de lumière, qu'on applaudit de part et d'autre avec transport. Chacun y vit le salut de son opinion personnelle; l'adoption, en effet, de l'avis laissoit tous les députés maîtres de transiger avec leur conscience, comme ils l'entendroient, et ne rallentissoit point l'activité de l'assemblée. On le mit aux voix. Sur sept cents cinquante-neuf votans, sept cents trente-un, décidèrent qu'il n'y avoit pas lieu à délibérer, et vingt-huit seulement, qu'il y avoit lieu à délibérer sur la motion de M. l'évêque d'Autun.

C'est ainsi que se termina cette querelle. Elle étoit, pour la nation, du plus haut intérêt; car il s'agissoit de savoir si elle seroit contrainte d'accepter une constitution qu'elle n'avoit pas demandée. La décision qu'il n'y avoit lieu à délibérer, lui faisoit perdre un bien grand procès; cette décision, en effet, ne mettoit point de bornes à la prétention de l'assemblée, de lui donner des lois. Les membres qui avoient obtenu ce singulier arrêté, sentoient bien que la conséquence qui en découloit naturellement, étoit que les mandats n'avoient plus aucune force. Ils en étoient tellement convaincus, que long-temps après, l'un d'eux fit cet aveu véridique : « Nous avons tous mérité la corde, le jour que nous nous sommes affranchis de la volonté de nos commettans; mais ils ont publié notre grâce, en recevant ce que nous leur avons adressé. »

Le député qui parloit ainsi, se rendoit justice; mais il se trompoit en croyant avoir reçu sa grâce. Il n'a jamais été vrai de dire que les commettans avoient reçu la constitution. Elle n'est pas encore faite au moment où j'écris ceci, ils n'ont donc pas pu recevoir ce qui n'existoit pas encore. Quand toutes ces adhésions partielles données à différens temps, sur divers décrets, auroient été émises volontairement, et que ni les unes ni les autres n'auroient été mendiées, ou dictées par la flatterie, ou arrachées par la crainte, elles n'auroient pas suffi pour constater un consentement général. Il n'y avoit qu'un seul moyen de l'avoir et de s'en autoriser, c'étoit d'envoyer la constitution entière à tous les commettans, de leur laisser le temps de l'examiner, de recevoir leurs observations, et d'y faire droit. Alors on auroit pu dire qu'elle étoit revêtue de la volonté générale, et le dernier sceau qui restoit à lui mettre, c'étoit une proclamation solemnelle.

Voilà plus de quatre siècles qu'une constitution bien célèbre en Europe, je veux dire la bulle d'or, existe, et que les princes et les peuples lui obéissent; mais on ne la leur a pas donnée partiellement; on ne s'est pas contenté du suffrage d'une petite partie de ceux qu'elle devoit enchaîner; on l'adressa en entier, on la revit, on l'examina, on la corrigea, et sa force lui est venue, non de ceux qui l'ont imaginée, mais de ceux qui l'exécutent. Les législateurs françois ont procédé d'une manière absolument contraire. Il étoit pourtant bien aisé de voir qu'il y a aussi loin de ce que l'on croit être une loi, à son exécution, qu'il y a loin, dans tous les arts, de la théorie à la pratique; c'est toujours celle-ci qui doit redresser l'autre. En les voyant ainsi se mettre au-dessus de la volonté de leurs commettans, et s'imaginer follement que l'arrêté ou le décret qui sortoit de leurs cerveaux, étoit une loi, on seroit tenté de croire qu'ils n'avoient aucune idée de la législation.

On les a déjà vu, dans le cours de cette discussion, tirer un grand avantage du principe que la majorité devoit faire la loi à la minorité; ils en ont toujours conclu que la majorité devoit régner despotiquement sur la minorité; et comme ils substituoient l'assemblée à la nation, il n'étoit pas difficile de voir jusqu'où ils iroient avec un tel principe et une telle conséquence, qui ni l'un ni l'autre ne sauroient être admis en législation, sur-tout quand il s'agit de lois constitutionnelles.

Mais ce qui doit étonner le plus, c'est qu'ils n'ont jamais compris même ce qu'ils devoient entendre par majorité de l'assemblée. J'ai vu très-fréquemment, sur-tout au commencement des séances, des articles importans décrétés par une vingtaine de membres, parce qu'il n'y avoit pas plus de cinquante à soixante votans, lorsque ces objets étoient mis à la délibération. Or, de bonne-foi, pouvoit-on dire que vingt personnes constituoient la majorité d'une assemblée composée de douze cents membres ? Et comme, suivant nos législateurs, assemblée nationale et nation étoient synonymes, il s'ensuivoit que vingt individus composoient la majorité de la nation. Voilà une de ses folies dont la postérité ne voudra jamais croire que nous ayons été capables.

Dans les appels même nominaux, qui sont la manière la plus sûre de recueillir les suffrages, lorsqu'un avis a passé, par exemple, à la pluralité de cent trente-deux voix, contre cent trente, on dit que cet avis a passé à la majorité des voix; de sorte que dans cette occasion, deux hommes ont fait la destinée de l'empire. Il n'est pas vrai, d'ailleurs, que cent trente-deux voix constituent la majorité de l'assemblée, et bien moins encore que cent trente-deux individus composent la plus grande partie de la nation, qui, dans les principes reçus parmi les députés, doit toujours être confondue avec l'assemblée. Cette assemblée est composée de douze cents membres; ainsi l'a voulu le roi en la convoquant; ainsi l'a voulu la France en envoyant ses députés aux états-généraux; ainsi l'a voulu l'assemblée elle-même en s'organisant.

Ce ne sont donc ni quatre cents, ni cinq cents députés qui font la partie la plus nombreuse du corps qui se dit législatif; et l'on ne peut dire, avec vérité, que l'on a une majorité acquise, que lorsque le nombre de voix passe six cents. La France, en effet, a droit de raisonner ainsi: « J'ai consenti que l'assemblée qui me représente, fût de douze cents membres, je consens encore que les décisions s'y prennent, comme dans toute assemblée délibérante, à la pluralité des voix; je ne peux donc regarder comme décisions émanées de son sein, que celles qui auront obtenu plus de six cents voix, ni l'absence, ni la maladie, ni même la mort ne peuvent exempter de cette loi, par la précaution que j'ai prise de nommer des suppléans aux députés. »

J'aurai donc soin, à chaque appel nominal, de faire un relevé exact du nombre des voix, afin que le lecteur puisse juger, si la règle que je viens d'indiquer a été suivie; si les arrêtés et décrets de l'assemblée ont eu plus de six cents voix. En faisant cet examen, il verra, avec un grand étonnement, que ce qu'on a constamment appellé majorité, n'étoit, par le fait, que la minorité, parce que tel décret qu'on disoit avoir la pluralité des voix, eût été rejetté si tous les absens, si tous ceux qui se sont tus, eussent opiné.

J'ose croire que cette observation ne paroîtra pas minutieuse; car il me falloit bien expliquer ce que c'est que cette majorité, cette volonté générale avec laquelle on a leurré le peuple; et d'ailleurs si l'observation est vraie, si aucun décret constitutionnel n'a obtenu seulement quatre cents voix dans une assemblée composée de douze cents membres, il est clair que tout l'édifice de la constitution s'écroule, puisque, dans ce cas, les lois qu'on nous a données, n'auroient pas eu le tiers des suffrages.

Je passe actuellement au second objet dont l'assemblée s'occupa pendant qu'une insurrection générale se préparoit. Ce second objet a un rapport plus immédiat avec les premiers accès de la rébellion, et il peut en déceler les auteurs.

CHAPITRE XXXIX.

Misère du peuple ; cause qu'en donne M. Necker ; faits avoués par lui-même ; ses grands mouvemens sur les grains ; consternation qu'ils produisent ; bruit qu'ils font dans toute l'Europe ; opinion qui en résulte ; évaluation que fait M. Necker de tous ses achats en grains ; à quoi elle se réduit réellement ; détails et recherches sur les sommes qui ont servi à solder les brigands ; véritables vues de M. Necker dans ses manœuvres sur les grains ; observations sur son mémoire remis au comité des subsistances ; extrémités où la disette des grains réduit le peuple de Paris ; discours de M. Dupont sur la nécessité de faire cesser ce fléau ; portrait de ce député ; étranges moyens que présente le comité des subsistances, pour mettre fin à la disette ; lenteurs de l'assemblée ; portrait de M. de Lally-Tolendal ; son opinion sur la calamité du moment ; remarques sur ce discours ; expédient proposé par M. Bouche ; singulière manœuvre du comte de Mirabeau ; lettre de M. Gefferson à M. de la Fayette ; opinion de M. Mounier ; refus de l'assemblée de s'occuper de la misère publique ; inaction et inutilité du comité des subsistances ; réponse de M. Necker à une demande de ce comité.

Suite de Juillet 1789, et du second mois de l'interrègne.

LES états-généraux étoient assemblés depuis plus de deux mois ; et qu'avoient-ils encore fait pour le bonheur du peuple ? Sa misère étoit extrême, et elle étoit générale. De toute part, la circulation des grains éprouvoit des entraves. Depuis long-temps, Paris ne tiroit plus de secours ni de sa généralité, ni du Soissonnois, ni de la Picardie, ni de la Champagne, ni de la Bourgogne, qui, jusqu'alors, l'avoient approvisionnée. Reims se souleva ; les greniers de Caen furent pillés ; Orléans, Lyon, Nancy, Rouen, et plusieurs autres villes éprouvoient les angoisses de la famine. Le même fléau désoloit la Picardie, le Languedoc, la généralité d'Auch, celle de Bordeaux, celle de Montauban. M. Necker attribua principalement cette calamité (1) à la longueur et à la rigueur du dernier hiver, parce que, dit ce ministre les moulins à eau, à cause de la gelée, et les moulins à vent, par le défaut de mouvement dans l'air, ont été la plupart sans activité. Il me semble qu'on ne pouvoit, ni donner une plus mauvaise raison, ni compter, avec plus de confiance, sur la crédulité de ceux à qui on la donnoit. Si l'inactivité des moulins eût été la seule cause du désastre, le désastre n'eût pas eu d'autre durée que celle de cette inactivité ; les moulins, en reprenant leur activité, eussent ramené l'abondance. Et ceux qui voudront se reporter jusqu'à cette époque, se souviendront que c'est précisément le contraire qui est arrivé. Tant que les moulins à eau et à vent restèrent immobiles, on ne manqua pas de pain, parce que les provisions de farine déja faites, les moulins à bras, et d'autres ingénieuses inventions suppléèrent aux ressources que la rigueur de la saison rendoient impuissantes. L'absence de ces ressources pouvoient bien supposer une disette de farine ; mais ne supposoit pas une disette

---

(1) Voyez son mémoire instructif, **remis au comité des subsistances**, page 13.

de grains. Le seul moyen d'expliquer cette rareté de grains, c'eût été de prouver que les moissons antérieures au cruel hiver n'avoient presque rien produit, et c'est ce que, ni M. Necker, ni personne n'a jamais dit. Dès que les moulins purent agir, la disette commença, et ne fit plus que s'accroître. Elle commença donc, lorsqu'elle auroit dû cesser.

Les détails dans lesquels j'entre ici, paroîtront peut-être arides; mais je prie le lecteur de ne point s'en dégoûter, parce qu'ils vont lui ouvrir la principale mine, où se sont puisées toutes les sommes qui ont servi à payer les brigands. M. Necker donna pour seconde raison de la disette des grains, l'exportation qui en avoit été faite chez l'étranger. Je n'ai ni la mission, ni l'envie de disserter sur le dégré de liberté qu'il convient d'accorder à l'aliment de première nécessité. Je me renferme dans les seuls faits, et un fait qui a tous les caractères de l'authenticité, c'est que cette exportation n'avoit point dégarni le royaume; car, de l'aveu même de M. Necker, *en septembre 1788, les bleds qui étoient en magasin, dans différentes provinces, suffisoient, et au-delà, aux besoins du royaume.* Je tire ces paroles de l'arrêt même du conseil du 7 septembre 1788. J'ai donc eu raison de dire qu'on n'avoit point à se plaindre de la récolte de 1788; une récolte, en effet, qui donne au-delà des besoins, n'est point une mauvaise récolte; et il doit paroître inconcevable que les peuples, ayant du superflu, n'eussent pas même de quoi vivre. Quand à la récolte de 1789, elle fut très-favorable; nous sommes si près de ce temps, que je ne crois pas qu'on puisse exiger de moi, que j'aye recours à d'autre preuve qu'à la notoriété.

Quoique le royaume eût au-delà de ses besoins, M. Necker précipita le gouvernement dans des mesures telles qu'il sembloit que le royaume alloit périr par la famine (1). Il commença par remplir la France d'agens qui prenoient, sur la quantité de grains que renfermoient nos greniers, des informations inquiétantes. Il envoya de ces agens dans toute l'Europe: ils avoient pour mission de s'enquérir de ce que ces différentes contrées pourroient fournir en bled et en seigle à la France, comme si l'on avoit craint que l'Europe entière ne pût pas nous nourrir. M. Necker publia que les informations prises au-dedans et au-dehors du royaume, lui donnoient de l'inquiétude. C'étoit bien assez pour en donner à tous les François. Il ne s'en tint pas là : il ordonna aux fermiers généraux de s'opposer à l'exportation des grains; il fut obéi : on arrêta, avec le plus grand éclat, aux frontières quelques voitures de bled. Il alla plus loin encore ; il fit rendre, par le conseil, un arrêt qui défendit, d'une manière générale et absolue, la sortie des grains du royaume. Tous ces mouvemens répandirent une telle consternation, que le parlement qui avoit enregistré une loi contraire à celle qu'abrogeoit l'arrêt du conseil, n'osa point réclamer. Cette compagnie fit sagement : il est vraisemblable, que M. Necker lui-même lui eût attribué les malheurs qu'il attiroit sur le royaume.

A ces précautions, le ministre en ajouta d'autres non moins désolantes : il accorda d'abord des primes pour les bleds qui seroient importés des états-unis de l'Amérique ; ensuite il accorda un semblable encouragement aux bleds *qui seroient envoyés de tous les pays de l'Europe*. En tenant cette conduite, il se plaignit de ce que le royaume ne recevoit pas des secours équivalens à ses besoins (1). Le royaume cependant avoit du superflu. Enfin, M. Necker annonça au roi, au conseil, à la France entière, que l'instant étoit venu où le gouvernement devoit s'assurer d'un approvisionnement *extraordinaire*, en faisant acheter dans l'étranger, de ses propres deniers, et à ses périls et risques, une quantité considérable de bleds et de farines. Les commissaires de ces achats remplirent leur mission au gré de M. Necker ; ils mirent tout en rumeur ; ils ne restèrent pas, selon lui, un seul moment dans l'inaction ; ils tentèrent tous les moyens imaginables.

Le bruit, avec lequel on annonça ces achats, dérangea toutes les spéculations particulières, repoussa les apports ordinaires, et découragea tous les commerçans qui virent bien que toutes ces primes, dont on les leurroit, n'étoient que des chimères, puisqu'il ne leur seroit jamais possible de soutenir la concurrence du gouvernement qui, outre son crédit, pouvoit alimenter, ce négoce, de plusieurs millions. Ils se retirèrent donc. Leur retraite laissa M. Necker seul monopoleur dans le royaume, et maître absolu de faire périr, s'il le jugeoit à propos, en quelques jours, vingt-quatre millions d'hommes.

Si les spéculateurs nationaux se trouvèrent découragés, il n'en fut pas de même des spéculateurs étrangers. La situation critique où ils nous croyoient, et les grands sacrifices qu'annonçoit M. Necker, les amorcèrent. Ils se présentèrent en foule ; la concurrence fut cause que, parmi les propositions qui furent faites, il y en eut de fort raisonnables. Plusieurs commerçans anglois offrirent de procurer du bled à un prix très-modéré. M. de Calonne, qui étoit alors à

---

(1) Tous les faits que je cite, sur cette manœuvre des grains, sont à l'abri de toute contradiction; car je les puise dans le mémoire même que M. Necker remit au comité des subsistances.

(1) Les personnes qui, en lisant ceci, voudront avoir en même temps, sous les yeux, le mémoire instructif remis par M. Necker au comité des subsistances, et imprimé à l'imprimerie royale, s'assureront que je copie littéralement ses expressions.

Londres, certifie ce fait (1). Il cite entr'autres M. Tessier qui, dit-il, fit des propositions très-raisonnables. Une commission secrète et fort étendue se chargea aussi de nous approvisionner, d'une manière peu onéreuse (2), en dépit des défenses d'importation entre l'Angleterre et la France. Un négociant accapara, par la navigation angloise, une quantité très-considérable de bleds d'Amérique; il fit arriver en droiture ce convoi dans la Manche, ne doutant pas que notre gouvernement ne l'achetât en entier (3). Eh bien, la postérité voudra-t-elle le croire (4)? M. Necker refusa d'entendre les propositions des commerçans anglois; il révoqua la commission secrète, et ne prit que le premier chargement du convoi arrivé dans la Manche.

En même temps que M. Necker rejettoit ces secours qui s'offroient à lui, pour ainsi dire, d'eux-mêmes, il faisoit demander officiellement et avec le plus grand appareil à la cour de Londres, une extraction de vingt-mille sacs de bled (5). M. Necker ne pouvoit pas ignorer que le gouvernement anglois lui refuseroit cette modique ressource, parce qu'au moment où il en formoit la demande, le prix du bled étoit en Angleterre au taux, où la loi en défend l'exportation. Aussi fut-il refusé. Quel chétif secours d'ailleurs que vingt-mille sacs de bled!

M. Necker dit qu'au défaut de cette ressource, (6) il parvint à tirer de l'Angleterre même, quatre-vingt-dix mille sacs de farine. Cet approvisionnement ne provenoit pas des récoltes de l'Angleterre, quoiqu'il y eût été acheté. Il fut livré par des négocians qui s'étoient approvisionnés en Amérique, et qui en auroient pu livrer infiniment davantage à M. Necker, s'il avoit voulu accepter leurs offres. L'interdiction portée par les loix nationales, ne les auroient pas arrêtés, parce qu'ils auroient laissé à bord de leurs vaisseaux dans la manche, les bleds qu'ils offroient.

Le reste de l'Europe fut mis à contribution par M. Necker: il tira, dit-il, des grains (7) de la Hollande, de Hambourg, de Dantzik, de l'Irlande, de la Flandre-Autrichienne; il employa, suivant ses propres expressions, le crédit et la puissante intervention du roi pour obtenir, malgré les défenses générales, une extraction particulière de la Sardaigne, de la Sicile, et des états du Pape.

Il falloit que l'idée que M. Necker s'étoit faite des françois fut bien extraordinaire; il falloit qu'il nous regardât comme un peuple absolument stupide; car, comment ne voyoit-il pas que nous pouvions lui demander: si vous nous avez ouvert tous les greniers de l'Europe, si vous avez tant ajouté au superflu que, de votre aveu, nous avions déjà, comment se fait-il donc que nous mourrions de faim? Plus, en effet, les approvisionnemens étoient considérables, et plus la réponse à cette question devenoit difficile.

Ce qui est plus extraordinaire encore, que tout cela, c'est que ces immenses achats, qui promenèrent dans toutes les contrées de l'Europe l'histoire de notre prétendue détresse, donnèrent un total auquel on ne croiroit pas, si tout autre que M. Necker l'eût présenté. Les secours donc, suivant ce ministre, arrivés jusqu'au premier juillet 1789, tant en farines qu'en bled, seigles, orges et ris, donnèrent neuf cent soixante-dix-sept mille trois cents soixante-dix quintaux. C'est-là qu'aboutirent ces efforts continuels, ce crédit, cette puissante intervention du roi, dont parloit si fastueusement le ministre; c'étoit bien la peine de se donner tant de mouvemens. Il y avoit là, au plus, de quoi nourrir pendant une année la centième partie des habitans de la France. Qu'est-ce, en effet, que cinq cents mille sacs de grains? C'étoit bien la peine encore de fatiguer toutes les puissances de l'Europe du bruit de notre misère. La Hollande seule pouvoit nous fournir un secours beaucoup plus considérable; ses ventes annuelles vont infiniment au-delà.

En tirant ainsi avec éclat de tous les marchés européens, et même de ceux d'Amérique, ce qu'on pouvoit tirer d'un seul, on fortifia beaucoup l'opinion que le peuple françois étoit à la veille de périr de misère. Et comment ce peuple n'auroit-il pas cru lui-même ce que l'univers entier, pour ainsi dire, croyoit?

Tout est remarquable dans les opérations de M. Necker sur les grains. Représentant les modiques achats qu'il avoit faits, comme des achats immenses, il se félicita d'avoir d'abord obtenu une extraction aussi considérable de grains avec le seul crédit du roi; et parlant des circonstances où l'on se trouvoit, comme de circonstances très-difficiles, il prétendoit qu'on l'admirât pour avoir sû procurer au roi un tel crédit chez l'étranger. Cependant pour préparer les esprits à un autre fléau dont, au moment où j'écris ceci, nous éprouvons toute la rigueur, il disoit que ces différens achats avoient fait baisser le prix du change d'une manière très-sensible, et qu'ils alloient obliger à une fâcheuse exportation du numéraire. Il

---

(1) Voyez ces notes sur le mémoire de M. Necker, remis au comité des subsistances.

(2) Ibid. page. 24.

(3) Ibid. page 25.

(4) Je crains bien qu'elle ne soit tentée plus d'une fois, en lisant cette histoire, de la prendre pour un roman. Je crois donc avoir besoin de prévenir nos neveux, que je ne suis contredit, par mes contemporains, sur aucun des faits que je raconte.

(5) Voyez les notes de M. de Calonne, page 24.

(6) Voyez son mémoire au comité des subsistances, page 5.

(7) Ibid. page 6.

étoit difficile de comprendre, comment! les achats, s'ils avoient été faits à crédit, exigeoient l'exportation du numéraire. Il n'est pas moins difficile de comprendre, comment, s'ils avoient été payés en numéraire, ils étoient cause de la baisse du change. Il n'est, en effet, personne d'assez peu instruit, qui ne sache que les variations du change dépendent de la balance des traites réciproques, et nullement des soldes faites en espèces.

Outre les neuf cents soixante-dix-sept mille trois cent soixante-dix quintaux importés le premier juillet 1789, M. Necker disoit qu'il falloit attendre où espérer encore quatre cents vingt-sept mille quatre-vingt-treize quintaux; et il évalua le tout à une somme de vingt-cinq millions. Comme la récolte de 1789 fut fort bonne, et que d'ailleurs M. Necker n'a plus parlé depuis d'importation, il faut en conclure que tous ses achats se sont bornés à un million quatre cents quatre mille quatre cents soixante-trois quintaux. Cependant dans le compte qu'il rendit le 11 juillet de l'année suivante, il porta au cinquante-cinquième article de la dépense, 39,871,000 liv. pour frais de subsistance, et indépendemment, dit-il, des recouvremens qui ont eu lieu. Le gouvernement auroit donc perdu l'énorme somme de 39,871,000 liv. tournois, pour un achat d'un million quatre cents quatre mille quatre cents soixante-trois quintaux de grains. C'est à ce sujet, que M. de Calonne s'écrioit: *credat Judæus Appelles!*

Dans cet achat, il y avoit plus d'un sixième en seigle et orges, qui coûtent un tiers moins que les bleds; il est juste aussi de convenir qu'il y avoit des farines qui coûtoient plus; il est juste encore d'avoir égard aux avaries, à la mauvaise gestion, à toutes les causes qui font que le roi est toujours lésé dans les marchés qu'on lui fait faire. Tout cela doit être compensé dans le calcul du prix auquel a dû s'élever le total de l'achat. Un million quatre cents quatre mille quintaux, font précisément cinq cents quatre-vingt-cinq mille setiers du poids de deux cents quarante livres, mesure de Paris. En évaluant le setier à 40 livres tournois, je l'évalue à un prix excessif, si on le compare au prix commun de tous les marchés. Dans cette supposition extrêmement favorable à M. Necker, les cinq cents quatre-vingt-cinq mille setiers lui auroient coûté 23,000,400 liv. Il y a loin delà à 39,871,000 liv. La différence est de 16,471,000 liv. Voilà donc bien évidemment une somme de plus de seize millions que M. Necker a retenue sur les deniers publics, et dont il a disposé comme il l'a entendu, puisqu'elle a été absorbée, selon lui, par un objet auquel cependant elle n'a pu être employée.

En faisant entrer en France ces cinq cents quatre-vingt-cinq mille setiers, M. Necker ne les a pas donnés pour rien au peuple. Il est notoire qu'ils ont été revendus, que les agens du gouvernement faisoient le monopole, et que tandis qu'ils l'ont fait, le prix des marchés a toujours été tenu très-haut. Je sais bien que des négocians adroits auroient bénéficié dans cette spéculation; je sais aussi, et tous ceux qui ont suivi cette opération avec un peu de soin, savent comme moi, que les grains ont été revendus beaucoup au-dessus de vingt livres le setier (1). S'ils n'ont été revendus que vingt livres le setier, le gouvernement n'a perdu sur l'achat total que 11,700,000 l. et c'est à ces 11,700,000 liv. que montent toutes les sommes employées pour achat de grains. Voilà ce qui a nécessité le crédit, la puissante intervention du roi, et ce qui a occasionné la baisse du change, et l'exportation du numéraire. Il n'en a donc pas coûté au gouvernement, pour procurer du pain au peuple, 39,871,000 liv., n'ayant été dépensé, pour cet objet, que 11,700,000 liv.; il se trouve entre ces deux sommes un excédent de 28,171,000 livres. Ne seroit-ce pas-là la part des brigands ? Ne seroit-ce pas-là ce qui faisoit dire encore à M. de Calonne, que la révolution étoit tout au moins une chose fort chère ? Ne seroit-ce pas-là enfin la principale source où l'on a puisé pour payer toutes les atrocités, dont notre patrie souffrira si long-temps, et qui, lorsqu'elle a été épuisée, a été remplacée par les assignats ? (2)

---

(1) En 1662, Louis XIV fut aussi obligé de faire importer des grains; mais, dit Voltaire (siècle de Louis XIV, tom. 2, page 34), il les fit vendre à vil prix aux riches, et en fit des dons aux pauvres familles, à la porte du Louvre. Quelle différence de cette conduite aux honteuses spéculations de M. Necker!

(2) L'auteur des devoirs de la seconde législature, a parfaitement approfondi les opérations de M. Necker sur les grains. Sa dissertation est savante, lumineuse, et sur-tout très-impartiale. Il est même remarquable que cet auteur s'étudie à présenter les vues de M. Necker sous le jour le plus favorable. Cependant dans cette dissertation qui se trouve au tome quatrième, il convient, page 235, que l'opération de M. Necker fut très-utile aux conspirateurs. Il fait remarquer, à la page 237, qu'en 1789, il y avoit des bleds, des années précédentes, en réserve. A la page 241, il dit: *On a droit de demander si les approvisionnemens que faisoit M. Necker, étoient pour préparer de longue-main les insurrections que les terreurs ont fomentées, au mois de juillet 1789.* Quelques lignes plus bas, il ajoute: *Le comité des subsistances est complice du délit ministériel qui se trouve dans l'opération de M. Necker, parce que ce comité a été informé de bonne heure des vices de cette opération.* Page 243, il cite ces propres paroles de M. Necker: *Les grains achetés pour le compte du roi, ont toujours été vendus ou délivrés*

A cette source, se seront réunies différentes libéralités ; celles, par exemple, de M. d'Orléans, dont on m'assure que le bilan se monte à vingt millions. J'ai entendu dire aussi à un député du tiers-état d'une petite ville, que ses commettans l'avoient autorisé à tirer annuellement, sur des banquiers de Paris, une somme de 50,000 livres, aussi long-temps que dureroient les états-généraux, et à employer cette somme à assurer le succès des prétentions du tiers-état. On m'a également certifié que le comte de Mirabeau tiroit, annuellement de la Provence, de la même manière et pour le même objet, jusqu'à 30,000 livres (1). Je ne garantis pas ces deux derniers faits, parce que je n'en ai acquis aucune preuve authentique. Je ne me suis pas même arrêté à les approfondir. Il s'en présentera assez de ce genre dans la suite de cette histoire. Je ne doute pas non plus que M. Necker n'ait pu, s'il l'a voulu, trouver bien d'autres moyens d'ajouter à toutes ces libéralités. Il n'est pas donné à un écrivain de découvrir toutes les infidélités qu'il est possible à un premier ministre des finances, qui tient dans ses mains toute la fortune publique, de se permettre. J'ai cru d'ailleurs qu'il me suffisoit de me fixer sur celle de ces infidélités dont les circonstances, étant connues de tous mes contemporains, donneroient plus de facilité à me contredire si j'errois.

Je ne trouve, dans les annales d'aucun peuple, l'histoire d'une manœuvre pareille à celle que je viens de dévoiler ; elle étoit, pour M. Necker, une épée à deux tranchans. Il désespéroit le petit peuple pour le rendre séditieux ; et, en tenant cette conduite, il trouvoit l'argent nécessaire pour soulever, d'un autre côté, toute la bourgeoisie, en la mettant aux prises avec les légions de brigands, que soudoyoit cet argent. Il y avoit donc une grande vérité dans l'estampe où ce ministre étoit représenté, ayant pour satellite le spectre de la disette, et s'appuyant sur la torche de la sédition. Voila où l'avoit conduit l'absurde projet de vouloir rendre le peuple

à des conditions inférieures au prix ordinaire des marchés. Ils ont donc été revendus. Comme je dois me borner au simple récit des faits, et que je ne puis m'enfoncer dans une dissertation, je renvoye les lecteurs, qui desireroient des éclaircissemens étendus, à celle de l'auteur des devoirs de la seconde législature.

(1) Tous les journaux, qu'on appelle si improprement patriotes, ont publié une générosité de cinquante mille livres, faites par M. de la Borde, au comité des recherches, pour récompenser les dénonciateurs. Il y a si peu loin de ces dénonciateurs aux assassins qui ont si bien secondé la révolution, qu'on peut croire que ceux-ci ont eu part à la libéralité accordée aux premiers.

absolument libre, et le roi absolument indépendant ; car, du reste, je ne pense pas qu'en se faisant l'artisan de la calamité publique, qu'en dissipant le trésor de l'état en faveur des séditieux, il éprouvât aucun remords. La fin qu'il se proposoit justifioit, à ses yeux, les moyens qu'il employoit. Toute voie lui paroissoit légitime, pourvu qu'il parvint à ne plus voir d'intermédiaire entre le roi et le peuple ; voilà comme les erreurs d'un seul homme ont fait plus de mal à la France, que n'ont jamais pû lui en faire toutes les puissances de l'Europe liguées contr'elle.

Le peuple, qui ne connoissoit ni l'auteur, ni le motif de la misère qu'il enduroit, ne douta pas que les états-généraux ne lui procurassent un soulagement. Le clergé avoit eu la gloire de faire, à ce sujet, les premières ouvertures. La noblesse n'avoit pas tardé à suivre cet exemple. Le tiers-état ne pouvoit, sans risquer de s'attirer de grands reproches, voir plus long-temps avec indifférence l'horrible situation du peuple. On nomma un comité des subsistances. Le comité demanda des instructions à M. Necker. Le ministre lui remit un mémoire que je ne sais comment qualifier. J'ai besoin de me rappeller toute l'impassibilité dont ma qualité d'historien me fait un devoir, pour ne pas m'emporter contre cette atroce production. Lorsqu'il s'agit de l'aliment journalier, de l'aliment le plus nécessaire, la crainte, remarque M. de Calonne, dans ses notes sur ce mémoire, décuple le mal ; elle le produit, s'il n'existe pas. On touchoit au moment d'une récolte qui donnoit les plus belles espérances. M. Necker pouvoit s'en faire un moyen pour présenter au peuple une perspective riante, qui eût mis un frein à l'impatience, et tranquillisé les esprits. Bien loin delà ; il traça, avec des caractères effrayans, la calamité fantastique qu'il avoit lui-même engendrée ; il représenta le mal, comme s'il eût été sans remède. Il annonça que toute la cour, que le roi lui-même, alloit être réduit au pain de seigle ; et, pour qu'on ne s'attendît pas à ce que cette extrémité pût produire aucun adoucissement, il ajouta cette phrase perfide et désespérante (1) : *Quand les hommes ont fait tout ce qui est en leur pouvoir, il ne reste plus qu'à se soumettre avec patience aux lois de la nécessité et aux décrets de la providence*. C'étoit crier au peuple : vouez-vous avec résignation à la mort, ou tentez donc tous les moyens pour échapper au sort funeste qui vous attend.

Ce que l'on éprouvoit à Paris, à l'égard du pain, réalisoit les sinistres prédictions de M. Necker ; et plus on approchoit du 14 juillet, plus la disette augmentoit. Chaque boutique de boulanger étoit environnée d'une foule immense à qui on distribuoit le

(1) Page 11 de son mémoire au comité des subsistances.

pain, avec la plus grande parcimonie, et la distribution étoit toujours accompagnée de craintes sur l'approvisionnement du lendemain. Les craintes redoubloient les plaintes de ceux qui, ayant passé une journée entière à la porte d'un boulanger, n'avoient cependant rien pu obtenir. Souvent la place étoit ensanglantée ; on s'arrachoit l'aliment ; on se battoit; les atteliers étoient déserts ; les ouvriers, les artisans perdoient leur temps à disputer, à conquérir une légère portion de nourriture, et par cette perte de temps, se mettoient dans l'impossibilité de payer celle du lendemain. Il s'en falloit de beaucoup que ce pain, arraché avec tant d'efforts, fût un aliment sain ; il étoit en général noirâtre, terreux, amer, donnoit des inflammations à la gorge, et causoit des douleurs d'entrailles. J'ai vu à l'école militaire, et dans d'autres dépôts, des farines qui étoient d'une qualité détestable ; j'en ai vu des monceaux d'une couleur jaune, d'une odeur infecte, qui formoient des masses tellement endurcies, qu'il falloit les frapper à coups redoublés, avec des haches, pour en détacher des portions. Je me souviens encore que, rebuté des difficultés que j'éprouvois à me procurer ce malheureux pain, et dégoûté de celui qu'on m'offroit, même aux tables d'hôtes, je renonçai absolument à cette nourriture. Le soir, je me rendois au café du Caveau, où heureusement l'on avoit l'attention de me réserver deux de ces petits pains qu'on appelle des flûtes. C'est le seul pain que j'aie mangé pendant une semaine entière. Ayant été obligé, au plus fort de la disette, de me rendre à Versailles, et d'y faire mon séjour, je voulus voir le pain que l'on mangeoit à la cour, celui qu'on servoit sur les tables des ministres, et sur celles des députés. Je ne trouvai nulle part le pain de seigle dont avoit parlé M. Necker; je vis par-tout un pain exquis, de la plus belle et de la meilleure qualité, servi avec abondance, et que les boulangers faisoient porter eux-mêmes, tandis que les autres particuliers eussent péri de faim, s'ils eussent attendu qu'on leur portât celui qui leur étoit nécessaire. Mais ce pain exquis me paroissoit cent fois plus amer que celui que j'avois laissé à Paris, lorsque, de ces tables somptueuses, je voyois, au travers des croisées, le peuple, dans la rue, dupe et victime de cette ténébreuse machination, se disputer, avec fureur, le poison que lui distribuoient les boulangers. A la vue de ce douloureux spectacle, je faisois des vœux bien ardens pour que le comité des subsistances parvînt à éclairer le roi, et à engager sa justice à faire un exemple terrible du malheureux qui, pour réaliser les rêves de sa folie, se donnoit l'amusement de ces infernales jongleries.

Ce comité, après s'être occupé pendant quelques jours, de cet objet, présenta son travail à l'assemblée. Il lui lut en même temps le mémoire qu'il avoit reçu du ministre des finances. Ce qui est véritablement affligeant, c'est que les bons esprits de l'assemblée ne surent point appercevoir le venin caché dans cet écrit ; il ne falloit pour cela que la plus légère attention sur les calculs qu'il présentoit. S'ils apperçurent la noirceur de cette production, ils n'eurent pas le courage d'élever la voix. C'est une faute qui est sans excuse; si elle n'eût pas été faite, la France étoit peut-être sauvée, parce qu'il est vraisemblable que le peuple ayant reconnu son véritable ennemi, et la véritable situation des affaires, eût eu recours, pour le redressement de ses griefs, à tout autre moyen qu'à la sédition.

M. Dupont, qui fut l'organe du comité, fit, comme il s'est toujours pratiqué, un long préambule fort bien écrit. C'étoit du pain et non des phrases qu'il falloit au peuple. Cependant M. Dupont, dans ce préambule, exposa des considérations qui sembloient démontrer jusqu'à l'évidence, la nécessité où étoit l'assemblée, de venir au secours des malheureux. Il alla même au-devant des objections qui pouvoient retarder le secours. Après avoir dit que les besoins étoient très-urgens, il continua ainsi:

« Seriez-vous dans l'impuissance de secourir vos frères qui vous implorent ; et la nation assemblée ne pourroit-elle que plaindre la nation ? »

« S'il s'agissoit de perpétuer des dépenses ruineuses, de fournir à la prodigalité d'une cour, de rendre des ministres indépendans de la satisfaction publique, certainement alors il vous seroit, il vous est défendu de vous prêter à aucune contribution, à aucun emprunt. Mais vous ne pouvez douter que vos commettans ayent dit, que le salut public étoit la loi suprême, qu'ils ne vous ayent autorisés à mettre obstacle aux ravages d'une inondation ou d'un incendie, à repousser l'ennemi, si la patrie étoit attaquée, à secourir le pauvre, à l'arracher à la mort. »

« Ce n'est pas aux pauvres qu'ils vous ont défendu d'accorder une contribution ; et puisque vous êtes leurs représentans, vous devez faire ce que les représentés auroient fait eux-mêmes. »

On ne pouvoit certainement rien dire de plus pressant à des hommes qui auroient eu une intention sincère de procurer quelque adoucissement à la classe infiniment nombreuse des malheureux. Rien n'étoit plus instant ; car avant d'avoir une constitution, il faut avoir de quoi vivre. Il ne s'agissoit donc plus que de trouver des ressources pour remédier à la calamité. M. Dupont en trouva six au lieu d'une ; car comme il est l'orateur le plus fécond de l'assemblée, sa politique est aussi plus que celle d'aucun de nos législateurs, fertile en expédiens. Rien ne l'arrête; la discussion la plus épineuse ne l'effraye point. Il s'y enfonce avec la sécurité d'un homme qui rit des difficultés ; aussi n'est-il aucun de ses co-députés qui ait une plus grande activité. Il consulte non ses forces, mais sa bonne volonté, et il s'élance. Il ne perd pas son temps à feuilleter les livres ; à faire des recherches ; il n'a pas le loisir de se livrer à des méditations, à des études de cabinet ; il est toujours inspiré, et c'est toujours le patriotisme qui féconde sa verve. Avant la révolution, il étoit loué, il étoit prôné ; mais ce n'étoit pas par des hommes qui fussent eux-mêmes loués, ni qui eussent de grandes places ou des talens émirens. Il aimoit et il aime encore les associations bruyantes, les petites coteries. Tout en lui semble déceler le goût de ce qu'on appelle *le commérage*. Son extérieur est simple et plutôt négligé que propre. Ses manières sont sans art ; sa physionomie n'a ni grâce ni noblesse ; mais elle a un air de bonhomie qui plaît. S'il contredit, il ne s'échauffe point, et semble se ranger de votre avis en le combattant. Son éloquence contraste singulièrement avec celle de M. Gouy d'Arcy. Celui-ci parlera agréablement pendant des heures entières sur une niaiserie. L'autre au contraire parlera niaisement, si j'ose employer ce terme, sur la matière la plus grave. Comme il parle longuement et outre mesure, il lui arrive bien souvent de dire plus qu'il ne voudroit dire. C'est ainsi qu'une fois il nous donna, sans le vouloir, tout le secret de la conduite de la majorité. On proposoit un plan de finances qu'on disoit devoir rappeler la confiance publique, M. Dupont discuta le plan, et au milieu de son discours, présenta cette observation :

« Le désordre et l'état désastreux des finances ont été considérés par nos commettans comme les moyens les plus efficaces d'assurer la constitution. Adopter le plan proposé, c'est établir dans les finances un ordre qui nous ôtera ces moyens. Je soumets cette observation à la sagesse de l'assemblée. »

On ne pouvoit pas avouer plus ingénument l'intérêt qu'avoit la majorité à fomenter et à entretenir le désordre, ni déclarer avec plus de franchise, qu'un plan régénérateur seroit pour elle la plus mauvaise des opérations.

Personne, au reste, n'est plus riche en principes que M. Dupont ; car il regarde comme un principe, chaque phrase qui sort de sa bouche ; et sans s'inquiéter des conséquences ni des suites, il va droit à la constitution. Aucun député, dans l'assemblée, n'y va plus droit que lui ; il y rapporte tout, voudroit y voir un peu de tout, et ne jugera, dit un auteur (1), de sa perfection, que par l'épaisseur du volume.

M. Dupont a cette conformité avec M. Necker, qu'il tient opiniâtrément aux systèmes qu'il croit avoir imaginés ; il a de lui-même l'idée la plus favorable, et il se rend cette justice, qu'aucun de ses contemporains n'a acquis, plus que lui, de droits à la reconnoissance de la génération actuelle, et à l'admiration de la postérité. Les traits sous lesquels je viens de le dépeindre, étoient connus long-temps avant la convocation des états-généraux, et c'est ce qui rend inexcusables les commettans d'un tel député, de l'avoir nommé.

Après avoir dit qu'il avoit six moyens de remédier à la misère du peuple, il ajouta que ni lui ni le comité ne vouloient se décider pour aucun, et qu'ils abandonnoient ce choix à l'assemblée. Voici en quoi consistoient ces six moyens.

1°. Ouvrir une souscription volontaire de secours pour la subsistance et le soulagement des peuples, dans le sein de l'assemblée, à Paris et dans les provinces, remettre aux états-provinciaux, aux assemblées provinciales et de département, et aux municipalités, sous l'inspection de l'assemblée nationale, l'emploi des fonds qui en proviendront.

2°. Autoriser le gouvernement, les états-provinciaux, les assemblées provinciales, celles de département, et les municipalités, à faire les avances et les dépenses que la subsistance et le soulagement du peuple pourroient nécessiter, sous la garantie de la nation, et l'inspection de l'assemblée nationale.

3°. Autoriser dans les provinces où la récolte n'est pas faite, et ne seroit pas au moment de se faire, une contribution de vingt ou de dix sols par tête, ou de telle autre somme qui seroit localement jugée suffisante ; de laquelle somme l'avance seroit faite dans chaque municipalité, par les huit ou dix citoyens les plus riches et les plus haut imposés des trois ordres, et partagées en autant de payemens qu'il y auroit de semaines à s'écouler jusqu'à la récolte, à l'effet d'être employées, selon la sagesse des assemblées municipales, en achats ou transports de subsistances, et au plus grand soulagement de la pauvreté, sous la condition qu'il sera rendu compte de tout aux assemblées supérieures d'administration, et par celles-ci à l'assemblée nationale.

4°. Prendre le temps nécessaire pour rédiger, avec le plus grand soin, l'exposition des principes qui doivent assurer à tous les françois la libre et mutuelle communication des subsistances, et la plus grande égalisation possible des approvisionnemens et des prix, afin que le roi y ayant ensuite donné sa sanction, cette équitable et utile répartition des subsistances ne puisse plus être interrompue par aucune autorité, et qu'elle devienne une loi fondamentale et constitutionnelle de l'état.

5°. Remettre et s'occuper des autres questions que pourroit faire naître le commerce des grains et farines, au temps où il deviendra nécessaire que l'assemblée prenne un parti à ce sujet.

6°. San

---

(1) Voyez les grands hommes du jour, première partie, page 148 et suivantes.

6° Sans attendre aucun éclaircissement ultérieur, prononcer dès aujourd'hui la prohibition de l'exportation des grains et farines jusqu'en octobre 1790.

Il est nécessaire de remarquer que ces six propositions furent présentées à l'assemblée le 5 juillet, c'est-à-dire, au moment où l'on s'attendoit que l'explosion que l'on méditoit, arriveroit d'un jour à l'autre. Il est certain que si dès la séance où ces propositions furent faites, on eût pris un moyen infaillible d'assurer, sur le champ, la nourriture du peuple, c'en étoit fait de la révolution, parce que l'abondance eût calmé toutes les anxiétés, et n'eût plus laissé de prétexte à un soulèvement.

On ne mit pas même en délibération ces six moyens, lorsqu'ils furent offerts: le vœu, dit-on, de l'assemblée n'est pas douteux à cet égard; mais elle n'est pas encore assez éclairée. Il fut donc décidé de renvoyer la discussion de ces six ressources aux trente bureaux; et, en attendant, la disette faisoit toujours plus de ravages.

Il fallut ensuite entendre les rapports de ces trente bureaux, la lecture de leurs trente projets d'arrêtés, et tout ce qu'il plût à quelques membres de montrer d'esprit et d'éloquence sur cette affaire. Comme on étoit engagé dans cette délibération, le président reçut une lettre des boulangers de Paris, adressée au comité des subsistances, sur laquelle étoit le mot *pressée*. Quelques députés furent d'avis de l'ouvrir et de la lire sur le champ. D'autres, en plus grand nombre, dirent qu'il pourroit y avoir de l'indiscrétion à faire cette lecture dans une assemblée générale. On renvoya donc le paquet au comité des subsistances; et depuis, pour se mettre, sans doute, à l'abri de toute indiscrétion, on n'entendit plus parler de la lettre *pressée*.

A Dieu ne plaise que je fatigue mes lecteurs du récit des trente rapports et des trente arrêtés; mais je crois devoir rappeller le discours que M. de Lally-Tolendal prononça dans cette circonstance. Il me paroît très-propre à donner la mesure du génie de ce gentilhomme. Il pourra aussi aider à résoudre la question: si M. de Lally n'étoit pas, comme la plupart de ses co-députés, persuadé que bien loin d'ôter le moyen le plus efficace d'insurrection, il falloit l'aggraver, le rendre plus pressant.

M. le Comte de Lally-Tolendal est sans contredit un homme de bien, un gentilhomme plein d'honneur et de loyauté, un ami sûr et courageux. Il tire son origine d'une ancienne maison d'Irlande, qui s'est honorée par les sacrifices qu'elle a faits à sa fidélité pour sa religion et pour ses rois. Tout le monde connoît les malheurs de son père; il n'est point de mon sujet de dire s'il méritoit l'horrible sort qui termina ses jours. C'est à l'histoire générale à venger sa mémoire, s'il est vrai que ses juges ne mirent ni assez de discernement, ni assez d'impartialité dans les dépositions dont se composa la fatale procédure qui le conduisit sur un échaffaud. J'aime mieux me borner à me rappeller que le feu comte de Lally combattit en héros à Fontenoy; Louis XV le créa officier-général sur le champ de bataille. Ce prince l'aimoit et l'estimoit; il n'osa cependant ni lui éviter ce cruel procès, ni même lui faire grace, ce qui eût été un triste bienfait. Non-seulement, il le laissa périr sous le glaive du bourreau, il fit encore une pension au conseiller dont le rapport avoit déterminé ce jugement. Ainsi l'amitié des rois ne ressemble pas toujours à celle des autres hommes.

Le fils de cet infortuné, né avec les plus heureuses dispositions, fixa de bonne-heure toute son imagination sur la fin tragique de son père. Il colla, sur cette terrible image, toutes ses pensées, toutes les affections de son ame. Jusqu'au moment de la convocation des états-généraux, il fatigua le conseil du roi, les tribunaux, de sa douleur et de ses vœux pour la réhabilitation de la mémoire de son père. Ses efforts furent toujours infructueux; mais ils lui gagnèrent tous les cœurs, et l'annoncèrent avantageusement dans le monde. C'étoit, en effet, un spectacle bien touchant que celui d'un fils consacrant sa vie à venger la mémoire de son père. La piété filiale est la plus aimable comme la plus respectable des vertus. Le combat qu'engagea M. de Lally, fut avantageux aux mœurs de son siècle. Il n'est pas de père de famille qui ne dût avoir son portrait, et le montrer sans cesse à ses enfans; ils puiseroient dans cette image, la plus belle et la plus utile des leçons.

Mais il est resté à M. de Lally, de cette longue et pénible lutte, une teinte de mélancolie qui se réfléchit sur toute sa conduite, sur tous ses discours. Son esprit est tout en sensibilité; son éloquence n'est ni grave ni forte; elle est affectueuse, et ressemble un peu trop au langage d'un courtisan. Son imagination a une tournure romanesque qui lui fait voir les hommes, non comme ils sont, mais comme il pense qu'ils devroient être. Il a dans ses goûts, dans les habitudes de son ame, beaucoup de rapports avec M. Mounier. Aussi se lièrent-ils étroitement dès qu'ils se connurent; mais la nature et ses premières occupations l'ont rendu plus propre encore que son ami à se laisser égarer. Il fut long-temps cher aux factieux et au peuple. Cela devoit être. Il ne sut jamais se roidir contre les premiers, et caressa toujours la multitude. Lorsque les illusions qu'il s'étoit faites se dissipèrent, il ressentit un véritable dépit, et tomba dans une autre extrémité: il avoit vu tous les hommes qui l'environnoient comme des anges; il ne les vit plus que comme des scélérats; il s'éloigna du sol de la France, comme d'un sol souillé et maudit. S'il fut arrivé aux états-généraux avec l'expérience qu'il a aujourd'hui, il s'y fut montré en homme supérieur, au lieu qu'il n'y a déployé que les talens d'un orateur au-dessus du médiocre. Il montra au reste, pour les sytêmes révolutionnaires de M. Mounier, un entêtement et une antipathie à accueillir les idées contraires, aussi peu raisonnables que l'étoient l'opiniâtreté et la sorte de rage des factieux à vouloir faire, de notre gouvernement, on ne sait quelle démocratie. Il faut se rappeller encore que MM. de Lally et Mounier arrivoient, comme les ligueurs, à leur but, par l'insurrection. Et quand un peuple est en insurrection, qui l'arrêtera ? Il est triste enfin de penser que quand même les desseins de MM. Mounier et de Lally eussent prévalu sur ceux des démagogues, on nous eût épargné tout au plus quelques forfaits. Je ne doute point que ce ne soit cette idée qui ait beaucoup contribué à ôter à M. de Lally, parmi les amis de la monarchie, une portion de cette considération qui lui est due. J'en connois plusieurs qui, étendant la censure jusques sur son ame, ne veulent regarder que comme une affectation, que comme un effet de l'art, ce penchant qui le porte à ne manifester que des sentimens tendres et affectueux. C'est une injustice. M. de Lally a réparé ses erreurs, par la sincérité de son repentir ; toutes ses bonnes qualités lui restent ; personne n'est plus digne que lui d'être françois, et sujet de notre roi. Voici le discours qu'il prononça sur la misère du peuple.

« S'il est des circonstances où l'impatience est permise, c'est celle où nous sommes. Il s'agit du peuple ; il s'agit de ses malheurs ; nous les sentons tous ; nous voudrions les réparer. Permettez-moi de vous exposer ce que j'ai pensé, ce que j'ai senti : après avoir examiné mûrement les six propositions faites par le comité, il m'a semblé qu'elles se divisoient en deux parties ; dans la première, il y a des moyens de secours ; dans la seconde, trois moyens d'administration. La voie de la souscription est trop incertaine, trop lente, trop peu productive, et trop peu proportionnée à la majesté de l'assemblée: les deux autres voies présentent un danger ; sous quelle forme, sous quel nom qu'elles soient, elles forment un octroi, un impôt, une taxe ; jamais sans doute le gouvernement ne mérite plus de confiance que dans cet objet et dans ce moment ; mais c'est quand il ne faut pas se défier des personnes, qu'il faut se défier des places. Ne donnons pas un seul exemple qui n'appuye un principe. »

« Il faut secourir le peuple, ce peuple qui souffre : que nous avons l'honneur de représenter, et que nous devons avoir le courage et l'humanité de défendre. J'ai vu qu'il falloit modifier les propositions du comité ; voici le projet ou l'arrêté que je soumets à vos lumières : j'ai adopté les moyens d'administration. »

« L'assemblée nationale, sur le compte qui lui a été rendu par le comité des subsistances, de la souffrance du peuple, de la cherté des grains, et de l'infatigable bienfaisance avec laquelle le roi, depuis un an, n'a cessé et ne cesse de lutter contre cette calamité, pour en préserver ses sujets » ;

« Pénétrée de tous les sentimens, qu'elle doit éprouver pour le peuple et pour le roi ; saisie d'un attendrissement respectueux, à la lecture du mémoire (1) que sa majesté a fait remettre au comité, pour le satisfaire sur les renseignemens qu'il avoit demandés ; »

« Occupée enfin, comme elle le sera toujours, de remplir et de concilier tous ses devoirs.... »

Après cette explosion de beaux sentimens, M. de Lally proposa de bien étranges moyens pour faire cesser sur le champ la misère du peuple. Il proposa :

1°. Que le roi fût remercié de ses soins paternels, au nom de la nation, et avec l'effusion de tous les sentimens qu'il avoit mérités dans cette occasion. Cela étoit fort tendre ; mais ce n'étoit pas là de quoi nourrir le peuple.

2°. Que sa majesté qui seule pouvoit embrasser, d'un coup d'œil, tous les besoins de son vaste empire, fût priée de faire savoir, par le ministre *qui avoit si dignement concouru à ses vues*. (ce sont les expressions de M. de Lally), si un secours extraordinaire étoit nécessaire dans les circonstances, et quelle en seroit la mesure précise. L'assemblée, ajoutoit M. de Lally, promet solemnellement qu'aussitôt que l'établissement et la promulgation des lois constitutionnelles lui permettront de s'occuper des subsides, elle en votera un particulier, avant tous les autres, pour réaliser ce secours extraordinaire.

Je ne puis pas croire qu'un homme qui a autant d'esprit que M. de Lally, proférât sérieusement une pareille extravagance. Le peuple, selon lui, souffroit, et il renvoyoit le soulagement après l'établissement et la promulgation de la constitution. Offrir un tel remede, c'étoit mettre à mort le peuple.

En proposant les autres ressources, M. de Lally prit le rôle imposant de législateur. Voici ces autres ressources pour bannir, sur le champ, du royaume, la disette.

1°. Dès aujourd'hui l'exportation des grains et

___
(1) C'est ce même mémoire remis par M. Necker au comité des subsistances. Bien loin de saisir *d'un attendrissement respectueux*, il eût dû saisir d'une violente indignation toute l'assemblée. C'est une tache sur cette assemblée, qu'aucun de ses membres n'en ait dévoilé les mensonges et la perfidie. Elle a par-là laissé croire à la postérité qu'elle étoit complice des intrigues du ministre des finances.

farines à l'étranger, sera et demeurera prohibée jusqu'au mois d'octobre 1790, sauf à prolonger ou à abréger le temps de cette prohibition, si les circonstances l'exigent.

M. de Lally avoit donc une bien haute idée de ses connoissances en économie politique, pour frapper de proscription, avec tant de légéreté, une loi discutée dans le conseil du roi, approuvée par les notables, et enregistrée au parlement, qui avoit bien autant de connoissances sur cette matière, qu'un jeune législateur.

2°. Dès aujourd'hui pareillement la circulation des grains et farines sera et demeurera libre dans tout l'intérieur du royaume, sans qu'il puisse y être apporté aucun obstacle par aucune autorité ; même par les arrêts ou sentences des cours de justice ; lesquels arrêts ou sentences des cours de justice, l'assemblée nationale annulle pour le passé et interdit pour l'avenir.

M. de Lally élevoit là tout d'un coup l'assemblée nationale à une grande hauteur ; mais il étoit bien novice en législation, s'il ne savoit pas que la liberté de la circulation des grains ne dépend ni des arrêts, ni des sentences, et qu'elle ne se soutient que par la confiance que sait habilement entretenir un administrateur, en ne laissant jamais voir ni de l'embarras, ni de l'inquiétude.

3°. Enfin, le présent arrêté sera porté au roi qui sera prié très-respectueusement de le revêtir de sa sanction *royale* (1), et de le faire proclamer dans toute l'étendue de son royaume ; se réservant l'assemblée nationale, de pourvoir par la suite aux lois fondamentales qui devront être portées sur les grains, approvisionnemens, subsistances (c'est de quoi elle ne s'est jamais occupée) ; et qui, sanctionnées de même par le roi, deviendront la règle, et assureront la tranquillité de tous ses sujets. En attendant, le comité des subsistances ne cessera de s'occuper des moyens de procurer l'abondance, de rétablir l'ordre, de rechercher et réprimer les abus, en invoquant, toutes les fois qu'il sera nécessaire, la décision et l'autorité de l'assemblée nationale.

Je ne sais pas ce que le lecteur pensera de tout ce verbiage. Voici ce que M. de Lally lui-même en pensoit. Après avoir présenté ce long arrêté, il continua de la sorte :

« Je crois que cet acte, en remédiant aux malheurs qui nous affligent, contient nos sentimens et nos principes. La circulation fera répandre les farines dans toutes les provinces, découvrira les magasins où un coupable propriétaire enfouit les grains pour établir sa fortune sur les larmes de ses concitoyens ; et l'autorité blâmable qui, en retenant le superflu dans une province, envoye la famine dans les provinces voisines, cessera d'exister. »

« Je dois ici vous dévoiler mes sentimens. Peut-être vous étonneront-ils ; peut-être en blâmerez-vous la hardiesse ; mais n'oubliez pas que je reclame votre indulgence. »

Par cet étonnement et cette hardiesse, qui sollicitoient l'indulgence, M. de Lally vouloit donner à entendre qu'une insurrection étoit une chose nécessaire.

« Il n'est point, ajouta-t-il, en effet, de révolution sans un mouvement quelconque ; il n'est point de mouvement politique sans fluctuation, ni de fluctuation sans danger. » Cependant M. de Lally, avec ses ménagemens ordinaires d'honnêteté, invita l'assemblée à aller au-devant de ce danger. « C'est à maintenir le calme, dit-il, que doivent se porter nos soins pendant les momens que nous consacrerons à réformer nos lois, ou plutôt à régénérer l'empire. » Et comme l'inintelligible distinction du pouvoir exécutif et législatif, étoit alors la folie dominante, et qu'il falloit qu'elle se mêlât à tous les discours, M. de Lally trouva, entr'autres avantages que procureroit son arrêté, celui de jetter d'avance les fondemens de la constitution ; celui de poser les bornes qui séparent le pouvoir législatif et le pouvoir exécutif, et de les réunir ensuite pour le bonheur public. Qu'est-ce que des pouvoirs séparés par des bornes, et cependant réunis ? Cette manie de vouloir à tout propos revenir sur une distinction qu'on n'entendoit pas, rappelle ce mot de d'Alembert (1) : « Le moyen le plus sûr d'accréditer une opinion auprès de la frivolité françoise, est d'inventer quelque phrase que tous les sots puissent répéter, en croyant dire quelque chose. »

« Il seroit beau, dit M. de Lally en finissant, que l'ordre que vous allez rétablir, se présentât dans un tableau aussi touchant, et que le premier acte de votre constitution, de vos droits, fût aussi propre à nourrir la famille commune, et répandre l'abondance et la consolation au sein du malheur et de la misère. »

Tel fut le discours de M. de Lally, discours que M. Mounier appela une *éloquente motion*. Je soupçonne que si celui-ci regarda le premier pendant qu'il parloit, ils ne purent, comme les deux augures, s'empêcher de sourire. Ils avoient trop d'esprit pour croire que les moyens présentés dans cette *éloquente motion*, fussent bien propres à nourrir la famille commune, et sur-tout à la nourrir sur le champ. M. Bouche

---

(1) Il eût été bien difficile que la sanction du roi n'eût pas été royale.

(1) Eloge de Crébillon, lu à l'académie le 25 avril 1778.

lui-même ne le crut pas. il proposa un expédient digne de lui. Il demanda que le comité des subsistances s'assemblât *solemnellement*, à la fin du jour, pour chercher des remèdes plus directs, plus praticables, plus prompts. Ce n'étoit pas de la solemnité qu'il falloit au peuple ; c'étoit du pain ; elle ne faisoit que retarder sa guérison. Mais, dit naïvement M. Barrère de Vieuzac, dans son journal (1). « Il étoit bien digne de l'humanité et de la sagesse de l'assemblée, de présenter au peuple la preuve que l'on pensoit à ses malheurs, et que l'on s'occupoit de ses besoins. »

Comme, malgré l'expédient présenté par M. Bouche, on n'en continuoit pas moins la délibération, tout-à-coup le comte de Mirabeau se leve, et interpelle le comité des subsistances de dire s'il avoit instruit l'assemblée, des propositions que faisoient des marchands anglois, et qui consistoient à vendre de la farine à deux sols la livre. M. Dupont, membre du comité, répondit qu'il ignoroit ce que vouloit dire le comte de Mirabeau. « Comme je suis instruit plus particulièrement, répliqua celui-ci, de ces faits, je demande vingt-quatre heures pour recueillir les instructions, et en présenter un résultat clair, simple et net. Je supplie donc l'assemblée de suspendre sa décision jusqu'à ce moment. »

Que prétendoit le comte de Mirabeau par cette interpellation ? rien autre chose que de gagner vingt-quatre heures, qu'il prolongea jusqu'à quarante-huit, au bout desquelles il déposa sur le bureau, pour toute instruction, une lettre de M. Jefferson à M. de la Fayette. Ce qu'il y a d'étrange, c'est que cette lettre contredisoit entièrement le comte de Mirabeau qui en faisoit le dépôt. Elle étoit écrite en anglois. En voici la traduction littérale :

« Mon cher monsieur, votre lettre d'hier m'a appris que M. de Mirabeau avoit annoncé à l'honorable assemblée de la nation, que j'avois fait à M. Necker l'offre d'obtenir d'Amérique une quantité de bled et de farine, qui avoit été refusée. Je ne sais pas comment M. de Mirabeau a été conduit à cette erreur. Je n'ai de ma vie fait aucune proposition à M. Necker sur cet objet ; je n'ai jamais dit que j'eusse fait une telle proposition. Dans le courant de l'automne dernier, M. Necker me fit l'honneur de me témoigner le désir que je fisse connoître dans les Etats-unis, que le bled et la farine trouveroient un bon débit en France. Je fis passer cet avis dans une lettre à M. Jay, secrétaire pour les affaires étrangères, comme vous le verrez par l'extrait de ma lettre, publiée par M. Jay, dans une gazette américaine, que j'ai l'honneur de vous envoyer. Permettez-moi de réclamer votre amitié et votre position, pour donner communication de ces faits à l'honorable assemblée de la nation, dont vous êtes membre, et de vous renouveller les sentimens, &c. T.-H. Jefferson. »

C'est à cette lettre que se réduisirent les instructions que le comte de Mirabeau mit quarante-huit heures à recueillir. Tout cela avoit bien l'air d'un jeu concerté uniquement *pour présenter au peuple*, comme disoit M. Barrère de Vieuzac, *la preuve que l'on pensoit à ses malheurs, et que l'on s'occupoit de ses besoins.*

M. Mounier, sans recourir à tous ces détours, mit franchement à l'aise ceux qui avoient intérêt à laisser subsister la principale cause de la fermentation. Il leur dit, que tous les projets, dont on s'occupoit pour adoucir la misère du peuple, n'étoient pas du ressort de l'assemblée ; qu'elle ne pouvoit rien statuer, rien décider, rien régler, parce qu'elle n'avoit aucune instruction, aucun état, aucun renseignement. Cette raison n'étoit pas trop bonne, puisqu'on avoit le mémoire de M. Necker, et qu'on pouvoit demander, aux ministres, toute autre instruction dont on auroit eu besoin. Se retranchant ensuite dans l'ordinaire distinction des pouvoirs, M. Mounier dit qu'on ne pouvoit rien ordonner sur cette affaire, parce qu'il n'appartenoit qu'au pouvoir exécutif de donner des ordres. « Nous ne pouvons, ajouta-t-il, procurer aucun secours, parce que rien n'est en notre puissance, que de faire des lois. Nous sommes appellés, non pour réformer tous les abus, mais pour préparer les réformes ; nous sommes appellés pour faire une constitution. »

C'étoit dire, en d'autres termes : « le peuple a-t-il besoin d'avoir du pain, si dans deux ans il a une constitution ? Cette manie de se croire appellé pour faire des lois, pour faire une constitution, est le grand rêve qui a perdu la France. Chaque député a voulu engendrer sa constitution, et s'est cru tout au moins un Licurgue. Aucun d'eux n'a eu la modestie de considérer que pour donner des lois aux hommes, il faudroit, comme dit J.-J. Rousseau, *une intelligence suprême, qui vît toutes les passions humaines et qui n'en éprouvât aucune.* Chaque siècle est fertile en conquérans, en historiens, en orateurs, en poëtes ; mais combien, depuis l'origine des sociétés, compte-t-on de bons législateurs ? Un système de lois n'a jamais été, et ne sera jamais l'ouvrage d'une assemblée nombreuse. Un seul homme peut en embrasser l'ensemble ; un seul homme donc doit avoir l'initiative de la loi, et un corps collectif doit avoir le droit de discussion, d'examen, de révision, de sanction, de *veto*. La mission des députés aux états-généraux se bornoit, et devoit se borner à présenter des doléances au roi, et à concerter avec lui les changemens qui pouvoient raffermir les bases constitutionnelles, assurer la fortune publique, et surtout améliorer le sort du pauvre.

En voulant détourner l'assemblée de s'occuper de

---

(1) Tome premier du point du jour, page 120.

la calamité publique, M. Mounier accusa les parlemens d'avoir arrêté la circulation. «Ils n'en ont pas le droit, dit-il; c'est empiéter sur le pouvoir législatif.» Il étoit, en vérité, plaisant d'entendre un corps qui vivoit depuis deux jours, qui ne pouvoit produire aucun titre légal de la puissance qu'il s'attribuoit, se plaindre déjà de ce que des corps qui avoient plusieurs siècles de vie, et dont le pouvoir reposoit sur les conventions les plus légitimes, empiétoient sur ses droits. Pour consoler ses co-députés, de l'attentât porté contre leurs prérogatives, M. Mounier ajouta, « ces inconvéniens ne peuvent pas être de longue durée, il faut les supporter. » Ces inconvéniens n'existoient pas; car il est inouï que jamais les parlemens ayent arrêté la circulation des denrées. Tout le monde sait, au contraire, que ces compagnies avoient des maximes très-saines sur la législation des grains, et qu'ils en maintenoient avec sollicitude l'exécution.

« Que peut faire, dit encore M. Mounier, l'assemblée nationale dans un moment de calamité ? Peut-elle arrêter les horreurs de la famine ? a-t-elle la puissance de poursuivre les monopoleurs, de les livrer à l'exécration publique et à la vengeance des lois? a-t-elle la force exécutrice pour arrêter et punir des complots que l'ombre du mystère couvre depuis long-temps, que des hommes qui ont usurpé l'autorité, sanctionnent encore de leur noms, de leur crédit? a-t-elle ces ressources salutaires, ces éclaircissemens nécessaires qui résident dans le gouvernement pour faire le bien? Non, sans doute, sans lumières, sans renseignemens, sans la force exécutrice, dépouillée de toute activité, réduite à l'impuissance, elle est isolée, abandonnée au seul desir de faire le bien ; elle peut même l'ordonner, mais c'est tout: agissante jusques-là, sa force expire au delà des bornes qui la resserrent ; l'autorité législative n'est rien sans l'autorité exécutrice, et celle-ci peut tout sans le concours de l'autre. »

Ces considérations et une foule d'autres qu'employa encore M. Mounier, mais qui n'alloient pas plus au but, réduisirent l'assemblée entière au silence et à l'inactivité ; toute délibération ultérieure fut arrêtée, et le peuple fut livré à M. Necker. On garda bien un comité de subsistances ; mais ce fut un comité sans fonctions. Le chevalier Rutleidge, dont j'ai parlé dans la première partie de cette histoire, le harangua au nom des boulangers de la capitale, et lui remit des pièces dont on n'a jamais rien dit. On lui répondit que ce qu'il disoit, et ce qu'il présentoit étoit du ressort du pouvoir exécutif; il se retira avec cette réponse. On écrivit à ce comité, de toutes les parties du royaume, des détails désastreux; il fut instruit que dans plusieurs provinces, les paysans étoient réduits à vivre de son et d'herbe bouillie. Ces affreuses lumières ne lui imprimèrent aucun mouvement; il resta constamment renfermé dans les bornes de son impassibilité législative. Il se détermina cependant à demander à M. Necker les preuves des détails qui avoient servi de base à son mémoire. M. Necker fit la réponse bannale qu'il en parleroit au roi, il n'y eut point de réplique à cette réponse, et l'inutilité du comité des subsistances étant parfaitement démontrée, on finit par le supprimer.

Un simple avocat au parlement, appellé Sarot, fit plus pour la classe des malheureux, que ce comité des subsistances, que l'assemblée entière dont il n'étoit point membre. Il ne crut pas qu'il fallut avoir un pouvoir exécutif ou un pouvoir législatif pour être le bienfaiteur des indigens. Il publia, par la voie des journaux, un procédé au moyen duquel on pouvoit nourrir, pour toute une journée, une personne avec un sou. Cette triste recette qui, comme on pense bien, ne donnoit pas un aliment bien délicat, fut reçue avec gratitude par les établissemens de bienfaisance. Une telle ressource et l'empressement avec lequel on l'accueillit, prouve à quel point la famine avoit étendu ses progrès.

Le peuple donc ne pouvant vivre, ni des beaux discours de MM. de Lally et Mounier, ni de la froide apathie du comité des subsistances, ni de la métaphysique séparation des pouvoirs, fut réduit aux seuls conseils de son désespoir. Ses fureurs furent cruelles; je vais les raconter.

CHAPITRE XL.

Nouvelles tentatives, et écrit pour porter la bourgeoisie à prendre les armes ; détails sur le régiment Royal-Allemand ; son arrivée et ses premiers mouvemens à Paris ; attroupemens aux portes de Paris, incendiaires aux barrières ; défection des canoniers ; dispositions effrayantes de la capitale ; augmentation de faveur pour MM. d'Orléans et Necker parmi le peuple ; agitation extraordinaire à Versailles ; indiscrétions de quelques courtisans ; projets attribués à la cour ; ses véritables vues ; orgie des troupes aux Champs-Elisées ; frayeur que conçoivent les parisiens des hussards ; lettre d'exil remise à M. Necker ; comment il la reçoit ; son départ du royaume ; alarmes sur son compte dans l'intérieur de sa maison ; nouvel incendie aux barrières de Paris ; consternation que répand la nouvelle de l'exil de M. Necker ; concours extraordinaire au Palais-Royal ; danger que court le premier porteur de la nouvelle ; changement dans le ministère ; conduite des troupes dans les journées du 11 et du 12 ; bustes de MM. d'Orléans et Necker, promenés par des brigands ; embrâsement de plusieurs barrières ; insultes et mauvais traitemens qu'essuyent les cavaliers de Royal-Allemand ; singulière conduite de M. de Bezenval ; expédition de M. de Lambesc dans le jardin des Tuileries ; impostures sur cette expédition.

Suite de Juillet 1789, et du second mois de l'interrègne.

Le signal étoit donné aux brigands ; c'étoit la torche à la main qu'ils devoient annoncer leur irruption ; on avoit tout à espérer du peuple, parce que lui même n'avoit plus rien à espérer que dans un changement. La bourgeoisie seule paroissoit toujours inébranlable. On tenta de nouveaux efforts pour la disposer au soulèvement que devoit déterminer la crainte de voir toutes les propriétés envahies par la foule de misérables qui alloit se répandre dans les rues. Voici ce qu'on crioit nuit et jour au Palais-Royal, et ce qui fut imprimé dans une petite feuille qu'on jetta sous presque toutes les portes bourgeoises. J'en ai conservé un exemplaire, et le passage que je vais transcrire en est tiré littéralement. Cet écrit porte la date du 9, et fut distribué le 10. On y lisoit :

« Depuis long-temps il est question d'armer la bourgeoisie de Paris : le moment est plus pressant que jamais, et je m'étonne de l'insouciance de nos habitans. Seront-ils mieux défendus par des étrangers que par eux-mêmes ? N'ont-ils pas une propriété, une femme, des enfans, des parens à conserver ? Eh bien ! tout cela ne fait aucune impression sur leur esprit. Nous fermerons, disent-ils, nos boutiques ; mais les portes de la prison de l'abbaye étoient fermées, et on en a retiré les prisonniers. Parisiens, sortez de vos spectacles et de votre léthargie ; les ennemis du bien public sont aux portes, et font marcher contre vous des soldats étrangers. Assemblez-vous, formez-vous en compagnies, et défendez vos biens et vos parens. »

Je crois que par ces ennemis du bien public, ces soldats étrangers, l'auteur de cet avis incendiaire entendoit principalement M. le prince de Lambesc, parent de la reine, et les hommes du régiment Royal-Allemand, qu'il commandoit. Comme ce régiment a été, plus qu'aucun autre corps militaire, l'objet des calomnies des révolutionnaires, je suivrai scrupuleusement tous ses pas. Je ferai d'abord remarquer que c'est fort improprement qu'on le regarde comme un corps étranger. Royal-Allemand, cavalerie, ci-devant polonoise, n'est pas composé d'étrangers ; il l'est d'alsaciens et de lorrains-allemands, tous françois et fidèles sujets de notre roi. Il s'y trouve, à la vérité, quelques officiers et quelques cavaliers nés allemands, et hors de la domination françoise ; mais dès qu'ils sont aggrégés au corps, ils en prennent l'esprit, et deviennent concitoyens de leurs camarades. Depuis près d'un siècle et demi que cette brave troupe est au service de France, il est inouï qu'on ait eu à s'en plaindre dans les différentes garnisons qu'elle a faites, et toutes les fois qu'elle a marché à l'ennemi, elle s'est montrée avec avantage. Quelque recherche que j'aie faite, je n'ai trouvé, dans l'histoire des guerres où elle s'est trouvée, aucune circonstance où elle n'ait bien mérité de l'état. M. le prince de Lambesc qui l'a commandée dans ces jours de révolution, et qui la commande encore aujourd'hui, l'a conduite avec la plus grande fermeté. Il est même sévère et envers les officiers et envers les soldats ; mais comme il est en même temps d'une justice rigoureuse, il est aimé et estimé des uns et des autres. C'est la véritable manière de se comporter avec les gens de guerre. Ils refusent leur estime et leur amitié aux chefs dont le service est lâche. D'ailleurs, ce n'est certainement qu'avec cette inflexible fermeté qu'on peut maintenir la subordination ; et la subordination dans les armées est le salut des empires.

Le régiment Royal-Allemand reçut ordre de se mettre en route pour Paris, le 29 juin, et depuis ce jour-là, M. le prince de Lambesc ne le quitta plus ; il étoit à sa tête à son passage dans Châlons. La troupe arriva à Passy près Paris, le 5 juillet, elle y resta vingt-quatre heures, et vint ensuite prendre son quartier dans le jardin du château de la Muette, d'où elle n'a plus bougé jusqu'à son départ, et où l'on tenta infructueusement de la corrompre.

Dès le lendemain de son campement dans le jardin de la Muette, M. de Lambesc reçut ordre d'envoyer quinze cavaliers pour veiller sur une troupe peu nombreuse d'ouvriers, que la police de Paris occupoit à des travaux publics, près de Montmartre. Cette troupe de mercenaires donnoit de l'inquiétude ; on appercevoit parmi eux de la fermentation ; on leur distribuoit de l'argent, et les espions confondus avec eux rendoient compte qu'ils méditoient des projets sinistres.

Ce quartier, ainsi que celui des Porcherons, étoit continuellement dans l'agitation. M. de Lambesc eut ordre d'y tenir des détachemens pour protéger les employés des fermes qui recevoient continuellement l'avis qu'ils alloient être investis par une foule considérable qu'on disoit composée de contrebandiers.

Ces différens détachemens se conduisirent avec sagesse, et leur contenance parut en imposer aux mutins. Ceux-ci se réunirent en plus grand nombre. Il s'en fit un attroupement effrayant, le 8. Il étoit composé de gens parmi lesquels on remarqua des contrebandiers, et plusieurs de ces mêmes ouvriers de Montmartre. Cette foule ne paroissoit pas avoir d'autre but que de forcer les barrières. Il fut ordonné à M. de Lambesc d'envoyer cinquante hommes pour les protéger. Il s'en fallut de beaucoup que ces cinquante hommes fussent suffisans. Dès qu'ils parurent, l'attroupement augmenta d'une manière vraiment formidable. Une quantité prodigieuse de populace se précipitoit à chaque instant hors de Paris, et venoit grossir la foule. Le danger paroissant sérieux, M. de Lambesc reçut ordre de renforcer le premier détachement, de cinquante hommes ; il se mit à la tête de ceux-ci, et se transporta sur le lieu de la scène. Il y trouva le peuple dans la plus terrible effervescence (1). On avoit déjà tenté d'embraser les barrières. Il est bien digne de remarque que c'est par le feu qu'on a voulu pousser la bourgeoisie de Paris, à une prise d'armes. A com-

_____

(1) Outre que ces faits sont notoires, ils se trouvent encore prouvés 1°. par le précis historique et justificatif que M. le Prince de Lambesc a publié le premier mai 1790, et qu'il a signé ; 2°. par les interrogatoires qu'on a faits subir à M. le baron de Bezenval, au châtelet de Paris ; 3°. par une déclaration rédigée en présence des officiers et cavaliers du régiment Royal-Allemand ; elle est signée par MM. le chevalier de Mandell, major ; le comte de Reinach, capitaine-commandant ; le comte Charles de Raigecourt ; le chevalier de Planta ; Fuchs, Bitsch, de Wildemberg, Mouton, Tinlot, Stadion, Sigwald, Mumme, Baxmman, Simonin, Reibel, maréchaux-des-logis ; Goetz jeune, Schatz, brigadiers ; Mathias, Brombeck, Gobino, Stel, cavaliers. L'authenticité de cette déclaration est certifiée par une lettre particulière de M. le baron d'Aureville, colonel-commandant le régiment de Royal-Allemand. J'ai toutes ces pièces sous les yeux. Le lecteur trouvera la déclaration et la lettre dans le numéro 5 d'un journal intitulé : Relevé d'Erreurs. Les originaux sont entre les mains de M. le chevalier de Gaignes.

mencer par l'incendie de la maison de Réveillon, c'est toujours un même système, un même moyen, un même but.

L'activité de M. de Lambesc, et les services qu'il retira de ses cent hommes, parvinrent à faire cesser le désordre. Le prince apperçut, au milieu du tumulte, un des ouvriers de Montmartre, qui portoit, en forme de drapeau, une chemise au bout d'une longue perche. On enleva le drapeau, et on arrêta l'homme, qui fut sur-le-champ remis à la maréchaussée. Elle ne se trouva sans doute point assez forte pour le conduire en prison, car il fut délivré par ses compagnons, et conduit en triomphe au Palais-Royal.

La conduite de Royal-Allemand ne pouvoit pas être agréable aux séditieux; elle retardoit tout au moins l'exécution de leurs projets; et il n'est peut-être pas indifférent de rappeler que ce fut le jour même où ce régiment empêcha un incendie, que le comte de Mirabeau demanda l'éloignement des troupes. On avoit meilleur marché des autres corps militaires. Les canoniers logés aux invalides, prêtèrent l'oreille à la séduction, et secouèrent ouvertement le joug de la discipline. Ils désertoient journellement, et finirent par abandonner, presque tous, leur quartier. Ils se répandoient dans les rues, se promenoient dans Paris, et sur-tout au Palais-Royal, où on les accueilloit avec des acclamations de joie; on leur prodiguoit les applaudissemens et tout ce qui pouvoit leur être agréable. En reconnoissance du bon accueil qu'ils recevoient, et pour se justifier à leurs propres yeux, leur désertion, ils disoient qu'ils aimoient mieux endurer le sort le plus désastreux, que de jouer le rôle auquel ils affectoient de se croire et de se dire destinés.

Je ne conçois pas comment, d'après ces dispositions effrayantes de la capitale, M. de Lally-Tolendal pût s'étonner de l'inquiétude qu'elles donnoient à la cour, et qu'il ait ensuite blâmée des mesures où elle avoit été entraînée (1). Selon lui, l'harmonie n'avoit pas encore été altérée, même par des dispositions alarmantes. Je ne conçois rien à ce langage; la vérité est, pour la dire en deux mots, que Paris faisoit peur à Versailles. Tout contribuoit à accroître cette frayeur; les membres du club breton entretenoient une correspondance alarmante avec la bourgeoisie de Bretagne. On disoit que M. d'Orléans y étoit compromis. Les regards qui depuis long-temps tournoient vers ce prince, commençoient à s'y fixer. On en publia, dans la journée du 10, un éloge emphatique, sous le titre de *motion de M. le duc d'Orléans, pour le soulagement du peuple*. On supposoit, dans cet écrit, qu'il avoit offert, au comité des subsistances, une somme de 300,000 livres, pour arrêter l'augmentation du pain et la disette des grains. M. Necker reparut aussi dès cette époque avec éclat sur la scène. Il s'appercevoit que depuis l'événement scandaleux qui avoit forcé le roi à lui rendre sa confiance, la cour étoit refroidie à son égard. Les princes ne le voyoient pas de bon œil; les autres ministres et les membres du conseil avoient pour lui des secrets. Mais plus il avoit à craindre une chûte, et plus il cherchoit à s'appuyer de la faveur populaire. Il réussit complètement. Son opinion sur le rassemblement des troupes n'étoit point un mystère. Tout Paris dit et crut que M. le maréchal de Broglie lui ayant écrit pour lui demander quinze millions nécessaires à l'établissement des magasins, et aux approvisionnemens des camps, il en reçut, pour réponse, que le trésor-royal étant épuisé, on ne pouvoit lui accorder cette somme; mais qu'on mettroit sa demande sous les yeux de l'assemblée nationale, et qu'on en solliciteroit un emprunt.

Si cette anecdote, d'ailleurs si vraisemblable, qui se répandit le 10, et que j'ai lue dans plusieurs lettres particulières, étoit vraie, elle jetteroit un grand jour sur l'événement du lendemain. C'étoit, au reste, une moquerie, une véritable défaite, de renvoyer à l'assemblée nationale, la demande d'une somme destinée à payer les troupes, dont elle avoit sollicité l'éloignement. Je répète que si l'anecdote est vraie, elle doit avoir beaucoup contribué à faire desirer à la cour, la disgrace d'un homme qui paroissoit abandonner les intérêts du roi, et n'épouser que ceux de la multitude.

Depuis le 9, tout étoit en mouvement à Versailles. Les membres de l'assemblée, ecclésiastiques, gentilshommes, députés du tiers-état, passoient les nuits en comités qui se subdivisoient en d'autres comités. On prenoit des délibérations qui ne transpiroient pas; on écrivoit dans les provinces; on envoyoit des émissaires à Paris, où d'heure en heure, des gens de la lie du peuple rentoient une émeute, tandis que la bourgeoisie restoit dans une muette consternation.

L'intérieur du château de Versailles présentoit un spectacle non moins digne d'attention. On y tenoit conseils sur conseils. Les principaux officiers des armées de Sèves et de Saint-Cloud se trouvoient tous les matins au lever du roi. M. d'Autichamp quittoit le château tous les soirs, et passoit la nuit, tantôt au pont de Sèves, tantôt à celui de Saint-Cloud. Il y avoit huit pièces d'artillerie à ce dernier poste. Lorsqu'on s'y présentoit la nuit, on y étoit reçu comme on l'est à la porte d'un camp, en temps de guerre. Une foule considérable de petit peuple s'étoit répandue dans les guinguettes de Vaugirard. Ce concours parut extraordinaire, parce que ce jour-là n'étoit point un jour de fête. C'en fut assez pour éveiller la vigilance des officiers des troupes qui campoient à Sèves. Elles passèrent toute la nuit sur pied.

---

(1) Voyez mémoire de M. le comte de Lally-Tolendal, ou seconde lettre à ses commettans, p. 60.

Les

Les gardes du roi étoient sans cesse en activité; ceux qui n'étoient pas de service dans le château, étoient les uns à cheval, les autres prêts à y monter. Les suisses formoient une espèce de haie autour de la demeure du roi. Les bouches des canons menaçoient toutes les avenues. On parloit d'en augmenter le nombre sur toutes les routes qui conduisoient à la capitale, et même de rompre, à la première alarme, les ponts de Sèves et de Saint-Cloud, ce qui porteroit à croire que la cour se croyoit déjà menacée de l'événement qui arriva le 5 octobre suivant (1).

Il étoit aisé aussi de s'appercevoir que quelques courtisans prenoient un ton d'assurance qui alloit presque jusqu'à la menace. MM. le duc de la Trémouille et le prince d'Hénin ne dissimulèrent point la mauvaise opinion qu'ils avoient des états-généraux. Ils tinrent à l'œil-de-Bœuf publiquement des propos qui tendoient à persuader qu'on vouloit leur dissolution. Quelques députés gentilshommes parloient également de se retirer dans leurs bailliages respectifs. Il y en eut qui firent circuler que le roi avoit répondu à l'un d'entr'eux qui étoit dans cette résolution : *il ne faut pas s'éloigner ; dans peu tout sera fini.* Il échappa également à M. l'abbé de Vermond, lecteur de la reine, qu'on croyoit être dans tous les secrets de la cour, de répondre à la fin d'un repas, à des personnes qui le questionnoient sur les projets des ministres, *ce n'est rien ; on n'a d'autre dessein que de dissoudre les états-généraux, et de redemander de nouvelles élections.* Un autre courtisan tint ce menaçant propos : *j'espère que sous peu de jours, nous chasserons ce coquin de Necker, et que nous nous débarrasserons de tous ces polissons.* Enfin, on colporta, de toute part, un billet que l'on disoit adressé à M. le duc de Luxembourg, et dont voici le contenu : *je vous préviens, mon cher, de ne point aller en Poitou, ni vous, ni vos co-députés ; il se passera bientôt tel événement, qui vous dispensera du voyage.* M. de Luxembourg qui n'a pu ignorer, ni qu'on faisoit circuler ce billet, ni qu'on disoit qu'il lui étoit adressé, ne l'a jamais désavoué. C'est dans une circonstance semblable que le silence d'un homme donne beaucoup de crédit au propos où son nom est mêlé (2).

Ces particularités sont bien minutieuses ; mais la liaison qu'elles ont avec le plus grand événement de notre histoire, m'oblige de les recueillir. L'abus qu'on en a fait auprès du peuple, est un motif de plus de ne pas les passer sous silence. Les gens de cour sont, en général, fort avantageux. Pour persuader qu'ils jouissent de la faveur de leur maître, ils rougiroient de laisser croire qu'ils ne sont pas au fait de l'affaire du moment ; ils font mystérieusement des confidences mensongères, et en savent toujours plus que le conseil. M. l'abbé de Vermond étoit dans cette classe de courtisans. Avant cette époque, il avoit trahi, par plus d'une indiscrétion, la confiance dont l'honoroit la reine. Le propos qui lui échappa, dans les vapeurs du vin, prouve seulement qu'il vouloit avoir l'air d'être parfaitement instruit. Si ce qu'il disoit eût été vrai, il n'eût eu garde de le révéler. Il étoit, à cet égard, comme tous ceux qui n'aimoient pas les états-généraux, et qui n'avoient pas entrée au conseil. Il voyoit beaucoup de mouvement autour du roi ; il interprétoit cette agitation à sa manière, et vouloit métamorphoser, dans l'esprit de ceux qui l'écoutoient, sa conjecture en une confidence de la reine. Quant au billet adressé à M. le duc de Luxembourg, comme il est anonyme, on n'en peut tirer aucune induction. Il ne pourroit avoir été écrit que par une personne attachée à la cour, et cette personne auroit bien pu voir l'événement à venir, non comme il devoit être, mais comme elle desiroit qu'il fût.

Ces différentes anecdotes et plusieurs autres de ce genre, circulèrent dans Paris, le 9 ; c'est-à-dire, le lendemain de la séance dans laquelle le comte de Mirabeau demanda le renvoi des gens de guerre. Cette date est remarquable. Si aucune de ces anecdotes, prise isolément, n'établit un fait, leur ensemble et le concours des circonstances que j'ai racontées plus haut, prouvent que la cour méditoit un plan. Ce même jour 9, les journalistes en publièrent un (1) qu'ils dirent être le résultat du conseil. En voici la substance :

1°. Faire cesser les états-généraux, et pour cela, enlever les membres à minuit, les faire conduire tous chez eux, en donnant ordre aux maîtres des postes de fournir des chevaux à l'officier qui les accompagneroit.

2°. Vendre la Lorraine à l'empereur, qui la payera, bien entendu, avec les six millons qu'on lui a prêtés.

3°. Tenir une séance royale, où le roi apportera quatre déclarations ; l'une établissant des états-provinciaux et états-généraux, de trois ans en trois ans. La seconde déclaration contiendra la suppression de la gabelle, remplacée par l'impôt territorial. La troisième établira un emprunt d'un milliard pour payer

---

(1) Je suis d'accord, pour tous ces détails, avec les écrivains démocrates ; ils ne seront donc pas contredits.

(2) J'ai dans les mains ce billet imprimé. Les propos des courtisans, et le mot de M. l'abbé de Vermond sont notoires ; et à cet égard, les journalistes qui les ont recueilli, n'ont pas menti.

(1) Il est important de remarquer qu'à cette époque, il n'y avoit encore aucun journaliste qui ne fût l'écho du parti du comte de Mirabeau.

G

et rembourser les dettes. La quatrième dissoudra, au moment même, les états-généraux.

La sottise qui termine le second article de ce plan, imprime le cachet de l'imposture sur tout l'ensemble (1).

On trouve dans une lettre, aussi sous la date du 9, qui courut toutes les provinces, un plan un peu différent du premier. Voici l'extrait de cette lettre :

« D'ici à samedi, plusieurs membres des ordres privilégiés se proposent d'engager une discussion sur la déclaration du 23 juin..... On espère, sur cela, diviser l'assemblée en deux partis, le parti royaliste, et le parti anti royaliste... Le roi tiendra une séance royale, lundi prochain ; là, il prononcera qu'il n'a jamais entendu rétracter ses déclarations, et qu'il a entendu qu'elles soient exécutées. Il ajoutera qu'il voit avec plaisir la réunion de sa fidèle noblesse aux autres parties intégrantes des états-généraux ; mais que le zèle qu'elle a montré dans cette occasion, doit le porter à des égards particuliers envers elle. Le roi ordonnera, en conséquence, que pour donner le temps aux députés, qui ont des mandats impératifs, d'aller les faire changer, il proroge les états-généraux à un mois d'ici..... »

Il est étrange que l'écrivain de ce plan garde un silence absolu sur le compte de M. Necker. Enfin je reçus, moi-même, toujours sous la date du 9, une lettre de Versailles, qui contenoit les détails suivans :

« On tiendra, le 13 ou 14, une séance royale ; on renverra les députés dans leurs provinces, et M. Necker à Genève. On s'arrangera avec les créanciers de l'état, comme on pourra, et non comme ils voudront ; c'est-à-dire, pour trancher le mot, qu'on leur fera une honnête banqueroute, qui s'étendra sur les porteurs de billets de la caisse d'escompte. Si tout le monde se fâche, on fera entendre à tout le monde la dernière raison des rois. On caressera le peuple ; on lui annoncera la destruction de la gabelle. Enfin on pourvoira aux besoins du moment avec l'argent que prêtent les financiers, les courtisans, les prélats, les magistrats des cours souveraines, qui enregistreront l'emprunt sans contradiction ».

Ce sont-là les seules vues que l'on prêta, dans le moment, à la cour ; car ce blocus de la capitale, ce projet de l'affamer, de la bombarder, de la faire périr par le fer et par le feu, ces grils à chauffer les boulets, ces quatorze cents cinquante mille cartouches distribuées aux troupes, sont des contes qui n'ont été imaginés qu'après l'explosion. Je n'entends pas dire, pour cela, que la cour n'eût, dès le 9 juillet, conçu un plan dont personne alors ne connoissoit le fond. La certitude que ce plan existoit suffisoit pour donner carrière aux conjectures. Les scènes qui se passoient journellement à Paris et à Versailles, et qui avoient un rapport si frappant avec la première émeute du faubourg S.-Antoine ; les liaisons de M. Necker avec ceux qui mettoient en feu la capitale et les provinces, les partisans qu'il s'étoit faits parmi les grands et même parmi les ministres, firent enfin prendre la résolution d'enlever, aux séditieux, cette idole ; la cour n'avoit pas d'autre projet qu'un changement dans le ministère.

L'enlèvement des députés n'étoit point entré dans ce projet. S'il en eût été un des articles, on l'eût exécuté dans la nuit même qui suivit la disgrace de M. Necker. Il eût demandé des préparatifs préalables, l'expédition d'autant de lettres de cachet qu'il y avoit de députés à enlever, des ordres aux différentes postes pour les chevaux nécessaires, des ordres également aux différens officiers destinés à escorter les députés jusques dans leurs provinces. Rien de tout cela n'a existé. Dans cette multitude innombrable d'agens qui eussent été employés pour l'exécution de cette partie du projet, il en étoit à qui il eût fallu nécessairement communiquer d'avance le secret ; tels étoient les maîtres des postes. Quelque perquisition que j'aye faite, quelqu'intérêt qu'ayent eu les révolutionnaires à s'appuyer d'un prétexte pour accuser le conseil du roi, il ne se trouve aucune trace qui puisse indiquer qu'on ait voulu attenter à la liberté des membres de l'assemblée (1). Tous les gardes du roi que j'ai interrogés, m'ont assuré qu'il n'étoit jamais venu à leur connoissance que l'on dût remettre, ou qu'il eût été remis, à aucun d'entr'eux, une lettre de cachet relative à l'enlèvement d'un député. Il en est de même des maîtres des postes : quoiqu'il y en ait plusieurs parmi eux qui ayent adopté, avec enthousiasme, les nouvelles opinions, je n'ai lu nulle part, et je n'ai entendu dire à personne, qu'aucun d'entr'eux ait avancé avoir reçu des ordres pour préparer des chevaux à l'époque où le prétendu enlèvement devoit s'effectuer.

Ce ne furent pas seulement ceux que nous appellons aujourd'hui démocrates, qui supposèrent à la cour des projets de violence contre l'assemblée ; ce furent encore ceux qui ont pris le titre mensonger d'impartiaux. Ils pouvoient être de bonne-foi, mais ils avoient une fort mauvaise idée du conseil du roi. M. le comte de Lally Tolendal reproche à la cour deux grandes fautes (2). 1°. La séance du 23 Juin ;

---

(1) J'aurai occasion de raconter des faits qui démontrent invinciblement l'absurdité de tous les contes qu'on a fait sur ces envois d'argent à l'Empereur, qui n'en a jamais reçu un denier.

(1) On trouvera dans un des chapitres suivans, une preuve sans réplique, qu'il n'a jamais été question de cette violence.

(2) Voyez mémoire de M. le comte de Lally, ou seconde lettre à ses commettans, p. 61.

2°. l'appel des troupes. C'est le sentiment aussi de M. Malouet (1). Des mesures très-inconsidérées, suivant ce dernier, le rassemblement des troupes près la capitale ... occasionnèrent l'insurrection du mois de juillet. L'aveu des personnes qui étoient dans cette opinion, ne peut donc pas être suspect. Or, M. de Lally, en parlant des causes qui ont amené cette insurrection, s'exprime ainsi (2) :

« Paris, depuis long-temps, étoit rempli d'artisans de troubles ; on y répandoit la corruption, on y semoit l'argent, dès l'émeute de Réveillon, et l'on ne prévoyoit pas alors que M. Necker seroit renvoyé... »

Venant ensuite aux jours qui ont immédiatement précédé l'insurrection, M. de Lally continue de la sorte (3).

« Il y avoit, dans toutes les parties du royaume, des complots qui se correspondoient, puisqu'ils éclatèrent presque partout le même jour.... »

Comme la capitale étoit le foyer de ces complots, et que ceux qui les exécutoient marchoient toujours la torche à la main, il falloit que le roi, ou consentît à laisser embrâser son royaume, ou ramassât une force suffisante pour éteindre le foyer. La cour instruite en outre que M. Necker étoit, tout-à-la-fois, dupe et protecteur des artisans des troubles, crut que le calme ne renaîtroit pas dans le royaume, tant que les ligueurs jouiroient de la présence et des encouragemens de ce ministre. Elle résolut donc de le renvoyer au-delà de nos frontières, et d'éloigner du ministère ceux qui sembloient vouloir suivre les mêmes erremens. C'est à ce seul coup d'autorité qu'elle se proposoit d'abord de se borner. Mais comme elle s'attendoit qu'il ne feroit qu'accroître la fermentation, elle vouloit présenter, de toute part, une force armée à ceux qui, lorsque ce coup éclateroit, se porteroient au pillage et à l'incendie. Comme elle savoit également, ainsi que s'exprime M. de Lally (4), qu'il y avoit une liaison entre les troubles du dehors et le mouvement intérieur de l'assemblée ; que ceux-là même seroient subjugués par la terreur, qui ne seroient pas séduits par les sophismes ; que de temps à autre, quelques grandes secousses viendroient renouveller ce sentiment de frayeur, et qu'ainsi une très-petite portion d'individus pourroit rendre inutiles les intentions pures de la majorité ; comme, dis-je,

_____

(1) Voyez, lettre à ses commettans, p. 18.

(2) Voyez son mémoire ci-dessus, p. 62.

3) Ibid.

(4) Ibid. p. 95. Cet aveu est bien précieux dans la bouche de M. de Lally, et auroit justifié même des mesures de rigueur, si la cour les eût prises.

la cour savoit tout cela aussi bien que M. de Lally, elle se proposoit, si la retraite de M. Necker ne suffisoit pas pour rétablir la paix, de rompre toute communication entre le peuple de Paris et les artisans des troubles, qui se trouvoient dans l'intérieur de l'assemblée. Elle auroit pour cela opté entre deux partis, suivant que les circonstances, amenées par l'exil de M. Necker, auroient rendu l'un plus sage que l'autre : elle auroit ou procuré une meilleure organisation des états-généraux, ou exécuté le dessein qu'elle avoit déjà annoncé, de les transférer dans une ville suffisamment distante de Paris et de Versailles ; mais la liberté individuelle d'aucun député n'auroit été attaquée.

Telles étoient, à l'époque du 9 juillet, les vues du moment, et les projets ultérieurs de la cour. Elle n'en avoit pas d'autres. Tout, dans le récit des événemens qui se lient à l'insurrection du 14, concourra à mettre cette vérité dans le plus grand jour. Il étoit d'autant plus instant, pour la cour, de prendre un parti, qu'on avoit à craindre que la séduction ne gagnât les meilleures troupes du roi. On eut à Paris, le 10 au soir, un spectacle qui dût prouver aux ministres, combien la fidélité de la plus part d'entr'elles étoit incertaine. Des canoniers, des dragons, des gardes-françoises, des invalides, des cavaliers de Royal-Cravatte, se réunirent aux Champs-Elisées, et y firent, en présence d'un peuple immense, un souper splendide. Ce furent des bourgeois qui en firent les frais. Le vin ruisseloit ; le gason étoit couvert d'aloyaux, de gigots, de jambons, de cervelats. Tout fut prodigué. Sur les huit heures, les sergens des différens corps vinrent chercher les soldats. On les invita à prendre leur part du festin ; ils acceptèrent de fort bonne grâce ; on but à la santé du tiers-état. Le souper fini, les sous-officiers gagnèrent avec leurs soldats, leurs casernes respectives, chantant les louanges des bourgeois de Paris. Ceux-ci se félicitoient à leur tour, de ces heureuses dispositions ; ils convenoient eux-mêmes que si ce train de vie duroit, l'armée entière, qui gardoit Paris, alloit se dissoudre au premier moment. Ils s'étonnoient de la facilité avec laquelle ils alloient bientôt mettre les camps en déroute. Ils ne leur restoit plus guère de frayeur qu'à l'égard de Royal-Allemand et des hussards. Ces derniers étoient pour Versailles, ce que les cavaliers de Royal-Allemand étoient pour Paris. On conçut pour ces hussards une antipathie qui est à peine croyable. On leur attribuoit des meurtres, des assassinats, des excès de férocité, qu'on ne croyoit pas à Versailles, mais qu'on croyoit à Paris. Voici ce qu'en écrivoit un journaliste (1) :

« L'indiscipline des hussards est effrénée. Dans les vapeurs du vin, ils courent çà et là dans les rues de Versailles, comme des furieux, prêts à commettre les plus horribles assassinats, et faisant fuir, à leur

_____

(1) Journal des états-généraux, tome 1, page 440.

aspect, les citoyens épouvantés.... Cette race impie s'est rendue coupable d'assassinats. Ces massacres jettent ici l'effroi dans tous les cœurs. Le désordre, les émeutes, les malheurs se succèdent ici rapidement, depuis leur arrivée. »

On ne pouvoit pas plus charger le tableau ; il n'y manquoit que la vérité. Aucun des attentats attribués à cette troupe, n'a été prouvé. Le seul trait de ce tableau, qu'on ne puisse pas contredire, c'est l'épouvante que cette cavalerie inspiroit, c'est la précipitation avec laquelle on fuyoit en sa présence. L'effroi gagna Paris ; il y devint général ; et comme, dans cette ville immense, tous les sentimens sont extrêmes, la frayeur y fut portée à son comble. Dans les premiers jours de l'insurrection, on ne craignoit que les hussards ; le peuple qui remplissoit les rues, croyoit toujours en être poursuivi. Si, par hasard, une voix crioit : *voilà les hussards*, la foule se dispersoit, on barricadoit les rues, on arrachoit les pavés, on se cantonnoit dans les maisons. Vingt mille hommes d'infanterie n'eussent pas autant effrayé que deux cents hussards. Je connois une jeune femme à qui l'agitation où elle voyoit tout Paris, lorsqu'on parloit de ces militaires, a laissé une telle impression, que le seul mot *hussard*, prononcé devant elle, la fait pâlir, et si on ne hâtoit de rendre le calme à ses sens, elle s'évanouiroit. Les parisiens ont toujours été les mêmes. Le nom de Malborough les faisoit trembler sous Louis XIV ; et dans un temps plus reculé, les mères de famille menaçoient leurs enfans de l'apparition de Jean-de-Vert.

L'orgie des Champs-Élisées détermina la cour à hâter l'exécution du plan qu'elle méditoit. Le samedi 11, dans la matinée, M. le comte de Montmorin fut chargé d'une lettre du roi pour M. Necker. Il se rendit chez celui-ci, un peu avant son dîner, et lui remit la lettre dans le plus grand secret. Il avoit ce jour-là peu de monde à sa table. Il s'attendoit, sans doute, à cet événement ; mais il est faux, comme l'ont imprimé tous les journaux, qu'il eut eu, dans la matinée, une *scène fâcheuse* avec le roi et avec M. le comte d'Artois ; il n'avoit pas vu le roi, lorsque M. de Montmorin arriva chez lui. Après avoir lu la lettre qui lui fut remise, il n'en communiqua rien à personne, pas même à son épouse. Il dîna ensuite avec le calme et la sérénité d'un homme qui n'a qu'un voyage de quelques jours à faire. Madame Necker et la baronne de Stael, sa fille, l'engagèrent, après le dîner, à aller se promener au Val, maison champêtre, située dans la forêt de S.-Germain, et qui appartient à madame la maréchale de Beauveau, la plus constante amie de madame Necker. M. Necker feignit de se rendre à cette invitation. Il monta en voiture, accompagné seulement de son épouse, et au lieu de se rendre au Val, il gagna, sans prendre un seul instant de repos, les frontières de la Flandre. Ce ne fut que de Cambray qu'il expédia un courrier à madame de Stael. Le commandant d'une ville de la Flandre françoise, qui le connoissoit très-imparfaitement, lui refusa le passage. Le ministre fut obligé de lui faire lire sa lettre d'exil. Cet officier est le seul qui l'ait lue ; on a toujours gardé le plus profond silence sur son contenu (1).

Le secret sur cette disgrace fut si bien observé, que l'on n'en sût rien dans toute la maison de M. Necker. Il étoit déjà à Bruxelles, que personne en France, à l'exception du commandant dont je viens de parler, ne savoit encore son départ. Le choix qu'il fit de cette ville pour sa retraite, est encore un mystère que je n'ai pu éclaircir. Il étoit naturel de s'attendre qu'il se retireroit ou à Genève sa patrie, ou en Suisse. Aussi, dès qu'on sût qu'il avoit quitté le royaume, tous les députés écrivirent dans les provinces, et tous les journalistes imprimèrent qu'il s'étoit retiré à Lausanne.

Sur les neuf heures du soir, M. le comte de S.-Priest, aussi peu instruit que le public, se rendit chez M. Necker, pour causer quelques instans avec lui. Il en sortit et regagna son hôtel, sans être plus instruit. Vers les onze heures l'alarme devint générale sur son compte. On craignit qu'il ne lui fût arrivé quelque malheur dans la forêt de Saint-Germain ; on envoya, de tous côtés des exprès pour savoir ce qu'il étoit devenu.

À la même heure, les brigands, aux environs de Paris, inondoient les quartiers de la Nouvelle-France et de la Petite-Pologne ; ils finirent par incendier les barrières de la chaussée d'Antin. C'est, comme l'on voit, par un incendie que se manifestoient toujours les accès de l'effervescence. On ne doute plus aujourd'hui que l'insurrection n'eût eu lieu indépendamment de la disgrace de M. Necker et de la défection des gardes-françoises. C'étoit même le bruit général à Versailles, encore long-temps après l'événement, que, dans le club Breton, on étoit convenu de donner le signal de la rébellion générale, par l'incendie du Palais-Bourbon. Il est certain qu'en mettant à la fois le feu dans plusieurs quartiers d'une ville aussi peuplée, et aussi riche que Paris, les rébelles se donnoient un grand avantage. Le désordre eût été tel, que les troupes, quand même elles fussent restées fidèles, au lieu d'arrêter les progrès de ce désordre, n'eussent fait qu'ajouter à la confusion, par leur nombre. Il est vraisemblable d'ailleurs que, tandis qu'une partie des scélérats auroit incendié, l'autre partie auroit pillé. Il eût bien fallu alors que les bourgeois s'armassent, comme ils auroient pu,

---

(1) J'invoque, à l'égard de ces détails, le témoignage de M. Valdec de Lessart, maître des requêtes, et attaché au département des finances, à l'époque du départ de M. Necker.

pour seconder les soldats, et faire main-basse sur les incendiaires et sur les voleurs.

12 Enfin, le lendemain matin, vers les sept heures, la nouvelle du départ de M. Necker éclata, d'abord dans le château de Versailles, ensuite dans la ville. Ce ne fut guères que sur les neuf heures qu'on la sut à Paris. Elle se donnoit d'abord mystérieusement et de manière qu'elle sembloit avoir besoin de confirmation. Ceux qui la recevoient se rendoient chez les banquiers, chez les personnes de la connoissance de M. Necker. Par-tout elles voyoient l'image de la consternation, & recevoient la confirmation de la nouvelle. Il étoit onze heures, et elle n'étoit point encore publiquement connue. A mesure qu'elle se répandoit, on se portoit au Palais-Royal, et les troupes se mettoient en mouvement. On voyoit passer, dans les rues, des cavaliers, des fantassins, des trains d'artillerie.

Entre onze heures et midi, le jardin du Palais-Royal se trouva tellement rempli par la foule, que jamais on n'y avoit été témoin d'une telle affluence. Non-seulement le sol étoit couvert, les arbres encore plioient sous le poids de ceux qui étoient perchés dessus. Les orateurs entassoient, comme ils pouvoient, des chaises, des tables, s'accrochoient aux branches des arbres, et s'y tenoient suspendus. Cette agitation étoit effrayante. Il faut l'avoir vue pour s'en faire une idée. Un de ces orateurs, qui arrivoit de Versailles, cria enfin la terrible nouvelle. On hésitoit encore à la croire; ceux qui environnoient l'orateur, devenus furieux par cette affreuse lumière, voulurent en punir celui qui l'avoit répandue. Ils le traînèrent dans un des bassins du cirque, et il couru le risque d'être noyé. Un député du tiers-état se trouvoit au milieu de cette multitude; il fut reconnu; on l'entoura; on l'interrogea avec effroi. Le député, la larme à l'œil, donna la cruelle conviction qu'on cherchoit à éloigner. Le ciel, dans ce moment étoit pur. Le soleil, parvenu au milieu de sa course, planoit sur ces milliers de têtes et les embrâsoit. Il darda ses rayons sur le miroir ardent qu'on voit au méridien du Palais-Royal. Le miroir les transmit à la lumière du canon; le coup partit, et ce coup, qui n'étoit qu'un phénomène de tous les jours, fut effrayant dans cette circonstance. Je ne peux rendre le sombre sentiment de terreur dont il pénétra toutes les ames. Ainsi le soleil donna, en quelque sorte, le premier signal de la révolution. Dès cet instant, en effet, le volcan fit son irruption; il vomit ces torrens de feu qui, de la capitale, se sont répandus dans tout le royaume, et qui finiroient par embrâser tous les trônes de l'univers, si ceux qui y sont assis, laissoient arriver jusqu'à eux l'incendie.

Au premier moment de consternation succédèrent des hurlemens pitoyables; on n'entendoit que les accens du deuil et de la tristesse. Comme les vagues de la mer qui se pressent, des flots de peuple alloient et venoient dans le jardin du Palais-Royal. Les rues étoient tantôt remplies de gens qui couroient par troupes, sans mot dire, et tantôt désertes. Le bourgeois seul restoit renfermé chez lui; mais, au moindre mouvement qui se faisoit, toutes les croisées étoient pleines de curieux. Pour l'observateur, même de sang froid, c'étoit un spectacle alarmant que celui de ces yeux hagards, de ces visages pâles où se peignoient l'inquiétude et la peur.

Dans le courant de la journée, on apprit que le changement, survenu dans le ministère, ne se bornoit pas au renvoi de M. Necker; on sut que MM. de la Luzerne, de S. Priest, de Montmorin avoient eu ordre également de quitter la cour; que M. le baron de Breteuil étoit nommé président des finances; M. de la Galaizière, contrôleur-général; M. le maréchal de Broglie, ministre de la guerre; M. de la Porte, intendant de la guerre, et M. Foulon, intendant de la marine. Les noms de MM. de Breteuil, de Broglie et Foulon achevèrent de porter l'épouvante dans tous les cœurs. M. de Broglie avoit perdu l'affection des Parisiens, pour avoir accepté le commandement des troupes; M. de Breteuil s'étoit rendu odieux par la manière hautaine et dure dont il avoit rempli sa place de ministre de Paris. Quant à M. Foulon, on l'avoit rendu l'épouvantail du petit peuple qui le haïssoit souverainement.

Dès que toutes ces nouvelles furent confirmées, les grandes routes se couvrirent de courriers; ils s'échappoient par toutes les barrières de Paris pour se répandre dans les provinces. Jamais notre patrie ne s'étoit vue dans une crise aussi violente. Chacun s'attendoit à l'événement le plus extraordinaire, et il eut des paris que sous quinze jours, ou M. Necker seroit rappelé, ou Louis XVI seroit détrôné.

Si, dans ces momens, il se fut trouvé un chef de parti, qui eût-eu le courage de se montrer, il eût entrepris tout ce qu'il eût osé. On le cherchoit avec inquiétude; personne ne se montrant, chaque habitant, dans la capitale, songea à son salut personnel, en se tenant éloigné du trouble, tandis qu'une classe du peuple obéissoit en aveugle à quelques ligueurs obscurs qui le poussoient en tout sens. Une partie de ces brigands qui, depuis quelques jours, se montroient de temps à autre, la torche à la main, se porta, entre midi et une heure, à la barrière blanche, menaçant, à l'ordinaire, de tout mettre en feu. M. le prince de Lambesc, sur l'ordre qu'il en reçut, y envoya sur le champ cinquante hommes de son régiment, sous le commandement d'un capitaine. Bientôt l'alerte donnée à presque toutes les autres barrières, obligea également d'y envoyer du secours. Le détachement qui veilloit à la barrière blanche, y resta jusqu'à six heures. On mit tout en œuvre pour le corrompre, comme on n'avoit cessé de tenter tous les moyens de séduction auprès du corps entier, depuis qu'il étoit à Paris. Les suborneurs s'étoient, comme je l'ai dit plus haut, glissés jusques dans son camp. Il s'en falloit de beaucoup que les autres troupes montrassent le même zèle que Royal-Allemand. La veille, pendant que des misérables coupoient, renversoient, arrachoient, incendioient la barrière de la chaussée d'Antin, les poteaux, les loges et les registres des commis, les gardes-françoises étoient venues se placer entre les incendiaires et les curieux, et avoient laissé agir ceux-là. Tandis qu'ils étoient spectateurs tranquilles de ce désordre, un détachement de Vintimille dansoit au Palais-Royal, devant le café du Caveau, en ne cessant de crier : *vive le roi, vive le tiers-état*. Des dragons, des artilleurs, des soldats de plusieurs corps se mêloient à la danse, répétoient les mêmes cris, et tous ces militaires étoient abreuvés de vin et de liqueurs par les bourgeois. Six hussards même s'étoient présentés pour prendre part à la fête ; mais l'horreur qu'on portoit à leur corps, les en avoit fait exclure ignominieusement. Une danse semblable, composée également de soldats de la plupart des corps, s'exécutoit aux Champs-Élisées, et le vin n'étoit pas plus épargné qu'au Palais-Royal.

D'après ces dispositions, que presque toutes les troupes avoient manifestées la veille, on peut se faire une idée de la conduite qu'elles tinrent dans cette journée. Royal-Allemand donna, plus qu'aucun autre corps, l'exemple de la fidélité et de l'intrépidité. Le détachement qui étoit posté aux Porcherons, se trouva extrêmement fatigué par l'ardeur du soleil qu'il recevoit à-plomb. L'officier, qui le commandoit, appercevant M. le prince de Lambesc qui venoit visiter le poste, le pria de le relever, pour permettre à sa troupe de se rafraîchir. Le prince y consentit, et lui ordonna d'aller faire reposer ses cavaliers au manège des Tuileries, où siège aujourd'hui l'assemblée nationale.

Tandis que M. de Lambesc faisoit relever ce poste par un pareil détachement, le Palais-Royal étoit dans une fermentation extraordinaire. Tout-à-coup la foule se précipite dans le salon où Curtius expose ses figures de cire ; on en arrache les bustes de MM. d'Orléans et Necker, on les revêt d'un crêpe, on les met sur un même brancard ; on regagne le jardin, on le traverse, et le cortège se met en marche par la rue de Richelieu, pour se rendre au boulevard. Jamais image plus hideuse ne s'étoit montré dans Paris. Cinq à six mille gueux en guenilles, marchant précipitamment et sans ordre, armés les uns de sabres rouillés, les autres de méchans fusils, ceux-là de pistolets, quelques-uns de bâtons ferrés, de haches, de fourches, de piques, escortoient les deux bustes. De chaque côté du brancard étoit une sorte de drapeau noir, bordé de blanc. De temps en temps il se détachoit de cette cohue des groupes qui couroient aux différens spectacles, et menaçoient d'y mettre le feu, si on ne les fermoit pas. Les comédiens obéirent par-tout, et cette suspension dura encore quelques jours. Pendant la marche, ceux qui avoient des armes à feu, en faisoient, de distance en distance, des décharges. Quelques-uns laissoient là la lugubre procession, couroient les rues, et crioient d'une voix effroyable : *garre, fermez vos fenêtres, on pille, on brûle et l'on s'égorge dans tout Paris* (1).

Tout cela étoit à peu-près vrai : on enfonçoit les boutiques des armuriers, et on en enlevoit toutes les armes. Le détachement de Royal-Allemand, qui releva celui que M. de Lambesc avoit envoyé au manège, trouva en arrivant les barrières en feu ; elles brûloient depuis le faubourg Saint-Antoine jusqu'à celui Saint-Honoré (2) ; des incendiaires apportoient, à chaque instant, un nouvel aliment au feu. Les cavaliers avancèrent au grand galop sur ces malheureux ; le peuple qui s'étoit ramassé dans cet endroit, les hua, les menaça et voulut les arrêter. Le détachement insista, et ses représentations ne faisant rien, il fit une décharge en l'air pour effrayer et dissiper la foule. Cette manœuvre, que l'on a adoptée dans ces derniers temps, est toujours dangereuse. Les officiers qui sont appelés pour dissiper des attroupemens, ne doivent jamais y recourir, parce qu'il ne faut jamais feindre avec les mutins. Toutes les fois qu'une force militaire se déploie, elle doit agir. Lorsqu'on est en présence d'une troupe de séditieux, on doit inviter les honnêtes gens à se retirer ; et après la troisième invitation, il est nécessaire de commander une véritable décharge à quelques soldats, afin que les perturbateurs soient bien convaincus qu'on ne brave jamais impunément la force publique. Si l'on agit autrement, la populace, bien loin de fuir, devient audacieuse, et alors on est obligé d'en faire un plus grand carnage. Royal-Allemand fit, dans cette occasion, une fâcheuse expérience de cette vérité. Dès qu'il eût fait sa décharge en l'air, la multitude qui l'environnoit, l'assaillit à coups de pierres ; on lui en jetta aussi par les fenêtres : alors l'officier qui commandoit, obligé de combattre pour la propre vie de ses cavaliers, ordonna de tirer quelques coups à balle. Un homme fut tué de cette décharge, deux autres furent blessés, le reste prit la fuite. Bientôt après ce détachement reçut ordre de se rendre au boulevard, vis-à-vis l'hôtel de Montmorency, où il y avoit beaucoup de mouvement, et où il prit poste. Celui qu'il l'avoit relevé, et que M. de Lambesc avoit envoyé au manège, ne se reposa pas long-temps. Le prince lui ordonna de monter à cheval, et de se rendre à la place Vendôme ; il s'y rendit lui-même et se mit à sa tête.

---

(1) Ce cri fut entendu sur-tout dans le quartier de la chaussée d'Antin.

(2) Ce fait est attesté par le sieur Prudhomme lui-même, dans ses révolutions de Paris, numéro 1, p. 6.

M. de Lambesc fit cette manœuvre, autant pour se rapprocher des cavaliers qu'il avoit envoyés à la barrière Blanche, et qu'il croyoit en danger, que pour veiller aux mouvemens de l'armée des bandits, qui conduisoit les deux bustes, et dont on ne pouvoit deviner le but. Elle défila de la rue de Richelieu, par le boulevard, par les rues Saint-Martin, Grenetat, Saint-Denis, la Ferronnerie, Saint-Honoré, et vint se présenter à la place Vendôme. Elle n'y trouva point M. de Lambesc ni son détachement. Ce prince, en effet, avoit à peine pris poste sur cette place, qu'il envoya un aide-de-camp à M. le baron de Bezenval, pour avoir ses ordres ultérieurs. L'aide-de-camp trouva M. de Bezenval à la place Louis XV. Ce dernier, ami intime de M. Necker, tint, dans tous ces événemens, une conduite qui paroîtra au lecteur fort extraordinaire; et c'est en partie de son interrogatoire, subi au Châtelet, que je tire les faits qui le concernent. Il avoit distribué tout au tour de Paris de petits détachemens de troupes. Il est difficile de comprendre comment M. de Bezenval n'avoit pas, pour l'intérieur de la ville, la même sollicitude que pour l'extérieur. Ces corps de troupes, tous peu nombreux, n'étoient nulle part suffisans pour en imposer à la foule qui les circonvenoit. Plusieurs furent assaillis à coups de pierres. Il y en eut même sur lesquels on tira des coups de fusils. Plusieurs dragons entr'autres, et plusieurs chevaux furent dangereusement blessés. De tous côtés on donnoit avis à M. de Bezenval, que les troupes avoient beaucoup d'humeur, et étoient excédées du traitement qu'elles recevoient de la part du peuple.

Cette disposition dût paroître bien alarmante à cet officier : il pouvoit se faire que l'impatience des soldats ne pût plus être contenue. Alors ils auroient fait feu sans ménagement sur le peuple ; ils auroient sabré tout ce qui se seroit opposé à eux ; les chevaux auroient foulé aux pieds les blessés. En même-temps les soldats, qui tenoient le parti des gardes-françoises, se seroient réunis à eux pour combattre les autres. Ainsi les gens de guerre se seroient entre-égorgés, et le peuple auroit ajouté à la confusion et au carnage de ce combat.

Lorsque M. de Lambesc envoya son aide-de-camp à M. de Bezenval, le jour étoit déjà avancé. Il étoit près de huit heures du soir. Il devenoit instant de préserver Paris des scènes sanglantes qui vraisemblablement alloient s'y passer pendant la nuit, et que les ténèbres rendroient encore plus atroces. Tout le petit peuple, tous les bourgeois qui, pendant la journée, s'étoient répandus dans les villages et dans les maisons de campagne des environs, rentroient au moment où M. de Bezenval s'emparoit de la place Louis XV. Ceux qui arrivoient par les Champs-Elisées, et qui ne savoient encore rien de tous ces troubles, se réunirent aux habitans qui prenoient le plaisir de la promenade dans les Champs-Elisées. Il arrivoit aussi du jardin des Tuileries, beaucoup de monde que la beauté du jour y avoit attiré, et que la curiosité portoit à s'approcher de M. de Bezenval. De sorte que cet officier se vit insensiblement environné d'une foule innombrable qui lui paroissoit fort agitée. Il apprit en même temps que la troupe, dont étoient escortés les deux bustes, et qui à chaque minute grossissoit sur son passage, approchoit.

M. de Bezenval raconte que, se voyant dans une telle situation, il envoya ordre aux différens pelotons de cavalerie qu'il avoit dispersés dans tout le pourtour de Paris, de se rendre sur la place Louis XV. Il doit paroître étonnant que M. de Bezenval ayant autant de monde, fût obligé de dégarnir et de laisser sans protection les postes où il y avoit du danger, pour réunir de grandes forces sur un point où il n'y avoit rien à craindre. Car même, avec les plus mauvaises intentions, que pouvoit entreprendre la multitude sur la place Louis XV ? A mesure que les différens détachemens qui avoient été mandés arrivoient, l'inquiétude de M. de Bezenval augmentoit, parce que, comme il le dit lui-même, le peuple étoit pêle-mêle avec les troupes et cette confusion, ainsi que le mécontentement des soldats, pouvoit à chaque instant causer le plus affreux carnage.

Il paroît aussi que M. de Bezenval en mandant auprès de lui les détachemens postés en différens quartiers, avoit oublié celui de la place Vendôme. Aussitôt qu'il apperçut l'aide-de-camp de M. de Lambesc, il lui ordonna de dire au prince, de se rendre sur le champ à la place Louis XV. M. de Lambesc accourut au grand galop. Au même instant arrivoit la foule qui conduisoit les deux bustes, et qui ne cessoit de crier, *chapeau bas*. Elle se mêla avec les troupes, les insulta et les menaça. Un dragon serré de près et qui se trouvoit auprès de ceux qui portoient les effigies de M. d'Orléans et de M. Necker, détacha un coup de sabre. Le coup abattit la tête du buste de ce dernier. Cet accident étoit d'un mauvais augure pour le ministre.

Le désordre alors devint extrême. M. de Bezenval avoit une nombreuse cavalerie et plusieurs corps d'infanterie, entr'autres une compagnie des grenadiers des gardes-suisses qui l'avoit escorté depuis Courbevoie jusqu'à la place Louis XV. Il fit mettre ses troupes en bataille. Il étoit posté de manière à faire telle évolution qu'il auroit jugé à propos. Il avoit derrière lui l'immense terrein des Champs-Elisées, à sa gauche les larges rues qui débouchent à la rue Saint-Honoré, à sa droite une foule d'avenues qui conduisent au quai des Tuileries. Dans cette position très-avantageuse, il semble que M. de Bezenval n'avoit rien à craindre de la foule, quelque considérable qu'elle fût. Elle étoit mal armée, sans chef, et sa contenance étoit plus digne de pitié que de tout autre sentiment. M. de Bezenval pouvoit en étudier tous les mouvemens avec tranquillité, et la laisser s'écouler. *Il lui prit envie, au contraire, ce sont ses expressions, de repousser tout ce peuple.* En se déterminant à ce parti, il étoit naturel qu'il disposât sa troupe de manière à mettre le peuple dans la nécessité de se dissiper par les Champs-Elisées, ou par les rues qu'il avoit à sa gauche, par les avenues qui étoient à sa droite. Au lieu de cette manœuvre qui ne pouvoit avoir aucune suite fâcheuse, par la facilité qu'elle auroit donnée à tout le monde de se disperser sans être foulé, il fit un mouvement qui est inconcevable. Il voulut contraindre vingt ou trente mille hommes, femmes ou enfans, de se précipiter dans le jardin des Tuileries, par l'étroit passage du pont tournant. Il faut regarder comme un miracle qu'une si grande quantité de personnes, se pressant avec fureur sur ce petit espace, il ne s'en soit pas écrasé des milliers. D'ailleurs, ce petit pont n'étant construit qu'en planches qui n'ont pas une grande solidité, pouvoit plier et se briser par les secousses et sous le fardeau. Et qui peut dire ce qui seroit arrivé dans le cas où le peuple auroit été pressé entre le fossé qui, dans cet endroit, règne le long du jardin des Tuileries, et une cavalerie menaçante?

A peine donc M. de Lambesc fut arrivé, que M. de Bezenval lui ordonna de charger, et de contraindre le peuple à entrer dans les Tuileries. Tous les écrivains, qui ont parlé de cet événement, ont confondu l'expression, *charger*, avec l'expression *faire feu*; ce qui est bien différent. Une troupe qui a ordre de charger n'a pas pour cela ordre de tirer. La charge n'est autre chose que la marche dans le plus grand ordre de bataille. La malice ou l'ignorance ont tiré de cette expression, une perfide conséquence; et aujourd'hui encore bien des gens croient ou feignent de croire, que la troupe de M. de Lambesc reçut ordre de décharger ses mousquets sur le peuple.

M. de Lambesc trouva l'évolution que lui ordonnoit M. de Bezenval, si extraordinaire, qu'il s'en fit répéter deux fois l'ordre. Il demanda ensuite si lui-même entreroit dans les Tuileries. M. de Bezenval lui répondit d'abord que non; mais un instant après, il lui dit d'entrer, de passer avec sa troupe le pont tournant, et de s'arrêter à six pas du pont dans l'intérieur du jardin. Le prince se mit sur le champ en devoir d'obéir, et dirigea la tête de sa troupe vers le pont tournant. Il recommanda à ses hommes, de se contenter de repousser la foule. Ce mouvement se fit avec un tel calme, que le prince ayant apperçu une femme qui avoit été culbutée avec un enfant qu'elle tenoit à la main, fit faire halte, et lui donna le temps de se relever. Avant d'entrer dans les Tuileries, les officiers mirent le chapeau à la main, et annoncèrent au peuple, les ordres qu'ils venoient de recevoir, après quoi ils l'exhortèrent à se retirer.

Cette exhortation n'ayant rien produit, la troupe, en avançant lentement, continua à pousser devant elle toute cette multitude qui l'accabloit d'invectives et de pierres. Il ne fut pas porté un seul coup de la part des cavaliers; ils arrivèrent à l'extrémité du pont dans le jardin, sans qu'aucun homme eût été renversé ni foulé par les chevaux. Arrivés dans cet endroit, ils trouvèrent une espèce de barricade formée avec des monceaux de chaises, entre les deux terrasses, dont l'une est ornée d'une statue de Mercure, et l'autre d'une statue de la renommée. Le détachement franchit cette barrière, et se mit en ordre de bataille entre les deux terrasses, à la hauteur des statues. M. de Lambesc se tint constamment à sa tête. Cette position l'exposa, lui et sa troupe, au plus grand danger. Il fut en effet pris par les deux flancs. Du haut des terrasses on fit pleuvoir sur les cavaliers, une grêle de chaises, de pierres, de bouteilles cassées; on déchargea même sur eux des armes à feu, qui heureusement étant mal dirigées, ne tuèrent ni ni blessèrent personne. Mais quelques cavaliers reçurent de fortes contusions, et un capitaine fut grièvement blessé d'un coup de pierre.

Il n'étoit pas possible de tenir plus long-temps dans ce poste; les cavaliers commençoient à murmurer, à s'échauffer. Le prince cédant à cette impatience, qui pouvoit avoir des suites sanglantes, donna l'ordre de la retraite. Il étoit à peine donné, que de toute part, on cria : *fermez le pont, fermez le pont.* Si en effet le pont eût été fermé, il se fût infailliblement engagé un action très-meurtrière. Les cavaliers se voyant la retraite fermée, auroient été obligés de traverser le jardin dans toute sa longueur. A chaque pas ils eussent eu à combattre. Toutes les issues étant étroites, il leur eût fallu peut-être, pour s'échapper par l'une de ces gorges, faire des efforts que la résistance auroit rendus sanglans. D'un autre coté, M. de Bezenval voyant le détachement en danger, se seroit sans doute déterminé à faire usage de tous ses moyens pour le dégager.

Aussitôt que le cri : *fermez le pont,* eut retenti, quelques personnes coururent en effet au pont, et se mirent en devoir de le tourner. M. de Lambesc comprit parfaitement tout ce qui pourroit arriver de funeste, si la troupe étoit obligée de retourner sur ses pas. Il ordonna à deux cavaliers, dont la prudence lui étoit le plus connue, de tirer en l'air quelques coups de pistolets, pour en imposer aux assaillans qui étoient sur les terrasses. Cette innocente décharge n'effraya personne, et on ne continuoit pas moins à vouloir tourner le pont. M. de Lambesc y courut, et frappa de son sabre un de ceux qui étoient le plus acharnés à cette manœuvre. Cet homme se retira précipitamment, et, sans doute, sa blessure ne fut pas bien considérable, car on le vit, le même soir, se promener au Palais-Royal (1).

_____

(1) Voyez, sur tous ces détails, la procédure faite au Châtelet, contre MM. de Bézenval et de Lambesc; le précis justificatif de ce dernier, et les autres pièces rapportées dans la première note de ce chapitre.

Le

Le prince, revenu heureusement avec tout son monde sur la place Louis XV, reçut ordre de se mettre en bataille, sa droite appuyant à la statue. Une demi-heure après, le régiment de Châteauvieux, suisse, étant arrivé, et s'étant aussi mis en bataille, M. de Lambesc reçut ordre de se poster au garde-meuble de la couronne, où il resta quelque temps, après quoi il se plaça derrière l'infanterie.

Telle est, dans la plus scrupuleuse vérité, la conduite que M. de Lambesc tint dans cette cruelle journée. Cette histoire ne ressemble guères à celle qu'en ont donnée les journalistes. M. Gorsas, dans sa feuille du 6 juin 1790, dit que le prince déchargea ses pistolets sur un jeune homme qu'il ne nomme pas. Il est le seul à parler de ce fait. Le prince a fait le serment, dans son précis justificatif, que ses pistolets n'étoient pas même chargés. L'auteur anonyme de l'histoire de la révolution de 1789, raconte ainsi l'aventure du pont tournant (1).

« Le fougueux aristocrate (M. de Lambesc) perd la tête, se jette dans les Tuileries avec quelques cavaliers, et *pourfend* d'un coup de sabre un malheureux vieillard *qui lui tendoit les bras.* » L'image est pathétique ; mais pour y croire il faudroit qu'elle fut accompagnée de la déposition *du malheureux vieillard*, s'il a survécu au coup qui l'a pourfendu, ou de son extrait mortuaire, et d'un procès-verbal de chirurgien, s'il est mort de sa blessure. Quand on garde l'anonyme, on est tenu plus rigoureusement encore à appuyer de preuves les faits qu'on raconte.

Un autre auteur anonyme, dont l'écrit est intitulé, *remarques et anecdotes sur le château de la Bastille*, donne une version du même événement en ces termes (2):

« Lambesc, qui n'écoute plus que les mouvemens d'une orgueilleuse rage, a la bassesse de poursuivre à cheval, *et armé des deux mains*, un jeune bourgeois à pied et sans armes..... Il l'atteint..... et l'assassine d'un coup de pistolet tiré à bout portant.... Un vieillard, qui se retiroit avec son ami, se présente devant lui ; il lui tend ses débiles bras pour lui demander la vie, et déjà Lambesc *lui a fendu la tête* de son *large* cimeterre. » C'est la première fois qu'on a vu tenir et tirer un pistolet avec les deux mains. Ce qui est tout aussi merveilleux, c'est la promptitude avec laquelle ce pistolet se métamorphose en un *large* cimeterre. Enfin, ce qui complette le miracle, c'est qu'il ne soit resté aucune trace de ce double meurtre, aucune réclamation de famille, aucun acte légal, malgré le vif intérêt qu'on avoit à éclairer le peuple sur ce qu'on vouloit qu'il crût.

Le Cousin-Jacques lui-même, qui est si jaloux de faire croire à sa bonhommie, tout en se rapprochant de la vérité, donne, dans *son histoire de France, pendant trois mois*, la tournure la plus venimeuse à l'action de M. de Lambesc ; il la raconte ainsi (1) :

« Lui-même, courant à toutes brides, eut., *dit-on*, l'inhumanité de *pourfendre*, d'un coup de sabre, un *pauvre* vieillard qui, se trouvant *par hasard* sur son passage, étoit tombé à genoux pour lui demander grace. » Voilà un hasard tout aussi incroyable qu'il est perfide. Il méritoit bien une autre preuve qu'un *dit-on*.

La narration de M. Prudhomme, dans ses révolutions de Paris, a moins de malignité encore que celle du bon cousin ; il raconte ainsi le fait (2).

« Le prince Lambesc.... cet odieux aristocrate a paru au pont tournant des Tuileries ;... là, d'un coup de sabre, *et sans motif*, il a abattu à ses pieds un vieillard qui se retiroit avec son ami. » Sans doute, si ce vieillard est mort, il ne peut parler ; mais pourquoi ses parens, ses amis gardent-ils le silence ?

Dans d'autres révolutions de Paris, signées D.... C.... on rend ainsi l'histoire (3) : « M. le prince de Lambesc entre dans les Tuileries avec trente de ses cavaliers ;.... il *tue* un jeune homme d'un coup de pistolet, et coupe le bras d'un vieillard. » Là, il est clair que le jeune homme ne pouvoit plus parler ; mais le vieillard avoit-il perdu aussi l'usage de la parole ? Son bras coupé et le cadavre du jeune homme, exposés à tous les yeux, eussent fait sur le peuple Parisien, le même effet que produisit sur les Romains, la robe ensanglantée de César.

M. Boyer, dans sa gazette universelle, et M. l'abbé Noël, dans sa chronique de Paris, n'ont été ni plus impartiaux, ni plus exacts, ni plus fertiles en preuves que les écrivains que je viens de citer. Je me borne à ceux-là. J'ai cru qu'il étoit de mon devoir de les traduire au tribunal de la postérité, afin de la prémunir contre les mensonges, qu'eux et leurs pareils lui transmettront sur cet événement, et sur ceux qui l'ont suivi. On ne leur doit aucune foi, parce que leur récit n'est jamais appuyé d'aucun témoignage. « Ceux qui composent des histoires, dit Bayle (4),

---

(1) Tome I, page 314.
(2) Page 59.

(1) Page 27.
(2) Pages 2 et 3.
(3) Page 7.
(4) Art. annat.

H

ont dispensés de prêter serment. On les en croit sur leur parole sans qu'ils jurent; mais pour ceux qui écrivent des libelles, c'est une faveur, c'est une civilité que de les en croire sur leur serment confirmé par des témoins. » Les auteurs dont je viens de parler, n'écrivent ni une histoire, ni un journal, ils écrivent des libelles; et comme leur récit n'est jamais confirmé par des témoins, ils ne sont pas même dignes de la faveur et de la civilité que Bayle consent qu'on accorde à certains libellistes.

Quant à moi qui, sur les faits que je viens de raconter, ai tout vu, tout lu, tout entendu, et qui suis peut-être dans la position la plus favorable, où puisse se trouver un historien, pour découvrir la vérité, parce que bien loin d'avoir à me louer d'aucun des partis, j'ai, sans l'avoir mérité, à me plaindre de tous, j'avoue que la chose qui m'étonne dans la conduite de M. de Lambesc, c'est qu'il n'ait fourni aucun prétexte aux reproches qu'on lui fait. Il me paroît excessivement digne d'éloge, qu'il ait pû se tirer avec autant de sagesse, du mauvais pas où, contre toutes les règles de la prudence, M. de Bezenval l'avoit engagé. M. de Lambesc eût-il versé le sang, il faudroit l'en plaindre, il faudroit en gémir; mais il ne faudroit pas l'en blâmer.

Je ne crois pas que mes lecteurs me sachent mauvais gré de cette digression sur les écrits où l'on trouve l'histoire de la journée du 12. Il me falloit bien instruire la postérité du degré de croyance que méritent les auteurs du parti démocrate, qui ont voulu composer des relations sur les événemens de la révolution; mais il me suffira de l'avoir fait une fois. Je ne reviendrai plus sur ces ouvrages de mensonge. Les dissertations critiques ne sont pas du ressort de mon histoire. Je me bornerai à indiquer, comme je l'ai fait jusqu'à présent, et lorsqu'il sera nécessaire, tous les témoignages qui garantissent ma véracité.

Je reprends donc ma narration, pour ne plus la quitter, et je renvoye au chapitre suivant les détails qui complettent l'histoire de la journée du 12. Les auteurs que j'ai cités plus haut, appellent la conduite que M. le prince de Lambesc tint sur la fin de cette journée, *la clef de la révolution* (1). Parmi les intéressans tableaux qui vont se présenter aux yeux de mes lecteurs, il en est un que tous les partis ont ou ignoré ou oublié, et où l'on pourra trouver cette *clef de la révolution*; car, comme on le verra, il désigne assez clairement à quelle faction il faut attribuer les mouvemens qui firent enfin des bourgeois de Paris, autant de soldats.

___

(1) Voyez notamment n°. 158, 7 juin 1790 de la chronique de Paris.

CHAPITRE XLI.

PRÉCAUTIONS de la cour; irrésolutions des officiers supérieurs; premiers accès de rébellion dont est travaillé M. Camille Desmoulins; alarmes sur M. d'Orléans; sa conduite dans la journée du 12; tentatives pour l'élever à la lieutenance générale du royaume; terribles angoisses des parisiens; lâcheté de deux compagnies de gardes françoises; nuit du 12 au 13; situation des esprits à Versailles; mouvement dans tout le royaume; conduite du club breton; premier forfait de la journée du 13; horrible irruption de brigands dans Paris; leurs menaces contre les aristocrates; siège de l'hôtel de la Force; soulèvement des prisonniers du Châtelet; insurrection de la bourgeoisie; établissement des comités permanens; première apparition de M. le duc d'Aumont à l'Hôtel de Ville; arrêté du comité permanent des électeurs; enrôlement de toute la bourgeoisie parisienne; sollicitudes et perquisitions pour l'armer; offres des gardes françoises aux bourgeois; désertions dans les troupes de ligne; premières instances à M. de Flesselles, prévôt des marchands; sa conduite dans cette journée; arrestation d'un convoi de farines; incendie de la voiture de M. le prince de Lambesc; préparatifs de guerre dans toute la capitale.

Suite de Juillet 1789, et du second mois de l'interrègne.

LA conduite de M. le baron de Bezenval est d'autant plus extraordinaire dans cette journée du 12, qu'il avoit dû prévoir la commotion que donneroit à la capitale, le départ de M. Necker; et que d'ailleurs il en avoit été averti par la cour. Ce que je reproche à M. de Bezenval, les hommes les plus justes le reprochent au conseil du roi. Lisez les écrits de tous les partis, vous y verrez que le conseil ne fit que des fautes, et ne sut prendre aucune mesure, pour faire obstacle aux premiers mouvemens de l'insurrection. Cette allégation n'est pas fondée. La cour ne pouvoit mieux faire que ce qu'elle fit. M. Necker étoit parti le samedi, et dès le lendemain matin, les murs des rues de Versailles et de Paris furent couverts de placards qui invitoient, de la part du roi, les citoyens à rester chez-eux, à ne point s'attrouper, et à favoriser le maintien de l'ordre et de la paix.

La nuit du samedi au dimanche fut employée à expédier, à Paris et dans les provinces, des courriers qui portèrent les ordres du roi à ceux qui commandoient. MM. de Bezenval, de Sombreuil, de Launay, et tous ceux qui avoient quelque autorité, étoient munis d'instructions suffisantes; et comme des instructions, sur-tout dans des temps d'orage, où la scène change à tout instant, ne peuvent pas tout dire, c'étoit à la sagesse des officiers à suppléer au silence des ordres. En un clin-d'œil cependant, Paris avec une armée de trente ou quarante mille hommes à ses portes, pour la protéger, se trouva sans roi, sans gouvernement, sans police, sans tribunaux, sans spectacles. Tout marchoit au hasard. Les troupes erroient à l'aventure. Elles ne savoient si elles devoient plier ou repousser la force par la force; les officiers subalternes avoient recours aux officiers supérieurs, et ceux-ci répondoient,

H 2

agissoient comme s'ils n'avoient ni ordre à exécuter, ni plan à suivre. Brûloit-on une barraque, des groupes de bandits se réunissoient-ils dans un coin, on envoyoit un courrier à Versailles ; en attendant, l'incendie faisoit des progrès, les bandits s'enhardissoient.

Ainsi, M. de Sombreuil, gouverneur de l'hôtel des Invalides, entendant décharger sur la rive opposée de la rivière, une lourde charrette de pierres, et prenant ce bruit pour celui du canon, dépêchoit au ministre, pour savoir comment il devoit repousser une artillerie qui n'existoit pas. Eût-elle existé, elle eût cent fois mis l'hôtel des Invalides en poudre, avant que son gouverneur eût reçu une réponse.

Ainsi encore, M. de Launay, à l'autre extrémité de Paris, voyant passer sous les créneaux de la Bastille, quelques hommes de la lie du peuple, qui lui faisoient des bravades, s'agitoit, mettoit toute sa garnison en mouvement, et envoyoit un courrier à Versailles, n'osant, disoit-il, rien prendre sur lui.

Ainsi, enfin, M. de Bezenval, s'étant remis en bataille, sur la place Louis XV, après l'expédition de M. de Lambesc au pont tournant des Tuileries, resta dans une apathique inaction, et laissa les Parisiens se tirer d'embarras comme ils l'entendroient.

La foule se porta d'abord au Palais-Royal par ce mouvement qui l'y entraîne toujours dans les instans de crise. Là, les uns alarmés de bonne-foi, et certes ils étoient excusables ; les autres n'ayant d'autre vue que de pousser les bourgeois à bout, mirent le comble au désordre, par des motions qui toutes avoient pour but les partis les plus violens. C'est dans cette soirée que M. Camille Desmoulins qui, quelques jours après, se mit à composer un journal incendiaire, intitulé : *Courrier du Brabant*, fut pris des premiers accès de la rébellion. Monté sur une table, il haranguoit la multitude, avec une éloquence brûlante, ses yeux, ses gestes étoient d'un démoniaque. Lorsqu'il crut les esprits suffisamment échauffés, il se mit à agiter les mains, et tournant autour de lui, comme pour parler à tout le monde, il faisoit retentir d'une voix épouvantable, le cri : *aux armes, aux armes.*

Les auditeurs n'étoient que trop bien disposés. Si M. Desmoulins eût su travailler pour son propre compte, si au cri, *aux armes*, il eût ajouté, *citoyens, suivez-moi*, il eût mené cette foule crédule et effrayée où il eût voulu, et il devenoit chef de parti. On ne peut refuser à M. Desmoulins, un certain esprit et de la facilité à écrire. Avant d'être séditieux, il étoit, ce qu'on appelloit au palais, *Stagiaire*, c'est-à-dire, qu'il postuloit pour être admis dans l'ordre des avocats. Pendant le dernier exil du parlement, il vivoit des odes, des stances que sa muse, qui se rangeoit alors comme aujourd'hui dans le parti du plus fort, lui inspiroit en l'honneur de MM. de Brienne et de Lamoignon. Ce métier ignoble, qu'il faisoit avec bassesse, le décria tellement parmi ses confrères, qu'ils ne voulurent jamais l'agréger à leur ordre. N'ayant ni état, ni ressources, il entrevoyoit des espérances personnelles dans un grand bouleversement ; mais sans élévation dans l'ame, sans courage, il n'a été, comme tous ceux de sa sorte, que le valet soudoyé d'un poltron. A peine se souvient-on aujourd'hui du bruit qu'il fit alors.

Pour ajouter à la consternation qui aliénoit toutes les têtes, on crioit dans le Palais Royal, que M. d'Orléans avoit subi le même sort que M. Necker, que, comme ce ministre, il étoit exilé, et qu'on ne connoissoit point encore le lieu de sa retraite. Pendant que cette fable se débitoit, deux voitures de campagne du prince sortoient des cours du Palais-Royal, et prenoient la route du boulevard. Cette circonstance ne permit plus de douter de l'exil du prince ; on crut que les voitures alloient le joindre.

M. d'Orléans cependant n'étoit pas bien loin. Sous les galeries du Palais-Royal, à droite, en entrant par la grande cour, on voit un café appellé *de Valois*. Les croisées de ce café, opposées à celles qui regardent le jardin, donnent dans une petite rue étroite et peu fréquentée ; elles ont environ quatre pieds de hauteur au-dessus du sol de la rue. Le café de Valois étoit, dans cette soirée du 12, comme tous les autres cafés, remplis de curieux et de motionnaires. Il faut se représenter tous ces gens-là le visage tourné vers le jardin où étoient les grands spectacles et la grande lumière, et le dos tourné aux croisées qui donnoient sur la rue où il n'y avoit rien à voir, et qui n'étoit éclairée que par la sombre lueur des réverbères. Parmi ces motionnaires, un particulier, plus affairé que les autres, après avoir harangué le peuple, rentroit dans le café, se glissoit dans la presse, et après s'être assuré que personne ne le voyoit, se présentoit à une des croisées qui sont sur la rue, là il toussoit légèrement. A ce signal un homme se couloit sur la pointe des pieds le long du mur ; le motionnaire tendoit la tête vers lui, et il s'engageoit entr'eux, à voix basse, une conversation très-animée. La conversation finie, l'orateur retournoit au peuple, le haranguoit, et revenoit à son homme de la rue. Une personne, que je connois très-particulièrement, s'apperçut de ce manège. Elle n'avoit aucun intérêt à en démêler le fil, parce qu'il ne lui venoit point du tout alors à l'idée, qu'il existât une faction qui produisoit tout ce mouvement. La curiosité seule la porta à vouloir connoître celui qui inspiroit le motionnaire. Elle se transporta dans la rue, et alla se placer sous les yeux même de l'inconnu ; elle reconnut parfaitement M. le duc d'Orléans qui, se voyant regardé d'aussi près, pâlit et se retira.

C'est une telle anecdote, et non l'entrée militaire

de M. de Lambesc aux Tuileries, qu'on auroit quelque droit d'appeler *la clef de la révolution*. Depuis quelques jours en effet on parloit assez ouvertement de nommer le premier prince du sang lieutenant-général. Dès le 9 au soir, un particulier ayant ramassé autour de lui beaucoup de monde, sous cette galerie en treillage, qui sert d'entrée au cirque, avoit fait cette harangue (1).

« A moi, concitoyens ! nous sommes ici réunis pour vous déclarer que nous regarderons comme traître à la patrie et infâme quiconque attenteroit, nous ne disons pas à la vie physique de M. Necker, mais seulement à son existence ministérielle, attendu que *notre intention est de le déclarer ministre inamovible de la nation*, et que, comme notre roi, quoique bon et confiant, n'est pas en état de gouverner son royaume, *nous nommons monseigneur le duc d'Orléans pour lieutenant-général du royaume*. Nous allons nous rassembler pour partir d'ici et nous rendre à l'hôtel des Invalides y prendre les armes qu'on y a fait rapporter de la Bastille, et nous irons dans les maisons religieuses prendre les armes qui y sont. Si on ne nous donne pas de bon gré, nous nous servirons de nos moyens pour les y forcer. »

A Versailles, M. le comte de Mirabeau ne faisoit pas mystère de ce projet. Dans un cercle où se trouvoient MM. Bergasse, Mounier, Duport et du Rouvray, ancien procureur-général de la république de Genève (2), il avança sans détour, qu'on ne feroit jamais un pas vers la liberté, tant qu'on ne parviendroit pas à opérer une révolution à la cour. Comme on lui demanda ensuite de s'expliquer sur la nature de cette révolution, il répondit qu'il importoit d'élever M. le duc d'Orléans au poste de *lieutenant-général* du royaume. « Mais, lui demanda-t-on encore, le prince y consentira-t-il ? — Oh ! répliqua Mirabeau, M. le duc d'Orléans m'a dit sur cela des choses très-aimables. »

Cette conversation date de l'époque où, pour la première fois, on demanda au roi l'éloignement des troupes. Vers la même époque, M. Mounier, raisonnant avec le comte de Mirabeau sur la tournure que prenoient les affaires, et montrant beaucoup d'attachement pour la personne du roi, Mirabeau lui répondit en s'échauffant : « Mais, bon homme que vous êtes ! avec tout votre esprit, vous n'êtes qu'un sot ; je veux un roi, tout comme vous ; mais qu'importe que ce soit Louis XVI ou Louis XVII ? Et qu'avons-nous besoin de ce petit bambin pour nous gouverner ? (1) »

Le comte de Mirabeau parlant une autre fois à M. le comte de Virieu (2), de M. le duc d'Orléans, dit, en se reportant à l'insurrection du mois de juillet, *on vouloit le faire lieutenant-général du royaume*. Les esprits paroissoient fort bien préparés pour l'exécution de ce projet, car un marchand de Paris, officier dans la garde nationale (3), causant avec M. de Virieu sur les motifs de l'émeute de juillet, lui dit, comme une chose qui étoit avouée de tout le monde, qu'on avoit eu l'intention dans Paris de proclamer M. le duc d'Orléans *lieutenant-général*.

Ce projet a paru fort innocent à M. Chabroud lui-même ; bien loin d'en nier l'existence, il s'en exprime ainsi dans le rapport où il fait l'apologie des plus grands forfaits qui ayent souillé la France : OU ÉTOIT, JE VOUS PRIE, LE MOTIF DE BLAMER (4).

Il y avoit donc, le 12 juillet, une faction dont M. d'Orléans étoit le chef, et le comte de Mirabeau l'ame (5). Elle ne pouvoit avoir, il faut en convenir, ni une plus mauvaise tête, ni une plus vilaine ame. Tous ces détails donnent quelque vraisemblance au fait que l'on trouve dans la déposition de M. Regnier, bourgeois de Paris, entendu dans l'affaire du 6 octobre. Il y a consigné qu'étant dans un cercle nombreux, un ecclésiastique avoit raconté tenir d'une femme, que le 12 juillet au soir, M. d'Orléans montant ou descendant de voiture dans la cour de son palais, où il y avoit une grande affluence de monde, dit à ceux qui l'environnoient et imploroient son secours dans ce moment de crise : « Il n'y a qu'un moyen, mes enfans, c'est de prendre les armes. » Si M. d'Orléans eût bien lu les histoires des différentes conjurations, il se fût convaincu qu'il ne suffit pas à un chef de conjurés de faire prendre les armes à ceux-ci, mais qu'il faut encore qu'il les prenne lui-même, se mette à leur tête, et les conduise au danger. L'épée une fois tirée, ne doit plus rentrer dans le fourreau. Un conspirateur sans cou-

---

(1) M. Périn, avocat aux conseils, a déposé ce fait au châtelet, et a invoqué le témoignage de M. Dupuy de Marcé, conseiller au parlement, qui ne l'a point démenti. Voyez la procédure instruite au châtelet, sur les faits arrivés dans la journée du 6 octobre 1789, tom II, p. 113.

(2) Ibid. Voyez la déposition de M. Bergasse.

(1) Ibid. même déposition.

(2) Ibid. Voyez déposition de M. le comte de Virieu.

(3) Ibid.

(4) Voyez le rapport de M. Chabroud, relatif à la procédure du châtelet, sur les forfaits du 6 octobre.

(5) Cette vérité, qui se prouve encore mieux par l'ensemble même des faits, que par un fait pris isolément, sera mise dans tout son jour, lorsqu'il sera question de la prise de la Bastille.

rage ne commet que des crimes bas et infructueux pour lui comme pour ceux qu'il soulève.

Il n'y avoit ainsi pas plus d'harmonie entre ceux qu'on poussoit à la révolte, qu'entre les troupes destinées à la réprimer, parce que, de part et d'autre, on n'appercevoit aucun chef, aucun guide. Qu'on se peigne maintenant les angoisses des habitans qui avoient, au-dehors de la ville, ou leurs parens ou leurs amis; qu'on se représente l'étonnement, l'effroi de ceux qui, en rentrant dans Paris, voyoient de toute part les apprêts du brigandage et du massacre, et qui hésitoient de se rendre dans leurs foyers, de peur de trouver ou leur maison en cendres, ou leur famille égorgée. Le bruit des armes à feu, ces cavaliers qu'on voyoit déboucher de toutes les rues au grand galop, ces trains d'artillerie qui voloient sur le pavé, ces cris d'alarmes, ces boutiques d'armuriers qu'on enfonçoit, ces hordes hideuses de brigands, tout cela formoit un tableau que les ténèbres de la nuit rendoient encore plus effroyable. Les bourgeois renfermés chez-eux, s'y fortifioient de leur mieux; ceux qui avoient des armes, les chargèrent; plusieurs enfouirent dans la terre, leurs papiers, leur argent, leurs effets les plus précieux.

Sur les dix heures du soir, deux compagnies de gardes-françoises se présentent en ordre de bataille au Palais-Royal, recrutent tous ceux qui veulent les suivre, et s'avancent vers le boulevard. Soixante ou quatre-vingt petits polissons des coins des rues, prennent les uns des flambeaux, les autres des lanternes, et marchent gaiement à la tête de l'armée. Arrivée vis-à-vis l'hôtel de Montmorency, en présence du détachement de Royal-Allemand, qui avoit pris poste dans cet endroit, elle se trouva forte de dix mille hommes. Les gardes-françoises, par une cruauté que rien ne rendoit nécessaire, assaillirent le détachement, qui n'avoit que cinquante hommes, de sottises et d'un feu roulant. Un fusilier, appelé Philippon, âgé d'environ vingt ans, saisit la bride d'un cavalier, de la main gauche, et de la droite le menaça de la bayonnette de son fusil. Le cavalier leva son sabre; le garde-françoise para le coup avec sa bayonnette, et tirant en même-temps à bout portant, étendit cet infortuné sur la place (1).

Le détachement se dépitoit de se voir égorgé par une troupe aussi supérieure en nombre; il demanda à son commandant la permission de se défendre; l'officier répondit qu'il n'avoit pas reçu l'ordre de combattre. Il fallut donc que la troupe se retirât. A l'instant où elle en fit le mouvement, les cavaliers du guet, qui l'avoient toujours conduite, l'abandonnèrent. Elle gagna, dans le plus grand ordre, mais avec le plus grand danger, le détachement posté

(1) Ce fait est avoué et raconté comme un exploit, par le cousin Jacques, dans son histoire de France, pendant trois mois, page 29, et 30.

devant le garde-meuble de la couronne, et qui avoit à sa tête M. de Lambesc (1). Elle ne perdit, dans cette malheureuse affaire, que le seul homme assassiné par Philippon; elle eut quatre chevaux tués. Une demi-heure après l'arrivée de ce détachement au garde-meuble, M. de Bezenval fit rentrer une partie de ses troupes dans leur quartier, envoya l'autre partie à Versailles, et Paris fut livré à lui-même. La plupart des bourgeois illuminèrent le premier étage de leur maison; dans plusieurs églises on sonna sans interruption le tocsin; les brigands ayant le champ libre, embrasoient les barrières; les contrebandiers profitoient du désordre pour introduire, dans Paris, leurs marchandises et leurs denrées. De moment à autre on entendoit tirer des armes à feu. Ceux des brigands qui couroient les rues par pelotons, faisoient ces décharges. On ne cessa d'en faire tout le courant de la nuit, autour de la Bastille, sans doute pour effrayer le gouverneur qui, en effet, étoit loin d'être tranquille.

Tels furent, à Paris, les événemens de la journée du 12 et de la nuit qui la suivit. Que faisoit-on pendant ce temps-là à Versailles? Les députés du tiers-état furent les premiers à s'ébranler (2). Dès les sept heures du matin, ils coururent dans leur salle, mais ni le président, M. l'archevêque de Vienne, ni les secrétaires ne s'y rendirent. Ce n'étoit pas une assemblée légale, parce qu'elle n'avoit été convoquée que pour le lendemain. Quelques députés, plus échauffés que les autres, n'en vouloient pas moins délibérer. M. l'abbé Grégoire leur repré-

(1) Les folliculaires, qui ont rendu compte de cette affaire, disent que Royal-Allemand prit la fuite. Que pouvoient faire cinquante hommes contre dix mille assassins? Ils disent encore que les cavaliers se soulevèrent contre M. de Lambesc, et le menacèrent de le pendre. Ils ajoutent que celui-ci disparut pour ne reparoître. M. de Lambesc n'étoit pas là; il étoit au garde-meuble de la couronne, et il n'a quitté son régiment que le 28 juillet.

(2) M. le comte de Lally-Tolendal dit, dans sa seconde lettre à ses commettans, page 64: « J'arrivai à la séance du 10 juillet, plein du sentiment d'indignation, etc. » C'est sûrement-là une faute d'impression. Je ne puis pas dire si M. de Lally se trouva à la séance du 12, mais je suis bien certain que ce qu'il raconte de la séance du 10, appartient à celle du 13. On ne sauroit trop recommander à ceux qui écrivent sur les événemens de la révolution, d'être de la plus scrupuleuse exactitude sur les dates. Leur accord est la portion la plus pénible de ma tâche. Mais aussi ai-je la satisfaction qu'on n'aura, à cet égard, aucune erreur à me reprocher. Je ne ferois pas cette observation, s'il y avoit de l'amour-propre à se louer d'une chose où il ne faut que de l'attention et de la patience.

senta que l'assemblée n'étant ni complette, ni légalement convoquée, il n'y avoit rien à faire. De peur cependant qu'on ne crût qu'il avoit sa part de l'effroi commun, et pour prouver que sous la robe ecclésiastique, il cachoit un cœur de héros, il récita cette fameuse et courageuse profession de foi : *et si fractus illabatur orbis, impavidum ferient ruinæ*.

Dans le château, on tint tête d'abord à l'orage ; mais insensiblement l'irrésolution gagna tous les esprits. On délibéroit dans les comités, dans le conseil ; on ne savoit à quel parti s'arrêter. Les chefs des troupes se répandoient dans les appartemens ; ils n'osoient rien prendre sur eux ; ils sollicitoient des ordres ; on les faisoit attendre, et on finissoit par leur dire, qu'on n'avoit aucun ordre à leur donner. Ce furent les nouvelles apportées de Paris qui causèrent, à la cour, cette incertitude dans les résolutions. Les courriers que dépêchoient les principaux officiers qui commandoient dans la capitale, se succédoient rapidement. Le dernier arrivé apportoit toujours des détails plus alarmans que celui qui l'avoit précédé. Les menaces dont avoit retenti le Palais-Royal, de faire une irruption à Versailles, à main armée, pouvoient s'effectuer d'un moment à l'autre. On crut réellement, à la cour, qu'elles alloient se réaliser. Des ordres furent alors donnés de rompre toutes les communications. Les ponts, les avenues furent hérissés de canons, et gardés par de nombreux corps de troupes. On ne laissa plus franchir ces barrières à personne, de sorte que les parisiens ne surent plus ce que faisoient les habitans de Versailles, ni ceux-ci ce qu'on faisoit à Paris. Cette interruption de correspondance entre les deux villes, fut totale au déclin du jour.

Voilà ce que produisoit un simple changement dans le ministère, ou plutôt la retraite, hors du royaume, d'un homme qui, pour notre bonheur, n'eût jamais dû y entrer, et que ceux-là même qui mettoient tout en feu à l'occasion de son départ, étoient bien aises de ne plus voir. Ce qu'il y a de bizarre encore dans cet événement, c'est que la guerre civile qu'allumoit son exil, se faisoit bien par lui, mais non pas pour lui. Il n'étoit que le prête-nom de la faction qui dominoit.

Cette guerre civile s'alluma en un instant dans toute l'étendue du royaume. Dès qu'on apportoit dans une ville la nouvelle de la disgrace de ce ministre, tous les citoyens se mettoient en mouvement. Des hordes de brigands se répandoient, comme à Paris, de toute part, menaçant de tout incendier, de tout détruire. Les bourgeois couroient aux armes. La rage, le désespoir étoient dans tous les cœurs. Les municipalités, les corporations s'assembloient. On prenoit des résolutions extrêmes. On suspendoit le payement des impôts. On défendoit d'acquitter les redevances dues aux seigneurs. On faisoit fermer toutes les caisses. C'étoit une ardeur incroyable à qui s'enrôleroit, tant pour garder ses propres foyers, que pour voler au secours des députés qui étoient bien loin de courir aucun danger. Les villes s'envoyoient des commissaires pour se faire part mutuellement des arrêtés qu'elles avoient pris. Les arsenaux étoient enfoncés ; on en emportoit les armes. Les rues se garnissoient de canons ; on les chargeoit à mitrailles. Les soldats étoient endoctrinés, et plusieurs régimens suivoient l'exemple des gardes-françoises. Tels furent à Rennes, Orléans-dragons ; l'Isle-de-France, Artois et Lorraine, infanterie. M. de Langeron s'étant mis à la tête de ces corps pour maintenir quelque tranquillité au milieu d'un si grand désordre, ses soldats ne lui répondirent que par le cri : *vive le tiers* ! Huit cents d'entr'eux se détachèrent aussitôt, se joignirent aux bourgeois, se jettèrent dans l'hôtel du gouvernement, et en enlevèrent les pièces de canon et les munitions. Le régiment de Penthièvre ne montra pas plus de fidélité. M. de Langeron ne put en tirer aucun service.

Une des lettres de Bretagne, dans lesquelles je puise ces détails, et qui a été imprimée chez Volland, exprime assez nettement contre qui se dirigeoit cette guerre civile ; on y lit ce qui suit :

« Nous nous en prendrons à la minorité du clergé, et à la majorité de la noblesse, du mal qui arrivera. *Nous ne laisserons ni homme DU HAUT CLERGÉ, ni noble, ni château sur pied, dans toute l'étendue de la Bretagne. Notre exemple, nous en sommes assurés, sera imité par nos frères de toutes les provinces....»* Cette lettre finissoit ainsi : *Nous avons, dans M. le Chapelier, un bon défenseur*. M. le Chapelier, comme je l'ai dit au lecteur, étoit membre du club breton.

Ceux qui composoient cette association, étoient les seuls que le bouleversement universel n'effraya point. Rien ne les étonnoit, parce que tout étoit prévu. Ils se réjouissoient sur-tout beaucoup d'être débarrassés du *charlatan*, nom, comme je l'ai dit, qu'ils donnoient à M. Necker. Au milieu de la désolation de leurs concitoyens, ils conservoient, à l'ordinaire, toute leur gaieté. Ils préludèrent à cette guerre par des plaisanteries. Ils avoient, le jour même du renvoi de M. Necker, fait couvrir les rues de Paris, de placards facétieux. Je n'en rapporterai que deux. L'un contenoit en substance ce qui suit :

« Le duc de Bourbon ayant été emporté par la passion de la chasse, à la poursuite d'un cerf, ayant traversé et foulé aux pieds les grains qui sont dans les plaines de Fitz-James et autres, ayant enfin une suite de plus de deux cents hommes à cheval, et son altesse sérénissime conjecturant, qu'à cause de cela, les dégâts doivent être très-considérables, prévient les personnes dont les possessions auront été endommagées, qu'elles peuvent se présenter à son hôtel, pour y recevoir les indemnités qu'elles sont en droit d'attendre. »

Le second placard ne contenoit que ce peu de mots : « Charge de grand-maître des cérémonies, à vendre. S'adresser à madame de Brezé. »

Ces témoignages de gaieté, cette apparente insouciance au milieu des feux qui s'allumoient de toute part, forment, avec les inquiétudes et l'effroi du reste des françois, un contraste qui mérite d'être observé. C'est ainsi que César, en méditant l'asservissement de sa patrie, ne paroissoit occupé que de bagatelles.

13. Le pemier forfait qu'éclaira le soleil, dans la journée du 13, fut horrible. Des brigands, las d'incendier des barrières, d'effrayer des commis, de lacérer des registres, portèrent leurs torches dans l'intérieur de la ville. Ils se présentèrent devant la porte des prêtres de la congrégation de Saint-Lazare, et la frappèrent à grands coups de hâche. Un frère vint la leur ouvrir. Ils se précipitèrent alors dans l'intérieur de cette maison, qui fut toujours l'asile de la piété et de toutes les vertus, et commencèrent un dégât dont on ne trouve d'exemple que dans les siècles les plus barbares. Le procureur de la communauté vint se présenter à eux, et leur offrit une somme considérable d'argent s'ils vouloient se retirer. Ce n'étoit pas de l'argent qu'ils vouloient, c'étoit la liberté de faire le mal. Ils coururent dans les greniers, dans les caves, dans les corridors, dans les cours, et dévastèrent tout. Ils entrèrent dans les chambres, et jettèrent par les fenêtres les matelats, les paillasses, les bois de lit. Ils brisèrent toutes les armoires. La bibliothèque, et un des plus beaux cabinets de physique de la capitale, furent en un instant bouleversés, et les planchers n'offrirent que des monceaux de débris. Les misérables lacéroient, mutiloient, fouloient aux pieds, brûloient ce qu'ils ne pouvoient emporter ; les animaux même de la basse-cour, furent les victimes de leur rage, ils égorgèrent tout. Un prêtre, avancé en âge, s'environna des jeunes ecclésiastiques que l'on instruisoit dans cette maison, des devoirs de leur état, et se flattant de l'espoir d'inspirer quelque sentiment de pitié à ces scélérats, il s'avança vers eux avec ce cortége. Il se jetta à leurs genoux, et les mains jointes, les conjura d'épargner cette jeunesse. Ses larmes, ses cheveux blancs, son caractère ne purent attendrir ces hommes féroces. Il vit le moment où il alloit être égorgé ; les jeunes gens n'eurent que le temps de l'entraîner. Toutes les personnes de la maison, prêtres, novices, pensionnaires, ouvriers, les prisonniers même qu'on avoit insensés renfermés dans un bâtiment contigu à la communauté, se répandirent dans les cours, et s'évadèrent par différentes issues, les uns dans Paris, les autres dans la campagne. Les bandits restés maîtres du champ de bataille, se livrèrent à tous les excès. Dans les caves, ils enfoncèrent les tonneaux, et s'y abreuvèrent avec fureur. Trente d'entr'eux se noyèrent dans les flots de vin, qui inondoient les caves. A l'apothicairerie, ils firent main-basse sur tous les flacons, sur toutes les bouteilles, et croyant goûter des liqueurs agéables, ils avalèrent à longs traits des mixtions empoisonnées.

Le dégât qui fut fait dans cette maison, est inappréciable. Il n'y resta pas un seul meuble dont on pût retirer quelque utilité. On doit regretter surtout une foule de livres et de manuscrits précieux, des recettes de médicamens dont l'efficacité étoit reconnues par l'expérience, enfin des pièces curieuses d'anatomie et d'histoire naturelle.

La communauté des prêtres de Saint-Lazare est riche, mais elle ne l'est pas pour elle-même. C'est un des plus beaux établissemens de bienfaisance et d'utilité publique. Les aumônes, qui s'y distribuoient journellement aux pauvres, seroient à peine croyables, si j'en présentois le calcul. On en aura une idée, quand on saura que chaque semaine, il s'y faisoit trois énormes fournées de pain. Quatre fois l'année on admettoit les pauvres dans l'intérieur de la maison, à des exercices de piété, qu'on appellent retraites. Pendant tout le temps que duroient ces exercices, ces pauvres étoient logés, servis et nourris gratuitement. Il est affligeant que dans nos institutions modernes, il y ait autant d'hommes qui soient privés du nécessaire, mais il est bien touchant de voir la religion les accueillir dans son sein, les consoler de leur misère, et leur distribuer encore la nourriture dont ils sont privés par l'ineptie ou l'impuissance de ceux qui gouvernent.

Outre ces quatre retraites pour les pauvres, il y en avoit quatre aussi pour les jeunes ecclésiastiques qui venoient à Saint-Lazare se disposer, par le recueillement et les instructions que leur donnoient les prêtres de cette maison, à la réception des ordres sacrés. Enfin les curés du diocèse avoient également la liberté de venir, chaque année, passer quinze jours parmi les Lazaristes, pour méditer dans le silence, sur l'importance de leurs fonctions. Ils y puisoient, dans la prière, de nouvelles forces, et dans les sermons qu'on leur faisoit, de nouvelles lumières. C'étoit-là sur-tout que la religion réalisoit cette égalité dont la philosophie profane parle sans y croire. On voyoit M. de Juigné, archevêque de Paris, duc et pair de France, confondu avec ces pasteurs, manger à la même table, n'ayant pas d'autre nourriture que la leur, et écoutant, avec la même docilité, les leçons du ministre qui leur rappelloit les vérités de la religion.

Messieurs de Saint-Lazare distribuoient tous ces bienfaits gratuitement ; et ce qui leur donnoit un prix infini, c'est que tout ce bien se faisoit sans éclat. Je suis même persuadé que plus d'un de mes lecteurs ignoroit une partie de ces détails. La vertu qu'on pratique avec plus de zèle, parmi les membres de cette congrégation, qui honore l'humanité par la fidélité avec laquelle elle suit les préceptes et les

conseils

conseils de la religion, c'est la modestie. Ces ecclésiastiques non-seulement se tiennent éloignés des cercles et des amusemens les plus innocens de la société, ils fuyent encore les dignités, les places, les emplois même de la religion, où il faut attirer sur soi trop de regards.

Des pères de famille, dont les enfans annonçoient de bonne heure des inclinations vicieuses, les confioient, avec la permission du gouvernement, aux Lazaristes. Ils avoient à Paris un corps-de-logis, dans l'enceinte de leur maison, qui formoit une sorte de prison où l'on retenoit ces jeunes gens, et n'ayant là aucune communication entr'eux, ils y étoient beaucoup mieux que s'ils eussent été confondus dans les autres prisons, avec des hommes accoutumés au crime. Le gouvernement faisoit un devoir aux prêtres de Saint-Lazare de se charger de cette jeunesse. J'ai connu plus d'un jeune homme que leurs exhortations et leurs soins avoient rendus à la vertu. Ils avoient encore, dans l'intérieur de leur maison, un corps-de-logis qui servoit d'hôpital à des insensés que l'on y traitoit avec beaucoup de patience, et à qui l'on accordoit tous les soulagemens et tous les remèdes qu'exigeoit leur état, et que les hommes les plus opulens auroient bien de la peine à se procurer.

Les Lazaristes étendant leurs soins et distribuant la nourriture à tant d'individus, étoient obligés d'avoir chez eux des provisions considérables. Leur maison étoit de plus le grenier de l'hôpital connu sous le nom de Jésus, et de la nombreuse communauté des sœurs de la charité. Au moment où se fit cette féroce irruption, il ne leur restoit plus qu'une quantité suffisante de grains pour nourrir, pendant trois mois et demi, leur immense famille. Quelques jours auparavant, ils avoient d'eux-mêmes ouvert leurs greniers aux officiers de la police; ils leur avoient offert tous les secours qui dépendroient d'eux, et sur la demande qui leur en avoit été faite, ils avoient délivré neuf cents setiers de bled à 12 livres de perte sur chaque setier. Ce n'étoit pas-là vouloir profiter de la misère publique; c'étoit s'y exposer soi-même pour soulager celle des autres (1).

Les grains que trouvèrent les brigands, furent chargés sur des charettes, et transportés à la halle, comme une dépouille prise sur l'ennemi. On n'eût garde de dire que cette dépouille étoit la nourriture de plusieurs milliers de pauvres. On ne vouloit que donner une ombre de justice à ce brigandage, en le colorant du prétexte de la nécessité.

_____

(1) Il m'est doux de pouvoir dire que ces détails se trouvent confirmés par le Cousin Jacques lui-même, dans son *histoire de France pendant trois mois*. Voyez pages 33 et suivantes.

On alla jusqu'à écrire que les Lazaristes avoient eux-mêmes incendié leur grange. Que ne disoit-on aussi que ceux d'entr'eux qui, avant de fuir, avoient été cruellement maltraités de coups, s'étoient frappés et meurtris eux-mêmes! On composa une autre fable: on dit que le peuple de Paris avoit trouvé chez eux d'excellentes liqueurs. Il n'est jamais entré de liqueurs dans cette maison, et en eût-elle été abondamment approvisionnée, falloit-il pour cela la piller et l'incendier? C'étoit en outre calomnier le peuple de Paris, que de lui attribuer ces forfaits. Ils furent commis par des misérables sortis, on ne sait d'où, et que les parisiens certainement n'avouent pas pour leurs concitoyens. Enfin on revint à la calomnie ordinaire : on prétendit que c'étoit-là un tour de l'aristocratie qui avoit payé tous ces larrons pour faire une diversion. Je ne sais pas ce qu'on entend par faire une diversion ; mais ce qui est certain, c'est que si les prétendus aristocrates en eussent eu une à faire, ils l'auroient certainement dirigée contre leurs ennemis, et non contre les hommes de leur parti.

Pendant que ces dégâts se faisoient à Saint-Lazare, d'autres misérables qui, par la manière hideuse dont ils étoient armés et habillés, paroissoient être de la bande des premiers, fondoient de toute part sur Paris, comme les oiseaux de proie tombent sur un champ de bataille couvert de cadavres. Ceux-ci n'étoient pas soudoyés par les aristocrates; car, de l'aveu de tous les journalistes, ils crioient, en courant dans les rues : Nous allons brûler les hôtels de nos ennemis communs, des aristocrates. »

Un groupe de gens de cette espèce avoit rôdé toute la nuit autour de l'hôtel de la Force ; s'étant augmenté dans la matinée, jusqu'au nombre d'environ deux cents hommes, le concierge, et le capitaine qui commandoit les cinquante soldats renfermés dans l'intérieur de la prison, prirent l'alarme. L'officier écrivit sur le champ à M. de Bezenval, pour lui représenter qu'il ne se croyoit pas en état de résister avec sa petite troupe à la multitude qui paroissoit vouloir assiéger la maison. M. de Bezenval lui répondit, par le même exprès, que ce qu'il avoit de mieux à faire, c'étoit de faire retirer prudemment ses hommes, de manière qu'ils ne fussent ni assaillis ni maltraités. La lecture de ce billet, dont l'original est entre les mains de M. Landragin, concierge de l'hôtel de la Force, fit une telle frayeur au capitaine, qu'il jetta à l'instant sur son uniforme une redingote du concierge, s'évada par une porte dérobée, et s'élança, ne trouvant pas d'autres voitures, dans une de ces chaises roulantes qu'on appelle brouettes. Depuis on ne l'a plus vu.

Le concierge resta seul avec un lieutenant, officier de fortune, plein de sens et d'humanité; ils tinrent conseil. Il y avoit à opter entre trois partis, ou repousser la force par la force, ou aller au-devant des désirs de ceux qui, de la rue, faisoient déjà entendre

I

leurs menaces, & laisser effectuer ces menaces sans leur opposer aucune résistance. Le premier parti étoit extrêmement dangereux, parce qu'il pouvoit s'en suivre une grande effusion de sang. Il étoit même vraisemblable que la petite troupe seroit taillée en pièces, parce que les premiers qui se présenteroient pour la combattre, seroient infailliblement secourus par ceux qu'on voyoit vaguer dans les rues voisines. L'intérêt général devoit même détourner de prendre cette résolution; car, qui pouvoit dire les suites qu'auroit un combat à feu et à sang avec des gens dont on ne connoissoit ni le nombre, ni les intentions, ni les forces ?

Aller au-devant des désirs des assiégeans, n'étoit pas sans inconvénient. On avoit l'air d'être leur complices, et les supérieurs auroient eu un jour le droit de demander : « N'étoit-ce pas assez de céder à la violence ? falloit-il encore la seconder ? »

On s'en tint donc au troisième parti, avec d'autant moins de répugnance, que le concierge crut s'appercevoir et entendre qu'on n'en vouloit qu'aux débiteurs. Et en vérité, ce n'étoit pas la peine de s'exposer aux plus grands dangers, pour prolonger le supplice d'une soixantaine d'hommes dont la plupart étoient plus malheureux que coupables.

Le concierge et le lieutenant s'étant irrévocablement arrêtés à ce dernier parti, celui-ci dit aux soldats de rester dans l'inaction, et de ne maltraiter ni ceux du dedans ni ceux du dehors, quoiqu'ils tentassent. Le concierge harangua ses prisonniers, qui avoient besoin d'être tranquillisés, parce que les mouvemens qui se faisoient autour de la prison, empêchoient qu'on ne leur fît parvenir des vivres. Ils en manquoient absolument. S'adressant ensuite aux geoliers, il leur ordonna de barricader, avec toutes les précautions qui seroient en leur pouvoir, la porte qui étoit la seule issue par laquelle on pouvoit parvenir dans l'intérieur de la prison, et de se retirer au moment où ils se croiroient en danger. Après quoi il entra dans son appartement, s'environna de sa femme et de ses enfans, que ces préparatifs glaçoient d'effroi, et le siége commença.

Les haches, les massues, les bâtons ferrés frappoient rudement la porte qui, fortifiée en dedans par plusieurs serrures et d'énormes verroux, sembloit inébranlable. Le bruit redoublé des coups ressembloit à celui de l'artillerie. Le concierge crut même un instant que les soldats, poussés à bout, s'étoient déterminés à faire feu; son imagination lui représenta ses prisonniers trouvant la mort au lieu de la liberté. Il se vit lui-même, et ce qu'il avoit de plus cher, victime du désespoir de ceux du dedans, et de la férocité de ceux du dehors. Il n'attendit plus que la mort, au milieu de sa famille évanouie.

Heureusement les choses ne tournèrent pas ainsi. Les bras nerveux qui frappoient continuellement la porte, et qui, lorsqu'ils étoient fatigués, étoient aussitôt remplacés par d'autres, firent enfin voler un éclat. Cet éclat fut bientôt suivi de plusieurs autres, et les battans s'ouvrirent. Les prisonniers qui virent la porte ouverte, et qui s'apperçurent que les soldats ne s'opposoient point à leur passage, volèrent dans les bras de leurs libérateurs, et s'élancèrent dans la rue. Le concierge m'a assuré qu'un de ces prisonniers tenoit, en sortant, un pistolet à la main. Si le fait est vrai, et si une violence contre des lois, même rigoureuses, pouvoit jamais être permise, celle-là, sans doute, seroit excusable, car ce prisonnier étoit détenu pour dettes depuis vingt-cinq ans.

Le spectacle qu'offrirent ces infortunés en se répandant dans les rues, fut mille fois plus touchant que celui qu'avoit offert le malheureux vieillard attaché aux prisons de l'Abbaye, et porté sur un brancard. Ce n'étoit point-là des criminels, c'étoient les esclaves de créanciers impitoyables; la commisération publique brisoit leurs fers, et accusoit d'imperfection la loi qui avoit été si cruelle pour eux. Les uns se prosternoient et baisoient cette terre qu'ils n'avoient pas foulée aux pieds depuis si long-temps; ceux-là couroient chercher une église pour y remercier l'être suprême, de ce prodige. D'autres racontoient leur déplorable aventure; il y en avoit parmi eux qui étoient restés ensevelis, pendant plusieurs lustres, dans le tombeau qui venoit de s'ouvrir. Il eût été de l'humanité de l'assemblée nationale de solliciter, de la clémence du roi, un ordre de ne plus réintégrer dans leur tombeau, aucune de ces victimes pour la même dette. Ce bienfait n'eût pas coûté quatre mille louis, si on eût voulu désintéresser leurs créanciers. Quelques-uns ont été repris depuis; il en est même qui sont morts dans leur prison.

Tous ces prisonniers en sortant eurent eux-mêmes l'attention de garantir du pillage les effets du concierge, et des autres personnes attachées à la maison. La seule porte qui fut enfoncée montra des traces de violence. Il n'en fut pas de même dans l'après-midi. Une seconde bande de brigands se répandit dans la prison, elle en retira de force les autres prisonniers, c'est-à-dire, ceux qui étoient détenus pour des contraventions à des réglemens de police, et les femmes de mauvaise vie. Dans cette nouvelle irruption, plusieurs effets du concierge furent pillés; il fit une perte considérable.

Lorsqu'on apprit au procureur général du parlement, la sortie des débiteurs, et qu'on lui demanda ses ordres sur cet événement, il répondit : « s'il en est resté quelqu'un, dites-lui de se hâter de sortir, parce qu'il ne sera plus temps lorsque la porte sera raccommodée. » C'est ainsi qu'un chancelier d'Angleterre, à qui on vint apprendre que tous les prisonniers de Newgate s'étoient évadés par un trou qu'ils avoient pratiqué dans le mur, répondit : « allez vite le boucher, de peur qu'ils ne rentrent. »

Les malheureux renfermés au Châtelet, apprenant ce qui venoit de se passer à l'hôtel de la Force, conçurent l'espoir de briser leurs fers. Voyant que personne du dehors ne se disposoit à venir les seconder, ils tentèrent de se procurer eux-mêmes leur liberté ; ils dépavèrent leur cour, s'armèrent des pavés et de tout ce qui leur tomba sous la main, et se présentèrent aux portes. On avoit même fait passer du dehors, à quelques-uns d'entr'eux, des pistolets, des dards, des couteaux de chasse, des épées. Le concierge se voyant environné de ces forcenés qui poussoient des cris de rage, et ne vouloient plus écouter que leur désespoir, se présenta à une fenêtre, et implora le secours des brigands qui passoient dans la rue. Ceux-ci se firent ouvrir la première porte, et se tenant entre les deux guichets firent feu, à travers les barreaux, sur les prisonniers, et en étendirent plusieurs sur le carreau. Pénétrant ensuite dans la cour, ils désarmèrent les autres.

Les excès qui se commettoient à Saint-Lazarre, le siège des prisons de l'hôtel de la Force, les tentatives faites par les prisonniers du Châtelet furent bientôt sus de toute la ville. Des troupes de malheureux couroient toujours çà et là dans les rues, l'audace et la soif du pillage dans les yeux, et se montrant prêts à tout oser et à tout commettre. Ils couroient sans ordre, et ne paroissoient pas avoir un but bien marqué. Des gens de l'ancienne police se mêlèrent parmi eux, et s'armèrent comme eux, les uns d'une torche, les autres d'une hache. Ils conduisoient ces vagabonds de quartier en quartier, donnant sans cesse le change à leur avidité, et leur promettant toujours un riche butin ; ils préservèrent, par cet heureux artifice, la capitale de grands malheurs. C'est par ce stratagême qu'ils parvinrent à garantir, d'une incendie, le palais Bourbon et l'hôtel de M. le baron de Breteuil ; car c'étoit sur-tout ces deux édifices qu'on menaçoit d'embraser.

Le tocsin, qui ne cessoit de sonner, les hurlemens de tant de bandits, les désordres qu'ils avoient déjà commis, l'inaction des troupes réglées, tirèrent enfin les bourgeois de leur stupeur. Ils arborèrent la cocarde verte. Chacun s'empressa d'en mettre une à son chapeau. Les ecclésiastiques, les religieux même suivirent l'exemple de tous les autres citoyens ; dans les boutiques, dans l'intérieur des maisons, toutes les mains étoient occupées à nouer des rubans verds. On jettoit de ces cocardes par les fenêtres ; on voyoit des femmes qui, de leurs croisées, en descendoient à l'aide d'un fil. Les passans s'élançoient dessus comme sur une proie. Quand on demandoit aux bourgeois, pourquoi ils avoient préféré cette couleur, qui étoit celle de M. le comte d'Artois, ils répondoient qu'elle étoit le symbole de l'espérance. On ferma toutes les boutiques. Les électeurs qui avoient nommé les députés, se rassemblèrent à l'Hôtel-de-Ville ; ils invitèrent, par des billets particuliers, les bourgeois à se réunir dans leurs districts respectifs. On se porta en foule dans les soixante églises qui étoient lieux d'assemblées. Faute de tambours, des hommes du peuple rassembloient, au bruit d'une sonnette, les habitans. On couroit autour d'eux. Pauvres, riches, grands, roturiers, on s'abordoit familièrement, on s'entretenoit sur le danger commun ; on s'exhortoit à l'union, au courage. J'ai vu des hommes, qui me paroissoient d'une classe au-dessus du commun, monter sur des bornes, et haranguer, en fort bons termes, le peuple. Ils ne prêchoient que la concorde ; et sans chercher à trop aigrir les esprits, ils invitoient à s'armer et à se tenir sur ses gardes.

Dans l'assemblée électorale, et dans chacun des districts, on nomma un comité permanent, dont les membres arrêtèrent de veiller, jour et nuit, aux moyens de mettre quelque ordre dans tout ce cahos. Le comité des électeurs fut présidé par M. de Flesselles, prévôt des marchands, et établit une communication avec les soixante comités des districts. Il confirma le prévôt des marchands et les officiers municipaux dans leurs fonctions. Il invita également M. de Crône, lieutenant de police, à venir donner des renseignemens sur la sûreté et l'approvisionnement de la ville. Il s'y rendit, donna tous les détails qu'on pouvoit désirer, présenta le compte de l'état des subsistances, ainsi que des moyens d'empêcher qu'elles ne manquassent dans un moment aussi critique ; après quoi, il se démit de sa place, et n'a plus reparu. Dans ce pressant danger, on vit aussi M. le duc d'Aumont accourir à la ville, quoiqu'il n'eût aucune mission. Dans le moment où il arriva, la Grève étoit remplie d'une multitude immense déjà en armes. Elle sollicitoit, à grands cris, un chef pour mettre en fuite, disoit-elle, les troupes campées autour de Paris. Le moment étoit propice pour M. d'Aumont : s'il eût harangué la foule, il l'eût gouvernée ; mais l'autorité royale étoit encore respectée ; elle inspiroit encore des craintes. Il faut, en pareille circonstance, pour tirer l'épée, un courage et une tête que personne n'a eu dans ces temps de troubles. M. d'Aumont, sans s'ouvrir au peuple qui étoit sur la place, monta à l'Hôtel-de-Ville, se présenta aux bourgeois qui y étoient assemblés, et leur offrit ses services. On ne lui répondit que par de vifs applaudissemens. Ce fut, pour l'instant, le seul fruit qu'il recueillit de son empressement à s'enrôler sous les étendards d'une milice qui n'étoit pas formée par le prince. Son ardeur à seconder les insurgens ne l'a jamais pu tirer de la foule, il a toujours langui dans des places subalternes. Je l'ai vu long-temps après, sur cette même place de Grève, renversé de sa voiture et foulé aux pieds de la canaille.

Le comité permanent, établi par les électeurs assemblés à l'Hôtel-de-Ville, procéda avec une célérité incroyable; il rendit un arrêté qui changea, en un clin-d'œil, toute la face de Paris. Ce tribunal qui s'étoit formé de lui-même, qui ne tenoit sa puissance que des événemens, fut la seule autorité que reconnurent les parisiens. Ils obéirent à son arrêté comme ils obéissoient quelques jours auparavant à un édit du roi, enregistré au parlement. Voici la teneur de cet arrêté :

« La notoriété des désordres et excès commis par plusieurs attroupemens, ayant déterminé l'assemblée générale à *rétablir*, sans délai, la milice parisienne, il a été ordonné ce qui suit :

1°. Le fonds de la milice parisienne sera de quarante-huit mille citoyens, jusqu'à nouvel ordre.

2°. Le premier enregistrement fait dans chacun des soixante districts, sera de deux cents hommes pour le premier jour, et ainsi successivement, pendant les trois jours suivans.

3°. Ces soixante districts réduits en seize quartiers formeront seize légions, qui porteront le nom de chaque quartier, dont douze seront composées de quatre bataillons, également désignés par le nom de districts, et quatre de trois bataillons seulement, aussi désignés de la même manière.

4°. Le fonds de chaque bataillon sera de quatre compagnies.

5°. Chaque compagnie sera de deux cents hommes dont la composition sera portée, dès le premier jour, à cinquante hommes, pour completter successivement les deux cents hommes demandés à chaque district, à l'effet de commencer le service.

6°. L'état-major général sera composé d'un commandant général des seize légions, d'un commandant général en second, d'un major général et d'un aide-major général.

7°. L'état-major particulier de chacune des seize légions, sera composé

D'un commandant en chef,

D'un commandant en second,

D'un major,

De quatre aides-majors

Et d'un adjudant.

8°. Chaque compagnie sera commandée par

Un capitaine en premier,

Un capitaine en second,

Deux lieutenans

Et deux sous-lieutenans.

Les compagnies seront composées de huit sergens dont le premier sera sergent major,

De trente deux caporaux,

De cent cinquante-huit factionnaires

Et de deux tambours.

9°. Le comité permanent nommera le commandant-général, le commandant-général en second, le major général, l'aide-major-général et les états-majors de chacune des seize légions, sur les désignations et renseignemens qui seront adressés par les chefs des districts.

Quant aux officiers des bataillons qui composent lesdites légions, ils seront nommés par chaque district, ou par des commissaires députés à cet effet dans chacun des districts et quartiers.

Voilà donc une troupe créée d'un coup de plume, par des citoyens obscurs, en présence d'une armée de quarante mille hommes, sous les yeux presque du roi, sous ceux de son parlement, du Châtelet, du gouverneur de Paris, de tous les officiers, en un mot, de sa majesté. C'est-là le prodige de la révolution; prodige inconcevable pour ceux qui n'auroient pas suivi la chaîne des événemens que j'ai racontés dans les chapitres précédens.

Quelle troupe cependant! Elle n'avoit ni uniforme, ni armes ni la plus légère teinture des évolutions militaires. Les nations étrangères se feroient difficilement une idée de la profonde ignorance des parisiens à cet égard. Sur cent d'entr'eux, il y en avoit quatre-vingt-dix-neuf qui n'avoient jamais manié un fusil, qui ne savoient s'il falloit, pour le tirer, l'appliquer sur l'épaule droite ou sur l'épaule gauche, qui ignoroient comment il falloit le charger, qui n'avoient pas la plus légère idée de ce que c'étoit qu'armer ou désarmer un fusil. Le repos, la détente, le chien, le bassinet, étoit pour eux des mots absolument inconnus. Ils en savent un peu plus aujourd'hui; mais, en lisant ceci, ils conviendront que je n'ai rien exagéré.

Il n'étoit pas possible d'habiller militairement, sur le champ, douze mille hommes. Le comité voulut du moins leur donner une marque distinctive, et par cela même que la couleur de la cocarde qu'on venoit d'adopter étoit celle d'un prince qu'on n'aimoit pas, on la proscrivit. Voici ce qui fut arrêté sur la marque distinctive.

« Comme il est nécessaire que chaque membre qui compose cette milice parisienne porte une marque distinctive, les couleurs de la ville ont été adoptées par l'assemblée générale; en conséquence, chacun portera la cocarde bleue, blanche et rouge. »

« Tout homme qui sera trouvé avec cette cocarde, sans avoir été enregistré dans l'un des districts, sera remis à la justice du comité permanent. »

« Le grand état-major réglera les distinctions ultérieures de tout genre. »

On arrêta en outre les articles suivans pour le mouvement de la nouvelle armée.

1°. Le quartier-général de la milice parisienne sera constamment à l'Hôtel-de-Ville.

2°. Les officiers composant le grand état-major, auront séance au comité permanent.

3°. Il y aura seize corps-de-garde principaux pour chaque légion, et soixante corps-de-garde particuliers correspondant à chaque district.

4°. Les patrouilles seront postées par-tout où il sera nécessaire, et la force de leur composition sera réglée par les chefs.

5°. Les armes prises dans le corps-de-garde y seront laissées par chaque membre de la milice parisienne, à la fin de leur service, et MM. les officiers en seront responsables.

6°. D'après la composition arrêtée par le corps de la milice parisienne, chaque citoyen admis à défendre ses foyers, voudra bien, tant que les circonstances l'exigeront, s'astreindre à faire son service tous les quatre jours.

Quels étoient ces nouveaux rois qui, en quelques minutes de temps, étoient devenus les maîtres absolus de la capitale, et qui, sans s'inquiéter des autorités légales, lui donnoient cette forme extraordinaire de gouvernement ? Le public trouvera ici leurs noms, avec d'autant plus de plaisir, que quelques-uns d'eux ont acquis de la célébrité dans le cours de la révolution. Ceux donc qui signèrent les résolutions que je viens de rapporter, furent MM. de Flesselles, prévôt des marchands ; Ethis de Corny, échevin ; Veytard, greffier en chef ; le marquis de la Salle, l'abbé Fauchet, Tassin, de Lentre, Quatremère, Dumangin, Giroust, Duclos Dufresnoy, Moreau de Saint-Méry, Désissarts, Hyon, le Grand de Saint-René, Jeannin, Grelé.

Il ne manquoit donc plus à l'armée parisienne qu'un chef et des armes. Soit que les électeurs, qui étoient en correspondance avec les membres du club breton, se tinssent assurés d'avoir bientôt un commandant-général, soit que dans le premier moment on craignît de faire un mauvais choix en se hâtant trop, on ne montra pas beaucoup d'empressement à donner une tête à tant de bras inexpérimentés. Toute l'ardeur se porta à se procurer des armes. Celles que l'on conquit, dans cette journée du 13, ne furent pas en bien grand nombre. On se saisit d'abord de celles qu'on trouva à l'Hôtel-de-Ville ; on prit les canons et les drapeaux de ses gardes. On frappoit à toutes les portes d'armuriers, aux portes de ceux qu'on croyoit avoir de la poudre, et on emportoit, ce qu'on pouvoit trouver. On s'introduisoit même dans les maisons des particuliers, on prioit ceux qui les habitoient de livrer leurs armes pour la défense commune. Celles qu'on obtint de cette manière, n'ont jamais été rendues. Sur le port S.-Nicolas, on se saisit d'un bateau chargé de poudre. Aux petites écuries du roi, on s'empara de quelques tonneaux, dont les uns contenoient de la farine, et les autres des armes et des munitions de guerre. Au garde-meuble de la couronne, les commis n'attendirent pas qu'on ouvrît les portes ; ils livrèrent les armes qui y étoient en dépôt. Ces armes étoient plus précieuses qu'utiles ; on n'y trouva peu de fusils de service, et seulement deux canons garnis en argent, qui furent conduits à la Grève. Mais c'étoit un spectacle qui rappelloit les jours de la ligue, de voir des artisans armer leurs mains brunies et endurcies au travail, des lances dorées que nos anciens preux portoient dans un tournois ou sur un champ de bataille ; de voir les casques antiques de nos chevaliers françois couvrir la tête de gens sortis de la lie du peuple ; les panaches qui avoient ombragé les fronts de Duguesclin, de Bayard, flottoyent sur celui d'un fort de la Halle ou d'une femme de la Place-Maubert. C'est ainsi que, dans les insurrections périodiques d'un empire, on voit se reproduire les mêmes scènes, comme on retrouve au peuple les mêmes mœurs.

Ces premiers attentats contre les dépôts que la majesté royale couvroit de son ombre, prouvent à quel point le respect pour le monarque étoit déjà affoibli. Les armes que l'on se procura par ces ressources ne pouvoient suffire qu'à un très-petit nombre d'habitans. On y ajouta celles du guet qu'on désarma. On avoit aussi celles des gardes-françoises qui, les ayant tournées la veille contre les troupes mêmes du roi, les consacrèrent ce jour-là aux insurgens. On les appela les *soldats de la patrie*. Ils envoyèrent des députés aux soixante districts, pour offrir leurs services qui, comme on pense bien, furent agréés avec acclamation. Ils ne s'en tinrent pas à ces offres stériles. Plusieurs se mêlèrent à quelques groupes de bourgeois ou de petit peuple, pour les faire marcher avec ordre. Au milieu de ce mouvement, une partie du corps eut ordre de se rendre à Saint-Denis pour en fortifier le camp. Les soldats refusèrent de marcher ; ils répandirent qu'on avoit voulu les y envoyer sans armes, ce qui n'est ni vrai ni vraisemblable. les canoniers du régiment, casernés à l'hôpital du Gros-Caillou, furent commandés pour aller garder l'hôtel de Richelieu qui, dans ce moment, étoit regardé comme le quartier-général. Ils s'y rendirent ; mais ils y étoient à peine que leurs camarades, restés dans la maison de l'hôpital, leur firent savoir qu'ils voyoient roder des gens qui paroissoient avoir l'intention d'enclouer les canons. Le ciel, dans ce moment, s'obscurcit, il survint une pluie abondante; les ruisseaux des rues devinrent des torrens larges et rapides. Cette circonstance n'arrêta pas les canoniers; ils abandonnèrent l'hôtel de Richelieu; le sixième bataillon et une nombreuse populace se joignirent à eux; ils coururent à leur hôpital, en enlevèrent les canons, et, tambour battant, enseignes déployées, mèche allumée, les transportèrent dans le faubourg Saint-Honoré, à leur poste de la rue Verte. Ils avoient à leur tête des adjudans. J'étois sur leur passage. Je ne puis rendre les sentimens qui affectoient mon ame, en voyant une des plus belles troupes de l'Europe, marchant encore avec une fierté martiale, et pressée de toute part par des essaims couverts de fange et de guenilles, les uns portant, au haut d'une perche, en guise de drapeau, des haillons; d'autres faisant, par intervalle, des décharges avec de méchans pistolets; ceux-là jettant leurs chapeaux ou leurs bonnets en l'air, tous criant, avec rage, vive le tiers-état!

Les gardes-françoises ne furent pas les seuls soldats du roi qui secondèrent la rébellion. Plusieurs hommes des trois régimens suisses, campés au Champ-de-Mars, s'échappèrent du camp. Ils profitoient, pour exécuter leur désertion, des momens où l'on ouvroit la grille. Arrivés dans la ville, ils se livroient à la discrétion des parisiens; on leur laissoit leurs armes, et on les distribuoit dans différens corps-de-garde, de manière qu'ils ne fussent nulle part supérieurs en nombre.

Les soldats qui se trouvoient à S.-Denis, entassés dans la caserne, dans les écuries de l'abbaye, et dans le couvent des Récollets, désertèrent aussi leurs drapeaux; à toute heure, on en voyoit arriver des détachemens à Paris. Plusieurs de ces déserteurs avoient jusqu'à vingt et trente cartouches qu'ils distribuoient aux bourgeois en arrivant.

Ces renforts ne suffisant pas, on commença à presser vivement M. de Flesselles, prévôt des marchands et président du comité permanent des électeurs, à fournir la ville de provisions de guerre. Le district de S.-Barthelemy lui députa à cet effet plusieurs bourgeois auxquels il répondit : *votre demande est juste, demain vous aurez des armes*. Il n'étoit guères possible, en effet, d'en fournir dans le moment même. Pour prouver qu'il avoit intention de tenir parole, M. de Flesselles ordonna, sur le champ, qu'on fabriquât une quantité considérable de piques. M. de Flesselles étoit trop attaché à ses devoirs, pour désirer que la capitale restât dans cet état de rébellion. Il espéroit que quelqu'événement viendroit mettre fin à cette effervescence; il attendoit, comme tous les autres officiers du roi, des ordres ultérieurs. Il crut devoir temporiser jusqu'à ce qu'ils arrivassent. Il eût peut-être agi avec plus de sagesse, si, comme M. de Crône, il eût abandonné les séditieux à eux-mêmes, et n'eût pas accepté l'autorité qu'ils lui offrirent. Il étoit aisé de voir que, dans les changemens amenés en quelques minutes, on ne pouvoit pas être tout-à-la-fois l'homme du roi et celui des rebelles. Le dévouement de M. Flesselles, à ce qu'il crut être l'intérêt de son prince et de son pays, n'en est pas moins généreux.

Rien n'échappoit aux regards des hordes vagabondes qui inondoient les rues. Elles arrêtèrent un convoi de farine destiné pour le camp du Champ-de-Mars. On le conduisit en triomphe, aux acclamations de tout le peuple, à la Halle, et on se crut presque échappé à la famine.

Comme je passois, vers ce même temps-là, dans la rue Saint-Honoré, avec deux amis, l'un deux, chevalier de Saint-Louis, me fit remarquer une voiture qui ne pouvoit aller qu'au pas à cause de la foule, et me dit, assez haut et fort imprudemment: *voilà la voiture du prince de Lambesc*. — Vous vous *méprenez*, lui répondis-je encore plus haut. — *Point du tout*, reprit-il toujours sur le même ton; *je reconnois les armes de l'Empire*. Ces paroles furent entendues; elles étoient à peine prononcées, que des hommes qui étoient autour de nous, se précipitèrent sur la voiture, en un instant, l'intérieur, l'impériale, le siège du cocher, le derrière en furent remplis. On la conduisit à la place de Grèves; là on détela les chevaux, on pilla ce qui étoit dedans, et on la réduisit en cendres.

Sur le soir, Paris fut une ville nouvelle. Des coups de canon tirés d'intervalle en intervalle, avertissoient les habitans de se tenir sur leur garde. Au bruit du canon se joignoit celui des cloches qui ne cessoient de sonner l'alarme. Les soixante églises où s'étoient réunis les habitans, regorgeoient de monde. Chacun y étoit orateur. Dans quelques-unes, on vit pour la première fois des histrions du boulevard, dans la chaire de la religion, prêcher le courage à leurs concitoyens. Cette nouveauté, le bruit effroyable qui se faisoit, le désordre qui régnoit dans les délibérations, les injures, les violences mêmes auxquelles on s'exposoit, lorsqu'on vouloit faire entendre le langage paisible de la raison, commencèrent dès ce jour-là à dégoûter quelques bourgeois de ces assemblées.

Dans les rues, à la lueur des réverbères, on rencontroit de fréquentes et de nombreuses patrouilles qui offroient à la fois un spectacle bizarre et déplorable. On voyoit des soldats de tous les uniformes confondus avec des bourgeois assez bien armés, les uns et les autres mêlés avec des malheureux presque nus, dont les uns portoient une hâche, ceux-là une pique, ceux-ci une fourche, d'autres un mochant couteau fiché au bout d'un bâton. M. le curé de Saint-Etienne-du-Mont se mit à la tête d'une de ces patrouilles, et fit ainsi la ronde dans toute sa paroisse.

On avoit posté des corps-de-garde de distance en distance, et avec une telle multiplicité, qu'en bien des endroits, ils se touchoient presque. Dans les fauxbourgs, et dans quelques rues du centre, on établit des tranchées, on forma des barricades avec des tonneaux, qu'on fortifia par des fossés; dans plusieurs quartiers aussi on dépava les rues.

L'histoire de cette journée où les parisiens se donnèrent pour rois quelques bourgeois, sera un grand sujet d'étonnement pour la postérité; comment concevra-t-elle que, tandis qu'on se livroit à cette agitation, Paris étoit dominé par un fort, que l'arsenal recéloit une provision immense de poudre, que l'hôtel des Invalides renfermoit une nombreuse artillerie et une quantité incroyable de fusils, l'Ecole-Militaire regorgeoit de dragons et de houssards, que trois régimens suisses campoient au Champ-de-Mars, que des troupes couvroient les Champs-Elisées? La postérité, dis-je, en réfléchissant sur ce contraste d'activité d'une part, d'inaction de l'autre, ne déplorera-t-elle pas le sort du roi qui a trouvé aussi peu d'amis? Ne dira-t-elle pas qu'il n'a pas été mieux servi par ses officiers que par ses soldats? Que comprendra-t-elle à la pusillanimité, à l'irrésolution qui enchaînoit la fidélité de ceux qui étoient restés attachés à leur souverain?

Dans ces momens d'orage, que faisoit cet infortuné monarque? Quels conseils lui donnoient ceux qui l'environnoient? Quels sentimens agitoient les différens partis qui divisoient l'assemblée nationale? A quelle résolution s'arrêtoit cette assemblée? Les détails dans lesquels je vais entrer pour satisfaire à ces questions, sont dignes de toute l'attention de mes lecteurs; ils donneront un grand intérêt à mon récit.

CHAPITRE XLII.

Opinion de M. Mounier sur le renvoi des ministres ; discours de M. de Lally sur le même objet ; portrait de M. le comte de Virieu ; son opinion sur le changement de ministres ; celle de M. de Clermont-Tonnerre ; celles de MM. de Custine, de Castellanne, de Gouy d'Arcy, Biauzat & Grégoire ; portrait de ce dernier ; neutralité du comte de Mirabeau ; pétition des électeurs de Paris à l'assemblée nationale ; débats qu'elle occasionne ; lecture d'une lettre venue de Paris ; consternation qu'elle répand dans l'assemblée ; arrêté qui la suit ; députation au roi ; état dans lequel elle trouve le château ; représentations de M. l'archevêque de Vienne au roi ; réponse de sa majesté ; différentes impressions qu'elle produit parmi les députés ; motion de M. le marquis de la Fayette ; mémorable arrêté de l'assemblée ; réclamation de M. le duc de Praslin ; regret qu'il en a ; proposition de M. de Montesquiou ; résolution de l'assemblée ; nomination de M. de la Fayette à la place de vice-président ; ses remerciemens ; son portrait.

Suite de Juillet 1789, et du second mois de l'interrègne.

13. Il étoit neuf heures, lorsque l'assemblée nationale commença sa séance. De tous les événemens qui s'étoient passés à Paris, on ne pouvoit guères alors connoître à Versailles, que ceux de la veille. M. Mounier fut le premier à engager la délibération sur une crise, dont ceux qui visoient à de grandes innovations, sentoient, à merveille, tout l'avantage qu'ils pouvoient en retirer. Il ne porta d'abord l'attention de l'assemblée que sur le changement arrivé dans l'administration : la question étoit non-seulement neuve, mais encore indécente à traiter ; car, si le roi n'étoit pas maître de se donner les ministres qu'il jugeoit à propos, de quoi restoit-il donc maître ?

Certainement, dit M. Mounier, le roi a le droit de choisir les ministres qu'il admet à ses conseils ; mais, ajouta-t-il, dans les momens de crise, les représentans de la nation doivent à leur devoir d'éclairer la conscience du monarque. Le crédit public et le salut des peuples étant en danger, l'assemblée doit au souverain, des vérités courageuses sur les ministres qui partagent son pouvoir. Les ennemis du bien public ne craignent pas de flétrir le caractère national ; ils veulent braver le désespoir du peuple ; ils le provoquent par un appareil menaçant ; ils l'environnent de troupes armées ; ils attentent à la liberté publique, individuelle ; ils interceptent le passage sur les grandes routes. Ainsi, ils ont appris au roi à redouter un peuple qui le chérit, et à prendre contre lui les mêmes précautions que contre les ennemis de la patrie ; nous devons éclairer le roi, et lui présenter tous les dangers qui menacent son royaume. »

De ces propositions vagues, de ces déclamations qui ne pouvoient avoir d'autre effet que de porter la fermentation à son comble, M. Mounier conclut qu'il falloit présenter une adresse au roi, pour le supplier de rappeller les ministres renvoyés ; pour lui représenter que la patrie ne pouvoit avoir aucune confiance dans ceux qui leur avoient succédé, ou qui, en restant en place, avoient manifesté des projets contraires au bien public; pour lui exposer les dangers que pouvoient produire les changemens survenus dans le ministère, ainsi que les mesures qui les avoient accompagnés; enfin, pour lui déclarer que l'assemblée ne consentiroit jamais à une infâme banqueroute.

Il y avoit, dans ces dernières paroles, une intention que le respect dû aux vertus de M. Mounier ne permet pas de qualifier. On y voit qu'il cherchoit à aigrir les esprits, et qu'il se mentoit à lui-même. Il n'a jamais pu venir à l'idée d'un homme qui a autant de lumières, que les ministres voulussent faire banqueroute, et qu'ils eussent pu concevoir le projet de rendre complice de cette abomination, un roi dont la probité n'a été révoquée en doute dans aucune circonstance.

MM. Target et de Lally appuyèrent la motion de M. Mounier. Le premier convint que le pouvoir exécutif avoit le droit de nommer ses ministres. Il désira même que cette vérité fût reconnue hautement; mais, ajouta-t-il, *l'opinion doit diriger ce pouvoir exécutif. C'est cette opinion qu'il faut porter au prince.*

Voilà comment raisonna M. Target, qui, lorsqu'il avoit appellé le roi, du nom de pouvoir exécutif, croyoit avoir fait un grand pas dans la carrière politique. Il faisoit dépendre la liberté qu'avoit le roi de choisir ses ministres, de l'opinion; et M. Mounier la faisoit dépendre d'une crise. Une telle doctrine, prouve qu'ils ne savoient point trouver de principes généraux, et qu'ils tiroient toutes leurs règles des circonstances.

Quant à M. de Lally, il prononça, dans cette occasion, un discours qui fit verser des larmes à presque tous ses auditeurs. J'en affoiblirois l'impression, si je me contentois d'en rapporter un extrait. Le voici dans son entier.

Messieurs,

« C'est une suite funeste des excès auxquels se portent les ennemis du bien public, que la modération des bons citoyens semble presque devenir coupable, et se trouve forcée, malgré elle, à sortir des mesures qu'elle s'étoit prescrites. »

« Si un retour sur soi-même étoit permis, lorsqu'il faut perdre le sentiment de son existence dans celui d'une calamité générale, je prendrois tous les membres de cette assemblée à témoin de l'esprit de paix et de justice qui a présidé, j'ose le dire, à tous mes discours, quelque part et dans quelque temps qu'ils ayent été tenus. »

« J'espère ne pas m'en écarter, même aujourd'hui, malgré la vive émotion que je ressens; mais quel que soit le jugement qui m'attend, calomnié ou non calomnié, c'est ici un de ces instans où il faut s'abandonner à sa conscience. »

« On vient de nous dénoncer, messieurs, la surprise faite à la religion d'un roi que nous chérissons, et l'atteinte portée aux espérances de la nation que nous représentons. »

« Je ne répéterai point tout ce qui vous a été dit avec autant de justesse que d'énergie; je vous présenterai un simple tableau, et je vous demande de vous reporter avec moi à l'époque du mois d'août de l'année dernière. »

« Le roi étoit trompé. »

« Les lois étoient sans ministres, et vingt-cinq millions d'hommes sans juges. »

« Le trésor public sans fonds, sans crédit, sans moyens pour prévenir une banqueroute générale, dont on n'étoit plus séparé que par quelques jours. »

« L'autorité sans respect pour la liberté des particuliers, et sans force pour maintenir l'ordre public. »

« Le peuple sans autre ressource que les états-généraux, mais sans espérance de les obtenir, et sans confiance, même dans la promesse d'un roi dont il révéroit la probité, parce qu'il s'obstinoit à croire que les ministres d'alors en éluderoient toujours l'exécution. »

« A ces fléaux politiques, la nature dans sa colère étoit venue joindre les siens : le ravage et la désolation étoient dans les campagnes; la famine se montroit déjà de loin, menaçant une partie du royaume. »

« Le cri de la vérité est parvenu jusqu'aux oreilles du roi, son œil s'est fixé sur ce tableau déchirant, son cœur honnête et pur s'est senti ému, il s'est rendu aux vœux de son peuple, il a rappelé un ministre que ce peuple redemandoit. »

« La justice a repris son cours. »

« Le trésor public s'est rempli; le crédit a reparu comme dans les temps les plus prospères; le nom infâme de banqueroute n'a plus même été prononcé. »

« Les prisons se sont ouvertes, et ont rendu à la société les victimes qu'elles renfermoient. »

« Les révoltes qui avoient été semées dans plusieurs provinces, et dont on avoit lieu de craindre le développement le plus terrible, se sont bornées à des émotions toujours affligeantes, sans doute, mais pas-

K

sagères, et appaisées par la sagesse et par l'indulgence. »

« Les états-généraux ont été annoncés de nouveau : personne n'en a plus douté quand on a vu un roi vertueux confier l'exécution de ses promesses à un vertueux ministre. Le nom du roi a été couvert de bénédictions. »

« Le temps de la famine est arrivé ; des travaux immenses, les mers couvertes de vaisseaux, toutes les puissances de l'Europe sollicitées, les deux mondes mis à contribution pour notre subsistance, plus de quatorze cent mille quintaux de farine importés parmi nous, plus de vingt-cinq millions sortis du trésor-royal, une sollicitude active, efficace, perpétuelle, appliquée à tous les jours, à tous les instants, à tous les lieux, ont encore écarté ce fléau ; et les inquiétudes paternelles, les sacrifices généreux du roi, publiés par son ministre, ont excité dans tous les cœurs de ses sujets, de nouveaux sentiments d'amour et de reconnoissance. »

« Enfin, malgré des obstacles sans nombre, les états-généraux ont été ouverts...... Les états-généraux ont été ouverts !..... Que de choses, messieurs, sont renfermées dans ce peu de mots ! que de bienfaits y sont retracés ! comme la reconnoissance de la génération présente et des générations futures vient s'y attacher à jamais ! »

« Quelques divisions ont éclaté dans les commencemens de cette mémorable assemblée : gardons de nous les reprocher l'un à l'autre, et que personne ne prétende en être totalement innocent. Disons plutôt, pour l'amour de la paix, que chacun de nous a pu se laisser entraîner à quelques erreurs trop excusables ; disons qu'il en est de l'agonie des préjugés comme celle des malheureux humains qu'ils tourmentent ; qu'au moment d'expirer, ils se raniment encore, et jettent une dernière lueur d'existence. Convenons que dans tout ce qui pouvoit dépendre des hommes, il n'est pas de plan de conciliation que le ministre n'ait tenté avec la plus exacte impartialité, et que le reste a été soumis à la force des choses. Mais au milieu de la diversité des opinions, le patriotisme étoit dans tous les cœurs ; les efforts pacificateurs du ministre, les invitations réitérées du roi, ont enfin produit leur effet ; une réunion s'est opérée, chaque jour a fait disparoître un principe de division ; chaque jour a produit une cause de rapprochement. »

« C'est dans cet instant, après tant d'obstacles vaincus, au milieu de tant d'espérances et de besoins, que des conseillers perfides enlèvent au plus juste des rois son serviteur le plus fidèle, et à la nation le ministre citoyen en qui elle avoit mis sa confiance. »

« Ce n'étoit pas assez ; trois ministres étoient animés des mêmes sentimens que lui, de la même fidélité, du même patriotisme, ils sont frappés de la même disgrace. »

« C'étoit encore trop peu ; cet homme qui, depuis un an, s'est sacrifié pour le royaume, on le présente au roi comme un criminel qui doit être banni du royaume. »

« Quels sont donc ses accusateurs auprès du trône ? ce ne sont pas sans doute les parlemens, qu'il a rappellés ; ce n'est pas sûrement le peuple, qu'il a nourri ; ce ne sont pas les créanciers de l'état, qu'il a payés ; les bons citoyens, dont il a secondé les vœux : qui sont-ils donc ? je l'ignore ; mais il en est : la justice, la bonté reconnue du roi ne permettent pas d'en douter. Quels qu'ils soient, ils sont bien coupables. »

« Au défaut des accusateurs, je cherche les crimes qu'ils ont pu dénoncer. Ce ministre, que le roi avoit accordé à ses peuples, comme un don de son amour, comment est-il devenu tout d'un coup un objet d'animadversion ? qu'a-t-il fait depuis un an ? nous venons de le voir ; je l'ai dit, je le répète : quand il n'y avoit point d'argent, il nous a payé ; quand il n'y avoit pas de pain, il nous a nourri ; quand il n'y avoit point d'autorité, il a calmé les révoltes. »

« Je l'ai entendu accuser, tour-à-tour, d'ébranler le trône, et de rendre le roi despote ; de sacrifier le peuple à la noblesse, et de sacrifier la noblesse au peuple (1). J'ai reconnu, dans cette accusation, le partage ordinaire des hommes justes et impartiaux ; et ce double reproche m'a paru un double hommage. »

« Je me rappelle encore que je l'ai entendu appeller du nom de factieux, et je me suis demandé alors quel étoit le sens de cette expression ; je me suis demandé quel autre ministre avoit jamais plus été dévoué au maître qu'il servoit ; quel autre avoit été plus jaloux de publier les vertus et les bienfaits du roi ; quel autre lui avoit donné et lui avoit attiré plus de bénédictions, plus de témoignages d'amour et de respect ? »

« Membres des communes, qu'une sensibilité si noble précipitoit au-devant de lui le jour de son dernier triomphe, ce jour où, après avoir craint de le perdre, vous crûtes qu'il vous étoit rendu pour plus long-temps ; lorsque vous l'entouriez, lorsqu'au nom du peuple, dont vous êtes les augustes représentans, au nom du roi, dont vous êtes les sujets fidèles, vous le conjuriez de rester toujours le mi-

---

(1) Cette dernière accusation n'a jamais été formée contre M. Necker ; on seroit tenté de croire que M. de Lally ne l'a placée là que pour completter l'antithèse.

nistre de l'un et de l'autre ; lorsque vous l'arrosiez de vos larmes vertueuses, ah! dites si c'est avec un visage de factieux, si c'est avec l'insolence d'un chef de parti qu'il recevoit tous ces témoignages de vos bontés. Vous disoit-il, vous demandoit-il autre chose que de vous confier au roi, que de chérir le roi, que de faire aimer au roi les états-généraux ? Membres des communes, répondez, je vous en conjure ; et si ma voix ose publier un mensonge, que la vôtre s'élève pour me confondre. »

1° « Et sa retraite, messieurs, sa retraite avant-hier a-t-elle été celle d'un factieux ? Ses serviteurs les plus intimes, ses amis les plus tendres, sa famille même ont ignoré son départ. Il a prétexté un projet de campagne. Il a laissé en proie aux inquiétudes tout ce qui l'approchoit, tout ce qui le chérissoit. On a passé une nuit à le chercher de tous côtés. Que cette marche soit celle d'un prévaricateur qui veut échapper à l'indignation publique ; cela se conçoit : mais quand on songe qu'il vouloit se dérober à des hommages, à des regrets qu'il eût recueillis partout sur son passage, et qui eussent pu adoucir sa disgrace ; qu'il a mieux aimé se priver de cette consolation, et souffrir dans la personne de tous ceux qu'il aimoit, que d'être témoin d'un instant de trouble ou d'émotion populaire ; qu'enfin le dernier sentiment qu'il a éprouvé, le dernier devoir qu'il s'est prescrit, en quittant la France d'où on le bannissoit, a été de donner au roi et à la nation, la dernière preuve de respect et de dévouement ; il faut ou ne pas croire à la vertu, ou reconnoître une des vertus les plus pures qui ayent jamais été sur la terre. »

« Doutez-vous, messieurs, que je n'adhère, autant que je le puis, à la motion qui vient d'être faite ? Je la signerois de mon sang. »

« Je rends hommage, ainsi que M. Mounier, au principe dont il ne faut jamais s'écarter. »

« Sans doute le roi est maître absolu de composer son conseil comme il lui plaît ; mais nous pouvons lui indiquer les bons serviteurs, comme le détourner des mauvais. Nous pouvons lui adresser des prières respectueuses, tendres, soumises. Nous pouvons lui dire qu'il est des circonstances où la vertu d'un prince ne suffit pas à elle seule, où elle a besoin de trouver le concours d'autres vertus dans son conseil, et qu'assurément nous sommes dans une de ces circonstances. Nous pouvons le conjurer par l'amour que nous lui portons, par la fidélité que nous lui garderons toujours, par les entrailles de la patrie déchirée, de rappeller les seuls ministres dignes de sa confiance, et les seuls qui possèdent la nôtre. »

« Hélas ! je crains bien que la religion du roi ne soit éclairée trop tard, et que la perte qu'il a faite, ainsi que nous, ne soit irréparable. Je crains bien que celui qui a été deux fois méconnu, deux fois calomnié, deux fois suspect au monarque vertueux, mais trompé, qu'il servoit de son cœur comme de son génie, que celui qui fuit actuellement comme un proscrit, sur les routes de ce royaume qu'il a fait fleurir pendant son premier ministère, qu'il a fait subsister pendant le second, et pour lequel il a sacrifié son repos, sa fortune, sa santé, ne nous soit à jamais enlevé : mais nous devons au roi, nous devons à la nation de réclamer celui qui l'a si bien servi, et ceux qui l'ont si bien secondé ; et dans tous les cas, en nous soumettant, si le roi nous refuse, comme nous sommes aussi libres dans l'expression de nos sentimens, que le monarque l'est dans la distribution de ses faveurs, nous, dont on n'a pas surpris la religion, nous, qu'on n'a pas induits en erreur, nous pouvons et nous devons voter des témoignages solemnels d'estime et de regret, nous devons adresser des remerciemens et des hommages à M. Necker et aux trois ministres qui se sont si généreusement dévoués pour les intérêts du roi et de la nation. »

Cette motion fut interrompue mille fois par des applaudissemens et des acclamations. Elle électrisa si bien les têtes, qu'il y eut peu de personnes dans l'assemblée, qui ne regardassent le renvoi du premier ministre des finances, comme une calamité publique. M. de Lally en retira tout le fruit qu'il pouvoit en attendre ; il devint, dès ce jour, une des idoles du peuple. Il est probable qu'aujourd'hui il regarde cette même motion comme un roman dont M. Necker étoit le héros, et qu'il regrette d'avoir été si loin de la vérité. Si parmi ceux qui entendirent cette pathétique harangue, il se trouva un homme impartial et de sang-froid, il dût dès-lors prédire que le comte de Lally avoit l'imagination trop ardente, l'ame trop sensible, l'esprit trop susceptible de se repaître de toutes les illusions du moment pour s'acquitter convenablement des impassibles fonctions de législateur.

On vit, dans cette séance, paroître à la tribune aux harangues, un orateur qui n'avoit point encore fait entendre sa voix. Ce nouvel orateur fut M. le comte de Virieu, député du Dauphiné. Je remarque en passant que tous les députés de cette province ont marqué aux états-généraux. M. de Virieu est un de ceux qui y ont développé de grands talens et un véritable courage. Cependant toutes les factions l'ont haï, le parti populaire l'a persécuté, celui des hommes sages a semblé le dédaigner. Aujourd'hui l'opinion est incertaine sur son compte. Tous les efforts qu'il a fait pour le succès de la cause qu'il avoit adoptée, n'ont pu le tirer d'une certaine obscurité. Rien ne prouve mieux combien le jugement des contemporains est injuste. J'avoue aussi que cette indifférence du public pour les travaux de M. de Virieu, parmi nos législateurs, m'a plus convaincu que toute autre considération, de la nécessité où sont ceux qui écrivent l'histoire de leur temps, de ne pas se contenter de décrire les principaux événemens ; il est de leur devoir de transmettre à la postérité toutes les particularités qui peuvent donner une connoissance parfaite des hommes, ainsi que des scènes qui se sont passées sur le théâtre où ils se sont trouvés.

Comme on nous représente en effet Marius assis sur les ruines de Carthage, je me suis souvent représenté M. de Virieu assis sur les ruines de sa patrie, et se tenant à lui-même ce langage: « Voilà donc ce qui reste à cette monarchie, de treize siècles de gloire ! Et j'irai peut-être grossir auprès de nos neveux, la liste de ses destructeurs ! L'histoire fidèle à conserver les masses, et laissant périr les détails, transmettra mon nom à la postérité, et la postérité me confondant avec les factieux qui ont désolé cet empire, me croira aussi dévoué à l'indignation de tous les siècles ! »

Si la postérité lit cette histoire, elle ne sera pas cet outrage à M. de Virieu ; elle ne le rangera pas dans la classe de ceux dont tout le système de législation a été un système homicide et de spoliation. D'une stature au-dessous de la moyenne, d'une complexion en apparence délicate, il a dans l'ame toute l'énergie et toute la vigueur que n'ont pas toujours les hommes les plus robustes. Ses yeux sont pleins de feu, et peignent avec rapidité les différens sentimens qui l'agitent. Sa voix n'est pas sonore, mais elle est éclatante ; ses inflexions ne sont pas mélodieuses, mais elles captivent l'attention sans la fatiguer. Il a toujours fallu faire un bruit effroyable lorsqu'on n'a pas voulu entendre les vérités dont M. de Virieu faisoit retentir l'assemblée de ses co-députés.

Quoiqu'il ne se soit point placé parmi les véritables amis de la monarchie, quoiqu'il ait voulu aussi nous donner une nouvelle constitution, on lui doit cet éloge qu'au moins parmi les changemens proposés, il s'est tenu en garde contre les innovations extrêmes. Il a voulu le bonheur de son pays ; il a cru que pour y parvenir, il falloit y marcher lentement. Avec un caractère ardent, il a su tenir un certain milieu, et n'adopter de toutes les opinions nouvelles, que les plus modérées. On le verra, dans toutes les circonstances, vouloir poser une digue contre la précipitation ; vouloir défendre ses collègues de l'effervescence populaire, et chercher à tirer, du sein même des institutions qu'il n'approuvoit pas, quelque avantage pour la chose publique. Des lumières, de l'amour pour son pays, de l'ambition à lui être utile, un désintéressement scrupuleux, une probité timorée, voilà ce que M. de Virieu a de commun avec quelques françois de ce siècle ; mais ce qui le caractérise parmi ceux qui ont voulu innover, c'est d'avoir combattu, pour les principes modérés, avec toute la chaleur d'un enthousiaste, avec toute l'opiniâtreté d'un fanatique.

Les premiers mots qu'il fit entendre, lorsque M. de Lally eut fini sa romanesque motion, annoncèrent ce qu'il alloit être.

« La sagesse, s'écria-t-il, peut seule sauver la nation. Je ne me méfie pas du courage de l'assemblée. Ce n'est pas l'appareil militaire qui affoiblira nos actions. Je sais que nous marchons parmi les écueils ; la fureur de nos ennemis et la fougue du peuple. Nous devons seulement nous conformer à nos principes. De tous côtés, les liens de la confiance se rompent ; l'anarchie lève ses mains menaçantes, le sang coule, nos concitoyens ont péri cette nuit. Garderons-nous un coupable silence ? Nous devons à tous des secours. Nous devons nous rallier à un serment nouveau. »

Ce fut à cette dernière idée que s'attacha M. de Virieu. Il y a apparence qu'il partageoit, avec le public, le préjugé que le roi vouloit dissoudre les états-généraux. Il croyoit échapper à ce péril si tous les membres actuels de l'assemblée se lioient par le serment que les seuls députés du tiers-état avoient prêté au jeu de paume. Il n'en adoptoit pas moins le projet de députer au roi pour lui représenter que les nouveaux ministres n'auroient jamais la confiance de la nation ; mais il vouloit qu'on se bornât à cette seule démarche, et qu'aussitôt après on commençât le travail de la constitution. M. de la Rochefoucault adopta cette opinion dans son entier ; M. de Clermont-Tonnerre ne fut pas de cet avis.

« Ce n'est pas une invitation au roi, dit ce gentilhomme, pour le retour du ministre, que je propose. Quand un peuple entier demande, il ne faut pas l'exposer à la honte d'un refus, et son souverain, au danger de refuser. »

« Nous ne devons pas non plus renouveller nos sermens ; ils sont éternels. Il est inutile de les renouveller. La constitution sera faite, ou nous ne serons plus. Il est des maux plus pressans. Paris est dans une fermentation affreuse ; on s'y égorge ; les troupes y présentent deux spectacles bien différens ; des françois indisciplinés qui ne sont sous la main de personne, et des françois disciplinés qui sont sous la main du despotisme..... »

M. de Clermont, après avoir présenté ce tableau qui commença à répandre la consternation dans toute l'assemblée, conclud ainsi : « Je pense qu'on doit se borner à voter une adresse de remerciement à ceux qui sont les victimes du despotisme. »

Un autre gentilhomme, M. de Custine, député de la noblesse de Lorraine, rejetta également la députation au roi, qui lui parut un moyen propre à augmenter la fermentation, et insuffisant pour arrêter l'effusion du sang. Il demanda donc que sans retard, on s'occupât du travail de la constitution. Telle fut aussi l'opinion de M. de Castellane.

L'occasion étoit belle pour M. de Gouy d'Arcy; il ne la laissa point échapper, et voulant que son discours tînt de la gravité de la circonstance, il emprunta, pour débuter, un trait de Bossuet: « La mort d'un seul homme est une calamité publique. A quelle situation, messieurs, pouvons-nous appliquer plus justement cette expression magnifique ?... Hier, messieurs, continua M. de Gouy, j'ai entendu le canon tonner; j'ai vu le sang couler; des cadavres couvrir les plaines; j'ai vu nos troupes françoises s'égorger mutuellement; j'ai vu le peuple se transporter en foule aux spectacles, en fermer les portes. »

L'orateur, après tous ces *j'ai vu*, répéta longuement l'éloge que M. de Lally avoit déjà prononcé en faveur de M. Necker; et finit par adhérer à la motion de M. Mounier. Il laissa échapper, dans la prolixité de son discours, une vérité qui lui fit perdre tout le fruit qu'il en attendoit, sans doute, auprès du peuple. Il reconnut le droit qu'avoit le roi de dissoudre les états-généraux. Cette ingénuité éleva contre lui des murmures qui l'éclairèrent sur sa maladresse. Il en fit ses excuses, et bien lui en valut, car dès-lors le public qui se trouvoit aux séances, signaloit comme ennemi du peuple, quiconque respectoit les prérogatives royales.

M. Biosat et M. l'abbé Grégoire étoient déjà si au fait du ton qu'il falloit prendre pour plaire à la multitude, que dans le discours qu'ils prononcèrent mutuellement sur ce qui étoit à la délibération, ils s'emportèrent avec une sorte de rage contre les dépositaires de la confiance du monarque. Le premier appela cette suite de ministres, par lesquels il falloit parvenir au trône, *un canal pestiféré*. L'autre, malgré son caractère qui lui commandoit la modération, dit des choses si violentes et si indécentes contre ces mêmes ministres, que M. l'archevêque de Vienne ne pût retenir son indignation. Il se leva, et dit qu'il lui paroissoit bien étrange que de pareilles déclamations sortissent de la bouche d'un ministre de paix. De violens murmures prouvèrent à M. de Pompignan, que pour être l'homme du jour, il falloit parler comme M. l'abbé Grégoire. Cet ecclésiastique alla jusqu'à demander qu'on nommât *un comité pour révéler les crimes ministériels*, et livrer les coupables à toute la rigueur des lois.

M. l'abbé Grégoire n'a ni étude, ni logique; il ne connoît ni les hommes, ni les convenances; il n'a que de la vanité. Le plus léger avantage offert à son amour propre, l'enfle extraordinairement, et achève d'égarer son jugement. Son extérieur n'est pas désagréable; sa physionomie est ouverte, ses manières sont même insinuantes; mais il porte la tête haute; son front est sans modestie, et son regard a de la hardiesse. Lorsqu'il parle, il se sourit à lui-même, et semble s'applaudir.

Il étoit connu, avant d'arriver aux états-généraux, par un ouvrage en faveur des juifs. Beaucoup d'autres, avant lui, qui se piquoient de philosophie, et qui étoient de fort mauvais politiques, avoient écrit aussi pour ce peuple. Quoique M. l'abbé Grégoire ne fit que reproduire leurs idées, il fut remarqué. On trouva étrange qu'un prêtre catholique, qu'un curé qui, avec la modestie de son état, auroit dû en avoir les principes et l'esprit, fît l'apologie d'une société que ses maximes religieuses rendent plus particulièrement ennemie des peuples chrétiens. Qu'est-ce d'ailleurs qu'une société qui, à l'exception de quelques individus, de quelques maisons, ne vit que de rapines, d'usure et de fraude? Etoit-ce à un pasteur catholique à se faire le défenseur d'une nation qui ne vit qu'en dévorant la subsistance des autres nations parmi lesquelles elle est confondue? Ce fut cette bizarrerie qui fixa les yeux sur M. l'abbé Grégoire. Il se crut un grand homme parce qu'il vit son nom dans les journaux, confondu avec celui des gens de lettres.

La qualité de député aux états-généraux, lui inspira les plus hautes prétentions. Il se crut un habile politique. Il laissa là l'autel, la chaire, ses ouailles, tous les devoirs de son ministère, pour ne plus s'occuper que de calculs de finances, de réformes économiques, et discussions profanes. Il se jetta dans les sociétés où l'on aime mieux les discoureurs que les raisonneurs; et le crédit dont il y jouit, fut un nouvel aliment pour sa vanité. Il se livra aveuglément aux membres du club breton; ils firent briller à ses yeux la mître, et cette image acheva d'en faire l'homme le plus vain des états-généraux. Il s'en crut l'oracle, l'idole, le guide; il ne bougea plus de la tribune, et tout en se croyant doux et sensible, il ne manqua jamais de se jetter vers les partis extrêmes. En vain le comte de Mirabeau le gourmanda (1) de sa puérile affectation à vouloir sans cesse régenter l'assemblée nationale. « Ces hommes, lui dit-il, qui vous flattent, *je ne sais pourquoi*, reprendront bientôt leurs éloges prodigués, et vous feront payer leur propre erreur. » Cette leçon vint trop tard; M. l'abbé Grégoire n'en pouvoit plus profiter. Il se croyoit déjà tout au moins l'égal de celui qui la lui donnoit. Il n'y a aucune guérison à espérer de l'homme en délire, qui pense être sage; de toutes les folies, c'est la plus difficile à guérir. On verra que les accès de celle

_____

(1) Voyez galerie des états-généraux, tome 2, page 85. M. l'abbé Grégoire y est peint sous le nom de *Garinet*. Comme j'aurai occasion de citer quelquefois cet ouvrage, je dois prévenir qu'il est généralement attribué au feu comte de Mirabeau. Outre qu'il est aisé de l'y reconnoître à son style, et au portrait avantageux qu'il a tracé de lui-même, sous le nom *d'Iramba*, j'ai des raisons particulières d'assurer que cette production est de lui. Il la composa dans le courant d'août 1789.

de M. l'abbé Grégoire ont été continus. Ils ne lui ont pas laissé un seul instant de lucide.

Il n'est point étonnant qu'un homme ainsi organisé, et qui s'étoit entiché de toutes les extravagances philosophiques, ait cherché à armer le peuple contre la cour, dans un moment où il auroit fallu au contraire resserrer les liens de l'union, qui alloient se dissoudre. Un comité inquisitorial contre les ministres, voilà donc ce qu'il demanda au lieu de l'adresse qu'on avoit votée. M. Biauzat rejetta comme lui le projet d'adresse, sans doute pour qu'on ne s'exposât point aux vapeurs du *canal pestiféré*.

Ceux qui votoient pour cette adresse ne pouvoient pas croire qu'elle eût d'autre effet que de déterminer le roi à rappeller M. Necker. Car, quelle apparence que le roi voulût résister à un vœu soutenu de tout un peuple en insurrection ? Le comte de Mirabeau comprenoit fort bien que telle devoit être en effet la suite nécessaire de l'adresse. Aussi ne prit-il aucune part à ces débats. S'il eût appuyé cette proposition, il eût entraîné les suffrages, et eût ainsi manqué à la parole qu'on s'étoit donnée dans le club breton, *de chasser le charlatan*. S'il eût opiné contre l'adresse, il eût perdu de sa popularité, parce que le peuple faisoit dépendre son bonheur du retour du ministre disgracié. Il garda donc une neutralité qui le préservoit de l'un et l'autre écueil.

Plus cependant la délibération avançoit, et plus les esprits paroissoient disposés à redemander M. Necker. Il n'y avoit donc qu'un moyen d'empêcher les suffrages de se réunir en faveur de son rappel ; c'étoit de faire changer la délibération d'objet. C'est aussi ce que fit M. Guillotin ; il se leva lorsque la discussion étoit à sa fin, et dit, qu'on venoit de lui remettre un arrêté des électeurs de Paris. On ne manqua pas de lui crier de toute part, d'en faire la lecture. Il obéit. Les électeurs, par cet écrit qui étoit plutôt une pétition qu'un arrêté, prioient l'assemblée de leur permettre *l'établissement*, à Paris, d'une garde bourgeoise (1). Que les électeurs s'adressassent à l'assemblée et non au roi, pour cet objet, ce n'est pas ce qui étonne, d'après la coalition qui s'étoit faite entre ces électeurs et une partie des états-généraux, mais il étoit un peu étrange qu'on demandât la permission de faire ce qu'on avoit déjà fait, et ce que très-certainement, vu la nature des circonstances, on n'avoit nullement envie de changer.

Dès que cet arrêté eut été lu, la délibération recommença avec beaucoup de chaleur. MM. de Saint-Fargeau, Chapellier, Barnave, Duquesnoy et quelques autres membres discoururent tour-à-tour. Les uns évitoient avec soin de parler, dans leurs discours, de l'adresse du roi ; mais d'autres, qui étoient de bonne foi dans cette discussion, y ramenoient les débats. Les plus sages, en se fixant sur la demande des électeurs, rappelloient que lorsqu'on avoit présenté au roi une adresse pour en obtenir l'éloignement des troupes, on en avoit retranché la demande d'une milice bourgeoise. Ils en concluoient qu'il ne falloit pas revenir sur un point déjà décidé.

On répondoit à ceux-là que les circonstances étoient changées, et que puisque la ville de Paris elle-même réclamoit, pour sa sûreté, une garde bourgeoise, on devoit s'empresser d'aller à son secours.

« Je crois, dit M. de Saint-Fargeau, que le parti du silence seroit très-dangereux dans ce moment... Lorsque personne ne représente le peuple, il se représente lui-même ; et c'est alors qu'il se porte à des excès terribles, qu'on auroit évités en prenant ses intérêts, et en allant à son secours... » M. de Saint-Fargeau conclud pour une adresse au roi, dans laquelle on feroit mention de l'arrêté des électeurs, et on demanderoit le retour des ministres.

« Des troupes ennemies et étrangères, dit à son tour M. Chapellier, assiègent un peuple bon et fidèle. Le sang coule ; les propriétés ne sont pas en sûreté ; le scandale des allemands ameutés est à son comble. Il n'y a que la garde bourgeoise qui puisse remédier à tous ces malheurs : l'expérience nous l'a appris. C'est le peuple qui doit garder le peuple... »

M. Chapellier n'ayant pas eu, comme Mirabeau, la sagesse de garder le silence, se vit contraint, pour ne pas désobliger la multitude, de brûler aussi un grain d'encens devant l'idole chérie. Il fit sur le ministre exilé, une profession de foi, qui n'étoit guères dans son cœur.

« Devenu françois, dit-il, par ses travaux, il emporte avec lui notre reconnoissance, notre estime et notre admiration. Cependant il est banni, il doit rendre compte à l'assemblée de sa conduite. S'il est coupable, c'est à nous de le juger. Mais s'il n'a fait que secourir la France dans les calamités les plus funestes, c'est à nous d'assurer son triomphe. Le roi n'a pu l'exiler sans commettre une injustice. »

L'opinion de M. Chapellier, quoiqu'elle ne fut pas sincère, alloit cependant conquérir les suffrages, on alloit voter le rappel du ministre, lorsque la délibération changea encore une fois d'objet. M. le comte de Lally annonça qu'il venoit de recevoir des nouvelles de Paris. Il se fit aussi-tôt un grand silence dans toute l'assemblée ; chacun écouta, avec la plus inquiète attention, ce que M. de Lally avoit à dire. Il lut une lettre dont voici, à peu de chose près, le contenu :

---

(1) Dans le procès-verbal de l'assemblée, on lit *rétablissement* au lieu du mot *établissement* qui se trouvoit dans l'arrêté des électeurs.

« La foule est immense au Palais-Royal. Plus de deux mille hommes sont armés. Ils annoncent qu'ils vont attaquer les troupes des Champs-Elisées, puis de-là aller à Saint-Denis se joindre aux régimens et se rendre à Versailles. »

« Toutes les barrières du côté du nord ont été saccagées. »

« Celle du Trône est en feu. »

« Les armuriers ont été pillés, et chacun prend la cocarde verte. »

« L'erreur du moment a fait adopter cette couleur qu'on doit à jamais mépriser. »

« Paris va être en feu dans un instant. »

« Ils disent qu'ils vont ouvrir les prisons. »

« On a été mal instruit à Versailles. On veut punir les bandits, et les garder dans les prisons. »

La foudre même fut tombée au milieu de l'assemblée, qu'elle n'y eût pas produit plus d'épouvante que la lecture de cette lettre, qui étoit loin encore de rendre les choses comme elles étoient. Le désordre même avec lequel elle étoit écrite, ne contribua pas peu à accroître l'alarme. On se crut perdu; on se vit au milieu des horreurs de la guerre civile; on se représentoit des milliers de bandits armés de toutes pièces, se précipitant dans Versailles; la pâleur étoit sur tous les fronts, l'effroi glaçoit tous les cœurs; les uns gémissoient, d'autres fondoient en larmes; ceux-là poussoient des cris d'indignation; à ces premiers accès de douleur, succéda tout-à-coup un taciturne silence; l'assemblée entière devint immobile. Enfin un gentilhomme s'écria : « nous devons nous réunir dans les malheurs communs. Que le souvenir de quelques divisions momentanées soit effacé! Que tous les députés réunissent leurs efforts pour sauver la patrie! »

L'assemblée, réveillée par ce cri, devint extrêmement tumultueuse; chacun vouloit parler à la fois; les motions se succédoient, et l'on ne s'arrêtoit à aucun parti. « Il est bien affligeant, s'écria M. le duc d'Aiguillon, au milieu de ce désordre, que nous perdions du temps, quand le sang coule. Ce n'est pas un discours bien arrangé qu'il faut, mais une députation au roi et à Paris. »

« Que toutes les provinces, s'écria aussi M. de Custines, partagent aujourd'hui l'honneur et le danger d'une députation à la capitale. »

La délibération étant devenue insensiblement plus calme, on finit par se fixer à l'arrêté suivant. Le voici tel qu'il se trouve transcrit dans le procès-verbal.

« L'assemblée nationale a unanimement arrêté :

« Qu'il seroit fait une députation au roi, pour lui représenter tous les dangers qui menacent la capitale et le royaume; la nécessité de renvoyer les troupes, dont la présence irrite le désespoir du peuple, et de confier la garde de la ville à la milice bourgeoise. »

« Il est, de plus, arrêté que si l'assemblée obtient la parole du roi pour le renvoi des troupes et l'établissement de la milice bourgeoise, elle enverra des députés à Paris, pour y porter ces nouvelles consolantes, et contribuer au retour de la tranquillité. »

Les députés, chargés de se rendre chez le roi, furent nommés par le président au nombre de quarante (1). Dès que le choix en eut été fait, ils sortirent de la salle pour s'acquitter de leur mission. Ils trouvèrent beaucoup de mouvemens dans le château; mais non la même consternation que dans l'assemblée. On n'y avoit qu'une connoissance très-imparfaite des scènes qui se passoient à Paris, et nulle prévoyance de celles qui alloient arriver. On n'attribuoit les désordres qui s'étoient commis dans la journée du 12, et dans la nuit qui l'avoit suivie, qu'à des bandes de vauriens qu'il ne seroit pas bien difficile de dissiper. On étoit convaincu que la bourgeoisie, que la saine partie des habitans de Paris n'avoient aucune sorte de part à tous ces mouvemens. On ne voyoit en un mot dans toutes ces scènes, qu'on ne connoissoit encore que confusément, que les efforts irréfléchis d'une canaille soudoyée ; mais non l'insurrection de tout un peuple. M. le baron de Breteuil, en qui la cour plaçoit alors toute sa confiance, n'avoit nulle inquiétude de l'avenir; il étoit loin de prévoir les événemens du lendemain. Les administrateurs de la caisse d'escompte, qui n'avoient pas la même sécurité que

(1) Voici leurs noms. Pour le clergé : MM. l'archevêque de Vienne, l'archevêque d'Aix, l'archevêque d'Arles, l'évêque de Limoges, Genclet, Landrau, Brousse, Melon, Menard, Martin.

Pour la noblesse : MM. le duc de Praslin, le baron de Marguerittes, le vicomte de Toulongeon, le comte de Marsanne, Fréteau, le marquis de Lézai-Marnezia, le duc de Mortemart, Provençal de Fratz-Château, le vicomte des Androuins, le marquis de Biancourt.

Pour le tiers-état : MM. Couppé, Giraud-Duplessis, Goupil de Préfeln, Milscent, Millon de Moutherlant, Nérac, Populus, Cherfils, Mougeot de Vignes, Bertrand de Montfort, Turpin, de Sèze, de Guilhermy, Meunier du Breuil, Rivière, Dupont, d'Auchy, Bouet de Treiches, Salles, Mégnier de Palinelles.

lui, et qui craignoient pour leurs fonds, lui firent demander quelles seroient les précautions à prendre, et les sûretés que le gouvernement pourroit leur donner. Le ministre leur répondit qu'il ne voyoit rien de plus sûr que de transférer la caisse et les papiers à la bastille.

Le roi, comme ceux qui l'environnoient, ne voyoit dans les nouveaux attentats, qu'une répétition de ceux qui s'étoient commis contre la maison du sieur Réveillon, contre la prison de l'abbaye, et, sous ses yeux mêmes, contre la personne de quelques membres de l'assemblée. Il ne fit point attendre les quarante députés; ils furent admis à lui parler dès qu'ils se présentèrent. L'archevêque de Vienne lui peignit avec beaucoup d'énergie, mais d'une manière générale, sans spécifier aucun fait particulier, la situation alarmante du royaume; il lui représenta le danger de voir naître bientôt successivement dans les autres villes, les mêmes troubles qui existoient dans la capitale; la nécessité de rétablir la tranquillité publique dans la ville de Paris. Pour effectuer ce rétablissement, il proposa au roi, comme il en avoit la commission, d'éloigner promptement les troupes, et d'établir une milice bourgeoise; il ajouta, que l'assemblée nationale reconnoissoit le droit qu'avoit sa majesté de régler la composition de son conseil; mais qu'elle ne pouvoit lui déguiser que le changement des ministres étoit la première cause des malheurs actuels.

Le roi, qui jugeoit qu'il n'étoit ni de sa dignité, ni de sa sûreté, de se livrer désarmé à la faction dont il connoissoit les séditieux desseins, fit cette réponse à la députation :

« Je vous ai déjà fait connoître mes intentions sur les mesures que les désordres de Paris m'ont forcé de prendre ; c'est à moi seul de juger de leur nécessité, et je ne puis, à cet égard, apporter aucun changement. Quelques villes se gardent elles-mêmes, mais l'étendue de cette capitale ne permet pas une surveillance de ce genre ; je ne doute pas de la pureté des motifs qui vous portent à offrir vos services dans cette affligeante circonstance, mais votre présence à Paris ne feroit aucun bien ; elle est nécessaire ici pour l'accélération de vos importans travaux, dont je ne cesse de vous recommander la suite. »

Les députés se retirèrent consternés de cette réponse. Lorsqu'ils rentrèrent dans la salle de l'assemblée, on y étoit occupé de la députation pour Paris; il avoit d'abord été décidé qu'elle seroit de quatre-vingt membres, pris dans les différentes provinces. La plupart des députés montrèrent beaucoup d'empressement pour être admis dans la députation ; ceux de Paris représentèrent que connoissant le peuple de cette ville, et ayant sa confiance, il étoit juste et convenable qu'ils fussent tous admis dans la députation; on s'étoit rendu à leurs désirs, et il avoit été réglé que les autres députés seroient tirés au sort.

On en étoit là lorsque M. l'archevêque de Vienne reprit sa place ; le compte qu'il rendit de sa mission affligea ceux qui avoient la simplicité de croire que le retour de l'ordre dépendoit du rappel de M. Necker, déconcerta un instant les séditieux, qui n'attendoient que l'éloignement des troupes pour environner le trône d'une nouvelle armée à leurs ordres, et flatta d'une douce espérance les véritables françois, qui savoient que la fermeté des rois est la sûreté de leur empire.

La réponse du monarque fit abandonner le projet de la députation vers les parisiens ; l'état d'irrésolution où cette réponse jetta l'assemblée, ne fut pas de longue durée. M. le marquis de la Fayette lui donna le signal de la guerre. On ne pouvoit la déclarer au peuple, puisque sa faveur secondoit si bien les novateurs ; il eût été trop mal-adroit de la diriger contre le roi même ; il ne restoit que les ministres à qui on pouvoit la faire sans danger, sans être accusé ni d'ingratitude ni de rébellion ouverte. M. de la Fayette dit qu'il falloit déclarer la responsabilité de ceux qui étoient en place, sur les affaires actuelles, et sur les événemens qui pouvoient en être la suite. M. Target appuya cette motion, avec d'autant plus d'ardeur, qu'il n'y étoit point question de M. Necker. Mais, après M. Target, M. de Gleizen, qui n'étoit point initié dans toutes ces ruses de guerre, en revint bonnement à voter son rappel. Il donna même, pour faire adopter son avis, une raison qui pouvoit paroître plausible. « Réfléchissez, dit-il, avec quelle facilité il est possible de soustraire un ministre infidèle à la recherche de la nation. Il est indispensable que M. Necker soit rappellé, afin qu'il vienne nous rendre compte de l'état des finances. »

Ceux qui vouloient encore moins de ce ministre que M. le baron de Breteuil, eurent l'art d'écarter la motion de M. de Gleizen, et il intervint l'arrêté suivant, arrêté mémorable, où l'assemblée combat sans déguisement les volontés et l'autorité du monarque.

« L'assemblée, interprète de la nation, déclare que M. Necker, ainsi que les autres ministres qui viennent d'être éloignés, emportent avec eux son estime et ses regrets. »

« Déclare, qu'effrayée des suites funestes que peut entraîner la réponse du roi, elle ne cessera d'insister sur l'éloignement des troupes extraordinairement rassemblées près de Paris et de Versailles, et sur l'établissement des gardes bourgeoises. »

« Déclare de nouveau qu'il ne peut exister d'intermédiaire entre le roi et l'assemblée nationale. »

« Déclare

« Déclare que les ministres et les agens civils et militaires de l'autorité, sont responsables de toute entreprise contraire aux droits de la nation, et aux décrets de cette assemblée (1). »

« Déclare que les ministres actuels et les conseils de sa majesté, de quelque rang et état qu'ils puissent être, ou quelques fonctions qu'ils puissent avoir, sont personnellement responsables des malheurs présens, et de tous ceux qui peuvent suivre. »

« Déclare que la dette publique ayant été mise sous la garde de l'honneur et de la loyauté françoise, et la nation ne refusant pas d'en payer les intérêts, nul pouvoir n'a le droit de prononcer l'infâme mot de *banqueroute*, nul pouvoir n'a le droit de manquer à la foi publique, sous quelque forme et dénomination que ce puisse être. »

« Enfin l'assemblée nationale déclare qu'elle persiste dans ses précédens arrêtés, et notamment dans ceux du 17, du 20 et du 23 juin dernier. »

« La présente délibération sera remise au roi par le président de l'assemblée, et publiée par la voie de l'impression. »

Voilà comme les états-généraux, au lieu de se coaliser avec le prince qui les avoit convoqués, avec leur auguste bienfaiteur, saisirent la circonstance que quelques-uns de leurs membres avoient amenée, pour rendre son autorité méprisable et ses intentions odieuses. Que vouloit dire cette astucieuse déclaration, que nul pouvoir n'avoit le droit de prononcer l'infâme mot de *banqueroute* ? De quel pouvoir entendoit-on parler ? Y en avoit-il d'autre en France que celui du roi ? Quel autre auroit pu prononcer l'infâme mot, si la banqueroute eût dû s'effectuer ? Faire une telle déclaration, c'étoit outrager, calomnier un prince dont on connoissoit tout le respect pour la foi publique ; c'étoit dénoncer à la nation entière son chef, comme méditant le projet de la couvrir d'opprobre.

On ne se contenta pas de toutes ces déclarations : on arrêta encore que le président écriroit à M. Necker et aux autres ministres qui venoient d'être renvoyés, pour les informer de l'arrêté qui les concernoit. C'est-là le seul témoignage que M. Necker reçut d'une assemblée où il croyoit jouir de beaucoup de crédit, et peut-être encore ne l'eût-il pas reçu, s'il n'eût pas été nécessaire de donner cette marque de déférence à la partie du peuple qui ne s'étoit soulevée que parce qu'on lui avoit ôté cette idole.

L'esprit qui dicta toutes ces résolutions étoit si

(1) Elle n'avoit rendu encore aucun *décret*.

général et avoit une telle force, que peut-être eût-on exposé sa vie à les contredire ; aussi personne n'osa en censurer aucune. Il n'y eut que M. le duc de Praslin qui eut le courage de dire qu'il réclamoit contre l'adhésion à l'arrêté du 17. « Quant à moi, s'écria un autre gentilhomme, dont le nom m'est échappé, j'adhère à tous les arrêtés, et j'invite tous les autres membres de la noblesse à suivre mon exemple. » Aussi-tôt les députés nobles de l'Agenois, de Nîmes, de Montfort et de quelques autres bailliages, se levèrent et témoignèrent qu'ils donnoient leur adhésion. Le jeune comte Mathieu de Montmorency cria qu'il s'engageoit irrévocablement pour lui et pour son collègue. Comme on applaudit beaucoup à cet élan, il ajouta : « Il me semble que ceux qui sont dans cette assemblée prouvent, par leurs applaudissemens, qu'ils adhèrent tous. »

M. de Praslin eut alors quelque honte de sa réclamation. « C'est, s'écria-t-il, l'infidélité à mes commettans qui m'a fait parler comme je l'ai fait ; quant à moi personnellement, je pense comme l'assemblée. »

Ces mouvemens d'enthousiasme sont un des plus grands inconvéniens des assemblées nombreuses. Ils électrisent les têtes les plus froides, et les forcent de se mettre à l'unisson avec les têtes les plus folles. Ils enivrent la raison, et ne laissent aucune place à la réflexion. Ceux qui savent les exciter et les ménager sont maîtres des suffrages. Ils peuvent les conquérir pour toutes les erreurs, comme pour toutes les vérités.

Au milieu de l'effervescence que produisoit le désir d'être utile à la chose publique, dans une crise aussi alarmante, M. de Montesquiou fit entendre une proposition qui fut reçue avec avidité. Il dit qu'il seroit convenable que l'assemblée résolût de ne pas se séparer de toute la nuit, et de continuer la séance au lendemain matin.

M. le comte de Virieu appuya avec ardeur cette proposition. On y adhéra unanimement. On convint qu'il resteroit dans la salle, pendant toute la nuit, un nombre assez considérable de députés pour être à portée d'être instruits de tous les événemens, et d'avertir les absens de venir prendre les délibérations qu'exigeroient les circonstances.

On applaudit beaucoup à cette résolution. « Cette affaire, dit ensuite M. de Lally, étant aussi noblement et heureusement consommée, M. le président me charge, messieurs, de vous dire si vous voulez nommer un vice-président. »

Il n'étoit pas possible en effet que le grand âge de M. l'archevêque de Vienne lui permît de présider sans interruption une aussi longue séance. On se retira donc dans les bureaux pour lui nommer un vice-président qui le remplaçât dans les momens d'absence.

L

La très-grande majorité des suffrages se réunit sur M. le marquis de la Fayette, qui en témoigna ses remerciemens en ces termes :

MESSIEURS,

« Dans un autre moment je vous rappellerois mon insuffisance et la situation particulière où je me trouve ; mais la circonstance est telle, que mon premier sentiment est d'accepter, avec transport, l'honneur que vous me faites, et d'en exercer avec zèle les fonctions, sous notre respectable président ; comme mon premier devoir est de ne me séparer jamais de vos efforts pour maintenir la paix et consolider la liberté publique. »

Voilà donc M. de la Fayette commençant à se mettre en évidence dans les états généraux. Comme il va bientôt se donner en spectacle à l'Europe entière, je terminerai ce chapitre par le portrait de ce gentilhomme, dont j'entends dire tous les jours que le caractère est indéfinissable. Il ne l'est que pour ceux qui se sont opiniâtrés à croire que dans le renversement général, M. de la Fayette avoit pour but le protectorat ou la dictature. Comme tous ceux qui ont joué un rôle remarquable au sein de nos divisions, il n'a eu d'autre vue que de percer à travers la foule de ceux qui vouloient innover. Comme eux ensuite il s'est laissé passivement entraîner aux circonstances que tous avoient concouru à amener. Il a été plutôt conduit par la force dont il s'est trouvé le moteur, qu'il ne l'a dirigée. C'est-là tout le secret de sa vie publique.

Méfiez-vous, disoit un ancien, de ces buveurs d'eau ; je dirois volontiers, méfiez-vous de ces hommes d'un visage pâle, et dont la bouche sourit toujours : remarquez qu'en effet ils sont la plupart hypocrites, fourbes, perfides. Si M. de la Fayette n'a pas les vices de ces hommes, il en a la physionomie et le sourire. La première chose qu'on apperçoit en lui, lorsqu'on le regarde en face, ce sont ses dents qu'il a fort blanches ; elles sont toujours à découvert par le jeu continuel de la lèvre supérieure, dont la pâleur surpasse encore celle du reste du visage. C'est dans cette partie de sa physionomie que son ame vient se peindre ; car du reste, ses yeux bleus n'en reçoivent aucun mouvement ; il est caressant et prodigue de ces froids témoignages de considération, avec lesquels les courtisans éconduisent les importuns. Hors de chez lui, monté sur un cheval blanc, il a moins l'air d'un général que d'un accusé qui demande grace ; le chapeau toujours à la main, il s'incline respectueusement, serre la main d'un portefaix, caresse de la voix et du geste une poissarde, et rit à tout le monde. Le cœur n'est pour rien dans ces démonstrations ; la volonté n'y a même aucune part, elles sont purement machinales. Un homme dans la foule viendroit outrager, maltraiter M. de la Fayette, qu'il le caresseroit et lui souriroit, comme à celui qui lui adresseroit un compliment.

Voilà pour ses qualités physiques. Ses qualités morales ne sont pas brillantes ; il mérite cependant de l'estime et de la considération, parce qu'il vaut infiniment mieux que la plupart de ceux qui restent responsables de l'anéantissement de notre ancienne constitution. Son premier début dans le monde ne fut pas heureux ; on le plaisanta sur de petits ridicules oubliés aujourd'hui ; on ne peut en effet, sans injustice, juger les actions de l'homme mûr, par les fautes de sa première jeunesse. La gravité et la diversité des événemens auxquels M. de la Fayette a eu part, l'ont bientôt fait arriver à cette maturité qui n'est ordinairement que le fruit de l'âge ; si ses premières années ont imprimé une tache à ses mœurs, il faut moins la reprocher à son cœur qu'à l'éducation, aux mauvaises sociétés, au ton d'un siècle corrompu où l'austérité des mœurs et le respect pour la plus sainte des unions sont presque des vices.

Des chagrins domestiques, autant que la soif de la célébrité le transportèrent chez les anglo-américains, lorsqu'ils secouèrent le joug de la métropole. M. de la Fayette se voyant à la tête de gens de guerre, se crut né pour le métier des armes ; les opérations auxquelles il se trouva mêlé, n'avoient ni but, ni suite, et n'exposèrent jamais ni sa réputation, ni sa vie ; mais nos gazetiers le louèrent à outrance ; il prit à la lettre les flatteries de ces folliculaires ; il s'imagina, sur leur parole, qu'il étoit un héros. Jamais il ne fut à meilleur marché ; jamais il n'y eût de lauriers moins difficiles à conquérir que ceux qu'il cueillit dans cet autre monde. Il avoit mené avec lui, de France, un officier intelligent, appelé M. de Govion, son ami, et qui eut l'art, lors même qu'il n'en fut plus aimé, de rester son guide. Avec un tel mentor, M. de la Fayette parcourut, sans jamais faire aucune faute, sans jamais compromettre ses lumières ni sa bravoure, la carrière aisée que lui avoit ouverte le général des américains ; arrivé au terme, il conçut de lui-même la plus haute opinion ; il prit pour son propre fonds, ce qu'il ne devoit qu'aux leçons de M. de Govion, sa vanité, alors extrêmement exaltée par les éloges que lui donnoient les papiers publics, ne connut plus de bornes. Il parvint à se croire l'auteur de la révolution d'Amérique, et vous trouverez encore des françois qui sont dans la persuasion qu'elle est en partie son ouvrage.

M. de la Fayette revint en France avec des prétentions exagérées ; il ne rêva plus que liberté, non qu'il sache ce que c'est que liberté, mais uniquement pour se faire appercevoir. La première assemblée des notables ayant été convoquée, il y accusa M. de Calonne, sans malice, comme sans réflexion. Le public chercha dans cette accusation, un projet important ; il s'attendit qu'elle seroit suivie des plus étonnantes révélations : on se trompoit ; le dénonciateur ne savoit pas un mot de la matière qu'il auroit fallu discuter pour trouver un délit. Il n'avoir également aucune vue de vengeance. Il vouloit uniquement que les journalistes et les oisifs des cafés parlassent de lui. L'accusation eut, en effet, le plus grand éclat ; il prit tout ce bruit pour de la gloire ; et comme il s'étoit cru, au milieu des américains, un grand homme de guerre, il se crut, au milieu des notables de France, un grand homme de d'état.

Enfin, la nation fut convoquée en états-généraux ; M. de la Fayette prononça quelques phrases dans l'assemblée nationale ; il fut écouté, applaudi ; et il se persuada qu'il en étoit un des plus éloquens orateurs. De violens déchiremens annoncèrent une révolution, et il s'arrangea pour en être un des principaux acteurs.

J'ai dit ce que croit être M. de la Fayette, je dois dire ce qu'il est réellement : ses conceptions sont ordinaires, ses moyens sont foibles, il est politique en France comme il a été guerrier en Amérique ; sans énergie, sans feu, sans art, sans étude, sans poumons, il pérore parmi nous comme il a vaincu parmi les américains ; n'ayant ni logique, ni littérature, ni style, il n'écrit point ; au sein des sociétés où il faut converser, mais non raisonner ; effleurer les matières, mais non analyser les idées ; parler de tout et ne rien approfondir ; être frondeur sans se piquer de justesse ; on lui trouve de la vivacité et de l'agrément dans l'esprit.

Il s'est attaché à celui des partis qui n'est ni purement royaliste, ni purement démocrate, et il est fidèle à ce parti ; brûlant d'ambition, il croit brûler pour la liberté. Il veut une bonne constitution ; mais que faut-il entendre par une bonne constitution ? Il s'étonne qu'on puisse faire une pareille question ; le parti dans lequel il s'est jetté, a imaginé une théorie de gouvernement ; il vous dira que c'est la meilleure. Pourquoi ? parce que c'est son parti qui l'a imaginée.

M. de la Fayette n'a jamais aimé la cour, parce qu'il y est emprunté ; ni le grand monde, parce qu'il y est confondu ; mais il aime beaucoup les clubs, parce qu'il y recueille les idées des autres, les grave dans sa mémoire, et s'en fait ensuite honneur. Il ne se plaît pas beaucoup non plus dans la société des femmes, parce qu'elles ont plus que nous cette sagacité qui démêle le mérite emprunté,

du mérite réel. Mais il aime à s'environner de jeunes gens et d'hommes bornés, parce qu'ils écoutent et qu'ils admirent. Il préfère aussi la compagnie des étrangers à celle des nationaux ; il aime la complaisance de ceux-là, et redoute l'amour-propre des derniers. Les premiers lui permettent de se croire un grand homme ; les seconds sont trop clairvoyans. Il a des principes ; il a ses opinions ; mais ce sont les principes, les opinions de la majorité du parti qu'il a adopté. Il lui est impossible de penser par lui-même, et il a précisément le degré de force nécessaire pour défendre, pour faire valoir les pensées dont il s'est enrichi. Il a, à cet égard, assez de connoissance de sa propre capacité, pour savoir qu'il compromettroit sa réputation, s'il pensoit et parloit d'après lui-même.

D'un génie peu étendu, avide de louanges, il prend l'événement le moins important, lorsqu'il est heureux, pour un succès ; un compliment pour un titre à l'immortalité ; la valeur pour l'héroïsme ; une grâce pour une récompense. Son cabinet et ses alentours sont l'image de son esprit.

Ce qui le distingue de tous ceux qui se sont trouvés dans des circonstances à-peu-près semblables à celles où nous l'avons vu, c'est le calme qu'il conserve au milieu des plus grands dangers. Il s'émeut, il se trouble à l'aspect d'une multitude altérée de sang, et qui pousse des cris de rage ; mais il ne s'emporte, ni ne se courrouce. S'il n'a pas les mouvemens de l'activité, il n'a pas non plus ceux de la colère. S'il n'a pas les inspirations du moment, s'il ne connoît pas cette heureuse précipitation que commandent un grand tumulte, une scène imprévue, il est inaccessible aussi à ces accès de violence qui ajoutent de nouveaux malheurs à ceux qu'il faut éviter.

Lorsque les bourgeois de Paris prirent les armes, il jouissoit d'une réputation qui donnoit de lui de grandes espérances ; il la devoit à son éloignement de la cour, aux louanges des journalistes, à son empressement à se faire appercevoir, à ses déclamations sur la liberté. Dans les états-généraux, on avoit pour lui plus d'indulgence que de considération. Mirabeau disoit que, dans quelque position qu'il fût, il ne feroit jamais ni bien ni mal. Ce sera au lecteur qui va voir continuellement sur la scène l'homme que je viens de dépeindre, à juger si la prophétie de Mirabeau s'est accomplie.

CHAPITRE XLIII.

COUP-D'ŒIL *sur le caractère national ; situation de Paris, dans la nuit du 13 au 14 ; changement de scène dans la matinée du 14 ; terreur des bourgeois de Paris ; liste de proscription ; exécutions populaires ; premier commandant de la milice bourgeoise ; agitation extraordinaire ; terrible position du prévôt des marchands ; défiance générale ; premier attentat et premier succès des gardes-françaises ; dangers que court M. le duc du Châtelet ; beau mot d'un grenadier ; belle conduite de deux soldats ; projet d'invasion contre l'hôtel des Invalides ; position, conduite et caractère de M. de Sombreuil ; ses forces ; son irrésolution ; irruption du peuple contre l'hôtel des Invalides ; pourparler entre M. de Sombreuil et quelques hommes du peuple ; perplexité du gouverneur ; instances de la multitude ; ordres du gouverneur ; invasion dans l'hôtel ; pillage des armes ; confusion parmi les assaillans ; mort de quelques-uns d'entr'eux ; douleur de M. de Sombreuil ; courte observation sur sa conduite ; avantages que donne aux insurgens le sac des Invalides ; accroissement de méfiance ; anecdotes sur les dangers que courent ceux qu'on appelle aristocrates ; libelle contre la reine ; manœuvres pour nourrir la fermentation ; arrestation de deux courriers du roi ; violation des dépêches de sa majesté ; triomphe des factieux ; joie de M. Camille Desmoulins.*

Suite de Juillet 1789, et du troisième mois de l'interrègne.

TOUS les empires ont eu leurs révolutions ; et c'est dans les révolutions qu'on trouve le véritable caractère des peuples. Celle de France préparée par les calvinistes, prêchée par les philosophes, favorisée tantôt par l'insouciance, tantôt par la protection ouverte de quelques ministres, pour les écrivains impies ou incendiaires, éclatta brusquement. Les françois se précipitèrent avec fureur vers tous les excès, sans crainte des dangers, sans prévoyance pour l'avenir. C'est cette bouillante impétuosité qui les distingue de tous les autres peuples ; ils la portent sur un champ de bataille ; les Italiens l'appellent *la furia francese*. Elle est terrible ; et quand elle fait son irruption, rien ne lui résiste. Nos guerres en Italie y en ont laissé un souvenir qui ne périra jamais. Il n'y a qu'un moyen de lui échapper lorsqu'elle prend son cours, c'est de laisser passer l'accès. Tout ce feu s'évapore aussi rapidement qu'il s'étoit allumé. Mais c'est un feu mal éteint ; il a besoin d'un aliment continuel. Le grand art de gouverner cette nation, c'est de l'occuper de bagatelles ; car elle se passionne pour un histrion, comme pour un ministre ; pour l'orateur d'un tribunal, comme pour un général d'armée ; pour une dispute de mots, comme pour des intérêts politiques. Il faut au peuple françois, des jeux, des fêtes, des spectacles, des chansons, des pantins ; mais le sanctuaire où s'assemblent les sages qui le gouvernent, doit être pour lui fermé d'un voile impénétrable. S'il s'y introduisoit, il y porteroit le désordre. Chez un tel peuple, les grands doivent se tenir toujours à une certaine distance ; ils s'avilissent s'ils se familiarisent avec les hommes d'une classe inférieure ; il leur faut un cortège, des alentours qui en imposent à la foule. S'ils se confondent, leurs inférieurs se croient leurs égaux ; de cette prétention d'égalité, on passe au mépris de la personne, et bientôt après au mépris des fonctions dont elle est revêtue. Nulle part la canaille n'est plus jalouse, plus insolente, plus audacieuse que parmi nous. Si elle n'est pas contenue, semblable à l'animal féroce qui a brisé les barreaux de sa cage, elle n'est plus poussée que par un instinct aveugle. Elle déchire ses propres bienfaiteurs.

J'ajouterai que les soulèvemens en France sont d'autant plus dangereux que l'empire est plus grand, et que le nombre des habitans qui n'y ont aucune fortune, y est, toute proportion gardée, plus considérable que par-tout ailleurs. En Angleterre les propriétaires composent la très-grande partie de la nation. Ceux qui ne sont pas riches par des fonds de terre, le sont par leur commerce. L'activité, l'industrie, l'amour du travail, qui sont chez ce peuple au plus haut degré, mettent dans l'aisance les dernières classes de la société. La fainéantise est un vice dont les Anglois ne connoissent que le nom. Dans un tel pays, trop de gens ont à perdre à une insurrection populaire, et trop peu y ont intérêt, pour qu'elle puisse jamais être ni dangereuse, ni de longue durée ; sans compter que les bornes de l'empire permettent de circonvenir et de réduire en un instant les mutins.

Il n'en est pas de même parmi nous : la classe des propriétaires y est la moins nombreuse ; nos grandes villes regorgent de célibataires désœuvrés ; nos cafés sont jour et nuit pleins d'oisifs, nos atteliers sont peuplés de fainéans qui ne comptent que cinq jours de travail dans la semaine, et qui versent en une heure au cabaret, le produit des cinq jours. Qui peut nombrer aussi cette classe d'hommes stipendiés par des libraires, et qui, pour que cette ressource précaire ne leur manque pas, se disputent entr'eux à qui prêchera l'erreur la plus hardie ? Un état qui a beaucoup de ces discoureurs de philosophie et de politique, est bien près de sa ruine, et où y en a-t-il autant qu'en France ? L'administration de M. Necker en avoit peuplé le royaume. Elle en avoit rempli la cour, les camps, les tribunaux, tous les états de la société ; on en trouvoit jusque dans les anti-chambres, jusque dans les tavernes. Il y avoit bien peu de françois qui, à l'ouverture des états-généraux, ne se rendissent intérieurement le témoignage que le comte de Mirabeau se rendoit tout haut, c'est-à-dire, qui ne se crussent une tête propre à organiser un empire.

Cette présomption est naturelle aux françois ; elle est une suite de sa légèreté. Il y réunit une mobilité dans l'esprit qui le porte tour-à-tour aux extrêmes opposés, une inquiétude dans l'ame qui lui fait toujours désirer un changement. Si l'on gouverne ce peuple avec des formes démocratiques, il faudra chaque jour réprimer un nouveau soulèvement, et l'état finira par se dissoudre. Notre nation a besoin d'un gouvernement dont les ressorts ne se relâchent jamais ; ses maîtres ne doivent connoître d'autre bonté que la justice. Elle n'a été véritablement grande et respectable que sous Louis XIV, parce que ce monarque imprima à toutes les parties de l'administration, un caractère de fermeté. Depuis, elles se sont toutes relâchées. La plupart des administrateurs ont mis dans leur conduite une timidité, une molesse qui devoient enfin tout perdre. On diroit qu'avant de parvenir à leur place, ils avoient fait vœu de composer avec les ennemis de la monarchie. Nous avons vu, il est vrai, dans quelques émeutes, déployer de grandes forces ; mais les troupes n'étoient-là que pour faire des évolutions, comme si les rois, ainsi que s'exprime J. J. Rousseau, avoient besoin de poupées. Les parlemens sévissoient bien contre les écrivains séditieux ; mais ces actes de rigueur étoient dégénérés en vaines formalités, parce que ces écrivains trouvoient, dans le ministère, des protecteurs assez peu éclairés pour ne pas aimer les parlemens, et pour croire que le trône seroit mieux affermi sans ces compagnies. L'expérience n'a que trop prouvé que le trône françois n'avoit pas de base plus solide.

Chez un peuple ainsi façonné par la nature, ainsi gouverné par les premiers de l'état, dans un empire d'une telle étendue que nulle force ne pourroit éteindre l'incendie qui se communiqueroit à toutes ses parties, chez une nation enfin renfermant dans son sein tant d'individus qui, par besoin et par caractère, désiroient un autre ordre de choses, une révolution, en éclatant, devoit être terrible. Elle devoit ensuite aller aussi loin qu'elle pourroit aller. C'est aussi ce qui est arrivé. Le françois, sur-tout dans les premiers instans où l'irruption se fit, se peignit tout entier. La bourgeoisie une fois soulevée, ne sut plus s'arrêter, et le petit peuple changea en une sanguinaire férocité, la grossière brutalité que lui laisse une mauvaise éducation. Ainsi les scènes que je vais décrire, affligeront, soulèveront l'ame, mais elles n'étonneront pas le philosophe.

La nuit du 13 au 14 ne fut marquée par aucun événement ; elle ne fut pas moins, pour les parisiens, une nuit d'armes. Ceux qui avoient pu se procurer des armes, divisés en patrouilles, battoient les rues, mais non sans crainte de quelque surprise. Des gens couroient dans tous les quartiers, et crioient, d'une voix effrayée, *allumez des lampions* ; d'autres qui survenoient ensuite, crioient au contraire, *éteignez les lampions.* Il résulta de cette contrariété que les bourgeois, qui étoient dans leurs maisons, furent toute la nuit dans la perplexité et dans l'agitation,

14.

courant à leurs croisées, tantôt pour allumer, tantôt pour éteindre, et s'attendant chaque fois à une hostilité. L'irrégularité et le désordre de cette illumination, réfléchissoient dans les rues une lueur sombre et bizarre qui ajoutoit à la terreur. Dans plusieurs maisons on avoit chargé les toits et les fenêtres des étages élevés, de pavés, de quartiers de pierre, de gros meubles tous prêts à être jettés sur un ennemi qui ne songeoit guères à attaquer. Ceux qui ne voyoient que confusément tout cet orage, avoient craint, pendant la journée, les brigands. Maintenant ils craignoient les troupes du roi.

A leur réveil, les parisiens trouvèrent la capitale changée de face; et ce changement subit est encore une des merveilles de notre révolution. Il y avoit environ, la veille dans l'intérieur de Paris, cinquante mille scélérats vaguant de côté et d'autre, et portant une physionomie aussi effrayante que leur habillement étoit hideux. Ils s'étoient emparés de tous les postes importans. Je causai avec ceux qui gardoient le château des Tuileries. L'un tenoit un mauvais fusil, l'autre n'avoit qu'une bayonnette, celui-là étoit armé d'un pistolet, celui-ci d'un poignard. En examinant de près ces hommes, je m'assurai qu'ils n'étoient point de Paris, et qu'ils y avoient été mandés tout exprès pour effrayer les bourgeois et les entraîner à un soulèvement. Si des gens de cette trempe, restés maîtres absolus de la ville, pendant vingt-quatre heures, n'y commirent pas plus de désordres, il faut en rendre graces à la providence qui met un frein à la méchanceté des hommes comme à la fureur des flots.

Ce furent ces bandits qui déterminèrent la révolution; et comme s'ils n'avoient pas eu d'autre mission, dès qu'ils virent que les bourgeois s'ébranloient sérieusement, ils évacuèrent presque toute la ville pendant les ténèbres, pour se répandre dans les environs et dans les provinces voisines, où ils obtinrent les mêmes succès. De sorte que le lendemain matin on n'en rencontra presque plus dans les rues. A la place, on voyoit des groupes de bourgeois guidés par des soldats de troupes réglées, et confondus avec des hommes des faubourgs. Les soldats seuls étoient bien armés. Les autres avoient ou un fusil, ou une épée, ou une fourche, ou une pique. Quoique ce nouveau spectacle fut encore bien peu propre à rassurer, il étoit cependant un peu moins alarmant que celui de la veille, et c'est ce changement opéré en vingt-quatre heures de temps, qui tenoit en quelque sorte du prodige.

La plupart des brigands, en se retirant, cédèrent leurs armes, graces à un stratagême dont se servirent les bourgeois dans plusieurs districts. Ils caressoient ces malheureux, et les engageoient à se laisser désarmer pour de l'argent. Ils en obtenoient ainsi un fusil pour un écu de trois livres, un sabre, une épée ou un pistolet pour une pièce de douze sous.

Les troupes campées aux Champs-Elisées se retirèrent aussi pendant la nuit. Leur retraite, bien loin d'inspirer quelque sécurité aux parisiens, leur causa la plus grande frayeur. Ils imaginèrent que ce décampement cachoit un funeste dessein, et que M. de Broglie alloit réunir ces régimens à d'autres troupes pour former une attaque brusque et générale contre Paris. Ce fut à cet instant que commença la persuasion qu'on avoit en vue de bombarder la capitale, et de la réduire en cendres. Ainsi un motif de frayeur succédoit à un autre. Dans la journée du 13, les bourgeois se proposoient de repousser les brigands. Dans celle du 14, ils se disposèrent à une attaque contre les troupes du roi.

Le seul désordre qui se commit pendant la nuit du 13 au 14, fut l'incendie des barrières qui étoient restées sur pied, et la démolition d'une partie des nouveaux murs qui environnoient la capitale; mais on épargna les bâtimens nouvellement construits, on se proposoit d'en faire autant de forteresses, en cas d'attaque.

Les motionnaires du Palais-Royal n'avoient pas désemparé de toute la nuit. Le jardin et les cafés en furent constamment pleins. Il s'établit entr'eux et les membres du club breton, une correspondance étroite et non interrompue. Un des premiers fruits de cette union fut une liste de proscription qui sortie d'abord de l'antre du club breton, fut jettée au Palais-Royal. Là elle se multiplia, et les exemplaires en furent répandus avec profusion dans toute la ville. Cette liste promettoit une récompense à ceux qui apporteroient, au café appelé le caveau, les têtes proscrites. Ces têtes furent celles de MM. le comte d'Artois, le prince de Condé, le maréchal de Broglie, le baron de Bezenval, Berthier de Sauvigny, intendant de Paris, le baron de Breteuil, Foulon, nouvel intendant de la marine; le prince de Lambesc, l'abbé Maury, d'Eprémesnil, le Febvre d'Ammecourt, conseiller au parlement de Paris, &c. &c. On ne se contenta pas de faire circuler cet arrêt de mort. On eut soin encore d'adresser à chacun de ceux qui y étoient désignés, des lettres anonymes où on les menaçoit d'un assassinat. C'est ainsi qu'Octave, Antoine et Lépide préludèrent à l'asservissement de leur patrie; ceux qui ont perdu la nôtre, ont surpassé les triumvirs romains en cruauté, et n'ont pas eu une seule étincelle de leur génie. La conduite de ceux-là étonne, intéresse; celle des derniers n'excite que l'horreur et le mépris.

Les patrouilles bourgeoises qui avoient fait la garde pendant la nuit, furent témoins, à la pointe du jour, en passant devant la maison Saint-Lazare, des horribles dégâts qui y avoient été commis. La rue étoit pleine de débris et de brigands qui tenoient à la main, les uns des comestibles, les autres un broc; ils forçoient les passans à boire, et versoient le vin à tout venant. Il couloit en talus dans le ruisseau ; l'odorat en étoit frappé. Quelques bourgeois, aidés des gardes-françoises, s'emparèrent de ces misérables. On les garotta, et on les entassa dans une charrette que des soldats du régiment des gardes escortèrent. Parmi ceux qui perdirent la vie dans les flots de vin, dont les caves étoient inondées, il se trouva une femme enceinte de six mois. C'étoit une image bien horriblement dégoûtante que celle de tous ces malheureux amoncelés dans cette charrette ; les uns, blessés et couverts de sang ; les autres, le corps et les vêtemens tout rouges du vin dans lequel ils s'étoient vautrés ; ceux-là, cédant aux efforts de la nature, et rendant hideusement les liqueurs qu'ils avoient prises avec excès. On conduisit ces hommes au châtelet. Le concierge représenta qu'il auroit de la peine à les loger, sa prison étant suffisamment pleine. On ne s'arrêta pas à les conduire dans une autre prison ; celle de la Force, qui étoit presque vuide, auroit pu les contenir ; mais cette translation eût demandé trop de temps ; on trouva plus simple de les pendre tous sur-le-champ. Comme il est vraisemblable qu'ils n'auroient pas échappé au glaive de la justice, on ne doit pas des regrets à leur mort ; mais ce fut une chose bien affligeante que l'empressement des gens du peuple à faire l'office d'exécuteurs. Le supplice de ces hommes familiarisa la canaille avec le meurtre, et lui donna soif d'un sang plus pur.

Ce qu'il y a aussi de remarquable dans cet événement, c'est que les parisiens le regardèrent comme une première victoire. Ils y virent la défaite de tous les bandits qui les avoient effrayés la veille. Il ne leur restoit plus qu'à se défaire des armées qu'ils croyoient toujours prêtes à venir les égorger dans leurs foyers. Ce fut vers ce but que se dirigèrent tous les mouvemens de la journée du 14. On ne cherchoit, disoit-on, à s'armer que pour se défendre de la conspiration des nouveaux ministres contre la capitale. Chacun avoit pris la cocarde bleue et rouge. Les uns y voyoient les couleurs de M. le duc d'Orléans, d'autres celles de la ville. Ce ne fut que quelques jours après qu'on joignit aux couleurs bleue et rouge, la couleur blanche ; c'est ce mélange désagréable à l'œil, qu'on a appellé les couleurs de la nation, qui autrefois ne connoissoit que la blanche.

Comme tout se faisoit avec une rapidité incroyable, la nouvelle cocarde fut adoptée presqu'au même instant par tous les habitans à la fois. On conçoit avec peine où ils purent trouver assez de rubans. On ne se donnoit pas la peine de les acheter ; on les enlevoit aux marchandes de modes.

Ce n'étoit pas assez d'une cocarde, il falloit un chef, de la mousqueterie, de la grosse artillerie et de la poudre. Les électeurs assemblés en comité permanent, nommèrent commandant général de la milice bourgeoise, un officier du roi, retiré du service, appellé M. de de la Salle d'Offemond. Le zèle avec lequel il avoit offert ses services, les connoissances pratiques qu'il avoit acquises dans les armées, et qu'il développoit avec confiance devant des avocats et des marchands qui n'avoient nulle idée de la hiérarchie militaire, lui valurent un honneur qui étoit bien au-dessus de ses forces. Ce fut le soulevau de la fable. On s'en contenta dans le moment, et on travailla sans relâche, et avec une ardeur qui alloit toujours croissant, à se procurer des munitions de guerre. Toutes les enclumes retentirent sous les coups redoublés des marteaux. Tout le fer fut forgé en instrumens de mort ; il étoit à peine façonné qu'on l'enlevoit.

Il régnoit dans tout Paris une fermentation impossible à décrire. Le mouvement sur-tout qui se faisoit sur la place de Grève étoit effrayant. On la voyoit couverte d'hommes de tout état, de tout âge. Au-dessus de cette foule, s'élevoient, de distance en distance, des armes de toute espèce. A chaque instant, ces flots de peuple s'ouvroient pour laisser passer tantôt les députations qui arrivoient des différens districts, tantôt des convois de vivres ou de provisions de guerre, tantôt des voitures arrêtées comme suspectes. Les marches de l'escalier de l'Hôtel-de-Ville ne désemplissoient pas. Les uns montoient, les autres descendoient ; on alloit, on venoit, on s'interrogeoit ; c'étoit une agitation continuelle ; tous les yeux étoient hagards, tous les visages effarés ; personne n'étoit calme.

Dès le grand matin, des députés du district de Saint-Barthelemi se présentèrent devant le prévôt des marchands, et le sommèrent de tenir la parole qu'il avoit donnée la veille. Il y fut fidèle : il assura que conformément à ses ordres, il devoit y avoir quatre cents hallebardes de fabriquées pour ce district. Elles lui furent en effet distribuées. Mais qu'étoit-ce que quatre cents hallebardes ? On vouloit de la poudre, des fusils, du canon.

Différentes autres députations se présentèrent successivement et pour le même objet, devant M. de Flesselles. Sa position étoit cruelle. Tenant le parti du roi, ne pouvant ignorer que, jusqu'à ce moment, les intentions du prince n'étoient pas que les bourgeois s'armassent, il étoit naturel qu'il répugnât à se prêter à leurs désirs. Harcelé par toutes ces demandes, il faisoit distribuer aux uns, des cornets de poudre, il envoyoit les autres aux chartreux, aux mathurins, et dans quelques autres couvens, leur faisant espérer qu'ils y trouveroient des dépôts d'armes ; comme on n'y trouvoit rien, le mécontentement fut général. Il en résulta une méfiance, qui fut non-seulement fatale à l'infortuné prévôt des marchands, mais qui produisit encore un mal universel. On commença à se craindre mutuellement, à se défier les uns des autres. De tout côté on crioit : *Nous sommes trahis ; tenons-nous sur nos gardes.* Le besoin que l'on avoit de guides faisoit qu'on s'adressoit au premier homme, dont l'extérieur annonçoit une éducation au-dessus du commun. Mais à peine s'étoit-on livré à lui, qu'on le redoutoit. Tout homme décoré étoit suspect. Toutes les voitures étoient arrêtées et fouillées avec l'inquiétude la plus minutieuse.

Vers les dix heures et demie, le bruit fut semé dans tous les quartiers, par des gens apostés vraisemblablement pour cela, que les hussards étoient entrés dans le faubourg Saint-Antoine. A ces mots de hussards, toute la ville fut en rumeur, comme si elle alloit être assiégée par une armée de cent mille hommes. Les gens qui étoient sur la place de Grève, firent une décharge de leurs fusils pour avertir les habitans de prendre leurs précautions.

C'étoit une fausse allerte : elle n'en produisit pas moins son effet, elle redoubla l'ardeur où l'on étoit de s'armer. On résolut de tout tenter pour parvenir à ce but. Les gardes-françoises donnèrent l'exemple du premier effort et du premier succès. Ils étoient alors à Paris au nombre d'environ trois mille hommes. Le reste du corps étoit de garde à Versailles. Cette petite troupe se trouvant bien armée, parfaitement disciplinée, et jouissant de toute la confiance des habitans, ne pouvant manquer de leur être très utile dans les conjonctures. Une grande partie des soldats se fit suivre d'un nombre considérable de bourgeois et d'ouvriers des faubourgs. Tous ensemble se portèrent au dépôt des gardes-françoises, pour en enlever les canons, et les employer au service de la ville. M. le duc du Châtelet se trouvoit dans ce moment au dépôt. Le peuple, qui ne l'aimoit pas, parce qu'il n'avoit pas l'affection de ses soldats, voulut s'emparer de lui. Un grenadier se jetta entre la foule et M. du Châtelet. Il adressa au peuple ces belles paroles : « Mes amis, je ne souffrirai pas qu'il soit fait aucun mal à notre colonel. Vous voyez d'ailleurs qu'il ne s'oppose point à ce que les canons vous soient remis. » M. du Châtelet, touché de cette générosité, voulut savoir le nom de ce brave homme. Le grenadier répondit ces autres paroles bien dignes d'être recueillies : « Tous mes camarades, M. le duc, s'appellent comme moi. » Un soldat qui pensoit et s'exprimoit ainsi, méritoit de servir une plus belle cause. La loyauté et la noblesse de son ame rejaillissent sur tout son corps, et ajoutent aux regrets qu'une aussi belle troupe ait abandonné son roi.

Ce ne fut pas le seul danger que courut, dans cette journée, M. le duc du Châtelet. Sorti du dépôt, il entra dans le bac du Gros-Caillou pour se rendre à Versailles. Il fut reconnu sur le bateau ; on se saisit de lui, et on se mit en devoir de le précipiter au fond de la rivière. Heureusement il se trouva encor là deux soldats de son corps, qui le protégèrent contre toute violence. Il dût à leur secours, l'arriver sain et sauf sur l'autre rive. Ainsi en très-peu de tems, des hommes de son régiment lui sauvèrent deux fois la vie. Des soldats qui déployoient cette générosité dans des instans où chacun sembloit ne respirer que la vengeance, firent sans doute regretter à M. du Châtelet d'avoir si mal connu et si mal dirigé l'esprit du régiment des gardes.

Le peuple ayant à sa disposition les canons des gardes-françoises, fut enhardi, par ce premier avantage, à tenter une expédition beaucoup plus importante. Depuis quelques jours, les motionnaires du Palais-Royal engageoient la multitude à se transporter aux Invalides pour y conquérir des armes. Ils savoient en effet qu'il s'y en faisoit un rassemblement considérable. On y avoit transporté tous les fusils de réforme du régiment des gardes, et tous ceux de l'arsenal. Quoique ces transports eussent été faits nuitamment, ils étoient au sçu de tout le monde. Les ténèbres de la nuit ne sont jamais assez épaisses à Paris, ni les rues assez désertes pour que de pareils convois, puissent passer sans être apperçus par quelqu'un. D'ailleurs, les personnes qui habitoient l'hôtel des Invalides, ne pouvoient ignorer les dépôts qui s'y faisoient. Le mystère qu'on y mettoit ne faisoit qu'aiguillonner la curiosité, et donner carrière aux conjectures. Plusieurs soldats invalides avoient parlé de ces dépôts au Palais-Royal et dans différens cafés. On avoit beaucoup exagéré le nombre des armes, et on ne doutoit point que si on parvenoit à s'en emparer, on ne pût en fournir à la très-grande partie de la bourgeoisie.

Il étoit naturel que tout ce qu'on savoit à ce sujet se retraçât à la mémoire au moment où l'on recouroit à toutes les sortes d'expédiens pour faire face à un ennemi qu'on croyoit toujours prêt à fondre sur la capitale. Les motionnaires du Palais-Royal, en correspondance avec les membres du club breton, voyant la conjoncture favorable, renouvellèrent leurs exhortations pour déterminer le peuple à se porter aux Invalides. Ils y réussirent complettement, parce que la circonstance ne pouvoit être plus propice, et que le succès décidoit la révolution. En un instant, et comme par inspiration, on se résolut à tenter l'entreprise. Dans tous les carrefours, au jardin du Palais-Royal, à la place de Grève, dans les salles de l'Hôtel-de-Ville, on n'entendit qu'un cri, et ce cri fut : *allons aux Invalides.*

M. de Sombreuil, gouverneur de l'hôtel, étoit prévenu de l'orage. Depuis deux jours il avoit vu roder dans les environs une partie de ces brigands qui la veille avoient infecté Paris. Se croyant toujours prêt à être attaqué, il avoit, comme je l'ai dit, envoyé courriers sur courriers à Versailles. Dans toutes ses dépêches, il ne parloit de ceux dont il étoit menacé, que comme d'un ramas de brigands, et il ne pouvoit en parler autrement, n'ayant encore vu que ces gens-là. On lui avoit répondu de les repousser par la force, s'ils tentoient de faire une

irruption

irruption dans l'hôtel. C'est ce que portoient ces ordres, et ces ordres étoient tels, parce que le ministre qui les donnoit supposoit, d'après les renseignemens du gouverneur, que, comme il le disoit, il n'auroit à faire qu'à des brigands.

M. de Sombreuil, muni de cet ordre, fit d'abord quelques dispositions; il doubla les postes, tint son monde sous les armes, et fit retirer les canons de la grande cour pour les placer dans différens endroits où ils étoient masqués. Il eut soin aussi qu'ils fussent continuellement chargés. Quant à cette quantité d'arquebuses et de fusils dont il étoit dépositaire, voici l'expédient qu'il imagina pour que toutes ces armes ne devinssent pas la proie de ceux qui feroient une invasion dans l'hôtel. Il les fit descendre dans les caves qui sont au-dessous du dôme, et par ses ordres on les recouvrit de plusieurs couches de paille mouillée. Son intention étoit de faire mettre le feu à cette paille, si l'on parvenoit à découvrir ces caveaux, et si l'on tentoit d'y descendre. Cet expédient auroit en effet garanti les armes du pillage. Elles auroient été protégées par la fumée épaisse et noire qui se seroit exhalée de ces souterrains. Il eût été impossible de s'y introduire. On cacha aussi une partie des fusils à la boulangerie, et une autre partie dans un bâtiment écarté.

Dans la nuit du 13 au 14, M. de Sombreuil changea ces dispositions. Il contremanda l'ordre de mettre le feu à la paille, en cas d'événement. On charria les canons à leur place ordinaire, la bouche tournée vers la rivière, et comme si l'on n'avoit plus d'invasion à craindre, on les déchargea. Les soldats qui étoient restés sous les armes pendant toute la journée du lundi, furent relevés, et reçurent l'ordre d'aller prendre du repos. Les postes ne furent pas plus garnis que de coutume.

Il paroit d'abord difficile de concevoir comment M. de Sombreuil passa ainsi tout d'un coup des justes appréhensions qu'il avoit conçues, à cette apparente sécurité. Il ne me seroit pas aisé d'expliquer le véritable motif de sa conduite. Peut-être finit-il par se persuader ou qu'on n'oseroit pas l'attaquer, ou qu'il lui suffiroit, pour se garantir d'une attaque, de montrer les bouches de ses canons. Peut-être aussi ne faut-il chercher que dans son caractère les raisons de ce changement. M. de Sombreuil brave, loyal, fortement attaché à ses devoirs, est en même temps irrésolu, dépourvu d'énergie, et toujours tourmenté par la crainte de se compromettre, par celle de trop faire. Il est bon, doux, humain; mais foible et pusillanime. Il consultoit son conseil, et comme les avis y étoient toujours partagés, plus il le consultoit, plus il restoit indécis sur le parti qu'il avoit à prendre.

Dès qu'on se fut irrévocablement arrêté dans Paris se porter aux Invalides, M. Ethys de Corny, procureur du roi de la ville, se mit à la tête du peuple qui affluoit principalement des faubourgs Saint-Antoine et Saint-Denis. Les clercs du parlement, formant un corps qu'on appelloit la bazoche, se réunirent à la foule. Ils étoient en uniforme rouge. Cette jeunesse marchoit avec intrépidité, avec assez d'ordre, et ne déparoit pas la troupe. Les clercs du Châtelet se joignirent à elle, et bientôt de tous les quartiers on vint grossir le cortège. Tout le Palais-Royal y reflua. Plusieurs détachemens de gardes-françoises conduisoient cette multitude, et avoient beaucoup de peine à modérer son ardeur. Elle fut innombrable lorsqu'on arriva aux Invalides. En un clin-d'œil, l'hôtel en fut environné. L'air retentit des cris, *le gouverneur, des armes*. M. Ethys de Corny se présenta devant la grande grille placée à l'extrémité de l'avenue qui conduit à la rivière. Il la trouva fermée; il demanda à parler à M. de Sombreuil qui, au même instant, parut dans la grande cour, environné de tout son état-major. Il lui étoit possible, s'il en avoit eu l'intention, de faire une vigoureuse résistance; et s'il l'eût faite, on ne peut pas dire ce qu'il seroit arrivé. Il est probable que les parisiens n'eussent pas eu la victoire.

M. de Sombreuil étoit suffisamment pourvu de provisions de bouche; il avoit une quantité formidable de munitions de guerre. Ses forces consistoient en vingt pièces de canon. Outre les armes dont étoient remplies les trois salles qui formoient l'arsenal de l'hôtel; il avoit tous les fusils enterrés dans les souterrains du dôme, et ceux cachés dans deux bâtimens différens; il en comptoit en tout quarante-quatre mille. Les soldats et officiers invalides pouvoient lui composer une petite armée.

Avec de telles forces, M. de Sombreuil auroit-il redouté, s'il eût voulu les déployer, une multitude aveugle, indisciplinée, et où l'on ne comptoit pas deux milles hommes armés? Quel ravage n'y eût-il pas fait avec une seule décharge de son artillerie? Enfin, il avoit l'espoir, dans le cas où les assiégeans auroient eu une supériorité marquée, d'être secouru par les régimens qui campoient à deux pas de lui au Champ-de-Mars. Jamais certainement le commandant d'une place ne s'étoit trouvé dans une position plus avantageuse.

M. de Sombreuil, en paroissant dans la cour, fut étonné de voir devant lui une si grande affluence de peuple, et plus étonné encore, comme il l'a dit depuis, de voir dans cette foule une si grande portion de la bourgeoisie. Il s'avança vers la grille, et ordonna qu'on ouvrît à M. Ethys de Corny, à qui il permit de se faire suivre de quelques personnes. Dès qu'elles furent entrées, il fit refermer la grille, et entra en pourparler avec le procureur du roi. Celui-ci lui exposa que l'objet de sa mission étoit de faire distribuer à la bourgeoisie les armes de l'hôtel, dont il demanda les clefs. M. de Som-

M

breuil lui répondit que les devoirs de sa place l'empêchoient de livrer ni les armes, ni les clefs, et qu'on savoit bien qu'il y alloit de sa tête, s'il les livroit.

Pendant ce dialogue, le peuple s'échauffoit singulièrement, il ne cessoit de crier : *dépêchez-vous ; ils nous faut des armes.* Ces cris donnoient plus d'ardeur à M. Ethys de Corny pour insister sur l'objet de sa demande. Le gouverneur qui ne répondoit pas avec cette fermeté que l'on a lorsqu'on s'est irrévocablement arrêté à un parti, se retrancha à dire, qu'au surplus il avoit expédié un courrier à Versailles, qu'il en attendoit le retour, et qu'il se décideroit après la réception des ordres qu'il lui apporteroit. Le procureur du roi, en lui faisant remarquer la frénésie de cette immense multitude qui attendoit, n'eut pas de peine à lui persuader qu'il étoit superflu de temporiser, et qu'il falloit sur le champ répondre oui ou non. M. de Sombreuil qui peut-être de sa vie n'avoit dit un de ces mots, fut plus embarrassé que jamais. Il répondit qu'il alloit de nouveau délibérer; il se retira en effet avec son état-major, et entra dans un des angles du bâtiment. Le peuple prenant en mauvaise part cette retraite, crut que le gouverneur alloit donner des ordres pour faire résistance. Ce fut à l'instant une ardeur incroyable à qui sauteroit le premier dans les fossés. La grille fut couverte d'hommes qui, s'aidant mutuellement, se hissoient jusqu'au haut, et se précipitoient ensuite dans la cour. Tout cela se faisoit en poussant des hurlemens épouvantables. M. de Sombreuil, averti par ce bruit, se montra de nouveau, et appercevant cet acharnement, il y céda ; il ordonna qu'on ouvrît la grille, et qu'on laissât au peuple toute liberté de faire ce qu'il jugeroit à propos.

La grille ouverte, toute cette foule s'élança par cette issue, comme on voit un torrent qui a rompu la digue qu'on lui opposoit, se répandre dans les campagnes. En un moment les cours, les jardins, la chapelle, les salles, les corridors furent pleins d'hommes cherchant par-tout avec une inquiète avidité. Les troupes campées au Champ-de-Mars, témoins de cette irruption, restèrent dans l'immobilité ; elles en parurent même effrayées. On se jetta d'abord sur les canons ; en moins de quatre minutes, ils étoient déjà bien loin. La rapidité avec laquelle ils disparurent, est à peine croyable. Quant aux différents dépôts où étoient cachés les fusils, ils furent bientôt trouvés. Bien des gens avoient été prévenus d'avance, par des personnes de l'hôtel, des endroits où ils étoient emmagasinés. Plusieurs Invalides les indiquoient eux-mêmes à ceux qui n'étoient pas encore instruits. De sorte que, par un mouvement à peu-près général et simultané, on se porta aux caves qui sont sous le dôme. On franchissoit les marches, on se pressoit, on se rouloit, on s'engloutissoit dans ces souterrains. Les premiers qui avoient pu se saisir d'un fusil, se hâtoient de remonter, comme s'ils avoient craint qu'il leur échappât. Ceux qui descendoient se jettoient sur eux et tâchoient de leur enlever l'arme. Il se livroit ainsi un véritable combat entre les allans et les venans. Dans ce désordre, les chandelles qu'on avoit eu la précaution d'allumer pour se guider sous ces voûtes, s'éteignirent. L'obscurité ajouta à la confusion ; tous les fusils furent enlevés ; mais on laissa dans le souterrain plusieurs blessés et quelques morts.

Dans le reste de l'hôtel, on ne se contenta pas de prendre les fusils, on s'empara encore des piques, des tambours ; on prit jusqu'aux drapeaux. On ne laissa pas une seule arme dans aucun corps-de-garde, et les sentinelles invalides n'eurent pas une épée pour faire leur faction.

Tout cela fut l'ouvrage d'un quart-d'heure. Ainsi ces vieux guerriers, qui se fussent crus déshonorés s'ils eussent tenu une pareille conduite sur un champ de bataille, furent complettement désarmés, sans témoigner la plus légère intention de résister. Ils virent tous, avec une froide indifférence, et quelques-uns avec une secrette joie, enlever ces canons donnés par Louis XIV, leur magnanime bienfaiteur. Il est triste que les bienfaits soient oubliés lorsqu'on croit dangereux d'être reconnoissant.

Cette scène fut terrible pour M. de Sombreuil. Rentré dans son appartement, au sein de sa famille et de ses amis, il se livra à une véritable désolation, se faisant une fausse idée des suites qu'auroit une telle effervescence ; il ne doutoit pas que le gouvernement ne la réprimât bientôt. Il se représentoit devant des juges. Il voyoit déjà la hache du bourreau levée sur sa tête. Il se rendoit compte à lui-même de la justification qu'il auroit à offrir. Il n'en trouvoit pas d'autre que de recourir au texte littéral de ses ordres qui, portant de résister aux brigands, ne lui avoient pas prescrit la conduite qu'il devoit tenir à l'égard des bourgeois.

M. de Sombreuil fut pendant plusieurs jours dans cet état d'angoisse et d'affliction. Délivré ensuite, par la tournure qu'avoient prise les affaires, de toute crainte d'avoir aucun compte à rendre à la cour, il lui est resté un sentiment profond de douleur. Son ame s'est déchirée à chaque perte qu'a faite le roi. Il lui est constamment resté attaché, et s'est toujours tenu éloigné des révolutionnaires. A chacun de leur succès, il a pu se dire : *ils ne l'auroient peut-être pas sans moi.* Il est en effet incontestable que le sac de l'hôtel des Invalides étoit de la plus haute importance pour ceux qui vouloient une révolution, parce que quarante-deux mille hommes armés, ayant une nombreuse artillerie, sont toujours formidables, lors même qu'ils ne sont pas disciplinés. Il faut donc regarder cette invasion qui, je crois, n'a pas été assez remarquée, comme la cause de tous les événemens qui l'ont suivie.

Je ne veux ni justifier ni blâmer M. de Sombreuil, ni dire jusqu'à quel point est fondée l'apologie qu'il tire des circonstances où il s'est trouvé. L'historien doit se renfermer dans les faits, et ce n'est point à lui à plaider ou pour ou contre ceux qu'il conduit devant le tribunal de l'opinion ; mais il doit aussi, lorsqu'il y est entraîné par son sujet, rappeler les principes de morale qui font la sûreté des empires ; et il est deux vérités si simples qu'elles en sont triviales ; la première est, qu'avant d'accepter une place, il faut connoître à quoi elle engage, et lorsqu'on l'a acceptée, il faut remplir ses engagemens au prix de tout son sang. La seconde c'est qu'il n'est permis de rendre un dépôt qu'à celui de qui on le tient. Cette double vérité est indépendante de toute circonstance. Si l'on hésite, on a déjà trahi son devoir. On en vient ensuite à se persuader que le mal auquel on se prête, est moindre que celui qu'on croit voir dans l'avenir, comme s'il étoit donné à quelqu'un de lire dans l'avenir. C'est ainsi qu'on parvient à n'avoir plus qu'une fausse conscience. Certes rien ne seroit plus doux que d'être dans une place honorable et lucrative, d'avoir une table délicatement servie, un nombreux domestique, des équipages somptueux ! Qui ne voudroit d'un tel poste ? Qui craindroit de se hasarder sur la mer, si elle étoit toujours calme ; si le ciel étoit toujours pur ; si elle n'étoit jamais infestée par les pyrates ? Mais la tempête survient, la foudre gronde, l'ennemi approche. C'est alors que le navire a besoin d'une habile manœuvre ; il ne faut ni laisser périr son équipage sous les flots, ni le livrer aux forbans.

A l'exception, au reste, des armes, rien ne fut pillé dans l'hôtel des Invalides. Tout y fut respecté ; aucun de ses hommes n'eut à se plaindre d'un mauvais traitement. On plaça même une garde nombreuse et bien armée dans l'intérieur des cours, pour prévenir tout désordre ultérieur.

Les gardes-françoises, qui étoient mêlés avec le peuple, s'étonnèrent de la facilité de l'expédition qu'on venoit de faire ; mais ils comprirent aussi tout l'avantage qu'on pouvoit en retirer pour le progrès et la stabilité de l'insurrection. Dès ce moment, Paris prit une face martiale. Les habitans se divisèrent en petits corps de troupes qui avoient pour officiers des sergens, des caporaux et des grenadiers du régiment des gardes ; par-tout on battit la générale ; on garnit tous les postes importans de corps-de-gardes et de canons ; on en plaça aux barrières, sur le Pont-neuf, sur le Pont-royal, dans les avenues qui conduisent à Versailles. Une troupe considérable et bien armée se rangea en ordre de bataille, vis-à-vis les régimens campés au Champ-de-Mars. Ceux-ci, à la vue de ces nouveaux guerriers, couverts de sueur et de poussière, et pleins de résolution, se tinrent sur leur garde ; mais restèrent toujours dans leurs retranchemens.

Dès cet instant aussi, les patrouilles furent plus régulières. La place Dauphine devint comme le quartier général de cette nouvelle armée. Sa forme triangulaire, sa situation presqu'au centre de la ville, la rendoient en effet très-propre à être une place d'armes. Celui de ses angles qui donne sur le Pont-neuf, ne présentant qu'un défilé étroit, le pont se trouvoit protégé ; et les troupes cantonnées dans cette place, y devenoient plus difficiles à attaquer, que dans tout autre quartier de la ville. Ce poste, par son importance, ne fut confié qu'à des gardes-françoises.

Les soldats de ce corps, comprenant que si les choses revenoient à l'ancien ordre, ils n'avoient rien à espérer de la clémence du roi, redoublèrent leurs efforts pour consolider le nouveau changement, et mirent le sceau à leur défection. On en rencontroit par-tout : là, ils exerçoient de jeunes bourgeois ; ici, on en voyoit qui, environnés d'une foule immense, tâchoient de la diviser en pelotons à qui ils donnoient des officiers ; d'autres visitoient les différens postes. On en rencontroit qui escortoient ou des convois de farine, ou des voitures arrêtées dans les rues ; car après le pillage des Invalides, la méfiance fut portée à son comble, et il devint impossible de sortir de Paris. Charrettes, cabriolets, carosses, cavaliers, tout étoit arrêté et conduit à l'Hôtel-de-Ville. Les fantassins eux-mêmes, qui portoient une décoration ou qui étoient proprement habillés, se trouvoient la plupart assaillis et conduits dans un district. Si l'on parvenoit à une barrière, on y trouvoit un corps-de-garde qui vous faisoit rétrograder.

Une personne qui m'est chère, venant du faubourg Saint-Germain, sur le quai des Tuileries, dans son équipage, fut arrêtée sur le Pont-neuf. Un misérable, la fureur dans les yeux, passe à travers la portière un fusil à deux coups, le lui applique sur la poitrine, et il s'engage ce dialogue : « Tu m'as bien l'air d'être un de ces f.... nobles. — Quand je le serois, en serois-je moins ami du peuple ? — Eh bien, mets-toi à la tête des gens qui sont ici ; commande-nous. — Cet honneur seroit grand pour moi, mais je n'ai ni assez d'expérience, ni assez de santé pour l'accepter. — Conduis-nous donc chez toi, et donne-nous les armes qui s'y trouvent. — Vous n'y trouveriez que deux méchans pistolets, et je n'ai d'autre chez-moi que le Palais-Royal. — Qu'y fais-tu ? — J'ai l'honneur d'être attaché au service de monseigneur le duc d'Orléans. — Bravo ! donne-moi la main, et garde-toi d'avoir peur. » Puis cet homme, faisant un retour sur lui-même, se reprend et dit : « Tu me trompes ; c'est une défaite. » Il n'avoit pas tort ; là personne qu'il harceloit ainsi, avoit feint, pour sortir de ce mauvais pas, d'appartenir à un prince dont il savoit que le nom étoit cher à tout ce peuple. Ensuite, sans attendre la réponse, ce furieux ajoute : « Tu mourras ; il faut que j'aye le plaisir de tuer un de ces b..... d'aristocrates. » Au même instant, la personne détourne, de la main droite, le canon du fusil, et crie avec force au cocher: « Mais fouettez donc, sinon nous sommes égorgés. » Le cocher obéit; les chevaux s'élancent avec rapidité, une balle part, et va tomber dans la rivière.

Je connois un ecclésiastique que l'on obligea de descendre de sa voiture, que l'on arma d'un sabre et que l'on plaça au milieu d'un groupe avec lequel il vagua long-temps, jusqu'à ce qu'enfin il pût s'échapper sans être apperçu.

Une autre personne, qui portoit à sa boutonnière le cordon d'un ordre, passant dans la rue Dauphine, à cheval, suivie de son domestique aussi à cheval, vit venir à elle deux hommes les yeux étincelans de colère, une épée nue à la main. Ces gens-là lui crient: « Qui êtes-vous? D'où venez-vous? Où allez-vous? On nous trahit de tous côtés. Vous avez bien l'air d'un aristocrate et d'un traître. » A ce mot d'aristocrate, on s'attroupe autour du cavalier, et déjà on le dévoue à la mort. On lui arrache des mains la bride, on en fait autant au domestique, et on les conduit avec des huées et des imprécations, au milieu d'une foule qui grossissoit à chaque pas qu'on faisoit. Ceux que la curiosité amenoit au-devant du cortège, crioient: « Qu'est-ce? De quoi s'agit-il là? — C'est un traître, répondoit-on; c'est un aristocrate. » A cette réponse, on repliquoit par les cris: *il faut le pendre; il faut le pendre*. Le cavalier voyant qu'il y alloit sérieusement de sa vie, cria à son tour: « Messieurs, vous voulez me pendre; je vous prie de vouloir bien auparavant me conduire au premier district, parce que j'ai une déclaration très-importante à faire...... Oui, oui, au district, cria le peuple; il faut savoir ce qu'il a à révéler. » On conduisit donc le cavalier au district. Là, il s'approcha du président, lui donna son nom, son adresse, et le pria de le mettre en sûreté. Le président lui expédia un passeport que ce gentilhomme conserve comme un monument précieux de la journée du 14. Après avoir délivré ce passeport, le président dit à l'escorte qui avoit amené le cavalier: « Monsieur est un bon citoyen; nous en répondons. » Sur cette assurance, l'escorte se retira. Le gentilhomme attendit qu'elle fut entièrement écoulée, cacha sa décoration, et se rendit à pied chez lui.

Ces particularités suffisent pour donner une idée des dangers que coururent, dans cette terrible journée, ceux qu'on appelloit aristocrates. Et comme si la prévention n'eût pas été assez forte à cet égard, des émissaires du Palais-Royal, alloient courant de côté et d'autre, et animant le peuple contr'eux. On distribuoit à tous les passans, sur le Pont-neuf, sur les quais et dans les rues qui l'avoisinent, une lettre en vers contre la reine, qui de toutes les productions enfantées à dessein de lui faire perdre l'affection des françois, étoit peut-être la plus propre, surtout à cause des circonstances, à produire cet effet. Je n'aurai garde de souiller les pages de cette histoire, des vers de cette infernale épître; mais je remarquerai que tous les exemplaires en étoient écrits à la main, ce qui prouveroit qu'on avoit voulu profiter de la crise du moment, pour composer cette diatribe, et qu'on avoit craint de perdre du temps en la faisant imprimer. La multiplicité des copies sembleroit prouver aussi que Paris recéloit un repaire de gens qui écrivoient, pendant que les autres distribuoient. Quels hommes que ceux qui, au milieu de la plus désastreuse fermentation, conservoient assez de sang-froid pour ne pas négliger de tels moyens?

Au nombre des cavaliers qu'on arrêta dans les rues, il se trouva deux courriers de la cour. La marque qu'ils portoient ostensiblement, bien loin de les faire respecter, ne servit qu'à soulever contre eux la multitude; on s'en empara, on les conduisit à l'Hôtel-de-Ville, devant les électeurs assemblés en comité permanent. Ce comité raconta, dans la relation (1) qu'il donna de cette affaire à l'assemblée nationale, que de ces deux courriers, l'un étoit chargé d'une dépêche du ministère de la guerre, contenant des lettres adressées à M. de Sombreuil, gouverneur des Invalides, et à M. Bertier, intendant de Paris et de l'armée du roi. L'autre courrier étoit chargé d'une lettre adressée au gouverneur de la Bastille.

Le comité dit qu'il parvint à soustraire la dépêche du ministère de la guerre, quoique le peuple demandât à grands cris l'ouverture de toutes les lettres qu'elle contenoit. Mais, que marquoient donc ces lettres? C'est ce que le comité a toujours laissé ignorer au public. Son silence à cet égard fait absolument tomber toutes ces fables qui eurent tant de crédit dans cette journée, et qui supposoient que la cour avoit intention de réduire Paris en un monceau de cendres. S'il y eût eu dans ces lettres, un seul mot qui pu autoriser à croire que cette stupide atrocité n'étoit pas une chimère, certainement on auroit fait imprimer ces lettres; on en eût multiplié les exemplaires, on les auroit fait afficher dans toutes les rues. Il n'y avoit point en effet de meilleur moyen de convaincre les parisiens, de la nécessité où ils étoient de ne point poser les armes qu'ils venoient de prendre.

Quant à la lettre adressée au gouverneur de la Bastille, le comité raconte que le peuple avoit commencé par l'ouvrir, et qu'il avoit exigé ensuite qu'on en fît la lecture publiquement. Elle ne contenoit rien autre chose qu'un ordre à M. de Launay, de tenir jusqu'à la dernière extrémité, parce qu'il avoit

---

(1) Voyez le vingt-troisième procès-verbal de l'assemblée nationale.

des forces suffisantes pour se défendre. On auroit tort de révoquer en doute cet ordre. Il fut réellement envoyé à M. de Launay, qui avoit écrit lettres sur lettres à la cour, pour représenter, comme avoit fait M. de Sombreuil, qu'il étoit menacé par des légions de brigands, et qu'il avoit lieu de craindre qu'ils ne tentassent quelque entreprise contre la Bastille. La cour s'en tenant littéralement à ce rapport, et croyant que M. de Launay, comme il le disoit, n'avoit à faire qu'à des brigands, n'auroit pu sans démence et sans compromettre la sûreté de toute la capitale, lui conseiller de leur livrer la forteresse; et comme les ministres pensoient qu'elle étoit assez forte par elle-même pour se défendre contre de pareilles gens, on se contentoit d'ordonner à son gouverneur de tenir jusqu'à la dernière extrémité.

Plus j'avance dans mon récit, et plus il me semble que tout s'explique sans effort, que tout concourt à prouver que cette conjuration ministérielle, dont on faisoit tant de bruit, n'avoit été imaginée que pour la faction alors dominante, que pour entretenir les parisiens dans l'ivresse où on les avoit enfin plongés. Il falloit que cette ivresse fut bien grande pour qu'ils s'étourdissent sur l'énormité de l'attentat qu'ils commettoient en arrêtant deux courriers du roi, en ouvrant et visitant leurs paquets. Mettre la main sur des hommes chargés de porter les ordres du monarque, c'est la mettre sur le monarque lui-même! Je me rends-là qu'une vérité de tous les temps et de tous les pays; et pour la rendre, j'ai emprunté les expressions mêmes de Louis XIV. Des personnes qu'il estimoit d'ailleurs, s'étoient opposées à ce qu'un huissier, porteur d'un arrêt du conseil, remplit sa mission. « Malheureux! leur dit ce prince, vous avez porté la main sur votre roi. »

Il paroit aussi que de tous les outrages faits à Louis XVI, c'est un de ceux que son cœur bon et sensible a senti le plus vivement. Voici comment s'en exprime sa majesté dans sa déclaration adressée à tous les françois, à sa sortie de Paris.

« Lorsque l'insurrection éclata dans Paris, un courrier que le roi avoit envoyé fut arrêté publiquement, fouillé, et les lettres du roi même, furent ouvertes. »

Voilà ce qu'avoit produit l'important et facile succès obtenu aux Invalides. Il arma tout un peuple contre les troupes qu'on avoit envoyées pour le protéger, le garantir des brigands, et de sa propre effervescence. Dès qu'il se vit armé, il crut pouvoir outrager impunément son roi, et être assez fort pour n'avoir rien à redouter de la puissance qu'il bravoit. Ceux qui le poussoient, regardèrent la révolution comme consommée par l'invasion faite aux Invalides, parce qu'ils espéroient qu'elle mettroit les bourgeois dans l'impossibilité de reculer, et qu'elle jetteroit les ministres dans des embarras d'où ils ne pourroient jamais sortir. Aussi ceux qui voyoient les choses se disposer aussi favorablement pour l'exécution de leurs desseins, ne dissimuloient pas leur contentement. Ils n'avoient nul doute que ce premier acte de la grande pièce qu'ils alloient jouer n'en nécessitât le dénouement. M. Camille Desmoulins qui, par sa fréquentation au Palais-Royal, et ses relations avec le club breton, savoit à merveille tout ce qu'on faisoit et tout ce qu'on vouloit faire; avoua assez énergiquement la joie que lui donnoit l'expédition des Invalides, et tout ce qu'il y lisoit pour l'avenir. Il s'étoit trouvé à cette expédition, et s'y étoit procuré un fusil. Dès qu'il en fut armé, il courut à la rue des Boucheries du faubourg Saint-Germain, chez Duval, restaurateur, où il prenoit journellement repas. Il ouvre la porte de la salle où étoient dressées les tables, et autour desquelles, dans ce moment, étoient placés plusieurs convives. Il entre couvert de fange, de sueur et de poussière, le chapeau martialement posé sur l'oreille. Il fait quelque pas, pose une main sur la hanche gauche, frappe avec force l'autre, de la crosse de son fusil, regarde fièrement les assistans, et s'écrie : *enfin nous sommes libres* ; ce qui vouloit dire, *enfin la révolution est faite*. Il s'assoit ensuite, et conte les détails de sa conquête. Ceux qui ont vu M. Camille Desmoulins, dans cette attitude, n'oublieront cette image, de leur vie.

Le régiment des gardes-suisses ne prit, dans cette journée, aucune part aux mouvemens populaires. Il obéit constamment à ses officiers qui ne l'employèrent ni pour ni contre le peuple. Ses soldats furent distribués à différens postes d'où ils ne bougèrent. On leur confia entr'autres, la garde du trésor royal. Ils étoient rangés dans la cour sur deux colonnes. Cette immobile neutralité, quand tout se troubloit et s'agitoit, méritoit d'être observée.

Mais je n'ai encore raconté que les détails les moins intéressans de la journée du 14. Il me reste à dire comment les parisiens se rendirent maîtres de la Bastille, et quels furent les forfaits qui suivirent cette conquête. Peut être les détails auxquels je vais me livrer, composeront la seule relation qui ne soit pas romanesque. Je la réserve pour le chapitre qui suit.

CHAPITRE XLIV.

ORIGINE de la Bastille; intention, caractère et malheurs de son fondateur; accroissemens successifs de la Bastille; description de toutes ses parties, dans l'état où elles étoient, le 14 juillet; régime qu'on y suivoit à l'égard des prisonniers; détails sur leur logement, leur nourriture, leurs objets de distraction, leur entrée, leur sortie; particularités sur les registres; contes sur les cages, les cachots de fer, les oubliettes, les exécutions secrettes; vrai sujet de l'étonnement des parisiens, en pénétrant dans l'intérieur de la Bastille; quelles sortes de prisonniers y étoient détenus; véritable raison pour laquelle la Bastille inspiroit de l'horreur; sa description comme forteresse, sa force, son état-major, sa garnison; de ce qu'elle étoit le 14 juillet; précautions de M. de Launay; état de ses munitions de guerre, de ses provisions de bouche, de sa garnison; insuffisance de ses moyens de défense; injustice des reproches qui lui sont faits; désavantage que lui donne le pillage de l'hôtel des Invalides; première escarmouche qu'il essuye; sa conduite jusqu'au moment où se fit l'irruption du peuple.

Suite de Juillet 1789, et du troisième mois de l'interrègne.

14 LES passions du peuple françois ne sont pas comme celles des autres peuples; elles sont toutes ardentes, et l'ardeur des passions, ainsi que le remarque J.-J. Rousseau, est presque toujours ce qui les détourne de leur but. Il ne s'agissoit, disoit-on, pour jouir d'une liberté bien entendue, que d'avoir des états-généraux. C'étoit-là le but. Quand on l'eût atteint, on se trouva, au-lieu d'états-généraux, un sénat despotique, auquel on sacrifia l'autorité à laquelle il devoit son existence. Ainsi les françois, au lieu de devenir libres sous un roi bon, devinrent esclaves sous quatre ou cinq cents hommes arrivés des différentes provinces. Ils prirent pour des fruits de la liberté, les excès de la licence. La populace avoit, dans la matinée, pendu une vingtaine de bandits pris de vin, et les parisiens crurent avoir défait une armée de trente à quarante mille brigands. Quelques heures après, on leur livra les armes des Invalides, et ils crurent en avoir fait la conquête. Nous allons voir ce qu'il faut penser de l'invasion de la Bastille, dont on a fait tant de récits fabuleux, et qui fit dire à Mirabeau, que le peuple parisien étoit le premier peuple de la terre. Ce monument, avec lequel on a tant effrayé des gens qui n'en avoient absolument rien à craindre, n'existant plus, nos neveux, qui viendront en reconnoître la place, regretteroient de n'en pas trouver une description complette. Je dois donc l'insérer ici; je ne la composerai que de faits notoirement connus. D'ailleurs, on nous parle de siége, d'assaut, de vainqueurs de la Bastille, et je ne puis bien fixer l'idée que le lecteur doit se faire de tous ces mots, qu'en faisant, à l'exemple de tous les historiens, précéder le récit de la chûte de cette forteresse, d'une description de toutes ses parties.

La première pierre de la Bastille fut posée sous Charles V, en 1369, le 22 avril. On étoit dans ces temps-là exposé à de continuelles incursions de la part des anglois. Hugues Aubriot, prévôt de Paris, imagina, pour défendre la ville contre leurs attaques, du côté où se termine aujourd'hui la rue

Saint-Antoine, de construire deux tours qui furent comme deux petites forteresses. Entre ces deux tours, on creusa un fossé, sur lequel on jetta un pont dont on voyoit encore les restes le 14 juillet. La tour à gauche, en arrivant à Paris, étoit celle que nous appellions la tour du Trésor. Elle portoit ce nom, depuis le dépôt d'argent qu'y avoit fait Henri IV, pour l'exécution d'un grand projet, qu'on croit être celui d'une paix perpétuelle. La tour à droite s'appelloit la tour de la Chapelle, et elle avoit conservé ce nom, quoique la chapelle, dans ces derniers temps, eût été construite ailleurs.

Cet Hugues Aubriot étoit un homme de mérite. La ville de Paris lui eut de grandes obligations. Il y fut le premier inventeur des canaux souterrains pour l'écoulement des eaux. Il avoit construit ces deux tours, à l'extrémité de la rue Saint-Antoine, pour défendre les parisiens des irruptions des anglois; il construisit, à l'entrée de la rue Saint-Jacques, le petit Châtelet pour protéger la cité contre les étudians de l'université, dont le soulèvement dans ces temps reculés, étoit toujours suivi des plus grands désordres.

On doit encore à Aubriot le pont Saint-Michel, et cet autre magnifique pont, un des plus beaux monumens de la capitale, surnommé d'abord et avec raison, le grand pont, et ensuite le Pont-au-change.

L'origine, comme l'on voit, de la Bastille, est pure; elle ne tire rien d'odieux ni des intentions, ni du caractère de son estimable fondateur. Il vivoit dans un siècle où la maison d'Orléans et celle de Bourgogne déchiroient le royaume. Aubriot n'aimoit pas la faction d'Orléans; elle fut la plus forte; elle l'enferma dans une de ces mêmes tours qu'il venoit de construire, et dès-lors la Bastille fut une prison. Il est assez bizarre que ce soit une faction d'Orléans qui l'ait érigée, et que quatre siècles après, ce soit une autre faction d'Orléans qui l'ait abattue.

Aubriot fut transféré quelque temps après, dans les prisons de l'évêché, qu'on nommoit alors *Poubliette*, et que, de nos jours, on appelloit *le Fort-l'évêque*. Au commencement du règne de Charles VI, un nommé *Caboche*, écorcheur, souleva les parisiens. Ils enlevèrent toutes les armes qu'ils trouvèrent à l'Hôtel-de-Ville, allèrent briser les portes de la prison où languissoit l'infortuné Aubriot, et l'obligèrent de se mettre à leur tête. Il s'enfuit secrettement la nuit même, et se retira en Bourgogne qui étoit sa patrie. Il y finit ses jours dans l'obscurité et la paix (1).

Il semble que ce soit une fatalité attachée à tous ceux qui ont construit des monumens de douleur, d'en être les premières victimes. Hugues Aubriot fut enfermé à la Bastille, dont il venoit à peine de poser la première pierre. L'inventeur de la première cage de fer, y fut enfermé. Enguerrand de Marigny fut le premier suspendu au gibet de Montfaucon qu'il avoit fait dresser; et Montgomerry fut le premier enfermé dans la tour de son nom, qu'il avoit faite construire, et que nous avons encore vue dans l'enceinte de la Conciergerie. C'est dans cette tour que Damien passa les derniers jours qui précédèrent son supplice.

Dans la suite, Charles V fit élever, du côté de Paris, deux autres tours de retraite, en face et parallèles aux premières. La tour opposée à celle de la Chapelle, s'appelloit, de nos jours, la tour de la Liberté, sans que je puisse savoir ce qui lui avoit fait donner cette dénomination, qui lui convenoit si peu. La tour opposée à celle du Trésor, s'appelloit la Bertaudière. C'est dans celle-ci, dit-on, que logeoit, au troisième étage, l'homme au masque de fer. L'auteur des mémoires secrets, pour servir à l'histoire de Perse, est le premier qui ait instruit le public de l'existence de ce célèbre prisonnier. Neuf ans après, Voltaire, dans son siècle de Louis XIV, parla de cette détention et des conjectures qui y avoient rapport; mais il eut tort de dire que tous les historiens qui l'avoient précédé, ignoroient ce fait (1). La première édition de son siècle de Louis XIV, ne parut, comme je l'ai déjà dit, que neuf ans après les mémoires secrets.

Charles VI, vers l'an 1383, acheva l'édifice: il ajouta aux deux tours qui regardoient Paris sur la même ligne, et à distance égale, deux autres tours; la dernière de la ligne à droite, en venant de Paris, s'appelloit la Bazinière. Celle de l'extrémité se nommoit la tour du Puits. Du côté de la campagne, on ajouta également deux tours aux deux premières; l'une, celle opposée à la Bazinière, s'appelloit la Comté; l'autre, opposée à la tour du Puits, portoit le nom de tour du Coin.

Ce fut dans la chambre du premier étage de cette tour, que furent détenus Henri de Montmorency, duc de Luxembourg, les maréchaux de Biron et de Bassompierre. M. de Sacy, qui eut le malheur de l'habiter pendant deux ans, y fit la plus grande partie de sa version de la Bible. C'est dans cette chambre aussi que logeoit René-Auguste Constantin de Renneville, qui nous a donné une histoire de la Bastille. Son livre parut à Amsterdam, en 1715. Tout ce qu'il dit du régime de la Bastille étoit entièrement changé depuis cette époque.

La Comté et la tour du Coin furent construites

---

(1) Voyez sur tous ces détails, chronologie manuscrite de la bibliothèque royale; chronique de Saint-Denis; antiquités de Paris; histoire de Paris; Juvenal des Ursins; Le Laboureur.

(1) Voyez la lettre XCIX du 1 mai 1752, tome II des cinq années littéraires de M. Clément.

sur la même ligne que la Bazinière et la tour du Puits ; mais en s'écartant obliquement des deux premières tours construites par Hugues Aubriot.

L'assemblage de ces huit tours formoit donc un carré long, dont un des grands côtés regardoit Paris, et l'autre la campagne ; mais ce dernier formoit une ligne, dont les extrêmités fuyoient obliquement, pour venir se réunir aux deux petits côtés.

Dans la succession des temps, on joignit toutes ces tours par des murs de six pieds d'épaisseur, auxquels on adossa des bâtimens. On entoura tout cela d'un fossé de vingt-cinq pieds de profondeur et de cent vingt pieds de largeur, et on forma une enceinte de l'autre côté du fossé.

On arrivoit au château de la Bastille par la rue Saint-Antoine. Lorsqu'on étoit à l'extrémité de cette rue, on prenoit à droite, et en avançant toujours, on voyoit devant soi une petite issue qui communiquoit avec l'arsenal. On tournoit alors à gauche, et on étoit à l'entrée du château. On voyoit d'abord un corps-de-garde avancé où une sentinelle veilloit jour et nuit. On passoit un premier pont-levis, à côté duquel en étoit un petit pour les gens de pied ; on passoit sous une grande porte, ensuite sous une espèce de guichet, et on se trouvoit dans la cour du gouvernement. En avançant jusqu'au milieu de cette cour, on avoit, à sa droite, l'hôtel du gouverneur, qui étoit un bâtiment à la moderne, et qui tenoit toute la longueur de la cour.

En tournant à gauche, on entroit dans l'avenue qui conduisoit au château, par un pont-dormant ; on avoit à droite un corps-de-garde et des cuisines. Lorsqu'on étoit arrivé à l'extrémité de l'avenue, on laissoit à droite un nouveau corps-de-garde, on franchissoit un autre pont-levis, à côté duquel il y en avoit encore un pour les gens de pied ; on rencontroit trois portes ; on passoit entre deux corps-de-garde ; et on se trouvoit dans la grande cour du château, dont l'entrée étoit encore défendue par une forte grille de fer qui fermoit une petite enceinte carrée, prise sur la cour ; cette cour formoit un carré long d'environ cent vingt pieds, et large de quatre-vingt. Lorsqu'on y étoit parvenu, on avoit à sa droite les tours du Trésor et de la Chapelle ; entre ces deux tours, on voyoit une arcade qui servoit autrefois d'entrée à la ville. On avoit, dans cette arcade et dans l'ancien bâtiment de la chapelle, ménagé des logemens pour des prisonniers. A gauche, on voyoit les tours de la Bertaudière et de la Liberté. Entre ces deux tours, on avoit ménagé des logemens et une petite chapelle. Derrière soi, on avoit, entre la tour de la Comté et les ponts-levis, des bâtimens où logeoient les officiers subalternes, et quelquefois des prisonniers. Entre les tours de la Bertaudière et de la Bazinière, se trouvoient les logemens de l'aide-major, du capitaine de porte, de quelques domestiques et porte-clefs.

En face de la barrière que l'on avoit passée pour entrer dans la grande cour, on voyoit un grand bâtiment qui réunissoit les tours de la Liberté et de la Chapelle. On entroit dans ce bâtiment par un large escalier de pierre de cinq marches. Arrivé au haut de cet escalier, on trouvoit à droite un vestibule ; au-delà du vestibule, la salle du conseil où les ministres, le lieutenant de police ou les commissaires venoient interroger les prisonniers. C'est-là aussi que ceux-ci recevoient ordinairement les visites des personnes du dehors. Au-delà de la salle du conseil, étoit une vaste pièce où l'on gardoit en dépôt les effets et les papiers que les prisonniers étoient obligés de remettre en entrant à la Bastille. Au-delà encore de cette dernière pièce, étoient des logemens d'officiers subalternes. Au-dessus de toutes ces pièces, le lieutenant de roi logeoit au premier étage, le major au second, et le chirurgien au troisième.

Toujours en montant par le même escalier, on trouvoit à gauche les cuisines, les offices et la laverie. Au-dessus étoient des appartemens de trois pièces chacun, où l'on logeoit les prisonniers dont la santé demandoit des ménagemens. C'est un de ces appartemens, au premier étage, qu'occupoit la présidente de Saint-Vincent, fameuse par la querelle qu'elle suscita au feu maréchal de Richelieu. Les prisonniers qui habitoient ce corps-de-logis, ainsi que celui qui se trouvoit entre la cour de la Comté et le pont-levis, ne voyoient point ce qui se passoit dans la cour, parce que leurs croisées étoient masquées en dehors, dans toute leur longeur et leur largeur par une toile serrée.

Au-delà du bâtiment où se trouvoit la salle du conseil, on entroit dans une petite cour qui avoit vingt-cinq pieds de longeur sur cinquante de largeur. C'est-là que M. Linguet, dont la célébrité n'a rien gagné à la révolution, trouvoit très-déplaisant de se promener. On l'appeloit la cour du Puits, parce qu'il y avoit un grand puits qui servoit à l'usage des cuisines. Dans les bâtimens qui joignoient les tours du Puits et du Coin, se trouvoient les logemens des cuisiniers, marmitons et valets. On y avoit aussi pratiqué des chambres de prisonniers. Les cuisiniers élevoient, dans cette petite cour, de la volaille, des pigeons, et y jettoient les immondices ; ce qui la rendoit assez mal propre.

Ce fut dans cette cour que Charles de Gontault, duc de Biron, pair, amiral et maréchal de France, gouverneur de Brest, trop cruellement traité peut-être par Henri IV, eut, à l'âge de quarante ans, la tête tranchée. Nous avons encore vu dans les murs les crocs de fer qui retenoient son échaffaud, qu'on avoit construit de plein-pied à sa chambre.

Au-delà

Au-delà du fossé de la Bastille, du côté du faubourg Saint-Antoine, étoit un bastion où l'on avoit planté un jardin; on y parvenoit par une avenue dont l'entrée étoit entre les tours de la Comté et du Trésor.

La porte Saint-Antoine, à la gauche de la Bastille, étoit flanquée d'un bastion parallèle au premier.

Le dessus des tours formoit une plate-forme continuée en terrasse parfaitement bien entretenue. Les prisonniers, qui en avoient obtenu la permission, venoient s'y promener, accompagnés d'un garde. Il y avoit, sur cette plate-forme, quelques méchantes pièces de canon, qui servoient dans les jours de solemnité ou de réjouissances.

On entroit dans ces tours par de fortes portes doubles, fortifiées chacune d'un gros verroux. Sous chaque tour étoit un cachot où il y avoit un lit de camp formé de barres de fer scellées dans le mur, et de quelques planches fixées dessus, sur lesquelles on étendoit de la paille. C'est dans un de ces cachots que Louis XI fit renfermer les princes d'Armagnac. On y entroit par deux portes de sept pouces d'épaisseur chacune, appliquée l'une sur l'autre, et ayant deux verroux et deux serrures.

On voit que je ne cherche pas à embellir ma description. Dans tous les lieux de détention, il y a, pour les prisonniers qui en troublent la tranquillité, des cachots. Ce sont des prisons dans d'autres prisons. La Bastille n'avoit rien de plus à cet égard, que la Conciergerie, que le Châtelet, que les prisons des tribunaux. C'étoit sans doute une rigueur inutile que ces cachots fussent sous terre; mais cette rigueur, que l'humanité de Louis XVI a voulu qu'on proscrivit, n'étoit pas particulière à la Bastille.

Chaque tour renfermoit cinq chambres l'une sur l'autre, dont la plus élevée s'appeloit la calotte. Elles fermoient toutes avec les mêmes précautions que les cachots. Elles tiroient leur nom de l'étage et de la tour. Ainsi on disoit la seconde, la troisième, la quatrième, la calotte Bazinière. Les prisonniers n'avoient également d'autre nom que celui de leur chambre. On étoit appelé la première Bazinière, la seconde Bertaudière, la troisième du Trésor, selon qu'on habitoit une de ces chambres.

Les calottes étoient incommodes; elles étoient basses, mal éclairées, peu spacieuses, et on n'y avoit qu'un poêle. Les autres chambres étoient presque toutes de forme octogone; elles avoient quatorze à quinze pieds d'élévation et vingt de diamètre. Chacune avoit sa cheminée. Toutes les fenêtres étoient grillées et contre-grillées en fer. Quelques-unes avoient même une troisième grille au milieu de l'épaisseur du mur. Les chambres basses ne tiroient du jour que des fossés; celles du haut avoient la vue ou sur la campagne, ou sur Paris, ou sur le boulevard. Dans la plupart on trouvoit trois marches pour monter aux croisées. A l'exception de celles du bas et des calottes, les autres étoient bien éclairées, parce que les ouvertures des fenêtres s'élargissoient dans leur intérieur.

Les cheminées étoient grillées à leur hauteur supérieure, et traversées de barres de fer, de distance en distance, dans leur longueur. C'étoit une précaution qu'on s'étoit vu obligé de prendre parce que des prisonniers avoient tenté de s'évader en escaladant la cheminée de leur chambre. M. de la Tude, qui nous a donné une histoire très-intéressante de son évasion, avoit réussi à se procurer sa liberté par cette voie.

L'ameublement de ces chambres n'étoit pas brillant; mais il suffisoit. On y avoit un lit avec des rideaux de serge verte, une paillasse et trois matelats, deux tables, quelques chaises, un fauteuil, deux cruches, une cuiller et un gobelet d'étain, un chandelier de cuivre, des mouchettes de fer, un vase de nuit, une provision d'allumettes, un briquet, des pierres à feu, de l'amadoue, une chandelle tous les jours, un ballet et quatre serviettes chaque semaine, des draps de lit tous les quinze jours. Quelques prisonniers obtenoient des pelles, des pincettes, des chenêts. Les murs de ces chambres n'avoient d'autre tapisserie que les noms, les vers, les devises, les sentences qu'y gravoient les malheureux qui les habitoient.

La nourriture étoit saine, abondante et variée; on augmentoit la portion aux jours de grande fête; on obtenoit sans peine d'être servi en fayence ou avec des couverts d'argent. Le prisonnier qui témoignoit du goût pour un mets, autre que celui qu'on lui servoit, étoit exaucé. Il y en avoit même à qui on accordoit de se faire servir par un traiteur du dehors. On permettoit également à tous les prisonniers d'avoir un domestique; si on le prenoit dans la maison, on le nourrissoit et on lui donnoit vingt sous par jour; ce domestique étoit un soldat invalide. Il arrivoit souvent aussi que celui qui s'ennuyoit dans sa chambre, obtenoit la permission de la partager avec un camarade d'infortune, ou de manger, pendant les heures des repas, avec un autre prisonnier qui auroit été de sa connoissance, ou dont le caractère lui auroit convenu. L'hiver, on recevoit tout le bois qu'on pouvoit consumer. Il y avoit même des personnes à qui on le donnoit à discrétion.

En général, à l'exception de ceux dont le caractère turbulent ou les tentatives, soit pour corrompre un garde, soit pour s'évader, donnoient des inquiétudes, les prisonniers étoient traités avec beaucoup d'humanité. Ce qui le prouve incontestablement, c'est que, de l'aveu de ceux qui ont le plus déclamé contre cette prison, les maladies et les morts y étoient extrêmement rares. Outre la nourriture des repas, on recevoit toutes les douceurs qu'on désiroit, comme sucre, café, thé, chocolat, confitures, et à la plus légère indisposition dont on se plaignoit, le chirurgien portoit tous les remèdes dont on avoit besoin.

Dès les premiers jours qu'on étoit entré, on obtenoit sans difficulté, de l'encre, du papier, et même des livres. J'ai connu des prisonniers à qui on permettoit de les aller choisir à la bibliothèque et d'y passer une heure. On obtenoit, avec la même facilité, une heure de promenade le matin, et quelquefois une autre heure le soir, tantôt dans la grande cour ou celle du Puits, tantôt sur la plateforme. C'étoit une faveur de pouvoir se promener dans le jardin. Toutes les distinctions de ce genre étoient le prix d'une conduite paisible. Dans ces promenades, on étoit toujours accompagné d'un garde. Il y avoit également, pendant le service des repas, une sentinelle au bas de chaque tour.

On ne refusoit non plus jamais à un prisonnier d'aller à la messe les jours d'œuvre comme de dimanche. Il entroit dans un petit cabinet où il ne voyoit ni n'étoit vu. La porte en étoit fermée au dehors par deux verroux et une serrure; ces cabinets étoient grillés en-dedans par des barres de fer, et avoient des vitres sur lesquelles étoit jeté, du côté de la chapelle, un rideau que l'on tiroit au *sanctus*, et que l'on refermoit à la dernière oraison. Dès que le prisonnier étoit entré dans ce cabinet, une sentinelle se plaçoit à la porte de la chapelle, et étoit retirée à la fin de la messe avant que le prisonnier sortît. C'étoit-là l'usage pour la plupart des prisonniers; mais il y en avoit avec qui on ne prenoit pas toutes ces précautions; ils assistoient aux saints mystères dans l'intérieur même de la chapelle. Cela est si vrai, qu'un prêtre, appellé Vaillant, enfermé à la Bastille à l'occasion des disputes du jansénisme, s'élança un jour vers l'autel, se revêtit des ornemens sacerdotaux, et voulut absolument célébrer la messe. Cet infortuné avoit perdu la tête; il se croyoit le prophète Elie. Il disoit aux officiers de l'état-major, qu'il seroit enlevé dans un tourbillon de feu. Un jour le feu prit à sa cheminée; il crut que l'instant de son enlèvement étoit arrivé; mais le feu s'éteignit, et le malheureux resta sous les verroux.

Les prisonniers ne manquoient donc pas tout-à-fait d'objets de distraction. Outre la faculté d'écrire, l'usage des livres, la promenade, la messe, ils recevoient encore de temps à autre, dans leurs chambres, la visite du chapelain, du médecin, du chirurgien, des officiers de l'état-major, et du gouverneur lui-même. Il y en avoit qui, pendant les promenades, étoient accompagnés d'un officier. On laissoit à plusieurs, leur montre, leur couteau et même leurs rasoirs. On avoit toujours la liberté, si on la désiroit, de descendre à la salle du conseil pour parler au lieutenant de police, lorsqu'il venoit. Lui-même montoit souvent dans la chambre des prisonniers. Les personnes du dehors, lorsqu'elles en avoient une permission écrite du lieutenant de police, pouvoient visiter un prisonnier. Si ces personnes y étoient autorisées par un écrit signé du ministre et du lieutenant de police, elles voyoient le prisonnier sans témoin. Si non l'étranger se plaçoit d'un côté de la chambre, le prisonnier de l'autre, et un officier ou un porte-clefs au milieu.

Le lieutenant de police, ou un maître des requêtes ou un commissaire ne manquoient jamais de venir interroger le prisonnier, dès les premiers jours de son entrée à la Bastille. Lorsque c'étoit un commissaire qui l'interrogeoit, le lieutenant de police arrivoit toujours vers la fin de l'interrogatoire. Ces officiers, ainsi que tous les autres magistrats du Châtelet, entroient toujours dans la salle du conseil; mais ceux du parlement, lorsqu'ils venoient faire une instruction relative à un procès, ne pénétroient jamais dans l'intérieur du château. Ils restoient ou à l'Arsenal ou à l'hôtel du gouvernement. Cette différence venoit de ce que les parlemens ne regardoient jamais comme légales les détentions qui n'étoient point accompagnées des formes prescrites par les ordonnances du royaume. Leurs membres craignoient d'autoriser, par leur présence, des établissemens où l'on sembloit dérober aux tribunaux établis par la loi, ce qui s'y passoit.

Les lettres qu'un prisonnier écrivoit, soit au lieutenant de police, soit au ministre, étoient toujours portées à midi et le soir. A quelque heure que ce fût, elles l'étoient par un exprès, lorsque le prisonnier le désiroit, et le major lui faisoit toujours très-exactement parvenir la réponse. Il en étoit de même des lettres qu'on avoit la permission d'écrire à ses parens ou amis; on les faisoit parvenir par telle voie que l'on désiroit, et le major remettoit les réponses.

Lorsqu'un prisonnier avoit obtenu sa liberté, on lui rendoit tous les effets qu'il avoit déposés dans la salle contiguë à celle du conseil. On lui présentoit ensuite un registre sur lequel étoit inscrit une formule qui contenoit 1°. une protestation de respect, de fidélité, d'amour pour le roi. 2°. Une assurance que les faits qui avoient compromis la liberté du prisonnier, étoient des erreurs de son esprit. 3°. promesse de ne jamais révéler ce qu'il avoit vu et entendu pendant son séjour à la Bastille. Lorsqu'on lui avoit fait lire cette formule, on l'invitoit à la signer; et comme il n'est point arrivé qu'on s'y soit refusé, il est inutile de se livrer à des conjectures sur les suites qu'auroit eues le refus. Il n'y avoit rien d'ailleurs, dans un pareil engagement, qui pût alarmer la conscience. On faisoit signer aussi sur le même registre, au prisonnier, un reçu des effets qu'on lui rendoit.

Si un prisonnier mouroit pendant sa détention, il étoit enterré à Saint-Paul, et l'on n'inscrivoit sur le registre mortuaire de cette paroisse, que les lettres initiales de ses noms de baptême et de famille. Mais on conservoit, dans les archives de la Bastille, un second registre sur lequel on écrivoit les véritables noms du mort. On délivroit même des extraits de ce registre; c'est un fait certain que plusieurs familles peuvent attester. Il ne falloit même pour cela d'autre formalité que de s'adresser au commissaire de la Bastille.

Le registre le plus précieux que l'on conservoit dans cette forteresse, étoit renfermé dans un porte-feuille en maroquin, fermé à clef, et qui lui-même étoit renfermé dans un second porte-feuille. Les pages de ce registre étoient divisées en sept colonnes. On jugera de l'importance de ce registre, par le seul titre des colonnes.

Iere. colonne. Noms et qualités des prisonniers.

II. Dates des jours d'arrivée des prisonniers au château.

III. Noms des secrétaires d'état qui ont expédié les ordres.

IV. Dates de la sortie des prisonniers.

V. Noms des secrétaires d'état qui ont signé les ordres d'élargissement.

VI. Causes de la détention des prisonniers.

VII. Observations et remarques.

Ces observations et remarques étoient une histoire complète de la vie, des mœurs, du caractère, en un mot, de tout ce qui concernoit chaque prisonnier. Avec quelle avidité le public n'eût-il pas accueilli ces mémoires secrets? Que d'anecdotes intéressantes n'y eût-on pas trouvé qui eussent éclairci bien des points de notre histoire? Hélas! ce trésor, dont il étoit si aisé d'enrichir notre littérature, est perdu pour nous, et perdu pour toujours. Ce ne sont pas les hordes de barbares, ce sont les françois, comme je le raconterai, qui l'ont livré aux flammes. Ne diroit-on pas que nous sommes nés pour tout gaspiller? Ce mot est familier; mais il peint ce qui s'est passé à la Bastille, et peut-être dans tout le cours de la révolution.

Outre ces registres, on conservoit en dépôt dans de vastes magasins, les exemplaires des livres dont le gouvernement défendoit la circulation, et mille autres papiers dont le contenu ne sera jamais su d'aucun de nous.

Lorsque le ministre ou le lieutenant de police venoit à la Bastille, la garde se présentoit en haie sur son passage, elle faisoit le salut et on ouvroit les grandes portes; le même cérémonial s'observoit pour les maréchaux de France : ils avoient seuls le privilège d'entrer dans l'intérieur du château avec leur épée. Les ducs et pairs prétendoient jouir de la même prérogative (1); mais c'est une prétention sur laquelle il n'avoit jamais été prononcé.

Il n'entroit d'autres voitures dans la grande cour du château, que celles qui y conduisoient des prisonniers, ou qui en enlevoient pour les transférer dans d'autres prisons.

Dans tout ce qu'on vient de lire, je n'ai parlé de la Bastille que comme d'une prison : je n'ai rien dissimulé; mais je n'ai parlé ni des cages, ni des cachots de fer, ni des oubliettes, ni des exécutions secrettes. Si j'avois eu sur ces objets, je ne dis pas des preuves, mais seulement de quoi établir des conjectures, je l'aurois dit également. Je sais que le comte de Boulainvilliers (2) a écrit que la Bastille étoit destinée aux prisonniers que l'on vouloit exterminer, ou par la forme apparente de la justice, ou par le supplice des oubliettes. Je sais qu'il dit que de son temps on voyoit, à la Bastille, de ces cages et cachots de fer; qu'il assure avoir vu de ses yeux, un pareil cachot au château Duplessis-lès-Tours. Je sais que divers historiens accusent Louis XI et son compère Tristan-Lhermite, prévôt de l'hôtel, d'avoir fait un cruel et fréquent usage des cages, des cachots de fer, des oubliettes; et il y eut en effet, sous ce règne, des cages de fer. Je sais enfin qu'au château de Ruel, qui fut une maison de plaisance du cardinal de Richelieu, on montre un cabinet qui porte le nom de cabinet des oubliettes. Ce ministre, dit-on, y faisoit passer les personnes qu'il vouloit perdre; à peine y avoient-elles posé le pied, qu'une bascule faisoit entr'ouvrir le plancher sous leurs pas; elles tomboient sur une roue dont l'axe, sans qu'on nous dise par quelle méchanique, étoit sans cesse en mouvement, et dont la circonférence étoit hérissée de lames de rasoir; les restes de ces malheureuses victimes alloient se perdre dans un abîme sans fond.

J'ai cherché à la Bastille ces cages, ces cachots de fer, ces oubliettes; trois cents mille curieux les y ont cherché comme moi, et certainement avec autant d'envie que moi de les y trouver; j'invoque leur témoignage : ont-elles apperçu la plus légère trace de ces cruelles machines? S'il s'y fût rencontré une seule de ces cages, comme elle eût été portée en

___

(1) Voyez le mémoire des présidens à mortier du parlement de Paris, présenté au régent en 1717.

(2) Histoire de l'ancien gouvernement de la France, tome III, lettre XIV, pages 225 et suivantes.

N 2

triomphe! comme elle eût été exposée à tous les yeux! comme on la conserveroit aujourd'hui religieusement! Qu'a-t-on, en un mot, recueilli dans les bâtimens, dans les souterreins de la Bastille? des pierres. C'est une pierre qu'on garde et qu'on montre aujourd'hui au manège.

Sans doute les parisiens, en se précipitant dans l'intérieur de la Bastille, furent saisis d'un grand étonnement; mais quel en fut le sujet? aucun d'eux, s'il veut être sincère, ne me démentira : ce fut de ne voir aucun de ces instrumens de douleur, dont on leur avoit tant parlé; ils furent frappés, en parcourant les chambres des prisonniers, de les trouver propres, saines, commodes; ils s'étonnoient qu'une prison, où ils s'attendoient à ne fixer les yeux que sur des images lugubres, fût mille fois moins désagréable que toutes celles qu'ils connoissoient.

Un auteur qui a écrit l'histoire de la journée du 14, avec toute la partialité d'un écrivain livré à tous les préjugés de la démagogie, n'a pu se refuser à cet aveu. « La prise de la Bastille a dessillé les yeux du public sur l'espèce de captivité qu'on y éprouvoit. On croyoit qu'aucune prison n'offroit un spectacle plus affreux (1). » Après avoir fait cet aveu, l'auteur que je cite, comme s'il eût regretté l'infructuosité des recherches qu'on avoit faites, a ajouté: « Il est probable que lorsqu'on en viendra aux fondations, on fera plusieurs découvertes qui fourniront aux curieux des éclaircissemens auxquels ils ne s'attendent pas (2). » Des gens qui se consoloient par cette probabilité, n'ont sûrement pas négligé de se livrer aux découvertes. Qu'à produit tout ce zèle? je l'ai dit plus haut : des pierres.

L'autorité du comte de Boulainvilliers ne peut tenir contre le témoignage de trois cents mille témoins oculaires. Et quand on va jusqu'à dire que la Bastille *étoit destinée à exterminer des prisonniers*, on se rend, par cette exagération, indigne de toute créance. Il ne nous est pas donné d'évoquer les morts; mais s'il est un seul homme qui, sous le règne de Louis XVI, ait été *exterminé* à la Bastille, que ses parens ou ses amis se lèvent, et alors nous croirons à une atrocité que dément tout ce que nous avons vu.

D'ailleurs l'accusation du comte de Boulainvilliers, sur ces prisonniers *exterminés*, n'a trait qu'au sombre règne de Louis XI. Je ne veux point disculper la mémoire de ce roi, ni examiner si on n'a pas exagéré les crimes de sa noire politique. Mais est-il croyable que le généreux Louis XII, que le bon Henri IV, que le magnanime Louis XIV, que le sensible Louis XVI eussent voulu conserver, dans leurs états, ces vestiges de férocité? Comment croire qu'ils eussent toléré qu'on tourmentât des malheureux à la manière des Néron, des Caligula? Louis XVI n'a pas voulu que les scélérats eux-mêmes fussent enfermés dans des cachots souterrains. Auroit-il souffert qu'on mit des prisonniers dans des cages de fer?

Quant à ce qu'on nous dit des oubliettes, ce sont des contes populaires qu'un homme sensé ne doit pas croire; il n'y en eut jamais. Richelieu avoit, dans la fierté de son ame, trop de ressources, pour avoir besoin de ces vengeances secrètes, de ces rafinemens inutiles de barbarie. Le ministre qui faisoit tomber sur un échaffaud, les premières têtes de l'état, qui menaçoit l'épouse même de son roi de la traduire en jugement, dédaignoit le supplice obscur des oubliettes.

La Bastille n'étoit donc rien de plus qu'une prison d'état, qu'une prison comme les châteaux de Ham, de Pierre-en-Cise, du Mont-Saint-Michel, de Joux, des Isles Sainte-Marguerite. Faut-il de ces sortes de prisons? C'est une question que doivent résoudre ceux-là seulement qui entrent dans le conseil des rois. C'est à eux à dire, s'il n'est pas des crimes qui, sortant de la classe ordinaire des délits, compromettroient la sureté de l'empire, si on les punissoit avec les formes lentes des tribunaux.

On renfermoit à la Bastille ceux qu'on vouloit soustraire à un supplice infamant, ceux dont les écarts méritoient d'être punis, et l'eussent été trop rigoureusement par la loi, ceux encore qui, évidemment coupables, n'auroient pû être convaincus suivant les formes établies dans les tribunaux, et dont la détention cependant importoit au salut de l'état. Que dans le nombre des prisonniers enfermés à la Bastille, il y ait eu des hommes irréprochables, c'est une vérité dont je ne doute nullement. C'est un malheur dont nous aurons à gémir, tant que ce ne seront pas des anges qui exerceront le droit de punir. Hélas! quel est l'échaffaud qui n'ait pas été teint du sang d'un innocent? Et si les tribunaux, malgré les lumières dont les environne le législateur, ont leurs erreurs, faut-il tant s'étonner que ministres ayent leurs leurs? Il est des calamités qui sont inséparables de l'état de société; il faut ou les supporter, ou fuir dans les bois.

Le prisonnier à la Bastille, s'il n'étoit point livré aux tribunaux, n'avoit du moins à craindre ni pour sa vie, ni pour son honneur. Il sembloit même qu'il réjaillissoit une certaine considération du malheur d'y avoir été détenu. On ne rougissoit point, on se faisoit presque gloire de l'avouer. C'étoit en quelque sorte la prison réservée aux seuls hommes recommandables ou par leur naissance, ou par leur réputation parmi les gens de lettres. Ceux qui n'étoient ni de l'une ni de l'autre de ces deux classes, sem-

---

(1) Histoire de France pendant trois mois, p. 84.

(2) Ibid. Page 85.

bloient y avoir été associés par leur détention à la Bastille. On n'y mettoit point les gens du petit peuple. Le château de Bicêtre étoit la prison de ceux-ci. La détention, dans ce château, imprimoit une note d'infamie; ce qui venoit de ce qu'on y étoit confondu, non-seulement avec la vile populace, mais encore avec les malfaiteurs qu'y faisoient refluer les tribunaux.

Il semble donc que le peuple des faubourgs eût agi plus conséquemment s'il eût exercé sa vengeance sur le château de Bicêtre. C'étoit à la noblesse, et non à lui, à se plaindre de la Bastille. Rien ne prouve mieux peut-être que, dans les révolutions, le peuple agit toujours pour les autres, et jamais pour lui.

La véritable raison pour laquelle la Bastille inspiroit plus d'horreur qu'aucune autre prison, c'est qu'on y mettoit les gens de lettres, dont le gouvernement avoit à se plaindre; et les gens de lettres font beaucoup de bruit des désagrémens qui leur arrivent, lorsque leur célébrité ne peut que gagner à l'éclat qu'ils font. Sortis de la Bastille, ils n'étoient pas fâchés d'apprendre à l'Europe, qu'ils avoient été jugés dignes d'y être mis. Ils tiroient du relief de cette catastrophe. Mais comme cela eût été bientôt dit, il falloit bien, pour faire un livre, déclamer contre ce château. De-là, ces prétendues histoires de la Bastille, où tout est en déclamation et rien en récit. D'autres cependant nourrissoient leurs écrits, de quelques faits qu'ils avoient mal vu, ou qu'ils imaginoient, et qu'ils commentoient à leur manière. Ceux qui survenoient ensuite, voulant donner plus de débit à leur relation et acquérir plus de renommée, enchérissoient sur les faits racontés par ceux qui les avoient précédés, et y en ajoutoient de nouveaux. C'est ainsi qu'insensiblement la Bastille devint une prison *destinée à exterminer des prisonniers*. Je reviens sur cette exagération, parce que ce sont des assertions de ce genre, qui ont formé l'opinion qu'on s'étoit faite de la Bastille. Les écrivains qui prenoient à tâche de la rendre odieuse, citoient des particularités qu'on n'auroit pu savoir à moins d'en être gouverneur; et cependant, ils ajoutoient que tout, dans cette prison, étoit caché sous le voile du mystère. C'est-là une de ces contradictions qui prouvent que peu d'hommes savent lire, car peu de personnes la remarquoient. Ce que j'ai dit de la Bastille, a dû montrer au lecteur ce voile n'étoit pas bien difficile à lever; car tout autre eût pu, comme moi, recueillir les détails que j'ai donnés.

Si les écrivains qui murmuroient de la Bastille, parce qu'ils y avoient fait quelque séjour, eussent eu de la justice, ils auroient avoué qu'il avoit mieux valu pour eux être prisonniers du gouvernement que prisonniers des tribunaux. S'ils eussent été sages, ils eussent désiré qu'on eût adopté, dans toutes les prisons, le régime de la Bastille. Il y avoit une bien grande différence entre le sort des prisonniers de cette forteresse, et le sort des prisonniers de tous les tribunaux. On ne faisoit point payer à ceux-là ni le loyer de leur chambre, ni leur nourriture, ni les frais de maladie. La dépense même pour un domestique, lorsqu'ils en désiroient un, étoit fixée à un taux modéré. Dans les prisons des cours de judicature, celui qui veut être seul dans une chambre paye trente sous par jour, et pour ces trente sous, il a en tout deux méchans matelats et une paire de draps de grosse toile tous les mois. Du reste, il se fournit tout le reste, bois, chandelle, nourriture, à moins qu'il ne veuille se contenter de celle que la charité distribue journellement aux malheureux qu'on entasse par centaine dans une même salle; et la vue seule de cet aliment soulève le cœur; nos animaux domestiques ne voudroient pas y goûter. Les débiteurs, plus à plaindre encore que les malfaiteurs, n'ont pas même cette déplorable ressource. Il leur est alloué, par jour, une somme de huit sous et quelques deniers, sur laquelle on retient le prix du loyer. Il est de cinq sous par jour pour celui qui est le plus mal logé. C'est donc avec une somme de trois sous qu'il est obligé de pourvoir à tous ses besoins. Tout, en un mot, dans ces prisons, se paye au poids de l'or, et tout à la Bastille se donnoit gratuitement et sans parcimonie. Au lieu de tourmenter le petit peuple par la frayeur d'une prison où il n'entroit jamais, c'eût été un véritable service à rendre aux malheureux enfermés dans celles où il entroit, d'engager, par de bons écrits, le gouvernement à faire, dans une juste proportion pour tous les prisonniers, ce qu'il faisoit pour ceux de la Bastille.

De toutes les anecdotes qu'on a recueillies sur cette prison, celle peut-être qui doit étonner le plus, est l'aventure de l'homme au masque de fer; mais cette anecdote, puisée par Voltaire dans un écrit anonyme, et livrée ensuite par lui aux conjectures des écrivains, est-elle bien vraie? Le merveilleux séduit, et l'on croit aisément un mystère qu'on imagine pouvoir percer. Je ne dis point que le fait soit faux; mais je ne le trouve point appuyé sur des preuves assez authentiques. Quelle induction raisonnable d'ailleurs tirer d'une histoire, quand on ignore le nom du héros, et les raisons du gouvernement? Si l'histoire est véritable, il falloit qu'il en eût de bien fortes, car la piété de Louis XIV et de madame de Maintenon, à l'époque où l'on dit que cet homme extraordinaire vivoit encore, n'est point un problème.

Considérée comme forteresse, la Bastille étoit destinée uniquement à protéger la capitale contre les mouvemens extraordinaires qui auroient pu s'élever soit dans son sein, soit dans ses environs. Lorsque Sainte-Foix a dit, de ce château, que, *sans être bien fort, il étoit le plus redoutable de toute l'Europe*, il n'en parloit que comme d'une prison. Et quelle est la prison qui ne soit pas redoutable? La Bastille ne l'étoit pas plus que celles où l'on renferme les prisonniers d'état. Mais Sainte-Foix avoit raison de dire que ce château n'étoit pas bien fort Il ne l'étoit en aucun sens. Ses huit tours, et les hautes murailles qui les joignoient, auroient pu arrêter, pendant quelques heures, l'ennemi qui les auroit attaquées, au temps de Charles V ou de Charles VI ; mais aujourd'hui, de tous les ouvrages fortifiés, c'étoit le pire Sans doute, si tous les habitans de Paris eussent été d'intelligence avec le gouverneur, pour repousser un ennemi commun, la Bastille auroit été un poste très-avantageux. Mais tous les habitans, étant soulevés contre le gouverneur, et celui-ci étant seul contre tous, il ne falloit que quelques minutes pour renverser tout cet amas de pierres.

La Bastille n'avoit aucun ouvrage extérieur, car les deux bastions, dont j'ai parlé plus haut, ne méritent pas ce nom. Du côté de la rue Saint-Antoine, des édifices s'avançoient jusques sur le bord de ses fossés, et la masquoient en grande partie ; de sorte que, de ces bâtimens, on pouvoit inquiéter la garnison avec de la mousqueterie. Du côté de l'Arsenal, le chemin étoit applani ; on parvenoit à l'hôtel du gouvernement en traversant de vastes cours, et l'on ne pouvoit être arrêté que par quelques sentinelles.

Les fossés étoient toujours à sec, à l'exception des temps de grandes pluies, ou de grandes crues d'eau. Ils étoient, à l'extérieur, entourés d'un mur de trente-six pieds de hauteur, contre lequel étoit scellée une galerie de trois pieds et demi de largeur, qui régnoit dans tout le contour du fossé. C'étoit là le chemin des rondes. On parvenoit à cette contrescarpe, si on peut l'appeler ainsi, par deux escaliers qu'on fortification on appelle *pas de souris*. Ils étoient placés à la droite et à la gauche du pont-levis, qui conduisoit dans la grande cour.

On plaçoit sur cette galerie deux sentinelles pendant le jour, et quatre pendant la nuit. Elles étoient relevées de deux en deux heures. Les rondes se faisoient la nuit de quart-d'heure en quart-d'heure, comme dans les places de guerre. Elles passoient chacune une pièce de cuivre numérotée et percée au milieu, dans une aiguille dont la base étoit adhérente au fond d'une boîte cadenacée. Tous les matins on portoit cette boîte à l'état-major, dont les officiers s'assuroient, en vérifiant les pièces de cuivre, de l'exactitude ou de la négligence des rondes.

Le jour et la nuit, la sentinelle intérieure du château sonnoit une cloche pour avertir qu'elle veilloit. La nuit, on en sonnoit une autre sur les rondes, à tous les quarts-d'heure. La garde montoit à onze heures du matin. La retraite de la garnison sonnoit à neuf heures du soir en hiver, et à dix en été. En tout temps, entre dix et onze heures du soir, tous les ponts se levoient ; mais on ouvroit à quelque heure que ce fût, à ceux qui apportoient des ordres du roi.

Tout cela, comme l'on voit, ne faisoit pas un moyen de défense extérieure bien redoutable, et ces précautions, se répétant journellement, n'effrayoient personne. On tenoit aussi à toute heure, à la porte extérieure du château, une sentinelle qui ne permettoit pas qu'on l'examinât de trop près. Les sentinelles de l'intérieur avoient ordre de ne pas se laisser approcher par les prisonniers, à plus de trois pieds de distance.

L'état-major étoit composé d'un gouverneur, d'un lieutenant de roi, dont le brevet étoit de soixante mille livres, d'un major à quatre mille livres d'appointemens, d'un aide-major à quinze cents livres. Aucun de ces officiers ne pouvoit dîner dehors sans la permission du gouverneur, ni découcher sans un congé signé du ministre. Il y avoit, en outre, un chapelain à douze cents livres d'appointemens, deux sous-chapelains à quatre cents livres chacun, un confesseur à neuf cents livres, un médecin qui logeoit aux Tuileries, et un chirurgien à douze cents livres d'appointemens.

La garnison consistoit en une compagnie d'invalides de cent hommes, commandés par un lieutenant et deux capitaines. Les soldats étoient habillés, entretenus de linge, de souliers, de sel, de chandelle, de bois, et recevoient en outre une paye de dix sous par jour. Cette garnison n'étoit jamais complette. Plusieurs soldats faisoient faire leur service par leurs camarades, à qui ils abandonnoient la moitié de leur paye, et ils vivoient dans Paris. Le gouverneur ne faisoit aucune difficulté de se prêter à cet arrangement.

Les portes-clefs n'étoient qu'au nombre de quatre. Lorsque l'âge ou les infirmités les mettoient hors de service, ils recevoient une pension. Il en étoit de même des domestiques retirés. Il ne faut pas s'étonner qu'il y eut aussi peu de portes-clefs. Leur service n'étoit pas aussi pénible qu'on pourroit le croire. La Bastille ne pouvoit pas contenir plus de quarante prisonniers, et je ne crois pas qu'il y en ait jamais eu autant. On estimoit qu'il y en avoit beaucoup, lorsque leur nombre alloit jusqu'à douze. C'étoit donc trois portes à ouvrir pour chaque porte-clef.

Tel étoit en tout temps l'état de la Bastille. Dès les premiers jours où M. le marquis de Launay, son gouverneur, se crut menacé, il travailla, comme il étoit naturel, et comme sa place lui en faisoit un devoir, à accroître ses moyens de défense. Dès le 10 du mois, il avoit fait monter sur les tours six voitures de pavés, de vieux ferremens, de boulets qui n'étoient pas de calibre, dans l'intention sans doute de les faire pleuvoir sur ceux qui s'approcheroient du pont-levis par lequel on entroit dans la grande cour. Il fit également tailler d'un pied et demi les embrasures, pratiquer des meurtrières, réparer tous les ponts-levis, et enlever les gardes-fou, afin qu'ils ne pussent pas favoriser le passage du fossé, lorsque les ponts seroient levés. Dans l'hôtel du gouvernement, il fit fermer une fenêtre par des madriers de chêne assemblés à rainures et languettes. Il y fit pratiquer six ouvertures propres à recevoir un canon de fusil. Il fit recouvrir tout cela en dehors par une jalousie qui en déroboit la vue. On tira du magasin d'armes, douze de ces fusils de rempart, qu'on appelle *amusettes du comte de Saxe*, qui portent chacun une livre et demie de balles. Il en prit six pour sa défense personnelle.

Ses tours étoient bordées de quinze pièces de canon, la plupart dans le plus grand désordre. On plaça trois pièces de campagne dans la grande cour, vis-à-vis la porte d'entrée.

Ses munitions de guerre consistoient en quatre cents de ces balles, grosses comme des billes de billard, qu'on appelle *biscayens*, quatorze coffrets de ces boulets qui portent avec eux leur cartouche, et qu'on appelle *boulets sabotés*, quinze cents cartouches, et quelques boulets de calibre. Dans la nuit du 12 au 13, il fit transporter de l'Arsenal deux cents cinquante barils de poudre du poids de cent vingt cinq livres chacun. Il fit également entrer dans l'intérieur du château, environ six cents fusils qui se trouvoient dans un magasin placé au-dessus de la première porte en entrant par la rue Saint-Antoine. Ce magasin en contenoit bien davantage, mais le surplus avoit été envoyé à M. de Sombreuil.

La garnison du château étoit composée de cent quatorze hommes, dont quatre-vingt-deux invalides, parmi lesquels étoient deux canoniers de la compagnie de Monsigni, et de trente-deux suisses du régiment de Salis-Samade, commandés par M. Louis de Flue, lieutenant de grenadiers.

Les forces de M. de Launay eussent-elles été mille fois plus considérables, il n'eût pu tenir plus de vingt-quatre heures. Il ne s'étoit approvisionné ni de vivres, ni d'eau. Il n'avoit absolument d'autres provisions de bouche, que deux sacs de farine, et une très-petite quantité de riz. Il avoit bien du bois, mais un petit four à patisserie étoit le seul four de la Bastille. Quant à l'eau, il n'en avoit pas d'autre que celle que lui fournissoit un bassin extérieur, et qui lui parvenoit par des canaux souterreins. De sorte que si les parisiens eussent empêché l'eau de ce bassin de se jetter dans les canaux, ils forçoient M. de Launay, sans répandre une goutte de sang, sans bouger de leurs maisons, de se rendre à discrétion.

On a regardé cette imprévoyance comme une grande faute. On a reproché aussi à cet infortuné gouverneur, de n'avoir pas déblayé au loin l'enceinte extérieure de la Bastille, de ces maisons, de ces boutiques qui s'avançoient jusque sur le bord de ses fossés. On s'étonne que ni lui, ni aucun officier de sa garnison n'ait fait la réflexion, que ces bâtimens cacheroient les mouvemens et l'artillerie des assiégeans, et se rempliroient de fusiliers, dont les soldats placés sur le sommet des tours, pourroient être inquiétés.

Ces observations seroient justes s'il s'agissoit d'une place assiégée dans les règles. M. de Launay n'avoit encore vu roder autour du château que des brigands, les uns sans armes, les autres très-mal armés Toutes ses dépêches à la cour font foi qu'il n'avoit pas d'autre appréhension que de voir ses portes attaquées par quelques centaines de bandits. Ce qu'il avoit appris de l'hôtel de la Force, le confirma dans l'opinion qu'il lui suffisoit de se tenir renfermé dans la place, pour la garantir de toute insulte. Il pensoit qu'avec de pareils assiégeans, il n'avoit d'autre précaution à prendre, que de bien garder les portes, et de tenir les ponts levés. Il n'imaginoit pas qu'une attaque de leur part pût durer des journées entières. Il présumoit d'ailleurs que, dans le cas même d'une attaque, les forces du roi dissiperoient aisément à l'extérieur les assaillans. Étoit-il croyable en effet que l'autorité alors en vigueur le laissât long-temps aux prises avec des essaims de gens sans aveu? D'après l'opinion qu'une attaque, si elle avoit lieu, ne pouvoit être ni dangereuse ni de longue durée, il n'étoit pas naturel que M. de Launay se fournît de vivres, comme si une armée bien disciplinée alloit faire le blocus de sa citadelle. Encore moins songea-t-il à abattre les maisons construites sur le bord du fossé. Qu'avoit-il besoin de pareilles précautions contre quelques pistolets et quelques mauvais fusils? La cour elle-même ne lui auroit-elle pas su mauvais gré d'avoir détruit tant de propriétés, et ne l'auroit-elle pas accusé de s'être laissé égarer par une terreur panique?

Tout, jusqu'au dernier moment, concourut à entretenir M. de Launay dans son illusion. Il vit encore, dans la nuit du 13 au 14, des brigands se présenter aux environs de la Bastille. Ils s'approchèrent cette fois-ci d'assez près. Il étoit deux heures du matin. Il fit alors prendre les armes à toute sa garnison. Elle rentra dans l'intérieur, et laissa tous ses effets au quartier, dont les portes furent fermées. Deux soldats invalides sans armes eurent ordre de veiller à l'ouverture et à la fermeture des portes donnant sur l'Arsenal et sur la rue Saint-Antoine. Des factionnaires furent établis à tous les postes, et on plaça douze hommes sur les tours pour observer ce qui se passoit au-dehors. Ces observateurs furent assaillis de coups de fusils par les gens qui vaguoient dans les rues voisines. Cette attaque ne tua ni ne blessa personne; la garnison ne riposta pas, et les assaillans se retirèrent.

C'est ainsi que M. de Launay se comporta jusqu'au 14 juillet. Quand même il eût pris des précautions défensives pour l'extérieur comme pour l'intérieur, quand même il se fût approvisionné de vivres, il est indubitable qu'il se seroit trouvé dans une position infiniment plus désavantageuse que M. de Sombreuil. Celui-ci se vit assailli par un peuple innombrable, à la vérité, mais auquel il avoit à opposer une nombreuse garnison, abondamment pourvue de munitions de guerre. M. de Launay, au contraire, se vit brusquement attaqué par trois cents mille hommes, parmi lesquels on en comptoit cinquante à soixante mille parfaitement bien armés, et protégés par une artillerie nombreuse et bien servie, Si les armes des Invalides n'eussent pas été pillées, la Bastille eût-elle été seulement attaquée? La chose est tout au moins douteuse; mais ce qui est certain, c'est que M. de Launay dût tout le désavantage de sa position à ce premier événement.

Entraîné plus loin que je ne m'y étois attendu, par la description d'un monument qu'avoient défiguré mille fables, je ne grossirai point ce chapitre de l'histoire de sa chute. Je laisserai un instant respirer mes lecteurs, avant de leur raconter un événement où ils ne verront rien d'extraordinaire que les inutiles et sanglantes atrocités qui coûtèrent la vie à tant de victimes.

CHAPITRE XLV.

Causes de la confusion qui règne dans les relations de ceux qui ont écrit sur les événemens relatifs à la Bastille ; méthode de l'auteur ; premières sommations au gouverneur ; entrée de M. Belon au gouvernement ; députation du district Saint-Louis-de-la-Culture ; pourparler de M. Thuriot de la Rosière avec le gouverneur ; inspection du premier dans le château ; serment de la garnison ; satisfaction de M. Thuriot ; étonnement de M. de Launay ; agitation du peuple ; départ de M. Thuriot ; dangers qu'il court de la part des gens du peuple ; premier avantage des assaillans ; humanité du marquis de Launay ; invasion et pillage de l'hôtel du gouvernement ; effroi des assaillans ; impostures contre le marquis de Launay ; effet qu'elles produisent ; députation du comité des électeurs ; rassemblement de nouvelles forces autour de la Bastille ; courts détails sur les prétendus héros du jour ; excès de précautions de la part des assaillans ; manœuvres de quelques-uns d'entr'eux ; efforts infructueux de la députation de la Ville ; seconde députation du district de Saint-Louis-de-la-Culture ; incertitude et résolution du marquis de Launay ; audace des assaillans ; manœuvre des assiégés ; accidens qu'occasionnent l'inexpérience et le tumulte ; nouvelle imposture contre le marquis de Launay ; nouvelle députation de la Ville ; relation romanesque de M. l'abbé Fauchet ; dernière députation de la Ville ; dernière manœuvre des assaillans ; confiance du marquis de Launay ; sa proposition aux assaillans ; ses derniers ordres ; entrée des parisiens à la Bastille ; fin déplorable du marquis de Launay.

Suite de Juillet 1789, et du deuxième mois de l'interrègne.

LA multiplicité des différentes scènes qui se passèrent à Paris, dans la journée du 14, sur mille théâtres à la fois, est la principale cause de l'extrême confusion dont n'ont pas su se garantir ceux qui nous ont donné l'histoire de cette journée. Ils se sont pressé d'écrire ce qu'ils avoient à peine vu. Et comment auroient-ils pu voir ce qui se faisoit à la même minute, à l'Hôtel-de-Ville, aux Invalides, à la Bastille, au Palais-Royal, sur les places publiques ? Il n'est pas un de ces endroits, où il n'y eut à recueillir un événement important. Les journalistes empressés d'instruire leurs souscripteurs, de ce que ceux-ci, à leur tour, étoient empressés de connoître, n'ont pu raconter, avec quelque exactitude, que les particularités dont ils étoient témoins. Celui, par exemple, qui se trouvoit à l'Hôtel-de-Ville, faisoit assez bien l'histoire de ce qu'il y avoit vu. Mais il étoit obligé de s'en rapporter à la rumeur populaire pour ce qui se passoit, dans le même instant, au Palais-Royal. D'où il arrivoit que le même événement n'étoit pas rapporté de la même manière, par celui qui en avoit été témoin, et par celui qui ne le connoissoit que d'après le rapport d'autrui.

C'est sur-tout, en voulant écrire l'histoire de la chute de la Bastille, que je me suis apperçu de cette diversité dans les relations qu'on nous en a données. Alors je me suis tenu en garde. Je me suis procuré le plus que j'ai pu de ces relations. Je les ai comparées entr'elles, et j'ai vu cent récits différents du même fait. Rentrant ensuite en moi-même, j'ai interrogé ma mémoire sur les particularités dont j'avois été témoin. J'ai confronté les tableaux fidèles qu'elle m'en retraçoit, avec ceux que les journalistes en ont présenté au public, avec les pièces authentiques que je m'étois aussi procurées. Cet examen m'a conduit à une découverte qui m'a expliqué comment les feuilles périodiques, même en racontant la vérité, l'avoient rendue méconnoissable. Cette découverte m'a indiqué à moi-même la marche que je devois tenir dans l'intéressante narration qui va faire la matière de ce chapitre.

Tout événement, en effet, quelque rapide qu'il soit, a un commencement, un progrès, une fin. Ce n'est qu'en donnant à son récit la même progression, qu'on peut parvenir à environner la vérité de tous les rayons qui obligent de la reconnoître. Dans la politique, non plus que dans la nature, rien ne se fait brusquement. Tout est amené. Les journalistes qui ont parlé de la manière dont la Bastille s'étoit trouvée au pouvoir du peuple, ont raconté sans ordre les circonstances qui avoient précédé cet événement, et je crois qu'aucun d'eux ne les a toutes connues. Ils en ont amalgamé le récit avec celui des autres particularités de la journée du 14. De sorte qu'il règne, dans leur narration, un désordre qui fait qu'elle fatigue, au lieu d'instruire. Faute d'avoir placé la foule de tableaux, qu'ils avoient à présenter, sous leur véritable point de vue, le lecteur n'en voit aucun comme il doit être vu ; et eux-mêmes, indépendamment de l'esprit de parti qui les a guidés, se sont perdus dans ce cahos. Ils en ont plus souvent fait jaillir le mensonge que la vérité.

Pour ne point donner contre l'écueil où ils ont échoué, je raconterai isolément l'attentat qui a ôté au roi la Bastille. Je suivrai, dans le récit des particularités qui l'ont amené, la gradation qu'elles ont eue entr'elles, sans y mêler aucune anecdote qui n'au-pas une relation nécessaire avec l'événement. Je suivrai, pour ainsi dire, pas à pas les mouvements de M. de Launay dans l'intérieur de la Bastille, et ceux du peuple vers cette forteresse.

Par cette méthode, ma narration, il est vrai, marchera moins rapidement ; mais aussi elle sera plus instructive pour le lecteur. Il me semble qu'il regretteroit que je ne lui eusse pas tout dit sur un événement où tout mérite d'être recueilli. Combien d'ailleurs ne sera-t-il pas porté à me pardonner mes longueurs, lorsqu'il jouira de la satisfaction de voir, sans nuages, une vérité qu'il ne connoissoit qu'imparfaitement ?

Un autre motif m'engage à ne pas négliger dans le récit où je vais entrer, les moindres détails. Ce n'est qu'en ne laissant rien ignorer que je puis obtenir pour la mémoire de M. de Launay, toute la justice qui lui est due. J'éprouverois, je l'avoue, une sorte de remords, en pensant qu'une circonstance que j'aurois omise, eût ajouté, si je ne l'avois pas passée sous silence, quelque chose au tribut d'estime que lui payera la postérité.

Cet infortuné gouverneur témoin dans la matinée du 14, du haut de ses tours, des incroyables accès de frénésie du peuple, ne changea rien aux dispositions qu'il avoit prises pendant la nuit. Il avoit laissé impunie l'insolence de ceux qui osèrent décharger leurs fusils contre les hommes en faction sur la plateforme. C'étoit une insulte d'autant plus impardonnable qu'elle n'avoit aucun motif, puisque M. de Launay, n'ayant encore reçu aucune sommation, n'avoit encore fait aucun refus. Il ne se départit point de cet esprit de modération ; il se tint toujours sur la défensive, et ne fut jamais l'agresseur.

Dès que les parisiens se furent déterminés à se procurer des armes, à quelque prix que ce fut, ils se répandirent, comme je l'ai dit, par-tout où ils crurent en trouver. Comme on passoit en revue, au Palais-Royal, les différens endroits qui en recéloient, quelqu'un ayant parlé de la Bastille, sept jeunes étourdis se détachèrent aussitôt de la foule, et coururent à cette forteresse. Le jour alors étoit à peine commencé. Ils se présentèrent vers l'entrée, où l'on arrivoit par la rue Saint-Antoine. La sentinelle leur ayant demandé ce qu'ils vouloient, ils répondirent qu'ils desiroient parler au gouverneur. On les laissa avancer jusque sous la première porte. Là, ayant été interrogés de nouveau, ils dirent qu'ils venoient prier le gouverneur de remettre les armes qui étoient en son pouvoir, pour qu'on se défendît dans Paris contre les brigands. Sur la réponse qui leur fut faite, qu'on ne pouvoit déférer à leur desir, ils insistèrent, mais ils finirent par se retirer.

Quelques momens après d'autres jeunes gens en plus grand nombre se présentèrent, furent reçus et éconduits de la même manière. Ceux-ci, comme les premiers, se dirent députés par le peuple pour obtenir des armes.

Une troisième troupe, encore plus nombreuse que la seconde, se présenta comme les deux autres. Celle-ci, forte de son nombre, et grossissant à chaque instant, se montra moins docile aux représentations qui lui furent faites de se retirer. Elle menaça, et ceux qui la conduisoient tentèrent d'entrer de force dans l'intérieur des cours. Ils furent invités par trois fois de se retirer, et chaque fois on leur signifia que, s'ils ne se rendoient à cette invitation, on feroit feu sur eux. Comme ils ne tinrent aucun compte de cette triple sommation, et qu'au contraire ils se montrèrent encore plus entreprenans, on fit, de l'intérieur de la place, une décharge de quelques fusils, dirigée de manière qu'elle ne pouvoit incommoder personne. Elle produisit l'effet qu'en attendoit M. de Launay ; la multitude en fut effrayée et se tint constamment au-dehors, se contentant de pousser des hurlemens affreux.

Ces coups de fusils, les relations envenimées que firent, dans les différens quartiers, ceux qui avoient été éconduits les deux premières fois, et ceux qui se détachèrent de la troisième troupe, commencèrent à remplir Paris de rumeur. Des forcenés, qui avoient la rage dans le cœur, couroient à l'Hôtel-de-Ville, aux différens districts, et crioient : *menez-nous à la Bastille*.

Tandis que l'orage, qui alloit fondre sur M. de Launay, se grossissoit, une nouvelle foule s'avance vers l'entrée de la rue Saint-Antoine. Ceux qui étoient à la tête, fendent la presse, et se disent députés de l'Hôtel-de-Ville. M. de Launay, qui les avoit apperçus, jugeant d'eux favorablement, par la décence de leur habit, ordonna, dès qu'il fut instruit de la qualité qu'ils prenoient, qu'on laissât entrer l'un d'eux. M. Belon, officier de l'arquebuse, se présenta ; on baissa le petit pont-levis ; il pénétra, conduit par un invalide, dans l'hôtel du gouvernement, où il trouva M. de Launay, avec lequel il conversa de l'objet de sa mission.

Pendant leur entretien, le peuple se rassembloit autour de la Bastille, et le district Saint-Louis de la Culture qui, plus voisin du foyer, avoit plus de raisons pour s'alarmer, envoyoit aussi une députation. Elle avoit à sa tête, M. Thuriot de la Rosière, avocat au parlement de Paris, escorté de deux bourgeois armés, dont l'un a pour nom Bourlier, et l'autre Toulouse ; il parvint jusqu'au pont-levis, où il pria les deux fusiliers de l'attendre. Il frappa ensuite à la porte, et ayant témoigné qu'il vouloit parler au gouverneur, il fut introduit sans éprouver aucune difficulté. Lorsqu'il entra chez M. de Launay, il y trouva l'officier de l'arquebuse, qui se retiroit, et à ce qu'il paroissoit, fort satisfait du succès de sa mission. Elle n'avoit eu d'autre but que de sonder le gouverneur sur ses véritables intentions envers le peuple. M. de Launay lui avoit juré sur son honneur qu'il étoit bien éloigné de commencer aucune hostilité. Il avoit ajouté que les précautions qu'il prenoit pour la sûreté de l'intérieur de la Bastille, étoient nécessitées par les mouvemens qu'il voyoit depuis quelques jours, par les coups de fusils qu'on avoit tiré à sa garnison pendant la nuit, et aussi par les menaces que lui avoient faites, dans la matinée, des gens qui s'étoient dits envoyés par le peuple, et qui n'avoient aucune preuve de la qualité qu'ils prenoient.

M. Thuriot de la Rosière ne fut pas reçu avec moins de politesse et de cordialité que celui qui l'avoit précédé. M. de Launay s'appercevant même qu'il étoit fort fatigué par la peine qu'il avoit eue de fendre la presse pour parvenir jusqu'à lui, l'invita à prendre quelque repos, et à se rafraîchir. M. Thuriot refusa ces offres par une observation qui parut sans réplique au gouverneur. Il lui représenta que le peuple, qui l'avoit vu entrer, étoit fort impatient de le revoir, et que s'il tardoit trop à se montrer, on pourroit soupçonner qu'il avoit été victime de quelque trahison.

D'après cette observation, on en vint tout de suite au pourparler. M. Thuriot représenta que ce qui jettoit les parisiens dans une aussi extraordinaire fermentation, c'étoit la vue des canons qui sembloient les menacer de dessus les tours. « En conséquence, ajouta-t-il, vous rendriez la tranquillité à toute la ville, si vous vouliez les faire ôter de la plate-forme, et ordonner qu'on les descendît. — Monsieur, lui répondit le gouverneur, ces canons sont-là depuis un temps immémorial ; il ne m'est pas permis de les en déplacer sans un ordre du roi. Mais comme j'ai déjà entendu parler de l'inquiétude qu'ils donnoient au peuple, je les ai fait retirer de leurs embrasures ; on ne peut pas les voir de l'extérieur, et ils ne sont pas même chargés. C'est un double fait dont je vous invite à vous assurer par vous-même. »

M. Thuriot se rendit avec empressement à l'invitation ; il sortit du gouvernement, accompagné de M. de Launay. Le grand pont-levis qui conduisoit dans la cour du château, étoit levé, mais le petit placé à côté du grand, étoit baissé. M. Thuriot et le gouverneur passèrent dessus ; la barrière s'ouvrit, et ils se trouvèrent dans la cour. Toute la garnison y étoit sous les armes. « Messieurs, dit aussitôt M. de Launay en s'adressant aux officiers et aux soldats, jurez sur votre honneur d'obéir à l'ordre que je vous ai donné, de ne point faire feu, et de ne point vous servir de vos armes, à moins que vous ne soyez attaqués. »

Ce fait, qui disculpe M. de Launay de toute hostilité, est attesté par M. Thuriot lui-même, à qui nous devons un récit d'ailleurs très-partial, de la perquisition qu'il fit à la Bastille. Voici ses propres expressions :

« *Sur la provocation même du gouverneur*, tous les officiers et soldats jurèrent qu'ils ne feroient pas feu, et ne se serviroient pas de leurs armes, si on ne les attaquoit pas. » (1)

M. de Launay, à moins d'exiger de ses officiers et de ses soldats, le serment de se laisser égorger sans faire usage du droit naturel à tout homme de défendre sa vie, ne pouvoit faire davantage. M. Thuriot le comprit sans doute; il étoit si satisfait de tout ce qu'il entendoit, qu'après avoir dit à la garnison que sur l'invitation de M. de Launay, il alloit visiter le sommet des tours, il ajouta que le compte qu'il rendroit au peuple, calmeroit certainement toutes les inquiétudes. « J'espère, dit-il, emporter une victoire complète. »

Si M. Thuriot n'a pas perdu la mémoire de l'instant où il prononça ces paroles, il doit se souvenir que l'espérance qu'il donnoit, entra bien avant dans tous les cœurs. Une douce sérénité se répandit sur les visages; quelques officiers et quelques soldats versèrent des larmes de joie, et l'infortuné marquis de Launay, au bord de l'abîme, se crut heureux. Il accompagna M. Thuriot sur les tours. Ils arrivèrent d'abord sur le sommet de la Bazinière, une de celles qui étoient opposées à l'Arsenal. Là, le spectacle le plus effrayant s'offrit à eux. Toute la ville étoit en mouvement. Un peuple innombrable remplissoit les rues, et se précipitoit comme un torrent vers la Bastille. Elle en étoit entièrement environnée. C'étoit l'instant où l'on venoit de piller les Invalides; et de leur hôtel, on se portoit, par un mouvement général, au quartier Saint-Antoine.

M. de Launay appercevant plusieurs hommes bien armés, et qui marchoient avec assez d'ordre au son du tambour, distinguant même des pièces de canon, ne dissimula pas son inquiétude. « Monsieur, dit il à M. Thuriot, en lui serrant le bras, que veut dire ce que nous voyons? Nous sommes en pourparler; vous me portez des paroles de paix, et de tout côté on se dispose à une attaque ! »

M. Thuriot, qui ne paroissoit pas aussi étonné que le gouverneur, chercha à le rassurer. Il donna à entendre que les dispositions menaçantes dont ils étoient témoins, n'avoient pour objet que l'inquiétude que donnoit son absence. « Monsieur, dit alors au gouverneur, la sentinelle qui étoit sur la même tour, voyez avec quelle fureur on attaque le gouvernement. » On cherchoit en effet à y pénétrer par l'Arsenal. « Si c'est votre absence, ajouta la sentinelle en s'adressant à M. Thuriot, qui donne de l'inquiétude, hâtez-vous de vous montrer. » M. Thuriot s'avança alors à un des créneaux de la tour, et fit beaucoup de mouvemens avec son chapeau; il fut reconnu, on l'applaudit; mais sa présence ne

(1) Voyez le petit écrit intitulé: *Récit relatif à la prise de la Bastille*, pag. 3.

diminua rien de l'ardeur que montroit le peuple qui remplissoit le jardin de l'Arsenal, à s'introduire dans le gouvernement.

Revenu sur la plate-forme, M. Thuriot jetta un coup-d'œil rapide sur les canons, et se convainquit que, comme le lui avoit dit M. de Launay, ils étoient tous à quatre pieds de distance des embrâsures. Cet examen fait, M. Thuriot descendit; on baissa le petit pont-levis qui avoit été levé depuis qu'il étoit entré, et il arriva dans la cour du gouvernement, d'où il entendit les menaces et les cris de rage que poussoit le peuple qui bloquoit déjà entièrement la Bastille. Persuadé que tout ce bruit ne venoit que de ce que son absence faisoit craindre qu'il ne lui fut survenu quelque événement fâcheux, il entra, avec M. de Launay, dans le gouvernement; ils montèrent ensemble au second étage, et entrèrent dans un corridor où se trouvoit une petite fenêtre qui avoit vue sur l'Arsenal. M. Thuriot passa la tête par cette espèce de lucarne, et de-là harangua la multitude qu'il avoit devant lui, pour la tranquilliser sur son compte. Un soldat du régiment des gardes qui étoit dans la foule la plus avancée vers le gouvernement, s'écria que M. Thuriot avoit raison, et qu'il falloit se retirer. Personne ne se retira pour cela, et l'ardeur à forcer l'hôtel du gouvernement, alla toujours croissant. Ce peuple étoit incapable d'aucune résolution sage. Il étoit livré à lui-même. Personne ne le guidoit, ne lui en imposoit. Un mouvement irréfléchi l'avoit porté sous les tours de la Bastille; il se trouvoit-là machinalement sans trop savoir ce qu'il désiroit de M. de Launay. Comment ce gouverneur auroit-il pu savoir lui-même ce que désiroit ce peuple qui faisoit un bruit effroyable, et n'énonçoit aucun vœu ?

M. Thuriot, croyant avoir rempli sa mission, quitta sa lucarne, descendit de son corridor, prit congé du gouverneur, et se retira. Les invalides, à son passage, mirent bas les armes, on baissa les ponts et il arriva jusqu'à l'endroit où il avoit laissé les deux fusiliers qui l'avoient escorté. Il ne les trouva plus. Le mouvement que faisoit le peuple, et qui ressembloit au flux et au reflux de la mer, les avoit entraînés et confondus dans la foule. M. Thuriot lui-même courut des dangers. Ce même peuple dont il se disoit envoyé, le connoissoit si peu, qu'on le prit pour un homme de la garnison; il fut entouré, pressé, menacé, on le saisit plusieurs fois au collet; on ne vouloit pas le laisser aller plus avant. Quelques personnes de sa connoissance l'ayant apperçu, voulurent répondre de lui sur leurs têtes. On ne se fia pas à elles; des gens armés de haches environnèrent l'envoyé du peuple, et toujours la hache sur la tête, le conduisirent au district de Saint-Louis-de-la-Culture. M. de Launay pouvoit-il entamer aucune négociation avec des députés qui étoient méconnus de leurs représentans, et à qui il eût été impossible de faire ratifier ce qui auroit été réglé?

Comme M. Thuriot sortoit de la Bastille, ceux qui se trouvoient dans la cour qu'on appelloit de l'*Avancée*, et qu'on traversoit avant d'arriver au pont-levis qui conduisoit à celle du gouvernement, faisoient toujours tous leurs efforts pour pénétrer dans l'intérieur. C'est ici sur-tout que je ne dois confondre ni les lieux ni les momens. Ce n'est qu'en les distinguant avec soin et avec ordre, que je pourrai mettre, dans ma narration, cette clarté qui montrera de quel côté sont les torts et les crimes.

Au moment donc où M. Thuriot rentroit dans la foule, et se débattoit comme il pouvoit avec ceux qui lui faisoient violence, deux particuliers dont l'un a pour nom, Davanne, et l'autre Dassain, imaginent de monter sur le toit de la maison d'un marchand parfumeur, appellé Biquet; de ce toit ils arrivèrent à un mur qui touchoit au corps-de-garde placé à côté du pont-levis qu'il falloit passer pour arriver dans la cour du gouvernement. Ils se mirent à cheval sur ce mur, et se traînèrent ainsi jusqu'au corps-de-garde, montèrent dessus et sautèrent dans la cour, de l'autre côté du pont-levis. Il n'y trouvèrent personne; le gouverneur avoit fait rentrer toute la garnison dans le château. Ces deux hommes furent suivis de quelques autres. Leur premier soin fut de baisser le petit pont-levis construit à côté du grand, et destiné pour les gens de pied. Ils y parvinrent sans peine. Ils coururent ensuite au corps-de-garde intérieur pour chercher les clefs du grand pont. Ne les trouvant pas, ils s'arment de haches, et se mettent en devoir de briser la porte que le grand pont cachoit. La garnison, témoin de cette manœuvre, les supplia avec instance d'abandonner leur entreprise. Ils méprisèrent ces supplications qu'on n'appuyoit point par la force. Ils continuèrent à frapper à coups redoublés; les chaînes qui retenoient le grand pont, se brisèrent; il tomba avec une si violente impétuosité, qu'il rebondit de six pieds de haut. Un homme fut écrasé par sa chute, et un autre blessé. Le sang ne retombera pas, devant l'être suprême, sur M. de Launay.

Ceux qui se distinguèrent le plus dans le bris de la porte, furent deux anciens soldats; l'un appellé Louis Tournay avoit servi dans le régiment Dauphin; l'autre appellé Aubin-Bonnemère, avoit porté les armes dans Royal-Comtois infanterie. On a beaucoup parlé de vainqueurs de la Bastille: voilà les deux hommes qui devoient avoir le plus de part aux récompenses prodiguées à ces prétendus vainqueurs, car ce fut à leur imprudence qu'on dut l'abaissement du pont. Je dis leur imprudence, puisque si l'humanité de M. de Launay n'eût pas retenu le bras de ses soldats, deux coups de fusils pouvoient étendre sur le carreau, ces deux étourdis.

A l'instant même où le pont tomboit, deux invalides, qui avoient découché, se présentèrent pour rentrer dans le fort; mais Tournay et Bonnemère les repoussèrent, les mirent en fuite, sans cependant leur faire aucun mal.

Le peuple voyant le pont baissé, se précipita dessus, en un instant la cour et l'hôtel du gouvernement furent remplis par la foule: les uns crioient: *la Bastille, la Bastille, en bas la troupe;* les autres pilloient, et le pillage commençoit par les caves. *Au nom de Dieu*, crioient à leur tour les soldats de la garnison, *retirez-vous. Malheureux! à quoi vous exposez-vous? ne voyez-vous pas que vous pouvez tous être égorgés?* Ces soldats avoient raison: pour être dans la cour du gouvernement, on n'étoit pas dans l'intérieur du château, et si l'on veut bien ici se remettre sous les yeux, le tableau que j'ai tracé de la Bastille, dans le chapitre précédent, on verra que rien n'étoit plus aisé à M. de Launay, que de foudroyer tous ces gens-là, et de n'en pas laisser un seul en vie.

Les uns n'entendirent pas l'invitation de la garnison, les autres entraînés par les différens tourbillons que faisoit une si grande affluence, ou ne voulurent ou ne purent pas en profiter. Le gouverneur voyant que le désordre continuoit, et étant en droit de regarder la députation de M. Thuriot comme un piége, puisque cette hostilité commençoit au moment même où il se retiroit, ordonna une décharge de mousqueterie sur le bord des fossés, et dans la cour du gouvernement; c'est ce que les journalistes appellent *un feu roulant de mousqueterie et d'artillerie*. Si l'artillerie eût fait un feu roulant, des milliers d'hommes eussent péri au loin, et il suffisoit pour faire périr tous ceux qui étoient dans la cour et l'hôtel du gouvernement, du feu roulant de la mousqueterie. Bien loin que ce feu roulant, on le ménagea de telle manière que je n'ai pu acquérir aucune preuve qu'il ait tué un seul homme; il n'en effraya pas moins. Les assaillans se pressèrent et se rangèrent, comme ils purent, contre les murs et sous les portes; foible ressource si les canons eussent vomi des boulets; quelques-uns se retirèrent et allèrent sonner l'alarme dans tous les quartiers de la capitale. De tout côté on croit que M. de Launay avoit fait entrer une députation de trois cents hommes dans la cour du gouvernement, qu'ayant ensuite fait lever le pont, une décharge de mousqueterie et d'artillerie avoit foudroyé ces trois cents hommes, et qu'il n'en étoit pas resté un seul en vie. Ceux qui se rappellent cet événement, se souviendront aussi qu'on alla jusqu'à dire que le respectable curé de Saint-Paul étoit à la tête de la députation. Ah! dans ces momens terribles où le génie ennemi de la France étendoit un voile funèbre sur la capitale, l'infortuné marquis de Launay n'eût pas mieux demandé que d'avoir à traiter avec ce vertueux pasteur; il l'eût regardé comme un ange de paix, se fût jetté dans ses bras, et confié aveuglément à sa vertu; mais quel fonds pouvoit-il faire sur le crédit et le caractère de ceux qui, jusqu'alors étoient entrés en pourparler avec lui? Quel succès avoient eu les négociations? Que faisoit à l'Hôtel-de-Ville le marquis de la Salle, proclamé commandant de la milice bourgeoise? Que ne venoit-il, à la tête de sa nouvelle armée, négocier ou combattre avec la loyauté d'un officier françois?

Le bruit de l'infâme trahison dont on entachoit le marquis de Launay, circula rapidement; toutes les bouches de la calomnie le répétèrent, et la rage, la soif du sang embrasèrent presque tous les cœurs; femmes, enfans, vieillards, tous crioient: *à la Bastille, à la Bastille*. On remplit les salles de l'Hôtel-de-Ville; on les fit retentir des menaces les plus effroyables, toujours accompagnées du cri *à la Bastille, à la Bastille*. C'étoit, ce me semble, le moment où le marquis de la Salle auroit dû enfin se terminer à un parti; il ne bougea pas, et ne parut pas plus s'émouvoir que si tout eût été dans une parfaite tranquillité. Quelle ame que celle de M. de la Salle!

A l'instant même où l'on entendoit, à l'Hôtel-de-Ville, ces cris, ces menaces et le récit de la prétendue perfidie du marquis de Launay, M. Thuriot arrivoit, escorté de six fusiliers, pour rendre compte de l'issue de sa députation; il étoit excédé de fatigue; il n'eut pas assez de force pour percer la foule qui entouroit le comité des électeurs; il passa dans une salle voisine. M. Ethys de Corny et un électeur vinrent l'y joindre; comme il leur rendoit compte de sa mission, il arriva un homme tout couvert de sang, qui dit venir de la Bastille; c'étoit celui que le pont, en tombant, avoit blessé. Au même moment, on entendit ce l'on crût entendre un coup de canon; on ne douta pas qu'il ne fût tiré par les assiégés. C'étoit une fausse conjecture; ils n'avoient fait aucun usage de leur artillerie.

Le concours de toutes ces circonstances fit enfin prendre la résolution aux électeurs, d'envoyer une députation au marquis de Launay; elle se fit précéder d'un tambour, et un des députés portoit un drapeau.

C'est encore ici que je dois être fidèle à la succession des événemens. Leur récit dans l'ordre avec lequel ils se sont succédés, importe tout-à-la-fois et à la vérité que je dois à mes lecteurs, et à la mémoire du marquis de Launay, peut-être trop peu regretté.

Pendant que cette députation étoit en marche, et qu'elle perdoit beaucoup de temps à fendre les flots de peuple qu'elle rencontroit à chaque pas qu'elle faisoit, la nouvelle impulsion donnée aux parisiens, par la calomnie répandue contre le gouverneur de la Bastille, rassembloit autour de cette forteresse de nouvelles forces. On y charioit les pièces de canon dont on s'étoit emparé dans la matinée et la veille. Un sieur Ducastel, qui avoit été canonier à Brest, en trouva deux sur la place de Grève; il les attela aux premiers chevaux qui passèrent, et les conduisit au fond du jardin de l'Arsenal vis-à-vis la Bastille: il les pointa entre deux arbres, et de manière qu'elles étoient masquées par tous les bâtimens interposés entr'elles et la forteresse.

Un sieur Legris, natif de Comines, âgé d'environ trente-quatre ans, qui avoit été soldat huit ans dans le régiment de la Reine, infanterie, et qui étoit actuellement garde des impositions royales du quatrième département de Paris, monta à cheval, et courut à l'Hôtel-de-Ville demander des canons et des hommes; il étoit vêtu d'une redingotte bleue. Tel étoit le désordre qui régnoit alors parmi ceux qu'on a nommé les vainqueurs de la Bastille, que cet homme courut de leur part les plus grands dangers pour sa vie; la couleur de son vêtement le fit prendre pour un bas-officier de la garnison, comme s'il étoit croyable qu'un bas-officier de la garnison s'amusât à courir les rues; il reçut plusieurs coups de sabre, qui n'endommagèrent que ses habits; un bourgeois lui tira un coup de fusil, qui heureusement rata. Ce fut à travers ces périls qu'il arriva à l'Hôtel-de-Ville, où, sans le connoître, on lui permit de se saisir de tous les canons qu'il rencontreroit, et de se faire suivre par tous ceux qui voudroient l'accompagner.

Legris fit l'un et l'autre, il ramassa tous ceux qui voulurent l'écouter, les engagea à traîner avec eux des pièces d'artillerie, et les animant du geste et de la voix, il les conduisit au jardin de l'Arsenal, en se tournant de temps en temps vers eux et leur adressant cette courte harangue: « Suivez, mes amis, suivez; nous allons sauver Paris. » Rien ne peint mieux l'esprit qui faisoit bouillonner toutes les têtes, dans cette journée, que ce peu de paroles. On croyoit Paris perdu, parce que le marquis de Launay avoit sur les bras trois cents mille assiégeans, qui ressembloient à autant de forcenés; aucun d'eux n'étoit de sang-froid.

Enfin, Pierre-Auguste Hulin, car je dois nommer tous les héros du jour, par leurs noms et surnoms, saisit aussi le moment où la première députation de l'Hôtel-de-Ville s'acheminoit vers la Bastille, pour conduire, contre cette forteresse, de nouvelles forces. Hulin, âgé d'environ trente ans, est d'une taille avantageuse et bien proportionnée; sa physionomie est noble et ouverte; il s'avança sur la place de Grève, comme on y parloit du piége qu'on prétendoit que le marquis de Launay avoit tendu à une députation. Hulin interrogea, se mêla aux conversations; s'appercevant que sa taille le faisoit remarquer, et lui attiroit de l'attention, il profita de cette observation pour haranguer ceux qui le pressoient. « Mes amis, leur cria-t-il, êtes-vous citoyens? marchons à la Bastille; on égorge nos amis, nos frères; je ne vous exposerai point au hasard; mais s'il y a du risque à courir, je veux le courir le premier, et je vous jure, sur l'honneur, que je vous ramenerai victorieux ou que vous me ramenerez mort. »

La bonne mine et le ton de l'orateur le firent prendre tout au moins pour un officier-général, quoiqu'il n'eût jamais porté les armes; il étoit, à cette époque, directeur de la buanderie, établie à la Briche, près Saint-Denis. La foule incroyable de voitures, de gens de pied, de cheval que depuis trente-six heures il voyoit aller et venir sur la route de Paris, l'avoit déterminé à venir reconnoître, sur les lieux mêmes, la cause d'un mouvement aussi extraordinaire; il étoit arrivé dans la capitale, ce même jour à cinq heures du matin. Les parisiens peuvent se glorifier de ce vainqueur : Hulin, fils d'un horloger suisse, est né dans leurs murs.

Dès qu'il eut prononcé sa harangue, toute la Grève retentit du cri : *vous serez notre commandant*. Il accepta le commandement et se vit à la tête d'une armée qui n'étoit à mépriser ni pour le nombre ni même pour la discipline; il eut sous ses ordres l'élite, en quelque sorte, des gardes-françaises. Un détachement de grenadiers de la compagnie de Ruffeville, et un de fusiliers de la compagnie de Lubersac, se rangèrent sous ses drapeaux; il donna pour officier au premier, un sergent major appellé Wargnier, et à l'autre un sergent de grenadier appellé la Barthe; le reste de l'armée étoit composé d'une troupe considérable de bourgeois fort bien armés, et chariant à leur suite trois pièces de canon. Chemin faisant, cette armée se recruta de plusieurs invalides, qui vinrent se réunir à elle, et se fortifia de plusieurs nouvelles pièces d'artillerie. Ce formidable corps de troupes s'avança, avec toutes ces forces, vers le gouvernement par l'Arsenal et la cour de l'Orme.

Quand on considère que ces terribles préparatifs de guerre se faisoient contre une garnison de cent et quelques hommes qui n'avoient ni une goutte d'eau ni un morceau de pain, il faut rendre justice à la prudence des assiégeans, qui ne leur permit pas de risquer le combat sans avoir une supériorité qu'ils ne pouvoient pousser plus loin. Les parisiens avoient amoncelé autour de cette malheureuse Bastille, de quoi faire sauter en poudre, dans une heure de temps, tous les rochers de Gibraltar.

Aussitôt que les canons étoient arrivés, on les dressoit en batterie, on les chargeoit, et on mettoit le feu à la lumière; on en avoit braqué deux près de la pompe et du passage de Lesdiguières, un troisième étoit posté près le cul-de-sac de Guéménée; tous les trois étoient fort bien servis : un canonier de la marine se chargea d'une des deux premières pièces, et fit preuve de savoir; on en charia deux jusque dans la cour du gouvernement. Un canonier des gardes-françoises s'empara d'une de celles-ci, et en tourna la bouche vis-à-vis le pont-levis par lequel on étoit entré; il s'amusa à tirer contre les chaînes qui aidoient à le relever; il toucha souvent son but, et parvint à briser ces chaînes. Il donna pour raison de cette manœuvre, qu'il vouloit empêcher la garnison, qui étoit bien loin de là renfermée dans le château, de relever le pont. C'est peut-être cette inutile canonnade qui a donné lieu à quelques écrivains de dire qu'on étoit entré dans la cour du château en brisant, avec des boulets, les chaînes de son pont-levis. Il y avoit loin de ce pont-levis du château à celui que canonna le garde-françoise.

Un particulier que M. Thuriot, dans son récit imprimé, appelle *savant en tactique militaire*, et dont, par cette raison, je regrette de ne pas connoître le nom, s'avisa d'un autre stratagême : il se fit apporter plusieurs charretées de fumier et de paille mouillée; il mit le feu à tout cela; en un instant, les corps-de-garde, les cuisines, l'hôtel du gouvernement, tout est la proie des flammes. Si ce particulier eut été *savant en tactique militaire*, il eût vu que, par cette opération, il servoit beaucoup mieux les assiégés que les assiégeans. Si en effet, M. de Launay eût eu intention de soutenir un siége en règle, il eut été de sa prudence de jeter à bas tous les ouvrages avancés qui masquoient sa citadelle.

Qu'on se représente donc toutes ces bouches à feu de l'Arsenal, de la cour du gouvernement, des rues adjacentes, vomissant leurs boulets; tous les toits, toutes les croisées des maisons qui environnoient la Bastille, garnis de fusiliers qui faisoient pleuvoir une grêle de balles sur le sommet des tours; qu'on se peigne l'incendie de l'hôtel du gouverneur, le bruit, la confusion, le désordre des assaillans, et on aura une idée où se trouvoient les environs de la Bastille, lorsque les députés de l'Hôtel-de-Ville se présentèrent à la première porte. « N'allez pas plus avant, leur crioient des gens du peuple : ne voyez vous pas que tout est en feu? N'entendez-vous pas le bruit de l'artillerie et de la mousqueterie? Croyez-vous pouvoir jamais revenir de cette enceinte embrasée? » Le marquis de Launay appercevoit bien le drapeau blanc, qui sembloit un signal de paix; mais ne le voyant point avancer, il ne savoit que penser. Portant ensuite les yeux vers le cul-de-sac Guémenée, il apperçut un autre groupe de personnes qui sembloient faire des signaux à la garnison, avec leurs chapeaux. C'étoit une autre députation du district de Saint-Louis-de-la-Culture, ayant M. le curé de Saint-Paul à sa tête. Elle avoit suivi de près celle de la Ville, et trouvoit les mêmes obstacles à approcher des fossés.

Le gouverneur, qui ne voyoit cela que confusément, demanda à sa garnison ce qu'elle en pensoit. On lui répondit qu'étoient-là, tout au plus, des députations simulées : que si l'on avoit eu des propositions raisonnables à lui faire, on n'auroit pas tant tardé à répondre à celles qu'il avoit faites lui-même; que le drapeau qu'il voyoit, n'annonçoit pas assez clairement une véritable députation; qu'il pouvoit fort bien se faire que des gens du peuple l'eussent trouvé, et voulussent, à sa faveur, s'introduire dans l'intérieur du château, où ils se feroient suivre de si près par la foule qui remplissoit la cour du gouvernement, qu'on auroit bien de la peine à ne laisser entrer que ceux qui se disoient députés. On faisoit encore remarquer à M. de Launay, qu'il étoit contre toutes les régles, qui annoncent une véritable députation, qu'en même temps que les députés s'avançoient, on brûlât son hôtel, et on foudroyât le château avec de l'artillerie et de la mousqueterie.

Si, en effet, les assaillans eussent agi avec une apparence d'ordre, et eussent voulu inspirer quelque confiance, n'auroient-ils pas dû non-seulement rester dans l'inaction jusqu'à ce que les députés eussent été admis ou refusés, mais même cesser toute hostilité dès le premier pourparler que M. de Launay avoit eu avec ceux qui s'étoient dit aussi députés du peuple? Il ne convenoit de recommencer l'attaque, qu'après avoir fait part au gouverneur d'une dernière résolution venue à la suite d'une conférence qu'il auroit eue avec des envoyés du peuple.

Mais quel ordre attendre d'une multitude effrénée qui n'obéissoit ni aux principes, ni à un chef? A l'exception de ceux qui approchoient le plus près des députés, le reste des assaillans ignoroit leur mission. Ils fussent entrés dans le fort, ils en fussent sortis avec des paroles de paix, qu'eussent-ils produit? Comment faire connoître d'une manière authentique, à tout ce peuple, les arrangemens qui auroient été pris? Et quand tout le peuple eût pu les connoître, les eût-il ratifiés? Que vouloit-il d'ailleurs? *Détruire*, dit un auteur qui n'est pas suspect (1), *et non négocier*.

M. de Launay fut convaincu par les observations qu'on lui faisoit. Sa propre expérience, depuis le commencement de la journée, leur donnoit beaucoup de vraisemblance. Pourquoi, au surplus, se seroit-il piqué, à son détriment, d'une générosité que ne montroient pas les assaillans? La présence des députés ne les empêchoit pas de continuer leur attaque avec un redoublement d'ardeur. Devoit-il, lui qui n'étoit pas assuré que ce fussent-là de vrais députés, recevoir, en attendant qu'ils fussent dans l'intérieur du château, tout le feu du dehors de la place?

_____

(1) Voyez l'ouvrage très-partial et parfaitement écrit dans le sens de la révolution, intitulé : *correspondance d'un habitant de Paris, avec ses amis de Suisse et d'Angleterre, sur les événemens de 1789, 1790 et jusqu'au 4 avril 1791*, page 62.

Je crois bien que si M. de Launay eut été assuré que M. le curé de Saint-Paul lui étoit envoyé, il eût tout enduré pour donner à ce respectable pasteur le temps d'arriver, et assurer son entrée dans le château. Mais d'abord il est très-probable que jamais M. le curé de Saint-Paul n'eût pu arriver jusqu'au fossé, tant à cause de la foule, que du peu d'intelligence et d'harmonie qui régnoit parmi les assaillans. En second lieu, les conditions qu'il auroit concertées avec le gouverneur, n'eussent rien produit par les raisons que j'ai dites plus haut. En troisième lieu, toutes les personnes de la garnison, que j'ai interrogées, m'ont assuré qu'aucune d'elles n'avoit remarqué ce pasteur.

M. de Launay donc voyant tout le gouvernement en feu, crut qu'en attendant d'être mieux assuré si ceux qui lui faisoient des signaux, étoient réellement des députés, il devoit effrayer les incendiaires. Une partie de la garnison eut ordre de tirer quelques coups de fusil de leur côté. Les assaillans, comme ils avoient déjà fait une fois, se rangèrent, de leur mieux, sous les portes et contre les murs. S'appercevant ensuite que cette décharge n'avoit tué personne, et qu'on ne redoubloit pas, ils revinrent avec plus de fureur à leurs travaux. Ils se mirent en devoir de faire avancer deux pièces de canons à l'entrée de l'avenue qui conduisoit dans la cour du château. Les charrettes chargées de fumier brûlant, les incommodant beaucoup pour cette manœuvre, parce qu'elles interceptoient le passage, ils firent des efforts incroyables pour les retirer de là, et ils y parvinrent. Un marchand mercier, appellé Réole, et M. Elie, officier au régiment de la Reine, infanterie, se distinguèrent beaucoup dans cette laborieuse opération. Ils doivent d'éternelles actions de graces à M. de Launay, qui les laissa se livrer à cette fatigue, sans les interrompre.

Les charrettes retirées, les deux pièces de canons avancèrent. Le gouverneur ne pouvant ignorer leur destination, voulut de nouveau effrayer ceux dont elles ranimoient le courage. Il ordonna une décharge de mousqueterie, et fit tirer dans la direction de la rue Saint-Antoine, de dessus les tours, un canon chargé à mitraille. L'ébranlement donné aux maisons fit casser quelques vitres. De la mitraille fut portée jusque près la rue des écouffles, et une balle tua, dans la rue Saint-Antoine, un facteur de la petite poste. C'est le seul coup de canon qui soit parti de la Bastille. Toutes les personnes de la garnison, qui ont survécu au carnage qu'on en fit, et toutes celles qui furent présentes à l'action, depuis le commencement de la journée, ont attesté le fait, qu'aucune preuve ne dément. Si au lieu de ce canon, M. de Launay eut fait tirer un de ceux placés dans la cour vis-à-vis le pont-levis, il eût porté la mort et l'épouvante parmi les assaillans qui étoient entre le gouvernement et l'avenue du château. Ce canon chargé à

mitraille,

mitraille, et cette nouvelle décharge de mousqueterie ne les incommodèrent pas beaucoup. Ils se sont infiniment plus entr'eux, qu'ils ne recevoient de mal de la garnison. Les accidens au milieu d'un tumulte dont il n'y a jamais eu d'exemple, et parmi tant de bourgeois qui n'avoient aucune expérience des armes dont ils faisoient usage pour la première fois, durent être nombreux; ils le furent. J'ai vu à l'Arsenal un homme qui, ne s'étant pas retiré assez vite après avoir chargé le canon, eut le bras emporté; j'en ai vu un autre qui eut le corps brisé par le recul de la pièce; un troisième, imaginant que des morceaux de fer dont les uns étoient en forme de crochet, les autres pointus et tranchans, formoient ce qu'on appelloit de la mitraille, en chargea un canon presque jusqu'à la bouche; la pièce creva et blessa tous ceux qui se trouvoient auprès.

Dans la cour des salpêtres, un garçon perruquier croyant, sans doute, qu'il falloit faire au magasin des salpêtres, ce qu'il voyoit faire à l'hôtel du gouvernement, porta dans ce magasin deux tisons enflammés. Déja un tonneau étoit embrasé. Heureusement une femme s'en apperçoit, et pousse un cri d'effroi. Le nommé Jean-Baptiste Humbert accourt à ce cri; frappe avec la crosse de son fusil le garçon perruquier, l'étend par terre, se saisit du tonneau, le renverse et parvient à l'éteindre.

Les deux députations voyant l'acharnement du peuple, et l'impossibilité de se faire entendre du gouverneur, se retirèrent. M. Francotay, membre de celle envoyée par la ville, voulut seul s'avancer sur le bord du fossé. Les personnes dont il étoit environné, se jettèrent sur lui, et lui firent les plus vives instances, pour qu'il n'allât pas plus loin. « Eh! qu'ai-je à craindre, leur demanda M. Francotay? — Le feu de la place, lui répondit-on. — Dans ce cas là, répliqua-t-il, vous avez grand tort vous-mêmes de rester ici, car si l'artillerie de la place jouoit, quel est celui de vous autres qui pourroit échapper à la mort? — Non, non, dit à cela quelqu'un à qui il tardoit de se baigner dans le sang des malheureux assiégés, nous périrons tous, où nous *mangerons* tous ces b.... là. »

M. Francotay cependant s'avança sur le bord du fossé, mais le feu qu'on faisoit derrière lui, à ses côtés, la décharge de mousqueterie dont je viens de parler, et qui partit du sommet des tours à l'instant où il avançoit, le persuadèrent que la place n'étoit pas tenable. Il retourna vers ses collègues, et regagna avec eux l'Hôtel-de-Ville, après avoir couru comme eux, sur la route, les plus grands dangers, parce que le peuple égaré par la fureur, et impatient d'égorger des victimes, s'obstinoit à regarder comme des hommes de la garnison, ceux qui, au lieu d'en prendre le chemin, suivoient une route opposée.

La calomnie publia encore que ces nouveaux députés avoient péri par une perfidie semblable à celle dont on disoit que M. de Launay avoit déja fait usage une fois. « On leva le pont-levis, écrivit long-temps même après l'événement, le Cousin-Jacques (1), et *l'on fusilla à discrétion* les six députés. » Cela est clair; mais cela n'est pas vrai. D'abord ces députés n'étoient pas au nombre de six, mais de onze; et quoique *fusillés à discrétion*, la fusillade ne leur a pas fait grand mal; car au moment où j'écris ceci, tous les onze jouissent d'une parfaite santé. Ce sont, indépendamment de M. Francotay, MM. Ethis de Corny, la Fleutrie, de Milly, de Beaubourg, de Piquot, de Saint-Honorine, Boucheron, Coutans, Six, Joannot.

Cette députation ayant rendu compte de l'infructueux succès de sa mission, et de l'effroi que lui avoient inspiré les terribles scènes dont elle avoit été témoin, on se résolut d'envoyer de nouveaux députés. Ce furent MM. l'abbé Fauchet, de la Vigne, Chignard, Bottidour. Voici la mensongère relation que le premier a publiée dans la chaire de vérité, du voyage de cette seconde députation. Il n'y a pas, dans son récit, un seul mot qui ne soit l'expression d'un esprit en démence.

« La forteresse foudroye les peuples; nous apprenons cet attentat dans le palais de la commune. Les globes *encore brûlans* sont mis sous nos yeux. Mon ame s'embrâse de tous les feux du courage. Je propose à mes collègues, animés d'une égale ardeur, le décret qui ordonne au commandant de remettre, sans verser le sang des citoyens, cette place homicide sous la garde de la cité. On me défère la gloire d'être le porteur de ce décret, avec l'ancien président de nos assemblées, et deux autres de nos généreux frères. Nous volons à travers les périls; nous nous plaçons sous l'artillerie fulminante; nous écartons par des prières les peuples désespérés, qui essayoient, à coups perdus, d'atteindre, au sommet des créneaux, les lâches assassins qui faisoient pleuvoir la mort. Nous élevons alors le décret pacifique. Un jurisconsulte, un prêtre, revêtu de toutes les livrées de la paix, devoient être entendus, même pour l'intérêt des homicides de la patrie. On nous répond par tous les feux de la guerre; nous revenons trois fois avec une intrépidité toujours nouvelle. *Trois fois la réponse à nos sommations paisibles par des tubes foudroyans. La vie nous reste comme par un miracle de la providence....* »

Ce langage seroit à peine supportable dans un poëme; mais dans un sermon, c'est une profanation sacrilège. La vérité est que M. l'abbé Fauchet et ses collègues ne furent pas entendus, parce qu'ils

_____
(1) Voyez son *Histoire de France pendant trois mois*, page 61.

P

ne furent pas même apperçus. Les assaillans eux-mêmes étoient trop préoccupés et trop agités pour faire attention à lui. S'il donna trois sommations, ce ne put être qu'en faisant des signaux avec son chapeau. Et qui, dans ce bouleversement, auroit pu distinguer ce qu'indiquoit ce signal ? M. de Launay ne répondit pas aux trois sommations, parce qu'on ne répond qu'à ce qu'on entend. *Les tubes foudroyans ne sont-là que pour embellir le roman.* M. Fauchet, pendant les courts instans de sa présence dans les environs de la Bastille, ne vit lancer d'autres foudres que celles qui attaquoient cette forteresse. M. de Launay, depuis le commencement jusqu'à la fin de l'action, ne fit que les décharges de mousqueterie dont j'ai parlé. Il ne tira également que le seul canon chargé à mitraille qui se perdit au-dessus de la rue Saint-Antoine.

On envoya une troisième députation; celle-ci eut beau tantôt élever, tantôt incliner son drapeau, elle n'eut pas plus de succès que celle dont M. Fauchet étoit membre, c'est-à-dire, qu'elle ne put pas même parvenir jusqu'à la cour du gouvernement (1).

Ceux qui remplissoient cette cour, n'étant point incommodés par la garnison qui restoit dans l'inaction, faisoient leurs dispositions avec la plus grande tranquillité. Débarrassés des charrettes qui les avoient incommodés, ils pointèrent les deux pièces de canon, qu'ils venoient d'amener, à l'entrée de l'avenue qui conduisoit au château, de manière que ces bouches à feu enfiloient l'avenue, et pouvoient battre le pont-levis.

Toutes ces précautions étoient inutiles. Si M. de

---

(1) Voici les termes du décret dont M. l'abbé Fauchet parle dans son sermon, et que portoient les deux dernières députations.

« Le comité permanent de la milice parisienne considérant qu'il ne doit y avoir à Paris aucune force militaire qui ne soit sous la main de la ville, charge les députés qu'il envoye à M. le marquis de Launay, commandant de la Bastille, de lui demander s'il est disposé à recevoir dans cette place les troupes de la milice parisienne, qui la garderont de concert avec les troupes qui s'y trouvent actuellement, et qui seront aux ordres de la ville. » Fait à l'hôtel-de-ville, ce 14 juillet 1789. Signé *de Flesselles*, prévôt des marchands et président du comité; *de la Vigne*, président des électeurs, etc.

Si ce décret eut été porté de grand matin à la Bastille, par une députation qui auroit eu autorité sur le peuple, peut-être eût-il épargné bien des malheurs; mais M. de Launay ne s'en fût pas moins étonné d'apprendre que les parisiens, au lieu d'un roi, avoient un comité permanent de la milice parisienne.

Launay eut baissé le pont, et lâché une bordée de son artillerie placée dans la cour du château, il démontoit les deux pièces des assaillans; s'il eut continué à faire feu, et de la plate-forme et de la cour intérieure, il culburoit les assaillans les uns sur les autres, il jonchoit la terre de cadavres, il pouvoit tuer cent mille hommes. Il étoit bien loin d'avoir cette idée. Ne recevant aucun ordre de la cour, désespérant d'entrer en négociation avec quelqu'un qui eût une mission expresse du peuple, et assez de crédit pour faire accepter ce qui auroit été réglé, placé enfin dans l'alternative, ou de faire un incalculable carnage des assaillans, ou de se confier à leur générosité, il ne balança pas. Il descendit dans la cour, fit battre la chamade sur la tour de la Bazinière. Une serviette au bout d'une bayonnette y donna le signal de la paix et d'une capitulation. Je me rappelle, en frémissant, que ce drapeau consolant ajouta à la rage de ceux qui attaquoient. Ils redoublèrent le feu de la mousqueterie et de l'artillerie.

La garnison ayant demandé à M. de Launay quelle sorte de proposition il falloit faire : « hélas ! répondit le gouverneur, contentez-vous d'obtenir de n'être pas massacrés. » Au même instant, un officier s'approche du pont-levis, tire un morceau de papier et un crayon, met un genou en terre, et sur l'autre genou, écrit ces quelques mots :

« Nous avons vingt milliers de poudre, nous ferons sauter la garnison et tout le quartier, si vous n'acceptez pas la capitulation. »

L'officier, après avoir écrit ce peu de mots, passe le papier à travers une petite ouverture de forme carrée, qui se trouvoit au pont-levis, le montre aux assaillans, et leur crie : « nous voulons bien nous rendre, si on promet de ne pas massacrer la troupe. »

Il s'agissoit d'atteindre ce papier que l'éloignement empêchoit de lire. Un particulier court chercher une planche; il la pose de manière que l'extrémité portant sur le bord du fossé, y est fixée par les personnes qui montent dessus; il s'avance ensuite vers l'autre extrémité, et tend la main. La planche étoit trop courte, il tombe dans le fossé. Le sieur Maillard le suit de près; plus heureux, il se saisit du papier, le passe à un sieur Deguin, celui-ci au sieur Elie, qui l'attache à la pointe de son épée, et le montre aux assaillans. Ceux qui purent le lire, s'écrièrent tous : *foi de militaire françois, nous l'acceptons ; il ne vous sera fait aucun mal ; baissez le pont!* Le reste des assaillans n'en continua pas moins les dispositions pour l'attaque; on ajouta même une troisième pièce de canon aux deux qui menaçoient le pont-levis.

M. de Launay, content de la parole qu'on lui

donnoit, ne chercha pas à faire ratifier plus convenablement la capitulation qu'il proposoit ; il fit baisser le petit pont-levis. Les sieurs Elie, Hulin, Maillard, Réole, Humbert, Tournay, François, Louis Morine et quelques autres se jettèrent aussitôt dessus. Plusieurs gardes françoises, se tenant à l'extrêmité, formèrent une barrière qui empêcha la foule de s'y précipiter.

Le petit pont-levis baissé, un invalide ouvrit la porte, et cria : *messieurs, que demandez-vous ?* — *Qu'on rende la Bastille*, lui répondit-on. Au même instant, le grand pont-levis fut baissé. Arné, grenadier des gardes-françoises, fut le premier à s'élancer dessus. Il fut suivi par tout le peuple. On ouvrit toutes les portes, et les assaillans entrèrent. Voilà ce qu'on appelle le siége de la Bastille. On peut maintenant apprécier le récit de ceux qui la font prendre d'assaut. On y entra comme on entre aux Tuileries par le pont-tournant.

Toute la garnison étoit rangée en haie dans la cour ; les invalides en uniforme à droite, et les suisses couverts d'un sarrau de toile, à gauche. Les uns et les autres avoient déposé et rangé leurs armes contre le mur. Ces infortunés, en voyant le peuple, ôtèrent leur chapeau, battirent des mains, et crièrent mille fois *bravo* !

Ici, je vais commencer un récit de sang ; mais pour y mettre de l'ordre, je dirai d'abord quelle fut la fin déplorable du marquis de Launay, digne assurément d'un meilleur sort. C'est par l'histoire des atroces circonstances qui accompagnèrent ses derniers momens, que je terminerai ce chapitre.

Dès qu'on se fut précipité dans la cour du château, le sieur Déguin demanda le gouverneur. Un soldat le lui ayant fait connoître, il alla droit à lui, et le saisit au collet. M. de Launay, comme toute sa garnison, étoit nue-tête ; il avoit un frac gris-blanc, et portoit, à sa boutonnière, le ruban de l'ordre de Saint-Louis, sans la croix. Plusieurs autres personnes coururent sur les pas de Deguin, et environnèrent le gouverneur. C'étoit l'homme du roi ; sous ce seul rapport, il méritoit des égards. Je dois cette justice à ceux qui l'approchèrent, qu'ils conservèrent le respect dû à son infortune. Ils étoient entraînés par le délire qui aliénoit toutes les têtes ; mais ils avoient, au fond du cœur, de l'honneur et de la sensibilité. Le sieur Legris fut le seul qui lui parla avec brutalité. « Vous me connoissez, monsieur, lui dit M. de Launay. — Oui, monsieur, lui répondit le sieur Legris, je vous ai connu pour un guichetier décoré ; vous faisiez alors votre devoir ; mais aujourd'hui je vous reconnois pour un traître. »

Celui qui parloit avec cette irréfléchie dureté, n'en promit pas moins au malheureux gouverneur, ainsi que tous ceux qui étoient présens, qu'on protégeroit sa vie. On lui déclara qu'on alloit le conduire à l'Hôtel-de-Ville. Le sieur Elie, portant la capitulation à la pointe de son épée, ouvroit la marche ; après lui, venoit le sieur Legris, ayant à ses côtés le sieur Maillard qui portoit un drapeau. Le gouverneur marchoit derrière eux, tenu par les sieurs Hulin et Arné, non pour lui faire violence, mais pour le protéger au contraire contre la fureur du peuple. Le cortège étoit fermé par un jeune clerc de procureur, appellé de l'Epine. Cette marche se fit lentement et avec des peines incroyables. La populace se jettoit sur l'escorte, et faisoit de continuels efforts pour lui arracher son prisonnier, à qui on vomissoit les plus dégoûtantes imprécations et les plus horribles menaces. Il falloit livrer un combat à chaque pas qu'on faisoit. Le jeune l'Epine, qui luttoit de son mieux contre ceux qui approchoient, reçut un coup de crosse de fusil sur la tête, si violent qu'il eût perdu la vie, sans la forme ronde et élevée de son chapeau qui amortit le coup. Il en fut seulement étourdi ; mais il fut obligé d'abandonner l'escorte. Le sieur Hulin, imaginant que la tête nue du gouverneur le faisoit reconnoître le couvrit de son propre chapeau. Il se fut à peine découvert qu'il faillit lui-même être égorgé. Plusieurs malheureux vinrent à lui ; l'un d'eux leva son sabre avec fureur, et lui eût fendu la tête, s'il n'eut eu le bonheur de parer le coup. Echappé à ce danger, il se hâta de reprendre son chapeau. Il ne fut plus possible alors à cette foible escorte de protéger les jours du prisonnier. L'un lui arrachoit les cheveux avec rage ; l'autre lui crachoit à la figure ; ceux-là lui enfonçoient des pointes d'épée dans le visage, dans le dos, dans les bras, dans le bas-ventre, dans les jambes. Tout son corps ruisseloit de sang, et n'étoit absolument qu'une plaie. Il ne proféra pas une seule plainte, pas un seul murmure. « Est-ce là, se contentoit-il de dire au sieur Elie, ce que vous vous m'aviez promis ? » D'autres fois, s'adressant au sieur Hulin, qui lui témoignoit beaucoup d'intérêt, il lui disoit : « Ah ! monsieur, vous m'aviez promis de ne pas m'abandonner ; restez avec moi jusqu'à l'Hôtel-de-Ville. »

Hélas ! le sieur Hulin, excédé de fatigue, meurtri lui-même des coups qu'il recevoit, pour les détourner de dessus la tête qu'il protégeoit, est obligé d'abandonner, sur la place de Grève, le marquis de Launay. Il s'asseoit sur une pierre, dit qu'il se meurt ; on lui présente un verre de vin, il le boit ; cherché des yeux son prisonnier, et voit déjà sa tête au haut d'une pique, et son corps servant de jouet à la vile canaille. . . . . J'ai vu, plus d'un an après, le sieur Hulin pâlir d'effroi, et verser des torrens de larmes en se rappellant cette sanglante image. Elles retentiront toujours à mon cœur, me disoit-il, les dernières paroles du marquis de Launay. Nuit et jour, je le vois accablé d'outrages, tout couvert de sang, adressant, avec le plus tendre

P 2

intérêt, à ses bourreaux, ces paroles : « *Ah ! mes amis, tuez-moi, tuez-moi sur-le-champ ; de grace, ne me faites pas languir.* »

Lecteur sensible, lecteur ami de votre roi, donnez aussi quelques larmes à la mémoire du marquis de Launay. Il fut le premier martyr de la fidélité que nous avons tous jurée à Louis XVI. Il épargna le sang des insurgens. Il ne remit le dépôt qui lui étoit confié, que lorsqu'il crut que le silence de la cour l'en laissoit le maître, que lorsque, pour le conserver, il eût fallu égorger des milliers de françois. Sa vie fut pure et sans tache et, quoiqu'en ait dit l'imposture, il fut le bienfaiteur, le père des prisonniers. C'est une vérité qui m'a été attestée par tous ceux qui le connoissoient particulièrement, et par la plupart des infortunés confiés à sa garde.

Le cœur oppressé du douloureux tableau que je viens de présenter à mes lecteurs, je m'arrête un moment, pour les ramener bientôt sur le pavé sanglant de la Bastille, et les promener au milieu des victimes que vit immoler la désastreuse journée du 14.

(117)

CHAPITRE XLVI.

MÉPRISE qui sauva la vie aux suisses de la garnison ; meurtre de deux invalides ; présence d'esprit du lieutenant de roi ; aventure de l'aide-major ; massacre de MM. de Persan et de Losme ; trait héroïque de deux jeunes gentilshommes ; premier usage de la lanterne ; férocité d'un électeur ; humanité de quelques rébelles ; sage avis d'un bas-officier invalide ; accidens particuliers ; combat que se livrent entr'eux les prétendus vainqueurs de la Bastille ; véritable perte des assaillans ; trait de générosité de l'un d'entr'eux ; pillage et incendie dans l'intérieur du château ; seuls papiers sauvés des flammes ; seules dépouilles qu'emportent les assaillans ; jactance d'un grenadier ; prisonniers trouvés à la bastille ; particularités sur ces prisonniers ; sanguinaire action de M. Garant de Coulon ; assassinat de M. de Flesselles ; épouvantables circonstances de cet assassinat ; quels en sont les véritables auteurs ; fable qu'ils imaginent pour se justifier ; inaction et services de M. de la Salle ; danger que courent le régisseur des poudres et salpêtres, M. et madame de Montbarrey ; obligations qu'ils ont à M. de la Salle ; fête horrible ; joie atroce de ceux qui se disent vainqueurs de la Bastille ; délire et cruauté des parisiens ; anecdote sur Dubois, soldat dans le régiment des gardes ; impudence de l'assassin de M. de Flesselles.

Suite de Juillet 1789, et du second mois de l'interrègne.

LORSQUE le peuple de Paris entra dans la Bastille, il sembla regretter de n'avoir plus ni fusils ni canons à tirer. Sa mousqueterie et son artillerie continuèrent à faire feu dans la cour du château, le sang des victimes commença à couler à grands flots. Les suisses de Salis-Samade furent pris pour des prisonniers échappés de leurs chambres, à cause du sarrau qui les couvroit. Cette méprise leur sauva la vie ; on leur sauta au col, on les embrassa, on cria avec eux bravo ; ils ne comprenoient rien à la fête qu'on leur faisoit. Il n'en fut pas de même des invalides. Leur uniforme ne permit pas de les méconnoître. On fonça brutalement sur eux à coups de bayonnettes, de sabres, d'épées, de crosses de fusils. L'un d'eux crut échapper par la fuite. Il étoit déja dans l'avenue qui conduisoit à la cour du gouvernement. Il n'alla pas plus loin. Un coup de sabre lui fendit le crâne, et le laissa sans vie sur la place. On a dit, pour excuser cet assassinat, que ce malheureux avoit pointé une amusette du comte de Saxe contre les assaillans. Avec un pareil prétexte on pouvoit sans remords égorger toute la garnison, quoiqu'on lui eut cependant promis, *foi de militaires françois*, qu'elle ne seroit pas massacrée.

Un autre soldat invalide fut égorgé dans son rang ; ce nouvel assassinat est resté sans justification. Un troisième, aussi dans son rang, fut frappé de deux coups d'épée, et le tranchant d'un sabre lui fit sauter le poignet. celui-ci s'appelloit Béquart. Tous les écrivains revolutionnaires ont pleuré sa mort. Ils en donnent pour raison que le gouverneur ayant voulu mettre le feu au magasin à poudre de la Bastille, Béquart lui avoit retenu le bras. C'est-là un conte qui ne mérite aucune croyance. Si le fait étoit vrai, il prouveroit que les vainqueurs de la Bastille tuoient pour le plaisir de tuer, sans distinction d'amis ni d'ennemis ; la mort de cet homme laissa une nombreuse famille dans l'indigence.

Le marquis de Pujet, lieutenant de roi, voyant avec quelle rage ces vainqueurs procédoient, prit son parti avec une présence d'esprit et une promptitude qui tiennent du prodige. Il retourna son habit, et décolté, les cheveux épars, un bâton à la main, il se jetta dans la foule, gagna le jardin de l'Arsenal, et échappa aux bourreaux.

L'aventure de M. de Miray, aide-major, a des circonstances qui méritent d'être racontées. Il étoit d'une fort bonne famille bourgeoise. Sans fortune, il s'étoit engagé comme simple soldat dans le régiment des gardes-françoises. Sa bonne conduite et les recommandations de ses protecteurs le firent parvenir en peu de temps au grade de sergent. Il y mérita l'amitié de ses camarades et la confiance de ses supérieurs. On lui obtint une place à l'hôtel des Invalides, avec le brevet de sous-lieutenant. La place d'aide-major de la Bastille vint à vaquer ; on la lui donna, et il ne tarda pas à être décoré de la croix de Saint-Louis.

En entrant à la Bastille, des gens du peuple se jettèrent sur lui. Il se crut perdu ; mais appercevant dans la foule plusieurs grenadiers des gardes-françoises, il eut un moment d'espoir. « Camarades, leur cria-t-il, à moi! Est-ce que vous laisserez périr misérablement un brave homme ? Je suis ici, parce que mon devoir veut que j'y sois. Je n'ai à répondre de rien ; j'ai suivi les ordres qu'on m'a donnés. Pouvois-je faire autrement ? — Ah! M. Miray, c'est vous, lui répondirent les grenadiers qui le reconnurent pour avoir servi avec lui ; non, non, un brave homme comme vous ne périra pas. Mes amis, dirent-ils ensuite au peuple, voilà un bon militaire ; il n'est pour rien dans toute cette affaire-ci ; il ne donnoit pas des ordres, il en recevoit ; nous répondons de lui, et nous ne voulons pas qu'il lui soit fait aucun mal. Le peuple, qui avoit la plus grande déférence pour les soldats qui parloient ainsi, lâcha sa victime. « Monsieur, dirent alors les grenadiers à M. de Miray, nous allons vous donner cinq de nos camarades qui vous ramèneront chez vous ; mais, pour dieu, ne les quittez pas ; tenez vous bien au milieu d'eux ; car on ne connoît plus dans Paris ni amis ni ennemis ; il n'y a que notre uniforme qui peut vous sauver la vie. » L'aide-major, rassuré par ces paroles, se crut hors de tout danger ; il remercia ses libérateurs avec les expressions de la plus affectueuse reconnoissance, et pria un de ceux qu'on lui donnoit pour escorte d'aller lui chercher dans sa chambre, son chapeau et sa canne.

La commission faite, M. de Miray part avec les cinq soldats qui le serroient de près, et prend le chemin de la rue des Tournelles où il demeuroit. Sur toute la route, il ne reçoit pas la plus légère insulte. Arrivé à l'entrée de la rue, il la voit absolument déserte. Il n'y passoit pas, dans cet instant, une seule personne. Il prie alors les grenadiers de se retirer ; ils n'en veulent rien faire, ils insistent pour qu'il leur soit permis de ne le quitter que quand il sera dans sa maison. « La voilà ma maison, leur dit-il en la leur montrant du doigt à vingt pas de distance ; j'y suis ; il est inutile que vous alliez plus loin, puisqu'il n'y a ici personne. Retirez-vous, croyez-moi ; retournez bien vite à la Bastille où votre présence est nécessaire pour empêcher tout le désordre qui va s'y commettre. A demain matin, mes braves amis, je vous attends à déjeûner ; je vous témoignerai plus amplement ma reconnoissance. »

Les grenadiers se rendirent à ses instances ; ils se retirèrent. M. de Miray arrive seul devant la porte de sa maison. Comme il tiroit de sa poche son passe-partout, une horde d'environ deux cents hommes débouche tout-à-coup d'une rue voisine, et s'élance sur lui, en criant : *en voilà un, en voilà un!* M. de Miray n'a pas le temps de mettre la clef dans la serrure ; il tourne le dos à sa porte, s'y colle, tire son épée, et se défend avec l'intrépidité d'un héros ; il tue deux de ces scélérats, et en blesse trois ; mais enfin il succombe sous le nombre, est égorgé et mis en pièces sur la place. Son épouse et ses enfans purent, de leurs croisées, être témoins de cet horrible assassinat.

M. de Persan, lieutenant de la compagnie des invalides, avoit, comme le lieutenant de roi, disparu dans la foule ; mais il n'eut pas, comme lui, le temps de retourner son habit ; il n'eut que celui de mettre dans sa poche la croix de Saint-Louis dont il étoit décoré. On le reconnut sur le port au bled. La populace se jetta sur lui, et il mourut frappé de mille coups.

Quand à M. de Losme-Salbrai, major de la place, il fut, à l'exemple du gouverneur, traîné à l'Hôtel-de-Ville. Arrivé sous l'arcade Saint-Jean, il apperçut les restes sanglans du marquis de Launay. Cette vue le fait frémir d'horreur. Il désire et invoque la mort. Mille mains à la fois se levent aussitôt pour la lui donner. Tout-à-coup un jeune homme fend la presse, se jette dans les bras du major, le serre étroitement dans les siens, et crie au peuple : « arrêter, arrêtez, vous allez immoler le meilleur des hommes ; j'ai été cinq ans à la Bastille ; il fut mon consolateur, mon ami, mon père. » Hélas! à dieu ne plaise que je fasse rejaillir sur tout le tiers-état, les forfaits dont je trace ici avec douleur la lamentable histoire ; mais il est remarquable que lorsque tant de bourreaux sortoient du sein du troisième ordre, ce soit un gentilhomme qui ait un instant adouci l'horreur de tous ces tableaux, par un grand exemple de générosité. L'excellent jeune homme qui se jettoit entre M. de Losme et ses assassins, étoit le marquis de Pelleport. Il avoit été détenu à la Bastille, et s'y étoit fait un ami intime du major. Celui-ci le voyant collé contre son sein, dans des momens aussi terribles, l'arrose de ses larmes, et lui dit avec attendrissement: « aimable jeune homme, qu'allez-vous faire? Ah! retirez-vous. Abandonnez votre malheureux ami; ne voyez-vous pas que vous allez vous sacrifier, et vous sacrifier sans me sauver? »

Ce spectacle, qui eût attendri les hommes les plus féroces, fit rugir de colère les bourreaux de M. de Losme; ils se jettent en hurlant sur leur victime. L'amitié alors élève le courage du vertueux Pelleport; il oublie qu'il est sans armes; il croit qu'il a les forces d'Hercule. D'un bras il serre son ami, et de l'autre il combat les assassins. Un forcené lève alors sa hache sur le marquis de Pelleport, et lui fait une large blessure au col. Il alloit redoubler, quand un autre gentilhomme, le chevalier de Jean, ami de Pelleport, accourt, se saisit d'un sabre, et jette sur le pavé le meurtrier de celui-ci. La multitude n'en est que plus furieuse. Elle sépare les trois amis; Pelleport s'empare d'un fusil, et renverse tout ce qui se présente; il fait des prodiges de valeur. La partie n'étoit pas égale. Percé de mille coups, baigné dans son sang, il va s'évanouir sur les marches de l'Hôtel-de-Ville, où enfin il se trouva des hommes qui prirent soin de ses jours. Le chevalier de Jean parvint aussi à échapper à la fureur du peuple et à la mort; mais le malheureux de Losme fut massacré devant l'arcade Saint-Jean, et sa tête, comme celle de M. de Launay, fut mise au haut d'une pique. C'est ce même officier que le Cousin-Jacques, dans son *histoire de France pendant trois mois*, disoit à ses lecteurs, être vivant et se très-bien porter (1). Dieu préserve le Cousin-Jacques d'une pareille santé! Voilà cependant comment la prétendue conquête de la Bastille a été racontée par des écrivains contemporains. J'ose attendre de la postérité qu'elle me saura quelque gré d'avoir débrouillé un cahos où elle n'eût trouvé que fables et que calomnies.

Le reste de la garnison suivit de près ses officiers. Les deux premiers soldats qu'on traîna hors de la Bastille furent un nommé Asselin, et celui-là même à qui on avoit donné deux coups d'épée, et abattu le poignet. Dès qu'ils furent sur la place de Grève, ceux qui les conduisoient, firent bien quelques efforts pour leur faire gagner l'Hôtel-de-Ville; mais la populace les entraîna au coin de la rue de la Vannerie sous une potence de fer à laquelle est suspendu un reverbère. Cette potence regarde l'Hôtel-de-Ville, et se trouve placée sous un buste de Louis XIV, scellé contre le mur. Un homme grimpa à la potence, se mit à cheval dessus, détacha le reverbère, fit glisser une corde le long de la poulie; des gens sur la place en nouèrent l'extrémité autour du col d'un des invalides. Le scélérat qui faisoit l'office de bourreau, tira à lui ce malheureux, et usa du même stratagême envers son camarade. Les deux soldats restèrent suspendus et perdirent la vie au bruit des applaudissemens de la canaille qui jouissoit de cet infernal spectacle. C'est là ce qu'on appelle *la lanterne*. Dès ce moment tout homme suspect au peuple en fut menacé. Dès ce moment on prit la sanguinaire habitude de conduire à cette potence, les victimes qu'on vouloit immoler.

Tous les autres soldats de la garnison arrivèrent bientôt après sur la place de Grève; les suisses de Salis-Samade, qui n'avoient pas caché qu'ils en faisoient partie, étoient du nombre. En débouchant par l'arcade Saint-Jean, leurs yeux se portèrent d'abord sur leurs deux camarades suspendus au même gibet; cette vue ne leur causa aucune frayeur; mais elle les fit frémir d'indignation. « Voilà, s'écrièrent-ils, comme on a tenu, à ces deux braves soldats, la parole qu'on leur avoit donnée de ne pas les massacrer. »

Une forte escorte de gardes-françoises conduisoit les prisonniers; ils furent, sur toute la route, accablés d'injures, meurtris de coups; ils ne cessèrent d'entendre des cris qui demandoient qu'on les égorgeât. L'escorte eut assez de force pour les faire entrer jusque dans l'Hôtel-de-Ville; elle les déposa dans une salle, en présence des électeurs. Un de ceux-ci, altéré du sang de ces infortunés, osa prononcer contr'eux ce fatale oracle: « Vous avez fait feu sur vos concitoyens; vous méritez d'être pendus; vous le serez sur-le-champ. » L'arrêt de ce lâche assassin excita une joie barbare parmi les tigres à qui il tardoit de dévorer leur proie. *Oui, oui,* s'écria-t-on de toute part, *tous pendus, tous à la lanterne.* Des hommes sans éducation, des soldats, des rebelles, donnèrent une leçon de justice et d'humanité au barbare électeur. Les gardes-françoises se placèrent entre les victimes et les bourreaux. « Si nous vous avons été de quelqu'utilité, dirent-ils à ceux-ci, voici l'instant où nous voulons recevoir le prix de nos services; ces gens-ci sont nos prisonniers, nous vous demandons de ne pas les arracher de nos mains, et de leur laisser la vie. » Au même instant, les gardes-françoises firent retentir la salle, du cri: *grace! grace!* Comme si des hommes soldés par le roi, enfermés dans une place, étoient coupables de ne l'avoir pas livrée sur-le-champ, et avoient besoin qu'on leur fît *grace*; ils en eussent été indignes, s'ils eussent tourné, contre leur roi, les armes qu'ils avoient juré de n'employer qu'à son service.

---

(1) Voici ses propres paroles : *ce major qu'on croyoit avoir péri, vit encore, assure-t-on, et se porte très-bien,* page 67.

On n'avoit rien à refuser aux gardes-françoises; leur vœu fut exaucé. Cette action qui les honore, et que je rapporte volontiers, leur obtiendra peut-être quelqu'indulgence pour le reste de leur conduite.

Un bas-officier invalide, appellé Caron, avec qui j'ai eu occasion de m'entretenir de toutes ces scènes d'horreur, m'a raconté, en présence du sieur Hulin et de quelques autres personnes, qu'il avoit été si maltraité sur la route, qu'en arrivant à l'Hôtel-de-Ville, il perdoit le sang par tous les pores, et le vomissoit à grands flots par la bouche. Dans cet état, un électeur lui fit subir interrogatoire, et le pressoit froidement de mille questions. « Eh! monsieur, lui dit Caron, ne voyez-vous pas que je vais mourir? Quel intérêt ai-je à tout ce que vous me demandez-là? Est-ce le temps de se perdre en formalités? Allez au plus pressé : prenez garde que les traitemens que vous nous faites essuyer n'inspirent, à quelque désespéré, le dessein de mettre le feu au magasin à poudre de la Bastille. Vous ne vous êtes pas seulement informé de l'endroit où il étoit; courez-y sur-le-champ.

Cet avis fut saisi avec avidité et reconnoissance; on dit à Caron que, pour l'importance du service qu'il rendoit, il eût obtenu sa grace, quand tous ses camarades eussent été condamnés à mort; on lui demanda le lieu où étoit situé le magasin à poudre; il l'indiqua avec précision, et on courut sur-le-champ prendre des précautions pour qu'il n'y arrivât aucun accident.

C'est sans doute cette anecdote qui a donné lieu à tant de contes sur l'intention que les uns ont attribuée au gouverneur, d'autres au lieutenant de roi, ceux-là au major, quelques uns à des personnes du dehors, de faire sauter la Bastille, et avec elle une partie du faubourg Saint-Antoine; dans ces sortes de récits, quand tous les écrivains se contredisent, quand on n'a point été, soi même, témoin du fait, on ne peut juger que par le témoignage de ceux qui ont vu; et par l'événement; l'un et l'autre démentent cette fable. Toutes les personnes de la garnison que j'ai interrogées m'ont assuré qu'il n'avoit jamais été question de ce projet, et l'événement a prouvé que M. de Launay n'avoit eu d'autre sollicitude que de diminuer le nombre des victimes.

Caron, de qui je tiens l'anecdote qu'on vient de lire, n'a survécu, que par une espèce de miracle, aux avanies et aux brutalités qu'il reçut dans son trajet de la Bastille à l'Hôtel-de-Ville; il lui est resté dans tous les nerfs un mouvement convulsif et continuel.

Je ne veux point laisser échapper une autre particularité où ceux qui prennent les armes contre leur roi, pourront trouver une leçon. Toutes les personnes de la garnison, en voyant, parmi ceux qui entroient à la Bastille, des militaires, furent saisis d'une secrette et invincible horreur; elle alla au point que chacun, lorsqu'on l'obligea de remettre son épée, chercha soigneusement, des yeux, quelqu'un qui ne fut pas en uniforme, pour la lui livrer; quelques-unes de ces épées étoit à poignée d'argent, elles ont toutes été rendues.

L'interrogatoire de Caron étant fini, et la grace, puisqu'il faut se servir de ce terme humiliant, ayant été assurée à tous, le peuple demanda aux gardes-françoises, qu'au moins il lui fut permis de promener les prisonniers au Palais-Royal. Les libérateurs furent généreux jusqu'au bout, ils sauvèrent cette humiliation à leurs prisonniers. On obtint du peuple qu'il se désistât de sa demande; alors le sieur Marquet, sergent des grenadiers, plaça toute la garnison au milieu du détachement qu'il commandoit. Pour éviter de rencontrer une foule trop nombreuse, il lui fit prendre, par des rues peu fréquentée, la route de la place des Victoires, d'où il la conduisit aux casernes de la Nouvelle-France; là il fit donner à tous les prisonniers des rafraîchissemens, et les invita ensuite à prendre quelque repos après tant de fatigues. Le lendemain matin, les invalides retournèrent à leur hôtel; mais les suisses se rangèrent sous les drapeaux des insurgens.

Tandis qu'une partie de la garnison étoit égorgée sur la place de Grève, et que l'autre trouvoit, à l'Hôtel-de-Ville, des juges cruels parmi les électeurs, et des sauveurs parmi les gardes-françoises, les parisiens continuoit à fusiller et à canonner la Bastille, tout comme s'ils eussent été fâchés d'avoir aussi peu consummé des immenses provisions de guerre qu'ils avoient chariées autour de cette place. Cette opiniâtreté à combattre des ennemis qui n'existoient point, fut la cause de quelques accidens funestes. Un enfant de dix à douze ans, domestique, appartenant à M. Senterre, fût un des plus empressés, dès que toutes les portes furent ouvertes, à courir sur le sommet des tours. Cet empressement lui coûta la vie; car à peine s'y fut-il montré, qu'un coup de fusil, tiré par un bourgeois posté dans la rue Saint-Antoine, le frappa à la tête et la lui fracassa. Le sieur Humbert, qui se hâta aussi de paroître sur les tours, fut atteint d'un coup de fusil tiré des dehors de la place. Il ne reçut qu'une légère contusion; mais un de ses amis reçut la mort dans ses bras.

Il arriva quelques autres accidens de ce genre. Ils ne furent pas en grand nombre sur le sommet des tours, parce qu'ils diminuèrent beaucoup l'empressement de ceux qui y couroient. Dans le bâtiment qui terminoit la cour du château, et où se trouvoit la salle du conseil, ce fut autre chose: les assaillans s'y portèrent d'abord avec impétuosité, les uns par curiosité, les autres par l'espoir du butin, quelques-uns aussi

pas

par le féroce désir de détruire, de brûler. La foule fut considérable dans ce bâtiment, dès le premier instant de l'irruption. Ceux qui arrivèrent ensuite prenant vraisemblablement pour des gens de la garnison, les hommes qui s'étoient déjà emparés du bâtiment, firent sur eux un feu roulant. Ces derniers ne sachant ce que vouloit dire cette fusillade, et croyant peut-être, à leur tour, qu'elle leur venoit aussi de la garnison, ripostèrent. Il s'engagea ainsi, entre les uns et les autres, un combat très-meurtrier qui dura quelques minutes. « Les malheureux ! me disoit un bas-officier qui me racontoit cette circonstance, ils s'entre-égorgeoient. » Les vainqueurs de la Bastille perdirent beaucoup de monde à cette funeste action.

Le grenadier Arné, pour mettre fin à l'attaque qu'on continuoit de la cour et des dehors du château, imagina d'élever son bonnet au haut de sa bayonnette. Il l'agita si long-temps qu'enfin on comprit ce que vouloit dire ce signal : le feu cessa.

Il ne faut pas croire cependant que la prétendue conquête ait coûté beaucoup de sang à ceux qui l'ont faite. Depuis le lever jusqu'au coucher du soleil, les assaillans ne perdirent pas plus de quarante hommes. Peut-être mon témoignage sur ce fait ne suffiroit-il pas. Je l'appuyerai donc de celui d'un écrivain démagogue, qui nous a donné des détails très-circonstanciés sur tous les malheurs arrivés à ceux qu'il appelle les assiégeans (1). Voici ses propres expressions : « La prise de la Bastille a coûté la vie à environ quarante des assiégeans. » Un autre écrivain, non moins démagogue que le premier (2), a dit : « Dans ce siège, à jamais mémorable, il y a eu peu de personnes de tuées du côté des parisiens. »

Si l'on veut évaluer à cinquante hommes la perte des assaillans, je ne doute point que cette perte ne soit, en très-grande partie, le fruit de la fusillade que se firent mutuellement les premiers entrés dans la cour du château. Je ne trouve de morts bien authentiquement prouvées du côté des assaillans, que celle du malheureux écrasé par la chute du premier pont-levis, et celle encore du facteur de la petite poste, qu'une balle tua dans la rue Saint-Antoine. La première de ces morts n'est point le fait de la garnison ; et qui peut dire que la seconde le soit ? Qui peut dire que quelqu'un de ceux à qui tout habit bleu devenoit suspect, n'ait pas immolé la seconde victime ?

(1) Voyez Histoire de la révolution de 1789, et l'établissement d'une constitution en France, par deux amis de la liberté. Tome II page 48.

(2) Voyez Révolutions de Paris, par M. D...C... pages 17 et 18.

Un garçon perruquier, appelé Charles-Laurent l'Hertier, né à Falaise, âgé d'environ 19 ans, s'est plaint aussi d'avoir eu la coëffe de son chapeau, qui étoit fort élevée, traversée par une balle qui ne lui fit aucun mal ; mais il ne dit pas de quel côté lui arriva cette balle. Il falloit qu'il n'eût pas une grande frayeur des assiégés, car il raconte que s'étant trouvé des premiers dans la cour du gouvernement, il y passa tout son temps à rire et à danser jusqu'à ce qu'on ouvrit les portes du château. Il faisoit cependant, par intervalle, diversion à sa danse pour tirer, comme un autre, son coup de fusil. Enfin un garçon boulanger, ancien canonnier, nommé François-Louis Morin, a fait consigner dans les papiers publics, que son pantalon avoit été teint du sang de deux hommes tués à côté de lui. Il conserve, dit-il, ce pantalon comme un témoignage honorable de sa valeur. Il falloit ep effet que François-Louis Morin eût une valeur bien froide pour rester constamment dans un poste où il couroit d'aussi grands dangers. Il s'y trouva, comme l'Hertier, dès le grand matin, et n'en bougea que quand on baissa le pont-levis du château. Si au reste le témoignage unique de Morin doit faire preuve, et si les malheureux tués à côté de lui, ont péri par le feu de la place, ce sont deux morts de plus à ajouter à celles dont j'ai rendu le compte. Je ne trouve plus rien dans ce genre, je ne dis pas seulement de prouvé, mais même d'allégué, malgré les immenses et scrupuleuses recherches que j'ai faites.

La perte de la garnison fut bien autrement considérable, si on l'évalue dans la proportion du petit nombre d'hommes qui la composoient. Un d'eux fut tué pendant l'action, et neuf autres furent traîtreusement assassinés aussitôt qu'ils eurent ouvert toutes les portes. La perte des assiégés seroit donc, à peu-près, d'un dixième sur leur nombre ; et en supposant qu'il y eût en tout trois cents mille assaillans, ceux-ci n'auroient pas perdu vingt hommes sur cent mille. Le sort fut donc bien égal entre les deux partis ; et si l'un ou l'autre devoit se plaindre, ce n'étoit surement pas celui qui attaqua. On lit dans une foule de papiers, qu'il fit des prodiges incroyables de valeur. Je veux le croire, mais je les ai cherchés et je ne les ai pas trouvés.

La preuve de mon exacte impartialité à cet égard, c'est la justice que j'ai rendue à ceux de ce parti qui montrèrent de l'humanité. Aux traits de générosité que manifestèrent quelques-uns d'entr'eux, j'en ajouterai un qui honore ce même Morin, dont j'ai parlé plus haut. Comme il passoit la dernière porte pour entrer dans le château, il s'apperçut qu'un des bourgeois qui l'accompagnoient, levoit son sabre pour en fendre la tête de l'invalide qui étoit en faction à cette porte. Morin arrêta le bras de ce bourgeois, et cria à la foule qui suivoit : « Eh ! mes amis, ces hommes-là sont nos frères ; ils ont été forcés d'obéir, ce n'est point à eux qu'il faut en vouloir. »

Q

Se jettant ensuite dans la première tour, pour en gagner le sommet, il apperçut, vers le milieu de l'escalier, un soldat suisse qui descendoit avec la plus grande précipitation; il crut que cet homme en vouloit à sa vie, et l'attendit de pied-ferme, le sabre à la main. Le soldat crut à son tour que Morin vouloit l'immoler, et il fut confirmé dans cette idée par la contenance qu'il lui vit prendre. Il se jetta dans ses bras, et l'embrassant affectueusement, il lui dit, la larme à l'œil: « Ah! mon frère, ayez pitié d'un pauvre soldat, demandez grace pour nous tous. » Morin fut vivement attendri de l'action de cet homme, il lui jura, sur son honneur, qu'il demanderoit sa grace; il tint parole, car il fit les plus vives instances auprès des sieurs Hulin et Élie, pour qu'on épargnât les malheureux suisses; mais Hulin et Elie n'étoient pas plus maîtres que lui de leur sort. Sa conduite, dans cette circonstance, n'en est pas moins digne d'éloge. Lorsqu'il eut rempli son engagement, il remonta sur les tours, et montra de là avec complaisance à tout le peuple, le bonnet du suisse; il le lui avoit demandé, et le garde, comme le pantalon ensanglanté; c'est un second monument qui lui rappelle qu'il fut aussi un des vainqueurs de la Bastille.

Ils ne se comportèrent pas tous comme Morin; indépendamment des atroces assassinats qui souillèrent leur facile victoire, ils commirent, dans l'intérieur du château, des excès que des conquérans étrangers ne se fussent pas permis. Tout y fut mis au pillage et livré aux flammes. Les vases sacrés de la chapelle disparurent; quelques jours après on en recouvra une partie. Dans le bâtiment où étoit la salle du conseil, tout fut également pillé, mutilé, lacéré, brûlé. Les précieux registres où l'on auroit pu trouver des renseignemens si instructifs sur le sort de plusieurs prisonniers, furent anéantis dans ce désordre. Ils ne seront jamais retrouvés. Ce n'est pas que bien des gens ne fissent des efforts pour sauver ces dépôts. Comme ils n'avoient pas le temps de chercher, ils arrachoient ce qu'ils pouvoient aux incendiaires, et enlèvoient autant de papiers qu'il leur étoit possible d'en emporter. Une partie resta à des particuliers; l'autre partie fut déposée dans différens districts. J'en ai eu, pour ma part, une assez grande quantité; mais après les avoir reconnus, j'ai été, à mon tour, obligé de les livrer aux flammes: ce n'étoient que des exemplaires incomplets de différens ouvrages prohibés par le gouvernement. Les autres personnes à qui il en étoit tombé en partage, n'ont pas été plus heureuses que moi, et les dépôts faits dans les différens districts ne valoient pas mieux. Les journalistes, quelqu'envie qu'ils eussent de grossir leurs feuilles, et de les rendre intéressantes, ont eu bien de la peine à démêler, dans tous ces papiers, quelques articles présentables au public. Ce qu'ils en ont recueilli est si peu intéressant, que l'on ne me saura aucun mauvais gré de n'en point faire une longue mention. Ce ne sont que des listes arides de prisonniers détenus à la Bastille, depuis le 30 juillet 1742 jusqu'au 27 février 1750; des lambeaux d'interrogatoire, qui n'ont ni suite ni sens; la lettre d'un major, qui instruit le lieutenant de police qu'un prisonnier a frappé un porte-clef d'un coup de couteau, et s'en est ensuite frappé lui-même. La réponse du magistrat. On a ajouté à tout cela une copie de diverses devises gravées sur les murs des chambres; encore n'a-t-on pas réussi dans ce choix, car toutes celles dont on a fait part au public, sont absolument insignifiantes. On a imprimé aussi une lettre du roi au marquis de Launay. Je la donne ici, parce qu'elle est un modèle de tous les ordres, en vertu desquels un gouverneur étoit obligé de recevoir un prisonnier. Celle-ci étoit relative à un sieur Jacquet. En voici la teneur.

« Monsieur le marquis de Launay, je vous fais cette lettre pour vous dire de recevoir dans mon château de la Bastille, le sieur Jacquet, et de l'y retenir jusqu'à nouvel ordre de ma part. Sur ce, je prie Dieu qu'il vous ait, Monsieur le marquis de Launay, en sa sainte garde. »

Ecrit à Fontainebleau, ce 3 novembre 1783.

Signé LOUIS.

Tant de documens donc, qui eussent été utiles à l'histoire de plusieurs siècles, sont perdus à jamais pour nous et pour nos neveux. Quelques canons en mauvais état, des fusils, des clefs, un méchant drapeau pourri de vétusté, des pierres, tels sont les seuls objets, les seuls fruits de la victoire des parisiens. Les clefs furent remises à M. Brissot de Warville, alors électeur, ensuite journaliste; aujourd'hui membre de la seconde législature. Le perruquier l'Hertier conquit à lui seul deux de ces clefs; c'étoient celles de la tour de la Bazinière; il les remit aux électeurs, comme un trophée, dit un écrivain, qui attestoit sa bravoure. C'étoit être brave à bon marché, car personne certainement ne songea à disputer à l'Hertier ce trophée. Le vieux drapeau fut porté aux électeurs par le nommé Delaurière, de Franche-Comté, grenadier des gardes-françoises. Il attacha une grande importance à la prise de ce drapeau, qu'on ne songea pas plus à lui disputer, qu'on n'avoit disputé à l'Hertier les deux clefs de la Bazinière. Il crut que cette prise suffisoit pour immortaliser le régiment entier des gardes; ayant en effet demandé un reçu du drapeau, et les électeurs, sur cette demande, l'interrogeant sur son nom, *faites-le*, répondit-il fièrement, *au nom des grenadiers du troisième bataillon.*

Tous ces trophées et tant d'exploits avoient jetté les vainqueurs de la Bastille dans l'ivresse; et *dans l'ivresse du succès*, dit naïvement un de leurs plus ardens admirateurs, *on avoit oublié les malheureux* dans les prisons de la forteresse (1). Lorsqu'on n'eut plus rien à piller, à détruire, à brûler dans le château, on se souvint enfin d'eux. Les clefs étoient emportées; on ne pouvoit plus ouvrir les portes. Cet inconvénient n'arrêta pas des vainqueurs qui avoient tant de forces à opposer, et si peu de résistance à redouter; et qui d'ailleurs préféroient les expéditions bruyantes aux conquêtes paisibles. On enfonça donc les portes; on visita soigneusement toutes les chambres, tous les appartemens, tous les cachots, tous les souterreins; il n'y eut pas un coin, pas un trou qu'on ne fouillât. C'est ici que l'étonnement des parisiens fut extrême: ils s'attendoient à trouver des milliers de malheureux entassés les uns sur les autres, et couvert de chaînes. On leur avoit toujours dit que les ministres, que leurs commis, que les complaisans des commis avoient en tout temps leurs poches pleines de lettres-de-cachet, et que sur le plus léger prétexte, ils en faisoient usage. De sorte que le crédule peuple de Paris regardoit la Bastille comme un gouffre où l'on ensevelissoit journellement plusieurs victimes, et encore se persuadoit-il que les malheureux qui alloient se perdre dans ce gouffre, n'étoient coupables d'autre crime que d'avoir déplu ou fait ombrage, soit à quelqu'un des ministres, soit à quelqu'un de leurs favoris.

Après donc les perquisitions les plus exactes, que trouvèrent les parisiens? sept prisonniers. Ils ne pouvoient revenir de leur surprise, et elle fut à son comble, lorsqu'ils surent qui étoient ces prisonniers. Voici leurs noms, et en peu de mots leur histoire. La postérité, en la lisant, saura ce que c'étoit que cette Bastille, destinée, suivant le comte de Boulainvilliers, à exterminer des prisonniers.

1°. Les sieurs Pujade, Béchade, la Roche, la Caurége, accusés d'avoir falsifié des lettres-de-change, acceptées, les unes par MM. Tourton et Ravel, et les autres par M. Gallet de Santerre, banquiers de Paris. Cette falsification s'étoit faite en donnant aux sommes spécifiées dans les lettres-de-change, une valeur beaucoup plus considérable que ne portoient ces sommes; ainsi la lettre-de-change qui ne promettoit, en sortant des mains des banquiers, qu'un payement de mille livres, se trouvoient, après avoir passé dans les mains des faussaires, en promettre un de dix mille livres, par l'adresse avec laquelle ils avoient fait précéder le mot mille du mot dix. Qui oseroit dire que la détention d'hommes accusés légalement d'un tel délit, fut un crime des ministres?

2°. Le comte de Solages, que des écrivains mal informés, ont appelé le comte de l'Estrade, d'autres le comte de Straze, quelques-uns le comte d'Orge.

_____
(1) Histoire de la révolution de 1789, page 43.

Que de fables n'a-t-on pas composées sur cet homme à tant de noms! On disoit qu'il avoit habité pendant trente-deux ans le même cachot. M'étant transporté à la Bastille, le lendemain du jour où elle tomba au pouvoir des parisiens, je demandai à quelques ouvriers de me montrer le cachot de ce malheureux gentilhomme. Ils m'en firent voir un, qu'ils m'assurèrent, sur leur conscience, être celui du comte. J'allai plus loin, et ayant fait la même demande à d'autres ouvriers, ils me montrèrent un cachot autre que celui que j'avois déjà vu; et me répétèrent le même serment que m'avoient fait les premiers. Je parcourus ainsi six cachots, dans chacun desquels le prisonnier, me disoit-on, avoit vécu trente-deux ans. A ce compte, il m'auroit fallu croire que ce prisonnier avoit cent quatre-vingt-douze ans, en supposant encore qu'il fut né en prison. La vérité est que le comte de Solages fut mis en 1782 à Vincennes, d'où on le transféra depuis à la Bastille, ce qui faisoit sept ans de captivité. Il la devoit à son père qui avoit porté contre lui au gouvernement, des accusations semblables à celles dont le feu comte de Mirabeau avoit été frappé par sa famille. On raconte que lorsqu'on ouvrit la porte de sa chambre, il demanda si Louis XV vivoit encore, et comment il se portoit; et qu'on lui répondit: « Non, Louis XV ne vit plus, il est mort depuis quinze ans, mais Henri quatre est ressuscité, et c'est lui qui règne depuis la mort de son ayeul, sous le nom de Louis XVI...... » il est fâcheux que la justice rendue à Louis XVI, se trouve mêlée là à un bien absurde mensonge. Comment, en effet, le comte de Solages, emprisonné huit ans après la mort de Louis XV, auroit-il pu demander si ce roi vivoit encore. Cette anecdote cependant a été recueillie avec complaisance par plusieurs de nos journalistes démagogues. Ils disent encore que le prisonnier ignoroit s'il y avoit une assemblée de notables, et si les états-généraux étoient convoqués. Ces petites anecdotes, imaginées pour faire croire au peuple qu'à la Bastille on n'avoit aucun commerce avec les vivans, m'ont toujours paru fort suspectes. Je me rappelle à ce sujet, qu'un jour, et antérieurement à la révolution j'entendis dire, qu'on venoit de rendre la liberté à un homme qui avoit été détenu pendant cinq ans à la Bastille, et dont la détention avoit été si rigoureuse, qu'il avoit absolument perdu l'usage de la parole. J'eus occasion de voir ce même homme un quart-d'heure après qu'il fut libre. Il étoit allemand, et il n'y auroit rien eu d'extraordinaire, qu'il eût ignoré notre langue, et que, par cette raison, il eût paru muet à ceux qui la lui auroient parlée; mais cela même n'étoit pas vrai; car il m'entretint fort bien en françois qu'il parloit purement et avec très-peu d'accent. Tout ce que je trouve de vraisemblable dans les particularités auxquelles a donné lieu la détention du comte de Solages, c'est ce qu'en a dit un porte-clef. Il a raconté qu'étant, à l'ordinaire, entré le matin dans la chambre du prisonnier ; celui-ci lui ayant demandé la cause des coups de fusils qu'il entendoit tirer, il lui avoit répondu, que le peuple s'étoit révolté à l'occasion de la cherté du pain.

3°. Tavernier, fils naturel de feu M. Paris du Verney, frère de Paris Montmartel. Tout ce qu'on sait de lui, c'est qu'il étoit détenu depuis le 4 août 1759. Il ne fut pas possible de tirer de ce prisonnier aucun renseignement. Il étoit dans un état complet de folie ; il n'avoit pas un seul instant de lucide.

4°. Whyt ; celui-ci étoit également atteint d'une démence incurable. Il se disoit gouverneur du fort. Tout ce qu'on sait de relatif à sa détention, c'est qu'il avoit été transféré à la Bastille, lors de l'évacuation du donjon de Vincennes.

Ce sont là les seuls prisonniers que renfermoit la Bastille ; (1) on les trouva, non dans des cachots, mais dans des chambres aussi agréables que peuvent l'être des chambres de prison. Leur petit nombre étonna avec raison les parisiens, à qui on avoit dit que cette forteresse regorgeoit de prisonniers, et qu'on étoit obligé d'en loger plusieurs dans un même appartement. Les hommes sages eux-mêmes partagèrent la surprise du peuple. Ils ne comprenoient pas comment, dans des jours de troubles, où le gouvernement devoit avoir à sévir contre tant de perturbateurs, il exerçoit aussi peu de rigueur. Ce leur fut une preuve de la modération de ceux qui étoient à la tête de l'administration, puisque quand tout les entraînoit au-delà des règles ordinaires de l'équité, ils savoient conserver cette retenue, et n'être sévère envers personne. Il s'en faut de beaucoup que ceux qui ont ensuite usurpé toute l'autorité, ayent montré la même douceur. Ils ont entassé les victimes dans les cachots de leur Bastille.

_____

(1) C'est après avoir connu les détails que j'ai donnés sur ces sept prisonniers, qu'un écrivain, qui a voulu aussi faire une histoire de la révolution, a imprimé que la Bastille *n'aspiroit, n'absorboit que les ames fortes, que les hommes d'un grand caractère*. Voyez l'ouvrage que j'ai déjà cité, intitulé : *Correspondance d'un habitant de Paris*, page 71. Il faut donc croire que les sieurs Pujade, Béchade, la Roche, la Caurége et les deux insensés, leurs camarades d'infortunes, sont des ames fortes et d'un grand caractère. La dame de la Motte étoit également une ame forte et d'un grand caractère, puisque la Bastille l'avoit aussi aspirée et absorbée. Voilà comme on écrit quand on écrit pour flatter les passions du peuple des faubourgs. With, au reste, et Tavernier furent transférés à Charenton par ordre des électeurs, le lendemain du jour où le peuple leur rendit la liberté.

Ils en ont donné pour raison que c'étoit un effet inévitable des grandes dissentions qui déchiroient le royaume. Les ministres, avec la même raison, n'ont pas tenu la même conduite. C'est une preuve de plus que les usurpateurs ont une domination d'autant plus dure qu'elle est plus précaire et plus illégale. Ainsi quand le peuple perd ses légitimes maîtres, il a toujours, à coup sûr, à leur place, des tyrans ombrageux et inhumains.

Les électeurs, lorsque la Bastille ne fut plus au roi, n'eurent garde de la lui rendre. Ils prirent même des mesures pour qu'elle ne rentrât plus en son pouvoir ; et pour cela ils la remplirent d'hommes armés. Ils y envoyèrent, dès qu'ils en eurent les clefs, trois mille fusiliers pour la garder. Ils s'en trouvèrent ainsi les maîtres, sans qu'il leur en eût coûté, pour cette prise de possession, que trois vaines députations au marquis de Launay.

Les vainqueurs sont ordinairement modestes et humains ; il n'en est pas de même de la populace, elle est insolente et féroce envers les vaincus. Les barbares traitemens qu'essuya la garnison de la Bastille, furent couronnés par un nouvel assassinat qu'il m'est pénible de raconter. La rage populaire ne pouvant plus s'exercer sur ceux que les gardes françoises avoient pris sous leur protection, alla chercher une autre victime. Tout-à-coup un cri unanime s'élève contre M. de Flesselles. On l'accuse de trahison, sans articuler aucun fait. Il n'avoit point bougé de l'Hôtel-de-Ville pendant tous les orages de la journée. Lorsqu'il sut la fin désastreuse du marquis de Launay, il pâlit, il se troubla, il comprit trop tard que les ménagemens sont inutiles avec une multitude égarée et soulevée contre son roi. Les électeurs eux-mêmes se rendirent complices des homicides projets qu'on tramoit contre sa personne. Vers les six heures du soir, ils le menacèrent de la foudre qui alloit l'écraser. L'un d'eux lui adressa ces sinistres paroles : « M. le prévôt des marchands, il court sur votre compte des bruirs très-fâcheux ; je vous conseille de vous justifier. » M. de Flesselles étoit absorbé par la douleur que lui causoit la mort du marquis de Launay ; il étoit enseveli dans de sombres rêveries ; il ne répondit rien à cette menace. N'ayant d'ailleurs d'autre reproche à se faire que d'avoir consenti à présider un comité qu'il ne pouvoit regarder que comme un comité de rébelles, et d'avoir eu assez bonne idée des factieux pour croire qu'il parviendroit à les ramener à leur roi, quelle justification auroit-il pu présenter ? M. Garan de Coulon, autre électeur, prenant ou feignant de prendre son silence pour un aveu de la prétendue trahison qu'on lui reprochoit, le dévoua à la mort avec une férocité qui fait horreur ; il lui cria ces paroles de sang : « M. de Flesselles, vous avez trahi la patrie ; la patrie vous abandonne. » Ah ! si au lieu de se trouver au milieu de ces impitoyables bourgeois, M. de Flesselles se fut trouvé parmi les gardes-françoises,

Il jouiroit encore de la vie. Ils avoient sauvé les jours de M. le duc du Châtelet, d'une partie de la garnison, ils auroient aussi sauvé les siens. Les homicides paroles de M. Garan de Coulon parurent l'étonner; il le regarda brusquement comme un homme qui s'éveille d'un profond sommeil, et après l'avoir fixé un instant, il se leva en disant : « Messieurs, je vois bien que je ne vous plais pas ; je me retire. » Il se retira en effet, mais les assassins que M. Garan de Coulon avoit invités à l'égorger, n'étoient pas bien loin. Ils environnèrent et serrèrent de près l'infortuné prévôt des marchands. Ils le pressoient de questions, et l'accabloient de menaces. « Messieurs, leur disoit-il, venez chez moi, je vous dévoilerai toute ma conduite ; vous connoîtrez mes motifs, mes raisons. Oui, quand vous serez chez moi, je vous expliquerai tout cela » En parlant ainsi, M. de Flesselles avançoit toujours. Lorsqu'il fut à mi-chemin, entre l'Hôtel-de-Ville et l'arcade Saint-Jean, un jeune scélérat lui appliqua derrière la nuque du col, un pistolet, en lui disant : « Traître, tu n'iras pas plus loin. » Le coup part, et le magistrat tombe sans vie. Aussi-tôt les Cannibales qui l'entourent, poussent un cri de joie, et le traînent à l'envi au milieu de la place. Sa tête est séparée du tronc ; des misérables sautent dessus, en grinçant des dents, la foulent aux pieds, la trépignent, et l'attachent ensuite, ainsi défigurée, au haut d'une pique. D'autres lui lient les pieds ; et traînent le tronc dans la fange des ruisseaux. J'ai entendu des femmes du bas peuple, ou plutôt des monstres tenir sur les formes, l'embonpoint et la blancheur de son corps, des propos dignes des anthropophages, et que j'aurois honte de rapporter.

Telle fut la fin d'un magistrat digne de tous les regrets des honnêtes gens ; il étoit affable, doux, prévenant ; il n'eut jamais d'autre ambition que de faire bénir le nom du roi. Dans son intendance à Lyon, il fut l'ami de ce même peuple, qui à Paris l'apprécia si mal. Il réunissoit à un esprit éclairé et propre aux affaires, un jugement sain, une probité que la calomnie respecta toujours, un cœur compatissant, et des mœurs pures. Son sang doit retomber tout entier sur les électeurs. L'ayant vu de plus près, ils devoient le mieux connoître. Ils savoient parfaitement qu'il n'avoit donné aucun prétexte à la haine qui l'immola. Ce n'étoit point à eux à lui faire un crime de l'innocent stratagême auquel il crut devoir recourir dès les premiers instans de l'insurrection, puisqu'il leur étoit évident qu'il n'avoit d'autre vue que de prévenir une désastreuse catastrophe, une grande effusion de sang. Quand son attachement à son roi, quand sa fidélité aux obligations que lui imposoit sa place, eussent été, à leurs yeux, des délits, devoient-ils punir ces délits de la mort ? Ne se fussent-ils pas plutôt honorés s'ils lui eussent tenu ce langage : « Telle est la situation des affaires, qu'il faut que vous optiez où d'être l'homme du peuple, ou celui du roi. Si vous voulez rester fidelle au roi, abandonnez un poste où vous ne serviriez pas le peuple avec sincérité dans son insurrection ? » Qui eût-pu les blâmer, si au lieu de provoquer contre lui la haine de la multitude, si au lieu de le livrer aux assassins, ils lui eussent facilité le moyen de mettre sa personne en sureté ? Une telle conduite eût eu l'estime même des factieux à qui la mort de M. de Flesselles étoit inutile ; ils n'avoient besoin que de sa retraite. Mais quelle étoit cette rage de vouloir égorger un magistrat, parce qu'il ne vouloit pas être le chef et le complice d'une multitude de rebelles ?

Les électeurs comprirent si bien que cet inutile assassinat les feroit passer pour des hommes cruels, même parmi les séditieux, qu'ils prétendirent prouver que cette mort n'étoit qu'une représaille des maux qu'il avoit voulu leur faire. Ils publièrent à cet effet un conte qui n'a jamais été cru des personnes instruites. Ils prétendirent que lorsqu'on se fut saisi du gouverneur, on trouva dans ses poches une lettre qui lui étoit adressée par M. de Flesselles, et conçue en ces termes : « J'amuse les parisiens avec des cocardes et des promesses ; tenez bon *jusqu'au soir*, et vous aurez du renfort. » Ces mots, *au soir*, supposoient que la lettre avoit été écrite dans le courant de la journée. Et comment seroit-elle parvenue au gouverneur, à travers la multitude qui circonvenoit la Bastille depuis le matin ? On avoit arrêté deux invalides qui s'étoient présentés pour se rendre dans la forteresse, et on y auroit laissé entrer un envoyé de M. de Flesselles, sans le fouiller ? Si d'ailleurs cette lettre eût existé, on l'eût conservée précieusement ; on nous la montreroit encore aujourd'hui ; on en eût fait tirer et afficher des milliers d'exemplaires. Comment encore M. de Flesselles auroit-il pu promettre du renfort pour le soir ; quand lui, la cour, le marquis de Launay prévoyoient si peu que ce renfort dût être nécessaire, qu'on n'avoit pas même songé à jetter dans la Bastille des vivres pour vingt-quatre heures ? Enfin M. Bailly, interrogé sur l'existence de cette lettre, a toujours répondu qu'il ne l'avoit point lue, et qu'il n'avoit jamais vu personne qui lui eût dit l'avoir lue.

Admirons maintenant, comme la même action devient crime ou vertu, suivant le caprice du peuple. Il massacra en 1358 sur la place de Grève Etienne Marcel qu'il accusoit d'avoir voulu livrer Paris au roi de Navarre, et quatre siècles après, il égorge sur la même place, un autre prévôt-des-marchands qu'il accuse d'avoir voulu conserver Paris au roi.

L'assassinat de M. de Flesselles offre encore une bisarrerie. Il est inconcevable que la haine et les soupçons se dirigeassent contre lui seul, qu'on s'adressât toujours à lui pour avoir des armes, et jamais à M. de la Salle qui ayant accepté le commandement de la milice parisienne devoit être chargé plus spécialement qu'aucun autre de, l'armement de sa troupe et qui cependant ne lui fournissoit aucune arme, et ne se mettoit à sa tête dans aucune circonstance. Il ne fut pas pour cela oisif, s'il faut l'en croire. Dans une lettre qu'il a publiée par la voix des journaux (1), il nous apprend qu'il avoit envoyé des observations militaires pour réussir tant aux Invalides qu'à la Bastille.

Si les services de M. de la Salle s'étoient bornés à ces envois d'observations militaires, il n'eût pas acquis de grands droits à l'estime et à la reconnoissance publique ; mais il se rendit vraiment utile en empêchant les parisiens d'ajouter trois assassinats à ceux dont ils se souillèrent dans le cours de cette cruelle journée. Tandis, en effet, qu'une partie du peuple s'agitoit autour de la Bastille, une autre forçoit l'hôtel de la régie des poudres et salpêtres, et brisoit les caisses de munition. M. Clouet, régisseur, voyoit ce dégât, et n'avoit garde de s'y opposer, parce qu'il n'en avoit aucun moyen. Son impassibilité ne le sauva pas de la rage des séditieux ; ils se jettèrent sur lui, et le traînèrent à l'Hôtel-de-Ville. Là, ils demandèrent à grands cris sa mort. *Et pour quelle raison ?* demanda M. le marquis de la Salle. On lui répondit que c'étoit-là le marquis de Launay. L'habit de M. Clouet étoit bleu, et cette couleur avoit pu induire en erreur quelques personnes. M. de la Salle n'eut pas de peine à les détromper. On n'en insista pas moins pour que le régisseur fut pendu, et on se mit en devoir de le faire descendre à la Grève. Le marquis de la Salle se jetta entre la victime et les bourreaux. Il combattit aux dépens de sa vie pour celle de M. Clouet ; il reçut même quelques coups de sabre. Cette action est belle. M. de la Salle en reçut la récompense : M. Clouet échappa à cette cohorte de bourreaux ; il est encore en vie. Pourquoi M. de Flesselles ne trouva-t-il point la même protection ?

M. et madame la princesse de Montbarrey ne coururent pas un moindre danger. Quoiqu'ils n'eussent opposé aucune résistance à la foule qui enfonça les portes de l'Arsenal, on se saisit de leurs personnes, et au milieu des haches, des sabres, des bayonnettes, ils furent conduits à l'Hôtel-de-Ville par les forcenés qui, sur toute la route, les accabloient d'injures et de mauvais traitemens. Le marquis de la Salle plaida leur cause avec beaucoup de chaleur. Il représenta aux satellites, qui attendoient avec impatience qu'il leur fut permis de verser ce nouveau sang, qu'ils alloient commettre la plus funeste des erreurs. Il leur rappella que, dans les débats qui s'étoient élevés en Franche-Comté, sur la double représentation accordée au tiers-état, M. de Montbarrey s'étoit rangé dans le parti de ceux qui tenoient pour le

_____

(1) Voyez notamment Révolutions de Paris, du sieur Prudhomme, n°. 7, page 33.

troisième ordre, et en avoit ardemment épousé la querelle. Cette considération dispersa les tigres qui vouloient encore dévorer ces deux proies. M. et Madame de Montbarrey durent la vie à M. de la Salle. Ce sont-là les exploits qui ont signalé son commandement. Ils méritoient d'être recueillis dans cette histoire ; mais le succès que M. de la Salle obtint dans cette double occasion, ajoute au regret qu'il n'ait pas aussi tenté un effort en faveur du prévôt des marchands.

Une fête horrible, une fête digne des forfaits que je viens de raconter, et que ceux-mêmes qui y eurent part, ne pourront se rappeller sans frissonner, termina cette sanglante journée. Comment aurai-je le courage de tracer un tableau que la main de mes lecteurs repoussera avec horreur ? Comment aurai-je la force de dire aux nations et à la postérité, que le peuple de Paris fut en un instant changé en un peuple de cannibales ? Ceux qui se disoient les vainqueurs de la Bastille voulurent recevoir les félicitations de leurs concitoyens : ils promenèrent dans les différens quartiers de la capitale, sur la place de Grève, sur les quais, dans la rue Saint-Honoré, au Palais-Royal, les trophées de leur victoire. Quels trophées ! Grand dieu ! Des têtes affreuses à voir, que supportoient des piques, ouvroient la marche. Celle de l'infortuné de Flesselles se faisoit remarquer par la cruauté qu'on avoit défiguré les traits. Au-dessous de celle du marquis de Launay, étoit attaché un écriteau sur lequel on lisoit ces mots : *de Launay, gouverneur de la Bastille, perfide et traître envers le peuple*. Parmi ces têtes, on voyoit aussi la main du malheureux invalide, d'abord mutilé à la Bastille, ensuite pendu à la Grève. Les monstres qui portoient ces dépouilles, étoient tout couverts de sang. Leur visage, leurs cheveux, leurs mains, leurs vêtemens en dégoûtoient. Des gardes-françoises, des bourgeois élevés sur des fiacres, suivoient ces images de mort. D'autres étoient assis sur des brancards, que des gens du peuple portoient sur leurs épaules. Sur un de ces brancards, on distinguoit un vieillard à la tête chauve, les yeux hagards, et remarquable par la longue barbe blanche qui lui descendoit jusques au milieu de l'estomach. C'étoit ce malheureux insensé appellé With, qu'on avoit trouvé parmi les prisonniers de la Bastille. Sur un autre brancard, on voyoit un soldat du régiment des gardes, décoré de la croix de Saint-Louis, la tête couverte d'une couronne de laurier, promenant autour de lui, des yeux effarés, et non moins en démence que With. Il étoit bien involontairement exhaussé sur ce char de triomphe. Ce soldat, appellé Dubois, buvoit dans un cabaret, pendant que ses camarades et les parisiens canonnoient la Bastille. Sorti du cabaret, et entendant dire ce qui se passoit à cette forteresse, il en approcha et jetta un coup-d'œil sur ses tours. Tout-à-coup des ouvriers l'environnent. L'un crie : *voilà un de ceux qui se sont distingués à la Bastille ;*

l'autre dit : *voilà celui qui s'est le plus distingué à la Bastille.* Un troisième soutient qu'il y a fait des prodiges de valeur. Un quatrième assure l'avoir vu monter à l'assaut et grimper le long d'une tour. Tout en disant cela, un ouvrier qui avoit contribué au massacre de M. de Persan, lieutenant de la compagnie des invalides, et qui avoit trouvé sa croix de Saint-Louis dans sa poche, l'attache à la boutonnière de Dubois ; un autre lui met une couronne de laurier sur la tête, et tous l'entraînent sans qu'il puisse rien comprendre à cette frénésie. Il n'avoit pas déjà la tête bien saine. Le rôle qu'on lui fit jouer, la lui dérangea tout-à-fait. Un bourgeois, appellé Nodille, que l'agitation dans laquelle il avoit vu Dubois pendant toute la cérémonie, avoit singulièrement ému, le recueillit chez lui, lorsqu'elle fut finie. Les soins et les remèdes lui ont rendu un peu de raison. Le premier usage qu'il en fit fut de rapporter, à l'Hôtel-de-Ville, la croix dont on l'avoit décoré. Il a raconté lui-même que pendant toute la durée de cette cérémonie, il avoit été déchiré par des angoisses mortelles ; il n'avoit pas douté un seul instant, qu'il ne fut destiné à être pendu et à avoir ensuite la tête coupée.

On vit aussi, parmi les groupes qui formoient tout ce cortège, un jeune homme, que deux particuliers tenoient sous les bras. Il étoit blond, d'une assez belle figure, d'une taille avantageuse, et remuoit fièrement la tête de droite et de gauche, tandis que ceux qui le tenoient sous les bras, crioient de toutes leurs forces : *le voilà ce citoyen qui a tué M. de Flesselles.* C'étoit bien-là le cas de dire que le crime, dans Paris, marchoit la tête levée.

L'innombrable populace qui environnoit ces trophées, ces voitures de places, ces brancards, tous ces héros de la rébellion, poussoit des hurlemens à fendre les cieux, et s'agitoit avec un bruit épouvantable. C'étoit une pompe digne des enfers. Les rues, les fenêtres, les toits étoient remplis de curieux. Tous se repaissoient avec avidité du spectacle de ces chevelures sanglantes, de ces têtes mutilées. Des croisées, on jettoit des rubans, des fleurs, des parfums, sur ceux dont l'impériale des fiacres étoit encombrée. On s'élançoit des boutiques, on alloit au-devant d'eux, on leur présentoit des couronnes. J'ai vu des femmes, des jeunes filles, le teint animé, l'œil étincelant, fixer leurs regards sur les têtes des victimes, et sourire avec volupté à ces monstrueuses images. J'ai vu, pendant la marche, des groupes de danseurs et de danseuses ; j'ai entendu dans des maisons, dans des tavernes, les instrumens de musique célébrer cette sanguinaire fête. Lorsqu'elle fut finie, une sombre terreur s'empara de tous les esprits. Et quelle nuit que celle qui suivit le sacrifice de tant de victimes ! On eût dit que leurs ombres plaintives erroient dans les murs de Paris, et y semoient les remords et la peur. Mais avant de tracer ces nouvelles et lugubres images, je dois dire les mouvemens qui se faisoient à Versailles, et la régicide intrigue qui s'y brassoit.

CHAPITRE XLVII.

Situation de l'assemblée nationale dans la matinée du 14 ; mouvemens du club breton ; prétendu conspiration de la cour ; consternation de la plupart des députés ; demande du comte de Mirabeau ; son succès ; douloureux récit de M. le vicomte de Noailles ; angoisses, irrésolution de la cour ; réponse du roi à l'assemblée ; arrivée de deux électeurs de Paris ; tristesse de l'assemblée ; infidèle récit des électeurs ; terreur de l'assemblée ; mensonge du comte de Mirabeau ; arrêté des électeurs de Paris ; erreur où ils induisent l'assemblée ; réponse que leur fait M. le marquis de la Fayette ; mouvement qui la suit ; mécontentement que produit la réponse du roi ; seconde députation au roi ; réponse de sa majesté ; comment elle est reçue par l'assemblée ; arrêté qu'elle rend pour remédier aux malheurs du moment ; nouvelles menées des conjurés ; mot de M. Coroller ; projets sur M. d'Orléans ; tentatives pour le porter à la lieutenance générale du royaume ; vues ultérieures des conjurés ; apologie qu'ils en font ; intrigues pour diriger l'insurrection du peuple à Paris et dans les provinces ; résolution de M. d'Orléans ; alarmes et consternation de la cour ; conseil ; agitation, craintes, pusillanimité de M. d'Orléans ; embarras du conseil ; touchante détermination du roi ; détails qui peignent cet excellent prince ; demande de M. d'Orléans ; issue de l'intrigue qui devoit le porter à la lieutenance générale ; dépit des conjurés ; mot de Mirabeau.

Suite de Juillet 1789., et du second mois de l'interrègne.

Aucune séance de l'assemblée nationale ne fut plus paisible que celle de la matinée du 14. Une partie des députés avoit passé la nuit entière dans la salle, ainsi que le vouloit l'arrêté qu'on avoit pris la veille. Cette précaution fut inutile ; les députés restés sous la vice-présidence de M. le marquis de la Fayette, ne s'occupèrent, en aucune manière, des malheureuses circonstances où l'on se trouvoit ; il en fut de même le lendemain matin, on ne traita que des objets absolument étrangers aux événemens de la veille et du jour. Ce ne fut que vers une heure après-midi que M. l'archevêque de Vienne apprit qu'ayant fait part au roi du dernier arrêté de l'assemblée, sa majesté lui avoit répondu qu'elle examineroit ce que cet arrêté contenoit.

Cette réponse ne parut faire aucune impression sur l'assemblée ; le moment n'étoit pas encore venu pour les conjurés de tirer parti de la situation actuelle des choses. On continua donc paisiblement les indifférentes délibérations que M. l'archevêque de Vienne avoit interrompues. Entre deux et trois heures l'assemblée se sépara, laissant toujours une partie de ses membres dans l'intérieur de la salle.

Ce fut dans l'intervalle de cette séparation à la séance

séance du soir, que les conspirateurs mirent le temps à profit. Ils se réunirent. Pendant qu'ils délibéroient ils reçurent, de leurs complices de Paris, des nouvelles qui leur apprirent en gros ce qui s'étoit fait aux Invalides, et ce qui se projettoit contre la Bastille. Ils en surent assez pour se convaincre qu'ils étoient bien secondés, et qu'ils devoient seconder à leur tour; ils s'emparèrent de M. le duc d'Orléans, *lui firent son thême*, pour me servir de l'expression du comte de Mirabeau (1), et se promirent d'en faire un lieutenant-général du royaume avant la fin de la journée. Le prince crut tout ce qu'on lui dit, il se prêta aveuglement à tout ce qu'on voulut, répéta de son mieux le rôle qu'on lui avoit appris, et récita le discours qu'il s'agiroit de prononcer, lorsque l'instant seroit venu de prendre en mains les rênes du gouvernement.

Les conspirateurs ne s'en tinrent pas-là : par un artifice dont ils ont toujours usé dans le cours de la révolution, ils imputèrent au parti contraire les crimes qu'ils alloient commettre. Ils transformèrent, aux yeux du peuple, les ministres, les princes, le roi lui-même en autant de conspirateurs. Ils publièrent et firent publier, par leurs émissaires, que dans la soirée même le maréchal de Broglie investiroit de canons la salle des états-généraux; qu'ensuite il iroit former et presser le *blocus* de Paris; que cette ville seroit bombardée et incendiée; que M. le baron de Breteuil étoit l'âme et le chef de la conjuration; que pour mieux s'assurer de la fidélité des régimens étrangers qui serviroient à l'exécution du complot, il falloit porter leur paye de cinq sous à huit; qu'en mettant tout à feu et à sang dans Paris, il trouvoit l'avantage d'éteindre, en une seule nuit, presque toutes les dettes de l'état, parce que la capitale renfermoit la plus grande partie des créanciers de la nation, ainsi que des bordereaux et contrats; qu'il créeroit ensuite un papier-monnoie, à l'aide duquel il payeroit le reste de la dette publique.

Comme ce projet n'existoit que dans l'imagination des véritables conspirateurs, & qu'il devoit, suivant eux, s'exécuter dans la soirée même et dans la nuit suivante, il falloit bien trouver une réponse à faire à ceux qui s'étonneroient de n'en voir aucune partie mise à exécution. On convint donc de répandre, lorsque le temps pour l'accomplissement du projet seroit expiré,

---

(1) Une foule de dépositions dans l'affaire du 6 octobre, attestent ce fait et jettent beaucoup de jour sur cette infernale intrigue. Je me borne à renvoyer mes lecteurs aux dépositions de MM. Perrin, de Virieu et Bergasse; leur caractère connu donne un tel poids à leur témoignage, qu'il devient impossible de s'y refuser. Ce sont trois personnes d'une probité si délicate qu'il n'est pas un homme qui puisse affirmer leur avoir entendu dire un mensonge, même en matière indifférente.

que les canonniers, qui devoient investir l'assemblée nationale, avoient refusé d'obéir à M. de Broglie, et que les troupes, même étrangères, malgré l'augmentation de paye, ne s'étoient pas montrées plus dociles.

La première de ces fables, c'est-à-dire, celle qui supposoit une conjuration contre les députés et les parisiens, ne fut pas plutôt imaginée, qu'elle circula dans Versailles, d'où les émissaires du club breton la portèrent à Paris, où elle arriva au commencement de la nuit.

Tout étant ainsi disposé, on se rendit dans la salle des états-généraux. La tristesse se peignoit sur toutes les figures, l'inquiétude se lisoit dans tous les yeux. Le peu que l'on savoit des événemens qui venoient de se passer dans la capitale, suffisoit pour inspirer les plus grandes craintes sur leur suite. Ceux qui se promettoient d'en recueillir tout le fruit, affectoient plus de douleur que les autres. La fable qu'ils avoient concertée, et qu'ils faisoient adroitement circuler dans la salle, produisoit un tel effet, que même parmi les plus fidelles sujets du roi, il y en avoit qui craignoient pour leur propre personne.

Sur les cinq heures, l'assemblée fut entièrement formée; dès qu'elle se trouva complette, le comte de Mirabeau la voyant ensevelie dans le deuil, et en connoissant la cause, se leva; il demanda que la motion qu'il avoit faite sur l'éloignement des troupes fut reprise; que sur-le-champ une nouvelle réclamation fût portée au roi, et qu'on arrêtât de ne s'occuper d'aucun autre objet, jusqu'à ce que les troupes rassemblées dans la capitale, et aux environs, en eussent été entièrement retirées.

L'art de bien choisir le moment étoit, comme j'ai déjà eu occasion de le remarquer, le grand talent de Mirabeau; il ne pouvoit, pour renouveller sa demande de l'éloignement des troupes, choisir un instant plus propice que celui où la plupart des députés s'attendoient à être, le soir même, investis par les canonniers de M. le maréchal de Broglie. Aussi sa motion sur cet article fut-elle généralement appuyée. Quant à l'interruption des travaux, jusqu'après le renvoi des troupes, elle fut vivement combattue par tous ceux qui, ayant composé une charte constitutionnelle, brûloient d'envie de la mettre au jour.

Comme on débattoit cette seconde partie de la motion de Mirabeau, M. le vicomte de Noailles, qui arrivoit de Paris, entra dans la salle. Son air affligé ajouta à l'inquiétude des uns, et à l'effroi des autres. Il raconta ce qu'il avoit vu : l'hôtel des Invalides au pillage; leurs fusils et leurs canons à la merci du peuple; toute la bourgeoisie en armes, & dirigée dans sa discipline par les gardes françoises; toutes les familles nobles obligées de se renfermer dans leurs maisons; le projet formé de forcer la Bastille.

R

Le premier mouvement de l'assemblée, après avoir entendu ce douloureux récit, fut de se lever ; elle vouloit, sur-le-champ, aller en corps au roi, lui en faire le triste rapport. Mais après quelques momens de réflexion, & une courte délibération, il fut arrêté que la même députation qui avoit été envoyée la veille à sa majesté, retourneroit à l'instant vers elle, pour lui demander l'éloignement des troupes. La députation se rendit à l'instant au château. On y étoit dans de cruelles angoisses. Le roi ne savoit encore, à la vérité, qu'une partie des maux qui venoient de fondre sur sa capitale ; mais il n'ignoroit pas que les mouvemens étoient de nature à ne pouvoir être réprimés, sans des mesures qui répugnoient à son cœur. M. Bertier, intendant de Paris, l'avoit informé de l'extraordinaire effervescence du peuple. Il n'avoit pu en parler que d'une manière générale, parce qu'il avoit été admis à l'audience du roi avant d'être instruit lui même de l'irruption faite à l'hôtel des Invalides. Depuis son entretien avec M. Bertier, sa majesté avoit reçu les mêmes nouvelles que celles apportées par M. de Noailles, à l'assemblée. On déliberoit sur ces nouvelles, et sur le parti qu'il convenoit de prendre pour que la frénésie du peuple se bornât au pillage de l'hôtel des Invalides, lorsque la députation de l'assemblée arriva. Elle ne fit qu'accroître l'embarras de la cour ; elle ne fut pas admise sur-le-champ. On eût voulu, avant de l'introduire, prendre une résolution, qui permit au roi de faire une réponse, dont l'assemblée et le peuple auroient été satisfaits. Mais quelle résolution pouvoit-on prendre qui, en contentant les députés, ne compromit pas la sureté du roi ? Ils vouloient l'éloignement des troupes ; si le roi l'accordoit, que lui restoit-il à opposer au débordement de la licence ? Le pillage de l'hôtel des Invalides étoit un monstrueux attentat contre son autorité ; devoit-il le laisser impuni ? Devoit-il, par l'impunité accordée à ce premier crime, enhardir un peuple révolté, à de plus grands forfaits ? Lui demander, dans une telle position, d'éloigner ses troupes, qu'étoit-ce autre chose que de le sommer de descendre de son trône, et de livrer son empire aux rebelles ?

Telles étoient les différentes réflexions que faisoient les personnes qui environnoient le roi. La députation cependant attendoit ; & comme c'eût été ajouter au mécontentement de différer trop long-temps à l'admettre, elle fut introduite avant qu'il eût été rien décidé. Le roi lui fit cette réponse, où perçoit son inquiétude :

« Je me suis sans cesse occupé de toutes les mesures propres à rétablir la tranquillité de Paris. J'avois, en conséquence, donné ordre au prévôt des marchands et aux officiers municipaux, de se rendre ici, pour concerter avec eux les dispositions nécessaires. Instruit depuis de la formation d'une garde bourgeoise, j'ai donné des ordres à des officiers généraux de se mettre à la tête de cette garde, afin de l'aider de leur expérience, et seconder le zèle des bons citoyens. J'ai également ordonné que les troupes qui sont au Champ-de-Mars s'écartent de Paris. Les inquiétudes que vous me témoignez, sur les désordres de cette ville, doivent être dans tous les cœurs, et affectent vivement le mien. »

Le roi, comme l'on voit, ne savoit encore rien des assassinats dont les séditieux s'étoient rendus coupables. Il ignoroit qu'on égorgeoit ses fidelles serviteurs, des hommes qui n'avoient commis d'autre crime que de tenir de lui leur autorité et leurs places.

Ce fut avec cette réponse que les députés qui lui avoient été envoyés, se retirèrent, et ils se retirèrent mécontens. Cependant le roi cédoit aux mutins à peu-près tout ce qu'ils pouvoient exiger, puisqu'il validoit l'établissement d'une garde qui s'étoit formée contre ses intentions, et qu'il consentoit à la retraite des troupes du Champ-de-Mars.

Pendant que cette députation étoit au château, l'assemblée attendoit son retour avec la plus vive impatience. Il ne fut pas possible, jusqu'à ce qu'elle revint, de s'occuper d'autre chose que de l'affaire du moment. Toutes les motions qui se firent s'y rapportoient : les unes tendoient à établir une correspondance, de deux heures en deux heures, entre Paris & l'assemblée nationale ; les autres demandoient que l'assemblée fût toujours en séance jour et nuit, jusqu'après l'établissement des lois constitutionnelles, ou du moins jusqu'après le rétablissement de la tranquillité publique.

Plus l'imagination se fixoit sur les périls qui s'annonçoient, plus la crainte s'enfonçoit dans tous les cœurs, ce qui répandoit, sur l'assemblée entière, un nuage de tristesse qui lui donnoit un air, tout à-la-fois, majestueux & terrible. Au fort de cette sombre douleur, on annonça deux électeurs de Paris. Tous les visages alors pâlirent, toutes les langues restèrent muettes ; il se fit un silence effrayant. On étoit à l'entrée de la nuit ; chacun cherchoit à entrevoir, à travers l'obscurité, dans le corridor qui conduisoit à la salle, les deux envoyés. Ils furent quelque temps sans paroître. Toute délibération fut suspendue, jusqu'à ce qu'ils entrassent ; enfin ils se montrèrent. Chacune de leurs paroles fut recueillie avec avidité. Ils demandèrent d'abord qu'on leur pardonnât le désordre de leurs idées en faveur du désastre des circonstances. Je ne sais pas si le désordre étoit en effet dans leurs idées ; mais très-certainement ce fut dans leur récit qui ne rendit pas la vérité. Ils racontèrent qu'un escadron de hussards s'étant présenté dans le faubourg Saint-Antoine, ils avoient invité M. de Rulhières, commandant de la garde de Paris, & deux compagnies de gardes-françoises, à aller au secours des citoyens, qu'on disoit aux électeurs, avoir été attaqués par les hussards. Dès que M. de Rulhières parut, dirent les deux envoyés, les hussards disparurent.

Les électeurs parloient là de la fausse alerte qui

avoit été donnée le matin. Un escadron de cavalerie ne se fût pas hasardé à attaquer lui seul tout un peuple. Cette attaque étoit purement imaginaire, l'apparition même des hussards étoit une fable.

« Bientôt après, continua l'électeur qui portoit la parole, une partie du peuple a appris au comité que le gouverneur de la Bastille avoit fait tirer sur les citoyens. » Il est vrai qu'une partie du peuple avoit dit cela au comité ; mais l'orateur auroit dû ajouter que cette partie du peuple s'étoit trompée ; que le marquis de Launay n'avoit point été l'aggresseur ; que sa garnison, au contraire, avoit essuyé une décharge dès la nuit précédente.

L'orateur en vint ensuite aux députations que le comité avoit envoyées au gouverneur de la Bastille. Il dit qu'une de ces députations s'y étoient présentée avec un drapeau et un tambour ; qu'elle avoit fait le signal de la paix ; qu'on *l'avoit laissée* pénétrer dans une cour de la Bastille, et que bientôt une décharge avoit fait tomber, à ses côtés, des citoyens morts ou blessés.

L'électeur eut à peine presenté cet infidelle tableau, qui donnoit l'idée de la plus noire des perfidies, qu'il s'éleva, dit M. le comte de Lally (1), de toutes les parties de la salle, un cri de terreur sur le sort de cette malheureuse ville (Paris).

« Quand les électeurs, dit aussi le comte de Mirabeau (2), en furent à ce moment où la perfide de Launay laissa entrer *dans la Bastille*, une députation *nombreuse de citoyens*, qui venoient sans armes traiter de la paix, pour les assassiner, frapper du feu de ses batteries le peuple qui attendoit le retour de ses négociateurs, il lui retentit d'un cri douloureux d'indignation, qui appelloit la vengeance du ciel et des hommes sur la tête du coupable. »

Ni M. de Lally, ni le comte de Mirabeau, n'ont exagéré la déchirante impression que fit, sur toutes les ames, la prétendue perfidie du marquis de Launay. Mais tout étoit étrangement défiguré dans le récit des électeurs. Tout le monde entroit dans la cour de la Bastille, lorsque la députation, qui avoit un drapeau et un tambour, y pénétra. Ceux donc qui disoient que le marquis de Launay l'avoient *laissée* entrer, étoient tout au moins bien mal informés. Si dans l'assemblée, on eut été de sang-froid, on eût trouvé miraculeux que les citoyens qui environnoient les membres de la députation, tombassent morts ou blessés, et qu'aucun de ceux-là ne reçut la plus légère blessure.

Il faut mettre ce mensonge au rang des plus cruelles illusions qui ont servi à égarer le peuple. Par quelle fatalité l'homme est-il enclin à croire les forfaits les plus invraisemblables ? Comment se fait-il que dans une assemblée de douze cents membres, chacun ait donné l'exemple de cette grossière crédulité, dont la plupart ont aujourd'hui honte ? Croira-t-on, chez la postérité, que douze cents députés, il ne s'en est pas trouvé un seul qui se soit écrié : « on a trompé la religion des électeurs ; on trompe la nôtre ; le marquis de Launay est françois ; il est gentilhomme, homme d'honneur, homme de bien ; il n'a pas fait cette noire lâcheté ; il en est incapable. »

Si tout est défiguré dans la relation des électeurs, tout est méchanceté, imposture dans celle du comte de Mirabeau. Il met dans la bouche de ceux-là le fiel qui étoit dans la sienne. Sous sa plume, la députation devient *nombreuse* ; ce ne sont point les électeurs qui l'envoient, ce sont les citoyens ; le marquis de Launay ne la laisse pas seulement entrer dans la cour du gouvernement ; il la fait entrer jusque dans l'intérieur du château, pour se procurer le plaisir de l'assassiner. C'est de cette manière que le poison jetté dans le sein de l'assemblée par les deux électeurs, fut ramassé et ensuite distillé par le comte de Mirabeau, pour être répandu dans les provinces où il causa tout le ravage qu'il pouvoit causer.

L'orateur borna-là ce qui étoit relatif à la Bastille ; mais il ajouta qu'au moment où il partoit pour Versailles avec son collègue, tout le peuple demandoit à grands cris à l'Hôtel-de-Ville, qu'il lui fût permis de faire le siège de la Bastille. C'étoit donner à entendre à l'assemblée, que le marquis de Launay frappoit du feu de ses batteries les parisiens, sans y être provoqué, sans nécessité, sans qu'il y eut un seul homme en armes devant la forteresse ; et la vérité étoit que le marquis de Launay avoit été attaqué dès la nuit, et que depuis le commencement de la journée, on ne cessoit de le harceler et de le presser vivement.

Après avoir ainsi allumé l'indignation de l'assemblée contre des attentats imaginaires, les électeurs parlèrent de l'arrestation des courriers du roi, de la violation des dépêches de sa majesté ; ils rejetèrent tout cela sur le peuple ; ils dirent à qui étoit adressées les différentes lettres ; mais, par une réticence que les hommes sages de l'assemblée auroient bien dû remarquer, ils se turent sur le contenu de celles qui étoient destinées à MM. de Sombreuil et Bertier. Ils ne firent mention que de la dépêche qui étoit pour M. de Launay, et qui contenoit ordre à ce gouverneur, *de se défendre jusqu'à la dernière extrémité*; *qu'il avoit des forces suffisantes*. Il ne se trouva encore personne qui demandât que cette lettre fût produite à l'instant même, ni qui fit l'observation que

---

(1) Voyez mémoire de M. le comte du Lally, page 68.

(2) Voyez 19e. lettre du comte de Mirabeau à ses commettans.

R 2

M. de Launay étant menacé, depuis plusieurs jours, par des brigands, avoit pu, sans crime, solliciter et obtenir un pareil ordre.

Ces deux électeurs qui secouèrent si bien les torches de la discorde parmi nos représentans, méritent que je sauve leurs noms de l'oubli. L'un étoit un avocat au parlement, appelé Ganilh, et l'autre un ancien notaire, appelé Bancal des Issarts. Lorsqu'ils eurent terminé leur récit, ils présentèrent un arrêté qui avoit été pris par le comité dont ils étoient membres, et au bas duquel on lisoit encore le nom de l'infortuné M. de Flesselles. Une des dispositions de cet arrêté portoit que le comité seroit en correspondance journalière avec l'assemblée nationale ; on y lisoit encore que la députation étoit envoyée :

« A l'effet de peindre à l'assemblée nationale l'état affreux où étoit la ville de Paris ; les malheurs arrivés aux environs de la Bastille ; l'inutilité des députations qui avoient été envoyées par le comité au gouverneur de la Bastille, avec un tambour et un drapeau, pour y porter des paroles de paix, et demander que le canon de la Bastille ne fût point dirigé contre les citoyens ; la mort de plusieurs citoyens tués par le feu de la Bastille ; la demande faite par une multitude de citoyens assemblés, d'en faire le siège ; *les massacres qui peuvent en être la suite* ; et de supplier l'assemblée nationale de vouloir bien peser dans sa sagesse, le plus promptement qu'il lui sera possible, le moyen d'éviter à la ville de Paris les horreurs de la guerre civile. »

Cet arrêté se rapprochoit plus de la vérité, que le discours des deux envoyés. On n'y disoit pas au moins que le marquis de Launay eût fusillé aucune députation ; on s'y plaignoit de ce qu'il dirigeoit le canon contre les citoyens ; mais on ne l'accusoit pas de le tirer. Cependant, comme on parloit de plusieurs citoyens tués par le feu de la Bastille, et qu'on ajoutoit qu'une multitude de citoyens demandoit à former le siège de la forteresse, c'étoit induire l'assemblée nationale à croire que le marquis de Launay tiroit sur les parisiens avant qu'ils l'eussent assiégé, avant qu'il eût à se plaindre d'aucune hostilité de leur part.

Lorsque le temps aura placé tous ces événemens sous le point de vue qui permettra à la raison de les contempler avec calme, on s'étonnera que de deux partis, celui qui ne cessoit de se plaindre, fût celui qui ne cessoit d'outrager l'autre. Qu'avoit fait le roi ? Qu'avoient fait ses ministres ? On en étoit réduit, pour leur trouver des torts, à leur supposer des projets. Mais les insurgens ne s'en tenoient point à des projets. Le pillage de l'hôtel des Invalides, dont l'arrêté ne parloit pas, la violation des dépêches du roi, dont il ne parloit pas davantage, étoient de véritables hostilités. Comme elles arrivoient à la suite de l'établissement d'une garde bourgeoise, il étoit naturel que les hommes de sens demandassent ce que pronostiquoit donc un établissement qui s'annonçoit par de tels orages.

Pour prévenir l'objection, & persuader que la milice bourgeoise étoit déjà de quelqu'utilité, les électeurs, par ce même arrêté, exposoient à l'assemblée, que l'établissement de cette milice avoit procuré une nuit plus tranquille qu'on ne l'avoit espéré. Il restoit alors à demander pourquoi l'on ne recueilloit pas, pendant le jour, le même fruit de cet établissement ? Tous les esprits, dans l'assemblée, étoient trop vivement affectés de ce qu'ils venoient d'entendre sur ces citoyens tués ou blessés par le feu de la Bastille, pour que personne songeât à faire aucune observation de ce genre aux deux électeurs. On seroit tenté de croire qu'en arrivant à Versailles, ils savoient déjà quelque chose du massacre de la garnison ; on auroit quelque droit de se livrer à cette conjecture, d'après les craintes que le comité inspiroit, dans son arrêté, sur les massacres qui pouvoient être la suite du désir des parisiens de faire le siège de la Bastille. Dans ce cas-là, il faudroit admirer la prudence des deux envoyés qui entretenoient l'assemblée de tout ce qui pouvoit l'intéresser en faveur du peuple de Paris, et qui taisoient tout ce qui pouvoit en enlaidir la cause. Ce qui fortifieroit beaucoup cette conjecture, c'est que c'est une chose notoire, que les députés du comité des électeurs ne parurent dans un des corridors de l'assemblée nationale, qu'à l'entrée de la nuit (1), et la nuit ne commença pas, le 14 juillet, avant huit heures du soir. Le marquis de Launay avoit été assassiné sur les cinq heures. En supposant que les deux électeurs eussent mis trois heures à faire la route de Paris à Versailles, ils devoient avoir été témoins de ce premier acte de la tragédie. S'ils en étoient instruits, quelles étoient les raisons qui les empêchoient d'en parler à l'assemblée ? Peut-être ces raisons leur furent-elles suggérées dans le corridor où ils passèrent un temps assez considérable avant de se présenter à l'assemblée.

Le deuil fut à son comble lorsque ces deux électeurs eurent rempli leur mission. M. de la Fayette, qui présidoit en l'absence de M. l'archevêque de Vienne alors au château, leur fit une réponse que M. le comte de Lally appelle *aussi noble que pénétrante* (2) ; en voici la teneur :

―――――――――――――――――――――――

(1) Voici les propres expressions de M. le comte de Lally : « il y eut sur-tout un moment qui sera toujours présent à ma mémoire. *C'étoit à l'entrée de la nuit*, on annonça deux députés de l'Hôtel-de-Ville.

Le journal intitulé *le point du jour*, tome premier, page 200, dit que les deux électeurs arrivèrent dans l'assemblée, au moment même où la députation qui avoit été envoyée au roi, avant leur arrivée, étoit admise devant sa majesté, et il ajoute que cette députation entra chez le roi *à neuf heures du soir*.

(2) *Seconde lettre à ses commettans*, page 68.

Messieurs,

L'assemblée nationale, pén étrée des malheurs publics, n'a cessé de s'occuper jour et nuit du moyen de les prévenir ou de les arrêter. Dans ce moment même, son président, à la tête d'une députation nombreuse, est chez le roi, et lui porte, de notre part, les instances les plus vives pour l'éloignement des troupes. Je vous invite, messieurs, à rester parmi nous, pour être témoins du rapport qui va nous être fait. »

Il falloit que M. le comte de Lally, dans cette soirée où tout en effet étoit lugubre, eût l'ame singulièrement disposée à s'affliger, pour trouver une telle réponse pénétrante. Mais dans cette occasion, il n'étoit pas le seul à éprouver ce sentiment de tristesse. Dans la situation où se trouvoient les esprits, tout ce qui les reportoit sur les malheurs du jour épaississoit le nuage de deuil qui s'étoit répandu sur l'assemblée. Ainsi la réponse de M. la Fayette affecta la plupart des députés aussi douloureusement qu'elle avoit affecté M. de Lally. On se leva comme par inspiration après l'avoir entendu, et d'une voix à peu près unanime on demanda qu'il fût envoyé une seconde députation au roi, pour remettre sous ses yeux les nouveaux faits que venoient de raconter les électeurs. M. le marquis de Montesquiou ne fut pas tellement entraîné par l'enthousiasme général, qu'il n'eut encore assez de tranquillité d'esprit pour comprendre qu'avant de faire parler une nouvelle députation, il falloit savoir la réponse que le roi auroit faite à la première. Comme il en faisoit l'observation, la députation arriva. M. l'archevêque de Vienne ayant lu la réponse qu'il avoit reçue du roi, on cria, de tous les côtés de la salle, qu'il falloit faire partir sur le champ la seconde députation ; ce qui dénotoit que la réponse de sa majesté ne remplissoit pas les vues de la majorité. Que reprochoit-on à cette réponse ? « On y voyoit percer, dit le comte de Mirabeau dans sa dix-neuvième lettre à ses commettans, l'art de ceux qui conseilloient le roi. » Cet art consistoit à ce que le roi ne parloit que des troupes du Champ-de-Mars ; on vouloit que le monarque renvoyât aussi toutes les autres. C'étoit-là le but où l'on marchoit. Il s'agissoit de laisser le roi sans soldats. L'assemblée se trouvant, par la révolution qui venoit de s'opérer, maîtresse de toute la bourgeoisie armée, se donnoit ainsi tout l'avantage du combat qu'elle livroit au trône, puisqu'elle attaquoit, avec des forces que leur nombre et l'enthousiasme rendoient redoutables, un roi sans armes.

Ces vues n'étoient pas celles de l'assemblée entière, ni même celles de la majorité ; mais ceux des députés qui avoient tout concerté d'avance, profitoient habilement de la disposition où les circonstances plaçoient tous les esprits, pour les entraîner au terme que les seuls chefs des conjurés connoissoient. Ils n'eurent pas de peine à obtenir que le roi fut harcelé d'une seconde députation qui lui demanderoit encore le renvoi de la totalité des troupes. M. l'archevêque de Paris présida celle-ci. Il étoit alors dix heures et demie du soir. Le roi, qui venoit de congédier les premiers députés, n'avoit point encore eu le temps de prendre une dernière résolution sur les événemens qui se succédoient à Paris avec tant de rapidité, et qui ne lui parvenoient que successivement. Il ne fit cependant point attendre ces nouveaux députés. Ils furent admis à lui parler, dès qu'ils se présentèrent. M. l'archevêque de Paris, organe, sans le savoir, des séditieux, le conjura de se rendre au vœu de l'assemblée et lui lut ensuite en entier l'arrêté des électeurs de Paris. Il en reçut cette courte réponse.

« Vous déchirez de plus en plus mon cœur par le récit que vous me faites des malheurs de Paris : il n'est pas possible de croire que les ordres qui ont été donnés aux troupes en soient la cause. Vous savez la réponse que j'ai faite à votre précédente députation ; je n'ai rien à y ajouter. »

M. le comte de Lally, qui étoit de cette députation, dit (1) : « Hélas ! il ne falloit que voir le roi et l'entendre, pour être persuadé qu'il disoit une vérité. » Il est bien affligeant que des personnes à qui cet aveu échappoit, ne voulussent cependant pas croire le roi. Comme on ne pouvoit point donner d'ordres aux troupes, sans inscu, personne n'étoit plus en état que lui d'assurer que ces ordres ne devoient inspirer aucune inquiétude. « Mais, dit M. de Lally (2), après avoir fait cet aveu, pourquoi le roi ne nous accordoit-il pas la retraite des troupes du Champ-de-Mars ? » Il falloit donc que, pour complaire aux personnes qui pensoient comme M. de Lally, le roi exposât sa personne, sa famille, ceux de ses sujets qui lui restoient fidelles, à toutes les suites que devoit nécessairement avoir le sanglant affront qui lui avoit été fait par le pillage de l'hôtel des Invalides. Que pouvoient exiger de plus du roi, ceux qui vouloient un Louis XVII ?

M. l'archevêque de Paris, étant revenu dans l'assemblée avec la députation, peignit d'une manière intéressante toute l'affliction du roi. Le sage prélat croyoit ainsi préparer les esprits à recevoir sans prévention la réponse de sa majesté. Il se trompoit : les factieux trouvèrent cette réponse *nébuleuse* ; c'est l'expression du comte de Mirabeau (3). Ceux qui étoient du bord de M. de Lally, la trouvèrent insuffisante ; les autres n'osèrent rien dire, soit que l'empire qu'ils voyoient prendre aux rebelles glaçât

_____

(1) Seconde lettre à ses commettans, page 68.
(2) Ibid.
(3) Dix-neuvième lettre à ses commettans.

leur courage, soit que réellement ils craignirent la dissolution des états-généraux.

« Cette réponse, dit le comte de Mirabeau (1), où l'on voyoit encore l'ascendant des imposteurs que le roi devoit bientôt connoître, fut loin de nous rassurer. Nous résolûmes de prolonger notre séance toute la nuit, soit pour nous présenter à nos ennemis dans nos fonctions sacrées, comme autrefois le sénat romain aux Gaulois, soit pour être toujours à portée de tenter un dernier effort *auprès du trône* (2), et de secourir la capitale. Rien ne peut exprimer l'anxiété de notre situation. Inquiets sur notre sort, parce qu'à notre sureté personnelle étoit lié le salut de la France, et qu'on ne pouvoit toucher un cheveu de nos têtes sans ébranler les fondemens de l'état; angoissés sur les événemens de la capitale, sur les convulsions des provinces, sur les horreurs de la famine prête à consumer ce que la guerre civile auroit épargné, à peine pouvions-nous suffire au sentiment de tant de maux. Non, je n'oublierai jamais ce triste spectacle; les députés de la nation convoqués par le roi, en proie aux affres les plus dévorantes ; des vieillards cherchant une heure de repos sur des tables et des tapis ; les plus délicats couchés sur des bancs ; tous voyant le glaive suspendu sur eux et sur la patrie, et tous craignant un lendemain plus affreux encore. »

Ce tableau est fidèle en ce qu'il peint au naturel, la terreur où Mirabeau et les siens avoient plongé la très-grande majorité de l'assemblée. Dans cette majorité, les uns affectoient de croire, et les autres croyoient de bonne foi, qu'on alloit faire une Saint-Barthelemi des députés.

Il falloit cependant, au milieu des périls dont on étoit environné, prendre une résolution ; il falloit tenter ce dernier effort auprès du trône, & présenter à la capitale ces secours qu'elle sollicitoit. Les deux électeurs, toujours présens à la séance, demandoient quelles paroles ils porteroient à l'Hôtel-de-Ville. On leur remit enfin, pour réponse, un arrêté qu'ils furent priés de lire à leurs collègues. Ce fut-là l'effort et le secours de l'assemblée. En voici le contenu.

« L'assemblée nationale, profondément affectée des malheurs qu'elle n'avoit que trop prévus, n'a cessé de demander, à sa majesté, la retraite entière et absolue des troupes, extraordinairement rassemblées dans la capitale et aux environs. Elle a encore envoyé, dans ce jour, deux députations au roi sur cet objet, dont elle ne cesse de s'occuper nuit et jour. Elle fait part aux électeurs des deux réponses qu'elle a reçues. Elle renouvellera demain les mêmes démarches ; elle les

___

(1) Ibid.

(2) Si au lieu des mots *auprès du trône*, le comte de Mirabeau eut dit *contre le trône*, il eût peint la vérité toute entière.

fera plus pressantes encore s'il est possible : elle ne cessera de les répéter, et de tenter de nouveaux efforts, jusqu'à ce qu'ils ayent eu le succès qu'elle a droit d'attendre, et de la justice de sa réclamation, et du cœur du roi, lorsque des impressions étrangères n'en arrêteront plus les mouvemens. »

Il y avoit bien de la perfidie dans cet arrêté, qui attribuoit les calamités de l'empire, au refus que faisoit le roi de retirer toutes les troupes. C'étoit une nouvelle attaque contre son autorité ; elle armoit contre lui, et l'opinion, et le vœu de son peuple. De tous les moyens de rétablir le calme, pouvoit-on en choisir qui se détournât davantage du but ? Le calme ne pouvoit renaître qu'avec la confiance aux paroles et en la bonté du roi. C'étoit à ranimer cette confiance qu'auroient dû tendre les démarches de l'assemblée, si elle avoit procédé de bonne foi. Mais on ne vouloit pas la paix ; on vouloit la guerre. Il s'agissoit d'ailleurs, pour le projet qu'on avoit en vue, de rendre les intentions du roi suspectes, d'en faire un tyran qui conspiroit contre la vie des députés de son peuple, & méditoit l'incendie de sa capitale. Les factieux se félicitèrent donc d'avoir surpris au reste de leurs collègues, un arrêté qui laissoit subsister les venimeuses impressions dont ils avoient imbu une si grande partie de la nation. Ils crurent, après cela, que le moment étoit venu de tendre un nouveau piège au roi, ainsi qu'à toute sa famille, et de mettre en avant leur Louis XVII.

La nuit étoit fort avancée, lorsque ce perfide arrêté fut remis aux deux électeurs. L'assemblée cessa toute délibération : le vice-président déclara cependant que la séance tiendroit toujours, et qu'en cas de nécessité, les délibérations seroient reprises d'un instant à l'autre. Les conférences particulières commencèrent alors. Les membres du club breton se réunirent ; ils étoient, dans cet instant, parfaitement instruits des derniers excès commis dans la capitale. Ils se réjouirent, en voyant que le renvoi de M. Necker avoit enfin opéré la révolution. « Je suis, disoit, quelques jours après, M. Coröller, en déjeûnant avec MM. Malouet, Dufraisse, et Maison-Neuve, députés de la sénéchaussée d'Auvergne (1), d'une espèce de comité qui a entretenu correspondance avec tous les régimens de l'armée pour les engager à la défection. Pour soulever le peuple, il y avoit été résolu, si la cour n'eût pas renvoyé M. Necker, de mettre le feu au Palais-Bourbon ».

Cette espèce de comité, c'étoit le club breton. Voyant la défection des troupes fort avancée, et le peuple entièrement soulevé, sans qu'il fut besoin d'incendier le Palais-Bourbon, il se décida à placer

___

(1) Voyez déposition de M. de Guilhermy, entendu dans l'affaire du 6 octobre.

M. d'Orléans à la tête des affaires, afin, comme le disoit le comte de Mirabeau, que le vaisseau public s'élançât avec plus de rapidité vers la liberté. Quelle liberté, que celle dont on eût joui sous un tel maître ! Les conjurés engagèrent le prince à qui, suivant l'expression encore du comte de Mirabeau, *on avoit préparé tout ce qu'il avoit à dire*, à profiter de la conjoncture, pour s'élever à toute la hauteur où ils désiroient le voir, afin de ne plus rencontrer d'obstacle à l'exécution de leurs desseins ultérieurs. Il fut donc convenu que M. d'Orléans se rendroit au château, se présenteroit à la porte du conseil, s'y feroit introduire, proposeroit sa médiation entre le roi et le peuple, et demanderoit, pour prix de sa médiation, sa nomination à la place de lieutenant-général du royaume (1).

Le titre étoit modeste ; mais le temps n'étoit point encore venu d'annoncer de plus hautes prétentions. Les vertus de Louis XVI, ses bienfaits, les droits que lui avoient transmis ses ancêtres, parloient encore trop haut. Il n'étoit pas prudent de se présenter, comme un usurpateur, avant d'être assuré que la rébellion avoit corrompu presque tous les cœurs ; d'ailleurs, à cette époque, M. d'Orléans ne pouvoit guères compter que sur quelques factieux, et sur des gens salariés ; il pouvoit, au plus, être roi des halles. La presque totalité du public qui connoissoit les honteux désordres de sa vie privée, et les ignobles fautes de sa vie publique, n'avoit pour lui aucune considération. Ses largesses envers les malheureux, dans des temps de disette, n'étoit même pas pour lui un titre de recommandation. On savoit que ces fastueuses aumônes, destinées avec tant d'éclat aux indigens de la paroisse de Saint-Eustache, se réduisoient à une somme de cinq à six mille livres, que le curé de cette paroisse avoit avancée, et dont la moitié lui étoit encore due. On se souvenoit de toutes les bassesses qu'il avoit faites auprès de M. l'archevêque de Sens, pour en obtenir la fin de son exil à Villers-Cotterets, où cependant une compagnie nombreuse charmoit ses ennuis, et quoique, en supportant cette disgrace tranquillement, il eût pu reconquérir l'opinion publique, pour laquelle il avoit toujours affiché du mépris.

Tout cela se fût vivement présenté à l'esprit, si M. d'Orléans, dans ces premiers instants d'insurrection, eût annoncé des vues trop ambitieuses. Les yeux de la plupart des françois se fussent dessillés ; ils eussent compris que la révolution ne s'étoit faite que pour lui ; ils s'en seroient indignés ; on les auroit vus se rallier, et précipiter, du trône dans la fange, le monarque d'un jour.

(2) Tout l'ensemble des dépositions reçues au châtelet, dans l'affaire du 6 octobre, prouve ce fait. Voyez notamment celles de MM. de Virieu, et Bergasse ; d'ailleurs, MM. d'Orléans, Mirabeau, Chabroud, ne l'ont point nié. Le mot de ce dernier, que j'ai déjà eu occasion de citer, ne périra jamais : *il étoit, je vous prie, le motif de blâmer ?*

Il étoit donc plus prudent d'arriver à la suprême puissance lentement et par des voies détournées ; d'ailleurs, en se contentant de la lieutenance-générale, on étoit certain à-peu-près du succès ; car, que pouvoit refuser le roi, dans l'abîme où on l'avoit enfoncé ? Eût-il refusé ? On eût dit qu'il avoit parlé. Si l'on échouoit, on en étoit quitte pour dire, comme M. Chabroud (1) : *C'étoit une prévoyance plutôt qu'un projet.* On eût, comme lui, prétendu que le cours qu'avoient pris les affaires rendoit cette mesure légitime, et qu'il n'y avoit rien de blâmable, à ce que M. d'Orléans eût demandé, pour prix d'une médiation qui auroit été utile au monarque et au peuple, la lieutenance-générale du royaume.

Dans le plan des conjurés, cette dignité n'étoit que provisoire ; le lieutenant-général, dès que la maturité des événemens et les progrès de la sédition, l'auroient permis, eût été métamorphosé en Louis XVII. Il ne faut pas croire que l'idée de cette sacrilège usurpation leur inspirât aucun remords. L'artisan de cette œuvre régicide n'y voyoit rien qui ne fût digne d'éloge. Voici comment il s'en est expliqué lui-même bien solemnellement (2).

« Le projet, selon lui, étoit tel que tout citoyen pouvoit s'en honorer, et non-seulement, ajoutoit-il, il étoit justifiable, à l'époque où on le plaçoit ; mais il est bon en soi, mais il est louable.... »

« Supposez, disoit-il encore, un royaliste exalté, conversant avec un royaliste tempéré, repoussant toute idée que le monarque peut courir un danger chez une nation qui professe en quelque sorte le culte du gouvernement monarchique. Trouveriez-vous étrange que l'ami du trône et de la liberté, voyant l'horison se rembrunir, jugeant mieux que l'enthousiaste la tendance de l'opinion, l'accélération des circonstances, les dangers de l'insurrection...., ait dit au royaliste exalté : Eh ! qui vous nie que le françois soit monarchiste ? Qui vous conteste que la France n'ait besoin d'un roi, et ne veuille un roi ? *Mais Louis XVII sera roi comme Louis XVI ; et si l'on parvient à persuader à la nation que Louis XVI est fauteur et complice des excès qui ont lassé sa patience, elle invoquera un Louis XVII.* Le zélateur de la liberté auroit prononcé ces paroles avec d'autant plus d'énergie, qu'il eût mieux connu les relations qui pouvoient rendre son discours plus efficace. Verriez-vous en lui un conspirateur, un mauvais citoyen, ou même un mauvais raisonneur ? »

(1) Voyez son rapport, fait à l'assemblée nationale, sur la procédure du châtelet, dans l'affaire du 6 octobre.

(2) C'est dans la tribune de l'assemblée nationale, que le comte de Mirabeau a prononcé l'étrange discours dont je donne l'extrait. Il se trouve tout entier dans la feuille du Moniteur, du 4 octobre 1790.

L'apologie étoit digne et du crime et du génie infernal qui, comme je l'ai rapporté en son lieu, disoit quelques jours auparavant, que l'on ne feroit jamais un pas vers la liberté, tant qu'on ne feroit pas une révolution à la cour; et qu'il importoit de nommer M. le duc d'Orléans lieutenant-général du royaume.

Quelques personnes se sont étonnées de ce que M. d'Orléans, dans la chaleur de l'insurrection, se soit tenu constamment à Versailles, et ne soit pas venu se montrer au peuple de Paris, qui demandoit un chef, et paroissoit agir sans concert. Qu'auroit fait M. d'Orléans parmi les insurgens, qu'il n'eût pu aussi bien faire par ses émissaires? Se mettre à la tête des rebelles, sans prétexte plausible, sans une mission apparente du roi, c'étoit trop risquer; c'étoit courir le double danger, ou de réveiller dans les cœurs l'amour pour le roi, et d'être repoussé par le peuple, ou de subir le traitement réservé aux traîtres, si l'insurrection n'avoit aucune suite. En restant à Versailles, M. d'Orléans se faisoit honneur même auprès du roi, de son éloignement du foyer de la sédition; il étoit plus à portée de se saisir du poste où les conjurés le portoient, dès que le moment d'y monter seroit arrivé, et il n'en dirigeoit pas moins, par ses affidés, les mouvemens de la capitale.

Quoique le peuple de Paris parût en effet, dans la journée du 14, agir au hasard, et, s'il est permis de parler ainsi, errer à l'aventure de crime en crime, il est hors de doute que des gens agissoient sourdement parmi les insurgens. Ainsi deux personnes ont déclaré à la justice, sous la foi du serment, qu'un ouvrier de M. le duc d'Orléans avoit, dans le courant de cette journée, fabriqué et distribué une quantité considérable de piques. Un serrurier du quartier Saint-Eustache, appelé Faure, et qui est vraisemblablement cet ouvrier, est convenu, en présence de la justice, avoir fabriqué et donné gratuitement, le 14, au district des Filles Saint-Thomas-du-Louvre, quatre cent trente piques. Ce désintéressement est possible; mais il est possible aussi que Faure en ait été dédommagé par les agens du prince.

Il est constant également, par le témoignage de plusieurs personnes, que des gens portant la livrée de M. d'Orléans, avoient des habitudes avec le peuple du faubourg Saint-Antoine, et un inspecteur de police appelé Lescaze. Un de ces gens-là, dans cette même journée du 14, ramassa beaucoup de monde dans la rue de Bourbon, vis-à-vis l'hôtel de Salm, et se mit à la tête d'une troupe d'environ deux mille hommes tous armés de piques (1).

S'il eût été nécessaire que M. d'Orléans encourageât, par sa présence, l'insurrection de la capitale, il auroit fallu aussi qu'il se trouvât en même temps présent sur tous les points du royaume, car par-tout à la même époque, le peuple étoit soulevé comme à Paris, par des menées sourdes et des mains invisibles. Ainsi, à Cherbourg où commandoit M. Dumouriez, ancien officier d'un des régimens de M. d'Orléans, la ville fut agitée de grands mouvemens du genre de ceux qui par-tout déterminèrent l'insurrection générale (1).

Les principaux chefs de la rébellion, jusqu'au moment où elle éclata, avoient toujours agi dans les ténèbres. Ils ne commencèrent à montrer quelque audace, que lorsqu'ils virent que le roi étoit dans l'impuissance de punir. On n'a jamais su, par exemple, qui avoit commandé plusieurs poignards venant de Nice. Il seroit absurde de dire que c'étoit le gouvernement qui les introduisoit dans le royaume, puisque ce fut le gouvernement qui les fit saisir et briser. Ce n'est pas d'ailleurs avec de pareilles armes que ceux qui gouvernent, répriment les perturbateurs.

M. d'Orléans resta donc constamment fidelle au système que s'étoient fait les novateurs, de cacher soigneusement les mains qui donnoient des secousses à tout l'empire. Ce système d'ailleurs étoit trop analogue à la timidité de son caractère, pour qu'il ne s'y conformât pas jusqu'à la dernière extrémité. Il n'y renonça que lorsqu'on lui persuada que le moment étoit enfin arrivé de se montrer sans danger, et même sous un aspect favorable. On lui fit entendre qu'il ne se présentoit ni comme un chef de rebelles, ni comme un usurpateur. Il s'élevoit un procès entre le peuple et le roi. C'étoit, disoit-on, un rôle digne du premier prince du sang, de s'interposer entre l'un et l'autre, pour terminer cette grande querelle qui déchiroit la monarchie. Uni au monarque par les liens du sang, dévoué au peuple, qui pouvoit mieux que lui tenir la balance entr'eux? N'avoit-il pas un égal intérêt à défendre les prérogatives de la couronne, et à ne pas déchoir du crédit dont il jouissoit auprès de la multitude?

Quand on supposeroit que le cœur de M. d'Orléans étoit épuré de tout sentiment de haine, de vengeance, d'intérêt, d'ambition, des raisons aussi spécieuses devoient entraîner un esprit aussi foible et aussi peu prévoyant que le sien. Muni de ses instructions, ayant *son thème* parfaitement dans la tête, il se résolut à jouer le rôle auquel le destinoient des gens dont il eût été le premier esclave. Peut-être son orgueil se nourrissoit-il secrètement de l'idée qu'il alloit être placé sur la même ligne que César et Cromwell; l'un n'avoit point voulu le titre de roi, l'autre s'étoit contenté de celui de protecteur. Comme eux, M. d'Orléans s'avançoit dans la même carrière,

---

(1) Voyez notamment la déposition de M. de Villelongue, ancien capitaine-commandant du régiment Royal-Auvergne.

(1) Voyez la déposition de M. le comte Stanislas de Clermont-Tonnerre.

sans

sans diadême, et se bornoit à l'humble dénomination de lieutenant-général. Mais aussi comme il n'avoit que cette seule conformité avec les deux hommes les plus étonnans peut-être qui ayent paru sur ce globe, il étoit aisé de prévoir qu'il ne seroit qu'un instant à côté de ses modèles, et qu'il échoueroit au premier pas qu'il feroit.

La tête donc pleine des chimères dont on l'avoit bercé, et sa langue répétant tout bas le discours qu'on lui avoit fait apprendre, M. d'Orléans se présenta au château. L'état où il vit la cour, acheva de le confirmer dans l'opinion qu'il ne pouvoit choisir un moment plus favorable pour l'exécution de son projet. On savoit les dernières atrocités qui avoient ensanglanté la Bastille et la Grève; on n'ignoroit pas que le petit peuple étoit altéré de sang, et ne cherchoit que des victimes à dévorer. Le roi et son infortunée famille étoient dans les larmes. Les ministres conféroient ensemble, et ne décidoient rien. Les officiers des différens corps remplissoient les appartemens, ils interrogeoient les officiers généraux; ceux-ci couroient chez le roi chercher des ordres, et n'en rapportoient aucun. Les princesses, les dames de la cour éplorées vaguoient çà et là, caressoient les gens de guerre, et les supplioient de ne pas abandonner le roi et sa famille. Ainsi l'on voit sur un vaisseau dont la tempête a brisé le gouvernail et les mâts, et qui ne marche plus qu'au gré des flots, le pilote abandonner la manœuvre, l'équipage désespérer de son salut, et les femmes éperdues augmenter la confusion par leurs cris.

Enfin le conseil s'assemble : quel moment pour M. d'Orléans ! *Ils délibèrent*, dit-il peut-être en lui-même, *tout n'est donc pas perdu ; et si les ressources qui vont être trouvées*....... Mais lui seul peut rendre compte des divers sentimens qui bouleversèrent alors son ame. Il pâlit, s'avança, en tremblant, de la porte du conseil (1); là, tout son courage l'abandonna, il n'osa jamais entrer; incertain, confus, il attendit dans les angoisses, le résultat de la plus importante délibération qui eut jamais été agitée.

Il s'agissoit de tout perdre ou de tout reconquérir: l'indulgence, comme la sévérité, avoit ses inconvéniens. Il étoit également dangereux de tout accorder ou de tout refuser. La douceur étoit lâcheté; la rigueur exposoit à de grands maux. La vengeance ou le pardon mettoit la chose publique en péril. Le pillage de l'hôtel des Invalides, l'invasion faite à la Bastille, le massacre des officiers du roi, étoient de véritables déclarations de guerre. Qui les faisoit ? Le peuple. Avec un tel ennemi, quelles mesures y avoit-il à prendre ? Il n'y a point de milieu avec lui :

(1) Voyez notamment la déposition de M. de Virieu.

s'il ne craint, il est à craindre (1). Et ce n'est que lorsqu'il craint, qu'il peut être méprisé impunément. Falloit-il châtier l'insolence des mutins ? Falloit-il s'assurer des artisans de la sédition ? Quand on eût eu le pouvoir et la force d'infliger un juste châtiment, quand M. le maréchal de Broglie et les autres généraux de l'armée, n'eussent pas donné la certitude que la fidélité des meilleures troupes étoit incertaine, il falloit donc commencer la guerre civile ; il falloit qu'un roi, bon, humain, jaloux à l'excès du bonheur de ses sujets, se baignât dans leur sang. Cette idée glaça le cœur de Louis XVI ; il repoussa avec horreur toute mesure sévère. En vain insista-t-on pour qu'il donnât des ordres dans l'horrible conjoncture où lui et sa famille se trouvoient ; il n'en voulut point donner. Il pleura sur les infortunés qui avoient été égorgés ; il se dévoua lui-même pour victime. Il se décida à se jeter dans les bras de ceux qui l'outrageoient, et à se livrer tout entier à leur discrétion. Le témoignage de sa conscience fut sa seule consolation ; l'appui de la providence et l'antique bonté de son peuple, son seul espoir. Voilà la guerre que Louis XVI vouloit faire aux parisiens. C'est-là ce siège, ce bombardement, cet embrâsement qui menaçoit leur ville.

Si quelqu'un étoit tenté de blâmer le parti auquel ce prince vertueux s'arrêta dans cette occasion, qu'il se demande à lui-même si, placé dans la même circonstance, il eût mieux fait. J'ai souvent entendu dire, et j'entends répéter tous les jours, que Louis XVI apprenant de combien d'attentats le peuple de Paris se rendoit coupable, auroit dû monter à cheval, et se montrer aux rebelles. Qu'y eût-il fait ? Il eût compromis la majesté de sa personne. Je suis persuadé que la fureur, dont tant de forcenés étoient enivrés, les auroit entraînés sans remords à un sacrilège. Ils n'eussent pas plus respecté sa personne sacrée, qu'on n'avoit respecté, quelques mois auparavant, celle de son propre frère. Des misérables qui osoient proscrire la tête de M. le comte d'Artois, n'étoient que trop capables d'insulter leur roi. « Mais, dit-on, Louis XVI n'avoit qu'à dire : *qui m'aime, me suive* ; l'élite des françois se seroit pressée autour de lui ; tous ceux qui lui étoient restés fidelles, lui eussent fait un rempart de leurs corps. Sans doute, tous les honnêtes gens fussent morts martyrs, s'il l'eut fallut, de leur fidélité ; c'étoit leur devoir, et l'amour leur eût rendu ce devoir facile. Mais les honnêtes gens n'étoient pas alors le plus grand nombre. Il eût toujours fallu livrer un combat, car au point où l'on avoit égaré les esprits, il ne suffisoit plus de se montrer pour vaincre, et Louis XVI eût préféré lui-même mille morts à la douleur d'exposer ce qu'il avoit de plus cher.

L'adversité rend plus injustes encore ceux qui en

(1) C'est la pensée de Tacite : *terrere ni paveat : ubi pertimuerit, impunè contemni*.

S

sont témoins, que ceux qui en sont frappés. On veut bien accorder qu'elle n'est pas méritée ; mais on cherche toujours à se persuader que celui qui en est victime, eût pu la détourner, s'il eût tenu une autre conduite, dans les événemens qui l'ont amenée. C'est une erreur, parce qu'il est des malheurs absolument inévitables. Tels sont ceux qui ont empoisonné tous les jours de la vie de Louis XVI. Il n'en ait aucun qu'il ait pu prévenir. En montant sur le trône, et s'y annonçant comme le plus digne successeur de Henri IV, il eut tous les ennemis de son père. Avoit-il plus mérité que lui de les avoir ? C'est ce qui faisoit qu'un ministre, qui le connoissoit parfaitement, disoit, avec admiration et les larmes aux yeux, après avoir examiné un travail que le roi avoit fait personnellement en entier : « Le voilà ce prince à qui des sectaires insolens refusent l'application et des lumières. » Passant la majeure partie de son temps dans son cabinet, occupé des affaires de l'état, faisant lui-même les fonctions de secrétaire dans les comités dont il faisoit toujours précéder les conseils. ne prenant d'autre exercice que celui de la chasse, d'autres délassemens que ceux qu'il trouvoit dans son laboratoire, ennemi du jeu ; des spectacles et d'autres plaisirs moins innocens encore, ses occupations ont toujours été calomniées. Falloit-il que pour faire taire les calomniateurs, il se livrât à une vie dissipée, à des goûts honteux et dispendieux ?

S'il étoit de mon sujet de mettre sous les yeux de mes lecteurs, toute la vie privée et publique de Louis XVI, ils le verroient toujours bon, toujours sage, toujours se fixant au seul parti que commandoient les circonstances ; et en contemplant ce tableau, ils seroient forcés de convenir qu'il est des malheurs que toute la prudence humaine ne peut prévenir.

J'ai entendu dire aussi que l'injustice qui poursuivoit Louis XVI, venoit peut-être de ce qu'il n'avoit jamais déployé ces qualités brillantes qui éblouissent le vulgaire, de ce qu'il ne s'étoit jamais trouvé à la tête des gens de guerre. Le roi n'ayant eu, dans tout le cours de son règne, qu'une guerre d'outre-mer, n'a pas pu faire preuve de son courage. Mais tous les marins, qui ont su le jugement qu'il avoit porté du combat d'Ouessant, et qui l'ont admiré à Cherbourg, ont dit : *Il eût aussi bien commandé que d'Orvilliers, et mieux obéi que d'Orléans.* Ce mot est trop notoire pour qu'il soit besoin que je rapporte le témoignage de ceux qui l'ont entendu.

Les étrangers sont moins injustes que nous : il y a long-temps qu'ils s'étonnent qu'un roi qui n'a que des vertus, soit aussi mal apprécié par la plupart de ses sujets. M. le comte de Schmetrau, après avoir visité le cabinet du roi à Versailles, dit : *On connoît mieux Louis XVI à Berlin, qu'on ne le connoît à Paris.* La postérité le connoîtra mieux aussi que la génération actuelle, à moins que le peuple ne veuille enfin se résoudre à en croire plutôt ses yeux, que les imposteurs.

Ces détails, qui ont un instant interrompu le récit des événemens de la journée du 14, ne peuvent paroître étrangers à l'histoire de la révolution. Ils servent à peindre Louis XVI, et il entre dans mon plan de tracer le portrait de tous les personnages qui ont influé sur la révolution. Qui peut se flatter plus que le roi du déplorable avantage de l'avoir opérée ? Ce sont ses bienfaits qui l'ont amenée, et le premier fruit qu'il en a recueilli, c'est l'ingratitude du peuple à qui il vouloit la rendre utile. Triste condition de l'humanité ! Les tyrans font des esclaves ; les bons rois font des rebelles.

Je reviens à mon récit. Le conseil fini, M. d'Orléans, qui en ignoroit et en redoutoit le résultat, aborda le roi. Comme il falloit bien dire quelque chose à sa majesté, il le supplia de lui permettre de faire un voyage en Angleterre, dans le cas où les affaires deviendroient plus fâcheuses qu'elles n'étoient. C'est ainsi que se termina, pour l'instant, une intrigue dont on ne peut pas dire quelles eussent été les suites, si le prince eût eu un peu plus de hardiesse. Le conseil eût-il repoussé son offre ? l'eût-il acceptée ? Il en eût du moins été étonné et effrayé ; elle eût ajouté aux embarras de la cour. Il étoit naturel de croire que le prince ne faisoit cette démarche, que parce qu'il étoit porté et soutenu par un puissant parti. On eût donc été dans l'alternative, ou de soulever cette faction, ou de mettre le roi et le royaume sous la tutelle de son chef. Le génie tutélaire de la France la préserva de ce dernier malheur.

Qui peut dire cependant la surprise, la rage des conspirateurs, lorsqu'ils apprirent ce qu'ils appellent depuis *la civique lâcheté de M. d'Orléans* ? Le comte de Mirabeau, entr'autres, en conçut un dépit qui tenoit du désespoir, et il prenoit ce désespoir pour de la haine, de l'antipathie contre le prince. Un jour qu'il se déchaînoit sur ce qu'il appelloit la lâcheté de M. d'Orléans, un de ses collègues lui dit : *cet homme si lâche, vous l'auriez placé sur le trône, s'il vous eut été possible.* — *Lui*, répliqua Mirabeau, *j'en aurois fait mon roi ! Je le méprise comme mon valet* (1). Comme cette conversation se tenoit dans un des bureaux de l'assemblée nationale, où il y avoit beaucoup de personnes qui n'étoient pas du parti de Mirabeau, il est à croire qu'il ne vouloit pas révéler son secret devant elles. Il étoit d'ailleurs assez bizarre d'entendre le comte de Mirabeau se récrier contre la lâcheté de M. d'Orléans. C'étoit

---

(1) L'estimable auteur de l'ouvrage intitulé : les forfaits du 6 octobre, a recueilli cette anecdote. Elle se trouve dans une note qui est au bas de la page 159.

certainement le comble de l'ignominie d'être méprisé par le moins courageux et le moins brave des hommes ; et le prince, en voulant monter bien haut, ne pouvoit tomber plus bas. Mais comment Mirabeau ne voyoit-il pas que si le duc d'Orléans étoit méprisable comme un valet, pour n'avoir point profité du concours des circonstances qui plaçoit dans ses mains le timon de l'état, il ne l'étoit pas moins lui-même d'avoir choisi un tel instrument ? Il n'étoit point étonnant que le prince, d'un esprit borné, méconnût son incapacité ; mais Mirabeau, qui avoit la prétention d'être l'homme le plus éclairé de son siècle, pouvoit-il la méconnoître ? Qu'attendoit-il, et pour la révolution et pour ses vues personnelles, de l'élévation de M. d'Orléans à un poste d'où il étoit si aisé de prévoir qu'il descendroit quelques jours après ignoblement, s'il ne le quittoit d'une manière tragique ?

Ainsi les conspirateurs avoient mis en feu la capitale et le royaume, pour placer M. d'Orléans à la tête de l'empire ; c'étoit-là leur but du moment ; et le prince se voyoit réduit à ne désirer d'autre fruit de l'insurrection qu'un voyage en Angleterre. Ils prenoient pour prétexte de soulever les peuples, le départ forcé de M. Necker, et ils le laissoient dans son exil, et ils n'avoient pas dit un mot pour son rappel dans la dernière séance de l'assemblée. N'importe, l'ébranlement étoit donné ; le peuple ne connoissoit plus de frein ; c'étoit-là le succès qu'ils ambitionnoient le plus ; ils restoient toujours maîtres des destinées de la cour et de l'empire ; le prince étoit toujours le docile instrument de leurs fantaisies. On va voir, comment despotes et esclaves tour à tour de la multitude, ils l'entraînèrent à tous les crimes, et par elle furent eux-mêmes entraînés à tous les écarts.

CHAPITRE XLVIII.

Terreur des rébelles ; craintes des citoyens paisibles ; événemens singuliers qui ajoutent à la frayeur ; motion du comédien Grammont; horrible stratagéme ; précautions effrayantes ; ardeur, gaîté et modération des gardes-françoises ; tableau que présente la nuit du 14 au 15 ; confusion et inexpérience des patrouilles bourgeoises ; cruelles allertes ; terreur panique dans le Champ-de-Mars ; étrange égarement des parisiens ; prédiction de l'auteur; utilité de l'histoire ; soulèvement de tout le royaume ; situation de Versailles, dans la nuit du 14 au 15 ; démarche de M. le duc de Liancourt ; son portrait tracé par les membres du club breton ; motion et portrait de M. de Custines ; motions de MM. de Sillery, Pison, d'André et de Marguerites ; audace du comte de Mirabeau ; arrivée du roi dans l'assemblée nationale; applaudissemens qu'il reçoit ; son discours ; impression qu'il produit ; époque de la division de l'assemblée en trois partis ; réponse de M. l'archevêque de Vienne au roi ; réplique de sa majesté ; beau mouvement de l'assemblée ; dangers que court le roi dans le trajet de la salle des états au château ; particularités de cette marche ; spectacle attendrissant ; piété du roi ; députation aux parisiens ; offre des gardes-du-corps à l'assemblée ; témoignage honorable qu'elle leur rend.

Suite de Juillet 1789, et du second mois de l'interrègne.

Ceux qui, dans Paris, avoient eu la principale part à la sédition, se rendoient justice : ils ne se dissimuloient pas que le pillage de l'hôtel des Invalides, que l'irruption faite à la Bastille, que les exécutions qui avoient suivi ces deux actes de rébellion, étoient des insultes très-prononcées contre la légitime autorité du roi. Ils convenoient, en eux-mêmes, qu'il ne pouvoit pas les laisser impunies ; ils craignoient un prompt et terrible châtiment. Le remords, que l'on ne peut jamais étouffer, même dans la fièvre du crime, mêloit ses terreurs à la crainte d'une grande punition. Les dernières plaintes de tant d'innocentes victimes, si inhumainement égorgées, retentissoient aux oreilles de leurs bourreaux. Les images sanglantes des de Launay, des de Losme, des Flesselles, les poursuivoient dans les ombres de la nuit.

Ceux des parisiens qui n'avoient pris aucune part à ces attentats, s'étonnoient de leur atrocité et trembloient d'être enveloppés dans la vengeance éclatante que de pareils forfaits appelloient sur la tête des coupables. L'on se disoit, les uns aux autres, que c'en étoit fait de la capitale. On commentoit, de toutes les manières, la lettre adressée au gouverneur de la Bastille, et celle qu'on disoit avoir été trouvée dans sa poche. On ajoutoit à ces deux lettres. Elles promettoient, assuroit-on, au gouverneur de la Bastille, un renfort considérable pour le soir même. De-là on concluoit que tout, dans l'instant, alloit être en feu et au pillage dans Paris. L'un avoit vu la butte Montmartre couverte de canons, de bombes, de grils propres à rougir les boulets; l'autre se croyoit certain que des armées innombrables battoient la campagne, aux environs de Paris, et n'attendoient que le signal pour entrer.

Ceux-là vous racontoient qu'on avoit vu, dans le courant de la journée, des exprès envoyés par la reine, par Monsieur, par les autres princes, par des personnes considérables de la cour, se répandre dans différentes maisons de marque, et avertir ceux qui les occupoient de se retirer sur-le-champ de Paris, pour échapper au carnage qui alloit se faire. Ceux-ci vous apprenoient que la plupart des députés étoient venus faire leur testament, et le déposer chez un notaire (1); qu'ils étoient ensuite retournés à Versailles, avec la ferme persuasion qu'ils seroient immolés, et ne verroient pas la journée du lendemain.

On ne craignoient pas seulement l'ennemi du dehors, on redoutoit aussi les faux-frères; c'est-à-dire, qu'on se croyoit destiné à essuyer toutes les perfidies ordinaires dans les guerres civiles. Qui nous répondra, disoit-on, que dans la même patrouille, dans le même corps-de-garde, il n'y a pas deux partis différens ? Comment échapperons-nous à la mort, quand elle nous environnera de toutes parts, quand nous aurons à nous défendre, tout-à-la-fois, contre les troupes du roi, et contre les ennemis qui sont déguisés et confondus parmi nous ? Un événement qui, à la vérité, avoit quelque chose de mystérieux et d'incompréhensible, appuyoit ces soupçons d'une trahison. Un particulier, dont on n'a jamais dit le nom, ni l'état, s'étoit présenté au comité des électeurs, avoit offert une somme de cinquante mille livres, et demandé le commandement général de la milice parisienne. Les électeurs, en reconnoissance de son offre, qu'ils n'acceptèrent cependant point; lui firent présent d'une épée. Il la prit, se retira et ne reparut plus. C'est un miracle, croit le peuple, que son offre ait été rejettée. C'étoit-là, à coup-sûr, un traître, qui eût mené les parisiens à la boucherie, & non à la victoire ».

Une autre circonstance, qui avoit également quelque chose de bizarre, accrédita la croyance qu'on pouv.it être victime d'une surprise. Vers le soir, un détachement de hussards, qui arrivoit par la rue Dauphine, s'avança sur le Pont-Neuf. Lorsqu'il fut à côté de la statue de Henri IV, il s'arrêta; l'officier qui étoit à sa tête, mit le chapeau à la main, et adressa ces paroles au peuple : « Messieurs, nous venons nous réunir à vous comme à nos frères; nous combattrons pour vous, et je vous annonce que vous allez bientôt avoir un régiment de dragons, un de hussards, et celui de Royal-Allemand cavalerie. »

J'étois présent à cette harangue, qui m'étonna d'abord beaucoup. Je crus deviner ensuite le véritable motif qui faisoit tenir à l'officier un pareil langage. Une foule bruyante suivoit, avec inquiétude, le détachement qui étoit peu nombreux. La vue des hussards ne réjouissoit point ce peuple ; on parloit de les arrêter, de leur faire violence ; quelques voix demandoient qu'on les fît prisonniers de guerre ; d'autres faisoient entendre des propositions encore plus menaçantes. On s'en tenoit à de vaines clameurs, parce que la contenance de cette petite troupe, bien montée et bien armée, en imposoit. Mais lorsqu'elle fut à côté de la statue de Henri IV, la foule s'accrut. L'officier fut serré de près ; il entendit les menaces redoubler ; il vit même saisir la bride de quelques chevaux. J'imagine qu'il conçut alors quelque frayeur, et que, pour échapper au danger qu'il entrevoyoit, il crut prudent de s'arrêter, et de recourir à un mensonge qui lui parut, sans doute, excusable par la circonstance. M. Marat, que son journal de l'*Ami du Peuple* a rendu fameux, étoit présent. Il s'approcha de l'officier, mit aussi le chapeau à la main, et lui adressa, à son tour, cette harangue :

« Quel gage, monsieur, nous donnerez-vous de votre sincérité ? Si vous venez en armes vous réunir à nous, la soumission à nos désirs, doit être la première preuve de votre bonne foi. Commencez donc par mettre pied-à-terre, et remettez vos armes, pour les recevoir de nos mains. »

Cette invitation ne fut du goût ni de l'officier, ni des soldats ; ils dirent qu'ils consentiroient à tout ce qui pourroit être agréable au peuple, mais qu'ils n'abandonneroient ni leurs chevaux, ni leurs armes. Sur ce refus, M. Marat se mit à la tête du peuple, et conduisit le détachement à l'Hôtel-de-Ville. Là, les hussards refusèrent de nouveau de rendre leurs armes ; sur ce second refus, on leur donna une escorte, qui les conduisit au-delà de la barrière.

On ne doutoit point que ces hussards ne fussent venus plutôt pour seconder les troupes du dehors, que pour protéger les parisiens. On se persuadoit que des régimens entiers s'étoient ainsi introduits dans l'intérieur de la ville, et que les soldats avoient ensuite déposé leur uniforme, et s'étoient revêtus d'un habit bourgeois, pour n'être pas reconnus.

On se nourrissoit de tous ces motifs de crainte, lorsque la fable du massacre des députés, et du bombardement de Paris arriva. Qu'on juge de l'avidité avec laquelle elle fut reçue, par des esprits ainsi préparés. L'assurance avec laquelle les émissaires du club breton la débitoient dans les différens groupes, achevèrent de convaincre les crédules parisiens, que leur ville

---

(1) Il n'y a pas une de ces folies qui n'ait été publiée par quelque journaliste, & qui n'ait été crue.

ne seroit bientôt qu'un monceau de ruines et de cendres.

Des misérables, comme s'ils avoient craint que la terreur ne pénétrât pas assez les ames, tenoient dans les rues, au peuple qui les entouroit, les discours les plus effrayans. Le comédien Grammont, monté sur une borne du quai Pelletier, crioit : « Parisiens, tenez-vous en garde contre les surprises ; vos ennemis vous dressent toutes les sortes d'embûches. Une grande partie de la ville se porte sur des carrières ; visitez soigneusement ces souterreins ; peut-être recèlent-ils des armes, de la poudre, des légions. C'est vous, sur-tout, citoyens du faubourg Saint-Germain, que cet avis regarde. Prenez garde que, dans le silence de la nuit, il ne se fasse une explosion, et que vous et vos familles, ne soyez engloutis dans les entrailles de la terre. »

On employa aussi un stratagême, qui rappelloit les temps les plus désastreux de la France : des malheureux, tenant un morceau de craie à la main, alloient de maisons en maisons, s'arrêtoient devant les moins apparentes, et y faisoient une marque. Les uns crayonnoient une croix, les autres un cercle. Je suivois, avec quelque attention, ceux qui pratiquoient cette infernale manœuvre. Je m'étonne qu'aucun écrivain n'en ait parlé ; elle étoit cependant bien remarquable, et en elle-même, et par le souvenir qu'elle retraçoit du massacre de la Saint-Barthelemi. Les gens qui faisoient ce manége, n'étoient point de la loi du peuple ; ils étoient en général assez proprement vêtus. Il fut visible, qu'en épargnant les hôtels de ceux qu'on appelloit aristocrates, et qu'en ne marquant que les maisons bourgeoises, ils vouloient donner à entendre que les particuliers qui habitoient celles-ci étoient désignés pour être immolés la nuit même. Si les parisiens n'eussent pas été aveuglés, ils se fussent emparé de ces scélérats. On en eût présenté quelques-uns à la question ; la périlleuse position où l'on se trouvoit, légitimoit cette rigueur. On eût ainsi bientôt su de quels conspirateurs ils étoient les émissaires. Au lieu de prendre cette précaution, on gémissoit, on trembloit, on se livroit aux alarmes. Je désignai moi-même, dans le faubourg Saint-Germain, trois de ces malheureux, à des patrouilles qui passoient. L'officier d'une de ces patrouilles sourit à ma désignation, et continua son chemin avec son monde. Un autre me dit : « Que pouvons-nous faire ? Dans le désordre extrême où nous sommes, est-il possible d'arrêter tous les malfaiteurs ? Il n'y a qu'un remède à tout ceci, c'est de laisser faire, et de nous tenir bien armés, et bien sur nos garde. » Un troisième s'approcha, avec sa patrouille, de l'homme que je désignois, causa quelques minutes avec lui, et le laissa continuer son manége. J'appris cependant qu'on en avoit arrêté quelques-uns ; mais qu'ils n'avoient nullement été effrayés de cette arrestation ; qu'ils s'étoient faits conduire à un district, d'où ils étoient retournés paisiblement à leur première manœuvre. Avec moins de préoccupation, et un peu plus de calme, on eût deviné le mot de cette énigme ; mais au lieu de démêler cette intrigue, on s'en effrayoit. Vous entendiez des bourgeois, des artisans, des ouvriers, qui vous disoient : « Nous sommes perdus, on marque nos maisons. »

C'est la réunion de cette foule de circonstances effrayantes, qui fit de la nuit du 14 au 15 juillet, la plus épouvantable des nuits. Celle qui l'avoit précédée, fut alarmante, par les précautions qu'on prit contre les brigands dont on se croyoit menacé.

Dans celle-ci, où l'on craignoit bien d'autres malheurs, les précautions furent portées à l'excès. Elles étoient formidables, par la quantité d'armes de toute espèce dont on s'étoient emparés dans le courant de la journée. L'ordre qui commençoit à s'établir dans cet appareil de guerre, le rendoit plus terrible encore. On devoit aux gardes-françoises, ce commencement d'ordre, au sein d'une si grande confusion. Placés entre l'échafaud, que méritoit leur défection, et la couronne civique que leur promettoient les insurgens, leur ardeur recevoit un nouvel éguillon de cette position. On les rencontroit par-tout, ils couroient à tous les postes, endoctrinoient et encourageoient les bourgeois. Tout cela se faisoient avec une sorte de gaîté ; car j'ai vu de ces soldats qui, tout en charriant avec vitesse de lourdes pièces d'artillerie, crioient joyeusement : *Vive le tiers-état, vive les parisiens*, et battoient des entrechats. Ils refusoient les rafraîchissemens, les liqueurs qu'on leur présentoit. Ils avoient montré la même contenance sous les murs de la Bastille ; on les y avoit vus, à l'exemple du sieur Hulin, casser, avec les crosses de leurs fusils, toutes les bouteilles qu'on tiroit de la cave du gouverneur.

A peine donc le mal eût étendu son voile sur la capitale, que cette ville immense présenta une image qu'il est difficile de peindre. Le lugubre son du tocsin ne cessa de se faire entendre. Le sombre bruit des canons qu'on tiroit par intervalle s'y mêloit avec horreur. Chaque décharge glaçoit d'effroi, parce qu'on ne savoit si c'étoit l'ennemi ou l'habitant qui la faisoit. Dans presque tous les quartiers, mais principalement dans les faubourgs Saint-Antoine et Saint-Martin, les hommes, les femmes, les enfans, armés de pinces ou d'autres instrumens de fer, faisoient sauter les pavés, et les transportoient jusque sur les toits. Les marmites de fonte, les batteries de cuisine, des meubles les plus lourds garnissoient les fenêtres des quatrième et cinquième étage. Celles du premier étage présentoient un cordon continu de lampions allumés. On eût été mauvais citoyen, et entaché d'aristocratie, si l'on n'eut pas partagé ces soins alarmans. Ainsi, dans les quartiers les plus opulens, à tous les corps pesans qui encombroient les fenêtres les plus élevées, on joignoit les métaux travaillés, les ouvrages de l'art, des bronzes précieux. Les statues de César, de Domitien, les têtes de Tibère, de

Caligula, menaçoient les soldats du roi. Les gens de lettres dégarnirent leurs bibliothèques, et entassèrent sur leurs fenêtres les dictionnaires de Moréri, de Trévoux, de l'Académie, de l'Encyclopédie. Dans l'intérieur des maisons, chacun chargea ses pistolets, les mères de famille, de jeunes filles s'armoient d'un sabre, les autres d'une épée.

Tandis que les bourgeois se livroient à ces précautions, les gardes-françoises parcouroient les rues, triploient les postes, et avoient deux détachemens aux barrières, garnissoient les ponts, les places publiques, l'entrée des principales rues de pièces d'artillerie; dans les faubourgs, et dans quelques quartiers de l'intérieur de la ville, on creusa, sur la longueur des rues, et de distance en distance, des tranchées transversalles qu'on barricada de côté et d'autre avec des tonneaux et des charrettes.

Malgré ces soins et cette vigilance, il est douteux que les troupes du roi, si elles fussent entrées dans Paris, eussent trouvé beaucoup de résistance de la part des bourgeois qui gardoient les rues. Des patrouilles, composées d'hommes qui, la plupart, ne portoient les armes que depuis quelques heures, n'étoient pas bien aguerris contre le danger. Un corps assez nombreux de ces bourgeois posté dans la rue de Vaugirard, aux environs du Luxembourg, et à qui on avoit donné pour consigne de ne pas bouger de la rue, entendit, dans le lointain, comme un bruit de chaînes et de ferremens. Chacun prêta l'oreille ; le bruit, en approchant, augmentoit, et le silence de la nuit le rendoit plus effrayant. On avoit commencé par se tenir sur ses gardes, on finit par avoir peur. Tout-à-coup un homme passe, courant à toutes jambes, et crie, d'une voix terrible : *Voilà les hussards*. La terreur gagne les bourgeois ; ils fuyent, et en un instant la rue est déserte. L'un d'eux, entré dans une maison voisine, monte au grenier, et veut voir, par une lucarne, passer ces formidables escadrons de hussards. Au lieu de hussards, il voit une longue charrette de rouiller, lourdement chargée, et attelée avec des chaînes à six pesans chevaux, dont la tête étoit surmontée de plusieurs aigrettes de grelots. C'est cette bruyante charrette qui mit l'armée bourgeoise en déroute.

Il y avoit aussi beaucoup de confusion parmi les patrouilles ; les unes avoient négligé de prendre le mot d'ordre, les autres l'avoient oublié ; quelques-uns l'estropioient. Il n'étoit pas le même pour tous les quartiers. Dans le faubourg Saint-Marceau, les paroles à dire étoient, *liberté*, *libertas*. Un ouvrier qui commandoit une patrouille, en rencontre une autre ; on lui demande le mot d'ordre ; il cherche quelque tems dans sa tête, et se ressouvenant mieux de sa prière du matin et du soir, que des mots qu'on lui demandoit, il répond : *Fiat voluntas tua*. Dans un autre faubourg, il s'agissoit de dire *Philadelphie, Wasington*. Un bon artisan, qui ne connoissoit guère, ces mots de l'autre monde, et qu'on avoit mis à la tête d'une patrouille, interrogé par le chef d'une autre de son quartier, sur le mot d'ordre, s'approche de lui et lui dit bien gravement à l'oreille : *Colaphie, Mirliton*.

Mais quelque peu d'harmonie qu'il y eût entre les différens corps de bourgeois armés, quelque peu de discipline qui régnât parmi ces nouveaux soldats, il n'étoit pas possible d'imaginer que les troupes du roi, quand même elles en auroient reçu l'ordre, se risquassent, au milieu de la nuit, dans une ville où l'enthousiasme auroit suppléé au courage, le nombre à l'inexpérience. En supposant, comme il est assez vraisemblable, qu'elles eussent dissipé et fait rentrer dans leurs maisons, toutes ces légions de bourgeois divisés en patrouilles, auroient-elles pu franchir, sans le plus grand danger, ces barrières qui défendoient l'entrée des rues, et qui la plupart masquoient des pièces de canon ? Sur les ponts, ces troupes auroient été prises entre deux feux ; sur les quais, elles auroient été foudroyées en queue et en tête ; dans les rues, les lourdes masses, la grêle de pierres, les matières embrasées, les torrens de liqueurs bouillantes, qui se seroient précipités du haut des maisons, sur les soldats, en auroient fait un carnage effroyable.

Les parisiens ne vouloient point faire ces réflexions ; ils repoussoient tout motif de sécurité ; ils ne voyoient que la butte de Montmartre, les hussards, des milliers de barils de poudre dans les souterrains creusés sous la capitale. Plus on multiplioit les précautions pour leur salut, plus leur terreur s'accroissoit. Tout fut mis en usage pour qu'elle ne se rallentît pas. Entre minuit et une heure, le bruit du tocsin redoubla ; les décharges de canon furent plus fréquentes ; on entendoit dans la rue le mouvement des patrouilles qui se succédoient sans interruption, la répétition continuelle des mots, *qui vive ? — Patrouille. — Quel district ?* Au milieu du mélange confus et inquiétant de tous ces signes bruyans d'alarmes, tout-à-coup des voix lamentables font entendre ce sinistre avis : « ne vous couchez pas ; soignez vos lampions ; nous avons besoin de voir très-clair cette nuit. » Un quart-d'heure après, d'autres voix plus effrayantes encore, crient : *aux armes, aux armes*. Bientôt après, c'est une autre alerte ; des hommes courant d'un air effaré, comme s'ils étoient poursuivis de près, crient d'une voix plus éclatante que le tonnerre : *garde à vous ; voilà les hussards ; ils sont à la barrière de Sèves*. Ces hommes sont suivis de quart-d'heure en quart-d'heure par d'autres non moins effarés, et courant avec la même précipitation. Les uns crient : *les hussards, les hussards ; les autres : ils entrent par toutes les barrières ; ceux-ci : gare, ils sont dans les faubourgs; ceux-là, les voilà, les voilà*. Dans la maison que j'habitois, située au faubourg Saint-Germain, on eut une alerte de plus. Vers les deux heures du matin, on frappe rudement à la porte :

elle s'ouvre. Des gens, l'air égaré, les cheveux épars, se répandent dans les appartemens, et nous disent : « Vous êtes perdus; tout le faubourg va sauter en l'air; on a pressé de la poudre à la base des piliers qui soutiennent ce quartier dans la profondeur des carrières; on va y mettre le feu. » Il étoit aisé de voir que ce n'étoit-là qu'une exagération de commande, ou inspirée par la frayeur. Il n'est pas vrai que le faubourg Saint-Germain porte sur des carrières. Il y en a quelques-unes sous la rue Saint-Jacques, mais elles ne s'étendent pas loin, l'enceinte de chacune d'elles est peu vaste, et elles ne forment point une suite de souterrains non interrompue. On avoit beau faire cette observation : l'imagination une fois égarée par la peur, rend sourd à la raison, elle ne veut plus voir que des fantômes. « Eh quoi ! vous répondoit-on, ne savez-vous pas qu'au-dessous de l'observatoire, on descend dans un souterrain qui règne sous toute la surface du faubourg Saint-Germain ? » C'est-là une chimère que bien des gens croient encore aujourd'hui. Si elles veulent prendre la peine de descendre dans les caves de l'observatoire, elles s'assureront, par leurs propres yeux, que ces caves n'ont pas plus d'étendue, que la largeur du terrain sur lequel porte le bâtiment; elles ne vont pas au-delà des murs de la cour.

Toutes ces alertes, tous ces signes d'une prochaine destruction de la capitale, et du massacre de ses habitans, firent de la nuit du 14 au 15, une nuit si horrible, que plus d'un vieux officier m'a tenu ce langage : « Je me suis trouvé à bien des affaires périlleuses; j'ai connu en quelques rencontres la terreur; mais dans la nuit du 14 au 15, j'ai connu la peur. »

Cette peur renouvella parmi nous le prodige qu'on a vu quelquefois sur un champ de bataille, où deux armées en présence l'une de l'autre, frappées tout-à-coup d'une terreur panique, se craignent mutuellement, et fuyent à-la-fois. Ainsi les régimens campés au Champ-de-Mars, bien loin de songer à attaquer les parisiens, furent saisis d'une telle épouvante, qu'à peine eurent-ils reçu l'ordre du roi, de faire retraite, qu'ils fuirent dans le plus grand désordre. Les représentations de leurs officiers ne purent les rassurer. Ils laissèrent une partie de leurs armes, leurs munitions, leurs tentes, leur bagage, et se précipitèrent hors de leur camp, comme si un ennemi implacable les eût poursuivis l'épée dans les reins. Leur fuite ne se rallentit qu'à Sèves. Là, excédés de la fatigue d'une marche extraordinairement forcée, les soldats implorèrent la commisération des habitans qui ne comprenoient rien à cette brusque irruption de gens de guerre. « On nous poursuit, crioient ces soldats; nous allons être taillés en pièces; nous nous mourons de fatigue; prenez-nous sous votre sauvegarde; donnez-nous un asile dans vos maisons. » Plus ils insistoient, et plus les habitans craignant d'être enveloppés dans le choc entre ces troupes et les parisiens, se barricadoient chez eux. Les soldats désespérés de n'être pas exaucés, croyant réellement que tout Paris étoit à leurs trousses, et qu'ils ne pourroient jamais aller plus loin, arrachèrent de force ce qu'ils ne pouvoient obtenir par leurs prières; ils enfoncèrent les portes, brisèrent les portes, et se remisèrent dans les maisons. On voit encore aujourd'hui, à plusieurs portes, l'empreinte des coups de hache et de sabre qui les frappèrent. Tous ces soldats ne quittèrent leur asile qu'au lever du soleil.

Comme cependant le jour avançoit, et qu'on ne voyoit point à Paris, arriver d'ennemis, on s'y fit un autre sujet de terreur. « Il est évident, disoit-on, que nous avons été dupes d'une illusion. Les hussards entroient par toutes les barrières; ils étoient dans les faubourgs, et nous n'en avons vu aucun. Pas un ennemi ne s'est montré dans les rues. Des grêles de boulets rouges devoient fondre sur nos toits, et on ne dit pas qu'il y ait une seule maison endommagée. Des quartiers entiers devoient être enfouis par le jeu des mines souterraines, et nul ne parle de cet horrible phénomène. »

Ces réflexions étoient justes. La tranquillité dont jouissoit la capitale, ne permettoit pas d'en faire d'autres. Mais voici l'inconcevable conséquence qu'on en tiroit : « Cet état continuel d'alarmes, disoit-on, où l'on nous a tenus, est une perfidie de la cour. Ces gens qui nous crioient *aux armes*, qui nous invitoient à soigner nos lampions, qui nous menaçoient sans cesse des hussards, étoient ses émissaires. Elle vouloit nous retenir dans nos murs, dans la crainte que nous n'allassions au secours de nos députés; et tandis que nous n'étions ici occupés que de nos propres dangers, on les environnoit de soldats, on les égorgeoit. » Le bruit courut en effet, dès le grand matin, que les députés étoient massacrés. Cette nouvelle chimère n'eut que quelques instans de vie. On ne tarda pas à avoir des nouvelles de l'assemblée nationale, et on sut bien positivement qu'il n'étoit pas tombé un seul cheveu de la tête d'aucun de ses membres. L'étonnement alors fut grand; on ne savoit plus que penser de tout ce qu'on avoit vu, de tout ce qu'on voyoit. Mais les émissaires du club breton, qui avoient leurs instructions, saisirent ce moment pour faire circuler la fable dont on étoit convenu dans ce repaire; ils se répandirent de côté et d'autre; ils attroupoient le peuple, et lui tenoient ce discours.

« Si vos députés n'ont pas été massacrés, c'est que les canonniers, commandés par M. de Broglie, n'ont pas voulu lui obéir. Si vous mêmes n'avez pas été égorgés cette nuit, si votre ville n'a pas été bombardée, c'est qu'une partie des troupes a refusé de marcher. L'autre partie a été intimidée et découragée par vos glorieux exploits aux Invalides, à la Bastille, par la fière contenance que vous avez faite pendant toute la nuit. Il s'est bien présenté quelques

détachemens

détachemens de hussards, de dragons aux barrières; mais dès qu'ils appercevoient un pareil détachement de vos braves bourgeois, ils s'enfuyoient avec précipitation. »

De tous ces mensonges, il resta dans l'esprit de la plupart des parisiens, qu'ils avoient fait des prodiges de valeur qui les immortalisoient; qu'ils étoient le peuple le plus redoutable de l'Europe; qu'ils n'avoient qu'à se montrer pour mettre en fuite les armées les plus nombreuses, les plus aguerries, les mieux disciplinées. Se persuadant enfin qu'ils ne devoient qu'à leur valeur, l'infructuosité des desseins qu'ils croyoient, sans aucune preuve, avoir été concertés contr'eux, ils continuèrent à ne voir dans les personnes de la cour, que des ennemis, que des monstres altérés du sang françois.

On avoit donc enfin déterminé les parisiens, à une insurrection dont les annales d'aucun peuple n'offrent d'exemple. Les suites en dureront long-temps, et l'ébranlement donné d'abord par la capitale, répété ensuite par toutes les provinces, ne se bornera pas au seul empire françois. Il jettera au loin les nations dans les crises et dans le même abîme de maux où nous nous débattons, à moins que la sagesse de ceux qui gouvernent, ne trouve l'art de dompter cette opinion qui menace fièrement les trônes et les autels. « Oui, disoit un député, quelques mois après l'insurrection du 14, le trône même de Dieu seroit ébranlé, si nos décrets pouvoient monter jusque-là! » Ce blasphême est horrible, mais il contient au moins une vérité; il fait sentir énergiquement que tout est possible à ceux qui règnent sur l'opinion. Cette vérité perce à toutes les pages de l'histoire que j'écris. Dans aucun autre ouvrage, on ne voit, ce me semble, d'une manière plus sensible, la naissance, les progrès, les effets de l'opinion du plus grand nombre. En suivant attentivement cette marche, ceux que la providence et des conventions qu'elle ordonne de respecter, appellent à gouverner les peuples, apprendront à les préserver des maladies de l'esprit humain, pires que les fléaux pestilentiels dont la contagion au moins et la durée ont un terme. Les peuples à leur tour apprendront à se tenir en garde contre les séducteurs, et à croire que le peu de bonheur dont nous jouissons dans ce monde, ne se trouve que sous la protection d'une autorité légitime. C'est ainsi que l'histoire est une leçon pour ceux qui commandent, et pour ceux qui doivent obéir.

Les parisiens avoient été poussés à la rébellion par les libelles, les calomnies, l'appréhension de la famine, la crainte des brigands. Il en étoit de même des provinces. Des manœuvres semblables y avoient été pratiquées. Elles ne se trouvoient donc pas moins disposées que la capitale à un soulèvement. Mais comment s'est-il fait qu'il ait éclatté par-tout à la même époque? Les parisiens n'avoient pris les armes que pour repousser les brigands. Le renvoi de M. Necker, la fable d'une conspiration de la cour contre la capitale, furent les ressorts qu'on fit adroitement jouer pour déterminer enfin l'explosion. Ces ressorts connus, on s'étonne bien du prodigieux succès de ceux qui les mirent en jeu, mais non de l'époque où arrivèrent tant d'événemens extraordinaires. On ne trouve un sujet d'étonnement, dans cette époque, que quand on considère que les provinces sembloient l'avoir adopté pour lever aussi l'étendard de l'insurrection. On ignore les mesures que les factieux avoient prises pour que cette insurrection eut lieu au même temps dans tout le royaume; mais il est certain qu'ils furent secondés au gré de leurs desirs. Il ne se trouva peut-être pas une seule ville un peu considérable où le peuple ne se soulevât comme à Paris. En une semaine de temps, c'est-à-dire, depuis le dimanche 12 juillet jusqu'au dimanche suivant, le royaume se couvrit de milices bourgeoises. Les environs de Besançon, Vesoul, Dijon, Macon, Soissons, Laon, Lafere, Rouen, Caen, Chartres, Mortagne au Perche, Auxonne, Saint-Germain-en-Laye, furent infestés de brigands, et les habitans de ces villes se trouvèrent en armes aussitôt que les parisiens. Comme il n'y avoit pas, dans les provinces, de Bastille à attaquer, on s'en prit aux bureaux d'aides et de gabelles; on en insulta les chefs, on les obligea à livrer le sel à six ou sept sous la livre, et le tabac à vingt-quatre ou vingt-cinq sous. On poursuivit les commis; on les maltraita; on en pendit même quelques-uns; ces désordres furent poussés à l'excès, à Laon, à Chartres, à Mortagne. A Châlons-sur-Saône, les séditieux se jettèrent dans les châteaux des seigneurs, et y mirent tout au pillage. Par-tout, en un mot, l'insurrection fut accompagnée d'atrocités dont je donnerai les détails à mesure que j'y serai conduit par la marche chronologique que je me suis tracée.

La nuit fut plus tranquille à Versailles qu'à Paris; elle ne fut même pas bien fatigante pour les députés restés dans la salle des états. Pendant que les uns, étendus sur les siéges ou sur des tapis, goûtoient les douceurs du sommeil, les autres s'entretenoient avec tranquillité des événemens de la journée qui venoit de s'écouler. Les membres du club breton n'avoient garde de croire aux canons de M. de Broglie; mais outre le dépit que leur inspiroit la pusillanimité de M. d'Orléans, ils étoient tourmentés d'une grande inquiétude. Elle venoit de l'incertitude où ils étoient sur la détermination ultérieure à laquelle la cour s'arrêteroit. Le roi renverroit-il les troupes? Quelque parti qu'il prît, ne se précipiteroit-il pas dans de nouveaux embarras qui permettroient à M. d'Orléans de recommencer le rôle dont il s'étoit si mal acquitté?

Ce fut dans cette anxiété que les conjurés passèrent la nuit. M. le duc de Liancourt, qui

T.

avoit auprès du roi la charge de grand-maître de la garde-robe, n'étoit pas encore de leur bord. Non-seulement ils n'avoient encore en lui aucune confiance, ils le méprisoient même et le haïssoient. Ils le regardoient comme un homme *médiocre* (1), *prétentieux*. Ils disoient que *cette présomption, fille naturelle de la bêtise, que nous nommons fatuité, le faisoit siffler par quiconque prenoit la peine d'observer l'incohérence de ses démarches; que la figure l'avoit rendu tyran de la beauté, la naissance ivre d'orgueuil, la fortune insolent; qu'il s'étoit glissé aux états-généraux, parce que le titre de duc en impose aux provinciaux électeurs; qu'il avoit peu de ces traits caractéristiques qui peignent un homme; qu'il avoit revêtu ses formes extérieures, de dignité, de politesse, de bienfaisance, au besoin de patriotisme, de popularité, de zèle militaire; qu'il étoit également prêt à être ambassadeur, ministre, colonel, et également propre à ces différens postes; que cette disposition constante à tout solliciter, à tout accepter, à tout garder, sans consulter ni ses goûts, ni ses moyens, ni les intérêts d'autrui, prenoit sa source dans une façon de voir bien coupable, et présentoit d'étranges conséquences, si on vouloit les prévoir.*

Un homme, que les conspirateurs signaloient de cette manière, n'auroit jamais dû, ce semble, être des leurs; mais dans la journée du 14, M. de Liancourt, considérant la cour comme un vaisseau battu d'une violente tempête, calculoit avec prudence tous les effets de l'orage, pour savoir s'il resteroit dans le navire, ou s'il l'abandonneroit. Il se rendit au château dans cette nuit d'éternelle mémoire, afin sans doute de s'assurer, par ses propres yeux, de ce qu'il falloit craindre ou espérer. La dernière résolution du roi y avoit fait cesser toute agitation, et produit une sorte de tranquillité. Sa majesté ne disoit point encore son secret; mais comme elle ne donnoit aucun ordre, tous les mouvemens avoient cessé; il régnoit un calme qui parut étonner M. de Liancourt. Il vit les grands, les ministres, les princes, et peignit à tous avec énergie, avec une vive sollicitude pour les intérêts du roi, l'effroyable fermentation de la capitale. Il n'apprenoit rien qu'on ne sût déjà. Il dit à M. le comte d'Artois: *Prince, votre tête est proscrite, et j'ai lu l'affiche de cette horrible proscription.* Le prince n'ignoroit pas cette insolente atrocité. Il parla à Monsieur, des dangers qui environnoient le roi et sa famille. S'il en faut croire les journalistes, il témoigna des craintes pour la couronne, pour la vie même du monarque.

§ 5. Enfin le jour arriva, Monsieur et M. le comte d'Artois, qui connoissoient les intentions de leur auguste frère, et savoient la généreuse détermination à laquelle il s'étoit arrêté, se rendirent auprès de sa personne. Il ne fut question que de la gravité des circonstances où l'on se trouvoit. Le roi écouta tout, sans laisser percer d'autre sentiment que celui d'une extrême confiance en l'amour de son peuple. Il finit par apprendre qu'il se rendroit le matin même à l'assemblée nationale. Dès que sa majesté l'eût annoncé, M. de Liancourt se retira, et se hâta de se rendre parmi les députés. Ils s'étoient tous réunis à la pointe du jour. A neuf heures du matin, l'assemblée se trouvoit entièrement complète.

M. de Custines fut le premier à tourner l'attention sur la grande affaire dont tout le monde étoit occupé. Il lut et proposa une adresse au roi, qui contenoit un récit de ce qui s'étoit passé la veille; mais rédigé de manière que tous les torts étoient pour les ministres et les officiers de sa majesté. M. de Custines le terminoit par demander au roi qu'il éloignât de sa personne, *tous les mauvais conseils*.

L'occasion de se saisir d'une grande popularité étoit favorable; M. le comte de Custines la saisit, et dès cet instant se jetta dans la tourbe des novateurs, sans trop savoir, ni s'ils réussiroient, ni jusqu'où ils iroient; car avec de l'esprit, M. de Custines ne sait rien prévoir (1). C'est un homme dont la langue et le corps sont toujours en mouvement. Comme il ne cesse de parler et de s'agiter, il n'a jamais trouvé un moment pour méditer. Il est incroyable qu'avec l'activité dont il est doué, il ne se soit pas élevé plus haut, dans le désordre général. Il a de la hardiesse dans les idées, et de la facilité dans l'expression; mais il ne discute point, il ne raisonne jamais. Les sots l'admirent, parce qu'ils prennent pour du génie ce qui n'est qu'abondance de paroles. Les gens d'esprit sont toujours de son avis, parce qu'il les étourdit par sa volubilité, et qu'ils aiment mieux tout accorder que disputer. Il croit être original, frondeur et même séditieux; il n'est rien de tout cela; il est singulier, inquiet, enthousiaste. Il a de la jactance, aime les hyperboles, et se repaît d'excessives prétentions. C'est une tête exaltée, un philosophe sans sagesse, un politique sans principes. Il a parcouru toute l'Europe, et n'a rapporté de ses voyages, que les noms des contrées où il a séjourné. Ce qu'il auroit dû faire, il croit l'avoir fait. Il aime à raconter ce qu'il appelle ses exploits, et ses exploits sont ses rêves. M. de Custines eût été un excellent grenadier; c'est la place que la nature lui avoit destinée, et si ses commettans l'eussent connu, ils n'eussent jamais songé à en faire un législateur.

Comme M. de Custines, M. de Sillery proposa

---

(1) Voyez galerie des états-généraux, première partie, page 141. M. de Liancourt y est peint sous le nom de *Linacourt*. Tous les mots que j'ai mis en italique dans le texte, sont tirés de l'ouvrage même.

(1) Il est peint dans la galerie des états-généraux, sous le nom de *Micus*.

une adresse au roi, qui avoit le même but; mais dont la rédaction parut plus correcte, plus noble et contenir plus de choses. On l'applaudit beaucoup. On remarqua sur-tout cette phrase: *Les françois adorent leur roi; mais ils ne veulent pas avoir à le redouter.* Les françois eussent pu adresser ces paroles à Louis XI; mais elles étoient injurieuses à Louis XVI. Quel roi songea moins que lui à se faire redouter?

On balançoit entre ces deux adresses. M. Pison du Galand demandoit qu'on les fondît ensemble.... Eh! messieurs, s'écria M. d'André, il s'agit bien ici de discours; il faut sans délai aller vers le roi. Envoyons-lui, s'écria à son tour M. le baron de Marguerittes, une nombreuse députation, pour l'engager à se rendre à l'assemblée. Là, nous parlerons à son cœur, et le salut public est assuré. »

Les députés nommés, et prêts à partir, le comte de Mirabeau se lève, et avec son audace accoutumée, leur crie: « Dites au roi que les hordes étrangères dont nous sommes investis, ont reçu hier la visite des princes, des princesses, des favoris, des favorites, et leurs carresses, et leurs exhortations, et leurs présens. Dites-lui que toute la nuit les satellites étrangers gorgés d'or et de vin, ont prédit, dans leurs chants impies, l'asservissement de la France, et que leurs vœux brutaux invoquoient la destruction de l'assemblée nationale. Dites-lui que, dans son palais même, les courtisans ont mêlé leurs danses au son de cette musique barbare, et que telle fut l'avant-scène de la Saint-Barthelemi. »

« Dites-lui que ce Henri, dont l'univers bénit la mémoire, celui de ses ayeux, qu'il vouloit prendre pour modèle, faisoit passer des vivres dans Paris révolté, qu'il assiégeoit en personne; et que ses féroces conseillers font rebrousser les farines que le commerce apporte dans Paris, fidèle et affamé. »

Il falloit bien présumer de l'aveuglement où étoient presque tous les esprits, pour oser tenir un pareil langage, pour espérer de persuader que des courtisans dansoient dans le palais même du roi, tandis que dans Paris on égorgeoit ses serviteurs. Quant à ces farines, que les féroces conseillers de sa majesté faisoient rebrousser, c'étoit une particularité que le comte de Mirabeau avançoit, sans autre preuve que le témoignage d'un sieur Lecointre, négociant de Versailles. Ce sieur Lecointre, que nous verrons dans la suite se rendre fameux par des dénonciations plus importantes, avoit raconté à quelques députés, que, pendant la nuit, des soldats répandus autour de Versailles avoient arrêté et empêcha d'entrer dans cette ville un convoi de farine destiné à ses habitans. Mirabeau s'étoit emparé de cette histoire, et s'en étoit fait une arme de plus pour combattre la cour. C'est ainsi, qu'assuré de la victoire et de l'impunité, il parloit au milieu de ses co-députés, le langage de la sédition, et appelloit fidelle un peuple qui s'étoit servi des armes qu'il avoit volées à son roi, pour lui enlever un de ses forts, et en égorger le gouverneur. Si c'est-là un acte de fidélité, qu'est-ce donc que la rébellion?

Tandis qu'on s'occupoit ainsi de l'envoi d'une députation, et des demandes dont elle seroit chargée, M. de Liancourt racontoit, à ceux qui étoient auprès de lui, ce qu'il avoit vu, ce qu'il avoit dit au château, et les dispositions où il avoit laissé le roi. Cette relation, où tout étoit à l'avantage de M. de Liancourt, couroit de bouche en bouche, lorsque les députés qu'on venoit de nommer se disposoient à quitter la salle. M. de Liancourt, qui étoit un des membres de la députation, au lieu de la suivre, se leva et dit qu'il étoit autorisé à assurer que le roi se rendroit à l'assemblée nationale; que le grand-maître des cérémonies étoit chargé de venir l'annoncer, et qu'il alloit incessamment paroître. M. de Liancourt, dans cette occasion, rendant une entière justice au roi, ajouta que c'étoit un mouvement du cœur bon et juste de sa majesté, qui la conduisoit au milieu des représentans de la nation.

Il se répandit au même instant dans l'assemblée, que ce mouvement du cœur bon et juste du roi, avoit été déterminé par les soins et les représentations de M. de Liancourt. On lui en fit des complimens; les journalistes l'appellèrent le seigneur patriote, et dès ce jour il prit faveur auprès du peuple (1). Sur son avis, les membres de la dépu-

(1) Je ne puis m'empêcher de transcrire ici la relation que l'auteur *de l'histoire de France pendant trois mois*, fait de cet événement, pages 99 et 100. On aura une idée du désordre et de la précipitation avec laquelle a été écrite l'histoire des momens intéressans où s'est opérée notre révolution.

« Quelques princes injustement prévenus, dit cet auteur, ne vouloient pas entendre raison; mais le duc de Liancourt, *président de l'assemblée nationale*, se transporta chez Monsieur, frère du roi, et lui dit: qu'il s'adressoit à lui comme à un prince loyal, dont la prudence étoit connue, pour le prier d'avertir le roi, que le seul moyen de prévenir la ruine totale de la monarchie, étoit de venir lui-même se remettre entre les mains des députés. Monsieur monta promptement chez le roi, qui se décida sans délai à faire cette démarche. »

Ne diroit-on pas que cet écrivain étoit l'ombre de M. de Liancourt, qu'il l'accompagnoit chez les princes, chez Monsieur, chez le roi? Eh bien! il savoit si peu ce qui se passoit autour de lui, qu'il ignoroit que le président de l'assemblée nationale, étoit M. de Pompignan, et non M. de Liancourt. Ne vaudroit-il pas mieux ne rien écrire du tout, que d'embarrasser la marche des historiens à venir, de ces impertinentes bévues?

tation rentrèrent, et bientôt après on vit paroître le grand-maître des cérémonies, qui annonça en effet, l'arrivée du roi en ces termes :

« Messieurs, sa majesté m'a chargé de vous dire, qu'elle alloit venir au milieu de vous. »

La députation qui devoit se rendre au château, fut chargée alors d'aller recevoir le roi dans la cour qui précédoit la salle. Il s'agit ensuite de savoir comment on accueilleroit sa majesté, lorsqu'elle paroîtroit dans l'assemblée, c'est-à-dire, si on l'applaudiroit ou si l'on resteroit dans le silence. « Pourquoi, dit-on dans une partie de la salle, se livrer à des applaudissemens prématurés ? Attendons que sa majesté nous fasse connoître les dispositions qu'on nous annonce de sa part. Le sang de nos frères coule à Paris ; cette bonne ville est dans les horreurs des convulsions pour défendre sa liberté, pour défendre la nôtre, et nous pourrions nous abandonner à quelque allégresse, avant de savoir qu'on va rétablir, dans le sein de cette capitale, le calme, la paix, le bonheur ! Quand tous les maux du peuple devroient finir, paroîtrons-nous insensibles à ceux qu'il a déjà soufferts ? Qu'un morne respect soit le premier accueil fait au monarque, par les représentans d'un peuple malheureux.... » Un de ces orateurs termina sa harangue par une pensée qui ne lui étoit pas propre. Elle appartenoit à M. de Beauvais, ancien évêque de Senez, qui dans l'oraison funèbre de Louis XV, parlant d'une circonstance où le peuple s'étoit tû en présence de ce roi, fit cette réflexion : *Le silence des peuples est la leçon des rois.* Cette pensée n'est vraie que lorque le peuple est juste, et qu'il n'obéit point aux impressions de ceux qui l'égarent.

Toutes ces motions qui ne tendoient qu'à empêcher l'amour des françois pour leur roi, d'éclater, tandis qu'on auroit dû au contraire lui donner la plus grande explosion, puisque c'étoit le seul moyen de rétablir l'union entre le prince et les sujets ; toutes ces motions, dis-je, n'eurent aucune suite. Le roi parut avant qu'on les mit à la délibération. Sa majesté étoit partie du château sur les onze heures. Elle s'avança vers la salle des états, à pied, ayant à sa droite Monsieur, à sa gauche M. le comte d'Artois. Elle étoit précédée et suivie de quelques-uns de ses gardes désarmés et à pied. Le roi avoit un habit de la plus grande simplicité. La tristesse et la confiance se peignoient à la fois sur son visage décoloré. Il falloit n'être plus françois pour ne pas fondre en larmes en voyant cette marche triste et silencieuse. Le peuple qui ignoroit ce que le roi se proposoit, resta muet sur son passage, autant par la nouveauté du spectacle, que par l'incertitude du nouvel événement qui se préparoit. Les uns disoient : « Il va à Paris, se mettre à la tête des troupes. » Les autres ; « Il va à l'assemblée dissoudre les états. »

Le roi étant arrivé à la porte de la salle, laissa ses gardes à l'extérieur ; il entra dans l'assemblée n'ayant d'autre escorte que ses deux frères, et avec cette touchante dignité qui commande l'amour et non l'obéissance. Les députés qui lui étoient restés fidelles, et ils composoient encore la très-grande partie de l'assemblée, comprirent parfaitement ses généreuses intentions. Leurs yeux se mouillèrent de pleurs, leur cœur s'énivra de reconnoissance ; ils se levèrent, applaudirent avec transport, et crièrent mille fois *vive le roi*. Leur exemple entraîna les conjurés ; soit qu'ils voulussent dissimuler, soit que le feu sacré que la présence du roi allumoit, embrâsât aussi leur ame, ils joignirent leurs bénédictions à celles de leurs co-députés.

Le roi s'avança au milieu de la salle, vers un fauteuil qu'on lui avoit préparé ; il resta debout et découvert, et prononça ce discours qui l'élève infiniment au-dessus des Louis XII, des Henri IV.

MESSIEURS,

« Je vous ai rassemblés pour vous consulter sur les affaires les plus importantes de l'état. Il n'en est pas de plus instante et qui affecte plus spécialement mon cœur, que les désordres affreux qui règnent dans la capitale. Le chef de la nation vient avec confiance au milieu de ses représentans, leur témoigner sa peine, et les inviter à trouver les moyens de ramener l'ordre et le calme. Je sais qu'on a donné d'injustes préventions. Je sais qu'on a osé publier que vos personnes n'étoient pas en sûreté. Seroit-il donc nécessaire de rassurer sur des récits aussi coupables, démentis d'avance par mon caractère connu ? Eh bien ! c'est moi qui ne suis qu'un avec ma nation ; c'est moi qui me fie à vous. Aidez-moi dans cette circonstance à assurer le salut de l'état ; je l'attends de l'assemblée nationale : le zèle des représentans de mon peuple, réunis pour le salut commun, m'en est un sûr garant ; et comptant sur l'amour et la fidélité de mes sujets, j'ai donné ordre aux troupes de s'éloigner de Paris et de Versailles. Je vous autorise et vous invite même à faire connoître mes dispositions à la capitale. »

Le roi eut beaucoup de peine à prononcer ce discours jusqu'au bout ; chacune de ses paroles excitoit des mouvemens d'allégresse et de gratitude qui l'interrompoient à tout instant. Lorsqu'il eut fini, l'enthousiasme fut à son comble, et il parut qu'un même esprit régnoit dans toute l'assemblée. Que restoit-il à faire, après avoir entendu un tel discours, que de s'indigner contre les calomniateurs qui avoient osé faire trembler pour la sûreté des députés, que de rendre confiance pour confiance, que de s'emparer de cet instant pour rétablir le calme dans le royaume, pour étouffer le monstre de la licence, qui levoit sa tête avec tant d'audace, pour travailler enfin, à l'abri de l'heureuse liberté que donnoit le roi, à la régénération de la plus belle monarchie de l'univers.

La presque totalité des députés du clergé et de la noblesse, une partie de ceux du tiers-état, saisirent, comme par inspiration et avec joie, cette consolante vérité ; ils comprirent tout l'avantage que donnoit à ceux qui désiroient sincèrement le bien général, la nouvelle démarche du roi. Dès cet instant, l'assemblée se divisa en trois partis bien prononcés. Ceux qui, désirant une constitution angloise, et qui jusques-là avoient fait cause commune ave le parti de Mirabeau, s'en séparèrent tout-à-fait, et ne s'en rapprochèrent plus. Ils avoient ce qu'ils désiroient. Il leur falloit une révolution qui mît le ministère, la cour, les grands corps, dans l'impuissance de gêner la marche que voudroit tenir l'assemblée. Cette révolution étoit faite pour eux, par la dispersion des troupes, par l'impossibilité où étoient les ministres de se mettre au-dessus de l'assemblée, par le nouveau bienfait que le roi apportoit. Dès ce jour donc, ils désirèrent sincèrement que la révolution n'allât pas plus loin. Je donnerai, au reste, dans la quatrième partie de cet ouvrage, des détails qui apprendront comment ces trois partis se sont formés, et se sont trouvés en opposition ; ils me conduiront à l'histoire des différens clubs qui, encore aujourd'hui, couvrent la surface du royaume. Il me suffit, pour le moment, de marquer l'époque où une ligne bien prononcée fut tirée entre les trois partis. Celui des trois, qui vouloit que l'édifice de la restauration fût construit sur les bases de la monarchie, comprit que le roi avoit assez cédé, et que bien loin de lui ôter davantage, il falloit lui rendre la plénitude de son autorité, parce qu'elle seule pouvoit sauver nos lois fondamentales, dans le choc qu'alloient se donner les différentes factions.

Quant à ceux des députés, qui d'abord s'étoient appuyés sur M. Necker, et qui maintenant ne s'appuyoient que sur M. d'Orléans, comme ils ne vouloient ni dieu, ni roi, comme ils visoient à l'établissement d'une pure démocratie, et à l'anéantissement de tous les cultes, il s'en falloit de beaucoup que les nouveaux sacrifices de Louis XVI leur convinssent. Mais il est certain qu'ils en furent un instant arrêtés dans leur course. La démarche paternelle du roi ôtoit tout prétexte de sédition, car, puisqu'il accordoit tout, on n'avoit plus rien à lui demander. Il pouvoit aussi se faire que cette démarche réveillât, dans tous les cœurs, l'amour et la reconnoissance, et que le peuple françois, jaloux de ne pas perdre la renommée de loyauté dont il jouissoit depuis tant de siècles, revînt à son antique fidélité, et prouvât à son roi, qu'il n'avoit pas eu tort de se fier à lui. La générosité de Louis XVI déjoua donc, pour le moment, les projets des factieux ; il leur fallut suspendre les vues qu'ils avoient sur M. d'Orléans, et dresser d'autres batteries pour avilir la royauté et le roi.

Le ton de vérité avec lequel Louis XVI prononça ce discours, ajouta beaucoup à l'intérêt de la démarche qui l'entraînoit dans les bras de ses sujets. Il fut aisé de voir que ce bon prince peignoit sa belle ame toute entière, et que comme il faisoit, au bonheur de son peuple, le sacrifice de son autorité, et, pour ainsi dire, de sa couronne, il lui eût fait, avec une égale joie, celui même de sa vie. Lorsqu'il eut fini cet attendrissant discours, qui couvre d'un opprobre éternel, les méchans qu'il n'a pu désarmer, M. l'archevêque de Vienne s'avança vers lui, et lui parla ainsi :

SIRE,

« L'amour de vos sujets pour votre personne sacrée, semble contredire, dans ce moment, le profond respect dû à votre présence, si pourtant un souverain peut être mieux respecté que par l'amour de ses sujets. L'assemblée nationale reçoit, avec la plus vive sensibilité, les assurances que votre majesté lui donne de l'éloignement des troupes rassemblées par ses ordres dans les murs et autour de la capitale, et dans le voisinage de Versailles ; *elle suppose que ce n'est pas simplement un éloignement à quelque distance*, mais un renvoi dans les garnisons ou quartiers d'où elles étoient sorties, que votre majesté accorde à ses désirs. »

« L'assemblée nationale m'a ordonné de rappeler, dans ce moment, quelques-uns de ses derniers arrêtés, auxquels elle attache la plus grande importance : elle supplie votre majesté de rétablir, dans ce moment, la communication libre entre Paris et Versailles, et, dans tous les temps, une communication libre et immédiate entr'elle et votre majesté ; elle sollicite, avec instance, l'approbation de votre majesté, pour une députation qu'elle désire d'envoyer à Paris, dans la vue et avec l'espérance qu'elle contribuera beaucoup à ramener l'ordre et le calme dans votre capitale. Enfin, elle renouvelle ses représentations auprès de votre majesté, sur les changemens survenus dans la composition de votre conseil. Ces changemens sont une des principales causes des troubles funestes qui nous affligent, et qui ont déchiré le cœur de votre majesté. »

Ainsi, au lieu de s'abandonner aveuglement à un roi qui marquoit si peu d'envie d'abuser de son autorité, on le harceloit de supplications, comme pour laisser toujours un aliment à la défiance. Comment sur-tout le vertueux archevêque de Vienne put-il laisser sortir de sa bouche la supposition injurieuse que la retraite des troupes promise par le roi, n'étoit qu'un éloignement à quelque distance ? Ne donnoit-on pas par-là à entendre au peuple, qu'en éloignant les troupes, c'étoit, en quelque sorte, un piège qu'on lui tendoit, parce qu'on se ménageoit la facilité de l'en écraser, au premier mouvement qu'il feroit ?

La réponse de M. l'archevêque de Vienne prouve qu'avant de la prononcer, il l'avoit communiquée aux conjurés ; et il falloit bien qu'ils y mêlassent une goutte de leur poison. L'esprit qui les dirigeoit, perça aussi dans la rédaction du procès-verbal de cette séance. On termina l'article où il étoit question des applaudissemens qui avoient suivi le discours du roi, par cette phrase : « Sa majesté a vu que l'amour des françois pour leur souverain, leur faisoit toujours recevoir des actes de justice, comme ils auroient reçu des bienfaits. » On sembloit craindre que le peuple n'accordât quelque reconnoissance au dévouement de son roi. À moins cependant d'ôter sa couronne, et de la poser sur la tête que les conspirateurs lui auroient désignée, que pouvoit céder de plus Louis XVI ? Il fit cette courte réplique à la réponse de M. l'archevêque de Vienne :

« On connoît mes intentions et mes desirs sur la députation de l'assemblée nationale. Je ne refuserai jamais de communiquer avec elle toutes les fois qu'elle le croira nécessaire. »

Le roi, après cette réplique, se mit en devoir de se retirer. Aussitôt toute cette partie de l'assemblée composée de ses fidelles sujets, et celle composée de ceux qui ne vouloient pas pousser plus loin la révolution, se portèrent sur ses pas. Les conjurés, qui ne faisoient encore que la très-petite minorité, furent entraînés à ce mouvement. Ce fut, de la part des amis de la monarchie, un mouvement d'amour et de reconnoissance ; de justice et d'intérêt pour leurs vues personnelles, de la part des amis de la constitution angloise ; de politique, de la part des démocrates. Le roi se trouva ainsi au milieu de tous les représentans de la nation. Cet empressement dût le flatter, et lui faire croire qu'enfin tous les cœurs étoient à lui.

Sorti de la cour qui précédoit la salle, le roi voulut se rendre à pied au château. Les députés sans distinction des trois ordres, se confondirent avec les gardes-du-corps, et se pressèrent autour de sa personne, ne cessant de crier vive le roi. Le peuple comprenant, par ce cri de joie, que le roi avoit conquis la confiance de l'assemblée nationale, mêla ses bénédictions à celles des députés. Il accourut de toute part en foule, et se précipita sur eux avec tant d'ardeur, pour jouir de la présence du roi, qu'ils ne purent soutenir l'effort de cette multitude. Les gardes-du-corps s'appercevant que le roi et ses deux frères couroient un véritable danger, et qu'ils pouvoient être étouffés par les députés qui involontairement étoient poussés contre sa majesté et contre les deux princes, se hâtèrent de former, en se tenant étroitement serrés par les bras, une chaîne dans laquelle ils enfermèrent les députés. Ceux-ci se serrèrent contre la chaîne, et laissèrent une petite enceinte libre pour le roi et ses deux frères. Les gardes-du-corps eurent toutes les peines du monde à ne point se laisser rompre par les flots de peuple qui venoient sans cesse les heurter. Les secousses qu'on leur donnoit étoient quelquefois si violentes, que par le choc qu'en recevoient les députés, le roi perdoit l'espace que ceux-ci lui laissoient, et se trouvoit confondu parmi eux. Cette marche fut extrêmement pénible ; on mit une heure à faire le trajet depuis la salle des états jusqu'au château.

Le peuple ne remplissoit pas seulement l'avenue ; les arbres, toutes les éminences étoient couvertes de curieux ; ils grimpoient aux barres de la grille du château, et s'y tenoient suspendus.

Quelque considérable que fut la foule, une femme, au milieu du trajet, parvint à la percer, dérangea brusquement M. le comte d'Artois qui faisoit au roi un rempart de son corps, et se jettant aux pieds de sa majesté, lui adressa ces paroles qu'il est vraisemblable qu'on lui avoit suggérées : « Ah ! sire, ah ! mon roi, ce que vous venez de faire est-il bien sincère ? Ne sera-ce pas comme il y a quinze jours ? » Le roi ne s'offensa point de cette question tout-à-la fois injurieuse et mensongère : il ne méritoit point la défiance qu'on lui témoignoit, et il n'avoit jamais rien promis qu'il n'eut tenu ; il se hâta de relever cette femme, et lui dit avec bonté : « Oui, oui, ma bonne, cela durera toujours ; jamais, jamais je ne changerai d'avis. »

Lorsqu'on fut dans la cour des ministres, les cris de vive le roi, les transports de joie, les applaudissemens redoublèrent. Des musiciens qui étoient accourus et s'étoient rassemblés dans cette cour, ajoutèrent à la fête ; ils ne jouèrent d'autre air que celui : Où peut-on être mieux qu'au sein de sa famille ? Mais ce qui mit le comble à l'enthousiasme, ce fut le spectacle attendrissant qu'on apperçut au fond de la cour de marbre. La reine étoit sur le balcon de cette cour, tenant dans ses bras M. le dauphin, tantôt le serrant contre son sein, tantôt le montrant, et lui faisant tendre ses mains innocentes au peuple. Quels tableaux ! d'une part, le roi se mourant de fatigue, couvert de sueur et de poussière, confondu avec ses sujets, et voulant, au péril de sa vie, mériter leur confiance ; de l'autre, la fille des Césars sollicitant l'amour des françois pour le rejetton de leurs rois. Par quel inconcevable délire, ces touchantes images, qui eussent attendri les hommes les plus féroces, se sont-elles sitôt effacées de tant de cœurs ? Par quel délire, plus inconcevable encore, le poignard de la calomnie, le glaive des assassins n'ont-ils cessé de poursuivre ceux qui ne les ont point oubliées, et qui eussent voulu, au prix de tout leur sang, épargner à leurs augustes maîtres, les chagrins dont cette scène attendrissante n'a pas tari pour eux la source ?

Le roi étant enfin parvenu au pied de l'escalier

de la cour de marbre, invita les députés, qui vouloient le conduire jusques dans son appartement, à se retirer; ils obéirent. Le peuple continua à se presser sur les pas du roi. Les gardes-du-corps craignant que cet empressement n'incommodât sa majesté, se mirent en devoir de fermer les portes de l'escalier; mais le roi ne voulut pas le permettre. Malgré l'excessive fatigue qu'il avoit endurée, et quoique ses vêtemens fussent détrempés de sueur, son premier soin fut de se rendre à la chapelle, pour remercier la divinité de lui avoir rendu des cœurs qu'il croyoit avoir reconquis pour toujours, et pour puiser, dans son sein, de nouvelles forces si son espoir étoit trompé. Sa prière fut continuellement interrompue par les cris de *vive le roi*, que poussoit la foule qui remplissoit la chapelle. Ces témoignages de gratitude parurent lui être agréables. Hélas! c'étoit encore une illusion; cet instant de bonheur fut de bien courte durée, et il n'est plus revenu pour cet infortuné prince.

Il est remarquable que lorsque les députés quittèrent les cours du château, pour retourner dans leur salle, M. d'Orléans fixa sur lui tous les yeux; il fut couvert d'autant d'applaudissemens que le roi en avoit reçu.

La première occupation de l'assemblée, lorsqu'elle rentra dans la salle, fut d'envoyer une députation vers les parisiens. On la composa de cent dix-sept membres, tirés au sort (1), et y compris de tous les députés de Paris. On arrêta qu'elle partiroit sur-le-champ; qu'elle feroit tous ses efforts; qu'elle employeroit tous les moyens pour ramener le calme, pour consolider la garde bourgeoise, et qu'elle feroit publier dans tous les quartiers, l'assurance donnée par le roi, que les troupes alloient s'éloigner de Paris et de Versailles.

La précaution qu'on prenoit, par cet arrêté, de consolider la garde bourgeoise, manifeste bien clairement les vues des séditieux. Cette garde s'étoit formée pour repousser les brigands; elle étoit restée armée pour combattre les troupes du roi. Il n'y avoit plus ni brigands ni soldats. Pourquoi donc la conserver? Le roi n'avoit-il pas droit de s'étonner, et de dire à l'assemblée: « Quoi! vous m'obligez de renvoyer mon armée, et vous en créez une, qui sera entièrement à votre dévotion! » Cette observation eût été juste, et l'assemblée n'auroit eu d'autre réponse à y faire, que de dire franchement au roi: « Vous n'êtes plus rien, et nous sommes tout. »

Dès que l'on eut arrêté d'envoyer une députation, les gardes du roi offrirent un détachement pour l'accompagner, *non pas*, dirent-ils, *qu'elle ait besoin d'être défendue; mais ce sera une garde d'honneur*. Ils ne prévoyoient guères qu'ils sortiroient un jour, du sein de l'assemblée à laquelle ils donnoient ce glorieux témoignage de considération, des scélérats qui les environneroient d'assassins. Leur offre flatta infiniment les députés qui ne paroissoient pas éloignés de l'accepter; mais M. le comte de Clermont-Tonnerre les engagea à la refuser, soit qu'il pensât que l'assemblée, en s'entourant d'une garde qui n'escortoit que des têtes couronnées, annonceroit, dans les circonstances, trop d'orgueil, et peut-être trop d'ambition, soit qu'il crut réellement que cet appareil militaire effaroucheroit le peuple. La raison apparente qu'il donna, fut qu'une députation nationale, allant pour remettre le calme dans une ville menacée des plus grands malheurs, devoit y entrer sans aucune apparence de forces militaires. On se rendit à cette considération; mais comme il étoit de la justice et d'une bonne politique de s'attacher une aussi belle troupe d'élite, on prit ce court arrêté:

« MM. les gardes du roi seront remerciés d'une offre qui augmente pour eux l'estime de tous les françois. Le président et les secrétaires leur écriront, pour les féliciter sur leur acte de patriotisme, et les assurer des sentimens de l'assemblée nationale. »

On fit, en outre, dans le procès-verbal, une mention honorable de cette offre en ces termes:

« L'assemblée nationale a reconnu, à cette proposition, l'esprit qui a toujours caractérisé MM. les gardes-du-corps. Ils donnent depuis long-temps l'exemple de la fidélité au roi, et de l'attachement à la patrie, qui sont deux sentimens inséparables. »

Les gardes-du-corps ne se laissèrent point séduire par ces hochets; ils n'en continuèrent pas moins

---

(1). Voici leurs noms. Pour le clergé: MM. l'archevêque de Paris, l'archevêque de Reims, l'archevêque de Bordeaux, l'évêque d'Autun, l'évêque de Chartres, l'évêque d'Orange, l'évêque de Rodez, les curés de Gex, du vieux Pouzanges, de Barras, des Riceys, de Saint-Four, de Nonvilliers, de Rochetaillée, de Soupes, d'Yges, les abbés de Bérouville, de Marsai, Forêt de Marmouri, l'Enerpié.

Pour la noblesse: MM. le duc d'Aiguillon, le Clapier, de Lameth, le duc de Praslin, d'Allarde, Château de Foucault, le comte de Montmorency, le duc de Liancourt, le baron de Menou, le marquis de la Fayette, de Villiers, de Castellanne, de Traci, le duc de Biron, de Blacons, le comte de Crillon, de la Tour-Maubourg, le comte de Custines, de Selonios.

Pour le tiers-état: MM. Lagiraudais, Rocque, Gallot, Mounier, Hébrard, Altier, Lestep, Moutier, Livré, Jaubert, de Roquefort, Babé, de Cherbé, Granaut, Courmeni, Duchesne, Herman, Barrère de Vieusac; Laclaverie, de Louverni, Goyart, Merlin, Popisin, Ulry, le Coulteux, Henri, le marquis de Gouy, Delpech, de Courteil.

dépendant de vivre en bonne intelligence avec l'assemblée, tout aussi long-temps qu'ils purent allier les sentimens qu'ils croyoient lui devoir, avec la fidélité qu'ils avoient jurée au roi. Ils ne perdirent l'estime de l'assemblée, ou pour mieux dire, la confiance d'une partie de ses membres, que lorsqu'ils aimèrent mieux mourir que d'abandonner, à de vils brigands, le dépôt sacré confié à leur bravoure et à leur honneur.

Tous ces arrêtés pris, l'assemblée, couverte de gloire, mit fin à sa séance, en convenant de ne la reprendre qu'à huit heures du soir, pour recevoir des nouvelles de la députation, si elle envoyoit des courriers. On convint encore à l'unanimité qu'elle ne diroit pas un seul mot du *charlatan*, et qu'elle éluderoit avec adresse toutes les instances qui pourroient lui être faites pour son rappel. Les membres de la députation le promirent, et ils montèrent dans des voitures publiques pour se rendre à Paris, n'ayant d'autre cortège que l'opinion qui en faisoit des dieux. Je vais dire dans quel état ils trouvèrent la capitale, et quel fut cet ordre, ce calme qu'ils y ramenèrent.

CHAPITRE

CHAPITRE XLIX.

Nouvelle situation de la capitale ; beau trait de quelques bourgeois ; terrible agitation des principaux acteurs des troubles ; quels hommes étoient les électeurs de Paris ; leur embarras pour donner un chef à la milice de Paris ; leur offre à M. d'Aumont, ensuite à M. de la Fayette ; leurs vues sur M. Bailly ; arrivée des députés à Paris ; description de leur marche jusqu'à l'Hôtel-de-Ville ; leur entrée dans l'assemblée des électeurs ; discours de M. de la Fayette ; illusions de M. de Lally ; bizarrerie de son étonnement ; nouvelle époque pour l'histoire de la révolution.

Suite de Juillet 1789, et du second mois de l'interrègne.

PARIS étoit assez tranquille, lorsque les députés, qui lui étoient envoyés par l'assemblée nationale, y arrivèrent, soit que cette sorte de tranquillité nâquit de l'excès de lassitude qui affaissoit tous les esprits comme tous les corps, soit qu'elle vînt de l'influence que les honnêtes-gens eurent enfin dans cette journée sur la multitude. L'inexécution des funestes complots dont on avoit cru les ministres coupables, l'horreur et l'injustice des assassinats commis la veille, la nouvelle de l'héroïque démarche du roi, avoient fait une vive impression sur les bons citoyens. « Le bonheur va renaître, disoient-ils. Il ne peut plus nous rester le plus léger soupçon de défiance. Le roi a protesté contre les bruits qu'on avoit répandus sur la destination des troupes ; ils sont donc faux, car Louis XVI a toujours aimé, a toujours dit la vérité. Il les a démentis au nom *de son caractère connu*. Nous ne pouvons pas avoir une preuve plus évidente de leur fausseté. Il les a appelés *des bruits coupables ;* nous serions donc complices des méchans qui ont débité ces impostures, si nous persistions à y croire. Il a invité nos députés à nous l'annoncer ; il leur a demandé *de l'aider à sauver la France*. Rapprochons-nous donc de notre roi ; et par notre confiance, par un redoublement de fidélité et d'amour, secondons sa paternelle bonté. »

On eut, dès le matin, une preuve de l'heureux changement qui sembloit se faire dans l'opinion. La férocité même fut désarmée. Des bourgeois rencontrèrent, sur le Pont-neuf, des scélérats qui portoient encore avec une joie brutale, les têtes livides des infortunés massacrés la veille. Ce spectacle qui, quelques heures auparavant, avoit obtenu tant d'applaudissemens, fit reculer d'horreur ces bourgeois. « Vous nous déshonorez, crièrent-ils à ces misérables ; vous imprimez une tache ineffaçable sur le peuple françois ; c'est assez long-temps vous abreuver de sang ; ne fatiguez plus nos yeux de ces horribles dépouilles. » Ils furent obéis ; on jetta les têtes dans la Seine. Ces déplorables restes méritoient une autre sépulture. Pourquoi les parens, les amis de ces premiers martyrs de l'obéissance à l'autorité légitime, n'offrirent-ils pas des monceaux d'or à leurs bourreaux, pour en obtenir ces tristes dépouilles ? Le monument qui les renfermeroit, seroit visité par les françois dignes de leurs ayeux. Ils trouveroient, en les contemplant, un aliment au courage dont ils ont besoin dans ces temps difficiles. Semblables à ce brave guerrier qui se sentoit plus valeureux en faisant toucher à son arme la tombe du héros Turenne, ils se trouveroient, en quittant ces mausolées, plus fidelles à leur dieu, à leur roi.

Ceux même qui avoient le plus contribué aux affligeantes scènes qui venoient de couvrir la ville de deuil et de sang, en étoient douloureusement affectés. Le désordre de leurs sens, l'agitation de leur ame, témoignoient la profonde impression qu'ils avoient reçue du spectacle de tant de forfaits. Leur santé en étoit altérée. Le sieur Legris, celui-là même qui oublia le respect dû à l'infortune et à la fidélité du marquis de Launay, s'évanouit bientôt après, au milieu des assassins et des victimes. On le transporta dans une maison voisine du théâtre

V

sanglant où il avoit succombé aux violens mouvemens de pitié et de terreur dont il s'étoit vu assailli. Il passa la nuit dans les convulsions et le délire, et ne recouvra l'usage de sa raison, que lorsque le jour fut venu.

Le petit peuple aussi penchoit vers la paix; il avoit besoin de repos, et désiroit que quelqu'un, enfin, portât une étincelle de lumière dans ce cahos d'anarchie. Les électeurs, qui ne tenoient pas même de lui leur autorité, bien loin d'être ses maîtres, étoient ses esclaves. Ils ne lui obéissoient pas seulement, ils étudioient ses désirs, ils les prévenoient, ils devinoient, en quelque sorte, ses intentions. Il n'est pas de forfaits, puisqu'il faut que je le dise, qu'ils n'eussent commis, soit par la crainte de ses vengeances, soit par le désir de lui plaire. C'est le rôle que, dans les révolutions, sont toujours obligés de jouer les usurpateurs lâches et timides. Comme ils sentent l'impuissance où ils sont de se maintenir par eux-mêmes dans le poste où ils n'ont été poussés que par un grand désordre, ils ont plus de frayeur de la canaille, que de leur conscience. Ils tremblent devant celle-là, et lui sacrifient celle-ci. Tels étoient les électeurs de Paris. Il y avoit parmi eux des hommes sanguinaires. Tel étoit M. Garan de Coulon, dont le regard sinistre et la physionomie basse et hideuse dénotent un génie malfaisant. Tel étoit encore un M. Agier, élevé à la même école que M. Freteau, homme d'un esprit borné, d'une superstitieuse hypocrisie, semblable en tout au Tartuffe de Molière, ne caressant que le vice, ne haïssant que les gens de bien, trouvant un secret plaisir à tourmenter des malheureux. On le verra, dans la suite de cette histoire, traîner à l'échaffaud un gentilhomme dont personne n'égala le courage, la fidélité, la douceur, et dont l'assassinat est le crime le plus révoltant de la révolution. On verra des nouveaux tribunaux, frappant, avec une féroce partialité, du glaive de la justice, le citoyen innocent qui a su préserver son cœur, du poison de la démagogie. Il ne se trouva pas un seul homme parmi ces électeurs, qui fût en état de prendre quelque empire sur ses collègues ou sur la multitude. On eût dit que ce pusillanime sénat d'obscurs ligueurs n'étoit composé que de l'écume de notre bourgeoisie. Ils avoient compris la nécessité de donner un chef à tant d'hommes armés. Le choix qu'ils firent de M. de la Salle ne leur fut pas honorable. Le peuple ne le connoissoit en aucune manière, et sa constance à rester dans une salle de l'Hôtel-de-Ville, pendant que tous les parisiens étoient en mouvement, et n'avoient personne pour les guider, ne donnoit pas une haute idée de ses talens. « Autant vaut, disoient les gens du peuple, n'avoir point de commandant, que d'en avoir un qui ne sait pas payer de sa personne. » Les électeurs se trouvèrent fort embarrassés par ce reproche. Ils virent bien qu'il falloit élever au commandement de la milice, quelqu'un qui pût s'attirer de la considération au moins par un grand nom. Ils avoient donné à M. de la Salle un brevet, seul titre de sa nomination. Il l'avoit accepté. Un gentilhomme obscur, que ne relevoit aucune qualité un peu remarquable, pouvoit descendre jusque-là; mais quel homme de qualité, quel homme d'un grand nom, eût consenti à être breveté par une poignée de bourgeois qui s'investissoient d'une puissance qu'aucune autorité n'avouoit?

Il falloit cependant condescendre aux désirs du peuple; on n'ôta pas à M. de la Salle son brevet, mais on sonda M. le duc d'Aumont qui avoit déjà offert ses services de lui-même. Il fut invité à se rendre au comité des électeurs. Ils lui proposèrent le commandement; il le refusa. On lui en demanda les raisons; il en allégua de si frivoles qu'on levoit les difficultés à mesure qu'il les présentoit. Peut-être M. d'Aumont conservoit-il quelque déplaisir d'avoir été refusé lorsqu'il s'étoit offert, et de s'être vu préférer un homme tel que M. de la Salle. Peut-être aussi avoit-il fait ses réflexions depuis sa première apparition à l'Hôtel-de-Ville, et se rendoit-il assez de justice pour se croire incapable de régler avec sagesse les mouvemens d'une insurrection sans exemple. Pressé par les électeurs, il se réduisit à représenter que les habitudes de sa maison, que ses relations personnelles avec la cour rendroient son élévation au commandement qu'on lui offroit, plus préjudiciable qu'utile au nouvel ordre de choses qui s'élevoit.

Les électeurs n'ayant pu vaincre la résistance de M. d'Aumont, se rabattirent sur M. de la Fayette, dont le nom jettoit alors un grand éclat parmi le peuple; ils lui firent demander s'il vouloit faire à Paris ce qu'il croyoit avoir fait en Amérique. Avide de renommée, il n'eut garde de perdre cette occasion d'en acquérir. Il accepta l'offre sans prévoir aucun des sacrifices auxquels il se dévouoit en se mettant dans la dépendance des caprices d'une populace mutinée.

Assurés de l'acceptation de M. de la Fayette, les électeurs songèrent à faire au civil ce qu'ils faisoient au militaire, c'est-à-dire, à réunir sur une même tête les fonctions du ministre de Paris, du lieutenant de police, du prévôt des marchands. Jugeant de la capacité de M. Bailly, non par ses travaux littéraires, mais par les grands mouvemens qu'il s'étoit donné pour entraîner les états-généraux dans un jeu de paulme, et sachant que la haute réputation qu'ils lui avoient faite, le rendoit agréable au peuple, ils l'invitèrent à venir occuper la place que laissoit vacante l'assassinat de M. de Flesselles. Il ne se montra pas plus difficile que M. de la Fayette.

Les électeurs crurent, à leur tour, qu'au moyen de ces deux acceptations, ils ne tarderoient pas à jouir d'une sorte de tranquillité; qu'ils auroient assez

(155)

de force pour n'être pas toujours entraînés par la fougue populaire, et que sous la protection de la double force qu'ils créoient, ils affermiroient mieux l'autorité que personne ne leur avoit donnée, mais que personne aussi ne leur disputoit.

Tout ainsi sembloit se disposer à amener quelque calme dans Paris, lorsque la députation de l'assemblée nationale se présenta aux portes de la Ville. Elle ne pouvoit arriver sous des auspices plus heureux. Le temps étoit serein et toutes les ames recevoient en quelque sorte de la beauté du ciel, un penchant de plus à la paix ; l'espérance renaissoit dans le cœur des gens de bien, et elle étoit fondée, car le très-grand nombre des députés désiroit ardemment la fin de la terrible crise qu'on venoit d'éprouver. Ils descendirent de leurs voitures à la barrière de la Conférence. Ils avoient été suivis depuis Versailles, par le peuple des différens villages qui sont sur la route, et qui accouroient à leur rencontre. Ils n'avoient cessé sur tout leur passage, d'entendre un concert de bénédictions.

Leur entrée dans Paris, et leur marche jusqu'à l'Hôtel-de-Ville fut un triomphe. Cent mille hommes armés les uns de fusils, les autres de piques, ceux-là de haches, ceux-ci de croissans, quelques-uns de faux, formoient une double haie depuis la barrière de la Conférence jusqu'à la porte de l'Hôtel-de-Ville. Ce fut entre les deux rangs de ces hommes si bizarrement armés, et n'obéissant à aucune discipline, que les députés passèrent. Cette image n'avoit rien de majestueux ; tout au contraire y affectoit douloureusement l'ame. C'étoit le tableau d'un peuple en insurrection ; mais un tableau qui pénétroit d'horreur pour la rébellion. Les gardes-françoises, mêlés avec les bourgeois et la populace, ajoutoient je ne sais quoi de désagréable et de sinistre à l'ensemble de ce spectacle. La vue de ces soldats jettés au milieu des rebelles, frappoit d'un sentiment pénible même ceux qui avoient intérêt à leur défection, et ce sentiment n'en étoit pas un d'estime pour eux ; les méchans eux-mêmes souffrent en contemplant des traîtres.

Les députés virent ce jour-là ce qu'on n'avoit pas vu depuis les temps de la ligue, temps peut-être moins désastreux encore que les jours d'anarchie où nous vivons. Des moines avoient quitté leur paisible retraite. Leur capuchon étoit sous un bonnet de grenadier. Ils portoient un ceinturon en bandoulière, et leur main, qui, dans les guerres civiles, ne devroit porter que le symbole de la paix, étoit armée d'un sabre nu. Ces religieux, dont le grotesque accoutrement faisoit un monstrueux contraste avec les devoirs de leur état, étoient confondus et dispersés dans les différens groupes de soldats et de bourgeois.

Les femmes dont l'imagination s'exalte et s'égare si aisément, dont l'ame rend avec tant d'impétuosité les impressions qu'elle reçoit (1), et qui par cette raison ont toujours tant de part aux mouvemens populaires, remplissoient toutes les croisées. Elles rendoient devant elles leurs enfans, leur montroient du doigt ceux des députés qu'on croyoit plus dévoués à la cause du peuple, et apprenoient à leurs jeunes mains à applaudir ces dieux du jour.

D'autres femmes restées dans les rues, fendoient la presse, s'élançoient au milieu des députés, et se disputoient à qui embrasseroit M. le marquis de la Fayette, M. l'abbé Sieyes. De toute part, on apportoit des palmes à MM. de Lally, de Clermont

───────────

(1) Je parle des femmes en général, et de celles seulement dont l'éducation est peu soignée. Dans la noblesse, dans la bourgeoisie, dans les états moins relevés encore, on compte celles qui se sont laissées entraîner au délire du jour ; les autres sont innombrables. C'est une remarque que doit recueillir l'histoire de notre révolution. Il n'est pas moins remarquable que celles qui se sont tenues constamment fixées au parti de la raison et de la religion, donnent l'exemple de la modestie, de la patience, de toutes les vertus. Et combien d'actions de courage n'aurai-je pas à raconter de ce sexe foible et timide ? Quel est au contraire même le démagogue le plus outré, qui voulut avoir pour épouse aucune de ces mégères qui se sont livrées aux séditieux ? J'ajouterai ici une autre observation que chacun a pu faire comme moi. Lorsque notre infortunée souveraine s'est vue entourée d'ingrats, d'amis perfides, de calomniateurs, lorsqu'à peine on rencontroit un homme qui sût être juste, son apologie étoit dans la bouche des femmes. On les accuse de crédulité, de jalousie, de prévention, de haine ; cependant à peine en connois-je une qui ait ajouté foi aux impostures, qui n'ait relevé avec complaisance la beauté, les grâces de la reine, qui ne la regarde comme le modèle des épouses et des mères. Enfin on demande quelquefois d'où nous viendra la contre-révolution : il est aisé de répondre à cette question quand on connoît tout l'empire de la douceur, et qu'on fait attention qu'il est si peu de mères de familles qui n'ayent résisté au torrent des nouvelles opinions, et qui ne conservent religieusement dans leurs cœurs le saint dépôt de la foi au dieu de nos pères, et de la fidélité au roi qu'il nous a donné. Non, il n'est aucune nation qui ait plus à se louer que la nôtre, de cette belle portion de l'humanité. C'est à elle que nous devons ces vaillans chevaliers, tous ces héros qui ont illustré cet empire ; c'est elle qui embellit la cour de Louis XIV, qui éleva son génie et son siècle à cette hauteur que nous calomnions parce que nous ne pouvons pas y atteindre, qui versa les consolations sur l'amertume de ses dernières années, et c'est elle aussi qui sauvera la France, de ce gouffre où l'ont précipité les erreurs et les crimes.

Tonnerre; on en jonchoit leurs pas. On posa une couronne civique sur la tête de M. l'archevêque de Paris, sur cette tête que le glaive des assassins, un mois auparavant, vouloit abattre. On en orna aussi celles de MM. Bailly et de la Rochefoucault. Hélas! à qui associoit-on un prélat si peu digne d'être confondu avec les artisans de nos maux!

De distance en distance les spectateurs crioient: *les voilà les sauveurs, les libérateurs de la France, les martyrs de la patrie, de la liberté.* A cette exclamation succédoit le cri général *vive le roi*; mais pour la première fois, depuis la naissance de la monarchie, le cri *vive le roi*, fut accompagné du cri *vive la nation*. A l'époque de la convocation des états-généraux, aux bénédictions pour la personne du roi, on en ajoutoit pour le tiers-état. En quelques jours, les choses avoient changé: le tiers-état étoit devenu la nation, comme les états-généraux étoient devenus assemblée nationale. Le tiers-état cependant n'étoit pas plus la nation que le clergé, que la noblesse. Cette métamorphose a eu des progrès véritablement risibles: l'abus du mot *nation* a été porté à un point, qu'on en croit à peine ses yeux; des associations particulières, des attroupemens de charbonniers, des groupes de poissardes, des hordes de brigands se sont dits la *nation*. Toutes ces folies viennent de ce qu'on n'a point encore pris ce mot dans sa véritable acception. Il est étrange qu'elle ait échappé à tous ceux qui ont écrit sur les intérêts des peuples. Je donnerai, lorsqu'il en sera temps, la définition de ce mot; elle est plus importante qu'on ne pense. Presque toutes nos erreurs en politique ne viennent que de ce qu'on l'a ignorée.

Arrivés à l'Hôtel-de-Ville, les députés, après avoir pris place, se virent environnés d'une foule qui ne pouvoit pas être plus considérable. M. de Lally, confondant cette salle avec le *forum romain*, prit le rassemblement de ces curieux pour le peuple. C'étoit encore un abus de mots. C'étoit-là un point dans un immense tout, une portion presque imperceptible du peuple françois, et une très-petite partie du peuple parisien. Quelle utilité pouvoit-on espérer de l'assentiment de cette foule? Il falloit encore celui des districts, celui des provinces. Le peuple, comme on l'a entendu de nos jours, est un souverain dont, dans un empire comme le nôtre, on ne peut jamais connoître la volonté suprême, parce qu'il est impossible de réunir toutes ses parties. Souvent ce que veut le peuple du faubourg Saint-Antoine n'est pas ce que veut celui du faubourg Saint-Germain; souvent celui de Marseille émet un vœu contraire à celui de la ville de Nancy. On n'en parla pas moins à cette multitude, comme si on eut parlé au peuple entier de France.

M. de la Fayette, en sa qualité de vice-président de l'assemblée nationale, et de président de la députation, parla le prémier, et prononça cette courte harangue, qui ne fit pas une grande impression:

« Messieurs, voici enfin le moment le plus désiré par l'assemblée nationale. Le roi étoit trompé, et il ne l'est plus: il est venu aujourd'hui au milieu de nous, sans armes, sans troupes, sans cet appareil imposant, dont les princes s'environnent, et qui est si inutile aux bons rois. Il nous a dit qu'il avoit donné ordre aux troupes de se retirer. Oublions nos malheurs, ou plutôt ne nous les rappellons que pour en éviter à l'avenir de pareils. »

Cela étoit bien froid: aussi personne n'en parut-il ému. Mais tous les cœurs se portèrent vers le roi, lorsque M. de la Fayette eût ajouté, à cette harangue, le discours prononcé par sa majesté dans l'assemblée nationale. Les applaudissemens dont chaque phrase de ce paternel discours étoit suivie, se répétoient sur la place de Grève, sur les quais, et plus loin encore, avec une rapidité et une force incroyable.

Le moment étoit propice: « J'éprouvai, dit M. le comte de Lally (1), qu'on eût pu facilement, *si tout le monde se fut accordé à le vouloir*, tourner toute l'exaltation du côté de l'amour de l'ordre et de la justice. »

Ici, je m'arrête: un nouvel ordre de choses va éclatter, et appelle l'attention de mes lecteurs. L'illusion que faisoit, à M. de Lally, l'image de ce peuple, la veille si violemment agité, maintenant en apparence si tranquille, ne pouvoit être plus complète. Il voulut, après M. de la Fayette, haranguer la multitude qui l'entouroit; mais il ne porta pas sa vue au-delà de l'enceinte où il parloit, il ne vit pas qu'au moment même où il croyoit convertir la nation entière, la révolution de 1789 se consommoit. Au moment même, en effet, où il s'applaudissoit de la docilité de ses auditeurs, la face de l'empire alloit encore une fois changer; une certaine règle alloit s'établir au sein de l'anarchie; les insurgens étoient prêts à se donner des chefs qu'ils pussent avouer, et le roi, bien loin de gagner à ce changement, devoit y perdre encore sa capitale.

C'est donc ici que commence une nouvelle époque pour l'histoire de la révolution, et avec elle, une longue suite de nouveaux forfaits.

---

(1) seconde lettre à ses commettans, page 70.

FIN DE LA TROISIEME PARTIE.

HISTOIRE

DE

LA RÉVOLUTION DE FRANCE,

ET

DE L'ASSEMBLÉE NATIONALE.

On s'abonne rue Bailleul, hôtel de Carignan, pour le journal de l'*Ami du Roi*, dont le prix est de 30 liv. par an, 16 liv. pour six mois, et 9 liv. pour trois mois, pour Paris; et pour la province, franc de port, de 33 liv. par an, 18 liv. pour six mois, et 10 liv. pour trois mois.

Prix de chaque cahier, 5 liv.

On trouve chez le même libraire, l'*École de Politique*, ou *collection, par ordre de matières, des discours prononcés à l'Assemblée nationale, pour la défense de la religion, de la monarchie, et des vrais intérêts du peuple*; par messieurs *Mounier*, *Cazalès*, *Malouet*, *Maury*, *de Montlauzier*, *de Clermont-Tonnerre*, *de Bonnal*, *Mirabeau cadet*, *de Lally*, *Bergasse*, *de Puyvallée*, *Jacquemart*, *de Marguerites*, *d'Eprémesnil*, *l'archevêque d'Aix*, etc., etc., et tous les autres membres de la minorité; avec des notes sur les principaux événemens de la révolution, rédigées par les plus célèbres orateurs de la noblesse et du clergé, etc., etc., dont il paroît 6 vol., avec figures, à raison de 5 liv. 10 sous le volume, franc de port.

L'AMI DU ROI,

DES FRANÇOIS,

DE L'ORDRE ET SUR-TOUT DE LA VÉRITÉ;

OU

HISTOIRE

DE LA RÉVOLUTION DE FRANCE,

ET DE L'ASSEMBLÉE NATIONALE.

Pour former, avec le journal intitulé : l'*Ami du Roi*, et commencé le 1er juin 1790, un corps complet d'histoire du temps actuel.

PAR M. MONTJOYE,

Fondateur et rédacteur, depuis le premier juin 1790, du journal intitulé : l'*Ami du Roi*.

QUATRIÈME PARTIE.

Prix 5 liv. Au bureau de l'*Ami du Roi*, rue Bailleul, hôtel de Carignan.

Son peuple audacieux prompt à se mutiner,
Le prit pour un tyran dès qu'il voulut régner.
On s'assemble, on conspire, on répand les alarmes;
Tout bourgeois est soldat, tout Paris est en armes.
Henriade, Chant III.

A PARIS,

DE L'IMPRIMERIE DE L'AMI DU ROI.

Chez GATTEY, Libraire au Palais-Royal, No. 14.

1792.

L'AMI DU ROI,

DES FRANÇOIS,

DE L'ORDRE ET SUR-TOUT DE LA VÉRITÉ;

OU

HISTOIRE

DE LA RÉVOLUTION DE FRANCE,

ET DE L'ASSEMBLÉE NATIONALE.

CHAPITRE I.

DISCOURS de M. le comte de Lally à l'hôtel-de-ville; son opinion personnelle sur ce discours; cause de l'illusion qu'il se faisoit; discours de MM. de Clermont-Tonnerre et de Liancourt; hommage offert par les gardes-françoises; discours de M. Moreau-de-Saint-Méry; effort de M. l'archevêque de Paris pour le retour de la paix; proclamation d'un commandant général et d'un maire; conduite du peuple avec les députés; témoignages particuliers d'estime qu'il donne à M. de Lally; événement inattendu pour les députés; vœu et menaces du peuple; conditions qu'il met

(2)

à la paix ; résignation des députés ; espérances de M. de Lally évanouies ; ses liaisons avec une femme de la cour ; nouvelle agitation de Paris ; nouvelles manœuvres des factieux ; extrême crédulité des parisiens ; redoublement de terreur ; affront fait au frère de M. Necker ; violation du droit des gens ; insulte à M. le comte de Mercy Argenteau ; bruits injurieux à la reine et à l'empereur ; leur fausseté ; plaintes de M. le comte de Mercy-Argenteau ; satisfaction qu'il reçoit de la cour.

Suite de Juillet 1789, et du second mois de l'interrègne.

15 ENIVRÉ des applaudissemens qu'il recueilloit dans le sein de l'assemblée nationale, la tête exaltée par le mouvement imprimé à tout l'empire, M. le comte de Lally, prenant, comme je l'ai dit, pour la nation entière, la multitude qui remplissoit la salle de l'hôtel-de-ville, prononça avec chaleur cette courte harangue.

« Ce sont vos concitoyens, vos amis, vos frères, vos représentans, qui viennent vous donner la paix. Dans les circonstances désastreuses qui viennent de se passer, nous n'avons pas cessé de partager vos douleurs ; mais nous avons partagé votre ressentiment ; il étoit juste. »

« Si quelque chose nous console, au milieu de l'affliction publique, c'est l'espérance de vous préserver des malheurs qui vous menacent. »

« On avoit séduit votre bon roi ; on avoit empoisonné son cœur du venin de la calomnie ; on lui avoit fait redouter cette nation qu'il a l'honneur et le bonheur de commander. »

« Nous lui avons été dévoiler la vérité ; son cœur a gémi ; il est venu se jetter au milieu de nous ; il s'est fié à nous, c'est-à-dire, à vous ; il nous a demandé des conseils, c'est-à-dire, les vôtres. Nous l'avons porté en triomphe, et il le méritoit. Il nous a dit que les troupes étrangères alloient se retirer, et nous avons eu le plaisir inexprimable de les voir s'éloigner. Le peuple a fait entendre sa voix pour combler le roi de bénédictions ; toutes les rues retentissoient de cris d'allégresse. »

« Il nous reste une prière à vous adresser : nous venons vous apporter la paix de la part du roi et de l'assemblée nationale. Il faut maintenant que nous apportions la paix de votre part au roi et à l'as-semblée nationale. Vous aimez vos femmes, vos enfans, votre roi, votre patrie, l'honneur du nom François. N'est-ce pas que vous ne voudriez pas déchirer tout ce que vous aimez par des discordes sanglantes ? N'est-ce pas qu'il n'y aura plus de proscriptions ? La loi seule doit en prononcer. Plus de mauvais citoyens ? Votre exemple les rendra bons. »

« Nous avons admiré l'ordre de votre police, de vos distributions, le plan de votre défense. Mais maintenant la paix doit renaître parmi nous, et je finis en vous adressant, au nom de l'assemblée nationale, les paroles de confiance que le souverain a déposées dans le sein de l'assemblée : je me fie à vous. C'est là notre vœu ; il exprime tout ce que nous sentons. »

M. le comte de Lally, en rendant compte, dans un de ses écrits (1), de l'effet qu'avoit produit ce discours, dit : « Ils tressaillirent, en m'entendant parler de l'honneur du nom François. Lorsque je leur dis qu'ils seroient libres, que le roi l'avoit promis, qu'il étoit venu se jetter dans nos bras, qu'il se fioit à eux, qu'il avoit renvoyé ses troupes, ils m'interrompirent par des cris de vive le roi. Lorsque je leur dis : nous venons vous apporter la paix, de la part du roi et de l'assemblée nationale, il faut maintenant que nous apportions la paix de votre part au roi et à l'assemblée nationale, ce fut à qui répéteroit la paix, la paix. Lorsque j'ajoutai : vous aimez vos femmes, vos enfans, votre roi, votre patrie, tous me répondirent mille fois, oui. Lorsqu'enfin les pressant davantage, je hasardai de leur dire : n'est-ce pas que vous ne voudriez pas déchirer tout ce que vous aimez, par des discordes sanglantes ? N'est-ce pas qu'il n'y aura

(1) Seconde lettre à ses commettans, pages 70 et 71.

plus de proscriptions ? La loi seule doit en prononcer. Plus de mauvais citoyens ? Votre exemple les rendra bons ; ils répétèrent encore la paix, et plus de proscriptions. Bientôt les témoignages de leur bienveillance n'eurent plus de bornes. »

C'est d'après le souvenir de ces heureuses dispositions, et de celles que l'assemblée nationale elle-même avoit montrées, que M. de Lally, dans le même écrit, fait cette question : « à partir de ce jour, je demande si l'on conçoit quelle cause a pu produire les journées des 5 et 6 octobre. » Ceux qui liront cette histoire avec quelqu'attention, concevront à merveille que la cause qui a fait tomber la Bastille, a produit ces régicides journées ; ils concevront que les conspirateurs qui, dès le 14 juillet, préludoient aux forfaits du 6 octobre, se trouvoient, non parmi les auditeurs actuels de M. de Lally, mais parmi les députés mêmes, membres du club breton. C'est dans ce repaire, que des françois ont allumé tous les feux qui ont consumé tant de propriétés, qui ont embrasé les bases de la monarchie.

Ils ont, dans cette école, accoutumé leurs cœurs
A flatter la licence, à mépriser les mœurs,
A tolérer le vice, et non le ridicule,
A couronner l'excès, à siffler le scrupule,
A ne connoître enfin, esclaves factieux,
Que leurs penchans pour lois, et leurs plaisirs pour
  dieux (1).

L'éloquence donc de M. de Lally à l'hôtel-de-ville, ne pouvoit produire qu'un effet momentané, parce qu'il s'adressoit, non aux véritables artisans des troubles, mais à des hommes crédules qui étoient, sans le savoir, les servils instrumens de ces boute-feu. Si M. de Lally eût su remonter à la source du cruel mal qui dissolvoit les parties du corps politique, s'il n'eût pas voulu se dissimuler l'arche pestiférée d'où cette source découloit, il eût exhorté ses auditeurs à se tenir en garde contre la corruption qu'exhaloit le club breton. Alors, peut-être il eût recueilli de sa harangue des fruits durables ; mais quel mal peut-on guérir en politique, comme en médecine, lorsqu'on n'en connoît ou qu'on n'en veut pas connoître la cause ?

L'opinion, au reste, de M. de Lally, sur le changement qu'opéra son discours, est conforme à la vérité. On paru desirer la paix lorsqu'il eût parlé. C'est un reproche de plus à faire à ceux qui ont si cruellement trompé des hommes qu'on savoit recevoir, avec une égale facilité, les impostures et la vérité. M. de Lally lui-même, dans ce discours, égaroit plutôt qu'il n'éclairoit les esprits. Cette image d'un roi séduit, dont le cœur avoit été empoisonné par le venin de la calomnie, d'un roi redoutant la nation qu'il avoit l'honneur et le bonheur de commander, n'étoit pas propre à concilier du respect à la personne de Louis XVI. Le peuple devoit naturellement en conclure que le roi avoit trempé un instant dans les sinistres projets qu'on savoit cependant qu'il avoit bien formellement démentis. Dire au peuple qu'on partageoit son ressentiment, et que son ressentiment étoit juste, n'étoit-ce pas mettre tous les torts du côté du roi ? Un ressentiment suppose une injure. Quelle injure avoit reçue le peuple ? Que d'affronts, au contraire, n'avoit pas eu à essuyer la majesté royale dans la journée du 14 ? Que vouloit dire encore M. de Lally par ces malheurs qui menaçoient les parisiens ? Qui les en menaçoit ? Dans l'aveuglement dont on les avoit frappés, pouvoient-ils supposer que ces menaces partoient d'autre part que de la cour ? Étoit-ce enfin donner aux insurgens de l'indignation pour la rébellion, que de leur dire : *nous avons admiré l'ordre de vos distributions, le plan de votre défense ?* Qu'on suppose, à la place du comte de Lally le comte de Mirabeau, que signifieroit cette phrase dans la bouche de ce dernier, sinon, *nous avons admiré avec quelle intelligence et quel succès vous nous avez secondés ?* On seroit donc tenté de croire que toute la différence qu'il y avoit entre M. de Lally, et Mirabeau, c'est que celui-là trouvoit que c'étoit assez de cette première secousse, et que celui-ci ne vouloit pas qu'on s'y bornât. Si un premier acte de rébellion est légitime, pourquoi un second, un troisième ne seroient-ils pas également ? Quel est le publiciste qui ait marqué le point où la marche de l'insurrection doit s'arrêter ? Ce point fût-il fixé par la morale des peuples, ne faudroit-il pas une force surnaturelle pour les contraindre à revenir en deça des bornes, au moment même où ils les ont franchies ?

MM. de Clermont-Tonnerre et de Liancourt haranguèrent aussi cette partie du peuple, que M. de Lally croyoit avoir convertie. Le second dit des choses insignifiantes qui ne pouvoient compromettre ni sa popularité, ni son crédit à la cour. Le premier enveloppa son opinion sur l'insurrection dans des tournures énigmatiques : il parla *de soldats égarés peut-être un moment sous les drapeaux du patriotisme.* Il dit qu'il n'y avoit pas de pardon à demander où il n'y avoit pas eu de coupables ; que les soldats de la liberté ne pouvoient pas être des déserteurs, et que par conséquent tout devoit être oublié. Il peignit la fidélité du peuple françois, la haine qu'il portoit aux agens du despotisme, sans cesser, pour cela d'adorer son roi. Tournant ensuite tous les regards sur le tableau dont on avoit été témoin le matin à Versailles, il dit en parlant du roi : « Nous l'avons porté dans nos bras, de notre salle jusqu'à son palais, et ces deux édifices séparés par un assez grand intervalle, étoient réunis par un peuple immense, remplissant l'air de ses cris d'alégresse de bénédictions. »

(1) Card. de Bernis. épit. 3.

Pendant que toutes ces harangues se débitoient, quelques soldats des gardes, tenant chacun un drapeau, s'avancèrent au milieu de la salle. L'un d'eux balbutia un discours que personne n'entendit ; mais on comprit qu'ils venoient faire hommage de ces drapeaux, ou aux électeurs, ou aux députés de l'assemblée nationale. C'étoit mettre le sceau à la défection. Ces soldats reconnoissoient, par cet hommage, qu'ils n'étoient plus au service du roi ; mais, en quittant son service, pouvoient-ils remettre à d'autres qu'à lui les drapeaux qu'ils en avoient reçus ?

Cette démarche dut affliger ceux qui conservoient encore une étincelle de la loyale fidélité de nos anciens chevaliers. Personne ne témoigna ce qu'il en pensoit. M. Moreau-de-Saint-Méry lui-même, qui présidoit les électeurs, ne parut point faire attention à cette offre. Il n'en dit pas un mot dans la réponse qu'il adressa aux députés. « Le plus beau jour de la monarchie, leur dit-il, est celui où l'on a vu naître cette liberté qui élève l'ame jusqu'à la hauteur de sa destinée. Que ne puis-je, ajouta-t-il, exprimer tous les sentimens de l'assemblée ! Mais, dites au roi qu'il acquiert aujourd'hui le titre de père de ses sujets, que ceux qui lui ont inspiré des terreurs l'ont trompé ; dites-lui que nous sommes prêts à tomber à ses pieds ; dites-lui enfin que le premier roi du monde est celui qui a l'honneur de régner sur les François. »

M. l'archevêque de Paris, augurant favorablement de l'alégresse et de la confiance qu'il voyoit régner autour de lui, crut devoir faire personnellement un effort pour consolider la paix. Il déplora les malheurs de la capitale, peignit toute la douleur dont ils avoient déchiré son ame, toute la consolation que la paternelle démarche du roi avoit versée dans son cœur, et n'oublia aucune des considérations qui pouvoient inspirer une entière confiance aux paroles de paix et de bonté sorties de la bouche du prince le plus digne d'être aimé. Mais comprenant que la concorde qu'il croyoit voir renaître, ne pouvoit être durable si Dieu, qui tient dans ses mains la destinée des rois et des peuples, ne prenoit en pitié le déplorable état de la France, il invita les électeurs, les députés et tout le peuple à venir se proterner, dans l'église Notre-Dame, au pied des autels, pour remercier le ciel du beau jour qu'il accordoit après une si cruelle tempête, et pour le conjurer de daigner achever son ouvrage.

On ne répondit à l'invitation de M. l'archevêque de Paris que par des acclamations où l'on mêla les témoignages les plus flatteurs et les mieux mérités du tendre respect dû à sa piété, à son inépuisable bienfaisance, à son inaltérable douceur. La voix de la religion, lorsqu'elle se fait entendre, a un charme qui attire, qui entraîne, et qui est inconnu à l'éloquence profane. Le discours de M. de Juigné attendrit aux larmes tous ceux qui l'entendirent. Il n'y eut personne peut-être dans cet immense auditoire, qui n'eût, comme lui, l'espoir que la prière qu'on alloit adresser à l'être suprême, mettroit fin à la calamité. C'est une chose qui n'est pas assez remarquée par ceux qui gouvernent, que l'influence de la religion sur les hommes, malgré la diversité de leurs passions et de leurs opinions. Au sein d'une grande adversité, comme dans un temps prospère, dès qu'elle parle, ils n'ont plus qu'un même esprit, qu'un même sentiment ; ses exhortations sont des lois ; l'empire qu'elle exerce a une force irrésistible, parce que c'est celui de la persuasion. Enfin, c'est pour avoir trop oublié qu'un peuple chrétien est nécessairement un peuple fidèle qu'on a laissé briser les liens qui unissoient les sujets au roi.

Comme on alloit se lever pour accompagner le prélat au pied des autels, un cri unanime proclama M. de la Fayette, commandant général de la milice parisienne, et M. Bailly, successeur de M. Flesselles. C'étoit une confirmation du choix des électeurs. M. de la Fayette voulut articuler quelques mots de reconnoissance ; mais ne pouvant se faire entendre, il tira son épée, et la baissa devant le peuple en signe d'acceptation et de remercîment. Bayard se fût-il comporté de la même manière dans la même circonstance ? Il eut bien tiré son épée, mais sans doute il eût ajouté : « Je n'employerai jamais cette épée qu'au service de celui à qui j'ai juré fidélité. Un chevalier françois ne sert que son roi. »

Outre son serment de fidélité au roi, M. de la Fayette étoit encore lié par celui qu'il avoit fait à ses commettans. Son poste étoit aux états-généraux, et non à la tête d'une milice bourgeoise. Que fut devenue l'assemblée nationale, si chacun de ses membres eût ainsi accepté la place qu'il auroit plû au peuple de lui donner ? Les fonctions de député aux états-généraux, et de commandant de la garde parisienne, étoient incompatibles, non-seulement à cause de l'assiduité que chacune des deux places exigeoit, mais encore à cause de l'influence que pouvoit avoir sur les délibérations de l'assemblée, celui de ses membres qui auroit été investi d'une grande force militaire.

Cette nomination n'étoit pas flatteuse pour M. le marquis de la Salle, à qui elle sembloit reprocher sa nullité. Il ne devint cependant pas tout-à-fait nul ; on lui conserva encore quelque temps le commandement en second ; on l'employa ensuite à des fonctions obscures dans un bureau que les électeurs avoient formé, et qu'ils appelloient militaire. Il y resta attaché jusqu'à ce qu'enfin il vint lui-même, comme je le raconterai, au pied de cette potence qui sera immortelle dans les fastes de notre révolution.

M. Bailly ne montra pas plus de répugnance, que M. de la Fayette, pour la place qu'on lui donnoit. Il témoigna, par des signes de tête, qu'il l'acceptoit. Au moyen de cette double nomination, l'assemblée nationale, où M. Target et tant d'autres ne cessoient de parler de la distinction des pouvoirs, se trouva investie, dans la personne de deux de ses membres, de toute la force civile et militaire de Paris, et le roi n'eut plus rien à voir ni à faire dans sa capitale.

Ainsi encore, par cette nomination, on donnoit tous les fruits de la prétendue conquête de la Bastille, à deux hommes qui n'avoient pas même paru parmi les assaillans. L'un n'apportoit, pour titre de recommandation, que ses courses sur le continent d'Amérique; l'autre, que le rôle qu'il avoit joué avec tant d'appareil dans un jeu de paume à Versailles.

Enfin il est digne de remarque que tous les deux, en adhérant au choix des électeurs, confirmé par la multitude que la curiosité avoit attirée dans la salle où l'on proclamoit ce choix, tenoient leur pouvoir d'une assemblée qui ne devoit la vie qu'à l'insouciance des ministres, et dont l'existence étoit illégale sous tous les rapports. Appelés en effet à nommer des députés aux états-généraux, les électeurs ne l'étoient certainement pas à régner sur Paris.

Quelques autres députés vouloient parler après M. de Juigné ; on se trouvoit en effet dans une circonstance et sur un théâtre bien propre à faire recueillir de la popularité ; mais il se faisoit un tel bruit dans cette foule de spectateurs pressés les uns sur les autres, qu'il ne fut pas possible d'entendre personne. On se leva, et on suivit M. l'archevêque de Paris à Notre-Dame. Sur toute la route, les gens du peuple se mêlèrent, et causèrent familièrement avec les députés. On ne parloit que des exploits de la veille, de despotisme renversé, de Bastille détruite. M. de Lally fut celui à qui on prodigua plus de marque de considération et de confiance ; il s'y mêla une sorte de fanatisme : « Je n'ai pas payé, dit-il, dans une seconde lettre à ses commettans, tous ces témoignages par la flatterie ; c'eût été m'en rendre indigne : mais je les ai payés par un zèle bien pur et bien désintéressé pour le bonheur de mes concitoyens. J'ai gémi de ne pouvoir plus leur être utile ; j'ai détesté la faction qui les égaroit ; je l'ai combattue tant que j'ai pu espérer de la vaincre. »

On entrevoit, à travers les regrets de M. de Lally, qu'il attachoit beaucoup de prix à la faveur momentanée que le peuple lui accordoit. C'est une erreur commune à ceux qui ont peu lu l'histoire; l'esprit facile et un peu romanesque de M. de Lally devoit s'y laisser prendre facilement. Il s'en fût préservé, si, dans cette marche triomphale, il eût eu devant les yeux l'image de Miltiade, couvert de blessures reçues au service de son pays, et rendant son dernier soupir au fond d'un cachot; celle du sage Aristide surnommé le *juste*, chassé par ses ingrats concitoyens du sein de sa patrie ; celle du bienfaisant Cimon subissant la même injustice ; celle enfin de l'intègre Phocion, recevant, pour prix de ses vertus, un arrêt de mort. Voilà la justice qu'exerce le peuple envers ses bienfaiteurs ; ceux qui le servent sans servir leur conscience, reconnoissent tôt ou tard la folie d'encenser une divinité inconstante qui n'a, pour payer les hommages de ses adorateurs, que des caprices et des fureurs.

La pieuse cérémonie qui se fit à Notre-Dame, n'offrit rien de remarquable ; mais lorsqu'elle fut finie, lorsqu'on fut hors de l'église, il se passa un événement auquel les députés ne s'attendoient guères. Tout-à-coup ce peuple, dont ils croyoient diriger les mouvemens, leur montre qu'il se croit, et qu'il prétend être leur maître. Il les entoure, les presse, et leur fait l'injonction sévère de demander au roi le rappel de M. Necker ; il les menace, s'ils n'obéissent pas, de toute son indignation, et de recommencer une guerre horrible. A ce mouvement inattendu, les députés, comme frappés de la foudre, demeurèrent interdits ; leur éloquence qui, à l'hôtel-de-ville, s'étoit déployée, avec tant de facilité, fut muette sur ce nouveau théâtre. Il fallut bien se soumettre et promettre au peuple-roi qu'on lui obéiroit. Tel fut le succès que M. de Lally recueillit de ce discours, que, long-temps encore après, il se rappeloit avec complaisance.

Le peuple, dans cette affaire, raisonnoit avec justesse. On lui avoit fait entendre que la cause du désordre, qui bouleversoit tout, étoit le départ de M. Necker ; il étoit naturel qu'il crût que le désordre cesseroit lorsque ce ministre reparoîtroit. Cependant il est probable qu'en émettant ce vœu il obéissoit à des insinuations qui lui venoient de la part d'une classe de factieux, persuadés qu'ils avoient encore besoin de M. Necker ; car, outre ce vœu, le peuple en avoit un autre dont l'accomplissement, en montrant tout le courage et toute la bonté du roi, mit sa vie dans le plus grand danger. Il demanda et exigea, pour seconde condition de la paix, que le roi vînt à Paris. Les députés accordèrent l'une et l'autre demande, il eût été dangereux pour eux de les rejetter. Ils n'étoient plus, dans ce moment, que les esclaves de ce peuple inconstant et impérieux qui les avoit cajolés à leur entrée dans la ville. Ils y avoient paru en souverains, en triomphateurs ; ils en sortirent en sujets timides et dociles d'un maître sévère. Ainsi s'évanouirent, en quelques heures, les folles espérances de M. de Lally. Jamais homme ne s'est tenu plus constamment que lui loin de la réalité. Dans les grandes occasions nous sommes bien souvent entraînés vers un parti, encore plus par nos liaisons que par nos goûts. M. de Lally s'étoit attaché au char d'une femme de la cour, hautaine et capricieuse. Jalouse d'être remarquée, et de se tirer de la foule des courtisans, elle affectoit de la haine pour eux et pour les ministres. Voyant des factions se former autour d'elle, elle eût l'ambition d'être l'ame d'un parti. Elle se nourrissoit de la vanité de se faire craindre de ceux dont, dans des temps tranquilles, elle n'eût pas même attiré l'attention. Désespérant d'être considérée, elle vouloit être connue. C'étoit-là un ridicule qu'un philosophe n'eût pas partagé. M. de Lally ne le fut pas assez pour ne pas faire entrer dans ses vues de révolution le desir de seconder la petite passion d'une femme dépourvue de tout moyen de jouer aucune sorte de rôle. L'esprit échauffé par l'extrême fermentation qui régnoit dans toutes les classes de la société, la tête pleine de l'histoire de nos guerres civiles, il crut voir revivre le siècle de la fronde; il crut voir renaître ces temps où, comme dit Voltaire, les françois se précipitoient dans les séditions, par caprice et en riant, où les femmes étoient à la tête des factions, où l'amour faisoit et rompoit les cabales. Les temps et les hommes n'étoient plus les mêmes. Il ne s'est trouvé de nos jours aucun factieux qui eût assez d'énergie dans le caractère, même pour se faire roi des Halles. Parmi les femmes qui se sont jetées dans les factions, il n'en est aucune qui puisse être comparée à la duchesse de Montbazon, ou à la duchesse de Longueville. Dans l'enthousiasme de sa passion et de ses projets, M. de Lally compara la femme, qui l'avoit enchaîné, à la duchesse de Longueville, et il se promettoit peut-être de dire de celle-là, ce que le duc de la Rochefoucault disoit de celle-ci;

Pour mériter son cœur, pour plaire à ses beaux yeux,
J'ai fait la guerre aux rois ; je l'aurois faite aux Dieux.

Le reste de la journée du 15 fut orageux. Les députés eurent à peine quitté Paris, que les principaux factieux recommencèrent à semer les alarmes. Là, on vous disoit que des convois arrêtés, que des messages interceptés avoient découvert de nouvelles perfidies ; ici un homme avoit avalé un billet dont il étoit porteur; plus loin, un particulier conduit dans un district, y avoit été reconnu pour un hussard déguisé; dans un autre quartier, on vous parloit d'une laitière dont le pot au lait étoit plein d'or, d'un seigneur déguisé en cocher. De sorte que les parisiens se croyoient toujours environnés de piéges. On leur disoit que les troupes campées hors de Paris, bien loin de s'éloigner, grossissoient toujours; que deux nouveaux régimens étoient arrivés dans la matinée à Saint-Denis.

Pour donner plus de poids à ces faux bruits, on y ajoutoit les manœuvres: un homme se présentoit à l'hôtel-de-ville; il se disoit conducteur d'un convoi de farine, et déclaroit que son convoi avoit été arrêté par des ordres supérieurs. On recevoit la déclaration, et il n'étoit plus question de celui qui l'avoit faite. Deux patrouilles se rencontroient; l'une désarmoit l'autre, et c'étoit évidemment un jeu concerté, car les hommes de la patrouille désarmée ne faisoient aucune résistance, et on les rencontroit ensuite se promenant tranquillement dans les rues. Cette manœuvre inspiroit une grande frayeur au peuple, et lui faisoit croire que sur vingt patrouilles, il y en avoit dix qui n'étoient composées que de ses ennemis.

Ce qui se pratiqua à la Bastille étoit plus étrange encore. Un sergent des gardes-françoises à la tête de deux compagnies, se présente devant cette forteresse, et sur le champ le bruit court qu'il vient s'en emparer pour la remettre aux ministres. Les bourgeois armés qui se trouvoient dans l'intérieur de la place, font bonne contenance, mettent en joue le sergent et sa troupe, qui se retirent paisiblement, et le peuple crie : *voilà la Bastille encore une fois à nous!* Comment pouvoit-il croire que ces mêmes soldats qui la veille avoient tant contribué à ôter au roi la Bastille, voulussent la lui rendre le lendemain ? Ce sont des détails de cette nature qui prouvent que le peuple parisien est le plus crédule des peuples.

Les électeurs avertis de cet événement, feignent de s'en alarmer; ils remplissent la Bastille de leurs nouveaux soldats, qui prennent le nom de *volontaires de la Bastille*, et ordonnent qu'on commence sur le champ à la démolir; ils furent obéis.

On rencontroit dans les rues des groupes de bourgeois, conduisant les uns, un dragon, les autres un hussard. Ces bourgeois interrogés sur les hommes qu'ils conduisoient, répondoient : « Ce sont des ennemis qu'en battant l'estrade, hors de la ville, nous avons surpris épiant les mouvemens et les dispositions de Paris. » Le peuple le croyoit, et insensiblement il en vint à se persuader que la démarche pacifique des députés, cachoit un nouveau piège; qu'il pouvoit se faire que le roi lui-même fut trompé, et que la nuit qui alloit suivre, étoit destinée à une invasion.

La terreur devint ainsi par degrés aussi forte et aussi universelle qu'elle l'avoit été la veille au soir. Les cavaliers, les personnes en voiture, ceux dont l'habit annonçoit une condition un peu relevée, ne furent pas fouillés avec moins d'inquiétude et de brutalité. Ceux qui tentèrent de franchir les barrières, y trouvèrent encore plus de difficultés que le jour précédent, parce qu'outre que la milice bourgeoise étoit plus nombreuse, on se trouvoit à tout instant arrêté dans les rues, soit par les charettes et les tonneaux qui les embarrassoient, soit par les monceaux de pavés qu'on avoit arrachés, soit par les tranchées qu'on avoit pratiquées.

Le frère de M. Necker ne fut pas exempt des affronts qu'avoient à essuyer ceux qui étoient soupçonnés de s'enfuir. Il voulut aussi quitter une ville où on n'avoit sûreté ni pour sa fortune ni pour sa vie. Il étoit parvenu à vaincre une grande partie des obstacles qu'on rencontroit à chaque pas qu'on faisoit dans les rues. Il touchoit presqu'à la barrière, lorsque la populace et les milices arrêtèrent sa voiture, et le ramenèrent chez lui. Ainsi ce même peuple qui poussoit jusqu'à l'idolâtrie son amour pour M. Necker, faisoit prisonnier le propre frère de ce ministre.

On ne respecta pas plus le droit des gens que les droits du citoyen. On environna l'hôtel de M. le comte de Mercy - Argenteau, ambassadeur de la cour impériale. L'hôtel et tous ceux qui entroient ou sortoient furent visités et fouillés. C'étoit un attentat qui, sans la prudence de M. le comte de Mercy et des autres ambassadeurs, eût eu des suites cruelles pour la France. Les membres du corps diplomatique ne sont point sujets de l'état où ils sont envoyés, ils doivent en être plus particulièrement encore protégés que les membres même de la nation chez laquelle ils portent un caractère sacré. Cette protection spéciale doit s'étendre sur ceux qui leur appartiennent.

Je n'ai pas besoin de dire que les gens qui se permirent cette insolente perquisition, n'en retirèrent que la honte. Ils ne trouvèrent rien qui pût leur paroître suspect. Les hôtels des autres ambassadeurs furent respectés. Ce qui valut à M. le comte de Mercy cette outrageante distinction, fut l'opiniâtreté avec laquelle les calomniateurs répandoient, depuis quelque temps, que l'empereur entretenoit avec la reine des relations qui tarissoient le trésor-royal, et qu'il conspiroit avec elle contre l'empire françois.

Ces impostures s'accréditoient avec un tel succès, que dès le mois de juin, M. le comte de Mercy avoit cru devoir en porter sa plainte à notre cour. Les libellistes prirent occasion de l'invasion faite à son hôtel, pour renouveller les calomnies. J'ai promis de dévoiler toute la sottise des contes qui se sont faits pendant si long-temps sur ces prétendus millions envoyés au feu empereur.

Voici ce qu'écrivoit, à cet égard, M. le comte de Montmorin, en réponse à la lettre que lui avoit adressée au mois de juin, sur le même sujet, M. le comte de Mercy.

« J'ai reçu la lettre que votre excellence m'a fait l'honneur de m'écrire, au sujet des bruits qui se sont renouvellés dans le public, sur les prétendus subsides fournis à la cour de Vienne par celle de France. Rien n'est assurément plus destitué de fondement que de semblables bruits. Je puis attester, avec toute vérité, que, depuis que le roi a voulu me confier le département des affaires étrangères, il ne nous a été fait ni pu être fait aucune demande de ce genre par la cour de Vienne, et j'ai également la certitude qu'il n'en a été formée aucune sous l'administration de mon prédécesseur.... »

Signé, le comte DE MONTMORIN.

Ces bruits s'étant renouvellés avec plus de fureur, depuis l'insulte du 15 Juillet, M. le comte de Mercy les repoussa avec plus de développement en ces termes, dans une nouvelle lettre à M. le comte de Montmorin :

« Les millions prétendus envoyés par la cour de France à l'empereur, ont paru, pendant long-temps, une fable trop absurde pour mériter attention. Cependant cette fable s'est propagée, a pris consistance, et a occasionné une sorte d'improbation contre sa majesté impériale et son ambassadeur. »

« Au mois de juin dernier, j'ai eu l'honneur, M. le comte, et par ordre exprès de l'empereur, de vous représenter la nécessité de faire cesser des bruits aussi déplacés. Votre excellence y ayant été autorisée par le roi, elle m'écrivit une lettre motivée sur le désaveu formel de ces mêmes bruits. Par un principe de délicatesse, je me bornai à répandre quelques copies manuscrites de cette lettre, sans la faire imprimer ; et au défaut sans doute d'une publicité plus étendue, elle ne produisit point l'effet qui en étoit l'objet. L'assertion de l'envoi des millions s'est renouvellée, et m'oblige à réitérer à votre excellence mes premières instances, pour qu'elle veuille bien employer tous les moyens nécessaires et propres à désabuser le public sur une erreur qui blesse les sentimens bien sincères et solides de l'empereur pour le roi, son allié, et pour tout ce qui intéresse les convenances de la monarchie françoise. »

« Ces moyens paroissent d'autant plus faciles, qu'il n'est guères possible que par des voies secrettes on ait procuré à la cour impériale des subsides qui ne sont stipulés par aucun traités. Ni cent, ni cinquante, ni vingt millions n'ont pu sortir du trésor-royal, sans que l'on en trouve des traces dans la recette ou la dépense. La compulsion des registres, la désignation des signatures et des préposés qui ont nécessairement connoissance de ce qui entre dans le trésor, et de ce qui en sort, feront voir l'impossibilité d'un secret, d'un concert et d'une infidélité, trois préalables nécessaires à l'extraction furtive de sommes considérables. »

« Voilà, ce me semble, M. le comte, une méthode assurée pour constater publiquement le fait dont il s'agit, et pour détromper les esprits sur une calomnie dont l'objet devient important en raison des noms augustes qui s'y trouvent compromis. »

Signé, MERCY-ARGENTEAU.

La lettre de M. le comte de Montmorin détruisoit

déja complètement la calomnie. J'en présente ici l'extrait.

« Parmi la foule des brochures que les circonstances ont produites, il en est une dont j'ai cru de mon devoir de rendre compte à sa majesté, puisque l'auteur y traite d'objets politiques, et nommément de nos relations avec la cour de Vienne. Votre excellence jugera sans doute que je veux parler de celle qui a pour titre : *L'orateur aux états-généraux.* »

« Il y est dit que la France a fourni des subsides à la cour de Vienne, avant la paix de Teschen ; qu'elle en a fourni pour terminer l'affaire de l'Escaut, pour les préparatifs de la guerre contre les Turcs, et qu'elle en paye encore, même en ce moment. Or, il est certain que depuis la paix de 1763, il n'a pu être question, entre le roi et la cour de Vienne, de la prestation d'aucuns subsides, puisqu'il ne s'est pas présenté une seule occasion qui donnât lieu à la moindre réclamation de ce genre. A la paix de Teschen, le roi fut médiateur avec l'impératrice de Russie, et la guerre que cette médiation termina, pouvoit d'autant moins donner lieu à la demande d'aucuns subsides de l'empereur, que le roi lui-même étoit engagé dans une guerre qu'il soutenoit depuis un an. »

« Lors de l'affaire de l'Escaut, le roi qui alloit devenir allié de la Hollande, et qui avoit interposé ses bons offices pour lui éviter une guerre dont elle sembloit menacée, voulut bien porter la bienveillance jusqu'à lui faciliter, par quelques dons pécuniaires, les moyens de terminer cette discussion ; mais ce fut directement avec cette république qu'il s'en expliqua, et l'empereur a même ignoré ce qui s'est passé à cet égard. »

« Quant à la guerre actuelle, elle nous est absolument étrangère, et l'empereur n'y est même impliqué que par les obligations de ses traités avec la cour de Saint-Pétersbourg. »

« En un mot, monsieur, c'est une vérité constante et facile à appercevoir, que, depuis la paix de 1763, il n'y a pas eu le plus léger prétexte pour que les cours de Versailles et de Vienne se donnassent le moindre subside ; et en effet, il ne nous a été fait aucune demande de ce genre, de la part de la cour de Vienne. »

« J'ai mis sous les yeux du roi, monsieur, la lettre que j'ai l'honneur d'écrire à votre excellence. Sa majesté, en reconnoissant la vérité et l'exactitude de ce qu'elle contient, a approuvé que j'eusse l'honneur de vous l'envoyer.... »

Je crois que ces pièces authentiques éclaireront mieux la postérité, que les déclamations des journalistes.... La force que leur donnent le témoignage du roi, et le caractère de ceux qui les ont écrites, me dispensent de leur prêter l'appui de mes propres réflexions.

M. le comte de Mercy-Argenteau se plaignit également à notre cour, et de l'outrage qui lui avoit été fait par la visite forcée de son hôtel, et des réflexions injurieuses que s'étoit permises, à son égard, l'auteur des *Révolutions de Paris*, en rendant compte de cet événement. Il reçut de M. de Montmorin, la réponse suivante :

« Vous avez parfaitement raison, M. le comte, sur la brochure dont vous m'envoyez l'extrait. Croyez que s'il existe un moyen de donner satisfaction à votre excellence, elle lui sera donnée, elle vous est due à trop de titre, et je sais trop les services essentiels que vous avez rendus à la chose publique, ceux que vous avez voulu lui rendre, pour ne pas y prendre l'intérêt le plus vif. Vous êtes François, M. le comte, et plus François que qui ce soit que je connoisse ; c'est une justice que je vous rendrai, et par devoir et par inclination, dans toutes les occasions. J'ai écrit hier à M. de la Fayette, pour ce qui concerne votre maison. Je ferai tout ce qui est en mon pouvoir pour que vous ayez satisfaction sur la brochure, et le roi m'avouera certainement de tout ; mais vous êtes trop juste pour exiger l'impossible dans une crise comme celle-ci. Lorsque j'aurai l'honneur de voir votre excellence, nous chercherons ensemble les meilleurs moyens.... »

M. le comte de Mercy-Argenteau se montra très-sensible à ces impostures ; et comme alors M. Necker disposoit despotiquement de l'opinion publique, il lui demanda de vouloir contribuer à l'éclairer ; il lui écrivit en ces termes :

« Au moment de votre départ, à l'époque de désolation générale que je partageois si vivement, j'ai éprouvé des désagrémens personnels qui m'ont été d'autant plus sensibles, que je n'avois certainement pas lieu de m'y attendre. Des propos très-injustes, et quelques brochures absurdes, ont semblé provoquer contre moi le ressentiment de la nation. J'en ai porté plainte à M. le comte de Montmorin, vous savez que si les détails de ma conduite pouvoient être ici publiés et connus, au lieu d'avoir à me plaindre du blâme, je tomberois peut-être dans l'embarras des louanges. Je n'ambitionne pas celles-ci, pourvu que je sois garanti de l'autre. Je me contenterai de la satisfaction intérieure d'avoir, en plus d'une occasion, marqué sans bruit du zèle et de l'attachement pour une nation à laquelle je me suis aggrégé, et qui n'a aucuns motifs de me repousser. L'ascendant, monsieur, dont vous jouissez, à si juste titre, sur l'opinion publique, me porte à réclamer votre témoignage pour la fixer sur ce qui me concerne.... »

M. l'ambassadeur reçut, de M. Necker, la réponse suivante :

« Je

« Je suis désolé, M. l'ambassadeur, de ce qu'on s'est permis de vous attaquer dans le libelle dont vous avez donné connoissance à M. de Montmorin. Qui sait mieux que moi l'épreuve que j'ai faite de votre fidelle et constante amitié ? A quel point vous seriez estimé et aimé de tous les bons patriotes, s'ils avoient connoissance de vos sentimens, de vos principes et de vos conseils ? Je voudrois trouver l'occasion de vous rendre une justice éclatante, je ne ferois que m'acquitter envers l'un des hommes les plus sages et les plus honnêtes que j'aye connu de ma vie, et à qui j'ai voué depuis long-temps le plus tendre attachement.... »

Pour satisfaire, autant qu'il étoit possible, à la juste demande de M. le comte de Mercy-Argenteau, notre ministre des affaires étrangères écrivit à celui de Paris, la lettre qui suit :

« Je ne puis me dispenser, monsieur, de vous transmettre les plaintes qui m'ont été portées au sujet d'une brochure qui a été répandue, en dernier lieu, dans Paris.... Cet écrit blesse essentiellement le caractère de l'ambassadeur d'un des alliés de sa majesté, et par contre-coup celui de tous les autres ambassadeurs et ministres étrangers accrédités auprès d'elle. Or, vous savez, comme moi, monsieur, que ce caractère est sacré et inviolable ; qu'il est respecté chez toutes les nations ; que dans tous les temps et chez tous les peuples, on a regardé tout ce qui pouvoit y donner la plus légère atteinte, comme une violation du droit des gens, qui est la base de la bonne intelligence qui règne entre les souverains. »

« Au surplus, monsieur, le roi sent parfaitement que, dans le désordre où s'est trouvé Paris, il étoit impossible d'arrêter la licence de la presse, *mais le calme étant heureusement rétabli*, je vous prie de vouloir bien prendre toutes les précautions qui pourront dépendre de vous pour faire arrêter particulièrement la distribution d'écrits aussi punissables que celui qui est l'objet de cette lettre. Vous sentirez de vous-même, monsieur, la nécessité de ces précautions, parce que vous jugerez combien il importe au roi de faire jouir, dans sa capitale, les représentans des puissances étrangères, de la sûreté, des égards et de la considération qui leur sont dus, et dont sa majesté est responsable envers ces mêmes puissances. »

« Je ne dois pas vous laisser ignorer, monsieur, que j'ai reçu des plaintes de plusieurs membres du corps diplomatique, par rapport à ce qui s'est passé à leur égard. Aux uns, on a enlevé leurs armes, on a voulu forcer les domestiques de quelques autres à faire la garde bourgeoise. Toutes ces choses sont irrégulières, et directement contraires aux immunités dont les ministres étrangers jouissent en France, et il importe d'empêcher qu'elles se ne renouvellent point..... »

M. de Montmorin ou se flattoit étrangement, ou calculoit bien mal les effets de l'épouyantable explosion qui venoit d'éclater, pour croire que le calme étoit heureusement rétabli, tandis qu'il étoit vrai que nous étions au plus fort de la tempête.

Tout ce que put faire le ministre de Paris, fut de s'adresser au nouveau magistrat que le peuple s'étoit donné. Il adressa à M. Bailly une lettre dont voici le contenu.

« J'ai l'honneur, monsieur, de vous envoyer la lettre de M. le comte de Montmorin.... Vous serez, comme nous, révoltés de tout ce que cet écrit contient de répréhensible. L'auteur a violé le droit des gens dans la personne de M. le comte de Mercy-Argenteau, ambassadeur de l'Empire. Le caractère respectable dont il est revêtu, a été blessé de la manière la plus outrageante, et j'ajouterai à la lettre, pleine de justesse et d'énergie, que M. le comte de Montmorin m'a écrite, que non-seulement il importe d'empêcher que des écrits aussi scandaleux ne se renouvellent point, mais d'employer les moyens les plus prompts et les plus efficaces pour réparer le mal qui s'est fait. Je vous prie de vous en occuper essentiellement..... »

M. Bailly n'ayant pas plus d'empire sur le peuple qui l'avoit élevé, que les ministres et le roi lui-même n'avoient le pouvoir de se faire obéir, les réclamations de M. le comte de Mercy-Argenteau n'eurent d'autre effet que leur publicité. Le libelliste, dont il se plaignoit, continua à empoisonner impunément la populace de ses impostures.

On doit juger par les violences dont les ministres étrangers eurent à se plaindre, de celles qu'essuyèrent ceux qu'on soupçonnoit d'une plus grande fidélité, et d'un plus grand attachement au roi. Leur position devenoit à tout instant plus critique, et dans la soirée du 15 ils furent peut-être plus exposés encore aux outrages et à la férocité du petit peuple, qu'ils ne l'avoient été dans les jours précédens.

Les événemens les plus extraordinaires, comme les plus tristes, se pressent ici en foule sous ma plume. Cette paix, dont M. de Lally se flattoit, va se changer en une guerre longue et atroce ; ce calme, que M. de Montmorin croyoit heureusement rétabli, va se convertir en une tempête dont les coups violens et redoublés couvriront notre patrie de désordres et de débris.

Le récit, dans lequel je vais entrer, mérite d'autant plus d'intéresser, que les scènes que j'ai à décrire se trouvent diversement racontées, non-seulement par

B

ceux qui en ont écrit, lorsqu'elles se sont passées, mais encore par ceux qui en écrivent aujourd'hui. Ainsi, nous pouvons faire la même remarque que faisoit Tacite. Cet historien disoit que les événemens les plus importans et les plus extraordinaires, étoient aussi les plus incertains, parce que, parmi les hommes, les uns sont trop faciles à croire, et les autres ont trop d'intérêt à mentir. Cependant, disoit le même historien, tout est indifféremment confié à la postérité, et c'est ce qui répand sur l'histoire la confusion et l'obscurité. (1)

Il n'est, pour l'écrivain, qu'un moyen de ne jamais s'écarter de la vérité, c'est de se tenir toujours en garde contre la crédulité et la passion. Dans les récits où je vais m'engager, je marcherai, comme dans ceux qui ont précédé, avec une égale circonspection entre ces deux écueils. En commençant cette histoire, je me suis plu à faire une supposition : je me suis représenté un ange planant sur ce royaume, et contemplant les causes, les événemens et les héros de notre révolution. Je me suis demandé comment l'habitant d'un monde étranger à nos intérêts, à nos passions, rendroit compte de ce qu'il avoit vu, s'il en entreprenoit le récit, et je me suis dit que je devois, autant qu'il étoit en moi, atteindre à l'impartialité de l'esprit céleste.

Dans la narration donc qui va suivre, je ne donnerai pas plus aux conjectures, aux rumeurs populaires, à l'esprit de parti, que je ne l'ai fait jusqu'à présent. Si je me montre constamment *ami du roi et des françois*, je ne le serai pas avec moins de la religion, de l'ordre, et sur-tout de la vérité. Je renouvelle enfin ici l'engagement, pour n'y plus revenir, de ne rien raconter qui puisse être démenti par mes contemporains.

---

(1) *Adeò maxima quæque ambigua sunt, dùm alii quoquo modo audita pro compertis habent; alii vera in contrarium vertunt, et gliscit utrumque posteritate.*

CHAPITRE LI.

Alarmes et résolution des parisiens ; redoublement de précautions ; désertions dans les troupes du roi ; craintes d'une famine ; efforts des électeurs pour les calmer ; arrêté qu'ils font afficher ; bruits heureux ; méfiance des parisiens ; fin de la séance de soixante heures ; dépit du club breton ; résolution unanime des députés ; consternation de la cour ; magnanime résolution de Louis XVI ; premières émigrations ; heureux présages ; arrêté du parlement de Paris ; motifs qui le dictèrent ; placard mensonger des électeurs ; conduite répréhensible de M. le comte d'Ogny ; influence de la révolution sur l'établissement de la poste ; accroissement de fermentation ; développement d'une intrigue qui n'avoit pas encore été dévoilée ; vues des conjurés sur le roi ; desseins du club breton sur M. Necker.

Suite de Juillet 1789, et du second mois de l'interrègne.

Les manœuvres pour tenir les parisiens dans un continuel état d'agitation et de frayeur, eurent un tel succès que, dans la soirée du 15, on se crut plus en danger qu'on ne l'avoit encore été. On ne douta point que la nuit, qui alloit suivre, ne fût destinée à une action sanglante entre les habitans et les troupes du roi. On le crut si fermement que, dans plusieurs districts, on délibéra sur la manière dont il faudroit faire la guerre. On convint que, dès que les ennemis se montreroient, on iroit dans les colléges et les séminaires chercher les enfans de la noblesse, et dans les hôtels les nobles, hommes et femmes qui y étoient restés, et qu'on les placeroit tous à la première ligne, entre les habitans et le canon des ennemis.

L'esprit frappé de ces terreurs, les parisiens ajoutèrent aux précautions qu'ils avoient prises la veille. Les gardes-françoises redoublèrent d'activité. On fit de nouveaux retranchemens ; on charria de nouvelles pièces de canon à l'entrée des principales rues ; tous les postes furent mieux fortifiés qu'ils ne l'avoient encore été, les maisons mieux illuminées, les patrouilles même marchèrent avec moins de désordre. Pendant que les parisiens se livroient, avec une incroyable ardeur, à ces préparatifs d'une guerre imaginaire, le bruit lugubre et continuel du tocsin augmentoit leur effroi et leur empressement à se mettre sur la défensive.

Plus ils s'y disposoient, et plus l'alarme se propageoit. On répandoit, de côté et d'autre, que les habits du magasin des gardes-françoises avoient été enlevés, et que douze cents dragons ou hussards s'étoient introduits secrètement dans la ville. On ne doutoit point que ces cavaliers ne se fussent revêtus des habits dérobés, pour se confondre parmi les habitans, et les entraîner dans un piége à la faveur de ce déguisement.

Rien de tout cela n'étoit vrai. Des soldats, à la vérité, entroient en foule dans Paris ; car les barrières, toujours fermées à ceux qui vouloient sortir, étoient toujours ouvertes à tous ceux qui venoient du dehors ; mais ces soldats étoient des déserteurs que l'exemple des gardes-françoises avoit entraînés dans la rébellion, et qui espéroient être, comme eux, payés chèrement de leur défection. C'est de cette manière que plusieurs détachemens de Vintimille et de Provence arrivèrent dans Paris. Les hommes de ces détachemens crioient, en courant les rues : « Nous venons renforcer l'armée parisienne, et sous peu vous en verrez bien d'autres. Toute l'armée, avant deux jours, viendra se rendre à Paris. Nous sommes citoyens avant d'être soldats, et vive le tiers-état, vive la nation ! »

Les uns se réjouissoient de l'affluence de ces déserteurs, et des séditieuses promesses qu'ils donnoient; les autres n'y voyoient qu'une nouvelle ruse. Ceux qui, par leur caractère, étoient plus particulièrement portés à la prévoyance, s'alarmoient de ce que la population de Paris prenoit un si grand accroissement. Ils se voyoient à la veille d'une disette totale de vivres, et trouvoient excessivement dangereux d'augmenter le nombre des consommateurs. Les craintes de ces hommes prévoyans étoient fondées, car malgré les fastueux soins de M. Necker, il ne restoit plus de grains à l'immense ville de Paris que pour trois jours. En supposant donc que la cour eût eu réellement des vues hostiles contre la capitale, il lui suffisoit de la faire cerner, et en trois fois vingt-quatre heures, on eût vu se développer, dans les murs de cette malheureuse ville, toutes les horreurs de la famine.

Cette appréhension fit que chacun se pourvut d'une quantité proportionnée à sa fortune, de riz, de pommes de terre, et autres commestibles de cette nature.

Les électeurs calmoient ces craintes, autant qu'il étoit en leur pouvoir, en assurant que la ville étoit suffisamment pourvue de grains, et qu'au moyen des mesures dont ils s'occupoient, elle le seroit bientôt pour plusieurs mois.

Cependant ils invitèrent les présidens des assemblées à ouvrir des souscriptions dans leurs districts, qui seroient fixées à la moitié d'une année de capitation. Les districts furent également invités à nommer des trésoriers et des receveurs particuliers pour recevoir cette sorte de contribution, et la verser ensuite entre les mains du caissier de la ville, qui fut, à cet effet, nommé trésorier général. Le montant de ces souscriptions devoit être employé à pourvoir à la subsistance des pauvres, et à solder ceux qui, s'étant enrôlés dans la milice bourgeoise, étoient hors d'état d'employer gratuitement leur temps au service qu'ils faisoient volontairement. Cette ressource ne produisit absolument rien, ce qui prouve, ou que les intrus qui avoient usurpé toute autorité, n'inspiroient point assez de confiance, ou que le fanatisme démocratique n'avoit point jetté encore d'assez profondes racines.

Pour faire cesser des alarmes d'un autre genre, les électeurs rendirent un arrêté qui fut placardé dans toutes les rues, et qui contenoit l'engagement sacré que les rentes de l'hôtel-de-ville se payeroient avec la même exactitude et la même ponctualité que par le passé.

On vit, dans cette nuit du 15 au 16, des prêtres et des moines armés de toutes pièces, se mêler aux patrouilles bourgeoises. Il se forma aussi une cavalerie de jeunes bourgeois, bien montés, et marchant avec assurance; ils alloient et venoient des barrières au centre.

Vers le milieu de la nuit, la nouvelle se répandit que le roi viendroit le lendemain à Paris; que les nouveaux ministres avoient donné leur démission, et que toutes les troupes, tant des environs de Versailles, que de la capitale, s'étoient mises en mouvement pour s'éloigner et se retirer dans leurs quartiers respectifs. Le bruit de ces heureux changemens auroit dû inspirer quelque confiance aux parisiens; mais, déja accoutumés à vivre au milieu des terreurs, ils n'ajoutoient plus foi qu'à ce qui pouvoit nourrir leurs soupçons contre les ministres. Ils prirent, pour un faux bruit ce qu'on leur disoit des nouvelles dispositions de la cour, et continuèrent à se tenir sur la défensive, ce qui n'empêcha pas que cette nuit ne fût beaucoup plus tranquille que la précédente.

A Versailles, l'assemblée nationale étoit dans une grande impatience d'apprendre comment sa députation auroit été reçue à Paris, et ce qu'elle y auroit produit. La séance avoit fini fort tard, sans qu'on eût rien appris. Elle se forma de nouveau à huit heures du soir, et on s'attendoit à tout instant à recevoir un courrier de la députation. Des particuliers, qui arrivoient de Paris, venoient successivement dire ce qu'ils savoient, ou ce qu'ils croyoient savoir; mais leurs relations se contredisant, on n'en étoit que plus avide d'une nouvelle authentique. Enfin, à dix heures du soir, plusieurs personnes entrèrent dans la salle, dirent qu'elles venoient de Paris, et qu'elles avoient la connoissance que la tranquillité y étoit rétablie.

Sur leur témoignage, M. l'archevêque de Vienne représenta qu'il étoit inutile d'attendre un courrier, et que les craintes que l'on avoit eues les nuits précédentes, devoient se dissiper. Il proposa ensuite de lever la séance, et de remettre l'assemblée au lendemain huit heures et demie du matin. Tout le monde souscrivit à cette proposition.

C'est-là cette séance d'éternelle mémoire, que les journalistes appellent une séance de soixante heures, parce qu'ayant commencé le lundi 13 à neuf heures du matin, elle n'avoit fini que le mercredi suivant 15 à dix heures du soir. Mais, comme je l'ai déjà remarqué, cette séance, pour être aussi longue, ne fut pas bien fatigante. Elle n'étoit tenue par l'assemblée entière, qu'aux heures ordinaires. Hors de-là, il ne restoit dans la salle qu'une partie des députés qui se relevoient tour-à-tour, et passoient le temps en conversations.

(13)

Il étoit un peu étonnant que la députation de l'assemblée à Paris, n'eût envoyé aucun courrier. Peut-être cela venoit-il de l'embarras qu'éprouvoient ces députés sur ce qu'ils avoient à mander. Ils s'étoient attendus, en quittant Versailles, que l'engouement du peuple pour eux assureroit à leur mission tout le succès qu'ils pouvoient désirer. Ils avoient été confirmés dans cette opinion par tout ce qui s'étoit passé à l'hôtel-de-ville, mais au sortir de Notre-Dame, il leur fut aisé de s'appercevoir qu'ils s'étoient étrangement trompés, et alors vraisemblablement, ils ne surent plus ce qu'ils devoient écrire à l'assemblée. S'ils lui marquoient que Paris étoit tranquille, ils ne disoient pas la vérité; s'ils lui mandoient que l'agitation étoit non-seulement la même, mais paroissoit vouloir s'accroître, ce qui étoit le véritable état des choses, ils répandoient dans son sein l'alarme, et lui faisoient craindre d'avoir perdu tout crédit auprès du peuple.

Lorsque ces députés n'eurent plus rien à faire pour l'objet de leur mission, au lieu de revenir en corps à Versailles, ils se dispersèrent, les uns restèrent à Paris, et y passèrent la nuit; les autres retournèrent à Versailles. Ceux d'entre ces derniers qui étoient agrégés au club breton, n'eurent rien de plus pressé que d'y porter la double nouvelle du désir qu'avoit le peuple de Paris de posséder le roi, et de voir rappeller M. Necker. Le premier de ces vœux n'étonna point les conjurés; il entroit dans leurs vues; mais l'idée de recevoir *le charlatan* les mit hors d'eux-mêmes; dans le premier mouvement de surprise et de douleur qu'elle leur causa, ils se promirent mutuellement de tout employer pour l'emporter dans cette occasion sur le peuple.

Les autres partis qui divisoient l'assemblée, reçurent cette seconde nouvelle avec un égal mécontentement. Il n'y eut en un mot, parmi tous les députés, qu'une résolution, ce fut de s'opposer au retour de M. Necker.

Au château, personne ne se dissimuloit les dangers qui menaçoient tout ce que la monarchie avoit de plus précieux. Les assassinats de la journée du 14 y avoient imprimé dans tous les cœurs un sentiment sombre et douloureux. Les événemens qui avoient suivi, les progrès que faisoit la rébellion, les listes de proscription où des princes, des grands, des ministres lisoient leurs noms, avoient mis le comble à la consternation. En un mot, si Versailles inquiétoit Paris, Paris inquiétoit encore plus Versailles. De ce dernier côté, les craintes étoient mieux fondées: tous les ressorts du gouvernement étoient brisés. L'autorité royale, cette puissance créée et affermie par le courage de tant de rois et l'habileté de tant de ministres, étoit dispersée entre quelques bourgeois obscurs qui, eux-mêmes, obéissoient en esclaves, aux hommes les plus méprisables de la nation; car ceux qui, dans les révolutions, servent d'exécuteurs aux principaux conspirateurs, sont toujours des hommes, ou perdus de dettes, ou réduits, les uns par la pauvreté, les autres par le crime, dans la triste nécessité de mal faire. Les électeurs, réunis à l'hôtel-de-ville, formoient un sénat de rois; le trésor-royal étoit devenu leur propriété; ils donnoient des ordres; ils levoient des troupes; ils plaçoient des corps-de-gardes; ils délivroient des certificats, des passeports; interceptoient les courriers de la cour et des provinces; s'étoient emparés de l'hôtel de la poste aux lettres, où ils avoient placé des commissaires pris dans leur corps; les droits perçus aux barrières de la ville, l'étoient à leur profit; sur toutes les têtes on voyoit le signe de l'insurrection, la cocarde aux trois couleurs; dans les paroisses, dans la plupart des églises on célébroit des messes, on récitoit des prières pour ceux qui étoient morts, en voulant arracher la Bastille au roi.

Quelle autorité restoit-il à Louis XVI ? Il ne conservoit plus que les marques de la royauté. Quel est l'ami, le serviteur de cet infortuné monarque, qui ne se fût alarmé en le voyant, lui et sa famille, à la merci d'une multitude féroce ? Il falloit prendre un parti sur les deux derniers vœux qu'elle venoit d'émettre. Il falloit décider si l'on rappelleroit M. Necker, et si le roi se livreroit tout entier et sans réserve aux rébelles. La résolution de Louis XVI fut bientôt prise: il aima mieux légitimer en quelque sorte, la rébellion, à force de bontés, que de la noyer dans des fleuves de sang. Il annonça donc à toute sa cour qu'il alloit rappeller M. Necker, et qu'il iroit à Paris, comme on l'avoit demandé aux députés. Cette dernière résolution glaça d'effroi toute la cour; on voulut parler à ce généreux prince des dangers auxquels il s'exposoit. Il ne voulut écouter aucune représentation. « J'irai, dit-il, mes intentions ont toujours été pures. Je m'y confie. Le peuple doit savoir que je l'aime. Il fera d'ailleurs de moi ce qu'il voudra. »

Une telle détermination étonne; mais quelque jugement que l'on en porte, elle placera Louis XVI au-dessus des rois dont on vante le plus le courage et la clémence. D'ailleurs, il seroit difficile de décider si, dans la périlleuse et horrible conjoncture où il se trouvoit, toute autre détermination eût été plus sage. Le roi ne devoit-il pas aussi penser qu'en se jettant avec cet abandon dans les bras de ses sujets, il leur rendroit la confiance et la paix ?

Le roi, au reste, se hâtoit d'autant plus de fixer, sur-le-champ, toutes les incertitudes sur la conduite qu'il alloit tenir, qu'il n'ignoroit pas qu'un instant de retard exposoit les personnes qui lui étoient les plus chères, aux derniers malheurs. Il étoit instruit que, dans le courant de la journée, les parisiens avoient menacé de venir à Versailles, au nombre de cinquante mille hommes, avec une nombreuse artillerie, et d'y mettre tout à feu et à sang. Cette menace, qui pouvoit s'effectuer à tout instant, rapprochée des listes de proscription, persuada à quelques personnes de la cour qu'elles n'étoient pas en sûreté, et dès cette nuit, les émigrations commencèrent.

Pour ne laisser au peuple aucun sujet de méfiance, lorsqu'il possèderoit son roi, tous les ministres qu'on avoit rendus odieux à la multitude, demandèrent la permission de se retirer. MM. de Barentin, de Villedeuil, Foulon, présentèrent leur démission ; elle fut acceptée. M. le maréchal de Broglie reçut de nouveaux ordres de renvoyer, sur-le-champ, toutes les troupes dans leurs quartiers ; ils furent expédiés, et dès le lendemain matin, on n'en vit plus ni aux environs de Paris ni aux environs de Versailles.

16. Tels furent les soins qui occupèrent la cour pendant la nuit du 15 au 16, nuit qui, contre l'attente générale, fut par-tout assez tranquille. La journée qui la suivit offrit aux parisiens un spectacle dont ils étoient privés depuis le lundi précédent. Ils virent, à leur réveil, toutes les boutiques ouvertes. On eur en même temps la confirmation de la nouvelle que toutes les troupes se retiroient dans leurs quartiers. Les officiers et les soldats paroissoient également contens de cette retraite. Ceux sur-tout des régimens qui avoient campé au Champ-de-Mars se regardoient comme des hommes qui échappoient à un grand danger. Ils avoient raison. S'ils eussent été attaqués par les parisiens, tout l'avantage eût été du côté de ces derniers. Ils avoient celui du nombre, de la position et de l'artillerie. Le Champ-de-Mars n'avoit aucune défense extérieure ; il pouvoit aisément être cerné ; s'il fut venu en outre aux bourgeois l'idée de conduire le canon sur la montagne des Bons-Hommes, les régimens du Champ-de-Mars ne pouvoient échapper à une entière défaite. Mais, de part et d'autre, la terreur étant égale, on ne songeoit nullement à s'attaquer. Les parisiens n'étoient occupés qu'à rendre leurs rues inabordables, et les troupes du roi n'avoient d'autre crainte que de ne pas recevoir assez promptement l'ordre qui commanderoit la retraite.

Lorsqu'on se croit au comble du malheur, on saisit avec avidité tout ce qui promet un adoucissement ; l'imagination, éblouie par le plus foible rayon d'espoir, s'y fixe toute entière, et ne voit que la chimère qu'elle enfante. Ainsi les hommes paisibles, en voyant les boutiques ouvertes, et en recevant l'assurance du départ des troupes, se flattèrent que l'agitation n'ayant plus de prétexte alloit enfin se calmer. Le parlement de Paris partagea cette douce, mais trompeuse illusion. Enivrée d'un espoir qui ne devoit pas se réaliser, cette sage compagnie ne voulut porter ses regards ni sur le passé ni sur l'avenir ; elle ne voulut pas prévoir cette longue et effrayante série de forfaits qui se lioient nécessairement aux événemens du jour. Elle aima mieux croire que la rébellion avoit été enfantée par la présence des troupes, et qu'elle seroit étouffée par leur éloignement. Dans cette persuasion, le premier sentiment des magistrats du parlement fut un sentiment de reconnoissance, et ils résolurent d'en porter l'expression aux pieds du trône ; les chambres s'assemblèrent, et prirent unanimement l'arrêté qui suit :

« La cour, instruite par la réponse du roi, du jour d'hier, à *l'assemblée nationale*, de l'ordre donné aux troupes de s'éloigner de Paris et de Versailles :

« A arrêté que M. le premier président se retirera à l'instant, pardevers ledit seigneur roi, à l'effet de le remercier des preuves qu'il vient de donner de son amour pour ses peuples, et de sa confiance dans *leurs représentans*, dont le zèle et le patriotisme ont contribué à ramener la tranquillité publique. »

« A arrêté que M. le premier président fera part de l'arrêté de ce jour à *l'assemblée nationale*. »

Si l'on ne vouloit pas se transporter à l'époque où cet arrêté fut pris, on y trouveroit un grand sujet d'étonnement. *L'assemblée nationale* étoit, dans notre monarchie, une monstrueuse nouveauté dont le parlement ne devoit parler que pour la proscrire ; il lui convenoit encore moins de regarder comme les représentans des peuples, des hommes qui n'en avoient plus le caractère, dès qu'ils n'étoient pas réunis en états-généraux. Enfin, le parlement pouvoit-il décorer du beau nom de zèle et de patriotisme, ce qui n'étoit qu'une véritable et funeste insurrection ? La postérité fera-t-elle ces reproches au parlement ? Ne lui tiendra-t-elle aucun compte des circonstances qui l'ont entraîné ? La postérité est sévère, mais elle est juste, et peut-être déplorera-t-elle plus qu'elle ne blâmera la conduite du parlement, quand elle considèrera qu'au temps où cette compagnie tenoit un langage si contraire à ses principes, ni le roi, ni les corps constitutionnels de l'état, ni les hommes sages n'agissoient de concert. Étonnés de la brusque et terrible attaque qui frappoit tous les appuis de la monarchie, les uns et les autres cédoient à l'orage, et se flattoient que la condescendance seule pouvoit guérir l'égarement presque universel.

Le parlement n'eut pas plutôt rendu cet arrêté, qu'il dût s'appercevoir qu'il s'en falloit de beaucoup que la tranquillité publique fut rétablie. Les chefs des mutins ne trouvoient pas leur compte à ce que les parisiens revinssent à une confiance et à une sécurité qui auroient en effet ramené l'ordre et la paix.

On vous avoit annoncé hier, crioient au Palais-Royal et dans les districts, les orateurs à la solde et aux ordres du club breton, que le roi viendroit aujourd'hui ; il ne viendra point. C'étoit un mensonge pour vous porter à une dangereuse tranquillité. Vous avez à vous tenir en garde contre bien d'autres perfidies : on vous a dit que les troupes faisoient retraite, et ce matin encore deux nouveaux régimens sont arrivés à Saint-Denis.

Cette dernière imposture, qui n'avoit aucun fondement, et d'autres de ce genre, étoient appuyées par les ruses ordinaires : on désarmoit des patrouilles bourgeoises ; on amenoit sans cesse à l'hôtel-de-ville, ou dans les districts, des hommes qu'on disoit suspects.

Les électeurs, de leur côté, sentant le besoin qu'on avoit d'ordre, voulurent persuader au public que cet ordre étoit revenu. Ils ne se contentèrent pas d'avoir obtenu l'ouverture des boutiques ; ils firent encore afficher, à tous les coins des rues, ce mensonger placard :

« La circulation est rétablie dans l'intérieur de Paris et sur les routes, de manière que toutes voitures bourgeoises, publiques et de place, ne doivent être arrêtées par aucune patrouille. »

« Les patrouilles posées aux barrières, pour la sûreté de la perception des droits, n'arrêteront que la sortie des subsistances et le transport des convois d'armes. »

« Les voitures, de quelques espèces qu'elles soient, n'auront d'autre contrainte dans l'intérieur de Paris, que d'aller au pas ou au petit trot. »

« Les spectacles seront ouverts, et les promenades publiques fréquentées comme à l'ordinaire. »

« Les boutiques, les atteliers, les manufactures seront rendus à leur activité ordinaire, et tous les citoyens sont invités avec instance de répandre partout l'ordre et le calme, et de poursuivre avec vigueur les perturbateurs du repos public. »

« Enjoint aux patrouilles de tenir la main à l'exécution du présent arrêté. »

A l'exception de ce qui est relatif aux boutiques, que l'intérêt des marchands, et non l'ordre des électeurs, fit ouvrir, rien de ce qui est annoncé dans cet arrêté n'existoit, et ne fut exécuté. J'ai toujours pensé qu'on avoit voulu, par ce simulacre de réglement de police, persuader au roi qu'il pouvoit, sans crainte, entrer dans la ville.

Un second placard, qui étoit également l'ouvrage des électeurs, contenoit ce peu de mots :

« L'administration des postes continuera à faire son service comme par le passé (bien entendu qu'il n'y aura aucune espèce de violation de confiance), et ce, en présence de quatre de MM. les électeurs, qui seront nommés à cet effet, chaque jour. »

Ce fut M. le comte d'Ogny, intendant-général des postes, qui eut la foiblesse de solliciter cet arrêté, et la cruauté de ne pas vouloir que Louis XVI fût même roi à la poste. Ce n'étoit qu'au prince ou à ses ministres que M. d'Ogny devoit compte de son administration ; la mettre sous les ordres de quatre bourgeois ignorés, c'étoit tout à-la-fois une lâcheté et un attentat contre l'autorité royale. Quand on est chargé du dépôt de la confiance publique, il faut savoir ou ne le rendre qu'à celui de qui on le tient, ou mourir auprès.

Si M. d'Ogny eut connu ses devoirs, il n'eût pas eu besoin d'un placard pour rappeler la confiance sur son administration ; parce qu'il ne l'eût jamais alarmée. Ses agens eussent continué à faire l'expédition et la remise des dépêches avec la même fidélité que par le passé ; la force seule pouvoit interrompre leur service ; mais alors des procès-verbaux publiés dans tout le royaume, suffisoient à leur justification, et prévenoient des violations ultérieures. Le public se fût soulevé contre de pareils attentats, et eût contraint ceux qui se les permettoient, à respecter la religion du secret.

C'est ici le lieu de remarquer que l'établissement de la poste, porté par nos rois au plus haut degré de perfection, a beaucoup dégénéré dans le cours de notre révolution ; encore au moment où j'écris ceci, il n'est pas sûr de lui confier ni lettres, ni ouvrages imprimés, ni même argent. Toutes les sortes de mains se permettent de fouiller dans nos correspondances, et ces fouilles inquisitoriales, qu'une autorité légitime ne peut pas elle-même se permettre, se font avec un telle impudence, que bien souvent on ne se donne pas la peine de recacheter les paquets ; on nous les rend tout ouverts.

Quant aux ouvrages imprimés, s'ils prêchent la fidélité au roi, leur envoi est souvent entravé. Parmi ceux des directeurs des postes qui donnent dans les folies de la démocratie, et ils sont en grand nombre, les uns ne font pas parvenir ces sortes d'écrits à leur adresse, les autres les y font parvenir dans un état de délabrement, après avoir fatigué la patience des personnes à qui ils sont adressés.

Enfin, l'argent lui-même, lorsqu'il est destiné à un écrivain connu par des principes orthodoxes, n'arrive pas toujours à sa destination. Les commis de la poste reçoivent des oppositions. Une opposition levée, il en survient une autre. Je me suis déjà récrié, dans mon journal, contre cet abus ; mais il n'en continue pas moins. J'ai remarqué que les employés à la poste ne pouvoient être considérés que comme des commissionnaires : or, il est inouï qu'un commissionnaire reçoive des oppositions sur l'argent dont il est porteur. D'ailleurs, la somme confiée à la poste est autant à celui qui la confie qu'à celui à qui elle est destinée, puisque le premier, en rendant le mandat qui lui a été délivré par la poste, est en droit de reprendre son argent. Qu'est-ce donc qu'une opposition qui porte sur des deniers, dont celui qu'elle désigne n'est pas, à proprement parler, le propriétaire ? Qu'arrive-t-il ? Celui à qui la poste refuse l'argent qu'elle étoit chargée de lui remettre, renvoye à la personne, qui lui faisoit passer cette somme, le mandat en vertu duquel il devoit la toucher. Le correspondant reprend son argent, et le fait passer par un autre voie à celui à qui il étoit destiné. Tout au moins donc ces sortes de chicanes sont inutiles, et ne peuvent servir qu'à dégoûter des relations dont la poste est le canal. Aussi ne permettoit-on jamais, dans l'ancien régime, cette manœuvre que la politique, la raison, la justice, désavouent également, et qui semble n'être inventée, dans le nouveau, que pour décourager les écrivains sages.

Comme plus d'une fois j'ai été témoin de ce triple genre de vexation, j'en parle avec connoissance, et il n'étoit pas inutile d'en dire un mot dans une histoire qui peint tous les désordres amenés par la révolution.

La présence de quatre électeurs à la poste, étoient donc une nouveauté, que les administrateurs ne devoient pas permettre, et dont le public eût dû s'effrayer.

Les efforts que faisoient les bourgeois qui siégeoient à l'hôtel-de-ville, pour croire à la tranquillité, contrastoient d'une manière singulière avec les mouvemens du peuple. D'heure en heure la fermentation croissoit, et menaçoit d'être pire que les jours précédens. Dans presque tous les districts, on disoit : « Si le roi ne vient point, il faut nous former en quatre corps, de vingt mille chacun, et marcher droit à Versailles ; nous prendrons le roi, nous l'amenerons de force ; nous chasserons tous les aristocrates ; nous tuerons ceux qui nous résisteront ; nous démolirons Versailles, et nous n'y laisserons pas pierre sur pierre ; nous ferons la place nette ; nous y passerons la charrue, et y semerons de l'orge. » (1)

Cet acharnement à vouloir que le roi vint à Paris, tient à une intrigue qui me paroît n'avoir été connue d'aucun de ceux qui ont écrit sur la révolution. Si je ne la développois pas, on n'auroit pas l'intelligence des événemens qui vont suivre. Sa révélation aura de plus l'avantage d'éclairer sur les vues de ceux qui poussèrent le peuple de Paris à demander le retour de M. Necker.

J'ai dit que les orateurs des groupes qui remplissoient le jardin et les cafés du Palais-Royal, étoient en correspondance avec les membres du club breton. Il se tenoit en outre dans l'intérieur du palais même du prince, un conseil de quelques conjurés. Un homme qu'on ne connoissoit encore dans le monde que par un roman dont la lecture inspire un profond mépris pour son auteur, étoit l'ame de ces conciliabules. Cet homme appelé Laclos, instrument aveugle de la bizarre et incertaine politique de Mirabeau, intriguant aussi dangereux que lui, parce qu'il ne croyoit pas plus que lui à la vertu, se trouvoit, tout-à-la-fois, l'instigateur et l'exécuteur des volontés du prince.

Cette partie des conjurés ne manquoit jamais de s'assembler dès qu'il se faisoit dans Paris un mouvement extraordinaire. Ils se guidoient suivant le compte que venoient leur rendre ceux qu'ils avoient chargé d'étudier la marche du peuple. Ils communiquoient leurs résolutions aux orateurs du jardin et des cafés, et ceux-ci disposoient l'esprit de la multitude à seconder les vues des conjurés.

Cette détestable association tenoit le fil de tous les événemens auxquels ne comprenoient rien ceux qui ne connoissoient point, ou ne vouloient point connoître les régicides machinations qui se complotoient parmi ces misérables. Ils ne délibéroient, ils n'agissoient qu'en conséquence des déterminations qui avoient été prises dans le club breton, ou des avis qu'ils en recevoient, pendant qu'ils étoient assemblés. Mais on conçoit que dans des jours où la scène changeoit à tout instant, il arrivoit tel accident qui contrarioit les mesures prises, et qui obligeoit d'en prendre de nouvelles adaptées à la circonstance qui venoit de naître et qu'on n'avoit pas prévue. Alors un homme se détachoit du conseil des conjurés, venoit donner le mot d'ordre aux orateurs du jardin, et ceux-ci imprimoient le mouvement à toute la masse qui les environnoient. On a vu que M. d'Orléans, dans un moment bien orageux, n'avoit pas dédaigné d'inspirer lui-même un de ces orateurs.

Le mouvement imprimé aux groupes du jardin, se communiquoit bientôt aux différens quartiers ; mais comme il contrarioit souvent celui qui venoit de le précéder, de-là venoit cette opposition qui se voyoit dans plus d'une rencontre et entre les mesures que prenoient différens quartiers, et entre les nouvelles qui se répandoient.

Le projet d'élever M. d'Orléans à la lieutenance générale du royaume, n'étoit point abandonné. Les

---

(1) Cette motion qui prouve que la sédition étoit à son comble, est rapportée par des auteurs démocrates. Voyez notamment *correspondance d'un habitant de Paris avec ses amis de Suisse et d'Angleterre*. Pag. et 100.

membres du club breton à Versailles, et les conjurés du Palais-Royal à Paris, marchoient de concert vers ce but. Pour que la pusillanimité du prince ne fit pas une seconde fois avorter cette intrigue, on sentit la nécessité de l'élever à la lieutenance générale, sans qu'il fût nécessaire qu'il agît par lui-même, et qu'il se mît en évidence. On imagina que son élévation seroit impérieusement demandée par le peuple, si l'on pouvoit parvenir à entraîner le roi dans quelque démarche qui porteroit à dire qu'il fuyoit ses sujets et les abandonnoit à eux-mêmes. C'est ainsi qu'en Angleterre, Jacques II ayant quitté ses royaumes, parce qu'il craignoit le sort de Charles Ier., donna, à la faction qui vouloit sa perte, le prétexte de dire qu'il abdiquoit la couronne.

On convint donc de harceler Louis XVI de demandes si injurieuses à sa dignité et à son autorité que, fatigué enfin de tant d'insolence et d'importunité, il prit le parti d'aller, loin de Versailles et de Paris, s'environner de troupes fidèles. Alors on eût dit qu'il abandonnoit l'assemblée nationale et sa capitale, dans des conjonctures où elles avoient besoin d'une autorité forte et sans cesse présente, qui les protégeât. M. le duc d'Orléans eût été cette autorité; et par reconnoissance pour ceux qui l'en auroit revêtu, il leur auroit distribué les places du ministère et des ambassades.

Conformément à ce projet, en même temps qu'on cherchoit à effrayer le roi par les prétentions exagérées dont on le menaçoit, on lui faisoit insinuer, même par ses propres amis qui donneroient d'une fois dans le piège, qu'il ne se débarrasseroit de ces séditieuses vexations, qu'en se retirant soit à Metz, soit dans toute autre ville de guerre où il pourroit faire la loi, au lieu de la recevoir. Il sera curieux de voir, dans la suite de cette histoire, comme la prudence du roi l'a mieux servi à cet égard contre les factieux qu'une armée.

Dès le moment donc où M. d'Orléans eut été repoussé, par sa propre lâcheté, du poste où ses complices vouloient l'élever, il ne fut plus question que de contraindre Louis XVI à se retirer loin de Paris et de Versailles. Il déjoua un instant les séditieux, par la confiance avec laquelle il vint se mettre à la discrétion de l'assemblée nationale, il ne laissoit plus en effet, par cette démarche, aucun prétexte de croire aux projets qu'on imputoit à la cour. Les dispositions pacifiques que le peuple montra pendant que les députés de l'assemblée nationale étoient à l'hôtel-de-ville, annonçoient que tous les soupçons alloient se dissiper, et avec eux tout l'espoir des conjurés. Aussi s'effrayèrent-ils de cette apparence de calme. La circonstance étant urgente, ceux d'entr'eux qui étoient réunis au Palais-Royal, n'eurent pas le temps d'envoyer à Versailles pour instruire le club breton du changement qui se faisoit dans l'esprit du peuple, et en recevoir les avis qui devoient les guider dans cette conjoncture. Ils prirent donc leur parti sur le champ. Ils jugèrent que le moyen le plus sûr de faire renaître le désordre, et de contraindre le roi à la fuite, c'étoit de lui faire demander des choses qu'il ne pourroit pas accorder. Le peu d'estime et d'amitié qu'il devoit avoir pour M. Necker, la sorte de solemnité avec laquelle il l'avoit chassé de sa cour et de son royaume, firent croire que jamais il ne voudroit descendre à l'humiliation de le rappeler, et de lui rendre une place dont les malheurs du royaume attestoient qu'il étoit indigne.

Les conjurés pensèrent encore que le roi ne consentiroit jamais à venir à Paris, et que quand même il y consentiroit, ses fidèles serviteurs, ni la reine, ne souffriroient qu'il vînt se jetter au milieu d'un peuple égaré par la rébellion, et mû par la faction d'Orléans. Il n'étoit pas probable en effet que le roi exauçât un vœu dont l'accomplissement mettoit sa vie dans un péril manifeste.

Ces deux points arrêtés, les orateurs des conjurés se mirent en mouvement. Le temps que les députés passèrent dans l'église Notre-Dame fut employé à en doctriner le peuple. « Vos députés, lui dit-on, sont venus vous apporter la paix de la part du roi. Voulez-vous vous assurer que les promesses de la cour sont sincères, demandez lui en deux gages: demandez le rappel de M. Necker qui vous a causé tous vos malheurs; demandez encore que le roi vous témoigne la même confiance qu'il a montrée à l'assemblée nationale, c'est-à-dire, qu'il vienne se placer au milieu de vous. Si on vous accorde ces deux points, on veut sincèrement la paix; si on vous les refuse, on se joue de votre crédulité, de votre patience, on ne veut que se donner le temps de vous attaquer avec succès. »

Ce discours produisit, sur l'esprit de la multitude, l'effet qu'on en attendoit. De-là vient que les députés, en sortant de l'église de Notre-Dame, entendirent le peuple demander audacieusement, et avec menace, que M. Necker fut rappelé, et que le roi vînt à Paris.

C'est faute d'avoir pénétré dans les sombres tortuosités de cette intrigue, que M. le comte d'Entraigues lui-même, en parlant dans un de ses écrits, de ces détails, s'embarrasse dans des contradictions qui rendent son récit obscur. Il étoit en effet bien difficile, à moins de se glisser au milieu des conjurés, de s'expliquer à soi-même, comment le club breton vouloit et ne vouloit pas de M. Necker, par quelle bizarrerie en même temps qu'il désiroit que son exil fut irrévocable, il voyoit son retour.

Le club breton ne vouloit plus du ministre, parce qu'il n'en avoit plus besoin, parce qu'il avoit tiré de son impéritie, tout le fruit que la faction dominante pouvoit en recueillir. Sa morgue, sa pédan-

C

terie, la persuasion où le jettoit son sot orgueil, qu'il étoit un guide nécessaire à l'assemblée nationale, les égards enfin qu'exigeoit le culte que le peuple rendoit à cet idole, jusqu'à ce que ce culte fut aboli, tout cela ne pouvoit plus que gêner la marche des révolutionnaires. Ce n'étoit point d'ailleurs, dans leur plan, à M. Necker que devoit appartenir la première place du ministère; c'étoit à Mirabeau qui, jusqu'au dernier moment de sa vie, a fait effort pour s'élever jusque-là.

Voilà par quelles considérations les députés qui vouloient tout détruire en France, pour y tout recréer à leur manière, désiroient que l'exil de M. Necker fût irrévocable. Des deux autres partis qui divisoient l'assemblée, l'un projettant aussi de grandes innovations, avoit à-peu-près les mêmes motifs que le club breton, de ne plus revoir M. Necker ; le troisième parti, si l'on peu donner le nom de parti à la réunion de ceux des députés qui ont toujours combattu pour les principes dont le maintien fait la sureté des états, comme celle des particuliers; les députés, dis je, de cette classe, repoussoient M. Necker, parce qu'ils n'avoient que du mépris et de l'aversion pour un homme à qui ils attribuoient, avec fondement, la guerre qui déchiroit les trois ordres, et tous les fléaux qui se déployoient sur la France.

Lors donc que les membres de l'assemblée nationale furent instruits que le peuple de Paris demandoit le retour de M. Necker, tous, comme je l'ai dit plus haut, témoignèrent leur étonnement, et convinrent à l'unanimité de résister à ce vœu. Mais dans le courant de la nuit, les membres du club breton changèrent d'avis. Ceux d'entr'eux qui étoient du nombre des députés envoyés à Paris, exposèrent à leur retour tout le danger qu'il y auroit à heurter la volonté du peuple. D'un autre côté les conjurés du Palais-Royal représentèrent qu'ils n'avoient trouvé d'autre moyen pour empêcher le rétablissement de la paix, que d'inspirer au peuple une proposition qui jetteroit le roi dans un nouvel embarras. Ainsi la crainte de trop mécontenter le peuple, et l'espoir que le roi endureroit tout plutôt que de consentir au rappel du ministre qu'il avoit renvoyé, déterminèrent les membres du club breton à voter ce rappel.

C'est dans cette disposition que se trouvoient les esprits, lorsque l'étrange séance, dont je vais faire l'histoire, commença. Il étoit nécessaire que je me livrasse au développement de ces détails, pour donner de la clarté à ma narration, et en faire jaillir cet intérêt qu'éprouve le lecteur, lorsqu'il connoît la cause des événemens, et le but où marchent ceux qui les dirigent.

CHAPITRE LII.

Fin des scrupules d'une partie du clergé et de la noblesse, sur les mandats impératifs; déclaration de la noblesse des provinces sur cet objet; adhésion de celle de Paris; adhésion de M. le cardinal de la Rochefoucault, au nom de la minorité du clergé; demande d'une marque distinctive pour les députés; mot remarquable de M. l'abbé de Montesquiou; erreur de M. Mounier; vanité de M. de Lally; menées des membres du club breton sur le rappel de M. Necker; projet d'adresse du comte de Mirabeau; retraite de MM. de Barentin et de Broglie; discussion sur le renvoi des ministres; opinion de M. l'archevêque de Vienne sur cet objet; retraite de M. de Villedeuil; courte adresse de M. Millon sur le rappel de M. Necker; ménagemens de M. de Clermont sur cet article; débats entre MM. Mounier, Barnave et Mirabeau; inquiétudes de M. de Lally sur le rappel de M. Necker; opinion de M. de Custine sur ce rappel et sur le renvoi des ministres; atteinte remarquable à la prérogative royale; lettre de M. le maréchal de Broglie à l'assemblée; situation du club breton, de la cour et de Paris.

Suite de Juillet 1789, et du second mois de l'interrègne.

C'est une remarque bien triste à faire, que du moment où M. Necker secoua entre les deux premiers et le troisième ordre, le flambeau de la discorde, le dernier n'a cessé de demander, et les deux premiers n'ont cessé d'accorder: celui-là a toujours menacé, et ceux-ci ont toujours cédé aux menaces. L'un s'est tenu dans une continuelle activité, et les deux autres n'ont su prendre d'autre attitude que de fuir devant leur ennemi commun. Je dois dire qu'en cela ils ont surpassé les espérances du parti contraire, dont les principaux chefs, dès le jour où ils concertèrent leur projet de révolution, s'attendirent à une guerre civile. Le clergé et la noblesse ne peuvent pas pour cela être taxés de pusillanimité. Aucun sentiment de foiblesse ou de frayeur n'a influé sur la conduite qu'ont tenue ces deux ordres. Ils ont toujours été attaqués au dépourvu; ils n'ont jamais voulu croire à l'immensité et à l'atrocité des attentats qui se sont successivement développés contr'eux. Persuadés que leurs adversaires, par cela seul qu'ils étoient françois, avoient encore des notions de loyauté et de justice, ils ne pouvoient renoncer à l'espoir de les vaincre à force de générosité et de déférence. Le roi, d'ailleurs, ayant adopté le même système, les ecclésiastiques et les gentilshommes ne pouvoient tenir une autre marche, sans encourir le reproche d'avoir été les premiers à déployer l'étendard de la guerre civile.

Plus donc le peuple s'agitoit dans les premiers jours de la révolution, et plus le clergé et la noblesse cherchoient à lui ôter tout prétexte de mécontentement. Depuis la métamorphose des états-généraux en assemblée nationale, les membres de la minorité du clergé et de la majorité de la noblesse, s'étoient abstenus de délibérer. Ils s'étoient condamnés à cette inaction, par respect pour la religion du serment qu'ils avoient fait à leurs commettans. Ils attendoient que ceux-ci les déliassent de la clause impérative qui exigeoit la délibération par ordre. A l'époque de la séance du 16, quelques bailliages seulement avoient réformé cet article des cahiers; ainsi, à cette époque, il se trouvoit encore un nombre considérable d'ecclésiastiques et de gentilshommes qui ne donnoient point leur voix sur les affaires qu'on traitoit dans l'assemblée. La séance du 16 vit évanouir leurs scrupules. Se persuadant que la sorte de résistance qu'ils manifestoient à cet égard, pouvoit nourrir l'aigreur du peuple, ils se décidèrent à lui faire encore ce sacrifice. Ils ne se trouvèrent point au commencement de cette séance. La délibération qui portoit sur des objets indifférens, étoit déjà avancée, et ils ne paroissoient point. Un gentilhomme vint enfin annoncer que plusieurs des membres de la noblesse, qui n'avoient point encore donné leurs suffrages, étoient forcés de s'absenter momentanément de l'assemblée, et qu'ils la supplioient de suspendre toute délibération importante, jusqu'à ce qu'ils fussent rentrés.

Quelque temps après ces gentilshommes entrèrent, l'un d'eux tenant à la main un papier, dont M. de Clermont-Tonnerre fit lecture, et qu'il déposa sur le bureau, après l'avoir lu. C'étoit une déclaration conçue en ces termes:

« Messieurs, la fidélité que plusieurs membres de la noblesse devoient à leurs commettans, ne leur a pas permis jusqu'à présent de prendre part à vos délibérations; mais les circonstances actuelles, si intéressantes pour le bien public, sont trop impérieuses pour ne pas les entraîner. Persuadés qu'ils ne font que prévenir le vœu de leurs commettans, auxquels ils vont en rendre compte, ils ont l'honneur de vous annoncer qu'ils donneront désormais leurs voix sur les objets qui vont occuper l'*assemblée nationale*. »

Voilà donc la noblesse entière reconnoissant l'inconstitutionnelle existence d'une assemblée nationale! Voilà des gentilshommes confessant qu'il est des circonstances assez impérieuses pour dégager d'une promesse faite à la religion et à l'honneur! Il est à remarquer que cette déclaration n'étoit revêtue d'aucune signature; mais ceux qui la présentèrent l'ayant avouée, et y ayant ensuite conformé leur conduite, elle a même force que si elle eût été signée par tous ceux dont elle étoit l'ouvrage.

Les députés de Paris, qui avoient reçu de leurs commettans le vœu formel d'opiner par ordre, entraînés aussi par les circonstances impérieuses, dirent que par déférence au vœu exprimé par leurs commettans, ils avoient différé jusqu'à ce jour à prendre voix délibérative dans l'*assemblée nationale*; mais que la déclaration qui venoit d'être lue, établissant l'unanimité absolue dans la noblesse, en faveur de l'opinion par tête, ils alloient prendre voix délibérative dans l'assemblée.

Les journalistes, en rendant compte de cette nouvelle victoire du tiers-état, ne manquèrent pas de remarquer que M. d'Eprémesnil étoit au nombre des vaincus. Comme les autres députés de son ordre, il consacroit en effet, autant qu'il étoit en lui, le système de l'opinion par tête, et reconnoissoit que les états-généraux avoient eu le droit de se constituer en assemblée nationale. L'assentiment que donnoit M. d'Eprémesnil à une nouveauté que repoussoient tous ses principes, prouve combien il est difficile, dans une assemblée nombreuse et agitée de fortes passions, de ne pas céder à l'exemple du plus grand nombre.

M. le cardinal de la Rochefoucault céda aussi à celui que venoient de donner ces gentilshommes. Il demanda la permission de faire lecture d'une pareille déclaration, au nom de *quelques membres* du clergé. *Au nom de tous*, lui cria-t-on dans le côté du clergé. Ce cri de réunion fut fort applaudi; les applaudissemens finis, on cria encore une fois du même côté, *au nom de tous*, et on applaudit de nouveau avec de bruyans témoignages de joie.

M. l'archevêque de Vienne, qui souffroit sans doute de voir son respectable collègue interrompu avec aussi peu de décence, se leva pour tâcher de mettre fin à cette scène. « Dans ce moment, dit le bon prélat, de réunion complette, il faut admirer les décrets de la providence, qui a opéré cette réunion si désirée par les moyens même que l'on avoit employés pour l'écarter. »

Cela n'étoit guère intelligible. Passant à un autre objet, qui n'avoit nul rapport avec cette réunion, M. l'archevêque voulut engager l'assemblée à demander au roi d'accorder à tous les députés une marque qui les distinguât des autres citoyens. Le prélat pensoit que c'étoit le seul moyen d'empêcher les étrangers de se mêler avec les députés. Il étoit fort inutile d'importuner le roi à ce sujet, puisque les députés étoient suffisamment distingués par le costume qui étoit particulier à chacun des trois ordres. La marque dont parloit M. l'archevêque de Vienne auroit été une décoration commune aux membres de chacun des trois ordres. MM. Dangivilliers et Barnave repoussèrent cette idée qui, véritablement dans les circonstances graves où l'on se trouvoit, avoit un air de frivolité. Ils ne s'appuyèrent pas de cette raison; le premier dit que ces signes honorifiques ne convenoient plus à un peuple qui déposoit la légèreté qu'il avoit avant la conquête de sa liberté. M. Barnave dit à-peu-près la même chose; mais il y ajouta que l'exécution d'une telle idée seroit une source de jalousie et de division.

Je dois remarquer que le sacrifice, offert par M. le cardinal de la Rochefoucault, fut ratifié nommément par M. l'abbé de Montesquiou qui prononça, à ce sujet, un discours que les journalistes vantèrent beaucoup. Il le termina par cette phrase qui mérite d'être citée: « Le courage avec lequel nous sommes restés fidèles à nos mandats annonce à l'assemblée nationale le courage que nous mettrons *désormais* à défendre les principes et les droits de la nation. »

C'étoit là une sorte d'amende honorable; car promettre pour l'avenir du courage, c'étoit à peu près dire qu'on en avoit manqué jusqu'au moment de cette promesse. D'ailleurs, ce n'étoit pas là du courage, c'étoit une déférence, une extrême envie de ne pas choquer l'opinion qui se manifestoit. Je ne doute même pas que des hommes rigoureux, qui n'auroient aucun égard au temps où parloit M. l'abbé de Montesquiou, ne trouvassent que sa phrase eût été plus conforme à la vérité, si substituant le mot *foiblesse* à celui de *courage*, il eût dit : « la foiblesse avec laquelle nous sommes restés fidèles à nos mandats, annonce à l'assemblée la foiblesse que nous mettrons désormais à défendre les principes et les droits de la nation. »

C'est ainsi que se termina cette affligeante querelle qui s'étoit élevée entre les représentans des trois ordres. L'époque où le troisième conquit pleinement la délibération par tête date de la séance dont j'écris ici l'histoire ; car, comme le remarqua le procès-verbal de cette séance, dès ce jour tous les membres de l'assemblée nationale, qui avoient fait vérifier leurs pouvoirs, eurent voix délibérative.

Tout concourt donc à rendre la séance du 16 juillet une des plus mémorables de la révolution. M. l'archevêque de Paris l'avoit ouverte par le récit de ce qui s'étoit passé dans la capitale, relativement à la députation que l'assemblée y avoit envoyée. Ce récit étoit fidèle, et fut entendu avec le plus grand intérêt par la foule innombrable de spectateurs dont la salle étoit remplie ce jour-là. Mais sans doute il n'entroit point assez dans les vues de ceux qui voyoient avec une voluptueuse joie l'achèvement de la révolution. M. Mounier, qui étoit de ce nombre, voulut aussi faire sa relation. L'occasion s'en présenta assez naturellement. Lorsque M. de Juigné eut fini son récit, M. Bailli s'avança vers le bureau, et apprit, au bruit des applaudissemens et des cris de félicitation, que Paris l'avoit nommé maire de la ville et prévôt des marchands par acclamation ; il ajouta qu'il attendoit les ordres de l'assemblée.

Ce fut alors que M. Mounier prit la parole pour essayer de prouver que la place de maire n'étoit pas incompatible avec celle de député. M. Mounier, comme l'on voit, ne mettoit pas même en question si les assassins de M. de Flesselles avoient pu donner ses dépouilles sanglantes à M. Bailli. Passant ensuite de la dissertation qu'il fit à ce sujet, aux événemens de la veille, il en présenta un récit qui embrasa presque toutes les ames du fanatisme de l'insurrection. « Si l'on se demande, dit l'orateur, quelle est la suite de cette révolution de la capitale, c'est la liberté rendue à cette assemblée, c'est le despotisme renversé, c'est enfin la chûte de ce monument exécrable, de cette prison de la Bastille. »

Lorsque M. Mounier, quelques semaines après cet événement, vit des brigands, le poignard à la main, lui demander le sacrifice de ses opinions, et le contraindre de fuir sa patrie, il dut se convaincre que l'insurrection de la capitale, bien loin d'avoir rendu à l'assemblée une liberté dont elle eût toujours joui sous la protection du Roi, l'avoit au contraire réduite au plus honteux esclavage.

M. Mounier n'oublia pas, dans son récit, M. de Lally avec lequel il s'étoit déjà intimement lié. Il donna une telle idée du discours que celui-ci avoit prononcé à l'hôtel-de-ville, qu'un des députés qui avoient été envoyés à Paris, demanda que M. de Lally fût prié de le répéter dans l'assemblée. On lui en fit en effet l'invitation ; il eut d'abord la modestie de s'y refuser, mais comme on insista, son amour-propre n'opposa aucune résistance ; il céda à la petite vanité de répéter sa leçon.

M. le comte de Clermont-Tonnerre ayant reçu la même invitation, ne montra pas la même foiblesse. Il eut recours à un expédient qui le débarrassa de toute importunité : il représenta que le discours qu'il avoit prononcé à l'Hôtel-de-Ville, étant un discours improvisé, il n'en avoit pas retenu une seule syllabe.

L'assemblée se trouva si satisfaite de celui de M. de Lally, qu'elle voulut qu'il fût inséré en entier dans son procès-verbal. Ce député étoit le héros du jour. Il n'est point étonnant que son imagination naturellement ardente se soit encore plus échauffée par ces témoignages outrés d'estime. Il eut fallu une tête bien froide, il eut fallu être bien philosophe pour ne pas laisser séduire sa raison par tant de cajoleries.

M. de la Fayette ne se trouvant point, comme M. Bailly, à l'assemblée, on en parut étonné ; mais un gentilhomme dit qu'ayant été nommé la veille colonel-général de la milice bourgeoise, il étoit resté à Paris pour prendre différentes instructions à l'Hôtel-de-Ville, et qu'il attendoit les ordres de l'assemblée pour accepter ou pour refuser le poste où on l'avoit élevé. Un moment après, le jeune comte Mathieu de Montmorency entra dans la salle, dit qu'il arrivoit de Paris, que la nuit y avoit été tranquille, et que M. de la Fayette ne tarderoit pas à venir recevoir les ordres de l'assemblée sur le choix que le peuple avoit fait de lui, pour lui confier le commandement général de la milice bourgeoise. Le roi, comme l'on voit, n'étoit plus compté pour rien dans toutes ces innovations. Un peuple mutiné créoit, donnoit des places ; on demandoit, pour les accepter, l'agrément, non du roi, mais de l'assemblée ; c'est ainsi qu'on entendoit déjà la distinction des pouvoirs. Distinguer les pouvoirs, n'a jamais été par le fait, de la part de l'assemblée, que les usurper. M. Mounier, dans le discours dont j'ai parlé plus haut, présenta un plaisant dédommagement pour les terribles spoliations qu'on faisoit subir au roi ; il dit qu'on placeroit sa statue sur les ruines de la Bastille. Si cette folie fût sortie de la bouche de tout autre député que M. Mounier, on l'eut prise pour une dérision ; mais qu'il a été loin de l'ame sensible, généreuse de cet homme vertueux, d'insulter notre infortuné monarque ! Quels regrets n'éprouve-t-il pas aujourd'hui d'avoir été enfoncé, si avant dans l'erreur, par la trop bonne opinion qu'il avoit conçue de ses concitoyens ! Que d'autres partagent les mêmes regrets ! M. de Lally lui-même, qui attachoit tant de prix au discours qu'il avoit prononcé à l'hôtel-de-ville, n'a eu garde de le faire imprimer dans ses écrits. Il a cru peut-être par-là ensevelir dans l'oubli ce témoin importun de sa sorte de complicité avec les factieux, dans les premiers momens de l'insurrection ; mais hélas ! plus on a voulu s'élever parmi ses contemporains, et moins on peut échapper aux recherches scrupuleuses de l'histoire, moins aussi on doit compter sur l'indulgence de la postérité. M. de Clermont-Tonnerre a voulu également lui dérober le discours que, comme M. de Lally, il avoit prononcé à l'hôtel-de-ville ; il ne se trouve point dans le recueil de ses opinions où d'ailleurs il a déposé jusqu'aux moindres phrases qu'il a prononcées en sa qualité de législateur.

Depuis l'instant où la séance s'étoit ouverte, des membres du club breton n'avoient cessé de roder dans toute la salle, et de faire entendre aux députés des différens partis, qu'il étoit absolument nécessaire de voter le rappel de M. Necker ; ils disoient que tel étoit le vœu du peuple, et que la conjoncture où l'on se trouvoit imposoit l'obligation d'obéir à une populace aveugle qui se porteroit à tous les excès, si dans les premiers instans de fermentation, on heurtoit sa volonté. « D'ailleurs, ajoutoient-ils à ceux qui montroient le plus de répugnance à se rendre à cette considération, ce rappel n'est qu'une épitaphe honorable; M. Necker ne reviendra pas ; il a trop de jugement pour reparoître parmi nous ; il regardera certainement l'invitation qui lui sera faite à ce sujet comme un piège. Sachant qu'il est odieux au roi et à l'assemblée, il ne voudra pas s'exposer au danger d'une pareille position. Il aimera bien mieux jouir paisiblement dans sa retraite de la gloire d'avoir été rappelé. »

Lorsque les conjurés crurent les esprits suffisamment préparés par ces raisons qui, véritablement, étoient plausibles, le comte de Mirabeau parut à la tribune. Après avoir fait valoir, avec son audace ordinaire, les raisons qui devoient déterminer à demander le renvoi des ministres, il présenta un projet d'adresse au roi.

« Sire, faisoit-il dire à l'assemblée dans cette adresse, nous venons déposer aux pieds du trône notre reconnoissance. Le renvoi des troupes est un bienfait inestimable..... Pourquoi les ministres nous ont-ils fait acheter le bien que nous aurions tenu de votre bonté ? Ils ont trompé votre majesté. Ils se sont flattés de vous compromettre avec vos fidèles sujets. Auroient-ils donc voulu faire avorter toutes vos intentions généreuses, et mettre la délation à la place de la confiance ? Que vouloient-ils faire ? Où prétendoient-ils vous conduire? Sans doute, ils vouloient porter des mains impies et sacrilèges sur les représentans de la nation, anéantir la fameuse déclaration que vous avez si solemnellement faite, qu'il faut le consentement des peuples pour établir, percevoir un impôt ; intéresser les parlemens dans leur conjuration, s'associer avec des aventuriers agioteurs, vampires de l'état, pour verser dans vos trésors le foible fruit de leurs manœuvres ; ils vouloient, malgré vos peuples, malgré vous, violer la foi publique, et déshonorer votre règne. »

« Ils ont fait bien davantage encore, sire ; ils vous ont calomnié, et vous ont fait déclarer que le vœu de vos peuples étoit connu, que seul vous pouviez l'accomplir, et que dès-lors vous pouviez nous dissoudre. La nation auroit gémi pour un temps, d'un coup aussi funeste ; mais les ressources se seroient épuisées ; il auroit toujours fallu arriver au moment d'une nouvelle convocation ; rappeler les états ; Les mêmes questions se fussent présentées ; le même courage eut apporté les mêmes obstacles ; car ont-ils pu penser que nos successeurs auroient été moins fermes que nous ? Jugez, sire, de l'avenir par le passé.... »

« Il étoit facile de vous conseiller d'appeler, en temps de paix, des troupes étrangères. Mais qui les auroit soudoyées ? Qui les auroit payées ? Votre sagesse a prévenu les plus grands malheurs, et votre indulgence ne doit pas pardonner à ceux qui ont creusé sous vos pas le précipice que vous venez de fermer. »

« Il est impossible d'accorder de la confiance à un chef de justice qui s'est montré le plus ardent ennemi de la constitution, à un ministre qui n'a pas craint de s'avilir, en se rendant le chef de l'espionage. »

« Un prince, ami de ses peuples, ne doit pas être environné de leurs ennemis..... Nous ne prétendons pas dicter le choix de vos ministres ; mais, sire, quand vous songerez au mécontentement de la capitale, qu'ils ont voulu affamer, qu'ils ont inondé de sang, tout l'Europe vous trouvera clément, si vous daignez leur pardonner. »

Mirabeau, dans cette adresse bien remarquable par l'impudence avec laquelle il imputoit aux ministres d'avoir inondé la capitale de sang, Mirabeau, dis-je, par ces hardies impostures, livroit un combat inutile. Comme, en effet, il finissoit de parler, M. de Pompignant annonça que M. de Barentin qui, par la part qu'il avoit eue à la déclaration lue dans la séance du 23 juin étoit singulièrement odieux aux députés du tiers-état, venoit de donner sa démission. M. l'archevêque de Vienne donna en même temps la nouvelle de la retraite de M. le maréchal de Broglie.

« Dans ce cas-là, dirent quelques députés, l'adresse de M. de Mirabeau est inutile. — Elle ne l'est pas, répondit celui-ci, puisque tous les ministres ne sont pas renvoyés. D'ailleurs la nouvelle de leur disgrace peut suffire à chaque individu, mais non pas à l'assemblée. » Cela vouloit dire sans doute que l'assemblée devoit manifester au roi qu'elle avoit le droit d'influer sur le choix de ses ministres.

M. le comte de Clermont qui eut désiré épargner à Louis XVI cette nouvelle affliction, sans cependant perdre de la popularité qu'il s'étoit acquise, proposa de députer au roi simplement pour lui déclarer que le peuple demandoit le renvoi des ministres. Cette manière d'engager le roi à l'accorder, sembloit mieux se concilier avec les égards qui étoient dûs au monarque. M. de Clermont vouloit que la même députation fût chargée d'apprendre à sa majesté que MM. de la Fayette et Bailly avoient été élevés, l'un à la place de commandant de la garde bourgeoise, l'autre à celle de prévôt des marchands, afin, dit M. de Clermont, que la sanction du roi ajoute une nouvelle couronne à leurs vertus.

Cet avis ne plaisant point à ceux qui avoient engagé la discussion sur le renvoi des ministres, M. de Clermont prit un autre biais : « Ne seroit-il pas convenable, dit-il, de suspendre toute délibération au sujet des ministres, jusqu'à ce qu'on soit assuré s'ils ont, ou s'ils n'ont pas donné leur démission ? »

M. l'archevêque de Vienne qui, par la douceur de ses mœurs et la modération dont son caractère lui faisoit un devoir, auroit dû saisir l'ouverture présentée par M. de Clermont, et tâcher d'y ramener les esprits, adopta l'avis contraire.

« La voix publique, dit ce prélat toujours trop facile, trop indulgente pour les séditieux, demande la retraite des ministres. Si vous voulez conserver l'estime de la nation, il faut la demander aussi. Nous devons déclarer à sa majesté, qu'ils ne sauroient obtenir la confiance de la nation. »

M. de Pompignan alla plus loin : il fut le premier à voter le retour de M. Necker. « Le rappel des ministres disgraciés, dit-il, est une suite nécessaire du renvoi des autres. Il faut exprimer au roi le vœu du peuple de Paris pour celui qui avoit toute sa confiance. Envoyons à sa majesté une députation de douze membres, pour lui représenter qu'aucun des ministres actuels n'obtiendra jamais la confiance publique, et que la fidélité de l'assemblée ne lui permet pas de dissimuler que leur retraite est le plus sûr garant de la tranquillité de l'état. »

M. de Clermont, qui venoit d'apprendre que M. de Villedeuil avoit aussi donné sa démission, se hâta d'en instruire l'assemblée, croyant que cette nouvelle mettroit fin à la discussion ; mais M. de Pompignan insista, et soutint que la délibération n'en devoit pas moins continuer. Elle continua donc : un député de Beauvais, appelé M. Millon de Montherlant, se borna à engager l'assemblée à demander le rappel de M. Necker. Il proposa à cet effet de présenter au roi cette courte adresse.

« La justice, sire, est le premier devoir des rois, la rendre est le plus bel attribut du trône. Daignez nous rendre, sire, un ministre que la nation ne cesse de redemander au roi ; ce sont des enfans qui vous redemandent leur père. Le jour où il reparoîtra dans l'administration sera un des plus beaux jours de votre règne. »

M. de Clermont, qui n'avoit parlé qu'avec ménagement du renvoi des ministres, ne s'ouvrit pas sur la demande à faire au roi du rappel de M. Necker. Il fit l'éloge de ce ministre ; mais se contenta de voter pour qu'on l'instruisît des vœux que l'assemblée faisoit pour son retour. « C'est à M. Necker, dit à ce sujet M. de Clermont, qu'on est redevable des principes de liberté dont on va jouir ; c'est à lui que la nation doit son salut. « Le roi, ajouta-t-il, est assez grand pour oublier les maux qu'on a faits, et assez grand pour vouloir les réparer. Instruisons M. Necker des vœux de l'assemblée pour son retour. »

M. de Clermont avoit beau faire : la discussion revenoit toujours sur le renvoi des ministres. Elle s'échauffa entre MM. Mounier, Barnave et Mirabeau. Le premier pensoit qu'on n'avoit pas le droit de gêner le roi sur le choix des dépositaires de sa confiance et de son autorité. Il n'en demandoit pas moins le renvoi des ministres actuels, et cependant il ne se contredisoit pas, parce qu'en même temps qu'il désiroit qu'ils fussent renvoyés, il convenoit qu'on ne pouvoit en faire la demande au roi, qu'autant que les conjonctures du moment sembloient l'exiger. « Il est des circonstances, dit-il, où il faut s'éloigner de la rigueur des principes, et l'assemblée nationale est dans le cas. Le meilleur moyen sans doute, pour ramener le calme, est le renvoi des ministres ; mais il faut faire connoître au roi, que ce n'est que pour rétablir le calme qu'on demande ce renvoi. L'assemblée n'a pas le droit d'exiger le renvoi des ministres ; ce seroit entreprendre sur le pouvoir exécutif, et ce n'est pas au moment où l'on va poser les bases des deux pouvoirs, qu'il faut méconnoître leur distinction. »

« Partout où une nation libre existe, répondit M. Barnave, elle doit avoir influence sur les ministres. L'assemblée nationale est nécessitée d'en avoir sur eux, et par sa puissance, et par sa communication avec le Roi. »

« C'est une maxime impie et détestable, disoit aussi le comte de Mirabeau, de prétendre que l'assemblée ne doit pas avoir de l'influence sur le choix des ministres. En Angleterre, c'est l'opinion du peuple qui les élève et qui les renverse. Si le vœu général, si l'assentiment général ne peut rien sur leur choix, la nation ne sera pas digne d'être libre. »

« Raisonner ainsi, répliquoit M. Mounier, c'est agiter la question des différens pouvoirs, et il n'en est pas encore temps. Il faut entrer dans des discussions plus profondes sur cette matière, avant de la traiter. Si faute de l'avoir bien entendue, le roi et les parlemens ont été si long-temps en querelle, il ne faut pas croire qu'il en sera de l'avenir comme du passé. Il est nécessaire d'empêcher la réunion des pouvoirs; il est nécessaire que l'assemblée nationale ne confonde pas le pouvoir exécutif et législatif. Quand on fera la constitution, on posera des limites sacrées. En attendant, il n'est pas de la dignité de la nation d'avoir de l'influence sur le choix des ministres. »

C'est ainsi que ces législateurs inexpérimentés, ne pouvoient s'enfoncer dans aucune discussion, qu'ils ne finissent par s'égarer entre les deux pouvoirs, dont ils n'ont pas mieux entendu la distinction à la fin qu'au commencement de leur carrière. Ah! quel service n'eût pas rendu Montesquieu à notre patrie, s'il se fût abstenu de publier une théorie que si peu de françois ont été capables d'entendre!

« Sans examiner, répliqua Mirabeau, la nature des pouvoirs exécutif et législatif, c'est à la nation à contrôler l'emploi que font les ministres de l'autorité souveraine. »

« Eh bien, s'écria M. Glezen, député de Bretagne, croyant mettre tout le monde d'accord, supposez qu'il ne soit pas permis de demander le renvoi des ministres, il doit l'être du moins de les dénoncer. »

Les bons esprits de l'assemblée ne se roidirent point assez contre cette première attaque portée aux ministres du roi; ils desiroient la paix, et ils ne voyoient pas que s'ils avouoient le principe énoncé par Mirabeau, ils établissoient, dans le sein même de l'assemblée, un foyer d'intrigues. En lui accordant le droit de désigner au roi les ministres qui avoient ou n'avoient pas la confiance de la nation, c'étoit réellement lui donner celui de disposer des places du ministère. Dire en effet au roi que le ministre qui a sa confiance n'a pas celle de la nation, qu'est-ce autre chose que d'obliger indirectement monarque de le renvoyer ? S'il refuse d'accorder ce renvoi à l'assemblée qui le lui demande, il est en guerre avec elle; s'il l'accorde, l'assemblée se divise en différens partis, dont chacun a son ministre à placer; de-là les factions, et souvent le trouble dans tout l'empire. C'est-là la grande maladie de la constitution angloise. Les députés attachés à la forme de notre gouvernement auroient dû, pendant qu'on agitoit cette question, avoir sous les yeux l'histoire de la cruelle guerre de Charles premier avec son parlement.

M. de Lally, craignant que dans ces débats on ne perdit M. Necker de vue, y ramena la délibération. Il falloit que les menaces qui avoient retenti à son oreille, lorsque les parisiens lui signifièrent l'ordre d'obtenir le rappel de ce ministre, eussent fait sur son imagination une bien vive impression. Il fut, dans tout le cours de la séance, agité à cet égard de cruelles inquiétudes. « Messieurs, s'écria-t-il en faisant diversion à la querelle qui s'étoit élevée entre MM. Mounier, Barnave et Mirabeau, j'insiste sur le renvoi de tous les ministres; mais M. Necker, doit-on oublier d'en demander le retour? Nous l'avons vu, nous l'avons entendu hier à Paris, dans les rues, dans les carrefours, sur les quais, dans les places, il n'y avoit qu'un cri : le rapppel de M. Necker.

« Son nom étoit dans toutes les bouches. La capitale, un peuple immense nous a *priés* de redemander M. Necker au roi (1). Nous sommes comptables de cette prière. »

M. de Custine, qui ne s'étoit encore associé à aucun parti, énonça une opinion qu'on trouva fort extraordinaire; il rejetta la double proposition du renvoi des ministres et du rappel de M. Necker. Il s'éleva même contre le systême qui vouloit qu'on pût dénoncer un ministre. « Si vous voulez en dénoncer un, disoit-il, montrez-moi donc le tribunal où il sera jugé? Si on ne peut pas même lui faire son procès, comment voulez-vous le dénoncer? » C'étoit fort mal raisonner; un ministre qui auroit été réellement prévaricateur, auroit trouvé des juges dans les tribunaux alors existans. Au temps où parloit M. de Custine, personne en France, pas même le chancelier, pas même l'héritier présomptif de la couronne, n'étoit exempt d'un procès. On a vu le parlement de Paris enregistrer des lettres de grace accordées à un dauphin pour meurtre involontaire. Il est bon de rappeler ces vérités, pour qu'on ne pense pas un jour, qu'il y eut, sous notre ancien régime, en France, d'autre personne inviolable que celle du roi. Et le roi lui-même étoit souvent exposé, en matière civile, à des querelles judiciaires. Lorsqu'il succomboit, il donnoit à ses sujets l'exemple de l'obéissance aux tribunaux. C'est ainsi que sous notre ancien gouverne-

---

(1) Des personnes présentes à cette séance du 16, crurent entendre autrement cette phrase : il leur sembla que M. de Lally disoit : *un peuple immense nous a priés de redemander M. Necker;* LES PRIÈRES D'UN PEUPLE SONT DES ORDRES. M. de Lally réclama contre cette version, dans les journaux, et parut adopter celle à laquelle je me suis fixé. Voyez notamment le journal de Paris, n° 201 du 21 juillet 1789, page 909.

ment,

ment qu'on a tant accusé de despotisme, nous étions tous égaux aux yeux de la loi ; et qu'on y prenne garde, cette égalité est la seule dont les hommes réunis en société puissent et doivent jouir.

L'opinion de M. Custines fit beaucoup murmurer : on finit par se fatiguer de cette discussion, et le vœu général fut de la terminer. La question fut ainsi posée : faut-il envoyer une députation au roi pour lui demander le renvoi des ministres, et le retour de M. Necker ? L'affirmative passa à la presque unanimité. C'est-là la première atteinte portée à la prérogative qu'a incontestablement tout monarque de n'être point gêné dans le choix de ses ministres, et c'est ainsi que M. Necker conquit la gloire d'être redemandé par une assemblée qui n'avoit pas de droit, et où il ne comptoit peut-être pas deux amis.

Il étoit quatre heures et demie lorsque cette décision fut rendue ; on convint de lever la séance, et de se réunir sur les huit heures du soir. Comme on alloit se retirer, le président reçut une lettre de M. le maréchal de Broglie ; il en fit lecture : elle étoit conçue en ces termes :

« M. le président, j'ai l'honneur de vous prévenir que sa majesté, qui m'avoit appelé auprès de sa personne, pour me charger du commandement des troupes qu'elle avoit fait approcher de sa capitale, m'a donné ordre de les faire partir pour retourner dans leurs garnisons respectives, et qu'en conséquence, le roi a fait expédier des ordres, pour que les régimens qui sont ici, à Sévres et à Saint-Cloud, en partent demain 17, pour se rendre à Saint-Denis, et y remplacer ceux qui y sont réunis, lesquels reprendront aussi, demain 17, les routes qu'ils avoient tenues pour venir de différentes frontières. Les troupes qui arriveront demain 17, à Saint-Denis, en partiront le 18, pour retourner de même dans leurs garnisons. »

Cette lettre auroit dû calmer tous les esprits, et mettre l'assemblée entière en repos. Elle pouvoit toute entreprendre, sans être arrêtée par aucun obstacle : les ministres fuyoient, le roi étoit désarmé, et des milliers de bras s'étoient armés pour elle. Mais la tranquillité n'étoit pas ce qui convenoit aux factieux ; ils avoient cru que le roi ne consentiroit jamais à se dépouiller de la force qui protégeoit son trône et sa famille ; airs' ils virent avec regret que l'éloignement des troupes leur ôtoit un prétexte de continuer à tenir le peuple dans l'agitation où ils l'avoient jeté. Ils se consolèrent par l'espoir que le roi refuseroit de rappeler M. Necker, et de venir se livrer aux habitans de sa capitale. Ils comptoient tirer de ce double refus des moyens de poursuivre le bouleversement qu'ils avoient commencé. Ils employèrent l'intervalle entre les deux séances à envoyer, à leurs émissaires de Paris, des instructions sur les nouvelles scènes qu'ils préparoient ; la cour au contraire employa le même espace de temps à délibérer sur les mesures les plus propres à ramener nécessairement la paix. Le roi se confirma toujours plus dans la résolution de donner tout, même sa vie.

A Paris, l'orage continuoit ; les électeurs qui, dans les premières heures de la journée, avoient feint de croire au calme, voyoient avec effroi que plus elle s'avançoit, et plus le ciel se rembrunissoit. Les choses en vinrent au point qu'ils craignirent sérieusement de voir briser le navire dont ils avoient voulu diriger la manœuvre sans la connoître. Jamais le peuple ne leur avoit montré une attitude plus effrayante. L'Hôtel-de-Ville retentissoit de menaces de sang.

Les faux bruits, répandus dans les divers quartiers, avoient jetté le peuple dans ce nouvel accès de fureur. Il étoit assez généralement persuadé que le roi ne viendroit point à Paris ; que les troupes, au lieu de s'éloigner, se renforçoient au tour de la capitale, et notamment à Saint-Denis. Sur le soir, on donna l'allarme dans les faubourgs ; il se répandit qu'un corps considérable de dragons et de hussards, rodoit assez près des barrières de Belleville et de Ménil-Montant, et paroissoit vouloir surprendre l'artillerie des faubourgs. On envoya à la découverte un détachement de volontaire, qui ne trouva rien ; mais comme il passa la nuit dans la campagne, son absence ne fit qu'accroître le mécontentement des parisiens. Les électeurs voyant les progrès alarmans qu'il faisoit, entendant parler de mettre tout à feu et à sang, de faire une irruption épouvantable à Versailles, se hâtèrent de députer deux d'entr'eux à l'assemblée nationale, pour lui exposer l'état actuel de Paris, et la déterminer à le prendre en considération. Je remets, au chapitre qui suit, le récit de la séance où ils furent admis ; elle ne fut pas moins importante que celle du matin.

D

CHAPITRE LIII.

Convoi ; lettre de M. Bochard de Saron; effet qu'elle produit dans l'assemblée ; réponse que lui fait M. l'archevêque de Vienne ; désordre dans la circulation des espèces ; retraite de tous les ministres ; arrivée de deux électeurs dans l'assemblée ; nouvelles qu'ils y apprennent ; rappel de M. Necker ; mouvemens que la nouvelle de ce rappel excite parmi les députés ; arrêté peu sincère de l'assemblée ; étrange spectacle qu'elle présente ; honteuse proposition de M. l'archevêque de Bordeaux ; lettre de l'assemblée à M. Necker ; impression que produisent à Paris les dernières nouvelles de Versailles ; craintes des fidèlles sujets du roi ; proposition de M. le prince de Condé au roi ; dévouement de M. le comte d'Artois ; complot contre ce prince ; illustres émigrés ; portrait de M. le prince de Conti ; caractère de Monsieur, frère du roi ; désagrémens qu'éprouve M. le maréchal de Broglie ; mouvemens à Paris pour la réception du roi ; erreurs des ministres de la religion ; offrande des femmes de la halle ; singulier EX-VOTO ; condescendance des prêtres pour les séditieux ; départ du roi pour Paris ; sa tristesse.

Suite de Juillet 1789, et du second mois de l'interrègne.

Une cérémonie funèbre précéda l'intéressante séance dont je vais donner les détails. L'assemblée presque entière assista aux funérailles d'un de ces membres ; il étoit député du tiers-état de Besançon, et s'appeloit Leblanc. Un évêque, un gentilhomme et deux membres des communes tenoient un coin du drap mortuaire.

Au sortir du convoi, les députés se réunirent dans leur salle, et la séance s'ouvrit par la lecture de la lettre suivante, que le premier président du parlement de Paris écrivoit au président de l'assemblée nationale.

« Versailles, le 16 juillet 1789.

« M. LE PRÉSIDENT ,

« Le parlement m'a chargé de faire part à l'assemblée nationale, d'un arrêté qu'il vient de prendre ce matin. »

« Je m'empresse de remplir cette mission, en vous adressant une copie de cet arrêté. »

» Je suis avec respect,

M. le président ,

Votre très-humble et très-obéissant Serviteur,

Signé BOCHARD DE SARON.

J'ai rapporté plus haut l'arrêté qui accompagnoit cette lettre. La forme dans laquelle le parlement de Paris le faisoit parvenir à l'assemblée, déplut infiniment. « Ne diroit-on pas, s'écria M. de Clermont-Tonnerre, toujours prompt à saisir les occasions de se montrer favorablement, ne diroit-on pas que le parlement de Paris veut traiter de corps à corps avec l'assemblée nationale ? M. le premier président ne s'est-il pas retiré devers le roi pour lui présenter cet arrêté? Pourquoi ne se retiroit-il pas aussi devers l'assemblée nationale ? »

Cette observation, qui secondoit si bien ceux dont les projets de destruction s'étendoient sur le parlement, fit un tel effet, que de tous côtés on éclata en murmures. Personne n'osa parler en faveur de cette compagnie. MM. Fréteau, Duport et Saint-Fargeau, qui en étoient membres, bégayèrent pour elle des excuses. « C'est au nom de cette compagnie, dit ce dernier, dont j'ai l'honneur d'être membre, que je vous supplie de recevoir les excuses que vous ne pouvez refuser à une faute plus involontaire que réelle. Dans une circonstance aussi critique, l'on ne s'attache guère aux mots. Le parlement n'a pas eu sans doute le dessein de choquer la majesté de cette assemblée, il n'a voulu que lui donner l'expression de sa reconnoissance.

MM. les ducs d'Aiguillon, de Luynes, de Praslin, de la Rochefoucault, membres aussi du parlement, en leur qualité de pairs, trouvèrent également mauvais que cette compagnie n'eût pas envoyé son arrêté par une députation ; les pairs ecclésiastiques gardèrent le silence. MM. Dionis du Séjour et Bodequin de Filtz-Gérald, conseillers de la cour des pairs, adhérèrent à cette observation, et M. d'Esprémenil lui-même donna tort à sa compagnie, tant on étoit déjà loin des principes, tant les hommes les plus courageux craignoient de choquer l'opinion du jour. Si le parlement avoit un tort dans cette affaire, c'étoit de donner son assentiment à la métamorphose des états-généraux en assemblée nationale. S'ils fussent restés organisés, tels qu'ils avoient été convoqués, et tels que la loi de l'état le demandoit, le parlement sans doute n'eut rien fait de contraire à sa dignité et aux principes de la monarchie, en leur rendant hommage, soit par une députation, soit même en corps ; mais c'étoit déjà bien assez que cette compagnie ne foudroyât pas, par ses arrêts, l'inconstitutionnelle puissance ; il n'étoit ni de sa gravité, ni de sa sagesse, de témoigner qu'elle n'avoit aucune horreur de cette monstrueuse excroissance qui défiguroit le corps politique. Mais le parlement alors disoit, comme le clergé, comme la noblesse: *encore cet acte de complaisance, et nous aurons la paix.*

Le mécontentement qu'avoit inspiré la lettre de M. Bochard de Saron n'eut aucune suite, si non que M. l'archevêque de Vienne lui écrivit qu'on avoit pensé unanimement dans l'assemblée que la communication de l'arrêté du parlement auroit dû être faite par une députation plutôt que par une simple lettre.

Les délibérations, dans cette séance, étoient sans cesse interrompues par ceux des députés qui, arrivant de Paris, donnoient des nouvelles de ce qui se passoit dans la capitale. Tout ce qui n'avoit pas un rapport direct avec ces nouvelles, ne faisoit aucune impression. Ainsi M. Duport ayant demandé qu'on s'occupât des prisons, qui d'heure en heure se remplissoient d'une manière effrayante, fut à peine écouté.

On ne fit également aucune réponse au garde du trésor-royal qui demandoit ou un ordre ou un avis, pour faire arriver sans danger en Hollande, cent mille livres en argent, qu'on y devoit pour achat de grains. Cette demande prouve à quel point la circulation dans le royaume étoit obstruée. Tout avis de la part de l'assemblée eût été superflu, et elle eût peut-être compromis sa naissante autorité, si elle eût donné un ordre. Toute son attention d'ailleurs étoit fixée tantôt sur la cour, tantôt sur la capitale. Elle étoit divisée en différens groupes où l'on s'entretenoit diversement sur les dernières scènes, et sur celles qui se préparoient. Pendant ce temps là le comité de rédaction composoit l'adresse qui devoit demander au roi le renvoi de tous les ministres. Elle n'étoit pas encore finie, lors qu'on annonça que tous les ministres ayant demandé leur démission, sa majesté leur avoit accordée. Cette nouvelle fut reçue avec de grands applaudissemens prodigués principalement par les spectateurs.

Au milieu de ce bruit, il fut décidé d'envoyer sur le champ une députation au roi, pour lui porter les remerciemens de l'assemblée. On la composa de vingt-quatre membres dont six du clergé, et six de la noblesse. Ils étoient à peine nommés, qu'un gentilhomme dit qu'il étoit autorisé par le roi d'annoncer une nouvelle qui ne devoit pas être moins agréable à l'assemblée. « Sa majesté, poursuivit ce gentilhomme, instruite du désir que témoignent les citoyens de Paris de la voir dans la capitale, se propose d'y aller demain, et invite l'assemblée nationale à faire connoître cette résolution à sa bonne ville de Paris.

Les applaudissemens recommencèrent à cette seconde nouvelle; mais il fut aisé de s'appercevoir qu'elle jettoit dans un grand étonnement une partie de l'assemblée. On arrêta que le roi seroit prié de permettre qu'une nombreuse députation l'accompagnât lors de son entrée dans Paris. Les vingt-quatre députés qu'on venoit de nommer, partirent aussitôt pour se rendre au château.

Ce fut dans l'intervalle de leur départ à leur retour, que les deux électeurs, envoyés par l'hôtel-de-ville de Paris, se présentèrent dans la salle des états, et peignirent tout le danger auquel on se croyoit encore exposé dans la capitale. Ils furent rassurés par les dernières nouvelles qui venoient d'être données à l'assemblée. Ils lui offrirent d'engager les bourgeois de Paris à former une haie, depuis Versailles jusqu'à la capitale.

D 2

Cette proposition, qui étoit en quelque sorte injurieuse aux habitans de Versailles, fut rejettée; on décida que les électeurs retourneroient à Paris avec une députation de douze membres de l'assemblée, qui instruiroient l'hôtel-de-ville des dernières déterminations prises par le roi.

Ce prince accueillit avec la plus grande bonté les vingt-quatre députés qui lui avoient été envoyés. Il leur répéta tout ce qu'il s'étoit décidé à faire pour rendre au peuple la tranquillité. Il leur dit qu'il acceptoit avec reconnoissance la députation proposée pour l'accompagner. Croyant enfin mettre le sceau à la confiance qu'il tâchoit d'inspirer, il apprit à ces députés qu'il avoit écrit à M. Necker pour le rappeler. Et, comme s'ils avoient pu douter de ce qu'il leur disoit, il leur montra la lettre, la leur remit, les pria de la porter à l'assemblée, et de l'engager à l'envoyer elle-même à Bruxelles, où M. Necker devoit être encore. Excellent roi, qui s'épuisoit en bienfaisance pour des ingrats !

Les membres de la députation revenus dans l'assemblée, y excitèrent des mouvemens bien tumultueux, lorsqu'ils lui rendirent compte de leur mission. Ceux qui désiroient sincèrement que le roi regagnât la confiance générale, se livrèrent à des transports de joie qu'il n'est pas possible de rendre. C'étoit une ivresse qui tenoit véritablement du délire. Les hommes de tous les partis semblèrent la partager. « Il ne restoit plus, dit un journaliste, ni un seul regret, ni une seule crainte au fond des ames. »

Lorsque cette effervescence se fut un peu calmée, quelqu'un proposa de joindre, à la lettre du roi, une lettre signée du président et des secrétaires. La proposition fut d'abord reçue assez froidement ; mais les spectateurs l'ayant applaudie avec fureur, leur enthousiasme parut entraîner l'assemblée, et il intervint, à la presqu'unanimité, un arrêté par lequel on souscrivit à cette même proposition. L'arrêté fut à peine pris, que l'assemblée entière sembla s'en repentir ; les cœurs se glacèrent, les visages pâlirent. Cette consternation étoit l'effet, chez les uns, de la crainte que M. Necker ne prît l'assemblée au mot ; chez les autres, de l'effroi de voir reparoître au palais de nos rois, le destructeur de la monarchie françoise. Ce changement subit de la joie à la tristesse, se fit avec une rapidité que la plume ne peut pas peindre ; mais il fut sensible à ceux qui conservoient assez de sang-froid pour observer. Toutes les ames étoient affectées du sentiment pénible qu'avoit créé un instant de réflexion, quand M. de Cicé, archevêque de Bordeaux, offrit d'aller au-devant du ministre, et de lui porter les deux dépêches et l'arrêté. A cette proposition, il s'éleva un cri unanime de colère, qui étouffa la voix du prélat. On ne vit, dans son offre, que lâcheté et bassesse, et on la repoussa avec un mépris, que la crainte de déplaire aux spectateurs ne put contenir.

Ces détails doivent paroître un peu extraordinaires ; mais ceux qui se trouveront à cette seconde séance du 16, se les rappellent à merveille. M. le comte d'Entraigues, qui en conserve la mémoire, en a fait, dans un de ses écrits (1), un récit qui s'accorde parfaitement avec celui que j'en donne ici.

La lettre de l'assemblée, au ministre qu'elle méprisoit et qu'elle rappeloit, étoit ainsi conçue :

« L'assemblée nationale, monsieur, avoit déja consigné dans un acte solemnel, que vous emportiez son estime et ses regrets. »

« Cet honorable témoignage vous a été adressé de sa part, et vous devez l'avoir reçu. »

« Ce matin, elle avoit arrêté que le roi seroit supplié de vous rappeler au ministère. C'étoit tout à la fois son vœu qu'elle exprimoit, et celui de la capitale qui vous réclame à grands cris. »

« Le roi a daigné prévenir notre demande. Votre rappel nous a été annoncé de sa part. La reconnoissance nous a aussitôt conduits vers sa majesté, et elle nous a donné une nouvelle marque de confiance, en nous remettant la lettre qu'elle vous avoit écrite, et en nous chargeant de vous l'adresser ».

« L'assemblée nationale, monsieur, vous presse de vous rendre au desir de sa majesté. Vos talens et vos vertus ne pouvoient recevoir ni une récompense plus glorieuse, ni un plus puissant encouragement. Vous justifierez notre confiance, vous ne préférez pas votre propre tranquillité à la tranquillité publique ; vous ne vous refuserez pas aux intentions bienfaisantes de sa majesté pour ses peuples. Tous les momens sont précieux. La nation, son roi et ses représentans vous attendent. Nous avons l'honneur d'être, etc. Signé J. G. archevêque de Vienne, président ; le comte de Lally-Tolendal, secrétaire, Mounier, secrétaire ».

Ce fut M. de Lally qui rédigea cette lettre. Dès qu'elle eut été approuvée par l'assemblée, on la remit avec celle du roi et l'arrêté à M. Dufresne de Saint-Léon, qui partit sur le champ pour Bruxelles. Cette séance, qui dura jusqu'à deux heures du matin, finit par la nomination des députés (2) qui devoient accompagner le roi à Paris. J'en mets ici les noms en note.

(1) Dénonciation aux françois catholiques, p. 91 et 92.

(2) Pour le clergé : MM. de Bonnefoi, Hingant, Clerger, l'évêque de Nanci, l'évêque d'Agen, le curé de Villefranche, l'évêque d'Uzès, l'abbé de la Salcède, l'évêque de Clermont, Rivoire, l'évêque de Tournay, Couturier, Grégoire, Aubert, Vallette, Dubois, Hurault, Landros, l'évêque d'Auxerre, la Goaille, Tou-

Ce ne fut guère non plus que vers les deux heures du matin, que les deux électeurs et les douze députés qui devoient les accompagner, arrivèrent à l'hôtel-de-ville de Paris. Mais, dès les neuf heures du soir, ceux qui y étoient assemblés, avoient reçu une lettre de M. le comte de Clermont-Tonnerre, qui renfermoit l'extrait de celle de M. le maréchal de Broglie. Malgré ce premier présage de paix, les parisiens n'en étoient pas moins restés dans la défiance et l'agitation. Il y avoit une foule innombrable pour recevoir les deux électeurs à leur retour. A peine les députés qui les accompagnoient, furent-ils à l'hôtel-de-ville, que les nouvelles qu'ils y apportoient, circulèrent dans tous les quartiers. Partout on sut que M. Necker étoit rappelé, que tous les ministres s'étoient retirés, et que le roi viendroit dans la journée même à Paris, pour donner au peuple un nouveau témoignage de son affection et de sa confiance.

On avoit donc tout ce qu'on paroissoit desirer. Cependant il est très-certain que le mouvement qu'occasionnèrent ces nouvelles, ne fut pas un mouvement de joie. Le peuple en général les reçut avec assez d'indifférence; il étoit, pour ainsi dire, accoutumé au désordre; il sembloit en redouter la fin. Ceux qui l'y avoient précipité, et lui en avoient donné le goût, voyoient avec peine l'exécution de leurs complots encore une fois retardée. Ils alloient disant que le roi en faisoient trop, pour que tant de condescendance de sa part ne fut pas un artifice. Le même propos avoit été tenu à Versailles par quelques députés, au sortir de la séance.

---

zet, Landrin, Fougères, la Porte, l'évêque de Dijon.

Pour la noblesse: MM. de la Tour-du-Pin, d'Avaray, Charles de Lameth, de Paroy, de la Marck, le marquis de Crillon, de Virieu, de Lévi, de Lancosme, de Crussol d'Amboise, de Champagny, d'Aiguilliers, de Beauharnois, du Nantoy, de la Blache, d'Aurillac, d'Aguesseau, de Cernon, de Luynes, de Pardieu, de Robecq, de la Touche, de Toulouse-Lautrec, d'Arcy, de Lassigny de Juigné.

Pour le tiers-état : Bignon, Gautheret, Dubois-Morin, Dumetz, de Thébaudières, Gouvier, Andurand, Goustelle, Boulé, Schmitz, Champeaux, Fidel, Dulrau, Ogier, Tellier, Bornier, Béranger, Ledéan, le Sachez, Daude, Brunet de la Tugue, Garat l'aîné, Viellard de Coutances, de Chaumouffeau, Dinocheau, Desécoutes, Tournyal, Angô, Grenet, Parent de Chassy, Vaillant, Arriveur, de Meuville, Terrat, Poulain de Beauchesne, Giraud de Chévri, Boissy-d'Anglas, Bourdon, Castellane, Dupré de Carcassonne, Bourdelat, Laloy, Perrier de la Bussière, Valentin Bernard, Lebois-des-Grès, de Vieuville Desissarts, Magniaval, Maranda, Simon de Maibel, Ludières.

A ces cent députés, se réunirent tous ceux de Paris.

Il est vrai que la démarche du roi, dans les circonstances, étoit si extraordinaire, qu'il étoit bien naturel de s'en étonner. Comment des hommes, les uns perfides et méchans, les autres trompés, auroient-ils pu croire à un prodige de bonté dont l'histoire n'offre aucun exemple?

Quant au très-petit nombre de sages, qui ne tenoient d'autre parti que celui de la fidélité, ils trembloient pour la personne du roi, et leur cœur palpite encore aujourd'hui au souvenir de l'effrayante journée du 17. Quand même, se disoient-ils à eux-mêmes, il n'y auroit dans cette multitude armée, aucun scélérat, aucun frénétique, est-il croyable qu'il ne se commettra aucune imprudence parmi tant d'hommes qui n'ont nulle expérience des armes qu'ils manient? Eh! qui sait, disoient encore ces sages françois, si tout ceci n'est pas l'ouvrage d'une faction qui a pour but de garder le roi en ôtage, ou peut-être même de faire vaquer le trône? Ceux qui raisonnoient ainsi, ne concevoient pas comment l'assemblée nationale entière n'étoit pas tombée aux genoux du roi, pour le détourner d'un voyage, qu'une seule imprudence pouvoit rendre fatal à la France entière. Il leur sembloit que tous ceux qui conservoient de l'attachement pour Louis XVI, auroient dû se presser autour de sa personne, et lui faire même violence pour l'empêcher de s'exposer à un péril manifeste.

Si pour mieux peindre la désolation où la démarche du roi jettoit ses fidèles sujets, il m'étoit permis de parler de ce que je ressentois personnellement, je dirois qu'aucune journée de la révolution n'a laissé dans mon ame des traces plus profondes que celle du 17 juillet.

En contemplant cette multitude si effroyablement armée, courir çà et là, et s'apprêter à recevoir le roi, je me disois : hélas! peut-être lorsqu'il paroîtra, ce peuple se divisera; une partie mue par la faction qui médite la guerre civile, voudra s'emparer de son prince, l'autre lui restera fidèle, le défendra, et des flots de sang vont couler. Qu'on juge des déchiremens de mon ame! à chaque coup de canon qui se tiroit lorsqu'on apperçut le monarque, je le prenois pour le signal du combat.

Si moi, placé loin du trône, jetté dans la foule, j'éprouvois ces cruelles anxiétés, quelle devoit être la situation d'esprit de la reine, des frères du roi, de sa famille, de toutes les personnes de la cour restées fidèles à leur devoir, à leur amour, à leur reconnoissance? Aussi Louis XVI fut-il vivement sollicité de renoncer à ce voyage. Il n'est même pas permis de douter que M. le prince de Condé l'engagea à se retirer à Metz, dans la persuasion que là le roi ne recevroit la loi de personne, et qu'il pourroit, en toute liberté, y travailler au bonheur de son peuple. M. le prince de Condé, en faisant cette proposition au roi, lui offroit de l'accompagner et de ne plus quitter sa personne. Le prince ne sauroit être blâmé; il prévoyoit la dégradation de la majesté royale; il craignoit les attentats de la faction qui poussoit Louis XVI à Paris; il ne voyoit d'autre moyen de prévenir les malheurs qu'il lisoit dans l'avenir, que la retraite de sa majesté à Metz. Mais il est certain qu'en donnant ce conseil au roi, il entroit, quoiqu'involontairement, dans les vues des conjurés, qui de leur côté ne voyoient plus que ce moyen d'allumer la guerre civile, et d'accomplir leurs desseins sur M. d'Orléans. D'autres personnes de la cour, qui avoient déjà des relations avec des députés démocrates, et qui par cette raison devoient être suspectes au roi, lui donnèrent le même conseil.

M. le comte d'Artois, voyant que sa majesté ne vouloit pas renoncer à ce malheureux voyage, qui inspiroit de si justes alarmes, la conjura de permettre qu'il se présentât seul à sa place aux parisiens. Ce dévouement étoit d'autant plus héroïque, que M. le comte d'Artois avoit lu les listes de proscription, et connoissoit toute la haine qu'on lui portoit à Paris. La postérité dira sans doute que M. le comte d'Artois ne faisoit que remplir un de ses devoirs, en s'exposant à une mort-à-peu-près certaine pour mettre hors de tout danger le roi son frère; mais il n'en est pas moins beau de faire son devoir au prix de sa vie, et quand de pareils exemples viennent d'aussi haut, ils n'en sont que plus dignes de la vénération et de la reconnoissance de l'humanité (1).

Le roi se refusa obstinément à tous ces conseils, à toutes ces offres. Il étoit persuadé que la paix, que le salut de l'état exigeoient qu'il se rendît aux instances du peuple de Paris. Il voyoit dans tout autre parti qu'il pourroit prendre, des conséquences plus dangereuses que celle que lui faisoient redouter ceux qui lui conseilloient de rester à Metz, ou de se retirer à Metz. Enfin Louis XVI se croyoit placé dans une de ces circonstances, où un roi doit faire à la chose publique, le sacrifice de sa vie.

Mais ce qui met le comble à la générosité du roi, c'est qu'en se dévouant, il ne voulut exposer personne avec lui; il exigea que ses frères, que les princes de sa famille ne le suivroient point. Il paroit que Louis XVI, en donnant cet ordre, connoissoit les complots des factieux, et savoit ce qui avoit été projetté contre M. le comte d'Artois. Il est indubitable que ce prince, s'il eût accompagné le roi, eût été retenu à Paris (2); et qui peut dire le traitement qu'il eût ensuite éprouvé?

_____

(1) Ce fait au reste est notoire à la cour; il n'a même pas été ignoré du public; il en est fait mention dans le journal Politique-National, du mardi 28 juillet 1789, N°. 8, p. 7.

(2) Ce fait est prouvé par la procédure du châ-

Quand à la reine, il ne lui convenoit pas de livrer en entier à la merci des rébelles, le dépôt sacré dont elle étoit comptable à la France, à l'Europe, au ciel. Il étoit d'une sage politique, dans l'incertitude des événemens qui attendoient le roi à Paris, de tenir M. le dauphin à une juste distance de la capitale; et il ne pouvoit être plus en sûreté que sous la sauve-garde de son auguste mère.

Le roi se montrant inébranlable dans ses déterminations, M. le prince de Condé prit congé de sa majesté, se rendit à Chantilly, y fit des dispositions pour ses affaires personnelles et en partit. Ce prince prit la route de Saint-Denis, et gagna Bruxelles, décidé à ne rentrer dans le royaume, que lorsqu'il pourroit y être utile à la cause du roi et de la noblesse. Les princes ses enfans le suivirent dans sa retraite. Madame la duchesse de Bourbon, sœur de M. le duc d'Orléans, à qui le public faisoit l'injustice de croire de l'éloignement pour son époux, s'en rapprocha à cette occasion, et s'est courageusement tenue attachée à sa fortune. Le départ de la maison de Condé fut une calamité pour une nombreuse portion du petit peuple. La bienfaisance est comme la valeur entée, si je puis parler ainsi, sur cette branche des Bourbons. Dans le dernier hiver, dont la rigueur ne s'effacera jamais de la mémoire des hommes, les trois princes de cette maison avoient dépensé des sommes énormes en libéralités; ils avoient même moins consulté leur fortune que le malheur des tems, car pour l'adoucir, ils avoient contracté des dettes. Dans toutes les occasions, le pasteur de Saint-Sulpice trouvoit auprès de ces princes des secours pour les malheureux. C'étoit là une source intarissable où la main du pasteur pouvoit puiser en tout tems.

A l'exemple de M. le prince de Condé, M. le comte d'Artois prit congé de sa majesté, et s'éloigna avec ses enfans du palais où il avoit pris naissance, de ce palais qu'avoit construit le plus grand de ses ayeux. Ombre de Louis XIV! mânes généreuses, vous vous soulevâtes en voyant vos augustes enfans, les rejettons de tant de rois, fuir cette terre que vous aviez couverte de tant de gloire; et à l'exemple de ces infortunés Stuard, dont vous fûtes le père, aller chercher auprès des puissances étrangères, un asyle contre l'outrageante ingratitude de leur patrie. Madame la comtesse d'Artois ne suivit pas son mari. Ce ne fut que deux mois après qu'elle alla le rejoindre à la cour de Turin. Mais combien cette séparation lui fut cruelle! Elle ne savoit pas contenir son affliction dans l'intérieur de ses appartemens. On ne la voyoit plus paroître en public, que les yeux baignés de larmes.

Le prince dernier rejetton de la branche de Conti, s'éloigna aussi de Paris, et quitta le royaume. Il avoit

_____

telet, sur les forfaits du 6 octobre, voyez entr'autres, la disposition de M. de Viriéu.

lu son nom sur la liste des proscriptions; il craignit le ressentiment du tiers-état dont il n'avoit eu garde d'approuver les prétentions et l'audace. Si la noblesse se fût coalisée, si le roi se fût mis à sa tête pour écraser la faction d'Orléans, M. le prince de Conti ne nous eût pas abandonnés, parce qu'il se seroit cru dans le parti du plus fort. Il l'a toujours tenu lorsqu'il s'est élevé parmi nous des dissentions; c'est-là toute sa politique. Étranger aux affections les plus chères, il ne connoît que de l'oreille les noms de père, d'épouse, de roi, de françois, de prince, de gentilhomme; sa patrie est dans ses propriétés, sa religion dans son coffre-fort, sa science dans les élémens de l'arithmétique; c'est le modèle des égoïstes. L'illustre maison de Bourbon voit sans regret la branche de Conti s'éteindre: elle étoit dégénérée; le père du prince actuel avoit une tournure d'esprit qui tenoit de la folie; son fils a une insouciance qui tient de la stupidité. Plein de mépris pour ce qu'il entend appeler le public, il est payé de retour; car aucun des partis n'est jaloux de l'avoir. Ses penchans sont comme ses vues; son ame ne peut pas plus que son génie s'élever à rien de grand. La nature a tracé autour de ses facultés morales, un cercle étroit, dans lequel il se tient opiniâtrement renfermé. Ses spéculations même d'intérêt portent le sceau d'un esprit borné; car il cherche moins à acquérir, à agrandir son patrimoine, qu'à ne pas perdre ce qu'il possède. Le choix de son père, de son roi, d'accord avec les convenances de la politique, avoit uni sa destinée à une princesse d'une illustre origine, et ce qui est bien mieux encore que l'origine, d'un esprit accompli, d'une vertu que la plus touchante modestie embellit. M. le prince de Conti laisse serrer les nœuds qui le lient à la princesse, et vit comme s'il n'avoit contracté aucun engagement. Il convient de ses torts, rend justice au mérite de son épouse; mais avant de la connoître, il avoit juré de ne jamais l'aimer, et il sera fidèle à son serment. Telle est la logique du prince; sa perte ne causa aucun regret, ni à la cour, ni à la noblesse, qui savoient qu'il ne pouvoit être ni à l'une ni à l'autre, d'aucune utilité. Le tiers-état, de son côté, s'inquiéta peu de son départ. « Des princes, comme celui là, disoit-on dans cet ordre, ne sont point à craindre, on est sûr de les vaincre en leur coupant les vivres. C'est en effet ce qui est arrivé. Quoique M. de Conti déteste la révolution et les révolutionnaires, il est accouru en France, dès qu'il a craint pour ses revenus; il se fût fait procureur-syndic d'une commune pour les conserver.

Monsieur, frère du roi, n'abandonna point la cour; il ne se croyoit point suspect au peuple; il n'étoit point menacé par les orateurs du Palais Royal; les rebelles l'étudioient plus qu'ils ne le redoutoient. C'étoit bien le moins d'ailleurs qu'il restât un prince entre le roi et M. d'Orléans; qu'il y eût une barrière entre le trône et le club breton. Le parti que prit Monsieur de rester fait honneur à sa sagesse,

et ne démentit point l'opinion qu'avoient conçue de sa prudence, ceux qui le connoissoient. C'est un prince très-réservé, qui ne se laisse jamais deviner. Il met de la franchise dans ses épanchemens; mais il connoît l'art de ne jamais faire naître cette curiosité qui veut deviner un secret. Ses études sont sérieuses; les livres qui traitent de cette politique que doivent prendre pour règle les maîtres de la terre, sont ceux qu'il préfère.

Plusieurs personnes recommandables par leur naissance, et vouées plus particulièrement à la haine populaire, suivirent les princes. De ce nombre furent tous les gentilshommes de la maison de Polignac, maison contre laquelle les calomniateurs se sont acharnés avec une fureur effrénée, et n'ont cependant jamais rien prouvé. Entendez-les, tous les Polignac se sont composé une fortune scandaleuse des trésors de l'état, et il est notoire que tous les Polignac sont loin d'être dans l'aisance. Leur situation tient plus de la médiocrité que de l'opulence.

Je ne dois pas oublier, parmi ces illustres exilés, M. le maréchal de Broglie, guerrier digne, sous tous les rapports, d'être comparé aux héros du siècle de Louis XIV. Il fuit aussi son empire, qui se couvrit d'ingrats, et où, en un instant, on oublioit un demi-siècle de services; mais l'histoire conservera les titres qui apprendront à la postérité ce que M. de Broglie fit pour le salut et la gloire de la France.

Il se rendit d'abord à Verdun, où une populace furieuse vint l'assiéger dans le palais épiscopal, menaçant d'y mettre le feu. Il gagna la citadelle, escorté de deux bataillons suisses et d'un détachement de hussards. Le lendemain matin il partit pour Metz, dont il avoit le gouvernement, et où il éprouva encore des désagrémens. Il se détermina enfin à abandonner cette France qu'il avoit illustrée par ses victoires, et il gagna Luxembourg, où il reçut une lettre flatteuse de l'empereur, dont les témoignages d'estime durent contribuer à lui faire oublier l'ingratitude de ses concitoyens.

Les autres personnes les plus distinguées, qui, dans cette matinée, augmentèrent le nombre des émigrés, furent MM. de Breteuil, le Noir, Barentin, Villedeuil, Vidaud de la Tour, le prince de Lambesc. M. de Lambesc se retira seulement de la Cour, & ne sortit de France, comme je crois l'avoir dit plus haut, que le 29 du mois dont j'écris l'histoire. On compta aussi, parmi ces émigrés, quelques magistrats, et entr'autres MM. d'Aligre, et le Febvre d'Ammécourt.

On a imprimé, dans quelques feuilles publiques, que M. de Calonne ayant appris à Londres le départ de M. Necker, avoit illuminé son hôtel, et étoit parti sur-le-champ pour la France; les mêmes feuilles ont dit qu'il s'approchoit de la cour, quand le roi se décida à rappeler le ministre disgracié; mais que, sur cette nouvelle, il étoit reparti. Il n'y a rien, dans ce conte, qui soit conforme à la vérité.

Le voyage du roi étant donc irrévocablement arrêté; tout se mit en mouvement et à Versailles et à Paris. Dans l'une et l'autre ville, chacun courut à ses armes. On s'assembla dans les églises, on délibéra, on prit, à la hâte, des mesures pour que la nouvelle milice présentât quelqu'apparence d'ordre. A Paris, il y eut des districts où l'on se prépara à cette singulière fête, par la célébration d'une messe, en action de grâces, disoit-on, de la paix; cette cérémonie étoit suivie d'un *de-profundis* chanté pour le repos des ames de ceux qui étoient morts sous les murs de la bastille. Cette lugubre prière, en pareille circonstance, présageoit plutôt un jour de deuil qu'un jour de fête. Dans l'église des feuillans, on bénit un drapeau, qui resta ensuite suspendu à la voûte. En le bénissant, le prieur prononça ces trois ou quatre phrases, qui prouvent que ce bon religieux partageoit des erreurs sur lesquelles il auroit dû gémir.

« Quel moment pour des cœurs françois ! L'étendard de la liberté civile est apporté dans ce temple par le patriotisme. Le sentiment dont vous venez de montrer toute l'énergie, reclame les bénédictions de celui qui protège les droits des hommes. Pourrions-nous douter, chers concitoyens, des biens que nous avons lieu d'attendre dans cet instant précieux, où un roi juste et bon vient confirmer l'espoir qu'il nous a donné ? Dans peu de jours la France n'est plus qu'une grande famille. Libre sous le chef le plus puissant, c'est à votre courage, à votre intrépidité qu'elle devra ce bonheur qui a toujours été et qui sera toujours l'objet de nos vœux les plus fervens ».

A Sainte-Geneviève, les femmes de nos halles, que jusqu'à ce moment on avoit désignées sous le nom de poissardes, sans que cette dénomination leur fut en aucune manière injurieuse, et que depuis il a falu appeler mesdames de la halle, sous peine d'être réputé ennemi du peuple, ces femmes dis-je, se présentèrent avec un bouquet orné de rubans. Elles demandèrent qu'il ornât la chasse. On le leur accorda sans difficulté. Les personnes qui remplissoient l'église, leur offrirent une gratification; en toute rencontre pareille, il étoit d'usage de leur en présenter une, et elles ne manquoient jamais de l'accepter, d'importuner même jusqu'à ce qu'elle fût de leur goût. Cette fois-ci elles refusèrent la gratification, et accompagnèrent unanimement le refus du double cri : *pain, liberté*.

Il ne sera pas inutile que je remarque, à cette occasion, avec quelle condescendance, les ministres de notre religion se sont prêtés à ces folies démocratiques. Quelques jours après en effet d'autres femmes, qu'on appella les dames de la place Maubert, et qui étoient des pauvres blanchisseuses de ce quartier, offrirent à la patrone de Paris, plus qu'un bouquet. Elles demandèrent et obtinrent de déposer, dans une des chapelles dédiée à la sainte, un méchant tableau qu'on y voit encore aujourd'hui. Dans un coin de ce tableau, on a peint une bastille dont les tours fumantes tombent en ruine, pendant que des parisiens entrent dans la place. A l'autre coin du tableau, on voit une figure renversée, ayant autour d'elle tous les attributs de la royauté, des couronnes, des sceptres, des cordons d'ordres. L'ange exterminateur plane au-dessus de la figure, et la frappe de son épée. Le ciel s'entr'ouve au-haut du tableau, et laisse appercevoir Sainte-Geneviève qui regarde avec complaisance les parisiens, et les encourage du doigt à entrer dans la Bastille, tandis que de l'autre main, elle semble ordonner à l'ange exterminateur d'écraser la figure renversée. Pour compléter la bizarrerie de cette offrande, on a écrit dans un ovale qui fait partie de la bordure supérieure du cadre, les deux mots *ex voto*. On donnoit par-là à entendre que la chute de la Bastille étoit un miracle que Sainte-Geneviève avoit opéré à la prière des parisiens. Cet *ex voto* est donc tout-à-la-fois un mensonge et un sacrilège. Un mensonge puisque jamais les parisiens n'avoient songé à faire à leur patrone le vœu de lui ériger un monument, si elle accordoit à leurs armes la conquête de la Bastille. C'étoit de plus un sacrilège, car c'étoit supposer que la sainte étoit complice d'une rébellion, qui est un des crimes que notre religion proscrit. La Bastille étoit incontestablement au roi. Ceux qui vouloient la lui enlever de force, étoient donc des séditieux qui méritoient plutôt la colère du ciel, que la protection d'une sainte.

Il est affligeant que les prêtres se soient prêtés à recueillir ces sortes d'offrandes, et un peu étonnant qu'ils ayent ouvert tous les trésors de l'église aux infortunés qui ont péri ayant dans le cœur le dessein d'arracher la Bastille au roi, et d'en égorger la garnison. De pareils hommes mouroient tenant à la main les armes qu'ils avoient prises contre leur prince, et par cela même il n'appartenoient plus à une religion qui, dans aucune circonstance, ne permet de s'armer contre l'autorité légitime (1). Nos prêtres oublièrent ce principe, et crurent devoir s'accommoder au tems; mais la vérité ne s'accommode point aux circonstances. Ils font aujourd'hui une triste expérience du peu d'avantage que la religion a retiré de leur condescendance. Ce qu'il y avoit d'un peu étrange, c'est qu'on rencontroit, dans les premiers jours de la révolution, des pasteurs qui reprochoient, à la mémoire du marquis de Launay, de n'avoir point déployé assez de fermeté contre les insurgens, et ces mêmes pasteurs ouvroient les portes du sanctuaire aux assassins du gouverneur de la Bastille; ils les recevoient aux

---

(1) J'ai développé cette vérité dans trop d'endroits de mon journal, pour qu'il soit besoin d'en répéter ici les preuves.

pieds

pieds des autels, ils les admettoient aux saints mystères.

Pour dire, à cet égard, la vérité toute entière, les portes des églises auroient dû être fermées à tous ceux qui étoient armés contre leur prince; encore moins devoit-on en faire des corps-de-garde, des tabagies, des antres de conspirateurs. On n'auroit dû y être reçu qu'après avoir déposé les signes et les armes de la rébellion. Je sais tout ce qu'exigent d'indulgence, les considérations qui déterminèrent les prêtres dans ces momens orageux, mais je sais aussi que quand chacun de son côté se relâche des principes, il s'ensuit nécessairement la dissolution de toute chose. Je sais encore que la morale que je rappelle ici, parce que nos troubles l'avoient trop mise en oubli, étant absolument nécessaire à la tranquillité des états, comme au bonheur des peuples, les particuliers doivent, lorsque l'occasion l'exige, en être les apôtres et les martyrs.

Ce fut entre sept et huit heures du matin que le roi dit adieu à sa famille éplorée, et monta en voiture pour se rendre à Paris. Il avoit avec lui MM. de Villeroi, de Villequier, de Beauvau et d'Estaing. Ce dernier étoit auprès de sa majesté, en qualité de commandant de la milice bourgeoise de Versailles, place qu'il avoit acceptée, comme M. de la Fayette avoit accepté le commandement de la bourgeoisie de Paris. Dès que le roi fut dans sa voiture, les habitans de Versailles, grotesquement armés, et plus mal commandés encore, l'environnèrent. Ce fut là la garde de Louis XVI. Quatre cents gardes-du-corps, n'ayant que leur épée, pressés, de tous côtés, par ce peuple armé, et ne voulant point lui donner d'ombrage, se laissèrent, pour ainsi dire, comme ils en avoient reçu l'ordre, enlever la personne du roi; ils prirent les devans et arrivèrent à Paris long-temps avant sa majesté. Les membres de la députation qui devoient l'accompagner avoient également pris les devants, et se trouvèrent dans la capitale plusieurs heures avant le roi, dont cependant la personne leur étoit confiée, et que, par cette raison, il n'auroient, pas dû abandonner.

Le roi se trouva donc absolument seul, n'ayant avec lui que quatre personnes de sa cour, dont l'une encore, M. le comte d'Estaing, nourrissoit déjà dans le cœur, comme il sera dit dans la suite de cette histoire, la secrette ambition de se saisir aussi d'un des débris du trône. Il n'y avoit autour de la voiture que de la bourgeoisie, à laquelle s'étoient confondus des artisans, des ouvriers, des hommes de la lie du peuple, et sans doute aussi des gens sans aveu; car qui les auroit empêché de faire, dans cette occasion, partie de la garde du roi? On ne voyoit, dans cette multitude, ni gardes-suisses, ni gardes-françoises, ni troupes de ligne. Quand je parle des gardes-françoises, j'entends ceux qui, étant de service à Versailles, dans les premiers jours de la révolution, n'avoient point quitté leur poste, et étoient restés sourds à toutes les sollicitations qui les pressoient de partager la défection de leurs camarades de Paris.

Le Roi étant parvenu devant la salle des Etats-généraux, toute l'assemblée sortit au-devant de lui; un sentiment involontaire saisit d'effroi les députés, lorsqu'ils apperçurent ce monarque trop bon et trop malheureux. Son visage étoit pâle, il promenoit tristement autour de lui des yeux où se peignoit l'inquiétude: il souriait à ceux que ses regards rencontroient; mais c'étoit un sourire qui cachoit mal le chagrin dont sa belle ame étoit abreuvée. Je crois qu'il n'y eut aucun député, de quelque parti qu'il fût, dont le cœur ne palpitât en voyant le descendant de soixante-cinq rois, s'acheminer sans gardes, sans suite, sans éclat, au milieu d'une populace armée, vers une capitale en délire, pour sanctionner une insurrection, et montrer à ses ennemis un roi dépouillé..... Ce tableau est affreux pour des françois; ceux d'entr'eux qui, dans cette horrible journée, savoient encore aimer leur malheureux monarque, versèrent bien des larmes, en contemplant cette triste image.

Sur toute la route, les paysans des villages voisins accouroient, les uns avec des bâtons, les autres avec des fourches, et grossissoient la foule et la garde du roi. Ce bon prince, pour ne point fatiguer tout ce peuple, ordonna que les chevaux allassent au pas. Ainsi depuis le château, la voiture du roi alla toujours à tour-de-roue. Elle étoit suivie d'une autre attelée, comme la sienne, à huit chevaux. Ce fut dans ce triste appareil que le monarque des françois s'avança lentement vers cette capitale, que ses ayeux appeloient la bonne ville. Il m'est pénible de tracer les détails de l'entrée qu'il y fit, de l'accueil qu'il y reçut; tout homme sensible, en lisant le récit qui va suivre, partagera les sentimens que réveille en moi le souvenir d'une journée qui fut bien douloureuse pour les bons serviteurs du roi. Ce récit intéressera d'autant plus, que j'y ferai entrer des particularités qui n'ont pas été connues jusqu'à présent.

E

CHAPITRE LIV.

PREMIÈRE *rencontre que fait le roi; dispositions des parisiens pour sa réception; députation que leur font les gardes-du-corps; familiarité des députés avec le peuple; caresses qu'ils font aux gardes-françoises; nouvelle défiance; singulier spectacle; arrivée du roi; hommage et discours de M. Bailly; discours de M. Delavigne; affliction des gardes-du-corps, nouvelle garde du roi; son cortège; description de sa marche depuis la barrière jusqu'à l'Hôtel-de-Ville; danger qu'il court pour sa vie; conjectures sur cet événement; phénomène inconcevable; galanteries des parisiens; consternation des honnêtes gens; contenance des députés; arrivée du roi à l'Hôtel-de-Ville; singulière marque d'honneur qu'on lui rend en y entrant; comment il est reçu dans la salle de l'Hôtel-de-Ville; discours de M. Moreau de Saint-Méry; extrême sensibilité du roi; conclusions de M. Ethys de Corni; fonctions de chancelier exercées par M. Bailly; discours de M. de Lally; comment il est accueilli; scène avilissante pour la majesté du trône; affligeante et nécessaire condescendance du roi; changement de scène; satisfaction du peuple.*

Suite de Juillet 1789, et du second mois de l'interrègne.

LE roi arrivé au petit village qu'on appelle le Point-du-Jour, toujours escorté par la milice de Versailles, et celle qui étoit accourue sur la route des bourgs et hameaux voisins, rencontra M. de Tréfontaines, à la tête de vingt cavaliers. Ce furent là les premiers parisiens qui se présentèrent au roi. M. de Tréfontaines avoit été envoyé la veille au soir aux barrières de Passy et de Neuilly, pour y rétablir, s'il étoit possible, la perception des droits. Il crut avoir réussi, et tira des commis une attestation, qu'il avoit réellement rétabli cette perception. Ce fut à la tête de vingt chevaux, qu'il s'acquitta de cette commission. Lorsqu'elle fut faite, il lui vint dans l'idée de s'avancer sur la route de Versailles, au lieu de revenir à Paris, dans l'espoir de rencontrer sa majesté. Ce fut donc le hasard, et non aucun ordre particulier qui amena M. de Tréfontaines au Point-du-Jour. J'en fais la remarque parce qu'elle prouve que les électeurs de Paris n'avoit pas même songé à régler jusqu'à quel endroit la bourgeoisie iroit au-devant du roi.

La milice de Versailles voyant arriver ces cavaliers, crut qu'ils étoient envoyés par l'Hôtel-de-Ville pour escorter sa majesté. Les officiers qui commandoient les bourgeois de Versailles, dirent à M. de Tréfontaines, qu'ils lui remettoient la personne du roi, à condition qu'il l'escorteroit lorsqu'elle reviendroit, et la remettroit, à son tour, aux bourgeois de Versailles. M. de Tréfontaines glorieux, comme il étoit naturel, du précieux dépôt que le hasard faisoit tomber à sa garde, ne quitta plus la portière du carrosse. Il fit l'office d'exempt des gardes, et en cette qualité, il entra familièrement en conversation avec M. le prince de Beauveau. Il le pria de faire lire au roi, les procès-verbaux de la commission dont il venoit de s'acquitter aux barrières de Passy et de Neuilly. La lecture n'étoit pas bien propre à égayer le roi; il prit cependant tous ces papiers, et les lut, ou fit semblant de les lire; il les remit ensuite à M. le duc de Villeroy, qui écrivit sur l'un d'eux, *le roi l'a lu et en est très-content.*

La bourgeoisie de Paris s'étoit mise en armes dès huit heures du matin. Elle formoit, depuis la barrière de Passy jusqu'à l'Hôtel-de-Ville, une double haie qui marquoit, par ses divers alignemens, la route que le roi devoit tenir, en suivant le Cours-la-Reine, la place Louis XV, la rue Saint-Honoré, les rues du Roule, de la Monnoie et les quais. Derrière cette haie étoit le reste des habitans, se pressant, et formant une foule épaisse qui s'étendoit aussi loin que la vue pouvoit atteindre. Les rues, les ponts, les croisées, les toits étoient remplis de curieux. L'âge, le sexe, le rang, tout étoit confondu. La précaution qu'on avoit prise de défendre aux voitures de s'approcher des quartiers où devoit passer le roi, bannissoit, de cette immense multitude, toute distinction et contribuoit à lui donner un air de fraternité, image prophétique de la confusion qui alloit se faire de toutes les inégalités sociales.

Les gardes-du-corps qui, comme je l'ai dit, avoient devancé le roi, s'arrêtèrent à la barrière de la Conférence, et ne crurent pas devoir aller plus loin; mais ils députèrent quatre de leurs camarades pour aller sonder les dispositions du peuple à leur égard, et venir leur en rendre compte. Ces quatre gardes, le chapeau à la main, saluant continuellement à leur droite et à leur gauche, parcouroient les rues entre les deux haies des bourgeois armés. On les appeloit, on les interrogeoit, on leur demandoit si le roi arriveroit bientôt. Ils répondoient à toutes les questions avec la plus grande patience, et avec cette civilité qu'ont les gens bien nés. On les applaudissoit, on leur sautoit au col, on les embrassoit. Voilà le peuple: aveugle dans son amitié comme dans sa haine, il caresse aujourd'hui ceux qu'il égorgera le lendemain. Un de ces gardes fut si souvent embrassé, qu'il mit trois heures à faire le trajet de la barrière au Palais-Royal.

Les députés, en arrivant, mirent pied à terre au Cours-la-Reine, et s'y réunirent. Ils étoient en habits de cérémonie, c'est-à-dire, qu'on distinguoit chaque ordre au costume qui lui étoit particulier. Sur les onze heures, s'ennuyant de ne point voir arriver le roi, et de rester entre deux haies de soldats qui ne laissoient avancer personne, ils s'approchèrent de la place Louis XV, pour converser avec le peuple. Aussitôt hommes, femmes, bourgeois, artisans, soldats, officiers accoururent; on les environna; on leur fit questions sur questions; ils interrogeoient à leur tour les parisiens sur les particularités des derniers événemens qui s'étoient passés parmi eux. On auroit cru, en contemplant ce spectacle, voir des hommes qui se revoyoient après un long et périlleux voyage. Un artisan tendoit la main à un prélat; un bourgeois prenoit familièrement le bras d'un grand de l'Empire. Un courtisan décoré d'un cordon bleu, conversoit amicalement avec des ouvriers. L'âge d'or, disent les journalistes, étoit descendu sur la place Louis XV. Il n'alla pas plus loin; cette excessive familiarité qui en donnoit une idée, n'étoit qu'une trompeuse image. Le peuple ne sait point respecter ce qu'il voit de trop près, et le grand qui a cessé de se tenir à la distance où il a les hommages de la multitude, ne peut pas toujours s'y replacer.

C'étoit sur-tout autour de M. de Liancourt qu'on se pressoit; on lui attribuoit tous les changemens qui venoient de se faire à la cour, et les dispositions où se trouvoit actuellement le roi. Cette opinion le faisoit regarder du petit peuple de Paris, comme le personnage le plus important de France. Pendant qu'il répondoit aux questions qu'on lui faisoit, les gardes-françoises arrivèrent, traînant au milieu d'eux les canons qui avoient été pris aux Invalides et à la Bastille. Ils venoient, parce qu'ils se proposoient de précéder la voiture du roi. Dès qu'on les aperçut, ils devinrent, pour les députés, un objet de curiosité, comme ceux-ci l'avoient été pour le peuple. Ils furent complimentés, caressés et interrogés sur ce qu'on appelloit leurs exploits. Au milieu de cet entretien, un bourgeois armé se détache de son rang, vient droit à M. de Liancourt, le prend par le bras, et lui croyant sans doute un crédit égal à la faveur qu'il obtenoit du peuple, il lui dit : « Monsieur le duc, je vous recommande ces braves gens, ces braves gardes. Nous leur avons les plus grandes obligations, je les recommande à l'assemblée nationale. Ils ont sauvé Paris. Si nous avons la liberté, c'est à eux que nous la devrons. » Conversant ensuite familièrement avec le duc, il lui raconta, dans le plus grand détail, toutes les avantures qui lui étoient arrivées les jours précédens, sans oublier les frayeurs de sa femme et de ses enfans. Il est remarquable que M. le comte de Lally qui se croyoit l'idole du peuple, n'en obtint pas, dans ce second voyage, les mêmes témoignages de considération.

Le temps cependant avançoit, il étoit une heure, et le roi ne paroissoit point. L'inquiétude, la défiance gagnoient tous les esprits. Quelques jeunes gens à cheval, pour satisfaire l'impatience générale, s'étoient détachés les uns après les autres, avec promesse de revenir dire à quel endroit étoit le roi. Les premiers revenus annoncèrent qu'ils n'avoient rien vu, ceux qui les suivirent dirent qu'ils avoient aperçu la voiture du roi, et qu'elle avançoit très lentement. On ne crut point ces derniers; tous les soupçons se réveillèrent; une sorte de dépit se peignoit sur les visages; les soldats juroient, les députés se taisoient, les bourgeois branloient la tête. Les hommes en apparence les moins méfians ne savoient que penser. Les uns penchoient à croire que le roi avoit suivi l'armée, ceux-là craignoient qu'il n'eût été enlevé ou arrêté; l'idée même d'un régicide se présenta à plus d'une imagination, et il faut convenir que dans l'effroyable

E 2

crise où l'on se trouvoit, tout étoit probable, tout étoit possible. Encore aujourd'hui plus d'un françois est convaincu que si la providence n'eût déconcerté des projets ourdis par d'habiles scélérats, ce voyage eût été pour la France l'époque d'une grande désolation.

Enfin un cavalier, accourant au grand galop, vint apprendre que le roi étoit au Point-du-Jour. Les défiances alors cessèrent. Les députés qui étoient debout depuis quatre heures, fatigués de cette attitude, vinrent partager les siéges du petit peuple; ces siéges étoient des pierres, des décombres, des monceaux de moëlons, des planches entassées les unes sur les autres; ces panaches flottans, ces manteaux dorés, faisoient, avec les haillons de la populace, un contraste qui méritoit d'être observé. Tout étonnés d'être si près de ces hommes que jusqu'alors ils avoient regardés comme des êtres d'une nature supérieure à la leur, les ouvriers, les gens de peine accouroient, ils ne se lassoient point de contempler ces demi-dieux, et regardoient comme un prodige qu'ils daignassent converser avec eux. Deux d'entr'eux, qu'une respectueuse timidité avoit tenus éloignés, parvinrent à s'enhardir, et se dirent : « Alons aussi vers ces gros messieurs. N'avons-nous pas autant de droit de leur parler que tous nos camarades qui sont avec eux depuis deux heures ? Voyons de près ce que c'est qu'un cordon bleu, un prince, un duc. Profitons de l'occasion, elle ne nous arrive pas souvent. » Ayant parlé ainsi, ces deux pauvres ouvriers s'avancèrent vers ceux des députés qui leur parurent les plus distingués.

Je raporte ces particularités, parce que l'histoire doit peindre les mœurs, et la comparaison de celles qu'avoit le petit peuple de Paris, dans les premiers jours de la révolution, avec celles qu'il a aujourd'hui, peut aider à résoudre la question, s'il est devenu meilleur, en respectant moins ceux que la naissance, le rang et l'éducation ont placés au-dessus de lui.

La longue séance de soixante heures n'avoit peut être pas paru aussi pénible aux députés, que celle qu'ils faisoient au Cours-la Reine, en attendant le roi. Il faut convenir qu'il étoit un peu dur de se tenir, le 17 juillet, pendant quatre ou cinq heures, sur une place découverte, dans les instans de la journée où le soleil a le plus de chaleur ; heureusement le mal ne fut pas bien grand. Le ciel étoit couvert, et il régnoit un vent frais.

Sur les trois heures, un bruit confus se fit entendre; un tourbillon de poussière s'éleva; un cri retentit : voilà le roi. Chacun courut aussitôt à son poste. C'étoit en effet le roi; sa voiture s'arrêta à la barrière; M. Bailly qui s'y étoit transporté avec les officiers municipaux, se présenta à la portière, tendit à sa majesté un bassin de vermeil sur lequel étoit des clefs, et d'un air hébété lui adressa ce discours, le plus étrange que jamais roi de France ait entendu.

SIRE,

« J'apporte à votre majesté les clefs de sa bonne ville de Paris; ce sont les mêmes qui ont été présentées à Henri IV; il avoit reconquis son peuple; ici c'est le peuple qui a reconquis son roi. »

« Votre majesté vient jouir de la paix qu'elle a rétablie dans sa capitale; elle vient jouir de l'amour de ses fidèles sujets. C'est pour leur bonheur que votre majesté a rassemblé près d'elle les représentans de la nation, et qu'elle va s'occuper avec eux à poser les bases de la liberté et de la prospérité publique. Quel jour mémorable que celui où votre majesté est venue siéger en père au milieu de cette famille réunie, où elle a été reconduite à son palais par l'assemblée nationale entière, gardée par les représentans de la nation, pressée par un peuple immense ! Elle portoit, dans ses traits augustes, l'expression de la sensibilité et du bonheur, tandis qu'autour d'elle on n'entendoit que des acclamations de joie, on ne voyoit que des larmes d'attendrissement et d'amour. Sire, ni votre peuple, ni votre majesté, n'oublieront jamais ce grand jour, c'est le plus beau de la monarchie; c'est l'époque d'une alliance auguste et éternelle entre le monarque et le peuple. Ce trait est unique, il immortalise votre majesté. J'ai vu ce beau jour, et comme si tous les bonheurs étoient faits pour moi, la première fonction de la place où m'a conduit le vœu de mes concitoyens, est de vous porter l'expression de leur respect et de leur amour. »

Le Roi, en entendant cette harangue, en voyant cet homme qui remplaçoit l'infortuné prévôt des marchands, parut extraordinairement étonné, et ne répondit rien à un discours qui ne méritoit en effet qu'une réponse que le Roi ne pouvoit pas faire dans la position où il étoit.

Les électeurs avoient aussi envoyé une députation au monarque. C'étoit M. Delavigne, avocat, peu estimé au parlement de Paris, qui la présidoit. Il ne falloit pas moins qu'une révolution pour l'approcher de son roi. Il prit la place de M. Bailly, et se présenta à la portière. Son extérieur négligé, l'air de fourberie répandu sur son visage, ses yeux hypocritement levés, présentèrent à Louis XVI une image peu propre à lui donner du calme. M. Delavigne le harangua en ces termes :

SIRE,

« Lorsque vous vous décidâtes à assembler la nation, la France reconnut, à ce généreux dessein, le caractère paternel de votre majesté. »

« Tous les cœurs se sentirent pénétrés de l'amour le plus respectueux pour votre personne auguste, à qui ils avoient juré, depuis long-temps, une inviolable fidélité. »

« Il nous sembloit alors, sire, qu'il étoit impossible de rien ajouter aux sentiments dont toutes les ames françoises étoient émues. »

« Mais qu'est-ce que ce premier bienfait, en le comparant à celui dont vous nous faites jouir aujourd'hui ? »

« Tout ce qu'on pouvoit attendre d'un roi juste et bon, vous l'avez annoncé à l'assemblée nationale. »

« Et.... comme si votre ame noble n'étoit pas satisfaite, après avoir autorisé et invité cette auguste assemblée à faire connoître vos dispositions à la capitale, vous venez les lui faire connoître vous-même. »

« Vous venez, sire, être témoin du bonheur et de la joie que fait naître, au milieu de votre peuple, la présence du meilleur des rois. »

« Que je suis heureux d'être l'organe des sentiments des *électeurs* de votre bonne ville de Paris ! »

« S'il me reste un vœu à former, c'est celui de voir consacrer à jamais, par l'établissement d'une fête nationale, ce jour fortuné, le plus beau de ma vie, où un monarque père, vient au milieu de ses sujets et de ses enfans, recevoir l'hommage vrai de leur fidélité, de leur amour et de leur respectueuse reconnoissance. »

MM. Bailly et Delavigne s'étant retirés, on signifia aux gardes-du-corps qu'ils étoient consignés à la barrière, et qu'ils n'entreroient point dans l'intérieur de la ville. Cette déclaration affligea vivement ces braves militaires. Il leur fut impossible de ne pas s'y conformer, parce que le roi leur avoit ordonné de ne rien refuser de ce qui leur seroit prescrit par les nouveaux maîtres de Paris. Dans la douleur de ne pouvoir suivre le monarque, ils restèrent à la barrière, plutôt instruits de tout événement qui intéresseroit sa personne. Ils n'étoient pas sans inquiétude; ils avoient entendu dire qu'on vouloit retenir le roi dans la capitale. Le bruit, en effet, en circuloit, avec assez peu de mystère, de bouche en bouche. Il est plus que vraisemblable qu'une partie des factieux avoit ce dessein; peut-être y en avoit-il parmi eux qui se proposoient un forfait plus horrible encore.

Les gardes-du-corps étoient dans l'intention, si ce premier complot eût été exécuté, de prier la ville de Paris de leur permettre de garder le roi comme à l'ordinaire, ou du moins de les associer avec les bourgeois qui monteroient la garde auprès de sa majesté.

Dans le cas au contraire où il seroit libre au roi de revenir à Versailles, ses fidèles gardes étoient résolus de l'aller attendre sur la butte de Saint-Cloud, au-dessus de Sève.

Les gardes-françoises, ces mêmes soldats qui avoient livré le roi aux insurgens, lui servirent de gardes; ils ouvroient la marche; si l'on avoit eu pour ce prince les égards qu'on ne doit pas refuser au moindre des hommes lorsqu'il est malheureux, on lui eut dérobé la vue de cette milice révoltée. N'étoit-il pas horrible, n'étoit-ce pas une insulte sanglante, de confier la garde de Louis XVI à cette troupe qui l'avoit trahi, qui, comme le dit M. le comte d'Entraigues, ne montroit du courage que contre son roi? Encore est-ce prostituer le mot de courage, de le donner à des actions qui n'en supposoient aucun; car il ne falloit pas une grande bravoure pour piller les invalides et entrer à la bastille. Cette troupe mit elle-même le sceau à l'opprobre qui la couvroit, en acceptant la lâche commission de traîner son roi comme un captif (1).

Au milieu des gardes-françoises, étoit leur artillerie. Les députés les suivoient, marchant sur une double colonne; après ceux-ci venoit une foule de bourgeois, affectant une contenance fière, et tenant sur l'épaule, assez mal-adroitement, l'un un fusil, l'autre une pique, celui-là un bâton ferré, cet autre une fourche; c'est cette troupe hideuse, à voir par son accoutrement, par la manière dont elle étoit armée, par le désordre avec lequel elle marchoit, que ceux qui ont écrit des relations de cette journée appellent l'infanterie bourgeoise.

La cavalerie étoit un peu mieux ordonnée : elle étoit composée de jeunes gens d'assez bonne mine; ils avoient tous l'épée à la main, et s'avançoient sur deux lignes. Au milieu des deux files, on voyoit M. de la Fayette seul, sur un beau cheval blanc, tenant aussi son épée à la main, et souriant d'un air niais à tout le monde, mais principalement à la canaille.

Après la cavalerie, venoit la garde de Paris, c'est-à-

---

(1) Ces mêmes Parisiens qui, en 1789, élevoient aux nues la valeur des gardes-françoises, chantoient, dans les premières années de mon enfance, ce couplet :

Fier régiment, de ton courage,
Ma chanson un jour fera foi;
Tu passas le Mein à la nage;
Malplaquet fut perdu par toi.
A Fontenoy, à Fontenoy,
Tu viens de couronner l'ouvrage,
En fuyant aux yeux de ton roi.

dire, le guet à pied et à cheval, qui n'étoit point encore alors métamorphosé en gendarmerie-nationale. Cette nouvelle troupe qui, dans toute autre occasion d'appareil, n'auroit point déparé la suite du roi, et qui se trouvoit déplacée dans celle-ci, étoit suivie de la livrée des gardes et de la musique de la ville. Immédiatement avant la voiture du roi, on voyoit ces femmes des halles qui viennent toujours se mêler aux cérémonies publiques. Elles étoient vêtues de blanc, et couvertes de rubans aux trois couleurs; elles tenoient et brandissoient dans leurs mains d'énormes rameaux d'arbres, aux branches desquels étoient suspendus des rubans aussi aux trois couleurs.

C'est à la suite de cette longue file que venoit le carrosse du roi. Tous les yeux plongeoient dans le fonds de la voiture, et y cherchoient le monarque; il n'étoit distingué que par la simplicité de son habit. En entrant dans Paris, il avoit la tête un peu panchée, l'air triste, abbatu, le teint sans couleur; il sembloit enseveli dans d'affligeantes rêveries. Lorsqu'il fut parvenu à la place où est la statue équestre de son bisayeul, il arriva un événement bien digne d'être recueilli dans cette histoire, et bien diversement raconté dans tous les écrits où il en est mention. Le voici dans toute sa sévérité et avec toutes ses preuves.

Lors donc que le roi fut arrivé sur la place Louis XV, et au moment où les chevaux tournoient, pour prendre le chemin de la rue Royale, il fut tiré un coup de fusil sur le carrosse de sa majesté. Le coup fut dirigé de manière qu'il longea le derrière de la voiture, et passant au-dessus de deux bourgeois armés, qui tenoient la file gauche, alla frapper une femme placée derrière eux, et s'exhaussant pour mieux voir le roi. Cette femme étoit d'une taille avantageuse, et âgée de trente à trente-cinq ans. L'infortunée tomba entre les bras de ceux qui se trouvoient auprès d'elle. En tombant, elle porta la main sur le sein, et s'écria douloureusement : *On m'a frappée*. Elle expira quatre minutes après. Elle étoit venue là avec deux personnes de sa connoissance, dont l'une ecclésiastique. Au bruit que fit cet accident, la garde accourut, et avec elle un commissaire au châtelet, appelé M. *Sirebeau* (1), car, à Dieu ne plaise, que dans un fait de cette nature, je taise le nom de ceux dont le témoignage, s'il est consulté, prouvera ma véracité.

Dès que M. *Sirebeau* fut arrivé, il se fit une information d'office. Les témoins déclarèrent que cette femme se nommoit *Anne-Félicité Jacquelin Duprateau*, et qu'elle demeuroit rue de Rochechouart, faubourg Montmartre. Mais voici ce qui donne à cet événement un caractère de singularité, qui le lie à toutes l'histoire de la révolution. Les mêmes témoins déclarèrent que le coup qui avoit frappé la demoiselle (1) Duprateau, immédiatement après que la voiture du roi avoit passé sous ses yeux, venoit sans doute de très-loin, parce que ni eux ni leurs voisins n'avoient entendu le bruit d'une arme à feu. Cette circonstance est bien remarquable. Le cadavre fut confié à une escouade de la garde de Paris, et transporté rue de Rochechouart. M. le lieutenant-criminel du châtelet, qui étoit alors M. *Bachois de Villefort*, ordonna la visite du cadavre; elle se fit par M. *Salan*, médecin de la faculté de Paris, demeurant rue *de la Sourdière*, et M. *Rufin*, chirurgien, demeurant rue Louis-le-Grand, près la place Vendôme; l'un et l'autre attachés au châtelet. Ils procédèrent tous les deux le même jour, et déclarèrent que ayant visité le cadavre de mademoiselle Duprateau, ils avoient trouvé une plaie *mâchée*, ronde à-peu-près comme un écu de trois livres, au-dessus du sein gauche, et que les bords en étoient noirâtres. Ayant fait l'ouverture du cadavre, ils trouvèrent que la plaie étoit pénétrante, et attribuèrent cet effet à un coup d'arme à feu. Ils ne purent plus douter que ce ne fût véritablement une arme à feu qui eût frappé mademoiselle Duprateau, lorsqu'ils trouvèrent, ainsi qu'ils l'ont consigné dans leur procès-verbal, *une grosse balle* de plomb, qui avoit crevé l'artère pulmonaire.

Les dépositions des témoins qui certifièrent n'avoir point entendu le bruit d'une arme à feu, le volume de la balle, ne permettent pas de douter que le coup ne vînt de loin, et qu'on ne se fût servi, pour vomir cette balle, d'une arme extraordinaire. Tout le monde sait qu'à cette époque le bord de la Seine, opposé à la place Louis XV, étoit couvert des matériaux qu'on y avoit amassés pour la construction du pont qui vient d'être fini. Seroit-ce trop donner à la conjecture, de présumer que celui qui avoit tiré cette arme à feu, étoit monté sur les matériaux les plus élevés? Il est certain que le coup venoit de haut, puisque la balle glissa par-dessus la tête de ceux qui formoient les deux haies entre lesquelles passa la voiture du roi. Si le coup eût été tiré en deçà de la rivière, on n'eût eu besoin que d'un fusil ordinaire, et celui qui l'auroit tiré auroit été apperçu; car, dans une foule considérable, il n'est pas possible de mettre en joue, de tirer, sans que cette attitude, la lumière, la fumée ne soient remarquées. On conçoit au contraire que tout le monde se portant en deçà de la rivière, sur les pas du roi, le rivage opposé devoit être désert. Celui donc qui auroit choisi cette place pour tirer sur la voiture du roi, auroit couru peu de risque d'être vu et arrêté. Mais quelqu'un a-t-il eu réellement cette sacrilége intention? On ne peut pas du moins raisonnablement croire que personne ait eu celle de tuer une femme d'une condition et d'une vie obscure; et qu'à la distance d'où le coup

---

(1) Demeurant rue Neuve-des-petits-Champs, près celle Sainte-Anne.

(1) C'est la qualité que lui donne le procès-verbal.

partoit, il n'étoit pas possible de distinguer. Je conviens qu'un scélérat soudoyé, en tirant sur la voiture du roi, pouvoit fort bien ne pas consommer son régicide. Il étoit possible que la balle, entrant par une portière, sortît par la portière opposée, ou que dans la voiture même elle frappât un des gentilshommes qui étoient avec le roi, et épargnât sa majesté. Mais quel effroi cette balle, ou passant sous les yeux du roi, ou frappant à côté de lui un de ses serviteurs, n'eût-elle pas occasionné? Qui peut dire ce qui seroit arrivé dans la confusion dont cet effroi auroit été suivi? Que fut devenue la capitale entière, si l'on y eût entendu retentir le cri: *Le roi a failli être assassiné?* Cri que les uns, par l'amour de l'exagération, les autres par des vues criminelles, eussent bientôt converti en cet autre cri: *Le roi est assassiné.*

Cet événement ne fit aucune sensation; sa majesté n'en sut rien, et, encore aujourd'hui, elle n'en connoît pas toutes les circonstances (1). Elle n'en fut donc pas retardée dans sa marche. Au moment même où elle venoit d'échapper à cet effroyable danger, dans ce moment même, et cette circonstance ne s'effacera jamais de mon souvenir, la musique qui précédoit sa voiture joua l'air: *Où peut-on être mieux qu'au sein de sa famille?* Le roi n'eut pas d'autre musique jusqu'à l'Hôtel-de-Ville. Pour lui prouver qu'il ne pouvoit être mieux qu'au sein de sa famille, ses ingrats enfans ne lui accordèrent pas le plus léger témoignage d'intérêt. Par un concert dont l'unanimité m'a toujours paru le phénomène le plus inconcevable de la révolution, on ne fit retentir à son oreille, dans tout le trajet, que le cri *vive la nation.* Ce cri inusité jus-

---

(1) Peu de journalistes ont parlé de ce fait. Parmi ceux qui en ont fait mention, les uns l'ont raconté d'une manière inintelligible, les autres avec une discrétion étudiée. Dans la fabuleuse *Histoire de la Révolution de 1789*, par deux amis de la liberté, on donne à entendre que ce coup de fusil étoit un artifice de ceux que ces deux amis de la liberté appellent *aristocrates*. Des aristocrates avoient imaginé un plaisant artifice, qui les auroit conduits à avoir M. d'Orléans pour régent. Le gentilhomme, auteur de la *correspondance d'un habitant de Paris avec ses amis de Suisse et d'Angleterre*, a raconté au long le même événement, et son récit diffère entièrement du mien. Il dit qu'il a été témoin oculaire de l'événement; qu'il connoissoit particulièrement la femme; qu'elle avoit à côté d'elle sa fille âgée de treize à quatorze ans; qu'il avoit vu souvent cette femme chez un peintre avec qui elle demeuroit, et qui travailloit pour lui. Voilà les preuves de l'auteur, et un seul mot les détruit; c'est que, le témoin oculaire, et la femme, et la fille et le peintre sont anonymes. J'ai déjà remarqué qu'un historien qui ne se nommoit pas, étoit encore plus rigoureusement tenu de nommer ceux dont il invoquoit le témoignage.

qu'à ce jour, et qui, poussé avec des efforts et un bruit épouvantables, par des milliers de bouches, ne formoit qu'un son confus dont on ne pouvoit pas bien démêler le sens, parut effrayer le roi que la vue de tant de milliers d'hommes armés, la plupart d'une manière sinistre, n'étoit pas propre à rassurer. Il regardoit avec inquiétude, par l'une et l'autre portière, et ressembloit à un homme qui, s'éveillant d'un profond sommeil, se trouveroit transporté dans un monde qu'il n'auroit jamais vu.

« Pour moi, dit M. le comte de Lally (1), je l'avouerai, chaque fois que le long du chemin on m'adressoit directement le cri de *vive la nation*, je répondois toujours, *vive la nation et le roi*, ils sont inséparables. Souvent des groupes entiers me répétèrent: il y avoit parmi eux des citoyens qui m'avoient entendu la surveille, et comme ils n'avoient pas trouvé que je parlasse en esclave, je m'appercevois qu'ils se sentoient soulagés de pouvoir manifester un sentiment qu'ils me voyoient éprouver comme eux. »

M. de Lally doit être cru; mais ce qui est certain c'est qu'il est le seul qui se soit apperçu du plaisir que des groupes entiers trouvoient à joindre le cri *vive le Roi* au cri *vive la nation*. Quant à moi, je n'ai entendu que ce dernier cri, et il me paroissoit souverainement inconcevable qu'il y eut sur le débouré, à donner au roi, une si parfaite unanimité. Elle a été remarquée, et est attestée par tous ceux qui ont écrit sur cette mémorable journée du 17.

M. de Lally lui-même pouvoit fort bien, sans faire preuve d'esclavage, se contenter du seul cri qu'un usage de plusieurs siècles avoit consacré pour exprimer l'affection des françois envers leur roi. Quand des enfans bien nés apperçoivent leur père, il est naturel que leurs bénédictions se portent sur lui seul.

Bien loin que j'aye vu, dans cette cruelle route que le roi faisoit pour se rendre à l'Hôtel-de-Ville, aucun François oser lui donner quelque signe de vénération et d'amour, je me rappelle, à merveille, avoir entendu des propos très-insolens, et de très-insultantes allusions sur cette place de Grève qui étoit le but du voyage du roi.

Pendant toute la marche, l'artillerie du Pont-neuf ne cessa de jouer; on avoit attaché de gros bouquets à l'embouchure et à la lumière des canons. Ce fut M. Nodille, bourgeois du district Saint-Barthélemi, qui fit cette galanterie au roi; mais sa majesté ne put pas lui en être redevable, parce qu'elle ne la vit pas. C'est ce même M. Nodille qui, dans la soirée du 14, avoit recueilli, chez lui, le garde-françoise appellé Dubois, dont il a été question à la fin du

---

(1) Seconde lettre à ses commettans, pg 74.

chapitre XLVI de cette histoire. On avoit également affublé la statue de Henri IV de longs et larges rubans bleus, blancs et rouges. Sa tête en avoir une énorme cocarde qui la défiguroit ; une monstrueuse touffe de pareils rubans étoit attachée à la garde de son épée. Tout cela donnoit à la statue du roi chéri, un air fort grotesque. Le bon prince ne s'attendoit guère, de son vivant, qu'on lui feroit un jour porter les livrées de la rébellion.

Le roi put être témoin d'une autre galanterie ; mais il ne fut pas l'objet de celle-ci.

Du haut des fenêtres, des femmes jettoient des cocardes et des rubans de toutes les couleurs sur les gardes-françoises et les bourgeois armés qui précédoient le carrosse du roi ; ceux-ci les retenoient sur leurs bayonnètes ou sur la pointe de leurs épées, et témoignoient, par l'agitation de leurs armes, la reconnoissance qu'ils ressentoient de cette galanterie.

Ce fut là la seule apparence de gaieté qui eut lieu dans toute la marche. Elle eut d'ailleurs plus l'air d'une pompe funèbre, que d'une cérémonie que la reconnoissance avoit ordonnée, comme cela auroit dû être. Les honnêtes gens étoient véritablement dans la consternation, et trembloient pour les jours du roi, bien plus qu'ils n'auroient tremblé pour leur propre vie. La rage avec laquelle ils entendoient pousser le cri *vive la nation*, leur fermoit la bouche ; ils craignoient que le plus léger témoignage d'intérêt qu'ils donneroient, ne fut le signal d'une violente explosion.

La contenance des députés, dans cette marche, avoit quelque chose d'effrayant ; la paleur étoit sur leurs visages ; leurs yeux laissoient appercevoir la pénible situation de leur ame. Le désordre de leur longue chevelure que le vent avoit agitée ; la sueur qui découloit en abondance de leur front, la poussière dont ils étoient tout couverts, présentoient, en quelque sorte, une image extérieure de la désolation de leur cœur, et, si j'osois le dire, des remords de leur conscience. De fait, si Dieu, protecteur du royaume, n'eût veillé sur les jours du roi, si Louis XVI eût été victime d'un attentat ; qui seroit devenu responsable envers la France, de ce régicide, si ce n'est ceux qui, privant le roi de ses gardes, avoient voulu lui en servir ? Il est clair que la personne de Louis XVI, étant confiée aux députés, c'étoit à eux à répondre de sa vie, sur leur tête. M. le comte de Lally auroit-il été quitte de dire, pour sa justification, qu'il avoit engagé divers groupes à ajouter le cri *vive le roi*, au cri *vive la nation* ? En vérité l'assemblée nationale, si elle n'avoit pas pu prévenir ce voyage, auroit dû au moins mettre tout en œuvre pour qu'il n'eût pas lieu. On est responsable de tout attentat que l'on peut empêcher, non-seulement lorsqu'il est commis ; mais encore lorsqu'il est vraisemblable qu'il le sera.(1).

Enfin le roi arriva à l'Hôtel-de-Ville ; dès qu'il fut descendu de sa voiture, des milliers d'épées se croisèrent sur sa tête, et formèrent une voûte qui régna tout le long de l'escalier sur lequel M. Bailly, à la tête des officiers municipaux, vint le recevoir. Ceux qui ont quelque teinture de la maçonnerie, savent que le plus grand honneur qu'on peut y rendre à ceux à qui on veut accorder une haute marque de considération, c'est de former, sur leur tête, une pareille voûte que, dans les loges maçoniques, on appelle la voûte d'acier. Cette circonstance de la réception faite au roi est digne d'être remarquée, et qu'elle sembleroit prouver que ceux qu'on appelle francs-maçons ont eu beaucoup d'influence sur la révolution. La vérité est qu'ils se montrèrent très-ardens à la déterminer, et qu'aujourd'hui ils remplissent tous les clubs (2). Je remarquerai encore à ce sujet, que les gens sensés se sont toujours étonné que, dans les états monarchiques, on tolérât une société dont les principes de ridicule fraternité inspire l'indépendance de toute autorité religieuse et politique. Il est bien visible d'ailleurs que les formes démocratiques de leurs assemblées, tendent à remplir les têtes d'idées républicaines. Ce sont des associations qui font effort pour amener au gouvernement populaire, les états où elles sont souffertes.

Ce seroit sans doute quelque chose que l'on eut accordé, dans une journée que l'on pourroit appeler la journée de l'ingratitude, cette légère marque d'honneur au roi ; mais il étoit douteux si on la déféroit au roi, ou aux députés qui l'accompagnoient, et parmi lesquels on comptoit des francs-maçons.

Le roi, arrivé à l'Hôtel-de-Ville, se plaça sur un trône qu'on lui avoit préparé ; MM. Bailly, de la Fayette et tous les autres députés se rangèrent à sa droite et à sa gauche. Il étoit alors quatre heures ; le roi n'avoit pris de la journée aucune nourriture. Ce devoit être un motif pour lui abréger cette séance ; il sembla au contraire qu'on s'étudioit à la prolonger. Il fallut d'abord attendre que toute cette multitude, qui remplissoit la salle, fut lasse d'étourdir le roi de ses cris *vive la nation*, et du bruit de ses applau-

---

(1) Chacun, dit Barbeyrac (dans ses notes sur Puffendorf, tom. 1.), est indispensablement obligé de détourner, autant qu'il lui est possible, de dessus la tête d'autrui, le mal qui la menace injustement. Il falloit cruellement se faire illusion pour croire que la tête du roi ne fut pas menacée dans ce terrible voyage. Si l'obligation, dont parle Barbeyrac, est indispensable à l'égard de tout individu, combien n'est-elle pas sacrée à l'égard du chef d'une nation ?

(2) Cette vérité est fort bien développée dans un petit écrit intitulé ; *le voile levé pour les curieux*.

dissemens.

dissemens. On lut, lorsque tout ce bruit fut appaisé, le procès-verbal des délibérations de MM. les électeurs, relatives à la création d'une garde bourgeoise, et à la nomination de M. Bailly à la place de maire, de M. de la Fayette à la place de commandant général (1).

Cette lecture ne dût pas être récréative pour le roi. Il lui fallut ensuite entendre les discours qu'il plût aux différentes personnes de l'assemblée, de lui adresser. M. Moreau de Saint-Méry, en sa qualité de président de l'assemblée des électeurs, eut le privilége de parler le premier. Il se trouvoit porté à cette présidence depuis la mort de M. de Flesselles. C'est ce qui lui faisoit dire qu'il avoit été roi de Paris pendant vingt-quatre heures. Ce règne en effet avoit commencé au moment de l'assassinat du prévôt des marchands, et avoit duré jusqu'à l'installation de M. Bailly à la nouvelle place de maire. L'histoire doit cette justice à M. Moreau de Saint-Méry, que lorsqu'il a eu la tête remise de l'étourdissement où l'avoient jetté les premières scènes de la révolution, il a montré de la modération dans ses principes et dans sa conduite. A l'instant où il eut à haranguer le roi, son âme éprouvoit encore, si non cette ivresse, du moins cette sorte d'étonnement qui fait qu'on ne sait trop ni ce qu'on doit dire, ni comment on doit agir. Il parla ainsi à son roi qui le voyoit et l'entendoit pour la première fois.

SIRE,

« Quel spectacle que celui que donne aujourd'hui un roi citoyen, un roi qui vient faire revivre les loix, et ne règne que pour elles ! Quel bonheur pour le roi, que de jouir du spectacle touchant des transports d'amour de son peuple ! Le voilà, sire, ce peuple qu'on a osé si indignement calomnier devant vous..... »

Le roi, à ces mots, pressentant qu'on alloit parler des prétendus complots machinés contre sa capitale, porta, avec vivacité, la main sur son cœur, et se souleva sur son fauteuil, faisant des efforts pour articuler l'horreur que lui inspiroit cette détestable imposture. Tant de pénibles sentimens l'oppressoient à la fois, que sa bouche ne put proférer que ces mots: *Quoi ! mon peuple, mon peuple a pu douter de mon amour !* des larmes brûlantes rouloient dans ses yeux; elles arrosèrent ses joues; il retomba sur son siège, la poitrine palpitante, le cœur gonflé, et ne put jamais en dire davantage..... Ah ! bon prince ! les ingrats avoient douté de votre amour ; vous vous en affligiez. Que pourront-ils faire pour réparer tout le mal que vous a causé cet odieux soupçon ?

---

(1) Le silence que le roi garda, après la lecture de ces procès verbaux, fut considéré comme une sanction de tout ce que les électeurs avoient fait relativement à MM. Bailly et de la Fayette.

M. de Lally, qui étoit auprès du roi, s'apperçut fort bien de ce mouvement. « Ce ton, ce geste, a dit long-temps encore après ce gentilhomme (1), étoient tellement empreints de candeur et de vérité, que quiconque a entendu ses paroles, ou vu son mouvement, n'a pas pu n'être pas convaincu. »

M. de Lally est persuadé que l'impression qu'il reçut fut partagée par M. Bailly, qui étoit également tout près du roi, et que dès ce moment M. Bailly ne crut plus qu'il y eût eu contre la capitale des projets d'agression ou de dévastation. Il peut se faire que dès ce moment les hommes qui avoient quelque jugement, n'ayent plus cru cette chimère; mais il peut se faire aussi que, parmi eux, il y eût des gens qui eussent intérêt à nourrir une crédulité dont ils tiroient de si grands avantages.

Le mouvement du roi n'empêcha pas M. Moreau de Saint-Méry de continuer de la sorte.

« Votre naissance vous a élevé sur le trône, vous le devez aujourd'hui à vos vertus personnelles. Votre règne sera l'époque de la liberté, et si le trône des rois n'a jamais eu de bases plus solides que lorsqu'il repose sur l'amour et la fidélité des peuples, le vôtre est inébranlable. »

M. Ethys de Corny, chevalier de Saint-Louis et de l'ordre de Cincinnatus, compagnon de voyage de M. de la Fayette dans l'Amérique, et depuis procureur du roi de la ville, voulut aussi haranguer le monarque, ou, pour mieux dire, prononcer ce que, dans les tribunaux de l'ancien régime, on appeloit un réquisitoire. Tout réquisitoire supposoit des conclusions. M. Ethys de Corny eût fait sagement de requérir qu'il fût accordé du repos, et offert des rafraîchissemens à Louis XVI. Au lieu de cela, il dit : « Je requiers qu'il soit élevé sur l'emplacement de la Bastille démolie, un monument à Louis XVI, régénérateur de la liberté publique, restaurateur de la liberté françoise, père du peuple françois. »

Ce langage avoit tout l'air d'une dérision. La démolition, par les insurgens, d'une forteresse qui appartenoit au roi, étoit un outrage fait à son autorité. Il étoit bien singulier qu'on prétendît réparer cet outrage, en faisant concourir le roi lui-même à cette démolition.

Tout cela étoit si nouveau, si hors de tout ce qui jusqu'alors avoit été dit et fait en France, que le roi ayant, pour ainsi dire, toutes les facultés de son ame enchaînées par la surprise que lui causoit le spectacle qu'il avoit sous les yeux, ne trouva rien à répondre, lorsque M. Bailly faisant, de sa pleine puissance et autorité, les fonctions de chancelier de France, vint lui demander ses ordres, pour en être

---

(1) Seconde lettre à ses commettans, pag. 75.

F

ensuite l'organe. Sa majesté ne disant rien, le nouveau maire interpréta sa volonté, et la rendit ainsi :

« Messieurs, le roi est venu pour calmer les inquiétudes qui pouvoient subsister encore sur les dispositions qu'il avoit fait connoître à la *nation*, et pour jouir de la présence et de l'amour de son peuple. Sa majesté desire que la paix et le calme se rétablissent dans la capitale ; que tout y rentre dans *l'ordre accoutumé*, et que s'il survient quelques infractions aux lois, les coupables soient livrés à la justice. »

Le roi ayant parlé, ou du moins étant supposé avoir parlé, il semble que tout devoit être dit, et qu'il étoit temps enfin de terminer cette fatiguante scène. Mais M. de Lally avoit un discours à prononcer, et il voulut le prononcer, sans que je puisse dire comment ce privilège lui vint plutôt qu'à un autre député. « Il demanda la parole, disent les journalistes, et il l'obtint. » Quant à lui, il explique ainsi cette singularité (1).

« Je m'attendois à me voir obligé de prendre la parole.... Il m'en coûta de parler ; mais pressé, appelé par mon nom, je ne pus résister ; et peut-être étoit-il précieux de saisir cette occasion de faire entendre réunis les noms de peuple, de roi, de liberté et de fidélité. »

L'ardent gentilhomme se leva donc, et comme s'il eût voulu faire allusion à ce trait des saintes écritures, où un gouverneur timide présentoit à la populace juive, la divine victime qu'elle vouloit immoler, il s'écria, en montrant son roi : « Eh bien ! citoyens, êtes-vous satisfaits ? *Le voilà ce roi* que vous demandiez à grand cris, et dont le nom seul excitoit vos transports, lorsqu'il y a deux jours nous le proférions au milieu de vous. »

Après ce début, M. de Lally prononça un discours que je n'aurai garde de laisser dans l'oubli ; il est une des pièces les plus curieuses qu'ait enfantées la révolution. Il continua donc de la sorte :

« Jouissez de sa présence et de ses bienfaits, *voilà celui* qui vous a rendu vos assemblées nationales, et qui veut les perpétuer ; *voilà celui* qui a voulu établir vos libertés, vos propriétés sur des fondemens inébranlables ; *voilà celui* qui vous a offert, pour ainsi dire, d'entrer avec lui en partage de son autorité, ne se réservant que celle qui est nécessaire pour votre bonheur ; celle qui doit à jamais lui appartenir, et que vous-mêmes devez le conjurer de ne jamais perdre ! Ah ! qu'il recueille enfin des consolations ; que son cœur noble et pur emporte d'ici la paix dont il est si digne ; et puisque, surpassant les vertus de ses prédécesseurs, il a voulu placer sa puissance et sa grandeur dans notre amour, n'être obéi que par l'amour, n'être gardé que par l'amour, ne soyons ni moins sensibles, ni moins généreux que notre roi, et prouvons-lui que même sa puissance, que même sa grandeur ont plus gagné mille fois qu'elles n'ont sacrifié. »

« Et vous, sire, permettez à un sujet, qui n'est ni plus fidèle ni plus dévoué que tous ceux qui vous environnent, mais qui l'est autant qu'aucun de ceux qui vous obéissent, permettez-lui d'élever sa voix vers vous, et de vous dire : le voilà ce peuple qui vous idolâtre, ce peuple que votre seule présence enivre, et dont les sentimens pour votre personne sacrée ne peuvent jamais être l'objet d'un doute. Regardez, sire, consolez-vous en regardant tous ces citoyens de votre capitale ! Voyez leurs yeux, écoutez leurs voix, pénétrez dans leurs cœurs qui volent au-devant de vous ! Il n'est pas ici un seul homme, qui ne soit prêt à verser pour vous, pour votre autorité légitime, jusqu'à la dernière goutte de son sang ! Non, sire, cette génération de françois n'est pas assez malheureuse pour qu'il lui ait été réservé de démentir quatorze siècles de fidélité ! Nous péririons tous, s'il le falloit, pour défendre un trône qui nous est aussi sacré qu'à vous, et à l'auguste famille que nous y avons placée il y a huit cents ans. Croyez, sire, croyez que nous n'avons jamais porté à votre cœur une atteinte douloureuse, qui n'ait déchiré le nôtre ; qu'au milieu des calamités publiques, c'en est une de vous affliger, même par une plainte qui vous avertit, qui vous implore et qui ne vous accuse jamais. Enfin tous les chagrins vont disparoître, tous les troubles vont s'appaiser. Un seul mot de votre bouche a tout calmé. Notre vertueux roi a rappelé ses vertueux conseils. Périssent les ennemis publics qui voudroient encore semer la division entre la nation et son chef ! Roi, sujets, citoyens, confondons nos cœurs, nos vœux, nos efforts, et déployons, aux yeux de l'univers, le spectacle magnifique d'une des plus belles nations, libre, heureuse, triomphante sous un roi juste, chéri, révéré, qui, ne devant plus rien à la force, devra tout à ses vertus et à notre amour. »

« Mon peuple, dit avec émotion le roi, lorsque M. de Lally eut fini de parler, peut toujours compter sur mon amour. »

Le discours de ce gentilhomme fut vivement applaudi, comme on applaudissoit alors tout ce qui sortoit de la bouche de M. de Lally. Il passoit pour un des hommes les plus éloquens de France ; mais c'étoit moins que jamais de l'éloquence qu'il falloit au royaume. Il en est des maladies du corps politique, comme de celles du corps humain. Ce n'est pas dans l'art de bien dire, mais dans celui de bien agir, que doit exceller le médecin qui veut le guérir. C'en est fait d'un état lorsque ceux qui s'ingèrent de le gouverner sont orateurs. C'est la pensée de Théophraste,

---

(1) Seconde lettre à ses commettans, p. 75.

qu'il n'y a pas un seul orateur dévoué au peuple, qui ne lui soit pernicieux (1). Toute la révolution n'est qu'une confirmation de cette vérité. M. de Lally se croyoit l'homme du peuple; il travailloit moins, sans s'en appercevoir lui-même, à le convertir, qu'à en être admiré.

Il étoit temps que cette verbeuse harangue terminât le rôle qu'on faisoit jouer au roi; ce rôle n'étoit pas fini; on réservoit pour le dénouement la scène la plus avilissante, dont jamais la majesté royale ait été souillée. Lors donc que M. de Lally eut débité, sur l'amour et la fidélité du peuple, toutes ces phrases que démentoient les événemens, le roi qui étoit-là pour faire ce qu'on lui suggéreroit, attendoit patiemment qu'il lui fut libre de se retirer. M. Bailli lui présenta une grosse touffe de rubans aux trois couleurs, noués en forme de cocarde, et l'invita à la mettre à son chapeau. C'étoit dire au monarque : consacrez tous les affronts qui ont été faits à votre autorité et à votre bonté, depuis le commencement de la semaine; sanctionnez l'insurrection de vos sujets; portez-en le signe; revêtez-vous des couleurs du chef de la faction ennemie de votre personne et de votre famille. »

Il n'est personne en effet qui puisse dire que les couleurs adoptées ne fussent celles des princes de la maison d'Orléans. La nation françoise n'en avoit jamais eu d'autre que la blanche. Ce ne peut être par un jeu du hasard, qu'en la rejetant, elle se soit fixée à la livrée de M. d'Orléans. Voilà ce qui fait que M. le comte d'Entraigues appelle notre cocarde nationale *la cocarde de l'infamie* (2). Sous quelque point de vue donc qu'on envisage la démarche de M. Bailly,

c'étoit un bien sanglant outrage que de donner au roi, pour prix des nouveaux témoignages de confiance et d'amour qu'il apportoit à son peuple, la livrée d'un prince ami, chef, instrument d'un amas de factieux.

Le roi, qui étoit dans une position et dans un lieu où, bien loin qu'il eût le pouvoir de commander, il ne lui restoit que la ressource de l'obéissance aux volontés qu'on lui manifestoit, prit, des mains de M. Bailly, la cocarde, et l'attacha à son chapeau. Les gentilshommes qui l'avoient suivi se conformèrent à son exemple. Les députés en avoient une semblable dès leur entrée dans Paris. On conduisit ensuite le monarque à une des fenêtres de l'Hôtel-de-Ville, qui donnoit sur la place de grève. Il se montra au peuple, lui sourit et le salua, agitant de la main son chapeau, et présentant cette cocarde, qu'aucun roi de France n'avoit jamais portée. A cette vue, la scène changea; le mot étoit donné; on laissa là le cri *vive la nation*; on ne fit entendre que celui *vive le roi*, comme si l'on eût voulu dire que l'on n'avoit un roi que depuis qu'il se déclaroit en quelque sorte le chef de ceux qui avoient fait égorger la garnison de la Bastille et le prévôt des marchands. Ce cri, le claquement des mains, le cliquetis des armes, le bruit des tambours, la décharge de la mousqueterie et de l'artillerie firent un tel vacarme, que ceux qui n'en auroient pas été prévenus, auroient cru que la ville de Paris s'engloutissoit dans des abymes.

Le roi, lorsque ce peuple, dont la Grève, les fenêtres et les toits étoient couverts, l'eût contemplé quelque temps, rentra dans la salle, et prit congé des électeurs.

Je n'ai pas tout dit sur cette fameuse journée, où le roi cédant tout ne put rien conquérir. L'importance des détails qu'on vient de lire, et de ceux qui vont suivre, m'exemptera, sans doute, du reproche de n'avoir point assez abrégé mon récit.

---

(1) Art. Républi.

(2) Je l'appelle, dit M. d'Entraigues, *la cocarde de l'infamie*, non-seulement parce qu'elle est le signe de la révolte des sujets contre leur roi, mais parce qu'elle est composée des couleurs qui forment la livrée de M. le Duc d'Orléans. Ce sont donc, ajoute M. d'Entraigues, les couleurs de ce lâche, qui décorent aujourd'hui la tête des François!..... » Voyez *Dénonciation aux François catholiques*, la note qui termine la page 94.

CHAPITRE LV.

Joie du peuple; satisfaction du roi; empressement des bourgeois autour de sa personne; traits de familiarité; inquiétude des habitans de Versailles; harangue de M. Trudon; départ du roi de Paris; son contentement en revoyant ses gardes; frugal repas qu'il fait à Sèves; son arrivée à Versailles; allégresse des habitans de cette ville; observations sur les conséquences qui peuvent se déduire du voyage du roi à Paris; réflexions sur la révolution de 1788, et sur celle de 1789; situation des esprits après le départ du roi; sage motion dans un des districts de Paris; comment elle est accueillie; impossibilité du retour à l'ordre; situation de l'assemblée pendant le voyage du roi; démission de M. du Châtelet; son portrait; entière défection des gardes-françoises; extrême affliction du roi; nouvelles causes de fermentation; nouveau prétexte pour alimenter la haine du peuple; épouvantable assassinat; émeute populaire aux environs de Paris; elle est dénoncée à l'assemblée nationale; comment la dénonciation est reçue; efforts de quelques députés pour calmer l'émeute; issue de cette affaire; émeute aux portes de l'assemblée; singulière démarche de M. de Brezé; fin de l'histoire de la semaine proprement dite la semaine de la révolution.

Suite de Juillet 1789, et du second mois de l'interrègne.

LE roi sortit de la salle de l'Hôtel-de-Ville, aux acclamations du peuple. Les bourgeois qui formoient la haie depuis la porte de la salle jusqu'à sa voiture, renversèrent leurs armes. Ce mouvement parut lui être agréable. Il prit lui-même le fusil d'un de ces bourgeois, moins prompt que les autres, et le renversa; cette invitation à la paix fut comprise et vivement applaudie par la multitude. Lorsque le monarque fut au bas de l'escalier, on se pressa familièrement autour de lui; l'un lui prenoit la main et la baisoit, l'autre serroit ses genoux; un troisième saisissoit un pan de son habit, et y colloit ses lèvres: une poissarde le pressa dans ses bras et l'embrassa. Il fut soulevé, porté dans son carrosse, l'air retentissant toujours du cri *vive le roi*. Ces démonstrations rendirent la sérénité à son ame; son visage reprit de la couleur, toute sa phisionomie s'anima; le sourire de la confiance se plaça sur ses lèvres. Il suivit, pour son retour, la même route qu'il avoit prise en arrivant, ses chevaux allant toujours au pas. Des groupes de bourgeois environnoient sa voiture, lui prodiguoient mille bénédictions, et caressoient jusqu'au cocher, jusqu'aux valets-de-pieds. Lorsqu'il fut sur le quai de la Féraille, des ouvriers percèrent la foule, et arrêtèrent les chevaux. Ils tenoient à la main, les uns un verre, les autres une bouteille. Une partie s'élança-

derrière la voiture, l'autre sur le siège. Ceux-ci présentèrent à boire au cocher, ceux-là aux valets-de-pieds; on choquoit les verres, on buvoit, en répétant mille fois *vive le roi*. Quel peuple que celui qui se précipite, avec cette mobilité, d'un excès à un autre! Il doit être, plus qu'un autre, facile à se laisser emporter par des factieux.

Le roi voyoit ces témoignages d'allégresse, et y applaudissoit en souriant, en remuant la tête en signe d'approbation. Cependant ces scènes qui, malgré leur extrême familiarité, avoient quelque chose d'attendrissant, n'étoient, je crois, produites que par la seule présence de ce prince excessivement bon. Il me parut du moins que plus loin on ne partageoit pas cette joie. J'entendis murmurer de ce que le roi se hâtoit trop de quitter Paris, de ce qu'il n'étoit pas venu à Notre-Dame, offrir ses vœux pour l'affermissement de la paix. Il est certain qu'on s'y attendoit, car on avoit placé une nombreuse garde aux environs et dans l'intérieur de l'église. D'autres me parurent même étonnés de ce que le roi avoit la liberté de retourner à Versailles (1); mais je suis persuadé qu'on auroit pas pu sans danger exiger qu'il couchât au château des Tuileries. Les habitans de Versailles, qu'on n'avoit pas encore amené au point de livrer, sans regret et sans remords, leur roi, avoient de grandes inquiétudes sur ce voyage. Plus la journée avançoit, et plus ils se repentoient d'y avoir consenti. Ils en vinrent à montrer des dispositions très-menaçantes. On en étoit instruit à Paris, parce qu'on y recevoit à tout instant des courriers qui rendoient compte de ce qui se passoit parmi les bourgeois de Versailles. Paris de son côté leur envoyoit des courriers qui les instruisoient des moindres particularités de l'accueil que le roi recevoit dans sa capitale. Il est vraisemblable que la résolution ferme des habitans de Versailles, de revoir le roi et de le posséder, à quelque prix que ce fût, empêcha les factieux de la capitale de rien exécuter contre la liberté du monarque.

Lorsqu'il fut arrivé devant l'église de l'Oratoire, les membres du district qui étoient assemblés dans cette église, et parmi lesquels se trouvoit M. Duport du Tertre, aujourd'hui garde-des-sceaux, vinrent se présenter devant lui. M. Trudon qui les présidoit, lui adressa cette courte harangue.

« Les citoyens du district de l'Oratoire ont l'honneur d'assurer votre majesté de leur profond respect, de leur inviolable attachement. Vous vous êtes convaincu, sire, que vous êtes le roi du meilleur, du plus puissant peuple de l'univers, et que ce jour si glorieux au monarque et à ses sujets est le plus beau du règne de votre majesté. »

(1) Ce que j'ai dit du bruit qui avoit couru qu'on le retiendroit à Paris, se trouve confirmé par M. Mounier, dans l'exposé de sa conduite, pag. 98.

Il fut heureux pour le roi de ne pas passer devant plusieurs districts, car ceux qui les présidoient eussent voulu aussi le haranguer; et il eut à la fin succombé à la longue abstinence qu'on lui faisoit faire. Il ne reçut, dans le reste de son trajet jusqu'à la barrière, que des démonstrations de confiance et d'amour. Des gens du peuple continuoient à se presser contre sa voiture, elle en étoit encombrée; il y en avoit jusque sur l'impériale. Quelques députés faisoient de sages efforts pour consolider ces affectueux épanchemens envers un monarque qui méritoit si bien que l'amour qu'on lui témoignoit ne s'éteignit jamais. Ils disoient au peuple : « Chérissez votre bon roi ; il a dit que son peuple pouvoit toujours compter sur son amour. Prenez confiance en lui ; il ne respire que votre bonheur ; il vous rend M. Necker ; nous avons vu nous-mêmes la lettre qu'il lui écrivoit, et vos représentans ont joint leurs prières aux vœux de votre souverain. »

Enfin le roi sortit de Paris, et l'idée qu'il avoit échappé à tous les dangers auxquels il s'étoit exposé en y venant, fit que les gens de bien le virent, avec la plus douce satisfaction, s'éloigner de la capitale. Son départ tarissoit la source des cruelles inquiétudes qu'ils avoient ressenties depuis le moment où il y étoit entré. La milice bourgeoise de Paris le conduisit à Sèvres, où elle le remit à celle de Versailles, qui, voyant finir les alarmes qu'elle avoit conçues, en témoigna sa joie par de vives acclamations. Ce fut à Sèvres que le roi revit ses fidèles gardes qui l'attendoient sur la butte de Saint-Cloud. Ils accoururent dès qu'ils apperçurent le monarque, qui, de son côté, ressentit de leur présence une satisfaction qui se peignit sensiblement sur son visage. Au milieu d'eux, il se crut au milieu de sa famille. Excédé de la cruelle longueur de ce voyage, il demanda qu'on le conduisît à Saint-Cloud, afin qu'il pût y prendre des rafraîchissemens ; il n'avoit témoigné, à cet égard, aucun desir pendant les heures qu'il avoit passées à Paris. Les bourgeois qui l'escortoient lui répondirent qu'il leur étoit enjoint de le ramener à Versailles, et qu'ils ne pouvoient, comme il le desiroit, le conduire ailleurs; comme si, pour y arriver, ils n'eussent pas pu également prendre la route de Saint-Cloud. Mais le moment étoit venu où le plus puissant roi de l'Europe devoit obéir et non commander. Il lui fallut donc céder à cette fantaisie. Comme cependant il étoit huit heures du soir, et qu'il n'avoit encore pris aucune nourriture, on chercha dans tout le village un poulet ; il ne s'y en trouva point. On fut réduit à lui offrir du pain, du fromage, et du vin de cabaret : ce fut là le seul rafraîchissement qu'eurent à lui donner ses sujets, à la fin de la journée la plus pénible.

Dès que ses gardes l'eurent apperçu, quelques-uns d'entr'eux se détachèrent pour aller apprendre son retour à Versailles. Il y arriva à dix heures du soir. Les députés, qui étoient alors dans leur salle, en sortirent, et vinrent se présenter à son passage. La joie fut extrême dans tous les quartiers de la ville ; le peuple accourut sur ses pas, le combla de bénédictions, et le suivit en foule jusque dans l'intérieur de ses appartemens. La reine, à qui des courtiers apportoient, de quart-d'heure en quart-d'heure, des nouvelles de ce qui se passoit à Paris, sortit comme d'une profonde léthargie, lorsqu'elle sut que son auguste époux approchoit. Elle alla au-devant de lui dans la cour de marbre, tenant dans ses bras M. le dauphin. Le roi, en revoyant ce qu'il avoit de plus cher, laissa percer toute sa sensibilité ; il versa dans larmes, et les confondit avec celles de la reine ; tous les deux en baignèrent le dauphin, qui tour-à-tour pressoit l'un et l'autre de ses bras. Intéressante famille que plus on connoît, et plus on chérit, plus on vénère. Il n'y eut personne qui, en contemplant cet attendrissant tableau, ne sentît ses yeux mouillés de pleurs. Toute la cour, qui avoit partagé l'inquiétude de la reine, partagea aussi la douce volupté dont l'enivroit le retour du roi. Dans tout le reste de la ville, on se livra à la joie ; on fit des illuminations, on tira des feux d'artifice.

Mais hélas ! les fidèles serviteurs du roi sentoient la tristesse prendre, dans leur cœur, la place de la joie, quand ils fixoient leur imagination sur l'état honteux dans lequel il avoit été traîné à Paris, et ramené à Versailles ; sur-tout aussi quand ils se rappeloient cette cocarde que les insurgens avoient attachée à son chapeau. Le roi, de son côté, quelque satisfaction qu'il éprouvât d'avoir consommé un sacrifice que lui commandoient les circonstances, éprouvoit un saisissement d'effroi, lorsque ces cris *vive la nation*, lorsque ces piques, ces fourches, dont il avoit vu les rues de Paris hérissées, se représentoient à sa mémoire. Mais, et le roi, et ses fidèles sujets, laissoient évanouir tous leurs regrets, lorsqu'ils portoient leurs regards sur l'avenir. Ils se flattoient que le peuple françois, reprenant le caractère de loyauté qui l'avoit toujours distingué, sentiroit le prix d'une bonté qui ne pouvoit pas aller plus loin, et feroit autant d'efforts pour ramener la paix, qu'il en avoit fait pour rendre les bienfaits du prince inutiles.

Sous quelque point de vue, au reste, que la postérité considère la dernière démarche de Louis XVI, elle lui rendra la justice que ne lui rendent peut-être pas assez généralement ses contemporains ; elle ne pourra voir dans cette démarche, autre chose, sinon qu'elle étoit inspirée au roi par un cœur au-dessus de toute crainte, inaccessible à tout mouvement de frayeur ou de pusillanimité, brûlant du desir de rendre à sa nation le repos et le bonheur, plein enfin d'un sentiment de confiance qui honoroit son peuple. Si Louis XVI s'est trompé dans les conjectures qui le déterminèrent à une action qu'aucun de ses prédécesseurs n'eût peut-être eu le courage de faire, la faute en est toute entière aux ingrats, et les suites n'en peuvent retomber sur le bienfaiteur.

Le dévouement de Louis XVI, dans cette occasion, est regardé, par tous ceux qui écrivent ou qui parlent de la révolution, comme l'ayant consommée. On dit aussi, la journée du 17 juin, où le tiers-état se constitua en assemblée nationale, commença la révolution ; et la journée du 17 juillet, où le roi arbora le signe des insurgens, la finit. Il est bien vrai que cette double époque est singulièrement remarquable par la nouveauté des événemens qu'elle a amenés ; mais ce seroit une erreur d'entendre ces idées dans le sens littéral qu'elles présentent. Il est essentiel de faire une observation qui, je crois, n'a été encore présentée par personne, et qu'il importe à ceux qui voudront écrire avec netteté l'histoire de nos jours, de ne pas perdre de vue. Cette observation, c'est que nous avons eu deux révolutions bien distinctes, l'une en 1788, et l'autre en 1789. La première a eu pour auteur unique M. d'Eprémesnil, et pour objet le rétablissement parmi nous des états-généraux ; la seconde a eu pour auteur M. Necker, et pour objet un rapprochement mal-entendu du roi avec le peuple, sans intermédiaire. De ces deux auteurs, l'un françois, faisoit entrer dans son plan toutes les vues qui ont des rapports avec la nature et les principes d'un gouvernement monarchique bien constitué ; l'autre mêla à ses projets le levain d'indépendance de sa religion et de son pays. M. d'Eprémesnil, par sa constance, par son courage, avec ses seules forces, opéra la révolution qu'il méditoit dès sa première jeunesse. Il avoit tellement fixé à ce but toutes ses conceptions, tous ses travaux, qu'il avoit la conscience de l'atteindre. Quelques années avant le ministère de MM. de Lamoignon et de Brienne, il disoit à un anglois, que cette prédiction jeta dans un grand étonnement : « Un jour viendra, et ce jour n'est pas éloigné, où le peuple françois aura une liberté mieux entendue que celle dont vous jouissez dans votre isle. Nos ministres subiront le joug de la volonté nationale ; leur responsabilité sera une loi fondamentale. »

Mon objet n'est pas de dire si l'innovation que vouloit M. d'Eprémesnil convenoit à l'état actuel du royaume ; mais enfin il l'obtint. Les ministres le jetèrent dans une prison lointaine, et en l'y jetant, ils convoquèrent les états-généraux. Cette révolution-là s'est donc faite ; elle n'a duré qu'un instant, parce que celui qui l'opéroit ne fut point appelé pour la diriger. Si, à l'instant où elle se faisoit, M. d'Eprémesnil eût été nommé premier ministre, je ne veux pas dire ce qui seroit arrivé ; mais il est naturel de penser que personne n'eût été plus en état que lui de guider la cour dans le dédale où alloit la jeter cette étonnante innovation. Qui tenoit en effet le fil de ce labyrinthe, si ce n'étoit lui, puisqu'il avoit employé tout le cours de sa vie à méditer les idées, à préparer les matériaux qui devoient régler et consolider l'exécution du plan qu'il forçoit la cour d'adopter ?

M. de Brienne, que toutes les forces de l'empire,

dont il s'étoit environné, n'empêchoient pas de recevoir la loi de M. d'Eprémesnil, luttant seul contre cette masse de puissance, en conçut contre lui du dépit, de la jalousie, de la haine, et cédant à ces passions, qui sont celles des petites ames, n'eut garde de le faire appeler, au ministère. Le soin d'amener à bien la révolution que venoit d'opérer M. d'Eprémesnil, fut confié à M. Necker, à l'homme qui en méditoit une autre que celle dont on le faisoit le chef. Tout le monde sait que la véritable cause de la funeste préférence qui lui fut donnée, c'est la persuasion qu'opéroit celle de Brienne que l'élévation de M. Necker au ministère rempliroit, en quelques jours, le trésor-royal entièrement épuisé à cette époque. En cela même, M. de Brienne montroit combien sa prévoyance étoit bornée. Il étoit le seul à ne pas deviner que les trois ordres de la nation enduroient les dernières extrémités, plutôt que d'accorder au gouvernement le plus léger secours, avant le redressement de tout grief. Ce fut-là aussi le vœu unanime, la base de tous les cahiers.

La révolution de M. d'Eprémesnil fut aussitôt anéantie qu'opérée ; celle de M. Necker ne put pas même s'opérer ; il fut subjugué par le parti du comte de Mirabeau. La révolution dont celui-ci étoit l'ame, avoit pour double but l'anéantissement de tout culte public ou nationale, et la métamorphose de la monarchie françoise en plusieurs républiques confédérées sous un seul chef. Or, c'est cette vision là que la démarche du roi, à l'Hôtel-do Ville, n'a point réalisé ; c'est cette troisième révolution que la journée du 17 n'a point vue consommer. Encore aujourd'hui, il s'en. faut de beaucoup qu'elle soit finie. Le seul changement que nous voyons, c'est que ceux qui avoient des places, des propriétés, à l'époque de la convocation des états-généraux, les ont abandonnées à ceux qui s'en sont emparés par la violence. Cet état est plutôt un état de guerre qu'une révolution proprement dite. Nous avons bien des institutions nouvelles, mais tandis qu'une partie du royaume combat pour elles, une autre partie plus nombreuse peut-être, et sûrement plus imposante que la première, car c'est celle des propriétaires, la repousse. Pour dire donc que la révolution est consommée, il faut attendre qu'un des deux partis l'ait irrévocablement emporté sur l'autre.

Ainsi le roi en venant à l'Hôtel-de-Ville, en acceptant la cocarde nationale, en se taisant sur les places que la multitude avoit déférées à MM. Bailly et de la Fayette, ne consommoit point, ne sanctionnoit point la révolution que la majorité de l'assemblée nationale a tenté d'opérer en France. Sa majesté approuvoit au plus les changemens déjà faits ; c'étoit une sorte d'amnistie qu'elle accordoit aux crimes qui les avoient accompagnés, dans l'espérance que l'insurrection n'iroit pas plus loin, et que le peuple ainsi que les députés reviendroient de bonne-foi à leur roi. Mais ce prince étoit bien loin d'avoir dans le cœur et dans l'intention d'approuver d'avance le bouleversement de toutes choses, qui a suivi les premiers attentats de la rébellion. Encore moins lui venoit-il à l'idée de déposer entre les mains des électeurs, tout ce que ses ayeux lui avoient transmis de prérogatives, de force, de puissance. Quand il auroit eu une telle pensée, qui ne peut point entrer dans l'esprit d'un monarque à qui la providence ordonne de ne jamais laisser échapper de ses mains le dépôt qu'elle lui a confié, tout engagement qu'il eût pris à cet égard auroit été nul, parce que, comme dit Puffendorf (1), *la puissance souveraine ne peut point se lier les mains à elle-même.* Quand on supposeroit qu'il seroit résulté de la démarche du roi, auprès des parisiens, une sorte de convention avec eux par laquelle il auroit tout cédé, et auroit consenti d'avance à toutes les nouveautés qui devoient suivre, cette sorte de pacte auroit encore été nul, parce que, suivant le même publiciste (2), *les conventions dans lesquelles il y a une inégalité ou une lézion considérable, ou auxquelles on a été engagé par fraude, ou par une crainte injuste, comme aussi celles qui se font sans une connoissance suffisante, ayant toutes un vice propre et intrinsèque, le droit de la nature, veut qu'elles soient ou annullées ou réformées.* Louis XVI étoit certainement dans tous les cas dont parle Puffendorff. Enfin à quoi qu'il se fût résolu pour lui-même, il est bien évident qu'il ne pouvoit stipuler pour ses successeurs, et qu'il leur laissoit toujours la faculté de revenir contre le dépouillement auquel il auroit souscrit.

Je reprends le récit des événemens qui complète l'histoire de la journée du 17. Lorsque le roi eut quitté Paris, le peuple en général ne montra pas une grande allégresse ; à voir la froide tranquillité qui régnoit de toute part, et à entendre les discours qui se tenoient, on eut dit que les parisiens regrettoient de n'avoir pas retenu le monarque. Cependant on alluma des lampions au premier étage de toutes les maisons : l'illumination de l'Hôtel-de-Ville fut même assez belle. On remarqua sur le cadran de l'horloge, un transparent au travers duquel on lisoit cette inscription : « A Louis XVI, père des François, et roi d'un peuple libre. » Les districts s'assemblèrent, pour délibérer sur la conduite qu'il convenoit de tenir dans la nouvelle conjoncture que faisoient naître les tentatives du roi pour le rétablissement de l'ordre. Ce fut dans ces assemblées qu'on pût juger de ce qu'il avoit à attendre désormais du cœur de ses sujets. Ce qui se passa dans le district des Mathurins, donnera une idée des dispositions qui régnoient dans tous les autres.

Il se trouvoit dans ce district un de ces hommes rares, qui, au milieu de la plus grande effervescence, conservent une raison calme. Né avec un cœur droit,

---

(1) Droit des gens, t. 1, p. 92.
(2) *Ibid.* p. 469.

un jugement exquis, un esprit naturellement observateur, et éclairé par l'expérience de l'histoire, qui est la seule qu'on puisse acquérir, lorsqu'on n'est pas destiné, par la naissance, aux emplois de la politique, il avoit suivi, avec une grande attention, la marche des événemens depuis le 14. L'extraordinaire agitation de toutes les classes de la société l'avoit étonné, mais ne lui avoit point fait désespérer du salut de la chose publique. Il avoit fixé en lui-même le but où toute cette impétuosité devoit venir se briser. Réfléchissant que le peuple avoit déjà franchi ce but, et au-delà, il crut que la circonstance du voyage du roi à Paris étoit propre à mettre un frein à la fougue de la multitude. Il ne vouloit pas seulement la fixer à la barrière qu'elle avoit outre-passée, comme c'étoit le sentiment de M. de Lally et de ceux de son parti, il pensoit qu'il étoit nécessaire de la ramener même en-deça.

Ce François, si sage, au milieu d'une bourgeoisie qui, contre ses véritables intérêts, secondoit aveuglément les factieux, étoit un avocat au parlement de Paris, appelé M. Rozet de la Saussaye, car je n'aurai garde de dérober à la reconnoissance de la postérité, le nom d'un homme qui étoit digne de servir son pays dans une place plus éminente qu'une tribune de district. Lorsque son tour de parler fut venu, il rappela à l'assemblée qui l'écoutoit, tout ce qui s'étoit passé depuis le 14, sans l'approuver ni l'improuver; à chaque événement qu'il rappeloit, il indiquoit la cause apparente qui l'avoit produit. L'agitation du dimanche ne pouvoit être attribuée qu'à l'exil d'un ministre que le peuple idolâtroit. Les efforts de la bourgeoisie, le jour suivant, pour s'armer, se trouvoient justifiés par la nécessité de défendre les propriétaires contre des milliers de brigands, et par le peu d'ardeur que montroient les troupes à réprimer ceux-ci. Si ensuite les bourgeois étoient restés armés, ils y avoient été contraints par le peu de sagesse qu'il y auroit eu à ne pas se tenir en garde contre les projets qui menaçoient la capitale, et dont les soldats des troupes réglées, devoient, disoit-on, être les exécuteurs. Le bruit s'étoit bien répandu depuis que les troupes s'étoient retirées; mais la prudence avoit voulu que les bourgeois restassent en état de guerre, jusqu'à ce qu'ils eussent acquis la conviction entière que ce départ n'étoit pas simulé.

« Actuellement, disoit M. Rozet, toutes les causes de nos alarmes, de l'attitude menaçante des bourgeois, se sont évanouies. Le ministre chéri est rappelé; un courrier lui a été dépêché; l'assemblée nationale a lu la lettre dont ce courrier est porteur. Les brigands ont été désarmés; ils ont évacué la ville. Les sinistres complots dont on nous disoit menacés, ne doivent plus nous effrayer, quand le roi nous assure qu'il ne sont qu'une chimère, quand ceux qu'on nous disoit devoir les exécuter, sont déjà bien loin de nous. Quel motif nous reste-t-il donc pour conserver ces armes que de puissans intérêts qui n'existent plus, nous avoient forcés de prendre ?

Pourquoi les garderions-nous aujourd'hui ? Contre qui prétendons-nous nous en servir ? Le roi a déposé les siennes, il s'est dépouillé de toute sa force; il est venu parmi nous sans gardes. Il veut, il sollicite de son peuple la cessation de toute défiance mutuelle. Si nous restons armés, nous repoussons son vœu, nous lui témoignons que nous ne croyons pas à sa parole, que nous craignons de nouveaux pièges, nous trompons son amour, l'idée qu'il s'est faite de son peuple; nous disons à l'Europe entière, que nous ne croyons pas à la vertu, car c'est n'y pas croire que de ne pas ajouter une foi aveugle à la parole de Louis XVI. Rendons-lui, messieurs, confiance pour confiance; comme lui déposons les armes, et prouvons que nous savons être aussi généreux que notre roi. Que la garde de Paris reprenne ses fonctions, et la bourgeoisie ses travaux. Les désordres, messieurs, ne cesseront qu'au moment où cet avis sera adopté, car là où tout un peuple est armé, il n'y a point de force publique, il n'y a qu'anarchie. Si vous dédaignez ces paroles de paix, si vous restez dans l'état où vous êtes actuellement, la moindre étincelle allumera parmi vous la guerre civile, et les événemens de sang dont vous venez d'être témoins, ne sont que le premier acte d'une longue tragédie, dont le dénouement sera la mort du corps politique. »

Tandis que M. Rozet parloit ainsi, on l'écoutoit avec un étonnement qui prouvoit qu'on avoit déjà perdu de vue tous les principes d'équilibre entre la puissance du roi et l'obéissance du peuple. Des cris d'indignation firent place à l'étonnement, lorsqu'il proposa de déposer les armes. On ne combattit point par des raisons, mais comme il s'est toujours pratiqué dans toutes nos assemblées, par des huées, des murmures, et les reproches d'aristocratie. Ainsi les temps de raison, de justice, de modération étoient passés. Un esprit de vertige s'étoit emparé de la presque totalité de la bourgeoisie. Dans tous les autres districts comme dans celui des Mathurins, elle résolut de rester sur le pied de guerre, et en état de défense.

M. Rozet ne recueillit donc aucun fruit du sage avis qu'il avoit proposé. Les autres personnes qui, sans avoir le courage de parler avec la même franchise, avoient cependant, comme lui, l'esprit d'équité et de modération, s'affligèrent des désagrémens dont étoient assaillis ceux qui énonçoient une opinion utile. Dès ce moment elles se dégoûtèrent, à son exemple, de ces sortes d'assemblées, et n'y reparurent plus. La défection ne fit que croître les jours suivans. Insensiblement on ne vit plus dans les districts, que des hommes ambitieux, inquiets, turbulens, dont quelques-uns semblèrent se piquer d'être emportés encore que les séditieux dont ils étoient les échos. Les séances qu'on tenoit dans ces districts, finirent par dégénérer en véritables cohues. Comment la capitale seroit-elle revenue à son roi?

Elle

Elle avoit dans son sein soixante foyers de rébellion. Et comme si ces foyers n'eussent point encore été assez ardens, M. de la Fayette ne s'étudioit qu'à en entretenir et en augmenter le feu. Sa grande astuce pour empêcher les bourgeois de se désarmer, fut de faire retentir sans cesse à leurs oreilles, les mots *conspiration*, *trahison*; les journaux, les crieurs publics les répétoient continuellement. Lui-même, dans les premiers jours de son commandement, parcouroit les rues, les places publiques, les districts, alloit à la ville, et par-tout crioit: « Citoyens, tenez-vous sur vos gardes; ne croyez pas être hors de danger. »

Telle fût donc la situation de la capitale, au départ du roi, qu'elle se trouva tout aussi agitée, tout aussi défiante qu'elle l'étoit avant son arrivée. Quant à l'assemblée nationale, elle étoit restée, pendant le voyage et le retour du roi, dans une immobilité parfaite. Elle avoit tenu, à son ordinaire, une séance le matin; elle en tint une autre le soir, qui ne finit qu'à onze heures. La première se passa à entendre la lecture d'un long règlement sur la police de l'intérieur de la salle; dans la seconde, il ne se fit absolument rien. On eût dit que les députés ne prenoient aucune sorte de part, ni aux dangers, ni aux suites du voyage du roi. C'eût été bien le moins cependant qu'elle lui eût voté des remercîmens, et l'eût en même temps rassuré sur la position où le laissoit l'éloignement de toutes ses troupes. Leur départ le mettoit en présence d'une armée formidable par le nombre, qui n'étoit ni à sa dévotion, ni à sa solde. Il restoit avec ses gardes et son régiment des gardes-suisses. Celui des gardes-françoises n'étoit plus à lui. M. le duc du Châtelet avoit donné dès la veille sa démission qui fut acceptée. Ainsi il a été le dernier colonel de ce corps dont la fidélité eût beaucoup embarrassé les rébelles, et dont la défection a beaucoup contribué à mettre le royaume à leur discrétion.

M. du Châtelet, par l'influence qu'il a eue plus qu'aucun autre, mais sans doute involontairement, sur l'insurrection de la capitale, mérite d'être connu. Il a de l'esprit, des connoissances, des qualités; il est actif; il aime le mérite, il le recherche et sait consulter; mais il ignore entièrement l'art de manier les hommes les moins difficiles à guider, et n'a aucun talent pour gouverner la multitude. En montrant souvent des intentions droites, il a eu toujours des moyens foibles. Son avarice est extrême (1), et entre pour beaucoup dans le peu de considération dont il jouit auprès de ceux qui l'approchent, car une honteuse parcimonie fait, avec de grandes richesses et une naissance distinguée, un contraste qui produit nécessairement le mépris pour celui qui en est entaché. Tout comme le fils d'un héros, qui seroit un poltron, n'en paroîtroit que plus ridicule et plus vil. Le même défaut est cause que les plans de M. du Châtelet, quoique bien concertés, échouent toujours par les spéculations de lézinerie qu'il fait sur leur exécution.

A la cour, il affectoit de la rudesse et de la sévérité; haut et fier avec ses égaux, il faisoit dire de lui qu'il avoit la *nobilomanie*; dur avec ses inférieurs, il en étoit regardé comme un despote. Ses manières sont peu agréables, quelquefois trop familières, quelquefois repoussantes; son abord est froid, son regard sans vivacité, sa physionomie sans noblesse. Dans les affaires, il met de la chaleur, dans le commandement, de l'astuce; de-là vient que des différentes carrières qu'il a parcourues, il n'en est aucune qui lui ait parue propre, aucune où il se soit distingué. Avant la révolution, il croyoit que la tactique pouvoit se jouer de l'opinion et de toutes les ressources d'un million d'hommes réunis. Au moment où l'insurrection se manifesta, il crût que le peuple françois étoit en délire; quelques jours après, il lui vint dans l'idée de le protéger. La suite de cette histoire dira la conduite qu'il a tenue au milieu des divers partis qu'il vit se former autour de lui.

Quoiqu'il eut donné sa démission, et n'eût pas été remplacé, les compagnies de son régiment, qui étoient restées à Versailles, n'abandonnèrent point leur poste; elles le gardèrent pendant quinze jours sans être relevées. Le roi touché de leur fidélité les fit assurer que le licenciement forcé du corps ne leur nuiroit point, et qu'il auroit soin d'elles. Cette promesse ne fût pas suffisante pour les retenir à son service. Elles finirent par céder aux moyens de séduction qui leur arrivoient de Paris. Un matin, sans en prévenir, sans être relevées, elles quittèrent leur poste, emportant bagages armes et drapeaux, et allèrent joindre les compagnies de Paris. C'étoit une véritable désertion, à moins qu'on ne voulût dire, comme M. de Clermont-Tonnerre, qu'elles s'égaroient sous les drapeaux de la liberté. Rien ne prouve mieux que cette désertion, combien dès-lors l'autorité du roi étoit nulle en France, car quoique ce fût là, sans contredit, suivant les principes de la discipline militaire de tous les peuples, le délit le plus grave,

---

(1) J'en citerai deux traits: M. du Châtelet a des forges en Champagne; il convoite les appointemens du régisseur, et pour les dévorer, il ôte au régisseur sa place, la donne à son commis, dont il n'a garde d'augmenter les modiques appointemens. La place du commis, il la donne à un sergent du régiment du roi, auquel il conserve sa paye.

Voici l'autre trait: il fait un jour la petite guerre dans les plaines de Joinville, à la tête d'une section du régiment d'Estherasy. Il est fait prisonnier de guerre, et pour prix de sa rançon, il donne à l'autre section victorieuse *un louis*.

G

on ne songea pas même à arrêter le départ de ces soldats. Quel motif cependant, seulement plausible, pouvoit les porter à abandonner le poste le plus important, puisque c'étoit celui de la garde même du roi ? Le comte de Mirabeau, pour justifier la défection du corps entier, demandoit : « Falloit-il donc que ces gens-là trempassent leurs mains dans le sang de leurs pères, de leurs mères ? » Les gardes-françoises n'ont jamais été exposés à la tentation de ces parricides. La seule occasion où ils ayent eu ordre de tirer sur leurs concitoyens, c'est lors de l'incendie de la maison Réveillon, et alors ils obéirent. On auroit donc pu demander au comte de Mirabeau, pourquoi les gardes-françoises, n'ayant pas refusé de faire usage de leurs armes pour défendre les propriétés d'un simple particulier, en avoient refusé le service pour la cause du roi. D'ailleurs il n'est point vrai que dans aucune des circonstances de l'insurrection du mois de juillet, les gardes-françoises ayent reçu l'ordre de tirer sur leurs concitoyens ; l'eussent-ils reçu, ne devoit-il pas leur suffire de désobéir ? Falloit-il encore qu'ils aidassent au soulèvement de la capitale, qu'ils devinssent les soldats des rebelles, et qu'ils prissent au roi les soldoit, ses armes, ses drapeaux et une de ses forteresses ? Falloit-il que ceux de Versailles désertassent leur poste ? Des personnes de la cour m'ont assuré que la défection de ces derniers est une des choses qui, dans le cours de la révolution, a le plus sensiblement affecté le roi. Il y en eut cependant quelques-uns parmi eux, qui non-seulement ne voulurent pas suivre les déserteurs, mais qui donnèrent des marques touchantes de fidélité, et même de désespoir. J'éprouve un véritable regret d'ignorer leurs noms. Il n'en est point que je présentasse avec plus de plaisir à la vénération de la postérité. J'ose croire que, dans des temps plus heureux, on fera une mention honorable de leur attachement au roi, dans les congés qui leur ont été délivrés.

Il est donc vrai que le voyage de sa majesté à Paris, fut absolument perdu pour l'objet qu'elle en attendoit. Cela ne pouvoit pas être autrement. Les artisans des troubles avoient toujours les mêmes vues ; les succès qu'ils obtenoient ne servoient qu'à accroître leur audace et leurs espérances. La déférence du roi pour toutes les fantaisies qu'on lui témoignoit, reculoit seulement le but où ils marchoient. Aux causes déjà subsistantes de la fermentation ; il s'en joignit de nouvelles ; d'abord la crainte que devoient naturellement avoir les gardes-françoises, du retour de la tranquillité ; ensuite l'intérêt qu'avoit M. de la Fayette à continuer un rôle qui satisfaisoit si bien son ambition, parce qu'il la mettoit en évidence ; enfin, une sorte de goût que la plupart des bourgeois commençoient à prendre pour le port d'armes. A cet égard, M. de la Fayette les servoit à merveille, en leur donnant, presqu'à tous les instans de la journée, le spectacle d'une cérémonie militaire. Tantôt c'étoit une bénédiction de drapeaux, tantôt une prière qui se faisoit au son d'une musique guerrière. D'autres fois, il falloit escorter, avec un appareil formidable d'armes, un convoi qui ne couroit aucun danger. D'autres fois encore, il falloit marcher avec de grandes forces, tambour battant, enseignes déployées, mèche allumée, contre un ennemi qui se tenoit en embuscade, et qu'on ne trouvoit point. Pendant toutes ces marches et ces contremarches, les crieurs publics, comme je l'ai dit, faisoient tonner aux oreilles de ces nouveaux soldats, les mots : *grande conspiration, épouvantable trahison* ; et M. de la Fayette, de son côté, ne cessoit de leur répéter qu'ils étoient environnés de pièges, et qu'un seul moment de confiance suffisoit pour perdre la capitale. Comment le calme y seroit-il revenu ? Jusqu'au moment où le roi y étoit venu, on avoit nourri la crédulité et la haine du peuple, avec des sièges et des bombardemens. Ce prétexte ayant disparu avec les troupes, on y en substitua un autre ; on ne parla plus que d'accaparemens de bleds. Malheur à quiconque étoit désigné comme monopoleur ; son nom grossissoit les listes de proscription.

Les premiers effets de ce cruel manège, éclatèrent presqu'aux portes de Paris, au moment même où le roi y faisoit, pour rappeler la paix dans tout son royaume, les plus généreux des sacrifices. Des brigands se jettèrent tout-à coup dans Saint-Germain-en-Laye, et allèrent droit à la maison d'un meunier, appelé Sauvage. Ils enfoncèrent les portes, saisirent ce malheureux, et lui déclarèrent qu'il falloit mourir ; ils ne lui en donnèrent d'autre raison, sinon qu'il accaparoit des grains et des farines. S'il en faut croire le bruit qui en courut alors, il ne nia point le fait, mais montra, pour sa justification, des ordres signés par M. Necker, qui lui enjoignoient de faire ces accaparemens. Il fut tiré de sa maison, et traîné dans la rue. Au bruit de cet événement, d'honnêtes habitans de Saint-Germain accoururent ; mais ils s'en tinrent à d'humbles prières, qui ne fléchirent pas les assassins. Un d'eux, garçon boucher, décola l'infortuné meunier, avec un de ces grands couteaux qui servent, dans les boucheries, à dépecer les viandes. Il prit la tête, et la montrant en souriant au peuple, il lui fit remarquer l'adresse avec laquelle il avoit commis ce lâche assassinat.

La veille, une pareille troupe de brigands s'étoit portée, aux environs de Saint-Germain, dans la maison d'un riche fermier, appelé Thomassin, père de sept enfans, et payant sept mille livres de taille. Ces malheureux l'accusoient également de faire le monopole ; ils le traînoient hors de chez lui, pour le mettre en pièces, lorsqu'un officier invalide, qui, par hasard, passoit dans ce temps-là auprès de la maison de cet infortuné, s'enquit du sujet de cette rumeur. L'ayant appris, il imagina, pour sauver la victime, de donner dans le sens de ses bourreaux. Il se mit à leur tête, et leur dit que le crime étoit trop grand pour n'en pas tirer une vengeance exemplaire.... « Conduisons le criminel, ajouta-t-il, dans les prisons de Saint-Germain; nous l'y retiendrons sous une bonne garde, et nous lui ferons faire son procès avec toute la rigueur qu'exige le délit ». Les assassins se rendirent à ces représentations ; Thomassin fut conduit dans les prisons de Saint-Germain ; mais le lendemain, la foule qui le gardoit, et qui grossissoit à chaque heure, perdit patience ; elle menaça de l'arracher de la prison, et de l'exécuter. Le maire de Poissy, qui étoit présent, partit sur-le-champ pour informer l'assemblée de cet attentat, et lui demander de s'employer pour en empêcher l'exécution. Il arriva dans la séance du soir ; mais à peine fut-il écouté. Un député cria que c'étoit-là l'affaire du pouvoir exécutif et des tribunaux, et le maire se retira avec cette dérisoire réponse.

Le lendemain matin, il fut encore question, dans l'assemblée, du malheureux Thomassin. De nouveaux députés de Saint-Germain vinrent l'intéresser à son sort. Une lettre de M. le maréchal de Noailles confirma leur récit et appuya leur demande. Ce n'étoit plus, comme l'on voit, au roi qui étoit sans force, mais à la nouvelle puissance qu'on s'adressoit pour réprimer les émeutes populaires. La lettre de M. de Noailles fut à peine lue, que quelques députés offrirent de se transporter sur-le-champ à Saint-Germain, pour y arrêter la fureur du peuple. Leur offre fut acceptée. Ces députés furent MM. l'évêque de Chartres ; Massière, curé de Sergy ; Choppier, curé de Flins; le comte de la Touche, le chevalier de Maulette, de Vicheri, Perrier, Camus, Millon de Montherland, Hell, Schmit, Ulry. Ils firent une telle diligence qu'ils arrivèrent à Saint-Germain à onze heures et demie. Thomassin n'y étoit plus. On étoit parvenu à l'arracher de cette ville ; mais on avoit été obligé de le déposer dans la prison de Poissy. Les députés s'y transportèrent sans retard. Ils trouvèrent la prison environnée d'une multitude prodigieuse d'hommes et de femmes. La plupart des hommes avoient des armes. Tous ces gens-là étoient des habitans de Saint-Germain, de Poissy et des environs. Tous crioient avec fureur que Thomassin leur fût livré, pour être à l'instant pendu. M. l'évêque de Chartres monta sur une chaise, et harangua ces forcenés. Quand il crût les avoir adoucis, il entra dans la prison avec ses collégues, en tira Thomassin, et le conduisit dans la salle d'audience. Un moment après, la fureur du peuple éclata de nouveau ; Thomassin rentra dans sa prison, et les députés revinrent se présenter à ses assassins. M. l'évêque de Chartres fit une seconde harangue, et croyant cette fois-ci avoir complètement réussi, il se retira avec les autres députés ; ils étoient déja à la porte de la ville, pour revenir à Versailles, lorsqu'on vint les avertir que Thomassin avoit été enlevé de sa prison, et qu'on le traînoit sur la place publique pour l'y pendre. Les députés se précipitèrent alors dans la foule, se jettèrent à genoux, et les mains jointes conjurèrent le peuple de suspendre au moins de vingt-quatre heures l'exécution. Ces tigres impatiens de se désaltérer dans le sang, ne voulurent rien entendre ; ils menacèrent les députés de les pendre eux-mêmes, s'ils ne se retiroient. Thomassin voyant que c'en été fait de sa vie, demanda qu'on ne le privât pas de la consolation de se confesser. On y consentit, et on envoya chercher le curé de la ville. Mais le pasteur tardant trop à arriver, on passa une corde au col du malheureux fermier, on le traîna au pied d'un mur ; déjà on l'exhaussoit, quand un habitant de Passy cria : « allons, allons, mes amis, ne souillons pas notre ville d'un crime aussi horrible. » Ce peu de mots produisit plus d'effet que les discours de M. l'évêque de Chartres, que la présence des députés. On délia la victime. Il se fit alors une scission entre les habitans de Poissy et ceux de Saint-Germain ; ces derniers ne vouloient pas qu'on les frustrât de leur proie. Les premiers, devenus tout-à-coup humains, s'indignèrent de cette férocité ; ils menacèrent les habitans de Saint-Germain de les traiter sans miséricorde. Ils ne s'en tinrent pas aux menaces ; ils résolurent d'en faire une boucherie. Pour qu'il n'en échappât pas un seul, ils recoururent aux barrières, dans l'intention de les fermer, et de tomber ensuite en colonne sur leurs adversaires. Ils alloient exécuter leur horrible projet ; déjà les barrières se fermoient, mais les plus sages d'entr'eux représentèrent aux autres, que s'ils faisoient une telle action, ils devoient s'attendre à une terrible représailles ; et qu'il étoit vraisemblable que les habitans restés à Saint-Germain, apprenant le massacre qui auroit été fait de leurs concitoyens, viendroient pendant la nuit en tirer vengeance, et mettroient tout à feu et à sang dans la ville de Poissy. Cette considération prévint le combat ; les barrières se rouvrirent.

Pendant ce tumulte, Thomassin avoit échappé à ses bourreaux, et s'étoit réfugié dans sa prison. Les députés en étant avertis, y coururent. Le peuple devinant leur intention, les environna de nouveau, et demanda à grands cris, non la mort du prisonnier, mais que son procès lui fut fait à l'instant même. Enfin, l'on consentit que les députés l'emmenassent dans les prisons de Versailles, pour que le tribunal de cette ville le jugeât. Dès que les députés eurent reçu cette permission, ils entrèrent dans la prison, et en tirèrent Thomassin. M. l'évêque de Chartres le plaça dans sa voiture à côté de lui, et l'emmena à Versailles où, pour la forme, il fut déposé pendant quelques heures à la geole.

Peu s'en fallut qu'à la porte même de l'assemblée, il n'arrivât une scène semblable. Deux hussards qui passoient paisiblement devant la porte de la salle, furent saisis par le peuple, qui, sans vouloir rien écouter de leur part, les entraîna. Un gentilhomme qui se rendoit dans ce moment à l'assemblée, se hâta de l'instruire du danger que couroient les deux sol-

G 2

dats, et ajouta que le peuple lui avoit paru très-déterminé à les pendre. Plusieurs députés sortirent aussitôt de la salle, se présentèrent à la foule, et apprirent que les hussards n'avoient d'autre grief contr'eux, que l'absurde accusation d'être des espions. Le peuple fut invité, par les députés, à les mettre en liberté. Il n'en voulut rien faire ; mais cédant à la fin aux vives instances qui lui furent faites, il consentit à ne pas conduire les soldats à la potence, mais à les déposer dans les prisons, d'où on parvint à leur faire rejoindre leur corps.

Voilà quelle étoit la tranquillité que produisoient la déférence du roi à rappeler M. Necker, ses ordres pour l'éloignement des troupes, et son voyage à Paris. Le peuple prenoit une attitude véritablement effrayante, et ce qui est remarquable, plus la licence faisoit des progrès, et plus le crédit et le pouvoir de l'assemblée augmentoient. Elle commençoit à inspirer de la terreur, et déjà des courtisans même ambitionnoient plus ses bonnes grâces que celles du roi. Il n'y eût plus personne à la cour, qui ne craignit de se compromettre avec elle, et de lui donner du mécontentement. M. le marquis de Brezé, grand-maître des cérémonies, qui jusques-là avoit fait les devoirs de sa charge, sans paroître affecté des désagrémens que cherchoient à lui donner les députés, n'eût plus la même insouciance. La dernière fois qu'il étoit venu annoncer à l'assemblée l'arrivée du roi, il s'étoit, à son ordinaire, couvert en parlant au président. Il crut s'appercevoir que quelques personnes désapprouvoient qu'il mît son chapeau. C'étoit le mercredi qu'il étoit venu à l'assemblée ; les événemens du mercredi au samedi suivant, lui firent faire, comme à bien d'autres, des réflexions sur le danger qu'il y avoit à choquer la fierté des nouveaux rois. Il écrivit à l'assemblée une lettre soumise, dans laquelle il lui représenta humblement que s'il s'étoit couvert, c'étoit parce qu'il avoit trouvé dans ses registres, que l'usage, en pareille circonstance, le vouloit. Il ajoutoit que personne n'étoit plus pénétré que lui de respect pour l'assemblée nationale, et finissoit par demander que son observation fut insérée dans le procès-verbal. L'excuse et la demande furent admises.

Ici finit l'histoire de la semaine, qu'on peut, à proprement parler, appeler, par excellence, la semaine de la révolution. Il n'en est certainement aucune dans les annales des états anciens et modernes, qui présente autant d'intérêt. Des siècles entiers fourniroient à peine autant d'événemens, et n'en présenteroient pas de plus importans. En sept jours, tous les trésors de puissance amassés par nos rois, pendant quatorze cents ans, vinrent s'engloutir dans les gouffres de l'anarchie.

Quel vaste sujet de réflexions ! quelle grande leçon pour les peuples et pour ceux qui les gouvernent ! Que ceux-ci apprennent enfin que c'est moins sur les hommes que sur l'opinion qu'ils doivent régner ! Que ceux-là sachent *qu'une fois accoutumés à des maîtres, ils ne sont plus en état de s'en passer ; que s'ils tentent de secouer le joug, ils s'éloignent d'autant plus de la liberté, que, prenant une licence effrénée, qui lui est opposée, leurs révolutions les livrent presque toujours à des séducteurs qui ne font qu'aggraver leurs chaînes* (1). Que les rois et les sujets resserrent les liens que, pour la tranquillité du monde, la main même de Dieu a tissus, n'oublient plus que toute maxime de politique, toute règle de conduite qui n'émane pas du sein de la justice éternelle, est une fausse lueur qui égare ; que les uns et les autres ayent sans cesse dans le cœur et à la bouche, ce vœu :

Amour de la justice, amour digne de nous ;
Embrasez les mortels, croissez, étendez-vous.

J'ai été témoin de la plus part des événemens que j'ai racontés ; j'en ai parlé comme je les ai vus, sans passion, sans dépendance d'aucun parti, d'aucun intérêt,

Pour la seule vertu, toujours invariable.

Si j'ai erré, si j'ai, un seul instant, cessé d'être fidèle à la vérité, que ceux de mes contemporains qui ont vus comme moi, se lèvent ; qu'ils m'accusent, il est temps, car la postérité s'avance, et va juger les acteurs que j'ai mis en scène.

Si maintenant mes lecteurs veulent un instant se reporter sur la carrière que j'ai parcourue, s'ils considèrent cette immensité de faits que j'ai eu à décrire ; si enfin ils daignent faire attention que dans l'étonnante semaine dont ils viennent de lire l'histoire, il ne s'est pas passé une journée, pas un instant qui n'ait été marqué d'un événement digne d'être recueilli ; je me persuade qu'ils ne me reprocheront point d'avoir donné trop d'étendue à ma narration.

La nouvelle semaine dont je vais commencer l'histoire, me fournit encore le triste avantage de présenter à la curiosité de mes lecteurs, des événemens dont les uns, par leur bisarrerie, les autres, par leur atrocité, n'intéresseront pas moins que ceux qu'on vient de lire. C'est le tableau de la licence, promenant, parmi nous, ses folies et ses fureurs.

(1) J.-J. Rousseau, Epitre dédicatoire à la Républ. de Genève, qui précède le discours sur l'inégalité des hommes, pages 5 et 6.

CHAPITRE LVI.

LETTRE de M. de la Fayette aux habitans de Paris; largesses au peuple; munificence de M. Caron de Beaumarchais; sollicitude pour les gardes-françoises; hommage de M. d'Ogny; délire sur le mot national; contenance des gens de lettres; leur défection; MM. de la Harpe et Garat se rangent sous les drapeaux de la démagogie; lâcheté, ingratitude et pitoyables stratagêmes des journalistes de Paris; insouciance de la cour sur la désertion des gens de lettres; ses fautes à cet égard; conduite des compagnies souveraines; arrêté du grand conseil; arrêté de la chambre-des-comptes; journées du dimanche 19; conduite de M. de la Fayette; dernières et infructueuses perquisitions à la Bastille; lettre de M. Dufresne de Saint-Léon à l'assemblée; billet de M. de Liancourt aux électeurs de Paris; arrêté du parlement de Paris; considérations sur cet arrêté; arrêté de la cour des monnoies; arrivée du premier président du grand conseil dans l'assemblée; comment il y est reçu; son discours; réponse de M. de Liancourt; félicitations des députés des actionnaires de la caisse d'escompte, à l'assemblée; réponse qu'ils reçoivent.

Suite de Juillet 1789, et du second mois de l'interrègne.

Président, M. LE DUC DE LIANCOURT.

TANDIS que les grands de l'Empire s'étonnoient et trembloient devant la nouvelle puissance, M. le marquis de la Fayette flattoit et caressoit la bourgeoisie de Paris. Il écrivit aux soixante districts la lettre suivante :

« Messieurs, il n'est point d'expressions qui puissent vous peindre ma reconnoissance et mon dévouement; mais je vous supplie de recevoir l'hommage d'un cœur pénétré de vos bontés, et dont la gloire et le bonheur seront d'être à vous, jusqu'à mon dernier soupir. »

« Quels que soient les témoignages si précieux de votre confiance, je dois observer que le général des milices parisiennes a été nommé par une acclamation, bien flatteuse sans doute, mais qui n'a pas le caractère légal de la volonté des citoyens, d'où doit émaner tout pouvoir. La circonstance étoit trop pressante pour que cela pût être arrêté par aucune réflexion. Aujourd'hui, messieurs, je desire que mes concitoyens se choisissent régulièrement un chef, en me réservant, dans tous les cas, l'honneur de les servir comme le plus fidèle de leurs soldats, et ce n'est que provisoirement que je puis exercer les fonctions dont je suis chargé. »

« Elles me sont bien chères, messieurs, lorsque je

vous exprime mes remercîmens et mon admiration, pour le bon ordre qui a regné hier (17), et qui est dû à votre zèle, beaucoup plus qu'à aucune disposition de ma part. »

« Il est si essentiel de mettre de l'uniformité dans le règlement du service, que je ne puis tarder de vous prier d'envoyer tous les jours à onze heures, à l'Hôtel-de-Ville, recevoir l'ordre et le mot, comme je vous invite à prendre toutes les précautions pour empêcher les désordres qui ont eu lieu autour de quelques barrières et aux environs de Paris. »

« J'ai l'honneur de vous inviter aussi, messieurs, à envoyer demain à huit heures à l'Hôtel-de-Ville, un député avec lequel je puisse causer sur plusieurs arrangemens provisoires, ainsi que je l'ai fait aujourd'hui, en entreprenant l'ouvrage bien instant d'un projet d'organisation qui réponde aux commencemens à jamais célèbres de votre institution. »

« J'ai l'honneur d'être, etc. »

M. de la Fayette, comme l'on voit, ne regardoit point comme légale, une nomination faite par l'assemblée des électeurs. On ne pouvoit, en effet, considérer cette assemblée, suivant même les principes qui commençoient à prendre faveur, que comme une réunion d'hommes sans mission, ni du gouvernement ni du peuple.

Ces électeurs faisoient tout ce qui dépendoit d'eux pour se rendre agréables à la multitude. Ils virent bien que le meilleur moyen d'y parvenir étoit de répandre des largesses, mais n'ayant personnellement aucune fortune, et les finances de l'Hôtel-de-Ville étant déjà dans un grand désordre, à cause des sommes extraordinaires qu'il falloit employer pour l'approvisionnement journalier de Paris, ils eurent recours à la générosité d'autrui. Ils sollicitèrent publiquement celle des habitans aisés, et députèrent à l'assemblée nationale pour en obtenir des secours. M. l'archevêque de Paris se joignit à eux ; mais il ne demanda pas ces secours comme une récompense à accorder aux insurgens. Les électeurs vouloient que les libéralités se répandissent uniquement sur les habitans du faubourg Saint-Antoine, qu'on regardoit comme ceux qui avoient secondé avec plus de zèle les auteurs de la révolution. M. de Juigné, en réclamant pour eux l'intérêt de l'assemblée, se contenta de représenter que le quartier du faubourg Saint-Antoine étoit rempli d'ouvriers malheureux. Il donna l'exemple de la générosité ; cet exemple fut suivi par tous les autres députés de Paris, ainsi que par plusieurs habitans. Le don du prélat fut de vingt mille livres ; les sommes réunies par les autres députés de Paris, firent un total de vingt-cinq mille livres.

Parmi les habitans de la capitale, celui qui se distingua le plus dans cette occurrence, fut M. Caron de Beaumarchais ; il donna, lui seul, une somme de douze mille livres, et comme il briguoit beaucoup la faveur populaire, sans que cependant il ait jamais pu l'obtenir, il avertit le public de sa munificence, en faisant insérer dans les journaux la courte lettre qu'il écrivit à ce sujet au district de Sainte-Marguerite, conçue en ces termes :

« Messieurs, j'ai l'honneur de vous envoyer la somme de douze mille livres, pour les pauvres habitans du faubourg Saint-Antoine. J'ose faire une observation, c'est qu'il est à propos que vous preniez des précautions pour que cette somme tourne au profit des femmes, des enfans, en un mot, de la famille que vous soulagerez ; je le desire par-dessus tout. »

Toutes ces sommes furent distribuées dans le faubourg Saint-Antoine. Les gardes-françoises, bien plus chers encore aux insurgens, ne se seroient pas contentés d'une portion de ces libéralités ; ils auroient dédaignés des largesses arrachées à la commisération des particuliers. Il leur falloit de hautes récompenses, qui portassent un caractère de reconnoissance publique. Il fut nécessaire pour en trouver de telles, d'attendre que leur vœu fut mieux connu ; car il eut été dangereux, en les récompensant, de rester au-dessous des prétentions qu'ils étoient en droit d'élever. En attendant, on veilloit sur les hommes de cette troupe avec la plus tendre sollicitude. Le bruit se répandit que la santé de plusieurs d'entr'eux étoit altérée ; le bruit croissant d'heure en heure, il s'envenima, comme il arrive toujours dans ces occasions ; on se figura que la maladie de ces soldats étoit occasionnée par des drogues nuisibles que l'on mélangeoit ou à leur nourriture, ou à leur boisson. On dit que c'étoit sur-tout dans la caserne de la rue de l'Oursine, que cette maladie faisoit des progrès alarmans. Le district des Minimes quoiqu'étranger à l'arrondissement de la caserne voulut vérifier ce qu'avoit de réel cette prétendue nouvelle machination qu'on attribuoit à la cour, à qui l'on ne craignoit pas de supposer l'intention d'empoisonner les soldats du régiment des gardes. Les commissaires de ce district, qui furent MM. Leroy, Clavier, Longchamps, firent à cet égard toutes les perquisitions qu'on pouvoit désirer. Le résultat fut que c'étoit là non pas une nouvelle machination de la cour mais une nouvelle calomnie de ceux qui vouloient la rendre odieuse au peuple. Il ne se trouva en tout que cinq soldats malades à l'Hôtel-Dieu, et leur maladie n'avoit rien que de naturel. Dans la caserne de l'Oursine, tous les soldats étoient en parfaite santé, à l'exception d'un seul blessé par accident. Ces commissaires rendirent publique l'issue de leur visite, mais ils ne firent pas taire pour cela les imposteurs ; une calomnie étoit bientôt remplacée par une autre.

Les esprits étoient tellement prévenus qu'à peine s'appercevoit-on du grossier manège employé pour tenir toujours le peuple loin des bornes de la modération ; et les impostures détruites, l'effet qu'on vouloit leur faire produire, n'en subsistoit pas moins. L'accroissement de puissance que prenoit l'assemblée nationale, préoccupoit toutes les imaginations, et il se trouvoit bien peu d'hommes qui fixassent leur vue sur les ressorts qu'on faisoit mouvoir pour élever un colosse au-dessus de tous les corps de l'état. Le nombre de ces flatteurs augmentoit à tout instant, et celui des amis du trône diminuoit. C'est ainsi qu'un roi à l'agonie voit ses courtisans se presser autour de son successeur. M. le comte d'Ogny qui s'étoit déjà montré si complaisant à l'égard des électeurs, fut un des plus empressés à présenter à sa manière, un hommage à l'assemblée. Il offrit de faire passer *gratis* dans toutes les provinces, les procès-verbaux de ses séances, et son offre qu'on appela patriotique, fut, comme on pense bien, acceptée.

Tout ce qui, à cette époque, étoit royal, devint patriotique ou national. On abattoit les enseignes qui portoient le nom et les armes de quelqu'un de nos princes. La plupart de ceux des marchands ou de ceux des ouvriers qui, étant employés pour le service de leurs maisons, en avertissoient le public par de fastueuses inscriptions placée au-dessus de leurs portes, les effacèrent. Il y avoit à cet égard une émulation risible, qui devoit donner aux étrangers, une idée bien peu avantageuse du caractère françois. On eût dès-lors des cafés patriotiques, nationaux, des cafés même de la Fayette. Tout étoit à la nation ou aux vainqueurs de la Bastille. Là où on lisoit, il y avoit deux jours, établissement royal, école royale, manufacture royale; on lisoit établissement national, école nationale, manufacture nationale. Une femme du petit peuple, au coin des rues, vendoit des prunes nationales. Un misérable jongleur, sur le boulevard, qui montroit aux passans le tigre que Buffon appeloit le tigre Royal, effaça sur la toile, où étoit peint l'animal, le mot royal, pour y subsister celui national; de sorte qu'on lisoit sur cette toile, *ici l'on voit le grand tigre national*. Jamais on n'a tant parlé de la nation, que depuis les premiers jours de notre révolution, et jamais on a moins compris ce que c'étoit que la nation.

La contenance des gens de lettres, pendant que ce délire se manifestoit, méritoit d'être observée. Quelque mal que l'on ait dit de nos académies, il est certain qu'en général, elles renfermoient les savans et et les écrivains les plus estimables. Mais l'esprit de ces corps n'étoit pas sain. Des opinions erronées sur religion étoient presque toujours un titre d'admission, et il étoit bien difficile d'en devenir membre, si l'on n'étoit lié avec les athées et les déistes de son siècle. Il suffisoit de ne pas présenter dans ses écrits des idées qui eussent un sens littéralement impie, pour avoir le droit de se mettre au rang des candidats. Dans les dernières années qui précédèrent la révolution, l'académie françoise proposa pour prix du sujet d'éloquence qu'elle distribuoit toutes les années, l'éloge du chancelier de l'Hôpital. Il n'étoit pas difficile de voir pourquoi elle préféroit ce sujet; l'Hôpital n'a jamais été lavé de l'accusation d'être entré dans une conjuration contre son roi, et son goût pour la prétendue réforme introduite par Calvin, étoit si connu que les courtisans de son temps disoient, comme tout le monde sait : *Dieu nous garde de la messe de M. de l'Hôpital.*

L'académie, en proposant ce sujet, dévoiloit sans mystère toute sa complicité avec les frénétiques apôtres de cette tolérance qui n'étoit réellement que l'intolérance contre la seule religion catholique. M. Garat traita le sujet absolument dans l'esprit du moderne philosophisme; il obtint le prix, et dès ce moment il lui fut permis d'aspirer à devenir collègue de ceux qui l'avoient couronné.

Les ministres étoient les seuls à ne pas vouloir deviner ce que présageoit une telle conduite. Il ne falloit cependant qu'une bien légère attention pour voir que des hommes qui pensoient et agissoient ainsi quoiqu'ils fussent dans une entière dépendance du gouvernement, n'attendoient qu'une occasion pour lever le masque. La révolution la leur présenta ; mais la crainte qu'elle ne durât que quelques instans, une sorte de pudeur à se montrer tout-à-coup ingrats envers le roi qui les pensionnoit, la honte de médire d'une cour qu'ils avoient toujours flagornée, les retint dans les premiers jours. Avant de se ranger du parti des révolutionnaires, ils voulurent voir la tournure que prendroient les affaires. A mesure que celles du roi devenoient plus mauvaises, ils cachoient moins leurs sentimens ; quand ils crurent qu'ils n'avoient plus rien à espérer ou à craindre de la cour, ils éclatèrent tout-à-fait, et ceux qu'on avoit vu prodiguer avec une dégoûtante adulation, les sonnets, les odes, les épîtres, les stances, au roi, à la reine, aux ministres, devinrent les censeurs les plus amers de tout ce qu'ils avoient autrefois idolâtré. C'est ainsi que les académies qui, en ne les remplissant que de sujets non moins recommandables par la sagesse de leurs principes que par leur savoir, auroient pu aider le gouvernement à diriger l'opinion publique, l'ont égarée, et, ont secondé les innovations qu'elles avoient préparées autant par leurs écrits, que par la protection ouverte qu'elles accordoient aux écrivains séditieux, et le mépris dont elles cherchoient à couvrir ceux qui n'adoptoient pas le système d'impiété et de sédition qu'elles avoient mis à la mode.

M. de la Harpe, dont le mérite littéraire n'eût jamais été remarqué s'il n'eût été le servile courtisan de d'Alembert et de Voltaire qui s'étoient créé une dictature dans la république des lettres, fut le premier de nos académiciens à se ranger sous l'étendard des insurgens. En comparant les louanges qu'il faisoit de la reine, avant le 14 juillet, avec ce qu'il a écrit depuis sur cette auguste princesse, on ne peut concevoir comment il a pu braver le mépris public au point de tenir deux langages si différens, comment un homme peut avoir l'ame assez peu élevée pour être tour-à-tour , le lâche flatteur et le cinique calomniateur de la même personne. Il s'empara, avec quelques-uns de ses collègues, du Mercure de France, et par cette voie fit circuler, dans tout le royaume, le poison de sa stupide démagogie.

M. Garat, de son côté, s'empara du journal de Paris, au moyen de 500 louis que les quatre particuliers propriétaires de cette feuille promirent de lui payer annuellement, et, comme M. de la Harpe, mais avec plus d'adresse, et par-là même plus dangereusement , prêcha la révolte à une nombreuse classe de lecteurs. La conduite des propriétaires du journal de Paris, est un scandale de lâcheté et d'ingratitude. C'étoit aux bontés et à la protection de la reine , qu'ils devoient le privilège de cette feuille. Ils avoient déjà eu l'insolence d'insérer dans un numéro, des vers qui outrageoient la mémoire de son auguste mère. La reine , supposant que cette faute leur étoit échappée involontairement, la leur pardonna, et ne voulut-point qu'on leur retirât le privilège qu'elle avoit sollicité pour eux. Ce privilège étoit devenu, entre leurs mains, si lucratif, qu'au moment de la révolution, ils jouissoient chacun d'un revenu qui alloit à plus de mille louis, fortune dont ils auroient dû être d'autant plus reconnoissans, qu'avant d'obtenir le bienfait qui la leur avoit procurée, ils languissoient dans l'obscurité et dans la misère.

Leur embarras, lorsque la révolution éclata, fit sourire de pitié même ceux qui en étoient les partisans les plus zélés. Ils tinrent d'abord conseil pour savoir de quel côté ils se rangeroient. Ils résolurent de rester neutres, jusqu'à ce que les choses fussent mieux décidées. La prise de la Bastille ne les tira point de leur neutralité ; mais ils voulurent annoncer au public leur attachement à la révolution, sans toutefois se compromettre avec la cour, dans le cas où elle reprendroit le dessus. Ils usèrent, pour cela, de deux stratagêmes si pitoyablement ridicules, qu'on ne les croiroit pas , s'il n'étoit pas libre à chacun de s'en convaincre par ses propres yeux. Dès le jour donc de la prise de la Bastille, ils annoncèrent qu'ils partageoient le deuil du peuple sur l'exil de M. Necker, et , pour le donner à entendre, ils laissèrent la quatrième page de leur feuille en blanc. C'est en effet, pour un journaliste, prendre le deuil, que de témoigner qu'il ne peut remplir qu'une partie de sa tâche. D'un autre côté , cette jonglerie les mettoit à l'abri de tout reproche de la part de la cour, si elle venoit à abattre ses ennemis ; ils lui auroient dit : *la matière nous a manqué.*

Voici l'autre jonglerie, plus pitoyable encore que la première. Le journal de Paris s'imprimoit, à l'époque de l'insurrection, et long-temps encore après, chez Quillau. Ce Quillau se disoit imprimeur de M. le prince de Conti, et s'honoroit qu'il lui fût permis d'en prendre le titre. Avant la naissance de nos folies, il n'avoit garde d'oublier de rappeler au public cet honorable titre. Il imprimoit au bas de chaque numéro du journal, et d'une manière bien lisible : *De l'imprimerie de Quillau, imprimeur de S. A. S. monseigneur le prince de Conti.* Le peuple n'aimoit pas M. le prince de Conti ; son nom se trouvoit sur les listes de proscription. Les quatre propriétaires du journal, pour prouver à ce peuple qu'ils ne vouloient pas d'un patron qui lui déplaisoit, et cependant voulant, dans le cas d'un changement, se ménager toujours la protection du prince, eurent recours à la plus incroyable des ruses. Ils ordonnèrent aux ouvriers qui composoient le journal, de renverser les caractères qui formoient les mots, S. A. S. monseigneur le prince de Conti, de manière que l'œil de la lettre fût en bas, et que l'autre extrémité du caractère ne présentât à l'impression qu'une tache d'encre. D'abord, on ne renversa que quelques caractères ; mais , à mesure que l'insurrection faisoit des progrès, le nombre des caractères renversés augmentoit. Si cependant les insurgens n'eussent pas vaincu, on eût redressé tous les caractères, et si le prince se fût étonné qu'on eût enlaidi ainsi son nom et ses qualités, on en eût été quitte pour lui faire regarder toutes ces taches comme des fautes de typographie. Insensiblement le mot Conti ne fut plus qu'un barbouillage indéchiffrable. Les mots *monseigneur, S. A. S.* eurent leur tour. Enfin, quand on crut qu'il n'y avoit plus ni roi, ni princes, ni ministres à craindre, on se débarrassa tout-à-fait de cette contrainte ; et , à partir de l'époque du 24 juillet, on ne lut plus, au bas du journal , que ces mots : *De l'imprimerie de Quillau.*

Des hommes capables de cette grossière et basse manœuvre, seroient aujourd'hui les premiers à insulter le parti qu'ils ont si lâchement flatté, si ce parti succomboit. Mais fidélité, reconnoissance, honneur, n'ont pour eux aucune signification. Ils boivent la honte, pourvu que la fortune leur reste ; peu leur importe d'être méprisés, s'ils sont riches.

La défection des gens de lettres fut donc aussi totale que celle des gardes-françoises ; ceux-ci du moins avoient été sollicités , de toutes les manières , d'abandonner leur roi. Ceux-là se jetèrent dans la rébellion sans y être poussés par personne. La plupart étoient couverts des bienfaits de la cour ; plusieurs en tenoient des places honorables, lucratives et peu pénibles. Ces motifs ne purent pas les retenir au poste de l'honneur et de la gratitude. Ils avoient loué à outrance Louis XVI, lorsqu'il étoit puissant, ils l'injurièrent lorsqu'il fut malheureux. Ce sont eux encore plus que les courtisans, qui feront dire à la postérité, que notre révolution est une révolution d'ingratitude.

La cour les vit s'éloigner sans en prendre aucun souci ; elle ne pensa pas à en retenir un seul ; elle ne chercha point à les remplacer, encore moins lui

vint-il

vint-il dans l'idée d'opposer écrivain à écrivain. C'est à son insouciance sur cet article, qu'il faut principalement attribuer la faveur qu'ont pris les nouveaux systèmes, et la difficulté qu'il y aura toujours à rendre au peuple la religion et les mœurs que les écrits des séditieux lui ont ôtés. Il n'a été abreuvé que de poison. Faut-il s'étonner qu'il soit aujourd'hui corrompu au point de faire presque désespérer de son salut ? Je suis persuadé que, si la cour eût provoqué et aidé la circulation de bons écrits, comme elle en avoit mille moyens ; que si la minorité des députés se fût environnée d'une nombreuse légion de journalistes courageux, le mal ne seroit pas aujourd'hui ni aussi grand, ni sans remède ; la vérité et la justice étant de leur côté, ils auroient eu un grand avantage sur leurs adversaires. D'ailleurs, si leurs efforts n'eussent pas répondu à leurs vues, il leur restoit une ressource qui étoit infaillible, c'étoit de sonner le tocsin parmi les propriétaires, et d'en former une ligue qui, s'étendant sur la surface entière de l'Europe, eût retenu dans leur dépendance ceux qui ne l'étoient pas. Tous les regrets que l'on pourroit former à ce sujet, sont superflus pour le passé, mais ils ne le sont pas pour l'avenir. Les ministres attachés au roi ont été, à cet égard, toujours frappés d'un aveuglement bien déplorable. Je sais que les derniers d'entr'eux retirés de la cour, parce que leur fidélité les rendoit suspects, ont reçu, sur ce moyen d'anti-séduction, si je puis parler ainsi, des propositions qui ne pouvoient ni les compromettre, ni être, en aucune manière, à charge à l'état ; ils n'ont jamais voulu les accueillir ; ils les ont toujours repoussées. Quand on refuse de se faire des amis, il faut bien se résoudre à rester au pouvoir de ses ennemis, et c'est aussi ce qui est arrivé.

Parmi tant d'adorateurs de la nouvelle idole, on n'avoit point encore vu les compagnies souveraines. Leur tour arriva enfin ; elles vinrent aussi à ses pieds faire fumer l'encens. La première qui s'ébranla, fut le grand-conseil, grand seulement de nom, car cette qualification n'étoit due ni à ses services, ni à son importance dans l'état, ni à son utilité dans la hiérarchie judiciaire, où il étoit plutôt étranger que nécessaire. Il étoit digne de ce corps de donner le premier exemple de cette pusillanimité. Il avoit fait ses preuves. Ce grand-conseil se trouvoit, presqu'en totalité, composé des membres de ce fantôme de parlement, que M. de Maupeou, chancelier de France, mal éclairé sur les véritables intérêts de la monarchie, avoit créé, que le royaume n'avoit jamais voulu reconnoître, et que Louis XVI, à son avénement au trône, se hâta de dissiper. Cette sorte de tribunal, dont on ne peut trop dire quelles étoient les fonctions, avoit, à l'époque de la révolution, pour premier président, M. André Duval de Montmillan. Le lendemain du jour où le roi étoit venu à Paris, il convoqua tout son corps, et, à l'unanimité, il fut pris l'arrêté suivant :

« Le conseil, pénétré des preuves d'amour et de confiance que le roi vient de donner à son peuple, et en particulier à la ville de Paris, pour le rétablissement de l'ordre et du calme que son auguste présence y a ramenés ;

« A arrêté que M. le premier président se retirera par-devers le roi, à l'effet de lui porter le présent arrêté, comme un hommage de la reconnoissance de son grand-conseil pour ses soins paternels. »

« Arrêté, en outre, que copie du présent sera remise, par M. le premier président, à l'assemblée nationale, dont le zèle et les démarches patriotiques ont procuré à la nation le bien inestimable de la tranquillité publique. »

Quelle tranquillité que celle où l'on aiguisoit le fer qui alloit égorger de nouvelles victimes, où l'on grossissoit de nouveaux noms les tables de proscription ! La crainte qu'avoient les membres du grand-conseil de se voir aussi inscrits sur ces funestes tables, fut un des motifs, sans qu'ils se l'avouassent peut-être, qui leur arracha cet arrêté. Ils furent les premiers magistrats à se féliciter du zèle et des démarches patriotiques de l'assemblée nationale, et la chambre des comptes fut la première à suivre leur exemple, comme elle a été la dernière à venir se perdre dans l'abîme qui a englouti tous nos corps de magistrature. Elle avoit pour premier président M. de Nicolaï, d'une maison illustre dans la robe et dans l'épée. Voici l'arrêté qu'elle prit :

« La chambre, sur le récit de ce qui s'est passé hier (17), a arrêté que M. le premier président ira, dans le jour, porter au pied du trône ses respectueuses félicitations sur le rétablissement du calme dans la capitale, que l'on doit à la loyauté et à la présence du roi. »

« La compagnie se repose sur M. le premier président, pour exprimer dignement les sentimens qui l'animent ; elle le charge de faire part de son arrêté à l'assemblée nationale, et de lui offrir l'hommage de tous les renseignemens qu'elle peut lui donner, lorsqu'elle s'occupera des finances. »

« Arrêté, en outre, que deux de MM. les conseillers-maîtres se transporteront incessamment à l'hôtel-de-ville, pour remettre à messieurs de la commune une copie de la présente délibération. »

La journée du dimanche, qui commença une des plus horribles semaines de la révolution, se passa assez tranquillement à Paris. Le peuple n'en paroissoit pas moins toujours dans l'agitation, et disposé à se porter, sur le plus léger prétexte, à de nouveaux excès. Dès que quelqu'un paroissoit suspect à un des attroupemens qui se formoient aux coins des rues, il étoit environné ; on l'accusoit de vol ou d'aristocratie ; on demandoit qu'il fût exécuté

H

sur-le-champ; et les patrouilles qui survenoient, avoient bien de la peine à le préserver de la fatale lanterne. M. de la Fayette se donnoit de grands mouvemens, et pour reprimer ces désordres, et pour fournir aux hommes de sa milice bourgeoise, l'occasion de se croire de braves soldats. Ayant appris que les émeutes étoient appaisées à Saint-Germain et à Poissy, il y envoya un détachement considérable de bourgeois à qui, à leur retour, on attribua la gloire d'avoir ramené la paix dans ces deux villes. Il envoya un autre détachement protéger un convoi de farines qui arrivoit à Paris. La commission ne fut pas difficile à remplir, parce que personne ne songeoit à arrêter le convoi. Lorsque le peuple voyoit arriver de pareilles provisions, il poussoit des cris de joie, les conduisoit en triomphe à l'hôtel-de-ville, ensuite à la halle, et se persuadoit qu'il venoit de faire une prise sur l'ennemi. Ceux qui amenèrent ce dernier convoi, dirent qu'ils avoient découvert ces farines enfouies en terre au Trou-d'enfer, et ce mensonge accrut l'opinion que des accapareurs avoient formé le projet d'affamer la capitale. Dans toutes ces expéditions où il s'agissoit d'aller chercher des bleds aux environs de Paris, les jeunes clercs du Palais, qui formoient la compagnie qu'on appeloit la bazoche, montrèrent beaucoup de zèle, et se livrèrent à des fatigues extraordinaires. Il est certain que les parisiens leur furent redevables de n'avoir pas totalement manqué de subsistances.

On fit aussi ce jour-là de nouvelles et de dernières perquisitions à la Bastille, qu'on continuoit à démolir. On vouloit s'assurer, avant que les ouvriers eussent augmenté la masse des décombres, qu'il ne restoit plus rien de remarquable dans ce trop fameux monument. Ce furent MM. de la Poize, Jallier de Savault, de Montizon, électeurs, et Poyet, architecte de la ville, qu'on chargea de ces perquisitions. On répandit qu'ils avoient trouvé dans des cachots, des ossemens, des squelètes, *sans doute*, dit un journaliste, *innocentes victimes de la plus perfide trahison* (1). Rien n'est plus faux, car voici l'attestation que signèrent les personnes dont je viens de parler.

« Les architectes-ingénieurs soussignés, préposés par le comité général de l'hôtel-de-ville à la démolition de la Bastille, les porte-clefs de la Bastille présens, ont fait les recherches les plus exactes dans les souterreins et cachots, ainsi que toutes démolitions, fouilles et tranchées nécessaires, pour découvrir s'il n'y restoit pas encore quelques prisonniers: ils assurent qu'il ne s'y est trouvé personne. »

Il ne s'agit, comme l'on voit, dans cet écrit, ni de cadavres, *ni d'innocentes victimes de la plus perfide trahison.*

(1) Révolutions de Paris, N°. 2, p. 42.

Il ne se passa également rien de remarquable à Versailles, dans la journée du 19. L'assemblée, ce jour-là, ne tint aucune séance. Dans celle du lendemain, on lut une lettre de M. Dufresne de Saint-Léon qui avoit été chargé de porter à M. Necker celle du roi. La lettre de M. Dufresne étoit datée du 18, et ainsi conçue:

« Je suis arrivé à Bruxelles, avec la dépêche que l'assemblée nationale m'a chargé de remettre à M. Necker, aujourd'hui à midi. Il en étoit parti dès mercredi dernier. Madame Necker, qu'une indisposition avoit arrêtée, en est aussi partie hier. Je vais me remettre en route pour remplir l'objet de ma mission, en dirigeant ma route sur Francfort, d'après les renseignemens qu'on m'a donnés. J'ai cru devoir vous faire part de ce contre-temps par un courrier. »

La lecture de cette lettre fut écoutée fort froidement, et laissa subsister l'espoir que jamais M. Necker ne reviendroit prendre sa place dans le ministère.

M. de Liancourt avoit été porté à la présidence, le 18 au soir, par la pluralité des suffrages. M. l'archevêque de Vienne en lui cédant le fauteuil, lui adressa un compliment, et reçut les félicitations de l'assemblée sur la manière dont il avoit présidé. Elle lui vota des remercimens *pour la sagesse et le zèle qu'il avoit montrés dans des circonstances très-difficiles;* ce sont les expressions du procès-verbal. M. de Liancourt, avant de s'asseoir fit de longues protestations de reconnoissance pour l'honneur qu'on lui déféroit. Comme ces sortes de discours n'ont jamais eu aucun intérêt pour la chose publique, et qu'ils ne sauroient en avoir pour cette histoire, je crois qu'on ne me saura point mauvais gré de les passer sous silence. Les personnes d'ailleurs qui desireroient connoître avec quelle insipide monotonie les présidens qui se retiroient, et ceux qui arrivoient se flagornoient et flagornoient l'assemblée, pourront recourir à ses procès-verbaux qui ont toujours recueilli ces fastidieuses harangues.

Dès que le nouveau président eût reçu la lettre de M. Dufresne, il en instruisit, avant même d'en faire part à l'assemblée, les électeurs de Paris, par le billet suivant:

« M. le duc de Liancourt a l'honneur d'instruire MM. du comité permanent de la ville de Paris, que le sieur Dufresne de Saint-Léon, chargé de porter à M. Necker les lettres du roi et de l'assemblée nationale, ne l'a plus trouvé à Bruxelles d'où il étoit parti dès mercredi, et qu'il court sur ses traces vers Francfort.

« M. le duc de Liancourt, qui n'a pu rendre compte encore à l'assemblée nationale de la lettre qui l'instruit ainsi de la marche de M. Necker, a l'honneur d'en prévenir, en son propre nom, MM. du comité permanent, pensant que si Paris l'ignoroit, il pourroit être inquiet de ne point voir arriver ce ministre qui fait aujourd'hui le regret et l'espoir de la nation. »

Ce billet où M. Necker étoit appelé l'espoir de la nation, n'étoit pas bien flatteur pour l'assemblée qui vouloit que la nation n'espéra qu'en elle; il ne produisit au reste pas plus d'effet parmi les électeurs que la lettre de M. Dufresne n'en avoit produit parmi les députés, quoique cependant la majorité de ceux-là crût de bonne-foi que le retour de M. Necker étoit nécessaire à la tranquillité publique.

Il n'est pas à croire que le parlement partageât une telle opinion. Cette compagnie étoit trop sage pour regarder comme un bienfait le retour d'un ministre qui avoit perdu en France, et pour ne pas gémir de l'avilissant et inutile voyage du roi à Paris. Mais se croyant placée dans des circonstances où il falloit beaucoup céder au fanatisme de l'opinion dominante, en attendant de meilleurs temps, elle se résolut à imiter l'exemple de la chambre des comptes, et prit l'arrêté qui suit :

« La cour, toutes les chambres assemblées, vivement touchée des nouveaux témoignages d'amour et de bonté que le roi est venu donner à sa bonne ville de Paris, et à tous ses fidèles sujets; »

« Considérant combien les derniers actes de zèle et de patriotisme de l'assemblée nationale ont concouru au succès des déterminations paternelles du monarque, pour le rétablissement du calme dans la capitale: »

« A arrêté que M. le premier président se retirera à l'instant par-devers ledit seigneur roi, à l'effet de lui exprimer la vive reconnoissance de la cour, et qu'il se retirera par-devers l'assemblée nationale, et lui exprimera le respect dont la cour est pénétrée pour les représentans de la nation, dont les travaux éclairés vont assurer à jamais le bonheur de la France. »

L'événement a bien mal vérifié cette prédiction, et les membres même du parlement de Paris, s'étonnent sûrement aujourd'hui qu'elle soit sortie du sein de cette compagnie. Comment, en effet, a-t-elle pu se résoudre à donner à la France le spectacle de la première cour de magistrature, *se retirant par-devers une assemblée* dont l'existence étoit une infraction bien formelle d'une loi fondamentale de l'état. Étoit-ce une telle assemblée, ou une convocation d'états-généraux, que le parlement avoit demandée? Pourquoi laissoit-il fléchir les principes, dans une occasion où il étoit si important de les rappeler et de les défendre, au prix des intérêts les plus chers?

Le parlement fut entraîné à cette démarche, qui ne lui a été d'aucune utilité, par des considérations que je ne dois pas passer sous silence, sans prétendre pour cela m'arrêter à examiner si elles justifient suffisamment cette compagnie.

Le calme apparent qui régnoit dans la capitale, depuis que le roi s'y étoit montré, portoit à croire qu'il suffiroit pour le troubler, pour faire renaître les vengeances populaires, de paroître ne pas partager l'opinion, si généralement répandue, qu'on devoit le retour de la tranquillité au courage des députés. Qu'importoit, après tout, que le bonheur du royaume fût l'ouvrage des états-généraux, ou d'une assemblée nationale?

Le roi, les deux premiers ordres, une multitude de municipalités, deux compagnies souveraines avoient souscrit à la métamorphose des états-généraux en assemblée nationale. Refuser son assentiment, quand tout le monde le donnoit, c'étoit mettre son avis au-dessus de celui du reste du royaume; c'étoit, en quelque sorte, se donner une contenance séditieuse, et se dévouer, sans avantage, à l'exécration publique.

Le parlement étoit, plus qu'aucun autre corps de magistrature, déchiré par les calomnies; car il en étoit alors des corps comme des particuliers. On outrageoit, avec plus de fureur, ceux qui jouissoient d'une plus grande considération, parce qu'on craignoit davantage leur influence. Le jour où le parlement rendit cet arrêté, il étoit notoire que le peuple, ou du moins la faction qui le maîtrisoit, demandoit soixante têtes. Dans ce nombre de victimes, on lisoit des noms de magistrats; et tous ces magistrats appartenoient au seul parlement. C'étoient, entr'autres, M. l'archevêque de Paris, membre de cette compagnie, en sa qualité de pair de France, MM. d'Eprémesnil, Titon de Villotran, le Febvre d'Ammécourt, d'Aligre, Séguier. Parmi les autres personnes désignées, on en comptoit qui avoient leurs enfans conseillers au parlement. Il étoit donc bien visible que le fanatisme des rebelles se dirigeoit principalement contre cette compagnie, et que le plus léger prétexte le feroit éclater. Falloit-il que les magistrats, par une immobilité qui seroit interprétée comme une coupable et outrageante résistance, livrassent les propriétés et la vie de ceux de leurs confrères que les brigands et les assassins avoient désignés? Et si le sang commençoit à couler, qui pouvoit dire où s'arrêteroit le carnage? Qui pouvoit assurer que la presque totalité des membres du parlement ne seroit pas égorgée?

Quand on a de pareilles considérations sous les yeux, on se grossit tous les dangers de la position où l'on se trouve, et on se dissimule tous ceux qui suivront les efforts qu'on se décide à faire pour en sortir. Placé dans une telle situation, le parlement dut être porté bien facilement par les membres de

H 2

cette compagnie, qui s'égaroient avec les rebelles, à ne regarder que comme un vain compliment, que comme une formalité sans conséquence, l'arrêté qu'on vient de lire.

La cour des monnoies en prit un à son tour, conçu en ces termes :

« Ce jour, la cour assemblée en la manière accoutumée, un de messieurs a dit que, l'assemblée nationale ayant obtenu de la bonté et de la justice du seigneur roi, l'éloignement des troupes et le rétablissement de la tranquillité publique, il croit du devoir de la cour d'offrir audit seigneur roi, et à l'assemblée, l'expression respectueuse de sa reconnoissance; pourquoi il prioit la cour d'en délibérer. »

« La matière mise en délibération ».

« La cour a arrêté que M. le président se retirera incessamment par-devers le seigneur roi, pour le remercier d'avoir accordé toute sa confiance aux représentans de la nation, et d'avoir dissipé les alarmes de la capitale, en y ramenant, par sa présence, le calme et la sécurité. »

« A pareillement arrêté que M. le premier président se retirera par-devers l'assemblée nationale, à l'effet de lui faire ses remercîmens d'avoir interposé ses bons offices auprès du seigneur roi, pour le rétablissement de la paix dans la capitale. »

Ces sortes d'hommages étoient glorieux pour l'assemblée, et lui imprimoient réellement beaucoup de force ; ils sembloient légaliser son existence, et ajoutoient infiniment à la considération que lui donnoit le crédit dont elle jouissoit parmi le peuple.

Le premier hommage de cette nature qu'elle reçut, lui fut apporté par le premier président du grand-conseil. Dès que ce magistrat eut été annoncé, on mit à la délibération comment il seroit reçu, et ce fut là une affaire importante.

« Il faut, dit M. Bouche, qu'il parle debout et découvert. — Et sans doute, dit à son tour Mirabeau ; autrement vous le considéreriez comme député, et il n'a pas l'honneur de l'être. Il est d'autant plus important, ajouta-t-il, de décider comment il doit être reçu, que les compagnies tiennent registre de tout. »

« Je conviens, répondit M. Fréteau, que quand un individu paroît devant l'assemblée nationale, son attitude ne peut être assez respectueuse, parce qu'il paroît devant le législateur ; mais les compagnies ayant l'honneur de représenter le roi, semblent mériter quelques égards. »

Il fut décidé que le magistrat, quoiqu'il fût président d'une compagnie qui avoit l'honneur de représenter le roi, parleroit debout et découvert ; mais que, lorsqu'il auroit parlé, on lui présenteroit un siège à la droite et au-dessous du président de l'assemblée.

L'étiquette étant réglée de cette manière, le magistrat entra ; il remit sur le bureau l'arrêté qu'avoit pris sa compagnie, et s'adressant ensuite à l'assemblée, il lui parla ainsi :

« Messieurs, le grand-conseil m'ayant chargé de porter au roi les témoignages de sa reconnoissance, pour les preuves que le roi vient de donner à son peuple, de sa sensibilité, de sa confiance et de son amour, on m'a imposé l'honorable devoir de remettre, aux représentans de la nation, l'arrêté que la compagnie a pris à ce sujet. »

« Quel nouvel ordre de choses et de prospérités, messieurs, ne nous annonce pas la déclaration vraiment paternelle, que le roi a faite au milieu de vous, qu'il ne veut faire qu'un avec la nation ! Cette prospérité est donc assurée, puisque nous l'attendons du concours de cette auguste assemblée, du zèle patriotique qui l'anime ; zèle dont l'heureux effet a été de faire succéder, presqu'en un instant, et comme par une espèce de prodige, la confiance et le calme au plus effrayant orage. »

On ne manqua pas de remarquer que le magistrat n'avoit pas qualifié les députés de messeigneurs, mais on ne lui en témoigna rien ; on l'invita de s'asseoir sur le siège qui lui avoit été préparé, et lorsqu'il fut assis, M. de Liancourt, qui présidoit, lui adressa ce peu de mots, que je copie littéralement sur le procès-verbal de l'assemblée.

« L'assemblée nationale reçoit avec plaisir, monsieur, les témoignages de respect du grand-conseil. Elle est assurée de mériter toujours la reconnoissance des compagnies qui desirent, aussi sincèrement que la vôtre, la véritable prospérité du royaume, le bien du peuple et le bonheur du roi. »

Le premier président de la chambre-des-comptes fit demander, au même instant, quand il pourroit se présenter à l'assemblée. Un peu exaltée de l'hommage qu'elle venoit de recevoir, elle trouva qu'il n'étoit pas de sa dignité d'admettre sur-le-champ le premier président de la chambre-des-comptes ; elle le renvoya au jeudi suivant. Les députés des actionnaires de la caisse d'escompte furent traités plus favorablement. Leur demande suivit celle de M. de Nicolaï, et on les admit sur-le-champ. Ces députés étoient M. Boscary, président de l'administration de la caisse, MM. Cottin et Lavoisier, administrateurs, MM. Marignier, Monneron et le Roi de Camilly, commissaires des actionnaires. Ils se tinrent à une extrémité de la salle, dans une humble contenance, et l'un d'eux parla ainsi:

« Nosseigneurs, députés par les actionnaires de la caisse d'escompte, nous venons vous présenter le juste tribut de leur respect et de leur reconnoissance ; à peine échappés aux dangers accumulés sur la tête des paisibles habitans de la capitale, combien il est glorieux pour nous, nosseigneurs, d'être les interprètes des sentimens de nos commettans, pour l'auguste assemblée à laquelle la patrie doit son salut ! »

Nosseigneurs répondirent par l'organe de leur président :

« L'assemblée nationale reçoit, avec d'autant plus de satisfaction, l'hommage de messieurs les actionnaires de la caisse d'escompte, qu'elle a l'heureuse confiance de n'avoir jamais, dans toutes ses démarches et ses arrêtés, eu d'autre but que le salut et le bien de l'état, vers lequel elle ne cessera jamais de diriger toutes ses pensées. Elle a vu avec plaisir que dans les momens de troubles qui viennent d'agiter la capitale, la caisse d'escompte n'a pas suspendu ses payemens. »

« Elle desire, avec transport, arriver au moment où elle pourra achever l'œuvre complette de la consolidation de la dette, et va s'occuper, sans relâche, de ce travail, dont cependant la délibération ne peut que suivre celle de la constitution. »

Les députés des actionnaires, après avoir prononcé leur compliment, avoient déposé sur le bureau une adresse de leurs commettans. Il étoit vraisemblable qu'elle contenoit d'importantes observations sur l'organisation de la caisse d'escompte, et sur l'utilité dont cet établissement pouvoit être pour les finances de l'état, qu'il eût en effet régénérées, si la majorité des députés eût voulu sincèrement leur restauration. Le comte de Mirabeau, qui ne vouloit rien de ce qui étoit, prétendit avoir fait un travail très-important sur la caisse d'escompte, comme si cette caisse avoit besoin, pour valoir mieux qu'elle ne valoit, d'autre chose que d'une protection éclairée de la part du gouvernement. Il y a toujours eu une grande jalousie entre les sociétés qui spéculent sur le numéraire ; et Mirabeau, toute sa vie, a été l'homme des compagnies à argent. Il décrioit l'une pour élever celle qui avoit acheté sa plume. Une société de banquiers lui communiquoit des idées, lui donnoit de l'argent, et il écrivoit contre sa rivale. Quelquefois il revenoit à celle-ci, et se déclaroit contre l'autre. De-là, vient qu'il a déclamé avec la fureur d'un démoniaque, tantôt pour, tantôt contre le papier-monnoie. Il demanda à lire, dès le lendemain, son travail, et à le lire en présence des députés des actionnaires. Sa proposition ne fut pas accueillie favorablement. On lui refusa l'audience qu'il demandoit, et on le renvoya, avec son travail, et les députés des actionnaires, au comité des finances. On avoit en effet, comme je vais le dire, à s'occuper d'objets tout autrement urgens. Il s'agissoit bien de s'arrêter à l'organisation d'une caisse, quand la monarchie entière se désorganisoit !

CHAPITRE LVII.

Désolation du royaume ; dévastation aux environs de Pontoise ; innondation de brigands sur toute la surface de l'Empire ; émeute à Brie-Comte-Robert ; soulèvement en Normandie ; alarmes des habitans de Soissons ; fermentation à Dijon ; sédition à Rennes et à Saint-Malo ; rumeur épouvantable à Strasbourg ; terreur à Bordeaux, parmi ceux qu'on appellent aristocrates ; mouvemens à Lyon ; vol d'églises ; pillage de châteaux ; rassemblemens de vagabonds à Auxonne ; agitation en Dauphiné ; tranquillité de la Provence ; particularités remarquables sur cette tranquillité ; hommage de l'auteur à ses compatriotes ; incursion de bandits à Cherbourg ; abbayes et châteaux mis à contributions ; désordres dans le Perche, dans l'Anjou, dans la Champagne ; assassinat commis aux environs de Joinville ; défection dans les troupes ; mot de M. de la Fayette ; ses efforts pour empécher des assassinats ; beaux momens pour la gloire de M. de Lally ; importante question qu'il présente à l'assemblée ; sublime discours qu'il prononce ; projet de proclamation qu'il présente ; observations sur ce projet ; comment il est accueilli dans l'assemblée ; emportement d'une partie des députés ; discours du comte de Mirabeau ; interpellation que lui fait M. Mounier ; réponse du premier ; division de l'assemblée, entre MM. de Lally et Mirabeau ; générosité et courage du premier ; nouveau discours qu'il prononce ; tumulte et violence qu'il occasionne ; beau mouvement de M. de Lally ; tempéramens qu'il propose ; issue du premier combat entre les amis et les ennemis de la paix.

Suite de Juillet 1789, et du second mois de l'interrègne.

Le calme de Paris étoit apparent ; la désolation de l'Empire entier étoit réelle ; le feu brûloit aux quatre coins du royaume. Les nouvelles qu'on reçut des différentes provinces dans la journée du 19, et dans la matinée du 20, glacèrent d'épouvante. Pontoise étoit menacé des mêmes désordres qui venoient de se commettre à Saint-Germain et à Poissy. Sept à huit cents vagabonds dévastoient les environs de cette ville, et demandoient qu'on leur livrât six têtes. Ses habitans ne virent d'autre ressource que de retenir, parmi eux, le régiment de Salis, quoiqu'il eût reçu l'ordre, comme toutes les autres troupes réglées, de se retirer. Le roi consentit à ce qu'il y restât deux fois vingt-quatre heures, pour donner le temps à l'assemblée, à qui les habitans de Pontoise avoient envoyé des députés, de prendre un parti sur leurs réclamations.

La commotion qu'avoit reçue la capitale, s'étoient propagée avec une rapidité incroyable dans tout son voisinage, et ensuite dans les provinces les plus éloignées. Des bandes nombreuses de scélérats partis de Paris, comme d'un centre commun, se répandoient dans les chemins, traversoient les villes, les villages, ne s'arrêtoient nulle part, faisoient sonner par-tout le tocsin, annonçoient des troupes étrangères, des hordes de brigands, crioient aux armes, et semoient l'argent où ils passoient (1).

Brie-Comte-Robert étoit dans les mêmes alarmes que Pontoise. Les habitans avoient été obligés d'abandonner leurs foyers.

A Rouen, il y eut un soulèvement dans lequel quelques personnes périrent. Tous les habitans coururent aux armes. Frappés d'une terreur panique, les habitans des autres villes, et des villages de Normandie, suivirent l'exemple de ceux de Rouen.

A Soissons, on vit tout-à-coup les villageois et les gens de la campagne refluer dans la ville avec leurs femmes, leurs enfans et leurs effets les plus précieux. Ils avoient vu, disoient-ils, un essaim de bandits se jetter dans les champs et faucher les bleds avant leur maturité.

A Dijon, la fermentation fut telle qu'on y vit une image de guerre civile. Le commandant voulant appaiser la sédition, fut saisi par la populace qui se disposoit à le mettre en pièces, et à le jeter dans un puits, si des forces supérieures ne fussent venues à l'instant à son secours, il perdoit la vie.

A Rennes, les bourgeois prirent les armes, s'emparèrent de l'Arsenal et des principaux postes; toute la ville fut dans la confusion. M. le comte de Langeron qui y commandoit, voulut contenir les insurgens; il fit approcher les régimens d'Artois et de Lorraine infanterie, et les dragons d'Orléans. Quand ces trois corps furent en bataille, huit cens soldats crièrent *vive la nation*, et se rangèrent du côté des bourgeois; les autres retournèrent dans leurs casernes. L'Hôtel-de-Ville suspendit la levée de tout impôt pour le roi, et de toute contribution pour les seigneurs. Il envoya des députés aux autres villes de la province, pour les engager à suivre cet exemple; elles prirent les armes, et on menaça d'envoyer quarante mille hommes à Versailles, pour protéger l'assemblée nationale, dont on croyoit les députés menacés dans leur liberté. M. de Langeron, dans l'espoir d'étouffer cette insurrection, fit avancer deux nouveaux régimens; mais voyant que cette mesure ne feroit qu'aigrir les esprits, il envoya contre-ordre aux deux régimens, et préféra d'employer les voies de douceur; ce fut inutilement. Il offrit d'obtenir le redressement de tous les griefs; il se soumit même à prendre la nouvelle cocarde; il ne put rien obtenir et se vit obligé de quitter la province; il fut assailli dans sa retraite, d'une grêle de pierres.

Les jeunes gens de Saint-Malo, plus fougueux encore que ceux de Rennes, arrêtèrent de s'emparer du fort de la Cité, et de celui du Châteauneuf, d'en enlever les pièces de campagne, les caissons, les fusils, de se former en deux divisions, l'une à pied, l'autre à cheval, de se faire suivre de chariots chargés de provisions de guerre et de bouche et de se rendre dans cet équipage à Versailles; le projet eût été exécuté si quelques-uns de ces jeunes gens n'eussent représenté aux autres qu'on attendoit d'heure en heure, un courrier de Paris qui, peut-être, apporteroit des nouvelles heureuses sur M. Necker et sur les députés.

Le commandant instruit de ces complots, jeta dans chacune des forteresses, un renfort de soixante hommes. Cette précaution fut inutile. Ces soldats se rangèrent du côté des jeunes gens. Ceux-ci demandèrent au lieutenant de roi, les clefs de la ville qu'on étoit dans l'usage de lui porter tous les soirs. Il les refusa à une première et à une seconde députation. Une troisième le somma, ou de les donner ou de sortir du château. Sur cette sommation, il entra en pourparler; mais pendant qu'il haranguoit une partie des bourgeois, tous se jettèrent à la fois dans le château, et lui enlevèrent de force les clefs.

A Strasbourg, la fermentation qu'entretenoient les nouvelles de Paris, éclata tout-à-coup; le 19 au soir, plusieurs quartiers se trouvèrent illuminés, sans que cette illumination eût été ni demandée, ni autorisée. Par-tout où il n'y avoit pas de lumières, on cassa les vîtres des croisées.

Le lendemain matin, plusieurs avis arrivèrent aux magistrats, que s'ils ne faisoient pas la remise des droits qu'ils percevoient sur la viande, il y alloit avoir une épouvantable révolte.

Les magistrats s'étant réunis à l'Hôtel-de-Ville, des députés de la bourgeoisie s'y rendirent pour avoir leur réponse. Au milieu des conférences, on

---

(1) Ce sont là des faits qu'on ne sauroit nier, car ceux qui ont le plus désiré la révolution, en conviennent. Voyez notamment la seconde lettre de M. de Lally à ses commettans, *pag. 77 et suivantes.*

entend des cris horribles ; les croisées sont brisées, une grêle de pierres pleut dans la salle. Ceux qui s'y trouvoient, furent obligés de quitter bien vîte la place.

On n'eut garde de se roidir contre cette sédition ; tout ce que la bourgeoisie demandoit fut accordé. Les magistrats souscrivirent à tout ce qu'on exigeoit d'eux, ils en portèrent le décret qu'ils signèrent tous, et qu'ils publièrent, croyant par cette déférence calmer le peuple ; ils se trompèrent. Comme on affichoit le décret dans un quartier, dans un autre on crioit que les magistrats s'étoient rétractés, et qu'ils alloient hausser le prix de la viande. Il falloit à ceux qui souffloient l'esprit d'insurrection, une révolte à quelque prix que ce fût. Le peuple investit l'Hôtel-de-Ville ; une foule d'ouvriers armés de haches, de marteaux, de leviers, se présenta sur la place ; une partie enfonça les portes ; d'autres appliquèrent des échelles, et montèrent par les fenêtres. En quelques minutes, tout fut brisé. Les archives et les caisses furent forcées et pillées ; les papiers volèrent par les croisées ; on lacéra les titres et les registres ; la place et les rues adjacentes se trouvèrent jonchées de ces débris. On ne laissa pas une tuile sur l'édifice ; on dépouilla les murs ; ils restèrent absolument nus. La canaille descendit dans les caves, emporta une partie des vins, fit couler l'autre dans les rues. Les maisons de deux principaux magistrats furent mises dans le même délabrement que l'Hôtel-de-Ville. Plusieurs autres étoient désignées ; mais enfin des renforts considérables de troupes arrêtèrent ces brutales dévastations.

A Bordeaux, la terreur fut si grande parmi ceux qu'on qualifioit d'aristocrates, que presque tous les conseillers au parlement, se firent inscrire dans les compagnies de la milice bourgeoise, et montèrent, avec beaucoup de complaisance, la garde, comme les autres habitans. L'officier qui commandoit dans le château-Trompette n'attendit pas qu'on vînt l'y assiéger. Il se hâta, avant même d'en être sommé, d'envoyer ses clefs aux quatre-vingt-dix électeurs des communes. Pour qu'on ne doutât pas que M. Necker étoit la cause de toute cette effervescence, on dressa à la hâte, au bas du piédestal de la statue de Louis XV, un échaffaudage sur lequel on plaça le buste du ministre, orné d'une guirlande de lauriers et de fleurs, avec cette inscription : *la plus honorable qu'un mortel puisse désirer*.

Les Lyonnois voulurent, à l'exemple des parisiens, s'emparer de Pierre-Encise ; mais le gouverneur, au premier mouvement qu'il apperçut, les prévint. Il invita lui-même les habitans à se rendre dans la place, et les mit à portée de se convaincre par leurs propres yeux, qu'elle ne renfermoit rien qui pût leur donner de l'inquiétude.

En Franche-Comté, comme en Bourgogne, on se livra à de grands mouvemens ; on vola des églises ; on pilla des châteaux, on maltraita quelques nobles. A Auxonne, il se fit un rassemblement formidable de vagabonds qui, delà se répandirent dans les environs, allèrent jusqu'à Châlons-sur-Saône, et pillèrent tous les châteaux qu'ils trouvèrent sur leur passage.

Les dauphinois s'agitèrent beaucoup aussi ; à Grenoble, et dans tout le reste de la province, presque toutes les propriétés furent menacées.

La Provence seule où les esprits, trois mois auparavant, étoient dans une si grande agitation, ne partagea pas le délire du reste de la France, à l'époque de la prise de la Bastille. Les ordres et les officiers du roi furent constamment respectés dans cette province. Il ne s'y commit pas le plus léger désordre. Cette tranquillité que la présence de Mirabeau avoit troublée, étoit parfaitement rétablie depuis son départ. Les Provençaux la devoient à l'accord qui régnoit entre le parlement et M. le comte de Caraman, commandant de la province. Celui-ci jouissoit d'une autorité si paisible que sur une simple invitation verbale de sa part, et quoiqu'il fût seul dans Marseille, ses troupes étant logées dans les fauxbourgs, la garde bourgeoise qui avoit été formée le 24 mars précédent, consentit à sa dissolution. M. de Caraman en créa et en breveta une nouvelle au nom du roi. C'est cette nouvelle garde qui a conservé la paix dans la ville de Marseille, jusqu'au 7 février 1790, époque du départ du commandant. A l'égard des autres villes de la province, les gardes nationales s'y formèrent à l'instar de celles du reste du royaume, et comme elles, sur le bruit répandu de tous côtés, de l'arrivée de milliers de brigands. M. de Caraman rétablit aussi dans ses fonctions l'ancien conseil de la ville, qui, sous sa protection, les exerça sans opposition. Tout étoit si tranquille autour de cet officier, qu'il alloit par-tout sans escorte ; il n'avoit point de garde chez lui. Les cœurs qu'il avoit eu l'art de réunir en faveur du roi et de l'ordre, étoient sa seule sauvegarde.

Il y eut bien dans toute la Provence une grande rumeur, lorsqu'on y apprit l'exil de M. Necker ; mais elle n'eut aucune suite. Cette rumeur se manifesta sur-tout à Marseille. La tristesse et l'humeur se peignirent sur toutes les physionomies. Le peuple se porta dans la cour de l'hôtel de M. de Caraman ; la foule étoit continuelle la nuit comme le jour. On demandoit au commandant des nouvelles, d'un air inquiet, et d'un ton beaucoup moins obligeant que celui avec lequel on lui avoit toujours parlé. Il tranquillisa tous les esprits par ses manières et ses discours.

Lorsqu'on sut que le ministre étoit rappelé, la joie prit la place de la tristesse ; mais ce n'étoit plus ce calme, cette aménité qui régnoient depuis le départ de Mirabeau. Les mouvemens étoient plus brusques, plus violens. On voulut une illumination, un temple de verdure, et un bal sur la place qui s'étoit toujours appelée *la Tour*, et que depuis quelque temps le peuple avoit surnommée la place *Necker*. M. le comte de Caraman ne voulut pas de cette consécration, craignant qu'elle n'exaltât trop les têtes. Il obtint que la fête se donneroit sur la place appelée *la Couubierre*. La fête y eut lieu; elle fut très-brillante, et se passa avec ordre.

La prise de la bastille cependant, et les lettres que Mirabeau écrivoit en Provence, embrâsoient les ames. Le peuple de Marseille montroit une grande envie de prendre aussi une bastille. Il se fit des attroupemens sur le cours. La garde bourgeoise, que commandoit M. le Chevalier de Damas, les dissipa. Il y eut des affiches, des rendez-vous; on tint des assemblées chez un sieur d'Arquier, où il se fit des motions très-déraisonnables. M. de Caraman y envoya des personnes qui calmèrent les esprits. On se plaignit de ce que le conseil municipal ne représentoit pas assez la cité; le commandant le renforça du conseil des électeurs, composé des trois ordres. Cette condescendance étoit nécessaire, parce que les impositions ne se payoient pas; elle satisfit le peuple. Les choses restèrent dans cet heureux état de tranquillité jusqu'au 27.

Ainsi dans cette terrible semaine, que la postérité appelera la semaine de la révolution, au sein des orages qui la rendront à jamais mémorable, il ne se tira pas un seul coup de fusil, il ne se répandit pas une seule goutte de sang en Provence; le commerce fut toujours libre, jamais interrompu; les routes furent sûres; la maréchaussée fit son devoir comme dans les temps les plus calmes. Ce prodige s'opéra sans que personne murmurât, sans que les priviléges d'aucune ville fussent enfreints. En tout lieu, les troupes du roi vécurent dans la meilleure intelligence avec les bourgeois, et le commandant réunit les suffrages de toutes les classes de citoyens. D'où venoit cet heureux calme, quand, par-tout ailleurs, la terreur d'un côté, le crime de l'autre, ne présentoient que des images funestes? Cette tranquillité venoit de ce que le parlement et le commandant de Provence comprirent que quand le gouvernement ne gouverne plus, ses agens doivent gouverner pour lui. Qu'il eût été heureux pour la France que cette vérité eût été généralement comprise! A quelle longue suite de calamités notre patrie eût échappé, si les officiers du roi eussent su se convaincre que c'est surtout lorsque le malheur des temps fait sommeiller l'autorité suprême, que ceux qui en sont dépositaires doivent veiller. Les provençaux du moins, si jamais le délire qui nous égare fait place à la raison, se rappelleront avec attendrissement ce qu'ils doivent de reconnoissance à deux autorités dont la réunion maintint parmi eux l'ordre et la paix au milieu des secousses de la plus violente tempête, qui ait jamais troublé l'empire françois. Né en Provence, d'un père dont le nom et le mérite n'y mourront jamais, devant à l'éducation que j'ai reçue dans cette belle province, le peu que je vaux, il doit m'être permis de saisir cette occasion d'offrir à mes compatriotes, l'hommage de mon tendre attachement, et de joindre le tribut de ma gratitude personnelle, à celui qu'ils payeront un jour, sans doute, aux magistrats de leur parlement, et à M. le comte de Caraman.

Vers l'autre extrémité du royaume, à Cherbourg, il s'en falloit de beaucoup qu'on goûtât cette tranquillité (1). Les habitans s'étant réunis pour célébrer, par une fête, l'arrivée du roi à Paris, quatre à cinq cent bandits, trouvant la circonstance favorable à leurs desseins, tentèrent de mettre toute la ville au pillage. Ils se répandirent armés des premiers objets qu'ils trouvèrent sous la main; ils avoient déja enfoncé quelques portes; mais les bourgeois s'armèrent à leur tour, marchèrent contre ces misérables, les mirent en fuite, et en arrêtèrent sept. Le grand prévôt, environné de la maréchaussée, se transporta sur la place publique, mit devant lui une table, et procéda, sur-le-champ, au procès des sept rébelles; mais l'affaire ne fut pas poursuivie.

En Flandres, toutes les barrières furent forcées; le sel et le tabac s'y vendirent au plus bas prix; les châteaux et les abbayes furent mis à contribution. Une troupe considérable de brigands entoura tout-à-coup l'abbaye de Vicoigne, et menaça de l'incendier, si les religieux ne donnoient, sur-le-champ, une somme de seize mille livres; ils furent en effet obligés de la donner à ces misérables. Cette troupe répandit la consternation dans Valenciennes; elle avoit un chef; il fut arrêté, constitué prisonnier, et ensuite élargi.

---

(1) Je dois ici relever une inexactitude qui m'est échappée dans le chapitre quarante-sept de la troisième partie de cette histoire, p. 136. Cette inexactitude n'est rien en elle-même; mais comme elle pourroit induire à me supposer des intentions que je n'ai pas, je dois m'empresser de la réparer. J'ai dit, en parlant des tentatives qui se firent, au moment même où la capitale se souleva, pour porter les habitans de Cherbourg à la sédition, que M. Dumourier, qui y commandoit, avoit été officier dans un des régimens de M. d'Orléans. M. Dumourier n'a jamais servi dans aucun régiment d'Orléans; il a été officier dans celui de Descars, cavalerie, qui fut incorporé dans celui de Penthièvre. Depuis il a été attaché, comme colonel, à la suite du régiment de Penthièvre. Je relève cette erreur, parce que des personnes ont cru que j'avois voulu donner à entendre que dans ces momens où Cherbourg s'agita, M. Dumourier entretenoit des relations avec M. d'Orléans; la conduite que M. Dumourier tient depuis la révolution, est si loin de mes principes, qu'on me croira aujourd'hui quand j'assure que je n'ai point eu en vue de l'inculper d'une correspondance criminelle.

Dans le Perche, les campagnes furent désolées ; celles de l'Anjou furent également ravagées et les bourgeois d'Angers s'emparèrent du château.

La Champagne ne fut pas plus exempte de troubles que les autres provinces. Il se passa auprès de Joinville, dans un village appelé Poisson, une scène, qui montrera à quoi tenoient, dans ces temps malheureux, la vie et les propriétés de l'homme paisible.

Un particulier d'une naissance obscure, mais laborieux et d'une bonne conduite, après avoir passé sa jeunesse dans les travaux des minières, étoit parvenu, par son industrie, à se rendre adjudicataire de celles de son canton. Il se voyoit ainsi à la tête de plusieurs ouvriers, et chacun lui rendoit la justice qu'il en étoit le bienfaiteur. Il alloit lui-même dans les marchés, acheter le bled qui leur étoit nécessaire, et donnoit à chacun d'eux la portion dont il avoit besoin ; il la déduisoit sur leur salaire, mais en l'évaluant au prix des marchés ; de sorte qu'il revendoit ces grains précisément ce qu'ils lui avoient coûtés ; cet arrangement gratuit de sa part étoit un véritable service qu'il rendoit à ses ouvriers : aussi s'en montroient-ils très-reconnoissans. Mais quand les momens de la séduction et de l'ingratitude furent arrivés, ils écoutèrent les calomniateurs, et prétendirent que leur bienfaiteur accaparoit les grains, pour les revendre ensuite plus cher qu'il ne les avoit achetés. Mus par cette imposture, ils se jetèrent dans sa maison, pillèrent ses effets les plus précieux, brisèrent les glaces, les vîtres, mirent en pièces les meubles, enfoncèrent les planchers, hachèrent les poûtres. Cet infortuné, qui étoit chez lui lorsque ces monstres complotèrent cet attentat, s'évada dès qu'il les apperçut, et courut à travers champ, cherchant un asile où il pût mettre sa vie en sûreté. Quelques-uns de ces scélérats, qui s'étoient apperçus de sa fuite, coururent après lui ; l'un d'eux l'atteignit, et lui détacha sur la tête un coup de hache. L'infortuné, tout couvert de sang, s'enfonça dans les bois, alla frapper à la porte de l'abbaye de Saint-Urbain et demanda l'hospitalité ; elle lui fut accordée. Il étoit à peine entré que quelques-uns de ceux qui le poursuivoient arrivèrent aux environs de l'abbaye, et demandèrent si on ne l'avoit pas vu passer, ne dissimulant pas qu'ils vouloient le mettre en pièces. La générosité alors s'exiloit des campagnes comme des villes. Les habitans indiquèrent avec joie l'asile de la victime. Les assassins s'y précipitèrent. Les religieux, en fuyant, firent évader leur hôte. Il se fraya une route par le haut des montagnes, et vint se rendre à Joinville. La canaille l'arrêta à la porte de la ville, et se disposa à le pendre sur-le-champ ; un bourgeois, appelé M. Roger, homme intrépide, et comptant pour rien sa vie, s'il pouvoit sauver celle d'un infortuné, accourut au bruit que faisoit cette troupe de cannibales. Il s'avança vers elle avec intrépidité, la gourmanda sans ménagement, saisit au collet le malheureux habitant de Poisson, et en dépit de ses bourreaux, l'entraîna dans sa propre maison. Elle fut bientôt environnée ; l'air retentit d'horribles menaces contre M. Roger. Qu'on se peigne la désolation de son épouse et de ses enfans. Celle-là s'élevant tout-à-coup au-dessus de son sexe, s'arme d'un fouet de poste, sort de sa maison, se présente à ces furieux, leur demande de quel droit ils osent menacer ce qu'elle a de plus cher ; ils lui protestent qu'ils n'entendent faire aucun mal ni à elle ni à sa famille, mais ils ajoutent qu'il faut leur rendre l'homme qu'ils poursuivent, parce qu'ils veulent le pendre sur-le-champ.

Pendant ce pourparler, M. Roger apprend d'un de ses domestiques, une nouvelle propre à disperser tous ces tigres, et mettre leur proie en sûreté. Le domestique est chargé par son maître de crier à ces forcenés, qu'il a apperçu une nombreuse troupe de gens armés qui s'avançoient vers Joinville par la route de Lorraine. C'étoit un fait vrai, ces gens-là y crurent, et coururent au-devant de la troupe. M. Roger profitant de leur éloignement, fit atteler deux chevaux de poste à un cabriolet, y plaça son intéressant protégé, et parvint ainsi à le soustraire à la mort qu'il avoit vue de si près.

Les tribunaux prirent connoissance de cette affaire, et lancèrent des décrets de prise-de-corps contre les ouvriers de l'habitant de Poisson. Dès qu'ils en furent instruits, ils coururent se réfugier dans les minières ; un régiment de cavalerie les y cerna. Leurs femmes se présentèrent pour leur porter des vivres ; on le leur permit ; on s'assura seulement qu'elles n'introduisoient point d'armes dans les souterreins. Quelques-uns de ces malheureux s'ennuyant de vivre dans ces antres, furent pris à leur sortie. Le bruit s'étant ensuite répandu que les femmes des autres prisonniers leur avoient apporté de la poudre, qu'ils alloient y mettre le feu, et que la montagne sous laquelle ils s'étoient ensevelis, alloit sauter, le régiment qui en occupoit la surface et les environs, ne trouvant pas la place tenable, l'abandonna. C'est ainsi que se termina cette affaire qui n'a jamais eu d'autre suite. Ceux d'entre ces misérables qui avoient été arrêtés en vertu des décrets lancés contr'eux, furent élargis quelque temps après. Aucun des coupables n'a jamais été puni, et l'infortuné adjudicataire des minières n'a jamais été dédommagé ni des souffrances qu'il a essuyées, ni des pertes irréparables qu'il a faites. Un tel homme ne devoit pas bénir la convocation des états-généraux. Et combien d'autres propriétaires à qui cette convocation n'étoit pas moins funeste !

S'il est vrai, comme dit J.-J. Rousseau, *que pour instituer un peuple, la condition sans laquelle toutes les autres sont inutiles, c'est qu'on jouisse de l'abondance et de la paix*, nos législateurs ne pouvoient pas commencer leur travail sous de plus fâcheux auspices, car alors la misère et le désordre étoient presqu'à leur comble en France. Ils ne pouvoient pas se le dissimuler ; ils n'ignoroient aucune des particularités que je viens de raconter ; ils savoient que les loix étoient impuissantes, que les tribunaux étoient muets, que la force publique se brisoit, que dans la plupart des régimens de ligne, les soldats qui vouloient aussi être la *nation*, se soulevoient contre les officiers qu'ils accusoient d'aristocratie. Il étoit notoire et visible à tout le monde, que les troupes retirées des environs de Paris, se fondoient, pour ainsi dire, en route, et que des compagnies entières revenoient dans la capitale se livrer aux habitans. Il s'en falloit de beaucoup qu'on désapprouvât cette défection; on y applaudissoit, on l'encourageoit. Des journalistes dévoués à M. de la Fayette (1), ont écrit qu'un électeur lui montrant une foule de ces soldats qui refluoient dans Paris, et lui ayant demandé ce qu'il falloit faire de ses déserteurs, il lui répondit : « Déserteurs ! doucement, monsieur, les seuls déserteurs sont ceux qui n'ont point abandonné leurs drapeaux. »

On savoit qu'un autre danger menaçoit l'état : les ressources qu'il tiroit des contributions publiques, devenoient plus précaires que jamais, non-seulement par la disette qui menaçoit les contribuables, mais encore par les violences que presque par-tout on exerçoit contre les percepteurs. Plusieurs municipalités avoient même rendu des arrêtés très-alarmans sur la levée des impôts.

Enfin cette sécurité qu'on affectoit d'avoir à Paris, depuis le voyage qu'y avoit fait le roi, n'étoit qu'hypocrisie. La vérité veut que je dise que personne, dans le fond de son ame, ne se croyoit en sureté ni pour ses propriétés, ni pour sa vie. Dans les journées du 18 et du 19, il ne se commit pas à la vérité de grands désordres, mais on ne pouvoit pas se dissimuler par les discours qui se tenoient au Palais-Royal, par les placards qui s'affichoient au coin des rues, par les estampes qui s'étaloient avec profusion dans tous les passages publics, et qui toutes invitoient à égorger les ecclésiastiques et les nobles, on ne pouvoit pas, dis-je, se dissimuler que les assassins aiguisoient leurs poignards. Tout présageoit le pillage des grains, l'embrasement des maisons, le meurtre des propriétaires. Chaque instant de ces journées du 18 et du 19, qu'on vouloit se persuader être très-pacifiques, fut employé par M. de la Fayette à empêcher des assassinats. L'Hôtel-de-Ville ne désemplissoit pas de gentilshommes que la garde bourgeoise arrachoit avec beaucoup de peine des mains du peuple qui accusoit les uns d'aristocratie, les autres de monopole. De ce nombre furent MM. le vicomte de la Tour-Dupin, de Ségur, fils du ministre, le vicomte et la vicomtesse de Saint-Simon, le comte et la comtesse de la Châtre, le marquis de Lambert, maréchal-de-camp. Ce fut avec des peines incroyables et en usant de toutes les sortes de stratagèmes qu'on parvint à dérober ces victimes au peuple. M. de Lambert courut les plus grands dangers. La multitude qui le poursuivoit, vouloit l'arracher des bras même de M. de la Fayette. Ce féroce acharnement donna à celui-ci de l'énergie, et dans l'indignation que lui causoit cette ardeur à répandre le sang, il s'écria avec courage : « Je périrai plutôt que de laisser condamner sous mes yeux, un accusé, par d'autres que par ses juges naturels. » Il mit autant d'opiniâtreté à défendre l'officier général, qu'on en mettoit à vouloir l'immoler. Il remporta enfin dans cette lutte qui l'honore, la victoire.

Les succès de M. de la Fayette contre les légions de meurtriers qui l'environnoient à tout instant, n'étoient pas propres à rassurer ; ils devenoient au contraire de nouveaux sujets d'alarmes pour ceux qui craignoient qu'il ne plût à la populace, de les mettre au nombre des proscrits. Les efforts qui obtenoient ces succès, étoient trop pénibles et trop continus, pour qu'à la fin ils n'eussent pas un terme. Le service rendu à M. de Lambert avoit valu à son libérateur, des murmures, des imprécations, des menaces. La position où se trouvoit M. de la Fayette, l'envie bien prononcée qu'il avoit de conserver sa popularité et son commandement, ses idées incertaines sur l'ordre social, son caractère qui le portoit plutôt à céder qu'à résister ; tout cela faisoit craindre qu'il ne se décidât, pour appaiser la faim de tous ces tigres, à leur laisser dévorer quelques proies.

Voilà quelle étoit l'image que présentoient le royaume et la capitale, le 20 juillet ; voilà ce que les députés connoissoient à merveille ; les uns immobiles d'effroi n'osoient fixer leur vue ni sur le présent ni sur l'avenir, les autres voyoient avec complaisance toutes les parties de l'antique édifice de notre monarchie se détacher et s'écrouler dans les abîmes de l'anarchie ; tous se taisoient.

La vérité vint enfin se montrer à ces législateurs mal avisés qui oublioient ce qu'a dit J.-J. Rousseau, que *s'il est vrai qu'il y ait des gouvernemens établis durant les orages, ce sont ces gouvernemens même qui détruisent l'état*. L'histoire des débats qui suivirent la manifestation de cette vérité, est très-intéressante. Ils obligèrent ceux qui vouloient en effet détruire l'état (1) à jeter leur masque. M. le comte

---

(1) Voyez notamment Révolutions de Paris, n°. 2, pag. 47.

(1) Je sais que c'est une opinion qui a beaucoup de faveur, qu'on n'a pas seulement voulu *détruire l'état*, mais qu'on a voulu aussi *le vendre*. Je n'ai rien à dire pour le moment sur cette opinion ; j'attendrai que l'ordre des faits m'amène à présenter les éclaircissemens qui pourront donner à connoître ce qu'il faut en penser.

de Lally déploya, dans ces débats, une éloquence mâle, un courage héroïque; ces momens-là sont les plus beaux pour sa gloire, et je n'aurai garde de lui n rien dérober. Il nous dit lui-même, dans un de es écrits, que c'est une des occasions où il a attaché le plus de prix à ses efforts; que c'est un des souvenirs les plus consolans qu'il ait emportés, parce qu'il est bien sûr d'avoir fait, à cette époque, tout ce qui étoit en lui pour détourner les maux qui désoloient son pays.

Ce fut dans la séance du 20, après que les députés des actionnaires de la caisse d'escompte eurent quitté l'assemblée, qu'il contraignit tous les partis de l'écouter et de s'occuper de la désolation du royaume. La question étoit de la plus haute importance; sa solution étoit urgente, et présentoit de grandes difficultés. Il s'agissoit de savoir si on laisseroit l'anarchie continuer ses conquêtes. Dans le cas de la négative, comment contraindroit-on les peuples à reprendre le joug de l'obéissance, quand le gouvernement étoit sans énergie, la plupart de ses agens sans courage, les tribunaux sans force?

M. le comte de Lally représenta qu'à partir du point où l'on étoit, il devenoit évident qu'on n'avoit à redouter que les projets des factieux, que les dangers de l'anarchie. « L'assemblée nationale, dit-il, devenue toute-puissante, n'a à se mettre en garde que contre l'excès même de cette puissance. Elle peut la perdre, ou, ce qui est pire encore, la faire haïr, si elle en abusoit, si elle l'isoloit, si elle brisoit tout autre pouvoir devant elle. Elle la fortifiera, elle la fera bénir, en la modérant, en se liant à l'autorité royale qu'elle doit maintenir, et dont elle-même ne peut se passer, sur-tout, en se hâtant de concert avec le roi, d'assurer par-tout l'ordre public. »

Il me semble qu'aucun homme, de quelque vertu, de quelque génie qu'il fût doué, ne pouvoit, dans les circonstances, parler avec plus de sagesse. Quelle différence de M. de Lally parlant dans cette occasion, avec M. de Lally montrant, dans une salle de l'hôtel-de-ville, au peuple, son roi couvert d'humiliations!

S'échauffant ensuite du feu du véritable patriotisme, il ajouta ces belles vérités : « Il s'agit ici de l'état entier; il est plus que temps de raffermir la puissance publique ébranlée jusques dans ses fondemens; plus que temps de réunir toutes les parties éparses d'un gouvernement qu'on cherche et qu'on ne trouve plus, et de resserrer des liens sans lesquels toute société se dissout.

Du reste, dit encore M. de Lally, le stoïcisme qui nous conduiroit à dicter froidement des loix, tandis qu'autour de nous, on ordonneroit des meurtres, me paroît loin d'être une vertu. Je ne sais pas même de quel droit nous prétendrions tant priser la liberté de ceux dont nous priserions si peu les jours, et quelle espèce de générosité nous trouverions à mépriser des dangers que nous ne partageons pas. »

Que l'éloquence est sublime quand elle parle le langage de la raison et de la justice! M. de Lally avoit fait précéder ce beau discours, d'un tableau fidèle, mais fortement tracé de la situation actuelle du royaume; il le termina par un projet de proclamation dans lequel, après avoir présenté aux françois, l'image de leur position, de leurs espérances et de leurs devoirs, il les invitoit tous à la paix. » Ce projet, dit M. de Lally, préservoit leurs vies et leurs propriétés, menaçoit les méchans, protégeoit les bons, maintenoit toutes les loix en vigueur; et tous les tribunaux en activité. « Voilà de magnifiques promesses; on va juger si elles étoient fondées; ce projet de proclamation étoit ainsi conçu:

« L'assemblée nationale considérant que depuis l'instant où elle s'est formée, elle a fait ce qu'elle a pu, ce qu'elle a dû pour lui mériter la confiance des peuples; qu'elle a déja établi les premiers fondemens sur lesquels reposent la félicité publique et la régénération de l'état; que le roi a dû pareillement mériter la confiance de ses fidèles sujets; qu'il a invités non-seulement à réclamer leurs droits, mais que sur la demande de l'assemblée, il a encore écarté tous les sujets qui pourroient lui porter ombrage; qu'il a éloigné les troupes, banni les conseillers, dont la présence étoit un objet d'inquiétude et d'alarmes pour la nation, rappelé ceux dont elle sollicitoit le retour; qu'il est venu au milieu de la nation, avec l'abandon d'un père, lui demander des secours pour sauver l'état; qu'ils s'est confondu avec les représentans de la nation. »

« Que dans ce concert parfait entre le chef et les représentans, et après la réunion de tous les ordres, l'assemblée va s'occuper sans relâche du grand travail de la constitution. »

« Que les troubles nouveaux qui pourroient survenir, ne pourroient que lui être contraires. »

« Que tout citoyen doit frémir aux mots de *troubles*, qui toujours entraînent des proscriptions arbitraires, la désertion des villes, l'émigration du royaume, la division des familles, enfin le renversement de l'ordre social. »

« L'assemblée nationale a invité et invite tous les françois, à la paix, à l'amour de l'ordre, au respect des loix, à la confiance qu'ils doivent avoir dans leurs représentans, à la fidélité dans le souverain. »

« Déclare que quiconque se portera à enfreindre tous ces devoirs, sera regardé comme un mauvais citoyen. »

« Déclare que tout homme soupçonné, accusé, arrêté, doit être remis dans les mains du juge naturel qui doit le réclamer. »

« Déclare enfin en attendant l'organisation qui pourra être fixée pour les municipalités, qu'elle les autorise à former des milices bourgeoises, en leur recommandant d'apporter la plus sévère attention à cette formation, et de n'admettre que ceux qui sont incapables de nuire à la patrie, et capables de la défendre. »

M. de Lally tomboit de bien haut par ce projet de proclamation : ce n'étoit pas une simple invitation qu'il falloit à la France, dans l'état de crise où elle étoit, c'étoit une force coercitive. Quand une société se dissout par la licence du plus grand nombre de ses membres, il lui faut un dictateur, car il n'y a plus d'autre moyen de retenir une populace mutinée, qui court à tous les excès, que la sévérité. Qu'y avoit-il de plus convenable, et pour la forme de notre gouvernement, et pour la nature des circonstances, que de revêtir de cette dictature Louis XVI, c'est-à-dire que de lui rendre toute la plénitude de l'autorité dont il avoit été dépouillé en quelques jours, et de se faire, de cette autorité, un égide contre les complots des séditieux ? On n'avoit pas à craindre que le roi abusât de ce retour nécessaire de confiance. Son caractère, ce qu'il avoit fait, la nécessité où il auroit été de se tenir étroitement lié avec les députés, pour ne pas allumer une seconde fois le feu de la discorde, c'en étoit plus qu'il n'en falloit pour rassurer tous les hommes droits, et il suffisoit que ceux-là crussent à la probité de Louis XVI, pour contraindre les autres à y croire.

M. de Lally manquoit totalement son but par l'établissement des milices bourgeoises. Leur formation mettoit toute la force dans les municipalités. Chaque municipalité devenoit une république isolée, indépendante du reste de l'empire, mais dépendante de sa milice. D'ailleurs, comme l'avoit dit M. Rozet de la Saussaye au district des Mathurins, « quand tout le monde est armé, il n'y a plus que ceux-là qui veulent obéir qui obéissent. »

Comment encore M. de Lally pouvoit-il espérer que chez un peuple dont la plus grande partie étoit arrivée au dernier degré de la dépravation, on parviendroit ne composer les milices bourgeoises que d'hommes incapables de nuire à la patrie, et capables de la défendre ?

La ressource proposée par M. Rozet de la Saussaye, qui n'avoit pas attendu, pour y recourir, les désastreuses nouvelles qu'on reçût dans les journées du 18 et du 19, étoit la seule à adopter. Il falloit que chacun posât les armes, et se convainquît que c'en étoit fait du salut de la patrie, s'il ne s'établissoit pas la confiance la plus intime, l'union la plus étroite entre le roi et les députés. La division de ces deux puissances, causoit nécessairement le déchirement du reste du royaume. Le calme rétabli, les états-généraux se seroient occupés, avant tout, de soulager la misère des peuples. Alors on auroit eu les conditions demandées par J.-J. Rousseau, pour instituer un peuple : la paix et l'abondance.

M. de Lally fut écouté avec attention, mais fréquemment interrompu par de vifs applaudissemens. Lorsqu'il eût fini de parler, les applaudissemens redoublèrent. L'enthousiasme se manifesta par les témoignages les plus flatteurs. On demanda, on exigea une seconde lecture, et après cette seconde lecture les acclamations, les cris de félicitations recommencèrent. Mais les membres du club Breton ternirent ce beau triomphe ; ils ne purent se contenir ; ils se répandirent en murmures, tant étoit contraire à leurs vues, le plus foible espoir du retour de l'ordre. S'agitant comme des démoniaques sur leurs siéges, l'un crioit à M. de Lally : « votre sensibilité vous a séduit ; » un autre : « ces incendies, ces emprisonnemens, ces assassinats sont des contrariétés qu'il faut savoir supporter comme nous avons dû nous y attendre ; » un troisième : « votre imagination a créé des dangers qui n'existent pas ; il n'y a de dangers que dans votre motion. »

« Oui, répétoit celui-là, il n'y a de dangers que dans votre motion : danger pour la liberté, parce que l'on ôtera au peuple une inquiétude salutaire qu'il faut lui laisser ; danger pour la tranquillité publique, parce qu'on donnera au peuple une fausse inquiétude dont il faut le préserver ; danger pour l'assemblée qui va voir Paris se déclarer contr'elle, si elle accepte la motion ; danger pour le pouvoir législatif, qui, après avoir brisé l'action si redoutable de l'autorité, va lui en rendre une plus redoutable encore ; danger pour le pouvoir exécutif, qui sera compromis, parce qu'on ne lui obéira point. »

Il y avoit de grandes contradictions dans cette énumération de dangers ; mais ceux qui les calculoient étoient trop violemment agités par le dépit que leur causoit le projet de déclaration pour être d'accord avec eux-mêmes.

« Quelle est notre mission, crioit-on encore parmi ces clubistes ? De faire des loix ; tout autre objet nous est donc étranger : quelques désordres, bornés à quelques lieux, et menaçant quelques individus, ne doivent pas détourner notre attention. Il s'agit du salut de l'état, de la liberté publique, et non du salut et de la liberté des particuliers. »

Parmi ces hommes que l'idée d'ordre jetoit dans des accès de déraison, le comte de Mirabeau se distingua ; il parla ainsi :

« Je commence par déclarer, qu'à mon sens, les

petits moyens compromettroient inutilement la dignité de l'assemblée. »

« Examinons quelles sont les causes des désordres de Paris; la première et la principale, c'est qu'aucune autorité reconnue n'y existe, c'est que le dissentiment le plus marqué s'établit entre les districts et les électeurs. Ceux-ci ont saisi les rênes de l'administration de la ville, sans consentement formel de la commune, mais autorisés par un péril imminent. A présent qu'ils ne peuvent pas méconnoître le principe, qu'ils sentent que ce consentement est absolument nécessaire, ils ont encore des assemblées; ils ont délibéré, si, nonobstant le vœu formé par les districts, de créer une administration nouvelle, ils ne resteroient pas revêtus du pouvoir qu'ils exercent; ils ont enfin établi dans leur sein, un comité permanent, qui n'a point de rapport direct avec les districts, dont l'objet incontestable est le bien public, dont la continuation a été nécessitée par les circonstances, mais dont le fruit est devenu nul, parce que les créateurs et les créés ne sont que de simples particuliers, sans délégation, sans confiance, et que leur pouvoir a cessé au moment où leur mission d'électeur a été consommée. »

« De-là, résulte que les districts ne s'accordent point, ne marchent point ensemble; que durant cette anarchie il est impossible d'égaliser le fardeau, de proportionner les contingens et les secours; qu'il faut au plutôt réunir les districts; qu'on le fera aisément par l'intervention de quelques députés conciliateurs; que la commune nommera un conseil provisoire; et que ce conseil s'occupera d'un plan de municipalité, dont l'établissement assurera la subordination et la paix. »

« Les municipalités sont d'autant plus importantes, qu'elles sont la base du bonheur public, le plus utile élément d'une bonne constitution, le salut de tous les jours, la sécurité de tous les foyers; en un mot, le seul moyen possible d'intéresser le peuple entier au gouvernement, et de réserver les droits à tous les individus. Quelle heureuse circonstance, que celle où l'on peut faire un si grand bien, sans composer avec cette foule de prétentions, de titres achetés, d'intérêts contraires que l'on auroit à concilier, à sauver, à ménager dans les temps calmes! Quelle heureuse circonstance que celle où la capitale, en élevant sa municipalité sur les vrais principes d'une élection libre, faite par la fusion des trois ordres dans la commune, avec la fréquente amovibilité des conseils et des emplois, peut offrir à toutes les villes du royaume, un modèle à imiter! »

Cette harangue de Mirabeau sembloit absolument étrangère à la question, car tout ce qu'il disoit là ne prouvoit point qu'il fut inutile ou dangereux d'adopter le projet de proclamation. On ne voit pas, en effet, que parce qu'on créeroit des municipalités, il devint superflu d'inviter les François à la paix. Mirabeau, au reste, dans le système qu'il développoit, annonçoit bien clairement son antipathie pour l'unité du corps politique, et une des grandes innovations qui entroient dans le plan des révolutionnaires. M. Mounier lui demanda s'il entendoit autoriser toutes les villes à se municipaliser à leur manière. « Quant à moi, ajouta-t-il, je crois que cet objet est du ressort de l'assemblée nationale; je pense qu'il seroit trop dangereux de créer des états dans l'état, et de multiplier des souverainetés. »

Mirabeau fit cette réponse:

« Le préopinant se trompe sur mes intentions. Ma pensée est précisément que l'assemblée nationale ne doit pas organiser les municipalités. Nous sommes chargés d'empêcher qu'aucune classe de citoyens, qu'aucun individu n'attente à la liberté; toute municipalité peut avoir besoin de notre sanction, ne fut-ce que pour lui servir de garant et de sauvegarde. Toute municipalité doit être subordonnée au grand principe de la représentation nationale, mélange des trois ordres, liberté d'élections, amovibilité d'offices; voilà ce que nous pouvons exiger. Mais quant aux détails, ils dépendent des localités, et nous ne devons point prétendre à les ordonner. Voyez les américains; ils ont partagé leurs terreins inhabités en plusieurs états qu'ils offrent à la population, et ils laissent à tous ces états, le choix du gouvernement qu'il leur plaira d'adopter, pourvu qu'ils soient républicains, et qu'ils fassent partie de la confédération. »

Les conclusions de Mirabeau furent qu'il falloit envoyer à Paris, un député par district, pour établir un centre de correspondance entre toutes les assemblées, afin de les accorder et de les faire marcher ensemble: il demanda aussi que l'on déclarât formellement que les fonctions des électeurs étoient finies, et que toute assemblée revêtue de fonctions municipales, devoit être établie du consentement de tous.

L'assemblée se trouva donc partagée entre la motion du comte de Mirabeau, et celle de M. de Lally. Tous les bons esprits se rangèrent du côté de celui-ci. MM. Mounier, le comte de Crillon, l'évêque de Chartres, l'évêque de Dijon, le marquis de Toulongeon, Dupont appuyèrent avec chaleur le projet de proclamation, et comprenant que les momens pressoient, ils demandoient qu'on prononçât, sans retard, sur son adoption. Il est des matières, dit M. Dupont, sur lesquelles on ne peut délibérer qu'avec une sage lenteur, mais il n'en est pas de même lorsqu'il s'agit de réprimer le meurtre et l'incendie, et de resserrer le nœud social. »

MM. Fernand, Robertspierre, Buzot, Gleizen furent les plus ardens à combattre pour Mirabeau, et ils combattirent avec des cris et des contradictions.

MM. Freteau et Laville-Leroux, votèrent pour les milices bourgeoises, et rejetèrent pour le surplus la motion de M. de Lally. M. de Custine ne fut de l'avis de personne; il lut un réglement de sa composition, très-propre, disoit-il, à assurer la liberté et la tranquillité publique. Ce fut une lecture perdue; on n'y fit aucune attention. L'assemblée resta toujours partagée entre M. de Lally et Mirabeau. Le parti de celui-ci continuant à faire un bruit effroyable, et persistant avec une opiniatreté, que rien ne pouvoit vaincre, à rejeter le projet de déclaration, M. le comte de Lally comprit qu'il alloit perdre sa popularité, mais il en fit généreusement le sacrifice, et d'après la connoissance qu'a dû donner de son caractère tout ce que j'ai raconté jusqu'à présent de ce gentilhomme, ce sacrifice fut grand. Il éleva la voix au milieu de ces censeurs, et s'écria:

« Nous serions trop à plaindre si, pour justifier cette proclamation, il étoit nécessaire que les désordres fussent universels. Heureusement nous en avons encore davantage à prévenir. Mon imagination n'a rien grandi, et il faut fermer les yeux à la lumière, pour ne pas voir les dangers que chaque minute rend plus pressans. Incessamment il n'y aura plus en France, ni puissance exécutrice, ni pouvoir judiciaire, ni autorité coercitive. Je demande raison d'un contraste que je ne peux concevoir. D'une part, on veut que nous soyons tranquilles, quand on proscrit deux têtes à Poissy, quand on en menace douze autres, quand on en demande six à Pontoise, quand hier on a sonné le tocsin à Brie-Comte-Robert, et chassé les habitans de leurs foyers..... De l'autre, on s'obstine à vouloir être inquiets quand toutes les troupes sont éloignées, quand tous les conseils qu'on avoit craints sont écartés, quand le roi est venu s'abandonner à nous. J'ai peine à concevoir comment tant de sécurité peut s'allier avec tant de terreur, et je demande qu'on me l'explique: je demande qu'on m'explique aussi ce que c'est qu'une liberté publique, sans liberté individuelle, et comment la mission d'établir l'une entraîne le devoir de livrer l'autre. Je demande enfin quels plus grands risques peut courir le pouvoir exécutif, que d'être entièrement anéanti, et si ce risque n'est pas autant pour nous que pour lui? »

« Quant au mécontentement de la capitale, et au danger qu'il peut faire courir à l'assemblée, en quoi donc la capitale peut-elle être offensée d'une proclamation qui ne porte que sur l'avenir? Est-il question d'ailleurs de calculer notre danger?..... Enfin sommes-nous des législateurs, sommes-nous des conjurés? Et quand un roi citoyen nous donne la liberté, quand nous n'avons qu'à la recevoir, pourquoi donc voulons-nous la conquérir, comme s'il falloit l'arracher à un tyran? »

Jamais certainement, dans l'assemblée nationale, on n'a prononcé un plus beau discours; il égale les chefs-d'œuvres d'éloquence que nous a transmis l'antiquité: Les paroles qui le terminoient excitèrent la plus grande fermentation dans le parti de Mirabeau. Au milieu du tumulte qui y régnoit, on entendit retentir le mot *liberté*. — *Liberté!* cria avec feu M. de Lally à ces bouillans apôtres de la licence, c'est moi qui la défend, et c'est vous qui la compromettez. Souvenons-nous que c'est le zèle fanatique qui, presque par-tout, a fait les impies; et dans l'espèce de sacerdoce politique dont nous sommes revêtus, gardons de faire blasphémer cette liberté sainte, quand nous avons été envoyés pour établir son culte, et pour prêcher son évangile. »

« Au surplus, dit l'orateur en finissant, si j'insiste, c'est que l'amour de la patrie ne presse, c'est que je cède au cri de ma conscience; et si ma motion n'est pas admise, au moins le reproche ne me flétrira pas; je me décharge des malheurs qui peuvent en résulter, *et je me lave les mains du sang qui pourra couler* (1). »

M. de Lally, après ces dernières paroles, tomba sur son siége, et laissa son ame se plonger dans la mélancolie. On devine aisément la cause du pénible sentiment qui l'affectoit: pouvoit-il, sans amertume, voir s'évanouir, en un instant, la faveur générale dont il avoit joui? Quelle douloureuse surprise pour lui, que les esprits fussent aliénés, précisément par ce qui auroit dû les lui concilier! Tout-à-coup il est tiré de ses tristes réflexions par un homme qui s'échappe de ce groupe d'où partoient les murmures, qui s'élance vers lui, et les yeux étincelans de colère, lui crie: monsieur, vous abusez de votre *popularité*. Quels législateurs, que des hommes qui avoient la haine de la tranquillité publique, et que l'idée de la paix rendoit si furieux!

Jusques-là M. de Lally avoit montré, pour sa motion, une sainte opiniatreté; il sembla, à la fin, fléchir; il proposa divers changemens à son projet de proclamation; en cela il eut tort, parce qu'il fit concevoir l'idée qu'on pourroit encore plus obtenir de lui. C'étoit une sorte de capitulation qu'il présentoit à ses adversaires, et il étoit naturel de penser que ceux-ci voudroient l'amener à leur accorder les conditions les plus avantageuses. On parut donc fort content des changemens qu'il offrit; lui-même crut un instant que sa motion alloit être adoptée; mais d'observations en observations, le parti qui lui faisoit la guerre arracha une décision

---

(1) On auroit une idée bien erronnée des débats qu'occasionna le projet de proclamation présenté par M. de Lally, si on en lisoit l'histoire dans les journaux. Dans celui intitulé: *Le Point du Jour*, on déguisa la vérité, jusqu'à dire que M. de Lally avoit félicité l'assemblée du rétablissement de la tranquillité.

qui renvoya le projet de proclamation dans les bureaux, pour y être discuté, et recevoir les nouvelles additions que M. de Lally voudroit faire, avec promesse toutefois d'en délibérer de nouveau dans l'assemblée. Quant à la motion de Mirabeau elle fut ajournée, et totalement oubliée.

C'est ainsi que se termina, pour le moment, ce combat entre les amis et les ennemis de la paix. Il est honorable pour M. de Lally d'avoir été à la tête de ceux-là; d'avoir le premier tenté d'arrêter la marche de l'insurrection; mais les événemens qui vont suivre prouveront que la séduction étoit déjà trop enracinée, pour que ce qu'il faisoit, quand même il eût obtenu une entière victoire, fut suffisant. Le plus grand service qu'il rendit dans cette occasion, ne fut pas apperçu. En contraignant les factieux que renfermoit l'assemblée, de se démasquer, il montroit aux françois, attachés à leur patrie, la nécessité de former entr'eux une ligue puissante, pour prévenir les complots de dévastation qu'on annonçoit avec aussi peu de mystère. Personne ne se pénétra de cette nécessité, et de-là sont venus tous les maux que j'ai encore à décrire.

CHAPITRE

CHAPITRE LVIII.

TERREUR *qu'inspirent les insurgens aux nobles et aux étrangers ; avanture d'une jeune fille ; compliment burlesque des femmes des halles aux électeurs ; sollicitude de ceux-ci pour capter la bienveillance du peuple ; dépérissement des fiancés de l'Hôtel-de-Ville ; recherches dans les hôtels suspects au peuple ; ouverture des spectacles ; largesses des comédiens ; pitoyable conduite des comédiens-françois ; révolution dans leur troupe ; détails sur l'ancien régime de nos théâtres ; arrêté des gardes-françoises ; amnistie en leur faveur ; exemple inoui de clémence ; mépris pour les ordres du roi ; hommage de la cour des monnoies à l'assemblée ; insolence de quelques députés ; demande de M. le cardinal de Rohan ; cruel réveil de M. de Lally ; visite que lui rend un des fils de M. Berthier ; leur entrevue avec le président de l'assemblée ; froide réponse de celui-ci ; coup-d'œil sur la vie publique et privée de M. Foulon ; horrible déchaînement contre lui ; ses inquiétudes ; son arrestation ; cruautés inouies qu'on exerce contre sa personne ; barbarie avec laquelle il est conduit à Paris ; détails de la longue et douloureuse séance qu'il fait à l'Hôtel-de-Ville ; particularités du triple assassinat commis sur sa personne ; circonstances qui suivent sa mort ; observations sur cet horrible assassinat.*

Suite de Juillet 1789, et du second mois de l'interrègne.

BIEN loin que la capitale cherchât à seconder les intentions du roi pour le rétablissement de la paix, on y voyoit, parmi ceux qui commandoient et ceux qui les avoient élevés, une ardeur incroyable à découvrir de nouveaux prétextes de défiance et de fermentation. Les bourgeois paroissoient désolés de ne pouvoir rencontrer un seul conspirateur contre leur insurrection, et le petit peuple se désespéroit de n'avoir aucune victime à égorger. Voir répandre le sang d'un noble, ou d'un homme favorisé par la cour d'une place éminente, devenoit pour lui un véritable besoin. On continuoit à arrêter, dans les rues, quiconque montroit la moindre apparence d'aristocratie. On couroit par-tout où l'on croyoit trouver des dépôts d'armes, ou de provisions de bouche, et personne n'étoit exempt de ces violentes et populaires perquisitions. Tout gentilhomme, tout citoyen qui craignoit les soupçons de la populace, affectoit les manières et la conduite d'un insurgent. Les nobles se mêloient aux patrouilles, faisoient sentinelle à la porte d'un corps-de-garde, alloient à la découverte. Dans ces patrouilles, dans ces marches, un valet commandoit à son maître, un homme de néant à un grand seigneur. J'ai vu M. le prince de Montbarrey faisant les fonctions de capitaine dans un nombreux détachement qui rôdoit autour de l'arsenal. Sa contenance, au milieu de gens dont quelques-uns étoient couverts de haillons, avoit quelque chose de risible, et sembloit dire qu'il ne vouloit pas courir deux fois le danger d'où M. de la Salle l'avoit tiré. Un officier qui se trouvoit à côté de moi, et qui s'amusoit du rôle qu'il lui voyoit jouer, s'appercevant qu'il portoit la pointe de son épée en avant, lui cria fort haut : « M. de Montbarrey, pour un ancien ministre de la guerre, vous portez bien mal votre arme. » L'ancien ministre sourit, et dressa son épée contre son épaule.

Les étrangers aussi, pour ne point donner d'inquiétude sur leur compte, se mêloient à la bourgeoisie armée. On vit, dans ces instans de frénésie, un seigneur anglois à la queue d'une patrouille, ayant sur sa redingotte un ceinturon auquel pendoit un sabre, et sur son épaule un lourd fusil à deux coups. Un de ses amis l'ayant rencontré dans ce burlesque accoutrement, lui cria : « Eh! quoi, milord, vous aussi en patrouille! — Eh! oui, lui répondit le gentilhomme anglois; il le faut bien; la cause de la patrie le veut. »

Comme la plupart de ceux que les patrouilles arrêtoient, pour condescendre aux desirs de la populace, étoient des nobles, il devoit leur paroître bien bizarre de voir des gentilshommes parmi ceux qui les constituoient prisonniers.

Le peuple jugeant par la phisionomie et par l'habit de ceux qu'il ordonnoit d'arrêter, il se faisoit souvent des méprises, et ce n'étoit pas toujours un noble sur qui tomboit la vexation. Une patrouille rencontra, dans une rue détournée, un jeune garçon, assez proprement vêtu, et d'une fort jolie figure. Elle le jugea aristocrate sur la beauté de son visage, et l'arrêta. D'autres patrouilles accoururent; le peuple s'amassa; mais comme chacun tiroit à soi le prétendu aristocrate, sa veste s'entrouvrit, et on s'apperçut que le petit garçon étoit une jeune fille de quinze à seize ans, qui ne portoit pas les habits de son sexe. Cette découverte ne dissuada pas la multitude; elle se persuada au contraire que ce déguisement cachoit une ruse de l'aristocratie. Chacun crioit : c'est ici un tour des Polignac; à la lanterne, la fille déguisée en garçon! L'effet alloit suivre la menace, lorsque la jeune personne, à qui le péril qu'elle couroit fit surmonter la timidité que lui donnoit cette avanture, parla ainsi à ceux qui se constituoient ses juges et ses bourreaux. « Si mon déguisement est un crime, avant de m'en punir, daignez m'entendre : mon père et ma mère sont fort pauvres; j'ai imaginé de prendre ces habits, parce qu'ils me donnent la facilité de me livrer à des travaux pénibles, qui me procurent un gain assez considérable pour soulager l'indigence de mes parens. Venez avec moi chez eux, et vous vous convaincrez par vous-même de la vérité de tout ce que je vous dis ici. » L'air intéressant avec lequel la prisonnière fit ce récit, qu'elle accompagna de ses sanglots et de ses larmes, commença à inspirer quelqu'intérêt à ceux qui demandoient sa mort. On consentit à suspendre l'exécution; on la conduisit rue de la Mortellerie où elle demeuroit, et tout ce qu'elle avoit raconté se trouva vrai. Cette avanture fit quelque bruit dans Paris, et les personnes bienfaisantes qui s'y trouvoient encore, s'empressèrent de verser des largesses dans le sein de la famille qui offroit un aussi touchant exemple de piété filiale, si digne de leur intérêt.

Les électeurs occupés nuit et jour à l'Hôtel-de-Ville à entendre et à juger des accusations d'aristocratie, trouvoient leurs fonctions pénibles et dangereuses, et cependant craignoient de les perdre. Les districts leur faisoient sérieusement la guerre, et prétendoient que des hommes élus seulement pour nommer des députés aux états-généraux, n'étoient pas légalement représentans de la commune. Les électeurs avoient été rois de Paris; ils finirent par n'être plus que rois des halles. Les femmes du marché Saint-Paul vinrent leur présenter des bouquets, un compliment et des couplets. Ils mirent un tel prix à cette cajollerie, qu'ils ordonnèrent une honorable mention au journal de Paris, du compliment et de la chanson. Je citerai le compliment, parce qu'il est court, original, et qu'outre qu'il peint le langage de cette portion du peuple, il montre de quel préjugé elle étoit l'écho.

« L'amour d'un peuple, dirent ces femmes, qui adore son roi, vous conduit ici pour la consommation du plus grand de tous les ouvrages, qui est la réunion réelle des trois ordres; et le divin zèle qui vous anime nous fait espérer la fin de nos misères, en nous faisant dire d'avance que votre auguste assemblée représente à l'humanité du meilleur des rois la protection du plus grand des princes, et que vous êtes tous des Necker. »

Ce plus grand des princes, c'étoit M. d'Orléans; et les femmes de la halle, dans leur jargon, vouloient donner à entendre que le roi mériteroit l'amour de ses sujets, tout aussi long-temps qu'il accorderoit ses bonnes grâces à un prince que le petit peuple regardoit comme son protecteur. Parmi les couplets que ces femmes chantèrent aux électeurs, il me suffira de rapporter le suivant :

Nos gardes-françoises
Et nos bons citoyens
Sont tous remplis d'aise,
Ont banni le chagrin;
Ils ont remporté la victoire
 De la France,
Et nous voilà tous réunis.
 Vive Louis.

Plus les électeurs voyoient approcher le moment où ils perdroient l'autorité qu'ils avoient usurpée, et plus ils cherchoient à capter la bienveillance du peuple. Depuis plusieurs mois le pain de quatre livres se vendoit 15 sols. Les électeurs en baissèrent le prix à 12 sols 6 deniers. On vouloit par-là donner déjà une idée avantageuse du régime qui alloit remplacer l'ancien. Mais comme les boulangers ne pouvoient livrer le pain à ce prix, sans éprouver un dommage considérable, il leur fut promis qu'ils seroient indemnisés. S'il eût suffi de payer le pain pour en avoir, le bienfait présenté par les électeurs, eût été un soulagement pour la classe indigente. Les manœuvres qui se continuoient afin que cet aliment de première besoin fût d'une extrême rareté, rendirent le bienfait à-peu-près inutile pour le peuple; car à quoi sert qu'une denrée soit à bon compte, si on ne peut pas se la procurer? La diminution sur le prix du pain fut donc d'un foible secours au pauvre, et fit un énorme déficit dans les finances de la ville. Elles étoient dans le plus grand désordre autant par l'impéritie des nouveaux administrateurs que par la facilité avec laquelle se faisoit la contrebande à toutes les barrières de la ville. Il s'ouvroit d'ailleurs à tout instant une nouvelle source de dépenses. Tout ce qui, quelques jours auparavant, s'obtenoit de la seule obéissance, ne s'arrachoit plus qu'à prix d'argent. Ainsi, une foule mutinée s'étant transportée dans le faubourg Saint-Antoine, et menaçant d'incendier la maison d'un brasseur appelé Santerre, les électeurs furent obligés de distribuer des sommes considérables aux incendiaires pour les détourner de leur projet. La garde bourgeoise n'osant point encore user de sa force, n'avoit pu parvenir à les dissiper.

On fut également entraîné à de grandes dépenses, pour éloigner de cette garde bourgeoise, tous les hommes d'une extrême pauvreté, ou d'une condition trop inférieure. On promit un écu de trois livres aux ouvriers qui reprendroient leurs travaux, et six livres à ceux qui rapporteroient à l'hôtel-de-ville un fusil. Cette libéralité fort onéreuse aux finances de la ville, ne laissa plus insensiblement dans la milice parisienne, que des hommes de la classe de la bourgeoisie, et disposa à organiser cette milice, avec quelque discernement.

Cette dilapidation des deniers de la commune de Paris, ne retira point les électeurs de la dépendance du peuple; ils en étoient toujours les esclaves, et ses plus bizarres fantaisies étoient toujours pour eux des lois. Il prétendit d'après les insinuations qu'il recevoit des orateurs du Palais-Royal, que l'abbaye de Montmartre avoit été convertie, par les ministres, en un formidable arsenal. Pour lui complaire, les électeurs envoyèrent deux de leurs collègues, escortés par un nombre considérable de bourgeois armés, visiter le monastère. L'abbesse ouvrit les portes, et ne mit aucune opposition à cette recherche. La perquisition se fit avec éclat et avec une scrupuleuse sollicitude. On parcourut toute la maison; on fouilla les cellules, les armoires, et on ne trouva pas un grain de poudre, pas une balle.

Les hôtels, les maisons particulières où l'on fit de semblables visites, ne recéloient pas plus que l'abbaye de Montmartre, des indices, des instrumens de conspiration; mais ces bruyantes recherches, dont on ne disoit pas toujours au peuple l'infructueuse issue, lui faisoient croire qu'il eût été dangereux de poser les armes. L'inquiétude, qui est naturelle au caractère de M. de la Fayette, et qui dans ces premiers jours étoit portée à l'excès, entretenoit cette hostile disposition, et le poussoit à tout entreprendre pour que les bourgeois gardassent leur contenance de guerre.

Le besoin cependant de donner quelque distraction aux habitans de la capitale, avides d'amusemens frivoles, détermina enfin à ouvrir les spectacles fermés depuis le 12. M. de la Fayette en le faisant rouvrir, se persuadoit à lui-même, que déjà ses esprits avoient ramené un peu de calme, et il trouvoit dans le retour de ces plaisirs, de nouvelles largesses à faire à la classe indigente. Tous les théâtres en effet abandonnèrent à l'hôtel de-ville, pour être distribuée aux pauvres, la recette des deux premières représentations. Les comédiens-françois ordinaires du roi, voulurent faire plus encore que les autres. L'un d'eux appelé d'Azincourt, avant que le spectacle commençât, adressa au public ce petit discours où tout est remarquable.

« Messieurs, permettez-moi d'avoir l'honneur de vous annoncer, au nom de *ma société*, que *le théâtre de la nation* sera ouvert pendant *trois jours* à votre bienfaisance. Le produit des deux premières représentations sera versé dans la caisse du bureau des subsistances, et *la troisième sera offerte à MM les gardes-françoises*. Puisse cet hommage de nos foibles talens soulager un peu cette portion malheureuse de nos concitoyens, dont l'infortune et les besoins égalent le courage et l'entier dévouement au bien de la patrie! »

Cette annonce fut reçue avec des applaudissemens; mais le nouveau ton qu'y prenoient les comédiens, fit sourire tout le monde. Jusqu'à ce jour celui d'entr'eux qui avoit parlé au nom de tous, avoit parlé au nom de ses camarades. Jusqu'à ce jour la réunion des acteurs d'un théâtre, s'étoit appelée une *troupe*, et non une *société*. Une révolution se faisoit donc aussi dans cette classe d'hommes dont la profession étoit flétrie bien plus par l'opinion que par le gouvernement? Cette révolution étoit commencée depuis plusieurs années. Autrefois un comédien n'étoit appelé que par son nom; on disoit Molière, Baron, Armand, Grandval, la Lecouvreur, la Dumesnil, la Clairon; dans ces derniers temps on étoit convenu parmi les auteurs et les acteurs, de dire M. la Rive, M. Molé, M. d'Azincourt, mademoiselle Rocourt, madame

K 2

Vestris, mademoiselle Desgarcins. On avoit étendu cet usage jusqu'aux baladins des moindres tréteaux de la foire ou des boulevards, et on n'étoit pas philosophe si on ne disoit pas M. Taconet, M. Talon, M. Beaulieu, M. Michaut (1). Ce changement, qui semble peu mériter d'être remarqué, annonçoit une grande dépravation de mœurs; c'est les respecter bien peu que d'accorder de la considération à des hommes qui conviennent eux-mêmes que leur aggrégation est une école de corruption. Il ne faut sans doute avilir que le crime; mais il faut aussi flétrir quiconque se devoue à une profession où l'on fait métier d'effronterie, de libertinage, de débauche. Ceux qui embrassent cette profession, eussent-ils des mœurs pures, encore ne seroit-il pas d'une nation sage de donner de l'importance à l'art méchanique, d'amuser même la canaille, pour une légère rétribution, avec de la mémoire et des gestes.

Les comédiens françois ne se bornoient pas au changement qui, de leur troupe, faisoit une société; ils abandonnoient aussi leur titre de comédiens-françois, pour prendre celui de *théâtre de la nation*. Ils étoient les seuls à ne pas voir combien étoit stupide et ridicule cette métamorphose. Le nom de comédiens-françois leur convenoit à merveille, parce qu'il les distinguoit d'une autre troupe de comédiens du roi, censés italiens; mais la dénomination de théâtre de la nation, n'avoit pas plus de sens que *prunes nationales*. Tout jongleur pouvoit également appeler ses tréteaux *théâtre de la nation*.

Dans l'ancien régime, le gouvernement n'avouoit que deux troupes de comédiens, l'une françoise, l'autre italienne. Ceux qui jouoient l'opéra n'en avoient pas le nom; ils étoient pensionnaires du roi, académiciens. Les premiers étoient sous la protection du roi, et sous la vigilance immédiate des gentilshommes de la chambre. Tous les autres théâtres, sans en excepter celui qui s'appeloit *théâtre de Monsieur*, étoient régis par des entrepreneurs particuliers, et leur police étoit confiée au magistrat qui veilloit à celle de toute la capitale. Les acteurs qui divertissoient le public sur ces différens théâtres, n'étoient pas même appelés comédiens. On disoit : *les danseurs du roi, les beaujolois, la troupe de la Montensier, les variétés, l'ambigu-comique, les associés*.

La troupe de comédiens que Molière avoit fondée, en quittant le nom de comédiens-françois, pour prendre celui de théâtre de la nation, renonçoit par-là à être une des deux troupes que le gouvernement avouoit, et se rangeoit dans la foule des autres histrions. Aussi les acteurs du théâtre des variétés, profitant de la faute que faisoit cette troupe, se saisirent du titre qu'elle abandonnoit, prirent celui de comédiens-françois, et en sont restés maîtres jusqu'à ce jour.

---

(1) Histrions placés au dernier rang des bouffons.

Telle fut la petite révolution qui se fit dans nos spectacles, au moment où toutes les anciennes habitudes changeoient en France. Les comédiens-françois, en s'élançant les premiers dans cette carrière, ne montrèrent ni beaucoup de sagesse, ni beaucoup de reconnoissance pour le roi qui les pensionnoit, et à qui ils devoient leur salle; ils entendirent de plus fort mal leur intérêt, comme je le dirai dans la suite. L'hommage qu'ils offroient aux gardes françoises, et qu'aucun autre spectacle ne leur avoit offert, étoit une distinction qui les rendoit encore plus indignes des bontés de leur auguste bienfaiteur. Cet hommage ne fut point accepté; ainsi il ne servit qu'à déceler toute leur ingratitude, et leur puérile ardeur à seconder la rébellion.

Les gardes-françoises, qui ne se trouvoient point humiliés du rôle qu'ils jouoient depuis quelques jours, et des scènes où ils se trouvoient mêlés, le furent de la libéralité que leur offroient ces comédiens. Ils crurent au-dessous d'eux de l'accepter; ils s'assemblèrent, et prirent, à l'unanimité, l'arrêté suivant, qu'ils publièrent par la voie des journaux.

« Les gardes-françoises, assemblés pour délibérer sur l'usage qu'ils avoient à faire de l'offre obligeante que MM. les comédiens-françois leur ont faite du produit d'une représentation à leur théâtre, ont unanimement décidé que ne pouvant, *par un sentiment de délicatesse*, inséparable de leur profession, profiter de cette preuve d'attachement et de reconnoissance, de supplier MM. les directeurs du théâtre-françois, de disposer de la somme reçue en faveur des citoyens infortunés qui gémissent depuis si long-temps sous le poids de la plus dure nécessité. »

Il est assez singulier d'entendre des soldats, désertant le service de leur roi, et accompagnant leur désertion d'outrages, à son autorité et à sa bonté, parler de délicatesse. Le maître qu'ils abandonnoient, poussant la générosité jusqu'à l'excès, leur pardonnoit leur défection, leur en assuroit l'impunité, et les nourrissoit de ses bienfaits, dans le temps même où ils faisoient tous leurs efforts pour empêcher les Parisiens de revenir à l'obéissance qu'ils lui devoient. Il écrivit, en faveur de ces soldats ingrats, et de ceux qui suivoient leur exemple, la lettre suivante à M. de la Fayette.

« Je suis informé, monsieur, qu'un nombre considérable de soldats de divers de mes régimens en a quitté les drapeaux, pour se joindre aux troupes de Paris. Je vous autorise à garder tous ceux qui s'y seront rendus avant que vous receviez la présente lettre seulement, à moins qu'ils ne préfèrent de retourner à leurs corps respectifs, avec un billet de vous, au moyen duquel ils n'y éprouveront aucuns désagrémens. »

« Quant aux gardes-françoises, je les autorise à

entrer dans les milices bourgeoises de ma capitale, *et leur prêt et nourriture seront continués,* jusqu'à ce que ma ville de Paris ait pris des arrangemens relatifs à leur subsistance. Les quatre compagnies qui sont ici pour ma garde continueront cependant ce service, et j'en aurai soin. »

Il n'est pas, je crois, dans toute l'histoire un pareil exemple de clémence. On n'avoit vu encore aucun roi continuer le prêt et la nourriture à des soldats soulevés contre son autorité, et provoquant, par tous les moyens, une insurrection générale. Henri IV avoit donné du pain aux parisiens, qui refusoient de lui ouvrir les portes de leur ville; Louis XVI nourrissoit les soldats qui lui faisoient la guerre. La conformité entre l'une et l'autre action, ne sauroit être plus parfaite; les suites en ont été différentes, et cette différence n'est pas à l'avantage des françois de ce siècle. La lettre de Louis XVI est un acte de clémence qui ne peut être attribué qu'à son excessive générosité; il ne lui fut arraché par aucune considération de crainte et de pusillanimité. Sans doute il n'étoit déja pas plus le maître de ses troupes, qu'il n'étoit le roi de ses sujets; mais quelqu'injustes que fussent les prétentions des séditieux, elles ne pouvoient aller jusqu'à exiger de lui qu'il continuât la paye des soldats qui l'abandonnoient. L'amnistie qu'il leur accordoit par sa lettre, étoit déja un bienfait qui passoit leurs espérances; mais eux-mêmes devoient s'attendre à ne plus recevoir leur solde que du parti dont ils préféroient le service à celui du roi. Quels hommes que des soldats qui renonçoient à un aussi excellent maître ! Et que penser sur-tout de ces quatre compagnies, qui, voyant tant de bonté qui, pouvant se couronner d'une gloire immortelle en continuant à rester fidèles, se précipitèrent aussi dans la rébellion ?

J'ai raconté plus haut comment se fit cette défection. Dès qu'on s'en apperçut dans Versailles, les bourgeois accoururent pour prendre les postes que les gardes-françoises abandonnoient. Les soldats invalides se présentèrent ensuite pour partager cette garde d'honneur; mais trouvant les portes déja gardées, il s'éleva entr'eux et les bourgeois une altercation. Il fut d'abord décidé que ceux-ci resteroient aux postes des grilles royales, et que ceux-là garderoient l'intérieur des cours. Le roi changea ces dispositions, lorsqu'il en fut instruit: il voulut que les postes des grilles fussent relevés par la garde invalide, et que les postes éloignés le fussent par la milice bourgeoise. Le roi n'étoit plus le maître; il l'étoit aussi peu dans l'intérieur de son château, que dans le reste de son royaume. Ses ordres ne furent pas exécutés. La bourgeoisie décida que les postes du château seroient occupés, conjointement par sa milice et par la garde invalide; de sorte qu'alternativement un poste eut un factionnaire invalide et un factionnaire bourgeois. Cet arrangement eut lieu, en dépit des ordres connus du roi.

Il n'est pas étonnant que ce prince, montrant une telle déférence pour les caprices de ses sujets, et paroissant se résoudre à n'avoir plus d'autre volonté que celle de l'assemblée nationale, toutes les grandes corporations de l'état se prosternassent aux pieds de celle-ci; elles sembloient en cela se conformer aux intentions du monarque. Le président de la cour des monnoies vint aussi présenter à l'assemblée l'hommage de sa compagnie. Il ne la trouva point dans le lieu ordinaire de ses séances. Des réparations à faire à la salle, pour lui donner la forme qu'elle conserva toujours depuis, et qui servit de modèle pour la construction de la salle de Paris, avoient obligé les législateurs à tenir leur séance dans l'église de Saint-Louis. Un mois auparavant, le roi, par un semblable motif, avoit entrepris de suspendre, de quelques heures les travaux de l'assemblée. Cette entreprise fut cause d'un soulèvement, et produisit cette scène du serment du jeu de paume, qui électrisa si bien le royaume entier. Dans cette nouvelle occasion, c'étoit l'assemblée elle-même qui ordonnoit sa translation; ainsi elle fit paisiblement ce que le roi n'auroit pu demander sans agiter la France d'une nouvelle crise.

Ce fut donc dans l'église Saint-Louis que le président de la cour des monnoies vint encenser l'idole qui partageoit ce temple avec la divinité. On suivit, pour l'introduire et l'écouter, les mêmes formalités que celles qui avoient eu lieu pour le président du grand conseil. Il parla debout et découvert, et fut encore plus respectueux que M. André Duval de Montmelian, car il reconnut que les membres de l'assemblée étoient ses seigneurs; il leur parla ainsi :

« Messeigneurs, la France n'oubliera jamais ce que votre vigilance et votre zèle ont fait pour la tranquillité de la capitale. »

« La cour des monnoies m'a chargé de vous offrir l'expression de sa respectueuse reconnoissance. Que ne devons-nous pas attendre, *messieurs*, de la réunion de tant de lumières et de vertus ? »

M. de Liancourt adressa au magistrat cette réponse :

« L'assemblée nationale reçoit avec d'autant plus de plaisir, les hommages des cours supérieures, qu'ils lui sont une assurance nouvelle de leur entier dévouement à la chose publique. Elle me charge, monsieur, de témoigner à la cour des monnoies sa satisfaction particulière. »

Sans doute la satisfaction de l'assemblée étoit grande, en voyant ainsi toutes les puissances de l'empire s'abaisser devant elle; mais, comme il est des hommes que le succès rend insolens, plusieurs députés se divertissoient beaucoup de la contenance que faisoient ces magistrats en présence d'un corps dont ils ne reconnoissoient l'existence et le pouvoir, que depuis qu'il régnoit par la terreur. Ceux-ci pouvoient entendre de la place où ils haranguoient, les propos qui se tenoient aux dépens de leurs compagnies, et qu'on accompagnoit de grands éclats de rire.

Ce fut dans cette séance de l'église Saint-Louis, que M. le cardinal de Rohan, évêque de Strasbourg, fit pour la première fois demander la permission d'être admis au nombre des députés, honneur qu'il avoit refusé lorsqu'il croyoit déplaire à la cour en l'acceptant, mais qu'il réclamoit lorsque ce fut le tour du château de Versailles, de craindre de déplaire. M. le cardinal de Rohan, puisqu'il avoit réuni les suffrages de son clergé, jouissoit incontestablement du droit de le représenter aux états-généraux ; mais il sembloit s'en être dépouillé par le refus formel qu'il avoit fait de souscrire au vœu de ses commettans. Sa demande parut donc d'abord souffrir quelque difficulté, elle fût renvoyée au bureau qui vérifioit les pouvoirs, afin qu'il en fît son rapport. Chacun devina que le rapport seroit favorable. On croyoit que le ressentiment que M. le cardinal de Rohan conservoit de la fâcheuse procédure où il avoit été compromis, le rendroit injuste. Les factieux se promettoient d'en faire la conquête, et d'opposer cet ennemi de plus à la cour. En attendant que le rapport fut mis à la délibération, on disposa les esprits à voir, avec joie M. de Rohan assis parmi les membres de l'assemblée nationale. Les journalistes révolutionnaires imprimèrent des choses très-agréables sur son compte ; mais qui ne durent guères le flatter, parce que ces écrivains lui supposoient une opinion que son ferme attachement aux grandes vérités qui doivent régir les empires, lui faisoit rejeter avec horreur. Les folliculaires qui le flagornoient, laissoient entrevoir au millieu de leurs flagorneries, ce qu'ils attendoient de lui ; l'un d'eux écrivoit : « La nation verra avec plaisir entrer ce ministre de la religion dans une arêne où il ne faut que des athlètes pour combattre le despotisme. »

M. de Lally s'attendoit que ce seroit dans cette même séance de l'église Saint-Louis, qu'on discuteroit de nouveau son projet de proclamation. C'étoit pour lui une affaire capitale ; il n'en fut point question. Il se rendit encore dans les bureaux après la séance, pour exciter leur zèle. Il alloit avec une activité infatigable de l'un à l'autre ; il livroit un combat pour chaque phrase, pour chaque mot, et cédoit le moins de terrein qu'il pouvoit. Il passa une partie de la nuit dans cet exercice, tant étoit heureuse l'idée qu'il s'étoit faite du succès que devoit produire, pour notre malheureuse patrie, sa proclamation.

22 Le lendemain matin, le soleil éclairant à peine l'horison, il est éveillé en sursaut par des cris lamentables. Il ouvre les yeux, il tire ses rideaux, il voit devant lui un jeune homme de la phisionomie la plus intéressante, mais pâle, défait et agité de toutes les convulsions d'une profonde douleur. Cet aimable infortuné se jette sur lui, le serre dans ses bras, le baigne d'un déluge de larmes, et lorsqu'enfin ses sanglots n'étouffent plus sa voix, il lui crie : « Oh ! monsieur, vous avez passé quinze ans à défendre la mémoire de votre père ; sauvez la vie du mien, et qu'on lui donne des juges. Présentez-moi à l'assemblée nationale, que je lui demande des juges pour mon père. »

Cet intéressant jeune homme étoit avocat-général à la cour-des-aides, et un des fils de M. Berthier, intendant de Paris, désigné depuis plusieurs jours par les listes de proscription, pour être une des victimes du peuple. Tandis que son fils sollicitoit pour lui des juges, il étoit déja entre les mains de ses assassins ; il n'y avoit pas un moment à perdre. Qu'on se peigne les angoisses de M. de Lally qui connoît si bien la piété filiale, en apprenant cette horrible nouvelle ! Quel affreux réveil pour cet homme sensible et aimant ! Il se lève, s'habille à la hâte, prend le jeune Berthier par la main, et vole avec lui chez le président de l'assemblée nationale. Ils lui apprennent ce qui les amène, lui demandent de convoquer sur-le-champ l'assemblée, pour qu'elle nomme des juges au malheureux intendant de Paris.

M. de Liancourt répond froidement : « Il n'y a pas de séance aujourd'hui ; les réparations de la salle ne sont pas achevées, et l'assemblée ne se trouve pas convenablement dans l'église Saint-Louis. — Eh ! quoi, auroit pû s'écrier M. de Lally, les réparations de la salle ont-elles empêché l'assemblée de se réunir dans un jeu de paume ? Ne trouve-elle plus d'endroit pour tenir ses séances, quand il s'agit de prévenir un assassinat, d'obtenir les applaudissemens, les bénédictions de l'humanité entière ? »

M. de Lally ne nous a point appris l'impression que cette froide réponse avoit faite sur son âme. Il se contente de nous dire, dans un de ses écrits, que M. de la Fayette auroit été plus fort, s'il eût eu un décret de l'assemblée. C'est une question de savoir si ce décret eût empêché l'assassinat de M. Berthier ; mais ce qui n'en est pas une, c'est que M. de la Fayette, M. Bailly, et les électeurs de Paris n'auroient pas dû attendre ce décret. Ils connoissoient les tables de proscription ; ils savoient que les deux proies que convoitoient le plus ceux qui avoient dressé ces tables, étoient MM. Foulon et Berthier. Il étoit possible du moment où l'on sut qu'ils étoient recherchés par leurs assassins, de leur dépêcher une personne sûre qui les prévint ou de fuir ou de se tenir bien soigneusement cachés. Comme cependant il est possible aussi que l'on n'eût pas su où étoient ces deux infortunés, ou qu'on se crût toujours à temps d'arrêter les bras des bourreaux, il faut que le lecteur tire son jugement des seuls faits ; et pour cela je dois les lui présenter dans la plus grande simplicité. Je commence par la fin tragique de M. Foulon.

M. Foulon plus que septuagénaire, n'avoit dans tout le cours de sa vie occupé aucune place qui l'approchât du peuple, et je ne puis deviner d'où venoit cette haine qu'on lui portoit dans les classes inférieures de la société. Il avoit été intendant de l'armée durant la guerre de 1755; il est rare qu'on soit aimé dans un tel poste, et peut-être faut-il dater de cette époque, l'animadversion populaire qui le poursuivoit. Depuis 1771, il étoit conseiller d'état, et n'avoit jamais été employé à aucune affaire qui pût donner prise à un mécontentement contre sa gestion ou sa personne. J'ai eu beau interroger ses plus grands ennemis; je n'ai jamais entendu articuler contre lui aucun fait ou de concussion, ou d'injustice, ou même de dureté. Si sa vie avoit quelque taches de ce genre, je le dirois avec la même franchise. Il n'est pas moins vrai qu'il étoit singulièrement abhorré du petit peuple, et, comme je l'ai remarqué, le petit peuple n'avoit jamais eu affaire à lui. Je me souviens très-bien que lorsqu'on faisoit un changement dans le ministère, et qu'on parloit de l'y admettre, l'alarme étoit générale dans les faubourgs de la capitale. Quant à sa vie privée, ses parens et ses amis vivent encore; ils assurent tous qu'ils n'ont rien à lui reprocher. On dit qu'il étoit en exécration à ses vassaux, et il est vraisemblable qu'il n'en étoit pas aimé, car ce ne fut pas chez eux qu'il chercha un asile, lorsqu'il se crut en danger. Mais il ne faut souvent qu'une légère imprudence, qu'un moment d'humeur, qu'un ton brusque, qu'un peu trop de jalousie à défendre des droits honorifiques ou lucratifs, pour aliéner des cœurs qu'on retiendroit, sans peine, avec un peu plus d'attention sur soi-même, sur ses manières, sur son langage, car nous jugeons presque toujours de ceux que nous abordons, par leur extérieur et le son de leur voix.

En scrutant la vie publique et privée de M. Foulon, et trouvant qu'il avoit si peu fait pour justifier la défaveur dont il a été victime, je me suis dit plus d'une fois qu'il en étoit des réputations comme de la fortune; c'est bien souvent le hasard qui les distribue. Il est, sans doute, doux de jouir de l'estime générale; mais celui-là est bien peu sage, qui ne cherche pas, avant tout, à être bien avec Dieu et sa conscience. Le public dispense ses faveurs d'une manière si bizarre, que, quand on ne peut pas les conquérir, il faut bien savoir s'en consoler.

Au moment où l'on sut dans Paris que M. Foulon étoit adjoint au ministère de la guerre, tout fut mis en œuvre pour le rendre encore plus odieux; et quand on lit ce qui s'écrivoit à son sujet, à cette époque, et encore après sa mort, on s'étonne qu'il soit possible de haïr jusqu'à ce point. Les journalistes, ne pouvant articuler contre lui aucun fait, lui prêtoient des propos tels qu'il suffit de les rapporter pour en faire sentir l'invraisemblance. L'un lui faisoit dire : « Mes désirs seront accomplis, lorsque je verrai les malheureux manger de l'herbe; ils peuvent bien en manger, puisque mes chevaux en vivent. » Un autre supposoit qu'il avoit fait cette exclamation : « Si jamais je suis ministre, je ferai manger du foin aux françois. » Un troisième faisoit sortir de sa bouche cette maxime que Néron lui-même n'eût pas proférée : « Un royaume bien administré est celui où le peuple broute l'herbe des champs. » (1)

Il savoit avec quel acharnement on débitoit toutes ces sottises, et avec quelle facilité le peuple y ajoutoit foi; il n'ignoroit pas que sa tête étoit une de celles qu'on demandoit avec plus d'ardeur. A l'instant où la révolution éclata, il s'effraya de la rage de ses ennemis. Il se hâta de quitter la cour et la ville. Le bruit courut, même le jour de la prise de la Bastille, qu'il étoit mort subitement d'une attaque d'apoplexie. On croit généralement qu'il étoit lui-même l'auteur de ce bruit, et qu'il se servit de cet innocent stratagême pour échapper à toutes les recherches qui seroient faites de sa personne. Si ce fut en effet lui qui fit répandre cette nouvelle, il prit mal ses précautions pour l'accréditer; car ses ennemis n'y crurent pas un instant.

Il eût fait prudemment de quitter le royaume; mais les affections qui lient, avec tant d'empire, les hommes à leur pays et à leur famille, et qui ont plus de force encore dans un âge avancé, le retinrent. Il n'eut pas le courage de les briser. Il se persuada d'ailleurs que toute cette fougue ne seroit que passagère, et il se résolut d'en attendre la fin dans une retraite ignorée. Il eût été mal caché dans le sein de sa famille, et ne se fût pas trouvé en sûreté parmi ses vassaux. Il demanda un asile à M. de Sartine, ancien ministre de la marine, et son ami. M. de Sartine lui offrit sa terre de Viry, sur la route de Fontainebleau. M. Foulon s'y retira avec un seul domestique. Comme il se promenoit, l'après-midi du 21, au-dehors du jardin, il fut reconnu par un misérable, appelé *Rappe*, syndic du village, qui le saisit à l'instant au collet, appela les paysans, fit sonner le tocsin, et en un instant le malheureux vieillard fut environné de toute la canaille des environs. On a dit, dans le public, qu'il avoit été livré par ses gens. Ceux qui ont répandu cette particularité, étoient mal instruits. Le seul domestique qu'il avoit avec lui, bien loin de le livrer,

---

(1) Le romancier Prudhomme, dans son impure feuille, intitulée : *Révolutions de Paris*, a écrit que M. Foulon jouissoit d'une fortune *inouïe, étonnante, incroyable* même. Voyez son numéro du 22 juillet 1789. Cela fût-il vrai, ce seroit une bien singulière morale que celle qui autoriseroit à égorger les gens extrêmement riches. Mais cela est faux. La fortune de M. Foulon n'a pas péri avec lui; tout le monde peut la voir, en juger, et s'assurer que l'état que tiennent ses enfans, n'est pas un état d'opulence.

accourut dès qu'il le vit entre les mains des paysans, se tint constamment sur ses pas, partagea toutes les insultes qu'on prodigua à son maître ; et, quoi qu'on fît, on ne put jamais parvenir à l'en séparer ; il ne le quitta plus.

Les misérables qui s'étoient emparés de M. Foulon, passèrent une partie de la nuit à l'outrager de toutes les manières, comme les jeunes tigres jouent avec leur proie avant de la déchirer. Ils proférèrent contre lui les plus grossières, les plus sales injures, le frappèrent à la joue, dans toutes les parties du corps, lui crachèrent au visage, et à chaque traitement de cette nature qu'ils lui faisoient subir, ils se félicitoient et rioient de ce rire stupide qu'a l'homme hébété et sans éducation. Lorsqu'ils furent las de passer le temps à lui faire endurer ces dégoûtantes avanies, ils lui lièrent les deux mains avec une corde, qu'ils serrèrent de manière à lui faire souffrir de cuisantes douleurs. Ils l'attachèrent ainsi derrière une charrette. Ils chargèrent ensuite sur ses épaules une botte de foin, et suspendirent sous son menton, en forme de collier, un paquet de chardons. Ce fut dans cet équipage qu'on le conduisit à Paris. Son fidèle domestique, dont je suis fâché de ne pas savoir le nom, se colla à son côté, sans se plaindre, une partie des brutalités qu'on exerçoit envers son maître. Celui-ci tout aussi patient, ne laissa pas échapper un seul signe de mécontentement. La chaleur étoit excessive, la fatigue de cette marche, le douloureux exercice qu'on lui faisoit faire depuis qu'il étoit entre les mains de ces cannibales, l'avoient mis en nage. La sueur, dont il étoit tout détrempé, couloit par terre. « Comme il sue ! disoient par intervalle ses bourreaux, en disant cela, ils s'approchoient de la victime ; et, comme s'ils eussent voulu essuyer la sueur de son front, ils lui racloient le visage avec des orties. La soif fut un tourment qu'il ne put pas endurer. Il s'écria douloureusement : *J'ai soif*. On courut aussitôt remplir un verre de vinaigre, on le lui présenta, et on le contraignit de le boire. Ce sont des François qui, à la fin du dix-huitième siècle, ont renouvelé cette partie du supplice que subit Jesus-Christ, lorsque, du haut de la croix où son amour pour le genre humain l'avoit attaché, il pardonnoit à ses bourreaux leur férocité. Il est inconcevable qu'un vieillard de plus de 70 ans ait pu résister à d'aussi longues et d'aussi cruelles tortures.

Il étoit cinq heures du matin, lorsqu'il arriva à Paris. On le déposa dans le faubourg Saint-Marceau, chez M. *Acloque*, électeur et président de son district. Celui-ci fit avertir un de ses collègues, son voisin ; tous deux convinrent de le remettre à la milice bourgeoise du district. M. *Carrette*, qui la commandoit, vint, à la tête d'une nombreuse troupe de bourgeois armés, s'emparer du prisonnier. La cohorte qui l'avoit amené, l'abandonna à M. *Carrette*, qui le conduisit sur-le-champ à l'hôtel-de-ville. Le nommé *Rappe* ne voulut pas lâcher sa proie, il la

suivit. En entrant dans la salle où étoit assemblé le comité des électeurs qui y avoit passé la nuit, M. *Carrette* jeta sur le bureau un paquet qu'il dit lui avoir été remis par *Rappe*, et contenir plusieurs lettres à l'adresse de M. *Foulon*. *Rappé* dit, à son tour, qu'elles avoient été prises à une femme chargée de les remettre à son prisonnier.

Un moment après, un particulier entra, et remit aussi sur le bureau un petit paquet qu'il dit contenir de petits morceaux de papier déchiré. C'étoit, selon lui, des lambeaux d'une lettre que M. Foulon avoit déchirée entre ses dents, au moment où il avoit été arrêté.

Il falloit bien que le grand et le petit paquet ne continssent rien qui pût autoriser les violences qu'on se permettoit envers M. Foulon, puisque les électeurs n'ont jamais publié aucune de ses lettres. Ils dirent à M. *Carrette* et à *Rappe*, qu'ils ne pouvoient prendre sur eux de décider sur le sort du prisonnier ; ils les prièrent d'entrer avec lui dans une chambre de l'hôtel-de-ville, et d'attendre la réunion de l'assemblée générale.

J'ai dit que je me bornois au simple récit des faits ; je n'interroge donc point la conscience de ces électeurs, je ne leur demande point si, à l'heure qu'il étoit, y ayant encore très-peu de monde sur pied dans Paris, il ne leur eût pas été possible de faire sortir M. Foulon par une issue secrète de l'hôtel-de-ville, si du moins ils n'eussent pas dû reprocher à *Rappe* que ce qu'il venoit de faire étoit contraire à toutes les lois divines et humaines ; car il n'est permis à aucun homme de mettre la main sur son semblable, sans y être autorisé par une autorité légale.

M. Foulon avoit un de ses fils conseiller-clerc au parlement ; dès que ce jeune magistrat sut le danger que couroit son malheureux père, la piété filiale l'emporta sur toute autre considération, il courut à l'hôtel-de-ville ; résolu de partager, s'il le falloit, le sort de la victime, il resta constamment à ses côtés (1).

Tous les électeurs, présidés par M. Moreau de Saint-Méry, s'étant réunis sur les neuf heures, mirent à la délibération ce qu'il convenoit de faire de M. Foulon. Ils décidèrent à l'unanimité, non pas d'appeler la vengeance des lois sur *Rappe*, dont la violence avoit eu déjà des suites si horribles, non pas de rendre la liberté à M. Foulon, contre lequel il n'y avoit ni accusation légale, ni décret, mais d'envoyer celui-ci dans les prisons de l'abbaye à l'entrée de la nuit.

---

(1) Je m'étonne que les électeurs ayent oublié dans leur procès-verbal cette circonstance, qui méritoit bien d'être transmise à la postérité.

Sur

Sur le midi une troupe considérable de peuple s'amassa sur la place de Grève, et demanda, à grands cris, qu'on lui livrât M. Foulon. Ces cris effrayèrent les électeurs; ils ne surent à quoi se déterminer. M. de la Fayette, qui étoit leur Dieu, leur oracle, ne se trouvoit pas parmi eux; ils envoyèrent chez lui, il n'y étoit pas. Il alloit, dans ce moment et à son ordinaire, criant, de district en district, *les dangers ne sont pas passés; tenez-vous sur vos gardes*.

En attendant qu'on pût joindre le commandant, l'attroupement et la fureur augmentoient. M. Bailly alors se résolut à tenter ce que pourroit son éloquence. Il descendit environné de plusieurs électeurs, parmi lesquels étoient quelques ecclésiastiques. Tous se tinrent sur le perron de l'Hôtel-de-Ville. Ce fut de-là que M. Bailly harangua la multitude, et lui fit part de la décision qui venoit d'être prise. Sa harangue finie, il remonta avec les électeurs, et annonça à ceux qui étoient restés dans la salle, qu'il n'y avoit rien à faire.

Il avoit à peine donné cette triste nouvelle, que les cris devinrent plus effrayans; la garde et l'Hôtel-de-Ville furent sensiblement menacés. On envoya encore des électeurs vers ce peuple altéré de sang; ils descendirent, et remontèrent l'effroi dans les yeux. « Nous allons tous être immolés, dirent-ils, on s'imagine que nous avons fait évader M. Foulon. Où est-il? Il faut absolument le montrer au peuple. »

A ces mots, la terreur s'empare de tous les membres de l'assemblée; ils perdent la tête, ils ne savent plus où est M. Foulon. On n'entend que les cris, *où est-il? où est-il?* On fend la presse, on court de côté et d'autre; on ouvre toutes les portes, enfin on trouve M. Foulon dans la salle appelée de la Reine, où il avoit été déposé en arrivant. Il étoit là avec son fils et son domestique, attendant avec une patience que rien ne pouvoit troubler, qu'on mit fin au martyre qu'on lui faisoit endurer depuis plus de douze heures. Cette découverte épanouit les cœurs. Quatre électeurs, dont l'un étoit M. Baudouin, et l'autre M. Charton, entrent brusquement, se pressent contre lui, ne le perdent plus de vue, et deviennent ses geoliers. L'air effaré de ces hommes, la précipitation avec laquelle ils entrent, font croire au fils de M. Foulon que tout est perdu. Il se jette dans les bras de son père, l'arrose de ses larmes et pousse des cris perçans. Le domestique, de son côté, généreux jusqu'à ce moment, ne connoît plus que le sentiment de la peur; il tombe à genoux, joint les mains, et adresse aux quatre électeurs cette humble prière : « au nom de Dieu, messieurs, ayez pitié d'un pauvre domestique. Je suis innocent, je vous assure, très-innocent. De grâce, tirez-moi bien vite d'ici; séparez-moi de mon maître. » Puis mettant les mains dans ses poches, et en tirant tout ce qu'il y avoit, il ajouta : « tenez, messieurs, voilà quatre louis d'or, un écu de six livres et ma montre d'or. S'il faut que je meure, envoyez, je vous prie, cela à ma femme. »

M. Duveyrier accepta ce dépôt (1); mais on parvint à exaucer le vœu du tremblant domestique; on le fit évader. On obligea ensuite M. Foulon à se montrer à la fenêtre de la salle où il étoit, et qui donnoit sur la place de Grève. A sa vue, le peuple poussa un cri de joie, mais d'une joie féroce, qui sembloit dire : « voilà notre proie; elle ne nous échappera pas. »

Au même instant, les barrières, la garde furent forcés; la cour, les escaliers, la grande salle furent inondées de peuple; celle où les électeurs étoient réunis, en fut remplie, et la voûte retentit des cris : *Qu'on nous livre M. Foulon!* M. Moreau de Saint-Méry qui présidoit, obtint, après bien des efforts, un instant de silence. M. de la Poize, architecte, et l'un des électeurs, profita de cette minute de calme, pour adresser ce peu de mots à ce nombreux auditoire : « Messieurs, tout coupable doit être jugé et puni par la justice, et je ne pense pas que parmi les françois dont je suis environné, il y ait un bourreau. — Eh bien! oui, répondit-on, jugé tout de suite et pendu! — Messieurs, reprit M. Osselin, pour juger, il faut des juges; renvoyons donc M. Foulon pardevant les tribunaux. — Non, non, répliqua-t-on, jugé tout de suite et pendu! — Puisque vous ne voulez pas des juges ordinaires, continua M. Osselin, qui, pour mieux se faire entendre, se tenoit, debout sur le bureau, il est indispensable d'en nommer d'autres. — Jugez vous-mêmes! — Nous n'avons le droit ni de juger, ni de créer des juges; nommez-les vous-mêmes. — Eh bien! cria une partie du peuple, M. le curé de Saint-Etienne-du-Mont, M. le curé de Saint-André-des-Arcs! l'autre partie crioit : Eh! jugez donc! — Deux juges, cria à son tour M. Osselin, ne suffisent pas; il en faut sept pour juger au criminel! Sur cette observation, on nomma MM. Quatremère, Varangue, maître de pension, Vergne, échevin, Picard, juge auditeur, Magimel ancien échevin.

« Voilà bien sept juges, dit alors M. Osselin, il faut maintenant un greffier pour écrire le jugement. — Vous, vous-même, lui crièrent toutes les voix. — Il faut encore un procureur du roi, pour dénoncer le crime. — M. Duveyrier est-il là? crièrent quelques voix. — Oui, oui, répondit-on d'un autre côté. » Ensuite toutes les voix se réunissant, on n'entendit plus que le cri : « Oui, oui, c'est lui procureur du Roi! »

―――――――――

(1) On s'assurera que je ne m'écarte point, dans le récit de ces détails, de la plus scrupuleuse vérité, si on lit le procès-verbal des électeurs, de la séance du 22 juillet 1789. Le parti dont je n'adopte pas les opinions, ne m'accusera pas de puiser dans une source qui lui soit suspecte.

L

M. Duveyrier se présenta au même moment pour en faire les fonctions. Il demanda : « De quel crime accuse-t-on M. Foulon? » On lui répondit : « Il a voulu vexer le peuple ; il a dit qu'il lui feroit manger de l'herbe ; il a voulu faire la banqueroute ; il est dans le projet ; il a accaparé les bleds. »

Les deux curés se levèrent alors, et dirent : « messieurs, vous parlez là de crimes capitaux ; nous sommes forcés de nous abstenir de juger, parce que les lois de l'église nous défendent de juger à mort. — Ils ont raison, dirent quelques voix. — Eh! non, non, cria le plus grand nombre ; ils nous amusent ! »

Le tumulte, après ces cris, devint effroyable. Des scélérats dépouillèrent leurs bras, les élevèrent nuds au-dessus de la foule, et, grinçant des dents, la bouche écumante de colère, les yeux étincelans de rage, témoignèrent, par de hideux gestes, qu'ils avoient le besoin infernal de couper des têtes et de boire le sang humain. Des forcenés se précipitèrent vers le bureau des électeurs, leur mirent le point sous le nez, et, jurant comme des démons échappés des enfers, ils crièrent : « vous nous amusez, et le prisonnier s'échappe ; nous voulons le voir ! » En disant cela, plusieurs de ces malheureux se portèrent vers la salle de la Reine, et se disposèrent à en briser la porte.

« Messieurs, messieurs, cria un électeur, de grâce un mot, un seul mot ; nommez quatre d'entre vous pour garder M. Foulon, et faites-leur jurer qu'ils ne lui feront aucun mal ! »

Oui! oui! crièrent tous ces antropophages ; et chacun vouloit être un des quatre geoliers. A la fin, les quatre qui étoient plus près de la salle de la Reine furent agréés ; ils prêtèrent serment, on leur ouvrit la porte, et ils coururent s'accoller à leur proie.

Le reste de la foule reflua vers les électeurs, qui trembloient toujours pour leur propre vie, et qui se désespéroient de l'absence de M. de la Fayette. Ils l'attendoient comme dans un vaisseau embarrassé dans des écueils, on attend le vent qui doit le reporter au milieu des flots. Comme cependant il ne venoit point, et que le peuple ne cessoit de crier: *eh bien! que faites-vous là? jugez donc!* un électeur fit l'observation que les deux curés s'étant démis, il falloit les remplacer, et il s'engagea ce dialogue : « — Nous nommons MM. Bailly et la Fayette. — M. Bailly n'est point ici ; nous pensons qu'il est au bureau des subsistances ; il est nécessaire de l'aller chercher. — Non, non, c'est inutile; mettez M. Moreau de Saint-Méry à sa place! — Messieurs de la Fayette et Quatremère sont aussi absens ; il faut ou les attendre, ou nommer à leur place. — Eh bien, nommez vîte, nommez vous-mêmes ! »

Ces derniers cris furent poussés avec une telle fureur, que les électeurs se crurent perdus. — « Messieurs, crièrent-ils tous à la fois, voilà M. Duport du Tertre qui prend la place de M. Quatremère ; nous allons juger tout de suite. — Amenez sur-le-champ, répondit-on, le prisonnier ici. — Mais vous le maltraiterez ? — Non, non, et vous allez voir ! »

En disant cela, plusieurs entrelassèrent leurs bras, formèrent une chaîne, et se placèrent entre les électeurs et le peuple, de manière à laisser une enceinte devant le bureau. On alla aussitôt chercher M. Foulon. Le vénérable vieillard parut, ayant à son côté son fils, et autour de lui les quatre électeurs et les quatre gens du peuple qui lui servoient de gardes. Il s'avança d'un pas ferme ; sa contenance étoit modeste sans être humble ; la sérénité de son front frappoit tous les yeux, mais n'avoit rien d'affecté. On plaça une chaise sur une table, et on le contraignit de s'asseoir sur cette chaise. Elevée sur cette espèce d'autel, la victime ne réveilla aucun sentiment de pitié. Bien loin de-là : les yeux de tous ses bourreaux plongèrent sur elle avec avidité ; sa présence les irrita, ils crièrent d'une manière effroyable : *pendu, pendu!*

M. Foulon parut ne point s'émouvoir de tant de férocité ; un électeur qui étoit à côté de lui, en fut étonné, et lui dit : « Vous paroissez bien calme, monsieur ? — Calme! répondit M. Foulon, mais le crime seul, monsieur, peut me déconcerter. » Cette réponse peint parfaitement quelle étoit la situation de son ame pendant qu'on lui faisoit endurer des traitemens que l'homme le plus courageux, et dans toute la vigueur de l'âge, n'eût pas eu peut-être la force de supporter.

Les électeurs cependant ne sachant plus comment mettre fin à cette horrible scène, commençoient à faire comme Pilate ; ils se lavoient les mains du sang de cet homme innocent, et se disposoient à le livrer à ses bourreaux, lorsque l'on entendit retentir ce cri : *voilà M. de la Fayette!* M. de la Fayette en effet entra, et s'avançant avec cette assurance qu'on a lorsqu'on croit maîtriser les hommes et les événemens, il vint se placer à côté de M. Moreau de Saint-Méry, et harangua ainsi la multitude (1).

---

(1) Le discours que je mets ici dans la bouche de M. de la Fayette, a été rédigé à loisir par lui et par les électeurs, et ce n'est que plus d'un an après la mort de M. Foulon, qu'il a été donné au public, tel que je le rapporte. Voici littéralement celui qu'on crut lui entendre prononcer dans cette mémorable occasion, et que tous les écrivains dévoués à la révolution, publièrent. (Voyez notamment *Histoire de la révolution de 1789, et de l'établissement d'une constitution en France*, par deux amis de la liberté.)

« Certes, je ne puis blâmer votre colère et votre

« Je suis connu de vous tous, vous m'avez nommé votre général ; et ce choix qui m'honore, m'impose le devoir de vous parler avec la liberté et la franchise qui font la base de mon caractère. Vous voulez faire périr sans jugement *cet homme qui est devant vous* : c'est une injustice qui vous déshonoreroit, *qui me flétriroit moi-même*, qui flétriroit tous les efforts que j'ai faits en faveur de la liberté, si j'étois assez foible pour la permettre : je ne la permettrai pas cette injustice. Mais je suis bien loin de prétendre le sauver, s'il est coupable ; je veux seulement que *cet homme* soit conduit en prison pour être jugé par le tribunal que la nation indiquera. Je veux que la loi soit respectée, la loi sans laquelle il n'est point de liberté, la loi sans le secours de laquelle je n'aurois point contribué à la révolution du nouveau monde, et sans laquelle je ne contribuerai pas à la révolution qui se prépare. Ce que je dis en faveur des formes et de la loi, *ne doit pas être interprété en faveur de M. Foulon*. Je ne suis pas suspect à son égard ; et peut-être même la manière dont je me suis exprimé sur son compte dans plusieurs occasions, *suffiroit seule pour m'interdire le droit de le juger*. Mais plus il est présumé coupable, plus il est important que les formes s'observent à son égard, soit *pour rendre sa punition plus éclatante*, soit pour l'interroger légalement, et avoir de sa bouche la révélation de ses complices. Ainsi, je vais ordonner qu'il soit conduit dans les prisons de l'abbaye de *Saint-Germain*.

indignation *contre cet homme* ; je ne l'ai jamais estimé ; je l'ai toujours regardé comme un GRAND SCÉLÉRAT, et il n'est aucun supplice trop rigoureux pour lui. Vous voulez qu'il soit puni, nous le voulons aussi, et il le sera ; mais il a des complices, et il faut que nous les connoissions. Je vais le faire conduire à l'abbaye Saint-Germain : là, nous instruirons son procès, et il sera condamné selon les loix *à la mort infâme qu'il n'a que trop méritée*. »

Voilà le discours tel que tous les journalistes patriotes l'ont recueilli, tel que tous ceux qui se trouvoient à l'Hôtel-de-Ville, pendant qu'on délibéroit sur le sort de M. Foulon, ont cru l'entendre sortir de la bouche de M. de la Fayette.

Ayant à me décider entre ce discours et celui que M. de la Fayette avoua plus d'un an après, j'ai adopté ce dernier ; et c'est toujours avec cette circonspection favorable à ceux qui jouent un rôle contraire à mes principes, que je procède dans le choix des matériaux qui me servent à composer cette histoire ; et quand on a une telle circonspection, on ne sauroit être accusé de partialité.

Cependant je dois prévenir les écrivains qui voudront écrire aussi l'histoire de notre révolution, qu'il y auroit du danger à suivre trop scrupuleusement ma méthode. Ce seroit, par exemple, s'exposer à tomber dans de grandes erreurs, que d'adopter, de préférence et aveuglément, le recueil des procès-verbaux des séances des électeurs, pour le récit des événemens de juillet 1789. Ces procès-verbaux n'ont point été rédigés à la fin de chaque séance ; ils l'ont été dans un temps où les électeurs n'avoient plus aucune part aux affaires publiques, où leur seul travail étoit cette rédaction. Aussi s'apperçoit-on qu'elle est le fruit d'une étude longue, réfléchie, et reprise à diverses fois. On y omet des particularités très-essentielles ; chaque phrase qu'on fait prononcer à un électeur est méditée ; les faits sont racontés et rapprochés avec beaucoup d'art. Les électeurs ont recueilli dans ces procès-verbaux, tout ce qui est à leur avantage avec plus de sollicitude et plus d'adresse encore que le membres de l'assemblée nationale n'en mettent à recueillir toutes les flagorneries qu'ils se font envoyer par les provinces. En général, et sur-tout dans les temps de troubles, les faits relatifs à une corporation quelconque, sont toujours présentés dans les procès-verbaux qu'elle rédige, sous un point de vue qui lui est favorable. C'est une réflexion qu'il faut avoir présente à l'esprit, lorsqu'on consulte ces sortes de recueils.

En ne parlant de l'infortuné vieillard, que comme du plus vil, du plus odieux scélérat, ce n'étoit guères le moyen de ramener les esprits sur son compte. Deux des gens du peuple qui le gardoient, sautèrent sur la table où il étoit assis, lorsque M. de la Fayette eût fini sa harangue, et s'écrièrent : « M. de la Fayette a raison ; en prison, en prison ! » Mais dans tout le reste de la salle, on cria : *à bas, à bas* ! Ces cris effrayèrent les deux hommes ; ils se hâtèrent de descendre de la table, et se turent.

M. Foulon voulut alors faire lui-même un effort, pour attendrir tous ces tigres. Son courage étoit toujours le même, mais ses forces s'épuisoient. Il se lève, on fait silence ; il retombe sur sa chaise, et d'une voix sensiblement altérée, il articule avec peine ces mots entrecoupés : *Assemblée respectable.... Peuple juste et généreux..... Au surplus je suis au milieu de mes concitoyens, je ne crains rien.* Comme il se trompoit, le malheureux vieillard ! Il eut à peine proféré, d'une voix plaintive, ces tristes accens que lui arrachoit le désir de conserver une vie qui alloit s'échapper, que ces concitoyens dont il imploroit la générosité, se changent en bêtes féroces. Des hommes fort proprement vêtus, et que leurs manières déceloient, pour être d'une condition au-dessus des classes inférieures de la société, animoient ces monstres, et les excitoient à s'élancer sur leur proie, à la déchirer. Un de ces hommes s'avance vers le bureau, et donne le signal du meurtre ; il s'écrie : *Vous vous moquez, qu'est-il besoin de jugement pour un homme jugé depuis trente ans ?* De tout côté on répond à ce signal par les cris : *voici le Palais-Royal ; voici le faubourg Saint-Antoine* ! Au même moment, on entend sur la place de Grève, sur les escaliers, un bruit épouvantable, comme si de nouvelles hordes de cannibale

L 2

venoient se réunir à celles qui remplissoient la salle. Le peuple qui l'inondoit, se heurte, se foule, se précipite vers le bureau. La table sur laquelle étoit assis M. Foulon, est ébranlée; sa chaise est renversée; mille bras le saisissent, l'enlèvent et l'entraînent, pendant que M. de la Fayette crie stupidement : qu'on le conduise en prison!

Quel moment pour son fils! On le contraignit de rentrer dans la salle de la Reine, d'où il ne sortit qu'à l'entrée de la nuit, pour se rendre chez lui.

Ce fut avec la rapidité d'un éclair, que la victime fut portée de la salle des électeurs au pied de la potence où étoit suspendu le fatal réverbère. Là, la rage de la canaille s'assouvit avec tous ces raffinemens de cruauté qui impriment, ce semble, une tache sur l'humanité entière. On fit mettre le vieillard à genoux, et, dans cette attitude, on l'abreuva de toutes les sortes d'humiliations. Un rustre lui faisoit baiser sa main, un autre la corde qui alloit l'étrangler; ceux-là lui salissoient la figure de crachats; ceux-ci de la fange qu'ils ramassoient dans le ruisseau. On le souffletoit, on lui faisoit répéter des formules de pardon, d'amende-honorable. La patience de cet homme est un vrai prodige; il souffrit tout, se prêta à tout sans se plaindre, sans murmurer.

Lorsque ces hommes de sang eurent épuisé sur cet infortuné tous les genres d'humiliation qu'ils purent imaginer, ils lui passèrent enfin la corde autour du col; l'un d'eux, monté sur la potence, tira à lui la victime, à l'aide de la poulie. Ce scélérat étoit novice dans le métier de bourreau; il tint le pauvre vieillard suspendu pendant un quart-d'heure, le fatigant, l'agitant dans tous les sens, lui mutilant la tête; et le peuple hébété se rassasioit de cette horrible image, applaudissoit et souriot. Enfin la corde cassa; l'infortuné Foulon tomba sur ses genoux. Qui le croiroit? Dans ce terrible moment il sentit son cœur brûler du desir de la vie. Sans quitter cette humble posture, il joignit ses mains défaillantes, il les tendit vers ces assassins, il leva vers eux ses yeux humectés de larmes: *Miséricorde, grace, grace pour la vie,* s'écria-t-il d'une voix qui eût adouci des tigres ; *je n'en ai plus que quelques instans ; laissez-moi passer au fond d'une prison !* Grand Dieu ! quel est donc ce charme qui nous tient si impérieusement attachés à ce misérable globe qu'habitent la douleur et le crime!

Eh bien! cette attitude, ces mains suppliantes, cette voix plaintive, ces yeux mouillés de larmes, cette tête couverte de sang..... ah! comme mon cœur se gonfle en le disant, ne purent obtenir un sentiment de pitié, et Foulon fut assassiné une seconde fois. On noua la corde à l'endroit où elle avoit cassé; on la lui passa de nouveau autour du col, et le voilà encore suspendu. Ce second assassinat fut aussi douloureux, dura aussi long-temps que le premier, et ne put encore se consommer. Une seconde fois la corde cassa, et le malheureux Foulon retomba sur ses genoux. « Ah! pour le coup, c'est trop, dit un homme en tirant son sabre, et venant droit à lui; c'est assez le faire souffrir, il faut terminer ce supplice. » *Non, non,* s'écria la multitude, qui trouvoit cet homme encore trop généreux, *il faut aller chercher une corde neuve !* On alla en effet chercher une corde neuve; on fut un quart-d'heure à la trouver. Pendant ce temps-là le martyr resta sur ses genoux, servant de jouet à ses bourreaux. Enfin la corde arriva, et une troisième fois la victime fut suspendue au gibet; elle y expira enfin. On la laissa suspendue, pendant quelques instans, à la vue du peuple qui s'enivroit de cet effroyable tableau. On coupa ensuite la corde, et le cadavre tomba sur le pavé. Vous eussiez vu aussitôt tous ces cannibales se jeter dessus, comme un essaim d'oiseaux de proie. On le traînoit, on se l'arrachoit, on le dépouilloit, on mettoit ses vêtemens en lambeaux, on se disputoit ces lambeaux. Le corps fut mis dans un état complet de nudité. Un des assassins coupa la tête avec un sabre, fit des efforts incroyables pour desserrer les dents, et traversa la bouche d'un bâillon formé avec une poignée de foin. Cette tête ainsi défigurée, souillée de boue et de sang, fut mise au bout d'une pique; jamais on ne vit un spectacle plus horrible. On la promena dans toutes les rues, dans tous les carrefours, et sur-tout au Palais-Royal; car c'est dans ce palais que se voient toujours les artisans et les trophées du crime. Le tronc servit long-temps d'amusement à la populace. On passa une corde sous les bras, on le traîna de cette manière dans les ruisseaux, jusqu'à ce qu'enfin, la nuit étant venue couvrir de ses voiles ces homicides atrocités, on le jeta dans cet antre étroit de la cour du châtelet, appelé *la morgue,* où l'on dépose les cadavres sur lesquels on n'a aucun renseignement.

Ainsi périt un conseiller d'état que le petit-peuple haït beaucoup, et qui n'eut jamais, dans tout le cours de sa vie, l'occasion de nuire à cette portion de la société. La cour prisoit beaucoup ses lumières et sa grande expérience dans les affaires. Les connoissances qu'il avoit acquises dans l'art d'entretenir et de nourrir les troupes, avoient seules engagé à l'adjoindre au ministère de la guerre. De quelque considération qu'il jouît à la cour, il s'en falloit de beaucoup qu'il lui fût servilement dévoué, comme on vouloit le faire croire à la canaille de Paris. Il censura avec chaleur, et même avec amertume, et peut-être aussi avec trop peu de justice, l'opération de M. de Calonne sur la refonte des louis. Le roi en conçut un tel déplaisir, qu'il donna d'abord l'ordre de le conduire au Mont-Saint-Michel; et ce ne fut qu'après de puissantes et de bien vives instances, et la bonté du roi se laissa fléchir : la détention de M. Foulon au Mont-Saint-Michel fut commuée en un exil dans ses terres. Quand on encourt une pareille disgrace, on n'est pas un bas courtisan, on est loin d'être l'esclave des ministres.

L'histoire n'offre pas d'exemple d'une mort semblable à la sienne. On ne connoît aucun homme sur la tête duquel se soient amassées tant de douleurs. On n'en connoît aucun non plus qui, au milieu des tourmens les plus cruels que puisse imaginer la vengeance, ait conservé une résignation plus inaltérable. Sa patience, au milieu des malédictions de ses concitoyens, et sous les coups qu'ils lui portoient, me semble prouver évidemment que le fond de son caractère étoit la douceur, et non la dureté.

Son supplice dura vingt-quatre heures, puisqu'il avoit commencé dans l'après-midi du 21, et qu'il ne finit que dans la soirée du lendemain. La dernière torture, qui mit fin à sa vie, dura trois quarts d'heure. Ainsi, de tous les infortunés qui ont eu une fin déplorable, aucun n'a eu le triste privilége d'avoir plus cruellement et plus long-temps souffert. Les touchantes vertus qu'il a montrées dans sa longue agonie, les absurdes impostures dont il a été la victime, la cause pour laquelle il a souffert, doivent le mettre au rang des martyrs du trône, et sa famille doit être à jamais infiniment chère aux amis du roi et de la monarchie.

Cet assassinat est horrible par la durée du supplice, par l'atrocité des circonstances qui l'ont accompagné; il l'est encore, parce qu'il s'est commis en plein jour, parce qu'il a été demandé, consommé par des hommes qui n'étoient pas de la lie du peuple, parce qu'il a été commis en présence de tous ceux qui s'étoient arrogé toute autorité, et sous les yeux de la capitale entière, parce qu'enfin il a été impuni. Cet assassinat crie et criera long-temps vengeance contre ceux qui l'ont provoqué. Il flétrit M. de la Fayette auprès de la génération actuelle et des générations à venir. C'est lui-même qui s'est frappé de cet épouvantable arrêt dont aucun homme ne voudroit être entaché. Dans son discours, en effet, que j'ai rapporté plus haut, et rédigé long-temps après la mort de la victime, il dit bien formellement : *La consommation de cette injustice me flétrit moi-même*. M. de la Fayette vouloit envoyer dans une prison M. Foulon, qu'aucune accusation raisonnable ou légale, qu'aucun décret ne faisoit présumer coupable; et *Rappe*, qui a livré l'innocence aux bourreaux, *Rappe* est libre encore aujourd'hui. François ! souvenez-vous de ce nom-là, et si un repentir éclatant, solemnel, ne lave pas l'opprobre dont s'est couvert celui qui le porte, qu'il reste voué à l'exécration de tous les siècles.

Quelques minutes après que M. Foulon eut expiré, un garçon menuisier, appelé *Louis-Pierre-Jean-Baptiste Breton*, se présenta devant les électeurs, tenant d'une main un soulier auquel étoit attachée une boucle d'argent, et de l'autre une tabatière d'or. Il dit que ces objets appartenoient à M. Foulon; il les déposa sur le bureau, et en demanda un reçu qui lui fut délivré.

Un moment après, un sieur *André Besson*, maître limonadier, rue Neuve-Saint-Martin, se présenta aussi devant les électeurs, et jeta sur le bureau un chapeau, deux montres d'or, dont une à chaîne d'or, et l'autre à cordons de soie et glands d'or; un flacon garni d'un bouchon de vermeil, et d'un étui de maroquin vert; un autre flacon garni de même, et dont le bouchon étoit enrichi de perles d'or de couleur; une bourse avec deux coulans d'or, vuide; une autre bourse qui renfermoit onze louis en or, deux pièces de six sols, et une médaille d'argent; un mouchoir de toile blanche, et une paire de gants.

Tous ces objets appartenoient également à M. Foulon; on en donna un reçu à *Besson*, et sans doute ils ont été rendus à la famille. Ainsi les objets volés se réduiroient à une boucle d'argent et aux vêtemens, dans le cas toutefois où M. Foulon n'auroit pas eu dans ses poches un porte-feuille, et où cette bourse, qui ne contenoit rien, n'auroit pas été vuidée, après lui avoir été prise.

Puisque *Breton* et *Besson* s'étoient emparés de ces effets, ils devoient être bien près de la victime. Lorsque les jours de la justice reparoîtront parmi nous, ils seront sans doute entendus, et désigneront ceux qui ont eu part au plus lâche comme au plus atroce des assassinats. Il est aisé de concevoir que les scélérats qui s'en sont rendus complices, doivent craindre de voir rouvrir en France l'ancien sanctuaire de nos lois. De pareils hommes sont les plus ardens apôtres d'une révolution qui assure l'impunité aux forfaits, parce que, sans les forfaits, elle ne se fût pas opérée.

M. Foulon étoit père de l'épouse de M. Berthier, intendant de Paris, dont j'ai maintenant à raconter aussi la malheureuse et bien tragique aventure. La mort du gendre offre des particularités qui surpassent, s'il est possible, en férocité, celles qui ont accompagné la mort du beau-père.

(86)

CHAPITRE LIX.

Triste effet de la philosophie moderne ; pénible situation de l'auteur ; détails succints sur le père de M. Berthier ; portrait de son fils ; anecdote extraordinaire sur celui-ci ; sa conduite dans les premiers jours de la révolution ; son arrestation à Compiègne ; rigueur de sa détention ; Lettre des officiers municipaux de Compiègne aux électeurs de Paris ; embarras de ceux-ci ; arrêté qu'ils prennent ; départ de deux électeurs, chargés d'appréhender M. Berthier au corps ; détails sur leur marche ; leur réception à Senlis ; leur réception à Compiègne ; leur entrée dans la prison de M. Berthier ; comment il les reçoit ; son départ pour Paris ; humiliations qu'il reçoit sur la route ; difficultés de la marche ; patience de la victime ; premier attentat contre sa vie ; menaces, affronts, violences qu'on lui fait endurer ; son arrivée à Paris ; incroyables circonstances de l'entrée qu'on lui fait faire dans la capitale ; joie et délire du peuple ; insigne barbarie ; tristesse et résignation de M. Berthier ; son arrivée à l'Hôtel-de-Ville ; interrogatoire qu'on lui fait subir ; horrible déchaînement contre lui ; comment il en témoigne sa sensibilité ; combat qu'il livre à ses assassins ; attentat infernal ; horrible tableau ; joie atroce ; conduite de MM. Bailly, de la Fayette et Moreau de Saint-Méry avec les assassins de M. Berthier ; repas d'antropophage ; image effrayante ; reproche fondé aux électeurs ; exécrable calomnie ; second festin de cannibale ; outrages faits au corps de M. Berthier après sa mort ; remarque affligeante ; vol.

Suite de Juillet 1789, et du second mois de l'interrègne.

Si le lecteur a senti son ame se flétrir, en contemplant le tableau que je viens de mettre sous ses yeux, qu'il plaigne l'historien obligé de tracer des horreurs qui dégradent la nature humaine ! Ce n'est point dans un pays lointain, dans une contrée sauvage, que se sont passées ces scènes où l'on voit des hommes se disputer le prix de la férocité ; c'est parmi nous, c'est chez un peuple qui, sous l'avant-dernier de ses rois, subjuguoit l'admiration de tous les autres peuples, par son urbanité, ses lumières, sa loyauté, sa bravoure. Comme la philosophie l'avoit dégradé en peu d'années ! Quelle grande et terrible preuve qu'une philosophie qui n'a pas pour bases les vérités éternelles de la religion des Corneille, des Bossuet, des Fénelon, des Racine, des Bourdaloue, est la plus cruelle ennemie des peuples et des Rois !

C'est en rappelant à mon imagination ces horribles momens où des françois se sont baignés dans le sang de leurs concitoyens, que je sens tout le poids du fardeau dont je me suis chargé, en me dévouant à écrire les événemens de notre révolution. Lorsque je peins ces lugubres et dégoûtantes images, mon cœur se brise, mes forces m'abandonnent; plus d'une fois la plume s'est échappée de ma main, plus d'une fois à la fin de mon travail, une fièvre brûlante a fait bouillonner mon sang. Heureux, mille fois trop heureux si je pouvois obéir aux mouvemens de mon cœur, sans trahir la vérité! si je pouvois tout-à-la-fois être vrai, et dérober aux siècles à venir, une partie de la honte du siècle actuel! Mais à quoi servent des vœux qui ne peuvent s'accomplir? Et en vain, par ses épanchemens versés dans le sein des lecteurs sensibles, je cherche à retarder un second récit qu'il m'est douloureux de leur faire, et qu'il leur sera douloureux d'entendre. Je reprends donc ma pénible tâche, et je viens à la lamentable histoire de l'infortuné gendre de M. Foulon. Puissent du moins nos crimes se changer en leçons pour nos neveux, et les pénétrer d'horreur pour ce philosophisme qui peut du peuple le plus renommé par sa douceur, faire un peuple de bourreaux!

M. Berthier, âgé d'environ quarante-cinq ans, et père de huit enfans, étoit intendant de Paris, depuis une vingtaine d'années. Il avoit succédé dans cette place à son père, homme bon, timide et foible, qui n'eût jamais d'autre souci que la crainte de se compromettre; qui ne haïssoit personne, et que personne ne haïssoit; facile et simple, il n'eût pas la force de résister aux instances qui lui furent faites d'accepter la place de premier président du parlement éphémère, créé par M. de Maupeou. Son goût et ses talens le rendoient absolument étranger à ces fonctions. Il s'en acquitta d'une manière qui prêta plus d'une fois à la plaisanterie, mais qui ne le rendit ni odieux ni méprisable. On le surnomma le président *de Même*, et ce fut toute la vengeance qu'on tirât du rôle auquel il s'étoit prêté. Cette dénomination lui venoit d'une naïveté qui lui étoit échappée. N'ayant aucune expérience à prononcer des jugemens, il avoit à côté de lui un secrétaire qui lui souffloit à l'oreille les dispositifs des arrêts. Il arriva un jour que M. Berthier eût à prononcer consécutivement deux arrêts parfaitement semblables. Son secrétaire lui souffla, à l'ordinaire, le dispositif du premier; quand il en fut au second, il crut qu'il lui suffisoit de dire au premier président, de répondre *de même*. Le bon M. Berthier répondit *de même*. Cette simplicité fit rire à ses dépens. Ce fut le seul désagrément qu'il recueillit de son intrusion dans le sanctuaire des lois. Ceux qui en étoient les véritables pontifes, avoient, comme on voit, des vengeances bien innocentes. Celles du petit peuple son bien autrement terribles.

La manière dont M. Berthier remplit ses fonctions d'intendant de Paris, fut toujours sage, et ne donna jamais lieu à aucune plainte, quoique cette place fut naturellement odieuse, parce qu'on y avoit plus souvent l'occasion de faire des mécontens que des heureux.

M. Berthier son fils, dont j'écris la fin déplorable, ne jouit pas du même avantage, soit que cela vint d'une injuste prévention, ou, si l'on veut même, du fond de son caractère. On lui trouvoit de la hauteur et de la dureté. Ses égaux disoient qu'il étoit difficile de l'aborder, qu'il les faisoit long-temps attendre dans son antichambre, et qu'il les recevoit avec morgue. Ses inférieurs se plaignoient de ce qu'il les repoussoit avec humeur. C'est un art dans les personnes d'un certain rang d'accueillir et d'écouter quiconque a à leur parler, de manière qu'on sorte toujours content de leur présence. M. Berthier ou n'avoit pas cet art, ou négligea cette manière facile de se concilier les cœurs.

Il n'avoit cependant rien dans son extérieur, de désagréable, rien qui pût déplaire, il étoit plus aimable que bel homme; il avoit plus de douceur que de noblesse dans la figure; son sourire inspiroit la confiance; le son de sa voix appeloit la franchise. Il est probable que s'il eût été mieux connu, il eût été plus aimé. Dans l'intérieur de son domestique, on l'adoroit. Jamais père de famille ne réussit mieux dans l'éducation donnée à ses enfans. Celui des fils de M. Berthier, qui étoit avocat-général à la cour-des-aides, annonçoit les plus heureuses dispositions. C'est un témoignage que lui rendent tous les magistrats de cette compagnie, et ils étoient connoisseurs. Ils avoient eu long-temps sous les yeux un modèle qui devoit les rendre difficiles. M. d'Ambray passé du parquet de cette cour, à celui du parlement, est peut-être l'homme de ce siècle qui connoisse mieux l'art de parler. Son savoir égale son éloquence, et son éloquence est comme son extérieur, aimable, facile, modeste et sans prétention.

Comme je n'ai point envie qu'on m'accuse de chercher à faire de chaque martyr du royalisme, un héros accompli, je ne dissimulerai point sur M. Berthier, une anecdote fort extraordinaire que m'a racontée un de mes amis qui m'a assuré en avoir été témoin oculaire. Cet ami m'a dit que se trouvant dans le cabinet de M. Berthier avec celui-ci, trois mois environ avant la terrible catastrophe qui termina sa vie, il entra un homme de Vincennes, âgé de 60 à 70 ans, vêtu avec beaucoup de simplicité. Cet homme parla ainsi à l'intendant:

« Je viens, monseigneur, vous demander une grâce; si je l'obtiens, elle fera le bonheur de ma vie. On a tiré à la milice dans nos cantons. Le sort est tombé sur mon fils. Rendez-le moi. — Cela ne se peut pas, répondit sèchement M. Berthier. — Monseigneur, reprit le vieillard, je vous apporte sa rançon. » En disant cela, il tira de sa poche quelques écus de six livres, et les présenta à l'intendant, qui répondit encore, *cela ne se peut pas*, et fit un geste comme pour repousser cet homme. — « Je sais, continua celui-ci, que j'offre bien peu de chose, mais sur mon honneur, c'est tout ce que je puis faire. — *Cela ne se peut pas*, fut encore la réponse de M. Berthier. — « Monseigneur, répliqua le villageois, je suis père de sept enfans, le sort m'a bien cruellement traité ; il a frappé celui qui étoit le plus vigoureux, qui travailloit le plus ; il est absolument nécessaire à ses frères et à moi ; rendez-nous-le, je vous prie. » M. Berthier n'ayant encore répondu, à ses nouvelles instances, que par les mots parasytes, *je ne peux pas*, cet homme avec une douleur concentrée, mais sans se courroucer, lui adressa ces effroyables paroles : « Mon fils partira ; mais vous, homme dur, cœur de fer, ame de bronze, vous qui êtes aussi père de famille, souvenez-vous de la malédiction que vous donne aujourd'hui un père de famille: le bras de Dieu est sur vous ; votre fin sera terrible ; vous mourrez misérablement ; vous mourrez en place de Grève, et ce terme n'est pas éloigné. »

Je rapporte ce fait tel qu'il m'a été raconté ; les personnes en place pourront y trouver une leçon ; il leur apprendra qu'il ne faut refuser que ce qu'on ne peut accorder, et que lors même qu'on refuse, on est plus tenu encore aux égards qu'exige l'infortune. Le juge qui prononce à un criminel son arrêt, se dépouille de sa sévérité, et s'attendrit sur son sort. Il est si aisé et si doux d'offrir cette consolation à un malheureux, qu'on n'est pas excusable de l'en frustrer.

Si le père de famille qui avoit frappé M. Berthier de sa malédiction, a survécu à cet infortuné, il a dû s'étonner lui-même et frémir, en voyant la trop cruelle fidélité avec laquelle s'accomplissoit sa prédiction ; il a dû, comme Thésée, se repentir de l'avoir prononcée, car M. Berthier ne méritoit pas le sort que les malheureux, abreuvés du sang de son père, lui ont fait subir. Il étoit lui-même bien loin de croire qu'une pareille destinée l'attendoit. Il ne songeoit ni à fuir ni à se cacher. Il avoit quitté Versailles dans la nuit du 14 au 15. De-là il s'étoit rendu à Mantes et à Meulan, pour des affaires relatives à son administration. Il avoit été ensuite à Meaux liquider les frais de passage pour la retraite des troupes. De Meaux il se rendit à Soissons, où il soupa et coucha chez sa fille. Il partit de cette dernière ville, le samedi matin 18, et vint à Compiègne. Là il fut arrêté par deux hommes qu'il ne connoissoit point ; ils lui dirent qu'ils avoient ordre de l'arrêter partout où ils le trouveroient. M. Berthier certainement avoit le droit de traiter ces deux inconnus comme deux brigands, parce qu'ils n'avoient aucun ordre à lui montrer. Mais il ne songea pas même à leur demander ce prétendu ordre ;

il ne fit aucune résistance, et se laissa conduire avec la docilité d'un enfant. Il s'imaginoit sans doute qu'il lui suffiroit de se nommer aux magistrats devant lesquels on le conduiroit, pour recouvrer sa liberté, et obtenir satisfaction de la violence qu'on lui faisoit. S'il eût pu prévoir les suites désastreuses qu'auroit sa condescendance, il n'eût eu garde de se rendre avec cette facilité. Il étoit fort et dans la vigueur de l'âge ; il eût sans doute fait repentir les dignes émules de Rappe de leur coupable témérité. Il aima mieux en laisser la punition aux juges, que de faire un éclat. Sa sécurité prouve qu'il ne se croyoit pas même désigné par les listes de proscription. Il est difficile de croire que cette sécurité pût lui venir d'autre part que du bon témoignage de sa conscience.

Dès qu'il fut arrêté, le tocsin sonna, les habitans accoururent, les officiers-municipaux se réunirent à l'hôtel-de-ville. Le prisonnier comparut devant eux. Bien loin de lui rendre la justice à laquelle il s'étoit attendu, ils ordonnèrent sa détention, et placèrent vingt-quatre personnes armées dans sa chambre. Jamais on ne prit une telle précaution contre le plus grand malfaiteur. Réfléchissant ensuite sur l'illégalité de cet emprisonnement, et ne sachant trop quelle issue donner à cette affaire, ils s'adressèrent, pour être éclairés sur la conduite qu'ils devoient tenir, non au parlement, non à la cour, qui leur eussent ordonné de relâcher M. Berthier, parce que la loi le vouloit, mais aux électeurs de Paris, de qui ils n'avoient aucun ordre à recevoir, et qui ne suivoient d'autre loi que le caprice de la populace. Ils envoyèrent donc à ceux-ci une lettre, qui leur fut portée par des particuliers qu'on décora du titre de députés de la municipalité de Compiègne. Cette lettre étoit conçue en ces termes :

« Messieurs, les habitans de Compiègne ayant été informés que M. Berthier de Sauvigny, intendant de Paris, étoit ici, l'ont arrêté *sur le bruit que la capitale le faisoit chercher*; en conséquence, messieurs, les citoyens vous dépêchent la présente, et vous prient de les éclairer sur la conduite qu'ils ont à tenir. »

« Nous sommes, avec un très-profond respect, etc. Signé, les officiers-municipaux et citoyens, *Lecaron de Mazencourt, Desmarets, Herbet, Mottel, Wacquant, Constant d'Yjanville, Charmoloque, Charmoloque.*

Quelle réponse avoient à faire les électeurs à cette lettre, sinon que l'affaire étoit de la compétence des tribunaux, et ne les regardoit point ? Instrumens aveugles des passions de la multitude, ils n'osèrent faire cette réponse aux envoyés de Compiègne ; mais, d'un autre côté, trop timides pour prendre d'eux-mêmes aucun parti, ils déclarèrent que l'objet étoit trop important pour qu'ils pussent en délibérer en l'absence de M. Bailly. On envoya chez celui-ci pour l'inviter à se rendre dans l'assemblée ; il s'y rendit sur-le-champ.

Alors

Alors on délibéra sérieusement pour savoir ce qu'on feroit de M. Berthier, comme si les électeurs eussent reçu la mission de prononcer sur son sort. Les députés de Compiègne se mêlèrent de la délibération; ils dirent que le peuple de leur ville étoit extrêmement irrité contre M. Berthier; qu'il n'étoit pas possible de répondre de sa vie, que peut-être même on y avoit déjà attenté depuis leur départ.

Que pouvoient faire à cela les électeurs? En restoit-il moins vrai que ce n'étoit pas à eux, mais aux autorités légales, qu'il falloit s'adresser? Quelques-uns d'entr'eux cependant secondèrent les envoyés de Compiègne, et, au lieu de désarmer la calomnie, ajoutèrent, par de vagues et de sottes imputations, à la présomption qui s'élevoit contre le malheureux intendant de Paris. « Il est, dirent-ils, depuis plusieurs jours, l'objet des clameurs publiques; il étoit intendant de l'armée rassemblée contre Paris; il s'est rendu de Paris à Versailles le jour même de la prise de la Bastille. » Voilà de plaisantes accusations, et quand on n'en a pas d'autre à porter contre l'homme qu'on veut perdre, c'est lui donner un brevet bien honorable de probité.

Ceux qui parlèrent ainsi entraînèrent l'assemblée entière; M. Bailly écoutant et disant comme tout le monde, il fut arrêté que chaque district fourniroit quatre hommes à cheval, ce qui feroit en tout une troupe de deux cents quarante cavaliers qui iroit à Compiègne chercher M. Berthier, et l'amèneroit à Paris. Ce qu'il y eut de plaisant, si quelque chose pouvoit l'être dans des affaires de cette nature, c'est que les électeurs déclarèrent qu'ils agissoient ainsi pour mettre en sûreté la personne de M. Berthier. Juste ciel! quelle sûreté! et qui d'ailleurs les avoit chargé de ce soin? Etoit-ce plutôt aux électeurs de Paris, qu'à ceux de toute autre ville, à mettre en sûreté la personne de M. Berthier?

Ces messieurs se constituèrent non-seulement ses juges, mais encore ses recors, car ils nommèrent deux d'entr'eux pour l'aller appréhender au corps, et le traduire au pied de leur tribunal; ces deux recors furent un M. André de la Presle, et un M. Etienne de la Rivière, avocat peu considéré au barreau, homme perdu de dettes, ayant en effet le maintien, les goûts, l'insensibilité d'un archer. M. d'Ermigny fut nommé commandant des deux cents quarante cavaliers.

Lorsque les électeurs prirent cette détermination, ils ne savoient encore rien de l'arrestation de M. Foulon: la lettre des officiers municipaux de Compiègne leur parvint dans l'après-midi du lundi 20, et, comme on l'a vu, M. Foulon ne tomba entre leurs mains que le sur-lendemain matin.

Dès qu'ils eurent ainsi ordonné l'emprisonnement de l'intendant de Paris, trois d'entr'eux, MM. Carré, Desroches, Parguès, se transportèrent dans son hôtel, et mirent le scellé sur tous ses papiers; ce ne furent pas là les seuls papiers de M. Berthier, dont ils se rendirent maîtres. Dans la soirée du 21, on leur envoya un paquet de seize lettres, toutes à son adresse, et dont deux seulement étoient cachetées. Les personnes qui n'aiment pas les calomnies, et encore moins les assassinats arbitraires, n'ont cessé de crier jusqu'à ce jour aux électeurs de justifier au moins d'un fait qui prouvât que la haine, dont M. Berthier a été victime, avoit quelque fondement. Ils n'ont jamais répondu à ce défi. C'est une preuve sans replique qu'ils n'ont rien trouvé dans tant de papiers, qui pût compromettre la mémoire de M. Berthier, ou seulement le rendre odieux aux révolutionnaires.

Dans la nuit du 20 au 21, à deux heures du matin, MM. de Presle, Etienne de la Rivière et d'Ermigny, se mirent en marche avec leur cavalerie; ils marchoient vers Compiègne, comme on marche à la victoire. Ce n'étoit pas le moyen de mettre M. Berthier en sûreté, que de courir l'arrêter avec ce bruit et cet éclat. Il n'y avoit que deux moyens de lui procurer cette sûreté; ou de l'aller chercher avec le plus grand mystère, ou de protéger sa marche par une formidable armée. Le parti mitoyen auquel on s'arrêta, étoit précisément le plus propre à le perdre. Et en effet ce qui devoit arriver, arriva: cette petite troupe de cavalerie, fixa l'attention par-tout où elle passa. La curiosité faisoit accourir sur ses pas les gens de la campagne, les habitans des villes. L'objet de sa mission ne fixoit auprès d'elle. Les cavaliers et les chefs n'en faisoient pas mystère, ils en parloient de manière à paroître en tirer vanité, de sorte que chacun vouloit partager le honteux honneur de cette facile expédition; de sorte encore que les cavaliers, venus de Paris, se virent insensiblement environnés d'une si prodigieuse multitude, qu'ils ne purent plus rien faire que d'obéir à tous ses mouvemens.

La troupe arriva le 21 à Senlis, sur les dix heures du matin. Son entrée fut une marche triomphale. Les habitans, dont la plus grande partie avoit des armes, étoient venus au-devant d'elle. MM. de la Presle et Etienne de la Rivière, en voyant ce renfort, descendirent modestement de voiture, se mirent à la tête de tout ce peuple, et entrèrent dans la ville au bruit des acclamations. On les conduisit à l'Hôtel-de-Ville, où les officiers municipaux, en corps, les enivrèrent de complimens et de félicitations, comme s'ils alloient à l'action la plus périlleuse et la plus glorieuse.

M. d'Ermigny laissa une partie de sa troupe à Senlis pour la faire reposer, il se mit à la tête de l'autre partie, et continua sa route avec les électeurs, jusqu'à Verberie, qui est à trois lieues de Compiègne. Là, M. d'Ermigny se défit du reste de sa troupe; il laissa dans ce bourg les cavaliers qui l'y avoient suivi, de sorte qu'il s'étoit ôté toute force pour protéger M. Berthier, en cas qu'il lui fut fait quelqu'outrage au sortir de sa prison.

M

MM. d'Ermigny, de la Presle et Etienne de la Rivière s'avancèrent donc seuls vers Compiègne, n'ayant d'autre escorte que la populace des environs. A l'entrée de la forêt, ils furent reçus par un nombreux détachement des bourgeois de la ville, armés. Ces bourgeois les conduisirent en triomphe à leur Hôtel-de-Ville, où ils furent reçus avec de grands transports de joie, comme s'ils y venoient apporter un bienfait inestimable. Lorsqu'ils eurent dit l'objet de leur mission, ils se transportèrent dans la chambre de M. Berthier; il étoit alors deux heures du matin. Ils le trouvèrent couché au milieu de vingt-quatre gardes, armés jusqu'aux dents, les uns fumant, les autres s'enivrant d'eau-de-vie; ceux-là jouant, ceux-ci faisant un vacarme horrible; de manière que le pauvre intendant de Paris n'avoit pas pu clorre l'œil un seul instant depuis qu'il étoit arrêté. Sur les côtes d'Afrique, on ne traite pas les prisonniers avec cette férocité. Le sommeil, dit un Poëte,

Quand l'homme accablé sent, de son foible corps,
Les organes vaincus, sans force et sans ressorts,
Vient, par un calme heureux, secourir la nature,
Et lui porte l'oubli des peines qu'elle endure.

Nulle part les malfaiteurs eux-mêmes ne sont privés de ce triste bienfait; Damien en jouissoit dans sa tour de Montgomery. Les satellites de M. Berthier se firent un barbare plaisir de lui ravir, pendant quatre nuits consécutives, le seul bien qui reste au malheureux. Que ces quatre nuits durent lui paroître cruelles! Que de fois il dût se dire:

Ah! qu'une nuit est longue à la douleur qui veille!

Les deux électeurs lui ayant appris le sujet de leur arrivée, il leur répondit avec beaucoup de douceur: « Je vais, messieurs, me disposer à vous suivre. » Dès qu'il fut habillé, il monta dans son cabriolet avec M. d'Ermigny, qui fit l'office d'exempt. La bourgeoisie armée de Compiègne, entoura la voiture. Les deux électeurs prirent les devans, et allèrent prévenir le détachement resté à Verberie, que le prisonnier approchoit. Lorsqu'on fut à la première poste, en deçà de Compiègne, la milice bourgeoise du district du Val-de-Grace vint fortifier la garde de M. Berthier. Il étoit difficile qu'il s'évadât. Si l'infortuné eût eu à traverser la France pour arriver à la place où il devoit être immolé, toutes les forces de l'empire se fussent ébranlées pour s'assurer de sa personne. Qui nous eût dit que nous aurions, chez une nation brave et généreuse, le spectacle d'un prisonnier gardé par vingt mille hommes armés!

Qu'on se figure les difficultés avec lesquelles se faisoit cette marche. Les hommes et les chevaux se mouroient de fatigue. On eut voulu se rafraîchir à Senlis; mais il ne fut jamais possible d'entrer dans la ville. Les cris, pendu, pendu, commençoient à retentir, et l'impatience de voir couler le sang de la victime, l'emportoit sur la lassitude. Le spectacle d'un assassinat, étoit le seul délassement après lequel on soupiroit.

M. d'Ermigny et les deux électeurs, ne sachant que résoudre à la vue de tant de bourreaux, et craignant de ne pouvoir rester maîtres de leur prisonnier, dépêchèrent deux courriers, l'un à M. de la Fayette, l'autre à M. Bailly. Les électeurs de Paris, de leur côté, dépêchèrent deux exprès à MM. de la Presle et Etienne de la Rivière, l'un au moment où la fermentation se manifestoit avec fureur contre M. Foulon, l'autre après sa mort. Le premier ordre portoit d'arrêter par-tout où l'on seroit, et d'attendre un ordre ultérieur; le second disoit qu'il falloit faire coucher M. Berthier au Bourget, et l'amener le lendemain à Paris en plein jour, parce que le peuple seroit calmé par la certitude qu'il ne s'étoit point évadé. Tout cela étoit facile à dire, et très-difficile à exécuter.

La troupe ne pouvant s'arrêter à Senlis, vint, sans se reposer, jusqu'à Louvres, qui n'est qu'à six lieues de Paris. Elle s'accrut encore considérablement dans ce trajet, d'hommes à pied et à cheval. Elle devint innombrable à Louvres. On eut dit que la France entière s'étoit dépeuplée, pour courir sur les pas de M. Berthier. Cependant M. d'Ermigny et les électeurs, excédés de fatigue, et voulant d'ailleurs attendre les réponses des lettres qu'ils avoient envoyées à Paris, parvinrent à mettre pied à terre, et firent entrer M. Berthier dans une chambre, prenant toutes les précautions qui étoient en leur pouvoir, pour l'empêcher d'être égorgé.

Sur les deux heures après midi, l'hôtellerie où l'on s'étoit arrêté, fut environnée et remplie de furieux qui, brandissant leurs armes, crioient avec rage: pendu, pendu, vîte à Paris, il faut y arriver de jour! Quelques-uns de ces forcenés pénétrèrent dans la chambre du prisonnier, le traînèrent jusqu'à son cabriolet, et le forcèrent d'y monter, après en avoir brisé les auvents, afin que chacun pût jouir, à son aise, des angoisses de la victime. M. d'Ermigny vit bien alors que la vie du malheureux Berthier n'étoit pas en sûreté. Il monta à cheval et se laissa conduire. M. de la Presle s'en revint prudemment à Paris. Quant à M. Etienne de la Rivière, il se dévoua à monter sur le même autel avec la victime; il entra dans le cabriolet de M. Berthier, et se souviendra long-temps de cette terrible journée.

La compagnie de l'électeur parut tranquilliser le prisonnier; il s'attristoit des impostures et des cris de mort qui retentissoit à ses oreilles, mais sa douleur ne s'exhaloit qu'en gémissemens sur l'injustice de ses concitoyens. Il voyoit, de loin en loin, des charrettes chargées d'écriteaux infamans, qui lui étoient personnels. Quelquefois on arrêtoit son cabriolet, et on vouloit le forcer de monter sur une de ces charrettes. De distance en distance, des malheureux s'approchoient de lui, lui montroient le poing, et cherchoient à l'irriter en lui prodiguant les injures les plus indécentes. On jetoit aussi dans sa voiture des morceaux d'un pain dur et noir, et on lui crioit : « Tiens, malheureux, le voilà ce pain que tu nous faisois manger ! »

A une demi-lieue de Louvres, un homme armé d'un sabre, les cheveux hérissés, les yeux hors de la tête, fend la presse, en criant : « il faut que je boive son sang. » Il s'avance sur la victime, et étoit prêt à la percer. M. Etienne de la Rivière détourna le coup, et pria avec instance ceux qui environnoient le cabriolet, d'écarter ce furieux. On y parvint. Il fut malheureux pour M. Berthier, que cet homme ne l'égorgeât pas sur-le-champ. Le coup qu'il en auroit reçu, lui eût épargné une bien longue et bien douloureuse agonie.

Il y avoit une heure qu'on faisoit cette marche lente et pénible, lors que M. Etienne de la Rivière reçut la lettre de M. Bailly, qui lui marquoit d'arrêter, et de faire coucher M. Berthier au Bourget. L'électeur, après avoir lu la lettre, la mit à sa poche. M. Berthier tomba alors dans une triste rêverie, et se plaignit douloureusement des maux cruels que le ciel amassoit sur sa tête. M. Etienne croyant que ces angoisses lui venoient de la crainte que la lettre ne contînt quelque chose de sinistre, la lui donna à lire. Il la lut avec beaucoup d'attention et de présence d'esprit, et après l'avoir lue, il reprit toute sa sérénité. « Ah ! monsieur, dit-il ensuite affectueusement, remerciez, je vous prie, M. Bailly et l'assemblée, des moyens qu'on emploie pour me mettre à même de me justifier, et pour me soustraire à la fureur aveugle de ce peuple qui m'accuse. »

Quelques momens après cette scène, on entendit plusieurs voix qui crièrent : *à bas, à bas l'électeur ; qu'il descende du cabriolet !* L'électeur et le prisonnier cherchant d'où venoient ces cris, apperçurent plusieurs hommes armés de fusils, qui sembloient vouloir tirer sur le cabriolet. « Ne voyez-vous pas ces hommes-là, dit M. Berthier à M. Etienne ? — Hélas ! oui, je les vois ; mais que faire ? — Que faire, répliqua M. Berthier ? descendez bien vîte du cabriolet ; ne vous exposez pas à être tué ; laissez-moi périr seul. Pourquoi voudriez-vous qu'il se commît deux assassinats ? »

Cette menace n'eut aucune suite, et M. Etienne resta à côté de son prisonnier. Ils arrivèrent au Bourget sur les six heures. Il ne fallut pas songer à y coucher comme le vouloit la lettre de M. Bailly. Des gens détournèrent la voiture de la poste ; et crièrent : *à Paris, droit à Paris !* Le postillon qui étoit arrivé au terme de sa course, vouloit descendre de cheval, et faire monter à sa place un de ses camarades. « Non, non, lui cria-t-on en le retenant ; le temps presse, il faut que tu ailles à Paris ! » Comme on intimoit ces ordres, en présentant plusieurs bayonnettes fusil, il n'y eut pas moyen de désobéir.

Une foule incroyable de parisiens étoit venue jusqu'au Bourget ; le chemin en étoit plein, et au-delà des deux côtés de la route, la campagne en étoit couverte : Ah ! le voilà, crioit-on de toute part, le scélérat ; pendu, pendu, à la lanterne, le monstre ! »

A une demi-lieue du Bourget, un homme portant l'uniforme de la compagnie de l'arquebuse, et ayant autour de lui une escorte assez nombreuse, s'avança, voulut écarter la foule, et garder le prisonnier ; mais ceux qui entouroient le cabriolet s'y opposèrent, et repoussèrent cette troupe.

La rage du peuple ne faisant que s'accroître, M. Berthier le fit remarquer à M. Etienne, et ajouta : « Je crois que ce qui les met en fureur, c'est qu'ils ne me voyent point de cocarde ; prêtez-moi, je vous prie, la vôtre. » M. Etienne la lui ayant cédée, il la mit à son chapeau ; mais au même instant, on la lui arracha, et on la mit en pièces. On en présenta une autre à M. Etienne, en le priant de ne pas la céder. « Eh bien ! dit M. Berthier à celui-ci, ôtons nos chapeaux. » L'électeur y consentit, et tous les deux restèrent nue tête, quoiqu'il commençât à tomber de la pluie.

Lorsqu'ils furent auprès de la Villette, les cris de mort redoublèrent avec une frénésie, et des emportemens qu'il ne m'est pas possible de peindre. On arrêta le cabriolet, et on insista plus qu'on n'avoit encore fait pour que M. Berthier descendît de son cabriolet, et montât sur une de ces charettes tapissées d'écriteaux. « Vous voyez bien, dit M. Etienne, qu'il est confié à ma garde ; je réponds de sa personne sur ma tête ; je ne peux pas le quitter, et en vérité je ne me soucie pas de faire mon entrée dans Paris sur cette vilaine charrette. — Eh bien ! à la bonne heure, répondit-on, il ne montera pas sur la charrette ; mais descendez toujours du cabriolet ; vous et ce coquin. » Il fallut bien descendre. M. Berthier ne descendit pas ; mais il fut enlevé par deux hommes à cheval, de cette même troupe qu'on avoit envoyée de Paris, pour le mettre en sûreté, disoit-on. Les deux cavaliers se renvoyoient le malheureux intendant, se l'arrachoient, et sembloient se disputer à qui le brutaliseroit avec plus de férocité. Pendant ce temps-là, d'autres particuliers brisoient et coupoient l'impériale du cabriolet, de manière qu'il ne resta plus que le siége. Lorsque la voiture fût dans cet état, on permit au prisonnier et à l'électeur, d'y remonter. Ils furent ainsi exposés à tous les regards, et tous les yeux purent jouir des souffrances de M. Berthier. La postérité aura peine à croire que ce raffinement de barbarie ait été imaginé par un peuple qui avoit la renommée, d'être le plus policé de l'Europe.

La pluie, dans le même instant, devint assez considérable ; ce fut un prétexte pour cette multitude, de crier à l'électeur, *chapeau sur la tête!* On vouloit que celui-ci se couvrît, et que son prisonnier restât découvert. Par ce moyen, ceux qui ne pouvoient distinguer qui étoit l'intendant, des deux hommes qu'on voyoit dans le cabriolet, n'y auroient plus été trompés. Mais M. Etienne se refusa toujours aux instances et aux menaces qui lui furent faites à ce sujet.

Plus on approchoit de Paris, plus les hurlemens devenoient effroyables. Si l'enfer s'ouvroit tout-à-coup sous nos pas, les cris qui en partiroient donneroient une idée des accens de rage dont l'air retentissoit, lorsque l'infortuné Berthier s'avançoit vers la capitale. « Le voilà, crioit-on, l'aristocrate, le misérable, l'accapareur, le marchand de farine; pendu le scélérat, à la lanterne ! »

Le malheureux souffroit sans doute horriblement de ces inculpations ; mais il n'en laissoit rien voir sur son visage ; son ame paroissoit calme ; il dit même à un dragon qui tenoit de la main le brancard du cabriolet : « Je vous jure que jamais je n'ai acheté ni vendu un seul grain de bled. » Il prononça ce peu de paroles avec cet air, ce sourire gracieux que l'on a lorsqu'on veut convaincre et toucher, et qui chez lui avoient un charme inexprimable. « Oh ! le scélérat, cria aussitôt toute la populace altérée de son sang; tenez, regardez-le, il ose encore sourire ! »

Enfin, on arriva à la barrière Saint-Martin ; elle se trouva fermée : on avoit mis en travers de la porte une charrette. Tout-autour de cette charrette, on avoit attaché de longues baguettes. Chaque baguette portoit un écriteau en lettres monstrueusement longues. Voici quelques-unes de ces insultantes inscriptions : *Il a volé le roi et la France. — Il a dévoré la substance des peuples. — Il a été l'esclave des riches et le tyran des pauvres. — Il a bu le sang de la veuve et de l'orphelin. — Il a trompé le roi. — Il a trahi sa patrie.*

Un jour viendra où l'on tentera de rejeter sur la seule populace des faubourgs, l'assassinat de M. Berthier ; mais les inscriptions que je viens de rapporter, sont des monumens qui attesteront que ce forfait a eu pour complices des hommes plus relevés. Il est aisé de voir que ceux qui les ont composées n'étoient pas des gens sans éducation. Ce n'est pas un pauvre artisan des faubourgs qui eût écrit : *Il a été l'esclave des riches, et le tyran des pauvres.*

Lorsque M. Etienne de la Rivière et son prisonnier furent arrivés auprès de la barrière, on voulut encore une fois obliger celui-ci de descendre de son cabriolet, pour qu'il montât sur la charrette qui étoit destinée à le conduire à l'hôtel-de-ville ; mais M. Etienne ayant répété les observations qu'il avoit déja faites sur de pareilles instances, on se rendit à ses raisons ; on ouvrit la barrière. La charrette ne pouvant plus servir, on en détacha les baguettes avec leurs écriteaux. Des hommes qui les tenoient élevées, pour que chacun pût lire les inscriptions, entourèrent le cabriolet. Ce fut au milieu de cet humiliant cortège que M. Berthier entra dans Paris.

Des relations de voyageurs nous disent qu'on trouve dans le nord de l'Amérique, des hordes de sauvages antropophages, qui, avant de dévorer le prisonnier qu'ils ont faits dans un combat, dansent et chantent, et l'obligent de chanter lui-même sa mort. Ce que font ces barbares, qui n'ont ni raison ni religion, les parisiens le firent à l'égard de M. Berthier. Ainsi la capitale, à qui Louis XIV avoit fait faire un si grand pas vers la civilisation, prouva, dans la journée du 22, qu'elle étoit rétrogradée de plusieurs siècles.

Ce fut avec la plus grande pompe qu'on conduisit M. Berthier sur la place où il devoit être égorgé. Son cabriolet, comme je l'ai dit, étoit environné de ces hommes qui portoient les baguettes surmontées chacune d'un écriteau injurieux au prisonnier. Ces hommes ne ressembloient pas mal à ceux qui, dans les triomphes qu'accordoit Rome ancienne, portoient les enseignes et les aigles romaines. L'électeur et son prisonnier, exhaussés sur cette espèce de char dont on ne voyoit que le siège, ne ressembloient pas mal eux-mêmes à deux triomphateurs. Quelqu'un qui n'eût pas su la cause de tout ce mouvement, de cette marche, n'eût jamais imaginé qu'un des deux triomphateurs alloit être immolé, et que le peuple célébroit d'avance l'assassinat qui alloit être commis.

La marche s'ouvroit par plusieurs groupes de femmes, dont les unes chantoient, les autres dansoient (1) ; elles étoient elles-mêmes précédées d'une nombreuse musique qui y jouoit tantôt des airs militaires, tantôt des airs forts gais : après les femmes venoient des milliers de bourgeois, dont plusieurs étoient couronnés de lauriers ; ils étoient suivis par des soldats de différens corps ; les gardes-françoises qui marchoient ensuite faisoient une petite armée à part. Enfin cinq

___

(1) Je conviens que ces détails sont fort extraordinaires, et j'ai besoin de prévenir qu'ils ne sont pas démentis par les écrivains démagogues. Voyez notamment : *Histoire de la Révolution de 1789*, par deux amis de la liberté, tome 2, page 131, et les *Révolutions de Paris*, du sieur Prudhomme, n°. 2 ; page 59. Tous, dit ce dernier avec plaisir, mènent un ennemi détesté : musique militaire, tambour, drapeaux, rien ne manque à ce cortège ; on le prendroit pour un triomphe.

cents cavaliers environ, précédoient, suivoient et entouroient le cabriolet. Les timbales, les tambours, les étendards, les drapeaux ajoutoient à la pompe de ce spectacle. Un peuple immense se pressoit dans les rues; les fenêtres étoient remplies de spectateurs; du plus haut des maisons, des femmes applaudissoient avec transport : tout ce monde étoit enivré de joie; jamais assassinat n'eut autant de complices.

C'est au bruit de ces applaudissemens, au milieu du cortège le plus étonnant qu'ait jamais eu un homme dévoué à la mort, que M. Berthier s'avançoit vers l'hôtel-de-ville. Pendant toute la marche, deux misérables qui étoient à ses côtés, lui tenoient la bayonnette de leurs fusils sur la poitrine.

Les scélérats qui promenoient dans Paris la tête mutilée de son beau-père, apprenant que le gendre étoit arrivé, coururent au-devant pour lui présenter cette tête sanglante. Aurai-je le courage de le répéter?..... » Nous la lui ferons baiser, disoient ces monstres, et nous la tiendrons sous ses yeux, jusqu'à ce qu'il soit lui-même lanterné. » Ils s'avancèrent avec précipitation vers la rue Saint-Martin; la foule dans cette rue se trouvant considérable, ils firent des efforts pour la percer; ils voyoient le cabriolet à la hauteur de la rue Maubuée, et cette vue ne servit qu'à leur donner plus d'ardeur pour arriver jusqu'à la voiture; pendant qu'ils s'agitoient, les yeux de M. Etienne de la Rivière se portèrent de leur côté; il vit cet image de sang; se retournant aussitôt, il poussa brusquement le malheureux Berthier pour détourner sa vue de cet horrible tableau. Il étoit trop tard; M. Berthier y avoit fixé ses regards : aussi comprit-il parfaitement l'intention de M. Etienne. « D'où vous est venu ce mouvement subit ? Est-ce que vous auriez vu aussi ce je ne sais quoi d'effrayant, cette hideuse et informe masse de chair sanglante qu'on voudroit me présenter?—Hélas! oui, répondit M. Etienne. — Et qu'est-ce, je vous prie, demanda M. Berthier, que cet affreux objet qu'il ne m'est pas possible de distinguer à la distance où je suis ? — C'est, dit M. Etienne, la tête de M. de Launay. » M. Berthier qui ne pouvoit en effet, de l'endroit où il étoit, reconnoître, dans cette tête défigurée, les traits de son beau-père, cru aisément ce que lui disoit l'électeur. Il la perdit bientôt tout-à-fait de vue, par l'impossibilité où furent les misérables qui vouloient ajouter à son martyre cette torture digne des enfers, d'arriver jusqu'à lui. Il n'en fut pas moins sensiblement affecté de ce qu'il n'avoit vu que confusément. Le souvenir des souffrances de M. de Launay, ce qu'il souffroit lui-même, la joie atroce de ce peuple, tout cela lui inspira de sombres réflexions; son ame se plongea dans une profonde mélancolie; de noirs pressentimens effrayèrent son imagination. M. Etienne, craignant qu'il ne succombât à sa tristesse, tâcha de le consoler. « Hélas ! monsieur, lui répondit M. Berthier, je croirois l'avanie, dont je suis actuellement l'objet, sans exemple; si Jesus-Christ n'en avoit éprouvé de plus sanglantes; il étoit Dieu, et je ne suis qu'un homme. »

Ces paroles furent les dernières qu'il adressa à M. Etienne. Ils arrivèrent à l'hôtel-de-ville à huit heures du soir; depuis deux heures du matin, M. Berthier servoit de jouet à ses bourreaux. M. Etienne le déposa dans la même salle où son beau-père avoit été enfermé. Une troupe nombreuse de gens armés, qui se dit préposée pour le garder, entra avec lui dans la salle.

M. Etienne passant ensuite dans l'assemblée des électeurs, leur apprit qu'il avoit rempli sa mission avec des peines impossible à exprimer; qu'il avoit amené M. Berthier au milieu d'un peuple immense, agité des mouvemens les plus effrayans, et qu'il venoit de le déposer dans une chambre voisine.

Les électeurs savoient déja l'arrivée de l'intendant de Paris; ils en avoient été instruits par le peuple même qui, depuis une heure, ne cessoit de faire retentir la place de Grève, et l'intérieur de l'hôtel-de-ville, des cris : *Berthier est arrivé!* Ils désirèrent qu'on le leur amenât tout de suite. Il parut environné de cette cohue qui formoit sa garde. Il tenoit la main droite dans le sein, et la gauche dans la poche du gilet. Sa contenance étoit ferme et tranquille. La douceur et la sérénité de son visage parurent frapper le plus grand nombre des électeurs, et leur inspirer quelque intérêt en sa faveur. Quoiqu'il fût aisé de voir qu'il étoit prêt à succomber à la lassitude, ses yeux avoient encore du feu. On s'étonnoit de la grace répandue sur tout son maintien. La manière agréable dont sa bouche s'entrouvroit, le son insinuant de sa voix, tout, dans sa personne, avoit un charme tel que les anthropophages qui alloient le déchirer de leurs mains, faisoient effort pour étouffer les sentimens qu'il leur inspiroit.

« Avez-vous quelque chose à dire, lui demanda M. Bailly ? »

« Je me justifierai, répondit M. Berthier, lorsque je connoîtrai les accusations portées contre moi. »

« Qu'avez-vous fait depuis le 12 de ce mois, demanda encore M. Bailly. »

M. Berthier répondit à cette autre question de manière à faire voir que ses souffrances ne troubloient point sa mémoire; il fit le récit de ses différentes courses depuis le 12, avec la plus grande netteté, et tel que je l'ai donné plus haut.

M. Bailly continua l'interrogatoire :

« Que sont devenus vos papiers ? »

« Je n'ai sur moi qu'une espèce d'adresse; la voici : » Il la tira de sa poche et la présenta; il ajouta; « Mes papiers, relatifs à mon administration, doivent se trouver dans mes bureaux; je n'avois emporté, dans mes courses, avec moi, que mon porte-feuille; il est resté entre les mains de mon domestique, qui a dû le remettre à M. l'intendant de Soissons. Je ne sais pas au surplus ce qu'est devenu ce domestique. Mais je vous fais observer que j'ai déjà passé trois ou quatre nuits sans dormir, parce que j'étois gardé à Compiègne par douze hommes, qui veilloient dans ma chambre. Je vous prie de me procurer les moyens de prendre quelque repos. »

L'infortuné n'exagéroit ni le nombre des nuits, ni celui des gardes. Il avoit passé sans dormir les nuits du 18 au 19, du 19 au 20, du 20 au 21, du 21 au 22. Quant au nombre de ses gardes, M. Etienne de la Rivière attesta qu'il en avoit trouvé vingt-quatre dans sa chambre. Ses douleurs n'avoient point aigri son esprit; il sembloit craindre d'en charger le tableau.

Il est vraisemblable que M. Bailly et les électeurs cherchoient à temporiser, et à traîner en longueur cette séance, dans l'espoir que le peuple se dissiperoit vers le milieu de la nuit. Ne trouvant plus de questions à faire à M. Berthier, ils demandèrent qu'on leur fît lecture du procès-verbal de la remise qui avoit été faite de la personne du prisonnier, par la municipalité de Compiègne. M. Etienne de la Rivière entreprit cette lecture; elle fut interrompue à tout instant par des cris, des murmures, des imprécations. La lecture finie, les hurlemens redoublèrent et devinrent épouvantables. Des milliers de voix dans tout l'hôtel-de-ville, dans l'intérieur de la salle, crièrent: *Finissez donc, finissez donc, on force l'hôtel-de-ville; voici le faubourg Saint-Antoine; voici le Palais-Royal!* Il se fit alors, comme le matin, un nouveau mouvement dans cette immense multitude; elle fut pressée par les derrières, de manière que les hommes qui avoisinoient les électeurs, se précipitèrent sur eux, par la force qui les poussoient; le prisonnier et sa garde furent jetés sur le bureau.

« Messieurs, dit alors M. Bailly, en s'adressant aux électeurs, voulez-vous que M. Berthier soit conduit à l'Abbaye? » Il n'avoit rien de mieux à dire. « Oui, oui, répondirent les électeurs, qu'il soit conduit à l'Abbaye! »

« L'assemblée ordonne, cria M. Bailly, que M. Berthier soit conduit à l'Abbaye! » Les gens qui servoient de garde au prisonnier, l'environnèrent aussitôt. La foule s'entr'ouvrit, les rangs de côtés et d'autres se pressèrent, les gardes et le prisonnier passèrent assez librement. Lorsqu'ils furent sur le perron de l'hôtel-de-ville, ces transports de joie qui avoient éclatés à l'arrivée de M. Berthier dans Paris, se changèrent en accès de rage. Un cri universel, effroyable, et qui l'étonna lui-même, demanda son sang. « Mon Dieu, mon Dieu, dit-il, que ce peuple est bizarre avec ses cris! »

Il eut à peine proféré ces paroles, qui sont les dernières qu'il ait prononcées, que chacun se rua sur sa personne, on le poussa, on le traîna sous l'infernal réverbère (1).

Lecteur, armez-vous de courage: si vous ne devenez pas aussi insensible que les bourreaux de M. Berthier, n'achevez pas ce triste récit, passez au chapitre suivant; vos sens se troubleroient, votre cœur se déchireroit à la vue des monstrueuses horreurs que je vais exposer à vos yeux.

M. Berthier n'eut pas la résignation de son beau-père. Toutes les facultés de son ame se soulevèrent contre ses assassins; il étoit, comme je l'ai dit, dans la vigueur de l'âge; il ramassa toutes ses forces, il se défendit, se débattit contre les cannibales qui vouloient se désaltérer dans son sang. Il arrache à l'un d'eux son fusil; il écarte ceux qui sont autour de lui; mais que peut un homme seul contre quarante ou cinquante mille assassins? Tous se poussent à la fois sur M. Berthier; il tombe, on le foule aux pieds; il se débat encore; on veut ceindre son col de la corde destinée à l'exhausser à la potence; on n'en peut venir à bout; il repousse les bourreaux. Son courage redouble leur fureur; il se prêtent une mutuelle assistance; les uns tiennent sa tête, les autres ses mains, ceux-là ses jambes. Pendant qu'il est dans cet état d'immobilité, un monstre, que l'enfer sans doute avoit vomi, s'avance avec un coutelas qu'il lui plonge dans la poitrine, et qu'il ne retire qu'à l'extrémité du bas-ventre, il lui fend le corps. Le malheureux jette ensuite son coutelas; plonge son bras dans les entrailles fumantes de la victime, en arrache, en retire le cœur palpitant, et d'un pas précipité, court à l'hôtel-de-ville, suivi d'une centaine de ses complices; il entre dans la salle où sont assemblés les électeurs, ayant à leur tête MM. Bailly et la Fayette; il leur tend cette masse de chair encore fumante, et toute dégoûtante de sang, et souriant hideusement, leur crie: *le voilà le cœur de Berthier!* Le scélérat croyoit sans doute qu'ils alloient en faire un festin.

A la vue de ce spectacle, quelques électeurs détournèrent la tête, et repoussèrent de la main droite cet horrible tableau; d'autres restèrent muets et insensibles d'étonnement; quelques-uns ne parurent point émus. On entendit des voix qui crièrent: *Ah! de grâce, au nom de Dieu, retirez-vous!* Le monstre se retira en effet, suivi de sa bande; tous ces antropophages, en s'en allant, poussoient des hurlemens de joie, et crioient: *vive la nation!*

Comme ceux-là descendoient, d'autres montèrent,

(1) Je dois prévenir les personnes, qui, n'ayant jamais vu la place où l'on a immolé tant de victimes, la chercheront, que depuis la description que j'ai donnée plus haut de la sanguinaire lanterne, on a arraché le buste de Louis XIV, qui se voyoit au-dessus de la potence de fer.

et ces nouveaux arrivés, tous hors d'eux-mêmes, comme s'ils eussent eu la plus joyeuse nouvelle à annoncer, crièrent aux électeurs : *Messieurs, messieurs, nous allons vous apporter la tête de Berthier !*

MM. Bailly, de la Fayette, Moreau de Saint-Méry n'avoient rien dit lors de la première scène (1); M. de la Fayette parla à cette nouvelle horde de barbares. Il leur dit : « Recommandez, je vous prie, au peuple de ne pas nous apporter cette tête, parce que nous sommes ici occupés d'affaires très-importantes. » M. Moreau de Saint-Méry fit la même invitation. M. Bailly se tut et ne sortit pas un instant de son apathie. La prière fut exaucée : on ne porta point la tête dans la salle des électeurs.

Le malheureux qui s'étoit emparé du cœur, fut abandonné, au pied de l'escalier de l'hôtel-de-ville, par ses complices, qui coururent dépecer le reste du corps; quand à lui, content de la portion qu'il tenoit, il se hâta de la savourer..... Oui, de la savourer ; il se jeta dans ce café qui est vis-à-vis l'arcade Saint-Jean, à côté de la rue de la Tannerie, et qui a pour enseigne : *Café de la Ville.* Il s'y trouvoit alors une trentaine de personnes, dont plusieurs m'ont attesté le fait, et sont soumises à en déposer, où je le desirerois, l'attestation signée de trente témoins. L'apparition de ce monstre, les taches de sang dont ses vêtemens étoient parsemés, ce qu'il portoit à la main, leur inspirèrent un sentiment qu'il faut avoir éprouvé pour le rendre. Ils n'osoient fuir ; la Grève étoit pleine d'une multitude qu'il n'étoit pas possible de percer, et ils craignoient en s'y jetant de tomber à leur tour dans les mains des antropophages.

Le malheureux cependant passe derrière une table, s'asseoit, et demande un verre d'eau-de-vie d'Andaye. On le lui apporte. « Maintenant, dit il, apportez-moi un verre à limonade. » On le lui donne. Il verse peu le petit verre de liqueur dans le grand, le regarde, et dit : « ce n'est pas assez ; encore un petit verre de liqueur. » Quand on le lui a apporté, il l'ajoute au premier. Il prend ensuite le cœur entre ses deux mains, l'élève au-dessus du verre, entrelace ses doigts, serre, et exprime le sang dont les gouttes se mêlent à la liqueur. Lorsque cette masse de chair ne peut plus en rendre, il prend le verre, avale avec volupté cette infernale boisson, pose avec bruit le verre sur la table, et regarde les assistans avec des yeux fixes, un front ridé, des cheveux hérissés. Il ouvroit la bouche pour leur faire voir qu'elle étoit pleine de sang ; la liqueur noirâtre découloit des deux côtés.... Oh ! monstre ! quelle est la mère qui te donna le jour ? quel est le sein qui s'a allaité ? tu suças le lait d'une tigresse.

Le cannibale ayant fini cet horrible festin, paya, sortit et alla se joindre aux autres antropophages qui se disputoient des lambeaux de chair. Les électeurs ont imprimé, dans leur procès-verbal, que cet exé-
_____
(1) La preuve de leur silence se trouve au procès-verbal des électeurs.

crable scélérat étoit vêtu d'un uniforme de dragon. Ils sont les seuls à le dire : les personnes qui étoient à l'hôtel-de-ville, lorsqu'il y parut, celles qui étoient au café lorsqu'il y vint, disent qu'elles étoient trop préoccupées de son action, trop frappées de l'air de scélératesse répandu sur sa figure, dans ses yeux, pour avoir songé à remarquer son habit; elles ne peuvent pas même dire de quelle couleur il étoit.

Les électeurs ayant eu l'ame assez tranquille pour observer la couleur de l'habit que portoit ce scélérat, ont dû aussi avoir assez de calme pour se graver dans la mémoire son signalement. Pourquoi donc ne mirent-ils pas des espions sur ses pas ? Pourquoi ne le firent-ils pas arrêter clandestinement dans la nuit même, ou une des nuits suivantes ? Falloit-il laisser parmi des hommes, un monstre qui buvoit le sang de ses semblables ? Les électeurs, M. Bailly, M. de la Fayette dirent sans doute alors, ce que le tyran Octave disoit à des sénateurs qui lui demandoient la punition d'un crime : *les séditions causent de grands maux ; oublions-les* (1). C'est avec cette insouciance, qui a tout l'air d'une complicité, qu'on a mis les propriétés et la vie des gens de bien à la merci des brigands et des assassins.

Plus d'un journaliste, et notamment le calomniateur Prudhomme (2), a écrit que le misérable qui avoit fait un festin du cœur de M. Berthier, étoit fils d'un homme que M. Berthier avoit tué. C'est un mensonge aussi noir que le forfait auquel on voudroit le faire servir d'apologie. M. Berthier n'a la mort de personne à se reprocher. L'anecdote du père de famille qui le maudit, est la seule tache, si c'en est une, imprimée à sa mémoire. Elle prouve que M. Berthier fut dur dans une occasion ; mais pour refuser une grâce, on n'est pas un assassin. Je pouvois taire cette anecdote ; la publicité que je lui ai donnée, ne doit pas laisser douter que si, dans mes recherches sur la vie de M. Berthier, j'eusse trouvé un fait plus grave, ma plume ne l'eût transmis à la postérité.

Un autre monstre qui avoit conquis un lambeau de sa chair, entra dans un café de la rue Saint-Honoré, près celle de Richelieu, se fit servir un verre de limonade, y trempa ce morceau de chair sanglante, but, et s'applaudissant ensuite de sa brutale férocité, il assura que jamais il n'avoit goûté un breuvage plus délicieux.

Ainsi, le corps du malheureux Berthier fut mis en pièces. Ses membres mutilés et coupés furent traînés dans la fange. Il ne resta de sa tête, que le crâne qu'on dépouilla de ses cheveux ; ce crâne fut mis sur
_____
(1) *Dion,* liv. LIV.

(2) Voici les expressions de ce malheureux digne de partager le festin du scélérat dont il excuse le forfait : « O dieux, le barbare, il arrache son cœur de ses entrailles palpitantes. Que dis-je ? il se venge d'un monstre. *Ce monstre avoit tué son père.* » Voyez révolutions de Paris, N°. 2, page 62.

la pointe d'un sabre ; et le cœur sur la pointe d'un coutelas. Ceux qui les portoient placèrent au milieu d'eux celui qui tenoit au haut d'une pique, la tête défigurée de Foulon. On promena ces tristes restes, ces détestables trophées dans les rues, au bruit des applaudissemens des spectateurs qui garnissoient les croisées. On n'oublia pas de donner à ceux qui remplissoient le jardin du Palais-Royal, le spectacle de ces funestes images. Celui qui s'étoit emparé de la chevelure de la victime, la montra avec complaisance, on se la passa de main en main, chacun vouloit pouvoir dire, *je l'ai vue, je l'ai touchée*. On finit par la brûler devant le café de Foy.

C'est de cette manière que se termina la plus exécrable des fêtes, car le martyre de M. Berthier en fut véritablement une pour le peuple de Paris. Si je compte actuellement ceux qui provoquèrent cet assassinat, ceux qui s'en réjouirent, ceux qui y participèrent, ceux enfin qui l'ont laissé impuni, je n'exagérerai pas si je porte à cent mille individus, hommes et femmes, le nombre des complices de ce forfait. Quelle épouvantable lumière rejaillit de cet affligeant calcul sur les mœurs de la capitale, à l'époque où se commirent ces monstrueuses horreurs ? J'abandonne à mes lecteurs les réflexions qui naissent de cette remarque. Je me permettrai seulement de dire que si, parmi les peuples de l'Europe, il en étoit un qui trouvât du plaisir à se donner souvent des spectacles semblables à ceux qui réjouirent si fort les parisiens, dans la journée du 22 juillet, toutes les nations seroient intéressées à contraindre par la force un tel peuple à changer de mœurs, et cela pour deux raisons qui sont bien sensibles : la première, c'est qu'il en est de la soif du sang comme des autres passions ; elle s'accroît et se change en habitude par la jouissance. La seconde raison, qui n'est qu'une conséquence de la première, c'est que la conservation de l'espèce est le premier devoir de l'humanité.

Les circonstances qui ont accompagné le meurtre de MM. Foulon et Berthier, sont telles qu'on ne trouve rien de semblable dans l'histoire d'aucune nation. Il ne faut pas rejeter tout l'odieux de ce double assassinat sur la lie du peuple. Les personnes d'une condition plus relevée, qu'on vit exciter et encourager les assassins, forment un tableau qui prouve que, dans ce siècle où nous nous vantons si fort des lumières acquises, la férocité n'étoit pas le seul partage de la canaille.

Voilà cependant comme M. de Lally avoit converti le peuple françois ; voilà comme le voyage du roi à Paris, et ses autres sacrifices y avoient ramené la paix ; voilà comme MM. Bailly, de la Fayette, et les électeurs, maintenoient le calme dans la capitale. Si jamais la justice reparoît dans notre triste patrie, si jamais les amis et les parens de MM. Foulon et Berthier peuvent venger leur mémoire, que répondront ces électeurs et ceux qui s'étoient donnés pour chefs, à ce dilemme : ou vous avez pu empêcher ces atrocités, ou vous ne l'avez pas pu : si vous l'avez pu, c'est vous qui avez égorgé MM. Foulon et Berthier. Si vous ne l'avez pas pu, pourquoi vous obstiniez-vous à retenir dans vos mains une autorité usurpée, que les meurtriers regardoient comme un brevet d'impunité ? Pourquoi ne rendiez-vous pas au roi sa puissance et aux tribunaux leur force ? Vous ravissiez aux opprimés l'égide qui les protégeoit contre le poignard des assassins ; vous étiez donc les complices de ceux-ci. Vous étiez absolument dans le cas de celui qui, sachant qu'un voleur de grand chemin doit attaquer un voyageur, désarmeroit ce dernier. La victime, en tombant sous les coups de son assassin, n'auroit-elle pas droit de dire au scélérat qui l'auroit désarmée : C'est toi qui m'égorges !

Enfin les horribles forfaits dont je viens de tracer l'histoire, ne sont pas seulement remarquables par les circonstances qui les accompagnèrent, ils le sont peut-être plus encore par les effets prompts et désastreux qu'ils eurent pour la nation entière, et je ne les trouve développés nulle part. Je vais les raconter ; les détails où ils m'entraîneront seront dignes d'être médités. Avant d'y passer, je terminerai ce chapitre par un fait relatif à la mort de M. Berthier, que je ne dois pas omettre. Il n'en fut pas de lui comme de son beau-père. Lorsque celui-ci fut égorgé, on rapporta fidèlement aux électeurs la plus grande partie des effets qui furent trouvés sur lui. Lorsque M. Berthier fut massacré, on ne rapporta rien, absolument rien. Sans parler de ses vêtemens, il n'est pas possible qu'il n'eût dans ses poches de l'argent, des bijoux, et au moins une montre. Il fut arrêté brusquement ; il ne s'attendoit ni à cette arrestation, ni à la tragique catastrophe qui devoit la suivre. Il seroit absurde d'imaginer qu'un intendant de Paris voyageât sans un sol, sans une seule montre. Lorsque M. Etienne de la Rivière le reçut des mains des officiers-municipaux, il devint dépositaire non-seulement de sa personne, mais encore de ses effets. Il dut dresser un inventaire de ces effets, le faire signer aux officiers-municipaux, au prisonnier lui-même. Il n'est pas vraisemblable que M. Etienne de la Rivière se soit cru dispensé de cette formalité, que ne négligent jamais les recors et les exempts. Il étoit de sa délicatesse, comme de sa sûreté, de ne pas se charger du dépôt qu'on lui confioit, avant d'avoir fait constater juridiquement tout ce dont il devenoit dépositaire. Arrivé à Paris, avec son prisonnier, M. Etienne auroit remis à ses collègues cet inventaire, et eût exigé une décharge qui constatât qu'il rendoit fidèlement tout ce qu'on lui avoit confié. Je lis bien au procès-verbal des électeurs, que M. Etienne, en leur livrant le prisonnier, exigea un reçu de sa personne ; mais il ne fit aucune mention de ce qui pouvoit lui appartenir. Or, il me semble que la famille de M. Berthier pourroit dire aujourd'hui à cet électeur : « Vous avez laissé égorger la personne, mais que sont devenus ses effets ? Ont-ils été volés par ses assassins, ou par ceux qui l'ont livré aux assassins ? »

CHAPITRE

CHAPITRE LX.

Premier effet de l'assassinat de MM. Foulon et Berthier; explosion de férocité; monstrueuse estampe; question affligeante; fâcheuses données pour la résoudre; réforme importante qu'il convenoit de faire; second effet de l'assassinat de MM. Foulon et Berthier; des divers partis qui se sont formés dans le royaume, après ce double assassinat; noms qu'ils se donnent; des royalistes et des républicains; de quels hommes s'est trouvé composé le parti de ceux-ci; notions sur leurs mœurs et leurs principes; doctrine, devise et sermens des initiés aux hauts mystères de la francmaçonnerie; origine des clubs; abus du mot aristocratie; principales divisions du parti républicain; des feuillans; des jacobins démagogues, enragés, sans-culottes, brigands; du côté droit et du côté gauche; du quartier du Palais-Royal, ou trou d'enfer; des impartiaux, monarchistes, monarchiens, moyennistes; des principaux chefs de ce parti; de leurs opinions religieuses et politiques; leurs sentimens sur les royalistes et les républicains; sentimens des royalistes et des républicains sur les impartiaux; conversation entre M. Malouet et Mirabeau, dans laquelle se trouve l'entier développement de leur système politique sur la constitution du royaume, tiré de leurs propres écrits; examen d'une objection de M. Malouet; cause et origine de la doctrine qu'il n'a cessé de prêcher.

Suite de Juillet 1789, et du second mois de l'interrègne.

Le premier effet du double assassinat dont on vient de lire l'histoire, fut terrible, et seroit à peine croyable, s'il ne subsistoit encore aujourd'hui. A peine le sang des deux victimes eut coulé, qu'il se fit, dans les mœurs de toutes les classes de la société, une révolution complette, et qui parut presqu'universelle. Le peuple devint tellement sanguinaire, que les spectacles de sang furent pour lui un véritable besoin. Il ne bougeoit plus de la Grève, dans le cruel espoir qu'il y verroit égorger quelque victime humaine. Quand vous demandiez à un ouvrier, à un artisan : comment vont les affaires ? Il vous répondoit : pas bien; on n'a pendu personne. Dans les marchés, aux halles, vous entendiez dire sur le soir, lorsqu'il n'y avoit point eu d'exécution : voilà une mauvaise journée; la lanterne n'a pas RIBOTÉ. Cette dernière expression, familière à la canaille, peint énergiquement la passion alors dominante. Plus d'une fois j'ai vu, en passant sur la place de Grève, un homme qui enjamboit la potence de fer où Foulon avoit péri. J'ai vu cet homme montrant une corde au peuple qui sourioit; je l'ai entendu crier : « Pour Dieu ! mes amis, amenez-moi donc quelqu'un ; je suis entrain de pendre ! »

C'est sous ce point de vue que la très-grande partie du peuple françois, non-seulement à Paris, mais dans tout le royaume, se montra après les exécutions arbitraires et atroces de MM. Foulon et Berthier ; j'entends par peuple, tout ce qui étoit placé au-dessous de la bourgeoisie. Mais la bourgeoisie elle-même n'a rien à reprocher à cet égard au peuple ; il s'y fit également, si je puis parler ainsi, une explosion de férocité. Ceux qui, dans l'intérieur du Palais-Royal, soudoyoient des assassins, comme je le dirai, lorsque j'y serai amené par l'ordre des faits, M. Barnave, que le petit peuple lui-même surnomma *Barnave le tigre* ; M. Prudhomme qui prêchoit dans chacun de ses numéros, l'incendie et le meurtre ; M. Marat qui ne vouloit voir que des potences dans nos rues et dans nos places publiques ; M. Camille Desmoulins qui prenoit le sanguinaire titre de procureur-général de la *lanterne*, n'appartenoit pas à la canaille des fauxbourgs. Il ne faut pas non plus ranger dans cette classe ceux qui commandèrent et firent exposer avec profusion, l'estampe intitulée *le calculateur*. Cette estampe représentoit un homme assis devant un bureau, tenant une plume à la main, et faisant une règle d'arithmétique. Il avoit sur son bureau, cinq têtes coupées, dont l'une portoit un bâillon. On lisoit sur son papier : *qui de 24 paye 5, reste 19*. Ce n'étoit pas enfin de la populace, que sortoient ceux qui pouvant empêcher l'exposition de ses atroces images, ne le firent pas, ceux qui ne punirent point *Rappe*, et qui laissèrent dans la société le monstre qui s'étoit baigné dans le sang de M. Berthier.

On verra par le récit des faits qui suivront, qu'indépendamment du comte de Mirabeau, les classes les plus relevées de la société, vomirent aussi après la mort de MM. Foulon et Berthier, des hommes dignes d'être les satellites de Néron et de Tibère.

A la vue de cet épouvantable amas de françois de toutes les conditions, les uns ordonnant, les autres exécutant des meurtres, ceux-là s'en repaissant avec joie, ceux-ci en faisant l'apologie, on a fait une question dont la solution appartient à cette histoire. Il est terrible pour un homme qui aime son pays, d'agiter une telle question, et c'est encore un des malheurs de nos troubles, qu'elle se soit présentée à l'esprit des philosophes qui font leur étude du caractère des peuples. Ils se sont demandé si la réputation dont jouissoit la nation françoise d'être une nation douce, n'étoit pas une réputation usurpée.

Les données, pour résoudre ce problème, sont innombrables, et, il faut le dire, elles ne semblent pas être à notre avantage. En parcourant les annales de la monarchie, à partir des premiers jours de sa naissance, on voit, sous presque tous les règnes,

la nation françoise donner l'exemple de grands actes de cruauté. Nos guerres civiles ont été peut-être plus atroces que celles d'aucun autre peuple, par l'acharnement et la fureur avec laquelle les citoyens s'entre-égorgeoient. Que de lâches et barbares assassinats dans ces temps de troubles ! On a vu des françois, dans toutes les occasions où ils ont pu le faire impunément déployer un caractère féroce. Chez quel peuple a-t-on compté plus de régicides ? Une des affaires qui occupoit le plus Henri, le bon Henri, c'étoit l'expédition des lettres de grâces à ceux qui attentoient à ses jours. Le règne de ce prince d'un caractère doux, gai et bienfaisant, auroit ce semble, dû adoucir les mœurs françoises. Eh bien ! sous son successeur on vit des hommes déterrer un cadavre, et se montrer les dignes prédécesseurs des antropophages de nos jours. Quel monarque fit jamais plus pour la civilisation de ses sujets, que Louis-le-Grand ? Eh bien ! sous ce règne d'urbanité, quels rafinemens d'inhumanité n'exerçoient pas, dans leurs Cévennes, les farouches *Camisards*, sur les catholiques qui tomboient entre leurs mains !

Nous avons vu de nos jours, que l'effusion du sang étoit, pour le peuple, un spectacle intéressant. Nous l'avons toujours vu courir aux exécutions de la Grève, comme à une fête ; et pendant que la place étoit pleine, on voyoit aux croisées des spectateurs de tout âge, de toute condition, de tout sexe. Ces exécutions se fussent-elles répétées chaque jour, on eût vu chaque jour la même affluence. Cette foule innombrable qui vint se repaître des longues et intolérables tortures de Damien, étoit composée de gens qui certainement ne pouvoient pas se rendre le témoignage d'être nés doux et sensibles. Ce n'étoit pas seulement le petit peuple qui dévoroit des yeux cet effrayant spectacle, les croisées étoient garnies de la meilleure compagnie de la ville et de la cour ; elles se louèrent jusqu'à cinquante écus. On y voyoit des femmes couvertes de fard et de diamans, qui se fussent évanouies pour la mort d'un serin, et qui au travers de leurs lorgnettes, ne perdoient pas une des angoisses du patient.

Je n'ai jamais assisté au supplice d'un criminel ; mais j'ai entendu dire à des personnes qui observoient attentivement la multitude durant ces funestes spectacles, que si à l'instant où le patient approchoit de l'échaffaud, sa grâce lui eût été apportée, et l'eût arraché à la mort, le peuple en eût témoigné du regret, comme quand on s'afflige de la privation d'une jouissance à laquelle on s'attendoit.

Telles sont les données qui peuvent aider à résoudre la question que font quelques philosophes, si notre nation a des mœurs douces. On seroit tenté de croire que la religion chrétienne avoit apprivoisé le peuple françois ; que le frein des lois le contenoit, et que lorsqu'il perdit son Dieu et son roi, il reprit sa férocité ; semblable à ces animaux des forêts qu'on voit s'affectionner à la main qui les nourrit et les enchaîne, mais qui à la vue d'une proie, reviennent à la sauvage brutalité de leur instinct.

Lors donc qu'on vient me dire vaguement, que l'ancien régime ne valoit rien, je réponds comme Epicure, *ce n'étoit pas la liqueur qui étoit corrompue, c'étoit le vase.* Si j'eusse été le législateur d'un tel peuple, je lui aurois donné des mœurs avant de lui donner des lois. Je ne me serois rien dissimulé sur le fond de son caractère ; j'aurois dégagé mon travail de ces fausses illusions de politesse, d'urbanité, de lumières acquises, d'attachement filial au monarque ; je me serois dit : toute institution est bonne pour un peuple qui a des mœurs ; toute institution est mauvaise pour un peuple qui est corrompu. Je me serois bien gardé d'écouter ceux qui m'auroient dit : donnons-lui la constitution angloise, cousons à sa législation des lambeaux du code américain ; je me serois rappelé ce que dit Montesquieu (1), *que les loix doivent être tellement propres au peuple pour lequel elles sont faites, que c'est un grand hasard si celles d'une nation peuvent convenir à une autre.* Je n'aurois point voulu changer ses institutions, parce que, comme le dit encore le même philosophe (2) : *les institutions nouvelles sont des abus*, et ce n'étoit pas la peine de remplacer les abus dont on croyoit avoir à se plaindre, par d'autres abus. J'aurois voulu qu'il n'apperçut pas la révolution qui se seroit faite. J'aurois banni la rigueur des supplices, ce feu, cette roue, ces mutilations de membres, ces atroces spectacles où un homme s'acharne sur la victime, et lutte long-temps avec elle, cette complication de peines infamantes et douloureuses sur le même individu, comme si la justice craignoit de ne pas assez punir. J'aurois, comme Louis XVI, supprimé la question ; comme lui encore j'aurois fait fermer ces cachots souterrains où le malfaiteur est tourmenté, inutilement pour l'exemple. J'aurois abrogé cette loi barbare qui relègue au fond d'une prison jusqu'à l'âge de 70 ans, le débiteur insolvable. La peine de mort eût été extrêmement rare. Le jour où un malheureux en auroit été frappé, eût été un jour de deuil. Juges, spectateurs, exécuteurs, tous eussent eu les livrées de la tristesse. Je me serois en un mot plus appliqué à donner des mœurs, qu'à infliger des châtimens, plus étudié à retenir par la honte ou la crainte du déshonneur, que par la sévérité des supplices. J'aurois fait disparoître tout ce qui pouvoit porter à la dureté, ces représentations théâtrales, où l'on voit des échafauds, des tombeaux, des ossemens, des parricides, des suicides, ces assemblées appelées *loges de maçons*, où l'on effraye l'imagination par de sombres visions, où l'on offre aux yeux des candidats, des simulacres d'assassinats, où l'on joue avec le poignard, et les images sanglantes. Je n'aurois plus voulu de ces combats d'animaux où l'on n'entend que de pitoyables gémissemens, où l'on ne voit que du sang ; j'aurois imprimé une sorte de tache sur la profession de boucher. Je me serois appuyé de tout le secours de la religion pour adoucir les mœurs. J'aurois voulu que ses temples fussent fréquentés, et c'est-là qu'auroit eu le touchant tableau de cette égalité parfaite qu'elle établit entre les enfans du même père, et qui par-tout ailleurs n'est qu'une chimère qui ne se réalisera jamais. J'aurois exigé avec rigueur que les hommes de toutes les conditions assistassent à la célébration de ses fêtes. Tout travail dans les jours qu'elle consacre au repos, eût été puni par la loi. J'aurois donné de l'éclat, de la pompe, à ces attendrissantes cérémonies où elle mène en triomphe dans nos rues, les infortunés qu'elle a arrachés à l'esclavage. Tous les hommes réunis pour une action importante, les officiers à la tête de leurs corps, sur un champ de bataille, les ministres et les conseillers du roi dans le conseil, les magistrats dans les tribunaux, eussent commencé leurs fonctions par une prière solemnelle. J'aurois voulu enfin que la France, comme Rome ancienne, fût un vaisseau tenu par deux ancres dans la tempête, la religion et les mœurs.

Et comme l'exemple ajoute à l'effet des institutions, j'aurois engagé le monarque à se montrer souvent à ses sujets, à visiter ses provinces, à donner lui-même des audiences, à répandre des bienfaits sur l'indigence et le mérite, à parler toujours avec bonté, mais aussi à se montrer toujours environné d'une suite, si non fastueuse, du moins noble, imposante. On ne sauroit croire, dit Jean-Jacques Rousseau (1), à quel point le cœur du peuple suit ses yeux, et combien la majesté du cérémonial lui en impose. Cela donne à l'autorité un air d'ordre et de règle qui inspire la confiance, et qui écarte les idées de caprice et de fantaisie, attachées à celle du pouvoir arbitraire. J'aurois également desiré que la personne auguste du prince, eût porté par tout où elle auroit paru, la paix, la sécurité, le bonheur ; que le malfaiteur même qui se seroit rencontré sur ses pas, dans les occasions que la prudence auroit ménagées, eût par cela seul obtenu sa grâce ; que dans les circonstances où le ciel auroit accordé à la France un grand bienfait, comme une victoire signalée, une heureuse paix, la naissance d'un héritier présomptif de sa couronne, il eût fait éclater publiquement sa joie par un acte remarquable de bienfaisance, tel que la grâce de tous les malheureux condamnés ce jour-là à mort, la liberté de tous les prisonniers dont le délit auroit mérité de l'indulgence, l'acquittement des dettes des débiteurs insolvables, et d'autres actes de pareille munificence. Dans une monarchie tempérée, telle doit être la conduite d'un monarque, et le monarque qui la tient, peut se flatter alors d'être l'image de

---

(1) Esprit des lois, liv. 1, chap. 3.
(2) Ibid. liv. 5, chap. 7.

(1) Considérations sur le gouvernement de Pologne.

la divinité ; c'est une nécessité que ses sujets deviennent insensiblement bons et doux comme lui.

Quelque soit au reste le jugement que l'on porte des mœurs françoises, il est toujours vrai que les exécutions sanglantes qui commencèrent la révolution, donnèrent à une grande partie de la nation un caractère de férocité, dont on ne l'auroit pas crue susceptible. Ce qui m'a porté à dire que cette irruption de brutalité prenoit sa source dans l'impiété et l'oubli des obligations contractées envers le roi, c'est que ceux qui sont restés attachés au culte de nos pères, et à leurs devoirs de sujets, ont constamment montré autant d'humanité envers leurs ennemis, et de fermeté dans le bien, que ceux-ci ont fait voir de barbarie envers leurs adversaires, et d'opiniâtreté à se pousser à tous les excès.

Le premier effet des injustes et atroces supplices qui mirent à mort, MM. Foulon et Berthier, fut donc de rendre une portion considérable du peuple françois, cruelle et avide de sang.

Un autre effet de ces déplorables assassinats, fut de couvrir le royaume de factions. Il se divisa en deux grands et principaux partis, l'un, de ceux qui se dirent : « Nous avons l'impunité ; nous pouvons tout tenter. » L'autre se trouva composé de ceux qui ne purent jamais arracher de leur cœur, le respect pour la religion, la fidélité au sang des Bourbons, l'amour de la patrie. Jusques là les deux partis étoient demeurés pour ainsi dire mêlés. La justice et la sagesse se trouvant dans le dernier, l'autre n'avoit eu garde de s'en montrer ouvertement l'ennemi, lorsqu'il y auroit eu du danger à n'être ni juste ni sage. On entrevit à la convocation des états-généraux, la scission qui alloit se faire entre l'un et l'autre parti ; elle se fit dans l'assemblée nationale, lorsque le roi vint se mettre à sa discrétion. Cette scission, aussitôt après les meurtres de M. Foulon et de M. Berthier, éclata ouvertement et dans l'assemblée, et dans le royaume entier ; de manière que les deux partis se montrèrent à front découvert, et ne purent plus se rapprocher. Ainsi la monarchie françoise qui, sous la protection du roi, étoit une véritable société de frères, où l'on ne voyoit guères d'autre distinction que celle qui se voit dans une famille entre des aînés et des cadets, devint une société d'ennemis absolument divisés entr'eux, et de principes et de mœurs. Je vous rappelle, lecteur, des souvenirs douloureux ; vous vous affligez du partage de cette grande famille ; mais prenez-y garde, ce ne furent pas les serviteurs du roi qui rompirent cette association, qu'on voyoit durer depuis plusieurs siècles. Si en effet on a lu avec un peu d'attention, ce que j'ai raconté jusqu'à présent sur notre révolution, on a dû voir que ce furent les cadets qui demandèrent à se séparer des aînés ; que ceux-ci firent les plus grands efforts, offrirent les plus généreux sacrifices pour empêcher la désunion. Aujourd'hui encore ils sont prêts à tout faire pour renouer des nœuds, qu'on ne peut pas leur reprocher d'avoir rompus. Leurs adversaires, couverts du masque de l'hypocrisie, marchèrent astucieusement ; ils feignirent de vouloir conserver l'union, si on leur accordoit quelques avantages ; leurs demandes ne venoient qu'à la suite l'une de l'autre. Après l'assassinat de M. Berthier et de M. Foulon, ils annoncèrent, pour quiconque voulut y voir clair, qu'ils exigeoient une désunion totale et irrévocable. Leur hyppocrisie à cette époque se changea en audace.

Ces deux partis se sont donnés mutuellement des noms si divers, qu'il faut bien que je me fixe à une dénomination. Celle que j'adopte ne sera injurieuse ni à l'un ni à l'autre, peindra l'esprit de tous les deux, et ne blessera point la gravité de l'histoire. J'appellerai donc les hommes restés fidèles à la religion et au roi *royalistes* ; je donnerai à leur adversaires, le nom de *républicains*.

Cette division qui éclata dans le royaume, se manifesta également dans l'assemblée nationale. Il y a toujours eu unité de principes religieux et politiques dans le parti des royalistes ; il n'en a pas été de même du parti des républicains. On vit se jeter dans ce dernier parti tous les mécontens de la cour, tous les protestans, en entendant par ce mot, les hommes qui appartiennent aux différentes sectes ennemies de l'église romaine ; les fanatiques ; que les jansénistes désignent par le nom de convulsionnaires ; je remarquerai ici qu'il ne faut pas faire l'injustice à tous les jansénistes (1), du moins à tous ceux qui sont ainsi appelés, de les mettre dans la classe des républicains ; plusieurs se sont rangés sous les étendards du royalisme, et s'ils n'ont pas des opinions orthodoxes sur la religion, ils sont les seuls, d'entre les royalistes, à qui on puisse faire ce reproche : de sorte que lorsqu'on dit que les jansénistes se sont mis du bord des républicains, il faut entendre par ces jansénistes-là, cette tourbe de frénétiques intolérans qui ne connoît la religion que pour la profaner.

Aux mécontens de la cour, aux protestans, aux convulsionnaires se disant jansénistes, se réunirent les déistes, les athées, tous ceux qui sont initiés dans les prétendus mystères de la maçonnerie. Voilà de quels hommes se composa, et est encore composé aujourd'hui le parti républicain.

Un mot sur chacune de ses différentes classes, suf-

_____

(1) Voyez, troisième partie de cette histoire, page 149.

(1) L'histoire du jansénisme n'appartenant point à celles que j'écris, on n'attend point de moi que je donne des notions sur les principes religieux de cette secte.

fira pour y peindre les mœurs et les principes de ceux qui les composent.

Tout le monde sait si bien ce que c'est qu'un courtisan ingrat, qu'il est inutile que je m'arrête à montrer que c'est à la fois l'être le plus vil et le plus nuisible à la société. Ces gens de cour qui n'aiment du monarque que les grâces qu'il dispense, sont parmi les hommes, ce que les frélons sont parmi les abeilles.

Quant aux protestans, je renvoye à ce que j'ai dit des calvinistes, dans le chapitre 2 de cette histoire, j'y ajoute que ce n'est que depuis que nous avons des calvinistes en France, que nous y avons vu des régicides ; et je rappelle qu'ils sont auteurs d'un plan de république françoise ; qu'ils ont les premiers donné l'idée de la division du royaume en départemens et en districts.

On me dispensera sans doute de rien ajouter à ce que j'ai dit de la populace de la secte janséniste.

A l'égard des déistes et des athées, on se fera une juste idée de leurs mœurs et de leurs principes, si on se rappelle le mot notoire de Diderot ; il disoit : *L'univers ne sera heureux, que lorsqu'on aura étranglé le dernier des rois, avec les boyaux du dernier des prêtres.* Les assassins de M. Foulon et de M. Berthier, étoient, comme on voit, ses dignes disciples. Il m'a dit à moi-même, que l'art d'être homme de bien, étoit l'art de le paroître.

Enfin, pour ce qui concerne les francs-maçons, je renvoye aux deux écrits dont l'un est intitulé : *Le Voile levé* ; l'autre : *Conjuration contre la religion catholique et les souverains*. Je me bornerai ici à dire quelle est la doctrine des initiés dans les hauts mystères de la franc-maçonnerie, et pour cela il me suffira d'en rapporter trois ou quatre maximes fondamentales,

« 1°. Tous les hommes sont égaux ; nul ne peut être le supérieur d'un autre, ni lui commander. »

« 2°. Les souverains appartiennent à la multitude ; les peuples donnent la souveraineté comme ils veulent, et la reprennent quand ils veulent. »

« 3°. Toute religion, présentée comme l'ouvrage de Dieu, est une absurdité. »

« 4°. Toute puissance se disant spirituelle, est un abus et un attentat. »

Telle est la politique, telle est la morale de la société des francs-maçons ; c'est une véritable ligue contre la religion et les rois ; sa devise est : *Ennemi du culte et des rois* ; on la lit sur un cachet de M. le baron de Menou.

C'est de cette ligue dont le chevalier Folard parloit, lorsqu'il écrivoit en 1729 : *Ses ressorts sont si déliés, qu'ils sont imperceptibles ; la politique en est*

admirable....... Les puissances de l'Europe ont de bien mauvaises lorgnettes pour ne pas appercevoir l'orage qui les menace..... Je regrette bien de n'être pas né trente ans plus tard. La prédiction est accomplie.

La lorgnette de Joseph II, avant dernier empereur des romains, fut meilleure que celle des autres puissances. Il proscrivit de ses états, les loges de la maçonnerie ; il ne survécut pas long-temps à cette proscription.

Un premier serment oblige les initiés aux hauts mystères, à propager jusqu'à son exécution, la doctrine dont j'ai rapporté les maximes fondamentales.

Un second serment oblige de poursuivre la vengeance de toute offense, qui auroit été faite à un membre de cette aggrégation de conspirateurs. MM. d'Orléans, Necker, la Fayette lui appartiennent. On assure que Louis XVI est inscrit sur le registre des coupables, parce qu'on l'accuse d'avoir offensé ces trois personnages (1). Monsieur, frère du roi, est également, dit-on, au rang des coupables, pour avoir offensé le président d'une loge.

Cette société est la mère des clubs ; ils lui doivent leur doctrine, leurs moyens d'exécution, leur organisation, la police, la forme de leurs assemblées. Telle est l'origine de ces repaires de conjurés. C'est à cette école que les clubistes ont été formés ; c'est à cette source qu'ils ont bû le poison de la démagogie et de l'impiété ; le club breton, formé à Versailles, fut la première de ces aggrégations ; plus l'assemblée nationale faisoit de conquêtes sur l'autorité royale, plus il devenoit nombreux et entreprenant. Après la fin tragique des deux dernières victimes immolées à Paris, il montra plus d'audace, étendit ses correspondances, et augmenta la liste de ses membres ; on admit même des hommes qui n'étoient pas députés. Lorsque j'aurai raconté l'emprisonnement du roi dans sa capitale, je compléterai l'histoire de ces associations, parce que ce fut à cette dernière époque qu'elles montrèrent bien visiblement le but où elles marchoient ; qu'elles formèrent leurs grandes divisions ; qu'elles fondèrent de pareils établissemens sur presque tous les points du royaume, et qu'elles remplirent les pays étrangers de missionnaires.

Enfin, le parti républicain se recruta aussi de juifs. La connoissance que tout le monde a des mœurs de cette superstitieuse et usurière nation, me dispense de les retracer. Un pareil renfort étoit digne de combattre pour l'anéantissement de notre religion et de notre gouvernement.

Je dois encore ranger parmi les républicains, les

―――――――――――――――
(1) Voyez un petit écrit intitulé : *Causes et agens des révolutions de France.*

hommes flétris par les tribunaux, et la plupart de ceux qui avoient à s'en plaindre; mais je dois aussi faire une observation qu'exige la justice. Tous les françois à-peu-près desiroient une révolution, lorsque les états-généraux furent convoqués. Le nombre de ceux qui prirent parti pour le tiers - état, fut incalculable. Il diminua de jour en jour, après la réunion des trois ordres. Chaque perte que faisoit le troisième, ne lui étoit pas honorable; les déserteurs étoient des hommes justes et modérés. Après la sanglante tragédie du 22 juillet, le triage fut à-peu - près complet. Quiconque avoit assez d'esprit pour prévoir ce que présageoit un tel événement, quiconque mettoit dans son cœur, avant tout, l'amour de la justice, se retira du parti républicain. Si ce parti, depuis cette abominable journée, a encore conservé des gens de bien, ils ont fini par venir tous successivement se placer autour de la bannière du royalisme; et, à cet égard, il n'y a pas une seule classe de la société, sans en excepter même le plus petit peuple, qui ne lui ait fourni des soldats.

D'après ce tableau fidelle des deux grands partis qui ont divisé le royaume, jugez, lecteur impartial, de quel côté étoit l'élite, de quel côté étoit l'écume de la nation. Laissez-là un moment à part les distinctions de naissance, les avantages que donne un excellente éducation, les richesses sociales, si je puis parler ainsi, qu'on recueille dans la fréquentation d'un monde choisi, supposez deux peuples dont l'un seroit composé de nos royalistes, l'autre de nos républicains: chez lequel de ces deux peuples voudriez-vous vivre?

Les républicains ont donné aux royalistes le nom d'*aristocrates*. Ce nom a fait une prodigieuse fortune, et les abus qu'il a fait naître ont été tantôt risibles, tantôt atroces. On ne pouvoit pas trouver une dénomination plus impropre pour les royalistes; car ceux-là sont aristocrates qui tiennent pour le gouvernement de plusieurs (1), et les royalistes tiennent pour le gouvernement modéré d'un seul.

C'eût été avec bien plus de raison qu'ils eussent appelé leurs adversaires aristocrates, puisqu'ils voyoient ces républicains répartir la puissance d'un seul entre quelques individus. La vérité est que ceux-ci ont été tantôt aristocrates, tantôt oligarchiens, tantôt ochlocratiens.

Le peuple n'a jamais voulu faire ces distinctions: malfaisant et aristocrate ont toujours été pour lui des mots synonimes. Le marchand, qui vend trop cher, ou qui ne veut pas faire crédit, le soldat qui, dans une cérémonie, repousse la foule, le voleur qu'on pend, l'animal qui mord, sont des aristocrates. Comme ensuite on lui dit que ceux qui aiment leur roi sont des aristocrates, il en conclud que ce sont des hommes méchans qu'il faut exterminer. Dans cette classe, il met tout ecclésiastique, tout noble, tout bourgeois, tout homme enfin, fût-il gagne-denier, qui témoigne de l'attachement pour la personne du monarque.

Comme cependant il sait vaguement que c'est surtout dans la classe des personnes distinguées par la naissance, par l'éducation, que se trouvent ceux qu'on est convenu d'appeler aristocrates, il suffit que quelqu'un ait de la noblesse dans la figure, un extérieur honnête, du linge blanc, un habit décent, pour être taxé d'aristocratie. De-là vient que la malpropreté dans la coiffure et dans les vêtemens, est aujourd'hui à la mode. Un particulier, dans une foule, parloit à un homme du peuple. Ils ne se connoissoient ni l'un ni l'autre. Le particulier entretenoit le plébéien de choses indifférentes, et qui n'avoient nul rapport aux affaires du temps. Celui-ci, après l'avoir écouté, lui dit : « A coup sûr, vous êtes un aristocrate. — Eh pourquoi, répondit l'autre, me dites-vous cette injure ? — Parce que, répliqua l'homme du peuple, vous parlez avec trop de politesse. »

Tout cela ne seroit que risible, si la dénomination donnée aux royalistes ne produisoit pas d'autre effet; mais l'abus qu'on en fait journellement, et qu'on en fera peut - être encore long-temps, ne se borne pas là. Le mot aristocratie est le signal du vol, de l'incendie, du carnage. Il suffit, dans un attroupement, de prononcer fortement et avec chaleur le mot aristocratie, contre le premier venu, pour le faire égorger sur-le-champ.

Les royalistes, à leur tour, ont appelé les républicains démocrates, et cette dénomination étoit raisonnable, parce que, du moment où le parti de ceux-ci se forma, tout annonça qu'il visoit à l'établissement de la démocratie.

Les premiers n'ont jamais voulu avoir d'autre chef que le roi. Ses volontés et son exemple ont toujours été les seules règles de leur conduite. Les seconds ont toujours eu, pour chef invisible, le premier prince du sang.

Ce qui auroit dû donner un grand avantage au parti des royalistes, c'est qu'il ne s'est jamais divisé; il a toujours formé un tout. Il n'en a pas été de même du parti des républicains; il s'est soudivisé à l'infini. Dès la convocation des états-généraux, il formoit deux sectes; l'une, de ceux qui vouloient l'établissement de plusieurs républiques confédérées sous un chef; l'autre, de ceux qui vouloient un gouvernement populaire, où toutes les propriétés auroient été partagées également, et où il n'y auroit

_____
(1) Voyez ce que j'ai dit à ce sujet dans le premier numéro du journal de *l'Ami du Roi*.

plus eu ni roi ni maître. Ces deux sectes étoient, en apparence, confondues dans les premiers jours de la révolution, de manière qu'on ne pouvoit trop dire à laquelle des deux un républicain appartenoit. Lui-même l'ignoroit, et se jetoit dans la tourbe où il voyoit le plus d'exaltation. Ce n'a été que par gradation que cette séparation s'est faite d'une manière bien prononcée. Elle l'est aujourd'hui. Le parti républicain forme deux grandes divisions; l'une, de ceux qu'on appelle constitutionnaires ou feuillans, l'autre, de ceux qu'on appelle républicains proprement dits, ou jacobins. Je donnerai plus particulièrement, lorsqu'il en sera temps, l'histoire de la naissance et des combats de ces deux factions. Mais j'ai cru que, pour l'intelligence de ce que j'ai à raconter sur les travaux de l'assemblée nationale, je devois dire que cette assemblée, ainsi que le royaume, renfermoit dans son sein les deux factions, et que celle des républicains proprement dits, appelés par la suite jacobins, commença à s'agiter fortement, lorsque le massacre de MM. Berthier et Foulon prouva aux bandits de France, qu'ils pouvoient tout oser impunément.

Les royalistes donnent aussi à leurs adversaires, indistinctement, les noms de *démagogues*, *enragés*, *sans-culottes*, *brigands*. Et ce qui peint bien l'esprit de la secte de ceux qu'on appelle jacobins, c'est qu'ils ne s'offensent point de ces dénominations; ils se les donnent eux-mêmes, et en tirent vanité. Ces mots-là, celui de *patriote*, sont synonimes pour eux.

Dans le sein de l'assemblée nationale, le parti royaliste et le parti républicain se désignèrent à l'époque où une ligne de séparation fut tirée entr'eux, par deux dénominations qu'ils ont conservées jusqu'à la fin de la session de la première législature. Le premier fut appelé *le côté droit*. Cela venoit de ce qu'étant composé, en très-grande partie, du clergé et de la noblesse, il étoit à la droite du président de l'assemblée. Cette place d'honneur se trouvoit être le seul reste de la distinction entre les deux premiers et le troisième ordre. Le parti républicain étant composé, pour la presque totalité, de membres du tiers-état, et se trouvant, par cette raison, placé à la gauche du président, fut appelé *le côté gauche*. Les ecclésiastiques et les nobles qui désertoient leur ordre, tenoient à honneur de venir s'asseoir vers le côté gauche. De même les membres du tiers-état qui professoient le royalisme, se faisoient gloire de venir se placer dans le côté droit (1).

Tout au fond de la salle, vers la porte par laquelle on entroit, en arrivant de l'avenue, il se formoit, à chaque séance, un groupe des républicains les plus fougueux, qui inspiroient visiblement les tribunes, et en étoient à leur tour inspirés. Les royalistes appeloient ce fond de la salle, *le quartier du Palais-Royal*, à cause des relations notoires que ceux qui y siégeoient avoient avec les turbulens orateurs des différens cafés enclavés dans l'enceinte du Palais-Royal. Ils l'appeloient aussi *le trou d'enfer*, à cause des motions brûlantes qui partoient de cette partie de l'assemblée. Ces deux dernières dénominations se perdirent, lorsque l'assemblée nationale fut transférée à Paris. Enfin le côté droit, c'est-à-dire, celui des royalistes, fut aussi appelé *la minorité*; et le côté gauche, c'est-à-dire, celui des républicains, *la majorité*.

Les détails, au reste, dans lesquels j'entre ici, sont absolument nécessaires au lecteur, d'abord parce qu'ils appartiennent à l'histoire des factions que l'impunité des atroces assassinats commis le 22 juillet, enhardit à tous les excès; ensuite parce qu'ils appartiennent aussi à l'histoire des clubs que ces factions ont engendrés; enfin, si je ne suivois pas le parti républicain dans ses différentes ramifications, si je ne faisois pas précéder l'histoire des travaux de l'assemblée, et des entreprises de ceux qui ont perdu le royaume, par une définition exacte des noms que se sont donnés les divers partis, je serois obligé, lorsque ces noms se présenteroient, d'arrêter le cours de ma narration, pour les définir. Ces définitions, au contraire, étant une fois données, je ne serai point interrompu dans la marche de mon récit; et si, dans la suite de ses lectures, le lecteur oublioit quelque chose qui fût relatif à la formation et à l'esprit des factions, s'il oublioit ce que c'est que *sans-culottes*, *enragés*, *trou d'enfer*, et autres pareilles dénominations, il viendroit consulter le chapitre où tout cela est expliqué.

Comme la division en deux partis, qui éclata dans le royaume, se fit à la même époque dans le sein de l'assemblée, on a droit d'exiger de moi que je nomme ceux des députés qui se trouvoient dans le parti républicain. Il faut, en effet, que je les fasse connoître, avant de les mettre en scène. Je dois d'ailleurs cette liste à la postérité, et il sera utile de la consulter, lorsque les orateurs se presseront à la tribune. Je la mets ici en note par ordre de bailliages. Je fais précéder de la lettre *E*, ceux qui, par leurs opinions et leur conduite, méritoient véritablement la qualification d'enragés; de la let-

---

(1) Cette dénomination n'étoit nullement exacte à Versailles, parce que tout le parti royaliste n'étoit point à la droite du président, et le parti républicain n'étoit point à sa gauche. Il avoit à sa droite le clergé, à sa gauche la noblesse, et devant lui le tiers-état. A Paris, la dénomination fut juste, parce que, par la construction de la salle, les royalistes se trouvèrent à la droite du président, et les républicains à sa gauche. Cette note est nécessaire pour l'intelligence de ce qui est relatif à ce qu'on va lire sur *le quartier du Palais-Royal*, ou *trou d'enfer*.

tre F, ceux qui étoient les plus fougueux après les enragés ; de la lettre M, les moins fougueux ; enfin, de la lettre I, les insoucians, c'est-à-dire, cette foule imbécille qui se levoit ou s'asseyoit au signal qu'on lui en donnoit. Ce signal étoit un coup de pied que frappoit rudement contre terre un des enragés. Le signal avertissoit aussi les tribunes d'applaudir ou de huer, suivant qu'il étoit utile au parti (1).

(1) *Agen.*

E. (enragés) duc d'Aiguillon. — F. (fougueux) Renault, avocat. — M. (moins fougueux) Baussion, médecin. — M. D'Aubert, juge. — I. (insouciant) marquis de Bourran. — I. François, cultivateur. — I. Jerme, cultivateur. — I. Millet de Belle-Isle, avocat.

Aix.

E. Comte de Mirabeau. — E. D'André, conseiller au parlement. — E. Bouche, avocat. — F. Andier-Massillon, juge.

Alençon.

E. Goupil, ancien magistrat. — M. Belzais, procureur du roi. — M. Le Bigot de Beauregard. — I. Colombel, négociant.

Alsace.

— I. Meyer, médecin.

Amiens.

— F. Langlier, cultivateur. — M. Leroux, maire. — I. prince de Poix. — I. Douchet, cultivateur. — I. Laurandeau, avocat.

Amont.

— E. Muguet de Nantou, juge. — F. Rousselot, curé. — F. Clerget, curé. — F. Longpré, chanoine. — F. Bureau de Pusy, officier du génie. — F. baron de Raclot-Mercey. — F. Jourdan, assesseur. — F. Cochart, avocat. — I. chevalier d'Esclans. — I. de Raze, juge. — I. Pernel, notaire.

Angoulême.

— E. Joubert, curé. — F. Pongeart, avocat. — I. Marchais, juge.

Anjou.

— E. Volney, propriétaire. — E. de la Reveillère-de-l'Epeaux. — E. Brevet de Beaujour, avocat du roi. — F. comte de Dieuzie. — F. Allart, médecin. — F. Desmazières, conseiller. — M. Rangeart, curé. — I. Milscent, juge. — I. Riche, négociant. — I. Pilastre. — I. Lemaignan, juge.

On verra, en parcourant ce tableau, que la composition du parti républicain fut la même dans l'assemblée que dans le reste du royaume, c'est-à-dire,

Annonay.

— F. Deboissy d'Anglas. — I. marquis de Satillieu.

Arles.

— E. Durand de Maillane, avocat. — F. Pelissier, médecin. — F. Bonnemant, avocat. — I. Boulouvart, négociant.

Armagnac et Lectoure.

— F. de la Terrade, juge. — F. la Claverie, avocat.

Artois.

— E. Michaut, curé. — E. Briois de Beaumez, premier président. — E. Charles de Lameth. — E. Robertspierre, avocat. — F. Behin, curé. — F. le Sergent, négociant. — F. Brassart, avocat. — F. Petit, cultivateur. — F. Boucher, négociant. — F. Dubuisson d'Inchy, cultivateur. — M. comte de Croix. — M. Payen, cultivateur. — I. Vaillant, conseiller.

Auch.

— F. Perez, avocat. — M. Sentelz, procureur du roi.

Autun.

— E. de Périgord, évêque. — E. Verchère, avocat. — M. Repoux, avocat.

Auvergne.

— E. marquis de la Fayette. — F. dom Gerle, chartreux. — F. Bourdon, curé. — F. Branche, avocat. — M. de Bonnefoy, chanoine. — M. de Brignon, curé. — M. Girat de Pouzolle. — M. Grenier, avocat. — I. de Riberolles, négociant. — I. Vimal-Flouvat, négociant.

Auxerre.

— M. Paultre des Epinettes. — I. Marie de la Forge, conseiller.

Auxois.

— F. Bouillote, curé. — F. Guyot, avocat. — M. Guyot de Saint-Florent, avocat.

Aval.

— E. Royer, curé. — E. Rabey, avocat. — F. de Château-Regnaud. — F. Vicomte de Toulongeon. — F. Vernier, avocat. — F. Cristin, avocat. — I. Bornequez, curé. — I. Bidault, juge.

qu'il

qu'il s'y forma de tous les députés qui avoient dans le cœur, les uns l'athéisme, les autres le déisme, ceux-là la haine de la religion catholique, ceux-ci la soif de la vengeance ou contre la cour ou contre nos tribunaux.

Entre ces deux grands partis, le royalisme et le

Avesnes.

— I. Besse, curé. — I. Darches, maître de forges.

Bailleul.

— M. Bouchette, avocat. — M. Delattre, maître des eaux et forêts. — I. Kytspoter, juge. — I. Herwin, conseiller.

Bar-le-Duc.

— E. Aubry, curé. — E. Duquesnoy, avocat. — F. Ulry, avocat du roi. — F. Bazoche, avocat. — F. Gossin, juge. — M. Marquis, avocat. — M. Huot de Goncourt, avocat. — I. Viard, lieutenant de police.

Bar-sur-Seine.

— F. Bluget, curé. — F. Bouchotte, procureur du roi. — M. Parisot, avocat.

Basse-Marche.

— M. Lesterpt de Beauvais, avocat. — M. Lesterpt, avocat. — I. le Borle de Grand-Pré, curé.

Bazas.

— F. Lavenne, avocat.

Béarn.

— E. Saurine, prêtre. — F. Julien, curé. — M. Noussitou, avocat. — I. Mourot, avocat. — I. Pémartin, avocat. — I. Darnaudat, conseiller.

Beaujolois.

— E. Chasset, avocat.

Beauvais.

— E. comte de Crillon. — F. Milon, avocat. — M. Oudaille, cultivateur.

Béfort et Huningue.

— E. Gobet, évêque de Lydda. — E. Lavie, cultivateur. — F. Psièger, procureur-syndic. — I. Guittard, chevalier de Saint-Louis.

Berry.

— F. Legrand, avocat. — M. Baucheton, avocat. — I. Heurtant de la Merville. — I. Boeri, président à l'élection. — I. Poya de l'Herbay, juge. — I. Auclerc des Cottes, médecin.

Besançon.

— E. Lapoule, avocat. — M. Martin, avocat. — I. Demandré, curé.

Béziers.

— E. Gouttes, curé. — F. baron de Jessé.

Bigorre.

— E. Barrère de Vieuzac, conseiller. — I. Dupont, avocat.

Blois.

— E. vicomte de Beauharnois. — F. Dinocheau, avocat. — I. de Phélines, capitaine du génie. — I. Druillon, juge. — I. Delaforge, avocat.

Bordeaux.

— F. Fisson-Joubert, médecin. — F. Nérac, négociant. — I. Deluze de l'Etang, notaire. — I. Boissonnot, notaire. — I. Valentin-Bernard. — I. Desèze, médecin.

Boulonnois.

— I. Lattreux, avocat. — I. Gros, avocat.

Bourbonnois.

— E. Laurent, curé. — F. comte de Tracy. — F. Lucas, procureur du roi. — M. Aury, curé. — M. Lomet, avocat. — I. Regnard. — I. Michelon, procureur du roi. — I. Berthonnier, procureur du roi. — I. Goyard, avocat. — I. Vernin, juge. — I. le Brun.

Bourg-en-Bresse.

— E. Populus, avocat. — M. Gauttiers des Orcières, avocat.

Bretagne.

— E. Expilly, curé. — E. Latyl, oratorien. — E. Coroller, procureur du roi. — E. Cottin. — E. Lanjuinais, avocat. — E. le Chapelier, avocat. — E. Ledéan. — E. Kervelegan, sénéchal. — E. Palasne de Champeau, sénéchal. — E. Poulain de Courbion, maire. — F. dom Verguet, bénédictin. — F. Baco de la Chapelle, procureur du roi. — F. Baudouin, avocat. — F. Boullé, avocat. — F. Chaillon, avocat. — F. Corentin le Floc, laboureur. — F. Coupard, avocat. — F. Couppé, sénéchal. — F. Delaville-le-Roux, négociant. — F. Dusers, conseiller. — F. Fermont, procureur. — F. Giraud Duplessis, avocat du roi. — F. Le-

républicanisme, il s'en forma un troisième ; mais celui-ci resta d'abord renfermé dans l'enceinte de l'assemblée nationale. Ce n'a guères été que vers la fin de la pre- mière législature, qu'il a commencé à s'étendre dans le royaume, et à former un parti nombreux et très-entreprenant. Il se montra à découvert, et leva aussi

gendre, avocat. — F. Prudhomme-Kerangou. — F. Queru de la Coste. — F. Ledéist de Boetidou. — M. Lacoste, curé. — M. Lancelot, curé. — M. Blin, médecin. — M. Gagon du Chesnay, avocat. — M. Guinnebaud, négociant. — M. Legolias, avocat. — M. Lemoine de Lagiraudai, avocat. — M. Lucas de Bourgerel, avocat. — M. Varin, avocat. — I. dom le Breton, bernardin. — L. Delaunay, prémontré — I. Guino, curé. — I. Gabriel, curé. — I. Billette. — I. Deneuville, sénéchal. — I. Gérard, laboureur. — I. Mazurié de Pennanech. — I. Jarry, cultivateur. — I. Leguen de Kerengal. — I. Lelai de Grantuigen. — I. Moyot, négociant. — I. Binot, principal. — I. Trebol, sénéchal.

Bugey et Valromey.

— M. Lilliaz de Croze, avocat. — I. Favre, curé. — I. Brillat Savarin, avocat.

Caen.

— F. Baron de Wimpten. — F. Decussy, directeur des monnoies. — M. Flaust, juge. — I. Poulain de Beauchesne. — I. Pain, conseiller.

Calais.

— F. Bucaille, curé. — F. vicomte des Audrouins. — F. Franconville, avocat. — F. Blancart des Salines.

Cambresis.

— F. Mortier, cultivateur. — F. Delambre, cultivateur. — I. Bracq, curé.

Carcassonne.

— F. Morin, avocat. — M. Ramel Nogaret, avocat du roi. — I. Derochegude. — I. Dupré, négociant.

Castelmoron.

— I. Nau de Belle-Isle, maire.

Castres.

— M. Pezous, avocat. — M. Cavailhès, avocat. — I. Richard, conseiller.

Caux.

— F. Fleurye, procureur du roi. — F. Cherfils, procureur du roi. — M. Bourdon, procureur du roi.

— M. Lasnon, cultivateur. — I. Etude, curé. — I. Simon, cultivateur.

Châlons-sur-Marne.

— E. Prieur, avocat. — M. baron de Cernon. — I. Choisi, cultivateur.

Châlons-sur-Saône.

— F. Oudot, curé. — M. Petiot, procureur du roi. — M. Sancy, juge.

Charleville.

— F. Cochelet.

Charolles.

— F. marquis de la Coste. — F. Geofroy, avocat. — M. Pocheron, curé. — M. Fricaud, avocat.

Chartres.

— E. Pétion de Villeneuve. — M. Tallon, conseiller. — I. Bonnet, négociant.

Châteauneuf en Thimerais.

— F. comte de Castellanne. — I. Claye, cultivateur. — I. Périer, notaire.

Château-Thierry.

— M. Harmand, avocat. — I. Pintrel, juge. — I. Potel, cultivateur.

Châtellerault.

— E. Creuzé de la Touche, juge.

Chaumont en Bassigny.

— M. Aubert, curé. — M. Gombert, cultivateur. — I. Janny, avocat. — I. Monnel, curé. — I. Mougeotte, procureur du roi. — I. Laloy, médecin.

Chaumont en Vexin.

— F. Dailly, conseiller d'état. — I. Bordeaux, procureur du roi.

Clermont en Auvergne.

— E. Gautier de Biauzat, avocat. — M. Huguet, maire.

Clermont en Beauvoisis.

— E. duc de Liancourt. — F. Dauchy, cultivateur. — I. Meurime, cultivateur.

son étendard, après les sinistres exécutions du 22 juillet. Ce parti, froissé également entre les royalistes et les républicains, a été horriblement calomnié par ces derniers, et les premiers ne lui ont pas rendu assez de justice. Les hommes qui le composoient dans l'assemblée se surnommèrent eux-mêmes les *impartiaux*, et ce nom

Colmar et Schelestat.

— E. Victor de Broglie. — E. Rewbell, avocat. — F. Kauffmann, prévôt.

Comminges et Nébouzan.

— M. Roger, juge. — I. Laviguerie, juge.

Condom.

— F. Pelauque Bérault, procureur du roi. — M. Meyniel, avocat.

Corse.

— E. Salicetti, avocat. — F. Colonna, capitaine.

Coutances.

— E. Bécherel, curé. — M. Lesacher, avocat. — M. Viellard fils, avocat. — M. Perrée Duhamel, négociant. — M. Dumesnil Desplanques. — M. Pouret Roquerie, procureur du roi. — I. Besnard Duchesne, juge. — I. Bordelot, maire.

Crépy en Valois.

— E. duc d'Orléans. — M. Adam de Vordonne, juge.

Dauphiné.

— E. de la Salcette, chanoine. — E. Barnave, calviniste. — E. Chabroud, avocat. — F. Delacourt d'Ambésieux. — F. Delley d'Agier, maire. — I. marquis de Blacons. — I. Legrand de Champrouet. — I. Blancart, cultivateur. — M. Bignan, négociant. — I. Allard du Plantier. — I. Bérenger, procureur du roi. — I. Cheynet, maire.

Dax, Saint-Sever, Bayonne.

— I. Basquiat, juge. — I. la Marque, procureur du roi.

Dijon.

— F. Volfius, avocat. — M. Merceret, curé. — M. Arnoult, avocat. — M. Hernoux, négociant. — I. Ganteret, cultivateur.

Dôle.

— M. Regnaud Depercy, procureur du roi. — M. Grenot, avocat. — I. Guilloz, curé.

Douay, Orchies.

— E. Merlin, avocat. — F. marquis d'Août. — I. Pilar.

Dourdan.

— I. Buffi, notaire.

Draguignan, Grasse, Castellanne.

— F. Lombart de Taradeau, juge. — F. Mougins de Roquefort, maire. — F. Verdolin, avocat. — M. Mougins de Roquefort, curé. — I. Gardiol, curé. — I. Sieyes de la Beaume.

Estampes.

— E. Delaborde, banquier. — I. marquis de Saint Marc. — I. Gidoin.

Evreux.

— E. Lindet, curé. — E. Buzot, avocat. — F. Lemaréchal, négociant. — F. Beauperrey, cultivateur. — M. Buschei Desnoës, conseiller.

Forcalquier, Sisteron.

— F. Deymar. — M. Bouche, fils, avocat. — M. Sollier, avocat. — M. Mévolhon, avocat. — I. Gassendi, prieur-curé.

Forez.

— I. de Nomperre de Champagny. — I. Marquis de Rostaing. I. Jamier. — I. Richard.

Gex.

— F. Déprez de Graffier, chevalier de Saint-Louis. — M. Girod de Toiry, avocat. — M. Girod.

Gien.

— M. Bazin, avocat. — I. Vallet, curé. — I. de Rancourt de Villiers. — J. Janson.

Guéret et Haute-Marche.

— I. Grellet de Beauregard, avocat du roi.

Haguenau-Weissembourg.

— M. Hell, procureur-syndic.

Labour.

— E. Garat, journaliste. — M. Garat, avocat.

La Montagne.

— F. Frochot, avocat. — M. comte de Chastenay-Lanty. — M. Benoist, avocat.

O 2

est resté à toute la secte ; mais elle disparoîtra ; c'est le sort de tous les partis mitoyens qui se forment dans les grands mouvemens des nations ; les factions intermédiaires sont à la fin dévorés par les partis extrêmes. Cux qui voulurent tenir le milieu entre Marc-Antoine et Brutus, entre Charles I et Cromwel, ne firent aucun

Langres.

— M. Guyardin, juge. — M. Dreven, avocat.

La Rochelle.

— E. Alquier, avocat du roi.

Les Quatre Vallées.

— I. Dabadie, capitaine du génie.

Libourne.

— M. Dumas-Gontier.

Lille.

— E. Nolf, curé. — F. Chombart. — M. Baron d'Elbecq. — I. de Carondlet, chanoine. — I. le Poultre, cultivateur. — I. Scheppers, négociant.

Limosin, Haut-Pays.

— F. Montandon, avocat. — I. Chavoix, avocat.

Limosin, Bas-Pays.

— E. Malis, avocat. — M. Melon, juge.

Limoux.

— I. Bonnet, avocat. — I. Larade, juge.

Loudun.

— F. de Marsey, curé. — F. Bion, avocat. — I. Dumoutier de Lafond, avocat du roi.

Lyon.

— E. Charrier de la Roche, curé. — M. Milanois. M. Périsse Dulac. — M. Couderc, négociant. — I. Girard, médecin. — I. Trouillet, négociant. — I. Durand, négociant. — I. Goudard, négociant.

Mâcon.

— F. comte de Praslin. — F. Jouge des Roches, juge. — M. Maupetit, procureur du roi. — M. Mesnard de la Groye, conseiller. — M. Gournay, avocat. — I. Enjubault, juge. — I. Lasnier, négociant. — I. Delalande, lieutenant de maire. — I. Chenen de Beaumont, conseiller. — I. Livré, échevin.

Mantes et Meulan.

— I. Chopier, curé. — I. Germiot, cultivateur.

Marche commune.

— M. Francheteaud, avocat.

Marseille.

— F. de Sinetti, chevalier de S.-Louis. — F. Castellanet. — I. Roussier, négociant. — I. Lejeans, négociant. — I. Delabat, négociant.

Meaux.

— I. d'Aguesseau-Defresne. — I. Descoutes.

Melun.

— E. Fréteau, conseiller au parlement. — M. Tellier, avocat. — I. Despaty de Courteill, juge au châtelet.

Mende en Gévaudan.

— F. de Châteauneuf.

Metz, Thionville, Sarlouis.

— E. comte de Custine. — E. Rœderer. — E. Emmery, avocat. — F. Jenot, curé. — M. Mathieu Rondeville, avocat. — M. Claude, avocat. — I. Brousse, curé.

Mirecourt.

— F. Fricot, procureur du roi. — M. Chantaire, juge. — M. Petit Mengin, procureur du roi. — I. Cherrier, juge.

Montargis.

— E. comte de la Touche. — M. Gillet de la Jacqueminière, procureur-syndic. — M. Leboys des Guays, juge.

Mont de Marsan.

— F. Moret de Flory, avocat.

Montfort-Lamaury.

— F. comte de Montmorenci. — M. Laignière, avocat. — I. Landrin, curé. — Chevalier de Maulette. — I. Auvri, procureur-syndic. — I. Hautducœur.

Montpellier.

— M. Verny, avocat. — I. Jac, propriétaire.

Montreuil-sur-Mer.

— F. Poultier, juge. — F. Riquier, cultivateur.

bien à leur pays, et l'histoire ne les a pas tirés de la nullité où ils végétèrent parmi leurs contemporains.

Les impartiaux, qu'on a depuis appelés indifférem- ment *monarchistes*, *monarchiens*, *moyennistes*, furent d'abord peu nombreux ; mais une vérité incontestable c'est qu'il ne s'en trouva pas un seul, dans l'assemblée, d'un mérite médiocre. On les verra tous se distinguer

Nancy.

— E. Grégoire, curé. — E. Salle, médecin. — F. Regnier, avocat. — I. chevalier de Boufflers. — I. Prugnon, avocat. — I. Regnault, avocat du roi.

Nemours.

— E. Thibault, curé. — E. vicomte de Noailles. — M. Bertier, avocat. — I. Dupont, conseiller d'état.

Nérac.

— E. Brostaret, avocat. — I. Brunet de la Tuque.

Nîmes.

— E. Rabaud, calviniste. — E. Voulland, avocat. — F. Soustelle, avocat. — F. Chambon, maire. — F. Meynier de Salmette. — M. Valerian Duclos. — I. Ouatrefaye de la Roquette.

Nivernois.

— I. Robert, avocat.

Orange.

— E. Dumas, avocat. — M. Bouvier, procureur du roi.

Orléans.

— M. de Césarge, prêtre. — M. Salomon de la Saugerie, avocat. — I. Pélerin de la Buxières. — I. de la Haye de Launay. — I. Defay.

Pamiers.

— E. Vadier, conseiller. — I. Bergasse-Laziroul, officier d'artillerie.

Paris.

— E. Papin, curé, génovéfain. — E. Dumouchel, recteur de l'université. — E. Target, avocat, académicien. — E. Guillaume, avocat. — E. duc de la Rochefoucault. — E. Duport, conseiller au parlement. — E. de Saint-Fargeau, président à mortier. — E. marquis de Montesquiou. — E. Bailly, académicien. — F. Camus, avocat. — E. Guillotin, médecin. — E. Treilhard, avocat. — E. Desmeuniers, censeur-royal. — E. Sieyes, prêtre. — F. Decoulmier, prémontré. — F. de Boislandry, avocat. — F. le Noir de la Roche, avocat. — F. marquis de Lusignan. — F. Dionis du séjour, conseiller.

— F. Martineau, avocat. — F. de la Vigne, avocat — F. Garnier, conseiller au châtelet. — F. Anson, receveur des finances. — M. Chevalier, cultivateur. — M. Ducellier, avocat. — M. Berthereau, procureur. — I. Afforty, cultivateur. — I. Duvivier, cultivateur. — I. comte de Rochechouart. — I. Vignon, ancien consul. — I. Bévière, notaire. — I. Debourge, négociant. — M. Tronchet, avocat. — I. Germain, négociant. — I. Leclerc, ancien juge-consul. — I. Dosfant, notaire. — I. le Moine, orfèvre.

Perche.

— I. comte de Puissay. — I. Bailleul, président à l'élection. — I. Margonne, négociant.

Périgord.

— F. Fournier de la Charmie, juge. — F. Paulhiac de la Souvelat, avocat. — M. Loys, avocat.

Péronne, Roye.

— E. Alexandre de Lameth. — E. Bouteville-Dumetz, avocat. — M. Prévôt, avocat du roi. — I. Pincepré de Buir. — I. Mareux, cultivateur.

Perpignan.

— I. Roca. — I. Graffan, licencié en droit.

Poitou.

— E. Dillon, curé. — E. Jallet, curé. — E. le Cesve, curé (mort). — E. Cochon-l'Apparent, conseiller. — E. Goupilleau, notaire. — F. Bouron, avocat du roi. — F. Lofficial, juge. — F. Thibaudeau, avocat. — F. Gallot, médecin. — F. Laurence, négociant. — F. Pervinquière, avocat. — M. de Surade, génovéfain. — M. Ballard, curé. — I. marquis de Crussol-d'Amboise. — I. Dutron, conseiller. — I. Biroteau, avocat. — I. Agier, juge. — I. Faulcon, conseiller. — I. Biaille, ancien procureur du roi. — I. Briault, avocat.

Ponthieu.

— F. Delattre, négociant. — M. Duval de Grandpré, avocat.

Provins.

— M. Rousselet, avocat du roi. — I. Davost, greffier.

Puy-en-Velay.

— E. marquis de la Tour-Maubourg. — F. Richond, avocat. — I. Bonnet de Treyches, juge.

par le courage, l'amour de la justice, l'ardeur au travail, une éloquence mâle et fière, et des lumières peu communes. MM. Malouet, Mounier, Bergasse, de Lally-Tolendal, de Virieu se sont acquis une gloire qui ne mourra jamais; et ils ont jeté autant d'éclat parmi leurs co-députés, par la pureté de leur vie, par

Quercy.

— E. duc de Biron. — F. Poncet d'Elpech, avocat. — M. Durand, avocat. — I. Gouges-Catrou, négociant. — I. Boutaric, président à l'élection.

Quesnoy.

— E. comte de la Marck. — M. Ronchin, avocat. — M. Gossuin, juge. — I. Renault, curé.

Reims.

— E. marquis de Sillery. — F. Vieillart, docteur en droit. — I. Raux, maître de forges. — I. la Beste, cultivateur. — I. Baron, avocat.

Rhodez.

— I. Rodat-Dolemps.

Rivière-Verdun.

— I. Long, procureur du roi. — I. Pérez de la Gesse.

Rouen.

— E. Thouret, avocat. — F. Le Couteulx, banquier. — I. le Brun, curé. — I. Degrieux, prieur-commendataire. — I. dom Davoust, bénédictin. — I. de Fontenay, ancien échevin. — I. Lefort. — I. Lefevre de Chailly. — I. le Restait, cultivateur. — I. Mollien. — I. Décrétot, négociant.

Sarguemine.

— E. Antoine, juge. — E. Voidel, avocat. — F. Schmitz, avocat. — M. Mayer, avocat.

Saint-Domingue.

— E. marquis de Gouy-d'Arcy. — F. comte de Regnaud. — M. Gérard — I. marquis de Périgny.

Saint-Flour.

— F. Hébrar, avocat. — F. Daudé, avocat du roi. — M. Devillas, juge. — M. Armand, avocat.

Saint-Jean-d'Angely.

— E. Regnault, avocat.

Saint-Pierre-le-Moutier.

— I. baron d'Allarde. — I. Vyau de Baudreuil, juge. — I. Picard de la Pointe.

Saint-Quentin.

— E. Marolles, curé. — F. comte de Pardieu. — I. Fouquier, fourrier des logis du roi.

Saintes.

— M. Lemercier, juge. — M. Ratier de Montguion. — I. Gareské. — I. Augier, négociant.

Saumur.

— I. Mesnard, moine, curé. — I. de Gigogne. — I. Bizard, ancien maire.

Sedan, Mouzon.

— F. comte d'Estagnol. — F. Mangein, maire.

Senlis.

— F. Massieu, curé. — I. Leblanc, conseiller au présidial. — I. Delacour, cultivateur — I. duc de Lévis.

Sens, Villeneuve-le-Roi

— I. Jaillant, juge. — I. Menu de Chomorceau, juge.

Sézanne.

— I. Moutier, juge. — I. Pruche, maire.

Soissons.

— I. Delabat, curé, génovéfain. — I. Ferté, cultivateur. — I. Brocheton, avocat.

Soule.

— I. D'Arraing. — I. Laborde-Escuret, notaire.

Strasbourg.

— I. Schwendt, syndic de la noblesse.

Tartas.

— I. Casteignède, notaire. — I. Larreyre, conseiller du roi.

Toul, Vic.

— I. Maillot, juge.

Toulon.

— E. Ricard de Séalt, avocat. — I. Regnard,

l'incorruptibilité de leur ame, que par la beauté de leur génie. M. Malouet a toujours été regardé comme le chef, et à-peu-près comme le fondateur de ce parti. Terrible aux factieux, importun aux royalistes, il a vu, à la fin de la session, tomber, à ses pieds, tous les sifflets de la calomnie, tous les poignards des assassins; il a fini par conquérir l'estime de tous les partis, et il n'a aujourd'hui la haine de personne.

Les impartiaux ont ardemment désiré une révolution; mais à partir du 22 juillet, il n'en est pas un qui soit responsable d'aucun des excès qui se sont commis; il n'en est pas un qui n'ait dit avec autant de raison et dans le même esprit que M. de Lally : *Je me lave les mains de tout le sang qui pourra couler.*

La justice que je leur rends ne doit pas m'empêcher de faire observer que, s'ils ne sont pas comme les républicains, fanatiques ennemis de la religion catholique, ils semblent avoir, sur le culte établi, une insouciance tout au moins très-impolitique ; ce sont, si l'on veut, des philosophes modérés, humains, paisibles, mais qu'on croiroit étrangers à la religion de nos pères ; cette insouciance est une des causes des contradictions et des fausses démarches où on les verra souvent tomber. On doit voir d'avance que des législateurs, qui se disposoient à instituer un peuple, sans s'inquiéter de sa croyance sur les vérités divines, étoient loin de connoître la route où il falloit marcher.

C'est l'opinion commune que le parti des impartiaux, dont on peut regarder M. Malouet comme le chef, a pour ame le fameux abbé Raynal chez qui les glaces de l'âge ont modéré la brûlante ardeur avec laquelle il a prêché, dans les belles années de sa vie, la croi-

curé. — I. Mont-Jallard, curé. — I. De Vialis. — I. Meifrun, consul. — I. Férand, avocat. — I. Jaumes d'Hyéris.

Toulouse.

— E. Gausserand, curé. — F. Roussillou, négociant. — M. Delarrigne, juge. — M. Viguier, avocat. — I. Raby de Saint-Médard. — I. Campnas, médecin.

Touraine.

— E. baron de Menou — E. Payen Boisneuf. — F. Nioches, avocat. — F. Bouchet, avocat. — F. Beaulieu. — I. dom Estaim, bénédictin. — F. duc de Luynes.

Trévoux.

— I. Arriveur, commissaire enquêteur. — I. Jourdan.

Troyes.

— E. marquis de Crillon. — M. Viochot, curé. — I. Camusat, négociant. — I. Baillot, avocat. — I. Jannet, procureur du roi.

Valenciennes.

— F. Perdry, avocat. — I. Nicodême, ancien échevin.

Vendôme.

— I. Bodineau, curé. — I. Comte Sarrazin.

Verdun, Clérmont.

— I. Dupré de Bellay, procureur du roi. — I. Gillon, avocat.

Vermandois.

— F. Gibert, curé. — I. Oger, curé. — I. Le Carlier, maire. — I. Devieville, avocat. — I. Leleu de la Ville-aux-Bois.

Ville-Franche.

— I. Andurand, avocat. — I. Lambel, avocat. — I. Perrin de Roziers, avocat.

Villeneuve-de-Berg.

— F. Chouvet, curé. — F. de Pampelonne, archidiacre. — I. Espic, avocat. — I. Dubois-Maurin, conseiller. — I. Defrance, avocat.

Villers-Cotterets.

— I. Bourgeois, cultivateur. — I. Aubry du Bochet, commissaire à terrier.

Vitri-le-François.

— E. Dubois, ancien mousquetaire. — F. Poulain de Boutancourt, maître de forges. — F. Brouillet, curé. — I. Drumont, curé. — I. Lesure, juge. — I. Barbier, juge.

Martinique, Guadeloupe.

— F. Moreau de Saint-Méry. — F. Decurt. — I. Comte de Dillon.

Il résulte de ce tableau, que sur douze cents membres dont étoit composée l'assemblée nationale, on comptoit six cents soixante-dix-huit républicains fanatiques, dont cent seize notés de la lettre E ; cent soixante, de la lettre F ; cent vingt-neuf, de la lettre M ; et deux cents soixante-treize, de la lettre I. Quoiqu'ils soient tous désignés dans ce tableau par un signe caractéristique, je n'en continuerai par moins dans le corps de l'histoire, à joindre les portraits des députés qui ont le plus influé sur les différens partis, à ceux que j'ai déja tracés.

sade contre Dieu et les Rois. L'intimité de M. Malouet avec cet apostat fanatique, n'étoit pas propre à inspirer aux royalistes de la confiance pour le chef des impartiaux. Leur parti a aujourd'hui pour apôtre enthousiaste, un calviniste né dans une république, dont j'aurai occasion de parler.

Les impartiaux, qui, au sein de l'assemblée, ont formé, avec les royalistes, le côté droit ou la minorité, ont toujours regardé les républicains comme un ramas de brigands qui conspiroient contre tous les propriétaires. Ils ne font d'autre reproche aux royalistes que d'être fauteurs du despotisme, et ce seul reproche n'est pas mérité. Ceux-ci n'ont jamais dit qu'il fallut en France un roi qui fut maître de la vie, de la liberté, des propriétés de ses sujets ; or, c'est-là le despotisme. Leurs plaintes courageuses contre tout ce qui leur paroissoit un acte d'autorité arbitraire ; leur lutte contre MM. de Maupeou, de Brienne, de Lamoignon prouvent qu'ils ne sont pas des esclaves. Le sacrifice que firent les parlemens, de l'enregistrement, les cris qu'ils poussèrent unanimement les deux premiers ordres pour qu'on rendît, à la nation, ses états-généraux, attestent que les royalistes ont préféré tous les dangers à celui de l'esclavage.

Les républicains, à leur tour, ont pour les impartiaux, une haine égale à celle qu'ils portent aux royalistes. Ils désignent, au peuple, ceux-là comme ceux-ci, sous le nom d'aristocrates. On voit confondus sur leurs listes de proscription, des noms d'impartiaux et des noms de royalistes. Le peuple docile à ces insinuations ne met aucune différence entre les uns et les autres.

Les royalistes ont laissé à ces adversaires, leurs noms d'impartiaux. Ils ne les haïssent, ni ne les méprisent ; mais ils les regardent comme des hommes qui, sur des points très-capitaux, ont une doctrine tout aussi fausse, tout aussi dangereuse que celle des républicains.

Pour montrer en quoi ceux-ci se rapprochoient en effet des impartiaux dans les premier jours de la révolution ; pour peindre parfaitement l'esprit que manifestèrent les deux partis à l'époque où ils se jurèrent une guerre éternelle ; pour faire voir enfin bien clairement les vues ultérieures des uns et des autres, sur la constitution du royaume, il est nécessaire que je suppose une conversation entre M. Malouet et le comte de Mirabeau ; mais qu'on ne s'effarouche pas de ce mot de supposition dans une histoire.

M. Malouet nous apprend lui-même qu'il a eu *plusieurs conférences avec Mirabeau, dans les commencemens de la révolution* (1) ; supposer qu'une de ces conférences des commencemens de la révolution, a roulé sur les grandes affaires qui alors faisoient la matière de tous les entretiens, c'est seulement présumer ce qui a dû être. Si c'est une supposition de placer cet entretien au moment même où l'on eût fait couler le sang de l'intendant de Paris, et celui de son beau-père, c'est la seule ; car du reste je ne dirai rien sur les vues et le système politique des deux interlocuteurs, qu'ils n'ayent dit ou écrit. Des renvois indiqueront avec fidélité les titres de ceux de leurs ouvrages où j'ai puisé littéralement tout ce qui est marqué d'un guillemet. Quand aux phrases qui ne se trouvent pas marquées d'un guillemet, ce sont des conséquences qui découlent visiblement de leurs principes, et qu'ils ont avouées mille fois, mais que pour la liaison du dialogue, il n'étoit pas possible de rendre littéralement telles qu'on les lit dans leurs écrits.

M. MALOUET (1).

« Quelle époque brillante pour la France, si l'esprit de sagesse et de paix, veillant à nos destinées, dirige nos délibérations ! »

MIRABEAU (2).

« Oh ! ne vous flattez pas que tous les obstacles soient surmontés, que l'aristocratie n'ait plus d'espoir, que l'aristocratie n'ait plus de ressources. Carthage n'est pas détruite. »

M. MALOUET.

« Nous n'avons à traiter qu'avec un prince que la nation n'a cessé de chérir et de révérer. Nous n'avions à nous plaindre que de ses ministres. Le mécontentement du corps législatif et la contenance du peuple ont fait disparoître le conseil et les troupes. Que nous reste-t-il à faire ? »

MIRABEAU.

« Il reste une foule de moyens de croiser nos opérations, de susciter des divisions dans notre assemblée, de nous tendre même le piége d'une constitution qui, avec des apparences spécieuses, n'auroit point de solidité, de faire naître dans l'état, des troubles funestes qui armeroient les

---

(1) Voyez *fragmens sur M. de Mirabeau*, imprimés dans le recueil des opinions de M. Malouet, tome 2, page 292.

(1) Ce que dit ici M. Malouet, jusqu'au premier renvoi, est extrait mot à mot de sa lettre à ses commettans.

(2) Ce que je mets dans la bouche de Mirabeau, jusqu'au premier renvoi, est tiré littéralement de sa dix-neuvième lettre à ses commettans, écrite quelques heures après l'atroce martyre de M. Berthier et de son beau-père.

campagnes

campagnes contre les villes, les provinces contre les provinces, de semer la défiance entre le peuple et ses représentans, pour anéantir le fruit de nos travaux. »

M. MALOUET.

« Si ces circonstances viennent à naître, alors il n'y aura plus de dangers à calculer. Mais quelles forces, quels dangers menacent dans ce moment la liberté ? Combien n'est il pas instant de faire succéder à ce moment, l'ordre et la paix, et de nous investir de la liberté par l'obéissance aux lois ! Combien au contraire est déplorable ce spectacle de licence et d'anarchie, que nous donnons à l'Europe, depuis le commencement du mois ? Comment l'histoire peindra-t-elle à la postérité, cette agitation véhémente de tous les citoyens, ces terreurs propagées dans toutes les parties du royaume sur des conspirations imaginaires, tandis qu'une véritable et profonde conjuration sappe les fondemens de l'autel et du trône, brise tous les liens, détruit tous les pouvoirs, avilit le clergé, la noblesse et la magistrature, arme les citoyens les uns contre les autres? Il faut punir les brigands, les séditieux et les vils assassins, qui répandent le sang innocent. Le supplice même des coupables est perdu pour les méchans, quand ce n'est pas la loi qui le prononce. Ne vous y trompez pas : je ne sais pas sous quel aspect se présente à vous la liberté ; mais je vois la plus horrible tyrannie environner son berceau. Je vous annonce qu'on ne sera véritablement libre, que lorsqu'il n'existera plus un seul opprimé qui ne soit vengé ; que lorsque la loi aura repris son empire, chaque citoyen ses occupations, et le roi son autorité. »

MIRABEAU.

« Je le vois : la délicatesse de votre sensibilité a été blessée par les circonstances douloureuses, par les tourmens dont la mort des dernières victimes a été accompagnée (1). Mais ces cruautés sont loin d'atteindre aux solemnelles férocités que des corps de justice exercent sur des malheureux, que les vices des gouvernemens conduisent au supplice. Félicitons-nous que le peuple n'ait pas appris tous ces raffinemens de la barbarie, et qu'il ait laissé à des compagnies savantes, l'honneur de ces abominables inventions. Si les scènes qui viennent d'avoir lieu à Paris, s'étoient passées à Constantinople, les hommes les plus timorés diroient : Le peuple s'est fait justice. La mesure étoit au comble, la punition d'un visir deviendra la leçon des autres : cet événement, loin de vous paroître extraordinaire, exciteroit à peine votre attention. Dans ces momens de rigueur, les gouvernemens ne font que moissonner les fruits de leurs propres iniquités. On méprise le peuple, et l'on veut qu'il soit toujours doux, toujours impassible ! Non, c'est une instruction qu'il faut tirer de ces tristes événemens. L'injustice des autres classes envers le peuple, lui fait trouver la justice dans sa barbarie même. Il existe trop de coupables, pour qu'il ne reste pas beaucoup de terreurs. »

M. MALOUET.

Ah ! ne provoquez pas la colère du peuple !

MIRABEAU.

« La colère du peuple !..... Ah ! si la colère du peuple est terrible, c'est le sang-froid du despotisme qui est atroce; ses cruautés systématiques font plus de malheureux en un jour, que les insurrections populaires n'immolent de victimes pendant des années. Il faut que le peuple soit essentiellement bon pour que la révélation des atrocités des ministres, ne l'ait pas rendu aussi cruel qu'eux-mêmes, et n'ait pas fait verser plus de sang (1). Comparez le nombre des innocens sacrifiés par les méprises et les sanguinaires maximes des tribunaux, les vengeances ministérielles exercées sourdement dans le donjon de Vincennes, dans les cachots de la Bastille ; comparez les avec les soudaines et impétueuses vengeances de la multitude, et décidez après de quel côté est la barbarie. »

M. MALOUET.

Nous ne nous entendons plus.

MIRABEAU.

Nous nous entendons mieux que jamais : ce que vous êtes, je le vois, ce que vous voulez, je le veux. Comme moi, vous êtes l'ennemi de l'ancien régime; comme moi, vous voulez une révolution ; vous voilà donc aussi sous les étendards du patriotisme.

M. MALOUET.

« De quel patriotisme me parlez vous ? Je suis loin de croire à celui qui s'annonce par des fureurs, qui divise au lieu de réunir. La révolution que je desire, c'est celle qui met les lois à la place des volontés arbitraires, qui substitue des mœurs pures à des mœurs corrompues. Gardez-vous de me confondre avec ces déclamateurs patriotes qui crient plus ou moins nettement au peuple : c'est moi l'ami du peuple, qu'il faut faire ministre, général, magistrat ; tous mes compétiteurs sont vos ennemis; tous mes adver-

---

(1) Je répète que ce que dit là Mirabeau, est mot pour mot ce qu'il a écrit à ses commettans.

(1) Plût au ciel que ce dialogue fût une pure supposition ! Quel ame farouche que celle de ce Mirabeau, qui imprimoit, qui prêchoit au peuple françois, cette morale de sang, qui regrettoit que les assassinats ne fussent pas plus nombreux !

P

saires et mes rivaux sont de mauvais citoyens ; et moi, homme vertueux, zélateur ardent de la révolution, je vous assure, à vous brigands, à vous séditieux, que vous n'aurez jamais tort, pourvu que vous favorisiez mes passions. »

MIRABEAU.

Faisons trève aux injures ; on raisonne mal quand on s'échauffe. Je vous abandonne ma vie privée.

M. MALOUET.

Je n'en veux qu'aux factieux, et je n'ai garde de vous comprendre dans le nombre. « Je vois en vous (1) un homme public d'une grande importance, non-seulement par l'étendue et la justesse de votre esprit, mais aussi par la hardiesse de votre caractère, qui vous fait dédaigner ou braver les obstacles. Vous n'êtes point homme à vous vendre lâchement au despotisme ; vous êtes passionné pour la liberté ; vous ne pouvez soutenir une autre cause ; vous voulez arriver, tout à-la-fois, à la fortune, à la gloire ; vous sentez le besoin d'échanger votre mauvaise réputation contre une meilleure ; et, dès ce moment, si les bons citoyens savoient vous employer, si vous pouviez prendre confiance dans les plans du gouvernement, vous auriez une salutaire influence sur les destinées de la France. En un mot, je vous regarde comme un homme de génie, comme un homme extraordinaire. »

MIRABEAU.

Vous le voyez : on est bien près de s'entendre, quand on s'estime mutuellement. Vous allez voir que la plus parfaite conformité existe entre nos opinions politiques. Quelle est la vôtre, je vous prie, sur notre ancien régime, sur notre vieille constitution de quatorze siècles ?

M. MALOUET.

« Quelle constitution, bon Dieu (2) ! Dans aucun siècle, à aucune époque, la nation n'a été libre, depuis le règne de Charlemagne. Si on retranche de notre histoire le règne de Louis XII et celui de Henri IV, que trouvons-nous ? des maux et des malheurs ; le despotisme de tous les rois et de tous les ministres ; une nation généreuse errant de siècle en siècle, sans boussole et sans guide, autour du fantôme de la liberté ; des courtisans avides, qui se transmettent comme un héritage leur bassesse et leurs déprédations. »

MIRABEAU.

C'est cela même : je donne parfaitement dans votre sens. Et notre peuple françois, quelle idée en avez-vous ?

M. MALOUET.

« Je m'indigne de le voir nécessiteux, malgré les richesses de son sol et les efforts de son industrie. Que demande-t-il ? la paix et la justice. On le calomnie ; on le redoute. Eh ! que craint-on de ses droits et de ses prétentions ? On a besoin de lui ; mais avec la différence qu'il n'aura besoin de personne, lorsqu'il sera parvenu à la maturité de ses lumières. Il n'a d'intérêt éminent que dans une répartition égale de l'impôt, et l'assurance de la liberté individuelle. Nous ne sommes plus au temps où un peuple grossier, tantôt foible, tantôt féroce, ne pouvoit ni profiter des lumières, ni se préserver de l'impétuosité du prévôt Marcel ; où des prêtres fanatiques recevoient, avec respect, le mouvement que leur imprimoient l'intrigue et la corruption de leurs chefs ; où des grands, avilis par leurs excès, se faisoient craindre par leur audace. Tous les genres de charlatanisme sont évidens ; tous les droits positifs sont connus et définis ; tout ce qui mérite réellement nos respects, les obtient, et tout ce qu'il faut détester ou mépriser, est livré à la haine et au mépris. Ni l'hypocrisie de la popularité, ni celle de l'ambition, n'appellent plus impunément *biens publics*, ce qui y nuit. Nous n'avons ni la vigueur, ni le ressort des grands caractères de l'antiquité ; mais une lumière plus pure, plus douce et plus égale, a répandu ses rayons sur la masse du peuple ; les bons livres, la communication des corps et des individus qui ont créé l'empire de l'opinion, l'étendent sans cesse. Aucun voile n'est plus interposé entre la tyrannie et ses moyens, et la classe indigente de la société. Ces hommes patiens dans leurs souffrances, mais redoutables dans leur désespoir, ne peuvent plus être mus si facilement par l'esprit de faction, qui ne trouve plus d'aliment. Une puissance de réflexion et de sentiment qui ne ressemble à aucune autre, s'est formée au milieu de nous, elle se coordonne avec la volonté générale, et se présente, en cet instant de crise, comme l'avant-garde de nos forces ; la nation voit ce qu'elle a à faire (1). »

---

(1) Voyez le petit écrit, cité plus haut, de M. Malouet, intitulé : *Fragmens sur M. de Mirabeau*, et inséré dans le recueil de ses opinions, tome 2, page 292 et suivantes ; vous y trouverez la profession de foi de M. Malouet sur Mirabeau, telle que je le transcris ici littéralement.

(2) Voyez l'écrit de M. Malouet, intitulé : *Avis à la Noblesse*, page 2 et suivantes ; tout ce qui est marqué d'un guillemet, à partir du chiffre 2, en est tiré littéralement.

---

(1) L'avis à la noblesse, duquel j'ai tiré ce long passage, fut publié par M. Malouet en 1788. Or, que M. Malouet ait pensé ainsi en 1788, je ne m'en étonnerois pas. On vouloit une révolution ; il falloit bien exagérer les abus de l'ancien régime, se faire illusion sur les lumières et les mœurs de la masse du

MIRABEAU.

Si ma main eût tracé ce tableau, elle n'y eût pas ajouté un trait de plus. Je l'aurai, je vous assure, toujours présent devant les yeux, lorsque, du haut de la tribune aux harangues, je prêcherai ce peuple qu'on calomnie, qu'on redoute mal-à-propos, comme vous le dites. Venons aux hautes classes de la société. Dites-moi, je vous prie, votre sentiment sur notre clergé?

M. MALOUET.

« Je suis affligé de le voir passionné pour ses propres immunités. En deux mots, mon opinion est que *l'existence du clergé, comme corps politique de l'état, n'est point nécessaire à une bonne constitution* (1).

MIRABEAU.

Et nos gentilshommes?

M. MALOUET.

« La noblesse est, à mon avis, ignorante et courageuse; je la vois mettre de frivoles distinctions à la place des droits les plus sacrés (2). Cependant, je voudrois la conserver comme un ornement à la société, et un appui au trône. Mon vœu, à cet égard, est bien désintéressé; car je n'ai rien à gagner à son accomplissement (3). »

MIRABEAU.

Enfin, quelle est votre opinion sur les parlemens?

M. MALOUET.

« Leur composition d'hommes privilégiés, l'influence qu'ils se sont attribuée sur l'administration et la législation, la trop grande étendue de leurs ressorts, et leur grande puissance, sont incompatibles avec un corps législatif permanent, peut-être même avec une constitution libre (1). Nos magistrats ne connoissent la nation et l'empire que dans l'enceinte et sous la protection de leurs tribunaux. La puissance judiciaire est comme la puissance ministérielle; elle s'élance trop souvent hors de ses limites; il faut lui donner un frein (2); ou, pour mieux dire, je souscrirai de tout mon cœur à la destruction des parlemens. »

MIRABEAU.

Vous voilà complétement de mon bord, et si quelqu'un, qui ne nous reconnoîtroit pas au son de notre voix, nous entendoit, il croiroit que ce que vous venez de dire est sorti de ma bouche. Nous voulons l'un et l'autre la même chose; nous marchons au même but. Pour payer maintenant votre franchise par une confiance égale, je déchire tous les voiles, voici mon ame à nu, voici mon plan en son entier.

(3) « Une nation assemblée ne transige point; elle ne voit que l'intérêt commun, et l'établit; elle doit aplanir toute résistance, et prenez bien garde à ceci, rien ne peut blesser la justice, lorsqu'il s'agit du bien général.... »

« Voilà le principe; il ne s'agit plus que de savoir quelle est la route qu'il convient de tenir pour arriver à la restauration générale, que vous desirez comme moi. Il faut renverser tout l'ordre, supprimer toutes les lois, annuler tout pouvoir, et laisser le peuple dans l'anarchie.... »

M. MALOUET.

L'anarchie! et comment, si vous l'établissez, nos lois auront-elles de la vigueur?

MIRABEAU.

« Les lois que nous ferons, ne seront pas toutes en vigueur sur-le-champ; elles ne le seront même peut-être pas toutes dans la suite, mais nous aurons rendu la force au peuple; il résistera pour sa liberté,

---

peuple. Mais M. Malouet a fait réimprimer en 1791, ce même écrit; il l'a placé à la tête du recueil de ses opinions. Je m'étonne qu'après avoir vu les événemens de juillet 1789, et ceux qui ont suivi, il ne l'ait pas jeté au feu, et qu'il n'ait pas considéré, qu'en le faisant réimprimer avec cette solemnité, il donnoit à entendre qu'il avoit toujours la même manière de voir. Il faut convenir que les hommes de génie sont souvent bien extraordinaires. C'est un motif de consolation pour ceux à qui Dieu n'a donné que des lumières communes.

(1) Ces mots de M. Malouet se trouvent, dans son opinion sur la révolte de la minorité contre la majorité, imprimée dans le recueil de ses opinions, t. 2, p. 250.

(2) Voyez Avis à la noblesse, page 2.

(3) Opinion sur la révolte de la minorité contre la majorité.

(1) Ibid.

(2) Avis à la noblesse.

(3) Voyez un écrit intitulé : *Mystères de la conspiration*. Parmi les pièces qui sont contenues dans cet écrit, on trouve *un croquis, ou projet de révolution de Mirabeau*, surpris chez madame le Jay, par Legard, son domestique, et vendu à M. du Houlé, officier au régiment des dragons de la Reine. C'est de ce projet de révolution, dont le nom de M. du Houlé, les idées, le style, et les démarches ultérieures de l'auteur, garantissent l'authenticité, que je tire ce que je mets ici dans la bouche de Mirabeau.

qu'il croira toujours conserver. Il faut caresser son amour-propre, flatter son espoir, lui promettre le bonheur, après nos travaux. Il faut éluder ses caprices et ses systèmes à volonté, car le peuple législateur est très-dangereux; il n'établit que des lois qui coalisent avec ses passions; mais, comme il n'est qu'un levier que les législateurs font mouvoir à leur gré, il faut nécessairement en faire notre soutien, et lui rendre odieux tout ce que vous et moi nous voulons détruire; il faut semer l'illusion sur ses pas, acheter toutes les plumes mercenaires qui propageront nos moyens, et lui feront voir que ce sont ses ennemis que nous attaquons. »

« Le clergé, étant le plus puissant par l'opinion, ne peut être détruit qu'en ridiculisant la religion, qu'en rendant odieux ses ministres, et en les présentant comme des monstres hypocrites; car Mahomet, pour établir sa religion, infama auparavant le paganisme que les arabes, les sarmates et les scythes professoient. Il faut, à chaque instant, que les libelles présentent une nouvelle trace de haine contre le clergé; il faut exagérer sa richesse, rendre généraux les écarts des particuliers, lui attribuer tous les vices, la calomnie, le meurtre, l'irréligion, le sacrilége.... »

M. MALOUET.

Ah! que dites-vous-là?

MIRABEAU.

« Point de délicatesse : *tout est permis dans les révolutions*. Venons à la noblesse : Il faut l'avilir, et lui donner une origine odieuse; il faut établir un germe d'égalité qui ne peut jamais exister, mais qui flattera le peuple; il faut faire immoler les plus opiniâtres, incendier et détruire leurs propriétés, pour intimider les autres. Si nous ne pouvons détruire entièrement ce préjugé de noblesse, au moins nous l'infirmerons, et le peuple vengera son amour-propre et sa jalousie, par tous les excès qui amèneront ces gentilshommes à faire tout ce que nous voudrons. »

« Quant à la cour, c'est de la ravaler aux yeux du peuple, d'annuler toutes les lois qui la protégent. Le duc d'Orléans n'omettra rien pour donner explosion à sa vengeance. Il faut dégrader la cour à tel excès, qu'au lieu de vénération, le peuple ait de l'indignation contre ses souverains; il faut qu'il ne les regarde plus que comme ses ennemis, et qu'il soit toujours prêt à se faire justice. Il faut flatter le soldat, le soulever contre l'autorité légitime, lui rendre odieux ses officiers et les ministres, augmenter sa paye, et en faire l'homme de la nation, et non du roi, lui envoyer des émissaires qui l'éclairent sur nos vues, le rendre patriote. »

M. MALOUET.

Patriote! c'est-à-dire rébelle.

MIRABEAU.

« Eh! ne voyez-vous pas que, sans cela, nos ennemis éluderont toutes nos combinaisons et tous nos moyens, par la force? Passons aux parlemens. »

« Il faut présenter au peuple toutes leurs incartades, et leur vénalité qui a toujours tombé sur lui; il faut lui montrer les magistrats comme des despotes altiers qui vendent jusqu'à leurs crimes.... »

M. MALOUET.

Je n'aime pas les parlemens; cependant ces institutions....

MIRABEAU.

« Eh! oui; mais le peuple ignare et brute ne voit que le mal, et jamais le bien de la chose. »

« Je ne dis rien des financiers. Il sera infiniment aisé de convaincre le peuple que tout n'est qu'abus dans l'administration des finances, et qu'il ne doit que de l'indignation aux régisseurs. »

M. MALOUET.

Quelles révélations!

MIRABEAU.

« Vous n'avez pas encore tout mon secret. Prenez garde que le roi et les grands chercheront à faire échouer notre révolution par des guerres intestines ou avec l'étranger. Il nous faut donc, pour avoir un succès complet, porter aussi l'esprit d'indépendance chez les peuples circonvoisins. »

M. MALOUET.

Quelle apparence que vous puissiez réussir à soulever tous nos voisins?

MIRABEAU.

« La chose n'est peut-être pas bien difficile. L'espagnol est très-inflammable, et gémit, depuis long-temps, sous la férule tyrannique du despotisme et de l'inquisition. Les italiens sont aussi emportés que les françois, et depuis que l'esprit philosophique s'est introduit parmi eux, ils méprisent la thiare. L'allemand est plus difficile à émouvoir; mais son esclavage l'indigne contre ses despotes. Il nous faudra prodiguer l'or en Allemagne; ceux qui se laisseront corrompre, propageront l'insurrection. Le Brabant s'enflammera au plus léger souffle. La Hollande est à nous. L'Angleterre nourrira nos discordes; sa haine naturelle contre le françois ne lui fera jamais prendre un parti généreux pour défendre nos droits, si elle n'y trouve ses intérêts. Quand même le cabinet de Saint-James voudroit nous faire la guerre, la commune s'y opposeroit, parce que nous dirons à celle-ci que nous ne voulons que détruire le despotisme et l'hydre féodal, et nous rendre libres comme elle. La Prusse a des vues qui pourroient nous nuire; mais la Russie la contient. Quant à la Sardaigne, il ne faut pas s'en effrayer; elle n'est pas assez puissante pour entreprendre de heurter un grand peuple ardent et bouillant, comme le peuple françois. Il n'en faut pas moins aguerrir celui-ci; il faut le fixer sur-tout à la défense des frontières; c'est pour cela qu'il est très-instant de nourrir sa fureur, de caresser son espoir par quelque suppression d'impôt, de lui intimer sourdement le meurtre des ennemis de la révolution, comme un devoir utile à l'état. Nous devons exiger le serment de tous ceux qui se coaliseront à nos projets, et en former différentes sociétés qui, dans leurs assemblées, traiteront le même sujet, en différant même d'opinion. »

« Enfin, il importe d'admettre le peuple dans les établissemens que nous créerons, et de lui accorder voix délibérative dans les assemblées générales; cela lui donnera un véhicule d'honneur qui le vertigera; mais ne laissons qu'un pouvoir limité aux municipalités; si elles avoient trop de force, leur despotisme seroit trop dangereux. Flattons le peuple d'une justice gratuite; promettons-lui une grande diminution d'impôts, et une répartition plus égale. Ces vertiges le fanatiseront et aplaniront toute résistance. »

M. MALOUET.

Que de dévastations, que de meurtres, que d'incendies dont vous allez encore vous rendre coupable !

MIRABEAU.

« Eh! qu'importent les victimes et leur nombre ? Les expoliations, les destructions, les incendies et tous les effets nécessaires d'une révolution, rien ne doit être sacré. Disons comme Machiavel: qu'importent les moyens, pourvu qu'on arrive à la fin ? »

M. MALOUET.

J'entends maintenant votre politique : mais où, je vous prie, prétendez-vous arriver à travers ces ruines, ces flammes, ces fleuves de sang ?

MIRABEAU.

A une bonne démocratie.

M. MALOUET.

Eh! qui vous a donné le droit de briser l'antique constitution françoise, pour métamorphoser cette belle monarchie en un gouvernement populaire? De qui tenez-vous cette mission ?

MIRABEAU.

C'est pour le coup que nous ne nous entendons pas. Ne réprouvez-vous pas comme moi l'ancien régime? Ne voulez-vous pas comme moi une révolution ?

M. MALOUET.

Mais je ne veux ni de vos moyens, ni de votre démocratie.

MIRABEAU.

Oh! pour lors nous nous accordons pour le fonds. Le choix des moyens et de la nouvelle constitution n'est plus qu'une affaire d'opinion. Vous ne voulez pas d'une démocratie: que voulez-vous donc ?

M. MALOUET.

« Je ne connois pas de meilleure constitution que celle d'Angleterre. Si nous l'adoptons, en corrigeant ses défauts, nous serons trop heureux (1). »

MIRABEAU.

Moi, je ne connois pas de pire folie, que de transplanter en France la constitution angloise. Montesquieu est pour vous un Dieu; pour moi Montesquieu n'est qu'un aristocrate. Le chapitre 6 de son livre XI, vous enivre d'admiration; moi, il ne me séduit pas. Je n'ose vous dire que peut-être ceux dont ce chapitre est le code de législation, ne l'entendent point. Mais au surplus, comme je vous l'ai dit, vous voyez que c'est ici une affaire de pure opinion; nous la discuterons à la tribune. Si mes moyens vous répugnent, je ne saurois qu'y faire. Je ne vois que ceux-là pour arriver où je veux arriver, et je vous fais observer que vous-même ne devriez pas vous affliger du sang qui a déja coulé, car s'il n'eût pas coulé, nous n'aurions peut-être pas de révolution, et vous en voulez une. Mais, dites-moi à votre tour, qui vous a donné le droit de briser l'antique constitution françoise, pour métamorphoser cette belle monarchie en un gouvernement qui ne sera ni républicain ni monarchique? De qui avez-vous reçu cette mission? Entre les trois partis qui divisent actuellement la France, celui des royalistes crie que c'est un attentat de briser des conventions qui ont plusieurs siècles d'existence; il soutient que la mo-

---

(1) Opinion sur la révolte de la minorité contre la majorité, tom. 2 des opinions de M. Malouet, page 250.

narchie est pour les françois, le meilleur des gouvernemens (1); vous soutenez, vous que c'est la constitution angloise; nous, nous disons que c'est la démocratie. Qui, je vous le demande, décidera ce grand procès ? A quel tribunal le porterons-nous ? En attendant qu'il soit jugé, pourquoi les impartiaux qui forment le très-petit nombre, veulent-ils être plus sages, plus éclairés que les royalistes, que les républicains ? Pourquoi trouvent-ils mauvais que ceux-là les mettent au rang des novateurs dangereux, des ennemis des formes et des institutions monarchiques qu'ils pensent être les seules convenables à la France ?

Je termine ici ce dialogue où je n'ai feint que la rencontre des deux interlocuteurs, mais où tout ce que j'ai dit de leur plan et de leur système de législation, n'est point une supposition, puisque je l'ai tiré de leurs écrits et des sentimens qu'ils ont avoués dans mille occasions. Leur rencontre même est une fiction que je me suis permise avec d'autant moins de scrupule, que, comme on l'a vu, M. Malouet convient avoir *eu plusieurs conférences avec Mirabeau*, dans les commencemens de la révolution, et je répéte qu'il est bien naturel de penser qu'elles rouloient sur la différence de leurs opinions.

On ne voit pas trop ce que M. Malouet auroit pu répondre de satisfaisant aux dernières questions que j'ai mises dans la bouche de Mirabeau. M. Malouet m'a répondu à moi-même qu'il étoit autorisé à demander la constitution angloise, par son cahier. J'ai lu ce cahier comme tous ceux des différens bailliages; je les ai sans cesse sous les yeux, parce qu'il m'importe pour mon travail, de mettre continuellement en parallèle, la volonté des représentés avec les entreprises des représentans. Je n'ai lu ni dans le cahier de Rioms ni dans aucun autre cahier, je ne dis pas la demande formelle et littérale de la constitution angloise, mais même rien qui y ait rapport. Le cahier de Rioms demande une convocation d'états-généraux de trois en trois ans, dans lesquels on opinera *ou par ordre ou par tête*, et l'établissement d'états provinciaux dans toutes les provinces; or, cela est bien loin de la constitution angloise. Les commettans de M. Malouet déclarent dans ce cahier, qu'ils regardent ces points fondamentaux comme les conditions absolues de la liberté nationale. Ils y signifient encore à leurs représentans, *qu'ils ne pensent pas qu'aucun d'eux s'expose à l'indignation et au désaveu de la nation, en adhérant à aucun statut contraire*.

Cependant il faut bien que M. Malouet ait cru pouvoir conclure de l'interprétation qu'il aura donnée à quelques articles de son cahier, qu'il avoit le droit de demander la nouveauté fondamentale pour laquelle il est passionné. Mais en eût-il reçu la mission expresse de ses cahiers, cette nouveauté ne devroit pas moins être imputée à lui seul, car il nous dit formellement : *c'est moi qui ai fait ces cahiers* (1). Il suit naturellement de cet aveu que M. Malouet a eu une grande part à la rédaction de ses instructions; il ne seroit donc pas étonnant qu'il eût jeté dans un ou plusieurs articles, le germe de l'innovation qu'il desiroit. Ses lumières, son génie, son éloquence ont dû lui donner aussi beaucoup d'influence sur une assemblée composée, comme nous le voyons par les signatures qui se lisent à la fin de ses pouvoirs, d'hommes simples et sans éducation, d'apothicaires, d'orfévres, de tanneurs, de chapeliers, de perruquiers, de tapissiers, de teinturiers, de serruriers, de maréchaux-ferrands, de boulangers, de charrons, de cordonniers, de tailleurs, de menuisiers, de charpentiers, de maçons, de bouchers, de ferblantiers et fontaniers, de limonadiers et cafetiers, de tisserands, de laboureurs. Il n'est pas difficile d'inspirer à une assemblée ainsi organisée, le vœu qu'elle doit émettre, sur-tout lorsque ce vœu a pour objet une matière qui est au-dessus de sa portée. M. Malouet ayant ensuite été lui-même le rédacteur de ce vœu, a pu, en quelque sorte, se regarder comme étant lui seul l'assemblée entière; de sorte qu'en disant : je suis autorisé par mes cahiers à demander la constitution angloise, c'étoit dire à-peu-près : je suis autorisé par moi-même à former cette demande.

M. Malouet en effet arriva dans son assemblée primaire, avec l'intention d'obtenir la constitution angloise. Il avoit passé à Paris avant de s'y rendre. Il vit dans la capitale la naissance du républicanisme. Il assista à un de ces conciliabules que tenoient les conjurés, et où entr'autres M. Duport et deux ou trois autres conseillers factieux du parlement étoient très-assidus. Il entrevit l'ensemble de leur plan ; il en fut épouvanté, et dès lors il conçut la généreuse résolution d'étouffer, s'il le pouvoit, dans son berceau même, le monstre qui venoit de naître. Persuadé d'un autre côté que l'opinion presque générale et le bonheur de ses concitoyens demandoient une autre forme de gouvernement, il se flatta d'attirer à lui toute la saine partie de la nation, en montrant

---

(1) Voyez, sur le meilleur gouvernement qu'il convient de donner à la France, un petit livre, intitulé : *De la liberté*, par M. de Villers. Je ne connois aucun ouvrage qui soit écrit avec plus de sagesse et de vérité, je l'ai annoncé avec éloge, dans le journal *de l'ami du roi*. Trois éditions consécutives ont justifié mon suffrage. Je ne saurois trop en recommander la lecture à ceux qui veulent avoir des idées saines sur la législation qui nous convient. Il se trouve à Paris, chez *Louis*, libraire, rue *Saint-Séverin*.

(1) Voyez lettre de M. Malouet, député de la sénéchaussée d'Auvergne, à M. Costel, lieutenant-général du bailliage d'Ardes, imprimée dans le recueil de ses opinions, tom. I, page 125.

la constitution angloise. Il voyoit bien clairement d'un côté l'anarchie; il croyoit voir de l'autre, le despotisme; il se plaça entre les deux écueils, et résolut de ne plus quitter ce poste. C'est-là la cause, l'origine de la doctrine que M. Malouet n'a plus cessé de prêcher aux françois. Ses motifs étoient purs, son erreur louable par l'illusion qu'il se faisoit sur les vues des royalistes, ses moyens ont toujours été ceux d'un homme de bien, d'un véritable ami de sa patrie, et il n'est aujourd'hui aucun de ses concitoyens qui n'en convienne.

On voit donc actuellement, et à quelle époque se sont formés les trois principaux partis, qui, encore dans ce moment, divisent le royaume, et quels sont les véritables desseins de chacun de ces trois partis. Ce qui suivra, ne sera que le récit des combats qu'ils se sont livrés.

J'ai été long dans ce chapitre; je n'ai pu cependant parler que de deux fléaux qui suivirent immédiatement les sanguinaires attentats de la seconde semaine de la révolution. Il est un troisième fléau qui doit aussi sa naissance à ces mêmes atrocités, et dont la rigueur n'a fait que s'accroître de jour en jour; il en sera question dans le chapitre suivant.

CHAPITRE LXI.

TERREUR dans le parti royaliste; causes de cette terreur; funestes effets de l'émigration; violences contre les émigrans; précautions de ceux-ci; aventure de M. le baron de Bachmann; arrestation de M. le duc de la Vauguyon; emprisonnement de M. le baron de Bezenval; homme de lettre parmi les émigrans; Motifs de son émigration; émigrans parmi les députés; départ de M. le duc de Luxembourg; dépit qu'en ressentent les républicains; son portrait; départ de M. d'Eprémesnil; débordement de brigands dans sa retraite; départ de M. de Casalès; son retour dans les états-généraux; son portrait; efforts que font les impartiaux et les républicains pour l'attirer dans leur parti; tentatives de M. l'abbé Maury pour émigrer; particularités sur son arrestation; état où il trouve la ville de Péronne; harangue qu'on lui adresse; sa réponse; ses passe-temps dans sa prison; singulière conversation entre un émigrant et un marguillier émérite; fuite de M. l'abbé de Calonne; son arrestation; motifs de sa fuite; autres émigrés de marque; aventure de madame la princesse de Beauffremont; progrès de l'émigration; effet de la terreur sur quelques esprits foibles; anecdote sur un président à mortier; civique profession de foi de madame l'abbesse de Montmartre.

Suite de Juillet 1789, et du second mois de l'interrègne.

LE troisième effet que produisit le martyre de MM. Berthier et Foulon, fut de frapper de terreur le parti royaliste. Elle fut profonde, mais absolument étrangère à tout sentiment timide qui suppose une ame peu courageuse. Les hommes les plus intrépides s'effrayèrent, parce qu'ils virent qu'il n'y avoit plus de sûreté pour la vie de quiconque étoit seulement soupçonné de ne pas partager le délire du peuple. Les républicains appelèrent cette frayeur, une terreur panique; mais si MM. Berthier et Foulon eussent prévenu, par leur fuite en pays étranger, la mort qu'ils subirent, eût-il été raisonnable de dire qu'ils avoient été frappés d'une terreur panique? Tous ceux sur qui on versoit à pleines mains le poison de la calomnie; tous ceux qu'on pouvoit, avec quelque fondement, accuser d'être aristocrates, étoient absolument dans le même cas que ces deux infortunés. Ils n'avoient aucune raison de croire que MM. Bailly, la Fayette et les électeurs, auroient plus de force pour les défendre contre les bourreaux, qu'ils n'en avoient eu pour leur arracher les deux dernières victimes. Eh! combien n'étoit pas terrible l'idée de perdre la vie dans des tourmens horribles par leur longueur et leur cruauté!

Dans ces instans donc où les assassins étoient en si grand nombre et tout-puissans, ceux dont les noms se lisoient sur les listes de proscription, ceux qui craignoient, à leur tour, d'y être inscrits, ceux encore qui étoient odieux, ou par le crédit dont ils jouissoient à la cour, ou par l'opinion qu'ils avoient manifestée sur le tiers-état; tous ces françois, dis-je, se crurent placés entre l'alternative, ou de courir aux armes,

armes, ou de fuir. Ils préférèrent ce dernier parti; s'ils se fussent arrêtés au premier, une sanglante et longue guerre civile se fût allumée en France. L'idée de ce désastre ne leur permit pas de balancer entre un malheur personnel et un malheur public. Je dis les choses comme elles sont, laissant à la postérité à juger si les royalistes firent mieux d'abandonner leur patrie aux factieux, que de combattre ceux-ci. D'ailleurs ces royalistes avoient besoin d'un chef: suivant leurs principes, ils ne pouvoient ni ne devoient en avoir d'autre que le roi. Ses ordres leur étoient nécessaires pour commencer la guerre. Or, ses intentions bien connues étoient de ne combattre les factions, que par la condescendance et la résignation.

En se décidant à faire retraite, les royalistes préservèrent donc le royaume de la guerre civile. Mais leur émigration n'en fut pas moins, pour notre malheureux pays, un grand fléau. Elle le laissa sans défense contre les entreprises des séditieux; elle fit un vide considérable dans sa population; elle le priva de ceux de ses habitans qui lui étoient les plus utiles; et parmi ces émigrans, il y avoit des hommes dont la perte pouvoit être irréparable; tels étoient MM. le prince de Condé, le maréchal de Broglie, le comte de Maillebois.

Cette émigration eut encore cela de funeste, qu'elle ôta à la classe indigente, de riches bienfaiteurs. La retraite d'une seule personne priva les pauvres de sa paroisse, de plus de deux cents mille livres de rente; cette personne, c'étoit madame la duchesse de l'Infantado.

Il faut aussi regarder comme une suite de ce fléau, la misère où fut plongée une foule innombrable de domestiques, d'ouvriers, d'artisans, d'artistes; l'état languissant où tombèrent insensiblement nos manufactures, et tous les arts de luxe et d'agrément, qui ne vivent que du superflu des riches.

Ces émigrés étant tous d'opulens propriétaires firent perdre au pays qu'ils abandonnoient, une grande portion de la masse de ses richesses, par cela seul qu'ils consommoient, sur un sol étranger, les revenus de leurs biens fonds.

Enfin, en quittant la France, l'incertitude des événemens dont elle alloit encore être le théâtre, la crainte de ne pouvoir peut-être plus y rentrer, leur imposèrent la nécessité d'emporter avec eux la plus grande quantité de numéraire qu'ils purent se procurer; et comme les espèces d'or sont les plus aisées à soustraire, même à de rigoureuses perquisitions, à cause des richesses immenses qu'elles peuvent représenter sous un petit volume, ce furent aussi celles-là qui disparurent les premières. L'industrie que donne le besoin parvint aussi bientôt à enlever celles d'argent. Cette exportation a eu un tel progrès qu'en moins de trois ans, la nation peut-être la plus opulente de l'Europe, s'est vue réduite à n'avoir plus pour numéraire que du papier.

Chacun sentoit les inconvéniens de cette émigration; mais lorsque cette funeste maladie afflige le corps politique, il n'y a pas d'autre parti à prendre pour l'arrêter et la guérir, que de convaincre les émigrans qu'ils ont tort de fuir. Pour le leur prouver, il faut qu'ils soient assurés de trouver un plus grand avantage à rester dans leur patrie, qu'à la quitter. On n'eut garde de leur donner ce genre de démonstration: d'une part, on ne faisoit point cesser les désordres qui menaçoient leur vie; et de l'autre, on employoit la violence pour les retenir au sein des désordres. Sur les grandes routes, aux entrées des villes et des plus petits bourgs, ceux qui fuyoient étoient arrêtés et constitués prisonniers.

Cette vexation ne rallentit pas l'ardeur à émigrer, elle ne fit, au contraire, que l'accroître. Seulement les émigrans mirent plus de ruse et d'industrie à cacher leur fuite. Les uns prenoient des passeports sous des noms supposés; ceux-là se déguisoient sous des travestissemens qui les rendoient méconnoissables; d'autres fuyoient les grandes routes, et franchissoient les frontières par des chemins détournés et qui n'étoient pas gardés.

L'inquiétude et l'empressement à découvrir et à arrêter un émigrant furent portés à un point à peine croyable. A Paris, on arrêta et on conduisit à l'hôtel-de-ville, comme des criminels, MM. le baron de Bachmann, major du régiment des gardes-suisses, et Chaulet, adjudant du même régiment, uniquement, parce qu'en descendant le Pont-royal, vis-à-vis les Tuileries, les chevaux de la voiture avoient pris à gauche, au lieu de prendre à droite. Comme M. le baron de Bachmann demeure rue Verte, dans le faubourg Saint-Honoré, il est bien clair que le chemin le plus court pour s'y rendre, en venant du faubourg Saint-Germain, étoit le quai des Tuileries et la place Louis XV; il en fit l'observation aux électeurs; ils ne le blâmèrent pas moins d'avoir pris à gauche et non à droite, et ils lui donnèrent pour raison, que cela avoit l'air de vouloir s'enfuir par Versailles. Il fut, pour punition de ce délit, condamné à être ramené chez lui, par les mêmes soldats et la même populace qui l'avoient arrêté.

Le caractère même d'ambassadeur ne mettoit pas à l'abri d'une arrestation. M. le duc de la Vauguyon, notre ambassadeur en Espagne, partagea la terreur répandue parmi les royalistes. Il n'étoit pas inscrit sur les listes de proscription; mais il avoit été désigné pour remplacer M. le comte de Montmorin dans le département des affaires étrangères. M. Foulon n'avoit eu également d'autre crime que d'avoir été appelé au ministère. M. de la Vauguyon, justement effrayé de la fin déplorable de celui-ci, prit le costume et les manières d'un marchand, dit s'appeler Chevalier, se fit délivrer un passeport sous ce nom, et partit avec M. le prince de Carency, son fils, pour le Hâvre, avec l'intention de passer en Angleterre. On ne man-

Q

qu'a pas de l'arrêter au Hâvre; on vérifia son passeport; malheureusement il avoit oublié d'y faire comprendre son fils. Cet oubli donna des soupçons, et sur ces simples soupçons, on arrêta M. de la Vauguyon et M. de Carency. L'ambassadeur, pour écarter tout nuage de sa conduite, déclara alors qui il étoit. Sa déclaration n'empêcha pas que lui et son fils ne fussent constitués prisonniers; c'est ainsi qu'on respectoit le droit des gens; c'est ainsi que la liberté s'établissoit parmi nous. M. de la Vauguyon avoit un autre titre qui auroit dû parler en sa faveur, il avoit été gouverneur du roi actuel. On devoit donc présumer qu'à ce titre, il étoit cher à sa majesté, et que ce seroit faire au monarque un chagrin sensible de se permettre, envers la personne qui avoit des droits particuliers à son attachement, une violence injurieuse. On devoit également présumer que les sentimens modérés du roi et son extrême bonté pour les révolutionnaires, étoient les fruits de l'éducation qu'il avoit reçue. Sous ce dernier point de vue, M. de la Vauguyon méritoit de la reconnoissance, et non une insulte.

M. le baron de Bezenval, commandant des troupes dans la généralité de Paris, voulut aussi émigrer; il n'eût recours à aucun déguisement; il crut qu'il lui suffisoit de se munir de passeports en bonne forme. Il se trompa: arrivé à Villenaux petite ville distante de Paris, d'environ 28 lieues, il fut arrêté par le peuple; on le conduisit devant les officiers municipaux; il leur montra ses passeports, et une permission particulière du roi de se rendre en Suisse sa patrie. Cette marche franche et régulière ne fit aucun effet sur l'esprit des officiers municipaux; ils dédaignèrent ces papiers, et sans qu'il y eût aucune accusation contre cet officier, ils le jetèrent dans la prison de leur ville, où ils le firent garder par une nombreuse troupe de bourgeois et de paysans armés; et tout-à-coup la haine du peuple se développa contre lui d'une manière effrayante. Si l'on n'avoit pas été aveuglé par l'incroyable desir de verser du sang, on auroit vu qu'on devoit plûtôt à cet officier des actions de grâce, que de la malveillance. Outre que son intimité connue avec M. Necker, ne pouvoit en aucune manière le rendre suspect aux révolutionnaires, il est certain, et il étoit bien facile de faire cette réflexion, qu'aucun officier du roi n'a mieux servi la révolution, que M. le baron de Bezenval. J'ai dit la conduite qu'il avoit tenue dans la journée du 13. Dans celle du 14, il laissa tout faire, il n'arrêta aucun désordre, ne montra pas la plus légère intention de secourir ni M. de Sombreuil, ni M. de Launay, ni aucun de ceux dont on fit une boucherie sur la fin de cette cruelle journée. « Il se cachoit, dit un journaliste estimable par sa haine contre les factieux et par son courage (1), pour ne pas donner l'ordre à sa troupe; et laissoit prendre les invalides, de peur que si l'émeute devenoit trop considérable, on ne pillât sa maison, où il avoit fait peindre depuis peu un appartement entier, et construire des bains charmans. » Il est très-vrai que le séjour de la capitale avoit beaucoup amolli l'ame de M. de Bezenval. Il y avoit contracté un goût excessif pour toutes les commodités de la vie, pour toutes les jouissances de luxe. Dans l'intérieur de ses maisons il étoit en tout temps environné d'ouvriers occupés à les convertir en temples de volupté. Il les payoit généreusement; aussi en étoit-il fort aimé. Pendant qu'on pilloit l'hôtel des invalides, et qu'on ne savoit où trouver M. de Bezenval, une de ses maîtresses se désoloit dans une salle du gouvernement de l'hôtel, de tous les malheurs qui alloient fondre sur lui, si la cour reprenoit le dessus. Il continua à se tenir caché pendant les jours qui suivirent l'invasion de la Bastille, espérant toujours que l'effervescence du peuple se calmeroit; mais la terreur qui suivit les dernières exécutions, le domina au point qu'il ne vit plus que la mort, et comme dans un vaisseau battu par la tempête, un passager jette au fond de la mer ses effets les plus précieux, dans l'espoir de conserver sa vie, M. de Bezenval, pour échapper aux dangers dont il croyoit ses jours menacés, s'arracha à toutes les douceurs qui le retenoient à Paris. Cette ville corrompue fut pour lui, ce que Capoue fut pour Annibal.

Un homme de lettre grossit le nombre des émigrés, et dans un temps où tous les écrivains de France prêchoient la démagogie, le phénomène est assez singulier pour être remarqué. Cet homme de lettre étoit M. l'abbé Sabatier, le même journaliste dont j'ai parlé plus haut. Il n'avoit aucun sujet de croire que le poignard des assassins fut dirigé contre lui; mais plein d'un véritable amour de son pays, il vouloit porter quelque lumière dans le cahos où se précipitoit la monarchie, et il pensa que s'il restoit parmi ses concitoyens égarés, ils lui feroient payer de sa vie les dures vérités qu'il avoit à leur dire. C'est le motif qui le détermina à se retirer à Bruxelles où il écrivit un journal qui, de tous les journaux que je connois, est celui qu'on lit avec le plus d'intérêt. La sagesse, la force, l'instruction, l'agréable, l'érudition convenable à une feuille périodique, tout s'y trouve réuni. Nos folies et nos crimes y sont combattus avec énergie, mais les personnes y sont épargnées. La censure tombe toujours sur les principes, et jamais sur les mœurs ou sur la vie privée des acteurs. Mais en combattant les novateurs, ce journaliste montre lui-même trop de prévention contre l'ancien régime, et trop d'amour pour les nouveautés. Ce fut là le premier écrivain françois qui se jeta courageusement entre les factieux et les souverains. Il n'étoit d'aucune académie; il n'avoit jamais reçu comme il n'avoit jamais sollicité le plus léger bienfait d'aucune cour. C'étoit donc par le motif le plus pur, et le plus désintéressé qu'il se

---

(1) Voyez journal politique national des étatsgénéraux et de la révolution de 1789, par M. l'abbé Sabatier, tom. 1, page 73.

décidoit à plaider la cause de l'autorité légitime contre la licence. L'avocat des rois eût dû attirer sur lui leur attention, et sans doute leur reconnoissance. Il ne leur devoit rien avant de combattre pour eux; pendant et après le combat, le défenseur est resté dans l'oubli, et les cliens sont restés dans le silence. Voilà comme M. Sabatier a vérifié dans sa personne une affligeante vérité échappée à sa plume: « On fait tout, dit cet auteur, pour ceux qu'on craint, et rien pour ceux qu'on aime. »

Voici au reste comment cet estimable écrivain explique les motifs de sa fuite.

« Nous aimons mieux, dit-il, (1) nous exiler avec la vérité et la liberté, que de nous enfermer à Paris, avec la licence et la calomnie. Si certains journalistes avoient eu le même amour que nous, pour la vérité, ils ne seroient pas restés à Paris, pour la voir immoler, tous les jours, sous le fer des bourreaux dont ils sont environnés; ils auroient fui, comme nous, plutôt que de rester vils instrumens de l'imposture et apologistes de la cruauté, racontant froidement les meurtres des citoyens, et parlant avec respect de mesdames de la Halle, et de messieurs de la Grève. *Auri sacra fames!*... »

Les *certains* journalistes dont parle M. l'abbé Sabatier, sont ceux qui, après avoir adulé bassement tous les valets de cour, se firent contre le roi et ses ministres, les apologistes de la canaille. Ce sont ceux-là à qui convient véritablement l'infamante devise, *auri-sacra fames*. Mais M. l'abbé Sabatier ne peut pas avoir eu l'intention de comprendre dans ce nombre, ceux qu'on vit s'élever dans la suite, et se montrer comme lui, amis de la vérité et de la liberté bien entendue. S'ils aimèrent mieux rester à Paris avec la licence et la calomnie, que de fuir, bien loin de les blâmer, il faut admirer leur courage qui tient presque de la témérité. J'aurai soin dans le cours de cette histoire, à mesure qu'un de ces généreux écrivains paroîtra pour défendre la religion et le trône, de le faire remarquer, et on verra par ce que j'en dirai, que de tous les françois, ils ont été les moins pusillanimes. En se dévouant à rester à Paris, ils obtinrent sur M. l'abbé Sabatier, un grand avantage qui fut tout au profit de la vérité. Voyant de plus près les séditieux et leurs menées, ils ont eu plus de facilité à ne rien laisser échapper de tout ce qui pouvoit mettre la rébellion dans son véritable jour. Ils est évident aussi qu'en ne racontant que ce qu'ils voyoient, ils ont dû le raconter avec plus d'exactitude. On le désire souvent dans le journal de M. l'abbé Sabatier, pour des faits très-importans. Il a été obligé de s'en rapporter pour leur récit, au témoignage d'autrui, ils les a puisés dans les lettres de ses amis et de ses correspondans, mais tout comme un peintre ne fait un portrait fidelle que quand il a l'original sous les yeux, de même un écrivain ne rend un compte bien exact que de ce qu'il a vu. Le plus grand et peut-être le seul mérite de l'histoire que j'écris, sera d'avoir été composée, sur-tout à l'égard des événemens qui se sont passés à Versailles et à Paris, par un témoin oculaire.

Les écrivains royalistes qui n'ont point abandonné Paris, ont dû aussi naturellement attendre de leur présence sur le champ de bataille, un bien qu'ils n'auroient pas pu faire en s'exilant. Ils ont été en quelque sorte comme des sentinelles qui ont environné le corps législatif; ils en ont surveillé toutes les opérations. Chaque fois qu'il a été question de rendre une loi qui leur paroissoit dangereuse, ils se sont mêlés par leurs écrits à la délibération, et il est assez vraisemblable que, dans plus d'une rencontre, s'ils n'ont pas pu commander le bien, ils ont du moins empêché un plus grand mal. Quelle influence au contraire pouvoit avoir M. l'abbé Sabatier sur des lois, qui presque toujours étoient rendues, avant même qu'ils sut qu'elles étoient à la délibération?

L'assemblée nationale recevant à son tour le mouvement qu'elle imprimoit à tout le royaume, compta également des émigrants parmi ses membres, et ce qui prouve que la terreur qui gagnoit les royalistes, n'avoit rien de commun avec la pusillanimité, c'est que ceux des députés qui émigrèrent, sont généralement reconnus pour être doués d'une intrépidité à toute épreuve. De ce nombre fut M. le duc de Luxembourg. Il quitta le royaume heureusement, c'est-à-dire, sans prouver aucune avanie. Il avoit présidé, dans des circonstances bien orageuses, la noblesse, avec une dignité et une prudence qui le rendoient cher à la saine partie de cet ordre. Il en fut vivement regretté, et il faut, en effet, regarder comme un malheur qu'il ait quitté l'assemblée nationale. Il est possible, quelque forte que fût la prévention, qu'il eût ralenti la marche des séditieux. Personne ne connoît mieux que lui l'art de se concilier l'estime et la confiance de tous les partis. Jusqu'au moment de son départ, il avoit été considéré même des républicains. « Son esprit, son caractère, sa conduite, dit l'un d'eux (1), avoient fait espérer aux amis de la liberté, que l'assemblée trouveroit en lui un défenseur si belle cause. »

Son départ ne pouvant être attribué qu'à l'horreur que lui inspiroient les excès des républicains, on se figure aisément qu'elle fut leur confusion et leur dépit, lorsqu'ils reçurent cette preuve humiliante qu'il n'étoit pas de leur bord. L'estime qu'ils lui avoient toujours portée, se changea alors en haine, et les

_____
(1) Voyez son journal, tom. 1, page 88.

_____
(1) Histoire de la révolution de 1789, et de l'établissement d'une constitution en France, par deux amis de la liberté, tome 2, pag. 180.

folliculaires démagogues lui prodiguèrent les injures et les calomnies. Mais ces sottises n'ont rien ôté à sa réputation. M. de Luxembourg n'est pas seulement un des plus aimables hommes du royaume ; il réunit encore, à beaucoup d'esprit naturel, des connoissances, un jugement droit, et de la fermeté dans le caractère. Dès la naissance des débats entre les trois chambres qui divisèrent d'abord les états-généraux, il vit tout ce qu'alloit être la révolution. Sa conférence avec le roi, que j'ai rapportée dans la seconde partie de cette histoire (1), prouve, qu'il voyoit les événemens actuels en homme à qui l'histoire et l'étude des mœurs de son siècle, ont appris à lire dans l'avenir. Les feuilles de la démagogie le peignirent, après son départ, comme un courtisan frivole ; mais le langage qu'il tint au roi dans ces circonstances, les prédictions qu'il lui fit, les avis qu'il lui donna, n'ont rien de commun, ni avec l'adulation, ni avec la frivolité. Bien loin d'être courtisan, M. de Luxembourg a une sorte d'aversion pour la cour ; il s'y montroit rarement ; on ne l'y a jamais vu se mêler à la tourbe des intrigans, qui circonviennent les distributeurs des grâces. Les ministres le croyoient sans ambition, parce qu'en effet il n'en a point d'autre que de laisser, sans tache, à sa postérité, le grand nom qu'il porte. Les républicains croyoient en faire la conquête, parce que ce grand nom ne lui donne point d'orgueil. Affable, poli, il n'est ni vain, ni familier ; il converse avec grâce ; il raconte avec intérêt ; il jette des fleurs sur le fonds le plus stérile ; s'il contredit, c'est avec tant d'urbanité, c'est avec des ménagemens si heureux, que ceux dont il a combattu les sentimens, sortent de son entretien, persuadés qu'ils l'ont amené à leur façon de penser, tandis que c'est lui qui leur a fait adopter ses principes. Né caustique, il corrige ce défaut avec tant d'art, il voile la raillerie avec une telle finesse, que celui-là même qui est blessé, sourit et applaudit. Les républicains ne sachant de quel ridicule, de quel vice l'entacher, lui ont reproché d'être trop livré au commerce des femmes. Dans leur bouche, ce reproche vague est un peu singulier. M. de Luxembourg ne s'est jamais répandu que dans l'excellente compagnie. Eh ! qui ne sait pas que lorsque le commerce des femmes est choisi, il épure les mœurs, il embellit les manières, et donne à l'esprit ce charme qui ne s'acquiert jamais dans la solitude du cabinet ? On reproche aussi à M. de Luxembourg du penchant à la paresse, cela vient de ce que la justesse de son coup-d'œil lui fait voir, sous leur véritable point de vue, les objets pour lesquels les hommes irréfléchis se passionnent. Les grands mouvemens ne l'entraînent jamais ; mais ce n'est pas-là de l'indolence, c'est de la sagesse. Il ne méprise pas l'opinion dominante, mais il ne sait pas jouer le rôle vil d'en être ou d'en paroître l'esclave.

Tel est M. le duc de Luxembourg ; et ce qui met dernier trait à son éloge, c'est que, lorsqu'il fut

(1) pages 112 et 113.

parti, les républicains entremêlèrent les sarcasmes qu'ils lui lancèrent, des regrets qu'ils éprouvoient d'être obligés de renoncer à l'espoir de l'avoir dans leur parti. Tous les écrivains démagogues convinrent que, s'il avoit voulu s'y jeter, il en auroit été le héros. Les royalistes, de leur côté, purent lui reprocher le vide qu'il laissoit parmi eux. A cet égard, il ne vit pas comme eux. Les derniers forfaits qui avoient souillé la capitale, le convainquirent que l'impulsion qui venoit d'être donnée, étoit trop forte pour pouvoir être arrêtée par des lumières et du courage. Il pensa qu'il ne falloit plus attendre le remède aux désastres de la France, que du temps ou de la force. Le peu que les hommes les plus éloquens, les plus sages de l'assemblée, ont pu faire pour le succès de la cause du royalisme, n'a que trop réalisé la conjecture de M. de Luxembourg.

Comme ce seigneur, M. d'Eprémesnil quitta l'assemblée ; mais il n'alla pas aussi loin. Jamais ame ne fut moins accessible à la peur que la sienne. Il étoit, de tous les députés royalistes, celui que les républicains craignoient le plus. Ils se rappeloient les succès de son éloquence ; ils connoissoient son invincible opiniâtreté à vouloir le plus grand bien de la monarchie. Ils trembloient qu'il ne vint à conquérir dans l'assemblée l'empire qu'il avoit eu au parlement de Paris. Ils redoutoient la révélation du travail qu'il avoit fait sur les états-généraux ; ils se disoient que si on laissoit M. d'Eprémesnil commenter ce travail par ses harangues à la tribune, il feroit infailliblement beaucoup de conquêtes au parti du roi, parce que la manifestation de ses plans formeroit, avec celle des innovations démocratiques, un contraste qui seroit tout au désavantage de celles-ci. D'après ces craintes qu'inspiroit M. d'Eprémesnil aux républicains, ils crurent que ce n'étoit pas assez de le combattre par la calomnie ; ils armèrent encore contre lui les assassins de MM. Berthier et Foulon. Surtoutes les listes de proscription, dans mille placards, dans mille lettres anonymes, sa tête fut menacée. On la demandoit ouvertement au Palais-Royal ; ces cris de mort redoubloient depuis les derniers assassinats. Les amis et les parens de M. d'Eprémesnil s'alarmèrent ; ils le sollicitèrent de sortir du royaume ; il fut inflexible ; ils le conjurèrent de s'éloigner, au moins, de Versailles et de Paris ; c'est tout ce qu'ils purent obtenir. Il ne se rendit point à Londres, comme le publièrent avec joie tous les journalistes, et comme on le croit encore aujourd'hui assez généralement. Il se retira simplement dans une de ses terres, située en Normandie, et ne fit point un mystère du lieu de sa retraite. Quelques jours après qu'il y fut arrivé, on lui dépêcha, pour l'intimider et le déterminer à s'expatrier, une horde de bandits qui environnèrent son château. Il ne fut point effrayé de leur arrivée ; il se présenta à eux, et leur demanda, avec beaucoup de tranquillité, ce qui les amenoit. Comme ils lui témoignèrent qu'ils n'avoient point d'autre intention que de visiter son château, pour s'assurer s'il ne receloit point un dépôt d'armes, il leur ouvrit lui-même ses portes, les conduisit par-tout, les harangua lorsque leur perquisition fut faite, et ils se retirèrent fort paisiblement.

Cette conduite n'est pas celle d'un homme pusillanime. M. de Cazalès n'est pas non plus soupçonné, même par ses ennemis, de manquer de courage. Il ne put cependant plus long-temps soutenir la vue des désastreuses images qui l'environnoient; il prit en horreur cette terre où il ne voyoit que des assassins et des victimes, et voulut grossir la foule des émigrés. Heureusement pour les intérêts d'une cause qu'il a défendue avec tant d'avantage, il ne put aller bien loin; il fut reconnu aux portes de Caussade; au même moment il fut environné de toute la bourgeoisie, de toute la populace de la ville; il entendit retentir l'air de cris qui le menaçoient du sort de MM. Foulon et Berthier; il vit les apprêts de la mort qu'on lui destinoit; mais il se débarrassa des mains de tous ces forcenés, et revint dans l'assemblée nationale, reprendre le poste qu'il n'a plus quitté. Les républicains virent, dans la conduite des habitans de Caussade, une grande imprudence qui leur rendoit un ennemi bien redoutable. Leur vœu n'étoit pas que M. de Cazalès fût arrêté; ils eussent, au contraire, regardé comme un beau jour celui où on leur auroit appris qu'il avoit franchi les Pyrénées, pour ne plus reparoître parmi eux.

C'est ici que je dois placer le portrait de ce gentilhomme qu'on verra bientôt s'environner d'une gloire qui a embelli son nom, et qui le rendra immortel. Elle rejaillit sur tout le parti qui a eu le bonheur de le posséder. Sa vie privée, qui fut toujours sans tache, n'avoit offert aucune action d'éclat avant qu'il arrivât aux états-généraux. A peine étoit-il connu, lorsqu'ils furent convoqués. Jeune encore, simple capitaine dans un régiment, il étoit aimé de ses camarades, il étoit cher à ses amis; mais ils étoient bien loin d'augurer ce qu'il pouvoit être, ce qu'il seroit. Lui-même l'ignoroit. La nature a tout fait pour M. de Cazalès; ce n'est point lui qui s'est avancé vers la gloire; la justice et la vérité l'ont entraîné; il est devenu grand sans effort. Sa conversation est ordinaire; ses connoissances, dans un entretien familier, ne paroissent pas excéder la portée commune; il cause paisiblement; ses manières sont simples; son geste n'est point animé; son extérieur, sa démarche, son maintien, sa taille, le laissent dans la foule. On cherche à deviner l'homme de génie dans ses yeux, dans les traits de son visage, et on s'étonne de n'y rien démêler d'extraordinaire. Mais à la tribune, il se fait la plus incroyable des métamorphoses: tout change dans la personne de M. de Cazalès; tout, dans son attitude, prend une nouvelle forme. Son maintien a de la dignité, son geste de la grâce, sa physionomie de la noblesse; ses yeux sont pleins de feu. Il n'a point préparé ce qu'il dit: il parle sans avoir étudié, sans avoir médité l'objet qu'il discute, et cependant jamais un mot parasite, jamais de néologisme; toujours l'expression propre, toujours des tournures heureuses; il sait, tour-à-tour et quand il le faut, ou émouvoir les ames sensibles, ou subjuguer les génies superbes, par la force et l'énergie, ou prendre les esprits subtils dans les filets de la dialectique: il a l'art merveilleux de marier à-propos la magie de l'éloquence au luxe de l'érudition. Il force au silence, il captive l'attention, il étonne, il séduit, il remue, il entraîne. Les discours éloquens coulent de sa bouche, comme les fables tomboient de la plume de la Fontaine. Descendu de la tribune, rentré dans la foule, rien ne le distingue plus des autres hommes; ils se pressent autour de lui, ils lui rappellent, ils lui répètent une partie du chef-d'œuvre qu'il vient de prononcer; il ne se souvient plus de rien, il a été le seul à ne pas s'appercevoir du phénomène que tout le monde voyoit à la tribune. La modestie est l'état naturel de son ame.

Tout ce qui peut rendre un homme estimable, M. de Cazalès le réunit: son commerce est sûr, la loyauté et la candeur sont les bases de son caractère; son amitié une fois acquise est un trésor qu'on ne perd plus. Il ne cherche pas les dangers; mais quand ils s'approchent, il les voit avec une sage stoïcité. Brave sans témérité, il a cette valeur tranquille qui craint, et ne fuit pas l'occasion de se montrer. Dans toutes les occasions, dans tous les mouvemens où il est entraîné, on le voit toujours calme, mais sans indolence. Lorsqu'il montera à la tribune, on le verra, même en gourmandant les plus grands scélérats, montrer de la sévérité, mais point d'aigreur; de la fierté, mais point d'insolence; de la vivacité, mais point d'emportement. Il est comme ce sage dont parle le cardinal de Bernis, qui vit avec les méchans, qui les souffre, mais sans devenir coupable.

Tel l'astre bienfaisant qui règle les saisons,
Eclaire un lac impur, sans souiller ses rayons.

C'est, sans doute, un prodige que M. de Cazalès ait déployé, parmi ses co-députés, une si vaste étendue de connoissances, qu'il se soit toujours montré prêt à parler pertinemment sur les matières les plus relevées, les plus abstraites. Mais il ne faut pas croire que la nature ait infusé dans son ame la science universelle; c'est un miracle qu'elle ne fait jamais. Arrivé aux états-généraux, il ne se hâta pas de se produire au grand jour: il fit comme M. l'abbé Maury; il prit la mesure de la force de ses adversaires, avant de les combattre; il étudia ce qu'il ne savoit pas, il étudia avec méthode: sa facilité dans le travail, son intelligence, sa mémoire firent le reste.

Voilà l'homme que, sans la brutale étourderie des

bourgeois de Caussade, le parti royaliste perdoit. Il s'est toujours honoré, comme je l'ai dit, de le posséder ; il l'a toujours regardé comme le digne émule de MM. l'abbé Maury et d'Eprémesnil. J'ai vu, dans une cérémonie, ces trois illustres françois marcher sur la même ligne : j'ai vu un peuple immense rester dans un respectueux silence, en les contemplant : j'ai entendu ensuite l'air retentir de vifs applaudissemens, qui prouvoient que la calomnie ne peut jamais priver le génie, le courage, la vertu, des hommages qui leur sont dus.

Le témoignage le plus flatteur d'estime, que le parti royaliste ait donné à M. de Cazalès, a été de se reposer entièrement sur sa fermeté et sa sagesse, de sa constance à rester invariablement attaché aux seuls principes de gouvernement, qui pussent être adaptés à la monarchie françoise. M. de Cazalès n'a jamais vu ceux, dont il a défendu les opinions, faire aucun effort pour le retenir parmi eux.

Il a reçu un témoignage d'estime, non moins glorieux de la part des deux autres partis : signalé, avant son départ, par l'un et par l'autre, comme un fougueux aristocrate, son retour les déconcerta. Mais sachant apprécier tout ce qu'il valoit, et tout ce qu'il donneroit de crédit et d'éclat aux opinions qu'il adopteroit, les impartiaux et les républicains, du moment où il reparut aux états-généraux, conçurent le projet de l'attirer à eux. Ils n'ont jamais abandonné ce dessein, ils s'en occupent encore aujourd'hui. De sorte que M. de Cazalès a été continuellement sollicité, par les deux partis à la fois, d'abandonner les drapeaux du royalisme. Les impartiaux ont encore plus d'entêtement, plus de persévérance dans leurs sollicitations, que les républicains. Ceux-là, ayant adopté en quelque sorte pour devise, *In medio virtus*, ont fait, parmi les gens de bien, quelques prosélytes avec cette sottise. Chaque fois que je les ai entendus proférer cet adage, je me suis représenté un homme aux prises avec deux larrons, dont l'un auroit voulu le dépouiller entièrement, et dont l'autre auroit voulu qu'on lui laissât son habit ; il m'a semblé voir celui-ci se jeter entre le premier et le passant, et l'entendre crier, pour prouver qu'il ne falloit prendre à la victime, que ses bijoux et son argent, *in medio virtus*. La situation de ce passant est exactement la même que celle du roi à l'égard des impartiaux et des républicains. Ceux-ci ont voulu lui ôter, autorité, puissance, couronne, tout ; ceux-là se sont jetés entre les républicains et le roi, et ont voulu, qu'en lui prenant tout, on lui laissât seulement les marques de la royauté.

Je ne dois pas devancer l'ordre des faits ; on verra dans la suite de mon récit, ce qu'ont produit les sollicitations, dont M. de Cazalès n'a cessé d'être importuné. Cette opiniâtreté à vouloir l'arracher aux royalistes, lui est particulière. Aucun d'eux n'a été plus constamment investi de tous les genres de séduction ; et, comme je l'ai remarqué, le motif et la durée de cette persécution sont pour lui des titres de gloire ; car il est clair que s'il eût moins valu, il eût été moins recherché. Peut-être aussi a-t-on pris pour facilité de caractère, son penchant à la modération ; mais cette opinion, qui expliqueroit la durée de la persécution, laisseroit toujours ressortir ce que son motif a de flatteur pour M. de Cazalès. Je remarquerai encore à son sujet, qu'il a cela de commun avec tous presque tous les grands hommes de tous les siècles, qu'il semble devoir ce qu'il est aux circonstances extraordinaires où il s'est trouvé placé. On seroit tenté de croire qu'il lui falloit un théâtre comme celui des états-généraux, pour déployer avec éclat les hautes qualités dont les germes étoient au fond de son ame.

Parmi les députés qui tentèrent d'émigrer, M. l'abbé Maury mérite bien aussi d'être remarqué. On ne le compteroit pas sur cette liste, si la terreur qu'inspiroient les derniers excès de férocité, dont on venoit d'être témoin, n'eût pas été fondée. Quand une mort douloureuse, et inutile pour la chose publique, semble inévitable, fuir les assassins de qui on doit la recevoir, ce n'est pas obéir à la frayeur, c'est remplir un devoir ; car nous sommes tous tenus, quand nous le pouvons, d'empêcher un lâche assassinat sur notre propre personne, comme sur celle de nos semblables. Telle étoit la position de M. l'abbé Maury ; on ne cessoit, depuis le meurtre de M. Foulon et de M. Berthier, de lui dire et de lui écrire que son tour approchoit. Il avoit trop de jugement et d'esprit, pour fonder quelque espoir sur l'autorité que s'étoient arrogée MM. Bailly, la Fayette et les électeurs. Il ne voyoit personne en France qui eût la force de le tirer des mains des assassins, s'il tomboit en leur pouvoir ; il jugea que ce seroit une insigne folie, de leur donner le temps de l'approcher, et d'exécuter le nouveau forfait qu'ils méditoient : tout du moins concouroit à lui faire croire qu'ils l'avoient en vue. Son courage lui eût fait braver un danger auquel il n'auroit pas pu se soustraire ; sa prudence le porta à s'éloigner de celui qu'il pouvoit éviter par la fuite.

M. l'abbé Maury quitta donc brusquement Versailles, sans prendre d'autres précautions pour son déguisement que de nouer ses cheveux et de quitter son rabat ; mais soit horreur, dans ses premiers momens, pour la cocarde aux trois couleurs, soit oubli, il ne la mit point à son chapeau. Il prit la route de Picardie ; arrivé aux portes de Péronne, il demanda un chemin de traverse ; ceux qui questionnoit l'examinèrent beaucoup ; il est vraisemblable qu'ils avoient son signalement ; il est du moins certain qu'on l'avoit fait passer à Peronne ; c'est un fait, que lui avouèrent ses habitans. Ceux qu'il interrogeoit, le voyant sans cocarde, furent confirmés dans le soupçon que le voyageur étoit l'abbé Maury, qui fuyoit à la faveur du déguisement qui cachoit son état ; ils l'arrêtèrent. Aussitôt la rumeur fut grande dans la ville ; toutes les milices nationales accoururent, et environnèrent le député. On dit que les picards sont bons, mais ils avoient partagé le délire des parisiens, et les copioient parfaitement. Ils avoient des assemblées, des cocardes, des armes ; ils avoient brûlé les douanes, jeté deux ou trois commis dans la rivière, intercepté les revenus publics, élargi les malfaiteurs, emprisonné quelques magistrats. Les picards comptoient cela pour peu de chose, si le hasard ne leur présentoit pas une occasion de mettre aussi un aristocrate à la lanterne. Péronne en un mot avoit une ressemblance entière avec la capitale. Le commandant de sa garde nationale étoit un ancien sergent, boiteux et borgne, renommé par son goût pour les émeutes populaires ; il s'étoit signalé dans deux ou trois, et avoit perdu dans une l'œil qui lui manquoit. Il s'étoit donné des peines incroyables pour enrégimenter la populace de la ville ; il étoit parvenu à former une petite armée de 120 hommes, portant tous une cocarde au chapeau, mais il ne lui avoit pas été possible de la fournir entièrement de fusils ; ceux qui n'en avoient pas, étoient armés de fourches, de bâtons ferrés, de faulx ; quelques-uns portoient des pistolets en bandoulière.

Le maire de la ville, élu dans les premiers jours de la sédition, n'avoit pas, comme M. Bailly, l'honneur d'être membre de plusieurs académies ; c'étoit tout simplement un maître d'école, qui s'honoroit d'être marguillier émérite.

M. l'abbé Maury se trouva donc à Péronne en pays ennemi ; il y vit une image fidelle de tout ce qui se passoit à Paris. La foule qui l'entouroit, le serroit de si près, elle étoit si considérable, qu'il ne lui fut pas possible de s'en débarrasser ; il prit le parti de se résigner, et d'attendre à quoi aboutiroit tout ce mouvement. Un chanoine, monstrueux par son embonpoint, ayant à son chapeau la cocarde aux trois couleurs, s'approcha de lui, et lui tint à-peu-près ce langage :

« Vous êtes M. l'abbé Maury ; nous vous reconnoissons à cause du signalement qu'on nous a fait passer depuis quelque temps, et qui se trouve fidelle. Vous vouliez passer chez l'étranger, à la dérobée, sans rabat et sans cocarde ; vous demandiez un chemin de traverse ; cela n'a pas semblé droit à nos miliciens. *La patrie croit devoir vous arrêter ici : nous allons vous renvoyer à la nation, qui est à l'hôtel-de-ville de Paris, sur les pas de MM. Foulon et Berthier.* »

Dans tout autre endroit, et toute autre circonstance, M. l'abbé Maury auroit beaucoup ri de cette harangue ; mais ceux qui la terminoient étoient trop sérieux, pour donner lieu à une plaisanterie. Cependant il ne perdit pas entièrement sa gaieté, il fit à-peu-près cette réponse :

« Puisque le déguisement n'a rien changé à la figure que le ciel m'a donnée, je ne vous nierai pas, comme tout autre le feroit à ma place, que je ne sois l'abbé Maury ; il y a quelque courage à l'avouer. Me voilà votre prisonnier. Si vous m'envoyez à Paris, entouré de bayonnettes patriotiques, je ne doute pas que la populace ne me traite à-peu-près comme MM. Foulon et Berthier ; mais je ne me soucie pas, je vous en fais l'aveu, de grossir le martyrologe des aristocrates. Je vous prie, messieurs, d'envoyer un courrier, à mes frais, devers messieurs de l'assemblée nationale. Il est à croire que plusieurs d'entr'eux me réclameront fortement, de peur *que je ne fasse planche.* Peut-être la majorité du clergé ne me réclamera pas, parce que mes principes et ceux de la plupart des curés, ne sont pas les mêmes. Messieurs les picards, qui sont gens d'esprit, comprendront cela très-aisément. Maintenant, messieurs, que je suis entre vos mains, présentez-moi, je vous prie, au commandant de votre milice, à M. le maire, et à tous messieurs les permanens. »

« Oh ! très-volontiers ; rien de plus juste, répliqua le gros chanoine. » On mena en effet M. l'abbé Maury à l'hôtel-de-ville. Lorsqu'il eut tiré sa révérence au maire et au commandant, on le fit entrer dans une salle, qui lui servit de prison, et où il eut toujours une nombreuse compagnie de gens armés. En attendant le retour du courrier qu'il avoit envoyé à Versailles, il s'accommoda du mieux qu'il pût à la circonstance ; il causoit familièrement avec tous ces picards, qui trouvoient beaucoup d'agrément dans son entretien ; il se faisoit tout à tous. Quelquefois ils le prioient de leur lire ou un de ses sermons, ou un de ses discours, et il le leur lisoit avec beaucoup de complaisance ; c'est ainsi que César, tombé aux mains des pirates, leur lisoit ses harangues. Mais César revenu à Rome, fit pendre les forbans, et M. l'abbé Maury n'a pas encore été vengé de la violence qui lui a été faite à Péronne. La gaieté qu'il faisoit paroître dans ses manières et dans sa conversation, n'empêchoit point qu'il ne fût très-inquiet. Tout homme qui a une supériorité marquée, a nécessairement beaucoup d'ennemis ; et dans un temps d'anarchie, à quelque distance qu'ils soient les uns des autres, il les retrouve tous. M. l'abbé Maury, entre les mains de la milice de Péronne, étoit à leur discrétion ; cette idée peu consolante dû se présenter plus d'une fois à son esprit.

Des personnes de sa connoissance, qui émigroient aussi, passèrent à Péronne, pendant sa détention ; elles étoient si bien travesties, et avoient des passeports en si bonne forme, qu'on ne les reconnut pas. Elles furent témoins de la joie que ressentoient le peuple de Péronne, de posséder un tel prisonnier. On leur raconta toutes les particularités de son arrestation, et on les invita à le venir voir ; elles se rendirent à l'invitation. Un coup-d'œil de M. l'abbé Maury leur fit comprendre qu'il seroit dangereux pour elles d'avoir l'air de le connoître.

Une de ces personnes entra en conversation avec le maire, et il s'engagea entre l'émigrant et le marguillier émérite, le dialogue suivant : (1)

(*L'émigrant.*) Pourquoi *la nation* ne massacre-t-elle pas ses prisonniers à Péronne comme à Paris? Pourquoi votre ville se prive-t-elle du spectacle de ces exécutions qui font d'abord tant de plaisir, et ensuite tant d'honneur aux parisiens? Sans faire tort à personne, M. l'abbé Maury étoit digne de votre colère patriotique. Pourquoi le renvoyer à Paris? Attendez-vous, comme les gens de Beaune, une meilleure occasion ?

(*Le maire.*) Monsieur, monsieur, Paris a droit d'exécution sur tout le royaume; nous ne sommes pas précisément *la nation* comme les parisiens, nous ne pourions tuer que des picards. M. l'abbé Maury est un transfuge des états-généraux; ceci est délicat. Nous devons attendre les ordres de l'assemblée nationale. Elle nous tirera d'embarras. Nous n'avons déjà que trop d'affaires. Cette nuit même, sur un avis qu'on nous a fait parvenir de la capitale, le Hainaut, la Flandre et toute la Picardie ont été sous les armes; le tocsin sonnoit dans les campagnes et dans les villes; trois cents mille hommes de patrouilles bourgeoises ont été sur pied; et tout cela pour recevoir deux mille brigands enrégimentés, qui doivent se répandre dans nos champs et brûler nos moissons.

(*L'émigrant.*) Nous nous sommes bien apperçus d'un mouvement considérable, en traversant votre province; mais nous avons pris cet état violent pour l'état naturel de la Picardie. Des patrouilles bourgeoises nous arrêtoient à chaque pas, et nous faisoient jurer d'aimer la patrie, et par-dessus tout, le village où nous passions. De poste en poste, on nous a donné un milicien pour nous accompagner ; et le dernier qui nous a fait cet honneur, a monté sur le siège de notre voiture, tenant derrière lui ses pistolets en sautoir, de sorte que les bouches pointoient sur nous. C'est en cet état que nous sommes arrivés à Roye, où on nous a demandé si M. Necker étoit arrivé. Nous avons dit qu'il arriveroit bientôt. *Et toujours il arrivera! il arrivera!* s'est écrié un des plus apparens de la troupe; *je suis décidé à arrêter le premier qui ne me dira pas que M. Necker est arrivé, et à l'envoyer, pieds et poings liés, à l'hôtel-de-ville de la nation, à Paris.* Bien avertis pour cette fois, nous n'avons cessé de dire sur toute la route, que M. Necker étoit arrivé. Mais permettez-nous de vous demander, au sujet de la chaude et fausse alarme qu'on vous a donnée, quel peut être le but de ceux qui vous effrayent par des bruits sans fondement, et qui vous font ainsi passer les jours et les nuits sous les armes? D'où pourroient venir ces deux mille hommes qui doivent brûler

___
(1) Voyez lettre sur la capture de M. l'abbé Maury, écrite de Péronne, et insérée à la fin du tome premier du journal politique national.

vos moissons? Le roi n'est-il pas d'intelligence avec toute la nation? Les soldats ne font-ils pas le service partout, conjointement avec les bourgeois?

(*Le maire.*) Ce que vous dites-là, monsieur, est bien suspect. Il nous plaît de croire que nous sommes en danger; celui qui nous rassure est notre ennemi. Et ne voyez-vous pas que ce n'est qu'en donnant des alarmes qu'on peut tenir sur pied une armée de trois millions de bourgeois et de paysans, d'un bout du royaume à l'autre? Cette armée existe en ce moment.

La personne qui a publié cette conversation, dit que M. l'abbé Maury lui avoit fait entendre, par un coup-d'œil très-significatif, qu'il y auroit du danger pour elle de la prolonger, elle se tût. Il peut bien se faire que cette personne ait un peu embelli le style de ce dialogue, mais le fond en est de la plus exacte vérité; il rend avec tant de naïveté les dispositions où étoient les esprits en France, et ce qui se pratiquoit sur toutes les routes, après les scènes sanglantes qui venoient de se passer à Paris; il dévoile avec une telle vérité, le secret des républicains de l'assemblée, que j'ai cru intéressant de mettre sous les yeux des lecteurs, ce tableau fidèle des mœurs que la révolution donnoit à la très-grande partie du royaume. J'ai pensé aussi que l'extrême gaieté avec laquelle les plus atroces folies sont présentées dans cette conversation, reposeroit un instant les esprits, et feroit une diversion agréable aux lugubres images que j'ai trop souvent à présenter.

M. l'abbé Maury attendit donc avec patience, mais non sans de justes inquiétudes, dans une salle de l'hôtel-de-ville de Péronne, au milieu d'une légion de bayonnettes, qu'il plût à l'assemblée nationale de prononcer sur son sort. Un autre ecclésiastique qui sembloit n'avoir aucune raison personnelle de craindre la fureur qui se débordoit, fuit, et voulut gagner une terre étrangère. Ce fut M. l'abbé de Calonne, frère de l'ancien contrôleur-général des finances (1). Il s'effraya sans doute de l'emportement avec lequel se réveilla tout-à-coup la haine contre l'ancien ministre. Le bruit se répandit qu'on étoit parvenu à engager les anglais à le livrer, et qu'il alloit être amené à Paris, chargé de fers. C'est une chose à peine concevable que la facilité avec laquelle cette absurdité se répandit, et fut crue. On la débita avec une telle assurance, que bien des royalistes eux-mêmes ne surent qu'en penser; les amis de l'ex-ministre s'affligeoient de bonne

___
(1) J'ai dit, dans la première partie de cette histoire, p. 53, col. 2. que M. l'abbé de Calonne avoit été élu par le clergé de Melun; cela n'est pas exact, M. l'abbé de Calonne ne fut pas élu député, mais suppléant de député. Ainsi les deux observations qui sont relatives à cette élection, doivent s'entendre dans le sens où cet ecclésiastique auroit été appelé à remplacer le député qu'il suppléoit.

foi ;

foi; ses ennemis triomphoient; la populace parisienne se réjouissoit d'avance de le martyriser avec une cruauté égale à celle qui avoit terminé les jours de MM. Foulon et Berthier. C'étoit faire une bien horrible injustice au peuple le plus hospitalier de l'Europe, et qui ne le cède en générosité à aucune nation policée, de le croire capable de cette lâche déloyauté. M. l'abbé de Calonne, qui avoit séjourné chez les anglois, savoit les apprécier; il ne croyoit donc pas cette fable, mais il craignit que quand le peuple en seroit désabusé, il ne lui fît subir à lui-même, en haine du nom qu'il portoit, le traitement qu'il réservoit à son frère. Ce fut le motif qui le détermina à fuir un pays où les prétextes pour commettre un assassinat, naissoient en foule. Il prit le nom et le costume d'un négociant anglois, et partit pour se rendre à Londres auprès de son frère. Il ne fut pas plus heureux que M. l'abbé Maury. On l'arrêta à Nogent-sur-Seine; son travestissement ne l'empêcha point d'être reconnu. On le fouilla avec indécence, mais on ne lui trouva que des lettres angloises, qui ne disoient rien, et quelques couplets fort innocens. On ne le retint pas moins sous bonne et sûre garde, jusqu'à ce qu'il plût à l'assemblée de dire ce qu'il falloit en faire.

Du nombre des émigrés, furent encore MM. de Crosne, le comte de Vaudreuil, le prince d'Hénin, le duc de Coigny, le prince de Lambesc, la princesse de Monaco, la duchesse de l'Infantado, dont j'ai parlé plus haut, la comtesse de Lamberti, le comte de Montagnac, le marquis et la marquise d'Autichamp, le comte du Cayla, le marquis de Sérens, le comte de Choiseul-Meuse, et une infinité d'autres, dont l'énumération tiendroit ici trop de place. Mais je ne dois pas omettre de faire remarquer, parmi eux, la princesse de Beauffremont qui, plus qu'aucun autre, avoit de justes sujets de fuir sa patrie. Elle étoit en Franche-Comté dans les premiers jours de la révolution. Tout-à-coup ses vassaux, dont elle avoit toujours été la bienfaitrice, fondirent dans son château; ils se jetèrent sur elle; ils la lièrent brutalement; sous ses yeux, ils saccagèrent tout le château; dispersèrent les provisions, les denrées, brisèrent les meubles, brûlèrent tous ses titres, tous ses papiers de famille, et le couteau sur la gorge, l'obligèrent à écrire qu'elle renonçoit actuellement et pour toujours à tous ses droits seigneuriaux. Quand on s'est vu exposé à de pareils attentats, il est bien permis de ne pas se croire en sûreté dans le pays où ils sont impunis.

Tous ces émigrés, dit M. l'abbé Sabatier, en quittant la France, répétoient, non pas, comme le berger de Virgile:

Nos patriam fugimus, nos dulcia linquimus arva;

mais

Nos patriæ funes, nos lampada linquimus alta.

La plupart ne sont plus rentrés dans le royaume; quelques-uns se sont hasardés à venir de temps à autres et mystérieusement, visiter les foyers de leurs pères.

Il en est aussi, mais en bien petit nombre, qui, peu fermes dans les principes qu'ils avoient d'abord adoptés, ont fini par se laisser aller à la séduction, et sont venus se jeter dans les bras des républicains, sans avoir peut-être au fond du cœur, leur séditieuse et meurtrière doctrine.

Cette émigration, au reste, est allée toujours croissant; et de jour en jour, le poids de cette calamité devient plus insupportable. Une nation qui laisse échapper de son sein, et transporte sur un sol étranger, les oisifs, les vagabonds, les mendians, les malfaiteurs, se donne la force et la santé. Une telle émigration est, au corps politique, ce qu'est l'écoulement d'une humeur impure, au corps humain. Mais, malheur à la patrie qui perd l'élite de ses enfans! Elle se fait une plaie que des siècles d'une bonne administration pourront à peine guérir. Elle présente l'image d'un lac qui perdroit ses eaux limpides, et n'offriroit plus aux yeux qu'un lit de fange. La moindre agitation fait exhaler de son sein, des vapeurs immondes qui portent aux environs les maladies et la mort. Tel est l'état d'une nation que quittent ceux qui y tenoient le premier rang par leur naissance, les services de leurs ancêtres, leur éducation, leurs propriétés. L'émigration françoise est un véritable ostracisme. Elle honore le citoyen qui est contraint de s'y dévouer; mais c'est l'ostracisme de Syracuse, dont les principaux citoyens se bannissoient eux-mêmes; de sorte, dit Montesquieu, que ceux qui avoient quelque mérite, quittèrent les affaires, et que Syracuse fut en proie à mille maux.

Enfin je dois dire encore que la terreur répandue dans tout le royaume, par le double et atroce assassinat de MM. Foulon et Berthier, fut telle que bien des gens qui, dans un temps calme, auroient été de courageux défenseurs du trône de nos rois et de la religion de nos pères, devinrent des traîtres et des apostats. Tel fut, entr'autres, un président à mortier au parlement de Grenoble. Il avoit montré d'abord beaucoup de fermeté à s'opposer au torrent des nouvelles opinions; mais ses vassaux vinrent piller son château; sa vie fut en danger. Echappé au péril, il se revêtit sans honte des livrées de la démocratie, et quand on lui demandoit raison de ce changement, il donnoit pour toute réponse: « ma foi! il est fort désagréable d'être lanterné. » Aujourd'hui ce timide déserteur du royalisme, siège dans un de nos nouveaux tribunaux, à côté d'un homme contre lequel il avoit prononcé une condamnation aux galères à vie. Voilà à quel degré d'avilissement on tombe, quand on ne sait pas marcher d'un pas ferme dans les sentiers de l'honneur et de la vérité. Les remords et la honte attendent quiconque ne met pas au-dessus de tout, le repos de la conscience.

D'autres personnes, au contraire, furent affermies

R

dans le parti du royalisme, par l'horreur qu'elles conçurent des épouvantables excès qu'elles virent commettre au parti contraire; tout comme plusieurs de ceux qui s'étoient d'abord jetés dans celui-ci, vinrent se réunir au premier, quand ils furent bien convaincus que le royalisme étoit le poste de la vertu.

Il y eut aussi de fidelles sujets du roi, qui ne pouvant quitter le royaume, soit par leur mauvaise santé, soit par les devoirs de leur état, soit par d'autres considérations non moins puissantes, donnèrent quelques marques du prétendu civisme qui se mettoit à la mode. Ainsi madame l'abbesse de Montmartre alarmée des calomnies dont son abbaye étoit l'objet, et des bayonnettes qui en avoient troublé le repos, écrivit cette civique profession de foi aux électeurs.

« Je certifie que tout ce que l'on m'impute est faux : je suis *citoyenne zélée* pour la conservation de *mes compatriotes*. » Signé, Y. Montmorency-Laval, abbesse de l'abbaye de Montmartre.

Il n'est pas inutile enfin de remarquer que ceux qui menoient le parti républicain, regardoient la terreur qu'inspiroient les forfaits qu'ils provoquoient, comme le moyen le plus sûr d'établir et d'affermir leur domination. Ils étoient convaincus que la crainte de perdre leur vie ou leurs propriétés, retiendroit les royalistes dans l'inaction, et empêcheroit ceux de l'assemblée d'opposer aucune résistance aux entreprises qui se projetoient ? Ainsi il n'y eut pas un député républicain qui ne crût que les dangers qu'avoient couru MM. de Cazalès, d'Eprémesnil et l'abbé Maury, les contraindroient ou à garder le silence, ou même à se ranger du côté de leurs adversaires, et ils se promettoient bien que si leur défection avoit lieu, elle entraîneroit une foule d'autres royalistes.

Telle fut donc la situation où ils jetèrent le royaume, tels furent les effets que produisirent les derniers assassinats dont se souilla la capitale. J'ai dévelopé ces effets avec quelqu'étendue, afin de placer, sous leur véritable point de vue, les événemens que j'ai encore à raconter. Les factieux n'ayant plus leur masque, leur politique se montrant à découvert, le but où marchent les hommes des divers partis, étant bien visible, le lecteur va, en quelque sorte, assister à la représentation d'un drame, dont il connoît l'exposition, et dont il entrevoit le dénouement. Les premières scènes qui vont s'offrir à ses yeux, ne seront pas les moins intéressantes; il verra les membres de la majorité de l'assemblée, creuser, avec une délirante ardeur, et sans se lasser, l'abime de l'anarchie ; il verra les électeurs de Paris, considérer avec un stupide embarras, la fougue des ouvriers et la profondeur de l'abime ; il verra enfin M. le marquis de la Fayette, jouer, sur les bords du précipice, le rôle de Saltimbanque.

CHAPITRE LXII.

LETTRE de M. de la Fayette à M. Bailly; lettre du même aux soixante républiques de Paris; effet que produisent ces deux lettres; grand concours chez M. de la Fayette; instances de plusieurs districts, pour lui faire reprendre le commandement de la garde nationale; son refus; scène qu'il joue au milieu des électeurs; affliction de M. Moreau de Saint-Méry; ardente prière des électeurs à M. de la Fayette; dénouement de la comédie qu'il avoit imaginé de jouer; flatteuses adresses qui lui arrivent de toute part; étrange enthousiasme de ceux qui l'environnent; pancarte qu'on lui délivre; aveu précieux de M. Bailly; inquiétudes des électeurs; prières qu'ils adressent à l'assemblée nationale; caresses qu'ils font au peuple; invitation qu'ils font aux privilégiés; autre invitation qu'ils font aux imprimeurs et libraires; députation que leur envoie la chambre-des-comptes; discours de cette députation; réclamations contre l'assemblée des électeurs; querelle qu'on leur suscite; part qu'y prennent MM. Bailly et de la Fayette; arrêté des électeurs, en réponse aux réclamations qui s'élèvent contr'eux; conduite de l'assemblée nationale après la journée du 22; hommages que lui rendent les premiers présidens du parlement de Paris, de la chambre-des-comptes et de la cour des aides; discours de M. de Liancourt à M. Bochard de Saron; discours de M. de Nicolaï; réponse de M. de Liancourt; diffus et indécent discours du premier président de la cour des aides; observations du comte de Mirabeau sur ce discours; réponse de M. de Liancourt au premier président de la cour des aides; courtes réflexions sur la démarche des compagnies souveraines, et sur le penchant qu'on tes françois à la flatterie; réponse de M. de Liancourt au premier président de la cour des aides.

Suite de Juillet 1789, et du second mois de l'interrègne.

M. Le marquis de la Fayette, qui avoit dans Paris le pouvoir exécutif, et qui avoit vu, sous ses yeux, le cœur sanglant de M. Berthier, sans dire mot, crut cependant devoir témoigner que si la force lui manquoit, pour prévenir et empêcher de semblables horreurs, son ame en souffroit. De tous les moyens qu'il pouvoit employer, pour que les désastreuses injustices qui, selon lui-même, le flétrissoient, ne se renouvellassent jamais, il eut recours à celui qui devoit produire le moins d'effet. Sa conduite, dans toute cette affaire, fut une véritable comédie; il ne manqua pas, pour la jouer, d'acteurs dociles et complaisans; les rôles, non plus, n'étoient pas difficiles à remplir. Voici celui dont il se chargea pour lui-même. Il écrivit à M. Bailly, dont il étoit, suivant l'expression d'un journaliste (1), le capitaine des gardes, la lettre suivante:

« MONSIEUR,

« Appelé, par la confiance des citoyens, au commandement militaire de la capitale, je n'ai cessé de déclarer que dans la circonstance actuelle, il falloit que cette confiance, pour être utile, fut entière et universelle. Je n'ai cessé de dire au peuple, qu'autant j'étois dévoué à ses intérêts, jusqu'au dernier soupir, autant j'étois incapable d'acheter sa faveur par une injuste complaisance. Vous savez, monsieur, que *de deux hommes* qui ont péri hier, l'un étoit placé sous *une garde*, l'autre avoit été amené par *nos troupes*, et tous les deux étoient destinés, par *le pouvoir civil*, à subir un procès régulier. C'étoit le moyen de satisfaire à la justice, de connoître *les complices*, et de remplir les engagemens solemnels pris par tous les citoyens envers l'assemblée nationale et le roi. »

« Le peuple n'a pas écouté mes avis; et le jour où il manque à la confiance qu'il m'avoit promise, je dois, comme je l'ai dit d'avance, quitter un poste où je ne peux plus être utile. »

« Je suis avec respect, etc. »

M. Bailly, dont les vues en affaire ne vont jamais bien loin, avoit permis à M. de la Fayette de lui écrire cette lettre, et lui avoit promis d'en faire grand bruit dans les districts et parmi les électeurs. Il feignit, de plus, de croire que la menace qui terminoit cette lettre changeroit tout-à-coup les loups en agneaux. Quant à lui, il ne voulut pas s'exposer au danger de faire la même menace; il craignit qu'on ne le prît au mot; il s'étoit déja installé dans l'hôtel du lieutenant de police; il trouvoit fort divertissant d'avoir un suisse à baudrier, des laquais à livrée, un équipage; tout cela l'amusoit et lui plaisoit beaucoup; il ne se soucioit point de le perdre, et n'avoit nulle envie d'être le second héros de la comédie que jouoit M. de la Fayette. Il se borna à se tenir dans les coulisses, et à le seconder de son mieux; celui-ci ne s'en tint pas à cette lettre, il en fit faire soixante copies, et en envoya une à chacune des soixante républiques de Paris; il accompagna ces copies d'une circulaire dont voici la teneur:

MESSIEURS,

« J'ai l'honneur de vous envoyer copie d'une lettre que ma conscience et *ma délicatesse* m'ont forcé d'écrire à M. le maire de la ville. J'ai pris aujourd'hui toutes les précautions qui dépendent de moi, et vous supplie de veiller, avec la plus grande attention, à celles qui assurent la tranquillité de votre district. »

« Permettez-moi de vous offrir l'hommage d'une reconnoissance pour vos bontés, et d'un zèle pour vos intérêts, qui me dévoueroient aux fonctions dont vous m'avez chargé, si je n'avois perdu les moyens de les exercer utilement. »

« J'ai l'honneur d'être avec respect, ect. »

« Je vous supplie, messieurs, de ne point tarder à me rendre à moi-même, en vous occupant immédiatement d'un nouveau choix. »

Les orateurs, dans les différens districts, se mirent en mouvement après la lecture de ces deux pièces. Toutes les chaires de nos églises retentirent des éloges de M. de la Fayette. Bientôt il vit accourir chez lui des députations des districts de Bonne-Nouvelle, de Saint-Gervais, des Filles Saint-Thomas, des P. P. Nazareth, de Saint-Philippe-du-Roule, du Sépulchre, des Enfans-Rouges, des Feuillans, des Théatins, de Sainte-Elisabeth, des Jacobins Saint-Honoré, des Prémontrés de la Croix-Rouge, des Minimes, de l'Oratoire, de Notre-Dame, des Jacobins Saint-Dominique. A ces députés, il s'en joignit aussi du corps-de-garde de la rue Saint-Sauveur, et de la bazoche du châtelet. Tous ces envoyés témoignèrent au commandant-général, la douleur qu'ils ressentoient de sa perte, et l'invitèrent à ne pas abandonner le poste honorable où le vœu de ses concitoyens l'avoit élevé. Il répondit que la confiance et l'amitié dont une partie des districts daignoit lui donner des marques, pouvoient bien augmenter ses regrets, mais non pas justifier dans ses mains la conservation d'un pouvoir qui ne pouvoit être utile et respecté qu'autant qu'il seroit protégé et secondé par la volonté générale.

Ce concours étoit quelque chose; mais ce n'étoit pas assez, il n'y avoit là en tout que seize districts, ce qui ne faisoit pas la moitié de ce que M. de la Fayette appeloit la volonté générale. Il dût voir aussi avec quelque douleur, que le reste de Paris, et sur-tout le Palais-Royal ne s'ébranloit point. Personne ne se présentant plus pour lui faire une douce violence, il se rendit à l'hôtel-de-ville; il entra dans le comité des subsistances où M. Bailly qui avoit tout disposé pour la scène qu'on alloit jouer. Les électeurs, dans ce moment, étoient assemblés, M. Moreau de Saint Méry quitta l'assemblée, et rentra quelques minutes après; il avoit l'air consterné; on lui demanda le sujet de son affliction; il répondit qu'il venoit du comité des subsistances, qu'il y avoit trouvé M. de la Fayette qui lui avoit dit que désolé des scènes horribles qui s'étoient passées la veille sous ses yeux, et malgré lui, il vouloit abandonner le commandement militaire.

A cette nouvelle, tous les électeurs à-la-fois se

---

(1) Journal politique national.

levèrent, se précipitèrent vers le bureau des subsistances, environnèrent M. de la Fayette, et lui crièrent que le salut de la ville étoient attaché à la conservation de son général. Les électeurs auroient dû excepter, en parlant du salut de la ville, tous les individus qu'il plairoit à la canaille de massacrer. M. de la Fayette répondit modestement que l'utilité publique elle-même sembloit exiger sa retraite. En cela certes, il étoit plus près qu'il ne croyoit, de la vérité. Il ajouta que les exécutions sanglantes et illégales de la veille, et l'impossibilité dans laquelle il s'étoit trouvé de les empêcher, l'avoient trop convaincu qu'il n'étoit pas l'objet d'une confiance générale; qu'il n'avoit pas cette autorité qui seule peut prévenir les plus grands désordres, et que la confiance seule peut donner.

S'adoucissant ensuite, il dit que la démarche des électeurs étoit bien faite pour suspendre sa résolution, et il promit de se rendre le soir à leur assemblée, pour concerter avec eux ce qui conviendroit à la situation des affaires, et à l'avantage commun, dont il assura qu'il feroit toujours sa première loi.

C'étoit fort bien dit; mais si les enfans de MM. Foulon et Berthier se fussent trouvé là, ils eussent demandé ce que signifioient ces vaines tergiversations; ce que c'étoit qu'un salut commun, lorsque celui de tous les individus étoit en danger. Ils eussent dit: « Le sang des auteurs de nos jours crie vengeance, vous prétendez que vous n'avez pas pu empêcher qu'on ne le répandit; eh! qui vous empêche aujourd'hui de poursuivre, de faire arrêter, de faire juger les assassins? Qu'importent à la réparation qui nous est due, et cette offre que fait M. de la Fayette, de donner sa démission, et ce jargon adulateur des électeurs qui la repoussent? Est-ce en futiles débats qu'il faut consumer des heures dont chaque minute peut être marquée par un assassinat? Si vous ne pouvez pas désarmer les meurtriers, si vous ne voulez pas punir le crime quand il est consommé, que faites-vous de ce glaive dont vous avez dépouillé le bras de la justice? Il n'est pas fait pour vos mains. Rendez sans hésiter cette autorité que vous avez usurpée, à ceux qui ont le pouvoir et la volonté de protéger nos vies.

Voilà sans doute ce qu'eussent dit les enfans de MM. Foulon et Bertier. Les venger, étoit le premier devoir de M. de la Fayette, de M. Bailly et des électeurs. Ceux-ci se retirèrent, augurant bien de la promesse que leur avoit faite le commandant. Il est vraisemblable qu'il mit du retard à se rendre à leurs instances, pour donner le temps aux districts qui n'avoient point encore parlé d'émettre un vœu qui le contraignît de rester à sa place. Ces districts ne disant rien, et la journée cependant étant avancée, M. de la Fayette comprit qu'il falloit faire finir cette comédie. Il se rendit dans l'assemblée des électeurs, comme il l'avoit promis. Il leur renouvella sa résolution de se démettre du commandement. Tous à-la-fois l'interrompirent; tous lui crièrent: « La volonté générale vous a proclamé chef-militaire; elle se réunit encore pour vous donner, en cette qualité, toute la puissance dont vous avez besoin pour rétablir le calme et faire respecter les lois. »

M. de la Fayette présumant sans doute, par l'enthousiasme qui s'emparoit de tous les électeurs, qu'il ne couroit aucune risque d'opposer de la résistance, descendit de son siége, et fit mine de se retirer. Quelques membres de l'assemblée, alors se levèrent, se placèrent devant lui, et lui fermèrent le passage. L'un d'eux alla même plus loin, il se jeta à ses pieds, serra ses genoux, et le conjura de rester. M. de la Fayette le releva, l'embrassa, et se laissa docilement reconduire à son siége.

Au même moment, arrivèrent de nombreuses députations de vingt-deux districts, qui, réunis aux seize dont le vœu avoit déja été émis, formèrent une majorité de trente-huit sur soixante. Ces vingt-deux nouveaux districts furent ceux de Saint-Louis de la Culture, des Capucins Saint-Honoré, de Saint-Nicolas-des-Champs, des Cordeliers, où M. de la Fayette n'a jamais été aimé, des Mathurins, de Saint-Nicolas-du-Chardonnet, du Val-de-Grâce, de Saint-Jacques-du-Haut-Pas, des Carmes, de Saint-Etienne-du-Mont, de Saint-Louis-en-l'Isle, de Saint-Jean-en-Grève, du petit Saint-Antoine, de Saint-Honoré, des Filles-Dieu, de Saint-Martin-des-Champs, de Saint-Jacques-l'Hôpital, des Récolets, de Saint-Lazare, de Saint-Séverin, de l'abbaye Saint-Germain-des-Prés, et de Saint-André-des-Arcs.

Les adresses que présentèrent toutes ces députations, étoient infiniment flatteuses, et M. de la Fayette passa une bonne partie de la nuit à s'enivrer de cet encens. Elles exprimoient la consternation dans laquelle on avoit été plongé, à la lecture de sa lettre, et à la nouvelle de sa démission proposée; le danger imminent qui menaçoit la capitale, s'il n'abandonnoit pas ce fatal projet; le besoin extrême qu'avoit le peuple françois, dans un moment aussi précieux, de l'appui du courage et des vertus d'un guerrier citoyen, qui, après avoir assuré la liberté du nouveau monde, paroissoit envoyé à ses compatriotes, comme le seul capable de les instruire aux talens militaires et aux vertus civiles.

Ce n'est sûrement pas là le langage d'un peuple libre: des esclaves, courbés sous le poids de leurs chaînes, ne parlent pas autrement à leurs maîtres. M. de la Fayette étoit à peine connu de ceux qui avoient rédigé ces adresses, et déja il étoit à leurs yeux le seul capable d'instruire les françois aux talens militaires et aux vertus civiles. Ses services pour la capitale se bornoient à avoir vu tranquillement égorger deux citoyens, et déja le peuple françois avoit un besoin extrême de son appui, de son courage, de ses vertus ; et ces hommes qui, au lieu de parler à M. de la Fayette de ses devoirs, le louoient de ce qu'il n'avoit pas fait, se croyoient déja des romains ! Ils se prosternoient servilement devant l'idole que leurs mains venoient de créer, et leur ame flétrie croyoit brûler du feu de la liberté !

A ces dégoûtantes flatteries, les adresses ajoutoient de vives instances au général, pour qu'il reprît le commandement qu'elles disoient lui avoir été décerné par une proclamation générale, et par le vœu particulier de chaque district.

Elles se terminoient par le serment solemnel d'exécuter, à la rigueur, tous les ordres que la prudence et le patriotisme de M. de la Fayette lui dicteroient pour le salut public, et d'employer tous les moyens possibles pour seconder ses intentions.

Pendant toute la lecture de ces pièces, l'air ne cessa de retentir de cris d'allégresse. M. de la Fayette, sur son siége, souriait niaisement à cette tourbe de courtisans, et avaloit à longs traits le poison de ces impertinentes adulations. Lorsqu'on n'eut plus rien à lui dire, il répondit que des preuves si signalées de l'estime et de l'attachement de ses concitoyens, exigeoient le sacrifice de sa vie, et qu'il la consacroit toute entière au service de la commune.

Toutes les têtes, après cette réponse, parurent aliénées : on donnoit du pied sur le pavé, on frappoit des mains avec fureur ; on crioit avec rage et avec des contorsions effroyables : *Vive la Fayette ! vive la nation ! vive la liberté !* Les électeurs, qui étoient autour du général, se jetèrent à son col, l'embrassèrent, et faillirent l'étouffer. Quelle nation ! Avec quelle impétuosité elle s'élance toujours vers les excès !

Ceux ensuite des électeurs qui faisoient l'office de secrétaires, écrivirent à la hâte quelques lignes sur un papier, les lurent, les firent signer à tous les membres de l'assemblée, à tous les députés des différens districts, qui étoient présens, et les remirent à M. de la Fayette, comme un monument de l'estime dont il enivroit le peuple de la capitale. Voici ce que contenoit ce papier :

« Nous, électeurs et députés des districts de la ville de Paris, en nous conformant au vœu et à l'acclamation unanime de tous les citoyens de cette capitale, et par une suite de notre confiance entière dans les vertus, les talens et le patriotisme de M. le marquis de la Fayette, l'avons de nouveau proclamé général de la garde nationale de Paris, et lui promettons, tant en notre nom qu'en celui de nos frères armés dans nos districts et dans les autres corporations militaires, subordination et obéissance à tous ses ordres, pour que son zèle, secondé de tous les efforts de tous les citoyens patriotes, conduise à sa perfection le grand œuvre de la liberté publique. »

M. de la Fayette accepta, avec beaucoup de reconnoissance, ce brevet qui, pour la seconde fois, l'élevoit au commandement général de la milice parisienne ; il flatta, caressa ceux qui lui accordoient ce témoignage de confiance, et sortit de l'assemblée couvert d'applaudissemens, la tête étourdie de tout le bruit qu'on venoit de faire, et de toutes les flatteries qu'on lui avoit adressées. La pancarte que lui délivrèrent les électeurs, fut imprimée, publiée et affichée, et, dès ce moment, M. de la Fayette crut que son autorité étoit affermie d'une manière imperturbable.

Ce fut-là le dénouement des scènes qu'il venoit de jouer, et ces scènes furent les seuls témoignages qu'il donna de l'horreur dont il se disoit pénétré pour les noirs attentats qu'on avoit commis la veille sous ses yeux. Voilà tout ce qu'il fit pour punir les assassins de MM. Foulon et Berthier, et pour rassurer ceux qui craignoient le sort de ces deux infortunés.

M. Bailly ne se donna pas même ces mouvemens ; il se contenta, comme il avoit fait la veille, de tout regarder et de tout laisser faire. Mais la vérité lui arracha un aveu qu'il m'importe de recueillir. Pour excuser les horribles excès qui se commettoient, on les représentoit comme des actes d'une juste représaille. On ne cessoit de répéter la fable du bombardement de Paris. Nous en avons, disoit-on, la preuve sous les yeux. On ne peut pas se méprendre sur les intentions des ministres, quand on considère les travaux qu'ils faisoient exécuter à Montmartre : il est bien évident pour quiconque a vu ces travaux, qu'ils ne pouvoient avoir d'autre objet que d'aplanir la butte de Montmartre, pour foudroyer de-là la ville de Paris.

M. Bailly, avec une bonhomie bien louable certainement dans cette occasion, détruisit, d'un coup de plume, cette imposture. Il fit afficher et répandit, par la voie des journaux, cette apologie des ministres :

Ce 23 juillet 1789.

« Il se publie, dans différens papiers répandus dans le public, que les travaux qu'on exécute à Montmartre, pour le seul soulagement des pauvres, ONT EU *pour objet la construction d'un chemin destiné à faire monter du canon sur cette butte, pour foudroyer la ville.* Rien de plus faux que cette interprétation : l'objet de cette construction de route a été d'ouvrir une communication plus aisée que l'ancien chemin, avec le village de Montmartre et les moulins de cette butte, pour le transport des farines. »

Signés, Bailly, maire ; Veytard, greffier ; Desissard ; Perrier.

Les électeurs, comme MM. de la Fayette et Bailly, s'inquiétèrent peu de poursuivre les assassins de MM. Foulon et Berthier, et de tranquilliser ceux que ces mêmes assassins menaçoient. Ils n'étoient occupés que de leur propre salut ; la plupart ne venoient plus qu'en tremblant à l'hôtel-de-ville ; ils craignoient que, durant une de leurs séances, il ne prît fantaisie au peuple, ou de les égorger sur leurs siéges, ou de mettre le feu aux quatre coins de leur salle. Ils ne se cachoient point que, ni le maire, ni le commandant n'avoient assez de pouvoir pour empêcher ce malheur. Tout entiers à cette crainte, ils s'adressoient à l'assemblée nationale, comme à la seule divinité qui pouvoit les protéger ; et, d'un autre côté, ils s'étudioient à capter la confiance et l'attachement du peuple.

Ils envoyèrent MM. Carra et Duport-du-Tertre à l'assemblée nationale, pour la supplier avec instance de daigner instituer sur-le-champ un tribunal qui auroit chargé de juger, non pas les assassins, mais ceux qu'ils voudroient égorger ; c'est-à-dire, ceux que les listes de proscription accuseroient du crime de lèse-nation, crime vague et si facile à interpréter de toutes les manières. En exécution de ce plan, l'Abbaye Saint-Germain auroit été la Bastille de ces sortes d'accusés, et on auroit écrit sur la porte, en longues lettres d'or : *Prisonniers mis sous la main de la nation.* Comme tous les bandits de France se disoient alors *la nation,* les royalistes auroient été fort mal sous cette main-là, et l'adoption d'une telle mesure, eût été plus propre à les décourager entièrement, qu'à les tranquilliser.

En attendant l'érection de ce tribunal, les électeurs faisoient de leur mieux pour ne pas être égorgés eux-mêmes par le peuple ; ils tâchoient d'adoucir tous ses sujets de mécontentement ; ils lui promettoient qu'il auroit bientôt le pain en abondance ; ils publièrent, avec profusion, l'extrait d'une lettre qu'ils dirent avoir reçue du Havre ; cet extrait étoit ainsi conçu :

« Nous venons d'expédier, pour Paris, deux cents voitures chargées de bleds et farines, escortées par douze cents bourgeois du Havre, armés pour les conduire dans votre capitale. Dans ce moment, il entre dans le port six bâtimens anglois, qui sont chargés de bleds et de farines ; et si les convois continuent d'arriver, comme il paroît certain, Paris et ses environs, dont la position, nous a-t-on dit, est encore plus malheureuse, n'auront plus à redouter le manque de subsistances. »

Cette promesse consola foiblement, même le petit peuple, et donna à ceux qui portoient leur vue sur l'avenir, une très-alarmante idée de la situation de la capitale. Il étoit triste, en effet, et très-inquiétant pour ses habitans, de la voir déjà réduite à une telle détresse, qu'elle fut obligée de faire escorter par une armée, des provisions de quelques jours. Cette situation étoit précisément celle d'une ville réduite aux abois, qui n'a plus que pour quelques jours de vivres, et dont les environs sont battus par des détachemens ennemis.

Les électeurs, considérant aussi que la haine du peuple se portoit sur-tout contre la classe des citoyens qu'on appeloit privilégiés, crurent ôter un prétexte à cette haine, en engageant cette classe à faire des sacrifices. Ils firent, en conséquence, placarder l'invitation suivante :

« Le comité provisoire, après avoir entendu les observations importantes relatives aux priviléges des propriétaires, pour les entrées des productions de leurs terres.... pense que le bien de l'état et *la tranquillité publique* exigent que les propriétaires veuillent bien, dès-à-présent, cesser d'user de ce privilége, jusqu'à ce que l'assemblée nationale ait statué sur cet objet important. »

« En conséquence, le comité invite les privilégiés à payer les entrées des productions de leurs terres, comme les non-privilégiés, à la charge par les receveurs de verser les fonds de cette partie de leur recette dans la caisse de la ville, et d'en tenir registre. »

Cette invitation n'adoucit pas la haine du peuple contre les privilégiés ; mais elle ajouta une branche aux revenus de la ville, que le bouleversement qui se faisoit diminuoit considérablement.

Il y avoit une autre chose qui contribuoit beaucoup à nourrir la sanguinaire fermentation qui venoit de se manifester ; c'étoit la profusion des feuilles périodiques qui exhortoient le peuple au carnage. Les électeurs avoient, dans les premiers jours de leur règne, établi que les papiers nouvelles ne pourroient circuler, sans être signés des membres de leur comité permanent. C'étoit-là une vaine formalité qui ne remédioit à aucun mal, parce qu'en conséquence de l'idée qu'on s'étoit faite de la liberté de la presse, ces membres du comité permanent ne refusoient leur signature à aucun auteur ni imprimeur ; ils eussent signé l'alcoran et la doctrine la plus régicide. Mais, après l'infernale journée du 22, ils eurent quelque honte, ainsi qu'ils le dirent eux-mêmes dans un de leurs arrêtés, de voir que les noms de quelques-uns d'entr'eux se trouvoient au bas de tous les mensonges et de tous les libelles que les haines particulières, ou les systèmes contraires à la tranquillité publique, se plaisoient à répandre parmi le peuple. Ils déclarèrent donc au public que de pareilles signatures ne seroient plus délivrées, et qu'il falloit regarder comme non-avenues toutes celles qui avoient été données. En se dégageant ainsi de toute sorte de responsabilité des sottises qui pourroient s'imprimer, ils se bornèrent à inviter les imprimeurs, les libraires et les colporteurs ; à n'imprimer, à ne vendre, à ne distribuer que des *nouvelles authentiques*. Voilà la seule et risible barrière qui fut opposée au débordement d'une licence que nous avons vue engloutir tous les principes de religion, d'honneur, de fidélité, de justice et de décence.

En même temps que les électeurs cherchoient une protection contre ceux qui osoient tout, en même temps qu'ils tentoient d'échapper à une partie des reproches qu'ils prévoyoient bien qu'on leur feroit un jour, si jamais l'ancien ordre de choses revenoit, ils se modéloient sur la politique de l'assemblée nationale, et la copioient parfaitement. Ils pouvoient, comme elle, se glorifier de la sanction de leurs commettans. Il n'y avoit pas un district qui n'eût app'audi à tout ce qu'ils avoient fait. Ils avoient recueilli une aussi abondante moisson d'adresses de félicitation, que les états-généraux ; il leur en étoit arrivé de toutes les communes de France ; leur bureau en étoit journellement encombré, et le recueil de leurs procès-verbaux fait foi que, dans la même durée de temps, ils ont obtenu autant de complimens que l'assemblée nationale. Une compagnie, souveraine de Paris vint même grossir la tourbe de leurs adulateurs : ce fut la chambre-des-comptes ; elle leur députa deux de ses membres, avec la mission de leur adresser des remerciements de tout ce qu'ils faisoient pour la chose publique. Ces deux députés furent MM. Lourdet de Santerre, et du Tremblay de Rubelle. Ce qu'il y eut de singulier dans cette députation, c'est que les deux magistrats ne parurent point devant les électeurs, avec le grave et honorable costume de leur état ; ils n'avoient point la robe du Palais ; ils étoient en habit de couleur, et vêtus avec cette négligence qu'affectoient quelques-uns de nos jeunes juges, lorsqu'ils se mêloient à des sociétés ou à des parties de plaisir où il ne leur convenoit pas de se montrer avec aucune des marques de leur profession.

Les électeurs ne se formalisèrent point de ce qu'on avoit l'air de croire que la toge des sénateurs seroit profanée, si elle paroissoit dans leur assemblée. Ils avoient pourtant bien quelque droit de dire qu'ils ne regardoient comme magistrats, et comme députés d'une compagnie de magistrats, que ceux qui en portoient les augustes livrées. Mais quand on n'a droit à rien, on auroit tort d'être délicat sur ce qui est accordé. Ils admirent les deux envoyés de la chambre-des-comptes avec le plus grand empressement. M. Moreau de Saint-Mery en plaça un à sa droite, l'autre à sa gauche. M. Lourdet de Santerre ensuite parla ainsi à l'assemblée :

» MESSIEURS,

« La chambre-des-comptes nous a fait l'honneur de nous députer vers la commune de la ville de Paris..... C'est dans le sein de la mère-patrie, que nous venons déposer l'hommage de notre zèle patriotique. Quel bonheur, messieurs, pour des citoyens amis de la vérité, d'avoir été choisis par la chambre-des-comptes, pour offrir en son nom , à la commune de Paris, le tribut de reconnaissance que lui doit la nation entière ! Qu'il est flatteur pour nous de réunir nos vœux à ceux de tous nos concitoyens, dans ce temple que, sur les ruines du despotisme ministériel, vous venez d'élever à la liberté, et consacrer pour jamais à la prospérité du peuple françois ! »

« L'assemblée ne sera point étonnée de nous voir sans les marques distinctives de la magistrature. Nous avons cru lui donner une nouvelle preuve de notre patriotisme en nous présentant ici , non pas comme magistrats, mais comme simples citoyens. »

L'excuse étoit assez singulière, et il est douteux qu'elle eût été admise dans l'assemblée nationale. Ces députés déclarant qu'ils ne se présentoient que comme simples citoyens, leur hommage n'avoit alors rien de plus particulier que celui des premiers individus qui se seroient présentés. Ils n'en furent pas moins applaudis, comme si on se tenoit fort honoré de la démarche qu'ils vouloient bien faire ; et lorsqu'ils eurent salué l'assemblée, par une profonde inclination, ils furent honorablement reconduits par un groupe d'électeurs.

Que MM. Lourdet de Santerre, et du Tremblay de Rubelle, eussent rempli leur mission, comme magistrats ou comme simples citoyens, ce n'en étoit pas moins une flatterie indigne d'eux, d'appeler l'assemblée des électeurs, *la commune de Paris*. Dans les principes mêmes des révoltés, elle ne l'étoit, ni ne la représentoit. Et par une contradiction bien digne de ces jours de déraison, les parisiens sanctionnoient, et contestoient tout-à-la-fois, la légitimité de l'existence de cette assemblée. A la fin ce dernier avis prévalut. Il se forma contre les électeurs un parti nombreux, à la tête duquel se trouva le comte de Mirabeau. Dans tous les districts, on cria que la mission de ces électeurs avoit fini avec l'élection des députés à l'assemblée nationale. Ce principe étoit vrai, mais on ne faisoit pas attention aux conséquences qui en découloient ; on ne considéroit pas qu'en déclarant la réunion de ces électeurs, illégale, contraire aux lois, on frappoit d'une nullité radicale tout ce qu'ils avoient fait, on y confondoit leur assemblée avec tout attroupement, qui, profitant du désordre général, se seroit emparé des caisses publiques, et de toute autorité. Pour le dire en deux mots, dans le système des insurgens, les électeurs ne pouvoient être considérés que comme des usurpateurs, que comme des rébelles. En supposant donc que l'ordre reparut un jour parmi nous, on ne blesseroit la doctrine d'aucun des partis, en exigeant de ces électeurs un compte rigoureux de leur administration usurpée.

On ne s'inquiéta pas de toutes ces conséquences,

et

et les soixante républiques de Paris signifièrent assez énergiquement aux électeurs, qu'il falloit quitter la place. M. de la Fayette, quoiqu'il leur dût ce qu'il étoit, desiroit aussi qu'ils s'en allassent. Il croyoit que, quand on auroit substitué à ce fantôme, une assemblée des représentans de la commune de Paris, bien organisée, son autorité personnelle en seroit mieux affermie.

Quant à M. Bailly, pourvu qu'il gardât sa mairie, son hôtel, son suisse, sa livrée, son carrosse, tout le reste lui étoit indifférent; il commençoit à prendre beaucoup de goût pour sa place, et desiroit, de toute son ame, que tout désormais se passât fort tranquillement. Cela est aisé à concevoir : une secousse l'avoit créé maire de Paris; il étoit possible qu'une autre secousse lui fît trouver une fin aussi tragique que celle de l'infortuné prévôt des marchands, dont il tenoit la dépouille. Il n'osa cependant pas contredire le vœu des districts, qui commençoit à se manifester avec importunité. Il écrivit aux soixante républiques, pour les prier de daigner nommer chacune deux députés, qui formeroient ensemble une assemblée de cent vingt personnes, destinées à concerter un plan d'administration municipale, lequel seroit provisoirement exécuté, si les districts daignoient le permettre, et cependant envoyé aux districts pour être ensuite, sur leurs observations, définitivement adopté.

M. Bailly ayant fait cette démarche, en instruisit les électeurs. Ceux-ci, comme s'il avoit dépendu d'eux, d'empêcher ou de légaliser la création de cette municipalité, délibérèrent longuement sur le nombre des députés demandés par le maire, sur la mission qu'il convenoit de donner à ces députés, sur les fonctions qui pourroient leur rester à eux-mêmes, après la formation de cette nouvelle assemblée, sur la durée de ces fonctions. De sorte que les électeurs sembloient croire qu'il dépendoit d'eux de s'opposer à ce que la puissance, qui alloit les réduire à la nullité, fut engendrée ; ils sembloient convaincus que sa constitution ne seroit point légale, s'ils ne la sanctionnoient.

Ils terminèrent leur très-inutile délibération par un arrêté, qu'ils envoyèrent à toutes les républiques parisiennes. Ils y déclarèrent qu'en continuant, par nécessité seulement, toutes les fonctions de la municipalité, dont les circonstances leur avoient imposé le devoir rigoureux de prendre l'exercice, ils cesseroient de les remplir à l'instant où le vœu de tous les districts auroit, d'après la lettre du maire, réalisé un plan provisoire d'administration municipale. « Trop heureux, dirent les électeurs dans cet arrêté, d'avoir pu donner quelques preuves de notre zèle et de notre attachement à la patrie » ! Cela pouvoit-être fort heureux pour les électeurs, sur-tout pour ceux d'entr'eux qui, n'ayant aucune fortune, ont pu trouver dans le maniement et l'emploi des deniers publics, une ressource au délabrement de leurs affaires personnelles ; mais ce bonheur en fut un bien funeste pour les familles des victimes immolées dans les journées du 14 et du 22, et pour le royaume entier.

C'est ainsi que se comportèrent, après l'horrible exemple de férocité que venoit de donner la capitale, ceux qui en étoient les rois ; c'est-là tout ce qu'ils firent pour effrayer et désarmer les assassins. Il est temps maintenant que je transporte mes lecteurs sur un autre théâtre ; il est temps que je leur dise, quelle fut la conduite de l'assemblée nationale, après une journée dont notre nation aura long-temps à rougir. Ils vont connoître l'impression que produisirent, sur les divers partis, les deux plus lâches, les deux plus honteux attentats qui aient jamais été commis ; ils vont savoir ce que parmi les députés, les uns en redoutoient, les autres s'en promettoient ; ils verront la conscience de tous à nu.

Par quelle fatalité les députés, qui avoient mieux aimé se précipiter dans un jeu de Paume, et soulever la France entière, que de suspendre de quelques heures leur travail, restèrent-ils oisifs, précisément le jour où leur réunion, sollicitée par la pitié filiale, auroit évité à la capitale une bien affligeante calamité, et au nom françois, une grande tache? La fatalité qui empêcha cette réunion, est-elle bien l'effet du hasard ? C'est à M. le duc de Liancourt, qui présidoit l'assemblée, à répondre à cette question. S'il eût invité les députés à s'assembler, si, pour les y déterminer, il eût fait valoir les puissans motifs présentés par M. de Lally, est-il possible d'imaginer que la majorité se seroit refusée à son invitation? S'il falloit le croire, il faudroit rougir d'être homme.

L'excuse, que l'assemblée ne se trouvoit pas convenablement dans l'église Saint-Louis, avoit-elle quelque force? Les députés s'y étoient trouvés convenablement dans d'autres occasions. Pourquoi le local ne leur auroit-il pas également convenu dans une circonstance qui demandoit impérativement leur réunion ? Eh! quand il s'agit d'empêcher une sanglante atrocité, tout lieu n'est-il pas convenable? Un autel alors devient le temple de la bienfaisance, le sanctuaire de l'humanité.

Voyons du moins ce que l'assemblée, n'ayant point empêché ce double attentat, fit pour prévenir le retour de pareils forfaits.

L'usage s'étoit introduit, et le réglement le vouloit, de consacrer les prémices de chaque séance à la lecture des adresses ou lettres que faisoient parvenir les provinces, les corporations, les particuliers. Quelqu'envie qu'eût M. de Lally, que l'attention se portât tout de suite sur les événemens de la veille; et quelque naturel qu'il fût de s'attendre que ce seroit en effet là la

S

première affaire, on ne voulut point, en sa faveur, s'écarter de la marche routinière qu'on s'étoit tracée. Mais, parmi ces adresses ou lettres, il y en eut plusieurs qui auroient dû nécessairement ramener à l'objet qu'il étoit instant de mettre à la délibération. Elles ne parloient que de soulèvemens, que d'émeutes, que de dégats, que d'incendies, que de meurtres. Elles étoient envoyées (1) par les villes de Brie-Comte-Robert, Dreux, Houdan, Linas, Monthléry, Pontoise, Limours, Neauphle, Saint-Cloud, Chevreuse. Toutes ces villes écrivoient que si on ne leur envoyoit pas des troupes, leur perte étoit assurée.

On écouta tout cela fort paisiblement. M. le duc de Liancourt ajouta à ces déplorables nouvelles, un fait particulier, bien propre aussi à fixer la vigilance de l'assemblée sur les désordres publics. Il dit que des grains tirés de Barbarie, étoient conduits à Paris par terre, pour assurer, par tous les moyens possibles, l'approvisionnement de la capitale; mais que ces grains avoient été arrêtés à Monthléry, et que, comme les troupes, en conséquence des ordres du roi, avoient quitté cette ville, il étoit nécessaire que M. de la Fayette prît des mesures pour faire escorter ce convoi jusqu'à Paris.

On voulut, après ces affligeans détails, entendre ce qu'avoient à dire des députés de Chartres et de Saumur qui sollicitoient une audience; ils furent admis, et ne dirent rien d'intéressant; ils n'avoient que des complimens à adresser à l'assemblée, qui en grossit son procès-verbal, et fit, par l'organe de son président, une réponse insignifiante.

Ces députés s'étant retirés, il ne fut pas encore possible de s'occuper de l'affaire qui intéressoit le royaume entier. Les premiers présidens de trois compagnies souveraines demandèrent à entrer. Soit que l'on crut que ce seroit faire un affront à ces cours, de ne pas admettre sur-le-champ leurs chefs, soit que l'empressement de recueillir un hommage aussi flatteur, l'emportât sur toute autre considération, soit encore que ceux qui dominoient dans l'assemblée, et qui en faisoient déjà la majorité, fussent bien aises de trouver cette occasion de retarder la délibération sur les troubles de la capitale et du reste de la France, il fut décidé qu'avant tout, on entendroit les magistrats (2). M. Bochard de Saron, premier président

---

(1) Voyez le procès-verbal de la séance de l'assemblée nationale, du jeudi 23 juillet 1789.

(2) Lisez tous les journaux qui ont écrit l'histoire de cette séance du 23 juillet, ils vous diront tous qu'elle commença par la délibération sur les forfaits de la veille. « La nouvelle, lit-on, dans le journal de Paris, des deux exécutions faites hier par le peuple, d'une manière si terrible, a fait reprendre à

du parlement de Paris, homme bon, droit, loyal, ami de la paix et de la justice, autant par caractère que par principes, parut le premier. Comme les présidens des cours supérieures qui l'avoient précédé, il parla debout et découvert. Il évita assez adroitement de qualifier les membres de l'assemblée de *messieurs* ou de *messeigneurs*; il ne prononça point de discours; il se contenta de dire qu'il étoit chargé de présenter à l'assemblée nationale l'hommage du respect et de la reconnoissance de sa compagnie, et de déposer sur le bureau l'arrêté qu'elle avoit pris. La lecture de cet arrêté tint lieu de discours. Le sort que l'assemblée réservoit au parlement de Paris, fera lire avec intérêt la réponse qu'elle fit par l'organe de M. de Liancourt à M. Bochard de Saron; en voici la copie fidelle:

« MONSIEUR,

« L'assemblée nationale voit avec plaisir la justice et le respect que le parlement de Paris rend à ses décrets. Le chef de l'illustre compagnie qui, la première a eu *le bonheur et le courage de prononcer hautement le vœu de la convocation des états-généraux*, doit jouir d'une douce satisfaction, en étant introduit dans cette auguste assemblée. Une des plus essentielles occupations des représentans de la nation, sera de faire rendre aux lois le respect auquel est intéressé le bien général et particulier, et ils acquerront, par ce succès, un titre de plus à la reconnoissance de tous les citoyens honnêtes et vertueux, *et particulièrement à celle des tribunaux*. »

« La réunion entière de tous les ordres, l'hommage fait à la chose publique, par chacun de nous, des usages jusqu'ici respectés, des opinions anciennes, des prétentions privées, les utiles démarches qui en ont été le résultat, ne doivent laisser aux bons citoyens aucun doute du zèle pur et infatigable, avec lequel l'assemblée nationale est dévouée sans réserve *au grand œuvre de l'heureuse régénération de l'empire*, avec lequel elle s'occupe du bonheur de la nation la plus généreuse, *et du roi le plus digne de son amour*. »

« L'assemblée y voit encore l'heureux présage que, dans cette grande circonstance, aucune classe de citoyens ne laissera, par des considérations particulières, étouffer en elle le sentiment pur et généreux du patriotisme. »

M. de Nicolaï, premier président de la chambre

---

l'ouverture de la séance, la motion de M. de Lally-Tollendal. » Plus j'ai occasion de parcourir les feuilles périodiques du parti républicain, et plus je me persuade que ce ne sont que des dépôts de mensonges. Ceux qui se plaisent à en faire des recueils, n'entassent que des mémoires infidelles dont l'histoire ne pourra absolument faire aucun usage.

des-comptes qui fut admis après M. Bochard de Saron, parla ainsi à l'assemblée :

« Admis à l'honneur de paroître devant les augustes représentans de la nation, je me trouve heureux, messieurs, d'avoir à vous offrir l'hommage des sentimens qui animent la chambre-des-comptes, et dont elle m'avoit chargé d'être l'interprete auprès du trône. »

« Rendez le calme à nos tristes foyers (1); vous êtes notre espoir ; la patrie gémissante vous implore comme des divinités tutélaires. »

« Nos cœurs, notre reconnoissance décernent déjà la palme du patriotisme à vos vertus, à votre courage; couronnez vos travaux; & puisse le bonheur public être bientôt votre ouvrage et votre récompense! La chambre-des-comptes, messieurs, a l'honneur de vous proposer, par ma voix, tous les renseignemens qu'elle pourra vous donner, lorsque vous vous occuperez des finances ».

M. de Nicolaï reçut cette réponse, du président de l'assemblée :

« MONSIEUR,

« L'assemblée nationale reçoit avec satisfaction l'hommage de la chambre-des-comptes. Le bonheur de la nation est le seul vœu des représentans de la nation; c'est le seul but de leurs travaux. Elle voit, dans l'offre des renseignemens sur les finances que lui fait la compagnie que vous présidez, une nouvelle preuve de son desir de se rendre utile à l'état. L'assemblée nationale y aura recours avec confiance, et ne doute pas d'y trouver les moyens de servir le de-

_____

(1) M. le comte de Lally, dans sa seconde lettre à ses commettans, pag. 87, met cette phrase dans la bouche de M. de Brunville, procureur du roi au châtelet. C'est une erreur qu'il me paroît important de relever : parce qu'il est vraisemblable que les ouvrages de M. de Lally feront, en tout temps, partie des matériaux qui serviront à écrire l'histoire de nos jours. Je remarque à ce sujet qu'en général ceux des députés qui ont écrit sur les événemens de la révolution, ont écrit avec trop de précipitation ; ils s'en sont rapportés à leur seule mémoire, qui, bien souvent, les a mal servis, non-seulement sur les dates, mais même sur des faits très-essentiels. Ainsi, les relations des différens députés, sur ce qui s'est passé dedans comme dehors de l'assemblée, ne doivent être consultées qu'avec précaution, et qu'en comparant celles du même fait, les unes avec les autres. On ne sauroit trop répéter à ceux qui transmettent des mémoires à la postérité, que tout le mérite de ces sortes d'écrits, c'est l'ordre dans les dates, et l'exactitude dans les faits.

sir impatient dont elle est animée, de terminer l'ouvrage important du rétablissement des finances. »

Enfin le premier président de la cour des aides eut son tour ; le discours qu'il prononça est remarquable ; il dit :

« MESSEIGNEURS,

« La cour des aides, créée par la *nation assemblée*, croiroit manquer à son devoir le plus sacré, si elle différoit à vous offrir l'hommage de son respect.

« Elle a rempli constamment l'honorable mission qui fut donnée en 1355, aux généraux des finances. »

« Tant que son zèle n'a point été arrêté, tant que sa voix n'a point été étouffée par les ennemis du bien public, les peuples ont été heureux ; mais ces jours fortunés se sont écoulés trop promptement. »

« Des augmentations d'impôts, une répartition arbitraire, des extensions abusives, des vexations de tous les genres, tout présentoit depuis long-temps un désordre qui ne pouvoit subsister. »

« Toujours fière de son illustre origine, la cour des aides n'a jamais cessé d'invoquer *l'assemblée de la nation*, à qui elle devoit son existence : ce vœu fut le premier dont elle osa frapper les oreilles d'un jeune roi avide de la vérité, tant qu'il ne consulta que son cœur. »

« Les maux publics ont été portés à leur comble par les ennemis de la patrie : un nouveau cri s'est fait entendre ; la France n'a vu de remède à ses malheurs que dans *l'assemblée de la nation*. Ses vœux enfin ont été exaucés ; la force de la nécessité a brisé les obstacles qu'on a semés sur cette heureuse convocation ; et tous les françois, à travers les nuages qui couvrent encore notre horison, croyent entrevoir ici le soleil de la félicité publique. La cour des aides, *messeigneurs*, unit sa voix à celle de tous les citoyens patriotes. »

« Elle ne vient point par ma bouche vous offrir ses lumières et ses services ; elle attendra les ordres de cette auguste assemblée, lorsque s'occupant du soulagement des peuples, elle *daignera* descendre dans les détails des impositions, des perceptions, des répartitions, et enfin de la législation qui réunit ces différens objets, heureuse que *vous daigniez* sanctionner l'estime publique, qui a toujours marché à ses côtés, parce qu'elle a toujours suivi la route dudevoir et de l'honneur ! »

« Qu'il me soit permis aussi, *messeigneurs*, de regarder comme le plus beau jour de ma vie, celui où j'ai l'honneur d'être l'organe de la cour des aides auprès de cette auguste assemblée ; elle devient d'au-

S 2

tant plus chère à la nation, qu'*elle vient de cimenter l'amour du roi pour ses peuples, et leur fidélité à sa personne sacrée.* »

« Elle m'a chargé, *messeigneurs*, de vous témoigner son respect, et de vous offrir ses remercîmens sur les mesures que votre sagesse et votre fermeté vous ont inspirées pour concourir au rétablissement de la paix dans la capitale ; c'est l'objet principal de la mission dont ma compagnie m'a honoré, et de son arrêté ; que je demande la permission de remettre sur le bureau. »

Ce discours, tout flatteur qu'il étoit, et par cela même qu'il étoit trop flatteur, déplut à plusieurs membres ; ils donnèrent des marques d'impatience et de mépris, pendant que le magistrat le lisoit. Voici comment le comte de Mirabeau s'expliqua sur cette harangue, dans sa vingtième lettre à ses commettans.

« Ce qui tient aux principes publics, est si important, que je dois relever une formule, qui ne me paroît pas faite pour le dictionnaire d'un peuple libre. *Nous attendons vos ordres*, dit le député de la cour des aides, *lorsque, vous occupant du soulagement des peuples, vous daignerez descendre dans les détails de la perception*, etc..... Voilà le langage des courtisans, le style bas et rampant, avec lequel ils trompent les rois. On leur persuade qu'il est presque au-dessous d'eux de remplir leurs devoirs. *Lorsque l'assemblée nationale daignera*..... Pourquoi donc a-t-elle été convoquée ? Pourquoi ses membres ont-ils été choisis ? Est-ce pour régler le cours du soleil ? A-t-elle des fonctions supérieures au devoir de soulager les peuples, de scruter les causes de leur misère ? Lorsqu'elle s'en occupe, est-ce une faveur qu'elle daigne accorder, ou une mission sacrée qu'elle doive remplir ? La simplicité d'expression est un des caractère de la liberté ; cette observation ne paroîtra minutieuse qu'à ceux à qui elle est nécessaire. »

Mirabeau, en faisant ces observations, étoit l'écho de tout son parti. Elles montrent avec quelle dédaigneuse fierté ce parti voyoit arriver, et recevoit ces hommages des cours souveraines. Il n'y avoit pas un homme parmi les républicains, qui ne fut convaincu qu'elles n'étoient traînées au pied de l'assemblée nationale, que par la seule crainte. Pouvons-nous, disoient-ils, savoir gré d'une démarche et tardive et forcée ? Il y avoit en apparence quelque chose de fondé dans cette objection. Il sembloit qu'on avoit droit de dire à ces augustes et antiques corps de magistrature : ou vous eussiez dû arriver plutôt, ou vous n'eussiez jamais dû arriver. Ce dilemme est spécieux, mais ce n'est qu'un mauvais raisonnement. Il faut d'abord considérer que dans des convulsions extraordinaires et subites, il est presque impossible que les corps de l'état comme les particuliers, quelque sages qu'ils soient, se trouvant dans un tourbillon qui va en tous sens, ne fassent pas, au moment où

il commence à s'agiter avec fureur, quelque fausse démarche. Il est juste aussi de ne pas perdre de vue que l'insurrection avoit fait des prosélytes dans chacune de ces compagnies. Ils y conquirent d'autant plus d'influence, qu'enveloppés du manteau de l'hypocrisie, ils ne parloient que de paix, que de la nécessité d'adoucir le peuple, et de ne donner aucun prétexte à ses fureurs. Ces motifs auxquels se réunissoit le desir si naturel d'échapper personnellement aux atrocités qui menaçoient quiconque ne tenoit pas pour l'assemblée nationale, tous ces motifs, dis-je, étoient bien propres à conquérir dans les cours supérieures, la majorité des suffrages. Si elles ne cédèrent pas plutôt à ces impulsions, c'est qu'il ne leur convenoit pas de devancer les intentions du roi. Ce n'étoit qu'après lui qu'elles devoient prononcer les mots, *assemblée nationale*. Le monarque ayant sanctionné cette dénomination, étant venu se jeter lui-même dans les bras de la nouvelle puissance, les compagnies suprêmes de justice se crurent suffisamment autorisées par son exemple ; à la démarche qu'elles firent, et que, par cette raison, on avoit tort d'appeler tardive. Pourquoi feriez-vous pas ce que le roi a fait ? Pourquoi refuseriez-vous de prononcer le mot, *assemblée nationale*, quand le roi l'a prononcé ? Voilà le raisonnement qui fut présenté aux chambres assemblées du parlement de Paris, et je sais authentiquement que ce raisonnement entraîna la majorité.

Je conviens qu'en faisant cette démarche, il falloit la faire avec dignité, et à cet égard nos neveux n'auront rien à reprocher ni au parlement de Paris, ni à la chambre-des-comptes. Mais la cour des aides mérite la flétrissure dont la frappent les observations de Mirabeau, et elle eut dû s'empresser de désavouer le discours diffus et rampant de son représentant. C'étoit une mal-adresse de décrier avec amertume l'ancien régime devant ses plus cruels ennemis, une injustice dépourvue de fondement comme de sens, de prétendre que le roi n'étoit avide de la vérité que lorsqu'il consultoit son cœur, une sottise de collège de voir dans la salle des menus, le soleil de la félicité publique ; enfin un mensonge grossier, de dire que l'assemblée nationale avoit cimenté l'amour du roi pour ses peuples, et leur fidélité pour sa personne sacrée.

Il faut convenir que, dans cette occasion, la cour des aides obéit beaucoup trop servilement au penchant qu'ont les françois à la flatterie. C'est un défaut qui leur est propre, qui n'avoit pas encore été remarqué, et que la révolution a développé. Si l'on faisoit un recueil des complimens hyperboliques qui ont été adressés à l'assemblée nationale, à M. de la Fayette, à M. Bailly, aux électeurs de Paris, à quiconque, dans ces jours de révolution, a eu quelque autorité, on croiroit ce recueil l'ouvrage d'un troupeau d'esclaves qui ne savent soulever leurs chaînes, que pour baiser humblement les pieds de leurs maîtres.

La réponse de M. de Liancourt au premier président

de la cour des aides, fut sèche et laconique; il lui dit:

« L'assemblée nationale se rappelle avec satisfaction, que la cour des aides doit son origine au vœu national, exprimée dans une des tenues des états-généraux de ce royaume. Elle reçoit avec plaisir le témoignage de son respect et l'offre des renseignemens qu'elle fait par votre organe; elle me charge, monsieur, de vous en donner l'assurance. »

Ce fut donc après avoir savouré tout cet encens, que l'assemblée mit enfin à la délibération les moyens de rendre la paix à la France. L'histoire des débats que cette discussion engendra est importante, en ce que c'est de cette séance du 23 juillet que date l'affermissement du règne de la licence parmi nous. Je me vois obligé, pour conserver à ces débats tout leur intérêt, de les présenter avec quelqu'étendue. Je renvoie donc au chapitre qui suit, pour ne point trop alonger celui-ci, le développement de ces intéressans détails.

CHAPITRE LXIII.

CONFIANCE de M. de Lally en sa proclamation; double phénomène de la séance du 23 juillet; avantages que donnoient à M. de Lally les circonstances; persifflages et dureté du comte de Mirabeau; réponse déplacée que lui fait M. de Lally; timide discours qu'il prononce; discours remarquable de M. de Gouy d'Arcy; terrible vérité qu'il fait entendre; effet qu'elle produit; opinion de M. Mounier; sensibilité de M. l'évêque de Chartres; opinion de MM. Desmeuniers, Malouet et Legrand; fureur des républicains contre la proclamation de M. de Lally; censure qu'ils en font; stoïcité de de M. Barnave; demande des électeurs de Paris à l'assemblée; autre demande d'un député particulier du district des Filles Saint-Thomas; discussion qui s'engage sur ces propositions; motion de M. Prieur, pour la demande d'un comité des recherches; opinion de MM. de Virieu, Mounier, de Lally, contre la création de tout nouveau tribunal; nouveaux combats contre la proclamation de M. de Lally; sage amendement de M. l'abbé Grégoire; opinion de MM. Sintez, Pétion de Villeneuve, Lelong et Darnaudat; ingénuité du comte Mathieu de Montmorency; fameuse et inutile déclaration; comparaison de cette déclaration, avec celle présentée par M. de Lally; réflexions à ce sujet; vains efforts de MM. Bergasse et Lally, dans le comité de rédaction, pour faire promulguer la déclaration dans les églises; observation de M. de Lally sur le peu de succès qu'obtint son ouvrage.

Suite de Juillet 1789, et du second mois de l'interrègne.

JE n'ai pas besoin de dire que M. le comte de Lally se hâtant d'élever la voix, lorsqu'enfin il fut permis de délibérer sur les malheurs de l'Empire, fit dépendre le salut public, de l'adoption de son projet de proclamation. Les beaux momens de la gloire de ce gentilhomme sont passés. S'il étoit moins homme de bien, on seroit tenté de croire qu'il ne s'opiniâtroit à coller les esprits sur cette proclamation, que pour les détourner de chercher un moyen qui auroit infailliblement rétabli l'ordre. Si, d'un autre côté, M. de Lally n'avoit pas donné, en plusieurs rencontres, des preuves de capacité, son entêtement à faire dépendre la cessation des plus grands désordres, d'une simple invitation à n'en plus commettre, pourroit induire la postérité à le regarder comme un génie borné.

M. de Lally, priant d'une voix timide et suppliante, les brigands de respecter les propriétés, et les assassins, de renoncer à leurs repas d'antropophages; voilà le premier phénomène de la séance du 23 Juillet. Les républicains, ne voulant pas même opposer cette humble prière aux scélérats, dont les mains ensanglantées portoient par-tout la désolation : voilà le second phénomène de cette même séance ; et tout cela, certes, est bien affligeant à raconter.

M. de Lally avoit tenu, avoit serré dans ses bras le jeune Berthier ; et cela, au moment où des meurtriers s'emparoient du père de celui-ci ; il avoit été tout trempé des larmes de ce fils si cruellement malheureux ; il avoit entendu ses sanglots, ses gémissemens ; il avoit recueilli tous les accens d'une ame que la douleur brise. Quel tableau ! Quel sujet pour un orateur qui, comme M. de Lally, aime les grands mouvemens de l'éloquence ! Mais, juste ciel ! étoit-ce de l'éloquence qu'il falloit à la famille désolée de M. Berthier, à toutes les familles que le même malheur menaçoit ? *M. de la Fayette*, nous dit M. de Lally, *auroit été plus fort, armé d'un décret de l'assemblée nationale*. Eh bien ! il ne falloit pas se contenter de quelques mots à M. de Liancourt, il falloit insister ; il falloit traîner le jeune Berthier chez tous les députés ; il falloit courageusement menacer d'une dénonciation à l'Europe, au monde entier, d'une sainte coalition de tous les enfans à qui leurs pères sont chers, ceux des députés qui refuseroient de voter pour ce décret ; il falloit ou l'arracher ce décret, ou....... Mais c'est au lecteur à se dire à lui-même ce qu'il eût fait à la place de M. de Lally, s'il comme lui il eût été honoré de la confiance du fils de M. Berthier. Quant à moi, je rentre dans mon récit, et je me borne à raconter ce que fit M. de Lally.

Il nous a donné, dans un de ses écrits (1), une relation du nouveau combat qu'il livra dans la séance du 23. Cette relation, il m'est pénible de le dire, n'est pas fidèle, il s'y peint sous les traits les plus avantageux, et a laissé tous ceux qui auroient pu jeter des ombres sur le tableau. Mon devoir d'historien veut que je replace ceux-ci sans oublier ceux-là.

M. de Lally, comme je viens de le remarquer, se présentoit à la tribune, avec un grand avantage. Il pouvoit de-là interroger la conscience de tous les députés ; il pouvoit leur demander s'il avoit exagéré, lorsqu'il lui étoit échappé de dire qu'il se lavoit les mains de tout le sang qui pourroit couler ; il pouvoit enfin leur faire remarquer de quelle manière cruelle, l'événement avoit vérifié les terribles prédictions sorties de sa bouche, trois jours auparavant. L'affreuse image de MM. Foulon et Berthier mis en pièces, prouvoit que ces prédictions n'étoient pas les rêves d'une imagination égarée par la sensibilité. Il parla bien de cet horrible événement, mais il fixa sur-tout l'attention générale sur la scène qui s'étoit passée entre lui et le jeune Berthier ; il la raconta d'une manière très-pathétique, et propre à attendrir quiconque avoit des entrailles. Cependant il n'auroit pas fallu s'arrêter sur ce seul tableau, il falloit de cette calamité particulière, porter la vue

(1) Seconde lettre à ses commettans, pages 86 et suivantes.

des députés sur toutes celles de ce genre, que l'impunité enfanteroit.

Le comte de Mirabeau l'interrompit dans son affligeante narration ; il lui cria qu'il ne savoit *que sentir lorsqu'il ne falloit que penser*, et noya ce dur reproche dans un long et barbare persifflage. Il est bien essentiel de remarquer que Mirabeau étoit alors en grand deuil de son père ; il portoit sur ses manches les pleureuses ; de sorte que chaque fois qu'il élevoit les bras, pour accompagner par des gestes expressifs ses sanguinaires plaisanteries, il mettoit sous les yeux tout-à-la-fois les lugubres marques de son malheur, et les témoins irrécusable de sa barbare insensibilité ; de sorte encore que Mirabeau donna, dans cette séance, le douloureux spectacle d'un fils en deuil de son père, traitant de folie la pitié qu'inspiroit un fils dont le père venoit d'être massacré.

M. de Lally eut la foiblesse de s'affecter des sarcasmes que lui lançoit un homme, qui ne connut jamais ce que c'est que la piété filiale ; il crut répondre une fort bonne chose, en disant : Que Tibère pensoit profondément, et que Louis XII sentoit vivement. « Si l'on avoit, demanda-t-il ensuite, à choisir entre les deux princes et les deux législateurs, pour lequel se décideroit-on ? » C'étoit-là mettre de l'esprit dans une discussion, où il ne falloit que de la raison et de l'énergie.

« Le peuple, dit-il encore, a de grandes et de longues injures à venger ; je serois au besoin le dénonciateur de ses ennemis, mais pour la punition des coupables, il faut que la loi seule instruise, juge et condamne... Les coups terribles portés par un ministre coupable ont amenés ces catastrophes effrayantes..... Il ne faut pas s'abuser : le peuple demande vengeance ; mais il faut de la subordination ; autrement on n'aura quitté le joug et la tyrannie du ministère, que pour retomber sous le glaive de l'arbitralité..... »

Que tout cela étoit foible, déplacé, mal-adroit ! L'orateur prétendoit plaider la cause des opprimés, et il faisoit l'apologie des assassins. Il descendit bien plus bas encore lorsqu'il vint à parler de sa proclamation. Cette proclamation qui, selon lui, étoit un chef-d'œuvre, qui seul pouvoit tout faire rentrer dans l'ordre, il la recommanda avec une indifférence à peine concevable ; il l'abandonna à ses adversaires pour qu'ils en fissent ce qu'ils voudroient ; il dit précisément tout ce qu'il falloit en dire pour en dégoûter. Voici comme il parla :

« Je me suis trompé sur *plusieurs* dispositions de ma proclamation ; j'ai applaudi à votre sagesse ; j'ai recueilli vos lumières ; j'ai réformé ce projet ; j'ai adouci quelques expressions ; ce n'est plus qu'un récit fidèle de ce que le roi et l'assemblée nationale ont fait ; c'est une invitation à la paix ; c'est un avis paternel. *Pour peu que ce plan ne convienne pas à l'assemblée, j'y renonce ; mais je supplie qu'on adopte un plan quelconque ; c'est un objet trop intéressant pour l'abandonner.* »

Quelle molesse ! Qui ne diroit, en voyant cette timide condescendance de M. de Lally, qu'il ressentoit quelque regret d'avoir perdu une partie de sa popularité ? Il est pourtant compté parmi ceux des députés qui ont défendu la vérité avec plus de courage. M. de Gouy d'Arcy la défendit mieux dans cette occasion, que M. de Lally. Ce n'est pas qu'il n'ê dit, à son ordinaire, bien des frivolités ; mais de cet amas de niaiseries, il fit sortir quelques images qui frappèrent l'assemblée ; c'est à celles-là que je me borne.

« Des scènes sanglantes et révoltantes, dit M. de Gouy, viennent *de se renouveller* dans la capitale. Eh ! dans quel temps ? Lorsque le roi et l'assemblée nationale la croyoient dans le plus grand calme ; lorsqu'on avoit droit de l'attendre ; lorsque, pour l'obtenir, ce calme précieux, sa majesté est venue au milieu des représentans de la nation leur demander de lui aider à sauver l'état, leur dire qu'il s'en rapportoit à leurs lumières, qu'il se fioit à eux ; lorsqu'il a écarté de sa personne les ministres suspects, et rappelé ceux que la nation voyoit avec plaisir autour du souverain ; lorsqu'il a été dans Paris avec l'abandon et la confiance d'un père ! Quelle cruauté ! ..... »

« Aujourd'hui, messieurs, rien ne peut justifier la fureur où l'on vient de se porter contre deux individus...... (1). En vain M. Bailly a-t-il représenté qu'ils n'échapperoient point à la punition qu'ils méritoient ; que la vengeance qu'on en vouloit tirer, pour être retardée, n'en seroit que plus complette ; qu'on auroit révélation de leurs complices...... Rien n'a été écouté. »

« On n'a répondu que par des cris épouvantables, disons mieux, par des hurlemens : il faut les pendre. Un peuple immense, altéré de sang, a demandé les victimes, menaçant de se faire raison par la mousqueterie et le canon, si on n'obéissoit, si on ne les lui livroit sur-le-champ. Elles ont été arrachées des bras des électeurs et assassinées mille et mille fois. Le tableau de cette catastrophe, quelqu'effrayant qu'il fut, seroit toujours au-dessous de la réalité. Le croira-t-on, que dans un siècle aussi éclairé, dans un siècle de lumières, on s'est porté jusqu'à déchirer les entrailles d'un homme, et porter son cœur au bout d'une lance, porter la tête d'un autre en triomphe dans les rues, et traîner son cadavre dans toute la capitale ? »

« Le croira-t-on, que des cris de joie, d'allégresse, d'enthousiasme, étoient poussés à la vue de ces démembremens d'un homme ; qu'on formoit autour des danses, au son des instrumens ? »

« Ne croyez pas, messieurs, que ce soit seulement cette classe d'hommes qu'on qualifie de peuple, qui s'est portée à ces excès. Un nombre infini de citoyens accompagnoit la populace, l'encourageoit, l'animoit, et *plusieurs n'ont pas craint de se laver les mains dans le sang humain.* »

« Je frissonne lorsque j'envisage les suites funestes de ces excès atroces. Le peuple peut s'accoutumer à ces spectacles sanglans, se faire un jeu de répandre du sang. La barbarie peut devenir une habitude ; les proscriptions seront éternelles ; des haines particulières peuvent servir de prétextes..... »

« Je n'entends pas ici vous effrayer ; mais, messieurs, je dois vous dire ce que je sais ; *il existe une liste de proscripts ; soixante personnes y sont couchées, et plusieurs des honorables membres de l'assemblée sont du nombre* (1). »

Ces dernières paroles produisirent un effet singulier sur l'assemblée. La terreur glaça une partie des membres, plusieurs visages pâlirent, et dès ce jour les regrets d'avoir voté la convocation des états généraux, commencèrent à affliger plus d'un cœur. Les républicains aussi donnèrent des marques d'effroi en entendant cette subite et inattendue révélation ; mais cet effroi ressembloit à celui dont est saisi le coupable qui voit qu'on le devine.

Content d'avoir présenté ce tableau, M. de Gouy laissa à la sagesse de l'assemblée le soin de trouver le remède à la plaie qu'il venoit de mettre à découvert. MM. Mounier, l'évêque de Chartres, Desmeuniers, Malouet, Legrand se distinguèrent parmi ceux qui se rallièrent autour de M. de Lally.

M. Mounier fit observer que la proclamation de M. de Lally, étoit infiniment plus avantageuse que le silence, dans les circonstances où l'on se trouvoit. « La puissance législative, ajouta-t-il, doit se montrer ou jamais. Si cela réussit, comme il y a apparence, vous n'aurez qu'à vous louer de votre courage ; si cela ne réussit pas, au moins vous aurez fait votre devoir ;

---

(1) Le lecteur doit s'appercevoir que je retranche de ce discours, toutes les sottes et injurieuses déclamations contre la mémoire des infortunés qui venoient d'être égorgés. Des hommes bien nés auroient dû rougir de répéter les calomnies qui avoient servi de prétexte pour les immoler. C'est une monstrueuse lâcheté de poursuivre les morts au-delà du tombeau, et de s'acharner sur des cadavres.

(1) Considérez, lecteur, que c'est un républicain qui appuie ainsi de son témoignage le récit que j'ai fait des atrocités du 22 juillet.

et

et cette considération doit l'emporter sur toute autre. » C'étoit-là tout ce qu'on pouvoit dire de plus raisonnable en faveur de la proclamation.

M. l'évêque de Chartres parla avec beaucoup d'onction et de sensibilité. On voyoit qu'à chaque mot qu'il disoit des scènes affreuses qui se passoient dans Paris, son cœur se souleveit. Mais, hélas ! ce n'étoit pas avec des larmes qu'on pouvoit éteindre l'incendie qui alloit dévorer les autels comme le trône.

« Je vous demande, s'écria M. Desmeuniers, au nom de la capitale, au nom des malheurs publics, de délibérer dans l'instant sur cette proclamation qui doit être faite à Paris, et à dix lieues aux environs. »

« La proclamation de M. de Lally, dit M. Malouet, pure dans ses motifs, et modifiée dans ses principes, n'est plus susceptible de difficultés ; mais il est nécessaire d'y ajouter que le roi sera prié de donner aux municipalités, main-forte contre les attroupemens, suivant la demande des officiers municipaux. En s'opposant aux milices bourgeoises, on a craint un armement général, et cette crainte étoit juste. *La résistance à l'oppression est légitime, et honore une nation* (1) *; la licence l'avilit.* Une insurrection nationale contre le despotisme a un caractère supérieur à la puissance des lois, sans en profaner la dignité. Mais lorsqu'un grand intérêt a fait un grand soulèvement, alors le plus léger prétexte suffit pour réveiller les inquiétudes du peuple, et le porter à des excès.... Ce sont de tels malheurs qu'il est instant de prévenir, et tel seroit l'objet de la proclamation avec l'addition que j'ai proposée. Notre silence multiplieroit *les abus*.... Quant aux griefs dont le peuple se plaint, quant aux coupables qu'il désigne, ils ne doivent point échapper à la sévérité des lois ; mais c'est devant les tribunaux qu'ils doivent être poursuivis ; c'est au procureur-général du parlement que les plaintes et dénonciations doivent être adressées. »

Voilà comme les impartiaux, en voulant garder des ménagemens avec les rébelles, sont tombés dans d'absurdes raisonnemens. L'insurrection du peuple étoit contre le parlement comme contre la cour. L'oppression contre laquelle la résistance étoit légitime, venoit du parlement comme de la cour. Demander que cette compagnie jugeât ceux que désignoit le peuple, c'est-à-dire, dans le langage du moment, les oppresseurs, c'étoit demander que les oppresseurs se jugeassent eux-mêmes. Les insurgens avoient certainement une meilleure logique. Ils posoient bien le même principe que les impartiaux, mais les conséquences qu'ils tiroient n'étoient pas en contradiction avec le principe. Il faut s'étonner aussi d'entendre M. Malouet donner le doux nom d'*abus* à de sanguinaires monstruosités.

« Les bons citoyens, dit à son tour M. Legrand, attendent tout de vous. Leur confiance dans votre sagesse est entière. Il faut faire une proclamation pour inviter à la paix et au respect des lois. Ce n'est pas le peuple seul qui a besoin de cette invitation, ce sont des hommes qui, par leur costume, s'annonçoient pour être d'une autre classe, et qui partageoient les mêmes excès. »

On voit que les esprits les plus sages de l'assemblée croyoient, de la meilleure foi du monde, que la proclamation seroit suffisante pour opérer le rétablissement de l'ordre. Les républicains qui croyoient également qu'elle produiroit ce miraculeux effet, se déchaînèrent contr'elle avec fureur. Il n'y eût pas un seul mot de cette proclamation, qui échappât à leur censure. M. de Lally y faisoient dire à l'assemblée, *qu'elle avoit fait tout ce qu'elle avoit dû*. Cette expression qui supposoit que l'assemblée avoit des devoirs à remplir, déplût ; on en demanda la suppression : ceux qui la demandèrent, pensoient apparemment que l'assemblée ne devoit rien aux peuples. D'autres demandèrent qu'on retranchât également cette énumération de malheurs dont parloit M. de Lally, *ces proscriptions arbitraires*, *cette émigration du royaume*, *cette désertion des villes*, *cette division des familles*. Tout cela, suivant eux, n'étoit qu'exagération, que mensonges. Il y en eût qui s'effarouchèrent même du mot *proclamation*. « Ce mot, dirent-ils, entraîne après lui une idée tout au moins désagréable ; la seule annonce d'une proclamation a déjà soulevé les esprits. » Il est bien difficile de concevoir qu'une invitation à respecter les lois, à ne pas troubler la tranquillité publique, pût soulever d'autres hommes que des factieux.

---

(1) Si M. Malouet eût vu la joie dont s'épanouissoient les visages dans le côté des républicains, chaque fois qu'il répétoit ce principe, il se fut convaincu qu'en le prêchant, il mettoit une épée dans les mains d'un forcené. Prêcher que la résistance à l'oppression est légitime, sans avoir défini ce que c'est qu'oppression ; c'est prêcher une doctrine d'autant plus incendiaire, d'autant plus meurtrière, qu'elle est plus spécieuse. L'expérience a prouvé dans ces derniers temps, qu'on avoit toujours confondu oppression avec autorité légitime, avec autorité tutélaire. Je vais plus loin, et je dis qu'il est des momens dans la durée de la vie des états, où il faut voiler la statue de la vérité, comme à Rome on voiloit celle de la liberté, dans ces grandes convulsions de la république, qui exigeoient de recourir au remède de la dictature.

Je remarque au reste que M. Malouet n'a point inséré dans le recueil de ses opinions, celle qu'il prononça dans la séance du 23 juillet. Je remarque encore que quand on donne au public un recueil de ses opinions, on semble désavouer celles qui, ayant été prononcées à la tribune, ne se trouvent pas dans ce recueil.

T

« Une proclamation, ajoutèrent ceux qui ne vouloient pas même qu'on en prononçât le mot, indisposera certainement le peuple à qui elle aura l'air de faire *une leçon*, sous le nom d'invitation à la paix. Si l'invitation n'est point efficace, comme tout doit le faire croire, elle compromettra son autorité. »

« Messieurs, s'écrièrent aussi quelques républicains, ceux pour qui M. de Lally destine sa proclamation, ne savent pas lire. » Cette objection parut merveilleuse à tout le parti : lorsque, quelques jours après, il fut question de faire une déclaration des droits, le même parti trouva que tout le monde savoit lire en France.

On fit encore cette objection à M. de Lally : « Pour que votre proclamation puisse être promulguée, il faut qu'elle soit sanctionnée par le roi. Or, comment voulez-vous que le roi la sanctionne, quand la forme de la sanction n'est pas encore déterminée ? »

Lorsque je donnerai l'histoire de la nuit du 4 août, on verra que les mêmes hommes qui avoient fait cette objection, ne voulurent pas que le roi sanctionnât les arrêts pris dans cette fameuse nuit.

« Eh ! mon Dieu ! dit stoïquement le jeune Barnave, on est bien prompt à s'alarmer sur des orages qui accompagnent toujours les révolutions ! Quel est notre objet principal ? C'est de faire la constitution et d'assurer la liberté. Faisons donc la constitution, c'est le seul moyen de faire cesser les désordres, et de prévenir les maux futurs.... »

« Eh ! mais c'est-là une dérision, lui objecta M. Malouet ; attendre que la constitution arrête les malheurs dont nous gémissons, c'est dire que la puissance publique a disparu, jusqu'à ce que la constitution soit promulguée..... »

Cette très-étrange discussion fut interrompue par deux incidens qui établirent trois motions, concurremment avec celle de M. de Lally.

Le premier de ces incidens fut l'arrivée des deux députés envoyés par les électeurs de Paris, qui, comme je l'ai dit, demandèrent, au nom de l'assemblée des électeurs, la permission de faire traîner, dans les prisons de l'Abbaye Saint Germain, toutes personnes arrêtées sur le soupçon du crime de lèse-nation. Ces deux députés engagèrent l'assemblée à prononcer sur le tribunal qui devroit juger.

Un député particulier, envoyé par le district des Filles-Saint-Thomas, se présenta aussi dans l'assemblée. Il étoit suppléant de Paris, et s'appeloit Dufresnois. Il déclara franchement que tous les moyens dont s'occupoit l'assemblée, soit proclamation, déclaration ou invitation, étoient des moyens impuissans pour rétablir l'ordre. Cette franchise déplut aux républicains ; ils éclatèrent en murmures. Les murmures appaisés, le député demanda que, conformément à l'arrêté de son district, qu'il apportoit, l'assemblée nationale *autorisât, dans l'instant,* l'érection d'un tribunal formé par soixante jurés pris dans les soixante districts.

A cette proposition, à celle des électeurs de Paris, il s'en joignit une troisième : M. Prieur dit qu'il ne falloit pas que l'assemblée se contentât d'assurer le peuple que le peuple qu'il auroit vengeance des coupables ; mais qu'il falloit encore qu'elle les poursuivît elle-même, c'est-à-dire, qu'elle s'occupât de la recherche des agens de l'autorité, coupables du crime de lèse-majesté nationale, et d'établir un *comité des recherches*, pour recevoir les dénonciations. Voilà la première fois que le nom infernal de cet odieux comité, qui a englouti tant d'innocentes victimes dans les cachots, a été prononcé.

M. le comte de Virieu se récria beaucoup contre l'érection de tout tribunal (1). « Quelle confiance, dit-il, voulez-vous que le peuple ait en un tribunal formé à la hâte ? Vous dites qu'il y portera, et qu'il y perdra ses fureurs. De pareils établissemens rappelleront bien plutôt ces commissions devenues si odieuses à la nation, contre laquelle elles ont toujours été des instrumens d'un pouvoir despotique et arbitraire. »

« Eh ! pourquoi, demandèrent quelques députés royalistes, ériger un tribunal nouveau ? Est-ce que la France n'a plus de justice ? N'a-t-elle donc plus ni magistrats, ni lois, ni puissance exécutrice ? »

« Quoi ! vous voulez, dit M. Mounier, créer des lois et des tribunaux pour des faits antérieurs ! Vous voulez confier la poursuite et le jugement des crimes d'état à une seule ville ! Eh ! ne voyez-vous pas que cela est contraire à tous les principes ? La poursuite de pareils crimes n'appartient qu'aux représentans de la nation. C'est prostituer la sublime institution des jurés, que de la faire servir à la fureur populaire. Je vous demande si un tribunal, qui jugeroit des hommes accusés par une multitude altérée de sang,

_____
(1) Veut-on une nouvelle preuve ou de la mauvaise-foi ou de l'ignare précipitation des journalistes démagogues les plus accrédités ? M. le Hodey de Sault-Chevreuil, dans son journal des états-généraux, qui a été, pendant un temps, très-répandu, dit que M. de Virieu vota pour l'établissement d'une commission : et M. de Virieu tonna, avec chaleur, contre tout établissement semblable. Si ceux qui ont des collections de pareils journaux, vouloient les jeter au feu, ils rendroient un véritable service à ceux qui veulent bien connoître l'histoire de la révolution ; car alors on n'auroit plus un océan d'erreurs et de mensonges à traverser, pour arriver à la vérité.

et toujours prête, dans son ignorance stupide, à tourner en certitude les plus absurdes calomnies, auroit la liberté de protéger l'innocence, et si une pareille commission ne formeroit pas un tribunal de sang aux ordres des factieux, et mille fois plus redoutable que les satellites les plus abhorrés ? »

La très-grande majorité des républicains, malgré ces observations, paroissoit décidée à tout adopter, et la déclaration, l'infâme comité des recherches, et l'impolitique érection du tribunal des soixante jurés, et la nouvelle prison d'état. M. de Lally s'alarmant de tous les dangers qui résulteroient de ces trois dernières innovations, s'éleva contre ceux qui les sollicitoient. Le feu de son éloquence se ranima ; il reprit tout son courage, et appuyant l'avis de M. Mounier, il parla ainsi :

« Nous avons été envoyés pour affermir le droit de propriété ; et de tous côtés, les propriétés commencent à être violées. »

« Nous avons été envoyés pour rétablir la liberté individuelle, et la liberté individuelle reçoit des atteintes multipliées. »

« Nous n'avons, au moins, qu'à gémir de ces deux calamités ; nous n'avons point encore à en répondre, et si nous voulions, nous aurions peut-être bientôt à nous féliciter de les avoir arrêtés. »

« Mais nous avons été envoyés aussi pour empêcher qu'aucun citoyen ne soit soustrait à ses juges naturels, pour anéantir jusqu'au nom de *commission*. Si nous allions nous-mêmes en créer une, quel seroit notre motif ? Où seroit notre excuse ? »

« Voudroit-on, dès ce moment, créer un tribunal permanent ? Mais qui de nous est en état de prononcer sur cette grande question ? Toutes les parties de la constitution ne sont-elles pas liées ensemble ? Le tribunal quelconque que nous érigerions aujourd'hui, ne sera-t-il pas nécessairement provisoire et passager ? Or, un tribunal qui naît pour une affaire, et qui meurt avec elle, n'est-il pas une commission ? »

« On parle de l'établissement des jurés ; mais nous le propose-t-on dans sa pureté ? N'y a-t-il pas ici une équivoque de mots ? Qui plus que moi sent le prix de cette procédure par jurés, de ce jugement des pairs que le génie de l'humanité a inventé pour préserver l'innocence ? Un crime est dénoncé ; la société a besoin d'être rassurée ou vengée : une magistrature s'élève qui n'existoit pas hier, qui n'existera plus demain, qui ne doit durer que le temps qu'on aura besoin d'elle pour rétablir l'ordre. Elle n'a pas contracté, dans l'habitude du pouvoir, la dangereuse facilité d'en abuser. Elle apporte, au jugement qu'elle va prononcer, cette frayeur salutaire qu'un homme éprouve toujours, la première fois qu'il décide de l'honneur et de la vie d'un autre homme. Enfin l'accusé choisit lui-même ses juges ; écarte du tribunal quiconque lui est suspect ; ceux qui vont disposer de son sort, c'est lui qui leur en a donné le droit. Voilà les avantages du jugement par jurés. Les trouve-t-on dans la proposition qui nous est faite ? On forme un juré d'avance, pour toutes les accusations, pour tous les accusés indistinctement. C'est une espèce de tribunal permanent, et par qui sera-t-il formé, et dans quelle circonstance ? »

« Les jurés, d'ailleurs, ne doivent prononcer que sur le fait. Quelle sera la cour suprême de justice qu'on lui adjoindra pour prononcer sur le droit ? On ne cesse de nous dire que celles qui existent ne méritent pas la confiance publique. Je demande en vain, depuis quatre jours, qu'on les arme de la force nécessaire pour maintenir les lois. Il faudra donc en créer une nouvelle : de quelque côté qu'on se tourne, on retombe dans une commission. »

« Les jurés, enfin, peuvent-ils être juges des crimes de lèse-nation ? Autre grande question à éclaircir, et qui n'est pas même effleurée. Ce genre d'accusation sort de l'ordre commun. Ici les accusateurs doivent être, ne peuvent être que les représentans de la nation. Où sera le simple juré, où sera le tribunal ordinaire qui pourra se flatter de donner un jugement libre, et de n'être pas involontairement dominé par l'autorité d'accusateurs si puissans ? Les germains, nos premiers ancêtres, jugeoient ces grands procès dans leurs assemblées nationales. Nos voisins ont fait passer chez eux cet usage en loi ; ils ont marqué leur chambre des communes pour accuser, et leur chambre des pairs pour juger. Vraisemblablement nous tirerions aussi de notre sein cette cour suprême à laquelle nous remettrions la destinée de ceux qui auroient tenu celle de l'état dans leurs mains ; mais tant que nous n'aurons pas arrêté l'organisation de nos assemblées, comment y former un tribunal ? »

« C'est, sans doute, un inconvénient que celui de différer la justice qui peut être due au peuple, ou de prolonger la captivité de ceux qui pourront être jugés innocens ; mais pour l'intérêt du peuple, il vaut mieux que cette justice soit plus lente et plus régulière ; et pour l'intérêt des innocens, il vaut mieux retarder leur liberté que compromettre leur salut. »

« Si l'on veut se borner à un tribunal d'enquête destiné uniquement à examiner s'il y a lieu à une accusation, comme font les grands jurés en Angleterre, ou à recueillir et préparer les charges, comme la pratique la chambre des communes avant de porter son *impéachement* devant la chambre des pairs, je ne m'y oppose point. »

« Si l'on veut qu'auprès des ruines consolantes de la Bastille, il s'élève une prison, sous ce nom terrible de prison d'état, destinée spécialement à ceux qui seroient accusés du crime de lèse-nation, à la bonne heure encore, pourvu que l'accusation précède la détention; mais je m'oppose formellement à la création de tout tribunal, autre que celui qui sera établi par la constitution. »

Lorsque M. de Lally eut fini de parler, un bruit tumultueux se fit entendre dans toute la salle. D'un côté, on crioit: *aux voix, aux voix*; de l'autre, *à l'ordre, à l'ordre*. Au milieu de ce bruit, M. de Liancourt s'agitoit, sollicitoit du silence, et faisoit cette question: « doit-on admettre ou non la proclamation de M. de Lally? » On ne répondoit à M. de Liancourt, qu'en répétant les cris: *aux voix, à l'ordre*. Cependant il étoit tard, et il falloit bien, avant de lever la séance, prendre une détermination quelconque; il falloit dire si on vouloit ou si on ne vouloit pas de la proclamation. M. de Liancourt étant parvenu à se faire entendre, et ayant pressé avec instance l'assemblée de donner une décision, la majorité lui cria: *aux bureaux, avec les amendemens*. La proposition fut mise aux voix par assis et levé; et il fut décidé que la proclamation retourneroit dans les bureaux, avec les amendemens déjà faits, et sans préjudice de ceux qui pourroient encore être faits. Ainsi, à la fin de cette longue séance, M. de Lally n'eut pas encore la certitude que cette proclamation, à laquelle il avoit d'abord attaché tant de prix, seroit acceptée. Malgré ses ménagemens, ses sacrifices, et la gravité des circonstances, il doutoit encore s'il obtiendroit une foible portion de la victoire qu'il ambitionnoit, aux dépens de sa popularité.

Les bureaux s'assemblèrent à cinq heures et demie du soir; on y disputa sur chaque phrase, chaque mot de la proclamation; tout ce qu'il étoit possible de dire pour l'affoiblir, pour en rendre l'effet nul, fut dit et mis en œuvre, tant les républicains craignoient que ceux qui fomentoient et commettoient les désordres, pussent croire qu'on n'avoit pas envie de les encourager, de les protéger.

A huit heures du soir, tous les bureaux se réunirent en assemblée générale; la proclamation reparut sous les nouvelles formes qu'on lui avoit données; la discussion et les amendemens recommencèrent. Il y en eut de fort raisonnables: tel fut celui de M. l'abbé Grégoire, qui, dans cette occasion, parla en digne ecclésiastique. Il rappela l'heureuse intervention qu'avoient eue les curés, dans les émeutes qui eurent lieu en 1775, à l'occasion de la disette des grains. Il demanda qu'on ajoutât, à la proclamation de M. de Lally, que l'assemblée nationale comptoit particulièrement sur le zèle des pasteurs, pour ramener et entretenir la tranquillité publique. « Il parleront, dit-il, au nom du dieu de paix et de la patrie, et leurs voix touchantes retentiront dans le cœur de leurs paroissiens, accoutumés à voir en eux les organes de la religion, des mœurs et de la soumission aux lois. » Cet éloge du second ordre des pasteurs, n'est pas suspect dans la bouche de M. l'abbé Grégoire.

« Oui, dit un autre ecclésiastique, il faut engager les pasteurs de toutes les provinces du royaume, à tranquilliser les peuples au nom de la religion; il faut envoyer cette adresse incessamment. Qui de vous, ajouta-t-il, en s'adressant aux curés ses confrères, ne voudroit pas être dans ce moment au milieu de ses paroissiens, pour leur faire entendre des paroles de paix et de confiance dans les travaux de l'assemblée? »

« S'il est des hommes, dit M. Sintez, qui par leurs crimes ayent causé les malheurs du peuple, ils doivent être punis; mais des peines qui ne seroient point infligées par les tribunaux, violent les règles de la justice, et en dérobant les coupables à la loi, les dérobent à l'ignominie, peine plus forte que la mort même. D'ailleurs ces punitions précipitées privent de la filiation des preuves que les tribunaux acquerroient par les formes établies; il faut donc exhorter les tribunaux à faire le procès aux coupables, et à les punir selon les lois de l'état. »

M. Pétion de Villeneuve, voyant que la séance étoit déjà fort avancée, que personne ne réclamoit plus contre la proclamation, fit entendre encore une fois, avant qu'on allât aux voix, l'absurde proposition de l'établissement des jurés.

« Cédons, dit à son tour M. Lelong, cédons, messieurs, à l'ordre naturel des choses, en réclamant un tribunal composé de magistrats et de jurés: il existe des crimes, il faut les punir; faites annoncer cette résolution, et vous verrez renaître le calme; alors vous inviterez le peuple à rentrer dans l'ordre, et votre proclamation ne sera plus que l'expression même de ses vœux, et le retour d'une confiance qu'il n'avoit perdue, que parce que les lois ont été muettes. »

« Messieurs, s'écria M. Darnaudat, il est urgent, très-urgent de prendre un parti. Celui du silence ou du retardement compromettra l'assemblée. Tout annonce de nouveaux malheurs. Il ne peut être question d'établir aucun tribunal définitif ni provisoire. Un tel tribunal ne pourroit qu'être inutile ou dangereux. »

« Quant à moi, dit avec ingénuité le jeune comte Mathieu de Montmorency, qui n'avoit pas encore bien saisi l'esprit des républicains, je n'ai pas cette fermeté stoïque qui regarde les événemens actuels comme de simples accidens. Il faut inviter les citoyens à la paix et au respect des lois. Je pense aussi que le silence ne pourroit que nous compromettre. »

Il étoit minuit; l'assemblée entière se trouvoit excédée de cette longue discussion. Autant par lassitude que faute de nouveaux amendemens, on se décida, à l'unanimité, à prononcer définitivement sur la proclamation de M. de Lally, c'est-à-dire, à l'accepter ou à la rejeter. Toutes les autres motions furent écartées. Seulement pour ce qui regardoit l'érection d'un nouveau tribunal, on convint qu'il seroit annoncé que l'assemblée régleroit, dans la constitution, l'établissement d'un tribunal qui connoîtroit et jugeroit les crimes de lèse-nation.

A minuit donc, la proclamation de M. de Lally, *mille fois amendée et sous-amendée*, comme dit le comte de Mirabeau dans sa lettre à ses commettans, fut lue de nouveau, et enfin approuvée à la presqu'unanimité des voix. Après l'avoir lue, on l'envoya dans le bureau de rédaction, où elle subit encore quelques changemens. A une heure après minuit, elle fut rapportée dans l'assemblée, où il s'en fit une seconde lecture, et où M. Robertspierre obtint encore quelques légères modifications. Après cette seconde lecture, un nouvel arrêté l'approuva irrévocablement, et ordonna qu'elle seroit, au moment même, imprimée et envoyée sur-le-champ à la ville de Paris. Cela n'empêcha pas que, dans la séance du matin, on n'en fît une troisième lecture; mais celle-ci ne donna lieu à aucun nouveau changement. Voici cette fameuse et inutile pièce, telle que l'assemblée l'a avouée.

« L'assemblée nationale considérant que, depuis le premier instant où elle s'est formée, elle n'a pris aucune résolution qui n'ait dû lui obtenir la confiance des peuples;

« Qu'elle a déjà établi les premières bases sur lesquelles doivent reposer la liberté et la félicité publique;

« Que le roi vient d'acquérir plus de droit que jamais à la confiance de ses sujets;

« Que non-seulement il les a invités lui-même à réclamer leur liberté et leurs droits; mais que, sur le vœu de l'assemblée, il a encore écarté tous les sujets de méfiance qui pouvoient porter l'alarme dans les esprits;

« Qu'il a éloigné de sa capitale les troupes dont l'aspect ou l'approche y avoient répandu l'effroi;

« Qu'il a éloigné de sa personne les conseillers qui étoient un objet d'inquiétude pour la nation;

« Qu'il a rappelé ceux dont elle desiroit le retour;

« Qu'il est venu dans l'assemblée nationale, avec l'abandon d'un père au milieu de ses enfans, lui demander de l'aider à sauver l'état;

« Que, conduit par les mêmes sentimens, il est allé dans sa capitale, se confondre avec son peuple, et dissiper, par sa présence, toutes les craintes qu'on avoit pu concevoir;

« Que, dans ce concert parfait entre le chef et les représentans de la nation, après la réunion consommée de tous les ordres, l'assemblée s'occupe, et ne cessera de s'occuper du grand objet de la constitution;

« Que toute méfiance qui viendroit actuellement altérer une si précieuse harmonie, ralentiroit les travaux de l'assemblée, seroit un obstacle aux intentions du roi, et porteroit en même temps une funeste atteinte à l'intérêt général de la nation, et aux intérêts particuliers de tous ceux qui la composent;

« Qu'enfin, il n'est pas de citoyen qui ne doive frémir, à la seule idée de troubles dont les suites déplorables seroient la dispersion des familles, l'interruption du commerce; pour les pauvres, la privation de secours; pour les ouvriers, la cessation de travail; pour tous, le renversement de l'ordre social;

« *Invite* tous les françois à la paix, au maintien de l'ordre et de la tranquillité publique, à la confiance qu'ils doivent à leur roi et à leurs représentans, et à ce respect pour les lois, sans lequel il n'est pas de véritable liberté;

« *Déclare*, quant aux dépositaires du pouvoir qui auroient causé ou causeroient, par leurs crimes, les malheurs du peuple, qu'ils doivent être accusés, convaincus et punis; mais qu'ils ne doivent l'être que par la loi, et qu'elle doit les tenir sous sa sauvegarde jusqu'à ce qu'elle ait prononcé sur leur sort; que la poursuite des crimes de lèse-nation appartient aux représentans de la nation, que l'assemblée, dans la constitution dont elle s'occupe sans relâche, indiquera le tribunal devant lequel sera traduite toute personne accusée de ces sortes de crimes, pour être jugée suivant la loi, et après une instruction publique.

« Et sera la présente déclaration imprimée et envoyée par tous les députés, à tous leurs commettans respectifs.

« Fait en l'assemblée nationale, ce 23 juillet 1789 (1). »

Si l'on compare actuellement cette proclamation avec celle présentée par M. de Lally, on verra que les deux ouvrages ne se ressemblent guères : il avoit

---

(1) On trouve, parmi les opinions de M. le comte de Lally, qu'il a fait imprimer à la fin de sa seconde lettre à ses commettans, la déclaration du 23 juillet. M. de Lally auroit dû prévenir le lecteur que cette déclaration n'étoit point celle qu'il avoit composée et présentée. C'est par erreur aussi que M. Mounier, dans l'exposé de sa conduite, dit que cette proclamation fut admise dans la séance du 24 juillet. Elle fut irrévocablement acceptée dans la séance de la nuit du 23 au 24.

dit : *L'assemblée a fait tout ce qu'elle a dû*. L'assemblée ne voulut pas qu'on lui fît dire qu'elle devoit quelque chose à *la régénération de l'état*, elle substitua *la liberté*. Elle convint que le roi avoit des droits à la confiance de ses sujets ; mais elle ne voulut pas avouer que le roi *avoit dû obtenir leur confiance*.

M. de Lally avoit mis aux nombre des fléaux qu'entraînerent les troubles actuels, les proscriptions arbitraires, les émigrations nombreuses, la désertion des villes, la dispersion des familles ; pour les riches, la ruine de leur fortune; pour les pauvres, la cessation des secours ; pour les ouvriers la cessation du travail ; pour tous, le renversement de l'ordre social. L'assemblée ne vit d'autres inconvéniens dans la prolongation des troubles, que la dispersion des familles, l'interruption du commerce, la privation de secours pour les pauvres, la cessation de travail pour les ouvriers, et laissa-là tout intérêt pour les riches.

Elle n'eût garde d'adopter la clause comminatoire : que *désormais quiconque exciteroit des troubles seroit réputé mauvais citoyen et sujet rebelle*. Retrancher cette clause, c'étoit dire assez clairement que l'on pouvoit exciter des troubles, et cependant être bon citoyen et sujet fidelle.

On réprouva aussi la maxime que *la peine la plus juste du délit le plus avéré, étoit elle-même un délit quand elle n'étoit pas prononcée par la loi*. Adopter cette maxime qui n'étoit pas bien sévère, c'eût été déclarer coupables les assassins de MM. Foulon et Berthier, et on n'avoit nulle envie de leur faire leur procès.

On eut également grand soin de rejeter toute clause qui auroit armé les tribunaux de la force nécessaire pour le maintien des lois, les tribunaux auroient pu obéir à la clause, et ce n'étoit pas cette sorte d'obéissance qu'on leur demandoit.

On accorda à M. de Lally la faveur de se rendre au comité de rédaction, pour être présent aux derniers changemens qui seroient faits à sa proclamation déjà si mutilée. M. Bergasse, qui étoit membre de ce comité, se réunit à lui : tous les deux firent des efforts incroyables pour qu'il fût ajouté à la proclamation, qu'elle seroit portée au roi, et qu'il seroit supplié de l'envoyer dans tout le royaume, et de la faire lire dans toutes les églises. Ils ne purent rien obtenir à cet égard. Les curés eussent obéi : on aima mieux s'en rapporter, du soin d'envoyer cette pièce, aux députés qui l'envoyèrent s'ils voulurent. Il est à croire que ceux, d'entre les républicains, qui la firent passer à leurs commettans, l'accompagnèrent d'un commentaire qui pût lui faire produire un effet tout contraire à sa véritable destination.

MM. Bergasse et de Lally furent plus heureux sur l'article qui parloit de l'établissement d'un tribunal destiné à juger les crimes de lèse-nation. Le comité avoit rédigé cet article de manière que, bien loin de contenir l'injustice de ceux qui égaroient le peuple, il flattoit sa fureur. Ils parvinrent, à force de sollicitations, à arracher l'article tel qu'il se trouve dans l'œuvre avouée par l'assemblée.

Voilà à quoi aboutirent l'éloquence, les combats, les démarches, la condescendance de M. de Lally. Je sortois, nous dit-il à ce sujet, d'une grande et funeste épreuve. En rapprochant les applaudissemens que ma motion avoit reçue, les combats qu'elle avoit essuyés, les retranchemens qu'elle avoit subis, je me trouvai, dès ce moment, éclairé sur une terrible vérité. Cette terrible vérité que M. de Lally, donnant toujours trop aux phrases et aux sentimens, voyoit un peu tard, c'est qu'il existoit une relation intime entre les factieux de l'assemblée et ceux du dehors. Pour rompre cette fatale relation, qui livroit l'empire à ses destructeurs, c'étoit de l'énergie qu'il falloit, et non une proclamation.

J'ai un peu insisté sur cette séance, non-seulement parce que dans aucune les républicains n'avoient encore mieux laissé appercevoir le but où ils marchoient ; mais aussi parce qu'aucune ne dévoila, avec moins de mystère à ceux qui se proposoient de continuer les désordres, toute l'indulgence, toute la protection qu'ils trouveroient dans le sein de l'assemblée. Le lecteur fera aussi, sur cette séance, une réflexion bien affligeante, il s'étonnera sans doute avec douleur du peu de force et de courage qu'y déployèrent les royalistes pour arrêter, autant qu'il étoit en eux, l'épouvantable torrent de maux qui alloit inonder notre patrie. Il se débordoit depuis la convocation des états-généraux ; depuis la séance du 23 juillet, il rouloit, il entraîna tout sans contrainte. La dérisoire proclamation, comme on le verra dans la suite de cette histoire, bien loin de lui faire obstacle, ajouta à sa rapidité.

CHAPITRE LXIV.

Effet que produit à Paris la proclamation ; simplicité de M. de Lally ; aventure d'une des femmes de madame de Simianne ; généreuse déclaration des gardes-françoises ; aventures de M. le baron de Castelnau ; conduite que tiennent à son égard M. Bailly et les électeurs ; comment ils se déchargent des suites de l'affaire sur l'assemblée nationale ; conduite de M. de Liancourt ; asiatique motion de M. le comte de Châtenay ; fanatique discours de M. Rewbell ; forcenée déclamation de M. de Gouy ; motion de M. l'évêque de Langres ; belles phrases de M. de Lally ; opinion du comte de Mirabeau ; résultat de cette discussion ; abus de la violation des lettres ; coup-d'œil de l'auteur sur la partie la plus intéressante de son histoire.

Suite de Juillet 1789, et du second mois de l'interrègne.

Quand on lira les événemens que j'ai encore à raconter, on ne concevra rien à la chaleur que l'assemblée nationale mit dans ses débats sur la proclamation présentée par M. de Lally. A considérer les mouvemens qu'elle occasionna parmi les royalistes et les républicains, n'eût-on pas dit que ceux-là la regardoient comme un nouvel étendard qui alloit nous rallier tous autour du trône, et que ces derniers en redoutoient le renversement de tout le nouveau système ? Cependant dès qu'elle eut paru, tout le monde la dédaigna, personne n'y pensa plus. Les françois, fidelles au roi, n'eurent pas la sotte confiance qu'elle pût leur servir d'égide contre les brigands et les assassins ; d'un autre côté, les factieux ne crurent pas un instant qu'elle eût la faculté d'arrêter l'exécution d'un seul de leurs projets ultérieurs. Ainsi, et les émigrations et les exécutions arbitraires continuèrent. M. de Lally pour s'excuser d'avoir ajouté une foi aveugle à l'efficacité d'un pareil remède, s'en prend aux modifications et aux retranchemens qu'on fit subir à son premier projet. *Les difficultés*, nous dit-il, avec *une simplicité qu'on ne pardonneroit qu'à un idiot, qu'il avoit essuyées, même avant la séance du 23, lui avoient déjà fait perdre la moitié de son efficacité* (1). M. de Lally ne voyoit donc rien de ce qui se passoit autour de lui ? Comment, avec autant d'esprit, se fit-il illusion au point de croire que son projet, quand il eut resté en son entier, eût fait plus que n'avoient fait la sagesse, la bonté, les efforts du roi ? Quand on raisonne comme raisonna M. de Lally sur les effets de cette proclamation, et qu'on se trouve ensuite démenti d'une manière si formelle par l'événement, on peut bien faire de belles phrases dans une tribune, ou imprimer des opinions châtiées à loisir ; mais on ne devroit pas se mêler des affaires du gouvernement.

Je ne sais pas si les députés furent bien exacts à envoyer cette proclamation à leurs commettans ; mais je sais fort bien qu'elle ne produisit aucune sorte de sensation dans la capitale. A peine y fut-elle connue de quelques personnes. L'assemblée nationale l'envoya bien aux électeurs, mais ceux-ci se contentèrent de l'ajouter sans mention à toutes les inutilités qui grossissent leurs procès-verbaux. Le jour même où ils la reçurent, on vint leur faire le récit d'un nouveau désordre qui supposoit que la ville de Paris se croyoit toujours en guerre. L'occasion étoit favorable pour mettre en avant l'invitation à la paix ; l'idée n'en vint pas même aux électeurs. Voici quel étoit ce nouvel attentat.

Une berline attelée de six chevaux passoit sur

---

(1) Seconde lettre à ses commettans, pag. 87.

le quai des morfondus ; elle étoit suivie de trois chevaux de main. Des patrouilles bourgeoises, concurremment avec des gardes-françoises se jetèrent sur cette voiture et ses chevaux, et les saisirent. Une femme-de-chambre de madame de Simianne, belle-fille de M. le duc du Châtelet, qui étoit dans la berline, réclama contre cette violence, dit que les chevaux et la voiture appartenoient à sa maîtresse, et qu'on n'avoit aucun droit de s'emparer de ce qui lui appartenoit. On répondit à la femme-de-chambre qu'elle mentoit ; que ces effets appartenoient à M. le duc du Châtelet, et qu'ils étoient bien loyalement saisis. Ceux qui faisoient cette capture, pour prouver qu'ils ne se trompoient pas sur le véritable propriétaire, dirent qu'ils reconnoissoient un des postillons ; qu'ils l'avoient déja arrêté une fois dans la nuit du 14, et qu'ils lui avoient trouvé dans une de ses bottes, sept lettres, toutes les sept contre-signées *du Châtelet*.

La femme-de-chambre auroit pu répondre qu'il n'étoit pas plus permis de voler M. du Châtelet, que madame de Simianne ; mais environnée de cent bayonnettes et d'une populace bruyante, elle n'eût garde de rien répliquer à des gens qui lui paroissoient ne pas aimer les contradictions, et s'estima fort heureuse si elle pouvoit sortir de cette avanture, la vie sauve. On conduisit les chevaux et la voiture à la place Dauphine où on les visita très-exactement. Les chevaux furent mis en fourrière, et gardés par deux gardes-françoises, comme on garde le butin fait sur l'ennemi.

Quant à la femme-de-chambre, on la traîna à l'hôtel-de-ville avec des peines incroyables, à travers un peuple immense qui demandoit humainement qu'il lui fût permis de la mettre à lanterne. Cette pauvre femme resta plusieurs heures à l'hôtel-de-ville entre la vie et la mort, attendant à tout instant une fin aussi cruelle que celle qu'on avoit fait subir à MM. Foulon et Berthier. On demandoit aux électeurs, ce qu'il falloit faire de la prisonnière, ils ne répondoient rien ; on envoyoit chez M. Bailly, chez M. de la Fayette ; on recevoit de l'un et de l'autre, de quart-d'heure en quart-d'heure, des ordres qui n'étoient pas bien clairs, et qui se contredisoient mutuellement.

Enfin, la prisonnière parvint à s'évader de cet antre, avec tout autant de peine qu'on l'y avoit jetée. Les chevaux et la voiture restèrent au pouvoir de ceux qui s'en étoient emparés. Ils dirent aux électeurs, que c'étoit-là une prise de guerre, qui, étant faite sur l'ennemi, et n'ayant point été réclamée dans les vingt-quatre heures, devoit leur appartenir. « Pour nous confirmer, dirent-ils encore, toujours plus dans la certitude que cette prise est faite sur le duc du Châtelet, nous avons fait inventorier tous les effets qu'elle contient, et nous n'y avons trouvé que des effets à usage d'homme, et marqués au nom du duc du Châtelet. Cette circonstance nous prouve que madame de Simianne n'est que son prête-nom. »

Ces bourgeois, pour donner plus de force à leur raisonnement, parlèrent au nom des gardes-françoises. Ils dirent que ces soldats, dont ils étoient les organes, avoient des répétitions à faire contre leur ancien chef qu'ils accusoient de n'avoir cessé de les concussionner, depuis qu'il étoit à leur tête. « Vous voyez bien, dirent-ils en finissant, que nous ne devons pas leur faire soupçonner nos intentions amicales, dans un moment où ils ont réuni leurs forces à celles de tous les citoyens, pour la défense commune ; nous ne pouvons donc relâcher cette prise. »

Les électeurs n'eurent garde ni de dire le contraire, ni d'exhiber l'invitation à la paix pour prouver qu'on n'étoit plus en état de guerre ; ils promirent seulement qu'ils mettroient en délibération s'il falloit rendre les effets arrêtés, aux propriétaires, ou les confisquer au profit des réclamans. Il étoit assez singulier que la chose parut douteuse. Mais la délibération qui auroit fort embarrassé ce timide tribunal, n'eût pas lieu. Les gardes-françoises furent plus généreux que les bourgeois qui s'étoient dit leur organe ; ils les désavouèrent formellement par une déclaration qu'ils déposèrent sur le bureau des électeurs, et qui étoit ainsi conçue :

« MESSIEURS,

« Les gardes-françoises sont trop sensibles à l'intérêt que M. le marquis de la Fayette, et MM. les électeurs prennent à ce qui les intéresse, pour ne pas leur jurer la plus sincère reconnoissance. Elle seule guidera toujours leurs actions et leur sincère dévouement pour la patrie. »

« Recevez, s'il vous plaît, messieurs, au nom du corps, leur protestation authentique contre la réclamation faite des voiture et chevaux de M. le duc du Châtelet ; ils reconnoissent n'y avoir aucun droit ; et ils en auroient usé strict, qu'ils l'oublieroient encore, pour prier MM. les électeurs, d'en juger eux-mêmes, surtout de manière à ce que le désintéressement que le corps s'est juré unanimement, n'y soit point blessé, et soit reconnu. »

Cette démarche, sans doute bien louable de la part des gardes-françoises, délivra fort heureusement les électeurs de l'embarras où les avoit jetés la prétendue réclamation de ces soldats, et la voiture, ainsi que les chevaux, furent rendus.

Un autre attentat suivit immédiatement la publicité de la déclaration. M. le baron de Castelnau, résident de France à Genêve, passant paisiblement dans sa voiture sur le pont royal, fut arrêté, fouillé avec une scandaleuse indécence, traîné au district des Petits-Augustins, et de-là à l'hôtel-de-ville. Le bruit

répandit

répandit qu'à l'instant où il vit arrêter ses chevaux, il porta à la bouche, une lettre qu'il tenoit à la main, la déchira avec les dents, la mit en pièces, et que ceux qui se saisirent de sa personne, recueillirent ces lambeaux de papier avec beaucoup de soin. Les journalistes de Paris accréditèrent cette fable en l'insérant dans leur feuille. Elle ne se trouve que là. Ils crurent, en la publiant, justifier l'insolence qu'on s'étoit permise envers M. de Castelnau. C'étoit un pitoyable raisonnement; il auroit, tout au plus, justifié la saisie qui fut faite de ses papiers; mais il ne justifioit pas l'arrestation de sa voiture; ceux qui lui firent cet affront, ne pouvoient pas deviner qu'il tenoit une lettre à la main, et qu'il la déchireroit avec les dents.

Je place ici de suite ce qui est relatif à M. de Castelnau, afin de ne pas morceler le récit de cette affaire qui, par la prudence ou l'adresse de M. Bailly, fit beaucoup de bruit. Tous les papiers trouvés sur M. de Castelnau, quoiqu'en dise le journal de Paris, consistoient en un paquet et quatre lettres, dont une adressée à M. le comte d'Artois. Ces papiers furent remis au comité des électeurs. Ils déclarèrent qu'ils avoient reçu le paquet et la lettre à M. le comte d'Artois, cachetés; mais que les autres lettres étoient ouvertes. Ainsi cette violation ne sauroit leur être imputée.

Il n'y avoit pas de jour et pas d'heure dans la journée où l'on ne fît de pareilles saisies, où l'on ne dépouillât quelque cavalier ou quelque personne en voiture, de ses papiers que l'on portoit ensuite aux électeurs, qui les scelloient du cachet de la ville, et l'affaire n'alloit pas plus loin. Mais le caractère public dont étoit revêtu M. de Castelnau, fit faire des réflexions à M. Bailly; il n'osa pas lui rendre ses papiers, pour ne pas paroître, aux yeux du peuple, être d'intelligence avec un gentilhomme fortement soupçonné d'aristocratie; mais d'un autre côté, il n'osa pas les garder. Il proposa au comité de rendre à M. de Castelnau, sa liberté qui lui fut en effet rendue, et d'envoyer les papiers à l'assemblée nationale. Cette idée fut saisie avec avidité, et il faut convenir qu'elle étoit heureuse. Les électeurs se déchargeoient de toute responsabilité des suites que pourroit avoir la détention de ces papiers. Ils mettoient de plus l'assemblée dans la nécessité d'ouvrir enfin les yeux sur l'abus monstrueux de ces continuelles violations du dépôt le plus sacré. Ils n'avoient ni le courage, ni la force d'arrêter ce désordre. Ils se flattoient que l'envoi qu'ils faisoient à l'assemblée, la détermineroit à prononcer, à ce sujet, une décision qui les rendroit plus forts, sans les rendre odieux.

Les papiers de M. de Castelnau furent donc envoyés à M. de Liancourt. Il les reçut, au sortir de la séance du 24 qui fut toute entière employée à des lectures d'adresses de félicitation, et à une discussion sur la validité des pouvoirs de quelques députés. M. de Liancourt emporta ces papiers chez lui; mais ensuite, soit qu'il apperçut de lui-même le piège, et à quoi ce dépôt entraînoit l'assemblée, soit qu'on le lui fît appercevoir; il renvoya les papiers aux électeurs.

Il suffisoit cependant qu'il eût été un seul instant dépositaire de ces lettres, pour qu'il eût contracté l'obligation de prouver authentiquement qu'elles n'étoient plus en sa possession. D'ailleurs, elles ne lui avoient été confiées que pour être remises à l'assemblée nationale. Il étoit donc indispensable qu'il l'instruisît de cette affaire; il lui en parla dès le lendemain matin; il dit qu'il avoit cru devoir renvoyer le paquet aux électeurs, parce qu'il étoit dans l'opinion que l'assemblée ne pouvoit ni ne vouloit connoître des détails de la police de Paris et de ses districts.

« Au surplus, ajouta M. de Liancourt, si l'assemblée que je n'ai pas eu le temps de consulter, veut néanmoins prendre connoissance du paquet, elle pourra le réclamer à l'hôtel-de-ville. »

Sur cette proposition, on éleva la question si l'assemblée avoit le droit de violer le secret des lettres. MM. le comte de Châtenay, Rewbell et de Gouy d'Arcy, furent hardiment pour l'affirmative, et il fut bien étrange d'entendre des hommes qui se disoient passionnés pour la liberté, vouloir justifier le plus grand abus d'autorité que puisse commettre un despote.

« Je demande, dit M. le comte de Châtenay, que toutes lettres, paquets, correspondance interceptés comme suspects, soit dans Paris, soit dans les autres villes et provinces du royaume, depuis l'origine des troubles, soient réunis et fidèlement gardés dans un dépôt, et sous la sauve-garde publique, pour être transcrits sur un procès-verbal, et les minutes annexées pour être représentées à l'assemblée nationale, lorsque, conformément à son arrêté du 23, elle jugera nécessaire d'éclairer la conduite des ministres et autres agens des troubles affreux qui désolent la France, et dont le terme n'est pas calculable. »

Quelle tyrannique domination annonçoient des hommes qui parloient ainsi! Ils venoient d'inviter les françois à la paix, et ils secouoient eux-mêmes les flambeaux de la discorde. M. de Châtenay n'avoit pas motivé son asiatique motion; M. Rewbell motiva la sienne; il parla ainsi:

« Messieurs, tout l'univers a les yeux ouverts sur nous, et la France attend et a droit d'attendre de la sagesse de l'assemblée, qu'elle sera en garde contre tout ce qui pourroit préjudicier à la chose publique et à la liberté..... L'expérience nous a convaincus de ce que nous avions à craindre des complots et des menées sourdes de ces hommes qui croyent encore, même à présent, que des usages, des droits établis contre

V

toute justice et toute raison, doivent avoir leur plein et entier effet, parce qu'on compte des siècles depuis l'établissement et la vigueur de ces usages. »

« Craignez que les auteurs des complots formés contre nous, pour se venger de notre prévoyance, ne cherchent encore de nouveaux moyens pour triompher de nous. »

Voilà de quelle manière on proclamoit la paix dans l'assemblée nationale. Après cette insensée philippique contre ceux que le peuple vouloit égorger, M. Rewbell conclut à ce que tous les papiers relatifs aux circonstances présentes fussent remis à l'assemblée, et déposés dans un de ses bureaux, pour lui être communiqués.

M. de Gouy, le plus inconséquent comme le plus frivole des hommes, lui qui, deux jours auparavant, avoit cru nécessaire d'éteindre la haine qui menaçoit de tant de victimes, fut plus emporté encore que M. Rewbell. Il s'écria, avec les yeux et les gestes d'un énergumène : « Dans un état de guerre, il est permis de décacheter les lettres ; et dans ces temps de fermentation et d'orage, de calomnies et de menées, nous pouvons nous regarder, et nous sommes réellement dans un état de guerre. » C'étoit donc, pouvoir-on dire à M. de Gouy, un manifeste, et non une invitation à la paix qu'il falloit proclamer.

« Nous avons, continua-t-il, le plus grand intérêt de connoître les auteurs de nos maux, et pour pouvoir parvenir à cette connoissance, il faut nécessairement employer les mêmes moyens qu'on employe à la guerre. L'on doit être autorisé à intercepter et à décacheter tous paquets, lettres, adresses, venant de pays ou de personnes suspects, et on doit regarder comme telles toutes personnes en fuite. » De sorte, suivant M. de Gouy, que MM. Foulon et Berthier eussent eu grand tort de prendre la fuite. Juste ciel ! que les hommes sages qui l'entendirent dans cette séance, durent pleurer sur le sort d'une nation qui comptoit, parmi ses législateurs, un tel forcené !

« Il est essentiel, dit-il encore, il est de la première importance que le peuple sache les ennemis qu'il a à combattre, et plus essentiel encore de faire connoître à ce même peuple, que nous nous occupons de tout ce qui peut l'intéresser. »

M. de Gouy termina ces sanguinaires extravagances par ce projet d'arrêté :

« L'assemblée nationale, prenant en considération les événemens actuels, a arrêté et arrête, que tous les papiers relatifs aux circonstances doivent être mis en dépôt, et communiqués, quand le cas l'exigera, à l'assemblée nationale. »

Les royalistes entendoient ces homicides folies, et se taisoient. M. l'évêque de Langres seul eut le courage de jeter un mot de paix au milieu de ces fureurs ; mais il évoqua les mânes du grand Pompée, et c'étoit les mânes de l'homme massacré à Saint-Germain, de l'intendant de Paris, de son beau-père, qu'il falloit évoquer.

« Après une grande fermentation dans sa patrie, dit le prélat, et une guerre civile, le grand Pompée eut la générosité et la grandeur d'ame de livrer au feu toutes les lettres qui auroient pu encore proroger le souvenir des événemens funestes et des malheurs de la patrie. Tous les siècles ont applaudi à sa sagesse. Serons-nous, d'ailleurs, moins justes que nos commettans qui, dans nos mandats, nous ont ordonné l'inviolabilité du secret des lettres ? Nous ne sommes plus dans les dangers qui nous ont menacés. N'allons pas renverser d'avance un principe que nous devons établir. »

M. Dupont de Nemours n'invoqua pas les mânes de Pompée, mais ceux de Turgot ; il dit d'ailleurs des choses fort sensées sur l'inviolabilité des lettres. M. Camus parla dans le même sens.

Quelques autres députés du côté des républicains, ayant invoqué, pour engager l'assemblée à lire les lettres de M. de Castelnau, la maxime, *salus populi suprema lex*, M. de Lally (1) leur répondit : « J'observe que, toutes les fois que la tyrannie ministérielle s'est permis cette violation de la foi publique, elle l'a aussi motivée par cette loi suprême du salut public, que j'entends tant invoquer. Je répète qu'il ne faut plus songer qu'à calmer les terreurs, au lieu de les perpétuer. Je vois la Bastille démolie, l'armée devenue citoyenne, les bourgeois veillant à la sûreté de ses murs, et nous avons plutôt, dans ce moment, à régler la liberté qui naît, qu'à réprimer le despotisme qui n'est plus. »

Ces phrases étoient fort belles ; mais elles ne touchoient pas au fond de la question très-délicate, si, indépendamment des cas d'une accusation légale qui ne peut faire aucune difficulté, il n'est pas des circonstances où la puissance publique peut violer le secret des lettres.

Mais, parmi les membres de l'assemblée nationale, le problème ne pouvoit pas même être mis à la délibération. Il étoit résolu d'avance par les cahiers. Tous, sans faire aucune exception, défendoient d'ouvrir les lettres cachetées. Il falloit donc ou se parjurer, ou reconnoître que, dans aucune circonstance, on n'avoit le droit de fouiller dans les secrets épistolaires.

―――――――――

(1) M. de Lally place cette discussion dans la séance du 27 ; c'est une erreur.

Le comte de Mirabeau manifesta la même opinion que MM. Dupont et Camus. Il parla ainsi :

« Est-ce à un peuple qui veut devenir libre à emprunter les maximes et les procédés de la tyrannie ? Peut-il lui convenir de blesser la morale, après avoir été si long-temps victime de ceux qui la violèrent ? Que ces politiques vulgaires qui font passer avant la justice ce que, dans leurs étroites combinaisons, ils osent appeler *l'utilité publique* ; que ces politiques nous disent du moins quel intérêt peut colorer cette violation de la probité nationale. Qu'apprendrons-nous par la honteuse inquisition des lettres ? De viles et sales intrigues, des anecdotes scandaleuses, de méprisables frivolités. Croit-on que les complots circulent par les courriers ordinaires ? Croit-on même que les nouvelles politiques de quelque importance passent par cette voie ? Quelle grande ambassade, quel homme chargé d'une négociation délicate, ne correspond pas directement, et ne sait pas échapper à l'espionnage de la poste aux lettres ? C'est donc sans aucune utilité qu'on violeroit les secrets des familles, le commerce des absens, les confidences de l'amitié, la confiance entre les hommes. Un procédé si coupable n'auroit pas même une excuse, et l'on diroit de nous dans l'Europe : En France, sous le prétexte de la sûreté publique, on prive les citoyens de tout droit de propriétés sur les lettres, qui sont les productions du cœur et le trésor de la confiance. Ce dernier asyle de la liberté a été impunément violé par ceux même que la nation avoit délégués pour assurer tous ces droits. Ils ont décidé par le fait, que les plus secrettes communications de l'âme, les conjectures les plus hasardées de l'esprit, les émotions d'une colère souvent mal fondée, les erreurs souvent redressées le moment d'après, pouvoient être transformées en dépositions contre des tiers ; que le citoyen, l'ami, le fils, le père deviendroient ainsi les juges les uns des autres, sans le savoir ; qu'ils pourroient périr un jour l'un par l'autre ; car l'assemblée nationale a déclaré qu'elle feroit servir de base à ses jugemens, des communications équivoques et surprises, qu'elle n'a pu se procurer que par un crime. »

Ce discours, quoique le comte de Mirabeau n'y discutât pas encore la question sous son véritable point-de-vue, ne laissoit pas de présenter une morale saine et des maximes sages ; mais il ne convertit pas ceux qui avoient l'impudeur de tenir pour la violation des lettres ; ils firent beaucoup de bruit, et voulurent qu'on mît aux voix les motions de MM. de Châtenay, Rewbell et de Gouy. Les républicains, qui avoient embrassé le système de Mirabeau, résistèrent avec opiniâtreté : tout ce qu'ils purent obtenir fut que les trois motions seroient envoyées dans les bureaux pour y être plus mûrement discutées, et remises ensuite sous les yeux de l'assemblée. Les bureaux s'assemblèrent à cet effet dès le soir ; on s'y entendit mieux que dans l'assemblée générale ; on se convainquit que la discussion qu'avoit élevée le matin, l'inconsidération de M. de Châtenay, étoit scandaleuse, alarmante pour la foi publique, et annonçoit des vues à la plus odieuse des tyrannies. On convint donc d'abandonner absolument cette discussion, et de ne plus la reproduire dans l'assemblée générale, où en effet elle n'a plus reparu.

Il étoit au surplus fort indifférent pour les républicains, que la question fut résolue affirmativement ; ils la résolurent de cette manière par le fait, car depuis cette discussion, le désordre, que l'arrestation de M. de Castelnau avoit fait éclater, s'est continué sans obstacle. L'assemblée n'a jamais pris aucune mesure pour l'arrêter, bien loin de-là, on verra un de ses comités le réduire en système, en faire une des bases essentielles de la nouvelle domination ; on le verra soudoyer largement les serviteurs qui voloient, et lui apportoient les secrets de leurs maîtres ; on verra un de ses membres fouiller jusques dans nos poches, pour avoir nos lettres. De sorte que leur violation a toujours été tolérée, récompensée : et encore aujourd'hui, ainsi que je l'ai déjà remarqué, on en rompt le sceau avec une impudence révoltante. Cet abus est si fréquent qu'il s'est changé en habitude. Il s'est si bien enté sur cet arbre, que nos démagogues appellent l'arbre de la liberté, qu'il faudra abattre l'arbre, si on ne veut plus avoir la branche.

Les deux attentats au reste, dont j'ai donné le récit dans ce chapitre, ne furent, pour ainsi dire, que le prélude innocent des atrocités de toute sortes qui se développèrent avec une nouvelle fureur, aussitôt que l'invitation à la paix eût été adressée aux peuples. Je ne dis pas qu'elle ait enfanté ces atrocités, mais il est certain qu'elle sembla donner au corps politique un mouvement plus convulsif encore, plus rapide que celui qu'il recevoit depuis la convocation des états-généraux ; il est certain en un mot que le royaume se trouva dans une situation infiniment plus déplorable après qu'avant la publicité de la proclamation. Ce ne furent de tout côté, que proscriptions, que brigandages, qu'assassinats, qu'incendies. Cette épouvantable vérité sortira toute entière du récit que j'ai à faire des événemens qui signalèrent les derniers jours du mois de juillet.

Je donnerai ce récit avant de tracer l'histoire des entreprises, ou, si l'on veut, des travaux que nos députés ont appelés constitutionnels. J'ose croire que la manière dont j'écrirai cette histoire me méritera quelque jour la reconnoissance des peuples, et me vaudra, dans tous les temps, l'estime des hommes vrais et justes. C'est en lisant cette histoire, qu'on saura enfin ce que c'est que constitution, gouvernement, société, nation, liberté, égalité, distinction de pouvoirs, et tous ces grands mots dont l'abus qu'en ont fait les novateurs, nous a mis au dernier rang des peuples policés ; c'est en la lisant qu'on aura la solution des plus importantes questions du droit public. J'y dirai, en supposant qu'on eût eu le droit de donner à la France une autre constitution que celle qu'elle avoit, quelle étoit la seule forme de gouvernement qui convenoit aux hommes qui l'habitent; j'y raconterai par quelle funeste et grossière méprise, ces royalistes françois qui depuis l'origine de la monarchie se sont soulevés contre les seules apparences du despotisme, ont été accusés de vouloir l'établir parmi nous, tandis qu'il est vrai que la liberté nous a abandonnés dès l'instant où ils ont cessé d'avoir de l'influence sur le sort de cet empire. C'est là encore, c'est dans cette histoire de nos nouveautés constitutionnelles, qu'on trouvera celle de toutes les opinions, de tous les faits qui mettront sous son véritable point-de-vue le système de l'établissement des deux chambres, et je ne trouve dans aucun des écrits des divers partis, que cette question ait été touchée au fond, qu'on l'ait approfondie, ni qu'on en ait jamais fait l'objet d'une discussion suivie. Mais en racontant tout ce qui est relatif à ce système, je resterai toujours fidelle à la profonde estime que m'ont inspirée, et que méritent les lumières, la probité, les intentions de ceux qu'on regarde communément comme les chefs des impartiaux. Je sais qu'ils m'accusent de prévention contre leur doctrine; ils me rendroient plus de justice s'ils lisoient au fond de mon cœur, s'ils connoissoient combien il m'est pénible de ne pas toujours marcher sur la même ligne avec eux; mais l'historien n'est ami de personne, il n'est ami que de la vérité. Au surplus, en disant ce que les impartiaux ont cru, ont enseigné, ont fait, s'il sort contr'eux une accusation des pièces du procès que je rapporte, ce n'est pas moi qui les en frappe, ce sont les pièces même qui les accusent, et ce n'est pas à eux à juger dans un procès où ils sont partie; c'est au lecteur impartial de tous les pays et de tous les siècles. Je vais plus loin: je présume assez, et de la droiture de leur cœur, et des réflexions qu'engendrera dans leur esprit, tout ce que j'aurai à dire lorsque je parlerai plus particulièrement du vœu qu'il n'ont cessé d'émettre, pour croire qu'ils en viendront à se persuader fermement, qu'il n'y a d'autre morale, d'autre doctrine, d'autre maxime à prêcher aux françois que cette vérité du Tasse (1).

Ove *un sol* non impera, onde i giudici
Pendano poi de premi, e delle pene,
Onde sian *compartite opre*, ed *uffici*;
Ivi errante il governo esser conviene.
Deh! fate un corpo sol di membri amici,
Fate un capo, che gli altri indrizzi, e frene,
Date ad un sol lo scettro, e la possanza,
E sostenga di re vece, e sembianza.

On voit, par ce qu'il me reste encore à écrire, que je n'ai rempli que la plus petite et la moins importante partie de la pénible tâche que je me suis devoué à remplir. L'espoir d'être utile à mon pays dans tous les âges, me soutiendra dans le reste de la longue carrière que j'ai à parcourir.

(1) Jérusalem déliv. ch. I. strop. 31.

FIN DE LA QUATRIÈME PARTIE.

HISTOIRE

DE

LA RÉVOLUTION DE FRANCE,

ET

DE L'ASSEMBLÉE NATIONALE.

On trouve chez le même Libraire.

L'école de Politique, ou Collection complette des Discours, Avis et Opinions prononcés à l'Assemblée Constituante, par MM. Cazalès, Maury, d'Entraigues, Mounier, Mirabeau, Lally-Tolendal, &c, &c, &c.

Rédigés, par ordre de matière, par M. DUGOUR. 15 volumes in-8°., avec gravures. Prix 90 livres.

HISTOIRE

DE

LA RÉVOLUTION DE FRANCE,

ET

DE L'ASSEMBLÉE NATIONALE.

PAR M. MONTJOYE.

PRIX SIX LIVRES CHAQUE CAHIER.

Concordiâ res parvæ crescunt, discordiâ maximæ dilabuntur.
SALLUS. Jug.

A PARIS,

Chez GATTEY, Libraire, au Palais-Royal, N°. 14.

1792.

HISTOIRE
DE LA RÉVOLUTION DE FRANCE,
ET DE L'ASSEMBLÉE NATIONALE.

CHAPITRE LXV.

Voyage de deux électeurs au Havre; harangue que leur adresse le maire de Rouen; repas splendide qu'on leur donne; comment ils sont fêtés à la comédie; honneurs extraordinaires qu'ils reçoivent dans toute la ville de Rouen; comment ils sont reçus à Bolbec; leur entrée au Havre; discours que leur adresse le premier échevin; fêtes qu'on leur donne dans toute la ville; généreux combat pour l'escorte des convois qu'ils demandent; leur retour à Paris; distinctions flatteuses qu'ils reçoivent sur toute la route; leur arrivée à Paris; leur modestie; négociation de la ville de Paris avec celle de Saint-Denis pour obtenir des vivres; continuation et effets de la disette dans la capitale; incommodes perquisitions chez différens particuliers; plainte de MM. Gauthier; réclamation de MM. de Talaru et Bertin; inquiétudes des électeurs sur la licence de la presse; prétention des gardes-françoises; lettre qu'ils adressent au roi; hommage de la juridiction consulaire de Paris à l'assemblée nationale; désolation de la Franche-Comté; catastrophe arrivée au château de Quincey; suites déplorables de cet accident; comment la nouvelle en est reçue à Paris; comment elle est accueillie par l'assemblée nationale; étranges débats qu'elle y occasionne; aveuglement de ses membres les plus sages; arrêté imprudent qu'elle rend; issue de toute cette affaire.

Suite de juillet 1789, et du second mois de l'interrègne.

LA légéreté de la nation françoise, son engouement irréfléchi pour toutes les nouveautés, son amour pour la flatterie et l'exagération, l'ardeur des provinces à copier les scènes qui se passoient à Paris, se peignent merveilleusement dans les détails d'un petit voyage, que deux électeurs de Paris firent au Havre. Ces deux électeurs furent MM. Castillon et Fortin. Ils avoient été envoyés au Havre, pour en amener des bleds et des farines dans la capitale, dont les subsistances donnoient toujours les plus grandes inquiétudes. Arrivés à Rouen, les deux électeurs se rendirent à l'hôtel-de-ville. Dès qu'on sut qu'ils y étoient, le peuple accourut en foule; les officiers municipaux et les électeurs se réunirent. L'air retentit long-temps des plus vifs applaudissemens à la vue des deux envoyés parisiens. M. le comte de Radepont, maire de la ville, leur adressa les choses les plus flatteuses pour la ville de Paris, et les plus propres à convaincre le peuple de la capitale, qu'il étoit le premier peuple du monde.

« Nous n'avons pu, dit M. de Radepont à MM. Castillon et Fortin, apprendre sans admiration les grands et généreux efforts qu'a faits la ville de Paris pour abattre le despotisme, et élever sur ses ruines la liberté françoise; et dans ce moment nous recevons, avec la sensibilité la plus profonde, les marques de confiance et les témoignages de fraternité qu'elle nous donne par votre organe. Nous y répondrons avec toute l'ardeur que nous inspirent et l'attachement que nous avons pour des frères, et la reconnoissance que nous devons aux sauveurs de la patrie. »

De l'hôtel-de-ville, les deux électeurs se rendirent chez le directeur des vivres pour prendre connoissance de la quantité de grains et de farines arrivés à Rouen, et en rendre compte à leurs commettans. Ils revinrent à l'hôtel-de-ville, où on leur donna un splendide festin. Les mets les plus recherchés, les vins les plus délicieux y furent servis, et il est vraisemblable que dans l'ivresse de cette orgie, les deux parisiens trouvèrent que c'étoit une fort bonne chose qu'une révolution. On porta les santés de la nation, du roi, des citoyens et électeurs de Paris, des citoyens et électeurs de Rouen.

Le repas fini, MM. Castillon et Fortin furent invités à venir prendre le plaisir de la comédie, afin qu'un plus grand nombre de personnes pût jouir de leur auguste présence. Ils se rendirent modestement à l'invitation. La marche, depuis l'hôtel-de-ville jusqu'à la salle du spectacle, se fit avec la plus grande pompe. Les tambours, les fifres, les hautbois, toute la musique militaire précédoient. Les deux rois de Paris venoient ensuite: ils avoient à leur droite M. Midi, échevin, et à leur gauche M. du Bourtheronde, conseiller au parlement, qui avoit déposé la toge de sénateur, pour endosser l'uniforme de commandant de la garde bourgeoise. Toute cette garde, rangée sur deux haies, et marchant d'un pas ferme et résolu, suivoit. Sur tout le passage, le peuple, qui depuis long-temps n'avoit vu une aussi pompeuse cérémonie, fit retentir l'air de cris d'allégresse. Le roi le plus digne d'être aimé avoit été reçu bien différemment au milieu des Parisiens !

Ce fut bien autre chose dans la salle de la comédie : à peine les deux électeurs eurent-ils paru dans leur loge, que le spectacle, qui étoit commencé, fut interrompu; tous les spectateurs se levèrent, et firent une profonde inclination aux deux étrangers; on ne cessa, pendant plus d'un quart-d'heure, d'applaudir et de crier : *Vive la nation! vive le roi! vivent les Parisiens! vivent les électeurs de Paris!*

A la fin du premier acte, MM. Fortin et Castillon, comme des ministres à qui de grandes affaires d'état ne permettent pas un moment de récréation, se retirèrent. Leur départ fit recommencer les applaudissemens et les acclamations. On va voir que l'affaire qui les appeloit au-dehors n'étoit pas bien grave. Ils retrouvèrent à la porte de la salle la musique militaire, et toute la garde bourgeoise sous les armes; on s'empara d'eux encore une fois, et on les conduisit, avec la même pompe et les mêmes honneurs, à l'église des Cordeliers, qui servoit de lieu d'assemblée à plusieurs jeunes gens, qu'on appeloit les volontaires patriotes. Dès que les électeurs furent entrés dans l'église, un jeune bourgeois s'élança dans la chaire, et leur débita avec enthousiasme cette harangue que le peuple le plus belliqueux de la terre n'auroit pu entendre sans rougir.

« Parisiens valeureux! héros citoyens! jouissez de l'allégresse que votre présence inattendue inspire à tous nos concitoyens. Regardés par eux comme les sauveurs de la nation françoise, les miracles que vous avez faits pour elle seront l'étonnement de la postérité. »

« Dites à vos braves compatriotes qu'ils trouveront ici toute la fraternité qui naît du vrai courage; dites-leur que le service à jamais mémorable qu'ils ont rendu à tout véritable François est gravé dans tous les cœurs; dites-leur qu'ils peuvent compter sur tous les secours qu'ils ont droit d'attendre de notre reconnoissance. Dites-leur que n'ayant pu coopérer avec eux à la révolution, nous employerons notre courage à protéger et à escorter les convois de vivres et de munitions dont ils pourroient avoir besoin. Dites-leur enfin, qu'animés du même esprit, nous nous réunissons à eux pour rendre impuissans la rage et le désespoir des ennemis de la liberté. »

« Tous les citoyens patriotes ici présens, braves Parisiens, vont vous convaincre de ces sentimens par une acclamation générale. »

Le jeune orateur, après avoir prononcé ces derniers mots, cria aussi haut que ses forces purent le lui permettre : *Vivent les Parisiens! vive la nation! vive le roi! vive M. Necker!* Toute l'assemblée répéta avec fureur ces acclamations où les Parisiens avoient les honneurs de la préséance, et où M. Necker ne venoit plus que le dernier.

Tout ce bruit étant fini, plusieurs jeunes-gens s'approchèrent respectueusement des deux électeurs, et chacun mit sur leur tête une couronne de laurier entrelacée de rubans aux couleurs de la ville de Rouen. C'étoit une assez grotesque image, que toutes ces couronnes entassées les unes sur les autres, sur deux têtes, et menaçant presque la voûte. Les électeurs les ôtèrent religieusement, et les donnèrent à garder pour les emporter à Paris.

C'étoit-là l'affaire grave qui n'avoit pas permis à MM. Fortin et Castillon d'attendre la fin du spectacle. Ils n'étoient pas au terme du triomphe. Lorsqu'ils sortirent de l'église des Cordeliers, les volontaires patriotes se réunirent à la milice bourgeoise, et les deux corps conduisirent les deux envoyés des braves parisiens, jusqu'aux portes de la ville. La marche se fit avec la plus grande magnificence; elle étoit ouverte par les tambours et la musique militaire. Le peuple se précipitoit sur le passage, et ne cessoit de crier : *Vive la nation! vive le roi! vivent les braves parisiens! vivent les électeurs de Paris! vivent les sauveurs de la patrie! les restaurateurs de la liberté!*

Lorsqu'on fut sur les bords de la Seine, tous les navires déployèrent leurs pavillons, et une petite corvette, qui escortoit un convoi de grains, fit plusieurs décharges de canon.

De Rouen, MM. Fortin et Castillon se rendirent au Havre; ils passèrent par le bourg de Bolbec, dont les habitans ne firent pas éclater le même enthousiasme que ceux de Rouen; mais les officiers municipaux promirent qu'ils protégeroient, autant qu'il seroit en eux, les convois destinés pour Paris.

Au Havre, dès qu'on sut que les électeurs arrivoient, les chefs des volontaires, ceux des gardes nationales, les commandans pour le roi, les officiers municipaux se réunirent à l'hôtel-de-ville. Tous, lorsque les électeurs parurent dans la salle, poussèrent mille cris de joie, et leur prodiguèrent les bénédictions et les applaudissemens. M. Duval ensuite, premier échevin, leur adressa les flatteries les plus outrées; il leur dit :

« Après les alarmes que nous ont causées vos périls, il est bien doux pour nous de pouvoir vous féliciter de vos triomphes. A la première nouvelle des malheurs dont vous étiez menacés, et après vous la France entière, nous avons à l'instant arrêté les vivres destinés à vos ennemis : heureux si nous avions pu les aller combattre avec vous! Votre courage n'a pas eu besoin de notre secours, et la rapidité de vos succès ne nous a pas laissé le temps de vous l'offrir. Braves Parisiens! généreux conquérans de la liberté nationale! tous les François vous doivent une éternelle reconnoissance. Pour vous témoigner celle dont nous sommes pénétrés, nous allons à l'instant faire partir vos convois par terre et par mer; nos soldats citoyens s'empresseront de les escorter. Vous allez être vous-mêmes témoins de notre zèle et de notre ardeur, et vous direz à vos concitoyens que dans tous les temps et dans toutes les circonstances, ils trouveront en nous des amis et des frères. »

Celui qui n'auroit pas connu les événemens dont Paris venoit d'être le théâtre, n'auroit-il pas cru en entendant parler de ces ennemis, de ces rapides succès, de ces généreux conquérans, que les Parisiens avoient défait des armées formidables, et qu'ils avoient montré une héroïque modération au sein de la victoire? Des écrivains envieux de la gloire de Louis-le-Grand, lui ont reproché, dans ces temps modernes, d'avoir trop aimé les louanges. Lui en adressa-t-on jamais d'aussi outrées? On ne le louoit du moins que des victoires qu'il avoit réellement remportées, que des succès qu'il avoit réellement obtenus, que des merveilles qu'engendroit la protection éclairée qu'il accordoit aux sciences et aux arts utiles, que des vertus magnanimes enfin qu'il aimoit à faire éclater. Mais tout son ame se fût soulevée contre l'homme vil qui auroit eu la lâche impudence de le louer en face d'une action qu'il n'auroit pas faite. C'est à force de s'entendre attribuer des exploits imaginaires, que des hommes contre qui on n'avoit pas tiré un coup de fusil, en sont parvenus à se croire véritablement des héros, et à pousser la démence jusqu'à défier toutes les forces de l'Europe. Ce n'est point d'ailleurs à une nation à se louer elle-même; cela ne convient point à sa dignité, et la modestie est une vertu des grandes sociétés comme des particuliers. Tous les peuples de ce continent ont à se glorifier de belles actions; mais en lisant leur histoire, je n'en vois aucun qui parle de lui-même avec cet orgueil, qui exalte avec cette emphatique complaisance ses titres de gloire. Encore moins trouveroit-on une seule nation qui se louât de ce qu'elle n'a pas fait. Cette puérile vanité est particulière au François, et c'est un malheur pour lui, parce que delà vient cette présomption, qui, au premier revers, se change en découragement.

Comme à Rouen, MM. Castillon et Fortin furent couverts, dans la salle de l'hôtel-de-ville du Havre, de couronnes de laurier, ornées de rubans aux couleurs de cette dernière ville. Lorsque M. Duval eut fini son flatteur discours, ils demandèrent à parler à M. Cellery, directeur des vivres, duquel ils espéroient tirer d'utiles renseignemens pour l'approvisionnement de Paris. On leur apprit que les soupçons d'accaparement n'étant pas moins en vigueur au Havre que dans la capitale, on en avoit élevé de violens contre ce particulier; que le peuple l'avoit menacé, et que pour

A 2

éviter le sort que les généreux conquérans de Paris avoient fait subir à la garnison de la Bastille, et à MM. Foulon et Berthier, il avoit été obligé de se mettre en sûreté dans la citadelle. Les électeurs ayant alors témoigné le désir de se rendre à la citadelle, y furent conduits avec la plus grande pompe, et avec tous les honneurs qu'ils avoient reçus à Rouen. Ils furent placés entre deux échevins. Les tambours et la musique militaire les précédèrent ; une garde nombreuse, rangée sur deux haies, les escorta. De tous côtés le peuple accourut, les accabla de bénédictions, d'applaudissemens, et ne cessa de crier : *Vive la nation! vive le roi! vivent les braves Parisiens! vivent les électeurs de Paris!* Toutes les cloches sonnèrent, tous les navires déployèrent leurs pavillons, tous les canons tirèrent. La garnison partagea ce délire ; elle étoit composée de portions des régimens de Bourbon et de Béarn, et commandée par M. de Lézier, major ; elle se rangea en bataille, ayant ses officiers à la tête, battit aux champs, et présenta les armes ; elle n'auroit pas fait plus pour le roi.

Les électeurs ayant tiré de M. Cellery les éclaircissemens qu'ils désiroient, demandèrent sa liberté et sa réintégration dans l'estime et la confiance de ses concitoyens ; ils l'obtinrent. Ils revinrent ensuite à l'hôtel-de-ville, où ils trouvèrent le couvert mis ; on leur servit un splendide dîner, pendant lequel on se félicita beaucoup de la subite révolution qui transformoit d'obscurs bourgeois en monarques, et laissoit au petit peuple la misère et la crédulité. On ne manqua pas non plus de porter les santés de la nation, du roi, de la ville de Paris, des électeurs parisiens et des citoyens du Havre.

A la fin du repas, le clergé en corps vint complimenter les deux envoyés. Jamais MM. Fortin et Castillon ne se fussent attendus qu'ils recevroient un jour un pareil honneur, ni qu'ils se trouveroient à une aussi bonne table. Ils eurent la modestie de concevoir que c'étoit à eux à prévenir M. le comte de Villeneuve, commandant de la ville, et M. Mistral, intendant de la marine ; ils se rendirent chez l'un et l'autre, marchant toujours comme des triomphateurs, et au bruit des cris d'allégresse du peuple.

Lorsqu'il fut question d'obtenir une escorte pour les convois de Paris, il s'éleva un combat entre la garde bourgeoise et les volontaires. C'étoit à qui auroit l'avantage d'escorter ces convois. « Nous n'avons pris les armes, disoient les uns et les autres, que pour vous ; nous vous amenerons des vivres à travers le camp ennemi (1), sans être effrayés du péril d'une

___
(1) Je trouve ces paroles, telles que je les rapporte ici, dans le compte que MM. Fortin et Castillon rendirent aux électeurs de Paris, de leur voyage au Havre. Voyez le procès-verbal de ces électeurs, t. 2. pages 393 et 394.

telle entreprise. » Je ne veux point jeter de ridicule sur cette démonstration de bravoure, mais ce camp ennemi, ce péril n'existoient que dans l'imagination des habitans du Havre. Cette manie de créer des armées qu'on croyoit ensuite avoir battues à plattecouture, étoit alors un mal contagieux parmi nous, et faisoit croire aux étrangers que les têtes françoises avoient une teinte de folie.

Le différent qui s'étoit élevé entre les volontaires et la garde bourgeoise, ne fut pas difficile à terminer ; on convint de s'en rapporter aux deux électeurs qui décidèrent que des hommes de l'un et l'autre corps partageroient la gloire et les prétendus dangers de l'expédition ; c'est-à-dire, accompagneroient les convois. On voulut donner à MM. Fortin et Castillon une garde d'honneur pour les escorter jusqu'à Paris, mais ils eurent la modestie de la refuser. Les principaux habitans du Havre se disputèrent le glorieux privilège de les loger. La préférence fut donnée à ceux qui avoient été les premiers à offrir leurs maisons. Ce furent M. de la Haye, échevin, et MM. Leseigneur et Alexandre, négocians. M. Fortin logea chez le premier, et M. Castillon chez les derniers. Si ces hôtes eussent été des princes du sang ou même des souverains, ils n'eussent pas été traités avec plus de magnificence, ni avec des attentions plus recherchées.

Le lendemain matin, ils reçurent la visite en grande cérémonie, du commandant de la ville, de l'intendant de la marine et d'un grand nombre d'officiers. M. le comte de Villeneuve les invita à dîner, et les traita avec des distinctions extrêmement flatteuses. Il ne fut question, pendant tout le repas, que de ce qui s'étoit passé à Paris. Les officiers, en entendant parler de tant de choses extraordinaires, d'armées nombreuses créées en vingt-quatre heures, de sièges, de batailles, de bombardement, d'ennemis vaincus, étoient dans le plus grand étonnement, et ne savoient si on leur contoit la vérité, ou si on leur répétoit le roman de Don Quichotte.

Enfin les deux électeurs se dérobèrent à toutes les caresses, à tous les témoignages d'estime et de vénération qu'on leur prodiguoit au Havre ; ils revinrent à Paris. Sur toute la route, ce ne fut encore que complimens, que félicitations, qu'offres de service, que couronnes de lauriers. A Yvetot, ils trouvèrent un détachement des volontaires patriotes de Rouen, qui venoient au-devant d'eux, et vouloient ajouter plus d'éclat à leur seconde entrée dans cette dernière ville. Ces volontaires obtinrent aussi de grossir le cortège qui accompagnoit le convoi destiné pour la capitale « Ils témoignèrent, dirent MM. Fortin et Castillon en rendant compte de cette facile expédition aux électeurs de Paris, une ardeur incroyable à braver la fatigue et le danger. » Qui n'auroit cru d'après ce témoignage, que pour amener le convoi jusques dans la capitale, il avoit fallu faire lever des siéges, faire décamper des ennemis?

A Rouen, les deux électeurs assistèrent à de nouvelles fêtes qui étoient d'autant plus somptueuses, qu'on avoit eu le temps de les préparer. Enfin, ils arrivèrent à Paris à la tête d'une armée qui escortoit un convoi composé de soixante-dix voitures de farines; elles étoient couvertes de bannes aux armes du Hâvre, avec cette inscription : *pour la bonne ville de Paris.* Quoique ce convoi fut arrivé sans mal-encontre, quoiqu'on n'eût eu ni forteresse à assiéger, ni camp ennemi à traverser, on n'en regarda pas moins son heureuse arrivée dans la capitale, comme un exploit héroïque. Les deux électeurs avoient leurs malles pleines des couronnes de laurier qu'ils avoient recueillies dans leur voyage. Ils en firent humblement l'hommage à l'assemblée de leurs collègues, qui put ainsi se flatter d'avoir été plus honorée que celle des représentans de la nation, à qui on a tout offert, excepté des lauriers.

Voilà avec quelle mobilité les provinciaux cherchoient à imiter, et exagéroient les fabuleuses conquêtes des Parisiens. La petite ville de Saint-Denis ne montra pas pour eux une complaisance aussi aveugle que celles de Rouen et du Havre. Elle n'étoit pas moins menacée que la capitale, d'une prochaine famine, elle se trouvoit réduite aux derniers besoins. Dans une telle extrémité, elle n'écouta que l'impérieuse loi de la nécessité; elle arrêta les approvisionnemens destinés pour les vainqueurs de la Bastille: ils lui députèrent M. Deleutre, électeur, qui eût la mission de se concerter avec les officiers municipaux de Saint-Denis, et avec les personnes chargées de l'escorte des grains et des farines, pour que les approvisionnemens de la capitale ne fussent pas interceptés. La municipalité de Saint-Denis fit une sorte de capitulation; elle consentit à laisser passer les approvisionnemens, mais à condition qu'elle commenceroit par prélever vingt sacs de farine par jour, à quoi elle évaluoit les besoins des habitans. La convention fut signée de part et d'autre.

Ce n'étoit qu'avec des peines semblables que les électeurs parvenoient à fournir à la subsistance journalière de Paris. Les difficultés incroyables qu'éprouvoient ses habitans pour se procurer un pain de très-mauvaise qualité, entretenoient parmi eux une fermentation horrible, et c'étoit tout ce que l'on désiroit. Les boulangers n'osoient porter aux communautés et aux maisons qui faisoient de grandes consommations, leurs provisions ordinaires; elles eussent été interceptées par la première patrouille. Pour ne pas être affamées, ces maisons et ces communautés étoient obligées d'user de tous les stratagêmes imaginables, et bien souvent, ils étoient sans succès. Les rues étoient engorgées par la foule d'hommes et de femmes et d'enfans, qui se pressoient contre les boutiques des boulangers. Ces boutiques étoient nuit et jour environnées de bourgeois armés, la bayonnette au bout du fusil, qui ne laissoient passer les individus qu'un à un, et apportoient beaucoup d'attention à ce que la même personne ne se présentât pas deux fois. Les Parisiens qui s'opiniâtroient à attribuer ce fléau aux aristocrates, le supportoient avec patience et même avec gaîté; mais ils n'en ressentoient que plus de haine contre ces mêmes aristocrates à qui ils supposoient le dessein de vouloir affamer la capitale, pour se dédommager de n'avoir pu la mettre à feu et à sang. Dans tous les environs de Paris, les routes étoient couvertes des envoyés des électeurs, qui alloient dans les villes voisines solliciter le libre passage des convois. Les clercs du palais, qu'on appeloit alors de la bazoche, jeunes gens pleins d'ardeur, se distinguèrent beaucoup dans ces courses, et n'en rapportoient que de la fatigue, sans compter la perte de temps que ce genre de travail étranger à leurs occupations ordinaires, leur occasionnoit. Mais ils voloient avec plaisir par-tout où on les envoyoit, et quand ils revenoient avec la nouvelle de la prochaine arrivée de quelques sacs de bled ou de farine, ils se félicitoient de tout leur cœur, comme s'ils eussent remporté une victoire ou préservé Paris de la famine. C'étoit une erreur pardonnable à cet âge qui ne se nourrit que d'illusions. On ne vouloit pas précisément affamer la capitale; on ne vouloit que la tenir dans une violente agitation; et quand on ne se seroit donné aucun de ces mouvemens qui lui prêtoient l'air d'une ville aux prises avec l'ennemi, les choses n'en auroient été ni mieux ni plus mal.

On ne voyoit également sur les grands chemins, que des gardes bourgeoises armées, qui se jetoient dans tous les châteaux, dans tous les couvens, dans toutes les maisons où l'on croyoit trouver des dépôts de farine. Ces visites faisoient beaucoup de plaisir au peuple, parce qu'elles lui prouvoient la sollicitude qu'on prenoit pour sa subsistance; l'éclat qu'on leur donnoit, lui faisoit toujours croire que l'aristocratie avoit pour unique projet de l'affamer. Il est bien vrai que tout ce bruit n'aboutissoit à rien, parce que dans aucun des asiles où l'on fouilloit, on ne trouvoit ni grains ni farine; mais par cela même qu'on faisoit beaucoup de bruit, le peuple qui ne raisonne pas, croyoit qu'on avoit fait une découverte importante, et lorsqu'il voyoit entrer dans Paris, une charrette chargée de quelques sacs de bled, et escortée par quelques bourgeois armés, il ne doutoit pas que le convoi n'eût été enlevé du château d'un gentilhomme, et il poussoit des cris de joie.

Mais ces perquisitions étoient extrêmement incommodes à ceux chez qui on les faisoit. Une première patrouille étoit bientôt suivie d'une seconde, d'une troisième, les visites se multiplioient journellement, et plusieurs fois dans un jour. La première avoit éveillé les soupçons contre la maison où elle s'étoit faite ; une seconde patrouille, s'imaginoit que celle qui l'avoit précédée, avoit manqué de vigilance dans sa recherche ; une troisième croyoit être plus heureuse que les deux premières. Le peuple qui voyoit des hommes armés, se succéder dans une maison, s'attroupoit, crioit à l'aristocratie ; la vie du propriétaire, celle de sa femme, celle de ses enfans, étoient en danger. Il étoit d'ailleurs bien terrible de ne pouvoir jouir de la tranquillité dans l'intérieur de ses foyers, et d'entendre crier à ses oreilles, qu'on établissoit l'empire de la liberté. Ceux qu'on harceloit de ces vexations, eussent préféré la domination d'un despote d'Asie, à un pareil empire.

Une maison du petit village de la Villette, près Paris, ne désemplissoit pas de patrouilles qui se succédoient sans intervalle ; nuit et jour elle étoit environnée d'un peuple immense qui attendoit avec inquiétude, à quoi aboutiroient ces allées et venues. Cette maison appartenoit à MM. Gauthier qui avoient l'entreprise des convois militaires, et on vouloit absolument que par la seule raison qu'ils étoient chargés de cette entreprise, ils eussent chez eux ou des amas de grains et de farines, ou des munitions de guerre. MM. Gauthier, fatigués de cette constante opiniâtreté à chercher ce qu'on ne trouvoit pas, eurent recours aux électeurs qui étoient alors la seule puissance à laquelle ils crurent pouvoir recourir avec quelque succès. Ils protestèrent de leur patriotisme à ces timides maîtres de Paris, ils assurèrent que non-seulement ils n'avoient chez eux aucun effet appartenant aux troupes, ni dépôt de grains ; mais que même ils avoient abandonné le service dont ils étoient chargés par la cour, dès l'instant où ils avoient pensé qu'il pouvoit contrarier la liberté qu'on vouloit établir. Il n'eût pas suffi de porter cette plainte aux électeurs ; il falloit encore leur indiquer la conduite qu'ils devoient tenir, car d'eux-mêmes, ils étoient hors d'état d'imaginer aucun remède aux désordres qu'on leur dénonçoit, et même en leur présentant le remède, falloit-il s'abstenir d'offrir aucune idée de moyen coërcitif. Ceux qui régnoient dans Paris, n'auroient jamais osé employer un tel moyen. MM. Gauthier proposèrent donc aux électeurs de visiter eux-mêmes avec la plus grande solemnité, la maison de la Villette, et de donner ensuite une publicité éclatante au procès-verbal qui constateroit qu'il ne s'y étoit rien trouvé de contraire à l'établissement de la nouvelle liberté.

Toute ouverture semblable qui n'exigeoit qu'un peu de complaisance, étoit toujours saisie avec plaisir par les électeurs ; il envoyèrent deux d'entr'eux, MM. Langlois et Picard, chez MM. Gauthier. Leur procès-verbal certifia que depuis le 14 juillet, ces deux négocians avoient cessé tout service en qualité d'entrepreneurs de convois militaires, et qu'il ne s'étoit rien trouvé dans les différentes maisons qu'ils occupoient, qui pût troubler la tranquillité publique.

La publicité qu'on donna à ce témoignage, fit enfin discontinuer les perquisitions. Il fut fort heureux pour MM. Gauthier, que leur prudence n'eût laissé chez eux rien de relatif à l'entreprise dont ils avoient été chargés par le gouvernement. Si on y eût découvert quelques armes, ou quelques sacs de blé, on les eût infailliblement accusés d'être entrés dans la chimérique conspiration du bombardement de Paris ; la conjecture eût tenu lieu de conviction, et il est vraisemblable qu'il en eût été d'eux comme de MM. Foulon et Berthier.

M. le marquis de Talaru, généralement estimé avant les jours de la révolution, des petits comme des grands, eût aussi à essuyer une de ces perquisitions que multiplioit l'envie de trouver des conspirateurs. Ce fut le hasard qui la lui procura ; mais elle faillit avoir pour lui des suites funestes. Des Parisiens venoient d'Etampes, escortant quelques charrettes chargées de blé, que la ville de Paris avoit achetées. En passant près du bourg d'Etrechy, il leur prit fantaisie de visiter le château de Chamarande, qui n'en est pas éloigné, et qui appartient à M. de Talaru. Les paysans des environs se joignirent aux Parisiens, et la perquisition se fit avec la dernière rigueur ; les personnes du château n'y apportèrent aucun obstacle. On ne trouva absolument rien ; mais on avoit vu à l'entrée même du château, deux petites pièces de canon qui n'étoient pas même chargées, on s'en empara, et les gens de M. de Talaru les abandonnèrent de bonne grâce. Le convoi entra dans Paris, précédé de cette peu redoutable artillerie. Les bourgeois armés qui escortoient les charrettes, traversèrent les rues de la capitale, avec cette contenance fière et martiale qu'ont des soldats qui reviennent d'une expédition où l'ennemi a été obligé d'abandonner ses munitions de bouche et de guerre. Ils ne manquèrent pas de faire observer que les canons avoient été pris au château de Chamarande. On les avoit eu sans effort ; le bruit général fut que la conquête avoit été périlleuse ; bientôt on dit que les vivres comme les canons avoient été enlevés du château ; à l'instant ce château fut transformé en un arsenal, et en un immense dépôt de grains ; les journalistes crurent à la métamorphose, et en parlèrent comme d'une réalité. Il y eût des gens qui renchérissant sur cette fable, débitoient, avec l'air du mystère, que M. le comte d'Artois et les principaux émigrés se tenoient cachés à Chamarande, d'où on verroit sortir des légions innombrables qui fondroient tout-à-coup sur Paris. M. de Talaru fut signalé dans toute la capitale, comme un aristocrate forcené, comme un accapareur, et son nom grossit les listes de proscription.

Bien loin que l'accusation d'accaparement eût la plus légère apparence, on auroit pu reprocher avec plus de raison à M. de Talaru, d'avoir trop négligé, dans ces temps de disette, de pourvoir à la subsistance de ses vassaux ; car sa terre étoit absolument dépourvue de grains. Le danger étant pressant d'après la fermentation qui s'élevoit contre lui, il eût recours, comme MM. Gauthier, aux électeurs ; il en obtint une attestation qui rétablit les faits dans leur vérité ; lui-même publia, par la voie du journal de Paris, une apologie, et tout cet édifice de calomnie s'écroula peu-à-peu.

L'imposture n'ayant plus de prise sur ce gentilhomme, se rabattit sur M. Bertin, conseiller d'état, et ancien trésorier des parties casuelles. Les feuilles périodiques publièrent qu'on avoit découvert dans une de ses terres, près d'Etampes, soixante-six voitures de bled, et une chargée d'argent, et que le tout avoit été conduit à l'hôtel-de-ville de Paris. Il étoit un peu difficile de concevoir comment M. Bertin, qui n'est rien moins que riche, pouvoit avoir assez d'argent pour en charger une charrette ; il étoit plus difficile encore de concevoir comment la charrette avoit pu porter ce lourd trésor ; il eût été du moins raisonnable de demander combien de chevaux avoient été employés pour le traîner. Mais dans ces momens, le peuple hébété croyoit ce qui étoit le moins croyable ; il se représentoit déjà un aristocrate comme un être extraordinaire à qui tout étoit possible.

M. Bertin, pour n'être pas traîné sous le fatal réverbère, fut obligé de prouver sérieusement que sa fortune ne lui permettoit ni de fournir soixante-six voitures de bled, ni de charger d'argent une charrette. Les officiers municipaux d'Etampes, et les électeurs de Paris lui donnèrent à cet égard toutes les attestations qu'il désira. Ces derniers se prêtoient d'autant plus volontiers à détruire ces mensonges, qu'il étoit réellement contre leur intérêt de les laisser subsister. On n'eût pas manqué en effet tôt ou tard, de leur demander comment, ayant reçu des approvisionnemens aussi considérables, et une si grande quantité d'argent, la ville de Paris se trouvoit dépourvue de grains et de numéraire. Aussi quiconque avoit besoin de leur témoignage pour prouver qu'il n'avoit chez lui, ni trésor, ni provisions de grains, étoit toujours exaucé avec empressement.

Les électeurs avoient à cet égard beaucoup à faire, car ce ne furent pas seulement MM. Gauthier, de Talaru, Bertin, qui eurent à repousser de pareilles accusations d'accaparement. Une infinité d'autres particuliers, et à-peu-près toutes les maisons religieuses, se virent également exposés à des visites, non-seulement très-incommodes par elles-mêmes, mais encore très-dangereuses par les fâcheux soupçons qu'elles élevoient. On venoit demander aux électeurs des commissaires pris entr'eux, qui constatassent authentiquement que les visites n'avoient rien produit. Les commissaires étoient accordés, et les demandes de ce genre arrivant à tout instant, c'étoit à les écouter et à y répondre, que l'assemblée électorale employoit une partie de ses séances.

Comme l'aveugle crédulité ou la perfide partialité de la plupart des journalistes contribuoient principalement à provoquer ces visites, et à en empoisonner les motifs, les électeurs en prirent de l'humeur contre ces libellistes imposteurs. Ils comprirent que la liberté illimitée de la presse n'étoit pas une excellente chose, et se déterminèrent enfin à un acte de vigueur, qui est le seul de ce genre que je remarque dans tout le cours de leur pusillanime gouvernement. Ils rendirent un arrêté qui ordonna que tous colporteurs ou distributeurs d'imprimés, sans nom d'imprimeurs, seroient conduits en prison par les patrouilles, et que les imprimeurs qui donneroient cours à des écrits, sans pouvoir d'auteur *ayant une existance connue*, en seroient rendus garans et responsables. L'arrêté fut imprimé, affiché et envoyé à tous les imprimeurs, du moins aux imprimeurs connus, car déjà le nombre déterminé par l'ancien régime, s'étoit accru d'une foule d'intrus. Ce seul acte de vigueur ne servit qu'à montrer qu'une autorité usurpée est le plus solide appui de l'anarchie. Et en effet, colporteurs, distributeurs, imprimeurs, auteurs, patrouilles, tous se moquèrent de l'arrêté. La licence des libellistes fut toujours impunie, toujours audacieuse ; le torrent étoit débordé, ce n'étoit pas une aussi foible digue qui pouvoit l'arrêter.

Les gardes-françoises s'abstenoient de se montrer dans ces perquisitions que la méfiance et l'extrême envie de trouver quelqu'indice du prétendu bombardement de Paris, multiplioient. Ils se bornoient à mettre l'intérieur de la ville en état de défense contre une aggression à laquelle ils ne croyoient pas eux-mêmes ; ils se tenoient en force à tous les postes réputés importans ; ils exerçoient avec beaucoup de patience et de zèle, les bourgeois au maniement des armes et aux évolutions militaires. Ils acquéroient chaque jour de nouveaux droits à la reconnoissance des Parisiens ; mais plus on avoit à s'en louer, et plus il devenoit difficile de leur offrir un prix digne des services qu'on croyoit en avoir reçus. M. Bailly, M. de la Fayette et toutes les nouvelles autorités ne laissoient échapper aucune occasion de témoigner pour cette troupe la plus grande déférence, et certes c'étoit avec raison ;

car sans son appui, que fussent devenues toutes ces nouvelles autorités? On attendoit donc avec beaucoup d'inquiétude le vœu qu'elle émettroit sur le genre de récompenses qu'elle ambitionnoit. Elle en émit un enfin auquel on ne se seroit nullement attendu; elle témoigna qu'aucun don pécuniaire, aucune distinction ne la flatteroit, si la garde du roi ne lui étoit de nouveau confiée. Ce poste, en effet, étoit le plus honorable que des soldats françois pussent occuper; mais il étoit bien étrange que des gardes-françoises le redemandassent après l'avoir abandonné, après avoir quitté le service de sa majesté pour celui de la bourgeoisie de Paris. Il y a dans notre révolution des événemens si bizarrement contradictoires, que la postérité les regarderoit comme fabuleux, si on ne lui en présentoit pas une preuve qui ne laissât aucun lieu au doute. Celui-ci est du nombre, et quelqu'extraordinaire qu'il soit, il est attesté par une pièce authentique. Cette pièce est une lettre que les gardes-françoises écrivirent au roi lui-même, qu'ils publièrent ensuite avec profusion, en l'intitulant: *Remercîment des gardes-françoises au roi.* Ils devoient en effet bénir la longanimité du roi pour l'amnistie qu'il avoit bien voulu leur accorder (1). Mais s'ils devoient des remercîmens à sa majesté, il s'en falloit de beaucoup qu'elle leur en dût, et étoit-il pour eux d'autre manière de la remercier, que de détester leur contagieuse défection? Ce qui met le comble à la suprise, c'est qu'ils prirent ou feignirent de prendre cette même amnistie pour une invitation à revenir auprès du trône, quoiqu'il ne fût pas échappé au roi un seul mot qui pût leur faire espérer le retour de cette honorable faveur.

Voici la lettre de ces soldats, lettre d'autant plus singulière, qu'au lieu d'y marquer du repentir de leur défection, ils osent en faire l'apologie. Cet écrit porte la date du 24 juillet.

« SIRE,

« Tant que votre majesté n'a pas été informée des horreurs qui se tramoient autour du trône, et qui menaçoient de la famine, du fer et du feu, non-seulement la capitale, mais la France entière, votre majesté a pu nous regarder comme des soldats parjures, comme des infracteurs dangereux de la discipline militaire. »

« Mais, sire, quelque sacrée que soit la subordination du soldat à son officier, pouvions-nous obéir à d'ambitieux aristocrates, qui ne vouloient faire

(1) Voyez quatrième cahier de cette histoire, pages 76 et 77.

agir nos armes et notre courage, que pour asservir le meilleur de nos rois à leur coupable ambition, et pour placer entre l'esclavage et la mort, nos pères, nos frères, nos femmes, nos enfans, nos concitoyens, nos amis? »

« Non, sire, votre majesté sait mieux que personne que nulle autorité ne peut commander le crime, et que nul prétexte d'obéissance ne peut l'excuser. »

« On abusoit de la discipline pour vouloir nous rendre traîtres à notre roi, à notre patrie: on vouloit abuser de la foi de nos sermens pour nous les faire violer: nous avons reconnu le monstre prêt à dévorer la France, sous le nom du patriotisme; nous avons frémi d'horreur; nous lui avons arraché nos drapeaux; nous sommes venus, sans les abandonner, nous joindre à nos concitoyens pour le combattre. La justice dirigeoit nos efforts réunis; nos coups ont terrassé l'hydre; *vous êtes plus grand, plus adoré que jamais*, et la France est libre. »

« Tel est, sire, le résultat de notre prétendue désobéissance: déja la nation avoit justifié nos sentimens et notre démarche par les témoignages les plus éclatans; il ne manquoit plus à notre gloire, à notre bonheur, que d'être justifiés auprès de votre majesté et d'être assurés de son approbation. »

« Nous ne pouvons plus en douter, sire; votre bonté vient de mettre le comble à nos vœux, en daignant écrire à M. le marquis de la Fayette, que vous nous regardez toujours comme vos fidelles soldats, et que nous serons admis, comme ci-devant, à la garde de votre personne sacrée. »

« Daignez, sire, accueillir les transports de notre joie et de notre reconnoissance; que votre majesté soit plus assurée que jamais de la fidélité des gardes-françoises, qui consacrent de nouveau leur vie au soutien du trône et à la défense de la patrie. »

« Nous sommes avec le plus profond respect,

SIRE,

De votre majesté,

Les très-humbles, très-obéissans serviteurs, et très-fidelles sujets.

Les gardes françoises.

Tout n'étoit que mensonge dans cet écrit. La lettre à M. de la Fayette, dont il y est parlé, est celle que

j'ai

j'ai rapportée aux pages 76 et 77 du quatrième cahier de cette histoire. Elle ne contient pas une expression de laquelle on pût induire, ni que le roi rendoit justice à la fidélité des soldats qui avoient abandonné la garde de sa personne, ni qu'il voulût les rappeler à son service. Tout ce qui s'est fait dans le cours de notre révolution, n'a été édifié que sur le mensonge; c'est une remarque qu'on aura souvent occasion de faire.

Ce n'étoit pas seulement une imposture, c'étoit encore un outrage sanglant d'oser dire au roi qu'il avoit été informé du complot qui tendoit à faire périr la capitale et la France entière, par la famine, le feu et le fer, tandis que le roi avoit démenti formellement l'existence de cette machination.

C'étoit enfin le comble de l'extravagance de prétendre à l'honneur de garder le trône, après avoir évacué tous les postes confiés au régiment, sans même attendre qu'ils fussent relevés. Cette prétention étoit de plus insolante, par le contraste qu'elle formoit avec la conduite de ceux qui la manifestoient. Ils ne l'ont jamais abandonnée; ils l'ont encore aujourd'hui. M. de la Fayette et tous les nouveaux maîtres qu'on s'étoit donnés, comprenoient à merveille l'impossibilité qu'il y auroit à contraindre le roi de se laisser garder par des hommes qui n'avoient pas voulu le garder. Il leur fallut beaucoup d'art, et, comme on le verra, beaucoup d'argent, pour amener cette troupe d'élite à n'être plus qu'une milice bourgeoise.

Il étoit sans doute, pour les révolutionnaires, d'une bonne politique d'agir avec cette circonspection envers un corps bien discipliné, qui, en abandonnant le parti de la cour, l'avoit jetée dans de grands embarras, et qui pouvoit jeter dans des embarras non moins grands, la nouvelle puissance qu'il servoit, s'il venoit à la combattre.

Cependant la défection des gardes-françoises avoit imprimé un tel mouvement à la France entière, qu'il est tout au moins douteux que leur retour à l'obéissance au roi, eût ramené l'ordre qui venoit d'être détruit. En combattant l'insurrection, après l'avoir aidée, ils ne l'eussent pas pour cela anéantie; la principale besogne étoit faite; la puissance de l'assemblée nationale se trouvoit déjà affermie sur des bases solides. Elle pouvoit braver des ennemis redoutables; elle régnoit sur le peuple par le délire et la promesse d'un bonheur qui ne devoit jamais arriver; elle comprimoit les royalistes par la consternation; elle dominoit le monarque qui, pourvu que ses sujets fussent parfaitement heureux, et que le sang ne coulât point, auroit volontiers ajouté de nouveaux sacrifices à tous ceux qu'elle avoit

arrachés de son amour pour l'ordre et la paix Elle avoit réduit les compagnies souveraines à venir à ses pieds légaliser solennellement le pouvoir dont elle s'armoit. Il étoit naturel de s'attendre que les tribunaux inférieurs ne tarderoient pas à suivre cet exemple. La juridiction consulaire, érigée par un édit de Charles IX (1), fut la première à s'y conformer, et reconnut ainsi une autre autorité que celle qui l'avoit créée. Quoique cette démarche, après la soumission des cours suprêmes de judicature, n'eût rien d'étonnant, on en triompha comme d'une nouvelle conquête. Le commerce, dit à ce sujet l'auteur du Point du Jour (2), essaye de lever vers elle *ses bras chargés de chaînes*, et vient lui porter ses hommages par l'organe de ses magistrats. »

Le tribunal ne vint pas encore; il envoya une députation, dont l'orateur, profitant mal de la leçon donnée par Mirabeau à la cour des aides (3), outra la flatterie, et fit, sans pudeur, parler à son corps le langage des esclaves. Il s'exprima ainsi :

« NOSSEIGNEURS,

« La juridiction consulaire de Paris, en se présentant devant cette auguste assemblée, *a pour but* de vous offrir les sentiments dont elle est pénétrée; ce sont ceux de l'admiration, du respect et de la reconnoissance. *Puissent, nosseigneurs, nos félicitations, nos hommages et nos actions de grâces vous être agréables* ! Le commerce, cette branche si importante d'où dépend la prospérité d'un état, et dont nous sommes les représentans par nos fonctions, le commerce attend tout de la haute sagesse, *de la prudence consommée*, du courage magnanime, du dévouement patriotique qui jusqu'à présent ont dirigé vos travaux et vos délibérations. Le seul vœu que nous ayons à former pour le bonheur de la nation, c'est, nosseigneurs, qu'elle puisse toujours avoir des représentans aussi respectables, et qui méritent autant sa confiance.

Un peuple qui se tourne avec cette flexibilité, vers la première idole qu'il apperçoit, qui se prosterne avec cette servile soumission, devant quiconque a la force, connoît-il de la liberté, autre chose que le nom ? Est-il capable de la supporter ?

Le président de l'assemblée répondit par des promesses mensongères, aux cajoleries de ces députés; il leur dit :

---

(1) Rendu à Paris au mois de novembre 1563.

(2) Nº. XXXIV, page 1.

(3) Voyez page 140 du quatrième cahier de cette histoire.

Hist. de la Révolut. Part. V. B

« L'assemblée nationale, dont le devoir est de veiller sur tous les intérêts de ce vaste empire, prendra en considération la prospérité et l'extension du commerce françois. »

« Elle s'appliquera particulièrement à prévenir, par tous les moyens que sa sagesse saura lui indiquer, les faillites qui, depuis quelque temps, ont inquiété le commerce, et pourroient compromettre la réputation de loyauté, qui a toujours si essentiellement et si avantageusement distingué la nation françoise. »

« L'assemblée nationale agrée l'hommage de votre respect, et elle me charge, messieurs, de vous assurer qu'elle en est satisfaite. »

Les républicains ayant ainsi réduit, en très-peu de temps, la nation entière à laisser ses états-généraux jouir paisiblement et sans réclamation, de la nouvelle forme et de la gigantesque puissance qu'ils s'étoient arrogée, c'étoit déja un grand pas de fait vers le but où ils vouloient arriver. Pour rester seuls maîtres du royaume, il leur falloit faire une guerre, à feu et à sang, aux royalistes qui en étoient les plus riches propriétaires. On a vu, dans la conversation de Mirabeau avec M. Malouet (1), qu'il entroit dans leur plan, de préparer les esprits à cette guerre, par la calomnie, en attribuant aux royalistes tous les forfaits imaginables. La première attaque de ce genre eut tout l'effet que pouvoient en attendre les esprits infernaux qui ne rêvoient qu'impostures. Voici l'effrayant récit de cette première machination.

La Franche-Comté étoit, plus qu'aucune autre province, le théâtre des excès les plus affligeans. Il s'étoit formé des bandes nombreuses de gens sans aveu, qui dévastoient tous les endroits où ils passoient. Le parlement et les autres autorités légales n'avoient point assez de force pour réprimer ces brigandages; parce que c'étoit principalement contre cette compagnie et contre ces autorités qu'on dirigeoit ces hordes de bandits. Les hommes qui, comme à Paris, avoient usurpé tout pouvoir, craignoient de leur côté de se compromettre avec ces scélérats; il paroit même qu'ils étoient dans l'opinion, qu'en leur donnant la chasse ils déplairoient à l'assemblée nationale.

De toutes les parties de la province, celle que cet essaim de malfaiteurs désoloit avec plus d'acharnement, étoit le bailliage de Vésoul. On n'y voyoit que châteaux, ou pillés, ou démolis, ou brûlés;

___

(1) Pages 112 et suivantes du quatrième cahier de cette histoire.

partout les archives étoient enfoncées, les registres et les terriers enlevés, les dépôts violés; plusieurs seigneurs avoient été maltraités; on n'avoit pas plus épargné leur famille et leurs gens. Tous les propriétaires étoient menacés des mêmes violences (1). Effrayés de l'audace des brigands et de l'impunité qui les enhardissoit à de nouveaux excès, ils leur abandonnèrent leurs terres et fuirent ce malheureux pays.

Du nombre des émigrés fut un conseiller au parlement, appelé M. de Mesmay. On ne s'étoit point encore porté à son château de Quincey, situé aux environs de Vésoul; mais les avis qu'il recevoit de tout côté ne lui permirent pas de douter que son tour n'arrivât bientôt, et il n'ignoroit pas que c'étoit à sa vie même qu'on en vouloit. Il avoit des raisons particulières pour croire que les malheurs dont on le menaçoit s'effectueroient. En sa qualité de conseiller au parlement, il partageoit la haine que les insurgens témoignoient contre cette compagnie; il étoit, en outre un des nobles, que le tiers-état appeloit protestans, c'est-à-dire, qu'il avoit protesté contre la double représentation accordée à cet ordre. On savoit enfin qu'il ne s'étoit pas contenté de signer cette protestation, mais qu'il l'avoit lui-même rédigée, de sorte qu'on la regardoit comme étant plus particulièrement son ouvrage.

Avec ces trois titres de défaveur, et entendant toutes les menaces qui se faisoient contre lui, M. de Mesmay eut raison de ne pas se croire en sûreté. Comme il étoit d'ailleurs de bonne société, jovial, humain et libéral envers les paysans, il n'étoit point haï de ses vassaux, et n'avoit aucun sujet de rien craindre de leur part; il ne redoutoit que les hordes ambulantes de malfaiteurs.

S'étant décidé à s'absenter jusqu'au retour de l'ordre, il fit part de sa résolution à ses vassaux, qui marquèrent beaucoup de regret de le perdre. Pour les convaincre de la nécessité où il étoit de les quitter, il ne leur fit point mystère du triple brevet d'aristocratie, qui le déterminoit à la fuite. En partant, il recommanda à ses domestiques qu'il laissoit dans le château, non-seulement de traiter avec beaucoup de douceur ceux de ses vassaux qui s'y présenteroient; mais même de n'opposer aucune résistance aux vagabonds qui tenteroient d'y pénétrer. « Adieu, mes amis, dit-il à ses paysans en les quittant, vous pouvez à votre ordinaire venir

___

(1) Je tire ces détails d'une lettre, en date du 22 juillet, que la ville de Vésoul écrivit à l'assemblée nationale; elle se trouve dans plusieurs journaux; mais l'assemblée ne la transcrivit point dans son procès-verbal.

au château; j'ai donné ordre qu'on vous fît bien boire. »

Les paysans de Quincey étoient en effet dans l'usage, les jours consacrés au repos, de se répandre dans les cours, dans les bosquets du château, où ils faisoient un festin champêtre qui se terminoit par une danse, et pendant lequel les gens du seigneur ne manquoient jamais de leur apporter quelques bouteilles de vin. M. de Mesmay étant parti, il se crurent autorisés par sa promesse à ne pas renoncer à cette habitude.

Le 19 juillet, qui étoit un jour de dimanche, ils se présentèrent, comme ils avoient coutume de faire, devant le château. Les domestiques, ainsi qu'ils en avoient reçu l'ordre, leur ouvrirent toutes les portes, et les accueillirent de la meilleure grâce. Quelques paysans des environs s'étoient réunis à eux. La nuit étant venue, ils s'assemblèrent dans un bosquet contigu au château, pour y souper. Les domestiques leur apportèrent des vivres et du vin; la joie fut vive. Entre onze heures et minuit, tandis que les uns se dispersoient dans l'intérieur et les environs du château, et que les autres dansoient dans le bosquet, le feu, sans qu'on puisse dire comment, prit à un baril qui renfermoit quelques livres de poudre, que M. de Mesmay avoit chez lui pour la chasse. L'explosion fit un bruit épouvantable, tua deux hommes, et en blessa plusieurs.

Le bruit de cette fâcheuse catastrophe se répandit bientôt aux environs; on accourut de toutes parts à Quincey; partout on sonna le tocsin, on prit les armes; la nouvelle de cet accident circula avec rapidité dans toute la province, de-là dans toute la France, dans toute l'Europe. Voici comment on la raconta, et comment tous les journalistes la recueillirent.

On dit que les paysans de Quincey s'étant présentés au château, on les avoit engagés à passer dans un bosquet au-dessous duquel on avoit creusé une mine; et qu'ensuite feignant de leur aller chercher du vin, on étoit allé mettre le feu à une mèche préparée à côté du bosquet, et qui tenoit à une autre placée dans une chambre à feu. La mine avoit fait sauter le bosquet entier; une partie de ceux qui s'y trouvoient, avoit été tuée et l'autre blessée.

C'est ainsi que le récit de ce malheur circula dans le monde; on ne manqua pas de le représenter comme l'exécution d'un complot enfanté par M. de Mesmay, magistrat intègre et généralement estimé. Il avoit devancé cette exécution par sa fuite, et avoit trouvé des domestiques assez stupides et assez scélérats pour s'en charger. C'étoit, disoit-on, un aristocrate enragé, un ennemi forcené du troisième ordre. Son exemple devoit, ajoute-t-on, être suivi par les autres royalistes, et on feroit ainsi une Saint-Barthelemi partielle de tout le tiers-état.

La première nouvelle qu'on eut de cette catastrophe à Paris et à l'assemblée nationale, y fut apportée par un procès-verbal, que des cavaliers de la maréchaussée, en résidence à Vésoul, avoient dressé sur les lieux, le lendemain de l'accident, à une heure après-midi. Ils ne constatèrent d'autres faits dans ce procès-verbal, sinon qu'ils avoient vu qu'on mettoit le feu au château, qu'on démolissoit une maison; qu'ils avoient trouvé des membres épars, et un cadavre nu, dont les habits venoient d'être consumés par le feu. Mais ils recueillirent tous les propos de la foule qui les environnoit, et ces propos supposoient que la catastrophe étoit une infernale machination de l'aristocratie, et un attentat prémédité par M. de Quincey. Cependant ces cavaliers, en recueillant ces propos, ne désignoient aucun coupable. Ainsi ils se bornoient à dire: ON *les a pressés d'entrer*; ON *leur a donné à boire, ayant attention de donner du meilleur vin*; ON *les a fait entrer dans l'endroit où étoient les mines*; ON *a mis le feu aux mèches*.

Le procès-verbal arriva à l'assemblée en même temps que la lettre des habitans de Vésoul, qui lui faisoit le portrait des excès en tout genre dont le bailliage étoit désolé, et la supplioit de permettre qu'on employât la force pour contenir les brigands. Une telle prière est bien remarquable; elle prouve ce que j'ai dit plus haut, qu'on donnant la chasse à ces bandits, on craignoit de déplaire à l'assemblée. Cette lettre étoit à peine lue, que M. Prunelle, député de Franche-Comté, dit que c'étoit avec bien de la raison que les habitans de Vésoul se plaignoient des désordres qui se passoient autour d'eux, et qu'ils n'avoient pas tout dit; mais que pour lui, il alloit révéler ce qu'il voudroit pouvoir dérober à tous les yeux, et écartant ainsi l'attention des objets que présentoit la lettre, il fit sur-le-champ ce court récit (1):

« *Un magistrat*, seigneur de Quincey, *avoit invité à une fête, dans son château, plusieurs personnes, qui se disposoient déjà à célébrer, dans la ville de Vésoul, la réunion des trois ordres de l'assemblée nationale; on dansoit dans son parc, lorsque l'explosion d'une mine ensanglanta tout-à-coup cette scène patriotique; trois militaires et deux bourgeois ont*

___
(1) Voyez n°. 33 du point du jour, page 287.

péri par cette manœuvre infernale ; plusieurs autres ont été blessés. »

Ce récit jeta l'épouvante dans toute l'assemblée ; les républicains témoignèrent la plus vive indignation ; les royalistes furent consternés. Chacun parut persuadé que le magistrat, seigneur de Quincey, avoit machiné cet exécrable forfait. M. Prunelle, à la suite de son récit, lut bien le procès-verbal des cavaliers de la maréchaussée ; mais le coup étoit porté ; le récit avoit inspiré une prévention qui ne permettroit aucun examen. A peine écouta-t-on la lecture de ce procès-verbal, qui fut faite rapidement. Personne n'eut assez de sang-froid pour remarquer qu'il n'étoit que l'écho de bruits populaires ; que le seigneur de Quincey n'y étoit point désigné nommément, et que dans une affaire aussi grave, il falloit des preuves plus claires que le jour, pour croire que le mot *on*, indiquoit formellement M. de Mesmay.

« Je demande, dit M. de Sérent, que M. le président se retire devers le roi, pour obtenir que ses ministres dans les cours étrangères fassent la recherche *du coupable*, et que les juges naturels s'occupent, avec célérité, de l'instruction et de la poursuite du crime. »

Avant de faire une telle prière au roi, il auroit fallu au moins lui prouver qu'il y avoit un coupable ; et quelle preuve avoit-on qu'il y en eut un, et que ce coupable fût M. de Mesmay ? Non-seulement on ne douta point dans l'assemblée que ce magistrat n'eût commis cette scélératesse ; mais par la manière dont M. Prunelle présenta les faits, on se persuada que les désordres de Franche-Comté étoient une juste représaille de cet imaginaire attentat. M. Prunelle, en effet, après avoir fait son récit, et lu le procès-verbal, ajouta :

« Cette barbarie exercée contre le droit des gens, ourdie par l'hypocrisie et la noirceur la plus abominable, a mis tout le pays en combustion. On s'est armé de toutes pièces ; on s'est jeté sur les châteaux voisins ; le peuple, qui ne connoît plus de frein lorsqu'il croit qu'on mérite sa fureur, s'est porté et se porte encore aux derniers excès ; il a brûlé, saccagé les chartriers des seigneurs, les a contraints de renoncer à leurs droits ; a détruit, a démoli différens châteaux, a incendié une abbaye de l'ordre de Citeaux. Madame la baronne d'Andelau n'a dû son salut qu'à une espèce de miracle. »

De sorte que l'accident arrivé à Quincey, qui étoit postérieur à ces déplorables excès, en devint, lorsque M. Prunelle eut parlé, la cause ou du moins le prétexte. Il ajouta :

« Les moyens d'arrêter les suites funestes d'une telle fermentation, sont insuffisans dans une province comme la nôtre, où chaque village peut fournir huit à dix hommes au moins, qui ont servi, et qui savent conséquemment manier les armes. »

Cette observation conduisit naturellement M. Prunelle au grand but de la révolution : il demanda qu'il fût permis à la province de Franche-Comté d'établir une garde bourgeoise.

Sur la proposition qu'avoit faite M. de Sérent, de charger les juges naturels de l'instruction, M. le duc de Villequier dit que le premier président du parlement de Bezançon l'avoit assuré que la poursuite étoit déja commencée, et que cette cour, aussi indignée du forfait que les autres citoyens, avoit déja envoyé des commissaires.

Le fait étoit vrai, mais ce n'étoit pas là ce qu'on vouloit ; le temps des spoliations approchoit, et il falloit s'essayer. L'ordre jusqu'alors établi dans le royaume, vouloit que le magistrat d'une cour souveraine, fût jugé en première et dernière instance par le tribunal dont il étoit membre. Des hommes qui alloient établir l'égalité, et le jugement par les pairs, n'auroient pas dû méconnoître ce privilége. Cependant il s'engagea une vive discussion pour savoir à quels juges il appartiendroit de connoître du délit dont on accusoit si légèrement M. de Mesmay.

M. Garat l'aîné, rendit hommage aux principes : « Ne faisons pas, dit-il, au parlement de Bezançon, l'injustice de penser qu'il ne s'empressera pas de punir ce crime. Le premier privilége national est d'être jugés par ses pairs. »

M. Garat fut le seul de cet avis. « Ne voyez-vous pas, dit un député de Franche-Comté, que les troubles de ma province viennent du mécontentement que le parlement y a causé lors de la convocation des ordres pour la députation aux états-généraux ? Les premiers juges doivent seuls connoître de cette affaire. Pour quoi voulez-vous enlever à l'accusé, deux degrés de juridiction ? »

« Il n'est pas juste, dit un autre député, qu'un membre de parlement soit jugé autrement qu'un autre homme coupable ; les juges du lieu peuvent et doivent informer contre lui. »

MM. du Châtelet, de Virieu, l'évêque de Chartres, l'abbé de Montesquiou, embrassèrent cette opinion. Les deux derniers se fondoient sur un assez singulier raisonnement : ils faisoient remarquer que le privilége dont jouissoit un membre de cour souveraine, de n'être jugé que par ses pairs, n'avoit d'autre base que des arrêts de réglement. « Or, disoient-ils, les parlemens sont chargés de l'exécution des lois; et dans le moment où elles vont reprendre leur vigueur, des arrêts de règlement peuvent-ils soustraire les membres d'une cour souveraine à l'ordre public et aux ordonnances du royaume? »

Le jurisconsulte, M. Tronchet, qui à cet égard en savoit plus que des gentilshommes et des prélats, parla le langage de sa profession. « Dans ces circonstances, dit-il, l'assemblée pourroit demander au roi des lettres-patentes qui autoriseroient les premiers juges à prononcer définitivement, nonobstant tous usages, réglemens et priviléges qui pourroient exister dans la province, sauf l'appel à telle autre cour du royaume, qu'il plairoit au roi de nommer. »

Les lettres-patentes furent mises aux voix, et presqu'à l'unanimité, il fut décidé qu'on n'avoit qu'à faire d'en solliciter. Il y eût même un député qui dit que ces lettres-patentes n'auroient aucun pouvoir, si l'assemblée ne concourroit pas avec le roi à leur confection.

Dans le cours de ces débats, MM. Barnave et de Toulongeon présentèrent des observations injurieuses aux justices souveraines, qu'ils trouvèrent entachées de mille abus. Les mêmes idées, après ces débats, ne faisant que se reproduire, M. l'évêque de Langres résuma ainsi en peu de mots toutes les opinions :

De quoi s'agit-il ici, dit le prélat ? Il s'agit, et il suffit de réclamer justice contre *le coupable*, tranquillité pour la province, tribunaux qui ayent la confiance publique, et d'abandonner au roi les détails pour l'exécution des formes. »

Ce coupable étoit comme la dent d'or; on le croyoit tout trouvé, et on ne s'étoit pas encore informé s'il existoit. L'aveuglement sur cette affaire étoit si général dans l'assemblée, qu'un magistrat octogénaire, M. le Berthon, premier président du parlement de Bordeaux, n'y vit pas plus clair que les autres. « Quant à moi, dit ce vénérable magistrat, je demande qu'on se retire pardevers le roi, pour s'assurer de *l'homme exécrable* qui a commis ce crime. L'assemblée nationale m'excusera si je n'ai pas la force d'en dire davantage. »

Il est affligeant que M. le Berthon n'eût pas appris de son âge et de sa profession, que plus un attentat est énorme, plus il est invraisemblable, plus par conséquent les preuves qui le constatent, doivent être rigoureuses. Une assemblée de douze cents hommes, qui dès son entrée dans la carrière, commettoit une aussi solemnelle imprudence, a-t-elle eu ensuite bonne grâce de faire tant de bruit de quelques erreurs échappées dans une longue suite de siècles, aux différens parlemens ?

La voici cette solemnelle imprudence qui a fait répandre des larmes bien amères, à un homme bien innocent; elle est consignée dans l'arrêté suivant. On ne peut, en le lisant, s'empêcher de pleurer sur la destinée des hommes dont la réputation et la vie sont au jugement de leurs semblables.

« Lecture faite d'une lettre de la ville de Vésoul, en date du 22 juillet, adressée à l'assemblée nationale, et d'un procès-verbal dressé le 20 du même mois, (1) par un brigadier et des cavaliers de maréchaussée de la résidence de Vésoul, dont l'expédition a été remise sur le bureau. »

« L'assemblée nationale délibérant sur les deux pièces, après avoir entendu le récit de l'événement arrivé le 19 du même mois au château de Quincey, près de Vésoul, a arrêté que M. le président se retirera pardevers le roi, *pour lui témoigner l'horreur et l'indignation*, dont tous les membres de l'assemblée ont été saisis en apprenant *un crime aussi horrible*, pour supplier sa majesté d'ordonner qu'il soit fait incessamment toutes poursuites nécessaires pour rechercher les auteurs et les complices de ce forfait ; et dans le cas où ils seroient déja retirés en pays étrangers, supplier sa majesté d'enjoindre à ses ministres de les réclamer, afin que les coupables soient punis par le supplice qu'ils méritent. »

Ainsi, le roi fut prié de concourir à la diffamation d'un homme innocent, de le dénoncer au nom des représentans de sa nation, comme un malfaiteur, au monde entier. M. de Mesmay a été accablé pendant près de deux ans, de tout le poids de cette ignominie que les républicains faisoient rejaillir avec beaucoup d'art sur le parti entier des royalistes. Ce ne fut que dans le mois de juin 1791, que son innocence fut invinciblement démontrée à cette même assemblée qui l'avoit voué avec tant de légèreté à l'exécration de tous les peuples. Elle voulut bien confesser son erreur dans son procès-verbal du 5 juin 1791. Voici comment je me suis exprimé à ce sujet dans le journal de *l'Ami du Roi* (1), en rendant compte de cette séance.

___

(1) Il auroit fallu transcrire dans le procès-verbal, et la lettre et le procès-verbal des cavaliers de maréchaussée, car rien ne constate qu'on en eût fait lecture. La postérité du moins auroit vu que ces monumens n'entachoient point M. de Mesmay.

(2) Voyez N°. CLII, du lundi 6 juin 1791, page 616, deuxième colonne.

« Un député de Franche-Comté, *au nom de ses commettans*, a instruit l'assemblée, que dans le fait arrivé chez M. de Mesmay, où une explosion a fait périr plusieurs personnes, il n'y avoit eu aucune intention criminelle; c'est ce qui est résulté des procédures à cet égard, et dans lesquelles *il n'y a pas même eu matière à lancer un décret contre M. de Mesmay*, ci-devant seigneur du lieu. Sur la motion de M. de Sérent, l'assemblée a ordonné qu'il seroit fait mention, dans son procès-verbal, de l'issue favorable de cette procédure. C'étoit-là cependant ce qui servoit le plus autrefois à échauffer le peuple contre ce qu'on lui faisoit appeler les aristocrates. »

On ne sauroit croire en effet avec quelle avidité et quelle méchante partialité cette malheureuse affaire fut saisie et présentée par les journalistes démocrates.

La haine contre les royalistes qui se laissèrent eux-mêmes prendre à ce filet, qui partagèrent cette déplorable prévention, s'en accrût singulièrement. Le petit peuple ne vit plus en eux que des ennemis atroces qu'il falloit exterminer pour n'en être pas dévoré. Ici du moins un accident cruel, un événement malheureusement trop vrai en lui-même, quoiqu'arrivé sans intention criminelle, étoit la base sur laquelle bâtissoient les calomniateurs. Mais combien d'impostures j'ai maintenant à dévoiler, où tout est de l'invention des ennemis de la monarchie !

CHAPITRE LXV.

COURTE *observation sur la manière dont se font les révolutions ; efforts des François pour préserver le corps politique, d'une mort entière ; désordres qu'occasionne la bourgeoisie armée ; scènes plaisantes qui résultent de son service ; mouvemens dans les districts de Paris pour l'établissement d'une commune ; démission de quelques électeurs ; réunion à l'hôtel-de-ville, de cent vingt députés nommés par les districts ; premier travail de ces cent vingt députés ; changemens à la cour ; disposition du public à l'égard de M. Necker ; courts détails sur sa terre de Coppet ; aventure qui lui arrive à Bâle ; lettre que lui écrit le roi ; sa réponse au roi et à l'assemblée ; illustre courrier chargé de ces dépêches ; effet que produit la nouvelle de son retour ; comment elle est reçue par les membres du club breton, par la capitale, par les royalistes, par l'assemblée ; délibération sur la détention de MM. l'abbé Maury et de Calonne ; arrêté qui termine les débats ; motion remarquable de M. Volney ; arrêté du châtelet de Paris ; députation qu'il envoye à l'assemblée ; réponse flatteuse qu'elle reçoit ; horrible complot attribué aux royalistes : lettre de M. le duc d'Orset à ce sujet ; avantages que donne aux républicains le bruit de ce complot ; effets déplorables qu'il produit.*

Suite de Juillet 1789, et du second mois de l'interrègne.

LORSQU'UN empire se dissout, ce n'est plus que par la force des armes qu'on y peut rétablir un certain ordre. C'est dans la portion de la société où se trouve cette force, que doit nécessairement venir se concentrer toute puissance. A l'époque du 25 juillet, la France, si florissante depuis tant de siècles, n'étoit déjà plus ni une monarchie, ni une république. Ceux que la rapidité des événemens, qui avoient en peu de jours amené une dissolution totale, n'étourdissoit point, prédirent ce qui est arrivé. En voyant la noblesse privée du secours des troupes, en voyant la bourgeoisie maîtresse de toutes les armes, il étoit naturel de conclure que celle-ci prendroit la place de celle-là, et que ce seroit à ce changement qu'aboutiroit toute la révolution ; il est bien clair en effet que celui qui se laisse désarmer, se met à la discrétion de celui qui le désarme. Les révolutions n'arriveront jamais autrement ; l'opinion les préparera ; le canon et les bayonnettes les opéreront. Il n'y a ni autre secret, ni une autre marche dans les grands bouleversemens, qui font subitement passer un état d'une constitution à une autre constitution.

On s'étonne de voir aujourd'hui les bourgeois occuper les places du ministère, remplir les tribunaux, avoir les premiers postes de l'armée, de l'administration, jouir des dignités du clergé ; cela devoit être, puisqu'ils étoient les seuls armés. On dit que cette victoire du dernier ordre de l'état sur les deux premiers a été rapide, cela devoit être encore, parce que les françois marchent avec précipitation. On s'afflige enfin des extrémités où les nobles ont été réduits par leurs adversaires qui n'en avoient jamais reçu de pareils traitemens ; cette douleur est fondée sans doute, car des conquérans ne se sont jamais acharnés avec cette brutalité contre des ennemis désarmés ; mais l'étonnement cesse quand on considère que le caractère de la nation est de tout outrer. La modération qui distingue particulièrement le peuple anglois, est une chose parmi nous dont nous ne connoissons que le nom. Les royalistes ayant une fois commencé à fuir devant les républicains, ceux-ci ont dû les poursuivre aussi loin qu'il leur étoit possible d'aller, et ils ne s'arrêteront que lorsque ceux-là ne trouvant plus de terrein devant eux, et trop violemment comprimés, seront enfin obligés de réagir contre leurs adversaires.

Telle a été la marche de la révolution, et telle en sera l'issue. Au sein du cahos qu'amena le renversement de tout ordre, il falloit bien chercher une forme de gouvernement quelconque. Comme en effet il est de la nature des liqueurs, quelque balancement qu'on leur donne, de tendre toujours au niveau, les hommes réunis en société sentent qu'elle ne peut subsister si la sûreté générale ne se coordonne avec la sûreté individuelle. Les hordes mêmes de brigands comprennent le besoin qu'elles ont d'une police. L'assemblée nationale promettoit aux peuples une fort belle constitution ; mais en attendant qu'elle fut faite, il falloit conserver au corps politique au moins la vie. Un instinct secret avertissoit de sa mort prochaine, si les choses restoient dans l'état où on les avoit amenées. L'empire étant trop grand pour que toutes ses parties pussent correspondre, et se donner sur-le-champ un plan au moins provisoire de gouvernement, chaque ville, chaque village, chaque bourg, chaque hameau songea à sa sûreté ; toutes ces aggrégations se constituèrent du mieux qu'elles purent, en attendant une manière d'être plus stable, et qui fût liée à l'ensemble de l'empire.

Ainsi, quand même l'assemblée nationale n'auroit pas donné une constitution, quand même le roi n'auroit pas voulu rendre aux peuples le secours de son autorité, les françois se seroient constitués d'eux-mêmes, par cette tendance nécessaire qu'ont les grandes comme les petites sociétés vers l'ordre. Cette constitution, sans doute, eût été lente dans ses commencemens ; on auroit long-temps tâtonné avant de trouver le point de l'équilibre ; mais enfin le temps et les circonstances l'auroient amené, en supposant d'ailleurs que des guerres civiles ou étrangères n'eussent pas dévoré l'empire.

Sans doute si un homme hardi et d'un grand caractère se fût mis à la tête de la bourgeoisie armée, et eût su la dominer, les choses auroient été beaucoup plus vîte ; mais personne n'osant commander, personne ne voulant obéir, il a fallu que le peu de police dont on a joui au milieu des troubles, s'établît de lui-même.

Au moment où la grande commotion donnée par la capitale y réduisit au silence, et désarma les anciennes autorités, elle se trouva avoir des électeurs. Ils lui furent d'un si foible secours, qu'on crut qu'en resserrant le pouvoir en moins de mains, il auroit plus de rapidité et d'énergie. MM. Bailly et de la Fayette, comme on a vu, furent nommés, l'un maire, l'autre commandant de la garde bourgeoise. Ils ne furent pas plus obéis que les électeurs, et les désordres alloient toujours en augmentant. Bien loin de protéger la capitale, ces bourgeois armés, dont M. de la Fayette sembloit être le chef, entretenoient une confusion dont il est difficile de se faire une idée. Leurs courses vagabondes aux environs de Paris, leurs visites tumultueuses dans les maisons de la capitale et dans celles des villages voisins, répandoient l'effroi, et faisoient désespérer de voir jamais renaître la tranquillité.

La nuit, ces bourgeois montroient le plus grand zèle pour le service militaire ; chacun vouloit aller en patrouille. Ces patrouilles étoient si nombreuses et si multipliées, qu'elles s'embarrassoient mutuellement et gênoient la marche des passans. Elles se demandoient le mot d'ordre avec une importance et un bruit risibles. Souvent elles se méconnoissoient ; il n'étoit pas rare de voir deux patrouilles qui, en se rencontrant, oublioient l'une et l'autre le mot d'ordre ; de manière que c'étoit à qui feroit l'autre prisonnière de guerre. La supériorité du nombre donnoit aussi beaucoup de fierté et de courage. La patrouille qui avoit cette supériorité, ne manquoit guères d'arrêter celle qui avoit moins d'hommes, soit que cette dernière répondit ou ne répondit pas aux questions qui lui étoient faites. Ces combats n'étoient jamais sanglans ; mais ils n'étoient pas propres à tranquilliser les habitans. La patrouille arrêtée étoit conduite à l'hôtel-de-ville, et y restoit prisonnière jusqu'à ce que les électeurs eussent jugé entre les vainqueurs et les vaincus.

Comme aussi il falloit, en rentrant dans ses foyers, avoir quelque exploit de guerre à raconter à sa famille et à ses amis, on faisoit, dans ces courses nocturnes, une guerre impitoyable aux cavaliers et aux voitures qu'on rencontroit dans les rues. On s'en emparoit, et on les consignoit sur la place de Grève. Les électeurs, en venant un matin reprendre leurs séances, furent étonnés de voir cette place entièrement couverte de fiacres, au milieu desquels on distinguoit une diligence. S'étant enquis du sujet de ce bizarre rassemblement, il leur fût répondu que ces fiacres et cette diligence, qui étoit celle de Paris à Lyon, avoient été, pendant la nuit, arrêtés et consignés par les patrouilles. Les électeurs se hâtèrent de lever cette consigne, au grand contentement des particuliers qui, ayant besoin de voitures de places pour aller à leurs affaires, s'affligeoient beaucoup de n'en point trouver aux endroits ordinaires. C'étoit-là ce qu'on appeloit faire une bonne police ; et quand on représentoit aux gardes bourgeoises

que

que ces arrestations nuisoient infiniment au service public, on vous répondoit par l'adage: *méfiance est mère de sûreté.*

Dans plusieurs de ces différens corps de milice, les officiers se trouvant d'une condition fort inférieure à celle des soldats, il résultoit souvent de cette différence, des scènes comiques. En général ceux-ci conduisoient toujours ceux-là, et les faisoient aller où ils vouloient. Si un de ces officiers osoit témoigner le moindre désir d'être obéi, l'accusation d'aristocratie, et la menace de la lanterne, le contraignoient bien vite au silence, et ne lui laissoient que le parti de la résignation. Aussi ceux qui commandoient, parloient-ils toujours avec beaucoup de politesse à la troupe qui étoit à leurs ordres. M. de la Fayette lui-même, lorsqu'il faisoit faire l'exercice à quelque détachement, prioit toujours fort civilement, le chapeau à la main, qu'on voulût bien tourner à droite, à gauche, aller en avant, serrer les rangs.

Un bourgeois, qui, dans la première semaine de la révolution, avoit eu le commandement d'un corps de deux cents hommes, se démit de sa place pour se faire simple soldat. Un de ses amis le rencontrant un jour à la porte d'un corps-de-garde, où il étoit en faction, lui témoigna sa surprise de cette métamorphose, et lui en demanda la raison. « Ma foi, mon ami, répondit la sentinelle, j'étois las d'obéir, je veux commander à mon tour. »

L'anecdote suivante, qui prêta beaucoup à rire, donnera une idée des hommes qui s'étoient jetés dans le corps des officiers. Un capitaine voyant à la queue de sa compagnie un soldat qui le suivoit de loin, et qui se traînoit plutôt qu'il ne marchoit, le pria fort honnêtement de doubler le pas, et de ne pas perdre son rang. Le soldat le promit et ne marcha pas vite. Le capitaine revint à la charge, et mêlant à sa prière un ton d'ordre, cria au soldat: « Mais, monsieur, avancez donc! — Je vous assure, mon capitaine, répondit le soldat, que je vais aussi vite que je peux aller, et si je me traîne, c'est votre faute; les souliers que vous m'avez faits sont si étroits, que je souffre cruellement, et à peine puis-je mettre un pied devant l'autre. » Le capitaine étoit en effet le cordonnier du soldat, et il n'eut rien à répliquer à cette excuse.

On comprenoit vaguement que sous la protection d'une telle garde, la capitale pouvoit, à tout instant, éprouver une subversion générale; on sentoit aussi le besoin de mieux organiser les nouvelles autorités qu'on s'étoit données. Les électeurs eux-mêmes se rendoient le témoignage que leur mission, bornée à l'élection des députés aux états-généraux, ne leur donnoit aucun droit au sceptre que tenoient leurs débiles mains. MM. Bailly et de la Fayette ne se dissimuloient pas non plus que leur élévation étant l'ouvrage de ces électeurs, n'avoit rien de légal, parce qu'on ne peut rien recevoir de ceux qui ne peuvent rien donner. Le roi avoit bien souscrit à leur nomination; mais il eût souscrit également à celle de quiconque eût eu le suffrage des électeurs. Ceux-ci ne pouvoient rien instituer, le roi ne pouvoit rien refuser. Qu'étoit-ce qu'une autorité qui découloit de ces deux sources ?

Les électeurs, le maire et le commandant furent ainsi réduits à recourir à l'autorisation de la multitude. Le système qui vouloit que le peuple fut souverain, commençoit à prendre beaucoup de faveur; de sorte qu'en tenant de lui des pouvoirs, on ne mettoit aucun doute qu'on ne fût parfaitement en règle. C'étoit dans cet esprit et dans cette vue, qu'on avoit engagé les districts à nommer des représentans qui organiseroient une municipalité, et toutes les autorités tutélaires de la capitale.

Quelques-uns de ces districts furent d'avis de ne point dissoudre l'assemblée des électeurs, et de se confier à elle pour l'avenir, comme on avoit fait jusqu'alors; mais la majorité de ces petites républiques ayant été d'avis de s'en tenir littéralement à la lettre de M. Bailly, qui les invitoit à nommer chacune deux députés, afin que la réunion de tous ces députés formât une assemblée légale, de laquelle émaneroient tous les pouvoirs; la totalité de ces districts finit par adopter cette mesure.

Dès que cette affaire fut mise en délibération dans les districts, plusieurs électeurs renoncèrent à leurs fonctions. De ce nombre furent MM. Garran de Coulon, Voisin, Regnier, Tassin et le fameux M. Carra. Ils dirent à leurs collègues: « tant que les circonstances ont rendu nécessaire l'assemblée des électeurs, nous nous sommes fait un devoir d'y assister exactement. Aujourd'hui les districts forment une nouvelle organisation générale; ils en ont le droit incontestable, et c'est le vœu public. La paix que nous avons conquise, rend actuellement cette organisation facile à faire régulièrement. Nous ne pouvons plus voter dans une assemblée à laquelle nous serions étrangers. »

Ces électeurs, en se retirant, demandèrent acte de leur déclaration. Leur démission, qui pouvoit être suivie de plusieurs autres, convainquit encore plus de la nécessité de remplacer ce qui alloit être détruit.

Le travail des districts à cet égard étant fini, leurs cent vingt députés se réunirent en assemblée à l'Hôtel-de-Ville, et celle des électeurs ne discontinuant pas pour cela ses séances, on eût ainsi deux autorités, et une légion de maîtres. Le nouveau gouvernement de la capitale, n'en acquit pas plus d'énergie, car c'est une vérité de politique comme de physique, que la force s'affoiblit en se divisant.

Ces cent vingt députés avoient pour mission expresse

C

et unique de dresser un plan d'administration municipale. Il n'y eut pas un d'entr'eux qui ne se crût bien véritablement le représentant de la commune, du peuple de Paris. Si la bourgeoisie eût été exclusivement le peuple de Paris, cette prétention eût été fondée. Mais le peuple de la capitale, comme ces messieurs l'entendoient, étoit bien certainement composé d'ecclésiastiques, de nobles, de magistrats, de bourgeois, d'ouvriers, d'artisans, de gens de peine, de gagne-deniers. Pouvoit-on se dire élu par le peuple, quand une seule de ces classes avoit concouru à l'élection ? Or, il est constant que dans la très-grande partie des assemblées primaires qui nommèrent ces cent vingt députés, il n'y avoit absolument que de la bourgeoisie, et cette bourgeoisie n'étoit presque composée que d'avocats.

Dans les autres districts, à peine y avoit-il un ecclésiastique, un gentilhomme, un ouvrier, un artisan sur deux cents bourgeois. Aussi l'assemblée des cent vingt, se ressentit-elle de l'organisation des assemblées primaires ; on ne comptoit parmi eux que trois ou quatre gentilshommes, que cinq ou six membres du bas clergé, les uns et les autres mécontens de leur ordre. Presque tout le reste avoit été pris dans la classe des avocats, et chacun sait qu'en général, cette classe est bavarde et peu agissante (1). C'est elle qui, dans le cours de notre révolution, a eu la plus grande influence sur le gouvernement de la capitale et de l'empire.

(1) Dans une lettre publiée en 1685, c'est la seconde des nouvelles lettres sur l'histoire du calvinisme de Maimbourg, en parlant de la contradiction des auteurs, on met en jeu les avocats. Voici ce qui y est dit sur le chapitre de ces messieurs. Personne, je pense, ne me démentira, si je dis qu'il en étoit en 1789 comme en 1685, sans que je veuille pour cela prétendre qu'il n'y eût pas quelques exceptions à faire.

« On a quelquefois le plaisir dans une même semaine, d'entendre plaider un même avocat pour un mari contre sa femme, et pour une femme contre son mari. S'il a l'imagination excessive, il ne parle dans son premier plaidoyer, que de l'empire des maris : il le fonde sur la nature, sur la raison, sur la parole de Dieu, sur l'usage ; il cite l'écriture, il cite les pères ; il cite les jurisconsultes ; il cite les voyageurs ; il déclame contre les femmes, et il ne raisonne que sur des propositions universelles. Mais deux jours après, ce n'est plus cela ; il passe dans des maximes toutes opposées ; il traite d'usurpation l'autorité des maris ; il parcourt la sainte écriture, le code, la physique, l'histoire et la morale en faveur des femmes, raisonnant toujours sur des principes universels ; car un esprit véhément ne croit rien prouver, s'il n'affirme, ou s'il ne nie sans exception, et par conséquent, s'il s'engage à soutenir des intérêts opposés, il faut nécessairement qu'il se contredise ».

Quelques électeurs se trouvèrent au nombre des cent vingt députés ; ils quittèrent l'ancienne assemblée pour la nouvelle. M. Moreau de Saint-Mery lui-même, qui présidoit celle-là, ayant appris que le vœu de son district l'avoit désigné pour être un des cent vingt députés, se démit de sa présidence. On lui donna pour successeur un abbé appelé Bertholio. M. Moreau, en quittant l'assemblée des électeurs, en reçut un témoignage d'estime qui eut été plus honorable, s'il n'eût pas été exagéré. Ils témoignèrent, dans leur procès-verbal, les plus vifs regrets de sa perte ; ils y dirent qu'il avoit mérité par sa fermeté, son courage, sa sagacité, ses talens et ses vertus patriotiques, l'estime et la reconnoissance, non-seulement de tous les électeurs, mais encore de tous les citoyens de la capitale, et même de l'empire françois. Je m'étonne qu'on n'ait pas ajouté : et même du monde entier ; car quand les françois louent, ils ne savent plus où s'arrêter. La vérité est que M. Moreau de Saint-Mery ne fit ni bien ni mal dans sa place. Il y fut toujours l'instrument passif de l'assemblée, qui, elle-même le fut du peuple. On put lui trouver des talens et des vertus patriotiques ; mais il ne montra ni fermeté, ni courage, ni sagacité. Les exécutions sanglantes et impunies de la garnison de la Bastille et des deux dernières victimes, en sont la preuve. Sans doute il gémit ; et des malheurs dont il étoit témoin, et de l'impuissance où il étoit de les empêcher, car du reste il a de la modération dans le caractère ; ses mœurs sont douces ; son esprit n'est point porté à l'exagération ; il craint et fuit les partis extrêmes, et l'histoire lui doit cette justice, qu'ayant fait la faute d'adopter les nouvelles opinions, il ne les a pas au moins outrées, et ne s'est jamais jeté dans la tourbe des factieux.

Dès le premier pas que firent les cent vingt députés, ils outre-passèrent leur mission. Elle se bornoit à la rédaction d'un plan d'administration municipale. Avant d'y travailler, ils firent un acte de souveraineté ; ils donnèrent à Paris un maire et un commandant général de la milice bourgeoise. Il est vrai qu'ils ne changèrent rien, à cet égard, à ce qui étoit deja fait ; M. Bailly resta maire, et M. de la Fayette commandant ; mais ce maire et ce commandant furent proclamés de nouveau par cette assemblée, qui, en faisant cette proclamation, montra qu'elle croyoit avoir seule le droit de la faire. Ce fut là le premier ouvrage de sa première séance. MM. Bailly et de la Fayette y étoient présens, non-seulement ils souscrivirent à leur nomination par ces cent vingt députés ; mais ils leur prêtèrent le serment de fidélité, que dans les monarchies, les officiers civils et militaires prêtent au monarque. Les cent vingt députés, à leur tour, jurèrent, au nom des soixante districts, de leur obéir dans tout ce qu'ils commanderoient pour le service public ; serment qui fut bien mal gardé.

Leur second travail fut un arrêté honorable pour

les électeurs qu'ils étoient destinés à remplacer ; il étoit ainsi conçu :

« Il sera fait un remercîment à MM. les électeurs, dont le zèle et le patriotisme se sont développés avec tant *d'énergie* et de succès dans les circonstances *les plus périlleuses* et les plus mémorables. » Ils firent en outre, dans cet arrêté, une mention particulière de M. Moreau de Saint-Mery. Six membres de la nouvelle assemblée furent chargés de porter cet arrêté aux électeurs, de leur présenter en même temps les témoignages de la reconnoissance publique, et de les prier de continuer leurs séances, jusqu'à ce qu'il eût été pris des mesures pour suppléer au service, dont, disoient les cent vingt députés, la force des circonstances leur avoit fait un devoir de se charger pour le bonheur public.

L'assemblée des électeurs fut sensible à ce compliment, et consentit, avec beaucoup de plaisir, à proroger la tenue de ses séances, jusqu'à nouvel ordre.

26 Les cent vingt députés nommèrent ensuite seize d'entr'eux qui eurent la commission de dresser un plan d'administration municipale, et de le présenter, lorsqu'il seroit rédigé, à l'assemblée générale, qui, après l'avoir approuvé, l'exécuteroit provisoirement, en attendant que les districts, à qui il seroit envoyé, l'eussent sanctionné. Ces commissaires s'empressèrent d'inviter, par la voie des feuilles périodiques, tous les citoyens qui auroient fait un travail sur l'établissement d'une municipalité à Paris, de l'envoyer le plus promptement possible, avec leurs noms et leurs demeures, à M. Fondeur, secrétaire de la commission.

Une des premières opérations de la nouvelle assemblée qui prit le nom de commune de Paris, fut aussi d'établir un comité provisoire, à l'instar de celui des électeurs. On le composa de trois bureaux, l'un appelé de distribution, l'autre de police, le troisième des subsistances. Ils furent composés chacun de quatre membres de l'assemblée, et de ceux d'entre les électeurs qui y étoient attachés. Il fut également arrêté que ceux d'entre les électeurs qui se trouvoient employés dans les différentes commissions, et notamment à la halle et à la poste, continueroient provisoirement leurs soins.

M. Bailly, en sa qualité de maire, se trouva être de droit président de cette assemblée, dont les premiers secrétaires furent MM. le Grand de Saint-René et Boucher, et dont les séances se tinrent publiquement comme celles des électeurs.

Les finances de la ville se trouvèrent fort grevées par la concurrence de cette double assemblée, car quoique les membres de l'une et de l'autre n'ayent jamais voulu dire ce qu'ils s'étoient alloué dans ces commencemens pour leurs honoraires, ils n'ont jamais pu persuader à personne que leur travail eût été gratuit. Cela n'eût été ni juste ni possible. Presque tous étant sans patrimoine, et n'ayant pour vivre, les uns, que ce qu'ils gagnoient dans leurs boutiques, les autres, que ce qu'ils retiroient de leur travail au barreau, il falloit bien qu'ils fussent dédommagés du temps qu'ils enlevoient à leur profession. Il n'étoit pas même difficile de s'appercevoir que plusieurs accommodoient fort bien leurs affaires, avec ce nouveau genre d'occupation.

Tandis que la capitale cherchoit à se donner une forme d'administration qui lui assurât quelque tranquillité, la cour étoit la seule immobile au milieu de ce mouvement universel. Le roi et son auguste épouse ne prévoyoient que des malheurs, et songeoient à les détourner, en donnant de nouvelles preuves de leur sincère désir de tout faire pour calmer toutes les inquiétudes. Le porte-feuille des affaires étrangères fut rendu à M. le comte de Montmorin, et M. le comte de Saint-Priest fut nommé au ministère de la maison du roi, que laissoit vacant la retraite de M. de Villedeuil. Le départ de madame la duchesse de Polignac faisoit aussi vaquer l'importante charge de gouvernante des enfans de France. Elle fut donnée à madame la marquise de Tourzel, veuve, depuis deux ans, du gentilhomme de ce nom. Il avoit péri misérablement dans la forêt de Fontainebleau, en suivant le roi à la chasse. Le cheval qu'il montoit prit le mord aux dents, l'entraîna au milieu de la forêt, et lui fracassa la tête contre un arbre. Il laissa après lui une nombreuse famille, une excellente réputation et de longs regrets. Toute la cour pleura sa mort ; le roi, en versant des larmes, dit ces propres paroles : « je perds un excellent sujet ; s'il eût moins valu, il vivroit encore ; ces malheurs-là n'arrivent qu'aux gens de bien. »

Le choix que fit le roi de madame de Tourzel, pour gouverner les enfans de France, fut généralement applaudi ; on dit que c'étoit approcher la vertu du trône. Le département de la guerre et les sceaux restèrent vacans jusqu'à ce qu'on eût connoissance de la résolution définitive qu'auroit prise M. Necker. Tous les yeux étoient tournés sur cet homme à qui sa bizarre destinée devoit faire perdre tout crédit et toute influence sur cette révolution, que son départ avoit déterminée. Le peuple, enivré de ses succès, ne songeoit déjà plus à lui ; l'assemblée nationale ne croyoit pas à son retour, la cour ne savoit que penser.

M. Dufresne de Saint-Léon, qui avoit été chargé de lui porter la lettre du roi et l'arrêté de l'assemblée, ne le trouva pas plus à Francfort qu'à Bruxelles (1). Sur ce qu'on lui dit à Francfort, que le

(1) Voyez Lettre de M. Dufresne de Saint-Léon insérée dans le quatrième cahier de cette histoire, page 58.

ministre disgracié avoit pris la route de Genève ; il se rendit à Coppet, terre qui appartient à M. Necker. Cette terre de Coppet est une baronnie située dans le pays de Vaud où M. Necker et son épouse, quoiqu'ils ayent toujours affiché en France, l'amour de l'égalité, et la haine de la féodalité, affectent tous les airs de la noblesse. M. Necker acheta cette baronnie dans les premières années de son opulence. Le père de madame Necker, appelé Curchaud, ministre calviniste, étoit pasteur du lieu. Lorsqu'il mourut, ses cendres furent déposées dans le cimetière de la paroisse. Mais dans une des chapelles du temple, qui avoit toujours été la propriété des Seigneurs de Coppet, et où ils assistoient à la prière publique, madame Necker a fait élever un superbe sarcophage. Sur une des faces, qui est en beau marbre, on lit une fastueuse inscription, gravée en lettre d'or, où il est dit que madame Necker a fait élever ce monument à NOBLE DE CURCHAUDI, son père. Dans la même chapelle, vis-à-vis la chaire, on voit deux riches fauteuils en velours cramoisi ; ce sont les trônes où M. et madame Necker prennent place, lorsqu'ils viennent au temple. Autour des deux fauteuils sont six pliants, sans dossiers, comme on en donnoit autrefois à la cour de France, aux duchesses. Ces six modestes sièges sont pour la petite cour du seigneur et de la dame de Coppet. M. le comte d'Entraigues fit dessiner, le 20 mai 1789, la chapelle, le sarcophage, les deux trônes et les six pliants (1). Il n'étoit pas inutile de présenter ce contraste de la vie privée de M. Necker, avec la doctrine qu'il a prêchée aux François. Tout ce qui peut peindre le caractère des hommes qui ont joué un grand rôle dans une grande révolution, doit être recueilli par l'histoire.

M. Dufresne de Saint-Léon ne trouva M. Necker ni à Genève, ni à Coppet. Ce ministre étoit retenu à Bâle, par suite d'une aventure assez singulière. Il étoit arrivé dans cette ville le 20, et s'y étoit logé à l'auberge des Trois-rois. Dès le lendemain un ecclésiastique se présenta dans la même auberge, et demanda à louer tout l'hôtel. Sur ce qu'on lui dit que le principal appartement étoit déja occupé, il voulut voir si le reste de l'hôtel lui suffiroit. Il fut en faisant cette recherche, qu'il apprit que c'étoit M. Necker qui occupoit ce principal appartement. Il sortit alors de l'hôtel, et alla louer l'auberge du Sauvage, où sa compagnie arriva peu après. Ces voyageurs étoient madame la duchesse de Polignac, la duchesse de Guiche, sa fille, la comtesse Dianne, sa belle-fille, la comtesse de Polastron et le duc de Polignac. Ils ne furent pas peu surpris de se trouver réunis, par la révolution, dans le même lieu, avec celui qui l'avoit faite. M. Necker, sachant que ces étrangers étoient à sa porte, n'hésita pas de leur faire une visite. Ce fut d'eux qu'il apprit tout ce qui s'étoit passé à Paris depuis son départ, le soulèvement des Parisiens, la reddition de la Bastille, le renvoi de l'armée, la retraite des nouveaux ministres, la fuite de plusieurs personnes de distinction, et enfin son rappel.

Assuré qu'il étoit rappelé, M. Necker ne songea pas à aller plus loin. Il se décida à attendre à Bâle la nouvelle officielle de cet heureux rappel, qui ne parut nullement l'étonner. Ce fut-là que le rencontra M. Dufresne de Saint-Léon, en revenant sur ses pas. Il lui remit aussitôt la lettre du roi et l'arrêté de l'assemblée. On a fait bien des versions de cette lettre du roi (1). Voici la véritable, telle qu'elle a été avouée par M. Necker ; elle se trouve conforme aux copies qui ont été prises sur l'original même :

Versailles, le 16 juillet 1789.

« Je vous avois écrit, monsieur, que dans un temps plus calme, je vous donnerois des preuves de mes sentimens ; mais cependant le désir que les *états-généraux* et la ville de Paris témoignent, m'engage à hâter le moment de votre retour. Je vous invite donc à revenir, le plutôt possible, reprendre auprès de moi votre place. Vous m'avez parlé, en me quittant, de votre attachement ; la preuve que je demande, est la plus grande que vous puissiez me donner dans cette circonstance. »

Signé LOUIS.

Lorsque M. Necker eut lu cette lettre et l'arrêté de l'assemblée, il s'écria : « allons, il vaut mieux s'exposer au péril qu'aux remords. » Il se hâta de faire la réponse suivante à sa majesté (2).

_____

(1) Voyez *dénonciation aux françois catholiques*, pages 63 et 64.

(1) Voici la version que recueillit M. Mallet-du-Pan, dans son journal politique de Bruxelles. Il suffit de la transcrire, pour convaincre le lecteur que le roi n'a pu ni dû écrire une lettre qui, par son style et son contenu, est évidemment l'ouvrage d'un fanatique partisan du ministre rappelé. La version de M. Mallet-du-Pan a été adoptée par les autres journalistes.

« J'ai été trompé sur votre compte. On a fait violence à mon caractère. Me voilà enfin éclairé. Venez, venez, monsieur, sans délai, reprendre vos droits à ma confiance, qui vous est acquise à jamais. Mon cœur vous est connu. Je vous attends avec toute ma nation, et je partage bien sincèrement son impatience. Sur ce, je prie Dieu, monsieur, jusqu'à votre retour, qu'il vous ait en sa sainte et digne garde. »

Signé LOUIS.

(2) M. Mallet-du-Pan donna également au public une réponse de M. Necker, où il n'y a pas une phrase, pas un mot, qui ne soit une invention. On reconnoît la fausseté de la version adoptée par le journal politique de Bruxelles, à cette seule phrase : « Je dis-

« SIRE,

« Je touchois au port que tant d'agitations me faisoient désirer, lorsque j'ai reçu la lettre dont votre majesté m'a honoré. Je vais retourner auprès d'elle pour recevoir ses ordres, et juger de plus près si, en effet, mon zèle infatigable et mon dévouement sans réserve, peuvent encore servir à votre majesté. Je crois qu'elle me désire, puisqu'elle daigne m'en assurer, et que sa bonne-foi m'est connue; mais je la supplie aussi de croire sur ma parole que tout ce qui séduit la plupart des hommes élevés aux grandes places n'a plus de charmes pour moi, et que sans un sentiment de vertu digne de l'estime du roi, c'est dans la retraite seule que j'aurois nourri l'amour et l'intérêt dont je ne cesserai d'être pénétré, pour la gloire et le bonheur de sa majesté. »

Avant d'écrire cette lettre, M. Necker fut vivement pressé par les amis qui étoient autour de lui, de ne point revenir sur ses pas, et de se décider en effet, et irrévocablement pour la retraite. Mais il ne répondit à leurs instances que les paroles peu significatives que j'ai rapportées plus haut; il ne vit que la place qui n'avoit plus de charmes pour lui, et se résigna à l'occuper encore une fois. Elle étoit véritablement, dans les conjonctures où se trouvoit le royaume, peu attrayante. Il falloit, pour y faire le bien que sollicitoit la situation du roi et celle du royaume, des lumières, une sagesse, un courage peu ordinaires. En se décidant à revenir à ce périlleux poste, M. Necker pouvoit être conduit par un motif qu'il faut respecter, parce qu'il n'est pas permis de fouiller dans les consciences; mais très-certainement, il se repaissoit encore de chimères, il lisoit mal dans l'avenir, il présumoit trop de ses forces. Voici la réponse qu'il fit à l'assemblée :

« MESSIEURS,

« Sensiblement ému par de longues agitations, et considérant déjà de près le moment où il est temps de songer à la retraite du monde et des affaires, je me préparois à ne suivre plus, que de mes vœux ardens, le destin de la France, et le bonheur d'une nation à laquelle je suis attaché par tant de liens, lorsque j'ai reçu la lettre dont vous m'avez honoré. Il est hors de mon pouvoir, il est au-dessus de mes foibles moyens de répondre dignement à cette marque si précieuse de votre estime et de votre bienveillance;

mais je dois au moins, messieurs, vous aller porter l'hommage de ma respectueuse reconnoissance; mon dévouement ne vous est pas nécessaire; mais il importe à mon bonheur de prouver au roi et à la nation françoise, que rien ne peut ralentir un zèle qui fait depuis si long-temps l'intérêt de ma vie. »

« Je suis avec respect, etc. »

M. Necker ne chargea point de ses dépêches un courrier ordinaire, il les remit au ministre même d'un souverain, à M. le baron de Stael, ambassadeur extraordinaire de Suède en France. M. de Stael arriva à Versailles le 26. Le roi reçut avec plaisir la nouvelle du retour de M. Necker. L'assemblée nationale, les parisiens l'avoient redemandé; sa majesté pensoit qu'en le voyant reparoître, chacun augureroit bien des intentions de la cour. Il étoit véritablement heureux pour le roi, que la chose eût ainsi tourné. Si M. Necker eût refusé de revenir, les républicains auroient tiré un grand parti de son absence des affaires. A chaque calamité, ils n'auroient pas manqué de s'écrier, c'est qu'on est privé des lumières de M. Necker. On auroit exagéré et ses services passés, et les ressources de son génie. On en auroit fait un homme extraordinaire, et on se seroit ensuite répandu en réflexions douloureuses et insultantes sur le tort qu'avoit eu le roi, de priver le royaume d'un tel ministre. Ainsi, sous ce point de vue, le consentement de M. Necker à venir reprendre le gouvernail de l'état, fut un véritable service qu'il rendit à la famille royale.

Sa lettre à l'assemblée nationale fut remise à M. de Liancourt, qui ne put en donner communication à l'assemblée que le lendemain, parce que le jour où il la reçut, étant un jour de dimanche, il n'y eût point de séance. Mais le bruit s'étant répandu dans le courant de la journée, que M. Necker revenoit, personne ne voulut y croire. Les députés, sur le premier avis qu'ils en eurent, se transportèrent chez M. de Liancourt, et alors ils ne purent plus en douter.

Le soir, les membres du club Breton se réunirent dans leur antre. Ils furent d'abord immobiles d'étonnement, en se communiquant cette nouvelle. A l'étonnement succédèrent toutes les démonstrations du mépris, les transports de la rage, les cris de la fureur. L'un déclamoit contre son incapacité, l'autre contre sa présomption; celui-là faisoit l'énumération de tous les désastres arrivés sous son administration; tous crioient qu'il falloit repousser dans sa baronnie, le charlatan qui avoit la prétention de régenter l'assemblée. Mais le moment où il reparoissoit, étoit trop près de celui où on l'avoit redemandé, pour qu'on pût adopter cette mesure sur-le-champ. On convint, à l'unanimité de lui ménager une disgrace flétrissante. Il fut convenu qu'on le contraindroit à se démasquer lui-même; qu'on irriteroit,

---

tingue toujours dans votre majesté, le prince juste, honnête-homme, du monarque puissant, qui est exposé souvent à faire ce qui répugne à son cœur. » Quand M. Necker n'eût point été assez pénétré des vertus du roi, pour croire qu'il y eût en lui une personne qui n'étoit pas toujours juste et honnête, ce n'est point au roi lui-même qu'il auroit osé le dire.

dans toutes les occasions, sa vanité, son amour-propre, afin de faire ressortir les vices dont on croyoit son ame entachée ; qu'on mettroit sans cesse en contradiction ses promesses avec les événemens, afin de prouver au peuple qu'il n'avoit régné que par des mensonges, et qu'il n'y avoit chez cet homme qu'ineptie, qu'incapacité. Il faut, dit-on enfin, *l'user* ; ce fut le mot dont on se servit, pour pouvoir cumuler sur sa tête l'opprobre populaire à tous les autres opprobres, et le chasser ensuite investi, enveloppé de tous les genres d'ignominie (1).

Il est à croire que si M. Necker eût reçu le bulletin de cette séance du club Breton, il auroit changé de résolution, et auroit fui la cour, avec une horreur égale à l'ardeur qui le faisoit accourir ; mais comme il a toujours eu une haute idée de lui-même, ce qui est un défaut pernicieux dans un homme d'état, il a toujours cru aussi que la France et l'Europe même, avoient de ses talens une idée semblable. Il est cependant étonnant que ses amis n'eussent pas plus insisté auprès de lui, sur le changement qui s'étoit fait à son égard. Il y avoit à peine deux semaines que son buste avoit été promené dans les rues de Paris, et déjà, comme je l'ai dit, il étoit oublié. M. de Liancourt, en recevant la nouvelle de son retour, dédaigna de la communiquer aux électeurs de Paris. On ne la sut dans la capitale, que par la voix publique, et lorsqu'elle y circula on l'accueillit avec la plus grande indifférence. On n'entendoit même parmi le peuple, que ces mots : *ah, qu'il est sot ! ah, qu'il est fou ! à sa place, je ne serois jamais revenu.* C'est ainsi que le peuple françois, en quinze jours éleva et brisa son idole, et regarda à-peu-près comme un homme hors de sens, à la fin de juillet, celui qu'au milieu du même mois, il avoit regardé comme un Dieu.

Quoique les royalistes attribuassent, les uns à l'impéritie, les autres à la perfidie de M. Necker, les malheurs du royaume, ils ne partagèrent pas la haine que lui vouèrent les chefs des républicains ; mais ils n'en eurent pour lui que plus de mépris ; de sorte que ce ministre ne pouvoit rentrer en France, sous des auspices plus fâcheux, ni présenter l'exemple d'une plus grande bizarrerie. Il étoit sorti du royaume avec le plus grand éclat, et il y reparoissoit sans considération.

L'auteur de la feuille intitulée : *le Point du Jour*, dit que lorsque M. de Liancourt lut à l'assemblée la lettre de M. Necker, la lecture en fut entendue avec transport. « Elle a ranimé toutes les espérances, dit ce journaliste, tant on croit que la tranquillité publique est attachée à son retour. » La lecture de cette lettre produisit une impression toute contraire.

___

(1) Voyez sur ces détails, *Dénonciation aux François catholiques*, page 93.

Pendant que M. de Liancourt lisoit, les uns murmuroient, les autres levoient les épaules, plusieurs mêmes paroissoient avoir de la peine à contenir leur indignation. Le plus profond silence suivit la lecture ; on n'inséra point la lettre au procès-verbal ; et on n'arrêta point de l'envoyer aux électeurs de Paris.

Parmi les royalistes, un de ceux qui avoit l'opinion la moins avantageuse de la capacité de M. Necker, c'étoit M. l'abbé Maury. De ces deux adversaires, l'un accouroit auprès du trône, avec la prétention d'être le restaurateur de la France ; l'autre, loin du théâtre où il devoit recueillir une si grande portion de gloire, trembloit pour ses jours dans l'obscurité d'une prison. Les choses ont bien changé à l'égard de ces deux hommes que la révolution a également immortalisés.

Tandis donc que M. Necker s'approchoit de France, M. l'abbé Maury attendoit avec inquiétude, à Péronne, la réponse à la lettre qu'il avoit écrite à l'assemblée, pour lui demander la fin de sa détention. M. l'abbé de Calonne avoit écrit pour le même sujet. Les deux lettres furent la matière d'une sérieuse délibération. M. de Clermont-Tonnerre avança un fort étrange principe. Il prétendoit que M. l'abbé de Calonne avoit été arrêté de la manière la plus légale. Il oublioit qu'on n'est arrêté légalement qu'en vertu d'une accusation préalable, et d'un ordre émané d'une autorité légitime. M. de Clermont se fondoit sur ce que M. l'abbé de Calonne avoit un déguisement. Le motif étoit tout aussi extraordinaire que le principe. Comment pouvoit-on faire un crime à des personnes que le poignard des assassins poursuivoit, de prendre des précautions qu'aucune loi ne condamne, pour leur échapper ?

La demande de M. l'abbé Maury ne fit aucune difficulté, parce que le fameux arrêté qui déclaroit inviolable la personne de chaque député, parloit trop hautement en sa faveur. Mais une partie de l'assemblée persistant à vouloir qu'il fût fait une différence entre lui et M. l'abbé de Calonne, M. de Lally ramena tous les esprits en représentant que, quelque sacré fût le caractère de député, le caractère de citoyen, le caractère d'homme n'étoient pas moins inviolable sur-tout dans la circonstance présente ; que la justice étoit une ; que la fuite, le déguisement étoient l'effet de la terreur ; que la terreur n'étoit point un délit ; et que celui-là seul pouvoit être arrêté justement, qui étoit légalement accusé d'un délit.

En conséquence de cet avis sage, et le seul admissible, le président fut chargé d'écrire à Nogent et à Péronne, pour qu'on rendît la liberté aux prisonniers. La lettre relative à M. l'abbé de Calonne, fut ainsi conçue :

« Quoique l'assemblée ne doive pas s'occuper des

détails de la police et de l'administration judiciaire du royaume, elle me charge de vous dire qu'elle ne pense pas que la détention de M. l'abbé de Calonne puisse être continuée, *puisqu'il n'a pas été légalement accusé d'un délit.*

Ces derniers mots étoient de trop, parce qu'ils pouvoient donner l'idée aux geoliers de M. l'abbé de Calonne, de l'accuser légalement. Des gens qui s'étoient permis de l'arrêter sans un prétexte qui eût la plus légère apparence d'équité, pouvoient, avec aussi peu de justice, établir une accusation.

Quant à M. l'abbé Maury, la lettre qui lui étoit relative, contenoit ce qui suit :

« Le devoir de M. l'abbé Maury, et l'intérêt général de ses commettans exigeant ici sa présence, MM. les officiers - municipaux doivent laisser à M. l'abbé Maury toute la liberté nécessaire pour se rendre à l'assemblée nationale. »

Ainsi, en avouant qu'elle ne devoit point s'occuper des détails de la police et de l'administration judiciaire du royaume, l'assemblée n'en perdoit pas moins un temps considérable de ses séances à s'en occuper. Au milieu de ces débats sur les deux prisonniers, M. Volney lui en fit franchement l'observation. Il lui dit : « Vous avez dû observer que depuis huit jours, nous ne nous occupons pas des affaires de l'état ; pendant trois jours, on s'est occupé du tumulte de Paris ; après, de celui de Saint-Germain ; enfin de la proclamation. Il me semble que, pour ne pas nous transformer ici en lieutenans de police du royaume, pour ne pas nous jeter dans un dédale immense, il convient d'établir un comité auquel seront renvoyées toutes les affaires d'administration et de police, ainsi qu'il se pratique dans le parlement d'Angleterre et dans le congrès d'Amérique. Cette motion donna naissance au comité des rapports, qui lui-même fit naître l'idée de l'exécrable comité des recherches, dont l'établissement, comme on le verra bientôt, suivit immédiatement le premier. »

Ces détails d'administration de police, réunis aux adresses de félicitation qu'on faisoit arriver de tous les coins du royaume, et aux hommages qu'apportoient différentes députations, laissoient peu de temps à l'assemblée pour les affaires de la législation. Parmi les compagnies de magistrature qui étoient venues reconnoître solennellement la puissance que s'étoient arrogée les états-généraux, le châtelet de Paris n'avoit point encore paru.

Il suivit enfin l'exemple que lui avoient donné les cours souveraines, et qu'avoit imité le consulat ; il prit l'arrêté suivant :

« M. le prévôt de Paris et M. le lieutenant-civil se retireront pardevers le roi, pour remercier sa majesté des marques de bonté et de confiance, qu'elle vient de donner à la ville de Paris, et lui renouveler l'hommage de la fidélité et du dévouement de son châtelet. »

« Ils se présenteront à l'assemblée nationale, pour lui exprimer sa reconnoissance des bons offices qu'elle a rendus à la capitale, la prier de les continuer, et l'assurer du respect, de la vénération de la compagnie, et de sa pleine confiance dans l'étendue des lumières, et la sagesse de l'auguste assemblée des représentans de la nation. »

M. le marquis de Boulainvilliers, prévôt de Paris, et M. Angran d'Alleray, lieutenant-civil, vinrent présenter cet arrêté à l'assemblée. Comme les membres de tous les tribunaux qui les avoient précédés, ils furent admis dans l'enceinte de la salle. Le magistrat parla le premier, et parla d'une voix si basse, qu'on ne pût entendre un seul mot de son discours. Pendant qu'il déposoit l'arrêté de sa compagnie sur le bureau, le prévôt de Paris prit la parole, et fit à son tour ce laconique compliment à l'assemblée :

« J'ai laissé à l'empressement de M. le lieutenant-civil l'avantage d'avoir l'honneur de vous offrir le respect et la vénération d'une compagnie de magistrats, dont j'ai l'honneur d'être le chef, qui s'est toujours distinguée par l'amour du roi et de la patrie, par son zèle pour le bien public, et dont le bonheur d'y contribuer a toujours été la seule récompense. »

Comme on avoit dès-lors, parmi les membres du club breton, des vues sur le châtelet, et qu'on se promettoit déjà de s'en servir un jour, pour rendre en apparence légales les proscriptions qu'on méditoit, on prodigua de vifs applaudissemens à la députation, et le président lui adressa un compliment beaucoup plus flatteur que celui qui avoit été adressé aux compagnies souveraines ; il lui dit :

« L'assemblée nationale se rappelle avec plaisir que le châtelet de Paris a opposé une fermeté salutaire aux attentats portés l'année dernière aux droits de la nation. Ce souvenir honorable lui est un titre certain à l'approbation des représentans de cette nation, et vous est un sûr garant de la satisfaction qu'ils reçoivent de vos respects et de vos hommages. »

M. de Liancourt, à l'époque qu'il rappeloit, n'eût pas montré la fermeté dont il louoit le châtelet, parce qu'il étoit alors aussi servilement dévoué aux volontés des ministres, qu'il l'a été depuis aux caprices des novateurs. Mais si le châtelet étoit louable d'avoir eu cette fermeté, le parlement qui en avoit donné l'exemple, et qui, pour l'avoir donné, avoit été exilé, méritoit bien aussi quelque louange. L'assemblée en outre ne devoit rien au châtelet ; elle devoit tout au parlement ; elle ne fût pas née sans le zèle persévèrent de cette compagnie à demander les états-généraux, sans la détermination qu'elle prit de se dépouiller elle-même de l'enregistrement des impôts. Il étoit donc un peu étonnant que le parlement, avec de tels titres, non-seulement à l'estime, mais encore à la reconnoissance de l'assemblée, n'en eût pas reçu le plus léger témoignage de satisfaction, et que le châtelet, qui n'avoit d'autre mérite que d'avoir suivi les traces de cette compagnie, qui arrivoit plus tard qu'elle aux pieds des nouveaux souverains, fut déja dans leur bonne grâce.

Mais le temps étoit venu où l'ingratitude devenoit un besoin, où il falloit s'aider des classes inférieures, pour écraser les supérieures. César disoit qu'il falloit garder la justice dans toutes les occasions où il ne s'agissoit pas de régner. Nos novateurs ne connoissoient pas même cette justice; ils n'en vouloient aucune pour les royalistes; c'étoit à les pousser aux dernières extrémités, que se dirigeoient toutes les manœuvres. Les calomnies étant le moyen le plus sûr pour les dépouiller de toute considération, et leur ôter tout droit même à la pitié; c'étoit aussi celui dont on s'occupoit avec plus de zèle. L'imposture qu'avoit enfantée l'événement arrivé au château de Quincey, secondoit avec tant de succès les républicains, qu'ils en forgèrent bientôt une seconde, à-peu-près du même genre; mais celle-ci fut mille fois plus atroce que la première, par le nombre de victimes qu'elle dévouoit aux vengeances populaires. En voici l'histoire:

Tout-à-coup le bruit se répand que les royalistes de Bretagne ont voulu incendier le port de Brest; les journalistes à l'ordinaire, accueillent et propagent ce bruit; ils le racontent de cette manière (1).

« L'on commence à savoir que pour enchaîner le courage de nos braves compatriotes de la province de Bretagne, nos ennemis avoient projeté de les faire attaquer dans leurs propres foyers, d'incendier le port de Brest, et de demander asyle pour ceux qui eussent été poursuivis, à une puissance maritime, voisine de la France. Dans cette supposition, les intrépides Bretons eussent à regret été occupés de se défendre sans pouvoir nous secourir, tandis qu'environnés nous-mêmes de cent quatre-vingt pièces de canons, et de plus de quarante mille hommes, au nombre desquels étoient beaucoup de régimens étrangers, nous eussions été dans cette capitale, livrés à toutes les horreurs de la guerre. »

Voilà comme la chose fut racontée, et malheureu-

_____

(1) Voyez, notamment dans le courrier national, le compte des séances des 23 et 24 juillet, et les révolutions de Paris, n°. 3. C'est de cette dernière feuille que je tire littéralement ce qui est marqué d'un guillemet dans le texte.

sement il y avoit, dans le fond de cette affaire, une apparence de vérité qui prêtoit une sorte de justice aux déclamations des calomniateurs. Dans les premiers jours du mois de juin, M. le Duc d'Orser, ambassadeur d'Angleterre en France, prévint verbalement M. le comte de Montmorin d'un complot contre le port de Brest. M. l'ambassadeur dit de plus que ceux qui le méditoient, demandoient quelques secours pour l'expédition, et un asyle en Angleterre. Mais M. le Duc d'Orset ne donna absolument aucune indication relative aux auteurs de ce projet; il assura même qu'ils lui étoient absolument inconnus; ce qui d'abord paroît bien extraordinaire; mais M. l'ambassadeur ne savoit rien à cet égard, que ce que lui avoit écrit sa cour, et elle ne lui avoit point envoyé les noms des personnes, de qui elle tenoit la connoissance de ce complot. Toutes les recherches que put faire M. de Montmorin, d'après des données aussi incertaines, et une confidence aussi vague, furent infructueuses. Il fut donc obligé de se borner à engager M. le comte de la Luzerne, ministre de la marine, à prescrire au commandant de Brest, les précautions les plus multipliées et la vigilance la plus exacte.

La conversation de M. le Duc d'Orset avec M. Montmorin, transpira dans le public, et ce fut sur cette conversation, qu'on imagina d'imputer aux royalistes une atrocité dont les auteurs n'étoient pas connus. M. le Duc d'Orset plaçoit le complot dans les premiers jours de juin; les imposteurs lui donnèrent une date postérieure, et le firent concourir avec les événemens du 14 juillet. M. l'ambassadeur n'en rendoit responsable aucun des partis qui divisoient alors la France. D'après les insignifians renseignemens qu'il avoit donnés sur ce complot, il n'étoit pas plus permis de l'attribuer aux royalistes qu'aux républicains; mais ceux-ci dominant l'opinion et ayant tous les journalistes à leur dévotion, interprêtèrent, comme il leur convenoit, le silence de l'ambassadeur.

Les libellistes ajoutèrent à l'histoire de ce complot, des circonstances qui compromettoient la cour de Londres; ils écrivirent que le cabinet de Saint-James avoit fomenté en partie les troubles qui affligeoient la capitale depuis quelque temps; qu'elle profitoit du moment actuel pour armer contre la France, et que même une flotte étoit sur les côtes, pour coopérer hostilement avec le parti que mécontentoit la révolution. Ces sottises se débitèrent dans le sein de l'assemblée nationale, et on y ajouta assez de foi pour que M. de Volney à la suite de sa demande d'un comité des rapports, se crut obligé de la tranquilliser. Il dit qu'il avoit pris des renseignemens sur les alarmes que donnoit l'Angleterre; qu'une personne qui en étoit arrivée la veille, lui avoit donné l'assurance qu'il n'y avoit qu'une flotte dans la Baltique, pour maintenir la balance entre la Suède et le Dannemarck. Il ajouta que l'Angleterre n'avoit pour

l'instant

l'instant d'autre affaire, qu'un deficit d'un million sterling, suivant la déclaration de M. Pitt, qui équivaloit à vingt-cinq millions de notre monnoie. D'après le témoignage de M. Volney, M. Garat le cadet, qui ne vouloit pas qu'on se brouillât avec l'Angleterre, daigna la féliciter de n'être pas assez immorale pour profiter des circonstances malheureuses où se trouvoit l'empire françois.

Le bruit qu'on faisoit de cette prétendue coalition de la grande Bretagne avec les mécontens de France, et que l'assemblée sembloit accréditer en s'en occupant, détermina M. le duc d'Orset à dissiper tous les soupçons qui pouvoient inculper sa cour. Mais en écartant ces soupçons, il laissa une incertitude affreuse sur le complot qui tendoit à incendier le port de Brest; il écrivit à M. le comte de Montmorin une lettre ostensible, que ce ministre fit passer à l'assemblée; l'assemblée l'envoya aux électeurs, et ceux-ci la firent imprimer dans les journaux. M. d'Orset y disoit à M. de Montmorin:

« Votre excellence se rappellera plusieurs conversations que j'eus avec vous au commencement de juin dernier, *le complot affreux qui avoit été proposé relativement au port de Brest*, l'empressement que j'ai eu à mettre le roi et ses ministres sur leurs gardes, la réponse de ma cour, qui correspondoit si fort avec mes sentimens, et qui repoussoit avec horreur la proposition qu'on lui faisoit ; enfin les assurances d'attachement qu'elle répétoit au roi et à la nation. Vous me fîtes part alors de la sensibilité de sa majesté à cette occasion. »

« Comme ma cour a infiniment à cœur de conserver la bonne harmonie qui subsiste entre les deux nations, et d'éloigner tout soupçon contraire, je vous prie, monsieur, de donner connoissance de cette lettre, sans aucun délai, à M. le président de l'assemblée nationale. Vous sentez combien il est essentiel pour moi qu'on rende justice à ma conduite et à celle de ma cour, et de chercher à détruire l'effet des insinuations insidieuses qu'on a cherché à répandre. »

« Il importe infiniment que l'assemblée nationale connoisse mes sentimens ; qu'elle rende justice à ceux de ma nation, et à la conduite franche qu'elle a toujours eue envers la France, depuis que j'ai eu l'honneur d'en être l'organe. »

« J'ai d'autant plus à cœur que vous ne perdiez pas un instant à faire ces démarches, que je les dois à mon caractère personnel, à ma patrie et aux Anglois qui sont ici, afin de leur éviter toutes réflexions ultérieures à cet égard. »

Cette lettre ne permettant plus de douter qu'il n'eût en effet été formé un complot affreux contre le port de Brest, les journalistes qui l'attribuèrent aux royalistes, le firent avec d'autant plus de succès, que ceux-ci se turent. S'ils eussent eu un écrivain de leur bord, il n'auroit pas manqué de faire remarquer qu'il étoit plus naturel d'attribuer cette machination à ceux qui avoient intérêt de noircir leurs ennemis, et de tout troubler, qu'à des hommes qui ne pouvoient recueillir d'autre fruit de l'incendie de Brest, que de faire égorger quiconque auroit professé le royalisme. Le seul journaliste qui, à cette époque, s'étoit dévoué à la défense des opprimés, n'étant pas sur les lieux (1), ne put pas avoir des détails bien exacts sur cette affaire, et n'en parla point.

L'accusation étant ainsi publiée par toutes les trompettes de la calomnie, et personne ne se présentant pour la repousser, les royalistes en restèrent flétris dans l'esprit du peuple. Il leur attribua tous les malheurs de l'empire. On ne parla plus dans les feuilles périodiques, que des trahisons qu'ils méditoient. Les colporteurs de ces feuilles, dont le bas prix invitoit le plus petit peuple à les acheter, faisoient retentir toutes les rues des cris : *grand complot, grande conjuration, grande conspiration, grande trahison des aristocrates.* Des histrions, montés sur des tréteaux dans les carrefours, rassembloient autour d'eux, au son d'un méchant violon, la populace, et lui chantoient les imaginaires machinations que tentoient les royalistes pour faire une Saint-Barthélemi de tous ceux qui n'étoient ni nobles ni ecclésiastiques. La canaille achetoit ces couplets, les répétoit dans ses travaux, et regardoit comme des vérités incontestables, les sanguinaires extravagances qu'elle chantoit. Les graveurs prostituoient leur burin à fomenter ce délire de haine. Les estampes, dont les murs de la capitale étoient tapissés, n'offroient que des images qui représentoient les membres des deux premiers ordres comme des ennemis altérés du sang du reste de la nation.

Ce ne fut pas-là le seul fléau qu'engendrèrent la catastrophe de Quincey et le complot de Brest ; ils servirent encore de prétextes pour fonder parmi nous un tribunal qui rappela les temps des Tibère, des Séjan. Il a porté des coups si funestes aux mœurs des François, comme à la liberté publique et individuelle, qu'il n'est pas indifférent que je donne, d'une manière un peu détaillée, l'histoire de sa naissance. Le jour où il naquit fut si peu remarqué, que dans la suite, lorsque les amis de la liberté furent réveillés par l'effroi qu'inspirèrent ses excès, ils se demandoient comment avoit pu sortir, du sein de l'assemblée nationale, un monstre qui ne se nourrissoit que de délations, qui n'exerçoit que des vengeances secretes, et qui tourmentoit ses victimes dans de ténébreux cachots. Ils voulurent alors en purger le royaume ; il n'étoit plus temps ; c'étoit à son berceau qu'il falloit l'étouffer.

_____

(1) Voyez les pages 122 et 123 du quatrième cahier de cette histoire.

CHAPITRE LXVII.

Manœuvres pour l'établissement d'un tribunal monstrueux ; portrait de MM. de Volney et Duport ; motion du premier ; débats sur cette motion ; arrêté qui les termine ; discours de M. Duport ; portrait de M. le vicomte de Noailles ; motion de M. le comte de Crillon ; portrait de M. Rewbell ; discours qu'il prononce sur l'établissement d'un comité d'informations ; extravagant discours de M. de Gouy-d'Arcy ; opinion et portrait de M. le duc de la Rochefoucault ; motion de M. de Castellane ; discours et portrait de M. le chevalier de Boufflers ; beau discours de M. de Virieu ; effet qu'il produit ; discours de M. Chapelier ; anecdote honorable au clergé et à la noblesse ; arrêté de l'assemblée sur l'établissement d'un comité d'informations ; premiers membres de ce comité ; terrible accroissement de puissance pour l'assemblée ; hommage que lui rendent le bureau des finances chambre du domaine et trésor, le tribunal de l'élection, les bureaux des finances, l'université de Paris ; portrait de M. Dumouchel ; hommage de l'université à l'assemblée des électeurs ; portrait de M. l'abbé Bérardier.

Suite de juillet 1789, et du second mois de l'interrègne.

28. CE n'a jamais été brusquement que les funestes nouveautés, qui se sont succédées dans le cours de notre révolution, ont été proposées. Chaque fois qu'il s'est agi d'en introduire une, on a eu soin, avant d'en parler dans l'assemblée, de diriger les vœux de la multitude vers son établissement. On inondoit les provinces de lettres, d'instructions ; on endoctrinoit les journalistes de la capitale ; on réchauffoit le zèle des motionnaires du Palais-royal, et lorsqu'on croyoit les esprits suffisamment préparés, un député montoit à la tribune, il proposoit l'innovation qu'il s'agissoit de faire adopter ; les galeries où s'entassoient les affidés du club breton la saisissoient avec avidité ; souvent les circonstances qu'on avoit ménagées, faisoient croire à la plupart des royalistes eux-mêmes que l'institution proposée étoit nécessaire, et ils votoient aussi pour son adoption. Si l'on craignoit que la nouveauté n'effarouchât trop les esprits qui n'étoient pas dans le secret, et ne montrât trop clairement les vues ultérieures de ceux qui la désiroient,

on la déguisoit sous un nom dont le sens ne présentoit rien d'alarmant.

Toutes ces manœuvres furent habilement mises en jeu pour la formation, dans le sein de l'assemblée nationale, d'un tribunal monstrueux. J'ai dit qu'une motion de M. de Volney avoit donné l'idée de ce tribunal. Il a eu cette triste gloire, et M. Duport, ci-devant conseiller au parlement de Paris, a eu la gloire plus triste encore de l'avoir fondé. Ce n'est pas le seul rapport de conformité que présente la vie publique de ces deux députés ; tous les deux s'offrent au pinceau de l'histoire, sous des traits qui leur sont communs ; tous les deux n'ont cessé de s'agiter dans la tourbe des factieux ; le premier, intriguoit pour être remarqué de la cour, le second, pour en obtenir les sceaux ; celui-là, servoit les Mirabeau, les Chapelier, les Barnave, sans les aimer ; celui-ci les haïssoit ; l'un est aujourd'hui méprisé de son propre parti ; l'autre en est exécré. M. de Volney n'a, comme

M. Duport, que des demi-connoissances, que des demi-lumières; l'étude n'a mûri l'esprit ni de l'uni de l'autre : ce n'est point auprès des sages à qui les bons livres et la réflexion ont formé un jugement droit, c'est dans les cercles de ces hommes qui lisent peu, qui causent avec facilité et avec assurance, qu'ils ont appris le peu qu'ils savent. Aussi leurs discours à la tribune ont-ils toujours ressemblé aux conversations oiseuses, qui font jaillir peu d'idées et beaucoup de mots.

Mais il y a cette différence entre M. de Volney et M. Duport, que le premier, en arrivant aux états-généraux, se montra d'abord peu habile dans l'art d'exciter, d'entretenir l'esprit de mécontentement et de sédition. M. Duport, au contraire, en avoit fait un long apprentissage avant que les états-généraux fussent convoqués. Il étoit lié avec quelques brouillons de la capitale, qui, à chaque mouvement que faisoit la cour, tenoient des conciliabules clandestins, où l'on délibéroit sur les moyens d'entraver sa marche. C'est dans un de ces conciliabules, qu'il avoit été résolu de profiter de la réunion des représentans de la nation pour détruire tout ce qui existoit.

Ce furent ces deux députés qui posèrent la première pierre de ce tribunal dont les gouvernemens les plus despotiques n'offrent pas de modèle, et ce fut lorsque les esprits étoient singulièrement échauffés par ce qui s'étoit passé à Quincey, et par le crédit que la lettre de M. d'Orset avoit donné au complot contre le port de Brest, qu'on hasarda une proposition qui eût soulevé des hommes dont la raison auroit été calme.

J'ai dit que M. de Volney avoit demandé, dans la séance du 27, l'établissement d'un comité des rapports, qui se seroit occupé de recueillir tous les détails de police et d'administration auxquels l'assemblée donnoit beaucoup trop de temps. Cette motion fut d'abord écoutée avec assez d'indifférence ; l'assemblée sembla même la rejeter, puisqu'elle convint, dans la lettre qu'elle adressa aux officiers municipaux de Nogent-sur-Seine, qu'elle ne devoit point s'occuper des détails de police et d'administration. Mais la circonstance étant favorable, par l'extrême irritation que donnoit aux esprits, tout ce qu'on débitoit sur les prétendus projets de conspiration, M. de Volney revint le lendemain à ce qu'il avoit dit la veille. Il présenta de nouveau sa motion dans ces termes :

« L'assemblée nationale, attendu les distractions et les retards qu'apportent aux travaux de l'assemblée, et à l'œuvre important de la constitution, les affaires de détail qui se multiplient de jour en jour, arrête qu'il sera établi un comité pour y être renvoyés tous les cas *de police et d'administration*, et qu'il en sera fait ensuite rapport à l'assemblée, s'il y a lieu. »

Sur cette motion, M. Hermond représenta qu'il ne falloit point d'un pareil comité, parce qu'il donneroit de la consistance à de petits objets ; c'étoit une bien mauvaise raison. Un membre de la noblesse en donna une meilleure ; il dit que toute affaire d'administration et de police étant du ressort du pouvoir exécutif, un comité qui délibéreroit, qui prendroit des décisions sur ces sortes d'affaires, usurperoit évidemment le pouvoir exécutif. Si ce gentilhomme s'en fut tenu-là, il n'eût point mal raisonné ; mais il crut qu'on pouvoit conserver le comité, en changeant simplement la rédaction du projet d'arrêté de M. de Volney. « Il n'y aura, dit à cela M. Emery, qu'à substituer aux mots *administration*, *police*, les mots *mémoires*, *requêtes et plaintes*. M. Bouche trouva qu'on n'attenteroit point à la séparation des pouvoirs, en autorisant le comité à renvoyer au ministre ce qui pouvoit appartenir au pouvoir exécutif. Il auroit fallu en même temps donner au comité une règle, pour lui apprendre à discerner ce qui étoit du ressort du pouvoir exécutif, et cette règle, on ne l'a jamais eue dans l'assemblée nationale. D'ailleurs, c'étoit à elle, et non à un comité, à décider du renvoi au ministre.

M. Fricaud, pour qu'on n'eût pas besoin d'un pareil comité, fut d'avis qu'on adressât aux provinces, une proclamation qui les avertiroit d'envoyer directement aux ministres ce qui les concernoit. Cet avis étoit sage, parce que l'établissement du comité, outre l'inconvénient de l'incompétence, avoit encore celui de faire perdre beaucoup de temps à l'assemblée, par les différens rapports qu'il présenteroit.

Je remarque encore, dans ces débats, l'opinion de M. Dupont de Nemours : il dit à l'assemblée, qu'elle devoit s'interdire la connoissance de toutes les affaires auxquelles elle ne pouvoit pas pourvoir par des lois générales. Il étoit difficile de dire une chose moins intelligible, et on auroit pu répondre à M. Dupont que puisque l'assemblée alloit faire des lois générales sur toutes les affaires, toutes les affaires étoient de sa compétence.

M. de Volney voyant que sa motion n'éprouvoit de difficulté que sur ce qui concernoit le pouvoir exécutif, adopta le changement proposé par M. Emery, et la remit aux voix avec cette légère modification. Alors elle fut adoptée presqu'unanimement. On crut qu'en mettant *mémoires*, *plaintes et requêtes*, au lieu d'*administration et police*, on maintenoit les pouvoirs dans une exacte balance. Il eût fallu du moins dire que le comité ne recevroit que les mémoires, plaintes et requêtes qui ne seroient ni de la compétence des tribunaux, ni de celle des ministres. Mais l'assemblée nationale n'a jamais su poser des bornes, n'a jamais su rien définir. Le comité fut composé de trente membres, que l'on prit, non dans les généralités, mais dans les bureaux. Le sort fit un partage assez égal entre les deux premiers et le troisième ordre; car, parmi ces trente membres, on comptoit trois ecclésiastiques et onze gentilshommes; mais aussi parmi ces onze gentilshommes, on comptoit MM. le prince de Broglie, de Beaumetz, le chevalier de Boufflers, le comte de Crillon, déserteurs de leur ordre, et entièrement dévoués au tiers-état. Un véritable sujet d'étonnement, en jetant les yeux sur la liste des députés qui composoient ce comité, c'est d'y lire les noms de MM. le duc de Vilquier, le comte d'Entraigues, le baron de Marguerites, de Latie, évêque de Saint-Flour, l'abbé d'Eymar, l'abbé de Montesquiou. En consentant à devenir membres de ce comité, ils s'engageoient à répondre des lois qu'ils contribueroit à faire rendre.

Les choses se trouvant, par l'établissement de ce comité, au pouvoir de l'assemblée, il ne s'agissoit plus que d'y mettre aussi les personnes, et c'est ce que tenta de faire M. Duport, qui, lorsque la motion de M. Volney eût été adoptée, parla ainsi (1):

« Je m'empresse de faire part à l'assemblée des sentimens qui m'animent et des troubles qui agitent mon cœur. Mes facultés ne me permettent pas de vous les exprimer avec cette énergie, cette force triomphante des grands orateurs qui sont parmi vous, mais la seule expression de mon cœur suffit. »

« Je passe à l'objet important, objet sur lequel on ne sauroit trop s'appésantir. »

« Hier vous vous êtes occupés très-long-temps de la liberté individuelle; elle doit être sacrée: tout citoyen, disoit-on, doit jouir des prérogatives accordées à l'homme par la nature; il doit jouir de la liberté. »

« Mais la liberté commune, la liberté de la société, est-elle un objet moins intéressant? Elle est menacée de toute part. Ici, c'est une conspiration formée pour détruire le port de Brest; là, ce sont des brigands répandus dans nos campagnes, qui dévastent les propriétés, brûlent les maisons, et poussent la barbarie jusqu'à vouloir arracher à un peuple épuisé et harrassé par les malheurs de la famine, l'espoir même d'une nouvelle subsistance; les moissons actuelles, seul espoir des malheureux François, tombent sous le fer barbare des brigands soudoyés. »

« Dans des circonstances pareilles, notre silence seroit coupable; nous devons remplir nos devoirs; nous devons chercher à connoître le mal dans sa source, pour en arrêter les canaux pestiférés. »

────────
(1) Le rédacteur du journal intitulé : assemblée nationale, dit naïvement, en rendant compte de l'opinion de M. Duport: La conspiration de Brest avoit monté les têtes. Voyez séance du 28 juillet, page 223. Quelles opinions et quelles lois peuvent sortir de têtes exaltées!

« Nous apprendrons des vérités terribles, mais indispensables. Les destins de la France nous sont confiés. Point de renvoi aux tribunaux. Vous me dispenserez ici de toute discussion. Mettons la plus grande activité. Que l'œil de notre surveillance soit ouvert de tout côté. Je me résume, et dis:

« L'assemblée nationale, considérant tous les maux qui nous environnent, a arrêté et arrête qu'il sera établi une commission de quatre personnes, qui seront chargées spécialement d'entendre le rapport et les indices sur le complot de Brest et autres semblables. »

Tel fut le discours que prononça M. Duport; il donna la mesure de son génie, de son jugement, de sa politique. Comme toute cette discussion étoit réglée d'avance, les républicains applaudirent beaucoup à son projet d'arrêté. M. le vicomte de Noailles se présenta le premier pour l'appuyer. Ce gentilhomme étoit déja initié aux mystères de la révolution. Il brûloit de jouer un rôle dans les changemens qui alloient se faire; et voulant être chef de parti, il n'a jamais été que le coopérateur docile des desseins des principaux séditieux. Son amour-propre, et l'ardeur de sa tête, l'avoient jeté dans la tourbe des révolutionnaires. Son caractère le rendoit véritablement propre à figurer dans une révolution. Il étoit vif, bouillant, impétueux, entreprenant, et extraordinairement plein de lui-même. Sa vanité tient de l'arrogance, et ses amis les plus intimes conviennent qu'on n'est pas présomptueux comme il l'est. Aussi son esprit est-il toujours exagéré, toujours outré, toujours au-delà de la vérité; c'est une tête toujours en exaltation. Il avoit visité quelques cours; il avoit lu quelques livres; il avoit jeté un coup-d'œil sur la constitution américaine, sur la constitution anglaise; il se vit plus instruit que la plupart des courtisans de son âge; il se crut placé, par ses lumières, au-dessus de tous ses contemporains. Ce défaut de modestie est le cachet de la médiocrité. L'homme supérieur peut seul comprendre qu'il est plus sage d'être modeste que vain.

La vanité de M. de Noailles, prodigieusement enflée par les lumières qu'il avoit acquises dans ses courses, lui persuada qu'il étoit appelé à métamorphoser le peuple françois en un autre peuple, et qu'il auroit, auprès de la postérité, toute la gloire de cette métamorphose. Il avoit composé, en lui-même, un plan informe de législation, où il avoit mêlé à ses propres idées ce qui l'avoit le plus frappé dans les constitutions américaine et angloise; mais, quand il fallut exécuter, il marcha avec une telle rapidité, qu'il dépassa, sans s'appercevoir, le but que lui-même avoit posé. Ne trouvant aucun point où il pût se fixer, il ne sut où s'arrêter. Aujourd'hui M. de Noailles est semblable à un homme dont les forces sont épuisées par une longue course; il est tout étonné d'avoir si long-temps erré, sans trouver où se reposer; il regarde autour de lui, et ne sait plus quelle route tenir pour revenir à son premier but.

Tel est, au naturel, le portrait de ce gentilhomme, déserteur d'un ordre qui ne lui avoit jamais donné aucun sujet de plainte, et transfuge d'une maison où il ne trouvoit que des exemples de fidélité à la religion et au roi. Il a de l'esprit, mais son savoir est superficiel; il n'a rien étudié avec méthode, rien approfondi. Il n'est point incapable de devenir un excellent officier, ni même un habile homme d'état; mais, pour qu'il puisse s'élever jusque-là, il lui faut de grands revers, une longue solitude et les glaces de l'âge.

Avec cette impétuosité d'esprit, M. de Noailles devoit trouver la motion de M. Duport fort raisonnable. L'idée sur-tout de n'avoir que quatre inquisiteurs, lui parut merveilleuse. M. le comte de Crillon en auroit voulu douze, et, outre le comité, un tribunal provisoire, sans doute pour juger ceux que les inquisiteurs feroient appréhender au corps. M. Rewbell parla aussi dans cette discussion, et s'y peignit tout entier. M. Rewbell est un homme violent, ennemi de tout les partis modérés; la raison pour lui est foiblesse, la prudence timidité; et quoique la violence soit dans son caractère, son esprit est sans chaleur, sans vivacité; il tranche, il décide comme s'il savoit tout, comme s'il avoit tout examiné, tout pesé, tout comparé; et jamais il ne lui est arrivé de réfléchir, ni sur ce qu'il lisoit, ni sur ce qu'il avoit à dire. Il est des génies qui ne peuvent concevoir et rendre que des idées communes. M. Rewbell, tourmenté du besoin de briller, ne cherche et ne veut produire que des idées qui ne soient point triviales; mais il ne peut ni en trouver ni en mettre au jour, qui ne soient ou vagues, ou hasardées, ou fausses, ou ridicules. Il n'a pas même cet instinct d'intelligence que je ne puis pas bien définir, mais que, chez les sots, on appelle bon-sens, et chez les gens d'esprit, défaut de grandes vues. Républicain fanatique, émule enthousiaste des principaux novateurs, il a fait à la province qui l'avoit député tout le mal qu'elle pouvoit recevoir.

Quelques traits du discours qu'il prononça pour appuyer la motion de M. Duport, donneront, de son jugement et de ses talens oratoires, une idée qu'il ne démentit jamais dans la suite.

« Mes efforts, dit-il, pour l'éloignement des troupes; l'alarme et l'effroi qu'elles nous inspiroient vous faisoient croire que la nation étoit en danger, que vous aviez tout à craindre dans le temple même de la liberté, que des mains forcenées..... Je me tais. Mais hélas! croyez-vous être dans une position moins critique aujourd'hui? Et moi je dis et je soutiens que nos malheurs ont augmenté. Que d'indices, que de preuves de ce que j'avance! Le port de Brest menacé, nos moissons perdues, les brigands répandus sur la surface de la France, qui les a appelés. Je ne veux faire aucune application; mais il existe un principal moteur..... »

« Nos ennemis savent que nous sommes en garde contr'eux, pour faire échouer leurs ténébreuses menées. Quand le peuple saura que nous lui avons procuré toute la somme de bonheur qui étoit en notre pouvoir, que nous avons poursuivi ses ennemis, il nous bénira, même quand nos travaux ne seroient pas couronnés de succès..... »

« Tout peuple, chez qui la patrie n'est pas un mot vide, regarde comme traîtres les citoyens qui abandonnent la patrie. On nous observe que les précautions sont inutiles, et que le souverain pourroit s'en alarmer; que la paix est faite, comme si jamais on eût été en guerre avec le souverain. Anathême éternel à l'homme qui en auroit pu même concevoir l'idée! La nation, le roi ne sont qu'un roi : c'est le roi qui l'a dit; il l'a dit en épanchant son cœur dans votre sein; il l'a dit, lorsqu'il vous demanda de lui aider à sauver l'état. Combattons ses ennemis et les nôtres; interceptons leur correspondance, et portons par-tout des yeux si pénétrans et si actifs, que nous réduisions les restes de la cabale à rester dans une inaction craintive. »

C'est de cette manière que M. Rewbell plaida pour l'opinion de M. Duport. Eh bien! ce discours est un chef-d'œuvre de sagesse, rapproché de celui que M. le marquis de Gouy-d'Arcy prononça dans la même occasion. Depuis plus d'un siècle et demi, nous n'avions point eu d'assemblées nationales, et aucun de nous ne se faisoit une idée des extravagances qui pouvoient se débiter dans ces sortes d'assemblées. À l'instant où ces folies y sont mises au jour, elles ne frappent pas autant que lorsqu'on se place à une certaine distance et du théâtre, et du moment qui les a vues éclore. Dans l'éloignement, elles paroissent tout ce qu'elles sont, et causent un tel étonnement qu'on a peine à les croire. Ainsi, je ne doute point qu'on n'éprouve la plus haute surprise, en lisant la harangue que récita M. de Gouy-d'Arcy, pour appuyer l'avis de M. Duport. C'est ce motif qui m'engage à la transcrire ici, sans y faire aucun changement.

« Il semble que tout conspire contre le bonheur de la France. Des ennemis, infatigables dans leur persécution, se répandent de tous côtés pour accroître nos maux. La conspiration de Brest n'est que trop véritable; ce port a été sur le point d'être livré aux Anglois. Dans ces temps de famine, on coupe les bleds. Après tous ces désastres, peut-on douter que nous n'ayons des ennemis externes et internes? »

« Pour arrêter ces conjurations, on doit prendre toutes les mesures nécessaires, et la première de toutes est le dépôt des lettres; et j'appuye, de toute ma force, la motion de M. Rewbell. »

« J'appuye encore la motion de M. Duport ; surtout le nombre quatre me paroît suffisant. Il faudroit même que ces quatre fussent inconnus ; le secret est important et nécessaire..... »

Quelques députés, ne pouvant croire que M. de Gouy-d'Arcy parlât sérieusement, l'interrompirent ; ils jugeoient, par son début, que le reste du discours ne seroit qu'un persifflage, et qu'il n'avoit d'autre vue que de faire ressortir tout ce que les opinions de MM. Duport et Rewbell avoient de ridicule, en en présentant une encore plus exagérée. L'orateur, sans se déconcerter, pria le président de rappeler au silence ceux qui l'interrompoient, et continua de la sorte :

« Je ne me fusse pas risqué d'indiquer, à une si auguste assemblée, une chose impossible comme un moyen raisonnable. J'ai proposé le secret sur les commissaires, parce que j'ai le moyen de le procurer. »

« Je propose que, ce soir, dans les bureaux, on nomme au scrutin trente personnes prises dans l'assemblée, lesquelles se réduiront entr'elles à quinze. »

« Ces quinze membres choisiront, non pas parmi eux, mais dans toute l'assemblée, hors d'eux, les quatre qui doivent composer la commission. »

« Je préférerois cependant que le nombre fût porté à six ; car il faudra qu'ils se transportent de ville en ville, pour recevoir les plaintes contre les persécuteurs et les perturbateurs de la nation. »

« Lorsqu'ils auront découvert les coupables, qu'ils auront recueilli les preuves de leur crime, ils en feront le rapport à l'assemblée. »

« Il faudroit encore que les six personnes formassent entr'elles un comité auquel on remettroit les lettres interceptées.... »

Ici on interrompit encore M. de Gouy ; on lui cria : « Eh! comment voulez-vous qu'on remette des lettres interceptées à des gens qu'on ne connoît pas. »

L'orateur, pour répondre à cette objection, proposa gravement le projet d'arrêté suivant :

« L'assemblée nationale, présumant que les malheurs qui affligent le royaume ne proviennent que des complots externes et internes ; qu'il est de la sûreté de l'état, qui est la loi suprême, de chercher les moyens qui peuvent procurer la connoissance des auteurs dont les complots ne sont que trop certains ; »

« Arrête que tous ceux qui saisiront des lettres adressées à des personnes en fuite ou sous la garde de la justice, seront autorisées à les déposer à l'hôtel de ville de Paris, dans les mains de M. le maire et du commandant de la milice de Paris, auxquels seuls se feront connoître les membres du comité. »

Si M. de Gouy eût fait entendre ailleurs que dans l'assemblée toutes ces folies, on eût pu s'en amuser ; mais combien ne durent pas s'affliger les bons esprits, en considérant que celui qui donnoit dans ces écarts de raison, étoit homme public, le représentant d'une riche colonie, un des pères de la patrie, un des restaurateurs de la nation françoise, un de ces hommes dont il falloit adorer les décrets ? Combien de fois la plupart de ces républicains, dont M. de Gouy avoit adopté les erreurs, ont-ils dû se dire, dans le cours de leurs travaux : « des hommes assez crédules pour croire à nos paroles, assez pusillanimes pour recevoir les lois que nous leur donnons, et qu'ils ne comprennent pas, étoient bien dignes de nous avoir pour législateurs ! »

Un des orateurs qui pressèrent, avec plus d'ardeur, l'acceptation du plan de M. Duport, fut M. de la Rochefoucauld, duc et pair de France ; il n'hésita même pas à prononcer le mot sinistre qu'aucun de ceux qui avoient parlé avant lui, n'avoit osé prononcer ; il dit : « L'espèce de dénonciation qui vous a été faite hier sur le port de Brest, doit vous engager à établir un *comité de recherches* ; quant au nombre des commissaires, il doit être borné à quatre. Ce choix demandera une attention scrupuleuse, intégrité, fermeté et beaucoup de lumières. Il seroit imprudent de confier une charge aussi importante à un plus grand nombre de commissaires. »

Voilà donc encore un grand de l'empire qui prend parti parmi les ennemis de la cour ; un illustre chevalier français qui troque son épée contre le bonnet de la licence ; un des appuis du trône qui devient un des héros de la démagogie! Les royalistes, en voyant ces descendans des antiques défenseurs de la monarchie, abandonner le roi et sa famille, s'étonnoient, s'affligeoient, et sembloient leur dire :

J'ai vu chacun de vous, brûlant d'un autre zèle,

A Tarquin, votre roi, jurer d'être fidèle.

Quels dieux ont donc changé les droits des souverains ?

Quel pouvoir a rompu des nœuds jadis si saints ?

Cette défection ne devoit point surprendre : l'interrègne étoit complet ; la royauté étoit à peine une décoration ; le roi de France ne pouvoit rien en France ; il ne pouvoit ni créer ni détruire, ni punir, ni récompenser. Quel besoin avoient d'un tel roi des hommes qui ne sauroient encenser que des idoles d'or ? L'assemblée informoit, blâmoit, louoit, jugeoit, alloit distribuer des peines, des récompenses, disposer de tout ; c'étoit donc là le nouveau maître qu'il falloit servir ; ceux qui lui apportoient leurs hommages, ne changeoient rien à leurs mœurs, à leurs inclinations; ils restoient fidelles à leur caractère d'adulation, de servitude, de souplesse.

Bien loin donc qu'il faille s'étonner que des courtisans se soient jetés dans la tourbe des républicains, un véritable sujet de surprise, c'est que le nombre de ces déserteurs n'ait pas été plus grand, et il me semble que de ce qu'il a été peu considérable, c'est une preuve que la cour et les deux premiers ordres n'étoient pas aussi corrompus qu'on se plaisoit à le dire. A l'instant où l'interrègne cessera, où le monarque reparoîtra sur son trône avec éclat, la populace perdra tous ses courtisans, et le roi regagnera tous les siens.

Il ne faut pas non plus trouver étrange que ces déserteurs outrassent les principes que professoient les républicains, et qu'ils fissent même plus que ceux-ci ne sembloient exiger. C'est la conduite que sont obligés de tenir tous les apostats. Une conduite modérée pourroit les rendre suspects au parti dans lequel ils se sont jetés. Pour prouver que leur défection est sincère, et qu'ils n'ont aucune intelligence avec les hommes qu'ils ont abandonnés, ils livrent à ceux-ci une guerre qu'ils ne croyent jamais pouvoir pousser trop loin.

Je fais ces réflexions, parce qu'elles fournissent les traits généraux qui servent à peindre M. de la Rochefoucault. Outre ces causes de désertion qui lui sont communes, avec ceux dont il a suivi l'exemple, outre ces motifs de haïr, sans mesure, les principes et les hommes qu'il abandonnoit, et qui le mettent sur la même ligne avec tous ceux qui, préférant une mauvaise cause à une bonne, ce gentilhomme avoit en lui-même des goûts et des penchans qui devoient nécessairement l'entraîner, et vers les républicains, et vers l'exagération. La nature fit beaucoup pour lui; elle lui donna de l'esprit, une conception facile, un caractère modéré, des mœurs douces, un jugement droit, une ame paisible, un cœur fait pour n'aimer que la justice. Les philosophes gâtèrent l'ouvrage de la nature. Passionné pour l'étude, il préféra aux livres anciens les livres modernes. Entre ces derniers, il se fixa à ceux qui devoient leur vogue à un style tranchant, à des paradoxes hardis. Le goût qu'il prit pour ces livres, lui fit rechercher la conversation des gens de lettres, qu'il savoit tenir aux principes dont ses lectures l'avoient imbu. Ces gens de lettres, quoiqu'apôtres fervens de l'égalité, quoiqu'enflammés d'une sainte haine contre les titres, les dignités, trouvoient cependant qu'on philosophoit beaucoup mieux à l'ombre d'un manteau ducal, dans un magnifique hôtel, à une table somptueuse, que dans les asyles de la médiocrité. M. de la Rochefoucault n'eût donc aucune peine à s'environner d'une société telle qu'il la désiroit. Les philosophes qui la composèrent, montrèrent beaucoup d'aversion pour les abus qui asservissent le genre-humain; ils attaquèrent avec despotisme l'orgueil des grands, en faisant une exception honorable en faveur de l'Amphytrion qui donnoit à dîner aux lumières de son siècle. Quand la flatterie est adroite, quand les louanges sont ménagées avec une sage économie, l'ame la plus forte s'y laisse prendre, les meilleurs esprits en sont subjugués.

C'est ce qui est arrivé à M. de la Rochefoucault; et par une bizarrerie, dont ne seront point étonnés ceux qui connoissent le cœur humain, en même temps que les cajolleries de ces prétendus sages augmentoient sa confiance en lui-même, elles donnoient à ces hommes un véritable empire sur son ame. Il en vint à ne pouvoir plus penser, plus écrire, plus parler que d'après eux; et M. de la Rochefoucault qui réellement étoit plus fort qu'eux, qui pouvoit et devoit rester leur maître, devint et est resté leur disciple docile.

Ce ne sera point M. de la Rochefoucault qu'on entendra à la tribune; ce ne sera point son opinion, son plan qu'il énoncera; il y lira l'ouvrage d'un homme étranger au corps législatif, et c'est du nombre des députés à qui un génie souffloit des discours, des motions, des adresses. Il n'a point d'ailleurs les qualités d'un orateur, sa poitrine est foible, le son de sa voix sans harmonie, sa prononciation désagréable; les deux mains posées sur la tribune, les yeux collés sur son papier, immobile et froid comme un bloc de marbre, il semble s'ennuyer et regretter le temps qu'il donne à sa lecture.

Mais lorsque de sa place, M. de la Rochefoucault, dans la chaleur d'un débat où l'on discute par saillies, jette une opinion qui ne lui a point été inspirée, son idée est juste, modérée, applicable à la circonstance.

Fortement pénétré, en acceptant le rôle de législateur, du principe que notre ancien régime ne valoit rien, M. de la Rochefoucault n'a eu d'autre vue que son entière destruction. Tout moyen qui auroit conduit à ce but, quelqu'absurde, quelqu'inique qu'il eût été, lui auroit paru bon, il l'auroit adopté, sauf, se disoit-il en lui-même, à modifier convenablement, dans la suite des temps, ce qui auroit d'abord été substitué à notre antique gouvernement. Ainsi aucune de ces pièces dont on composoit ce qu'on appeloit la constitution, ne lui déplaisoit, parce que leur réunion devoit effacer toute trace de ce qui existoit; il faisoit à-peu-près ce raisonnement: « quelque mauvaise que soit cette constitution, les peuples y gagneront toujours, puisqu'ils n'auront plus rien de ce qu'ils ont eu jusqu'à présent; d'ailleurs les législatures à venir la dépouilleront de ses imperfections; elles achèveront le dessein que nous n'avons qu'ébauché, et en leur laissant l'avantage de faire mieux que nous, nous aurons rempli notre mission, car c'est-là qu'elle doit se borner. »

M. de la Rochefoucault ne regardoit donc pas l'ouvrage de ses co-députés, comme un excellent ouvrage ; il le considéroit comme une forme provisoire de gouvernement, qui valoit mieux que ce qu'on avoit, et qui, dans un demi-siècle, un siècle, enfanteroit une heureuse et durable constitution. Si ce gentilhomme n'eût pas été infatué des préjugés de la secte philosophique, il n'auroit pas tant haï les institutions alors existantes, et il auroit vu que celles qu'on vouloit leur substituer, étant essentiellement mauvaises, ne pouvoient jamais devenir bonnes. Mais il en est de la politique comme de la religion ; beaucoup de philosophie, ainsi que le dit Bacon, ramène à celle-ci ; beaucoup de philosophie ramène également à l'horreur d'innover dans les institutions qui gouvernent les peuples. Les novateurs et les factieux sont comme les impies, des hommes qui n'ont que des lumières peu étendues.

D'après ce tableau fidelle du caractère, du génie, des préjugés de M. de la Rochefoucault, toute surprise cesse en le voyant saisir avidement la proposition de M. Duport, en l'entendant se faire, sans remords, l'écho de ceux qui désiroient un comité de recherches ; il eût souscrit avec la même tranquillité de conscience, à l'érection de tout tribunal, quelque monstrueux d'ailleurs qu'il eût été, qui auroit frappé sur-le-champ d'une inactivité totale les parlemens et toutes les cours de judicature alors en vigueur.

M. de Castellane parla dans cette occasion, avec aussi peu de jugement qu'un républicain forcené ; il dit : « Vous avez promis vengeance aux malheurs du peuple ; nous ne connoissons pas les auteurs des crimes ; mais nous sommes bien assurés des forfaits. La conspiration qui devoit livrer Brest ; tant de désordres déplorables ne nous les manifestent que trop. Les brigands qui infestent les campagnes *sont sans doute soudoyés par ceux qui redoutent la constitution*. Nous ne connoissons pas les coupables, mais la France a les yeux ouverts sur ceux qui ont été associés aux projets des ministres qu'a accusés la voix publique ; cela sans doute ne les rend pas criminels ; mais au moins il faut remplir l'attente du peuple, et préserver la France des malheurs dont elle est menacée. Je ne pense pas qu'il faille des inquisiteurs ; ce seroit un remède qui tourneroit en mal. Il faut un comité qui informe publiquement, parce que la publicité convient à nos démarches et à notre caractère. Le nombre de ses membres doit être petit ; quatre personnes suffisent ; rien n'empêche de les nommer promptement.

M. d'André trouva que douze inquisiteurs inspireroient plus de confiance que quatre ; quelques autres républicains parlèrent dans le même sens, et ne différèrent, comme M. d'André, que sur le nombre des inquisiteurs. Mais, dans cette foule d'orateurs que cette discussion fit connoître, M. le chevalier de Boufflers mérite d'être distingué, et je dois sauver de l'oubli le passage suivant du discours qu'il prononça :

« Voulez-vous rappeler parmi nous les temps de proscription ? Voulez-vous ne plus vous occuper que de délations et d'accusations ? Nous n'avons d'autres dangers à craindre que celui de la discorde. Il existe lorsque les citoyens sont divisés, se rendent les ennemis les uns des autres. L'état n'a de sûreté que dans les principes de l'honneur et de la probité. »

« Les Parisiens, enivrés de leur liberté, se reposent sur les vertus de leur maire et de leur colonel ; imitons leur exemple, livrons-nous à la confiance, à la générosité, et ne descendons pas de la hauteur de nos fonctions, pour suivre, sur les routes du royaume, des fuyards qui dérobent leur tête au glaive de la justice ; mais qui ne peuvent éviter le supplice des remords. Ne substituons pas à l'inquisition ministérielle une inquisition d'état. Le public deviendroit avide de nouvelles, et le peuple deviendroit avide de sang. Ne cherchons pas les coupables ; félicitons-nous de les avoir éloignés, d'avoir purgé la France de leur présence. Laissons-les s'agiter au loin, et lancer des traits qui ne peuvent parvenir jusqu'à nous ; ne songeons qu'à la félicité publique ; abandonnons le salut de la France au patriotisme ; assurons-le par de saintes lois, et ne les violons pas au moment même de les publier. »

M. de Boufflers, en rejetant l'opinion de M. Duport, parloit dans le sens de ceux qui l'appuyoient. C'est une faute qu'on verra souvent commettre aux royalistes eux-mêmes. Cette manière de raisonner donnoit un grand désavantage à M. de Boufflers. Dès qu'il admettoit les principes des partisans de M. Duport, il devoit aussi admettre leurs conséquences. Puisqu'il y avoit des conspirateurs, des coupables qui méritoient d'être frappés du glaive de la justice, il falloit bien protéger la chose publique contre leurs attentats ; et pouvoit-on le faire autrement qu'en érigeant un tribunal composé de membres qui n'eussent aucune conformité de principes avec les prévenus de complots contre la future constitution ? Si les républicains eussent voulu, dans cette circonstance, parler avec franchise, ils eussent dit : ce sont tous les royalistes qui sont des conspirateurs ; nous ne pouvons donc les faire juger par les parlemens, parce qu'on ne fait pas juger des conjurés par leurs complices. Les républicains ne disoient pas cela formellement ; mais il étoit aisé de voir que c'étoit-là leur pensée. En leur accordant que ceux qui mettoient leur vie en sûreté par la fuite, étoient dignes du dernier supplice, on donnoit, contre ces derniers, des armes à leurs ennemis.

Mais le même sentiment de prudence, ou, si l'on veut, de frayeur, qui faisoit émigrer plusieurs royalistes, inspiroit une grande circonspection à la plupart de ceux qui restoient dans le royaume. Ils vouloient qu'on les crût aussi amis de ce qu'on appeloit

alors

alors le peuple ; et, pour cela, il devenoit nécessaire qu'ils tinssent le langage de ses agitateurs. M. de Boufflers, ne voulant pas qu'on le crût aristocrate, se trouvoit obligé de parler comme un démagogue.

Ce gentilhomme étoit un de ceux qu'on devoit le plus s'étonner de rencontrer au nombre des députés. Le rôle de législateur étoit trop grave pour qu'il pût le remplir convenablement. C'est un homme qui a voulu être toujours tout ce que la nature ne vouloit pas qu'il fut. Bon, gai, indolent, sans ambition, il veut paroître caustique, sérieux, appliqué au travail, et jaloux d'obtenir des succès. Personne ne peut dire avoir plus d'esprit que lui, être plus aimable, plus intéressant, avoir une conversation plus enjouée, répandre plus de grâces sur des bagatelles, amuser par des saillies plus ingénieuses, plus dignes d'être remarquées ; mais il a beaucoup trop de cet esprit, et cet esprit-là ne convient plus dans un âge avancé. M. de Boufflers passa sa jeunesse à faire des romans voluptueux, des couplets épigrammatiques, des romans lascifs, des fables allégoriques, des opéra, de la musique, à écrire, et à dire de bons mots. Tous ces jolis riens le firent asseoir sur un des quarante fauteuils de l'académie françoise, et à peine y fût-il assis, qu'il plaisanta sur la frivolité des honneurs académiques. Après avoir passé le bel âge de sa vie, entre les talens agréables et des avantures de boudoir, il fut étonné de n'être rien de ce qu'il auroit pu et dû être ; l'avancement de ses rivaux qui valoient moins que lui, le fit rougir ; il voulut, par un exil volontaire, faire oublier une jeunesse inutile ; il accepta un gouvernement sur les côtes brûlantes d'Afrique. Arrivant trop tard dans la carrière qui conduit aux emplois éminens, il prit pour la cour un dégoût qu'il crût être de la philosophie ; il conçut, pour ce séjour qui ne convenoit à personne mieux qu'à lui, cette haine de dépit qu'à un amant pour la femme qu'il désespère de séduire. La maturité de l'âge ne changea pas ses goûts ; elle lui en montra seulement la futilité ; il essaya de ne plus être ce qu'il avoit été. Il voulut faire succéder à la musique, à la danse, à la fréquentation des toilettes, les conversations graves ; à la poésie, la politique ; aux contes, la philosophie ; aux épigrammes, la pensée ; aux fables, la vérité. Il se composa un maintien grave et presque triste ; mais la nature et une longue habitude n'ont cessé de l'avertir qu'au sortir d'une jeunesse, telle que la sienne, on ne pouvoit être qu'un vieux enfant. Ses efforts pour se métamorphoser en sage, n'ont servi qu'à lui donner l'allure d'un homme revêtu d'un habit qui n'a pas été fait pour sa taille.

Les fonctions de représentant d'un grand peuple, étant beaucoup trop austères pour M. de Boufflers, il n'est pas étonnant que, dès son entrée dans la carrière de la législation, il fit un faux pas. On voit au reste combien il étoit intéressant que je me livrasse à quelques détails sur l'origine du comité des recherches, puisque c'est à cette époque, que plusieurs députés, dignes d'être connus, ont commencé leur vie publique. M. le comte de Virieu se montra parmi tous ces athlètes, et se montra avec avantage. On me saura gré de rapporter la substance du discours qu'il prononça, pour montrer dans toute sa difformité le monstre qui alloit éclorre.

« Il existe, dit M. de Virieu, trois pouvoirs qui concourent à l'établissement de la société. Le pouvoir législatif, le pouvoir exécutif et le pouvoir judiciaire. Dès que ces trois pouvoirs sont réunis dans la main d'un seul, le despotisme existe ; s'il est dans la main d'un tyran, la patrie peut le combattre ; mais s'il est dans la main même de la patrie, alors elle se déchire elle-même, aucune force ne peut la rappeler à l'ordre. »

« On nous propose d'ériger un tribunal qui prononcera sur le sort des coupables ; on nous propose d'établir une espèce d'inquisition secrette pour dévoiler les crimes. Une république fameuse a eu des inquisiteurs pareils ; leur jugement frappoit comme l'éclair. Le sang a coulé avec profusion, et les vengeances étoient plutôt le signal qui dirigeoit le glaive du bourreau, que l'ordre de la justice. »

« Je demande si un royaume appelé le pays des Francs, doit avoir un pareil régime, si parmi ses habitans dont la douceur et l'aménité forment le principal caractère, on doit élever un pareil monument. Quand la liberté seroit bannie de toute la terre, elle devroit trouver un asyle dans notre patrie. »

« Comment peut-on demander un établissement aussi révoltant ? Comment proposer d'immoler des hommes qui ne pourront se faire entendre, qui ne pourront se défendre ? De pareils principes répugnent à l'honneur, à la délicatesse, à l'humanité ; nous venons les détruire, et non pas les consacrer. Le premier devoir que m'ont imposé mes commettans, c'est de rétablir la liberté publique, et je ne suis pas venu pour l'attaquer. Vous n'avez pas le droit d'établir une commission secrette, et si vous en voulez absolument une, elle doit être publique comme les fonctions des commissaires. »

« Quant au tribunal, si nous pouvions en créer un, il ne seroit que provisoire, il ne seroit qu'une véritable commission, semblable à celles que des ministres ont nommées pour perdre leurs ennemis ; elle seroit arbitraire comme elles, révoltantes comme elles, et établies d'après les mêmes principes. Direz-vous qu'elle ne sera pas dangereuse, parce qu'elle sera nommée par la nation ? Moi, je dis qu'elle en deviendra plus dangereuse. Le despotisme de la multitude est le plus funeste de tous. »

« Je vous demande quelles seront les bornes du pouvoir que nous allons exercer. Qui pourra nous ju-

E

ger ? Qui pourra nous rappeler à nos principes ? Ne voyez-vous pas combien il seroit monstrueux de réunir dans vos mains tous les pouvoirs, toute l'autorité ? Toute proposition donc d'une commission secrette, d'un comité de recherches est inadmissible. »

La vérité, quand elle se présente avec cet éclat, frappe les yeux les moins clairvoyans, et importune ceux qui avoient intérêt à la tenir cachée. Le discours de M. de Virieu produisit ce double effet ; il inspira de l'effroi aux bons esprits de l'assemblée, pour le double établissement qu'on proposoit, et il alarma, sur les suites de cet effroi, les membres du club breton, qui vouloient absolument des inquisiteurs, parce qu'ils étoient nécessaires au succès de la guerre qui devoit écraser le royalisme. Le grand art de cette société, comme je l'ai dit au commencement de ce chapitre, fut toujours de pallier, de déguiser, sous une dénomination innocente, les nouveautés les plus dangereuses. Elles s'établissoient à la faveur de cette ruse ; elles étoient, dans les premiers jours de leur naissance, à peine apperçues ; mais lorsqu'ensuite les temps permettoient de ne plus rien déguiser, on leur laissoit produire tous leurs effets.

Il s'agissoit, pour dissiper la terreur qu'avoit répandu le discours de M. de Virieu, de persuader qu'on ne vouloit ni commission secrette, ni comité de recherches. M. Chapelier, qui avoit le secret et le jeu de cette manœuvre, fut mis en avant par son club ; on l'opposa à M. de Virieu, et il entraîna la majorité. Il représenta qu'on n'avoit point saisi le véritable point de la motion de M. Duport ; que l'on s'égaroit en parlant de tribunal, de violation du secret des lettres ; que ce n'étoient pas-là les objets que proposoit M. Duport ; qu'il s'agissoit uniquement de former un comité qui recevroit les informations sur des personnes suspectes, de tous les citoyens qui, répandus dans toutes les provinces, voudroient donner des détails. Ces preuves, ajouta M. Chapelier, seront remises ensuite à un tribunal compétent.

On ne pouvoit pas présenter la chose d'une manière moins effrayante ; ce n'étoit jamais qu'un comité de plus qu'on auroit à ajouter à ceux qu'on avoit déja, et un comité qui ne devoit avoir aucune puissance judiciaire. Cette tournure innocente ramena toutes les opinions en faveur de M. Duport, et l'établissement d'un comité d'informations, fut adopté. Il fut question ensuite de savoir de combien de membres il seroit composé. Cette seconde question ne pouvoit plus souffrir de longs débats. On varia de quatre à douze, et on se fixa à ce dernier nombre.

Deux nouvelles difficultés se présentèrent ; la première n'a pas été remarquée par les journalistes ; mais l'anecdote à laquelle elle donna lieu, se trouvant attestée par le procès-verbal de l'assemblée, ne sauroit être révoquée en doute. Lors donc qu'on eut réglé le nombre des membres du nouveau comité, le président demanda s'il falloit suivre, pour leur choix, la distinction des ordres, c'est-à-dire, s'il y auroit, dans le comité, trois ecclésiastiques, trois gentilshommes et six membres des communes. « Non, non, s'écrièrent unanimement et avec opiniâtreté les ecclésiastiques et les nobles, ce sont les lumières, la vertu, et non les rangs qu'il faut consulter dans ce choix ; point d'autre distinction que celles-là. » Avec cet empressement, de la part des deux premiers ordres, à se dépouiller de toute prérogative, quel merveilleux accord on eût pu établir entre les enfans d'une même famille ! à quel haut degré de puissance et de bonheur on eût pu élever cette famille !

Conformément donc au vœu généreux du clergé et de la noblesse, on décida que les membres du comité seroient élus dans les bureaux, comme il se pratiquoit à l'égard des secrétaires.

La seconde difficulté qui souffrit quelques débats, fut de savoir si le comité seroit permanent, ou si on le renouvelleroit à certaines époques. La permanence fut rejetée, et on consigna les différentes décisions qu'on venoit de prendre dans l'arrêté suivant, qui est un monument honorable pour le clergé et la noblesse.

« Il sera nommé sur-le-champ un comité composé de douze personnes, qui seront chargées d'entendre et de recevoir toutes les informations, avis et renseignemens qui pourront leur être donnés, tant sur le complot de Brest, et les personnes qui en seront soupçonnées, que sur les autres projets contraires à la sûreté de l'état et des citoyens, pour en rendre compte à l'assemblée nationale, et être pris par elle le parti qu'elle jugera convenable. Ces douze membres seront pris indifféremment sur toute l'assemblée, sans distinction d'ordres, *ainsi que ceux du clergé et de la noblesse en ont témoigné plus particulièrement le désir* ; en conséquence, le choix se fera dans la forme observée pour les secrétaires, et les membres du comité seront aussi renouvelés ou réélus tous les mois. On donna pour premiers membres, à ce comité, MM. Duport, l'évêque de Chartres, le duc de la Rochefoucauld, Glezen, Freteau, Tronchet, Rewbell, d'André, le comte de Virieu lui-même, Camus, Bouche, Pétion de Villeneuve. Aucun de ces députés ne refusa de souscrire à sa nomination, il n'y eut que M. Camus qui représenta qu'étant déja membre du comité des rapports, il ne pouvoit l'être encore de celui d'informations. On le laissa dans celui-ci, et M. Yvernault le remplaça dans l'autre.

L'assemblée, par l'établissement de ces deux comités de rapport et des informations, accrut telloment sa force et sa puissance, que, dès ce moment, l'une et l'autre ne connurent plus de bornes ; elle devint maîtresse absolue des affaires et des personnes. Ce fut-là la grande calamité qui engendra toutes les autres. Le fléau le plus cruel qui puisse affliger une société humaine, c'est qu'il s'y élève un pouvoir qui ne reconnoisse au-dessus de lui aucun autre pouvoir ; or, telle fut l'assemblée nationale ; si elle venoit à errer, à qui appartenoit-il de la redresser ? Qui pouvoit la contraindre à obéir elle-même aux lois qu'elle feroit ? A-t-il jamais pu venir à l'esprit d'hommes réunis en société, de dire à quelques-uns d'entr'eux : vous disposerez de notre liberté, de nos propriétés, de nos vies, comme vous l'entendrez ; vous ne rendrez compte de votre gouvernement qu'à votre conscience ? Voilà cependant ce qui s'est vu dans un empire où il y avoit tant de philosophes et tant de politiques. On ne peut pas dire qu'il y ait de l'exagération dans ce tableau ; car chacun sait que l'assemblée nationale n'obéissoit ni à aucun tribunal, ni à aucune loi fondamentale, ni à aucun corps, ni à elle-même ; et, comme la majorité de ses membres étoit composée d'athées et de déistes, on peut dire qu'elle n'obéissoit pas même à Dieu ; comme elle n'avoit au-dessus d'elle aucune puissance, rien non plus ne faisoit barrière, ne formoit contre-poids à l'immensité de son pouvoir. Qu'on lise les annales de tous les peuples, et nulle part on ne trouvera l'exemple d'une telle monstruosité. Quel remède restoit-il contre les abus que pourroit enfanter ce gigantesque despotisme ? Aucun ; car, l'opinion publique étant égarée, le peuple étant infatué de ce système de gouvernement, on n'avoit pas même l'espoir qu'ils se souleveroient contre le colosse qui venoit de s'élever. Ils étoient d'autant plus éloignés de s'en effrayer, qu'ils le regardoient avec cette stupide admiration qu'ont les hommes bornés pour leur propre ouvrage.

Je ne saurois trop répéter qu'aucun des monarques de France n'avoit imaginé qu'il pût étendre aussi loin les limites de son autorité. Louis XIV en fut, sans contredit, le roi le plus absolu. Voici cependant la doctrine que professoit ce grand roi, doctrine bien différente de celle que l'assemblée nationale mit en vigueur pour son propre compte. On lit dans un écrit, publié en 1667, au nom et par l'ordre de ce prince : « qu'on ne dise point que le souverain ne soit point sujet aux lois de son état, puisque la proposition contraire est une vérité du droit des gens, que la flatterie a quelquefois attaquée, mais que les bons princes ont toujours défendue, comme une divinité tutélaire de leurs états. Combien est-il plus légitime de dire, avec le sage Platon, que la parfaite félicité d'un royaume est qu'un prince soit obéi de ses sujets, que le prince obéisse à la loi, et que la loi soit droite et toujours dirigée au bien public. »

Louis XIV reconnoissoit donc qu'il devoit obéir aux lois de son état, comme le dernier de ses sujets. A quelles lois l'assemblée faisoit-elle hommage de son obéissance ? L'empressement de toutes les grandes corporations à venir plier sous le joug, étoit lui-même un signe effrayant de l'épouvantable despotisme qui alloit se développer. C'étoit la terreur qui les poussoit aux pieds de l'idole. La crainte d'irriter la monstrueuse divinité, l'espoir d'échapper, à force d'encens et de caresses, à la destruction, leur faisoient croire qu'une soumission aveugle, en attendant un meilleur temps, nuiroit moins encore à la chose publique qu'une courageuse résistance. Les parlemens avoient, sous les rois les plus jaloux de leur autorité, porté la vérité au pied du trône ; ils avoient, en dernier lieu, bravé les armées de MM. de Lamoignon et de Brienne. Ils supportoient aujourd'hui, avec une silencieuse résignation, les arrêts de l'assemblée nationale. Le châtelet et le consulat, entraînés par leur exemple, et la conscience du danger qu'il y auroit à ne pas l'imiter, furent bientôt suivis de tous les autres corps de la capitale. Le bureau des finances, chambre du domaine et trésor, le tribunal de l'élection, les bureaux des finances, et l'université de Paris, se prosternèrent à leur tour.

L'hommage du bureau des finances fut présenté par M. Nicolas-Jean-Baptiste Denis, son président. Il reçut une distinction qui n'avoit été accordée à aucun des magistrats qui l'avoient précédé. On lui présenta une chaise dans l'intérieur de la salle. Son compliment fut court ; il remercia l'assemblée de l'intérêt qu'elle avoit pris aux alarmes de la capitale, et de ses soins pour les dissiper. « Comment, ajouta-t-il, la nation pourroit-elle désormais borner ses vœux de félicité et de prospérité, puisque ses représentans, messeigneurs, réunissent, pour les fixer sur le royaume, un zèle sans bornes et les plus grandes lumières ? »

M. de Liancourt confessa naïvement, dans sa réponse, que les hommages que recevoit de toute part l'assemblée nationale, lui étoient d'autant plus agréables, qu'ils portoient tous assurance d'une adhésion entière à ses principes et à ses démarches.

La députation du tribunal de l'élection fut composée de MM. Marye, premier président et électeur ; Beaurain, lieutenant ; Buisson, assesseur ; Délic, de la Dainte, Gary, Boullaye, d'Herbecourt, Sprote, conseillers ; et la Carrière, avocat et procureur du roi. Cette députation ne fut pas admise aussi honorablement que celle du bureau des finances ; elle resta à la barre, et n'eut point de chaises. Son premier président offrit, pour compliment, cette ampoulée exclamation : « Nosseigneurs, qu'il est beau de voir réunis, dans ce sanctuaire auguste, les citoyens les plus vertueux et les plus éclairés, NÉS pour la gloire et la félicité de la France ! » Comme nos neveux rougiront pour nous de ces flatteries d'esclaves ! M. le président fit une réponse laconique, sèche et insignifiante. C'étoit celle d'un despote que dégoûte une trop grossière adulation.

E 2

Les magistrats des bureaux des finances eurent des chaises; leur orateur, après avoir loué les vertus éminentes de l'assemblée, prononça un long discours sur l'institution des bureaux des finances, qui ennuya beaucoup, autant parce qu'on n'y prit aucun intérêt, que parce qu'on n'y comprit rien. Les magistrats laissèrent encore sur le bureau un mémoire plus long que le discours, dans lequel ils tâchoient de démontrer que l'existence des bureaux des finances pouvoit être utile à la nation. Ils prièrent l'assemblée de le prendre en grande considération; on le leur promit, et on ne l'examina jamais. Pour leur prouver qu'on leur tiendroit parole, M. de Liancourt leur dit que les députés se proposoient, non pas de renverser la constitution françoise, mais de s'aider de toutes les lumières pour la régénérer, afin de faire bénir, d'âge en âge, l'assemblée nationale.

Mais ce qui est véritablement affligeant, c'est de rencontrer, dans cette foule de courtisans, et avec une attitude mille fois plus humble encore que celle qu'ils prenoient en présence des nouveaux maîtres, la fille aînée de nos rois. L'université, dans ces jours de frénésie, oublia ce que ce glorieux titre lui donnoit de dignité; elle oublia l'importance de ses services envers la nation, l'éclatante réputation dont elle jouissoit dans l'Europe, la fidélité avec laquelle elle avoit conservé jusqu'alors le triple dépôt des lumières, des mœurs, de la religion. La considération et la reconnoissance publique lui donnoient le droit de parler aux députés de leurs devoirs; eh! qui mieux qu'elle pouvoit indiquer les innovations dont il étoit essentiel de se préserver, pour ne pas replonger les François dans ce cahos d'ignorance et de barbarie, d'où ses travaux n'avoient pas peu contribué à les tirer? Cet antique et illustre corps avoit conservé une attitude fière devant la majesté de Louis XIV; il se courba jusqu'à terre devant l'assemblée nationale. Il prit un arrêté qui, par le style, le fond des choses et le langage qu'on y tient, paroîtroit plutôt l'ouvrage d'une corporation d'artisans, que celui d'une compagnie savante; en voici un extrait fidelle:

« L'université de Paris, réfléchissant sur le zèle et la fermeté des augustes représentans de la première nation de l'univers, pour assurer le repos et la tranquillité si nécessaires au bonheur des peuples; »

« Frappée d'étonnement à la vue des projets sublimes de ses illustres concitoyens, projets qui n'ont pour but que d'asseoir l'autorité légitime sur les bases inébranlables, fondées sur les principes éternels que la nature a gravés dans le cœur de l'homme; »

« Pénétrée d'admiration pour ces hommes rares et l'élite d'une nation sensible et généreuse, qui, ne comptant pour rien les travaux inséparables des fonctions augustes auxquelles ils sont appelés, ne s'occupent uniquement qu'à procurer aux générations futures une sage et heureuse constitution, qui puisse fixer à jamais le bonheur après lequel nous avions vainement soupiré: (1) »

« A arrêté d'assurer cette auguste assemblée des efforts qu'elle fera constamment pour inspirer à la jeunesse qui lui est confiée, les sentimens de la plus plus vive reconnoissance, dont elle est elle-même pénétrée, et pour la diriger selon les principes qu'elle aura établis. »

« Elle rappellera sans cesse à la mémoire de ses élèves, les noms et les bienfaits des illustres représentans de la nation, pour exciter en eux la noble émulation, source de toutes les vertus, dont ils sont les modèles. »

Cet arrêté ne fut signé que par MM. Delneuf, ex-recteur; et Girault de Koudon, greffier; mais l'université entière l'avoua, en l'envoyant à l'assemblée par son recteur et ses officiers généraux. Ces députés furent reçus avec autant de distinction que le président du bureau des finances. Le discours qu'ils prononcèrent étoit mieux écrit que l'arrêté; mais la flatterie y fut poussée jusqu'à la satiété. « Messeigneurs, dit l'orateur, je viens apporter aux pieds de cette auguste assemblée l'hommage du respect et de la vénération profonde qu'inspire à l'université l'union des vertus sublimes et patriotiques dont vous donnez, chaque jour, à la France et à l'Europe entière, le spectacle éclatant. »

« Envoyés de toutes les parties de ce vaste empire, pour opérer de concert la régénération de l'état, vous vous êtes montrés les dignes représentans d'une nation puissante et généreuse, et vous n'avez cessé de soutenir, avec la plus noble fermeté, le caractère glorieux qui vous étoit imposé. Déja la France vous nomme ses héros, ses bienfaiteurs; déja s'élève de toute part un concert harmonieux et touchant, que forment l'admiration, la reconnoissance et la joie. Tous applaudissent à vos efforts et à vos succès; et, dans la sainte effusion des plus doux sentimens, tous sont heureux de l'idée seule du bonheur que votre sagesse et votre zèle leur préparent. »

« A quelles espérances, en effet, ne doivent pas se livrer en ce moment tous les cœurs, lorsque la nation a vu jusqu'ici marcher, d'un pas ferme et inébranlable, vers le grand objet de la félicité publique, montrer un front calme et serein au milieu des dangers qui se formoient autour de vous; les dissiper par votre seule modération; et, sans autres armes que celles d'un vif amour du bien public, assurer le triomphe de la liberté?.... »

« Grâce à vos nobles travaux, ce n'est plus dans

(1) Quel sot galimathias dans cette phrase longue, platte et entortillée!

les temps reculés de notre histoire, ni dans des annales étrangères, que nous chercherons désormais les grands et magnifiques exemples de l'honneur et du patriotisme. Vous serez à l'avenir nos premiers, comme nos plus chers modèles. Vos noms SACRÉS enflammeront le cœur d'une jeunesse vive et sensible, et au plaisir si touchant d'admirer leurs illustres concitoyens, se joindra, pour plusieurs, la douce et inexprimable satisfaction de reconnoître et de citer, parmi les auteurs de la prospérité publique, les auteurs de leurs jours. »

« Vous l'aurez donc ainsi créée, messeigneurs, par la seule force de vos vertus, cette éducation vraiment nationale, désirée depuis si long-temps; elle fera partie de l'édifice majestueux dont vous posez, en ce moment, les bases solides. C'est avec transport que l'université recevra de vos mains ce dépôt précieux et sacré...... »

On ne sauroit certainement abonder en plus de flatteries et en plus de paroles inutiles. Ce fut M. Dumouchel, recteur de l'université, qui débita cette longue suite de phrases de collége. C'est par cette harangue qu'il débuta dans la carrière de la révolution. Suppléant d'un député, il le remplaça dans la suite, et vint s'asseoir parmi les républicains; le parti le mit au nombre de ses enfans perdus. M. Dumouchel, homme de rien, d'un génie borné, pédagogue obscur, s'éleva, on ne sait comment, de la poussière des classes, au rectorat de l'université. Incapable de concevoir les devoirs que lui imposoit, les droits que lui donnoit l'honneur de présider cette illustre compagnie, il ne s'occupa, dans cette place éminente, que d'intrigues sourdes, que de ces petites manœuvres qui sont à la portée des hommes sans vues et sans moyens. Réunissant à une extrême pusillanimité une ambition démesurée, ne pouvant ni penser ni agir d'après lui-même, un tel homme, quelque parti qu'il embrassât, ne pouvoit jamais jouer un rôle remarquable. Entraîné par des intrigans vers le parti de la démagogie, il y est resté confondu dans la populace des factieux.

M. de Liancourt, dans la réponse qu'il fit à cet hébété recteur, ne laissa pas croire que l'assemblée créeroit une éducation nationale par la seule force de ses vertus; il dit aux députés de l'université : « L'assemblée nationale, après avoir achevé l'œuvre importante de la régénération de cet empire, ne croiroit encore avoir rempli que très-incomplétement la tâche qu'elle s'est imposée, si, par un plan d'éducation nationale, elle ne trouvoit le moyen de pénétrer, avec nécessité, la jeunesse du respect dû aux droits de la nation, de la soumission aveugle due à la loi, de l'obéissance et de la fidélité dues au monarque. C'est alors qu'elle pourra se flatter d'avoir assuré son ouvrage, en liant le sort des générations futures à la sagesse de ses décrets. Elle ne doute pas, messieurs, que l'université de Paris ne serve ses intentions patriotiques avec le zèle qu'elle a fait voir jusqu'ici dans l'enseignement des lettres.... »

En promettant ce plan d'éducation nationale, et en sollicitant, pour son exécution, le patriotisme de l'université, M. de Liancourt prenoit un engagement dont l'assemblée ne s'est pas rendue solidaire. Elle ne dut pas, au reste, être bien flattée de l'hommage présenté par M. Dumouchel; il venoit un peu tard; deux jours auparavant, l'université avoit adressé d'aussi fades sottises aux électeurs de Paris, et c'étoit bien le cas de dire, comme un de nos poëtes :

Celui qui, sans discernement,

Adresse à tous venans les louanges qu'il donne,

Fait grand tort à son jugement,

Et ne fait honneur à personne.

La députation, envoyée aux électeurs, étoit composée de MM. l'abbé Bérardier, ex-syndic de théologie et grand-maître du collége Louis-le-Grand; Gouillard, doyen de droit; Camier, syndic de l'université; Girault de Kondon, greffier; Delneuf, ex-recteur (1). M. l'abbé Bérardier, qui porta la parole, fut, comme M. Dumouchel, appelé, dans la suite, à remplacer un député dans l'assemblée nationale; mais il n'eut avec lui que ce trait de conformité. M. l'abbé Bérardier, à un cœur droit, à un esprit naturel, réunit toutes les connoissances et toutes les vertus de son état. Son extérieur peint son ame; sa physionomie est ouverte; la douceur et la franchise sont dans ses yeux et sur ses lèvres. Sage et paisible dans les discussions qui l'intéressent le plus, il est ferme, inébranlable dans les principes de morale et de justice. De quelques sophismes que s'enveloppe l'erreur,

---

(1) Voici l'acte en vertu duquel fut envoyée cette députation; ces sortes de pièces, en même temps qu'elles appuient le témoignage de l'historien, font connoître l'esprit du corps dont elles sont l'ouvrage.

Extractum è commentariis universitatis.

Anno Domini 1789, die Mercurii vigesimâ-secondâ mensis julii; habita sunt, extrà ordinem, in collegio Ludovici-Magni, comitia tribunalis academici.

Prætereà, placuit maximas haberi et agi gratias clarissimis comitiorum urbanorum præsidibus, quorum constantiâ et studio factum est ut civibus restitueretur securitas.

Atque ita conclusit ex-rector signatum DELNEUF.

Extractum et collatum, cum autographo à me universitatis scribâ, iisdem anno et die. Signé GIRAULT DE KONDON.

il a une facilité merveilleuse pour les dissiper, et ce qu'il vous montre est toujours la vérité. Il raisonne, il instruit et ne dispute jamais. Plein de loyauté et de candeur, il déteste l'hyppocrisie, mais ne hait personne. Indulgent même pour les fourbes, il semble n'avoir de prévention que pour ses amis; il ne voit en eux ni défauts ni taches. Peu de députés réunissoient plus de qualités que lui pour acquérir, dans l'assemblée nationale, une grande célébrité; mais modeste et sans ambition, il n'a jamais brigué ni l'admission dans les comités, ni le secrétariat, ni la présidence; et, quoiqu'il ait un organe agréable, la voix flexible, une diction pure, une grande facilité à parler, la foiblesse de sa poitrine lui a rarement permis de monter à la tribune. J'ai recueilli, dans le journal de l'*Ami du roi*, quelques-uns de ses discours; je suis le seul, et je m'en félicite, à les avoir sauvés de l'oubli. On trouve dans tous une justesse de raisonnement, peu commune, un style aisé et correct, la juste mesure d'érudition nécessaire au sujet, des pensées rendues avec chaleur et avec énergie; ce qui prouve que la force de l'éloquence s'allie très-bien avec un caractère tranquille et des mœurs douces.

L'assemblée des électeurs parut infiniment plus flattée de la démarche de l'université, que l'assemblée nationale, et cela devoit être; celle-ci rassasiée d'adulations, enivrée d'encens, ne voyoit plus arriver ces troupeaux de courtisans, qu'avec cette indifférence qui tient du dégoût. Elle étoit d'ailleurs déja montée à une telle élévation, qu'elle ne voyoit plus les grands corps de la monarchie, que comme des insectes condamnés à ramper autour de son trône, jusqu'à ce qu'il lui plût de les écraser. C'est l'idée orgueilleuse qu'avoient, de sa puissance, ceux de ses membres qui formoient le parti républicain, lorsqu'une nouvelle idole vint placer son autel à côté du sien, lorsque M. Necker, auquel on ne pensoit plus, reparut nourrissant dans son cœur l'espoir de partager avec elle l'idolâtrie des peuples. Le retour de ce ministre, son entrée dans la capitale, présentent des circonstances qui intéresseront le lecteur.

CHAPITRE LXVIII.

Essai infructueux que fait M. Necker de sa popularité; son arrivée à Versailles; son compliment à l'assemblée; réponse que lui fait le président; hommages qu'on lui rend dans Versailles; singulière idée qu'il conçoit; son entrée triomphante dans la capitale; son arrivée à l'hôtel-de-ville; sublime discours qu'il y prononce; effet touchant qu'il produit; vanité du ministre; généreux arrêté des électeurs; extraordinaire fermentation qu'il produit; soulèvement de la capitale; féroce arrêté du district de l'oratoire; effroi et honteuse rétractation des électeurs; sanguinaire arrêté des nouveaux représentans de la commune; affliction de M. Necker; récit de ce qui se passe dans l'assemblée nationale, au sujet de toute cette affaire; discours très-remarquable de M. Bailli au roi; débats qui s'engagent dans l'assemblée sur la détention de M. de Bezenval; généreux efforts de MM. Mounier et de Lally; foible discours du comte de Mirabeau; honteux arrêté de l'assemblée nationale.

Suite de Juillet 1789, et du second mois de l'interrègne.

M. Necker suivit de près l'ambassadeur porteur de ses dépêches. La rapidité avec laquelle il traversa la France, ne donna pas le temps aux peuples de lui décerner des honneurs. Arrivé à Nogent-sur-Seine, il voulut y faire un premier essai de sa popularité. Y ayant appris que M. le baron de Bezenval, avec lequel il étoit étroitement lié, avoit été appréhendé au corps par la milice de Villenaux, il fit arrêter sa voiture, et écrivit sur ses genoux, le billet suivant, qu'il adressa aux officiers municipaux de cette petite ville.

« Je sais positivement, messieurs, que M. le baron de Bezenval, arrêté par la milice de Villenaux, a eu la permission, du roi, de se rendre en Suisse, dans sa patrie; je vous demande instamment, messieurs, de respecter cette permission dont je vous suis garant, et je vous en aurai une particulière obligation : tous les motifs qui affectent une ame sensible m'intéressent à cette demande..... »

Il n'y a rien dans ce billet qui puisse faire rougir M. Necker; on y voit, avec plaisir, la chaleur et l'expression de l'amitié; mais il eut tort de dire solemnellement le surlendemain, qu'il n'avoit eu aucune relation de société avec lui, et qu'il ne s'intéressoit à son malheur, que par un sentiment de justice. Cette manière, au reste, d'écrire aux officiers municipaux d'un peuple qui n'étoit pas moins roi à Villenaux que dans le fauxbourg Saint-Marcel de Paris, n'étoit pas fort respectueuse. M. Necker n'en crut pas moins qu'on déféreroit à sa demande; il attendit la réponse dans sa voiture; elle dût l'étonner; les officiers municipaux lui firent dire séchement, qu'ils en avoient écrit à Paris, et qu'ils attendoient les ordres des électeurs. On voit qu'il y avoit une extrême confusion dans les idées qui donnoient la souveraineté au peuple. Il étoit difficile de concevoir comment les électeurs de Paris se trouvoient rois des rois de Villenaux.

M. Necker, étonné de ce refus, continua sa route; la vitesse avec laquelle il s'avançoit vers Paris, fit que sa voiture se cassa près Fontainebleau. Ce contretemps ne retarda point sa course. Au moment où cet accident lui arrivoit, M. Fortin, électeur de Paris, passa à côté de la voiture brisée; il reconnut le ministre, descendit de sa chaise, et n'eût pas de peine à la lui faire accepter.

M. Necker ne s'arrêta nulle part; il se rendit en droite ligne à Versailles. Un postillon étant venu, dans le courant de la journée, avertir les électeurs, qu'il avoit la preuve que le ministre approchoit, et qu'il passeroit, le soir même, le bac à Choisy, on reçut cette nouvelle avec des applaudissemens, et on se borna à ce témoignage de satisfaction.

Le premier soin du ministre fut d'aller renouveler ses protestations de zèle au monarque infortuné que par une déplorable fatalité, il sembloit destiné à environner de malheurs en approchant de sa personne. L'état où il trouva la cour étoit bien différent de celui où il l'avoit vue, lorsqu'il y reparut en 1788. A cette époque, le corps politique avoit encore toute sa vigueur, tous les cœurs pouvoient encore s'ouvrir à l'espérance; actuellement la France se voyoit déchirée par les factions; la monarchie s'affaissoit sous les coups qu'on lui portoit de toute part; son chef, son protecteur n'avoit plus ni force ni moyens pour la garantir de sa dissolution. M. Necker, en reparoissant cette troisième fois dans le château de Versailles, ne vit, autour de lui, que l'image du deuil. Le roi étoit dans la tristesse, la reine dans les larmes, l'abattement et la consternation se peignoient sur tous les visages.

Cette désolation générale, ces signes sinistres des tempêtes qui alloient entraîner et le trône et les ministres, ne parurent, ni émouvoir M. Necker, ni rien diminuer de sa confiance en ses talens. Le lendemain matin il fut complimenté par les corps civils et la bourgeoisie armée de Versailles. Ayant lui-même à faire un compliment à l'assemblée, il s'y rendit; il y parut avec une contenance assurée et un front calme qui dénotoient qu'il étoit loin de prévoir les humiliations qui l'attendoient. On ne lui laissa rien appercevoir du mépris qu'on avoit pour lui, on l'étourdit au contraire, dès qu'il parut, du bruit des applaudissemens. Il fut introduit par quatre huissiers, et on l'admit dans l'enceinte de la salle, où il trouva si non un trône, du moins un fauteuil à bras. Il salua, d'une triple et profonde inclination, les trois ordres, en commençant par le clergé et finissant par le tiers-état. Il s'assit ensuite sur son fauteuil, pour laisser un libre cours aux applaudissemens qui partoient de tous les coins de la salle, et qui, vu l'opinion qu'avoit l'assemblée entière sur son compte, ne pouvoient être pris que pour une véritable dérision. Lorsqu'ils eurent cessé, il se leva, et fixant le président, il prononça cette courte harangue :

« Monsieur le président, je viens, avec empressement témoigner, à cette auguste assemblée, ma respectueuse reconnoissance des marques d'intérêt et de bonté qu'elle a bien voulu me donner. Elle m'a imposé ainsi de grands devoirs; et c'est en me pénétrant de ses sentimens et en profitant de ses lumières, qu'au milieu de circonstances si difficiles je puis conserver un peu de courage. »

L'amour-propre de M. Necker étoit déjà exalté par les complimens qu'il avoit reçu le matin de différens corps; les applaudissemens qu'on lui prodiguoit dans l'assemblée, et qu'il regardoit comme très-sincères, enflèrent beaucoup sa vanité; le discours que lui adressa M. de Liancourt acheva de l'enivrer. Ce discours sembloit avoir été rédigé dans l'intention de lui donner de lui-même la plus haute idée, afin de lui rendre ensuite plus insupportable le mépris universel dont on se proposoit de l'envelopper.

M. de Liancourt donc, au nom de l'assemblée, lui parla ainsi :

« Monsieur, vous aviez, en vous éloignant des affaires, emporté l'estime et les regrets de l'assemblée nationale : elle l'a consigné dans ses arrêts; et en exprimant ainsi les sentimens dont elle étoit pénétrée, elle n'a été que l'interprète de la nation. »

« Le moment de votre retraite a été celui d'un deuil général dans le royaume.

« Le roi, dont le cœur généreux et bon vous est connu plus qu'à qui que ce soit, est venu dans cette assemblée s'unir à nous; il a daigné nous demander nos conseils; nos conseils devoient être ceux de la nation; ils étoient de rappeler à lui le ministre qui l'avoit servi avec tant de dévouement, de fidélité et de patriotisme. Mais déja le cœur du roi avoit pris de lui-même ce conseil salutaire; et quand nous pensions à lui exprimer nos vœux, il nous remettoit la lettre qui vous invitoit à reprendre vos travaux; il désiroit que l'assemblée nationale y joignît ses instances, et il vouloit, pour gage de son amour, se confondre encore avec la nation, pour rendre à la France celui qui en causoit les regrets, et qui en faisoit l'espérance.

« Vous vous étiez, en partant, dérobé aux hommages du peuple; vous aviez employé, pour éviter l'expression de son estime, les mêmes soins qu'un autre eût pris pour fuir les dangers de son mécontentement et de sa haine. Vous touchiez au moment où, après une longue et pénible agitation, vous alliez trouver le calme et le repos; vous avez connu les troubles qui agitoient ce royaume, vous avez connu les vœux ardens du roi et de la nation; et sans vous aveugler sur l'incertitude des succès dans la carrière qui, de nouveau, s'ouvroit à vous, vous n'avez pensé qu'à nos malheurs; vous vous êtes rappelé ce que vous deviez à la France pour l'attachement et la confiance qu'elle vous donne; vous

n'avez

n'avez plus pensé à votre repos, et d'après vos propres expressions, vous avez, sans hésiter, *préféré le péril aux remords.*

« L'empressement des peuples qui se portoient en foule sur votre route, la joie pure et sincère qu'a reçue le roi de votre retour, les mouvemens que fait naître votre présence dans cette salle où votre éloge étoit, il y a quelques jours, prononcé avec tant d'éloquence, et entendu avec tant d'émotion, tout vous est garant des sentimens de la France entière. La première nation du monde voit en vous celui qui, ayant particulièrement contribué à la réunion de ses représentans, a le plus efficacement préparé son salut, et peut seul, dans ces momens d'embarras, faire disparoître les obstacles qui s'opposeroient encore à sa régénération. Quel homme avoit droit de prétendre à une si haute destinée ? Et quel titre plus puissant pouvoit assurer la France de votre dévouement le plus absolu ? »

« Peut-il donc être offert à la nation un présage plus certain de bonheur, que la réunion des volontés d'un roi prêt à tout sacrifier pour l'avantage de son peuple, d'une assemblée nationale qui fait, à l'espoir de la félicité publique, l'hommage des intérêts privés de tous les membres qui la composent, et d'un ministre éclairé, qui, aux sentimens d'honneur qui lui rendent le bien nécessaire, joint encore la circonstance particulière d'une position qui le lui rend indispensable ? »

« Et quelle époque plus heureuse, monsieur, pour établir la responsabilité des ministres, cette précieuse sauve-garde de la liberté, ce rempart certain contre le despotisme, que celle où le premier qui s'y soumettra, n'aura de compte à rendre à la nation que celui de ses talens et de ses vertus ! »

« C'est après ce salutaire établissement, que vous avez sollicité vous-même, dont vous aurez été le premier exemple, que l'homme portant un cœur droit, des intentions pures, un caractère ferme, une conscience à l'abri de tout reproche, pourra, s'il est doué de quelque talent, aspirer ouvertement au ministère. Glorieux alors de l'idée qu'aucune mauvaise action, qu'aucune complaisance funeste, qu'aucune intrigue sourde ne pourront être dérobées au jugement de la nation, il bravera les inventions obscures de la haine et de l'envie, et portera dans son cœur l'heureuse confiance que la vérité est toujours plus forte et plus convaincante que la calomnie, quand l'une et l'autre ne peuvent élever la voix que devant une nation généreuse et éclairée. »

« C'est en vous soumettant aujourd'hui, monsieur, à cette heureuse épreuve, c'est en reprenant la place que vous avez consenti d'accepter, que l'exercice de vos talens, que votre fidélité inviolable aux intérêts de la nation et du roi, désormais indissolublement liés, sauront prouver à l'Europe, sans l'étonner, combien étoient justes, et les regrets publics, et l'allégresse universelle dont il appartenoit à vous seul d'être l'objet. »

« Si, dans cette circonstance, il pouvoit m'être permis de laisser échapper l'expression d'un sentiment qui ne m'est que personnel, je dirois combien il m'est doux de lier l'époque glorieuse pour moi, d'une fonction honorable, que je ne dois qu'à l'extrême indulgence de cette auguste assemblée, et que je ne puis justifier que par mon zèle, à l'époque tant désirée de votre retour à un ministère que vous signalerez par votre attachement pour une constitution qui va bientôt assurer le bonheur de l'Empire. »

L'assemblée, dans son procès-verbal, fit un pompeux éloge de ce discours, et elle se loua ainsi elle-même, car ce discours étoit censé être son ouvrage ; le président n'étoit que son organe. Elle en ordonna l'impression et l'insertion dans le procès-verbal où on lit : « l'assemblée a vivement applaudi le discours de M. le président ; elle y a trouvé ses sentimens, et ses principes, exprimés avec noblesse, justesse, éloquence et énergie. » Comment M. Necker, avec de pareilles cajoleries, ne se seroit-il pas cru plus qu'un Sully, plus qu'un Colbert ?

Après avoir respiré tout cet encens, il salua, comme il avoit fait en entrant, l'assemblée, par une triple inclination, et se retira, croyant, au fond de son cœur, que son génie le rendroit maître des délibérations du sénat, qui paroissoit le regarder comme l'ange tutélaire, comme l'oracle de la France. On ne pouvoit être plus loin de la réalité. Il employa le reste de la journée à recevoir les hommages des compagnies, des tribunaux, des communautés, des corps qui ne l'avoient point encore complimenté. Toutes ces félicitations firent perdre à M. Necker cette pudeur, cette modestie que les hommes les plus ambitieux savent conserver au milieu des plus grands succès. Il lui vint une idée qui ne s'étoit jamais présentée à l'esprit d'aucun ministre ; il voulut faire une entrée triomphante dans la capitale, dans cette ville où, quelques jours auparavant, le roi avoit paru en esclave de ses sujets, et avoit couru des dangers pour sa vie. (1)

---

(1) Ce que j'ai dit à ce sujet, dans le quatrième cahier de cette histoire, pages 38 et 39, a donné lieu à un fait qui m'est personnel, et que je crois important de recueillir ici. Une personne qui a joué un grand rôle dans la révolution, lisant devant moi ces deux pages, me dit : « Je ne savois cette affaire, comme le public, que confusément ; la voilà maintenant parfaitement éclaircie. Il est hors de doute que, dans cette journée, la vie du roi fut exposée, et vous auriez pu ajouter à cette anecdote un autre fait dont j'ai été témoin oculaire. Le roi étant rentré

F

Dès qu'on connut l'intention de M. Necker, tous les hommes armés de Versailles et des environs, se mirent en mouvement pour lui composer un cortége. Il partit de grand matin de Versailles, dans un carrosse à quatre chevaux, ayant à côté de lui M. le comte de Saint-Priest. Une armée entière précédoit, entouroit et suivoit sa voiture. Sur toute la route, on ne cessa de crier: *vive la nation! vive M. Necker!* Lorsqu'on sut à Paris qu'il approchoit, on envoya au-devant de lui de nombreux détachemens de cavalerie et d'infanterie, pour ajouter à la pompe de son entrée dans la capitale. Les électeurs, de leur côté, pour rendre leur assemblée plus majestueuse, firent inviter les cent vingt députés des districts à se réunir à eux; mais ces deux corps étoient rivaux, et ne fraternisoient point. Déja, dans une autre circonstance, celui qui prenoit le nom de commune de Paris, avoit refusé la réunion. Il s'agissoit de recevoir une nombreuse députation des villes de Rouen et de Saumur. Les électeurs, croyant que ces députés seroient reçus avec plus de solemnité, si les deux assemblées étoient réunies, invitèrent celle de la commune à se prêter à cette jonction; mais ses membres répondirent sèchement que, pour la légalité de leur assemblée, ils ne pouvoient se rendre à cette invitation.

Dans cette nouvelle occasion, leur réponse fut un

à Versailles, dans sa chambre à coucher, et prêt à se mettre au lit, on s'apperçut, en le déshabillant, que la manche gauche de sa chemise étoit toute ensanglantée. Il se trouva au bras une blessure assez considérable pour qu'il fût nécessaire de mettre sur-le-champ un appareil, et un second dans le courant de la nuit. »

La personne qui m'a raconté ce fait, n'ayant voulu ni le mettre par écrit, ni permettre que je le nomme, je ne le donne point authentique. D'ailleurs, il est juste de remarquer que cet accident avoit pu arriver très-innocemment. Le roi, en montant à l'hôtel-de-ville, et lorsqu'il en descendit, étoit serré de si près par des hommes qui ne savoient point tenir leur arme, que l'un d'eux, poussé par ceux qui l'environnoient, pouvoit très-involontairement lui effleurer le bras avec la pointe de son épée. Le crime ne doit jamais se présumer, et moins encore un forfait si horrible que, lors même qu'il est commis, on doute encore qu'il puisse être conçu. Il n'en reste pas moins vrai que cet accident, même involontaire, comme il est très-vraisemblable et très-doux de le penser, prouve que le roi courut de très-grands dangers pour sa vie.

Un des motifs de la personne de qui je tiens cette particularité, pour se refuser à ce que je lui demandois, fut que le roi, par suite de sa bonté et de sa sagesse, témoigna à ceux qui étoient auprès de lui, lorsqu'on s'apperçut de sa blessure, qu'il sauroit bon gré qu'on n'en parlât point.

---

peu moins sèche, mais n'en fut pas moins un refus formel; ils dirent que les représentans de la commune ne pouvoient accepter la réunion, parce que M. Necker ayant deux visites à rendre, il avoit des choses bien différentes à dire à chacune des assemblées, puisqu'il n'avoit que des félicitations et complimens à faire à l'assemblée des électeurs, et, au contraire, des encouragemens à donner et des modèles à présenter à l'assemblée des représentans, qui ne faisoit que de naître. Mais ils promirent d'accompagner M. Necker dans la salle des électeurs, et invitèrent ceux-ci à envoyer une partie d'entr'eux pour assister à la réception qui seroit faite au ministre, dans la salle des représentans de la commune.

Tout étant ainsi disposé, on attendit paisiblement l'homme qui n'étoit plus la divinité du jour. Lui-même dut s'en appercevoir, en traversant les rues de la capitale. Le gros du peuple ne s'ébranla point, ne se pressa point sur ses pas; il régnoit même plus que de l'indifférence sur le triomphe que se décernoit à lui-même M. Necker. Les moteurs des troubles crurent y voir un piége; ils eurent des craintes sur la scène qui alloit se passer à l'hôtel-de-ville; ils redoutèrent et la présomption du ministre, et la facilité des électeurs. Au lieu donc d'accourir sur son passage, on se jeta dans les districts et dans les jardins publics, où l'on attendit, avec une sorte d'inquiétude, ce qui se passeroit entre les électeurs et M. Necker.

La marche du ministre fut lente, à cause de tout le cortège qui l'environnoit, et qui alloit au pas. Quoiqu'il fût parti de Versailles de fort bonne heure, il étoit plus de midi, lorsqu'il mit le pied sur les marches de l'hôtel-de-ville, encore teintes du sang des de Launay, des Flesselles, des Berthier, des Foulon. Il se rendit d'abord, comme on en étoit convenu, dans la salle de la commune, où il ne resta qu'un instant, et où il ne se passa rien de bien intéressant. La foule et les flatteuses distinctions l'attendoient dans la salle des électeurs (1); il s'y présenta suivi de tous les députés de la commune, et

---

(1) Tous les journalistes ont confondu l'assemblée de ces électeurs avec celle des cent vingt députés de la commune. Il faut cependant les distinguer bien soigneusement, pour comprendre tout ce qui suivit la visite que M. Necker fit aux Parisiens. Il ne faut pas perdre de vue que l'hôtel-de-ville recéloit alors deux assemblées rivales, l'une des électeurs, l'autre de la commune, et que ce fut dans celle-là qu'on prit des résolutions conformes aux vœux que manifesta M. Necker; les députés de la commune ne furent pour rien dans ces résolutions; ils se trouvèrent bien parmi les électeurs, mais ils y étoient sans voix délibératives, comme simples spectateurs, comme faisant partie de la cour du ministre.

entouré d'une cour aussi brillante et plus nombreuse que celle qui avoit accompagné le roi. La cour de M. Necker étoit composée de la marquise de la Fayette, des princesses Lubomiska, Ezewiska, Protoska, de la Baronne de Staël, sa fille, du baron de Staël, du comte de Saint-Priest, du marquis de la Fayette, de MM. de Clermont-Tonnerre, de Lusignan, de Rochechouart, de Bottidoux, d'un nombre considérable d'autres députés de l'assemblée nationale, et de M. Germani.

Douze électeurs avoient été le recevoir, et le conduisirent jusqu'à son fauteuil. Pendant qu'on le couvroit d'applaudissemens, M. Moreau de Saint-Méry distribuoit des cocardes aux trois couleurs; il commença galamment par les dames. Venant ensuite à M. Necker, et élevant la voix pour être entendu de tout le monde, il lui dit : *ces couleurs vous sont chères, ce sont les couleurs de la liberté.* On trouva ces paroles, qui accusoient M. Necker de complicité avec les insurgens, excessivement ingénieuses, et les applaudissemens recommencèrent. Madame Necker étoit toujours la première à applaudir à ce qu'on adressoit de flatteur à son mari, on eût dit qu'elle avoit charge de donner le signal. L'empressement avec lequel elle coudoyoit ses voisins pour qu'ils unissent leurs bruyans témoignages aux siens, la manière dont elle agitoit ses mains, les dents mal arrangées et peu blanches que laissoit appercevoir sa bouche, en s'ouvrant pour crier aussi : *vive Necker !* tout cela donnoit à l'épouse du ministre un air qui n'étoit pas celui de la dignité.

Enfin, le calme et le silence ayant succédé au bruit, M. de la Vigne, d'un air humble et grave tout-à-la fois, harangua ainsi M. Necker :

« Monsieur, tel a été l'heureux empire de vos vertus, que lors même que vous n'étiez plus au milieu de nous, votre nom, le nom de *Necker*, béni par *la nation assemblée* (1), servoit de mot de ralliement pour les bons citoyens. »

« C'est à votre génie, monsieur, c'est à *vos vastes plans* de bienfaisance que la cité que nous habitons doit l'heureuse distribution qui a été le premier point d'appui de sa liberté (2). »

―――――――――――――――――――――――

(1) Où M. de la Vigne avoit-il vu cette nation assemblée ?

(2) M. de la Vigne vouloit parler de la division de Paris en soixante districts ; c'étoit-là ce qu'il appeloit *les vastes plans de bienfaisance* de M. Necker. Il ne falloit pas un grand effort de génie pour convertir nos églises en corps-de-garde, et les livrer à toutes les sortes de profanation. Il n'y avoit certainement qu'un calviniste qui pût concevoir ce vaste plan de bienfaisance.

« C'est cette distribution qui nous a procuré l'avantage de réunir en un instant, de tous les points de cette ville, des forces capables d'intimider les traîtres, et d'en imposer à la scélératesse des ministres pervers qui avoient trompé le roi. »

« Ces mêmes moyens, monsieur, serviront d'appui à la tranquillité publique ; tout nous garantit qu'elle va se consolider à jamais : votre présence nous fait tout espérer. »

« Qui pourroit donc encore douter que, sous le règne du meilleur des princes, sous les auspices et par les travaux d'un ministre tel que vous, sous l'influence heureuse de la liberté que nous avons conquise *au prix de notre sang*, la France n'atteigne désormais le faîte de la prospérité ? »

« Elle en a les moyens dans l'immensité des ressources de ses provinces ; elle en est digne par l'énergie du grand caractère que viennent de développer tous les habitans de la capitale ; elle en est digne sur-tout, parce que, même au milieu des plus grands troubles, et dans la situation la plus désespérée, elle n'a cessé de demander à la justice du roi de rappeler auprès de lui *l'homme vertueux* dont le dévouement à la chose publique ne peut être égalé que par la reconnoissance sans bornes qui est dans l'ame de tous les électeurs, comme elle est dans le cœur de tous les français. »

En sa qualité d'ex-président des électeurs, M. Moreau de Saint-Méry voulut aussi haranguer le ministre ; il lui parla ainsi :

« Monsieur, la destinée de ce vaste empire est visiblement unie à la vôtre. Les ennemis du bien public l'avoient si bien senti, qu'ils avoient voulu que le premier malheur qui frappât le royaume, et qui lui présageât tous les autres, fût votre éloignement. Le vœux de tous les François et leur courage, le désir d'un roi qu'on a vainement cherché à égarer, vous ramènent aujourd'hui *avec la compagne de vos vertus et de vos illustres revers.* Vous le voyez, monsieur, votre retour est un triomphe national. »

« Notre satisfaction s'accroît encore par la présence de ce ministre citoyen, qui, après avoir partagé la disgrâce de son ami, vient, en quelque sorte, s'associer à sa gloire, et recevoir les témoignages de notre joie, de le voir spécialement chargé du soin de cette capitale. »

« Notre amour et notre confiance égalent, monsieur, les ressources de votre génie, et nous vous jurons que tous les efforts seront réunis pour seconder l'ange tutélaire de la France. »

Cette profusion de flatteries fut fort applaudie ; mais c'étoit perdre le temps en paroles inutiles. De quel secours, dans les terribles circonstances où l'on se trouvoit, pouvoient être, et à M. Necker et à la chose publique, ces stériles phrases d'adulation ? il falloit à celui-là des avis utiles, un tableau fidelle de l'état actuel du royaume. Il eût été bien plus sage, bien plus beau, à MM. de la Vigne et Moreau de Saint-Méry, de lui peindre avec énergie les obligations que lui imposoient et ses promesses à la nation, et la frénésie dont son exil avoit été le prétexte, et le retour des bontés du roi. Il eût été salutaire de lui montrer du doigt cette place, ce gibet où de fidelles sujets de sa majesté avoient été immolés, et de lui dire que, puisque son départ avoit causé ces sanglantes erreurs, il contractoit, par son retour, l'engagement de les réparer et d'en arrêter le cours. Les deux orateurs, en se tenant renfermés dans le cercle des flatteries, n'auroient pas du moins dû parler d'énergie, de grand caractère ; il ne faut ni l'un ni l'autre, il ne faut qu'une ame servile, qu'un esprit timide pour aduler. Mais plus un homme est élevé par la faveur, soit des rois, soit des peuples, plus il est courageux, plus il est nécessaire de l'entretenir de ses devoirs ; car à qui dira-t-on la vérité, si ce n'est à ceux qui sont sans cesse exposés à la méconnoître ?

On doit cette justice à M. Necker, que, dans sa réponse aux électeurs, il sut leur donner des leçons qui eussent pu produire un bien réel, si l'anarchie n'eût pas enchaîné les bras des maîtres de Paris. Cette réponse, quoiqu'un peu prolixe, comme tout ce qu'écrit M. Necker, est belle, touchante, sans enflure, et fut parfaitement bien adaptée à la circonstance et à l'assemblée. Je ne trouve pas, dans les œuvres de M. Necker, qu'il ait rien écrit de mieux ; et je crois qu'aucun discours n'est plus digne que celui-là de faire partie des monumens recueillis par l'histoire de la révolution.

« Je manque d'expressions, messieurs, dit ce ministre, pour vous témoigner, et en votre personne, à tous les citoyens de Paris, la reconnoissance dont je suis pénétré. Les marques d'intérêt et de bonté que j'ai reçues de leur part, sont un bienfait hors de toute proportion avec mes foibles services, et je ne puis m'acquitter que par un sentiment ineffaçable. Je vous promets, messieurs, d'être fidelle à cette dernière obligation, et jamais devoir ne sera plus doux ni plus facile à remplir. »

« Le roi, messieurs, a daigné me recevoir avec la plus grande bonté, et a daigné m'assurer du retour de sa confiance la plus entière. Mais aujourd'hui, messieurs, c'est entre les mains de l'assemblée nationale, c'est dans les vôtres que repose le salut de l'état ; car, en ce moment, il ne reste presque plus aucune action au gouvernement. Vous donc, messieurs, qui pouvez tant, et par la grandeur et l'importance de la ville dont vous êtes les notables citoyens, et par l'influence de votre exemple dans tout le royaume, je viens vous conjurer de donner tous vos soins à l'établissement de l'ordre le plus parfait et le plus durable. Rien ne peut fleurir, rien ne peut prospérer sans cet ordre ; et ce que vous avez déja fait, messieurs, en si peu de temps, annonce et devient un garant de ce que vous saurez achever ; mais jusqu'à ce dernier terme, la confiance sera incertaine, et une inquiétude générale troublera le bonheur public, éloignera de Paris un grand nombre de riches consommateurs, et détournera les étrangers de venir y verser leurs richesses. Enfin, Paris, cette célèbre cité, Paris, cette première ville de l'Europe, ne reprendra son lustre et sa prospérité qu'à l'époque où l'on y verra régner cette paix et cette subordination qui calment les esprits, et qui donnent à tous les hommes l'assurance de vivre tranquilles et sans défiance, sous l'empire des lois et de leur conscience. Vous jugerez, messieurs, dans votre sagesse, s'il n'est pas temps bientôt de faire cesser ces perquisitions multipliées auxquelles on est soumis avant d'arriver à Paris, et que l'on commence à éprouver à une très-grande distance de la capitale. Il est juste de s'en rapporter, à cet égard, à votre prudence et à vos lumières ; mais les amis de la prospérité publique doivent désirer que les abords de Paris rappellent bientôt au commerce et à tous les voyageurs, que cette ville est, comme autrefois, le séjour de la paix, et qu'on peut, de tous les bouts du monde, y venir jouir, avec confiance et liberté, du génie industriel de ses habitans, et du spectacle de tous les monumens que cette superbe ville renferme dans son sein, et que de nouveaux talens augmentent chaque jour. »

« Mais, messieurs, c'est au nom d'un plus grand intérêt que je dois vous entretenir un moment, d'un intérêt qui remplit mon cœur et qui l'oppresse. Au nom de Dieu, messieurs, plus de jugemens de proscription, plus de scènes sanglantes. Généreux François, qui êtes sur le point de réunir à tous les avantages dont vous jouissez depuis long-temps, le bien inestimable d'une liberté sage, ne permettez pas que de si grands bienfaits puissent être mêlés à la possibilité d'aucun reproche. Ah ! que votre bonheur, pour devenir encore plus grand, soit pur et sans tache ; sur-tout conservez, respectez même dans vos momens de crise et de calamité, ce caractère de bonté, de justice et de douceur qui distingue la nation, et faites arriver le plutôt possible le jour de l'indulgence et de l'oubli. Croyez, messieurs, en ne consultant que votre cœur, que la bonté est la première de toutes les vertus. Hélas ! nous ne connoissons qu'imparfaitement cette action, cette force invisible qui dirigent et déterminent les actions des hommes. Dieu seul peut lire au fond des cœurs et juger avec sureté, juger en un moment de ce qu'ils méritent de peine ou de récompense ; mais les hommes ne peuvent rendre un jugement, les hommes sur-tout ne peuvent ordonner la mort de celui à qui le ciel a donné la vie, sans l'examen le plus attentif et le plus régulier. Je vous présente cette observation, cette demande, cette requête au nom de tous les motifs capables d'agir sur les esprits et sur les ames ; et j'espère de votre bonté que vous me permetterez d'appliquer ces réflexions générales, ou plutôt l'expression de ces sentimens si vifs et si profonds, à une circonstance particulière et du moment. Je dois le faire d'autant plus, que si vous aviez une autre opinion que la mienne, j'aurois à m'excuser d'un tort auprès de vous, dont je dois vous rendre compte..... »

Ici M. Necker parla de la prière qu'il avoit adressée aux officiers municipaux de Villenaux, pour en obtenir l'élargissement de M. le baron de Bezenval ; il fit part de la réponse qu'il avoit reçue, et ajouta :

« Eloigné de Paris pendant les malheureux événemens qui ont excité vos plaintes, je n'ai aucune connoissance particulière des torts qui peuvent être reprochés à M. de Bezenval, je n'ai jamais eu de relation de société avec lui ; mais la justice m'ordonne de lui rendre, dans une affaire importante, un témoignage favorable. Il étoit commandant pour le roi dans la généralité de Paris, où depuis deux ou trois mois, il a fallu continuellement assurer la tranquillité des marchés, protéger des convois de grains ; il étoit donc nécessaire d'avoir continuellement recours au commandant détenu maintenant à Villenaux ; et quoique, dans l'ordre ministériel, j'aurois dû m'adresser au secrétaire d'état de la guerre, qui auroit transmis les demandes du ministre des finances au commandant des troupes, M. de Bezenval m'écrivit fort honnêtement que cette marche indirecte pouvant occasionner de la lenteur dans le service public, il m'invitoit à lui donner des instructions directes, et qu'il les exécuteroit ponctuellement. J'adoptai cette disposition, et je ne puis rendre trop de justice au zèle et à l'activité avec lesquels M. de Bezenval a répondu à mes désirs, et j'ai remarqué constamment qu'il réunissoit de la modération et de la prudence à l'activité militaire, en sorte que j'ai eu souvent occasion de le remercier de ses soins et de son attention soutenus. Voilà, messieurs, ce qui m'est connu de ce général en ma qualité d'homme public. Je dois vous dire ensuite, de la part du roi, que sa majesté honore depuis long-temps cet officier de ses bontés. Je ne sais de quoi il peut être accusé auprès de vous ; mais soumis aux lois de la discipline militaire, il faudroit peut-être des titres d'accusation bien formels pour l'empêcher de retourner dans sa patrie ; et comme étranger, comme membre distingué d'un pays avec lequel la France a depuis si long-temps des relations d'alliance et d'amitié, vous aurez sûrement, pour M. de Bezenval, tous les égards qu'on peut espérer d'une nation hospitalière et généreuse ; et puisque ce seroit déjà une grande punition que d'amener à Paris, comme criminel ou suspect, un officier général étranger, qui retourne dans son pays, avec la permission du roi, j'ose vous prier de considérer si vous ne pourriez pas vous borner à lui demander à Villenaux les éclaircissemens dont vous croiriez avoir besoin, et la communication de ses papiers, s'il en avoit. C'est à vous, messieurs, à considérer si vous devez exposer ce général étranger aux effets d'aucun mouvement dont vous ne pourriez pas répondre ; car, distingués comme vous êtes, messieurs, par le choix de vos concitoyens, vous voulez sûrement être, avant tout, les défenseurs des lois et de la justice ; vous ne voulez pas qu'aucun citoyen soit condamné, soit puni sans avoir eu le temps d'être examiné par des juges intègres et impartiaux ; c'est le premier droit de l'homme ; c'est le plus saint devoir des puissans ; c'est l'obligation la plus constamment respectée par toutes les nations. Oh ! messieurs, non pas devant vous qui, distingués par une éducation généreuse, n'avez besoin que de suivre les lumières de votre esprit et de votre cœur, mais devant le plus inconnu, le plus obscur des citoyens de Paris, *je me prosterne*, *je me jette à genoux* pour demander que l'on n'exerce ni envers M. de Bezenval, ni envers personne, aucune rigueur semblable en aucune manière à celles qu'on m'a récitées. La justice doit être éclairée, et un sentiment de bonté doit encore être sans cesse autour d'elle ; ces principes, ces mouvemens dominent tellement mon ame, que si j'étois témoin d'aucun acte contraire, dans un moment où je serois rapproché, par ma place, des choses publiques, *j'en mourrois de douleur* (1), et toutes mes forces au moins seroient épuisées. J'ose donc m'appuyer auprès de vous, messieurs, de la bienveillance dont vous m'honorez ; vous avez daigné mettre quelqu'intérêt à mes services, et dans un moment où je vois vous en demander un haut prix, je me permettrai, pour la première, pour la seule fois, de dire qu'en effet mon zèle n'a pas été inutile à la France. Ce haut prix que je vous demande, ce sont des égards pour un général étranger, s'il ne lui faut que cela ; c'est de l'indulgence et de la bonté, s'il a besoin de plus. Je serai heureux par cette insigne faveur, en ne fixant mon attention que sur M. de Bezenval, sur un simple particulier ; je le serois bien davantage, si cet exemple devenoit le signal d'une amnistie qui rendroit le calme à la France, et qui permettroit à tous les citoyens, à tous les habitans de ce royaume, de fixer uniquement leur attention sur l'avenir, afin de jouir de tous les biens que peuvent nous promettre l'union du peuple et du souverain, et l'accord de toutes les forces propres à fonder le bonheur sur la liberté, et la durée de cette liberté sur le bonheur général. Ah ! messieurs, que tous les citoyens, que tous les habitans de la France rentrent pour toujours sous la sauve-garde des lois. Cédez, je vous en supplie, à mes vives instances, et que, par votre bienfait, ce jour devienne le plus

___

(1) Deux mois après, M. Necker vit toute la famille royale au milieu des assassins ; il vit le sang ruisseler autour d'elle, et *il ne mourrut pas de douleur*.

heureux de ma vie, et l'un des plus glorieux qui puisse vous être réservé. »

On ne pouvoit parler avec plus de sagesse, ni rien dire qui fût plus propre à produire une forte impression. Aussi celle que produisit ce beau discours fut telle que je ne saurois la rendre. On n'applaudissoit pas, on étoit immobile ; mais de cette immobilité que l'ame communique à tout le corps, lorsqu'elle est frappée par une sensation extraordinaire. Tout le monde étoit ému ; tous les yeux étoient mouillés de larmes ; l'image d'un avenir heureux remplaça le tableau de terreur et d'alarmes qu'on avoit eu jusqu'alors sous les yeux, l'imagination se reposa avec volupté sur les idées de sécurité, d'union, de paix, d'ordre ; l'ame la plus dure s'amollit ; dans tous les cœurs la colère et la vengeance s'éteignirent ; tous brulèrent du noble désir de réparer les erreurs passées, à force de confiance, de générosité, de bienfaisance. Heureux moment ! Que n'a-t-il toujours duré !

Tout-à-coup l'assemblée entière, par un mouvement simultané, sortant de cet état d'immobilité où l'avoit jetée le discours de M. Necker, fit entendre ces cris : *grâce, pardon, amnistie*. Il n'y eut pas une bouche qui ne les répétât. M. Necker, ne pouvant faire dominer sa voix au-dessus de ce bruyant concert de générosité, témoigna, par les gestes les plus expressifs, la joie et la sensibilité qu'il ressentoit du plaisir d'être exaucé.

Le bruit de ces acclamations fut entendu du peuple, qui n'avoit point encore perdu l'habitude de passer la journée entière sur la place de Grève. Il répondit machinalement à ce bruit, qu'il n'entendoit que confusément, par les cris *vive la nation ! vive Necker !* Le ministre prit ces hurlemens pour une invitation à se montrer à ce peuple. Sa vanité l'aveugla, et il fit la sottise de courir au-devant de l'adoration qu'il croyoit qu'on vouloit lui rendre. Il quitta brusquement les électeurs, passa dans la salle qu'on appelle de la Reine, et se montra à la multitude, avec cet air d'affabilité et de protection qui sembloit donner à entendre qu'il voudroit bien régner avec douceur sur le peuple dont il pensoit être l'idole. Les gens grossiers, répandus dans cette multitude, continuèrent et redoublèrent leurs cris *vive la nation ! vive Necker !* mais ceux d'une éducation un peu soignée, sourirent d'une démarche qui ne convenoit qu'à un monarque ; et, dès ce moment, M. Necker perdit l'estime de tous les hommes sensés qui lui étoient restés attachés.

Pendant qu'il étoit absent, M. le comte de Clermont-Tonnerre, ne voulant pas laisser refroidir l'heureuse disposition de générosité où il avoit vu l'assemblée des électeurs, leur proposa et leur fit adopter sur-le-champ un arrêté conçu en ces termes :

« Sur le discours si vrai, si sublime et si attendrissant de M. Necker, l'assemblée, pénétrée des sentimens de justice et d'humanité qu'il inspire, a arrêté que le jour où ce ministre, si cher et si nécessaire, a été rendu à la France, devoit être un jour de fête ; en conséquence, elle déclare, *au nom de tous les habitans de cette capitale*, certaine de n'être pas désavouée, qu'elle pardonne à tous ses ennemis, qu'elle proscrit tout acte de violence contraire au présent arrêté, et qu'elle regarde désormais comme les seuls ennemis de la nation, ceux qui troubleront, par aucuns excès, la tranquillité publique. »

« Et en outre, que le présent arrêté sera lu aux prônes de toutes les paroisses, publié à son de trompe dans toutes les rues, envoyé à toutes les municipalités, et les applaudissemens qu'il obtiendra distingueront les bons François. »

Les électeurs ne pouvoient rien faire de mieux, et cet arrêté prouve qu'on auroit pu se servir d'eux pour faire le bien, comme on s'en étoit servi pour faire le mal. M. Necker étant rentré dans leur salle, on lui lut l'arrêté qui venoit d'être pris en son absence ; il s'en montra très-reconnaissant, et se retira accompagné de MM. de Saint-Priest, de Clermont-Tonnerre ; des dames Necker, de Staël et de la Fayette.

Dès qu'il eut quitté la salle, M. Duveyrier proposa d'ajouter encore un trait à son triomphe ; il demanda que son buste fût placé dans la grande salle de l'hôtel-de-ville, ainsi qu'on y avoit déja placé celui de M. de la Fayette. Cette proposition fut adoptée d'abord par acclamation, ensuite avec la formalité légale de l'épreuve par assis et levé. Par la même occasion, le même honneur fut décerné, d'une voix unanime, à M. Bailly.

M. Necker n'eut rien de plus pressé que de se rendre à Versailles, et d'informer toute la cour qu'il venoit d'obtenir une faveur que le roi lui-même n'auroit pas osé demander. Mais l'aveugle ministre ne voyoit pas que ce même triomphe, dont il se félicitoit, alloit se convertir en une humiliante insulte, et lui apporter la preuve de la chûte de tout son crédit. A peine, en effet, avoit-il quitté l'hôtel-de-ville, à peine sut-on dans Paris ce que venoient de faire les électeurs, que la rumeur fut épouvantable dans tous les districts et dans tous les endroits où s'assembloient les agitateurs du peuple.

Là on crioit : « Cet arrêté des électeurs est un attentat contre la nation et les lois. Quoi ! l'assemblée nationale vient de former un comité pour la recherche des crimes de lèse-nation ; elle a promis d'établir un tribunal pour punir les auteurs de la dernière conspiration contre le peuple, et une assemblée d'hommes sans pouvoir, sans titre, sans caractère, ose prononcer une amnistie, un pardon général ! Les électeurs pardonnent ! Ils ont donc le droit de punir ! Eh ! qui les a institués juges des ennemis de l'état ? Qui leur a donné le droit d'annuller les décrets de l'assemblée nationale ? »

« Les électeurs, disoit-on ailleurs, ont été sans caractère pour prendre un pareil arrêté. La nation seule a été offensée en corps ; il n'appartient qu'à elle de faire grâce. Eh ! comment d'ailleurs faire grâce avant d'avoir toutes les preuves du délit ? Comment la nation pourroit-elle se résoudre à recevoir dans son sein des ennemis dangereux, qui ne pourront jamais oublier qu'ils ont été fugitifs et proscrits ? Veut-on nous faire courir de nouveaux dangers ? Ce que nos ennemis ont tenté ne doit-il pas effrayer sur ce qu'ils pourront encore faire ? A-t-on déja oublié ces charriots chargés de poignards, ces nombreuses caisses remplies de lances ? Ne se souvient-on plus de ces forges ambulantes, de ces caisses de poudre, de boulets ? Faut-il rappeler ces complots affreux, ces noirs projets ? La France ensanglantée d'un bout à l'autre, et mise aux fers ; des troupes étrangères appelées pour l'asservir, sous prétexte d'y rétablir le calme ; des crimes qui font frémir l'humanité. Et c'est pour ces hydres abreuvés de fiel et dévorés de vengeance, qu'on demande grâce ! A-t-on oublié que des êtres sans patrie sont les irréconciliables ennemis des hommes ? On demande grâce pour ce baron de Bezenval qui devoit commander l'un des détachemens que l'on destinoit à nous égorger. Non, non, il faut que ses crimes soient connus, et que les lois le punissent avec sévérité. »

Dans plus d'une assemblée on profita de cette occasion pour commencer à dépouiller M. Necker de sa popularité. « Ne voyez-vous pas, disoit-on au peuple, qu'il sacrifie la cause publique aux intérêts de son ambition ? Il est clair qu'il veut soustraire M. de Bezenval au supplice, pour acheter à ce prix la faveur d'un parti puissant. Bientôt tous les conspirateurs reparoîtront en triomphe ; bientôt la cour bravera encore une fois insolemment la haine de la nation, et exercera de cruelles vengeances sur les défenseurs de la liberté. »

Ces funestes impressions furent reçues avec une telle avidité, et se propagèrent si rapidement, qu'en moins de trois heures la capitale entière se souleva, comme au jour de la prise de la Bastille. Quel peuple ! Une victime alloit échapper au couteau, et il croyoit la France perdue ; le tocsin sonna dans les principales églises ; on battit la générale ; dans tous les carrefours, on battit sur toutes les places publiques, on se réunit en armes ; la Grève fut, en un clin-d'œil, couverte d'une multitude innombrable, qui se répandit en horribles menaces et contre les électeurs, et contre la ville entière, et contre la cour. Par-tout on se jeta sur les placards d'amnistie, on les arracha avec rage. Les districts, jugeant que si M. de Bezenval n'étoit pas égorgé, c'en étoit fait de l'empire, restèrent assemblés toute la nuit. Quelle frénésie ! Quelle soif du sang !

Il y avoit entre ces districts une sorte d'émulation, à qui montreroit le plus de férocité dans cette circonstance ; celui de l'Oratoire et celui des Blancs-Manteaux eurent la honte de remporter le prix. Les électeurs, après avoir rendu leur arrêté, en avoient confié l'exécution à deux d'entr'eux qui partirent sur-le-champ, avec une escorte, pour le faire connoître aux officiers-municipaux de Villenaux, et conduire M. de Bezenval jusqu'aux frontières de la Suisse. Le district de l'Oratoire envoya, de son côté, deux de ses membres, avec injonction de faire la plus grande diligence, pour devancer les députés des électeurs, et s'opposer à ce que le prisonnier fût relâché. Il ne s'en tint pas là ; il prit un arrêté violent contre toute proposition de grâce ou d'amnistie, qu'il fit passer aux cinquante-neuf autres districts, pour qu'ils partageassent sa brutale haine contre tout ce qui pourroit porter le peuple à la douceur et à la modération ; il députa enfin et aux électeurs, et aux représentans de la commune, pour les contraindre à abandonner toute idée de générosité.

Le district des Blancs-Manteaux prit un arrêté à-peu-près semblable à celui de l'Oratoire. On y désavoua, on y annulla ce qui avoit été décidé par les électeurs, et on nomma une députation pour le porter sur-le-champ à l'assemblée nationale, et la prier de vouloir bien elle-même faire rechercher et punir les coupables. Cette activité, cette ardeur à se donner des spectacles de sang, sont-elles concevables ? Malheureux Parisiens ! comme vos la Métrie, vos Boulanger, vos Diderot, vos Voltaire avoient corrompu vos mœurs ! Le baron de Bezenval eût-il été le plus coupable des hommes, falloit-il montrer aux nations cet empressement à déchirer ses entrailles ?

L'assemblée des électeurs, effrayée de l'effervescence extraordinaire qui se déployoit, se hâta de revenir sur ses pas, et de rétracter à l'unanimité la résolution qu'elle avoit prise aussi à l'unanimité. Voilà quelle est la mobilité de toutes les autorités constituées par le peuple. Ils dirent, dans le préambule de leur nouvel arrêté, que celui qui excitoit de si ardentes réclamations n'étoit que l'expression des sentimens qu'un ministre chéri leur avoit fait partager, ainsi qu'aux citoyens qui remplissoient la salle, et que les soixante districts eussent partagé ces sentimens avec le même enthousiasme, s'ils eussent eu la satisfaction d'entendre M. Necker.

« Cependant, ajoutèrent-ils, puisque les districts réclament contre l'arrêté pris ce matin, l'assemblée l'interprétant en tant que de besoin, croit devoir exprimer son vœu d'une manière plus précise. » Voici de quelle manière elle l'interpréta, et elle donna ses soins pour que l'interprétation fût sur-le-champ affichée partout où le premier arrêté avoit été arraché.

« L'assemblée, sur la réclamation de quelques districts, expliquant en tant que de besoin l'arrêté qu'elle a pris ce matin, sur le discours et la demande de M. Necker, déclare qu'en exprimant un sentiment de pardon et d'indulgence, elle n'a point entendu prononcer la grâce de ceux qui seroient prévenus, accusés ou convaincus de crimes de lèze-nation; mais annoncer seulement que les citoyens ne vouloient désormais agir et punir que par les lois, et qu'elle proscrivoit en conséquence, comme le porte l'arrêté, *tout acte de violence et d'excès qui troubleroit la tranquillité publique* ; et cet arrêté peut d'autant moins recevoir une autre interprétation, que l'assemblée dont il est émané, n'a jamais cru ni pu croire avoir le droit de rémission. »

Ce n'étoit point là une interprétation, c'étoit un lâche et impudent mensonge; on pouvoit d'autant moins se méprendre sur le sens du premier arrêté, qu'il avoit été suivi d'un ordre bien formel de relâcher M. de Bezenval, et c'étoit cet ordre qui avoit excité un soulèvement général. Ce que je ne dois pas omettre de remarquer, c'est que les électeurs, en terminant le procès-verbal de la séance où ils firent cet ignoble aveu de leur dépendance des caprices du peuple, appelèrent la journée où ils s'étoient donné à eux-mêmes un honteux démenti, une *fort belle journée*. Voilà à quelle rampante adulation descendent les courtisans du peuple, et ils osent ensuite reprocher, à ceux des rois, de la bassesse et de la pusillanimité !

Les cent vingt représentans de la commune n'ayant rien à interpréter, et jaloux de débuter dans leur carrière par un acte qui fît voir une grande conformité entre leurs principes et ceux de la multitude, prirent et firent afficher l'arrêté suivant, qu'on ne peut lire sans effroi :

« D'après la fermentation produite par le bruit de l'ordre donné pour que le sieur de Bezenval, officier général, puisse passer en Suisse, et la réclamation de plusieurs districts, il est ordonné à MM. de Corberon et Montuleau ou autre porteur de l'ordre de le laisser passer, *de s'assurer au contraire de sa personne ; de ne rien négliger pour le recouvrer, si elle n'est pas entré leurs mains ; de la tenir sous bonne et sûre garde au lieu où ils la trouveront*, et d'en donner avis sur-le-champ à l'assemblée générale des représentans de la commune, pour être statué ce qu'il appartiendra. »

Quels hommes que ces représentans de la commune ! Quelle aveugle et cruelle complaisance ils annonçoient pour les caprices de la multitude ! Quelle effroyable sollicitude pour que la victime n'échappât point à ses bourreaux ! De pareils hommes, si le peuple l'eût exigé, l'eussent égorgée eux-mêmes. Qu'eût-on dit du ministre contre lequel on eût pu produire une pièce semblable ? Je doute que depuis l'établissement des lettres-de-cachet en France, il en ait jamais été délivré une écrite avec cette inquiette férocité. Et c'est ainsi qu'une autorité légitime est toujours remplacée par un despotisme insupportable. L'ordre qu'il plaisoit à cette nouvelle commune de décerner, étoit un acte de tyrannie d'autant plus répréhensible, que M. le baron de Bezenval n'étoit point légalement accusé ; et quand il l'eût été, la commune n'avoit point reçu la mission de faire appréhender au corps les accusés ; on ne lui avoit déféré aucune puissance judiciaire. Cet ordre féroce étoit de plus un outrage contre la personne même du roi, puisque son ministre avoit annoncé bien formellement qu'on lui déplairoit si on attentoit à la liberté de M. de Bezenval.

L'assemblée des cent vingt députés ne pouvoit donc commencer l'exercice de ses fonctions d'une manière plus alarmante pour les amis de la véritable liberté, ni plus injurieuse pour le monarque et son ministre. Celui-ci s'affligea beaucoup d'avoir été ainsi joué. Les électeurs furent les premiers à lui annoncer la terrible nouvelle qu'il ne régnoit plus sur le peuple, ils prirent des ménagemens pour s'excuser à eux-mêmes, dans la lettre qu'ils lui écrivirent, la déloyauté de leur conduite ; ils parlèrent de la force des circonstances qui les avoient obligés à se dédire. C'étoit une honteuse excuse : il falloit ou ne pas promettre ou tenir. Les assemblées ne sont pas moins tenues que les particuliers à respecter une parole donnée.

M. Necker eut à peine reçu la lettre des électeurs, qu'il leur fit cette courte réponse, où perce toute son affliction.

« J'ai reçu la triste nouvelle, messieurs, que vous m'avez fait l'honneur de me communiquer ; j'en rendrai compte au roi ; et je m'en entretiendrai avec M. le président de l'assemblée nationale. Mon bonheur n'a guère duré : c'est tout ce que je puis vous exprimer dans le premier moment, et n'étant instruit qu'imparfaitement par la lettre que vous venez de m'écrire. »

L'affaire devenoit sérieuse et très-alarmante. Cette rage qu'avoit une portion du peuple, pour répandre le sang de ceux qu'il appeloit aristocrates, donnoit tout à craindre. Il pouvoit se faire que M. de Bezenval fût, au premier moment, traîné vers Paris, comme un malfaiteur, et qu'il pérît aussi misérablement que M. Berthier. M. Necker ne perdit donc pas un instant ; il s'aboucha, en effet, avec M. de Liancourt. L'assemblée nationale, d'ailleurs, fut dans la nécessité de délibérer sur cette affaire, parce que l'assemblée des électeurs, celle de la nouvelle commune, et les députés qu'avoit nommés le district des Blancs-Manteaux, sollicitèrent d'elle une décision.

M. de Liancourt, dès l'ouverture de la séance, l'engagea à délibérer sur cet objet, en lui représentant

que

que tout ce qui avoit suivi le discours prononcé par M. Necker, à l'hôtel-de-ville, causoit dans Paris la plus grande fermentation. Bientôt les députés du district des Blancs-Manteaux parurent, firent part de l'arrêté qu'ils avoient pris, et dirent qu'ils s'en rapportoient à l'assemblée nationale, pour la recherche et la punition des coupables.

La discussion commençoit à s'engager, quand M. l'abbé de Montesquiou annonça qu'une députation de la commune de Paris étoit à Versailles, et ne tarderoit pas à venir informer l'assemblée de tout ce qui s'étoit fait à l'hôtel-de-ville, relativement à M. de Bezenval. On convint de suspendre la délibération, jusqu'à ce qu'on eût entendu ces députés. Ils étoient chez le roi. M. Bailly, qui les présidoit, adressa à sa majesté ce discours, qui sembleroit prouver que le maire de Paris ne donnoit pas dans les folies du républicanisme.

« SIRE,

« Les représentans de la commune apportent à votre majesté les hommages et les respects de *sa bonne ville de Paris*, de cette ville qui s'est toujours signalée par sa fidélité et par son amour pour ses rois. Ces hommages de reconnoissance, sire, sont sur-tout adressés à votre bonté, qui a tant gémi des maux de vos peuples, qui a été constamment occupée des moyens de faire leur bonheur. Ces hommages sont adressés à votre justice, qui a voulu nous rendre les droits que l'homme peut et doit conserver dans un état vraiment monarchique. *Votre bonne ville*, ainsi que la nation, est fidèlement attachée à ces principes. S'il falloit choisir un gouvernement, elle établiroit la *monarchie* ; comme si elle avoit à se donner un roi, elle se donneroit Louis XVI. Nous sommes chargés de remercier particulièrement votre majesté de nous avoir accordé le bonheur de sa présence ; c'est sa présence qui a rétabli la paix dans Paris ; le rappel d'un ministre vertueux y a répandu la joie et l'espérance. Daignez, sire, vous souvenir des habitans de votre capitale ; venez quelquefois y recueillir des tributs de joie et d'amour, et amener le bon roi au milieu de son peuple fidelle. »

Je m'étonne que les journalistes, qui remplissent leurs feuilles de tant de choses indifférentes, n'ayent pas recueilli ce discours bien remarquable. Le roi y répondit ce peu de mots :

« Je suis content des sentimens que vous me témoignez pour ma bonne ville de Paris ; elle doit compter toujours sur ma bienveillance et sur ma protection. »

M. Bailli, en paroissant devant l'assemblée nationale, recueillit de vifs applaudissemens. Il s'éleva une contestation pour savoir si on l'admettroit dans l'intérieur de la salle, ou si on le laisseroit à la barre. Il parut plus digne de l'assemblée de laisser à sa barre des hommes qui se disoient représentans de la première ville de France. Les députés de la capitale furent ainsi moins considérés qu'un seul homme, que M. Necker, à qui on avoit donné un fauteuil placé dans l'enceinte de l'assemblée.

Ce fut donc de la barre, que M. Bailly harangua les législateurs. Son discours ne fut qu'un frivole compliment, où il ne dit pas un seul mot de l'affaire qui l'amenoit. La seule chose qui méritât d'y être remarquée, c'est que M. Bailly y appela l'assemblée *une nation*, et la commune de Paris, une partie de cette nation (1).

Au défaut de M. Bailly, un des membres de la députation, qu'il présidoit, peignit l'extrême agitation à laquelle avoit donné lieu ce qui venoit de se passer à l'hôtel-de-ville. M. de Liancourt répondit ainsi à cette députation :

« MM. les députés de Paris, M. Bailly, l'assemblée nationale a cru devoir suspendre un moment les importans travaux, qui cependant intéressent le royaume entier, pour s'occuper de la question qui vous amène ici. A l'annonce de votre députation, elle a même suspendu sa délibération prête à se terminer, afin de ne laisser échapper aucune des lumières qui pourroient éclairer la sagesse de son jugement ; instruite de nouveau par vous, elle va reprendre sa délibération. Elle se borne, dans cet instant, à recommander à votre vigilance et à votre patriotisme, le soin d'établir et d'entretenir le calme dans la capitale, et ne peut qu'applaudir à vos vues d'ordre et de sagesse. C'est à vous, messieurs, choisis par vos concitoyens, à exercer cette essentielle fonction, et je suis sûr de prononcer le vœu de l'assemblée entière, en saisissant cette occasion de vous féliciter du choix honorable que vous avez fait de celui de nos confrères que vous avez placé à la tête de votre commune, et qui rend si difficile l'honneur de lui succéder dans une place qu'il a remplie avec tant de distinction. »

En prononçant sur le sort de M. de Bezenval, l'assemblée jugeoit, en même temps, un procès personnel à M. Necker, qui avoit demandé, pour seul prix des services qu'il croyoit avoir rendus, la liberté de cet officier. Le refus de cette faveur ne pouvoit qu'être très-humiliant pour le ministre.

---

(1) Cette extravagance n'est pas croyable ; mais on en aura la preuve, si on se donne la peine de lire ce discours, inséré dans le procès-verbal de l'assemblée nationale, n°. 37, page 7. On y verra que M. Bailly, parlant au nom de la commune de Paris, prononça, en toutes lettres, cette phrase : « Nous venons un moment nous réunir à cette nation dont nous faisons partie. »

Les républicains mirent beaucoup d'importance et de chaleur dans la discussion de cette affaire; Un ecclésiastique, dont j'ai oublié le nom, la commença par injurier et le prisonnier et le ministre. « Il ne faut pas s'étonner, s'écria-t-il, si la paix ne règne plus dans Paris; la facilité avec laquelle on a accordé à M. Necker la grâce d'un coupable, n'a pu produire qu'un effet funeste. L'assemblée nationale a demandé la paix; l'assemblée a été refusée, et un particulier a osé se flatter que son crédit pourroit obtenir davantage! »

M. de Lally, que cette offense faite à M. Necker échauffa, se leva avec précipitation, et dit : « Vous trouverez bon que je ne réponde rien à l'observation qui vient de vous être faite; mais, pour toute justification d'un ministre que vous avez daigné combler de bontés, je vous demande la seule permission de lire le discours qu'il a prononcé hier à l'hôtel-de-ville. »

La permission fut accordée; mais M. de Lally fatigua inutilement sa poitrine; la lecture qu'il fit parut un fort mauvais argument. « De quel droit, s'écrioient les républicains, les électeurs de Paris se sont-ils arrogé la puissance et l'autorité de faire grâce ? Quelle a été leur mission ? D'élire des députés. L'élection est faite depuis long-temps; ils ne sont donc plus que de simples particuliers. Or, que diroit-on d'un citoyen quelconque, qui, sans caractère, sans mission, croiroit que ses concitoyens sont obligés d'acquiescer à ses jugemens ? Leur conduite n'est qu'inconséquence, et le correctif de leur arrêté est un surcroît d'inconséquence. Ils ne pouvoient pas plus afficher le correctif qu'ils ne pouvoient faire l'arrêté. Eussent-ils été compétens pour faire ce qu'ils ont fait; hors des limites de Paris, sur un territoire étranger, ils n'avoient plus aucune autorité. »

« Il vous faut, messieurs, calmer le peuple, dit M. Volney. Et croyez-vous que, pour le calmer, il faille faire sa censure ?... Il ne faut pas que le peuple voye l'assemblée se décider contre lui; il faut ménager l'opinion du peuple, et ne pas suivre les principes rigoureux de la justice et de la raison. »

On ne pouvoit, avec moins de pudeur, exhorter l'assemblée à se laisser mettre sous le joug de la canaille.

« Eh! où est l'accusateur de M. de Bezenval, cria M. Mounier à ce troupeau de démagogues? (1) Où est l'information ? En vertu de quel ordre la milice de Villenaux s'est-elle permise d'arrêter un officier des troupes du roi, ayant une permission de sa majesté pour se rendre en Suisse ? Pourriez-vous oublier qu'aucun homme ne peut être valablement constitué prisonnier qu'en vertu de la loi ? Pourriez-vous ignorer que la loi ne permet pas d'emprisonner, sans accusation et sans information, à moins que le coupable ne soit pris en *flagrant délit*, ou *à la clameur publique*, c'est-à-dire, à l'instant même où le délit vient d'être commis, et où les témoins poursuivent le coupable ? Il ne convient qu'à des tyrans subalternes de donner une autre interprétation aux mots, *clameur publique*. Si vous appelez clameur publique, un bruit populaire, un simple soupçon, aucun individu ne pourra compter sur sa liberté. »

M. Mounier eut bien de la peine à présenter ces sages considérations; il étoit interrompu à chaque phrase, à chaque mot, par des huées. Se tournant enfin vers ceux de ses co-députés qui le huoient, avec cette insolence et cette importunité, il leur dit fièrement : « Je ne désire pas les applaudissemens, je ne crains pas les marques d'improbation, et je ne cherche pas à obtenir la faveur de la ville de Paris. »

Comme ceux qui interrompoient M. Mounier, ne cessoient de répéter qu'il ne disoit que *des lieux communs*, M. de Lally leur cria : « Eh! messieurs, chaque fois qu'un membre de l'assemblée se laisse aller à déplorer les malheurs publics avec une sensibilité que n'exclud pas apparemment le caractère de législateur, vous le rappelez sèchement à la rigueur des principes; et lorsqu'ensuite les principes les plus rigoureux sont invoqués pour la liberté, pour la sûreté individuelle, ils sont rebutés à leur tour, et qualifiés de lieux communs. Qui faut-il donc écouter ? Quelle règle faut-il suivre. »

M. de Lally ajouta à ce juste reproche, de solides considérations; il exalta le premier mouvement de justice et de générosité qu'avoit eu la ville de Paris; il maudit les artisans de discorde qui l'avoient entraînée dans un mouvement contraire, et demanda que l'assemblée, tout au moins, exprimât un sentiment d'approbation pour l'arrêté du matin, un de regret et de déplaisir sur l'arrêté de la nuit (1).

L'objection faite à M. Mounier, qu'il ne répétoit que des *lieux communs*, étoit d'autant moins fondée, qu'il avoit réellement envisagé la question sous son véritable point-de-vue, c'est-à-dire, sous ses

---

(1) M. de Lally, en parlant de ce discours, dit : *M. Mounier fut sublime pour la cause de la liberté*; M. de Lally a raison. C'est par erreur, au reste, que M. Mounier, dans l'exposé de sa conduite, place la séance où il prononça ce beau plaidoyer pour la liberté, sous la date du 30 juillet; il ne fut prononcé que le 31. Ces erreurs de dates jetant beaucoup de confusion dans la chaîne des événemens, on ne doit pas me savoir mauvais gré de les relever, lorsque l'occasion s'en présente.

(1) Ce second arrêté fut pris entre onze heures et minuit.

grands rapports avec la liberté individuelle, et le respect pour les lois établies. Tous les orateurs du parti contraire se perdirent en déclamations contre les électeurs, et ces déclamations ne prouvoient pas qu'il fût permis d'emprisonner, ni M. de Bezenval, ni tout autre homme contre qui s'éléveroit une rumeur populaire. Leur meilleur argument fut qu'il ne falloit pas compromettre l'assemblée avec le peuple. Ce mot étoit, en effet, terrible; mais il étoit humiliant, et de plus désespérant pour ceux qui vouloient la liberté publique, et des suffrages sans contrainte. Mirabeau, comprenant combien la défense de son parti étoit foible, vint à son secours; il parla ainsi:

« Quelque purs que soient les motifs, quelqu'entraînans que soient les mouvemens oratoires qui ont déterminé hier la démarche de l'hôtel-de-ville et des électeurs, il nous est impossible de l'approuver. »

« Le mot de *pardon*, l'ordre de relâcher M. de Bezenval, sont également impolitiques et répréhensibles. Nous-mêmes n'avons pas le droit de prononcer une amnistie. Accusateurs naturels de tout crime, instituteurs présumés du tribunal destiné à le poursuivre, nous ne pouvons ni punir, ni absoudre; nous faisons les lois, nous ne les appliquons pas; nous poursuivons les grands coupables, et par cela même nous ne les jugeons pas. Nous pouvons bien retirer notre accusation, si elle nous paroît dénuée de preuves; mais nous ne pouvons pas innocenter celui que la notoriété publique désigne comme coupable, ni priver aucun individu, aucune corporation, du droit de le poursuivre. Le pouvoir de faire grâce, tant qu'il existe, réside éminemment dans la personne du monarque; je dis tant qu'il existe, parce que c'est une grande question de déterminer si ce pouvoir de faire grâce peut exister, dans quelles mains il résidera, s'il existe, et si les crimes contre les nations devroient jamais être remis. Je ne prétends pas même effleurer ces questions; je ne les ai pas encore assez étudiées; il ne s'en agit point aujourd'hui: il suffit que le droit de faire grâce nous est étranger. »

« Il nous est plus étranger encore dans cette occasion que dans toute autre. A Dieu ne plaise que j'aggrave la situation de M. de Bezenval! Il est arrêté, il est suspect, il est malheureux; autant de raisons de m'abstenir: mais vous avez déclaré les chefs militaires responsables des événemens. M. de Bezenval est accusé de la notoriété publique; une municipalité, un hôtel-de-ville, une ville auroit pu donner des ordres pour le relâcher, pour l'innocenter, pour le soustraire à la justice publique! Non, messieurs; puisque nous-mêmes ne le pouvons pas, aucune corporation particulière n'a ce pouvoir. »

« Il nous est donc impossible d'approuver sous aucun point de vue une démarche inconsidérée qui a excité dans Paris une fermentation très-naturelle, et, j'ose le dire, très-estimable. Si même je ne regardois pas les électeurs comme d'excellens citoyens, si je ne songeois pas aux services essentiels qu'ils ont rendu dans des momens orageux, je vous prouverois que les dissentimens élevés entre les électeurs et les districts, sont un des levains les plus actifs de cette fermentation de la capitale; je vous répéterois ce que j'ai déjà eu l'honneur de vous exposer, que les électeurs se sont prévalus de la manière dont vous les aviez accueillis, qu'ils en ont conclu que leurs prétentions vous paroissoient fondées, et qu'il est impossible de dissimuler, de plâtrer plus long-temps cet état de choses ambigu et contradictoire. Je vous dirois enfin que les districts n'ont pas oublié leurs droits, qu'ils font tous les jours des réclamations plus fermes et plus persévérantes, et que, pour prévenir les suites des dissentimens, il faut que l'assemblée nationale prononce, si les électeurs ne se retirent pas d'eux-mêmes. »

Mirabeau, comme le prouve ce discours, étoit ombrageux, et naturellement porté aux soupçons; sa grande manière de juger les hommes étoit d'en juger par lui-même, et c'est pour cela qu'il étoit persécuteur des gens de bien; il les regardoit comme ses ennemis naturels; il haïssoit enfin, parce qu'il croyoit qu'on le haïssoit. Dévoré d'ambition, il croyoit que les électeurs avoient, ainsi que lui, une grande soif d'autorité, et il leur prêtoit l'intention de vouloir retenir le pouvoir qu'ils s'étoient arrogé d'eux-mêmes. Il se trompoit grossièrement, comme je le dirai dans le chapitre qui va suivre, où je développerai en même temps le motif qui portoit Mirabeau à détester la domination des électeurs, et ce motif n'a pas été connu; les électeurs eux-mêmes l'ont ignoré.

Voilà donc tout ce que prouvoit le discours de Mirabeau; car du reste, sur le fond de l'affaire, il étoit aussi foible que les autres orateurs de son parti. Il ne s'agissoit point de grâce; il ne s'agissoit point d'innocenter, on n'innocente que celui qui est coupable; et on n'est légalement coupable que lorsqu'on est jugé tel par un tribunal qui a le droit de juger. Il étoit uniquement question de prouver que l'assemblée avoit le privilège de donner l'exemple d'un grand attentat contre le droit des gens et la liberté individuelle, en chargeant de fers un étranger qui voyageoit avec toutes les formalités alors exigées, et qu'aucun tribunal n'avoit mis en état d'accusation.

Je m'étonne que ceux qui tenoient le parti de MM. Mounier et de Lally ne représentassent pas à l'assemblée qu'elle avoit déjà même décidé la question, en prononçant l'élargissement de M. l'abbé de Calonne. M. de Bezenval se trouvoit dans une position parfaitement semblable, et plus favorable peut-être encore, en considérant sa qualité d'étranger et la permission du roi. Il falloit donc représenter à l'assemblée qu'en rendant sur deux affaires, dont l'identité étoit parfaite ; une décision contradictoire, elle annonçoit qu'elle ne prendroit pas même ses propres jugemens pour règle de sa conduite ; que sa volonté seule, mobile comme les circonstances et le caprice de la multitude, feroit les lois ; ce qui étoit un despotisme effrayant et peut-être sans exemple, car on ne connoît aucun tyran qui se soit plu à donner à ses esclaves un code de lois contradictoires.

L'assemblée ne rougit pas de s'entacher, dès l'entrée de sa carrière, de cet exemple de tyrannie ; elle rendit l'arrêté suivant :

« L'assemblée nationale déclare qu'elle approuve l'explication donnée par les électeurs de Paris à leur arrêté pris le matin du 30 juillet ; que si un peuple généreux et humain doit s'interdire pour toujours les proscriptions, les représentans de la nation sont strictement obligés de faire juger et punir ceux qui seroient accusés et convaincus d'avoir attenté au salut, à la liberté, et au repos public : en conséquence, l'assemblée nationale persiste dans ses précédens arrêtés relatifs à la responsabilité des ministres et agens du pouvoir exécutif, à l'établissement d'un tribunal qui prononcera, et d'un comité destiné à recueillir les indications, instructions et renseignemens qui pourront lui être envoyés. »

« L'assemblée nationale déclare en outre que la personne du sieur baron de Bezenval, si elle est encore détenue, doit être remise en lieu sûr et sous une garde suffisante, dans la ville la plus prochaine du lieu où il aura été arrêté, et que qui que ce soit ne peut attenter à la personne dudit sieur baron de Bezenval, qui est sous la garde de la loi. »

On n'en vouloit point personnellement à M. de Bezenval, dans l'assemblée ; mais le désir de plaire au peuple, de lui faire abandonner sans regret les électeurs, d'humilier à ses yeux M. Necker, furent les véritables motifs qui dictèrent cet arrêté.

Si j'ai été un peu long dans ce chapitre, c'est que j'ai cru devoir donner de suite l'histoire de la première humiliation bien caractérisée que M. Necker ait reçue de la nation françoise, ou du moins de ceux qui se disoient ses représentans. Il est évident que de leur part c'étoit au moins un acte insigne d'ingratitude.

Quant aux électeurs, il est temps que je dise s'ils avoient des droits à l'estime et à la reconnoissance de leurs concitoyens.

CHAPITRE LXIX.

Danger que court M. le baron de Bezenval ; précautions pour sa garde ; sa résignation ; lâche imposture dont il est l'objet ; fin du règne des électeurs ; congé que leur donne la nouvelle commune ; calomnie de Mirabeau contr'eux ; ses manœuvres pour les contraindre à la retraite ; révélation du véritable motif de ces manœuvres ; soins infatigables des électeurs pour les subsistances ; détails sur la conduite de leur assemblée, pendant le cours de son règne ; sa pusillanimité ; exceptions ; examen des titres qu'elle croit avoir à la reconnoissance des insurgens ; ce qu'il faut penser du courage dont plusieurs de ses membres se vantent encore aujourd'hui ; véritables reproches qu'on a à lui faire. Occasion naturelle qui se présente à elle, et qu'elle laisse échapper, de faire punir Rappe ; ce qu'il faut penser des nombreuses adresses de félicitation qu'elle a reçues ; seul monument qu'elle laisse à la postérité ; sa conduite dans l'administration des finances de la ville ; reproches qu'on lui fera à cet égard.

Suite de Juillet 1789, et du second mois de l'interrègne.

Dès qu'on eut connoissance de l'arrêté de l'assemblée nationale relatif à M. le baron de Bezenval, des milliers de gens sortirent de Paris pour aller chercher la victime ; trente mille hommes couvrirent la place de Grève, et l'y attendirent. Le fatal reverbère fut descendu, une corde fut passée dans la poulie. Il est donc indubitable que si M. de Bezenval eût été amené à Paris, il y eût reçu une mort prompte et cruelle. Heureusement ses bourreaux furent devancés par le courrier porteur de l'arrêté de l'assemblée. Heureusement encore il étoit ordonné, par cet arrêté, de garder M. de Bezenval prisonnier *dans la ville la plus prochaine du lieu où il auroit été arrêté.* Cette clause, qui ne souffroit aucune interprétation, ne permit pas aux officiers municipaux de Villenaux de le livrer aux gens venus de Paris. Il fut conduit avec une très-forte escorte à Brie-Comte-Robert.

Les journalistes publièrent qu'il étoit gardé à l'hôtel-de-ville de Brie-Comte-Robert, et traité avec beaucoup d'égard. Cela n'étoit pas exact ; il n'y resta que provisoirement, et en attendant que le château eût été mis en état de défense. On en fortifia toutes les avenues ; on grilla toutes les croisées ; celles sur-tout de l'appartement reservé au prisonnier offroit un spectacle effrayant ; les barreaux de fer étoient si épais, et laissoient si peu d'intervalle en se croisant, qu'à peine donnoient-ils passage au jour et à l'air. Le cachot d'un malfaiteur n'est pas plus hideux. C'est là que M. de Bezenval fut transféré, et qu'il attendit qu'il plût à l'assemblée de lui donner des juges. On garnit d'une batterie de canons la place qui conduisoit à sa prison ; une nombreuse troupe de bourgeois armés de toutes pièces veilla nuit et jour à l'extérieur et dans l'intérieur du château. On ne se reposa pas, pour la garde du prisonnier, sur la seule milice de Brie-Comte-Robert ; on lui envoya de Paris un renfort considérable (1). Ce fut un procureur, appelé Bourdon, qui eut le commandement de ce renfort. Homme d'esprit, et d'un cœur droit, il fut un instant dupe des révolutionnaires ; il est revenu depuis de son erreur, et déteste le rôle que lui fit jouer, auprès du baron de Bezenval, son aveuglement. Indépen-

---

(1) Il y avoit entr'autres, dans ce renfort, cinquante jeunes gens de la bazoche, et cinquante élèves de chirurgie.

damment des forces supérieures qui défendoient la prison de celui-ci, il y avoit continuellement dans sa chambre un officier de milice bourgeoise, qui étoit relevé d'heure en heure, la nuit comme le jour. Louis XI ne faisoit pas garder ses prisonniers avec plus de sollicitude.

M. de Bezenval supporta ces humiliations et ces injustices avec beaucoup de courage ; il n'en murmuroit point, n'en paroissoit point affecté ; il avoit une bonne table, où il admettoit à tour de rôle ses gardes, il leur montroit toujours un visage serein, un air riant ; sa conversation étoit enjouée, et leur plaisoit beaucoup ; si bien qu'ils écrivoient à leurs amis de Paris, que le prisonnier étoit de fort bonne société. Cette noble fermeté, cette sublime patience au milieu de grands revers, prouvent qu'une vie molle et efféminée n'étouffe pas, chez un homme de bien, le germe du courage.

Il est vraisemblable que la tranquillité du prisonnier, que le calme de sa conscience commencèrent la conversion de M. Bourdon, qui étoit presque continuellement à ses côtés. Ce spectacle faisoit en effet avec la rage des calomniateurs, avec les menaces des bourreaux, un contraste bien propre à suggérer de sages réflexions à un homme naturellement vertueux.

Autant pour nourrir la prévention qu'on avoit élevée contre M. de Bezenval, que pour justifier les scandaleuses précautions avec lesquelles on le gardoit, les journalistes se firent les échos d'une détestable imposture. Ils écrivirent que le lendemain du jour où l'arrêté des électeurs fut révoqué, les Suisses comptant qu'il alloit être ramené à Paris, se rendirent sur la place de Grève, pour l'y attendre, et l'y mettre en pièces. « Ils aiguisoient, dit le menteur Prudhomme (1), leurs sabres sur les pavés, juroient de ne lui point faire de grâces, et l'accusoient hautement de malversations. » Lorsqu'il fut décidé qu'il attendroit dans les cachots de Brie-Comte-Robert, l'éjection du tribunal qui devoit le juger, les mêmes imposteurs publièrent que cent cinquante Suisses étoient partis de Courbevoix pour l'aller arracher de sa prison, et l'immoler eux-mêmes. Ils vouloient, dit le même calomniateur que j'ai cité plus haut, le couper en treize morceaux, en l'honneur des treize cantons. » Mais, suivant ceux qui imaginoient ces contes, les gardes-suisses, quelques braves qu'ils soient, n'auroient osé se mesurer avec la nombreuse milice qui veilloit autour de sa prison. Il résultoit de ces fables, pour les gens crédules, que M. de Bezenval devoit être un homme abominable, puisqu'il étoit exécré avec cette fureur par les hommes de son régiment. On en concluoit encore que c'étoit par pure humanité, et pour le garantir de la rage de ceux qui vouloient le mettre en pièces, qu'on le faisoit garder avec des précautions qu'on n'a jamais prises pour aucun prisonnier.

Tout cela n'étoit que mensonge, et n'outrageoit pas moins les gardes-suisses que le prisonnier. Celui-ci n'eût jamais leur haine, et ceux-là eussent-ils eu à s'en plaindre, ne s'en seroient plus souvenus du moment où il fut malheureux ; son infortune eût été respectée par ses soldats, et il n'est pas concevable qu'on ait osé supposer et écrire que, dans un corps sans tache, dont l'esprit est excellent, et où toutes les vertus militaires brillent avec éclat, il s'est trouvé cent cinquante hommes qui, pour se venger, recouroient aux ressources des lâches assassins.

Quoi qu'ayent pu faire les journalistes, la détention de cet officier fut un crime que rien ne peut excuser, et il est affligeant qu'il ait eu autant de complices. Les électeurs, s'ils eussent persisté dans leur premier arrêté, n'auroient eu aucun reproche à se faire à cet égard ; il leur eût été infiniment glorieux d'avoir su rester justes et humains au milieu de tant d'hommes iniques et féroces. Mais, en rétractant ce premier arrêté, ils devinrent, en quelque sorte, plus coupables encore que les membres de l'assemblée et ceux de la nouvelle commune. Il semble en effet qu'il y a plus de honte à se repentir d'une bonne action qu'à en faire une mauvaise.

Cette honteuse rétractation fut le dernier acte du règne des électeurs, et cette circonstance y imprime encore plus de blâme ; car pouvant terminer leur carrière honorablement, ils ne sont pas excusables de l'avoir finie par une lâcheté. Rien ne la leur commandoit ; ils ne pouvoient pas dire que c'étoit à la tranquillité publique qu'ils faisoient le sacrifice des principes, puisque le maintien de cette tranquillité publique dans la capitale devenoit actuellement l'affaire des représentans de la commune. Ils ne pouvoient pas même donner pour excuse leur sûreté individuelle, puisque n'étant plus réunis en assemblée, mais se trouvant confondus et dispersés dans la foule des citoyens, il n'y avoit aucune apparence qu'ils fussent recherchés un à un par le peuple pour n'avoir pas fait une rétractation, que dans le fonds ils ne pouvoient pas faire, parce qu'une assemblée qui est dissoute à jamais, qui n'existe pas, ne peut rien faire.

Telle étoit la position où se trouvoient les électeurs : ils n'étoient plus rien lorsqu'ils rétractèrent leur arrêté d'amnistie. Ils avoient en effet à peine rendu cet arrêté, que les cent vingt députés de la commune entrèrent dans leur salle, et M. de la Vigne qui présidoit ces cent vingt députés annonça aux

(1) Voyez Révolut. de Paris, N°. 3. pag. 39. et N°. 4. pag. 2.

électeurs qu'il venoit d'être décidé dans l'assemblée de la commune que les cinq sixièmes de ses membres réunissoient le pouvoir d'administrer dès-à-présent et par provision, et de concourir à la formation d'un plan d'administration municipale, sauf toutefois à ceux d'entr'eux qui ne réunissoient pas ce double pouvoir à se retirer, s'ils le jugeoient à propos, auprès de leurs districts, afin de l'obtenir.

M. de la Vigne ajouta que l'assemblée, en conséquence de cette décision, et de la vérité reconnue qu'elle avoit établi ses pouvoirs, venoit se charger des fonctions qu'elle avoit prié MM. les électeurs de continuer. Ce congé fut accompagné d'un compliment ; M. de la Vigne adressa aux électeurs ces paroles flatteuses : « L'assemblée de la commune exprime à MM. les électeurs, les sentimens d'admiration et de reconnoissance dûs à leur conduite sage et courageuse, qui a sauvé la chose publique, et qui, au sein des malheurs qui menaçoient la capitale, a su faire naître cette tranquillité qui frappe encore d'étonnement ceux qui en ont joui. »

M. de la Vigne ayant parlé ainsi, déposa sur le bureau les arrêtés qui congédioient les électeurs ; ils acceptèrent leurs démissions, M. Moreau de Saint-Méry y souscrivit pour eux tous, en ces termes :

« Messieurs, l'assemblée des électeurs s'empresse de remettre dans vos mains le dépôt précieux d'une autorité que les seules circonstances lui avoient imposé le devoir de prendre pour le salut public. Nous osons dire que ce dépôt n'a rien perdu d'avoir été confié à notre zèle, à notre patriotisme ; et nous vous l'abandonnons, avec la certitude qu'il ne sera pas moins cher aux représentans de la commune. »

Il est bien clair qu'après avoir ainsi souscrit à la dissolution de leur assemblée, les électeurs n'avoient plus aucune part à prendre aux affaires publiques, et qu'ils auroient pu fort bien se dispenser de rétracter l'arrêté qui les honoroit. On ne pouvoit même exiger d'eux qu'ils fissent cette rétractation, parce que, comme je l'ai dit, on n'exige rien d'un corps qui n'existe pas. Ce fut donc bien gratuitement qu'ils se souillèrent de cette tache, au moment où ils descendirent pour toujours du trône où la révolution les avoit fait monter.

On voit maintenant, par la résignation avec laquelle ils abandonnèrent leur sceptre, combien peu étoit fondée l'accusation dont les frappa le comte de Mirabeau, dans l'assemblée nationale, le jour même où ils abdiquèrent. Il étoit de toute fausseté qu'ils se fussent jamais montrés jaloux de retenir les pouvoirs dont ils sembloient s'étonner eux-mêmes de se voir revêtus. C'étoit une bien perfide calomnie de prétendre que leur refus de condescendre à l'établissement d'une commune, étoit un des levains les *plus actifs de la fermentation de la capitale.* Bien loin qu'ils eussent à cet égard fait la plus légère opposition, ils secondèrent, autant qu'il fut en eux, le vœu des districts, dès qu'il leur fut connu ; ils en hâtèrent l'exécution avec la plus grande sincérité.

Ce n'étoit pas là la première attaque que leur portoit Mirabeau ; depuis quelques jours, il les harceloit en personne dans l'assemblée nationale, et par ses émissaires dans les districts et les groupes de Paris. Les journalistes se mêloient du combat, et se rangeoient du côté de Mirabeau. L'intérêt qu'il trouvoit à faire cette guerre obscure paroît d'abord difficile à expliquer. On ne conçoit pas comment ces électeurs, qui avoient tant de titres pour être chers aux révolutionnaires, devinrent, sur la fin de leur règne, indifférens et presqu'odieux. Il falloit bien, disoit-on, avoir une commune légalement organisée. C'étoit-là le ressort apparent des manœuvres qui tendoient à leur expulsion ; et encore ce prétexte n'étoit-il rien moins que bon. Puisqu'on vouloit avoir une commune légalement organisée, il n'y avoit qu'à métamorphoser l'assemblée des électeurs en cette commune ; il n'y avoit qu'à donner à ces électeurs des pouvoirs qui les autorisassent à administrer, comme on en avoit donné aux cent vingt députés.

Il est vrai que le nombre des électeurs étoit beaucoup trop considérable pour former une assemblée municipale, mais on auroit pu les charger du soin de se réduire eux-mêmes par le sort jusqu'au nombre de cent vingt. On n'avoit en apparence aucun reproche à leur faire ; ceux-mêmes, qui pressoient avec plus d'ardeur leur retraite, convenoient qu'ils avoient rendu des services essentiels dans les momens orageux qui annonçoient la révolution ; et véritablement, quoiqu'ils fussent sans énergie, quoiqu'il n'y ait jamais eu une assemblée plus timide, ils donnèrent, en restant réunis, une grande force aux insurgens. La seule vue de cette étrange puissance sortie tout-à-coup du néant, par les premières convulsions qui alloient enfanter le cahos, effraya les autorités légitimes, et les réduisit au silence. Ses relations avec cette autre puissance qui faisoit courber tous les François sous son joug, persuadoient qu'on ne pouvoit, sans blesser celle-ci, attaquer l'autre.

Il sembloit donc juste de donner un témoignage de gratitude aux électeurs, puisqu'on reconnoissoit leur avoir de grandes obligations, et qu'on n'avoit aucun reproche apparent à leur faire ? Quelle plus glorieuse marque de reconnoissance pouvoit-on leur donner, que de prendre parmi eux seuls les cent vingt représentans de la commune ? Outre qu'on évitoit par là le reproche d'ingratitude, on procuroit à la capitale l'avantage d'avoir des administrateurs déjà un peu exercés aux fonctions municipales.

Voilà bien des motifs qui doivent faire paroître fort extraordinaire l'impatience que témoigna Mirabeau, et qu'il fit partager à une partie des assemblées de districts, pour que les électeurs fussent remplacés. Le secret de cette conduite, ainsi que je l'ai remarqué, leur fut inconnu à eux-mêmes ; en le révélant, je vais étonner bien des lecteurs, et répandre un grand jour sur l'histoire que j'écris.

A l'époque où j'ai conduit mon récit, Mirabeau étoit associé à ceux qui s'étoient rendus maîtres de la subsistance des peuples ; il connoissoit le mystère des manœuvres qui menaçoient la capitale et les provinces d'une disette de bleds. Ceux qui les accaparoient n'avoient garde de nier qu'il y eut des accaparemens ; mais il leur importoit qu'on crût que, parmi ces accapareurs, se trouvoient les personnes les plus qualifiées de la cour. Si une fois ils avoient pu parvenir à faire croire cette atrocité à la multitude, ils rendoient facile l'exécution du projet qui tendoit à faire déclarer le trône vacant. Il étoit donc nécessaire, pour les vues de ces scélérats, de tourmenter le peuple par l'appréhension d'une famine universelle ; on se flattoit qu'il se fatigueroit à la fin d'arracher avec des peines journalières, un pain mauvais, et qu'on lui faisoit payer bien cher. Lorsqu'il seroit arrivé au degré de lassitude et de désespoir où on vouloit l'amener, on lui auroit dit qu'il n'y avoit d'autre moyen de sortir de cet excès intolérable de misère, c'étoit de s'emparer de la personne du roi, parce qu'en s'en emparant, on se saisiroit, en même temps, de la clef des greniers, et on verroit subitement reparoître l'abondance.

Au reste, quelles que fussent les vues de certains révolutionnaires, sur le roi et sa famille, il est certain qu'il existoit une société de conjurés, qui s'étoit rendue maîtresse de tout le bled qui entroit et circuloit dans le royaume ; cette vérité, déjà bien éclaircie par les faits antérieurs, sera mise dans le plus grand jour par ce que j'aurai bientôt à raconter. Cette société de conjurés, au moyen du mouvement qu'elle pouvoit imprimer à la masse du peuple, étoit maîtresse de diriger la révolution comme elle l'entendroit, en lui faisant produire les événemens qu'il étoit utile au parti d'amener. Le succès avec lequel ce parti, par ses opérations sur les grains, avoit déterminé la révolution, lui permettoit d'espérer l'accomplissement de tous ses désirs ultérieurs.

Une chose étoit absolument nécessaire à cette aggrégation de monopoleurs ; il falloit qu'on ne pût échapper à leur influence, pour les approvisionnemens ; il falloit qu'on eût à composer avec eux seuls, pour la subsistance du peuple ; de cette manière, ils conservoient sur lui tout leur crédit ; ils le faisoient agir au gré de leur ambition ; et, après l'avoir frappé invisiblement du fléau de la famine, ils se présentoient à lui comme ses sauveurs. Ils furent, à cet égard, très-mal secondés par les électeurs, qui, sur l'article important des subsistances, agirent de la meilleure foi du monde. Aucun d'eux n'étoit complice de ces spéculations qui supposent une riche fortune. Ils s'affligeoient sincèrement de ce que le petit peuple avoit à souffrir de la disette, et mettoient tout en œuvre pour en adoucir la rigueur. Ils ne donnoient aucun repos aux boulangers ; ils veilloient à ce que les fours, les moulins fussent dans une activité continuelle. Ils mettoient d'autant plus de zèle dans les mouvemens qu'ils se donnoient à ce sujet, qu'ils étoient persuadés que la sûreté de la capitale, que leur propre vie tenoient à l'article des subsistances.

Plus les électeurs rencontroient d'obstacles pour l'exercice de cette partie de leurs fonctions, plus ils redoubloient d'efforts. Des hommes envoyés par eux, et parmi lesquels, ainsi qu'on l'a vu plus haut, se distinguèrent les jeunes clercs de la bazoche, parcouroient tous les marchés, tous les greniers des environs de la capitale, et n'épargnoient rien pour obtenir de fortes extractions.

MM. Duport-du-Tertre, Etienne de la Rivière, le Roi, Gallet, avoient la commission particulière de veiller à ce que les bleds qui arriveroient à la halle, fussent sur-le-champ transportés dans les différens moulins, pour y être moulus sans délai, et à ce qu'il ne fût distribué, pour chaque moulin, que la mouture de vingt-quatre heures.

En outre, les électeurs envoyoient de côté et d'autre, et jusqu'à la distance de quarante lieues, des députés pris dans leur sein, pour engager les différentes communes à laisser passer librement les convois destinés pour Paris, et à lui vendre ce qu'elles avoient d'excédent. Ainsi M. le Febvre de Gineau eut pour son département Senlis, Saint-Denis, Breil et Pont ; M. de Bonneville fut envoyé à Vernon, Mantes et Meulan ; M. Brillantais-Marion à Amiens et à Dunkerque. On a vu que MM. Castillon et Fortin avoient parcouru la Normandie ; ils parcoururent aussi la Bourgogne. MM. Rameau, Patris, Simonnet et Gaveau furent employés à Pontoise. MM. Guesnon, Langlois et quelques autres de leurs collègues eurent la commission de visiter tous les couvens d'hommes et de femmes de la ville, des faubourgs et de la banlieue de Paris. Ils mirent beaucoup d'honnêteté dans ces visites, et rendirent toujours des comptes fidelles ; de manière qu'il ne fut jamais possible aux perturbateurs de tourner l'effervescence populaires contre les maisons religieuses.

Parmi ces différens envoyés des électeurs, quelques-uns aussi n'avoient d'autre mission que d'aller et venir sur les routes, pour veiller à ce que les convois ne fussent ni interceptés ni pillés ; lorsque ces convois couroient des dangers, ils avertissoient l'assemblée de leurs collègues, qui envoyoit sur-le-champ des bourgeois armés pour mettre en fuite les pillards.

Ces

Ces expéditions étoient souvent pénibles, parce que le peuple n'étoit pas partout d'humeur à laisser tranquillement passer, pour les Parisiens, des grains dont il croyoit avoir besoin pour lui-même. Les électeurs qui furent envoyés à Pontoise coururent risque de la vie, et montrèrent beaucoup de courage. Quoique la ville entière parut d'abord fortement décidée à s'opposer à l'enlèvement des grains qu'ils sollicitoient, ils parvinrent cependant à l'obtenir avec la seule arme de la raison.

Il faut encore rendre cette justice aux électeurs, que bien loin de laisser deviner les difficultés qu'ils éprouvoient pour alimenter la capitale, ils rendoient toujours des comptes plus propres à rassurer qu'à alarmer le peuple. Comme ils étoient loin de croire à l'existence d'un complot pour l'affamer, ceux d'entr'eux qui étoient plus particulièrement chargés de sa subsistance, ne comprenoient rien aux singularités qui se présentoient à eux dans le cours de leurs recherches. Ils trouvoient, en général, tous les marchés déserts, tous les greniers vuides; les communautés religieuses avoient à peine pour quelques jours de subsistances; les moulins étoient sans activité, faute de grains; les fours ne cuisoient point, faute de farine. Si, à force de sollicitations, ces électeurs ambulans parvenoient à faire transporter des bleds dans un marché, des hommes, dont l'habit annonçoit l'opulence, se trouvoient là, mettoient un prix avantageux, et les sacs étoient aussitôt enlevés.

D'autres fois on dénonçoit à ces députés des électeurs, des dépôts de grains et de farines; ils s'y transportoient et ne trouvoient rien. Tous ces dégoûts, toutes ces peines ne les décourageoient pas; ils croyoient sans cesse entendre le peuple de Paris leur demander du pain, et c'est uniquement aux précautions qu'ils prirent, à l'infatigable activité qu'ils mirent dans leurs recherches, que ce peuple dût de ne pas éprouver le dernier excès de la misère, et de n'être pas porté au dernier degré du désespoir.

Cette vigilance continuelle, cette roideur des électeurs contre les obstacles qui obstruoient les canaux de l'abondance, fatiguèrent et allarmèrent ceux qui vouloient tirer du sein de la famine un nouveau et grand changement. La majorité de ces électeurs ne voyant rien au-delà de la nécessité de ne point laisser manquer la capitale d'approvisionnemens, on craignit que les efforts qu'ils tentoient pour y parvenir, ne les éclairassent sur les véritables causes qui gênoient la circulation des grains, et qu'ils n'en révélassent ensuite le secret. D'ailleurs, le temps où l'on alloit recueillir les fruits de la terre approchoit, et tout promettoit que la récolte seroit abondante. La bonne-foi avec laquelle les électeurs procédoient sur l'article des subsistances, faisoit présumer qu'ils n'épargneroient rien pour enlever aux accapareurs une partie des nouveaux grains, et assurer, pendant plusieurs mois, les approvisionnemens de la capitale. L'explosion qu'on vouloit faire contre la cour auroit été ainsi reculée.

Il fut donc résolu de substituer aux électeurs, des hommes qui sussent mieux seconder ceux qui ne pouvoient exécuter leurs régicides complots, qu'en commençant par affamer le peuple. Je ne puis m'empêcher ici de déplorer l'aveuglement de ce peuple dans le cours de notre révolution; tous les excès, tous les attentats dont il s'est rendu coupable, ce n'est pas pour son intérêt propre qu'il les a commis; il a tout fait pour des hommes qui ne le trouvoient jamais assez malheureux, qui étoient assez atroces pour lui envier la mauvaise et foible nourriture qu'il arrachoit avec tant d'efforts. Les électeurs luttoient contre la misère qui le menaçoit; on lui insinua de la méfiance contre ces électeurs; il se prêta à leur expulsion. Les séditieux commencèrent à être plus turbulens dans les districts; les membres du club breton y envoyèrent leurs émissaires; eux-mêmes, quoique députés à l'assemblée nationale, y venoient pour encourager et guider leur parti. Le comte de Mirabeau n'y étoit pas le moins assidu. On lui en fit le reproche dans l'assemblée nationale; M. Régnault demanda même qu'aucun député ne pût aller dans un district, sans une mission spéciale. Mirabeau s'échauffa contre cette demande; il cria que, pour être membre de l'assemblée, on n'étoit pas moins citoyen; on n'avoit pas moins le droit de se rendre dans le district de son domicile; qu'en un mot, on ne se dépouilloit pas du titre de citoyen, pour avoir l'honneur de représenter ses concitoyens. Mirabeau réduisit ainsi M. Régnault au silence; la demande de celui-ci n'eut aucune suite, et il fut libre à tout député de fréquenter les districts.

L'influence de ces députés et de leurs émissaires eut le plus grand succès. Les cris d'aristocratie qu'ils faisoient retentir contre les hommes modérés, en diminuèrent encore beaucoup le nombre dans les districts. On n'eut ensuite aucune peine à faire entendre à la pluralité de ceux qui y restoient, que la mission des électeurs, n'étant point légale, devoit cesser. A cette raison plausible, se joignit l'avidité des Parisiens pour le changement, et l'espoir de se conçurent ceux qui fréquentoient les districts, d'être membres de la nouvelle commune. Dans les élections, on eut soin de diriger les suffrages de manière que ceux des électeurs, sur la complaisance desquels on comptoit pour le projet de famine, furent nommés membres de la commune.

Voilà et le motif de toute cette intrigue, et la manière dont elle fut conduite. Si on n'avoit eu un puissant motif de se débarrasser des électeurs, on auroit pris avec d'autant plus d'empressement, parmi eux, les cent vingt représentans de la commune, que ceux-même qui sollicitoient, avec plus d'ardeur

H

la dissolution de leur assemblée, convenoient qu'on n'avoit aucun reproche à lui faire. On n'auroit eu, en effet, aucun tort à lui imputer, si on avoit pu compter sur la majorité de ses membres, pour tout ce qui étoit relatif aux subsistances.

C'est-là le seul sujet de mécontentement que l'assemblée des électeurs parisiens, qui sera bien fameuse dans l'histoire de notre révolution, ait donné aux insurgens ; car, du reste, elle n'apporta aucun obstacle à tout ce qu'ils voulurent faire. Quand on faisoit retentir aux oreilles de ses membres, les cris : *voilà le Palais-Royal, voilà le faubourg Saint-Antoine*, on étoit sûr de les frapper de terreur, et de les réduire à une inaction totale. Leur conduite fut toujours pusillanime, et jamais ferme ; ce fut sous leurs yeux que se commirent les plus grands assassinats, et ils n'osèrent pas même gourmander les assassins. La capitale, pendant le cours de leur règne, fut constamment l'image du désordre et de l'anarchie.

Il est cependant des exceptions à faire parmi ces électeurs ; quelques-uns sont revenus aux principes conservateurs de la monarchie françoise ; ils rougissent de les avoir méconnus, et détestent toutes les erreurs, tous les forfaits dont ils ont vu la première naissance. Ceux qui ont persisté à faire cause commune avec les insurgens font valoir avec emphase les services qu'ils ont rendus à la révolution. A les entendre, elle ne se seroit pas faite sans eux ; à les entendre encore, ce fut de leur part un coup décisif, un acte de courage héroïque, d'oser se réunir à l'hôtel-de-ville.

Il est vrai, comme j'ai déjà eu occasion de le remarquer, que leur assemblée, par cela seul qu'elle se montra, favorisa la révolution. Tous les insurgens vinrent se rallier autour d'elle ; son union avec celle des députés aux états-généraux la rendit redoutable à toutes les corporations de l'ancien régime. Mais il est vrai aussi que toute autre assemblée qui se seroit montrée à l'instant où se montra celle des électeurs, eût tout aussi bien servi les révolutionnaires. Cinquante, cent bourgeois qui se seroient emparés de l'hôtel-de-ville, et qui auroient crié au peuple, nous allons être vos tribuns, vos protecteurs, eussent été écoutés des insurgens, et auroient pu ensuite se vanter avec autant de raison que les électeurs, d'avoir secondé la révolution.

Il est même indubitable que lorsque les bourgeois se réunirent, pour repousser les brigands qui couroient les rues, ils eussent formé à la hâte une assemblée composée de quelques députés des districts, pour veiller à la sûreté de la capitale ; le besoin de conserver leurs propriétés leur en eut donné naturellement l'idée ; mais ils ne pensèrent point à former cette autorité tutélaire, parce qu'ils crurent en voir une toute formée dans l'assemblée des électeurs.

J'ai lu également dans plusieurs écrits, et j'entends dire encore aujourd'hui à bien du monde, que la réunion de ces électeurs, au 14 juillet, fut un coup de parti, et qu'elle fait honneur à leur courage. Cette réunion au 14 juillet ne fut point un coup de parti ; elle ne fut du moins point préméditée ; elle se fit sans vue ultérieure, et tout naturellement. Ce qui a pu induire à croire le contraire, c'est un passage du discours que M. Duveyrier a placé à la tête du procès-verbal des électeurs. Il est nécessaire, pour l'intérêt de la vérité, que je transcrive ici ce passage :

« Dans la soirée du 13 juillet, dit M. Duveyrier, le peuple menacé, provoqué, attaqué, s'émeut, s'arme, court à l'hôtel-de-ville. L'orage gronde toute la nuit ; le lendemain, sans ordre donné, sans invitation, sans signal, Paris retentit du son de toutes ses cloches, et du bruit de tous ses tambours ; les districts s'assemblent. »

« A l'instant même, tous les liens sont rompus, tous les pouvoirs dispersés. Le colosse du despotisme s'ébranle, tombe et s'engloutit. Le lieutenant de police n'est plus ; les espions se cachent ; l'intendant fuit ; les ministres se taisent ; les tribunaux sont enchaînés ; la Bastille est prise..... »

« Quelques électeurs conduits à l'hôtel-de-ville, par leur inquiétude civique, dans la soirée du 12, et dans la matinée du 13, sont distingués, appelés, invoqués, proclamés. On les environne, on les presse, on les sollicite de prendre en main le gouvernail..., »

On seroit porté à croire, par ce récit, que quelques électeurs se trouvèrent réunis à l'hôtel-de-ville, dans la soirée du 12 et dans la matinée du 13, d'une manière imprévue, et sans s'être concertés. Rien n'est moins exact. Les électeurs de l'ordre du tiers-état avoient tenu leur première séance dans la grande salle de l'Archevêché, le 26 avril ; depuis cette époque jusqu'au 23 mai inclusivement, ils s'assemblèrent chaque jour dans la même salle ; le 28 mai, tout ce qui concernoit l'élection des députés aux états-généraux étant terminé, ils arrêtèrent, sous la présidence de M. Courtin, que leur assemblée seroit convoquée par bulletin envoyé à chaque électeur, pour le mercredi 7 juin suivant. Précédemment ils avoient arrêté que leur assemblée se prorogeroit pendant toute la tenue des états-généraux.

Le 25 Juin, ils se réunirent, rue Dauphine, dans une salle qu'on appeloit le Musée, et qui appartenoit à une société particulière ; ils avoient toujours M. Courtin pour président ; mais il donna, ce jour-là même, sa démission. Je remarque ces circonstances, parce qu'elles prouvent que les électeurs croyoient faire dans l'état un corps politique, qui devoit avoir la même durée que la première session des états-généraux, et dont les membres avoient par conséquent le droit de s'assembler aussi souvent qu'ils le désireroient.

Les électeurs ne tinrent, dans la salle du musée, que deux séances, celles du 25 et du 26 juin ; dès le 27, ils furent mis en possession, par le prévôt des marchands, de la grande salle de l'hôtel-de-ville. Ils s'y assemblèrent le 28 juin, le 1er, le 4, le 10 juillet, et journellement depuis le 10 juillet jusqu'au 31 du même mois, qui fut le dernier jour de leur règne. Je l'appelle ainsi, parce que depuis ils ne se sont plus assemblés que de loin en loin, et uniquement pour arranger les phrases du procès-verbal de leurs séances, sans se mêler en aucune manière des affaires publiques.

Ce ne fut donc pas fortuitement, et par un élan d'inquiétude civique, que les électeurs se réunirent le 14 juillet ; ils se trouvèrent assemblés ce jour-là par suite de l'habitude qu'ils avoient contractée, de tenir séance chaque jour, et en conséquence de l'opinion où ils étoient qu'ils formoient un corps politique. Ils ne se désistèrent de cette prétention que lorsque les districts cédant à l'influence de Mirabeau et de son parti, les effrayèrent par leurs réclamations.

On n'est pas plus fondé à regarder comme un acte de grand courage la réunion de ces électeurs au 14 juillet. Outre qu'à cette époque il n'y avoit plus de courage qu'à braver les factieux, les électeurs ne donnoient aucune sorte d'ombrage à la cour ; ils ne lui avoient porté aucune attaque ; ils ne se mesuroient avec aucune des autorités légales. Bien loin que le roi et ses ministres pussent concevoir des allarmes de ce nouveau corps, à peine savoient-ils qu'il existât ; il n'y avoit donc aucune sorte de bravoure à occuper un poste qu'aucun homme au monde ne songeoit à attaquer.

C'est au contraire parce que l'assemblée des électeurs étoit composée d'hommes la plupart extrêmement pusillanimes, qu'elle se trouva réunie sans obstacles le 14 juillet. Si ses membres eussent été audacieux, hardis, entreprenans, comme l'étoient dans l'assemblée nationale ceux du parti républicain, ils auroient été remarqués de la cour avant le 14 juillet ; mais ni la cour ni les tribunaux ne songèrent à rompre les séances des électeurs, parce qu'on ne concevoit contr'eux aucune jalousie. La preuve du peu d'inquiétude qu'ils inspiroient et de la nullité où ils étoient par rapport à toutes les autorités alors existantes, c'est la facilité avec laquelle on leur accorda une salle dans l'hôtel-de-ville. M. l'abbé Grégoire, dans une lettre qu'il leur écrivit, ne les appela pas moins de nouveaux Decius qui s'étoient dévoués pour la cause publique ; mais quand les faits sont ramenés à la vérité, tout ce que produisent ces misérables exagérations, c'est d'exciter de la pitié pour ceux qui se les permettent comme pour ceux qui en sont l'objet.

La manière dont se sont comportés les électeurs dans le cours de leur règne, les peint comme des hommes non courageux, mais d'une timidité excessive. On les a vus toujours immobiles et tremblans devant les assassins. On ne peut citer de leur part une seule action qui ait quelqu'apparence de vigueur ; ils n'osèrent ni faire arrêter, ni faire punir un seul des cannibales qui venoient, pour ainsi dire, dévorer à leurs yeux les entrailles des victimes qu'on leur avoit laissé égorger. Il ne seroit pas possible de rencontrer dans l'histoire une impassibilité pareille à celle que montrèrent les électeurs, ainsi que MM. Bailly et de la Fayette, à la vue des forfaits les plus hideux et les plus révoltans qui puissent souiller la nature humaine. Ils comprennent les uns et les autres que la postérité leur fera ce reproche, et ils y répondent d'avance : « Que pouvions-nous faire contre un peuple immense et extraordinairement exalté ? » Cette réponse prouveroit tout au plus de l'impuissance à empêcher le mal, mais non du courage ; et lors même qu'on n'est point assez fort pour vaincre des légions d'assassins, on peut montrer qu'on est courageux, par les efforts qu'on fait pour les désarmer. Mais les efforts des électeurs pour empêcher ou pour punir les assassinats, furent absolument nuls.

Il se présenta à eux une occasion bien naturelle de mettre sous le glaive de la justice ce Rappe qui donna le premier signal, qui fut la première cause du plus injuste des assassinats. Le misérable, quelques jours après l'exécution de Foulon, qu'il avoit livré lui-même, le misérable, dis-je, se fit chef de brigands. Il remplit ses poches de faux ordres du roi et de l'assemblée des électeurs, se mit à la tête de cinq à six cents vagabonds, parcourut plusieurs paroisses, entr'autres celles de Juvisy, Epinay, Villemoisin, Viry et Savigny-sur-Orge ; il étoit procureur-fiscal de ces deux dernières paroisses. Il jetta l'allarme et l'épouvante partout où il passa ; il entroit dans les maisons avec des gens de sa troupe, et s'autorisant de ses prétendus ordres, il agissoit en maître, et maltraitoit ceux qui faisoient mine de ne vouloir pas obéir à ce qu'il exigeoit. Il tâchoit de persuader aux paysans que la volonté du roi et de l'assemblée des électeurs étoit qu'on ne payât plus aucun droit aux seigneurs, et qu'on brûlât tous leurs titres. Etant entré au château de Juvisy, qui appartenoit à M. Brochant, il exhiba, comme il faisoit partout, les faux papiers dont il étoit pourvu, et voulut que M. Brochant obéît à ses ordres supposés. Celui-ci en reconnut sur-le-champ la fausseté, et refusa de s'y soumettre. Son refus lui attira, de la part de Rappe et de sa troupe, des violences dont sa personne ne fut pas plus exempte que ses propriétés. Comme il avoit été électeur de la prévôté et vicomté de Paris *extra muros*, il crut qu'en cette qualité, il seroit accueilli des électeurs de Paris, et qu'il en obtiendroit le châtiment de Rappe. Il leur fit passer un mémoire de toutes les vexations que ce misérable se permettoit. Plusieurs personnes

H 2

notables, qui avoient également à se plaindre de ses brigandages, signèrent le mémoire. La seule satisfaction que les électeurs eurent le courage de leur donner, fut ce court arrêté :

« Sur ce qui a été représenté à l'assemblée, qu'aucuns particuliers, se disant porteurs d'ordres émanés d'elle, s'immisçoient dans la police civile et militaire des paroisses, l'assemblée déclare n'avoir donné aucun pouvoir à cet effet. » Ce n'étoit pas une déclaration, c'étoit l'arrestation de Rappe qui auroit importé à l'effroi des scélérats et à l'établissement de l'ordre. Mais les nouveaux Decius n'osoient pas porter le dévouement jusqu'à faire châtier un brigand. Quand on parle de leur courage, il faudroit au moins citer une occasion où ils auroient couru des dangers en voulant faire le bien. Je n'en trouve aucune dans la durée de leur règne ; jamais ils n'ont eu de risques à courir, parce que jamais ils n'ont contredit la volonté de la populace. Si c'est là agir courageusement, il n'y a donc plus aucune différence entre la poltronnerie et la bravoure.

Le seul titre de recommandation que les électeurs ayent à présenter à la postérité, c'est leur vigilance pour la nourriture du peuple ; c'est la loyauté avec laquelle ils ont cherché à préserver la capitale d'une famine. Quelques-uns d'entr'eux ont même eu, sur cet article, des dangers à braver, ainsi que je l'ai déjà dit. Je n'examine point si leur zèle sur les subsistances étoit bien pur, et s'il n'étoit pas produit par la crainte d'un soulèvement qui auroit été suivi de la mort de chacun d'eux. Quand le bien se fait, qu'importe à ceux qui le reçoivent ou le voient, le motif de ceux qui le font ?

Les électeurs ont cru qu'ils seroient honorablement recommandés auprès des générations à venir, par les nombreuses adresses de félicitations qu'ils ont reçues. C'est pour cela qu'ils les ont recueillies avec sollicitude, et qu'ils ont eu la simplicité de les faire imprimer à la suite du procès-verbal de leurs séances. Les électeurs, en cédant à ce ridicule mouvement de vanité, se sont couverts d'une tache qui sera ineffaçable. Ce recueil est un monument honteux pour ceux qui l'ont construit, comme pour ceux qui en ont fourni les matériaux. La postérité, en parcourant ce fatras de complimens, prendra une idée bien désavantageuse, et des hommes qui les reçurent, et des hommes qui les adressèrent. Elle accusera les premiers d'avoir méconnu toute pudeur, et regardera les derniers comme de stupides esclaves.

Ces complimens eussent-ils été mérités, c'étoit déjà beaucoup d'avoir reçu en face toutes ces flagorneries ; mais les recueillir, mais les faire imprimer, c'étoit méconnoître toute idée de décence et de modestie. Que diroit-on de Louis XIV, s'il eût pris sur les importantes affaires de son état, un temps considérable pour s'amuser à compiler toutes les choses flatteuses qu'on lui adressoit, et si ensuite il en eût fait imprimer le recueil ? C'est pourtant parmi les gens qui ont donné dans cet excès de vanité, que se rencontrent ceux qui osent accuser ce grand roi d'avoir trop aimé la flatterie. Que diroit-on encore de l'homme en place, de l'écrivain qui détacheroit des lettres qu'on lui écrit les phrases où il seroit loué, qui les enverroit ensuite à l'imprimeur, ou qui en feroit tapisser les murs de ses appartemens ? C'est à peu près la honteuse folie dont les électeurs, par leur fastueuse compilation d'adresses, se sont entachés. Il ne sert de rien de dire qu'il n'en est pas des assemblées comme des individus ; que celles-là peuvent tirer parti des cajoleries qu'on leur adresse, comme si la vanité n'étoit pas un vice pour les corps comme pour les particuliers, comme si la modestie n'étoit pas une vertu pour toute une société, comme pour chacun de ses membres.

Sans doute personne n'est ni assez désœuvré ni d'assez mauvais goût pour perdre son temps à lire ce recueil soporifique de flagorneries ; mais si quelqu'un avoit le courage de le parcourir, il ne comprendroit rien à cette manie qu'ont toujours les François de s'élever aux exagérations les plus hyperboliques. Dans la plupart de ces adresses, les électeurs sont plus que des hommes, plus que des héros, plus que des anges, ce sont des divinités. On diroit en vérité que parmi nous le peuple ne sait ni aimer ni haïr ; qu'il ne sait qu'idolâtrer ou égorger.

Le style de presque toutes ces flatteries sembleroit faire croire que ceux qui les adressoient étoient des hommes sans éducation, et qui n'avoient aucune teinture des lettres. Pour donner une idée de la manière dont étoient conçus et rédigés ces complimens, je prends au hasard l'adresse suivante qui a au moins le double mérite, et d'être courte, et d'être une de celles où on loue avec plus de modération ; elle fut envoyée par le maire, les consuls et la communauté de la ville de Saint-Remy, en Provence.

« Généreux défenseurs de la liberté publique opprimée, l'assemblée nationale vous doit *son salut et sa vie* ; la monarchie françoise *sa splendeur et sa gloire* : l'encens qui ne cessera de brûler pour vous sur les autels de la patrie sera sans doute un monument bien précieux de votre bienfaisance et de votre patriotisme. Puisse le Dieu conservateur et régénérateur des empires vous préparer la couronne de l'immortalité ! »

Si les électeurs eussent été sages, il leur seroit venu à l'idée qu'on se moquoit d'eux, en leur débitant de pareilles sottises. Pouvoient-ils croire sérieusement que l'assemblée nationale leur devoit son salut et sa vie, la monarchie françoise sa splendeur et sa gloire ? Qu'est-ce, auroient-ils demandé, qu'un encens qui réduit en fumée, est un monument bien précieux de notre bienfaisance ? Ils se sont donc trompés bien grossièrement, en croyant que ces adresses leur vaudroient en effet, pour parler comme les consuls de Saint-Remy, la couronne de l'immortalité.

D'ailleurs, la manière dont ces adresses leur parvenoient, ne prouvoit absolument rien en leur faveur. Elles étoient l'ouvrage, comme je l'ai dit plusieurs fois, d'une ou de deux personnes, et non de toutes celles qui les signoient. Entre mille faits de ce genre, je me borne à un seul, et je prends pour exemple la ville de Joinville. Le 21 juillet, deux bourgeois, appelés l'un Baudot, l'autre Becquey, celui-ci député aujourd'hui à la seconde législature, homme modéré, mais de peu de jugement, et trop crédule; ces deux bourgeois, dis-je, entrent dans l'église de Joinville, où l'on étoit assemblé pour délibérer sur les affaires du moment. L'un et l'autre, par la facilité qu'ils avoient à parler, jouissoient d'un grand crédit sur la multitude. Ils firent à ces hommes simples, qui n'avoient aucun intérêt à croire le contraire, un éloge emphatique des électeurs de Paris, et proposèrent de leur faire parvenir un compliment dont ils firent lecture. Ces bonnes gens crièrent *bravo*, souscrivirent à tout, et signèrent de grand cœur le compliment (1), qui commence par ce solécisme : « *Il nous presse* de vous exprimer nos sentimens. » MM. Baudot et Becquey y transformèrent les électeurs en guerriers; ils leur dirent : « C'est à votre *valeur* que la France doit le repos, la tranquillité, le calme. » Voilà trois mots qui expriment à-peu-près la même chose; mais sans doute les rédacteurs du compliment crurent que plus ils entasseroient de mots synonimes, et plus la France se trouveroit débitrice envers les électeurs, à qui ils dirent encore cette insigne folie : « Vous inspirez de l'admiration à l'univers, par les actes *immémorables* de votre patriotisme » (2).

La postérité, au reste, juge des hommes publics, non par les louanges bien ou mal écrites qui leur ont été adressées, mais par les actions qu'ils ont faites. Si la révolution pouvoit subsister, nos neveux jugeroient que les électeurs ne lui ont été d'aucun secours; quand, au contraire, l'ancien ordre sera rétabli, les royalistes de tous les siècles verront, dans ces électeurs, des insurgens dignes seulement de leur pitié. Leur règne ne doit dater que du 13 juillet, parce que ce fut ce jour-là seulement qu'ils s'im-

miscèrent dans l'administration de la capitale; ayant été remplacés, le 31 juillet, dans toutes leurs fonctions, par les cent vingt représentans de la commune, ils ont ainsi régné dix-neuf jours. Dans cette courte durée de temps, ils n'ont érigé aucun monument public qui rappelât à la postérité qu'ils avoient été rois de Paris, à moins qu'on ne donne ce nom aux bustes de MM. Bailly, la Fayette et Necker, qu'ils firent placer dans la grande salle de l'hôtel-de-ville, et qui ne sont accompagnés d'aucune inscription qui retrace le souvenir du règne des électeurs. Le seul monument qui pourroit le rappeler, c'est une médaille qu'ils firent frapper pour donner un témoignage de leur reconnoissance à M. Moreau-de-Saint-Méry, qui les présida dans les premiers jours de la révolution. Cette médaille représente, d'un côté, l'effigie de cet électeur, et de l'autre, un emblême analogue aux premiers événemens de la révolution.

En terminant leur carrière, les électeurs ne rendirent à leurs successeurs aucun compte des deniers qu'ils avoient administrés (1). Cette conduite

---

(1) J'ai réfléchi qu'il pourroit être intéressant pour le lecteur, d'avoir le compte des sommes dont les électeurs ont eu le maniement, d'autant mieux que, dans ce compte se trouvent les noms des personnes qui furent assez aveugles pour contribuer de leur fortune, à une révolution qui a fait tant de malheureux. Il est à remarquer que non-seulement on n'a su aucun gré à ces personnes, de leurs sacrifices, mais même que presque toutes ont été victimes de cette même révolution. En plaçant ce calcul en note, je n'aurai point interrompu le récit des événemens.

Je porte d'abord pour mémoire tout l'argent comptant que les électeurs durent trouver dans les caisses de l'hôtel-de-ville;

2°. Tout ce qu'ils touchèrent, tant des revenus de la ville, que de la recette des droits d'entrée, et autres impositions qui se percevoient à son profit.

3°. Ils trouvèrent environ trois millions qui étoient destinés à payer aux propriétaires dont on avoit abattu les maisons, pour l'embellissement de la ville, le prix de leurs propriétés. Voyez, à ce sujet, le journal de *l'ami du roi*, du mardi 15 mai 1792, page 544. Cet article d'ailleurs est avoué par M. Baignoux, dans le rapport qu'il a présenté à la seconde assemblée nationale, au nom du comité de l'ordinaire des finances. Il y dit, page 3 : « *Le* 13 *juillet* 1789, la ville avoit, *en écus*, dans sa caisse, 2,854,679 livres 4 sous 9 deniers, qui étoient destinés à des remboursemens qu'on alloit effectuer. » M. Baignoux avoue encore que ces remboursemens n'ont pas été

---

(1) Je ne peux pas mieux prouver ce fait, qu'en invoquant le témoignage même de MM. Baudot et Becquey, et j'ose croire qu'il n'y a pas une seule personne à Joinville qui le démentît, si on lui en demandoit son sentiment.

(2) Voyez le procès-verbal des électeurs, tome 3, page 1.

les entache d'un soupçon d'infidélité, et ils restent solidairement responsables des sommes dont ils ont eu l'emploi, parce qu'aucun d'eux n'a laissé, en se retirant, une déclaration qui prouvât qu'il avoit personnellement les mains pures, qu'il étoit parfaitement en règle pour la portion de deniers qu'il avoit effectués. En ne portant cet objet qu'à ce que l'évalue M. Baignoux, on aura ci 2,854,679 l. 4 s. 9 d.

En outre, les électeurs ont reçu de différens particuliers, savoir, le 14 juillet, de M. Lolier, procureur de la chambre des comptes, et d'un de ses collègues.	2,400
Le 18 juillet, d'une vente de bestiaux saisis, parce qu'on dit que les propriétaires étoient absens.	16,736 10
Le même jour de M. Caron de Beaumarchais.	12,000
Le même jour, de M. l'archevêque de Paris.	20,000
Le même jour, d'autres députés de l'assemblée nationale. . .	25,000
Le même jour, d'un particulier qui ne se nomma point. .	300
Le même jour, M. Massiète offrit mille livres, et M. de St.-Cristeau, la même somme; je ne les porte point en compte, ne sachant si ces offres ont été réalisées.	
Le même jour, de M. de Bessen, procureur au châtelet. . .	600
Le 19, de M. Leroi, de l'académie des sciences. . . .	300
Le 21, de M. Laroche, notaire.	120
Le même jour, d'un électeur.	200
Le même jour, de M. le curé de Chaillot.	200
Le même jour, de M. le curé de St.-Nicolas-des-Champs. .	1,000
Le même jour, de M. le curé de Saint-Roch.	1,000
Le même jour, de M. Dubertrand, principal de Navarre. .	200
	2,914,735 14 9

Ci-contre.	2,914,735 l. 14 s. 9 d.
Le même jour, de M. le trésorier de la Sainte-Chapelle. .	300
Le même jour, de M. Rive. .	300
Le même jour, de M. Couvert, électeur.	48
Le même jour, prêté par M. Girardin, notaire. . . .	4,500
Le même jour, de M. Chignard, électeur.	48
Le même jour, de M. Charpentier, maçon.	48
Le même jour, prêté par M. Trutat, notaire.	6,000
Le même jour, de M. le Normant.	300
Le même jour, de M. Liesse.	200
Le même jour, prêté par M. Quatremère, notaire. . .	6,000
Le même jour, prêté par MM. de Laroche, Girard, Chaudot, Provôt, Girard, à raison de six mille livres chacun. . . .	30,000
Le même jour, du district de l'Oratoire.	3,900
Le même jour, de M. Boulanger.	200
Le même jour, de MM. Cavilliers, frères.	300
Le même jour, de M. Huguet.	96
Le même jour, de M. le curé de Saint-Etienne-du-Mont. .	150
Le même jour, de M. de Bellefoi, avocat en parlement. .	150
Le même jour, de M. le curé de Saint-Laurent. . . .	300
Le 22, de la communauté de Saint-Martin-des-Champs. .	1,000
Le même jour, de M. Levasseur-d'Hattingue, électeur. .	300
Le même jour, M. Barré de Saint-Venant promit de prêter	
	2,967,997 14 9

touchée, et qu'il avoit fait tout ce que sa conscience exigeoit de lui pour engager ses collègues à laisser un état de la manière dont ils avoient régi les finances de la ville. Il sera en effet un jour bien naturel d'objecter aux électeurs que s'ils n'eussent rien eu à se reprocher à cet égard, ils n'auroient pas manqué de laisser le compte de leur administration, qui ne pouvoit jamais être ni bien pénible, ni bien long, puisqu'ils n'avoient administré que pendant dix-neuf jours, et d'ailleurs leur assemblée s'étant trouvée, au 31 juillet, sans fonctions, auroit eu tout le temps, depuis cette époque, de s'occuper de la reddition de ses comptes, s'il lui avoit été possible d'en présenter qui ne laissassent aucun soupçon de malversation. J'ai entendu dire que sur l'article du maniement des deniers, il régnoit, parmi les électeurs, la plus grande confusion et la plus grande aisance; que le premier venu d'entr'eux se faisoit délivrer telle somme qu'il jugeoit à propos de toucher, sans autre formalité que d'alléguer un voyage pour procurer des subsistances, une distribution de secours, un payement à des ouvriers, et d'autres semblables motifs; qu'on touchoit ces sommes sans en donner un reçu, sans en justifier l'emploi. Il m'a même été assuré, par une personne qui s'est trouvée plus d'une fois présente à ces réceptions d'argent, que le désordre, à cet égard, étoit si grand, qu'elle

De l'autre part. . . . .2,967,997 l. 14 s. 9 d.

dix mille livres, mais il n'effectua pas sa promesse.

Le 23, des syndics de la
compagnie des agens de change. 6,000
Le 24, de M. de la Borde,
père. 10,000
Le même jour, des fermiers-
généraux. 20,000
Le 27, de l'université de Paris. 6,000

3,019,975 14 9

Je ne comprends point, dans ce compte, une somme de 500 livres, et une autre de 1500 livres, la première promise par M. le marquis de Périgny, la seconde par le district de Sainte-Opportune, parce que je ne trouve point, dans le procès-verbal des électeurs, que ces deux promesses ayent été effectuées. Ils proposèrent également d'emprunter à la caisse du Mont-de-Piété, 45,000 livres; mais comme dans leur procès-verbal ils gardent le silence sur la suite de cette proposition, il y a apparence qu'elle ne se réalisa point.

Tel est le tableau des sommes que les électeurs avouent avoir reçues; il n'y manque que le compte de leur emploi, et c'est à eux seuls qu'il appartient de le donner.

ne doutoit pas qu'il ne fût glissé plus d'une fois, parmi ceux qui demandoient et qui recevoient, des inconnus qui se donnoient pour électeurs sans l'être. Comme on savoit que plusieurs de ces électeurs étoient, en arrivant à l'Hôtel-de-Ville, des hommes perdus de dettes, et qu'on a vu ensuite ces mêmes hommes ne plus connoître ni les besoins, ni les créanciers, on a été confirmé dans l'opinion qu'ils avoient détourné, à leur profit personnel, une partie des trésors de la ville.

Mais ce qui n'est point une conjecture, c'est que les Parisiens ont droit de dire aux électeurs de 89: « Vous êtes des administrateurs infidelles, car nous voyons bien une partie des sommes que vous avez touchées, et nous ne voyons pas l'emploi que vous en avez fait. » Les Parisiens ont également droit d'adresser le même reproche à chacun de ces administrateurs, car à celui qui diroit: Je n'ai point manié de deniers, on répondroit: où en est la preuve? Que ne demandiez-vous à vos collègues une attestation que vous n'en avez en effet point touché? A celui qui diroit: J'ai employé fidellement les sommes qui m'ont été confiées, on répondroit: Que ne faisiez-vous donc appurer vos comptes par votre assemblée?

Que les cent vingt députés de la commune n'ayent point demandé de compte à ceux qu'ils remplaçoient, cela n'étonne point. Il étoit de leur intérêt de n'en point demander, parce qu'ils se réservoient par-là de rejeter, sur la courte administration des électeurs, le désordre des finances de la ville; ils avoient de plus lieu d'espérer qu'on en agiroit envers eux, comme ils en agissoient envers ceux qu'ils remplaçoient, et que n'ayant point demandé de compte, il ne leur en seroit également demandé aucun. Dans la supposition où ils auroient eu le dessein de mal administrer, ils auroient été, en gardant le silence sur la gestion des électeurs, dans une position plus avantageuse que ceux-ci, parce qu'au moins on pouvoit dire: quelles sommes ces électeurs avoient eues en dépôt, au lieu qu'il n'étoit pas possible de savoir ce que les nouveaux représentans de la commune avoient trouvé dans les trésors de la ville.

Mais, ce qui est à peine concevable, c'est que les Parisiens, et sur-tout les créanciers de l'Hôtel-de-Ville n'ayent pas exigé une reddition de compte. La propriété de ces deniers en dépendoit, et le salut de la ville, la subsistance de tous exigeoient qu'on veillât à ce que les richesses de la capitale fussent administrées avec la plus sage économie. Une si grande méfiance pour tous les agens de l'autorité royale, et une confiance si aveugle pour des hommes nouveaux et presque tous inconnus, forme un contraste qui prouve à quel point les esprits étoient égarés. Comment ces électeurs eux-mêmes, qui avoient fait tant de bruit de la responsabilité des ministres, qui l'avoient demandée avec tant de solemnité dans les cahiers qu'ils avoient remis aux députés, purent-ils croire qu'ils en étoient exempts à l'égard des Parisiens, pour les sommes qu'ils avoient trouvées à leur Hôtel-de-Ville? Tant il est vrai que ceux qui, assis aux derniers rangs, censurent avec tant d'amertume ceux qui sont aux premiers, feroient cent fois plus de mal à leur place; tant il est vrai encore que l'intérêt public a bien de la peine à soutenir le choc de l'intérêt personnel, chez les hommes même à qui il importe le plus de montrer du désintéressement.

Si les Parisiens, dans ce mouvement impétueux qui les entraînoit, eussent été en état de faire quelque retour sur eux-mêmes, ils eussent déjà apperçu, dans la nouvelle manière dont leur Hôtel-de-Ville étoit administré, que le régime qui s'élevoit avoit un grand désavantage sur l'ancien. Avant la révolution, leur municipalité étoit composée d'un très-petit nombre de membres, tous nés et domiciliés à Paris, tous connus, tous irréprochables par leurs mœurs et leur conduite; chacun sait que la tache la plus légère, que le moindre soupçon contre la probité, suffisoit pour exclure de l'échevinage. On pouvoit être moins difficile sur les lumières; mais il étoit sans exemple qu'on eût vu un échevin mal-honnête homme. Cette peu nombreuse municipalité avoit un seul trésorier dont les propriétés, quand il eût eu l'intention de malverser, ne permettoient aucune inquiétude sur les sommes qui lui étoient confiées. D'ailleurs, quand il eût eu la coupable intention de malverser, il auroit été dans l'impossibilité de l'effectuer. Il ne disposoit de rien sans un ordre particulier, sans rendre un compte rigoureux des deniers qu'il avoit employés. Tous les yeux le surveilloient et se surveilloient mutuellement. Aussi est-il inouï qu'on ait eu jamais à relever aucune infidélité dans l'administration des finances de l'ancienne municipalité. Cette administration a toujours été si sage et si économe, que dans les temps les plus difficiles, les officiers municipaux ont pu donner, à la capitale, des établissemens dignes d'elle. La grande quantité de monumens, les uns salubres, les autres réunissant l'utilité à la magnificence, quelques-uns le disputant aux plus beaux de l'ancienne Rome, attestera long-temps tout ce que la ville de Paris doit de reconnoissance à ses anciens officiers municipaux.

A cette municipalité, les Parisiens en ont substitué une composée d'hommes, la plupart étrangers dans la capitale, et qui, à eux tous, ne pourroient peut-être pas présenter une fortune équivalente à une seule année du revenu de la ville. Et comme si ce n'étoit pas assez de ces inconvéniens, les Parisiens souffrent que ces officiers municipaux, dont le grand nombre est un autre fléau, administrent, comme ils l'entendent, les finances de l'Hôtel-de-Ville, sans qu'ils soient jamais tenus de rendre aucun compte; de sorte que presque tous arrivant à ce poste sans fortune, ajoutent à la tentation du besoin, la certitude de l'impunité.

C'est-là tout ce qu'il importe de connoître sur les électeurs de 1789; s'ils reparoissent sur la scène dans la suite de la révolution, ce ne sera plus pour prendre part aux affaires publiques.

Pour completter actuellement l'histoire de ce mois de juillet, qui tiendra dans nos fastes une place si remarquable, il me reste à raconter dans quel état les électeurs laissèrent la capitale lorsqu'ils cessèrent d'influer sur son gouvernement; j'ai à dire quelle étoit la situation du royaume au moment où nos députés commencèrent leurs travaux constitutionnels. Cette partie de mon récit m'oblige de tracer des images si douloureuses, des atrocités si révoltantes, que l'âme du lecteur se déchirera plus d'une fois en fixant ces lugubres tableaux; il jugera de ma sensibilité par celle qu'il éprouvera; mais aussi il apprendra des choses dont les unes ne lui étoient connues que bien confusément, et dont les autres ne lui avoient jamais été révélées.

CHAPITRE

CHAPITRE LXX.

Etat de la capitale au 31 juillet; désorganisation de la puissance civile et militaire; contradictions qu'éprouve M. de la Fayette; lettre qu'il écrit aux districts; flatteries qu'on lui adresse; conduite de la bourgeoisie armée; aventure romanesque; séges de Chantilly, de l'Isle-Adam et de l'appartement de M. de Lambesc; singulière ruse pour effrayer les Parisiens; mort de M. Pinet; son portrait; particularités remarquables de sa vie; circonstances de sa mort; bruits divers qui courent sur cette mort; ce qu'en pensent un parent et un ami de Pinet; articles très-remarquables de la chronique de Paris; détails et éclaircissemens historiques sur l'accaparement des grains; ce qu'en ont publié quelques écrivains; source où ils ont puisé; ce qu'il faut penser de cette source; faits incontestables sur le monopole des grains; fausses idées des économistes sur la liberté du commerce; comment elles ont donné naissance au monopole; erreurs où elles ont entraîné de temps à autre le gouvernement; examen d'un reproche fait à cet égard à la mémoire de Louis XV; opinion de Louis XVI sur le monopole; celle de l'auteur.

Suite de Juillet 1789, et du second mois de l'interrègne.

IL ne seroit pas juste de reprocher aux électeurs le désordre où ils laissèrent la capitale, lorsque cédant au vœu des districts, provoqué par l'intrigue des factieux, ils renoncèrent aux fonctions publiques. Dans le silence profond que gardoient les lois et les tribunaux, quelle puissance auroit pu amortir le feu de tant de passions diverses qui s'allumoient à la fois ? Paris, le 31 juillet, présentoit la même désorganisation que celle qui s'étoit si épouvantablement manifestée le 14. Les soixante républiques qu'on y comptoit la déchiroient plutôt qu'elles ne faisoient sa force. Si elles eussent réuni en un même centre leur activité et leurs volontés, si la commune qu'elles venoient d'établir eût été ce centre, d'où seroit parti un pouvoir qui, bien loin d'être contredit par les districts, en auroit été parfaitement secondé; alors, avec une bonne garde bourgeoise, on auroit pu réprimer la licence; la confiance, la tranquillité publique se seroient rétablies; les hommes utiles seroient revenus à leurs travaux; les riches, qui vivifient le commerce et l'industrie, qui répandent l'abondance, auroient reparu; les proscriptions arbitraires auroient cessé. La justice auroit repris son cours, et on auroit pu attendre, dans le calme, la nouvelle constitution que l'assemblée nationale vouloit absolument donner au royaume.

Les Parisiens, pour qui les formes républicaines étoient insupportables, ne pouvoient, ayant échappé à l'autorité d'un seul, s'accommoder de cet ordre et de cette harmonie; ils avoient franchi la liberté, ils l'avoient en quelques momens, et si je puis m'exprimer ainsi, usée; leur ville présentoit déjà, à l'œil de l'observateur, tous les symptômes qui annoncent la décrépitude d'un état libre; c'étoit Athènes expirante; c'étoit Rome s'agitant dans les convulsions qui devoient finir par le despotisme de César.

Ces districts avoient nommé une commune, et chacun d'eux n'en vouloit pas moins retenir, dans son enceinte, l'autorité suprême. Un ordre, de quelque part qu'il vînt, étoit contrôlé par chacun d'eux; ils étoient en contradiction et avec les autorités supérieures, et entr'eux-mêmes. Un district étoit un pouvoir isolé, indépendant de ses co-districts, et portant directement son vœu à l'assemblée nationale; comme s'il eut été possible, à cette assemblée, de s'occuper d'autant de demandes particulières, qu'il eût plu au peuple françois de former de sections. Il n'étoit pas une de ces républiques qui ne s'arrogeât le droit de publier et de faire afficher sa volonté particulière. Elle ne bornoit pas ces affiches à l'étendue de son territoire; ses placards tapissoient indifféremment les murs de quelque quartier que ce fût. Il résultoit de leur multiplicité et du peu d'accord qui régnoit entre les arrêtés des différens districts, une confusion extrême dans les idées du peuple; il ne savoit qui croire, à qui obéir; il finit par ne plus rien faire qu'à sa tête.

La puissance civile étoit donc totalement désorganisée; les élémens de la puissance militaire nageoient dans le même cahos. M. Lafayette cherchoit un plan propre à former, de la bourgeoisie armée, une troupe disciplinée; mais à peine avoit-il laissé éclore une idée, qu'elle étoit censurée, soit par les districts, soit par les groupes, soit par les journalistes. Une foule de particuliers isolés se mêloient de ce travail, dessinoient à leur manière une garde nationale, faisoient imprimer et crier dans les rues le fruit de leurs conceptions. On étoit inondé de plans; on ne savoit auquel se fixer; s'il s'en trouvoit un pour lequel on montrât de la prédilection, tous ceux dont on rejetoit l'ouvrage se livroient à une critique amère, et crioient à la trahison (1).

M. Lafayette laissa entrevoir le projet d'avoir, outre la garde bourgeoise, une troupe réglée qui auroit suppléé au service de l'ancienne garde. On s'éleva avec force contre ce système. « Si les citoyens, disoit-on, veulent conserver leur liberté, ils ne doivent avoir d'autres gardiens de leurs foyers qu'eux-mêmes. Des soldats gagés sont à quiconque veut les payer. Recevoir des soldats, c'est consentir à être esclave. Le plus beau droit est celui de se défendre. C'est le moyen de ne redouter aucune trahison. »

Ce qui donnoit quelqu'ombre de raison à ces déclamations, c'est qu'on voyoit entrer journellement dans Paris des légions de déserteurs que vomissoient les différens corps de l'armée, et qui venoient prendre parti sous les drapeaux de la ville. On craignoit qu'il n'en fût formé des régimens de ligne, et on

___
(1) Un bon plan d'une garde pour Paris est encore à faire; j'ai, sur cette importante matière, un travail considérable; lorsque les temps seront plus tranquilles, je le présenterai au gouvernement. Dans l'état d'anarchie où les factieux retiennent les Parisiens, il est inutile de proposer des plans pour le bonheur de ceux-ci; on ne seroit pas entendu.

disoit: aujourd'hui la ville les payera; demain le roi les reprendra.

Ce qui ajoutoit aux embarras de M. Lafayette, c'étoit d'assigner, aux gardes-françoises, dans l'organisation militaire qu'il projetoit, un rang qui les dédommageât du poste honorable qu'ils avoient déserté. En attendant, il les ménageoit, et continuoit à caresser tout le monde. Comme il lui arrivoit sans cesse, des différens districts, des demandes qui, les unes concernoient le pouvoir civil, les autres le pouvoir militaire, il essaya de faire cesser cette confusion, qui lui prouvoit que les Parisiens, en se donnant un commandant et un maire, ne savoient pas dans quelles bornes l'un et l'autre devoient se tenir circonscrits. Il écrivit aux présidens des soixante républiques parisiennes, la lettre suivante:

« MESSIEURS,

« J'espère que l'organisation civile et militaire de la capitale marquera bientôt des limites aux différens pouvoirs que vous jugerez à propos de confier; mais comme il paroît que le projet de la municipalité n'est pas aussi avancé que le nôtre, et que c'est-là, sur-tout, que les bornes seront tracées, permettez-moi de solliciter vos bons offices, pour qu'en attendant cet heureux moment, nos concitoyens réfléchissent aux dangers de confondre les diverses fonctions. C'est à M. le maire de la ville, c'est à vos représentans, messieurs, que doivent être faites toutes les demandes; c'est d'eux que doivent émaner toutes les décisions. Veiller à la sûreté de la capitale, au bon ordre parmi les citoyens armés, exécuter les décrets de vos représentans, vivre pour vous obéir, et mourir, s'il le faut, pour vous défendre; voilà les seules fonctions, les seuls droits de celui que vous avez daigné nommer commandant-général. »

Par cette lettre, qu'on croiroit être d'un courtisan souple, à un roi absolu, on a la preuve qu'à l'époque où les électeurs n'eurent plus aucune part aux affaires publiques, la capitale n'avoit ni organisation civile, ni organisation militaire. C'étoit un monde à créer; mais quels élémens que ceux qui alloient servir à cette création! On avoit, pour former une nouvelle société, non des hommes neufs, mais des hommes qui ne retenoient, de la civilisation dans laquelle ils avoient vécu jusqu'alors, que des préjugés, des passions, des vices. L'œuvre étoit d'autant plus pénible, et promettoit d'autant moins de succès, qu'on ne pouvoit bâtir le nouvel édifice qu'avec les débris de l'ancien, et qu'on s'étoit condamné soi-même par les proscriptions qui écartoient les hommes que distinguoient leur naissance et leurs propriétés, à employer beaucoup de matériaux brutes et peu propres à donner de la beauté et de la solidité à l'ouvrage.

M. Lafayette marchoit toujours avec beaucoup d'assurance au milieu des ruines; il n'avoit en effet encore aucune raison de s'alarmer de la disposition des esprits à son égard. On paroissoit toujours lui témoigner beaucoup de confiance, et c'étoit à l'ordinaire par des flatteries outrées qu'elle se manifestoit. Tantôt on l'on l'appeloit le protecteur, le père, le sauveur des Parisiens, tantôt le fondateur de la liberté, le héros des deux mondes. Un jour, en sortant du district Saint-André, M. Dupré Saint-Maur, qui en étoit membre, lui remit, au nom de l'assemblée, une médaille d'or attachée à un ruban aux trois couleurs. Sur un côté étoit gravés son chiffre et une croix de Saint-André; le revers présentoit, dans une couronne de laurier, deux épées en croix, groupées avec une pique qui soutenoit un bonnet. M. Lafayette reçut, avec de grands témoignages de reconnoissance, cette médaille, et l'attacha sur-le-champ à sa boutonnière, au bruit des cris mille fois répétés : *vive Lafayette*.

Un autre jour, en sortant d'une pareille assemblée, on lui remit ces méchans vers, qui se terminent par un solécisme.

Bayard est mon héros, Bayard fut ton modèle,
Comme lui sans reproche, et comme lui sans peur,
A la patrie, à la gloire fidèle,
Tu nous montres vivant ce prodige d'honneur.
Le chêne et le laurier réunis sur ta tête,
Ne te donneront pas la fierté des vainqueurs,
Tu sais qu'à tes vertus, tu dois autant de cœurs,
Qu'à ta valeur on a dû *de conquête*.

Le mot *conquête* auroit dû être au pluriel, mais alors il n'auroit pas rimé avec le mot *tête*, et comme le poète savoit dans son âme et conscience que M. Lafayette n'avoit fait aucune conquête, il aima mieux faire un solécisme que de s'exposer au double reproche d'avoir fait une chûte qui n'avoit ni rime ni raison.

Le commandant-général ne dédaignoit aucun de ces hommages, et les recevoit avec cet air que prend un courtisan que son maître distingue de la foule par un sourire. Il accompagnoit toujours les témoignages de sa gratitude, d'exhortations au courage et à la méfiance. Il amusoit la bourgeoisie armée avec des processions, des bénédictions de drapeaux, des cérémonies funèbres et militaires pour honorer la mémoire de ceux qu'on appeloit les héros morts au siége de la Bastille.

Cette bourgeoisie armée, guidée par les gardes-françoises, se laissoit aller à tous les mouvemens que lui imprimoient ceux qui avoient intérêt de la tenir en agitation. Elle brûloit de combattre des ennemis, parce qu'elle se croyoit déjà invincible; elle se désespéroit de n'en pas trouver. Au défaut de troupes réglées à attaquer, elle faisoit toujours une guerre opiniâtre aux fiacres, aux diligences, aux filoux. Des patrouilles se précipitoient continuellement vers l'Hôtel-de-Ville, y traînant des prisonniers; c'étoit un ecclésiastique, un homme décoré du cordon bleu ou du cordon rouge, un chevalier de Saint-Louis, quelquefois un pauvre artisan, un mendiant qu'on soupçonnoit d'être un aristocrate déguisé. Le peuple étoit sur la place de Grève, qui crioit *bravo*, et félicitoit le cannibale perché sur la potence de fer, du nombre de victimes qui alloient tomber entre ses mains. Il falloit, de la part de ceux qui siégeoient à l'Hôtel-de-Ville, recourir à toutes les sortes de ruses pour tromper ce féroce espoir.

On brûloit aussi de se battre en rase campagne : un jour quelques hommes, quelques femmes, les cheveux épars, se répandent dans les rues, crient que tout est perdu; que les plaines de Montmorency sont couvertes de plusieurs milliers de brigands qui coupent les bleds non encore mûrs, et les foulent aux pieds. L'alarme est générale ; c'est un tour, crioit-on, de l'aristocratie. L'infanterie bourgeoise prend les armes, et court traînant avec elle toute son artillerie. Des femmes aux fenêtres, en la voyant passer, crioient : « allons, braves Parisiens; voilà encore une belle occasion de vous signaler. » Les bourgeois se précipitent dans ces plaines de Montmorency; ils voyent de loin en loin quelques pauvres moissonneurs qui prennent l'épouvante, et ramassent à la hâte les instrumens de leur travail; l'effroi est universel; le tocsin sonne de toute part; les Parisiens sont eux-mêmes pris pour des légions d'aristocrates sortis des entrailles de la terre; les villages sont abandonnés. Les bourgeois cependant se mettent en bataille, et s'exhortent mutuellement à bien faire leur devoir. Las enfin de ne voir point arriver d'ennemis, et de rester immobiles dans des plaines désertes, ils ne veulent pas être venus inutilement; ils font un feu roulant de mousqueterie, et jonchent la terre de lapins, de lièvres, de perdrix; les canonniers ne veulent pas rester spectateurs oisifs du carnage; ils font jouer leur artillerie. Le bruit de ces bouches à feu est répété au loin par les échos; la consternation se propage de ville en ville, de bourg en bourg; les habitans des environs croyent que le dernier jour de l'empire est arrivé. La capitale, tremble à son tour; elle croit voir les soldats sortis de ses murs, acharnés à un combat sanglant; elle craint qu'il n'en revienne pas un seul. Toute la cavalerie se met en mouvement, et court cerner la vallée de Montmorency; la nuit alors étoit avancée; les pelotons de cavalerie, en traversant les villages, y augmentent l'effroi; le bruit du tocsin redouble; les cavaliers s'avancent, sur différens points, dans la vallée de Montmorency; le bruit des chevaux, le son aigu des trompettes; le murmure lugubre des cloches; les voiles de la nuit; tout ajoute à la terreur; elle gagne l'armée parisienne

I 2

elle-même; elle cesse ses décharges, et se tient sur ses gardes. Enfin l'aurore en dorant l'horizon, dissipe tous les prestiges; cavaliers et fantassins se reconnoissent, s'embrassent; on rit de la méprise, et chacun revient paisiblement dans ses foyers.

La guerre de siège étoit également fort du goût de ces nouveaux soldats : il assiégèrent le superbe château de Chantilly qui, comme on pense bien, ne fit aucune sorte de résistance; ils s'emparèrent de tout l'arsenal qu'ils conduisirent à Paris. Il consistoit en vingt-sept pièces de canon; quelques-unes avoient été données au grand Condé après son immortelle victoire de Rocroy. Deux de ces pièces avoient été remportées par M. le prince de Condé actuel, après la bataille de Johamberg (1), livrée au duc régnant de Brunswick, alors prince héréditaire. C'eût été là, dit un journaliste, un attentat contre la propriété, si le salut du peuple n'eût forcé la bourgeoisie de se procurer des armes. » Cette raison eût-elle été bonne, le droit de propriété, dans une société policée, doit-il jamais être violé sans indemnité ?

Le château de l'Isle-Adam ne fut pas plus épargné que celui de Chantilly, et ne fit pas plus de résistance; mais on enfla beaucoup plus, sinon le danger, du moins les avantages de ce nouveau siège. Les feuilles périodiques publièrent qu'on en avoit rapporté des provisions considérables de bleds et de farines, et dix-sept pièces de canon. Le fruit cependant de cette expédition, suivant le rapport signé de M. le chevalier de Saint-Léger, qui le commandoit, se réduisit à six petits canons.

Ce fut un spectacle assez singulier pour les personnes qui se trouvèrent au siège de ces deux châteaux, de voir, après qu'on en eut pris possession, des grenadiers de gardes-françoises, des goujats, des gens de la lie du peuple, couverts de haillons et de vermine, se rouler sur des lits superbes, et souiller, par tous les genres de malpropreté, les étoffes les plus riches. La moralité de ce tableau, comme l'a dit quelqu'un, c'est que la force fait tout.

On prit aussi, à Choisy-le-Roi, un canon de fer qui avoit cela de remarquable, qu'il étoit aussi bien ouvragé que le plus beau canon de bronze. On l'exposa sur la place de Grève, comme une dépouille royale, avec cet écriteau: *Je suis le sans-pareil de Choisy-le-Roi.*

On alloit à ces expéditions avec tant d'ardeur, que bien souvent on ne reconnoissoit pas même ses amis. Ainsi des gardes-françoises, suivis à leur ordinaire, de beaucoup de populace, ayant rencontré sur une grande route, un autre garde-françoise qui, bayonnette au bout du fusil, escortoit, à lui seul ; un petit convoi de grains, le prirent pour un aristocrate qui avoit revêtu leur uniforme, et ne voulurent rien entendre pour sa justification. Le peuple s'en empara, et alloit le suspendre à un arbre, lorsqu'heureusement deux ou trois de ses camarades s'étant approchés fort près de lui, le reconnurent, le serrèrent dans leurs bras, et répondirent de lui sur leur tête.

On fit aussi à Paris le siège de l'appartement qu'occupoit au château des Tuileries M. le prince de Lambesc, en sa qualité de grand-écuyer de France. « On y trouva, dit le révolutionnaire Prudhomme, (1) DES *canons et trois fusils.* Ah! si on eût trouvé, ajoute l'humain journaliste, le criminel aristocrate, le peuple l'immoloit. » Le peuple crut qu'en effet M. le prince de Lambesc avoit chez lui un arsenal. Eh ! que n'a-t-il pas cru ? Certes, il n'y auroit rien eu d'étonnant ni d'effrayant, que M. de Lambesc eût eu chez lui trois fusils. Il y a bien peu de lieutenans d'infanterie qui n'en ayent autant pour la chasse. Il n'y a pas un major, pas un colonel qui n'en ait ordinairement plusieurs pour modèle de ceux prescrits par l'ordonnance. M. le prince de Lambesc, colonel en chef d'un régiment, pouvoit donc bien en avoir trois chez lui, sans pour cela mettre le salut de la capitale en danger.

Quant aux canons, M. Prud'homme, ou vouloit faire une plaisanterie, ou il croyoit que le peuple étoit assez stupide pour qu'on pût lui faire croire les plus grossières absurdités ; car, qui jamais s'est avisé d'aller loger des canons dans un appartement ? Depuis quand en met-on dans sa chambre à coucher ? La vérité est qu'il n'y avoit, chez M. de Lambesc, ni canons, ni fusils, comme on le voit par l'attestation que je transcris ici :

« Je certifie qu'il n'a pas été trouvé de fusils ni de canons dans le logement de M. le prince de Lambesc, qui, étant au palais des Tuileries, n'étoit sûrement pas susceptible d'y loger du canon. *Signé* Balz, suisse du roi, à l'appartement du grand-écuyer de France, aux Tuileries. »

Les ruses pour persuader aux Parisiens que leurs prétendus ennemis ne s'endormoient pas, se continuoient et prenoient toutes les formes. Un matin, on trouva, dans quelques rues, devant des boutiques d'épicerie, des mèches souffrées, parmi lesquelles il s'en trouvoit d'allumées. Si on eut eu un autre motif que d'effrayer les habitans; si on eut eu réellement une intention funeste, ce n'est pas dans la rue qu'on auroit jeté ces mèches. Les bourgeois n'en conçurent pas moins de cette découverte, une grande frayeur; ils crurent qu'on se proposoit d'incendier sur-tout

---

(1) En 1762.

(1) Révolutions de Paris, n°. 3, pag. 19.

les magasins qui renfermoient des matières combustibles. On visita, avec la plus grande vigilance, les bas étages des maisons, et plusieurs personnes bouchèrent le soupirail de leur cave.

Telle étoit la situation de la capitale au 31 juillet. Il arriva à cette époque, un événement particulier, le moins connu peut-être, et certainement un des plus extraordinaires de la révolution. On m'a assuré qu'un ministre, à qui on demandoit ce qu'il en pensoit, répondit : « Ce secret se retrouvera un jour, mais actuellement c'est la toison d'or défendue par des dogues. Les crimes que cette affaire a fait commettre, sont inconcevables. »

On assure également qu'une personne qui a prétendu tenir, à elle seule, le fil de cette même affaire, ayant été mandée chez M. Necker, n'y alla point, mais y envoya, à sa place, un ami qu'elle chargea d'une lettre, et on ajoute que M. Necker, après avoir lu cette lettre, répondit à l'ami : « Dès que vous n'êtes point la personne qui m'a écrit, je n'ai rien à vous dire. »

Je ne promets pas au lecteur, de soulever entièrement le voile; mais peut-être le rendrai-je assez transparent pour qu'on apperçoive une grande partie de la vérité. N'ayant eu aucune sorte de liaison ni de près, ni de loin, avec les personnages que je vais introduire en scène, je suis, dans mon récit, dégagé de tout intérêt personnel. Je m'abstiendrai d'autant plus de me permettre aucune conjecture, que dans mes recherches, pour connoître toutes les circonstances de l'événement, j'ai vu de grandes passions s'agiter; j'ai entendu des témoins oculaires, et je les ai surpris en contradiction. En un mot, j'ai trouvé ceux à qui j'ai parlé de cette affaire, divisés en deux partis; pour l'un, il est très-important qu'elle ne présente rien que de naturel; pour l'autre, il n'est pas moins important que toute la révolution, pour ainsi dire, vienne s'y fondre.

Ma position, entre ces deux partis, est donc exactement la même que celle d'un juge qui entend plaider contradictoirement deux avocats. Je n'épouserai la querelle ni de l'un ni de l'autre; je resterai constamment impassible; mais au moment où j'entreprens de la raconter, mon rôle change; c'est au lecteur à se revêtir de la fonction de juge; la mienne se réduit à celle d'un magistrat qui rapporte un procès. J'en prendrai donc et le langage et la méthode, c'est-à-dire, que je rendrai un compte très-impartial des opinions des deux partis, sans négliger d'indiquer ce qui, de part ou d'autre, est notoire ou démontré, soit par des aveux, soit par des pièces authentiques.

L'événement dont je parle est la mort d'un simple particulier, agent-de-change et secrétaire du roi; il s'appeloit Pinet, demeuroit à Paris, rue Saint-Marc, n° 15, et alloit fréquemment à une maison de campagne qu'il avoit à Saint-Germain-en-Laye. C'étoit un homme doux, timide et très-pusillanime. Il ne manquoit pas avec cela d'une certaine ambition. Il désiroit la place de garde du trésor-royal. Il ne paroissoit point avoir d'ennemis; il avoit au contraire beaucoup d'amis, et je n'ai point entendu dire que durant tout le cours de sa vie, il ait été accusé ou soupçonné de déloyauté; il passoit pour être très-délicat sur l'article de la probité, et jaloux de montrer une grande fidélité à tenir ses engagemens.

On le connoissoit, dans cette portion du public qui n'a ni le loisir, ni aucun intérêt de scruter les fortunes particulières, pour un homme qui faisoit ce qu'on appelle vulgairement de grosses affaires. On plaçoit chez lui de l'argent au taux le plus avantageux; il payoit depuis trente jusqu'à soixante-quinze pour cent d'intérêt, et il fut toujours scrupuleusement exact soit à payer ces intérêts, soit à restituer les capitaux. Dès qu'on lui témoignoit la plus légère envie de connoître de quelle manière il plaçoit les sommes qu'on lui portoit, il ne répondoit rien, mais à l'instant même, il rendoit, à la personne qui l'interrogeoit, ce qu'elle lui avoit confié.

Il n'étoit point joueur, ne confioit rien au hasard de la loterie, et fut toujours étranger à toute spéculation d'agiotage, en entendant par ce mot la négociation usuraire d'effets publics sur la place. Il avoit l'âme sensible, et étoit naturellement bienfaisant. Il disoit quelquefois : *ce qui me fait grand plaisir, c'est d'avoir rendu service à beaucoup de malheureux* (1). Ces faits-là sont contredits par personne. On lit, dans l'Histoire de la Révolution, que nous ont donnée deux écrivains qui prennent le titre d'amis de la liberté (2), que *peu de temps* avant sa mort, il refusa 50,000 livres d'un homme riche de Saint-Germain, et accepta, d'un particulier de la même ville, 12,000 livres, que celui-ci lui offrit de la part d'une jeune personne qui n'avoit pour toute fortune que cette somme. « Voilà, font dire ces écrivains à Pinet, de l'argent comme il m'en faut; j'aime mieux être utile à beaucoup de monde.... Pour que je n'aye pas de l'argent, il faudroit qu'il n'y en eût pas dans tout Paris, et que la cour en manquât. » Si cette anecdote étoit véritable, il faudroit en conclure que Pinet, *peu de temps* avant sa mort, avoit la pleine conviction que ses engagemens n'étoient pas au-dessus de ses forces, car on conçoit que s'il eût eu la plus légère crainte de ne pouvoir effectuer de prochains paiemens, il auroit, pour se tirer de la crise du moment, accepté, non-seulement les 12,000 francs, mais encore les cinquante. On a conjecturé aussi de la confiance qu'il témoi-

___

(1) Voyez Histoire de la Révolution par deux amis de la liberté, tome 3, page 221.

(2) Ibid, page 221 et 222.

gnoît pour les bons offices de la cour, que ses spéculations avoient pour base, des opérations du gouvernement; mais comme dans cette histoire on ne nomme ni l'homme riche, ni le particulier, ni la jeune personne, on ne peut y ajouter aucune foi.

Dans les premiers jours de juillet, une troupe de bandits passa dans la rue Saint-Marc. Ces gens-là jetèrent des pierres contre les croisées de M. Boscary, et les brisèrent; ils s'arrêtèrent ensuite devant la maison de Pinet, et se répandirent en menaces très-effrayantes. Il étoit alors chez lui; il ne put pas distinguer si ces menaces s'adressoient à lui directement; mais n'étant rien moins que brave, cette aventure le pénétra de terreur; il devint inquiet, rêveur, et se décida à mettre sa fortune en sûreté. Ses amis ont déposé lui avoir entendu dire que sa caisse étoit en sûreté chez M. le duc d'Orléans; mais d'autres, et notamment MM. Lesecq et Farmin, ont déposé qu'il leur avoit dit que sa caisse étoit chez M. le duc de Penthièvre.

L'épouvantable explosion qui se fit le 14 juillet l'effrayoit; mais il ne s'en félicita que d'avantage d'avoir mis ses fonds en sûreté. La fin tragique de MM. Bertier et Foulon le remplit de consternation; il étoit tremblant, et fit partager ses frayeurs à sa famille. Le dimanche 26, il fût invité à dîner à Livry, chez M. de la Borde; il n'y alla point; MM. Martinet, Paris et le Blanc ont déposé qu'il refusa cette invitation, parce que ce jour-là il avoit un rendez-vous avec M. le duc d'Orléans; ils conviennent en même temps que le rendez-vous n'eut pas lieu.

Les 27, 28 et 29, il fit des opérations pour se procurer des fonds, et effectuer des paiemens; il en fit une entr'autres avec M. Desnoyers: le fait de ces opérations étant incontestables, il s'ensuit, ou que Pinet éprouvoit une gêne pour remplir ses engagemens, ou qu'il n'avoit pas la liberté d'aller fouiller dans son portefeuille, chez la personne qui en étoit dépositaire.

Le 29, il reçut, sur le midi, une lettre qu'il lut jusqu'à trois fois. Il dîna fort tranquillement avec sa famille; et invita quelques amis à souper. Entre six et sept heures du soir il sortit de chez lui: M. Leblanc, son beau-frère, a déposé ce fait, et y a ajouté, que Pinet étoit sorti pour aller faire une opération de finance aux Champs-Élisées; M. Leblanc n'a désigné aucune maison pour le lieu de l'opération; et il est fort extraordinaire qu'un homme aille faire une opération de finance en rase campagne; il n'est pas moins extraordinaire que le résultat de cette opération n'ait jamais été représenté. M. Leblanc a déposé aussi, que ce même soir, Pinet avoit été rencontré gagnant, à pied, d'un air inquiet, le bois de Boulogne.

Là, les traces de Pinet sont perdues: il disparoît, et se trouve transporté dans le bois du Vésinet; près Saint-Germain: le lendemain matin il sort de ce bois, mourant, couvert de sang et se traîne à l'auberge du Pecq. On envoie sur-le-champ chercher un chirurgien, qui demande à cet infortuné la cause de l'état déplorable où il le voit? Pinet lui répond qu'il ne conçoit rien à cette horrible aventure: qu'il s'est éveillé à la pointe du jour dans le bois du Vésinet, que sa tête portoit sur le tronc mutilé d'un arbre; qu'en se levant, avec beaucoup de peine, il avoit apperçu ce tronc et le sol rougis de sang; qu'étant extraordinairement affoibli il avoit mis beaucoup de temps à gagner l'auberge du Pecq; que sentant qu'il avoit à la tête une blessure qui le faisoit beaucoup souffrir, il imaginoit que dans un évanouissement il étoit tombé, et avoit reçu cette blessure du tronc d'arbre qui étoit teint de son sang; mais que du reste il ne pouvoit deviner la cause de cet évanouissement, et encore moins comment il s'étoit trouvé seul et à pied dans le bois du Vésinet.

Pinet fit cette étrange explication en présence de la servante de l'auberge. Le chirurgien se hâta de visiter la plaie: au premier coup-d'œil qu'il y jeta, il dit au blessé: que veut dire cette aventure? Ce n'est point un tronc d'arbre qui vous a fait cette blessure, c'est un coup de feu: « A ces mots Pinet parut se troubler; il mit le doigt sur sa bouche, et fit entendre au chirurgien qu'il falloit se taire devant le témoin qui les écoutoit; la servante fut alors priée de se retirer. »

Le chirurgien, après avoir mis le premier appareil, dressa sans doute un procès-verbal, comme le vouloit le devoir de sa profession; mais quelque tentative qu'on ait faite, cette pièce n'a jamais été produite: il conste par la visite du lieu où Pinet s'étoit éveillé, que le tronc d'arbre dont il avoit parlé, étoit en effet teint de sang; on trouva aussi auprès un pistolet déchargé; le blessé en avoit un autre sur lui: il fut prouvé que tous les deux lui appartenoient.

A peine sut-on cette catastrophe, que les uns dirent que Pinet s'étoit tué lui-même, les autres qu'il avoit été assassiné; les premiers publièrent qu'il s'étoit frappé au front; les seconds, au contraire soutinrent qu'il avoit reçu le coup derrière la tête, et qu'on n'avoit point trouvé la boure dans la plaie. Pinet, dans le premier cas, étoit un suicide, dans le second cas, il avoit été assassiné, car on ne se tire point un coup de pistolet derrière la tête, et quand on se tue ainsi soi-même, le coup est tiré de trop près pour que la boure ne reste pas dans la plaie.

Les créanciers de Pinet n'ont cessé et ne cessent de demander le procès-verbal du chirurgien. Ils disent: si Pinet s'est tué lui-même, alors nous croirons que le dérangement de ses affaires l'a porté à cet excès de désespoir; si au contraire il a été assassiné, il est vraisemblable que ses assassins sont aussi les voleurs de son portefeuille qui contenoit notre fortune, et il nous importe de les connoître. Je laisse au lecteur à décider si la non-exhibition du procès-verbal ne seroit pas en effet présumer un grand intérêt à persuader au public que Pinet n'a été ni assassiné ni volé.

Sa famille, à qui il avoit fait espérer qu'il souperoit avec elle, le soir même où il fut transporté dans le bois du Vésinet, ne le voyant point revenir, passa la nuit dans les plus vives inquiétudes. On envoya partout où l'on présumoit qu'il pouvoit être ; on craignit un malheur ; on le chercha même à la morgue. Le lendemain une lettre de Saint-Germain apprit le funeste accident qui lui étoit survenu. Cette lettre annonçant qu'il jouissoit encore de la vie, rassura un peu sa famille. M. Leblanc, son beau-frère, suivi de quelques amis, se rendit aussitôt auprès de lui ; on remarqua qu'il resta enfermé seul avec le malade, pendant quelques minutes ; on dit de plus qu'il en reçut des clefs et quelques effets ; et s'il en dressa procès-verbal, il est certain que ce procès-verbal n'a pas été produit. On dit encore qu'il refusa, à des créanciers de Saint-Germain, de pénétrer auprès du malade, et de recevoir, de sa bouche, une déclaration sur le véritable état de sa fortune.

M. Leblanc, au reste, dans un des interrogatoires auxquels cette affaire a donné lieu, a déposé que Pinet lui avoit dit : « je me suis reposé dans la forêt, parce que j'étois fatigué, et apparemment qu'on m'aura tiré un coup de feu. Mais la vérité est que je ne me le suis pas tiré moi-même. Il est assez vraisemblable que Pinet, en parlant ainsi à son beau-frère, lui aura en même temps indiqué sur qui il jetoit les soupçons d'assassinat ; mais M. Leblanc n'a jamais rien dit sur ce dernier article. Il s'est borné, dans tous ses interrogatoires, à faire entendre qu'il espéroit que la mémoire de son beau-frère seroit réhabilitée, parce qu'il croyoit que ses opérations et sa mort étoient encore enveloppées dans un nuage, qui tôt ou tard venant à se dissiper, ne laisseroit rien à désirer sur la vérité. »

Bien des personnes ont également entendu dire à M. Legendre, ami intime de la famille de Pinet, que cet infortuné ne s'étoit point tué lui-même, et qu'il n'étoit point en banqueroute. Les deux amis de la liberté, auteurs d'une histoire de la révolution (1), racontent que *durant trois jours qu'il vécut encore, il assura constamment qu'il avoit été assassiné ; que ses affaires étoient en bon état, et que personne ne perdroit rien si on vouloit s'entendre. Il témoignoit, ajoutent ces écrivains, le plus grand désir d'être transféré à sa maison de Paris, et recommandoit particulièrement un portefeuille rouge, comme renfermant la sûreté de ses créanciers.*

(1) Voyez tome 3, page 223.

Ce portefeuille rouge ni aucun autre portefeuille n'a jamais été montré aux créanciers de Pinet. Ce fait doit paroître bien difficile à expliquer à ceux qui veulent qu'il ait été suicide. Car quel intérêt, dans cette supposition, avoir été malheureux, de n'indiquer aucune trace du gage qui pouvoit rester à ses créanciers ? Au lieu qu'on conçoit à merveille que s'il a été assassiné, ses assassins ont pu avoir de fortes raisons de lui dérober ses papiers.

Un autre fait bien singulier, c'est qu'à peine on sut à Paris la tragique aventure de Pinet, que les rédacteurs de la chronique imprimèrent qu'il faisoit une banqueroute de cinquante-quatre millions. Ce n'a été que deux mois après sa mort, que le montant de sa faillite a été vérifié, et il s'est trouvé être précisément de cinquante-quatre millions. Il faut en conclure que les auteurs de la chronique avoient une connoissance bien intime des affaires de cet homme, pour prophétiser avec cette justesse. La chose parut si étrange à M. Legendre, qu'après avoir lu cet article, il porta sur-le-champ, à la famille de son ami, le numéro où il avoit été inséré.

Malgré l'énormité presqu'incroyable de ce *déficit*, la mémoire de Pinet est restée chère à ses créanciers, ainsi qu'à tous ceux qui l'ont connu, et je ne vois pas qu'elle ait été attaquée par personne. Le révolutionnaire Prud'homme, qui n'est pas prodigue d'éloges, en racontant à sa manière le malheur de Pinet, dit que *ce banquier étoit généralement estimé*. Ce journaliste ajoute : « il a conservé sa tête à un tel point, qu'il a osé accuser *des inconnus*, d'un assassinat commis en sa personne. *Cet événement doit produire de grands éclaircissemens.*

Ce sont ces *grands éclaircissemens* que le parti qui croit fermement que Pinet a été assassiné et volé, prétend donner. Il est d'autant plus intéressant pour le lecteur de les connoître, que, comme je l'ai dit, ils lient l'aventure de Pinet à tout le système de la révolution, et jettent en outre un jour bien lumineux sur le monopole des grains, qui, de tous les moyens employés pour causer une insurrection générale, a été le plus efficace, comme on le voit presqu'à chaque page de cette histoire. Ceux donc qui ont la prétention de donner ces éclaircissemens, se fondent d'abord sur une vérité incontestable, c'est que dans ces dernières années, il existoit une société d'accapareurs de grains, dont les membres n'étoient pas connus du public ; mais ensuite ils ne s'accordent pas sur l'époque où cette société a commencé ses spéculations ; les uns la font remonter à l'année 1726, d'autres à l'année 1729 ou 30. Tous la placent au sein même du ministère ; ils diffèrent encore sur les noms de ceux qui, à divers temps, ont composé cette agrégation ; il en est qui y comprennent tous les ministres, sans excepter ni M. Turgot, ni M. Necker.

Je ne peux me dispenser de raconter ce qui a été publié de cette société, autant par le rapport intime qu'a son histoire avec celle que j'écris, qu'avec l'aventure de Pinet, que pour ne rien laisser à désirer au lecteur, sur ce monopole des grains dont on a fait, et dont on fait encore tant de bruit.

Cette association, quelle que soit l'époque où elle ait commencé, avoit pour objet, dit-on, d'acheter tous les bleds du royaume, de s'en rendre maîtresse exclusivement, afin de les revendre ensuite au prix qu'elle jugeroit à propos de fixer. Les associés étant, ajoute-t-on, des personnages distingués par leur naissance et leur rang, auroient rougi de paroître se livrer à un pareil négoce. Ils avoient donc des prête-noms à qui ils confioient leurs fonds, et qu'ils chargeoient de l'achat des bleds, au moyen d'un bail qui se renouveloit tous les douze ans; de manière qu'au renouvellement de chaque bail, la récolte du royaume se trouvoit affermée pour douze années.

Le principal bureau de recette de cette malfaisante association, à s'en rapporter à ceux dont je rends le récit, étoit à l'hôtel Dupleix, rue de la Jussienne. Le caissier avoit charge de tenir prêts, au mois de novembre de chaque année, les états de répartition et d'émargement; et à cette époque les associés et croupiers se partageoient le bénifice que la société avoit fait dans le cours de l'année, et cela à proportion de l'intérêt que chacun avoit à ce bénéfice, soit par sa mise de fonds, soit par son travail. On déposoit ensuite les comptes, les registres, les papiers, à la Bastille, dans cette tour qui avoit autrefois recelé le trésor de Henri IV. Voilà ce que l'on appelle indifféremment *le pacte Laverdy*, *le pacte de famine*. On l'appelle *pacte Laverdy*, parce qu'on suppose que ce ministre, le 12 juillet 1767, vendit pour 12 ans à une compagnie, le privilége exclusif d'accaparer tout le bled de France. On l'appelle *pacte de famine*, parce qu'on lui attribue la disette des années 1740, 1741, 1752, 1767, 1768, 1769, 1775, 1776, 1778. C'est-là ce que quelques écrivains ont publié sur le monopole des grains; telle est l'opinion qu'ils ont accréditée. Après avoir été leur fidèle écho, il est de mon devoir de mettre les bons esprits à portée de démêler, dans ce récit, la vérité d'avec le mensonge.

Il est d'abord difficile de concevoir pourquoi ce complot de famine, porte plutôt le nom de M. Laverdy, que celui du fondateur même de la société; ceux qui croyent à son existence, s'accordent à dire que M. Orry fut le premier de nos ministres, qui afferma, par un pareil bail de douze ans, les bleds de France; il faudroit donc appeler ce pacte, *le pacte Orry*.

A l'égard de la disette dont on parle, est-ce bien à de semblables spéculations, ou à la stérilité de la terre, à la malignité des saisons, qu'il faut l'attribuer? Jusqu'à ce que les preuves de la première assertion ayent été produites, n'est-il pas raisonnable de suspendre son jugement? Pourquoi, pour expliquer un effet, recourir à une cause étrangère et dénuée de preuves, quand on a sous les yeux une cause toute naturelle?

Il est vrai que la précaution qu'on prend de faire transporter, dans une tour de la Bastille, tous les papiers de la société, met dans l'impuissance de produire des preuves; mais alors il faut dire encore que ces papiers sont du nombre de ceux qui ont été incendiés lors de la prise de la Bastille, et qu'il n'en a pas échappé un seul aux flammes. Cela peut être sans doute, mais il peut être aussi que cela ne soit pas; entre ces deux suppositions, où est le motif de croire plutôt à la première qu'à la seconde?

Jusqu'à l'époque de notre révolution, on avoit parlé de tout cela bien confusément. Le peu de vraisemblance et d'accord que je voyois dans les différens récits, ajoutoit beaucoup à mon incrédulité, lorsque je reçus, au mois d'avril 1791, une lettre de M. le Prévôt de Beaumont, par laquelle il me prioit d'annoncer, dans mon journal, un ouvrage qu'il venoit de donner au public, et avoit pour titre: *Le prisonnier d'Etat, ou tableau historique de la captivité de J. G. G. le Prévôt de Beaumont, durant vingt-deux ans, deux mois*, avec cette épigraphe: *Nunquam nimis dicitur quod nunquam satis dicitur.* Le titre, l'épigraphe, l'utilité que je pouvois retirer de l'ouvrage pour une bonne histoire de la Bastille, me portèrent autant que la déférence que je devois à la prière de M. de Beaumont, à lire son écrit. J'avoue qu'après l'avoir lu, je regrettois le temps que j'avois donné à cette lecture. Je ne regardai cet écrit que comme le rêve d'une tête que de grands malheurs avoient absolument aliénée. M. le Prévôt de Beaumont y donnoit pour motif de sa longue captivité, la dénonciation qu'il avoit faite au parlement de Rouen, du fameux *pacte Laverdy*. Il entre, sur ce pacte, dans des détails si extraordinaires, il fait de ceux qu'il en rend coupables, des hommes si monstrueusement atroces, que je me persuadai plus que jamais qu'il y avoit tout au moins bien de l'exagération dans tout ce que l'on disoit à ce sujet. Cependant, depuis la publication de l'ouvrage de M. de Beaumont, les écrivains démagogues parlèrent avec plus d'assurance du *pacte de famine*. Ces deux amis de la liberté, à qui nous devons une histoire ou plutôt un roman de la révolution, ont tiré mot à mot de l'ouvrage de M. de Beaumont, ce qu'ils ont dit de ce pacte, et cela sans indiquer la source où ils avoient puisé un récit dont toutes les particularités paroissent au premier coup-d'œil fabuleuses. Insensiblement l'opinion qui avant le mois d'avril 1791 m'avoit paru incertaine sur l'existence d'une société dont le but étoit d'accaparer tout le bled du royaume, s'est fixée, et il est bien peu de gens aujourd'hui qui ne soient convaincus de la réalité du pacte.

C'est

C'est donc principalement à l'ouvrage de M. de Beaumont qu'on doit ce changement; il reste en quelque sorte seul garant de tout ce qui a été dit de ce pacte, puisque, comme je m'en suis assuré par moi-même, c'est de lui seul que ceux qui ont écrit depuis 91, tiennent ce qu'ils ont publié à ce sujet. Je ne veux point infirmer l'intérêt qui est dû aux malheurs de M. de Beaumont, mais c'est pour moi une obligation d'examiner le degré de crédibilité que mérite un pareil garant. Il est bien juste d'abord de lui demander ses preuves. Des hommes qu'il voue à l'exécration de tous les siècles, ont le plus grand intérêt à exiger qu'il les produise. Il ne les produit pas; il se borne à dire qu'il avoit fait de sa propre main cinq copies de ce pacte qu'il avoit découvert en 68, mais que ces cinq copies lui ont été enlevées par la police; de sorte que la vérité ici porte sur la parole d'un seul homme.

Il suffit, pour n'y pas croire trop légèrement, de parcourir les noms des personnes qu'il dénonce comme complices du plus infernal complot. Ce sont, à différens temps, MM. Laverdy; Rai-de-Chaumont, receveur des domaines et bois; Rousseau, aussi receveur des domaines et bois; Perruchot, ancien entrepreneur d'hôpitaux d'armée; Malisset, ancien boulanger; de Sartines, ancien lieutenant de police; Goujet, caissier de la société; Duval, secrétaire de M. de Sartines; Trudaine de Montigny; Boutin; Langloais; Boulogne, intendant des finances; de Vergennes, ministre; le duc de Choiseuil et toute sa famille; de Machault, ministre; Bouffé; Dufourny; Lenoir, ancien lieutenant de police; Leleu, marchand épicier; Necker, que M. de Beaumont appelle le tartuffe; Cromot du Bourg, commis des finances; le duc de la Vrillière; l'abbé Terray, ministre; Albert, lieutenant de police; Malesherbes, ministre; Amelot, ministre; Borot; de Breteuil, de Calonne, de Villedeuil, ministres; de Crône, lieutenant de police; de Jumilhac, de Launay, gouverneurs de la Bastille; de Rougemont, gouverneur de Vincennes; Robinet, commis de M. Amelot; Royer de Surbois; le duc de Coigny; le duc d'Orléans; l'abbé Maury; de la Châtre; d'Aligre; Roland, conseiller au parlement; etc., etc., etc.

M. de Beaumont fait en outre entrer dans cette ligue, des intendans du commerce, des intendans et gouverneurs de province, une grande partie de la grand'chambre du parlement de Paris, et le roi Louis XV lui-même. Les deux historiens de la révolution ont beaucoup augmenté le catalogue des conjurés; ils y comprennent, entr'autres, tous les parlemens, à l'exception de ceux de Rouen et de Grenoble; mais ces deux écrivains, ainsi que ceux qui, à leur exemple, ont copié M. de Beaumont, font à Louis XVI la faveur de ne pas l'inscrire sur cette longue liste de conspirateurs.

Hist. de la Révolut. part. V.

On conviendra que ce n'est pas être bien difficile que de se borner à douter que tant de personnages, parmi lesquels on rencontre des noms généralement respectés, eussent conçu et mis à exécution, autant qu'il dépendoit d'eux, un plan qui consistoit, comme le dit M. de Beaumont: 1°. « à vendre Louis XV, dans le temps présent, avec son autorité (1), et Louis XVI pour l'avenir. 2°. A donner la France à bail de douze années, à quatre millionnaires. 3°. A établir méthodiquement les disettes, la cherté en tout temps; et dans les années de médiocre récolte, les famines générales. » Si c'est-là la vérité, elle ne sauroit mieux ressembler à la fable.

Si l'on veut enfin se donner la peine de parcourir l'écrit de M. de Beaumont, on y verra à chaque page le cachet de la démence. Ce sont partout des idées incohérentes, des raisonnemens sans liaison; c'est un babil sans suite, et qui ne ressemble pas mal à celui d'un homme pris d'un accès de folie. Je me borne à un exemple: l'auteur interrompt tout-à-coup son histoire du pacte de famine, et se demande: qu'est-ce que c'est que conjuration? Il répond: « cette définition constate que, presque toutes les opérations des ci-devant ministres, lieutenans de police et magistrats du parlement, étoient de véritables conspirations plus ou moins étendues contre la couronne et contre *tous les peuples françois*.... Plusieurs bons citoyens demandent qu'on leur définisse le mot de conjuration.... Il est juste de les satisfaire...... Il est des conjurations, des ligues illicites d'une *infinité* d'espèces sous une *infinité* d'aspects différens, dans les *soixante-six branches du gouvernement général, que je vais généraliser et particulariser par l'infinitif des verbes* (2). » Ne voilà-t-il pas une

---

(1) Comme Louis XV étoit un des conjurés, il auroit donc consenti à se vendre? Ce consentement est un peu extraordinaire.

(2) Voilà la prose de M. de Beaumont. Sa poésie est tout aussi sage; voici des vers de sa composition.

En proie à l'affreux despotisme
Je sus, pendant vingt-deux ans et deux *mois*,
Surmonter, par mon héroïsme,
L'odieux pouvoir des *tyrans*.
Mon zèle pour sauver la France
De leurs trafics usuriers,
Ne vaut-il pas cette vaillance
Qui fit admirer les guerriers?
Ravi nuitamment par Sartines,
Je fus jeté dans cinq prisons,
Pour taire un pacte de famine
Que je trouvai dans deux maisons.

judicieuse définition du mot conjuration, et parle-t-on autrement aux petites-maisons? Ne seroit-on pas soi-même soupçonné d'avoir un jugement peu sain, si pour preuve du fait le plus extraordinaire peut-être qu'il soit possible de rencontrer dans l'histoire des peuples, on se bornoit à rapporter le témoignage d'un homme qui débite de pareilles extravagances? L'ouvrage de M. de Beaumont est cependant, ainsi que je l'ai remarqué, la source où les deux amis de la liberté et d'autres écrivains démagogues ont puisé ce qui est relatif au pacte de famine. De tels écrivains sont bien dignes d'être de la secte de ces philosophes qui ne veulent pas croire les vérités religieuses sur la parole même de Dieu, et qui pour trouver à calomnier ou à blasphémer, croient les choses les plus incompréhensibles sur la parole d'un insensé.

M. de Beaumont, fût-il le plus sage des hommes, il faudroit encore d'autres preuves que son témoignage unique pour croire que des agens avoués par le gouvernement avoient formé le projet d'affamer le royaume, et que le chef même du gouvernement étoit entré dans ce complot. Le pacte donc de famine, tel qu'il est présenté par M. de Beaumont, et après lui par ceux qui l'ont copié, est une chimère qui ne mérite aucune croyance; pour tenir maintenant l'engagement que j'ai pris de mettre mes lecteurs à portée de discerner tout ce qu'il peut y avoir de vrai dans ce qui a été dit à l'occasion de ce pacte, voici les seuls faits qui ne sauroient être contestés.

Comme de tout temps il y a eu des usuriers, de tout temps aussi il y a eu des accapareurs des différentes denrées; mais les lois, la police, les tribunaux ont fait la guerre aux uns et aux autres, lorsqu'il a été possible de les atteindre. Comme aussi dans ce siècle où l'on a prêché tous les délits politiques, il s'est trouvé des écrivains qui ont cru légitime le prêt à usure, il s'en est trouvé également qui ont prétendu que le monopole devoit être autorisé. Il ne sauroit cependant être permis; la religion et la politique le défendent. Car, qu'est-ce, suivant l'acception commune, que faire le monopole, qu'accaparer? C'est acheter, c'est emmagasiner des marchandises, avec l'intention de les revendre au plus haut prix. Si ces marchandises sont des denrées de première nécessité, sont des alimens absolument nécessaires à la subsistance du pauvre comme du

---

Votre abominable avarice
Causa nos pleurs dans tous les temps,
Ministres faux, gens de police,
Sans vous j'eus vu de beaux printemps.

M. de Beaumont nous apprend qu'il avoit composé, dans sa prison, un ouvrage ayant pour titre: *Université-loyale-civile-politique-économique-morale!* Quel titre! Et quelle tête que celle qui l'avoit imaginé!

---

riche, celui qui les accapare, pour les revendre ensuite au prix qu'il plaira à sa cupidité de fixer, attente à la liberté individuelle, en ce qu'il doit être libre à chacun de faire le commerce de ces sortes de denrées, il entrave un commerce qui ne veut point être gêné, il pèche, comme dit Puffendorff, contre l'humanité; il commet donc un délit qui ne sauroit être trop sévèrement puni. Supposez, par exemple, que des particuliers, réunissant des fonds considérables, s'entendent pour acheter tout le bled d'un pays, et qu'on soit obligé de recourir à eux pour s'en procurer, il est clair alors que ces particuliers se rendent maîtres de la fortune et même de la vie de leurs concitoyens. Sous cet aspect, l'accaparement des grains ne sauroit être ni excusé, ni toléré, sous quelque prétexte que ce soit; aussi le seul mot de monopole fait-il la plus grande horreur.

Cependant il s'éleva, sous le règne de Louis XV, une nouvelle secte de philosophes qui brouilla et obscurcit ces idées simples qu'on ne pouvoir perdre de vue sans compromettre la sûreté publique et individuelle. Ces hommes qui prirent le nom d'économistes, se réunissoient chez le marquis de Mirabeau, et y dissertoient à perte de vue sur toutes les branches de l'économie politique, partant du principe que la liberté étoit l'âme du commerce, ils se livrèrent aux conséquences les plus extravagantes, et confondirent, sur cette matière, comme d'autres philosophes ont fait à l'égard du gouvernement des peuples, la liberté bien entendue, avec la licence. Une de leurs conséquences fut que tout homme devoit avoir la liberté d'acheter et de vendre telle marchandise qu'il jugeroit à propos. De-là vint que M. Turgot, qui donnoit dans toutes ces rêveries, supprima, lorsqu'il fut ministre, les jurandes, les maîtrises, toutes les corporations des marchands. S'il n'est pas permis, disoit-il, à tout sujet du roi, d'être épicier, alors le commerce de l'épicerie n'est plus libre. Le corps des épiciers, disoit-il encore, n'est au fond qu'une association de monopoleurs, puisqu'il a le privilége exclusif de vendre les objets d'épicerie, et qu'au moyen de ce privilége, il a aussi celui de fixer le prix de ces objets. Il est clair, répétoit enfin, d'après les économistes, cet imprudent ministre, que plus il y a de vendeurs d'une même denrée, et plus cette denrée doit baisser de prix; elle doit au contraire renchérir lorsque le nombre des vendeurs diminue; donc, concluoit-il, il faut laisser à tout homme la liberté d'être épicier. Mais qui ne sait que tout souverain peut, sans injustice, et doit même, pour la prospérité du commerce, comme pour l'avantage de chaque particulier, borner à des corporations la vente de certaines marchandises? Quels maux, par exemple, ne résulteroit-il pas de la faculté laissée à chacun de débiter les drogues de la médecine? Si tout particulier avoit la permission de vendre des matières d'or et d'argent, comment la police pourroit-elle surveiller la quantité de fripons qui les altéreroient? Il est d'ailleurs différentes branches de négoce. qui, pour être bien exercée, exigent un apprentissage. Il faut être disciple avant d'être maître. Il est donc nécessaire que dans un état, il y ait des maîtrises. Une profession étant bornée à un nombre raisonnable d'individus, est mieux exercée, pour l'avantage commun, parce que la police a plus de facilité pour veiller à ce que les vendeurs ne rançonnent pas le public, à ce que les marchandises exposées en vente soient de bonne qualité, enfin à ce que chaque corporation ne nuise ni au genre de commerce qu'il lui est permis de faire, ni à l'intérêt des acheteurs. Les communautés de marchands, les compagnies de négocians présentent encore au gouvernement, cet avantage qu'il peut dans des temps difficiles, en retirer des secours pécuniaires, comme il est arrivé dans la dernière guerre d'Amérique.

La théorie que M. Turgot avoit adoptée, eut-elle été fondée sur les principes d'une sage administration, il étoit trop tard pour la mettre en pratique. Une longue possession, une acquisition à prix d'argent, et faite sous la garantie des lois, rendoient les brevets de maîtrise, une véritable propriété ; ceux qui les avoient achetés ne pouvoient pas plus en être dépouillés, qu'un propriétaire de biens fonds ne peut l'être de sa terre. Les compagnies de marchands étant dissoutes, les membres de ces compagnies perdoient une partie et peut-être la plus grande partie de leur fortune. Or, s'il faut que le commerce soit libre, il faut aussi que les propriétés soient garanties. L'expérience au surplus prouva bientôt tout le vice de l'opération de M. Turgot ; il suivit un tel désordre de la suppression des jurandes, qu'il fallut les rétablir. Mais les différentes corporations de marchands, d'artisans, avoient des caisses & des chapelles qui renfermoient des ornemens précieux. Tout cela fut gaspillé et ne fut point rendu. On murmura contre le gouvernement ; on soupçonna qu'en détruisant ces corps, il n'avoit eu d'autre intention que de s'emparer de leurs caisses & des ornemens de leurs chapelles ; on se récria contre cette impéritie qui, en quelques jours, faisoit adopter des systèmes diamétralement opposés. En un mot, beaucoup de mécontentement, des soupçons peu honorables pour l'administration, de véritables attentats contre les propriétés, tels furent les résultats honteux de la fausse spéculation de M. Turgot ; et cette spéculation ne produisit pas au gouvernement le plus léger avantage.

Ce ministre pensoit sur le commerce des grains, comme sur celui de toute autre espèce de denrées ; il croyoit qu'il devoit être parfaitement libre, non-seulement de province à province, mais encore avec l'étranger, de manière qu'il auroit regardé comme une erreur funeste en politique, de défendre l'exportation du bled. Cette opération étoit due aux économistes et avoit fait des progrès dans le ministère, avant que M. Turgot y parvînt. C'est aux écrits, aux menées, aux criailleries, aux importunités de ces bruyans et faux politiques, qu'on dût l'édit d'exportation de 1764. Cet édit fut une victoire pour la secte, et le signal de grandes calamités pour la France. Sans nier, en effet, que les sociétés de monopoleurs n'ayent parmi nous une origine antérieure à cette époque, il est du moins bien certain que c'est depuis ce fameux édit, et depuis le ministère de M. Turgot, qu'on a vu sensiblement les effets de leurs désastreuses spéculations. Les greniers des nations étrangères se remplissoient des fruits de nos moissons, tandis que nos propres greniers se vuidoient. Les marchés éprouvoient, dans leurs approvisionnemens, des vicissitudes, des altérations qui déconcertoient le laboureur, et désoloient le pauvre artisan qui, cette semaine payoit un écu de trois livres, le boisseau que la semaine précédente, il avoit payé trente sous. Les routes publiques, les ports de mer se couvroient de convois de grains. La vue de ces convois désespéroit quelquefois le petit peuple ; il crevoit les sacs, renversoit les charrettes, jetoit les grains dans les rivières. Il ne pouvoit concevoir, et en cela certes il étoit bien excusable, comment on dépouilloit la France de ses bleds, tandis qu'il étoit impossible de s'y en procurer à un prix modéré. De-là ces insurrections partielles qui, en approchant des jours de notre révolution, n'ont fait que s'accroître ; de-là ces remontrances sages et vigoureuses des parlemens contre l'ineptie de quelques administrateurs, contre la voracité des monopoleurs, et en général contre l'exportation du bled ; de-là enfin les vacillations du gouvernement, et sa marche toujours incertaine sur cette branche de commerce. Tantôt il permettoit, tantôt il prohiboit l'exportation des grains. Il adoptoit le premier parti, lorsqu'un ministre des finances étoit imbu des sottises des économistes, et que la tranquillité des provinces ne menaçoit d'aucun orage ; il revenoit au second parti lorsque les murmures des peuples, les oppositions des cours souveraines, les disettes lui faisoient craindre de grands malheurs.

Au milieu de toutes ces agitations, les sociétés de monopoleurs continuoient avec d'autant plus d'activité leurs frauduleuses spéculations, que ceux qui les composoient n'étant pas connu du public, étoient assurés de l'impunité. Les plus puissantes, par les fonds dont elles pouvoient disposer, écrasoient les plus foibles, si bien qu'en 88, il n'en restoit plus qu'une seule qui s'approprioit toutes les moissons, et les revendoient au prix qu'il lui plaisoit de prescrire aux acheteurs.

Quant à ce qu'on a dit que le gouvernement lui-même faisoit un pareil monopole, la pure vérité, la seule démontrée, c'est que depuis l'édit d'exportation de 1764, il n'a cessé d'être embarrassé par la plus dangereuse comme la plus détestable espèce d'agioteurs. Quelle conduite tenir, en effet, avec des hommes qui, par les emmagasinemens qu'ils avoient fait sur des terres étrangères, pouvoient, si on agissoit de rigueur avec eux, affamer le royaume ? On croyoit prudent de les ménager ; on entroit même en pour-parler avec les chefs; on négocioit, on obtenoit les meilleures conditions pour la subsistance des peuples. Il y a eu même des instans de délire où le gouvernement est allé encore plus loin ; ces instans sont arrivés lorsqu'il s'est trouvé à la tête des finances un ministre de la secte des économistes. Un tel ministre séduit par une fausse théorie, séduisoit à son tour la majorité du conseil. Les grands principes alors étoient que l'agriculture est la première mammelle de l'état; que tous les moyens qui pouvoient encourager l'industrie des laboureurs étoient bons; qu'il falloit pardessus tout et de préférence à tout, favoriser la culture des grains ; qu'elle seroit au plus haut degré de prospérité, si le cultivateur étoit assuré de retirer du fruit de ses moissons, un prix considérable; que si ce prix étoit trop modéré, le laboureur seroit sans émulation; que pour aiguillonner l'émulation du laboureur, il falloit aiguillonner aussi celle des acheteurs; que quand ceux-ci auroient la certitude de faire de grands profits, ceux-là seroient certains aussi de retirer de leurs travaux un gain considérable. Que les fortunes qui se faisoient par le commerce du bled, ne devoient point donner d'inquiétude au gouvernement; qu'on devoit au contraire les regarder comme très-légitimes, puisqu'elles contribuoient à rendre florissante la culture des terres. C'est avec ces principes et d'autres semblables, que l'administration en est venue quelquefois jusqu'à encourager les monopoleurs, croyant qu'il ne falloit les regarder que comme d'utiles négocians ; c'est ainsi encore que des personnes à qui leur naissance défendoit toute espèce de négoce, ne se sont fait aucun scrupule de prendre part à celui des bleds.

Ces momens d'erreur pour le gouvernement, n'ont pas été de longue durée : lorsque le mal fut à son comble, il vit tout le danger de la théorie des économistes; mais il vit en même temps qu'il ne tenoit qu'à trois ou quatre particuliers qui avoient transporté au-delà des mers, toute la récolte de France, de livrer le royaume aux horreurs de la famine. Il n'y avoit d'autre remède que de dire à ces particuliers à peu près en mots: *ou la clef des greniers, ou la mort*. Des considérations dont je parlerai quand il en sera temps, empêchèrent de tenir ce langage. On verra dans la suite de ma narration, comment Louis XVI parvint enfin à avoir cette clef des greniers; mais alors l'insurrection étoit faite dans tout le royaume; le trône étoit renversé, et le roi prisonnier dans Paris; le remède vint donc trop tard.

Voilà, sur ces sociétés de monopoleurs qui, dans ce siècle, ont fait tant de mal, tout ce qui est incontestable. Que Louis XV se soit agrégé à une telle société; qu'il ait fait personnellement le commerce des bleds, c'est ce qu'ont assuré différens libellistes, mais ils n'en ont apporté aucune preuve. On a seulement beaucoup parlé d'un article d'un almanach royal imprimé sous le ministère de l'abbé Terray, où il est question d'un négociant désigné dans cet article, comme l'homme du roi, pour le commerce des bleds. Mais il m'a paru, d'après les recherches que j'ai faites à ce sujet, que dans l'intention de rendre le ministre et le roi odieux, on avoit frauduleusement fait passer un tel article au rédacteur de l'almanach, qui, ne soupçonnant aucune fraude, avoit inséré l'adresse du prétendu homme du roi, comme il inséroit celles de tous les hommes publics. Il peut se faire cependant que le commerce des bleds recueillis dans les domaines de la couronne, ait été fait au compte de ce prince, et dans cette supposition, sa mémoire ne pourroit en être flétrie, car chacun est maître de sa propre denrée. Il pourroit se faire aussi que les agens qui avoient la gestion des deniers de sa cassette, eussent imaginé d'agioter, à son insçu, avec ces deniers, sur les bleds, et de prendre part aux bénéfices des monopoleurs. Ce seroit, dans cette nouvelle supposition, un trafic bien sordide sans doute, mais dont toute la honte retomberoit sur la tête de ceux qui abusoient d'une manière aussi criminelle, de la confiance de leur maître. Quant à Louis XVI, il est constant qu'il eut toujours des idées saines sur le commerce des grains. Ses plus grands ennemis conviennent (1) que dès son avénement au trône, il déclara à M. Turgot, à qui il connoissoit des opinions erronées sur le monopole, que jamais son règne ne seroit souillé d'un pareil agiotage.

Il ne faut pas penser, au reste, que lorsque des monopoleurs ont surpris la religion du gouvernement, ils se soient présentés à lui comme des hommes dont les opérations avoient pour base la misère publique. Ils se disoient, au contraire, les amis du peuple, et plus particulièrement du laboureur. A les entendre, ils n'avoient d'autre vue que de procurer à l'agriculteur de grands bénéfices, et au public une abondance continuelle. C'est ainsi qu'une société de pareils négocians présenta à Louis XVI, un traité dont les articles étoient tellement spécieux, qu'on eût dit que cette société se proposoit uniquement de tenir les farines à un prix modéré, de rendre inutiles les spéculations des accapareurs, et d'être ainsi la bienfaitrice du royaume. Louis XVI ne donna pas dans ce piège, et malheur aux administrateurs qui y donneront, qui aimeront mieux consulter sur le commerce des bleds une théorie abstraite, que les leçons de l'expérience et de l'exemple. Sur cette branche d'économie politique, ce n'est point à des discoureurs qu'il faut s'en rapporter; c'est uniquement aux bons administrateurs des temps passés ; il faut prendre pour règle, non les avis d'une secte orgueilleuse et ignorante ; mais ce qui se pratique dans les états sagement gouvernés.

---

(1) Voyez troisième volume, page 211, de l'Histoire de la Révolution, par deux amis de la liberté.

Encore aujourd'hui cependant, que nous sommes avertis par de grands malheurs, je connois parmi ceux qui en gémissent le plus, des personnes dont les intentions d'ailleurs sont droites, qui persistent à croire que les associations de marchands de bled doivent être non-seulement tolérées, mais même favorisées ; et qu'il ne faut point donner le nom odieux de monopoleurs aux membres de ces associations. Ces personnes regardent la liberté illimitée du commerce des grains, et sur-tout leur exportation, comme le véhicule de grandes richesses pour le cultivateur et pour l'état. C'est avec ces spécieux mensonges qu'on a pu quelquefois égarer le gouvernement. Comment croire qu'une compagnie sera assez raisonnable pour graduer tellement ses bénéfices, que le prix des grains soit toujours à un taux qui ne lèse point l'acheteur ? Comment croire que des spéculateurs réunis pour retirer de leurs fonds, le plus grand gain, tiendront la balance avec une telle justesse, que l'intérêt particulier de leur société, fera poids égal avec l'intérêt du reste du royaume ? Comment imaginer que l'égoïsme, la cupidité, l'avarice, qui sont les compagnes inséparables de toutes entreprises mercantiles, ne feront pas pencher un des bassins de la balance en faveur de la société ? Et que d'abus, que de calamités n'engendrera pas ce mouvement ? L'imagination s'en effraye. Que tout particulier puisse faire le commerce de bled, c'est une vérité qui n'a jamais été révoquée en doute ; mais il doit être rigoureusement interdit à quelque compagnie que ce soit, et encore en laissant à chaque individu la liberté de le faire, cette liberté ne doit pas être tellement illimitée, qu'elle ne puisse, en certaines rencontres, trouver des bornes. Qu'on suppose, par exemple, un particulier assez riche pour accaparer tout le grain d'une province, tout celui d'un royaume, qui osera nier qu'un tel particulier ne dût être regardé comme un ennemi public ? Quant à l'exportation, la règle à suivre est si simple, si constamment suivie par tous les états policés, qu'il est inconcevable qu'on l'ait de nos jours, tant de fois oubliée en France ; cette règle est qu'il ne faut laisser exporter que le superflu.

Dans tout ce que je viens de dire, je n'ai point dissimulé les fautes du gouvernement ; mais avancer comme ces deux libellistes, (1) qu'*une armée de brigands avoit envahi l'empire pour se partager ses dépouilles, et que* CES BRIGANDS ÉTOIENT LE GOUVERNEMENT LUI-MÊME, *et ses agens* ; c'est avancer une imposture si invraisemblable par son atrocité, que d'y croire, ce seroit partager la frénésie et la perversité des imposteurs. Dire encore, comme les mêmes écrivains, que le gouvernement a travaillé pendant soixante ans à établir méthodiquement la famine sur toute la surface du royaume, c'est une autre sottise qu'il ne faudroit pas croire quand on la raconteroit d'un tyran aussi insensé que Néron, aussi stupide que Claude ; car, quel est le tyran qui ne veut régner que sur des cadavres ? Ce sont-là d'ailleurs des déclamations, et non une histoire du monopole. Je l'ai donnée avec mon impartialité accoutumée, et en ne me fondant que sur des faits avérés. Il en résulte que le mal qui a été fait par les accapareurs, est venu des fausses idées qu'on a eues à divers temps, sur la liberté du commerce, et que ces idées avoient été jetées dans le public par la secte des économistes. Ainsi c'est encore à une horde de philosophes, que nous devons une calamité qui a engendré plusieurs insurrections partielles, le soulèvement du 14 juillet, et, comme j'aurai à le raconter, une foule d'assassinats, une foule d'autres insurrections partielles, notamment la sédition des 5 et 6 octobre.

Je pouvois d'autant moins me dispenser d'entrer dans ces détails, qu'outre la liaison qu'ils ont avec l'histoire de la révolution, ils sont un préambule nécessaire à ce qu'il me reste à dire de l'aventure de Pinet. Je vais la reprendre dans le chapitre suivant, qui, peut-être plus qu'aucun autre de cet ouvrage, montrera comment s'est faite la subversion du royaume.

---

(1) Voyez Histoire de la Révolution, par deux amis de la liberté, tome 3, page 206. Les mots *en italique*, dans le texte, sont ceux-mêmes de ces deux écrivains, qui, s'ils sont amis de la liberté, ne le sont guères de la décence et de la vérité.

CHAPITRE LXXI.

Récit que font, de la mort de Pinet, ceux qui croyent qu'il a été assassiné et volé; quelle part, suivant ceux qui font ce récit, M. d'Orléans et Pinet ont eu à l'accaparement des grains; comment ils expliquent le voyage de M. le marquis du Crest, en Angleterre; la conduite de M. Necker avec les monopoleurs; la popularité du premier prince du sang; le motif des calomnies contre la reine; les liaisons de M. d'Orléans avec Mirabeau, MM. Laclos, Sieyes, de Sillery, Santerre; comment ils expliquent encore quelques dénonciations sur l'accaparement; l'opinion erronée d'une partie des représentans du tiers-état; la mort du sieur Durocher, prévôt de la maréchaussée; les efforts infructueux de la cour pour avoir des subsistances; la haine portée à M. de Bezenval; l'expulsion de M. Necker hors du royaume; la mort de MM. Foulon et Berthier; les différentes particularités qui précédèrent la fin tragique de Pinet; les différens bruits qui la suivirent; la demande que fit notre cour à celle de Londres, d'une extraction de grains; événemens bizarres dont il est parlé dans ce récit; observations nécessaires sur les détails qu'il contient; liaison du système qu'il établit, avec toute la durée de notre révolution; ce qu'il faut penser de ce que ce système a de relatif à Pinet et à M. d'Orléans; comment, à dater de la mort du premier, l'histoire de la révolution a une marche plus assurée, et dégagée de toute difficulté; terrible avantage que donne aux factieux la triste situation du royaume.

Suite de Juillet 1789, et du second mois de l'interrègne.

J'ai dit que ceux qui soutenoient que Pinet avoir été assassiné et volé, prétendoient donner, sur la révolution, ces *grands éclaircissemens* dont parle un journaliste. Voici ce que j'ai recueilli dans leur conversation; j'en rends le récit littéralement, sans l'interrompre par aucune réflexion; mais il ne sera pas difficile, après l'avoir entendu, de se faire une idée sage du système qu'il présente; il intéressera d'ailleurs le lecteur, qui trouvera non-seulement des faits vrais, et que je n'ai point encore eu occasion de raconter, mais encore des bases pour fixer son opinion sur les diverses insurrections qui ont eu lieu jusqu'à ce jour.

« Le nouvel édit, disent donc ceux qui ne croyent pas que Pinet ait été un suicide, rendu au mois d'avril 1788, par lequel l'exportation des grains hors du royaume étoit permise, donna une grande activité au monopole. Cette activité fut fort accrue par les événemens qui précédèrent la révolution. M. le duc d'Orléans, humilié de son exil à Villers-Cotterets, ayant d'autres sujets de mécontentement contre la cour, se lia avec quelques boute-feux, conçut de coupables espérances, et se jeta avec fureur dans la société des monopoleurs, parce qu'il entrevit la facilité d'opérer au moyen des spéculations de cette société un effroyable bouleversement. Pinet fut le principal agent de ce monopole; il eut pour mission l'accaparement particulier de Paris; c'est-à-dire qu'il devint l'approvisionneur invisible et unique de la capitale. Sa charge d'agent-de-change l'autorisa à recevoir des sommes considérables; elle fut le masque dont il se couvrit aux yeux des bailleurs de fonds. »

« A l'instant où le système d'un accaparement général fut concerté, M. le marquis du Crest, frère de madame de Sillery, et alors chancelier de M. le duc d'Orléans, fit un voyage mystérieux en Angleterre. Le bruit se répandit qu'il étoit disgracié; mais il eût soin de détromper le public, en faisant insérer dans les journaux une lettre où on lisoit cette phrase remarquable : *bien loin d'avoir démérité du prince, j'ai au contraire, été chargé par son altesse d'une mission importante et SECRETTE pour elle en Angleterre, que j'ai sans doute remplie à la satisfaction du prince, puisqu'il s'est chargé de payer pour moi, SIX CENT MILLE LIVRES de dettes.* »

« Une telle munificence de la part du Prince, qui n'a point une réputation de générosité, est sans doute étonnante; mais l'étonnement cesse lorsqu'on se rappelle qu'à cette époque, les grands magasins de Gersey, de Guernesey et de Philadelphie furent construits, et qu'ensuite ils se remplirent de nos moissons. »

« Il faut aussi se rappeler qu'après l'effroyable grèle, qui, le 13 juillet 1788, désola nos campagnes, il se répandit que les Anglois, peuple sage et prévoyant, avoient conjecturé que cette calamité seroit suivie d'une grande disette, et que c'étoit pour n'en être pas atteints, qu'ils faisoient chez eux des emmagasinemens extraordinaires. Ce bruit fut répandu par les accapareurs François, qui vouloient cacher la part qu'ils avoient à ces approvisionnemens en terre étrangère. Il peut se faire aussi que des négocians Anglois contribuassent par leurs fonds à ce commerce. Il est encore vraisemblable que l'Angleterre, ayant une injure toute récente à venger, et par d'autres motifs de politique aisés à deviner, donnât de l'encouragement à une opération qui devoit réduire sa rivale et sa voisine, à l'état le plus déplorable. »

« Ces exportations, ces conjectures, auroient dû alarmer les François sur leurs subsistances; mais ils ne virent, ils n'entendirent rien; leur sécurité étoit complette, et au mois d'août 88, le royaume fut dans un état absolu de disette, et le gouvernement dans une dépendance totale des monopoleurs. Il falloit bien que l'impéritie de M. de Brienne, archevêque de Sens, les eût armés d'une puissance formidable, car tout le monde sait que les frères du roi entrevirent que la révolution, qui ne s'est opérée qu'en 89, alloit s'opérer sur le champ, si ce Prélat ne quittoit pas à l'instant même le ministère. Ce fut en effet cette considération qui détermina sa majesté à le renvoyer. »

« M. Necker, son successeur, tint avec les monopoleurs une conduite qui a été expliquée diversement. Il y avoit à peine douze jours qu'il étoit rentré au ministère, qu'on vit paroître l'arrêt du conseil qui arrêtoit l'effet de l'exportation. C'étoit sans doute une sorte d'hostilité contre ceux qui accaparoient; mais, d'un autre côté, il leur accordoit des primes d'importation; il les payoit donc du crime qu'ils avoient commis en exportant la subsistance du peuple. Il est encore assez singulier, qu'en douze jours, M. Necker ait eu le temps de connoître les vues, les opérations des monopoleurs, d'en informer le roi, et enfin d'être assez bien instruit de la quantité de grains qui restoient dans le royaume, pour pouvoir assurer, dans l'arrêt du conseil, que nos greniers en étoient suffisamment pourvus, et avoient même du superflu. Cette connoissance rapide et intime de tout ce qui avoit trait au monopole des grains, ne semble-t-elle pas supposer que M. Necker, avant de revenir à la cour, avoit conservé une liaison étroite avec ceux qui le faisoient ? Tout est bizarre dans la conduite qu'il tient avec eux; il assure que la France a du superflu, et cependant il accorde des primes d'importation. Ces primes d'importation auroient donc eu pour but d'établir la disette dans les royaumes voisins. Mais le fait que les greniers intérieurs se trouvoient suffisamment pourvus, étoit évidemment faux; encore moins, pouvoit-on dire qu'ils eussent du superflu. »

« De quelque nature que fût la liaison de M. Necker avec les principaux agens de l'accaparement, il est certain que connoissant tous les forfaits que méditoit cette exécrable société, il devoit tout mettre en œuvre pour la détruire, et couper même la tête de l'hydre, s'il ne pouvoit parvenir autrement à purger la France de ce monstre. En supposant que ses intentions étoient pures; il fut peut-être arrêté par la considération que la rigueur avec laquelle il agiroit contre cette infernale association, compromettroit nécessairement la liberté, et peut-être la vie du premier prince du sang. Ce prince étoit déjà cher à la multitude; il paroissoit en outre, à cause de son exil de Villers-Cotterêts, fixer l'intérêt du parlement. M. Necker put donc croire, que dans des temps qui commençoient à n'être plus tranquilles, il seroit dangereux de donner un exemple aussi éclatant de sévérité, et que plus que jamais on auroit crié au despotisme. Mais le salut du royaume devoit l'emporter, et le développement public du motif de l'arrestation de M. d'Orléans, l'exposition des vues des brigands dont il étoit le chef, auroient éclairé le peuple et tous les corps de l'état. On auroit béni la providence du gouvernement ; M. Necker eût été, à juste titre, appelé l'ange tutélaire de la France, et nous n'eussions pas eu la révolution avec tous ses désastres. Quoiqu'il en soit de sa conduite à l'égard de ces vampires, il reste vrai qu'au lieu de recevoir de lui la loi, et une loi impérieuse, ils la lui firent, et la lui firent bien dure. Ils l'accusèrent lui-même de monopole, tandis que de son côté il accordoit, à ceux d'entr'eux qui le frappoient de cette honteuse accusation, des lettres, des arrêts du conseil apologétique qui les disculpoient de tout soupçon d'accaparement. Ces lettres, ces arrêts étoient ensuite affichés avec profusion. »

« Il n'est pas moins incontestable que M. Necker a toujours eu l'air de croire le parti que formoient les accapareurs, beaucoup trop puissant pour être frappé impunément. Causant avec un des municipaux de Paris sur la subsistance de cette capitale, et celui-ci lui ayant demandé pourquoi il n'avoit pas dissout la société des accapareurs, il lui répondit par ce peu de mots qui prouvent l'idée qu'il s'étoit faite de la force de cette société : *je ne l'ai pas pu.* »

« Tandis que M. d'Orléans donnoit tous ses soins à l'extraction des grains hors de France, il se présentoit en même temps aux séditieux dans les mouvemens populaires. Ainsi on le vit sur le Pont-Neuf, obéir avec docilité à ceux qui l'invitèrent à descendre de sa voiture, et à saluer la statue de Henri IV. Ainsi on le vit encore, au fort de l'incendie de la maison de M. Réveillon, se montrer aux incendiaires et leur parler avec affabilité. A la même époque, c'est-à-dire au sein de ces mouvemens qui précédèrent la révolution, il fondoit des académies dans ses apanages ; ils les dotoit ; il promettoit d'abondantes aumônes à sa paroisse ; distribuoit des denrées aux pauvres de ses domaines ; faisoit répandre dans toute la France les exemplaires de ce cahier que M. l'abbé Sieyes avoit rédigé. »

« Tandis aussi que M. Necker tenoit avec les monopoleurs une conduite qui sembloit le rendre leur complice, il invitoit les gens-de-lettres à discuter les grands intérêts du moment ; il laissoit une liberté illimitée aux écrivains qui croyoient que pour bien servir l'état, il falloit injurier les deux premiers ordres, attaquer les prérogatives du roi, et calomnier son auguste épouse que dès lors dans plus d'un pamphlet on avoit l'insolence d'appeler *madame déficit.* »

« Aussi long-temps que le clergé, la noblesse et les parlemens semblèrent faire pencher, en leur faveur, la balance, M. d'Orléans fut de leur bord, et il n'eut pas à faire à des ingrats ; les réclamations de la magistrature contre son exil, prouvent l'intérêt qu'il inspiroit alors aux premières classes de la société ; mais dès qu'il s'agit d'accorder la double représentation au tiers-état, il comprit que le parti qui jusqu'alors avoit été le plus fort, alloit devenir le plus foible. Il annonça sa scission avec ce parti, en refusant de signer la lettre que les princes adressèrent au roi, sur les suites des nouveautés qui se préparoient. Lorsque la double représentation fut décidément accordée, le prince ne balança plus : il abandonna ouvertement ses anciens alliés pour se jeter dans le nouveau parti, parce qu'il sentit qu'il étoit indispensable, pour ses projets, de se ranger du côté de la force. »

« L'instant où il annonça, par son refus de signer la lettre des princes, qu'il alloit rompre avec les deux premiers ordres, fut celui où commença l'abaissement du clergé, de la noblesse et des parlemens. M. d'Orléans vit à merveille qu'il seroit plus fort avec sa seule popularité qu'avec la triple coalition de la magistrature et des deux premiers ordres. »

« Ce fut aussi à l'époque où ce prince s'enfonça dans le tiers-état, que le déchaînement contre la réputation de la reine n'eut plus de bornes. Des écoliers, qui sans doute avoient, parmi leurs livres classiques, les libelles du jour, l'insultèrent dans le parc de Saint-Cloud ; ils l'appelèrent *madame déficit.* Dans différens spectacles qu'elle honora de sa présence, la même injure fut répétée à haute voix. Il ne paroissoit plus une brochure où elle ne fût calomniée. Aux uns, l'acquisition et les dépenses de Saint-Cloud, servoient de base à leurs impostures ; aux autres, c'étoit l'aventure du collier qui, si elle présentoit contre la reine les inductions qu'on en vouloit tirer, prouveroit du moins que cette princesse ne puisoit pas à discrétion dans le trésor public ; mais il faut bien, que tout ce qui a été dit contre la reine au sujet de ce collier, ne soit qu'une fable, puisque ses ennemis ont entièrement abandonné cette arme, et n'ont pas osé s'en servir dans ces derniers temps, où ils ont eu cependant recours aux mensonges les plus grossiers. »

« En s'environnant d'une grande popularité, M. d'Orléans s'environna aussi de ceux qu'il savoit avoir une influence particulière sur le tiers-état. Ses principaux guides, dans la nouvelle carrière qu'il commençoit à parcourir, furent le comte de Mirabeau, M. Laclos et l'abbé Sieyes. Il se tenoit toutes les nuits, au Palais-Royal, un comité où ces trois hommes ne manquoient jamais de se trouver. Dans la suite, ce comité fut transféré dans une maison de Passy, où l'on se croyoit exposé à moins de regards. Le marquis de Sillery, qui paroissoit avoir beaucoup de part aux délibérations des conjurés, n'étoit cependant, à proprement parler, qu'un enfant perdu de la ligue. Il alloit à la découverte ; semoit les bruits qu'il importoit de faire circuler ; inspiroit les motionnaires du Palais-Royal ; rapportoit les nouvelles ; et à l'assemblée nationale, il étoit le *casse-cou* des conspirateurs. »

« Ce

« Ce n'étoit pas assez de former une conjuration; il falloit encore avoir une armée ; on jeta d'abord les yeux sur les ouvriers du faubourg Saint-Antoine. L'attelier de M. Réveillon, comme étant un des plus considérables, eut la préférence; mais M. Réveillon refusa de se prêter aux vues de la faction. Il fut puni de son refus par l'incendie de sa maison. A son défaut, on s'adressa à M. Santerre, brasseur dans le même faubourg ; il souscrivit avec joie aux propositions qui lui furent faites, et est allé depuis au-delà des desirs des conjurés. »

« L'accaparement cependant alloit toujours croissant; on eut des soupçons sur M. Necker; ils se fortifièrent. Comme on savoit que le trésor-royal étoit dans une entière pénurie, et que d'autre part on voyoit la cour ne rien retrancher de ses dépenses accoutumées, on se persuada que l'administrateur des finances faisoit face à tout avec le bénéfice que lui produisoit le monopole des grains. Cette idée s'accrédita au point que M. l'abbé Lecoigneux, conseiller au parlement, dénonça à sa compagnie, M. Necker. Le parlement, pour ne pas fournir sans doute de nouveaux prétextes aux troubles, refusa de donner suite à cette dénonciation. »

« D'un autre côté, les boulangers de la capitale dénoncèrent à cette compagnie, l'accaparement et la mauvaise qualité des subsistances; mais vraisemblablement ils étoient, sans le savoir, les instrumens d'une faction; il paroît qu'ils allèrent trop loin, et qu'ils désignèrent comme complices du monopole, des personnes qui n'avoient aucune part à cet infâme négoce. On sait que leur dénonciation ne fut pas bien accueillie au parlement. Econduits par cette cour, ils eurent recours à M. Necker, qui se déchargea sur M. de Lessart, du soin de les engager à se taire. Ces boulangers firent imprimer deux mémoires; ils existent encore, et chacun peut les lire; mais il y en eut un troisième qui resta manuscrit; il fut confié à M. Necker, des mains duquel il n'est jamais sorti. On croit que c'est ce troisième mémoire manuscrit, qui contenoit tous le secret des monopoleurs. »

« Ceux qui se donnoient tant de mouvement contre ces derniers, se prenoient souvent dans leurs propres filets, faute de connoître les véritables chefs de cette troupe de larrons. Ainsi M. l'abbé Lecoigneux, à qui on ne disoit pas tout, se mit en tête de dénoncer aussi comme accapareur, M. Laborde de Méreville, alors garde du trésor-royal. M. Lecoigneux se fondoit, pour cette dénonciation, sur la conjecture que le trésor-royal n'étoit alimenté qu'avec les gains qu'on faisoit sur le commerce des bleds; mais cet ecclésiastique qui, comme chacun sait, étoit un des enfans perdus de M. d'Orléans, ignoroit cependant que M. Laborde de Méreville, qu'il ne regardoit que comme un agent de M. Necker, étoit aussi un des amis particuliers du prince. Il y a quelque apparence qu'on fit entrevoir cette intimité à M. l'abbé Lecoigneux, car après avoir fait bien du bruit du projet de cette autre dénonciation, il finit par n'en plus parler du tout. »

Hist. de la Révolut. Part. V.

« Au milieu de ces mouvemens sur le monopole, les calomnies contre la cour, mais plus particulièrement contre la reine, redoubloient; on déchiroit sa réputation sans ménagement et sans pitié. Parmi les députés, c'étoit le comte de Mirabeau qui allumoit ce feu, qui souffloit toutes ces calomnies; il parvint à séduire plusieurs représentans du tiers-état, et sur-tout ceux qui étant arrivé de leurs provinces étrangers aux intrigues de Versailles et de Paris, étoient réellement ce qu'on appelle de bonnes gens. Ainsi une grande partie du tiers-état se trouva convaincue que les courtisans, les ministres, et même leurs majestés, méritoient le plus souverain mépris. Delà vint la défiance des communes, leur jalousie contre l'autorité du roi, et leur résistance à ses plus sages desirs. On étoit persuadé qu'il ne pouvoit rien émaner de bon de la cour de Louis XVI, et que toutes les offres de ce prince étoient autant de pièges. »

« Au moment où les deux premiers ordres commencèrent à reculer devant le troisième, et où la supériorité de celui-ci fut évidente, M. d'Orléans jeta son masque; il fit un parti dans la chambre de la noblesse, se mit à sa tête, annonça franchement qu'il alloit faire cause commune avec le tiers-état. Si M. d'Orléans avoit pour but d'écraser la cour, il raisonnoit bien; car, pour l'écraser, il falloit des forces, et où puiser ces forces, si ce n'étoit à la source qui alloit les produire toutes. Dès qu'il vint se réunir aux communes, tous les regards se tournèrent vers lui, et on voulut l'avoir pour président. »

« Le comité secret qu'il tenoit à Passy eut, sur l'assemblée nationale, l'influence qu'eut, quelques jours après le club breton, qu'eurent ensuite, et qu'ont conservée, jusqu'à ce moment, les jacobins. C'étoit dans ce comité, dont Mirabeau étoit président perpétuel, qu'on décidoit ce qui seroit fait à l'assemblée nationale. C'étoit-là encore qu'on proposoit les différentes exécutions à faire dans le royaume. On ne doute point que la mort de Pinet n'y eut été résolue, ainsi que celle du sieur Durocher, prévôt de la maréchaussée. On désiroit avoir non-seulement la vie, mais encore le portefeuille du premier, et cela pour plusieurs raisons: d'abord on comptoit trouver, dans ce portefeuille, des pièces qui prouveroient que M. le comte d'Artois, Monsieur, frère du roi, la reine et le roi lui-même étoient intéressés au commerce des bleds; on auroit fait imprimer ces pièces, et alors personne en France n'auroit plus douté que la cour n'eut formé le projet d'affamer le peuple. En s'emparant de ce portefeuille, on se procuroit encore l'avantage de connoître tous ceux qui coopéroient à l'accaparement; on pouvoit alors diriger contr'eux les bandes d'assassins qui commençoient à se mettre à la solde de ceux qui vouloient les payer; on se défaisoit ainsi de tous les accapareurs; on rendoit le prince seul maître de l'accaparement, et par une suite nécessaire, maître aussi de créer, quand il le jugeroit à propos, des soulèvemens. On procuroit enfin à M. d'Orléans, ce troisième avantage, qu'en se débarrassant de Pinet, et en s'emparant de son portefeuille, son altesse se trouvoit acquittée des sommes qu'il lui avoit avancées pour ce même commerce des grains. »

« Quant à Durocher, il fut victime de son zèle et de sa sollicitude à surveiller les conjurés. Leurs fréquens conciliabules les lui rendit suspects; il les épioit, et suivoit de son mieux toutes leurs démarches. Soit qu'ils craignissent qu'il les eût deviné, soit pour se délivrer de l'importunité que leur causoit sa vigilance, on résolut de se débarrasser de cet incommode espion. On tenta de l'attirer pendant la nuit, hors de son logis, afin sans doute de l'égorger dans le silence. On tira des coups de fusil et de pistolet sous ses fenêtres pendant les ténèbres. Il ne donna point dans ce piége; il savoit qu'il étoit menacé; mais brave et intrépide, il n'en continua pas moins de surveiller les conspirateurs. Mais enfin un jour étant accouru pour appaiser une émeute, on lui tira un coup de fusil dans les reins; on fut délivré, par sa mort, des appréhensions que donnoient les renseignemens qu'il pouvoit déjà avoir acquis. »

« Un des premiers travaux des communes, lorsqu'elles possédèrent M. d'Orléans, fut de nommer un comité de subsistances. Le prince eut une grande influence sur ce comité, au moyen du grand nombre de personnes qu'il y trouva entièrement dévouées à ses projets (1). Ce comité lui procura donc encore de grandes facilités pour continuer ses manœuvres sur les subsistances. »

« Il est certain que depuis la création de ce comité, les mesures de la cour, pour faire arriver des grains dans la capitale, furent presque toujours déjouées; il faut rendre cette justice à M. le baron de Bezenval, que non-seulement il ne fut point complice de cette conspiration, mais qu'il la desservit avec beaucoup de zèle. On dut à son activité l'entrée dans Paris de plusieurs convois, en dépit de tous les ressorts que firent jouer les conjurés, pour les intercepter. Cette conduite qui faisoit obstacle aux projets du moment, valut à M. de Bezenval la haine des conjurés, et les persécutions qui en furent la suite. »

« Les émissaires de cette faction de monopoleurs, étoient sans cesse sur les grandes routes, pour arrêter et détourner les convois. Ils croyoient qu'on

___
(1) Ce comité, qui fut créé le 19 juin 1789, étoit composé de MM. de Turckleim, le Maréchal, Roussier, Pinceprè de Buire, Senteltz, Lapoule, Delaville-le-Roulx, Boery, Volfius, Dubois de Crancé, Lami, Bérenger, Brassart, Nérac, Hennel, de Rostain, Duquesnoy, Montardon, Garesché, Dupré de Balay, Gouges-Carton, Goyard, Monneron, Bouvet, Dupont, Rogas, Thibandeau, Begouen, Huguet, Hanoteau, Dupré, Cigongne.

les destinoit à être importés; ils mettoient en avant le prétexte du bien public; le peuple étoit dupe de ces atroces jongleries, et secondoit à merveille par ses mutineries, les efforts que l'on faisoit pour entraver la circulation. Ainsi tandis que la marche de la disette se graduoit sur le plan d'une insurrection, d'abord partielle, ensuite générale, les forces de M. d'Orléans augmentoient, et celles de la cour s'affoiblissoient; car, de quel bienfait tient-on compte à un roi qui est dans l'impuissance de procurer du pain à ses sujets ? »

« La mort de Pinet important aux conjurés, il fut question d'abord d'avoir ses portefeuilles. Comme on le connoissoit timide et peureux, on conjectura que la seule terreur suffiroit pour l'attirer dans le piége. Delà vint qu'on envoya dans sa rue une troupe de brigands, dont le bruit et les menaces produisirent l'effet qu'on attendoit. Il chercha à mettre sa fortune en sûreté; s'ouvrit à M. d'Orléans qui lui représenta que le palais-royal étoit un asile qu'on insulteroit jamais. Pinet n'eut pas de peine à en être convaincu, et confia son porte-feuille au prince. »

« Les terribles appréhensions que la disette inspiroit pour l'avenir, tenoient la cour dans le plus grand embarras; elle se donna des mouvemens pour connoître au moins les principaux monopoleurs, et tâcher, sans doute, de les faire renoncer à leur désastreux commerce. Il y a apparence que dans ses recherches, elle crut s'appercevoir que M. Necker ne tenoit pas une conduite loyale et franche avec ces dangereux intriguans. Il est du moins certain que c'est à l'idée qu'elle avoit conçue à cet égard, que M. Necker dût son expulsion du royaume. »

« On avoit aussi précédemment fait venir pendant le voyage de Marly, MM. Bertier, Foulon et Pinet. Ils eurent tous les trois quelques audiences secrettes; on attendoit des deux premiers, qu'ils donneroient tous leurs soins pour découvrir ceux qui avoient la principale part au commerce des grains, et qu'ils indiqueroient les moyens les plus propres à dissoudre cette dévorante société. Quant à Pinet, on n'ignoroit pas qu'il étoit l'agent des monopoleurs, et que les fonds qui lui étoit confiés vivifioient leur détestable négoce. On mit tout en œuvre pour l'engager à découvrir le fil de la trame; on le flatta, on le caressa, on lui promit la place de garde du trésor royal, s'il parvenoit à mettre la cour en état de connoître les chefs des monopoleurs, et de terminer leurs manœuvres. Il est vraisemblable que Pinet, jaloux de posséder la place qu'on lui promettoit, donna de grandes espérances. Il est vraisemblable aussi que MM. Bertier et Foulon ayant déjà des connoissances sur les causes de la disette, donnèrent des renseignemens qui satisfirent, et permirent de croire qu'au moyen de leurs recherches ultérieures on sauroit tout ce qu'on désiroit savoir. »

« M. d'Orléans avoit des espions à la cour, comme

partout ailleurs ; il sut que ces trois personnes avoient eu des audiences ; il en devina le motif, et il n'y a pas de doute qu'il ne faille attribuer à la crainte qu'inspiroient les révélations que les deux premiers avoient déjà faites, et celles qu'ils pouvoient faire encore, la forte haine qui s'alluma contr'eux, et qui les conduisit à la fin la plus déplorable. Jusqu'au moment qui termina leurs jours, Pinet parut d'autant plus tranquille qu'il avoit un *recepissé* de son portefeuille. Ayant cependant besoin des papiers qu'il renfermoit pour payer ses dividendes, il en fit la demande, mais on l'éluda sous divers prétextes ; on le remit de jour en jour. »

« Dès qu'il apprit l'arrestation, et ensuite la mort terrrible de MM. Foulon et Bertier, les plus noirs soupçons entrèrent dans son ame. Soit qu'il devinât le véritable motif du déchaînement qui avoit éclaté contr'eux, soit qu'il sût qu'il étoit frappé de la même proscription pour avoir été comme eux, admis aux entretiens secrets de Marly, il sembla craindre un sort semblable. Mais on vouloit avant de le faire périr, lui arracher le titre qui indiquoit le dépositaire de son portefeuille. Il fallut enfin en venir au dénoûment. Le 29 juin, M. d'Orléans lui écrivit de se rendre sur les sept heures du soir à Passy, dans cette maison qui servoit de rendez-vous aux conjurés : elle a deux issues, l'une par Passy et l'autre dans la campagne du côté de Neuilly. Voilà ce qui explique la rencontre que fit M. Leblanc, de cet infortuné vers le bois de Boulogne. Quant à la tristesse qu'il remarqua sur son visage, elle étoit l'effet des lugubres pressentimens qui ne le quittoient plus depuis le massacre de MM. Berthier et Foulon. »

« Pinet étant arrivé dans les jardins de la maison de Passy, y trouva M. d'Orléans, qui lui demanda s'il avoit sur lui la reconnoissance de la remise de son portefeuille. Pinet ayant répondu affirmativement, le prince lui dit que ce portefeuille se trouvoit chez une personne qu'il lui nomma, et qui étoit pour lors dans sa maison de campagne, non loin du Vésinet. « Je vais, ajouta son altesse, vous donner un cabriolet qui vous y conduira ; en remettant à cette personne ma reconnoissance, elle vous rendra votre portefeuille. » Pinet auroit dû trouver fort extraordinaire qu'on lui indiquât une pareille heure pour lui remettre ses papiers, et il étoit assez naturel qu'il demandât que l'on remît la partie au lendemain matin, d'autant mieux qu'il ne pouvoit ignorer que sa famille, qui l'attendoit à souper, seroit fort inquiète, en ne le voyant point revenir ; mais, sans doute, la gêne où le mettoit pour ses opérations, la privation de son portefeuille, l'empressement qu'il avoit de le recouvrer, l'emportèrent sur toute autre considération. Il ne témoigna également, ou du moins il n'osa témoigner aucune crainte sur l'homme qu'on lui donna pour conduire le cabriolet. Il partit incontinent. »

» Voilà donc Pinet courant la nuit les champs, à la merci d'un inconnu. Arrivé dans le bois du Vésinet, il fut assassiné ; on lui tira un coup de pistolet derrière la tête ; ce seul coup le priva de toute connoissance ; on le crut mort. On ne sait pas bien les particularités de cet assassinat ; mais il y a apparence que Pinet fut tiré hors du cabriolet, soit par ruse, soit par force, soit par un besoin naturel ; et que dès qu'il fut à terre, on lui tira, à bout portant, le coup qui le fit croire mort. Il tomba ; sa tête portant sur le tronçon d'un arbre. C'est un bruit assez accrédité qu'on eut l'infernale précaution de revêtir les assassins de la livrée de la reine. On se donnoit par-là la facilité, si le hasard venoit à faire découvrir quelque chose de cet assassinat, de publier que c'étoit cette princesse qui l'avoit commandé afin de faire disparoître toutes les traces de sa correspondance avec la victime. Si ensuite on avoit pu trouver sur Pinet des traces de cette correspondance, leur publicité auroit merveilleusement accrédité cette imposture. »

« Ce qui porteroit à faire croire que cette ruse de revêtir les meurtriers de la livrée de la reine, n'est point une fable, c'est qu'en effet, comme tout Paris s'en souvient, on répandit d'abord, après la mort de Pinet, qu'il étoit victime de ses relations avec la reine, avec M. le comte d'Artois, avec la maison de Polignac, et que pour s'approprier toutes les pièces qui prouvoient cette relation, la reine avoit commandé l'assassinat de ce malheureux. »

« Dès que Pinet eut été renversé par le coup qu'on lui porta, on fouilla dans ses poches, et on en retira la reconnoissance de M. d'Orléans, qui fut rendue fidèlement au prince. On lui trouva aussi deux pistolets ; on en laissa un sur lui, on déchargea l'autre, et on le jeta à quelques pas dans le bois. Ainsi, si l'on ne pouvoit pas persuader que Pinet avoit été assassiné par les ordres de la reine, on se réservoit la ressource de faire croire qu'il s'étoit défait lui-même. »

« M. d'Orléans se trouvant, par cet accident, et au moyen du *recepissé* qu'il avoit recouvré, maître de disposer, comme il l'entendroit, du portefeuille, ne manqua pas d'y fouiller sur-le-champ, et en retirer les reconnoissances des sommes que lui et ses principaux agens pouvoient devoir à Pinet, ensuite les effets qui pouvoient être convertis en argent sur la simple présentation du porteur, enfin les papiers qui donnoient les noms de tous les monopoleurs auxquels Pinet avoit affaire. Comme on ne trouva aucune pièce qui pût compromettre la reine et M. le comte d'Artois, on se réduisit à publier que Pinet s'étoit tué lui-même. On ne s'en tint pas-là : pour détourner les créanciers de cet infortuné, de faire des recherches, on les investit de terreur ; on fit jouer tous les ressorts qui pouvoient bien les convaincre que leur vie dépendoit de leur silence. Afin aussi que les parens et les créanciers ne marchassent pas au même

L 2

but, on jeta entr'eux des semences de division, qui n'ont que trop bien germé. »

« La personne chez laquelle Pinet comptoit retrouver son portefeuille, fut la première à assurer qu'il étoit perdu, & que jamais on ne le retrouveroit. Il ne s'est point en effet retrouvé jusqu'à présent. Quelque soit l'usage qu'on en ait fait, il est certain que depuis l'aventure de Pinet, la faction qui avoit à sa tête M. d'Orléans, a été seule en possession de l'accaparement; que tous les monopoleurs qui ne tenoient pas à cette faction, ont disparu; que des particuliers qui entravoient sa marche, par les mouvemens qu'ils se donnoient pour procurer des subsistances au peuple, ont été égorgés. Précédemment déjà, elle avoit exercé ses vengeances à Saint-Germain sur Sauvage, & à Poissy sur Thomassin (1). Le crime de ces deux hommes étoit de prendre pour le commerce des grains, d'autres erremens que ceux de la faction. Il est certain aussi que depuis la tragique aventure de Pinet, & jusqu'à une époque éloignée (2), la disette et les insurrections qui en étoient l'effet, se sont continuées sans effort, au gré des conjurés de Passy, & en dépit des mesures de la cour. »

« Il n'est pas inutile de remarquer que Pinet fut assassiné au moment même où M. Necker rentroit à la cour. Il est à présumer qu'on craignoit les relations qui alloient s'établir entre ces deux hommes, et les suites qu'elles auroient pour les subsistances. Ce qui n'est pas une conjecture, c'est que le premier, comme mille témoins peuvent l'attester, attendoit le retour du ministre avec la plus vive impatience; il en parloit continuellement; il ne cessoit de répéter : *Eh! oui, il reviendra; mais hélas! nous n'en sommes pas moins perdus.* »

« Il ne faut pas oublier non plus que ce fut après la mort de Pinet, que le club breton commença à dominer par la terreur, l'assemblée nationale, et peu de temps aussi après cet événement, M. Necker, vivement pressé par Louis XVI, que la disette qui ne faisoit que s'accroître, alarmoit, s'adressa directement pour avoir des subsistances à M. Pitt, et les sollicita au nom et avec la recommandation du roi; cette demande ne fut pas exaucée. Le cabinet de Saint-James donna pour raison de ce refus, que la grande Bretagne ne pourroit délivrer les grains qu'on sollicitoit, sans enfreindre la loi qui fixoit la borne où devoit s'arrêter l'exportation. Des politiques croyent quelle cette raison ne fut qu'un prétexte, et que le ministère anglois pensa qu'il n'étoit pas de l'intérêt de l'Angleterre, d'aider une puissance qui avoit eu tant de part au soulévement des colonies américaines, et qui tout nouvellement encore avoit accueilli avec une solemnité presqu'affectée, les ambassadeurs de Tippo-Saïb, prince avec lequel les Anglois étoient en guerre dans les Indes Orientales. »

« On doit se souvenir encore que dans le fort des angoisses qu'éprouvoit la cour, à l'occasion de la disette des subsistances, M. Necker apprit au public que les barbaresques avoient donné la chasse à un convoi de grains qui nous venoit de l'étranger, et que plusieurs bâtimens avoient été perdus. Cette aggression de la part d'un peuple qui avoit toujours respecté notre pavillon, parut fort extraordinaire dans l'état critique où nous nous trouvions. On crut qu'elle avoit été suggérée par une puissance intéressée à nous rendre le mal pour le mal. C'est cette aggression ainsi que le refus de l'Angleterre, de nous céder des subsistances, qui commencèrent à faire conjecturer que les monopoleurs entretenoient des relations coupables avec les ennemis de la France, et que les fréquens voyages à Londres, tantôt de M. d'Orléans, tantôt de ses émissaires, n'avoient d'autre motif que de concerter avec ces ennemis, les malheurs de notre patrie. »

« Une autre observation qu'il importe de faire, c'est que M. de Condorcet, qui fut toujours le principal rédacteur de la chronique de Paris, fut toujours aussi depuis le commencement de nos troubles, attaché au parti de M. d'Orléans. Cela explique comment cette feuille devina, avec une si juste précision, le montant de la faillite de Pinet. »

« Les différentes assemblées qu'ont tenues ses créanciers, qui encore aujourd'hui ne savent à quoi s'en rapporter sur la situation de sa fortune, ont donné lieu à quelques bizarreries qui sont de nouvelles énigmes. Les plus intrigans de ces créanciers, ont bâti des histoires, au moyen desquelles ils sont parvenus à se faire délivrer, par leurs co-intéressés, des sommes à compte de celles qu'ils promettoient de faire toucher sur la succession de Pinet. L'un d'eux entr'autres, attaché par son épouse à la maison de Penthièvre, assura qu'il avoit, dans la main, le fil de toute cette affaire; mais que pour donner aux créanciers toute satisfaction, il étoit nécessaire qu'il lui fut avancé trente mille livres. Il mit le plus grand empressement à accélérer la délibération qui eut lieu sur cette demande; il parvint à être exaucé. Tout ce qu'on en obtint, lorsqu'il eut touché cet argent, fut un plan pour l'examen duquel on nomma des commissaires. »

« Pressé, dans la suite, de dire où en étoient les espérances dont il avoit bercé les créanciers, il se réduisit à leur répondre qu'ils avoient montré beaucoup trop d'impatience, tandis que lui-même avoit montré une activité sans exemple à presser la délibération sur la demande des trente mille livres. Une autrefois, lors du dernier voyage de M. d'Orléans

---

(1) Voyez pages 50 et 51 du quatrième cahier de cette histoire.

(2) Je l'indiquerai dans le cours de cette histoire.

à Londres, il prétendit avoir écrit à ce prince, par la voie de M. le duc de Penthièvre, et lui avoir envoyé des renseignemens qui l'engageroient à passer à Edimbourg. Mais qu'avoit de commun un voyage à Edimbourg, avec la succession de Pinet ? C'est ce que cet homme n'a jamais voulu dire. Il assura, quelque temps après, avoir reçu une réponse de M. d'Orléans, qui le mandoit chez madame la princesse de Lamballe, où devoit se trouver M. de la Touche, chancelier du prince ; mais qu'il n'avoit point voulu se rendre personnellement à cette conférence, parce qu'elle devoit avoir lieu en présence d'un député, que son intimité avec M. d'Orléans, lui rendoit suspect. Il ajouta qu'il avoit envoyé à sa place un ami. Voilà ce que cet homme a dit aux créanciers, et qu'il répète aujourd'hui à qui veut l'entendre. Mais que se passa-t-il dans cette conférence ? Quel en fut le motif, le résultat ? C'est ce qu'il laisse ignorer. »

« Un autre créancier de Pinet ayant, dans la chaleur des explications, attribué la mort de cet infortuné à M. d'Orléans, s'écria : « si j'en avois plus de certitude, je partirois à l'instant même pour lui brûler la cervelle. » M. d'Orléans étoit alors à Londres. Quelques jours après cette exclamation, ce créancier quitta Paris pour ses affaires personnelles, et se rendit, non à Londres, mais en province ; l'homme aux trente mille livres prétendit que le voyageur étoit réellement passé en Angleterre pour tirer des explications du prince ; mais le fait étoit absolument faux. »

« On regarde de plus comme liée au désastre de Pinet, une aventure romanesque qui fit quelque bruit dans Paris, mais qu'on étouffa bien vîte. Un tailleur passant à l'entrée de la rue, dans les Champs-Elisées, vit arrêter à ses côtés une voiture. Des hommes masqués en sortirent, se jetèrent sur lui, lui bandèrent les yeux, le firent monter dans la voiture, et l'emmenèrent. Il roula ainsi quelque temps ; la voiture s'arrêta ; il en sortit les yeux toujours bandés ; il comprit qu'on le faisoit entrer dans une salle où on lui donna un siège ; il passa toute la nuit dans cette salle, sans entendre aucun bruit, et conservant toujours son bandeau ; le lendemain matin, il entendit quelques personnes entrer dans la salle, et une voix qui disoit : *quelle méprise vous avez faite-là ? Ce n'est pas lui, je vous jure ; remenez-le ce soir où vous l'avez pris.* Le soir, en effet, cet homme fut reconduit en voiture aux Champs-Elisées, à la même heure où on l'y avoit pris. Là il fut mis à terre, et des hommes masqués lui ôtèrent son bandeau, après quoi ils disparurent. »

« Cette étrange anecdote a été confirmée aux créanciers de Pinet, par l'homme aux trente mille livres. On la croit liée avec le vol du portefeuille de Pinet, parce qu'elle arriva quelque temps après ce vol, et qu'on conjecture qu'aussitôt qu'il fut fait,

on donna le signalement de quelques personnes dont il falloit se défaire. »

« Ce qui donne quelque crédit à cette conjecture, c'est qu'après l'assassinat de Pinet, des motionnaires fanatiques désignoient, dans le jardin du Palais-Royal, à la multitude, ceux qui lui avoient confié des fonds, comme des usuriers et des accapareurs. Ces motions incendiaires ne produisirent pas tout l'effet qu'on s'en étoit promis, parce que les créanciers du mort étoient dispersés et à de trop grandes distances les uns des autres. Dans ces motions, on se garda bien de désigner aux brigands, la maison de la veuve de Pinet ; on craignit que les papiers qui pourroient s'y trouver, ne compromissent ceux-là même qui auroient provoqué le pillage. Il est vraisemblable aussi qu'on pensa que madame Pinet étant avertie depuis long-temps, par différentes scènes, de se tenir sur ses gardes, auroit pris, à l'égard des papiers et des effets les plus précieux, toutes les précautions de sûreté, et que dans ce cas le pillage de sa maison ne produiroit rien de satisfaisant pour les conjurés. »

« Il ne faut pas enfin, perdre de vue que la faction qui, dans le courant de juillet 89, remplissoit le royaume de troubles, marchoit à un double but ; les mouvemens qu'elle se donnoit, tendoient visiblement à mettre dans la main de son chef, la clef de tous les greniers, et à l'élever, soit à la régence, soit à la lieutenance générale du royaume, soit même plus haut. Il est du moins certain que des personnes dignes de foi, ont assuré que le 14 et le 15 juillet, il se trouvoit à l'hôtel-de-ville, un parti nombreux, qui, si le prince y fut venu, l'auroit proclamé roi. Un autre fait non moins incontestable, c'est que, jusqu'au dernier voyage de M. d'Orléans à Londres (1), nous n'avons plus eu de subsistances, que sous le bon plaisir de la faction dont il étoit l'âme. »

Tel est le récit que font, de la mort de Pinet, ceux qui sont convaincus qu'il ne s'est pas défait lui-même. Il en résulteroit que le secret de son opération sur les grains, est passé après sa mort, à ceux qui l'ont assassiné. Ce récit, comme on le voit, donne l'explication de plusieurs faits qu'on a déja lus dans le cours de cette histoire. A l'égard donc de ces faits, il n'y a aucun doute à élever. Il contient d'autres événemens dont je n'ai point parlé ; mais qui sont appuyés sur la notoriété publique ; tels sont le voyage de M. le marquis du Crest en Angleterre ; l'établissement de plusieurs magasins de bled en terre étrangère, à cette époque ; la munificence de M. d'Orléans envers M. du Crest ; la conduite de M. Necker avec les monopoleurs ; la réponse de celui-ci à l'officier municipal, qui s'étonnoit de ses ménagemens pour les accapareurs ; les liaisons de

(1) On trouvera dans la suite de mon récit, l'histoire de ce dernier voyage.

M. d'Orléans avec M. Mirabeau, MM. Laclos, Sieyes, de Sillery; l'existence à Passy, d'un comité que présidoit Mirabeau, et que composoient quelques personnes dévouées à M. d'Orléans; la conquête que fit ce prince, de M. Santerre; les particularités relatives à M. l'abbé Lecoigneux; la remise à M. Necker d'un mémoire manuscrit, rédigé par les boulangers; l'assassinat de Durocher dans une émeute; la loyauté de M. de Bézenval sur l'article des subsistances; les audiences secretes où furent admis à Marly, MM. Bertier, Foulon et Pinet; l'insulte faite au pavillon françois, par les barbaresques; la conduite énigmatique de l'homme aux trente mille livres; la menace d'un créancier de Pinet, d'aller brûler la cervelle à M. d'Orléans; les motions incendiaires du Palais-Royal, contre les créanciers de Pinet.

La demande de M. Necker à la cour de Saint-James, d'un secours en subsistances, et le refus qui la suivit, sont également des vérités incontestables. Cependant il paroît que ceux qui ont raisonné de cette affaire, n'en ont pas bien connu toutes les circonstances. M. Necker demanda en effet, avec la permission et la recommandation du roi, au ministère anglois, qu'il lui fût permis de faire acheter en Angleterre, vingt mille sacs de grains. Dans ce moment le prix des bleds s'étoit élevé, dans les marchés anglois, à 43 schellings le quarter; c'étoit précisément le taux auquel l'exportation se trouvoit prohibée par la loi. Le ministère anglois ne pouvoit donc accéder à la demande du gouvernement françois, sans la mettre sous les yeux du parlement; elle y fut portée; M. Pulteney l'appuya avec chaleur, et représenta que l'humanité, ainsi que le bon voisinage exigeoient qu'on octroyât ce secours. MM. Wilberforce, Watson, le major Siott, et plusieurs autres membres appuyèrent la motion de M. Pulteney; mais M. Pitt assura que les informations qu'il avoit prises des courtiers de grains, lui persuadoient que cette exportation ne pourroit se faire sans inconvénient. Sur cette assurance, on renvoya l'examen de la demande au conseil privé, il résulta de sa décision la formation d'un comité parlementaire, où l'on fut d'avis de ne point permettre l'exportation de vingt mille sacs, vu le prix actuel des grains d'Angleterre. Les deux chambres ne se contentèrent pas de défendre d'accorder ce secours; elles firent encore un règlement pour prévenir toute contrebande, toute fraude qui pourroit éluder cette défense, tant elles avoient à cœur que le secours fut refusé. Y avoit-il, dans cette conduite, des considérations de politique; y entroit-il un intérêt secret qui se liât avec celui des monopoleurs françois? En considérant le fait isolément, on n'auroit aucune raison de résoudre la question par l'affirmative; les circonstances où se trouvoit alors la France, ne seroient même pas des bases suffisantes pour fonder une telle conjecture; mais indépendamment des sujets tous récens de mécontentement que l'Angleterre avoit contre nous; peut-être la suite de mon récit fournira-t-elle des données qui aideront à deviner le véritable motif du refus de cette puissance. C'est ainsi que ce qui ne paroît d'abord que douteux, prend tout l'éclat et toute la force de la vérité, lorsqu'on rapproche les divers événemens relatifs au même point d'histoire.

Quant à l'aventure de l'homme enlevé et remené aux Champs-Elisées à la même heure, quoique véritablement elle fit dans le temps quelque bruit, elle est tellement dénuée de preuves qu'on n'a aucune raison d'y croire. Elle est d'ailleurs si indifférente au fonds du récit où elle se trouve, qu'elle ne peut ni accréditer ni affoiblir le témoignage de ceux qui font ce récit.

Je ferai encore remarquer que le système qu'établit cette étrange version de la mort de Pinet, ne se lie pas seulement au commencement de la révolution, mais encore à toute sa durée. Les années 90, 91, 92, présentent, comme l'année 89, des événemens qui me ramèneront à ce système, et parmi ces événemens, ce sont principalement tous ceux qui ont rapport à des émeutes, ou aux subsistances. Le lecteur verra aussi dans le cours de ces années, les hommes qui restent fidelles au parti de M. d'Orléans, jouir de la faveur du peuple, et obtenir les plus incroyables succès; les conjurés au contraire qui se détacheront de cette faction, perdront à l'instant leur popularité, et n'essuyeront plus que des disgraces.

Ce récit contient donc des vérités, puisqu'il s'appuye sur des faits certains dont quelques-uns ont déja été racontés dans cette histoire, et sur d'autres non moins certains que j'ai encore à présenter aux lecteurs. A cette observation, j'ajoute qu'il jette un tel jour sur tout ce qui est relatif aux accaparemens, et aux diverses insurrections engendrées par le monopole, qu'il ne laisse plus rien à desirer à cet égard. Voilà des motifs qui m'imposoient l'obligation de ne pas le passer sous silence. Mais en le donnant, n'ai-je pas flétri la mémoire de Pinet? N'ai-je pas entaché la réputation de M. d'Orléans? Le système en effet, établi par ce récit, suppose que Pinet étoit le principal agent des accapareurs, et qu'il employoit les fonds qu'on plaçoit chez lui, à faire le monopole des grains. Il suppose en outre que M. d'Orléans a fait assassiner cet homme, et s'est approprié, par cet assassinat, le secret de ses opérations.

D'abord, rendre compte d'une opinion, n'est pas ériger cette opinion en article de foi; un historien doit rapporter celles qui peuvent faire connoître la cause d'un grand événement. C'est à ceux qui me lisent, à juger quel degré de vraisemblance les faits que je mets sous leurs yeux, donnent au sentiment qu'adoptent ceux qui croient à l'assassinat de Pinet. Ensuite, dans le récit que je viens de rapporter, il faut distinguer ce qui est vrai, de ce qui n'est que conjectural. En disant qu'il est des personnes qui pensent que Pinet étoit agent d'une société de monopoleurs ; qu'il a été assassiné, et que M. d'Orléans a fait commettre cet assassinat, je n'entends pas pour cela donner ce triple fait comme une triple vérité. J'entends exposer seulement un sentiment qui a beaucoup de partisans. Sur le premier article, c'est-à-dire sur la question de savoir si Pinet employoit les fonds qui lui étoient confiés, à l'accaparement des grains, on a l'opinion à-peu-près générale ; elle n'est pas même contredite par ceux qui croyent qu'il fut suicidé ; personne en un mot n'indique un autre objet de ses spéculations ; chacun convient que c'étoit l'énorme profit qu'il tiroit de ce négoce, qui le mettoit en état d'emprunter à un aussi haut intérêt. Cet intérêt est si exhorbitant, qu'il seroit inexplicable, à moins qu'on n'indiquât un autre genre d'agiotage, et on n'en indique aucun autre ; enfin les particularités que j'ai racontées, du rôle que Pinet jouoit dans la société, ne peuvent laisser aucun doute que les fonds qu'il recevoit, ne fussent employés à l'accaparement. Si cette vérité n'est pas honorable à sa mémoire, ce n'est certes pas la faute de l'historien, et on voit que la lumière, qu'une telle vérité répand sur les événemens de la révolution, m'imposoit la nécessité de la révéler.

Quant au fait de l'assassinat, il n'est point démontré par des preuves légales, puisqu'il n'a été fait aucune formalité de justice, aucun commencement de procédure pour le constater, et que le procès-verbal du chirurgien n'est pas même produit. On n'a donc, pour croire à cet assassinat, que des conjectures, et ces conjectures sont le refus de montrer le procès-verbal, l'impossibilité où l'on est de dire ce que sont devenus le portefeuille et les autres effets que Pinet avoit sur lui, les dépositions de M. Leblanc. On a de la peine aussi à comprendre comment cet infortuné auroit été chercher le bois du Vézinet pour se donner la mort ; les Champs-Elisées, le bois de Boulogne, à l'entrée duquel son beau-frère le rencontra, n'étoit-il pas des endroits tout aussi commodes pour se livrer à cet acte de désespoir ? Le dérangement de ses affaires, que l'on donne pour cause de ce suicide, n'est pas une raison bien satisfaisante. Pour qu'elle le fût, il faudroit qu'on prouvât que ses affaires étoient en effet dérangées ; qu'il avoit déja suspendu ses paiemens ; il paroît, au contraire, que jusqu'au dernier jour de sa vie, il a été exact à faire honneur à ses engagemens. On ne sauroit donc se déguiser que ceux qui font de Pinet un suicide, ont contr'eux des présomptions et point de preuves. Je dois même dire que je les ai toujours vus tomber dans un cercle vicieux. Lorsque je leur ai demandé, quelle est la preuve que les affaires de Pinet étoient dérangées ? Ils m'ont répondu, c'est qu'il s'est tué de désespoir. Lorsqu'ensuite je leur ai fait cette autre question : quelle est la preuve que Pinet s'est tué lui-même ? Ils m'ont répondu : c'est qu'il avoit la certitude de ne pouvoir plus tenir ses engagemens. Ainsi il s'est tué parce qu'il alloit faire banqueroute, et il alloit faire banqueroute parce qu'il s'est tué.

Cette logique n'est pas bien lumineuse, et on ne sauroit plus mal prouver un suicide.

Dès qu'on n'a pas des preuves légales de l'assassinat de Pinet, il est superflu de dire que le même genre de preuves manque pour désigner des assassins, et où il n'y pas de meurtre, il n'y a pas de meurtrier. Je suis donc bien éloigné d'adopter ni de vouloir faire adopter à mes lecteurs, l'opinion de ceux qui n'hésitent pas à charger M. d'Orléans de la mort de cet infortuné. Sur une accusation de cette gravité, il ne faut pas se contenter de la vraisemblance, il faut une évidence aussi claire que le jour ; il faut devenir aussi difficile que le juge, assis sur son tribunal. Pour croire donc que M. d'Orléans fut coupable d'un tel délit, il ne faudroit pas moins qu'un jugement qui l'en chargeroit, et qui auroit été rendu à la suite d'une procédure instruite avec toute la rigueur des formes de justice. Jusques-là ce seroit une témérité blamable d'ajouter foi à l'assertion de ceux qui le rendent coupable de ce forfait, quand même cette assertion seroit fortifiée de plus grandes probabilités. Aussi ma réserve, à cet égard, sera-t-elle si scrupuleuse, que je ne me permettrai pas même d'examiner, si les différentes démarches du prince, antérieures à la mort de Pinet, et qui sont relatives ou à ses liaisons avec cet homme, ou à l'accaparement des grains, peuvent autoriser à donner quelque croyance à l'accusation dont il s'agit. Ainsi ferai-je dans la suite pour tous les faits puisés dans la vie publique ou privée de M. d'Orléans, qui viendront encore se rapporter à la tragique aventure de Pinet, et j'aurai plus d'une fois occasion de la rappeler. J'abandonnerai ces faits aux conjectures de mes lecteurs, et m'abstiendrai de toute réflexion personnelle, qui pourroit influer sur le jugement qu'ils auront à porter.

Quant à présent, ma tâche sur les circonstances qui ont précédé et accompagné la mort de Pinet, est remplie, puisque j'ai éclairé cette sanglante scène, des seules lumières qu'il sera possible de recueillir, jusqu'à ce que les jours de la justice, ayant reparu parmi nous, une instruction juridique, sollicitée par l'intérêt de bien des personnes, dépouille ce singulier événement de toute obscurité. A dater de cette mort, l'histoire de la révolution a une marche plus assurée ; les difficultés disparoissent ; il ne jaillit plus un fait, qu'on n'en apperçoive aussitôt la cause ; il semble qu'on tienne le fil de tous les événemens. Les cruelles et opiniâtres attaques que tous les partis réunis vont livrer aux royalistes, présenteront sans doute des tableaux bien bizarres ; on verra des factieux se précipiter avec fureur vers un but, et lorsqu'ils seront prêts de l'atteindre, s'en éloigner avec non moins de fureur ; on verra des patriotes enthousiastes, idolâtrés de la multitude, lui devenir tout-à-coup mille fois plus odieux que les plus ardens apôtres du royalisme ; on verra des forcenés concourir, avec rage, à l'œuvre d'une constitution qu'ils abhorrent, et qu'ils ne desirent obtenir que pour la noyer dans des flots de sang ; on en verra d'autres, ne respirant que la haine du royalisme et de la personne du roi, et cependant brûlés du desir de fonder le gouvernement monarchique, au moment même où ils jurent de l'anéantir à jamais; on verra enfin des démagogues fougueux, travaillant avec ardeur à détruire toutes les institutions démocratiques, et à élever sur leurs débris, le despotisme d'un seul. Tout cela au premier coup-d'œil, est inconcevable, et le fut même pour la plupart des acteurs, pendant qu'ils jouoient des rôles si contradictoires. Comment en effet auroient-ils pu comprendre que l'édifice qu'ils avoient construit, se trouvoit précisément le même que celui qu'ils croyoient avoir détruit? Mais ces étonnantes bizarreries ne seront point des mystères pour le lecteur qui ne perdra pas de vue, que tandis que le royaume semble abandonné par les royalistes, que tandis que la monarchie est déchirée en tout sens, un homme en apparence sans moyens, sans considération, marche continuellement vers la domination suprême. Il veut bien que le trône des François soit brisé, mais seulement pour que ses débris écrasent celui qui l'occupe; il veut bien que le sceptre des Bourbons soit arraché des mains qui le portent, mais c'est pour s'en saisir. C'est sur cet homme qu'il faut désormais continuellement fixer les yeux pendant les nouveaux orages qui vont s'élever. On l'a déja vu lancer la main sur la couronne, mais n'oser y toucher. Son ambition, trahie cette foisLà, par sa lâcheté, n'est pas pour cela éteinte; elle n'en est que plus ardente. On va le voir sans cesse occupé d'exciter un soulèvement semblable à celui du 14 juillet; son grand moyen sera toujours la disette, et son but le trône.

Les temps étoient bien propices pour tout embraser du feu de la sédition. La retraite des électeurs laissoit la capitale, comme je l'ai dit, dans un état à-peu-près complet d'anarchie; les monopoleurs se flattoient que la nouvelle commune ne mettroit point d'entraves à leurs opérations sur les grains; ils attendoient la même insouciance de MM. Bailly et de la Fayette, à l'élévation desquels ils avoient eu beaucoup de part. Le reste du royaume désorganisé comme la capitale, ayant comme elle l'appréhension d'une prochaine et entière famine, n'étoit plus qu'un théâtre de désordres et de rébellion. Partout l'œil du voyageur rencontroit l'image de la désolation. Des bords du Rhône à ceux du Rhin, des rives de la Moselle à celles de la Loire, les provinces étoient ravagées par des brigands qui se faisoient un jeu du pillage et de l'incendie. Des émissaires montrant de faux ordres du roi qui autorisoient à dévaster les châteaux et les abbayes, parcouroient les villages et les campagnes. Les relations les plus désastreuses arrivoient de tous les coins de l'empire. Dans la Bretagne, l'Anjou, la Touraine, le Nivernois, le Maine, le Perche, la Normandie, la Lorraine, l'Alsace, le Sundgaw, la Franche-Comté, le pays de Gex, le Bugey, le Beaujolois, le Maconnois, le Dauphiné, on ne voyoit que des tableaux dignes de pitié. Là on fixoit, à main armée, le prix des denrées; ici les percepteurs des revenus de l'état, étoient égorgés ou mis en fuite; partout la contrebande se faisoient avec audace, partout les marchés étoient ou déserts, ou infectés de brigands. Ailleurs on laceroit les titres seigneuriaux, on dilapidoit les propriétés, on incendioit les châteaux, les abbayes; des meurtres atroces par les circonstances qui les accompagnoient, suivoient les dévastations; toutes les fortunes particulières étoient menacées; la fortune publique chanceloit. On conçoit que cet épouvantable amas de calamités versées sur la France, à la fin de juillet, fourniroit à l'historien qui voudroit en peindre tous les détails, une carrière interminable; mais d'un autre côté si je me contentois d'en présenter ainsi l'ensemble, je n'aurois dévoilé que bien imparfaitement les ténébreuses machinations des ennemis de notre patrie. Je m'attacherai donc aux principaux traits de ce sombre tableau; je laisserai les particularités les moins intéressantes; on jugera par le petit nombre de celles que je vais raconter, de combien de désastres particuliers se composa en France, la misère publique, dès les premiers jours de la révolution; il est affligeant sans doute, il est pénible de reporter son imagination sur les sanglantes horreurs dont la sédition et la licence couvrirent le royaume, vers la fin de juillet; mais il faut bien que je dise quel moment avoient choisi les représentans de la nation, pour poser la première pierre de l'édifice constitutionnel....... Dieu! qu'entends-je? Quel mouvement! quelle agitation! le ciel irrité des crimes de cette capitale, va-t-il l'engloutir dans les abîmes de la terre? Le tocsin sonne de toutes parts; les tambours battent la générale; le bruit effroyable des bouches à feu, de la mousqueterie ébranle l'air. Je cours à ma fenêtre; je l'ouvre. Que vois-je? Un torrent de sang, des cadavres; des hommes altérés de sang inondent ma rue; ils se précipitent contre ma porte, ils menacent de l'enfoncer.... Je dépose la plume, je n'ai que le temps de prendre mes armes... Dieu juste! ce n'est pas pour moi que je vous invoque, c'est pour mon roi et pour sa famille...

CHAPITRE LXXII.

Tableau du royaume dans les derniers jours de Juillet 1789 ; insurrection à Dijon ; premières menées d'un nommé Bazire ; invasion des montagnards du Mâconnois ; bonne conduite des habitans de Tournu et de Châlons ; fermentation extraordinaire dans toute la Bourgogne ; désolation de la Franche-Comté ; attentat contre la duchesse de Clermont-Tonnerre ; violences contre les juifs en Alsace et en Lorraine ; soulèvement à Colmar ; horribles excès commis dans la haute Alsace ; guerre en Bretagne contre les nobles ; singulière émeute dans la Normandie, dont l'objet étoit d'affamer Paris ; assassinat atroce commis dans le Maine, contre la personne de MM. Cureau et de Montesson ; violence contre la personne de M. de Montesson, frère du dernier et député à l'assemblée nationale, ainsi que contre M. le vidame de Vassé, aussi député à l'assemblée nationale ; action sublime d'un employé dans les fermes, appellé Prevôt ; courage des juges du siége de la maréchaussée du Mans ; intrigues d'une partie de l'assemblée nationale pour les effrayer ; sédition à Marseille ; son prétexte et son issue ; part qu'y prennent quelques députés de l'assemblée nationale ; habile conduite du commandant de Provence.

Fin de Juillet 1789, et suite du second mois de l'interrègne.

L ECTEUR, c'est dans la matinée du 10 août 1792, que j'écrivois les dernières lignes que vous venez de lire. Le ciel m'a protégé contre les assassins; ils m'ont laissé la vie ; mon roi et sa famille respirent encore, mais leur infortune est à son comble ; elle remplit mon cœur d'amertume ; elle tient mon âme dans une douleureuse stupeur. Tout cependant n'est pas perdu ; un rayon d'espoir me luit ; mais dût la génération actuelle consommer la plus sacrilége des injustices, il est de mon devoir d'en demander vengeance à la postérité. Cette idée ranime mon zèle ; elle me rend toute ma force, et m'encourage à continuer ma pénible carrière. Jusqu'au moment donc où ce glaive qui menace tant de têtes, viendra frapper la mienne, je consacrerai tous les jours de cette vie qu'on me laisse, à solliciter de nos neveux, la justice due aux vertus de Louis XVI.

Hist. de la Révolut. part. V.

l'exécration que méritent ses sanguinaires ennemis. S'il m'est donné d'achever le monument que j'élève au milieu des troubles et des ruines de ma patrie, j'emporterai au tombeau la consolation d'avoir, en restant toujours fidelle à ma conscience, à la vérité, proposé dans la personne de Louis, le plus beau modèle, non-seulement à tous les maîtres du monde, mais encore à tous les infortunés que l'imposture, l'envie, la haine, l'injustice écrasent sous le joug de l'adversité, et j'aurai laissé aux hommes, sous quelque gouvernement qu'ils vivent, une importante, une utile leçon ; car combien ne seront-ils pas portés à détester les impies et les factieux, en méditant sur les événemens tracés dans l'histoire que j'écris ? J'en reprends le récit où je l'avois laissé.

Au moment donc où la première pierre de l'édifice

M

constitutionnel, alloit être portée, les sanguinaires agens des constructeurs de cette œuvre monstrueuse, mettoient tout en feu dans le royaume. Dans la plupart des provinces, les ouvriers désertoient leurs atteliers, les paysans abandonnoient leurs travaux pour courir après des agitateurs qui, se mettant à leur tête, en composoient comme des armées qui ruinoient les héritages, pilloient ou incendioient les châteaux. Dans le Mâconnois, l'abbaye célèbre de Cluny fut attaquée par une troupe de brigands qui ne firent pas tout le mal qu'ils s'étoient promis de faire, parce qu'on leur opposa une vigoureuse résistance.

24. A Dijon, où, comme je l'ai dit, (1) on avoit ressenti quelque fermentation, dès l'époque de la prise de la Bastille, cette fermentation prit un caractère plus sérieux. Un homme obscur, appelé Bazire, que nous verrons dans la suite s'asseoir parmi les législateurs de la France, reçut du club Breton des instructions séditieuses, et se montra digne des chefs qui l'employoit. Il ramassa dans la ville, cinquante à soixante jeunes vauriens à qui il n'eût pas de peine à faire comprendre, que les temps d'impunité étoient arrivés pour eux, et qu'ils avoient tout à gagner dans un grand désordre. Bazire et sa petite troupe couroient les cafés, les marchés, tous les lieux publics, et répandoient que le royaume étoit infesté de brigands, que le salut de chaque individu se trouvoit en péril, et qu'il falloit se mettre en état de défense et prendre les armes. La terreur ayant ainsi préparé les esprits à la rébellion, Bazire se rendit sur la place publique, et y harangua la multitude pour l'échauffer et la faire entrer dans ses vues. Après son discours, il partit avec précipitation, suivi de quelques affidés, et courut au clocher de l'église Saint-Philibert, où il sonna le tocsin. A peine ce signal d'allarmes fut donné, que tous les atteliers furent déserts. De tout côté, il se forma des groupes, et une foule innombrable se porta sur la place Saint-Philibert. C'étoit ce que demandoit Bazire; il quitte son clocher, et se rend sur la place. Cette fois-ci il ne fait point de harangue, mais il crie autant que ses forces le lui permettent, *aux armes, aux armes*. Ce cri d'effroi agite la multitude; une terreur panique la saisit, et sans demander quel danger la menace, elle court impétueusement chercher des armes. On résolut d'abord d'en demander à l'hôtel-de-ville; mais on fit attention qu'il y en avoit peu, et que d'ailleurs elles se trouvoient en mauvais état. On préféra de se transporter chez M. le marquis de Gouvernet, commandant de la province. On le somma insolemment d'en donner. « Vous tenez, lui dit-on, dans une des salles du palais des états, les armes des bataillons de milice, il faut nous en délivrer sur l'heure. — Messieurs, répondit M. de Gouvernet, il n'y a point d'armes dans le palais des états, et

(1) Voyez quatrième cahier, chap. LVII, page 63.

quand il y en auroit, il me seroit impossible de vous les délivrer, sans un ordre supérieur. » Cette réponse fut prise pour un refus, et irrita les mutins. Ils se jetèrent sur le commandant, le saisirent au collet, déchirèrent ses habits, et l'eussent mis en pièces lui-même, si d'honnêtes gens qui se trouvoient présens à cette scène, ne l'eussent couvert de leurs corps. On se borna à le traîner à l'hôtel-de-ville, toujours environné de ses libérateurs qui paroient les coups qu'on vouloit lui porter. A l'hôtel-de-ville, ses propres amis l'engagèrent à délivrer quelques fusils; il se rendit à leurs instances, et signa un ordre pour qu'on en donnât à ceux qui en demandoient. Pendant que les séditieux, munis de cet ordre, couroient le faire mettre à exécution, M. de Gouvernet fut reconduit à son hôtel, où il s'environna d'une nombreuse garde.

On voit par ces détails comment les émissaires du club Breton s'y prenoient pour voler au roi ses armes, et les mettre entre les mains de ses sujets séduits. La ruse employée à Dijon, fut à-peu-près la même par-tout où il y avoit des arsenaux à piller. Par-tout cette prise d'armes étoit suivie de pillage et de meurtres.

La sédition de Dijon étendit ses ravages dans toute la Bourgogne. Des bandes de paysans descendirent des montagnes du Mâconnois, et se répandirent dans les villes comme dans les villages. Ils disoient qu'ils étoient autorisés à une insurrection, par des ordres formels du roi, qu'ils avoient lu ces ordres; qu'ils leur avoient été apportés dans leurs montagnes, par des hommes que l'assemblée nationale avoit chargés de cette mission. Ces paysans pillèrent, démolirent et brûlèrent plusieurs châteaux entre Mâcon et Tournu, car c'étoit toujours contre les nobles que se dirigeoient ces excès. Les habitans de cette dernière ville furent étrangement étonnés de cette brusque invasion. L'indignation succéda bientôt à la surprise. Ils prirent la généreuse résolution d'arrêter les désordres et les atrocités dont ils étoient témoins; ils en sentirent d'autant plus la nécessité que la troupe des brigands alloit se commettoient, grossissoit à chaque pas que ces malheureux faisoient. Les habitans de Tournu, en conséquence de cette résolution, marchèrent au secours du château de Comartin; qu'on avoit tenté trois fois de brûler. Lorsqu'ils arrivèrent, les bandits étoient déjà dans la cour, la plupart tenant des torches. On cerna le château, on s'empara de toutes les portes, de manière que ces misérables ne purent échapper. Ils firent mine de vouloir soutenir un siège; on fit feu sur eux; plusieurs furent tués, plusieurs blessés. On emmena prisonniers tous ceux dont on pût s'emparer. Ils furent conduits à Tournu. Là il se forma à la hâte un conseil de guerre; tous ceux qu'on reconnut pour être les chefs du brigandage, furent pendus à la garde montante.

Si cet exemple de juste rigueur eut été suivi par

les habitans des autres villes, la canaille eût eu moins de part à la révolution, et beaucoup de riches propriétaires qui, dans ces terribles momens d'effervescence, quittoient le royaume, eussent été encouragés à y rester. Au reste ces exécutions sanglantes, mais nécessaires, sont une nouvelle preuve que ceux qui, à la fin de juillet, disoient que la révolution n'avoit point coûté de sang, étoient ou bien mal instruits, ou de bien mauvaise foi.

Les volontaires de Châlons-sur-Saône, firent également une sortie dans la campagne; ils arrêtèrent une troupe assez considérable de brigands. Elle fut faite prisonnière, et conduite à Châlons. Le prévôt instruisit sur-le-champ le procès de tous ces vauriens.

La bonne conduite des habitans de Tournu et de Châlons auroit dû assurer à jamais la paix dans les environs de ces deux villes. On essaya cependant de faire une seconde tentative pour frapper de terreur tous les propriétaires, et les contraindre à voir en silence les lamentables opérations qui alloit bientôt éclore du sein de l'assemblée nationale. On prit pour cela un jour où il se tenoit une foire considérable dans un village, distant d'un quart de lieue de Tournu. Tout-à-coup des hommes crient en parcourant les rues du village, aux armes, aux armes, les brigands reparoissent; ils menacent tous les châteaux voisins. Les paysans prennent l'épouvante, et en un clin-d'œil la foire est déserte. On expédie des courriers aux gentilshommes qui sont dans les châteaux voisins, pour qu'ils ayent à se tenir sur leurs gardes. Dans toutes les campagnes on sonne le tocsin. L'alarme est générale. Les cultivateurs abandonnent leurs travaux; les uns postent devant eux leur bétail, les autres cachent à la hâte leurs effets les plus précieux; ceux-là courent chercher un asile dans les villes, dans les châteaux; ceux-ci s'arment des premiers instrumens qui tombent sous leurs mains, et jurent d'exterminer tous les brigands qu'ils rencontreront, sans s'arrêter à faire aucun prisonnier.

Chose incroyable! voilà le spectacle que dans l'espace de vingt-quatre heures, présenta la province entière de Bourgogne. J'aurois peine moi-même à croire à cette rapidité avec laquelle l'effroi s'y répandit, si le fait ne m'avoit été attesté par des voyageurs qui en ont été témoins. Eh bien! ce qui n'est guères moins surprenant, c'est que ce n'étoit là qu'une fausse alarme. Les volontaires de Tournu, toujours empressés à courir au-devant du danger, ne trouvèrent pas cette fois-ci un seul château menacé. La maréchaussée se convainquit également par-tout où elle se répandit, que ce grand mouvement n'étoit que l'effet d'une terreur panique.

La Franche-Comté étoit dans un état mille fois plus déplorable encore que la Bourgogne. Des bandes de paysans investirent les abbayes de Clairfontaine, de Lure, de Bithaine, et plusieurs autres de différens ordres. Ils contraignirent les religieux de ces maisons, à leur remettre leurs titres, ainsi que toutes leurs provisions de vins, de farines, de comestibles. Les châteaux furent plus maltraités que les couvens. Celui de Molans fut dévasté; il en fut de même de ceux de Saucy et de Vauxvillers; les brigands attaquèrent ce dernier avec une telle rage, qu'ils le démolirent du toit à la cave. La duchesse de Clermont-Tonnerre à qui il appartenoit, courut les plus grands dangers pour sa vie. Ses domestiques furent assez heureux pour l'enlever; ils lui firent traverser son parc, et abattirent un pan de mur pour la dérober aux assassins qui gardoient les portes. Ils la déposèrent ensuite dans le grenier d'une maison particulière où elle resta cachée sous des fagots pendant plusieurs heures, attendant à tout instant la mort. La princesse de Broglie la tira enfin de ce cruel état de perplexité; elle lui envoya une compagnie de chasseurs qui la remit en lieu de sûreté. L'action de ces chasseurs inspira du courage aux miliciens. Les uns et les autres se réunirent, laissèrent sur la place douze brigands, et firent vingt-sept prisonniers. Ainsi en Franche-Comté encore le sang couloit, et ceux qui en faisoient répandre sur presque tous les points de la France, vous disoient impudemment, que jamais révolution n'avoit été moins sanglante.

Plusieurs gentilshommes, dans la nécessité de défendre autant leur vie que leurs propriétés, se réunirent aussi pour faire la guerre aux assassins et aux incendiaires. Ils s'assemblèrent à Chauvirey, et livrèrent une bataille aux brigands; ils en tuèrent vingt-quatre, et en blessèrent un plus grand nombre. Parmi ces nobles, on distingua une jeune demoiselle qui, vêtue en homme, combattit vaillamment, et tua de sa propre main, trois brigands. Cet exploit rappeloit les temps des guerres civiles, tant déplorables, que les agitateurs s'efforçoient de faire revivre.

Il ne faut pas croire que ces désordres qui désoloient la Franche-Comté, n'eussent d'autre cause que le malheur arrivé au château de Quincey; ils étoient engendrés par un seul homme qui, venu de Paris, parcourut plusieurs communautés, et laissa dans toutes, de prétendus ordres, au bas desquels on lisoit la fausse signature du roi. Ces ordres enjoignoient aux paysans de mettre à feu et à sang les châteaux et les monastères. Lorsque ce scélérat eut commis tout le mal qu'il pouvoit commettre, on pensa enfin à s'assurer de sa personne. Son signalement fut envoyé dans toute la province, et on en resta-là, car non-seulement il ne fut point arrêté, mais il me paroît encore qu'il n'y eut contre lui aucune poursuite sérieuse.

La même fermentation travailloit l'Alsace et la Lorraine. Dans ces deux provinces, on souleva le petit peuple contre les Juifs. Tous ceux du

Sundgaw furent chassés et eurent leurs maisons brûlées. Plus de douze cents sortirent de l'Alsace et de la Lorraine, et se réfugièrent à Bâle, où le gouvernement les accueillit avec humanité, et leur fit délivrer des logemens et des subsistances. A Colmar la bourgeoisie se souleva, et pour prévenir l'effet de ses menaces, les magistrats furent obligés de lui distribuer des armes, ce qui étoit précisément la mettre en état de les effectuer. Cependant cette condescendance parut la calmer, et fit renaître la tranquillité. Il n'en fut pas de même aux environs de la ville. Les paysans des vallées portèrent par-tout le fer et la flamme. Dans la haute Alsace, on incendia presque tous les châteaux; plusieurs baillis furent attaqués et chassés de leurs demeures; l'abbaye de Guevillers fut dévastée; à Ribeauvillers, chef-lieu des terres que possède, dans la haute Alsace, le prince Maximilien de Deux-Ponts, il y eut un soulèvement effroyable. Le prince fut obligé de s'enfuir; ses vassaux qu'il avoit toujours comblés de bienfaits, étoient des ennemis acharnés à sa perte; ils eussent ruiné toutes ses possessions, si on ne les eut appaisés par de grands sacrifices. Les seigneurs qu'on attaquoit ainsi, se trouvoient fort heureux, lorsqu'on vouloit bien consentir à ne prendre qu'une partie de leur fortune. Une guerre étrangère leur eut été mille fois moins ruineuse.

La contagion faillit gagner les principautés de Montbéliard et de Porentru; on tenta aussi d'y brûler des châteaux, et d'y piller les archives; mais des mesures vigoureuses prises à temps, empêchèrent l'insurrection françoise de s'étendre au-delà des frontières.

En Bretagne, le complot mystérieux contre le port de Brest, servoit merveilleusement les fauteurs des désordres; mais dans cette province ce n'étoit pas la classe des paysans qui se portoit à des excès, c'étoit la bourgeoisie. Elle faisoit une guerre ouverte à la noblesse. Les châteaux de Nantes et de Saint-Malo se remplirent des gentilshommes que la milice bourgeoise enlevoit de leurs foyers, pour les constituer prisonniers.

En lisant le récit de ces vexations, la postérité aura deux grands sujets d'étonnement. Elle se demandera comment la noblesse françoise, en voyant s'allumer contr'elle le feu d'une guerre atroce, ne se détermina pas à faire aussi la guerre pour défendre la vie et les propriétés de ses membres. Sans doute cette extrémité eut été terrible; mais les torts n'auroient pas été de son côté; en pareille circonstance, ils sont toujours du côté des agresseurs. Si la noblesse eut pris le parti d'une légitime défense, on ne peut dire ce qui en seroit arrivé pour elle et pour le royaume. Mais bien certainement ni elle ni le royaume ne seroient aujourd'hui en pire état.

Le second sujet d'étonnement de la postérité, sera que la bourgeoisie ait donné l'exemple des dévastations. Moi-même je ne puis concevoir qu'elle ait pu s'aveugler au point de ne pas voir que ses propriétés auroient leur tour, et qu'en dépouillant le clergé et la noblesse, elle invitoit la classe indigente à la dépouiller elle-même, quand le moment en seroit venu. Règle générale : quand une seule propriété est attaquée, c'est un signal donné à tous les propriétaires, je ne dis pas d'un canton, mais de l'universalité des sociétés policées, de s'élever, de réclamer contre cet attentat, et de ne pas le laisser impuni. Quand un homme est dépouillé arbitrairement ou de sa terre, ou de son emploi, ou de sa charge, en un mot, de ce qu'il possède légitimement, au même instant les fondemens de tous les empires sont ébranlés, parce qu'il n'y a plus de société là où il n'y a pas sûreté pour les propriétés.

La Normandie, par son voisinage de la capitale, se ressentoit plus qu'aucune autre province, des mouvemens qu'excitoient par-tout les séditieux. Il étoit intéressant pour ceux qui vouloient affamer les Parisiens, que les convois de grains qui la traversoient, et qui étoient destinés à alimenter Paris, ne parvinssent point à leur destination. Aussi chaque insurrection qui s'élevoit dans cette province, avoit-elle pour but le pillage des bleds et des farines. L'exécution que l'on fit à Rouen, de quelques-uns des scélérats pris dans ces émeutes, ne put effrayer leurs nombreux complices, et parmi les divers attentats qu'ils commirent, en voici un qui a des particularités si singulières, que je ne puis me dispenser de le raconter un peu au long.

Une troupe, ou plutôt une armée de ces bandits, forte de quatre mille hommes, vint se poster, pendant une nuit, entre Elbeuf et le petit village de Poser, pour arrêter et piller des grains qui remontoient la Seine et venoient à Paris. Les bourgeois d'Elbeuf furent avertis à temps de la marche et du dessein de ces pillards. Ils se tinrent en embuscade. Favorisés par les ténèbres, qui cachoient leur petit nombre, ils poussèrent tout-à-coup des cris effroyables, et appellèrent à eux divers régimens, comme s'ils en avoient été environnés. Ces régimens n'existoient pas; mais ce stratagême réussit; les pillards effrayés par les seuls noms de ces corps, se débandèrent et s'enfuirent sans avoir touché aux convois. Les deux nuits suivantes ils revinrent au même lieu avec la même intention, et chaque fois le même stratagême les mit en fuite, et leur arracha leur proie.

Cet événement eut des suites. Il est à présumer que les habitans de Louviers étoient au nombre des pillards. Comme en effet quelques jours après cette aventure, un bourgeois d'Elbeuf, appellé Guilbert, traversoit la ville de Louviers, le peuple l'arrêta, le reconnoissant pour être un de ceux qui avoient mis en fuite les pillards. Il fut injurié, maltraité, et on ne put lui sauver la vie, qu'en le traînant et en l'enfermant dans un cachot de la prison. Cette violence indigna avec raison les habitans d'Elbeuf. Ils résolurent de se faire rendre le prisonnier, de gré ou de force. M. le marquis d'Harcourt, commandant de la province, ordonna à deux détachemens de cavalerie et de dragons, de leur prêter main-forte. Ces deux détachemens, au nombre d'environ soixante hommes, se présentèrent les premiers dans Louviers ; mais ils furent reçus la bayonnette au bout du fusil ; on fit même feu sur eux. L'officier qui les commandoit, se replia dans un faubourg, d'où il envoya prier les officiers municipaux de venir lui parler. Ils se rendirent à son invitation, mais ils lui déclarèrent que la fureur du peuple étoit à son comble, et qu'on ne pouvoit pas rendre le prisonnier. Sur cette réponse peu équivoque, l'officier, pour épargner le sang, se crut obligé de se retirer.

Voilà donc la guerre ouverte entre Louviers et Elbeuf. Les habitans de cette dernière ville, forts de leur bon droit, cherchèrent à contracter des alliances. Ils s'adressèrent d'abord à la municipalité de Rouen et en furent bien accueillis. Cette municipalité pensa qu'ayant de songer aux hostilités, il falloit tenter la voie des négociations. Elle envoya des députés à Louviers ; ils ne furent point inquiétés à leur arrivée ; mais à leur retour le peuple les environna, et les visita avec soin, sous prétexte qu'ils emmenoient le prisonnier. Cette mortification fut le seul fruit qu'ils retirèrent de leur mission.

Les habitans d'Elbeuf, outrés de ce nouvel affront, cherchèrent à augmenter le nombre de leurs alliés ; ils écrivirent à l'hôtel-de-ville de Paris, au marquis de la Fayette, à M. Bailli, à l'assemblée nationale. Pendant qu'on délibéroit à Paris et à Versailles sur cette affaire, la municipalité de Rouen envoya à Louviers, une députation plus nombreuse que la première. Celle-ci proposa la paix ou la guerre ; elle déclara que si l'on ne rendoit pas le prisonnier, toutes les troupes et tous les citoyens de Rouen alloient fondre sur Louviers. Cette menace eut tout le succès qu'elle devoit avoir ; le prisonnier fut rendu, au grand regret du peuple, qui ne manquoit pas de qualifier M. Guilbert et ceux qui l'avoient secondé, d'accapareurs. C'étoit une accusation convenue entre ceux qui avoient intérêt à établir une disette méthodique dans la capitale et dans tout le royaume. Quiconque coopéroit, de quelque manière que ce fut, à la libre circulation des convois de grains, quiconque, soit par ses sacrifices, soit par ses soins, assuroit la subsistance du peuple, étoit à l'instant même signalé comme un monopoleur par les monopoleurs eux-mêmes, et le peuple aveuglé, couroit se mettre à la discrétion des bêtes féroces qui le dévoroient.

Le Maine étoit comme la Normandie, le Perche, le Dunois, le Vendômois, l'Anjou, la Touraine, en proie à des troubles qui prenoient également leur cause dans la haine contre les riches propriétaires. Mais ce qui se passa au Mans, dévoile si bien la perfidie et l'atrocité des intrigans qui, à la fin de juillet, bouleversèrent le royaume, que je dois en faire un récit un peu étendu. Je m'y crois d'autant plus obligé, que les relations qui coururent dans le temps de cette affaire, dont le dénouement fut sanglant, sont très-infidelles. Je ne dirai rien que d'après des pièces authentiques. Ce sont les actes mêmes de la procédure légale, à laquelle cet événement donna lieu ; elles m'ont été envoyées par un des juges. Les autres renseignemens m'ont été fournis par M. Dubois de Montule, parent d'une des victimes dont je vais raconter la désastreuse aventure.

A l'époque où elle arriva, M. de Valence se trouvoit dans la ville du Mans où il commandoit le régiment de Chartres. Cet officier est gendre de M. de Sillery, dont j'ai eu occasion de faire le portrait ; il tient par la naissance et les bienfaits à la maison d'Orléans. Le feu duc d'Orléans l'eut de son mariage secret avec une personne connue, sous le nom de Madame de Montesson. M. de Valence conservoit pour tous les membres de l'auguste famille, à laquelle il étoit aggrégé, et de laquelle seule il avoit reçu toute sa fortune, un attachement sans bornes. Ce n'est pas là ce qu'il faut blâmer en lui, car la reconnoissance, par-tout où elle se trouve, a droit à nos hommages, et elle est bien plus entraînante encore quand il s'y mêle une affection de parenté. Mais comme toute vertu a ses bornes, la reconnoissance doit aussi avoir les siennes, et la conscience quand on l'écoute, les indique suffisamment. La gratitude de M. de Valence n'étoit pas éclairée ; il avoit pour les desirs du duc actuel d'Orléans, un dévouement illimité, et pour les insinuations de M. de Sillery, son beau-père, une obéissance aveugle. Il est assez vraisemblable qu'il se mêloit un peu d'ambition à une vertu pratiquée à l'excès. On ne parloit que d'élever M. d'Orléans, ou à la lieutenance-générale, ou à la régence, ou même plus haut. C'étoit une grande différence d'être proche parent du premier prince du sang, ou de l'être du maître suprême de l'empire. On conçoit qu'il devenoit infiniment doux à M. de Valence, de contribuer à l'exécution des projets qui devoient lui faire franchir cet intervalle. Peut-être aussi se flattoit-il que lorsqu'il en seroit venu là, le mariage de sa mère avec son auguste père, seroit solemnellement reconnu, et qu'il auroit le titre et le rang de prince. E range bizarrerie du cœur humain ! On veut toujours monter au degré au-dessous duquel on se trouve placé par la naissance. Si l'on y prend garde, les malheurs de notre patrie viennent de cette misérable vanité. Il est du moins plus que probable que la révolution n'auroit pas été bien loin, si dès son commencement la bourgeoisie égarée par une sorte jalousie contre la noblesse, n'eut pas cru qu'elle alloit prendre sa place. J'ai vu, jusqu'au moment où l'illusion s'est enfin évanouie, j'ai vu, dans nos promenades publiques, dans nos fêtes, dans nos églises, des femmes d'artistes, de marchands, fardées, parées de rubans et de bijoux, goûter une satisfaction délicieuse à occuper des places qui n'étoient pas autrefois pour elles, et se croire de la meilleure foi du monde, métamorphosées en duchesses et en marquises. Mais lorsque ces hommes brutaux, qu'on appelle sans-culottes, sont venus leur arracher tous ces pompons, sont venus piller leurs magasins, leurs boutiques, oh! alors le réveil a été cruel.

Quelles que fussent les espérances dont se berçoit M. de Valence, il est certain qu'il répondoit mieux que personne à celles de MM. d'Orléans et de Sillery. Outre les puissans motifs qu'ils avoient de placer en lui toute leur confiance, ils le trouvoient d'autant plus propre à les seconder, qu'il avoit contracté dans ces liaisons un grand goût pour l'intrigue, et il tenoit de la nature une certaine adresse à manier les esprits. Dans son séjour au Mans, il laissa percer ce double talent. On s'apperçut qu'il s'étoit gagné l'affection d'une partie de la ville, mais sur-tout de la partie pauvre et remuante. On parloit alors de créer un commandant-général des gardes nationales de la ville et des environs. Tous les yeux se fixoient sur M. de Montesson, gentilhomme manceau (1), qui avoit un peu de dureté dans le caractère, mais qui rachetoit ce défaut par d'excellentes qualités, et surtout par une franchise et une probité à toute épreuve. M. de Valence laissa entrevoir le desir de l'emporter sur ce gentilhomme, et d'obtenir pour lui-même la place de commandant-général des gardes nationales.

Les choses étoit dans cet état, lorsqu'il éclata au Mans une insurrection qui gagna, en un instant, toute la province; il se répandit que si le bled étoit aussi cher, c'est qu'il y avoit des accapareurs dont il falloit tirer vengeance. Les soupçons d'accaparement ne se dirigèrent point d'abord contre M. de Montesson. Quelle apparence en effet qu'un ancien militaire (2) dont les relations ne sortoient pas de l'enceinte de sa famille, et du cercle peu nombreux de ses amis, se fut immiscé dans un tel négoce? Mais la calomnie frappa M. Cureau son beau-père, et des menaces sanguinaires se mêlèrent bientôt aux mensonges.

M. Cureau étoit de la ville même du Mans. Il y avoit long-temps fait le commerce d'étamines. Ce

___
(1) Nous avons un proverbe populaire qui dit qu'un manceau vaut un normand et demi; mais il ne faut point prendre ce proverbe en mauvaise part. Il vient de ce qu'avant la réunion de la Normandie et du Maine, à la couronne, la monnoie de cette dernière province, étoit beaucoup plus forte que celle de l'autre.

(2) Il avoit été officier dans le régiment du roi.

négoce étoit depuis plus d'un siècle héréditaire dans sa famille. Son activité et son intelligence accrurent beaucoup la fortune qu'il avoit reçue de ses pères. La loyauté est la vertu qu'on chérit le plus dans un négociant. Celle de M. Cureau lui gagnoit l'amitié et la confiance de tous ceux qui traitoient avec lui; se voyant en possession d'un bien considérable, il quitta le négoce, et traita de la charge de lieutenant de maire de la ville du Mans. Il la remplit avec intégrité; mais dans cette nouvelle carrière, il se fit beaucoup d'ennemis. Toujours occupé de nouveaux plans pour l'utilité publique, il en poursuivoit l'exécution avec opiniâtreté; dans l'impossibilité de satisfaire à toutes les demandes particulières qui lui étoient adressées, il ne savoit point adoucir ses refus. Le petit peuple le haïssoit; la bourgeoisie, au-dessus de laquelle il s'étoit en quelque sorte élevé par sa nouvelle place, lui trouvoit des manières arrogantes; la noblesse même à laquelle il s'étoit aggrégé, lui trouvoit l'insolence d'un parvenu. Il n'est donc pas toujours avantageux de s'élever au-dessus de la condition de ses pères.

Pour adoucir la disette qui, depuis quelque mois, affligeoit la ville, M. Cureau se donna beaucoup de mouvement; mais dans la prévention générale qui régnoit contre lui, son zèle fut mal interprété. Ceux qui vouloient établir la famine, trouvèrent dans ses efforts, dans ses sacrifices même, pour procurer des subsistances au peuple, des prétextes de le calomnier, et de le représenter comme accapareur lui-même. Sa famille, effrayée des impostures et des menaces dont il étoit l'objet, l'engagea à quitter la ville. Il se retira au château de Nouay, qui appartenoit à un de ses neveux, à six lieues du Mans, non loin du village du Ballon.

Ceux qui avoient proscrit la tête de cet infortuné, et qui l'environnoient d'espions, n'ignorèrent point le lieu de sa retraite. Le bruit d'une invasion de brigands s'étant répandu dans le Maine comme dans le reste du royaume, gagna Nouay. Les habitans qui avoient beaucoup de confiance en M. Cureau, vinrent le trouver, lui firent part de leurs craintes, et lui demandèrent quelles mesures ils avoient à prendre dans de telles conjonctures. « Mes amis, leur répondit M. Cureau, ne craignez rien; ne sonnez point le tocsin; tenez-vous parfaitement tranquilles; ceci n'est qu'une fausse alarme. »

Cette réponse, lorsqu'elle fut sue dans les campagnes voisines, y produisit un effet sinistre. « Nous le croyons bien, disoit-on, que M. Cureau ne craint rien. C'est lui qui est le chef de tous ces brigands, il est accapareur, blâtier; il achète la récolte sur pied. » Ces propos portèrent, contre ce malheureux, la fermentation au plus haut point. Le lendemain même du jour où il fit cette réponse, les habitans de Lucé, bourg situé entre Ballon et Nouay, se présentèrent vers les six heures du matin, au château de ce dernier village. Ils étoient conduits par un fermier, appelé Monthéard, et armés, les uns de fusils, les autres de faulx, ceux-là de vouges. Un domestique de M. Cureau se présenta à eux, pour savoir ce qui les amenoit. « Fais venir ton maître, lui répondirent-ils insolemment ; il nous le faut mort ou vif. »

M. Cureau qui étoit encore au lit, instruit de l'arrivée de ces misérables, leur fit dire qu'il s'habilloit, et qu'il seroit à eux dans un instant. « Eh non, non, crièrent-ils, point tant de retard ; nous l'emmenerons comme il est. » Pour qu'ils prissent un peu de patience, M. Cureau ordonna qu'on leur servît un bon déjeûner ; le domestique descend à la cave ; la tête troublée des menaces de ces gens-là, et ne connoissant pas bien le local de ce château, il prend des bouteilles de vinaigre, au lieu de bouteilles de vin. A peine ces malheureux eurent-ils goûté cette boisson, qu'ils crurent qu'on vouloit les empoisonner. Ils entrèrent dans des accès de rage, aisés à concevoir. Le domestique se hâta de réparer sa méprise ; ils ne s'appaisèrent pas pour cela. Enfin M. Cureau se présenta à eux. Ils lui signifièrent qu'il eût à les suivre au moment même à Ballon, et se mirent en devoir de le traîner à pied ; mais il leur fit tant d'instances, qu'il lui fut permis de monter à cheval.

Comme il sortoit de la cour du château, M. de Montesson son gendre, arrivoit avec sa femme et ses enfans, pour venir passer quelques jours avec lui. Le spectacle de ces forcenés, environnant son beau-père, leurs cris, leurs menaces, l'émurent. Il céda à sa sensibilité et aux prières de son épouse, qui craignoient avec raison pour les jours de son père. Il s'élança hors de la voiture, et dit qu'il suivroit son beau-père par-tout où on le conduiroit. « Nous l'entendons bien ainsi, lui répondit-on ; deux valent mieux qu'un. » Cette réponse fait conjecturer que la tête de ce gentilhomme étoit aussi proscrite, et que son tour seroit arrivé tôt ou tard. Il fit dételer le cheval de volée de sa voiture, monta dessus, et se colla à côté de son beau-père.

Dans la route, ils ne purent douter que ce ne fut à leur vie même qu'on vouloit. Ils essuyèrent tous les outrages, tous les mauvais traitemens dont peut s'aviser une canaille féroce. On leur fit traverser le bourg de Luce, et après trois heures de marche, ils arrivèrent à Ballon. Cinq ou six cents hommes, sur le bruit d'une irruption de brigands, s'étoient rassemblés dans cette petite ville. MM. Cureau et de Montesson traversèrent cette foule comme des criminels destinés au supplice, et en furent brutalement insultés. Il se trouvoit dans cet instant à Ballon, un gentilhomme du Mans, appelé de Guibert. Ce gentilhomme, à la vue de ces deux infortunés, n'écoute que le sentiment de la pitié. Il se jette au milieu des bourreaux, et après des peines incroyables, par-vient jusqu'à M. Cureau. Celui-ci lui fait part de ses inquiétudes, et lui témoigne le désir qu'il a qu'on lui permette de repousser les reproches peu mérités qu'il entend retentir à ses oreilles. M. de Guibert veut alors être son interprète ; il demande du silence, et se met en devoir de haranguer la multitude ; mais des hurlemens effroyables lui ferment la bouche. Il est menacé à son tour d'être égorgé, le danger étoient imminent ; il s'échappe de cette troupe de cannibales, et abandonne les deux infortunés à leur malheureux sort. On les entraîna dans les appartemens du château de Ballon, qui étoient abandonnés.

Là les deux victimes servirent long-temps de jouet aux antropophages, qui ne vouloient boire leur sang que goutte à goutte. On les traînoit par terre, on se les jettoit de main en main, on les fouloit aux pieds, on leur crachoit à la figure, on les souilloit d'ordures. Après quelques momens donnés à cet infernal passe-temps, les assassins se partagèrent en deux bandes ; l'une garda M. de Montesson, et l'autre vint commencer le dernier supplice de M. Cureau. Il fut long et terrible. On épuisa sur sa personne tous les rafinemens imaginables de cruauté, l'un lui appliquoit un coup de bâton sur la tête ; l'autre le frappoit à l'épaule, d'une vouge ; celui-là lui déchiroit le visage ; celui-ci faisoit jaillir le sang de différentes parties du corps. Voilà les monstres qui préparoient les voyes à une nouvelle législation. Que pouvoit-on augurer d'une constitution qui avoit de tels précurseurs ?

Ainsi mutilé, ainsi couvert de plaies, le malheureux Cureau fut traîné dans les fossés du château. Comme il étoit étendu sur le dos, comme mille bras étoient levés pour lui porter le dernier coup, un employé dans les fermes, appellé Prevôt, s'élance sur la victime, et a l'héroïque audace de la défendre contre les exécuteurs. Ah ! que le nom de cet homme intrépide passe jusqu'à nos derniers neveux ! qu'il reçoive les bénédictions de toutes les générations ! Son courage met en fureur les assassins ; ils se tournent tous contre lui ; l'un d'eux appelé Barbier, après avoir vomi d'horribles blasphèmes, lui applique trois fois le bout du canon de son fusil sur la poitrine, et trois fois il lui crie : « il faut que je te tue, tu ne sortiras jamais de la place. » Pendant ce débat, la victime se soulève, ramasse le peu de force qui lui reste, et fait quelques pas pour s'échapper de ses bourreaux. Ils s'en apperçoivent, abandonnent le brave Prevôt, courent après elle, l'étendent de nouveau par terre, et elle expire lentement dans les tortures qu'on lui fait endurer. Prevôt, de son côté, désespéré d'être seul, s'éloigne en frémissant de cette horrible scène. Il a assuré depuis que si trente hommes seulement eussent voulu le seconder, il auroit aisément dissipé tous ces scélérats. Qu'il est bien digne d'être chéri et estimé de tous ceux qui savent apprécier les belles actions, cet homme vertueux qui, pour sauver un innocent, couroit au-devant d'une mort qu'il devoit croire d'autant plus certaine, que sa profession le rendoit odieux au petit peuple.

Ce premier assassinat commis, les assassins remontèrent au château, et annoncèrent à M. de Montesson, qu'ils y avoient laissé à la garde de plusieurs de leurs complices, que son tour étoit venu d'être immolé. « Mais enfin, leur dit cet infortuné gentilhomme, de quoi m'accusez-vous? Quels reproches avez-vous à me faire? Vous voyez bien qu'aucune des imputations que vous avez faites à M. Cureau, ne sauroit me convenir à moi. — Nous n'avons rien à vous dire, lui répondit-on, si non qu'il faut mourir. — La mort ne m'effraye point, repliqua M. de Montesson, mais si vous n'éprouvez aucune répugnance à égorger un homme innocent, ayez du moins quelque pitié de ma femme et de mes enfans. Laissez-vous attendrir par l'image du désespoir, ou ma mort précipiteroit des personnes que vous n'avez aucun intérêt de rendre malheureuses. »

M. de Montesson parloit à des tigres, et quand des tigres ont leur proie sous les yeux, il ne la quittent que pour se baigner dans son sang. Bien loin de se laisser attendrir par la dernière considération qu'il venoit de leur présenter, ils redoublèrent de rage, et lui reprochèrent les momens qu'il leur faisoit perdre. Se résignant à son malheureux sort, il leur demanda, pour unique grace, d'être tué d'un coup de fusil. On voulut bien lui accorder cette triste faveur. Au même instant ce même Barbier, dont je viens de parler, le saisit au collet, et l'entraînant, lui crie : « sors vite, c'est à moi à qui tu vas avoir à faire, je ne vas pas te faire languir; je t'aurai bientôt brûlé la cervelle. »

Arrivé dans la cour du château, M. de Montesson fut injurié par un soldat qui avoit servi dans sa compagnie, et qui lui reprocha les punitions qu'il en avoit reçues. Voilà comme dans un temps de révolution, ainsi que le disoit l'abbé Maury, on retrouve tous ses ennemis. « Eh! mon dieu, répondit avec beaucoup de douceur le gentilhomme, à ce forcené, quand je t'ai puni, j'ai fait mon devoir; est-ce le tien de m'assassiner? » Il ne put en dire davantage. Barbier l'ayant placé au milieu de la cour, lui cria : « un bon soldat meurt à genoux. » Il s'y mit; il reçut au même instant un coup de feu dans le ventre; il se releva; mais cinquante fusils partirent à-la-fois, et le laissèrent mort sur la place.

Les assassins défilèrent autour du cadavre, en poussant au ciel, en signe d'allégresse, des hurlemens effroyables; plusieurs trempèrent leurs armes dans son sang. Un charpentier ensuite, à l'aide d'une besaigue, sépara la tête du tronc; il en fit autant au corps de M. Cureau. Les deux têtes furent placées sur des piques, et on obligea des enfans de les porter au bruit du tambour et au son des violons. Pendant cette marche infernale, les assassins s'applaudissoient de leur détestable forfait. Celui d'entr'eux qui avoit le plus fait souffrir sa victime, étoit caressé, complimenté par les autres. Couasnon montroit aux passans, sa faulx ensanglantée, et se félicitoit d'en avoir déchiré les membres du malheureux Cureau. « Et moi, disoit un nommé Pasquier, j'ai ouvert son crâne avec cette vouge, qui porte encore des lambeaux de sa cervelle..... » Lecteur, vous repoussez ce tableau. Hélas! il ne sera pas le plus hideux de ceux que j'aurai encore à vous présenter. Il faut tout attendre de l'homme qui a brisé son frein; c'est une bête féroce qui ne peut vivre qu'au milieu du carnage. J'ai moi-même entendu dans un groupe du Palais-Royal, un jeune orateur, qui ne me paroissoit point mal né, prêcher le meurtre avec une véhémence que je n'oublierai jamais. Il s'agissoit alors du gouvernement qui seroit adopté par l'assemblée nationale. Le malheureux crioit : « point, point de gouvernement, des cadavres, des cadavres! — Mais enfin, lui disoit-on, des cadavres ne sont pas un gouvernement. Dites franchement ce que vous désireriez à la place de ce qu'on détruit. — Des cadavres, des cadavres! répondoit-il. » On insistoit : « donneriez-vous la préférence au gouvernement Anglois? Voulez-vous deux chambres? — Des cadavres, des cadavres! — Voulez-vous une république? — Des cadavres, des cadavres! » Telle étoit l'unique réponse de ce forcené, et ce forcené étoit applaudi de la populace qui s'étoit amassée autour de lui. Voilà ce que j'ai entendu : voilà le degré de férocité où sont descendus, à la fin du dix-huitième siècle, des François nourris de la doctrine de nos prétendus philosophes.

Il ne faut point faire l'injure aux habitans de Ballon, de les comprendre parmi les assassins de MM. Cureau et de Montesson. Ils furent frappés d'une telle horreur à la vue de ces scélérats, qu'elle glaça tout leur sang. Leur âme en reçut cette sorte d'insensibilité, que l'âme éprouve quand elle est comprimée par une secousse extraordinaire. Ils restèrent dans la stupeur et dans une funeste inaction pendant toute la durée de cette tragédie. Il fut impossible au brave Prevôt, de les réveiller de cette léthargie.

Le crime, dans ces jours malheureux, marchoit avec une telle audace, que ces exécrables assassins eurent l'impudence d'aller chercher eux-mêmes les juges, de les traîner auprès des cadavres, de les contraindre à visiter les poches des victimes, et à dresser procès-verbal des effets qui s'y trouvoient. M. de Montesson n'avoit sur lui que quelques pièces de monnoie et deux ou trois écus de six livres. On trouva sur son beau-père, environ trente louis, partie en argent, partie en billets de la caisse d'escompte. Ses bourreaux, à la vue de cette petite somme, crièrent qu'elle étoit une preuve convaincante, qu'il avoit eu l'intention d'acheter les bleds sur pied. On

ne pouvoit

ne pouvoit allier plus de stupidité à plus de férocité.

La famille des deux infortunés apprit, pendant la nuit, ce terrible désastre, et au milieu de la désolation où la jeta cette désespérante nouvelle, elle fut encore instruite qu'elle étoit menacée du même sort. Il fallut qu'elle quittât le château de Nouay, pendant les ténèbres, et ce ne fut qu'en courant mille dangers, qu'elle trouva enfin un asile où elle pût pleurer librement la double perte qu'elle venoit de faire.

Personne, dans le Maine, ne pouvoit se dire en sûreté avec de tels brigands. Un religieux bénédictin passant à cheval un soir dans les rues du village de Souligné, près Ballon, fut rencontré par le scélérat Barbier, un des meurtriers de MM. de Montesson et Cureau. Ce misérable, sans lui rien dire, le coucha en joue, et l'obligea de descendre de cheval. Il le traîna ensuite chez un fermier appelé Huet. Le curé du lieu se trouvoit heureusement dans cet instant, auprès du fermier; de sorte qu'étant trois contre un, ils continrent cet assassin, mais ils en furent menacés d'être égorgés un autre jour.

L'inviolabilité dont le comte de Mirabeau avoit investi les membres de l'assemblée nationale, ne protégeoit, contre ces excès, que les députés démocrates. Les autres y restoient exposés. M. le vidame de Vassé et M. de Montesson, frère de l'assassiné, tous les deux représentans de la noblesse du Mans, aux états-généraux, étoient du nombre de ceux à qui leurs mandats prescrivoient impérativement la séparation des ordres. Ils crurent ne pouvoir, en conscience, se réunir au tiers-état avant que cette clause eut été révoquée. Ils se rendirent donc dans le Maine pour demander à leurs commettans d'autres mandats. Ils y arrivèrent au moment où tout se disposoit pour le double assassinat dont je viens de faire le récit. A leur retour, ils passèrent dans le bourg de Savigné-l'Evêque, situé à deux lieues du Mans. Le postillon qui les conduisoit, les versa dans la petite rivière qui traverse ce bourg. On ne sait point si cet homme n'étoit pas entré dans une conjuration contre leur vie; mais soit que cet accident fut prémédité, soit qu'il fut involontaire, il donna le temps au peuple de s'amasser. Les deux voyageurs tout mouillés, tout froissés de la chûte qu'ils venoient de faire, virent accourir à eux la canaille, et ne purent douter qu'elle n'eut été prévenue de leur passage à Savigné, car cette canaille les appeloit par leurs noms, en les maudissant. On lui avoit donc dit qui étoient ces voyageurs. Ils ne s'arrêtèrent point à la haranguer; ils prirent la fuite, et furent poursuivis à coup de pierres jusques dans une auberge voisine où ils se réfugièrent. L'hôte, homme de bien, se hâta, lorsqu'ils furent entrés, de sortir; il ferma sa porte, et barangua du mieux qu'il pût tous ces misérables; il n'obtint rien, mais lorsque les brigands entrèrent dans l'auberge, les deux voyageurs n'y

Hist. de la Révolut. part. V.

étoient plus; ils avoient eu le temps de s'évader par une porte de derrière. Ils se retirèrent à Montfort, chez M. le marquis de Murat, qui leur prodigua tous ses soins, et les mit en état de retourner à Versailles. Leurs équipages et leur voiture restèrent au pouvoir de la canaille; les malles furent pillées, et la voiture fut mise en poudre. Ce nouvel attentat et l'impunité qui le suivit, prouvent que les députés mêmes n'avoient sûreté pour leur vie, qu'autant qu'ils étoient sous la protection du club breton.

Les journalistes, dans le temps, racontèrent ces troubles du Maine, avec leur impéritie ordinaire. Confondant les deux MM. de Montesson, ils ne firent qu'une aventure de deux aventures bien distinctes. Le développement qu'elles reçoivent de mon récit, les dégage de toute confusion, il fait voir que ceux qui s'avançoient vers un nouvel ordre de choses, souffloient, dans toutes les provinces, le même esprit de sédition et de cruauté.

Les habitans paisibles de la ville du Mans, frémirent en apprenant la mort de MM. Cureau et de Montesson, et la nouvelle violence commise envers le frère de ce dernier, ainsi qu'envers le vidame de Vassé son collègue; mais ils se contentoient de gémir; la consternation les rendoit muets et immobiles. Un seul homme eut le courage de demander vengeance du double assassinat qui avoit été consommé. Le fait est d'autant plus remarquable, qu'à cette époque, presque tous les tribunaux du royaume gardoient le silence sur ces forfaits. M. Léon fut cet homme courageux. Le procureur du roi, au siège de la maréchaussée du Mans, étoit absent. M. Léon, en sa qualité d'avocat du roi à ce siège, le suppléa; il rendit plainte contre les assassins. Pour enchaîner son ministère, on mit tout en œuvre, prières, menaces, lettres anonymes; on lui fit craindre d'envelopper sa famille entière dans le malheur auquel il s'exposoit. Aucune considération ne l'arrêta; il fut inflexible; il fallut que l'information se fît. Dès que le bruit en vint à Versailles, il y eut une grande agitation dans le parti dominant de l'assemblée constituante. On écrivit lettres sur lettres au Mans; on y envoya réclamations sur réclamations; on étourdit le garde des sceaux de sollicitations; on fit enfin tout ce qu'il étoit possible de faire pour arrêter la procédure. Que conclure de cette sollicitude que montroient les députés démagogues, et dont j'ai la preuve sous les yeux, sinon que les assassins du Mans étoient leurs agens?

Toutes ces menées ne purent arrêter les juges; l'information fut suivie avec fermeté et avec constance. Couasnon, Barbier, Pasquier et un nommé Charpentier, furent décrétés de prise de corps et constitués prisonniers. Je dirai en son temps quelle fut l'issue de cette procédure. On verra quand j'en serai là que les efforts que l'on fit pour délivrer ces scélérats, faillirent ruiner, de fond en comble, la ville du Mans; on verra combien puissamment ces monstres étoient protégés par des membres de l'assemblée législative. Mais je me donnerai la satisfaction, en terminant le récit de ce qui se passa au Mans, dans les derniers jours de juillet, d'offrir à la reconnoissance publique les noms de ces juges qui se mirent au-dessus de toutes les craintes, et préférèrent leur devoir à leur vie même. Ces dignes magistrats furent MM. Descrimes, prévôt de la maréchaussée; Négrier de la Ferrière, de Foissy, Poisson du Breil, Belin-Desroches, Trotté de la Bouverie, Moynnerie, Philippaux, Franchet, Percheron de Beauchesne, Perier, le Balleur-Delisle.

Quel génie donc, quelle âme avoient ces législateurs qui livroient aux brigands et aux assassins, l'empire qu'ils étoient appelés à régénérer? Et de tous les phénomènes que présente notre révolution, le plus étonnant comme le plus affligeant, n'est-ce pas ce funeste succès avec lequel on embrasoit tout-à-la-fois toutes les parties du royaume? La Provence même, qui avoit su se maintenir dans une sage impassibilité, pendant cette semaine que j'ai appelée la semaine de la révolution, ne put se préserver du nouvel ébranlement donné à la France entière à la fin de juillet. Marseille fut le foyer où s'alluma le feu de la sédition, et sans la sage fermeté de M. le comte de Caraman, il eut embrasé la Pro-

27. vence entière. Au moment où, dans cette ville, on n'avoit aucune raison de croire que la tranquillité pouvoit être troublée, les murs se trouvèrent tapissés de placards, où l'on invitoit *les vrais amis de la patrie*, à s'assembler le soir même à huit heures en armes.

L'objet apparent de cette levée de bouclier étoit d'aller à Aix délivrer, de force, les séditieux qu'on avoit fait prisonniers dans les derniers troubles. Ce ne pouvoit être là qu'un prétexte; personne n'ignoroit dans Marseille, que ces prisonniers n'avoient rien à craindre; tout le monde savoit que la cour avoit promis solemnellement de leur accorder une amnistie. Ce mouvement cependant paroissoit devoir d'autant plus alarmer, qu'il avoit été concerté avec une partie des habitans d'Aix. M. de Caraman mit tout en œuvre pour l'étouffer. Il ne put empêcher le rassemblement de ces prétendus amis de la patrie. Ceux d'entr'eux qui n'avoient point d'armes, semblèrent vouloir se rendre à ses ordres; mais ceux qui s'étoient armés dans l'invasion faite à l'hôtel-de-ville, répondirent qu'ils avoient donné leur parole d'aller à Aix, et qu'ils la tiendroient.

Pour arrêter cette insurrection, le commandant eut quelqu'envie d'employer la troupe réglée; mais les officiers municipaux le prièrent avec instance de ne point recourir à la force. Il étoit instruit que les prisonniers, en vertu des ordres que la cour avoit envoyés, devoient être relâchés deux jours après; le parlement lui avoit promis que le terme de leur liberté seroit avancé. Il se flatta donc que la marche des séditieux se réduiroit à une simple promenade, s'il pouvoit parvenir à les empêcher de commettre aucun désordre, soit sur la route, soit pendant leur séjour à Aix. Dans d'autres temps, il n'eût pas fallu permettre même cette promenade; mais au moment où l'on étoit arrivé, il falloit plutôt ménager qu'irriter les esprits, recourir aux tempéramens, plutôt qu'à la violence.

Ce fut par de telles considérations, et pour ne point heurter les principes qu'avoient adoptés les officiers municipaux, que M. de Caraman se détermina à laisser partir tous ces gens-là. Il fit prévenir de leur départ, par M. de Saint-Mars, officier de marine, M. le marquis de Miran, commandant en second à Aix. Il mit de plus à leur tête le propre capitaine de ses gardes, et répandit parmi eux quelques personnes qui avoient de l'ascendant sur leur esprit. Il recommanda à ces personnes de confiance, de ne point laisser entrer les séditieux dans la ville d'Aix, de les contraindre à rester à l'entrée du faubourg; de leur permettre seulement d'envoyer delà des députés à qui on donneroit commission de demander à M. de Miran de leur faire remettre les prisonniers qui étoient dans le cas de l'amnistie. M. de Caraman recommanda par-dessus tout à ces mêmes personnes, de ne laisser commettre à ces séditieux, ni hostilité ni pillage, soit en allant, soit en revenant. Au moment enfin où il vit cette troupe prête et décidée à partir, il lui dit qu'il ne consentoit à cette expédition, qu'à condition qu'elle lui promettoit de remettre d'elle-même à l'hôtel-de-ville, quand elle seroit revenue, les armes qui en avoient été enlevées. On souscrivit à cette demande.

Toutes ces précautions ainsi prises, la troupe s'ébranla et se mit en marche entre huit et neuf heures du soir. Les officiers municipaux s'effrayèrent alors des suites de ce voyage, et tentèrent de l'empêcher; mais comme ils ne vouloient employer que la prière, ils ne purent rien obtenir. Tous ces mutins, au reste, ne formoient pas une troupe bien formidable; ils étoient en tout quinze cents hommes; plusieurs n'avoient point d'armes; parmi les autres, les uns tenoient sur leur épaule, un méchant sabre tout rouillé, ceux-là un bâton, ceux-ci une grosse et courte bûche; quelques-uns portoient des fusils, mais la plupart de ces fusils étoient hors d'état de tirer. Ils n'avoient pour toute munition de guerre, qu'une très-petite provision de poudre.

Cette grotesque armée arriva le lendemain matin 28. à cinq heures au pont de l'Arc, petite rivière qui coule sous les murs d'Aix. Tous ces gens-là se mouroient de faim et de soif. Ils firent rencontre, à cet endroit, de quatre officiers de dragons qui les attendoient et qui leur demandèrent ce qu'ils vouloient. Ils répondirent qu'ils venoient pour qu'on leur remît les prisonniers qui devoient être élargis par l'amnistie; ils prièrent en outre qu'on leur portât des vivres, et promirent de les payer. M. Martin, capitaine des gardes du commandant, obtint d'eux qu'ils attendroient là la réponse à leur demande et à leur prière, et qu'ils n'iroient pas plus loin. Ils envoyèrent aussitôt des députés à M. le marquis de Miran, pour lui expliquer le sujet qui les amenoit. La négociation dura peu; tout avoit été arrangé d'avance, et le parlement avoit relâché les prisonniers avant que leurs inutiles libérateurs arrivassent. M. de Miran ne se borna pas à rendre les prisonniers; il permit même aux Marseillois, d'entrer dans l'intérieur de la ville. Ils vinrent se reposer sur le cours, où les officiers municipaux d'Aix leur firent distribuer des rafraichissemens dont ils assuroient avoir grand besoin. Ils n'entrèrent dans aucune maison, ne commirent pas le plus léger désordre, et revinrent paisiblement à Marseille où ils arrivèrent à sept heures du soir, pouvant à peine se traîner, tant ils étoient excédés de la fatigue de leur insensée expédition, que la chaleur de la saison leur rendit encore plus pénible.

M. le chevalier de Damas, colonel du régiment de Vexin, et qui le lendemain fut nommé commandant de la garde nationale de Marseille, brevetée au nom du roi, reçut les voyageurs à leur entrée dans la ville, à la tête de la garde bourgeoise, forte de deux mille hommes. Cette garde se divisa en une trentaine de pelotons qui partagèrent tous ces mutins en plusieurs bandes; de sorte que ces quinze cents hommes ne ressembloient pas mal à des prisonniers que conduit une escorte. Ils ramenèrent dans leurs maisons les prisonniers qui avoient été remis à Aix; ils déposèrent aussi, ainsi qu'ils s'y étoient engagés, à l'hôtel-de-ville, les armes qu'ils y avoient prises. Ils se séparèrent ensuite de leur propre gré, mais ils se montroient extrêmement fiers de leur expédition; ils en parloient partout comme d'un coup de main hardi et vigoureux; ils la vantoient comme un exploit héroïque. Il falloit bien en effet paroître avoir fait quelque chose, quand on n'avoit rien fait; il falloit bien chercher à persuader à ceux dont on avoit suivi les insinuations, qu'ils s'étoient adressés à des hommes dignes de les seconder.

Cette infructueuse sédition de Marseille fut provoquée par ces émissaires qui couroient le royaume, et excitoient partout des troubles. Mais ceux qui avoient soulevé cette poignée de factieux, se promettoient de ce soulèvement un désordre général pour toute la Provence; ils n'entendoient point que cette tentative, pour troubler la paix dont jouissoit la province, se bornât à une excursion fatiguante. Ils s'étoient persuadés que ces mutins, une fois en mouvement, se laisseroient aller au pillage; qu'ils répandroient une grande terreur sur leur route, et à Aix; que même ils ne se borneroient pas à commettre des violences dans cette ville; qu'enhardis par leurs premiers succès, ils passeroient outre, et iroient mettre à contribution dans d'autres villes, dans les campagnes, les riches propriétaires.

C'étoit si bien là l'intention des agitateurs, qu'à l'instant où la petite troupe de Marseille se mit en marche pour Aix, ils répandirent de tout côté, comme il se pratiquoit à la même époque dans le reste du royaume, que la Provence alloit être inondée d'un déluge de brigands; qu'il n'y avoit pas un moment à perdre; qu'il falloit sonner partout le tocsin, et partout s'armer comme on pourroit. Si les quinze cent Marseillois eussent pillé quelques maisons, quelques châteaux, quelques couvens, qui auroit pu douter de la vérité de ces bruits? Qui auroit pu ne pas sentir la nécessité de se conformer aux avis qu'on donnoit avec tant de chaleur?

Ces bruits et ces avis, quoiqu'ils n'eussent pas même pour fondement, grâces aux sages mesures qui avoient été prises, le plus léger désordre de la part des quinze cents Marseillois, n'en produisirent pas moins l'effet le plus étonnant: en deux fois vingt-quatre heures, la consternation fut universelle dans la province. Toutes les communautés s'ébranlèrent au même instant; toutes au même instant s'agitèrent pour avoir des armes, et elles croyoient la chose d'autant plus nécessaire, qu'elles y étoient portées, non-seulement par les avis qu'on leur donnoit verbalement, mais encore par les lettres qu'elles venoient de recevoir des députés du tiers-état de Provence aux états-généraux. Parmi ces députés, il faut distinguer le comte de Mirabeau, MM. Bouche, Mougins de Roquefort, Ricard de Sealt, qui ont constamment réuni aux fonctions de législateurs, le rôle de factieux. Les lettres qu'ils n'ont cessé d'écrire en Provence, pour y entretenir une continuelle fermentation, ne sont pas perdues. Si jamais les temps permettent de publier leur correspondance, on y trouvera des preuves bien déplorables des causes que se donne aux mouvemens qui ont déchiré le royaume pendant la première assemblée nationale.

M. de Caraman épuisa toutes les ressources de sa place pour contenir l'extraordinaire effervescence qui se déployoit ainsi à la même heure; il fit garder les magasins du roi par des forces imposantes; il défendit de livrer des armes aux communautés; il leur écrivit à toutes, pour les dissuader de l'arrivée des brigands. Ses soins furent couronnés du succès: cette grande et universelle agitation ne produisit aucun effet fâcheux; toutes les tentatives des agitateurs, quelque bien concertées qu'elles fussent, échouèrent en Provence, quand elles réussissoient dans tout le reste du royaume. Cela fut dû à la sagesse du commandant, à l'harmonie qui régnoit entre lui et le parlement, et aussi à l'intelligence avec laquelle ses ordres furent exécutés par ses subordonnés. C'est une justice que l'histoire doit rendre aux uns et aux autres, et c'est bien le moins qu'ils recueillent de leur bonne conduite, cette honorable récompense.

Je n'étendrai pas plus loin ce tableau des désordres qui affligèrent notre patrie à la fin de juillet 1789. Je suis obligé, comme je l'ai dit plus haut, de me borner pour ne pas entasser des volumes ; mais les détails dans lesquels je suis entré, suffiront pour donner une idée de l'état où se trouvoient également à la même époque les provinces dont je n'ai pas parlé. La Provence fut la seule où le sang ne coula point, où aucune propriété ne fut violée ; elle n'en fut pas moins, ainsi qu'on l'a vu, exposée aux efforts et aux attentats des agitateurs.

C'est sous ces funèbres auspices que fut jetée la première pierre de l'édifice constitutionnel. C'est-là le moment que l'on prit pour constituer, d'une nouvelle manière, un peuple qui étoit constitué depuis quatorze siècles, et que Louis XIV avoit élevé au plus haut degré de civilisation où puisse atteindre une société. Lorsque de zélés missionnaires voulurent réunir en un corps de nation, de misérables sauvages, errants dans les forêts, ils commencèrent par en faire des hommes avant d'en faire des citoyens ; ils leur donnèrent des mœurs et une religion, avant de leur donner une constitution. Nos législateurs trouvant un corps de nation tout formé, commencèrent par allumer la guerre entre ses membres ; ils en excédèrent une partie de tous les genres de tyrannies ; ils dégradèrent l'autre ; ils lui ôtèrent ses mœurs et sa religion. Quand les passions furent au plus haut degré d'impétuosité ; quand le délire eut pris la place de la raison, la férocité, celle de la politesse, l'ingratitude, celle de la reconnoissance, l'impiété, celle du respect pour les vérités religieuses ; alors ils présentèrent leur code de législation. Et qu'on ne pense pas que ce ne fut qu'en entrant dans la carrière, qu'ils ébranlèrent le royaume ; chaque pas qu'ils y firent, fut toujours précédé, comme on le verra, d'une nouvelle secousse.

Il est curieux de les suivre dans cette carrière ; il est curieux de voir ce que c'étoient que ces lumières du dix-huitième siècle, dont la génération actuelle tire tant de vanité. L'acte constitutionnel dont je vais commencer l'histoire, est leur produit. Pour l'enfanter elles se sont toutes réunies ; elles ont percé tous les obstacles ; elles se sont épandues sans contrainte. C'est donc ici leur chef-d'œuvre ; c'est ici l'évangile philosophique préparé, annoncé depuis un demi-siècle, et dont les Bayle, les Voltaire, les Lamétrie, les Diderot avoient été précurseurs. Jamais spectacle plus étonnant ni plus instructif, ne s'offrira au genre-humain, que celui des disciples de ces hommes, détruisant un des plus beaux empires de l'univers, et le reconstruisant ensuite à leur gré. C'est ce spectacle qui va se développer aux yeux du lecteur.

(101)

CHAPITRE LXXIII.

Ou l'on donne la véritable acception des mots dont les novateurs ont fait un abus pernicieux, pour n'en avoir pas entendu, ou n'avoir pas voulu en entendre le véritable sens. Ces mots sont : Souveraineté, peuple, multitude, populace, patrie, nation, religion, liberté, égalité, assemblée nationale, convention nationale, pouvoir constituant, constitution, législateur, loi, volonté générale, corps législatif, distinction des pouvoirs, chambres. On dit aussi un mot de la doctrine de Montesquieu, et on termine toute cette exposition de principes, par une prophétie de feu Piron.

Août 1789, et troisième mois de l'interrègne.

Je ne présente pas ce chapitre à l'universalité des lecteurs ; ce n'est pas qu'il ne soit à la portée de tous, car par-dessus tout, je m'étudie à être clair. Mais ceux qui aiment mieux un récit de faits qu'un compte d'opinions, peuvent se dispenser de le lire, et passer au suivant. Ceux au contraire qui désirent connoître combien les membres de la première assemblée législative, ont outragé les principes conservateurs et régénérateurs des empires, liront ce chapitre avec le plus grand intérêt. Ce sont ces principes que je vais exposer, en parcourant les divers mots dont ces mal avisés législateurs ont fait l'abus le plus funeste pour la France. Je les exposerai brièvement, et m'attacherai moins à dire des choses neuves, que des choses raisonnables. Il ne pourra qu'être utile de rapprocher cette théorie, fondée sur les règles immuables de la raison et de la justice, de celle qui a été adoptée et qui nous a tous perdus.

§. I.
SOUVERAINETÉ.

La souveraineté est à un état, ce que l'âme est au corps. Le corps politique est comme le corps humain, composé de différentes parties ; leur réunion, leur liaison ne présenteroit qu'une masse passive, s'il n'y avoir en elle-même un principe qui donne la vie et le mouvement. C'est ce principe qui est la souveraineté. Le prince co-ordonne, les sujets exécutent. Ainsi dans le corps humain, l'âme a l'empire, les membres sont les instrumens qui agissent pour la conversation du tout.

La souveraineté n'est pas une qualité physique ; elle ne tombe pas sous les sens ; on ne peut pas plus la voir qu'on ne voit l'âme. C'est une qualité morale qui ne peut s'appercevoir que par les effets qu'elle produit. De ce que l'homme a la faculté et l'exercice de la pensée, j'en conclus qu'il y a en lui une âme, sans pouvoir montrer cette âme du doigt. De même de ce que, dans une réunion d'hommes, je vois de l'harmonie, de l'ordre, des lois, j'en conclus que dans cette réunion il y a une souveraineté ; elle m'est sensible par les actes qu'elle engendre.

Comme c'est de la tête que partent les desseins, les raisonnemens, la pensée, le vouloir, j'en conclus que la tête est le siège de l'âme. Comment imaginerois-je, par exemple, que les parties inférieures de mon corps, que mes doigts sont le siège de mon âme, quand il m'est sensible que ces parties n'ont d'autre fonction que de se mouvoir au gré de la puissance qui veut. Je conclus par la même analogie, que la magistrature qui dans un état, veut et commande, est le siège de la souveraineté.

Je définis avec Grotius, la souveraineté, cette

puissance dont les actes sont indépendans de tout pouvoir humain ; de sorte qu'ils ne peuvent être annullés que par elle-même. Ils peuvent être annullés par elle, parce que le souverain ne seroit pas libre, s'il ne pouvoit changer de volonté. Il faut également que celui qui succède à ses droits et à sa puissance, ait la même liberté.

La providence a environné la nudité de notre foible enfance, de mille besoins ; elle l'a prolongée ; elle a donné à notre corps une structure fragile, qui nous avertit qu'il faut associer à notre force d'autres forces pour le conserver ; elle a jeté dans nos cœurs un instinct, qui nous crie que nous ne trouverons ici bas, quelque bonheur, qu'au milieu de nos semblables. Si les hommes répandus sur la surface de ce globe n'étoient pas gouvernés du tout, ils auroient pour ennemis la nature entière et eux-mêmes ; l'espèce humaine périroit, et la providence cependant veut la conservation de son plus bel ouvrage. L'organisation des sociétés est donc dans ses décrets, puisque cette organisation est le seul moyen de protéger l'espèce humaine et contre elle-même, et contre ses ennemis. Ces sociétés ne peuvent subsister à moins que les uns ne commandent, et que les autres n'obéissent. Il est donc encore dans les vues de la providence, qu'il y ait des princes et des sujets; et c'est dans ce sens qu'indépendamment de la révélation divine, toute autorité, toute souveraineté a sa racine dans le ciel.

Avant la formation d'un gouvernement, il n'y a ni souverain, ni souveraineté, ni peuple ; chacun peut tout prétendre, chacun aussi peut tout disputer ; il n'y a ni repos, ni sûreté, ni propriété ; le droit même de la force, n'est qu'un droit précaire, puisque l'homme, fort aujourd'hui, peut trouver demain un homme plus fort que lui.

Le souverain est l'individu, ou le corps qui domine ; on ne domine que sur celui qui est dépendant. Avant l'organisation de la société, personne ne domine, chacun est indépendant ; personne n'est le maître, par cela même que chacun l'est. Nouvelle preuve qu'avant l'établissement d'une forme de gouvernement, il n'y a ni souverain ni souveraineté.

Avant tout gouvernement établi, il n'y a point de peuple ; il n'y a qu'une multitude confuse, dont chaque individu jouit d'une liberté farouche, où tout homme est naturellement en guerre continuelle avec tout homme ; c'est ce qu'on appelle anarchie. Voilà pourtant le cahos d'où les écrivains modernes font sortir la monarchie, l'aristocratie, la république ; voilà la source d'où découlent, suivant eux, les magistratures, les puissances légitimes. Il faut être en démence pour croire ou pour dire une pareille absurdité.

C'est un axiome de toute évidence, qu'on ne peut pas donner ce qu'on n'a pas. Dans cet état qui précède toute formation de gouvernement, personne ne peut céder la souveraineté, puisque personne ne l'a ; dans cet état la souveraineté n'est pas dans le peuple, puisque le peuple n'existe point encore. Il me semble que les vérités mathématiques ne sont pas plus lumineuses que celles que j'établis ici.

Des hommes fatigués de lutter sans cesse les uns contre les autres, de vivre dans une situation où personne n'a ni le droit, ni le pouvoir de commander, où personne ne doit ni ne veut prêter obéissance, consentent à une forme de gouvernement quelconque. Que font-ils autre chose que de se dépouiller d'une indépendance qui est funeste à chacun et à tous, pour se mettre sous la protection de la loi et du magistrat ? On ne pourroit dire qu'ils se sont dessaisis de la souveraineté, qu'en confondant l'indépendance qui tue, avec la souveraineté qui protège.

Par où l'on voit que la puissance publique n'a pas pour élémens les portions individuelles de souveraineté d'un assemblage d'hommes, mais qu'elle se forme et résulte de la cession que fait chaque particulier d'une liberté désastreuse avec laquelle on ne peut rien faire, ni pour la conservation de l'individu, ni pour celle de l'espèce.

Lorsqu'un gouvernement est établi, alors il y a un peuple, alors il y a une souveraineté. Comme la lumière réside dans le soleil, la souveraineté réside dans la magistrature qui en répand les effets sur le corps entier du peuple. Celui-là est souverain, qui exerce la souveraineté. S'il l'exerce légitimement, c'est un souverain légitime, s'il l'exerce sans avoir le droit de l'exercer, c'est un usurpateur ; il a la force, mais non pas le droit. Le brigand qui s'empare, à main armée, de ma propriété, en est maître de fait, mais moi j'en reste maître de droit.

Lorsque des hommes ont consenti à se mettre sous la conduite de l'un ou de plusieurs d'entr'eux, le magistrat qui obtient cette confiance, acquiert évidemment le droit de dominer ; mais ce droit qui lui est départi, ce droit qui constitue le souverain et la souveraineté, ne peut être ni cédé ni repris. S'il étoit cédé ou repris, il s'ensuivroit la dissolution de la nouvelle société ; le nouveau peuple se remettroit dans cet état misérable d'indépendance, qui est pour lui un état de mort. Aucune considération donc ne doit porter à se dessaisir d'une autorité qui est sa sauve-garde, parce que *le salut du peuple est la loi suprême*. Par la même raison, le plus grand de tous les crimes est de chercher à anéantir cette autorité. D'où il suit que ceux qui font des révolutions dans les empires, doivent être regardés comme les ennemis du genre-humain, car qui peut dire qu'une révolution ne tuera pas le peuple entier chez qui elle se fait ?

Si le souverain abuse de son autorité, c'est un malheur qu'il faut endurer, par la considération des autres fléaux dont cette autorité nous garantit. Un tyran est un fléau passager, et il vaut encore mieux pour les hommes, être gouvernés par un tyran, que de n'être pas gouvernés du tout. La domination d'un tyran pèse sur quelques membres du corps dont il est le chef, mais l'absence de tout gouvernement, tue le corps entier. Il faut hasarder et souffrir quelque chose, pour ne pas tomber dans le plus affreux de tous les états, qui est l'anarchie.

Le prince et le sujet sont liés par des obligations mutuelles; celui-là doit protection, celui-ci obéissance; l'autorité du premier et l'obéissance du second, ont leurs bornes. Ce sont l'intérêt du prince, la loi divine, l'équité naturelle qui posent ces bornes.

Des écrivains qui ont dans leurs pensées le désordre qu'ils voudroient mettre dans les états, ont confondu le mot *pacte* avec le mot *obligation*. Un père doit aimer, nourrir, élever ses enfans. Il y a là un devoir; il n'y a point de pacte. Un pacte est un contrat qui lie deux parties sous certaines conditions. Pour qu'il existât un tel contrat entre un père et ses enfans, il faudroit que quelqu'un eût stipulé pour tous les pères, et quelqu'un pour tous les enfans; ou bien il faudroit que les enfans au berceau eussent fait, avec leurs parens, un pacte par lequel ceux-ci seroient obligés de leur donner la nourriture et l'éducation. Qui oseroit dire une pareille folie? Qui oseroit dire qu'un père n'a de droit sur son fils, qu'en vertu d'un pacte mutuel? Un père ne perd jamais son droit; un fils n'est jamais dégagé de son devoir. L'obligation qui lie l'un et l'autre, a précédé tous les pactes, toutes les conventions; Dieu ne l'a pas écrite sur la pierre ou sur le papier; il l'a mise dans tous les cœurs.

Il en est de même entre les princes et leurs sujets. L'obligation qui les lient n'est point un pacte en vertu duquel ceux-ci se sont formées la faculté de retirer à ceux-là le droit de souveraineté, et de revenir à cet état où il n'y a point de souverain. Si un tel pacte existoit, on en montreroit l'original. Tant de sociétés depuis l'origine du monde, ont couvert ce globe, qu'il est bien étrange qu'aucune d'elles n'ait laissé parvenir jusqu'à nous, le modèle d'une semblable convention. L'histoire nous présente le spectacle de certaines aggrégations d'hommes, qui se sont formées en corps de peuple, et jamais l'histoire ne nous parle d'un tel pacte. Hérodote nous raconte comment s'est établie la monarchie des Mèdes; mais nous ne voyons dans cet établissement aucun pacte entre les Mèdes et leur roi. Encore moins y voyons-nous la résolution du traité dans le cas de contravention. Nous voyons, au contraire, que l'empire des rois Mèdes fut, dès son origine, le plus indépendant de tout l'Orient.

Les faits viennent donc ici à l'appui des principes. Le spectacle actuel de l'univers entier imprime, à ces vérités, le sceau de l'évidence. Partout le corps entier du peuple est gouverné; nulle part il ne gouverne; nulle part il ne montre l'original d'un pacte, où il soit écrit qu'il a le droit de déposséder le souverain, de le traduire en jugement, de changer la forme du gouvernement.

La souveraineté n'étant point une qualité physique, n'est point une chose que l'on puisse se passer de la main à la main, que l'on puisse donner, céder, déléguer, prendre, reprendre. Elle est toute entière, essentiellement, irrévocablement dans la magistrature qui l'exerce légitimement.

S'il étoit vrai que, dans toutes les sociétés policées que nous connoissons, c'est le peuple qui a donné, qui a cédé la souveraineté, ce seroit une nouvelle preuve que le peuple n'a point la souveraineté, car on n'a point ce qu'on a donné.

S'il étoit vrai que le peuple peut, en certain cas, faire la loi au souverain, lui déclarer la guerre, le priver de sa couronne, changer l'ordre de la succession, la forme du gouvernement, par qui le peuple fera-t-il tout cela? On ne dira pas que c'est par le souverain. Ce seroit donc par lui-même. Il seroit donc aussi souverain. Il y auroit donc deux souverains chez ce peuple. Ou pour mieux dire le souverain, chez ce peuple, ne seroit pas souverain, puisqu'il seroit dans une entière dépendance des ordres et des caprices de ceux à qui il commande. Quelle confusion d'idées quand on abandonne les principes!

Si le souverain étoit un premier fonctionnaire public, un commis, un délégué, il y auroit donc un pouvoir humain au-dessus du sien. Que devient alors la définition de la souveraineté? Il seroit tout-à-la fois prince et sujet, indépendant et dépendant, supérieur et inférieur, maître et subordonné. Que d'absurdités ont à dévorer ceux qui veulent voir la souveraineté ailleurs que dans la magistrature qui l'exerce!

La souveraineté légitimement acquise se range dans la classe des propriétés, dont la conservation est garantie par les lois humaines et divines. La possession en est imprescriptible et inaliénable. Celui qui s'empareroit de ma fortune, ne violeroit pas simplement une loi politique et civile; il pécheroit encore contre la loi divine, car la loi divine défend le vol. Voilà une nouvelle raison qui prouve que la souveraineté n'est pas seulement de droit humain, mais qu'elle est encore de droit divin.

La doctrine, qui découle de ces notions, ne nuit ni aux individus, ni à la chose publique. Elle conduit le législateur au but qu'il doit se proposer; ce but, c'est la conservation du peuple. Les hommes sages, de tous les siècles, ont prêché cette doctrine. Il ne faut pas croire qu'ils l'ont prêchée pour l'avantage de ceux qui gouvernent, car il n'est pas toujours avantageux d'être prince, roi, empereur, souverain, mais il est souverainement nécessaire que les sociétés ne reviennent point à un état de dissolution; il est souverainement nécessaire que ces grands corps qu'on appelle peuples, ne soient frappés ni de maladie ni de mort. Cette doctrine leur conserve la santé et la vie; elles les maintient dans le repos et le bonheur. Ceux qui la prêchent sont donc les bienfaiteurs du genre-humain; ils sont les véritables amis des peuples. Si elle n'étoit pas écrite dans le livre éternel de la raison, l'intérêt du peuple obligeroit de l'inventer.

La doctrine contraire est toute moderne, c'est toujours au sein des guerres civiles qu'elle a été prêchée. C'étoit celle du fougueux ligueur Jean Boucher, apologiste de Jean Châtel; c'étoit celle d'Ireton et des autres assassins de Charles premier. Voilà donc contre elle un préjugé bien défavorable.

Dès qu'elle est prêchée, les sociétés humaines entrent en convulsion, les hommes deviennent malheureux, les larmes coulent, la terre s'abreuve de sang. Ce n'est donc pas là la vérité; la vérité fille du ciel ne se montre à nous qu'environnée de bienfaits; son flambeau n'est pas la torche de la discorde.

L'expérience de tous les temps prouve que ceux qui feignent de vouloir transporter la souveraineté au peuple, la donnent d'abord à la multitude, ensuite à la canaille, et finissent par la garder pour eux-mêmes. Ce sont donc des séducteurs, des imposteurs, qui insultent à la crédulité du peuple pour le pousser dans l'abîme de l'anarchie; ils sont donc ses véritables ennemis: et comme il ne sait point distinguer ses flatteurs de ses bienfaiteurs, comme il se laisse facilement enlever ce qui intéresse essentiellement sa conservation et son bonheur, ceux qui le gouvernent, ne doivent jamais permettre qu'on agite en sa présence la question de la souveraineté.

De dire maintenant jusqu'où doit aller la résistance à l'usurpation, comment César étoit un usurpateur et Tibère un souverain légitime; de définir comment doit être organisée la souveraineté pour le plus grand avantage des peuples; d'indiquer quelle est, pour les gouvernés, la meilleure forme de gouvernement, tout cela n'est point de mon sujet, je ne veux pas m'élever aussi haut. J'ai montré où résidoit la souveraineté; j'ai dit ce que c'étoit; j'en ai fait voir l'origine, et c'est tout ce que je me proposois.

Il étoit bien facile d'appliquer en 1789 à la nation françoise, les vérités que je viens d'établir. La souveraineté appartenoit incontestablement à Louis XVI, puisque c'étoit de son trône, qu'en émanoient tous les actes. Elle lui appartenoit légitimement puisqu'il ne l'avoit pas usurpée. Par la loi fondamentale de l'état, la couronne avoit pour lui le caractère d'une propriété héréditaire, puisqu'elle n'étoit pas élective. Elle avoit passé sur sa tête comme un héritage passe du père au fils, car parmi nous le gouvernement alloit comme la nature. Indépendamment de l'ordre de la providence qui veut pour la conservation des hommes leur réunion en sociétés, et par conséquent une souveraineté dans chaque société, Louis XVI avoit en faveur de sa possession ces lois humaines & divines qui protègent toute propriété. Il devoit y avoir d'autant moins de doute à cet égard, que la religion dans la cérémonie du sacre, avoit consacré cette possession d'une manière toute particulière. Par l'onction qu'elle avoit versée sur le front du prince, elle l'avoit élevé à un sacerdoce qui rendoit sa personne et son autorité sacrées. Elle avoit fait de l'obéissance qui lui étoit due, un article de foi pour tous les François catholiques. Personne dans le royaume n'occupoit une place un peu importante, qu'il n'eut prêté serment de fidélité à Louis XVI. Chacun de nous avoit contracté un semblable engagement soit personnellement, soit par ses ayeux.

Pour en venir donc au point de croire que la souveraineté n'appartenoit point à Louis XVI, il falloit méconnoître les principes conservateurs des propriétés; il falloit substituer à ces principes les erreurs qui désorganisent les sociétés; il falloit, si l'on étoit catholique, renoncer à sa religion; il falloit, si l'on étoit François, devenir parjure. Pouvoit-on en un mot, à moins d'être aveugle, ne pas voir tous ces liens qui unissoient l'obéissance de la nation à l'autorité dont son chef étoit revêtu?

On ne pouvoit pas dire que ses sujets lui eussent donné, cédé, délégué la souveraineté, car ils ne l'avoient ni nommé, ni élu leur souverain; ils l'avoient simplement reconnu pour leur roi. Il n'avoit pas plus reçu la couronne, de la volonté de la nation, qu'un seigneur n'avoit reçu sa terre, du bon plaisir de ses vassaux.

On ne pouvoit pas dire que les François eussent fait un pacte avec Louis XVI, en vertu duquel ils s'étoient réservé le droit de le dépouiller de la souveraineté, quand ils le jugeroient à propos. Il étoit trop évident qu'un tel pacte n'existoit pas.

On ne pouvoit pas dire qu'originairement les François avoient stipulé pour tous leurs descendans, avec un de leurs rois; ni l'original, ni l'époque de cette convention ne se trouvoient dans l'histoire.

Voici en un mot ce que Louis XVI auroit pu répondre au peuple françois, si le peuple françois lui avoit disputé la souveraineté:

« Vous dites que la souveraineté vous appartient, dites-moi donc de qui vous l'avez reçue, car si vous ne l'avez pas reçue, vous ne l'avez pas, vous ne pouvez l'exercer. La tenez-vous de Dieu? Montrez-moi l'oracle divin qui vous la donne. La nature vous en a-t-elle fait présent? Nulle part la nature ne donne au grand nombre le droit de commander au petit.

petit. Un de vos oracles (1) l'a dit : *Il est contre l'ordre naturel, que le grand nombre gouverne, et que le petit soit gouverné.* Avez-vous conquis la souveraineté par la force des armes ? A quelle époque avez-vous fait cette conquête ? Etoit-ce lorsque vous courbiez la tête sous le joug des Romains ? Etoit-ce lorsque vous passiez tour-à-tour sous la servitude des Visigoths, des Bourguignons, des Huns ? Fut-ce lorsque les Ampsivariens, les Chamaves, les Bruetères confondus en un corps de guerriers conduits par Clovis leur roi et leur général, soumirent les provinces gauloises ? Fut-ce lorsque vos ancêtres *acceptèrent avec empressement pour leur maître ce même Clovis* (2) ?

« Voulez-vous que je me fixe à l'époque la plus favorable aux prétentions du peuple françois, au règne de Charlemagne ? *On vit sous ce règne une union intime de tous les membres avec leur chef, une parfaite unanimité de sentimens, et une correspondance mutuelle pour le bien commun, le prince étant aussi attentif à conserver les droits des sujets, que les sujets zélés à concourir à la gloire et à la puissance du prince.* (3) Mais qu'y a-t-il là autre chose qu'un roi et des sujets ? On ne connoissoit, il est vrai, alors, d'autres ordonnances que celles qui étoient faites du consentement des assemblées générales du champ de Mars ou de Mai. Mais ces assemblées étoient composées des seuls ordres du Clergé et de la Noblesse. Seuls ils étoient admis à partager les honneurs de l'administration souveraine. Le reste de la nation demeuroit dans un état moyen, entre la servitude romaine et une espèce de liberté ; elle étoit destinée au travail et à la culture des terres. Le peuple n'avoit aucune part aux délibérations de ces assemblées nationales ; il n'y assistoit que pour lui autoriser par la promesse d'y obéir, et par les acclamations avec lesquelles il recevoit ce qu'on appeloit *l'annonciation*, c'est-à-dire, le résultat de l'assemblée, qui portoit toujours le nom du souverain, et encore avoit-on grand soin d'exclure de ce peuple la vile populace. qu'y a-t-il encore là, que dépendance du côté du peuple, et souveraineté du côté du roi ? »

« A quelle autre époque donc faut-il s'arrêter ? Ce ne seroit pas sérieusement que vous remonteriez à celle où un guerrier victorieux sur un pavois par d'autres guerriers, et présenté à une armée. Les personnes savantes dans notre histoire savent que ce n'étoit pas là une nomination, une élection, mais une proclamation, une inauguration. Cette époque en outre ne vous seroit pas favorable, car alors le peuple entier des Gaules étoit dans la servitude romaine. En troisième lieu, il s'est écoulé tant de siècles depuis cette époque ; la souveraineté m'a été transmise par une si longue suite d'ayeux qui tous l'ont possédée par le seul droit de leur naissance, que si sa possession pouvoit m'être disputée, aucun de vous ne seroit assuré de sa propriété. »

« Diriez-vous que vous avez le droit imprescriptible de prendre et d'exercer la souveraineté, parce qu'un seul homme ne sauroit résister contre plusieurs, lorsque ceux-ci ont le pouvoir et la volonté de le contraindre ; mais c'est là la force ; c'est le pouvoir des brigands ; ce n'est pas le droit. Si votre raison étoit bonne, il s'en suivroit qu'un père de famille n'a pas l'autorité paternelle, mais qu'elle appartient, en vertu d'un droit imprescriptible, à ses enfans et à ses serviteurs ; car plusieurs sont plus forts qu'un. »

Voilà tout ce qu'il m'importoit de dire sur la souveraineté, pour mettre en état de juger de la manière dont l'ont entendu les députés aux états généraux.

§. II.

PEUPLE.

Le peuple pris en masse est le corps même de la nation. Une portion du peuple, quelque nombreuse, quelqu'éclairée qu'on la suppose, n'est pas plus le peuple, que mes mains ou mes pieds ne sont mon corps. Ceux qui veulent faire une révolution, confondent toujours la partie avec le tout, c'est-à-dire une portion du peuple, avec le peuple.

Le législateur et ceux qui gouvernent doivent avoir pour but unique, la conservation et l'avantage du peuple ; ils doivent sacrifier la partie qui ne veut pas se co-ordonner avec le tout, parce que, comme on ne peut trop le répéter, la conservation et l'avantage du tout, est la suprême loi.

Un ancien dit que quinze hommes libres font un peuple (1). Niobe, dans Ovide, appelle ses quatorze enfans un peuple (2). Cela pouvoit être dans l'origine du monde ; mais aujourd'hui un tel peuple seroit bientôt englouti par un autre peuple. Pour qu'un peuple puisse subsister, il faut que sa force et sa puissance soient dans une proportion raisonnable avec la force et la puissance des autres peuples, sur-tout de ceux qui l'entourent.

---

(1) J.-J. Rousseau, *contr. soc. liv. III, chap. IV.*

(2) Ce sont les paroles de l'historien anonyme de l'ancien gouvernement de la France. Cet historien est très-peu favorable aux rois.

(3) Paroles du même écrivain.
Hist. de la Révolut. Part. V.

(1) *Quindecim liberi homines populus est.* Apuleius
(2) *Fingite demi
Huic aliquid populo natorum posse morum.* Ovide,
Metam. V du liv. VI.

Comme il ne peut pas y avoir plusieurs peuples dans un peuple, en France, avant notre révolution, le clergé, la noblesse, la magistrature, la bourgeoisie, et tout ce qui étoit au-dessous de la bourgeoisie, ne formoient point en particulier un peuple. Le tiers-état ne pouvoit pas plus se dire le peuple françois que le clergé. Le tiers-état étoit comme le clergé, comme la noblesse, une portion du peuple françois. Le clergé, la noblesse, la magistrature, la bourgeoisie et tout ce qui étoit au-dessous de la bourgeoisie, formoient ensemble le peuple françois.

En tant qu'il s'agit d'instituer, de régénérer ou de gouverner un peuple, le mot peuple ne peut avoir qu'une acception pour le législateur et pour le souverain. Il en a plusieurs dans notre langue, dont je dois parler, afin qu'on ne mette point dans les choses la confusion qui est dans les mots.

§. III.

MULTITUDE.

Un assemblage d'hommes, quelque soit le rang, quelque soit la place de chacun d'eux, dans la société, est une multitude; il seroit absurde de dire que c'est un peuple. Dans une salle de spectacle, dans une salle académique, à une plaidoirie, la multitude prend le nom de public; et ce public est bien ou mal composé, plus ou moins éclairé. La multitude qui se réunit dans une église pour la prière, prend le nom d'assemblée des fidelles. Si elle se réunit pour entendre un sermon, c'est un auditoire. Dans aucun de ces lieux, la multitude n'est ni un peuple, ni le peuple; et parmi nous, celui qui, dans une de ces circonstances, diroit qu'il a harangué le peuple françois, diroit une sottise.

Dans notre langue le mot multitude se prend toujours en mauvaise part. On le donne à un assemblage d'hommes qu'on suppose sans éducation et sans lumières. C'est dans ce sens que Saint-Evremond disoit que la multitude a toujours été ennemie des sages. M. Scuderi n'aimoit pas les louanges de la multitude, parce que, disoit ce savant, la multitude qui les donne, ne sait ce qu'elle loue. Bossuet ne l'entendoit pas autrement, comme on le voit dans cette phrase : « quand une fois on a trouvé le moyen de prendre la multitude par l'appas de la liberté, elle suit en aveugle, pourvu qu'elle en entende seulement le nom. » Cromwel trouva ce moyen, il prit la multitude par l'appas de la liberté. Cette multitude n'étoit pas le peuple anglois, car celui-ci détesta et déteste encore les excès de celle-là.

Quand la multitude est mue par de grandes passions, elle est terrible. Évitez, disoit madame Deshoulières, la folle multitude; il est dangereux, disoit-elle encore, d'attaquer les sentimens de la multitude. Il n'est point de mer, disoit aussi Vaugelas, si pleine d'orages, ni qui roule plus de vagues, ni où il s'élève plus de mouvemens que dans une multitude, quand elle a la bride sur le col. Confondre la multitude ainsi entendue, avec le peuple, ce seroit se rendre coupable de la plus insigne mauvaise foi.

C'est cette insigne mauvaise foi qu'ont les perturbateurs des états; ils confondent toujours les cris de la multitude avec le vœu du peuple. Si la multitude s'émeut, s'ébranle, ils disent que le peuple se lève, si un ramas d'hommes inonde une place publique, se précipite vers un palais, vers le lieu de quelqu'assemblée, ils crient que le peuple s'avance.

Quand une assemblée n'admet à ses séances que des hommes distingués par leur naissance, par leur éducation, par leurs lumières, elle admet un public choisi, mais ce n'est pas encore là le peuple. Quand elle y admet indistinctement quiconque y veut venir, elle admet une multitude, une cohue. Les gens bien nés n'ont garde de s'y mêler; il ne reste donc parmi les spectateurs que la portion la moins estimable du peuple. Cette multitude, cette cohue se passionnera toujours pour tout ce qui lui paroîtra outré, gigantesque. La partie saine de l'assemblée n'aura jamais sa faveur.

S'il arrive que dans cette multitude, on fasse encore un triage, qu'on n'admette aux séances que des hommes soudoyés pour y assister, alors il est évident qu'une partie de l'assemblée veut maîtriser l'autre; alors il est évident que les résultats des délibérations seront l'ouvrage des spectateurs. Et comme il est assez vraisemblable que puisqu'on a pris la peine de les soudoyer, on les a choisis parmi les hommes les plus idiots et les plus féroces, plusieurs des actes qui émaneront de cette assemblée, seront des actes de sottise et de sang.

Une telle assemblée, dans aucun des cas que je viens de parcourir, ne pourra dire qu'elle délibère en présence du peuple; elle délibère en présence de la multitude.

§. IV.

AUTRES ACCEPTIONS DU MOT PEUPLE.

Dans notre langue, nous appelons peuple la portion de la société qui n'est pas composée de grands et de riches; ainsi les artisans, les ouvriers, les gens de peine, les gagne-deniers, tous ceux qui se procurent leur pain à la sueur de leur front, forment ce qu'on appelle le peuple, par opposition à ceux que leur naissance ou leur fortune investit de la considération due à l'importance dont ils sont au corps social.

Cette classe qu'on appelle peuple, n'est pas le peuple ; elle en est une portion utile sans doute, mais par le rang où elle est placée, elle perdroit tout si elle avoit la plus légère influence sur le gouvernement. Je suis bien éloigné de la vouloir déprimer. Aussi m'asbtiendrai-je de dire ce que j'en pense. J'aime mieux qu'un autre s'explique sur son compte, que moi. Voici comment en parle un des oracles du jour (1).

« Les artisans ne subsistent que du salaire qu'ils reçoivent des riches qui les occupent, et le travail doit nécessairement avilir leur ame...... Si la loi les déclare hommes libres, et en fait des espèces de citoyens, que la politique ne les regarde cependant que comme des esclaves qui n'ont pas de patrie.... Il importe à la multitude même, que son travail et ses occupations avilissent et retiennent dans l'ignorance, de ne pas s'emparer du gouvernement. »

C'est dans cette classe qui remplace parmi nous, celle des esclaves ; c'est dans cette classe avilie et retenue dans l'ignorance par son travail et ses occupations, que les chefs de sédition cherchent des dupes et des instrumens à l'exécution de leurs projets ambitieux. Quand ils l'ont mise dans leurs intérêts, ils disent qu'ils ont pour eux le peuple. C'est comme si un enfant, dans une famille nombreuse, se soulevoit contre son père, à l'aide des domestiques, et qu'il dit ensuite qu'il a pour lui la famille entière.

Comme la classe opposée aux grands et aux riches, s'appelle peuple, nous donnons aussi le nom de peuple à celle qui est opposée aux gens éclairés et sages. Ainsi les hommes ignorans et crédules sont peuple ; mais être peuple, ce n'est pas être le peuple ; c'est en être la portion la moins recommandable. Dans cette classe que nous appelons peuple, sont compris les grands comme les petits, les riches comme les pauvres. On la séduit aisément ; on la mène avec des sophismes, avec des mots qu'elle ne comprend pas, avec des jeux d'enfans qu'elle prend pour des prodiges, avec des rêveries qu'elle prend pour des prédictions. Les charlatans règnent sur elle despotiquement ; il ne leur faut pour cela qu'un peu de ruse et beaucoup d'impudence. Les erreurs dont cette classe se laisse infatuer, deviennent souvent contagieuses, à cause de l'influence qu'ont, sur les autres hommes, les grands et les riches qui sont dans son sein. Voilà une des raisons pour lesquelles les charlatans sont, dans un état, une engeance détestable.

Nous avons encore diverses façons de parler où nous faisons entrer le mot peuple. Nous disons : le peuple accourt de toutes parts ; le peuple l'a porté en triomphe ; il y avoit sur cette place un peuple immense. Dans ces diverses façons de parler, et dans toutes celles qui leur sont semblables, il faut appliquer au mot peuple, ce que j'ai dit de la multitude. C'est une distinction que n'ont garde de faire les séditieux ; il leur importe de confondre toujours la partie avec le tout. Un ramas de brigands qu'ils ont soudoyé, est pour eux le peuple.

Nous disons enfin : le peuple est juste ; le peuple est ingrat ; le peuple est bon, le peuple est féroce. Voici comment il faut entendre ces manières de parler : lorsque l'esprit général du corps entier d'un peuple, est un esprit de justice et de bonté, on a raison de dire que ce peuple est juste et bon, sans qu'on veuille pour cela nier qu'il n'y ait chez ce peuple, des hommes très-injustes et très-méchans. Lorsque l'esprit général du corps entier d'un peuple, est un esprit de mutinerie et de férocité, on a raison de dire que ce peuple est difficile à gouverner, et féroce, sans qu'on veuille pour cela nier qu'il n'y ait chez ce peuple, des hommes très-paisibles et très-doux. Je n'examine point s'il y a en Europe un tel peuple. Mais voici ce qui arrive lorsqu'il se fait une révolution chez un peuple juste et bon. La portion de ce peuple, composée d'hommes injustes et méchans, s'agite et se porte à des excès. Ceux qui trouvent leur compte à ces excès, y applaudissent ; les autres en gémissent. Ces derniers crient qu'il ne faut pas remuer le peuple, que le peuple est injuste et méchant. Les premiers crient, au contraire, qu'on calomnie le peuple ; que le peuple est juste et bon. Ceux-là n'entendent parler que de cette portion du peuple où il n'y a ni justice ni bonté ; ceux-ci affectent de confondre cette portion avec le peuple entier. Quand on n'a qu'un même mot pour exprimer des choses différentes, il faut, en matière essentielle, avant de poser les principes, développer le sens dans lequel on prend ce mot. La méthode de la définition est, en pareil cas, une excellente méthode ; elle dissipe toute confusion, et ne laisse aucune ressource à la mauvaise foi.

§. V.

POPULACE.

Quand on descend plus bas que la classe des artisans, on rencontre le petit peuple, le bas peuple, le menu peuple. Les gens qui travaillent sur les ports, les gens des halles, des marchés, les revendeurs, les revendeuses, les portefaix, les savetiers, car pour être clair, il faut que je nomme tout par son nom, les porteurs d'eau à Paris, ces gens qui ramassent dans les boues les haillons que nous convertissons en papier, ceux qui néroyent nos rues, ceux qui s'adonnent à des professions plus sales encore, voilà ce que nous appelons le petit peuple, le bas peuple, le menu peuple. Quand on donne un tel nom à cette portion de la société, ce n'est point par mépris ; on ne considère que le genre de ses travaux, et on ne nie point qu'il ne puisse y avoir, dans cette

---

(1) Mably, extret. de Phocion, IIIe Entret.

portion, des hommes probes, religieux, et d'un jugement sain; mais certainement il n'y a ni éducation, ni lumières, ni politesse, ni urbanité.

Lorsque dans une multitude il y a beaucoup de gens du petit peuple, c'est-là la populace, c'est-là ce *profanum vulgus* pour lequel Horace avoit tant d'horreur. C'est de la populace que Tacite a dit qu'elle se faisoit craindre, si elle ne craignoit. Lorsque Montesquieu a dit que le peuple étoit un animal qui voyoit et qui entendoit, mais qui ne pensoit jamais, il parloit de la populace. « Si j'entendois frémir autour de vous, disoit Senèque (1), les acclamations de la populace; si votre vue excitoit le même tumulte, les mêmes applaudissemens que l'entrée d'un bâteleur; si dans la ville entière les femmes et les enfans s'empressoient à chanter vos louanges, j'aurois pitié de vous. Et pourquoi? C'est que je connois la route qui mène à cette faveur. » C'est dans cette route que se jettent ceux qui veulent exciter des mouvemens dans un état, et lorsqu'ils ont la faveur de la populace, ils disent qu'ils ont pour eux le peuple.

Lorsque dans une multitude il n'y a que des gens du petit peuple, que de ces gens dont les capitales abondent, qui n'ont ni feu ni lieu, que de ces hommes qui n'ont pour vivre qu'une industrie honteuse, c'est là la canaille, et si le respect pour le lecteur ne me défendoit pas d'employer un terme plus bas encore, je dirois, suivant l'expression qu'emploie le menu peuple lui-même, c'est-là la racaille, la crapule. C'est la lie d'une nation; il est dangereux de laisser remuer cette lie, parce que quand elle est agitée, elle trouble tous les canaux qui font circuler la vie et la santé dans le corps social, et il faut ensuite beaucoup de temps pour qu'elle retombe au fond.

C'est par la canaille que commencent les mouvemens séditieux qui précèdent les révolutions. Les agitateurs sont d'abord suivis de ce qu'il y a de plus bas dans le petit peuple; la foule augmente; on étoit roi de la canaille, on le devient de la populace; on se trouve maître d'une multitude immense. La contagion va toujours croissant; la majeure partie de la nation est emportée par le mouvement que dans l'origine a imprimé la canaille. La révolution alors est à son apogée; quand elle est parvenue à ce point, elle décroît et suit dans sa marche rétrograde, l'ordre qu'elle avoit suivi dans son ascension. La majeure partie de la nation ouvre les yeux; les agitateurs ne sont plus suivis que de la multitude; elle-même les abandonne; ils en sont réduits à la populace, et ils finissent comme ils avoient commencé, par la canaille. L'ordre se rétablit, la canaille elle-même devient paisible; elle obéit aux lois,

(1) Lett. 28.

et ces hommes qu'on avoit vus couverts de la faveur populaire, restent seuls avec leurs remords en présence de la justice. Comme c'est-là presque toujours le sort de ceux qui ont conquis cette faveur populaire, on dit que le peuple est ingrat; c'est mal s'exprimer; dans ces sortes d'occasions, il n'est pas ingrat, il est désabusé. Il arrive aussi quelquefois que celui qui avoit fait un grand mouvement dans une nation, voyant que les affaires prennent une tournure toute différente de celle qu'il avoit voulu leur donner, abandonne la partie. Il avoit eu en commençant la faveur du peuple, c'est-à-dire de cette portion qui est opposée aux grands et aux riches. Tous les hommes honnêtes et éclairés de cette portion, s'étant comme lui retirés du tourbillon, il ne reste plus que la canaille qui, se voyant abandonnée de celui qui avoit donné la première impulsion, crie qu'il trahit le peuple, comme si la canaille étoit le peuple.

Si au contraire celui qui a conquis la faveur populaire, ne veut pas abandonner la partie, il tombera successivement sous le despotisme de la multitude, de la populace, de la canaille; il finira par être l'instrument des forfaits de celle-ci, et quand il n'aura plus rien à lui accorder, il en sera traité avec plus d'injustice encore et d'inhumanité qu'elle n'a traité ses véritables ennemis. C'est ce qui arriva aux deux Gracques, Tiberius et Caïus. La faveur populaire les enivra tellement et les mena si loin, qu'enfin, sans qu'ils s'en apperçussent, ils se trouvèrent tout d'un coup, comme dit Plutarque, dans des affaires où ils ne purent plus reculer ni dire: puisque la chose n'est pas belle, il est temps d'en voir la turpitude et d'y renoncer. Ils commencèrent par entraîner une portion considérable du peuple, et furent entraînés à leur tour par la canaille, qui les laissa périr misérablement.

Je résume ce que j'ai dit des différentes acceptions du peuple, en appliquant mes définitions à ce qui étoit en France à l'époque de l'ouverture des états-généraux. A cette époque l'ensemble des individus composant la nation françoise formoit ce qu'on devoit appeler le corps du peuple françois. Le roi étoit l'âme, le chef, le protecteur de ce corps. Tout ce qui étoit opposé aux grands et aux riches, étoit le peuple; mais non pas le peuple françois, qui est bien différent. Tout ce qui étoit opposé aux gens sages et éclairés, étoit peuple, mais n'étoit ni le peuple, ni encore moins le peuple françois. Une réunion d'hommes formée de riches, de pauvres, de grands, de petits, de sages, d'idiots, étoit une multitude. Un assemblage d'hommes vomis par les halles, les marchés, les faubourgs, étoit la populace. Un ramas d'hommes, les uns sans feu ni lieu, les autres sortis de la dernière classe du petit peuple, étoit la canaille.

Peu importe au reste que dans une conversation on confonde le sens de ces diverses acceptions, mais il importe que le législateur, que ceux qui gouvernent, en aient une idée bien claire. Tout seroit perdu, par exemple, si le chef d'un empire alloit confondre le corps entier du peuple, avec cette portion qui est opposée aux grands et aux riches, et qu'en françois nous appelons aussi le peuple. Je dis que dans ce cas tout seroit perdu, parce qu'alors la patrie seroit livrée à ceux qui ont le moins d'intérêt à sa prospérité et à sa conservation.

Tout seroit également perdu dans une monarchie où un ministre, qui auroit la confiance de son maître, affecteroit de confondre le corps entier du peuple avec la portion opposée aux grands et aux riches. Un tel ministre feroit le malheur public, et n'entendroit pas son propre intérêt; il croiroit régner sur le peuple, et il se verroit bientôt dans la dépendance de la multitude. Au lieu d'être roi du peuple, il seroit esclave de la multitude; au lieu de la conduire, il en seroit conduit, et comme elle marche au hasard, et n'a point de vues sûres, il se mettroit hors d'état de pouvoir, dans la suite, ni corriger ni arrêter le désordre qu'il auroit causé par sa complaisance.

Antipater demandoit un jour à Phocion, quelque chose qui n'étoit pas honnête. « Vous ne sauriez, répondit celui-ci, avoir Phocion pour ami et pour flatteur. » Voilà ce que tout homme d'état doit répondre au peuple, et cela pour l'intérêt du peuple qui ne peut trouver son salut que dans son union intime avec le tout dont il fait partie.

§. VI.

PATRIE.

C'est un beau mot que celui de patrie; il réveille l'image d'une famille réunie sous un chef, car il vient du mot *pater*. Le monde entier est une immense famille dont les membres sont frères, sont tous enfans du même père qui est Dieu; chacun de nous a donc d'abord pour patrie, le monde; chacun de nous a pour frère tout homme. Vérité si belle, qu'il suffit de l'énoncer pour la faire entrer dans tous les cœurs; vérité dont les conséquences établissent ce que nous appelons *le droit des gens*.

Chaque état, quelque soit la forme de son gouvernement, est une grande famille dont le souverain est le père, et dont tous les membres sont moins les sujets que les enfans du souverain; chacun de nous a donc pour seconde patrie, l'état où il est né; chacun de nous est moins le sujet que le fils du souverain qui gouverne cet état. Vérité utile à ceux qui gouvernent comme à ceux qui sont gouvernés; vérité d'où découle *le droit politique*.

Comme membres de cette seconde famille, comme enfans de cette seconde patrie, nous ne cessons pas d'être frères de quiconque est membre de la première patrie qui est le monde; nous ne cessons pas d'être hommes; nous devenons de plus citoyens. Nous nous unissons plus intimement; nous imitons deux enfans qui par des convenances d'humeur, de caractère, vivent entr'eux dans une union plus étroite qu'avec leurs autres frères. Comme membres donc de cette seconde patrie, nous sommes rapprochés par des rapports, nous sommes liés par des obligations que nous n'avons pas comme membres de la famille universelle répandue sur la surface du globe; vérité consolante qui unit les hommes vivans en société, par le double lien de la fraternité et de l'amitié; vérité d'où sort *le droit civil*.

Je ne sais quelle fatale obscurité règne dans nos langues modernes, mais les mots dont nous disputons le plus, sont précisément ceux qu'on n'a point définis. Le mot patrie est de ce nombre. Nos moralistes, nos publicistes disent bien qu'il faut aimer la patrie, qu'il faut se sacrifier pour la patrie, qu'il faut lui dévouer ses facultés, tout son être. Qui en doute ? Mais qu'est-ce que la patrie ? Personne n'a répondu à cette question. Moi je définis la patrie, l'état qui nous a donné la naissance, ou qui nous a adoptés. Je m'en tiens à cette définition, parce qu'elle dit tout ce qu'elle doit dire, et qu'elle ne peut entraîner dans aucune erreur politique.

Quelle étoit la patrie d'un Athénien ? Athènes. Quelle étoit celle d'un Spartiate ? Lacédémone. Quelle étoit la patrie d'un Romain ? Rome. Quelle est aujourd'hui la patrie d'un Anglois ? Est-ce Londres, est-ce Newcastle, est-ce Pembrok ? Non, c'est l'Angleterre. Quelle étoit la patrie d'un François en 1789 ? Etoit-ce Paris, Bordeaux, Quimper ? Non, c'étoit la France.

Si un François en 1789, eût dit : ma patrie, c'est la ville, c'est le bourg, c'est le hameau où je suis né; c'est-là que je concentre mes affections et mes devoirs, la France ne m'est rien et je ne veux rien lui donner, on eût répondu à ce François : vous vous trompez; cette ville, ce bourg, ce hameau, c'est votre pays natal, la naissance que vous y avez reçue vous a fait françois, comme celle que vous avez reçue de vos parens, vous a aggrégé à leur famille. Il est donc clair que sur quelque point de la France qu'on soit né, on a la France pour patrie, si on y est né de parens françois, ou d'étrangers qui y ont été naturalisés.

Qu'il soit permis de renoncer à sa patrie pour en adopter une autre, ce n'est pas ce que j'examine; mais si en effet on abandonne sa patrie, pour s'incorporer à une autre, il n'est pas plus permis de combattre celle qu'on abandonne, de lui souhaiter ou de lui faire injure, qu'il n'est permis à un enfant d'être parricide.

Dans une monarchie, la patrie s'identifie avec le monarque; il en est non-seulement le chef, le protecteur, mais le représentant; il est le père de toute la famille; le reste de la nation, n'est que la réunion des enfans gouvernés par son autorité. De sorte que celui qui blesse le monarque, blesse la patrie entière, de sorte que celui qui porte une main homicide sur le prince, est indifféremment appelé régicide ou parricide; c'est en effet dans ce cas un père qui est frappé par un de ses enfans. Delà vient que dans l'origine des sociétés, celles qui étoient monarchiques ne faisoient aucune différence des mots roi et père. Les anciens peuples de la Palestine donnoient à leurs monarques, le nom d'*Abimelech*, qui veut dire *mon père le roi*. Ce nom étoit commun à tous les rois du pays. La Chine, qui est le plus ancien gouvernement monarchique que nous connoissions, a retenu cette idée originelle de paternité. L'Empire est une famille dont les membres sont les enfans de l'empereur.

Dans tout état qui n'est pas monarchique, il est aisé de voir que le père, le chef, le protecteur, le représentant de la patrie, c'est le magistrat qui exerce la souveraineté.

Dans le sens que je viens de donner au mot patrie, et le seul, je crois, qui lui convienne, il seroit aussi absurde de dire que la patrie a droit d'imposer des lois à son chef, qu'il le seroit de dire qu'un père est le serviteur de ses enfans. Parmi nous la France étant la patrie, la grande famille; Louis XVI étant le chef de cette patrie, le père de cette famille, celle-ci pouvoit bien avoir, à l'égard du roi, la voie de la représentation, mais jamais celle de la violence. Qu'on ne me reproche point de vouloir faire, du chef de la patrie, un despote. Je donne simplement la définition du mot patrie; je ne vois point dans cette définition, que le chef de la patrie doive en être le despote, mais j'y vois bien clairement qu'il doit en être le père.

§. VII.
NATION.

Je connois un curé qui demandant à sa gouvernante, s'il se trouvoit quelqu'un pour servir sa messe, en reçut cette réponse: *oui, monsieur, il y a une nation*. Cette nation c'étoit un paysan vêtu de l'uniforme de garde national.

M. le Blanc de Castillon, d'abord avocat général, ensuite procureur général au parlement de Provence, ne manquoit jamais dans ses réquisitoires, lorsque l'occasion s'en présentoit, de désigner sa province, par ces mots: *la nation provençale*. Il la désigna de la même manière dans la première assemblée des notables. Le mot Provence ne pouvoit sortir de sa bouche. M. de Castillon n'étoit pas plus raisonnable que la gouvernante du curé. Un individu n'est pas une nation. Une portion d'une nation n'est pas plus une nation qu'un individu. Si on avoit pu dire la nation provençale, pourquoi n'auroit-on pas pu dire de même la nation marseilloise, la nation arlésienne? Que de nations dans une nation! Une ville, un bourg, un hameau se seroient aussi constitués en nation. Un château seroit devenu une nation; du château on en seroit venu à la chaumière; et en suivant cette progression décroissante, il auroit fallu adopter la définition de la gouvernante du curé.

Dans les remontrances que le parlement de Paris adressa au roi, pour le prier de convoquer les états-généraux, et qui furent rédigées par M. d'Epremesnil, on lisoit ces mots: *le roi sera supplié d'assembler sa nation*. Personne dans le parlement ne trouva cette expression répréhensible. Pour parler dans le sens de M. de Castillon, il auroit fallut dire: *le roi sera supplié d'assembler ses nations*, autrement le roi n'auroit pas su si c'étoit la nation provençale ou la nation périgourdine qu'on lui demandoit d'assembler. Mais où il ne faut faire entendre que la raison, la plaisanterie pourroit paroître déplacée. Je laisse donc M. de Castillon, et je viens à M. d'Epremesnil.

Je m'étonne que ce magistrat dans une occasion aussi solennelle, ait employé une expression qui présentoit un sens qu'il ne pouvoit certainement avoir en vue; je m'étonne que personne dans sa compagnie ne se soit élevé contre cette expression. M. d'Epremesnil n'entendoit pas que le roi assemblât la nation françoise. La chose étoit impossible. Dans quel lieu le roi auroit-il pu réunir vingt-cinq millions d'individus? Comment auroit-il pu s'en faire entendre? Lorsqu'ils auroient été autour de sa personne, que seroient devenus les travaux de la société?

M. d'Epremesnil donc, et le parlement, entendoient par *sa nation*, les représentans de la nation. Dès que c'étoit là ce qu'ils entendoient, pourquoi n'ont-ils pas dit: *le roi sera supplié d'assembler les représentans de la nation?* J'aurois mieux aimé encore: *le roi sera supplié d'assembler les états-généraux*. Cette manière de parler ne pouvoit présenter qu'un sens, ne pouvoit donner lieu à aucune erreur politique, à aucune interprétation séditieuse, il falloit donc l'adopter, car si l'on a deux expressions pour rendre la même pensée, il faut s'en tenir à celle qui ne dit que ce qu'on veut lui faire dire, et rejeter celle qui présente un sens dont on peut abuser.

Les représentans d'une nation, pris individuellement ou collectivement, ne sauroient être cette nation, par cette raison sensible à tous les esprits, que la partie ne sauroit être le tout. Une nation est incontestablement l'ensemble de tous les individus mâles ou femelles qui ont pris chez elle la naissance, ou qui y ont reçu l'adoption. Les représentans qu'elle se donne, ne sont qu'une partie plus ou moins nombreuse de ces individus, ils n'en sont pas la totalité; ils ne sont donc pas la nation.

Celui qui représente n'est pas la même personne que celle qui est représentée; l'ambassadeur d'un roi n'est pas un roi; l'ambassadeur d'une république, n'est pas une république; nouvelle preuve que les représentans d'une nation, ne sont pas cette nation.

Non-seulement les représentans ne sont qu'une partie de la nation; ils en sont encore une partie si peu nécessaire, que cette partie peut être retranchée sans que le corps social tombe en dissolution. La preuve en est que les anciennes républiques ainsi que les anciennes monarchies n'ont point connu ces assemblées de représentans, et ne s'en sont pas moins conservées. Lors donc qu'on dit qu'elles sont la nation, autant vaudroit dire que telle partie du corps humain qui peut en être retranchée sans qu'il perde ni sa vie, ni sa force, est le corps lui-même.

Que seroit-ce si on alloit prouver, d'après J.-J. Rousseau, que dès qu'une nation se donne des représentans, *elle n'est plus*? Que seroit-ce si, d'après le même écrivain, on alloit prouver que les députés nommés par une nation, ne sont pas même ses représentans? Ce qu du moins ne sauroit être contesté, c'est que si vous tolérez qu'une assemblée de représentans se dise la nation, bientôt cette assemblée, par la tendance qu'ont tous les corps à s'agrandir, se croira plus que la nation; celle-ci se trouvera ainsi sous la dépendance despotique d'hommes qu'elle croyoit être simplement ses commis.

Je ne me contredis point : j'ai dit que dans une monarchie, le monarque étoit le représentant de la nation; et que cependant il étoit tellement identifié avec elle, qu'il pouvoit se dire la nation même, c'est que le monarque n'est pas un représentant à la manière de ceux qui ont pouvoir de se réunir en parlement, en convention, en états-généraux, en autre semblable assemblée; c'est un représentant unique, nécessaire et perpétuel. C'est la tête du corps social; c'est le chef d'une famille dont quelques membres peuvent bien se réunir pour délibérer sur ce qui intéresse la famille entière, mais cette réunion ne fait pas disparoître le chef; elle ne lui ôte rien de ses droits ni de son autorité. Cette réunion cesse, la famille reste; elle a toujours le même chef avant, pendant et après la réunion. Le monarque ne fait pas partie de la nation; il est la nation même; mais celle-ci n'est pas le monarque; elle est la réunion des sujets du monarque; c'est ainsi qu'une famille, n'est pas le père de famille, mais la réunion de ses enfans.

L'assemblée des députés d'une nation qui a le gouvernement monarchique, n'est pas le chef, le représentant unique, nécessaire, perpétuel de cette nation, car une monarchie ne sauroit avoir deux monarques; cette assemblée n'est donc pas la nation même; elle est par rapport à elle, ce que sont quelques membres d'une famille, par rapport à la famille entière.

Un monarque se trouve être le représentant unique, nécessaire, perpétuel de sa nation, il se trouve être sa nation même, parce qu'il est souverain. Si l'assemblée des députés de cette nation, étoit aussi le souverain, cette nation auroit deux souverains; elle ne sauroit auquel des deux elle doit obéissance; cette assemblée n'est donc pas le souverain; elle n'est donc pas tellement identifiée avec la nation, qu'elle puisse se dire la nation même.

Comme on dit un père et sa famille, on dit très-bien aussi un roi et sa nation. Mais qui jamais s'est avisé de dire : le parlement d'Angleterre et sa nation, le congrès américain et sa nation, les états généraux et leur nation, l'assemblée nationale et sa nation? Les rapports qui existent entre un roi et la nation sur laquelle il règne, ne sont donc pas les mêmes que ceux qui existent entre les députés d'une nation et la nation qui les députe. Les rapports qui existent entre un roi et la nation sur laquelle il règne, rapprochent celui-là de celle-ci, de manière à ne faire des deux qu'un tout. Les rapports qui existent entre les députés d'une nation, et cette nation, sont ceux qui existent entre la partie et le tout; ces députés ne peuvent donc pas plus être la nation que la partie ne peut être le tout.

Dans une monarchie, la nation étant la collection des sujets du monarque, une assemblée de représentans, est une assemblée d'une partie des sujets du monarque; si le tout doit obéissance pour sa conservation, il seroit absurde que la partie se prétendît indépendante.

M. l'abbé Sieyes, dans un ouvrage qui a fait beaucoup de mal, parce qu'il a flatté les passions de beaucoup de gens, a dit : *Qu'est-ce que le tiers-état? c'est la nation moins la noblesse.* C'est comme s'il eût dit : Qu'est-ce que les branches d'un arbre? c'est l'arbre moins le tronc. Eh! qui en doute? Dans une monarchie, il ne faut pas chercher la nation dans un de ses ordres, mais dans la totalité de ses ordres. Dans une monarchie, la classe des propriétaires est le tronc de l'arbre; les non-propriétaires sont les branches; le tronc leur donne la vie, et ils travaillent pour sa conservation. La définition de M. l'abbé Sieyes ne seroit donc que ridicule, si elle n'eut pas fait couler des flots de sang.

Si vous admettez que dans une monarchie, le tiers-état, c'est la nation moins la noblesse, bientôt on vous dira que le tiers-état c'est la nation moins la noblesse, moins le clergé, moins la magistrature, moins tous les propriétaires, et vous finirez par avoir pour nation, la canaille des faubourgs.

Dans un état monarchique, la nation moins le roi, dans toute société la nation moins le souverain, c'est un être de raison, c'est exactement le corps humain sans la tête; celui-là n'est plus qu'une masse informe et inanimée, quand celle-ci l'abandonne; il perd la vie quand il est séparé de sa plus noble partie. Il n'en est pas de même de la nation et de ses députés; elle perd ceux-ci, et reste toute entière.

S'il étoit vrai qu'une assemblée de représentans fut la même chose que la nation qu'elle représente, cette nation seroit donc composée de deux nations, l'une assemblée, l'autre non assemblée; toutes les fois que celle-ci seroit dissoute, on auroit une nation qui se dissoudroit, qui mourroit; toutes les fois qu'elle se réuniroit, on auroit une nation qui ressusciteroit. Il n'en est pas de même à l'égard du souverain qui ne fait qu'un avec la nation qu'il représente. La personne, ou les personnes qui exercent la souveraineté meurent, mais la souveraineté ne meurt pas; ce sont là des individus qui reçoivent la mort, mais non une nation qui s'éteint.

Je laisse à la sagacité du lecteur à tirer les autres conséquences absurdes qui découlent du principe que les représentans d'une nation sont cette nation même.

Il y a plus: les membres d'un parlement, d'une convention, de toute autre assemblée dite nationale, ne peuvent, dans aucun sens, dire que c'est la nation qui les a députés, car ce ne peut être la nation entière qui les ait nommés. Qui a-t-on convoqué pour faire cette nomination? Une portion de la nation. On a exclu de la convocation les femmes, les enfans, les mineurs, les imbéciles, les fols, les malfaiteurs, les prisonniers, les mendians, les vagabonds, les gens sans aveu, les hommes en servitude. Tout cela cependant fait partie de la nation, comme un enfant en démence ou dénaturé appartient à la famille où il a reçu la vie. Les représentans dont il s'agit pourront donc dire, si l'on veut, qu'ils représentent la partie saine de la nation; mais ils auroient tort de dire qu'ils représentent la nation entière; c'est à trouver cette partie saine que consiste dans les gouvernemens représentatifs, la sagesse du législateur.

Fatigué d'entendre journellement déraisonner dans l'assemblée nationale, sur le mot nation, scandalisé de voir confondre ce qu'il y a de plus respectable, tantôt avec un hameau, tantôt avec la partie d'un faubourg, tantôt avec un groupe d'assassins; je m'adressai à un des hommes les plus éclairés de l'assemblée, et qui avoit aussi des idées bien embrouillées sur ce mot sacré de nation; je lui fis observer que dans toute nation, il y avoit un nombre infini d'individus qui étoient de vrais cosmopolites; que tout mercenaire, par exemple, qui n'avoit que ses bras à transporter, les transporteroit en toute terre où il seroit assuré de trouver le plus haut prix de son travail; que les propriétaires d'immeubles n'avoient pas la même facilité de changer de patrie; qu'ils étoient attachés à celle qui leur avoit donné la vie, par deux liens, par l'attrait qu'a tout homme pour son pays natal, et par l'amour qu'on a toujours pour sa chose; que par conséquent quand il s'agissoit de l'intérêt du corps social, il convenoit de leur accorder plus de confiance qu'à ces citoyens dont la patrie est là où on les paye le mieux; qu'ainsi j'entendrois plus volontiers appeler nation la seule classe de ces propriétaires, que toute autre aggrégation de citoyens, et je crois qu'en effet il y auroit moins d'inconvénient.

Depuis cette conversation, le député à qui j'avois communiqué ces idées, a confondu dans tous ses discours à la tribune, et dans tous ses écrits, la nation avec les propriétaires d'immeubles. Je m'étois donc mal expliqué, car il s'en faut bien que ce soit la même chose. Je voulois simplement dire que lorsqu'il s'agit de former une de ces assemblées qu'on appelle nationale, il y auroit un danger manifeste à prendre ses membres ailleurs que dans la classe des propriétaires; mais je n'entendois pas dire que cette classe, quelques soient les égards qu'elle mérite, fut la nation; elle n'en est qu'une portion.

Je n'entendois pas dire non plus que la classe des propriétaires ne fut composée que d'hommes possédant des biens-fonds. Ce seroit une erreur qu'une légère attention suffit pour dissiper. Il faut entendre par propriétaires, tous ceux qui par la nature de la fortune dont ils jouissent dans le pays où ils sont nés, sont présumés avoir un intérêt réel à la prospérité de leur patrie. Qui doute par exemple qu'un négociant adonné à un commerce considérable, ayant dans son pays des magasins où entrent et d'où sortent des richesses, ne vaille, quand il n'auroit pas de biens-fonds, le propriétaire d'une terre? Combien d'autres états dont on peut en dire autant? Il est des immeubles d'une telle espèce qu'ils attachent autant et peut-être plus celui à qui ils appartiennent, au pays où il en jouit, que le possesseur d'un bien-fonds. Le propriétaire d'un emploi, d'un office lucratif, quand il n'auroit que les émolumens de sa place pour fortune, à richesse égale, le même intérêt à aimer son pays, qu'un propriétaire de terre. Si celui-ci n'avoit que trois arpens, et si celui-là tiroit annuellement de sa charge, 20 mille livres, on voit que la présomption seroit en faveur de ce dernier. Un homme de lettres qui jouiroit d'une grande considération parmi ses concitoyens, et qui tiendroit de la munificence du gouvernement, un revenu considérable, ne seroit vraisemblablement pas tenté d'abjurer une patrie qui seroit pour lui si libérale, quand même il ne posséderoit aucun immeuble.

Dès

Dès qu'on gradue le motif d'attachement qu'un homme a pour son pays, sur la fortune qu'il y possède, il y a un choix à faire parmi les propriétaires fonciers eux-mêmes. Il est dans cette classe, des hommes si peu riches, ou pour mieux dire si pauvres, qu'on peut bien les regarder aussi comme des cosmopolites. Il en est parmi eux de si ignorans, que ce seroit folie de les consulter sur les affaires d'état. Il en est parmi eux qui ont des mœurs si détestables, que ce seroit avilir et mettre en péril la chose publique, de les appeler à l'administration suprême. Sous ce point donc de vue, il n'est pas vrai que la classe des propriétaires de biens-fonds, puisse être dite même la portion saine de la nation.

Ce seroit une autre erreur de croire qu'une de ces assemblées appelées nationales, seroit sagement composée, si tous ses membres étoient des propriétaires fonciers jouissant d'une fortune au-dessus de la médiocre. Le parlement anglois qui assassina Charles I, et alluma la guerre civile dans son pays, étoit composé de propriétaires. Dans ces sortes d'assemblées, les uns ont plus, les autres moins; il peut arriver que ceux qui ont moins fassent la guerre à ceux qui ont plus; il peut arriver que parmi ceux qui ont plus, il y ait des hommes que l'espoir de conserver ce plus, porte à se joindre à ceux qui ont moins, et voilà comme une assemblée de propriétaires peut tout bouleverser.

Concluons: une nation est la collection de tous les individus qui la composent, mâles ou femelles, grands ou petits, riches ou pauvres, raisonnables ou insensés, bons ou méchans, de tous ceux enfin qui ont reçu chez elle la naissance ou l'adoption. Tout corps, toute assemblée qui se forme dans cette nation, n'en est qu'une portion. La portion saine d'une nation est composée des hommes qui réunissent à un âge mûr, les mœurs, les lumières, la fortune. C'est dans cette portion qu'on doit chercher les membres des assemblées appelées improprement nationales.

Je n'ajoute qu'un mot: il n'en est pas de la vie des nations comme de celle des particuliers; le corps politique a bien comme le corps humain, ses différens âges, mais celui-ci meurt, et celui-là ne périt point; il est en quelque sorte immortelle dans ce sens qu'une génération succédant à une génération; le corps politique se trouve dans son entier après une suite de plusieurs siècles. La vie d'un particulier roule dans le cercle de quelques années; la vie d'une nation peut n'avoir d'autre durée que celle même du monde; telle est la nation juive. Ce seroit donc ou dérision, ou stupidité de souhaiter, à une nation, une longue vie. On fait un semblable souhait en faveur d'un roi, parce qu'un roi est mortel comme un autre homme. Quand la souveraineté est exercée avec sagesse, il est naturel et il est louable de demander au ciel, que celui qui l'exerce vive long-tems. Le cri *vive le roi*, est donc un cri de bé-

Hist. de la Révolut. part. V.

nédiction, qui n'a rien que de raisonnable; mais celui qui crieroit *vive la nation*, ou supposeroit que cette nation est si mal constituée qu'elle ne peut manquer de périr bientôt, à moins d'une faveur miraculeuse du ciel, et alors il émettroit un vœu peu honorable pour cette nation; ou bien il croiroit que les nations meurent comme les particuliers, et alors il diroit une sotise. Si tout un peuple faisoit continuellement retentir les airs, de ce cri, il s'exposeroit au mépris de tous les autres peuples, car tous trouvent qu'il est aussi absurde de crier *vive la nation*, qu'il le seroit de crier: *vivent les générations qui doivent succéder à la génération actuelle*.

§. VIII.
RELIGION.

Ce n'est point mon intention de parler des caractères de divinité de la religion chrétienne; ils n'ont pas besoin de mes foibles efforts pour être apperçus. Je me borne au culte catholique; j'en envisage l'exercice sous un point de vue peut-être nouveau, mais purement politique. Voici ce que celui qui professe ce culte, dans quelqu'état qu'il soit né, a droit de dire au magistrat qui gouverne dans cet état.

« Je suis, par ma naissance, votre sujet; je vous dois fidélité et obéissance; quand cette fidélité et cette obéissance ne seroient pas dans mon cœur, il faudroit que je les y fisse entrer, car un plus grand maître que vous, veut que je vous soit soumis; ce maître, c'est Dieu. »

« Si vous êtes, comme moi, adorateur de la divinité, si vous êtes juste, je m'en réjouirai. Si vous refusez à l'être qui a tout créé, qui gouverne tout, l'hommage que je lui rends, si vous êtes injuste, je m'en affligerai, mais je ne vous serai pas moins soumis. Dans tout ce qui intéressera votre sureté, votre gloire, le bonheur de mes concitoyens, la prospérité du pays où je suis né, étendez votre autorité sur moi aussi loin qu'elle pourra aller; je ne mettrai point de bornes à mon dévouement; il ira jusqu'à l'effusion de tout mon sang. »

« Voilà ce que j'avoue vous devoir; voilà les liens qui me lient à vous, et ces liens la mort seule pourra les briser, mais ne vous y trompez pas: si les sujets doivent au prince, le prince doit à ses sujets. Voici ce que vous me devez à moi. »

« Je ne suis pas seulement enfant de cette patrie qui vous a pour père; je suis encore membre d'une société répandue sur toute la surface de ce globe; elle est appelée *l'église catholique*, *l'église universelle*. Je lui ai appartenu au moment même de ma naissance; mes parens ont contracté en mon nom

P

avec elle. Dès que j'ai eu l'âge de raison, j'ai ratifié cet engagement. Plus mon esprit se mûrit par l'étude et la réflexion, plus la société à laquelle j'appartiens, me devient chère; je mets toute ma félicité à vivre dans son sein. »

« Cette société a, comme toutes les autres, ses lois, ses règles, ses usages, car on ne peut pas concevoir une société sans des réglemens qui lui soient particuliers. Vous voudriez en vain anéantir ces lois, ces règles, ces usages; d'autres l'ont voulu avant vous, et n'ont pu y parvenir; si vous le tentiez, ce seroit être injuste pour le plaisir d'être injuste, car ces lois, ces règles, ces usages ne peuvent, dans aucune circonstance, troubler l'ordre des empires; vous ne feriez pas seulement une haute injustice, vous commettriez encore une grande erreur en politique, car ces lois, ces règles, ces usages donnent à la soumission due à ceux qui gouvernent, toute la force de la conscience, et il seroit de votre intérêt que tous vos sujets fussent membres de cette société. »

« Tout ce qui a rapport au régime de cette société, est uniquement du ressort des membres qui la composent. Soumis au souverain pour tout ce qui concerne le temporel et le civil, ils doivent en être indépendans pour tout ce qui sort de ce cercle. La raison en est que chaque société a, comme chaque homme, le pouvoir de faire tout ce qu'elle juge à propos, en ce qui ne blesse ni les lois politiques ni les lois civiles. Ce n'est donc point à vous à vous immiscer dans le gouvernement de cette société. De plus, la nature de ces lois étant d'être invariables, vous ne pourriez pas plus les changer que les détruire. »

« Ne vous plaignez pas de cette impuissance; elle est le plus ferme appui des trônes, le plus solide fondement du bonheur des peuples, dans tous les empires où les souverains sont membres de cette société, et obéissent à ses lois, puisque dans ces empires les souverains connoissent une autorité supérieure à celle dont ils sont revêtus, une autorité qui les contraint d'être justes et bons. »

« Cette société a des pratiques, des cérémonies qui lui sont particulières. Elle ne vous dispute pas le pouvoir de défendre l'exercice public et solemnel de ces pratiques, de ces cérémonies; mais elle vous refuse celui de les changer. La loi par laquelle vous entreprendriez de le faire, ressembleroit à celle des Wisigoths, qui vouloit obliger les juifs à manger toutes les choses apprêtées avec du cochon; loi atroce qui leur faisoit un devoir de ce qu'ils croyoient leur être défendu par leur religion; loi de plus absolument inutile, car en quoi pouvoit-elle contribuer au bonheur des Wisigoths? »

« Cette société a, comme toutes les sociétés, des chefs et des subordonnés, des supérieurs et des inférieurs. Ceux-là ont adopté un vêtement qui les distingue des derniers, et avec lequel ils paroissent en public, dans les états où ils en ont la liberté. Il vous est loisible de leur ordonner de se vêtir comme vos autres sujets; ils obéiront à cette loi, car il faut bien obéir à la force dans tout ce qui n'intéresse point essentiellement la conscience; mais votre loi sera puérile et tyrannique; puérile parce qu'elle s'attache, sans intérêt pour le corps politique, à la forme d'un habit; tyrannique parce qu'elle contredit sans nécessité un des réglemens de cette société, et qu'elle statue sur une chose qui ne devroit pas être du ressort des lois civiles, puisqu'il doit être libre à tout citoyen de se vêtir comme il l'entend, pourvu que ses habits soient décens, et ne portent aucun signe de rébellion. »

« Les chefs de cette société sont dépositaires des lois qui la gouvernent. Si vous entriez en dispute avec moi sur l'existence ou la non-existence de quelqu'une de ces lois, j'aurois recours à ces chefs; je préférerois leur décision à la vôtre, car ils doivent être mieux instruits que vous, des lois dont ils ont le dépôt. »

« Si vous entriez également en dispute avec moi sur le sens de quelqu'une de ces lois, il seroit encore de mon devoir de recourir à ces chefs, et de préférer leur interprétation à la vôtre, car ils doivent connoître mieux que vous le sens des lois dont ils sont les interprètes. »

« La constitution de cette société est fondée sur l'ordre hiérarchique établi entre ses chefs; si vous vouliez intervertir cet ordre, vous attaqueriez la constitution de cette société; vous prétendriez dissoudre la société même; vous vous arrogeriez un droit qu'elle n'a pas elle-même; car si elle n'existoit pas de la manière dont elle existe, ce ne seroit plus cette société. Elle n'aura donc aucun égard à tout ce que vous tenterez pour renverser la hiérarchie qui gradue la portion d'autorité confiée à ses différens chefs. »

« La manière dont elle nomme ces chefs, est encore une chose dont elle seule doit être juge et qui lui appartient exclusivement. Si vous voulez influer sur cette manière, il est évident que vous devez vous concerter avec elle-même, et avoir son consentement; car c'est le propre de toute société, de prescrire et les qualités que doivent avoir ceux à qui elle donne de l'autorité sur ses membres, et les formes à employer pour leur nomination. Elle consentiroit à sa dissolution, en abandonnant ces deux objets, à la seule volonté, au seul caprice d'une puissance étrangère. »

« Mais ce seroit le comble de l'absurdité, si vous prétendiez nommer vous-même et vous seul les chefs de cette société. On a été souvent bien injuste à l'égard des juifs, mais il n'est jamais venu à l'esprit d'aucun prince chrétien de leur défendre de reconnoître pour rabins que les hommes qu'il lui plairoit d'appeler ainsi. Louis XIV détestoit les erreurs de la secte calviniste, mais il ne lui est jamais venu à l'esprit de nommer lui-même les ministres de cette secte. Voilà pourtant ce que vous feriez si vous entendiez que la société, dont je suis membre, ne reconnût d'autres chefs que ceux qu'il vous plairoit de désigner pour tels. »

« Cette société a reçu de son fondateur un code où est écrit, non-seulement tout ce que doivent faire ses membres, mais encore tout ce qu'ils doivent croire. Il ne vous appartient ni de changer, ni de détruire, ni de modifier les articles de leur croyance, car il n'est au pouvoir d'aucun homme, d'ordonner à un autre homme, de croire ou de ne pas croire telle chose. Le sceptre des rois n'a point de prise sur la pensée. »

« Tous les membres de cette société se considèrent comme frères; ils se réunissent à des temps marqués. Que seroit-ce qu'une société dont les membres ne se rapprocheroient jamais ? Dans ces assemblées, ils n'ont que deux occupations. La première c'est d'offrir en commun au père de tous les hommes, dont ils se croyent plus particulièrement les enfans, l'hommage de leur adoration et de leur reconnoissance; la seconde c'est d'entendre discourir celui d'entr'eux qui en a reçu la mission légitime, sur la pratique des vertus qui rendent l'homme agréable à la divinité. Dans ces assemblées, il n'est question du prince, que pour lui souhaiter les bénédictions célestes; il n'est question des hommes étrangers à la société, que pour désirer de les voir réunis dans son sein; on n'y fait mention des riches que pour les engager à faire un bon usage de leurs richesses; on n'y parle des pauvres, que pour partager avec eux sa fortune. »

« Ces assemblées ne doivent donc point vous donner de jalousie; il seroit bien plutôt de votre intérêt de les protéger. Si vous les proscrivez, vous vous ôtez un moyen de rendre les hommes meilleurs, vous vous privez d'une ressource pour adoucir la misère publique; vous faites de plus une injustice, vous refusez à cette société un privilège que vous ne refusez à nulle autre. Les sociétés mercantiles elles-mêmes, ont leurs assemblées. »

« Cette société enfin, existe depuis plus de dix-sept siècles; elle pourroit même vous prouver que le monde n'a pas précédé les lois qui la gouvernent. Depuis plus de dix-sept siècles, elle a pour ennemis tous ceux qui ont le libertinage dans l'esprit et dans le cœur. Les uns par leur autorité, les autres par tous les genres d'astuce, ont essayé de la dissoudre; ils n'ont pu y parvenir; vous n'y parviendrez pas non plus. Elle est comme un arbre majestueux qui couvre, de ses branches, le globe entier. Cet arbre n'est jamais plus vigoureux, ne porte jamais plus de fruits, que lorsque son pied est arrosé du sang des membres de la société. Si vous ne voulez donc pas que votre état soit dans cette société, vous êtes le maître de le tenter, mais n'espérez pas pour cela de la voir dissoute; elle existoit avant vous, elle existera après. Vainement aussi auriez-vous la prétention qu'elle fût dans votre état; son universalité s'y oppose; ce n'est pas le rayon qui contient le cercle; c'est le cercle qui contient les rayons. »

Voilà, ce me semble, les considérations que tout catholique a droit de présenter à ceux qui gouvernent, et je vois d'autant moins ce qu'on peut leur opposer de raisonnable, qu'elles se fondent sur ce qui fait l'essence même de toute société.

Il ne faut pas être théologien pour concevoir qu'il est des choses qui sortent du ressort de la puissance civile; pour concevoir que cette puissance ne doit pas statuer, comme dit Montesquieu, ce qui doit l'être par les lois ecclésiastiques.

L'église catholique ou universelle, ayant sa forme de gouvernement, ayant sa constitution qui la fait être ce qu'elle est, un prince qui diroit qu'il veut lui donner une forme de gouvernement, une constitution, seroit visiblement en démence; c'est comme s'il disoit qu'il veut fonder ce qui est fondé; organiser ce qui est organisé. Comment d'ailleurs gouverneroit-il, constitueroit-il une société répandue dans tout le monde ? Il ne pourroit au plus gouverner, constituer que la portion dont les membres seroient ses sujets, et résideroient dans ses états. Mais si cette portion acceptoit la forme de gouvernement, la constitution qu'il voudroit lui donner, elle se séparerait par-là du tout, qui ne seroit pas pour cela constitué d'une autre manière qu'il ne l'est.

Si ce prince disoit qu'il n'entend point donner une constitution ecclésiastique, mais simplement une constitution civile, il diroit une chose inintelligible. Qu'est-ce que constituer civilement une société qui ne peut l'être que par des lois ecclésiastiques ? Les membres de l'église catholique, comme citoyens, font partie d'une société qui est constituée civilement; comme catholiques, ils sont membres d'une société qui ne peut être constituée que par des lois ecclésiastiques.

En France, nos rois, en vertu du concordat passé entre Léon X et François 1er, avoient le droit de nommer à un évêché vacant. Ce droit n'étoit exercé qu'une seule fois dans la même circonstance; il ne revivoit qu'à la mort ou par la démission du titulaire.

Le roi, qui exerçoit ce droit, autorisoit l'évêque nommé à se procurer, par les voies canoniques, la juridiction spirituelle sur tout le diocèse qui étoit vacant. Si du vivant du titulaire, le roi avoit nommé un second évêque pour ce même diocèse, il auroit manqué à l'engagement pris avec le premier, il auroit détruit son propre ouvrage, il auroit sans motif légitime, violé l'ordre établi dans l'église; il n'auroit pu faire d'autre réponse aux représentations qui lui auroient été adressées à ce sujet, que celle-ci : « Je suis souverain ; je me mets au-dessus de la loi ; les engagemens que je prends ne tiennent qu'aussi long-temps que je le veux ; ma volonté, voilà la règle suprême. » C'est-là le langage, non de la raison, mais du despotisme ; non de la justice, mais de la force, devant laquelle le droit le plus sacré n'est rien.

Ce roi se fut de plus souillé d'une iniquité inutile, car apparemment l'église n'eut pas donné la juridiction spirituelle à deux évêques sur le même diocèse.

La chose seroit absolument la même, si, du vivant du titulaire, le roi avoit, de son propre mouvement, démembré une partie du diocèse, sur lequel s'étendoit la juridiction de ce titulaire, et avoit ensuite nommé un évêque particulier pour la partie démembrée; je dis que la chose seroit la même, car alors il y auroit deux évêques pour le diocèse, sur lequel s'étend la juridiction du titulaire.

L'acte, en vertu duquel la puissance temporelle nomme à un évêché vacant, ne confère rien autre chose à celui qui est nommé, que l'autorisation d'obtenir l'exercice de la juridiction spirituelle dans cet évêché, de sorte que s'il ne l'obtenoit pas de l'église, il ne seroit point évêque de cet évêché. La nomination de la puissance temporelle est donc une pure présentation faite au nom du peuple catholique, à l'église qui accepte ou refuse par l'organe du souverain pontife.

Depuis que l'Europe est chrétienne, il n'y a pas un seul exemple d'un pays catholique où l'autorité de l'église ne soit intervenue, soit pour l'installation des pasteurs, soit pour la fixation des limites respectives des évêchés et des cures. C'est ainsi que sous Louis XIV, la ville de Blois, sous Louis XV, l'abbaye de Saint-Claude, sous Louis XVI, la ville de Moulins, ont été démembrés des évêchés dont elles faisoient partie, avec le consentement formel des titulaires, et érigées en évêchés, avec l'agrément donné par le Saint-Siège au nom de l'église.

Le démembrement que feroit, de sa seule autorité, le souverain temporel, soit dans un diocèse, soit dans une paroisse, pourroit bien empêcher le pasteur de ce diocèse ou de cette paroisse, d'exercer ses fonctions dans la partie démembrée, mais il n'en perd pas le droit ; le souverain fait violence à la juridiction spirituelle de ce pasteur, mais la violence ne légitime rien.

C'est un article de la croyance catholique que le pouvoir épiscopal une fois conféré, ne peut point être ôté. Celui qui le reçoit peut l'exercer indifféremment dans tel ou tel diocèse, suivant qu'il en a reçu la mission de l'église. Ainsi le prélat nommé à l'évêché du Mans, pouvoit l'être également à celui d'Angers, mais une fois fixé légalement au Mans, il devient inamovible. Cette inamovibilité est la jurisprudence de l'église et de tous les états catholiques. Depuis la fondation du christianisme, il n'y a pas un seul évêque, pas un seul curé emprisonné à temps ou à vie, à qui on ait donné un successeur avant sa mort ou sa démission. Le cardinal de Retz, dans sa prison, étoit toujours évêque de Paris ; il ne cessa de l'être, que lorsqu'il donna sa démission.

Il sera bien nécessaire d'avoir ces vérités présentes à l'esprit lorsque je raconterai les entreprises de nos assemblées nationales contre le clergé de France.

Dans les états où la religion catholique est censée la dominante, et semble être le plus en vigueur, il s'en faut de beaucoup qu'elle soit celle du plus grand nombre. Dans ces états, l'église compte bien des faux-frères ; plusieurs de ses enfans n'ont d'autre marque du christianisme, que celle qu'ils ont reçue à leur naissance, et peut-être ne l'ont-ils conservée, que parce qu'elle est ineffaçable. Dans ces états, en un mot, le peuple est mélangé de catholiques, de déistes, d'athées, de juifs, de sectaires de toutes les sortes, de manière que si le peuple y nommoit les pasteurs du premier et second ordre, il pourroit bien arriver quelquefois qu'on donneroit à l'église pour évêque ou pour curé, un juif ou un quaker.

Il faudroit donc avoir perdu toute pudeur et tout jugement pour demander que les élections des évêques et des curés fussent populaires. L'eussent-elles été autrefois, la chose ne seroit plus praticable aujourd'hui.

Des hommes sans foi, sans loi, sans mœurs soutiennent que c'est au peuple à nommer les pasteurs du premier et du second ordre ; les catholiques soutiennent que le peuple a seulement, dans des temps où il n'étoit lui-même composé que de catholiques, désigné un successeur à l'évêque mort, et que même dans ces circonstances, le candidat n'a pas toujours été agréé. Qui croire, ou d'une société qu'on ne peut pas soupçonner de méconnoître ses propres lois, ou d'hommes étrangers à son esprit, et acharnés à l'outrager ?

Pour établir avec quelque fondement que c'est au peuple à donner à l'église ses évêques et ses curés, il faudroit 1° avoir l'assurance que ce peuple n'est composé que de catholiques, car il est de la plus haute absurdité d'exiger qu'une société aille chercher parmi ses ennemis, ceux qui la doivent gouverner. Dans l'état où sont aujourd'hui les peuples, il est impossible d'avoir cette assurance.

Il faudroit 2º prouver que depuis la naissance du christianisme, le peuple sans l'intervention du corps épiscopal, a au moins une fois élu un évêque ou un curé. Comme on ne trouve rien de semblable dans les fastes de l'église catholique, on remonte à son origine, on se flatte de trouver sous le voile qui couvre ordinairement le berceau des grands établissemens, quelque vestige pour arriver au système des élections populaires. Mais il n'en est pas de l'hisoire des premiers temps du christianisme, comme de l'histoire des premiers temps des empires. Celle-là n'est rien moins qu'obscure.

Ce ne fut point le peuple juif, ce ne fut point le petit nombre d'hommes déjà gagnés à notre religion, qui nommèrent les premiers évêques de l'église, ce fut son fondateur même. Lorsque ce divin fondateur eut quitté la terre, ses fidelles disciples, et ces premiers évêques s'assemblèrent. Le chef de ceux-ci déclara à l'assemblée que la prévarication d'un des membres du corps épiscopal, y laissoit une place vacante. Comme chef du corps, il fit la proposition de remplir cette place; il ne voulut point nommer lui-même le sujet qu'il en croyoit digne, il laissa ce choix à l'assemblée même; elle désigna deux sujets, entre lesquels le chef du collège des évêques ne voulut point encore prononcer. Comme ils étoient d'un égal mérite, il abandonna ce choix au sort (1).

Voilà le berceau du christianisme; voilà des évêques du choix du seul fondateur de l'église; voilà un évêque désigné par l'assemblée des premiers chrétiens. Les catholiques d'aujourd'hui que leurs ennemis renvoyent toujours, avec affectation, à ces premiers temps; y fixent volontiers leurs regards; ils se réfèrent aveuglément à ce qui se pratiquoit alors; ils ne refusent point à une assemblée de catholiques, le droit de désigner ses pasteurs, mais ils ne veulent point qu'on admette dans cette assemblée, des idolâtres, des impies, des hérétiques; ils entendent que le souverain pontif, organe du corps épiscopal, ratifie ce choix. C'est exactement à quoi se réduit la question, et elle ne laisse pas matière à disputer quand on veut être de bonne foi.

Toutes ces raisons qui certes ne s'élèvent pas au-dessus de l'intelligence du vulgaire, sont, comme on le verra, pour les adversaires du clergé de France, des épines qui les incommodent étrangement. On les entendra dans le désespoir de ne pouvoir les arracher, hurler comme des forcenés, et dans l'ivresse de leur rage, s'écrier que la France ne peut être heureuse si elle n'est *décatholisée*. A la bonne heure, *décatholisez* si vous pouvez; mais pour Dieu ne déraisonnez pas.

Au reste, ce n'est point encore ici pour l'avantage des prélats, que l'on rappelle ces principes, c'est sur-tout pour le peuple. Un coup-d'œil sur la situation où il se trouve dans tous les états catholiques, suffit pour prouver que si on lui abandonnoit exclusivement l'élection de ses guides, il seroit fort mal conduit.

§. IX.

LIBERTÉ.

Libertas, *libertas*....... Quel mot! comme il rend tous les hommes attentifs, comme il agite tous les esprits, comme il échauffe toutes les âmes, lorsqu'il est prononcé! Laissons les prestiges, ne disons que la vérité.

La liberté est la faculté de faire ce que l'on veut. Cette définition est triviale; c'est celle de Cicéron (1); c'est celle d'un homme bien cher aux philosophes du jour (2); c'est la seule vraie; le peuple de tous les temps, de tous les pays, ne l'entendra jamais autrement.

« Mon ami, disoit Diogène au crieur public qui le mettoit en vente, demande qui veut s'acheter un maître. Qu'entendoit par-là Diogène? Il entendoit que nulle puissance ne pouvoit gêner sa volonté; que dans l'esclavage, il ne feroit jamais que ce qu'il voudroit faire. Cette liberté là appartient à tout homme dans quelque situation qu'il se trouve. Un tyran peut faire torturer mon corps, mais il n'aura pas mon secret, si je ne veux pas le lui donner. Le maître à qui l'on m'a vendu, peut me faire déchirer de coups, mais il ne me fera pas travailler si je ne veux pas travailler. Ce chrétien qu'on traîna au pied d'une idole, et dans la main, duquel on mit du feu et de l'encens pour qu'il eut l'air de sacrifier à l'idole, prouva qu'il étoit libre en déclarant que sa volonté n'avoit aucune part à ce qu'on lui faisoit faire; il étoit libre, car on vouloit qu'il fut idolâtré, et il ne le fut pas. Des assassins me donnent à choisir du poignard ou du poison; ils me tueront de la manière dont ils l'entendront, ils ne me forceront pas à accepter l'un ou l'autre; je refuse de faire un choix, leur force va se déployer sur mon corps, mais elle n'a rien pu sur ma volonté.

C'est là une triste liberté. J'en conviens. N'être maître que de sa volonté, c'est n'être libre qu'à demi. Pour être libre parfaitement, il faut encore être maître de ses actions.

Quel est l'homme qui soit parfaitement libre? Quel

---

(1) *Cecidit sors super Mathiam, et annumeratus est cum undecim apostolis*. Act. apost. 1. 16.

(1) *Quid est libertas? Potestas vivendi ut velis*. Cicer. parad. 5.
(2) *La liberté de l'homme consiste dans l'exercice libre de sa puissance*. De l'esprit, disc. 1, ch. 4.

est l'homme qui ne veuille que ce qu'il veut, qui ne fasse que ce qu'il veut ? Aucun. Voilà la vérité qu'il faut crier au peuple, si on aime le peuple.

Le sauvage pressé par la faim, veut saisir sa proie; un plus fort survient qui la lui ravit. Le sauvage dépend de ses semblables, des animaux, des élémens, de toute la nature; il n'est donc pas libre, car la dépendance et la liberté sont contradictoires.

Au moment de sa naissance, l'homme dépend de ceux qui lui doivent nourriture et protection. Dès le moment donc de sa naissance, l'homme n'est pas libre.

En société, l'homme rencontre partout des limites, des entraves, des barrières, des mesures coercitives, des lois prohibitives, un frein; il est gêné en tout sens. D'une part, la religion met des bornes à sa volonté même, car il est des desirs qu'il ne doit pas former; il ne doit pas vouloir le bien d'autrui; d'autre part, la législation civile trace autour de lui un cercle étroit qu'il lui est défendu de franchir; elle pèse, elle compte ses actions; il en est qu'il ne doit point faire; il en est qu'il doit faire; lorsqu'il voudroit agir, il ne doit point agir; lorsqu'il ne voudroit point agir, il doit agir. Toujours des ordres, toujours des défenses. Est-il un gouvernement dans le monde, quelque nom qu'on veuille lui donner, où ce ne soit pas là l'état continuel de l'homme ? Ce que les lois religieuses et civiles lui laissent de liberté, les bienséances et la nature le lui ôtent. Il voudroit se livrer au travail ou se distraire par un amusement, une visite à faire ou à recevoir, un service à obtenir ou à rendre le lui défendent. Il est peu d'instans dans la journée où il ne se trouve dans quelque position qui ne lui permet pas même de satisfaire aux besoins les plus naturels. La pureté du ciel, la beauté du temps l'invitent à goûter de la promenade; une maladie le tient cloué sur son lit. Et c'est là l'être qu'on ose appeler libre ! Et c'est pour lui persuader qu'il l'est qu'on fait couler périodiquement des fleuves de sang ! foibles humains, avant de vous enorgueillir, voyez ce que vous êtes; avant de vous élever à une destination qui ne peut pas être la vôtre, consultez vos forces.

Les hommes ne sont donc pas libres; ce seroit bien pis s'ils l'étoient; ce seroit bien pis s'ils pouvoient faire tout ce qu'ils voudroient faire. Il n'y auroit alors qu'oppresseurs, qu'opprimés, que tyrannie, que violence, que carnage.

Non-seulement donc les hommes ne sont pas libres; mais ils ne doivent pas l'être. Vérité triste, si l'on veut, mais vérité conservatrice du genre humain. « Si la liberté, dit Bodin, qu'on prêche tant, avoit lieu, il n'y auroit ni magistrat, ni lois, ni forme d'état quelconque. » La voilà donc, philosophes imposteurs, cette liberté dont vous parlez sans cesse aux peuples; c'est le présent le plus funeste qu'ils puissent recevoir; c'est le poison qui dissout les états.

Le despote, dit Aristote, est le seul homme libre. Les rois et les sages, dit Zénon, sont les seuls libres. Locke confond la liberté avec la puissance. Un auteur Polonois appelle liberté, le pouvoir qu'ont les nobles de son pays, sur leurs serfs. C'est ainsi que dans l'impuissance d'embrasser cette chimère, qu'on appelle liberté, on prend toujours pour elle ce qui n'est pas elle. L'un croit qu'il en jouira, lorsqu'il sera revêtu d'une puissance sans bornes; l'autre croit au contraire que la fuite de toute autorité la lui procurera. Elle n'est ni là, ni ici; elle n'est point sur la terre.

Lorsqu'un usurpateur veut soulever le peuple, il lui crie: *Les hommes naissent et demeurent libres; levez-vous; reprenez votre liberté.* Voilà qui est bien, et il n'y a point d'ambiguité dans ce langage. Mais, lorsque l'usurpateur est parvenu à ses fins, ce n'est plus la même chose; il crie à ce même peuple: *La liberté, c'est l'obéissance aux lois.* C'est-à-dire que la liberté est l'obéissance non pas aux lois que cet usurpateur vient de détruire, mais à celles dont il veut maintenant qu'on porte le joug; et tel est le piège grossier où se laisse toujours prendre le peuple.

Si la liberté est la même chose que l'obéissance aux lois, il ne faut donc plus parler au peuple de liberté, mais bien d'obéissance aux lois; il faut substituer dans nos dictionnaires le mot obéissance au mot liberté; alors chacun s'entendra, et les états ne seront plus troublés par des ambitieux.

C'est regarder le peuple comme un animal bien stupide, d'oser concevoir l'idée de lui faire croire que deux mots aussi contradictoires sont sinonymes, que c'est la même chose d'obéir ou de ne faire que ce que l'on veut.

L'obéissance aux lois, me-dit-on, est la même chose que la liberté, en ce sens qu'elle maintient la liberté publique. Voilà un sens qui est au-dessus de la portée du peuple, et qui véritablement est inintelligible. Je demande: Qui doit obéir aux lois? Le citoyen. Qui doit profiter de cette liberté, que vous appelez publique? Le citoyen. Voilà donc toujours le même homme qui est tout à-la-fois et dépendant et libre.

Vous entendez mal la liberté, me dit un autre; et cet autre c'est le grand Montesquieu : « La liberté consiste à pouvoir faire ce que *l'on doit vouloir*, et à n'être point contraint de faire ce que *l'on ne doit pas vouloir.* » Je vois clairement par cette définition, qu'il y a des choses que *je dois vouloir*. Si c'est là la liberté, elle ressemble bien à l'esclavage. Quand voulant m'aller promener, *je dois* vouloir rester en repos, suis-je libre ? Quand voulant et pouvant appaiser ma faim, *je dois* vouloir me laisser mourir d'inanition, suis-je libre ? En vérité, les gens qui ne veulent pas nommer les choses par leur nom, sont entraînés dans de bien grandes extravagances.

Je vois encore dans cette définition, qu'il y a des choses que *je ne dois pas* vouloir. Ainsi tantôt il faut que je veuille, tantôt il ne faut pas que je veuille ; c'est-à-dire que pour être libre comme l'entendent ces beaux discoureurs, il faut que je me dépouille du plus beau don que m'ait fait le créateur, qui est mon libre arbitre, qui est la faculté de vouloir ou de ne pas vouloir.

On insiste, on me dit : Vous êtes libre ; car vous avez la liberté de faire tout ce qui n'est pas défendu *par la loi*. Ne craignez pas que les philosophes qui raisonnent ainsi, vous disent jamais *par les lois*. On croiroit à les entendre, que cette loi dont ils parlent, est écrite en une seule phrase que chacun peut lire d'un coup-d'œil. Point du tout ; la vérité est qu'ils vous traînent dans une salle encombrée d'*infolio*, et c'est en présence de cet amas de volumes, qu'ils vous disent : Vous êtes libre ; car vous avez la liberté de faire tout ce qui n'est pas défendu par aucun des mots contenus dans chacun de ces volumes.

Si c'est être libre que de faire tout ce qui n'est pas défendu par les lois, l'esclave aussi est libre ; car il a la liberté de faire tout ce qui ne lui est pas défendu par son maître.

Autre raisonnement de même force : Vous êtes libre, mé crie-t-on, car vous n'obéissez qu'aux lois que vous même avez faites. Comme je ne connois aucun pays dont j'aie moi-même fait les lois, il s'ensuit que dans aucun pays je ne suis libre. Quand j'aurois fait moi-même les lois auxquelles j'obéis, dès que j'obéis, je ne suis point libre. Que je me sois moi-même enchevêtré avec les chaînes que je porte, ou qu'un autre m'en ait enlacé, en suis-je moins enchaîné ?

Voici le dernier retranchement des apôtres de la liberté : « Vous n'avez, disent-ils, qu'à vouloir ce que la loi veut, alors vous pourrez faire ce que vous voudrez, alors vous serez libre. » C'est comme si un commandeur, le fouet à la main, disoit à un nègre, tu n'as qu'à vouloir arroser ce champ de tes sueurs et de ton sang, alors tu pourras faire ce que tu voudras, alors tu seras libre. S'il me faut vouloir, non pas ce que je veux, mais ce que veut la loi ; s'il me faut laisser là ma volonté, et me mettre dans la dépendance d'une autre volonté que la mienne ; alors je suis dépendant, alors je ne suis pas libre ; car où est, je vous prie, ma liberté, si je n'ai pas même celle de vouloir ?

Laissez-là les raisonnemens ; faites aux hommes de bonnes lois, et contraignez-les d'y obéir ; vous serez alors le bienfaiteur des hommes ; car l'obéissance aux lois conserve le genre-humain, et la liberté le tue. Appelez cette liberté naturelle, philosophique, politique, civile, enfoncez-vous dans les distinctions, dans les subtilités, elle ne changera pas pour cela de nom. Les hommes entendront toujours par liberté, le pouvoir de faire ce qu'ils veulent ; et quand ils auront ce pouvoir, ils s'entre-égorgeront.

Si l'homme ne sauroit être libre, pourquoi donc dans l'homme ce desir immodéré de la liberté ? Je fais cette autre question : Si l'homme ne sauroit être heureux, pourquoi donc dans l'homme ce desir immodéré du bonheur ? La réponse à cette double question est aisée. Ce desir immodéré du bonheur et de la liberté, avertir l'homme qu'il est appelé à jouir de l'un et de l'autre. Pourquoi ne peut-il en jouir sur ce globe, parmi ses semblables ? Parce qu'il ne peut les trouver que dans le sein de la divinité. Et voilà comme c'est toujours au flambeau de la religion que se découvrent les vérités.

Comme l'homme a la faculté d'être heureux, il a la faculté de vouloir ou de ne pas vouloir, d'agir ou de ne pas agir, sans quoi il ne mériteroit ni ne démériteroit ; mais cette faculté a ses bornes, l'homme les trouve dans ce qu'il doit à son créateur, à ses semblables, à lui-même ; et on ne peut pas plus dire qu'un tel être est parfaitement libre, qu'on ne peut dire que celui-là est parfaitement heureux qui naît pour souffrir et mourir.

Le bonheur et la liberté sont deux choses absolument relatives. Si je suis pauvre, mais en santé, je me trouve moins malheureux que l'infortuné aussi pauvre que moi, mais à qui on vient d'amputer une jambe. De même l'homme réduit en servitude se trouve plus libre que l'esclave, que le prisonnier. L'homme qui n'est ni en servitude, ni dans l'esclavage, ni dans une prison, se trouve plus libre que ceux qui sont réduits à une de ces trois conditions.

Il en est de même de peuple à peuple. Une nation se dit libre en se comparant à une nation qui est dans l'esclavage. Ainsi les Lacédémoniens, les Crétois, les Thessaliens se disoient libres, en se comparant, les premiers, aux Ilotes, les seconds aux Périéciens, les derniers aux Pénestes.

Aujourd'hui nous ne connoissons aucun corps de peuple qui soit dans l'esclavage. Celui donc qui diroit que les Espagnols, que les Autrichiens, que les Napolitains sont des esclaves, seroit ou un sot ou un imposteur.

Aujourd'hui il n'y a aucun peuple qui soit dans une dépendance absolue d'un autre peuple. Les peuples modernes ont bien entr'eux des relations, mais ces relations ne constituent aucun d'eux maître, aucun d'eux esclave.

Aujourd'hui chaque nation est gouvernée par des lois qui lui sont particulières, qui lui sont propres.

Aujourd'hui enfin chaque nation a des lois qui assurent la propriété, la vie, l'honneur des particuliers, car partout les voleurs, les assassins, les calomniateurs sont désignés comme des ennemis publics ; partout il est défendu de jeter dans une prison un homme, à moins qu'il ne soit ou juridiquement prévenu d'un délit, ou légalement réputé débiteur de mauvaise foi. En dépit des déclamations philosophiques contre le despotisme oriental, tout cela est vrai, même en Turquie.

Que peut demander l'homme raisonnable ? De n'être privé ni de son honneur, ni de sa vie, ni de ses biens, de n'être point condamné à une détention à moins de l'avoir mérité.

Le pays donc où les lois accordent une plus puissante protection à l'honneur, à la vie, à la fortune, à la liberté de chaque individu, est le pays le plus sagement gouverné. Le peuple qui croit avoir les lois qui accordent cette plus puissante protection, se dit libre, en se comparant à un autre peuple qu'il suppose gouverné par des lois moins puissamment tutélaires. Il peut y avoir du préjugé dans cette opinion. Ce n'est pas ce que j'examine. Je fais seulement observer que c'est improprement que le premier de ces deux peuples se dit libre. Il y a cette seule différence entre ces deux peuples, que chez le premier, les lois contraignent mieux à l'obéissance. Bien loin donc d'être plus libre, il est plus obéissant. C'est parce qu'il est plus obéissant, qu'il est plus sage, plus heureux.

Lors de l'arrivée des états-généraux, le peuple français étoit-il esclave ? Je répondrai à cette question, quand on aura répondu à celle-ci : De quel peuple le peuple françois recevoit-il la loi ?

Lors de l'arrivée des états-généraux, un François étoit-il esclave ? Je répondrai à cette question, quand on aura répondu à celle-ci : A l'égard de quel François un François étoit-il ce qu'est en Amérique un nègre à l'égard du colon qui l'a acheté ?

Lors de l'arrivée des états-généraux, un François avoit-il sûreté pour sa vie, son honneur, sa liberté ? Je répondrai à cette question, quand on aura répondu à celle-ci : Quel étoit l'office des tribunaux ?.... Mais ces lettres-de-cachet qui privoient un François, non pas, à la vérité, de sa vie, de son honneur, de sa fortune, mais de sa liberté, jusqu'à ce que la religion du prince fût éclairée ! J'aurois mille questions à faire pour répondre à cette objection ; je n'en fais qu'une : N'est-il pas des cas qui sortent de la loi ? « J'avoue, dit Montesquieu, que l'usage des peuples les plus libres qui aient jamais été sur la terre, me fait croire qu'il y a des cas où il faut mettre, pour un moment, un voile sur la liberté, comme l'on cache les statues des dieux (1). »

Enfin, avant la dernière tenue des états-généraux, avoit-on, en France, pour assurer la vie, l'honneur, la fortune, la liberté des particuliers, les meilleures lois possibles ? Je n'ai rien à répondre à cette question, parce que je n'ai ni la mission ni le génie d'un législateur. Il doit seulement m'être permis de dire que je ne connois aucun peuple dont la législation soit parfaite. La perfection n'est et ne sera jamais dans les ouvrages humains. Je dirai encore qu'en France un particulier pouvoit être aussi libre qu'il est possible à un homme de l'être.

§. X.

ÉGALITÉ.

« On a dit que nous étions tous nés égaux : cela n'est pas. Que nous avions tous les mêmes droits. J'ignore ce que c'est que des droits où il y a inégalité de talens ou de force, et nulle garantie, nulle sanction. Que la nature nous offroit à tous une même demeure et les mêmes ressources : cela n'est pas. Que nous étions doués indistinctement des mêmes moyens de défense : cela n'est pas ; et je ne sais pas en quel sens il peut être vrai que nous jouissons des mêmes qualités d'esprit et de corps. »

« Il y a entre les hommes une inégalité originelle à laquelle rien ne peut remédier. Il faut qu'elle dure éternellement ; et tout ce qu'on peut obtenir de la meilleure législation, ce n'est pas de la détruire, c'est d'en empêcher les abus. »

« La chimère de l'égalité est la plus dangereuse de toutes dans une société policée. Prêcher ce système au peuple, ce n'est point lui rappeler ses droits, c'est l'inviter au meurtre et au pillage ; c'est déchaîner des animaux domestiques, et les changer en bêtes féroces. »

Qui viens-je de faire parler ? C'est l'ennemi le plus ardent des prêtres et des rois ; c'est le fameux abbé Raynal (2). Un tel homme dont les écrits ont tant contribué à la révolution de 1789, ne doit pas être suspect aux amis de cette révolution.

Ecoutons un autre philosophe (3), qui dans ce moment encore prêche sur les toits la haine du sacerdoce et de la royauté.

---

(1) Espr. des lois, liv. XII. chap. XIX.
(2) Voy. hist. philos. et polit. des deux Indes.
(3) M. Palissot. tom. V, disc. sur l'hist.

« Quant

« Quand des voyageurs vous racontent qu'il y a de belles contrées où tous les hommes sont égaux, et vivent en frères, rejetez cette fable, et croyez que partout les hommes ont les mêmes passions et les mêmes vices; que l'égalité des conditions est une chimère. Si l'on prétendoit que l'intention de la nature étoit que l'égalité subsistât parmi les hommes, démontrez la fausseté de ce problème par les différences de subordination que la nature elle-même a mises dans nos organisations. Dès qu'il y a de la foiblesse et de la force, de la finesse et de la stupidité, croyez que la chimère de l'égalité tombe. »

L'autorité des deux écrivains que je viens de citer, a plus de force que ne sauroient en avoir mes raisonnemens. Ce qu'ils disent est si sage et si clair, qu'il n'a pas besoin de commentaires; je n'y ajoute que quelques courtes réflexions.

La miraculeuse variété que Dieu a mise dans la construction de l'univers, est le sceau visible de sa toute-puissance. Dans l'infinie immensité des ouvrages de la création, il n'y en a pas deux qui se ressemblent. Sur le même arbre on ne peut pas trouver deux feuilles parfaitement égales.

La même inégalité règne parmi les hommes. Il n'y en a pas deux qui ne diffèrent sensiblement par les traits de la physionomie, par les habitudes du corps, par le caractère, le tempérament, en un mot par les qualités et physiques et morales.

Si Dieu veut que l'inégalité règne dans toutes ses œuvres, que peut faire l'homme contre ce décret? Il n'établira l'égalité nulle part. Il ne peut pas être plus puissant que Dieu.

Le roi et le pâtre sont pétris du même limon; l'un et l'autre descendront dans le même tombeau; l'un et l'autre seront jugés sur leurs seules actions; le sceptre ni la houlette ne feront poids dans la balance. Même origine, même fin, même jugement, voilà ce que tous les hommes ont de commun; voilà la seule égalité dont il convienne de leur parler, parce que c'est la seule qui existe; quand ils en seront bien convaincus, ils en seront meilleurs.

Images de la divinité, ceux qui gouvernent, doivent mettre la même impartialité dans la distribution des récompenses et des peines. Le glaive de la loi doit frapper toute tête coupable, celle qui est la plus près du trône, comme celle qui en est la plus éloignée. Le pays où cette impartialité sera la règle invariable de la conduite du souverain, sera le pays le mieux gouverné.

Aux yeux donc du maître de l'univers, tous les hommes sont égaux; tous ceux qui sont gouvernés, doivent l'être aux yeux de la loi, dans ce sens qu'une loi faite pour tous les individus d'une société, doit les contraindre tous.

Hist. de la Révolut. Part. V.

Puisque toute autre égalité *est la plus dangereuse de toutes les chimères dans une société policée ;* puisque la prêcher au peuple, *ce n'est point lui rappeler ses droits, c'est l'inviter au meurtre et au pillage, c'est déchaîner des animaux domestiques, et les changer en bêtes féroces ;* les misérables qui prêchent que *tous les hommes sont égaux en droits,* doivent être proscrits de toute société, et tout le sang que peut faire verser une telle *déclaration,* doit retomber sur leur tête.

§. XI.

ASSEMBLÉE NATIONALE.

J'ai suffisamment expliqué au mot nation, ce qu'il falloit entendre par assemblée nationale. Les membres qui composent les assemblées, à qui l'on donne ce nom, ne peuvent jamais être pris que dans une partie de la nation; il n'y a donc point, à proprement parler, d'assemblée nationale; ils doivent toujours être pris dans la partie saine de la nation. Personne ne s'élève contre cette dernière vérité; elle est de toute évidence.

Comme il est très-difficile de trouver cette partie saine de la nation, surtout si cette nation est un vaste empire, c'est peut-être un effort au-dessus de l'intelligence humaine, d'organiser convenablement pour tous, un gouvernement représentatif.

Si la masse de cette nation est corrompue dans ses principes religieux et dans ses mœurs, si le luxe, l'égoïsme, l'avarice, y ont banni la bonne foi d'une grande partie de toutes les classes de la société, le système de représentation qui s'y établiroit, ne seroit qu'un système de corruption. La plupart des représentés vendroient leurs suffrages, la plupart des représentans vendroient leur opinion. Les électeurs mettroient à l'enchère le droit de représentation; les députés l'exercice de ce droit.

C'est cette difficulté d'un côté, cet inconvénient de l'autre, qui me porte à croire que le gouvernement représentatif, qui n'a point été connu des anciens, est le pire des gouvernemens. Si le lecteur veut y donner une légère attention, il se convaincra sans qu'il soit besoin que je le prouve, que j'ai pour moi l'expérience et le sentiment des écrivains les plus sages.

Il est possible qu'un état, d'une petite étendue, supporte un tel gouvernement. Si une monarchie veut en essayer, il est nécessaire qu'elle tombe en dissolution. Les assemblées dites nationales sont, dans une monarchie, comme ces plantes parasites qui dévorent, en peu de temps, le suc de l'arbre auquel elles s'attachent. Lorsque le tronc n'a plus de sève à leur fournir, l'arbre et la plante périssent. Ceci je dois le prouver.

Q

Pour avoir une assemblée de députés, il faut avoir eu préalablement des assemblées d'électeurs; celles-ci ont été engendrées par des assemblées primaires. Ces diverses assemblées, leur organisation, la nature des délibérations qui s'y prennent, les discours qui s'y tiennent, tout cela est populaire. Or, rien n'est plus contraire au principe conservateur d'une monarchie que toutes ces formes démocratiques. Ce sont autant de liens qui traînent avec violence le corps politique vers un état de choses qu'on croit être la république; mais la borne est toujours franchie; on se précipite dans l'anarchie; et il est bien vraisemblable qu'on ne pourra sortir de l'abîme qu'à l'aide du despotisme.

Il n'est pas plus raisonnable, il n'est pas plus dans la nature des choses de gouverner démocratiquement une monarchie, qu'il ne seroit de gouverner despotiquement une république. Une république périt lorsqu'il s'y élève des magistrats qui font parler et exécuter la loi à la manière des monarques; une monarchie périt lorsque la popularité se met dans les choses et les personnes.

Les parlemens avoient donc raison de s'opposer à l'établissement des administrations provinciales; elles eussent dévoré toutes seules la monarchie françoise; il n'eût pas été besoin pour cela d'états-généraux.

Plus une monarchie s'agrandit, plus elle doit se défendre de laisser engendrer des assemblées nationales. Je n'en donnerai qu'une raison, qui est sans réplique; c'est que plus un empire recule ses limites, plus le ressort du gouvernement doit se tendre, plus la puissance qui commande doit avoir d'activité. Les assemblées nationales détendent ce ressort, retardent et entravent la marche de cette puissance. Il en est ainsi partout où il y a commandement d'un côté et obéissance de l'autre. Un officier qui ne commande qu'un corps de cent hommes pourroit impunément se relâcher un peu de la discipline; mais s'il a sous ses ordres un corps de dix mille hommes, tout sera perdu au moment où il cessera d'être actif et sévère pour le maintien des ordonnances. Cela se voyoit aussi dans les communautés religieuses; les plus nombreuses étoient le mieux gouvernées; les supérieurs sentoient que la plus légère transgression à la règle pouvoit introduire tous les désordres dans la communauté.

Ces raisons, ces exemples expliquent comment dans ces derniers siècles, la monarchie françoise a été sur le penchant de sa ruine, chaque fois qu'elle a voulu des états-généraux. L'empire étoit trop vaste pour les supporter. En 1789, il étoit moins temps que jamais de songer à lui en donner; les conquêtes de Louis XIV, les acquisitions de Louis XV lui avoient donné une telle étendue, qu'il ne pouvoit subsister, si le commandement ne réunissoit au plus haut degré la célérité à l'énergie.

Il est affligeant que les ministres de Louis XVI n'ayent pas vu ces vérités; elles étoient pourtant bien faciles à découvrir; il ne falloit pour cela qu'un instant de réflexion sur la nature du gouvernement monarchique.

Veux-je conclure de-là qu'à mesure qu'une monarchie s'agrandit, elle doit prendre, si je puis me servir de ce terme, l'allure despotique? A Dieu ne plaise. La monarchie françoise étoit tempérée par des lois fondamentales. C'étoit à faire régner impérieusement ces lois que devoit tendre toute l'habileté des hommes d'état; c'étoit à empêcher que le pouvoir suprême ne fût disséminé dans des milliers de mains, que devoient tendre tous leurs efforts; car là où plusieurs règnent, il n'y a plus de monarchie.

§. XII.

CONVENTION NATIONALE.

C'est toujours par des suppositions que les novateurs arrivent à de grandes erreurs; cela ne sauroit être autrement: quand on ne veut pas voir les hommes tels qu'ils sont, on ne fait que des romans sur leurs mœurs; quand on suppose les sociétés humaines, non pas comme elles sont, mais comme elles n'ont jamais été, et ne seront jamais, on n'embrasse que des chimères politiques.

On suppose une aggrégation d'hommes qui se réunissent pour se donner une forme de gouvernement quelconque, et on dit voilà une convention nationale.

Si ces hommes réunis nomment quelques-uns d'entre eux pour dresser le code des lois qui doit gouverner l'aggrégation entière, la réunion des hommes choisis pour cette mission, est encore ce qu'on appelle une convention nationale.

Dans le premier cas, quel motif, quel pouvoir a réuni tous ces hommes? C'est ce qu'on ne dit pas. Sont-ce des sauvages errans, dispersés dans les forêts, qui, tout-à-coup, se trouvent miraculeusement ensemble, sur un même point, et crient unanimement: Donnons-nous une forme de gouvernement? C'est comme s'ils crioient: Formons un corps de nation; car il n'y a point de nation là où il n'y a nulle forme de gouvernement.

La réunion de ces hommes n'est donc pas une nation; c'est une multitude. Si cette réunion n'est pas une nation, elle n'est donc pas non plus une convention nationale? Une convention veut dire assemblée. Nationale, veut dire de la nation. Peut-il y avoir une assemblée de la nation où il n'y a point de nation?

Dans l'autre cas, c'est-à-dire dans le cas où ces hommes réunis choisissent une partie d'entr'eux pour les constituer en nation, la réunion des hommes choisis ne peut se dire une convention nationale. La nation n'existera que quand ils l'auront formée. Il faut donc qu'ils attendent qu'elle existe pour se dire ses représentans, ses délégués; car on ne représente pas ce qui n'existe pas.

Il est donc clair que pour qu'il y ait une convention nationale, il faut préalablement qu'il y ait une nation. Alors ce que j'ai dit de toutes ces assemblées qu'on est convenu d'appeler nationales, s'applique à celle qu'on nomme convention. Quelqu'étendus qu'on suppose les pouvoirs de celle-ci, c'est toujours une assemblée, et non une nation.

On ne me niera pas, je crois, que les François ne fissent, en 1789, un corps de nation. Si tous les membres indistinctement de ce corps se fussent réunis, c'eut été là une convention nationale. La chose étant impossible, par les raisons que j'ai dites plus haut, toute autre assemblée n'étoit qu'une partie de la convention nationale.

Il y a cette différence entre une assemblée nationale et une convention nationale, qu'on suppose à cette dernière un droit que l'autre n'a pas. Ce droit c'est de changer le corps même de la nation, c'est-à-dire de le constituer autrement qu'il n'est ; ainsi une convention nationale en France, auroit pu donner au peuple françois, indifféremment ou le gouvernement anglois ou le gouvernement danois. Le pouvoir d'une convention nationale est donc un pouvoir constituant; je vais en parler.

§. XIII.

POUVOIR CONSTITUANT.

Qui a établi cette différence entre assemblée nationale et convention nationale ? Qui a posé les limites de l'une et de l'autre ? Qui a dit à celle-là : Je te donne le droit de faire certaines lois, et à celle-ci, je te donne le pouvoir constituant ? Qui ? L'imagination des novateurs. Ils composent une théorie de bouleversement ; et ils vont à leur fin avec des mots.

Si dans une nation quelqu'un avoit droit de départir d'aussi sublimes prérogatives, ce seroit, sans contredit, le souverain; car lui seul a la mission de trouver et de faire ce qui est le plus avantageux à la nation qu'il gouverne Mais le souverain ne peut ni donner, ni exercer le pouvoir constituant. Le peuple qu'il gouverne est constitué, puisqu'il le gouverne. Que voudroit donc constituer le souverain ? Il ressembleroit à cet architecte qui, voyant un édifice, diroit : Voilà un bâtiment que je veux bâtir.

Le pouvoir constituant ne s'exerce qu'une fois. Quand une multitude qui n'auroit aucune forme de gouvernement, se met sous la conduite d'un chef, il est nécessaire que celui-ci la constitue en corps de nation. Quand elle est constituée, il n'a plus rien à constituer; il n'a plus qu'à gouverner, qu'à maintenir son ouvrage.

Moïse exerça le pouvoir constituant ; il avoit acquis bien légitimement le droit de l'exercer ; car outre qu'il le tenoit de Dieu même, il le tenoit encore de la nécessité des choses ; il étoit indispensable d'arracher à l'esclavage, et à des humiliations de toutes les sortes, des hommes qui avoient une autre destination, et ça été, même humainement parlant, une entreprise bien glorieuse, que celle qui a fait de cette foule de malheureux un peuple immortel.

Les Mèdes, par une de ces maladies dont les nations les plus sages ne sont pas exemptes, étant tombés dans l'anarchie, conjurèrent Déjocès de leur donner des lois; il leur donna le gouvernement monarchique. Il avoit incontestablement le droit de les constituer en corps de peuple ; il le tenoit de leur confiance, et il n'avoit d'autre moyen de les empêcher de s'entredétruire, qu'en répondant à leur vœu.

Romulus ne pouvant tenir dans les murs d'Albo, avec la multitude de vagabonds qu'il y avoit conduits, et qui s'étoient entièrement confiés à sa conduite, n'eut que deux partis à prendre, ou de les rendre à leur sauvage indépendance, ou de les civiliser. Autorisé à se décider pour l'un ou l'autre parti, il ne balança pas, et il ne devoit pas balancer. Il fit de cette multitude d'hommes farouches un corps de peuple.

Si l'on parcourt les autres occasions extrêmement rares, où des hommes extraordinaires ont exercé le pouvoir constituant, on verra qu'ils se sont trouvés dans des circonstances qui leur ont donné le droit, et leur ont fait un devoir de l'exercer. Cette mission en effet, est si sublime, si sainte, qu'elle ne peut être remplie dignement que par ceux qui sont légitimement appelés à la remplir.

Si l'on pouvoit exercer le pouvoir constituant, deux fois à l'égard du même peuple, on pourroit l'exercer trois fois, quatre fois à l'égard de ce peuple. Il n'y auroit plus rien alors pour lui de fixe. La fortune publique et les fortunes particulières y seroient des êtres de raison ; autant vaudroit le laisser dans un état habituel d'anarchie. Je ne connois aucune réponse à cette considération.

Une assemblée quelconque qui diroit : Je vais constituer la nation où je suis née ; mais les assemblées qui viendront après moi n'en auront pas le droit, diroit une bien grande sottise, car si cette première assemblée s'est arrogé le pouvoir constituant, pourquoi une seconde, une troisième ne se l'arrogera-t-elle pas aussi? Et certainement elle se l'arrogera, à moins qu'une force armée l'en empêche.

Si un homme, en 1787, eut crié aux François, qu'il avoit le pouvoir constituant, qu'il vouloit l'exercer, et qu'il alloit constituer la nation, les François eussent répondu à cet homme; nous sommes constitués depuis quatorze siècles; il y a quatorze siècles que nous faisons corps de peuple; nous vous dispensons de vos soins; on eut mis cet homme aux petites-maisons. Une assemblée qui, à la même époque, eut tenu le même langage, eut donc été une assemblée d'insensés.

Me dira-t-on que le pouvoir constituant ne consiste pas à faire d'une multitude un corps de peuple? Je me plaindrai alors de ce que les mots n'ont jamais le sens qu'ils présentent. Qu'est-ce donc que pouvoir constituant? Consiste-t-il à donner à un peuple une meilleure constitution que celle qu'il a actuellement?

Si l'on s'en tient à cette définition, je demande: cette meilleure constitution est-elle autre ou la même que celle qu'a actuellement ce peuple? Si elle est autre, vous prétendez donc métamorphoser ce peuple en un autre peuple; c'est l'entreprise la plus folle qui soit entrée dans une tête humaine; c'est une chose qui ne s'est jamais faite, et qui ne se fera jamais. Le peuple juif ne deviendra jamais le peuple Guèbre. C'est en outre l'entreprise la plus périlleuse et la plus criminelle, parce qu'il est certain que dans le passage de l'ancienne à la nouvelle constitution, l'anarchie dévorera une partie du peuple, si elle ne le dévore en entier. Dès que vous croyez qu'il lui faut une nouvelle constitution, vous supposez que l'ancienne ne vaut rien; il prend cette supposition pour une réalité; il cesse à l'instant même d'obéir à des lois que vous lui dites mauvaises; il s'enivre d'indépendance, et ne sait plus reprendre aucun joug.

Si cette meilleure constitution est la même que celle qu'a actuellement ce peuple, mais perfectionnée, il est clair alors que vous ne changez pas ce peuple en un autre peuple; vous laissez reposer le corps politique sur ses bases; vous ne le renversez pas, vous ne faites que le raffermir; vous embellissez l'édifice, vous faites disparoître les défauts, les taches que la main du temps y avoit imprimées. Ce n'est pas-là exercer le pouvoir constituant, c'est réformer, c'est régénérer, c'est conserver.

Régénérer un peuple, c'est le faire passer de la corruption à la vertu. Dans ce sens-là encore le pouvoir constituant ne sauroit être exercé par une assemblée. En effet, entreprendre de faire passer un peuple de la corruption à la vertu, c'est supposer qu'il est corrompu. Quels représentans pourra nommer un tel peuple? Ne seront-ils pas corrompus comme lui? Plus leur nombre sera grand, plus il est à croire que la majorité des délégués ne vaudra pas mieux

que celle des commettans. Ce sera donc à la corruption à engendrer la salubrité, à la perversité, à engendrer les bonnes mœurs. Cette idée peut-elle se concevoir? On toléreroit plutôt des hommes sans probité dans une assemblée qui auroit le pouvoir constituant, que dans une assemblée qui auroit la mission de régénérer, parce qu'il faut être essentiellement bon pour haïr le vice et faire triompher la vertu.

Dans tout état, une assemblée qui prétend jouir du pouvoir constituant, doit être dissoute par le souverain à l'instant même où elle conçoit cette prétention, car il est clair que dès qu'elle a le pouvoir constituant, cet état peut devenir une monarchie si c'est une république, et une république si c'est une monarchie. Le premier acte de ce pouvoir constituant, lorsqu'il se mettra en exercice, sera la mort de l'état pour le faire ressusciter ensuite sous une nouvelle forme; mais la mort est un événement naturel, et la résurrection un miracle. Le souverain ne doit donc pas permettre la mort, parce qu'il n'est pas sûr que le miracle se fera.

Remarquez cette gradation: dans une monarchie d'une vaste étendue, le monarque ne peut pas converser avec tous ses sujets; il les invite à lui envoyer des députés pour conférer avec lui sur leurs besoins et sur les moyens d'y pourvoir. La réunion de ces députés est qualifiée d'états-généraux; la fonction des états-généraux est de présenter les demandes des peuples au monarque, et de recevoir ses réponses. Ces états-généraux prennent une autre dénomination; ils prétendent qu'états-généraux et assemblée nationale sont deux mots synonymes; ensuite qu'assemblée nationale et nation sont la même chose, et voilà la monarchie et le monarque perdus, car quand on est parvenu à être la nation, on fait un pas de plus, on se met au-dessus de la nation; on avoit d'abord le pouvoir de représenter, on se donne ensuite le pouvoir législatif, on en vient à s'arroger le pouvoir constituant, et on finiroit par se donner le pouvoir divin, si on en avoit la possibilité. Il est donc des circonstances où un souverain ne doit pas plus permettre les innovations dans les mots que dans les choses.

§. XIV.

CONSTITUTION.

Ouvrez aujourd'hui un livre; vous y trouverez à toutes les pages, le mot constitution. Entrez dans un cercle; de quoi y parle-t-on? De constitution. Ce mot coule de toutes les plumes, sort de toutes les bouches. Il seroit humiliant pour le dix-huitième siècle, de penser qu'on écrit journellement des volumes, que depuis le lever jusqu'au coucher du soleil, on disserte sur ce qu'on n'entend pas. Le dix-huitième siècle aura cette humiliation, car nous avons autant de constitutions qu'il s'est trouvé, parmi nous d'hommes qui se sont crus le génie de la législation, et on ne nous a pas encore dit ce que c'est qu'une constitution.

Il est pourtant de la plus haute importance de savoir ce que c'est que constituer, avant de constituer. Autrement il pourroit se faire qu'on désorganisât au lieu de constituer, c'est-à-dire qu'on tuât au lieu de donner la vie. Il pourroit encore arriver que faute d'avoir défini ce que c'est que constitution, des hommes mêmes droits et éclairés partageassent le délire de quelques boute-feux, et qu'effrayés ensuite de tout le mal qu'ils auroient contribué à faire, il ne leur restât que le remord ou une fausse conscience.

Je ne sais pas combien dureront les maux de la France, mais je sais bien que l'opinion qu'elle n'avoit pas de constitution, les a tous engendrés, et cette opinion n'eut duré qu'un instant, si on eut commencé par définir ce que c'étoit que constitution.

Les uns ont donné le nom de constitution à des projets de finance, à des réglemens d'administration, à une théorie de commerce, à des plans d'agiotage ; d'autres ont appelé une chartre une constitution.

Aussi long-temps qu'on n'a vu que des hommes sans principes et sans mœurs s'égarer sur ce qu'il falloit entendre par constitution, on n'a pas dû désespérer du salut de la France, parce qu'il y avoit lieu de croire que la véritable définition venant à paroître, la lumière qu'elle répandroit, éclaireroit tous les esprits, et les feroit avorter. Mais lorsqu'on a vu des hommes qui, par leur génie et leur probité, devoient être les précepteurs de leurs contemporains, s'enfoncer inconsidérément dans le labyrinthe qu'avoient construit les novateurs, alors il a fallu s'envelopper la tête de son manteau.

La presque totalité des députés aux états-généraux, qui formoient ce qu'on appeloit le côté gauche, en gardant un silence affecté sur l'importante définition, cria que la France n'étoit pas constituée. La conséquence étoit qu'il falloit la constituer. Le parti des impartiaux adopta le principe, la conséquence, et garda le même silence. Ainsi se forma dans l'assemblée une forte majorité qui, en voulant constituer ce qui l'étoit, désorganisa tout.

J'ai eu occasion de discuter cet article fondamental avec M. Malouet. Je ne rapporterai pas nos débats, que la dernière lettre qu'il m'écrivit à ce sujet. Les erreurs qu'elle contient me conduiront à mettre dans tout son jour, ce qu'il faut entendre par constitution.

« Non, nous n'avions pas de constitution. — La prérogative royale et les droits du peuple n'étoient pas déterminés par une loi fondamentale. Une constitution n'est pas un gouvernement mobile et arbitraire ; c'est un état fixe et légal dans lequel les droits respectifs sont reconnus et consacrés. Les Turcs ont une constitution, c'est le koran. Les François avoient-ils un tel code ? Les Anglois, depuis la grande chartre, avoient une constitution, mais non auparavant. — C'est une erreur de croire que tous les états policés ont une constitution, dans le sens où ce mot doit être entendu. Quelle est celle de l'Espagne et du Portugal depuis la suppression des Cortès ? — Pierre-le-Grand en a donné une à la Russie ; il a constitué le gouvernement absolu. Mais nos parlemens, nos assemblées du clergé, vos provinces à états et sous-états n'étoient point une constitution, et il faut que de l'anarchie actuelle il en sorte une raisonnable, si voulez mettre fin à l'anarchie et aux révolutions. — Prenez garde à votre rôle d'historien : vous pouvez bien soutenir le sophisme, pour le royalisme abolu, c'est-à-dire que c'est-là ce qui nous convient ; mais il ne faut pas appuyer cette opinion sur des principes constitutifs, car il faudroit montrer un acte national semblable à celui des Danois ; et puisque vous faites l'histoire des états-généraux, vous êtes obligé d'avoir égard aux circonstances dans lesquelles ils ont été convoqués, et de dire ce que vouloit la nation à cette époque, ce dont convenoit le roi à cette époque. Or, tout cela nous conduisoit à une constitution...... »

J'avois prié M. Malouet de me dire enfin ce qu'il entendoit par une constitution. M. Malouet me répond que *c'est un état fixe et légal* ; il appelle le koran une constitution ; il regarde la grande chartre des Anglois comme une constitution ; il parle du sens où ce mot doit être entendu, et il ne dit pas quel est ce sens.

Dire qu'une constitution est un état, c'est dire qu'une constitution est un empire ; c'est dire que l'ordonnance d'un bâtiment est le bâtiment, c'est confondre le mode avec le sujet, la volonté avec l'acte qu'elle produit, c'est ne point définir ce dont il s'agit.

Dire que le koran des Turcs, la grande chartre des Anglois, l'acte national des Danois sont une constitution, et avouer cependant que la Russie est constituée en gouvernement absolu, c'est convenir qu'on peut avoir une constitution sans un koran, sans une grande chartre, sans un acte national, car Pierre-le-Grand n'eur pas besoin pour constituer ainsi la Russie, ni d'un koran, ni d'une grande chartre, et encore moins d'un acte national.

Le koran est un livre religieux ; il n'est aucun peuple qui n'ait un livre religieux ; si le koran est une constitution, il faut alors accorder que tout peuple a une constitution.

On a beaucoup raisonné de nos jours, de ce que les Anglois apellent la grande chartre, et comme les François ne peuvent pas produire une grande chartre, on en a conclu que les François n'avoient point de constitution. On voit même que c'est en dernière analyse le raisonnement de M. Malouet. On n'eut trompé personne, si on eut dit ce que c'étoit que cette grande chartre. Je vais le dire.

En 1100, Henri I, dont le titre à la couronne étoit disputé, fit à ses sujets, pour se les rendre agréables, des promesses qu'il mit par écrit; on appelle cela une chartre. Il ne tint pas long-temps ces promesses.

En 1135, Etienne usurpa la couronne; pour n'être point troublé dans son usurpation, il fit aussi une chartre. Son intention étoit de séduire les Anglois, et non de se lier par des chaînes de parchemin.

Henri II succéda, en 1154, à Etienne, et confirma, non la chartre d'Etienne, mais celle de Henri I.

Richard-cœur-de-Lion, fils et successeur de Henri II, ne fit point de chartre.

En 1215, Jean-sans-Terre succéda à Richard son frère. Il souleva contre lui les barons. Pour détourner l'effet de leurs menaces, et conquérir, s'il étoit possible, leur affection, il leur accorda cette grande chartre que M. Malouet et ceux de son parti appellent la constitution angloise.

Une première chose à remarquer sur cette grande chartre, c'est qu'elle fut arrachée par la violence, la seconde c'est qu'elle fut accordée aux barons, non à la nation.

De tous les articles contenus dans cette grande chartre, je ne parlerai que de celui qui a eu une influence remarquable sur la constitution angloise. Cet article portoit que les Anglois ne pourroient être assujétis à aucune espèce d'impôts sans le consentement du grand conseil de la nation.

De qui étoit composé ce grand conseil? Il l'étoit seulement des prélats, et des barons. On voit donc déjà que c'est bien mal à propos que cette grande chartre est appelée la constitution angloise, puisqu'aujourd'hui le grand conseil d'Angleterre a une toute autre organisation que celle qui lui étoit donnée par la grande chartre.

En 1216, Henri III confirma cette grande chartre, et y en ajouta une particulière concernant les forêts royales.

En 1258, la constitution angloise changea: un parlement convoqué à Oxford, investit vingt-quatre dictateurs de la suprême puissance. Ceux-ci ordonnèrent qu'il se tiendroit chaque année trois parlemens. Ces parlemens devoient être composés seulement de vingt-sept membres, dont quinze pris dans le conseil du roi; les douze autres auroient été des barons choisis pour représenter toute l'Angleterre.

Six ans après, la constitution changea encore: un ordre de Henri III voulut que chaque comté fut représenté par deux chevaliers, chaque ville et quelques bourgs par deux députés. Voilà l'époque de l'admission des députés des villes dans le parlement; voilà la véritable origine de ce grand corps et de la constitution actuelle de l'Angleterre. Puisque son commencement est postérieur à la grande chartre, elle n'est donc pas la même chose que cette grande chartre.

Edouard, fils d'Henri III, confirma la grande chartre, s'en affranchit et la confirma de nouveau.

Edouard II, fils d'Edouard I, ne confirma pas la grande chartre, mais les lois d'Edouard-le-Confesseur.

Edouard III, fils d'Edouard II, ne tint pas grand compte de la grande chartre. Cependant sous son règne, le parlement, et surtout la chambre des communes, commença à prendre de la considération; la constitution angloise s'achemina vers la forme qu'elle a aujourd'hui.

Sous Richard II, successeur d'Edouard III, et qui régna en 1377, la constitution angloise changea entièrement. Le parlement ne fut que le conseil du roi. Le roi proposoit les articles qui devoient être la matière des délibérations; c'étoit un crime de haute trahison d'en proposer d'autres avant que ceux-là fussent expédiés.

La constitution angloise éprouva un changement en sens contraire, sous Henri IV, qui régna en 1399. Ce fut le parlement qui eut le pouvoir de composer lui-même un autre parlement.

Sous Henri VI, en 1422, il se fit un changement considérable dans la constitution. Un acte de ce prince, établit que pour être électeur, il falloit posséder un revenu disponible de 40 schelings par an.

En un mot, depuis la grande chartre jusqu'à Henri VIII, qui régna en 1595, la constitution angloise ne fut jamais fixe; elle fut dans cet état continuel d'instabilité où ont été toutes les institutions qui sont plutôt l'ouvrage du hasard que de la prudence.

On sait que sous Henri VIII la constitution des

Anglois ne ressembloit en rien à celle qu'ils ont aujourd'hui, puisque ce prince leva des taxes de sa propre autorité, et fut plus absolu encore que ne l'est de nos jours, le grand-seigneur. Cependant, s'il en faut croire M. Hume, Henri VIII fut aimé des Anglois. Ce qui donne du poids au sentiment de M. Hume, c'est qu'encore aujourd'hui, ce roi n'est ni haï ni méprisé en Angleterre.

Sous le jeune Edouard VI, qui mourut âgé de seize ans, ce fut son conseil qui composa, comme il l'entendit, le parlement.

Le gouvernement de la reine Marie ne fut pas moins absolu que celui de Henri VIII. La reine Elisabeth qui monta sur le trône en 1558, réunit le pouvoir législatif et le pouvoir exécutif, et étendit la prérogative royale aussi loin qu'elle pouvoit aller.

Le règne des Stuard, qui commença en 1603 est si voisin de notre temps, que je n'ai pas besoin de rappeler combien, depuis cette époque, la constitution angloise a éprouvé de vicissitudes, avant d'être ce que nous la voyons aujourd'hui. Elle est comme toutes les constitutions des états modernes, l'ouvrage du temps et des circonstances; elle a été engendrée par de violentes innovations. Elle ressemble si peu à celle qu'avoient les Anglois sous Jacques II, que M. Hume fait de l'une et de l'autre, deux constitutions absolument différentes. Voici ses paroles qui sont remarquables:

« Ceux à qui la nation angloise est redevable de ses priviléges, doivent être loués avec réserve, et sans la plus légère rancune contre les partisans de l'ancienne constitution. »

Ce n'est donc pas parce que les Anglois ont eu dans le treizième siècle une grande chartre, que l'Angleterre se trouve constituée comme elle l'est aujourd'hui. Tout au plus pourroit-on dire que cette chartre a contribué à amener la constitution actuelle; mais si on lit avec attention l'histoire d'Angleterre, on se convaincra que quand les Anglois n'auroient pas eu cette grande chartre, ils ne seroient pas moins constitués comme ils sont aujourd'hui.

Au surplus, une chartre n'est pas une constitution, c'est une concession de priviléges, volontaire ou forcée. On donne à une ville, à un bourg, une chartre, on n'en fait pas pour cela ni une république, ni une monarchie. S'il falloit qu'un peuple eut une chartre pour être constitué, il s'en suivroit qu'il n'y auroit dans l'univers, que le peuple anglois qui fut constitué, ce qu'on ne peut pas raisonnablement dire.

Quant à cet acte national des Danois, dont me parle M. Malouet dans sa lettre, voici en deux mots ce que c'est. En 1660 sous le règne du brave Frédéric III, la nation danoise se divisa en deux partis, la noblesse toute seule d'un côté, le clergé et le peuple de l'autre. Fatigués des dissensions continuelles qu'excitoient les entreprises de la noblesse, ils souscrivirent une chartre par laquelle ils déférèrent à leur roi une autorité illimitée, reconnurent que sa couronne étoit héréditaire, et renoncèrent à tous leurs priviléges.

C'est cet acte que M. Malouet appelle national, parce qu'il compte pour rien l'ordre de la noblesse dans une nation. Si les seules nations qui ont un pareil acte à produire, pouvoient se dire constituées, il faudroit que tous les potentats descendissent de leur trône, que tous les souverains se démissent de la souveraineté, que toutes les sociétés policées se missent en état d'insurrection; les Danois eux-mêmes ne se trouveroient constitués que depuis environ un siècle. Ces conséquences sont si folles que le principe ne sauroit être admis.

Si l'Espagne et le Portugal n'ont point de constitution depuis la suppression des Cortès, ces deux nations en avoient donc une avant cette suppression; la France en avoit donc une avant la suppression de ses parlemens et des trois ordres.

Nos parlemens, nos assemblées du clergé, nos provinces à états et sous-états, n'étoient point une constitution; mais l'existence de ces institutions, la manière dont elles étoient organisées et se lioient à l'ensemble du gouvernement, formoient la constitution françoise.

Je désire bien ardemment que de l'anarchie actuelle, il sorte une constitution raisonnable, mais ce n'est pas moi qui ai creusé cet abîme d'anarchie, ce sont ceux qui, en 1789, ont fait croire ou laissé croire aux François, qu'ils n'avoient point de constitution.

Je donne, à mon rôle d'historien, l'attention la plus scrupuleuse; il m'impose l'obligation de présenter aux hommes de tous les temps et de tous les pays, le tableau fidelle des événemens qui couvrent l'empire françois de ruines et de sang, afin que ce tableau les détourne de s'engager dans les routes que nous avons suivies. Voilà pourquoi j'insiste sur les opinions qui nous ont égarés, parce que ce sont ces opinions qui ont produit ces lamentables événemens.

Mon rôle d'historien consiste à raconter et non à prêcher. Je ne dirai donc jamais à aucun peuple, votre gouvernement ne vaut rien; j'ai pour les révolutionnaires une aversion trop forte et trop bien fondée, pour vouloir jamais l'être; mais les François jugeront, d'après les faits que je leur raconte, si la constitution qu'on leur a ôtée étoit meilleure ou plus mauvaise que toutes celles qu'on a voulu leur donner.

Je n'aurai garde de soutenir le sophisme du royalisme absolu, ni de dire aux François que c'est-là ce qui leur convient ; je dirois une chose inutile. Le royalisme absolu n'est établi, et ne s'établira jamais nulle part. « C'est une erreur de croire qu'il y ait, dans le monde, une autorité humaine à tous les égards despotique ; il n'y en a jamais eu et il n'y en aura jamais ; le pouvoir le plus immense est toujours borné par quelque coin. Que le grand-seigneur mette un nouvel impôt à Constantinople, un cri général lui fait d'abord trouver des limites qu'il n'avoit pas connues.... Il y a dans chaque nation un esprit général, sur lequel la puissance même est fondée ; quand elle choque cet esprit, elle se choque elle-même, et elle s'arrête nécessairement (1). »

Les François décideront, après avoir lu l'histoire de leur révolution, si un gouvernement où la couronne étoit héréditaire, et où l'autorité royale et la résistance légale des ordres et des corps, se servoient mutuellement de bornes, étoit préférable ou non à ce qu'on a tenté de mettre à la place.

Sans pouvoir montrer un acte national semblable à celui des Danois, je peux prouver aux François, par des actes constitutifs, qu'ils avoient une constitution en 1789. Ces actes constitutifs sont la loi salique, les capitulaires de Charlemagne, ceux de Charles le Chauve, les délibérations prises dans les divers états-généraux, les lois fondamentales, les édits, les ordonnances de nos rois, les enregistremens, les décisions des cours souveraines, les usages écrits ou non écrits, qui, par leur ancienneté et l'obéissance qu'on leur portoit, avoient force de lois fondamentales, enfin les privilèges des villes et des provinces. Une constitution se forme de tout cela.

J'ai égard aux circonstances où les états-généraux ont été convoqués. Les circonstances exigeoient que, bien loin de détendre le ressort du gouvernement, on lui donnât plus de force et d'activité ; que, bien loin d'affoiblir et d'avilir l'autorité royale, on la montrât aux peuples dans toute son énergie, et comme le seul port où le vaisseau public pouvoit trouver son salut.

Ce que vouloit la nation, à cette époque, est consigné dans les cahiers des bailliages. La France ne vouloit pas l'état populaire ; encore moins la dissolution du corps politique.

Le roi convenoit, à cette époque, qu'il avoit besoin des lumières et des secours de ses sujets, pour porter la monarchie au plus haut degré de splendeur, mais non pour l'anéantir.

_____
(1) Montesquieu, grandeur et décadence des romains. chap. XXII.

Tout cela nous ramenoit à notre constitution.

La lettre de M. Malouet étoit accompagnée du troisième volume de ses opinions. J'ouvre celle sur les conventions nationales, et j'y lis ces mots : « Une constitution se forme successivement par le résultat des mœurs, des usages, des habitudes d'un peuple. ... Tous les gouvernemens dont nous avons eu connoissance, se sont formés par des actes successifs dont l'amélioration et le complément, à une certaine époque, est devenu une constitution. »

Une constitution résulte donc des mœurs, des usages, des habitudes d'un peuple ; elle se forme par des actes successifs qu'amènent la nécessité des choses et la sagesse de ceux qui gouvernent. Cette idée est vraie, et devoit prouver à M. Malouet que les François avoient une constitution en 1789.

Il peut arriver qu'à une certaine époque ceux qui gouvernent et ceux qui sont gouvernés, conviennent de rédiger par écrit les usages, les statuts fondamentaux, desquels résulte la constitution. Cet écrit n'est pas la constitution, puisqu'elle existoit avant lui ; il ne la détruit pas ; il a, au contraire, pour objet de la rendre immortelle ; il n'est pas une constitution nouvelle ; il consacre au contraire l'ancienne. C'est ainsi que la bulle d'or n'a pas donné une nouvelle constitution à l'empire germanique ; elle a seulement fixé des droits et des usages antérieurs, dont l'expérience ainsi que le consentement des peuples, garantissoient la sagesse.

La constitution d'un empire est donc la forme même du gouvernement de cet empire ; il n'est pas nécessaire qu'il soit écrit que cette forme doit être telle ; il suffit que cela soit ainsi reconnu par l'usage, par des lois qu'on regarde comme fondamentales.

Un peuple policé ne sauroit être sans constitution ; car un peuple policé ne sauroit être sans une forme de gouvernement. Sans constitution, dit Rousseau, il peut exister une aggrégation d'hommes, mais point d'association, point de peuple, point de bien public, point de corps politique.

En 1789, il y avoit en France un peuple, un bien public, un corps politique ; il y avoit donc une constitution.

Une constitution n'est pas la totalité des lois d'un empire, puisque le temps en engendre de nouvelles, en fait supprimer d'anciennes, suivant que le veut le bien de l'empire ; elle présente seulement les points fondamentaux qui règlent la forme du gouvernement de cet empire.

Les articles constitutionnels se distinguent aisément de ceux qui ne le sont pas. Ces articles constitutionnels sont ceux dont vous ne pouvez supprimer un seul sans changer essentiellement la forme du gouvernement.

vernement. Ainsi en France tout ce qui étoit relatif à l'hérédité de la couronne dans la même maison, aux priviléges des corps et des provinces, à la promulgation des lois par la voie des cours suprêmes de judicature, à la distinction des trois ordres, aux prérogatives des deux premiers, aux propriétés individuelles, tout cela, dis-je, étoit constitutionnel, parce que rien de tout cela ne pouvoit être changé, sans que la forme monarchique du gouvernement n'allât ou vers le despotisme ou vers la démocratie.

Je conviens qu'il ne peut qu'être utile que les articles constitutionnels d'un empire soient rédigés par écrit, et mis sous les yeux des citoyens (1) ; je conviens qu'une assemblée d'états-généraux qui en France auroit fait ce travail de concert avec le roi, se seroit acquise des droits à la reconnoissance de la nation ; je conviens que si à l'âge de raison, chaque François eût fait serment de maintenir de tout son pouvoir chacun de ces articles, la base du gouvernement en auroit été consolidée.

Pour qu'un article soit constitutionnel, il n'est pas nécessaire qu'il le soit en vertu d'une loi formelle et écrite ; il suffit qu'il le soit en vertu d'un usage tellement consacré par le temps, qu'on ne pourroit le changer sans changer la forme du gouvernement. Ainsi parmi nous, aucune loi écrite ne disoit à qui appartenoit la régence sous un roi mineur ; mais l'usage la donnoit à la mère du roi mineur ; au défaut de sa mère, à celui que le feu roi avoit désigné ; au défaut de désignation de la part du roi mort, au plus proche parent du roi mineur. Mais qui que ce fût qui se portât pour régent, il devoit porter sa prétention au parlement, qui examinoit son droit, et le sanctionnoit s'il étoit légitime ; s'il ne l'étoit pas, il appeloit un autre régent qu'il eût pour lui l'usage du royaume. Une telle prérogative étoit bien honorable pour le parlement ; mais à qui convenoit-elle mieux qu'à la cour des pairs ? Un tel conseil réunissoit tout ce qui peut inspirer la confiance pour une assemblée. Il y avoit-là naissance, propriétés, lumières, une grande connoissance de ce qui est juste ou injuste ; de ce qui étoit avantageux ou nuisible au royaume.

On peut enfreindre tel article constitutionnel, sans que cela ne la forme du gouvernement soit changée sur-le-champ et en son entier ; mais cette violation altère toujours la forme du gouvernement, et en prépare la subversion totale.

Si on attaque tous les articles constitutionnels à la fois, alors on commence une épouvantable révolution. Il n'y a rien de plus raisonnable que ce que dit, à ce sujet, Montesquieu dans son livre de *la grandeur et de la décadence des Romains*, et c'est par-là que je termine cet article.

« Lorsque le gouvernement a une forme depuis long-temps établie, et que les choses se sont mises dans une certaine situation, il est presque toujours de la prudence de les y laisser ; parce que les raisons, souvent compliquées et inconnues, qui font qu'un pareil état a subsisté, font qu'il se maintiendra encore ; mais quand on change le système total, on ne peut remédier qu'aux inconvéniens qui se présentent dans la théorie, et on en laisse d'autres que la pratique seule peut faire découvrir. »

§. XV.

LÉGISLATEUR.

Qui auroit dit aux anciens qu'il y auroit un jour tel état qui engendreroit périodiquement des milliers de législateurs, les auroit fort surpris. Non-seulement ils eussent été surpris, mais ils n'eussent rien compris du tout à cette merveille. Ils n'eussent pas compris comment il étoit nécessaire de plus d'un législateur pour organiser une nation ; ils n'eussent pas compris comment cette même nation, au bout de trois, cinq ou sept ans, avoit besoin d'être de nouveau organisée. Quelle machine, eussent-ils dit, qui a besoin d'être ainsi sans cesse rajustée ! Quelle machine dont le ressort demande le secours de tant de bras pour se mouvoir !

La surprise des anciens eut cessé si on leur eût dit que nous appellerions législateur, l'officier de justice qui défend de faire des ordures au coin d'une rue ; celui qui ordonne de fermer les portes des cabarets à une certaine heure ; l'homme qui décide quelle forme doit avoir le chapeau d'un juge ; celui qui fixe le nombre de boutons que doit porter un soldat à son haut-de-chausse.

Nous confondons le génie de la législation avec le génie du gouvernement ; la loi qui crée avec le réglement qui conserve ; la puissance qui constitue avec le pouvoir qui maintient ce qui est constitué.

Le législateur fait, d'une multitude, un corps de nation ; il institue le peuple. Le potentat, le sénat, le corps de magistrature en qui réside la souveraineté, conduit le peuple institué. Le législateur allume le flambeau ; celui qui gouverne se saisit de ce flambeau, et c'est à sa lueur qu'il conduit les hommes dont il est le chef. Le législateur a construit le navire ; il l'a lancé à la mer. C'est maintenant au pilote à diriger la manœuvre avec habileté, et à se souvenir que de la conservation du bâtiment dépend celle des passagers. Le législateur, en un mot, a élevé l'édifice

---

(1) Les articles constitutionnels du gouvernement françois, sont rappelés dans l'arrêté du parlement de Paris, dont j'ai rapporté l'extrait à la page 13 du premier cahier de cette histoire.

public ; c'est à celui qui en est constitué le maître à veiller à sa conservation, à le préserver des injures du temps, à raffermir, dans sa place, la partie qui voudroit se séparer du tout.

Je ne pouvois mieux faire sentir, que par ces comparaisons, la différence qu'il y a entre le législateur et le chef d'un empire. Cette différence n'est pas assez sentie des modernes. Le premier institue, le second gouverne. L'acte émané de la puissance du premier est la loi. Les actes émanés de la puissance du second sont plutôt des réglemens que des lois ; ils ont pour but unique de faire régner despotiquement la loi. Il faut bien en effet qu'elle règne despotiquement, car c'est de cette condition unique que dépend le salut du peuple que le législateur a institué.

Si celui qui gouverne change ou laisse changer la loi, il se met à la place du législateur, il donne une autre forme à l'ouvrage de celui-ci ; il renverse les bases de l'édifice public ; les débris l'écraseront infailliblement lui et le peuple.

Moïse a donné au peuple juif la loi qui fait que ce peuple est ce qu'il est. Substituez à cette loi une autre loi, ce n'est plus le peuple juif. Les rois, les sages, les docteurs de cette nation, l'ont gouvernée, l'ont conduite suivant cette loi. Les actes émanés de l'autorité des divers magistrats juifs, ne sont, rigoureusement parlant, que des explications de cette loi, et non des lois.

Que ce soit dans un empire un seul magistrat ou un corps de magistrats qui ait la puissance suprême, cette puissance ne doit gouverner que pour faire régner la loi, que pour maintenir dans son intégrité l'ouvrage du législateur qui, en créant la constitution de cet empire, a fixé les conditions auxquelles il subsisteroit. Les actes donc émanés de la puissance qui gouverne, sont plutôt des conséquences de la loi première et fondamentale, que de nouvelles lois.

Moïse, Minos, Lycurgue, Solon, Numa étoient des législateurs. Quand les Crétois, les Spartiates, les Athéniens, les Romains n'ont plus rien eu de la loi qui les avoit constitués en corps de peuple, ils ont disparu de dessus la terre.

Le divin fondateur du christianisme ne peut être comparé à aucun autre législateur. C'est moins une nation qu'il a fondée, qu'une société propre à recevoir dans son sein toutes les nations. Ceux qui, dans cette société, sont constitués en autorité, ne sont pas des législateurs ; ils ne font la loi, ils font régner, ils expliquent la loi du fondateur ; toutes leurs institutions, toutes leurs instructions ont pour but d'assurer l'empire de cette loi, et c'est une maxime de cette société, qu'on ne peut pas retrancher même une lettre de la loi donnée par le fondateur.

Les membres du parlement d'Angleterre ne sont pas des législateurs ; ils gouvernent de concert avec le monarque, l'empire britannique. les bills sont moins des lois que des actes conservatoires de la constitution angloise. Ou ils l'expliquent ou ils préviennent les atteintes qu'elle pourroit recevoir, ou ils corrigent les abus dont la durée pourroit l'altérer, ou ils règlent des choses qui ne contredisent point son esprit. Si tous ne vont pas directement à sa conservation, aucun du moins n'a pour objet une innovation fondamentale.

Les députés à nos états généraux, qui se sont dits législateurs, ne se sont pas assimilés aux membres du parlement britannique, dont la mission n'est pas de faire une constitution nouvelle ; ils se sont assimilés à ce très-petit nombre d'hommes extraordinaires qui ont institué des peuples, puisqu'ils ont eu la prétention de constituer le peuple françois autrement qu'il n'étoit.

Il est clair qu'à moins d'être en démence, on ne peut vouloir être législateur, si on ne sent qu'on a cette vocation, ce génie, ces talens rares, et pour parler comme Rousseau, cette intelligence suprême, qui voit toutes les passions humaines et qui n'en éprouve aucune. Que le ciel crée un être aussi extraordinaire, cela est possible, car cela est arrivé ; mais que dans un petit coin de la terre, la nature enfante, tout d'un coup et tout à la fois, sept cents, douze cents âmes de cette trempe ; qu'à de courts intervalles de temps, elle renouvelle ce phénomène, c'est ce qu'on n'oseroit pas supposer, même dans un roman.

Il n'est pas si indifférent qu'on pourroit le penser, d'admettre la distinction qui se trouve entre créer la législation d'un empire, et gouverner suivant cette législation, entre un législateur, par exemple, et le roi quelconque qui succède à ce législateur. Si vous n'admettez cette distinction, voici ce qui arrivera : ceux qui gouvernent, appelleront les actes de leur gouvernement, des lois ; et ils vous diront : puisque nous faisons des lois, nous sommes des législateurs. Du moment où ils se croiront législateurs, il n'y aura plus rien de sûr : les lois qui renverseront la constitution, ne seront que des lois qui révoqueront d'anciennes lois. Si vous leur disputez le droit de faire ces nouvelles lois, ils vous répondront : pourquoi sommes-nous législateurs, si ce n'est pour faire des lois ?

Ceux des anciens peuples qui ont eu un législateur, ont eu aussi pour la marche de leur gouvernement, un guide sûr. Ce guide étoit la loi même donnée par le législateur. C'étoit à la conservation de cette loi que tout tendoit. Delà vient le grand respect de ces peuples pour la loi, et les actions héroïques que ce respect a engendrées.

Il n'en est pas ainsi, au premier coup-d'œil, des peuples modernes. Lorsque l'empire romain s'affaissa sous sa grandeur colossale, toutes les nations accourues pour se partager ses débris, se fondirent, se mêlèrent ensemble. Elles mêlèrent également leurs diverses législations. Les vainqueurs prirent une partie de celle des vaincus ; les vaincus prirent une partie de celle des vainqueurs. Ces peuples tantôt agresseurs, tantôt repoussés, tantôt victorieux, tantôt vaincus, se reposèrent enfin de leur agitation, se divisèrent en corps de nations, se partagèrent l'empire romain, et l'Europe devint insensiblement ce qu'elle est aujourd'hui.

Aucune de ces nations n'a eu de législateur qui l'ait instituée, qui lui ait donné un code de constitution. Leur gouvernement s'est formé par des actes successifs ; le temps seul a été leur législateur ; l'expérience seule leur a appris ce qui convenoit le mieux à leur conservation, et les a placées par degrés, dans la situation où elles sont actuellement. Les usages qui ont amené cette situation, et qui sont tels qu'ils ne pourroient être révoqués sans mettre ces nations en danger de périr, doivent valoir, pour elles et pour ceux qui les gouvernent, le code d'un législateur.

L'article suivant sera le complément de celui qu'on vient de lire.

§. XVI.

LOI.

« La loi, dit Platon, est une émanation divine. La loi, dit Cicéron, est la raison suprême inhérente à la nature des choses ; quand on la prend pour règle, elle rend la société des hommes aussi douce que celle des dieux. La loi en général, dit Montesquieu, est la raison humaine, en tant qu'elle gouverne tous les peuples de la terre. » Lorsqu'on veut être compris du commun des hommes, il faut descendre de cette hauteur et devenir homme.

La pauvreté de nos langues modernes ne contribue pas peu à mettre une grande confusion où il faudroit la plus grande clarté. Nous donnons le nom de loi à des actes qui n'ont d'autre objet que de faire régner la loi. Nous appelons lois, des édits, des décrets, des ordonnances, des arrêts, des réglemens.

Si l'on veut se conformer à cette manière de parler, alors il faut absolument distinguer deux sortes de lois, une loi créatrice et une loi conservatrice, une loi qui constitue et une loi qui gouverne. La première fait d'une multitude d'hommes épars, un corps de peuple, et fixe la forme et les conditions de l'association. La seconde empêche que cette forme ne soit altérée ou changée, que ces conditions ne soient violées. La première du législateur, la seconde du prince qui gouverne ; celui-ci n'a, comme dit Rousseau, qu'à suivre le modèle que celui-là a proposé. Voilà ce qu'il ne faut pas confondre.

Quand ce n'est pas un législateur qui a fixé la forme et les conditions de l'association, celle-là résulte des usages que les temps et l'expérience ont consacrés ; celles-ci résultent de la nature même des choses : il n'y a point d'association si chacun des membres qui la composent, n'a sûreté pour sa vie, pour sa liberté, pour son honneur, pour sa propriété.

La forme de l'association n'est pas partout la même, c'est-à-dire qu'un gouvernement peut être, ou populaire, ou aristocratique, ou monarchique ; les conditions sont partout les mêmes, on en conçoit la raison.

La forme de l'association peut être plus ou moins avantageuse à ses membres, c'est-à-dire qu'elle peut leur donner une plus ou moins forte garantie que les conditions auxquelles ils sont associés, ne seront jamais violées. C'est l'affaire du législateur de trouver la forme du gouvernement qui assure mieux à chaque individu tout ce qu'il a droit de posséder. C'est l'affaire de ceux qui gouvernent, d'être gardiens vigilans de cette forme.

Du maintien de la forme, dépend celui des conditions ; quand on touche à celle-là on met en péril celles-ci. Plus cette forme est ancienne, plus il est dangereux de la laisser altérer. Si on la change, les conditions ne sont plus rien ; l'association est même rompue, car il faut bien la rompre pour en former une nouvelle.

Il n'y a donc, à proprement parler, dans un état, qu'une loi, c'est celle qui fixe la forme du gouvernement, et qui en la fixant met les conditions du pacte social dans l'impossibilité d'être violées impunément. Tous les actes qu'on appelle aussi des lois ne peuvent avoir d'autre objet que de maintenir cette forme, que de faire respecter ces conditions. Obéir à un des actes, c'est donc obéir à la loi même, puisque c'est elle qui, pour l'affermissement de son empire, a voulu que cet acte fût produit. Obéir à un de ces actes, c'est donc obéir à son propre ouvrage, puisque cet acte ne tend qu'à consolider les conditions auxquelles on consent à vivre en société.

Si on a bien compris ces principes, on me comprendra aussi lorsque je dirai : heureux l'état où la loi est tout, et où l'homme n'est que l'esclave de la loi ! Heureuse la monarchie où c'est la loi qui règne, et où le roi n'a d'autre fonction que de gouverner suivant la loi !

Nous disions en France, *Si veut la loi, si veut le roi ; si veut le roi, si veut la loi*. On entendoit mal cet adage ; il ne vouloit dire autre chose si non que le roi ne pouvoit et ne devoit vouloir que ce que vouloit la loi, c'est-à-dire que ce que vouloit la constitution de l'état, qui entendoit que les corps et les particuliers fussent maintenus imperturbablement dans la possession de tout ce qui leur appartenoit légitimement.

Nous disions encore en France : *la volonté du roi fait loi*. On entendoit par-là que la volonté du roi contraignoit à l'obéissance, lorsqu'elle ordonnoit une chose qui alloit à l'affermissement de la constitution et du pacte social. Voilà pourquoi étoit établie la formalité de l'enregistrement. Il falloit avant de promulguer la volonté du roi, s'assurer qu'elle n'altéroit point la constitution, qu'elle ne blessoit ni l'intérêt public ni aucun intérêt particulier.

En prenant le mot loi dans cette acception générale, on conçoit ce qu'a voulu dire Platon, lorsqu'il l'a appelée une émanation de la divinité. Son but en effet, est de mettre parmi les hommes, l'ordre, l'harmonie, la sagesse, que Dieu met parmi ses ouvrages ; on conçoit pourquoi Cicéron l'appelle la raison suprême ; elle doit en effet co-ordonner les empires, comme la raison suprême co-ordonne l'univers ; on conçoit enfin pourquoi Montesquieu la définit raison humaine en tant qu'elle gouverne tous les peuples de la terre ; une bonne législation est en effet le chef-d'œuvre de la raison humaine qui veut que tous les peuples de la terre soient gouvernés suivant les mêmes principes de justice.

Lorsqu'on appelle lois, les actes émanés de la puissance qui gouverne, alors la loi est, comme le dit Puffendorff, la volonté d'un supérieur, par laquelle il impose à ceux qui dépendent de lui, l'obligation d'agir d'une certaine manière qu'il leur prescrit. Il est clair que cette volonté dans un état, doit être conforme au bien général et particulier, à l'avantage de tous et de chacun, car l'un ne peut aller sans l'autre.

La loi, sous quelque acception qu'on prenne ce mot, ne sauroit être l'ouvrage du peuple. Le peuple à la vérité, veut toujours le bien, mais comme en convient Rousseau lui-même, il ne le voit pas toujours. Quand il seroit capable de s'occuper de la confection des lois, il ne le pourroit pas dans nos états modernes. Il faudroit pour cela qu'il fût continuellement assemblé. Comment donc marcheroient les travaux de la société ?

On va voir, dans l'article suivant, une nouvelle et bien vicieuse définition du mot loi.

§. XVII.

VOLONTÉ GÉNÉRALE.

Lorsqu'on veut tout troubler dans un empire, lorsqu'on ne veut plus de sa constitution, il faut bien dépouiller de l'autorité suprême celui qui la possède légitimement, et imaginer un système qui la place là où elle ne peut ni ne doit être.

Au sein des guerres civiles qui déchirèrent l'Ecosse et la France dans le seizième siècle, des boute-feux écrivirent qu'on ne pouvoit regarder comme des lois, que les actes émanés de la volonté générale. J.-J. Rousseau ressuscita, dans ces derniers temps, cette inintelligible et séditieuse maxime. Il écrivit que la loi est un acte de la volonté générale.

Les novateurs venus depuis Rousseau, n'ont changé qu'un mot à cette définition ; ils ont mis en principe que la loi étoit l'expression de la volonté générale.

Le principe posé, on a eu pour conséquence, que ceux qui étoient chargés d'exprimer la volonté générale, avoient le pouvoir de faire des lois, et voilà comme, avec des mots, on enfante des essaims de législateurs.

Dans des temps de troubles et de révolutions, il se forme divers partis ; le parti qui domine, ne manque pas de donner sa volonté pour la volonté générale, et voilà comme cette volonté générale devient la volonté de quelques factieux.

Le parti qui domine aujourd'hui, est obligé de céder demain à un parti plus fort ; voilà une seconde volonté générale qui s'élève et qui ne manque pas de contredire celle de la veille.

Un troisième parti écrase les deux premiers ; voilà une troisième volonté générale ; de bonne foi, est-ce avec de pareilles folies qu'on gouverne les hommes ?

Qu'on me dise donc ce que c'est que cette volonté générale, afin que je sache si la loi pour laquelle on me demande obéissance, est son expression. Est-ce la volonté de toute une multitude qui va se constituer en corps de peuple ? Est-ce la volonté de tout un peuple déjà constitué ? Dans le premier cas, où cette multitude a-t-elle puisé les connoissances qui peuvent conduire à trouver la forme de gouvernement la plus convenable ?

Dans le second cas, ce peuple veut-il se constituer autrement qu'il n'est ? Ou veut-il simplement se gouverner suivant la constitution qu'il a reçue, ou du temps ou d'un législateur ? La difficulté est la même. Le grand nombre sait-il ce que c'est que constituer, que gouverner ? Combien d'hommes dans ce corps de peuple, à qui vous ne voudriez pas confier le soin de vos affaires domestiques? Et vous voulez leur confier la conduite des affaires publiques!

Ce peuple sera donc continuellement assemblé, car il faut que le gouvernement aille sans cesse, et il ne peut aller si une volonté ne produit sans cesse des actes pour le faire marcher? Si le peuple est continuellement assemblé, qui vaquera aux travaux de la société?

Par quel miracle encore ferez-vous que tous les individus d'une nation émettront unanimement le vœu qui sera la loi? Si elle est rejetée par un seul, elle n'est plus l'acte ni l'expression de la volonté générale.

Pour qu'une loi soit acceptée, il faut que quelqu'un la propose. La loi qui donnera l'initiative sera-t-elle aussi l'expression de la volonté générale? Dans ce cas-là, l'immense assemblée de tous ces individus, gardera un éternel silence. Celui qui se leveroit et diroit; je propose de faire telle loi, usurperoit l'initiative qui ne peut être donnée que par la volonté générale. Pour sortir de cette difficulté, il faut supposer que tous ces individus, par un mouvement simultané et unanime, diront à qui il appartient de proposer la loi. Il faut supposer que le même phénomène aura lieu pour qu'on puisse savoir qui aura charge de recueillir les voix, et cette charge ne sera pas peu pénible, si votre assemblée est composée seulement de trois millions d'individus.

Combien d'autres difficultés ne rencontreroit-on pas si on vouloit insister sur cette erreur la plus grossière peut-être de toutes celles qu'a inventées la moderne philosophie!

S'il étoit vrai que la loi fut l'acte ou l'expression de la volonté générale, il faudroit en conclure que tous les peuples ont vécu jusqu'à ce jour sans lois, car il n'est aucune nation où la loi soit l'acte ou l'expression de la volonté générale. Moïse ne la consulta pas lorsqu'il institua le peuple juif. Lycurgue ne se doutoit pas qu'il falloit avoir son vœu lorsqu'il donna ses lois à Lacédémone. Avant de les mettre à exécution, il en soumit le plan aux lumières de trente citoyens. Il y avoit bien loin de ces trente volontés, à une volonté générale.

Mais, dit J. J. Rousseau, la volonté générale n'est pas la volonté de tous. Celle-ci, ajoute-t-il, regarde à l'intérêt privé, et celle-là à l'intérêt commun. Je crois cela très-subtil; mais ce n'est pas avec des subtilités que s'organisent et se gouvernent les empires. Dès que la volonté générale n'est pas la volonté de tous, combien faut-il donc de volontés particulières pour former cette volonté générale, qui n'est pas générale? Sera-ce la volonté du plus grand nombre qui fera la volonté générale? Dans ce plus grand nombre il y aura plus de frippons et d'ignorans, que de gens de bien et d'hommes éclairés. La majorité se composera donc de ceux-là, et la minorité de ceux-ci. La volonté générale sera donc, en dernière analyse, la volonté des frippons et des imbécilles.

Dès que la volonté générale regarde à l'intérêt commun, comment pourroit-elle ne pas regarder à l'intérêt privé, puisque les élémens de l'intérêt commun sont les intérêts privés.

J'ai honte d'en avoir tant dit sur cette méprisable chimère de la volonté générale. Il ne faut pas beaucoup de réflexion aux esprits droits, pour se convaincre que c'est la plus haute extravagance de dire que la la loi est l'acte ou l'expression d'une chose qui ne peut jamais être en action, que les gouvernemens sont mus par un ressort qui ne peut jamais se mouvoir.

§. XVIII.
CORPS LÉGISLATIF.

Un corps législatif est un corps dont tous les membres ont le droit, le pouvoir et le talent de faire des lois. Plus ce corps sera nombreux, plus il sera à craindre qu'il remplisse mal sa mission, car le génie de la législation est départi à un très-petit nombre d'hommes.

Si l'état dans lequel s'élèvera ce corps, est d'une vaste étendue, il en sera écrasé plutôt qu'il n'en sera aidé. Dans un état d'une vaste étendue, il ne faut pas seulement une vigilance continuelle, il faut encore que la main applique le remède à l'instant même où l'œil a découvert le mal; s'il se détache une pierre de l'édifice public, il faut que la brèche soit réparée sur l'heure, sinon tout l'édifice pourra s'écrouler. Comment se procurera-t-on cet avantage avec la lenteur que met nécessairement dans sa marche tout corps délibérant? Une province éloignée sera abîmée avant qu'elle ait reçu la loi qui doit la sauver.

Si ce corps législatif n'est jamais renouvelé; s'il est toujours le même, quand son esprit sera corrompu, il n'y aura donc plus de remède au malheur public. Si ses membres sont renouvelés périodiquement, il faudra donc que vous ayez parole du ciel, qu'il vous donnera périodiquement le nombre suffisant d'hommes de génie, de gens de bien pour composer votre sénat.

Comme il y a des lois constitutionnelles et des lois qui gouvernent, le corps législatif aura-t-il le droit de faire de ces deux sortes de lois? S'il a le droit de faire des lois constitutionnelles, il aura donc celui de créer, quand il le jugera à propos, une nouvelle constitution, c'est-à-dire de faire une révolution.

Si le corps législatif se renouvelle périodiquement, celui qui aura fait une révolution sera remplacé par un autre qui prétendra aussi avoir le droit de faire sa révolution; l'empire ne marchera plus ainsi que de révolutions en révolutions.

Si le corps législatif a seulement le droit de faire des lois réglementaires, il faudra qu'il y ait entre le corps législatif et la nation, une puissance qui juge si ces lois réglementaires n'altèrent en rien la constitution et les conditions du pacte social, c'est-à-dire si elles respectent la forme du gouvernement, la vie, la propriété, la liberté de chaque individu. Il faudra donc d'abord faire la loi, ensuite la juger. Que de circonstances où le corps politique ne pourra s'accommoder des retards de cette double opération!

La puissance qui fera la loi, et celle qui la jugera, seront-elles toujours d'accord? Il est probable que cela arrivera rarement, car ceux qui feront la loi, et ceux qui la jugeront, seront des hommes. Il est certain que cela n'arrivera jamais si le corps législatif fait partie d'une nation naturellement présomptueuse, légère, inconstante, capricieuse, passionnée pour les nouveautés. Chez cette nation donc chaque projet de loi émané du corps législatif, sera le signal d'une guerre entre l'une et l'autre puissance, je demande comment l'empire pourra subsister dans cet état continuel de guerre.

Si une telle puissance intermédiaire n'existoit pas entre la nation et le corps législatif; si la volonté de celui-ci devoit faire loi par cela seul que c'est sa volonté, il seroit donc despotique, et chacun sait combien est effroyable le despotisme d'un corps; il seroit ce qu'est le sénat de Venise, celui de Gênes. Qu'on calcule, s'il est possible, tous les maux qu'engendreroit l'aristocratie vénitienne ou génoise transplantée sur un sol où le génie du peuple le porte à tout outrer, et à n'être jamais en deçà des bornes de la modération.

Le parlement de la Grande-Bretagne est un corps législatif, non pas dans ce sens qu'il a le droit de faire une constitution. Les résultats de ses délibérations ne sont pas même des lois; ce ne sont que des projets de lois. Ils sont présentés au monarque qui les fait examiner par son conseil. Sur l'avis de son conseil, il les rejette ou les adopte. Lorsqu'il les a sanctionnés, ils sont alors des lois obligatoires; la force exécutrice se déploie pour les faire exécuter.

Ces lois obligatoires sont censées n'avoir d'autre objet que l'affermissement de la constitution sur sa base naturelle, qui est la liberté publique et individuelle.

Les états-généraux en France n'étoient dans aucun sens des corps législatifs. Ce n'étoient pas même des corps, car il ne faut pas confondre corps avec assemblée. L'idée d'assemblée n'emporte pas toujours comme celle de corps, l'idée de permanence. La réunion des membres, ou d'une partie des membres d'un corps forme une assemblée. La réunion de plusieurs individus pris dans diverses classes de la société, forme aussi une assemblée, mais ceux qui la composent ne sont point membres du même corps. Il n'y avoit point de corps avant l'assemblée, il n'y en a point lorsqu'elle est dissoute. Les états-généraux en France étoient donc, non quant aux fonctions, mais quant à l'existence, ce qu'étoient les assemblées des notables. Ces deux sortes d'assemblées dissoutes, il n'y avoit point de corps.

Il n'en est pas de même du parlement britannique; il renouvelle ses membres à certaines époques, mais il est tellement permanent qu'on ne pourroit le détruire sans détruire la constitution. Quand une session finit, c'est l'assemblée qui se dissout, et non le corps. On voit qu'il n'en étoit pas de même en France, des états-généraux, car la constitution françoise marchoit fort bien sans états-généraux. Je ne peux pas être contredit en ceci par les novateurs, puisqu'ils ont trouvé les états-généraux si peu nécessaires au peuple françois, qu'ils en ont aboli jusqu'au nom.

Les états-généraux, en France, avoient eu pour fonctions jusqu'en 1789, de solliciter du monarque le redressement des torts publics et particuliers, et de lui octroyer les subsides que demandoient les besoins de la chose publique. Ce ne sont pas là des fonctions législatives; on n'exerce pas le pouvoir législatif lorsqu'on présente des requêtes, et qu'on donne de l'argent.

Le parlement d'Angleterre, indépendemment des qualités personnelles de ses membres, a pour mériter la confiance des peuples, l'antiquité de son origine, ses priviléges qui ne sauroient être plus augustes, car ce sont des articles constitutionnels; la place éminente que lui donne de temps immémorial dans l'ordre du gouvernement, la constitution de l'empire; la majesté qui éclate dans tous ses actes par le sceau qu'y applique la main du chef suprême de l'état. Ainsi le parlement d'Angleterre a pour lui l'ancienneté et la pureté de la source où il a puisé son autorité; cette autorité est sacrée, parce que c'est une personne sacrée qui en sanctionne les actes.

Si chez une autre nation de l'Europe, qui n'auroit jamais eu un corps législatif, il venoit tout-à-coup à s'élever un tel corps, il obtiendroit difficilement de la considération par cela seul qu'on l'auroit vu naître. Les corps politiques ont, comme le corps humain, leurs âges, et ce n'est pas à l'enfance qu'on porte du respect. Un tel corps seroit infiniment moins considéré que ne l'étoient les parlements de France.

Ceux-ci avoient une existence qui se perdoit dans les premiers temps de la monarchie. Chacun verroit l'origine de celui-là. Ce n'est pas à sa source qu'un fleuve nous paroît majestueux, c'est lorsqu'épandu entre deux rives éloignées, il porte sur ses flots les richesses des nations. C'est là, si l'on veut, un préjugé ; mais les hommes sont ainsi faits, et quand on veut les gouverner sagement, il faut les prendre, non, comme ils ne sont pas, mais comme ils sont. Présentez à leur vénération un objet, prouvez leur qu'il a eu celle de toutes les générations qui les ont précédés ; soyez sûr qu'ils seront portés à respecter ce qu'ont respecté leurs ancêtres.

Si ce corps législatif s'étoit engendré lui-même, si sa naissance n'étoit point légitime, s'il avoit usurpé le pouvoir de faire des lois, alors il éprouveroit, pour obtenir la considération des peuples, la même difficulté qu'éprouve un usurpateur à faire respecter sa puissance ; alors il rempliroit l'état de troubles, parce qu'il y auroit une partie de la nation qui refuseroit de reconnoître le pouvoir qu'il se seroit arrogé.

Enfin, si ce corps législatif vouloit renverser la constitution, et en donner une autre aux peuples, la nouvelle loi, par cela seule qu'elle seroit nouvelle, et qu'on connoîtroit les mains qui la donnent, deviendroit plutôt un objet de censure que de vénération. Il en seroit du corps législatif comme d'un auteur dont l'ouvrage, quelque bon qu'il soit, trouve toujours plus de censeurs que d'admirateurs parmi ses contemporains. On se figure difficilement que l'homme que l'on connoît, avec lequel l'on converse, l'on mange, est un Lycurgue ou un Solon. L'amour-propre aide merveilleusement à se fortifier dans cette incrédulité.

L'acte constitutionnel d'un tel corps, n'auroit certainement aucun succès chez une nation où l'on aimeroit à rire des objets les plus graves, où tout ce qui seroit nouveau plairoit d'abord, et donneroit ensuite matière aux calembourgs, aux épigrammes, aux satyres. Une telle nation mettroit la nouvelle loi en vaudevilles.

Il est une dernière considération, et celle-ci est importante. Quand on a fait une nouvelle constitution, on n'a rien fait, on a seulement renversé l'ancienne. Pour pouvoir appeler la nouvelle une loi, il faut attendre qu'elle soit agréée des peuples et exécutée. L'exécution de la loi est son complément et sa sanction. Jusqu'à ce que son exécution soit assurée, c'est moins une loi, qu'un projet de loi. La nouvelle constitution ne seroit donc qu'un projet de constitution. Il faudroit peut-être un demi-siècle avant que la nouvelle forme de gouvernement prît une situation stable. En attendant, l'empire qui n'auroit plus l'ancienne constitution, périroit vraisemblablement dans les convulsions.

§. XIX.

DISTINCTION DES POUVOIRS.

Le chef d'une nation qui n'auroit pas plus d'étendue qu'une famille un peu nombreuse, pourroit y faire tout par lui-même. Il établiroit la règle, contraindroit à son exécution, termineroit les différens qui naîtroient entre ses sujets, et protégeroit son petit peuple au-dedans et au-dehors. Dans l'état où sont aujourd'hui les nations policées, ce n'est plus cela ; le magistrat ou le corps de magistrature qui a la souveraineté, ne peut tout faire par lui-même.

Un roi qui auroit vingt-cinq millions de sujets, seroit bien obligé de déléguer les fonctions qu'il ne pourroit pas exercer lui-même. Il feroit avec son conseil, les réglemens propres à bien gouverner la chose publique ; il auroit des ministres qui, sous son inspection, se partageroient la conduite des affaires du royaume ; il auroit des agens qui leveroient les deniers publics ; il auroit des substituts qui rendroient la justice aux peuples ; il auroit une force publique pour faire exécuter les jugemens, et donneroit des chefs à cette force ; il auroit une armée pour protéger l'état contre les insultes du dehors, et donneroit à cette armée des officiers ; il auroit dans les cours étrangères, des ambassadeurs qui y négocieroient des traités avantageux pour son peuple ; il feroit, lorsque le bien de la nation l'exigeroit, ou la guerre ou la paix.

Je n'ai parlé là que d'une monarchie ; mais on conçoit qu'il faut à tout état, pour qu'il soit bien gouverné, des lois, des administrateurs, des percepteurs des subsides, des juges, une force publique, une armée, des ambassadeurs, et la faculté de faire la guerre ou la paix.

Qu'est-il arrivé ? On a vu qu'un état ne pouvoit aller sans lois, sans force publique, sans tribunaux, et on a dit : Il faut à tout état un pouvoir législatif, un pouvoir exécutif, un pouvoir judiciaire. Si l'on avoit voulu seulement entendre par-là qu'il y a dans tout état des lois, une force publique, des juges, la découverte ne seroit pas merveilleuse, mais le calcul ne seroit pas exact ; on n'auroit eu qu'une partie des élémens du gouvernement.

Est-ce qu'il ne faut pas aussi, par exemple, dans un état administrer la chose publique ? Il y a donc aussi un pouvoir administratif. Est-ce qu'il ne lui faut pas des ambassadeurs ? Il y a donc aussi un pouvoir diplomatique. Combien de pouvoirs, si l'on vouloit bien calculer, depuis le législatif jusqu'au municipal, qui bien souvent n'est pas le moins redoutable !

Écoutons l'oracle (1) : « il y a, dans chaque état,

---

(1) Montesquieu, espr. des lois. liv. XI. chap. VI.

trois sortes de pouvoirs, la puissance législative, la puissance exécutrice des choses qui dépendent du droit des gens, et la puissance exécutrice de celles qui dépendent du droit civil.

« Par la première, le prince ou le magistrat fait des lois pour un temps ou pour toujours, et corrige ou abroge celles qui sont faites. Par la seconde, il fait la paix ou la guerre, envoie ou reçoit des ambassades, établit la sûreté, prévient les invasions. Par la troisième, il punit les crimes, ou juge les différents des particuliers. On appellera cette dernière la puissance de juger ; et l'autre simplement la puissance exécutrice de l'état. »

Voilà donc le triple pouvoir dont le prince ou le magistrat, c'est-à-dire, tout souverain est revêtu. La portion de ce triple pouvoir qu'il ne pourra exercer, il faudra bien qu'il la délègue. Dès qu'il la délègue, elle émane de lui, et ceux à qui il la délègue, ne sont pas pour cela dans l'indépendance de son autorité.

Montesquieu ajoute que la puissance législative ne doit pas être réunie à la puissance exécutrice, dans la même personne ou dans le même corps de magistrature. De même la puissance de juger, suivant le même écrivain, doit être séparée de la puissance législative et de l'exécutrice.

Comme il est du génie de notre nation d'aller toujours au-delà du but qu'on lui montre, les écrivains, venus depuis Montesquieu, ont fait de ces trois pouvoirs, trois choses distinctes, tellement qu'elles ne doivent jamais se rapprocher, ni influer l'une sur l'autre. Ce sont trois souverains qui ont chacun leur domaine. Chacun a une autorité absolue dans son domaine. Aucun des trois ne doit entreprendre sur le domaine des deux autres.

De cette manière de voir est née une théorie de gouvernement, tantôt inintelligible, tantôt si extravagante qu'on a peine à croire que la démence puisse aller jusques-là. C'est à l'entêtement avec lequel on a voulu réaliser un roman qui ne peut jamais l'être, que la France doit principalement les calamités qui la couvrent.

Dans une monarchie, le monarque a bien incontestablement la puissance exécutrice ; il a bien aussi incontestablement la puissance judiciaire. Ce n'est pas moi qui le dis, c'est Rousseau ; voici ses paroles (1).

« Les rois sont les juges-nés de leurs peuples ; c'est pour cette fonction, quoiqu'ils l'ayent tous abandonnée, qu'ils ont été établis ; elle ne peut leur être ôtée. Et quand ils ne veulent pas la remplir eux-mêmes, la nomination de leurs substituts en cette partie, est de leur droit, parce que c'est toujours à eux de répondre des jugemens qui se rendent en leur nom. »

Dès que la puissance judiciaire ne peut être ôtée à un roi, elle est bien dans sa personne. Voilà donc bien dans la même personne, la puissance exécutrice et la puissance judiciaire.

Il en est de même de tout état, qui que ce soit qui y règne. Dans une république, comme dans une aristocratie, le magistrat ou le corps de magistrature qui gouverne, est juge-né ; c'est pour cette fonction qu'il est établi. Partout donc la puissance judiciaire est unie à l'exécutrice.

Nulle part la personne ou le corps qui gouverne, ne peut exercer par lui-même la puissance judiciaire ; il doit donc nommer des substituts en cette partie ; cette nomination est de son droit, parce que c'est toujours à lui de répondre à Dieu et aux hommes, des jugemens qui se rendent en son nom.

Il faut donc dire que la puissance judiciaire est séparée de la puissance exécutrice, par le fait, mais non par le droit, car elle en découle comme le ruisseau de sa source, car le magistrat ou le corps qui exerce la puissance exécutrice, devroit exercer aussi la puissance judiciaire, s'il le pouvoit, puisque c'est-là sa véritable fonction.

Si la distinction que les novateurs admettent entre les trois pouvoirs, pouvoit s'établir, le gouvernement où elle s'établiroit, seroit paralysé. Que la puissance exécutrice, par exemple, ne veuille pas agir, la législative et la judiciaire auront beau, celle-là faire des lois, celle-ci rendre des jugemens ; rien n'ira, parce que ni les lois ni les jugemens ne seront exécutés. La puissance législative et la judiciaire ne pourront contraindre l'exécutrice, puisque celle-ci est hors de leur juridiction, et que si elles la contraignoient d'agir, elles usurperoient le pouvoir exécutif, car pour contraindre, il faut avoir une force exécutrice.

De même si la puissance législative ne veut pas faire des lois, l'exécutrice aura beau exécuter, la judiciaire aura beau juger, l'empire ne sera pas gouverné.

De même si la judiciaire ne veut pas se mouvoir, les lois de la législative, l'action de l'exécutrice deviendront inutiles ; les justiciables se feront justice eux-mêmes, ils s'entre-égorgeront. Il vaudroit mieux vivre dans les forêts, que sous ce triple pouvoir.

Ce n'est donc pas assez d'avoir composé la machine politique de ces trois rouages ; il faut encore un ressort qui les mette et les tienne en action. Il

faut

---

(1) Considérat. sur le gouvern. de Pologne.

(137)

faut nécessairement une autorité supérieure qui fasse marcher ces trois puissances avec harmonie, et vers le même but. Alors au lieu de trois pouvoirs, vous vous en trouveriez quatre.

Ces trois pouvoirs ne seront pas exercés par des anges ; ils le seront par des hommes ; ils agiront donc plus souvent mal que bien.

Lorsque le pouvoir exécutif exécutera de travers, aucun des deux autres pouvoirs ne pourra le redresser, parce qu'aucun des deux, suivant la théorie dont il s'agit, n'a une force pour le contraindre de marcher comme il doit marcher. Lorsque la puissance législative voudra faire de mauvaises loix, ni l'exécutrice, ni la judiciaire ne pourront la contraindre d'en faire de bonnes ; elles *influenceroient*, comme on dit aujourd'hui, la confection des lois, et elles doivent s'en tenir, l'une à exécuter, l'autre à juger.

Lorsque la puissance judiciaire voudra rendre de mauvais jugemens, il faudra tolérer ce fléau. Aucune des deux autres puissances ne pourra exiger d'elle qu'elle en rende un bon au lieu d'un mauvais ; elles sortiroient de leurs limites, et entreprendroient sur le pouvoir judiciaire, ce qui ne leur est pas permis.

Voilà donc de nouvelles raisons qui solliciteroient un quatrième pouvoir, pour forcer ces trois puissances à agir toujours comme elles doivent agir.

Comme il est dans la nature que tout homme ou tout corps qui a un pouvoir, cherche à l'étendre, dès que ces trois puissances seront en action, elles se mettront en état de guerre, et puisqu'il n'y a pas une quatrième puissance qui contraigne chacune de rester dans le cercle tracé autour d'elle, elles franchiront leurs limites, se heurteront, et de ce choc naîtra le cahos.

Depuis qu'il y a des sociétés policées dans le monde, il ne s'en est trouvé aucune qui ait été gouvernée sur le plan de cette burlesque division des pouvoirs. L'exemple de l'Angleterre, dont on argumente tant, y est même contraire.

En Angleterre, la puissance législative est tellement dépendante de l'exécutrice, que celle-là ne peut pas même entrer en exercice, s'il ne plaît à celle-ci de le lui permettre ; que les fonctions de celle-là ne durent qu'autant que celle-ci le veut bien ; que la très-majeure partie des membres qui ont l'exercice de la puissance législative, est renouvelée, quand c'est le bon plaisir de la puissance exécutrice ; qu'une portion du corps législatif peut être accrue d'un certain nombre de membres, au gré et au choix de la puissance exécutrice ; enfin que les actes de la puissance législative ne sont que des projets, à moins que l'exécutrice ne veuille que ce soient des lois.

Hist. de la Révolut. Part. V.

Dans ce pays-là donc la même personne réunit à la puissance exécutrice la législative, dans ce sens que celle-ci n'est rien, sans l'aide, sans le concours de celle-là. Si cette dépendance n'est pas une union complette, ce n'est du moins pas une division entière.

En Angleterre, la puissance exécutrice a une telle influence sur la judiciaire, que les jugemens rendus par celle-ci, le sont au nom de celle-là ; que les officiers de justice sont à la nomination du pouvoir exécutif ; que des tribunaux sont organisés et composés dans la totalité de leurs membres, au choix de la puissance exécutrice ; enfin que la puissance judiciaire ne peut faire exécuter aucun jugement capital, sans l'agrément de la puissance exécutrice qui, quand il lui plaît, donne la vie à celui que la volonté de l'autre en dépouilloit.

Dans ce pays-là donc, la même personne réunit à la puissance exécutrice la législative, dans le sens qui vient d'être expliqué, et encore la puissance judiciaire, dans le sens que ceux qui exercent celle-ci ne sont que ses substituts. Est-ce là une division des trois pouvoirs, qui les rende mutuellement indépendans l'un de l'autre ?

En Angleterre, le corps législatif fait dans certaines circonstances, toutes les fonctions d'une cour de judicature. Dans ce pays-là donc le même corps de magistrature réunit, en certaines circonstances, à la puissance législative, la judiciaire. N'est-ce pas là une réunion, et non une division de deux pouvoirs ?

J'ai développé la romanesque théorie de la division des trois pouvoirs. Voici ce qui reste incontestable quand on interroge l'histoire, quand on promène ses regards sur les diverses sociétés policées, quand enfin on veut voir les choses comme elles sont, et non comme on les imagine dans son cabinet.

Dans tout état la personne ou le corps de magistrature qui exerce la souveraineté, doit protection intérieure et extérieure à chacun et à tous. Il ne suffit pas de la devoir, il faut pouvoir l'accorder, et c'est ici le cas d'invoquer la maxime, *qui dat finem, dat media ad finem necessaria*. Les moyens qui assurent cette double protection, sont les corps ou les individus à qui le souverain confie une portion de son autorité, dans l'impuissance de tout faire par lui-même. Ceux-là ont le dépôt et l'interprétation des lois ; ceux-ci l'appliquent ; ceux-là dirigent la force publique ; ceux-ci conduisent les armées ; ceux-là négocient avec les puissances étrangères. Le souverain est l'œil qui voit tout, la volonté qui veut tout, l'âme qui meut tout.

Il n'y a point sur un navire un pouvoir de pilo-

S

tage, un pouvoir de manœuvre; il n'y a qu'un pouvoir, c'est celui du commandement. Sous les ordres du capitaine, le pilote veille sur la direction de la route du vaisseau. Sous les ordres du capitaine, le matelot fait la manœuvre du bâtiment. Voilà l'image de toute société policée : ce que le souverain ne peut pas faire lui-même, il faut bien que d'autres le fassent pour lui.

Il n'y a donc, dans une société policée, ni trois, ni quatre ni cinq pouvoirs; il n'y a, à proprement parler, qu'un seul pouvoir, c'est le pouvoir suprême, c'est celui du gouvernement. La personne ou le corps qui gouverne, a des agens. La dépendance plus ou moins forte où sont ces agens, du pouvoir suprême, est ce qui constitue la différence qu'on remarque entre les divers gouvernemens. Ainsi là c'est le monarque qui propose la loi, ici c'est un corps; là les juges sont amovibles, ici ils ne le sont pas. Partout, soit que la souveraineté réside dans une seule personne, soit qu'elle réside dans un corps, le souverain lui-même est dépendant d'un pouvoir suprême. Ce pouvoir suprême ce n'est pas seulement sa conscience, c'est encore la loi constitutionnelle de l'état.

Je m'étonne que le parti qu'on appelle des impartiaux, fasse un si grand bruit de la chimérique division des pouvoirs, et qu'il persiste à la regarder comme le palladium de la liberté publique. Un des hommes dont l'autorité est comptée pour beaucoup dans ce parti, M. le comte de Clermont-Tonnerre ne paroît pas avoir sur cette division un sentiment différent du mien. Il a développé ce qu'il en pensoit dans *son opinion sur l'influence que le monarque doit avoir sur la nomination des juges* (1). Après avoir rappelé le passage de Montesquieu, que j'ai rapporté plus haut, il dit : « La puissance que Montesquieu appelle puissance de juger, ou pouvoir judiciaire, n'est pas un *troisième* pouvoir primitif, indépendant et *distinct* du pouvoir exécutif. » C'est aussi ce que je dis.

M. de Clermont prie ensuite qu'on veuille bien observer, que la preuve que Montesquieu lui-même n'avoit point foi à la division des trois pouvoirs, c'est qu'il les suppose réunis dans la main du monarque. Je ne sais pas jusqu'où s'étendoit sur cet article la foi de Montesquieu, mais je sais bien que cette division est une trinité politique à laquelle un homme raisonnable ne peut pas croire, parce qu'elle est contre la raison.

M. de Clermont enfin atteste qu'il ne voit point dans la lettre et dans l'esprit des paroles de Montesquieu, la définition des trois pouvoirs primaires et différens dans leur nature; qu'il n'y voit qu'une séparation de fonctions, mais non une distinction de pouvoirs tenant à la nature des choses. Il n'est pas bien sûr que ce commentaire fût agréé de Montesquieu, s'il vivoit, mais il est bien sûr que l'explication de M. de Clermont n'a aucun sens, si elle ne dit précisément ce que je dis, qu'il n'y a dans un état qu'un pouvoir suprême qui confie à des agens les fonctions qu'il ne peut exercer lui-même.

§. XX.

CHAMBRES.

On comprend que je veux parler de ce qu'on appelle, en Angleterre, les deux chambres du parlement. Tout le monde sait ce que c'est que ces deux chambres, je suis donc dispensé de le dire.

Je préviens que je n'entends faire ni la censure ni l'apologie du gouvernement anglois. Si ce gouvernement est réellement bon, il est au-dessus de mes éloges, s'il n'est bon que parce que les gouvernés le croient tel, j'aurai garde de chercher à troubler leur bonheur. Je ferai seulement, sur la différence qui se trouve entre le caractère de la nation angloise et celui de la nation françoise, une remarque qui n'a point encore été faite.

Parlez à des Anglois; sur vingt à peine en trouverez-vous un qui ne vous fasse pas l'éloge du gouvernement. Ouvrez des livres anglois, à peine en trouverez-vous un sur vingt où vous ne lisiez un éloge du gouvernement anglois.

En France, ce n'est pas cela : on n'y a de l'esprit qu'autant qu'on médit, qu'autant qu'on censure. On y va à la célébrité par les tracasseries qu'on suscite à ceux qui gouvernent, par les embarras où on les jette. On ne voit dans une institution, que les abus, qu'on crée quand ils n'existent pas; dans un administrateur, que les ridicules qu'on lui suppose quand il n'en a pas. Un écrivain croiroit son ouvrage imparfait, s'il n'y glissoit une satyre, si non du gouvernement, du moins d'une branche essentielle de l'administration. Lisez les lettres persannes, les contes de Voltaire, et tant d'autres écrits de ce genre : ce sont des recueils d'épigrammes, contre prêtres, nos magistrats, nos militaires, contre nos sociétés ou politiques, ou savantes, ou religieuses, contre tout corps dont les membres ont une part aux affaires publiques. Les auteurs les plus sages, à l'exception de ceux qui sont sortis du clergé, n'ont pas su se préserver de cette propension qui a toujours porté les François à se trouver mal dans un pays où tant de raisons devoient leur faire croire qu'ils étoient bien.

Delà est né parmi nous un esprit général d'in-

---

(1) Elle se trouve dans le recueil de ses opinions, imprimé chez Migneret.

quiétude, de murmure, de mécontentement, une fureur de tout fronder, de tout blâmer, qui fait peut-être que de tous les peuples de l'Europe, le peuple françois est le plus difficile à gouverner.

Les François entendant dire dans tous leurs cercles, lisant dans tous leurs écrits, que leur gouvernement n'étoit que déraison, ont dû le mépriser, et passer ensuite du mépris à la haine.

Les Anglois, au contraire, toujours nourris de l'idée que leur constitution étoit la meilleure qu'un peuple pût avoir, ont dû concevoir pour elle cet enthousiasme, cette ivresse qui soutiennent et font fleurir les empires.

Je n'entends pas conclure de cette observation, qu'un gouvernement n'est bon que lorsque les gouvernés le croyent tel. Cependant on est obligé de convenir de deux choses : la première c'est qu'un état, quelle que soit la manière dont il est constitué, se soutiendra et prospérera aussi long-temps qu'on y sera généralement persuadé que sa constitution est excellente.

La seconde vérité dont il faut convenir, c'est que l'empire le plus sagement constitué, s'écroulera aussitôt qu'il s'y établira une opinion générale que sa constitution est vicieuse.

Ces deux vérités confirment ce que j'ai dit si souvent, que le grand art de ceux qui gouvernent, c'est de se rendre maîtres de l'opinion, et pour cela d'avoir l'œil sans cesse ouvert sur les écrivains.

Qu'on suppose le contraire de ce qui est arrivé, c'est-à-dire que les Anglois eussent eu de leur gouvernement, la mauvaise opinion que les François ont eue du leur, et que ceux-ci eussent eu de leur constitution, l'idée avantageuse que les Anglois ont de la leur. Dans cette supposition, il est vraisemblable que les Anglois auroient eu la révolution que nous avons eue, et que l'empire françois subsisteroit encore avec la force et l'éclat que lui avoit donnés une durée de quatorze siècles.

Ce ne seroit donc pas bien raisonner de dire, ce qui fait que les Anglois sont fort contens de l'organisation de leur parlement en deux chambres, c'est que cette organisation est bonne. Il seroit mieux de dire que ce qui fait qu'elle est bonne, c'est que les Anglois en sont fort contens. Il seroit mieux de regarder la bonté de cette organisation, non comme la cause, mais comme l'effet du contentement anglois.

S'il étoit vrai en effet que l'idée qu'ont les Anglois de leur gouvernement, ne fût qu'une illusion, ils doivent la chérir mille fois plus que la réalité, car c'est cette illusion qui fait leur bonheur; ils doivent tout sacrifier pour la conserver, car s'ils venoient à la perdre, ils seroient le plus misérable peuple de la terre.

Je conclus de tout ceci, que ceux qui ont prêché parmi nous les deux chambres, devoient avant de commencer leur apostolat, considérer la constitution angloise en elle-même, et indépendamment de l'idée qu'en ont les Anglois. Ils auroient dû se demander si l'organisation de leur parlement en deux chambres, trouvoit ses avantages dans sa nature même, ou seulement dans la persuasion qu'avoient les Anglois, de sa bonté. Voilà le problème qu'ils auroient dû résoudre, avant de songer à transplanter parmi nous les deux chambres, et il ne leur est pas seulement venu à l'idée d'examiner la question.

La doctrine des deux chambres a dû être bien accueillie chez un peuple porté à l'imitation, et depuis long-temps infatué de l'opinion qu'on n'étoit homme si on n'étoit Anglois. Il n'a pas été difficile de prouver à un tel peuple qu'il ne suffisoit pas d'avoir des chiens, des chevaux, des laquais, des voitures, des chaussures, des spectacles, des jardins à l'angloise, mais qu'il falloit encore, pour que la métamorphose fut complette, avoir une constitution à l'angloise. Il me semble cependant qu'il seroit plus glorieux à une nation, de donner la loi que de la recevoir. Il me semble que les impartiaux auroient acquis plus d'honneur à enfanter un système nouveau de constitution, qu'à nous traduire en françois celui des Anglois, car il y a plus d'honneur à inventer qu'à copier.

Je rapporterai ici, sur cette doctrine des deux chambres, une anecdote qui prouvera combien il est difficile de chasser d'une tête ardente, la conception qui y est une fois entrée.

Il a paru, dans le cours de notre révolution, un journal qui avoit pour titre : *Correspondance politique*. Les auteurs prièrent M. Bergasse d'agréer un exemplaire de chaque numéro. Il accepta cette offre, et quoique servi gratuitement, il le fût avec beaucoup d'exactitude.

Le ton des premières feuilles me déplut. Le journal étoit divisé en deux parties, l'une historique, l'autre purement politique. La première étoit pour les nouvelles et anecdotes, la seconde pour les raisonnemens. Le style et le choix des anecdotes me parurent beaucoup trop frivoles pour les circonstances, sans compter que dans la foule des historiettes, il s'en trouvoit toujours quelqu'une dont un lecteur chaste ne pouvoit s'accommoder. Quant à la partie politique, c'étoit une divagation continuelle; c'étoit plutôt un persifflage, de toutes les opinions, qu'un système. Tout cela ne dégoûta point M. Bergasse de la lecture de cette feuille.

Mon collègue et moi nous connoissions les auteurs;

nous leur représentâmes qu'écrire un journal, c'étoit exercer une magistrature; qu'ils devoient mettre plus de gravité dans leur ton, plus de décence dans le choix des anecdotes; et que quant à la partie politique, l'état des affaires exigeoit qu'ils eussent une opinion décidée, et qu'ils l'énonçassent franchement. Ils goûtèrent tellement nos observations, qu'ils nous firent beaucoup d'instances pour que nous voulussions nous charger nous-mêmes de l'entière rédaction de la feuille. Nos occupations étoient déjà si grandes que nous repoussâmes cette offre; mais ils revinrent si souvent à la charge, qu'enfin nous cédâmes; je me chargeai de la partie politique, mon collègue fit le reste. Ils n'eurent point à se plaindre de la manière dont nous répondîmes à leur confiance. En peu de jours la feuille dont le public a toujours ignoré les véritables auteurs, eut un succès prodigieux. Je n'ai pas besoin de dire qu'elle ne fut écrite ni dans le sens républicain, ni dans le sens des impartiaux.

M. Bergasse fut étrangement surpris de la physionomie anti-impartiale que prit tout-à-coup ce journal. Dans son dépit, il écrivit aux anciens auteurs, la lettre suivante, où on ne trouvera pas beaucoup d'urbanité. (1)

« Vous pouvez vous dispenser, messieurs, de m'envoyer dorénavant votre correspondance politique. J'ai le malheur de penser comme cet imbécille Montesquieu sur les deux chambres, de n'avoir pas une haute opinion de ceux qui les combattent, opinion que ne justifient que trop leurs écrits, et de n'être pas prodigieusement épris de la beauté de l'ancien régime. »

On voit par cette lettre, dont le style est bien voisin de l'injure, que les mahométans n'ont pas plus d'antipathie pour tout ce qui n'est pas le koran, que M. Bergasse n'en a pour tout ce qui n'est pas les deux chambres. Cette haine de notre ancien régime, cette idolâtrie de la constitution angloise, est un double préjugé que les impartiaux partagent encore aujourd'hui avec M. Bergasse. C'est parce que la presque totalité de la nation l'a originairement partagé, qu'elle est descendue au dernier degré du malheur.

J'avois déjà éprouvé que ne point sacrifier aux deux chambres, étoit aux yeux des impartiaux, la plus dangereuse de toutes les hérésies. Je débutai dans la carrière de journaliste (2), par un discours qui peignoit l'état de la France à cette époque. Je ne dis dans ce discours qu'un mot de l'opinion des deux chambres; je m'exprimai ainsi :

« Cette opinion qui n'est que spécieuse, et qui, dans la pratique, seroit dangereuse, en ce qu'elle diviseroit le pouvoir législatif, ne sort pas du cercle étroit de ceux qui l'ont adoptée.... »

Avant de faire imprimer ce discours, je le lus à M. l'abbé Maury. Je me rappelle que quand il eut entendu cette phrase, il m'interrompit, réfléchit quelques instans, et qu'après m'avoir dit que je parlois à des impartiaux, il ajouta : « Eh! mon dieu, c'est cela même; vous voyez bien la chose; vous la voyez comme elle doit être vue. »

Je ne fus pas aussi bien accueilli des impartiaux; cela devoir être parce que cette phrase les convainquit que je ne serois pas de leur bord. A Dieu ne plaise que je veuille par-là donner à entendre que les procédés des impartiaux à mon égard ayent jamais rien eu de contraire à la justice et à l'honnêteté. Bien loin de là, j'ai recueilli de leur part des témoignages d'estime et de confiance; et je puis m'honorer de l'amitié de l'un d'entr'eux. Dès que mon journal parut, ils discontinuèrent celui qu'ils donnoient au public sous le titre de journal des impartiaux, et me prièrent d'envoyer le mien à leurs abonnés. Ce n'est pas ainsi que m'ont combattu les républicains; leurs argumens ont été le vol et l'assassinat. Les impartiaux m'ont combattu avec des dissertations en faveur des deux chambres, avec des défis, des sommations de prouver que la division du corps législatif étoit un vice. C'est ici le lieu d'accepter ces défis, de répondre à ces sommations; je le ferai en peu de mots.

D'abord, pour parler comme M. Bergasse, je dirai que je ne suis pas prodigieusement épris de la beauté du système qui donne la puissance législative à un corps. L'antiquité qui a produit de grands législateurs n'offre rien de semblable. Toutes les bonnes législations sont sorties d'une seule tête. Là où il y a plusieurs hommes, il y a trop de passions, trop d'intérêts individuels.

Ce sera bien pis si ce corps fait ses lois en présence du public. Aux passions des législateurs, se joindront celles des spectateurs. Que seront les lois quand elles auront passé au travers de toutes ces passions?

Il est tellement contre la nature que ce soit un corps, une assemblée qui exerce la puissance législative, qu'on est toujours entraîné par la force des choses, à se mettre dans la situation où sont les peuples qui n'ont qu'un législateur. Suivez en effet cette marche; un homme dans un comité présente un projet de loi; le comité agrée ou refuse. S'il agrée, un membre du comité présente le projet de

_____
(1) J'ai entre les mains l'original de cette lettre.

(2) Voyez le premier numéro de l'ami du roi, du premier juin 1790.

loi à l'assemblée générale, qui à son tour agrée ou refuse. En Angleterre, lorsque l'assemblée générale agrée, elle présente le projet de loi au roi qui, de son côté, le présente à son conseil. Sur l'avis de son conseil, le roi accepte ou rejette cette loi.

Dans le comité donc, dans l'assemblée générale, dans le conseil du roi, c'est toujours un seul homme qui a l'initiative de la loi, c'est toujours une assemblée qui lui donne ou lui refuse son consentement. C'est par le fait un homme seul qui a la puissance législative; c'est une assemblée qui a le veto. Pourquoi ne pas se mettre tout de suite dans la situation où la nature veut que l'on soit? Pourquoi ne pas donner l'initiative à un homme seul, et le veto à une assemblée? Cela se pratiquoit ainsi en France : le roi proposoit la loi ; les parlemens avoient un veto non, à la vérité, absolu, mais de représentation, et toujours suspensif quand il étoit exercé.

Il y a un inconvénient à laisser à une assemblée l'initiative, auquel il n'est pas possible de remédier, et un mal sans remède est un grand mal. Voici cet inconvénient : on est naturellement porté à se complaire dans son ouvrage. Les corps sont moins exempts encore de cette vanité, que les particuliers. Quand une assemblée voudra fortement que sa conception ait force de loi, elle l'obtiendra. Qui aura-t-elle contr'elle ? L'homme armé du veto. Mais plusieurs sont plus forts qu'un. L'assemblée aura toujours de son côté le peuple, car on fera ce raisonnement qui est fort à la portée du peuple : comment un seul homme pense-t-il être plus sage que plusieurs ?

Cet inconvénient n'existe pas en donnant le veto à une assemblée, et l'initiative à un homme ; il ne sera jamais possible à celui-ci de faire passer une loi que l'autre ne voudra pas, toujours par la raison que plusieurs sont plus forts qu'un.

De deux systèmes, dont l'un présente un inconvénient, sans remède ; et l'autre est exempt de cet inconvénient, lequel convient-il de préférer ?

Supposons le corps législatif divisé en deux sections, qu'il faut bien appeler chambres, puisque ce mot a tant de charmes pour M. Bergasse et les siens.

Chacune de ces deux sections aura-t-elle le droit de faire les lois qu'elle jugera à propos? Il arrivera souvent que celles de l'une seront en contradiction avec celles de l'autre, et je n'ai pas une haute opinion d'un empire gouverné contradictoirement.

N'y aura-t-il qu'une de ces sections qui ait le droit de proposer la loi? Et la loi n'aura-t-elle force que quand elle sera acceptée par l'autre section ? c'est-à-dire que l'une aura l'initiative, et l'autre le veto; c'est-à-dire que le veto passera, comme l'initiative, au travers des passions, car dans l'une comme dans l'autre, il y aura une foule de préjugés qui feront prendre pour le bien général, ce qui n'est pas le bien général ; il y aura une foule d'intérêts particuliers qui voudront se substituer à l'intérêt public.

Celle des deux sections qui aura le veto, ne voudra sans doute pas toujours rester immobile ; elle voudra, de temps à autre, faire usage de son veto, ne fût-ce que pour prouver qu'elle a aussi quelqu'autorité dans l'état. Quand elle en fera usage, c'est comme si elle rendoit contre l'autre un arrêt qui diroit : « Vous n'avez su ce que vous avez fait. » L'autre se soumettra-t-elle avec docilité à cet humiliant arrêt? Le croire, ce ne seroit connoître ni l'esprit de corps, ni la nature humaine.

Deux sections dont l'une auroit l'initiative, et l'autre le veto, seroient deux rivaux en présence l'un de l'autre, et armés chacun à leur manière. Il n'est pas possible d'être toujours rivaux, sans en venir quelquefois aux mains. Quand le combat s'engagera, le reste de l'empire sera-t-il bien tranquille ?

Je parcours toutes les hypothèses : chacune des deux sections aura-t-elle le droit de faire des lois, quand elle le jugera à propos, mais ces lois, ne seront-elles obligatoires que quand elles auront été approuvées par la section qui ne les aura pas proposées ? Alors les deux sections auront tour-à-tour l'initiative, tour-à-tour le veto. Alors le veto et l'initiative passent encore au travers des passions.

Dans cette seconde hypothèse, pour avoir une loi, il faudra attendre qu'elle ait été débattue dans un comité, qu'elle l'ait été dans l'assemblée d'une des deux sections ; il faudra attendre qu'elle ait subi les mêmes formalités dans l'autre section. Le bien de l'état s'accommodera-t-il toujours de ces lenteurs ? Dira-t-on qu'elles avoient lieu en France ? Non. Il ne falloit qu'un instant au roi pour proposer la loi. Il ne falloit que quelques heures à un parlement, pour décider si son exécution auroit ou n'auroit pas des inconvéniens.

Sous ce dernier rapport donc l'unité du corps législatif seroit préférable à sa division.

Je compare le corps législatif, divisé en deux sections, à un tribunal qui ne seroit composé que de deux juges. Si l'un me donne sa voix, et que l'autre me la refuse, il est clair qu'il y a partage de voix, et il est clair qu'il n'y a pas de jugement. Je ne peux pas me mettre en possession de la chose disputée, car celui à qui je la dispute, a autant de raison de la retenir, que j'en ai de la prendre ; il faut donc au moins trois juges. Deux voix feront jugement ; il n'y aura plus de difficulté.

J'aimerois donc mieux la division du corps législatif en trois chambres, qu'en deux. La confection des lois, à la vérité, en seroit retardée, mais au moins les gouvernés sauroient à quoi s'en tenir, parce qu'il est admis que deux doivent l'emporter contre un.

Or, en 1789, nous avions en France trois chambres. Si l'harmonie n'a pu s'établir entr'elles, elle se seroit bien moins établie entre deux, car celle du tiers-état auroit eu bien moins de peine à en dévorer une, qu'il n'en a eu à en dévorer deux. Voilà un fait récent, et toute théorie politique a, pour pierre de touche, les faits.

Je ne vois plus qu'une hypothèse : lorsqu'une loi auroit été faite par une ou par deux sections, elle seroit présentée au chef de l'empire, qui sanctionneroit ou la frapperoit d'un *veto*. S'il frappoit d'un *veto* une loi qui auroit eu l'agrément des deux chambres, alors il seroit seul contre deux; cette position lui seroit très-désavantageuse. Comment, dira-t-on dans tout l'empire, cet homme peut-il croire que sa tête contient plus de sagesse, que n'en contiennent deux chambres entières ? L'autorité d'un tel roi seroit bien précaire chez une nation qui passeroit, en un clin-d'œil, du raisonnement au murmure, du murmure à la menace, de la menace à la sédition. Chez la nation la plus paisible, un tel roi ne réitéreroit pas impunément une semblable expérience.

Si le chef de l'empire frappoit d'un *veto* la loi qui auroit déjà été rejetée par une des deux chambres; celle dont cette loi seroit l'ouvrage, pourroit bien, une première fois, dévorer en silence cet affront; mais à une seconde, à une troisième semblable mortification, elle crieroit qu'on veut donc convertir l'empire en une aristocratie; qu'elle n'est donc plus rien dans le système constitutionnel; que son influence dans la législation est donc un être de raison; qu'autant vaudroit ne pas exister que d'avoir une attitude toujours passive, et jamais active. Comme ces plaintes auroient quelque vraisemblance, des agitateurs en tireroient un grand parti pour tout bouleverser.

Qui ne sait que plus la machine politique est compliquée et plus la marche du gouvernement est entravée ? Qui ne sait que ce qu'on peut faire avec deux rouages, il ne faut pas le faire avec trois ? Pourquoi donc, quand on peut avoir une bonne législation avec un roi qui a l'initiative, et un corps qui a le *veto*, appeler une troisième puissance ? C'est sans utilité, et avec un danger manifeste, augmenter les frottemens.

Qui ne sait encore qu'une bonne législation est le chef-d'œuvre de la sagesse et du génie, et que le système doit en être lié avec une telle habileté, que la dernière loi ne soit en quelque sorte qu'une conséquence de la première. Or, on ne trouve pas plus cette unité de vues avec deux chambres, qu'on ne trouvera, en géométrie, la quadrature du cercle.

Que d'autres difficultés j'aurois à développer, si je voulois parler de l'organisation des deux chambres ! Jamais les François ne se tireroient de cette organisation. Les impartiaux leur conseillent de les composer sur le plan de celles du parlement anglois. Il y auroit alors une chambre haute, une chambre basse. La seule différence de dénomination seroit entr'elles un ferment de jalousie et de guerre. La chambre-haute porteroit, dans ses rapports avec la chambre-basse, la hauteur qui seroit dans son nom, et cela arriveroit chez une nation qui s'attache toujours plus à la lettre qu'au sens du mot. La chambre-basse n'auroit d'autre sollicitude que de s'élever à la hauteur de sa rivale, et il lui arriveroit bien souvent de dépasser cette hauteur.

Il faudroit ne composer la chambre-haute, que de pairs. Il seroit fort douteux que le reste de la noblesse goûtât cet arrangement. Si l'éducation de la plupart de ces pairs avoit été négligée, comme l'est celle des grands chez plusieurs nations de l'Europe, cette chambre-haute se trouveroit de beaucoup inférieure en lumières, à la chambre-basse, et n'auroit aucune considération.

Si la plupart de ces pairs n'étoient pas extrêmement riches, s'ils étoient endettés, s'ils mettoient un sourire ou trince au-dessus de tout, ils seroient fort aisés à corrompre.

La pairie étant donnée par le monarque, les ministres auroient un moyen assuré de se procurer, dans la chambre-haute, tel nombre de voix qu'ils jugeroient à propos.

La chambre-basse seroit composée des députés des villes et bourgs. La bourgeoisie ayant naturellement de la jalousie contre la noblesse, et étant beaucoup plus nombreuse qu'elle, celle-ci courroit risque de n'avoir jamais aucun de ses membres dans la chambre-basse.

Ces députés des villes et bourgs, ne manqueroient pas de se dire les représentans du peuple; avec ce mot, ils entraîneroient tout le peuple à eux, et se mettroient, quand ils voudroient, au-dessus de la chambre des pairs, et au-dessus du roi même.

La division du corps législatif en deux chambres, ne présente donc que difficultés; elle en présenteroit bien davantage, si on vouloit réduire cette théorie en pratique. Il vaudroit infiniment mieux n'avoir qu'une seule assemblée législative composée d'hommes riches, éclairés et de bonnes mœurs. On lui donneroit la faculté d'octroyer les subsides, et de faire, au monarque, les représentations qu'elle jugeroit à propos, sur les lois qu'il devroit soumettre à son examen, avant de les promulguer.

Il a été un temps où les impartiaux, adorateurs aujourd'hui des deux chambres, ont eu horreur de cette division. Lorsque la démagogie fit tous ses efforts pour contraindre le clergé et la noblesse de venir s'abîmer dans le tiers-état, les impartiaux eurent part à l'entreprise. Ils faisoient corps avec l'armée impitoyable qui combattoit les deux premiers ordres ; et même à chaque escarmouche, à chaque bataille, c'étoit M. Mounier qui marchoit toujours en avant, qui portoit toujours les premiers coups. Le clergé et la noblesse leur firent entendre des paroles de paix ; ils leur proposèrent de transformer les états-généraux en une assemblée législative composée de trois chambres. La proposition fut rejetée. Sur ce refus on en vint à proposer de transformer les états-généraux en une assemblée législative, composée seulement de deux chambres ; c'étoit bien-là le système anglois. Les impartiaux refusèrent encore ; ils s'opiniâtrèrent à vouloir que l'assemblée législative fut une.

Tout lecteur raisonnable comprendra difficilement comment ce qui étoit mauvais alors, a pu devenir bon quelques jours après. Tout lecteur juste se tiendra en garde contre quiconque manifeste cette versatilité dans des principes fondamentaux.

On peut bien dire, qu'en juin 1789, il étoit nécessaire que l'assemblée législative fut une, et que depuis il est devenu nécessaire qu'elle fut divisée en deux chambres ; mais on ne pourroit prouver la nécessité de ce changement d'opinion, que par des subtilités. Quand le sujet est grave, les subtilités sont déplacées, et on est dispensé d'y répondre.

Les impartiaux nous disent que la division du corps législatif en deux chambres, est une barrière contre l'anarchie. Il n'a jamais été plus nécessaire de poser cette barrière qu'au moment où l'on pressoit le clergé et la noblesse, de se confondre avec le tiers-état, puisque dans ce moment-là, l'anarchie faisoit une explosion de toutes ses forces. Les impartiaux nous autorisent donc à penser qu'ils ne croyent pas eux-mêmes à cette barrière, car ils l'eussent posée, lorsqu'il étoit indispensable de la poser.

Ce qui est bien digne de remarque, c'est que l'exemple de l'Angleterre, sur lequel se fondent uniquement les impartiaux, pour donner quelque crédit à leur doctrine des deux chambres, est absolument contraire à cette division, et en met les vices dans un tel jour, qu'il faut s'attacher un bandeau sur les yeux, pour ne pas les voir.

Les Anglois sont sages aujourd'hui, mais ils ne l'ont pas toujours été, et il peut encore arriver un temps où ils cesseront de l'être. Quel peuple n'a pas ses instans de délire ? C'est dans ces momens d'erreur que la division du corps législatif Anglois, paroît dans toute sa difformité.

Cet équilibre de puissance entre le roi et chacune des deux chambres, qu'on ne cesse de nous vanter, est un hochet d'enfant. Il n'est pas un écolier, sorti du collège, qui ne sache très-bien que la balance est toujours penchée du côté des communes.

C'est dans cette chambres des communes, que le peuple croit avoir ses amis, ses protecteurs, ses tribuns. C'est-là qu'il tient ses regards attachés ; c'est-là que sont toutes ses espérances ; c'est de là qu'il attend l'impression qui doit le faire agir. Les communes peuvent donc à leur gré soulever la masse du peuple ; et qui peut résister à une telle masse, quand elle est mise en mouvement ?

La chambre des communes d'Angleterre, quoiqu'infiniment mieux composée que ne pourroit jamais l'être chez nous une pareille chambre, a englouti la chambre des pairs et le trône, quand elle l'a voulu. Elle les engloutira encore quand elle le voudra. Cela est inhérent à l'existence même de cette seconde chambre.

On diroit que ceux qui vantent la division du parlement Anglois, en deux chambres, n'ont aucune teinture de l'histoire d'Angleterre. Aussi long-temps que ce parlement n'a formé qu'une seule chambre ; aussi long-temps qu'il n'a été que le conseil suprême du roi ; aussi long-temps que le roi l'a convoqué impérativement, et l'a dissout de même, cet état a résisté quelquefois à ses princes ; mais il n'est point sorti des bornes de la subordination ; il ne les a point maltraités, ne les a point déshérités, ne les a point mis à mort ; la loi constitutionnelle de l'état a été respectée, la forme du gouvernement a été la même.

Tout change, dès l'instant où le parlement est divisé en deux chambres ; l'autorité des nobles et du roi diminue, la souveraineté leur échappe, un despotisme populaire s'établit ; la chambre-basse prend la même forme que le tribunat de Rome ; les rois sont déshérités, déposés, accusés et mis à mort comme des criminels ; la constitution n'a plus rien de fixe ; il n'y a plus de lois fondamentales.

Il s'en faut de beaucoup que cette dernière assertion soit un paradoxe ; j'aurois mille preuves à en donner ; je me borne à deux exemples.

Sous Henri VIII, on pose pour loi fondamentale que *le royaume est un empire gouverné par un chef suprême ; que les rois d'Angleterre, leurs héritiers, leurs successeurs ont une autorité impériale, et ne sont obligés de répondre, en quelque cause que ce soit,* à aucun supérieur, parce que le royaume ne reconnoît d'autre supérieur, après Dieu, que le roi.

Sous Jacques I, le parlement d'Angleterre fait cette déclaration :

« Nous reconnoissons, comme nous le devons, que le royaume d'Angleterre et la couronne impériale appartiennent au roi par droit inhérent de naissance et de succession indubitable, et nous nous soumettons, nous et notre postérité à jamais, à son gouvernement, jusqu'à la dernière goutte de notre sang. »

Sous Charles I, cette loi fondamentale est remplacée par une autre loi, qui abjure le roi et la royauté, qui déclare que les Anglois sont dispensés de la soumission à laquelle ils étoient engagés par le contrat mutuel que leurs pères ont fait avec les ancêtres de Charles.

Sous Charles II, une autre loi fondamentale émane du parlement, en ces termes :

« Par les lois indubitables et fondamentales d'Angleterre, ni les pairs du royaume, ni les communes assemblées en parlement ou hors du parlement, ni le peuple collectivement ou représentativement, ni quelqu'autre personne que ce puisse être, n'a jamais eu ni dû avoir aucune autorité coërcitive sur les personnes des rois de ce royaume. La dernière guerre civile contre le roi Charles procédoit d'une erreur volontaire touchant l'autorité suprême. Pour obvier à l'avenir et empêcher que personne puisse être séduit et entraîné dans aucune sédition, il est arrêté que quiconque affirmera que les deux chambres ensemble ou séparément ont pouvoir législatif sans le roi, sera privé de tous ses biens et effets. Il est de plus déclaré que le seul et suprême gouvernement des forces militaires et de tout ce qui leur appartient, est, et a toujours été, selon les lois d'Angleterre, le droit indubitable du roi et de ses prédécesseurs, rois et reines d'Angleterre, et que les deux chambres du parlement, ensemble ou séparément, ne peuvent ni ne doivent y prétendre, beaucoup moins se soulever pour faire une guerre offensive ou défensive contre le roi, ses héritiers ou légitimes successeurs. »

Quelques années après, cette loi fondamentale n'est plus fondamentale. En 1689, le parlement divisé en deux chambres, qui ne pouvoit avoir aucune voix législative sans le roi, dépose Jacques II et ses successeurs, renverse le droit de l'hérédité, et place le prince d'Orange sur le trône de son beau-père.

Voilà de quelle manière on a des lois fondamentales avec un corps législatif divisé en deux chambres.

Comment se soutient le gouvernement Anglois ? Il n'y a que les impartiaux qui ne veuillent pas le voir. A chaque élection des membres du parlement, l'empire est en convulsion. Les candidats corrompent le peuple. Les agens du gouvernement corrompent les députés. La chambre basse est conduite par quelques hommes qui ne sont pas les hommes du peuple, mais du parti qu'ils ont embrassé. Comme ce sont tantôt les Wiggs, tantôt les Torys qui dominent, les actes d'un parlement ne ressemblent jamais aux actes d'un autre parlement. Les lois de ce corps ont le double inconvénient de la multiplicité et de la variation. Le code des Anglois est un amas de volumes de lois contraires.

Je n'en dirai pas davantage ; ce que j'ai dit suffit pour montrer les vices de la division du corps législatif.

Si l'Angleterre est tranquille aujourd'hui, c'est que l'esprit général de la nation est un esprit de sagesse, c'est que les Anglois, comme je l'ai dit, sont persuadés que la félicité publique et particulière ne se trouve que dans leur île. Quand le bonheur ne seroit que dans l'imagination, qu'importe ? C'est toujours le bonheur. Cette sagesse et cette persuasion sont les bases du gouvernement anglois. Quand elles s'écrouleront, il s'écroulera.

Les impartiaux n'ayant plus l'exemple de l'Angleterre, que leur reste-t-il ? Montesquieu. Il me faut donc dire un mot de cet écrivain.

§. XXI.

DE MONTESQUIEU.

Les impartiaux ont, pour Montesquieu, la vénération que les Chinois ont pour Confucius. Ceux-ci donnent à Confucius le titre de législateur ; ceux-là regardent également Montesquieu comme un grand législateur. Or, je dis que quand on ne garde pas pour soi ses opinions politiques, mais qu'on veut les faire adopter à une nation entière, la première règle c'est de s'accorder avec soi-même.

Nous dire que Montesquieu est un grand législateur, c'est convenir qu'une bonne législation peut sortir d'une seule tête. Dire ensuite qu'un corps législatif divisé en deux chambres peut seul donner une bonne législation, c'est contredire l'aveu qu'on venoit de faire.

Montesquieu étoit un homme de beaucoup d'esprit, mais l'esprit n'est pas le génie, et pour être législateur, il faut du génie.

Montesquieu n'a jamais écrit que la France ne pouvoit être heureuse si elle n'adoptoit un parlement
divisé

divisé en deux chambres, Il a vu qu'en France l'honneur faisoit tout entreprendre, il en a conclu que dans une monarchie il falloit mener les hommes avec l'honneur. Il a vu que dans certains états, appelés despotiques, il y avoit beaucoup de sévérité dans les châtimens, il en a conclu que dans les états despotiques, il falloit mener les hommes par la crainte. Il a vu que l'Angleterre, sous un parlement divisé en deux chambres, étoit florissante et heureuse, il en a conclu que ce gouvernement étoit aussi parfait qu'un gouvernement pouvoit l'être.

Montesquieu voyoit donc bien, mais ne concluoit pas de même. Ses conséquences étoient trop générales. Dans ses jugemens sur les empires, il partoit du moment où il observoit, et ce n'est pas cela : pour bien juger de la constitution d'un empire, il ne faut pas la prendre au moment où on la considère, il faut la prendre dans l'ensemble de ses révolutions. De ce qu'une monnoie va bien aujourd'hui, il ne s'ensuit pas qu'elle alloit bien hier, qu'elle ira bien demain.

Montesquieu au reste n'a jamais conseillé aux Espagnols, aux Vénitiens, aux Génevois, de prendre la forme du gouvernement anglois. On lui doit au contraire cette justice, que dans plusieurs endroits de ses écrits, il fait l'aveu formel qu'il y a eu et qu'il y aura toujours autant de formes de gouvernement différentes que de nations.

C'est bien mal-à-propos aussi qu'on donne à Montesquieu le titre de législateur. C'étoit tout simplement un homme de lettres, qui nous a rendu compte de ce qu'il avoit lu, ainsi que de ce qu'il avoit vu ou cru voir, et qui a accompagné ce compte de ses réflexions. On ne sauroit le considérer sous un autre point de vue.

Il peut, par les fleurs et l'urbanité de son style, faire autorité parmi des académiciens ; mais le style ne fait rien à l'art de gouverner.

Il peut, par ses éclaircissemens sur des lois dont le sens n'avoit pas été développé avant lui, faire autorité parmi des jurisconsultes ; mais des développemens historiques ne sont pas des préceptes de gouvernement.

Le négociateur, le ministre, le monarque chercheroient inutilement, dans l'esprit des lois, des règles de conduite. Dans tout ce qui a rapport à la science du gouvernement, il y a une distance incommensurable entre la théorie et la pratique. Montesquieu avoit été privé de toute occasion d'acquérir l'habileté que donne celle-ci. Il faut pour instruire les hommes d'état, l'avoir été soi-même, et on ne le devient qu'à la tête des affaires publiques, où que par une fréquentation continuelle de ceux qui en sont chargés.

Hist. de la Révolut. part. V.

Montesquieu ne s'est trouvé ni dans l'une, ni dans l'autre position.

Cependant je ne nie pas qu'il ne puisse se trouver tel être privilégié, qui, par la seule force de son génie, s'élève à la science pratique du gouvernement ; mais Montesquieu n'avoit pas ce génie-là. L'esprit des lois peut bien être regardé, si l'on veut, comme un livre de politique ; mais l'auteur ne sera jamais regardé, par ceux qui gouvernent, comme un politique. Je ne crois pas être démenti par aucun d'eux.

Je connois un livre qui, dans une seule page, en dit plus aux maîtres du monde, que l'esprit des lois dans son entier. Les ennemis des rois ont élevé contre ce livre, une prévention si forte, que ces derniers eux-mêmes, ne me sauroient peut-être pas gré d'en nommer l'auteur.

Le peuple n'a rien à apprendre dans l'esprit des lois ; on voit d'ailleurs que ce livre n'est pas écrit pour le peuple ; la matière n'est pas à sa portée. Montesquieu lui-même paroissoit persuadé que sa lecture étoit tout aussi inutile aux rois qu'aux peuples, car, il disoit (1) : « les rois seront peut-être les derniers qui me liront ; peut-être ne me liront-ils point du tout. » Qu'est-ce donc qu'un livre de politique qui n'est pas écrit pour ceux dont la vie est toute politique ?

Pour qui donc a été écrit ce livre ? Pour qui ? Pour cette classe d'hommes dont en brigue les suffrages, parce qu'ils font les réputations, pour cette classe d'hommes qui ne devroient jamais avoir aucune influence sur le gouvernement des peuples et qui ont fait en effet de ce livre, un abus détestable.

Lorsque l'esprit des lois parut, un de nos ministres dans une cour étrangère, dit après l'avoir lu : « Voilà un livre qui opérera une révolution dans les esprits en France. »

La prophétie s'est accomplie : la révolution a passé des esprits aux choses.

Un autre ministre jugea l'esprit des lois, l'ouvrage d'un mauvais citoyen. C'est que ce ministre regardoit comme un mauvais citoyen, l'homme qui, né sous un gouvernement dont la douceur lui procuroit tous les avantages qu'on peut désirer sur cette terre, mettoit sa gloire à semer, dans les cœurs de ses concitoyens, des germes d'antipathie pour ce gouvernement.

Déja Montesquieu, dans ses lettres persannes, où les mœurs sont trop peu respectées, avoit pris un

---

(1) Voyez XXXIII.ème Lettre familière.

T

ton qui laissoit voir bien clairement qu'il ne seroit pas fâché qu'on ne lui crut pas une haute idée de la religion et du gouvernement de son pays. Il semble même que ce livre n'ait été écrit que dans cette intention. Aussi cet ouvrage qui aujourd'hui est très-peu de chose, fut-il accueilli avec enthousiasme par les encyclopédistes qui préparoient la révolution que nous voyons aujourd'hui.

Le ton que Montesquieu avoit pris dans ses lettres persannes, il le porta dans la composition de l'esprit des lois. Les tournures mêmes qu'il prit dans ce second écrit pour voiler ses opinions politiques et religieuses, n'ont d'autre but comme d'autre effet, que de les mieux faire appercevoir au lecteur. Ce qui dans les lettres persannes, n'avoit paru qu'un jeu d'imagination, qu'une plaisanterie, prit dans l'esprit des lois, un caractère d'importance par la gravité du sujet. La chose ne pouvoit être plus sérieuse, puisque l'auteur, dans ce second ouvrage, lioit ses principes anti-monarchiques et anti-chrétiens au bonheur des empires.

Personne ne se méprit sur l'effet que devoit produire l'esprit des lois, les hommes sages et religieux le repoussèrent ; les encyclopédistes n'en parlèrent que comme d'un chef-d'œuvre qu'on ne pouvoit trop lire. Ce n'est pas qu'intérieurement ils estimassent cette production. On sait que Voltaire n'en parloit avec ses amis, que comme d'un œuvre de charlatanerie ; qu'il n'y voyoit ni méthode dans l'ensemble, ni liaison entre les livres et les chapitres. Mais Voltaire et ceux dont il étoit l'oracle en parlèrent publiquement comme d'un excellent ouvrage, parce qu'ils savoient quel fruit ils recueilleroient de l'enthousiasme qu'il produiroit.

Très-certainement Montesquieu n'avoit point l'intention que son ouvrage bouleversa tout en France, et il étoit loin de prévoir l'abus qu'on en feroit. Il peut se faire aussi qu'il n'eut point dans le cœur, sur le christianisme et sur la domination tempérée d'un seul, les sentimens qu'il a fait éclater, et qu'on a saisis avec tant d'avidité.

Il est vraissemblable, comme il l'assura lui-même en mourant, qu'il avoit été guidé dans la composition de son esprit des lois, par le goût du neuf et du singulier, le désir de passer pour un génie supérieur aux préjugés et aux maximes communes ; l'envie de plaire, et de mériter les applaudissemens de ces personnes qui donnent le ton à l'estime publique, et qui n'accordent jamais plus sûrement la leur, que quand on semble les autoriser à secouer le joug de toute dépendance et de toute contrainte.

Mais enfin, ces motifs ne sont pas bien purs ; ils ne sont pas des titres de recommandation en faveur du système de l'auteur. Quand on écrit sur ce qui doit faire le bonheur des peuples, c'est l'humanité entière qu'il faut avoir devant les yeux, et non une poignée de prétendus philosophes. Pour être cru et écouté des hommes raisonnables, il faut sacrifier à la raison, et jamais à la célébrité.

Montesquieu avoit une autre manie qui lui a été commune avec presque tous les écrivains de ce siècle, se disant philosophes. Cette manie c'étoit la vanité. Delà ces épigraphes amphatiques ; ces éloges de lui-même ; ces menaces enfantines de se mettre aux trousses de la Sorbonne, et de l'ensevelir ; ces chapitres en une seule phrase ; ce livre en un seul chapitre ; ce chapitre pour dire uniquement qu'on voudroit couler sur un fleuve tranquille, et qu'on est entraîné par un torrent ; cet autre chapitre pour dire uniquement qu'on ne sera compris que quand plusieurs autres chapitres auront été lus. Il est bien permis à M. Bergasse, de trouver cela fort beau ; mais tout cela est fort petit. L'écrivain qui, pour attirer sur lui l'attention, employe ces ruses puériles, ressemble à l'empyrique qui monte sur des tréteaux pour débiter au peuple hébété, ses drogues. L'homme sage jette un coup-d'œil, hausse les épaules, et continue son chemin ; l'homme sage se méfie de toute doctrine prêchée avec cette ostentation de charlatanerie.

D'Alembert disoit que l'esprit des lois supposoit une prodigieuse lecture ; ce ne seroit point là une raison de croire à la doctrine de ce livre, car l'érudition n'est pas toujours une preuve de jugement.

Celui qui jetteroit par écrit, comme Montesquieu en avoit l'habitude, l'extrait de chacune de ses lectures, pourroit faire un livre qui supposeroit une plus prodigieuse lecture encore, que l'esprit des lois.

D'ailleurs, la science du gouvernement s'apprend mieux par l'étude des choses que par l'étude des livres. L'observation instruit mieux que la lecture, des régles avec lesquelles on conduit les peuples. En général, ces écrivains qui nous montrent qu'ils ont parcouru un nombre infini de volumes, nous montrent en même temps qu'ils ont eu peu de loisir pour méditer.

Grotius étoit aussi un homme qui avoit prodigieusement lu, et chacun convient que son livre seroit infiniment meilleur, s'il eut eu le bon esprit de lire moins, et de se recueillir plus souvent avec lui-même.

Comme Grotius, Montesquieu est fécond en citations. Il y a cette différence entre ces deux écrivains, que celui-là met en notes les passages qu'il rapporte, et que celui-ci les fond dans le texte. Otez à l'un, et à l'autre ce qui leur est étranger, dédaignez les embellissemens du style, et demandez ensuite à un homme d'état, seul juge compétent sur cette matière, de comparer les deux ouvrages. S'il donne la palme à Montesquieu, je me range du parti des impartiaux.

Il est sorti de la bouche de d'Alambert, quelque chose de plus sensé; il disoit : « Le moyen le plus sûr d'accréditer une opinion auprès de la frivolité françoise, est d'inventer quelque phrase que tous les sots puissent répéter en croyant dire quelque chose. »

Montesquieu a inventé beaucoup de ces phrases, et voilà ce qui a accrédité son opinion des deux chambres auprès de la frivolité françoise. Les encyclopédistes ont cru ses principes hétérodoxes, et voilà ce qui a mis son livre à la mode chez une nation où tout est de mode. Ce livre est un original qui a produit de méchantes copies ; il a tourné tous les esprits vers l'étude de la politique, et voilà ce qui a engendré cette politicomanie, si je puis me servir de ce terme, qui a fait, parmi nous, tant de ravages.

Je me borne à ces réflexions générales sur cet écrivain ; la question que j'avois à traiter n'en comporte pas d'autres. Il doit maintenant m'être permis de porter, à mon tour, un défi aux impartiaux: je les somme de dire si les vices que je trouve dans une division du corps législatif en deux chambres, sont chimériques ou réels. Je m'en rapporte à leur bonne foi. S'ils sont chimériques, je m'enrôle sous leur bannière. S'ils sont réels, qu'ils nous disent donc quels moyens ils ont imaginé pour y remédier. Quant à moi, je n'en connois aucun ; je crois ces vices inhérens à la chose même.

CONCLUSION.

La doctrine exposée dans les articles qu'on vient de lire, assurera aux peuples, quand elle sera mise en pratique, toute la paix, toute la félicité dont ils peuvent jouir. La doctrine contraire tend à repousser les peuples dans cet état d'indépendance convulsive, où tout homme est ennemi de tout homme.

Il n'y a donc pas à balancer entre les deux doctrines. Celui qui prêche celle que j'ai développée, est donc l'ami des hommes ; celui qui prêche la doctrine opposée, est donc l'ennemi du genre-humain. Quand la première ne seroit pas fondée sur l'éternelle raison, il faudroit donc la consacrer solemnellement pour le bonheur des peuples. L'acception dans laquelle j'ai dit qu'il falloit prendre les divers mots dont la définition exacte donne tous les principes d'une saine politique, est donc la seule admissible.

Faute d'avoir défini ces mots, les novateurs ont poussé le vaisseau public au milieu des écueils où il s'est brisé. Faute d'avoir demandé cette définition, leurs adversaires ont contribué involontairement au désordre de la manœuvre. Il m'étoit donc indispensable de donner moi-même cette définition.

Si l'on me disoit qu'il est sans exemple qu'un historien se soit ainsi longuement livré à une discussion politique ; je répondrois que les événemens que j'ai à raconter, étant sans exemple, ma manière de les raconter doit aussi être sans exemple ; je répondrois encore que la révolution françoise ne s'étant opérée que par le faux sens qu'on a donné à certains mots, il a été de mon devoir de fixer le véritable sens de ces mots.

J'aurois pu, il est vrai, ne faire ce développement que dans le cours de l'histoire, et à mesure que l'occasion s'en seroit présentée, mais le récit des faits en auroit considérablement souffert. Quand par exemple, deux orateurs d'opinion contraire, en viendront aux mains, il eut été fastidieux, pour le lecteur, de me voir sans cesse interrompre l'histoire de leurs débats, de me voir sans cesse me placer entr'eux pour indiquer les véritables principes de la matière qu'ils traitent ; au lieu qu'ayant mis à part et de suite ce qui doit faire le sujet de toutes les discussions politiques, je n'aurai plus désormais à raisonner, je n'aurai qu'à raconter.

Je n'ajoute qu'un mot : un député à la première assemblée constituante, que je pressois de rétracter ses erreurs par les raisonnemens qui fondent la vérité des principes que je viens de développer, s'écria avec un peu d'humeur : « Voilà qui est merveilleux. Vous ne voyez donc pas l'avantage que vous avez sur nous? Vous jugez après l'événement, et nous, nous avons jugé avant. » Je fis cette réponse, qui fut sans réplique. « Si je juge bien après l'événement, c'est une preuve que vous avez mal jugé avant. »

Pour égayer un peu une matière aussi sérieuse que celle que je viens de traiter, je la terminerai par une pièce de vers du célèbre Piron, écrivain qui a tenu un rang si distingué parmi ceux du siècle de Louis XV. Cette pièce est une véritable prophétie de ce que nous voyons aujourd'hui. Piron avoit beaucoup fréquenté cette secte d'encyclopédistes, d'où sont sortis les novateurs actuels. Il connoissoit à merveille l'esprit et le but de ces arrogans précepteurs du genre-humain. On va voir qu'il devina très-bien ce que deviendroit le monde si jamais ils parvenoient à en être les maîtres.

ALLÉGORIE.

Soleil, descends, ton char est fait pour moi !
Place au démon de l'encyclopédie !
De ce grand nom l'éclat te congédie,
Et le destin me nomme à ton emploi.

 Le soleil dit : monte, éclaire et sieds-toi ;
Mais tiens toi bien, l'entreprise est hardie.
Le ciel te voit, la terre t'étudie :
Au moindre écart, tout est en désarroi.
Ne nous vas pas, roulant à l'étourdie,
Au lieu du jour, donner la comédie ;
Comme à son dam, se fiant trop à soi,
Fit autrefois le galant de Lydie.

 A tout cela, traité de rapsodie,
L'encyclopède arrogamment répond :
Fiat lux ! gare ! Il dit et le coq chante.
La lune au loin se retire expirante :
Son feu l'éteint, la dissout et la fond.
Lumineux seul au centre du grand rond,
De ses coursiers l'agilité l'enchante :
Il se promène en astre vagabond,
Il fait claquer son fouet en furibond ;
Et cette aubade, imprévue et tranchante,
Frappe des air l'écho vaste et profond :
Les coursiers même en prennent l'épouvante :
Le premier tire en bas, et le second
Veut s'élancer au céleste plafond.
Un limonier s'abat ; l'autre se cabre.
Ils ne vont plus que par saut et par bond.
Char, roue, essieu, timon, tout se délabre :
Nuit, crépuscule et jour, tout se confond.
Le Lapon sue, et l'Américain gèle.
Bientôt la peur devient universelle.
Le cahos voit son règne rétabli.
Jupiter vient au secours de Cybelle :
Un trait de feu fend la voûte éternelle,
De sa lueur tout le globe est rempli.
Sur l'insensé, dont le bras affoibli
Reste inactif, éclate enfin la bombe.
Du char alors notre Phaëton tombe,
Plonge et se perd dans le fleuve d'oubli.

Fin de la cinquième Partie.

TABLE
DES CHAPITRES

Contenus dans les cinq premières Parties.

PREMIÈRE PARTIE.

Chapitre Ier. *page* 1. Introduction.

Chap. II. *page* 7. De l'influence qu'ont eu les calvinistes sur la révolution.

Chap. III. *page* 11. Envoi au parlement des impôts du timbre et de l'impôt territorial. — Séance royale. — Protestation du duc d'Orléans. — Ordres décernés contre deux conseillers. — Résistance du parlement. — Siége du Palais.

Chap. IV. *page* 16. Lit de justice. — Rétablissement de la cour plénière. — Oppositions des cours souveraines et des pairs. — Fermentation dans quelques provinces. — Coalition des gentilshommes bretons. — Insurrection en Bretagne. — Mouvement dans les provinces.

Chap. V. *page* 22. Première promesse des états-généraux. — Retraite de M. de Brienne. — Massacre du Pont-Neuf. — Seconde élévation de M. Necker. — Retraite de M. de Lamoignon. — Carnage des rues de Grenelle et Mêlée. — Premières associations au Palais-Royal. — Mort du maréchal de Biron.

Chap. VI. *page* 26. Seconde assemblée des notables. — Soulèvement du tiers-état. — Nouvelles associations au Palais-Royal. — Débordement d'écrits incendiaires. — Scène touchante à Nîmes. — Mémoire des princes. — Arrêté remarquable du parlement. — Conquêtes du tiers-état. — Libéralités d'un prince du sang.

Chap. VII. *page* 31. Rapport de M. Necker et résultat du conseil. — Effet qu'ils produisent dans le public. — Audace des libellistes. — Opinion du tiers-état sur un de ses plus grands protecteurs. — Défiance de cet ordre contre ses véritables amis. — Lettres de convocation pour les états-généraux. — Formes qui furent suivies pour l'élection des députés.

Chap. VIII. *page* 38. Scission dans les deux premiers ordres de la Franche-Comté. — Guerre civile en Bretagne. — Mort de M. d'Ormesson. — Action héroïque d'un gentilhomme et d'un bourgeois. — Marche et sollicitude d'une armée de bourgeois, sortie des murs de Nantes. Manifeste de cette armée. — Arrêts des parlemens de Besançon et d'Aix, contre les assemblées illégales. — M. de Mirabeau dans les états de Provence.

Chap. IX. *page* 46. Portrait de M. de Mirabeau. — Effet que produit son opinion prononcée dans les états de Provence. — Plaintes de la noblesse. — Protection accordée aux séditieux. — Portrait de M. Mounier. — Disposition des esprits à Paris. — Manœuvres sur les grains. — Indécence des plaisirs du carnaval. — Grossières images exposées sur les quais. — Projet d'un mariage entre mademoiselle d'Orléans et M. le duc d'Angoulême. — Triomphe décerné à M. de Mirabeau aux portes d'Aix. — Mandemens de deux évêques. — Opinion du peuple sur quelques grands personnages. — Portrait de M. l'abbé Sieyes. — Menées d'un sieur Ruthleige. — Anecdote sur MM. d'Adhémar et de Guibert. — Intrigues pour les élections. — Tentatives de M. de Calonne pour être élu. — Empressement de quelques autres personnes pour obtenir cet avantage.

Chap. X. *page* 55. Détails sur la préexistence d'un plan de révolution. — Part qu'ont eu aux changemens MM. d'Orléans et de Mirabeau. — Election de ce dernier par le tiers-état de Marseille et d'Aix. — Bruits étranges qui se répandent sur son compte. — Opinion sur son élection. — Mort du marquis de Mirabeau. — Soulèvement effroyable en Provence. — Excès contre M. l'Evêque de Sistéron. — Conduite de M. de Mirabeau dans les insurrections populaires. — Scène atroce à Aups. — Attentats contre MM. de la Fare, de Peynier, de Pujet. — Eclaircissemens sur la manœuvre des grains. — Trait touchant de la bonté

Hist. de la Révolut. part. V. V

du roi. — Production infâme flétrie par le parlement. — Liberté et gêne de la presse.

CHAP. XI, page 64. Liste indicative des amis du peuple. — Attentat horrible d'un libelliste. — Opinion du roi sur les écrits du moment. — Extrait des vœux contenus dans les différens cahiers que l'opinion publique indiqua comme le plus sagement rédigés. — Belle conduite des électeurs du bailliage de Château-Thierry. — Exemple sublime de générosité que donna un curé. — Intrigues du lieutenant civil de Marseille. — Bizarre élection faite par le tiers-état de cette ville. — Conduite du clergé et de la noblesse de Bretagne lors des élections.

CHAP. XII, page 73. Influence de la capitale sur la révolution. — Formes anciennes pour la convocation de ses habitans. — Différend entre le prévôt des marchands et celui de Paris. — Plan de l'hôtel-de-ville pour la convocation. — Lettre de convocation pour Paris. — Réglement pour les trois ordres. — Opinion du public sur ce réglement. — Scène burlesque à Coutances. — Insulte à un prélat. — Aveu et portrait d'un factieux subalterne. — Insurrection à Nancy. — Vœu de quelques cahiers sur M. de Calonne. — Maladie du dauphin. — Danger que court le roi. — Intrigues pour élever M. de Machault au ministère. — Atroces impostures contre la noblesse.

CHAP. XIII, page 82. Mémoire des princes. — Triumvirat. — Terreur qu'il cause. — Mouvemens dans la noblesse et le tiers-état. — Conduite du parlement. — Assemblée du tiers-état de la banlieue. — Agitation à la cour. — Perplexité des ministres. — Mouvement extraordinaire dans la capitale. — Assemblée des trois ordres dans leurs différentes sections. — Détails sur ces assemblées. — Avances de la noblesse. — Comment elles sont reçues. — Impostures contre le parlement. — Confiance du roi et de la reine. — Nouvelle agitation à la cour. — Opinion du roi sur plusieurs députés. — Son goût pour les écrits du jour. — Scène burlesque au Palais-Royal. — Division dans chacun des trois ordres de Rouen. — Première assemblée des électeurs de Paris. — Proclamation pour l'ouverture des états-généraux.

CHAP. XIV, page 91. Emeute dans le faubourg Saint-Antoine. — Alarme des habitans de Paris. — Incendie des meubles de MM. Henriot et Réveillon. — Combat sanglant contre les séditieux. — Anecdotes sur cet événement. — Différentes conjectures auxquelles il donne lieu. — Origine, prétexte et véritable cause de l'émeute. — Histoire de M. l'abbé Roi. — Fables qui se débitent contre le gouvernement. — Lettre de M. Necker. — Bruits sur M. le duc d'Orléans. — Affliction du roi en apprenant l'émeute. — Insurrection à Orléans. — Haine contre les princes. — Séances des électeurs. — Avances du clergé. — Portrait de M. l'abbé de Montesquiou. — Mot sur M. de Gouy d'Arcy. — Embarras des électeurs.

CHAP. XV, page 101. Tentatives des séditieux aux environs de Paris. — Désordres dans les provinces. — Conjectures des parisiens sur l'effroyable multiplication de brigands. — Nouveaux troubles à Marseille. — Généreuse et sage conduite du parlement de Provence. — Amnistie. — Premières motions incendiaires au Palais-Royal. — Anecdote singulière sur un faussaire. — Séances des électeurs, des 1 et 2 mai. — Présentation des trois ordres au roi. — Murmures sur le costume des trois ordres. — Anecdote sur un député breton à qui ce costume donnoit de l'humeur. — Séance des électeurs, du 3 mai. — Procession qui précède l'ouverture des états-généraux. — Détails et anecdotes sur cette cérémonie. — Séance des électeurs, du 4 mai. — Première séance des états-généraux. — Détails et anecdotes sur cette séance. — Discours du roi. — Ivresse qu'il produit. — Justice rendue à la reine. — Injustice envers M. le garde des sceaux.

CHAP. XVI, page 111. Suite de la première séance des états-généraux. — Discours de M. Necker. — Réflexions sur ce discours. — Raisonnemens du public sur la séance. — Fable sur le discours. — Séance des électeurs, du 5 mai. — Députés du clergé de Paris. — Journal de M. de Mirabeau. — Arrivée de nouvelles troupes. — Première séance de chacun des trois ordres. — Particularités de cette séance. — Mouvemens que s'y donne M. de Mirabeau. — Séances des 7, 8, 9, 10, 11 et 12 mai. — Première motion de M. Mounier. — Disposition des esprits parmi le peuple et à la cour, sur les débats entre le tiers-état et les deux premiers ordres.

CHAP. XVII, page 120. Bizarre arrêté des électeurs de Paris. — Conduite du clergé et de la noblesse relativement à cet arrêté. — Députation envoyée, par des marchandes de poissons, aux électeurs. — Beau discours que la noblesse adresse à ceux-ci. — Arrêté humiliant, des électeurs, pour le second ordre. — Noms des députés de la noblesse de Paris. Portrait de M. d'Eprémesnil. — Fermentation que produit le journal de M. de Mirabeau. — Tracasserie suscitée à M. Duchâtelet. — Première motion de M. le Chapelier. — Réflexions sur cette motion. — Portrait de ce député. — Première motion et portrait de M. Malouet. — Premières menées contre ce député. — Opinion de M. Rabaud de Saint-Etienne. — Motion prophétique de M. Boissy. — Mouvemens dans les deux premiers ordres. — Egards du roi et de la reine pour les députés. — Comment ils sont reçus.

CHAP. XVIII, page 129. Enthousiasme que produit le discours de M. Necker. — Mauvais effet des critiques de M. de Mirabeau. — Conduite de M. le duc d'Orléans. — Nouvelle découverte sur la manœuvre des grains. — Situation de la cour. — Mort de M. de Lamoignon. — Son portrait. — Dernières séances des électeurs. — Députés et suppléans de Paris.

— Prorogation de l'assemblée des électeurs. — Réflexions sur cette prorogation et sur le cahier du tiers-état de Paris. — Premières motions de MM. Laborde et Target. — Singulière motion de MM. Linière et de Mirabeau. — Relation de la conférence entre les commissaires conciliateurs. — Conduite du clergé et de la noblesse après la conférence.

CHAP. XIX, page 138. Duel regardé comme un présage heureux par le tiers-état. — Opinion de la plupart des membres de cet ordre sur MONSIEUR, sur les ministres et les grands. — Murmures séditieux. — Agitation de la cour. — Mot de M. Necker. — Fables sur les princes et les parlemens. — Adroite motion de M. de Mirabeau. — Débats dans la chambre du clergé, sur cette motion. — Espérance des communes trompée. — Comité tenu chez le roi. — Lettre du roi aux trois ordres. — Comment elle est reçue par les trois chambres. — Belle réponse de M. d'Eprémesnil. — Folle motion de M. de Volney. — Débats dans les communes sur la conférence demandée par le roi. — Arrêté qui termine ces débats. — Qualification que prend, dans cet arrêté, l'assemblée des députés du tiers-état. — Réflexions sur cette nouveauté et sur le système de ceux qui vouloient introduire en France le gouvernement anglois. Première conférence tenue chez M. le garde des sceaux.

CHAP. XX, page 148. Suite du récit des conférences qui eurent lieu chez M. le garde des sceaux. — Conclusion de cette première partie.

SECONDE PARTIE.

CHAPITRE XXI, page 1. Plan de cette seconde partie. — Premières calomnies contre M. l'archevêque de Paris. — Stupeur de la capitale. — Singulière tentative pour exciter un attroupement. — Mort de M. le dauphin. — Immobilité de la cour. — Situation des provinces. — Inondation de brigands aux environs de Saint-Quentin. — Même calamité dans la Limagne. — Exemple frappant d'ingratitude envers M. de Talaru. — Mouvemens de la bourgeoisie, en Bretagne. — Opinion qu'il faut se faire des modernes factieux. — Mécontentement du petit peuple dans les villes et dans les campagnes. — Causes de ce mécontentement. — Développement des véritables vues de M. Necker. — Sécurité du parlement. — Atroce assassinat commis en Dauphiné.

CHAP. XXII, page 9. Nouveaux doyens. — Portrait de M. Bailly. — Tentative du tiers-état pour communiquer directement avec le roi. — Issue de cette tentative. — Premier discours de cet ordre au roi. — Réponse de sa majesté. — Arrêté des trois chambres sur les voies de conciliation proposées par M. Necker. — Lettres de cachet. — Contes populaires. — Paroles de bienfaisances portées par le clergé. — Rumeur et mécontentement qu'elles occasionnent dans le tiers-état. — Portrait de M. Populus. — Réponses du tiers-état et du roi à la proposition du clergé.

CHAP. XXIII, page 17. Bruits d'une séance royale. — Efforts impuissans des ministres pour réprimer la licence des écrits. — Placards séditieux. — Estampe prophétique — Imprévoyance des deux premiers ordres. — Création et organisation, par le tiers-état, de vingt bureaux. — Mécontentement de cet ordre contre M. le prince de Condé. — Opinion de M. Malouet, sur la constitution de la chambre du tiers-état. — Comment elle est combattue. — Conduite des trois ordres après la clôture des procès-verbaux. — Première motion de M. l'abbé Sieyes. — Comment elle est accueillie. — Opinion remarquable de M. de Mirabeau. — Développement des vues de son parti. — Opinion de M. Target. — Son portrait. — Décision du tiers-état sur la proposition de M. l'abbé Sieyes. — Effet qu'elle produit. — Tentatives auprès du clergé du second ordre. — Efforts de M. l'abbé Coster pour retenir les curés dans leur chambre. — Portrait de cet ecclésiastique.

CHAP. XXIV, page 26. Extrême prévention contre M. Malouet. — Elle éclate ouvertement dans la chambre du tiers-état. — Autre membre du tiers-état, signalé comme ennemi du peuple. — Appel des bailliages par la troisième ordre. — Premières réponses du clergé et de la noblesse à l'invitation du tiers-état. — Position désavantageuse des deux premiers ordres. — Embarras de M. Necker. — Première réponse du roi à l'arrêté du tiers-état. — Premiers déserteurs de l'ordre du clergé. — Comment ils sont accueillis dans le tiers-état. — Situation pénible du roi. — Difficultés qui s'élèvent sur quelques pouvoirs. — Nouveaux déserteurs du premier ordre. — Clôture de la vérification des pouvoirs des députés du tiers-état. — Effet qu'elle produit à la cour. — Opinion que conçoivent, de M. Necker, les fidelles sujets du roi. — Projets et précautions de la cour. — Conduite des deux premiers ordres, après la vérification des pouvoirs du troisième. — Premiers détails sur la constitution du tiers-état. — Premiers attentats contre la liberté des suffrages. — Projet de M. l'abbé Sieyes sur la constitution du tiers-état. — Réflexions sur ce projet. — Projets de MM. de Mirabeau, Mounier et Rabaud de Saint-Etienne. — Portrait de ce dernier.

CHAP. XXV, page 35. Des principaux orateurs qui se déclarèrent pour l'opinion de M. l'abbé Sieyes. — Leurs motions. — Portrait de M. de Bergasse ; celui de M. Camus qui essaye ses premières armes contre le comte de Mirabeau. — Véritables vues de celui-ci. — Ses premières idées sur le *veto royal*. — Comment elles sont censurées par un député lorrain. — Vains efforts de M. Malouet pour présenter son opinion sur la constitution de sa chambre. — Bizarreries bien remarquables dans les débats sur cette constitution. — Terreur qu'inspira la dénomination d'assemblée nationale. — Objections de M. Mounier contre la motion de M. l'abbé Sieyes. — Beau discours de M. de Mirabeau. — Difficultés qu'il trouve à le prononcer. — Mécontentement qu'il occasionne en le terminant. — Conséquence qu'on en pouvoit tirer contre lui-même. — Première proposition de se constituer en assemblée nationale. — Effroi qu'elle cause à une partie de l'assemblée. — Comment elle est accueillie par l'autre. — Débats qu'elle occasionne. — Généreuse proposition de M. Malouet. — Effet qu'elle eut pu produire, si elle eut été acceptée. — horrible attentat contre la liberté des suffrages. — Menées des députés qui tenoient pour la constitution en assemblée nationale.

CHAP. XXVI, page 44. Réponses du roi à la noblesse et au tiers-état. — Conduite du clergé et de la noblesse. — Mauvais accueil fait par les députés du tiers-état, aux députés gentilshommes. — Détails de la fameuse journée du 17 juin. — Arrêté par lequel l'assemblée des députés du tiers-état se constitue *assemblée nationale*. — Premiers officiers de l'assemblée. — Nouvelle députation de la noblesse. — Comment elle est accueillie. — Premier serment prêté par l'assemblée des députés du tiers-état. — Impression que fait sur les spectateurs cette cérémonie. — Premier essai que l'assemblée nationale fait de son autorité. — Mot de M. l'abbé Sieyes sur cette journée du 17. — Observations sur les deux arrêtés pris dans cette journée. — Effets qu'ils produisent à la cour et dans les trois ordres. — Première époque du règne de la terreur en France. — Scission dans la chambre du clergé. — Efforts de M. l'abbé Maury pour en empêcher les suites. — Ses prédictions. — Tableau qu'il trace du tiers-état. — Réflexions sur ce tableau — Véritable idée qu'il faut se faire du tiers-état à l'époque où parloit M. l'abbé Maury. — Réflexions sur la manière dont l'assemblée des députés du tiers-état s'est trouvée organisée. — Portrait de M. l'abbé Maury. — Principaux traits de sa vie publique et privée. — Erreur de ceux qui le comparent au comte de Mirabeau.

CHAP. XXVII, page 56. Sollicitudes de divers députés pour mettre fin aux débats qui divisent les trois ordres. — Observations sur les projets qu'ils présentent pour les terminer. — Plan de M. l'évêque de Langres. — Comment il est accueilli. — Ce qu'en pensent les ministres. — Inquiétudes du roi et de la reine. — Alarmes et méfiance du tiers-état. — Conquête que fait le duc d'Orléans dans sa chambre. — Lettre par laquelle la noblesse proteste contre l'arrêté du 17 juin. — Idée qu'il faut s'en faire. — Protestation de la minorité de la noblesse contre cette lettre. — Noms des protestans. — Discours insignifiant adressé par M. le comte de Clermont-Tonnerre à la majorité. — Portrait de ce député. — Indifférence des princes sur la faction d'Orléans. — Agitations dans la chambre du clergé. — Opinion de M. l'archevêque de Paris. — Opposition des curés. — Division de la chambre en trois partis. — Débats qui font passer tour-à-tour l'avis de la vérification séparée de la majorité à la minorité. — Efforts et succès des curés pour qu'on décide sans désemparer. — Défection de quelques prélats. — Arrêté de la majorité. — Noms de ceux qui le signèrent. — Avanture fâcheuse dont le désagrément rejaillit sur le clergé. — Mouvemens qui se font dans l'intérieur du château de Marly. — Mot d'un membre du conseil à un député du tiers-état. — Réponse du roi à des prélats. — Première séance de l'assemblée se disant nationale. — M. l'abbé Sieyes y dénonce M. Camus. — Motifs et résultat de cette dénonciation. — Grands mouvemens que se donne M. Target dans cette première séance. — Proposition qu'il y fait — Arrêté de cette première séance. — Sage motion de M. Bailly. — Singulière avanture dont le récit termine cette première séance. — Rumeur qu'il occasionne. — Observations remarquables de M. Target.

CHAP. XXVIII, page 68. Importance de ce chapitre. — Situation de la cour, des provinces et de la capitale. — Désordres qui se commettent dans le jardin du Palais-Royal. — Grotesque et séditieuse association qui s'y forme. — Projets de la cour. — Mesures qu'elle prend pour leur exécution. — Elles sont justifiées par la disposition où se trouvoient les esprits. — Proclamation du roi. — Les députés du tiers-état se présentent à la salle des états-généraux. — Ils en trouvent les portes fermées. — Ils délibèrent sur l'avenue. — Le peuple se rassemble autour d'eux. — Calomnieuse interprétation de cette scène. — Motions des députés. — Effervescence des spectateurs. — Tableau que présente la réunion de tous ces députés, confondus avec un peuple immense. — Avis de M. Bailly. — Avis de quelques autres députés. — M. Necker s'absente de la cour pendant ce mouvement. — Réflexions sur cette absence. — Tous les députés se réunissent dans un jeu de paume. — Lettre de M. de Brezé à M. Bailly. — Réponse de celui-ci. — Seconde lettre dont le premier. — Effets que produisent ces lettres. — Erreur de M. Mounier; sa motion. — Serment par lequel se lient tous les députés. — Avis de M. Malouet sur ce serment. — Refus que fait M. Martin de le prêter sans réserve. — Deux autres députés refusent de le prêter. — M. de Gouy-d'Arcy se présente au jeu de paume. — Son portrait. — Prestation du serment. — Elle est suivie du cri *vive le roi !* — Autres événemens de la journée du 20 juin. — Etranges bruits qui se répandent sur la séance royale. — Fausses opinions du peuple sur M. Necker. — Fable imaginée contre M. l'archevêque de Paris. — Portrait de ce prélat. — Nouvelles scènes qui se passent au Palais Royal. — Changement qui se fait dans l'opinion qu'on a sur la séance. — Réponse du roi à la noblesse. — Nouvelle proclamation du roi. — Lettre de sa majesté à M. Bailly. — Le tiers-état se présente successivement à la salle des menus, au jeu de paume, au couvent des Récollets, et finit par s'assembler dans l'église de Saint-Louis, où la majorité du clergé, et trois gentilshommes viennent se réunir à lui. — Duel entre deux gentilshommes.

CHAP. XXIX, page 80. Séance royale. — Précautions que prend la cour pour le maintien de l'ordre. — Mécontentement du tiers-état. — Entrée du roi dans l'assemblée. — Effet qu'elle y produit. — Absence de M. Necker. — Mort de M. Paporet. — Entrée furtive de M. Linguet. — Premier discours du roi. — Première déclaration. — Observations essentielles sur cette déclaration. — Second discours du roi. — Seconde déclaration. — Impression que fait sa lecture sur l'assemblée. — Parallèle de la conduite de M. Necker, et de celle du garde des sceaux. — Mort du fils unique de M. Barentin. — Dernier discours du roi.

CHAP. XXX, page 89. Commencement de l'interrègne. — Situation des députés, lorsque le roi les eut quittés. — Discours du comte de Mirabeau. — Entrée de M. de Brezé dans l'assemblée. — Il lui rappelle les intentions du roi. — Réponse qu'il reçoit du comte de Mirabeau et du président. — Différens arrêtés que prend l'assemblée. — Craintes et second discours du comte de Mirabeau. — Discours de M. l'abbé Sieyes. — Observations sur ce discours. — Soulèvement du peuple, occasionné par la crainte de perdre M. Necker. — Les députés du tiers-état se rendent chez lui. — Il est mandé au château. — Il se montre au peuple et le harangue. — Allégresse du peuple. — Insultes faites à M. l'archevêque de Paris. — Effet que produit dans Paris, la nouvelle de la séance royale. — Opinion qu'on se fait de la seconde déclaration. — Conduite du clergé. — Désordre et résultat des délibérations de cette chambre. — Nouvelles insultes faites à M. l'archevêque de Paris. — Conduite de la noblesse. — Agitation à la cour. — Lettre de M. Necker au tiers-état. — Murmures de cet ordre sur le rassemblement des troupes. — Premières manœuvres pour en obtenir l'éloignement. — Calomnie contre M. d'Agoult. — Rigueur exercée contre deux officiers. — Projet de dénonciation contre le garde des sceaux. — Opposition du comte de Mirabeau à l'exécution de ce projet. — Réunion de la majorité du clergé au tiers-état. — Enthousiasme qu'elle produit. — Honneurs rendus à M. l'archevêque de Vienne.

CHAP. XXXI, page 99. Lettre de sept gentilshommes aux journalistes. — Observations sur cette lettre. — Réunion de la minorité de la noblesse au tiers-état. — Comment elle est accueillie. — Discours de M. Dumouchel. — Rumeur aux portes de la salle des états-généraux. — Discours et portrait de M. Barnave. — Gaieté du comte de Mirabeau. — Discours de M. le comte de Clermont-Tonnerre — Réponse de M. Bailly. — Allégresse que répand dans Paris, la réunion de la minorité de la noblesse au tiers-état. — Favorables dispositions des troupes pour les bourgeois. — Imposture contre M. le garde des sceaux.

— Dégats commis à Chantilly. — Députation des électeurs de Paris à l'assemblée, qui s'étoit constituée assemblée nationale. — Discours de cette députation. — Seconde députation envoyée par la majorité de la noblesse. — Son discours. — Réponse de M. Bailly. — Première opinion de M. Fréteau. — Son portrait. — Troisième députation envoyée par les oisifs des cafés du Palais-Royal. — Lettre qu'elle lit. — Réponse de M. Bailly. — Inquiétudes de la cour. — Amertume de la position du roi. — Premier échec à la gloire de M. Target. — Réunion de M. l'archevêque de Paris dans la salle du tiers-état. — Comment il est accueilli. — Son discours. — Réponse de M. Bailly. — Déclaration de M. de Lally-Tolendal. — Discours de M. de Sillery. — Lettre écrite par la minorité de la noblesse à M. Bailly.

CHAP. XXXII, page 111. Irrésolution de la cour. — Horrible situation du roi. — Comité remarquable des princes et des ministres. — Arrêté de la noblesse. — Intéressante conversation entre le roi et M. le duc de Luxembourg. — Lettre du roi au clergé et à la noblesse. — Réglement du roi sur les mandats. — Vifs débats dans la chambre de la noblesse. — Motions de MM. le vicomte de Mirabeau, le duc de Liancourt. — Lettre de M. le comte d'Artois. — Mot de M. de Casalès. — Dernier arrêté de la noblesse. — Dernier arrêté du clergé. — Réunion des deux premiers ordres au troisième. — Comment ils y sont accueillis. — Discours des différens présidens. — Portrait de M. le duc d'Aiguillon. — Mouvement extraordinaire du peuple. — Spectacle touchant que donnent le roi et la reine. — Réjouissances des habitans de Versailles. — Disposition des troupes à l'époque de la réunion. — Défection des gardes françoises. — Mot de quelques dragons à leur officier. — Agitation parmi les gardes-du-corps. — Chagrin que le roi en ressent. — Neutralité des gardes-suisses. — Mot du roi à M. le maréchal de Broglie. — Part que M. Necker a à la réunion des ordres. — Horrible complot contre le clergé et contre la vie de M. l'archevêque de Paris. — Formation du club breton. — Les conjurés qui le composent, s'assemblent dans une espèce de souterrain. — Complots qui s'y forment. — On commence à y développer quelques articles du plan de la révolution. — Portrait de M. le duc d'Orléans. — Aventure peu honorable qui lui arrive dans la chambre de la noblesse. — Bruits mensongers que répand M. Necker, sur la cause de la réunion. — Opinion qu'on a de lui dans les états-généraux.

CHAP. XXXIII, page 125. — Effet que produit, parmi le peuple, la réunion des trois ordres. — Licence des motionnaires du Palais-Royal. — Noms de ceux qu'ils désignent pour ennemis du peuple. — Prétexte que donne M. le comte d'Artois aux soupçons qu'on conçoit, contre les vues de la cour. — Motions et placards incendiaires. — Méfiance et alarme du peuple. — Découverte qu'il fait d'un dépôt de farines. — Son erreur sur les vériritables accapareurs. — Premiers bruits d'une contre-révolution. — Effroi de la cour. — Gaîté et bons mots du club breton. — Protestations de plusieurs gentilshommes — Portraits de MM. d'Ambly et de Sillery. — Noms des baillages dont les députés nobles firent des protestations. — Hommages offert à l'assemblée nationale. — Effervescence que causent, dans Paris, les protestations des nobles. — Premier acte de rébellion. — Spectacle attendrissant qu'il offre au peuple de Paris. — Véritables causes de la défection du régiment des gardes-françoises. — Mot d'un grenadier de ce régiment à M. le duc du Châtelet. — Observations sur une accusation intentée contre la cour.

CHAP. XXXIV, page 134. Lettre des libérateurs des onze gardes-françoises à M. Bailly. — Son opinion sur cette lettre. — Opinion de MM. Fretau, Mounier, de Clermont-Tonnerre et de Mirabeau. — Adresse rédigée par celui-ci. — Usurpation de la puissance législative par l'assemblée nationale. — Observations sur la distinction des pouvoirs. — Opinion de MM. Desmeuniers, Brostarer, le Chapelier, Camus et Target. — Division parmi les députés. — Esprit que manifestent les trois ordres. — Projet d'arrêté proposé par M. de Boufflers. — Observations et anecdotes sur la manière de recueillir les suffrages. — Arrêté de l'assemblée sur l'évasion des onze gardes-françoises. — Affluence des étrangers dans la séance où fut pris cet arrêté. — Apparition de M. l'abbé d'Espagnac au milieu des députés. — Accueil qu'on lui fait. — Violente agitation dans le jardin du Palais-Royal. — Libéralités envers les onze soldats. — Avidité avec laquelle on recueille les nouvelles qui peuvent les intéresser. — Burlesques motions. — Eclaircissemens sur des détails, en apparence, minutieux. — Réponse du roi à la députation de l'assemblée. — Bruits que répand M. Necker sur cette réponse. — Conduite des nobles qui avoient protesté. — Examen de la question, si ces nobles et ceux qui ont tenu leur parti, sont responsables des décrets de l'assemblée nationale. — Mouvemens de M. de Launay à la Bastille. — Précautions qu'on prend pour la sûreté des prisons. — Accroissement de l'armée. — Arrivée de régimens étrangers. — Murmures des citoyens domiciliés. — De quels hommes sont composés les premiers attroupemens.

CHAP. XXXV, page 146. Continuation de l'effervescence au Palais-Royal. — Nouvelles scènes tumultueuses dont on y est témoin. — Lettre du roi à M. l'Archevêque de Paris. — Mécontentement de quelques députés, sur les mots états-généraux, employés par le roi. — Contestation entre les prélats et les membres du tiers-état. — Discours de M. le cardinal de la Rochefoucault. — Désaveu que donne de ce discours, M. l'archevêque de Vienne. — Portrait de ce dernier prélat. — Avantage que donne au comte de Mirabeau, le désaveu de ce prélat. — Discours pathétique de M. l'archevêque d'Aix. — Indécentes interpellations de M. Bouche. — Portrait de ce député. — Discours de M. Pétion. — Dureté du comte de Mirabeau. — Ménagemens du comte de Clermont-Tonnerre. — Opinion de MM. Pison du Galand et Mounier. — Jugement et partialité contre le clergé. — Organisation remarquable de trente bureaux. — Changemens importans pour la disposition de la salle. — Réglement pour les officiers de l'assemblée. — Election de M. le duc d'Orléans à la présidence. — Signal de la guerre civile donné dans le jardin du Palais-Royal. — Bruit que répandent les députés du tiers-état sur cet événement. — Misère des peuples. — Dispositions formidables de la cour. Ce qu'en pensent les membres du club breton. — Leurs menées. — Terreur des bourgeois de Paris. — Division parmi les gens de guerre. — Vaines tentatives de M. Duchâtelet pour regagner la confiance de son régiment. — Licence des libellistes. — Leur acharnement contre la maison de Polignac. — Haine des factieux contre M. d'Eprémesnil. — Effrayante position où se trouve la cour. — Dangers qui menacent le royaume. — Sérénité de M. Necker. — Mot prophétique de ce ministre. — Joie des membres du club breton. — Grossières plaisanteries dont ils amusent la populace — Projet qu'ils conçoivent pour grossir la source des largesses qu'ils répandent sur la multitude.

TROISIÈME PARTIE.

CHAPITRE XXXVI, page 1. Discours de M. le duc d'Orléans en refusant la place de président de l'assemblée nationale. — Election et discours de M. l'archevêque de Vienne. — Députation à M. Bailly. — Ses remercîmens. — Notions sur la colonie de Saint-Domingue. — Détails sur sa population. — Observations politiques sur l'esclavage. — Vues de la députation de Saint-Domingue. — Débats contradictoires sur cette députation. — Principe que développe le comte de Mirabeau pour la combattre. — Singulière motion d'un curé en faveur de la députation. — Jugement de l'assemblée. — Remarque sur ce jugement. — Situation de la France. — Impatience des factieux. — Immobilité des bourgeois. — Arrivée de nouvelles troupes. — Entraves mises à la corruption des soldats. — Assemblée des électeurs. — Requête que leur présentent des députés du Palais-Royal. — Réintégration des onze soldats évadés de l'Abbaye, dans leur prison. — Clémence du roi. — Discours des députés des électeurs, à l'assemblée nationale. — Réponse du président. — Vues des séditieux. — Par quels moyens ils en préparent l'exécution. — Impostures qu'ils répandent sur les courtisans, les ministres, le parlement. — Horrible complot qu'ils imputent à la reine et à M. le comte d'Artois. — Ce qu'ils pensent de M. le prince de Condé. — Raisonnemens que font ceux d'entr'eux qui se montrent en apparence les plus modérés. — Cris

(155)

de sédition dont retentit le jardin du Palais-Royal. — Libéralités qu'on y répand. — Anecdote sur ces libéralités. — Scènes tumultueuses qui se passent au Palais-Royal et aux Tuileries, et qui mettent en danger la vie de quatre officiers.

CHAP. XXXVII, page 12. Discours et projet d'arrêté du comte de Mirabeau sur l'éloignement des troupes. — Impression qu'ils font sur l'assemblée. — Première motion de M. de la Fayette. — Différentes considérations qu'ajoutent à celles du comte de Mirabeau, les députés qui sont de son parti. — Opinion modérée de M. Gaultier de Biauzat. — Impatience de M. de Gouy. — Arrêté de l'assemblée. — Ordre du roi à M. l'archevêque de Vienne. — Discours que lui adresse sa majesté. — Adresse au roi. — Noms des députés chargés de la lui présenter. — Embarras qu'elle occasionne à la cour. — Réponse du roi. — Comment elle est reçue dans l'assemblée. — Hommage que lui rend M. de Crillon. — Censure adroite qu'en fait le Comte de Mirabeau. — Silence de l'assemblée sur cette adresse. — Comment elle est accueillie dans le public. — Prétendue conjuration des gentilshommes. — Leur réunion à Versailles. — Déclaration qui émane de leurs assemblées. — Objection contre cette déclaration. — Débats d'honnêteté entre le premier et le troisième ordre. — Il se termine honorablement pour le clergé.

CHP. XXXVIII, page 23. Récit de la délibération sur la nature des pouvoirs. — Examen de la question considérée en général. — Ce qu'en ont pensé les plus grands publicistes. — Examen de la question relativement aux députés françois. — Dangers des pouvoirs dont la durée n'est pas limitée. — Sentimens de M. Necker, de la cour et de plusieurs écrivains sur cette question. — Opinion de M. l'évêque d'Autun. — Portrait de ce prélat. — Opinions de MM. Biozar. et Barrère de Vieuzac. — Portrait de ce dernier. — Opinion de M. de Lally-Tolendal. — Observations sur cette opinion. — Subtile distinction de M. le comte de Clermont-Tonnerre. — Embarras et plaisanterie du comte de Mirabeau. — Différens partis sur la doctrine des mandats impératifs. — Ruse du comte de Mirabeau. — Son succès. — Division de l'assemblée sur la question des mandats. — Aveu ingénu d'un député sur cette division. — Examen de la question, si les commettans ont reçu les lois faites par les députés. — Véritable sens des mots majorité et minorité.

CHAP. XXXIX, page 34. Misère du peuple. — Cause qu'en donne M. Necker. — Faits avoués par lui-même. — Ses grands mouvemens sur les grains. — Consternation qu'ils produisent. — Bruit qu'ils font dans toute l'Europe. — Opinion qui en résulte. — Evaluation que fait M. Necker de tous ses achats en grains. — A quoi elle se réduit réellement. — Détails et recherches sur les sommes qui ont servi à solder les brigands. — Véritables vues de M. Necker dans ses manœuvres sur les grains. — Observations sur son mémoire remis au comité des subsistances. — Extrémités où la disette des grains réduit le peuple de Paris. — Discours de M. Dupont sur la nécessité de faire cesser ce fléau. — Portrait de ce député. — Etranges moyens que présente le comité des subsistances pour mettre fin à la disette. — Lenteurs de l'assemblée. — Portrait de M. de Lally-Tolendal. — Son opinion sur la calamité du moment. — Remarques sur ce discours. — Expédient proposé par M. Bouche. — Singulière manœuvre du comte de Mirabeau. — Lettre de M. Jefferson à M. de la Fayette. — Opinion de M. Mounier. — Refus de l'assemblée de s'occuper de la misère publique. — Inaction et inutilité du comité des subsistances. — Réponse de M. Necker à une demande de ce comité.

CHAP. XL, page 46. Nouvelles tentatives, et écrit pour porter la bourgeoisie à prendre les armes. — Détails sur le régiment royal-allemand. — Son arrivée et ses premiers mouvemens à Paris. — Attroupemens aux portes de Paris. — Incendiaires aux barrières, défection des canonniers. — Dispositions effrayantes de la capitale. — Augmentation de faveur pour MM. d'Orléans et Necker parmi le peuple. — Agitation extraordinaire à Versailles. — Indiscrétion de quelques courtisans. — Projets attribués à la cour. — Ses véritables vues. — Orgie des troupes aux Champs-Elisées. — Frayeurs que conçoivent les Parisiens, des hussards. — Lettre d'exil remise à M. Necker. — Comment il la reçoit. — Son départ du royaume. — Alarmes sur son compte dans l'intérieur de sa maison. — Nouvel incendie aux barrières de Paris. — Consternation que répand la nouvelle de l'exil de M. Necker. — Concours extraordinaire au Palais-Royal. — Dangers que court le premier porteur de la nouvelle. — Changement dans le ministère. — Conduite des troupes dans les journées du 11 et du 12. — Bustes de MM. d'Orléans et Necker, promenés par les brigands. — Embrâsement de plusieurs barrières. — Insultes et mauvais traitemens qu'essuyent les cavaliers de royal-allemand. — Singulière conduite de M. de Bezenval. — Expédition de M. de Lambesc dans le jardin des Tuileries. — Impostures sur cette expédition.

CHAP. XLI, page 59. Précautions de la cour. — Irrésolution des officiers supérieurs. — Premiers accès de rébellion dont est travaillé M. Camille Desmoulins. — Alarmes sur M. d'Orléans. — Sa conduite dans la journée du 12. — Tentatives pour l'élever à la lieutenance générale du royaume. — Terribles angoisses des parisiens. — Lâcheté de deux compagnies de gardes-françoises. — Nuit du 12 au 13. — Situation des esprits à Versailles. — Mouvement dans tout le royaume. — Conduite du club breton. — Premier forfait de la journée du 13. — Horrible irruption de brigands dans Paris. — Leurs menaces contre les aristocrates. — Siège de l'hôtel de la force. — Soulèvement des prisonniers du Châtelet. — Insurrection de la bourgeoisie. — Etablissement des comités permanens. — Première apparition de M. le duc d'Aumont à l'hôtel de ville. — Arrêté du comité permanent des électeurs. — Enrôlement de toute la bourgeoisie parisienne. — Sollicitudes et perquisitions pour l'armer. — Offre des gardes-françoises aux bourgeois. — Désertions dans les troupes de ligne. — Premières instances à M. de Flesselles, prevôt des marchands. — Sa conduite dans cette journée. — Arrestation d'un convoi de farine. — Incendie de la voiture de M. le prince de Lambesc. — Préparatif de guerre dans toute la capitale.

CHAP. XLII, page 72. Opinion de M. Mounier sur le renvoi des ministres. — Discours de M. de Lally sur le même objet. — Portrait de M. le comte de Virieu. — Son opinion sur le changement de ministres. — Celle de M. de Clermont-Tonnerre. — Celles de MM. de Custines, de Castellanne, de Gouy-Darcy, Biozat et Grégoire. — Portrait de ce dernier. — Neutralité du comte de Mirabeau. — Pétition des électeurs de Paris à l'assemblée nationale. — Débats qu'elle occasionne. — Lecture d'une lettre venue de Paris. — Consternation qu'elle répand dans l'assemblée. — Arrêté de la suit. — Députation au roi. — Etat dans lequel elle trouve le château. — Représentations de M. l'archevêque de Vienne au roi. — Réponse de sa majesté. — Différentes impressions qu'elle produit parmi les députés. — Motion de M. le marquis de la Fayette. — Mémorable arrêté de l'assemblée. — Réclamation de M. le duc de Praslin. — Regret qu'il en a. — Proposition de M. de Montesquiou. — Résolution de l'assemblée. — Nomination de M. de la Fayette à la place de vice-président. — Ses remercîmens. — Son portrait.

CHAP. XLIII, page 84. Coup-d'œil sur le caractère national. — Situation de Paris dans la nuit du 13 au 14. — Changement de scènes dans la matinée du 14. — Terreur des bourgeois de Paris. — Liste de proscription. — Exécutions populaires. — Premier commandant de la milice bourgeoise. — Agitation extraordinaire. — Terrible position du prévôt des marchands. — Défiance générale. — Premier attentat et premier succès des gardes-françoises. — Dangers que court M. le duc du Châtelet. — Beau mot d'un grenadier. — Belle conduite de deux soldats. — Projet d'invasion contre l'hôtel des Invalides. — Position, conduite et caractère de M. de Sombreuil. — Ses forces. — Son irrésolution. — Irruption du peuple contre l'hôtel des Invalides. — Pourparler entre M. de Sombreuil et quelques hommes du peuple. — Perplexité du gouverneur. — Instances de la multitude. — Ordres du gouverneur. — Invasion dans l'hôtel. — Pillage des armes. — Confusion parmi les assaillans. — Mort de quelques-uns d'entr'eux. — Douleur de M. de Sombreuil. — Courte observation sur sa conduite. — Avantages que donne aux insurgens le sac des Invalides. — Accroissement de méfiance. — Anecdotes sur les dangers que courent ceux qu'on appelle aristocrates. — Libelle contre la reine. — Manœuvre pour nourrir la fermentation. — Arrestation de deux courriers du roi. — Violation des dépêches de sa majesté. — Triomphe des factieux. — Joie de M. Camille Desmoulins.

CHAP. XLIV, page 94. Origine de la Bastille. — Intention, caractère et malheurs de son fondateur. — Accroissemens successifs de la Bastille. — Description de toutes ses parties dans l'état où elles étoient le 14 juillet. — Régime qu'on y suivoit à l'égard des prisonniers. — Détails sur leur logement, leur nourriture, leurs objets de distraction, leur entrée, leur sortie. — Particularités sur les registres. — Contes sur les cages, les cachots de fer, les oubliettes, les exécutions secrètes. — Vrai sujet de l'étonnement des parisiens en pénétrant dans l'intérieur de la Bastille. — Quelles sortes de prisonniers y étoient détenus. — Véritable raison pour laquelle la Bastille inspiroit de l'horreur. — Sa description comme forteresse. — Sa force, son état-major, sa garnison. — De ce qu'elle étoit le 14 juillet. — Précautions de M. de Launay. — Etat de ses munitions de guerre, de ses provisions de bouche, de sa garnison. — Insuffisance de ses moyens de défense. — Injustice des reproches qui lui sont faits. — Désavantage que lui donne le pillage de l'hôtel des Invalides. — Première escarmouche qu'il essuye. — Sa conduite jusqu'au moment où se fit l'irruption du peuple.

CHAP. XLV, page 105. Causes de la confusion qui règne dans les relations de ceux qui ont écrit sur les événemens relatifs à la Bastille. — Méthode de l'auteur. — Première sommation au gouverneur. — Entrée de M. Belon au gouvernement. — Députation du district Saint-Louis de la Culture. — Pourparler de M. Thuriot de la Rosière avec le gouverneur. — Inspection du premier dans le château. — Serment de la garnison. — Satisfaction de M. Thuriot. — Etonnement de M. de Launay. — Agitation du peuple. — Départ de M. Thuriot. — Dangers qu'il court de la part des gens du peuple. — Premier avantage des assaillans. — Humanité du marquis de Launay. — Invasion et pillage de l'hôtel du gouvernement. — Effroi des assaillans. — Impostures contre le marquis de Launay. — Effet qu'elles produisent. — Députation du comité des électeurs. — Rassemblement de nouvelles forces autour de la Bastille. — Courts détails sur les prétendus héros du jour. — Excès de précautions de la part des assaillans. — Manœuvre de quelques-uns d'entr'eux. — Efforts infructueux de la députation de la ville. — Seconde députation du district de Saint-Louis de la Culture. — Incertitude et irrésolution du marquis de Launay. — Audace des assaillans. — Manœuvre des assiégés. — Accidens qu'occasionnent l'inexpérience et le tumulte. — Nouvelle imposture contre le marquis de Launay. — Nouvelle députation de la ville. — Relation romanesque de M. l'abbé Fauchet. — Dernière députation de la ville. — Dernière manœuvre des assaillans. — Confiance du marquis de Launay. — Sa

proposition

proposition aux assaillans. — Ses derniers ordres. — Entrée des Parisiens à la Bastille. — Fin déplorable du marquis de Launay.

CHAP. XLVI. page 117. Méprise qui sauve la vie aux suisses de la garnison. — Meurtre de deux invalides. — Présence d'esprit du lieutenant de roi. — Aventure de l'aide-major. — Massacre de MM. de Persan et de Losme. — Trait héroïque de deux jeunes gentilshommes. — Premier usage de la lanterne. — Férocité d'un électeur. — Humanité de quelques rebelles. — Sage avis d'un bas-officier invalide. — Accident particuliers. — Combat que se livre entr'eux les prétendus vainqueurs de la Bastille. — Véritable perte des assaillans. — Trait de générosité de l'un d'entr'eux. — Pillage et incendie dans l'intérieur du château. — Seuls papiers sauvés des flammes. — Seules dépouilles qu'emportent les assaillans. — Jactance d'un grenadier. — Prisonniers trouvés à la Bastille. — Particularités sur ces prisonniers. — Sanguinaire action de M. Garant de Coulon — Assassinat de M. de Flesselles. — Epouvantables circonstances de cet assassinat. — Quels en sont les véritables auteurs. — Fable qu'ils imaginent pour se justifier. — Inaction et services de M. de la Salle. — Dangers que courent les régisseurs des poudres et salpêtres; M. et madame de Montbarey. — Obligations qu'ils ont à M. de la Salle. — Fête horrible. — Joie atroce de ceux qui se disent vainqueurs de la Bastille. — Délire et cruauté des Parisiens. — Anecdote sur Dubois, soldat dans le régiment des gardes. — Impudence de l'assassin de M. de Flesselles.

CHAP. XLVII. page 128. Situation de l'assemblée nationale dans la matinée du 14. — Mouvemens du club breton. — Prétendue conspiration de la cour. — Consternation de la plupart des députés. — Demande du comte de Mirabeau. — Son succès. — Douloureux récit de M. le vicomte de Noailles. — Angoisses, irrésolutions de la cour. — Réponse du roi à l'assemblée. — Arrivés de deux électeurs de Paris. — Tristesse de l'assemblée. — Infidelle récit des électeurs. — Terreur de l'assemblée. — Mensonge du comte de Mirabeau. — Arrêté des électeurs de Paris. — Erreurs où ils induisent l'assemblée. — Réponse que leur fait M. le marquis de la Fayette. — Mouvement qui la suit. — Mécontentement que produit la réponse du roi. — Seconde députation au roi. — Réponse de sa majesté. — Comment elle est reçue par l'assemblée. — Arrêté qu'elle rend pour remédier aux malheurs du moment. — Nouvelles menées des conjurés. — Mot de M. Coroller. — Projets sur M. d'Orléans. — Tentatives pour le porter à la lieutenance générale du royaume. — Vues ultérieures des conjurés. — Apologie qu'ils en font. — Intrigues pour diriger l'insurrection du peuple à Paris et dans les provinces. — Résolution de M. d'Orléans. — Alarmes et consternation de la cour. — Conseil. — Agitation, craintes, pusillanimité de M. d'Orléans. — Embarras du conseil. — Touchante détermination du roi. — Détails qui peignent cet excellent prince. — Demande de M. d'Orléans. — Issue de l'intrigue qui devoit le porter à la lieutenance générale. — Dépit des conjurés. — Mot du comte de Mirabeau.

CHAP. XLVIII. page 140. Terreur des rebelles. — Craintes des citoyens paisibles. — Evénemens singuliers qui ajoutent à la frayeur. — Motion du comédien Grammont. — Horrible stratagême. — Précautions effrayantes. — Ardeur, gaîté et modération des gardes-françoises. — Tableau que présente la nuit du 14 au 15. — Confusion et inexpérience des patrouilles bourgeoises. — Cruelles allertes. — Terreur panique dans le Champ-de-Mars. — Etrange égarement des Parisiens. — Prédiction de l'auteur. — Utilité de l'histoire. — Soulèvement de tout le royaume. — Situation de Versailles dans la nuit du 14 au 15. — Démarche de M. le duc de Liancourt. — Son portrait tracé par les membres du club breton. — Motion et portrait de M. de Custines. — Motions de MM. de Sillery, Pison, d'André et de Marguerites. — Audace du comte de Mirabeau. — Arrivée du roi dans l'assemblée nationale. — Applaudissemens qu'il reçoit. — Son discours. — Impression qu'il produit. — Epoque de la division de l'assemblée en trois partis. — Réponse de M. l'archevêque de Vienne au roi. — Réplique de sa majesté. — Beau mouvement de l'assemblée. — Dangers que court le roi dans le trajet de la salle des états au château. — Particularités de cette marche. — Spectacle attendrissant. — Piété du roi. — Députation aux Parisiens. — Offre des gardes-du-corps à l'assemblée. — Témoignage honorable qu'elle leur rend.

CHAP. XLIX, page 153. Nouvelle situation de la capitale. — Beau trait de quelques bourgeois. — Terrible agitation des principaux acteurs des troubles. — Quels hommes étoient les électeurs de Paris. — Leur embarras pour donner un chef à la milice de Paris. — Leur offre à M. d'Aumont, ensuite à M. de la Fayette. — Leurs vues sur M. Bailly. — Arrivées des députés à Paris. — Description de leur marche jusqu'à l'hôtel-de-ville. — Leur entrée dans l'assemblée des électeurs. — Discours de M. de la Fayette. — Discours et illusions de M. de Lally. — Bizarrerie de son étonnement. — Nouvelle époque pour l'histoire de la révolution.

QUATRIÈME PARTIE.

CHAPITRE I, page 1. Discours de M. de Lally à l'hôtel-de-ville. — Son opinion personnelle sur ce discours. — Cause de l'illusion qu'il se faisoit. — Discours de MM. de Clermont-Tonnerre et de Liancourt. — Hommage offert par les gardes-françoises. — Discours de M. Moreau de Saint-Méry. — Effort de M. l'archevêque de Paris pour le retour de la paix.

Hist. de la Révolut. part. V.

—Proclamation d'un commandant général et d'un maire.—Conduite du peuple avec les députés.—Témoignages particuliers d'estime qu'il donne à M. de Lally.—Evénement inattendu pour les députés.—Vœu et menaces du peuple.—Conditions qu'il met à la paix.—Résignation des députés.—Espérances de M. de Lally évanouies.—Ses liaisons avec une femme de la cour.—Nouvelle agitation de Paris.—Nouvelles manœuvres des factieux.—Extrême crédulité des Parisiens.—Redoublement de terreur.—Affront fait au frère de M. Necker.—Violation du droit des gens.—Insulte à M. le comte de Mercy-Argenteau.—Bruits injurieux à la reine et à l'empereur. —Leur fausseté.—Plaintes de M. le comte de Mercy-Argenteau.—Satisfaction qu'il reçoit de la cour.

CHAP. LI, page 11. Alarmes et résolution des Parisiens.—Redoublement de précautions.—Désertions dans les troupes du roi.—Craintes d'une famine.—Efforts des électeurs pour les calmer.—Arrêté qu'ils font afficher.—Bruits heureux.—Méfiance des Parisiens.—Fin de la séance de soixante heures.—Dépit du club breton.—Résolution unanime des députés.—Consternation de la cour.—Magnanime résolution de Louis XVI.—Premières émigrations.—Heureux préjugés.—Arrêté du parlement de Paris.—Motifs qui le dictèrent.—Placard mensonger des électeurs.—Conduite répréhensible de M. le comte d'Ogny.—Influence et effet de la révolution sur l'établissement de la poste.—Accroissement de fermentation.—Développement d'une intrigue qui n'avoit pas encore été dévoilée.—Vues des conjurés sur le roi.—Desseins du club breton sur M. Necker.

CHAP. LII. page 19. Fin des scrupules d'une partie du clergé et de la noblesse sur les mandats impératifs.—Déclaration de la noblesse des provinces pour cet objet.—Adhésion de celle de Paris. Adhésion de M. le cardinal de la Rochefoucault, au nom de la minorité du clergé.—Demande d'une remarque distinctive des députés.—Mot remarquable de M. l'abbé de Montesquiou.—Erreur de M. Mounier.—Vanité de M. de Lally.—Menées des membres du club breton sur le rappel de M. Necker. —Projet d'adresse du comte de Mirabeau.—Retraite de MM. de Barentin et de Broglie.—Discussion sur le renvoi des ministres.—Opinion de M. l'archevêque de Vienne sur cet objet.—Retraite de M. de Villedeuil.—Courte adresse de M. Millon sur le rappel de M. Necker.—Ménagemens de M. de Clermont sur cet article.—Débats entre MM. Mounier, Barnave et Mirabeau.—Inquiétudes de M. de Lally sur le rappel de M. Necker.—Opinion de M. de Custines sur ce rappel et sur le renvoi des ministres.—Atteinte remarquable à la prérogative royale.—Lettre de M. le maréchal de Broglie à l'assemblée.—Situation du club breton, de la cour et de Paris.

CHAP. LIII, page 26. Convoi.—Lettre de M. Bochard de Saron.—Effet qu'elle produit dans l'assemblée.—Réponse que lui fait M. l'archevêque de Vienne.—Désordre dans la circulation des espèces. —Retraite de tous les ministres.—Arrivée de deux électeurs dans l'assemblée.—Nouvelles qu'ils y apprennent.—Rappel de M. Necker.—Mouvemens que la nouvelle de ce rappel excite parmi les députés. —Arrêté peu sincère de l'assemblée.—Etrange spectacle qu'elle présente.—Honteuse proposition de M. l'archevêque de Bordeaux.—Lettre de l'assemblée à M. Necker.—Impression que produisent à Paris, les dernières nouvelles de Versailles.—Craintes des fidelles sujets du roi.—Proposition de M. le prince de Condé au roi.—Dévouement de M. le comte d'Artois.—Complot contre ce prince.—Illustres émigres.—Portrait de M. le prince de Conti.—Caractère de MONSIEUR, frère du roi.—Désagrémens qu'éprouve M. le Maréchal de Broglie.—Mouvemens à Paris pour la réception du roi.—Erreurs des ministres de la religion.—Offrande des femmes de la halle et de la place Maubert.—Singulier *ex-veto*. Condescendance des prêtres pour les séditieux.—Départ du roi pour Paris.—Sa tristesse.

CHAP. LIV, page 34. Première rencontre du roi.—Dispositions des Parisiens pour sa réception.—Députation que leur font les gardes-du-corps.—Familiarité des députés avec le peuple.—Caresses qu'ils font aux gardes-françoises.—Nouvelle défiance. —Singulier spectacle.—Arrivée du roi.—Hommage et discours de M. Bailly.—Discours de M. Lavigne. —Affliction des gardes-du-corps.—Nouvelle garde du roi.—Son cortège.—Description de sa marche depuis la barrière jusqu'à l'hôtel-de-ville.—Danger qu'il court pour sa vie.—Conjectures sur cet événement.—Phénomène inconcevable.—Galanteries des Parisiens.—Consternation des honnêtes-gens.—Contenance des députés.—Arrivée du roi à l'hôtel-de-ville.—Singulière marque d'honneur qu'on lui rend en y entrant.—Comment il est reçu dans la salle de l'hôtel-de-ville.—Discours de M. Moreau de Saint-Méry.—Extrême sensibilité du roi.—Conclusions de M. Ethys de Corni.—Fonctions de chancelier exercées par M. Bailly.—Discours de M. de Lally.—Comment il est accueilli.—Scène avilissante pour la majesté du trône.—Affligeante et nécessaire condescendance du roi.—Changement de scène.—Satisfaction du peuple.

CHAP. LV, page 44. Joie du peuple.—Satisfaction du roi.—Empressement des bourgeois autour de sa personne.—Traits de familiarité.—Inquiétudes des habitans de Versailles.—Harangue de M. Trudon. —Départ du roi de Paris.—Son contentement en revoyant ses gardes.—Frugal repas qu'il fait à Sèves. —Son arrivée à Versailles.—Allégresse des habitans de cette ville.—Observations sur les conséquences qui peuvent se déduire du voyage du roi à Paris. —Réflexions sur la révolution de 1788, et sur celle de 1789.—Situation des esprits après le départ du roi. — Sage motion dans un des districts de Paris. — Comment elle est accueillie.—Impossibilité du retour à l'ordre. — Situation de l'assemblée pendant le voyage du roi. — Démission de M. du Châtelet. — Son portrait. — Entière défection des gardes - françoises. — Extrême affliction du roi. — Nouvelles causes de fermentation, — Nouveau prétexte pour alimenter la haine du peuple. — Epouvantable assassinat. — Emeute populaire aux environs de Paris. — Elle est dénoncée à l'assemblée nationale. — Comment la dénonciation est reçue. — Efforts de quelques députés pour calmer l'émeute. — Issue de cette affaire. — Emeute aux portes de l'assemblée. — Singulière démarche de M. de Brézé. — Fin de l'histoire de la semaine proprement dite la semaine de la révolution.

CHAP. LVI, page 53. Lettre de M. de la Fayette aux habitans de Paris. — Largesses au peuple. — Munificence de M. Caron de Beaumarchais. — Sollicitude pour les gardes-françoises. — Hommage de M. d'Oigny. — Délire sur le mot *national*. — Contenance des gens de lettres. — Leur défection. — MM. de la Harpe et Garat se rangent sous les drapeaux de la démagogie. — Lâcheté, ingratitude et pitoyables stratagêmes des journalistes de Paris. — Insouciance de la cour sur la désertion des gens de lettres. — Ses fautes à cet égard. — Conduite des compagnies souveraines. — Arrêté du grand conseil. — Arrêté de la chambre des comptes. — Journée du dimanche 19. — Conduite de M. de la Fayette. — Dernières et infructueuses perquisitions à la Bastille. — Lettre de M. Dufrêne de Saint-Léon à l'assemblée. — Billet de M. de Liancourt aux électeurs de Paris. — Arrêté du parlement de Paris. — Considérations sur cet arrêté. — Arrêté de la cour des monnoies. — Arrivée du premier président du grand conseil dans l'assemblée. — Comment il y est reçu. — Son discours. — Réponse de M. de Liancourt. — Félicitations des députés des actionnaires de la caisse d'escompte, à l'assemblée. — Réponse qu'ils reçoivent.

CHAP. LVII. page 62. Désolation du royaume. — Désolation aux environs de Pontoise. — Inondation de brigands sur toute la surface de l'empire. — Emeute à Brie - comte - Robert. — Soulèvement en Normandie. — Alarmes des habitans de Soissons. — Fermentation à Dijon. — Sédition à Rennes et à Saint-Malo. — Rumeur épouvantable à Strasbourg. — Terreur à Bordeaux, parmi ceux qu'on appelle aristocrates. — Mouvemens à Lyon. — Vol d'églises. — Pillage de châteaux. — rassemblement de vagabonds à Auxonne. — Agitation en Dauphiné. — Tranquillité de la Provence. — Particularités remarquables sur cette tranquillité. — Hommage de l'auteur à ses compatriotes. — Incursion de bandits à Cherbourg. — Abbayes et châteaux mis à contributions. — Désordres dans le Perche, dans l'Anjou, dans la Champagne. — Assassinat commis aux environs de Joinville. — Défection dans les troupes. — Mot de la Fayette. — Ses efforts pour empêcher des assassinats. — Beaux momens pour la gloire de M. de Lally. — Importante question qu'il présente à l'assemblée. — Sublime discours qu'il prononce. — Projet de proclamation qu'il présente. — Observations sur ce projet. — Comment il est accueilli dans l'assemblée. — Emportement d'une partie des députés. — Discours du comte de Mirabeau. — Interpellation que lui fait M. Mounier. — Réponse du premier. — Division de l'assemblée entre MM. de Lally et de Mirabeau. — Générosité et courage du premier. — Nouveau discours qu'il prononce. — Tumulte et violence qu'il occasionne. — Beau mouvement de M. de Lally. — Témperamens qu'il propose. — Issue du premier combat entre les amis et les ennemis de la paix.

CHAP. LVIII, page 73. Terreur qu'inspirent les insurgens aux nobles et aux étrangers. Avanture d'une jeune fille. — Compliment burlesque des femmes des halles aux électeurs. — Leur sollicitude pour capter la bienveillance du peuple. — Dépérissement des finances de l'hôtel - de - ville. — Recherches dans les hôtels suspects au peuple. — Ouverture des spectacles. — Largesses des comédiens. — Pitoyable conduite des comédiens françois. — Révolution dans leur troupe. — Détails sur l'ancien régime de nos théâtres. — Arrêté des gardes-françoises. — Aministie en leur faveur. — Exemple inouï de clémence. — Mépris pour les ordres du roi — Hommage de la cour des monnoies à l'assemblée. — Insolence de quelques députés. — Demande de M. le cardinal de Rohan. — Cruel réveil de M. de Lally. — Visite que lui rend un des fils de M. Berthier. — Leur entrevue avec le président de l'assemblée. — Froide réponse de celui-ci. — Coup - d'œil sur la vie publique et privée de M. Foulon. — Horrible déchaînement contre lui. — Ses inquiétudes. — Son arrestation. — Cruautés inouies qu'on exerce contre sa personne. — Barbarie avec laquelle il est conduit à Paris. — Détails de la longue et douloureuse séance qu'il fait à l'hôtel - de - ville. — Particularités du triple assassinat commis sur sa personne. — Circonstances qui suivent sa mort. — Observations sur cet horrible assassinat.

CHAP. LIX, page 86. Triste effet de la philosophie moderne. — Pénible situation de l'auteur. — Détails succints sur le père de M. Berthier. — Portrait de son fils. — Anecdote fort extraordinaire sur celui-ci. — Sa conduite dans les premiers jours de la révolution. — Son arrestation à Compiegne. — Rigueur de sa détention. — Lettre des officiers municipaux de Compiegne aux électeurs de Paris. — Embarras de ceux-ci. — Arrêté qu'ils prennent. — Départ de deux électeurs chargés d'appréhender M. Berthier au corps. — Détails sur leur marche. — Leur réception à Senlis. — Leur réception à Compiegne. — Leur entrée dans la prison de M. Berthier. — Comment il les reçoit. — Son départ pour Paris. — Humiliations qu'il reçoit sur la route. — Difficultés de la marche. — Patience de la victime. — Premier attentat contre sa vie. — Menaces,

X 2

affronts, violences qu'on lui fait endurer. — Son arrivée à Paris. — Incroyables circonstances de l'entrée qu'on lui fait faire dans la capitale. — Joie et délire du peuple. — Insigne barbarie. — Tristesse et résignation de M. Berthier. — Son arrivée à l'hôtel-de-ville. — Interrogatoire qu'on lui fait subir. — Horrible déchaînement contre lui. — Comment il en témoigne sa sensibilité. — Combat qu'il livre à ses assassins. — Attentat infernal. — Horrible tableau. — Joie atroce. — Conduite de MM. Bailly, de la Fayette et Moreau de Saint-Méry avec les assassins de Berthier. — Repas d'antropophage. — Image effrayante. — Reproche fondé aux électeurs. — Exécrable calomnie. — Second festin de cannibale. — Outrages faits au corps de Berthier après sa mort. — Remarque affligeante. — Vol.

CHAP. LX. *page* 97, Premier effet de l'assassinat de MM. Foulon et Berthier. — Explosions de férocité. — Monstrueuse estampe. — Question affligeante. — Fâcheuses données pour la résoudre. — Réforme importante qu'il convenoit de faire. — Second effet de l'assassinat de MM. Foulon et Berthier. — Des divers partis qui se sont formés dans le royaume, après ce double assassinat. — Noms qu'ils se donnent. — Des royalistes et des républicains. — De quels hommes s'est trouvé composé le parti de ceux-ci. — Notions sur leurs mœurs et leurs principes. — Doctrine, devise et sermens des initiés aux hauts mystères de la franc-maçonnerie. — Origine des clubs. — Abus du mot *aristocratie*. — Principales divisions du parti républicain ; des feuillans ; des jacobins ; démagogues ; enragés ; *sans-culottes* ; brigands. — Du côté droit et du côté gauche. — Du quartier du Palais-Royal ou trou-d'enfer. — Des impartiaux ; *monarchistes ; monarchiens ; moyennistes*. — Des principaux chefs de ce parti. — De leurs opinions religieuses et politiques. — Leurs sentimens sur les royalistes et les républicains. — Sentimens des royalistes et des républicains sur les impartiaux. — Conversation entre M. Malouet et Mirabeau, dans laquelle se trouve l'entier développement de leur système politique sur la constitution du royaume, tiré de leurs propres écrits. — Examen d'une objection de M. Malouet. — Cause et origine de la doctrine qu'il n'a cessé de prêcher.

CHAP. LXI, *page* 112. Terreur dans le parti royaliste. — Causes de cette terreur. — Funestes effets de l'émigration. — Violences contre les émigrans. — Précautions de ceux-ci. — Avanture de M. le baron de Bachmann. — Arrestation de M. le duc de la Vauguion. — Emprisonnement de M. le baron de Bezenval. — Hommes de lettres parmi les émigrans. — Motifs de son émigration. — Emigrans parmi les députés. — Départ de M. le duc de Luxembourg. — Dépit qu'en ressentent les républicains. — Son portrait. — Départ de M. d'Eprémesnil. — Débordement de brigands dans sa retraite. — Départ de M. de Casalès. — Son retour dans les états-généraux. — Son portrait. — Efforts que font les impartiaux et les républicains pour l'attirer dans leur parti. — Tentatives de M. l'abbé Maury pour émigrer. — Particularités sur son arrestation. — Etat où il trouve la ville de Péronne. — Harangue qu'on lui adresse. — Sa réponse. — Ses passe-temps dans sa prison. — Singulière conversation entre un émigran et un marguillier émérite. — Fuite de M. l'abbé de Calonne. — Son arrestation. — Motifs de sa fuite. — Autres émigrés de marque. — Avanture de Madame la princesse de Beauffremont. — Progrès de l'émigration. — Effet de la terreur sur quelques esprits foibles. — Anecdote sur un président à mortier. — Civique profession de foi de Madame l'abbesse de Montmartre.

CHAP. LXII, *page* 131. Lettre de M. de la Fayette à M. Bailly. — Lettre du même aux soixante républiques de Paris. — Effet que produisent ces deux lettres. — Grand concours chez M. de la Fayette. — Instances de plusieurs districts pour lui faire reprendre le commandement de la garde nationale. — Son refus. — Scène qu'il joue au milieu des électeurs. — Affliction de M. Moreau de Saint-Méry. — Ardente prière des électeurs à M. de la Fayette. — Sa réponse. — Nouvelles instances des électeurs. — Nouveau refus de M. de la Fayette. — Dénouement de la comédie qu'il avoit imaginé de jouer. — Flateuses adresses qui lui arrivent de toute part. — Etrange enthousiasme de ceux qui l'environnent. — Pancarte qu'on lui délivre. — Aveu précieux de M. Bailly. — Inquiétudes des électeurs. — Prière qu'ils adressent à l'assemblée nationale. — Caresses qu'ils font au peuple. — Invitation qu'ils font aux privilégiés. — Autre invitation qu'ils font aux imprimeurs et libraires. — Députation que leur envoie la chambre des comptes. — Discours de cette députation. — Réclamation contre l'assemblée des électeurs. — Querelle qu'on leur suscite. — Part qu'y prennent MM. Bailly et de la Fayette. — Arrêté des électeurs en réponse aux réclamations qui s'élèvent contr'eux. — Conduite de l'assemblée nationale après la journée du 22. — Hommage que lui rendent les premiers présidens du parlement de Paris, de la chambre des comptes et de la cour des aides. — Discours de M. de Liancourt à M. Bochard de Saron. — Discours de M. de Nicolaï. — Réponse de M. de Liancourt. — Diffus et indécent discours du premier président de la cour des aides. — Observations du comte de Mirabeau sur ce discours. — Réponse de M. de Liancourt au premier président de la cour des aides. — Courtes réflexions sur la démarche des compagnies souveraines, et sur le penchant qu'ont les François, à la flatterie. — Réponse de M. de Liancourt au premier président de la cour des aides.

CHAP. LXIII, *page* 142. Confiance de M. de Lally en sa proclamation. — Double phénomène de la séance du 23 juillet. — Avantages que donnoient à M. de Lally, les circonstances. — Persiflage et dureté du comte de Mirabeau. — Réponse déplacée que lui fait M. de Lally. — Timide discours qu'il prononce. — Discours remarquable de M. de Gouy-d'Arcy. — Terrible vérité qu'il fait entendre. — Effet qu'elle produit. — Opinion de M. Mounier. — Sensibilité de M. l'évêque de Chartres. — Opinion de MM. Desmeuniers, Malouet et Legrand. — Fureur des républicains contre la proclamation de M. de Lally. — Censure qu'ils en font. — Stoïcité de M. Barnave. — Demande des électeurs de Paris à l'assemblée. — Autre demande d'un député particulier du district des filles Saint-Thomas. — Discussion qui s'engage sur ces propositions. — Motion de M. Prieur pour la demande d'un comité des recherches. — Opinion de MM. de Virieu, Mounier, de Lally, contre la création de tout nouveau tribunal. — Nouveaux combats contre la proclamation de M. de Lally. -Sage amendement de M. l'abbé Grégoire. — Opinion de MM. Sintez, Pétion de Villeneuve, Lelong et Darnaudat. — Ingénuité du comte Mathieu de Montmorency. — Fameuse et inutile déclaration. — Comparaison de cette déclaration avec celle déjà présentée par M. de Lally. — Réflexions à ce sujet. — Vains efforts de MM. Bergasse et Lally dans le comité de rédaction, pour faire promulguer la déclaration dans les églises. — Observations de M. de Lally sur le peu de succès qu'obtient son ouvrage.

CHAP. LXIV, p. 151. Effet que produit à Paris la proclamation. — Simplicité de M. de Lally. — Affront que reçoit M. le duc du Châtelet. — Aventure d'une des femmes de Madame de Simianne. — Généreuse déclaration des gardes-françoises. — Inquiétudes de M. du Châtelet. — Aventure de M. le baron de Castelnau. — Conduite que tiennent, à son égard, M. Bailly et les électeurs. — Comment ils se déchargent des suites de l'affaire sur l'assemblée nationale. — Conduite de M. de Liancourt. — Asiatique motion de M. le comte de Châtenay. — Fanatique discours de M. Reubell. — Forcenée déclamation de M. de Gouy. — Motion de M. l'évêque de Langres. — Belles phrases de M. de Lally. — Opinion du comte de Mirabeau. — Résultat de cette discussion. — Abus de la violation des lettres. — Coup-d'œil de l'auteur sur la partie la plus intéressante de son histoire.

CINQUIÈME PARTIE.

CHAPITRE LXV, page 1. Voyage de deux électeurs au Hâvre. — Harangue que leur adresse le maire de Rouen. — Repas splendide qu'on leur donne. — Comment ils sont fêtés à la comédie. — Honneurs extraordinaires qu'ils reçoivent dans toute la ville de Rouen. — Comment ils sont reçus à Bolbec. — Leur entrée au Hâvre. — Discours que leur adresse le premier échevin. — Fêtes qu'on leur donne dans toute la ville. — Généreux combat pour l'escorte du convoi qu'ils demandent. — Leur retour à Paris. — Distinctions flatteuses qu'ils reçoivent sur toute la route. — Leur arrivée à Paris. — Leur modestie. — Négociation de la ville de Paris avec celle de Saint-Denis pour obtenir des vivres. — Continuation et effets de la disette dans la capitale. — Incommodes perquisitions chez différens particuliers. — Plaintes de MM. Gauthier. — Réclamation de MM. de Talaru et Bertin. — Inquiétudes des électeurs sur la licence de la presse. — Prétention des gardes-françoises. — Lettre qu'ils adressent au roi. — Hommage de la juridiction consulaire de Paris à l'assemblée nationale. — Désolation de la Franche-Comté. — Catastrophe arrivée au château de Quincey. — Suites déplorables de cet accident. — Comment la nouvelle en est reçue à Paris. — Comment elle est accueillie par l'assemblée nationale. — Etranges débats qu'elle y occasionne. — Aveuglement de ses membres les plus sages. — Arrêté imprudent qu'elle rend. — Issue de toute cette affaire.

CHAP. LXVI, page 15. Courte observation sur la manière dont se font les révolutions. — Efforts des François pour préserver le corps politique, d'une mort entière. — Désordres qu'occasionne la bourgeoisie armée. — Scènes plaisantes qui résultent de son service. — Mouvemens dans les districts de Paris pour l'établissement d'une commune. — Démission de quelques électeurs. — Réunion à l'hôtel-de-ville, de cent vingt députés nommés par les districts. — Premier travail de ces cent vingt députés. — Changemens à la cour. — Disposition du public à l'égard de M. Necker. — Courts détails sur sa terre de Coppet. — Aventure qui lui arrive à Bâle. — Lettre que lui écrit le roi. — Sa réponse au roi et à l'assemblée. — Illustre courrier chargé de ses dépêches. — Effet que produit la nouvelle de son retour. — Comment elle est reçue par les membres du club breton, par la capitale, par les royalistes, par l'assemblée. — Délibération sur la détention de MM. l'abbé Maury et de Calonne. — Arrêté qui termine les débats. — Motion remarquable de M. Volney. — Arrêté du Châtelet de Paris. — Députation qu'il envoye à l'assemblée. — Réponse flatteuse qu'elle reçoit. — Horrible complot attribué aux royalistes. — Lettre de M. le duc Dorset à ce sujet. — Avantages que donne aux républicains, le bruit de ce complot. — Effets déplorables qu'il produit.

CHAP. LXVII, page 25. Manœuvres pour l'établissement d'un tribunal monstrueux. — Portrait de MM. Volney et Duport. — Motion du premier. — Débats sur cette motion. — Arrêté qui les termine. — Discours de M. Duport. — Portrait de M. le vicomte de Noailles. — Motion de M. le comte de Crillon. — Portrait de M. Reubell. — Discours qu'il prononce sur l'établissement d'un comité d'informations. — Extravagant discours de M. de Gouy-d'Arcy. — Opinion et portrait de M. le duc de la Rochefoucauld. — Motion de M. de Castellane. — Discours et portrait de M. le chevalier de Boufflers. — Beau discours de M. de Virieu. — Effet qu'il produit. — Discours de M. Chapellier. — Anecdote honorable au clergé et à la noblesse. — Arrêté de l'assemblée sur l'établissement d'un comité d'informations. — Premiers membres de ce comité. — Terrible accroissement de puissance pour l'assemblée. — Hommage que lui rendent le bureau des finances, chambre du domaine et trésor; le tribunal de l'élection, les bureaux des finances, l'université de Paris. — Portrait de M. Dumouchel. — Hommage de l'université à l'assemblée des électeurs. — Portrait de M. l'abbé Bérardier.

CHAP. LXVIII, page 39. Essai infructueux que fait M. Necker de sa popularité. — Son arrivée à Versailles. — Son compliment à l'assemblée. — Réponse que lui fait le président. — Hommages qu'on lui rend dans Versailles. — Singulière idée qu'il conçoit. — Son entrée triomphante dans la capitale. — Son arrivée à l'hôtel-de-ville. — Sublime discours qu'il y prononce. — Effet touchant qu'il produit. — Vanité du ministre. — Généreux arrêté des électeurs. — Extraordinaire fermentation qu'il produit. — Soulèvement de la capitale. — Féroce arrêté du district de l'Oratoire. — Effroi et honteuse retractation des électeurs. — Sanguinaire arrêté des nouveaux représentans de la commune. — Affliction de M. Necker. — Récit de ce qui se passe dans l'assemblée nationale au sujet de toute cette affaire. — Discours très-remarquable de M. Bailly au roi. — Débats qui s'engagent dans l'assemblée sur la détention de M. de Bezenval. — Généreux efforts de MM. Mounier et de Lally. — Foible discours du comte de Mirabeau. — Honteux arrêté de l'assemblée nationale.

CHAP. LXIX, page 53. Danger que court M. le baron de Bezenval. — Précautions pour sa garde. — Sa résignation. — Lâche imposture dont il est l'objet. — Fin du règne des électeurs. — Congé que leur donne la nouvelle commune. — Calomnie de Mirabeau contr'eux. — Ses manœuvres pour les contraindre à la retraite. — Révélation du véritable motif de ces manœuvres. — Soins infatigables des électeurs pour les subsistances. — Détails sur la conduite de leur assemblée pendant le cours de son règne. — Sa pusillanimité. — Exceptions. — Examen des titres qu'elle croit avoir à la reconnoissance des insurgens. — Ce qu'il faut penser du courage dont plusieurs de ses membres se vantent encore aujourd'hui. — Véritables reproches qu'on a à lui faire. — Occasion naturelle qui se présente à elle, et qu'elle laisse échapper, de faire punir Rappe. — Ce qu'il faut penser des nombreuses adresses de félicitations qu'elle a reçues. — Seul monument qu'elle laisse à la postérité. — Sa conduite dans l'administration des finances de la ville. — Reproches qu'on lui fera à cet égard.

CHAP. LXX, page 65. Etat de la capitale au 31 juillet. — Désorganisation de la puissance civile et militaire. — Contradictions qu'éprouve M. de la Fayette. — Lettre qu'il écrit aux districts. — Flatteries qu'on lui adresse — Conduite de la bourgeoisie armée. — Avanture romanesque. — Siége de Chantilly, de l'Isle-Adam, et de l'appartement de M. de Lambesc. — Singulière ruse pour effrayer les Parisiens. — Mort de M. Pinet. — Son portrait. — Particularités remarquables de sa vie. — Circonstances de sa mort. — Bruits divers qui courent sur cette mort. — Ce qu'en pensent un parent et un ami de Pinet. — Article très-remarquable de la chronique de Paris. — Détails et éclaircissemens historiques sur l'accaparement des grains. — Ce qu'en ont publié quelques écrivains. — Source où ils ont puisé. — Ce qu'il faut penser de cette source. — Faits incontestables sur le monopole des grains. — Fausses idées des économistes sur la liberté du commerce. — Comment elles ont donné naissance au monopole. — Erreurs où elles ont entraîné de temps à autre le gouvernement. — Examen d'un reproche fait à cet égard à la mémoire de Louis XV. — Opinion de Louis XVI sur le monopole. — Celle de l'auteur.

CHAP. LXXI, page 78. Récit que font de la mort de Pinet, ceux qui croient qu'il a été assassiné et volé. — Quelle part, suivant ceux qui font ce récit, M. d'Orléans et Pinet ont eu à l'accaparement des grains. — Comment ils expliquent le voyage de M. le marquis du Crest en Angleterre. — La conduite de M. Necker avec les monopoleurs. — La popularité du premier prince du sang. — Le motif des calomnies contre la reine. — Les liaisons de M. d'Orléans avec Mirabeau, MM. Laclos, Sieyes, de Siltery, Santerre. — Comment ils expliquent encore quelques dénonciations sur l'accaparement. — L'opinion erronée d'une partie des représentans du tiers-état. — La mort du sieur Durocher, prévôt de la maréchaussée. — Les efforts infructueux de la cour pour avoir des subsistances. — La haine portée à M. de Bezenval. — L'expulsion de M. Necker hors du royaume. — La mort de MM. Foulon et Berthier. — Les différentes particularités qui précédent la fin tragique de Pinet. — Les différens bruits qui la suivirent. — La demande que fit notre cour à celle de Londres, d'une extraction de grains. — Evénemens bizarres dont il est parlé dans ce récit. — Observations nécessaires sur les détails qu'il contient. — Liaison du système qu'il établit, avec toute la durée de notre révolution. — Ce qu'il faut penser de ce que ce système a de relatif à Pinet et à M. d'Orléans. — Comment, à dater de la mort du premier, l'histoire de la révolution a une marche plus assurée et dégagée de toute difficulté. — Terrible avantage que donne aux factieux, la triste situation du royaume.

CHAP. LXXII, page 82. Tableau du royaume dans les derniers jours de juillet 1779. — Insurrection à Dijon. — Premières menées d'un nommé Bazire. — Invasion des montagnards du Mâconnois. — Bonne conduite des habitans de Tournu et de Châlons. — Fermentation extraordinaire dans toute la Bourgogne. — Désolation de la Franche-Comté. — Attentat contre la duchesse de Clermont-Tonnerre. — Violences contre les juifs en Alsace et en Lorraine. — Soulèvement à Colmar. — Horribles excès commis dans la haute Alsace. — Guerre en Bretagne contre les nobles. — Singulière émeute dans la Normandie, dont l'objet étoit d'affamer Paris. — Assassinat atroce commis dans le Maine, contre la personne de MM. Cureau et de Montesson. — Violence contre la personne de M. de Montesson frère du dernier et député à l'assemblée nationale, ainsi que contre M. le vidame de Vassé, aussi député à l'assemblée nationale. — Action sublime d'un employé dans les fermes, appelé Prévôt. — Courage des juges du siége de la maréchaussée du Mans. — Intrigues d'une partie de l'assemblée législative pour les effrayer. — Sédition à Marseille. — Son prétexte et son issue. — Part qu'y prennent quelques députés de l'assemblée législative. — Habile conduite du commandant de Provence.

CHAP. LXXIII, page 101, où l'on donne la véritable acception des mots dont les novateurs ont fait un abus pernicieux, pour n'en avoir pas entendu, ou n'avoir pas voulu en entendre le véritable sens. Ces mots sont : souveraineté ; peuple ; multitude ; populace ; patrie ; nation ; religion ; liberté ; égalité ; assemblée nationale ; convention nationale ; pouvoir constituant ; constitution ; législateurs ; loi ; volonté générale ; corps législatif ; distinction des pouvoirs ; chambres. On dit aussi un mot de la doctrine de Montesquieu, et on termine toute cette exposition de principes, par une prophétie de feu Piron.

Fin de la Table des cinq premières Parties.

www.ingramcontent.com/pod-product-compliance
Lightning Source LLC
Chambersburg PA
CBHW061721300426
44115CB00009B/1072